文登市区远眺

图书在版编目（CIP）数据

文登市志. 1991—2013 / 威海市文登区地方史志办公室编.
-- 北京：方志出版社，2018.9
ISBN 978-7-5144-3319-7

Ⅰ. ①文… Ⅱ. ①威… Ⅲ. ①区（城市）—地方志—威海—1991-2013 Ⅳ. ①K295.24

中国版本图书馆CIP数据核字（2018）第224373号

文登市志（1991－2013）

编　　者：威海市文登区地方史志办公室
责任编辑：刘　珊
出 版 人：冀祥德
出 版 者：方志出版社
地址　北京市朝阳区潘家园东里9号（国家方志馆4层）
邮编　100021
网址　http://www.fzph.org
发　　行：方志出版社图书经销中心
电话（010）67110500
经　　销：各地新华书店
印　　刷：山东黄氏印务有限公司
开　　本：889×1194　　1/16
印　　张：94
字　　数：2596千字
版　　次：2018年9月第1版　2018年9月第1次印刷
印　　数：0001～7000册
ISBN 978-7-5144-3319-7　定价：1280.00元（全二册）

中华人民共和国地方志丛书

文登市志

1991—2013

（上册）

威海市文登区地方史志办公室　编

方志出版社
Publishing House of Local Records

文登名片

WEN DENG MING PIAN

- 全国综合经济实力百强县（市）
- 国家卫生城市
- 全国科技工作先进市
- 全国双拥模范城
- 全国体育先进市
- 全国『双基』教育工作先进市
- 全国文化先进市
- 全国民政工作先进市
- 全国广播电视先进市
- 全国创建文明村镇工作先进市
- 中国优秀旅游城市

- 国家环境保护模范城市
- 中国工艺家纺名城
- 中国温泉之都
- 国家园林城市
- 全国粮食生产先进县（市）
- 全国平安建设先进市
- 中国长寿之乡
- 千年古县
- 国家生态市
- 中国毛皮产业名城
- 中国西洋参之都

文登市地方史志编纂委员会

1990 — 1991 年

主　任：徐仁明
副主任：焦占学　所祥聚　初钊兴
委　员：刘金安　赵香春　刘玉党　王树强　刘翠珠　毕可文　丛晨日　刘国仁　姜树欣
岳重温　林基善　顾正建

1992 — 1994 年

主　任：初钊殿
副主任：焦占学　所祥聚　初钊兴
委　员：王树强　刘玉党　邢云强　刘翠珠　毕可文　丛晨日　刘国仁　姜树欣　孙德才
林基善　顾正建

1995 年

主　任：刘玉党
副主任：由发海　焦占学　所祥聚　初钊兴
委　员：刘玉健　邹立兴　王　强　张　宋　刘翠珠　毕可文　孙春显　刘国仁　姜树欣
孙德才　林基善　顾正建

1996 年

主　任：刘玉党
副主任：刘亚东　丛晨日　张书泮　初钊兴
委　员：邹立兴　王　强　张　宋　闫宗超　刘翠珠　毕可文　孙春显　刘国仁　孙德才
林基善　顾正建　姜树欣

1997 年

主　任：王德江
副主任：刘亚东　丛晨日　张书泮　初钊兴
委　员：刘新波　王　强　张　宋　闫宗超　刘翠珠　毕可文　孙春显　刘国仁　孙德才
林基善　顾正建　姜树欣

1998 — 1999 年

主　任：王　强
副主任：刘亚东　徐承梓　张书泮　初钊兴
委　员：闫宗超　刘新波　刘永忠　刘翠珠　王培儒　耿建忠　孙春显　刘国仁　陈全伦
林基善　顾正建　姜树欣

2000 年

名誉主任：刘玉党　张言报
主　　任：王　强
副 主 任：刘亚东　徐承梓　张书泮　连　疆
委　　员：闫宗超　刘新波　刘永忠　刘翠珠　王培儒　耿建忠　孙春显　李世秀　陈全伦
向仁泽　顾正建　初钊兴　姜树欣

2001 年

名誉主任：姜岱敏　于时文
主　　任：刘永忠
副 主 任：刘亚东　徐承梓　田国昌　连　疆
委　　员：闫宗超　刘新波　刘翠珠　王培儒　孙贻祥　孙春显　李世秀　陈全伦　傅世涛
向仁泽　顾正建　初钊兴　姜树欣

2002 年

名誉主任：姜岱敏　于时文
主　　任：刘永忠
副 主 任：刘亚东　毕可文　田国昌
委　　员：刘新波　于安青　侯文金　孙松一　王培儒　刘衍壮　刘昌信　孙贻祥　于新路
苑胜本　李世秀　陈全伦　侯成泽　向仁泽　连　疆　姜树欣　初钊兴

2003 年

名誉主任：姜岱敏　于时文
主　　任：刘永忠
副 主 任：张　波
委　　员：颜祥布　侯文金　郝　芳　孙松一　王培儒　刘衍壮　刘昌信　孙贻祥　于新路
苑胜本　侯国钦　毕庶杰　陈全伦　王书水　谭子安　鞠向明　连　疆　初钊兴

2004 年

名誉主任：姜岱敏　于时文
主　　任：刘永忠
副 主 任：张　波
委　　员：颜祥布　侯文金　郝　芳　刘衍壮　王培儒　孙松一　刘昌信　孙贻祥　于新路
邓树科　侯国钦　毕庶杰　陈全伦　王书水　谭子安　鞠向明　连　疆　初钊兴

2005 年

名誉主任：姜岱敏　王　亮
主　　任：刘永忠
副 主 任：张　波
委　　员：颜祥布　侯文金　郝　芳　王培儒　刘衍壮　孙松一　刘昌信　孙贻祥　于新路
邓树科　侯国钦　毕庶杰　陈全伦　王书水　谭子安　鞠向明　连　疆　初钊兴

2006 年

名誉主任：王　亮
主　　任：王廷琦
副 主 任：张　波
委　　员：王培儒　侯文金　郝　芳　孙松一　刘昌信　孙贻祥　于新路　毕庶杰　曲成祥
于德军　邓树科　侯国钦　王书水　谭子安　鞠向明　连　疆　初钊兴

2007 年

名誉主任：王　亮
主　　任：张　竞
副 主 任：王廷琦　张　波
委　　员：（按姓名笔画排列）
于德军　王书水　王志远　王爱华　王喜杰　王肇刚　车国进　邓树科　石福幸
刘玉进　刘　晓　杨爱国　连　疆　初钊兴　侯国钦　徐元超　谭志杰　谭远国
滕永波　鞠向明

2008 — 2010 年

名誉主任：王　亮
主　　任：张　竞
副 主 任：栾　波　常红军　毕庶杰　曲衍安　韩文斐　王江炜　黄峻峰　刘玉进　车国进
委　　员：（按姓名笔画排列）

于向洋　于军宁　于建平　王　峻　王书水　王永利　王志远　王志勇　王炳刚
王胜新　王淑君　邓树科　田序滋　毕卫刚　孙显林　江先才　初建东　张元德
张世模　张传国　杨爱国　邱洪殿　邵象勇　陈本友　姜泽健　姜浩宁　姜福军
徐元超　崔金龙　谭志杰　谭远国　鞠向明　鞠志强　鞠晨日

2011 年

名誉主任：王　竞
主　　任：张　竞
副 主 任：栾　波　常红军　毕庶杰　曲衍安　韩文斐　王江炜　黄峻峰　鞠洪广　车国进
委　　员：（按姓名笔画排列）
于向洋　于军宁　王　峻　王书水　王永利　王志远　王志勇　王诗梁　王炳刚
王胜新　王淑君　王肇刚　邓树科　田序滋　毕卫刚　刘云峰　孙显林　江先才
初建东　张元德　张世模　杨爱国　邱洪殿　邵象勇　陈本友　姜　波　姜浩宁
姜福军　徐元超　崔金龙　谭志杰　谭远国　鞠向明　鞠志强　鞠晨日

2012 — 2013 年

名誉主任：张　竞
主　　任：栾　波
副 主 任：张海军　常红军　毕庶杰　曲衍安　孟艳玲　王江炜　刘黎宁　鞠洪广　于文华
委　　员：（按姓名笔画排列）
于华军　于向洋　于军宁　王　峻　王永利　王志勇　王诗梁　王晓波　王淑君
王肇刚　兰永强　田序滋　刘建方　刘洪阳　孙显林　毕卫刚　毕洪光　江先才
初建东　张元德　邵象勇　姜　波　姜　春　姜浩宁　姜福军　徐文建　崔金龙
褚元鹏　谭志杰　鞠向明　鞠志强

威海市文登区地方史志编纂委员会

2014 年

名誉主任：张　竞
主　　任：栾　波
副 主 任：张海军　林　恒　姜进军　刘　杰　曲衍安　孟艳玲　王江炜　崔金龙　于文华
委　　员：（按姓名笔画排列）
于向洋　于振忠　王　峻　王永利　王志远　王志勇　马一东　王晓波　王淑君
王肇刚　刘　涛　刘建方　刘洪阳　刘爱军　吕　杰　孙显林　毕卫刚　杨波涛
邵象勇　林治早　姜　波　姜　春　姜春生　姜浩宁　姜福军　徐文建　褚元鹏
鞠向明　鞠志强　鞠晨日

副 主 任：黄峻峰　隋同朋　王军华　王丽珍　孟艳玲　王江炜　王志勇　崔金龙　许德忠

委　　员：（按姓名笔画排列）

于　斌　于文华　于向前　于柳红　王　峻　王永利　王汝辉　王国智　王晓波
王基杰　王淑君　王新华　牛志宁　邢利明　毕卫刚　毕洪光　吕　杰　刘　芳
刘　丽　刘　涛　刘　斌　刘建方　刘爱军　江元钢　杨波涛　连黎泉　宋政建
邵相家　邵象勇　姜　利　姜　波　姜　春　姜福军　贾红阳　徐　琳　徐文建
徐华国　鞠红伟　鞠志强　鞠晨日

《文登市志》（1991 － 2013）编辑和审核人员

主　　审：隋同朋

主　　编：许德忠　于文华　车国进

副 主 编：王淑君　鞠志强　刘常青

特邀顾问：初钊兴　连　疆

特邀审稿：王文恒　李天程　宋明岩　谭子安　王梅胜　曲修明　侯桂智　王洪礼
王德松　范立平

编　　辑：（按姓名笔画排列）

王宏伟　王淑君　初云峰　荣凤娟　高燕妮　鞠志强

特邀编辑：（按姓名笔画排列）

于美芹　吕彦斌　吕鹏序　刘常青　邵保京　姜　岚　殷桂波　董利军

编　　务：刘树林

主要摄影：宋一鸣　商春波　刘旭明　于晓卫

1988 年 12 月 9 日，文登市成立大会在人民剧场举行。

1988 年 12 月 9 日，文登撤县设市，市委、市人大、市政府、市政协、市纪委、市武装部挂牌。

1991年1月12日，文登铺头热电厂暨西郊变电站启动运行剪彩仪式举行。

1992年5月20日，首届文登国际昆嵛山会开幕。图为1993年5月20日举办的文登国际昆嵛山会。

1993年2月12日，埠口港被省政府批准为二类开放口岸。

1994 年 3 月 28 日，市有线电视台自办节目开播。

1994 年 5 月 28 日，昆嵛大厦建成并投入使用。

1994 年 7 月 1 日，市区开通公共汽车。

1994年9月1日，召文台重修落成典礼举行。

1994年9月1日，文登市工业展览馆落成典礼举行。

1994年10月，商贸大观园竣工并投入使用。

1995 年 4 月 3 日，桃威铁路第一列火车到达文登站。

左图：1995 年 6 月，文登首次引进桓台县联合收割机投入麦收。

右图：1996 年 6 月 5 日，文登首次组织 40 台小麦联合收割机参加山东省机收小麦跨区作业。

1995 年 9 月 2 日，市区首家超市——文登市糖酒公司超级市场开业。

1997年7月14－20日，全国乡镇党委书记专题研讨班在文登举办，推广“汪疃经验”。

1997年11月27日，圣经山索道开通。

1997年11月27日，金都大厦开业。

1997 年 12 月 25 日，市中贸易市场开业运营。

1998 年 10 月 24 日，文登市建市 10 周年庆祝大会在市体育中心举行。

1998 年 11 月 4 日，市中广场落成启用。

1998年11月5—7日，全国农村精神文明建设工作座谈会在文登召开，在全国推广文登农村精神文明建设经验。

1998年11月28日，山东省纪念改革开放20周年首场巡回演出在市体育中心举行。

2001年9月27日，荣兰线（G309）文登段、石泽线（S305）等公路通车仪式举行。

2001 年 11 月 18 日，文登市“国家环境保护模范城市”命名大会在人民剧场举行。

2002 年 8 月 14 日，文登市和美国加州杜阿蒂市签订友好合作备忘录。

2002 年 9 月 9 日，文登新一中建成启用。

2002年10月18日，南阳电子株式会社将其在韩国的所有企业迁至蔄山镇，时为文登市最大的外商独资企业。图为乔迁典礼。

2003年6月17日，以文登现实人物为原型创作拍摄的电影——《婶子》在文登开机。

2003年8月11日，文登市与韩国蔚州郡互派公务员签字仪式在文登举行。

2003 年 9 月 28 日，文登义乌小商品批发市场一期工程竣工并投入运营。

2003 年 10 月 22 日，东安集团控股山东黑豹股份有限公司举行资产重组成功庆典。

2004 年 1 月 10 日，文登市获评中国工艺家纺名城。

2004年7月27日，山东威达机械股份有限公司在深圳证券交易所上市，时为山东省第一家在深交所中小企业板块上市的公司。

2004年9月22日，利群文登购物广场开业。

2005年5月18日，文登整骨医院新病房大楼启用。

2005 年 5 月 21 日，文登市举办首届昆嵛山樱桃节，至 2013 年连续举办 9 届。图为第七届昆嵛山樱桃节开幕式。

2006 年 7 月 26 日，全国重点文物保护单位——“圣经山摩崖”揭碑仪式在圣经山举行。

2006 年 9 月 7 日，中韩（文登）工艺家纺博览会开幕。

2006年12月下旬，市委、市政府连续三年将母猪河综合治理列为重点民生项目。图为母猪河下游河道治理工程施工现场。

2007年3月10日，文登市南海新区开发建设启动仪式举行。

2007年4月17日，首届宋村李龙王文化山会举行。

2007年12月28日，文登市召开纪念天福山起义70周年大会。天福山起义参加者张玉华将军在天福山起义纪念塔前祭奠战友。

2008年2月21日，文登市在文登学公园举办元宵节灯会。

2008年5月30日，文登市火车站奠基仪式举行。

2008年9月26日，中国威海（文登）国际温泉节开幕。

2008年9月30日，首届威海（文登南海）沙雕节开幕。

2008年10月22日，文登南海（张家埠）新港开工奠基典礼举行。

2009年8月21日，天润曲轴股份有限公司在深圳证券交易所举行股票上市敲钟仪式。

2009年9月9日，文登倪氏海泰大酒店对外试营业。

2009年9月26日，威海市文登中心医院新门诊大楼奠基仪式举行。

2009 年 10 月 15 日，长会口大桥通车典礼举行。

2010 年 9 月 28 日，文登市职业技术教育中心落成庆典仪式举行。

2010 年 12 月 21 日，第二届山东省农村文化艺术节在文登开幕。

2011 年 7 月 28 日，文登会展中心落成开馆。

2011 年 9 月 21 日，中国（文登）国际家纺博览会暨中国家纺品牌推介会在会展中心开幕。

2012 年 7 月 26 日，中央电视台庆祝中国人民解放军建军 85 周年特别节目——“双拥”花开万里春在市体育场举行。

2012 年 10 月 20 日，市立医院病房大楼落成。

2012 年 10 月 23 日，中国（文登）国际皮草博览会开幕。

2013 年 7 月 4 日，市体育馆开馆暨中美男篮国际对抗赛举行。

2013 年 9 月 6 日，2013 年中国特色农产品博览会暨首届威海（文登）农产品展销会开幕。

2013 年 10 月 28 日，“中国老年人宜居宜游城市”授牌暨文登养老地产论坛启动仪式在汤泊温泉旅游度假区举行。

2013 年 11 月 26 日，威海市人民政府与北京交通大学共建北京交通大学威海校区签约仪式在文登举行。

2014 年 3 月 18 日，文登区成立大会在市民文化中心举行。

2014 年 3 月 18 日，文登区委、区人大、区政府、区政协揭牌仪式在市民文化中心举行。

三瓣石

王母娘娘洗脚盆

胶东屋脊——昆嵛山

昆嵛山樱桃

昆嵛山泉

革命圣地——天福山

天福山起义会址

天福山起义纪念馆

天福山起义纪念塔

天福山起义竖旗地址

道教全真派发祥地——圣经山

天然老子石像

《太上老子道德经》摩崖石刻

圣经山牌坊

东华洞

昆嵛山水库

母猪河

米山水库

南海公园"我心向海"雕塑

南海公园"我心飞翔"雕塑

文登南海

南海沙雕

南海湿地鸥鸟翔集

文登风光

WENDENG FENGGUANG

市民文化中心

博展中心

体育公园

市民中心

职教中心

城市新区

文登学公园

抱龙河公园

"文登学"雕塑

王重阳与全真七子雕塑

抱龙女雕塑

抱龙河公园为国家水利风景区

召文台

蜡像馆

文登学陈列馆

秦代遗踪牌坊

文山公园

钟楼

文星石亭

文登风光

WENDENG FENGGUANG

士林亭

峰山水库

峰山健身广场

峰山森林公园

市中广场

市中广场夜景

文登——温泉之都

温泉雪景

汤泊温泉外景

汤泊温泉室外泳池

天沐温泉外景

天沐温泉室内浴池

长会口大桥

威海国际机场

南海新港

威青高速公路文登南立交

文登火车站

文登汽车站

天润曲轴股份有限公司生产车间

宏安集团有限公司生产车间

文登市森鹿制革有限公司生产车间

中航黑豹股份有限公司生产车间

山东省艺达有限公司生产车间

文登威力工具集团有限公司产品展厅

文登奥文电机有限公司生产车间

山东省艺达有限公司生产的“艺达”牌化纤被

山东云龙绣品有限公司生产的“云龙”牌化纤被

威海恒大电机（集团）有限公司生产的“文宝”牌系列小功率电动机

山东万得集团有限公司生产的“WON & WON”牌台布

山东云龙绣品有限公司
“云龙”商标

威海恒大电机（集团）有限公司
“文宝”商标

天润曲轴股份有限公司
“天”商标

山东万得集团有限公司
“WON & WON”商标

山东芸祥绣品有限公司
“一品绣”商标

文登威力工具集团有限公司
“MAXPOWER®”商标

地方特产

DIFANG TECHAN

中国地理标志农产品

文登西洋参

文登砂梨

文登苹果

文登大樱桃

文登大花生

文登面蛤

文登布蛤

文登银杏

文登水貂

文登奶山羊

民间文学：秃尾巴老李的传说（国家级）

2007 年 4 月 16 日，中国龙文化暨李龙文化研讨会在文登举行。

“秃尾巴老李的传说”发源于文登市。自汉时即有龙文化的记载，明清之际兴起李龙王的民间传说，并迅速在山东、东北、江浙等地区传播开来，清道光皇帝曾亲笔题封李龙王“溥惠佑民”牌匾。文登有关祭祀李龙王、李龙母的庙会、山会等节俗广传民间，日渐盛行，形成独具特色的李龙文化，在全国乃至海外产生重要影响。改革开放后，回龙山山会重新兴起，三月初二祭奠龙母、六月初八“李龙爷的生日”，家家户户蒸饽饽纪念的风俗延续至今。2008 年 6 月 7 日，被列入第二批国家级非物质文化遗产名录。

2012 年 3 月 23 日，回龙山山会。

传统美术：鲁绣（省级）

鲁绣是中国历史文献中记载最早的一个绣种，属中国“八大名绣”之一。经过文登一带民间传统鲁绣艺人的演绎整理，一种通过“抽、绣、编、锁、勒、挑、补、雕”等技法在白色亚麻或棉麻混纺布上制作各种装饰纹样的“抽绣”艺术诞生，其造型优美，格调雅致，花纹粗犷雄健，色彩富于变化，具有浓郁的地方特色。文登先后开发出填补国内空白的新产品45项，新针法、新工艺86项，获得国家专利56项。文登鲁绣曾多次获得中国轻工业博览会和世界博览会金奖。2004年1月，文登市被中国纺织工业协会、中国家用纺织品行业协会命名为“中国工艺家纺名城”。2009年9月27日，鲁绣被列入山东省第二批省级非物质文化遗产名录。

鲁绣作品

鲁绣传承人在制作鲁绣

鲁绣产品展厅

传统技艺：糖瓜制作技艺（省级）

“糖瓜”是一种用黄米和麦芽熬制成的黏性很大的糖，把它抽为长条形的糖棍称为“关东糖”，拉制成扁圆形就叫作“糖瓜”。其制作技艺是清朝宫廷面点制作工艺的典范，具有极高的历史和人文价值，尤以文登市高村镇脉田村最具代表性。2009 年 9 月 27 日，被列入山东省第二批省级非物质文化遗产名录。

糖瓜制作技艺传承人在制作糖瓜

民俗：胶东花饽饽习俗（省级）

胶东花饽饽习俗是一种源自民间、具有浓厚乡土气息的习俗。胶东花饽饽以面为原料，用简单的工具捏塑成千姿百态的人物形象，做成活灵活现的各种动物、鲜艳美丽的花草树木。胶东花饽饽习俗经过几个世纪的演变，继承传统文化，表现出时代精神，成为民俗风情独特的表现方式，广泛用于祭祀供奉以及祈福、婚庆、祝寿等民俗中。2009 年 9 月 27 日，被列入山东省第二批省级非物质文化遗产名录。

民间花饽饽蒸制比赛

胶东花饽饽传承人蒸制花饽饽

民俗：“串黄河”风俗（省级）

“串黄河”亦名“九曲黄河灯”“九曲黄河阵”“地灯”“平安灯”“九曲阵”“迷魂阵”等，是在文登境内流传300余年的一种民间大型传统游戏，一般在正月十五元宵之夜或二月初二举行。“串黄河”源于古时的九曲黄河阵，相传九曲黄河阵是古代兵家布下的一种易守难攻的阵式，因其阵如九曲十八弯的黄河而得名。活动主要分布在高村、葛家、泽头、文登营等镇，其中，高村镇北邢家、中邢家、河南邢家等村是具有代表性的举办地。2013年5月7日，被列入山东省第三批省级非物质文化遗产名录。

“串黄河”传承人演示“串黄河”技法

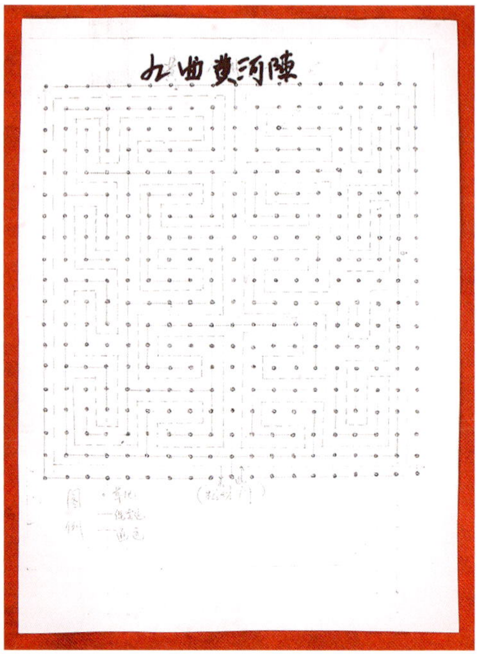

“串黄河”阵图

草柳编制品

草编技艺——缠边

传统技艺：草柳编（省级）

文登草柳编的历史可追溯至夏代，至今，已由生活用品向工艺品演变。其中，文登市高村镇二甲村的草柳编独具一格，久负盛名。文登草柳编工艺精良，有平编、纹编、勒编、砌编、缠编等，多种技法可编出各种图案纹样，能满足多种器型的编织要求，具有鲜明的地域性特征。代表作品：蒲团、提篮、果盒、杯套、坐墩、帽子、拖鞋和枕、席等。2013年5月7日，被列入山东省第三批省级非物质文化遗产名录。

前　言

邑有志，犹国有史。文登作为千年古县和文化名城，自古有着崇文尚学、盛世修志的优良传统。历史上，清代6次修志，至今留存雍正本、道光本、光绪本《文登县志》。1980年8月，文登县地方史志编纂委员会成立，首部中华人民共和国成立后的地方志编纂工程启动。至1996年，《文登市志》出版，断限为1840—1990年。此次出版的《文登市志（1991—2013）》接续前书，新者增之，缺者补之，以求传承“文登学”厚重历史，弘扬“文登学”博大文化，共成新时代文登之典籍。

2008年，按照全国、全省二轮修志要求，《文登市志（1991—2008）》编修工作启动。2015年，下限时间延至2013年。1991—2013年，正是文登改革开放、建设发展力求繁荣时期。全市上下以经济建设为中心，抢抓机遇、勠力同心、拼搏实干，用勤劳、勇敢、智慧谱写了文登发展的新篇章。对于编修《文登市志（1991—2013）》这项新时期重大文化建设工程，文登历届区（市）委、区（市）政府高度重视，加强政治领导，强化思想引领，认真组织实施，建立由区（市）史志办牵头、全区（市）各单位共同参与的修志组织架构。全体编纂人员以“修志问道，以启未来”为己任，以“直笔著信史”为目标，恪尽职守，不辱使命，抱着对文登历史负责、对人民负责的态度，科学设计志书框架，广泛深入挖掘资料，精选重要节点事件，严谨考证史料真伪，严格按照规范编辑，努力打造精品工程。

历经十余载，精心打磨、数易其稿，《文登市志（1991—2013）》终于出版。本志采用章节体记事，前设图片专辑、总述、大事记，后设附录，中间设政区、自然环境、人口等36个专志，近260万字，系统、客观地记述了文登市1991—2013年自然、经济、政治、文化、社会等各方面的发展变迁，全面回顾了文登人民23年来筚路蓝缕、砥砺前行的坚定足迹和脚踏实地、追求美好生活的奋斗历程。希望通过这些记述，把此时期文登人民勇立潮头、开拓进取的创业精神和解放思想、创新创造的发展智慧传之后世，惠及子孙。

编者

2018年9月

凡　例

一、本志以马克思列宁主义、毛泽东思想、邓小平理论、“三个代表”重要思想、科学发展观、习近平新时代中国特色社会主义思想为指导，坚持党的路线、方针、政策，坚持辩证唯物主义和历史唯物主义立场、观点和方法，实事求是地记述境内自然与社会的历史与现状，力求资料性、科学性和时代性的统一，达到存史、资政、育人之目的。

二、本志系1996年12月出版的《文登市志》的续志。上起1991年，下迄2013年。为表述内容的完整性和系统性，个别章节内容上溯或下延。文中所述年代，凡不冠世纪的均指20世纪。采用公元纪年，历史朝代纪年括注公元纪年。记述范围为1991－2013年地域范围，志中“境内”“域内”指文登市域。

三、本志全面、系统记述区域内23年发生的主要变化，注重社会调查和第一手资料，力求史料翔实、文字简练、结构合理、内容全面。

四、本志采用规范的现代语体文记述，以述、记、志、传、图、表、录等为体裁，以志为主，图片以卷首和随文两种形式表现。卷首为图照专辑、前言、凡例、目录、总述和大事记，中设各专业志，后殿人物志、附录、索引和后记。

五、本志横排门类、纵述史实，按门类设编章。编下设无题序，章下设节，节下一般设目、个别设子目。为体现地方产业特色和时代特征，部分事业从大门类中升格设编或章，如“海洋与渔业”“工艺家纺业”等。

六、本志地名以文登市人民政府公布的名称为准，行政组织机构、企事业单位、社会团体等名称使用当时称谓。冠以山东省和文登市的部门（单位）名称一般省略“山东”“文登”，称为省、市。

七、本志对各行政事业主管部门在各编机构叙述中，对成立时间、名称变更、规格及隶属关系有较详细的记述，其他部门和单位在记述事业发展时，直接使用当时名称，不注明变更时间。

八、本志人物收录以本籍为主，兼记对文登历史、文化、经济和社会发展有重大影响的客籍人物。在世人物列表介绍，按生年排序；去世人物立传，以卒年排序。女性人物括注“女”。各编坚持以事系人原则记载相关人物。

九、本志叙述采用第三人称，人物名称均直呼其名。外国国名、人名等均以新华社或社会公认译名为准。

十、本志资料来源于年鉴、档案、文献和部门（单位）提供的基础文稿及社会访问调查资料等。

十一、本志数据以文登市统计局公布数字为准，统计局未做统计的采用主管部门或单位提供的数据为准。数字、标点用法，执行2011年国家颁布的《出版物上数字用法》《标点符号用法》标准。过“万”或过“亿”数字多采用“万”“亿”为单位计数（个别需精确表述数字除外）。计量单位及符号一律采用中华人民共和国法定计量单位。表格中无数字的用“—”表示，数字缺失采用“…”表示。

十二、本志跨度中出现初村、草庙子、茼山、汪疃4个镇全部或部分事务划出，各编按时间顺序叙述时，不含上述镇一般加以括注。

总目录

上 册

下 册

目 录

上 册

第三编　人　口

第四编　城乡建设

第五编　环境保护

第六编　交通运输与口岸管理

第七编　邮政　信息传输业

第八编 农 业

第九编　海洋与渔业

第十编　工　业

第十一编 工艺家纺业

第十二编 建筑业 房地产业

第十三编 开放型经济

第十四编　园区建设

第十五编　商贸服务业

第十六编 旅游业

第十七编 金融业

第十八编 财政 税务

总　述

昆嵛山风光（2012 年 6 月 10 日摄）

文登，地处山东半岛东部，位于青烟威环黄渤海经济圈中心地带。南濒黄海，北连威海市环翠区，东接荣成市，西南与乳山市毗邻，西北与烟台市牟平区接壤。市治文登城，是全市政治、经济、文化、科技、商贸中心。全境南北纵距56.53千米，东西横距51.36千米，总面积1829.16平方千米。2013年，全市辖2个省级开发区、14个镇、3个街道和埠口港，人口总数64.29万人，居住民族35个，汉族占总人口的99.63%。

文登区位优越，陆、海、空交通设施齐备。威海机场坐落境内，桃威铁路、青荣城际铁路均在境内设站；国家二类开放口岸张家埠港为天然避风良港，拥有千吨级泊位3个。威青高速、荣兰线（309国道）、石泽公路、俚李公路横贯东西，威石公路、初张公路、上泽公路纵穿南北；城镇公路纵横交错，四通八达。

至2013年，文登置县1445年。这里山丰海荣、田沃村秀，宜居宜业，是闻名的千年古县、文化名城、鲁绣之乡。1991—2013年，文登市先后获全国县域经济基本竞争力百强县、全国明星县、国家卫生城市、全国体育先进市、全国文化先进市、全国双拥模范城、中国优秀旅游城市、全国科普示范市、国家环境保护模范城市、中国工艺家纺名城、全国粮食生产先进县、全国质量兴市先进市、全国平安建设先进市、中国长寿之乡、国家园林城市、国家生态市等称号。

一

文登，位于新华夏系第二隆起的东部，文登、荣成凸起的中心部位。地势东、西两侧高，中间低，北部高，南部低，呈簸箕形。西北部昆嵛山山脉，是胶东地区屋脊，主峰泰礴顶海拔922.8米，为烟威地域最高点。全市主要河流有母猪河、青龙河、昌阳河和流经西南边界的黄垒河。位于母猪河中游的米山水库，总库容2.8亿立方米，为威海辖区最大的淡水资源。

市境属暖温带东亚大陆性季风气候，四季分明，气候宜人，年平均气温11.9℃，年平均日照时数2364小时，年平均无霜期200天，年平均降水量767.8毫米。

陆地生物资源丰富，种类繁多。野生动物有10纲47目225科1161种，野生高等植物有161科536属1073种。

境内海岸线东起高村镇靳家店村南蔡官屯河口，曲折西去，止于文登、乳山交界的黄垒河口，全长155.88千米。15米等深线以内海域面积292.7平方千米，滩涂面积126平方千米。浅海及潮间带生物资源丰富，约有211种（属），平均生物量266.44克/平方米，最高生物量2096克/平方米。

境内矿藏资源有金、银、铁、铜、钼、锌、花岗岩、石英砂、高岭土、石墨、水晶、云母等29种。地热资源享誉全国，出露的温泉有七里汤、汤村汤、呼雷汤、大英汤、洪水澜汤，水质优良，各具特色。

文登，物产丰饶、名品众多，是山东省重点粮油产地、全国大花生主产区，“文登苹果”“文登大花生”“文登西洋参”，入选全国100个“2012最具影响力中国农产品区域公用品牌”。特种动物养殖规模及皮草质量闻名全国，获中国毛皮产业名城称号。

文登，工业基础雄厚、门类齐全，拥有省级以上名牌产品42个，著名商标42个，80%以上出自机电工具业、汽车及零部件业、工艺家纺业三大产业集群。

二

文登，历史悠久，文化灿烂。千年沧桑巨变，在这片神奇古老的土地上孕育形成了以士学文化、道教文化、李龙文化、红色文化为代表的“文登学”文化，淬炼凝就了仁爱、正义、明理、尚学、守信的“文登学”精神。

文登的古代文化遗迹及出土文物表明，远在新石器时代，先祖就已在这片土地上生息劳作。夏、商、周三代，境内海盐、海产品、畜产品等，其生产规模和技术水平已处当时领先地位。春秋战国时期，稷下黄老学派东来文登，讲经布道，开启教化。秦汉为兴盛之地，诗礼成风，汉代大儒郑玄于此传道授业。偏远之隅成文昌之乡，昌阳古县兴东鲁文风。宋时，文登学宫的规模居登州府各县之首。明清时期更是文风大振，儒学文脉深入人心，科举考试，父子同榜、兄弟连镳，邑人连连金榜题名，是远近闻名的“进士之乡”。金元时期，“全真”祖师王重阳在境内圣经山创立道教全真派，因皇帝敕封，将相朝拜，遂成道家敬仰圣地。

文登依山傍海的地理环境，成为产生龙的传说和形成龙神崇拜文化的丰厚土壤，产生于明代的秃尾巴李龙王传说，将李龙王塑造成为淳朴、忠勇、守信、仁孝的形象，体现了文登百姓所尊尚和敬仰的优良品质和传统美德。

厚重的乡土文化铸就了文登人铁血担当、忠诚使命的爱国情怀和不屈不挠、舍生忘死的英雄气概。辛亥革命，文登儿女高举义旗，奋起响应，为推翻封建帝制，数百人献出生命。1935 年 11 月 29 日（农历十一月初四），中共胶东特委以文登为中心发动了席卷胶东四县的“一一・四”暴动，是土地革命战争时期中国共产党在胶东地区领导的一次规模最大的武装斗争，创建了昆嵛山红军游击队。1937 年 12 月 24 日，中共胶东特委组织领导的天福山起义，揭开胶东人民武装抗日序幕，创建了山东人民抗日救国军第三军，成为胶东地区第一支由中国共产党领导的抗日武装。经过抗日战争、解放战争的洗礼，至中华人民共和国成立之时，“三军”发展成为中国人民解放军四个军。抗战八年，文登县有 9000 余人参加八路军和地方人民武装。解放战争时期，文登人民全力以赴支援前线，2.2 万余人参军入伍，3.5 万余名民工踊跃支前，343 名干部舍家南下。文登人民为中国革命胜利作出重要贡献。

文登，钟灵毓秀，地灵人杰。源远流长的“文登学”文化，滋养着一代又一代文登人，哺育出众多经世之才和英雄儿女。元代，有编著山东最早省级志书的方志编纂家、历史地理学家、文学家于钦。明代，有为官正直、尽忠职守的南京工部尚书丛兰。清代，有学识渊博、立身端方的江苏巡抚徐士林。近现代，更是英才荟萃，群星灿烂。昆嵛山红军游击队带头人、传奇英雄于得水，出生入死，战功卓著。天福山抗日武装起义领导人之一林一山，为长江治理作出不朽贡献，被毛泽东誉为“红色专家”。全国著名劳动模范张富贵，一辈子听党的话，忠贞不渝跟党走。文登籍将军孙忠同、迟万春，2006 年 6 月晋升为上将军衔。知名学者于植元，被美国世界名人传记中心授予终身成就奖。特等残疾军人、军旅作家赛时礼，以惊人的毅力创作各类文学作品 250 万字，被誉为“军中保尔”。中国残联主席张海迪，身残志坚，通过不懈努力，成为著名作家。获国家发明一等奖的显微外科开拓者于仲嘉，其肢体再造技术精湛，被外国友人称为“中国手”。巴西华侨领袖、企业界巨擘毕务国，为发展巴西经济和中巴友谊作出突出贡献，先后 3 次获巴西中央政府颁发的十字勋章。工程院院士丛斌，当代知名作家王润滋、毕淑敏，曾打破亚洲和世界纪录的女子田径运动员丛玉珍、举重运动员毕彩娟等，他们都是文登众多优秀儿女的杰出代表。

三

23 年栉风沐雨，23 年创新转型，23 年奋楫争先。文登市委、市政府带领全市人民沐浴着改革开放的春风，走出一条合市情、贴民意，经济发展、文明进步、社会和谐的富民强市之路。2013 年，全市地区生产总值 615.98 亿元，人均地区生产总值 10.59 万元，分别是 1991 年的 27.47 倍、34.32 倍。地方财政收入 75.52 亿元，是 1991 年的 77.06 倍。全社会固定资产投资 442.33 亿元，是 1991 年的 286.47 倍。社会消费品零售额 248.07 亿元，是 1991 年的 21.35 倍。

农村经济　“八五”时期，推行以大沟麦种植为主体的间作套种高产栽培技术和立体种植，变两年三作为一年两作甚至三作、四作，平均复种指数达183.1%。在稳定发展粮油生产的同时，以提高经济效益、增加农民收入为目标，实施水产、林果、桑茧、畜牧、蔬菜“五大开发”，全市初步形成市场化、产业化、优质高效创汇型农业格局，获全国菜篮子产品生产先进市、全国渔业百强县称号。1996－1997年，镇、村两级成立以农技、畜牧、蚕茧、水产、水利、土地、农机、供销等为主体的服务组织，为农民发展生产提供产前、产中、产后服务，各类服务组织发展到2880个，科技服务人员达1.5万人，以服务闻名的“汪疃经验”在全国推广。2000年后，加大农业结构调整力度，突出标准化、优质化、品牌化，坚持走质量兴农路子，成为全国大宗蔬菜产业技术体系示范县、全国无公害农产品标志推广与监管示范县，被确定为首批山东省出口农产品质量安全示范区。“文登银杏”“文登砂梨”“文登水貂”“文登奶山羊”“文登布蛤”“文登面蛤”，先后获国家农产品地理标志认证。2013年，全市共有农民专业合作社462家，年销售收入过500万元以上的农业龙头企业达101家，农林牧渔业总产值达到117.9亿元，是1991年的7.26倍。获全国奶牛生产强县、全国基层农技推广体系改革与建设示范县、全国封山育林先进单位、全国高效特色畜牧业示范县等称号。

工业经济　文登工业起步早、发展快、效益好。“八五”时期，工业总产值年均以44.1%的速度递增，达到196.42亿元。1995年，镇村工业企业达819家，完成产值108.72亿元，是“七五”末的8.7倍，年均递增54%，占全市工农业总产值的46.84%，成为文登经济的“半壁江山”。其间，以建立现代企业制度为目标，对工业管理体制、企业经营机制、企业产权制度进行改革。1996－1997年，在产业结构、组织构建、企业管理、经营方式、资金筹措、经营指导上实行“六个转移”，安排技术改造项目734个，开发新产品210个，实现年产值过1亿元或利税过1000万元的企业有60家。2000年，镇以上工业改制企业538家，改制面达到98.5%。“十一五”时期，全市掀起抓经济主要抓工业，抓工业主要抓项目热潮，加快传统产业改造和新兴产业培育，促进产业转型升级，构筑现代工业体系。机电工具业、汽车及零部件业、工艺家纺业三大产业集群迅速崛起，分别占全市工业总量的25.88%、15.39%、13.71%。机电工具业入选中国县域产业集群竞争力100强，工艺家纺产业跻身全省十大产业集群和中国产业集群品牌50强行列，文登成为中国工艺家纺名城和山东省工艺家纺产业基地。2012年，全市有国家级高新技术企业10家，纳税过千万元的企业达23家。2013年，启动百企升级创新发展行动计划、百家中小微企业梯次成长计划，实施技改项目147个，完成技改投资114.8亿元。规模以上企业完成工业总产值1627.18亿元，实现利税114.42亿元。

对外经济　发挥沿海开放城市政策、地理、环境等优势，全方位、多形式、高质量开展对外交流合作。90年代，积极促进外商和港澳台商直接投资、“三来一补”同步发展。到“八五”末，全市引进外资和港澳台资项目254个，合同利用外资和港澳台资2.04亿美元，实际利用外资和港澳台资8199万美元。进入21世纪，以重大项目建设为抓手，突出抓好产业招商、会议招商、项目招商、园区招商、网上招商、以商招商，外商和港澳台商投资成倍增加。至2003年，批准外资和港澳台资企业721家，实际利用外资和港澳台资6.88亿美元。2007－2009年，招商引资项目实施“一事一议”优惠政策，批准外商和港澳台商直接投资项目119个。23年间，全市共批准外商和港澳台商投资企业1470家，合同利用外资和港澳台资49.01亿美元，实际利用外资和港澳台资18.03亿美元。

90年代，外贸企业面对新体制、新形势，实行多元化经营，多渠道出口，速度与效益保持同步增长。2000年，全市外贸出口总值达到1.75亿美元，是1995年的6.77倍，出口商品中，工业制品比重达到86%。2001年后，通过开展争创加工贸易明星镇、明星村活动，促进对外加工贸易快速发展。2005年，从事加工贸易村达226个，占全市总村数的25.36%。2007－2010年，抓住国家调整出口退税政策时机，拓展国际市场，增强对外竞争力，对外贸易连年保持较快增长，高新技术产品出口占出口总额的33.54%，文登市被认定为国家外贸转型升级专业型示范基地。2013年，全市完成进出口贸易总额14.02亿美元，出口贸易额超过1000万美元的企业20家，超过5000万美元的企业2家。

商贸旅游 “八五”时期，面对计划经济向市场经济转变的新形势，文登以解放思想为先导，加强横向联合，开展多种经营，商、粮、物、供“四大行业”综合效益大幅提升。1995年，全市完成社会商品销售总额16.9亿元，实现利税2944万元，分别比“七五”末增长160.4%和189.5%。1998年，集中资金，营造市场，培育市场，全市投入资金2.3亿元，扩建、改建集贸市场22处，各类集贸市场发展到62处；兴建商业街40余条，面积20余万平方米。2000年，加大改革力度，激发企业活力，改制企业16家，对外承租687家，实行公有民营46家，盘活资产1亿余元。2001年始，以市场化、产业化为导向，通过政策驱动、投资拉动、市场带动、改制促动，推动第三产业快速发展，新型经济逐步成长壮大，现代物流、休闲度假、美容化妆、中介服务、游戏娱乐、电子商务等新型业态迅速崛起。餐饮娱乐、商场购物由低档向高档发展，昆嵛酒店、运恒大酒店、倪氏海泰大酒店等一批宾馆、酒店通过升级改造、兴建开张，实现新的突破。文登义乌小商品批发市场、利群文登购物广场、大润发购物超市等10余个商贸、物流项目在文登落地生根，一个特色鲜明、功能完善、购物便捷的现代商业圈快速形成。2013年，全市个体工商户达1.43万户，注册资金5.21亿元；第三产业实现增加值250.58亿元，比1991年增长58.24倍，所占国民经济比重由1991年的27.4%提高到2013年的40.69%，获全省服务业发展先进市称号。

全面挖掘文登生态、人文、民俗三大特色，科学整合山、海、泉、城等资源，推进文登旅游有序、跨越发展。至2013年，文登先后投资89亿元，高标准规划建设天福山起义纪念地景区、圣经山风景区、文山公园、文登学公园、抱龙河公园、南海公园、天沐温泉度假村、汤泊温泉度假村、峰山森林公园等项目。先后举办9届昆嵛山樱桃节，并利用靠海、守泉等资源优势，办好采贝节、沙雕节、温泉节，推动乡村旅游、滨海旅游和康养旅游协调发展。2007－2008年，文登市连续两年获山东省最具竞争力旅游强县（市）称号。2013年，全市拥有国家AAAA级旅游景区3个，国家AAA级旅游景区2个，国家级工业旅游示范点3个，国家级农业旅游示范点1个。文登旅游业从小到大，由弱到强，形成“春赏花、夏避暑、秋采摘、冬泡泉”的地域品牌。

四

按照构建和谐文登总体要求，文登市委、市政府从实际出发，坚持以人为本，加快民生建设，全市社会事业协调发展，城乡面貌焕然一新，人民生活不断改善。

精神文明 “八五”时期，通过建机制、搭平台、抓管理、搞活动，全市精神文明建设呈现出积极向上、蓬勃发展的良好局面。1991年和1995年，两次获山东省精神文明建设工作先进市称号。1996－1997年，农村开展“树时代新风”、企业开展“增干群合力”、学校开展“育四有新人”、窗口单位开展“树良好形象”、党政机关开展“创文明机关”、城乡整体开展“建文明城市”六大系列活动，全面提升市民综合文明素养，文登名列全省精神文明建设工作先进县（市、区）考核之首。1998年，以创建全省第四届精神文明建设工作先进市为契机，以文明城市、文明行业和文明镇村户三大创建活动为载体，强化措施抓落实，精神文明建设不断向纵深发展，摘取全省第四届精神文明建设工作先进县（市）综合考核桂冠，中共中央宣传部、文明办在文登召开全国农村精神文明建设工作座谈会，把文登树为全国农村精神文明建设的一面旗帜。进入21世纪，农村环境综合整治活动高潮迭起，到2002年，实现绿、亮、美、净村庄占全市村庄总数的50%。2007年，发动全市人民开展以形成和谐的思维方式、和谐的心理状态、和谐的言谈话语、和谐的处事方式为目标的“建设和谐文登从我做起”大讨论活动，召开各类座谈会、研讨会80余场，全市呈现出一派议和谐、谋和谐，团结向上、共谋发展的大好局面。2011年，实施乡村文明行动，探索推行环境+社区+文化+产业的特色创建模式，示范村、达标村分别达356个、92个，获山东省首批乡村文明行动示范市称号。2013年，开展孝亲敬老文化进乡村、进校园、进机关活动，致力建设“仁孝文登”，获全省首批“四德”工程示范市称号。

科教事业 实施“科教兴文”“人才兴市”战略，推进区域经济健康持续发展。1991—1995年，全市引进各类专业技术人才1003人，投入科技经费3.29亿元，取得科技成果80项，推广科技成果105项，获全国科技工作先进市、全国科技实力百强县称号。“九五”时期，着力推进科技成果商品化、市场化和产业化，实施各类科技发展计划276项，科技成果转化率达95%，被确定为山东省科技工作改革试点市和山东省专利工作试点市。2004—2005年，全市高新技术企业发展到50家，其中省级以上高新技术企业11家，被列为山东省制造业信息化示范市。2007—2009年，投入科技经费1.13亿元，实施科技发展计划85项。2011—2013年，围绕打造蓝色经济先行区和高端产业聚集示范区目标，先后举办3届科技周活动，开展6次产学研对接活动，获各级科技进步奖139项，被评为2013年全国科技进步考核先进县（市）。

1991—2013年，义务教育、职业教育、特殊教育、成人教育全面发展。“八五”时期，全市确立教育优先发展地位，预算内教育经费年均增长23.3%，学生人均教育经费年均增长50.6%。中等教育结构进一步优化和完善，全市万人拥有大专及以上学历人数达140人。基本普及九年义务教育、基本扫除青壮年文盲的“两基”工作成效显著，崇文重教之风日渐浓厚。“九五”期间，把优先发展教育战略目标列入《文登市国民经济和社会发展九五计划及2010年远景目标纲要》，预算内教育经费年均增长27.7%，基本实现6周岁儿童全部入学。1997年，被国家教委公布为全国首批“两基”工作先进市。2000年，全市基本完成“教育现代化第二阶段目标任务”，学前教育、义务教育和高中教育普及率分别达到98%、100%、95%，高等教育总入学率达77%，小学、初中巩固率分别达100%、98%。进入21世纪，大力推进教育思想改进和教学方法变革，教育教学成绩逐年提升，素质教育不断加强。学校、社会、家庭三方密切配合，基础、职业和成人教育均衡发展，免费义务教育全面实施，教育现代化和教学信息化建设迅速推进。文登市先后获全国义务教育发展基本均衡县（市）、山东省教育先进市、山东省教育工作示范市等称号。

文化体育 加强文化事业建设，满足人民精神需求，提升城乡文明水平。1991—1995年，全市组织各类文艺会演、调演、比赛20余次，参加人员1800余人次，获得各类奖项135个，获山东省社会文化先进县称号。1997年，市、镇、村三级群众文化网络基本形成，各类文化活动场所达1700余处，获全国文化先进市称号。2000年，实现村村通广播电视。2006年，全市实现有线电视“村村通”。2009年，农村文化大院发展到577个。2010年，文登学公园广场被省委宣传部、省文化厅评为全省十佳城市中心文化广场。2011年，全市共建农家书屋432个，城乡群众文艺队伍发展到800余支，城乡居民基本实现“休闲有去处、歌舞有场所”。在山东省县域经济社会科学发展考核中，文登文化工作考核成绩居全省第一名。2013年，举办“舞动龙乡”“百姓放歌·唱响文登”“激情广场大家乐”等系列活动30余场，观众达10万余人次。免费送电影、送戏下乡8300余场次，被评为省级公共文化服务体系示范区。23年间，群众性文艺创作日趋繁荣，共发表各类文学作品6000余件，京剧《李龙王》、舞台剧《东方文登学》分别获首届和第四届泰山文艺奖，小吕剧《一个钱包》获第十届中国艺术节戏剧类“群星奖”，并获山东省“星光奖”金奖。

体育事业全面进步，健身设施遍布城乡。1991年，获山东省施行《国家体育锻炼标准》先进县

（市）称号。1996年，被命名为国家体育先进县，被评为第二届山东省“田径之乡”。1999年，首次成功承办全国中学生手球联赛、山东省自由式摔跤锦标赛。2001年，获山东省十佳体育先进县（市）称号。2004年，有8所中小学被命名为山东省田径传统项目学校、8所中小学被命名为山东省篮球传统项目学校、3所中小学被命名为山东省乒乓球传统项目学校。2007—2009年，组织大型群众性体育比赛18次，获山东省全民健身月活动先进单位称号。2012年，总投资7亿元，建筑面积7.8万平方米的体育公园一期工程建成投入使用。2013年，全市685个村（社区）配齐体育指导员，健身路径实现村级全覆盖。在威海市运动会上，文登连续四届夺得金牌总数第一。

城乡建设 23年间，按照“人民城市人民建、人民城市人民管”的指导方针，统筹规划、建管并举，城乡面貌发生巨大变化。“八五”期间，拆除“城中村”旧房9120间，新建住宅面积28万平方米，建设居民小区6个。昆嵛大厦、邮电大楼、建行大楼等地标建筑拔地而起。1996—1997年，投资3.68亿元，新修、拓宽村镇道路358万平方米，硬化路面163.8万平方米，基本实现镇镇通公路、村村跑汽车。1998年，是城乡建设大投入、大建设、大发展的一年，全市动员，全民上阵，清理“脏、乱、差”，文登市被列为“齐鲁杯”免检城市，获山东省“齐鲁杯”优秀城市称号。2000年，城市化水平由80年代末的21.7%提高到47.6%，获全省村镇建设先进市、全国环境综合整治优秀城市等称号。2006年，全面启动城市新区建设，年末建成区面积扩至31.8平方千米，绿化覆盖率达到41.29%。2007年，投资20余亿元，开发建设75.2万平方米“一园五中心”，文化教育、金融商贸、综合服务、生活居住、生态休闲“五大组团”风采初现，一座现代新城崛地而起。2013年，实施道路畅通、生态治理、绿化提升、供水保障、城乡洁美、建筑节能、市民温暖、舒心安居、滨河打造和城市亮化“十大工程”，市区人均道路、绿地面积分别达28.1平方米、22.65平方米，自来水、燃气普及率100%。14个镇全部达到国家生态镇标准，获国家生态市称号。

民生事业 实现好、维护好、发展好人民群众的利益，是文登民生建设的不变宗旨。90年代初，发动社会力量，实施“包村联户、强村富民”工程，20余年，全市各行各业帮助贫困村、贫困户做好事、办实事8.6万余件。2004—2005年，农林特产税、农业税分别提前停征、废止，减轻农民负担5000余万元。2007—2009年，以“居有所安、行有所便、幼有所教、壮有所事、老有所养、病有所医、困有所济、闲有所乐、差有所治、忧有所解”为内容的“十有”民生工程启动，3年间，投资7.2亿元，实施重点民生工程57项。建立城乡孤儿一体化救助制度，生活费用由政府负担。2012年，安排9亿元资金，实施社会保障、安居乐业、环境整治等重点民生工程21项。2013年，城市低保标准由每人每月400元提高到450元，农村低保标准由每人每年2400元提高到2600元。养老机构发展到40家，实现应养尽养，被评为全省敬老院建设先进市。全市共有各类医疗卫生机构574个，千人拥有床位7.46张、医生8.51人。就业创业机制逐步健全，城镇登记失业率控制在1.4%以内。城镇居民年人均可支配收入23192.81元，农民年人均纯收入16310.48元。

东风浩荡满眼春，万里征程催人急。昨天的荣耀与成绩，是里程碑，更是起跑线。今日，勤勉务实、自强不息的文登人民正以只争朝夕的精神状态和舍我其谁的豪迈情怀，秉承“文登学”精神，昂首阔步，坚定前行，为绘就昆嵛大地更加壮丽的画卷、开创千秋古邑更加美好的明天而努力奋斗！

大事记

文登学公园（2013年6月20日摄）

1991年

1月1日 市乡镇企业局主办的《文登乡镇工业》报创刊，四开四版，每周日出版。1992年12月停刊。

1月12日 中共中央政治局常委、中纪委书记、中央政法委书记乔石到文登考察社会治安综合治理工作。

同日 铺头热电厂竣工并网运行。占地面积6.6公顷，建筑面积3522平方米，装机容量1.5万千瓦。

1月25日 投资2600万元的文登市氯碱厂竣工投产。

2月11日 文登市被省体改委、省保险公司确定为建立农民社会养老保险制度试点市。

2月26日 市委印发《关于市直机关实行全方位“三位一体”年度考核工作意见》《关于镇乡机关岗位责任制的考核意见》，开始对市直机关实行百分考核，对乡镇机关实行千分考核。

3月7日 国家计划生育委员会主任彭珮云到文登考察计划生育工作。

3月20日 文登市被国务院列为国家商品粮基地县（市）。

5月20日 中国道教全真派发祥地文登国际研讨会召开，中外学者100余人与会。

5月23日 威海市地方铁路局文登站成立。1992年11月，桃威铁路文登段路基工程全线开工，途经铺集、米山、文城、黄岚、茼山和草庙子6镇（乡），长50.15千米。1995年3月，桃威铁路全线试运行。2008年5月，威海、文登共同投资6000万元，重建候车大楼和站前广场。翌年11月竣工。

6月4日 全国乡镇企业节能升（定）级工作会议在文登召开。

6月17日 民政部部长崔乃夫到文登考察福利企业。

6月26日 文登市被中共山东省委授予农村党建工作先进市称号。

8月15日 省内第一份由少年儿童参与采编的报纸《小金星报》正式创刊。

8月25日 全国政协副主席王光英视察市丝绸工业（集团）公司、汽车改装厂和农用车厂。

9月8日 邮电部部长杨泰芳考察文登邮电工作。

9月22—23日 省人大常务委员会主任李振视察文登市人大工作和经济建设情况。

10月11日 文登市与驻军54762部队举行军民共建10周年纪念大会。解放军总参谋长迟浩田为军民共建第一村——晒字镇宋家庄题词：首创军民共建，利国利军利民。

10月22日 全长39.2千米的青威汽车专用线文登段通车。2005年3月，在原线的基础上改建高速公路。2007年8月，建成通车。

11月10日 市邮电局引进德国西门子公司长途330线和全数字6000门市话程控交换机割接成功，投入运行。

12月4日 泽库镇前岛渔业公司船厂制造的270马力渔船下水，为当时文登首对最大动力渔船。

12月10日 文登市被省委、省政府、省军区授予双拥模范市称号。

是年 全市外贸收购额突破3亿元，居全省第一。

1992年

1月15日 市政府印发《文登市国有土地使用权出让和转让暂行规定》，全市国有土地使用权开始有偿出让。

同日 市邮电局本地数字电话网一期工程竣工。是年，全市23处邮电支局全部进入国际国内电话网。

3月 文登市被省委、省政府授予精神文明建设先进市称号。

4月10日 文登商贸大观园奠基，投资1.5亿元，总建筑面积12万平方米。1994年10月竣工。

5月9日 庆顺渔业公司3077 / 3078与3069 /

3070 号两对渔船，在 130 海区抢救遇险韩国渔民 7 人。

5 月 20 日 首届文登国际昆嵛山会开幕，中外专家学者 230 人与会。

同日 经省政府批准，泽库、口子、张家产、天福山 4 乡撤乡设镇。

5 月 26 日 文山公园扩建工程奠基，1994 年 9 月竣工。内设召文台、秦始皇蜡像馆、文登学陈列馆、钟楼等景观。2011 年 10 月，二次改造工程完工，由封闭收费改为免费开放。

5 月 27 日 市属部门设在乡镇财政所、土地管理所、农村经济管理站等 19 个单位的人、财、物和管理权全部下放乡镇。

6 月 20 日 市区首处夜市在峰山路西部开市。

6 月 24 日 第一家全员劳动合同制试点企业——文登市百货大楼举行合同签订仪式，全员劳动合同制开始在全市企业推行。

7 月 14 日 市委书记李书绅调离，张立新接任市委书记。

7 月 18 日 文登市首家股份制企业——口子镇山口农工商股份有限公司成立。

7 月 24 日 文登市第十二届人大常委会第十八次会议通过接受张立新辞去市人民政府市长职务请求的决定。任命王同洲为市人民政府副市长、代理市长。

8 月 4 日 文登市人民政府与山东工业大学联合办学签字挂牌仪式在市广播电视大学举行。

8 月 5 日 市经济技术开发区成立，正科级单位。12 月，被省政府批准为省级经济开发区，升格为副处级单位。2005 年 12 月，经国家发改委审核成为第一批通过的省级开发区。

8 月 11 日 全国政协副主席胡绳到文登视察市丝绸工业（集团）公司等企业。

8 月 17 日 机械部部长何光远考察市曲轴厂、农用车厂等。

8 月 文登市首次推行使用商品条形码。

10 月 坤龙邢水库至埠口调水工程开工，翌年 5 月竣工。投资 450 万元，日供水 4000 立方米。

11 月 14 日 韩国大宇集团会长金宇中率团考察文登汽车改装厂及农用运输车厂。

12 月 28 日 市邮电局开通邮政特快专递（EMS）业务。

12 月 31 日 乡镇除优抚金、教育费附加和公路养护费按规定征收外，其他收费一律禁止。

12 月 市财政收入首次突破 1 亿元。

同月 昆嵛山水库灌区工程竣工。投资 682.9 万元，投工 34.4 万个，浆砌环山渠道 17 千米。

同月 文登市被省委、省政府授予社会文化先进县称号。

是年 文登市进入全国经济百强县行列，位居第 43 位。

1993 年

1 月 1 日 文登市委机关报——《文登市报》试刊发行，3 月 1 日正式创刊。2001 年 4 月 1 日，更名为《文登日报》。2003 年 12 月 31 日停刊。2004 年 1 月 1 日，免费赠阅的《文登大众》正式创刊。

2 月 12 日 省政府批准张家埠港为二类开放口岸。3 月 1 日起，允许航行国际及地区航线的中国籍船舶及人员在港口进行装卸作业。

2 月 19 日 市委、市政府首次命名西楼村等 95 个村为小康村。

2 月 23 — 26 日 政协第五届文登市委员会第一次全体会议召开。会议选举焦占学为市政协主席。

2 月 24 日至 3 月 1 日 文登市第十三届人民代表大会第一次会议召开。会议选举张立新为市人大常务委员会主任，王同洲为市人民政府市长。

3 月 15 日 市政府印发《关于加快旧城区改造的有关规定》。23 日召开动员大会，旧城改造全面展开。

3 月 文登市被国家科委授予科技工作先进

市称号。

6月26日 文登市首次发现流行性虾病（后定名为对虾杆状病毒）。是年，全市660公顷虾池因病害绝产，经济损失1.1亿元。

7月1日 中共中央政治局委员、省委书记姜春云考察文登通信电缆集团公司及农用运输车厂。

同日 公费医疗制度改革办法公布。

7月11日 省委副书记、省长赵志浩考察文登通信电缆集团公司、威达集团公司、宝利渔具有限公司等企业。

7月12日 市政府印发《文登市农民负担管理办法》，实行“负担卡”制度。凡不在卡的收费项目，农民有权拒绝。

7月26日 邮电部部长吴基传考察文登邮电工作。

8月9—10日 省人大常务委员会主任李振视察文登经济工作。

8月11—13日 全市捐献衣物12万件、面粉100吨、奶粉5吨、现金50万元，支援菏泽、济宁等受灾地市。

8月21日 时为文登市最大油库在泽库镇长会口村落成，容量9000吨。

8月28日 位于天福路的市图书馆落成开馆。投资300万元，建筑面积3565平方米。

8月 市邮电局投资80万元首次引进磁卡式电话，分别在4个营业点投入使用。

9月15日 文登市被国务院授予全国计划生育工作先进单位称号。

9月 外经贸部授予文登市对外经济贸易公司出口经营权。

10月19日 经省政府批准，文登营乡、黄岚乡撤乡设镇，黄岚乡更名为北郊镇。至此，全市所有乡全部改为镇。

11月2日 全市农村储蓄余额首次突破10亿元，成为全省第4个农村储蓄超10亿元县（市）。

11月6日 市委、市政府印发《文登市党政机关改革实施方案》，市直党政群机关工作部门减少33%，人员编制精减14%。

11月30日 全市工业总产值首次突破100亿元，达到103.5亿元。

12月17日 市委书记张立新调离，刘国信接任市委书记。

12月 米山水厂一期工程竣工。投资3200万元，日供水能力5万吨。

是年 文登市获中国农业综合实力百强县（市）称号。

1994年

1月30日 市公安局巡警大队成立，即日上街巡逻。

1月 市政府投资2000万元，对长700余米的抱龙河、柳林河段进行全面整治。

2月21日 团中央书记处书记巴音朝鲁参观文登钢窗厂、宝利渔具有限公司和文登通信电缆集团公司。

2月22日 全市农村工作会议召开，提出城乡一体化目标，并为第二批命名的300个小康村授匾。

3月9日 山东文登黑豹股份有限公司首次发行内部股票2800万股；12月，市再生资源股份有限公司发行内部股票1150万股。

3月17日 中共中央政治局委员、上海市委书记吴邦国，市长黄菊，率团参观考察文登通信电缆集团公司。

3月28日 市电视台开播有线电视自办节目，翌年有线电视入户3.4万户。2006年，文登市在全省率先实现有线电视村村通。

4月13—15日 文登市第十三届人民代表大会第二次会议召开。会议补选刘国信为市人大常务委员会主任。

4月23日 经卫生部专家组验收认定，文登市基本消灭麻风病。

5月18日 公房出售试点工作在市物资系统启动。

5月28日 昆嵛大厦试营业典礼举行。工程分为两期，一期工程投资6000万元，设计标准三星级。

6月3日 全国劳动模范，中共九届、十届、十一届中央委员，山东省人大常务委员会原副主任张富贵因病医治无效逝世，享年81岁。

6月16日 草庙子、初村两镇划归威海市环翠区。

7月1日 由个人投资入股成立的公共交通公司开通3条公共汽车线路，结束文登市区无公共汽车历史。

7月20日 美国密苏里市友好城市考察团访问文登。

7月中旬 市委决定设立“文登市精神文明和见义勇为奖励基金”。当月干群捐款140万元。

8月4日 文登市在党政群机关事业单位推行工作人员辞退制。

8月8日 市政府印发《关于推行土地租赁的实施意见》，促进土地适度规模经营，加快市场农业发展。

8月24日 17～23时，文登突遭暴雨袭击，全市平均降水量98毫米，冲毁大型公路桥梁3座，作物被淹1200公顷，经济损失2.7亿元。

8月26日 文登市人才市场成立。9月1日，首届人才交流大会开幕。

9月1日 文登市工业展览馆开馆。

9月1—2日 市委、市政府在召文台举办首届文登经贸洽谈会及召文台落成典礼。

9月9日 中共中央政治局常委、书记处书记胡锦涛考察文登通信电缆集团公司。

9月24日 双龙街道办事处成立，辖13个居民委员会。10月1日，正式对外办公。2003年撤销。

10月9日 零时，全市固定电话号码由6位升至7位。

10月11日 中华人民共和国青岛卫生检疫局文登办事处在埠口港成立，是国家在二类港口设立的第一个卫生检疫机构。

10月15日 荣兰线（309国道）文登西段拓宽改建工程开工，投资6800万元，活动土石110万立方米，将27.6千米三级沙土路改建为一级公路。1995年11月竣工通车，为文登首条一级公路。

11月1日 全国第七届空间结构学术会议在文登召开。

12月16日 市委印发《关于在全市城乡广泛开展社会主义思想教育活动的意见》，活动至1995年2月末结束。

是年 文登市被评为全国乡镇企业百强县，排名第42位。

1995年

1月3日 全市开展为特困企业职工“送温暖 献爱心”活动，共捐款39万余元。

1月 文登市被电力工业部授予农村电气化县称号。

3月24日 市对外经济贸易公司在俄罗斯海参崴设立东亚国际贸易有限公司，是文登在国外设立的首家企业。

4月13—15日 中国共产党文登市第九次代表大会召开。会议选举产生中共文登市第九届委员会委员30人、候补委员5人。选举产生新一届中共文登市纪律检查委员会委员15人。

4月18—21日 政协第五届文登市委员会第三次会议召开。会议补选王世启为市政协主席。

4月19—22日 文登市第十三届人民代表大会第三次会议召开。会议补选侯征远为市人大常务委员会主任。

5月1日 文登市装饰布厂厂长王天栋被国务院授予全国劳动模范称号。

5月5日 交通部部长黄镇东到文登考察交通设施和公路建设。

5月上旬 文登市被中国农学会命名为中国特产之乡，文登花生被命名为中国特产。

5月20日 国家土地局局长周玉川率全国地级市市长参观莒山镇。

6月3日 首届市直机关干部职工田径运动

会在市体育中心举行，65个部门800余人参赛。

6月 文登市首次引进小麦联合收割机跨区作业，加快全市小麦收脱进程。

7月8日 威海市委在天福山起义纪念馆举行威海市爱国主义教育基地揭牌仪式。1998年5月，天福山起义遗址被确定为省爱国主义教育基地。2009年5月，被公布为第四批全国爱国主义教育基地。

7月21日 省委副书记、省长李春亭考察文登市农用运输车厂等企业。

7月31日 由韩国东亚精机株式会社与文登机械工业总公司合资兴办的文登东亚精机公司成立，合同利用外资1200万美元，时为境内最大利用外资项目。

8月12日 市邮电局引进7550门数字程控交换机投入运行。

8月20—22日 1995年中国世界经济学会会长扩大会议在文登召开。

8月26日 省委书记赵志浩考察文登华明农场，要求全省推广汪疃镇机关干部兴办服务实体经验。

9月2日 市区首家超市——文登市糖酒公司超级市场开业。

9月22日 文登市被全国爱国卫生运动委员会评为国家卫生城市。

10月25日 初张公路大规模改建工程开工，投资2.4亿元，全长46.6千米。1997年10月竣工通车。

12月25日 文登市邮电通信大楼及市话25局工程竣工运营。工程投资4500万元。

1996年

1月1日 是日起，境内出生人口统一使用卫生部制发的出生医学证明。

1月26日 文登市被省房改领导小组批准为全省第一个进行房改系统化管理试点县级市。

1月 宋村镇大寨村发现两座西汉末期砖室葬穴，出土铜壶、铜镇块、铜鼎等一批珍贵文物。

2月7日 全市党政机关工作人员捐款200余万元，建立以济困助教为重点的市温暖工程基金。

2月26日 市委、市政府举行“八五”功臣表彰暨奋战“九五”誓师大会，向全市发出决战“九五”、进军21世纪总动员令。

3月 文登市被国家科委授予全国科技实力百强县称号。

同月 威海市文登中心医院发现两例罕见染色体异常核型。一例为46，XX，t（2；5）(P25；q31)，属相互易位携带者；一例为46，XY，-2，+der（2）t（2；5）(q31）mat，属5号染色体长臂部分三体综合征，为全国首例。

4月3—4日 全省乡镇党委建设工作现场会在文登召开。

4月19日 文登市农村社会养老保险工作会议召开。全市有282个行政村、3.4万人参加投保，农村社会养老保险制度基本框架初步形成。

4月28日 米山水库第三大调水工程——新建热电厂供水工程破土动工。12月全线通水。

4月 国家计委、农业部批准文登市为“九五”全国农村能源综合建设试点县（市）。

5月17—23日 文登市举行首次体育彩票发行活动，开售彩票600万元。

5月25日 中共内蒙古自治区党委书记刘明祖一行50人到文登考察，参观文登通信电缆集团公司、工业展览馆、黑豹股份有限公司。

5月 在省第三届（1994—1995年）精神文明建设工作先进县（市、区）评比中，文登市获全省第一名。

6月5日 文登市首次组织40台小麦联合收割机参加山东省机收小麦跨区作业。

6月17日 文登市被省体委命名为第二届山东省“田径之乡”。

6月 文登市被农业部定为以推广催腐剂为主要内容的旱作农业示范基地。7月，全国秸秆快速堆腐新技术示范现场会在文登召开。

7月1日 市人民广播电台无线调频广播正

式开播。

7月2日 全市推行（参照）国家公务员制度工作会议召开。年末，市镇机关基本建立起国家公务员和机关工作者制度。

7月5日 市风暴潮预警系统通过国家海洋专家组验收鉴定，核定文登沿海警戒水位为黄海高程245厘米。

7月16日 市交警大队副大队长于吉海因执行公务身负重伤，抢救无效牺牲。是年12月，被公安部追授为全国公安系统二级英雄模范称号。省政府批准其为革命烈士。

8月7日 机械工业部部长包叙定考察山东黑豹股份有限公司。

9月11—14日 在1996年中韩（威海）经贸洽谈会上，文登市经贸洽谈成果创历届之最，签订合同项目16个，合同利用外资额5188万美元。

9月26日 文登天润曲轴有限公司成立。总投资2100万美元（外资840万美元），时为全市规模最大中外合资企业。

9月 文登市被国家体委授予全国体育先进县称号。

10月11日 山东黑豹股票在上海证券交易所正式上市。时为威海市第一家在上海证券交易所挂牌上市的公司。

10月20日 全国供销合作总社监事会主任贺光辉考察文登市供销系统建设的荒山开发基地和食品联合加工厂等单位。

10月23日 市万陵园公墓开工，占地面积40公顷。

11月12日 文登威力工具集团公司通过ISO 9001－1994质量管理体系认证评审，成为中国工具行业首家通过认证的企业。

11月18日 在全国县（市）经济改革与发展经验交流会议上，文登市作《实施集团带动战略，促进县域经济全面发展》典型发言。

12月13日 文登市第十三届人大常委会第二十五次会议通过接受王同洲辞去市人民政府市长职务请求的决定。任命刘玉党为代理市长。

是年 文登文龙汽车（集团）有限公司研制生产的WDQ1010和WDQ1020两种型号客货两用车，载入《1996年全国汽车、民用改装车和摩托车生产企业及产品目录》。

1997年

1月7日 中华人民共和国成立后，文登第一部地方志书《文登市志》编纂出版。是日，在昆嵛大厦举行首发式。8月，获全国新编地方志优秀成果奖一等奖。

1月15日 文登市被民政部、解放军总政治部授予全国双拥模范城称号。

1月17日 文登市获评全国首批“两基”（基本普及九年义务教育、基本扫除青壮年文盲）工作先进市。

1月27日 中央电视台《焦点访谈》节目组首次到文登采访公安系统轮岗经验。2月5日和4月10日分别在《东方时空》《焦点访谈》节目播出。

1月27—30日 文登市第十三届人民代表大会第五次会议召开。会议补选刘玉党为市人民政府市长。

3月1日 是日起，境内居民死亡实行“死亡医学证明书”制度。

3月24日 中组部向各省（自治区、直辖市）党委组织部、基层组织建设领导小组印发《关于转发汪疃镇党委〈转变领导方式 示范引导服务 兴镇强村富民〉经验的通知》。7月14－20日，以学习汪疃经验为主题的全国乡镇党委书记研讨班在文登开班。

3月 文登市被林业部授予全国沿海防护林体系建设先进单位称号。

同月 500余只白天鹅翔集米山水库。

4月1日 全市职工医疗保险制度正式启动，477家企业为4.39万名职工办理医疗保险。

4月6日 文登市首家公安派出所警务区在界石镇蒿墙村挂牌办公。

5月27日 市委、市政府召开城市环境卫生综合整治会议，将6月定为“环境卫生月”。

5月29日 “110”报警服务台正式启动运行。

5月 文登市被确定为“九五”期间国家第一批商品油料生产基地县。

6月3日 省委书记吴官正到文登考察工作。

6月4日 市委、市政府印发《文登市农村人口最低生活保障线制度实施意见》《文登市城市居民最低生活保障线制度实施意见》。规定农村最低生活保障标准为每人每年700元，城市居民最低生活保障为每人每月140元。

6月 文登市被文化部授予全国文化先进县（市）称号。

7月 张家埠渔港扩建工程启动，总投资1100万元。翌年竣工。

8月5—6日 全省民政工作会议在文登召开。

8月7日 全国人大常务委员会副委员长陈慕华到文登视察。

8月10日 市百大集团公司成立，为文登市第一家国有商业集团。

8月12日 省委副书记、省长李春亭到文登考察经济工作和社会事业发展情况。

8月19—21日 第11号台风袭击文登，全市降水量平均280毫米，最高达330毫米，造成经济损失1.5亿元。

8月29日 市委书记刘国信调离，刘玉党接任市委书记。

8月 山东威达机床工具集团公司的钻夹头产品在欧共体申请专利，时为境内第一家申请外国专利的企业。

9月1日 国务委员、国务院秘书长、中央政法委员会副书记罗干，到文登考察创建安全文明村镇等工作。

10月1日 全市577家企业5.65万名职工参加生育保险。

10月6日 城区新建6000吨高位调节水池投入使用。

11月27日 圣经山风景区高空索道工程竣工通车。

同日 市金都大厦一期工程竣工开业。投资4800万元，面积2万平方米。

12月8日 文登市政府被省政府授予全省农村卫生工作先进集体称号。

12月10日 文登市被评为第二届全国民政工作先进市。

12月18日 位于环山路的市体育馆落成。投资654万元，建筑面积3430平方米。

12月30日 文登市第十三届人大常委会第三十三次会议通过接受刘玉党辞去市人民政府市长职务请求的决定。任命张言报为代理市长。

12月 文登市获全国广播电视工作先进市称号。

1998年

1月6日 全市最大消费品综合市场——市中贸易市场开业。投资800万元，营业面积1万余平方米。

1月12—15日 政协第六届文登市委员会第一次会议召开。会议选举王世启为市政协主席。

1月13—17日 文登市第十四届人民代表大会第一次会议召开。会议选举侯征远为市人大常务委员会主任，张言报为市人民政府市长。

1月19—21日 中国共产党文登市第十次代表大会举行。会议选举产生中共文登市第十届委员会委员30人、候补委员5人。选举产生新一届中共文登市纪律检查委员会委员15人。

1月 文登市被省委、省政府授予全省社会治安综合治理模范市称号。

3月12日 文登天润曲轴有限公司产品6110内燃机曲轴，获国际标准和国外先进标准认可证书。

4月上旬 文登市“云龙”“黑豹”“天”“金洋”“鹏程”5个工业产品商标获评山东省著名商标，数量居全省县级市之首。

4月15日 市委印发《关于在全市开展全民读书活动的意见》，市民踊跃参加。

5月12日 全市村级账目管理开始实行村镇双管、镇政府统一保存，定期公开制度。

5月14日 文登市被财政部评为全国城镇集体企业清产核资工作先进集体。

5月16—17日 省人大常务委员会主任赵志浩参观视察圣经山风景区和文登通信电缆集团公司等企业。

5月20日 中共中央政治局委员、全国人大常务委员会副委员长姜春云考察文登农业发展情况。

6月1日 市委、市政府召开城市建设管理专题会议，安排部署旧城改造、绿化美化、道路改造、污水处理等10项重点工程，投资2000余万元。

同日 昆嵛山水库续建工程开工，投资373万元。

6月15日 市政府印发《文登市优待老年人若干规定》，首次将老年优抚工作纳入制度化管理轨道。

7月6日 文登市与重庆合川市结为友好城市。

7月 文登市莒山镇山马于村西瓜在国家工商总局注册“山马于”商标，是境内首个注册商标的农产品。

8月15日 全国政协副主席宋健到文登视察工作。

8月18日 市区管道液化气安装工程启动，工程投资6000万元。翌年，1800余户家庭接通管道液化气。

8月22日 市中广场工程开工。投资3000万元，占地面积3.46公顷，11月完工。

8月25日 全省“美在家庭”活动现场会在文登召开。

10月4日 文登市被省委、省军区党委授予全省党管武装先进单位称号。

10月10日 文登市日处理污水4万吨的污水处理厂工程被列入国家发展计划委员会第二批城建环保专项资金投资计划。工程总投资4994万元，中央财政补助400万元，地方财政补助2200万元。

10月20日 国家重点水利建设项目，米山水库西干渠节水改造配套工程开工。2000年6月，一期工程竣工，投资604万元，活动土石1.7万立方米。11月，二期工程开工，投资1033.72万元，设计流量5.42立方米/秒。

11月1日 文登市第一部街头IC卡公用电话开通使用。

11月4日 秘鲁拉利伯塔德省省长陈汉威一行14人，参观考察市丝绸工业（集团）公司、黑豹股份有限公司。

11月5—7日 全国农村精神文明建设工作座谈会在文登召开，中宣部常务副部长、中央文明办主任刘云山等领导出席会议，各省、自治区、直辖市党委宣传部及文明办负责人参加会议。会议提出在全国推广文登农村精神文明建设经验。

11月12日 文登市被省政府授予山东省菜篮子工程建设先进单位称号。

12月1日 文登市莒山、北郊、晒字3镇14个供电服务中心成立，标志全市农电体制改革开始。

12月30日 文登热电厂2号锅炉竣工运行。投资5000万元。

1999年

1月1日 全市停止职工住房实物分配，以住房分配货币化为主要内容的新的住房制度开始建立。

1月11日 文登市与山东省费县结为友好县市。

1月18日 山东文登国家粮食储备库奠基仪式在铺集镇（今葛家镇）举行。投资3100余万元，12月竣工。

1月 文登市被省政府授予“齐鲁杯”城市和全省村镇建设先进市称号。

2月27日 文登画家刘文硕偕夫人姜春联手绘制的国画长卷《万里山河千虎图》，被上海大世界吉尼斯总部授予“大世界吉尼斯之最”证书。画卷长626米、宽0.83米，画虎1028只。

3月21日 省军区政委何法祥到文登检查民兵预备役工作。

4月3—6日 中共中央政治局委员、省委书记吴官正到文登调研。

4月16日 匈牙利农业和地区发展部国务秘书托马斯·卡罗利率匈牙利政府代表团到文登考察。

5月15日 市电信局设立的综合信息网站“文登信息港”开通，是文登建成的首家网站。

5月23日 中共中央政治局常委、全国人大常务委员会委员长李鹏到文登视察市区建设，并题词：发扬文登优良传统，建设更好的明天。

6月3日 市政府印发《关于实行住房公积金制度的通知》。6月1日起，全市建立住房公积金制度。

6月22日 山东陆军预备役步兵某师高射炮团“五七”高炮营建营大会在文登举行。

7月9日 中国人民武警部队司令员杨国屏考察武警文登市中队。

7月28日 全国政协副主席杨汝岱视察文登工业企业。

同日 市委、市政府与省社会科学院联合成立山东省“文登学”文化研究院。

8月8日 中国人民解放军总政治部歌舞团到文登慰问演出，驻文登部队官兵和干部群众6万余人观看演出。

8月13日 中华全国总工会党组书记、副主席张俊九一行到文登考察工会工作。

8月18日 文登市首次承办的全国性体育比赛“宏安杯”全国中学生业余体校手球联赛在市体育馆开幕。

9月1日 国家税务总局局长金人庆一行到文登考察税务工作。

9月7日 全国政协副主席张思卿到文登视察调研。

9月16日 文登市被中共中央精神文明委员会授予全国创建文明村镇工作先进市称号。

9月23日 以日本山口县日中友好理事长、前任宇部市议长山下胜由为团长的宇部市友好访问团一行136人，到文登参观访问。

10月27日 文登市被省委、省政府授予老龄工作先进市称号。

11月1日 市政府举办首次政府采购招标会，采购工作由各单位分散采购向政府集中采购转变。

11月4日 中共河北省委书记叶连松一行31人，到文登参观考察。

11月22日 全市农村经济工作会议召开。会议印发《关于加快调整农业生产结构的意见》，确定2000年全市压缩粮食作物种植面积6666.67公顷，3年争取把粮、经、饲比例调整至1∶1∶1。

12月14日 文登市被中宣部、科技部、中国科协联合授予全国科普工作先进市称号。

12月15日 市精神文明建设委员会印发《关于开展向李玉坤同志学习活动的决定》。

12月18日 经外经贸部审核批准，山东云龙绣品工业公司“云龙”牌产品被列入外经贸部第二批重点支持和发展的名牌出口商品，是全国抽纱行业唯一获此殊荣的企业。

12月30日 文登市政府网站正式开通。

12月 泽库镇、宋村镇、葛山镇、文城镇被省政府选定为山东省首批中心镇。

是年 全市降水398.3毫米，较常年减少413.8毫米，是1952年有水文资料记录以来降水量最少的一年。

2000年

1月24日 西母猪河应急供水一期工程开工，3月18日试通水。投资930万元，敷设供水管道9400米，设计日供水量1.6万方。

2月25日 文登市与美国得克萨斯州密苏里市正式签订友好城市协议书。

3月24日 天福山林场发生山林火灾，烧毁山林13.33公顷。

4月10日 文登市被全国双拥工作领导小组和民政部命名为全国“爱心献功臣行动”先进市。

4月25日 市丝绸工业（集团）公司挡车工王月秀被国务院授予全国劳动模范称号。

5月1日 坤龙邢水库应急调水一期工程开工，投资3600万元，7月竣工通水。

5月11—12日 全省农村基层干部培训工作经验交流会在文登召开。

5月24日 葛家镇葛家村村民吕彦君为抢救打井缺氧窒息的村民而献身。7月1日，省政府批准其为革命烈士。

6月12—13日 全省动物防疫工作和畜牧兽医站建设会议在文登召开。

6月23日 全国人大常务委员会副委员长王丙乾视察文登整骨医院。

同日 五垒岛防潮堤工程竣工。1999年8月工程开工，活动土石6万立方米，铺设混凝土预制块1800立方米。

8月2日 省人大常务委员会主任赵志浩到文登视察工业企业改革和对外开放工作。

8月7日 世界旅游组织旅游规划专家组组长彼得森率专家组10余人，考察文登旅游资源。

8月13日 中共中央政治局委员、省委书记吴官正考察米山水库、西母猪河截流工程和米山镇外资企业。

8月18日 文登三峡库区移民安置办公室成立。筛选文城镇、宋村镇、茼山镇、泽库镇的11个村为安置点。翌年8月25日，接收重庆市忠县安置移民59户249人。

8月31日 中国科协党组书记张玉台一行15人，考察文登科协工作。

9月2日 文登市与韩国忠清南道中小企业研修院建立友好合作关系举行签字仪式。

9月26日 威石线二期工程江家寨至郝家庄段及荣兰线城区段通车典礼在文登市汪疃镇郝家庄举行。

10月10—12日 全省农村科普工作会议在文登召开。

10月20日 市委书记刘玉党调离，姜岱敏接任市委书记。

12月8日 天福商贸批发市场一期工程竣工开业。投资2000余万元，占地面积1.6公顷。

12月24—25日 山东省中医专科建设工作会议在文登整骨医院召开，各地、市卫生机构代表160余人出席会议。

2001年

1月9日 文登市被国家旅游局授予中国优秀旅游城市称号。

1月22日 文登市第十四届人大常委会第二十次会议通过接受张言报辞去市人民政府市长职务请求的决定。任命于时文为代理市长。

2月13日 市委、市政府决定将每年2～3月定为“全民植树活动月”。

2月20—23日 文登市第十四届人民代表大会第四次会议召开。会议补选于时文为市人民政府市长。

3月9日 文登市被国家环保总局命名为国家环境保护模范城市。

4月7日 文登市被省政府授予全省矿业秩序治理整顿工作先进单位称号。

4月23日 莫桑比克共和国渔业部部长穆腾巴一行3人到文登五垒岛养殖公司参观考察。

5月4日 全国政协副主席、中国工程院院长宋健，视察文登加力、艺利达、威力工具集团公司等企业。

5月15日 经省政府批准，撤销文城镇，设立龙山路、天福路、环山路街道；撤销北郊、晒字、铺集、天福山、口子、埠口6镇，其行政区划分别并入茼山、界石、葛家、文登营、大水泊、张家产6镇；双龙街道更名为经济技术开发区街道。全市时有1区14镇4街道。

5月24日 中共中央政治局委员、书记处书记、中宣部部长丁关根等一行10人，考察调研文登市精神文明建设工作。

5月30日 市政府印发《关于机关事业单

位发放职工住房补贴的通知》，2001年1月1日始，机关事业单位暂按职工工资基数14%发放住房补贴。

6月8日 中共中央政治局委员、书记处书记、国务院副总理、国家防汛抗旱总指挥温家宝一行19人，视察米山水库、艺利达集团、威力工具集团有限公司及市区绿化工作。

6月19日 文登市被国土资源部、农业部联合授予全国基本农田保护工作先进单位称号。

7月1日 是日起，在全市范围内建立工伤保险制度。

7月2日 原由镇政府管理的中小学改由市教委统一管理，撤销22个镇教育委员会办公室，成立15个教育管理办公室，隶属市教委。

7月28日 全省名贵中药材新品种暨种植技术观摩会议在文登召开。

8月25日 中共中央政治局委员、省委书记吴官正到文登考察工作。

9月11日 省委副书记、省长李春亭到文登考察天润曲轴、艺利达集团、威力工具集团、宏安集团公司等企业。

9月26日 文登市人才劳务市场开业。

9月 迎宾大道（文威路—初张路）改造工程开工，2002年10月竣工。投资1351万元，改造面积14万平方米。

10月11日 市委、市政府召开全市农村环境综合整治暨市区“三创一做”动员大会。会议决定在农村开展环境综合整治，在市区开展创优美环境、优质服务、优良秩序，做文明市民两大活动。

10月18日 俄罗斯索契市第一副市长尼可罗夫·尼科雷率经济代表团访问文登。

10月31日 中共吉林省委书记王云坤、省长洪虎率党政代表团到文登考察工业发展情况。

11月8日 文登市与浙江义乌市金田有限公司合作兴建中国小商品城文登批发市场举行签字仪式。一期工程于2002年7月开工，2003年9月开业。投资4.3亿元，占地面积20公顷。

11月上旬 全市第一条城市步行街改造完工并投入使用。全长300米，街宽36米。

11月22—28日 市政府印发《关于按经济适用住房价格出售单位现有公有住房的通知》，召开售房工作会议，出售公房474套4.04万平方米。

12月12日 文山东路建设工程开工。一期工程（西起文化路，东止初张路）2002年末完工，全长2043米，路基宽50米，路基工程开挖土石21万立方米，建设桥涵4座。

2002年

1月12日 市委、市政府印发《关于市级党政机构改革方案》。撤销市机械、一轻工业总公司等12个具有行政管理职能的企业总公司，物资、房地产、对外贸易3家企业总公司改建为企业集团。全市党政机关减员167人。

同日 市行政审批中心管理办公室成立。8月下旬，对外办公。

2月23日 文登新一中奠基。投资1.2亿元，占地面积23.12公顷，建筑面积6.05万平方米。是年9月1日，正式招生。

3月12—14日 文登市第十四届人民代表大会第五次会议召开。会议补选刘玉峰为市人大常务委员会主任。

3月28日 文登市与山东省平原县结为友好城市。

5月9日 米山水库大坝护坡工程开工，翻修加固面积1.57万平方米。

5月14日 国家林业局局长周生贤一行6人到文登考察林业建设情况。

5月24日 全市农村税费改革工作会议召开，主要内容为“三取消”（取消镇统筹费、农村教育集资等专门向农民征收的行政事业性收费和政府性基金、集资，取消屠宰税，逐步取消统一规定的劳动积累工和义务工）、“两调整”（调整农业税政策、调整农业特产税政策）、“一改革”（改革村提留征收使用办法）。7月1日，新的农业税收制度开始执行。

6月14日 全国政协副主席毛致用率全国政协考察团到文登视察城市建设情况。

8月7日 中华中医骨伤科学会骨关节学组与第一届理事会成立大会在文登举行。

8月14—17日 美国加州杜阿蒂市市长费尔、美国斯诺集团公司总裁丁肇民一行到文登参观考察。

8月26日 中国科协领导及两院院士一行30余人，到文登考察科普工作。

9月28日 文登整骨医院病房大楼工程开工，投资1.5亿元，建筑面积4.23万平方米。2005年5月，建成投入使用。获山东省工程质量"泰山杯"奖。

10月18日 文登市第一个民营企业党支部——文登市昆鹏地毯有限公司党支部、第一个外资企业党支部——文登市树正电子有限公司党支部成立。

10月 文登市首家博士后科研工作站在天润曲轴有限公司成立。

11月15—18日 韩国天安市市长成武镛一行到文登进行友好访问，双方共签友好合作协定书。

12月23日 是日起，81辆接送农村中小学生专车陆续到位，投入运营。

2003年

1月16—18日 中国共产党文登市第十一次代表大会举行。会议选举产生中共文登市第十一届委员会委员31人、候补委员4人。选举产生新一届中共文登市纪律检查委员会委员15人。

1月20—23日 政协第七届文登市委员会第一次会议召开。会议选举刘永忠为市政协主席。

1月21—24日 文登市第十五届人民代表大会第一次会议召开。会议选举刘玉峰为市人大常务委员会主任，于时文为市人民政府市长。

1月 文登市获山东省城市环境综合整治先进城市称号。

2月20日 文登市"畅通工程"被公安部、交通部评为全国三等管理水平，翌年获全国"畅通工程"优秀城市称号。

4月22日 文登汽车新站奠基。投资1.16亿元，占地面积2.2公顷，主体建筑面积1.7万平方米。2005年4月竣工运营。

同日 全市防治非典型肺炎工作会议召开，成立由市长任组长的领导小组，防控工作全面展开。

5月7—8日 韩国驻青岛总领事朴钟先到文登考察访问。

5月27日 市政府与青岛利群投资有限公司举行合作筹建文登利群购物广场签字仪式。投资3亿元，占地面积3.2公顷，建筑面积5万平方米。是年11月开工，翌年9月开业。

6月18日 由荣成籍作家袁学强与文登籍作家陈全伦共同编剧，上海电影制片厂与文登市委、市政府联合摄制的彩色故事片《姊子》在文登开机。12月12日，在文登举行首映式。

同日 省军区司令员张齐红到文登考察人武部班子建设及民兵预备役工作。

8月9日 中共中央委员、国家民族事务委员会主任李德洙一行6人，到文登考察民族事务工作。

8月12日 全国政协常委、港澳委主任何添发一行，参观视察文登三力服装有限公司和威海茂林生态农业园。

8月 城区电网改造工程启动，2005年完工。工程分两期进行，投入资金6700万元。

9月16—17日 省委书记张高丽到文登调研县域经济发展状况。

9月26—27日 全国毛皮动物产业信息交流会议在文登召开。

9月 文登市被农业部确定为全国果品基地县（市）。

10月22日 山东黑豹股份有限公司资产成功重组，更名为东安黑豹股份有限公司。

10月31日 投资1500万元，建于徐泊线西首、初张路东侧的文登殡仪馆正式启用。

10月 市委、市政府印发《关于建立新型农村合作医疗制度的意见》《文登市农村合作医疗制度暂行办法》，全面推行新型农村合作医疗制度。

11月6日 文登市第一座箱式变电站、35千伏米山变电站建成投入运营。至此，境内全部实现一镇一座变电站。

11月17日 由中组部、建设部、中国科协联合举办的全国市长研讨班一行48人，到文登考察城市建设工作。

12月11日 首个在乡镇设立的居委会——张家产镇埠口社区居委会成立。

12月28日 由文登市海洋与渔业局承担的国家农业科技成果转化资金项目“缢蛏全人工养殖技术开发”通过国家级验收。是年，全市滩涂精养缢蛏1066.67公顷，完成产值1亿元。

12月 文登市获评山东省园林城市。城市建成区绿化覆盖面积964.56万平方米。

2004年

1月1日 全市农村党员干部现代远程教育卫星专用频道试播。5月1日，正式开通。

1月24日 文登市被中国家用纺织品行业协会授予中国工艺家纺名城称号。

2月3日 市委、市政府召开禽流感防治工作会议，印发《文登市高致病性禽流感防治应急预案》，严防疫情侵入。

2月11日 文登工艺家纺城项目举行签字仪式，投资2.5亿元，占地面积17.33公顷。

4月8日 文登市政府与中国海洋大学联合成立“文登海大贝类研究所”举行签字仪式。

5月1日 占地面积366.67公顷的青龙生态旅游度假村对外开放。翌年12月，被国家旅游局评为国家级农业旅游示范点。2007年10月，获评国家AAA级旅游景区。

7月1日 中共文登党史馆落成典礼在天福山举行，展出图片280余幅。

7月12日 山东威达股份有限公司经中国证监会核准，公开发行3000万股A股股票，27日挂牌上市，时为山东省第一只在深圳中小企业板块上市的股票。

7月14日 省农产品质量安全监督检验检测文登中心挂牌成立，为全省十大区域性农产品检测中心之一和威海首家农产品检测中心。

8月25日 市污水处理厂改扩建工程开工建设，工程设计日处理污水总规模达8万吨，投资近5000万元。

8月 宏安集团有限公司、文登电业总公司、云龙绣品工业公司、天润曲轴有限公司、森鹿制革有限公司和艺达有限公司6家企业被列入全国中型企业名单。

9月2日 省委副书记、省长韩寓群到文登考察工作。

9月6日 英国彻特纳姆市市长罗伯特·嘎恩哈姆到文登参观考察。

9月27日 市政府印发《文登市失地农民基本养老保险试行办法》，为失地农民提供养老基本生活保障。

同日 市政府印发《文登市残疾人就业保障金征收管理办法》，加强和规范保障金征缴工作。

9月 文登市获2003年度全国综合发展百强县称号。

10月 文登市被科技部授予全国科技进步示范市称号。

11月2日 威东航运有限公司文登集装箱分公司开业。是日起，文登及周边地区出口货物可就近办理海关验放手续，以转关方式在烟台、青岛等港口装船出口至世界各地。

12月8日 威海机场路文登辖区段改造工程开工建设，全长15.4千米，投资8010万元。2005年9月，工程完工。

12月9日 威海市文登中心医院外科医技大楼落成。建筑面积2.25万平方米，开设床位312张。

12月22日 文登市五垒岛湾1092公顷海域使用权以1050万元价格首次成功拍卖。2006年9月8日，再次拍卖85.13公顷，拍得金额

65.79 万元。

12 月 30 日 市区供热西线循环水一期工程投入运行。投入资金 1600 万元，供热面积 60 万平方米。

12 月 文登市被省政府确定为 2005 年省级农村合作医疗试点市。

是年 文登市被国家人口和计划生育委员会授予全国计划生育优质服务先进市称号。

2005 年

1 月 14 日 市委、市政府印发《关于加快发展旅游业的意见》，按照“政府主导，市场运作”发展思路，以山・海・泉・城文化为特色，把文登打造成现代山水生态文化旅游名城。

2 月 22 日 西至文化路桥、东达文昌路的抱龙河公园工程正式动工建设，全长 5000 米，平均宽度 180 米。

2 月 27 日 文登市第十五届人大常委会第十四次会议通过接受于时文辞去市人民政府市长职务请求的决定。

3 月 1 — 3 日 文登市第十五届人民代表大会第三次会议召开。会议补选王亮为市人民政府市长。

4 月 4 日 “12345”市长公开电话开通。

4 月 22 日 省政府批准《文登市城市总体规划（2003—2020 年）》（鲁政字〔2005〕12 号），同时废止鲁政字〔1995〕97 号批准的《文登市城市总体规划（1994—2010 年）》。新规划确定“东扩北拓”思路，对城市性质、用地规模、规划布局进行全新定位，确定城市性质为“外向型综合工业城市、地区商品集散地、以山水文化为特色的生态城市”。

5 月 1 日 文登市电业总公司经理吴学忠、文登整骨医院院长谭远超，分别被国务院授予全国劳动模范和全国先进工作者称号。

5 月 21 日至 6 月 20 日 首届昆嵛山樱桃节在界石镇举行，接待游客约 10 万人次。

5 月 全国县域经济基本竞争力百强县评比结果显示，文登市在参评的全国 2012 个县（市）中名列第 14 位，竞争力等级达到 A 级。

7 月 29 日 市委、市政府选派 30 名骨干企业负责人和领导干部前往清华大学，接受为期一周的现代经营理念和管理理论知识培训。

8 月 7 日 受台风“麦莎”影响，20 时至次日 6 时，全市普降大暴雨，平均降水量 146.4 毫米，造成经济损失 6.8 亿元。

8 月 20 — 22 日 全真道与齐鲁文化国际学术研讨会在文登举行。

9 月 15 日 根据文登作家陈全伦中篇小说《磨坊》改编的 24 集电视连续剧《磨坊女人》在文登开机。2008 年开播。

10 月 13 日 文登中心医院麻醉师邱英娜赴济南捐献造血干细胞，为文登首例捐献造血干细胞者。

10 月 文登市获 2004 年度全国综合发展百强县称号。

11 月 3 日 文登市被省委、省政府授予省级文明城市称号。

11 月 11 日 文登市获全国海域使用管理示范单位称号。

12 月 张家埠港疏浚工程全面完工。投资 500 万元，疏浚航道 6690 米，疏浚量 49.76 万立方米。

同月 文登市连降暴雪，累计平均降雪 38 厘米，最厚积雪 184 厘米，给工农业生产造成经济损失 4772.7 万元。

2006 年

1 月 7 日 文登市被省国土资源厅评为 2005 年度山东省国土资源执法模范县。

1 月 9 日 全市 3.44 万名农村独生子女父母奖励费被纳入统一发放范围。

1 月 25 日 市政府举行向农村低保家庭赠送彩电仪式，当日赠送彩电 826 台。

2 月 19 — 20 日 政协第七届文登市委员会第四次全体会议召开。会议补选王亮为市政协主席。

2月27日 国家税务总局局长谢旭人到文登就宏观税负情况进行调研。

3月29日 市政府印发《关于命名第一批“文登市首席技师”的决定》，14人获评文登首席技师。

3月 市委书记姜岱敏调离，王亮接任文登市委书记。

4月10日 文登市第十五届人大常委会第二十二次会议通过接受王亮辞去市人民政府市长职务请求的决定。任命高杰为市人民政府副市长、代理市长。

4月24日 市委、市政府印发《关于对农村干部实行财政补贴的意见》。

5月10日 威青线（S202）文登市区段改造项目开工建设，投资3500万元，分两期施工。是年9月，一期工程竣工通车。

5月 王亮辞去政协文登市委员会主席职务。

6月6日 国家海洋局文登海洋环境监测站和文登市海洋环境监测站验收揭牌。

6月9日 长会口跨海特大桥工程奠基，桥长2020米，主桥宽20.1米，桥面净高28.7米，工程投资2.3亿元。2009年10月15日竣工通车。

6月10日 文登市第十五届人民代表大会第五次会议召开。会议补选高杰为市人民政府市长。

同日 政协第七届文登市委员会第五次全体会议召开。会议补选王廷琦为市政协主席。

6月24日 文登籍将军孙忠同、迟万春晋升为上将军衔。

6月 文登市获全国人口与计划生育科学技术工作先进集体称号。

7月27日 零时至15时30分，境内普降特大暴雨，全市平均降水量250.3毫米，是文登市1953年以来最大的一次降雨。

7月31日 汤泊温泉旅游度假区项目签字仪式举行。工程分期进行，一期工程于2010年竣工。获评国家AAAA级旅游景区。

8月6日 天沐（鼋山湖）国际温泉度假村项目签约仪式举行。项目投资4亿元，2007年动工，2008年竣工。获评国家AAAA级旅游景区。

9月6日 文登市被国务院授予质量兴市先进县（市）称号。

同日 市委、市政府印发《关于加快南部沿海经济发展的意见》，决定加快南部沿海开发。

9月16日 中共中央政治局委员、国务院副总理回良玉到文登考察工作。

9月22日 文登工业园区（原莒山工业园）被国家发改委批准为省级开发区。

10月10日 文登市被确定为全国优势农产品产业带建设示范市。

12月22日 首届“文登学奖”评选会议召开，50件作品获奖。

是年 文登市14个农产品基地（果品基地8个、花生基地2个、蔬菜基地4个）获农业部无公害农产品产地认定证书，22个农产品（苹果7个、梨1个、桃1个、西瓜1个、花生2个、蔬菜10个）获无公害产品认证证书。

2007年

1月10日 文登市第十五届人大常委会第二十八次会议通过接受高杰辞去市人民政府市长职务请求的决定。任命张竞为市人民政府副市长、代理市长。

同日 市委、市政府召开南海新区开发建设会议。3月10日，举行南海新区开发建设启动仪式。7月5日，中共文登市南海新区委员会和文登市南海新区管理委员会成立。

1月15日 市纪委、市监察局、市纠风办公室与文登人民广播电台共同开办的《行风热线》节目开播。

1月17日 市委、市政府印发《关于实施“十有”民生工程 大兴为民办实事之风的意见》。“十有”民生工程为：居有所安、行有所便、幼有所教、壮有所事、老有所养、病有所医、困有所济、闲有所乐、差有所治、忧有所解。

1月20－21日 文登市第十五届人民代表

大会第六次会议召开。会议补选张竞为市人民政府市长。

1月26日 首次驯养繁殖的1000余尾松江鲈鱼在高村镇青龙河入海口放流。翌年6月，再次放流1万余尾。

1月29—30日 中国共产党文登市第十二次代表大会举行。会议选举产生中共文登市第十二届委员会委员33人、候补委员6人。选举产生新一届中共文登市纪律检查委员会委员23人。

1月 文登市"昆嵛山樱桃节"被山东省首届旅游年会组委会确定为"2006山东旅游最具成长力品牌"。

2月10日 是日始，全市实行免费婚前体检。

3月7日 文登学公园工程开工，10月竣工开放。投资1.2亿元，总面积30万平方米。翌年，公园广场获评第六届全省十佳文化广场。

同日 抱龙河公园（二期）工程开工，投资8000万元，10月竣工对外开放。2010年12月，被水利部列入第十批国家水利风景区。

3月 文登市农村自来水普及率达到98%，基本实现村村通。

4月18—19日 首届宋村李龙王文化山会举行。

4月20日 国务院侨办主任陈玉杰到文登调研侨务工作。

5月21日 市政府发布决定，命名山东省艺达有限公司等6家企业为"富民兴文工程金花家纺企业"，山东同大有限公司等10家企业为"富民兴文工程银花家纺企业"，文登市惠鹏家纺厂等100家企业为"富民兴文工程百花家纺企业"。

6月4日 全省首家行政区域综合网站——"文登网"正式开通。

7月24日 省委书记李建国到文登调研。

8月4日 在威海市第一届运动会上，文登代表团获金牌257.76枚、奖牌516.76枚，均列威海各市（区）之首。

8月9—12日 全市普降特大暴雨，平均降水量334.3毫米，直接经济损失7.86亿元。

8月28日 省军区政委张秉德到文登检查市人武部建设情况。

9月9日 文登市社会福利中心缤纷九九颐养苑奠基，投资3亿元。2012年9月，一期工程投入使用，建筑面积2.4万平方米。

10月20日 新编京剧《李龙爷》在市人民剧场汇报演出。翌年，该剧获全省首届泰山文艺奖。

11月1日 文登市慈善总会成立。首次向56个大病患者家庭发放救助金47.9万元。

11月27日 文登鸿通管材有限公司创造的塑料合金防腐蚀复合管材企业标准，经全国非金属化工设备标准委员会审定通过，作为国家化工行业标准颁布实施，成为全市首家所创造的企业标准升级为国家行业标准的企业。

11月 全市居民供暖由间歇供暖改为昼夜连续供暖。

同月 文登市被中国科学技术协会授予全国科普示范县（市、区）称号。

12月9—11日 政协第八届文登市委员会第一次全体会议召开。会议选举马端兴为市政协主席。

12月10—12日 文登市第十六届人民代表大会第一次会议召开。会议选举王亮为市人大常务委员会主任，张竞为市人民政府市长。

12月14日 文登市被省政府授予山东省适宜人居环境奖（2005—2007年）称号。

12月19日 市政府以1.2亿元价格将污水处理厂经营权转让给天津创业环保有限公司，特许经营期30年。

12月28日 文登市举行纪念天福山起义70周年大会，中央军委原副主席张万年，中国人民解放军中央军委纪委书记、中纪委副书记孙忠同，总装备部政委迟万春，长江水利委员会原主任林一山，海军原政委李耀文发来贺电或贺信。文登籍将军、参加天福山起义的革命前辈及家属代表等1000余人参加纪念大会。

12月29日 文登市立医院门诊病房大楼落

成。医院占地面积8.07公顷，开设床位380张，被中国红十字基金会确定为“温暖中国行动”定点医院。

2008年

1月1日 文登市《城市廉租住房保障暂行办法》开始施行。

1月12日 环山街道派出所所长吴强办案期间因病去世。9月，被公安部追授全国公安系统二级英雄模范称号。

1月29日 市委、市政府在全市工业科学发展暨总结表彰大会上，授予天润曲轴股份有限公司、森鹿制革有限公司等10家企业“文登市工业发展前十强”称号，授予宏安集团有限公司等10家企业“文登市工业发展二十强”称号。

2月 文登市被建设部命名为2007年国家园林城市，葛山镇为2007年国家十大园林镇。

3月16日 文登市首个大型专业化物流园区——中海川物流园区开工建设，一期工程投资2000万元，建筑面积8000余平方米。

4月25日 市委、市政府召开全市农村工作会议，邀请寿光市孙家集镇三元村党支部书记王乐义作专场报告。会上印发《关于支持社会主义新农村建设若干政策的意见》。

4月26日 市委、市政府与中央电视台戏曲频道《锦绣梨园》栏目组共同举办广场演出“国风乡情颂文登”，全市近万人观看。

5月上旬 昆嵛山风景名胜区被列入全省21处合格风景名胜区。

5月14日 市委、市政府召开全市支援四川地震灾区赈灾捐赠暨“爱心一日捐”活动大会。至6月末，市慈善总会接受单位捐款1747万元、个人捐款401万元；市红十字会接受社会各界捐款126.58万元、捐物17073件。当月，市中林网架钢构工程有限公司将生产的624套过渡性安置板房分批运往地震灾区。

5月17日 “实施光明行动创建白内障无障碍市”启动仪式在威海市文登中心医院举行，首批400名贫困患者分期接受免费复明手术。

5月30日 省委书记姜异康到文登调研，并看望在文登整骨医院治疗的四川汶川地震灾区伤员。

6月7日 “秃尾巴老李的传说”被列入国家非物质文化遗产“民间文学”类名录。

6月18日 由中国社会科学院城市发展与环境研究中心、中国世界贸易组织研究会共同组织的“中国产业集群品牌50强”评选结果揭晓，文登家纺产业集群名列第13位。

7月4日 市民文化中心奠基，投资3.1亿元，建筑面积3万平方米。2011年建成投入使用。

同日 市博展中心奠基，投资1.8亿元，建筑面积3万平方米。2011年竣工对外开放。

7月6日 文登市在第八届全国县域经济百强县（市）评选中，列第16位。

7月21日 文登6名奥运火炬传递选手，在青岛市参加北京奥运火炬接力传递活动。

9月6日 省委副书记、省长姜大明到文登南海新区、天沐温泉国际会议中心、天润曲轴股份有限公司调研。

9月17日 文登高级职业技术教育中心奠基，投资2亿元，占地面积24公顷。2010年9月，投入使用。

同日 文登市体育公园奠基，投资7亿元，占地面积27.13公顷，工程建设分两期。2011年9月，建筑面积4.03万平方米体育场投入使用。2012年9月，建筑面积2.65万平方米体育馆投入使用。

9月26—29日 中国威海（文登）国际温泉节在天沐温泉度假村开幕，来自俄罗斯、日本、韩国等国家和中国台湾地区的相关专家学者、旅行商200余人出席节庆活动。

9月30日 以展示生态资源、彰显南海风光为主题的首届威海（文登南海）沙雕节开幕。

10月中旬 文登市被省畜牧兽医局确定为山东奶牛产业项目县（市）。

11月8日 省委副书记、省长姜大明到文登调研，并作学习实践科学发展观辅导报告。

同日 2008年全国中小城市综合实力百强排名揭晓，文登市位居第31位。

11月20日 住房和城乡建设部公布中国最具投资潜力中小城市20强名单，文登市列县级城市第2位。

12月1日 米山水库除险加固工程开始施工，工程投资1.4亿元，工期3年。

12月 文登市被中国科学技术协会、财政部授予全国科普惠农兴村先进单位称号。

2009年

1月 市交通综合信息指挥中心投入使用，中心采用DLP信息显示管理系统和GPS卫星定位系统，对全市客货运输、汽车维修、驾驶培训等行业实行监督管理。

2月 文登市被省全民普法依法管理工作领导小组授予“五五”普法依法治理中期先进县（市、区）称号。

4月23日 水利部长江水利委员会爱国主义教育基地揭牌暨林一山治水事迹展开展仪式，在天福山起义纪念馆举行。

5月18日 文登市被中央社会治安综合治理委员会授予全国平安建设先进市称号。

6月2日 省委副书记、省长姜大明到文登调研指导学习实践科学发展观活动。

7月9日 文登南海新区获联合国人居奖（中国）和优秀范例奖（示范新区）。

7月26日 第九届全国县域经济基本竞争力百强县（市）揭晓，文登市名列第14位。

7月28日 由国家电网有限公司投资的山东文登抽水蓄能有限公司筹建处成立。

7月 国家海洋局批准设立“文登海洋生态国家级海洋特别保护区”，保护青龙河下游和靖海湾北部海域幸存的松江鲈鱼原种群。

8月5—6日 中国国民党副主席、台湾地区“立法院”副院长曾永权一行到文登南海新区考察。

8月6日 文登首批116套经济适用房开始公开出售。

8月13日 文登城市孤儿一体化救助仪式举行，全市63名孤儿领到补助卡，每人每月发放基本生活补助费600元。

8月29日 省军区政委南兵军带领工作组到文登检查人武部党委班子建设。

8月 南海实验学校开工。投资1.16亿元，占地面积15.26公顷，建筑面积2.99万平方米。

9月8日 市区环山路小学落成。投资3000万元，占地面积3.35公顷，建筑面积1.17万平方米。

9月9日 文登倪氏海泰大酒店竣工开业。投资4亿元，建筑面积3.76万平方米。

9月10日 文登市被省委、省政府授予山东省教育工作示范市称号。

9月24日 省高级人民法院在文登召开全省法院人民陪审员工作座谈会，推广文登市人民法院加强人民陪审员队伍建设的经验做法。

10月4日 经省文物局同意，威海、文登两级文物管理部门组队对八里张家石墓群进行抢救性发掘，12月7日结束。出土陶器、瓷器、钱币100余件，石刻37件。

10月19日 文登市获山东省历史文化名城称号。

10月 省政府批准将文登工业园的区划调整至文登南海新区。

11月28日 中国威海（文登）国际温泉节获中国最佳县域旅游节奖。

11月29日 经营面积2.5万平方米的家家悦文登购物广场开业。

12月11日 文登市被中国老年学学会授予中国长寿之乡称号。

12月22日 文登市获山东省人居环境奖。

12月25日 文登市获全国无公害农产品标志推广与监管示范县称号。

12月27日 文登市被农业部授予全国粮食生产先进县（市）称号。

12月 文登奶山羊入选国家级畜禽新品种，是威海史上首个国家级畜禽新品种。

2010 年

1月3日 欧洲理事会常务副主席、比利时执政党主席保罗·威尔一行4人，到文登南海新区考察洽谈中欧高新技术研发产业园项目。

1月8日 市海洋与渔业局投资建造的时为全省县级最先进的100吨级现代化渔政执法船——中国渔政37518船投入使用。

1月 文登市被省商务局、省财政厅、山东出入境检验检疫局联合授予山东省出口农产品质量安全示范区称号。

4月27日 昆嵛山局部降雪30毫米，次日10时许，市区降雪持续10余分钟。4月末降雪，在文登极为罕见。

4月 文登整骨医院副院长丛海波被国务院授予全国先进工作者称号。

6月 文登市被省国土资源厅授予2009年度国土资源执法模范县称号。

7月7日 省委组织部召开全省推广文登市镇村集中议事经验现场会。

7月10日 2010年中国县级城市综合竞争力排行榜公布，文登市列第16位。

8月11－12日 省委副书记、省长姜大明到文登南海新区、经济开发区、城市新区和部分企业、社区考察。

8月13日 文登市获评中国优秀温泉度假旅游城市称号。

8月 文登市被省政府确定为山东省信息化与工业化融合实验区。

9月5日 由经济日报社主办，中国县域经济报社和文登市政府承办的蓝色经济论坛暨文登南海新区发展研讨会在钓鱼台国宾馆举行。全国人大常务委员会副委员长陈昌智出席并讲话。

9月9－12日 首届国际养生产业峰会暨第三届中国（威海）国际温泉节在汤泊温泉度假村举行。

9月27日 2010年山东文登新兴产业科技促进周活动开幕。中国工程物理研究院技术转移中心文登分中心、中国科学院北京国家技术转移中心山东文登分中心，天润曲轴股份有限公司、鸿通管材有限公司院士工作站分别揭牌与授牌。

10月13－15日 首届华东侨商论坛暨经贸洽谈会在文登举行。

11月7日 文登市被国家能源局、财政部、农业部评为首批绿色能源示范县（市）。

11月10日 文登市被农业部农产品质量安全中心办公室定为全国无公害农产品标志推广与监管示范市。

11月15日 文登南海新区被省政府确定为省级高新技术产业开发区。

12月8日 天润曲轴股份有限公司被科技部确定为国家火炬计划重点高新技术企业，文登鸿通管材有限公司、文登奥文电机有限公司被科技部确定为国家高新技术企业。

12月21日 第二届山东省农村文化艺术节在文登开幕。

12月23日 文登市被联合国地名专家组中国分部授予中国地名文化遗产——千年古县称号。

是年 文登申请专利1187件，授权专利1004件，成为全省第一个专利申请与授权“双过千”的县级市。

2011 年

1月4日 国务院批复《山东半岛蓝色经济区发展规划》，将文登市南海新区确定为全省重点建设的3个海洋经济新区、3个国家级旅游度假区、9个集中集约用海片区之一，标志南海新区开发建设成为国家战略的组成部分。

3月9日 荣兰线、威青线、初张线、威石线、上泽线、石泽线、俚李线、文三线、荣文线等11条主干公路和桃威铁路文登段沿线绿化升级改造工程全面开工。

3月11日 全市为民办实事、包村联户暨优化经济发展环境工作会议召开，决定启动农村环境保护综合治理工程，集中开展饮用水安全保护、生活垃圾统一处理、生活污水处理、河道治理等 10 项工程。

3 月 15 日 商务部部长陈德铭到文登调研出口农产品质量安全示范区建设及“农超对接”工作。

4 月 6 日 中央纪委副书记、解放军原总政治部副主任孙忠同到文登考察。

4 月 19 日 青荣城际铁路文登段（9.8 千米）开工建设。

5 月 7 日 投资 1350 万元的侯家镇高标准农田示范工程完工，为威海市第一个国家农业综合开发高标准农田建设示范工程项目。

5 月 27 日 文登市被授予 2010 年度山东省技术改造工作先进集体称号。

5 月 31 日 首届全国皮毛会议在文登召开，全国各地皮毛行业协会负责人和皮毛企业代表约 200 人出席会议。

同日 文登市被住房和城乡建设部、国家发改委命名为第五批（2010 年度）国家节水型城市。

6 月 8 日 国家海洋局文登前岛验潮站揭牌运转。

6 月 29 日 文登市被中共山东省委授予全省基层党建工作先进市称号。

7 月 1 日 文登市全面启动城镇居民养老保险工作。

7 月 24 日 40 余位获国家友谊奖的外国专家到文登南海新区参观考察。

7 月 文登整骨医院通过国家重点专科“十一五”评审验收，同时被确定为全国“十二五”重点专科建设单位。2013 年 1 月，被评为三级甲等中医专科医院。

8 月 3 日 省委副书记、省政协主席刘伟到文登视察。

8 月 23 日 2011 年全国县域经济百强县（市）排名公布，文登列第 14 位。

8 月 26 日 中共中央书记处书记、中央纪委副书记何勇到文登调研。

9 月 21 日 中国（文登）国际家纺博览会暨中国家纺品牌推介会在文登举行。

10 月 12 日 文登市被省委、省政府授予省级文明市称号，连续三届获此殊荣。

10 月 25—26 日 省畜牧兽医局在文登召开基层动物防疫体系建设现场会议，总结推广文登的经验做法。

10 月 26 日 舞台剧《东方文登学》获山东省第四届泰山文艺奖。

10 月 文登电业职工吕明玉半年内两次为外地白血病女患者捐献造血干细胞和淋巴细胞，为山东首例捐献者。

11 月 2 日 取材于圣经山道教全真派弟子丘处机说服成吉思汗停止杀戮故事的电影《止杀令》，在文登取景拍摄。2013 年 3 月 22 日，在全国公映。

11 月 13 日 文登成功注册“金色海岸·温泉之都”商标，获得该商标在广告、进出口代理、人事管理等 35 个类别的使用权。

11 月 30 日 为期三年的农村电网改造工程完工。投资 2.4 亿元，全市 128 个村 2 万余户农民受益。

12 月 9 日 市委书记王亮调离，张竞接任市委书记。

12 月 13 日 文登市第十六届人大常委会第二十八次会议通过接受张竞辞去市人民政府市长职务请求的决定。任命栾波为市人民政府副市长、代理市长。

同日 文登市润泰购物广场暨大润发超市开业。项目总投资 4 亿元，建筑面积 16.5 万平方米。

12 月 29 日 文登热电厂 3 号锅炉工程竣工运行。投资 9000 万元。

12 月 31 日 文登市开通镇级“党心民情热线”，提升基层党建工作群众满意度，其做法及成果被省委组织部授予 2011 年度全省组织工作创新奖。

是年 峰山森林公园实施一期扩建工程，面积扩至 300 公顷。2013 年 3 月，实施二期建设工程，5 月对外开放。

2012 年

1 月 7 日 文登市被省商务厅确定为全省第一批家纺出口外贸转型升级示范基地。

1 月 17—18 日 中国共产党文登市第十三次代表大会举行。会议选举产生中共文登市第十三届委员会委员 33 人、候补委员 6 人。选举产生新一届中共文登市纪律检查委员会委员 23 人。

2 月 11—14 日 政协第九届文登市委员会第一次全体会议召开。会议选举马端兴为市政协主席。

2 月 12—15 日 文登市第十七届人民代表大会第一次会议召开。会议选举张竞为市人大常务委员会主任，栾波为市人民政府市长。

2 月 25 日 文登市被农业部批准为全国绿色食品原料标准化生产基地。

3 月 12 日 威力工具、奥文电机、泰迪玩具、艺达家纺、芸祥绣品、云龙绣品、万得集团和银丰家纺，被列入 2011－2013 年度山东省重点培育和发展的国际知名品牌名单。

4 月 13 日 全市农村工作会议召开，安排部署选派第一书记和驻村联络员深入农村开展工作。19 日，82 名第一书记和 549 名驻村联络员全部到位。

4 月 21—27 日 市委组织部组织威力工具、天润曲轴、鸿通管材等 30 家重点企业负责人，赴北京大学进行为期 6 天的企业管理创新与转型发展高级研修班学习。

5 月 19 日 由山东电力集团投资 1.79 亿元建设的 220 千伏新文登变电站投入运营。

6 月 1 日 先诊疗后付费服务模式在文登所有医疗机构推广实施。

7 月 17 日 文登市被省政府授予山东省县域科学发展先进单位称号。

7 月 26 日 中央电视台庆祝建军 85 周年特别节目——《“双拥”花开万里春》，在市体育场上演。

9 月 8 日 圣经山风景区被评为 AAA 级旅游景区。

同日 省水貂产业技术创新战略联盟成立暨第一届理事会会议在文登召开。

9 月 21 日 2012 年山东文登新兴产业科技推进周暨百企产学研合作创新发展大会开幕。

10 月 23 日 中国（文登）国际皮草博览会在文登国际会展中心开幕，会上文登市获中国裘皮产业基地称号。2013 年 4 月，“文登水貂”获农业部农产品地理标志认证。

11 月 4 日 “文登奶山羊”规范养殖及乳品深加工项目，被列入山东省科技富民强县专项行动计划。

11 月 20 日 文登市开通在文登就业的外国人社会保险参保渠道。

12 月 8 日 文登市获全国十佳金融生态示范县称号。

12 月 10 日 省文明委公布首批 33 个“乡村文明行动”省级示范县（市、区）名单，文登榜上有名。

12 月 19 日 文登市获第十二届中国县域经济百强市称号。

12 月 23 日 历时三个多月的界石镇旸哩店古墓群考古发掘工作结束，共发现和清理石棺墓 15 座，出土文物 40 件。在 2013 年 11 月 23 日召开的文登旸谷山考古发现论证会上，专家认为，旸哩店墓地属大汶口文化晚期至龙山文化早期遗存，在时代上与尧、舜、禹的传说时代大致吻合，旸谷山及周边区域可以作为“羲仲宾日”的重要探索地点。

12 月 24 日 省军区司令员荣森之、参谋长李亚东率省军区机关人员到文登进行野营训练。

2013 年

1 月 15 日 文登市被环境保护部授予国家生态市称号，并列为全国生态文明建设试点地区。

1 月 26 日 中共威海市委公布设立中共威海市委威海南海新区工作委员会，为威海市委派出机构，负责南海新区党的建设工作。

2 月 8 日 文登市鸿通管材有限公司承担的

海洋深水非金属材料复合管研制项目，获批列入2013年国家“863”计划，是文登市企业牵头承担的首个“863”计划项目。

3月 “文登西洋参”“文登苹果”和“文登大花生”，入选全国100个“2012最具影响力中国农产品区域公用品牌”。

4月17日 文登市被全国普法办确定为首批全国法治县（市、区）创建活动先进单位。

5月9日 文登市实施“双百计划”（百家企业膨胀升级、百家中小微企业梯次跟进），加快构建发展新格局。

6月23日 文登市1.07万公顷苹果基地通过全国绿色食品原料（苹果）标准化生产基地审核小组验收，成为全国绿色食品原料标准化生产基地。

6月25日 文登市获评全国国土资源节约集约模范市称号。

7月30日 胶东调水威海段工程通过试通水检验，工程全长约10.6千米。

8月20—22日 全国花生现代生产模式观摩交流会在文登召开。

9月6日 2013年中国特色农产品博览会暨首届威海（文登）农产品展销会开幕。

11月4日 威海三润重工股份有限公司在齐鲁股权交易中心成功挂牌，成为文登市在齐鲁股权交易中心首家挂牌的企业。

11月26日 威海市人民政府、北京交通大学共建北京交通大学威海校区签约仪式在文登举行。投资10亿元，建筑面积31万平方米。

11月 文登市被科技部授予2013年全国科技进步考核先进县（市）称号。

12月3日 坦桑尼亚达累斯萨拉姆市市长马萨布里率国会议员考察团到威海南海新区考察。

12月5日 昆嵛山旅游景区被国家旅游局和环保部确定为国家生态旅游示范区。

是年 全市14个镇（包括汪疃镇、苘山镇）全部进入国家级生态镇行列。

2014年

1月25日 国务院印发《国务院关于同意山东省调整威海市部分行政区划的批复》。2月27日，省政府印发《山东省人民政府关于调整威海市部分行政区划的通知》。3月17日，威海市委、市政府印发《关于调整部分行政区划的实施意见》：撤销文登市，成立威海市文登区。以原文登市的行政区域（不含汪疃镇、苘山镇）为威海市文登区的行政区域。将原文登市的汪疃镇、苘山镇划归威海市环翠区，由临港区管辖。

3月18日 威海市文登区举行成立大会，威海市与文登区两级主要领导为区委、区人大、区政府、区政协揭牌。

第一编 政区

文登是千年古县。北齐天统四年（568），置文登县。至2013年，历经1445年变迁，文登建置存续至今。1988年10月，文登撤县设市，辖9镇、14乡、952村，人口71.69万人。1992年8月，文登市经济技术开发区成立。1994年6月，草庙子、初村2镇划归威海市环翠区。2001年5月，撤销文城镇，设龙山路、天福路、环山路3个街道；撤销天福山、口子、埠口、铺集、晒字、北郊6镇，分别并入文登营、大水泊、张家产、葛家、界石、蔄山6镇。2005年2月，埠口港管理委员会成立。2007年6月，龙山路、天福路、环山路街道更名为龙山、天福、环山街道。7月，文登市南海新区成立。2008年4月，威海市人民政府决定，汪疃镇、蔄山镇部分政务划归威海工业新区管辖，行政区划仍属文登市。2013年，文登市辖2个省级开发区、3个街道、14个镇和埠口港，共计807个村、82个社区，总面积1829.16平方千米，人口64.29万人。

城市新区远眺（2012 年 8 月 10 日摄）

第一章 建置 区划

第一节 地理位置

文登市地处山东半岛东部，位于北纬 36° 52'～37 ° 22'、东经 121 ° 43' ～ 122 ° 19' 之间。南濒黄海，西与西北阻于昆嵛山脉与烟台市牟平区相邻，西南临黄垒河与乳山市相望，北连威海市环翠区，东接荣成市。2013 年，市域总面积 1829.16 平方千米，人口 642857 人。市政府驻天福街道，按直线距离计算，距威海市 36 千米、烟台市 72 千米、青岛市 200 千米、济南市 450 千米、北京市 580 千米。

第二节 境域变迁

文登置县以来，境域基本稳定，唯辖区面积因政区调整时有变动，逐渐减少。历史上有 3 次较大变动，北齐天统四年（568）置县至唐麟德元年（664），今烟台市福山区以东均属之，面积 1.4 万平方千米，是 2013 年面积的 7.65 倍。唐麟德二年（665）分设牟平县后，至清雍正十二年（1734），昆嵛山以东属文登县，面积约 4040 平方千米，是 2013 年面积的 2.21 倍。清雍正十三年（1735），析县东境 20 个里，置荣成县，面积减少五分之二。清光绪二十四年（1898），英国强租威海卫，文登北部 662 平方千米被划入英租界。1930 年，中国收回威海卫，设威海卫行政区。中华人民共和国成立后，最大的变动是 1956 年 3 月，撤销昆嵛县，东部并入文登县，全县总面积为 2209 平方千米。之后，局部变动频繁。1994 年 6 月，初村、草庙子两镇划入威海市环翠区，总面积减至 1829.16 平方千米，北境不再濒海，海岸线由 173.9 千米减至 155.88 千米。

第三节 隶属沿革

相传公元前 219 年，秦始皇东巡至境内，召文人登山，论功颂德。该山因名“文登山”，简称文山。北齐天统四年（568），析牟平、观阳县地置文登县，因文登山而得名，属光州长广郡。周，因之。隋，属青州东莱郡。唐，属河南道。武德元年（618），改属登州，州治设于文登城；贞观元年（627），登州废，属莱州；如意元年（692），于牟平复置登州；神龙三年（707），移登州治于蓬莱，文登均为其属。五代，因之。宋，属京东东路登州。金，属山东东路宁海州。元，初属益都路宁海州；至元九年（1272），直隶都省山东宁海州。明，初属莱州府，后改属山东省登州府宁海州。清，属山东省登莱青胶道登州府。1914 年，属山东省胶东道。1925 年，改属东海道，道治均在烟台。1928 年废道，直属山东省。1934 年，属山东省鲁东区（治所在莱阳）。1936 年，属山东省第七行政督察区，治于牟平。1940 年 6 月，文登县抗日民主政府成立，属胶东行政区东海专区，行政机关因战争无固定驻所。1941 年 12 月，根据抗战需要，析文登县的西部、牟平县的东部，置文西县。文登（东）、文西两县治所皆不定。1944 年 8 月，东海专署驻文登城。1945 年 1 月，文西县改称昆嵛县，县政府驻崮头集、白玉庄、泽头、葛家、汪疃等地；文登县县政府驻高村、万家庄、大水泊等地。1950 年 6 月，胶东行政区撤销，东海专区改称文登专区，驻地文登城，昆嵛、文登两县均为其属。1952 年 3 月，昆嵛县县政府移驻文登城。1956 年 2 月，文登专区撤销，并入莱阳专区，文登、昆嵛两县改属莱阳专区；3 月，撤销昆嵛县，其行政区域分别并入文登、牟平两县；5 月，文登县县政府驻地由大水泊迁至文登城。1958 年 11 月，文登县转属烟台专区。1967 年 2 月，属烟台地区。1983 年 11 月，改属烟台市。1987 年 6 月，改属威海市。1988 年 10 月，经国务院批准，文登撤县改为省辖县级市，由威海市代管。2014 年 1 月，《国务院关于同意山东省调整威海市部分行政区划的批复》，撤销县级文登市，设立威海市文登区，以原文登市（不含汪疃镇、莔山镇）的行政区域为威海市文登区的行政区域。将原文登市的汪疃镇、莔山镇划入威海市环翠区。

域间调整 社会主义革命和建设时期，文登、昆嵛两县区划变动频繁。

1950 年 3 月，威海市所辖草庙子、崮山、凤林 3 区划入文登县；4 月，威海市所辖羊亭区和里口区南半部划入昆嵛县。

1954 年 1 月，文登县黄家庄划入荣成县；4 月，文登县第十区（人和区）、第十一区（靖海区）22 乡划入石岛县。

1956 年 4 月，乳山县的西浪暖、东浪暖、稻地湾、紫草泊、店子、垒子 6 乡的东店子、朱家庄、万家庄、小观、生家埠、榆树底、百寿庄、出林庄、凤口集、波罗岛等 28 村划入文登县；5 月，原昆嵛县的酒馆、龙泉区的 116 村回归牟平县；6 月，文登县黄山、环海、章村 3 区和邹山区南部共 42 乡划入荣成县，羊亭等 18 乡划入威海市；9 月，文登县的竹园、宋家洼 2 乡的牛角沟、南葛拉、竹园、阎家庄、西山口、东山口、西曲阜、南曲阜、宋家洼 9 村划入威海市。

1957 年 12 月，西浪暖村复归乳山县。

1958 年 7 月，文登县小城、温泉乡 4 村划入威海市；10 月，文登县埠前乡划入牟平县，石岭、草庙子、温泉 3 乡（人民公社）划入威海市，同时因乳山县撤销，南黄、洋村人民公社划入文登县。

1958 年 12 月，以黄垒河为界，黄垒河以东原属乳山县的万家口、鱼池、于家庄、隋家庄、徐家庄、北七口、南七口、小芦头、吴家庄、坦埠、大芦头、北黄、庙东、庙下、郐家、小英（今名金花）16 村留属文登县。

1961 年 10 月，恢复乳山县建置，文登县南黄人民公社黄垒河以西地区划归乳山县。

1965 年 6 月，威海市初村（原石岭）、莔山、草庙子 3 处公社划入文登县。

1994 年 6 月，文登市初村、草庙子镇划归威海市环翠区。

域内调整 1950 年，文登、昆嵛两县区划仍沿用区领村制；9 月，依据山东省政府指示，文登、昆嵛两县所辖区名改为以序数命名。

1950 年文登县所辖区、村数量表

表 1-1　　单位：个

序数名称	原区名称	行政村数	自然村数
一区	高村	46	46
二区	侯家	55	55
三区	汤村	40	41
四区	大河	43	61
五区	松山	30	70
六区	天福山	50	55
七区	邹山	46	54
八区	章村	48	50
九区	黄山	43	43
十区	人和	57	58
十一区	靖海	47	52
十二区	环海	40	46
十三区	草庙子	49	53
十四区	崮山	41	46
十五区	凤林	37	37

1950 年昆嵛县所辖区、村数量表

表 1-2　　单位：个

序数名称	原区名称	行政村数
一区	葛家	45

续表 1-2

序数名称	原区名称	行政村数
二区	林村	49
三区	虎山	48
四区	套河	35
五区	特秀	42
六区	马山	25
七区	文山	29
八区	山马	45
九区	管山	41
十区	旸哩	28
十一区	龙泉	52
十二区	酒馆	43
十三区	白鹿	47
十四区	羊亭	—
十五区	里口	—

1951 年 3—6 月，根据山东省政府批示，文登、昆嵛两县开始区下建乡镇；文登县时辖 15 区 158 乡（镇），昆嵛县时辖 15 区 137 乡（镇）。

1952 年 3 月，昆嵛县政府迁驻文城，原文城乡改为县辖镇。

1954 年，文登县辖 13 区，昆嵛县辖 13 区和文城镇。

1955 年 1 月，文登县大水泊、高村 2 镇改为县辖镇，昆嵛县葛吕镇改为县辖镇；9 月，遵照国务院“关于市辖区及县辖区公所的名称应改为地名称呼”的批复，经文登专署批准，文登县 13 个区依次改为高村、五垒岛、侯家、大河、松山、天福山、邹山、章村、黄山、崮山、凤林、环海、草庙子区；昆嵛县 13 个区依次改为葛家、林村、虎山、宋村、长山、文山、山马、管山、旸哩、龙泉、酒馆、白鹿、羊亭区。是年，开始撤区并乡。至 12 月，文登县撤销 15 乡，保留 120 乡；昆嵛县撤销 24 乡，保留 113 乡镇。

1956 年 2 月，文登县撤销 3 区，五垒岛区并入侯家区，环海区并入黄山区，凤林区并入草庙子区，撤并后，文登县辖 10 区。昆嵛县撤销管山、长山、林村、酒馆、白鹿 5 区，领 8 区。3 月，昆嵛县东部并入文登县后区划调整基本结束；文登县辖 10 区 1 镇 64 乡，共 967 村。

1957—1958 年，继续撤区并乡。1957 年 7 月，先后撤文山、旸哩、葛家、宋村、草庙子和高村 6 区，保留虎山、山马、侯家、天福山 4 边远区。1958 年 2 月，原 64 乡（镇）合并为 45 乡（镇），直属县领导；7 月，再次撤销 18 乡，全县合并为 25 乡（镇）；8 月，桃花乡并入葛家乡，邹家乡并入水道乡，管山乡并入汪疃乡，埠口乡并入高村乡，全县调整为 21 乡（镇）。

1958 年 8 月 27 日至 9 月 8 日，全县实行人民公社化，一乡一社；在原有 381 处高级农业社的基础上，全县 21 个乡（镇）成立 21 处人民公社，乡、社并存。

1958 年文登县乡（镇）、公社名称对照表

表 1-3

公社名称	乡镇名称
火箭	侯家
燎原	泽头
灯塔	葛家
天福山	天福山
幸福	口子
高峰	温泉
松山	文登营
渤海	石岭
昆嵛	界石
星火	郭格
卫星	宋村
黄海	小观
先锋	铺集

续表 1-3

公社名称	乡镇名称
长山	长山
东风	大水泊
明星	高村
锦旗	草庙子
红旗	文城
跃进	小阮
巨龙	汪疃
火炬	水道

1958年10月，成立文登县人民公社（简称公社），各乡社为其基层社，社下设管理区，区辖村，村称连，连设排，全县辖19处基层社；12月，大水泊、口子基层社并入天福山基层社，郭格基层社并入宋村基层社，洋村基层社并入南黄基层社，撤销长山基层社，全县时辖14处基层社。

1959年3月，撤销文登县人民公社，县辖人民公社，乡、社并存，每乡1处公社，社名以乡名称谓；7月，正式撤销乡建制，人民公社成为政社合一的行政组织。

1961年，以村为基础设生产大队。

1962年1月，新成立米山、口子2处公社，全县辖15处公社（1961年，南黄人民公社划归乳山县）。

1964年3月，增设4处公社。侯家公社析建泽库公社，高村公社西部析建嶅山公社，葛家公社北部析建晒字公社，汪疃公社和文城公社析建黄岚公社。

1966年4月，天福山公社析出54个大队置大水泊公社。

1982年1月，水道公社更名为张家产公社；2月，文城公社改为城关镇。全县辖1镇22公社。

1983年5月，文登县在初村公社进行“政社分开”试点，初村公社改为初村乡。

1982年文登县各公社所辖生产大队数量表

表 1-4　　单位：个

公社名称	生产大队	其中筒子队	生产队
文城	77	10	231
文登营	52	5	174
天福山	33	5	90
大水泊	54	4	184
口子	35	4	122
张家产	44	7	143
高村	45	1	283
嶅山	20	0	115
泽库	23	0	151
侯家	38	0	210
宋村	53	0	296
泽头	48	4	275
小观	47	1	271
铺集	25	0	164
葛家	42	1	219
晒字	22	1	69
米山	44	1	170
界石	43	5	151
汪疃	58	10	192
黄岚	37	4	120
草庙子	46	5	125
蔄山	30	2	88
初村	34	6	124

说明：筒子队，指较小的自然村设一生产队，又是独立的生产大队；表中生产队不包括筒子队。

1984年3月，经省人民政府批准，实行乡（镇）政府体制改革，全县撤销21处公社和1乡1镇，改设为9镇14乡；9镇为城关、初村、汪疃、泽头、宋村、高村、大水泊、葛家、埠口镇，14乡为草庙子、侯家、小观、界石、晒字、苘山、铺集、米山、泽库、张家产、文登营、天福山、口子、黄岚乡。

1984年5月，城关镇更名为文城镇。

1989年12月，撤销草庙子、侯家、小观、界石、晒字、苘山、铺集、米山8乡，改设为镇；全市辖17镇、6乡、952村（1013个自然村）。

1992年5月，撤销泽库、张家产、口子、天福山4乡，改设为镇。

1992年8月，文登市经济技术开发区成立。

1993年10月，撤销文登营乡改设为镇，撤销黄岚乡改设为北郊镇；至此，撤乡设镇结束，全市辖1区、23镇、952村（1013个自然村）。

1994年8月，文城、文登营两镇划出13个村，设立双龙街道；9月，所辖九里水头、毕家疃、林家岭、梁家沟、峰北、崖子头、杜家泊、赵家产、于家产、杨家产、崖东头、林家泊、营西13个村撤村设社区；全市辖1区、1街道13社区、21镇859村。

1998年8月，北宫、文山、峰西、城南、河北、峰南、凉水湾、香水庵、城北、大众、七里水头、三里河、谢家庄、江家庄、河埠庄、柳林、生产、西楼、西龙格、泊子、河南、夼北、宋家沟、苏家河、西南庄、城西、马家庵、七里汤、汤南、西藕湾、宅库31个村撤村设社区，市区设立凤凰台、横山、大观园、五龙、西壕、双桥、北山、德贤、香山、学府、峰山、棋山、桃园、温泉、文星、爬山、秀山、抱山、南山19个居民社区，由城市居民管理委员会管辖。

2000年12月，苘山镇设立三城社区。

2001年5月，调整行政区划，撤销文城镇，设立龙山路、天福路、环山路3街道，原文城镇辖属村（社区），分属3街道；撤销北郊、晒字、铺集、天福山、口子、埠口6镇，分别并入苘山、界石、葛家、文登营、大水泊、张家产6镇。双龙街道更名为经济技术开发区街道。

2002年2月，文登市经济技术开发区更名为文登经济开发区；7月，设立双龙社区。

2003年2月，撤销经济开发区街道，原管辖的双龙等14个社区隶属经济开发区；4月，凤凰台社区析为西凤凰台和东凤凰台两个社区，西凤凰台社区隶属龙山路街道，东凤凰台社区隶属经济开发区；同月，经省政府批准，文登营镇漩夼村划归文登经济开发区，撤村设社区；7月，经省政府批准，苘山镇北陡埠和王埠庄2村划入龙山路街道。11月，设立埠口社区。

2004年5月，苘山镇设立秦权、二龙山社区，大水泊镇设立庆合社区，界石镇设立昆龙社区。

2005年2月，析张家产镇南部的张家埠、卧龙、上埠前、下埠前、嶅山、上冷家、下冷家、顶子8村与埠口社区，成立埠口港管理委员会（市政府派出机构）；10月，文登营镇柳家庄、单鲍产、柏果树、止马岭4村划入经济开发区。

2006年6月，柳家庄、单鲍产、柏果树、止马岭4村撤村设社区；9月，龙山路街道金岭屯村并入西楼社区；10月，天福路街道的大五里头、小五里头、城东埠后、七里河、松坡、东藕湾、十里头7村撤村设社区；12月，环山路街道的麦疃后、西寨、河圈、小嵛岭、五里顶后5村撤村设社区。

2007年6月，经省政府批准，龙山路、天福路、环山路街道，分别更名为龙山、天福、环山街道。7月，文登市南海新区成立。

2009年6月，经市政府批准，原21个城市社区合并为10个，经济开发区增设社区1个。龙山街道撤销五龙、西壕、双桥社区，其辖区并入大观园社区。天福街道撤销德贤、香山社区，其辖区并入北山社区；撤销峰山、棋山社区，其辖区并入学府社区。环山街道撤销温泉、文星社区，其辖区并入桃园社区；撤销爬山、抱山社区，其辖区并入秀山社区。经济开发区增设金山社区。8月，经市政府批准，大水泊镇井南村更名为河北新村。11月，经市政府批准，龙山街道段家疃、吴家庵村并入西楼社区；天福街道南潘家夼村并入河北社区。

2010年9月，设立海泰社区。11月，设立新城、东城、滨海社区。同月，南海新区被省政府确定为省级高新技术产业开发区。

2013年，全市辖2个开发区，3个街道（龙山、天福、环山），14个镇（文登营、大水泊、张家产、高村、泽库、侯家、宋村、泽头、小观、葛家、米山、界石、蔄山、汪疃）和埠口港，共计807个行政村（881个自然村）和82个社区。

2013年文登市社区、村数量表

表1-5　　单位：个

名称	社区	村	合计
经济开发区	21	1	22
南海新区	—	—	—
龙山街道	14	12	26
天福街道	20	9	29
环山街道	19	7	26
文登营镇	1	70	71
大水泊镇	1	89	90
张家产镇	0	56	56
高村镇	0	46	46
泽库镇	0	23	23
侯家镇	0	38	38
宋村镇	0	53	53
泽头镇	0	48	48
小观镇	1	47	48
葛家镇	0	68	68
米山镇	0	44	44
界石镇	1	65	66
汪疃镇	0	58	58
蔄山镇	3	65	68
埠口港	1	8	9
合计	82	807	889

第二章　市区　镇街

第一节　市　区

文登自置县始，除1942—1956年外，县（市）治所一直位于市域中部，文山西侧。东母猪河支流柳林河（旧称送驾河）和抱龙河交汇于城区之西，北望二龙山，南临磨山、棋盘山、豹山。荣兰线、威青线、威青高速、初张等公路干线交会于此，桃威铁路在市区西设站。治南21千米（直线距离，下同）处有国家二类开放口岸张家埠港，治东16千米处有威海机场。东至荣成市治32千米，西南至乳山市治62千米，西北至烟台市牟平区治48千米。城区依山傍水，环境优美，气候宜人，生态和谐，是全市政治、经济、文化、科技中心和交通枢纽。

县城旧有土城，建于唐末宋初。明洪武元年（1368），莱州卫镇抚韩整[①]督军修葺。城周3.5千米、高8.33米、厚3.33米，有楼堡15座，东、南、西分别设望海门、新建门、昆嵛门。万历八年（1580）改建石城，3年竣工。城周2.26千米、高6.67米、厚3.33米。清康熙四十一年（1702）、咸丰四年（1854），先后重修。1938年冬，为防侵华日军盘踞而将城墙拆除，仅存东门，于1958年拓街时拆掉。

①清顺治版《登州府志》及出土碑记记作韩整，清雍正、道光版《文登县志》皆记作韩登。

中华人民共和国成立初期，文登城建成区面积近1平方千米，人口近1万人。县城有大小街道23条，主要街道有署前街、南壕街和北壕街。城内街道除少数为卵石铺砌外，其余均为沙土，凹凸不平，多无桥涵，晴通雨阻。1956年，县政府首次编制县城短期总体规划。1957年，建起城南河桥，城区米山路首铺沥青路面。1970年，县乡公路通达各公社驻地。1974年，建文城桥，文山路铺沥青路面。1975年，城区设环境卫生管理所，有垃圾清运工21人。1978年始，设液化气供应站。1980年，县政府编制《文登县城总体规划》，规划区面积3.82平方千米。是年，城区敷设排水管道1000米；建起占地面积0.87公顷的文山公园。1981年7月1日，县自来水公司正式向城区部分单位供水。1982年，城区文山路、昆嵛路首次安装路灯。1984年，修建河滨公园2000平方米。1986年，重建峰山革命烈士陵园。80年代，城区发展呈"⊥"形布局。至1990年，建成区面积达到11平方千米，常住人口7.8万人，流动人口1.1万人。市区西南部和北部为工业区，市中心为商业区，有国营、集体商业网点135个，农贸市场1处。市区东南、中南部为卫教文体区，有威海市文登中心医院、卫生学校、文登师范、文登一中、电视大学、聋哑学校、体育场等。

1988年，文登撤县设市后，市委、市政府遵循城市发展规律，加快城市建设步伐，全面提升城市品位，先后于1990年、1994年两次编制《文登市城市总体规划》，城市建设步入快速高效发展阶段。90年代，以开展城市环境综合整治、创建"齐鲁杯"城市、创建全国卫生城市等活动为契机，加大市区基础设施投入和建设力度，城市化水平不断提高，城市功能迅速提升，市区面貌大为改观。先后实施东壕沟整治工程、道路拓宽改造工程、旧城拆迁改造工程、垃圾处理场建设工程、抱龙河及柳林河综合整治工程、"样板街"建设工程、通信线路地下化建设工程和市区"三大出入口"建设工程等，累计投入城市建设维护资金3.09亿元。至2000年，市区完成旧城拆迁改造总面积28.69万平方米，先后开发桃园、五龙、市中、天山、金地、冰场、香山、凤凰山等居民住宅区，土房矮屋被高楼大厦所取代。建成区面积达到15.2平方千米，常住人口16.7万人。生态环境显著改善。1990年，全长6100米、宽98米、面积100余万平方米的河滨公园建成开放。1994年，占地面积4.2公顷的文山公园扩建工程竣工。1998年11月竣工的市中广场，占地面积3.46公顷，是一处集绿地、雕塑、声控音乐喷泉于一体的现代化大型广场，填补文登无大型广场的空白。交通建设飞速发展。至2000年，市区道路修建面积达183.4万平方米，铺设人行道板33.3万平方米，安装路灯3060基。其间，随着金都大厦、国贸大厦、天福商贸城、昆嵛大酒店和邮电大楼、中信大厦、建行大楼、体育中心、工人文化宫、实验中学、第二实验小学等商贸、餐饮、通信、文体、教育、金融等公共服务项目落成启用，城市功能全面提升。

进入21世纪，市委、市政府立足长远发展，按照现代化中等城市要求，高标准制定新一轮《文登市城市总体规划》，将城市定位为：外向型的综合工业城市，地区性的商品聚散地，以山水文化为特色的生态城市。综合安排利用城市空间布局和各项建设用地，促进城市科学合理发展，以峰山为市区中心，逐步形成"南商北工""东文西居"发展格局。旧城改造遵循"宜业、宜商、宜居"的原则，精心塑造城市形象。市区中心以昆嵛路为轴，以百大广场、家家悦超市、南源购物广场、兴众商厦、缤纷尚街、秀嘉鞋城、北宫美食街、利群购物广场、润泰国际购物广场、大润发超市、三里河家具装饰材料市场等商业体为支撑，由南向北，辐射四周，形成2平方千米的繁华商业中心。长江汇泉商厦、威海国际建材城、华玺大酒店、德泰大酒店、富丽华大酒店、文景大厦、汽车客运站，以及整骨医院病房大楼、文登中心医院外科大楼等一批城市品牌建筑比肩而立，增强了城市综合承载力，方便了市民日常生活。2006年，市委、市政府决定正式启动"北扩、东展"城建工程，开辟新市区，打造新板块。城市新中心区规划设计突出依山傍水的自然地貌，发掘底蕴深厚的文化资源，坚持自然景观和人文传统相结合，区域定位与产业衔接相匹配，体现城市的现代化、品质化、生态化。2007—2012年，文昌路、虎山路、秀山路、通和路、景观路、世纪大道、文山东路、米山东路、荣兰线市区段等相继完成拓宽建设、改造绿化。占地面积32公顷的“文登学”公园、水面面积42.68万平方米的抱龙河公园建成开放。2011年，抱龙河水利风景区获批国家级水利风景区，成为威海市首个国家级水利景点。在北起珠海路，南至万山路，西接文化路，东越虎山路，占地面积28.5平方千米的区域内，妇女儿童医院、市立医院、体育公园、文化中心、博展中心、会展中心、高级职业教育中心、海洋科技中心、电视制作演播中心、“文登学”文化休闲街、新一中和义乌小商品批发市场、倪氏海泰大酒店等一批具有现代气息和新区标志性建筑群体拔地而起，错落有致。至2013年，市区建成区面积45.14平方千米，常住人口27.8万人；市区公园12个，绿化覆盖率48.03%，绿地率42.76%，人均公共绿地22.65平方米；路灯14120基19064盏；自来水、燃气普及率100%，生活垃圾无害化处理率100%。185条主次干道、918万平方米的道路全日保洁，垃圾日产日清，清运率100%。文登市先后获国家卫生城市、国家环保模范城市、中国优秀旅游城市、国家园林城市、国家绿色能源示范市、全国城市环境综合整治优秀城市、全国创建文明村镇工作先进市、国家生态市等称号。

第二节 街 道

一 龙山街道

建置区划 2001年5月，市行政区划调整，撤销文城镇，析置龙山路街道。2007年6月，改称龙山街道。2013年，辖14社区12村、15957户43162人，总面积32.8平方千米，耕地面积1103.8公顷。

地理交通 地处市区西北部，北与东北部接经济开发区、葛山镇，东以昆嵛路为界与天福街道为邻，南以抱龙河为界与环山街道相望，西与米山镇接壤。辖区龙山路、昆嵛路、文山路、峰山路、河右路等交通要道纵横交错，威青高速公路和桃威铁路纵贯境内。

经济概况 2001年，完成工农业总产值30.9亿元。其中，工业总产值29.7亿元，农业总产值1.2亿元。农村经济总收入17.4亿元，财政收入1688万元，农民人均纯收入4654元。2013年，区域工业形成电缆、机械、纺织、服装、电子、塑料制品、建筑材料等行业，有工业企业197家，其中有自营进出口权的55家，家纺产业是特色产业。辖区有利群购物广场、大润发超市、南源商厦、文景大厦、兴众商场、富丽华大酒店等商场和酒店，是全市商业中心。农业经济以种养业为主，主要品种有小麦、玉米、蔬菜、药材、水果及猪羊、家禽等。粮食总产量3816吨，蔬菜总产量1060吨，果品总产量1803吨。完成工农业总产值93亿元，农村经济总收入40亿元，农民年人均纯收入16800元。财政收入9548万元。

街道工业 2001年，抓投入、促膨胀，推进企业上水平、扩规模。宏安集团有限公司投资1.47亿元，新上超五类数据缆项目。威海电力变压器厂新上美式箱形变压器项目。全街道实现产品销售收入25.5亿元、利税1.6亿元，分别比上年增长14.2%和12.5%。2002年，签订外资合同1600万美元，利用外资1050万美元，自营出口创汇850万美元，加工贸易进出口总额480万美元。2005年，投资1800万元，在市区西部打造重点项目区，平整土地40公顷，架设桥涵2座，硬化道路4万平方米，敷设管网7000米，活动土石100万立方米，当年入区项目9个。2006年，街道工艺家纺协会成立。翌年，家纺企业发展到147家，家纺业户456户，从业人员1.04万人，年实现利税6000万元，被省政府授予特色产业镇称号。2011—2012年，新上健友汽车连接线、威海盛源电力变压器和冠通管业项目，相继竣工投产。2013年，在项目区北侧建设占地面积33公顷、厂房面积20万平方米的皮草产业园，加工动物毛皮服装，7万平方米厂房土建工程开工建设。

商贸旅游 2001年，投资3000万元，用于改造商业街、柳营街等。2002年，投资120万元，建起面积4000平方米、摊位50个的宏安路贸易市场。2003年，以宏大商厦、东方商厦、兴众商场为轴心，投入资金3200万元，拆迁房屋6300平方米，建设门市房和商贸楼2.4万平方米。2003—2009年，引进的利群购物广场建成开业，辖区形成以柳营街、西楼街为主体的商贸服务区，以三里河家具装饰材料市场、大众小商品批发市场、市中贸易市场为骨干的专业批发市场，拥有个体工商户2152家，从业人员8100人。2011年，投资4000万元，集康乐养生、休闲娱乐为一体，占地面积1公顷的西楼生态园开园营业。2013年，投资开发水面面积13.3公顷的西楼景观湖项目建成运行。是年，辖区有商业企业170家、个体经营户3350户、城市集贸市场11处，完成社会商品零售额20亿元。

旧村改造 2001年，投资3000万元，完成旧村改造面积2万平方米，开发房产面积5万平方米，硬化街道4万平方米，新建花园绿地2万平方米。2003年，投入旧村改造资金1.2亿元，拆除旧房面积5万平方米，开发房产面积10万平方米。2006—2009年，西楼社区与金岭屯、段家疃、吴家庵3村合并成立西楼金岭山庄，投资3亿元，建起27幢共18万平方米的住宅楼。2010年，投资8000万元的金岭山庄三期工程完工，段家疃、吴家庵两村居民全部迁居新社区。2012年，西楼社区获山东省生态文明村称号。

环境整治 2001年，投资300万元，实施柳林河清淤工程，活动土石6万立方米。2002年，栽植苗木14万株，对威青线两侧、东母猪河河坝进行全面绿化。2003年，投资300万元，完成江家庄至王埠庄、马家汤后至沙子村全长10千米的水泥路面硬化。2009年，投资500万元，平整、硬化街道面积6万平方米，清理“三大堆”（草堆、粪堆、垃圾堆）3000立方米，新建绿地2.5万平方米。2010年，投资110万元，统一整治辖区商铺门头广告牌。2011—2013年，投资3050万元，完成河右路北拓、柳金路硬化及西龙格社区路面整修工程。

民生建设 2002年，投资500万元建设的长192米、宽18米的宏安大桥通车。2005年，筹措资金1200万元，一次性将职工养老保险纳入全市统筹范围。2006年，印发新农村建设奖励补助办法，以奖促建、促治。2010年，街道、村（社区）为民办实事320件。2011—2012年，投资600万元的三里河完小教学楼和综合楼改造工程完工。2013年，投资600万元建设的中心幼儿园主体工程竣工。是年，辖区有中学1所、小学3所、幼儿园7所、敬老院8所、卫生院3所、村级卫生室11个、社区综合服务中心（站）7个、标准化文化大院24个、健身休闲中心15个。连村路硬化、自来水普及、闭路电视覆盖、互联网入村率均达100%。

图1-1 2009年9月28日，中国西楼集团有限公司成立。

2013年龙山街道各村（社区）基本情况表

表1-6

村（社区）名称	始建时间	人口状况			总面积（公顷）	耕地面积（公顷）
		户数（户）	人口数（人）	主要姓氏		
西楼	五代	1426	3865	鞠 林 于	263.00	97.10
生产	明洪武二年（1369）	1706	4451	丛 于 刘	180.00	—
大众	元泰定元年（1324）	1458	3947	于 王 初	82.30	5.10
河埠庄（原名河格庄）	明末	687	1947	李 王 刘	98.10	10.70
柳林	元代	1209	3335	陈 于 周	126.60	23.30
三里河（原名小河）	明末	1584	4259	杨 于 迟	88.40	—
西龙格	明弘治年间（1488—1505）	959	2530	于 林 初	32.00	2.70
谢家庄	明崇祯十年（1637）	246	685	徐 王 谢	53.70	3.60
北陡埠（原名陡埠）	清初	430	1351	于 邵 张	436.60	167.20
江家庄	明代中期	260	714	姜 邓 初	38.90	20.90
泊子	明代中期	435	1172	陶 丛 于	135.50	30.30
茅埠屯	清康熙年间（1662—1722）	114	302	柳 王 邵	116.30	57.50
王家疃	明代中期	129	399	王 姜 丛	152.20	64.50
宁阳（原名西杨格）	明正统年间（1436—1449）	319	1039	王 毕 刘	222.10	115.40
东杨格	明正统年间（1436—1449）	126	364	于 丛 刘	117.70	26.70
十里庄	清光绪四年（1878）	33	96	王 林 姜	24.70	13.00
沙子	明末	188	486	鞠 陈 王	226.30	96.30
管庄	清康熙年间（1662—1722）	97	283	赵 于 丛	111.20	45.70
王埠庄	明成化十七年（1481）	255	683	崔 陈 王	285.60	156.20
西汤后	清光绪五年（1879）	174	484	王 邢 马	75.50	28.80
七里水头	明末	412	1260	赛 王 于	68.20	29.80
李家汤后	宋代	303	885	李 王 孙	206.40	91.10
马家汤后	明代中期	222	680	马 张 于	77.70	17.90
横山	1998年8月	603	1419	王 于 刘	6.60	—
大观园	1998年8月	1885	4794	—	51.10	—
西凤凰台	2003年4月	697	1732	—	3.50	—

说明：表中户数、人口数由市公安局提供，面积数由市国土资源局提供，下同。

二 天福街道

建置区划 2001年5月，市行政区划调整，撤销文城镇，析置天福路街道。2007年6月，改称天福街道。2013年，辖20社区9村、20193户54654人，总面积30.21平方千米，耕地面积425.53公顷。

地理交通 位于市区中东部，城市新区坐落于域内。西以昆嵛路为界与龙山街道相接，北与经济开发区接壤，南以抱龙河、棋山路为界与环山街道、张家产镇相邻，东以虎山路为界与文登营镇、大水泊镇相靠。天福路、香山路、文山路、米山路、文昌路等主干道路四通八达，荣兰线、初张公路穿境而过。

经济概况 2001年，完成工农业总产值26亿元。其中，工业总产值25.7亿元，农业总产值3000万元。农村经济总收入14.1亿元，财政收入904万元，农民人均纯收入4654元。2013年，区域工业主要有化工、食品、机械、纺织、电子、服装等12个行业，有工业企业149家，其中有自营进出口权的13家。农村经济以粮油、蔬菜、水果为主。粮食总产量1004吨，蔬菜总产量392吨，果品总产量1182吨。完成工农业总产值69.7亿元，农村经济总收入51.6亿元，农民年人均纯收入17890元。财政收入2.4亿元。

街道工业 2001年，深化企业改革，改制企业达20家。2002年，引进资金2100万元，投入技改资金1500万元，实施技改项目30个，产品由零配件加工、服装加工发展到电机、渔具、家具等20类62个品种。2003年，两次组团赴韩国招商，利用外资2107万美元，出口创汇921万美元。2005年，规划面积200万平方米的天福加工区开工建设，8个内资项目进区。2007—2009年，投资4000万元，完成区内“两纵两横”路网硬化，水、电、通信、排水、排污等基础设施基本实现“七通一平”，引进项目30余个。2013年，签订合同企业4家，其中3家开工建设。辖区16个村（社区）均有自己的项目和企业。

商贸物流 2001年，投资2300万元，建起天福批发市场和木材批发市场，辖区个体经营户发展到2283户。2002年，总投资60亿元，占地面积400公顷的文登义乌小商品批发市场开工建设；投资4亿元的一期工程于2003年8月完工，9月开业运营。2005—2007年，投资500万元，建起面积4万平方米的凉水湾陶瓷大世界。2008年，联合有关部门整修商业步行街路面3000平方米，转移摊点110个，规范店外经营70处，新建店铺190平方米，换装路灯14基，新设垃圾箱14个。2009年，建筑面积3.7万平方米倪氏海泰大酒店投入使用。2010年，新建花卉苗木专业市场1处。2012年，建筑面积5万平方米、可容纳商铺500户的缤纷尚街开工建设。2013年，辖区有商业企业322家、个体经营户3513户；集贸市场12处，完成社会商品零售额47.3亿元。

旧村改造 2002年，投资1.2亿元，开发建设面积20万平方米的天福阳光花园小区。2005年，城北、峰西、河北等居委会引进资金6亿元，开发房产面积15万平方米。2010年，大五里头、小五里头两个社区整体拆迁民房1002户。2011—2012年，文山、峰南、城北等13个社区进行城中村改造，拆迁居民700户，拆迁安置面积10.5万平方米。2013年，文山社区完成64户平房、54户住宅楼和16户门市房拆迁，至翌年春节，人员全部回迁安置。

环境整治 2002年，承担世纪大道拓宽等重点工程13项，活动土石62.17万立方米，修砌河坝5100米，粉刷房屋8.7万平方米，拆迁临时建筑2.8万平方米，清理户外广告牌128个。城北社区投资800万元，建起全市第一处村级公园。2004年，将环境整治列入农村干部工作考核之中，确定每月10日、20日、30日为环境整治活动日。各村均成立保洁队伍，定时清扫街道。2005年，投资100万元，对公园路、文山路、抱龙河街等沿路、沿街、沿河两旁的垃圾、杂草进行清理，清理垃圾1400吨，清除“小菜园”2000平方米，拆除违章建筑2000余平方米，更换人行道彩板3700平方米。2013年，投资50万元，建立环卫队伍，购置清运机械，推进城乡

图 1-2　香山路（2010 年 6 月 16 日摄）

环卫一体化建设发展。街道办事处获省级卫生先进单位称号，河北社区、文山社区分别被评为省级卫生村、文明村。

民生建设　2001 年，为群众提供致富信息 150 条，办好事、实事 210 件。2002 年，投资 260 万元，活动土石 2.4 万立方米，建起长 110 米、宽 16 米的文化路大桥。2003 年，村（社区）设立警务区，成立治安巡逻队，昼夜巡逻，保护居民安全。2005 年，成立天福京剧社，每年巡回演出 30 余场次。2006 年，成立便民服务中心，办理各项业务 3600 件，办结率 100%，群众满意度 100%。2008 年，投资 600 万元，新建面积 3500 平方米的天福敬老院投入使用。2010 年，扶持 236 户农民建起沼气池。2013 年，街道办事处成立监督指导小组，帮助指导七里河社区注册成立七里河经济股份合作社，使 350 名社区居民得到 1 股金额为 11.7 万元的原始股股权证。是年，辖区有中学 2 所、小学 3 所、幼儿园 15 所、敬老院 1 所、卫生院 5 所、村卫生室 12 个、社区综合服务中心（站）13 个、标准化文化大院 25 个、健身休闲中心 16 个。自来水普及、连村路硬化、闭路电视覆盖、互联网入村率均达 100%。

2013 年天福街道各村（社区）基本情况表

表 1-7

村（社区）名称	始建时间	人口状况			总面积（公顷）	耕地面积（公顷）
		户数（户）	人口数（人）	主要姓氏		
河北	明初	2260	6067	刘 王 于	226.00	6.03
文山	元至正二十年（1360）	1518	4106	王 丛 于	95.00	—
香水庵	清道光年间（1821—1850）	884	2316	丛 于 殷	333.70	5.60
城北（原名小北山）	清代中期	1283	3299	郭 毕 王	73.00	12.20
北宫	明天顺年间（1457—1464）	961	2459	丛 王 张	20.00	—
峰西	明之前	2354	6557	王 丛 孙	130.00	16.10
峰南	金代	478	1334	毕 宫 王	210.00	17.80
凉水湾	明万历年间（1573—1620）	874	2430	丛	134.00	15.30
城南（原名窑夼）	明初	338	999	毕 王 殷	72.50	13.20
东藕湾	明末	91	309	周 刘 张	52.10	3.40
七里河	明初	152	466	刘 毕 丛	102.00	4.50

续表 1-7

村（社区）名称	始建时间	人口状况			总面积（公顷）	耕地面积（公顷）
		户数（户）	人口数（人）	主要姓氏		
五里庄（原名刘家庄）	明末	153	489	刘 王 张	75.50	27.70
架子山	清初	173	497	毕 王 林	240.40	47.50
十里头	明初	231	713	王 于 李	315.90	45.80
松坡	清初	113	330	刘 王 于	59.40	9.20
中渠格	明初	167	540	赵 张 陈	33.00	12.00
东渠格	明初	76	241	何 于	63.40	30.60
西渠格	明初	172	553	于 王 刘	72.00	30.60
南磨山	明成化年间（1465—1487）	73	229	徐 赵 王	55.10	22.70
北磨山	明万历年间（1573—1620）	91	288	周 曲 于	70.80	18.40
大五里头	明初	372	1177	毕 杨 丛	30.00	5.60
小五里头	明初	444	1355	吴 曹 丛	30.40	8.30
城东埠后	明天启年间（1621—1627）	124	389	李 曲 刘	49.90	1.60
孙家卧龙	明初	39	128	董 周 孙	16.90	6.40
北潘家夼	明初	108	363	唐 吴 王	371.30	65.00
学府	1998 年 8 月	3140	8204	—	45.00	—
北山	1998 年 8 月	3202	7998	—	44.00	—
海泰	2010 年 9 月	242	625	—	—	—
新城	2010 年 11 月	80	193	—	—	—

三 环山街道

建置区划 2001 年 5 月，市行政区划调整，撤销文城镇，析置环山路街道。2007 年 6 月，改称环山街道。2013 年，辖 19 社区 7 村、22562 户 60062 人，总面积 39.45 平方千米，耕地面积 666.7 公顷。

地理交通 位于市区西南部，东与天福街道接壤，东南与张家产镇为邻，南连宋村镇，北接龙山街道，西与米山镇交界。域内龙山路、昆嵛路、米山路、文山路和荣兰线、威青高速、桃威铁路纵横交错。

经济概况 2001 年，完成工农业总产值 8.8 亿元。其中，工业总产值 8.6 亿元，农业总产值 2000 万元。农村经济总收入 10.06 亿元，财政收入 1220 万元，农民人均纯收入 4654 元。2013 年，工业主要有电子、纺织、服装、机械、化工等行业，有工业企业 212 家，其中有自营进出口权的 40 家。农村经济以粮油、蔬菜、水果为主。粮食总产量 2276 吨，蔬菜总产量 607 吨，果品总产量 1769 吨。完成工农业总产值 49.5 亿元，农村经济总收入 22.8 亿元，农民年人均纯收入 17290 元。财政收入 1.2 亿元。

街道工业 2001 年，引进外资企业 4 家，利用外资 134 万美元，吸收国内资金 3570 万元。2003 年，投入技改资金 5000 万元，工业销售收入、利税同比增长 13% 和 15%。2004 年始，在西寨、河圈村规划建设项目聚集区。2005年，投资2000万元，开工建设项目区内水、电、路、通信、排污、供暖等工程。2006年，项目区在建项目8个，新建厂房面积20万平方米。2007—2009年，投资1700万元，平整项目区土地16.67公顷，架设35千伏工业专用线路1条，进驻项目28个，投产项目15个，开工厂房面积37万平方米。2010年，引进项目9个，开工项目6个。2012年，新建厂房面积12万平方米。

商贸旅游 辖区地热资源丰富，七里汤温泉历史悠久。2001年，引进资金1000万余元，开发青龙山、万石山、小崮岭水库等旅游景点。2002年，引导、鼓励社区居民发展餐饮、批发服务业，全年新上各类店铺50余户。2005年，个体经营户发展到2800户。2006年，投资4000万元，建起3万平方米的西藕湾汽车交易市场，进驻汽车销售商30余家。2010年，投资1.3亿元，面积3.3万平方米，聚集80家商户、150家代理商的威海（文登）国际建材城竣工开业。2013年，华洋财富大厦、温泉商务酒店工程建设顺利推进，时代广场项目地面附着物清理结束。是年，辖区有专业市场5处、集贸市场14处，商业企业201家、个体经营户2493户，完成社会商品零售额13亿元。

旧村改造 2001年，开发建设面积2.67公顷惠园小区。2002年，宋家沟、河南、城西、汤南等村（社区）开发房产面积20万平方米，完成产值1亿元。2006年，拆迁旧房259户，改造面积7万平方米，雁鸣、阳普和青山名居等居民小区相继落成。2009年，麦疃后村3万平方米安置楼工程完工。2010年，通过整村改造、强企并村、改旧建新等途径，拆除旧房360户，开发房产面积23万平方米。2013年，完成七里汤、汤南、夼北、城西、西南庄等村（社区）1000余户拆迁安置。

环境整治 2001年，硬化道路2.6万平方米，绿化面积6000平方米，安装路灯120基。2002年，投资50万元绿化美化桃园小区，粉刷楼房34万平方米，栽植树木1万余株，绿化面积2万平方米。2003年，实施“风景绿化一条街”工程，绿化村（社区）街道32条。2004年，发动机关干部每月义务劳动2天，带头整治“脏、乱、差”，是年，机关干部平整土地10万平方米，栽植各类苗木13万株。2005年，开展“创建绿色环保小区”活动，出动人员4800人次、机械160台（套），清运垃圾5600吨，清理乱贴乱画非法小广告7000处，拆除违法建筑3500平方米，粉刷楼墙2.3万平方米，建文化长廊2600平方米。2007—2009年，投资400万元，对天山、爬山、桃园3个社区进行环境整治，清运垃圾4000吨，硬化道路1.9万平方米，铺设彩板8700平方米，兴建社区花园31处。2011年，硬化宅库村东、西两条街道2000平方米，铺设彩板600平方米，开辟健身路径8条，新建篮球、乒乓球场各1处。2012—2013年，对温泉、桃园、秀山社区的路、街进行改造，硬化路面4.3万平方米，浆砌排水沟5800米。

民生建设 2002年，投资700万元，建起占地面积5.8公顷的崮岭老年公寓1处。2004年，实施“星光计划”，在河南、夼北、马家庵、西藕湾社区新建4处“老年之家”，免费对外开放。2006年，投资1000万元，在马家庵社区建起文登首家农民艺术馆。2009年，新建的环

图1-3 2013年6月27日，环山街道南山社区举办庆“七一”文艺演出。

山路小学竣工开学。2013年，投资500万元新建的环山中心幼儿园开班招生。投资320万元，整修加固的河圈村大桥通车。筹集资金158万元，对南山社区居委会办公场所、服务设施进行总体整修改造，建起社区服务中心1处，内设图书室、棋牌室、台球室、舞蹈室、乒乓球室、法律咨询室、道德讲堂、塑胶篮球场和羽毛球场，为居民学习娱乐、休闲健身提供方便。是年，辖区拥有中学3所、小学4所、幼儿园10所、敬老院1所、卫生院4所、村卫生室7个、社区综合服务中心（站）26个、标准化文化大院9个、健身休闲中心23个。辖区连村路硬化、自来水普及、闭路电视覆盖、互联网入村率均达100%。

2013年环山街道各村（社区）基本情况表

表1-8

村（社区）名称	始建时间	人口状况			总面积（公顷）	耕地面积（公顷）
		户数（户）	人口数（人）	主要姓氏		
河南	明代中期	1130	2976	于 王 张	143.10	4.60
西藕湾	明末	376	1053	姜 董 王	131.80	6.10
宅库	明隆庆年间（1567—1572）	385	1015	姜 于 王	114.30	4.40
西南庄	清康熙年间（1662—1722）	1519	4042	刘 于 王	83.40	2.70
城西	明成化年间（1465—1487）	1323	3557	李 丰 韩	192.20	7.40
夼北	清康熙五十五年（1716）	474	1239	从 刘 蒋	99.50	4.00
马家庵	清乾隆年间（1736—1795）	619	1632	马 刘 于	109.90	5.70
宋家沟	明末	1884	4972	宋 于 刘	137.50	11.90
苏家河	元代中期	745	2087	赵 王 于	171.50	22.26
七里汤	明初	764	2118	高 刘 丛	129.50	37.90
汤南	明弘治年间（1488—1505）	665	1819	陈 林 戴	117.50	7.30
河圈	明初	160	450	于 王 毕	168.30	46.40
麦疃后	明初	428	1221	张 于 丛	396.60	49.20
西寨	明初	275	819	于 鞠 王	211.90	50.60
小崮岭	明末	149	394	王 张 丛	244.40	18.30
翟格庄	明初	149	446	王 李 赵	132.10	34.60
口子后	明初	230	601	姜 孙 刘	311.30	81.60
帽埠墕	明嘉靖年间（1522—1566）	223	656	邵 王 于	263.50	93.60
东坑	明末	96	239	贺 王 许	75.80	37.99
西坑	明初	152	397	隋 王 于	128.30	35.38
五里顶后	明末	103	298	刘 耿 隋	54.50	14.80
八里张家	明初	225	624	王 张 刘	380.30	57.50

续表 1-8

村（社区）名称	始建时间	人口状况			总面积（公顷）	耕地面积（公顷）
		户数（户）	人口数（人）	主要姓氏		
孙家西山	明末	163	493	孙 刘 邹	147.70	31.70
南山	1998 年 8 月	1818	4753	王 于 丛	—	—
桃园	1998 年 8 月	4304	11123	李 刘 张	—	—
秀山	1998 年 8 月	4203	11038	王 于 刘	—	—

四 经济开发区街道

建置区划 1994 年 9 月，文城、文登营两镇划出 13 村，设立双龙街道，为市政府派出机构。1996 年 4 月，委托经济技术开发区管委会管理。2001 年 5 月，双龙街道更名为经济技术开发区街道，街道办事处驻崖子头村。2002 年 7 月，设立双龙社区，隶属于经济开发区街道。2003 年 2 月，撤销文登经济开发区街道，原文登经济开发区街道管辖的双龙、凤凰台等 14 个社区由文登经济开发区管委会管辖。4 月，撤销凤凰台社区，新设东、西凤凰台社区，东凤凰台社区由经济开发区管辖。经省政府批准，文登营镇漩岕村改为漩岕社区，划归经济开发区管辖。是年，经济开发区管辖 16 社区，管辖面积由 14.8 平方千米扩至 17.8 平方千米。2006 年 6 月，文登营镇柳家庄、单鲍产、柏果树、止马岭 4 个村改为社区，划归经济开发区管辖。2009 年 6 月，新设金山社区。2010 年，文登营村划入金山社区。

地理交通 地处市区北部，威青高速、初张公路穿境而过。

经济概况 双龙街道成立后，把发展工商业作为壮大集体经济的主导方向，加强领导，多方扶持，1996—1997 年，有企业 28 家，完成工业产值 2300 万元，实现利润 230 万元。2000 年，采取政策发动、外向带动、载体促动等措施，发展个体经营户 717 户，从业人员 1500 余人，民营经济完成增加值 8300 万元，实现利税 358 万元。2001 年，工业企业完成产品销售收入 1.2 亿元，实现利润 1500 万元。2002 年，粮食总产量 1592 吨，果品总产量 1604 吨，蔬菜总产量 798 吨。农村经济总收入 2.6 亿元，农民人均纯收入 4255 元，比上年增加 260 元。财政收入 300 万元。

2013 年经济开发区各村（社区）基本情况表

表 1-9

村（社区）名称	始建时间	人口状况			总面积（公顷）	耕地面积（公顷）
		户数（户）	人口数（人）	主要姓氏		
文登营	明宣德十年（1435）	1060	2856	刘 王 张	522.20	90.60
毕家疃（原名毕家庄）	清乾隆年间（1736—1795）	156	520	丛 陈 毕	58.20	—
林家岭（原名林家庄）	明末	236	708	丛 吴 宋	20.20	8.90
梁家沟	明末清初	785	2169	吕 刘 王	33.30	—
赵家产	明洪武四年（1371）	132	407	赵 初 李	38.70	11.50

续表 1-9

村（社区）名称	始建时间	人口状况			总面积（公顷）	耕地面积（公顷）
		户数（户）	人口数（人）	主要姓氏		
丁家产	元末	100	338	于　王　李	49.10	—
杨家产	清康熙年间（1662—1722）	98	304	杨　李　陈	46.40	1.90
崖东头	清初	214	632	刘　张　王	48.90	8.00
峰北（原名河北）	明末	110	375	陈　王　于	44.00	7.30
崖子头	明嘉靖年间（1522—1566）	285	941	陈　孙　徐	22.00	2.00
杜家泊	明洪武年间（1368—1398）	129	348	王　于　杜	49.80	—
营西	明初	145	405	王　张	50.10	—
林家泊	明末	113	324	刘　王　丛	66.60	3.50
漩疥	明初	212	610	蒋　张　王	129.80	15.90
单鲍产	明代中期	185	592	刘　单　丛	154.40	15.11
柳家庄	明末	290	895	柳　姜　刘	359.70	34.20
柏果树	明代中期	134	406	于　牟	124.20	17.40
止马岭	明初	277	772	王　于　张	372.80	26.70
九里水头	明末	751	2437	宋　刘　陈	196.60	18.20
双龙	2002 年 7 月	—	—	王　刘　张	30.10	—
东凤凰台	2003 年 4 月	—	—	王　刘　张	22.20	—
金山	2009 年 6 月	509	1117	于　刘	31.30	—

附：

文城镇

建置区划　1984 年 5 月，城关镇改称文城镇。2000 年，辖 73 村（社区）、4.78 万户 13.68 万人，总面积 97 平方千米，耕地面积 1393 公顷。2001 年 5 月区划调整，撤销文城镇，析置龙山路、天福路、环山路 3 个街道。

地理环境　位于市境中部，市人民政府所在地，是全市政治、经济、文化中心。东、西与文登营镇、米山镇相连，南、北与张家产镇、北郊镇相接，西南、东南与宋村镇、口子镇为邻。东西横距 14.75 千米，南北纵距 13.88 千米，境内多丘陵，唯抱龙河、柳林河两岸为平原，地势南高北低。

经济概况　2000 年，境内工业初步形成以机械、化工、纺织、电子、电缆、建材、印刷、服装、制药 9 大行业 20 余个门类的工业体系。农业建起蔬菜、药材、水果、畜牧“四大”基地。粮食总产量 9030 吨，果品总产量 6013 吨，蔬菜总产量 2925 吨，水产品产量 326 吨。工农业总产值 54 亿元，农村经济总收入 44.5 亿元，农民年人均纯收入 4354 元。财政收入 3307 万元。为山东省十强镇和全国百强镇之一，是威海市第一工业强镇。

第三节　镇　港

一　文登营镇

建置区划　1984 年 3 月，文登营人民公社改称文登营乡。1993 年 10 月，撤乡设镇，镇机关驻教场东村。2001年5月，行政区划调整，天福山镇并入。2007年，镇域列入经济开发区建设发展范围。2013年，辖70村1社区、8791户23122人，总面积105.71平方千米，耕地面积3797.2公顷。

地理交通 地处市境东部，东与荣成市荫子镇接壤，南与大水泊镇为邻，西与天福街道、经济开发区相连，北与环翠区草庙子镇和文登市蔄山镇相接。辖区地处低山丘陵区，老崮顶海拔351米，为域内最高点。初张路、威石路、机场路、文昌路、广州路、珠海路纵横交错，青荣城际铁路设文登东站于境内。

图1-4 文登营镇西字城村秀德猕猴桃采摘园（2013年10月1日摄）

经济概况 1990年，完成工农业总产值3296万元。其中，工业产值2110万元。农民人均生产性纯收入605元。2013年，区域工业形成电子、家纺、乳品、酿酒、机械制造和汽车零部件等8大门类，有企业83家，其中有自营进出口权的3家。农作物主要有小麦、玉米、花生、地瓜等，畜牧养殖有奶牛、生猪、水貂、狐狸、梅花鹿等。粮食总产量1.97万吨，蔬菜总产量1.53万吨，果品总产量9425吨。工农业总产值76.7亿元，农村经济总收入11.68亿元，农民年人均纯收入14174元。财政收入1192万元。

农业开发 "八五"期间，新建农田水利设施275项，新上果园334公顷，嫁接改造老果园133.4公顷，果品总产量达1.5万吨，总收入2200万元，分别比1990年增长82%和258%。1998年，投资269万元，出工20万个，出动机械5000余台次，修筑漫水桥5座、拦沙坝3座、蓄水坝1座，石砌护坝坡1500米、护河大坝1万米，恢复和改善土地灌溉面积350公顷。开发荒山330公顷，新上干杂果230公顷、鲜杂果100公顷，发展各类专业村10个、专业户280户，全镇增加经济收入270万元，获山东省山区科技开发致富示范镇称号。2000年，投工20万个，在镇区中部双顶山四周栽植板栗60万株。2001年，投资200万元，加大畜牧业科技投入，发展奶牛养殖大户271户、奶山羊养殖大户364户，全镇奶牛存养量3408头，奶山羊存养量6947只，奶业增加收入2180万元。2002年，新上蔬菜、菇类大棚312个，种植各类经济作物405公顷。2006年，新建总储量4万吨气调库5座。2011—2013年，辖区西字城村栽植的猕猴桃通过国家无公害食品、绿色食品、有机食品三项认证，成为全省重点农业科技示范基地。

镇办工业 1991—1995年，引进市属企业投资1亿元，建设厂房面积27万平方米。1996—1997年，投资160万元，为镇工业园区供水工程开工。2000年，规划5平方千米工业园建设工程上马。2001年，投资1050万元，在工业园区建起"二纵四横"路网，并相继完成供电、供水、绿化等工程。2002年，园区架设输电线路1.5万米，敷设排污管道1.5万米。2006—2010年，引进内外资项目41个。2013年，完成工业产值74亿元，实现利税9100万元。

商贸旅游 1994年，投资80万元，完成镇驻地商业街一期工程建设。1995年，投资150万元，新建面积2000平方米，集餐饮、娱乐为一体的综合商贸大楼1幢。2000年，实施商业街改造。2013年，有商业企业536家、个体经营户474户，集贸市场5处、果品专业市场2处，完成社会商品零售额5亿元。革命圣地天福山位于辖区内，先后建起天福山起义纪念馆、文登党史馆，成为全国爱国主义教育示范基地、长江水利委员会爱国主义教育基地、山东省爱国主义教育基地、山东省优秀社会主义教育基地、山东省国防教育基地、威海市党员教育基地、威海市廉政文化教育基地，是威海境内著名的红色旅游景区。辖区内还有沙里店古遗址、文登营古兵营遗址等景点。

环境整治 1991—1995年，投资2050万元，实施拓宽、硬化镇区街道工程。1996年，投资270万元，硬化通往市区公路5.2万平方米。2007—2009年，投资100万元，绿化、美化辖区公共设施。2011—2012年，投资3000万元，改造连村路20万平方米，浆砌排水沟3.8万米，建起农村街心花园和绿化带28万平方米，清理河道8000平方米，新建桥涵16座。2013年，投资1045.5万元，对5个村进行环境综合整治，清除“三大堆”1791处，清理乱搭乱建844处，砌筑排污管沟1.72万米，硬化道路面积7.87万平方米，整修连村路4980米，栽植绿化树木2.09万株，新增绿化面积1.08万平方米，增设垃圾箱57个，安装路灯37基。2006年，获全国环境优美镇称号。

民生建设 1992年，建起占地面积0.77公顷肿瘤专科医院1所。1994年，投资200万元，新建1幢3000平方米镇中学生宿舍楼。1998年，为41个村农民办理农村养老保险。2007—2009年，投资280万元，建成自来水厂1座。投资600万元，为1.05万户村民接通自来水。投资200万元，整修敬老院。投资100万元，新建镇文化中心和村文化大院20个。2010年，投资60万元，为镇文化中心建起排练室、图书室、健身室，配备电脑20台、图书5000册、乐器50件，放映机和投影仪各1台。2013年，投资47万元，整修村级活动场所36间，购置办公桌椅35套，更换党建展板、民情热线标志牌70个，修建公开栏34个。全镇有中学1所、小学2所、幼儿园3所、敬老院1所、卫生院2所、村级卫生室9个、农村社区综合服务中心32个、标准化文化大院45个、健身休闲中心71个。辖区连村路硬化、自来水普及、闭路电视覆盖、互联网入村率均为100%。

附：

天福山镇

建置区划 1984年3月，天福山人民公社改称天福山乡。1992年5月，撤乡设镇。2000年，辖33村、5971户1.51万人，总面积53平方千米，耕地面积1510公顷。2001年5月，并入文登营镇。

地理环境 自古有“天赐福地”之称，故名天福山。位于市境东北部，北、东与环翠区桥头镇和荣成市荫子镇接壤，西与文登营镇毗连，南接大水泊镇。地处山区，北高南低。域内天福山风景秀丽，是天福山起义纪念地。

经济概况 2000年，境内工业主要有乳品加工、阀门制造等行业，农业形成以畜牧、蚕茧、干杂果为支柱的三大产业。奶牛存养量1123头，生猪存养量4378头，长毛兔存养量3.2万只，畜牧业总产值达7000万元。粮食总产量8658吨，果品总产量5936吨，蔬菜总产量3141吨。工农业总产值9.5亿元，农村经济总收入3.6亿元，农民年人均纯收入3263元。财政收入328万元。

2013年文登营镇各村（社区）基本情况表

表1-10

村（社区）名称	始建时间	人口状况			总面积（公顷）	耕地面积（公顷）
		户数（户）	人口数（人）	主要姓氏		
翻身庄	明末	60	159	张 蔡 徐	136.20	36.10
院夼	清代中期	44	103	刘 陈 邓	93.90	20.20

续表 1-10-1

村（社区）名称	始建时间	人口状况			总面积（公顷）	耕地面积（公顷）
		户数（户）	人口数（人）	主要姓氏		
五岔口	清代中期	28	67	张 陈 王	77.30	22.40
合板石	清康熙年间（1662—1722）	94	245	方	212.10	45.60
李家夼	明末	59	150	张 王 邹	156.40	51.70
前驾山	清初	138	373	王 于 张	243.20	51.70
后驾山	清初	199	487	张 于 李	628.30	129.90
马格庄	清康熙年间（1662—1722）	72	195	孙 王 宫	206.50	70.90
起家夼	清嘉庆年间（1796—1820）	37	98	张 王 毕	79.20	28.90
张皮	明初	84	221	刘 王 张	277.50	47.60
教场东	南宋末	226	640	刘 李 王	235.00	92.50
西庵后	明末	82	240	曲 刘 王	145.00	42.50
东庵后	清代中期	54	173	李 马 曲	93.00	17.30
乔家庄	清顺治年间（1644—1661）	124	345	乔 谭 刘	167.50	55.80
沙河子	清初	109	306	周 王	180.80	60.60
于冼庄	明万历年间（1573—1620）	125	324	李 于 冼	152.70	63.10
牟家庄	明洪武年间（1368—1398）	22	68	李 曲	39.40	11.30
西杜梨	明初	192	506	陈 李 徐	201.30	109.70
东杜梨	明末	101	257	孙 王 高	148.20	54.00
侯家庵	清初	75	199	王 陈 张	190.00	45.90
丁家夼	清初	37	91	刘 黄 毕	114.90	17.60
营前	明弘治年间（1488—1505）	239	754	高 王	89.00	8.70
姚家疃	清康熙年间（1662—1722）	46	147	姚 葛 李	57.70	28.20
营南	明嘉靖年间（1522—1566）	241	736	陈 王 于	150.70	42.70
南庄	明代中期	106	318	陈 张 王	60.40	11.90
东埔	明初	138	403	陈 王 张	66.80	35.30
东屯	明末	70	206	王 李 张	81.80	40.70
张家洼（原名北洼）	清代中期	73	194	张	39.40	23.10
何家店	明初	184	485	朱 陈 何	268.90	93.20
范家店	明初	99	284	范 许 徐	195.90	87.60
姜家庵	清道光至光绪年间	52	145	于 刘	93.80	33.60
林家店	明末	164	496	张 赵 徐	91.10	35.90

续表 1-10-2

村（社区）名称	始建时间	人口状况			总面积（公顷）	耕地面积（公顷）
		户数（户）	人口数（人）	主要姓氏		
沙里店	明代	242	658	赵　殷　费	150.50	84.10
姜家窑	清初	96	301	姜　黄　林	56.10	27.30
黄家岭（原名黄家庄）	清初	85	239	黄　张　丛	68.80	26.60
永泉庄	清初	80	207	毕　时　丛	155.50	26.60
墩前	清末	45	121	王　张　于	55.10	17.60
中仓	明代中期	127	343	王　孙　于	122.60	58.60
东仓	明代中期	110	278	于　代　孙	98.20	44.70
西仓	明代中期	92	252	于　吕　李	76.60	29.80
西字城	元之前	597	1498	刘　邓　吕	618.80	165.10
八里庙	清雍正年间（1723—1735）	69	169	宁　刘	60.70	24.10
杏树夼	明末	120	284	邓　邹　高	128.50	57.10
岳家口	元代	100	243	姜　李　刘	175.60	44.80
方格窑	元初	97	254	刘　邓　林	78.60	44.00
庞家河	明代中期	57	135	林　于　徐	75.00	28.20
埠岚	明代中期	175	443	林　邓	164.90	85.20
长夼沟	明末	91	217	邓　许	101.60	44.60
青口岚	明代中期	133	344	梁　邓　于	126.40	48.50
于家庵	清代中期	36	104	孙　董　崔	86.50	15.10
驾山寨	明末	31	75	黄　王　刘	35.10	11.90
驾山窑	明代中期	219	547	黄　于　王	340.90	103.00
小店	明代中期	128	322	黄　毕　苏	123.70	69.70
大店	明末	108	284	黄　王　梁	102.30	46.40
刘马庄	明末	172	439	孙　王　于	146.80	56.70
马家岭	明初	185	454	李　丛　刘	179.40	98.80
沟于家	明代中期	159	351	杭　王　张	273.20	85.40
沟王家	明代中期	82	203	王　郑　于	59.30	36.50
沟褚家	明洪武九年（1376）	86	209	褚　王　张	46.80	27.60
西北岔	明末	160	379	黄　王　张	205.00	66.20
岚宅	元代	189	470	王　刘　黄	268.60	107.00
后长湾	明末	245	632	邓　王　孙	326.90	153.00

续表 1-10-3

村（社区）名称	始建时间	人口状况			总面积（公顷）	耕地面积（公顷）
		户数（户）	人口数（人）	主要姓氏		
宝泉庄	清康熙年间（1662—1722）	53	133	邓 林 代	49.20	29.30
榛子崖	清初	135	363	邓 于 王	94.20	59.20
泊邓家	明末	202	527	邓 王 唐	166.60	105.70
柯家庄	明末	88	232	张 王 于	65.10	32.70
邓南庄	清雍正年间（1723—1735）	68	149	邓 王 吕	66.50	29.00
岭东	明嘉靖年间（1522—1566）	132	326	杨 王 于	185.30	69.50
前北凤口	元至元年间（1264—1294）	409	1005	李 王 邢	319.40	144.20
后北凤口	明代中期	214	517	王 江 刘	142.80	77.20
东城	2010 年 11 月	—	—	—	—	—

二 大水泊镇

建置区划 1984 年 3 月，大水泊人民公社改称大水泊镇，镇机关驻大水泊村。2001 年 5 月，镇级行政区划调整，口子镇并入。2004 年 5 月，设立庆合社区居民委员会。2013 年，辖 89 村 1 社区、13634 户 34955 人，总面积 115.20 平方千米，耕地面积 5260.9 公顷。

地理交通 位于市境东部，西和西南分别与天福街道、张家产镇接壤，南与高村镇为邻，东和东南与荣成市荫子镇、大疃镇相连，北接文登营镇。境内东、北、南部为丘陵、西部为平原，地势东高西低。镇驻地西有威海民航机场，南建威海市综合保税区。青荣城际铁路、荣兰线、威石路穿境而过。

经济概况 1990 年，完成工农业产值 4934 万元。其中，工业产值 3313 万元。农民人均生产性纯收入 760 元。2013 年，工业以建筑、机械、建材、机电、化纤、铸造、食品加工为主，有工业企业 81 家，其中有自营进出口权的 18 家。种植业以小麦、花生、玉米、地瓜、大豆为主，经济作物以梨、苹果、香菇、桑蚕、西洋参为主，是文登市最大的优质梨和花香菇生产基地，出产的黄金梨获得农业部 A 级“绿色食品”证书。畜牧业以奶牛、蛋鸡、水貂、长毛兔等养殖为主，是威海市畜牧强镇。境内有总储量 15 万吨的果品储藏库 20 座，果品年交易量 22 万吨，是威海市最大的果品集散地和仓储保鲜中心。粮食总产量 3.61 万吨，蔬菜总产量 1.91 万吨，果品总产量 3.48 万吨。工农业总产值 25.75 亿元，农村经济总收入 5.7 亿元，农民年人均纯收入 14140 元。财政收入 2299 万元。

农业开发 “八五”期末，全镇奶山羊存养量 2643 只，生猪存养量 1.64 万头，蛋禽 1.02 万只，肉禽 4.16 万只。畜牧业总收入 4164 万元，比 1990 年增长 5.7 倍。1996—1997 年，加强专业村建设，建成畜牧、林果、药材、苇编等专业村 27 个，经济总收入 1.5 亿元。1999 年，实施万亩梨园工程，新上梨园 200 公顷。2004 年，在洪山、洪家庄、方家疃、歇驾夼等村建起花香菇生产基地 12 个、香菇大棚 600 余个，规模 270 万段、产量 3000 吨，增加产值 750 万元、收入 450 万元。2011—2012 年，争取国家财政资金 855 万元，实施农田综合开发面积 600 公顷，新建扬水站 10 座，敷设地下输水管道 1.6 万米，挖掘排涝渠 4.73 万米，平整机耕路 3.15 万米，建设农田林网 266.7 公顷，工程惠及 11 村 2700 户，年增加经济收入 1200 万元。

镇办工业 “八五”时期，镇二轻机械厂生产的铲角机获国家专利，250 型面条机获山东省优良产品奖，一次成型面条机获农业部科技进步奖。1996 年，恒利机械集团有限公司投资 300 万元，扩建厂房面积 2.7 万平方米，并聘请专、兼职工程技术人员 30 名，成立桩工机械研究所。2001 年，规划建设威海空港工业园，新建标准厂房 2 万平方米。2005 年，投资 630 万元，改造空港工业园区路网，园区面积由 33.3 公顷扩展到 133.3 公顷，引进项目 30 个，利用外资 2000 万美元。2006 年，引进内资企业 17 个、资金 7 亿元，新建厂房面积 1.03 万平方米。2009 年，引进投资 5.2 亿元的龙江重工项目进驻南海新区，翌年，一期工程建成投产，年产风电塔筒 100 余台。2013 年，龙江重工股份有限公司在天津股权交易所正式挂牌上市，成为威海市第一家在区域性证券交易市场挂牌交易的企业。

图1-5 2010年11月11日，龙江重工股份有限公司生产的塔筒下线。

商贸流通 “八五”期末，全镇拥有私营流通企业 351 家，个体经营户 977 户。1996 年，投资 110 万元，建起面积 1000 平方米的综合商贸楼 1 幢。1997 年，投资 42 万元，新建 700 平方米的餐饮娱乐中心投入运营。1998 年，融资 500 万元，在镇驻地主街道两侧新建商业门店 8000 平方米。2000 年，投资 500 万元，新建 200 吨加油站和 5000 平方米服务综合楼各 1 座。2005 年，建起 500 平方米商贸长廊 1 处。2013 年，镇有商业企业 328 家、个体经营户 645 户，集贸市场 13 处，完成社会商品零售额 9.01 亿元。

环境整治 90 年代，投资 1000 万余元，拓宽改造镇驻地中心大街 1600 米，硬化面积 3 万余平方米，铺设人行道板 1.6 万平方米，新增绿化面积 13 万平方米；整修连村路 3 条，修建桥梁 4 座。2000 年，投资 150 万元，硬化镇驻地街道 11 万平方米。2002 年，镇政府办公大楼竣工投入使用。2005 年，新增绿化面积 13 万平方米。2009 年，实施荣兰线大水泊段绿化工程，拆除违章建筑 400 平方米，填土石 65 万立方米，栽植苗木 260 万株，绿化面积 49.2 万平方米。2010 年，投资 62 万元，新建垃圾中转站 1 座。2013 年，对 7 个村实行环境综合整治，清理“三大堆”1080 处，拆除乱搭乱建 24 处，整修排水沟 8900 米，硬化道路 2.8 万平方米。2006 年获全国环境优美镇称号。

民生建设 “八五”时期，镇驻地先后建起文化站、电影院和敬老院。1995 年，对优抚对象就业、创业给予工作安排、资金扶持、场所提供“三优先”，全年发放优抚款 52.8 万元，比 1990 年增长 4.3 倍。1996—1997 年，投资 248 万元，在全镇普及有线电视。1998 年，投资 5 万元，制作图书柜 60 个，镇、村分别建起图书馆（室）。2006 年，投资 60 万元扩建改造镇敬老院，新增面积 800 平方米、床位 200 张。2007—2009 年，完成井南村整体搬迁，保障机场顺利扩建。2010 年，实施青石河农居试点工程，新建共计 2.4 万平方米安置楼 4 幢。2011 年，建成日处理 5000 吨污水处理厂 1 座。2013 年，修建中小学教学楼、综合楼、餐厅 1.1 万平方米。是年，辖区有中学 2 所、小学 1 所、幼儿园 1 所、敬老院 1 所、卫生院 2 所、村卫生室 54 个、标准化文化大院 81 个、健身休闲中心 89 个。连村路硬化、自来水普及、闭路电视覆盖、互联网入村率均为 100%。

附：

口子镇

建置区划 1984年3月，口子人民公社改称口子乡。1992年5月，撤乡设镇。2000年，辖35村、6746户1.72万人，总面积53平方千米，耕地面积1668公顷。2001年5月，并入大水泊镇。

地理环境 位于市境东南部，西连文城、张家产镇，东接大水泊镇，北倚文登营镇，南邻高村镇。镇机关驻口子村。镇域北高南低，四面环山，属丘陵山区。境内最高点为佛爷顶（海拔300米），青龙河流经辖区7000米入坤龙邢水库。

经济概况 2000年，境内工业形成礼花、建材、电缆料、橡胶制品等支柱产业，是文登市"花炮之乡"。特色种养业发展迅速，香菇生产成为农民致富的主导产业。粮食总产量8712吨，果品总产量6176吨，蔬菜总产量4068吨。工农业总产值13.05亿元，农村经济总收入3.28亿元，农民年人均纯收入3983元。财政收入331万元。

2013年大水泊镇各村（社区）基本情况表

表1-11

村（社区）名称	始建时间	人口状况			总面积（公顷）	耕地面积（公顷）
		户数（户）	人口数（人）	主要姓氏		
大水泊	北宋中期	830	2312	于 王 李	407.20	185.00
方池泊	清咸丰十一年（1861）	34	89	王 丛 于	20.40	11.80
芦子口	明洪武年间（1368—1398）	101	262	于 董 荣	113.60	64.10
埠前头	明末	224	532	王 赛 高	157.60	103.10
新建（原名井西）	清初	20	50	于 王 袁	4.70	2.70
团山	清康熙年间（1662—1722）	82	189	王 孙 汤	62.10	32.60
鞠家疃	明末	83	210	鞠 刘 王	47.60	24.60
朱家岭	明代中期	86	236	王 于 邓	71.60	39.10
泊岳家	明末	181	429	于 王 刘	119.40	59.90
场西（原名柳林）	明末	174	457	于 王 黄	90.10	52.70
井东	清初	78	191	于 刘 宋	41.70	23.00
东北庄	明末	127	323	姜 于 刘	88.60	44.80
集东	明代中期	91	233	于 王 商	80.70	28.00
下河	清代中期	147	329	徐 王 荣	114.80	53.10
泊高家	明末	134	337	刘 姜 于	99.30	70.80
杭里	明代中期	218	551	于 张 王	124.20	78.60
屯宋家	明初	196	502	宋 李 陈	180.90	86.40
屯杨家	元末	206	584	杨 于 刘	128.90	62.70
沟曲家	清初	71	205	陈 孙 于	70.20	28.00

续表 1-11-1

村（社区）名称	始建时间	人口状况			总面积（公顷）	耕地面积（公顷）
		户数（户）	人口数（人）	主要姓氏		
时埠	明代中期	192	593	于 张 宋	208.90	85.20
客岭	明嘉靖年间（1522—1566）	301	710	丛 荣 隋	228.00	96.40
小沟	明天启年间（1621—1627）	31	81	于 刘 陈	4.00	1.80
大沟	北宋	65	179	于 陈 张	74.60	38.50
志门	北宋中期	95	248	于 邓 邵	101.80	46.30
泽上	清初	132	335	于 杜 张	114.90	57.40
金家庄	明末	150	355	王 丛 梁	122.30	77.30
黄山阳	明末	114	324	王 于 姚	103.40	64.50
瓦屋庄	明天启年间（1621—1627）	193	451	毕 王 梁	224.30	70.10
方家疃	元初	110	266	方 王 张	92.60	34.20
北洼	元末	115	294	于 初 张	84.30	50.90
南洼	元末	131	343	于 张 曲	115.30	58.50
三庄	清初	184	446	于 许 李	158.70	89.40
河清	明代中期	233	600	于 李 王	229.80	126.30
毕家店	明天启年间（1621—1627）	93	244	毕 王 张	117.80	54.70
歇驾夼	元末	235	571	王 隋 于	224.00	86.50
洪家庄	元末	137	295	毕 王 张	108.00	47.30
庙西	明代	223	599	毕 鞠 林	157.40	71.00
大河	明末	230	599	于 王 周	155.10	77.90
仁和坊	明初	173	436	徐 盛 邢	125.80	71.30
西南台	明末	212	584	于 王 林	121.30	56.60
南疃	清咸丰年间（1851—1861）	90	234	于 孙 丛	77.90	39.70
场南	清嘉庆年间（1796—1820）	86	236	李 王 刘	63.70	30.80
栏杆河	明末	143	400	乔 于 张	118.00	66.50
李家	明代中期	189	481	李 于 刘	213.90	96.30
乐园	明末	64	169	杨 李 王	40.60	26.60
岐阳	清乾隆年间（1736—1795）	86	198	王 荣 于	89.00	50.70
东邹山	清初	109	299	邢 于 王	117.80	63.00
西邹山	清初	127	317	王 于 金	116.40	66.50
迟家河	明初	201	580	王 徐 于	138.60	67.10

续表 1-11-2

村（社区）名称	始建时间	人口状况			总面积（公顷）	耕地面积（公顷）
		户数（户）	人口数（人）	主要姓氏		
碒头	明末	164	401	张 李 江	151.40	82.00
东魏家	清雍正年间（1723—1735）	127	309	梁 王 张	159.40	77.30
康家庄	清雍正年间（1723—1735）	118	294	张 于 陈	118.70	56.10
孤石	明末	122	284	杜 于 张	127.50	78.90
口子	明代中期	420	1094	荣 王 初	420.40	113.20
辛庄头	明正德年间（1506—1521）	201	522	徐 侯 王	355.00	86.60
初家	元末	141	347	王 刘 鞠	284.90	55.40
小河	清初	61	147	蒋 周 荣	50.20	35.90
章子山	明嘉靖年间（1522—1566）	187	486	荣 陈 房	185.40	107.10
青石河	明末	163	423	王 邹 许	195.00	51.60
新立庄	明末	30	74	王 于 荣	57.50	12.50
后村	明景泰年间（1450—1457）	273	685	荣 王 丛	235.20	85.00
岳家	明洪武年间（1368—1398）	93	222	岳 王 徐	122.20	45.70
陈驾埠	明洪武年间（1368—1398）	289	714	王 于 张	257.00	160.10
生地	清初	70	171	孙 王 丛	53.10	28.50
小庄子	明初	46	114	王 鞠	15.60	8.50
崖下	明末	106	261	王 孙 荣	82.60	34.80
山前埠	清咸丰年间（1851—1861）	29	67	张 王 初	17.90	9.20
赛家庄	明末	91	233	赛 王 邹	39.70	16.50
马家庄	元末	40	100	王 马 吕	24.10	2.90
荣家店	清康熙年间（1662—1722）	155	432	荣 王 李	100.70	41.00
大乔家	明末	162	410	王 于 乔	27.10	10.90
洪山	明代中期	102	231	李 宋 王	157.70	31.00
小台	元至正年间（1341—1368）	143	363	张 姜 鞠	151.20	71.70
大台	明嘉靖年间（1522—1566）	183	453	于 王 徐	213.60	112.30
五垧地	清康熙年间（1662—1722）	86	199	乔 王 邢	28.80	9.30
河东乔家	明代中期	116	355	乔 于 毕	120.50	56.50
岭上王家	明末	166	382	王 侯 李	116.90	49.70
岭上孙家	明末	204	505	孙 王 卢	131.50	58.60
六山仲家	明中前期	58	133	仲 陈 孙	64.20	21.40

续表 1-11-3

村（社区）名称	始建时间	人口状况			总面积（公顷）	耕地面积（公顷）
		户数（户）	人口数（人）	主要姓氏		
六山张家	明初	221	583	张 王 邓	204.60	120.10
西堡子后	清初	98	238	王 张 丛	103.60	61.30
东堡子后	南宋	105	237	王 李 江	83.00	47.50
石夫人后	明代中期	58	159	毕 王 张	67.70	34.00
山后张家	明正德年间（1506-1521）	239	572	张 荣 王	187.70	53.00
山后王家	明末	303	737	王 荣 张	279.20	103.50
山后孙家	明代中期	359	978	荣 邢 张	299.00	98.80
河北新村（原名井南）	明代中期	203	547	于 王 李	91.40	41.60
后土埠岭	明代中期	135	332	于 孙 刘	121.50	76.10
前土埠岭	南宋中期	240	673	刘 于 王	145.30	94.50
庆合	2004 年 5 月	—	—	—	—	—

三 张家产镇

建置区划 1984 年 3 月，张家产人民公社改称张家产乡。1992 年 5 月，撤乡设镇。镇机关驻因寺桥村。2001 年 5 月，调整镇级行政区划，埠口镇并入。2005 年 2 月，南部 8 村和埠口社区划归埠口港管理委员会管理。2013 年，辖 56 村、8946 户 21725 人，总面积 78.54 平方千米，耕地面积 3161.6 公顷。

地理交通 位于市境南部，北与环山、天福街道相接，西邻米村镇，南与侯家镇、埠口港相连，东与大水泊、高村 2 镇交界。境内多丘陵，地势由东北向西南低缓。初张公路纵贯辖区，青石公路横穿境内。

经济概况 1990 年，完成工农业总产值 7032 万元。其中，工业产值 5743 万元。农民人均生产性纯收入 570 元。2013 年，工业主要有电机、风机、铸造、除尘器等行业，有工业企业 53 家，其中有自营进出口权的 1 家。镇办企业威海泰富西玛电机、威力风机两大公司均跻身全国乡镇企业 500 强。农业产业特色突出，是山东省最早引进试种西洋参的地区，为国家西洋参标准化生产基地和西洋参三大主产地之一，享有“西洋参之乡”美誉。粮食总产量 1.46 万吨，蔬菜总产量 7017 吨，果品总产量 8653 吨。工农业总产值 65 亿元，农村经济总收入 17.68 亿元，农民年人均纯收入 15352 元。财政收入 3385 万元。

药材种植 该镇药材种植历史悠久，70 年代培育的黄芪品种“文黄 11 号”曾推广全国。1981 年始，引进试种西洋参。1993 年，在只有 60 户的口子李村试种西洋参 19.3 公顷，年产鲜参 25 吨，收入 200 万元。1998 年，镇党委、政府把发展西洋参等药材种植作为农民增收致富的主攻方向，通过外出参观、资金扶持、技术服务，调动农民种植药材积极性。是年，种植西洋参 53.3 公顷、黄芪 60 公顷、丹参 16.6 公顷、天麻 0.05 公顷。2003 年，药材专业镇初具规模，种植面积 266 公顷。2006 年，镇西洋参产业协会成立，105 个种植户和加工企业成为会员；建起烘干厂 7 家，年加工鲜参 400 吨。2009 年，新增种植面积 100 余公顷，种植专业户达 2100 余户，专业村 24 个，全镇药材年收入 2.5 亿元。2013 年，种植面积达 1460 公顷，被省农业厅确定为山东省

"一村一品"示范村镇。

镇办工业 1994年，文登风机厂被评为全国百家优秀环保企业。文登第二电机厂研制的YCN系列半封闭内置轴流风异步电动机获第二届中国科技之星国际博览会金奖。1996—1997年，风机厂和第二电机厂对镇石灰厂、工艺美术厂、玻璃钢厂实行兼并，分别组建华阜环保（集团）有限公司和恒大电机（集团）有限公司。1996—1997年，技改投入4200万元，完成出口交货值7400万元，出口创汇600万美元。2004年，实施工业技改项目11个，完成投资1.2亿元，比上年增长160%。2005年，镇政府联合镇内外42家铸造企业成立龙港铸造协会。2006年，华阜集团新厂区、恒大集团科研楼、电机工业配套园、富思达饲料扩建等项目开工建设，总投资1.6亿元。2006—2008年，威海恒大电机（集团）有限公司生产的"文宝"牌单相异步电动机获中国名牌产品称号，"文宝"商标被认定为中国驰名商标。文登市威力风机集团有限公司生产的"天福"牌除尘风机获山东省名牌产品称号。2011年，投资5.6亿元，装机容量4.93万千瓦的风力发电机组正式并网发电。2011—2013年，新建厂房面积2万平方米，投入使用1.6万平方米。

商贸旅游 1994年，以镇政府中心大街为主轴，自北向南新建1条宽50米、长1500米的商业长廊。1997年，投资85万元，新建1幢1400平方米的商贸大楼。2007年，引进投资4亿元的天沐温泉度假区动工建设，2008年对外营业。2012年，接待游客2万人次，实现销售收入4200万元，获省级旅游强镇称号。2013年，有商业企业81家、个体经营户318户，集贸市场4处，完成社会商品零售额8.2亿元。

环境整治 1991—2000年，先后投资3亿余元，修建道路25万平方米，硬化路面20万平方米，安装路灯169基，建设园林绿地9.5公顷。2001—2013年，投资2000万元，完成车卧岛河、因寺桥河、登登口河1.5万平方米的河道治理，建拦河坝16座，砌挡土石墙5000米，铺设护坡彩砖1.2万平方米，形成水面6万平方米。其间，植树10万株，硬化道路10万平方米，建起府东、府前和滨河公园3处。获全国环境优美镇称号。

图1-6　张家产镇中心文化广场（2009年8月6日摄）

民生建设 1991—1995年，投资17万元，扩建镇计生服务站办公用房。1996—1997年，投资150万元，建起面积2500平方米教师住宅楼1幢。2000年，建筑面积8000平方米的标准化老年公寓投入使用，投资1300万元的镇区自来水工程竣工。2004年，投资120万元，为11个村安装了自来水。2005年，精减村级财务人员56人，减轻农民负担30万元。2011年，建起日处理能力200吨污水处理厂1座。2012年，引导扶持1500户农民新建沼气池。2013年，辖区有中、小学和幼儿园各1所，敬老院1所、镇卫生院1所、村卫生室56个、标准化文化大院17个、健身休闲中心56个。连村路硬化、自来水普及、闭路电视覆盖、互联网入村率均为100%。

附：

埠口镇

建置区划 1984年3月，嶅山人民公社改称埠口镇。1986年6月，镇机关由嶅山村迁至张家埠村。2000年，辖20村、6519户1.79万人，总面积42平方千米，耕地面积1315公顷。2001年5月，并入张家产镇。

地理环境 位于市境南部，南濒黄海，东北与高村镇相邻，西连侯家镇，北接张家产镇。地势由东北向西南低缓。

经济概况 2000年，境内工业以水产品加工、铸造加工为主。镇办企业8个，村办企业11个，外商独资企业1个。农村经济形成药材种植、果业生产、特种动物养殖三大主导产业。粮食总产量5114吨，果品总产量4545吨，蔬菜总产量3240吨。水产品总产量2万吨，渔业总收入2.8亿元。工农业总产值10.9亿元，农村经济总收入7.7亿元，农民年人均纯收入3801元。财政收入525万元。

2013年张家产镇各村（社区）基本情况表

表1-12

村（社区）名称	始建时间	人口状况			总面积（公顷）	耕地面积（公顷）
		户数（户）	人口数（人）	主要姓氏		
张家产	清初	344	837	张 李 王	253.00	117.00
北水道	明正德年间（1506—1521）	164	409	毕 王 丛	211.70	67.00
东水道	清初	86	225	崔 丁 许	111.70	35.70
西水道	清初	39	117	毕 赵 崔	16.70	8.04
东泊石	清初	153	382	宋 王 邢	141.80	50.16
西泊石	清初	92	214	王 毕	98.00	38.60
岚村	明万历年间（1573—1620）	196	456	孙 刘 殷	170.90	66.50
沟西	明万历年间（1573—1620）	85	205	孙 刘 赵	76.80	30.90
刘家庄	明末	83	194	刘 于 赵	102.90	30.70
河胡家	明末	109	264	曹 胡	138.20	50.05
石羊口	明洪武年间（1368—1398）	110	276	曲 于 刘	122.40	55.40
冷家	元代中期	120	303	丛 于 卫	76.70	43.20
登登口	明末	277	623	牛 于 王	316.80	100.47
文石山	清嘉庆年间（1796—1820）	72	161	董 张	90.70	29.95
崔家营	清乾隆年间（1736—1795）	35	70	崔 董	33.60	10.37
黄庄子	清初	44	95	张 杨 方	39.90	21.26
山阴沟	明末	121	297	徐 隋 于	120.00	53.60
口子李	明末	56	115	王 邵 张	67.30	27.17
小官庄	隋唐	166	368	刘 胡 张	172.60	55.90
大官庄	明代中期	240	583	王 刘 苏	206.20	75.80
因寺桥	明万历年间（1573—1620）	306	743	赵 崔 王	204.30	60.57

续表 1-12-1

村（社区）名称	始建时间	人口状况			总面积（公顷）	耕地面积（公顷）
		户数（户）	人口数（人）	主要姓氏		
顾家	明末	157	352	顾 孙	140.80	60.50
告驾口	元代中期	180	400	王 牛 时	177.80	62.00
官道西	清初	75	180	从	39.70	15.90
水井	明成化年间（1465—1487）	258	609	从 宋 周	206.00	96.56
北圈	明初	44	117	温 王 邢	24.50	11.10
南圈	清初	170	424	李 张 王	216.10	45.70
东圈	元代	216	498	王 宋 田	245.30	97.70
麾艮	明之前	175	412	田 李	150.90	50.00
南崖子	清顺治年间（1644—1661）	77	165	从 刘 张	95.60	36.90
北崖子	明代中期	68	160	刘 从 方	53.30	24.78
车卧岛	明初	427	1174	牛 王 董	318.20	115.80
东汤村	清初	193	461	张 孙 王	82.90	28.20
田家床	明初	211	516	田 张 刘	144.70	59.27
赵家床	清康熙年间（1662—1722）	99	237	刘 张 田	96.40	47.06
邹家床	清康熙年间（1662—1722）	250	618	邹 毕 田	182.40	68.70
林家床	明代	134	332	林 张	78.90	29.40
大旺庄	明代中期	71	178	于 董	67.10	31.60
杏林庄	明末	184	411	温 王 董	176.60	82.80
蔡家庄	明末	61	148	张 王 毕	51.30	20.30
南汤村	明嘉靖年间（1522—1566）	256	635	王 田 孙	282.30	157.40
汤村店子	明代	479	1247	张 王 赵	374.60	184.90
北初家（原名初家庄）	明末	164	395	马 周 张	157.90	73.00
安子泊	明代中期	148	384	王 张 乔	175.70	73.10
军营	明代中期	57	123	王 孙	41.30	16.06
西官道	明末	137	344	张 王 房	123.90	63.70
东官道	明初	225	573	张 吴 房	159.60	69.90
董家店	明末	156	384	董 王	113.80	57.30
大永福	明末	136	337	张 董 王	104.70	45.60
河南洪家	明代	58	134	曲 殷 洪	62.20	27.40

续表 1-12-2

村（社区）名称	始建时间	人口状况			总面积（公顷）	耕地面积（公顷）
		户数（户）	人口数（人）	主要姓氏		
山后郭家	明初	315	770	刘 郭 侯	251.70	95.16
庙山姜家	明初	197	492	邵 陈 王	168.20	74.20
山后侯家	明永乐年间（1403－1424）	397	934	侯 王 于	328.30	114.77
永福赵家	明末	94	214	李 侯 董	61.20	34.40
永福孙家	明末	42	98	曲 殷 张	32.00	16.50
永福殷家	明末	137	332	殷 董 顾	96.10	43.60

四　高村镇

建置区划　1984年3月，高村人民公社改称高村镇。镇机关驻高村。2013年，辖46村、11766户29303人，总面积95.51平方千米，耕地面积4691.2公顷。

地理交通　位于市境东南部，东和东南与荣成市大疃镇、上庄镇接壤，西、西南与张家产镇、埠口港相接，北与大水泊镇交界，南濒黄海，海岸线长7000米，滩涂养殖面积152公顷。地势北高南低，青龙河纵贯全境，两岸多平原。道呼线、石泽线、初张公路于境内交会。

经济概况　1990年，完成工农业总产值7377万元。其中，工业产值5201万元。农民人均生产性纯收入700元。2013年，区域工业企业39家，其中有自营进出口权的7家。产品主要有车辆板簧、钢铁铸件、特种钢材、农用机具、石油管材、生物菌肥、膨化饲料、皮箱坤包、玩具渔具、体育用品、家纺丝织、海鲜制品等。农副特产有脉田糖瓜、青龙河蟹、莲花扫帚、二甲柳编、沙柳西红柿、西山蜜桃、河西鸭梨等。粮食总产量2.9万吨，蔬菜总产量1.09万吨，果品总产量1.65万吨。工农业总产值99.79亿元，农村经济总收入11.39亿元，农民年人均纯收入16237元，财政收入2530万元。

农业开发　“八五”期间，按照“1村攻1个主导产业，1户抓1个发家项目”思路，通过广辟门路、放宽政策、支持引导，基本形成“一村一业”格局。1995年，各类专业村发展到33个，专业户、规模经营户达720户，专业批发市场从无到有发展到8个。1996－1998年，推行农村股份合作制，建立种植、养殖、加工、水利等股份合作社76个，有股民5000人。2000年，开发建设葡萄示范园333公顷，新上蔬菜大棚130公顷、桑园60公顷、牧草33公顷，种植西洋参、天麻等药材40公顷。2004年，开发建设老青山果品基地，修建机耕路1万米，开挖平塘3座，修建桥梁5座，新建扬水站1座，敷设供水管道2000米，种植经济作物186公顷。2007－2009年，先后组织实施农业部万亩小麦高产良种项目、200公顷无公害绿色食品标准化生产项目、533.33公顷无公害果品生产项目。成立镇农产品质量安全区域化管理办公室，建立镇、村、户三级农产品统防统治经营管理体系，推行种养、加工、销售、贸工农一体化经营，全镇标准化基地面积达2333公顷，取得农产品认证主体7个，认证农产品21个，成为山东省首批出口农产品质量安全示范区。2010年，争取资金578万元，改造水利设施201处，改善灌溉面积940公顷，受益村15个。2013年，全镇建立各类农业专业合作经济组织32个，有成员712户。

钢铁工业　高村镇钢铁工业发展始于50年代中期，基础稳固。1991－1995年，全镇从事炼钢、轧钢的镇村企业共有12家，职工1500余人，年完成产值1.8亿元，实现利润1300万元。

其间，先后投资3000万元，新上4台大型轧钢设备和1条高档板簧自动生产流水线。2001年，双力板簧（集团）有限公司投资2000万元，进行炼钢、轧钢设备技术改造。2004年，投资2亿元、占地面积14公顷的威海见龙钢铁有限公司主体及配套工程完工试产。2008年，镇政府成立企业推进办公室，制定扶持措施25项，加强技术改造，加快膨胀升级。2010年，威海宝隆石油专材有限公司二期工程投资9700万元、建筑面积2.71万平方米的无缝钢管生产项目建成投产。2012年，双力板簧有限公司投资400万元，组建汽车板簧研究所，新上车辆检测线1条。2013年，高村镇引进外资6000万元，兴建高村废钢分拣破碎中心，年可消化废钢4万吨。

图1-7　高村镇青龙河公园（2005年9月15日摄）

商贸旅游　1991—1995年，全镇形成皮鞋、花篮、雏鸡等专业批发市场8个。1997年，投资150万元，建起1条长800米、宽30米商贸长廊。1998年，新建集贸市场3万平方米，第三产业产值达1.5亿元，比上年增长7%。2001年，投资80万元，新建2100平方米的商品门市房投入使用。2008年，扩建镇驻地家家悦购物中心。2013年，全面启动总投资百亿元的呼雷汤温泉及影视文化创意产业园项目建设，当年完成投资1.2亿元。是年，有商业企业136家、个体经营户801户，集贸市场14处，完成社会商品零售额4.1亿元。

环境整治　1996年，投资850万元，在镇驻地安装路灯96基，广告灯箱60个。1998年，新建三角花园1处，敷设排水管道3000米。2005年，投资700万元，新建拦河坝2座，建成滨河公园、灯光音乐广场各1处，硬化25个村主要街道35千米。2010年，建起占地1500平方米、日处理垃圾10吨的垃圾中转站1座；是年，对沙柳、万家等5个村进行环境整治，硬化街道3.8万平方米，浆砌排水沟1.5万米，栽植苗木8.07万株，新建街道花园10处。2011—2012年，利用国家水利项目资金，全面整治青龙河、转龙河、万福河、绿沙河等8条河道。2013年，改造镇区主干道路2400米，新建长900米、宽70米镇驻地中心大街1条。获全国环境优美镇称号。高村村获山东省生态文明村称号。

民生建设　1991—1995年，投资5万元，购置架子鼓、电子琴等器材，扶助7个村成立业余剧团、12个村建起文艺演出队、38个村建立文化大院、28个村办起乡村俱乐部。1996—1997年，投资500万元，建起农民文化宫1座；投资300万元，开通全镇有线电视网。2005年，投资186万元，新建自来水厂1座，敷设供水管道9000米。2010年，投资512万元，打深水井6眼，解决河西、虎山等6个村2780户群众“吃水难”问题。2011—2012年，帮扶1752户农民建起沼气池。2013年，敷设天然气管道5000米。是年，辖区有中、小学和幼儿园各1所，敬老院1所、镇卫生院1所、村级卫生室38个、农村社区综合服务中心22个、标准化文化大院46个、健身休闲中心40个。连村路硬化、闭路电视覆盖、互联网入村率均为100%，自来水普及率97.8%。

2013年高村镇各村（社区）基本情况表

表 1-13

村（社区）名称	始建时间	人口状况			总面积（公顷）	耕地面积（公顷）
		户数（户）	人口数（人）	主要姓氏		
高村	隋唐	1173	3020	周 于 王	636.80	335.80
北邢家	明万历年间（1573—1620）	154	376	赛 邢 周	111.10	57.90
中邢家	明万历年间（1573—1620）	278	655	赛 邢 孙	178.40	95.85
河南邢家	明万历年间（1573—1620）	50	112	赛 王 邢	30.00	12.40
汤泊阳	明嘉靖年间（1522—1566）	279	717	孙 刘 周	231.10	105.90
虎山	明成化年间（1465—1487）	223	544	孙 于 周	199.20	93.50
韩家	明天顺年间（1457—1464）	117	273	韩 陈	129.90	62.20
靳家	明代中期	132	302	于 董 赵	131.40	69.53
香山（原名崖子头）	明末	227	549	吴 于 田	267.50	154.80
绿杨	元初	267	603	迟 孙 于	254.30	123.70
莲花城（原名格达）	宋末	280	643	时 孙 迟	199.20	109.20
慈口观	明万历年间（1573—1620）	162	403	周 田 丛	307.20	64.20
北藤圈	明代	87	224	邹 周 房	118.40	66.10
西藤圈	明代	187	435	毕 于 徐	151.30	87.30
南藤圈	明代	113	268	刘 田 周	85.00	49.40
汤西	宋末元初	377	997	刘 周 张	353.00	136.90
汤东（原名红卫）	1967年	59	157	荣 邢 鞠	24.00	17.00
孙家埠	明弘治年间（1488—1505）	540	1343	孙 王 崔	516.60	282.30
苏家泊	宋末元初	201	512	于 孙 王	188.50	123.70
鞠格庄	明代中期	345	827	刘 赵 马	327.60	210.80
礼格庄	唐宋	450	1071	姜 刘 迟	325.00	156.30
下夼	明末	275	710	王 毕 娄	171.30	96.40
二甲	元代	413	1006	周 于 朱	224.40	118.40
波浪后	明代中期	144	332	于 李 史	135.20	54.00
后泊	清初	178	437	金 张 孙	127.10	76.40
河西	清乾隆年间（1736—1795）	311	815	周 张 孙	132.20	52.80
墩后	清初	372	943	张 周 金	225.00	135.80

续表 1-13

村（社区）名称	始建时间	人口状况			总面积（公顷）	耕地面积（公顷）
		户数（户）	人口数（人）	主要姓氏		
殿山院	元初	68	154	徐 张 王	57.10	18.80
脉田	明代	337	816	原 于 毕	311.10	219.20
北产	明万历年间（1573—1620）	80	179	于 高 孙	81.90	46.70
南产	明万历年间（1573—1620）	83	187	刘 李 张	61.80	32.40
黄庵	明万历年间（1573—1620）	161	416	于 王 吴	141.90	89.10
沙柳	元末	605	1555	时 孙 王	308.90	166.80
万家（原名万家庄）	明初	426	1132	田 周 王	236.60	124.60
辛店子	明初	242	630	初 于 刘	187.10	82.10
金岭（原名东方红）	明末	148	367	隋 倪 张	91.80	41.10
望海倪家	唐之前	291	694	于 倪 曲	292.40	119.40
望海曲家	元末	259	656	曲 张 王	225.60	93.70
望海初家	元末	207	503	初 田 金	213.10	75.00
凤台顶后	明成化年间（1465—1487）	221	537	褚 夏 张	215.90	100.90
岭上董家	明初	386	976	董 刘 周	287.60	134.20
西山张家	明正统年间（1436—1449）	85	204	张 杜 于	60.40	34.80
唐家嘴子	明代中期	142	378	初 周 王	222.40	53.80
庙后王家	明万历年间（1573—1620）	235	603	王 乔 孙	173.40	81.10
靳家店	明万历年间之前	173	459	王 于 李	263.50	72.20
山前庄家	明末	223	583	于 庄 王	338.20	156.00

五 泽库镇

建置区划 1984年3月，泽库人民公社改称泽库乡。1992年5月，撤乡设镇。镇机关驻泽库村。2013年，辖23村、8674户22189人，总面积73.03平方千米，耕地面积2226.2公顷。

地理交通 位于市境最南端，属海积平原区。地势北高南低，区域呈“凸”形，东、南、西三面濒海，海岸线长39.84千米，滩涂面积1333.3公顷。东经长会口大桥与荣成市虎山镇相连，西隔五垒岛海湾与小观镇相望，北与侯家镇为邻。环海公路穿境而过，现代路、滨海路交会于此。

经济概况 1990年，完成工农业总产值8463万元。其中，工业产值4531万元，首次超过农业产值。农民（包括渔民）生产性纯收入1216元，位居各乡镇之首。2013年，区域经济主要有船舶制造、海洋捕捞、滩涂养殖、水产品加工、国际海上贸易运输、特种毛皮动物养殖等。境内有渔业码头2处，冷藏厂41家，捕捞船只600余对。海参养殖面积666.67公顷、育苗面积6万立方水体，被列为山东省造礁养殖刺参示范基地。工业主要有船舶制造、起重设备、食品加工、塑料制品、纸制品加工等行业，有工业企业69家，其中有自营进出口权的4家。农业以小麦、玉米、花生为主。粮食总产量1.53万吨，蔬菜总产量1.12万吨，果品总产量3122吨。工农业总产值83.9亿元，农村经济收入19.26亿元，农民年人均纯收入14168元。财政收入4443万元。

渔业生产 “八五”期间，实施“蓝色革命”，开发浅海养殖面积533.1公顷，滩涂养殖总面积900公顷，建起现代化贝类、对虾育苗池2座，改建造船厂2家，渔业公司发展到12家，全镇固定资产4.5亿元。1995年，水产品总产量20万吨，渔业总收入14.8亿元，总产值9.7亿元，分别比1990年增长15.1倍、4.6倍和9.5倍，被评为山东省水产工作先进乡镇。1996年，投资2900万元，新上350马力渔船5对、320马力海上收鲜船2对，开发改造浅海滩涂面积1000公顷。1998年，实现出口交货值5.7亿元，创汇3200万美元，获全国出口创汇先进乡镇称号。2000年，试养大菱鲆取得成功，养殖50万尾。2002年，成功育出海参苗种，繁育1.5亿粒，销售1亿粒，收入1000万元。2003年，人工养殖海蜇获得成功，单体平均重6千克。2005年，村村建起养殖园区，养殖户1100余户，水貂等特种动物存养量达160万只。2012年，新建2.4万平方米高标准工厂化养殖车间投入运营，投放育苗7.5万千克；改造养殖车间1万平方米，年养殖河鲀鱼600吨。2013年，新建面积2万平方米的工厂化海参养殖区和育苗区投入使用。

商贸流通 “八五”期间，沿寺五线、泽长线开发建设商贸区、渔业区等功能区。1996年，新建农贸及水产品批发市场投入使用。1998年，在镇区主干道路两侧开发建设集餐饮、娱乐、商贸于一体的两层住宅楼150幢、面积2.6万平方米。2000年，投资50万元，对水产批发市场配套设施进行改造。2010年，出资1亿元建造的文登首艘万吨级远洋货轮“庆意号”交付投入运营。2013年，建起综合经营商贸中心1处，面积1万平方米。是年，有商业企业205家、个体经营户948户，集贸市场7处，完成社会商品零售额13亿元。1991—2013年，泽库镇以建设“海上泽库”为目标，加大资金投入，购置运输船只，开辟货运航线，发展海上商贸运输业，全镇拥有运输船只67艘，吨位22万吨，年货运量550万吨，收入5亿元，规模、效益均处于全省乡镇首位。

环境整治 “八五”时期，建成水冲式公厕2座、垃圾场1处。1996年，硬化镇驻地街道10万平方米，铺设人行道板3.2万平方米，安装路灯148基。1997年，硬化连村路10条，栽植苗木2.7万株。1998年，长会口、泽库、前岛、后岛等村新建渔民别墅楼200幢，获全国小城镇建设明星镇、山东省村镇建设新型乡镇称号。2006年，硬化镇区道路3000平方米，修砌排水沟5000米，安装路灯200基，建成街道花园46处。2010年，清理乱搭乱建619处，栽植绿化苗木3.4万株。2011—2012年，更换广告牌230块，建起污水泵站1座。2013年，设置交通标线2.85万米，安装交通信号灯3处。2006年获全国环境优美镇称号。泽库村获国家生态文明村称号。

民生建设 “八五”期间，修建初中2所、完小5所、村小6所。1995年，投资100万元，建起全省农村首家电话移动基站。1996—1997年，全镇村、企新建图书室39个、阅览室46个，馆（室）覆盖率达100%。

图1-8 2013年1月9日，泽库镇滩西头村举行蒸大饽饽比赛。

2000年，建起3000平方米教师公寓楼1幢。2006年，在镇、片、村分别设立综合便民服务中心、便民服务受理室和便民服务代办员。2010年，投资130万元，在姚家、滩西头、刘家、周家4村兴建农村社区服务中心4个。2012年，投资改造镇小学、中心幼儿园、卫生院。2013年，投资建设面积5200平方米的老年公寓1处。是年，辖区有中学1所、小学2所、幼儿园1所、镇级卫生院1所、敬老院1所、村级卫生室18个、农村社区综合服务中心11个、标准化文化大院23个、健身休闲中心23个。连村路硬化、自来水普及、闭路电视覆盖、互联网入村率均达100%。

2013年泽库镇各村（社区）基本情况表

表1-14

村（社区）名称	始建时间	人口状况			总面积（公顷）	耕地面积（公顷）
		户数（户）	人口数（人）	主要姓氏		
泽库	明永乐年间（1403—1424）	848	2166	侯 李 于	487.90	182.20
南台（原名小台）	明代中期	121	321	吕 王 杨	88.50	44.90
西泊	明代	403	1086	姜 赵 孙	257.70	95.00
南靠山	明末	187	444	邢 乔	119.30	64.70
慈家滩	明永乐年间（1403—1424）	587	1474	慈 曲 连	434.60	178.60
尹家	明代	327	770	刘 郭 侯	199.70	112.90
南岭（原名岭上）	清初	143	357	曲 王 杜	129.20	46.90
花岛	明洪武十三年（1380）	470	1163	于 郑 侯	495.50	175.60
辛立庄	清初	245	631	李 王 于	368.80	81.80
辛旺庄	明末	337	854	颜 丛 李	217.30	106.70
寨里	清雍正年间（1723—1735）	194	509	胡 侯 李	77.30	40.40
寨东姚家	明末	209	547	王 邵 赵	107.00	36.00
寨东刘家	清初	229	587	周 谭 李	105.90	59.60
寨东周家	清初	227	548	邹 王 周	224.40	94.90
小葛家	明末	218	527	王 葛 姜	134.10	61.10
长会口	清乾隆年间（1736—1795）	820	2129	姜 董 王	1918.70	157.00
后岛	明末	767	1992	于 曲 侯	610.70	181.60
滩西头	明初	518	1251	王 丛 李	282.10	147.90
寨西	清初	125	278	慈 孙 邵	45.00	25.60
寨前	清初	196	499	邵 孙 田	75.50	29.60
港南	明末	292	770	李 姚 高	251.50	92.50
南辛庄	清初	274	725	李 于 徐	150.10	58.50
前岛	明初	937	2561	李 包 侯	522.10	152.20

六 侯家镇

建置区划 1984年3月，侯家人民公社改称侯家乡。1989年12月，撤乡设镇。镇机关驻侯家村。2013年，辖38村、9083户22166人，总面积76.54平方千米，耕地面积3428.8公顷。

地理交通 位于市境南部，地处沿海丘陵，地势东北部和北部较高，西部、南部较平。北接张家产镇，南望泽库镇，东邻埠口港，西与宋村镇接壤。海岸线长16.25千米，滩涂面积481公顷。寺五线、张西线、石泽线，以及荣乌高速等主干公路穿境而过。

经济概况 1990年，完成工农业总产值7948万元。其中，工业产值5421万元。农民人均生产性纯收入838元。2013年，区域经济以捕捞养殖、海产品加工为主。工业主要有机械制造、裘皮加工、水产品加工、地毯加工、原盐生产、建筑、制鞋等行业，有工业企业25家，其中有自营进出口权的6家。农副产品以小麦、玉米、花生、果类为主。海产品有鱼、虾、蟹、泥蚶、牡蛎、杂色蛤等。粮食总产量2.28万吨，蔬菜总产量2万吨，果品总产量1913吨，水产品总产量1.6万吨。工农业总产值114亿元，农村经济总收入58亿元，农民年人均纯收入15600元。财政收入1460万元。

捕捞养殖 “八五”期间，新上捕捞船只64对，捕捞能力由1990年的1690吨增加到1995年的8600吨，渔业总收入达2.29亿元，比1990年增长7.1倍。对虾养殖面积480公顷，单产132.5千克，获农牧渔业部、国家科委颁发的对虾养殖“丰收杯”奖。1996—1997年，发展淡水养鱼，年产淡水鱼2400吨，获利500万元。1998年，改造虾池193.3公顷，亩产值超过2万元。90年代，把养殖水貂作为农村产业结构调整重点，通过政策拉动、典型带动、服务促动，促进特种动物养殖产业不断上台阶。2000年，养殖专业村发展到16个，专业户1500个，水貂存养量21万只，分别比上年增长33%、25%和43%，总收入2100万元，人均增收近千元。2004年，引进优良品种水貂2万只，水貂改良率达90%以上。2007年，全镇特种毛皮动物存养量360万只，为历史最高年份，被中国农科院特产研究所确定为全国珍贵毛皮动物养殖开发基地、全国特种养殖示范基地。2008年，引进外商投资500万美元，建起特养产业开发基地。2013年，开工建设占地面积13公顷皮草工业园1处。

图1-9 侯家镇水貂养殖场（2008年8月6日摄）

农业开发 “八五”期间，新上优质果园293.5公顷，嫁接和改造老果园126.7公顷，果品总产量达1.2万吨，收入2100万元。2001年，打造南鱼池、高家村2处百亩西洋参科技示范基地。2004年，发动引导群众植树43万株，退耕还林190.8公顷。2006年，利用国家农业综合开发资金，整修田间道路1.5万米，修建排水渠道1万米，开挖平塘6座，完成低产田改造面积666.7公顷。2010—2013年，万亩高标准农田示范项目工程完工，改良土壤530公顷，年增加经济收入约250万元。

商贸流通 “八五”期间，以镇驻地中心大街为主轴，沿街设置商业网点，全镇个体工商户发展到293户。1998年，投资400万元，建设占地面积0.6公顷商贸楼1幢。2003年，动工建设占地面积6.7公顷的特种动物毛皮交易市场。2013年，新建占地面积3.3公顷的集贸市场1处。是年，有商业企业247家、个体经营户591户，集贸市场7处，完成社会商品零售额5.8亿元。

环境整治 1991—2000年，修建道路10.7

万平方米，硬化6.3万平方米，整修排水沟2.8万米。2005年，硬化4个村的连村路，安装路灯30基，配置垃圾箱26个。2010年，建设1034平方米的垃圾中转站1座，敷设污水管道9.8千米。投资100万元，扩建镇自来水厂，日供水能力提高到2400立方米。2012年，投资860万元，改造连村路6条，全镇38个村的连村路硬化改造全部结束。2013年，砌挖排水沟4万米，安装路灯210基。获国家级生态镇称号。崔家村获山东省生态文明村称号。

民生建设 “八五”期间，为25个村的村民办理养老保险、38个村开通有线电视网。1997年，实现养老保险全覆盖。2004年，投资60万元，新建老年公寓36间。2008年，组建侯家镇柘阳山艺术团，每年演出20余场次，观众4万人次。2010年，投资520万元，新建面积4330平方米、可容纳17个教学班的镇中学综合楼投入使用。2012年，投资800万元，对全镇38个村的自来水供水系统、净水设备进行升级改造。2013年，投资600万元，开工建设面积3600平方米的镇卫生院综合大楼。是年，辖区有中学2所，小学、幼儿园各1所，敬老院1所、镇卫生院1所、村级卫生室29个、农村社区综合服务中心12个、标准化文化大院37个、健身休闲中心22个。连村路硬化、自来水普及、闭路电视覆盖、互联网入村率均达100%。

2013年侯家镇各村（社区）基本情况表

表1-15

村（社区）名称	始建时间	人口状况			总面积（公顷）	耕地面积（公顷）
		户数（户）	人口数（人）	主要姓氏		
侯家	明初	580	1429	杨　侯　林	447.20	216.30
二马	明代中期	374	934	邵　刘　张	270.60	141.80
吴家滩	明初	378	908	吴　张　王	239.30	145.80
小洛	明初	599	1569	王　刘　姜	335.60	197.70
马家夼	明代中期	109	293	王　刘　卫	104.80	60.60
东泥沟	清初	131	325	刘　邱　赵	119.10	70.40
西泥沟	清初	204	503	赵　王　张	141.50	72.10
江山泊	明洪武二年（1369）	119	285	鞠　孙　朱	144.00	83.00
南渠格	元代	180	427	于　宋　孙	212.20	84.70
山前	宋金	271	598	毕　李　王	298.50	127.50
上郭家	明初	173	384	初　于　张	200.10	82.40
下郭家	明初	102	241	于　杨　刘	144.80	54.90
东廒	元代	544	1271	刘　侯　郑	416.60	156.70
南廒	明初	663	1724	刘　徐　曲	422.70	167.70
北廒	明代中期	229	526	于　孙　王	194.40	135.80
西廒	明万历年间（1573—1620）	486	1236	王　邵　董	323.60	195.00

续表 1-15

村（社区）名称	始建时间	人口状况			总面积（公顷）	耕地面积（公顷）
		户数（户）	人口数（人）	主要姓氏		
大百户	金代	220	529	于 时 杨	183.50	101.00
初家庄	清初	144	356	房 史 姜	80.00	43.00
集后	清康熙年间（1662－1722）	91	229	毕 杨 于	76.40	40.80
汤家	元初	100	226	周 初 毕	61.70	32.00
高家	元代	80	189	于 高 毕	70.00	32.30
北鱼池	明成化年间（1465－1487）	252	601	侯 王	138.20	75.90
南鱼池	元代中期	109	252	于 刘 时	108.70	61.00
大时家	清初	165	403	周 侯 时	119.60	50.20
张家庄	明末	172	411	张 王 毕	121.40	57.50
河里庄	明末	108	227	邵 丛 刘	92.40	41.70
河杨家	明末	226	580	杨 张 苏	150.90	77.30
寨颜家	元末	122	293	颜 刘 苗	102.40	53.50
南寨	明隆庆年间（1567－1572）	170	382	侯 刘 李	165.50	90.90
南下河	清康熙年间（1662－1722）	194	470	徐 董 吴	154.00	87.40
石漳河	明末	53	130	李 张 王	31.80	10.20
时家滩	明末	235	519	时 康 郭	205.80	88.30
潘家	明初	200	508	郭 王 邹	145.80	67.40
朱家	明末	349	875	朱 张 周	353.70	74.90
南学	明正德年间（1506－1521）	242	581	刘 王 董	168.20	93.50
崔家	明嘉靖年间（1522－1566）	447	1102	崔 杨 于	781.30	126.70
北石韩家	明末	79	193	毕 于 王	141.60	58.90
寨前杨家	明初	183	457	杨 赵 傅	185.80	72.00

七 宋村镇

建置区划 1984年3月，宋村人民公社改称宋村镇。镇机关驻宋村村。2013年，辖53村、13985户37849人，总面积160.63平方千米，耕地面积5192.4公顷。

地理交通 位于市区偏西南部，东与张家产镇接壤，南与侯家镇为邻，西连泽头镇，北接米山镇和环山街道。境内为丘陵地带，地势略呈北高南低、东高西低。海岸线长20.1千米，滩涂面积240公顷。母猪河、昌阳河穿境而过。威青高速、环海公路、石泽线、寺五线纵横境内。

经济概况 1990年，完成工农业总产值1.27亿元。其中，工业产值1.01亿元，居文登市第三位。农民人均生产性纯收入912元。2013年，区域经济以蔬菜种植为龙头，形成以林果、畜牧、蔬菜保鲜、特种动物养殖为主体的特色产业化体系。全镇无公害蔬菜种植面积1600公顷，蔬菜总产量5.2万吨，是威海市最大蔬菜生产专业镇和农副产品集散地。全镇水貂养殖户1100余户，年产毛皮100万张。海产品有鱼、虾、蛤、蛏，特产“姚米”“桑蛎”闻名遐迩。粮食作物以小麦、花生、玉米、地瓜为主，年粮食总产量3.46万吨；果品总产量9950吨。工业有机械、电子、建材、食品、服装等行业，工业企业77家，其中有自营进出口权的21家。工农业总产值123亿元，农村经济收入51亿元，农民年人均纯收入15022元。财政收入3669万元。

蔬菜生产 1991—1995年，建起占地面积1公顷的蔬菜批发市场1处，容量1300吨的蔬菜保鲜冷风库1座。镇政府成立蔬菜研究所和蔬菜物资技术服务公司，蔬菜专业村发展到30个，专业户达3600户。新上菜园面积601公顷，冬暖大棚133.4公顷，蔬菜总产量达9万吨。1998年，举办蔬菜技术培训班，邀请外地专家授课，650名菜农参加学习，年内新上蔬菜200公顷，总面积达1500公顷，产量15万吨，收入1.98亿元。2001年，推广无公害蔬菜种植，注册“昌阳”牌商标，实行统一收购销售。2006年，与市农业局联合成立蔬菜服务中心，组织技术人员深入田间地头举办技术讲座126场次，印发技术材料3.2万份，培训菜农8400人次，引进推广蔬菜新品种20余个。2007年，建设蔬菜出口基地66.67公顷。2010年，成立龙惠蔬菜专业合作社，发展社员1500人，带动3000农户，菜农通过合作社每天可销售蔬菜170余吨，年销售收入3000万元。2012—2013年，引进外资建设占地面积5.3公顷的蔬菜精深加工区和130公顷的蔬菜生产基地，主要从事菜心、小芥蓝等高档蔬菜生产加工，产品全部出口。

对外经济 1992年，引进外资30万美元，建起文登市首家外商独资企业——文登三吉电子有限公司。至1995年，全镇建起“三资”企业13家，合同利用外资800万美元，实际利用外资640万美元，自营出口创汇2770万美元。1998年，引进外资企业4家，总数达17家。2000年，对外加工专业村发展到18个，合同利用外资430万美元，完成出口交货值2400万美元，工缴费收入2100万元。2002年，兴建占地66.7公顷的昌阳外商投资工业园，年内，进园投资企业7家，投资额1150万美元，全年实现进出口2450万美元。2007年，引进韩资企业投资1.2亿元从事花卉生产出口，2008年，一期工程投产。2012年，二期工程开工建设，建成花卉栽培温室及实验室2.5万平方米，年产大花蕙兰成品苗40万株，全部外销。2012—2013年，在镇驻地北部规划建成占地面积53.3公顷的文登国际皮草产业园，园区基础设施配套齐全，已有23家企业签订进园合同。

商贸旅游 1991—1995年，建起占地面积2万平方米的商业街，南北两端分别建起蔬菜批发、废旧物资回收2处贸易市场。1996年，建成商贸小楼16幢，面积7000平方米。2004年，投资1600万元，新建威海农副产品批发市场1处，占地面积2公顷，摊位900个。2006年，与威海家家悦集团联合建设面积5000平方米的水果、蔬菜配送中心，年交易量20万吨、交易额10亿元。2007—2009年，联合家家悦、山泰食品、环山饲料3家企业投资成立了集养殖、加工、销售为一体的健悦肉食品有限公司。2013年，有商业企业41家、个体经营户855个，集贸市场4处、专业市场6处，完成社会商品零售额4.5亿元。宋村镇是神话传说中的李龙王故里，2007年始，每年农历三月初二，村民百姓都要在回龙山举办李龙文化山会，祭祀龙母。至2013年，共举办7届。2008年，“秃尾巴老李的传说”被国务院确定为国家级非物质文化遗产，成为地域文化旅游品牌。2011—2013年，筹措资金加快域内山泰生态园和汇泉循环生态园建设，园内采摘观光、生态康养、休闲旅游特色农业初见成效。

环境整治 1991—1995年，投资3500余万元，修建镇域道路28万平方米，硬化路面15.7万平方米，形成“三纵五横”的交通网络。1996—

1997年，投资300万元，建起占地面积2公顷的回龙公园，内设喷泉、假山、长廊。2000年，镇区“三纵五横”交通干道全部硬化，安装路灯300基。2001年，镇政府定为“公路建设年”，修建连村路19.5千米，硬化路面12万平方米，成为威海市当年硬化路面最多的乡镇。2007—2009年，投资1060万元，镇驻地街道两旁铺设彩砖1.1万平方米，拆除临时建筑物450平方米，栽植绿化苗木60余万株，更新路灯120基，新添垃圾箱60个。2011—2012年，对河格、埠后等19个村进行环境综合整治，硬化街道18万平方米，安装路灯260基。2013年，实施昌阳路硬化及管网敷设工程。先后获全国环境优美镇、全国小城镇建设示范镇、省级文明镇称号。大泽头村、宋村村获山东省生态文明村称号。

图1-10　宋村镇回龙公园（2013年5月5日摄）

民生建设　1991—1995年，新建邮电大楼、镇医院病房大楼投入运营，自来水扩建工程完工。1996—1997年，占地面积6.7公顷，建筑面积1.5万平方米，可容纳2000名学生的镇办中学投入使用。2004年，新建面积1800平方米中心小学教学楼1幢。2006年，建成日供水2000立方米自来水厂1座。2008年，建起老年公寓楼2幢。2009年，镇敬老院、居民住宅楼实现集中供暖。2010年，南圈水库调水工程开工建设，全镇实现村村通自来水。2011年，投资1300余万元，新建宋村完小1所，宋村中学改造工程完工。2012年，投资700万元，扩建镇敬老院；投资2亿余元，启动回龙山庄等3个居民小区工程建设。2013年，辖区有中、小学和幼儿园各1所，敬老院1所、镇卫生院1所、村卫生室44个、农村社区综合服务中心35个、标准化文化大院52个、健身休闲中心46个。连村路硬化、自来水普及、闭路电视覆盖、互联网入村率均达100%。

2013年宋村镇各村（社区）基本情况表

表1-16

村（社区）名称	始建时间	人口状况			总面积（公顷）	耕地面积（公顷）
		户数（户）	人口数（人）	主要姓氏		
宋村	元初	864	2474	王　邵　林	533.60	250.60
徐格庄	元初	285	736	闫　王　卫	224.40	116.50
北马	元初	401	1102	解　吴　邵	347.40	120.50
南马	明初	323	864	邵　王　荣	375.70	116.10
西马	明洪武年间（1368—1398）	164	428	闫　王　张	130.70	59.40
小床	明末	114	333	毕　徐　于	133.10	60.00

续表 1-16-1

村（社区）名称	始建时间	人口状况			总面积（公顷）	耕地面积（公顷）
		户数（户）	人口数（人）	主要姓氏		
大床	明初	278	776	于 丛 曹	317.90	160.80
双石	清顺治十八年（1661）	198	558	毕 蔡 王	172.90	92.40
河格庄	元初	264	729	高 于 丛	300.60	136.00
潘格庄	明初	91	241	刘 张 李	88.30	29.90
寺前	明万历年间（1573—1620）	441	1299	周 潘 马	247.20	123.00
郑家沟	明末	163	465	郑 于 王	125.90	84.40
臧格庄	金元	324	893	王 宋 李	267.80	104.60
宋疃庄	明初	78	196	宋 林 于	90.50	24.00
青岭（原名岭东）	明嘉靖年间（1522—1566）	334	891	宋 孙 邵	518.90	264.20
埠后	清初	88	252	杨 姜 宋	58.80	25.40
青龙夼	明代中期	256	664	曲 王 傅	518.90	99.30
姜家庄	明万历二年（1574）	273	701	姜 丁	198.90	99.40
山西（原名集后）	明崇祯三年（1630）	158	405	林 于 韩	131.40	62.00
周格庄	元末	543	1396	宋 王 于	444.20	216.70
李仙庄	元代中期	207	528	韩 宋 张	164.70	80.70
小泽头	明代中期	196	500	邱 刘 丛	118.20	69.40
大泽头	明代中期	236	602	刘 丛 邱	209.60	116.80
菜园子	清代中期	71	179	刘 邱 陈	46.60	30.00
集西	明初	376	1056	殷 林 周	233.30	102.00
草埠	宋末	336	860	王 宋 林	280.80	153.30
东孔格	明末	294	731	曲 于 宫	253.90	119.20
郭家店	明代中期	402	1058	郭 林 丛	303.70	141.50
姚山头	元代中期	566	1609	姚 徐 鞠	538.00	241.00
硝滩一村	明末	206	590	林 宋 王	150.10	54.40
硝滩二村	明末	256	676	于 鲁 辛	206.60	117.80
硝滩三村	明末	181	500	于 宋 辛	204.50	85.90
西海庄	清初	237	766	于 邵 王	4100.60	64.20
石灰窑	明初	282	732	于 杜 田	335.80	107.90
曲疃庄	明末	548	1564	刘 林 姜	412.50	182.50

续表 1-16-2

村（社区）名称	始建时间	人口状况			总面积（公顷）	耕地面积（公顷）
		户数（户）	人口数（人）	主要姓氏		
上徐村	明末	280	713	隋 刘 鞠	298.50	85.00
下徐村	明初	379	951	王 鞠 田	398.00	177.40
渠格庄	明代中期	119	299	徐 葛 林	184.30	43.80
神格庄	明万历四年（1576）	339	865	张 林 毕	279.40	121.70
紫金山	明崇祯九年（1636）	228	618	管 姚	203.70	68.50
鹁鸽崖	明初	245	655	鞠 李 林	267.10	92.60
山东	明末	181	514	房 林 田	122.40	43.60
炉上	清初	91	205	毕 林 刘	77.60	26.90
台上	明正德年间（1506—1521）	239	657	刘 王 毕	192.90	58.10
城东	明成化年间（1465—1487）	330	1010	王 毕 姜	153.20	67.30
大寨	明末	332	898	鞠 童 王	256.60	112.70
小寨	明末	185	446	王 张 宋	176.00	67.30
停驾沟	明代中期	104	236	刘 杜 董	82.50	47.20
墒上	明代中期	124	314	洪 马 李	108.10	57.30
石羊	明初	358	1019	于 王 林	174.20	71.60
金格西里	明嘉靖年间（1522—1566）	206	555	曹 徐 丛	160.30	69.10
金格南里	明嘉靖年间（1522—1566）	88	219	刘 吴 李	54.50	27.70
金格北里	明嘉靖年间（1522—1566）	123	321	丛 曹 刘	88.10	42.80

八　泽头镇

建置区划　1984年3月，泽头人民公社改称泽头镇。镇机关驻泽头村。2013年，辖48村、13277户35003人，总面积96.19平方千米，耕地面积4189.3公顷。

地理交通　地处市境西南部、母猪河下游西岸，北接葛家镇、米山镇，西南连小观镇，东傍母猪河，与宋村镇相望，南濒五垒岛湾。海岸线长29.65千米。境内属母猪河水系，河道长17千米，多为河谷冲积平原，西部及西南部为丘陵。威青高速、威青线、上泽线、石泽线在境内交会。

经济概况　1990年，完成工农业总产值1.19亿元。其中，工业产值9320万元。农民人均生产性纯收入945元。2013年，工业主要有针织、家纺、制鞋、车辆装饰布、体育用品、五金制造、果品保鲜、水产品加工、肉食鸡屠宰等行业，工业企业57家，其中有自营进出口权的19家。农业以小麦、玉米、花生、大豆为主，特产有苹果、蔬菜、药材、生姜、草莓等。畜牧业发展历史悠久，为文登养殖大镇，蛋鸡、奶牛、生猪存栏量分别为115万只、3037头和3.77万头；海产品有对虾、贝类、海参、魁蚶等。粮食总产量3.53万吨，蔬菜总产量2.05万吨，果品总产量1.41万吨，水产品产量2.44万吨。工农业总产值51.62亿元，农村经济总收入9.68亿元，农民年人均纯收入15200元。财政收入3604万元。

产业开发 1992年，投资310万元，改塑料大棚单一养蚕为蚕菜、蚕鸡、蚕菇综合种养模式，经济效益提高8～10倍，户年收入8000～12000元。1995年，全镇发展桑园252公顷，蚕茧总产量320吨，收入500万元，分别是1992年的2.1倍、3.7倍和5.3倍。1998年，大面积改造虾池，活动土石84万立方米，修建闸门140座，改建虾池96公顷，购买充氧机等设备280台。改建后，每公顷产量3750千克，经济效益提高90%。2000年，以发展葡萄、蔬菜、药材、水产养殖为重点，进行产业结构调整，当年新增葡萄200公顷、蔬菜120公顷、药材1公顷；扩大虾蟹混养面积400公顷，滩涂精养66.7公顷。2009年，发展蛋鸡70万只，居文登市之首。2010年，投资1.5亿元的山东益生父母代种禽繁育中心项目投产。2013年，毛皮动物出栏量27.5万只。

图1-11 山东益生父母代种禽繁育中心养殖场（2010年5月7日摄）

招商引资 1993年，与中国香港合资建起宏达衬布有限公司。1995年，引进韩国羊毛衫加工独资企业3家，从业人员2200人，年获加工费800万元。2000年，引进国内资金3000万元，建成库容2000吨气调库1座。2002—2003年，投资500万元，配套完善镇工业园区基础设施，引进外资项目12个，合同利用外资3790万美元。2006年，对镇区闲置厂房逐一登记、改造，采取租、售形式对外招商，盘活厂房面积2.6万平方米。2008年，引进外资3.25亿元，建起饲料厂、孵化厂等项目。2010年，引进内外资项目16个，建设厂房面积19.7万平方米，投产厂房面积14.7万平方米。2013年，引进项目9个，开工8个，投产4个。

商贸流通 1991—1994年，投资30万元，对镇驻地农副产品一条街进行硬化。1999年，镇中心大街两侧商贸楼二期工程完工，入驻商户102户。2005—2008年，新建超市4处、社区服务中心8个。2013年，有商业企业177家、个体经营户794户，集贸市场3处，完成社会商品零售额5.2亿元。

环境整治 1991年，投资30万元，硬化镇区主要街道路面。1995年，投资300万元，修建文明街80条，面积24万平方米。2000—2006年，栽植苗木120万株，镇区绿化率达35%。2010年，投资100万元，建起垃圾处理中转站1座，平整、硬化街道2.6万平方米，建起三角花园3处。2013年，完成镇驻地振兴路升级改造，铺设彩板1.5万平方米，安装路灯50基，栽植樱花500株。获国家级生态镇称号。林村村、望岛村获山东省生态文明村称号。

民生建设 1991—1994年，镇区规划面积2.5平方千米，投资135万元，建起日供水1200立方米的自来水厂1座。1995年，新建病房、校舍4200平方米及教师住房720平方米。1998年，投资132万元，新建中小学语音室2个，购置微机25台、教学仪器8100件、体育器材1230件、图书8000册，5所中、小学教学设施达到国家一类标准，7所学校超过国家二类标准。2005年，投资50万元，新建农村中心卫生室4个；投资20万元，扩建镇敬老院1600平方米。2008—2009年，投资100余万元，用于治理母猪河泽头段。2012年，面积3.6万平方米北庄村一期“村居工程”交付使用，安置村民300户，实现集中供暖、供气。2013年，占地面积

0.07 公顷的污水处理厂建成运营。是年，辖区有中学 2 所、小学与幼儿园各 1 所，敬老院 1 所、镇卫生院 1 所、村卫生室 27 个、农村社区综合服务中心 15 个、标准化文化大院 17 个、健身休闲中心 36 个。连村路硬化、自来水普及、闭路电视覆盖、互联网入村率均达 100%。

2013 年泽头镇各村（社区）基本情况表

表 1-17

村（社区）名称	始建时间	人口状况			总面积（公顷）	耕地面积（公顷）
		户数（户）	人口数（人）	主要姓氏		
泽头	元代	861	2165	李 王 张	392.00	183.60
峰山	明万历九年（1581）	243	673	林 王 刘	231.50	84.36
城子墦	明万历年间（1573—1620）	116	339	林 谭 王	61.40	37.70
林村	南宋景定年间（1260—1264）	1353	3714	林 赛 曲	752.60	357.00
唐疃	明万历年间（1573—1620）	339	900	邢 蔡 杨	203.50	70.30
望岛	元至元十六年（1279）	314	834	邢 李 马	191.80	86.40
于林庄（原名王家庄）	明末	131	323	于 林 李	126.60	48.20
倪家庄	明末	96	226	宋 李 姚	81.30	36.80
杨家疃	清顺治十五年（1658）	147	354	杨 王 于	107.90	58.40
胡格庄	明代	183	492	林 李 于	156.20	78.45
孔格庄	明初	246	665	于 孙 林	173.50	99.30
高家庄	明代	240	618	林 孙 石	174.20	103.90
魏家庄	清顺治十年（1653）	109	279	毕 苏	55.60	34.20
杨家庵	清代中期	23	64	杨 李 孙	78.00	50.50
上泊子	明正德年间（1506—1521）	165	416	于 邢 林	252.50	86.05
下泊子	清初	380	985	于 徐 管	305.90	150.25
吴官屯	明末	282	706	吴 林 于	154.50	70.90
许家埠	清代中期	200	510	孙 李 苏	137.60	63.28
东程格（原名东程格庄）	清初	217	588	李 王 于	58.90	17.75
西程格（原名西程格庄）	清初	234	580	王 李 于	141.90	83.80
北庄	清乾隆二十九年（1764）	425	1171	李 王 于	218.40	92.65
大洼	明代	206	536	高 李 王	113.10	70.27
小洼	清雍正年间（1723—1735）	26	69	曹 唐 姜	14.50	9.10
廒子埠	清初	156	420	曲 宋 孙	88.40	47.06
道口	清乾隆十七年（1752）	320	831	于 王 邢	188.10	94.47

续表 1-17

村（社区）名称	始建时间	人口状况			总面积（公顷）	耕地面积（公顷）
		户数（户）	人口数（人）	主要姓氏		
北桥	明初	201	521	孙 王 杨	129.40	58.30
南桥	明初	739	1838	孙 牛 张	595.80	209.90
雨夼	明末	132	324	孙 蔡 李	177.10	75.20
眠虎岭	清光绪三十一年（1905）	109	290	孙 宋 唐	103.10	40.87
小埠	明永乐年间（1403—1424）	328	870	徐 曹 林	223.80	97.95
岭前（原名卧龙）	明末	52	128	宫 于 李	20.70	9.15
刘家疃	明弘治年间（1488—1505）	229	576	唐 高 宋	187.50	102.40
大宋家	明初	239	615	宋 马 徐	262.80	95.56
小宋家	明初	95	249	宋 林 王	33.90	17.40
徐家	明崇祯年间（1628—1644）	235	596	徐 田	177.40	87.80
崔家庄	清道光年间（1821—1850）	70	191	崔 张	73.80	21.75
埠子厂	清乾隆年间（1736—1795）	136	427	邢 赵 高	162.70	40.70
虎口山	清雍正十三年（1735）	277	753	邢 王 李	353.70	86.30
黄家庄	明万历年间（1573—1620）	103	283	李 梁 曲	86.40	31.00
平埠庄	明万历年间（1573—1620）	51	135	王 张	42.40	20.70
岛集	元至元十六年（1279）	799	2007	邢 李	509.20	254.07
里岛	明初	770	2093	邢 王 林	531.90	259.26
虎口窑	元代	698	1961	宋 曲 徐	737.50	184.50
于家河	清乾隆年间（1736—1795）	106	293	于 王	62.70	21.40
东望仙庄	明弘治年间（1488—1505）	267	733	孙 唐 苏	226.20	121.60
西望仙庄	明弘治年间（1488—1505）	203	528	苏 谢	175.20	105.60
东团岚埠	明洪武年间（1368—1398）	228	604	王 张 宋	125.40	58.80
西团岚埠	明洪武年间（1368—1398）	198	530	宋 于 邢	160.10	75.40

九　小观镇

建置区划　1984年3月，小观人民公社改称小观乡。1989年12月，撤乡设镇。镇机关驻小观村。2013年，辖47村1社区、13628户36513人，总面积120.49平方千米，耕地面积4268.3公顷。

地理交通　位于市境西南端，黄垒河下游。北及东北与葛家镇、泽头镇为邻，西隔黄垒河与乳山市相望，河界长17千米。东、南临海，海岸线长24千米。地势北高南低，北有昆嵛山余脉爬山，南为海滩与河谷平原，得渔盐之利。威青线、威青高速、青石公路横贯东西，山海路、龙海路纵贯南北，环海公路沿海环绕。

经济概况　1990年，完成工农业总产值9373万元。其中，工业产值5659万元。农民人均生产性纯收入943元。2013年，区域经济以

图 1-12 2011 年 1 月 18 日，中央电视台农业频道《新春到农村》栏目走进小观镇东里岛村。

水产养殖为支柱，形成滩涂养殖对虾、海参、梭子蟹和工厂化养殖大菱鲆、河鲀、牙鲆鱼等海水养殖格局。海洋资源丰富，特色海产品有牛舌鱼、桃花虾、虎头蟹、西施舌等，盛产黄瓢蛤、杂色蛤、毛蛤、文蛤、牡蛎、扇贝等 40 余种贝类（统称小观贝）。工业有建材、轮胎、玻璃、纺织、渔具、饲料加工等行业，工业企业 85 家，其中有自营进出口权的 2 家。粮油作物有小麦、玉米、花生、地瓜，畜牧业以猪、羊、家禽养殖为主。粮食总产量 3.18 万吨，蔬菜总产量 2.34 万吨，果品总产量 1.27 万吨。工农业总产值 83.49 亿元，农村经济总收入 37.6 亿元，农民年人均纯收入 15908 元。财政收入 4889 万元。

农业开发 “八五”期间，开发荒山 384 公顷、荒水 320 公顷，新上桑园 200 公顷，新建养蚕大棚 200 个，发展专业村 2 个、专业户 1362 户。1995 年，全镇种养业收入 6400 万元，比 1990 年增长 67.3%。1996—1997 年，全镇 434 公顷果园全部实现品种优化，蔬菜冬暖大棚增加到 1000 个。1998 年，实施“种子工程”和“沃土工程”，全镇统一供种粮田达 80%，利用催腐剂自制有机肥 1000 吨，小麦总产增加 1750 吨，农民增收 210 万元。1999—2000 年，发展牧草业，以草兴牧，全镇养殖小区发展到 12 个，养殖场发展到 57 个，养殖大户发展到 180 户，畜牧业总收入达 2.8 亿元。2001 年，扩大桑田面积、推进科技服务，全镇蚕茧总产达 270 吨，总收入 190 万元，居全市之首。是年，实施 1600 公顷中低产田改造工程，投资 317 万元，投工 2.5 万个，修复沟渠 24.5 千米，敷设管道 10.8 千米，植树 2 万株。2003 年，新上优质水果 253 公顷、蔬菜大棚 200 公顷，新增套袋苹果 3000 万个。至 2013 年，全镇基本形成优质果品、绿色蔬菜和苗木生产三大优势产业。

水产养殖 1991—1995 年，开发海水养殖面积 267 公顷。1997 年，镇政府成立贝类资源管理站，出台贝类资源保护规定，将沿海滩涂划分 4 个保护区，规定每年 5 月 1 日至 7 月 15 日为禁捕封养期，资源得到保护，贝类产量逐年增加。2000 年，全镇鲜贝捕捞量 3 万余吨，总收入 8100 万元。“小观贝”除供应胶东市场外，还远销上海、天津、宁波、大连等地，带起一支拥有 400 余人、年收入 1000 余万元的专业销售队伍。2001 年，学习外地经验，建起玻璃钢养殖大棚，吸引外资 1000 余万元，办厂 26 家，推广工厂化养鱼 7500 平方米。2003 年，养殖大棚增加到 72 个，大菱鲆养殖面积达 12 万平方米，实现产值 1.1 亿元。2006 年，全镇水产养殖面积 1363 公顷，其中梭子蟹养殖面积 800 公顷，成为全省最大的梭子蟹养殖基地；工厂化养殖大菱鲆 10 万平方米，河鲀鱼养殖面积 133 公顷。2013 年，全镇水产品总产量达 9.1 万吨。

经贸旅游 1991—1995 年，全镇完成工业技改投入 8000 万元，开发新产品 26 个。2000 年，20 家民营企业建成投产。2002 年始，开发建设占地面积 200 公顷的金滩工业园。2006 年，完成园区“六通一平”基础设施建设，建成厂房面积 8.8 万平方米。2008 年，全镇拥有各类企业 80 家。至 2013 年，镇区建起面积 2 万平方米的农贸市场 1 处，商贸楼面积 4.45 万平方米。有商业企业 21 家、个体经营户 927 户，集贸市场 9 处，完成社会商品零售额 5.5 亿元。小观镇素有“黄金海岸”之称，境内有天然海水浴场和万亩环海松林。2003年始，规划建设金滩旅游开发区。2006年，硬化环海路2.5万平方米。2009年，扶持引导沿海村民开办渔家宴、渔家乐旅游项目，吸引游客，增加收入。先后获山东省旅游强镇、旅游休闲镇称号。

环境整治 1991—2000年，投资1.1亿元，硬化镇驻地街道，安装路灯，栽树植绿。2001—2005年，修建连村路39千米，硬化路面23万平方米，村村建起文明街。2007年，投资380万元，浆砌排水渠道1.6万米，活动土石6.5万立方米。2012年，投资400万元，对徐家庄、大芦头等村环境进行综合整治。2006年，获全国环境优美镇称号。东浪暖、榆树底2村获山东省生态文明村称号。

民生建设 1991—1993年，建起日供水1200立方米自来水厂1座，新建农村图书室38个。1994—1997年，改造初中、完小各2所，扩建中、小学各1所，新建语音室2个、微机室4个，购置微机101台。1996—1997年，投资60万元，为村、企购置图书1.5万册，全镇藏书总量达6.2万册。1998年，投资20万元，扶持全镇47个村建起“两栏一报”132个。2005年，投资700万元用于小城镇开发建设，镇驻地生活区、商贸区、工业区初具规模。2008年，开挖水井6眼，完成村村通自来水。2012年，投资50万元，对全镇村级活动场所进行改、扩建。2013年，辖区有中、小学和幼儿园各1所，敬老院1所、镇医院1所、村级卫生室47个、农村社区综合服务中心9个、标准化文化大院9个、健身休闲中心39个。连村路硬化、自来水普及、闭路电视覆盖、互联网入村率均达100%。

2013年小观镇各村（社区）基本情况表

表1-18

村（社区）名称	始建时间	人口状况			总面积（公顷）	耕地面积（公顷）
		户数（户）	人口数（人）	主要姓氏		
小观	明嘉靖年间（1522—1566）	354	929	王 蔡 丁	199.10	91.40
万家口	明代	701	1848	于 王 孙	961.00	355.00
鱼池	清道光年间（1821—1850）	67	172	于 邢 孙	38.00	15.60
郤家	明末	381	939	郤 孙 王	358.70	152.20
于家庄	明末	124	304	于 丁 孙	94.10	42.30
隋家庄	清康熙年间（1662—1722）	92	235	隋 郤 于	47.40	25.10
徐家庄	清乾隆三十四年（1769）	151	374	徐 于 孙	187.00	72.40
吴家庄	明末	401	1013	丁 王 高	313.60	119.70
庙东	元初	403	1007	孙 王 李	427.30	190.00
北黄	唐代	778	2037	孙 丁 于	709.50	287.30
大芦头	明初	159	422	王 焦 徐	110.00	48.00
小芦头	清乾隆年间（1736—1795）	102	256	孙 焦 王	81.90	42.00
西店子	明天启年间（1621—1627）	223	608	张 王 邵	179.80	55.30
东店子	清初	332	800	孙 王 侯	203.50	77.60

续表 1-18-1

村（社区）名称	始建时间	人口状况			总面积（公顷）	耕地面积（公顷）
		户数（户）	人口数（人）	主要姓氏		
朱家庄	明末	391	1022	朱 张 宋	257.40	113.70
坦埠	隋唐	801	2248	孙 王 李	639.00	280.70
南七口	明代中期	780	2094	谭 曹 宋	504.60	236.00
北七口	清乾隆年间（1736—1795）	199	490	姜 贾 于	124.30	67.50
金花（原名小英）	明代中期	201	475	孙 于 王	117.60	64.90
徐埠头	明万历年间（1573—1620）	317	816	于 王 孙	233.70	123.40
波罗岛	明代中期	450	1306	王 衣 宋	226.00	131.40
才院	明万历年间（1573—1620）	295	853	王 于 许	202.10	104.60
万家庄	明末	418	1153	徐 邢 王	1223.00	107.40
紫草泊	清雍正年间（1723—1735）	232	668	王 林 杨	183.40	91.10
七甲	清初	159	415	王 许 于	94.40	43.80
东炉（原名炉上）	清初	61	167	孙 李 王	23.70	7.40
生家埠	清初	246	674	蔡 刘 徐	164.50	83.00
裴家岛	明代中期	476	1270	杨 王 于	394.00	173.70
凤口集	清康熙年间（1662—1722）	410	1136	王 张 孙	274.50	118.70
榆树底	明洪武年间（1368—1398）	100	267	于 王 蔡	62.40	16.20
百寿庄	清初	150	386	蔡 于 王	125.00	51.10
出林庄	清康熙年间（1662—1722）	249	677	蔡 许 于	160.60	88.10
万家寨	清初	344	978	蔡 王 孙	95.90	32.40
孙家寨	清乾隆年间（1736—1795）	258	732	孙 王 蔡	118.40	16.80
垒子	明末	221	601	王 孙 于	176.00	27.10
垒子北塂	明嘉靖年间（1522—1566）	146	425	王 谭 马	348.10	67.60
港北崖	1919 年	49	141	杨 汤 孙	106.40	49.70
西里岛	明嘉靖年间（1522—1566）	180	525	杨 王 孙	375.40	18.30
东里岛	明嘉靖年间（1522—1566）	247	721	王 孙 于	585.50	39.40
东浪暖	明嘉靖年间（1522—1566）	379	982	蔡 王 许	277.20	121.60
二王家	清初	142	400	蔡 许 王	84.60	39.70
吴家	清初	52	140	吴 徐 蔡	66.70	39.80

续表 1-18-2

村（社区）名称	始建时间	人口状况			总面积（公顷）	耕地面积（公顷）
		户数（户）	人口数（人）	主要姓氏		
许家	明初	324	924	许 王 于	342.10	101.70
西瓦砌埠	元代	467	1235	丁 马 王	269.10	102.20
东瓦砌埠	元代	217	557	丁 王 杨	106.60	58.70
北稻地湾	明末	198	542	王 蔡 郑	85.40	39.20
南稻地湾	清初	180	504	王 林 蔡	90.20	37.50
滨海	2010年11月	21	45	—	—	—

十　葛家镇

建置区划　1984年3月，葛家人民公社改称葛家镇。镇机关驻葛家村。2001年5月，铺集镇并入。2013年，辖68村、19530户51242人，总面积185.27平方千米，耕地面积6471.3公顷。

地理交通　位于市境西部，西与乳山市冯家镇、烟台市牟平区莒格庄镇相接，南与小观镇、泽头镇相邻，东与米山镇接壤，北与界石镇毗连。境内西、北、东三面环山，中部为盆地。桃威铁路、荣兰线、上泽线、文三线穿境而过，是文登、乳山、牟平三市区的交通要道，素有“旱路码头”之称。

经济概况　1990年，完成工农业总产值1.12亿元。其中，工业产值8432万元。农民人均生产性纯收入837元。2013年，区域工业形成建筑机械、石材加工、电池、塑料、建材、化工、纺织、印刷、食品等行业门类，工业企业91家，其中有自营进出口权的27家。农村经济发达，是威海市小麦、玉米、花生、地瓜、苹果、葡萄、樱桃的主要产区，形成果品、花卉、畜牧、苗木等优势产业，被中国果品流通协会评为“中国优质苹果基地百强乡镇”。粮食总产量3.95万吨，蔬菜总产量2.63万吨，果品总产量8.43万吨。工农业总产值364亿元，农村经济总收入41.2亿元，农民年人均纯收入15241元。财政收入7440万元。

粮食生产　农业生产条件得天独厚，享有“文登粮仓”美誉。“八五”期间，承担省农业厅和省科委联合下达的吨粮镇建设项目，5年间，全镇引进推广小麦、玉米新品种800吨和220吨，提纯复壮高产小麦品种133.4公顷。推行沟播套种，复种指数达192%。推广配方施肥3002公顷，施用生物磷钾和增产菌拌种技术粮田2600公顷，扩大、改善灌溉面积1334公顷。1994年，全镇粮食总产量3.9万吨，平均亩产1026千克，被省农业厅命名为“吨粮镇”。1996—1997年，培训农村技术人员7500人次，发放农业技术明白纸1.2万份，为农民供应良种100吨、农药120吨、化肥8200吨；投资650万元，投工74.5万个，开挖水面15公顷，扩大水浇面积3457公

图1-13　2009年9月1日，葛家镇第四届蟠桃节开幕。

顷，在遭受旱涝灾害情况下，粮食单产仍达868.5千克。1998年，投资280万元，改造中低产田667公顷。1999年，鼓励农民个人出资、联合入股，兴建股份井，年内入股1130户，投入股金60万元，打股份井71眼，扩大改善灌溉面积200公顷。2003—2006年，实施1700公顷中低产田改造工程，28个村的生产条件得到改善。2013年，全镇实施土地综合整治项目，硬化田间道路62.6万平方米，护砌塘坝5座，新建截流坝51座、斗沟桥242座、大口井20个、蓄水池13个、提灌站57处、敷设灌溉管道4.55万米。

镇办工业 “八五”期间，完成技改投入2亿元，实施技改项目50项，开发新产品27个，利税过百万元企业12家、过400万元企业2家、过1000万元企业1家。成立合资企业3家，利用外资340万美元，完成出口交货值2亿元。1996—1997年，文隆电池有限公司开发生产的镍氢电池，被省政府定为十大高新技术产品研究开发工程项目。华塔建筑机械有限公司生产的塔机，被中国消费者协会评为“消费者信得过”产品。2001年，引进“农字号”企业4家，农民年增加收入400余万元。2002年，开发建设80余公顷绿色食品工业园。2004年，引进投资过1000万元企业8家、“农字号”企业30余家。2008年，配套完善占地面积530公顷的镇项目园区供水、通信、电力等基础设施，先后有24个项目进驻园区。2012年，投资8000万元的奥利花卉项目竣工，第一批4万株大花蕙兰投放市场。2013年，泰壮塑料、康泰机械两大企业分别扩建厂房1万平方米和1.6万平方米。

商贸旅游 “八五”期间，新建农贸市场和家禽交易市场各1处。1997年，投资120万元，对圣源路3万平方米的商贸街进行硬化，并安装路灯。1999年，开发建设镇驻地中心大街和上泽线两侧商贸、居住两用楼1万平方米。2010年，整顿农贸市场经营秩序，清理违法经商点12个、拆除不规范广告牌50个。2013年，引资新建胶东农商城主体工程完工，建筑面积10万平方米。是年，有商业企业136家、个体经营户1184户，集贸市场5处，完成社会商品零售额10亿元。域内圣经山是道教全真派发祥地，经过多年开发建设，被山东省旅游局评为AAA级旅游风景名胜区。获山东省旅游强镇称号。

环境整治 1991—1995年，扩建道路45万平方米，硬化路面10万平方米，镇域初步形成“三纵四横”交通路网。1996年，投资500万元，投工1.6万个，拓宽、硬化镇区朝圣路11万平方米。1999年，投资150万元，拓宽连村路3300米，硬化农村街道3.2万平方米。2005年，整修东华路、赤金路等路街，铺设彩板1.6万平方米，安装路灯230基。2006年，投资30万元，新建垃圾集中处理场1处。2007—2009年，对27个村进行环境综合整治，整治道路10万米，浆砌沟渠12万米，清理垃圾15万立方米。2010年，新建日处理污水5000吨处理厂1座。2011—2012年，投资180万元，建起垃圾中转站1座；整治河道8900米，清淤11.5万立方米，栽植苗木3万余株，获全国环境优美镇称号。赤金泊村获山东省生态文明村称号，西于疃村被省旅游行业协会评为首批逍遥游最美乡村。

民生建设 1991年，投资350万元，新建镇人民文化宫1座。1992年，投资100万元，先后建起镇计划生育服务站、幸福院。1993—1995年，投资400余万元，完成镇中学、职业中专学校、中心幼儿园等基础设施改造工程。1999年，投资120万元，新建2000平方米镇中心完小教学楼投入使用。2009年，建起农村文化大院7个、图书室7个，成立健身舞蹈队13支，建起健身休闲中心22个。2010年，投资3.7亿元、安置100户的岔河村旧村改造安置楼主体工程完工。2011年，新建镇中心幼儿园1所。2013年，辖区有中、小学和幼儿园各1所，敬老院1所、镇医院2所、村级卫生室30个、农村社区综合服务中心8个、标准化文化大院68个、健身休闲中心39个。连村路硬化、自来水普及、闭路电视覆盖、互联网入村率均达100%。

附：

铺集镇

建置区划 1984年3月，铺集人民公社改称铺集乡。1989年12月，撤乡设镇。镇机关驻铺集村。2000年，辖26村、8965户28267人，总面积73.7平方千米，耕地面积2896.8公顷。2001年5月，并入葛家镇。

地理环境 位于市境西部偏南，镇区西部多山，中部和东部为平原。南、北分别与小观镇和葛家镇相连，东隔母猪河与米山镇相望，东南与泽头镇为邻，西阻于虎山、松山、下马山，与乳山市冯家镇交界。

经济概况 1995年，全镇村村建成“小康村”。2000年，境内工业主要有电池、纺织、机械、塑料、建筑、化工、建材、包装等行业。农业特产有大樱桃、鲜桃、葡萄等，是威海市最大的桃类生产基地。粮食总产量1.42万吨，果品总产量6621吨，蔬菜总产量6042吨。工农业总产值22.4亿元，农村经济总收入7.5亿元，农民年人均纯收入3811元。财政收入860万元。

2013年葛家镇各村（社区）基本情况表

表1-19

村（社区）名称	始建时间	人口状况			总面积（公顷）	耕地面积（公顷）
		户数（户）	人口数（人）	主要姓氏		
葛家	隋唐	1323	3556	于 吕 李	671.20	290.40
大背后	明代中期	132	337	宋 宫 颜	290.40	33.40
上卧龙	清初	99	238	王 马 吕	258.80	10.80
下卧龙	明末	166	478	王 孙 刘	131.40	28.80
西庄	清乾隆十二年（1747）	153	403	蔡 王 于	131.20	34.90
黄龙岘	明洪武元年（1368）	416	1146	王 黄 董	1088.40	96.40
昆阳（原名宫家庄）	金元	73	182	王 李 颜	28.30	13.30
东于疃	金之前	255	668	迟 滕 王	202.80	65.90
西于疃	金之前	593	1627	刘 从 吕	647.90	132.60
南于疃	明代中期	243	670	刘 吕 王	182.00	56.60
议城	元末	404	1026	宫 王 吕	311.80	118.00
英山前	明末	358	1003	郑 孙 李	277.00	110.80
下口	明末	211	523	刘 林	131.20	50.60
新河（原名河北）	清乾隆年间（1736—1795）	116	301	宋 从 蔡	125.10	61.90
韩家庄	明之前	164	425	刁 刘 宫	288.70	49.00
松岚后	明末	85	209	俞 黄 王	157.00	30.70
西窑	明洪武十三年（1380）	135	312	田 牟 柳	179.40	57.10
旺格庄	明末	263	700	吕 张 鞠	181.70	91.10

续表 1-19-1

村（社区）名称	始建时间	人口状况			总面积（公顷）	耕地面积（公顷）
		户数（户）	人口数（人）	主要姓氏		
迟家庄	清初	239	641	迟 王 崔	160.70	61.70
占甲埠	明嘉靖年间（1522—1566）	222	556	宫 王 于	116.50	56.40
岔河	明末	238	640	林 郭 王	112.00	32.20
池水头	明初	169	473	于 管 宫	173.00	62.40
背眼	明崇祯年间（1628—1644）	275	724	王 李 孙	613.60	99.30
林子西	明初	330	904	于 杨 郑	394.10	112.60
李家庄	明正统年间（1436—1449）	174	436	鞠 李 张	128.40	66.20
周家埠	清初	305	769	吕 于 张	193.50	65.10
姜家埠	清初	232	578	姜 夏 吕	149.90	55.00
于家埠	元末	407	1074	于 王 刘	240.40	87.40
山北头	明初	330	893	董 从 耿	233.90	102.70
西旺疃	元代	242	627	吕 刘 毛	141.10	79.60
中旺疃	元代	278	686	吕 张 李	191.80	77.80
东旺疃	元代	280	769	李 鞠 王	179.60	94.60
韩北埔	明末	155	397	王 林 邵	95.00	52.50
赤金泊	明代中期	763	1985	于 王 林	420.30	161.80
松油	明崇祯年间（1628—1644）	334	908	谭 李 于	292.90	131.30
洛格庄	明万历年间（1573—1620）	332	863	于 孙 吕	262.70	93.70
郭子	明代中期	254	694	冯 张 刘	188.40	78.40
董家庄	明万历年间（1573—1620）	166	462	侯 王 刘	171.00	93.40
窑南坡	明万历年间（1573—1620）	111	283	于 刘 谭	100.60	39.00
刘格庄	明代中期	128	378	李 于 刘	101.70	49.60
生格庄	明初	439	1138	王 刘 隋	297.80	127.70
铺集	明嘉靖年间（1522—1566）	498	1350	谭 隋 于	368.80	198.40
于家口	明万历年间（1573—1620）	618	1674	于 刘 车	807.70	334.70
东孙疃	明初	302	762	徐 王 董	261.20	130.80
西孙疃	清雍正年间（1723—1735）	146	395	吕 崔 于	141.80	79.40
林家庄	清康熙年间（1662—1722）	74	194	林 于	67.40	24.70
王官屯	明嘉靖年间（1522—1566）	198	493	王 马 林	101.70	23.80
院东	明永乐年间（1403—1424）	619	1576	于 王 从	457.20	236.70

续表 1-19-2

村（社区）名称	始建时间	人口状况			总面积（公顷）	耕地面积（公顷）
		户数（户）	人口数（人）	主要姓氏		
院西	清顺治年间（1644—1661）	167	464	刘　从　王	120.90	59.90
陡埠	明末	310	784	于　王　张	348.80	156.40
杭格庄	明隆庆年间（1567—1572）	155	427	林	135.00	67.00
大英	明初	297	763	石　林　于	165.60	89.60
小英	明初	291	798	张　于　林	243.10	134.50
姜新庄	清乾隆年间（1736—1795）	233	628	谭　姜　王	320.20	102.70
姚家庄	明隆庆年间（1567—1572）	252	644	蔡　邢　谭	252.40	128.40
北长岚	明正德年间（1506—1521）	209	562	于　庄　崔	137.80	83.30
南长岚	明崇祯年间（1628—1644）	234	634	谭　林　于	230.90	131.40
潘家上口	元初	134	338	潘　于　王	62.10	10.80
西宋格庄	明景泰年间（1450—1457）	171	442	从　王　吕	132.20	65.30
东宋格庄	明洪武年间（1368—1398）	285	778	倪　姜　刘	253.40	128.30
刘家上口	清初	180	434	刘　陈　邵	254.80	81.90
东崔家口	明弘治年间（1488—1505）	420	1029	崔　于　吕	523.00	234.80
西崔家口	明弘治年间（1488—1505）	251	590	崔　董　王	550.50	50.40
北石山头	明末	233	606	李　吕　刘	343.20	128.90
南石山头	明天启年间（1621—1627）	165	428	从　王　姜	170.10	48.20
东谭家口	明宣德年间（1426—1435）	597	1508	谭　姜　卢	799.40	269.10
西谭家口	明宣德年间（1426—1435）	660	1623	谭　卢　孙	818.50	175.30
祝家泊子	清代	239	636	祝　王　从	216.80	83.90

十一　米山镇

建置区划　1984年3月，米山人民公社改称米山乡。1989年12月，撤乡设镇。镇机关驻横口村。2013年，辖44村、8800户22841人，总面积75.64平方千米，耕地面积3495.3公顷。

地理交通　位于市境西部，东北、东和东南与葛山镇、龙山街道、环山街道为邻，西北和北隔米山水库与界石镇、汪疃镇相望，南与宋村镇接壤，西和西南与葛家镇、泽头镇相连。地处丘陵，北高南低，西母猪河自北向南纵贯全境。境内米山水库是南水北调东线枢纽工程，总库容2.8亿立方米。威青高速、荣兰线、桃威铁路横穿境内；文登火车站坐落镇区东首，是胶东半岛重要客货集散地。

经济概况　1990年，完成工农业总产值5004万元。其中，工业产值3248万元。农民人均生产性纯收入786元。2013年，镇域经济特色鲜明，东以荣兰线米山段为主轴沿两翼建设的工业聚集区，以火车站为中心的商贸物流集散区，西以米山水库为核心的生态旅游度假区，南以泊区为基地的农副产品生产加工区，形成机械制造、电子化工、轻工家纺、农副产品加工和商贸物流五大产业群，工业企业 79 家，其中有自营进出口权的 15 家。农业特产有苹果、草莓、苗木等，养殖业以鲈鱼、大银鱼、猪、貂、家禽养殖为主。粮食总产量 1.78 万吨，蔬菜总产量 1.75 万吨，果品总产量 6454 吨。工农业总产值 76.5 亿元，农村经济总收入 38.5 亿元，农民年人均纯收入 18500 元。财政收入 4107 万元。

农业开发 1994 年，引进外资兴办养猪场，历时 3 个月完成 2 万平方米土建及饲料加工设备安装，至次年年末，累计出栏生猪 2 万头，实现利润 150 万元。1997 年，引进资金 150 万元，开发荒山 200 公顷，栽植经济林木 50 万株。1998 年，引进太湖大银鱼、美国牛蛙、北极狐等 20 个优良品种，发展养殖大户 34 户，放养大银鱼 50 万尾。2000 年，建万亩产业结构调整示范园 1 处。2001 年，植树造林 600 公顷，其中退耕还林 330 公顷，河滩造林 200 公顷，林业育苗 66 公顷。2003 年，种植草莓 200 公顷，实现销售收入 1000 万元。2004 年，抓好万亩速生经济林、无公害果蔬产业带建设。2009 年，投资 750 万元，新建、修复小型蓄排工程 23 座，疏通排灌渠道 62 千米，敷设管道 1.9 万米，新增节水灌溉农田面积 467 公顷，改善水浇面积 230 公顷。2013 年，建成 330 公顷高产花生示范基地，带动 1100 户农民增收致富。

镇办工业 1991—1995 年，拆借资金 3600 余万元，搬迁企业 2 家，促其上档升级；投资 1000 余万元，高起点建起皮革皮件厂；锅炉辅机厂改建为建设机械厂，转产建筑机械，由于产品适销对路，产值利税连年翻番。其间，全镇引进各类人才 32 人，引进技术 6 项、项目 6 个，开发新产品 15 个，新上合资企业 3 家，利用外资 130 万美元，有 2 家企业跻身山东省“集体经济 100 强”行列。1998 年，开发建设 5.4 平方千米西郊工业区，新建厂房面积 1.3 万平方米。2000 年，引进外资企业 4 家。2002 年，投资 120 万元，在荣兰线米山段两侧建起民营经济长廊，进驻民营企业 52 家。2003 年，开工建设占地面积 65 公顷的富平工业园，新建标准厂房 4 万平方米，引进内资和外资企业 11 家。2004 年，西郊工业区、驻地开发区和富平工业园合并成立文登市富平工业区，报批省级工业区。2006 年，实施技术扩建项目 8 个。2013 年，汇润果品二期工程、和谐硅业、同泰鞋业等企业扩建工程完工投产。

商贸旅游 1991—1995 年，筹措资金，开发康成讲学遗址和米山水库，提升米山旅游吸引力。1996—1997 年，建成韩国商贸一条街。2003 年，新建面积 3300 平方米的二层商贸长廊投入使用。2004 年，投资 60 万元，扩建集贸市场 1.5 万平方米。2005 年，开发建设占地面积 2 公顷的商住楼 1 幢。2011—2012 年，以火车站为中心，集中人力、物力、财力，加快环绕站区商贸建设。2013 年，有商业企业 30 家、个体经营户 663 户，集贸市场 8 处，完成社会商品零售额 8 亿元。

环境整治 1991—1995 年，敷设供水、排水管道 6 千米，铺设人行道板 2 万平方米。1997 年，修建、硬化连村路 2 条。2003 年，安装路灯 120 基，新建绿地 6000 平方米、栽植苗木 8.2 万株。2011—2012 年，投资 98 万元，建起镇垃圾中转站 1 座，为 44 个村增设垃圾箱 518 个。2013 年，投资 80 万元，整修南郑格、西石硼等 16 个村供水管道 1.28 万米，日供水能力提高到 1500 立方米；会同水利部门，整治西母猪河河道 1 万米。获全国环境优美镇、山东省十县百乡千村万户示范活动示范镇称号。西铺头村获山东省最美乡村称号。

民生建设 1991 年，投资 250 万元，建起中心完小教学楼和东铺头完小。1993—1994 年，投资 500 万元，建起占地面积 5.3 公顷、容纳 32 个教学班的镇中学教学楼。“八五”期间，全镇先后建起一批高档次的文化娱乐场所，形成多形式、多层次的群众文化体系，被授予山东省群众文化体育先进镇称号。1996—1997 年，加强农村科技组织建设，科技网络覆盖 95% 农户，农田良种使用率达 100%。2005 年，改扩建敬老院 5000 平方米。2006—2007 年，投资 50 万元，启动“农村洗浴”工程，2.4 万余人告别“洗澡难”。2010

图 1-14　米山镇文化广场（2012 年 5 月 15 日摄）

年，投资 80 万元，新建农村社区服务中心 5 个。2011—2012 年，投资 200 万元，在镇驻地建设群众文化广场 1 处。2013 年，建筑面积 4420 平方米镇中心幼儿园建成并投入使用。是年，辖区有中、小学和幼儿园各 1 所，敬老院 1 所、镇卫生院 1 所、村级卫生室 20 个、农村社区综合服务中心 12 个、标准化文化大院 26 个、健身休闲中心 32 个。自来水普及、连村路硬化、闭路电视覆盖和互联网入村率均达 100%。

2013 年米山镇各村（社区）基本情况表

表 1-20

村（社区）名称	始建时间	人口状况			总面积（公顷）	耕地面积（公顷）
		户数（户）	人口数（人）	主要姓氏		
横口	明万历年间（1573—1620）	458	1218	孙	379.30	156.70
新发庄	清初	124	335	吕　宫　王	172.90	89.90
下铺子	明万历年间（1573—1620）	139	361	于　邹　高	54.90	28.10
草场	清康熙年间（1662—1722）	196	527	从　王　邹	100.10	57.10
黑石屯	清乾隆年间（1736—1795）	81	208	王　鞠　刘	61.80	38.40
范家屯	清道光年间（1821—1850）	95	246	范　毕　于	89.70	59.10
东古场	明代	136	347	陈　邴　王	133.60	92.30
南古场	明末	318	847	于　王　张	221.70	126.20
西古场	明万历七年（1579）	199	536	从　于　庄	137.60	55.70
中古场	明末	50	132	郑　邢　董	41.60	25.00
南崮头	元代	122	301	丛　鲁　于	233.00	60.00
东下庄	明末	187	544	王　刘　杨	182.40	91.20
新福庄（原名新庄）	清乾隆年间（1736—1795）	67	188	耿　于　冯	64.80	33.10
新上庄	明代中期	122	304	吴　于　王	89.00	43.50
西下庄	明代中期	106	281	鞠　王　吴	44.50	26.90
长坶	清道光年间（1821—1850）	204	573	王　孙　徐	139.00	54.20

续表 1-20

村（社区）名称	始建时间	人口状况			总面积（公顷）	耕地面积（公顷）
		户数（户）	人口数（人）	主要姓氏		
曲家庵	清乾隆年间（1736—1795）	63	160	曲 范 邵	94.40	33.00
垛夼	清光绪十一年（1885）	146	401	赵 袁 张	81.20	48.90
米山	明隆庆年间（1567—1572）	281	724	隋 张 丛	255.00	83.70
西铺头	明末	369	989	于 刘 毕	184.50	41.40
东铺头	明末	332	997	王 毕 于	103.80	22.20
岭上	元延祐年间（1314—1320）	103	265	王 宫 徐	83.10	39.50
长山	隋唐	326	792	宫 于 刁	352.10	140.60
大山前	明正统年间（1436—1449）	172	435	刘 于 张	272.80	87.00
小山前	明洪武十九年（1386）	162	376	于 林 王	208.30	79.90
鸭子夼	明末	219	533	纪 邢 林	225.10	102.40
墒南庄	清嘉庆六年（1801）	426	1155	刘 鞠 于	334.70	142.10
老埠	明嘉靖年间（1522—1566）	185	453	郑 刘	179.90	108.30
西石硼	明洪武二年（1369）	377	954	滕 刘 刁	193.40	105.10
东石硼	明洪武年间（1368—1398）	177	447	宫 陈 刘	219.40	77.50
后山后	明正德年间（1506—1521）	139	356	丛 孙	145.60	49.90
中山后	明正德年间（1506—1521）	128	347	于 林 肖	61.20	48.10
西山后	明代后期	263	667	于 张 王	323.90	124.50
东山后	清康熙年间（1662—1722）	161	411	丛 张 田	127.00	82.20
墒北头	清康熙年间（1662—1722）	135	344	王 徐 姜	110.40	65.20
姜格庄	明初	506	1310	郑 丛 尹	306.60	188.20
大墒	元初	142	327	王 袁 于	152.80	104.20
小墒	明嘉靖年间（1522—1566）	84	206	王 袁 姜	89.50	53.70
陈家屯	明洪武十三年（1380）	114	284	陈 张 高	93.20	56.40
郭格庄	明洪武年间（1368—1398）	393	972	王 丛 曹	373.40	165.70
佛东夼	明成化年间（1465—1487）	310	780	李 战 王	347.20	203.60
山西头	明末	187	452	栾 张 刘	205.50	93.00
南郑格庄	元代	222	566	于 张 王	248.60	94.80
北郑格庄	元代	74	190	鞠 于 刘	45.20	16.80

十二　界石镇

建置区划　1984年3月，界石人民公社改称界石乡。1989年12月，撤乡设镇。镇机关驻大界石村。2001年5月，晒字镇并入。2013年，辖65村1社区、11004户29139人，总面积165.66平方千米，耕地面积4518.3公顷。

地理交通　地处市境西北部，南接葛家镇，北与威海市环翠区初村镇相连，东接汪疃镇，东南隔米山水库与米山镇、蔄山镇相望，西阻于昆嵛山与烟台市牟平区龙泉、莒格庄镇为邻。四面环山，中心为盆地，有“五山一水四分田”之称。昆嵛山主峰泰礴顶矗立在境内西部。俚李线、上泽线、鞠北线穿境而过。

经济概况　1990年，完成工农业总产值4937万元。其中，工业产值3017万元。农民人均生产性纯收入847元。2013年，工业主要有玩具、石材、电子、建材、建筑、矿泉水等行业，玩具加工业发达，被誉为胶东玩具第一镇。工业企业82家，其中有自营进出口权的3家。粮食种植以小麦、玉米、花生、大豆、地瓜为主，奶牛、家禽养殖是畜牧业主体，农副特产有樱桃、黄金梨、富士苹果、昆嵛绿茶等。粮食总产量2.32万吨，蔬菜总产量2.35万吨，果品总产量1.83万吨。工农业总产值81亿元，农村经济总收入11.2亿元，农民年人均纯收入15420元。财政收入1818万元。

玩具生产　“八五”期间，合同利用外资1000万美元，以易高礼品玩具有限公司等8家企业为基地，在全镇建起各类玩具加工厂40家，从业妇女8000余人，生产布绒、长毛绒、搪塑、木制等5大系列8000个花色品种的礼品玩具，主要出口欧美、东南亚等30个国家和地区。1995年，出口玩具600万打，出口交货值1.4亿元，为山东省主要玩具生产出口基地之一。1998年，成立兰考兰玩具有限公司，年创汇224万美元。2000年，引进玩具生产合资企业2家，利用外资85万美元，发展半紧密型企业12家，带动7000名农家妇女从事玩具加工。是年，通过ISO 9000国际质量体系认证。2004年，全镇形成以威海泰迪玩具有限公司、万得工艺品有限公司为龙头，18家玩具厂为主体，辐射32个加工点的玩具生产体系，年销售收入2亿元。2008年，新增玩具企业4家、个体加工户23个，年出口创汇2000万美元。2013年，在国内外市场不景气情况下，厂家主动创新，寻找出路，取得国际动漫大片衍生品动漫玩具商授权生产许可，出产的“蓝精灵”“愤怒的小鸟”等动漫大片系列玩具产品，打入国际市场。

畜牧养殖　“八五”期间，镇党委、政府坚持“规模化、基地化、效益化”发展方向，成立畜牧服务中心，建立“大户”档案，为群众无偿或低价提供场所、草场、饲料地400公顷，发放扶持基金2000万元，发展养殖大户420户，全镇畜牧业收入1.8亿元，占农村经济总收入40%，被省政府授予山东省畜牧强镇称号。1998年，在全市首个开通“兽医110”电话，随叫随到。2000年，实施草畜配套工程，引进优质牧草品种20个，种植牧草240公顷。2003年，全镇奶牛存养量5400头，奶山羊存栏量6100只，特种毛皮动物存养量8万只，畜牧收入占农民总收入的35%。2011—2013年，引进外资1.2亿元，开发建设百岁谷现代农业项目，建成高档冬暖大棚25个，饲养烟台黑猪、莱芜黑猪1200头，带动周边村新上生态大棚60个。

旅游开发　2005年始，利用樱桃成熟之机，每年5月中旬至6月中旬举办昆嵛山樱桃节，打造“山里游人家”品牌，首届樱桃节接待游客10万人次。2006年，“农家宴”发展到45户，餐饮创收200余万元。2007—2009年，樱桃节的樱桃销售模式、节庆宣传模式、文化推介模式和活动组织形式实现“四创新”。2010年，第六届昆嵛山樱桃节的游客量和总收入实现双增长，分别达到20万人次和3500万元，樱桃园区被省农业厅、省旅游局联合授予山东省农业旅游示范点称号。至2013年，连续举办9届樱桃节，旅游总收入近2亿元，成为威海地区最具影响力的盛会和山东省最具成长力的旅游品牌，被省旅游局评为“旅游重点镇”，被住房和城乡建设部评为全

图 1-15 2007 年 5 月 19 日，第三届昆嵛山樱桃节开幕。

国特色景观旅游名镇。

环境整治 1990—2000 年，修建镇村道路 8 万平方米，硬化路面 7 万平方米，建设园林绿地 2 万平方米。2005 年，安装路灯 80 基，建起三角花园 2 处。2006 年，投资 570 万元，综合整治蒿墙河，浆砌河坝 2700 米，新建拦河坝 3 座。2007—2008 年，硬化 35 个村、18.1 万平方米的连村路，植树 1.4 万株。2010 年，拆除违章建筑 300 处，清理垃圾 2 万立方米，硬化街道 3 万平方米，修砌排水沟 8000 米。2013 年，对河东、六度寺等 7 个村进行环境综合整治，硬化街道 7 万平方米，清理"三大堆"5000 处，全镇 42 个村完成环境综合整治工作。2006 年，获全国环境优美镇称号。南鲁家埠村获山东省生态文明村称号。

民生建设 "八五"期间，全镇教学条件大为改善，7 所中、小学皆达到"六配套"标准。1998 年，投资 270 万元建成的自来水工程交付使用。2002 年，为全体农村干部集体投保"温暖保险"。2005 年，建成 460 平方米老年公寓 1 座。2006 年，投资 30 万元，建成便民服务中心与农村财务托管办公大厅各 1 处，方便百姓办事。2010 年，新建面积 1260 平方米的标准化幼儿园 1 所；投资 320 万元，建起镇中心文化站和健身广场。2013 年，筹集资金整修五保户、低保户、残疾人危房 45 户，完成 13 个村标准化卫生室建设。是年，辖区有中学 1 所、小学 2 所、幼儿园 3 所，敬老院 1 所、镇卫生院 1 所、村级卫生室 65 个，标准化文化大院 28 个，村村建起农村社区综合服务中心和健身休闲中心。连村路硬化、自来水普及、闭路电视覆盖、互联网入村率均达 100%。

附：

晒字镇

建置区划 1984 年 3 月，晒字人民公社改称晒字乡。1989 年 12 月，撤乡设镇。镇机关驻晒字村。2000 年，辖 22 村、4210 户 1.07 万人，总面积 73.43 平方千米，耕地面积 896 公顷。2001 年 5 月，并入界石镇。

地理环境 位于市境西北部，南北两面分别与葛家镇和界石镇相接，东濒米山水库，西阻昆嵛山，与烟台市牟平区的龙泉、莒格庄镇为邻。域内有昆嵛山风景区。

经济概况 2000 年，境内工业主要有石材、饮料、建筑、机械、包装等行业，形成石材、矿泉水两大支柱产业，各类企业 29 家。特色产业有以苹果、樱桃为主的林果业，奶牛羊为主的畜牧业和绿色旅游业。农村庭院开发率 100%，户均收入 4000 元。粮食总产量 3695 吨，果品总产量 1337 吨，蔬菜总产量 1267 吨。工农业总产值 11.6 亿元，农村经济总收入 0.9 亿元，农民年人均纯收入 4389 元。财政收入 202 万元。

2013年界石镇各村（社区）基本情况表

表1-21

村（社区）名称	始建时间	人口状况			总面积（公顷）	耕地面积（公顷）
		户数（户）	人口数（人）	主要姓氏		
大界石	明代中期	419	1142	刘 林 唐	435.90	147.20
小界石	明末	179	447	董 王 刘	90.00	44.10
店子头	明末	241	612	刘 马 宋	218.10	104.80
西岭西	清初	274	697	王 丁 侯	360.20	126.90
崮头集	金之前	354	951	丛 于 杨	311.50	132.40
西院下	明代中期	151	406	王 于 贺	476.20	86.90
新炉（原名炉上）	明代中期	144	358	张 郭 崔	181.40	68.70
永平（原名河西）	清初	113	270	邹 王 姜	84.50	46.50
开真观	明万历年间（1573—1620）	115	271	于 初 王	56.80	30.90
河东	清初	175	463	刘 唐 丛	150.20	68.40
黄山	清末	68	173	李 马 丛	102.40	42.80
辛上庄	明万历年间（1573—1620）	201	569	孔 袁 吕	375.60	72.70
阎家庄	明末	124	377	阎 曲 柳	246.50	61.50
旸哩	明初	307	871	刘 初 徐	369.10	65.40
旸哩后	明末	297	852	潘 高 林	607.00	149.30
旸哩店	明末	78	210	董 姜 张	69.20	22.50
南店子	明末	64	179	刘 孙 杜	85.30	32.20
赵家庄	明末	201	530	赵 曲 韩	158.10	103.10
烂木沟	明末	206	515	夏 韩 张	184.30	90.80
丑家屯	清初	219	587	宋 姜 张	182.60	107.80
鞠北庄（原名鞠家庄）	明末	140	411	曲 张 于	106.80	70.70
张格庄	明初	294	760	穆 唐 李	372.40	186.20
于家（原名于家产）	明末	159	390	于 隋 蔡	185.50	73.50
刘家产	清初	150	393	刘 于 王	194.70	58.70
蒿埔	明初	742	2102	张 刘 王	1818.50	276.90

续表 1-21-1

村（社区）名称	始建时间	人口状况			总面积（公顷）	耕地面积（公顷）
		户数（户）	人口数（人）	主要姓氏		
蒋家疃	明代中期	89	204	蒋 孙 徐	49.70	18.70
石头河	清初	184	494	许 阎 刘	321.30	67.30
牟村	清初	89	235	都 吕 许	66.00	23.40
场东	元末	157	425	刘 王 李	94.60	57.30
王家庄	清代中期	93	249	王 张 李	64.30	33.10
板桥	金元	209	532	唐 沙 许	173.60	105.60
亮夼	清末	43	120	蒋 颜 李	205.00	26.20
大高坎	清初	188	473	蒋 栾 赵	212.50	66.10
小高坎	清初	37	97	汤 苗 梁	47.50	14.20
西庵	清代中期	54	120	吕 丛 倪	123.20	32.20
倪家产	清代中期	154	427	倪 邵 潘	139.40	61.00
大产	清初	269	659	于 毕 杨	407.10	151.50
刘大庄	清光绪十六年（1890）	38	103	刘 黄 王	201.90	25.00
青庄	明末	201	506	孙 刘 高	565.10	113.00
南截山	清初	137	391	于 刘 鲍	390.00	70.00
北截山	明末	150	416	于 王 牟	205.80	68.50
阎家疃	清末	25	57	阎 徐 丁	63.30	13.50
晒字	元之前	199	515	黄 王 于	223.40	59.40
三瓣石	清光绪年间（1875—1908）	43	122	张 谭 徐	419.80	10.50
梧桐庵	清乾隆三十五年（1770）	56	156	于 徐 张	70.90	8.50
六度寺	明代中期	130	348	王 于 宫	381.40	22.10
新庄	清嘉庆年间（1796—1820）	42	98	王 于 潘	139.50	15.40
宫家庄	明洪武年间（1368—1398）	78	234	赵 王 宫	83.90	20.70
软枣林	明末	130	322	王 徐 邹	139.10	32.50
楚岘	清初	254	724	王 刘 于	628.70	76.20
宋家庄	清代中期	59	142	宫 宋 刘	120.60	16.90
北崮头	金元	157	367	于 姜 刘	232.90	74.70

续表 1-21-2

村（社区）名称	始建时间	人口状况			总面积（公顷）	耕地面积（公顷）
		户数（户）	人口数（人）	主要姓氏		
柳林庄	明洪武年间（1368—1398）	161	468	王　邹　于	277.00	36.70
犁眼沟	清光绪年间（1875—1908）	42	91	宫　王　吕	102.40	20.80
李家疃	元之前	116	311	王　黄　江	109.80	19.10
桃花岘	元代	344	864	王　黄　江	318.10	126.10
崮山后	元末	371	1051	王　赵　刘	622.60	139.70
岚子后	清初	161	443	于　王　孙	419.30	65.00
姜家泊子	明末	160	380	姜　于　张	221.20	80.70
王家泊子	明末	201	519	王　于　俞	186.90	102.30
吕家上口	元末	213	539	吕　王　阎	387.50	86.80
阎家泊子	明末	155	407	刘　曹　阎	243.90	73.40
北鲁家埠	明初	159	410	王　田　宫	180.70	81.70
南鲁家埠	清代中期	156	382	于　徐　王	239.70	104.20
河北崮头	1959 年	85	202	从　赵　鲁	63.20	27.40
昆龙	2004 年	—	—	—	—	—

十三　汪疃镇

建置区划　1984 年 3 月，汪疃人民公社改称汪疃镇。镇机关驻汪疃村。2008 年 4 月，经威海市政府决定，汪疃镇的“三农”、卫生、教育、社会保障等政务划归威海市工业新区管理，原行政区划不变。2013 年，辖 58 村、10073 户 25654 人，总面积 102.71 平方千米，耕地面积 5149.7 公顷。

地理交通　位于市境北部，北、东北与威海市环翠区初村镇、羊亭镇相邻，西与界石镇接壤，东南与葛山镇相连，西南隔米山水库与米山镇相望。境内东、西两面为丘陵，中部为河谷平原。威石线、俚李线和初张公路纵横交错。

经济概况　1990 年，完成工农业总产值 8554 万元。其中，工业产值 6085 万元。农民人均生产性纯收入 856 元。2013 年，工业主要有机械铸造、服装电子、工艺饰品、酒业酿造等行业，工业企业 136 家，其中有自营进出口权的 20 家。粮油作物有小麦、玉米、花生、地瓜等，素有文登“北粮仓”之称。农副产品有樱桃、葡萄、草莓、苹果、蔬菜、药材和花卉等。粮食总产量 3.96 万吨，蔬菜总产量 1.02 万吨，果品总产量 1.12 万吨。工农业总产值 15.8 亿元，农村经济总收入 9.1 亿元，农民年人均纯收入 14000 元。财政收入 4471 万元。

农业开发　“八五”期间，新上果园 533.6 公顷、桑园 109 公顷、菜园 65 公顷。1995 年，镇村联合投资 300 万元，建起存养量 1.5 万头养猪场 1 处、1000 头规模养猪场 2 处、100 头规模养猪场 5 处，建有养鸡及养猪塑料大棚 310 个、养牛场 3 个、养羊场 5 个、蛋鸡场 22 个、珍禽养殖场 1 个，先后被省政府评为畜牧强乡、畜牧生产先进单位。1996—1997 年，培训农民技术员 1080 人，发展科技示范户 1200 户，近万名农民掌握 1～2 门实用技术。花生综合增产、小麦配方施肥

图 1-16 2012 年 9 月 1 日，威海威豪葡萄酒有限公司第二届葡萄采摘节开幕。

新技术，获国家“星火计划丰收奖”。新建蔬菜大棚 213 个。1998 年，投工 2 万个，开挖平塘 5 座，大口井 22 个，拦河截流 2050 米，清淤 4220 米，加固堤坝 11 处，扩大灌溉面积 318 公顷。全镇新增中药材种植面积超过 1.33 公顷的村 5 个，名优特干杂果种植面积超过 0.67 公顷的村 8 个，农业总收入达 4.7 亿元。2002 年，投资 350 万元，用于小流域治理。2009 年，改造中低产田 1533 公顷，总投资 1175 万元。2010—2013 年，建起葡萄、草莓、蔬菜、花生、苹果等 8 个特色产业种植基地。

镇办工业 1991—1995 年，完成技改投入 1.6 亿元，实施技改项目 18 个，开发新产品 30 个，工业产品产销率达 89%。2001 年始，建设工业园区，占地面积 66 公顷，当年进驻企业 4 家。2002 年，投资 160 万元，修建工业园区道路 2 万平方米，敷设地下管道 4000 米，引进内外资项目 7 个。2004 年，镇啤酒厂与威海卫酒业集团重组，年产销啤酒 4 万吨。2006 年，硬化镇工业园道路 1.4 万平方米，敷设地下管网 2000 米，栽植苗木 10 万株，安装路灯 40 基，建设厂房 5 万平方米。2012—2013 年，威海工业新区小微企业创业园落户镇工业园区，入驻小微企业 16 家。

商贸旅游 1991—1995 年，新建 400 平方米的蔬菜批发市场 1 处。1996—1997 年，新建面积 2.5 万平方米的个体工商一条街投入运营。2006 年，投资 1500 万元，开发商住楼 1.5 万平方米。2010 年，投资 50 万元，用于扩建集贸市场，规范业户行为。2013 年，有商业企业 16 家、个体经营户 568 户，集贸市场 8 处，完成社会商品零售额 7 亿元。每年适时举办“采摘节”，组织“民俗游”，获山东省旅游强镇称号。

环境整治 “八五”期间，新建花园绿地 5000 平方米。1998 年，建起日处理 2000 吨的污水处理厂 1 座。2002 年，清理岭西村至东英武村河道 1.3 万米，整修堤坝 2.6 万米，植树 5 万株。2004 年，完成全长 1.2 万米汪堡线路面硬化工程。2005 年，投资 140 余万元，安装路灯 130 基。2006 年，投资 120 万元，硬化北大英至西三庄连村路 2.4 万平方米。2010 年，硬化道路 15 万平方米，新建停车场 9 处。2006 年，获全国环境优美镇称号。

民生建设 1991—1995 年，在镇驻地建起文化站、图书馆、影剧院、游艺室、活动室各 1 处。1998 年，扩建镇中学教学楼。2004 年，完成镇中心完小 3000 平方米校舍改造。2005 年，建起日供水 300 立方米的自来水厂 1 座。投资 12 万元，整修电影院前厅，成立便民服务中心，全年接待服务群众 5000 余人次，办理各类证件 4000 余份。2006 年，为 55 个村接通自来水。2008 年，扶持 410 户农民建起沼气池。2010 年，新建占地面积 0.2 公顷的镇中心文化广场 1 处，建设省级规范化幼儿园 1 所。2013 年，敷设燃气管道 10.5 千米，镇区实现集中供气。是年，辖区有中、小学和幼儿园各 1 所，敬老院 1 所、镇卫生院 1 所、村级卫生室 17 个、农村社区综合服务中心 6 个、标准化文化大院 58 个、健身休闲中心 38 个。连村路硬化、自来水普及、闭路电视覆盖和互联网入村率均达 100%。

2013年汪疃镇各村（社区）基本情况表

表 1-22

村（社区）名称	始建时间	人口状况			总面积（公顷）	耕地面积（公顷）
		户数（户）	人口数（人）	主要姓氏		
汪疃	隋代	1021	2685	于 曲 姜	676.10	302.90
王家产	明初	324	839	谷 王 张	455.70	226.20
三家庄	元末	273	759	沈 曲 郭	250.60	146.20
郝家庄	元至正年间（1341—1368）	149	381	李 曲 于	166.30	78.90
石家泊	清康熙十八年（1679）	160	429	石 刘 毕	125.30	69.40
于家英	元代	416	1016	于 闫 苗	349.90	226.00
许家产	明末	58	127	戚 许 刘	36.80	27.00
从家产	明代中期	204	570	从 陈 许	189.70	113.50
小屯	明初	110	290	江 曲 祝	78.70	53.90
杭上	明洪武年间（1368—1398）	183	469	曲 从 姜	152.00	106.70
白鹿屯	金元	240	616	王 吴 毕	232.60	167.40
墒前庄	清康熙五十年（1711）	69	174	毕 王 刘	69.30	42.80
沈家荒	清雍正年间（1723—1735）	97	237	沈 于 毕	63.80	41.60
祝家英	明万历年间（1573—1620）	217	611	祝 王 从	191.10	121.60
吐羊口	清乾隆年间（1736—1795）	228	579	刘 王 从	266.20	101.70
韩西庄（原名刘家庄）	清嘉庆年间（1796—1820）	45	116	刘 从	44.70	11.10
上韩家	金元	109	271	王 刘 从	134.30	55.10
下韩家	金元	133	318	从 于 宋	227.50	63.40
许家屯	清初	88	232	许 从 孙	134.30	48.40
小阮	明成化年间（1465—1487）	370	891	从 刘 梅	295.60	179.60
上夼	明洪武年间（1368—1398）	187	487	王 张 从	382.70	52.60
孙家沟	宋末	206	496	孙 谷 王	270.50	90.10
前白鹿	隋唐	211	505	姜 邵 刘	211.20	78.90
后白鹿	隋唐	117	300	从 孙 纪	104.20	64.00
鞠家庄	清康熙年间（1662—1722）	107	261	鞠 韩 高	81.00	49.70

续表 1-22-1

村（社区）名称	始建时间	人口状况			总面积（公顷）	耕地面积（公顷）
		户数（户）	人口数（人）	主要姓氏		
段家庄	明弘治年间（1488－1505）	134	339	段 丛 鞠	124.50	70.30
窑夼	清初	126	327	姜 刘 张	228.50	88.30
东三庄	清雍正年间（1723－1735）	208	492	江 于 李	192.50	97.10
西三庄	清雍正年间（1723－1735）	186	453	徐 丛 傅	258.60	120.70
地文头	元末	233	571	郭 王 谭	191.80	116.00
北大英（原名于家英）	宋末	267	671	于 王 张	365.30	137.70
陈家山	明万历十七年（1589）	199	499	陈 于 王	136.00	93.40
郝家屯	明末	111	300	徐 刘 黄	157.30	98.80
大宅库	明初	281	668	于 孙 姜	206.80	116.50
岭西	明初	178	436	丛 刘 张	154.00	70.00
楼下	明初	226	606	张 丛 刘	207.00	106.90
桑杭埠	明初	174	459	李 王 梁	213.10	110.70
河南庄（原名河南）	明末	179	467	孔 田 张	159.10	94.60
翠峡口	清初	178	438	于 刘 王	172.60	78.30
柏家庄	清乾隆年间（1736－1795）	59	162	柏 刘 李	96.80	37.10
曹家房	清初	73	189	刘 于 李	27.80	17.70
黑龙洼	清光绪元年（1875）	52	151	于 丛 林	54.90	24.20
古龙屯	清光绪年间（1875－1908）	32	105	刘 郭 李	46.60	20.50
邹家庵	清咸丰年间（1851－1861）	41	120	邹 于 王	37.90	19.90
北英武	元代	96	232	毕 宋 孙	191.90	71.10
西英武	元代	103	279	韩 刘 贺	105.90	41.70
东英武	元代	184	480	于 陶 孙	183.10	90.60
东黄埠	明末	203	504	王 毕 李	237.10	172.90
西黄埠	明末	211	534	王 丁 曲	180.10	116.30
王家庵	清道光二十一年（1841）	37	88	王 李 于	31.40	20.60
红石头	清道光年间（1821－1850）	77	183	丛 李 于	118.40	54.80

续表 1-22-2

村（社区）名称	始建时间	人口状况			总面积（公顷）	耕地面积（公顷）
		户数（户）	人口数（人）	主要姓氏		
拔草夼	清嘉庆年间（1796—1820）	87	213	鞠　毕　张	148.50	76.90
东梁格	元代	143	345	李　解　于	120.20	69.80
西梁格	元代	134	332	李　隋　孙	265.40	142.90
白鹿店子	元初	204	509	刘　苏　江	156.80	64.00
三十里堡	明洪武年间（1368—1398）	105	263	丛　丁　姜	123.30	57.90
殷家卧龙（原名卧龙）	明代中期	83	195	殷　鞠　王	64.70	39.10
曹家泊子	清咸丰年间（1851—1861）	147	385	曹　孙　王	122.70	93.70

十四　菵山镇

建置区划　1984年3月，菵山人民公社改称菵山乡。1989年12月，撤乡设镇。2001年5月，北郊镇并入。镇机关驻西菵山村。2008年4月，经威海市政府决定，菵山镇的“三农”、卫生、教育、社会保障等政务划归威海市工业新区管理，原行政区划不变。2013年，辖65村3社区、10409户30022人，总面积104.59平方千米，耕地面积4498.3公顷。

地理交通　位于市境东北部，北与汪疃镇交界，南、西南与文登经济开发区、龙山街道、米山镇毗邻，东与威海市环翠区草庙子镇接壤，西隔米山水库与界石镇相望。地势北高南低，中部微隆。威青高速、初张公路、俚李线和桃威铁路贯穿境内。

经济概况　1990年，完成工农业总产值9658万元。其中，工业产值8685万元。农民人均生产性纯收入840元。2013年，工业形成机械加工、有色金属、塑料制品、通信器材、医药化工、电子建材、皮革渔具、钢构产品八大支柱产业，工业企业150家，其中有自营进出口权的15家。主要经济作物有西瓜、花卉、葡萄、苹果和蔬菜等，畜牧业以猪、羊、家禽养殖为主。粮食总产量2.26万吨，蔬菜总产量5000吨，果品总产量6000吨。工农业总产值102亿元，农村经济总收入32.17亿元，农民年人均纯收入14400元。财政收入1.8亿元。

镇办工业　1991—1995年，工业投入16225万元，其中技改投资15116万元，实施技改项目50个，培训各类技术人员200人，引进各类人才500人。“八五”期末，完成工业产值10.47亿元，实现利税8115万元，分别比1990年增长12.6倍和12.2倍。1996年，投资3000万元，开发建设韩国工业园，引进韩资企业17家。1997年，引进国内外资金、技术和管理经验，对镇办22家企业分类实施嫁接改造。1998年，引进“三来一补”加工项目，扩大出口范围，加工贸易额达4亿元；全镇出口企业达19家，出口交货值超过3000万元企业有12家，出口创汇额名列威海市各乡镇之首，被评为全国出口创汇先进单位。2001年，规划建设占地面积150公顷的民营经济区，建设标准厂房5万平方米，进区民营企业20余家，其中投资500万元以上6家。年末，民营企业发展到65家，被评为山东省先进民营经济园区。2004年，山东威达机械股份有限公司在深圳证券交易所中小企业板块上市，为山东省乡镇企业第一家。2006年，引进外资项目5个，外商追加投资2600万美元。2011年，全镇拥有山东省著名商标产品2个、省优产品3个，建立威海市以上科研中心3家。2013年，全镇工业初步形成以威达机械为代表的机电设备业，以英帕、永柏为代表的电子信息业，以开泰、佳赛为代表的户外体育用品业三大产业集群。

商贸流通 1991—1995年，在规划旅游区内建起三星级宾馆——华龙酒店及华龙度假村。1996年，全镇第三产业各类服务网点达500余个，收入3000余万元。1998年，投资200万元，建起占地面积0.6公顷农贸市场1处。1999年，开发建设面积4800平方米，集住宅、商贸为一体的综合商贸楼1幢。2002年，全镇外来务工人员1万余人，个体经营业户1000余户。2013年，有商业企业120家、个体经营户1400余户，集贸市场3处、专业市场2处，完成社会商品零售额30亿元。

环境整治 1992年起，改扩建中韩路、珠海路、文化路等道路12条，全长32千米，硬化面积26万平方米。1993年，敷设自来水管道1.3万米。1996年，被建设部评为全国村镇建设先进镇。1998年，栽植苗木花卉5万株，绿化面积2.32万平方米。1999年，改建镇村道路4.1万米，硬化面积46万平方米。2004年，投资4000万元，实施垃圾无公害化处理、工业污染源达标治理等环保改造工程。2005年，成立拥有100余人的专业环卫队伍，维护路街全天整洁。获国家环境优美镇称号。2008年，全镇基本达到绿色环绕、河水清澈、三季有花、四季有绿的标准，被住房和城乡建设部评为首批全国十大园林镇。2011—2013年，修建、硬化镇区中韩路、正气路、秦权路东段、永乐路西段等路面，形成“十一横十三纵”路网体系。全镇65个村硬化道路均在2条以上，安装路灯410基，建设街道花园33处。

镇区建设 “八五”期间，自筹资金9000余万元，新建1万平方米中心广场1处，镇域文化区、工业区、旅游区、商贸区百余幢楼房拔地而起，镇区面貌大为改观，被中共山东省委评为全省百乡百镇双文明建设达标竞赛明星乡镇。1996—1997年，被山东农村改革与发展研究会评为山东省职工思想道德教育先进单位。1998—1999年，“六纵九横”路网覆盖全镇，改水改厕、灭鼠活动卓有成效，被全国爱卫会授予国家卫生镇称号。2000年，镇团委带领团员青年，开展“青春 绿色 家园”活动，植树4万株，建设2千米的绿色长廊1条，被团中央确定为全国小城镇共青团工作试点镇。80年代始，每年定期举办“蔄山杯”体育比赛，比赛项目20余个，参赛人员千人以上。2001年，被评为全国群众体育先进单位。2006年，被评为山东省“十大名镇”。2009年，被中央文明委授予全国建设文明村镇工作先进村镇称号。2011年，蔄山镇民生型城乡一体化建设模式在全国推广。2013年，被确定为全省百镇建设示范行动第二批示范镇。

民生工程 1991—1995年，镇驻地邮电大楼、中心广场、文化宫、镇医院等公共设施相继落成使用。1998年，建起老年公寓1座。1999年，建设自来水厂1座。2009—2010年，筹资3亿元，全镇实现集中供暖、供气、排污。2013年，投资1.2亿元，容纳32个初中班、40个小学班、12个幼儿班的蔄山镇中心学校主体工程完工，小学部于9月正式启用。是年，辖区有初中1所、小

图1-17 蔄山镇中心广场（2007年5月18日摄）

学3所、幼儿园10所、敬老院1所、镇卫生院1所、村级卫生室19个、农村社区综合服务中心5个、标准化文化大院59个、健身休闲中心23个。连村路硬化、自来水普及、闭路电视覆盖、互联网入村率均达100%。

附：

北郊镇

建置区划 1984年3月，黄岚人民公社改称黄岚乡。1993年10月，撤乡设镇，更名为北郊镇。镇机关由西黄岚迁西床村。2000年，辖37村、6834户1.72万人，总面积68平方千米，耕地面积2052公顷。2001年5月，并入葛山镇。

地理环境 位于市境西北部，北与汪疃镇相连，东与葛山镇接壤，南与文城镇和米山镇为邻，西隔米山水库与界石镇相望。地势东高西低，多丘陵。

经济概况 2000年，境内工业主要有建筑、化工、工艺品、玻璃钢、标准件制造5大行业，形成工艺品和玻璃钢制造两大支柱产业。农业形成速生林木、奶牛养殖、蔬菜生产、果品生产4大产业。粮食总产量9932吨，果品总产量2682吨，蔬菜总产量960吨。工农业总产值4.8亿元，农村经济总收入1.8亿元，农民年人均纯收入3131元。财政收入190万元。

2013年葛山镇各村（社区）基本情况表

表1-23

村（社区）名称	始建时间	人口状况			总面积（公顷）	耕地面积（公顷）
		户数（户）	人口数（人）	主要姓氏		
西葛山	清初	166	504	刘 宫 鞠	169.30	27.50
东葛山	清初	270	831	于 胡 王	116.30	34.30
中庵	清初	49	140	马 时	55.70	25.40
西武林	明永乐年间（1403—1424）	257	717	张 刘 马	340.90	115.10
东武林	清初	115	365	刘 王 杨	358.10	75.60
道北店	明初	236	706	张 刘 邹	225.40	112.70
大夼	清初	62	180	曹 马 王	75.70	40.00
磨山	清乾隆四十三年（1778）	30	95	耿 刘	30.30	22.90
新权（原名和平）	1973年	125	377	刘 杨	67.20	40.30
小黄	宋大观元年（1107）	231	691	刘 隋 陈	224.80	76.80
二武林	清咸丰年间（1851—1861）	94	289	林 刘 李	82.50	34.50
黄庄	清雍正年间（1723—1735）	65	169	刘 于 王	71.70	47.20
沟道头	元代	110	368	刘 王 李	64.80	26.30
台道头	元代	133	370	曹 王 李	91.20	48.00
东道头	元代	230	703	丛 刘 张	188.50	67.90
西道头	元代	123	370	刘 桑 王	132.90	47.70

续表 1-23-1

村（社区）名称	始建时间	人口状况			总面积（公顷）	耕地面积（公顷）
		户数（户）	人口数（人）	主要姓氏		
山马邹	明正德十三年（1518）	168	443	邹 张 于	167.30	71.90
山马程	清初	132	347	唐 程 刘	130.10	72.80
山马埠	元代	314	857	马 丛 王	363.90	138.90
山马刘	明初	158	411	刘 宋 丁	121.10	60.30
山马于	明代	239	637	于 孙 鲍	333.50	181.80
山马头	清初	177	489	张 刘 王	185.30	99.00
北刘章	明初	173	559	高 郑 赵	178.20	63.70
西刘章	清初	137	466	王 刘 张	105.30	44.70
南刘章	明初	146	472	于 沈 王	85.60	22.80
大草场	清道光年间（1821－1850）	226	706	刘 王 于	93.50	5.50
西柳	明崇祯十三年（1640）	95	246	刘 孙 张	88.00	61.30
东柳	明崇祯十三年（1640）	105	289	丛 王 于	247.90	84.70
东许家（原名许家屯）	明万历年间（1573－1620）	182	535	许 刘 王	192.30	95.60
邹家庄	清初	38	100	邹 鞠	33.00	17.80
东黄岚	明初	159	472	董 鞠 高	165.30	85.10
中黄岚	明初	151	407	刘 陈 张	110.20	70.40
西黄岚	明初	289	767	刘 丛 孙	333.70	181.60
白玉庄	宋末	217	539	刘 于 毕	204.50	128.60
西管山（原名向阳）	1967 年	57	156	周 王 于	111.10	30.00
管山	唐宋	233	612	于 王 周	173.80	106.10
汪格庄	明末	213	619	杜 田 于	290.40	181.50
东床	明初	118	316	周 姜 王	157.90	32.00
西床	明初	226	670	刘 张 毕	221.80	68.70
中床	明初	213	662	丛 孙 王	172.40	52.90
丁家洼	明初	138	332	丁 鲍 吴	103.10	59.40
佃里	明初	114	318	杨 肖 王	118.50	64.00
丁家埠	明末	65	177	曲 丁 宋	79.20	37.80
新白玉（原名新红）	1967 年	109	295	刘 于 王	98.50	55.90

续表 1-23-2

村（社区）名称	始建时间	人口状况			总面积（公顷）	耕地面积（公顷）
		户数（户）	人口数（人）	主要姓氏		
汶口	明末	118	319	周 毕 王	170.30	55.50
裴家埠	清雍正九年（1731）	142	373	潘 裴 姜	138.10	71.70
梁家夼	清初	187	484	王 姜 张	211.50	115.50
官道北	清光绪九年（1883）	56	139	李 刘 鞠	57.90	31.40
胡家北	明末	146	400	陈 刘 丁	168.90	95.00
胡家西	明末	44	135	于 王 姜	58.10	29.30
胡家东	明末	103	261	鞠 殷 张	90.80	51.60
西马格庄	明末	286	843	马 车 迟	302.00	94.60
东马格庄	明末	187	551	刘 从 张	176.00	54.70
东杨格庄	明初	275	790	江 张 刘	285.70	128.20
西杨格庄	明初	215	674	从 张 林	211.70	108.90
东高格庄	明末清初	203	589	刘 张 杨	95.80	22.90
西高格庄	明末清初	188	566	鞠 张 从	204.40	59.50
杨家卧龙（原名卧龙）	明末	227	698	刘 杨 孙	312.40	75.80
东申格庄	明洪武十四年（1381）	164	538	于 从 邵	150.60	81.90
北申格庄	明洪武十四年（1381）	322	1007	从 李 于	217.50	112.50
南申格庄	明洪武十四年（1381）	291	875	于 刘 张	226.90	74.20
裴家泊子	清初	148	412	孙 苗 胥	185.30	97.00
黄岚南庄	清道光初年	77	222	崔 赵 高	77.40	44.50
二十里堡	明末	104	275	王 于 刘	118.20	54.20
二十里堡南庄	清代中期	38	97	刘 王 黄	39.20	22.40
三城	2000 年 12 月	—	—	—	—	—
秦权	2004 年 5 月	—	—	—	—	—
二龙山	2004 年 5 月	—	—	—	—	—

十五　埠口港

建置区划　2005 年 2 月，埠口港管理委员会成立，析张家产镇南部 8 个村与埠口社区归其管理。埠口港管委会为市政府派出机构，机关驻张家埠港区。2013 年，辖 8 村 1 社区、3052 户 7407 人，总面积 27.76 平方千米，耕地面积 845.4 公顷。

地理交通　位于市境南部，北接张家产镇，西与侯家镇为邻，东北与高村镇相连，东与南濒临靖海湾。初张公路、张西公路终点在境内交会。

经济概况 2005年，农村经济总收入4.8亿元，财政收入355万元，农民人均生产性纯收入5924元。2013年，港区有国家二类开放口岸——张家埠港，渔业和商业码头6处。经济以冷藏保鲜、海鲜制品、海洋捕捞、海水养殖为主。工业主要有水产品加工、船舶制造（可修造3000吨级以下渔船和旅游船舶）、玻璃制品、铸造、纺织等行业。工业企业54家，其中有自营进出口权的11家。农副产品有小麦、玉米、花生、苹果、西洋参等，海产品有对虾、缢蛏、海参、海蜇、牡蛎等。粮食总产量4800吨，蔬菜总产量2800吨，果品总产量3500吨，水产品总产量2.84万吨。工农业总产值19.9亿元，农村经济总收入12.44亿元，农民年人均纯收入15050元，财政收入1402万元。

项目建设 2012年，五玉神海洋生物科技有限公司投资的海参育苗产品精深加工项目开工，建成育苗车间18个，占地面积4.4公顷。2013年，引进项目3个，新建厂房4.46万平方米。

商贸流通 2010年，将9000平方米商业区门市房粉刷一新。2011－2012年，投资60万元，建起商贸经营场所1处。2013年，有商业企业68家、个体经营户346户，集贸市场4处，完成社会商品零售额7.2亿元。

环境整治 2005－2013年，完成辖区“三纵三横”路网建设，硬化连村公路20.02万平方米，硬化率达100%；修建桥梁3座，河道清淤3000米；安装路灯220基，修筑排水沟8600米，敷设供水、排污管道2500米；建设主题公园、村中花园6处，栽植绿化树木2300株，绿化面积5000平方米，绿化覆盖率达38%。

民生建设 2006年，建起7000平方米的垃圾无害化处理场1处。2008年，新建面积1000平方米的港口综合文化活动中心投入使用。2010年，建起农村社区服务中心3个、健身休闲场所8个。2013年，辖区有小学、幼儿园各1所，敬老院1所、港区卫生院1所、村级卫生室5个、农村社区综合服务中心3个、标准化文化大院5个、健身休闲中心8个。连村路硬化、自来水普及、闭路电视覆盖和互联网入村率均为100%。

图1-18 埠口港金梁濑公园（2010年8月2日摄）

2013年埠口港各村（社区）基本情况表

表1-24

村（社区）名称	始建时间	人口状况			总面积（公顷）	耕地面积（公顷）
		户数（户）	人口数（人）	主要姓氏		
张家埠	明洪武年间（1368－1398）	869	2138	张 蓝 慕	1073.80	218.40
嶅山	明初	422	982	蔄 王 刘	248.50	112.50
顶子	清初	379	895	李 董 汪	239.20	110.90

续表 1-24

村（社区）名称	始建时间	人口状况			总面积（公顷）	耕地面积（公顷）
		户数（户）	人口数（人）	主要姓氏		
上埠前	明洪武年间（1368—1398）	189	463	王 张 李	119.00	55.60
下埠前	明正德年间（1506—1521）	326	831	隋 王 张	386.90	94.60
卧龙	明正德年间（1506—1521）	97	241	隋 王 姜	186.70	22.30
上冷家	明初	175	388	于 李 柳	125.30	63.10
下冷家	明初	595	1469	黄 于 时	396.90	168.00
埠口	2003 年 11 月	—	—	—	—	—

附：

草庙子镇

建置区划 1984 年 3 月，草庙子人民公社改称草庙子乡。1989 年 12 月，撤乡设镇。镇机关驻草庙子村。1993 年，辖 46 村、7080 户 22053 人，总面积 80.9 平方千米，耕地面积 2080 公顷。1994 年 6 月，划归威海市环翠区。

地理环境 位于市境东北部，东接威海市环翠区桥头镇，南邻文登营镇，西连茼山镇，北依环翠区温泉镇、凤林街道。属低山丘陵地形，地势东部高，北部高于南部和西部。正棋山山脉横亘镇东部，主峰玉皇顶海拔 483.7 米，为域内最高点。

经济概况 1990 年，完成工农业总产值 13369 万元。1993 年，境内工业产品主要有机械、化工、电子、建材、灯具、塑料等 40 余种，其中“齐全”牌木工刨床被中国科协评为“中华精品”。有集体、个体工业企业 52 家。农村经济以粮油、果品、畜牧为主，建有蔬菜、黄牛、生猪、蛋鸡、奶山羊、肉食鸡等种养基地。粮食总产量 1.83 万吨，果品总产量 8500 吨，蔬菜总产量 1.68 万吨。农民年人均纯收入 1468 元。

初村镇

建置区划 1983 年 5 月，初村人民公社改称初村乡。1984 年 3 月，撤乡设镇。镇机关驻东南村。1993 年，辖 34 村、7434 户 23299 人，总面积 82 平方千米，耕地面积 2305 公顷。1994 年 6 月，划归威海市环翠区。

地理环境 位于市境北端，东与环翠区羊亭镇接界，西与牟平区姜格庄镇为邻，南和西南与汪疃镇、界石镇相连。地势南高北低，属低山丘陵区。境内东、南、西三面环山，北面濒海，海岸线长 15.07 千米，沿海有万亩沙滩。

经济概况 1987—1988 年，全县投资 2900 万元，上阵 4 万余人、机械 3500 台，在北海新建虾池 551.3 公顷。1990 年，完成工农业总产值 10935 万元。1993 年，境内工业主要有食品加工、机械制造、化工建材、纺织服装、电子加工 5 大门类，有集体、个体工业企业近百家。农业有 300 公顷优质果品基地和大棚蔬菜基地。粮食总产量 1.67 万吨，果品总产量 3750 吨，蔬菜总产量 3720 吨。农民年人均纯收入 1560 元。

第二编
自然环境

文登市位于山东半岛东部，地处北温带。其大地构造位于板块结合带（Ⅰ）胶南—威海造山带（Ⅱ）威海断隆，是秦岭—大别山构造的东延部分。域内岩浆岩发育，以酸性岩为主。区域构造以褶皱、韧性剪切带、断裂为主。境内为地震Ⅶ度烈度区。全市土地总面积182916.41公顷。地貌为波状丘陵区，山地与丘陵占总面积的77.4%，平原占22.6%。土壤以棕壤和潮土为主，二者占总面积的99.1%。林木覆盖率为37.5%。全境属大陆性季风气候，四季分明，冬无严寒，夏无酷暑。年均气温11.9℃，年均降水量767.8毫米。年均水资源总量5.62亿立方米，年均可利用量1.94亿立方米。海岸线全长155.88千米。矿产资源有29种。野生动物有10纲47目225科1161种，野生高等植物有161科536属1073种。

天福山风光（2013 年 12 月 4 日摄）

第一章　地　质

域内地层属华北地层区，岩石地层为古元古代荆山群，包括禄格庄组、野头组、陡崖组；中生代白垩纪青山群及新生代第四系。域内岩浆岩发育、形成时代集中于元古代和中生代，分为古元古代吕梁期、中元古代四堡期、新元古代晋宁期和震旦期、中生代印支期和燕山晚期。岩石类型以酸性岩为主，超基性—基性—中酸性—酸性及偏碱性岩类均有分布。区域构造以褶皱、韧性剪切带、断裂为主。

第一节　地　层

古元古代荆山群　自上而下分为禄格庄组、野头组、陡崖组。

禄格庄组　分布于黄岚、文登市区以西，呈包体状，分布于新元古代岩体中。主要岩性为石榴矽线黑云片岩，含石榴二云（石英）片岩，含电气石二云（石英）片岩夹黑，云变粒岩，透辉大理岩。黄岚东南厚度大于17米。

野头组　是域内荆山群分布最广的一个组，分布于臧格庄、前岛、小洛、小观一带。主要岩性为白云石透闪大理岩、透辉大理岩、蛇纹岩化橄榄大理岩等。臧格庄厚142米，小洛村厚113米。

陡崖组　在臧格庄、前岛、小观等地呈大小不等的包体产出。其主要岩性为：下部石墨黑云变粒岩、石墨透辉岩、石墨斜长片麻岩夹透石英岩、大理岩；上部为石榴矽线黑云片岩、黑云变粒岩等岩系组合。以下部的含石墨岩系和上部的黑云片岩为该组特征。前岛村厚174米，臧格庄厚173米，宋疃庄厚316米，小洛村厚121米。

中生代　为白垩纪青山群，缺莱阳群。

青山群，为一套中基性—中性—中酸性火山熔岩、火山碎屑熔岩类超覆于荣成超单元之上，仅在周格庄、小山前零星分布，面积5～6平方千米。主要为灰色凝灰岩、杂色安山岩、紫红色—灰绿色安山质熔岩角砾岩和角砾熔岩，与下伏荆山群呈明显的角度不整合。厚度700米。撇篝山顶即旧火山口。

新生代第四系　第四纪堆积物遍布全境。主要有冲积、洪积、残坡积和海积等类型。冲积物分布在河谷两岸，主要为亚砂土、亚黏土、黏土和部分沙砾，厚2～10米。洪积物分布在山谷出口处，形成洪积扇，主要为碎石和砂土，最厚10米。残坡积物分布在丘陵地带和山前坡地，主要为砂、砾、碎石和亚黏土，厚几厘米至6米。海积物主要分布在母猪河入海处，以细砂为主，部分为中砂、砾石及淤泥，厚20米左右。

第二节　构　造

文登市位于胶南—威海造山带北东段，有发育强烈的韧性变形，其构造可分为褶皱、断裂和韧性剪切带。

褶皱　主要是前岛区域的盖层褶皱。区内地层出露为荆山群陡崖组，其岩性为石英岩、斜长角闪岩及黑云斜长片麻岩。岩层经历强烈的褶皱变形，形态多样。有紧闭、同斜、直立等多种形态。其轴面具明显的弯曲，部分地段的枢纽近直立，从露头尺度可以明显看到枢纽不仅在水平面上呈弯曲状，在垂向上也显示弯曲状，显示褶皱变形的多期性。从复杂的褶皱图案看，区域性的变形应力场早期是北西—南东向挤压，晚期是北东—南西向挤压，形成典型的异轴异面叠加干涉图案。

断裂结构　按断裂构造的展布方向大致可分为3组。

北东向断裂　境内有横口—东杨格庄、横山—柳林两条断裂。

横口—东杨格庄断裂。分布于米山镇横口村至东杨格庄一线，其西南端切割伟德山超单元，北东端切割文登岩体。断裂为一系列北东向的花岗斑岩、二长斑岩脉充填。在东杨格庄一带，断裂发育于文登超单元、冶口单元与荣成超单元、邱家单元的接触带上。该断裂全长约24千米，宽5～100米，走向40°～50°。倾向北西，倾角50°～60°。断裂面总体上呈舒缓波状，产状不稳定。带内岩石由断层角砾岩、断层泥、构造透镜体及碎裂状花岗岩、绢英岩组成。在宁阳村南见断层面、发育镜面及擦痕。擦痕有两组，分别为35°∠46°、250°∠7°，后者切割改造前者。带内充填石英脉，且已破碎，另有后期煌斑岩脉贯入，未破碎。从宏观上看，在米山镇南该断裂将米山断裂右行错断。综上特征，该断裂早期为右行张扭活动，擦痕35°～46°。沿裂隙，石英脉充填；中期为水平扭性活动，擦痕近水平（250°∠7°）；晚期为张性活动，充填煌斑岩脉。主期属右行张扭活动，将米山断裂右行切割。

横山—柳林断裂。位于横山—柳林一线，切割文登超单元。长约6千米，宽30～50米，走向40°～50°，倾向北西，倾角50°～60°，断裂面呈舒缓波状。带内岩石由断层泥、构造角砾岩、构造透镜体及花岗质碎裂岩组成。断面上擦痕产状：275°∠50°。沿断层有花岗斑岩脉贯入，脉岩硅化强烈。带内发育有呈斜列的构造透镜体，并发育张性裂隙及压性裂隙，显示断裂的逆冲性质。综上特征，该断裂早期为张性活动，充填了花岗斑岩和石英斑岩脉；后期为右行逆冲性质，使脉岩破碎形成构造透镜体。

南北向断裂 境内有米山、岭西—陈家卧龙、佃里院—车门夼3条断裂。

米山断裂。由米山镇向北至初村一线，其东西两侧有两条较大的次级断裂。该断裂在地貌上显示非常明显，由坚硬的脉石英透镜体构成一系列南北向展布的山包。其南段沿玲珑超单元与邱家单元的接触带展布，北段发育于邱家单元中，空间山总体是作为昆嵛山岩体的东界存在。断裂在辖区出露长约27千米，宽数十米至数百米，总体走向180°。产状稳定，倾向东，倾角40°～60°。带内岩石破碎强烈，形成花岗质、片麻岩质碎裂岩、断层泥等，中心部位形成宽约5米的绢英岩、黄铁绢英岩。其内充填有宽大的石英脉，因其抗风化，形成一系列右行斜列山包。石英脉破碎并有弱褐铁矿化显示，有后期细小石英脉顺裂隙呈网状贯入。综上特征，可知米山断裂早期显示左行张扭特征，充填宽大的石英脉；中期断裂具左行压扭性质，使上述石英脉破碎且右行斜列；晚期破碎带又具张性活动，反映在有后期小的石英脉顺张裂隙贯入。为左行张扭性质。

岭西—陈家卧龙断裂。位于岭西村至陈家卧龙村一线，为米山断裂的次级断裂，总体南北走向，东倾，倾角40°～56°。断裂出露长约9千米，宽5～200米。断裂走向略呈舒缓波状。带内岩石由碎裂岩、碎裂岩化岩石组成，主裂面不甚发育。推断该断裂为左行压扭性质。

佃里院—车门夼断裂。位于米山断裂西侧的佃里院—车门夼一线，为米山断裂的次级断裂，全长约7千米，宽5～100米，总体南北走向，东倾，倾角50°左右。破碎带中部较宽大，达100米，两端有尖灭趋势。总体呈舒缓波状，带内岩石破碎强烈，显示构造岩的分带现象，边部为破碎状岩石，内部为碎裂岩，中心部位为绢英岩。主断裂显示左行压扭特征。

北西向断裂 泽库断裂。分布于泽库一带，断裂长4千米，北西端延伸入海，宽度大于20米，走向318°，倾向228°，倾角44°～75°。断裂带由构造角砾岩、断层泥等组成，高岭土化强烈。风化露头表现为较宽的破碎带，在五古墩附近发育宽数米的断层泥及角砾岩，具白云母化、高岭土化。颜色呈红褐色，次级裂隙产状290°∠44°。断裂的东南端海边见良好的露头，风化面主要表现为松散的高岭土。潮汐带段的新鲜露头则为杂乱的裂隙密集带，可见棱角状构造角砾及由挤压裂隙面切割而成的透镜体，反映了早期张性、晚期压扭性活动特征。综合分析，该断裂第一期为张性活动，第二期为左旋压扭性质。

韧性剪切带　早元古代末期，扬子、华北两板块就已对接，中元古代碰撞，晚元古代再次收敛聚合，沿造山带形成巨大的同构造花岗岩，对碰撞造山带进行“焊接”。中生代受太平洋与欧亚板块的影响，沿碰撞带发生左旋走滑型的韧性剪切带。文登南部分布着中浅层次韧性剪切带，表现为北东向变晶糜棱岩带，多叠加于深部层次韧性剪切带上。

第三节　岩浆岩

文登境内岩浆岩分布广泛，出露面积约占总面积的80%，形成时代集中于元古代和中生代。岩石类型复杂，以酸性岩为主，其他岩类繁多。主要岩体有昆嵛山岩体、文登岩体，分布在西部、东部和中部。

中元古代侵入岩　该期侵入岩为海阳所超单元，分老黄山、烟墩山、通海3个单元。一般呈包体零星分布。

老黄山单元　变辉长辉绿岩，斜长角闪岩。文登东部该单元侵入体均呈包体产出，包体呈透镜状，规模一般较小。

烟墩山单元　辉石岩、角闪石岩。产铁矿。

通海单元　超基性岩。产蛇纹岩矿。

新元古代侵入岩　荣成超单元，分威海、大时家亚超单元，广泛分布全境。形成于新元古代晋宁期。

威海亚超单元　庙山单元，细纹状、片麻状细粒二长花岗岩；御驾山单元，片麻状细粒含磁铁矿二长花岗岩；徐疃单元，片麻状含斑中粒二长花岗岩；邱家单元，片麻状细粒二长花岗岩；威海单元，条带状片麻状细粒含黑云二长花岗岩。

大时家亚超单元　泊于单元，条纹状片麻状黑云花岗闪长岩；滕家单元，条带状片麻状细粒含角闪花岗闪长岩；中村单元，片麻状中细粒含角闪花岗闪长岩；大时家单元，片麻状中细粒含角闪黑云花岗闪长岩。以大时家侵入体为代表，岩石中有较多的细粒闪长质包体，呈长条状、扁豆状及不规则状。

玲珑超单元（昆嵛山岩体）　分郭家店、九曲亚超单元。主要分布于汪疃、界石等地。形成于新元古代震旦期。

郭家店亚超单元　笔架山单元，二长花岗质伟晶岩；北黄单元，弱片麻状细粒二长花岗岩；郭家店单元，弱片麻状含斑中粗粒二长花岗岩，为优质饰面石材，“昆嵛白”产于其中；崔召单元，弱片麻状中粒二长花岗岩。

九曲亚超单元　九曲单元，弱片麻状中粒含石榴二长花岗岩；云山单元，弱片麻状细粒含石榴二长花岗岩。

中生代侵入岩　分柳林庄、文登、崂山3个超单元。形成于中生代印支期，是良好的饰面石材原料。

柳林庄超单元　分布于柳林庄、屋脊顶一带。天水庵单元，中粒含角闪石英二长岩；屋脊顶单元，含斑中粒角闪石英二长岩；三瓣石单元，中粒含透辉角闪黑云石英二长闪长岩。

文登超单元　分布于文城、草庙子、冶口一带。形成于中生代印支期。草庙子单元，巨斑中粒二长花岗岩；石门顶单元，斑状中粒二长花岗岩；小七夼单元，含斑中细粒二长花岗岩；冶口单元，含斑中粗粒二长花岗岩，为优质饰面原料；姑娘坟单元，细粒二长花岗岩。

崂山超单元　主要分布于文登与乳山交界处。浮山亚超单元、望海楼单元：细粒二长花岗岩；石门山亚超单元、午山单元：细粒文象正长花岗岩；崂顶亚超单元、孤山单元：石英碱长花岗斑岩。

第二章 地 貌

文登市处于波状丘陵区，山丘海拔不高，除昆嵛山主峰泰礴顶（太白顶）海拔922.8米以外，其余山地丘陵大都在700米以下，大部分为200～300米的波状丘陵。山体多岩石裸露，土层覆盖较薄，山丘中谷地较开阔，多干谷。平原多为滨海平原和山前倾斜平原，河网密布，河流通畅，排水良好。南濒黄海，海岸线曲折，多港湾、岛屿。

第一节 地貌特征

境内地形复杂，群山连绵，丘陵起伏，沟壑纵横。平原沿河谷两岸及滨海地区呈带状分布。山地占总面积的19%，丘陵占58.4%，平原占22.6%。

西北部的昆嵛山山脉，是胶东屋脊，组成西部的南北向分水岭；北部有大天顶、角山、黑石砌、饽饽顶、驾山山脉，组成北部的东西向分水岭；东部有林子顶、箱子顶、凤台顶、老驴山、清洁岭、小莫山、邹山、老青山等丘陵，组成东界分水岭。地势总的趋势是东西两侧高、中间低，北部高、南部低。全境像一簸箕，口向南，伸向黄海。因三面有分水岭，构成单独水系。主要河流发源于北部山区，两侧山谷水系向中间汇集，因此支流较多。中间主要为丘陵分布区。沿河两侧分布着冲积平原。沿海地带分布有海积与冲积海积平原。海岸曲折蜿蜒，多为泥质、砂质岩。

第二节 地貌类型及分布

全市地貌类型依据形态特征划分为山地、丘陵、平原3种一级地貌类型；依据形态特征和地域变化划分为低山、丘陵、山前平原和滨海平原4种二级地貌类型。

低山地貌 海拔500～1000米，相对高度大于200米。主要为昆嵛山区，主峰泰礴顶海拔922.8米，位于市区西北部、文登与牟平交界处。呈北北东、南南西向延伸，向南伸至乳山市尼姑顶（古称小昆嵛）。包括大崮子、五股叉、菠萝崮、罗度、犋子尖、屋脊崮、小崮子、大锅顶、流水顶、东双顶、纱帽崮等。山体高耸峻拔，山峰多呈陡峭的尖脊形，山坡坡度多在30°左右，沟谷多呈“V”字形。山地地貌多由断裂抬升形成，又经受外力强烈切割。山体岩石主要由花岗岩组成，岩石变质深，片理、节理发育，褶皱紧密。山体表面岩石由于长期出露，经风化蚀变，

图2-1 泰礴顶俯瞰（2008年10月12日摄）

多形成松散粒状物质，黏结力差，易流失。因此，该区多岩石裸露的荒山或土层浅薄的草地、灌木林，部分为林地、疏林地。

丘陵地貌 分布于低山周围，海拔500米以下，相对高度小于200米，起始坡度大于2°的地貌类型。主要分布于山地边缘，多由挤压、褶皱、侵蚀分割而成，形态浑圆，谷底平浅，坡度较缓，坡角线没有明显走向。主要由变质岩组成。由于长期受外力剥蚀分割，地形破碎、风化强烈、开垦率高，水土流失严重。现大都整成梯田，种植粮油作物，也是林、果、桑的主要用地，是发展农业生产的重要地貌类型之一。

平原地貌

山前平原 海拔60米以下，坡度小于2°的地貌类型。主要分布在河流两侧，地形平坦，微向下游倾斜，堆积物厚度为10～25米。其中以泽头镇平原较为典型。在威海各市区中，以文登市山前平原面积最大。山前平原多在断裂凹陷或山麓地带，由暂时性洪水携带大量泥沙、石砾沉积而成，或由河流冲积淤积物组成，在河谷中下游沿岸呈带状分布。土层深厚，土质肥沃，灌溉条件好，适种性强，有全市“粮仓”之称。

滨海平原 分布在沿海地带，海拔0～10米，起始坡度小于0.3°的地貌类型。平原多由海陆交互沉积及风化再造而成，沉积物多为中细沙、淤泥，并含大量贝壳等。滨海平原沿海岸线呈带状分布，宽数千米至10余千米不等。地面平坦，微向海面倾斜。离海较远处，由于多年开垦种植，土壤较肥沃；近海处退滩时间短，土壤发育不明显，地下水矿化度高，多生长耐盐植物，部分已发展成为防风固沙林地。

文登市海拔500米以上山峰情况表

表2-1

名称	海拔高度（米）	位置		
		相对位置	北纬	东经
泰礴顶	922.8	晒字西北6千米	37°15′	121°47′
大崮子	877.7	泰礴顶西南1千米	37°14′	121°46′
五股叉	749.0	柳钱庵西1千米	37°16′	121°47′
菠萝崮	724.0	泰礴顶东南1千米	37°14′	121°46′
罗度	709.0	泰礴顶南1.1千米	37°14′	121°46′
犸子尖	648.5	柳钱庵西北1千米	37°17′	121°47′
屋脊崮	638.0	泰礴顶东南1.2千米	37°14′	121°48′
小崮子	617.0	泰礴顶南1.5千米	37°14′	121°46′
大锅顶	609.0	六度寺西北1.2千米	37°14′	121°48′
流水顶	538.0	魏家庵西南0.5千米	37°15′	121°48′
东双顶	517.0	无染寺西2千米	37°13′	121°45′
纱帽崮	509.0	无染寺北0.8千米	37°14′	121°47′

第三章　气候与物候

第一节　气　候

四季　文登市气候受大陆影响程度的指数，即大陆度为58，属大陆性季风气候，四季分明。从立冬到谷雨（11月上旬至翌年4月中旬）为漫长的冬季，盛行大陆北部吹来的干冷冬季风；从夏至到处暑（6月下旬至8月下旬），为短暂的夏季，盛行从海洋吹来的暖湿夏季风。春秋两季属冬夏季转换期。春季平均67天，气温回升快、降水少、大风多、蒸发大，是全年大风最多的季节；平均降水量118.3毫米，占全年总降水量的15%。夏季平均65天，在四季中持续时间最短，是境内降水最多、大风最少的季节；平均降水量452.4毫米，占全年总降水量的59%。秋季平均66天，降水比夏季显著减少，平均降水量145.1毫米，占全年总降水量的19%。冬季平均167天，是持续最长、温度最低、降水量最少的季节；受北方冷高压控制，多偏北风，平均降水量52.0毫米，占全年总降水量的7%。

日照　1981—2010年（气象数据30年为一统计周期，下同），境内年平均日照时数为2364.0小时，日照率为54%。年际变化较大，日照时数最多是1997年，为2693.9小时，日照率为61%；最少是1990年，为2102.5小时，日照率为47%。从月份分布看，5月最高，达248.0小时；12月最少，仅155.1小时。6—8月日照率为45%，10月最大，为62%，7月最小，为38%。作物主要生长月份4—9月，平均日照率为51%（211.7小时）。

1981—2010年文登市各月日照时数、百分率情况表

表2-2

月份	日照时数					日照百分率（%）
	平均日照	最多日照	出现年份	最少日照	出现年份	平均
1	167.5	206.2	2009	122.5	1990	54
2	177.8	220.5	2008	115.6	1990	58
3	217.1	253.6	2001	168.1	1991	58
4	233.9	272.6	1997	154.2	1998	59
5	248.0	284.0	1996	190.0	1990	56
6	212.9	268.7	2000	164.9	1993	49
7	170.9	263.0	1982	96.3	1995	38
8	193.7	256.2	1997	140.3	2004	47
9	210.7	263.7	1987	143.3	1985	57
10	212.0	255.0	1990	166.4	2000	62
11	164.4	218.4	2010	87.9	1993	54

续表 2-2

月份	日照时数					日照百分率（%）
	平均日照	最多日照	出现年份	最少日照	出现年份	平均
12	155.1	196.7	1987	115.3	1991	52
全年	2364.0	2693.9	1997	2102.5	1990	54

气温　1981—2010年，全市年平均气温11.9℃。日最高气温为35.9℃，出现在2009年8月13日；日最低气温为-19.0℃，出现在1985年12月18日和1988年12月17日。最冷的1月平均气温为-2.3℃，最热的7—8月平均气温为24.7℃，春秋平均气温分别为5.0℃和13.9℃。0℃以上积温平均4459.9℃。农作物生长季节，气温日较差为9.0℃，以春季最大，秋季次之，夏季最小。年均无霜日为200天，年均结冰总日数为143天。

1981—2010年文登市各月平均气温、极端气温情况表

表 2-3　　单位：℃

月份	平均气温	极端最低气温		极端最高气温	
		温度	出现年份	温度	出现年份
1	-2.3	-18.2	2001	12.8	2002
2	-0.3	-17.8	1981	19.0	1996
3	4.4	-9.5	1984	22.8	1998
4	11.0	-5.9	1991	29.0	2004
5	16.8	1.0	1984	33.6	1982
6	21.4	7.7	1981	35.6	1988
7	24.6	14.8	1996	35.7	1988、1997
8	24.7	12.1	1984	35.9	2009
9	20.4	5.3	1982	33.5	2002
10	14.3	-2.0	1988	30.0	1998
11	7.0	-10.6	1998	23.5	2003
12	0.5	-19.0	1985、1988	17.6	1987
全年	11.9	-19.0	1985、1988	35.9	2009

气压　境内冬季常为强大蒙古高压外围所控制，夏季则受大陆低压所影响，气压冬高夏低。1981—2010年，年均气压为1003.1百帕。极端最高气压为1030.5百帕，出现在1994年12月19日；极端最低气压为968.9百帕，出现在1984年6月16日。

风　全境属季风区，风向的季节性明显。1—3月、9—12月多北风，4—8月多南风。全年东、西风向极少。历年平均风速为3.4米/秒。月均风速最大为4.3米/秒，最小为2.5米/秒。春季平均风

速4.0米/秒，夏季平均3.3米/秒，秋季平均2.8米/秒，冬季平均3.4米/秒。全年4月风速最大，极端值为32.1米/秒，出现在2007年3月5日。最多风向（不含静风）为北北西，频率为11%；其次为南风，频率为10%。风速一般白天大于夜间，6级以上大风多出现在白天，尤以4—5月最明显。

1981—2010年文登市各月风向、频率、平均风速情况表

表2-4

月份	平均风速（米/秒）	风向（不含静风）	频率（%）	月份	平均风速（米/秒）	风向（不含静风）	频率（%）
1	3.3	北北西	18	7	3.3	南	18
2	3.5	北北西	17	8	3.0	南	12
3	3.9	北北西	14	9	2.5	北	9
4	4.3	南南西	14	10	2.8	北北西	11
5	3.9	南	15	11	3.3	北北西	13
6	3.5	南	19	12	3.3	北北西	15

降水　在季风影响和控制下，境内降水年际变化率较大。1981—2010年，全市年平均降水量为767.8毫米。1990年最多，1133.3毫米；1999年最少，398.3毫米。四季平均降水情况：春季118.3毫米，占全年降水量的15%；夏季452.4毫米，占全年降水量的59%；秋季145.1毫米，占全年降水量的19%；冬季52.0毫米，占全年降水量的7%。各月降水量8月最多，2月最少。

年平均降水日数为90天。最长连续降水日数为12天，出现在2001年7月21日至8月1日，降水量为283.9毫米。最长连续无降水日数为47天，出现在2009年8月27日至10月12日。最大日降水量出现在2006年7月27日，降水量为250.3毫米。

年降雪日数平均24天。最早初雪日是1985年9月17日，最晚初雪日是2010年12月8日；最早终雪日是1997年2月10日，最晚终雪日是2010年4月28日。小观镇积雪日数最短，昆嵛山区最长。

1981—2010年文登市各月降水量情况表

表2-5　　　　单位：毫米

月份	平均降水量	最多降水量		最少降水量		平均降水日数（天）
		降水量	出现年份	降水量	出现年份	
1	14.7	55.8	2001	0.6	2005	7.1
2	12.2	63.7	1998	0.8	2002	4.9
3	22.5	95.4	2007	0.4	1999、2000	4.6
4	36.7	104.1	2002	4.6	1986	5.7
5	59.1	176.8	1990	5.4	1981	7.6
6	83.7	247.6	1996	5.8	1992	8.3
7	173.8	371.8	2008	16.8	1982	12.7

续表 2-5

月份	平均降水量	最多降水量		最少降水量		平均降水日数（天）
		降水量	出现年份	降水量	出现年份	
8	194.9	420.3	1997	24.6	1999	11.2
9	82.7	259.0	2007	0.0	2009	7.7
10	30.4	86.1	2000	2.1	2004	6.2
11	32.0	106.5	1982	0.1	2007	6.4
12	25.1	70.3	2005	0.2	1998	7.9
全年	767.8	1133.3	1990	398.3	1999	90.3

1981—2010 年文登市平均降雪、积雪天数情况表

表 2-6　　单位：天

项目	11 月	12 月	1 月	2 月	3 月	4 月	全年
降雪	3.2	9.1	9.7	5.9	2.9	0.1	31.1
积雪	2.2	2.8	12.2	4.0	1.1	—	28.3

雾　境内雾多属辐射平流雾，日变化规律明显，一般生成于下半夜到清晨日出前，日出升温后 1 ～ 3 小时消散。

1981—2010 年文登市各月雾平均天数情况表

表 2-7　　单位：天

月份	1	2	3	4	5	6	7	8	9	10	11	12	全年
平均日数	2.7	2.3	2.1	2.4	2.2	2.4	3.6	3.5	3.5	2.5	1.7	2.2	31.1

蒸发和湿度

蒸发　1981—2010 年，境内年平均蒸发量 1455.5 毫米。最大蒸发量为 1772.8 毫米，出现在 2005 年；最小蒸发量为 1207.7 毫米，出现在 2003 年。蒸发量是降水量的 1.9 倍以上，除 8 月降水集中，蒸发量小于降水量外，其他月份蒸发量都大于降水量，特别是春季，蒸发量是降水量的 2.8 倍以上。各月蒸发量，1—5 月逐月递增，5 月以后逐月递减。5 月、6 月多吹干热的南风和西南风，风速大，气温上升快，湿度迅速减小，是蒸发最快的时期，蒸发量分别为 203.0 毫米和 190.7 毫米。冬季气温低，不利于蒸发，12 月、1 月是全年蒸发量最少的月份，月平均蒸发量为 44.9 毫米和 39.8 毫米。最小月与最大月相差 163.2 毫米。

湿度　境内年平均相对湿度 71%。最大 78%，出现在 1990 年；最小 68%，出现在 2007 年。夏季，副热带高压达到全盛时期，空气水汽含量大，降水集中，是相对湿度最大的季节。7—8 月最大，分别为 84%。春季降水少，空气干燥，气温回升快，空气中水分少，是相对湿度最小的季节。4 月为全年最小，平均相对湿度为 62%。秋季相对湿度仅次于夏季，相对湿度在 70% ～ 75% 之间。冬季空气干燥，但气温低，相对湿度大于春季，平均在 65% ～ 69% 之间。

1981—2010 年文登市各月平均蒸发量、相对湿度情况表

表 2-8

月份	平均蒸发量（毫米）	平均相对湿度（%）	月份	平均蒸发量（毫米）	平均相对湿度（%）
1	39.8	68	7	160.4	84
2	54.6	65	8	150.4	84
3	108.3	63	9	142.4	76
4	166.6	62	10	120.9	70
5	203.0	68	11	73.5	70
6	190.7	75	12	44.9	69

地温和冻土 据观测，文登市区 1981—2010 年，年平均地面温度 14.0℃。7 月最高，平均 28.1℃；1 月最低，平均 -2.2℃。极端最高温度为 63.2℃，出现在 2009 年 8 月 13 日；极端最低温度为 -23.3℃，出现在 1985 年 12 月 18 日。最大冻土深度：1 月为 31 厘米，出现在 1996 年；2 月为 40 厘米，出现在 1996 年；3 月为 20 厘米，出现在 2005 年；4 月为 6 厘米，出现在 1991 年；11 月为 11 厘米，出现在 1992 年；12 月为 19 厘米，出现在 1995 年。

1981—2010 年文登市区各月平均地温和极端地温情况表

表 2-9　　单位：℃

月份	平均地温	极端最低地温		极端最高地温		地中温度	
		温度	出现年份	温度	出现年份	5 厘米	10 厘米
1	-2.2	-23.1	2001	23.2	2009	…	…
2	0.8	-19.2	1983	32.7	2009	…	…
3	6.5	-14.6	2004	40.5	1992	…	…
4	14.5	-6.6	1991、1993	52.3	2009	13.1	12.5
5	20.9	-1.8	1991	59.0	1982	19.4	18.6
6	26.0	7.1	1981	62.0	1997	24.5	23.6
7	28.1	13.5	1988	62.5	1999	27.0	26.3
8	27.7	11.6	2003	63.2	2009	26.8	26.3
9	23.1	4.5	1987	54.3	1999	22.3	22.1
10	15.9	-3.6	1986	46.9	2006	15.6	15.8
11	6.9	-18.3	1998	34.0	1998	7.4	8.0
12	0.1	-23.3	1985	23.9	1998	…	…
全年	14.0	-23.3	1985	63.2	2009	…	…

灾害性天气 文登市灾害性天气主要表现在干旱、暴雨、大风、冰雹和夏秋间的低温连阴雨。

干旱 是境内主要危害，尤以春旱危害最大，秋旱次之。春旱主要发生在3月下旬到5月，一般持续30天左右。秋旱主要出现在9—10月上旬，一般40天左右。

暴雨 7—8月出现次数最多，其分布北部多于南部。平均暴雨强度80～85毫米/日。其中界石、汪疃、蔄山等北部区域和南部侯家、泽库等区域，平均日暴雨量大于90毫米；小观镇日暴雨量小于80毫米，是境内暴雨灾害最少的地域。

大风 据统计，中华人民共和国成立后，大风日数平均每年43.8天，春季占38.8%，冬季占29%，秋季占20.8%，夏季占11.4%。

冰雹 一般出现在4—10月，其中9—10月最多，以初夏期间的冰雹危害最重。一日中，冰雹多出现在午后和傍晚，上午较少。冰雹成灾大致10年左右一遇。境内受昆嵛山影响，降雹主要区域为昆嵛山区、汪疃镇北部、米山镇北部、北郊镇西部，南部沿海地区极少有冰雹天气。

低温连阴雨 4月上旬至5月上旬2年一遇，夏季5年一遇，秋季不足2年一遇。

第二节 物 候

1991年始，文登市气象局观测站对境内植物候、动物候、农作物候及气象水文物候现象进行观测。

植物候 通过1993年、2003年、2013年观测，境内代表性植物旱柳、榆树、合欢、刺槐、蒲公英的发芽、开花、成熟、落叶时间差异少则几天，多则二十几天，如合欢，1993年的发芽时间为4月14日，2013年为5月12日。

文登市代表性植物物候期情况表

表2-10

名称	年份	发芽始期	开花始期	果实或成熟期	落叶始期
旱柳	1993	3月23日	4月11日	5月17日	11月1日
	2003	3月16日	4月20日	5月10日	11月13日
	2013	3月8日	4月6日	5月20日	10月19日
榆树	1993	3月10日	3月21日	5月9日	10月31日
	2003	3月11日	3月23日	5月3日	11月9日
	2013	3月3日	3月26日	5月14日	10月22日
合欢	1993	4月14日	7月1日	9月26日	10月23日
	2003	4月21日	6月22日	9月26日	11月4日
	2013	5月12日	6月22日	9月25日	10月16日
刺槐	1993	4月10日	5月22日	8月15日	10月26日
	2003	4月14日	5月16日	8月16日	11月3日
	2013	4月30日	5月22日	8月18日	10月13日

续表 2-10

名称	年份	发芽始期	开花始期	果实或成熟期	落叶始期
槐树	1993	无（2000 年开始观测）	—	—	—
	2003	4 月 13 日	7 月 15 日	11 月 2 日	11 月 2 日
	2013	4 月 28 日	7 月 8 日	11 月 8 日	10 月 13 日
藜	1993	3 月 26 日	5 月 28 日	7 月 8 日	9 月 7 日（草本为黄枯始期，下同）
	2003	3 月 24 日	5 月 21 日	7 月 12 日	9 月 13 日
	2013	4 月 23 日	5 月 27 日	7 月 10 日	10 月 1 日
车前	1993	3 月 9 日	5 月 7 日	6 月 16 日	11 月 5 日
	2003	3 月 10 日	5 月 10 日	6 月 8 日	11 月 15 日
	2013	3 月 26 日	5 月 3 日	5 月 31 日	11 月 4 日
蒲公英	1993	3 月 7 日	4 月 9 日	4 月 29 日	11 月 4 日
	2003	3 月 9 日	4 月 10 日	4 月 27 日	11 月 10 日
	2013	3 月 14 日	4 月 4 日	4 月 27 日	10 月 14 日

动物候 通过 1993 年、2003 年、2013 年观测，境内代表性动物家燕的始见、绝见时间变化不大，蟋蟀、青蛙的始鸣、绝鸣时间差异少则几天，多则一月有余，如蟋蟀，2013 年的始鸣时间为 6 月 26 日，1993 年为 8 月 8 日。

文登市代表性动物物候期情况表

表 2-11

名称	年度	始见期	绝见期	始鸣期	绝鸣期
家燕	1993	4 月 12 日	10 月 5 日	—	—
	2003	3 月 31 日	10 月 18 日	—	—
	2013	4 月 22 日	10 月 7 日	—	—
蟋蟀	1993	—	—	8 月 8 日	10 月 15 日
	2003	—	—	7 月 24 日	10 月 13 日
	2013	—	—	6 月 26 日	10 月 20 日
蚱蝉	1993	—	—	7 月 13 日	9 月 7 日
	2003	—	—	7 月 10 日	8 月 31 日
	2013	—	—	7 月 3 日	9 月 13 日
青蛙	1993	—	—	4 月 14 日	10 月 8 日
	2003	—	—	4 月 26 日	10 月 8 日
	2013	—	—	5 月 10 日	10 月 18 日

农作物候　境内主要农作物有冬小麦、夏玉米、春花生和春地瓜 4 种，其生长发育进程为：冬小麦，9 月下旬末至 10 月上旬播种、出苗，11 月上旬分蘖，12 月中旬停止生长，翌年 3 月上旬返青，4 月上旬拔节，5 月上旬抽穗，5 月中下旬灌浆，6 月中旬成熟；夏玉米，6 月中下旬播种、出苗，7 月下旬拔节，8 月中下旬抽雄，9 月中下旬乳熟，10 月上中旬成熟；春花生，5 月初播种、出苗，6 月中旬开花下针，7 月至 8 月结实，9 月上中旬成熟；春地瓜，5 月上旬栽插，6 月中下旬分枝长蔓，7 月下旬薯块形成，10 月中下旬收获。

气象水文物候现象　境内初霜时间为 10 月下旬，终霜时间为 4 月上旬；初雪时间为 11 月上旬，终雪时间为 3 月中旬。土壤表面 11 月中旬开始冻结，2 月上旬开始解冻。池塘、湖泊、河流 12 月上旬开始冻结，12 月下旬完全冻结，2 月上旬开始解冻，2 月下旬完全解冻。

第四章　水　文

第一节　地表水

河流　全市主要河流 4 条：母猪河、青龙河、昌阳河和黄垒河。另有小河 36 条。加上支流，大小河流 1156 条，总长 2067.9 千米。其中 1 千米以上河流 574 条，总长 1653.7 千米。边沿河流呈零星分布，共 161 条，总长 260.8 千米。其中，直接入海的有高村镇辛店子村东河、张家产镇的下冷家村河、侯家镇的南寨村东河和河里庄河、泽库镇的慈家村河、小观镇的金花村河，流入环翠区境的有文登营镇的后长湾村东河和八里庙村河，流入荣成市的有大水泊镇毕家店村南河等。全市河流均为雨源型河。枯水季节，除几条主要河流中下游有很小径流外，皆干涸。但一降暴雨，则洪水汹涌。其特点是源高流短，涨快退速。河道大都有较厚沙层，潜流较丰富。20 世纪末起，用沙量大增，河沙存量减少。

母猪河　旧时自桥上村至管山村称古桥河，无染寺以上称太古河，各段河皆有另名。自桥上村以下称木渚河或黑水河，今通称母猪河。沿河近海皆为沙滩，随风旋动的沙丘沿河排列，似母猪的乳房，因“木渚”与“母猪”谐音，俗称“母猪河”。又因其支流多，水灾多，沿河村庄流传谚语：“母猪河，十八个奶，走一步，甩三甩。”随着岁月流逝，“母猪河”或“老母猪河”的名字家喻户晓，而“木渚河”之名渐失。

母猪河为境内第一大河。干流长 67 千米，流域面积 1109 平方千米，控制流域分布于界石镇、葛家镇、泽头镇、汪疃镇、文登营镇、米山镇、宋村镇、天福街道、龙山街道、环山街道和经济开发区。有西、东两大干流（西母猪河、东母猪河），平均径流深 297.4 毫米。

西母猪河发源于昆嵛山主峰泰礴顶东侧和汪疃镇的角山，流经界石、汪疃、丁家洼、米山、赤金泊至高家庄村东与东母猪河汇流，全长 49.8 千米，流域面积 680 平方千米，境内面积 670 平方千米。有主、支流 480 条，总长 844.95 千米。

东母猪河干流长 53 千米，流域面积 358 平方千米。其北支流发源于正棋山（今属环翠区）。经申格庄、高格庄、中床、西床、陡埠、九里水头、七里水头，在柳林与南支汇流。其南支流发源于驾山山脉的林子顶。经前后驾山村东、东杜梨村南、姚家疃、营前、七里河，入市区抱龙河（曾称城南河），与北支合流后，经泊子、河圈、郭格庄、小床、大床、潘格庄、周格庄，在高家庄村东与西母猪河合流。东母猪河有主、支流 210 条，总长 376 千米。

东、西母猪河于高家庄村东汇合后，河宽 200 ～ 500 米，经道口大桥，遇虎窠山转东北流，至姚山头村南，转东南至西海庄村西南入海。

青龙河 发源于驾山山脉的岳家口、天福山一带。天福山西南、驾山窑村西北，原有古刹曰“清凉寺”，故河名“清凉河”，日久音转为“青龙河”。经刘马庄西、大店小店东南，岚宅、章子山东，大乔家、团山、山后孙家、邢家三村（坤龙邢水库在此）、高村、河西、岭上董家，在望海倪家村西南入海。干流长36千米，流域面积247平方千米，平均径流深273毫米。有主、支流145条，总长302.75千米，其中主河道长31千米。

昌阳河 俗名汤村河，古名昌水。因流经西汉昌阳县治（今宋村东南）之南而得名。发源于张家产镇泊石西山，流经张家产、车卧岛、汤村店、石羊，原在西海庄西南汇入母猪河口入海。1975年母猪河口改道后，直接在西海庄南入海。干流长32千米，流域面积181平方千米。平均径流深284毫米。有主、支流115条，总长186.65千米。

黄垒河 因发源于昆嵛山西南麓曲家口村北的黄垒口而得名。流经烟台市牟平区、乳山市、文登市三地，干流长74千米，流域面积638平方千米。自庙东村以下，沿文登与乳山两市边界南流，界河河段长17千米，在浪暖口入黄海。上游河宽100米左右，中游宽150米左右，南黄以下宽200米左右，入海口宽800米。汛期最大流量2173立方米/秒，枯水期仅0.08立方米/秒，平均径流深300毫米。境内有主、支流45条，总长66千米。

地表径流 （详见本编第八章第二节）

文登市主要河流情况表

表2-12

河流名称	干流长（千米）	流域面积（平方千米）	一级支流		二级支流		三级支流		四级支流	
			条数	总长（千米）	条数	总长（千米）	条数	总长（千米）	条数	总长（千米）
西母猪河	49.80	680.00	40	227.15	170	316.75	182	189.65	70	42.75
东母猪河	53.00	358.00	30	121.60	88	133.45	99	151.85	15	5.45
青龙河	36.00	247.00	28	126.40	62	93.60	43	43.80	11	8.95
昌阳河	32.00	181.00	25	60.50	48	72.45	33	25.95	8	4.25
黄垒河	74.00	638.00	5	24.00	19	28.65	16	10.55	5	2.80
边沿水系	260.80	149.95	37	126.15	89	107.55	30	22.60	5	4.50

第二节 地下水

受域内地质条件决定，地下水类型主要为基岩裂隙水和第四系孔隙水。基岩裂隙水主要赋存于变质岩和花岗岩的风化裂隙和构造裂隙中，富水性较弱。根据文登市机井队多年成井情况调查，约有25.4%的单井出水量在每小时5立方米以下，单井出水量在每小时20立方米以上的仅占28.7%，但极个别的单井出水量可达每小时80立方米。基岩裂隙水一般埋藏较深，约2～30米，开发较困难。地下水主要由降水入渗补给，多数沿地形向河谷汇集，局部受隔水层影响，在山腹和山顶出露形成山泉，但水量极小。基岩裂隙水的主要排泄途径：汇集于河谷汇成河川基流、侧渗补给第四系或直泄入海和消耗于分散的人工开采。

第四系孔隙水主要分布于河谷冲积平原及山前平原。勘探研究发现，在部分滨海海岸带的海相地层中也存在具有开发价值的孔隙水。其补给来源主要是大气降水、基岩裂隙水侧渗及其他地表水体的渗漏。其富水程度主要受上游流域面积和含水层的构成影响。全市独立入海的流域面积在 5 平方千米以上的河流有 9 条，其中流域面积 30 平方千米的仅有 4 条。由于水系分散，河流流域面积小，所以大多数河谷平原和山前平原的第四系孔隙水富水性较弱，单井出水量多在每小时 40 立方米以下。只在母猪河、黄垒河等几条较大河流的中下游，才形成几个地下水富水区。域内含水层厚度多在 5 ～ 20 米之间，主要由中粗沙和沙砾构成。地下水的流向为河谷下游及地形倾斜方向。主要排泄途径：形成河川基流、潜水蒸发、潜流入海和人工开采。全市这部分水资源较为分散，经开发多用于农业灌溉和农村人畜饮用，开采量不大且不连续，故水位只随水量多寡而升降，相对较稳定，埋深在 0.5 ～ 3.93 米之间，变幅在 0.28 ～ 3.44 米之间。局部辟为城镇和工矿水源地的山前平原区，因集中大量开采，已形成独立的漏斗区，近海处亦出现海水入侵倒灌现象。

1956—2010 年，全市平均地下水资源量为 1.64 亿立方米，重复水量为 0.84 亿立方米，平均可供水量为 0.62 亿立方米。

第五章 土壤与植被

第一节 土 壤

根据全市第二次土壤普查资料，全市土壤有 6 个土类，10 个亚类，14 个土属。

棕壤 是在一定的生物气候条件下，由非钙质岩类发育形成的一种地带性土壤，以棕色或棕褐色为主，淋溶淀积作用明显，心土层较黏重，无石灰反应，土壤呈微酸—酸性反应，pH 值 6 左右，是境内主要土壤类型，分布于全市各地。可利用面积 13.15 万公顷，占可利用总面积的 83.59%。棕壤按其剖面发育程度和潜水状况，可分为棕壤性土（俗称石碴土、岭砂土等）、棕壤亚类（俗称黄土、黄堰土）、白浆化棕壤（俗称白浆土、包浆土）和潮棕壤（俗称潮黄土、黑黄土、黑土）4 个亚类。其分布与地形地貌关系密切，山丘中上部为棕壤性土，土体厚度一般小于 60 厘米，土壤疏松，结构较差；中下部为棕壤亚类，土体厚度在 1 米以上，心土层（即淀积层）较黏重，持水力强，生产能力中等；白浆化棕壤主要分布在缓坡地带，泽库镇北部和泽头镇上泊子等地较多，表土下有一含大量铁锰结构的白色土层，底部黏重紧实，极难透水，汛期易泡浆，滞水瀣涝，理化性能差；潮棕壤分布在地势较平坦的泊区，潜水位 2 ～ 3 米，土层深厚，水分状况较好，生产性能在棕壤土类中居首位。

潮土 是发育在河流冲积及海相沉积物上，受潜水作用形成的一类土壤。分布在沿河两岸及近海地带，土层深厚，质地层次明显，地下水位 1 ～ 2 米，土壤反应近中性。全市可利用面积 2.19 万公顷，占可利用总面积的 13.9%。按潜水水质等状况可分为潮土（俗称河淤土、淤土）和盐化潮土（俗称盐化土）2 个亚类。

潮土亚类分布在河流两岸和近沿海处，除部分质地适中外，大部分属砂性土，易耕作，通透性强，漏水漏肥严重。

盐化潮土亚类，主要分布在小观、泽头、宋村、侯家、泽库等镇沿海地带，表层为砂壤或壤质土，潜水位 1 米左右，地表有不同程度的返盐现象，影响作物的出苗和生长发育。

水稻土 由盐化潮土经人为淹水耕作形成，

主要分布在昌阳农场和西廒村西部、南部。土层深厚，有返盐现象，呈中性至碱性反应，pH值7.5左右，可利用面积980公顷，占可利用总面积的0.62%。

盐土 由海相沉积而成。主要分布在沿海地带，土壤层全盐含量1.19%～4.67%，土壤含盐量大，农作物难以生长，多生长芦苇、碱蓬、海角菜、盐蒿等耐盐植物，有的则成为光板地或人工盐田。全市总面积4233公顷，其中可利用面积1673公顷，占可利用总面积的1.07%。

风砂土 由河流冲积和风积共同作用形成。主要分布在母猪河东岸，呈沙丘状，通体松砂，现多营造林木，春季仍有不同程度的风蚀现象，为半固定风砂土，可利用面积420公顷，占可利用总面积的0.27%。

山地草甸型土 分布在昆嵛山海拔700米左右的山体上，可利用面积866.7公顷，占可利用总面积的0.55%。因海拔高、气温低、湿度大、风力强，乔木树种稀少，草本植物生长茂盛，土壤积累较厚腐殖质，有机质含量达6%。

第二节 植 被

自然植被 在海拔700米以上的昆嵛山顶部，以灌木胡枝子、草本羊胡子为优势种，生长茂盛，郁闭度大，生物积累作用明显。山地丘陵的中上部，乔木主要为赤松，灌木主要有大油芒、地柏和胡枝子，草本植物主要为羊胡草、黄背草。山丘中部为针叶、阔叶混交乔木，有麻栎、刺槐、赤松，灌木有胡枝子、酸枣、荆条，草本植物有黄背草、羊胡草、百里香。山丘下部为阔叶乔木，有杨树、刺槐、泡桐、楸树、果类，灌木主要为棉槐、蜡条，草本植物有芦苇、马唐等。海滨滩地乔木有黑松，灌木有柽柳，草本植物有黑蒿、碱蓬和芦苇等。

人工植被 一是农作物类，以种植的粮食、油料、蔬菜等为主。二是林木类，以经济林、用材林、防护林为主，树种有苹果、桃、梨、核桃、文冠果、板栗、枣、柿子、樱桃、山楂、桑、石榴、无花果、海棠、李、杏、黑松、赤松、杨树、侧柏、银杏、法桐、柳树、麻栎、刺槐、榆树、国槐、水杉、龙柏、蜀桧、臭椿、白蜡、泡桐、楸树、栾树、合欢、火炬、玉兰、黄栌、樱花、紫叶李、木槿、紫荆、紫薇、雪松等。三是城市绿化类，所用木本草本植物种类繁多，乔木有白皮松、五针松、造型黑松、造型蜀桧、雪松、黑松、朴树、水杉、云杉、金枝国槐、青枫、元宝枫、柿树、柳树、龙柏、圆柏、赤松、大叶女贞、广玉兰、油松、白杆、整形榔榆、三角枫、五角枫、鸡爪槭、黄栌、乌桕、盐肤木、黄连木、鹅掌楸、白玉兰、二乔玉兰、紫玉兰、河柳、馒头柳、金丝垂柳、旱柳、柽柳、梨树、山楂、板栗、山杏、核桃、金叶榆、稠李、君迁子、榔榆、桑树、车梁木、苦楝、毛白杨、银杏、嫁接银杏、七叶树、皂角、合欢、臭椿、构树、拐枣、喜树、楸树、香花槐、刺槐、国槐、法桐、泡桐、白榆、榉树、杜仲、栾树、白蜡、火炬、无患子、梧桐等100余种；花灌木有红枫、北京丁香、紫丁香、白丁香、暴马丁香、小叶丁香、垂丝海棠、西府海棠、木瓜海棠、四季秋海棠、红宝石海棠、贴梗海棠、紫薇、蜡梅、美人梅、榆叶梅、早樱、日本晚樱、木槿、紫荆、石榴、紫叶桃、碧桃、红叶碧桃、紫叶李、红叶李、法国冬青、接骨木、龙爪槐、山茶花、夹竹桃、紫叶紫荆、金银木、金丝桃、紫叶矮樱、日本海棠等60余种；地被有沙地柏、南天竹、红叶石楠、雀舌黄杨、小叶黄杨、龟甲冬青、大叶黄杨、八角金盘、金森女贞、紫叶小檗、红叶小檗、牡丹、八仙花、月季、柳叶绣线菊、金焰绣线菊、迎春、迎夏、连翘、水蜡、小叶女贞、常春藤、忍冬、金边黄杨、瓜子黄杨、北海道黄杨、小龙柏、洒金柏、铺地柏、金叶女贞、金叶莸、金枝槐、红瑞木、珍珠梅、黄刺玫、锦鸡儿、溲疏、结香、猥实、平枝栒子、胡枝子、海州常山、天目琼花、流苏、雪柳、棣棠、无刺枸骨、胶东卫矛、红王子锦带、紫叶锦带、凤尾兰、剑麻、石岩杜鹃、丰花月季、大花月季、地被月季、麻叶绣线菊、粉花绣线菊、珍珠绣线菊、映山红、毛杜鹃、高山杜鹃、丛生福禄考、宿根福禄考、鼠尾草、兰花三七、鸢尾、金边麦冬、花叶麦冬、金娃娃萱草、大花萱草、花叶玉簪、玉簪、大叶扶芳藤、小叶扶芳藤、松果菊、假龙头等160余种；草坪有红三叶、白三叶、早熟禾、高羊茅、黑麦草等10余种。2013年，建成区绿化面积达2138.9万平方米。

第六章 海 域

第一节 海 岸

文登市南濒黄海，海岸线东起靳家店村南蔡官河口，西至黄垒河口，全长155.88千米。青龙河口、昌阳河口、母猪河口、黄垒河口等处，因河水挟带泥沙沉积，加上70年代以后人工筑堤围滩，海岸线明显南移。汤村店子村南，明嘉靖《宁海州志》称为“汤村滩”，今距海已达5千米；40年代初，渔船可沿母猪河口随涨潮停靠宋村镇姚山头村南；2005年，该处已距海6千余米，原在海中的高岛、麦岛，已与大陆相连。除河口附近，其余岸段变化不明显。大部分海岸为平缓的泥沙岸。靖海湾岸和前岛、五垒岛一带为海蚀崖，鹅嘴以西到浪暖口，粉沙分布较多。

图2-2 文登市海岸线图（2011年8月7日制图）

第二节 海 湾

靖海湾 位于埠口港西、五垒岛湾东，属文登、荣成两市。明洪武三十一年（1398）为防倭寇入侵，明政府设靖海卫于东岸，故名靖海湾。湾口介于靖海角与牛心岛之间，宽约13千米，纵深10千米。湾内水深2.7～4.5米，泥及泥沙底。湾岸线曲折，岸势甚低，有数个浅水咸湖。湾内又有涨濛港（属荣成市）、龙门港等小港湾。湾口东侧的靖海角（属荣成市）有一礁脉向西南延伸，名凤凰尾；港口西侧二岛、牛心岛凭借礁盘、沙嘴与陆地相连。湾之西北隅有山嘴礁脉伸入海中1.2千米，高37.6米。湾口东南向，口外无掩护，外海偏南向的波浪能直接进入，故波浪较大。

五垒岛湾 位于文登市南境。湾之东南有5座小岛，海上遥望，形同堡垒，故名。湾口东起牛心岛，西到鹅嘴（俗称二嘴子），东西约15千米；北到昌阳河口，纵深约13千米。湾口外缘和湾内两沟渠水深0.1～2.9米，余为干出泥沙滩。滩坡比降1/1000。底质细腻，从北到南，依次为泥滩、泥沙滩和沙滩。

第三节 岛 屿

境内有7个较小岛屿，均属大陆岛，系断裂分离出来的基岩岛，分布在泽库镇海域，无人居住。

牛心岛 因远望似牛心而得名。主岛似倒放的石瓮，故俗名瓮岛，别名文墩冈。文墩冈似为“瓮倒缸”的音转。面积9580平方米，位于北纬36°53′2.70″，东经122°2′41.8″，距大陆最近点2千米。大部为裸露岩石，小部有土壤覆盖。岛根部为礁盘、砂砾、卵石滩，枯潮可步涉岛上。主岛为圆形海蚀柱，岩崖陡峭。海岛顶端修有航标灯，已停用，修有人工台阶及简易泊位。岛上草丛、灌木、乔木等植被保护良好。

图2-3 牛心岛（2011年3月19日摄）

里岛 位于牛心岛西南1.6千米处。因与诸岛相比，该岛在海中最里边，故名“里岛”。西北—东南向。面积5954平方米，位于北纬36°52′37.6″，东经122°1′47.6″，距大陆最近点3千米。周围为海蚀崖，表层棕褐色土覆盖，植被占80%。

鳌头 面积286平方米，位于北纬36°52′18.52″，东经122°1′45.9″，岛上有草丛。

华山 面积251平方米，位于北纬36°52′40.63″，东经122°1′43.16″，岛上无植被。

文登人石 面积145平方米，位于北纬36°53′10.2″，东经122°3′3″，岛上无植被。

陀螺头 面积114平方米，位于北纬36°53′34.93″，东经122°2′57.84″，岛上无植被。

怀石 面积35平方米，位于北纬36°53′16.2″，东经122°2′51″，岛上无植被。

第四节 潮 汐

境内除临近荣成市的靖海角附近为不正规半日潮，其余海域均属正规半日潮，每昼夜有规律地两涨两落。

五垒岛湾 平均高潮间隙2时21分，平均低潮间隙8时21分。平均大潮升3.59米，小潮升3.05米，平均海面2.10米（潮流资料参见靖海湾西侧海流）。湾内主要受外海南向波浪影响。

靖海湾 平均高潮间隙2时23分，平均低潮间隙8时35分。平均大潮升3.14米，小潮升2.78米，平均海面2.00米。湾口东侧涨潮北偏西流，流速1.7～2节；落潮南偏西流，流速0.8节。湾口西侧琵琶岛南方约2海里处，涨潮西流，流速0.5节；落潮东南流，流速1.8节。

第五节 海水表层温度与盐度

水温 根据文登前岛验潮站观测，2013年前岛海域表层海水温度平均值为13.6℃。最大值为30.1℃，出现在2013年8月14日；最小值为-1.6℃，出现在2013年1月4日。

盐度 根据文登前岛验潮站观测，2013年前岛海域表层海水盐度平均值为29.4‰。最大值为31.0‰，出现在2013年12月9日；最小值为27.3‰，出现在2013年8月24日。

第七章　地　震

第一节　地震烈度

境内初村镇北部沿海有一北西西向断裂，称蓬莱—威海断裂，其东段在环翠区、荣成出露。半岛东部又有一组北东向断裂，称牟平—即墨断裂，由大致平行的4条断裂组成。该组断裂与蓬莱—威海断裂在环翠区西北部海域相交，是半岛地区主要发震区之一。1998年6月，中国地震局批复由山东省地震工程研究中心完成的《文登市城区地震小区划工作报告》，同意文登市城区场地基本烈度为Ⅶ度。

第二节　地震史料

全球地震频发带为北纬20°～50°之间，文登属于这一区域，但已发生的破坏性地震震中都不在文登境。据《山东省历史地震目录》和山东省防震减灾信息网记载，自公元495年到2005年，文登市（县）有感地震记载共62次，其中震中在文登东境12次，震级为3～4.5级，均未成灾。

史载波及文登的较大地震有3次：

明隆庆二年三月二十八日（1568年4月25日），渤海湾北部发生6级地震，蓬莱、宁海州、文登均震。

康熙七年六月十七日（1668年7月25日），郯城与莒县之间发生8.5级地震，据清光绪《文登县志》记载，文登“地大震，声如雷，城垣民舍多倾圮，烈风三日”。

1948年5月23日17时许，地震屋晃。震中在今威海北部海域，震中6级，文登北部烈度为Ⅵ度。

1991—2013年文登市2.0级以上地震情况表

表2-13

时间	震中位置			震级	震感
	北纬	东经	地名		
2005-01-02	37.07°	125.56°	小观镇	2.4	弱
2007-07-24	36.90°	122.10°	前岛南部沿海	3.6	有感
2007-08-01	36.90°	122.10°	前岛南部沿海	2.6	弱
2008-03-03	36.60°	122.00°	文登近海	2.0	弱
2008-04-16	36.89°	122.90°	文登近海	2.2	弱
2009-04-06	37.59°	122.18°	文登近海	2.1	弱
2009-05-03	37.27°	121.90°	文登市	2.1	弱
2009-08-24	36.81°	122.02°	文登近海	2.4	弱

第八章　自然资源

第一节　土地资源

据文登市国土资源局统计，2013年，全市土地总面积182916.41公顷，其中，山地占19%，丘陵占58.4%，平原占22.6%。全市土地利用现状分类中，耕地64589.83公顷，占土地总面积的35.31%；园地12565.34公顷，占土地总面积的6.87%；林地31031.83公顷，占土地总面积的16.97%；草地4500.57公顷，占土地总面积的2.46%。城镇村及工矿用地26183.10公顷，占土地总面积的14.31%；交通运输用地8884.28公顷，占土地总面积的4.86%；水利设施用地19754.00公顷，占土地总面积的10.80%。其他用地15407.46公顷，占土地总面积的8.42%。

按照全国《第二次土壤普查技术规程》要求，土地评级按八级制进行。一至四级为农业用地，五至七级为林牧业用地，八级地农、林、牧不能利用。文登市因积温不足，达不到纯作一年两熟的要求，故无一级地，仅有二至八级地。

二级地　占可利用总面积的1.26%，重点分布于文登的西南、东南和北部的平泊地带，主要为潮土和潮棕壤。地势平坦，土层深厚，壤质或轻壤质，保水保肥性能强，水浇条件好，适种小麦、玉米，一年两作，高产稳产。

三级地　占可利用总面积的9.00%，主要分布于境内西、南部，次为东北部，地势平缓或微斜地带，土壤为潮土和棕壤，表层质地砂壤至中壤。障碍因素：水源不足，排灌设施不完善，有季节性旱涝威胁，土体中有浅位夹黏层，有轻度盐化或漏水漏肥现象。

四级地　占可利用总面积的54.23%，主要分布于山丘坡地、河流沿岸和滨海地带。土壤为棕壤和潮土。表层质地为砂壤至中壤，部分为粗砂或石碴土。障碍因素：排灌条件差，水利设施不完善，土体厚度小于60厘米，或浅位出现障碍层，耕层质地不良或轻至中度盐化，或漏水漏肥，土壤肥力较低等。

五级地　占可利用总面积的12.27%，主要分布于全市岭丘顶部、岭丘梯田和局部沿海、河流一带。土壤类型为棕壤性土、河潮土和滨海潮土。障碍因素：质地松散，通体为砂壤土或卵石砂壤土，漏肥漏水，土体浅薄，坡度大，水土易流失，无水浇条件，旱涝威胁大。作物生长不良，产量低而不稳。部分农田应退耕还林。

六级地　占可利用总面积的7.47%。主要分布于荒坡岭、滨海滩地和河畔砂滩地。土壤为棕壤性土、河潮土、滨海潮土和盐化潮土。该地不宜耕种，可发展林牧业。

七级地　占可利用总面积的15.66%，主要分布于界石、葛家、米山、市区、文登营、大水泊的荒坡岭。土壤为棕壤性土，地势高，坡度大，土层薄，侵蚀严重。只能短期生长杂草，应长期封山，养草蓄土。

八级地　占可利用总面积的0.11%，主要分布在山地顶部和滨海滩地。土壤类型为棕壤性土和滨海滩地盐土。山顶岩石裸露，植被度小于60%；滩地含盐量大，植物难以生长。

第二节　水资源

地表径流　文登市平均地表水天然资源量、多年平均径流深、径流系数，按国土面积1829平方千米计算，1956—2010年平均地表水天然资源量为4.96亿立方米，平均径流深为271.2毫米，平均径流系数为0.33。

地下水　地下水资源量主要分两部分：山丘

区地下水资源量和平原区地下水资源量。根据分析计算，1956—2010年，境内山丘区平均地下水资源量为1.00亿立方米，平原区平均地下水资源量为0.67亿立方米，全市平均地下水资源量为1.64亿立方米，重复计算量为0.03亿立方米，地下水产水模数为8.97万立方米/平方千米。

1956—2010年，全市平均地下水可开采量为0.92亿立方米，地下水可开采模数为5.03万立方米/平方千米。现工程技术条件下可开采利用量为0.62亿立方米。

水资源量　1956—2010年，全市平均降水量为810.7毫米，平均年径流深271.2毫米，平均水资源量为5.62亿立方米，其中平均地表水资源量4.96亿立方米，平均地下水资源量1.64亿立方米，重复水量为0.98亿立方米。现状条件下，全市1956—2010年平均水资源可供水量为1.94亿立方米，其中地表水可供水量1.32亿立方米，地下水平均可供水量0.62亿立方米。

1956—2010年文登市不同保证率水资源总量情况表

表2-14

保证率	地表水资源量（亿立方米）	地下水资源量（亿立方米）	重复水量（亿立方米）	水资源总量（亿立方米）	产水模数（万立方米/平方千米）
多年平均	4.96	1.64	0.98	5.62	30.72
20%	7.25	1.64	0.93	7.96	42.59
50%	4.30	1.64	0.90	5.04	27.56
75%	2.63	1.64	0.96	3.31	18.10
95%	1.11	1.64	1.13	1.62	8.86

第三节　矿产资源

文登市大地构造地处新华夏系第二隆起带胶东地区的东部，文荣凸起的中心部位，矿产资源比较丰富。其中，花岗岩储量巨大，为境内优势资源；地下热水是胶东地区最多的县市；石墨、钾长石、大理石的储量也较可观。全市已发现的矿产资源有花岗岩、大理石、矿泉水、黄金、铁、锰、银、铜、钾长石、石英砂、石墨、滑石、高岭土、磷矿、铁矿、蛭石、石英石、水晶、石榴石、云母、长石、石棉、泥炭、透辉石、砖瓦用黏土等29种。

金属

金　明末清初顾炎武著《天下郡国利病书》载，文登封存的金银矿洞24处，其中部分矿洞已被重新发现。中华人民共和国成立后多次普查，先后有冶金部811地质队、第三勘查队，山东地质矿产局第三地质队、第四地质队、第六地质队、武警十支队等到文登进行矿产资源勘查，发现金矿和金矿点24处，已查明岩金储量155千克，基础储量195千克，资源储量277千克。

西院下—小芦头金矿带　带内遍布SN向压扭性断裂，已查明西院下、张格庄、英山前、姚家庄、峰山、万家口、郐家、小芦头等矿点11处。为硅化岩型和石英脉型金矿，其中4处产在玲珑超单元花岗岩内，7处产在荣成超单元变质变形花岗岩中。

汤村店—上冷家金矿带　产在文登花岗岩体南侧的变质变形岩体中。带内NW向压扭性断裂发育，已有大时家、上冷家、汤村店、河南洪家、安子泊、南渠格、寨前杨家矿点7处。以硅化岩型为主，少量石英脉型，大部产在荣成超单元变质变形花岗岩中，2处在玲珑超单元花岗岩中。

王家产—岭西金矿带　产在昆嵛山体与文

登岩体之间的荣成超单元变质变形岩体中，南北向延展，长约14千米，宽2千米。带内发现王家产、岭西、西马格金矿点3处，以绢英岩型为主，北端为硅化岩型。

西武林—孙家沟金矿带　在文登花岗岩体北侧的变质变形岩体中，有3条主断裂蚀变带平行排列，长10千米以上，以硅化岩型为主。该带蚀变强、分布广、矿化范围大、含金量高、成矿远景较好。带内发现上夼、孙家沟、西武林金矿点3处。

此外，母猪河断裂成矿带中部和南部，迄今未系统地考察和研究，但已明显地分出西院下—张格庄、郃家—南七口成矿远景区；预测小型砂金矿点2处，资源储量173千克，因规模小及土地、环保等因素，尚未开发。

铁　铁矿点、矿化点共33处，其中属热液型的22处，有预测资源量的矿（床）点9处，共有资源量211万吨；岩浆分异型的11处。热液型铁矿点集中分布在文城以南的紫金山岩体周围，岩浆分异型铁矿集中分布在小洛—花岛断裂与泽库断裂之间。1953－1958年，许多单位进行铁矿调查，并用土法采矿炼铁。1959年6月，省地质局胶东第一地质队对境内南部矿点进行普查。较大矿点有小洛、西廒、辛立庄、滩西头和寨里等地，平均含铁在30%左右，储量11.9万吨～59万吨。由于品位低、规模小，目前尚无工业利用价值。

钼　米山镇小山前矿化点，属辉钼矿。1967年省地质局805队和1970年省地质局第三地质队发现并勘查，规模不详。

硫铁　发现矿化点2处。葛家英山前硫铁矿化点，属花岗岩中的硫铁矿石英脉，1960年县地质队勘查，品位6%。汪疃镇前白鹿屯矿化点，属中温热液裂隙充填型，产于条带状混合岩化黑云斜长片麻岩中，矿化不均，硫目估品位5%。另外，泽库镇辛旺庄有石英脉伴生硫铁矿，保有基础储量64.9万吨。

此外，宋村镇北马山、停驾沟村东北、郭家店，环山街道口子后村西山坡，汪疃镇鞠家庄有铜矿化点，保有铜资源量1297吨；宋村镇停驾沟还发现锌矿化点，规模不详；文登营镇驾山窑、宋村镇停驾沟均发现铅矿化点；宋村镇郭家店、小观镇万家口有锰矿化点，预测资源量3万吨；臧格庄石墨矿伴生钛矿（金红石），保有基础储量59588吨；侯家镇金矿伴生银矿1处，预测资源量2450千克。

非金属

水晶　已发现水晶矿点12处：界石镇晒字村，环山街道苏家河村，泽库镇长会口村、尹家村、滩西头村、西泊村、刘家村，侯家镇下郭家村、东廒村，葛家镇占甲埠村、宫家庄村、黄龙岘村。晒字水晶矿，1960年省地质局812队勘探评价，求得C_2级压电石英197.45千克，品位0.146千克/立方米。熔炼石英27.88吨，品位58.74千克/立方米。用边探边采方式，已采出晶体30吨，基本采空。

磷　分布在泽库镇的前岛、滩西头两处。属小型低品位磷矿床。前岛磷矿位于前岛村北100米山南坡，矿石属云煌岩。滩西头磷矿位于滩西头村北约300米处。1976年8月，省地质局第三地质队对两地进行详查评价，滩西头矿求得C_2级矿石储量114万吨，前岛矿求得C_2级矿石储量40万吨。

滑石　已知滑石矿、矿点、矿化点8处，集中分布在汪疃镇的西三庄、黑龙洼、汪疃、西梁格、王家庵、上韩家和金子岭。其中黑龙洼滑石矿，1979年由省地质局第三地质队初步普查，圈定矿体13个，为不规则的凸镜状，产于荆山群野头组中，矿石为透闪岩经热液交代形成。矿石矿物主要为滑石，含量高于70%，次要矿物有透闪岩、金云母、绿泥石、方解石等。求得D级储量4.24万吨。

石墨　矿床、矿点4处。宋村镇臧格庄石墨矿为中型矿床，位于臧格庄村北。1979年至1982年10月，省地质局第三地质队普查、勘探。矿床产于荆山群陡崖组变粒岩、透辉岩和大理岩中。矿石类型主要为变粒岩型，次为透辉岩型。共有5个矿带，8个矿体。矿体长270～2150

米，厚6～9米，最厚31.68米。矿石品位（固定碳）5%～8%。求得A+B+C+D级矿石量1455.6万吨，石墨量51.16万吨。沉积变质成因。1976年县建材工业公司在宋村镇臧格庄建起1处石墨矿，由于品位低、矿脉窄和采富弃贫、掠夺性开采，造成成本过高，资不抵债，1986年成为文登首家破产的国有企业。其余3处矿点位于大水泊镇口子村、宋村镇郭家店村和侯家镇江山泊村东南。由于矿点规模小、品位低，矿石中石墨呈粉末状，无工业开采价值，一直未开发。

钾长石 资源丰富，集中分布在界石镇的旸哩、西院下（中型矿床）和姜家泊子村。矿床产于昆嵛山和文登花岗岩岩体的北部接触带附近。除西院下钾长石矿经地表评价外，葛家镇背眼村、文登营镇等其他小型矿床和矿点仅作一般性矿点调查。

西院下钾长石矿位于界石镇西院下村南300米高顶山上。1977－1978年，文登县地质队和省地质局第三地质队联合普查，矿体为小伟晶岩体，长150米，平均宽36.25米。矿主要由钾长石组成，钾长石呈肉红色、灰白色，含量90%左右。另有少量石英、绢云母等。矿石储量14.64万吨。

钠长石 发现矿点7处：界石镇蒿埠村、崮头集村，葛家镇背眼村、松岚后村（2处），宋村镇臧格庄、宋疃庄。90年代初，开采崮头集与背眼村2处，年产矿石5000吨。因未做地质工作，资源量不详。

高岭土 共有矿床、矿点、矿化点13处，除小观高岭土矿已进行初步评价外，其余各点仅作一般性调查。小观高岭土矿位于小观镇小观村东。1965年，省地质局第三地质队二分队普查，求得矿石量78.1万吨，属小型矿床。矿体大小15个，产于高岭土化的花岗岩中，呈北西—南东向分布。矿体最长600米，最短50米，宽60～80米，最窄1米。矿石类型主要为花岗岩型，少量为伟晶岩型，属受破碎带控制的风化残余型矿床。矿石矿物：主要有高岭石（30%～70%）、石英（20%～30%）、微斜长石（0%～30%）、更长石（0%～40%）；次要矿物有黑云母（0%～5%）、绿泥石、白云母、褐铁矿；少量矿物有磁铁矿、锆石、金红石、水云母及胶岭石。1965年10月10日，经省地质局实验，选矿效果较好。是年11月，省淄博硅酸盐研究所先后作过“高岭土矿物——化学组成和工艺试验”“矿物组成、耐火度试验”，可制作日用高级瓷和粗瓷。1987年5月，经省地质局实验室取样试验，可作造纸填料，制造高级铜版纸。该矿属小型矿，求得C_2级储量78.1万吨，工业矿石量16万吨。另外12处分别位于小观镇生家埠村东、泽库镇泽库村北、大水泊镇三庄、文登营镇八里庙村北、泽库镇西泊村东、泽库镇五垒岛村东、葛家镇黄龙岘村南山、泽库镇南辛庄村西、高村镇脉田村东北山包后、文登营镇东北火石山、莒山镇东莒山村北山、泽头镇里岛村南。

蛭石 发现环山街道苏家河村和米山镇东下庄两处蛭石矿。产于槎山超单元和伟德山超单元中，成矿与基性岩脉和伟晶岩脉的侵入热液活动有关。1957年胶东有色地质队和1960年文登县地质队分别做过矿石勘查，估计储量分别为463吨和1000余吨，属小型矿床。

建筑花岗岩 境内花岗石种类多、分布广，资源非常丰富，分布面积约占全市面积的60%。昆嵛山花岗岩分布于文登西部与乳山交界处，面积约140平方千米，预测资源量48亿立方米；文登花岗岩俗称“文登白”，主要分布在市区东部，面积约350平方千米，预测资源量110亿立方米；中生代似斑状花岗闪长岩，出露面积约80平方千米，预测资源量27.5亿立方米；似斑状中粗二长花岗岩出露面积约150平方千米，预测资源量51.5亿立方米。有集中开采区5处：界石镇崮山后，汪疃镇上夼，葛家镇潘家上口，宋村镇北马，天福街道北潘家，保有资源储量2.2亿立方米，其中基础储量1.56亿立方米，资源量6368万立方米；大水泊、张家产的花岗石以黑白相间、雅致庄重著称，1958年曾用于人民大会堂建设；葛家、界石之花岗石则以天然蛇纹、素描巧绝而著称，1980年始出口日本。

大理岩 一处在市区西南30千米小观镇爬山南侧。地质储量51.03万吨。主要用于水泥、石灰、陶瓷的烧制。另一处在侯家镇二马村有建筑饰材大理石矿点，岩石为蛇纹石化橄榄白云大理岩，远景地质储量100万立方米。

砖瓦用黏土 分布在全市各镇，土质较好，主要用于烧制各种砖瓦。年开采量40万立方米。

建筑用砂 资源较丰富。分布于母猪河及其支流，源于各类花岗岩岩体中，砂粗、泥少、质好。探明中型矿床1处——母猪河泽头镇河段，保有储量2634万吨。另有其他矿点储量约1500万吨；沿海海砂资源量约8000万吨。

地热 文登市地热资源丰富，已知境内出露温泉有5处，分别为市区七里汤、张家产镇汤村汤、高村镇呼雷汤、葛家镇大英汤、文登营镇洪水澜汤。主要分布在岩浆岩边缘部位的构造带上，与近期岩浆活动及构造活动有关，系高温地热场的一种反应。泉水自然出流，无喷涌现象。水温68.0～77.0℃。属中温热水型。日涌水量1324.08立方米，流量最大的温泉每小时出水41.4立方米。矿化度为每升0.764～7.020克，以氯化物、硫酸盐型水为主，含有多种微量元素，水质、水温、出水量全国少有。可用于工业缫丝、养殖育苗，对神经、消化、运动和心血管等系统的病患及皮肤病等疗效明显，可以满足大型温泉洗浴、健身疗养浴场建设的需要。

七里汤 位于市区西南部，已与市区连为一体，其地理坐标为北纬37°11′12″，东经122°01′13″，附近有威青高速公路、荣兰线、初张公路等交通干线通过，交通便利。地热田处于东母猪河北段河南岸，地面标高为58.91米，属山间谷地地貌，总体地势东北高西南低，北侧的东母猪河常年有水。地热田处于母猪河断裂之次级断裂—东母猪河断裂中段，地下热水储存于印支期中粗粒二长花岗岩破碎带中。面积0.015平方千米。水质较好。

汤村汤 位于张家产镇汤村店子村西南，距市区15千米，其地理坐标为北纬37°03′37″，东经122°02′42″，附近有初张公路、荣兰线、圣海路通过。地热田位于昌阳河北岸，地面标高为13米，属山间谷地地貌，总体地势东北高西南低，南侧的昌阳河常年有水。地热田处于北东向昌阳河断裂和近东西向汤村店子断裂交汇处。该区出露岩层较单一，主要为晋宁期片麻状细粒含黑云二长花岗岩和印支期含斑中粗粒二长花岗岩。面积0.003平方千米。水质较差，矿化度较高。

呼雷汤 位于高村镇汤西村东，距市区20千米，其地理坐标为北纬37°06′32″，东经122°11′16″，附近有初张公路、荣兰线、石泽线通过。地热田位于青龙河西岸，地面标高15.49米，属山间谷地地貌，总体地势西北高东南低，东侧的青龙河常年有水。地热田处于北东向青龙河断裂和近东西向汤西断裂交汇处。主要为晋宁期细纹状细粒二长花岗岩和片麻状细粒黑云角闪花岗闪长岩。水位埋深1～3米，面积0.045平方千米。水质较好。

大英汤 位于葛家镇大英村北，距市区22千米，其地理坐标为北纬37°06′45″，东经121°51′40″，附近有桃威铁路及荣兰线等交通干线通过。地热田位于母猪河中段西岸，地面标高为10米，属山间谷地地貌，总体地势北高南低，东侧的母猪河常年有水。地热田处于母猪河断裂带的西部，地下热水储存于燕山期中粒石英二长岩和中细粒二长花岗岩接角破碎带中。出露的岩层较单一，主要为岩浆岩，特别是燕山期中细二长花岗岩和中粒石英二长岩分布最广。面积0.009平方千米。水质较好。

洪水澜汤 位于文登营镇与草庙子镇交界处，距市区20千米，其地理坐标为北纬37°15′57″，东经122°06′07″，附近有威青高速公路等交通干线通过。地热田位于东母猪河上游支流的北岸，地面标高为66.83米，属山间谷地地貌，总体地势东北高，西南低，南侧的东母猪河支流常年有水。地质构造以北东向压扭性断裂为主体，即东母猪河断裂，该断裂产状为北东45°，倾角为55°～70°，由多条断裂组成，切割深，延伸远。与之相交的断裂为北西向断裂，呈张扭性，二断裂的存在是洪水澜汤地热田形成的主要因素。东母猪河断裂的长期活动和中生代印支期以来的岩浆活动，为地热水的形成提供了热源。地下水类型有松散岩类孔隙水和基岩裂隙水。地热田属对流型。热水静水位埋深 3 ～ 4 米，动水位埋深 10 ～ 15 米，平均水温 73℃，年变幅 2 ～ 5℃，最高水温出现于 8 月，最低水温出现于 12 月，水温的变化与开采量和气温有关。面积 0.2 平方千米。水质清澈透明，可饮用。

文登市温泉情况表

表 2–15

名称	自流量（立方米 / 时）	水温（℃）	标高（米）	pH 值	总硬度（毫克 / 升）	矿化度（克 / 升）
七里汤	41.40	77.0	58.91	7.8	57.5	0.764
汤村汤	6.84	68.0	13.00	7.3	2376.9	7.020
呼雷汤	2.02	68.0	15.49	6.8	146.4	1.106
大英汤	1.80	75.0	10.00	7.5	535.2	2.094
洪水澜汤	3.11	73.0	66.83	7.3	74.3	0.992

水气 境内饮用矿泉水资源比较丰富，通过省级以上部门鉴定的饮用天然矿泉水产地 4 处，日可采水量约 1000 立方米以上。均为低矿化度的淡味矿泉水，含有益成分为偏硅酸、锶、碘等。具体分布：

界石镇西南，地理坐标北纬 37° 12′ 10″，东经 120° 48′ 20″。偏硅酸含量为 40.6 ～ 47.31 毫克 / 升，允许开采量 230 立方米 / 日。

界石镇三瓣石村北，地理坐标北纬 37°14′40″，东经 121° 48′ 30″。偏硅酸含量为 33.7 ～ 54.2 毫克 / 升。

界石镇三瓣石村西北 1500 米处，地理坐标为北纬 37° 14′ 35.7″，东经 121° 47′ 53.9″。偏硅酸含量为 30.40 ～ 32.50 毫克 / 升，允许开采量 52 立方米 / 日。

泽头镇，地理坐标为北纬 36° 52′ ～ 37° 28′，东经 121° 43′ ～ 122° 18′。偏硅酸含量为 45.50 毫克 / 升，允许开采量 240 立方米 / 日。

第四节 滩涂资源

境内 15 米等深线以内浅海面积 292.7 平方千米，滩涂 126 平方千米。有 4 条较大的入海河流，陆地上大量的营养盐被河水带入浅海，因而浅海和潮间带生物资源比较丰富，约有 211 种（属）。其中浮游植物 26 种（属）。浮游动物 18 种（属），以低温高盐种中华哲水蚤、太平洋磷虾、细脚拟长、强壮箭虫、背针胸刺水蚤和夜光虫等为优势种。底生植物 30 种，分布在前岛、牛心岛、花岛等岛礁周围，其中绿藻 7 种，主要有石莼、孔石莼、浒苔等；褐藻 11 种，主要有海带、裙带菜等；红藻 10 种，主要有条斑紫菜、石花菜、江蓠等；高等植物 2 种，为大叶藻和虾海藻。15 米等深线内浅海底栖动物 23 种，以无疣齿吻沙蚕、异足索沙蚕、白樱蛤、胶州湾角贝、双眼钩虾等为优势种。潮间带和 5 米等深线内浅海底栖动物 114 种，其中腔肠动物 2 种；扁形动物 2 种；纽形动物 1 种；环节动物 14 种；拟软体动物 1 种；软体动物 62 种，主要分布于潮间带和潮下带海域，以红螺、泥螺、泥蚶、毛蚶、贻贝、寻氏肌蛤、太平洋栉孔扇贝、褶牡蛎、近江牡蛎、文蛤、青蛤、杂色蛤、四角蛤蜊、中国蛤蜊、西施舌、长竹蛏、大竹蛏、缢蛏等为优势种。节肢动物 23 种，主要分布于 15

米等深线以内海域，以宽身大眼蟹、日本大眼蟹、黑斑虾蛄等为优势种。棘皮动物8种，主要分布于岩礁底质的潮间带海域，以海地瓜、海棒槌、粗钝海盘车为优势种。游泳生物种类较多，主要分布在浅海海域，经济价值及近年产量较高的优势种有中国团扇鳐、鲻鱼、太平洋鲱、青鳞鱼、远东拟沙丁鱼、黄鲫、海鳗、星鳗、鳕鱼、鲻鱼、梭鱼、鲈鱼、黑鳃梅童鱼、大黄鱼、小黄鱼、白姑鱼、真鲷、黑鲷、玉筋鱼、鲆类、带鱼、鲐鱼、蓝点马鲛、银鲳、舌鳎、条鳎、马面鲀。无脊椎动物分布在浅海水域，种类亦较多，常见的有日本枪乌贼、针乌贼、金乌贼、鱿鱼、长蛸、中国对虾、鹰爪虾、中国毛虾、日本毛虾、三疣梭子蟹等。2000年始，引进的养殖新品种有大菱鲆、南美白对虾、"黄海1号"中国对虾、红鳍东方鲀、菊黄东方鲀等品种。

第五节 野生动物资源

以昆嵛山自然保护区为代表，区内野生动物（含淡水浮游动物和鱼类）有10纲47目225科1161种（含亚种）。

国家Ⅰ级重点保护野生动物9种：兽类有梅花鹿，鸟类有大鸨、白鹤、丹顶鹤、白肩雕、金雕、中华沙鸭、黑鹳、白鹳。

国家Ⅱ级重点保护野生动物40种，全系鸟类，有草鸮、红角鸮、领角鸮、雕鸮、斑头鸺鹠、鹰鸮、纵纹腹小鸮、长耳鸮、短耳鸮、小杓鹬、灰鹤、红隼、红角隼、灰背隼、燕隼、猎隼、游隼、鹗、秃鹫、灰脸鵟鹰、普通鵟、毛角鵟、大鵟、鹊鹞、乌灰鹞、白头鹞、白尾鹞、松雀鹰、雀鹰、赤腹鹰、苍鹰、栗鸢、鸢、凤头蜂鹰、鸳鸯、小天鹅、大天鹅、白额雁、黄嘴白鹭、角鸊鷉。

山东省重点保护野生动物54种：兽类有豹猫、花面狸、狗獾、黄鼬、狼、狐、麝鼹，鸟类有普通朱雀、黄雀、暗绿绣眼鸟、红喉歌鸲、黑枕黄鹂、太平鸟、凤头百灵、星头啄木鸟、棕腹啄木鸟、蚁䴕、三宝鸟、白喉针尾羽燕、普通夜鹰、小杜鹃、四声杜鹃、棕腹杜鹃、灰斑鸠、红颈滨鹬、白腰杓鹬、董鸡、普通秧鸡、雉鸡、石鸡、红胸秋沙鸭、赤膀鸭、针尾鸭、灰雁、栗尾鳽、白鹭、中白鹭、大白鹭、牛背鹭、绿鹭、草鹭、苍鹭、凤头鸊鷉、黑颈鸊鷉，爬行动物有乌龟、石龙子、北草蜥、黑眉蝮，两栖动物有东方铃蟾、金线侧褶蛙、黑斑侧褶蛙、中国林蛙，陆栖节肢动物有东方钳蝎。

列入《濒危野生动植物种国际贸易公约》动物35种：其中列入《公约》附录Ⅰ级的有小杓鹬、丹顶鹤、白鹤、游隼、狼等6种；列入《公约》附录Ⅱ级的有草鸮、红角鸮、领角鸮、雕鸮、斑头鸺鹠、鹰鸮、纵纹蝮小鸮、长耳鸮、短耳鸮、黑鹳、乌龟等19种；列入《公约》附录Ⅲ级的有绿翅鸭、赤颈鸭、白眉鸭、牛背鹭、大白鹭、白鹭、黄鼬等10种。

第六节 野生植物资源

以昆嵛山自然保护区为代表，区内野生高等植物有161科536属1073种。其中苔藓植物

图2-4 昆嵛山野生植物（2009年6月3日摄）

46科109属189种，纤维植物115科427属884种，为山东省植物种类最丰富的地区之一。

国家Ⅰ级保护植物1种：银杏。

国家Ⅱ级保护野生植物6种：中华结缕草、胡桃楸、野大豆、黄檗、紫椴、水曲柳。

列入《濒危野生动植物种国际贸易公约》的植物10种：天麻、小斑叶兰、绶草（盘龙参）、朱兰、北火烧兰、细葶无柱兰、蜻蜓兰、尾瓣舌唇兰、细距舌唇兰、二叶舌唇兰。

列入山东省稀有濒危植物47种，其中濒危13种：烟台翠雀花、大叶胡颓子、徐长卿、列当、桔梗、大囊岩蕨、乌头、漆（树）、流苏、连翘、透骨草、山丹、玉竹，稀有植物34种：青岛百合、野鸢尾、坚桦、刺榆、灯心草蚤缀、无毛溲疏、野大豆、朝鲜老鹳草、白鲜、白木乌桕、北枳椇、狗枣猕猴桃、光叶杜鹃、石血、紫草、天目琼花、紫萁、鹿角卷柏、红果山胡椒、三桠乌药、鸡麻、山东万寿竹、糠椴、丝穗金粟兰、山东银莲花、毛叶石楠、竹叶椒、黄海棠、中华秋海棠、鹿蹄草、腺齿越橘、玉玲花、宜昌荚蒾、二苞黄精。

山东特有植物19种：山茴香、烟台柴胡（变形）、胶东椴、山东山楂、胶东景天、长梗红果山胡椒（变种）、山东银莲花、烟台翠雀花、高壳槲栎（变形）、扁果麻栎（变种）、胶东桦、山东柳（变种）、五莲杨（昆嵛杨）、青岛百合（崂山百合）、泰山韭、山东剪股颖、昆嵛山剪股颖（变种）、泰山岩蕨、山东假蹄盖蕨。

此外，有国家Ⅱ级重点保护真菌——松口蘑。

2011年文登市存活百年以上古树名木情况表

表2-16

树种	树龄（年）	树高（米）	胸径（厘米）	冠幅（米）	分布地
银杏	840	16	150	15×16	泽头镇岛集村
银杏	780	20	105	16×16	宋村镇大寨村
酸枣	750	11	52	6×6	龙山街道河埠庄
朴树	600	8	123	15×15	葛家镇池水头村
黄连木	550	15	85	15×15	葛家镇旺格村
朴树	500	12	58	11×11	高村镇脉田村
国槐	500	13	100	6×6	环山街道汤南村
银杏	500	22	126	17×15	大水泊镇瓦屋庄
白蜡	440	11	57	9×9	米山镇老埠村
朴树	350	10	60	11×11	高村镇礼格庄
银杏	350	20	100	22×22	文登营镇长夼沟村
银杏	350	25	89	101×0	侯家镇二马村
银杏	270	28	95	15×15	宋村镇大床村
白蜡	260	7	57	5×5	界石镇青庄

续表 2-16

树种	树龄（年）	树高（米）	胸径（厘米）	冠幅（米）	分布地
银杏	250	30	76	15×15	宋村镇曲疃庄
大叶朴	250	18	32	9×9	高村镇孙家埠村
银杏	220	15	117	15×15	张家产镇南汤村
黄连木	200	20	67	17×17	文登营镇杏树夼村
赤松	200	7	30	8×9	葛家镇英山前村
银杏	200	11	42	6×6	文登营镇长夼沟村
紫柳	180	12	75	15×13	界石镇新炉村
银杏	160	20	75	8×7	界石镇刘家产村
皂荚	150	9	50	3×3	天福山林场
雪柳	130	8	35	5×6	界石镇南店子村
流苏	130	9	35	8×9	界石镇刘家产村
白梨	120	9	50	4×6	天福山纪念馆
胶东卫茅	120	4.6	72	5×7	葛家镇刘家上口村
楸树	110	10	54	10×10	高村镇辛店子村

第九章　自然灾害

第一节　旱　灾

1999年，境内发生特大干旱，全市平均降水总量398.3毫米，比常年值减少417.9毫米，下降51.2%。全市410条河流、30座小型水库、180座塘坝干涸，4.53万公顷作物受害严重。其中花生减产6万吨，经济损失1.68亿元；玉米减产15.9万吨，经济损失1.6亿元；大豆、杂粮基本绝产，减收0.6万吨，经济损失1800万元；果园1.33万公顷，成灾0.93万公顷，经济损失1.6亿元。粮、油、果经济总损失5.06亿元。

2000年，境内连续干旱，降水总量581.7毫米，比常年值减少230.4毫米，下降28.4%。降水区域不均，天福山、文登营、茼山、晒字等镇降水最少，旱情更重。全市地下水位较常年下降1.8米。4座大中型水库蓄水量仅是多年平均数的35.2%，其中米山水库、武林水库蓄水量首次降至死库容以下。88座小型水库干涸62座，894座塘坝干涸720座，800眼机电井吊空，540条河流断流。全市460个村庄、22.7万人口饮水困难，农业生产损失严重。全市6.7万公顷粮食作物比常年平均亩产减少103.2千克，总产减少10.37万吨。其中夏粮减产幅度最大，4.12万公顷小麦，比常年亩产减少128.5千克，总产减少7.94万吨。秋粮玉米、地瓜、大豆等播种面积2.58万公顷，总产减少2.45万吨。花生2.18万公顷，总产减少1.37万吨。水果5777公顷，总产减少3.55万吨。旱灾造成农业损失1.78亿元。工业损失及其他因缺水造成的损失难以统计。

第二节　水　灾

1994年8月24日，境内继8月15日遭暴雨袭击后，又降暴雨，平均降水量98毫米，市区积水450毫米，冲毁大型公路桥3座，交通要道全部中断，农作物被淹1200公顷，经济损失2.7亿元。

1997年8月28日下午，小观镇北部山区15个村庄遭特大暴雨袭击，100分钟降雨210毫米，山洪暴发，造成直接经济损失880余万元。

2003年，境内降水较多，并且集中在夏秋两季。6月22日17时，遭暴雨和狂风袭击，文登营、汪疃、蔄山、侯家、经济开发区等地受灾严重。春玉米受灾面积1333公顷，绝产533公顷；苹果、梨受灾面积1040公顷，落果率30%；蔬菜、芦荟受灾面积100公顷；333公顷虾池严重受损；新栽树木倒伏667公顷，折断3000余株；民房倒塌7间，损坏28间，进水120间；大棚受损58个；淹地27公顷；冲毁桥梁1座；毁坏苗圃2公顷；冲毁道路1200米。直接经济损失5260余万元。7月27日24时至28日6时，遭强暴雨袭击，6小时内降水量达138.8毫米，全市18个镇（街道）不同程度受灾，龙山、天福、环山3个街道，经济开发区及文登营、葛家、米山、宋村4镇灾情严重，直接经济损失1183万元。8月5日22时至6日凌晨4时，遭暴雨和7级风袭击，18个镇（街道）全部受灾，灾情严重的米山、小观、高村、葛家、宋村、文登营等镇降水量达145毫米，直接经济损失3219万元。8月23—24日，再遭强暴雨袭击，24小时内全市平均降水量达126.9毫米，最多的小观镇达171毫米，全市18个镇（街道）不同程度受灾，宋村、小观、米山等镇受灾严重，直接经济损失1768万元。由于普降大雨，米山水库水位不断提升，8月26日10时，已达警戒水位。为确保水库和上游安全，先后3次泄洪，导致下游泽头镇农田受灾严重。27日降雨持续，全市受灾损失又达3906.4万元。

2004年8月4—6日，境内普降大暴雨，3天共降水172.5毫米，直接经济损失6800万元。

2005年受9号台风影响，8月7日20时至8日6时，境内普降大暴雨，平均降水量146.4毫米，8日4—5时最大风力达10级，泽头镇区域降水量达282毫米。全市共有6632间房屋进水，513间无人居住房屋倒塌，2620间房屋损坏。玉米受灾面积1.93万公顷，其中淹没0.33万公顷，减产70%；倒伏1.6万公顷，减产30%。内涝1.67万公顷，减产30%。苹果受灾面积1.33万公顷，其中落果面积0.67万公顷，落果率10%。蔬菜受灾面积0.2万公顷，减产30%，受损大棚1500个。过水虾池、参池、鱼塘0.23万公顷。死亡家禽2.7万只。冲毁桥涵186座、道路165.73千米、河坝34处。全市直接经济损失6.8亿元。

2006年7月27日零时至15时30分，境内普降特大暴雨，平均降水量250.3毫米，个别镇降水317毫米。全市有11座桥涵被冲毁，8处河道决口；房屋进水1.1万余户，倒塌130间；受淹农田1.25万公顷、果园166.7公顷；过水参池和虾池930公顷、大棚300余个。暴雨造成直接经济损失5.1亿元。

2007年8月9日20时至12日8时，境内普降特大暴雨，降水总量达334.3毫米，15个镇（街道）遭强暴雨袭击。全市受灾人口8.48万人，紧急转移安置4.1万人；损坏房屋584间，过水房屋1.24万间；农作物受灾面积1.8万公顷，其中绝收面积5200公顷；受损水产养殖面积2728公顷；损坏桥涵117座、堤坝46处、公路690千米。灾情造成直接经济损失7.86亿元，其中农业直接经济损失3.46亿元。

2011年7月25日，境内普降中到大暴雨，截至16时，平均降水量63.2毫米，葛家区域14小时降水209毫米。22时，荣兰线涵洞坍塌1处，桃威铁路塌方和路基松动10处，导致威海至济南、北京、汉口列车停运。

第三节 风灾

1992年7月21日，葛家、晒字、汪疃等7个乡镇遭暴风雨袭击，风力7～8级，阵风10级。玉米受灾300公顷，果园受灾1000公顷，损失水果950吨；刮坏房屋120间，刮倒树木1100株，经济损失140万元。

1997年8月19—21日，境内遭11号台风袭击，3日内，文城降水287.4毫米，铺集超过330毫米，20日出现9级大风。全市1.33万公顷农田被淹，0.27万公顷作物被毁，2319个蔬菜大棚被破坏，果园受灾0.41万公顷，浅海养殖受灾0.16万公顷，原盐损失5000吨，虾池过水0.31万公顷，损坏房屋1115间，折断树木2.5万株，共造成损失1.5亿元。

1999年8月4日下午，张家产镇遭龙卷风袭击，阵风12级。损坏房屋50间，损坏有线电视线路40余处，折毁树木2万株，果园受灾200余公顷，玉米倒伏33.3公顷，损坏西洋参大棚10公顷。

2000年7月30日16时许，文登营镇东屯村遭龙卷风袭击，全村42间房屋受损严重，其中6间倒塌，1名儿童受伤，6.6公顷果园掉果率70%以上，部分果树连根拔起，供电线路吹断，直接经济损失48.2万元。8月30日，汪疃镇遭狂风袭击，于家英一带8个村庄损失严重，玉米受灾100公顷，减产三成以上；果园受灾53.3公顷，减产三成以上；房屋受损120间，共造成经济损失149.2万元。10月8日9时许，泽库镇中心完小至滩西头村一带遭龙卷风袭击，校园13排房屋瓦片全部卷走，门窗玻璃损坏严重；4户农民8个貂棚倒塌，棚内一切设施全部损坏，共造成经济损失22万元。

2001年9月5日，侯家镇南廒、西廒、张家庄等村庄遭龙卷风袭击，62间房屋屋顶遭破坏，19.3公顷玉米80%以上折断，21.3公顷果园落果40%以上，直接经济损失234万元。

2006年6月9日，汪疃镇郝家屯村遭龙卷风袭击，20间房屋受损，2公顷果园受灾。8月26日，葛家、宋村两镇遭龙卷风袭击，造成1人轻伤，15公顷农田、果园绝产，120间房屋受损。

2011年有两次台风影响。6月26—27日，受台风“米雷”影响，出现大暴雨，过程降水量116.4毫米，并伴有大风；8月7—8日受台风“梅花”影响，出现暴雨过程降水62.3毫米，并伴有大风。两次台风过程均对基础设施和农业生产造成较大损失。

2012年8月27日夜至28日，受超强台风“布拉万”影响，境内遭暴雨和台风侵害，最高风力9级以上。受灾人口3.1万人，倒损房屋30间，过水160间，玉米倒伏1.3万公顷，减产10%，果树受灾1.5万公顷，桥涵受损10座6万平方米，直接经济损失约3.6亿元。上级拨发救灾款266万元，文登市启动应急预案，组织群众自救。

第四节 雹灾

1991年5月10日，文城、米山、宋村等6个乡镇突降冰雹，6700公顷小麦、40公顷西瓜受灾，直接经济损失250余万元。

1993年8月18日中午，汪疃、界石两镇遭冰雹袭击20分钟，冰雹最大直径3厘米，467公顷果树减产80%，66.7公顷大豆绝产，直接经济损失860万元。

1994年9月29日下午和10月3日，文登营、口子、大水泊等9镇遭冰雹袭击，受灾苹果2134公顷，蔬菜282公顷，直接经济损失4889万元。

1996年9月16日，宋村镇遭冰雹和狂风袭击，冰雹直径近3厘米，持续5分钟，9级狂风持续1小时，133公顷果园、农作物受灾，直接经济损失300余万元。

1998年9月4日，侯家、泽库等镇的16个村庄遭冰雹袭击，降雹持续20分钟，玉米、蔬菜、苹果受灾严重，直接经济损失700万元。

2002年6月3日，侯家镇15个村遭冰雹袭击，降雹持续10分钟，冰雹直径0.5厘米，果树受灾面积108公顷，减产50%以上，直接经济损失420万元。9月28日，文登营、葛家、米山、蔄山4镇146个村遭冰雹袭击，降雹持续1个多小时，冰雹最大直径3.5厘米，密度大。1427.7公顷苹果园、69.7公顷梨园、6.9公顷桃园严重受灾，残果率100%；2151.3公顷玉米、366.7公顷蔬菜受灾，160个大棚受损，直接经济损失1.67亿元。10月14日，受飑线过境影响，葛家、蔄山、大水泊、界石、汪疃、泽头等镇遭风雹袭击，风力8级，并伴有冰雹，受灾情况严重。

2006年6月10日14—17时，界石、葛家两镇部分地区遭冰雹袭击，冰雹直径最大2厘米，降雹时间持续25分钟，地面积雹10厘米，至19时30分尚未全部融化。雹灾造成两镇125公顷农作物受损，临近收割的冬小麦减产七成，果园减产五成，直接经济损失440万元。

2008年5月12日13时17—23分，市区、界石镇、张家产镇一带出现冰雹，冰雹最大直径7毫米，造成部分小麦、苹果、樱桃减产。

第五节 雪 灾

1998年11月17—20日，受强寒流影响，气温从16.9℃骤降至-10.6℃，并普降大雪，造成大面积果树冻伤，全市果园受灾面积2085公顷。

2005年12月3日晚，受西伯利亚较强冷空气影响，市区东、北部开始普降暴雪，累计平均降雪38厘米，市区及蔄山、汪疃、文登营、大水泊等镇，平均积雪达50厘米以上，其中蔄山镇镇区积雪达110厘米；4日晚，荣兰线、初张路、威石路文登段等主要交通干线及市区道路严重积雪，车辆无法通行。此次暴风雪给全市的陆路交通、海上运输和工农业生产造成严重影响，蔄山、汪疃、大水泊、经济开发区、文登营、龙山街道、天福街道等地受灾尤为严重。全市共倒塌各类大棚480个，其中，蔬菜大棚233个，养蚕大棚59个，猪棚33个，貂棚86个，芦荟大棚15个，水产育苗养殖大棚5个，养鸡大棚49个，家禽死亡3.3万只。倒塌无人居住房屋44间，受损120间；倒塌大跨度厂房、库房15.3万平方米。雪灾造成直接经济损失4772.7万元。全市部分商店歇业，中小学放假两天，给居民生产、生活带来诸多不便。

第六节 生物灾害

1991年4—5月，发生小麦条锈病，受害面积1万公顷。

1995年7—8月，发生花生棉铃虫灾害，面积3万公顷，百株虫量最高达78头，花生减产1500吨。

1997年6月，发生玉米二代黏虫灾害，面积1.77万公顷，麦田每平方米有虫180头，最多558头；百株玉米平均有虫14.2头，最多87.6头。小麦、玉米减产2000余吨。

2001年，暴发美国白蛾疫情，受害面积0.36万公顷。

2002年3月下旬至5月下旬，发生麦蚜灾害，面积3.7万公顷，百株蚜量1735头，小麦减产3500吨。

2003年7—8月，发生玉米锈病，面积9300余公顷，玉米减产2000余吨。

2004年7—8月，花生疮痂病首次在境内发生，大水泊、文登营等镇发生面积达5333.3公顷，严重影响花生的开花和结果。是年，苹果褐斑病大流行，9333.3公顷果园受害，落叶率30%，个别果园达80%以上，并出现罕见的二次开花现象，严重影响苹果的产量和品质。

2007年5月，发生小麦条锈病，面积2300余公顷，泽库、小观等镇发病中心内严重度达90%以上；6—7月，花生蚜大暴发，受害面积1.3万余公顷，单墩蚜量达504头，益害比1∶2520；7月，春玉米粗缩病危害面积3300公顷，绝产面积6.67公顷。

2009年5月下旬，灰飞虱虫量猛增，虫田率100%，单株虫量平均28.6头，最高达152头，个别地块高峰时达500头以上，为历史上最重一年；6月下旬，虫量开始下降。造成3333公顷春玉米、667公顷套种玉米粗缩病流行。

2011年7—8月，首次在高村镇西藤圈村发现二点委夜蛾危害夏玉米，大水泊、龙山、宋村、文登营等镇（街道）2000公顷玉米受害，造成玉米缺苗断垄。

2012年6—8月，玉米叶斑病流行，以灰斑病、小斑病为主，其次为弯孢霉叶斑病，全市1.8万公顷夏玉米受灾。

2013年6—7月，境内3333公顷套种玉米受二代黏虫危害，未防治地块百株虫量平均达37.5头；7—8月，三代黏虫在部分晚播春玉米田大暴发，3333公顷玉米受害，平均每平方米有虫167.6头。

第三编
人口

据全国人口普查资料显示，90年代，境内人口规模变化较小，全市人口自然变动呈低出生率、低死亡率和自然增长率下降的趋势，1999年首次出现人口负增长。进入21世纪，非农业、流动和暂住人口增加，家庭趋于小型、独立和自由化，离婚和再婚渐被社会认同。随着养儿防老、传宗接代、重男轻女等传统观念的淡化，晚婚晚育、少生优生逐渐成为公民的主流意识。1993年9月，文登市被国务院授予全国计划生育工作先进单位称号。1996年，被国家计生委评为全国计划生育科学技术先进集体。2012年5月，被国家人口计生委评为全国阳光计生行动示范单位。

2012 年 7 月 11 日，文登市举行纪念第二十三个世界人口日暨创建幸福家庭活动启动仪式。

第一章　人口规模

第一节　人口数量

1990年，第四次全国人口普查，全市人口236857户716228人。2000年，第五次全国人口普查，全市253833户675061人。2010年，第六次全国人口普查，全市231586户609737人（2010年后，无特殊说明均不含莒山镇和汪疃镇）。2013年，全市人口221378户581643人。

1991—2013年文登市人口情况表

表3-1

年份	户数（户）	人口数（人）	非农业人口		人口密度（人/平方千米）
			人口数（人）	占总人口（%）	
1991	234010	726611	65230	8.98	404
1992	234770	722331	66945	9.27	402
1993	236786	721395	69211	9.59	401
1994	224442	674248	74640	11.07	410
1995	227574	672096	91174	13.57	408
1996	234484	669103	105940	15.83	407
1997	241611	666772	131692	19.75	405
1998	244479	666541	139386	20.91	405
1999	246713	665400	148232	22.28	405
2000	253833	675061	146214	21.66	405
2001	251473	660060	169539	25.69	401
2002	254753	655850	179071	27.30	400
2003	254345	649857	229239	35.28	395
2004	254259	646032	235259	36.42	393
2005	252627	642507	249530	38.84	391
2006	252132	640465	250681	39.14	390
2007	251455	640665	250493	39.10	389
2008	250320	641740	250780	39.08	389
2009	249373	642599	251677	39.17	351
2010	231586	609737	173741	28.49	362
2011	224587	584548	243826	41.71	362

续表 3-1

年份	户数（户）	人口数（人）	非农业人口		人口密度（人/平方千米）
			人口数（人）	占总人口（%）	
2012	222943	582520	243190	41.75	362
2013	221378	581643	243638	41.89	362

说明：1994 年后不含初村镇和草庙子镇；2000 年和 2010 年为全国人口普查数，其余为公安户籍登记数。

第二节　人口分布

城镇和非农业人口　1990 年，市区人口 78000 人，非农业人口 61655 人。1994 年始，文登实施农转非放宽政策，城镇居民不断增加。1995 年，市区人口增至 140000 人、非农业人口增至 91174 人。2000 年和 2010 年全国人口普查，文登市城镇人口分别为 297483 人和 276509 人，其中市区人口 222649 人和 215454 人、镇驻地人口 74834 人和 61055 人，非农业人口 146214 人和 173741 人。两次人口普查比较，大水泊、葛家等镇驻地人口增加显著，主要是政区调整所致。

政区人口　1990 年，全市人口密度为每平方千米（下同）399 人，南部沿海小观、泽头、埠口、泽库、高村 5 镇平均人口密度为 510 人，比全市平均人口密度高 111 人。1991 年后，北部山区界石、晒字等镇仍处于低密度状态，小观、泽头、泽库、宋村、高村、侯家等沿海镇人口密度逐降，市区人口密度提高。

2000 年第五次全国人口普查，全市人口密度为 405 人，镇域人口最多的文城镇为 54929 户 162689 人、最少的晒字镇为 4033 户 9917 人，人口密度最高的文城镇为 1677 人、最低的晒字镇为 135 人。2010 年第六次全国人口普查，全市人口密度为 362 人，镇域人口最多的环山街道为 26698 户 74383 人、最少的侯家镇为 9249 户 22210 人，人口密度最高的天福街道为 2066 人、最低的界石镇为 155 人。南部沿海小观、泽头、宋村、泽库、侯家、高村、埠口等镇平均人口密度为 283.42 人，其中泽库、宋村两镇人口密度减幅最大，分别减少 168 人和 86 人。随着城市规模扩大，市区天福、环山、龙山街道及经济开发区、文登营镇人口密度不断增大，每平方千米平均为 1362.4 人。

2000 年和 2010 年人口普查文登市各政区人口情况表

表 3-2

政区名称	镇（街道）驻地人口（人）		政区人口				人口密度（人/平方千米）	
			2000 年		2010 年			
	2000 年	2010 年	户数（户）	人口数（人）	户数（户）	人口数（人）	2000 年	2010 年
文城镇	—	—	54929	162689	—	—	1677	—
龙山街道	—	—	—	—	19191	54213	—	1653
天福街道	—	—	—	—	22192	62408	—	2066
环山街道	—	—	—	—	26698	74383	—	1886
文登营镇	4070	—	6052	16513	10293	32280	228	293
天福山镇	1855	—	5731	14892	—	—	281	—

续表 3-2

政区名称	镇（街道）驻地人口（人）		政区人口				人口密度（人/平方千米）	
			2000 年		2010 年			
	2000 年	2010 年	户数（户）	人口数（人）	户数（户）	人口数（人）	2000 年	2010 年
大水泊镇	1681	5879	9332	24161	13998	35350	336	286
口子镇	1678	—	6385	15964	—	—	301	—
张家产镇	2690	3899	8163	20250	9024	23040	313	217
高村镇	5552	6054	13206	32112	11424	26603	335	275
泽库镇	6983	5893	10793	27035	9989	24540	437	269
侯家镇	3598	2648	10766	26786	9249	22210	310	256
宋村镇	6840	6728	16922	43695	14697	37381	317	231
泽头镇	5433	5044	15376	39453	13836	33787	346	294
小观镇	4341	4552	15299	37700	15651	36706	299	287
葛家镇	5457	8216	13385	33924	19274	50354	377	272
铺集镇	4464	—	8899	22747	—	—	312	—
米山镇	—	3162	9925	26009	9248	25428	306	298
界石镇	3100	3959	8970	23273	11445	29008	206	155
晒字镇	1116	—	4033	9917	—	—	135	—
汪疃镇	4925	—	10898	28896	—	—	270	—
北郊镇	—	—	6547	17061	—	—	251	—
蔄山镇	4768	—	6022	17791	—	—	349	—
经济开发区	—	—	—	—	10943	31274	—	914
双龙街道	—	—	5384	16890	—	—	1141	—
埠口镇（港）	6283	5021	6816	17303	4254	10772	412	372
市区人口	222649	215454	—	—	—	—	—	—

第二章 人口变动

第一节 自然变动

1991—1995 年，全市出生 34302 人，死亡 26193 人，自然增长率 1.92‰。1999 年，人口自然增长率为 -1.5‰，首次出现人口负增长。之后，连续 15 年呈负增长状态。2003 年、2011 年、2012 年减幅最大，自然增长率分别为 -4.8‰、-3.5‰和 -4.23‰。

第二节 机械变动

自由流动人口 随着改革开放不断深入，境内暂住和流动人口增多，出国学习、务工、考察和旅游人口增多。

暂住人口 1991—1995年，全市暂住人口共计105776人，2000年暂住人口12330人，2010年暂住人口73270人，2013年暂住人口75027人。

出境人口 1991年，市公安局受理出国护照申请22人次，1995年受理196人次，2000年受理3899人次，2005年受理6624人次，2008年受理6573人次，2013年受理7249人次。

1990年，文登居民赴港澳台15人次，1995年39人次，2010年1969人次，2013年2396人次。

入境人口 1992年，国外到文登常住人口22人次，1998年450人次，2005年501人次，2008年589人次，2011年622人次，2013年579人次。

1991—1995年，港澳台居民到文登403人次，1996—1999年1632人次，2000—2013年3203人次。

2000年和2010年人口普查，户口登记地属文登市实际居住国外的人口分别为134人和3956人，11年增加3822人。

2000年和2010年到文登常住人口前十名省份情况表

表3-3　　单位：人

年份	黑龙江	安徽	河南	吉林	云南	辽宁	四川	内蒙古	贵州	河北
2000	8638	4320	3009	2277	1262	1066	856	814	696	290
2010	7742	2756	4823	2184	902	919	857	920	870	948

2013年文登市在国外及中国港澳台人口分布情况表

表3-4　　单位：人

全市在国外及中国港澳台人口分布				各镇（街道）在国外及中国港澳台人口数			
韩国	3445	蒙古	32	环山	321	界石	432
朝鲜	3744	菲律宾	16	龙山	311	泽头	592
俄罗斯	3008	荷兰	32	天福	483	泽库	688
美国	1171	加拿大	138	张家产	2337	小观	160
日本	705	巴西	256	葛家	1171	米山	558
新加坡	166	印度尼西亚	32	宋村	2380	大水泊	592
阿根廷	32	澳大利亚	26	文登营	448	高村	1041
英国	48	泰国	16	开发区	36	侯家	625
西班牙	28	瑞士	2				
意大利	13	厄瓜多尔	1				
德国	19	中国港澳台	6831				

移民　2001年，重庆市忠县洋渡镇三峡库区移民境内59户249人，分别安置在龙山路街道李家汤后村6户23人，天福路街道城东埠后村6户25人，环山路街道西寨村6户21人，宋村镇菜园子村6户31人、大泽头村6户29人，泽库镇泽库村5户21人、前岛村4户18人、长会口村4户19人，苘山镇东苘山村4户15人、东马格村6户24人、西马格村6户23人。2004年，重庆市开县渠口镇三峡库区移民34户134人，分别安置在葛家镇山北头村6户21人、占甲埠村4户13人，米山镇长墉村4户13人、东下庄4户21人，泽头镇高家庄4户16人、魏家庄4户17人，张家产镇田家床村4户15人、赵家床村4户18人。

区划间变动　1994年6月16日，初村镇（34个村）、草庙子镇（46个村）划归威海市环翠区，划出人口45352人。2008年4月，威海市政府决定苘山镇和汪疃镇部分政务交由威海工业新区代管。2010年人口普查65748人口划出。

户籍常态变动　包括升学、服役、婚嫁、退役、招聘、军转干部、大学生接收及工作调动等迁入迁出。1991—2006年，迁出多于迁入，主要是考取大中专院校人口增多。2007年后，迁入多于迁出，主要是文登籍返乡人员和境外到文登创业、经商和就业人口增多。

1991—2013年文登市人口变动情况表

表3-5

年份	自然变动						机械变动	
	出生		死亡		自然增长		迁入人数（人）	迁出人数（人）
	人数（人）	出生率（‰）	人数（人）	死亡率（‰）	人数（人）	增长率（‰）		
1991	6258	8.61	4720	6.50	1538	2.12	10634	11754
1992	6251	8.65	4928	6.82	1323	1.83	4332	9463
1993	6032	8.36	5017	6.95	1015	1.41	5162	7654
1994	5961	8.84	4824	7.15	1137	1.69	5698	8629
1995	6349	9.45	4609	6.86	1740	2.59	6065	10508
1996	5462	8.16	4723	7.06	739	1.10	8055	12430
1997	5086	7.63	4702	7.05	384	0.58	7647	10737
1998	5024	7.54	4919	7.38	105	0.16	6357	6987
1999	3873	5.82	4783	7.19	-910	-1.37	4890	6343
2000	3790	5.61	4978	7.37	-1188	-1.76	3962	5196
2001	3068	4.65	4588	6.95	-1520	-2.30	5819	6509
2002	3462	5.28	5008	7.64	-1546	-2.36	4303	7407
2003	1797	2.77	4925	7.58	-3128	-4.81	4105	7181
2004	3707	5.74	5445	8.43	-1738	-2.69	6901	4702
2005	3236	5.04	5133	7.99	-1897	-2.95	5227	6863
2006	3083	4.81	5120	7.99	-2037	-3.18	6149	6409

续表 3-5

年份	自然变动						机械变动	
	出生		死亡		自然增长		迁入人数（人）	迁出人数（人）
	人数（人）	出生率（‰）	人数（人）	死亡率（‰）	人数（人）	增长率（‰）		
2007	3930	6.13	4696	7.33	-766	-1.20	6848	5364
2008	3427	5.34	4779	7.45	-1352	-2.11	6306	3399
2009	2972	4.62	4234	6.59	-1262	-1.96	5737	3208
2010	3420	5.61	4117	6.75	-697	-1.14	4824	2256
2011	2817	4.82	3761	6.42	-944	-1.61	4063	2399
2012	3749	6.44	4458	7.65	-709	-1.22	3222	2795
2013	3220	5.54	3973	6.83	-753	-1.29	3013	2498

第三章　人口构成

第一节　民族构成

1990年第四次人口普查，全市汉族715271人，占总人口的99.87%。少数民族32个953人，其中，佤族318人，满族130人，拉祜族79人，朝鲜族64人，苗族46人，白族42人，蒙古族37人，傣族37人，壮族26人，彝族23人，哈尼族22人，仫佬族21人，侗族18人，回族17人，布朗族17人，羌族7人，布依族7人，土家族6人，黎族5人，纳西族5人，德昂族4人，藏族3人，达斡尔族3人，高山族3人，畲族3人，傈僳族2人，普米族2人，景颇族2人，瑶族、水族、俄罗斯族、京族各1人。其他未识别民族2人。外国人加入中国籍2人。

2000年第五次人口普查，全市汉族672479人，占总人口的99.62%。少数民族36个2570人，其中，佤族711人，满族618人，朝鲜族470人，拉祜族130人，蒙古族102人，苗族75人，白族65人，傣族63人，彝族38人，回族38人，壮族35人，哈尼族34人，侗族29人，布朗族25人，仫佬族18人，布依族18人，土家族15人，土族13人，藏族9人，达斡尔族9人，黎族7人，景颇族7人，傈僳族6人，纳西族6人，鄂伦春族5人，畲族5人，赫哲族4人，鄂温克族3人，维吾尔族3人，高山族2人，水族2人，瑶族、仡佬族、锡伯族、普米族、乌孜别克族各1人。比第四次人口普查增加4个少数民族1617人。其他未识别民族12人。

2010年第六次人口普查，全市汉族607487人，占总人口的99.63%。少数民族38个2244人，其中男807人、女1437人。与第五次人口普查相比，新增加京族、俄罗斯族、羌族、撒拉族4个民族，减少乌孜别克族（1人）、普米族（1人）2个民族。其他未识别民族6人。境内少数民族主要源于联姻、经济活动及其后代出生。

2010年人口普查文登市各少数民族人口数量情况表

表 3-6　　　　单位：人

民族	人数	男	女	民族	人数	男	女	民族	人数	男	女
朝鲜族	592	316	276	傈僳族	18	9	9	锡伯族	3	1	2
佤族	509	62	447	布依族	17	0	17	鄂温克族	2	0	2
满族	413	192	221	侗族	14	4	10	水族	2	1	1
彝族	118	43	75	达斡尔族	13	7	6	土族	2	1	1
蒙古族	113	53	60	仫佬族	13	1	12	羌族	2	1	1
苗族	100	42	58	布朗族	8	1	7	黎族	2	0	2
拉祜族	72	3	69	撒拉族	6	5	1	纳西族	1	0	1
回族	44	19	25	藏族	6	1	5	高山族	1	1	0
傣族	42	7	35	维吾尔族	5	3	2	仡佬族	1	0	1
哈尼族	30	3	27	畲 族	4	1	3	京族	1	0	1
白族	27	9	18	景颇族	4	0	4	俄罗斯族	1	0	1
土家族	26	11	15	瑶族	4	2	2	鄂伦春族	1	0	1
壮族	24	7	17	赫哲族	3	1	2				

2010年全国人口普查文登市少数民族分布情况表

表 3-7

区域	少数民族
龙山街道	朝鲜族、佤族、满族、蒙古族、彝族、苗族、拉祜族、回族、维吾尔族、土家族、瑶族、赫哲族
天福街道	朝鲜族、佤族、满族、蒙古族、彝族、苗族、拉祜族、回族、傣族、布依族、达斡尔族、藏族、维吾尔族、畲族、鄂温克族、白族、土家族、壮族
环山街道	朝鲜族、佤族、满族、蒙古族、彝族、苗族、回族、傣族、布依族、达斡尔族、畲族、锡伯族、黎族、土家族、壮族
文登营镇	朝鲜族、佤族、满族、蒙古族、彝族、苗族、回族、傈僳族、布依族、侗族、达斡尔族、仫佬族、撒拉族、藏族、羌族、黎族、白族、土家族、壮族
大水泊镇	朝鲜族、佤族、满族、蒙古族、苗族、回族、傣族、哈尼族、傈僳族、布依族、达斡尔族、壮族
张家产镇	朝鲜族、佤族、满族、蒙古族、彝族、苗族、傣族、傈僳族、布依族、侗族、藏族、仡佬族、白族、土家族、鄂伦春族
高村镇	朝鲜族、佤族、满族、蒙古族、彝族、拉祜族、傣族、哈尼族、布依族、仫佬族、高山族、壮族、赫哲族
泽库镇	朝鲜族、佤族、满族、蒙古族、彝族、苗族、拉祜族、回族、傣族、白族、壮族
侯家镇	朝鲜族、佤族、满族、蒙古族、彝族、苗族、拉祜族、傣族、布朗族、土族、壮族
宋村镇	朝鲜族、佤族、满族、蒙古族、彝族、苗族、拉祜族、回族、傣族、布依族、京族、土家族

续表 3-7

区域	少数民族
泽头镇	朝鲜族、佤族、满族、蒙古族、彝族、苗族、拉祜族、回族、傣族、布依族、仫佬族、藏族、鄂温克族、水族、土家族、壮族
小观镇	朝鲜族、佤族、满族、蒙古族、彝族、苗族、拉祜族、傣族、哈尼族、傈僳族、侗族、布朗族、藏族、白族、土家族、壮族
葛家镇	朝鲜族、佤族、满族、蒙古族、彝族、苗族、拉祜族、回族、傣族、哈尼族、布依族、达斡尔族、仫佬族、布朗族、撒拉族、藏族、纳西族、土家族、壮族、景颇族
米山镇	朝鲜族、佤族、满族、蒙古族、彝族、苗族、拉祜族、傣族、哈尼族、傈僳族、布依族、侗族、仫佬族、布朗族、白族、壮族
界石镇	朝鲜族、佤族、满族、蒙古族、彝族、苗族、拉祜族、傣族、哈尼族、傈僳族、布依族、侗族、锡伯族、白族、土家族
经济开发区	朝鲜族、佤族、满族、蒙古族、彝族、达斡尔族、布朗族、壮族、俄罗斯族
埠口港	朝鲜族、佤族、满族、蒙古族、彝族、拉祜族、傣族

第二节 性别构成

1990年人口普查，全市男361657人、女354571人，男女性别比（女为100，下同）为102。2000年人口普查，全市男335330人、女339731人，性别比为98.70。2010年人口普查，全市男306076人、女303661人，性别比为100.80。2013年，全市男290836人、女290807人，性别比为100.01。

2000年和2010年人口普查文登市各年龄段性别比例情况表

表 3-8

年龄组（周岁）	男性人数（人）		女性人数（人）		性别比例（女=100）	
	2000年	2010年	2000年	2010年	2000年	2010年
0～4	12475	8885	11871	8342	105.09	106.51
5～9	16601	8234	16154	7651	102.77	107.62
10～14	27225	11548	26384	11125	103.19	103.80
15～19	23593	17982	29447	19676	80.12	91.39
20～24	14372	21094	16302	22615	88.16	93.27
25～29	19939	19323	21171	19533	94.18	98.92
30～34	25498	18360	28077	17493	90.81	104.96
35～39	33027	22352	34647	21503	95.32	103.95
40～44	32506	24771	32391	25676	100.36	96.48
45～49	34927	29968	33823	30943	103.26	96.85
50～54	23533	28755	21343	28623	110.26	100.46
55～59	18590	30313	15195	29382	122.34	103.17

续表 3-8

年龄组（周岁）	男性人数（人）		女性人数（人）		性别比例（女=100）	
	2000 年	2010 年	2000 年	2010 年	2000 年	2010 年
60 ～ 64	16402	19975	12867	18504	127.47	107.95
65 ～ 69	15254	14771	13089	12743	116.54	115.91
70 ～ 74	9932	11873	11585	10032	85.73	118.35
75 ～ 79	6329	9865	7886	9005	80.26	109.55
80 ～ 84	3494	5148	4715	6435	74.10	80.00
85 ～ 89	1295	2140	2009	3077	64.46	69.55
90 ～ 94	307	600	655	1052	46.87	57.03
95 ～ 99	28	112	107	228	26.17	49.12
100 及以上	3	7	13	23	23.08	30.43

第三节 年龄构成

人口年龄变化 90 年代，各年龄组变化较大，比例失调，学龄前儿童、学龄儿童人口比例较第四次人口普查下降显著，退休人口比例明显上升。

2000 年人口普查，全市学龄前儿童、学龄儿童分别比 1990 年减少 36311 人和 14126 人，劳动后备组人口比 1990 年增加 9268 人。2010 年人口普查，学龄前和学龄儿童及劳动后备组人口分别比 1990 年减少 50179 人、41176 人和 7052 人。

2000 年和 2010 年人口普查文登市各年龄组人口比例情况表

表 3-9

年龄组（周岁）		2000 年		2010 年	
		人数（人）	占总人口比（%）	人数（人）	占总人口比（%）
学龄前儿童组（0 ～ 6）		37722	5.59	23854	3.91
学龄儿童组（7 ～ 12）		48215	7.14	21165	3.47
劳动后备组（13 ～ 15）		34428	5.10	18108	2.97
劳动年龄组（男 16 ～ 59）（女 16 ～ 54）		433531	64.22	391638	64.23
退休年龄组（男 60 ）（女 55 以上）		121165	17.95	154972	25.42
特殊年龄组	不满周岁儿童	3890	0.58	3366	0.55
	高中适龄人口（16 ～ 18）	34075	5.05	24130	3.96
	兵员人口（18 ～ 22）	43710	6.47	37905	6.22
	法定婚龄人口	6855	1.02	8221	1.35
	育龄妇女（15 ～ 49）	195858	29.01	157439	25.82

年龄段人口 2000年和2010年全市人口普查，0～14岁少年人口分别为110710人和55785人，占总人口的16.4%和9.16%，比1990年减少4.85%和12.11%。60岁以上人口为105970人和125590人，占总人口的15.71%和20.59%，比1990年增加3900人和23520人，增幅3.61%和8.47%。人口平均预期寿命为76.18岁和78.16岁，比1990年提高1.98岁和3.96岁。2000年和2010年两次人口普查比较，0～19岁和30～49岁呈下降状态，20～29岁和50岁以上呈上升趋势。

2000年和2010年人口普查文登市各年龄段人口情况表

表3-10

年龄（周岁）	2000年		2010年	
	人数（人）	占总人口比（%）	人数（人）	占总人口比（%）
0～4	24346	3.61	17227	2.83
5～9	32755	4.85	15885	2.61
10～14	53609	7.94	22673	3.72
15～19	53040	7.86	37658	6.18
20～24	30674	4.54	43709	7.17
25～29	41110	6.09	38856	6.37
30～34	53575	7.94	35853	5.88
35～39	67674	10.02	43855	7.19
40～44	64897	9.61	50447	8.27
45～49	68750	10.18	60911	9.99
50～54	44876	6.65	57378	9.41
55～59	33785	5.00	59695	9.79
60～64	29269	4.34	38479	6.31
65～69	28343	4.20	27514	4.51
70～74	21517	3.19	21905	3.59
75～79	14215	2.11	18870	3.09
80～84	8209	1.22	11583	1.90
85～89	3304	0.49	5217	0.86
90～94	962	0.14	1652	0.27
95～99	135	0.02	340	0.06
100及以上	16	0.0024	30	0.0049

人口年龄类型 1990年人口普查，文登市年龄中位数①、少年人口系数②、老年人口系数③、老少比分别为31%、21.25%、12.06%、38.54%，四项指标均超过老年型社会标准。2000年和2010年两次人口普查均显示，少年人口系数下降，老年人口系数上升，人口老化系数④增幅最大。老人长寿指数⑤上升，分别为11.91和14.99，人口年龄向高龄化趋势发展。

2000年和2010年文登市人口年龄类型四项指标情况表

表3-11 年龄型单位：周岁

项目	国际通用标准			文登现状	
	年轻型	成年型	老年型	2000年	2010年
少年人口系数（%）	40以上	30～40	30以下	16.40	9.15
老年人口系数（%）	4以下	4～7	7以上	11.36	14.24
人口老化系数（%）	15以下	15～30	30以上	69.28	142.87
年龄中位数（岁）	20以下	20～30	30以上	37.08	43.05

负担系数 2000年和2010年两次人口普查比较，文登市少年儿童负担系数⑥降低近1倍，老年人口负担系数⑦增大。

2000年和2010年文登市人口负担系数情况表

表3-12 人口单位：人

年份	被抚养人口⑧	劳动适龄人口⑨	总负担系数	老年人口负担系数	少年儿童负担系数
2000	187411	487650	38.43	15.73	22.70
2010	142896	466841	30.61	18.66	11.95

人口再生产 2000年和2010年人口普查比较，全市0～14岁人口比重明显下降，15～49岁人口比重呈下降趋势，50岁以上人口比重逐步上升，表明文登市人口再生产潜能下降。

2000年和2010年文登市人口再生产能力情况表

表3-13

年龄段（周岁）	国际通用标准			文登状况	
	增长型	稳定型	减少型	2000年	2010年
0～14（%）	40	26.50	20	16.40	9.15
15～49（%）	50	50.50	50	56.25	51.05
50及以上（%）	10	23.00	30	27.35	33.49

①全体人口按年龄大小自然顺序排列时居中间位置人的年龄数值，是一种位置的平均数。反映了人口年龄的分布状况和集中趋势。②在一个时点上（下同）0～14岁人口占总人口的比重。③65岁及以上人口占总人口的比重。④65岁及以上人口与0～14岁人口之比。⑤80岁以上人口与60岁以上人口之比。⑥少年人口与劳动适龄人口比。⑦65岁以上与劳动适龄人口比。⑧0～14岁和65岁以上人口。⑨15～64岁人口。

百岁老人 90年代后，境内百岁老人数量增多。2008年，全市百岁老人47人，每10万人口有百岁老人8.1人。2009年，文登市被中国老年学学会授予中国长寿之乡称号。2013年，全市百岁老人66人，每10万人口有百岁老人11.34人。

2013年文登市百岁以上老人情况表

表3-14

序号	姓名	性别	出生时间	家庭住址
1	邢玉梅	女	1908—11—03	大水泊镇客岭村
2	于秋菊	女	1911—11—17	大水泊镇青石河村
3	于万秀	女	1912—06—29	大水泊镇仁和坊村
4	林基兰	女	1911—04—08	大水泊镇西邹山村
5	王玉英	女	1913—02—21	大水泊镇北洼村
6	王辉连	男	1913—08—13	大水泊镇西邹山村
7	刘信志	女	1908—10—29	大水泊镇杭里村
8	胡本坤	女	1910—10—21	大水泊镇山后孙家村
9	于连序	女	1912—08—19	大水泊镇小河村
10	慈曰英	女	1913—12—23	埠口港下冷家村
11	孙洪兰	女	1910—07—17	宋村镇北马村
12	殷夕兰	女	1911—09—12	宋村镇郭家店村
13	姜应莲	女	1911—04—20	宋村镇山东村
14	李学海	男	1913—01—27	宋村镇周格庄
15	殷夕岐	男	1913—04—23	宋村镇集西村
16	姚桂芝	女	1913—11—15	宋村镇周格庄
17	高秀芝	女	1913—11—21	宋村镇姚山头村
18	孙仁红	女	1913—12—24	宋村镇宋村
19	殷守风	女	1912—12—13	宋村镇宋村
20	马进财	男	1912—11—18	宋村镇寺前村
21	管忠兰	女	1909—09—29	宋村镇金格南里村
22	程万荣	女	1913—03—20	宋村镇北马村
23	于文增	男	1913—08—08	宋村镇西海庄
24	宫云华	女	1913—10—06	葛家镇东于疃村
25	于元水	女	1913—05—19	葛家镇郭子村
26	宫云汉	男	1912—12—30	葛家镇议城村
27	赵清合	男	1909—10—09	葛家镇昆阳村

续表 3-14-1

序号	姓名	性别	出生时间	家庭住址
28	崔亭华	女	1910—08—27	葛家镇下口村
29	孙其兰	女	1911—09—05	侯家镇东廒村
30	杨吉珍	女	1912—03—18	侯家镇东廒村
31	邵家芝	女	1912—04—04	侯家镇南廒村
32	崔秀芝	女	1912—10—09	侯家镇南学村
33	杨元淑	女	1913—11—14	侯家镇崔家村
34	王从华	女	1913—02—09	界石镇大界石村
35	周孟荣	女	1911—03—28	界石镇大高坎村
36	刘玉贤	女	1912—02—08	龙山街道初家园街
37	马尚清	男	1913—09—20	龙山街道马家汤后村
38	于桂莲	女	1912—04—17	米山镇长埔村
39	王夕恩	男	1912—12—20	米山镇郭格庄
40	宋思兰	女	1913—04—12	文登营镇前北凤口村
41	王喜华	女	1913—06—16	文登营镇于冼庄
42	李世芬	女	1912—01—04	泽库镇滩西头村
43	刘玉梅	女	1912—11—24	泽头镇岛集村
44	于桂珍	女	1913—11—05	泽头镇虎口山村
45	曲广兰	女	1913—02—19	泽头镇林村
46	于喜顺	女	1909—08—05	泽头镇唐疃村
47	王日松	女	1909—04—25	泽头镇望岛村
48	孙红英	女	1910—04—09	泽头镇小埠村
49	刘开梅	女	1910—10—21	张家产镇汤村店子村
50	刘玉兰	女	1911—04—04	天福街道南磨山村
51	武淑珍	女	1908—06—24	高村镇万家村
52	董德欣	女	1910—11—26	高村镇河西村
53	迟少云	女	1911—11—04	高村镇汤西村
54	王桂全	男	1911—11—27	高村镇庙后王家村
55	张述礼	男	1912—09—28	高村镇汤西村
56	丛树芝	女	1912—12—13	高村镇西藤圈村
57	原彩红	女	1913—01—13	高村镇脉田村
58	王玉娥	女	1909—02—08	小观镇万家口村

续表 3-14-2

序号	姓名	性别	出生时间	家庭住址
59	董桂花	女	1911—07—01	小观镇庙东村
60	姜兆孟	男	1912—09—22	小观镇北七口村
61	邢学兰	女	1912—02—04	小观镇西瓦砌埠村
62	高云水	男	1913—12—16	小观镇南稻地湾村
63	杨孝荣	女	1912—10—05	小观镇出林庄村
64	郤秀兰	女	1913—03—20	小观镇波罗岛村
65	郑清源	女	1911—05—02	环山街道河圈村
66	丛桂滋	男	1913—10—26	环山街道夼北村

第四节 文化构成

1990年始，文登市取消小学升学考试，小学生全部就近、免费升入初中。1995年后，全市学龄儿童入学率100%，高考录取率整体呈上升趋势。随着人口文化程度提高，全市人口文化结构体现出文盲人口逐年减少、中等学历人口逐年扩大、高等学历人口不断增加等特点。

2000年和2010年人口普查文登市6岁及以上人口学业完成情况表

表 3-15　　单位：人

受教育程度	2000年					2010年				
	在校	毕业	肄业	辍学	其他	在校	毕业	肄业	辍学	其他
小学	4747	14820	237	579	70	1684	11032	199	440	191
初中	4102	22002	86	126	8	1987	23255	86	54	42
高中	1102	5774	15	13	—	1683	8507	25	8	12
中专	689	1995	4	3	1	—	—	—	—	—
大学专科	20	1288	5	1	5	474	1912	1	—	—
大学本科	7	480	2	—	3	304	998	2	—	—
研究生	1	2	—	—	—	25	30	—	—	1

说明：按全市人口的10%抽查。

学历构成　1990年人口普查显示，全市小学以上文化程度540169人，占总人口的75.42%。其中，小学文化程度245945人、初中219669人、高中71117人、大学3438人，15岁及以上人口文盲人口为9.84万人，占总人口的13.73%。2000年人口普查显示，全市小学以上文化程度584993人，占总人口86.66%。每万人有大专以上学历261人、中等学历1490人、初中文化程度3877人、小学文化程度3038人。文盲、半文盲52866人，占总人口的7.83%。2010年人口普查显示，全市小学以上文化程度565291人，占总人口的92.71%。每万人有大专以上学历647人、中等学历1875人、初中文化程度4441人，小学文化程度2308人。文盲、半文盲21304人，占总人口的3.49%。

2000年和2010年人口普查文登市6岁及以上人口文化构成情况表

表3-16

文化程度	2000年		2010年	
	人数（人）	占6岁及以上人口（%）	人数（人）	占6岁及以上人口（%）
研究生	33	0.005	492	0.08
大学本科	4877	0.76	13198	2.24
大学专科	12730	2.76	25766	4.37
中等学历	100599	15.63	114316	19.40
初中毕业	261686	40.65	270785	45.96
小学生	205068	31.85	140734	23.88
文盲、半文盲	52866	9.37	21304	3.11

在业人口文化构成　教育、卫生、文化、科研和国家机关是境内高学历集中的行业。第五次人口普查按职业统计文化构成，大专以上学历主要集中在专业技术人员和办事员队伍中，占大专以上学历的48.37%。第六次人口普查按行业统计文化构成，大专以上学历主要集中在制造业、公共事业、教育、卫生和社会保障行业，分别占大专以上学历的20.26%、17.31%、15.79%和9.70%，从事农林牧渔行业大专以上学历上升，比第五次人口普查增长2.84%。两次人口普查比较，研究生学历人口增长0.075%，大专和本科学历人口增长3.85%。

2000年文登市按职业分文化构成情况表

表3-17　　单位：人

学历	党政企事业单位负责人员	专业技术人员	办事员和有关人员	商业、服务人员	农林牧渔水利业	生产、运输设备操作及有关人员
研究生	1	1	—	—	—	—
大学本科	69	241	90	23	7	23
大学专科	136	616	185	86	20	158
中专	64	553	134	251	104	501
高中	185	408	140	706	1893	1591
初中	224	334	173	1556	10329	5973

说明：按全市人口的10%抽查。

2010年文登市按行业分文化构成情况表

表 3-18　　　　单位：人

行业	研究生	大学本科	大学专科	高中	初中
农林牧渔业	—	18	91	1968	10549
采矿业	—	2	5	10	49
制造业	1	119	374	2073	4744
电力、燃气及水的生产和供应业	—	7	60	90	66
建筑业	—	16	58	324	916
交通运输、仓储和邮政业	—	8	49	334	612
信息传送、计算机服务和软件业	1	5	20	42	24
批发和零售业	—	43	165	893	1439
住宿和餐饮业	—	10	44	251	442
金融业	—	35	80	75	49
房地产业	—	13	26	56	170
租赁和商务服务业	—	20	25	48	36
科学研究、技术服务和地质勘查业	—	8	8	11	7
水利、环境和公共设施管理业	—	10	15	24	26
居民服务和其他服务业	—	1	25	144	253
教育	2	227	156	120	70
卫生、社会保障和社会福利业	14	118	104	136	56
文化、体育和娱乐业	—	12	21	23	28
公共管理和社会组织	9	207	206	218	138

说明：按全市人口的10%抽查。

第五节　行业职业构成

行业人口构成　1990年人口普查，全市在业人口44.65万人，占总人口的62.34%。从事农林牧渔业人口占在业人口（下同）的72.75%，工业人口占16.44%，商业人口占3.02%，教育文化艺术事业人口占2.1%，国家机关和群众团体人口占1.17%。

90年代始，行业人口发生4个显著变化：第一产业人口比重下降，主要原因是农村推行联产承包责任制和农业机械化发展；商贸行业人口增加，主要原因是商品经济发展和人们生活方式改变加速服务行业发展；建筑行业人口比重增加，主要原因是房地产业迅速发展；服务娱乐业人口增加，主要原因是计算机、休闲养生、家政服务、住宅管理和电影电视业等新兴产业相继兴起。

2000年和2010年文登市从业人口行业情况表

表 3-19

行业分类	2000年		2010年	
	从业人口（人）	占从业总人口（%）	从业人口（人）	占从业总人口（%）
农林牧渔业	22669	58.42	18756	52.00
采矿（掘）业	202	0.52	74	0.21
制造业	8999	23.19	7711	21.38
电力、燃气及水的生产和供应业	199	0.51	227	0.63
建筑业	1020	2.63	1524	4.23
交通运输、仓储和邮政业	608	1.57	1038	2.88
信息传输、计算机服务和软件业	—	—	92	0.26
批发和零售业	—	—	2691	7.46
住宿和餐饮业	—	—	791	2.19
房地产业	52	0.13	309	0.86
金融（保险）业	204	0.53	240	0.67
租赁和商务服务业	—	—	133	0.37
科学研究、技术服务和地质勘查业	—	—	35	0.10
水利、环境和公共设施管理业	—	—	89	0.25
居民服务和其他服务业	—	—	453	1.26
教育	—	—	578	1.60
卫生、社会保障和社会福利业	—	—	437	1.21
文化、体育和娱乐业	—	—	95	0.26
公共管理和社会组织	—	—	800	2.22
地质勘查业、水利管理业	22	0.06	—	—
批发贸易、餐饮和零售业	2078	5.36	—	—
卫生、体育和社会福利业	415	1.07	—	—
社会服务业	582	1.50	—	—
教育、文化艺术及广播电影电视业	895	2.31	—	—
综合技术、科学研究和服务业	20	0.05	—	—
国家机关、政党机关和社会团体	756	1.95	—	—
其他行业	81	0.21	—	—
合计	38802	100	36071	100

说明：按全市人口的10%抽查。

职业人口构成 1991年后，境内农林牧渔业劳动者减少，经商、服务和建筑职工增多。失业登记人口由1991年的26人增至2013年的2958人，退休退职人口由1991年的2000人增至2013年的2.6万人。2000年人口普查，按全市人口10%抽查，文登市失业人口1004人，失业率为2.52%。未工作人口1.76万人，丧失工作能力4109人，从未工作或失去工作正在找工作的分别为546人和458人，其他人口5210人。2010年人口普查，按全市人口10%抽查，文登市失业人口895人，失业率2.42%。经济活动人口（正在工作、暂未工作和失业人口）3966人，非经济活动人口（学生、退休、丧失工作能力及料理家务等）1.45万人。两次普查显示，15～24岁失业率最高，平均为11.53%和8.42%，25岁以后失业率逐降，平均为1.11%和1.76%。两次普查比较，农林牧渔、水利业生产人员从58.59%降至52.27%，商业服务人员从7.65%提到12.75%。

2000年和2010年文登市从业人口职业情况表

表3-20

职业分类	2000年		2010年	
	从业人口（人）	占从业总人口（%）	从业人口（人）	占从业总人口（%）
国家机关、企事业单位、党群组织负责人	715	1.84	596	1.65
专业技术人员	2208	5.69	2420	6.71
办事员和有关人员	797	2.05	814	2.26
商业、服务人员	2970	7.65	4600	12.75
农林牧渔、水利业生产人员	22734	58.59	18855	52.27
生产、运输设备操作人员及有关人员	9378	24.18	8773	24.32
其他劳动者	—	—	15	0.04
合计	38802	100	36073	100

说明：按全市人口的10%抽查。

2000年和2010年文登市按年龄组分失业人口情况表

表3-21

年龄（周岁）	2000年				2010年			
	合计（人）	男（人）	女（人）	占劳动适龄人口（%）	合计（人）	男（人）	女（人）	占劳动适龄人口（%）
15～19	318	176	142	15.77	67	36	31	9.46
20～24	194	98	96	7.30	223	113	110	7.37
25～29	129	69	60	3.46	120	59	61	3.81
30～34	120	62	58	2.48	99	41	58	3.26

续表 3-21

年龄（周岁）	2000 年				2010 年			
	合计（人）	男（人）	女（人）	占劳动适龄人口（%）	合计（人）	男（人）	女（人）	占劳动适龄人口（%）
35 ～ 39	98	68	30	1.63	123	57	66	3.36
40 ～ 44	70	40	30	1.22	116	57	59	2.60
45 ～ 49	53	31	22	0.95	75	28	47	1.42
50 ～ 54	18	16	2	0.53	36	24	12	0.76
55 ～ 59	—	—	—	—	28	17	11	0.65
60 ～ 64	1	1	—	—	3	2	1	—
65 及以上	3	1	2	—	5	3	2	—

说明：① 2000 年普查按 15 岁以上统计，2010 年普查按 16 岁以上统计。②按全市人口的 10% 抽查。

第四章　婚姻家庭

第一节　婚姻状况

1990 年人口普查，未婚人口占 15 岁及以上人口的 19.33%，有配偶人口占 74.36%，丧偶人口占 5.80%，离婚人口占 0.51%。全市 27 ～ 49 岁未婚人口 12170 人，男 11633 人、女 537 人，占 27 ～ 49 岁人口的 4.53%。进入 21 世纪，晚婚、离婚和再婚人口增多，涉外婚姻增加。

2000 年人口普查，按年龄统计婚姻状况，按 10% 抽样。境内 15 岁及以上人口 56397 人，男 27784 人、女 28613 人。其中，未婚 8978 人，男 4693 人、女 4285 人，占 15 岁及以上人口的 15.92%。25 岁及以上人口未婚男性多于女性，初婚[①]有配偶占 15 岁及以上人口的 74.43%。30 ～ 49 岁，初婚人口占比重最大，表明全市婚姻状况维持较为稳定状态。离婚人口中，男性普遍多于女性，再婚人口中，女性普遍多于男性。65 ～ 69 岁丧偶人口中女性多于男性。

2010 年人口普查，按职业统计婚姻状况，不再统计再婚人口，除初婚外不再按年龄统计，按 10% 抽样。境内 15 岁及以上人口 36093 人，男 20178 人、女 15915 人。初婚人口中，20 岁以下 10 人，占初婚人口的（下同）0.023%，男 4 人、女 6 人。20 ～ 24 岁 313 人，占 0.73%，男 77 人、女 236 人。25 ～ 29 岁 2079 人，占 4.82%，男 870 人、女 1209 人。30 ～ 34 岁 3049 人，占 7.07%，男 1537 人、女 1512 人。40 ～ 44 岁 4790 人，占 11.11%，男 2286 人、女 2504 人。45 ～ 49 岁 5701 人，占 13.47%，男 2814 人、女 2887 人。50 ～ 54 岁 5667 人，占 13.14%，男 2815 人、女 2852 人。60 ～ 64 岁 3595 人，占 8.34%，男 1843 人、女 1752 人。65 岁以上 8260 人，占 19.15%，男 4093 人、女 4167 人。

① 2000 年和 2010 年两次人口普查，初婚和再婚均指在当前年龄时段仍维持初婚或属再婚状态。

1991—2013 年文登市婚姻情况表

表 3-22 单位：人

年份	初婚	离婚	再婚	年份	初婚	离婚	再婚
1991	10234	640	900	2003	6403	352	1062
1992	11242	806	696	2004	7175	774	1261
1993	11197	312	251	2005	5537	844	1293
1994	12366	394	242	2006	8681	1002	1491
1995	9462	494	224	2007	6949	1104	1599
1996	9260	834	1000	2008	7235	1216	1701
1997	8443	200	917	2009	7250	1500	1730
1998	5981	230	1114	2010	6176	1656	1867
1999	7337	264	1267	2011	8640	1874	3128
2000	5696	296	1000	2012	7565	1928	1905
2001	6229	224	1136	2013	9033	2214	2174
2002	4984	280	1016				

说明：含莒山镇和汪疃镇。

2000 年文登市 15 岁及以上人口按年龄组分婚姻情况表

表 3-23 单位：人

年龄（周岁）	未婚		初婚有配偶		再婚有配偶		离婚		丧偶	
	男	女	男	女	男	女	男	女	男	女
15～19	2179	2783	—	9	—	—	—	—	—	—
20～24	1224	1261	90	249	—	3	—	1	—	—
25～29	442	200	1507	1916	10	21	18	25	1	5
30～34	92	18	2402	2720	44	113	33	15	2	14
35～39	81	12	3098	3234	87	148	48	17	7	14
40～44	118	4	3043	3070	87	190	46	24	22	20
45～49	129	2	3123	3101	93	208	41	16	22	42
50～54	111	3	2125	1970	61	140	28	6	47	54
55～59	129	1	1627	1350	72	124	24	2	44	88
60～64	104	1	1378	1087	85	137	22	1	101	115
65 及以上	84	—	2707	2168	261	335	31	14	654	1562

说明：按全市人口的 10% 抽查。

2010年文登市15岁及以上人口按职业分婚姻情况表

表3-24　　单位：人

职业分类	未婚		有配偶		离婚		丧偶	
	男	女	男	女	男	女	男	女
合计	3035	2144	16474	13245	266	158	403	368
党政群组织、企事业单位负责人	19	12	405	148	4	6	—	2
专业技术人员	230	350	782	1003	12	30	3	10
办事人员和有关人员	110	34	472	186	3	3	6	—
商业、服务业人员	516	503	1689	1789	28	43	9	29
农林牧渔、水利业生产人员	971	367	8895	7782	163	41	343	297
生产、运输设备操作人员及有关人员	1188	876	4224	2334	56	35	42	30
其他从业人员	1	2	7	3	—	—	—	—

说明：按全市人口的10%抽查。

第二节　家庭构成

1990年人口普查，户均2.89人，两人户占家庭总户的24.56%，三人户占38.85%，四人户占21.95%，五人户占4.05%；一代户占17.6%，两代户占66.91%，三代户占4.81%。1991年后，户均人口减少，以每户两人和三人、一对夫妇和两代组成家庭户为主。

2000年和2010年两次人口普查显示，户均人口分别为2.66人、2.51人；两人户分别占家庭总户的34.92%、35.26%，三人户分别占49.6%、36.42%；一对夫妇户分别占43.83%、43%，两代户分别占家庭总户的53.35%、47.47%。

2000年和2010年文登市家庭户类别情况表

表3-25　　单位：户

家庭规模	户数		一代户		二代户		三代户		四代户	
	2000年	2010年	2000年	2010年	2000年	2010年	2000年	2010年	2000年	2010年
合计	248537	228280	108918	106861	132604	108374	6928	12919	87	126
一人户	29660	35170	29660	35170	—	—	—	—	—	—
二人户	86797	80501	78775	70977	8022	9524	—	—	—	—
三人户	98440	83155	382	487	97736	81915	322	753	—	—
四人户	29031	21171	63	143	25442	15850	3525	5174	1	4
五人户	3809	6920	23	66	1151	950	2602	5852	33	52
六人户	595	1012	3	6	155	97	395	860	42	49
七人户	103	244	2	6	42	23	54	198	5	17

续表 3-25

家庭规模	户数		一代户		二代户		三代户		四代户	
	2000 年	2010 年	2000 年	2010 年	2000 年	2010 年	2000 年	2010 年	2000 年	2010 年
八人户	45	82	1	—	15	8	25	71	4	3
九人户	17	14	2	1	11	3	2	9	2	1
十人及以上户	40	11	7	5	30	4	3	2	—	—

第五章　计划生育

第一节　计划生育政策

生育政策　1991—2003 年，文登市计划生育政策按《山东省计划生育条例》和《文登市人民政府关于执行〈山东省计划生育条例〉的有关规定的通知》执行。总的生育政策是“晚婚晚育，少生优生。提倡一对夫妇只生育一个孩子，有计划地安排确有实际困难的夫妇生育二胎，严禁计划外二胎，杜绝多胎生育”。2004—2013 年，按照《山东省人口与计划生育条例》和文登市《关于进一步加强人口与计划生育工作的意见》政策执行。主要规定是“鼓励公民晚婚晚育、少生优生。符合《山东省人口与计划生育条例》规定条件的公民，经批准可以生育第二个子女”。

晚婚晚育政策　1988 年《山东省计划生育条例》规定：男年满 25 周岁，女年满 23 周岁以上初婚的为晚婚。晚婚并按计划生育第一个孩子的为晚育。2002 年 9 月《山东省人口与计划生育条例》规定：男年满 25 周岁，女年满 23 周岁初婚的为晚婚。已婚妇女年满 23 周岁妊娠生育第一个子女的为晚育。

独生子女奖励政策　1991 年，继续按《山东省关于计划生育若干问题的试行规定》：凡执行计划生育的妇女可按规定延长产假；自愿保证只生一胎者发给独生子女优待证，子女在入托、入学、医疗等方面给予优先照顾，小学至高中读书期间免缴学费，14 周岁内每月享受一定保健补助费。按《山东省计划生育条例》第二十九条规定，生育一个孩子后采取节育措施不再生育的，给予独生子女（14 周岁以前）每月 5 元奖励费，在职父母退休后加发 5% 退休金。2005 年后，农村独生子女奖励费由威海、文登及各镇（街道）按 20%、50%、30% 承担。2007 年后，境内城镇失业（无业）人员独生子女奖励费由市财政统一发放。

计划生育奖励扶助政策　2005 年，市政府印发《关于对农村部分计划生育家庭实行奖励扶助制度的意见》，规定：1933 年 1 月 1 日以后出生，未曾违法违规生育，本人及配偶均为农村居民，现存一个子女或两个女孩或子女死亡现无子女者，年满 60 周岁每人每月发给奖励扶助金 60 元。全市纳入奖励扶助范围的人员：2005 — 2010 年，分别为 3764 人、4775 人、6337 人、8036 人、9744 人、12569 人；2011 — 2013 年，分别为 16778 人、21433 人和 26763 人。2007 年，按威海市《关于实施计划生育家庭特别扶助制度的意见的通知》，2008 年 1 月 1 日起，独生子女死亡或伤病残后未再生育或收养子女家庭的夫妻，同时具备 1933 年 1 月 1 日以后出生、女方年满 49 周岁、只生育一个子女或合法收养一个子女、现无存活子女或独生子女鉴定为三级以上残疾，每人每月给予

80元或100元扶助金，全市纳入该项扶助的人员：2008－2010年，分别为414人、530人和600人；2011－2013年，分别为657人、766人和848人。按威海市《关于对计划生育特困家庭实行社会救助的实施意见的通知》要求，2008年1月1日起，独生子女家庭、独生子女死亡后未再生育且未再收养子女家庭、双女家庭，根据不同情况按高出最低生活保障标准10%～30%比例发给低保金。全市纳入该奖励家庭：2008－2010年，分别为1721户、1743户和1402户；2011－2013年，分别为1247户、1085户和812户。2010年始，文登市实施免费孕前优生健康检查，被确定为全国100个免费孕前优生健康检查试点市之一。至2013年，孕前优生免费健康检查2849人，查出各种异常情况1262例，高危管理率和住院分娩率均达100%。

第二节　计划生育管理

管理机构　1991年，文登市计划生育委员会内设办公室和业务科，工作人员12人。辖宣传和技术服务站，各乡镇设计划生育办公室和服务站。2002年，市计划生育委员会更名为市计划生育局。2005年，更名为市人口和计划生育局。2013年，内设办公室和发展规划科、法规科、财务科、流动人口管理科，工作人员16人。辖计划生育技术指导服务站、宣传站、药具站、协会办，镇计划生育服务中心和技术服务站。

目标责任管理　1991年后，全市实施“人口目标责任书”考核管理制度，市镇村及市直单位层层签订“人口目标责任书”。主要目标：总人口、人口出生率指标控制在年度“文登市国民经济和社会发展计划”目标以内，稳定低生育水平、合法生育率保持在97%以上、避孕措施落实率96%以上，全面落实法定计划生育奖励、扶助、救助、免费政策，依法维护群众的合法权益；党政“一把手”负总责，人口计生工作纳入科学发展综合考核评估体系和重大事项督查范围，凡计划生育工作严重滑坡、统计数据严重弄虚作假、出现严重违法违纪行为、重大技术服务责任事故或重大信访问题，实施一票否决制。1991－2013年，在威海市“人口和计划生育目标管理责任书”考核中，文登市连年获一等奖，后5年考核总分均名列各市区第一名。

常态管理　1991年，文登市各级设有计划生育工作协会（简称计生协会），乡镇普遍成立计划生育领导小组和办公室，党委书记兼任组长，配备专职计划生育干部。各村同步成立计划生育领导小组和办公室，支部书记和妇女主任分别兼任组长和主任，配有计划生育统计员、宣传员、药管员和育龄妇女小组长，全面管理计划生育工作。至1995年，全市有市、镇、村计生协会895个，会员8万人。2001年，农村实施计划生育村民自治试点工作，2003年确定为省改革试点市。市人口与计划生育领导小组制定《关于农村人口与计划生育管理体制改革的实施方案》，实行农村村民自治、民主选举协会组织，按“坚持‘两委’五项负责、实现协会五项做到、围绕家庭五项服务、尊重群众五项自主”模式，管理农村计划生育工作。2004年，全市推行城市人口和计划生育管理服务体制改革，实施属地管理、单位负责、居民自治、社区服务管理体制，执行“居委

图3-1　2012年5月30日，省计划生育群众自治工作调研座谈会在昆嵛酒店召开。

负责、物业配合、协会运作、综合服务”16字工作模式。2007—2013年，逐步建立村民自治、自主、自觉管理机制。其中，2009年9月，文登市代表山东省在全国计划生育会议上作题为《深化体制改革 实施村民自治 开创人口和计划生育工作新局面》典型发言，经验推向全国。

流动人口计划生育管理与服务 “八五”期间，市政府制定《文登市流动人口计划生育管理办法》，市、镇、村及市直部门成立流动人口计划生育管理小组。建立流动人口计划生育档案，达到妇女底子清、分布地域清、职业构成清、居住场所清、婚育状况清。至1995年，全市纳入计划生育管理的流动人口1000余人。2006年后，将流动人口纳入常住人口管理与服务范围。在流动人口中建立计划生育协会，组织流动人口开展计划生育群众自治活动，实现自我管理、自我教育、自我服务。先后在文登义乌小商品批发市场、云龙绣品集团等流动人口集中区域建立流动人口计划生育协会，形成“法人负责、协会运作、一站服务、实施五同”工作格局。2009年，按省市关于流动人口计划生育工作“一盘棋”“三年三步走”实施意见，文登市逐步建立“统筹管理、服务均等、信息共享、区域协作、双向考核”流动人口服务管理机制。将流动人口全员信息录入省流动人口计划生育信息管理平台，纳入全市居民服务管理范围。2010年，在外资企业建立计划生育协会，签订外资企业人口和计划生育协议书，实施政府加外方、中方、工会、计生协会四方“1+4”服务管理模式，明确职责、任务、权利和义务，推进外资企业计划生育工作有效开展。至2013年，流动人口计划生育服务管理各项指标均达97%以上。

第三节 人口与生育服务

技术服务机构 1991年，文登市设有计划生育技术指导服务站，股级事业单位，负责避孕节育、优生优育、生殖保健、不孕不育、健康查体等服务。2000年，乡镇计划生育技术服务站普及。2008年，在张家产、泽库、葛家、泽头4镇建起镇级计划生育中心站，辐射指导周边计划生育技术服务站开展工作。至2013年，全市每年组织环、孕情普查和健康查体30万人次，进行计划生育、优生优育、生殖保健咨询100万人次。

图3-2　市计划生育服务站外景（2009年5月18日摄）

生殖保健服务 90年代，境内开展避孕节育措施知情选择指导，育龄妇女按自身情况选择避孕方式，全市节育措施落实率始终保持98%以上。1998年，实施以已婚育龄妇女生殖保健服务手册为核心的服务制度。每月9日定为全市优生服务日，免费为生育对象开展孕前查体、传授计生知识、接受优生指导，建立检查档案。2003—2013年，打破属地服务规定，计生服务进村或入户开展B超检查，环、孕情普查和优生咨询等。

优生优育服务 90年代，全市实行优生监护卡制度，为每名符合生育条件、申请生育的妇女发放优生监护卡，建立优生档案，监护卡内容包括各时期常规检查、妇科检查、产科检查和B超检查等情况；按孕前及孕期不同阶段进行检查，包括产科检查、血型检查、血常规、尿常规、肝功、乙肝五项、丙肝、HIV抗体、梅毒抗体、唐氏综合筛查、心电图、B超等项目；建立孕产妇保健手册，按早、中、晚孕期进行5次随访，包括孕妇健康状态评估、孕早期个人卫生、心理和营养保健指导、胎儿生长发育情况评估等。对高危孕妇增加随访次数，发现意外及时处置。

第四节　计划生育宣传教育

1990 年，市政府制定《普及人口与计划生育基础知识教育规划》，文件要求 3 年内对 15 ～ 49 周岁 20 余万名育龄妇女全面普及计划生育基础知识，普及率、结业率分别达 98% 和 95% 以上。1998 年，会同工青妇等社会各界，开展计划生育宣传教育进村、婚育新风进家的“双进”活动。2001 年，文登市被中央宣传部、国家计生委授予全国婚育新风进万家活动先进市称号。

进入 21 世纪，宣传教育活动进一步加强，全市随机抽查分析发现，晚婚晚育家庭子女具有高中以上学历比非晚婚晚育高 25%、晚婚晚育妇女患妇科疾病比非晚婚晚育妇女低 22%，遂用事实教育青年晚婚晚育。计划生育宣传服务车巡回城乡，开展婚育文化进农村、进社区、进厂企、进校园、进家庭活动，群众在家门口接受宣传教育、享受方便快捷的计生技术服务。对市、镇、村计生宣传设施升级改造，在市区中心广场、镇驻地设立电子屏幕、宣传橱窗、宣传灯箱等，设置图文并茂的计生文化长廊；组建业余生育文化艺术团体 60 余个，实现计生宣传寓教于乐。以镇、村文化大院为阵地，购置计划生育书刊，开展宣传教育。发挥网络优势，建立宣传网页，提供网上查询服务。印制计划生育宣传资料，使计生宣传可见、可闻、有效。2010－2013 年，通过虚拟电话网、手机号码库、计生服务 QQ 号和党员远程教育“四条线”，以及一个文化大院、一支文艺宣传队、一条计生宣传街和一批流动宣传刊板的“四个一”活动，弘扬婚育新风，推动群众观念转变。

图 3-3　2013 年 6 月 22 日，计划生育工作人员在市中广场进行计划生育宣传。

1991－2013 年文登市计划生育情况表

表 3-26

年份	已婚育龄妇女（人）	独生子女（户）	领取独生子女证（人）	符合政策生育率（%）	晚婚率（%）	晚育率（%）
1991	148397	77066	58818	99.98	88.81	89.51
1992	147455	78082	60257	99.97	91.64	91.50
1993	147318	79946	60342	99.97	97.33	96.05
1994	139177	74955	53262	99.82	97.00	96.77
1995	142406	70791	53063	99.75	96.89	97.59
1996	141110	68307	49740	99.10	96.52	95.72
1997	141642	58384	47295	99.17	95.21	98.02
1998	142195	58010	47358	99.52	96.92	98.60
1999	140579	65346	46905	99.48	97.26	98.46

续表 3-26

年份	已婚育龄妇女（人）	独生子女（户）	领取独生子女证（人）	符合政策生育率（%）	晚婚率（%）	晚育率（%）
2000	138525	86965	71571	99.43	97.91	99.03
2001	136692	88295	72841	99.35	97.06	98.44
2002	133077	89097	72951	99.45	96.27	98.16
2003	131843	89446	74202	99.17	90.64	97.19
2004	111560	—	59207	99.70	81.49	94.17
2005	121733	—	68910	99.69	84.58	90.44
2006	122389	—	69968	99.64	87.63	89.01
2007	120835	—	71500	99.69	83.95	92.25
2008	124192	—	68518	99.48	83.57	89.63
2009	111695	—	63376	99.29	85.00	89.34
2010	106895	—	62525	97.92	87.73	90.78
2011	106632	—	62392	98.33	89.78	90.81
2012	102697	—	60605	98.59	89.45	92.89
2013	97153	—	56565	98.29	92.68	92.92

第六章　姓　氏

1985 年统计，境内共有 354 姓，人口在 1 万人以上的 15 姓。人口最多的王姓 7.8 万余人，其次于姓 6.5 万余人、刘姓 4.4 万余人、张姓 3.2 万余人、孙姓 3.1 万余人、李姓 2.7 万余人、丛姓 2.1 万余人。2007 年统计，境内共有 502 姓，人口在 1 万人以上者仍为 15 姓。

第一节　主要姓氏来源

境内居民由不同历史时期移民与原居民结合构成，特别是金、元、明三代移民。据方志、谱牒等地方史料和正史有关记载，文登市居民大体在四个时期进入。

早期遗民　大部分是金元以前当地遗民，虽仅有于、丛、林、毕、高、宋、赵、隋、鞠等 11 姓，但人口数量较多。其中 6 姓由今山东西部和福建、陕西、河南等地迁入，其余 5 姓祖籍不详。

金元时期进入　这一时期，由于战争南推北移和长期南北对峙，一些来自江南塞北的文武官吏和军士等人员留滞境内，其后裔遂入籍文登。据考证，约 30 姓在这一时期迁入境内。

明代进入　明初，为防御倭寇，在文登设三卫一营。营、卫官兵实行军户世袭制，多携带家眷，固定设防，其后裔多数隶籍为民，落户文登。如牟村的许姓、七里水头等地的赛姓、寨前杨家的杨姓、王姓、傅姓等源于靖海卫，山后侯家的侯姓、北马村的解姓、文城的崔姓源于文登营。另外，明代屯田垛集的军户和民间自行迁入的移民也很多，已可以确认有220姓，除50姓来自省内，有170姓来自其他16个省（直辖市、自治区），其中安徽40姓、江苏30姓、河南20姓，河北、浙江、山西各10姓，其余来自湖北、北京、江西、云南、陕西、内蒙古、湖南、天津、四川、贵州等地，有10姓祖籍不详。

清代入籍境内居民多数由烟台迁入，其中相当一部分人的祖先，也是金、元、明三代来自外省移民的后代。已经确认清代由湖南、江苏等南方地区迁入的移民有4姓。

20世纪中后期进入　80年代始，随着改革开放不断深入，交通条件改善和经济快速发展，来自云南、贵州、四川及东北三省各族妇女婚嫁文登安家落户，不少亲属也随后迁入。进入90年代，来自全国各地的务工人员到文登务工或创业，遂入籍文登。

第二节　姓氏规模

1000人以上姓氏排序及人口数　1. 王 78122人，2. 于 65959人，3. 刘 44369人，4. 张 32340人，5. 孙 31190人，6. 李 27014人，7. 丛 20741人，8. 林 17207人，9. 姜 14486人，10. 宋 13599人，11. 毕 11878人，12. 周 11307人，13. 徐 11280人，14. 杨 10143人，15. 邢 10084人，16. 吕 8982人，17. 侯 8492人，18. 谭 8183人，19. 陈 7660人，20. 曲 7587人，21. 董 7402人，22. 赵 7161人，23. 邵 7127人，24. 鞠 6544人，25. 隋 6105人，26. 丁 5579人，27. 田 5488人，28. 崔 5308人，29. 高 5282人，30. 蔡 5235人，31. 宫 5127人，32. 吴 5070人，33. 马 4498人，34. 黄 4469人，35. 荣 3870人，36. 邹 3563人，37. 许 3320人，38. 曹 3310人，39. 姚 3142人，40. 初 3122人，41. 邓 3084人，42. 郑 3008人，43. 郭 2955人，44. 时 2739人，45. 迟 2453人，46. 赛 2417人，47. 梁 2316人，48. 唐 2285人，49. 殷 2276人，50. 韩 2238人，51. 胡 2158人，52. 牛 2108人，53. 苏 2060人，54. 慈 1980人，55. 杜 1955人，56. 乔 1845人，57. 房 1774人，58. 潘 1641人，59. 滕 1587人，60. 朱 1540人，61. 夏 1459人，62. 江 1413人，63. 郄 1372人，64. 倪 1332人，65. 颜 1290人，66. 管 1286人，67. 邱 1233人，68. 石 1201人，69. 金 1148人，70. 肖 1102人，71. 蒋 1084人，72. 方 1064人，73. 祝 1007人。

1000人以下姓氏排序　74. 孔 75. 阎 76. 顾 77. 岳 78. 柳 79. 鲁 80. 闫 81. 栾 82. 温 83. 牟 84. 茼 85. 沈 86. 贺 87. 洪 88. 袁 89. 冯 90. 何 91. 原 92. 刁 93. 范 94. 解 95. 车 96. 尹 97. 汤 98. 卢 99. 史 100. 苗 101. 葛 102. 程 103. 代 104. 卫 105. 耿 106. 纪 107. 包 108. 谷 109. 辛 110. 褚 111. 战 112. 付 113. 鲍 114. 任 115. 童 116. 桑 117. 谢 118. 段 119. 俞 120. 连 121. 贾 122. 陶 123. 沙 124. 傅 125. 魏 126. 衣 127. 娄 128. 康 129. 汪 130. 穆 131. 胥 132. 戴 133. 庄 134. 丰 135. 万 136. 都 137. 秦 138. 庞 139. 武 140. 安 141. 宁 142. 孟 143. 戚 144. 单 145. 苑 146. 裴 147. 罗 148. 焦 149. 元 150. 柯 151. 仲 152. 盛 153. 薛 154. 毛 155. 修 156. 常 157. 梅 158. 钱 159. 冷 160. 郝 161. 费 162. 杭 163. 柏 164. 陆 165. 伯 166. 齐 167. 彭 168. 邴 169. 白 170. 蓝 171. 路 172. 兰 173. 矫 174. 钟 175. 曾 176. 窦 177. 冼 178. 岑 179. 左 180. 翟 181. 向 182. 靳 183. 聂 184. 臧 185. 荀 186. 相 187. 幕 188. 芦 189. 龙 190. 韦 191. 余 192. 关 193. 腾 194. 荆 195. 商 196. 阮 197. 尚 198. 叶 199. 从 200. 申 201. 阚 202. 卞 203. 骆 204. 冉 205. 詹 206. 艾 207. 巩 208. 惠 209. 朴 210. 文 211. 尤 212. 龚 213. 席 214. 蒿 215. 季 216. 雷 217. 成 218. 菊 219. 门 220. 熊 221. 党 222. 樊 223. 公 224. 廖 225. 焉 226. 桂 227. 司 228. 严 229. 盖 230. 麻 231. 章 232. 华 233. 屈 234. 法 235. 霍 236. 米 237. 欧 238. 权 239. 施 240. 封 241. 卜 242. 佟 243. 东 244. 扈 245. 郇 246. 姬 247. 祁 248. 国 249. 厉 250. 全 251. 随 252. 由 253. 喻 254. 柴 255. 泮 256. 逄 257. 项 258. 池 259. 仇 260. 楚 261. 甘 262. 靖 263. 勇 264. 福 265. 历 266. 甄 267. 祖 268. 藏 269. 黎 270. 蔺 271. 南 272. 神 273. 位 274. 尉 275. 燕 276. 鄂 277. 栗 278. 明 279. 莫 280. 卿

281. 伊 282. 吉 283. 井 284. 廉 285. 俸 286. 景 287. 巨 288. 蒙 289. 缪 290. 舒 291. 宗 292. 薄 293. 郜 294. 滑 295. 瞿 296. 寇 297. 来 298. 凌 299. 闻 300. 巫 301. 伍 302. 依 303. 虞 304. 禹 305. 占 306. 赫 307. 赖 308. 郎 309. 也 310. 亓 311. 佘 312. 厍 313. 生 314. 索 315. 潭 316. 藤 317. 佐 318. 薛 319. 边 320. 储 321. 堵 322. 官 323. 海 324. 匡 325. 满 326. 上官327. 宿 328. 覃 329. 涂 330. 奚 331. 宣 332. 延 333. 仪 334. 雍 335. 游 336. 字 337. 敖 338. 宝 339. 步 340. 茶 341. 晁 342. 楮 343. 岱 344. 狄 345. 逢 346. 戈 347. 苟 348. 古 349. 哈 350. 稽 351. 冀 352. 简 353. 鹿 354. 伦 355. 么 356. 帅 357. 台 358. 铁 359. 郗 360. 刑 361. 玄 362. 彦 363. 扬 364. 阳 365. 易 366. 阴 367. 宇 368. 郁 369. 远 370. 展 371. 智 372. 种 373. 訾 374. 班 375. 邦 376. 暴 377. 才 378. 菜 379. 苍 380. 查 381. 湛 382. 褚 383. 笪 384. 董 385. 芳 386. 酆 387. 伏 388. 符 389. 富 390. 江 391. 刚 392. 广 393. 贵 394. 计 395. 郏 396. 甲 397. 经 398. 具 399. 隽 400. 亢 401. 况 402. 奎 403. 乐 404. 梁 405. 楼 406. 逯 407. 闵 408. 皮 409. 蒲 410. 綦 411. 裘 412. 渠 413. 绕 414. 容 415. 汝 416. 伞 417. 所 418. 太 419. 营 420. 脱 421. 巍 422. 蔚 423. 邬 424. 西 425. 校 426. 信 427. 轩 428. 晏 429. 银 430. 英 431. 优 432. 院 433. 跃 434. 云 435. 昝 436. 粘 437. 荘 438. 禚 439. 巴 440. 葆 441. 贝 442. 炳 443. 昌 444. 长 445. 尘 446. 闯 447. 丑 448. 炊 449. 次 450. 大 451. 刀 452. 邸 453. 冬 454. 顿 455. 蜂 456. 奉 457. 甫 458. 干 459. 弓 460. 贡 461. 勾 462. 缑 463. 固 464. 果 465. 汉 466. 翰 467. 昊 468. 回 469. 记 470. 嫁 471. 菅 472. 娇 473. 教 474. 接 475. 杰 476. 敬 477. 九 478. 举 479. 筐 480. 腊 481. 莱 482. 类 483. 里 484. 莲 485. 练 486. 侣 487. 律 488. 洛 489. 雒 490. 麦 491. 门 492. 密 493. 庙 494. 敏 495. 母 496. 木 497. 那 498. 娜 499. 爬 500. 平 501. 浦 502. 普。

第三节　主要姓氏分布

王姓　境内多数村庄有王姓，主要分布在小观镇的波罗岛、东里岛、小观、垒子、才院、万家寨、七甲、凤口集、大芦头，葛家镇的背眼、黄龙岘、生格庄、议城、赤金泊、王官屯，宋村镇的城东、小寨、臧格庄、草埠、宋村、南马，大水泊镇的西邹山、金家庄、大河、杭里、山后王家、青石河、岭上王家、团山、章子山、陈驾埠、大乔家、大台，米山镇的郭格庄、大埔、埔北头、东下庄，文登营镇的止马岭、前驾山、营前、文登营、前北凤口、岚宅，界石镇的王家泊、西院下、北鲁家埠、桃花岘、崮头集、李家疃、王家庄，高村镇的靳家店、庙后王家、下夼，张家产镇的东圈、南圈、安子泊，泽头镇的东团岚埠、岭前，侯家镇的西廒、小洛，泽库镇的滩西头等村。

于姓　分布在大水泊镇的大水泊、杭里、大河、河北新村、后土埠岭、李家、场西，小观镇的万家口、徐埠头、北黄、于家庄，葛家镇的于家口、院东、赤金泊、于家埠、北长岚、洛格庄、葛家、池水头，泽头镇的道口、上泊子、下泊子、于家河、于林庄，宋村镇的石羊、西海庄、东孔格、石灰窑、大床、硝二，高村镇的高村、望海倪家、山前庄、苏家泊，米山镇的西山后、南郑格、新发庄，界石镇的南鲁家埠、南截山、北截山、崮头集，侯家镇的北廒、下郭家等村。

刘姓　分布在侯家镇的东廒、南廒、南学、小洛，葛家镇的西于疃、刘家上口、生格庄、院西、下口，界石镇的大界石、蒿埔、店子头、河东，宋村镇的大泽头、曲疃庄、台上，米山镇的大山前、西铺头，泽库镇的尹家，高村镇的礼格庄，文登营镇的文登营，大水泊镇的李家等村。

张姓　分布在张家产镇的张家产、汤村店子、东汤村、车卧岛，埠口港的张家埠、上埠前，大水泊镇的六山张家、山后张家，环山街道的八里张家、麦疃后，葛家镇的小英，侯家镇的张家庄，文登营镇的文登营等村。

孙姓　分布在小观镇的坦埠、庙东、北黄、金花、孙家寨、东店子，泽头镇的许家埠、孔格庄、南桥、北桥、东望仙庄，高村镇的沙柳、莲花城、孙家埠，界石镇的青庄，米山镇的横口，张家产镇的岚村，汪疃镇的孙家沟，大水泊镇岭上孙家等村。

李姓　分布在泽头镇的泽头、北庄、东程格、西程格，葛家镇的东旺疃、刘格庄、北石山头、姚家庄，泽库镇的前岛、港南，文登营镇的前北凤口，大水泊镇的李家，米山镇的佛东夼等村。

丛姓　分布在天福街道的凉水湾、峰西、北宫，宋村镇的大床、河格庄、金格北里，米山镇的南古场、东山后、后山后，葛家镇的西宋格庄、南石山头等村。

林姓　分布在泽头镇的林村、高家庄、胡格庄、程子埔，葛家镇的杭格庄、林家庄、大英，宋村镇的神格庄、硝一、集西、宋村、山西、曲疃庄，米山镇的小山前，文登营镇的方格窑等村。

姜姓　分布在泽库镇的长会口、西泊，葛家镇的东宋格、姜新庄，宋村镇的姜格庄，环山街道的口子后，小观镇的北七口，文登营镇的岳家口等村。

宋姓　分布在宋村镇的周格庄、草埠、臧格庄、宋疃庄，泽头镇的大宋家、小宋家、西团岚埠，经济开发区的九里水头和环山街道的宋家沟，大水泊镇的屯宋家等村。

毕姓　分布在环山街道的河南，天福街道的峰南、城南，侯家镇的集后、山前，宋村镇的双石、炉上，大水泊镇的瓦屋庄、洪家庄，高村镇的西藤圈等村。

周姓　分布在高村镇的高村、二甲、河西、西藤圈，宋村镇的寺前、集西、郭家店，文登营镇的沙河子，侯家镇的大时家等村。

徐姓　分布在小观镇的万家庄、徐家庄，大水泊镇的下河、岳家，宋村镇的徐格庄、渠格庄、宋村等村。

杨姓　分布在小观镇的裴家岛、西里岛，侯家镇的侯家、寨前杨家、南寨，大水泊镇的屯杨家等村。

邢姓　分布在泽头镇的岛集、里岛、望岛、唐疃、虎口山，高村镇的中邢家、北邢家、河南邢家，泽库镇的南山，文登营镇的前北凤口，大水泊镇的山后孙家等村。

吕姓　分布在葛家镇的葛家、中旺疃、西旺疃、周家埠、旺格庄、西孙疃等村。

侯姓　分布在泽库镇的泽库、后岛，侯家镇的北鱼池、侯家、南寨和张家产镇的山后侯家，大水泊镇的岭上王家等村。

谭姓　分布在葛家镇的东谭家口、西谭家口、松油、铺集、南长岚、姜新庄和小观镇的南七口等村。

陈姓　分布在文登营镇的营南、崖子头、峰北、东埔，龙山街道的柳林和环山街道的汤南等村。

曲姓　分布在高村镇的望海曲家、望海倪家，泽库镇的南岭、后岛，宋村镇的青龙夼和侯家镇的南廒等村。

董姓　分布在埠口港的顶子，张家产镇的董家店、永福殷家，高村镇的岭上董家，葛家镇的山北头和泽库镇的长会口等村。

赵姓　分布在张家产镇的因寺桥、赵家床，文登营镇的沙里店、赵家产和界石镇的桃花岘等村。

邵姓　分布在侯家镇的二马、西廒、小洛和宋村镇的宋村、南马、北马等村。

鞠姓　分布在宋村镇的鸦鸽崖、下徐村、大寨，大水泊镇的鞠家疃和高村镇的鞠格庄等村。

隋姓　分布在葛家镇的生格庄、铺集，埠口港的下埠前、卧龙，天福街道的苏家河和宋村镇的上徐村等村。

丁姓　分布在小观镇的东瓦砌埠、西瓦砌埠和吴家庄、北黄、南七口等村。

田姓　分布在张家产镇的麾艮、田家床，宋村镇的下徐村和高村镇的万家等村。

崔姓　分布在葛家镇的东崔家口、西崔家口和侯家镇的崔家等村。

蔡姓　分布在小观镇的东浪暖、万家寨、百寿庄、出林庄、二王家等村。

宫姓　分布在葛家镇的占甲埠、赤金泊和宋村镇的宋村、东孔格等村。

马姓 分布在龙山街道的马家汤后和宋村镇的寺前等村。

赛姓 分布在龙山街道的七里水头和环山街道的口子后、西寨，高村镇的中邢家、河南邢家、北邢家，大水泊镇的埠前头、赛家庄，泽头镇的林村等村。

殷姓 分布在宋村镇的集西、宋村、台上、曲疃庄，张家产镇的永福殷家和文登营镇的沙里店等村。

另，境内部分姓氏分布较集中，如文登营镇西字城和泊邓家及榛子崖村的邓姓、八里庙村的宁姓、沟于家村的杭姓，宋村镇下徐村和徐格庄的卫姓、大寨村的童姓、硝滩村的辛姓，小观镇朱家庄的桑姓、郤家村的郤姓，侯家镇上郭家村的初姓，埠口港嶅山村的茼姓，泽库镇慈家滩村的连姓和包姓，环山街道城西村的酆（现改为“丰”）姓，高村镇下夼村的娄姓和山前庄家村的庄姓，大水泊镇六山仲家村的仲姓，葛家镇于家口村的车姓、潘家上口村的潘姓等。

第四编

城乡建设

1988年撤县设市后，文登注重“山、水、文”城市发展构思，规划、设计与建设师从自然、突出特色、强化内涵。“八五”期间，在全省村镇建设第二轮“十百千”活动验收评比中，各项综合指标考评名列全省前茅；齐鲁杯城市“三上”创建活动连续5年获“齐鲁杯”奖。进入21世纪，城市功能不断完善、承载能力逐年提升，基本形成以老城区为居住商贸金融区、经济开发区为综合工业区、城市新区为文化行政区格局。至2013年，城市建成区东至虎山路、西至威青高速公路、南至万山路、北至珠海路，面积45.14平方千米，人口27.8万人。乡村建设日新月异。文登市先后获国家卫生城市、全国环境综合整治优秀城市、国家园林城市、国家生态市等称号。

城市新区夜景（2011年11月5日摄）

第一章 规划编制

第一节 城区规划

1990年，市政府调整、补充和完善《文登县县城总体规划》（1980年编制）。因城市发展进程加快、流动人口增多等因素，1994年和2003年相继编制新一轮城市总体规划，将城乡一体化建设纳入统筹发展规划中。

1994年《文登市城市总体规划》 1994年编制，1995年12月经省政府批准实施。城市规划区面积增至114.5平方千米，建成区面积15.2平方千米。

总体构思 以峰山为城市几何中心，河流为纽带，形成“山耸城中、城绕山转、城河相依”城市格局。重点突出文登山水、独具特色的城市景观。城市定位为区域性经济、文化、科技、商贸中心，以机械、高科技产业为主的外向型现代化城市。近期，1994—2000年，主要完善城市中心区生活服务和基础设施建设，加快老城区向新中心商业区转变。建设东南区和铁路货站工业仓储区，形成配套完善的城市经济起步区。远期，2001—2010年，城市结构趋向完整，形成设施齐全、条件优越的现代化工业城市。城市建设人均用地指标120～130平方米。2010年后，城市人口控制在50万人左右。

市区规划范围 远期，西至西环公路、东至道呼公路（东环公路）、北至高格河、南至远景规划二环路南，城市向东和东南发展。规划控制区面积166平方千米，包括大水泊机场、埠口港、米山水库、天福山和昆嵛山风景区、南海和洪水澜温泉旅游度假区及小嵛岭疗养度假区。

城市道路规划 分主、次干道及支路三级，主干道红线宽30～50米、次干道红线宽20～40米，主干路中以南山路、米山路、威海路、龙山路和机场路构成市区内快速路系统。

其他规划 排水排污，生活污水量和工业废水量分别按给水量85%和70%计，2000年污水排放量5400万吨/年、2010年1.35亿吨/年，新建污水处理厂1座、采用二级生化处理污水，污水处理近期5万吨/日、远期10万吨/日；供热，民用住宅区采暖热负荷按每平方米67焦耳/小时、公共建筑按每平方米89焦耳/小时计，工业负荷近期和远期分别按年递增20%和15%计；供电，2000年和2010年，市区居民生活用电每人每年分别为285千瓦时和740千瓦时，负荷密度每平方千米为7640千瓦和4710千瓦。

1994年编制的文登市城市总体规划现状和远期建设用地平衡情况表

表4-1

项目	分类	现状		远期		
		用地（公顷）	比重（%）	用地（公顷）	比重（%）	人均（平方米）
居住用地	一类居住	3.60	27.90	179.00	22.10	30.80
	二类居住	—	—	745.80	—	—
公共设施用地	行政办公	—	—	53.40	—	—
	商业服务	—	—	208.90	—	—

续表 4-1

项目	分类	现状		远期		
		用地（公顷）	比重（%）	用地（公顷）	比重（%）	人均（平方米）
公共设施用地	文化娱乐	1.71	13.20	106.70	12.70	17.80
	体育	—	—	21.50	—	—
	医疗卫生	—	—	26.20	—	—
	科教	—	—	117.10	—	—
工业用地	一类工业	4.90	37.90	485.20	21.20	29.60
	二类工业	—	—	403.20	—	—
仓储用地	—	0.14	1.10	180.70	4.30	6.00
对外交通用地	—	0.20	1.60	80.10	1.90	2.70
道路广场用地	—	1.20	9.30	481.90	11.50	16.10
市政用地	—	0.53	4.20	162.50	3.90	5.40
绿地设施用地	—	0.62	4.80	502.60	12.10	16.80
特殊用地	兼容用地	—	—	157.10	3.70	5.20
	水域	—	—	278.50	6.60	9.30
城市总用地	—	12.90	100.00	4190.40	100.00	139.70

2003年《文登市城市总体规划》 2003年编制，2005年4月经省政府批复实施。2010年、2020年、2020年后，分别为近期、远期和远景规划。规划至2010年，市区用地34平方千米，人口31万人，城市化水平达60%左右。

总体构思 以建设城乡一体化，文化发达、环境优美、生活舒适的现代化城市为总指导思想，以建设“山中有城、城中有山、双龙抱城、玉带积翠、南商北工、东文西居”为总体目标，突出体现“山、水、文”特色，执行北扩、东展战略。2020年，市区规划用地40平方千米，人均居住面积15平方米、道路面积11平方米以上、公共绿地面积13平方米，人均生活用水量200升/日、生活用电量4000千瓦时/年，生活燃气普及率80%、集中供热率100%、城市电话普及率40部/百人、绿化覆盖率40%、污水和垃圾处理率100%。

规划范围 远期，东至文登营镇道呼线东2000米、北至蔄山镇俚李线（S303）、西至米山水库西岸、南至市区街道边界，包括米山水库、蔄山和北郊工业园区、小嵛岭风景区，控制面积320平方千米。保留大水泊机场、埠口港、天福山和昆嵛山风景区、南海旅游度假区控制区，增加万陵园公墓、坤龙邢水库、垃圾处理场、呼雷汤和汤泊温泉度假区控制区。

城市道路规划 主干道五纵六横，五纵为龙山路、香山路、世纪大道（初张线）、文昌路、道呼线，六横为秀山路、米山路、文山路、珠海路、广州路、九里路，红线宽40～54米；次干道规划20条，红线宽30～40米；道呼线规划为东外环，秀山路规划为南外环，北郊与蔄山道路拓为北环路，铁路以西建西环路。

污水工程规划　生活污水量（含公建污水）和工业废水量分别按给水量85%和70%计。现污水处理厂规模，近期5万吨/日，远期10万吨/日。规划在高格河北侧建2万吨/日污水处理厂1座，主要承担高格河以北区域污水处理。

用电规划　近期，规划区内110千伏变电站4处，其中原有110千伏变电站2处（西郊和九里变电站），新规划110千伏变电站2处（东郊和南郊变电站），主变压器安装容量2×50兆伏安；远期，根据需要改建开发区35千伏变电站为110千伏变电站，主变压器安装容量3×50兆伏安，城市电网容载比1.8。

燃气规划　近期，气源为中原油田天然气。在市区东部道呼路以东、珠海路北侧，设天然气门站1处。城市储配站和天然气门站同址建设，按日供气量40%规划。

热力系统规划　确定文登热电厂、铺头热电厂、开发区热电厂为城市主要热源。保留和改造供热换热站13处，建汽水换热站16处、水换热站19处。热源输送分蒸汽和热水系统2种。预测2015年城市工业用汽量260吨/小时，市区采暖期总热负荷991.09吨/小时。

2003年编制的文登市城市总体规划现状、近期及远期建设用地平衡情况表

表4-2

项目分类		用地面积（公顷）			占总用地比例（%）			人均（平方米）		
		现状	近期	远期	现状	近期	远期	现状	近期	远期
居住用地		685.60	980.59	1354.70	34.13	29.22	31.30	34.28	33.20	35.84
公共设施用地	行政办公	48.60	56.60	77.47	2.42	1.69	1.79	2.43	2.26	1.93
	商业服务	95.60	150.60	190.50	4.76	4.49	4.40	4.78	4.82	4.76
	文化娱乐	7.42	12.42	20.18	0.37	0.37	0.47	0.37	0.29	0.50
	体育	5.29	5.29	55.91	0.26	0.16	1.29	0.26	0.21	1.40
	医疗卫生	25.13	25.13	28.68	1.25	0.75	0.66	1.26	1.01	0.71
	科教	76.50	88.49	106.18	3.81	2.64	2.45	3.83	3.54	2.65
	市场	67.74	180.45	222.78	3.37	5.38	5.15	3.39	7.28	5.57
工业用地		485.00	846.94	987.44	24.15	25.23	22.82	24.25	28.43	26.25
仓储用地		40.20	92.14	130.29	2.00	2.75	3.01	2.01	3.63	3.45
对外交通用地		13.70	25.56	31.82	0.68	0.76	0.74	0.69	1.00	0.50
道路广场用地		230.50	491.30	520.73	11.48	14.64	12.03	11.53	15.23	13.77
市政用地		18.80	27.20	54.76	0.94	0.81	1.27	0.94	1.35	0.76
绿地	公共	140.60	263.80	344.00	7.00	7.86	7.95	7.03	7.40	8.60
	其他	56.20	98.30	190.65	2.80	2.93	4.41	2.81	5.30	5.67
特殊用地		11.64	11.64	11.64	0.58	0.35	0.27	0.58	0.46	0.29
城市总用地		2008.52	3356.45	4327.73	100.00	100.00	100.00	100.44	115.41	112.65

第二节 镇村规划

政区分类 城镇规划分四级。中心城市，包括龙山街道、天福街道、环山街道、经济开发区、文登营镇，是市域政治、经济、文化中心；中心镇，包括葛山、宋村、泽库、葛家、大水泊5镇，规划镇区人口规模3万～5万人，其中葛山镇为工业主导型，泽库镇为渔业主导型，宋村镇、葛家镇为综合发展型，大水泊镇为交通枢纽型；一般镇，包括界石、汪疃、米山、小观、泽头、侯家、张家产、高村等镇，规划镇区人口规模1万～3万人，其中米山镇、界石镇、汪疃镇、张家产镇为工业带动综合型，泽头镇为渔业主导型，小观镇为旅游度假与海产品加工业主导型，侯家镇、高村镇为海产品加工业主导型；集镇，包括原天福山、埠口、铺集、晒字、口子等镇，其中天福山镇、晒字镇为旅游度假型，埠口港为渔业主导型，铺集镇、口子镇为工业主导型。

镇区规划编制 1991年，各乡镇按20年使用年限，编制新一轮规划，均具备驻地原貌图、总体规划图、近期规划图、管线规划图、道路绿化规划图、乡镇境域现状图、乡镇境域规划图和规划说明书（七图一书）。2004年，各镇按文登市新一轮城市总体规划要求，界定小城镇规模。2007年11月，大水泊、界石、张家产、侯家、高村、泽头、宋村、葛家8镇新一轮总体规划经市政府批准实施；文登营镇的建设规划被纳入经济开发区总体规划中。2008年3月，葛山、汪疃、米山、泽库、小观5镇及埠口港新一轮总体规划经市政府批准实施。文登市成为威海市辖区率先完成镇村总体规划修编工作的县级市。

2012—2013年，葛家镇完成荣兰线南、上泽线西原乡37°项目控制性详细规划，埠口港完成西南和靖海湾生态旅游度假区概念规划，张家产镇完成圣海路西、南圈水库周边鼋山度假区概念规划，界石镇完成上泽线两侧楚岘生态经济发展区控制性详细规划，高村镇完成道呼线两侧、呼雷汤温泉周边国际温泉旅游项目总体及概念设计规划，大水泊镇完成荣兰线北、威石路西综合保税区控制性详细规划。

村级规划编制 80年代中期始，全市行政村编制第一轮建设规划。1998年年末，各村均按现状及村庄位置图、规划总平面图、道路交通及市政管线规划图和规划说明书“三图一书”要求，编制或调整村庄规划。至2008年，全市省级、地市级示范村，省级试点村和部分中心村共270个村庄，完成规划修编工作。2009年，各镇编制辖内拟保留村建设规划。2010—2013年，完成17个社区修建性详细规划编制。

第三节 专业和详细规划

专业规划 1991—1995年，编制《文登市道路交通规划》《文登市市政工程规划》《文登市环境卫生规划》《文登市环境保护规划》《文登市农副产品基地规划》《文登市文物古迹保护规划》《文登市防洪抗涝规划》《文登市城市给水规划》《文登市城市消防规划》《文登市城市绿化系统规划》等。1997—2000年，编制《文登市抗震防灾规划》《文登市市场建设规划》《文登市公共交通规划》《文登市排水工程规划》《文登市旅游发展规划》等。2003—2008年，编制《昆嵛山风景区规划》《圣经山风景名胜区规划》，修编《城市综合交通规划》《城市供水专业发展规划》《城市防洪排涝规划》《城市绿地系统专项规划》《城市燃气规划》等。2009—2010年，编制《城市人防工程规划》《文登市市域村镇体系规划》《文登市供热专项规划》《文登市燃气专项规划》。2011—2013年，编制《文登市公共设施专项规划》等10项专业规划，修订《文登市城市给水专项规划》《文登市城市排水专项规划》《文登市防洪排涝专项规划》等。

详细规划 1991—1994年，完成修建性详细规划21项，面积9024公顷，包括《龙山路详细规划》《文山公园详细规划》《商贸大观园详细规划》《召文台改造规划》《火车站西站前区详细规划》《柳林河、抱龙河整治规划》《西郊经济开发区规划设计》《七里汤旧区改建规划》等。1995—2000年，完成修建性详细规划33项，面积5.9万公顷，包括《城西旧城区改造规划》《市中生活小区改建规划》等。完成控制性详细规划8项，面积1200.5公顷，包括《南城区控制性详细规划》《东城区控制性详细规划》《初张路西、抱龙河南岸控制性详细规划》等。2000年年末，编制完成“召文台古迹公园标志性地段”“召文台标志性建筑物”“召文台标志性建筑群”规划。修建性详细规划覆盖率达81.3%，控制性详细规划覆盖率达83.4%。2001—2008年，完成修建性详细规划230项，面积2395公顷，包括《文登市行政中心区修建性详细规划》《抱龙河、柳林河沿岸景观规划》等。编制《文登市峰山公园控制性详细规划》《文登市小嵛岭风景区概念规划》《文登市金滩旅游度假区控制性规划》《文登市城市新中心区修建性详细规划》①4项控制性详细规划，面积6500公顷。2009—2010年，编制《火车站片区改造控制性详细规划》《文登市历史文化名城保护规划》《空港悦城详细规划》等110余项详细规划。2011—2013年，编制《威海文登（张家埠新港）临港产业区总体规划》《文登市“十二五”近期建设规划》《文登市综合保税区控制性详细规划》《文登市老城商务圈城市设计》等详细规划280余项，面积1830公顷。

第二章　城市建筑

第一节　公共建筑

1991年，市区实有公共建筑62.6万平方米。其中，文教卫生等建筑18.7万平方米，商业和行政办公等建筑43.9万平方米。1992年4月10日，商贸大观园奠基，1994年10月竣工。投资1.5亿元，占地26.7公顷，总建筑面积12万平方米。1995年，市区实有公共建筑170万平方米。90年代初，开始建设高层建筑，昆嵛大厦、邮电大楼、中信大厦、交通大厦时为市区标志性建筑。2007年后，随着城市新区建设全面展开，卫生大厦、建设大厦、广电演播中心等一批高层标志性建筑群拔地而起，海泰大酒店、体育公园、市民文化中心、会展中心、高级职业技术教育中心等一批具有现代气息的公共建筑相继落成。2013年年末，市区实有文教卫生等公共建筑24.22万平方米，商业和行政办公等公共建筑307.88万平方米，其中最高建筑为文景国际大厦，28层，高103.85米；单体面积最大为利群文登购物广场，建筑面积4.53万平方米；文登整骨医院病房大楼获山东省建筑工程质量“泰山杯”奖，主体结构和面积为威海境内医院之最。

① 2004年编制完成，2005年批准实施。新中心区规划范围：北起峰山公园、南至新汽车站、西接通和路、东至世纪大道。规划布局西北为高层办公、居住和临街商业建筑，西南为商业及高层住宅群，东南为倪氏海泰大酒店，东北为行政办公建筑，中央为文登学公园和抱龙河公园，规划用地113.18公顷。

1991－2013 年文登市区公共建筑代表工程情况表

表 4-3

建筑名称	地址	建筑面积（平方米）	层数	竣工日期
金源商厦	文山路 101 号	3000	4	1991 年 4 月
国贸大厦	文山路 139 号	8300	7	1992 年 8 月
整骨医院门诊楼	峰山路 1 号	5830	6	1992 年 11 月
电力调度大楼	龙山路 17 号	12000	13	1993 年 2 月
昆嵛大厦	天福路 68 号	17174	17+2	1993 年 12 月
建设银行办公楼	龙山路 19 号	8000	17	1994 年 12 月
邮电大楼	环山路 137 号	10080	13+1	1995 年 5 月
实验中学办公楼	秀山路 168 号	3000	4	1996 年 7 月
金都大厦	文山路 15 号	6800	4	1997 年 10 月
市中贸易市场	职工街中段	10000	1	1997 年 12 月
国税局城区分局大楼	昆嵛北路 1 号	6000	13	1998 年 6 月
交通大厦	米山路 69 号	10300	17+2	1998 年 11 月
法院办公楼	米山东路甲 1 号	11200	7	1999 年 11 月
天福商贸批发市场	秀山路 123 号	16000	1	2000 年 12 月
公安局办公楼	米山路 61 号	10680	16+1	2001 年 12 月
新一中	文山东路 97 号	75000	3 ～ 9	2002 年 8 月
义乌小商品批发市场一期工程	世纪大道 88 号	180000	3 ～ 4	2003 年 9 月
百大广场	昆嵛路 21 号	33600	13	2003 年 12 月
利群文登购物广场	昆嵛路 1 号	45268	12	2004 年 9 月
整骨医院病房大楼	峰山路 1 号	42285	15+1	2005 年 2 月
新汽车站大楼	世纪大道 99 号	36000	19	2005 年 4 月
规划建设中心（建设大厦）	天福路北、通和路东	13400	16+1	2007 年 10 月
文景大厦	昆嵛路 39 号	37630	28	2009 年 7 月
倪氏海泰大酒店	世纪大道 89 号	37559	24+1	2009 年 11 月
卫生大厦	通和路 2 号	34755	19+1	2009 年 12 月
高级职业技术教育中心	虎山路 288 号	76000	1 ～ 5	2010 年 8 月
国际会展中心	世纪大道 84 号	30000	2	2011 年 7 月
市民文化中心	文山东路	29900	4+2	2011 年 10 月
博展中心	文山东路	28000	4+1	2011 年 10 月
体育公园	文山东路与虎山路交会处	77432	2	2012 年 12 月

续表 4-3

建筑名称	地址	建筑面积（平方米）	层数	竣工日期
润泰国际购物广场	昆嵛路西	97612	3	2013 年 5 月
广电演播中心	天福路甲 288 号	19000	16+1	2013 年 11 月

图 4-1 城市新区一角（2012 年 12 月 18 日摄）

第二节 旧城改造

1992 年，文登市旧城改造启动。市委、市政府印发《关于加快旧城区改造的决定》，建成区内的峰西、文山、河北、生产、大众、北宫、河南、城西、西南庄、西龙格、柳林、西楼、城北、香水庵和三里河 15 个城中村划为旧城改造区域。1993 年，市政府印发《关于加快旧城改造的有关规定》。至 1995 年年末，柳营街以南、文山路以北、拐子街以西、园林路以南区域均完成拆除。全市共拆除旧房 9120 间，建筑面积 28 万平方米，新建小区 6 个，回迁率 87%。拓宽改造主要街道 30 条 70 万平方米。1996—1997 年，粮食局、丝绸公司、百货大楼、中心医院及城中村所辖房屋拆除改造 4.25 万平方米，搬迁 328 户，回迁 267 户。北宫美食街、金都大厦等相继落成。1998 年，文登师范、盐业机械厂、文城镇、机关房管所、交警大队、文登酿酒厂、中国银行文登支行、新华书店等 12 个单位及宋家沟等 7 个城中村所辖房屋 359 户 6.5 万平方米拆除，安置 160 户 1.5 万平方米，新建 1 万平方米市中贸易市场；拆除 7 家企业、20 家个体商业户及生产村、河北村部分旧房，新建 2.5 万平方米市中广场。1999 年，完成市商业局、粮食局、中心医院、卫生学校、食品公司、医药公司、百货公司、百大集团等 10 个单位和 8 个城中村所辖 210 户 5.9 万平方米房屋拆除，安置 200 户 2 万平方米。2001 年，天润曲轴、永进皮鞋、食品公司、电信局等 7 个单位及 13 个城中村 8.6 万平方米房屋拆除，完成文山路东延、抱龙河峰西段护坡、三里河中学和七里中学扩建等建设项目。2003 年，完成中和花园商住小区和北壕区域拆除。完成农机公司、绣花厂等 5 个单位和大众村部分房屋普查登记，核发拆迁许可证 14 份。2006 年，完成化肥厂、刃具厂、轴承厂、自行车配件厂、叉车

图 4-2　商业步行街（2008 年 9 月 29 日摄）

厂、花生制品厂等厂区拆除。

2007—2009 年，经省建设厅批准，实施 6 个公益拆迁项目，共 154 户 6.55 万平方米。坚持城中村改造与旧城改造结合，以划片模式开发，56 个城中村全部编制改造规划，相继开发建成河南、文山、城北、柳林、汤南、河北、西楼、峰山、大众等住宅小区，完成平房向楼房、村民向市民的转变。至 2009 年，全市共完成旧城拆迁近 100 万平方米，安置 5000 余户。通过旧城改造，新建住宅小区 20 个，建筑面积 160 万平方米，公建项目 8.2 万平方米。2010 年，完成电影院、迎春宾馆、技工学校、地毯厂、威力工具、天润曲轴、华联商厦等单位拆迁改造，拆除住宅 2719 户 34 万平方米，安置居民 2311 户 27 万平方米。完成高级职业技术教育中心、文山东路、圣海路、大润发超市等重点工程建设。2011 年，完成山东同大有限公司、恒源大酒店、山泰食品、百货公司、外贸公司等 14 个单位的项目拆除备案。2012 年，完成利群北侧片区、文山东路拓宽和生资公司改造工程评估、摸底和勘测。2013 年，完成教育局大众完小片区、原天福敬老院东侧片区、抱龙河东文化路西片区拆迁和青荣城际铁路文登东站及虎山路、米山东路拓宽等重点工程建设。中小企业局、拖拉机总站等 3 个项目 2 万平方米房屋被拆除。年内，拆除房屋 2000 户 30 万平方米，其中公房 1.66 万平方米。

第三章　市政建设

第一节　路网建设

1991 年，市区街道 93 条 73.9 千米 147 万平方米，其中主干道 8 条 32.55 千米。2000 年，市区道路 122 条 103.54 千米 183.4 万平方米，其中主干道 14 条 90 千米，人均拥有道路 12.15 平方米。2013 年，市区道路 185 条 394 千米 918 万平方米，其中主干道 19 条 138.24 千米，人行道 228 万平方米，人均拥有道路 28.1 平方米，道路完好率 96%。

环山路　东西向。1990 年建，位于市区南部，东起棋山路、西至泊子桥，长 5.5 千米、宽 20 米。2005 年，自棋山路东延至世纪大道，长 2.95 千米、宽 20 米。2006 年 10 月，自世纪大道东延至文昌路，长 1.16 千米、宽 20 米。2013 年，东起文昌路、西至泊子桥，与米山路相接，长 9.61 千米、宽 20 米。

米山路　东西向。1991 年建，东起七里河桥、西至泊子桥，长 8.8 千米、宽 28 米。2006 年，建设七里河桥至虎山路段，长 2.1 千米、宽 28 米。2013 年，东起虎山路、西至泊子桥，长 10.9 千米、宽 28 米。

文山路　东西向。1991 年建，东起香山

图 4-3　文山东路（2013 年 5 月 30 日摄）

路、西至温泉街，长 3.5 千米、宽 15 米。1993 年 8 月，东延至文化路，长 0.45 千米、宽 15 米。1997 年 6 月，修建丝绸集团公司至青威汽车专用线段，长 0.56 千米、宽 15 米。2001 年，自文化路东延至新一中，长 3.36 千米、宽 38 米，双向 8 车道。2004 年，自威青汽车专用线延至火车站。2006－2007 年，东延至文昌路至虎山路，长 1.58 千米、宽 38 米。2013 年，东起虎山路、西至火车站，长 12.08 千米。

峰山路　东西向。1991 年，建东起整骨医院、西至柳林河坝路段，长 2.55 千米、宽 25 米。1992 年，改造龙山路至西龙格 0.88 千米路段。2013 年，东起整骨医院、西至马山路，长 2.58 千米、宽 25 米。

珠海路　东西向。1994 年建，原名梁山路，西起龙山路、东至香山北路，长 1.3 千米、宽 25 米。1997 年，向东拓宽梁家沟村南土路，东延 1.2 千米至香山北路。2003－2005 年，修建香山北路至初张路，长 3 千米、宽 28 米。2006 年，由初张路东延 1.9 千米至虎山路。2013 年，东起虎山路朱家庄、西至龙山路，长 9.71 千米。

龙山路　南北向。1988 年竣工，南起米山路、北至九里河桥，长 5.4 千米、宽 31 米。2008 年 6 月，自米山路南延至环山路，长 0.45 千米、宽 8 米。2013 年，北起九里水头立交桥、南至环山路，长 5.85 千米。

昆嵛路　南北向。1991 年，建南起宋家沟、北至三里河村路段，长 3.1 千米、宽 23 米。1992 年，建峰山路至香水路段，长 0.6 千米、宽 23 米。1994 年，建香水路至珠海路段，长 0.31 千米、宽 23 米。1998－1999 年，建宋家沟至秀山路段，长 0.58 千米、宽 23 米。2005 年，建秀山路至小嵛岭路段，长 0.7 千米、宽 23 米，建珠海路至深圳路段，长 1.75 千米、宽 23 米。2008 年，自深圳路向北延伸至九龙路，长 0.48 千米、宽 23 米。2013 年，南起小嵛岭、北至九龙路，长 7.52 千米、宽 23 米。

香山路　南北向。1991 年，建南起米山路、北至香山顶路段，长 1.45 千米、宽 15 米。2001 年，德贤街向北延伸至香水路，长 0.93 千米、宽 10 米。2008 年，自环山路南延至秀山路，长 0.6 千米、宽 15 米。2013 年，南起秀山路、北至大连路，长 7.18 千米。

文化路　南北向。1992 年建，南起秀山路、北至公园路，长 2.26 千米、宽 15 米。

世纪大道　南北向。原初张路市区段，双向 4 车道，宽 20 米。2002 年 5 月，拓宽香水路至米山路段，双向 8 车道，长 2.18 千米、宽 40 米。新一中交叉路口，建直径 100 米转盘 1 座和长 50 米、宽 60 米地下通道 2 条。2006 年 5 月，新建崖东头大桥至大连路，长 2.1 千米、宽 40 米。2013 年，南起羊马箭、北至大连路，长 12.83 千米、宽 40 米，为市区南北向最长最宽道路。

文昌路　南北向。2006 年 8 月竣工，北起大连路、南至秀山路，长 8.63 千米、宽 23 米。

虎山路　南北向。2007 年竣工，北起大连路、南至秀山路，长 11.5 千米、宽 26 米。

2013 年文登市区其他主要道路（街道）情况表

表 4-4　　　　单位：米

名称	走向	起止点		沥青路面	
		起	止	长	宽
广州路	东西	毛家沟村西	龙山路	4181	18 ～ 28
香水路	东西	柳林河	世纪大道	4685	15
豹山路	南北	秀山路	横山路	2192	10
金山路	南北	香水路	世纪大道	3000	18
马山路	南北	环山路	横山路	2377	16
登云路	南北	秀山路	文山路	1674	28
横山路	东西	昆嵛路	豹山路	2730	10
站前路	南北	荣兰线	文山路	807	28
河右路	南北	横山路	北床桥	5687	15
天福路	东西	昆嵛路	世纪大道	3607	12
棋山路	南北	米山路	秀山路	2612	20
珠海路	东西	河右路	昆嵛路	960	15
		昆嵛路	虎山路	6725	28
河滨西路	东西	龙山路	文山路	680	10
河滨东路	东西	米山路	环山路	800	8
深圳路	东西	河右路	峰北社区	4500	15
兴隆街	南北	环山路	秀山路	500	8
汕头路	东西	龙山路	香山路	1130	18
		香山路	世纪大道	2461	15
天润路	东西	世纪大道	文登营	2000	15
九里路	东西	龙山路	昆嵛路	1000	10
柳营街	东西	昆嵛路	香山路	565	8
三里河路	南北	横山路	香水路	993	6
温泉路	南北	米山路	马家汤后村南河	1026	10
初家园街	南北	文山路	横山路	800	6
爬山街	东西	龙山路	昆嵛路	700	6
站东路	南北	文山路以北	宁阳村	1240	12
		文山路以南	米山西路	964	15

续表 4-4

名称	走向	起止点		沥青路面	
		起	止	长	宽
香山南路	南北	秀山路	环山路	740	20
天福东路	东西	登云路	世纪大道	1751	12
景观路	东西	文化路	文昌路	3000	8
河汉街	东北西南	柳林桥	桃园桥南	900	8
通和路	南北	文山东路	米山路	822	20
九发路	东西	香山北路	虎山路	2422	15
林河路	南北	林家岭东北	深圳路漫水桥	1041	8
宁波路	东西	于家产	单鲍产村东南	869	12
银河路	西北东南	深圳路漫水桥	金山路漫水桥	626	8
堆金路	南北	202 省道	开发区热电厂	1600	8
厦门路	东西	金山路	初张路	1612	8～12
金园路	南北	广州路	汕头路	690	8
北海路	南北	九发路	九龙路	645	10
湛江路	东西	香山北路	金山路	600	12
进马路	东北西南	文昌路	汤泊居民区	2600	15
福州路	东西	银河路	虎山路	1200	12
南通路	南北	威青线	宁波路	525	10
四产路	东西	世纪大道	汤泊温泉	2450	15

第二节　河流治理与桥梁建设

河流治理　1991 年，市区河道总长 28 千米，防洪堤 22 千米。

90 年代，市政府按 50 年一遇洪水设计、100 年一遇洪水校核，加大河流综合治理。1993 年，投资 50 万元，在东壕沟敷设平接式直径 1000 毫米混凝土管道 1358 米，明沟改暗渠，避免杂草杂物对抱龙河污染。1994－1995 年，柳林河自豹山路北至青威汽车专用线砌筑护坡坝 9398 米，至文山路桥南石砌拦河坝 2 座，形成水面 70 万平方米。抱龙河自下游橡皮坝至文山路桥砌筑护坡坝 1728 米，建橡皮坝 3 座。防洪堤总长 34 千米。1996－1998 年，抱龙河、柳林河采用高标准浆砌块石，修筑防洪护坡堤坝 5380 米，建橡皮坝 1 座，形成水面 40 万平方米。2001－2002 年，完成味精厂管道改造，缓解抱龙河污染。通过森鹿制革厂搬迁，万得集团、天智皮毛公司、铃兰味精公司工业污水处理站升级改造，河流污染状况大为改观。2003 年，按照 20 年一遇防洪标准，综合治理抱龙河上游（渠格河和杜营河交汇段）

图 4-4　抱龙河中段（2013 年 11 月 6 日摄）

520 米、柳林村至西床村南段 1880 米和柳林河与抱龙河汇流后的泊子段 1078 米，砌石坝 4 座，建漫水桥 2 座，新增水面 49.5 万平方米。2004 年 6 月，治理初张路桥至迎宾大道桥 1438 米河段，建拦河坝 2 座，漫水桥 2 座，浆砌拦土墙长 2680 米、高 2.5 米，形成水面 13 万平方米，增加蓄水量 17 万立方米，沿河绿化面积 4 万平方米。2010 年，整治抱龙河中游（七里河至虎山路大桥段）3500 米河道，建橡皮坝 4 座，治理水面 35 万平方米。改造后，河道宽 90 米、堤顶宽 7 米，形成水面 260 万平方米。沿岸建迎风台、钓鱼台、栈道、水榭、拱桥及展示“文登营”文化碑廊、钟鼓、亭台、吊桥、明代宝船、古炮、炮台等景点。至 2013 年，市区河道有拦水坝 16 座，蓄水面积 330 万平方米，防洪堤 86 千米。

桥梁建设　1991 年，市区有桥梁 22 座，其中抱龙河、柳林河有大型桥梁 5 座、中型桥梁 1 座，多为石拱桥。2013 年年末，市区有桥梁 68 座，其中跨河桥 52 座（大中型 25 座），分布在抱龙、柳林和九里水头等河流，多为钢筋混凝土空心板桥。

柳林桥　东西向。位于横山路西北、柳林村东，大型桥。1982 年建，1993 年 12 月重修，长 181 米、宽 12.3 米、高 4.6 米。14 孔 11.45 米石拱桥，设计荷载为 30 吨。

桃园北桥　南北向。位于横山村东南、马山路北，大型桥。1992 年 10 月建，长 144 米、宽 12.7 米、高 4.5 米。7 孔 19 米石拱桥，设计荷载为 30 吨。

崖东头桥　南北向。位于初张公路、崖东头村南，大型桥。1996 年 11 月建，2005 年 10 月重修，长 106.44 米、宽 44.1 米、高 5.7 米。7 孔 13 米钢筋混凝土空心板桥，重力式墩台，天然浅基础，设计荷载为 30 吨。

文化路桥　南北向。位于文化路南端跨抱龙河，大型桥。2001 年 10 月建，长 102 米、宽 17 米、高 5.5 米。9 孔 10 米钢筋混凝土空心板桥，设计荷载为 30 吨。

宏安大桥　南北向。位于豹山路北、马家汤后村东南，大型桥。2002 年 10 月建，长 202 米、宽 18.4 米、高 5.5 米。12 孔 16 米钢筋混凝土空心板桥，设计荷载为 30 吨。

七里水头桥　东西向。位于广州路西、七里水头村东，大型桥。2002 年 10 月建，长 130.5 米、宽 18.5 米、高 5 米。10 孔 13 米钢筋混凝土空心板桥，设计荷载为 30 吨。

七里河桥　南北向。位于文昌路中端、七里河村东，大型桥。2005 年 10 月建，长 107 米、宽 26 米、高 3.7 米。5 孔 20 米钢筋混凝土空心板桥，设计荷载为 30 吨。

文昌路抱龙河桥　南北向。位于文昌路南、义乌市场东北，中型桥。2005 年 10 月建，长 84 米、宽 26 米、高 4 米。6 孔 13 米钢筋混凝土空心板桥，设计荷载为 30 吨。

杨家产文昌路桥　南北向。位于文昌路北、杨家产村东，中型桥。2005 年 10 月建，长 80 米、宽 26 米、高 6 米。4 孔 20 米钢筋混凝土预应力空心板桥，设计荷载为 30 吨。

姚家疃桥　南北向。位于姚家疃村东、虎山路中段，中型桥。2007 年建，长 95.84 米、宽 35.6 米、高 5.5 米。7 孔 13 米钢筋混凝土空心板桥，设计荷载为 55 吨。

东渠格桥　南北向。位于东渠格村东、虎山路南段，中型桥。2007 年建，长 92.8 米、宽 33.7 米、高 7 米。7 孔 13 米钢筋混凝土空心板桥，设计荷载为 55 吨。

单鲍产桥　南北向。位于单鲍产村东、虎山路北段，中型桥。2007 年建，长 85.7 米、宽 33.7 米、高 6.8 米。4 孔 20 米预应力空心板桥，设计荷载为 55 吨。

麦疃后立交桥（米山路）　位于西郊麦疃后村西北，1995 年建，长 157 米、宽 16.6 米、高 8.3 米。U 型台，桥跨组合 8×13+1×20+1×13 米，设计荷载汽车 -20 级。

五里头立交桥　位于荣兰线上、跨初张线，1999 年 12 月建，长 43 米、宽 21 米、高 5.4 米，附设涵洞 2 个。预应力混凝土空心板梁结构，多柱式桥台，桥跨组合 2×20 米，设计荷载汽车 -20 级。

第三节　排水　排污

1991 年，市区排水排污管道总长 64 千米，管径 300 ～ 1000 毫米，雨水、污水和工业废水合流。管道服务面积 5.5 平方千米，日排放量 2.5 万吨。是年，敷设抱龙河北岸味精厂至工业展览馆管道，管径 500 ～ 1200 毫米混凝土管，长 7753 米。1993 年后，敷设管径多为 700 ～ 1000 毫米混凝土管，部分路段 800 ～ 1000 毫米。2000 年 10 月，市污水处理厂投入运营，市区污水管网均并至污水处理厂。是年，市区排水排污管道长 158.3 千米，其中排污管道 18.83 千米。2004—2006 年，改造秀山（原荣兰线市区段）、峰山和香山路老城区管网 3351 米，管径为 500 ～ 1000 毫米。2008 年，完成污水处理厂改扩建工程，日处理污水规模达 8 万吨。敷设九里水头立交桥至污水处理厂承插式排污管道长 8216 米、管径 1200 毫米。2013 年，全市排水排污管道 720 千米（排污 80 千米），管径 500 ～ 1200 毫米。其中，市区管道 305 千米（排污 27.56 千米），污水排放量 2789 万吨，日处理污水能力 8 万吨。

第四章　公用事业

第一节　城市交通

公交客运　1994 年 7 月，由个人投资入股的文登市公交公司成立，开通中心医院至铺头热电厂、九里水头、柳林职工新村 1 ～ 3 路公交车线路，市区始有公交车运营。后集体公交客运加入，线路增多。1995 年，市区开通 1 路（西铺头—中心医院）、2 路（九里水头—中心医院）、3 路（职工新村—味精厂）、4 路（火车站—整骨医院）公交车线路。公交站点 40 个，票价

图 4-5　市区公交站亭（2011 年 5 月 11 日摄）

1.5元/人，日客运量2000人次。之后，相继开通5路、6路、7路和9路公交线路。2000年，市区运营公交车增至55辆。2012年8月，70周岁以上老年人免费乘坐公交车。2013年1月，改为65周岁以上老年人免费乘坐公交车。8月，南海新区公共交通有限公司成立。是年，全市有公交车101辆。其中，市区运营80辆，备用13辆，万人拥有公交车4.9辆；公交站点104个、站牌149个、站亭47个。南海新区有公交车8辆，为“海格”牌10.5米客车，核载76人，年客运量11万人次。

2013年市区公交车线路运行情况表

表4-5

路号	线路及途经主要站点	里程（千米）	往返时间（分钟）	车辆数量（辆）	每车每日运行班次	班次间隔（分钟）
1	麦疃后—泊子桥—口腔医院—环山办事处—恒源超市—百大广场—市政府—金都广场—昆嵛大厦—人寿保险—中心医院—文登学公园—义乌小商品批发市场	24.4	80	10	10	8
2内环	龙山路水泥制品厂—黑豹宾馆—三里河—龙山宾馆—龙山路审批中心—经贸局—文山路检察院—文城工商所—百大广场—昆嵛路桥—水产品批发市场—一中—中心医院—法院—文登学公园—义乌小商品批发市场—新一中—曲轴新区—师范新区—家纺城—银海绿洲	18.8	80	10	12	8
2外环	（自水产批发市场以前同内环）水产品批发市场—中心医院—文登学公园—义乌小商品批发市场—天福工业园—文登营—中海川物流—长江批发—家纺城—银海绿洲	32.8	80	10	12	8
3	马家汤后—工业展览馆—技术监督局—峰山路妇幼保健站—利群商场—兴众商场—百大广场—水产品批发市场—天福办事处—武装部—中心医院—汽车站	17.4	70	5	12	14
4	火车站—东铺头村—泊子村—国贸大厦—工会—工商所（神龟馅饼）—百大广场—军休所—天福阳光小区—毓菁华二期—汽车站—御临华府—峰山公园—东方宾馆—整骨医院	34.20	91	7	9	13
5	香水路外语学校—城北村—闻登酒楼—防疫站—兴众广场—百大广场—军休所—运输公司—实验中学—天福批发市场—轧辊厂—汽车站—新一中	14.5	40	8	20	10
6	师范新区—富强驾校—开发区管委会—昆嵛路艺利达—昆嵛小区—环岛公园—三里河村—香水小区—兴众广场—百大广场—水产品批发市场—二中—毓菁华一期—汽车站	27.8	72	8	11	9
7	车管所—七里水头—河埠庄—宏安大酒店—工业展览馆—电力大厦—恒源超市—百大广场—市政府—金都广场—召文台—文化路桥北—毓菁华一期—汽车站南门—汽车站	23.60	80	10	10	8
9	百大广场—兴众商场—香水小区—环岛公园—昆嵛新城—威力工具—北郊—米山—泊子桥—环山路汽训队—出租公司—地税局—军休所—百大广场	37.00	90	12	8	15

出租运输　1991年，市区有出租三轮车5辆、轿车5辆、客货两用车16辆。1992年，有出租客运车31辆，均为黄色夏利车。收费标准为3千米以内起步价10元，超出3千米加收2元/千米。2003年，客运出租车更换为桑塔纳、捷达、富康、奇瑞4种车型。是年，逐渐形成体育场、原汽车站、马山路北、三里河家具市场4处货运出租营运点，车型多为黑豹农用车、东风车，价格双方协商而定。2004年，全市客运出租车271辆，客运收费标准执行2千米以内起步价5元、超2千米加收1.2元/千米、超8千米加收1.8元/千米，22时至次日5时加收20%租价。2008年5月，2千米以内起步价调整为6元、超出加收1.5元/千米，22时至次日5时起步租价为7元。2013年，全市有出租车291辆，其中市区私营出租车271辆、年客运量2600万人次。南海新区公营出租车20辆，6月份开始运营。

文登市交通公共汽车服务中心　1999年6月，文登市城市客运管理处成立，隶属市建委，事业单位。2000年10月，由事业单位改为企业，更名为文登市交通公共汽车服务中心，归口市交通局。职工12人，管理公交车75辆，公交线路9条。2002年，市区公交车辆均挂"服务中心"户头，开始招募社会公交车辆。2004年，服务中心由天福路1号迁至环山路甲102号。2007年1月始，逐渐淘汰中巴车型，更换为38座双开门大型公交车。2011年，均更换为7米以上双开门新型公交车。2013年，拥有公交车93辆。其中，13辆为机动车，80辆分布于9条线路运营。年运行230.5万千米，客运量870万人次。

图4-6　市区双开门大型公交车（2013年7月1日摄）

第二节　供　水

市区供水　1990年，市区自来水生产能力为4.1万立方米/日，年供水量996万立方米，敷设自来水管道130千米。

1991年，市区供水有三里河、西母猪河2处水源地，有西藕湾加压泵站1座（日供水能力1万立方米）和城西（容量1000立方米）、老埠西山（容量2000立方米）高位水池各1个，供水管网138千米。1993年，米山水库水源地投入使用，三里河、西母猪河水源地和老埠西山水池停用。年末，米山水厂竣工，生产能力5万立方米/日。1995年，米山水厂至市区有直径400、500、600、1000毫米4条输水管道，日供水能力5万立方米。市区直径100毫米以上供水管网170千米，自来水普及率在96.7%以上，压力合格率100%。1997年，在宅库南山建占地0.4公顷、容量6000立方米高位水池1个。2000年，坤龙邢水库调水工程开工建设，建磨山水厂，当年一期工程竣工，水处理能力2.5万吨/日。2008年，水厂二期工程竣工，水处理能力增至5万吨/日。2011年，城市新区建成日供水能力1万立方米二次加压泵站1座。

2013年，全市主要有米山水库（国家一类水质）、坤龙邢水库（国家二类水质）2处水源地，有米山、磨山水厂2个，加压泵站4座，高位调节水池4个。市区供水管网568千米，多为铸铁、PPR和钢管。服务人口18.1万人。

1991－2013年文登市区供水情况表

表4-6　　　　单位：万立方米

年份	供水企业日生产能力	日供水能力		年供水总量	供水用途			供水管道长度（千米）
		合计	其中地下水		生产经营用水	公共服务用水	居民家庭用水	
1991	3.30	4.20	—	1132	558	—	244	138.00
1992	4.00	4.90	—	1156	624	—	316	142.00
1993	5.50	6.40	1.40	1266	700	—	350	152.00
1994	5.00	5.90	0.90	1827	850	—	750	161.00
1995	5.00	8.40	3.40	1505	788	—	320	179.00
1996	7.50	6.20	1.20	1580	571	—	607	190.00
1997	6.00	6.20	1.20	1458	448	—	910	203.00
1998	5.00	6.20	1.20	1320	330	—	880	226.00
1999	5.00	6.20	1.20	1373	510	—	810	242.00
2000	7.50	8.70	1.20	1270	335	—	760	262.00
2001	8.70	8.70	1.20	1405	—	—	—	264.00
2002	8.70	8.70	1.20	1380	526	—	530	273.90
2003	8.70	8.70	1.20	1387	531	—	535	302.90
2004	8.70	9.00	1.20	1655	770	—	537	314.90
2005	9.50	11.00	1.20	1794	806	—	603	333.80
2006	10.00	11.40	0.90	1842	729	—	538	359.80
2007	10.00	11.20	0.90	1987	562	—	779	388.80
2008	10.00	10.00	0.90	2002	771	394	586	397.30
2009	10.00	10.00	0.90	2214	919	483	620	443.00
2010	10.00	10.00	0.90	2278	952	502	634	461.00
2011	10.00	10.00	0.90	2385	963	564	612	508.00
2012	10.00	10.00	0.90	2447	1038	602	645	536.00
2013	10.00	10.00	0.90	2357	946	597	655	568.00

镇村供水　90年代初，境内农村主要饮用井水。至2000年，全市兴建农村集中供水工程180处，解决12.8万人的饮水问题。之后，实施农村饮水国债项目，逐步实现区域联网供水。2004年，建成泽库、小观、苘山、侯家、张家产、高村、界石7镇和埠口港区域集中供水工

程。2005 年，启动村村通自来水工程。2006 年，全市农村通自来水的村庄 541 个（不含城市建成区村庄），普及率达 98%。2008 年，南海管委投资建设米山水库至南海新区长 20 千米、管径 800 毫米的输水管道，2009 年 10 月投入使用，设计日供水量 2 万立方米。

2013 年文登市镇域集中供水情况表

表 4-7

工程名称	水源地	受益户数（户）	受益人口数（人）	受益村庄（个）	供水能力（万立方米 / 日）
文登营镇集中供水工程	杜营河与松山水库	2370	5934	16	0.24
张家产镇集中供水工程	南圈水库	446	1148	2	0.25
高村镇集中供水工程	地下水	2570	6284	5	0.10
宋村镇集中供水工程	南圈水库	6200	15531	24	0.24
侯家镇集中供水工程	集后水库	3863	8899	15	0.20
小观镇集中供水工程	黄垒河与宝泉水库	8131	21000	22	0.33
米山镇集中供水工程	米山水库	5198	12914	19	0.20
界石镇集中供水工程	青庄水库	1204	2935	6	0.24
晒字集中供水工程	昆嵛山水库	1865	4496	9	0.10
蔄山镇集中供水工程	武林水库	1938	5270	10	1.10
埠口港集中供水工程	坤龙邢水库	1260	3094	2	0.48
葛家镇集中供水工程	昆嵛山水库	10000	25000	30	0.24
泽库镇集中供水工程	地下水	1914	4483	6	0.20
大水泊镇集中供水工程	李家水库	1912	5001	10	1.00
母猪河沿岸村集中供水工程	米山水库	2124	5520	12	0.20

第三节　供　热

城市供热　1987 年，市区开始正式供热。至 1993 年，仍然发展缓慢。1994 年，市委、市政府决定奋战三年，实现市区统一供暖。至 1997 年，市区供热网络基本形成。2003 年后，启动循环水供暖工程。至 2013 年，循环水供暖全面普及。

热源

文登市恒源供热有限公司　80 年代末，文登发电厂安装的 B3 － 35/5 背压式热电联产 5 号机组投入运营，市区集中供热启动，日供热量 120 吨，供热面积 3 万平方米。1994 年，市电业总公司成立供热管理所。1996 年，文登发电厂热电机组停运，在秀山东路 19 号新建文登热电厂，每小时供汽能力 120 吨。2005 年，供热管理所更名为文登市恒源供热有限公司。2013 年，配置 35 兆瓦和 49 兆瓦抽凝机各 1 台，高温高压锅炉 170 吨 / 小时 2 台、220 吨 / 小时 1 台。集中供汽能力 50 吨 / 小时，供热水能力 210 兆瓦。

西郊热电有限公司　原铺头热电厂，位于东铺头村东。1994年9月，更名为西郊热电有限公司，发电机组改抽凝式热电联产机组。2013年，配置抽凝机1.2万千瓦1台、0.6万千瓦3台，高温高压锅炉75吨/小时2台、130吨/小时1台。集中供汽能力120吨/小时，供热水能力100兆瓦。

开发区热电厂　2004年8月建，位于开发区九发路。2007年2月，6兆瓦机组1台和35吨锅炉1台投产运行，供汽能力35吨/小时。2013年，配置中温中压机组6兆瓦1台，高温高压锅炉90吨/小时1台、中温中压锅炉35吨/小时1台。集中供汽能力40吨/小时，供热水能力80兆瓦。

供热设施　90年代初期，文登供暖管道采用珍珠岩保温，以自然补偿或方形补偿器敷设。中后期，主要采用岩棉捆扎式保温，以套管补偿器与自然补偿器相结合敷设。进入21世纪，一般采用稀土保温膏及超细玻璃棉保温，以自然和波纹管补偿器补偿为主。

1991年，全市热交换站规模小、技术含量低，采用混合水箱为热交换器，效率低、热损失大。1993年，全市有热力交换站37个，均采用膨胀水箱为热交换器。1996年，通过新建采暖和工业供热管道，实现热电厂与老城网联网。是年，建北山、冰场和天山等小区热力交换站。1997年，市区有直径219毫米以上供汽主管道9条23.26千米，供热网络基本形成。2002年，全市有换热站154个，除使用内部换热站供热的用户外，其他均实行分时供暖。

2003年，启动循环水供暖工程。首建东线热电厂至义乌小商品批发市场循环水供暖管道，循环水供暖面积2万平方米，逐步实现循环水主供取暖、蒸汽主供工业生产的格局。2004—2006年，完成西线循环水供暖工程，合并小型换热站25座，新建大型换热站41座。2006年，建成首个循环水中继泵站——南山加压站，循环水供暖面积60万平方米。2007年，6座小型换热站并为1座大型换热站，新建供热能力5万平方米大型换热站2座。2013年，开始建设中线循环水供暖工程和开发区西线循环水供暖分支工程，主管道长度分别为1.41万米、6168米。是年，城市供热循环水主管道124.93千米、蒸汽主管道49.5千米。

供热用户和供热量　1991年，市区集中供热能力（蒸汽）40吨/小时，全市售汽量17万吉焦。至1995年，售汽量保持年均递增9.4%。1996—1997年，受亚洲金融危机影响，售汽量增长减弱，年递增6.6%。1997年，全市热用户152个，其中采暖用户128个、工业用户24个。采暖用汽量42万吉焦、占售汽量的51.5%，首次超过工业用汽量。1999年，热用户达171个，供热面积135万平方米。2000年，新增供热面积19.8万平方米，完成售汽量80万吉焦。2006年，开展节能环保，企业锅炉大部分停用，工业用汽量大增。2013年，市区供汽总量239万吉焦、热水243万吉焦，供热面积697万平方米，其中住宅供暖5.5万户542万平方米。

供热价格　1991年，供热汽价为52元/吨。1993年，调为两种价格：每年12月1日至次年2月每吨按59.5元、3月1日至11月每吨按65.5元收费。1996年，实施分时供热居民按套内主房建筑面积计算，每平方米13元。2003年11月，实施24小时供暖，供暖120天的用户按每平方米20元收费。2007年10月，除办公场所和单班生产工厂采用间歇性供热外，其余均采用连续供热。2013年，居民采暖用汽价格为23元/平方米、非居民及工商业用户30元/平方米。循环水供热居民用户价格为52元/吉焦、非居民用户68元/吉焦，中转供热居民用户49元/吉焦、非居民用户64元/吉焦。年度供热135天，每年11月20日至次年4月5日。

1991－2013 年文登市区供热情况表

表 4-8

年份	供热能力		供热总量（万吉焦）		供热管道（千米）		供热面积（万平方米）	
	蒸汽（吨 / 小时）	热水（Mw）	蒸汽	热水	蒸汽	热水	合计	其中住宅
1991	40	—	17	—	—	—	34	—
1992	60	—	21	—	—	—	41	—
1993	60	—	21	—	—	—	42	—
1994	120	—	24	—	—	—	50	—
1995	180	—	30	—	30	30	60	—
1996	310	—	36	—	33	33	70	67
1997	280	—	42	—	36	22	80	74
1998	250	—	54	—	48	42	120	100
1999	250	—	64	—	51	46	135	115
2000	250	—	80	—	65	51	143	123
2001	250	—	109	—	65	61	158	138
2002	250	—	109	—	68	66	178	158
2003	190	60	136	—	70	78	182	160
2004	180	80	148	18	72	93	189	163
2005	180	120	147	92	82	150	219	176
2006	180	300	159	98	89	154	280	224
2007	180	300	164	105	—	—	371	—
2008	180	300	160	125	105	164	425	327
2009	180	300	171	162	108	192	448	341
2010	300	90	211	125	114	195	526	408
2011	300	130	220	130	117	215	540	420
2012	300	213	230	210	117	231	627	507
2013	210	390	239	243	117	285	697	542

镇村供热　1991－1995 年，镇村集体供热设施缺乏，居民大多采用炉灶取暖，个别单位采用锅炉集中供热，少量镇村居民利用太阳能获取热水。1997 年 2 月，宋村镇力象实业有限公司自备电厂 1 号机组投运，是年冬，向镇驻地部门用户供热。1998 年，2 号机组建成投运，供热用户由 150 余户增至 570 户。2007 年 11 月，两台机组停止运行，不再供热。2008 年，葛山镇热电厂建成

投运，敷设集中供热主管道 1987.6 米，镇驻地实现集中供热。2009 年，宋村镇与威海昊阳供热有限责任公司（原文登绿能）签订特许经营协议，是年，建成 7 兆瓦热水锅炉 1 台，敷设供热管道 3000 米，供热 236 户 1.6 万平方米。至 2013 年，葛山、宋村、小观 3 镇实现镇区集中供热。

第四节 供　气

1991—2013 年，燃气供应经历由液化石油气向天然气、罐装到管道输送的过程。

市区供气 1991 年，市区年供液化石油气 450 吨，用气人口 1.5 万人，罐装气均价 2.96 元 / 千克。1998 年，威海中原燃气有限公司文登分公司（2004 年更名为山东中原燃气有限公司文登分公司、2008 年 3 月更名为北京燃气集团山东有限公司文登分公司，简称文登燃气公司）成立，在市区香水路 111 号建大型供气站 1 座，年供气能力 1600 吨。是年，启动北山社区管道液化石油气安装工程（后被天然气替代）。2006 年 12 月，文登燃气公司投资 1000 万元建天然气站，为威海域内首座。2007 年，昆嵛新城和银海绿洲小区开始供应管道天然气，年销售压缩天然气 12 万立方米，价格 3.5 元 / 立方米。2009 年，威海港华燃气有限公司在文登成立分公司，为威力工具、天润曲轴等工业用户及部分居民供应天然气。2010 年，《文登燃气专项规划》出台，划定管道燃气经营区域：文登燃气公司负责市区和南海新区供气，威海港华燃气有限公司文登分公司负责经济开发区（含文登营镇）供气。是年，文登宏利天然气有限公司成立，在市区环山路 258 号和甲 102 号建天然气加气站 2 座，主供车辆加气业务。2012 年 6 月，文登燃气公司按 11 个区域为 53 个居民小区的 2 万居民置换管道天然气。

至 2013 年，敷设天然气管道 420 千米。其中，次高压管线 84 千米，中压管线 336 千米。年均供气量 4800 余吨 。

1991—2013 年文登市供气（天然气、液化石油气）情况表

表 4-9

年份	储气能力（吨）	供气管道长度（千米）	年供气量（吨）		用气户数（户）		用气人口（万人）
			总量	其中家庭用气	总户数	其中家庭户数	
1991	—	—	450	450	3947	3947	1.50
1992	—	—	630	630	5676	5676	2.10
1993	—	—	810	810	3077	3077	2.70
1994	—	—	1000	1000	12000	12000	3.90
1995	—	—	1248	1248	16000	16000	5.20
1996	—	—	2440	2440	27136	27136	8.70
1997	—	—	2600	2600	27210	27210	11.50
1998	—	—	2980	2980	30512	30512	12.50
1999	—	3	4800	4800	42000	42000	14.10
2000	—	8	4850	4550	49000	48700	14.50
2001	—	29	4950	4050	49500	48500	19.90

续表 4-9

年份	储气能力（吨）	供气管道长度（千米）	年供气量（吨）		用气户数（户）		用气人口（万人）
			总量	其中家庭用气	总户数	其中家庭户数	
2002	450	31	5030	4158	61280	59850	21.10
2003	465	39	6020	4857	61297	59983	22.10
2004	476	51	6350	4932	62998	61673	22.80
2005	476	70	6395	5046	65074	64280	24.40
2006	478	79	7100	5602	65445	64599	24.80
2007	480	86.20	7385	5760	71030	69710	27.09
2008	480	98.60	7401	5754	72810	70605	28.40
2009	560	190.50	7910	5792	72816	70750	28.80
2010	590	274	8100	6055	79810	74802	30.15
2011	750	286	7615	5665	76632	74951	30.68
2012	810	332	7320	5214	76621	75892	30.65
2013	810	420	7200	5118	77058	76782	30.71

镇域供气 1985 年，镇域始建液化石油气供应站。至 2000 年，全市除铺集和晒字 2 镇外，均建有液化气站。2005 年，文登燃气公司敷设葛山镇液化石油气管道，用户 3000 户。2009 年，投资 2.2 亿元，建设乳山—文登—荣成天然气输气管道，设计压力 4.0MPA，输气量 3.6 亿立方米 / 年。文登境内 76 千米，途经市区和小观、泽头、宋村、大水泊、高村等镇。2013 年，管网敷设延至张家产、泽库、米山、葛山 4 镇，镇域天然气管道用户达 2.49 万户。

第五章 绿化 公园 亮化

第一节 市区绿化

1991 年，市区绿地总面积 324 公顷，其中建成区绿地 283 公顷，绿化覆盖率 29.5%，人均公共绿地 4.5 平方米。1992—1994 年，沿市区河流建成盐机、天福、九龙、七里和九里等绿地。1995 年，市区建绿化带 618 条，铺草坪 3 万平方米，植树 9 万余株。建成文山路国槐一条街、香水路银杏一条街，绿地总面积增至 414 公顷；天福绿地被省建委评为三级优秀园林绿地，17 个单位被评为威海市花园式单位。1998—1999 年，建成昆嵛路法桐一条街、香山路芙蓉一条街，米山和龙山路两侧植黑松、龙柏、蜀桧，市中广场绿地工程完工。威海市文登中心医院、文登一中和威海市卫生学校被评为省级花园式单位，城北、横山住宅小区被省建委评为花园小区。2000 年，建成市区东、西、北出入口绿地。

驻文登71192部队、市园林局、宏安集团有限公司、市森鹿制革有限公司等被评为省级花园式单位。2002年，在香水路北首、龙山路南首和七里水头村北可视山头，栽植占地面积4770公顷的黑松6.84万株、乔木7.3万株、灌木187.5万株。2007年，完成文登学公园、抱龙河公园、文山西路绿化工程39.9公顷。2011—2012年，新增市民文化中心、博展中心、体育公园、文山公园、香山南路和盐机厂等绿地108.9公顷，植乔灌木496万株。

2013年，建成区绿化面积2078公顷，绿地覆盖率48.03%，绿地率42.76%，人均公共绿地22.65平方米。主要绿地有文登学公园、抱龙河公园、峰山森林公园、杜营河公园、文山公园和市中广场及慧园绿地、天福绿地、市区北出口绿地、西出口绿地等。

1991—2013年文登市区绿化情况表

表4-10

年份	建成区绿化面积（万平方米）	建成区绿化覆盖率（%）	绿地率（%）	人均占有公共绿地（平方米）
1991	283	29.50	24.61	4.50
1992	293	30.50	25.25	4.80
1993	336	31.50	25.79	5.10
1994	388	32.50	26.22	6.20
1995	408	33.60	27.33	6.30
1996	538	37.20	28.90	7.20
1997	540	37.09	28.37	7.30
1998	542	37.42	29.71	7.35
1999	547	37.76	30.43	7.41
2000	549	38.55	32.25	7.30
2001	661	36.26	33.38	7.85
2002	689	36.26	33.45	8.21
2003	730.8	36.71	33.83	10.38
2004	971.8	36.80	33.84	13.89
2005	1115	36.11	36.11	14.55
2006	1313	41.29	36.98	18.21
2007	1694	41.32	37.00	18.17
2008	1806	45.02	40.07	18.76
2009	1829	45.98	41.05	20.23
2010	1894	46.30	41.50	21.17

续表 4-10

年份	建成区绿化面积（万平方米）	建成区绿化覆盖率（%）	绿地率（%）	人均占有公共绿地（平方米）
2011	1937	46.83	41.86	21.56
2012	2009	47.22	42.22	22.02
2013	2078	48.03	42.76	22.65

天福绿地　位于米山路和昆嵛路交界处。1992 年建，占地 0.95 公顷，绿化面积 0.7 公顷。植樱花、龙爪槐、洒金柏等 25 种苗木 4370 株，铺草坪 1100 平方米。1993 年，被省建委评为省级三等优秀园林绿地。1998 年，新建天福山起义浮雕、理琪石雕像等雕塑 3 座。2002 年，进行大规模绿化改造，植合欢、雪松、柳树、龙爪槐、樱花、冬青、紫薇等苗木 8 万余株。

市区西出入口绿地　位于市区西部，米山路与环山路交会处。2000 年 5 月建，占地 7.8 公顷，绿化面积 2.4 公顷。内设 7 组绿化主题区，植华山松 133 株，植广玉兰、金丝柳、蜡梅、白玉兰等 30 余种苗木 2.1 万株，铺白三叶草坪 6234 平方米。2000 年，被评为省级优质园林绿化工程。

慧园绿地　位于峰山南部，文山路东段，文登烈士陵园和登云路两侧。2004 年建，以峰山正南革命烈士纪念碑、纪念堂为设计主题，建设 3 块附属绿地，呈南北分布。植栾树、大叶女贞、樱花、法桐等特色树木，绿化面积 4.54 公顷。

图 4-7　慧园绿地（2005 年 6 月 18 日摄）

1992—2013 年部分年份市区绿化重点工程情况表

表 4-11　　　　单位：公顷

年份	工程名称	位置	绿化面积	备注
1992	文山公园绿化	文山东侧	4.20	新建
1999	市中广场绿化	文山路中段	4.30	新建
2001	环岛公园绿化	昆嵛路北段	3.50	新建
	百树园绿化	开发区管委南	4.00	改造
	香水路绿化	昆嵛路—初张路	12.51	改造

续表 4-11-1

年份	工程名称	位置	绿化面积	备注
2002	初张路市区段绿化	米山路—老文威线南	14.44	新建
	仙山公园绿化	龙山路中段	23.03	新建
	老文威线绿化	迎宾大道—初张路	10.11	新建
	市区河道两岸绿化	抱龙、柳林、泊子、七里河	35.49	改造
2003	迎宾大道绿化	老文威线—初张路	29.55	新建
	荣兰线市区段绿化	初张路—豹山路	29.00	新建
2004	文山东路绿化	文化路—初张路	22.15	新建
	峰山路网及峰山四、五、六区绿化	峰山区域	60.00	新建
	初张路五里立交桥绿化	五里头立交桥周围山体	8.00	新建
	义乌小商品批发市场绿化	汽车站东、南、北三侧	6.00	新建
2005	世纪公园绿化	彩虹桥西 50 米—世纪大道	73.50	新建
	文山东路绿化	文化路—文昌路	11.40	新建
	珠海路绿化	初张路—虎山路	64.86	新建
	九龙绿地绿化	九里水头桥北端、龙山路东侧	0.92	新建
	文昌路绿化	荣兰线—米山路北	17.20	新建
2006	文昌路绿化	文威线—米山路	29.90	改造
	初张路绿化	正气路—文威线	15.80	拓宽
2007	文登学公园绿化	米山路北—文山东路南	15.00	新建
	抱龙河公园绿化	世纪大道西—彩虹桥东	21.03	新建
2008	虎山路绿化	威青线—荣兰线	4.40	新建
	文山东路绿化	新一中—虎山路	6.50	改造
	文昌路绿化	文山东路—珠海路	6.07	改造
	市区北出入口绿化	初张路立交桥以南路东和以北两侧	3.01	新建
	市区西出入口绿化	米山路两侧	29.09	新建
	龙海路绿化	威青高速文登南出口东—麦疃后村	5.02	新建
	人工湖绿化	麦疃后村西	7.50	新建
	文登学公园北山绿化	文山东路北侧—初张路西侧	8.50	新建
2009	文登学公园北山绿化	文山东路北—初张路西（含西侧山头）	17.00	新建
	老威青线绿化	寺前—泽头	44.00	新建
2010	杜营河绿化	城市新中心区东部	50.00	新建

续表 4-11-2

年份	工程名称	位置	绿化面积	备注
2011	体育公园绿化	文山东路与虎山路交界	15.00	续建
	博展中心绿化	文山东路	2.35	续建
	市民文化中心绿化	文山东路	3.52	续建
	杜营河绿化	七里河大桥—虎山路大桥	50.00	续建
	圣海路绿化	香山路—荣兰线交会—南海新港	195.00	新建
	峰山森林公园一期绿化	文山东路北、初张路西、香水东路南、整骨医院东	300.00	改造
2012	登云路南绿化	米山路—荣兰线	3.20	新建
2013	圣海路山体绿化	圣海路南段	8.50	新建
	城市新区绿化	世纪大道、文昌路、文山和环山东路等	—	新建
	圣海路绿化	圣海路南首 4 千米	10.00	新建

第二节 公园 雕塑

公园与广场 1991 年，市区有河滨公园、文山公园。1998 年 11 月，市中广场竣工，占地 3.46 公顷，市区始有大型广场。2000 年，依托峰山天然林地兴建峰山森林公园，为市区首处综合性园林景观。2001—2006 年，先后建成环岛公园、百树园公园、金山公园、北石垛公园、银河公园、仙山公园等。2007—2013 年，注重公园、广场合理布局，雕塑、绿化同步建设，突出休闲和娱乐功能，抱龙河公园、文登学公园、杜营河公园、峰山森林公园（二期工程）相继落成。2013 年年末，市区有公园 12 个，占地 588 公顷，大型广场 1 个。

文山公园 1980 年建。位于文山东路北侧，占地 4.7 公顷，为文登市地标性公园。内有假山和樱花、松柏等各类花草树木 120 余种 2 万余株。1992 年扩建，设召文台、秦始皇蜡像馆、文登学陈列馆，增加文星石亭、钟楼等景点，占地面积增至 4.2 公顷，1994 年 9 月竣工。2000 年，增设动物园，有猛兽区、驼鹿区、百鸟园等。2008 年，秦始皇召集文人议事的蜡质塑像群改为玻璃钢材质塑像群。2011 年，园内改造，拆除旱冰场，搬迁动物园，新增绿地 1.5 公顷。将原南门台阶及两侧墙体拆除，回缩 15 米。改造后，南门下方正中处设浮雕。公园由收费管理改为免费开放。

峰山森林公园 2000 年 7 月建。位于峰山山麓，占地 150 公顷，绿化面积 120 公顷。园内建有士林亭、电视发射塔、革命烈士纪念碑和纪念堂等。植黑松、雪松、槐树等苗木 300 万余株。2011 年，依托峰山山体和森林植被等自然

图 4-8 峰山森林公园士林亭（2013 年 12 月 5 日摄）

条件，实施公园一期扩建工程，面积扩至300公顷。2013年，实施二期建设工程，包括东入口广场、儿童乐园、园内甬道、水系、雕塑景观景亭及配套小广场建设。

环岛公园 2001年5月建。位于昆嵛路北端，占地3.5公顷，绿化面积6.5公顷。园内有休闲路、景观灯、石凳等。植黑松、冬青等苗木26.7万株，铺草坪5万平方米，安装各种照明灯具102基，为环行交通岛景观。

抱龙河公园 2005年建。位于市区东南部，东起文昌路、西至文化路，长5千米、均宽180米，总面积73公顷，其中水面面积43.33万平方米，平均水深1.5米。园内有直径50米音乐喷泉1处，跨度170米景观拱桥1座，观赏娱乐垂钓码头1座，10处亲水区及3处小型广场。沿河两岸修河堤景观路6.5万平方米，硬化车行观光路2.5万平方米，植乔灌木27万株，绿化面积30公顷。2010年12月，被水利部列入第十批国家水利风景区。2013年，实施景观改造工程，改造的河段位于老城区，绿化面积5公顷，绿道长4700米，植苗木2000株。改造后，桥头广场、林下空间等多节点串联不同类型文化景观点，形成展示文登城市特色的文化长廊。

文登学公园 2007年建。位于文山路南、米山路北，南北长845米、东西宽300米，占地32公顷。公园自北向南依次设立士学文化、道教文化、李龙文化、红色文化及和谐文化5个景观区，建有演艺、地图、太极、健身等广场和喷泉、水幕电影等。园内设置“秦皇召士”“秦权”“龙石晒字”“金榜题名”“古代先贤志”“徐士林讲学”“老子道德经”“王重阳与全真七子”“李龙”“天福山起义”等大型主题雕塑。栽植法桐、雪松、广玉兰、杜仲等苗木110余种，绿化面积15公顷，为市区集会和休闲型综合公园。2008年12月，公园广场被省委宣传部和省文化厅评为第六届山东省十佳文化广场。

杜营河公园 2007年建，2011年改造。自米山东路七里河大桥至虎山路大桥，长3500米。按照“自然生态、强化水系、增加水量、亲水近水”原则，突出生态特色，将河道水系园林绿化与城市空间、泄洪与生态旅游结合。规划水面宽90米，建橡皮坝4座，治理水面35万平方米，河两岸绿地宽各85米，新建交通线路3条。公园河岸设迎风台、钓鱼台、栈道水榭、游船码头、小型拱桥、广场茶室、风景小品等。

图4-9 杜营河公园一角（2011年10月25日摄）

市中广场 1998年11月建。位于文山路中段，占地面积3.46公顷，其中绿地面积1.4公顷。广场中心设直径40米占地0.14公顷声控音乐喷泉，为市区首个集娱乐、雕塑、喷泉、绿化为一体的大型广场。广场设置“日新月异”“奋飞”不锈钢材质主题雕塑2座，其他艺术雕塑12件。设置广场灯30基，草坪灯23盏，大型空中投射灯7组。2007年5月，广场植白玉兰、紫叶李等乔木140株，蜀桧球、龙柏球等灌木230株，是文登市区最早建成的广场。

雕塑 90年代始，市区建设重视雕塑设置，先后在公园、广场、街道、绿地内设置不同特色的雕塑。至2000年，市区设置“天福山起义”“日新月异”“抱龙女”“齐鲁杯”“中外名人”“祥牛吉凤”等20余组城市大型雕塑，部分企事业单位在庭院和门前设置寓意不同的中小型雕塑。2001—2013年，城市规划中注重公共艺术建设，全市公园、校园、绿地、住宅和企事业单位建设大中型雕塑30余组，其中文登学公园中，

“秦皇召士”“太上老子道德经”等10组大型雕塑，主体鲜明、寓意厚重、造势恢宏。2013年年末，市区有大型雕塑60组。

市中广场雕塑群 1998年11月建，位于市中广场。由“日新月异”“奋飞”等艺术雕塑组成。“日新月异”以文登学为内涵，采用抽象表现手法，展示文登两个文明建设取得的成绩和日新月异的变化，高20米，不锈钢材质；“奋飞”以火炬、和平鸽及铜球3种图案组成，寓意朝气蓬勃、和平与走向未来，不锈钢材质。另有“大象”“羊”“鹿”等艺术雕塑12件。

秦皇召士雕塑 2007年3月建，位于文登学公园。由仿真石材雕琢而成，再现公元前219年，秦始皇东巡，召集文人学士登山，吟诗作赋、论功颂德的场景。

图4-10 文登学公园秦皇召士雕塑（2008年9月29日摄）

秦权雕塑 2007年3月建，位于文登学公园。为石材和铁材塑制，高2米、宽1米。雕塑底座为景石，正面雕刻1973年于啇山镇出土的秦代铁权及简介。

古代先贤雕塑 2007年3月建，位于文登学公园。石材，高1.8米、宽4米。主要介绍申枨、郑玄、郭长倩、丛兰、林洙、刘必绍、宋延训、于涟、徐士林、王士任10位文登籍或与文登有关的古代先贤。

仿道德经摩崖石刻雕塑 2007年3月建，位于文登学公园。长15米、宽3米、高5米。仿制圣经山金元时期道教摩崖石刻“太上老子道德经”，石上阴刻5000余字经文，巨石形态展现自然道法内涵与道家思想精深。

第三节 城市照明

1991年，市区有路灯1307基，主要为水泥杆玻璃罩圆球灯、铁杆单双臂琵琶等灯型。1995年，敷设路灯电缆2.47万米。1997年，路灯由串联改为微电脑控制，可自动控制开关时间。同时，推广使用高效节能产品，路灯增至2454基。2001年始，市区路灯采用金卤灯和进口节能灯，抱龙河公园、环岛公园和七里绿地、九里绿地安装七彩夜景灯。2004—2005年，完成世纪大道及文昌、珠海、环山等路段亮化工程。2009年，实施秀山路和龙海路光亮工程。2013年，市区有路灯1.41万基1.91万盏，安装长度333千米，高压钠灯达到90%以上，亮灯率98%。设置路灯专用变压器137台，装接容量2680千瓦。

图4-11 抱龙河公园一角（2007年10月7日摄）

1991－2013 年文登市城市建设基本情况表

表 4-12

年份	人均居住面积（平方米）	人均日生活用水量（升）	自来水普及率（%）	万人拥有公交车（标台）	燃气普及率（%）	人均道路面积（平方米）	污水处理率（%）
1991	8.00	113.00	53.80	—	23.10	25.30	—
1992	7.60	121.00	64.20	—	31.30	13.00	—
1993	8.60	118.40	78.20	—	39.10	13.90	—
1994	8.70	162.40	96.00	0.80	52.00	14.40	—
1995	8.90	80.80	96.70	1.50	57.10	12.70	44.20
1996	9.70	121.80	96.80	2.10	82.00	13.60	51.70
1997	10.20	166.20	98.10	2.60	87.30	12.80	52.10
1998	13.80	158.60	98.10	2.40	89.70	12.20	57.70
1999	14.30	160.80	98.10	2.60	95.10	11.80	77.50
2000	16.50	138.60	98.70	3.30	96.10	12.20	89.50
2001	16.60	115.90	99.20	2.50	96.20	11.90	87.50
2002	14.40	106.30	98.30	2.50	96.30	14.00	85.60
2003	15.90	100.90	98.80	2.40	96.40	15.00	85.70
2004	17.90	101.20	99.00	2.60	96.90	18.00	85.90
2005	19.10	101.60	100.00	3.50	97.80	19.40	86.00
2006	19.60	94.90	100.00	3.60	98.00	21.70	86.20
2009	25.30	131.30	100.00	3.30	99.30	28.90	90.00
2010	25.30	133.90	100.00	3.30	99.50	25.40	92.40
2011	22.10	123.90	100.00	3.30	100.00	26.10	92.80
2012	33.48	124.90	100.00	4.40	100.00	27.00	97.00
2013	30.19	124.10	100.00	4.90	100.00	28.10	97.10

说明：2007 和 2008 年无统计。

第六章　镇村建设

90 年代，以开展村镇建设“十百千”（全省评出 10 个先进市、100 个新型乡镇、1000 个明星村）活动为中心，推进全市村镇规划、建设、管理工作全面发展。进入 21 世纪，围绕改善农村居住环境，提高农民生活质量，加大农村环境整治力度，加快城镇一体化建设，全市村容镇貌和人居环境水平不断提升。1991 － 2013 年，全市用于镇村建设资金 89 亿元，新修和改造镇村道路 1250.4 万平方米，硬化路面 1862.43 万平方米。镇区绿化覆盖率达 36%。

第一节 镇驻地建设

基础设施建设 1991 年始，镇村开展“十百千”争创活动，镇区建设步伐加快。1992 年 8 月，按辖区规划开始建设功能区。是年，苘山、埠口、宋村、泽头 4 镇获省级村镇建设新型乡镇称号。1995 年，17 个镇完成供水设施建设，驻地自来水普及率达 65%。镇域植树 297.4 万株，绿化覆盖率达 22%。在第二轮“十百千”验收评比中，文登市被省委、省政府授予全省村镇建设先进市称号。1997 年，苘山镇、宋村镇始建填埋式垃圾处理场。是年，苘山镇获全国小城镇建设示范镇称号，泽库、晒字、葛家 3 镇被评为省级村镇建设先进乡镇。2000 年，宋村、苘山、泽库 3 镇被省政府确定为中心镇，界石镇被城乡建设部、国家旅游局授予第二届全国旅游特色名镇称号。填埋式垃圾处理场在 14 个镇普及。2004 年，葛家、泽头、宋村、侯家等镇建起小型污水处理厂。2007 年，中国网通（集团）光纤覆盖各镇驻地和中心自然村，60% 以上农村居住地具备宽带接入能力。汪疃、高村、界石、张家产 4 镇分别建有小型污水处理厂。2011 年，14 个镇全部建成垃圾处理中转站，配备运输车、垃圾箱和专业保洁队伍，实现城乡环卫一体化。南海新区及葛家镇、大水泊镇各建大型污水处理厂 1 座，米山镇建污水处理泵站 1 座。文登营镇和米山镇生活污水入市污水处理厂处理，镇区污水集中处理率在 80% 以上。小观、泽头、宋村、大水泊、高村、苘山等镇和经济开发区开始使用管道天然气。葛家镇被省政府确定为全省百镇建设行动示范镇，宋村镇被确定为威海市小城镇建设示范镇。2012 年，泽库镇新建小型污水处理厂 1 座。2013 年，宋村镇新建 500 吨小型污水处理厂 1 座。全市镇驻地均建有水冲式公厕、填埋式垃圾处理场，除文登营镇、小观镇和米山镇外，均建有污水处理厂。镇驻地道路总长 27.5 千米，均硬化。驻地绿化面积 35 万平方米，全市 14 个镇均被环保部授予国家生态镇称号。

2013 年文登市镇驻地基础设施情况表

表 4-13

乡镇名称	建成区面积（公顷）	道路长度（万米）	路灯（基）	自来水普及率（%）	绿化覆盖率（%）	燃气普及率（%）	排水管沟、沟渠（万米）	垃圾填埋场（个）	小型污水处理厂（个）
文登营镇	120	0.70	36	100	35.17	41.28	1.36	3	0
大水泊镇	257	2.44	747	100	35.94	37.33	1.40	2	1
张家产镇	356	4.60	463	100	33.19	44.20	1.84	2	1
泽库镇	210	3.00	608	100	31.33	33.12	2.42	1	1
宋村镇	391	3.64	593	100	38.16	56.72	2.66	1	1
葛家镇	372	4.38	1211	100	38.27	46.21	1.91	1	1
小观镇	220	2.56	320	100	36.80	36.00	1.50	1	0
米山镇	193	1.25	370	100	29.60	35.60	2.40	1	0
高村镇	133	2.35	561	100	31.81	20.46	0.94	1	1
侯家镇	100	1.51	400	100	30.05	35.12	0.83	1	1
泽头镇	260	1.92	480	100	31.42	22.27	1.43	1	1

续表 4-13

乡镇名称	建成区面积（公顷）	道路长度（万米）	路灯（基）	自来水普及率（%）	绿化覆盖率（%）	燃气普及率（%）	排水管沟、沟渠（万米）	垃圾填埋场（个）	小型污水处理厂（个）
界石镇	150	1.56	565	100	39.13	26.41	1.15	1	1
埠口港	113	0.85	193	100	45.00	38.90	0.31	0	1
合计	2536	27.50	6091	100	—	—	17.28	12	10

公共建筑 1991 年，乡镇驻地均建有邮电、银行、税务、饮食、医院、中小学校等公共建筑，总面积 163.2 万平方米。“八五”期间，新建公共建筑 25.24 万平方米，医疗卫生、学校、旅游、娱乐服务设施日趋完善。“八五”期末，全市镇村公共建筑面积 157.33 万平方米（不含初村镇、草庙子镇，下同）。1998 年，部分交通便利、规模较大的镇开始兴建沿街商贸楼，共建商贸楼 396 幢，建筑面积 9.33 万平方米。“九五”期间，新增公共建筑面积 29.27 万平方米。2010—2012 年，农村中小学合并，新建农村中学教学楼 23 幢，新建、改建和扩建中心幼儿园 6 所，新增公共建筑 30.48 万平方米。2013 年，全市镇区公共建筑面积共计 139.6 万平方米（不含汪疃镇、葛山镇）。

第二节 村庄建设

1991 年，农村多为泥土路面，有个别村通自来水、电话，路灯很少。1992 年，文登市采用镇政府、村集体和社会共同筹资方式，发动各村整修道路、植树铺绿和安装路灯，农村面貌焕然一新。是年，在村镇建设“十百千”争创活动中，林村、车卧岛、宋村、赤金泊等 36 个村获省级明星村称号。1995 年，全市农村基本通公路，30% 的村设垃圾专管人员，村村安装程控电话，农话装机总容量 3.2 万门，绿化率达到 37%。1996 — 1997 年，全市农村人均居住面积达 18.27 平方米，大于城市居民居住面积。2003 年，镇村自筹资金实施村庄道路硬化，泽库镇所有村的主要街道全部硬化。

2008 年，按照“环境 + 社区 + 产业 + 文化”模式，实施“三清”（清草堆、粪堆、垃圾堆）、“四改”（改路、改水、改厕、改灶）、“五化”（绿化、美化、亮化、硬化、净化），以及“十位一体”（每个示范村建设 1 个家纺致富项目、1 条硬化主街道、1 条环村绿化带、1 处便民浴室、1 个规范化卫生室、1 条沼气改厕示范街、1 处文体活动场所、1 个良好生活环境、1 个双高双强型村班子和 1 个平安村）农村环境综合整治。年末，新建社区综合服务中心 39 个，街道硬化率和亮化率均达 60%，垃圾集中处理率 64%。300 余个村建起配套齐全的文化大院，有线电视普及率 100%，450 个村达到市级园林村标准。涌现出唐家嘴子、波浪后、车卧岛、北陡埠、管庄、凤口集村第一批新农村建设典型。文登市被授予全国农村社区建设实验全覆盖示范单位称号。2010 年，推广沼气、太阳能、风能等清洁能源，

图 4-12 张家产镇车卧岛村一角（2006 年 5 月 11 日摄）

先后建成农村户用沼气池1400个、农村沼气服务网点18个和沼渣沼液综合利用基地5个，改造太阳能、风能路灯1000盏。全市建成农村社区综合服务中心100个，建起文化大院311个，主街道硬化率和亮化率均达70%，垃圾集中处理率71%。2012年，启动6个村污水泵站和人工湿地建设试点，初步形成市镇村三级污水处理网络。是年，高村镇万家村获全省历史文化名村称号。2013年，全市共综合整治村庄391个，建起健身综合广场114个，街道硬化率和亮化率均达80%，垃圾集中处理率95%，自来水、有线电视普及率100%。

第三节　农村其他建筑

生产建筑　90年代初期，全市镇村企业发展步伐加快，电机、电子、化工、食品等工业行业迅速崛起，企业多为作坊式，规模小，人员少，利用旧房多，新建厂房少。1991年，乡镇生产建筑148.3万平方米。“八五”期间，新增生产建筑26.7万平方米。1996年后，外资企业入驻文城、葛山、宋村、米山等镇，各镇工业厂房和生产建筑迅速增加。“九五”期间，镇村新增生产建筑53.22万平方米。2001年，有13个镇级工业园区开工建设，新增生产建筑9.6万平方米。2002年，新建工业园区21个，增加生产建筑26.86万平方米。2007—2009年，文登营、葛山、大水泊、米山等镇及经济开发区工业企业不断膨胀，增加生产建筑178.49万平方米。

2010—2013年，全市引进的重点项目落地经济开发区和南海新区，两区生产建筑大幅增加。2013年，全市镇村共有生产建筑518.64万平方米，其中镇建成区生产建筑204.4万平方米。

住宅建设　1991年，全市镇村实有住宅建筑1442.4万平方米。1992年始，全市开展“小康屋”(标准不高水平高、造价不高质量高、面积不大功能全、占地不多环境美）试点建设，按集资统建和综合开发相结合方式引导农民建新房。“八五”期间，全市镇村住宅面积增幅最大，新建、改建、翻建住宅93.17万平方米，其中楼房11.63万平方米。1995年，全市镇村实有住宅1510.01万平方米，其中楼房17.36万平方米。1996—1997年，葛山等经济发达镇和泽库镇长会口村开始规模化建设楼房，农民住宅面积增大。至1997年，全市50%以上农民搬进新居。2001年后，人口城镇化进程加快及农村宅基地实行计划管理，农村住宅建设步伐放缓。镇驻地住宅建设渐向封闭式和商住两用多层住宅小区发展，农村危房改造工程主要倾向五保户、低保户、残疾人和生活困难群体。2005年，农村人均住宅使用面积28.57平方米，其中砖木结构平房占74.34%。2009年3月，市政府印发《文登市关于农村住房建设与危旧房改造的暂行意见》，是年，全市有31个村实施农居社区建设工程，建成农居工程项目社区29个，入住9926户，建筑面积106.24万平方米。至2013年，镇村建有商业住宅小区8个，住宅面积1349.12万平方米，其中镇建成区1155.32万平方米。

第七章　城乡建设管理

第一节　管理机构

文登市城乡建设局　1991年，文登市城乡建设委员会（简称市建委）内设办公室、政工科、财务科、施工管理科、乡村建设科。有工作人员19人。辖城市规划管理处、园林管理处、自来水公司、市政工程管理处、环境卫生管理处、建筑设计院、住宅工程处、房地产管理处、城市建设综合开发公司9个副科级事业单位和建筑工程质量监督站（2012 年 1 月升格为副科级事业单位）、市容管理监察大队、城建档案馆 3 个股级单位。1996 年 12 月，自来水公司改为市政府直属正科级事业单位（2002 年 4 月变更为隶属建设局正科级事业单位，2008 年 1 月整建制改为国有企业）。1998 年 3 月，城市规划管理处更名为城市规划管理局（1999 年 7 月归市政府管理，升格为正科级事业单位，2002 年 1 月复归建设局，2010 年 6 月更名为文登市城乡规划管理局）。同年，园林管理处更名为文登市园林管理局，升格为正科级事业单位。1999 年 5 月，市政工程管理处升格为正科级事业单位。2002 年 1 月，市建委更名为文登市建设局。2007 年 8 月，市建设局南海新区分局成立，隶属市建设局，正科级单位（2010 年 12 月更名为城乡建设局南海分局）。同年，文登市建设局工业园分局成立，隶属市建设局，正科级单位，2008 年 4 月，划归威海工业新区。2010 年 4 月，市建设局更名为文登市城乡建设局。

2013 年，内设办公室（政策法制科与其合署办公）、政工科、财审科、工程科、村镇科、城建科、房地产开发管理办公室，辖城乡规划管理局、园林管理局、市政工程管理处、城乡建设局南海新区分局（2013 年 5 月撤销）、城市综合管理委员会办公室（2013 年 3 月成立）5 个正科级单位和环境卫生管理处、建筑工程质量监督站 2 个副科级单位及建筑工程管理处（室内装饰管理办公室和勘察设计中心与其合署办公）、城建档案馆、建筑企业劳动保险费用管理站、燃气热力办公室（城市节约用水管理办公室与其合署办公）、建设工程招投标服务中心等股级单位，有自来水公司、文登建设公司、建设工程交易培训服务中心 3 个国企单位。工作人员 464 人。

文登市城市管理行政执法局　1989 年 4 月，市容管理监察大队成立，隶属市建委，股级单位。2002 年 1 月，更名为城市管理执法局，升格为正科级单位，隶属市建设局。辖市容监察大队、经济开发区城区管理监察大队。2004 年 10 月，更名为城市管理行政执法局（简称市城管执法局），隶属市政府。2008 年 9 月，城管执法大队（2011 年 7 月更名为城区执法大队）成立，副科级单位。2010 年 6 月，葛家、高村和大水泊镇分别设五、六、七中队。同年，文化市场职能划归文化市场综合执法局。2011 年 7 月，城管执法局南海新区分局成立，隶属市城管执法局，正科级单位。

2013 年，内设办公室、财务科、法制科、处罚管理科、调研宣传科、信访科等，辖南海新区分局、城区执法大队、督查中队及葛家、高村、大水泊中队。工作人员 82 人。

镇级建设管理机构　1991 年后，各乡镇陆续成立乡镇建设委员会（简称乡镇建委）。至 1995 年，全市 21 个镇均成立镇建委。2001 年，口子、天福山、晒字、铺集、埠口 5 镇建委撤销，宋村、葛家、文登营等 14 镇更名为工贸城建服务中心。2005 年 2 月，埠口港经济发展办公室成立，管理埠口港建设。2007 年 10 月，文登营镇工贸城建服务中心撤销，成立经济开发区镇村建设办公室。

第二节　规划管理

市区规划管理　1990 年，城市规划管理处成立，严格实施“一书两证”（建设项目选址意见书、建设用地规划许可证、建设工程规划许可证）制度。1995 年 4 月，市政府印发《文登市城市规划管理办法》，对建设竣工工程实行规划设计综合验收，发放建设工程竣工规划验收合格证。是年，市政府印发《关于加强城市规划区内行政村建设规划管理暂行规定》，市区各类建设被纳入全市统一规划管理范围。2000 年，市规划管理局成立批后管理科，对建设工程选址、放线、验线、竣工验收及图纸资料实施跟踪管理。2008 年始，对国有划拨土地核发《建设项目选址意见书》。2009 年 8 月，市建设局印发《文登市城市建设用地性质和容积率调整规划管理办法》规定，土地使用权一经出让，任何单位和个人无权擅自更改规划主管部门确定的用地性质、容积率、建筑高度、密度和绿地率等控制指标。年末，规划区内“一书三证”（建设项目选址意见书、建设用地规划许可证、建设工程规划许可证、建设工程竣工规划验收合格证）发放率100%。2010年，市政府印发《文登市城市规划管理技术规定》，主要内容包括城市用地分类和建设用地适建范围、建筑容量控制、建筑设计、建筑间距、建筑退让、建筑高度及景观控制和建筑用地的绿地等方面。是年，核发《建设项目选址意见书》20份、建设用地规划许可证57份、建设工程规划许可证92份。2013年，将规划阶段验收与质监部门各项验收结合，全方位跟踪管理。年内，进行基槽验线32万平方米，竣工验收105万平方米，查处违法建筑17处。

镇村规划管理 1990年，市政府印发《文登市农村居民住宅建设和用地若干问题的暂行规定》，各乡镇按规定办理集体、居民及临时建房审批表。1994年1月，全市镇驻地规划建设统一使用建设部印制的项目意见书、建设用地和工程规划许可证，镇驻地和村庄统一使用建设部印制的选址意见书。2001年，市建设局印发《文登市镇规划建设管理考核标准》，各镇分管部门开始对镇及村建设选址、用地、规划、放验线和验收实行综合管理，建立农村住房建设月报和季报制度。2008—2009年，市政府将全市村庄规划编制费用列入财政预算范围，将各镇确定的拟保留村庄列入规划管理重点，统筹旧村改造、迁村并点和“空心村”规划管理，引导农民向小城镇和中心村集中迁移。2010—2013年，全市镇村规划先后办理选址意见书32份，发放用地红线图及规划设计280份，审查发放规划图176份，签批效果图和方案文本124份，审查施工图612套，办理规划用地审批64项。

第三节 城市执法

市场治理 1991—1995年，城建监察部门会同工商、交警等部门，逐街整顿清理店外经营、流动摊贩摊点、运土车辆撒漏和施工现场乱堆行为。取缔店外经营300余户，办理摊位占地证690份。职工街中段、文山路西段、米山路东段、环山路、天福路等占道经营均被清理。2001—2003年，按市政府《关于整顿规范市区贸易市场的通告》，拆除二中院内、汤南小区、横山路、龙山路、昆嵛路等63处违章板房，取缔横山路生产村、职工新村、西龙格村、建行东侧等非法经营市场和露天烧烤点800处。峰山路夜市迁至文山路西端。2007年，不同路段区别治理。次干道和生活小区设置便民购物市场，安置流动业主、菜农、果农经营，部分街道设置高档摊点群，竞标经营。2009—2010年，凉水湾集市移至东藕湾村，天福阳光小区市场南迁。2013年，整治昆嵛南路、文化南路、横山路和天福阳光市场6处，搬迁永安街、西关街、横山路集贸市场商户236个，拆除板棚106间。立案查处乱搭乱建案件39起，拆除违章建筑65间。修建文化南路和文登整骨医院西侧彩钢板式商棚2处，露天摊点全部迁入棚内经营。新设置文山路（国贸）、棋山路市场和生产村早市便民市场，安置固定摊位100个。

环境治理 1991—1995年，清除各种私设标牌1000余块、乱贴广告5万张，市容环境得以净化。1996年，市政府印发《文登市城市“门前三包”责任制实施办法》，责任单位签订“门前三包”[①]责任书，“门前三包”列入市级文明单位评选和市直机关岗位目标责任制考核范围。1998年，市政府印发《文登市城市管理若干规定》，完成沿街楼房粉刷和马赛克更换，统一店铺霓虹灯广告和铜材门牌规格。2002年，户外广告实行审批制度。重点治理龙山、米山、昆嵛和环山路4条主要街道户外广告，完成门头广告登记3000处。2003年，清理荣兰线（G309）市区段两侧违章菜地41处，拆除荣兰线、迎宾大道两旁违章建

①门前市容整洁、环境卫生整洁、设施设备和绿地整洁。

筑 27 处。2007 年，查处违章建筑 32 处，拆除面积 1800 平方米，设置公益广告栏 30 处。2012 年，市政府印发《关于规范和整治城市规划区六小行业的意见》，对全市 410 家小餐饮、小废品回收、小洗车、小修理、小加工、小建材“六小行业”展开治理，下发整改通知 282 份，取缔占道经营小洗车和小加工点 17 家，搬迁小废品回收站点 8 家，拆除乱搭乱建的“六小行业”点 39 处。2013 年，市城管执法局修订《关于规范各类庆典、展销、促销等活动暂行规定》，与全市所有婚庆酒店、礼仪公司签订“商业促销活动承诺书”，控制鞭炮燃放，减少噪声污染。同时，将农村集市经营噪声纳入治理范围，集中两个月时间，在城乡同步开展专项整治行动，重点整治 33 个集贸市场的喇叭叫卖行为。

第四节 环境卫生管理

市区卫生管理

设施设备与垃圾处理 1991 年，实行垃圾无害化处理。位于初张公路西侧、距市区 4 千米的新建垃圾场投入使用。1992 年，自行研制大型封闭式垃圾箱。1994 年，自行制造密封式小型垃圾车，解决了垃圾在运输途中二次污染，使文登市成为全国第一个依靠自己的力量实现垃圾清运密封化的县级城市。1996 年，垃圾场在原有过滤井基础上修建 1 座渗液处理池。1998 年，在市中心区推广使用生物降解垃圾袋和塑料垃圾桶，解决了铁皮垃圾箱周围污水流淌、蚊蝇乱飞等“老大难”问题。是年，购置街道清扫车、垃圾压缩车各 1 辆。2006 年 2 月，在张家产镇崔家营村北建固体废弃物综合处理场，占地 32 公顷，使用年限 28 年，一期工程设计日处理垃圾能力 282 吨，二期设计日处理垃圾能力 510 吨。是年，垃圾清运率、无害化处理率均为 100%。2007 年，文登城市生活垃圾无害化处理被建设部评定为Ⅰ级。2008 年 6 月，固体废弃物综合处理场内建垃圾渗滤液处理站 1 座，市区所有垃圾全部清运至该站，处理结果达国家二级排放标准。2013 年，处理垃圾 12.15 万吨，其中生活垃圾 6.57 万吨、自行清运垃圾 1.63 万吨。垃圾处理均采用填埋方式，无害化处理率 100%。是年，市环卫处有垃圾压缩车 8 辆、密封垃圾运输车 7 辆、叉车 3 辆。市区 85% 区域实行塑料垃圾桶收集、压缩车运输作业。

街道清扫 1991 年，市环卫部门有保洁工 105 人，实行“一日两扫、上午保洁”作业方式，年清扫面积 47 万平方米，清扫范围包括文山、峰山、昆嵛、香山、米山、龙山和天福等路段。1993 年，清扫标准定为“三净、四无、两不准”，要求路面净、路边净、人行道板净，无泥沙、无飘浮物、无瓜果皮核、无积水，不准向下水道扫泥土、不准漏扫花扫。1998 年，购置多功能清扫车 1 辆，部分道路实现机械化清扫。2004 年，市区 106 个路段采用招标承包管理，清扫形式改为各自清扫、共同保洁。2008 年，购置大型洒水车 1 辆，用于路面清洗和防尘降温。是年，有保洁工 282 人，大型清扫车 3 辆，年清扫面积 347.24 万平方米。2013 年，购置小型清扫车 5 辆，用于文山、昆嵛、米山路等路段清扫。是年，市区清扫面积 400 万平方米，其中机械清扫 186 万平方米。

图 4-13 在文山路作业的大型洒水车（2008 年 7 月 27 日摄）

粪便清运处理 1991 年后，市环卫部门先后购置载重 2 吨的粪便自吸车 2 辆，逐步淘汰人工和拖拉机作业。2001 年，人工挑粪被机械取代。2004 年，购置 5 吨粪便自吸车 1 辆，替换原 2 吨粪便自吸车，用于市区水冲公厕和楼房化粪池的抽吸清理。2013年，市区粪便清运处理2400吨。

公厕建设　1991年，市区有公厕164座。1995年，市政府提出进行“厕所革命”，旱厕或改建或淘汰，至2000年，全市新建、改建公厕19座。2001年，改造水冲公厕18座，其中4座实行承包经营。2005—2007年，市区增设4座移动环保公厕和3座环保生物公厕，改造水冲公厕13座。2007年，购置移动公厕1座。2010年，新建公厕2座，购置移动公厕1座。至2013年，市区由环卫部门管理的公厕22座，其中移动环保公厕5座、移动公厕2座、水冲公厕15座。

2013年文登市区公厕分布情况表

表4-14

类型	公厕名称	公厕位置	建设（购置）年份
砖混结构水冲公厕	口腔医院公厕	米山路口腔医院	1986
	转播台公厕	龙山路双龙桥北首路东	1986
	老车站公厕	昆嵛路百大商场东	1989
	404医院公厕	龙山路原财政局楼南路西	1990
	香山公厕	整骨医院水库西	1991
	二实小公厕	环山路二实小东	1991
	福利公司公厕	龙山路龙山宾馆西南	1991
	夜市公厕	文山路夜市西	1991
	北山公厕	北山球场东	1993
	河滨公厕	文山路工会桥东	1995
	盐机公厕	香山路抱龙女雕塑西	1995
	温泉公厕	文山路西部	1995
	广电公厕	文山路原广电楼对面	2002
	皮鞋厂公厕	永进皮鞋厂北	2006
	农机公厕	米山路农机大厦门西	2009
移动环保公厕	广场移动公厕	天福路广场西南角	2005
	毓菁华移动公厕	环山路毓菁华小区北	2005
	群雕移动公厕	米山路交通局东	2006
	义乌移动公厕	义乌小商品批发市场东门北	2007
	行走式移动公厕	环卫处	2007
	师范生态公厕	米山路师范与一中之间	2010
	行走式移动公厕	环卫处	2011

镇村卫生管理 90年代，镇村卫生管理由镇建委负责。2001年，镇建委更名为工贸城建服务中心，职责不变。2010年，全市实施城乡环卫一体化管理，行政村负责垃圾收集并运至镇垃圾中转站，各镇负责中转站设施的更换与管理，市环卫处负责将垃圾由中转站运至固体废弃物综合处理场集中处理。是年，宋村、张家产、侯家、泽头、界石、泽库、高村、米山、大水泊、文登营等镇，建成日处理垃圾能力100吨的收集中转站，全市镇村生活垃圾集中处理率达70%以上。2011年，全市新购6立方米侧装式压缩车22辆，20立方米大型勾臂自卸车4辆。各镇（街道）均建立专业环卫保洁队伍，按120户/人标准，配齐1300名村环卫保洁人员。2013年，镇村配置垃圾桶（箱）8260个，垃圾运输车20辆，环卫保洁员1378人。除埠口港直接运至市垃圾场、3个街道所辖村划归市区清运范围外，其余12镇全部建起生活垃圾中转站，镇域垃圾处理98.45吨/日。

第五节 市政、园林和公用事业管理

市政管理 1991年，加强市政公用工程设计施工管理，经市建委审查，报市政府审批后方可施工，确保工程质量，避免重复建设。1993年，对市区临时挖掘道路的单位与个人征收挖掘修复费。1994年始，城乡规划区内，直接或间接向城市排水设施排放污水的企事业单位和个体经营者，须缴纳城市排水设施使用费（学校、敬老院和城市居民暂不征收）。2010—2013年，采取划片包干、定岗定责方式，养护维修道路。道路挖掘保证每年5—10月间4日内完成修复，11月至次年4月不许挖掘，境内主干路设施完好率保持93%以上、次干路和人行道完好率保持在91%以上。每年3—4月和10—11月两次对排水设施进行规模清污，排水设施完好率达80%。

园林管理 全市绿化管理由市园林管理处全面负责。1992年，园林管理处制定宏观绿化规划和行业管理计划。1994年，园林管理处取得园林绿化工程施工三级企业资质证书。1995年，《文登市城市绿化管理办法》经市政府批准颁布实施。2001年，市园林局印发《文登市园林绿地养护管理定期检查制度》，开始实施绿化养护管理考核机制。2003年，市建设局印发《关于实施“绿色图章”制度 加强城市绿化规划建设管理的通知》，界定各类绿化用地周边线，绿线控制实行专章管理。2004年，市建设局印发《文登市城市绿地系统规划》。2006年，市政府印发《文登市占用挖掘城市道路绿地管理办法》。2010—2013年，根据威海市政府《威海市区城市绿化办法》，实行常态化管理。

供热管理 1991年，文登发电厂设热网维护班，负责管道安装、维护和流量表抄记。1992年，发电厂建蒸汽流量计检定站，负责辖区旋翼式流量计校验管理。1994年，市电业总公司成立供热管理所，制定《报装接热管理制度》《热网运行管理制度》，负责城市集中供热管理。2002年，供热管理所开通“8185487”服务热线，向社会公布供热方式和供热参数。2003年，秀山小区实行一户一控间歇式供热方式，凤凰山、西龙格等5小区实行24小时连续供热，凤凰别墅区实行热量表计价供热方式。2009年，完成祥和花园小区一期工程332户热计量改造试点，采用压差调节阀、热量表、温控阀等调节设备。2011年，文登申报全国节能暖房工程重点县获住建部批准。2013年，全市推广工业废热、电厂乏汽余热利用及吸收式热泵、吸收式换热等技术，提高热源效率和管网保温性能，大型公共建筑实施热量表计量收费改造。市区公共建筑和部分住宅小区，按热量表计价收费。

燃气管理 90年代，民用液化气发展很快，全市除铺集、晒字两镇外，其余19镇都拥有液化气站。市劳动局所属锅炉压力容器检验所负责气罐压力检验。1996年，市建委设立综合科，具体负责全市液化气行业管理；随后成立由市建委、劳动局、公安局3部门参加的燃气安全检查办公室，定期对市区燃气市场安全、质量进行检查。1997年始，每年1月为城市燃气安全月，每月3日为城市燃气安全日。是年，按照《城市燃气和集中供热企业资质管理规定》，为符合资质的市物资液化气站等9家企业申报燃气资质，取缔存在安全隐患燃气经营企业7家。1998年始，按2200元/户收取管道燃气设施配套费，由开发商缴纳。2004年，对燃气工程建设实行施工审批制度和竣工验收备案制度，所有燃气工程实行强制监理。2009—2010年，市建设局建立管道燃气设施配套费存储专项账户，对照管道施工合同与进度，为施工单位拨付燃气设施配套费。2013年，规范瓶装液化石油气经营行为，经营单位须取得液化石油气经营许可证、气瓶充装许可证、建设工程消防验收意见书后方可经营。是年，新建楼房管道燃气设施配套费改为按30元/平方米收取。

供水管理　1991年，各单位按总水表计量、各户按分水表计量。制定企事业单位用水计划，超出计划用水量加收水费。1992年，市自来水公司制定技术和管理标准，实行管道抢修、设施维护常态管理。1993年，市政府印发《文登市城市节约用水管理办法》，推广“中水道工程”。市发电厂实施“水膜除尘”技术改造，日节水1000吨；市酿酒厂和氯碱厂实行冷却水回收系统闭路循环，节水明显。至1995年，全市工业用水重复利用率达74%，年节水274万吨。2002年，建立市区供水管网GIS系统和管网档案资料库，实现管网数据动态管理。推行地下水使用核准制度，对新建、改建项目实行施工用水审批制度，实行供水管网动态监测和定期普查。2006年，设水费查询、管道水表报修、工程安装和用水投诉服务热线，一站式全天候服务。是年，更换高灵敏度节水型水表237块，文登市被省建设厅和省经贸委授予全省节水型城市称号。2009年，市区启动一户一表改造。自来水公司成立稽查科，负责违章用水查处。2011年9月，文登市被住建部和国家发改委命名为第五批国家节水型城市。2012年，市区居民开始实行阶梯式水价，每户月用水12立方米按基本水价计费，超出部分水价加倍。2013年，市政府印发《关于加强住宅小区专业经营设施设备管理的意见》，一户一表改造项目列入政府民生工程。在御临华府等高层住宅小区启用远程抄表系统，逐步实现水表抄收自动化。是年，完成供水指挥调度中心一期设备安装。新增总水表223块，全市累计一户一表改造2.12万户。抄表到位率100%、准确率99.8%，新建设施节水器具普及率100%。

第六节　建设档案管理

文登市城建档案工作起步于1987年。至1991年，城建档案馆共收藏工业建筑、民用建筑、市政水利、公用设施、城市规划和人防工程档案6大类950卷。到1993年，收藏全市21处村镇建设档案2200余卷。1994年，开展地下管线普查，实测范围11.3平方千米，成图212幅，包括上水、下水、综合管线、通信和地形图5部分。1995年，档案管理采用微机软件技术，馆藏档案8大类4200卷，照片档案600余张。2004－2005年，先后配备照相机、摄像机、刻录机等设备，开展声像档案收集和管理。2008年，馆藏档案15个大类、55个属类。2011－2012年，审核接收竣工档案733个2890卷。接收勘察设计审核的图纸174套、招标工程321卷，馆藏量1.91万卷。拍摄声像档案照片1.48万张、素材带2184分钟，数字化处理档案3628卷。2013年，城建档案馆增挂文登市城建档案管理处牌子。馆藏档案15个大类、55个属类。接收入库工程资料252个1744卷，数字化处理252个1744卷，馆藏量达到2.21万卷。拍摄声像档案照片5027张、录像带780分钟。是年，开始建立全市地下管线信息共享平台，至年末，市区管线探测面积达70平方千米，主次干道156条，探测各类管线点7.34万个，长度1829.3千米，完成1∶500综合管线图777幅、专业图11655幅，管线成果表65本。市城建档案馆先后被省住建厅授予城乡建设档案和地下管线信息管理工作先进集体称号。

第八章 重大创建活动

第一节 “齐鲁杯”创城活动

1990年始，文登市以“齐鲁杯”创城活动为契机，按照“人民城市人民建、人民城市人民管”的方针，不断加大工作力度，推动城市规划、建设和管理上台阶、上档次、上水平，各项工作均走在全省前列。1991－1995年，连续5年获“齐鲁杯”奖。

文登市成立“三上”活动领导小组，设办公室，市建委、公安、卫生、工商、环保等部门为成员，督导、检查、协调创建活动。市政府印发《文登市规划建设管理暂行条例》《文登市环境卫生管理实施细则》等文件，各部门、各单位对照《文登市开展齐鲁杯“三上”活动工作一览表》，逐项开展，逐条落实。1991－1995年，核发建设用地许可证300余份。完成城镇体系、道路、市政、环卫、旅游、绿化、消防、防洪、文物保护等专业性规划，编制商贸大观园、火车站、旧城改造和西郊开发区等40余片详细规划1053.6公顷。1995年，全市详细规划覆盖率达到75.26%。

旧城改造是开展“齐鲁杯”创建活动的主要内容。市政府印发《文登市城镇房屋拆迁管理暂行办法》《关于加快旧城区改造的有关规定》《关于户口迁移管理办法》等，决定城市外围住宅小区一律停建，3年内不再批复新征土地建住宅小区。建行、工行、农行和中国银行文登支行等单位，一对一负责河北、北宫、峰西、文山、大众等城中村改造，保证资金到位。突击拆迁老汽车站、文城镇医院、威海福利院和园林路以南、香山路以东、天福路以北，以及大观园等公用和私用房屋。创建活动期间，市区共拆迁改造旧城房屋28万平方米，新建小区6处，拓宽改造主要街道30条70万平方米。

城市建设上档升级。至1995年，市区修建道路28条，增加城市道路30千米，铺设人行道板9.4万平方米，城市道路硬化率90%；新增棋山、香水、豹山、马山、横山、珠海、广州等路和庆丰、温泉、西楼、爬山街等17条主次干道，延伸拓宽米山、昆嵛、峰山、文山、天福等主干道路，完成昆嵛、龙山、文山路样板道路打造。新增或改扩建文山公园内召文台、牌坊、钟楼、文星石亭、南大门、北大门等景观与设施。新建天福、迎春、轻工、北山、召文台、公安、盐机等绿地，扩大绿地面积90万平方米，建绿化带618条，栽植草坪3万平方米，植树9万株，城市绿化覆盖率增至33.5%。扩建米山水厂，建2000吨清水池2个和吸水井、污水泵房各1处，日供水能力增至8万吨。敷设水厂至市区供水管网10.4千米，新增管网32千米。建填埋式垃圾处理场1处，增加污水管道38.5千米，改建厕所164座。城市公交车增至20辆，运行线路4条，站点40个。1995年，年客运量90万人次。城市用气人口增至5.2万人，集中供热总量由10万吨/年增至28万吨/年。新建桥梁2座，雕塑8组，路灯1408基。

第二节 创建国家园林城市

2002年始，文登市开展园林城市创建活动，2003年，获山东省园林城市称号，2008年2月，获国家园林城市称号。

创建措施 成立由市长任组长、分管副市长为副组长，宣传部、建设局、财政局、林业局、广电局、环保局、执法局等有关部门主要负责人为成员的创建领导小组。市政府印发《创建国家园林城市工作实施方案》《文登市城市绿线管理规定》，将创建目标和任务分解、细化，层层落实到各责任单位。全市各部门通力协作，形成创建国家园林城市整体合力。严格旧城改造审批、绿化用地设置，遵守绿线管制。实施门前绿化护养责任制，绿化管理到人。修编《文登市城市绿地系统规划》《文登市规划区植物多样性保护规划》，221种植物被纳入绿化保护范围。按特色在山、灵气在水、文化在“文登学”的绿化思路，确定外围绿化以山林为主体，延伸外围山峰绿地，让青山进城；市区绿化以峰山公园为主体，河滨公园及庭院绿化为辅，林荫路为补充。园林设计，突出自然景观、人文景观和历史文化融合。采取财政划拨和社会融资等方式，保证资金投入。市财政用于绿化资金达4.3亿元，社会融资1亿余元。2002—2007年，城市绿化总面积由747万平方米增加到1694万平方米。

环境绿化　重点实施桃威铁路、初张路、荣兰线、威青线、上泽线、石泽线、俚李线、威石线等公路通道建设，实施东母猪河、西母猪河、小阮河、黄垒河、青龙河、葛家河及米山水库两岸等河库造林，年均植树50万株。通过营造经济林、生态林、防护林、风景林和速生丰产林，林地面积逐年增加。推行20度以上坡耕地逐渐退耕还林、25度以上坡耕地全部退耕还林，分别还林667公顷和1333公顷。以田间路、沟渠为基本框架，推进中低产田区林网建设，全市有7150公顷农田基本实现林网化。实施昆嵛山、天福山两大山系封山育林和绿化建设，完成森林生态系统培育与保护。坚持“四旁”（路旁、水旁、宅旁、村旁）植树与社会主义新农村建设、绿化示范镇建设、庭院开发、义务植树相结合，建设园林镇村和单位。全市67%的村庄达到三季有花、四季常绿，人均拥有公共绿地7平方米以上。突出城市“龙”的文化内涵，按照调整、完善、美化、提高的原则，山水林统筹兼顾、一体推进。峰山风景区按精品绿化工程建设，文登学公园北山山体按大规模绿化建设，豹山、横山等市区外山头按综合绿化建设。柳林河、抱龙河、九里河、杜营河等河岸实施立体改造，打造濒水绿洲开放式公园，凸显风、水、绿、人四韵特色。至2007年，全市完成造林1.67万公顷，植树600万株，森林覆盖率年均增长2%。文登市先后获全国沿海防护林体系建设先进单位、全国森林病虫害防治先进单位、全国造林绿化先进集体和全省乡村林场建设先进单位称号。

绿地建设　2001—2007年，先后建设环岛公园、文登学公园、仙山公园、抱龙河公园等一批市级公园，以及市区西出入口绿地、东出入口绿地、河滨公园、七里绿地、九里绿地等公共绿地。文山、龙山、米山、棋山等道路两侧单位拆墙透绿，完成见绿、见色、见花、见靓的特色路建设。开展评选“花园式”单位（小区）活动，文登整骨医院、实验小学、新一中等单位被评为威海市“花园式”单位；毓菁华小区、龙河小区、天福阳光小区、汤南温泉小区、夼北惠园小区等被命名为威海市“花园式”小区。新建小区绿化率达31%。

道路绿化　以植物造景为主，完成文山东路、世纪大道、迎宾大道、荣兰线市区段、广州路、初张路、龙山路、米山路等道路绿化建设改造；开展大规模市区补绿增绿工程建设，在市区街道两侧、公园绿化地等处，补栽各类苗木156万株，绿化面积130余万平方米。文山东路绿化工程获山东省园林绿化优质工程奖。

绿地避险　立足城市现状，结合现有城市公园、沿河绿带、街头绿地、城市广场及各类学校运动场地，设置设施完备的防灾公园、临时避险绿地、中心和固定避险场所、城市救灾通道、绿色疏散通道等，形成综合性、交叉性防灾避险城市绿地系统。

苗圃建设　坚持苗木用材本地化，先后建设高村苗圃、迎宾绿苑苗圃、西寨苗圃、九里苗圃等主要生产基地，占地总面积62.69公顷，城市苗木自给率85.9%。

2007年文登市创建国家园林城市达标情况表

表 4-15

项目		国家标准	完成情况
绿化建设	建成区绿化覆盖率	38%	45.98%
	建成区绿地率	34%	43.20%
	建成区人均占有公共绿地	8.5 平方米	16.7 平方米
	人均绿地面积	5 平方米以上	8.56 平方米
道路绿化	城市道路绿化普及率	95% 以上	100%
	城市道路绿化达标率	80% 以上	88.2%
	城市道路绿化覆盖率	不少于 25%	25.3%
	主干道沿街拆墙透绿率	90%	93%
居住区绿化	新建居民区绿化用地占总用地面积	30% 以上	31%
	旧区改造绿化用地占总用地面积	不少于 25%	25.3%
	园林式居住区占总居住区面积	60% 以上	78%
庭院绿化	单位绿化达标率	60% 以上	70%
生产绿地	园林生产绿地面积占建成区面积	2% 以上	2.1%
	城区绿化苗木自给率	80% 以上	85.9%
	乡土树种	不低于 150 种	221 种
园林建设	公园绿化面积占陆地总面积	70% 以上	72%
生态建设	生活垃圾无害化处理率	60% 以上	100%
	污水处理率	55% 以上	90.02%
	地表水环境质量标准	达到三类以上	三类指标
市政建设	城市燃气普及率	80% 以上	99.31%
	万人拥有公共交运车辆	10 辆以上	10.8 辆
	城市道路照明装置率	98% 以上	98.5%
	人均拥有道路面积	9 平方米以上	28.97 平方米
	用水普及率	98% 以上	100%
	水质综合合格率	100%	100%
	道路机械清扫率	20%	26%
	万人拥有公厕	4 个	4.07 个

第五编

环境保护

1991年始，文登市推行环境保护目标责任制，将环境保护工作列入重要议事日程。1998—2000年度市长环境保护目标责任制工作通过山东省和威海市政府考核验收，文登市政府被威海市政府评为责任制工作一等奖。2000年，城市环境综合整治定量考核总分88.10分，列全省县级市第一，“一控双达标”工作通过省政府验收和国家环保总局核查。是年，开展创建国家环境保护模范城市活动，市政府投资1.99亿元，用于环境保护基础设施建设，27项技术指标全部达到考核标准。2001年3月9日，国家环保总局授予文登市国家环境保护模范城市称号。2006年始，全市发展循环经济，建设生态文登，境内整体环境质量进一步提高，地表水、地下水、水库、近岸海域水质及环境噪声、环境空气质量按功能区划均达到国家规定标准。2013年1月15日，环境保护部授予文登市国家生态市称号，并将文登市列为全国第五批生态文明建设试点地区。

2011 年 5 月 4 日，全市城乡环境综合整治志愿者服务月活动在市中广场启动。

第一章　环境质量

第一节　水环境质量

文登市水环境由河流、水库、地下水、近海海域四部分组成。较大河流有母猪河、青龙河、昌阳河及流经西南边界的黄垒河，均为季节性雨源型河流。主要水库有米山水库、坤龙邢水库、南圈水库等，均位于主要河流干流中上游。地下水开发和利用以浅层地下水为主，水质及水量受地表自然和人为活动影响较大。最大海湾是五垒岛海湾，有母猪河和昌阳河水注入。城乡居民生活及工业用水大部分来自水库贮水或地下水。

母猪河水质　母猪河分东、西两条干流，东干流流经市区，1991－1995年，是市区工业废水和生活污水主要倾污水域，年纳污量占全市污水总量70%以上。按照GB3838-88《地面水环境质量标准》评价，文登营上游河段水质符合二类或三类标准，尚未受到污染。市区下游及其干流水质化学耗氧量、化学需氧量、高锰酸盐指数、氨氮、石油类超过其应执行的四类水质标准，超标最重区域是市郊区水域，超标最重年份是1993年。1996－2000年，市政府投资对母猪河进行综合治理，将市区工业及生活污水集中排入城市污水管网。其间，市污水处理厂建成运转，母猪河水质得到改善。按照功能区划分和GHZB1-1999《地表水环境质量标准》，2000年和2001年，母猪河文登营上游断面水质均符合应执行的四类标准，横口桥、麦疃后和南桥断面水质均符合应执行的五类标准。统一按照四类标准，采用综合污染指数法评价，母猪河平均综合污染指数2000年为0.40，2001年为0.39，均属清洁级。按GB3838-2002《地表水环境质量标准》，母猪河文登营上游断面水质2002－2005年均达到应执行的国家地表水Ⅳ类标准，横口桥断面水质2002年达到Ⅳ类标准、2003－2005年达到Ⅴ类标准，麦疃后和南桥断面水质2002－2005年分别达到Ⅴ类标准和Ⅲ类标准。2006－2013年，母猪河各断面水质按GB3838-2002《地表水环境质量标准》均达到功能区标准，即文登营上游断面水质达到应执行的国家地表水Ⅳ类标准，米山水库出口（横口桥）和麦疃后断面水质达到Ⅴ类标准，南桥断面水质达到Ⅲ类标准，母猪河水质稳定，城市地面水水质良好，水质达标率100%。

1991－2010年母猪河各断面水质主要指标监测结果情况表

表5-1　　单位：毫克/升（pH值除外）

断面	年份	pH值	溶解氧	化学需氧量	高锰酸盐指数	生化需氧量	氨氮	石油类
文登营上游	1991	7.62	8.40	15.44	2.01	1.59	0.24	0.451
	1992	7.81	8.14	16.34	1.88	1.78	0.08	0.305
	1993	7.64	8.10	8.63	1.43	1.32	0.07	0.166
	1994	7.31	8.70	15.22	2.42	1.78	0.10	0.270
	1995	6.91	8.51	15.85	1.88	1.09	0.31	0.139
	1996	7.58	7.02	18.52	1.97	1.33	0.16	0.17

续表 5-1-1

断面	年份	pH 值	溶解氧	化学需氧量	高锰酸盐指数	生化需氧量	氨氮	石油类
文登营上游	1997	7.05	7.59	12.5	2.70	2.01	0.25	0.09
	1998	7.50	7.82	17.5	2.27	2.17	0.20	0.10
	1999	7.49	7.63	14.5	2.63	2.20	0.33	0.20
	2000	7.57	7.62	14.1	3.67	2.44	0.34	0.19
	2001	7.69	7.56	14.6	3.31	2.30	0.339	0.32
	2002	7.63	7.85	16.7	2.85	2.58	0.389	0.143
	2003	7.2	8.1	13.1	2.26	2.34	0.25	0.21
	2004	7.3	7.9	14.3	2.44	2.66	0.30	0.27
	2005	7.3	7.6	12.8	2.27	2.67	0.33	0.14
	2006	7.1	8.1	11.3	2.06	2.51	0.33	0.03
	2007	7.0	8.1	12.1	2.23	2.75	0.32	0.012
	2008	7.2	7.8	12.3	2.25	2.18	0.325	0.010
	2009	7.0	8.0	—	2.22	2.61	0.328	0.01
	2010	7.1	8.0	2.76	2.14	2.76	0.29	未检出
麦疃后	1991	8.01	0.59	150.26	21.16	34.02	47.23	20.61
	1992	8.28	0.47	240.31	41.18	41.52	55.43	23.45
	1993	8.15	1.25	338.26	60.36	37.82	69.73	9.473
	1994	7.54	1.32	161.03	23.22	19.96	39.66	4.323
	1995	7.24	0.44	224.42	16.80	27.52	33.04	8.512
	1996	7.18	1.81	162.13	13.83	20.8	31.07	24.30
	1997	8.23	2.51	23.5	9.49	8.77	0.93	0.47
	1998	8.34	2.52	22.8	9.04	8.22	0.95	0.47
	1999	8.31	3.99	22.6	9.09	8.44	0.90	0.47
	2000	8.19	2.54	26.0	8.27	6.76	0.96	0.47
	2001	7.41	4.04	35.7	9.24	6.57	0.968	0.63
	2002	8.14	3.55	34.3	7.03	8.19	0.968	0.552
	2003	7.7	5.7	34.4	5.43	5.60	0.954	0.54
	2004	7.3	4.1	35.3	6.69	8.51	1.02	0.69
	2005	7.5	4.0	35.9	7.01	7.62	1.29	0.70
	2006	7.4	5.8	37.2	6.66	6.58	0.96	0.65

续表 5-1-2

断面	年份	pH 值	溶解氧	化学需氧量	高锰酸盐指数	生化需氧量	氨氮	石油类
麦疃后	2007	7.3	4.4	36.9	6.42	9.08	0.956	0.716
	2008	7.4	6.2	35.0	6.14	7.30	0.970	0.404
	2009	7.5	6.8	—	3.77	6.33	0.958	0.117
	2010	7.8	7.5	4.08	2.97	4.08	0.674	0.07
南桥	1991	7.61	5.63	52.32	5.12	8.68	10.32	0.824
	1992	7.60	4.17	87.87	9.47	8.18	17.61	1.048
	1993	7.83	5.49	76.25	9.25	9.60	19.34	2.384
	1994	7.24	2.29	87.70	7.96	12.92	36.39	4.369
	1995	7.23	4.28	88.82	6.07	11.30	15.44	4.849
	1996	7.71	4.71	39.73	4.05	6.81	9.05	2.60
	1997	8.32	5.25	14.0	5.07	3.64	0.46	0.03
	1998	8.35	5.22	14.1	5.11	3.43	0.47	0.03
	1999	8.35	5.67	14.0	5.03	3.48	0.46	0.03
	2000	7.67	5.76	15.0	5.29	3.48	0.48	0.027
	2001	6.86	5.64	17.6	4.24	3.65	0.453	0.04
	2002	7.67	6.37	17.6	4.12	3.44	0.451	0.035
	2003	7.5	7.4	17.2	4.00	2.68	0.45	0.04
	2004	7.4	6.5	17.7	3.40	3.71	0.44	0.04
	2005	7.3	6.4	18.1	2.92	3.45	0.50	0.03
	2006	7.2	7.0	15.9	2.95	3.57	0.45	0.04
	2007	7.3	6.6	17.6	3.05	3.76	0.44	0.03
	2008	7.5	7.2	18.6	2.79	2.95	0.427	0.014
	2009	7.5	7.3	—	2.53	3.49	0.429	0.01
	2010	7.6	7.6	3.47	2.24	3.47	0.39	未检出
米山水库出口	1997	7.09	7.09	14.2	4.09	2.41	0.20	0.10
	1998	7.43	7.52	14.6	2.44	2.27	0.19	0.12
	1999	7.11	6.64	15.3	3.17	2.39	0.20	0.09
	2000	7.24	6.72	15.5	3.78	2.70	0.38	0.26
	2001	7.31	6.83	15.6	2.79	3.03	0.355	0.24
	2002	7.20	7.40	17.1	3.08	2.67	0.380	0.315

续表 5-1-3

断面	年份	pH 值	溶解氧	化学需氧量	高锰酸盐指数	生化需氧量	氨氮	石油类
米山水库出口	2003	7.4	7.7	14.3	2.74	2.46	0.32	0.17
	2004	7.2	7.6	16.0	3.33	3.28	0.28	0.29
	2005	7.2	7.5	14.3	2.52	3.12	0.40	0.06
	2006	7.1	8.2	15.1	2.93	2.81	0.31	0.04
	2007	7.2	7.6	16.2	2.53	2.95	0.32	0.01
	2008	7.2	8.0	16.0	2.36	2.64	0.296	0.010
	2009	7.3	7.9	—	2.48	2.77	0.278	0.01
	2010	7.3	7.5	2.95	2.32	2.95	0.31	未检出

2011—2013 年母猪河水质监测结果情况表

表 5-2　　单位：毫克 / 升（pH 值除外）

年份	断面	pH 值	溶解氧	高锰酸盐指数	化学需氧量	生化需氧量	氨氮	总磷	铜	锌	氟化物	铅	挥发酚	石油类
2011	米山水库出口	7	7.8	3.66	15	2.87	0.24	0.038	0.004	0.007	0.292	0.001	未检出	未检出
	文登营上游	7.2	7.8	3.21	13	2.81	0.17	0.037	0.003	0.005	0.290	0.001	未检出	未检出
	麦疃后	7.7	7.3	4.44	18	3.85	0.553	0.234	0.006	0.009	0.481	0.003	0.0016	0.059
	南桥	7.6	7.7	3.71	15	3.42	0.317	0.135	0.006	0.008	0.391	0.002	未检出	未检出
2012	米山水库出口	7.4	8.0	3.61	14	2.92	0.23	0.039	0.004	0.005	0.286	0.001	0.001L	0.02L
	文登营上游	7.2	8.0	3.22	12	2.83	0.17	0.028	0.002	0.004	0.279	0.001	0.001L	0.02L
	麦疃后	7.8	7.6	4.17	19	3.72	0.639	0.182	0.006	0.007	0.453	0.002	0.001L	0.078
	南桥	7.7	7.8	3.33	14	3.29	0.29	0.144	0.005	0.006	0.410	0.001	0.001L	0.02L
2013	米山水库出口	7.4	8.1	3.52	15	2.85	0.20	0.048	0.004	0.007	0.296	0.001	未检出	未检出
	文登营上游	7.1	8.2	3.30	13	2.76	0.17	0.024	0.003	0.006	0.288	0.001	未检出	未检出
	麦疃后	7.7	7.6	4.21	19.9	3.99	0.602	0.188	0.007	0.009	0.43	0.002	0.0015	0.080
	南桥	7.6	7.9	3.22	14.2	3.52	0.22	0.161	0.006	0.008	0.371	0.001	未检出	未检出

说明：2011—2013 年，汞、硒、砷、镉、六价铬、氰化物、阴离子表面活性剂、硫化物未检出。

米山水库水质　米山水库位于西母猪河中游，总库容 2.8 亿立方米，兴利库容 1.31 亿立方米，是威海市和文登市重要饮用水水源地。

米山水库设威海取水点、西北入口、东北入口、库中 4 个监测断面，监测项目包括 pH 值、化学需氧量、高锰酸盐指数、溶解氧、总氮、总磷等。

1991－1995年，米山水库监测项目中有5项超标，分别为溶解氧、化学需氧量、石油类、总氮和总磷。

1996年始，市政府加强米山水库水质管理，对其上游文登市啤酒厂、昆嵛啤酒厂、易高礼品玩具厂、鹏程食品有限公司等重点污染企业下达限期治理通知书，要求其外排废水必须达到国家污水排放标准一级标准。监测结果，除总磷在1996年出现1个超标值外，1997—2000年，水质达标率均为100%。但从主要污染物总氮和总磷看，库区周围农用化肥对水库水质污染现象仍存在。

2001－2005年，市政府加大综合整治力度，米山水库水质符合应执行的GB3838-2002《地表水环境质量标准》III类标准，水质达标率100%，水质保持良好。

2006－2013年，水质保持稳定。

1991－2010年米山水库水质主要指标监测结果情况表

表5-3　　单位：毫克/升 （pH值除外）

年份	pH值	高锰酸盐指数	溶解氧	总氮	总磷	石油类
1991	7.87	3.09	9.03	0.83	0.033	0.361
1992	8.03	3.28	7.98	2.27	0.056	0.141
1993	7.98	2.92	6.14	0.25	0.020	0.505
1994	8.11	3.07	8.02	0.38	0.040	0.353
1995	8.00	2.68	8.02	1.59	0.010	0.356
1996	7.81	2.20	7.05	1.89	0.030	0.200
1997	7.24	3.09	—	0.82	0.015	—
1998	7.35	2.90	—	0.70	0.017	0.17
1999	7.33	3.11	7.11	0.162	0.032	—
2000	7.03	3.43	7.11	0.143	0.008	—
2001	7.37	4.07	7.8	—	0.008	0.03
2002	7.39	3.71	7.6	—	0.008	0.03
2003	7.3	3.47	7.6	0.46	0.029	0.03
2004	7.3	2.88	8.1	0.45	0.030	0.03
2005	7.2	2.51	7.5	0.45	0.035	0.03
2006	7.2	2.45	7.8	0.47	0.034	0.01
2007	7.2	2.37	7.8	0.46	0.039	0.01
2008	7.2	2.52	7.8	0.46	0.037	0.01
2009	7.3	2.76	7.9	—	—	未检出
2010	7.3	2.78	7.9	—	—	未检出

说明：2004—2010年，硒、砷、汞、镉、六价铬、氰化物、挥发酚、阴离子表面活性剂、硫化物未检出。

2011－2013 年米山水库水质监测结果情况表

表 5-4　　单位：毫克／升（pH 值除外）

年份	断面	pH 值	溶解氧	高锰酸盐指数	化学需氧量	生化需氧量	氨氮	总磷	铜	锌	氟化物	铅
2011	威海取水点	7.3	7.9	3.12	13	2.84	0.15	0.020	0.003	0.005	0.290	0.001
	西北入口	7.2	7.8	4.16	16	2.82	0.18	0.040	0.005	0.007	0.279	0.002
	东北入口	7.4	7.8	4.60	18	2.99	0.18	0.038	0.005	0.007	0.297	0.002
	库中	7.3	7.8	3.57	14	2.86	0.16	0.029	0.004	0.006	0.291	0.001
2012	威海取水点	7.4	8.0	3.17	13	2.80	0.15	0.022	0.002	0.004	0.286	0.001
	西北入口	7.2	8.0	3.50	14	2.82	0.18	0.040	0.003	0.005	0.275	0.001
	东北入口	7.4	7.9	3.76	16	3.02	0.18	0.040	0.004	0.006	0.299	0.001
	库中	7.3	8.0	3.21	13	2.85	0.16	0.030	0.003	0.005	0.288	0.001
2013	威海取水点	7.4	8.2	3.35	—	2.82	0.16	0.023	0.003	0.006	0.300	0.001
	西北入口	7.2	8.2	3.86	—	2.69	0.19	0.045	0.004	0.007	0.295	0.001
	东北入口	7.4	8.1	4.07	—	2.96	0.20	0.049	0.005	0.008	0.310	0.001
	库中	7.4	8.1	3.52	—	2.81	0.18	0.028	0.003	0.006	0.300	0.001

说明：2011—2013 年，硒、砷、汞、镉、六价铬、氰化物、挥发酚、石油类、阴离子表面活性剂、硫化物未检出。

市区地下水水质　市区地下水监测对象是米山水厂及民用地下水井。1991－1998 年，按照国家《地下水质量标准》(GB/T14848-1993）三类标准，米山水厂水质无超标现象，达标率 100%，市区 5 眼民用水井受城市污水和工业废水影响，水质超标严重，超标项目主要为氨氮、硝酸盐氮和大肠菌群。1999－2013 年，市区地下水经过治理，各项指标均符合应执行的国家地下水质量标准，水质达标率 100%。

五垒岛海湾水质　五垒岛海湾是文登市第一大海湾，湾内面积 70 平方千米，是全市主要海水养殖和盐业生产基地，母猪河水注入该海湾，全市绝大部分废水流入该海湾。

1991－1997 年，监测结果表明，影响五垒岛海湾水质的主要污染物是石油类、无机氮和无机磷。陆源污染物、养殖污染物入海及船只含油废水是造成海湾污染的重要因素。1996 年，水质中无机氮和石油类超标率达 100%，最大值分别超标 3.0 倍和 6.0 倍，无机磷超标率为 83.3%，最大值超标倍数高达 37.8 倍。1997 年，无机磷和无机氮超标率分别为 75.0% 和 100%。

1998 年始，市环保局联合有关部门共同治理陆海污染物排放，海湾水质明显好转。2000 年，五垒岛海湾水质符合应执行的国家《海水水质标准》(GB3097-1997）二类标准，对照新的海水水质标准，监测项目无超标现象。

2001－2013 年，五垒岛海湾水质功能区达标率 100%。

2013 年五垒岛海湾水质状况表

表 5-5　　单位：毫克 / 升（pH 值除外）

年份	站位	pH 值	溶解氧	化学需氧量	石油类	活性磷酸盐	无机氮	非离子氨	铜	铅	锌
2013	SD46	7.8	7.8	2.52	0.023	0.023	0.256	0.0032	0.004	0.002	0.006
	SD50	8.0	7.8	1.88	0.013	0.011	0.171	0.0024	0.004	0.001	0.004
	年均值	7.9	7.8	2.20	0.018	0.017	0.214	0.0028	0.004	0.002	0.005

说明：汞、镉、砷未检出。

第二节　大气环境质量

按环境功能区划要求，文登市大气环境质量按国家《环境空气质量标准》二级标准进行评价。

1991—1995 年，二氧化硫监测值浓度范围为 0.000 ～ 0.565 毫克 / 标准立方米，超标率 0.1%，5 年平均浓度为 0.024 毫克 / 标准立方米；氮氧化物监测值浓度范围为 0.000 ～ 0.382 毫克 / 标准立方米，超标率 3.0%，5 年平均浓度为 0.024 毫克 / 标准立方米；总悬浮微粒监测值浓度范围为 0.000 ～ 3.208 毫克 / 标准立方米，超标率 1.7%，5 年平均浓度为 0.217 毫克 / 标准立方米。以上各污染物平均浓度均符合应执行的国家 GB3095-82《大气环境质量标准》二级标准。降尘量监测值浓度范围为 0.10 ～ 17.27 吨 / 平方千米・月，超标率 7.7%，5 年平均浓度为 6.00 吨 / 平方千米・月，未超标。降水 pH 值范围为 6.10 ～ 7.84，未出现酸雨。

1996—2000 年，二氧化硫监测值浓度范围为 0.002 ～ 0.499 毫克 / 标准立方米，超标率 1.7%，5 年平均浓度为 0.024 毫克 / 标准立方米；氮氧化物监测值浓度范围为 0.002 ～ 0.432 毫克 / 标准立方米，超标率 1.7%，5 年平均浓度为 0.035 毫克 / 标准立方米；总悬浮微粒监测值浓度范围为 0.018 ～ 0.787 毫克 / 标准立方米，超标率 1.8%，5 年平均浓度为 0.169 毫克 / 标准立方米。以上各污染物平均浓度均符合应执行的国家 GB3095-1996《环境空气质量标准》二级标准。1996 年、1999 年和 2000 年降尘监测，年均值分别为 2.56 吨 / 平方千米・月、6.00 吨 / 平方千米・月和 9.39 吨 / 平方千米・月，均未超标。降水 pH 值范围为 6.00 ～ 6.80，未出现酸雨。

2001—2005 年，二氧化硫日均值浓度范围为 0.000 ～ 0.148 毫克 / 标准立方米，无超标现象，5 年平均浓度为 0.026 毫克 / 标准立方米；二氧化氮日均值浓度范围为 0.000 ～ 0.066 毫克 / 标准立方米，无超标现象，5 年平均浓度为 0.009 毫克 / 标准立方米；可吸入颗粒物日均值浓度范围为 0.010 ～ 0.651 毫克 / 标准立方米，在 2001 年、2002 年和 2004 年，因沙尘暴天气影响，有超标数据出现，超标率分别为 11.6%、3.2% 和 0.27%，5 年平均浓度为 0.085 毫克 / 标准立方米。以上各污染物平均浓度均符合应执行的国家 GB3095-1996《环境空气质量标准》二级标准。降尘量范围为 2.40 ～ 11.82 吨 / 平方千米・月，5 年平均浓度为 4.97 吨 / 平方千米・月。降水 pH 值范围为 5.9 ～ 6.7，未出现酸雨。

2006—2010 年，大气监测结果表明，二氧化硫、二氧化氮、可吸入颗粒物均符合应执行的国家 GB3095-1996《环境空气质量标准》二级标准。2011—2013 年，大气监测结果均符合应执行的国家 GB3095-2012《环境空气质量标准》二级标准。2006—2013 年，降水监测均无酸雨出现，空气质量多为优或良。

1991－2013 年文登市环境空气质量监测结果情况表

表 5-6

年份	二氧化硫（毫克 / 标立方米）	氮氧化物（毫克 / 标立方米）	总悬浮颗粒物（毫克 / 标立方米）	二氧化氮（毫克 / 标立方米）	可吸入颗粒物（毫克 / 标立方米）	降尘（吨 / 平方千米・月）
1991	0.018	0.029	0.144	—	—	6.86
1992	0.019	0.037	0.294	—	—	6.48
1993	0.023	0.049	0.248	—	—	7.03
1994	0.043	0.044	0.202	—	—	6.66
1995	0.019	0.041	0.199	—	—	2.96
1996	0.054	0.055	0.242	—	—	2.56
1997	0.021	0.042	0.182	—	—	—
1998	0.019	0.040	0.158	—	—	—
1999	0.014	0.017	0.138	—	—	6.00
2000	0.014	0.019	0.123	—	—	9.39
2001	0.028	—	—	0.010	0.095	8.75
2002	0.027	—	—	0.007	0.092	6.31
2003	0.020	—	—	0.006	0.070	3.46
2004	0.028	—	—	0.010	0.086	3.14
2005	0.026	—	—	0.011	0.081	3.17
2006	0.030	—	—	0.012	0.071	3.97
2007	0.016	—	—	0.013	0.055	3.85
2008	0.026	—	—	0.012	0.046	3.82
2009	0.025	—	—	0.011	0.046	4.04
2010	0.024	—	—	0.014	0.049	4.27
2011	0.019	—	—	0.010	0.039	—
2012	0.018	—	—	0.012	0.046	—
2013	0.018	—	—	0.013	0.064	—

第三节　声环境质量

1991 年始，文登市按规范进行功能区噪声、道路交通噪声和区域环境噪声监测。

功能区噪声　1991－1995 年，按照 GB3096-82《城市区域环境噪声标准》和 GB3096-93《城市区域环境噪声标准》，各功能区噪声均有不同程度超标，其中居民、文教区超标情况严重，昼夜间超标率高达 80% 和 60%，工业集中区相对较好。1996－2013 年，功能区噪声监测执行 GB3096-93《城市区域环境噪声标准》和 GB3096-

2008《声环境质量标准》中相应的功能区标准，监测结果表明：居民、文教区噪声声效等级昼间在48.4～53.2分贝之间，夜间在37.7～44.3分贝之间；居民、商业、工业混杂区噪声声效等级昼间在51.2～57.1分贝之间，夜间在41.2～48.4分贝之间；工业集中区噪声声效等级昼间在53～63.6分贝之间，夜间在43.2～53.4分贝之间；交通干线道路两侧噪声声效等级昼间在59.6～65分贝之间，夜间在50～54.3分贝之间。各功能区噪声均符合应执行的国家标准。

1991－1995年文登市功能区噪声监测结果情况表

表5-7　　单位：分贝

年份	居民、文教区		一类混合区		二类混合区		商业中心区		工业集中区		交通干线道路两侧	
	昼间	夜间	昼间	夜间	昼间	夜间	昼间	夜间	昼间	夜间	昼间	夜间
1991	57.0	42.5	64.9	47.7	66.6	45.6	68.0	49.6	67.8	50.7	72.8	51.9
1992	61.6	48.6	61.4	44.4	66.5	45.8	66.4	55.0	62.5	51.1	70.6	59.4
1993	60.8	48.2	55.3	47.2	63.7	51.3	59.8	49.6	56.8	39.2	68.0	53.4
1994	57.4	48.6	52.3	43.6	65.9	53.1	56.9	48.6	53.4	49.1	63.3	52.2
1995	49.8	39.8	47.2	43.0	63.0	50.2	56.4	50.5	56.6	43.8	67.8	56.4

1996－2013年文登市功能区噪声监测结果情况表

表5-8　　单位：分贝

年份	居民、文教区		混杂区		工业集中区		交通干线道路两侧	
	昼间	夜间	昼间	夜间	昼间	夜间	昼间	夜间
1996	48.4	42.2	55.0	45.8	54.4	47.2	65.0	54.0
1997	49.2	37.7	54.2	45.0	53.0	43.2	60.5	52.6
1998	50.8	43.2	54.8	43.2	63.6	50.7	64.4	54.3
1999	51.4	38.7	54.6	46.4	59.0	52.1	64.8	52.8
2000	48.9	40.3	53.0	43.2	60.2	49.2	63.0	51.8
2001	48.8	37.8	51.2	41.2	57.2	47.0	59.6	52.0
2002	53.2	42.6	54.2	45.7	54.2	45.8	60.4	53.4
2003	51.4	43.3	54.4	47.2	54.2	46.4	59.6	50.0
2004	51.4	40.4	54.2	46.6	55.0	45.6	59.8	51.7
2005	51.4	40.8	54.3	45.3	55.2	48.5	60.4	52.1
2006	50.1	43.9	56.2	46.7	59.2	51.7	63.9	52.9
2007	52.4	44.0	57.0	48.1	59.3	53.4	63.4	52.6
2008	51.8	44.1	56.2	48.4	58.6	49.7	62.0	53.1

续表 5-8

年份	居民、文教区		混杂区		工业集中区		交通干线道路两侧	
	昼间	夜间	昼间	夜间	昼间	夜间	昼间	夜间
2009	51.6	44.3	56.0	48.1	58.6	49.2	61.1	52.2
2010	52.0	41.9	57.1	47.8	60.2	51.5	61.5	51.5
2011	52.9	43.2	56.0	47.2	59.9	51.0	62.0	51.5
2012	52.8	43.6	54.5	44.8	59.5	51.3	60.6	53.1
2013	50.5	42.0	55.5	48.2	58.9	50.6	60.4	52.3

区域环境噪声　1991—2013年，按照《城市区域环境噪声标准》和《声环境质量标准》，文登市区域环境噪声均达到一类标准，即适用于以居住、文教机关为主的区域标准要求，说明城市区域环境噪声总体水平良好。从历年监测区域内噪声源分布情况看，对城市区域环境噪声影响最广是生活噪声，但其平均值最低，说明城市声环境质量较好；影响程度最大是交通噪声，平均等效声级最高；影响程度最小是工业噪声。

第二章　环境监测

第一节　监测机构与设施

1984年，文登市环境监测站成立，隶属于文登市环境保护局（简称市环保局），业务上受威海市环境保护监测站指导，主要负责境内环境状况监测和污染源监督监测。拥有全自动空气监测系统、河流水质自动监测系统等系列配套设施。1997年8月，市环境监测站被国家环保局授予全国环境保护系统先进监测站称号。

文登市环境监测站主要仪器设备情况表

表 5-9

序号	仪器名称	规格型号	产地或生产厂家	价值（万元）	购置年份
1	溶解氧测定仪	YSI-52	美国	3.00	1992
2	测汞仪	SYJ-I	浙江光学仪器厂	0.95	1993
3	声级计	SH126	中科院声学研究所	…	1993
4	原子吸收分光光度计	PC-9002	沈阳分析仪器厂	3.50	1994
5	离子色谱仪	IC-6	青岛仪器总厂	6.30	1996
6	自动烟尘采样仪	WJ-60B	青岛仪器总厂	2.30	1999
7	COD恒温加热器	JH-12	青岛仪器总厂	…	1999
8	空气自动监测仪	…	美国	102.50	2000

续表 5-9

序号	仪器名称	规格型号	产地或生产厂家	价值（万元）	购置年份
9	红外分光光度仪	JDS-100I	吉林北光仪器设备厂	5.00	2000
10	气相色谱仪	SP-502	山东滕州	…	2000
11	大气综合采样器	KC6120	青岛仪器总厂	…	2004
12	氨气分析仪	Z800E-B	美国	1.16	2004
13	甲醛检测仪	HE-102	美国	1.60	2004
14	氡连续监测仪	1027	美国	1.50	2004
15	S-C-T 三用仪	YSI63	美国	2.40	2005
16	溶解氧测定仪	YSIDO200	美国	2.90	2005
17	实验室超水设备	UPWS-T-20L/H	杭州市永洁达科技公司	3.05	2005
18	数码望远镜	QT203A	苏州市青安仪器公司	0.48	2005
19	便携式气体检测仪	PORTASENS	美国	2.40	2005
20	数码相机	柯达 DSC-W12	上海	0.45	2005
21	应急监测箱	DJC-2	北京劳保所科技公司	2.80	2005
22	可见分光光度计	VIS-723G	北京瑞利仪器厂	0.85	2005
23	精密 pH 计	PHS-3C	上海日岛分析仪器厂	…	2005
24	电导率仪	DDS-18A	上海	…	2005
25	散射式浊度计	QZ201	江苏建湖兴宇分析仪器厂	…	2005
26	粉尘采样仪	FC3T	江苏建湖兴宇分析仪器厂	…	2005
27	电热恒温干燥箱	FAB202	上海树立仪器仪表厂	…	2005
28	电子天平	AB204-9	梅特勒 - 托利多	1.99	2005
29	紫外分光光度计	UV-2100	北京瑞利仪器厂	7.80	2005
30	生物显微镜	XSP-BM-10A	上海光学仪器厂	0.32	2005
31	台式灭菌器	TMQ-R-3250	山东	1.70	2005
32	单人单面超净工作台	JHT-DDC	山东	0.54	2005
33	仪表恒温水浴锅	DZKW-C	上海树立仪器仪表厂	…	2005
34	便携式流速仪	FBAT-21A	山东	0.59	2005
35	数码相机	尼康 4500	上海	0.43	2005
36	便携式 pH 计	DZ-01	上海大普仪器有限公司	…	2006
37	母猪河水质自动监测站检测仪	…	德国、美国、北京	300.00	2008

第二节　水环境监测

文登市水环境监测包括地表水、地下水和海湾水质。

地表水水质监测　地表水水质监测主要对象是母猪河和米山水库，其次是昌阳河。

母猪河监测　1991—1996年，设3个监测断面，分别为文登营上游断面、麦疃后断面和南桥断面，于每年的5、8、10月各监测1次，主要监测项目有pH值、悬浮物、总硬度、溶解氧、化学需氧量、生化需氧量、高锰酸盐指数、氨氮、亚硝酸盐氮、硝酸盐氮、挥发性酚、铅、石油类、氰化物、砷、总汞、六价铬、镉。1997年，母猪河流域增设米山水库出口断面，设7个监测断面，其中文登营上游、麦疃后、南桥、米山水库为省控点位，2、5、7、8、10、11月各监测1次，柳林水源地、抱龙河、柳林河与抱龙河交汇处为城市环境综合整治定量考核控制点位，3、8、10月各监测1次，监测项目均为20个。母猪河文登营上游、米山水库出口、麦疃后和南桥4个监测断面通过点位认证。1997—2003年，监测频次为每年6次。2004年始，按照《威海市环境监测计划》每月进行1次监测，监测项目有流量、水温、电导率、pH值、溶解氧、化学需氧量、高锰酸盐指数、5日生化需氧量、氨氮、总氮、总磷、氟化物、氰化物、硫化物、挥发酚、石油类、铜、锌、硒、砷、汞、镉、六价铬、铅、阴离子表面活性剂、粪大肠菌群。2009年10月，由省环保厅调拨设备在东母猪河麦疃后断面河段北岸建设的母猪河水质自动监测站建成投入运行，实现母猪河水质pH值、电导率、浊度、溶解氧、水温、化学需氧量和氨氮指标的在线自动监测，每4小时出具1组监测数据，随无线网传输至省环保厅、威海市环保局监控平台，为及时掌握母猪河水质状况提供动态监测数据。

米山水库监测　设4个监测断面，分别是西北入口（晒字入口）、东北入口（界石入口）、库中和威海取水点，其中威海取水点断面设自1993年。1991—1996年，监测频次为每年枯、丰、平水期各监测1次；1997—2001年，每年进行6次监测；2002—2013年，每月进行1次监测。监测项目有水温、pH值、硫酸盐、氯化物、铁、锰、铜、锌、硝酸盐、总氮、总磷、高锰酸盐指数、溶解氧、生化需氧量、氟化物、硒、砷、汞、镉、六价铬、铅、氰化物、挥发酚、石油类、阴离子表面活性剂、粪大肠菌群、氨氮、硫化物。2010年9月，由省环保厅调拨设备在米山水库东南岸建设的米山水库饮用水水源地水质自动监测站建成投入运行，实现米山水库水质pH值、电导率、浊度、溶解氧、叶绿素、水温、高锰酸盐指数和氨氮指标的在线自动监测，每4小时出具1组监测数据，随无线网传输至省环保厅、威海市环保局监控平台，为及时掌握米山水库水质状况提供动态监测数据。

昌阳河监测　在二马桥设监测控制断面，监测点位1个。1996年，5、8、10月各监测1次，监测项目23个；1997年后，改为3、8、10月各监测1次，监测项目23个。

市区地下水水质监测　市区地下水水质监测主要在米山水厂及市区民用地下水井，每年进行2次。

1991—2000年，地下水监测点为米山水厂及市区5眼地下水井（曲轴厂水井、大众村水井、凉水湾村水井、城西村水井、夼北村水井）；2001—2013年，为米山水厂和市区4眼民用地下水井（大众村水井、凉水湾村水井、城西村水井、夼北村水井）。监测项目有pH值、总硬度、硫酸盐、氯化物、铁、锰、铜、锌、挥发酚、阴离子表面活性剂、高锰酸盐指数、硝酸盐、亚硝酸盐、氨氮、氟化物、氰化物、汞、砷、硒、镉、六价铬、铅、总大肠菌群。

五垒岛海湾水质监测　1991—1998年，五垒岛海湾水质监测设6个监测站位。1999年，经过优化改设5个监测站位。2003年始，按照国家环境监测总站要求，文登市近岸海域设SD50（北纬36.966°、东经122.000°）和SD46（北纬36.894°、东经121.995°）2个监测站位。

1991－2013年，监测频次为每年的5、8、10月各监测1次，分别执行GB3097－1997《海水水质标准》中一、二类标准。监测项目有水温、水深、透明度、pH值、盐度、悬浮物、溶解氧、化学需氧量、活性磷酸盐、氨氮、硝酸盐、亚硝酸盐、无机氮、非离子氨、石油类、砷、汞、铜、镉、铅、六价铬、锌。

第三节　大气环境监测

文登市环境空气质量主要进行二氧化硫、氮氧化物、总悬浮微粒、降尘和降水监测。

1991－1998年，二氧化硫、氮氧化物和总悬浮微粒3项监测在市区范围内设3个点位，每季度监测5天。其中，1991－1994年每天监测3次，1995－1998年每天监测4次。1999－2000年，实行24小时连续采样，每月监测不少于15天。1991－1995年，降尘设4个监测点，测取月降尘量。1996年、1999年和2000年，降尘在市区改设3个点位进行监测。降水监测在市环保局设1个点位，逢雨必测，监测项目为pH值和电导率。2000年，文登市投资102.5万元购置美国产空气自动监测仪，在市区设环保局、丝绸工业集团公司2个监测点进行环境空气自动监测，监测项目有二氧化硫、二氧化氮、可吸入颗粒物。2013年，按照环境保护部《空气质量新标准第二阶段监测实施方案》要求，投资78万元对2个大气子站进行升级，并与国家、省、市平台联网，每日在威海电视台、威海环保网、文登环保网等媒体发布空气质量日报。

图5-1　2013年6月7日，市环保局工作人员在监测市区空气负氧离子数量。

第四节　声环境监测

功能区噪声监测　1991－1995年，在市区设6个点位对4种功能区噪声进行监测。居民、文教区设在干休所，居民、商业、工业混杂区设在烟草公司、印刷厂、电机厂，工业集中区设在曲轴厂，交通干线道路两侧设在解放军107医院。1996－2013年，在市区设5个点位对功能区噪声进行监测，其中居民、文教区，工业集中区和交通干线道路两侧各设1个（同前），混杂区设2个（烟草公司、昆嵛大厦南）。1991－2005年，每年上半年和下半年各进行1次昼夜连续监测。2006年始，按照《威海市环境监测计划》要求，每季度进行1次监测。

区域环境噪声监测　1991－2001年，区域环境噪声在市区以380米×380米网格布设101个监测点。2002年始，有效网格数增至204个，网格规模为300米×300米。2006年，由于建成区扩大，以350米×350米网格布设监测点204个。2010－2013年，又以450米×450米网格布设监测点204个。监测频次为每年的上半年进行1次监测。1996年以前，只进行昼间监测。1997－2013年，昼夜间均监测。

道路交通噪声监测　1991－1996年，道路交通噪声在市区主要路段设5个监测点。1997－2005年，在市区主次交通要道设35个监测点。2006－2009年，设53个监测点。2010－2013年，在市区20条主次交通要道设58个监测点。监测频次为每年的上半年进行1次监测。

第五节 重点污染源与室内空气监测

重点污染源监测 2010年，市环境保护监测站按照《全省重点企业监管办法（试行）》《全省城市污水处理厂水质监管办法（试行）》《全省主要河流水质监测办法（试行）》的有关规定，每旬监测1次市控以上重点污染源、涉重金属排放企业和饮用水水源地，每日监测1次市污水处理厂的进出厂水质。全市共设立11个重金属敏感检测点位，7个重点污染源废水、废气监测点。2013年，每半月对国控、省控重点污染源及涉重金属排放企业采样监测1次，每日监测1次市污水处理厂的进出厂水质。是年年末，全市共有10个省控、国控重点废水、废气污染源安装在线自动监控设备，实时监控境内重点污染源污染变化情况。

室内空气监测 2005年5月，市环保局设立室内空气监测站，与市环境监测站合署办公，组织开展公共场所室内空气质量监测和居民住宅等民用建筑物室内空气质量监测。2013年始，在市区内实行免费室内空气监测便民惠民服务，公开服务预约电话，抽调专门工作人员，每周安排两个工作日上门进行监测服务。服务项目为检测甲醛、苯系物、氡3项主要污染物。至年末，共为150余户居民提供免费监测服务。

第三章 环境污染治理

第一节 水污染治理

全市水环境污染主要源于工业废水污染、生活污水污染和养殖污水污染。

工业废水排放1993年为1144万吨（市属工业732万吨，乡镇工业412万吨），2003年为503.97万吨，2013年为529.99万吨；城市生活污水排放1993年为300万吨，2003年为1175万吨，2013年为2245.28万吨。以上数字说明，随着治理、改造、淘汰落后产能企业，工业废水排放呈下降趋势；随着城市规模扩大，城市人口增多，城市生活污水排放呈递增趋势。

工业废水处理 境内工业废水污染源主要来自化工、食品、制革、制药、纺织等行业。1991—1995年，全市工业废水治理逐步由单一治理转向综合治理，由末端治理转向生产全过程控制。企业结合技术改造，改进生产工艺，实行清洁生产，提高原材料利用率和废水重复利用率。1996年6月，文登市第一造纸厂关闭，拆除全部制浆设备，改上其他无污染项目；7月，大华印染厂关闭；11月，责令市制革厂、味精厂、化肥厂于1997年年底前外排废水达到国家规定排放标准。此后，市振兴造纸厂停产治理。市制革集团公司废水治理工程于1997年6月开工建设，1998年2月投入试运行，1999年7月通过省环保局验收，外排废水主要污染物达到国家规定标准，该工程总投资780万元，采用一体化氧化沟新技术综合治理制革生产废水，日处理能力5000吨，年削减主要污染物化学需氧量3500吨。铃兰味精工业公司于1998年7月建成由离子交换部分、气浮絮凝部分、SBR好氧生化部分、降膜浓缩部分和喷浆造粒制有机无机复混肥部分组成的污水处理系统，8月，废水实现达标排放，1999年1月，通过省环保局验收，2001年，该系统日处理废水7000吨，去除化学需氧量40吨。2008年，关停麸酸生产线。市森鹿制革有限公司于2007—2008年，采取水解酸化+A/O工艺实施脱氮、污水回收利用及污染治理再提高工程，在浸灰和鞣制工段进行废水循环利用，年可节水23万立方米，减少化学需氧量256吨、氨氮排放量14.4吨；2013年，投资1200万元，对含铬废水进行回收处理，年削减铬排放量100千克。市化肥厂2005年搬迁至米山镇，2013年3月破产。山东万得集团有限公司于2008—2009年，投资3300万元实施印染废水处理及回收利用工程，完成电石废水闭路循环和污水处理厂技术改造，达到《城镇污水处理厂污染物排放标准》一级A标准；2013年，投资2000万元，对印染废水进行深处理，年可削减化学需氧量10吨、氨氮1吨。

1999—2013年，全市工业废水采用生物接触氧化、物理化学等方法处理，废水排放达标率均为100%。

1991—2009年文登市重点工业企业废水排放处理情况表

表5-10

年份	汇总单位（个）	废水排放量（万吨/年）	达标量（万吨/年）	处理率（%）	主要污染物排放量（吨/年）	
					化学需氧量	氨氮
1991	75	648.9	131.8	20.3	6333.9	2041.7
1992	84	666	156	23.4	7642	2156.8
1993	79	732	196	26.8	12256	3968.7
1994	83	776	218	28	11704	—
1995	78	850	393	46.3	12287	—
1996	73	767.93	301.51	39.3	11634.67	—
1997	80	925	286	30.9	10913	—
1998	71	887	397	44.8	8220	—
1999	51	490	490	100	1049	—
2000	71	469	469	100	1090	—
2001	26	457.45	457.45	100	1062.4	—
2002	38	497.97	497.97	100	1835.63	—
2003	48	428.55	428.55	100	1791.54	62.48
2004	42	435.39	435.39	100	1958.18	68.52
2005	47	455.38	455.38	100	2095.51	89.69
2006	25	453.25	453.25	100	1579.67	72
2007	32	450.2	450.2	100	1097.35	69.51
2008	31	383.03	383.03	100	188.8	29.1
2009	41	594.9	594.9	100	599.1	52.2

2010—2013 年文登市水污染物排放情况表

表 5-11

年份	全市工业废水排放量（万吨）	市区生活污水排放量（万吨）	废水中							
			化学需氧量排放量				氨氮排放量			
			化学需氧量排放总量（吨）	工业化学需氧量排放量（吨）	生活化学需氧量排放量（吨）	农业化学需氧量排放量（吨）	氨氮排放总量（吨）	工业氨氮排放量（吨）	生活氨氮排放量（吨）	农业氨氮排放量（吨）
2010	619.92	2197.45	2640.12	385.07	2255.05	—	307.64	46.73	260.91	—
2011	576.09	2258	9836.7	416.57	1921.18	7498.95	890.25	27.94	408.49	453.82
2012	576.57	2291.73	9865.76	423.88	1982.55	7448.04	900.98	27.48	419.07	453.80
2013	529.99	2291.73	9826.46	444.92	2098.05	7272.20	896.75	28.90	433.97	433.26

城市污水处理 1995 年前，境内城市污水大部分未经处理直接排入抱龙河、柳林河，汇入东母猪河，河水遭到污染，进而流入海湾，严重影响海水质量。1995 年 11 月，市政府组建污水处理厂筹建处。1997 年 9 月 19 日，位于文城镇麦疃后村西东母猪河边的文登市污水处理厂正式开工建设，设计出水达到国家 GB8978-88 规定标准，再排入东母猪河。1998 年 3 月，污水处理总公司成立，为正科级事业单位，与污水处理厂筹建处合署办公。2000 年 7 月 29 日，投资 7000 万元的市污水处理厂一期工程竣工并投入试运转；10 月 26 日，正式投入运营，日处理污水能力 4 万吨。2004 年 7 月，省建设厅批复市污水处理厂改扩建工程初步设计，核定工程占地面积 4.27 公顷，总概算 6384.83 万元，工程包括采用卡鲁塞尔氧化沟工艺新建 5 万吨 / 日污水生化处理系统和 8 万吨 / 日消毒系统，新建 12 万吨 / 日粗格栅、提升泵站、细格栅、旋流沉砂池和 8 万吨 / 日一沉池处理设施，改造一期已有 4 万吨 / 日处理规模为更高处理标准的 3 万吨 / 日，在原有基础上完善污泥脱水系统。2006 年 4 月，污水处理厂进行改制和经营权转让。2007 年 1 月 22 日，市环保局、市建设局分别与天津创业环保股份有限公司签署《文登市污水处理厂资产转让协议》《特许经营协议》，项目产权转让价格 1.2 亿元，特许经营权 30 年，吨污水处理费 0.96 元。天津创业环保股份有限公司成立文登创业水务有限公司，负责文登市污水处理厂的运行管理。2008 年 8 月 31 日，市污水处理厂改扩建工程完工投入运营，污水总体处理能力 8 万吨 / 日。2009 年，市污水处理厂污水处理量为 2463 万立方米，污染物去除量为化学需氧量 7352 吨、生化需氧量 2245 吨、悬浮物 2335 吨、氨氮 2638 吨、总磷 24.6 吨，出水水质达到《城镇污水处理厂污染物排放标准》一级 B 标准。2010—2013 年，城市生活污水处理率分别为 95.44%、96.48%、97.04% 和 97.59%。

图 5-2 文登市污水处理厂（2010 年 5 月 3 日摄）

南海新区污水处理 2010年3月，南海新区污水处理厂开工建设，设计总规模为10万立方米/日，一期工程建设2.5万立方米/日。由天津市政工程设计研究院设计，重庆康达环保（产业）有限公司以BOT方式建设运营。污水主体处理采用水解酸化池+carrousel氧化沟+高效磁分离技术+接触消毒工艺，设计进水指标为《污水排入城市下水道水质标准》（CJ3082-1999），设计出水指标达到《城镇污水处理厂污染物排放标准》（GBI8918-2002）一级B标准。2012年11月，主体工程建设完成。

镇级污水处理 2007年，汪疃镇政府驻地建成污水排放管网，利用汪牌啤酒有限公司污水处理站处理污水。2009年初，高村镇、侯家镇、界石镇、张家产镇、泽头镇和埠口港建成小型简易地埋式污水处理设施，采用A2/O改进工艺，设计日处理污水200立方米。2010年10月，葛家镇污水处理厂开工建设，由文登创业水务有限公司以BOT模式投资建设，项目分两期建成，一期工程处理能力5000吨/日，总投资约1800万元，采用多段多级AO脱氮除磷处理工艺，设计出水指标达到《城镇污水处理厂污染物排放标准》（GBI8918-2002）一级B标准；2013年8月，一期工程通过综合验收。2012年3月，大水泊镇污水处理厂开工建设，由大水泊镇政府与上海环保集团有限公司合作，投资600万元，项目占地1.3公顷，规划设计处理能力5000吨/日，一期工程处理能力为2000吨/日，年末完成土建工程。

第二节 大气污染治理

全市大气污染源主要有三类，一为工业污染源，主要是热电厂、化工厂及水泥行业等企业在生产和燃料燃烧过程中所排放的烟尘、粉尘及有机或无机物质造成的大气污染；二为生活污染源，主要是宾馆、饭店、食堂及居民在生活中燃烧矿物燃料排放烟气所造成的低空大气污染；三为交通污染源，主要是车辆尾气排放一氧化碳、氮氧化物、碳氢化合物和铅等所造成的大气污染。

工业废气治理 1991年始，以更新改造燃煤装置、除尘设备和改变能源结构等方式治理工业废气。工业窑炉向电炉、煤气炉发展，锅炉除尘装置向湿式除尘发展，小型燃煤装置得到全面改造。2007—2009年，全市实施工业废气治理项目11个，完成工业废气污染治理投资21418万元，新增废气处理能力90万标准立方米/时，废气排放达标率100%。按照威海市政府《关于淘汰落后水泥产能的意见》要求，拆除小观水泥有限公司、大方水泥厂、马山水泥厂、坦埠水泥厂等6座立窑，年减少粉尘排放量1280吨。2008年4月，市热电厂、西郊热电有限公司脱硫工程开工建设。市热电厂脱硫工程由北京康瑞健生环保工程技术有限公司承建，采用石灰石—石膏湿法进行烟气脱硫。西郊热电有限公司脱硫工程由山东润天环保科技发展有限公司承建，采用双碱法进行烟气脱硫。2009年9月15日，西郊热电有限公司脱硫工程投入运行，通过168小时交接运行，脱硫效率达到80%以上，至年末，减少二氧化硫排放量364吨；11月23日，市热电厂脱硫工程投入运行，通过168小时交接运行，脱硫效率达到80%以上，至年末，减少二氧化硫排放量264.50吨。2010年，天润曲轴股份有限公司投资6000万元进行煤气炉替代燃煤锅炉工程改造，年减少二氧化硫排放量112吨。市双力板簧有限公司投资6500万元进行煤气炉节能技术改造，年减少二氧化硫排放量97吨。2011年，文登威力工具集团有限公司投资4500万元实施煤改气工程，年减少二氧化硫排放量107.92吨、氮氨化物12.81吨。市森鹿制革有限公司投资1068万元，对污水处理站废气进行综合治理。2013年，市热电厂投资1500万元，新上低氮燃烧装置和烟尘治理再提高工程，年减少氮氧化物排放量900余吨。威海市宝隆石油专材有限公司投资2250万元，对电弧炉废气进行治理，年减少烟尘排放量2000余吨。

1991—2009年文登市重点工业废气排放情况统计表

表5-12

年份	废气排放总量（亿标立方米）	废气处理量（万标立方米）	处理率（%）	经处理排放量（吨/年）		
				二氧化硫	烟尘	工业粉尘
1991	21.8	19.27	88.4	6400	9700	5900
1992	25.7	23.5	91.5	7720	4049	6760
1993	29.6	28.6	96.5	7486	3547	7542
1994	33	32.3	97.8	8133	2478	7052
1995	34.4	34.1	99	8102	2099	5663
1996	26.99	26.86	99.5	7009	1933	5336
1997	25.3	21.9	86.7	9975.8	7954.4	5752.8
1998	30.4	30.4	100	12804	4640	6944
1999	26.2	26.2	100	3501	3587.4	919
2000	43.7	43.7	100	3726	657	444.37
2001	46.85	46.85	100	3535.84	592.78	437.53
2002	50.7	50.7	100	3689.07	614.48	1207.38
2003	49.6	49.6	100	2994.64	500.89	1216.78
2004	54.3	54.3	100	3492.79	563.9	2757.24
2005	52.8	52.8	100	7339.67	1461.77	2442.92
2006	53.0	53.0	100	6756.95	1283.57	2404.09
2007	57.55	57.55	100	6083.82	1115.45	2100.17
2008	73.19	73.19	100	4671.3	1070.04	1485.73
2009	81.4	81.4	100	5717.3	1257.5	1709.6

2010—2013年文登市大气污染物排放情况表

表5-13

年份	全市工业废气排放量（万标立方米）	指标								
		二氧化硫排放量（吨）	工业二氧化硫排放量（吨）	生活二氧化硫排放量（吨）	氮氧化物排放量（吨）	工业氮氧化物排放量（吨）	生活氮氧化物排放量（吨）	机动车氮氧化物排放量（吨）	工业烟粉尘排放量（吨）	生活烟尘排放量（吨）
2010	771562	6444.79	5611.79	833	—	5704.91	—	—	1246.19	728
2011	762732	9162.14	8527.18	634.96	5915.17	2393.09	319.21	3202.87	1493.12	1660
2012	743780	4849.85	3380.07	1469.78	6854.53	3380.07	308.23	3187.73	1660	1680.31
2013	741333	4678.54	3273.50	1405.04	6913.68	3431.99	319.45	3162.24	1341.79	1680.31

生活废气治理　主要推广清洁燃料和推行联片供热。1991－1995 年，市环保局要求市区宾馆、饭店使用大型蜂窝煤、大型蜂窝煤灶和燃油燃气灶，改造原煤散烧炒灶。1998 年，要求市区饮食服务行业及集体食堂用燃油、燃气、电及面食蒸汽柜替代燃煤大灶。是年，威海市中原液化气管道安装工程有限公司文登分公司开工建设市区管道液化气。1999 年，总投资 780 万元的北山区管道液化气工程竣工，建成威海市中原液化气文登第一供气站，完成通气户数 1800 余户。至 2013 年，市区管道液化气通气户数达 46398 户。2007 年，经济开发区昆嵛新城和银海绿洲住宅小区开始供应管道天然气，为境内最早供应天然气的居民小区。至 2013 年，市区管道天然气用户数达 30384 户。1989 年和 1996 年，文登市分别建设铺头热电厂和电业总公司热电厂，对 206 家企事业单位供热供气，替代燃煤小锅炉 129 台。2007 年 2 月，恒源供热有限公司经济开发区一期工程投入运行。至 2013 年，全市有文登恒源热电厂、开发区热电厂、西郊热电厂 3 处集中供热源，市区供热面积达 604.5 万平方米。

汽车尾气治理　2009 年 11 月 16 日，文登市中海川汽车检测有限公司获得在用机动车环保检测委托证书，开始对市域范围内机动车开展排气环保检测工作。对检测合格并达到国 I 标准（含）以上装用点燃式发动机的在用汽车和达到国Ⅲ标准（含）以上装用压燃式发动机汽车，发放绿色环保标志（简称绿标）；对检测合格，国 I 标准以下装用点燃式发动机汽车和国Ⅲ标准以下装用压燃式发动机汽车发放黄色环保标志（简称黄标）；在用机动车未按规定进行排气污染定期检测或定期检测不合格的，不予核发机动车环保检验合格标志。2010 年 10 月，市政府办公室印发《文登市机动车排气污染防治工作方案》，规定凡未取得机动车排放污染检测环保合格标志的车辆，不予办理牌证、年检等业务，将机动车排放污染检测环保合格标志列为车辆日常检查主要内容。是年始，根据省环保厅《关于对全省在用机动车排放污染物检测机构开展环保检测委托的通知》，市环保局要求中海川汽车检测有限公司逐年申报全市机动车排放污染物检测结果。2013 年，全市在用机动车 100906 辆，其中新增车辆 14090 辆，定期检测车辆 38457 辆。是年 12 月 16 日，根据《山东省黄标车提前淘汰补贴管理办法》《威海市黄标车提前淘汰补贴实施细则》《文登市黄标车提前淘汰补贴实施方案》等文件要求，市环保局、财政局、公安局、财贸办联合成立黄标车提前淘汰补贴服务窗口，开展黄标车提前淘汰补贴工作。截至 12 月 31 日，累计受理申请 233 项，审核并经车主确认 201 项，完成拆解注销黄标车 67 辆，核定补贴资金 39.27 万元。

第三节　噪声污染治理

1993 年始，市环保局每年组织开展“宁静行动”，对建筑施工和社会生活噪声加强管理，定期下发噪声污染防治通知，出动监察人员现场执法，解决噪声扰民问题。在建筑施工噪声管理方面，限制建筑施工作业时间，推广低噪音施工设备和机具，推行混凝土注桩和静压桩等低噪声新工艺，对施工噪声征收超标排污费，促使施工企业自我约束，文明施工。在社会生活噪声管理方面，联合城管、文化、工商等部门，对露天娱乐活动噪声超标扰民音响设备进行清理整顿；中高考期间，严格控制各类噪声源，实施“绿色护考”。在交通噪声管理方面，采取拓宽道路、禁止机动车鸣笛、限制大货车行驶路段等措施，使交通噪声保持在较低水平。1996－2013 年，全市区域环境噪声和交通噪声均达到国家规定标准。

第四节　固体及危险废物治理

固体废物产生与利用　1991－1998 年，境内固体废物主要由工业固体废物、医疗废弃物、生活垃圾、建筑垃圾组成。工业固体废物主要是粉煤灰、炉渣、尾矿、煤矸石及食品生产废渣等。

处置方法：利用粉煤灰、炉渣、煤矸石生产建筑材料，利用食品生产废渣制作饲料，利用尾矿回填废矿，利用建筑垃圾筑路，医疗废弃物实行集中焚烧，生活垃圾日产日清，集中处理。2007—2009年，境内企业采取固体废弃物再利用措施，固体废物年综合利用量分别为14.89万吨、14.74万吨、22.11万吨，综合利用率分别为99.02%、99.55%、99.62%。市电业总公司所辖中强新型建材公司利用热电厂粉煤灰生产粉煤灰砖、粉煤灰加气混凝土砌块及墙板、掺合料塑化剂系列粉煤灰制品等，年利用粉煤灰3万吨～5万吨。2010—2013年，境内工业固体废物产生总量94.99万吨，综合利用量94.89万吨，工业固体废物利用率99.89%。

危险废物治理 2008年7月，市大方水泥厂取得省级危险废物经营许可证，年可处置含铬污泥1000吨、含氰化物废渣2.2万吨。市森鹿制革有限公司、市皮革皮件厂含铬污泥全部由大方水泥厂收集、处置，2009年共处置制革含铬污泥55.5吨。2008—2009年，威海岱韩特种金属有限公司、市亚钛金属制品有限公司、口子金属表面处理厂、威海文隆电池有限公司分别与青岛新天地固体废物综合处置有限公司签订协议，由青岛新天地固体废物综合处置有限公司负责对危险废物统一收集、运输和处置，2009年共处置含镍等危险废物6吨。文登威力工具集团有限公司2009年与大冶市英达思有色金属有限公司签订协议，由大冶市英达思有色金属有限公司负责对危险废物统一收集、运输和处置，是年处置含镍危险废物80吨。全市医疗单位产生的所有医疗废物均由威海医疗废物处置中心负责统一收集、运输和处置，2009年共产生医疗废物261.72吨，全部得到无害化处理。2009年，市森鹿制革集团有限公司、文登威力工具集团有限公司被列为全省首批危险废物规范化管理试点单位，年末通过省环保厅验收。2010—2013年，全市工业危险废物产生总量928.53吨，全部由有处置资质的单位统一收集、运输和处置，工业危险废物处置率100%；医疗废物产生总量1443吨，委托威海市医疗废物处置中心实施统一收集、运输和集中安全处置，全部得到无害化处理，医疗废物安全处置率100%。

第五节 放射与辐射污染防治

2003年，按照中央编办《关于放射源安全监管部门职责分工通知》，市环保局开始对放射源的生产、销售、使用、运输和废弃处置安全进行管理。2007年，文登中心医院1枚钴—60放射源由成都中核高通同位素股份有限公司回收处理。2008年，市坦埠水泥厂1枚、马山水泥厂2枚、小观水泥有限公司1枚放射源均由省放射性废物库回收处理。2009年，市肿瘤医院、文登中心医院、市大方水泥厂、小观水泥有限公司、市新思维塑胶有限公司、威海宝隆石油专材有限公司均取得省环保厅颁发的辐射安全许可证。全市镇以上医疗单位均取得威海市环保局颁发的辐射安全许可证。2010年，市大方水泥有限公司2枚铯-137放射源、小观水泥有限公司1枚铯-137放射源、市新思维塑胶有限公司1枚钷-147放射源均由省放射性废物库回收。2012年，市肿瘤医院钴-60放射源由四川中核高通同位素股份有限公司安全收贮。2013年，文登中心医院锶-90放射源由省辐射环境管理站安全收贮。

第四章　环境管理

第一节　机构设置

管理机构　1989年，文登市环境保护委员会成立，分管环保工作的副市长兼主任，市环保局、计划委、建委和经委主要负责人任副主任，办公室设在市环保局。1990年年末，市环保局有工作人员33人，内设办公室、管理科2个行政科室和监测站、收费监理站、宣传站3个事业单位。1991年3月和1995年11月，两次充实调整市环境保护委员会，成员单位达25个。1991年4月18日，文登市海洋环境保护监理站成立，为股级事业单位（1994年6月撤销，职责划归管理科）。1994年6月，文登市环境保护科学研究所成立，为副科级全民事业单位，隶属于市环保局。2002年11月，市污水处理厂由原隶属市建设局变更为隶属市环保局。2003年10月，征收排污费监理站更名为市环境监察大队，职能不变。2005年，自然生态保护科（与环境管理科合署办公）成立，室内空气监测站（与环境监测站合署办公）成立。2009年3月30日，文登市污染物排放总量控制办公室成立，为副科级事业单位。2010年2月23日，市环境信息中心（与市环境监察大队合署办公）成立。2011年1月15日，市环境监察大队升格为副科级。2013年3月，文登市南海新区环境保护服务中心成立，至年末，市环保局内设办公室（增挂法制办公室牌子）、环境管理科（增挂自然生态保护科牌子）、财务科3个行政科室。辖污染物排放总量控制办公室（副科级）、市环境保护科学研究所（副科级）、市环境监察大队（副科级）、南海新区环境保护服务中心（副科级）、环境保护宣传站、环境监测站、室内空气监测站、环境信息中心8个事业单位，有工作人员63人。

基层环保组织　2010年，市环保局在全省率先推行“市有环保局、镇（街道）有环保办公室、村（社区）有环保员”的三级环境保护网络。年末，全市各镇（街道）和埠口港设立环保办公室，749个村（社区）设环保员。全市共有环保管理人员782人，其中镇（街道、埠口港）环保办公室33人。市环保局制定环保办公室、环保员工作职责，并对全市环保管理人员进行集中培训。

第二节　城市环境综合整治定量考核

1998年始，根据省环保局安排和创建国家环境保护模范城市要求，文登市正式开展城市环境综合整治考核（简称城考），并纳入省环保局考核范围。1998—2001年，城考共分环境质量指标、污染控制指标、环境建设指标、环境管理指标4大类26个考核项目，文登市年度总分数分别为85.92分、88.12分、88.10分、88.31分，其中2000年，城考得分位列全省县级市第一。2002年，国家环保总局发布《关于调整〈“十五”期间城市环境综合整治定量考核指标实施细则〉的通知》，将城考4大类指标26个考核项目调整为20个。2002—2005年，文登市年度总分数分别为83.22分、85.72分、84.62分、85.58分。2006年，《全国城市环境综合整治定量考核工作管理规定》将城考4大类指标20个考核项目调整为16个。2006—2011年，文登市年度总分数分别为91.22分、90.56分、87.14分、97分、97.43分、98分，其中2010年和2011年得分均在全省县级环保模范城市中排名第二。

1999 年、2000 年文登市城市环境综合整治定量考核结果情况表

表 5-14

序号	指标类别	考核项目	计量单位	1999 年		2000 年	
				指标值	得分值	指标值	得分值
1	环境质量	大气总悬浮颗粒物年平均值	mg/m^3	0.137	4.00	0.123	4.00
2		二氧化硫年平均值	mg/m^3	0.014	3.00	0.014	3.00
3		氮氧化物年平均值	mg/m^3	0.016	3.00	0.015	3.00
4		饮用水源水质达标率	%	100	6.00	100	6.00
5		城市地面水水质达标率	%	100	6.00	100	6.00
6		区域环境噪声平均值	dB（A）	51.1	4.00	52.7	4.00
7		交通干线噪声平均值	dB（A）	67.1	4.00	67.0	4.00
8	污染控制	水污染物排放总量削减率	%	暂不考核	—	—	—
9		大气污染物排放总量削减率	%	暂不考核	—	—	—
10		烟尘控制区覆盖率	%	100	4.00	100	4.00
11		环境噪声达标区覆盖率	%	71.05	4.00	72.05	4.00
12		工业废水排放达标率	%	99.51	4.00	100	4.00
13		汽车尾气达标率	%	90.04	3.00	85.63	3.00
14		工业固体废物综合利用率	%	93.42	4.00	99.50	4.00
15		危险废物处置率	%	100	4.00	100	4.00
16	环境建设	城市污水处理率	%	51.20	4.00	65.64	4.00
17		城市集中供热率	%	86.75	3.00	90.56	3.00
18		城市气化率	%	95.14	3.00	96.09	3.00
19		生活垃圾处理率	%	100	4.00	100	4.00
20		建成区绿化覆盖率	%	37.76	2.78	38.55	2.86
21		自然保护区覆盖率	%	9.58	3.00	9.56	3.00
22	环境管理	环境保护机构建设	%	全	3.00	全	3.00
23		城市环境保护投资指数	%	1.67	3.34	1.62	3.24
24		“三同时”合格执行率	%	100	3.00	100	3.00
25		排污费征收面	%	141.40	3.00	153.16	3.00
26		污染防治设施运行率	%	100	3.00	100	3.00
总计分					88.12		88.10

说明：2000 年 4 月，在省级城考汇总中，对 1999 年度的第 11、14、16、17、18、21、23 项指标值及其得分作了调整。

2010年文登市城市环境综合整治定量考核结果情况表

表 5-15

序号	指标类别	代码	考核项目		计量单位	指标值	得分值	总分值
1	环境质量	Z01	API 指数≤100 的天数占全年天数比例		%	99.45	20	44.0
			可吸入颗粒物浓度年均值		mg/m^3	0.049	0.00	
			二氧化硫浓度年均值		mg/m^3	0.024	0.00	
			二氧化氮浓度年均值		mg/m^3	0.014	0.00	
2		Z02	集中式饮用水水源地水质达标率		%	100.00	8.00	
3		Z03	城市水环境功能区水质达标率	地表水环境功能区水质达标率	%	100.00	5.00	
				近岸海域环境功能区水质达标率	%	100.00	3.00	
				出入境水质变化	—	0.00	0.00	
4		Z04	区域环境噪声平均值		dB（A）	53.2	4.00	
5		Z05	交通干线噪声平均值		dB（A）	64.9	4.00	
6	污染控制	K01	清洁能源使用率		%	96.04	3.00	28.0
7		K02	机动车环保定期检测率		%	不考核	不考核	
8		K03	工业固体废物处置利用率		%	99.7	5.00	
9		K04	危险废物集中处置率	工业危险废物处置率	%	100.00	2.00	
				医疗废物集中处置率	%	100.00	3.00	
10		K05	重点工业企业排放达标率	工业废水排放达标率	%	100.00	3.00	
				工业烟尘排放达标率	%	100.00	1.00	
				工业二氧化硫排放达标率	%	100.00	2.00	
				工业粉尘排放达标率	%	100.00	1.00	
11		K06	万元工业增加值主要污染物排放强度	万元工业增加值废水排放强度	吨 / 万元	2.673	2.00	
				万元工业增加值化学需氧量排放强度	吨 / 万元	0.000161	2.00	
				万元工业增加值烟尘排放强度	吨 / 万元	0.000565	2.00	
				万元工业增加值二氧化硫排放强度	吨 / 万元	0.002524	2.00	
12	环境建设	J01	生活污水集中处理率		%	95.44	8.00	19
13		J02	生活垃圾无害化处理率		%	100	7.00	
14		J03	建成区绿化覆盖率		%	46.3	4.00	
15	环境管理	G01	环境保护机构建设		—	—	3.00	6.43
16		G02	公众对城市环境保护的满意率		%	74.64	3.43	
总分					—	—	97.43	97.43

第三节 环保目标责任制

文登市推行环境保护目标责任制始于1991年，止于2005年。市长与市直部门及重点污染企业分别签订1991—1992年度、1993—1997年度、1998—2000年度、2001—2002年度、2003—2005年度环境保护目标责任书。

环境保护目标责任书制定原则：市长和部门主要负责人负总责，将环境保护工作目标化、定量化、制度化，把各项指标任务分解落实到具体承办单位，以环境保护规划、计划为依据，实事求是，科学合理，突出重点、难点和热点，在纵横两个方面推进环境保护工作。

指标体系主要分两部分：环境目标和分年度的工作指标。环境目标包括大气、地面水、饮用水水源、重点流域、城市区域环境噪声和交通干线噪声、绿化等目标；年度工作指标是按年度制定具体工作任务，包括城市环境建设、重点污染源治理、环保自身建设等。

环境目标责任制实施后，各级领导环保意识不断增强，形成齐抓共管新局面。全市工业污染源得到全面治理，城市环境保护基础设施日臻完善，市区地表水、地下水、环境噪声、环境空气质量按功能区划达到国家规定标准。1998—2000年度市长环境保护目标责任制工作通过省和威海市政府考核验收，市政府被威海市政府评为责任制工作一等奖。

第四节 环保综合执法

建设项目管理 1991年始，市政府把严格执行环境影响评价制度和“三同时”（建设项目中污染防治设施必须与主体工程同时设计、同时施工、同时投产使用）制度作为一项重要工作列入市环保局、计委、经委、工商局、城建委等部门的环境保护责任书中，使建设项目环境管理工作步入正轨。市环保局印发《建设项目环境管理工作制度》《文登市建设项目环评审批及竣工验收的具体操作程序》《文登市建设项目环评、审批、监察及竣工环保验收的具体操作程序》等文件，建立严格的建设项目审批、移交、监察、报告等制度。2002年8月，建设项目等环境保护审批事项纳入市行政审批服务中心管理。对符合审批条件的建设项目，严格按《建设项目分类管理名录》、分级审批原则和规定的审批程序开展环评和审批，把污染物排放总量指标作为项目审批的前置条件，实施建设项目审批总量控制，按照先算、后审、再批的原则，规范环境管理审批程序，建立四级审签制度和业务报表制度，每个审批项目均须办事人、审核人、分管领导、主要领导审查签字，保证建设项目的环境影响评价和审批制度得到落实。对于高耗能、高污染和资源性项目坚决不予审批，对于经过治理可以达标排放的项目，从环评源头引导企业利用先进技术提高污染防治水平，确保项目增产不增污。1991—2013年，“三同时”执行率达100%；1993—2013年，“三同时”合格率达100%。

1991—2008年文登市执行“三同时”情况表

表5-16

年份	项目合计（个）	执行“三同时”项目（个）	“三同时”合格（个）	“三同时”合格率（%）
1991	12	12	9	75
1992	23	23	18	78.3
1993	4	4	4	100
1994	10	10	10	100

续表 5-16

年份	项目合计（个）	执行“三同时”项目（个）	“三同时”合格（个）	“三同时”合格率（%）
1995	6	6	6	100
1996	4	4	4	100
1997	1	1	1	100
1998	5	5	5	100
1999	1	1	1	100
2000	5	5	5	100
2001	6	6	6	100
2002	6	6	6	100
2003	40	40	40	100
2004	76	76	76	100
2005	44	44	44	100
2006	76	76	76	100
2007	118	118	118	100
2008	88	88	88	100

2009－2013 年文登市建设项目管理“三同时”情况表

表 5-17

年份	审批建设项目（个）	验收建设项目（个）	“三同时”执行率（%）
2009	500	…	100
2010	195	102	100
2011	194	92	100
2012	239	48	100
2013	497	54	100

环境监察　2003 年 10 月，市环保局征收排污费监理站更名为文登市环境监察大队，执法能力加强。2007—2009 年，共立案调查环境违法案件 38 起，经济处罚违规企业 5 家，责令停产治理或限期治理企业 33 家。2009 年 12 月，市环境监察大队通过省环境保护厅验收，达到国家环境监察标准化建设东部地区一级标准。2010—2013 年，市环境监察大队深入开展“整治违法排污企业保障群众健康”环保专项行动，突出对重金属污染物排放企业、污染减排重点企业、超标排污企业和危险废物监管、化学品（危化品）监管等方面进行专项整治，对全市小餐饮、小回收、小洗车、小修理、小加工和小建材行业环保违规现象进行全面整治；加强全市 32 家威海市控以上重点排污企业的日常监管，提高检查频次，保证达标排放，10 家国控、9 家省控重点排污企业外排废水、废气等全部达标；加强米山水库上游排污企业日常监管，杜绝污水排入饮用水水源地；

加强建筑工程车扬尘和建筑工地夜间施工监管，杜绝建筑扬尘和建筑噪声扰民情况发生；对市区河道及母猪河等重点河流污水直排情况进行全面排查，提出改善河流生态的意见和建议，为市区管网改造、排污口封堵提供基础资料；责令环保审批手续不全、安全防护距离不达标企业停产关闭；共出动现场执法人员5080人次，依法查处15家违法排污、污染治理设施不配套企业。

环境信访处理 2001年8月，市环保局开通“12369”环境热线电话，设立局长信箱，受理群众环境信访举报，同时协调公安、工商等部门开展联合执法工作，及时解决事关群众切身利益的环境热点、难点问题。2005年，承办市长公开电话工作得到威海市政府通报表扬。2005—2013年，共接到环境举报电话3937个，接待到访群众633人次，承办市长公开电话及上级信访件1004件，处结率100%。

排污费征收与使用 1991年10月始，文登市依据国家《关于调整超标污水和统一超标噪声排污费征收标准的通知》，进行超标污水排放收费。市环保局与交费单位签订征收排污费结算协议书，采用委托银行收款方式结算，并依法逐步扩大开征面。2008年7月1日始，市环保局依据省物价局、省财政厅、省环保局制定的《关于运用价格政策促进环境保护的意见》，对2003年7月1日始执行的排污费征收标准进行调整，调整后废气排污费征收标准由每月每当量0.6元提高到每月每当量1.2元，废水排污费征收标准由每月每当量0.7元提高到每月每当量0.9元。市环保局严格执行《排污费征收管理使用条例》及配套规定，在全面开展排污污染物申报登记基础上，按照核收分离、票款分离、公开公正、足额征收原则，1991—2013年，共征收排污费8902.46万元。排污费上缴财政，主要用于重点污染源治理、环境综合整治及环境监测、科研等事业费开支。

第五节 环保宣传教育

1988年，文登市把每年6月定为环境保护宣传月。1991年始，全市围绕“6·5”世界环境日主题，开展系列宣传活动。利用报纸、广播电视等新闻媒体，开设环保宣传教育专栏，在中小学校开展环保知识竞赛，联合文化部门举办以环保为主题的文艺演出和摄影展，定期组织厂矿企业及宾馆、饭店负责人举办环保法规培训班。1994年6月和1995年6月，市环保局联合团市委、文登电视台，先后举办文登市首届环境保护知识电视大赛和“6·5”世界环境日演讲比赛。1998年6月，市环保局与团市委联合组织泽库、小观、埠口等沿海镇1500名团员、青少年开展“保护海洋环境，清除海滩垃圾”活动。1999年5月23日，市环保局、市体委、市妇联联合举办“环保杯”家庭运动会，全市22个镇（街道）16个部门160个家庭参加比赛。2000年7月19日，全市干部群众、中小学生1.1万人齐聚市中广场，为创建国家环保模范城市举行百米长卷签字和游行宣传活动。2011年3月1日，全省环保宣传教育工作会议在文登市召开，各地市环保局及部分县（市、区）环保局80余位负责人参加会议，文登市环保局在会上作题为《全方位宣传教育活动促进经济社会与环境保护协调发展》典型经验交流；6月，市环保局联合市艺术团，以“家园情”为主题，采用小品、相声、歌舞、快板书等文艺形式，在城镇乡村巡回演出，宣传普及环保知识，全年演出15场，实况录像在文登电视台播出。2013年6月5—6日，市委宣传部、市环保局联合在市中广场举办“美丽文登生态文登”摄影展，所展作品分“自然生态”“经济生态”“人居生态”“人文生态”4个板块。参展作品180余幅，主要记录文登的自然景观、人文经济和环境保护成果。

第六节 环境科研

1995年始，文登市环境保护科学研究所先后完成《文登市水环境容量及功能区划分研究》《文登市近岸海域环境保护功能区划与管理对策研究》《文登市水环境综合整治规划研究》《文登生态市建设规划》及威海市环翠区张村、草庙子、羊亭及文登市蔄山、米山、小观、文登营、界石、汪疃、泽库、大水泊、葛家、宋村、张家产14个镇的环境规划编制工作，独立开展了“新型磷化液应用技术研究”“射流全溶气共絮气浮法回收味精废液菌体蛋白新工艺研究”“文登市生态环境建设与可持续发展模式研究”“食品有机废水综合治理与资源化利用研究”“JS电解退镀添加剂与应用新工艺研究”“县域生态建设模式研究”“综合处理及利用废乳化液生产水泥技术研究”等课题研究，获得省、地市科技进步奖20余项（其中省级奖励详见第二十八编第四章第三节）。1999年，取得国家建设项目环境影响评价证书，先后编制完成建设项目环境影响报告书40余份，编制完成建设项目环境影响报告表1000余份。

第五章　创建活动与生态市建设

第一节　实现“一控双达标”

1999年3—4月，文登市根据国务院《关于环境保护若干问题的决定》中“一控双达标”（到2000年，主要污染物排放总量控制在国家规定的排放总量指标内，环境空气、地面水环境质量，按功能分区分别达到国家规定的有关标准）的规定，印发《文登市“九五”期间主要污染物排放总量控制实施方案》和《文登市工业污染源达标排放和城市环境功能区达标工作方案》，对21家未达标企业下达限期治理任务，限定33家企业到2000年的排污量及污染物削减量，提出全市“一控双达标”的具体任务和工作措施。4月29日，市委、市政府召开全市环境保护工作会议，部署1999年度全市环境保护工作任务，公布“一控双达标”方案，签订1998—2000年度环境保护责任书。2000年5月，“一控双达标”方案所规定的51家企业的47个工业废水污染源、40个工业废气污染源全部实现达标排放，其中6个工业废水污染源、7个工业废气污染源被依法关闭。由于1998年市区环境空气质量达到功能区要求，1999年市区地面水环境质量达到功能区要求，且提前1年完成威海市政府下达的2000年12项污染物排放总量控制计划指标，至此，境内全面实现“一控双达标”。7月15日，省政府“一控双达标”考核验收组到文登市现场验收，同意通过考核验收。12月7日，文登市“一控双达标”工作通过国家环保总局核查。

第二节　创建国家环境保护模范城市

组织发动　1997年，国家环保总局印发《关于开展创建国家环境保护模范城市活动的通知》。1999年8月，市委、市政府作出创建国家环境保护模范城市（简称创模）决定，责成环保局着手开展工业污染源达标治理、编制创模工作方案、整理软件资料等各项基础工作。2000年6月，市委、市政府召开创模动员大会，号召全市各级各部门行动起来，投入到创模活动之中。会上，市长与55个部门和单位负责人签订创模责任书，分解落实创模各项工作任务，并组成由市长挂帅、20余个部门主要负责人参与的创模领导机构。

舆论宣传　市委宣传部牵头，市文化局、市教委、市体委、市妇联、市报社、文登电视台、文登人民广播电台和市环保部门密切协同，开展创模宣传。先后举办“爱我家乡、爱我文登”书法绘画大奖赛、“保护生态环境、建设美好家园”中学生环保知识竞赛和环保有奖征文。在市区主要交通路口和繁华地带增设大型宣传牌，在营运机动车张贴创模宣传标语。2000年7月19日，市委、市政府在市中广场举行文登市创建国家环保模范城市万人签字、千人游行宣传活动，为创模工作打下良好群众基础。

综合整治 1997—2000年，市政府加强城市硬件设施建设和环境容貌整治，投资1.99亿元，重点实施城市污水处理厂建设、垃圾无害化处理、集中供热、排污管网改造、管道液化气建设、空气自动检测系统建设、大环境整治和城市绿化、美化、亮化、畅通等环境建设工程，市区环境保护基础设施趋于完善，环境状况明显改善。其中，日处理污水4万吨规模的城市污水处理厂建成投入运营，对创模工作起到决定性作用。

检查验收 2000年4月，省环保局初审文登创模情况，认为基本达到创模标准，向国家环保总局提出推荐意见；7月和10月，国家环保总局工作人员先后两次到文登检查指导创模工作；10月，市政府向国家环保总局提出验收申请；12月4—7日，由国家环保总局、国家环境监测总站、省环保局专家组成的国家环境保护模范城市考核验收组，通过听汇报、查现场、看硬件、阅档案、审资料、搞调查等方式，考核验收文登创模工作，认为文登创模27项技术指标全部达到考核要求，在全国同类城市中堪称模范。考核组同意将文登创模考核意见报国家环保总局审核。

授牌 2001年3月9日，国家环保总局印发《关于授予文登市国家环境保护模范城市称号的决定》；11月18日，国家环保总局在市青少年活动中心举行授牌仪式，为文登颁发国家环境保护模范城市奖牌，市委、市政府主要领导获创模工作领导奖，市政府分管环保工作的副市长和环保局局长获创模工作组织奖。

复核 2010年，环境保护部将创建环保模范城市指标体系调整为26项考核指标，要求76个全国环保模范城市按照新指标体系进行改造。文登市政府将新指标细化分解，落实到各主管部门。9月14—16日，国家环境保护模范城市省复查预审组在文登市采用资料审查、数据核查、随机抽查、召开复查工作通报会等方式评估考核指标，认为文登市城市环境空气、地面水环境质量按照功能区划分，均达到国家规定质量标准，符合创建环保模范城市指标体系调整后的指标要求，一致同意通过环保模范城市预核查，上报环境保护部复查。2012年4月17—20日，环境保护部组织国家环境保护模范城市现场复核工作组，对文登市创模工作进行现场复查。复核工作组听取市政府创模工作开展情况和考核指标完成情况汇报，查阅工作档案和技术资料，审核相关基础数据，实地查看城市污水处理厂、生活垃圾填埋场等环境基础设施建设和运行情况，检查水环境功能区、饮用水水源地水质保护和市域内部分工业企业污染防治情况，开展学校、社区、医院、商场、企业民意问卷随机调查，现场查看点位58处。复核专家组认为，文登市创模档案资料基本齐全，数据比较真实可靠，各项指标基本达到考核要求。

图5-3 2010年9月16日，文登市国家环境保护模范城市复查工作通报会在昆嵛酒店召开。

第三节 生态市建设

生态市建设规划 2004年8月11日，文登市被列为山东省第一批生态县建设示范县（市）；8月15日，生态市建设领导小组成立；10月，《文登生态市建设规划》（简称规划）编制工作协调会议召开，成立由市长任组长、各有关部门主要负责人为成员的规划编制领导小组和由市环保局牵头的规划编制工作小组；11月，完成规划大纲编制工作，聘请青岛海洋大学环境生态系教授和威海市环保局专家作指导，对大纲进行修订和完善；12月，规划编制工作正式开始。2005年9月，规划编制完成；10月20日，市政府举办《文登生态市建设规划》专题汇报会暨认证会，规划通过山东省生态市建设领导小组专家论证。规划提出按照“三步走”战略和“五区布局、城乡互动、整体推进”思路，确定到2007年主要指标基本达到国家级生态市标准，到2010年全面建成国家级生态市，到2015年生态环境质量接近或达到国际先进水平，设计了“建设以循环经济理念为指导的生态经济体系、建设可持续利用的资源保障体系、建设山川秀美的生态环境体系、建设与自然和谐的人居环境体系、建设支撑可持续发展的安全体系、建设体现现代文明的生态文化体系”六大体系。

2005年11月，全省生态县建设工作座谈会召开，文登市在会上作题为《大力发展循环经济 全面建设生态文登》的典型发言。2006年3月3日，市委、市政府召开全市城乡环境综合整治暨生态市建设工作会议，统一部署生态市建设工作任务；9月17—19日，国家环保总局和省环保局组成考核验收组对威海市全国生态示范区建设试点进行考核验收，文登生态示范市作为威海生态示范区一部分，一并通过验收。

生态市建设目标责任制 2005年9月13日，在威海市生态市建设工作会议上，文登市市长与威海市市长签订文登市生态市建设市长目标责任书（2003—2007）。2006年3月1日，市政府办公室印发《文登生态市2006—2007年工作计划》；3月3日，在全市城乡环境综合整治暨生态市建设工作会议上，市长与各镇、街道、市直部门等37个单位负责人签订生态市建设镇长（局长、主任）目标责任书；5月，文登市通过威海市政府对文登市2003—2007年度生态市市长目标责任书中期检查。2008年4月18日，威海市与文登市签订2008年生态市建设目标责任书，4月28日，市政府与27个责任单位签订责任书，将指标任务落实到各部门，年末，通过威海市生态办考核。

获国家生态市称号 2007—2009年，市政府按照国家环保总局《生态县、生态市、生态省建设指标（修订稿）》规定的创建国家级生态市各项指标要求，继续做好国土绿化、生态修复、生态农业和农村环境综合整治工作，全市生态环境明显改善。2010年8月26—27日，国家生态市考核验收组对文登市创建国家级生态市工作进行考核验收，通过实地检查南海新区、文登学公园、市污水处理厂、天润曲轴股份有限公司，认为文登市5项基本条件、22项建设指标均达到国家级生态市要求。2013年1月15日，文登市获国家生态市称号，同时被列为全国第五批生态文明建设试点地区。

环境优美镇建设 2002年7月，国家环保总局印发《关于深入开展全国环境优美乡镇活动的通知》。文登市根据生态市建设80%的镇要达到环境优美镇考核标准，组织各镇参与创建活动，保护青山绿水，保护农村耕地，防止环境污染。2003年，葛山镇在威海市率先获省级环境优美镇称号。2006年1月25日，葛山镇获第四批全国环境优美镇称号；5月29日，米山镇、小观镇、文登营镇、界石镇、汪疃镇、泽库镇、大水泊镇、葛家镇、宋村镇、张家产镇获第五批全国环境优美镇称号，并有24人获创建全国环境优美乡镇活动优秀领导称号。2007年，高村镇获第六批全国环境优美镇称号。至此，全市共有12个镇获全国环境优美镇称号，创建比例达85.7%。2010年，根据省环保厅《关于“全国环境优美乡镇”更名为“国家级生态乡镇”的通知》，全市12个全国环境优美镇更名为国家级生态镇。

文明生态村建设 2005年，市委宣传部、市文明办、市环保局、市教育局、市妇联、市经贸局、市农业局等部门联合在全市开展“倡导绿色文明、建设和谐家园”主题活动。2006年，全市有50个村被命名为文登市文明生态村，其中，10个村被评为文登市十佳文明生态村，45个村被命名为威海市文明生态村。是年6月5日，市政府在行政审批中心举行“倡导绿色文明、建设和谐家园”主题活动先进集体和个人命名授牌仪式。2007年，有45个村被命名为文登市文明生态村和威海市文明生态村，泽库镇泽库村被山东省环保局列为第一批农村小康环保行动计划示范村建设试点。2008年，有104个村被命名为文登市文明生态村，有94个村被命名为威海市文明生态村。2010年，泽库镇泽库村被环保部命名为国家生态村，成为全市首个国家级生态村。2012—2013年，全市有省级生态村6个。

绿色社区建设 为倡导环保理念，推进绿色文明，引导社区居民自觉养成健康、文明、向上的绿色生活方式，2005年始，文登市开展绿色社区创建工作。是年，南山社区、城北社区获威海市首批“绿色社区”称号，其中，南山社区获第二批省级“绿色社区”称号。2007年，河埠庄社区、香水庵社区获威海市第二批“绿色社区”称号，城北社区获第三批省级“绿色社区”称号。至2013年，全市有省级“绿色社区”8个，地市级“绿色社区”29个。

绿色学校建设 1997年7月，省环保局倡导全省各中小学校开展创建“绿色学校”活动。2001年12月，天福山中学被省环保局、省教育厅命名为第一批省级“绿色学校”。2003年12月，市实验小学被命名为第二批省级“绿色学校”。至2013年，全市有省级“绿色学校”10所，地市级“绿色学校”35所。

图5-4 2010年7月9日，文登市实验小学举办环保知识讲座。

第六编
交通运输与口岸管理

1991年，威海市地方铁路管理局文登火车站成立。1993年，位于大水泊镇的威海民用航空站成立；张家埠港被省政府批准为国家二类开放口岸，全市陆海空交通运输网络基本形成。1994年和1997年，市委、市政府作出两个“奋战三年”改变公路状况的决定，“九五”末全市以“三纵三横”为骨架的高等级公路网络初步形成。进入21世纪，社会运输力量不断增加，形成国营、集体和个体运输并存格局。2008年，张家埠新港建设启动。是年，文登市率先在威海域内完成村村通沥青路工程，全市农村公路主干道全线贯通。2011年4月，青荣城际铁路文登段开工建设。2013年，境内公路总里程754.42千米，有公路客运线路202条，客运量171万人次、货运量2002.6万吨；铁路开通文登至北京、济南、汉口图定旅客列车，客运量26.43万人次、货运量8.32万吨；海上国际运输船20艘，总吨位5.94万吨，以日本、韩国、俄罗斯等国际航线为主；航空线路开通首尔、釜山2条国际航线和北京、上海、广州等国内航班，旅客吞吐量114.59万人次、货邮吞吐量5683.55吨。

威青高速公路文登北立交（2011 年 10 月 20 日摄）

第一章　公路运输

第一节　管理机构

文登市交通运输局　1991年，文登市交通运输公司挂文登市交通局牌子，内设办公室和政工科、计财科、安全科、审计科，辖航运管理所（2008年9月更名为文登市港航管理局，副科级事业单位，2011年1月升格为正科级单位）和23处乡镇交通管理所，代管文登公路管理站（1995年独立）、文登汽车站和山东省张家埠港务办事处（1993年1月，划归威海市航运管理局管理，1998年9月，划归文登市政府管理。1999年1月，更名为文登市张家埠港务局，正科级事业单位，划归文登市交通局管理。2001年5月改为企业）3个驻文登单位，工作人员129人。1993年11月，撤销文登市交通运输公司，称文登市交通局，正科级行政单位。同年，文登市口岸办公室成立，正科级事业单位，由交通局代管（1997年6月独立）。1995年，文登市交通规费征收处成立，股级事业单位（1999年升格为副科级，2011年更名为交通行政服务中心）。1996年12月，文登市交通战备办公室成立，与交通局合署办公，正科级行政单位（2002年4月调整为交通局内设机构）。1998年6月，文登市交通局稽查大队（2011年7月更名为交通运输监察大队）成立，副科级事业单位。2001年8月，北郊、天福山、口子、铺集、晒字和埠口交通管理所撤销。2002年2月，文登市交通局城里分局成立，副科级事业单位。11月，文登市客运物流中心成立，正科级自收自支事业单位，隶属市交通局。2003年4月，文登市交通局公路建设管理处成立，副科级事业单位（2011年7月升格为正科级单位）。2004年10月，文登市道路运输管理处成立，正科级事业单位，隶属市交通局。2010年4月，文登市交通局更名为文登市交通运输局。

2013年，市交通运输局内设办公室、政工科、规划基建科、财务科（审计科与其合署）、政策法规科（增挂行政许可科牌子）、安全监督科（运输管理科与其合署）。辖交通战备办公室、道路运输管理处、公路建设管理处、港航管理局、客运物流中心5个正科级单位，交通运输监察大队、交通行政服务中心、交通运输局城里分局和交通工程质量监督站（2010年6月成立）4个副科级事业单位。下设大水泊、张家产、宋村、葛家、泽头、侯家、界石和文登营交通管理所。工作人员166人。

威海市文登公路管理局　1991年，文登公路管理站隶属威海市公路管理局，正科级事业单位，内设办公室、政工股、工程股、养护股、路政股、机料股、财务股、征稽办，辖葛家、泽头、汪疃、草庙子、侯家、初村和张家产7处养路费征收所及23处基层养路分站，工作人员222人。1995年4月，更名为威海市文登公路管理局（简称文登公路局）。基层养路分站改称公路站，合并为天福（2013年撤销）、汪疃、张家产、大水泊、泽头、葛家、晒字、泽库和宋村9处公路站。2004年，晒字、泽库和泽头公路站撤销。2006年，镇级养路费征收所撤销。2013年，内设办公室、政工科、财务科、工程科、养护科、路政科，辖张家产、大水泊、葛家和宋村公路站，工作人员145人。

第二节　公路建设

1991—1995年，文登市以“三纵三横”[①]为

① “三纵”为初张线、上泽线和道呼线，“三横”为荣兰线、石泽线和俚李线。

骨架实施高等级公路建设，累计投资1.68亿元（不含农民投劳），新建和改建干线公路7条。县乡以上公路通车里程538.3千米（不含初村镇、草庙子镇，下同），其中国道58.1千米、省道208.4千米、县乡道271.8千米，沥青路面210.9千米。2003年，文登启动村村通沥青路工程，泽库镇率先完成。2004年，文登市连村路主干线改造列交通部通达计划71.9千米、列国债资金专项投资计划35.1千米。是年，全市有一级公路108.4千米、二级公路148.4千米、三级公路81.3千米，通过省补计划验收连村路400.5千米。2008年，全市县乡公路均达到四级以上标准，其中南七、寺五、张西、泊高、西黄等线达三级以上，文登市在威海域内率先实现村村通沥青路工程。

2013年，青荣城际铁路威海机场站文登连接线（虎山路—文登东站）改造工程列省综合交通运输衔接工程资金预算。投资3.41亿元，3月开工，翌年通车。是年，境内通车公路中，高速公路1条44.5千米、国道1条55.06千米、省道10条262.22千米。纵向有威石线、初张线、初张辅线、上泽线、威青线及威青高速公路6条，横向有荣兰线、石泽线、俚李线、文三线、荣兰辅线和环海路6条。县道14条205.82千米，乡道28条186.82千米，村路729条1435.27千米。干线公路铺装率100%，其中一级公路108.4千米、二级公路148.4千米、三级公路81.3千米。公路密度44.9千米/百平方千米，万人拥有公路38.1千米。桥梁921座2.66万米，其中特大桥1座、大桥39座、中桥168座、小桥713座，多为石拱桥和钢筋混凝土结构。

高速公路

威青高速公路（G1813） 1990年10月，修筑威青汽车专用路九里水头至南黄段39.2千米。建桥涵207座，活动土石220万立方米，民工建勤工日98万个，总投资5862.1万元（不含民工建勤工日价值，下同）。按二级全封闭标准，路面宽17米，双向4车道。境内经草庙子、茼山、文城、米山、宋村、泽头和小观7镇，设草庙子、文城、宋村和泽头4处收费站，1991年11月通车。2005年3月，在原专用路基础上修筑威青高速公路威乳段。东北起文登与环翠交界，西南至乳山市西部边界，境内途经茼山、开发区、龙山、环山、米山、宋村、泽头和小观8镇（街道），全长44.5千米。文登段利用原专用路25.7千米，新建18.8千米，建大桥7座、中桥3座、小桥14座、分离立交桥6座、天桥16座、通道62座、互通立交桥3座，路面宽23.5米，双向4车道。2007年8月通车。

图6-1 威青高速公路文登西郊路段（2010年11月12日摄）

荣乌高速公路（G18） 东起荣成市，西北至内蒙古乌海市，全长1820千米。境内经高村、埠口、张家产、侯家、宋村和泽头6镇，长28.1千米，设张家产和南海收费站。路基宽26米，设计时速100千米，双向4车道，桥涵设计荷载公路一级。2009年6月，项目通过国家发改委核准，概算投资21.97亿元。2013年6月开工建设。

国道

荣兰线（G309） 东起荣成，西至兰州。前身为潍荣公路，西起潍坊市南郊，东至荣成石岛，横贯胶东半岛中心，全长367千米。境内长58.4千米，经葛家、米山、文城、文登营、大水泊等镇。桥梁23座，漫水桥1处，涵洞131处，平交上泽、初张和道呼等线。1986—1991年，投资217万元，完成文登土埠岭至崖头段二级公路改造。1992年4月，投资1951万元，拓宽改造市区至大水泊段24.1千米，路面宽10.5米。活动土石69万立方米，投入工日6.2万个。1994年10月，文登西段按国家一级公路标准拓宽改造。长26.7千米，路面宽21米，双向4车道。横口大桥为界，以东16.1千米为沥青路面，以西10.6千米为水泥路面。总投资6800万元，活动土石110万立方米，修筑桥涵125座，投入工日70.8万个，1995年11月通车。1999年，按国家一级公路标准，投资2900万元，新建大五里头至泊子桥段8.6千米。路面宽21米，双向4车道，2000年通车。2001年，按一级公路标准，投资9500万元，新建大五里头至荣成段19.6千米。路面宽21米，中间设隔离带，双向4车道。2013年，境内全长55.06千米。

省道

威石线（S201）　北段接烟威汽车高速路和威青汽车专用路，南段与荣兰线成十字交叉，是文登东部重要经济干线。起点文登市汪疃镇郝家庄，经环翠区温泉镇江家寨、文登大水泊镇至荣成石岛。按一级公路标准修建，路面宽23米。一期工程1998年开工，境内长17.1千米，1999年8月通车。二期工程1999年3月开工，分东段（大水泊至上庄20.71千米）和西段（江家寨至郝家庄18.1千米），2000年9月竣工。路基宽24.5米，桥涵设计荷载汽车-超20级，挂车-120，一级路标准。2013年，境内全长27.2千米。

威青线（S202）　原青石路，三级公路。1975年一分为二，泽头至石岛称石泽线，泽头至青岛、泽头至威海合称青威路。青威路境内长46.9千米，经草庙子、葛山、文登营、文城、宋村和泽头6镇，2000年，全国第二次公路普查，更名为威青线。2006年，修建威青高速公路，原威青汽车专用路文登泊子桥至泽头段并入威青线。2008年，泊子桥至寺前段7千米加宽改造为二级公路。2013年，境内全长51千米。

初张公路（S204）　原三级公路，纵贯文登境，全长51.8千米。北起初村，南至张家埠，经汪疃、文城、张家产3镇，与荣兰线、文长、崮泊、威青等公路相交，构成文登南北交通大动脉。1995年10月，公路全线改造，1997年9月竣工通车。其中，初村界至文城大五里头段23.5千米为一级公路，路面宽21米，双向4车道。大五里头至张家埠段22千米为二级公路，路面宽15米。全线大中桥9座、长761.4米，小桥涵95座、长3055.6米。总投资2.4亿元，活动土石260万立方米，投入工日300万个。2013年，境内全长45.5千米。

上泽线（S205）　原为四级公路。北起牟平上庄，南至文登泽头，长45.9千米，路面宽6.5米。境内经界石、葛家、泽头镇，平交俚李、文三和荣兰3线。1997年10月，境内投资2450万元，按二级路（原晒字镇驻地5千米路段按一级路）标准改建，1999年7月通车。路面宽12米，累计活动土石220万立方米，拓宽大中桥7座，修建小桥涵34座。为文登西部南北交通主干线。2013年，境内全长31.3千米。

图6-2　威石线文登段（2007年7月19日摄）

俚李线（S303）　东起荣成俚岛，经夏庄、崖西、桥头、草庙子、葛山、汪疃、界石至牟平李格庄，长93.9千米。三级公路36.5千米，余为四级公路。桥梁45座，涵洞246处，漫水工程3处。2001年，境内按二级公路标准改建，路面宽12米，双向2车道，2002年完成。2013年，境内全长25.3千米。

文三线（S304） 原文招线，四级公路。东起文登赤金泊村（与荣兰线相接），西至招远城区，全长162.1千米。1999年，终点延至莱州三山岛，更名为文三线。2001年3月，境内按二级路改建，东起赤金泊、西至文登牟平交界，长8.7千米，路基宽12米。活动土石15万立方米，修建大中小桥涵32座。2013年，境内全长12.7千米。

石泽线（S305） 原青石公路，三级公路。自青岛东行，经即墨、穴坊、行村、小纪、东村、留格庄、夏村、南黄、泽头、宋村、高村、南上庄、斥山，交潍石公路达石岛。后将线路一分为二，石岛至泽头段划为省干线，称为石泽线。2000年，投资5443万元，按二级公路标准改建上庄至草埠段，境内东起文荣交界，经高村、埠口、宋村、泽头4镇，路面宽12米，双向2车道，修建大中小桥涵23座（道）。2013年，境内全长30.5千米。

威海环海公路（S704） 2000年5月规划，2002年一期工程开工，投资7500万元，按二级公路标准修建，路面宽10米，2005年通车。2006年，二期工程开工，投资3000万元，按二级公路标准修建，路面宽12～15米，2008年通车。2013年，自环翠区初村镇经田村、崖头、石岛、长会口跨海大桥、宋村、小观等，至乳山市夏村镇，全长304千米，境内全长34.68千米。

荣兰辅线（S804） 1994—1999年，境内荣兰线改道，原荣兰线荣成至文登泊子立交桥段，更名为荣兰辅线。2000年，全国第二次公路普查降为省道。2013年，境内全长30.58千米。

初张辅路（S901） 1995年，初张线改造，原初张路汪疃镇至张家产镇车卧岛段成为初张路辅路，重合于初张线。2013年，境内全长30.3千米。

县道

隆高线 原为四级公路。东起荣成市夏庄镇隆峰村，西至文登市高村镇驻地，经黄庵、北产、脉田、凤台顶后和高村。全长34.1千米，境内长6.1千米，路面宽6米，时为砂土结构。境内改造2次，2005年，投资400万元，对路面进行沥青混凝土硬化。2008年，投资350万元，对路面进行水泥混凝土硬化。为二级公路。

裴赵线 东起小观镇裴家岛村，西至乳山市冯家镇赵家庵村。全长16.18千米，境内长14.4千米，经小观、徐埠头、小芦头、大芦头、郐家和万家口，路面宽6米。1992年，境内铺筑沥青混凝土路面4千米，改善土路10.6千米。2005年，境内进行大修改造，投资518万元，对路面进行沥青混凝土硬化，对桥涵进行重修加固。

姚大线 东起荣成市崖头镇驻地，西至大水泊镇驻地，经东堡子后、西堡子后、泽上、大沟和小沟，全长11.8千米，境内长6千米，路面宽6米。1993年，大水泊镇驻地铺筑沥青混凝土路面1.5千米。2008年，投资300万元，大水泊境内（除驻地）按二级公路标准对路面进行水泥混凝土硬化。

北鞠线 属等外路。北起环翠区北店子村，南至界石镇鞠家庄村，经王家泊子、姜家泊子、西岭西、阎家泊子、永平，全长17.6千米，境内长8.2千米，路面宽6米。2002年，全线按三级公路标准改造。

大大线 北起大水泊镇驻地，南至荣成市大疃镇驻地，经迟家河、屯宋家、黄庄，全长8.4千米，境内长5.4千米。原为断续小路，1997年改造通车。1998年，全线按二级公路标准对路面进行沥青混凝土改造，路面宽10米。

楚泊线 东起界石镇楚岘村，西至牟平泊而村，经梧桐庵、宫家庄、新庄、六度寺，全长15.9千米，境内长7.9千米，路面宽6米。1993—1994年，晒字镇驻地至文登市乳品厂路段拓宽至12米，铺筑沥青混凝土路面1.1千米。2005年，境内投资320万元，对路面进行沥青混凝土改造。2009年，按四级公路标准，对楚岘至文登市乳品厂段进行罩面改造。

张西线 东起埠口港张家埠村，西至泽库镇西泊村，经下冷家、上冷家、大时家、北鱼池、侯家、河杨家，全长10.3千米，路面宽8米。1995年，铺筑沥青混凝土路面3.6千米。2002年，按三级公路标准对路面进行沥青混凝土改造。

泊高线　北起环翠区泊于镇泊于村，南至高村镇驻地，经八里庙、西字城、方格窑、西仓、马家岭、后土埠岭、井南、大水泊、屯杨家、西南台、虎山、韩家、孙家埠、河西，全长34.6千米，境内长24.5千米，路面宽8米。1991－1995年，天福山至土埠岭段改造为二级公路，高村路段改造为三级公路。2008年，投资1470万元，按一级路标准改造大水泊机场段9.3万平方米。

道呼线　北起苘山镇东道头村，南至高村镇呼雷汤，经冼郭疃、文登营、东渠格、青石河、山后孙家和汤泊阳，长25.4千米，路面宽6米。1991－1993年，苘山段按三级公路标准改造。2005年，荣兰线至高村段按四级公路标准改造。2007年4月，投资6900万元，按一级公路标准改造开发区至荣兰线（虎山路），路面宽26米。2013年2月，投资2.5亿元，改造荣兰线（大水泊镇新立庄村西）至石泽线段12.56千米，按一级路标准，双向4车道，路面宽21米。

寺五线　北起宋村镇寺前村，南至泽库镇五垒岛，途经神格庄、台上、城东、石羊、二马、吴家滩、小洛、西廒、河里庄、西泊、慈家滩、辛旺庄和后岛，全长25.47千米，路面宽10米。1992－1997年，完成宋村至泽库段硬化19.8千米，路面加宽至15～20米，为三级公路。2004年，硬化寺前至宋村段4.3千米。2005年，投资950万元，对宋村镇驻地至泽库段进行罩面改造。

文长线　北起天福街道，南至泽库镇长会口村，经苏家河、帽埠墒、孙家西山、口子后、刘家庄、河胡家、小官庄、大官庄、北圈、南圈、邹家床、河南洪家、安子泊和大百户，全长28.8千米，路面宽6米。2002年，投资800万元，按三级公路标准改造。

徐泊线　四级公路。东起荣成市徐家村，西至文登市张家产镇泊石村，经大台、五塙地、荣家店、马家庄、口子、大沟、小沟，全长16.24千米，境内长10.06千米，路面宽6米。1991年，口子镇驻地路段拓宽至16米。2005年，境内路面进行沥青混凝土硬化改造。2007年，泊石村至口子段路面改造为二级路。

南七线　东起荣成市崖西镇南柳村，西至文登市七里河村，经榛子崖、泊邓家、后北凤口、西仓、刘马庄、大店、小店、驾山窑、东杜梨、西杜梨、于冼庄和教场东，全长29.6千米，境内长22千米。1993－1994年，天福山和文登营镇驻地段按三级公路标准改造。2002年，文登营至威石路段按二级公路标准改造。2007年，威石路至荣成交界路面按三级公路标准改造。2013年3月，投资3.41亿元，按一级公路标准拓宽改造东起文登营镇柯家庄、西至虎山路（S202）路段，长13.4千米，路面宽21米，双向4车道。

麦泽线　三级公路，原为省道威青线之一段。东起环山街道麦疃后村，西至泽头镇驻地。经翟格、徐格庄、寺前、山西、姜家庄、金格南里、草埠、道口、廒子埠，全长18.3千米，路面宽6米。2009年3月，降为县道。

特大桥　长会口跨海大桥为境内唯一特大桥。2006年6月开工，2009年10月15日竣工通车，为环海公路标志性建筑。西起泽库镇长会口村，东至荣成市虎山镇岳家村，长2020米，桥面净高28.7米，主桥宽20.1米，设计荷载公路一级。采用预应力混凝土双塔双索斜面拉桥结构，双向4车道。通航标准为2000吨货船单孔双向通航、3000吨货船单孔单向通航。总投资2.3亿元，时为威海公路建设史上投资最大的公路桥梁。

大型桥

九里水头桥　位于九里水头村南，1975年建成，1988年改建，长108.26米、宽24.4米、高5米。为10孔跨径8.8米石拱桥，设计荷载汽车-20级。

七里河桥　位于市区东侧，七里河东，1985年建成。长130米、宽10米、高5.48米。9孔跨径13米钢筋混凝土空心板桥，设计荷载汽

车 - 超 20 级，挂车 -100。2007 年改建，长 117.7 米、宽 22.5 米。9 孔跨径 13 米双柱式墩台空心板梁桥，设计荷载汽车 - 超 20 级，挂车 -120。

道口大桥　位于泽头镇东，1990 年 10 月建成。长 429 米、宽 17 米、高 6.7 米。33 孔跨径 13 米钢筋混凝土板桥，设计荷载汽车 -20 级，挂车 -100。2010 年 5 月改建，2011 年 7 月完成，长 486.5 米、宽 18 米。预应力混凝土空心板桥，设计荷载公路一级。

望仙庄桥　位于泽头镇，1991 年建成。长 70 米、宽 6 米。9 孔跨径 7 米板桥。2012 年 10 月，投资 450.7 万元重建，长改为 160 米。8 孔跨径 20 米钢筋混凝上空心板梁桥，设计荷载公路二级。

横口桥　位于米山镇横口村西。长 237.6 米、宽 7 米、高 7.1 米。11 孔跨径 20.8 米钢筋混凝土 T 型梁板桥，设计荷载汽车 -13 级。1994 年，荣兰线改线重建，投资 560.5 万元，长 260 米、宽 16.5 米、高 5.8 米。20 孔跨径 13 米钢筋混凝土板桥，设计荷载汽车 - 超 20 级，挂车 -120。

铺头大桥　位于市区西郊，1995 年建成。长 140 米、宽 16.5 米、高 11.4 米。7 孔跨径 16 米石拱桥，设计荷载汽车 - 超 20 级，挂车 -120。

生格庄桥　位于葛家镇，1995 年 7 月建成，长 156 米、宽 16.5 米、高 4.9 米。12 孔跨径 13 米钢筋混凝土板桥，设计荷载汽车 - 超 20 级，挂车 -120。2008 年改造，长改为 126.54 米。6 孔预应力空心板桥，设计荷载公路一级。

东床大桥　位于莔山镇，1996 年 10 月建成。长 135.39 米、宽 21 米、高 13.35 米。5 孔跨径 20 米石拱桥，设计荷载汽车 - 超 20 级，挂车 -120。

大台大桥　位于大水泊镇，2000 年 1 月 15 日建成。长 170 米、宽 21 米、高 6.5 米。8 孔跨径 20 米预应力钢筋混凝土简支板桥，设计荷载汽车 - 超 20 级，挂车 -120。

岭上桥　位于高村镇，2000 年 10 月建成。长 140 米、宽 14.1 米、高 13 米。7 孔灌注桩板梁桥，设计荷载汽车 -20 级，挂车 -100。

汤村店子大桥　位于张家产镇汤村店子村，2000 年 10 月建成。长 120 米、宽 14.1 米、高 7.8 米。6 孔灌注桩板空心梁桥，设计荷载汽车 -20 级，挂车 -100。

高格庄大桥　位于莔山镇，2000 年 12 月拆除老桥改建。长 107 米、宽 14.5 米、高 7 米。5 孔跨径 20 米钢筋混凝土预应力简支板桥，设计荷载汽车 -15 级，挂车 -80。

鲁家埠大桥　位于界石镇，2001 年 3 月建成。长 133.42 米、宽 12 米、高 4 米。10 孔灌注桩空心板梁桥，设计荷载汽车 -20 级，挂车 -100。

西床大桥　位于莔山镇西床村，2001 年 12 月建成。长 125.2 米、宽 30 米、高 7.5 米。6 孔灌注桩板梁桥，设计荷载汽车 -20 级，挂车 -100。

才院大桥　位于小观镇才院村，2004 年 10 月建成。长 140 米、宽 11 米、高 3 米。7 孔灌注桩空心板梁桥，设计荷载汽车 -20 级，挂车 -100。

昌阳大桥　位于宋村镇西海庄村北，2004 年 10 月建成。长 180 米、宽 11 米、高 4.5 米。9 孔灌注桩空心板梁桥，设计荷载汽车 -20 级，挂车 -100。

虎口窑大桥　位于泽头镇虎口窑村南，跨母猪河，2004 年 10 月建成。长 606.06 米、宽 11.3 米、高 15.5 米。20 孔跨径 30 米钻孔灌注桩 T 形梁桥，设计荷载汽车 -20 级，挂车 -100。

麦疃后立交桥　位于市区西郊麦疃后村北，跨威青高速公路，2006 年 12 月建成。长 186.8 米、宽 24.89 ～ 36.15 米、高 8.6 米。双柱式墩预应力混凝土现浇连续箱梁桥，设计荷载汽车 - 超 20 级，挂车 -120。时为市区最大互通式立交桥。

赵家产西桥　位于城北赵家产村西，跨初张路，2006 年 12 月建成。长 116 米、宽 27 米、高 5 米。圆柱式墩预应力混凝土现浇连续箱梁桥，设计荷载汽车 - 超 20 级，挂车 -120。

昌阳河大桥　位于宋村镇，2007 年 6 月建成。长 120 米、宽 22 米、高 6 米。6 孔跨径 20 米钢筋混凝土预应力板桥，设计荷载汽车 -15 级，挂车 -80。

第三节　公路客运

1990年，全市客运线路33条。其中，进入文登汽车站25条，日进出客车212辆，始发车72辆，过路车68辆，终点车72辆，年客运量220.6万人次，客货（零担）总收入520万元；个体和集体客运线路8条，年客运量20.5万人次。1997年，文登汽车站向社会开放，社会客运增加。全市长短途客运线路105条（省际6条），镇通客车100%、村通客车96%。2005年，文登汽车站搬迁，东西向不进站过路车均沿荣兰线运行，南北向不进站过路车均沿初张公路线运行，所有过路线路车（固定线路、固定班次和固定站点）禁止进市区。2013年，境内客运线路202条，其中省际10条、地市际47条、县际71条、县内74条，与12个省（直辖市）、14个省内地级市开通直达客运线路。文登汽车站日发1039班次，其中农村客运班次567个、县际以上472个。全市线路车299辆，其中省际16辆、地市际80辆、县际99辆、县内104辆。

1994－2013年文登市公路客运情况表

表6-1

年份	客运量（万人次）	客运周转量（万人千米）	年份	客运量（万人次）	客运周转量（万人千米）
1994	79	5757	2004	355	28095
1995	96	7470	2005	398	30972
1996	83	7767	2006	463	41204
1997	88	8708	2007	694	52876
1998	87	8672	2008	980	61337
1999	110	9337	2009	202	18180
2000	129	10020	2010	223	20070
2001	174	10779	2011	230	20700
2002	287	22966	2012	219	19710
2003	337	27277	2013	171	15390

说明：2009年后，只统计进文登车站车辆数，不含公交、出租、旅游包车和外线不进站车辆。

客运站

文登汽车站　省二级车站，隶属威海汽车运输总公司（后更名为威海交通运输集团有限公司），国有企业。1991年，位于昆嵛路34号，占地1.16公顷，建筑面积2713平方米。2003年，在世纪大道99号新建汽车站，占地2.2公顷，建筑面积3.6万平方米，其中候车厅1728平方米、售票厅1600平方米、金鸽快递代办处204平方米。停车场6000平方米，发车位24个。2005年4月完成搬迁，分北区（文登汽车站进发车辆）和南区（社会客运进发车辆）。长短途客运均归威海交通运输集团有限公司经营，客运大厦和网点房2.44万平方米归泰浩房地产开发公司经营。2013年，工作人员66人，负责文登跨区以外始发和进站车辆及各镇客运管理。

社会客运站　1990年11月，文城镇生产村成立个体客运站，位于天福路生产村。1992年3月，市交通局成立文登市出租公司客运站，位于天福路南交通旅馆一楼。1996年11月，出租公司和生产村的客运站合并称为社会客运站，迁入加力商贸城院内（原文登汽车站南院）。2005年，社会客运站迁入世纪大道99号，与文登汽车站同址运营。

客运企业

威海交通运输集团有限公司三分公司 前身为威海运输公司汽车三场，位于横山路6号，国有企业。1991年，有职工240人，客车55辆，年客运量266.1万人次，客运周转量1.62亿人千米。货车22辆，货运量4.6万吨，货运周转量549万吨千米。1992年3月，更名为威海汽车运输总公司三公司，职工235人。1993年，开通文登至义乌和常熟2条跨省客运线路。1998年12月改制，更名为威海汽车运输有限公司三分公司。2006年1月，更名为威海交通运输集团有限公司三分公司。2007年，取消货运车队和货物运输。2013年，有省际客运线路9条（文登至义乌、常熟、天津、阜南、阜阳、临泉、上海、新浦、盐城），地市际客运线路31条，县际客运线路28条。职工156人，客车92辆，以宇通、大宇、沃尔沃等客车为主，27～55座位不等。年客运量264万人次，客运周转量2.88亿人千米。

文登市宏利客运有限公司 前身为文登市汽车客运出租公司，1992年3月成立，隶属市交通局，小（一）型集体企业，职工13人。有大小客车18辆，开通文登—北京跨省客运线。客运线路20条，日发车50班次。1997年1月，社会客运车辆均挂靠公司经营。1999年3月，更名为文登市宏利客运有限公司。2000年，公司转为合作经营，增加出租车客运经营服务，有线路车144辆、出租车268辆。2003年，线路车更换为中通、舒驰、金龙和依维柯客车，出租车更换为桑塔纳、捷达、富康和奇瑞4种普通轿车。2004年，转为承包经营。全市187辆线路车、270辆出租车均签订承包合同。2013年，拥有省际线路1条（文登—北京）、地市际11条、县际46条、县内69条。线路车199辆，以北方奔驰、中通、金龙、宇通、少林等大中小型客车为主，19～51座位不等。出租车271辆，有捷达、爱丽舍、桑塔纳和奇瑞4种普通轿车。年客运量4559万人次，客运周转量4.96亿人千米。

第四节　公路货运

普通货运 1991年，全市公路货运量238万吨，货运周转量1.83亿吨千米，其中社会车辆运输量占88.1%。1993年，全市货运量313万吨，货运周转量2.4亿吨千米。1994—1998年，货运量和货运周转量分别保持312万吨～372万吨和2亿吨千米。2000年，货运量增至899万吨，货运周转量5.1亿吨千米。2001—2004年，货运周转量保持4.1亿吨千米～4.6亿吨千米。2005年，全市货运量1121万吨，首次突破1000万吨，货运周转量6.3亿吨千米。2013年，全市普通货运车6237辆，货运量和货运周转量分别为1988万吨和12.62亿吨千米。

危险品运输 1994年，境内从事道路危险货物运输（简称危运）车辆统一使用标志灯或标志牌，道路运输证加盖省交通厅危险货物运输专章。年内，全市从事危运车辆32辆，其中罐车21辆、小货车11辆，年货运量1.15万吨。2001年，严禁个体运输业户及车辆从事危运，已从事运输业户归并有经营资质企业，组成联组车队。是年，文登市永鸿石油有限公司车队组建首家联组车队。2002年，文登市金通汽车运输公司和永鸿石油有限公司获批为第一批具有危运资质企业。2006年7月，危运车辆均安装GPS卫星定位系统或行车记录仪。2008年5月，文登市运输有限公司通过“货运企业质量信誉建设”（为危运资质审批主要内容）考核验收。2009年，文登市永鸿石油有限公司和文登市航天化工厂通过考核验收。2013年，全市危运车144辆，危运量14.6万吨，危运周转量1460万吨千米。

货运企业（业户）

文登市运输有限公司 原称文登市运输公司，位于昆嵛路47号。1991年，内设办公室、财务科、安全科、营调科和企管科，辖汽车一队、二队和交通学校，职工343人，货运汽车104辆。1996年12月，迁至昆嵛南路38号。1998年12月，资产重组，析出文登汽车修理厂、文登市交通学校、文登市冶金轧辊厂。1999年3月，更名为金通汽车运输公司，隶属市交通局，辖汽车一队、三队和九队。2001年，吸收社会车辆挂靠，有货运汽车61辆，其中挂靠32辆。2002年，获道路运输四级资质。2003年6月，改制更名为文登市运输有限公司。8月，接收交通汽车检测站。2008年，注册“中海川物流”商标。建综合物流园区，位于经济开发区赵家产村东。一期占地2.95公顷，建仓库6000平方米和100套物流配送商铺，12月竣工。2013年，职工103人，固定资产5531万元，运输车辆315辆。年货运量25万吨，货运周转量1.81亿吨千米。

货运配载业户　1998年2月，文登市大军配载中心成立，位于市区秀山路66号，为境内首家个体物流业户。10月，文登涌泉配货站成立，位于米山路西首。2003年，全市货运配载业户34家，从业人员76人。2006年3月，文登市丁大配货站成立，位于文登义乌小商品批发市场。5月，义乌市场相继成立配货站6家。6月，文登市顺达储运有限公司成立，位于米山镇长埔村，建仓储、理货和代理货运站，占地4.05公顷，固定资产300万元，职工36人。8月，文登市顺丰货运服务有限公司成立，位于经济开发区金山路北首。占地1.67公顷，一期投资700万元，容纳80家货运配载业户入住经营。开通文登至北京、天津、唐山、石家庄、包头、呼和浩特、新疆和东北三省等全国大部分地区货运专线，时为境内首家货运、空车配货、仓储、停车食宿和汽修汽配一体的大型货运市场。是年，全市有货运配载业户50家，从业人员102人。2008年，文登润通物流中心成立，位于文昌路东珠海路南，占地13.33公顷。一期工程6.67公顷，投资1亿元。2009年，文登市规划建设农村物流管理站8个，推动农业物流发展。2013年，全市道路货运配载业户57家，从业人员166人。其中普通货运企业27家、配送业户24家、危运企业6家。

第五节　公路管理

公路养护　1991年，境内威青二级汽车专用路和烟威一级公路采用专业养护，其他均采用民工建勤[①]养护，按沥青路1人/千米、沙土路2.5人/千米配备养路人员，时有养路工人780人。1993年，桥梁实行分级负责制，文登公路局设专职桥梁养护工程师，基层公路站负责辖内桥梁巡查与日常养护。2000年，文登公路局实施GBM（国家标准化）养护，投入资金727万元，硬化道路347.1千米，好路率92.6%以上。是年，全市县乡以上公路养护里程594.4千米，其中二级以上高等级公路256.9千米。2002年9月，威海市文登公路养护工程有限公司成立，负责全市道路养护。养护由指令性改为合同式管理，推向市场。

2004年3月，原公路系统负责的270千米县乡公路移交交通部门管理。是年，全市公路养护里程738.3千米，其中国道56.5千米、省道281.3千米、县乡道400.5千米。2006年，按养护里程每15千米配协管员1人，沥青路2.5～3千米、土路1～1.5千米配养路员1人。全市有协管员9人、养路员113人。境内公路两侧距边沟外缘县道10米、乡道5米、村道3米，无边沟路段距公路外缘县道14米、乡道9米、村道7米范围内，为建筑控制红线。2008年，上级按年千米县道7000元、乡道3500元、村道1000元标准拨付农村公路专项养护资金，用于公路大中修工程。2013年，境内公路养护708千米，其中国道55千米、省道262千米、县道205千米、乡道186千米。干线公路综合优良路率98%。全市有协管员11人、养路员176人。

道路绿化　根据公路等级和文登实际，土路肩、边坡以人工草坪为主，一级公路以乔木为

①依靠地方群众，承担国省道改善与养护、县乡道修建的一种养路方式。2000年后，养路员实行工资制。

主，二级公路采用乔灌木结合，三级和四级公路以行列对称方式绿化。

境内道路规模绿化始于90年代末期。1999年，投入200万元，完成威青汽车专用路61千米绿色通道建设，植树14.7万株，绿化16.3公顷。2000年，完成荣兰线和新初张路沿线绿化，建绿色通道105千米。2001年11月，文登市确定新建上泽线、石泽线、俚李线和威石线4条绿色通道，修补和完善初张线、荣兰线和威青专用路3条绿色通道，共绿化212.6千米，植树74.28万株。2003年，完成张西线、隆高线、寺五线、迎宾大道、文山东路和荣兰线市区段绿色通道建设。是年，新建绿色通道18条100千米，植树23.8万株，建成环海路高档常绿树种二级育苗基地和威青线绿色长廊。2005年，重点完成机场路和20余座可视荒山绿化及绿色通道断档补植工程。机场路两侧绿化宽50米，两侧可视荒山绿化110公顷、退耕还林210公顷、林地补植88公顷。2006年，完成威青高速公路泊子桥北13.8千米绿色通道（植苗木160万株）、机场路南6千米绿色通道（植树30万株）、荣兰线泊子桥东30.2千米绿色通道（补植树木30万株）、世纪大道北段拓展6千米绿化（植树10万株）、初张路绿色通道（补植树木10万株）建设。2011年3月，实施荣兰线、初张线、威石线、环海路、威青线、上泽线、石泽线、俚李线、文三线、荣文线、初张辅线11条主干公路沿线绿化升级改造工程。此后，新筑道路与绿化同步进行。

路政管理 1991年，城市公路交通标志分3类34种。其中，指示标志9种，警告标志7种，禁令标志18种。1999年，完成路政巡查3.48万千米，清除非公路标志167块，查处路政案件106起。获山东省公路路政达标县（市）评比第一名。2000年，按国家新标准，境内公路每千米设标志牌7块。2004年5月1日，按道路条件和通行需要，分机动、非机动车道和人行道。机动车设限速标准、核定承载人数，客运不得违规载货、货车禁止载客。统一交通信号灯、标志和标线。学校、幼儿园、医院和养老院等门前，设置人行横道和提示标志，城市主要道路设盲道。2013年，文登公路局成立3个路政中队派驻基层站所，强化平交道口污染、车辆漏撒覆盖和超限超载等现象治理。是年，完成路政巡查9万余千米，处理路政案件1321起。

养路费征收 1991年1月，专业运输车辆（交通运输公司和威海运输公司汽车三场）按营运收入15%征收，其他客货汽车按月每吨（下同）115元征费，10吨以上挂车按58元征费，拖拉机和三轮摩托车按45元征费。9月1日，客货汽车调为160元，挂车、特种车和重型汽车调为80元，20马力以上拖拉机调为80元、以下60元。1997年，专业运输车辆改按月按吨位计征，220元/月·吨。1998年，农用运输车征费调至220元（含路港建设费30元）、拖拉机调至75元（含路港建设费30元）。2009年1月1日后，养路费停收。

第六节　运输管理

客运管理 1991年，境内客运车实行定线路、定班次、定站点管理。1995年8月，客车分流进站。“八五”期间，处理公路客运纠纷85起，纠正客运违章431车次，查获无经营许可证、无道路运输证、无规费缴纳车辆66辆次。2001年，市政府印发《文登市城市公共汽车客运管理暂行规定》，农用汽车、拖拉机、三轮车和两轮摩托车禁止客运，超期客运车辆停止营运。2004年，加强车辆超员超限治理，审验道路客运车辆661辆，查处超员超限车辆99辆。2005年，专项查处客运车辆低速待客、抢点压点和违章上客等违章行为，停业整顿客运车4辆。2013年12月3日，市政府印发《关于推行城乡公交一体化的实施意见》，引导客运、公交经营者进行集约化改造，形成“区间大线路、区内小循环、大线路串联小循环”的城乡公交网络布局。是年，客运车辆均安装GPS卫星定位系统，与省和国家网络对接，实行远程实时监控。

货运管理 1991年，运输企业实行道路运输经营许可制度，车辆使用道路运输证，从业人员须持从业资格证。运输单位成立车队，车辆实行定级制，全市首建车队66个，定级车3500辆。1995年，全市审验道路运输经营许可证3760份、道路运输证6749份、从业资格证8596份。1999年，开展道路、水路、车间、仓库和公共场所安全大检查，对从事危运车辆实行技术鉴定和资格审查，达不到一级车标准强制整修，手续不符合规定者责令退出，无证操作人员禁止从事该行业工作。2000年，打击非法营运和不正当竞争，清理挂靠车辆，制止违章超载，淘汰技术性能不合格营运车辆，通过整顿，道路运输市场秩序明显好转。2003年，货运驾驶员实行准入制，须具3年驾龄方可持证上岗。是年，审验道路运输经营许可证6700份、道路运输证8410份，检测运输车2.3万车次。2012年，货运配载和装卸搬运等道路运输辅助业务由许可制改为备案制，年末，备案25家。2013年，加强道路运输驾驶员继续教育，培训从业人员1.06万人次。

运输管理费征收　1991年，从事营业性道路运输、搬运装卸、汽车维修和运输服务均按营业额1%计征，按月缴纳。无固定营业额运输业户按车辆吨位和座位计征，载重汽车每月每吨5元、挂车和拖拉机4元，普通大客车每月每座0.8元、宽座大客车1.2元、中型客车2元。1998年，汽车维修运输管理费停收。2004年1月1日，营业性运输农用三轮车和拖拉机运输管理费停收。2008年，调整道路运输管理费，载货汽车运输管理费每月每吨8.5元、挂车（含拖拉机）7元，普通和中级客车基本运输管理费每月每座1.5～3.5元、高级客车2.3～7元。2009年1月1日后，运输管理费均停收。

建设基金征收　1991年，客运建设基金为每位旅客10千米以下加收0.05元、11～49千米加收0.10元，50千米以上按每人每千米0.003元计收（1992年3月调至0.01元）；货运建设基金由运输业主按每吨每千米0.02元缴纳，统计不健全业户按车辆吨位计缴，普通汽运每月每吨45元，挂车、拖拉机和其他机动车24元，21吨以上特种运输汽车18元。2002年11月，建设基金更名为客（货）运附加费，其中客运附加费改为每人每千米0.02元计收。2006年，出租车附加费停收。2009年1月1日后，附加费均停收。

营运车辆检测　1990年2月，文登市机动车辆检测中心成立，隶属文城镇西楼村，5月更名为文登市汽车检测站，隶属市交通局，为半自动汽车综合性能检测站。1995年10月，迁至昆嵛南路38号，投资200万元，建全自动汽车综合性能检测B级站，更名为文登市交通汽车检测站。“八五”期间，累计检测汽车3.84万辆次。2002年11月，按A级站标准升级改造，新建全自动汽车综合性能检测线1条，2003年通过交通部验收。是年，经营权改属文登市运输有限公司。2005年，被省道路运输局确定为三星级规范化服务汽车综合性能检测站。2008年8月，更名为文登市中海川汽车检测有限公司。9月，通过计量认证。是年，汽车尾气纳入检测范围，建环保检测线1条。2013年，新增环保检测线2条，年检机动车1.5万辆次。有职工32人。

第七节　公路稽查

稽查机构　1998年6月，文登市交通稽查大队成立，副科级事业单位，编制15人。1999年，获省交通厅首批甲级资质（可在国道和省道检查过往车辆）。2005年8月，内设3个中队。2011年7月，更名为文登市交通运输监察大队，编制22人。2012年8月，增设四中队和五中队。

稽查业务　1991年，路查车8360辆，查处违章车1912辆。1998年，重点检查无证经营农用车和出租车，查处违章车2795辆、“黑车”（非法从事客运车辆）50辆。2004年，组织3次大规模稽查，查车3.16万辆，其中违章4433辆、逃费摩托车2357辆、超员超限99辆、违规危运46辆、“黑车”130辆。2006年，开展“大吨小标”等专项治理，纠正“外挂车”22辆、调整“大吨小标”车3000辆、处理“黑车”86辆。2010

年，重点检查学生班车、危运、驾照培训和汽车租赁市场。其中，查扣非法接送学生车8辆、培训车5辆，查处违规营运中巴车10辆、非法危运车30辆次、“黑车”145辆，捣毁非法驾驶培训窝点1处，取缔非法汽车租赁业务公司1家。2013年，开展“安全生产月”和“打非治违”专项检查，检查车辆5076辆次，查处违章车辆956辆次。

第二章 铁路运输

第一节 地方铁路

桃威铁路为境内唯一通过的地方铁路。1992年开工建设，1993年铺轨，1995年通车。

管理机构 1991年5月23日，威海市地方铁路管理局文登站（简称文登火车站）成立，隶属威海市地方铁路管理局，正科级事业单位，位于米山镇东铺头村北。1995年，内设办公室、货运室、运转室和装卸作业所，工作人员43人。威海铁路局在文登火车站设工务和电务领工区、派出所和车队驻站部门，驻站人员93人。1997年9月10日，铺集站启用，定员7人，为中间站，主要办理列车接发、通过和会让业务。2008年3月，铺集站并入文登火车站管辖。2013年，文登火车站内设办公室、客运室、货运室和运转室，辖铺集站，工作人员63人。威海地方铁路管理局设工务工区（20人）、电务工区（2人）、公安派出所（4人）等驻站部门。

铁路建设 1992年11月，开工修筑桃威铁路，征地200公顷，其中果园30公顷，拆除房屋300间。活动土石371.6万立方米，修筑大、中、小型桥涵247座，1993年年末完工，总投资6.5亿元。1995年通车。桃威铁路西起国铁蓝烟线的桃村站，东至环翠区西苑街道，为Ⅰ级地方铁路，全长138千米。境内经铺集、米山、文城、北郊、葛山和草庙子等镇，长50.15千米，草庙子镇析出后，长45.6千米。2003年8月至2005年12月，威海市地方铁路管理局投资2.85亿元扩能改建，铁路提升为国铁Ⅱ级标准。

火车站建设 1992年3月，开工建设文登火车站，1994年6月竣工。建1492平方米三层办公楼和180平方米临时候车室等。拥有到发线3条，有效长度分别为1线699米、正线742米、3线735米，平货位货物线1条522米，高货位站台1座，低货位20个，10吨龙门吊车1台。1996年7月，新建1378平方米仓库1座，容量500吨，11月增加低货位线1条561米。2008年5月，威海市政府与文登市政府共同投资6000万元，新建5852平方米候车大楼，修建占地2公顷站前广场，2009年11月投入使用。2013年，有站内线路5条，其中，到发线3条（含正线1条）、货物线2条。有60吨汽车衡1座，封闭仓库1座，高站台货位1个，装卸车货位14个，40吨龙门吊1台。

客运 1996年4月，桃威铁路首开威海—青岛假日旅游列车，每周开行1对（1998年改为周3对，12月改为图定开行）。1997年4月30日至11月1日，开行威海—淄博假日旅游列车，每周开行1对。1998年7月，开行威海—济南特快列车。1999年7月，铁道部批准桃威铁路与全国铁路客运站开办客运直通业务，开行隔日威海—北京暑期临时旅客列车。是年，文登站通过的旅客列车有文登至北京、至济南、至青岛、至淄博。2000年8月，铁道部批准威海—北京旅客列车正式图定运行，每日对开。2006年7月，开行威海—徐州的4976/5次图定旅客列车，2007年4月延至汉口，车次为1064/3。2009年5月4日，开行威海—济南的k8264/3次夕发朝至图定旅客列车。2013年，文登火车站年客运量26.43万人

图 6-3　1997 年 4 月 30 日，威海—淄博假日旅游列车开行。

次，通过图定旅客列车有威海至北京、至济南、至汉口，其中，至济南 2 对 / 日。

货运　1995 年 3 月，开办试运营业务。年末，文登火车站货运总量 22.47 万吨，运输货物包括化肥、粮食、农业机械、煤炭、石油、钢铁、建筑材料和矿石等。1996 年 8 月 1 日始，铁道部批准桃威铁路与全国铁路营业线办理货物直通运输。是年，文登火车站完成货运量 57.76 万吨。此后，陆续开办批量零散快运业务、集装箱业务、军事运输业务。2013 年，文登火车站办理行李、包裹运输和全国各地 10 吨 20 英尺集装箱业务，大宗货物主要有煤炭、木材、钢材、粮食和化肥等。年货运量 8.32 万吨。

第二节　国家铁路

青荣城际铁路为境内唯一通过的国家铁路，2010 年开工建设。

管理机构　青荣城际铁路文登车站（文登东站）为高铁三等站，隶属济南铁路局烟台车务段，编制 23 人。2010 年 12 月车站开工，建筑面积 2890 平方米，其中，候车大厅 677 平方米。

铁路建设　2011 年 4 月开工建设，为客运专用铁路，自青岛北站至荣成站长 299.5 千米，设计时速 250 千米 / 小时。境内长 9.8 千米，设文登东站，途经西字城、长夼沟、榛子崖、泊邓家、柯家庄、前北凤口、后北凤口 7 个村。2013 年，西字城、梁帽山、威海 2 号、韩家隧道贯通。

第三章　海上运输

第一节　港口建设

张家埠港　境内唯一商港。90 年代，港口是文登运输重要组成部分，设计年吞吐量 50 万吨。1993 年 2 月，省政府批准为二类开放口岸。

码头　1991 年，有岸壁石砌方块重力式码头 220 米，1000 吨级泊位 3 个。1993 年，敷设供销石化柴油地下管道和市交通局石油公司石油管道各 1 条，分别为 190 米和 100 米。1994 年，增加市石油公司地下石油管道 1 条 500 米，可接 1000 吨油轮。2013 年，码头长 220 米，其中 140 米前沿水深 -4.5 米，80 米前沿水深 -5 米，可同时停靠 1000 吨级船舶 3 艘，年设计通过能力 40 万吨。码头自东向西分别为 1 号泊位（杂货）、2 号泊位和 3 号泊位（油品）。

航道　进出港口航道呈东北、西南向，长 13.6 海里，宽 200 ～ 400 米，水深 -5.2 米至 -8.9 米，航道两侧为淤泥浅滩。航道长会口嘴与张家山嘴连线处以外有拦门沙，长 1.8 海里，船舶进出须候潮，1000 吨级船舶高潮时才能通过。港内临时锚地位于码头以东，水深 -5 米，海图水深 -5 米至 -9 米。2004 年前，因航道淤塞，影响通航，吞吐量逐渐下降。2005 年，大规模清淤，开挖航道 3600 米，疏浚泥沙 28.1 万立方米。2013 年，有助航标志浮标 6 个，姑嫂岛东南 1.5 海里暗礁处安装闪光灯标1座，港口两侧设圆柱白色灯桩，光距10海里，归威海市海事局石岛航标处管理。

库房货场 1990年，港口有货场3处4.44万平方米，仓库2座928平方米。1997年，建外贸仓库1座1200平方米、混凝土堆场4处2万平方米。1999年后，港口吞吐量减少，仓库和货场逐渐对外出租。

张家埠新港 2006年，文登市编制《威海港张家埠新港区概念性规划》。2008年，编制《威海港张家埠新港作业区总体规划》，并通过专家评审，新港建设启动。2009年，省政府批复的《威海港总体规划》将张家埠新港作业区纳入规划。

码头 一期建2个1万吨级泊位，二期建2个5万吨级泊位。2012年，3677米防波堤（列省100个重点建设项目之一）完成立项。2013年，一期5千米引堤、2个1万吨级杂货泊位（年通过能力107万吨）基本完工，2个5万吨级通用泊位通过省发改委立项。

航道 一期采用临时航道，走向157°30′～337°30′，70米宽单向，设计底标高-8.7米。外航道西侧规划2块通用锚地，1号锚地9000平方米、水深-11米至-14米，2号锚地6000平方米、水深-16米至-18米，危险品锚地规划位于外航道东侧1.08万平方米、水深-14米。2013年，5万吨级航道申请立项。

第二节 货物运输

集体运输 1991年，境内海上集体运输主要由文登市海运公司负责。海运公司隶属市交通局，职工241人，其中船员157人。有货轮8艘，货运量11.8万吨，货运周转量5205万吨千米。1997年，投资388万元，购置载重668吨钢质滚装船，境内始有海上集装箱运输。1998年，投资341万元，新建载重700吨散装货轮“文昊”号。是年，公司有货轮11艘，载重吨位1.08万吨，其中载重500吨以上船舶8艘。1999年9月，将载重2200吨“圣经山”号货轮改为以中日韩航线为主近洋航运货轮。2001年，新造2000吨集装箱与杂货两用船，投入国际运输。是年，公司有货轮8艘，其中国际运输货轮4艘、国内运输货轮4艘。2002年9月，公司改为股份合作制企业，通过中国船级社（CCS）国际航行船舶安全管理体系（ISMC）审核，获DOC和SMC证书。2008年6月，公司更名为文登市海运有限公司。受航运市场萎缩影响，船舶逐渐变卖。2013年，公司有职工65人，固定资产4500万元，船舶2艘，总载重量4600吨。运营国际航线4条，以日本、韩国、俄罗斯为主。货运量21万吨，货运周转量3.28亿吨千米。

社会运输 1994年，文登市明达渔业有限公司购置国际运输商船8艘、顺通渔业运输公司购置1艘，开辟日本航线，开通韩国、印度尼西亚等国家和中国香港运输业务。至1995年，庆顺渔业股份有限公司、埠口镇渔业公司和前岛渔业公司等相继获得水产品自营进出口权。2000年，全市有1300～5000吨级国际商贸社会运输船18艘，吨位3.9万吨，年创利润3600万元。2001

图6-4 文登市海运公司“圣经山”号货轮（2005年8月29日摄）

年，泽库镇庆顺、南辛庄和泽库镇第二、第四渔业公司购置1600～3000吨级商贸运输船8艘，镇级海上运输货轮共25艘。开辟日本、韩国、新加坡和俄罗斯等国家运输航线5条，总运力5万吨。2002年，泽库镇第二渔业公司新增股份船2艘，庆顺渔业公司投资1800万元购置国际商贸运输货轮1艘。2004年，泽库镇有国际商贸船43艘，吨位15万吨，开辟国际航线10条，完成海上运输450万吨，实现货运收入4亿元。2011年12月，庆顺实业有限公司出资1亿元建造的1.2万吨“庆意”号干货船交付使用。至2013年，社会海上运输企业有庆顺、前岛、泽库和南辛庄等渔业公司，总吨位22万吨，以日本、韩国、俄罗斯国际航线为主。

第三节　港航管理

管理机构

中华人民共和国威海文登海事处　1991年，张家埠港监督站与张家埠港务办事处合署办公。1994年1月，张家埠港监督站独立，更名为威海海上安全监督局张家埠港监督站，隶属于威海海上安监局，正科级行政单位。2000年10月，更名为中华人民共和国威海文登海事处。2013年，编制4人，隶属威海海事局。

文登市港航管理局　1991年，航运管理所为股级事业单位，隶属市交通局。2008年9月，升格为副科级单位，更名为文登市港航管理局。2011年1月，升格为正科级单位，设综合科、港口科和运政科，编制10人，隶属市交通运输局。

海事管理　1987－1995年，文登海事处办理船舶签证2604艘次，办理船舶进出口手续734艘次。1998－2006年，办理船舶签证1992艘次，办理船舶进出口手续539艘次，调解海事8起，监管危险品运输船舶319艘次。2007－2009年，办理船舶签证667艘次，办理船舶进出口手续38艘次，监管危险品运输船舶50艘次。2010－2013年，办理船舶签证84艘次，监管危险品运输船舶37艘次。开展陆域和海上巡查1026次，处置海上险情1起，救助12人。

港建费征收　1993年，国外进出口货物每重量吨（或换算吨）按7元计征，国内出口海港及南京以下长江港口按5元计征，其他按2.5元计征；国际集装箱20英尺每箱按80元、40英尺每箱按120元计征，国内标准箱海港及南京以下长江港口按标记载重每吨5元，其他每吨按2.5元计征。2012年调整，国外进出口货物每吨按5.6元、国内每吨按4元计征；国际集装箱20英尺每箱按64元、40英尺每箱按96元计征，国内出口和内支线集装箱20英尺每箱按32元、40英尺每箱按48元计征。

港务费征收　1991年，国际航线船舶按每吨每马力0.71元、国内按0.25元收取。2005－2013年，国内航线船舶调为0.5元。

第四章　航空运输

第一节　管理机构

1993年7月，威海机场民用航空站成立，位于大水泊镇，隶属威海市航空联合总公司，全民所有制中（一）企业，独立核算，负责机场及民用航空运输管理。1998年2月，威海市航空联合总公司更名为威海市民用航空管理局（简称民航局），隶属威海市政府，正县级事业单位，与航空站合署办公。2013年，内设总调度室、办公室、航空管理处、运输服务处和总务处等21个科室，编制220人。

第二节　机场建设

1992年，空军威海（大水泊）机场辟为军民合用机场。8月，启动一期扩建工程，历时3年，总投资3.4亿元。包括机场跑道、候机楼和航管楼工程等。扩建后，达4D级机场标准，能起降B737、MD82、B757、A300、A310及以下机型飞机，满足年旅客吞吐量50万人次、货邮吞吐量3800吨要求。2004－2005年改扩建，投资1.92亿元，包括航站楼、联检办公用房和飞行区围界更新等。2007－2008年扩建，投资1.83亿元，包括站前广场、停车场改造、民航停机坪扩建和排水系统、消防系统等。2009－2013年扩建，总投资3.5亿元，建筑面积3.92万平方米。包括新建国际航站楼1.22万平方米、航空配餐中心1459.3平方米和二次引接雷达等，2013年年末基本完成。

第三节　航线与运输量

威海机场为军民合用4D机场。1995年10月31日，机场获批对民航企业开放。1996年1月，中国国际航空公司开通威海—北京航线，机型B737，班期周二和周日。3月，开通威海—海口航线，机型B737，班期周一和周四；威海—哈尔滨航线，机型MD82，班期周五。4月，开通威海—重庆航线，机型B737，班期周六。5月，开通威海—济南航线，机型SF3，班期周二、周四和周六。1997年，山东航空公司开通大连—威海航线，四川航空公司开通成都—济南—威海航线。是年，保障飞行605架次，旅客吞吐量3.23万人次，客座率49.8%，营运规模列民航华东局第22名。2000年12月，上海航空股份有限公司开通上海—威海正班航线，机型CRJ200。是年，保障飞行1168架次，旅客吞吐量6.02万人次，货邮吞吐量756.7吨。

2004年，国务院批准威海机场对外开放。2005年3月，开通威海—韩国首尔国际航班，由中国国际、山东、韩国大韩和韩亚航空公司共同执飞，周12班。是年，有中外7家航空公司加盟威海机场，周航班最高峰达90架次。2006年，中韩达成航空运输协议，增加威海机场为中韩通航点，允许中韩两国航空公司自行确定济南、青岛、烟台和威海4个开放机场与韩国各航线班次和运力，山东省成为全国唯一对韩开放航空特区。是年，威海—首尔航线，中国国际航空和东方航空公司保持周7班，韩亚和大韩航空公司保持日1班。

2013年，开通威海—中国台北航线。是年，保障飞行1.29万架次，旅客吞吐量114.59万人次（国际27.25万人次），货邮吞吐量5683.55吨，为全省第四家客运量跨百万机场之一。有首尔、釜山2条国际航线，机型B737、A320、A321，由韩国韩亚、大韩、济州航空公司和中国东方航空公司执飞。有北京、上海、广州、哈尔滨、济南、太原、西安、沈阳、大连等国内航班，其中，北京和上海航班分别为日4班和3班。

图6-5　威海机场停机坪（2013年9月17日摄）

第五章　口岸管理

第一节　卫生监管

管理机构　1991 年，文登市埠口海港检疫站内设检疫科、消杀科、防保科，隶属市卫生局。1994 年 10 月，市埠口海港检疫站整建制划归青岛卫生检疫局管理，改称青岛卫生检疫局文登办事处，副县级单位。1999 年 11 月，划归威海市出入境检验检疫局管理，更名为威海市出入境检验检疫局文登办事处（简称文登检疫处），副县级单位。内设综合业务科和威海国际旅行卫生保健中心文登分中心 2 个科室，编制 13 人，辖口岸医院。2004 年 11 月，口岸医院撤销。2005 年 4 月，文登检疫处由市区迁威海（大水泊）机场，与威海出入境检验检疫局威海机场办事处合署办公，主要承担威海国际机场的检验检疫工作。2007 年 4 月，文登检疫处撤销，人员划归威海出入境检验检疫局。

出入境卫生检验检疫　1991—1995 年，检验检疫出入境船舶 268 艘次，检验查验出入境人员 2412 人次，签发健康证和预防接种证各 1256 份。1998 年，检验检疫出入境船舶 132 艘次，检验查验出入境人员 1450 人次，签发健康证和预防接种证 2014 份。检疫监管注册三资企业 53 份。1999 年，完成埠口港病媒昆虫本底调查，初步掌握鼠、蝇种类、分布情况及季节消长趋势。建立病媒昆虫标本实验室和船舶卫生档案，并选择市肉联厂、埠口港码头、葛家镇上卧龙村苹果园、口岸医院等地点，每年 8—9 月份诱捕地中海实蝇、瓜实蝇、桔小实蝇进行实地调查。2000 年，日本、韩国等邻国相继发现口蹄疫，文登检疫处加大往来于中国与日本之间的运鲜船舶检疫力度，保护中国偶蹄动物不受侵害。2002 年后，因受国际市场和海洋资源影响，境内国际运鲜船舶停止运营。

2005 年 3 月，威海机场首开威海—首尔国际航班。威海出入境检验检疫局威海机场办事处购置全套媒介生物检测设备，对航空口岸进行媒介生物检测，消毒入境集装箱 1091 个，检疫处理检疫物 87 批次。检验检疫出入境飞机 894 架次，旅客及机组人员 8.74 万人次，其中检查韩国入境旅客携带泡菜 11 批。是年，规范航空口岸饮食和生产经营服务单位检验检疫，对机场内候机厅、免税店、咖啡厅、餐厅、仓库、职工食堂等实施卫生考核制度，颁发卫生许可证，从业人员持健康查体证上岗。威海机场配餐公司获省出入境检验检疫局颁发的国境口岸食品生产经营单位卫生许可证。2006 年，截留禁止入境物品 163 批，销毁 78 千克。完成 1390 架次入境飞机和 5417 立方米垃圾的消毒，行政处罚 28 例。检验检疫出入境飞机 1888 架次，检验查验旅客及机组人员 16.25 万人次。

图 6-6　2006 年 4 月 6 日，威海机场口岸检疫人员对餐饮单位提供的食品进行快速检测。

第二节　海港口岸建管

管理机构　1993年，文登市口岸办公室（简称市口岸办）成立，隶属市交通局，正科级事业单位。1997年6月，划归市政府管理。1998年4月，原归属市对外经济贸易公司的保税仓库划归市口岸办管理。1999年7月，保税仓库关闭，与口岸办脱钩。2002年1月，市口岸办改属市政府办公室管理。2013年，内设综合业务科，有工作人员7人。

口岸建设与管理　1993年2月，省政府批准张家埠港为二类开放口岸，3月1日正式对外开放，当年吞吐量50万吨。1997年，经考察论证，对港口停靠6000吨位船舶可行性做出书面报告。1998年，市口岸办按《山东省口岸综合管理条例》，制定报关、报检、疏港系列服务措施。是年，对在张家埠港入境的1.3万吨外国商品和100吨出口商品进行检查，对11艘次出入境船舶进行安全监督管理，商品、船舶出入境安全率100%。2000年，全国二类口岸清理整顿，张家埠港口岸通过验收。2010年3月，文登市“十二五”口岸发展规划呈报威海市和山东省两级政府审批。9月，张家埠新港建设被列入省“十二五”口岸发展规划；10月，张家埠新港建设规划经省政府上报国家口岸办。年内，外资企业通过张家埠港出口货物总量8643吨，出口额100.8万美元。2012年6月，南海新港（张家埠新港）扩大开放项目被列入国家“十二五”口岸发展规划，文登口岸对外开放实现新突破。10月，市政府成立南海新港发展推进小组，启动新港口岸规划、立项、建设、运营和关联产业招商工作。至年末，港口一期供水工程完工，供电工程、调度中心及机修车间等工程建设如期推进；二期防波堤工程立项获省发改委批复。2013年，继续做好张家埠新港一期码头监控设施规划设计和航道疏浚工作，为申报国家一类开放口岸奠定基础。

第七编
邮政 信息传输业

1991年始，全市邮电基础设施逐渐完善，邮政业务不断扩大，邮件转运和投递能力稳步上升。通信设备的程控化和计算机网络传输线路的电缆化、光缆化，大规模更新和扩建市话、农话、长话线路，使得通信效率大幅提高。1998年，邮电分营。电信业在国家"优先发展"战略推动下，引进应用程控电话、无线寻呼、移动电话、光纤通信等高新通信设备和通信手段，党政机关、企业、学校、农村等通信网络应运而生，网络管理、交易、教学及社会网吧、家庭上网等大量涌现。信息化技术的迅速发展，给经济社会、人们生产生活带来巨大变化。1999年后，全市信息化建设迅猛发展，数字文登、智慧文登建设进程加快，到2008年，全市电信业务形成移动、电信、联通3家运营公司并存、有序竞争发展的格局。2010—2013年，文登市成为全省首批信息化与工业化融合试验区。建成以光纤为主、卫星和微波通信为辅，集程控化、数字化交换为一体的高速通信网络，获中国城市信息化推进奖。数字化城市管理系统、电子政务、电子商务、中小企业信息化平台和农村信息网站建设不断推进，为全市经济持续发展提供有力支撑。

2010 年 4 月 2 日，文登联通公司工作人员在农村进行服务宣传。

第一章　邮　政

第一节　机构设置

文登市邮电局　1991年，文登市邮电局（简称市邮电局）内设电信股、邮政股、储汇股、财务股、供应股、办公室、企业管理办公室、基本建设办公室、车队和邮电招待所，辖晒字、葛家、铺集、米山、小观、泽头、宋村、泽库、侯家、埠口、张家产、高村、口子、大水泊、天福山、黄岚、文登营、汪疃、草庙子、界山、初村、界石和龙山23个支局，工作人员343人。1994年7月，随着行政区划变动，初村、草庙子2个支局划归威海市邮电局管辖。11月，撤销龙山路邮电局，设立经济技术开发区邮电局。12月，在泽头镇林村建立分支机构——林村邮电局，全省首创在较大中心村队设邮电机构先例。1995年12月，在泽库镇长会口村建立长会口邮电局。1997年，完成邮电业务总量9615万元，完成邮电收入7516万元，全员劳动生产率29.95万元/人，整体效益水平列全省和全国邮电系统县（市）级前茅。1998年6月，无线寻呼业务从市邮电局析出。8月，市邮电局内设办公室、工会、经营财务科、电信经营业务科、邮政科、储蓄汇兑科、政工劳资科、工程建设科、车辆管理科、行管保卫科、物资供应科、多种经营办公室12个科室，辖27个分支邮电局、1个多种经营公司，工作人员326人。9月，邮电撤局分营，另设邮政局和电信局。

文登市邮政局　1998年9月，文登市邮政局（简称市邮政局）成立，正科级单位。内设办公室、计划财务部、邮政经营部、储汇经营部，辖25个邮政支局（20个农村支局，5个市区支局）和1个经营实体，工作人员149人。2008年4月，中国邮政储蓄银行山东省文登市支行成立。2011年2月，根据省邮政公司专业化经营统一部署，组建代理金融、保险理财、函件广告、集邮、电子商务、分销物流、报刊发行7个专业局。2012年4月，组建报刊零售专业局。2013年，内设综合办公室、市场经营部、监督检查与安全保卫部3个职能部室，辖27个支局（20个农村支局，7个市区支局）、8个专业局，工作人员100人。

图7-1　市邮政局营业厅（2012年11月10日摄）

第二节　邮政业务

1991－1995年，市邮电局邮政业务总量以年均28.26%的速度递增。1995年，完成邮政业务总量802.65万元，完成邮政业务收入952万元。1998年，完成邮政业务总量1257.93万元，邮政业务收入984.1万元，政策性亏损519.76万元，全员劳动生产率8.44万元/人，固定资产2033.61万元。之后，随着现代化信息传输手段普遍应用，邮政8项业务，除邮政储蓄和集邮业务继续增长外，其余6项呈现逐年下降趋势。

邮电分营后，市邮政局调整邮政发展方向，实行专业化经营、企业化管理。除继续承担函件、包裹、邮政快件、报刊发行、特快专递、汇兑、集邮、储蓄等业务外，先后开办商业信函、代办保险、邮政物流、便民服务等新业务。

函件 分为平信、挂号、明信片、印刷品等多个类别。1991年，收寄国内函件164万件，国际及中国港澳台函件7400件。1994年4月始，交寄信函须使用国家标准信封。1995年，收寄国内函件221.17万件，国际及中国港澳台函件1.2万件。1999年，收寄国内函件148.17万件，收寄国际及中国港澳台函件1.09万件。随着电信、交通事业发展，普通函件业务量呈下降趋势。2004年6月始，交寄信函改用GB/T1416-2003新标准信封。2007年，函件业务完成100.99万件，其中义务兵免费平常函件1.06万件。完成国际及中国港澳台函件3800件。2013年，函件业务完成49.12万件，其中义务兵免费平常函件1216件。完成国际及中国港澳台函件3400件。

包裹 分国内、国际包裹。细分民包、商包、纸包、保险（价）包裹等类别。1991年，收寄12万件。1995年，降至10.38万件，收寄国际及中国港澳台包裹197件。1999年，包件业务量完成7.62万件。下降原因是公路、铁路、航空事业大发展，分流部分原来由邮政办理的商业性包裹。2007年，完成包件业务量6.44万件。2013年，国内包件业务量完成4.43万件。

邮政快件 1991年，收寄18万件。1993年，达到22万件。此后，因开办特快专递新业务，邮政快件呈逐年快速下降趋势。1997年，收寄9.16万件。1998年，收寄3.9万件。7月1日，邮政快件业务停办。

机要通信 1973年9月始，文登县邮电局接管机要邮件收发业务。该业务为国家机要文件、重要资料的收发传递，从邮寄到投递，与普通邮件分开办理。1997年8月，机要通信开始实行微机作业。2007年10月，国家保密局、国家邮政局印发《关于加强国家秘密载体寄递管理的通知》，严格规范机要专用封装用品的使用。随着通信网络发展、各级政务网开通，机要通信业务量日渐减少。

报刊发行 1991年，邮政系统订销报纸981万份、杂志59万份。1995年，订销报纸826种1262万份，杂志6107种56万份，报刊流转额425.56万元。1998年，订销报纸1171.66万份、杂志38.05万份，报刊流转额464.04万元。2003年，报纸累计期发份数完成748.84万份，杂志累计期发份数完成30.4万份。2007年，报纸累计期发份数完成512.04万份，杂志累计期发份数完成26.47万份。2013年，报纸累计期发份数完成794.57万份，杂志累计期发份数完成44.87万份。

邮政特快专递（EMS） 1992年12月开办。1995年，收寄特快专递邮件2.29万件。1998年，收寄国内特快邮件2.47万件，收寄国际及中国港澳台特快邮件826件。1999—2001年，开办中速快递、鲜花礼仪、法院文书传递、交通肇事通知、限时投递等新业务。2007年，特快专递业务量完成7.66万件，完成国际及中国港澳台特快专递4400件。2013年，特快专递业务量完成4.14万件，完成国际及中国港澳台特快专递5100件。

邮政汇兑 随着改革开放和经济发展，外来客户增多，给汇兑业务带来生机，快汇业务、高额汇票发展迅速。1991年，开发汇票5.08万张。1995年，达到9.72万张，汇票收入50.37万元。1999年，开发汇票9.6万张。2007年，开发汇票11.89万张。随着社会发展，账户转账方式到账速度快且取款方便，越来越被客户认可，一般优先选择账户转账方式进行汇款，汇票业务逐年下降。2013年，开发汇票5.32万张。

邮政储蓄 1990—1995年，邮政储蓄业务持续发展。1995年，储蓄余额由1990年的4300万元增至2.39亿元。1997年1月1日起，全市25个服务网点开通邮政储蓄通存通兑业务。1999年10月，全省邮政储蓄实现通存通兑。年末，邮政储蓄余额完成4.97亿元。2001年，开办邮政储蓄中间业务等。2003年11月，全市26个邮政储蓄网点并入省邮政储蓄处理中心和电子汇兑工程大网。至年末，文登邮政储蓄实现全国联网，并与各大银行联网，增加在所有公用 POS 机上刷卡消费功能。2007 年，邮政储蓄余额 30.14 亿元。2008 年 4 月，中国邮政储蓄银行山东省文登市支行成立，原邮政局储蓄业务划归储蓄银行。2013 年，邮政储蓄余额 27.37 亿元。

集邮　1991 年，全市销售集邮邮票 20.72 万枚。1993 年，集邮邮票超过社会需求量发行，造成积压。1995 年始，调节集邮邮票余缺，按集邮市场需求限量发行。为满足集邮爱好者需要，防止人为垄断和哄抬市场价格，仍执行凭证购票办法。全市有经办集邮机构 29 处，社会集邮爱好者 3000 余人。是年，销售集邮邮票 31.99 万枚。1999 年，销售集邮邮票 31.31 万枚。2007 年，销售集邮邮票 12.75 万枚。2012 年，中国邮政集团公司发行“壬辰年”特种邮票（生肖龙年），致集邮市场销售火爆，集邮邮票销售量增至 63.49 万枚。2013 年，销售集邮邮票 26.20 万枚。

邮政物流配送　2003 年，山东中邮物流文登分公司成立，为客户提供仓储、运输、配送、包装、农资分销、生活日用品等物流服务。2004 年，扩大业务规模，完善服务网络，建立以市局为配送中心，以支局为配送站，以村级邮政所为配送点的三级物流服务网络。2005 年，发展新型业务，建立邮政“三农”服务站 86 个，全年共配送销售复合肥 1750 吨。2009 年 1 月，威海邮政速递物流公司文登营业部成立。2011 年，按照省公司统一部署，在全市各镇建立健全“三农”服务站点 300 处，将农资产品直接送到田间地头。2012 年 6 月，文登市沃土农业种植合作社成立，免费为社员提供农业技术指导，保证社员购买邮政农资产品享受优惠政策。建设“花生、玉米科技示范田”，以种植合作社为纽带，建立“会员 + 示范田”运作模式，统一播种、管理、防虫、收获，向农民提供产前、产中系列服务，帮助农民扩产增收。至 2013 年，全市共建设示范田 666.67 公顷，有 6000 余户合作社社员享受高效邮政服务。全市邮政“三农”服务站增至 410 处，行政村网络覆盖率 45%。

便民服务　2011 年，市邮政局推出邮政便民平台建设项目，利用邮政物流、资金流、信息流“三流合一”网络优势，为城乡居民提供与日常生活密切相关的便捷服务。开通代缴代收类业务，市民持邮政绿卡通过移动金融自助终端进行电费、通信费等缴纳，在家门口就能办理原先需要在邮政网点办理的多项业务。至 2013 年，全市设立便民服务站 416 处，累计服务 5 万人次。

第三节　邮件递送

邮路　1991 年，邮电局自办东、西 2 条汽车邮路，长 279 千米，皆为逐日班。投递线路 40 条，全长 2135 千米（单程）。除支局驻地逐日班外，均实行每周 6 班。1995 年，根据邮递网点增设、公路建设和行政区划变动等因素，调整汽车邮路和投递邮路。调整后汽车邮路仍为 2 条，共 274 千米。东线为文城—张家产—埠口—侯家—泽库—长会口—高村—口子—大水泊—天福山—文登营—茼山—文城，全程 134 千米；西线为文城—经济技术开发区—北郊—汪疃—界石—晒字—葛家—米山—铺集—林村—泽头—小观—宋村—文城，全程 140 千米。1997 年 8 月，每镇增加 1 名投递人员和 1 条邮路，投递邮路增至 66 条，全长 2376 千米，投递人员 68 人。1998 年，全市 872 个自然村，实现村村通邮。1999 年，全市投递段道 45 条，投递路线长 2229.8 千米，自办邮车邮路 3 条，长 294 千米。2010 年，对自办邮路优化，合并为 2 条，取消城市邮路，由东、西邮路承担城市网点转运计划，总长 256 千米。至 2013 年，邮路未变。

投递

城市投递　1991 年后，经济发展，市区范围扩大，高层楼房增多，邮件按地址投递困难。为此，根据实际调整投递方案，采取平房住户邮件仍按地址分段道投递，单位宿舍楼群邮件按地址分段道投送至单位收发室或宿舍传达室，居民住宅楼邮件投送住宅楼一层报箱或送到居民委员会指定接收人。1998年邮电分营后，邮政局陆续为居民小区安装分户式集中信报箱。2000年，提供安装楼宇信报箱，改善市区投递状况。平常信函、报刊由邮递员按地址投送楼宇信报箱，挂号函件、特快专递邮件亲投到户，包裹送达包裹投递单，由用户凭单据到邮局领取。2011年，为提高投递及时率，做好名址维护、采集及基础地址库和组织机构库的系统维护工作，确保基础地址信息采集、维护率和准确率均达到100%；小区、建筑物等各类属性信息采集率和准确率分别达99%以上。报刊及信件做到当日投递不积压，给据邮件亲投到户，最大限度方便居民。

农村投递 1991年，全市有农村投递点1531个。平常函件、报刊，投递到自然村固定投递点，再由投递点工作人员将信报投递到户。挂号信件、特挂信函、包裹详情单、汇款通知等给据邮件投送到户到人。至2013年，投递情况基本未变。

第二章 电 信

第一节 机构设置

1998年9月，文登市电信局（简称市电信局）成立，正科级单位。内设综合办公室、计划财务部、市场经营部、建设维护部4部室。辖21个电信支局、2个多种经营实体，有工作人员261人。承担国家公用通信网络建设、运行管理和经营服务，主要经营全市范围内固定电话、因特网、数字数据专线、宽带网、智能网等通信业务，并承担普遍服务和党政专用通信、应急通信等任务。1999年7月，移动通信业务从市电信局析出，成立山东移动通信公司文登经营部，独立运营。2000年10月，中国联通文登营业部成立（2004年2月，更名为中国联通公司文登分公司）。2001年5月，市电信局更名为山东省电信公司文登市电信局。2002年11月，更名为山东省通信公司文登分公司。2003年12月，中国电信股份有限公司文登分公司成立。2004年11月，山东省通信公司文登分公司更名为中国网通（集团）有限公司文登分公司。2008年10月，文登网通与文登联通分公司合并为中国联合网络通信有限公司文登市分公司（简称文登联通公司）。至2013年，文登联通公司继续承担普遍服务和党政专用通信、应急通信等任务。

第二节 电报与传真

1991年，市邮电局有长途256路公众电报自动转报电路和TDM载报电路各1条，NEC-NEFAX10型电报传真机14台，收受客户交发电报18.19万份。1992年12月，开办公众用户电报传真业务。1994年4月，开办鲜花、蛋糕礼仪电报业务。1995年，市邮电局有电报传真机31台、长途电报路2条、用户电报路3条。是年，收受客户交发电报5.48万份。其后，随着各种新的通信技术运用，电报业务逐渐减少。1997年10月，市邮电局报房撤销，业务由威海局报房集中受理。是年，客户交发电报数量降至1.38万份。1999年1月，停止办理国内公众相片传真业务。12月，停止办理国际及中国港澳台公众电报加急业务。2002年1月1日起，停止受理K类电报（邮汇电报）业务，改为普通电报处理，原为公务公电种类处理的邮政汇款查询、退汇、改汇等电报，不再列为公务公电，按普通电报处理。2005年11月，取消公众礼仪和鲜花礼仪电报业务。2006年9月，中国网通文登分公司营业厅不再受理电报业务，改由威海市网通营业厅受理。

第三节　固定电话

1990年9月，市邮电局开通XC-3型450兆无线集群电话系统，交换机容量60门，语音信道8个，工作于UHF频段，与市话联网运行，基台发射功率30瓦，覆盖文登全境。1992年10月，建成以数字为主、数字模拟混合的本地固定电话网，全市23个邮电支局全部进入国际国内电话网。1993年，完成数字模拟混合网向全数字网过渡，改用德国西门子公司EWSD数字程控交换机，市话和农话全部实现数字化，无线集群电话系统停止运行。1994年10月，全市固定电话号码由6位升至7位。1995年，全市程控电话装机容量4万门，话机总计3.51万部。1998年，本地网电话交换机总容量8.95万门。其中，市话4.12万门，农话4.83万门。完成电话交换机两次版本升级，实现窄带ISDN（一线通）和接入网功能，为综合业务接入、推进信息化打下网络基础。2000年，向社会开放17908IP卡、201卡、209卡业务，开通17909IP电话业务，使通信手段日趋多样化。是年，全市本地网电话总量累计12万部，文登市达到“电话市”（百人普及率18%）标准。2001年1月，全市固定电话全部纳入本地网，取消本地营业区间资费，实施城乡同价，无市话、农话之分，计费单元统一按3分钟0.22元收费。国内长途电话不再按地域距离设定资费标准，计费单元统一按6秒0.07元收费。7月，取消固定电话初装费。是年，本地网装机量急剧增长，当年新增电话3万部，年末，全市固定电话总量15万部。2003年12月，文登电信分公司参与发展境内普通电话业务。2005年，全市固定电话总量20.5万部，百人普及率31.8%，达到峰值。之后，移动通信发展迅速，固定电话呈逐步下降趋势。2013年，全市拥有程控电话交换机容量24万门，固定电话总量14.31万部。其中，联通公司用户14万户，电信公司用户3100户。

市内电话　1991年11月，市邮电局在全省率先开通西门子EWSD数字程控交换机。市话由纵横制3000门转为EWSD数字程控电话交换机6000门。是年，市话用户2500户。1995年，市话用户1.5万户。2001年，市话用户5.15万户（之后，实施城乡同价计费，无市话业务统计）。2002年6月，开通PHS网络，建成覆盖全境的无线市话（俗称小灵通）网络，成为本地网固定电话网络的补充和延伸。2011年1月，小灵通业务停办。

农村电话　1991年，全市农话装机3500部。1992年，23个乡镇邮电支局全部进入自动电话网。1995年，本地电话电路1530路，局用交换机容量1.71万门，农话装机1.5万部。2001年，农话装机9.8万部（之后，无农话业务统计）。

图7-2　文登联通公司工作人员对电话程控交换机进行维护（2010年10月20日摄）

公用电话　1993年8月，市邮电局投资80万元，首次引进磁卡式电话，在市邮电局营业厅及环山路、豹山路、文化路、龙山路4处服务网点使用。至1995年，全市安装公用电话153部。1998年11月，在市区繁华地段安装IC卡公用电话20部。2000年，新增IC卡公用电话257部，全市公用电话总计400部。2003年，市区主干街道安装IC卡公话亭112处。2006年后，随着城乡电话普及和移动电话快速增长，公用电话数量锐减。2010年，停止出售IC卡，公用电话停用。

长途电话 1991年，市邮电局增开长途全自动电话电路120条。1993年11月，撤销“113”人工长途电话台，市话、农话用户均免费进入国内长途电话直拨，全市长途电话电路实现数字化。1994年10月，启用新长途区号“0896”，原长途区号“05451”取消。威海所辖各市（区）间通话不须再拨打长途区号。1995年，全市长途电话电路增至720条，全市长途直拨用户1.45万户，占电话总数的96.75%，长途电话通话668.48万次。1996年12月，启用新长途区号“0631”。1998年，长途电话业务835.09万次（之后，长途电话业务不再统计）。

第四节 无线寻呼

1991年12月，市邮电局开通数字无线寻呼系统，建立人工寻呼台，使用特种服务号码126，实行昼夜服务。1993年6月，开通汉字寻呼系统，实现数字与汉字寻呼兼容，容量2万台。1995年，全市无线寻呼用户7878户。

1997年，全市有无线寻呼（数字和汉字）用户2.09万户。1998年1月，198、199全国高速寻呼网开通并对外放号。6月，无线寻呼业务从市邮电局析出，划归山东无线寻呼股份有限公司威海分公司经营，市邮电局继续代办。11月，业务划归山东国信寻呼文登客户服务中心。1999年，文登区域有基站1个，三网分别为国网198/199、省网126/127、本地网226/227。至年末，全市用户总量2.99万部。2000年10月，山东国信通信有限公司威海分公司整体融入中国联通有限公司威海分公司，两公司无线寻呼网合二为一，改建为威海联通寻呼网，有本地网、省网、全国高速网寻呼等，发展为市内最大寻呼网络系统。至年末，全市新增寻呼机4000余部。2001年3月，原有226/227用户全部整合为126/127用户。2002年，127/199/192自动寻呼系统合并到青岛无线寻呼中心，126/198/191无线寻呼系统合并到烟台无线寻呼中心。2005年6月，随着移动电话广泛普及及资费不断下调，全市无线寻呼用户逐年减少，文登联通分公司寻呼网关闭，停止营业。

第五节 移动通信

境内主营移动通信业务主要有中国联合网络通信有限公司文登市分公司（简称文登联通公司）、中国移动通信集团山东有限公司文登分公司（简称文登移动公司）和中国电信股份有限公司文登分公司（简称文登电信公司）3个电信分公司，分别隶属于中国联通、中国移动、中国电信威海分公司，实行垂直管理。

1993年1月，市邮电局从美国摩托罗拉公司引进的900MHZ模拟（TACS）移动电话（俗称大哥大）通信系统开通。1995年，全市有移动用户1700户。1996年2月，市邮电局建成开通GSM数字移动电话网，市区部分市民用上数字电话手持机（俗称手机）。1997年，采取GSM数字移动电话和TACS模拟移动电话同步发展策略。全市建有数字移动电话基站27处，模拟移动电话基站7处，网络覆盖全市城乡。拥有载频91个，信道110个，可同时容纳10192个数字移动电话用户、1760个模拟移动电话用户在网上通话。1998年2月，开通“本地通”模拟移动电话，用户可在威海三市一区内使用。是年，全市移动用户1.1万户。1999年7月，移动通信业务从市电信局析出，成立山东移动通信公司文登分公司，主营境内135、136、137、138、139等号段数字移动通信网、中国移动互联网络（CMNET）建设与各项业务。2001年5月，信息产业部决定淘汰模拟移动电话通信网。12月，境内模拟移动电话通信网络关闭，停止运行。2002年5月，中国联通公司开通CDMA数字移动电话网。2003年12月，中国电信股份有限公司文登市分公司成立，在境内参与经营移动通信和电信网络业务。2008年10月，CDMA业务经营主体由中国联通变更为中国电信，主要经营189、133、153等号段数字蜂窝移动通信业务。2013年，全市有移动电话用户67.8万户。其中，联通公司23.89万户，移动公司41万户，电信公司2.91万户。

中国联通公司文登市分公司 1998年6月，无线寻呼业务从市邮电局析出。11月，山东国信寻呼文登客户服务中心成立。1999年11月，更名为山东国信通信有限公司文登分公司，负责文登区域内无线寻呼的管理、销售及售后服务工作。2000年10月，中国联通与山东国信完成重组，中国联通威海分公司文登营业部成立。主要负责运营文登境内CDMA133手机业务、GSM130/131手机业务、宝视通可视电话业务及IP电话、智能小区（宽带网）、各种专线业务等。公司是境内唯一同时经营G网和C网的电信运营商。2004年2月，更名为中国联通公司文登分公司。2008年10月，与中国网通文登市分公司合并重组为中国联合网络通信有限公司文登市分公司。

中国联合网络通信有限公司文登市分公司 2008年10月，根据国家电信体制改革要求，中国联通经营的CDMA网、GSM网拆分。C网划归中国电信，原中国联通保留G网业务，并与中国网通合并重组为中国联合网络通信有限公司，原中国网通、中国联通设在文登的分支机构合并为中国联合网络通信有限公司文登市分公司。至2013年，境内WCDMA3G基站总量230处，2G基站总量227处。是年，完成业务收入14332万元，拥有固定电话用户14万户，移动电话用户23.89万户。

图7-3 中国联通文登市分公司大楼（2001年9月21日摄）

中国移动通信集团山东有限公司文登分公司 1999年7月，移动通信业务从文登市电信局析出，成立山东移动通信公司威海分公司文登经营部，隶属于威海分公司。主要经营文登境内135、136、137、138、139等号段数字移动通信网、中国移动互联网络、WLAN网络建设与各项业务。11月，更名为山东移动通信公司文登分公司。2000年11月，更名为山东移动通信有限责任公司文登分公司。至2013年，共建有基站306处，直放站、室内分布系统126处，建成各类营销服务网点2000余个。是年，有移动电话用户41万户。

图7-4 中国移动文登分公司营业厅（2013年6月27日摄）

中国电信股份有限公司文登分公司 2003年12月成立。主要经营189、133、153、180、181等号段的数字蜂窝移动通信业务，基于电信网络的语音、数据、图像、互联网等基础业务及增值业务。2008年10月，CDMA业务经营主体由中国联通变更为中国电信。至2013年，全市

CDMA3G 基站总量 160 处，3G 网络实现市区、镇域及境内公路全覆盖。是年，公司完成业务收入 3120 万元，拥有固定电话用户 3100 户，移动电话用户 2.91 万户。

图 7-5　中国电信文登分公司营业厅（2012 年 7 月 21 日摄）

第六节　宽带网络

1991 年，市邮电局在辖区内敷设通信光缆，开始建设计算机网络基础设施。1995 年 2 月，开通 DPN 分组数据交换设备，为政府、银行、企事业单位提供数据专线通信，实现通信联网功能，开始数据通信。10 月，开通 DDN 数据交换设备，建立计算机网络，为党政机关和企事业单位提供第二种数据专线通信业务。

1998 年 3 月，开通 163 中国公众计算机互联网和 169 中国公众多媒体通信网，用户可选择拨号和专线两种上网方式。多媒体通信完成与公众多媒体通信网威海信息港连接，全年发展因特网用户 213 户。1999 年 5 月，市电信局在因特网上建成综合信息网站——文登信息港。网站设有《政府专栏》《企业之窗》《文登学人》《新闻速递》《知识杂苑》《网上书屋》等栏目，是文登市第一个集中反映文登风貌、人文地理、投资环境，可提供学习、娱乐、教育的服务网站。12 月，全市正式开通国际互联网服务、可视会议、视频点播、办公自动化等业务综合信息网，开通“中国·文登”政府网站，为文登走向世界，世界了解文登开辟重要窗口。

2001 年，推出中国电信宽带网业务品牌，首期以市区城域网建设为重点，加快进行宽带光缆和光纤接入点建设，为用户提供 3 种宽带接入方式。开通宽带上网个人用户业务，网吧发展迅速。2002 年 6 月，宽带网络传输全部实现光缆化、数字化，形成大容量、高速率、安全可靠的环形自愈光纤网。数字数据通信网、163 和 169 多媒体通信网、宽带接入网覆盖整个市区和大部分乡镇，本地固定通信网络规模不断扩大，网络技术含量不断提高，可向用户提供语音、数据、图像多媒体信息的高速接入服务。

2003 年，电子政务网、“校校通”两个示范工程快速实施。电子政务网接入行政事业单位、乡镇政府、街道办事处等 78 家，电子办公系统全部开通运行，推进企业加入电子政务网进程，加快企业宽带信息应用。“校校通”工程有 77 所学校接入宽带网，并带动学校教师家庭宽带用户快速增长，为教育现代化提供信息网络平台。6 月，开通移动办公系统、全球定位系统和可视电话等业务。12 月，文登电信分公司参与经营网络语音、数据、图像、互联网等基础业务。

2007 年，全市加快推进“精品宽带网络”建设。在农村，加快 AG、EPON 技术模式光纤接入点延伸，提高光纤宽带网络覆盖；在市区，加快楼宇光纤共享接入点覆盖，增加光纤化用户规模。依托“精品宽带”业务品牌，以自由领航、假日通、天天乐、吉时通为主导产品，满足多层次用户需求。2008 年，联通 2G 网络业务得到快速发展。2009 年 10 月，联通 3G 业务正式商业运营。主要包括无线宽带上网卡和 3G 移动手机业务，并具有视频通话、手机电视、手机高速上网、手机邮箱、手机办公等功能。经过联通、电信公司投资建设，全市建成联通国内外的高度数字化、智能化、宽带化的现代通信网络，宽带网速20M。光纤网、数据网、多媒体网、计算机互联网通达全市城乡。

2013年，全市宽带通信以“精品宽带网”为依托，加快宽带提速，为客户提供20M高速宽带接入服务，在市区、农村推出融合业务免费提速活动。是年，累计敷设骨干光缆3187千米，宽带互联网用户13.26万户。其中，文登联通公司9.37万户，文登电信公司3.89万户，用户普及率59.36%。

第三章 信息化建设

第一节 管理机构

1989年10月，市计划委员会成立信息中心（简称市信息中心），加入国家和省计委信息网络，为政府和社会提供宏观决策支持、微观信息导向和信息技术服务。2002年1月，文登市信息产业局（简称市信息产业局）成立，正科级事业单位，市信息中心整建制并入。内设办公室、信息产业科，有工作人员11人。2010年4月，更名为文登市信息产业办公室，由隶属市政府调整为隶属市经济和信息化局。2013年，内设综合科、信息化推进科、电子信息科、电子政务与信息安全科，有工作人员12人。

第二节 政府网站建设

1999年12月，开通“中国·文登”政府网站，以门户网站形式接入国际互联网，是面向国内外的综合信息发布平台。2001年，网站增设国际国内新闻、文登新闻数据库、文登市重点工程项目建设情况和便民服务等版块。开通电子邮件（e-mail）服务器，至年末，用户42个。

2002年，网站3次改版，内容更加丰富。主要包括政务公报、行政审批、科技教育、典型经验、社会聚焦、城乡建设、外经外贸、网络导航等18个版块160个二级项目，信息总量300万字。24小时全天候实时发布有关文登市的政治、经济、文化和社会生活各方面最新信息，在政府、企业、市民之间架起沟通桥梁，在各部门之间搭建起信息资源共享平台，成为文登市电子政务面向社会的服务窗口。2004年，网站再次改版，增加办事指南、便民服务等内容，并提供日常使用软件下载。是年，上网单位增至141个，联网微机702台，基本涵盖全市所有党政部门、事业单位，公文、信息、督查、会务、档案等主要业务实现数字化、网络化、信息化。2005年，“中国·文登”网站增设英语、韩语2种外文版本，加大对外宣传和招商力度。同时完善网站内容，增加《市长信箱》《税法知识》《物价收费》等栏目，使政府门户网站更具特色，成为市委、市政府为民办事、为民服务的窗口。网站还专门搭建项目投资、商品交易洽谈活动平台，为各类工商企业经贸活动提供便利。2007—2009年，网站多次更新改版，日均发布信息60条，设英语、韩语、日语3种外语和汉语4种语言版本，为各界人士获取文登政务信息，了解文登全面情况提供重要窗口和主要渠道。2011—2012年，对网站再次改版升级，网站内容、网站功能服务和网站建设质量全面改进。主要栏目模块包括：新闻公告、走进文登、政务信息、投资招商、网上办事、便民服务、投诉反馈等。两年间，全市累计收件56.62万件，办结56.06万件，办结率99.01%。政府网站共发布新闻动态、政策文件、会议资料等各类信息3万余条，日均发布信息40余条，日点击量2000人次。2013年，围绕“政务公开、在线办事、公众参与”三大核心功能，从5个方面对网站进行调整改进。新版网站从栏目设置、网页内容、资源整合等要素入手，在做好“百件实事网上办”的基础上，整合教育、医疗、交通、住房、社会保障等领域便民服务资源，使网上办事服务内容更加丰富、实用。2007—2013年，“中国·文登”网站连续7年被省信息化工作领导小组办公室授予山东省优秀政府网站称号。

第三节　政务信息网建设

2000年，文登市加快政府办公自动化、网络化进程。9月，开始搭建政务信息网；2003年7月全部完成。共敷设网线1万余米，安装交换机和收发器各100台，联网单位140家，联网微机600台。

2004年9月，市委办公室、市政府办公室联合印发《“中国·文登”政府网站信息资源报送制度》，将各单位信息资源报送情况和网页建设工作列入全市机关事业单位岗位目标责任制考核。年末，共接收各单位报送政治、经济、文化、旅游等方面信息200余条，全市70家机关事业单位建立本部门网站或主页。至2006年，全市各镇（街道）和党政机关、事业单位全部联入，联网微机千余台，公文实行网上传输。网站维护实行专人分管责任制，每天24小时专人值班，保证网络运行畅通无阻。2008年5月，政务信息网实施内、外网分离。2009年，对系统进行扩展，各镇（街道）、经济开发区、南海新区、埠口港和所有党政机关、事业单位全部联入政务信息网。

2012年，在全国县级市率先运用虚拟化技术整合安监生产平台及应急指挥系统。投资442万元建设监察网、安监网、应急指挥中心网，经过系统整合后，实现安全生产信息资源和应急指挥信息资源共享，形成政府与企业联动，统一指挥、结构完整、保障有力的应急救援体系，进而提高政府机关行政效能和服务质量。在该基础上，为市委、市政府及各相关部门提供开放、安全、相对独立的公共数据平台，通过防火墙与互联网相连，各使用单位可完成非保密数据集中处理。采用虚拟化技术建设数据处理平台，将现有资源及新上项目进行统一整合，各业务系统互联互通，解决信息孤岛问题。开发OA（办公自动化）协同办公系统，为各部门单位无纸化办公提供条件，方便各部门之间、部门各科室之间的文件传阅，提高工作效率，节约人力、物力、财力。至年末，建成以光纤为主，卫星和微波通信为辅，集程控化、数字化交换为一体的高速通信网络。实行镇便民服务中心与市行政审批服务中心微机联网，实现“一门受理、窗口运作、统一收费、承诺办结”一站式服务。建成新110指挥中心接、处警大厅和中国社区在线文登分站。

2013年，整合相关资源，建设集多项社会服务功能为一体的民生热线服务平台，实现社会服务功能的多元化、一体化。服务平台的建设进一步畅通社情民意反映渠道，创新社会管理模式，为“智慧城市”建设奠定基础。数据中心外网平台运用虚拟化技术，整合电子监察行政审批、安全生产、应急指挥、新农合、社情民意、政务邮件和OA办公等30个应用系统，既节约财政资金，又实现资源共享。

第四节　中小企业信息化与电子商务平台建设

1999年12月，文登市综合数据库开始建设，包括全市企业资料库、公文查询资料库。2000年，实施企业上网工程，上网登录主页企业32家，通过因特网发布信息企业500家。2002年，大力发展电子产品制造业和软件业，加快综合信息平台建设和企业上网工程建设。

2003年，贯彻“以信息化带动工业化，以工业化促进信息化”方针，全市形成蔄山、金山2个电子信息产业园区。有电子信息产业工业企业131家，总资产合计15亿元，从业人员1.1万人，完成工业总产值70亿元，实现产品销售收入54亿元、利税6.7亿元、利润5.3亿元，其中产品销售收入过500万元的企业45家。4月，全市41家骨干企业负责人参加天润曲轴有限公司企业信息化现场会，国家“863”计划高级研究人员到会授课，全市企业信息化工作迅速开展。11月，按照“政府扶持、企业为主、市场化运作”原则，实施《文登市中小企业信息化平台建设方案》。企业信息化平台统一提供企业信用、银行在线支付、网上招商及其他应用服务，各企业通过使用该平台，实现企业内部办公自动化、信息发布、电子邮件接发、财务管理、客户关系管理、人力资源管理等信息化建设。是年，全市204家规模以上企业有80%建立起自己的网站或在网站设立主页，开展网上招商、电子商务，形成网上营销、网上订单。2004年，天润曲轴有限公司、山东云龙绣品有限公司、山东芸祥绣品有限公司、文登市森鹿制革有限公司、山东铃兰味精工业公司、威海昆嵛啤酒有限公司、文登春源艺品有限公司、文登富平艺品有限公司8家公司被列入省级企业信息技术推广应用重点项目。天润曲轴有限公司、文登威力工具集团有限公司列入省电子商务试点计划。

2006年，加快实施中小企业信息化建设工程，对全市1500家中小企业进行分类，在语音、视频、传真、网络增值业务等综合应用方面为用户提供一站购齐式解决方案，对142家企业进行信息化培训，企业建立网站用户208个。天润曲轴有限公司、山东云龙绣品有限公司两家企业通过省信息产业厅审核，被评为山东省企业信息化建设示范单位。2007年始，先后组织天润曲轴股份有限公司、山东芸祥绣品有限公司、山东万得集团有限公司、威海政通信息技术有限公司等企业开展山东省电子信息产业发展专项资金项目申报工作，共为企业争取信息产业发展专项资金165万元。经济开发区、南海新区先后被省信息产业厅认定为山东（文登）电子信息产品出口加工产业园，文登市成为全省唯一拥有两个省级电子信息产品出口加工产业园的县级市。2009年，威海政通信息技术有限公司建成省级电子商务公共服务平台，山东金田小商品批发市场发展有限公司成为省级电子商务示范单位。2010年，加快公共信息系统的建设与整合，全面提高信息化服务水平，促进企业技术创新和新型工业化建设。各家纺企业建设电子商务网络营销平台，搭建网上B2B、B2C交易系统，与客户结成销售联盟体。至年末，全市50%以上家纺企业成功运用电子商务平台，网上交易额达10亿元。是年，文登市成为全省首批信息化与工业化融合试验区。

2011年12月，市政府印发《关于加快服务业跨越发展的若干政策》，对新认定的软件企业一次性奖励5万元，对新认定的省级以上软件工程中心一次性奖励20万元。2012年，投资200万元，搭建企业信息化公共服务平台。重点培育天润曲轴股份有限公司、文登威力工具集团有限公司等骨干企业开展信息化与工业化融合试点，带动全市企业两化加快融合。加强信息资源深度开发、传播共享，推动产业优化升级。文登奥文电机有限公司、中航黑豹股份有限公司、文登威力工具集团有限公司、天润曲轴股份有限公司、山东万得集团有限公司被认定为省级信息技术推广中心。山东颐阳酒业有限公司、文登市双力板簧有限公司、山东银丰家用纺织品有限公司、宏安集团有限公司被列入省重点培育项目。依托工艺家纺和机电工具产业集群，组建两大电子商务平台，满足企业对外商务需求。有22家企业利用家纺行业电子商务平台开展对外宣传、网上展示、网上销售、网上洽谈等业务。

2013年，文登市成立电子商务领导小组，组建电子商务协会，把推动企业创建“四个一百”[①]工程作为切入点，开展企业信息技术培训、典型经验交流和专家定向对接等服务活动，增强企业开展信息化与工业化融合发展的积极性和主动性。文登市双力板簧行业信息技术推广中心、山东银丰家纺信息技术推广中心等12个项

①“十二五”期间，全省培育100个信息技术推广中心、100个数字化装备制造中心、100个智能化供应链管理中心、100个能源监测自动化控制中心。

目通过“四个一百”工程认定。天润曲轴股份有限公司数字化刃具、设备、现场监控管理系统和山东万得集团有限公司的技、工、贸一体化管理平台应用项目，分别获得山东省计算机应用优秀成果三等奖。以创建国家级电子商务示范基地为目标，在经济开发区设立电子商务产业园。规划建设面积7公顷，入驻园区所有电子商务企业均享受市政府相关优惠政策。为更好助力企业发展，园区为入园企业搭建电商公共服务、公共技术开发与共享、创投融资服务、法律保障、人力资源服务、公共物业管家服务6大服务平台。至年末，有8家电子商务企业入驻园区。威海金科信息技术有限公司、威海政友信息科技有限公司2家公司通过省级电子商务企业资质认定。是年，全市有电子及通信设备制造企业201家，其中规模以上企业23家，从业人员9900人，完成工业销售产值145.94亿元，实现利税7.23亿元。

第五节　农村信息网站建设

1995年，建立农业综合管理和服务信息系统。2001年12月，文登农业信息网开通，主要向农民提供农作物种植技术、病虫害发生及防治、农资市场监督检查、突发公共事件预警信息及应对措施等信息服务。2003年，加快推广农业信息化，让农民通过网络随时了解最新农业技术，在网络上实时学习农业新技术，引进优良品种，获取创业经验，并通过网络向农业专家求教，改变农民局限于地域条件约束和传统技术模式限制，将当地各类农业资源详细展示于互联网上，及时发布、更新农业信息，扩大招商引资，发展农业生产。2004年，全市农村党员干部远程教育网络正式开通，远程教育接入比例91%以上。宋村、小观、米山、莔山4个镇实施省级农村信息化试点项目。

2005年，农村宽带信息化应用水平明显提高。首届昆嵛山樱桃节期间，信息网站在宣传昆嵛山优美自然风光的同时，每天把界石镇樱桃成熟的大量图片推送出去，实现网络推介与订购，共吸引10万余人进山采摘，为樱桃种植户开通销售快速通道。

2006年，推进农村特色网站建设，在泽头镇林村建成首个农村信息示范点。做好当地海产品、水貂、西洋参、蔬菜、水果等特色产业宣传，吸引种植、养殖户上网。设立信息服务站，长期上门指导，提高农民对信息化的应用能力。集中做好沿海养殖业较发达区域的信息化普及，小观镇沿海海产品养殖基地、侯家镇水貂养殖基地等特色经济发达区域上网用户量迅速增加，农村宽带上网用户比例占全市总量的三分之一，农村网站成为农民发家致富的好帮手。2007年，建村级网站89个，埠口港管委会下辖8个自然村实现村村建网站。2008年，新建村级网站125个，8个镇及经济开发区开通视频监控点101个，开通视频监控乡镇12个，村级“平安互助网”覆盖率68.3%。2010年，文登市被省委组织部列为全省远程教育电子商务试点单位。

2013年，利用农村信息网络和服务平台，推行以涉农产品为主的电子商务，让农民掌握涉农产品市场行情，及时调整涉农产品生产结构，实现产销对路，增加收入。建起中国西洋参网站，建成农产品质量安全综合信息处理平台，实现土壤检测网络自动化，全市形成市、镇、村三级动、植物疫情检测与防控信息网络。

第八编
农　业

1991年，家庭联产承包和统分结合的双层经营体制基本形成。粮油耕作以大沟麦套作为主，花生种植推行地膜覆盖技术，蔬菜种植引进日光温室冬季栽培技术。至1995年，文登市先后成为全国商品粮、商品油料、商品瘦肉猪、奶山羊生产基地县和菜篮子产品生产先进市。1998年，组织实施土地延包30年。2002年起，实施农村税费改革。2005年始，耕作模式以小麦纯种、花生春播、玉米夏直播为主。2006年，在稳定农村土地承包关系基础上，开始探索土地承包经营权流转，推进农业产业化、合作化、标准化，粮、油、果、菜产量稳步增长，牛、羊、猪、鸡养殖形成规模。2013年，农村经济总收入1333.23亿元，比1991年增长54.95倍；农民人均纯收入16310.48元，比1991年增长13.61倍。全市农产品先后获国家农产品地理标志证书10个，获国家无公害农产品、绿色食品、有机食品认证176个。

界石镇石头河村小麦联合收割机收获现场（2010 年 6 月 21 日摄）

第一章　管理机构

第一节　行政部门

文登市农业局　原称文登市农业畜牧局。1991年，市农业畜牧局内设办公室、政工科、财务科、老干部科，工作人员18人。辖农业技术推广站（简称农技站）、农村经济经营管理办公室（简称农经办）、植物保护站（简称植保站）、植物检疫站、土壤肥料工作站（简称土肥站）、蔬菜技术服务站（简称蔬菜站）、果业技术指导站（简称果业站）、文登市国际农业发展基金项目领导小组办公室、中央农业广播电视学校文登市分校（简称农广校）、畜牧兽医技术服务中心（简称畜牧中心）、农业环境保护站等21个事业单位，23个乡镇分设农业技术服务站、农业经营管理指导站、果业技术指导站和畜牧兽医工作站（简称农业4站）。1992年5月，农业4站移交乡镇政府管理。8月，设企业管理办公室，副科级事业单位。1993年2月，农广校由副科级升格为正科级事业单位。11月，农业畜牧局改为农业畜牧服务总公司，为市属正科级事业单位。1996年8月，撤销农业畜牧服务总公司，设农业局，为市政府正科级职能部门。1997年6月，畜牧与乳品局成立，畜牧兽医行政管理职能及相关机构从农业局分离。1998年7月，设农药监督管理站，股级全民事业单位，与植保站合署办公。9月，设药材技术服务站，股级全民事业单位。1999年4月，农业技术推广中心化验室（简称农技中心化验室）从市土肥站析出，独立办公，为股级全民事业单位。2002年1月，农业委员会并入。3月，文登市国际农业发展基金项目领导小组办公室增挂农业综合开发办公室牌子。4月，撤销老干部科，设综合科。6月，农技中心化验室增挂农业质量检测中心牌子。11月，设农业综合执法办公室，副科级事业单位。撤销种子站、农药监督管理站。2004年4月，农业综合开发办公室成立，正科级事业单位，辖文登市国际农业发展基金项目领导小组办公室；成立山东省农产品质量安全监督检验测试中心（文登），副科级事业单位。2008年7月，农业综合执法办公室更名为农业行政执法大队。2010年4月，林业局并入，为农业局内设局，独立办公。5月，农业综合开发办公室划归市财政局管理。综合科分为市场与经济信息科、生产计划科。6月，农业行政执法大队增挂农药监督管理站牌子。设农产品质量安全区域化管理办公室（简称农安办），正科级事业单位。2013年，市农业局内设办公室、政工科、财务科、市场与经济信息科（挂法规科教科牌子）、生产计划科，工作人员21人。辖农广校、农安办2个正科级事业单位，农经办、农业行政执法大队、农业区划办公室、山东省农产品质量安全监督检验测试中心（文登）4个副科级事业单位，农技站、蔬菜站、果业站、药材技术服务站、植保站、植物检疫站、土肥站、农村能源办公室、农业环境保护站、种子管理站、农业技术培训站、农业技术培训中心、农业技术咨询服务站、花卉技术服务站14个股级事业单位，苗木基地、祥兴药材服务部、良种繁育场、西郊园艺场、佳禾种业有限公司5家小型企业。工作人员177人。

文登市林业局　1991年，市林业局内设办公室、财务科、林业公安科，工作人员10人。辖森林保护站、林木种苗站、林业工作站和23个乡镇林业站。1992年5月，23个乡镇林业站移交乡镇政府管理。1993年11月，市林业局改为林业服务总公司，由行政管理部门改为事业管理单位。1996年12月，市林业服务总公司复名林业局。2002年6月，森林保护站更名为野生动植物保护站，增挂森林病虫害防治检疫站牌子。2008年，林业工作站增挂林业技术推广站牌子。2010年4月，并入市农业局。2012年2月，撤销林业公安科，设森林公安局，加挂文登市公安局森林警察大队牌子。2013年3月，经济林管理站成立，股级事业单位。年末，市林业局内设办公室、财务科、林政科、森林公安局（挂文登市公安局森林警察大队牌子），工作人员12人。辖林业工作站（挂林业技术推广站牌子）、野生动植物保护站（挂森林病虫害防治检疫站牌子）、林木种子站、经济林管理站、天福山林场、草场庵林场、林业苗圃7个股级事业单位。

文登市水利局 1991年，市水利局内设办公室、政工科、财务科、水政科，工作人员11人。辖水土保持委员会办公室（简称水土保持办公室）、水资源管理站、水利队、水利勘测设计室、水利测量队、机井队、水土保持试验站、23个乡镇水利站、米山水库管理局和坤龙邢、南圈、郭格庄、武林、松山、昆嵛山6个水库管理所。1992年5月，23个乡镇水利站移交乡镇政府管理。1994年6月，郭格庄水库管理所整建制划入威海市环翠区管理。1998年3月，抗旱防汛办公室成立，为正科级单位，与市水利局合署办公。10月，水资源管理站定为副科级事业单位。1999年4月，水政监察大队成立，与水政科合署办公。米山水库管理局变更为市政府直属事业单位。2002年1月，米山水库管理局由市政府直属事业单位调整为隶属水利局管理的正科级事业单位。抗旱防汛办公室由与水利局合署办公变更为加挂牌子。2003年11月，昆嵛山水库管理所整建制划归米山水库管理局管理。2009年2月，武林水库管理所整建制划归威海市水利局管理。2010年4月，撤销抗旱防汛办公室。6月，松山水库管理所整建制划归文登市经济开发区管理。2011年2月，昆嵛山水库管理所整建制从米山水库管理局划出，隶属市水利局。2013年，市水利局内设办公室、政工科、财务科、水政科（挂行政许可科、水政监察大队牌子）和规划建设科5个职能科室。辖水资源管理站、基层水利服务中心、水利移民服务中心、水土保持办公室、水利工程管理站、水利勘测设计院、水利测量队、河道管理所和水土保持试验站9个事业单位；米山水库管理局、坤龙邢水库管理所、南圈水库管理所、昆嵛山水库管理所4个水库管理单位。工作人员195人。

第二节 事业部门

文登市农业机械管理局 1991年，市农业机械管理局（简称市农机局）内设办公室、机务教育科、油料科、企财科，辖农业机械安全监理站、农机化学校、农机技术推广服务站、农机综合开发服务站、23个乡镇农机管理服务站和拖拉机总站、农机公司。1992年5月，23个乡镇农机管理服务站移交乡镇政府管理。1993年3月，市农机局更名为农业机械总公司。拖拉机总站由事业单位改为企业。7月，农机公司由国有企业改制为股份制企业。12月，农业机械总公司更名为农业机械服务总公司，事业单位，内设办公室、企财科、基层管理科（原机务教育科、油料科合并）。2002年1月，农业机械服务总公司复称农业机械管理局，为市政府直属事业单位，内设办公室、农机管理科、综合科、财审科。2003年2月，综合科更名为政工科。11月，农业机械安全监理站升格为副科级事业单位。2007年11月，农机综合开发服务站由事业单位改为企业。2013年，市农机局内设办公室、政工科、财审科、管理科，工作人员17人。辖农业机械安全监理站、农机化学校、农业机械推广站3个事业单位，工作人员41人。

文登市畜牧兽医局 1997年6月，市畜牧与乳品局成立，为正科级行政单位，负责全市畜牧兽医工作业务指导和乳品行业管理。内设办公室、政工科、财务科、生产科，定编14人。辖畜牧中心（副科级全民事业单位，挂兽医卫生监督检验所牌子）、企业管理办公室（副科级全民事业单位）和银丰兽药有限公司、山东鹏程食品股份有限公司。2000年1月，奶畜繁育发展中心成立，股级事业单位。2001年7月，15个由镇政府管理的畜牧兽医工作站划归畜牧与乳品局管理，均为股级事业单位。2002年4月，市畜牧与乳品局更名为畜牧局，内设办公室、政工科、财务审计科、饲料科。11月，市动物卫生监督检验所成立，副科级事业单位。2004年10月，银丰兽药有限公司更名为雨泽银丰动物药业有限公司。2007年8月，企业管理办公室由事业单位改为企业。2008年，山东鹏程食品股份有限公司随区划变动划归威海市工业新区。2010年4月，市畜牧局更名为市畜牧兽医局，为市政府直属事业单位。6月，动物卫生监督检验所更名为动物卫生监督所。2012年9月，动物卫生监督所增挂畜产品质量安全监管所牌子，13个基层兽医工作站增挂基层畜产品质量安全监管站牌子。2013年12月，市生猪屠宰管理办公室由隶属于财贸办公室管理调入畜牧兽医局管辖。年末，市畜牧兽医局内设办公室、政工科、财务审计科、饲料科，辖畜牧中心、动物卫生监督所、生猪定点屠宰管理办公室3个副科级事业单位，奶畜繁育发展中心及城关、文登营、大水泊、张家产、泽头、泽库、宋村、高村、界石、小观、侯家、葛家、米山畜牧兽医工作站14个股级事业单位。工作人员179人。

文登市丝绸公司　1991年，为威海市丝绸公司和文登市政府双管事业单位，实行企业化管理。1995年，市丝绸公司内设政工办、蚕茧科、收烘科、供销科、计财科、审计科、基建科、后勤科、保卫科、信息科、车队、病虫测报站、柞蚕技术指导站，辖19个镇蚕茧站、2个蚕茧分站，设鸿利装饰材料厂和蚕用物资服务站，共有工作人员279人，固定资产2339万元。1996年，撤销信息科、病虫测报站。1999年，初村、草庙子、张家产、文城4个蚕茧站分别并入汪疃、蔄山、口子、北郊4个蚕茧站，基层站由21个调整为17个，下设6个经营实体，工作人员225人。2002年1月，文登市丝绸公司改制为山东文登万里丝绸有限责任公司。2005年8月，职工出资改为股份制公司，更名为山东文登茂霖丝绸有限责任公司。从业人员38人。

第二章　经营体制与方式

第一节　土地延包与流转

土地延包　1991年，文登市以家庭联产承包责任制为基础，以集体组织统一服务为配套的统分结合双层经营体制基本形成。1998年始，市委、市政府按照中共中央办公厅、国务院办公厅《关于进一步稳定和完善农村土地承包关系的通知》要求，进一步稳定以家庭联产承包为主的责任制和统分结合的双层经营体制，做好土地延包30年的准备工作。1999年，市农经办先后举办《中华人民共和国农村土地承包法》培训班16期，培训宣讲员2000人次。2001年，市政府根据中央、省、威海市各级政府指示精神，全面落实农村税费改革和二轮土地延包工作。9月，市政府印发《关于进一步搞好土地延包工作的通知》，制定土地延包方案和具体操作程序。组织各镇土地承包合同主管部门参与村与农户土地承包合同的签订、鉴证并发放土地承包经营权证。市设立农村承包合同仲裁委员会，镇设立农村合同管理站，专人负责土地承包合同纠纷的调解与仲裁工作。2003年，全市土地延包合同签订工作顺利进行，基本达到格式、签订、鉴证、调解仲裁、档案管理五统一。至2004年，共签订土地延包合同19万份，发放土地经营权证17万份。至2010年，应开展土地二轮延包的688个村，有655个村完成二轮延包，占应延包村数的95.2%。2013年，建立农户土地承包经营权数据库，全市有

268 个村完成土地确权登记。

土地流转 2006 年始，文登市在保留农民土地承包权的前提下搞活土地流转，促进土地向种养大户集中。2010 年，租出、包出、转出承包耕地的户数达 1.75 万户，租出、包出、转出承包耕地面积 4800.5 公顷，占家庭承包耕地面积的 10.7%。至 2013 年，全市土地流转面积累计 1.13 万公顷，占家庭承包耕地面积的 27.4%，规模流转面积 4533 公顷。

第二节 基础性服务

文登市主要在农业基础设施投入和技术、机械、执法服务上，让农民增收入、得实惠，促进农业和农村经济稳定健康发展。

资金支农 1989 年，文登丘陵山区综合发展项目经农业部批准列国际农发基金贷款援建项目，1996 年 6 月完成。项目以扩大水浇地、土壤深耕面积和发展林果、畜牧及畜产品加工等为主，涉及米山、葛家、晒字、界石、汪疃、黄岚 6 个镇，受益村 206 个，受益户 29888 户，总投资 4564 万元，其中外资 2252 万元、国内配套资金 2312 万元。2001—2005 年，全市投入土地治理资金 3299.4 万元，其中财政资金 2482.8 万元、自筹资金 816.6 万元。涉及 10 个镇，改造中低产田 6300 公顷。水利投资 2201 万元，建拦河坝 24 座、扬水站 14 座，打机电井 1095 眼，挖排涝沟 286 千米，建桥涵 374 座、平塘 55 座，敷设地下管道 182.4 千米，增加节水灌溉面积 4166.67 公顷。农田土壤和农业机械投资 554 万元，改良土壤 3133.33 公顷，修机耕路 315.8 千米，购置大型农业机械 24 台（套）。林业投资 188 万元，营造农田防护林折实 325 公顷，植树 21.6 万株，新建苗圃 73.67 公顷。科技推广投资 356.4 万元，科技培训 2.7 万人，示范推广 760 公顷。2006—2010 年，全市农业投入资金 2 亿元，先后实施农业综合开发、旱作农业示范基地建设和苹果非疫区疫情监测、苹果套袋关键技术、测土配方施肥、农村户用沼气等 30 余个开发项目。土地治理资金 6508.4 万元，其中财政资金 5113.8 万元、自筹资金 1394.6 万元，涉及 9 个镇，改造中低产田 7666.67 公顷。投资 1350 万元，在侯家镇南廒村、西廒村等 8 个行政村实施万亩高标准农田示范工程，成为威海市第一个国家农业综合开发高标准农田建设示范工程项目。水利投资 4382 万元，建拦河坝 16 座、扬水站 27 座、桥涵 2069 座、小型蓄排水工程 131 座，打机电井 796 眼，挖排涝沟 399.5 千米，敷设地下管道 307.5 千米。农田土壤和农业机械投资 1038 万元，改良土壤 2146.67 公顷，修机耕路 358.6 千米，购置大型农业机械 3 台（套）。林业投资 341.2 万元，营造农田防护林折实 433.33 公顷，新建苗圃 64.67 公顷。科技推广投资 342.4 万元，科技培训 2.99 万人，示范推广 173.33 公顷。其他农业投资 404.8 万元。2010—2013 年，全市财政预算农林水事务分别支出 5.02 亿元、5.88 亿元、6.97 亿元、7.58 亿元，实现逐年增长。

科技兴农 1991—1993 年，文登市农、果、菜等技术推广部门加大吨粮田科技开发、小麦花生双高产技术开发、生物钾肥增产使用技术开发，并从寿光引进日光温室冬季栽培技术，研发推广日光温室微灌技术、塑料营养钵育苗技术、蔬菜大棚施用二氧化碳技术和一年三茬栽培技术、黄瓜和西瓜幼苗嫁接技术等。1995 年，实施小麦大面积高产开发、植物动力开发、花生机械覆膜栽培技术大面积推广。2003—2004 年，研发推广西红柿点花新技术、叶面肥增产抗病新技术等。2005 年，全市有市镇两级农技推广机构 16 个，技术人员 139 人；有农业科技示范场 45 处，农民协会 154 个，农民技术员 1580 人。2006—2010 年，免费为农民提供价值 10 万元的各类农业书籍，并运用现代化教育培训手段，开展花生超高产栽培技术、气候变暖条件下小麦适宜播期播量、玉米高产示范项目、病虫害统防统治、苹果郁闭园改造等新技术培训推广，共举办各类培训班 1000 余期，引进推广各类新技术、新成果 45 项，发表有一定影响力的科技论文 60 篇，5 万余农民至少掌握一门实用致富技术。2009 年，文登市获全国基层农技推广体系改革与建设示范县、全国大宗蔬菜产业技术体系示范县称号。2010年，文登市三大粮油作物（小麦、玉米、花生）均列入省高产创建示范项目。2011—2013年，市蔬菜站共引进蔬菜新品种80个、新技术5项，举办电视讲座46期、培训班20期，培训农民5000余人次。农广校举办各类培训班200期，培训农民8000余人次，700名农民获得初级技能鉴定证书。种子管理站引进推广各类农作物新品种50个。

农机惠农　1991年，市农机部门大力引进推广农用动力机械和配套机具服务农业。全市拥有大中型拖拉机1979台，小型拖拉机1.81万台，农用汽车585辆，农用三轮车3387辆，配套播种机1194台。至2005年，上述农用动力机械和配套机具，比1991年分别增长1.25倍、1.33倍、1.17倍、5.41倍和1.86倍。2013年，全市拥有大中型拖拉机7035台，小型拖拉机8.41万台，农用三轮车2.05万辆，配套播种机2.01万台，化肥深施机械1587台，覆膜机械1762台，小麦联合收割机1309台，玉米联合收获机536台，花生收获机197台。累计发放国家大型农业机械购置补贴和地方配套补贴7309万元。

依法护农　1991—1997年，市植保站加大病虫害预测预报和综合防治力度，为农业增产、农民增收保驾护航。1998年，市农药监督管理站成立，加强农药、肥料等农资产品质量管理，共发放农药经营许可证400个，核准杀鼠剂定点经销单位16个。1999年，查处天福山供销社生资门市、文登生资公司等经营单位经销无生产日期、无质量合格证、无生产厂家的“三无产品”重大案件3起，一般违法经营案件100余起，罚没款20余万元。2000年，组织执法人员开展市场大检查，抽查农资产品经营网点100余场次，查处违法经营案件40余起，没收假冒伪劣农药230千克，罚没款20余万元。2001年，共检查肥料经营单位270个、肥料生产企业5家，检查化肥8000余吨，对195吨无证产品实行登记扣押。2002年，农业综合执法办公室与有关部门配合，开展农资打假专项治理，出动执法人员1000余人次，监督检查生产、经营单位385个，抽检农资产品100余批次，查出不合格及假冒伪劣农资产品近100吨，对相关责任人作出行政处罚。2006—2010年，对各类批发市场、超市的农产品进行质量检测，共检测农产品样品1782个，农产品合格率达97.8%，在全省多次例行检测排名中位居前列。发挥农业损害事故鉴定专家委员会作用，加大对涉农案件的立案、处理工作，共受理农业损害事故案件70起，为农民挽回经济损失80万元。2011—2013年，农业行政执法大队开展国家禁限用农业投入品的监督检查，清理收缴苯线磷、地虫硫磷、甲基硫环磷、磷化钙、磷化镁、磷化锌、硫线磷、蝇毒磷、治螟磷、特丁硫磷10种禁用农药，推行农药定点经营、农药经营备案两项管理制度，确保农产品质量安全。

图8-1　2013年3月6日，市农业行政执法大队工作人员对化肥农药经营市场进行检查。

第三节　新型经营模式

产业化模式　90年代，文登市开始探索“公司＋农户”“公司＋基地＋农户”“基地带农户”等农业产业化运行模式。2001年和2003年，山东鹏程食品股份有限公司、文登市金洋乳品集团有限公司分别被确定为全省第一和第二批农业产业化重点龙头企业。2002年6月，文登市被省委、省政府授予山东省农业产业化经营先进市称号。2005年，文登市威盛食品有限公司、文登市文泰食品有限公司、山东铃兰味精工业公司被确定为第一批威海市农业产业化龙头企业。2007年，山东德正乳业有限公司、山东颐阳酒业有限公司、威海君利得食品有限公司、威海三威面粉有限公司、威海龙鹏乳业有限公司、文登市粮食购销中心6家企业被确定为第二批威海市农业产业化龙头企业。在省农业厅“一村一品”系列评选中，文登市金洋乳品集团有限公司被评为山东省“一村一品”示范企业，文登市果业协会和宋村蔬菜协会被评为山东省“一村一品”示范协会，宋村镇硝滩二村被评为山东省“一村一品”示范村。全市有一定规模的果业专业村10个。其中，西字城村、上卧龙村、唐疃村、吴官屯为苹果专业村，河格庄、小山前村为草莓专业村，新河村、黄龙岘村、畅哩后村、新庄为大樱桃专业村。规模在3.3公顷以上的果业种植大户58个。2009年2月，威海天智皮毛制品有限公司、文登汇润果品有限公司、文登市正昌畜禽养殖有限公司等10家企业被确定为第三批威海市农业产业化龙头企业。10月，威海佳农化工有限公司、文登市骏马水产食品有限公司、威海市万鑫畜牧有限公司等7家企业被确定为第四批威海市农业产业化龙头企业。年末，共有地市级农业产业化龙头企业26家。2010年6月，倪氏海泰集团有限公司、文登市山泰食品有限公司、山东荣华食品集团威海有限公司、山东德正乳业有限公司4家企业被评为山东省第五批农业产业化重点龙头企业。是年，文登市有销售收入500万元以上的农业龙头企业76家，销售总收入55.16亿元，出口创汇8648万美元。其中，销售收入过1亿元的企业19家，过5000万元～1亿元的8家，过1000万元～5000万元的32家。2013年，全市有省级农业产业化龙头企业6家，地市级农业产业化龙头企业35家；销售收入过500万元以上的农业龙头企业101家，资产总额达99.88亿元，销售总收入118.52亿元，拉动农户26.53万户，带动增收4.87亿元。

合作化模式 2001年始，文登市围绕种养业发展合作化经济组织。至2005年，相继成立各种专业合作经济组织288个，发展会员6422人。2006年，西洋参、果品、蔬菜、草莓等一批农业合作发展专业协会先后成立，发展各类会员3000人。发展年销售收入100万元以上的骨干企业39家，年销售收入22.9亿元。2009年，注册成立农机专业合作社20个，注册资金2388.9万元，社员700余户，有大中型拖拉机、联合收获机及耕、播、植保等配套机械600余台（套）。2010年，发展各类农民专业合作社165个，入社社员5600户，注册资金8872万元，带动发展非成员农户5万户，农产品以统一销售为主，年销售额4亿元。2012年，全市工商注册农机专业合作社34个，入社社员600余户1100人，各类农机2800余台（套），总资产5000余万元。至2013年，发展农民专业合作社462个，参与户数1.09万户，注册资金8.74亿元，带动发展非成员户8万户，农产品年销售额10亿元。

标准化模式 2003年，文登市农产品标准化认证认可体系建立。农业部等9部委印发《关于建立农产品认证认可工作体系实施意见》，下达农业科技跨越计划“无公害优质苹果生产综合技术试验示范”项目，文登市是全国10个实施单位之一。全市建成核心示范区12个，面积232公顷；试验示范区65个，面积1377.33公顷；辐射带动区554个，面积7092.66公顷；共涉及631个村，实施总面积8702公顷。2004年，市农业局按照粮油作物、水果、蔬菜、中药材4大类30种优势农产品，编制《文登市无公害农业标准》。2006年，《威海市农产品认证（认定）奖励办法》印发。规定：按每获得1个无公害农产品奖励2万元、绿色食品奖励4万元、有机食品奖励6万元、地理标志产品奖励10万元的标准，对获证单位进行一次性奖励，奖励资金由地级市、县级市（区）财政按1∶1的比例负担。是年，汪疃、小观、高村、泽头、文登营、大水泊、宋村、茼山、葛家9镇14个基地的22个产品获得无公害农产品认证证书，种植总面积8445.33公顷；获得有机食品（花生）认证1个，种植面积1184.67公顷。市农业环境保护站获得全省农产品质量安全认证工作先进集体称号。2007—2010年，全市申报并取得认证证书的无公害农产品24个、绿色食品40个。威海市万鑫畜牧有限公司的新高梨、圆黄梨和华山梨3个产品取得有机食品证书，成为威海市首批有机食品果品。2010年12月，文登苹果、文登大樱桃分别获国家农产品地理标志登记证书。文登市获全国无公害农产品标志推广与监管示范县、山东省出口农产品质量安全示范区称号，市农业局获全省农产品认证工作先进单位称号。2011年12月，“文登大花生”“文登西洋参”分别获国家农产品地理标志登记证书。2013年9月、12月，“文登银杏”“文登砂梨”分别获国家农产品地理标志登记证书。年末，全市有10个农产品获国家农产品地理标志证书，176个农产品获国家无公害农产品、绿色食品、有机食品认证。

图8-2　樱桃采摘（2009年6月4日摄）

2010—2013年文登市获国家农产品地理标志证书情况表

表8-1

序号	名称	获得时间	登记申请人
1	文登苹果	2010-12-24	文登市农业环境保护站
2	文登大樱桃		
3	文登大花生	2011-12-20	文登市绿色食品协会
4	文登西洋参		
5	文登银杏	2013-09-10	
6	文登砂梨	2013-12-30	
7	文登奶山羊	2013-04-15	文登市畜牧兽医技术服务中心
8	文登水貂		
9	文登布蛤	2013-12-30	文登市水产技术推广站
10	文登面蛤		

第三章　财经管理

第一节　农村财务管理

1991年，市农经办结合全市农村社教活动，按财务管理“五相符、一清楚”（账账、账款、账物、账据、账表五相符，债权债务往来清楚）标准，以财务公开为重点，整顿农村经济秩序。1992年5月，市政府印发《文登市农村经济管理制度（试行）》。6月，市农经办依据《文登市农村经济管理制度》规定，印发《关于因公出差报销标准的通知》。1993年，分期分批对村级经济组织和村办企业财会人员进行专业知识培训，举办培训班12期，培训财会人员1100余人次。1994年11月2日和1995年5月18日，市政府两次召开全市财务管理专门会议，部署财务检查整顿工作。1999年4月，市农经办在全市范围内普及推广财务电算化管理。

2001年11月，市政府印发《关于在全市农村实行会计考聘委派工作的意见》，在泽头镇进行试点。2002年，全面展开会计考聘工作，各镇（街道）采取公开报名、民主推荐、统一考试、分村录取、统一聘任的方式，共录取农村会计650名，聘期为两年。其中，70%具有高中以上文化程度，平均年龄43.6岁。市农经办对考选合格者分批进行《中华人民共和国会计法》《中华人民共和国经济合同法》《山东省农村经济承包合同管理条例》等法规和业务培训，发放结业资格证书。是年，全市18个镇（街道）均安装农友财务管理软件，实施财务电算化管理。至2003年，全市农村会计考聘委派制度改革工作基本完成。2005年7月，市政府转发市农业局《关于对村级会计实行续（考）聘委派的工作意见》，对聘任期限到期的农村会计人员以镇（街道）为单位统一进行考试、续聘、培训。

2005年，农村税费改革后集体经济收支事项减少，多数村无必要再设专职会计、出纳、保管员，市农经办建议市政府在农村实行财务委托代理制。市政府采纳该建议，印发《文登市关于农村财务委托代理制的实施意见》，成立农村财务委托代理工作领导小组。选择张家产镇进行改革试点，以点带面，逐步推广。2008年8月，市农经办与有关部门联合对各镇（街道）农村财务委托代理工作开展检查，查出违规库存现金406万元，公款私存833万元，白条抵库167万元。针对问题，市农经办采取书面形式对各镇（街道）服务中心提出限期整改意见。至2010年，共有704个村（社区）实行财务委托代理，占全市村（居）总数的94%。

2012年8月，市政府投资100余万元建成文登市农村“三资”（资金、资产、资源）服务中心，将全市集体村账、资产、资源数据联网，实行市级汇总、镇级录入、村级查询三级财务实时动态监管。至2013年，全市745个村的“三资”情况全部纳入监管平台，监管资产总额31.7亿元，资金1.88亿元，荒山、荒地、荒滩、荒水等资源10.27万公顷。

第二节　经济合同管理

1991年，文登市利用多种形式，开展《中华人民共和国民法通则》《中华人民共和国经济合同法》《中华人民共和国土地管理法》《山东省农村经济承包合同管理条例》宣传教育工作。对农村经济合同采取统一印制合同书、统一签订合同、统一鉴证盖章、统一组织兑现“四统一”方式，进行审核管理。对承包性质不明、发包单位账簿混乱，以及未通过民主讨论组织发包所形成的合同，全部按法律程序重新评定、审核、签订、鉴证。合同书由发包、承包双方各执一份，市、镇合同管理站各存一份。至1995年，全市共签订各类经济合同8.43万份。其中，规范性合同6.53万份，占77.4%；发生纠纷的合同278份，占合同总数的0.3%；合同纠纷均被调解解决。1996—1997年，市农经办组织各镇农村经济合同管理站，对以前签订并鉴证的农村经济承包合同逐份审查，对内容或条款不全、存在纠纷隐患的480份合同，组织双方协商完善，对新合同的鉴证，确保条款齐全、手续完备，符合《合同管理条例》规定。其间，鉴证合同2800份，对个别合同纠纷案件，按照“宁早勿晚，能调不裁，不拖不压，缓解矛盾”的原则，及时调查处理。至2000年，全市90%以上农村经济承包合同符合格式签订。2001—2013年，共处理与农村经济承包合同相关的信访到访案件500余起700余人次，其中到山东省、威海市上访案件20余起40余人次，全部处结。

第三节　农民负担管理

1991年12月，国务院发布《农民承担费用和劳务管理条例》。1993年7月，市政府依据国家、山东省、威海市有关条例、规定，制定《文登市农民负担管理办法》。1995年，市政府取消37项集资、收费项目，取消43项达标活动。580名民办教师转为公办，年减轻农民负担290万元。精减2300名村干部，年减轻农民负担500万元。除党报党刊外，各部门不准强行向村摊派其他报纸杂志及书籍，年减轻农民负担30万元。严格控制非生产性开支，尤其是应酬费开支，规定户均不得超过15元，镇经管站逐村核定、逐月审查，对合规合法并在限额内的加盖审计专章，准其入账。全市应酬费开支比1990年下降60%，户均减轻负担20元。1995年5月18日，市政府在宋村镇召开农村集体财务公开现场会，推广宋村镇村村建立财务公开栏并定期更换内容和村村设民主理财箱接受群众监督的做法和经验。是年，威海市政府委托威海市农林水委员会在泽库镇召开威海市农村财务公开现场会，推广泽库镇建立民主理财、定期张榜公布集体经济收支情况、向家家户户发送明白纸的做法和经验。2002年，全市农民人均负担124元，比税费改革前的2001年减少35元，减负率为22%。2003年，农民人均负担81元，比2001年减少78元，减负率达49%。2004年，全市取消农业特产税，农业税税率比2003年降低3%，全市直接减轻农民负担3300万元。2005年，文登全部取消农业税，比省规定时间提前1年，比2004年减轻农民负担2300万元。2011—2013年，全市开展农村环境综合整治工作，农民负担管理部门提前介入，严格执行《山东省村民一事一议筹资筹劳管理办法》，按照议事程序，审批需要农民出工出劳数量及金额。共审批260个村，未发现1起加重农民负担的现象。2013年，文登市被农业部评为全国一事一议规范管理县（市）。

第四节　农村审计工作

1991年，全市农村按月审计经济工作。全市有872个村，成立5～7人民主理财小组，月末对农村集体经济组织各种收支事项进行民主审议，违规违法凭证退还经办人，责任自负。合规合法凭证，加盖民主理财专章，送镇经管站审计，无误后加盖审计专章，由农村会计人员登记入账。至1995年，全市完成农村经济审计1296个单位，审计金额200亿元，追回贪污公款11.4万元，收回借支挪用公款172.8万元，收回销货和其他往来欠款4057.6万元，节约开支近500万元。1996年始，市农经办在月审基础上，每年抽检20%的镇办企业进行年度效益审计，对离任村支部书记、企业厂长（经理）进行离任审计。1997年，共审计1454个单位，审计资金总额23亿元，查处违纪金额142万元，收回借支挪用公款85.8万元，追回贪污款5.8万元，提合理化建议373条，节约开支143万元。1998—2004年，全市共审计960个单位，其中离任审计146个，审计资金总额7.6亿元，查处违纪金额48万元，收回借支挪用公款33万元，包赔经济损失40余万元，提出整改措施260条。有32名经济责任人受到党纪、政纪处分。2004年7—8月，市农经办开展农村

“两委”换届选举财务专项审计，重点检查农村集体经济账证、账实、账款、账账、账表、账榜是否达到“六相符”标准。11月，镇村审计工作由市农经办改属市审计局。2010年6月，镇村集体经济审计工作重新划归市农经办管理。2012年，市政府印发《文登市农村集体经济组织清产核资工作实施方案》，成立清产核资工作领导小组。市农经办举办培训班6期，培训人员1100余人，督导检查36次，编发《工作简报》4期，完成清产核资762个村（社区）。2013年，采取全面审计与重点审计、自审与委托审计相结合的方法，协调各镇（街道）委托威海市内5家会计师事务所对重点村开展审计，并将审计结果通过公开栏等形式向群众公开。6月，市农经办被省农业厅评为全省农村集体经济组织清产核资工作先进单位。

第五节　经济收益分配

1991年，全市农村经济由单纯的粮油承包经营，逐步向林业、畜牧业、工副业、渔业及果业、蚕业、建筑业、运输业、餐饮服务业等各业扩展，全面实行承包经营。1995年，全市农村经济总收入175.74亿元，比1990年的27.38亿元增长5.4倍。农村经济净收入25.74亿元，比1990年的6.95亿元增长2.7倍。上缴国家税金1.19亿元，比1990年的0.26亿元增长3.6倍。农村集体积累2.33亿元，比1990年的0.93亿元增长1.5倍。农民人均纯收入2211元，比1990年的839元增长1.64倍。1997年，尽管遭冰雹等自然灾害侵袭，全市农村经济总收入仍然达到290.6亿元、上缴国家税金1.71亿元、农村集体积累8.67亿元、农民人均纯收入3200元。2005年，农村经济总收入672.2亿元，比1997年增加381.6亿元，增长1.3倍，农民人均纯收入6017元，比1997年增加2817元，增长88%。2010年，全市农村经济总收入963亿元，农民人均纯收入10479元。2013年，全市农村经济总收入1333亿元，农民人均纯收入16310元。

1991—2013年文登市农村经济收益情况表（一）

表8-2-1　　单位：万元

项目＼年份	1991	1992	1993	1994	1995	1996	1997	1998
总收入	238306	355878	581157	1253686	1757405	2372457	2906035	3416940
农业收入	52708	59122	91780	122367	90829	184399	175541	202813
林业收入	1908	2799	4285	5818	6936	9155	9181	9897
牧业收入	28114	33069	46263	76688	90228	11694	150057	194184
渔业收入	22470	34037	58570	90290	172915	206111	207123	243941
工业收入	86577	135200	195645	650773	1021094	1513272	1804162	2146641
建筑业收入	14344	31570	59154	99596	113891	142143	135242	152928
运输业收入	8537	14366	23366	35754	46027	58152	74739	98175
商饮业收入	9259	19953	33080	55505	98179	123588	154316	170236
服务业收入	1350	3519	32037	55575	63170	44512	59037	48105
其他收入	13039	22243	36977	61320	54136	79431	136637	150020
总费用	153839	253512	452785	1059096	1500037	2123581	2607112	3049267

续表 8-2-1

项目＼年份	1991	1992	1993	1994	1995	1996	1997	1998
生产费用	143435	238104	422852	996008	1400423	2002554	2442588	2650892
管理费用	1592	2284	4763	10096	31718	47238	59771	117060
其他费用	8812	13124	25170	52992	67896	73789	104753	281315
净收入	84467	102366	128826	194590	257368	248876	298923	367673
投资收益	—	—	—	—	—	1344	1403	2766
农民外出劳务收入	—	—	—	—	—	62138	33475	36382
可分配净收入总额	84467	102366	128826	194590	257368	312358	333801	406821
农民所得总额	65419	78769	92432	112307	137445	176788	173379	188276
农民人均所得（元）	1116	1380	1550	1806	2211	2810	3200	3502

1991—2013 年文登市农村经济收益情况表（二）

表 8-2-2　　　　单位：万元

项目＼年份	1999	2000	2001	2002	2003	2004	2005	2006
总收入	3655153	3886829	4112076	4358122	4750353	5770858	6722296	7609271
农业收入	177412	152310	157676	162688	171782	195788	217806	229986
林业收入	12560	11944	12986	12915	14713	16312	17229	18114
牧业收入	210910	224486	240173	259423	269473	319231	357482	424708
渔业收入	249274	260767	282038	229416	245133	333671	355581	383640
工业收入	2352420	2529308	2574441	2749883	3058698	3900463	4681739	5408147
建筑业收入	159015	173280	163837	181284	188413	212348	225773	244337
运输业收入	113610	116321	135871	178380	184229	183608	225117	241717
商饮业收入	185086	189998	190891	197215	209145	220710	231946	238717
服务业收入	50165	71511	122531	124813	129924	140010	148532	153373
其他收入	144701	156904	231632	262105	278843	248717	261091	266532
总费用	3296752	3489681	3732971	3939895	4279406	5210580	6130628	6971939
生产费用	2908358	3093015	3076788	3363297	3745406	4259718	5133998	6182822
管理费用	68799	82500	71683	73902	101058	107053	125309	155426
其他费用	319595	314166	584500	502696	432942	843809	871321	633691
净收入	358401	397148	379105	418227	470947	560278	591668	637332
投资收益	2136	4026	2226	2052	1094	2994	3167	3535
农民外出劳务收入	36294	34696	36668	34254	31603	34902	36091	36159

续表 8-2-2

项目 \ 年份	1999	2000	2001	2002	2003	2004	2005	2006
可分配净收入总额	396831	435870	417999	454533	503644	598174	630926	677026
农民所得总额	190265	202207	214807	217960	238677	263269	298099	335140
农民人均所得（元）	3585	3820	4120	4380	4719	5285	6017	6786

1991－2013 年文登市农村经济收益情况表（三）

表 8-2-3　　单位：万元

项目 \ 年份	2007	2008	2009	2010	2011	2012	2013
总收入	8615914	7637695	8368283	9630364	11094403	12436457	13332283
农业收入	282818	267273	292832	341180	384621	450245	484008
林业收入	20018	21128	22041	23973	26298	29652	33098
牧业收入	490637	463599	517911	614486	747392	842019	927360
渔业收入	438641	431905	453515	488844	574200	631872	668915
工业收入	6160192	5230366	5707845	6648085	7636713	8521609	9014569
建筑业收入	270434	279049	357720	390532	493351	576917	697390
运输业收入	270887	270584	292764	324797	358808	402668	445808
商饮业收入	262239	259916	279099	299091	330586	375873	400329
服务业收入	155156	159673	158508	176450	198692	241142	274079
其他收入	264892	254202	286048	322926	343742	364460	386727
总费用	7843026	6982325	7684940	8861317	10222955	11453407	12277680
生产费用	7005529	6282105	6694409	7972586	8809638	9292727	10443058
管理费用	213480	215440	227442	250063	267431	295695	315319
其他费用	624017	484780	763089	638668	1145886	1864985	1519303
净收入	718888	655370	683344	769047	871448	983050	1054603
投资收益	4795	4558	4771	5346	6690	6889	7523
农民外出劳务收入	40705	47653	52916	63315	79300	97411	107514
可分配净收入总额	764388	707581	741031	837708	957438	1087350	1169640
农民所得总额	379558	377057	410063	468543	567065	650689	694711
农民人均所得（元）	7678	8431	9160	10479	12699	14559	16310

第四章 生态农业

第一节 科学施肥

有机肥料利用 1990年10月至1991年10月，市土肥站在文城、大水泊、张家产、泽库、米山、葛家、界石、茼山8镇24村及相关企业进行有机肥种类、数量、利用现状及品质定点调查。结果表明：全市有机肥料资源有9大类59个品种，资源量1252万吨，已利用566.98万吨，占资源总量的45.3%。其中，粪尿类有人粪尿、猪粪尿、牛粪尿、羊粪尿、鸡粪、兔粪等12个品种，利用率96%；堆沤肥类利用率100%；秸秆类实际利用率29.7%；饼肥类包括豆饼、花生饼、酒糟、粉渣、豆腐渣等7种，未直接用作肥料，通过饲养业用作饲料，过腹还田；海肥类包括动物性海肥、植物性海肥和矿物性海肥3类7个品种，动物性海肥主要用于饲料和工业，矿物性海肥主要用于海产品养殖业；绿肥类主要有紫花苜蓿、紫穗槐2种，紫花苜蓿用于饲养业，过腹还田；紫穗槐各镇均有分布，除部分用作堆肥外，大部分靠自然落叶归还于土壤；杂肥类包括炕土、河泥、塘泥、生活垃圾等7种，利用率11.4%；农用三废类包括工业污水、生活污水、食品工业废液，利用率仅5.8%；腐殖酸类只有草炭土一种，主要分布在茼山、米山、文城等镇，由于埋藏深、分布零散、质量较差，未开发利用。

1991年，市土肥站接受威海市科委下达的催腐剂应用技术研究计划。1992年6月，该应用技术研究项目获国家专利。1996－1997年，全市推广施用催腐剂堆肥面积5万公顷，其中小麦3.33万公顷、玉米0.67万公顷、花生0.67万公顷、其他0.33万公顷，共增产粮油4.49万吨。1997年8月，市土肥站技术人员在全国秸秆禁烧及综合利用现场会上，专题演示催腐剂堆肥技术，中央电视台综合频道、财经频道、军事农业频道及山东电视台对其做过多次宣传报道。全国20余个省市200余个农技推广部门引进该项技术。1999年5月，催腐剂堆肥技术被列为全国农牧渔丰收计划。2007年，全市开展乡村清洁工程示范村创建活动，将秸秆、粪尿、沼气等集成利用，构建以自然村为单元的资源循环利用体系，探索污染“零排放”生态新村模式。侯家镇南廒村按照乡村清洁工程要求，结合本村实际，开展农业生产清洁工程、农村生活环境净化工程和农民生态文明提升工程三大工程建设，发展循环经济，农业废弃物回收利用率达到80%以上，化肥、农药施用量明显减少，较好实现“家园清洁、田园清洁、水源清洁”目标，2008年10月，该村成为文登市第一个省级乡村清洁工程示范村。2013年3月，威海市秸秆生物反应堆技术推广现场会在文登召开。10月，市土肥站“氮磷钾与主要农作物产量线性关系及施肥模型研究”项目，获威海市科技进步奖三等奖。

测土配方施肥 1991年，全市农田施用化肥由单元化肥向复合肥料发展，氨水、硫酸铵、硝酸铵等基本淘汰。1996年始，全市推广“测土配方施肥技术”①。1997年，全市测土配方施肥面积4.63万公顷，占全市农作物种植面积50%。其中，小麦平衡施肥面积2.59万公顷，覆盖率55.5%，平均单产341.6千克，增产9.5%；

① 化验检测土壤中碱解氮、速效磷、有效钾、有机质、pH值和微量元素（铁、镁、铜、锌、硼、钙、镁）等项含量，根据作物需求，确定所施肥料或元素的种类和数量、施用时期和方法。

玉米1.05万公顷，覆盖率46.2%，平均单产312.4千克，增产11.2%；花生0.99万公顷，覆盖率42.6%，平均单产249.6千克，增产16.2%。1999—2000年，引进推广含24种微量元素的双效中微肥王，两年间推广施用面积达到3.33万公顷。2001—2005年，市土肥站先后对葛山、汪疃、小观、文登营、大水泊等10镇70村1203个农户的土壤进行化验。根据化验结果，分别作出配方方案20余项。2005年10月，文登市启动农业部下达的2005—2010年6年测土配方施肥试点项目。在全市范围内设置土壤肥力定位监测和测土配方施肥肥效监测点20个，其中农田14个、果园4个、蔬菜园2个，共采集土样10415个、植株样品253个、水样62个，调查农户10415户，布置“3414”试验点88处，对比试验143处，检测土样、植株样、水样10588个，取得化验数据7.2万个。经试验、化验分析，全市土壤总体酸化严重，平均pH值为5.5；土壤中有机质贫乏，含量为10.11克/千克；碱解氮含量为63.93毫克/千克、有效磷含量为44.34毫克/千克、速效钾含量为91.97毫克/千克，与作物需肥规律的要求有较大差距；土壤中中微量元素钙、镁、硼、锌等含量情况也不同程度缺乏。以此建成测土配方施肥数据汇总系统、3414试验、示范试验3个数据库，基本完成耕地地力评价和耕地分区改良方案。2011年，文登市被农业部、财政部确定为测土配方施肥巩固项目县。至2013年，共确定不同区域与作物的肥料配方20个，直接向农民发放配方建议卡、明白纸、彩色挂图等109.9万余份，累计推广配方施肥面积53.33万公顷，推广配方肥16.1万吨，减少不合理用肥9500余吨，增产14万吨，节本增效3亿元。

水肥一体化技术推广 2008年，文登市被确定为设施蔬菜、果树水肥一体化高效节水技术试点市。市土肥站先后确定宋村镇神格庄、姚山头村、宋村、石羊村，葛家镇刘家上口村、大英村、赤金泊村、新河村，侯家镇上郭家村，大水泊镇西南台村，葛山镇西马格村，界石镇大界石村，龙山街道金岭山庄为项目示范点，与项目区农户签订水肥一体化微灌施肥协议，并完成蔬菜、果园及药材微灌施肥系统的安装、运行。至2013年，共为55.14公顷农田安装水肥一体化微灌施肥系统。其中，宋村镇神格庄蔬菜0.37公顷、姚山头村蔬菜1.04公顷，葛家镇刘家上口村梨园33.33公顷，侯家镇上郭家村药材0.2公顷，大水泊镇西南台村苹果园0.2公顷，葛山镇西马格村梨园20公顷。

图8-3　2012年8月24日，市土肥站工作人员在集市发放测土配方施肥明白纸。

第二节　防病防疫

病虫害预测预报与防治 1991年，市植保站被农业部确定为全国区域性病虫测报站之一。在大水泊、小观、晒字、口子等乡镇设立测报点，对小麦、玉米、果树等20余种作物主要病虫害进行大田普查和系统调查，重点加强条锈病、黏虫等全国性重大迁飞性、流行性、暴发性病虫害监测，并承担全国、全省农区鼠害监测任务。至2000年，年均发布病虫情报16期，综合预报准确率94.94%。其中，长期预报准确率92.07%，中期95.52%，短期97.2%。每年完成全国农技推广中心及省植保总站模式电报44期，重大病虫月报和旬报24期，鼠害月报10期，病虫情报电视预报16期，年均挽回农作物产量损失222.8万吨，占总产量的18.3%，增加社会效益14.7亿元。2001年始，测报点设置金纹细蛾、桃小食心虫诱芯等诱测工具，系统调查桃小食心虫、潜叶蛾、叶螨、斑点落叶病等病虫害。2005－2007年，文登市被山东省植保总站确定为10个小麦重大病虫害综合防治技术示范区之一。在葛家、泽头、小观3镇建立示范区，综合防治示范面积6700公顷，辐射带动周边4镇成为农民自防区，主要推广播种期药剂拌种、返青拔节期和穗期混合施药防治配套技术。综合防治区小麦平均亩产487.47千克，较不防治区亩均增产90.27千克，增产率22.73%；农民自防区较不防治区亩均增产63.7千克，增产率16.04%；综合防治示范区较农民自防区亩均增产26.57千克，增产率5.76%；3处示范区较农民自防区亩均减少防治成本10.31元，降低成本44.65%，其中农药使用量减少718.6毫升。综合防治示范区投入产出比为1∶5.65，较农民自防区高出1.39倍。2007年5月，全市共有4镇2300公顷小麦发现条锈病，市植保站从外地调拨一批药械和应急防治药品，协同镇村组建机防队，对小麦条锈病发病中心及其周围地块进行大面积集中防治，使其危害控制在初发阶段。2006－2010年，根据试验示范结果制定玉米、花生等粮油作物病虫害防治技术意见，及时进行电视和现场技术指导。推广“吡虫啉”防治玉米灰飞虱兼治粗缩病技术、35%“绿鹰”一次性拌种全程控制蛴螬技术、“爱苗”防治花生疮痂病新技术、花生田除草剂用“金都尔”替代“乙草胺”和玉米田杂草化学防治技术。其间，全市化学除草面积年均95%以上。制定和印发苹果、西洋参、梨、葡萄等经济作物病虫害综合防治技术规范，重点推广苹果病虫害无公害综合防治技术，世高、阿密西达等防治苹果、梨、葡萄、西洋参等病害技术，适乐时种苗处理防治西洋参根部病害技术。2013年8月，针对大水泊镇晚播春玉米三代黏虫极易大面积暴发成灾的险情，市植保站及时上报，争取防灾救灾资金38万元，对严重病虫害地块及周边2500公顷玉米，开展统防统治、群防群治，确保虫情不暴发、不成灾。是年，全市注册成立专业化防治服务组织7个，拥有小型机械800台、中型机械58台、大型机械27台，机防队伍1180人、植保员11人，开展专业化防治4.2万公顷次。市植保站先后被农业部评为全国测报工作先进单位，被省农业厅评为全省区域测报站一类区域站、全省植保工作先进集体。文登市被农业部评为专业化统防统治能力建设示范市。

图8-4　机械化喷洒药物防治小麦病虫害（2010年4月5日摄）

疫情检验检测与防治　1991年，境内重大检疫对象——苹果绵蚜发生株率，由80年代的20.8%控制到1.87%以下，其他检疫对象发生株率控制在0.1%以下。至1995年，每年对境内所产的植物种子、苗木、产品进行产地检疫，产地检疫率达85%以上，年均检疫约20万千克（株）繁殖材料、4000万千克农产品、5000批次应检物品，并签发植物检疫证书，调运检疫率达80%以上。1996年12月，文登市油厂从美国进口带有假高粱疫情大豆2000吨，市植物检疫站严格按照国家规定集中处理，严防疫情扩散。2000年，发现文登市港威制粉有限公司违反《植物检疫条例》规定，自小麦粒线虫疫情发生区巨野县调运小麦8000吨，市植物检疫站对其立案查验，严厉惩处。9月，检疫人员在大水泊镇埠前头村所种植的丹参、黄芪、太子参药材田中发现点、片菟丝子危害，其中467平方米疫情中心区药材基本绝产，市植物检疫站立即全面控制，及时处理。2007年，农业部批复建立文登市苹果非疫区疫情监测站，承担非疫区苹果有害生物的疫情监测和防除任务。项目总投资345万元，其中国家财政投资230万元、地方财政配套115万元，设计建设检验检测监管配套用房1245.89平方米、应急防治药品库202.16平方米、标准病虫观测场0.67公顷，购置疫情检验检测设备、测报防治设备60台（套）。2010年6月，市植物检疫站在大水泊镇西堡子村发现疑似苹果黑星病病叶，经鉴定为苹果斑点落叶病。立即组织人员开展“地毯式”普查，对发病点及周边10公顷果园全部喷施杀菌剂，清洁田园，控制疫情传播蔓延。2012年11月，文登市苹果非疫区疫情监测站项目通过省农业厅验收。2013年，对成龄果园、玉米和小麦制种田、无毒苗木生产基地及常规粮油作物田所产种子、苗木、产品进行产地检疫，检疫面积0.53万公顷，检疫数量2573万千克（株），发放产地检疫合格证8.2万份，核发植物检疫登记证324份。

鼠害及相关药害防控 1992年，境内首次发现棕色田鼠。1995年，鉴别确定其食性复杂，主要危害花生、小麦、玉米、蔬菜、果树等，成为胶东地区主要且较难防治的鼠种。1996—2002年，以春、秋两季药剂拌种和毒饵防治为重点，强化防控防治，杜绝鼠害泛滥，防治效果90%以上。2003年11月5日，全省秋季农村统一灭鼠现场会在文登召开，对文登市毒饵盒灭鼠技术给予充分肯定和推广。是年，市植保站举办灭鼠工作电视专题讲座，印发《溴敌隆灭鼠技术要点》明白纸，发放农村灭鼠技术问答和农村安全灭鼠技术挂图等，多措并举组织全市农村统一灭鼠。2004—2005年，为杜绝毒鼠强药害事故的发生，市农业综合执法办公室与市公安、工商等15个单位联合制定《文登市毒鼠强专项整治工作实施方案》，先后出动执法人员2000余人次，检查集贸市场158场次，收缴毒鼠强等国家明令禁用鼠药36.36千克。至2013年，市农业行政执法大队把防鼠害、防药害列入每年常规工作议程，组织农村、居民区和农贸市场适时投放非禁用鼠药、堵塞鼠洞，严防鼠害和药害事故发生。

第三节　污染治理

废水废气废渣污染整治 1991年后，工业废水排放量逐年增加，抱龙河、母猪河部分流域水质化学耗氧量（COD）超标，鱼虾等水生生物难以生存，两岸农田得不到有效灌溉。工业废气中的二氧化硫、硫化氢、氯化氢、氟化氢等酸性气体遇到特殊天气形成酸雨或酸雾，对农田和果园造成污染，轻者减产，重者植株死亡、绝产。1996—1999年，市政府共拨出专款1969万元，设立废水、废气、废渣污染整治项目69个。其中，废水污染整治项目30个，废气污染整治项目34个，废渣污染整治项目5个，避免较大污染事故发生。2000年，市政府投资7000万元，完成污水处理厂一期工程，日处理废水能力4万吨。2005年，污水处理厂二期工程动工。经过不断改造治理，2013年，市区内污水及东母猪河上游污水全部纳入城市污水处理厂进行处理，处理后水质达到二级排放标准，东母猪河下游水污染得到缓解。

农药化肥农膜污染整治 1991年始，全市推广使用低毒、高效、低残留农药，提高农药使用效率，降低施用量，保护害虫天敌，维护生态平衡。1996年，大力推广测土配方施肥技术，过剩化肥污染现象有所缓解。2000年，施用化肥面积占耕地总面积的98.3%，氮、磷、钾三要素的施肥比例为3.7∶1∶1.3，施肥比例接近合理。2007年，市农业环境保护站按照全国污染源普查工作部署和要求，组织开展种植业污染源普查，普查范围与对象是2007年度粮、油、果、菜等作物生产中农药、肥料（包括化肥和有机肥）、农膜等污染情况。从全市16.96万个农户种植田中，抽查出面积最大或最能反映种植水平的1498个地块作为样本，填写普查表格4551张，建立农业种植业污染源普查数据库，共查出种植业生产中经常使用的化肥41种、农药32种。2009年6月14日，文登市污染源普查档案收集整理工作通过省专家组验收。2013年，对使用地膜5年的农田进行综合调查，初步确认：亩残留膜23.45千克，分解的有害物质污染土壤，对农产品的产量和品质均造成影响。为减少废膜对土壤污染，提出在收获农作物时彻底清除废膜，减少土壤中残留量，清除的废膜集中销毁，并推广试验光解膜，以减少残留污染。

第五章　农业机械

第一节　农机化水平

农机化科技推广　1991年，全市农业机耕面积7.36万公顷，占耕地面积的116.09%；小麦机播面积3.64万公顷，占小麦播种面积的68.42%；小麦机收面积2.19万公顷，占小麦播种面积的41.17%。1997年，小型拖拉机增量较大，台数和功率分别比1996年增长31.05%、21.53%。1998年，小麦背负式联合收割机增多，加上采取跨区域收割方式，全市农机化程度显著提高。全市机耕面积7.62万公顷，占耕地面积的139.31%，比1991年增长23.22%；小麦机播面积和小麦机收面积均占小麦播种面积的100%。2008年，全市玉米机播面积2.25万公顷，占玉米播种面积的84.59%，比1991年增长80倍；玉米联合收获面积1万公顷，占玉米播种面积的37.59%，比1991年增长37倍。花生机播面积2.19万公顷，占花生播种面积的97.77%，比1991年增长98倍；花生机收面积2.18万公顷，占花生播种面积的97.32%。全市综合机械化程度达到88.11%。2010年，全市小麦播种、收割、脱粒均实现机械化，玉米播种基本实现机械化，综合机械化水平达到91.2%。2013年，全市综合机械化水平达到93%。

图8-5　花生播种覆膜机械化作业（2011年5月3日摄）

1991—2013年文登市农机化程度情况表

表8-3　　　　单位：万公顷

年份	机耕		机播				机收小麦	
	面积	占耕地面积（%）	面积	占农作物播种面积（%）	其中小麦		面积	占播种面积（%）
					面积	占播种面积（%）		
1991	7.36	116.09	3.64	31.03	3.64	68.42	2.19	41.17
1992	7.38	119.42	3.99	34.58	3.99	75.14	3.36	63.28

续表 8-3

年份	机耕		机播				机收小麦	
	面积	占耕地面积（%）	面积	占农作物播种面积（%）	其中小麦		面积	占播种面积（%）
					面积	占播种面积（%）		
1993	7.27	119.38	3.46	30.24	3.46	66.54	2.98	57.31
1994	6.80	122.52	4.41	41.88	4.41	93.23	3.73	78.86
1995	6.64	121.17	3.99	39.74	3.99	91.30	3.99	91.30
1996	6.82	125.37	4.08	41.76	4.08	97.14	4.08	97.14
1997	7.62	140.07	4.62	45.25	4.62	99.78	4.62	99.78
1998	7.62	139.31	4.62	45.25	4.59	100.00	4.59	100.00
1999	8.71	158.94	4.47	44.26	4.47	98.46	4.47	98.46
2000	8.71	158.94	4.47	44.26	4.12	100.00	4.12	100.00
2001	8.07	147.26	4.34	50.58	3.36	100.00	3.36	100.00
2002	7.67	147.50	4.56	53.77	3.28	100.00	3.28	100.00
2003	7.22	138.84	4.61	56.01	3.12	100.00	3.12	100.00
2004	6.82	131.91	4.10	50.00	3.01	100.00	3.01	100.00
2005	7.09	137.14	4.62	54.48	3.12	100.00	3.12	100.00
2006	7.09	137.14	5.07	58.41	3.28	100.00	3.28	100.00
2007	7.09	137.14	6.62	76.18	2.94	100.00	2.94	100.00
2008	7.57	145.58	7.57	84.11	3.17	100.00	3.17	100.00
2009	7.06	109.80	7.06	90.51	2.71	100.00	2.71	100.00
2010	7.13	129.64	7.10	91.65	2.66	100.00	2.66	100.00
2011	7.95	144.81	7.15	89.94	2.66	100.00	2.66	100.00
2012	8.00	145.72	7.30	90.68	2.69	100.00	2.69	100.00
2013	8.00	145.45	7.40	91.93	2.66	100.00	2.66	100.00

农机更新与保有量 1991年，境内出现第一次农机“购机热”，农民自买自用小型农业机械成为时尚，手扶拖拉机、农用三轮车成为农业生产家用机械抢手货。全市主要农用动力机械总动力22.65万千瓦。其中大中型拖拉机1979台5.08万千瓦、小型拖拉机1.81万台11.86万千瓦（包括手扶拖拉机9384台3.57万千瓦）、农用三轮车3387辆1.54万千瓦。1994年，文登市加力农用车厂生产的“安宁”牌手扶拖拉机，诸城“光明”牌、“曙光”牌和潍坊“巨力”牌农用三轮车，成为农村热销品牌。1995年，全市主要农机总动力增至27.39万千瓦，比1991年增长20.93%；手扶拖拉机增至1.19万台5.06万千瓦，比1991年分别增长26.81%、41.74%；农用三轮车增至9035辆5.08万千瓦，比1991年分别增长1.67倍、2.30倍。1996年，文登市

新增背负式小麦联合收割机47台，出现以购置小麦联合收割机为主的第二次农机“购机热”。是年，夏收期间，市农机局组织40台小麦联合收割机参加全省跨区域作业。之后，年年组织小麦联合收割机开展跨区作业。1997年，为购置农用三轮车高峰期，全市保有量2.52万辆15.9万千瓦，比1995年分别增长1.79倍、2.13倍。1998年，全市购进自走式小麦联合收割机10台。2001年，全市主要农机总动力增至57.25万千瓦，比1995年增长1.09倍；农用拖拉机5.67万台36.05万千瓦，其中手扶拖拉机4.78万台21.45万千瓦，分别比1995年增长1.75倍、1.02倍和3.02倍、3.24倍；自走式联合收割机增至141台5513千瓦。2005年，全市主要农机总动力62.06万千瓦，大中型拖拉机4443台18.08万千瓦，小型拖拉机4.23万台21.71万千瓦，自走式联合收获机械增至519台2.23万千瓦，农用汽车1271辆6.48万千瓦，农用三轮车2.17万辆13.56万千瓦。至2013年，全市主要农机总动力增至105.01万千瓦，比2005年增长69.21%。其中，大中型拖拉机7035台31.27万千瓦、小型拖拉机8.41万台53.82万千瓦、自走式联合收获机械1117台7.10万千瓦、农用三轮车2.05万辆12.82万千瓦。自走式联合收获机械的机台数和功率数分别比2005年增长1.15倍、2.18倍。

1991－2013年文登市部分年份农用动力机械保有量情况表

表8-4

年份	农机总动力（千瓦）	大中型拖拉机		小型拖拉机		自走式联合收获机械		农用汽车		农用三轮车	
		数量（台）	功率（千瓦）	数量（台）	功率（千瓦）	数量（台）	功率（千瓦）	数量（辆）	功率（千瓦）	数量（辆）	功率（千瓦）
1991	226528	1979	50752	18125	118617	—	—	585	41801	3387	15358
1992	249216	1914	68250	18525	121616	—	—	561	40700	3888	18650
1993	249826	1726	64665	18543	121734	—	—	534	38759	4736	24668
1994	249616	1658	62117	18933	124294	—	—	522	38037	4702	25168
1995	273889	1478	59577	19154	125745	—	—	528	37744	9035	50823
1996	300368	1495	60096	22502	134334	—	—	652	45032	10235	60906
1997	428775	1560	61278	29488	163256	—	—	657	45267	25208	158974
2002	579906	2162	86998	55549	278240	201	7839	657	44848	25308	161981
2003	595423	2310	97953	55800	284693	371	14456	838	51090	23450	147231
2004	616344	4423	179730	44266	229068	459	19809	868	52086	21720	135651
2005	620600	4443	180758	42266	217097	519	22297	1271	64801	21723	135647
2006	628552	4493	183332	43387	222055	519	22717	1271	64801	21723	135647
2010	1011133	6322	278069	76778	470551	822	46487	1525	87875	20523	128151
2011	1070150	6584	290831	76526	495510	949	67783	1525	87875	20523	128151
2013	1050053	7035	312665	84128	538214	1117	71023	—	—	20523	128151

1991—2013年文登市联合收获机械保有量情况表

表 8-5

年份	联合收获机械总计		稻麦联合收割机				玉米联合收获机			
			合计		其中		合计		其中	
	数量（台）	功率（千瓦）	数量（台）	功率（千瓦）	自走式数量（台）	背负式数量（台）	数量（台）	功率（千瓦）	自走式数量（台）	背负式数量（台）
1991	—	—	—	—	—	—	—	—	—	—
1992	—	—	—	—	—	—	—	—	—	—
1993	3	—	3	—	—	3	—	—	—	—
1994	3	—	3	—	—	3	—	—	—	—
1995	5	—	5	—	—	5	—	—	—	—
1996	47	—	47	—	—	47	—	—	—	—
1997	69	—	69	—	—	69	—	—	—	—
1998	175	953	175	953	10	165	—	—	—	—
1999	305	3346	305	3346	65	240	—	—	—	—
2000	392	3743	392	3743	85	307	—	—	—	—
2001	468	5513	468	5513	141	327	—	—	—	—
2002	528	7839	517	7839	201	316	11	253	—	11
2003	664	14456	653	14456	371	282	11	253	—	11
2004	781	19883	768	19809	457	311	13	325	2	11
2005	887	22371	821	22297	517	304	66	1650	2	64
2006	807	20364	772	20290	472	300	35	1050	2	33
2007	957	23027	835	22953	524	311	122	3660	2	120
2008	1410	37482	1087	30030	546	541	323	7452	138	185
2009	1554	40918	1167	31987	626	541	387	8931	196	191
2010	1625	46487	1193	33516	626	567	432	12971	196	236
2011	1670	67783	1215	53460	748	467	455	14323	201	254
2012	1745	67401	1260	52338	793	467	485	15063	201	284
2013	1845	71023	1309	54376	871	438	536	16647	246	290

1991—2013年文登市拖拉机主要配套机具保有量情况表

表8-6　　　　单位：台（件、套）

年份	合计	犁	耙	旋耕机	播种机	割晒机	化肥深施机	秸秆还田机	覆膜机	花生收获机	背负式联合收获机械	其他
1991	24187	14690	5342	3	1194	1752	0	59	1	0	0	1146
1992	27409	15661	7150	7	1370	2009	0	64	1	0	0	1147
1993	28779	16149	7933	7	1366	2116	0	64	1	0	3	1090
1994	29131	15380	8485	3	1499	2676	0	56	1	0	3	1028
1995	32011	16477	9617	5	1657	3027	268	54	1	0	5	900
1996	37602	19234	12019	7	1856	3239	309	49	1	0	47	841
1997	46439	24650	15004	14	2040	3476	299	49	3	0	69	835
1998	47091	25678	14417	14	2156	3476	292	49	3	0	165	841
1999	75591	48647	19119	14	2347	3679	652	49	3	0	240	841
2000	79231	50516	20001	10	2367	4412	663	49	3	0	307	903
2001	78700	50168	20011	10	2367	4412	424	49	3	26	327	903
2002	82806	50415	20010	20	2386	8132	384	51	4	40	327	1037
2003	83555	47302	26476	70	3063	4213	746	85	23	148	293	1136
2004	76175	45933	22578	242	3114	1583	1736	43	73	157	322	394
2005	75787	45277	22258	483	3418	1804	1520	25	84	165	368	385
2006	74996	45253	22258	479	2691	1804	1520	24	84	165	333	385
2007	87341	56513	22448	491	3491	1804	1525	39	84	165	431	350
2008	134368	80924	42913	2164	3491	1804	1525	223	25	165	726	408
2009	151042	80526	44545	2225	18695	1806	1566	283	25	168	732	471
2010	151277	80608	44545	2295	18695	1806	1566	283	25	174	803	477
2011	151375	80702	44552	2325	18705	1806	1587	287	25	183	721	482
2012	156586	83948	44652	2362	18705	1806	1587	305	1762	190	751	518
2013	158271	84068	44742	2392	20059	1806	1587	355	1762	197	728	575

农机购置补贴 2005年始，国家对购置大型农业机械实行补贴。是年，文登市争取上级农机购置补贴80万元，其中中央财政资金60万元、威海财政配套资金20万元，并如期发放到购机户手中。2006—2008年，分别争取80万元、163万元、260万元。2009年3月10日，威海市农机购置补贴现场会在文登召开，1200余名农民代表参加会议，购机热情被激发。是年，2000户农民获得大型农业机械国家购置补贴和地方配套补贴共896万元。2011年，争取农机国家购置补贴和地方配套补贴资金1215万元，受益农民5500余户，带动农民投入3600余万元。2012年，争取农机各种补贴资金1655万元，其中大型农业机械国家购置补贴和地方配套补贴1505万元，农机报废更新补贴资金150万元，补贴各类农机具1.22万台，受益农民5849户。2013年，文登市被省农机局定为全省农机报废更新补贴试点市。是年，争取农机各种补贴资金1930万元，其中农机购置补贴和配套补贴资金1630万元，推广各类新机具1.2万余台（套），受益农民8000余户。

图8-6 玉米联合收获机收获现场（2009年9月17日摄）

第二节 农机管理与服务

1991年，市农机局开展农机供应、农机维修、农机培训、农机监理和农机工程开发等服务活动。1992年12月，文登市获农业部“铁牛杯”竞赛优胜单位奖杯，市农机局获省农机局“金杯奖”。1995年，全市有697个村建有“三库一间”（机具库、农机配件库、油库、农机修理车间）农机服务大院，设专职或兼职农机管理员1093人。夏收、秋收期间，村所有拖拉机、收割机、脱谷机等农业机械，统一安排调度，统一收费标准。镇农机管理服务站和个体农机修理点共同开通农机维修服务网络。市农机局按《全国农村机械维修行业管理办法》，做好农机维修网点年度审验、牌证核发和修理工技术培训、等级审定和证书管理。是年6月，文登市首次引进淄博市桓台县25台小麦联合收割机组到汪疃镇实施大面积连片作业。2000年，市、镇、村三级农机管理服务人员2000余人，修配网点283处。2005年，引进外地小麦联合收割机800余台参与连片麦收作业。2008年，全市建立农机修配网点243处，在岗农机修理工260人。2011—2013年，引进外地2500余台小麦联合收割机到文登参与连片作业，组织境内1500余台小麦联合收割机外出跨区作业，为境内农机手创收6000万元。2013年“三夏”期间，全市共出动各类农业机械7.2万台，其中小麦联合收割机2700余台，共收割小麦2.66万公顷，机收率100%；“三秋”期间，出动各类农业机械6.5万台，其中玉米联合收获机532台，机械化收获2.20万公顷；花生收获机197台，机械化收获2万公顷；实施小麦保护性耕作1.33万公顷。

第三节 农机培训

1991年，市农机化学校改进培训方法，由单一校内培训逐步走上校内与校外相结合、集中与分散相结合、长训与短训相结合、面授与电教相结合、培训与咨询相结合的开放型办学新路子。至1999年，累计培训人员5.29万人，平均每年培训5878人。其中，累计培训拖拉机驾驶员1.99万人，培训专业机手3.11万人，培训修理工1885人。2000年始，市镇各级农机部门注重对农机专业合作社、农机大户、种粮大户、农机社会化服务组织中的农机手和新购机农民的培训。在培训内容上，侧重农业机械田间作业技术规范、安全操作基本技能、农机管理维护保养等，在主推技术上，重点推广玉米联合收获、保护性耕作、经济作物机械化应用等知识和技术。2013年，市农机局开办阳光工程农机培训班5次，培训农机人员1120人。

1991－2013年文登市农机人员培训情况表

表8-7　　单位：人

年份	合计	培训驾驶员	培训专业机手	培训修理工	年份	合计	培训驾驶员
1991	4023	1362	2587	74	2003	3489	3489
1992	4487	1209	3125	153	2004	2846	2846
1993	6277	3583	2574	120	2005	1453	1453
1994	5960	2320	3432	208	2006	575	575
1995	5739	2088	3396	255	2007	1003	1003
1996	6281	2245	3796	240	2008	1014	1014
1997	6493	2264	3884	345	2009	1374	1374
1998	6803	2425	4133	245	2010	2667	2667
1999	6810	2432	4133	245	2011	2750	2750
2000	1700	1700	…	…	2012	2850	2850
2001	2633	2633	…	…	2013	1120	1120
2002	3017	3017	…	…			

说明：2000年始，专业机手、修理工培训不做专项统计。

第四节 安全监理

1991年，市农业机械安全监理站利用集市宣传农机安全知识和拖拉机挂牌办证相关法律法规，就地就近、快捷方便地为群众挂牌办证。2000年，加强对农机安全生产的监管力度，依法对拖拉机、联合收获机实行牌证管理，严格培训农机驾驶员和操作手，有效抑制农机事故的发生。2002年，组建农机服务中心，为办理牌证群众提供"一站式"综合服务。2003年，市农机服务中心被省农机管理办公室评为文明监理优质服务窗口单位。2009年11月1日始，《农业机械安全监督管理条例》实施，市农机局加强监督管理和依法查处无牌无证、未参加年检审、违章载人、酒后驾驶等违规行为。2010年，重点开展拖拉机年度检验、换发牌照等一系列农机安全生产集中整治和便民利民服务活动，走乡进村入户，为群众办理挂牌登记业务，对参加年检的拖拉机免费粘贴反光条，更新牌照财政每台补贴资金50元，减轻群众负担50余万元。2013年，年检换发牌照7431副，换证1339本，发放新版驾驶证850本，年检审车辆1.7万余台，查处违章车辆797台，农机事故率控制在0.1‰以下。文登市先后被省农机局、省安监局授予全省农机安全“十县百乡千村万户”示范活动示范县称号，被农业部、国家安全监管总局授予全国平安农机示范县称号。米山镇和经济开发区被省农机局、省安监局授予全省农机安全“十百千万”示范活动示范单位称号，长山农机专业合作社和华鑫农机专业合作社被授予全省农机安全“十百千万”示范活动示范合作社称号。

图8-7　2010年8月24日，市农机监理人员下乡进行农机年检。

第六章　水　利

第一节　水库塘坝

1991年，全市有大中小型水库和塘坝1032座，包括大型水库1座，中型水库5座（含在建1座），小（一）型水库24座，小（二）型水库69座，塘坝933座，库容总量4.74亿立方米。至2013年，全市有大型水库1座，中型水库3座（含在建1座），小（一）型水库19座，小（二）型水库51座，塘坝917座，库容总量4.25亿立方米。

大中型水库

米山水库　大型水库。位于市区西12千米、西母猪河中游、米山镇米山村东北。控制流域面积440平方千米，总库容2.8亿立方米，兴利库容1.31亿立方米。1996年4月始，成为威海市区饮用水水源地。1986—2002年，翻修大坝护坡总面积3.5万平方米，总投资275万元。2003年4月，水库大坝经省水利厅鉴定为三类坝；6月，

图8-8　加固后的米山水库大坝（2010年10月18日摄）

经水利部大坝安全管理中心审核予以认定。2007年3月，省发改委对米山水库除险加固工程初步设计作出批复，核定工程总投资1.4亿元，包括工程建设投资6044万元、移民环境投资7803万元、水文设施投资155万元，其中省以上补助5528万元、威海市补助1000万元。2008年10月，加固工程开工。2010年，工程竣工验收。米山水库除险加固后，对母猪河流域的控制作用明显。2013年，成为山东省引黄调水、国家南水北调东线工程胶东地区输水干线末端的调蓄水库。

坤龙邢水库　中型水库。位于市区东南18千米、青龙河中游、北邢家村和中邢家村西侧。控制流域面积136平方千米，总库容6471万立方米，兴利库容800万立方米。1997年，实施大坝迎水坡高程22.9～24.0米段护坡加固工程。2002年，水库大坝经省水利厅鉴定为三类坝，经水利部大坝安全管理中心审核予以认定。2006年11月，省发改委批复除险加固资金8780万元，包括工程建设投资3890万元、库区淹没补偿4890万元，其中国家扶持资金1295万元、省配套资金2656万元、地方配套资金4829万元。年末，除险加固工程开工。2008年10月，主体工程竣工。2010年11月，整体工程竣工验收。该水库控制青龙河流域面积57.67%，可削减洪峰65.9%，兴利库容增加2400万立方米，达到3200万立方米。

南圈水库　中型水库。位于市区南17千米、昌阳河支流、张家产镇东汤村北、南圈村南。控制流域面积25.6平方千米，总库容1296万立方米，兴利库容716万立方米。1991年3月至1992年3月，完成大坝加高培厚、迎水坡干砌石护坡翻修、放水洞改建等，总投资369万元，其中省投资111万元。1998年7—8月，市政府投资20万元，对大坝实施护坡加固。2007年1月，水库大坝经省水利厅鉴定为三类坝。2008年2月，经水利部大坝安全管理中心审核予以认定。是年，省发改委批复加固工程总投资2288万元。2009年10月，加固工程开工。2010年11月，竣工验收。水库控制昌阳河流域面积21.47%，加固后，下游7个村庄1333.3公顷农田和青石公路免受水害。

昆嵛山水库　中型水库，位于市区西北24千米、西母猪河崮头支流上游、界石镇东簸箕掌东南250米处，因地处昆嵛山区而得名。水库原设计坝高53.7米，总库容1062万立方米，兴利库容820万立方米。1977年10月开工。1985年，因国家压缩基建规模而停建，时建坝高36米。1997年6月至2000年6月，投资115.57万元，将停工时预留泄水缺口填平，新增蓄水量65万立方米。2003年9月至2004年7月，省投资200万元，威海市和文登市投资410万元，完成大坝灌浆截渗加固、放水洞启闭设备和电站设备更新改造。2013年，水库坝高38米，总库容405万立方米，仍未达到原设计标准，未完全建成。

附：

武林水库　中型水库。位于市区北18千米，西母猪河支流山马河上游，葛山镇二武林村东北。控制流域面积15平方千米，总库容1338万立方米，兴利库容650万立方米。1998年11月20日至1999年11月中旬，实施大坝迎水坡、放水洞加固工程，总投资128万元。2002年10月，水库大坝经省水利厅鉴定为三类坝。2003年6月，经水利部大坝安全管理中心审核予以认定。2007年，完成水库除险加固工程初步设计，并报省发改委批复。2008年，省发改委批复除险加固工程投资2434万元。2009年1月开工，2010年12月竣工。水库控制山马河流域面积21.43%，可减轻下游16个村庄333.33公顷农田洪水威胁。2009年2月，该水库随行政区划变动，划归威海市水利局管理。

郭格庄水库　中型水库。位于东母猪河上游支流，草庙子镇北郭格庄南。控制流域面积15平方千米，总库容1400万立方米，兴利库容796万立方米。1994年6月，随行政区划变动划入威海市环翠区。

小型水库和塘坝　境内小型水库大多兴建

于60—70年代。至2013年，小（一）型水库19座，比1991年减少5座。其中，1992年普查认定冷家、金钱河2座不达标，降为小（二）型水库，车门夼、朱家寨、小阮3座水库随行政区划变动划归威海市其他行政区管理。小（二）型水库51座，比1991年减少18座。减少的主要原因为1992年普查认定有峰西水库等10座不达标降为塘坝及后期因区划变动划出等。2003—2005年，小型水库除险加固主要解决防洪标准不达标问题。2008年，排查认定有47座小型水库大坝为三类坝。至2013年，共投资5200万元，完成包括47座三类坝水库在内的61座小型水库除险加固工程。境内塘坝917座，比1991年减少16座，行政区划变动划出和部分废弃是主要原因。塘坝总容积1371.17万立方米，实际供水能力966万立方米，其中农业灌溉实际供水170万立方米。

2013年文登市小（一）型水库基本情况表

表8-8

水库名称	所在镇（街道）	所在河流	流域面积（平方千米）	总库容（万立方米）	兴利水位对应库容（万立方米）	兴利库容（万立方米）	死库容（万立方米）	坝高（米）	坝长（米）	实际灌溉面积（公顷）
松山	文登营	东母猪河 城南河	16.6	835.0	487.0	450.0	37.0	21.0	399	533.3
李家	大水泊	青龙河	13.6	376.4	109.0	101.0	8.0	12.0	614	320.0
小嵛岭	环山	东母猪河	9.5	244.8	163.0	148.0	15.0	18.0	235	373.3
潘家	天福	东母猪河	4.0	165.9	109.0	105.0	3.5	17.0	295	380.0
沙子	龙山	东母猪河	4.0	174.6	100.0	96.2	3.8	14.0	315	326.7
东廒	侯家	河里庄河	4.4	241.0	137.9	132.9	5.0	11.0	862	320.0
集后	侯家	石章河	4.0	224.9	161.0	153.5	7.5	11.6	623	240.0
山后侯家	张家产	青龙河	5.3	211.3	125.0	92.0	33.0	13.2	439	246.7
宝泉	小观	黄垒河	5.4	375.8	259.0	246.0	13.0	15.0	270	280.0
大山前	米山	西母猪河	5.0	314.9	183.0	169.0	14.0	13.9	300	193.3
陡埠	葛家	西母猪河	3.8	193.9	135.0	127.0	8.0	15.0	370	300.0
姚家庄	葛家	西母猪河	5.7	148.0	59.0	45.0	14.0	8.3	950	200.0
黄龙	葛家	西母猪河	3.5	145.6	103.0	98.0	5.0	17.3	524	380.0
五道河	葛家	西母猪河	4.5	181.1	100.0	99.5	0.5	13.4	750	526.7
青庄	界石	西母猪河	7.8	245.5	98.4	89.4	9.0	14.0	433	106.7
院下	界石	西母猪河	3.2	144.6	99.0	93.0	6.0	21.0	260	100.0
香山	高村	青龙河	3.4	208.5	122.0	110.0	12.0	16.0	220	166.7
毕家店	大水泊	沽河	2.6	107.8	82.0	75.4	6.6	16.0	380	60.0
天福山	文登营	青龙河	2.0	96.3	71.0	67.4	3.6	22.0	98	100.0
合计			118.3	4635.9	2703.3	2488.3	204.5	—	—	5153.4

2013 年文登市小（二）型水库基本情况表

表 8-9

水库名称	所在镇（街道）	流域面积（平方千米）	坝高（米）	坝长（米）	库容（万立方米）		灌溉面积（公顷）
					总库容	兴利库容	
西五里	天福	2.27	6.0	300	10.3	2.8	30.0
十里头	天福	0.65	9.0	125	11.4	6.6	23.3
翟格庄	环山	0.44	8.0	90	8.8	5.5	29.3
西北岔	文登营	1.20	12.0	128	19.7	10.0	36.7
时埠	大水泊	0.51	12.0	162	16.2	11.8	41.3
三庄	大水泊	1.12	8.5	275	23.4	11.2	46.7
魏家	大水泊	0.90	12.4	145	13.1	7.8	44.0
东邹山	大水泊	0.40	11.0	137	11.0	7.0	30.0
陈家埠	大水泊	1.04	11.0	200	12.7	5.1	44.0
大台	大水泊	0.96	10.2	267	22.1	13.8	45.5
方家	大水泊	0.90	19.5	144	47.4	35.3	88.7
山后孙家	大水泊	1.30	17.0	228	19.3	13.6	66.7
初家	大水泊	2.00	13.0	550	37.0	23.0	90.0
大官庄	张家产	6.50	9.0	248	31.8	4.8	66.7
官道西	张家产	1.60	9.0	183	30.8	10.2	26.7
车卧岛	张家产	1.10	15.0	162	33.5	26.0	33.3
庙山	张家产	0.50	10.2	250	10.8	7.1	26.7
河胡家	张家产	1.62	10.0	160	16.1	3.9	13.3
庙后	高村	1.44	13.7	510	41.3	22.0	58.7
曲家	高村	0.92	8.0	195	18.2	8.6	28.0
金钱河	宋村	1.70	14.0	290	86.0	71.0	73.3
波浪后	高村	2.27	8.6	276	22.0	7.0	30.6
鞠格庄	高村	1.87	6.0	370	10.4	5.5	13.3
高家	侯家	1.60	6.0	261	15.2	9.2	16.7
山前	侯家	1.13	7.8	325	19.5	11.0	36.7
炉上	宋村	1.48	11.0	340	33.3	20.7	93.3

续表 8-9

水库名称	所在镇（街道）	流域面积（平方千米）	坝高（米）	坝长（米）	库容（万立方米）		灌溉面积（公顷）
					总库容	兴利库容	
鹁鸽崖	宋村	1.72	13.0	210	30.2	18.2	33.3
河格	宋村	0.40	13.0	190	20.9	16.8	30.0
下泊子	泽头	0.60	8.0	225	11.2	7.1	26.7
西庄子	葛家	1.81	18.1	300	63.6	49.2	133.3
四清	葛家	0.78	10.0	309	18.5	14.6	53.3
姜新庄	葛家	0.82	16.0	155	16.2	10.6	50.0
于家口	葛家	0.65	9.5	237	20.7	11.3	36.7
北石	葛家	0.55	13.0	112	11.9	7.9	53.3
崔家口	葛家	1.72	15.0	300	44.5	32.0	66.7
背眼	葛家	1.30	13.0	208	14.8	7.2	40.0
黄龙岘	葛家	1.67	12.1	270	10.1	4.1	36.7
英山前	葛家	1.38	11.2	157	19.1	12.8	46.7
西于	葛家	1.92	11.0	395	10.9	5.3	50.0
蔡家庵	葛家	0.40	8.0	150	10.2	7.0	26.7
马腚	界石	0.59	11.0	110	11.6	7.0	22.0
崮山后	界石	0.97	21.0	160	36.2	26.2	23.0
石头河	界石	2.29	11.0	232	11.7	5.8	23.3
旸哩	界石	3.71	7.0	365	22.0	8.6	53.3
旸哩后	界石	1.42	11.0	245	19.6	10.7	57.3
岭西	界石	2.16	13.8	171	34.7	16.7	100.0
鲁家埠	界石	4.20	7.0	237	22.0	5.6	21.3
姜格庄	米山	1.15	10.0	295	22.8	13.6	74.0
王埠庄	龙山	0.63	7.0	166	11.3	6.5	36.7
华山	小观	1.25	18.0	206	68.2	53.6	26.7
冷家	埠口港	1.39	17.3	386	114.4	86.5	93.3
合计		72.9	—	—	1298.6	805.4	2347.8

第二节　河道治理

母猪河治理

上游防洪治理　1991 年始，河道治理成为市政府城市和水利建设的重点工作。1994 年 1 月至 1996 年 6 月，实施东母猪河上游的抱龙河与柳林河整治工程，总投资 2000 万元，对抱龙河两岸全长 0.73 千米、柳林河两岸全长 9.4 千米进行护坡治理，砌筑块石总长 10.13 千米、动用土石方 230 万立方米，新增水面 72 万平方米。2001—2002 年，实施抱龙河与柳林河汇流处上下河段及九里水头河段治理，治理河道 20 千米，其中，柳林河 7.1 千米、抱龙河 6.25 千米、九里水头河 4.9 千米、抱龙与柳林两河汇流 1.75 千米。建橡胶坝 5 座，砌石坝 9 座，活动土石 137 万立方米，砌石 11.9 万立方米，清淤 11.4 万立方米，新增绿化面积 1 万平方米，新增水面 225 万平方米，年可调节水量 558 万立方米，工程总投资 5265 万元。2002 年，汪疃镇投资 400 万元，完成西母猪河阮岭河段治理工程，建拦水坝 4 座，活动土石 70 万立方米，疏河筑坝 1 千米。2003 年，对抱龙河上游渠格河与杜营河交汇段、柳林河九里大桥至西床村南段、抱龙河与柳林河汇流下游泊子桥段 3 段河道进行综合治理，治理河道总长 3.48 千米，其中，抱龙河上游 0.52 千米、柳林河西床段 1.88 千米、泊子桥段 1.08 千米。砌石坝 4 座，建漫水桥 2 座。共活动土石 61.24 万立方米，砌石 7407 立方米，混凝土 753 立方米，新增水面 49.5 万平方米，年可调节水量 123 万立方米。工程总投资 1398.31 万元。2004—2005 年，界石镇疏浚西母猪河界石河蒿埻桥上下河段 500 米，上游河床宽 37 米，设拦沙坝。下游宽 88 米，设连拱坝，高 2 米。两岸筑坝，高 3.3 米，顶宽 3 米。工程获省水利厅、财政厅扶持资金 30 万元。2004—2008 年，实施东母猪河市区段上下延伸治理工程，治理河道总长 7.23 千米，其中，西汤后拦水坝至河圈漫水桥，河段长 5.79 千米，工程主要是清淤筑坝。开挖土方 4.5 万立方米、石方 1.45 万立方米，砌石 1.1 万立方米，浇注混凝土 2269 立方米，总投资 444 万元。2004 年 6—8 月，实施初张路桥至迎宾大道桥段治理工程，总投资 400 万元，治理河道长 1.44 千米，底宽 90 米，堤高 5 米，顶宽 6 米；建拦河坝 2 座，漫水桥 2 座，管涵 10 处，板涵 2 处；浆砌拦土墙长 2.68 千米，高 2.5 米；增加蓄水量 17 万立方米，形成水面 13 万平方米，绿化面积 4 万平方米。2006—2008 年，对初张路西床大桥上游 300 米至高格河段进行治理，河段长 3.51 千米，切除弯道，建拦河坝 4 座，坝长 90 米、高 2 米，河堤高 5 米；建大桥 1 座、漫水桥 1 座，总投资 1929 万元。2010 年 4—9 月，投资 2000 万元，实施东母猪河泊子桥至马家汤后段生态化治理工程，疏浚河道 2.5 千米，新修及加固河堤 5 千米，绿化岸堤 10 万平方米，新增水面 30 万平方米。2010 年 12 月，抱龙河水利风景区被水利部批准为第十批国家级水利风景区，为威海市第一个国家级水利风景区。2011 年，实施东母猪河铺头段综合整治工程，上接污水处理厂橡胶坝，下至环山工业园漫水桥下游 1 千米处，加固岸堤 5 千米，修建板涵 3 座、管涵 7 座，河道清淤 3 千米，控制

图 8-9　母猪河生态化治理泊子桥段施工现场（2010 年 8 月 9 日摄）

河段流域面积301平方千米，防洪标准为50年一遇。2013年，完成母猪河后山后大桥至米山水库溢洪道交通桥段治理工程，疏浚河道5.09千米，新建加固堤防9.77千米，修建穿堤管涵10座，砌筑两岸挡土墙1.31千米，修建漫水桥2座、后山后大桥消力池1处，总投资3233万元。

下游防洪治理 2006年7月，市政府发布《关于母猪河下游整治的通告》。12月，《文登市母猪河下游河段防洪治理工程可行性研究报告》编制完成，经市政府十五届54次常务会议研究通过。2007年5月，通过省水利厅专家组评估。规划上起老道口桥，下至入海口，共治理河道11.29千米，按防洪标准20年一遇、洪峰流量2430立方米/秒设计。4—6月，新建和临时加固南桥村护村堤坝2.5千米，以确保大洪不受灾。2007年11月至2008年8月，新筑姚山头村至环海路大桥左岸堤坝2.06千米，加固母猪河交汇口至环海路大桥堤坝0.39千米，筑坝土方19.6万立方米，投资233.65万元。清除虎口山村至高岛路河段虾池139.99公顷，加固两岸堤坝7.15千米，新建堤坝0.51千米，筑坝土方12.44万立方米，弃置土方43.92万立方米，新建和改造过堤涵闸各2座，总投资802.74万元。清除高岛路至金花河交汇口河段虾池102.66公顷，加固两岸堤坝2.64千米，吹填土方24.5万立方米，投资591.57万元。加固虎口山村北护村堤坝0.85千米，修建两孔涵闸1座，筑坝土方7.93万立方米，投资54.17万元。疏挖母猪河环海路至二岛河段2.55千米，土方6万立方米，投资35.8万元。加固母猪河右岸新老石泽线之间的道口护村堤坝0.67千米，筑坝土方3.04万立方米，投资33.41万元。加固南桥闸至南桥村桥左岸堤坝1.2千米，新建南桥村桥至大沙渚堤坝0.44千米，筑坝土方9.6万立方米，投资154.05万元。清除南桥村西部分大沙渚土方9.3万立方米，投资60.9万元。2008年6月至2009年7月，清除南桥村南弯道河段、虎口山河段、环海路上游河段滩地淤积土20.04万立方米，填荒造地11.01公顷，投资163.6万元。完成南桥村西大桥新加长10孔跨度10米桩柱板桥，合同造价185.5万元；完成虎口山至姚山头连村路桥建设，新加长10孔跨度8米桩柱板桥，合同造价93.2万元；完成南桥闸至环海路大桥治理，扩挖子槽宽0.15千米、长6.35千米，土方124万立方米，投资803.1万元。

青龙河治理 1997—2001年，市水利局组织治理下游浆砌护岸0.6千米，砌石拦河坝1座，总投资182万元。高村镇完成镇区段1.25千米和镇区段以北至孙家埠村西公路桥段河道治理2.99千米，活动土石17.56万立方米，总投资217万元；大水泊镇泊岳家村上游建浆砌石拦河坝2座，河岸植树1万余株。2012年3—12月，实施坤龙邢水库溢洪道下游至高村漫水桥长度5.4千米河道治理，新建加固堤防10.8千米，修建穿堤涵管19座，砌筑两岸挡土墙2.2千米，河底消力池铺底480平方米，总投资2173万元。

昌阳河治理 2000年，市水利局组织治理昌阳河张家产镇驻地上下河段3.2千米，修建拦水坝3座，投资260万元。张家产镇投资50万元治理镇区2千米河段，活动土石3.2万立方米，修建拦水坝10座，增加水面2.4万平方米。2013年5—11月，疏浚昌阳河宋村镇石羊村东寺五线老交通桥至环海路大桥南300米处河道，全长4.16千米，加固堤防8.31千米，新建堤顶管理道路4.16千米，改建穿堤涵洞18座，加长穿堤板涵1座，新建穿堤板涵1座，配套水文观测设施，总投资2167万元。

黄垒河治理 1996年12月至1998年5月，小观镇组织清理黄垒河北黄段，共活动土石方5.11万立方米，总投资91.65万元，使沿河200公顷耕地免受洪水威胁。

其他河流治理 2012年，水利部、财政部印发《关于开展中小河流治理重点县综合整治试点规划编制工作的通知》，文登市入选全国首批中小河流治理重点县。2013年，市水利局在做好中小河流水系连通工程规划编制的基础上，对张格河、楚岘河、旺疃河、林村北河、杜营河5条流域面积50～200平方千米的河道展开综合整治，清淤疏浚河道64.8千米，岸坡整治10千米，堤防加固12.9千米。

第三节 农田灌溉

灌区渠系工程 1991年，文登灌区渠系基本形成。米山水库灌区形成干、支、斗、农四级渠道，有效灌溉面积1.4万公顷。坤龙邢、南圈等中型水库灌区形成干、支、农三级渠道，有效灌溉面积2370公顷。小型工程（包括小型水库和塘坝）灌区形成干、农两级渠道，有效灌溉面积8690公顷。非灌区主要靠农民抽水灌溉，有效灌溉面积3400公顷。

1995年12月，米山水库干渠划界确权，确认西干渠面积77.67万平方米、东干渠面积108.79万平方米。各类固定渠道总长425.7千米，其中灌溉面积666.67公顷以上灌溉渠道10条，长336.9千米。1998年8月至2007年12月，米山水库灌区渠系建设列为国家基本建设续建计划，总投资5743.45万元。其中，国家投资2350万元，省投资100万元，地方配套3293.45万元。完成浆砌石明渠、浆砌石暗渠和翻修各类水闸、支斗门、桥涵、跌水等兴水建筑设施。至2013年，全市共有灌溉面积3.27万公顷，其中耕地灌溉面积2.69万公顷。

图8-10 小型农田水利重点县建设项目——米山镇东石硼村斗渠（2010年5月20日摄）

低压管灌工程 1992年11月，市政府印发《文登市万亩农田低压管道灌溉工程实施办法》。1993—1996年，泽头镇林村，铺集镇大英村、院西村、院东村，葛家镇赤金泊村等，共投资138.28万元，发展管灌面积423.6公顷，年可节水62.41万立方米。1997年9月至1998年12月，国家计委和水利部选定文登市兴建国家级高标准节水示范园，在葛家镇新建236.7公顷粮田管灌、123.3公顷粮田喷灌、12.4公顷大棚滴灌等工程，共投资446万元，其中国家扶持资金100万元、地方配套资金346万元。2002年4月至2003年5月，省政府选定在生格庄、院东村、王官屯村等15个村实施万亩节水灌溉工程，规划总投资832万元。其中，省财政扶持350万元，地方财政配套320万元，农民投资162万元。工程采用先进节水技术和设备，发展管道灌溉658.93公顷、半固定式喷灌186公顷、果树微灌153公顷、花卉与苗木及蔬菜大棚滴灌18.93公顷。2004年，葛家镇圣经山果品有限公司投资25.4万元建设果园管灌工程，工程运行后，年节水3.5万立方米。至2013年，全市节水灌溉面积5080公顷，其中低压管灌4680公顷、微灌400公顷。

水闸泵站机井工程 80年代后期至90年代，境内原有水闸、扬水站等供水工程，因土地开发、工程占地、老化失修等多种原因，部分损毁或废弃。1995年，全市扬水站保有量713个、机电井1361眼。2000年始，兴建节水灌溉小型农田水利工程。至2013年，全市共有过闸流量1立方米/秒及以上水闸20座，其中橡胶坝17座，泵站60座，其中规模以上泵站（装机流量1立方米/秒或装机功率50千瓦及以上的泵站工程）11座。地下水取水井11.75万眼，其中规模以上地下水取水井（包括井口井管内径大于或等于200毫米灌溉机电井、日取水量大于或等于20立方米的供水机电井）1292眼。

2013 年文登市橡胶坝水闸工程情况表

表 8-10

序号	水闸名称	所在河流	建成时间	橡胶坝坝高（米）	橡胶坝坝长（米）	橡胶坝坝顶高程（米）
1	龙山路橡胶坝	抱龙河	1983 年 11 月	1.80	100	32.80
2	昆嵛路橡胶坝	抱龙河	1985 年 5 月	2.00	100	34.82
3	马家汤后橡胶坝	东母猪河	1995 年 9 月	1.45	180	29.90
4	东望仙庄橡胶坝	母猪河	2000 年 4 月	2.50	120	30.20
5	七里水头橡胶坝	东母猪河	2001 年 9 月	2.50	93	36.36
6	义乌北橡胶坝	抱龙河	2002 年 6 月	2.50	100	44.00
7	柳林橡胶坝	东母猪河	2002 年 11 月	2.70	100	34.06
8	彩虹桥橡胶坝	抱龙河	2005 年 12 月	2.50	170	40.70
9	埠后橡胶坝	杜营河	2007 年 3 月	1.50	75	44.00
10	毕家林橡胶坝	杜营河	2007 年 4 月	2.00	100	37.85
11	小五里头橡胶坝	抱龙河	2007 年 5 月	1.50	100	39.10
12	市区污水处理厂北橡胶坝	东母猪河	2008 年 6 月	1.68	135	23.18
13	车站橡胶坝	抱龙河	2008 年 8 月	2.70	112	42.11
14	西汤后橡胶坝	东母猪河	2008 年 8 月	2.00	180	28.46
15	文山路橡胶坝	抱龙河	2010 年 8 月	2.50	80	46.00
16	营南橡胶坝	杜营河	2010 年 8 月	3.00	80	48.50
17	泊子橡胶坝	东母猪河	2010 年 10 月	2.00	100	25.60

2013 年文登市规模以上泵站工程情况表

表 8-11

序号	泵站名称	所在河流	建成时间	工程任务	主要建筑物级别	装机流量（立方米/秒）	装机功率（千瓦）	设计扬程（米）
1	文登市界石镇崮山后村灌区二号泵站	楚岘河	1970 年 11 月	灌溉	5 级	0.083	50	70
2	文登市界石镇开真观村灌区泵站	母猪河	1971 年 11 月	灌溉	5 级	0.083	50	50
3	威海市水务集团有限公司二号泵站	母猪河	1995 年 11 月	生活供水 工业供水	3 级	1.680	2270	90
4	文登市电业总公司米山水库泵站	母猪河	1996 年 12 月	工业供水	4 级	0.195	330	97
5	文登市自来水公司坤龙邢水库泵站	青龙河	2000 年 5 月	生活供水 工业供水	3 级	0.580	1026	96
6	威海市水务集团有限公司一号泵站	母猪河	2001 年 8 月	生活供水 工业供水	3 级	1.130	1630	90
7	文登市界石镇青庄水库灌区一号泵站	母猪河	2006 年 10 月	灌溉	5 级	0.028	80	100

续表 8-11

序号	泵站名称	所在河流	建成时间	工程任务	主要建筑物级别	装机流量（立方米/秒）	装机功率（千瓦）	设计扬程（米）
8	文登经济开发区供水中心东母猪河泵站	东母猪河	2007 年 6 月	生活供水 工业供水	4 级	0.120	200	80
9	文登南海宝泉水务有限公司黄垒河泵站	黄垒河	2008 年 3 月	生活供水 工业供水	4 级	0.180	184	50
10	抱龙河园林局一号泵站	抱龙河	2010 年 5 月	其他	5 级	0.056	75	80
11	抱龙河园林局二号泵站	抱龙河	2010 年 5 月	其他	5 级	0.056	75	80

2011 年文登市地下水取水井情况表

表 8-12

行政区划	地下水取水井		规模以上机电井		规模以下机电井		人力井	
	井数（眼）	取水量（万立方米）	井数（眼）	取水量（万立方米）	井数（眼）	取水量（万立方米）	井数（眼）	取水量（万立方米）
合计	117468	2075.25384	1292	988.39394	48999	1009.8121	67177	77.0478
龙山街道	2785	53.48860	23	23.07240	1186	28.0242	1576	2.3920
天福街道	295	19.80620	4	2.85820	211	16.9480	80	0.0000
环山街道	6789	65.62010	9	4.08250	2989	55.4350	3791	6.1026
文登营镇	8855	133.93184	39	24.02214	5902	93.5297	2914	16.3800
大水泊镇	13357	189.72000	144	71.40450	9449	115.2975	3764	3.0180
张家产镇	8156	130.78400	75	54.93060	1909	71.9764	6172	3.8770
高村镇	3065	132.59250	85	66.47350	390	62.2830	2590	3.8360
泽库镇	4686	158.38500	87	93.53150	1661	47.1960	2938	17.6575
侯家镇	8176	189.59900	75	125.34060	1356	61.0144	6745	3.2440
宋村镇	14604	152.20660	114	83.40340	5890	65.8582	8600	2.9450
泽头镇	1143	100.65050	67	26.54750	553	72.7190	523	1.3840
小观镇	9792	164.72670	37	61.47950	4723	99.8217	5032	3.4255
葛家镇	14138	334.68220	298	220.35100	5965	110.8780	7875	3.4532
米山镇	7468	82.87600	92	29.30100	3797	52.7130	3579	0.8620
界石镇	8278	135.83050	104	76.83550	495	52.8730	7679	6.1220
经济开发区	3781	14.46510	21	11.54010	773	0.6510	2987	2.2740
埠口港	2100	15.88900	18	13.22000	1750	2.5940	332	0.0750

说明：该表数据为 2011—2012 年水利普查成果，2013 年 7 月形成普查公报。

第四节　水土保持

1991—1995年，市政府先后印发《文登市水土保持实施细则》《文登市水土保持设施补偿费水土流失防治费收取标准和使用管理规定》《文登市开发建设项目水土保持方案编报审批管理规定》。1996年，市水利局组织人员对全市水土保持现状进行普查，查出全市轻度以上水土流失面积807.66平方千米，占全市总面积的49.11%；中度以上水土流失面积473.47平方千米，占总面积的28.8%。其中因采石、筑路、烧窑等生产活动造成水土流失388.6平方千米。据此，编写了《文登市水土保持现状及战略对策研究》。市政府划定昆嵛山、天福山、马山、架子山、北黄山和东部边缘区共293.6平方千米为重点防护区。市区房地产开发区域和威青汽车专用线、荣兰线、桃威铁路、初张公路两侧石子场、采石场、取土场、砖瓦场共121平方千米为重点监督区。界石镇旸哩小流域、院下小流域，晒字镇小流域，天福山镇驾山窑小流域，小观镇万家口小流域、北黄小流域，铺集镇谭家口小流域、于家口小流域，汪疃镇小阮小流域，茼山镇武林小流域，文登营镇何家店小流域，环山街道小嵛岭小流域和工矿企业建设用地共208.8平方千米为重点治理区，并向全市公告各区保护治理措施。1997年，文登市被省政府授予山东省水土保持先进市称号。2000—2001年，青龙河上游小流域、汪疃小流域被命名为全国水土保持生态环境建设示范小流域。2002年，全国水土流失第二次普查结果显示：全市轻度以上水土流失面积为450.89平方千米，占全市总面积的25.36%，中度以上水土流失面积281.92平方千米，占总面积的17.1%。2004年和2005年，市水利局被省水利厅评为水土保持先进单位。2006年始，水土保持方案审批纳入市行政审批服务中心办理。至2013年，全市累计治理面积3.24万公顷，包括实施国家重点治理工程3882公顷。其中，基本农田5916公顷，含重点工程972.6公顷；水保林7611公顷，含重点工程1236公顷；经济林1.03万公顷，含重点工程1445.1公顷；封育8538公顷，含重点工程133公顷；塘坝、谷坊等小型蓄水工程1012座，含重点工程216座；设计蓄水量763.5万立方米，含重点工程239.4万立方米，涵盖小流域53条。总投资6076.8万元，其中国家投资235万元、地方投资885万元，群众投资4956.8万元、投劳413万个。

第五节　防汛抗旱

防汛　境内汛期为每年6—9月。1991年始，市政府每年汛期前均制定防汛工作计划，召开防汛专题会议，部署防汛具体任务，下达危险工程处理通知书，公布包镇包重点工程责任人。市领导分包大中型水库，镇领导分包小型水库，村干部包塘坝。分包责任人从工程检查维修、防洪准备到指挥抗洪抢险救灾，一包到底。1995年始，每年制定公布防洪应急预案；汛期前各水库管理部门均储备一定数量防汛物料，以备抢险急用。1996年，市水利局投资50万元，建成雨量遥测遥控系统，在市区和各大中型水库及部分乡镇设雨量遥测站14个，并通过无线传输，即时传递到防汛指挥部。1997年，沿海乡镇合力建筑防风暴潮堤坝（简称防潮堤）。泽库镇在辛立庄至五垒岛北修建长6.1千米防潮堤，堤顶高程4米、宽5米，临海边坡坡度比1∶3，背海边坡坡度比1∶2，主要保护466.67公顷水产养殖区域。泽头镇在于家河村桥东至综合养殖场南筑防潮堤，堤长9千米，堤顶高程3.9米、宽4米，主要保护虾场和耕地。高村镇在望海曲家至庙后王家建长8千米防潮堤，高3.5米、宽3米，主要保护村庄、耕地、水产养殖区等。小观镇在黄垒河入海口的浪暖口至汪口水产站建长10千米防潮堤，高5.1米、宽6米，主要保护沿海防护林和农田。防潮堤共保护沿海土地面积24平方千米、耕地1306.67公顷、水产养殖区面积6706.67公顷、盐田153.33公顷。至1997年，全市沿海建防潮堤94.9千米。1998年，在疏河筑坝防大汛的同时，组织农民开挖田间排涝沟，泽库、宋村两个泊区镇共投资12万元，挖排涝沟长2万米，改善耕地553.33公顷。1999年8—12月，五垒岛养殖公司新扩建五垒岛湾第一期防潮堤工程，总投资549万元，其中国家投资90万元。活动土石方5.7万立方米，砌石3710立方米，浇注混凝土4786立方米，喷射混凝土5297立方米，扩建加固防潮堤2.59千米。2001年3—10月，建埠口防潮堤工程，总投资595.7万元，其中国家投资200万元。活动土石方5.65万立方米，砌石3203立方米，浇注混凝土1350立方米，建双孔桥1座、挡潮闸3座、土工格栅9697平方米，防潮堤坝全长830米，其中主坝650米、副坝180米。工程可保护企业24家、学校3所、港口1处、滩涂养殖200公顷，人口9200人。2002年，威海市水利局和威海水文水资源监测局在米山水库进行防汛调度自动化建设试点。2004年，投资40万元的米山水库防汛监控系统正式运行。5月，市政府投资20万元建立全市防汛抢险专用物资储备库。各大中型水库、小（一）型水库均设专用电话。5—9月，五垒岛养殖公司新扩建五垒岛湾第二期防潮堤工程，接一期工程北延，投资350.24万元，改造进水闸2座，拓宽道路240米，活动土石方5.56万立方米，扩建加固防潮堤580米。

图8-11 坤龙邢水库汛期溢洪（2011年8月8日摄）

2006年7月27日，全市大暴雨，多数水库蓄满并溢洪，5座小型水库、23座塘坝发生险情。驻文登部队参与抢险600余人次，转移群众1776人次，无一水库垮坝，无一人伤亡。2009年2—12月，新建五垒岛湾第三期防潮堤工程，总投资904.78万元，其中国家投资280万元，市财政配套资金560万元，南海新区管委自筹资金64.78万元，新建防潮堤长1055米，堤顶高程6.20米，防潮堤工程等级为Ⅲ等，防洪标准50年一遇。2013年，进一步落实行政首长负责制，明确各单位主要负责人为防汛抗洪第一责任人，市、镇、村逐级签订防汛责任状。修订完善文登市防汛应急预案、防台风应急预案和大中型水库汛期控制运用方案。组织技术人员对全市防汛工作进行检查，下发险工隐患限期整改通知12份，各项防汛工作有序进行。

抗旱 市委、市政府对大旱之年的抗旱要求是按轻重缓急，先保人畜用水，次保工业用水，再保经济作物，最后保一般农作物。1999年，全市平均降水量361毫米，为多年平均降水量的44.2%，是有历史记录后最为干旱的一年。2000年，平均降水量475.4毫米，为多年平均量的58.3%。2001年2—5月，降水量49.5毫米。连年少雨造成历史罕见特大干旱。在干旱年份，各级政府组织增建调水工程，保城市供水；挖潜开源，发展节水微灌工程。市政府组织的供水工程有4项：南圈水库向张家产镇区供水工程、松山水库向市区东郊铃兰味精集团供水工程、侯家镇下郭家和高家人畜饮水工程、小观镇东店子人畜饮水工程。全市共完成在建、续建工程260项，增加蓄水能力26万立方米，清淤维修渠道65千米，维修水利设施152座，维修机井、扬水站200处，维修抽水机械1000余台。至2013年，境内抗旱应急调水系统实现米山水库、坤龙邢水库、南圈水库、小嵛岭水库和母猪河、黄垒河等重要水源联网。

第六节　水政管理

水资源保护管理　1991年，文登水利工程实行分级管理制度。大中型水库由市水利局直接管理，小（一）型水库等跨村水利工程由乡镇管理，小（二）型水库、平塘等村范围内的工程由所在村管理；大型水库设管理局，中型和小（一）型水库设管理所，小（二）型水库设专管小组或专管人员。对大中型灌区供水枢纽工程及若干村受益的干渠，统一由水库管理单位直接负责；支渠按受益面积分段划片，由乡镇负责；其余的渠系工程，由就近受益村负责。库容控制一般掌握汛初限制蓄水，汛中适当蓄水，汛末尽量蓄水。1993年9月始，在全市范围内实行打井审批和取水许可制度。对城市规划区内的自备水源单位进行逐一核查登记建档，对审核符合取水许可要求的自备水源单位，发放中华人民共和国取水许可证；对未经批准擅自取水或未依照取水许可规定条件取水的，由市主管部门责令停止违法行为，限期采取补救措施，处2万元以上10万元以下罚款，情节严重的，吊销其取水许可证，封闭水源。1995年11月，市政府印发《文登市水资源管理暂行办法》。2011年，市河道管理所具体负责《中华人民共和国河道管理条例》的宣传落实和河道采砂审批管理工作，与市公安、交通、国土等部门密切协作，打击在水库、河道内采砂等违法行为。2012年3月，市政府发布《关于加强砂资源管理的通告》。至2013年，共封停非法采砂单位60余个，执法处理案件80余起。发放取水许可证1262本，其中，工业企业330本、饮食服务业163本、农业769本。

移民扶持资金管理　2000年8月，市政府制定《文登市接受三峡库区移民安置工作方案》。2006年8月，根据国务院、山东省和威海市相关规定，印发《〈文登市大中型水库移民后期扶持政策实施方案〉的通知》，组织有关部门抽调工作人员，派驻相关镇村，对境内米山、南圈、李家、坤龙邢、松山、小嵛岭、宝泉、大山前、武林、陡埠、昆嵛山、山后侯家、潘家13座水库当年按就近集中建房安置原则予以安置的移民，逐户核定登记。2007年5月，核定登记范围包括来自全国26座大中型水库安置的移民，共涉及15镇（街道）185村6631户15674人，其中三峡移民395人（由民政局负责管理）。6月，省财政厅将2006年第三、第四季度和2007年第一季度的大中型水库移民后期扶持资金拨付到位（扶持资金发放期限自2006年7月1日起20年，每年按季发放，标准每人每年600元，通过市农村信用合作社“齐鲁惠农一本通”兑付）。至2013年，省财政累计拨付大中型水库移民后期扶持资金7227.09万元（其中三峡移民资金177.75万元），实际发放直补资金6847.67万元。实施大中型水库移民后期扶持结余资金项目93项，完成投资2511.12万元。实施小型水库移民扶助基金项目72项，完成投资1290.1万元。

图8-12　2013年3月22日，市水政执法人员在市中广场宣传《中华人民共和国水法》。

第七章 粮油生产

第一节 耕地利用

耕地面积 1991年，全市耕地面积6.34万公顷，人均占有耕地1.31亩。农作物种植面积11.73万公顷，复种指数185.02%。至2005年，全市耕地面积减少至5.17万公顷，人均占有耕地1.21亩。耕地面积减少的主要原因是25度以上坡地部分退耕还林、田间沟渠路修建占地、国家和乡村基建占地、农民个人建房占地、行政区域变更。2010年，全市耕地面积5.5万公顷，人均占有耕地1.41亩。耕地面积增加的主要原因是复垦废弃的场园、矿场、道路、宅地等。2013年，全市耕地面积5.5万公顷，人均占有耕地1.42亩。农作物种植面积8.05万公顷，复种指数146.36%。

1991—2013年文登市耕地面积情况表

表8-13

年份	耕地面积（万公顷）	农作物种植面积（万公顷）	人均占有耕地面积（亩）	年份	耕地面积（万公顷）	农作物种植面积（万公顷）	人均占有耕地面积（亩）
1991	6.34	11.73	1.31	2003	5.20	8.23	1.20
1992	6.18	11.54	1.28	2004	5.17	8.20	1.20
1993	6.09	11.44	1.27	2005	5.17	8.48	1.21
1994	5.55	10.53	1.23	2006	5.17	8.68	1.21
1995	5.48	10.04	1.22	2007	5.20	8.69	1.21
1996	5.44	9.77	1.22	2008	5.20	9.00	1.21
1997	5.44	10.21	1.22	2009	6.43	7.80	1.50
1998	5.47	10.15	1.23	2010	5.50	7.78	1.41
1999	5.48	10.10	1.23	2011	5.49	7.95	1.41
2000	5.48	9.46	1.24	2012	5.49	8.05	1.41
2001	5.48	8.58	1.25	2013	5.50	8.05	1.42
2002	5.20	8.48	1.19				

种植结构 1991年，文登粮油种植继续推广沟播套种，适当调整内部结构，扩大粮、油、瓜、菜立体种植面积，提高复种指数，确保粮油生产稳定增长。至1995年，基本形成一年两作两收以沟播套种为主体的耕作制度。1996—2000年，全市粮食、油料、瓜菜播种面积分别占总播种面积的72.5%、23.9%和3.6%。在粮食作物中，小麦占60.0%、玉米占32.2%、地瓜占2.5%、大豆占3.7%、其他杂粮占1.6%。2001—2010年，全市粮食、油料、瓜菜播种面积分别占

总播种面积的69.1%、26%和4.9%。2013年，全市农作物总播种面积8.05万公顷，其中粮食作物播种面积5.35万公顷，占总播种面积的66.5%；油料作物播种面积2.02万公顷，占总播种面积的25.1%。

耕作制度 90年代，文登市以大沟麦套作为主，采用粮粮套作、粮油套作、粮油和瓜菜间作等多种模式，复种指数年均185.5%。2005年，全市推行小麦纯作——玉米夏直播模式，全市小麦、玉米亩产量分别为374千克、468.3千克，分别比90年代平均产量提高19.3%、8.9%。复种指数164.02%，一年二作二熟、二年三作三熟、一年一作一熟的比例依次为81%、14%和1.5%。2013年，复种指数146.36%，一年二作二熟、二年三作三熟、一年一作一熟的比例依次为78.3%、18.3%、1.7%。

1991—2013年文登市耕作制度情况表

表8-14　　单位：万公顷

年份	复种指数（%）	一年一作		二年三作		一年二作	
		面积	占播种面积（%）	面积	占播种面积（%）	面积	占播种面积（%）
1991	185.02	0.21	1.8	1.95	16.6	9.41	80.2
1992	186.73	0.19	1.7	1.85	16.0	9.33	80.9
1993	187.85	0.17	1.5	1.73	15.1	9.37	81.9
1994	189.73	0.14	1.3	1.43	13.6	8.81	83.7
1995	183.21	0.11	1.1	1.31	13.0	8.46	84.3
1996	179.60	0.08	0.8	1.27	13.0	8.24	84.3
1997	187.68	0.07	0.7	1.25	12.2	8.71	85.3
1998	185.56	0.09	0.9	1.33	13.1	8.53	84.0
1999	184.31	0.11	1.1	1.41	14.0	8.38	83.0
2000	172.63	0.14	1.5	1.49	15.8	7.63	80.7
2001	156.57	0.14	1.6	1.37	16.0	6.90	80.4
2002	163.08	0.12	1.4	1.31	15.5	6.87	81.0
2003	158.27	0.13	1.6	1.15	14.0	6.80	82.6
2004	158.61	0.14	1.7	1.18	14.4	6.75	82.3
2005	164.02	0.13	1.5	1.19	14.0	6.87	81.0
2006	167.89	0.13	1.5	1.20	13.8	7.16	82.5
2007	167.12	0.11	1.3	1.19	13.7	7.23	83.2
2008	173.08	0.10	1.1	1.14	12.7	7.65	85.0
2009	121.31	0.05	0.6	1.19	15.3	6.39	81.9
2010	141.45	0.06	0.8	1.24	15.9	6.33	81.4
2011	144.81	0.13	1.6	1.21	15.2	6.36	80.0

续表 8-14

年份	复种指数（%）	一年一作		二年三作		一年二作	
		面积	占播种面积（%）	面积	占播种面积（%）	面积	占播种面积（%）
2012	146.63	0.13	1.6	1.21	15.0	6.51	80.9
2013	146.36	0.14	1.7	1.47	18.3	6.30	78.3

第二节　农业作物

主要农作物　小麦为境内种植面积最大的农作物。1991－1995 年，小麦种植面积年均占粮食种植面积的 45.10%。2003－2006 年，种植业结构调整，小麦占比仍在 37% ～ 38% 之间。2007－2010 年，在 34% ～ 35% 之间。2013 年，全市小麦种植面积 2.66 万公顷，占粮食种植面积的 33.04%，亩产 394.1 千克，创历年单产最高纪录。

玉米是境内重要的粗粮作物，也是畜牧业主要精料和淀粉工业重要原料。1991 年，全市玉米种植方式为春播、套种和夏直播，面积占粮食种植面积的 28.47%。2000 年，占 32.24%。2010 年，主要种植方式为夏直播，占粮食种植面积的 44.3%。2013 年，占 45.79%。

图 8-13　2009 年 6 月 3 日，市农技人员在田间指导小麦生产管理。

花生是境内居民的主要油料作物。1991－1995 年，花生种植方式主要为大沟套种。其间，开始推广花生覆膜技术，年均覆膜面积 5913.33 公顷，占花生播种面积的 22.26%。1998 年，文登市组织实施的 5334.7 公顷省级花生大面积高产开发项目经专家验收组核实：2000 公顷麦套覆膜花生高产示范田，平均亩产 407.4 千克；3333.3 公顷麦套覆膜花生高产示范带动田，平均亩产 313.2 千克；1.33 公顷麦套覆膜花生高产攻关田，平均亩产 504.8 千克，创全市麦套花生亩产最高纪录。2005 年，耕作制度改革后，花生种植方式主要为春播。2013 年，全市花生种植面积 2.02 万公顷，占农作物种植总面积的 25.09%，平均亩产 265.8 千克。8 月 21 日，全国花生现代生产模式观摩交流会议在文登召开。

图 8-14　2013 年 8 月 21 日，全国花生现代生产模式观摩交流会议在文登召开。

地瓜在境内居民膳食结构中，由主要粮食调节为生活副食。大豆也变为小面积种植的杂粮作物。其他杂粮如绿豆、高粱、红小豆，一般地头沟边零星种植，供农民自食，面积越来越小。

1991—2013年文登市主要农作物种植面积情况表

表8-15

年份	农作物总面积（万公顷）	小麦（万公顷）	玉米（万公顷）	花生（万公顷）	地瓜（公顷）	大豆（公顷）
1991	11.73	5.32	2.42	2.93	3847	3707
1992	11.54	5.31	2.35	2.72	3700	4540
1993	11.44	5.20	2.46	2.71	3507	3747
1994	10.53	4.73	2.24	2.53	3048	3510
1995	10.04	4.37	2.34	2.39	2520	3213
1996	9.77	4.20	2.33	2.30	2407	3046
1997	10.21	4.63	2.37	2.28	2055	3060
1998	10.15	4.59	2.41	2.27	1722	2706
1999	10.10	4.54	2.39	2.26	1910	2697
2000	9.46	4.12	2.16	2.18	1665	2579
2001	8.58	3.36	2.27	2.02	1686	2654
2002	8.48	3.28	2.27	2.07	1620	2232
2003	8.23	3.12	2.27	2.00	1115	2103
2004	8.20	3.01	2.27	2.02	1072	1915
2005	8.48	3.12	2.44	2.03	940	1920
2006	8.68	3.28	2.46	2.04	1025	1866
2007	8.69	2.94	2.63	2.21	1033	1916
2008	9.00	3.17	2.66	2.24	1030	1929
2009	7.80	2.71	2.30	1.99	997	1740
2010	7.78	2.66	2.33	1.99	994	1741
2011	7.95	2.66	2.44	2.01	944	1505
2012	8.05	2.69	2.45	2.01	960	1464
2013	8.05	2.66	2.45	2.02	900	1419

1991－2013年文登市主要农作物产量情况表

表 8-16

年份	小麦		玉米		花生		地瓜		大豆	
	总产（万吨）	单产（千克/亩）	总产（万吨）	单产（千克/亩）	总产（万吨）	单产（千克/亩）	总产（万吨）	单产（千克/亩）	总产（万吨）	单产（千克/亩）
1991	26.56	333.0	13.50	373.0	9.19	209.0	2.34	405.0	0.75	135.0
1992	25.79	323.0	11.24	318.0	5.78	142.0	2.10	378.0	0.81	118.0
1993	27.62	354.0	17.35	471.0	9.75	240.0	2.65	504.0	0.97	173.0
1994	20.60	290.0	16.70	495.0	9.47	249.2	2.40	524.0	0.96	182.0
1995	22.01	335.4	17.97	513.5	9.31	260.1	2.06	546.0	0.77	126.0
1996	17.74	281.0	19.43	556.0	8.85	256.0	2.00	555.0	0.91	200.0
1997	24.60	354.0	9.74	274.0	5.49	161.0	1.13	367.0	0.47	103.0
1998	24.70	358.6	17.28	478.3	8.65	254.2	1.32	512.6	0.72	178.1
1999	23.42	344.0	7.15	199.9	4.22	124.5	0.90	312.7	0.28	70.7
2000	14.22	230.1	13.26	410.1	7.28	223.2	1.22	487.1	0.56	145.1
2001	11.47	227.7	15.00	440.3	6.33	209.3	1.15	454.2	1.50	126.6
2002	13.38	272.0	15.96	466.5	7.48	240.7	1.34	549.9	0.45	134.5
2003	15.47	331.0	16.64	488.6	7.07	236.0	0.90	540.3	0.42	133.5
2004	16.78	371.5	16.60	488.6	7.22	238.0	0.87	540.1	0.42	147.8
2005	17.53	374.0	17.16	468.3	7.23	237.3	0.69	491.3	0.39	133.7
2006	18.37	373.0	17.12	463.7	7.03	229.8	0.75	486.3	0.37	133.2
2007	16.41	372.2	18.62	471.7	7.84	236.1	0.76	488.5	0.39	134.7
2008	17.73	372.9	19.37	484.9	8.20	243.6	0.90	582.3	0.40	137.0
2009	15.72	386.4	15.91	461.4	7.28	244.5	0.87	581.5	0.36	136.1
2010	15.34	385.0	16.36	468.2	7.28	244.3	0.91	608.4	0.41	156.8
2011	15.09	378.6	16.45	449.9	7.95	263.8	0.91	640.6	0.35	156.8
2012	15.58	386.1	16.55	450.8	8.18	271.1	0.96	663.4	0.35	159.3
2013	15.74	394.1	16.28	442.3	8.04	265.8	0.90	667.5	0.33	155.8

粮油品种　1991－1993年，小麦老品种主要有858、鲁麦4号，新品种主要有鲁麦13号、鲁麦14号、烟农15号。新品种鲁麦13号和鲁麦14号普遍受欢迎，种植面积分别为6.27万公顷、4.59万公顷。玉米以新品种烟单17号（改良掖单2号）和鲁玉2号为主，种植面积分别为3.08

万公顷、2.04万公顷。花生品种中鲁花10号种植面积较大，达2.35万公顷。2000—2002年，小麦新品种鲁麦21号，大面积普及推广，种植面积4.67万公顷。玉米品种中，保留品种烟单17号和新引进品种鲁单981较受欢迎，种植面积均为1.47万公顷。花生新品种8130普遍受欢迎，种植面积5万公顷。2011—2013年，小麦品种主要有烟农24号、烟农5158，种植面积均在3万公顷以上。玉米品种主要有金海5号、农大108，种植面积分别为1.67万公顷、1.33万公顷。花生品种主要有花育22号、花育16号，种植面积均在2万公顷以上。至2013年，全市累计引进各类作物新品种（系）500余个，安排正规试验近300处。小麦、玉米、花生三大农作物，先后筛选出适合境内耕作制度及气候条件的优良新品种达68种以上。

第三节　国家补贴

粮食直补　2004年始，按国家规定实施粮食（小麦）种植直补。2006年始，实施农资综合补贴。二者合称粮食直补，补贴标准逐年增加，从2004年的每亩14元增至2013年的每亩125元。市农业局会同市财政局负责对各镇、村小麦种植面积的核实。2009—2011年，按照省粮食补贴有关规定，对小麦种植面积在100亩及以上的种粮大户，除享受小麦直补、农资综合补贴外，每亩再增加10元奖励，与小麦直补、农资综合补贴合并发放。2013年，加大小麦种植面积核定工作力度，改变过去村民自报、村委会核实模式，由村委会实地测量后得出数据，再由种植户确认，然后公示。全市共核定小麦种植面积2.16万公顷，补贴资金4045万元。对9个粮食种植面积在20公顷及以上（其中小麦或水稻种植面积10公顷及以上）的种粮大户，发放补贴资金16.08万元。11月18日，威海市粮食直补面积核实现场会在文登召开，推广文登经验。2004—2013年，累计核实小麦种植面积23.4万公顷，补贴资金2.45亿元，通过涉农财政补贴“一本通”直接发放到农民手中。

良种补贴　2005年，文登市开始承担国家、省、市良种补贴推广项目。市农业局按照《中央财政农作物良种补贴项目实施指导意见》《山东省小麦玉米良种补贴实施方案》《文登市小麦玉米良种补贴实施方案》要求，实行阳光操作，镇、村二级公示。小麦按每亩10元标准，以售价折扣方式补贴给农民；玉米按每亩10元标准，通过涉农财政补贴“一本通”将资金直接发到农民手中。2007—2009年，全市累计核实优质专用小麦种植面积6.2万公顷，发放补贴资金930.51万元。核实优质专用玉米种植面积4.16万公顷，发放补贴资金624.45万元。2009年，市农业局针对花生品种多、乱、杂且严重退化急需更新良种的问题，争取财政专项补贴资金，在大水泊镇、高村镇开展花生良种补贴试点，确定种植户5740户，每户供应花生种子2.5千克（可播种0.1亩），按财政补贴4.6元/千克，农民承担4元/千克的补贴标准，将补贴资金以良种折扣形式发放到农民手中。更新良种一般每亩可增产花生果25～30千克，增收100～150元。2010年，全市承担国家优质专用良种推广项目。小麦良种补贴2.81万公顷，玉米良种补贴2.47万公顷，花生良种补贴1.80万公顷（其中，大田1.67万公顷，每亩补贴10元；良种繁育田0.13万公顷，每亩补贴50元），共获得国家财政良种补贴资金1144万元。2011年，小麦良种补贴面积2.83万公顷，补贴农户7.73万户，国家财政补贴资金424万元；玉米良种补贴面积2.45万公顷，补贴农户9.85万户，国家财政补贴资金368万元；花生良种补贴面积1.93万公顷，补贴农户8.04万户，国家财政补贴资金406万元；新品种均采用差价供种方式，统一采购，供种到户。2013年，小麦良种补贴面积1.85万公顷，发放中央财政项目补贴资金276.9万元。玉米良种补贴面积2.16万公顷，发放中央财政项目补贴资金324万元。花生原种繁育补贴面积1733公顷，发放中央财政项目补贴资金364万元。三项目补贴资金累计964.9万元。

第八章　经济作物

第一节　蔬　菜

蔬菜种植是文登市农村经济的支柱产业之一，也是农民增收致富的重要途径。文登因而成为威海地区最大的商品菜供应基地。

种类　境内主产蔬菜5大类20余种，其中，叶菜类有大白菜、小白菜、甘蓝、菠菜、生菜、菜心等；茄果类有番茄、辣椒、茄子等；瓜类有黄瓜、南瓜、西葫芦、冬瓜、苦瓜、丝瓜等；豆类有芸豆、菜豆等；根茎类有马铃薯、萝卜、胡萝卜等。

产量　1991年，全市蔬菜种植面积2232公顷，总产11.55万吨。其中，露地种植1820公顷，产量8.94万吨；保护地种植412公顷，产量2.41万吨。2000年，蔬菜种植面积4267公顷，总产22.45万吨，分别比1991年增长91.17%、94.37%。其中保护地种植面积和产量，分别是1991年的5.34倍、5.36倍。2006—2009年，蔬菜主管部门加大新品种、新技术、新设施、新农药的推广应用，优化蔬菜种植结构，强化无公害监管，推进蔬菜生产规模化、标准化。2010年，全市蔬菜地面积5133公顷，年播种面积9000公顷，其中冬暖大棚933公顷、拱圆大棚533公顷。总产29.69万吨，年创造效益4亿元，蔬菜收入占农民年人均收入的12%，占种植业年收入的25%。2013年，全市蔬菜年播种面积1.02万公顷，总产45万吨，年总产值5.4亿元。

1991—2013年文登市蔬菜生产情况表

表8-17

年份	面积（公顷）	亩产（千克）	总产（万吨）	年份	面积（公顷）	亩产（千克）	总产（万吨）
1991	2232	3449.0	11.55	2003	5400	2265.0	18.35
1992	2280	3096.0	10.59	2004	5334	2446.0	19.57
1993	2292	4357.0	14.98	2005	5334	2602.0	20.82
1994	2303	4107.0	14.19	2006	5667	2924.0	24.86
1995	2712	4910.0	19.97	2007	5667	2819.0	23.96
1996	3147	4739.0	22.37	2008	5000	3336.0	25.02
1997	3587	4039.0	21.73	2009	5066	3457.0	26.27
1998	4000	4150.0	24.90	2010	5133	3856.0	29.69
1999	4200	3325.0	20.95	2011	10000	2500.0	37.50
2000	4267	3507.0	22.45	2012	10187	2617.8	40.00
2001	4733	2320.0	16.47	2013	10187	2945.0	45.00
2002	5000	2251.0	16.88				

说明：2011年始，蔬菜面积统计改成年播种面积。

露地栽培 1991年，全市露地蔬菜栽培面积1820公顷，占蔬菜总面积的81.5%。1995—2000年，保护地栽培技术得到普及应用，发展势头较快，露地栽培面积占比总体逐年下降。2001年，露地蔬菜栽培面积2400公顷，占蔬菜总面积的50.7%，比1996年增加653公顷，增长37.4%。2011年始，蔬菜面积统计改成年播种面积，是年，露地蔬菜年播种面积7467公顷，占蔬菜年播种面积的74.7%。2013年，露地蔬菜年播种面积7520公顷，占蔬菜年播种面积的73.8%，平均亩产2186千克，总产24.66万吨。

1991－2013年文登市露地蔬菜生产情况表

表8-18

年份	总面积（公顷）	亩产（千克）	总产量（万吨）	年份	总面积（公顷）	亩产（千克）	总产量（万吨）
1991	1820	3275	8.94	2003	2733	2350	9.63
1992	1707	2835	7.26	2004	2667	2353	9.41
1993	1427	4178	8.94	2005	2667	2608	10.43
1994	1453	3731	8.13	2006	2867	2501	10.76
1995	1833	4461	12.27	2007	2800	2489	10.45
1996	1747	4031	10.56	2008	2667	2675	10.70
1997	1920	2858	8.23	2009	2733	2890	11.85
1998	2133	2743	8.78	2010	2733	3045	12.48
1999	2133	2468	7.90	2011	7467	1706	19.11
2000	2067	3880	12.03	2012	7587	1810	20.60
2001	2400	2746	9.89	2013	7520	2186	24.66
2002	2533	2466	9.37				

说明：2011年始，蔬菜面积统计改为年播种面积。

保护地栽培 1991年，宋村镇和汪疃镇先后从寿光市引进日光温室冬季栽培技术，建成日光温室34个，面积1.13公顷。1995年，保护地栽培面积发展到879公顷，占蔬菜种植面积的32.4%。其中日光温室面积116.67公顷，拱圆大棚189.33公顷。1997年，全市保护地蔬菜发展到1667公顷，比1995年增加788公顷，增长89.6%。1998年，全市调整农业产业结构，开展和推广无公害蔬菜、绿色蔬菜、有机蔬菜种植，保护地蔬菜面积发展到1867公顷，比1997年增加200

图8-15 2010年5月7日，市蔬菜技术服务站技术人员在宋村镇石羊村蔬菜大棚为菜农传授黄瓜栽培管理技术。

公顷。2003 年，宋村基地注册生产的“昌阳”牌黄瓜、番茄被认证为无公害蔬菜。2005 年，先后在宋村、葛家、文登营、苘山等镇新建无公害蔬菜生产基地 600 公顷。2010 年，全市保护地蔬菜栽培面积 2400 公顷。2013 年，保护地蔬菜栽培面积 2667 公顷。其中，日光温室 900 公顷，大拱圆棚 700 公顷，中、小棚 633.33 公顷，覆膜菜地 433.33 公顷，总产量 20.34 万吨。

1991—2013 年文登市保护地蔬菜种植情况表

表 8-19

年份	保护地面积					总产量（万吨）	平均亩产（千克）
	合计（公顷）	日光温室（公顷）	大拱圆棚（公顷）	中、小棚（公顷）	覆膜（公顷）		
1991	412	1.13	84.00	286.67	40.00	2.41	3900
1992	573	10.67	142.67	360.00	60.00	3.44	4000
1993	865	46.67	192.00	506.67	120.00	6.23	4800
1994	850	66.67	203.33	413.33	166.67	6.25	4900
1995	879	116.67	189.33	360.00	213.33	7.54	5716
1996	1400	426.67	266.67	400.00	306.67	11.80	5620
1997	1667	533.33	386.67	466.67	280.00	13.50	5400
1998	1867	600.00	333.33	533.33	400.00	8.70	3105
1999	2067	800.00	333.33	533.33	400.00	10.59	3415
2000	2200	866.67	400.00	533.33	400.00	12.92	3915
2001	2333	933.33	400.00	600.00	400.00	12.99	3712
2002	2467	1066.67	400.00	600.00	400.00	13.88	3751
2003	2667	1200.00	466.67	666.67	333.33	14.86	3715
2004	2667	1200.00	466.67	600.00	400.00	15.49	3871
2005	2667	1200.00	466.67	600.00	400.00	12.79	3197
2006	2800	1266.67	533.33	600.00	400.00	13.81	3288
2007	2867	1266.67	600.00	600.00	400.00	14.36	3340
2008	2333	933.33	466.67	533.33	400.00	14.32	4091
2009	2333	933.33	466.67	533.33	400.00	14.42	4120
2010	2400	933.33	533.33	533.33	400.00	17.21	4780
2011	2533	866.67	600.00	633.33	433.33	18.39	4840
2012	2600	866.67	666.67	633.33	433.33	19.40	4975
2013	2667	900.00	700.00	633.33	433.33	20.34	5084

蔬菜协会 2004 年 8 月，市农业局蔬菜站会同宏泰乐食品有限公司和文泰食品有限公司联合成立文登市蔬菜协会，吸收个人会员 600 余名，单位会员 50 个。是年冬，协会在全市开展蔬菜无公害种植技术培训，多次组织人员到寿光、莱西等地参观学习，引进实用技术与品种，会同宋村镇政府成立蔬菜服务中心，为菜农解决生产中的实际问题，并通过网络发布蔬菜价格，吸引国内外蔬菜批发、加工、出口经营商。2006－2013 年，协会和中心推行无公害绿色认证等蔬菜标准化生产，20% 的蔬菜产品经加工出口至日本、韩国等国家。

图 8-16　位于宋村镇的家家悦生鲜物流中心外景（2013 年 1 月 8 日摄）

生鲜物流中心 2007 年 12 月 7 日，山东家家悦超市有限公司在宋村镇驻地投资 2 亿元建成占地面积 12 公顷的生鲜物流中心投入运营。为商务部重点扶持的“双百市场工程”（商务部支持 100 家大型农产品批发市场和 100 家大型农产品流通企业建设或改造配送、仓储、质量安全、检验检测、废弃物处理及冷链系统等）项目。生鲜物流中心按照标准化生产、工业化管理、连锁化经营、专业化配送的要求，对蔬菜进行统一集散、加工、储存、配送和销售，实行全过程、全封闭冷链控制。2008 年，生鲜物流中心统一集散各类蔬菜 1.68 万吨。2010 年，集散配送各类蔬菜 2.3 万吨，比 2008 年增长 36.9%。2013 年，生鲜物流中心集散加工配送蔬菜 4.02 万吨，比 2008 年增长 1.39 倍。

第二节　食用菌

境内食用菌类主要品种有平菇、凤尾菇、草菇、蘑菇、猴头菇、金针菇、香菇、木耳、银耳等，其中平菇、银耳人工栽培始于 70 年代。1995－2000 年，平菇、木耳大田间作套种比较流行，每年 3 月中旬栽种土豆，4 月上旬间种玉米，土豆收刨后 6 月中旬套种平菇或木耳，一年三作三收。栽培范围主要集中在泽头、小观、葛家、宋村、大水泊等镇部分村。平菇专业化栽培一般建半地下式专用养菇大棚，可满足平菇生长所需的温、湿、气、光等条件；或利用冬春闲置的养蚕大棚和闲置房屋进行栽培。泽头镇徐家村半数以上农户从事平菇生产，是远近闻名的平菇专业村。

1993 年，口子镇成功引进香菇栽培技术，并迅速在全镇范围内示范推广。1995 年，全镇大棚栽培香菇 110 万段，总产 800 吨，收入 400 万元。1996 年，口子镇政府成立香菇运销公司，制定最低保护价，从生产、管理、技术指导到销售实行一条龙服务。至 1997 年，全镇栽培香菇 200 万段，总产 3000 吨，收入 900 万元，成为发展农村经济新的增长点。2000 年，全市发展香菇大棚

图 8-17　大水泊镇养菇农民采收花香菇。（2010 年 7 月 12 日摄）

400余个，栽培香菇800万段。每年10月至次年6月为香菇采摘季，口子镇洪家庄村自发形成香菇批发专项市场，年成交量2500吨。2001年，口子镇并入大水泊镇，大水泊镇遂成为香菇生产基地。2012年12月，文登市获评山东省食用菌行业先进市。至2013年，全市食用菌专业村5个，分别是大水泊镇大水泊村、高村镇黄庵村、侯家镇大百户村、张家产镇口子李村和水井村；示范基地10处，面积160公顷；专业户2000余户，食用菌大棚1.2万个，从业者1万余人，食用菌总产量7万吨，产值近6亿元。

第三节　茶　叶

1966年，文登即开始引栽茶树，为山东省南茶北引较早县市，亦是中国最北的露天茶树栽植基地之一。因纬度高、昼夜温差大，离海近、空气湿度大，茶树休眠期长，鲜叶厚实肥大，利于氮素代谢和各种营养元素合成积累。科学分析和实验证明，文登茶叶富含100余种微量元素和咖啡因、芳香物、蛋白质、氨基酸、维生素、矿物质、茶多酚、生物碱等有益人体健康的成分。冲泡饮用时，绿茶香气高、滋味浓、耐冲泡，红茶汤色红亮、香气浓郁、滋味醇厚、回甘快、余味长。1991—2001年，茶树多在山区农户承包地的边坡地堰零星栽植，经营方式多为农家自栽自采自炒自用，分布散、面积小、产量低。2002年，文登市昆嵛山茶业有限公司成立。公司位于昆嵛山脚下界石镇，集“圣经山”牌绿茶和红茶生产、加工、经营、销售、科研为一体，拥有1处百亩生态茶园基地和1座现代茶叶加工厂，带动了周边村庄茶叶规范化生产和集约化经营。2004年，全市茶园总面积8公顷，干毛茶总产量2吨。2005年，干毛茶总产量增至3吨。2008年，全市茶园总面积13.33公顷，采摘面积8.67公顷，采摘鲜叶32吨，炒干总重量6.5吨。2013年，全市茶园面积扩大，主要分布在界石、高村、侯家、张家产、大水泊等镇，面积24.67公顷，采摘面积10公顷，干毛茶产量5.68吨，产值300余万元。是年，高村镇沙柳村成立文登市山海茶树专业合作社，拥有茶园6.67公顷。市农机局为界石镇茶园引进3台茶叶采收和加工机械。2011年和2013年，“圣经山”牌绿茶在威海市两届茶博会上获得优秀产品奖。

第四节　药　材

药材种植　境内中药材种植起步较早。70年代，重点选育黄芪。80年代，培育太子参和西洋参。90年代，西洋参种植初具规模，市委、市政府将其作为农业结构调整重点推广。1998年9月，成立文登市药材技术服务站（简称市药材站），具体负责全市中药材生产规划、品种试验、示范推广、信息技术服务等。2000年，市药材站在大水泊镇埠前头村开发6公顷药用植物园，重点示范种植西洋参、黄芪、太子参、龙胆草、细辛、丹参、百合、知母、车前子等中药材。大水泊等7个镇分别建立药材试验基地，面积合计67公顷。按当年市价测算，年亩均效益西洋参约8000元，黄芪约2000元，龙胆草约3000元，细辛约5000元。是年，全市中药材种植面积1200公顷，比1999年增加533公顷，增长80%。2001年7月28—29日，山东省名贵中药材新品种暨种植技术推广观摩会在文登召开。9月11—13日，全省名贵中药材种植技术培训班在文登举办。2007年、2008年和2009年，全市中药材种植面积分别为2267公顷、2333公顷和2667公顷。2010—2013年，药材站配合技术监督部门编制山东省无公害西洋参、黄芪、太子参、丹参、细辛、龙胆草、五味子、芍药、刺五加、百合等中药材种植技术规程，均被列入省级推荐性地方标准。市药材站被省农学会评为2013年度山东省农学会药用植物专业委员会先进会员单位，被省科技厅授予2013年度山东省星火培训基地先进单位称号。至2013年，境内药材种植品种有西洋参、黄芪、太子参、丹参、细辛、龙胆草、百合、天南星、地黄、知母、射干、防风、牛膝、桔梗、北五味子、四叶参等。全市中药材种植面积3666公顷。

西洋参 1981年，口子李村技术员王继振从山东省药材公司引进8粒西洋参种子，在林下整地试种并获得成功。1989年，省医药管理局对文登西洋参农田栽培技术进行专业鉴定，省医药公司与文登西洋参种植户签订西洋参收购合同。1995年，全市栽培西洋参13.33公顷，总收入800余万元。至1997年，文登西洋参一直被省医药公司直接收购。1999年，全市西洋参种植面积130余公顷，主要分布在张家产镇、大水泊镇，加工品牌有嵛福祥、御龙旗。2005年7月29日，文登市药材站主持的“文登市万亩西洋参种植技术推广及产业化开发”项目，获山东省农牧渔业丰收奖二等奖。2010年8月，市农业局在国家工商总局注册“嵛福祥”西洋参商标。2011年12月20日，文登西洋参获国家农产品地理标志证书。市药材站获山东省服务名牌称号。2013年，全市西洋参种植面积2666公顷，其中西洋参绿色食品基地认证533公顷。全市西洋参种植面积超过3.33公顷的大户有190户，超过10公顷有30户。张家产镇的北水道、口子李、登登口，侯家镇的山前、江山泊等18个村，成为西洋参种植专业村。文登市成为国内西洋参最大产区。

图8-18 张家产镇西洋参标准化种植示范园一角（2009年8月2日摄）

黄芪 1974年始，在膜荚黄芪中进行系统选育。1984年，培育成植株粗壮、主根粗大、生长势强、高产优质新品系，经山东省中药研究所、山东大学生物系等8个院校和科研所有关专家鉴定，认为该品系比原对照种增产208%，而且毒性减少，疗效增强，属国内首创，并命名为“文黄11号”。2002年，“文黄11号”种植面积1400公顷。大田“文黄11号”亩产鲜品一般在700～1000千克、产种子20千克左右，个别地块亩产鲜品高达1660千克、产种子41.8千克。经多年栽培实践，“文黄11号”成为文登药材种植业的拳头品种，以抗病、高产闻名全国，在黄河中下游、长江三角洲地区大面积推广种植。“文黄11号”选育项目获山东省医药公司科研成果二等奖。2004年，全市中药材种植面积2133公顷，黄芪种植仍占大头。2007年后，由于黄芪价格过低，境内种植面积大幅度减少。

太子参 1982年始，利用本地野生太子参与引种太子参进行杂交育种，经过多年定向选育和扩大繁殖，培育出抗病毒、高产新品系“抗毒一号”。1999年，“抗毒一号”太子参与玉米间作试种，亩产太子参鲜根500千克、玉米350千克。2000年，与从安徽引进的太子参种根作对比试验，“抗毒一号”太子参抗病毒性和产量皆优于安徽太子参，病毒病发病率仅为2%；亩产参干品226.5千克，对比增产79千克，增长53.6%。2013年，全市太子参种植面积133公顷。

四叶参 境内四叶参属昆嵛山野生种质，由山东农业大学采获繁育，经初步驯化由野生转为大田种植。2013年始，文登引入大田种植。是年4月，在葛家镇姚家庄栽植四叶参1年苗50千克、0.084公顷，直播四叶参种子1.5千克、0.13公顷。10月中旬收获，栽植的2年龄四叶参亩收获种子4千克、产鲜参1100千克；直播的四叶参亩产参可达500千克。同月，将该村培育的四叶参苗移栽到葛家镇西宋格村继续选育，总面积0.67公顷。

西洋参收获机械研发 1991—2010年，境内西洋参收获方式以手工操作为主，参农劳动强度大，生产效率极低，七八个人1天才能收获1亩参。2011年，市农业局技术人员与张家产镇水井村西洋参种植户丛栋滋组成研发团队，以韩国土豆收获机为原型，研究制造西洋参收获机并获得成功。2012年，试收获1天（按10小时计），收获西洋参1.33公顷，绝少破损。同年，申报国家实用新型专利。2013年5月1日，获得国家专利授权。

药材加工开发 1991－1996年，文登所产西洋参多以鲜参形态出售和利用。1997年，王继振在口子李村建起文登第一家西洋参初级加工厂，对该村和周围村所产鲜参进行烘干。是年，医药公司收购西洋参干品1100千克，并切片包装投放市场。1998年7月，医药公司组建华仙西洋参有限公司，从事西洋参种植开发及含片、口服液、胶囊等药品研制开发。2006年7月，张家产镇西洋参产业协会成立，首批吸收105个种植户和部分加工企业为会员，建起西洋参烘干厂7家，年可加工鲜参400吨。至2008年，西洋参干品主要有单体干参、参片、参须、参粉等。2009年，威海金颐阳药业有限公司与中科院生物物理研究所达成"提取西洋参多糖、皂苷，开发保健产品"的合作意向。2010年1月，共同签署全面合作框架协议。是年，金颐阳药业有限公司成立山东省唯一一家西洋参工程技术研究中心，投资5000余万元建起西洋参加工车间，安装10万级空气净化系统、纯化水处理系统、全自动灌装流水线、高效浸提提取设备，并配备气相色谱仪、高效液相色谱仪、高速分离机、分光光度计、超净工作台等。2013年，开发研制出西洋参红酒、西洋参蜜片、西洋参口服液、西洋参颗粒冲剂、西洋参膏和西洋参功能饮料等系列产品，其中西洋参饮片获国家中药饮片新版GMP证书，年产量120吨。

第九章 果 业

第一节 品种与产量

文登属中国北方落叶果树分布较为集中的地区，果品生产是农村经济发展的支柱产业。

品种 境内成片种植的果品有苹果、梨、桃、葡萄、樱桃、草莓、蓝莓等，零星种植的种类有杏、柿子、李子、无花果、大枣、银杏等。苹果的品种结构已由小国光、金帅系为主，大国光、红玉、青香蕉、北斗为辅，调整成为以红富士为主，嘎啦、乔纳金、红将军为辅。梨以砂梨为主，主要品种有丰水、黄金、新兴、新高、大果水晶、圆黄等，还有少量西洋梨品种。樱桃分小樱桃和大樱桃，小樱桃多为60年代前山区村落农家庭院零星栽培。90年代初，开始引进和发展大樱桃栽培。主要品种有红灯、先锋、拉宾斯、雷尼尔、黄玉、大紫、那翁及早红宝石、美早、早大果、胜利、友谊、萨米脱、砂密豆等，红灯品种居多。

产量 1991年，全市苹果栽植面积9133公顷，总产7.66万吨；梨267公顷，总产0.39万吨；桃567公顷，总产0.64万吨；葡萄33公顷，总产0.02万吨；其他种类面积553公顷，总产0.18万吨。2005年，果园总面积1.47万公顷，总产20.7万吨。2008年，全市形成葛家、侯家、文登营等镇6667公顷红富士苹果生产基地，葛家、大水泊等镇1000公顷砂梨生产基地，葛家镇333公顷红将军苹果生产基地，界石、葛家等镇333公顷樱桃生产基地，米山、宋村等镇200公顷草莓生产基地。果园总面积1.38万公顷，总产26.59万吨。其中，苹果1.07万公顷，产量27.8万吨；梨1427公顷，产量1.87万吨；桃、葡萄、樱桃、草莓等1713公顷，产量2.48万吨。2013年，全市果园总面积1.67万公顷，总产34.41万吨。其中，苹果1.33万公顷，产量28.3万吨；梨1253公顷，产量3.29万吨；桃、葡萄、樱桃、草莓等2213公顷，产量2.81万吨。

1991－2013年部分年份文登市果园面积产量情况表

表8-20

分类	年份	1991	1994	1995	1997	2000	2003	2005	2008	2010	2013
苹果	面积（公顷）	9133	9560	9980	9960	8667	12067	11000	10680	11400	13267
	亩产（千克）	559	1256	1450	1360	1468	1331	1000	1478	1480	1422
	总产（万吨）	7.66	18.01	21.71	20.32	19.08	24.09	16.50	23.68	25.31	28.30
梨	面积（公顷）	267	273	287	273	184	341	1700	1427	1233	1253
	亩产（千克）	975	1962	2465	1513	507	313	862	874	784	1750
	总产（万吨）	0.39	0.80	1.06	0.62	0.14	0.16	2.20	1.87	1.45	3.29
桃	面积（公顷）	567	433	440	400	273	400	333	313	313	420
	亩产（千克）	750	347	1565	1373	439	583	600	745	553	873
	总产（万吨）	0.64	0.23	1.03	0.82	0.18	0.35	0.30	0.35	0.26	0.55
葡萄	面积（公顷）	33	53	87	93	160	127	120	67	67	260
	亩产（千克）	385	1302	945	698	208	579	611	1100	1100	1000
	总产（万吨）	0.02	0.10	0.12	0.10	0.05	0.11	0.11	0.11	0.11	0.39
其他	面积（公顷）	553	153	233	207	300	587	1547	1333	1400	1533
	亩产（千克）	219	562	1145	536	2711	1261	685	1010	657	813
	总产（万吨）	0.18	0.13	0.40	0.17	1.22	1.11	1.59	2.02	1.38	1.87
合计	面积（公顷）	10553	10472	11027	10933	10067	14868	14700	13820	14413	16733
	亩产（千克）	562	1227	1475	1344	1369	1166	939	1341	1319	1371
	总产（万吨）	8.90	19.27	24.40	22.04	20.67	26.00	20.70	27.80	28.52	34.41

第二节　果园管理

密植园改造　80年代末90年代初，全市苹果栽植面积快速增长，栽植方式多是乔化密植，株行距多为2米×3米、3米×4米，树形主要为小冠疏散分层形。由于株距行距较小，盛果期树冠严重交接，通风透光差，果园严重郁闭，造成苹果着色不良、果面光洁度差、红黑点病及生理病害加重，优质果率低，经济效益差。1991年，市果业站改革苹果树整形修剪技术，变疏散分层形为“主干二层延迟开心形”，变小冠树形为“自由纺锤组合体”树形，在修剪方法上，变短截为甩放。2009年，市农业局实施“无公害优质苹果标准化生产综合配套技术开发与示范推广项目”，对苹果郁闭园进行改造，通过隔株去株或隔行去行及抬高树干等措施，扩大株行距、改善果园通风透光条件和人机作业环境，使果树红黑点病及生理病害明显减少，果品外观色泽、光洁度和果品内在品质均明显提高，优质果率提升至85%以上，比改造前提高35%。全市40公顷示范园，经改造后亩均增效2580元。2010年，全市实施郁闭园改造5333.33公顷，占郁闭园总数的62%左右。至2013年，全市8666.67公顷郁闭园均不同程度得到改造。

示范园建设 1997年，山东省财政厅、威海市财政局按照财政部印发的《关于开展财政支持农业科技成果应用示范试点县工作的若干意见》，确定文登市承担示范试点县项目建设，由市果业站具体负责，3年内建设优质高效示范园1173公顷，建设幼树早结果示范园667公顷，建设老品种改优示范园（70%的老果园达到优系化）1333公顷，全面推广苹果套袋技术。1997—1999年，共投资1611万元，其中财政拨款80万元。在项目实施过程中，市果业站加强组织领导和技术指导，建立科研、推广、应用、生产服务体系，制定扶持鼓励政策，发挥典型引领作用。至1999年，全市建成优质高效示范园1293公顷，年增效1100万元；建成幼树早结果示范园667公顷，年增效500万元。建成苹果老品种改优示范园1333公顷，年增效800万元。苹果套袋1.2亿个，年增效4800万元。3年累计增加经济效益1.55亿元，年均5166.7万元。1997年，省科委、财政厅、农业厅联合下达“山东省苹果良种产业化开发优质示范园”项目，文登市被确定为示范县，项目期5年（1997—2001年）。示范园实行良种良法配套，在管理、质量、产量、效益四方面明显提高，达到品种名优化、技术规范化、生产基地化和产品内外销一体化。具体目标：建立示范园不少于533公顷，带动园不少于4667公顷；示范园平均亩产2000～2500千克，其中果品总产30%达到出口外销标准，带动园平均亩产提高到1200千克。项目实施期间，主管部门制定规范化配套技术规程，建立产前、产中、产后服务体系。2001年，全市建示范园1667公顷，带动园5333公顷。示范园平均亩产2324千克，总产量5.81万吨，其中生产高档果2.03万吨，占总产量的35%；优质果4.76万吨，占总产量的81.9%；平均亩增果品532千克，亩增效益1050元，总增效益2625万元。2013年，争取威海市奖励资金44万元，建起一批高标准示范园，其中大水泊镇金格庄14公顷、张家产镇初家庄7公顷、高村镇沙柳村12公顷、葛家镇生格庄30.4公顷。通过示范带动，全年新上苹果园373公顷，其中231公顷采用现代果树优质高效栽培模式，占新上果园面积的62%。

苗木基地扩建 1991年，文登市有市良种场、市园艺场、市园艺场花果山分场等果树苗木培育基地。2000年，分别在市良种场和宋村镇、大水泊镇建3处新优果树品种苗木繁育基地，面积13公顷，年产各种新优果树苗木80万株。2003年9月，农业部批复建设“山东省文登市苹果良种苗木繁育基地”项目，总投资550万元。其中，国家扶持资金300万元，地方配套250万元。2005年，建成27公顷引种圃、2公顷采穗圃、500平方米恒温库、2800平方米温室及脱毒室、组培室等。2013年，年产优质苗木300万株，接芽3000万个。

矮砧集约栽培 2010年始，文登市推行苹果矮砧集约现代栽培模式。利用宽行密植、支架栽培、行间生草、起垄覆盖等技术，让果园通风透光、光合能力强，果农便于机械作业、省工省力、生产效率高，提高果品产量、质量和果园效益。全市共建矮化密植果园13.34公顷，其中泽头镇4.67公顷、葛家镇2公顷、界石镇4.67公顷、环山街道2公顷。市政府设专项补贴资金给予支持。2011—2012年，市政府发放补贴资金127.6万元，补贴果园373.35公顷。2013年，争取省财政资金600万元，主要扶持建设苹果矮砧集约现代栽培示范园4个，面积141公顷；“畜—沼—果”生态循环生产示范园3处，面积80公顷；苹果郁闭园改造示范园1处，面积28公顷。项目完成后，辐射带动3333公顷现代栽培模式果园，全市苹果矮砧集约现代栽培面积达到533.33公顷。

套袋技术推广 1992年始，文登市实施苹果套袋技术，市果业站加强培训，搞好示范，培养典型，以点带面，促进苹果果实套袋技术逐步推开。2001年，市果业站承担农业部“水果套袋技术”丰收计划项目课题，推广实施面积4000公顷，主要分布在泽头、葛家、小观、宋村、大水泊等12个镇，每亩平均套袋7200个，共套袋4.32亿个，套袋果平均亩产1768千克，年总产套袋果8.6万吨，优质果商品率达85%以上，生产优质果品7万吨，亩增经济效益1113.84元，年总增效益6683.04万元。2002年，“水果套袋技术”获全国农牧渔业丰收奖。2004年，套袋10亿个，占比80%以上，净增产值1.5亿元以上。2005—2008年，农业部、财政部“苹果套袋关键技术示范补贴项目”在文登市实施，项目落实在昆嵛山、天福山、昌阳河流域3个项目区，主要分布在界石、葛家、文登营、宋村、大水泊等8镇22村，面积466.67公顷，项目区内建有5个20～33.33公顷的示范园。至2008年，该项目区苹果套袋栽培比率由过去的90%提高到97%以上，中高档果袋使用比例由65%提高到70%以上，优质果率比非项目区高50%以上。是年，葛家镇被中国果品流通协会授予中国优质苹果基地百强乡镇称号。2010年，全市共完成水果套袋18.6亿个。2013年，全市苹果、梨、桃等水果共套袋25亿个，其中苹果套袋22亿个，套袋栽培比率95%以上。

第三节 果品贮藏

境内传统果品贮藏方法有地沟贮藏、地窖贮藏、自然通风库贮藏。90年代后，开始建造冷风库等储藏设施。至2005年，全市冷风库和气调库储藏能力达到10.3万吨，储藏量占水果总产量的38.7%，苹果为大宗贮藏品种。2008年，市果业站联合市科技局及贮藏加工企业，从大连、旅顺引进新型大樱桃减压贮藏技术，可有效延长大樱桃贮藏保鲜期。该项技术既能保持大樱桃的良好口味，出库后还能保持一周左右的货架期。2009年，全市果品储藏量17万吨，占果品总产量的60%以上，占贮藏需求的88%，基本可满足全市果品贮藏需要。至2013年，全市果品贮藏能力达到20.3万吨。其中，果品冷风库68座，贮藏能力14.1万吨；气调库19座，贮藏能力6.2万吨。

图8-19 界石镇昆嵛甘泉现代栽培模式苹果园（2012年10月25日摄）

第四节 地方名优果品

1991年，省农业厅确定：文登市红富士、乔纳金、陆奥、静香、小国光等果品为特优果品。1995年，在第二届全国农业博览会上，文登市选送的红富士、乔纳金2种苹果获金奖。1996年，山东省名优果品榜中，文登市乔纳金获金奖，陆奥获银奖，红富士、王林、静香获铜奖。1997年，文登市红富士、陆奥登上第三届全国农业博览会名牌榜。1998年，市农业局在国家工商行政管理总局商标局为文登产红富士、陆奥苹果注册“昆嵛山”牌商标。1999年，葛家镇生产的红富士、嘎啦苹果，经中国绿色食品发展中心认定，准予使用“绿色食品”质量证明商标。2010年12月24日，文登苹果、文登大樱桃分别获得国家农产品地理标志证书。

2010年11月20日，文登选送参赛样品20份，参加韩孚杯·威海市首届苹果擂台赛，获一等奖1个（样品来自葛家镇姜新庄村果园，品种为文登市红富士），二等奖1个，三等奖2个，优秀奖3个。2012年12月1日，选送参赛样品22份，参加威海市首届农产品产销对接会暨第三届苹果擂台赛，获优秀品牌奖一等奖1个（样品来自威海市传福肥业有限公司的“传福”牌，品种为文登市红富士），优秀样品奖一等奖1个（样品来自威海市传福肥业有限公司，品种为文登市红富士）；另有二等奖1个，三等奖3个，优秀奖3个。2013年12月15日，选送参赛样品26份，参加威海市第四届苹果擂台赛，获优秀品牌奖特等奖1个（样品来自山东长江汇泉集团有限公司的“汇泉”牌，品种为文登市红富士），一等奖1个（样品来自威海市传福肥业有限公司，品种为文登市红富士），二等奖2个；优秀样品奖二等奖2个，三等奖13个；优秀奖7个。

第十章 林 业

第一节 林木资源

树木种类 文登市有木本植物64科312种（含亚种和变种）。其中，乔木217种，灌木95种（含藤本）。境内山丘地主要有赤松、黑松、麻栎、栓皮栎、槲栎、板栗、刺槐、楸树、枫杨、赤杨、紫柳、胡桃、椴树等，天然灌木有胡枝子、卫茅、酸枣、蔷薇、牛奶子、小叶鼠李、白檀、锦带花、杜鹃、毛榛等。河谷平原地主要有刺槐、白榆、臭椿、泡桐、法桐、楸树、欧美杨类、毛白杨、柳类等，灌木有紫穗槐、杞柳、白蜡等。沿海防风固沙林带，多选用既耐干旱瘠薄又抗海雾的树种，乔木以黑松为主，灌木有紫穗槐、单叶罗荆等。盐化地域包括3种：重度盐化地域有柽柳、紫穗槐、枸杞子，中度盐化地域有刺槐、柳类、白榆、白蜡、皂荚、桑、臭椿、国槐、杜梨、侧柏等，轻度盐化地域有泡桐、小叶杨、合欢、山槐、黄连木、水杉等。园林绿化观赏树种有44科109种，主要有雪松、龙柏、千头柏、万峰桧、蜀桧、地柏、铅笔柏、日本花柏、紫薇、紫荆、丁香、紫叶李、大叶黄杨、小叶黄杨、女贞、月季、杜鹃、日本樱花、碧桃、木槿、龙爪槐、榆叶梅、木兰、合欢、白玉兰等。人工栽培经济树种有7科34种（不含变种、变形和杂交种），主要有苹果、梨、桃、樱桃、杏、葡萄、山楂、无花果、板栗、核桃、花椒等。人工造林绿化主要有杨树和黑松。杨树主要分布在沟佘、农田绿色通道两旁，约3000公顷。黑松主要用于荒山造林、部分绿色通道绿化，其中荒山造林6500公顷。

林区分布 文登林业区划分三大区：南部沿海防风固沙林和经济林区，位于小观、泽头、宋村、侯家、泽库、高村6镇和埠口港，主要树种有黑松、赤松、麻栎、刺槐、柳、杨类、紫穗槐、胡枝子等，经济树种主要有苹果、梨、桃、银杏、板栗。西部水源涵养林和经济林区，位于昆嵛山区的界石、米山、葛家3镇，木本植物主要有赤松、黑松、栎类、胡枝子、卫茅等，草本植物主要有黄背草、菅草、狗牙根、万里香、羊胡子草、蕨类等，经济林树种有苹果、梨、桃、樱桃、银杏、板栗等。中东部丘陵水土保持林和经济林区，位于龙山街道、经济开发区及文登营、大水泊、张家产3镇，森林植物有黑松、赤松、刺槐、栎类、紫穗槐、胡枝子，经济林树种有苹果、梨、桃、银杏、板栗等。2001年5月，市林业局开展生态公益林区划界定，按国家标准完成外业调查和内业图表、资料的编制汇总工作。2004年，完成国家、省、地市三级重点公益林区划界定工作，共2.47万公顷。其中，灌木林地1995公顷，其他林地2.27万公顷。沿海防护林基干林带6159公顷，米山水库周边水源涵养、水土保护林区1.07万公顷，昆嵛山自然保护区7812公顷。2008年，文登市纳入省级重点公益林面积4252公顷。2010—2013年，纳入国家、省、地市三级重点公益林面积3.09万公顷。

资源清查 境内国家级林业资源清查，每5年进行1次。1992年前，共进行3次森林资源连续清查。1992年5—7月，第4次森林资源连续清查，完成121个4公里交叉点森林资源清查任务。1997年5—7月，第5次完成100个4公里交叉点清查任务。2002年4—6月，第6次完成110个样点清查任务。2007年4—6月，第7次完成115个样点清查任务。2012年4—7月，第8次完成97个样点清查任务。2013年，全市林地面积5.37万公顷，封山育林2760公顷，干果产量65吨，林业产值2517万元。

1991—2013年文登市林业综合情况表

表8-21

年份	当年实有林地面积（公顷）	当年造林面积（公顷）	封山育林面积（公顷）	森林覆盖率（%）	林木采伐（立方米）	干果产量（吨）	林业产值（万元）
1991	49814	690	34079	29.8	7700	179	3351
1992	54786	4100	29870	33.6	750	153	4425
1993	54786	970	30560	33.6	306	163	3702
1994	49814	906	30560	32.9	350	159	3415
1995	51920	1633	26950	34.1	300	171	3264
1996	51920	880	26667	34.1	350	185	2911
1997	51920	200	26667	34.1	270	178	2532
1998	51920	400	27971	34.5	190	257	1692
1999	52240	433	27971	34.2	479	257	1760
2000	52133	1000	27971	31.3	80	435	1820
2001	45696	1490	2790	31.4	30	180	2240
2002	45696	1460	2790	31.4	47	249	1760
2003	45696	1297	2760	31.4	724	191	2003
2004	48696	690	2760	31.4	1230	431	2087
2005	52696	700	2760	31.4	2050	45	2105
2006	52696	1543	2760	34.3	5136	40	2020
2007	52696	1400	2760	33.4	2400	55	2455

续表 8-21

年份	当年实有林地面积（公顷）	当年造林面积（公顷）	封山育林面积（公顷）	森林覆盖率（%）	林木采伐（立方米）	干果产量（吨）	林业产值（万元）
2008	54000	1593	2760	34.3	3375	60	2496
2009	47745	1548	2760	35.3	3057	62	1605
2010	48903	1467	2760	36.3	5029	65	2019
2011	53765	1613	2760	—	8226	62	2234
2012	54305	1733	2760	—	5446	63	2563
2013	53692	1957	2760	37.5	7200	65	2517

说明：1. 林业产值为当年价。2. 封山育林面积 2000 年（含）前，指看护面积，包括林地、疏林地、荒山等所有林地；2000 年后，指实际封育面积。3. 2005 年后，因山楂树种植面积减少，干果产量降低。

第二节　植树造林

1991 年，文登市全面实施“三四五”绿化工程，建设以综合开发为重点的三大生态系统：山区林业生态经济系统、丘陵区林业生态经济系统、沿海平原区林业生态经济系统；以发展外向型经济为导向的四大经济林基地：高产银杏基地、优质苹果基地、优质干杂果基地、桑柞经济林基地；以森林自然景观为依托的五大森林旅游开发区：天福山旅游区、昆嵛山旅游区、米山水库旅游区、圣经山旅游区、南海森林旅游区。各级签署任期绿化目标管理责任状。是年，全市完成造林面积 690 公顷，森林覆盖率 29.8%。1994 年 3 月，文登市在全省第 13 次绿化委员会成员扩大会议暨全省林业工作会议上，被省委、省政府授予提前实现省“八五”绿化达标先进单位称号，并获造林绿化奖金 10 万元。1995 年 3 月，被国家林业局授予全国林业宣传先进市称号。1997 年，被授予全国沿海防护林体系建设先进单位称号。1998 年始，全面实施荒山造林、退耕还林、绿色通道造林等绿化工程。至 2013 年，全市累计造林面积 2.97 万公顷，森林覆盖率 37.5%。

苗圃育苗　1991 年，市林业局重视苗圃育苗和苗木引进，先后引进 2025、中荷一号、2001、84K、108、107 等优质黑杨系列品种，19-7 毛白杨等白杨系列品种，速生柳、金丝柳等经济林品种。推广白皮松容器育苗、火炬截根育苗和冷藏、高温、温水浸种催芽等多项育苗新技术。林业育苗保有面积长期稳定在 660 公顷以上。2010 年，全市共有苗圃 199 个，其中个体苗圃 198 个，育苗面积 653 公顷，占总育苗面积的 98.9%。2013 年，全市林木育苗 400 公顷，其中经济林育苗增至 35 公顷，育苗 1200 万株。

荒山绿化和退耕还林　90 年代，文登市大力进行荒山荒滩荒地植树造林。1992 年年末，提前

图 8-20　2013 年 3 月 11 日，义务植树现场。

完成“八五”规划和绿化达标任务。1998年始，采取政府扶持、市场化运作和全民义务植树相结合方式，发动全社会力量参与荒山绿化，“一张施工图、一张任务表、一张责任书”“一治一座山、一植一片林、一绿一个方”。对发包或拍卖的荒山，一律向社会公开，公平竞标，合法经营，并赋予经营者林地使用权和林木所有权。至2013年，荒山绿化苗木以黑松和火炬树为主，共绿化可视荒山1500公顷。对退耕还林的25度以上坡耕地、河流两岸、水库周围的绿化，一律营造水土保持林和水源涵养林。河流绿化主要是东西母猪河、昌阳河、青龙河、黄垒河等河流两岸，树种以速生杂交杨为主，栽植80万株。水库周围涵养林重点是米山水库周边涵养林工程建设，相关镇政府统一为水库周边退耕还林的农户购置树苗，本着“谁栽树，谁管理，谁受益”的原则，把管理权、受益权交给退耕还林者，鼓励植树造林，涵养水源。投资300万元，利用米山水库周边16千米区域退耕还林山坡地133公顷，人工植树20万株，建成高标准固土护坡涵养林带。

四旁植树及农田林网 1991年，市政府确定四旁植树与园林乡镇、园林村庄建设相结合，与庭院开发相结合，与义务植树相结合的工作思路，市林业局、团市委、市妇联等部门联合开展“村在绿中”“青春·绿色家园”活动，推进“三八林”“青年林”和“纪念林”等主题园林建设。至2008年，建设园林化镇15个、园林化村550个，村民房前屋后所栽树木实行属地管理，所有权归个人。农田林网建设主要在葛家、米山、小观、泽头、宋村、界石、高村、侯家、泽库、大水泊等平泊区域镇展开，结合中低产田改造项目，以田间路、沟、渠为基本框架，开展农田林网绿化建设。共建设农田林网6500公顷，栽树42万株。2013年，全市林业用地面积5.37万公顷，四旁植树折实面积1843公顷，农田林网折实面积6667公顷，林木覆盖率37.5%。

绿色通道工程 1998年始，实施绿色通道工程建设。对威青高速、荣兰线、新初张路、龙海路、环海路、金海路、上泽线、石泽线、俚李线、威石线等国、省级主干路和桃威铁路文登段进行绿化，绿化线路长约400千米，栽植各种树木768万株。在通道绿化过程中，采用市场化运作模式，吸引社会资金参与，调动全社会造林绿化积极性。具体工程管理，按照统一方案，由市政府采购中心统一招标采购，中标单位负责苗木供应、栽植、管理，一管一年半，下一年秋季验收，成活率、成活质量达不到标准的要补植，直至达标。2011年，对升级改造后的荣兰线、石泽线、威石线、上泽线、环海路、俚李线及桃威铁路等线路进行绿化，规划全长130千米，每侧绿化带宽12～15米，造林333.33公顷，植树600余万株，树种以黑松、蜀桧、龙柏、樱花、紫叶李、百日红、杨树、柳树为主。2012年，对2011年绿化的干线公路、铁路及连村路进行补植完善，栽植苗木260万株，新建圣海路及滨海路绿色通道30千米。2013年，对圣海路南段、泊高线、金海路南段进行绿化，新建绿色通道20千米，对圣海路、荣兰线、初张线、石泽线、环海路、俚李线等50千米干线公路进行补植。

第三节 林政管理

封山育林 1991年，文登市把境内山峦林地划分为死封区和活封区，实地丈量，插标立界，登记建档，并在全省率先提出封山育林技术措施：死封和活封相结合，以死封为主；留苗和养树相结合，以留苗为主；疏残林补植改造，以补植为主；乔、灌、草相结合，以针阔叶乔灌混交林为主；综合防治松林虫害，以生物防治为主。至1995年，全市封山育林面积2.7万公顷。1996年4月，市环保、林业、公安等部门联合印发《关于严格保护野生动物的通告》，通告昆嵛山区，天福山林场，草场庵林场，南海林场，各大、中型水库库区，峰山及各镇划定的山林死封区，分别列为省、市级野生动物自然保护区。1999年，落实《山东省封山育林管理办法》和《威海市封山育林规划》，执行“5年不修枝，20年不采伐”的封育制度，对适合封育林地全部实行长期死封。年内，全省封山育林现场会在文登市召开，全面推广文登市封山育林典型经验。2001年，文登市被列为国家级公益林试点县。市林业局按照33.33～53.33公顷设置1位专业护林员的规定，共聘用护林员484人。护林员实行聘任合同制，聘用合同期为1年。每年对聘任护林员，由各镇统一组织进行岗位知识、技能培训，考核合格者，市、镇统一登记造册，市林业局、镇林业站和护林员个人三方共同签订护林合同，市政府发放护林员证，护林员持证上岗。护林员管护范围以镇为单位统筹安排，打破村与村界限，制定责任考核标准，加强监督考核管理。为护林员配备摩托车、手机，实行军事化、专业化管理。2003年，将国家、省、地市三级公益林补助款（每亩补助5元）主要用于护林防火和病虫害防治。沿海基干林带，以村为基础，划片定人，严格管护。对公益林集中的山区，实行公益林档案管理、边缘立碑公示、管护队专业管护。2004年7月，文登市被国家林业局授予全国封山育林先进单位称号。2010年，被省绿化委员会授予山东省绿化模范县称号。2013年，全市自然保护区、风景名胜区、森林公园等封山育林面积3.13万公顷。

林木权属 2009年，按照国家、山东省、威海市深化集体林权制度改革的实施意见，文登市在泽头镇进行集体林权制度改革工作试点。2010年3月10日，全市集体林权制度改革工作会议召开，市委办公室印发《关于印发〈文登市集体林权制度改革工作实施方案〉的通知》。至2011年，共完成勘界确权林地6116宗，确权2.91万公顷。2013年，基本完成以明晰林木产权、明确经营主体的林权改革任务。

森林防火 1991—2000年，市林业局和各镇林业站利用有线广播、电视、报纸及宣传车、黑板报、标语口号等形式，宣传护林防火工作的重要意义、基本知识、法律规定和处罚标准等。各国有林场在进山路口树立防火警示标志牌，与公安局联合印制防火布告，张贴到每个村，发放《致市民防火公开信》。2001—2013年，累计出动宣传车1.2万车次，发放、张贴防火宣传材料130万份，设置固定标语牌220个，每年进校园对4.5万名学生进行防火教育。全面提升防火装备水平，在市级防火储备库储备风力灭火机183部，灭火水枪1000个，二、三号工具2000把，灭火水泵10组。组建市镇两级321人的森林消防专业队伍，555人的村级护林队伍，4支计5000余人的防火预备队。2013年，建设134千米防火通道，安装16个电子监控摄像头，设立23个防火检查站。制止群众上坟烧纸等违规用火120余人次，处罚野外违规用火16人。

疫病防治 1991年，市政府制定全市绿化工程规划，确定森林绿化日标和疫病防治措施。1995年3月，文登市被国家林业局授予全国森林病虫害防治先进单位称号。1999年4月至2000年9月，市林业森保部门完成全市森林植物检疫调查，共普查12个点，调查林种20个，查清11种检疫对象分布情况，其中国家级8种：苹果蠹蛾、苹果绵蚜，冠瘿病、松针红斑病、松针褐斑病，落叶松枯梢病，松墨天牛，双条杉天牛、落叶松种子小蜂、杨干透翅蛾，柳蝙蛾，日本松干蚧，美国白蛾、梨圆蚧。省级3种：刺槐烂皮病、泡桐烂皮病，杨枝根癌病、根结线虫病、杨大斑溃疡病，板栗疫病、紫薇绒蚧、柳瘿蚊、松疱锈病、苹果黑星病。2000年，文登市国家级森林病虫害中心测报点成立，争取上级建设资金7万元及相关防治测报仪器。测报工作以松毛虫、松干蚧为重点，按期向国家测报部门上报预测预报情况。2004年，开展林业有害生物普查工作，编写文登市林业有害生物普查方案和技术方案，查清林业有害生物的分布和危害程度。2006年，市政府拨款10万元，购置2台机械喷药机，财政每年列出专项资金购置药物，对松毛虫、杨树病虫害进行药物防治。2008年10月，市森林病虫害防治检疫站在泽库镇泽库、前岛、港南、周家、南辛庄、滩西头、寨前等沿海村发现松树整株死亡，经国家和省林业部门专家实地查证检测，确定为松材线虫病，面积133公顷。是年，市林业局组织清理疫树4480株。至2009年10月，沿海村线虫病疫情共清理疫树5098株。2009年9月，在张家产镇东官道村初张路段东发现松材线虫病疫情，面积2公顷，疫树149株。在高村镇礼格庄村西山发现松材线虫病疫情，面积3公顷，疫树38株。至10月15日，2处疫情均清理完毕。是年，国家林业局发布公告，确定文登市为松材线虫病疫区。同时，境内设2处省级松材线虫病检疫检查站，全天检疫检查，防止疫木流动，杜绝松材线虫病的传播和蔓延。2010年，市林业局根据《威海市2009—2010年松材线虫病的防控工作实施方案》，对较重疫情区的黑松纯林，全面砍伐，清理病源，重新栽植以蜀桧和龙柏为主的混交林；对疫情较轻的镇村，以防控为主，及时发现，及时除治，砍伐病死树，并对砍伐迹地进行营林改造，防止疫情扩散；对未发生疫情的镇、村，实行长年监测、定期普查。2011—2013年，市林业局根据松材线虫病发生规律和特点，借鉴外地成功防治经验，租用飞机对泽库镇和相邻的沿海防护林区2666.67公顷松林进行喷洒药雾防控，对高村镇、张家产镇600余公顷林地实行人工地面防治。2013年，全市林业有害生物防控实现林木监测覆盖率100%，测报准确率90%以上，产地检疫率95%，无公害防治率100%，叶片保存完好率90%。

图8-21　2012年6月25日，市野生动植物保护站租用飞机喷药，防控林区疫情。

第四节　蚕　业

桑蚕茧生产　境内桑树品种主要有湖桑32号、鲁桑792号，蚕茧主要为菁松×皓月、春蕾×镇珠、鲁七×9202等杂交种。1991年，市丝绸公司推行科学养蚕法，小蚕期饲养推广小蚕共育技术，普及黑暗箱应用、地火龙加温、活叶贮桑等新技术，提高共育质量；大蚕期饲养推广良桑饱食、网除沙、大蚕稀放、方格蔟上蔟、室外上蔟室内挂等新技术。全市532村7162户植桑养蚕，桑园面积1829公顷，产茧1666吨。其后，植桑热连年升温。1995年，全市有562村7895户植桑养蚕，桑园总面积2030公顷，年产茧1980吨，比1991年分别增长5.6%、10%、11%、18.8%。是年，植桑100公顷以上的镇10个，其中天福山镇175公顷，大水泊镇152公顷，高村镇169公顷，侯家镇111公顷，宋村镇104公顷，泽头镇252公顷，小观镇205公顷，铺集镇115公顷，葛家镇144公顷，汪疃镇109公顷。在养蚕新技术应用上，推广塑料大棚喂养，减少房舍占用，增加室内温度，并对大棚铺覆地膜隔湿、增加通风设施等，使大棚喂养劳动效率和桑蚕茧产量、质量普遍提高。全市养蚕塑料大棚发展到3123个、养蚕33645张、产桑茧1086.7吨，总收入1575.26万元。1996年，桑蚕业受国际国内市场影响，蚕茧价格下降，加上市场劳动力价格提高，部分村出现刨桑弃蚕现象，桑园总面积减至1492公顷，产茧1067吨，比1995年分别下降26.5%、46%。1997年3月，市丝绸公司在天福山镇岚宅村投资建立5.8公顷高产开发试验园，通过增施有机肥、截枝留芽修剪等桑园管理新技术，亩桑产茧由1996年的57.6千克提高到100.4千克，亩桑收入1640元。虽然产量提高，但桑蚕市场仍然萎缩低迷，影响桑农生产积极性。当年桑园总面积减至1140公顷，产茧759吨，比1995年分别下降43.8%、61.7%。之后，由于植桑养蚕业产出与投入相比，比差小收入低，与种植粮油相比，效益不突出，蚕农植桑养蚕积极性持续下降，桑园面积逐年减少，蚕茧产量逐年下降。2000年，桑园面积1209公顷，桑茧产量888吨。2009年，面积811公顷，产量469吨。2013年，桑茧产量仅有235吨。

柞蚕茧生产 1991年，全市柞峦面积近7800公顷，绝大部分不同密度放养柞蚕，柞茧产量401吨。因国家放开柞茧市场，国营柞茧制丝厂处于停产转型期，柞茧收购停止，蚕农产柞茧不能以柞丝原料通过原销路卖出，只能割茧取蛹作为食材出售，蚕农养蚕致富的期望受挫。1992年，柞茧产量仅有201吨，比1991年减少49.9%。2000年，柞茧产量227吨，主要产自天福山镇和界石镇等山区村庄。2001年，柞茧生产受市场价格等多种因素影响，蚕农养蚕积极性低，放养面积少，产量只有110吨，为2000年柞茧产量的48.5%，为1991年的27.4%。2013年，柞茧产量仅有3.3吨。蚕茧业几近倒闭。

1991－2013年文登市蚕茧生产情况表

表8-22

年份	桑园		柞茧产量（吨）	年份	桑园		柞茧产量（吨）
	面积（公顷）	桑茧产量（吨）			面积（公顷）	桑茧产量（吨）	
1991	1829	1666	401	2003	986	835	117
1992	2013	2120	201	2004	976	844	139
1993	1859	2161	352	2005	830	868	122
1994	2007	2053	340	2006	884	869	121
1995	2030	1980	381	2007	854	860	129
1996	1492	1067	417	2008	947	864	128
1997	1140	759	339	2009	811	469	48
1998	1290	954	283	2010	715	459	43
1999	1180	885	182	2011	—	406	27
2000	1209	888	227	2012	—	248	3.5
2001	1052	821	110	2013	—	235	3.3
2002	961	805	128				

科技推广服务 1991年，市丝绸公司开展“桑瘿蚊防治技术”研究，获威海市科技进步三等奖；开展的“快速经济建园技术开发与研究”课题，获山东省科技进步三等奖；1992年，市丝绸公司天福山蚕茧站“热风烘茧机使用技术研究”获得成功，实现蚕茧一次烘干，效率质量双提高。1993年，“蚕用防病消毒药物克氯素研究”获省科委科技进步二等奖；“快速经济建园技术开发与研究”获威海市科技兴威贡献四等奖。该技术经验在域内推广，实现当年植桑、当年养蚕、当年见效。1994年9月，经两年研发的“低干桑剪枝留芽剪伐技术”获威海市科技进步三等奖。是年，全市推广“嫁接体建园”技术，采取桑树摘芯、夏伐压条、春伐复

壮、隔年轮伐、叶面施肥、病虫防治等系列措施，促使桑园提前进入丰产期，桑叶产量与质量大幅提高。1995年，推广“塑料大棚高效配套养蚕技术研究”。这种配套养蚕技术可降低成本费85%，提高工效5～8倍，增产桑茧5%。1996年，该项技术获山东省科技进步三等奖，同时在全国大面积推广应用。1999年，市丝绸公司推广大棚蚕、菜、菇综合经营新模式，全市2012个养蚕户利用养蚕大棚冬闲季节种菜、养菇、养鸡，实行综合经营。宋村镇姚山头村养蚕户姚占卿承包7300平方米桑园，全年养蚕37.5张，产茧1447.75千克，收入2.18万元，平均亩桑园收入近2000元；冬季利用大棚种植黄瓜等，收入8500余元，全年总收入3万余元。2010—2013年，引导桑农发展桑葚采摘业，为城乡居民休闲观光农业游增加新亮点。文登营镇营东屯村成立安丰桑枣专业合作社，为种植户提供管理、销售、技术服务，增加农户收入，全村植桑面积10.67公顷，高产期亩产桑葚1500千克。

第十一章　畜牧业

第一节　家畜家禽饲养

80年代实行家庭联产承包责任制后，家畜、家禽主要靠一家一户喂养。家畜主要有牛、马、骡、驴、猪、羊、兔，家禽主要有鸡、鸭、鹅。90年代后，耕牛、马、骡、驴传统役用功能逐步被农业机械化所代替，存养量逐年减少。奶牛、猪、羊和肉食鸡、蛋鸡养殖成规模化、产业化发展格局。

牛　1991年，全市牛存栏1.10万头，主要品种有荷斯坦奶牛、鲁西黄牛和西门塔尔牛。1997年，牛存栏2.18万头，比1991年增长98.18%。2007年，存栏增至4.16万头，比1997年增长90.83%。牛存栏量持续增长的主因为奶牛规模化养殖和牛奶销路比较好。2008年10月，文登市被省畜牧兽医局确定为山东牛奶产业项目县。2010年，奶牛单头年产奶量6吨以上。2011年，牛存栏3.95万头。2013年，牛存栏减少至2.85万头。

猪　文登市是全国商品瘦肉猪基地县。1991年，全市生猪存栏19.06万头，出栏22.43万头，出栏率117.68%。2001年，生猪存栏21.54万头，出栏39.63万头，出栏率183.98%，比1991年分别增长13.01%、76.68%和66.3%。2011年，生猪存栏31万头，出栏52.2万头，出栏率168.39%。2013年，生猪存栏35.8万头，出栏54.01万头，出栏率150.87%。2012年和2013年，文登市连续两年被财政部评为国家生猪调出大县，分别获得奖励资金296万元和306万元。

图8-22　威海茂林农业园规模化奶牛养殖场（2010年5月8日摄）

羊　文登市是全国奶山羊基地县。1991年，全市羊存养量7.28万只。“莎能羊文登高产群选育”课题通过省科委组织的鉴定验收。1996年，存养量6.68万只。测算31408只羊年均只羊产奶量为700.9千克，核心群年均只羊产奶量912.5千克。1999年2月，省畜牧局公布文登选育的奶山羊新品系为山东省畜禽新品系，定名为文登奶山羊。2009年12月，文登奶山羊入选国家级畜禽新品种。2010年，奶山羊存养量5.1万只，年均只羊产奶量768千克。6月，“文登奶山羊新品种选育及配套技术研究”获威海市科学技术奖一等奖；12月，获山东省科学技术进步奖三等奖。2013年4月，文登奶山羊获国家农产品地理标志认证。是年，文登奶山羊存栏3.55万只，年产奶量3万吨。

兔 主要品种有传统家兔、獭兔、长毛兔等。1991年，全市兔存栏28.64万只，产兔毛83.06吨，兔肉62吨。之后，存栏、产毛量连续3年快速增长。1994年，存栏73.58万只，产毛428.4吨，比1991年分别增长1.57倍和4.13倍。2007年，家兔存养量达到峰值，存栏96万只，比1995年增长73.29%。2008年，受国际市场影响，兔毛出口量下降且价格低，农民养兔积极性严重受挫，存栏降至36.5万只。2009年，降至24.36万只。2013年，存栏27.89万只，产毛222吨，产肉796.6吨。

鸡 1991年，多为农户圈养，全市蛋鸡存养量为154.6万只，产蛋量为1.12万吨。1996年，肉食鸡养殖成规模化发展，存养量达101.2万只。1999年，肉食鸡存养量137.7万只，出栏量504.7万只；蛋鸡存养量196.8万只，产蛋量1.97万吨；存养量分别比1996年增长36.07%和3.04%。2011年，肉食鸡存养量203.19万只，蛋鸡存养量500.1万只，形成各自存养数量小高峰。2013年，肉食鸡存养量156.4万只，出栏量543.93万只；蛋鸡存养量404.4万只，产蛋量5.24万吨。

鸭 品种多为文登黑鸭，饲养方式多为家庭单户养殖。1991年，全市存养量16.5万只。1992年，文登黑鸭被山东省科学技术委员会定名。1996年，存养量30.73万只，比1991年增长86.24%。1999年10月，《山东省畜禽品种志》收编文登黑鸭为地方品种，平均每只年产蛋量为210.39个，优秀个体可达280个。至2003年，连续8年存养量保持在20万只以上。2007年，被列为国家畜禽品种遗传资源保护品种。2012年6月29日，文登黑鸭保种与选育项目获农业部颁发的农业建设项目竣工验收合格证书。至2013年，全市黑鸭存养量连续9年保持在11万只左右。

1991－2013年文登市家畜家禽生产情况表（一）

表8-23-1

年份	大牲畜存养量（头、匹）					生猪（万头）		羊存养量（万只）	兔	
	合计	牛	马	骡	驴	存养量	出栏量		存养量（万只）	产毛量（吨）
1991	13675	11045	740	1855	35	19.06	22.43	7.28	28.64	83.06
1992	15944	13610	615	1680	39	18.95	23.68	7.29	58.26	196.00
1993	14687	12657	553	1440	37	19.83	24.40	5.07	65.43	201.70
1994	18146	16503	457	1151	35	18.26	23.61	6.03	73.58	428.40
1995	16029	14677	399	914	39	20.62	30.04	7.11	55.40	300.40
1996	19398	18070	474	806	48	20.56	32.40	6.68	71.00	357.00
1997	22437	21789	153	459	36	21.93	39.74	10.88	67.30	420.00

续表 8-23-1

年份	大牲畜存养量（头、匹）					生猪（万头）		羊	兔	
	合计	牛	马	骡	驴	存养量	出栏量	存养量（万只）	存养量（万只）	产毛量（吨）
1998	23688	22966	313	399	10	21.49	35.34	10.99	70.75	410.20
1999	25314	24722	188	384	20	21.53	38.23	10.89	72.33	415.00
2000	23996	23576	105	284	31	20.98	38.78	10.12	73.93	424.00
2001	24693	24526	45	96	26	21.54	39.63	9.80	86.91	429.00
2002	26832	26758	19	46	9	23.43	41.23	6.50	88.84	472.00
2003	27884	27695	133	54	2	20.18	30.28	3.50	91.35	478.00
2004	35528	35498	5	21	4	21.64	39.53	4.90	91.50	477.00
2005	40138	40024	78	28	8	22.87	41.17	5.17	92.98	480.00
2006	41263	41243	4	15	1	23.93	43.08	5.28	95.96	496.00
2007	41629	41609	4	15	1	21.90	41.90	5.28	96.00	496.00
2008	37324	37314	0	10	0	23.80	46.11	5.01	36.50	280.85
2009	33522	33522	0	0	0	11.38	47.23	3.79	24.36	262.72
2010	39369	39369	0	0	0	30.90	52.00	5.10	34.40	270.31
2011	39476	39464	2	10	0	31.00	52.20	4.92	33.73	268.40
2012	34624	34612	2	10	0	31.83	53.67	4.05	32.72	261.30
2013	28477	28465	2	10	0	35.80	54.01	3.55	27.89	222.00

1991—2013 年文登市家畜家禽生产情况表（二）

表 8-23-2

年份	肉食鸡（万只）		蛋鸡		鸭	鹅	肉类	蛋类	奶类
	年存养量	年出栏量	年存养量（万只）	年产蛋量（万吨）	年存养量（万只）	年存养量（万只）	总产量（吨）	总产量（吨）	总产量（吨）
1991	—	—	154.60	1.12	16.50	5.13	25221	12622	45435
1992	—	—	—	—	—	—	25384	15265	45387
1993	—	—	—	—	—	—	27090	15037	43845
1994	—	—	206.70	1.67	18.48	7.12	36092	19276	47962
1995	—	—	—	—	—	—	39112	18743	59088
1996	101.20	584.10	191.00	2.12	30.73	11.19	48485	24772	62456
1997	72.80	355.40	210.90	1.56	23.50	7.70	44348	17418	66477
1998	83.09	331.20	175.90	1.94	21.91	6.64	38418	21961	67142
1999	137.70	504.70	196.80	1.97	25.96	6.23	45615	22258	75175

续表 8-23-2

年份	肉食鸡（万只）		蛋鸡		鸭 年存养量（万只）	鹅 年存养量（万只）	肉类 总产量（吨）	蛋类 总产量（吨）	奶类 总产量（吨）
	年存养量	年出栏量	年存养量（万只）	年产蛋量（万吨）					
2000	142.70	646.00	198.80	1.99	26.30	6.30	49038	19880	84802
2001	169.90	722.00	201.20	2.01	27.60	6.69	51414	20120	99900
2002	186.38	783.88	228.80	2.29	27.29	8.17	54596	22880	114462
2003	120.02	504.09	236.40	2.36	28.12	11.89	39830	23638	108535
2004	130.00	520.71	420.00	4.20	7.40	2.09	51578	42000	130893
2005	63.10	427.30	443.00	4.43	19.23	2.14	52930	46012	158064
2006	119.70	598.50	470.00	4.70	11.24	2.88	58170	48087	163581
2007	119.17	588.50	449.00	4.80	11.24	2.90	57944	49092	180296
2008	184.18	368.30	480.00	5.14	10.98	2.40	58008	52535	164000
2009	196.00	392.00	487.00	5.10	10.50	2.10	59808	52488	134000
2010	199.19	466.90	488.00	5.20	10.70	2.00	62000	53255	134173
2011	203.19	507.52	500.10	6.25	10.73	2.05	66112	63525	134128
2012	192.83	545.93	483.00	6.04	10.55	2.04	66840	61384	121376
2013	156.40	543.93	404.40	5.24	11.00	1.89	62927	53382	100414

第二节 特种毛皮动物养殖

90年代，文登市特种毛皮动物养殖发展势头迅猛。水貂品种主要有文登黑貂、金州黑、丹麦马哈根尼、丹麦咖啡、丹麦红眼白、丹麦本黑、美国短毛、钢蓝色水貂、米黄色水貂、十字貂等10余种，狐狸主要有银狐、雪狐、蓝狐等品种，貉子主要是乌苏里良种貉与唐山良种貉杂交改良而成的良种貉。1991年，全市水貂存养量4300只，毛皮产量9200张。1997年，全市各类特种毛皮动物养殖专业户达200余户。1998年，水貂存养量增至10.16万只，毛皮产量增至72.16万张，分别比1997年增长1.80倍和4.16倍，是1991年的23.63倍和78.43倍。特种毛皮动物养殖在沿海镇普及率较高，规模化养貂比重占80%。1999年，全市特种动物养殖场增至360余个。2000年，水貂存养量增至23.51万只，比1998年增长1.31倍，为1991年的53.67倍。

2001年，全市生产各类特种毛皮82.74万张，比2000年增加4.38万张，为1991年的89.93倍，增加经济收入7560万元。侯家、泽库、张家产、小观等镇依托沿海优势，特种动物养殖形成规模化、产业化发展格局。侯家镇水貂种数8.5万只、狐狸种数600只，貂皮产量15万张，狐狸皮产量4000张，特种动物养殖户800户。2007年，全市特种毛皮动物存养量达小峰值，水貂、狐狸、貉子共计436.48万只，其中水貂390.37万只，狐狸10.63万只，貉子35.48万只。生产特种毛皮共计663.25万张，比2001年增长7.02倍，是1991年的720.92倍，约占全国特种毛皮总产量的50%，实现经济效益12亿元。特种毛皮动物养殖成为农村经济新的增长点。

2009年，威海燕尊种貂养殖有限公司特种毛皮动物养殖规模达8万只，文登惠丰珍贵毛皮动物繁育基地存养量4.15万只，文登庆顺特种动物养殖公司存养量5.6万只。2010年，全市有年产貂皮5000只以上的特种毛皮动物养殖场44个。12月20日，中国农业科学院特产研究所文登研发中心暨青岛农业大学特产动物文登研究所在市畜牧中心揭牌。2011—2013年，文登市连续3年举办中国（文登）国际皮草博览会。2013年4月，文登水貂获国家农产品地理标志证书。9月，山东农业大学动物科技学院教学科研基地在文登市畜牧中心揭牌。10月，市政府印发《关于进一步加快皮草产业发展的意见》。是年，全市新建和改扩建标准化养殖场216个，出栏5000只以上的特种毛皮动物养殖场107个，特种毛皮总产量1024万张。至年末，文登市被中国畜产品流通协会授予中国毛皮产业名城称号，被中国轻工业联合会、中国皮革协会批准为中国裘皮产业基地，被中国农学会特产学会授予中国毛皮产业发展示范市称号。同时被省政府评为高效特色畜牧业示范县，获得奖励资金400万元。

图8-23 威海燕尊种貂养殖场标准化厂房外景（2009年7月7日摄）

1991—2013年文登市特种动物养殖情况表

表8-24

年份	水貂		狐狸		貉子		特种毛皮总产量（万张）
	存养量（万只）	毛皮产量（万张）	存养量（万只）	毛皮产量（万张）	存养量（万只）	毛皮产量（万张）	
1991	0.43	0.92	—	—	—	—	0.92
1992	0.31	1.12	—	—	—	—	1.12
1993	0.53	2.02	—	—	—	—	2.02
1994	1.58	2.38	—	—	—	—	2.38
1995	0.65	1.78	—	—	—	—	1.78
1996	6.94	5.12	—	—	—	—	5.12
1997	3.63	13.98	1.41	1.65	—	—	15.63
1998	10.16	72.16	0.85	1.18	—	—	73.34
1999	15.02	48.78	3.15	2.67	—	—	51.45
2000	23.51	66.61	4.05	11.75	—	—	78.36
2001	24.53	70.63	6.08	12.11	—	—	82.74
2002	25.99	90.99	6.12	14.99	—	—	105.98

续表 8-24

年份	水貂		狐狸		貉子		特种毛皮总产量（万张）
	存养量（万只）	毛皮产量（万张）	存养量（万只）	毛皮产量（万张）	存养量（万只）	毛皮产量（万张）	
2003	45.91	130.09	2.15	9.09	—	—	139.18
2004	125.48	244.96	3.50	9.50	3.31	8.94	263.40
2005	150.94	380.06	5.01	11.11	5.34	12.99	404.16
2006	371.37	575.61	10.15	12.17	18.61	13.67	601.45
2007	390.37	624.60	10.63	12.75	35.48	25.90	663.25
2008	224.00	552.77	11.41	8.60	23.61	50.26	611.63
2009	222.09	552.77	11.41	8.60	23.61	50.26	611.63
2010	221.92	532.77	11.32	8.49	21.20	50.65	591.91
2011	223.30	737.49	11.30	12.00	21.32	50.60	800.09
2012	224.20	800.30	11.26	12.00	21.54	50.70	863.00
2013	240.20	908.10	4.10	19.30	18.50	96.60	1024.00

第三节　规模化养殖

1991年，市委、市政府把畜牧业列为重点发展产业，改变传统的一家一户、单一粗放的生产模式，推广畜禽规模化养殖、集约化经营，促进肉蛋奶商品生产产业化、专业化。至1995年，规模较大的国营和集体经营的畜禽养殖场6个，小型养殖场140个；个体畜禽养殖专业户928户。1996—1997年，畜牧部门加大对畜牧养殖户、养殖企业科技推广力度，举办各种类型的畜牧养殖技术培训班28期，传授新技术100余项，培训人员1.6万人次，编制发放《畜牧养殖手册》8000份，印发宣传材料2万份，摄制畜牧养殖科教片23部，并在文登电视台播放。至1997年，全市各类畜禽养殖专业户有5932户，其中1000头以上的养猪场7个、1万只以上的养禽场25个、100头以上的奶牛场2个。1998年，全市各类规模养殖户（规模养殖户养殖类别数量标准：牛10头、羊50只、蛋鸡1000只、兔100只、貂100只、狐狸50只，年出栏肥猪50头、肉食鸡2000只以上）有8000户，各类养殖场存养量规模最大分别为猪2万头、奶牛400头、蛋鸡7万只、兔3000个笼位、貂5000只、狐狸3500只。2001年7月，市委、市政府印发《关于加快奶业发展的决定》。是年，全市奶牛增至2.45万头，比2000年增加950头；产奶量9.99万吨，比2000年增加1.51万吨。至2009年，涌现出一批规模化养殖大户

图8-24　规模化养猪场一角（2009年10月4日摄）

（企业），有年存栏优质瘦肉型商品猪2万余头的文登东来养殖有限公司、年存栏猪7000余头的威海赛博迪种猪有限公司，有存栏奶牛600余头的山东德正乳业有限公司大德奶牛场、存栏奶牛200余头的威海金宝乳业有限公司奶牛场，有存栏规模7万只鸡的宋村镇凤翔畜禽养殖有限责任公司养鸡场、存栏规模5.3万只鸡的泽头镇岛集佳康养鸡场，高村镇天牧畜禽良种繁育场、小观镇南七口养鸡场、泽头镇林村田园养鸡场存栏规模均达到5万只。全市年出栏生猪500头以上养殖场119个，年存栏奶牛20头以上养殖场104个，年存栏蛋鸡1万只以上的养殖场191个，年出栏肉食鸡1万只以上养殖场193个。

2013年，全市大牲畜存栏2.85万头，其中规模化养牛2.8万头；生猪存栏35.8万头，出栏54.01万头；羊存栏3.55万只；兔存栏27.89万只；肉食鸡存栏156.4万只，出栏543.93万只；蛋鸡存栏404.4万只。全年肉类总产量6.29万吨，蛋类总产量5.34万吨，奶类总产量10.04万吨，牧业经济总收入92.74亿元。有36个规模化畜禽养殖企业获得农业部无公害农产品产地认证。

2009—2013年文登市获无公害农产品产地认证畜禽养殖企业情况表

表8-25

企业名称	地址	生产规模（头、只）	年产量（吨）	产地认定证书编号	产品证书
天牧畜禽良种繁育场	高村镇山前庄家村	50000	900	WNCR-SD09-20088	WGH-10-09493 2010.10-2013.10
天福街道军涛养猪场	天福街道小五里头村	950	45	WNCR-SD09-20098	WGH-10-09499 2010.10-2013.10
天福街道伟鹏养猪场	天福街道城南村	600	60	WNCR-SD09-20097	WGH-10-09498 2010.10-2013.10
天福街道华民养猪场	天福街道西渠格村	800	40	WNCR-SD09-20099	WGH-10-09500 2010.10-2013.10
益鑫康野猪繁育基地	小观镇隋家庄村	1050	60	WNCR-SD09-20089	WGH-10-09501 2010.10-2013.10
小观镇爬山养殖场	小观镇西店子村	30000	300	WNCR-SD09-20090	WGH-10-08721 2010.09-2013.09
小观镇南七口养鸡场	小观镇南七口村	50000	600	WNCR-SD09-20091	WGH-10-08722 2010.09-2013.09
金山养殖有限公司	文登营镇后长湾村	700	38	WNCR-SD09-20092	WGH-10-09494 2010.10-2013.10
文登营镇旺盛养鸡场	文登营镇西庵后村	30000	570	WNCR-SD09-20093	WGH-10-09495 2010.10-2013.10
威海金宝乳业有限公司奶牛场	文登营镇天福山金洋路90号	280	1200	WNCR-SD09-20086	WGH-11-05863 2011.08-2014.08
文登营镇广林奶牛养殖场	文登营镇东庵后村	200	800	WNCR-SD09-20087	WGH-10-09492 2010.10-2013.10
宋村学海养殖场	宋村镇集西村	500	25	WNCR-SD09-20094	WGH-10-08723 2010.09-2013.09
东旺养猪场	张家产镇刘家庄	800	80	WNCR-SD09-20095	WGH-10-09496 2010.10-2013.10
泽头镇李加文养猪场	泽头镇雨夼村	1480	400	WNCR-SD09-20096	WGH-10-08724 2010.09-2013.09

续表 8-25

企业名称	地址	生产规模（头、只）	年产量（吨）	产地认定证书编号	产品证书
泽头镇东山养猪场	泽头镇东望仙庄	1100	170	WNCR-SD09-20100	WGH-10-08725 2010.09-2013.09
泽头镇岛集佳康养鸡场	泽头镇岛集村	53000	1000	WNCR-SD09-20085	WGH-10-08720 2010.09-2013.09
田园养鸡场	泽头镇林村	50000	700	WNCR-SD09-20084	WGH-10-05521 2010.05.2013.05
塔山新建猪场	环山街道帽埠墒村	950	90	WNCR-SD08-20053	WGH-09-05766 2009.07-2012.07
正江养殖场	张家产镇	2000	180	WNCR-SD08-20054	WGH-09-07616 2009.10-2012.10
前岛养猪场	泽库镇前岛村	700	65	WNCR-SD08-20055	WGH-09-05767 2009.07-2012.07
春华养猪场	龙山街道王家疃	600	60	WNCR-SD10-20199	WGH-11-04947 2011.06-2014.06
文登东来养殖有限公司	宋村镇姚山头村	20000	2000	WNCR-SD10-20200	WGH-12-02270 2012.01-2015.01
满山前养猪场	葛家镇刘家上口村	3000	300	WNCR-SD10-20201	WGH-11-04948 2011.06-2014.06
新奥养猪场	葛家镇刘家上口村	3000	300	WNCR-SD10-20202	WGH-12-02271 2012.01-2015.01
金禾家禽养殖场	大水泊镇岭上王家村	40000	570	WNCR-SD10-20203	WGH-11-04949 2011.06-2014.06
冠辰家禽养殖有限公司	界石镇岚子后村	20000	290	WNCR-SD10-20204	WGH-11-04950 2011.06-2014.06
泽头镇华新养鸡场	泽头镇峰山村	30000	400	WNCR-SD10-20205	WGH-11-04951 2011.06-2014.06
凤翔畜禽养殖有限责任公司	宋村镇双石村	70000	1200	WNCR-SD10-20206	WGH-11-04952 2011.06-2014.06
山东德正乳业有限公司大德奶牛场	泽头镇东团岚埠村	640	1900	WNCR-SD11-20332	WGH-12-08464 2012.10-2015.09
威海赛博迪种猪有限公司	宋村镇硝三村	7000	700	WNCR-SD11-20334	WGH-12-17009 2012.12-2015.11
威海金宝乳业有限公司紫金山奶牛场	宋村镇紫金山村	300	750	WNCR-SD11-20333	WGH-12-10949 2012.12-2015.11
益生养猪场	大水泊镇岭上王家村	700	70	WNCR-SD11-20335	WGH-12-08576 2012.10-2015.09
米山镇圣泉生猪养殖场	米山镇东下庄	1500	150	WNCR-SD12-20441	WGH-13-01576 2013.06-2016.05
文登东成养殖有限公司	米山镇小山前村	20000	2000	WNCR-SD12-20440	WGH-13-04255 2013.08-2016.07
侯家镇寨前杨家村常丽养猪场	侯家镇寨前杨家村	900	90	WNCR-SD12-20442	WGH-13-04256 2013.08-2016.07
西楼集团有限公司文登良种猪繁育场	西楼社区金岭山庄	4000	400	WNCR-SD12-20439	WGH-13-01575 2013.06-2016.05

第四节　疫病防控

1991－1993 年，市畜牧兽医技术服务中心先后组织 150 余人，开展畜禽疫病普查，基本查清境内畜禽疫病发生种类、发病规律，制定防控措施，编纂出版《文登市畜禽疫病志》。2000 年 6 月，山东省动物防疫工作和畜牧兽医站建设会议在文登召开，全省各地市畜牧局局长及畜牧兽医站站长出席。1999－2013 年，建设畜牧中心化验室，建立动物防疫档案，全面开展动物疫病防控工作。

口蹄疫　1995 年，境内首次发现口蹄疫疫情。1998 年，疫情严重，扑杀牛近 100 头、猪数千头。通过流行病学调查、免疫、消毒、监测、检疫监督、扑灭、无害化处理等综合防治措施，免疫密度达到 100%。2001 年，达到扑灭标准。至 2013 年，境内无临床病例发生，维持免疫无疫状态。口蹄疫被国家列为强制免疫项目，疫苗均由国家免费供应。规模养殖场实行程序化免疫，散养家畜春秋两季集中免疫，常年免疫率达到 100%。

猪瘟　境内零星发生。2000 年，原种猪场 60% 达到净化标准。2001 年，原种猪场 80% 达标。至 2013 年，所有原种猪场达到净化标准。猪瘟被国家列为强制免疫项目，疫苗为脾淋单苗，由国家免费供应，常年免疫率 100%。2011－2013 年，每年 5 月和 11 月，采用正向间接血凝试验、间接 ELISA、RT-PCR 等方法，开展免疫抗体检测和病原学检测，年检测生猪 1600 余头份，免疫抗体合格率 89% 以上，病原学检测结果全部为阴性。

伪狂犬病　2000 年，达到稳定控制标准。境内实行以监测为主、淘汰阳性病畜的综合防制措施，采用酶联免疫吸附试验（ELISA）方法进行检疫，种猪场达到净化标准。

猪传染性水泡病　采取检疫、扑杀病畜为主的综合防制措施，防止猪传染性水泡病发生和流行。2000 年后，无临床病例发生，达到扑灭标准。

高致病性猪蓝耳病　通过流行病学调查、免疫、消毒、监测、检疫监督、扑灭、无害化处理等综合防治措施，免疫密度 100%。至 2013 年，境内无临床病例发生，维持免疫无疫状态。该病被列为强制免疫项目，疫苗为猪繁殖与呼吸综合征灭活疫苗，由国家免费供应，常年免疫率达到 100%。

猪囊虫病　采用检疫净化方法控制传染源。2001 年后，无临床病例发生。

布病　对牛、羊和种母猪定期进行血清学检查，检出的阳性牲畜作淘汰处理，并采集一定数量的病料做病原检查。引进牲畜时进行检疫，血清学检查结果阳性的，一律不准引入。2011－2013 年，每年 5 月和 11 月，采用平板凝集试验或虎红平板试验、试管凝集试验方法检测，年检测牛 1200 头、羊 1200 只，检测结果全部为阴性。其间，境内无临床病例发生。

结核病　采用检疫、淘汰病畜综合防制技术，对种用、奶用畜群每半年进行 1 次结核菌素试验，对检出的阳性牲畜作淘汰处理。引进牲畜时进行检疫，血清学检查阳性的，一律不准引入。2000 年后，无临床病例发生，达到消灭标准。

马传贫与马鼻疽　境内临床检查无病畜。对马传贫每年采用琼脂扩散方法检查 6～12 月龄幼畜，血清学阳性畜不得超过 1‰，对阳性畜进行扑杀处理。对马鼻疽每年采用马来茵鼻疽菌素点眼法，检测无阳性，达到消灭标准。

鸡新城疫　该病被国家列为重大动物疫病，实行强制免疫，采用鸡新城疫 Ⅰ 系、Ⅱ 系、Lasota 疫苗或灭活疫苗，适时对鸡群开展免疫。规模养殖场实行程序化免疫，散养家禽春秋两季集中免疫，常年免疫率达到 100%。至 2013 年，境内无临床病例发生，维持免疫无疫状态。

高致病性禽流感　2004 年始，国内多个省市发生该疫病，发生人感染病例和死亡病例。市委、市政府高度重视，重点抓好群防群控和免疫、消毒、监测、检疫、监管等各项防控措施，免疫率达 100%。2011 年起，每年 5 月和 11 月，采用血凝和血凝抑制试验、RT-PCR 方法进行免疫抗体检测和病原学检测，年检测鸡、鸭、鹅等禽类3万余只份，免疫抗体合格率91%以上，病原学检测结果全部为阴性。至2013年，境内无临床病例发生。

鸡传染性法氏囊病 1990年，境内首发，且疫病严重。至2002年，由于采取免疫、检疫、预防接种、消毒、无害化处理等防制技术，基本达到控制标准。

鸡马立克氏病 1986年，小观供销社肉食种鸡场由外地带入疫病，发病鸡2500只。至2002年，其发病率、死亡率不断降低，基本达到控制标准。2003年起，采取预防接种、淘汰病鸡的防制技术，对蛋鸡和肉用种鸡一日龄接种马立克氏疫苗，对育雏室进行严格清扫与消毒，发现阳性病例立即淘汰。至2013年，境内仍有零星发生。

鸡白痢 2000年，80%种鸡场达到净化标准。2002年，所有种鸡场达到净化标准。至2010年，采用鸡白痢全血平板凝集反应技术操作规程，每半年监测1次，淘汰净化阳性鸡，加强禽舍和环境消毒，达到种鸡场无鸡白痢发生标准。

鸡白血病 2000年，达到稳定控制标准。采用酶联免疫吸附试验进行监测，每半年一次，监测结果为阳性的及时淘汰，达到种鸡场无禽白血病发生标准。

鸡产蛋下降综合征 1990年，境内首发。1991年，最为严重。2000年，90%的种禽场无该病发生。2001年，95%的禽种场无该病发生。2002年，所有种禽场无该病发生。至2013年，采取免疫、隔离、消毒等综合防制措施，达到种鸡场无产蛋综合征发生标准。

兔病毒性出血症 1985年，境内首次发现，且最为严重。发病兔5.79万只，发病率8.08%，死亡率7.87%。至2000年，采取以免疫为主，检疫、淘汰病兔为辅进行防制，发病率、死亡率不断降低，基本达到控制标准。

鸭瘟 2000年，采取免疫、检疫、隔离等综合措施进行防制，达到稳定控制标准。至2013年，境内无临床病例发生。

水貂犬瘟热和细小病毒性肠炎 均为毛皮动物传染病之一，发病率、死亡率较高。水貂犬瘟热主要通过病兽的眼鼻分泌物及唾液、黏液、阴道分泌物传染；水貂细小病毒性肠炎多为仔兽分窝后发病，临床以呕吐、腹泻、血便为主要症状。采取以免疫为主的综合防制措施，于每年1月、7月分别使用中国农科院特产研究所生产的犬瘟热疫苗和细小病毒性肠炎灭活疫苗，对种兽和仔兽进行免疫，免疫率常年保持98%以上，有效控制两病发生和流行。至2013年，基本达到控制标准。

第五节 畜牧执法

1991年，文登市畜牧执法重点加强畜禽市场交易检疫监督，建立健全畜禽疫病防治体系。1995年，建成市、镇、村三级防控疫情信息网络。1997年，市兽医卫生监督检验所清理整顿非法经营兽用生物制品和兽药活动，处理兽医卫生违法案件112起，产地检疫率和出境检疫率均达100%。1999年，查处兽医卫生违法案件77起，兽药违法案件19起，全部立案处结。2004 2006年，全国多个省市发生高致病性禽流感疫情，严重威胁人民生命安全。市政府采取上下联动、群防群控、综治严查等措施，全力开展高致病性禽流感、牲畜口蹄疫等重大动物疫病防控工作。其间，在交通要道设立临时流动检查站5个，对过往运载畜禽及其产品的车辆依法检查、消毒、查证验物，阻止禽流感疫情传入境内。2006年，市畜牧局组织发放防控高致病性禽流感明白纸2.6万份，普查农村家禽散养户14.3万户、规模养殖场905个，消毒养殖禽舍、交易屠宰等场地面积9亿平方米，发放禽流感疫苗900万只份、其他禽类疫苗1400万只份，发放猪口蹄疫疫苗88万头份、牛羊口蹄疫疫苗26万头份、猪瘟疫苗44.8万头份、水貂疫苗1600万份、兔瘟疫苗22.8万份、犬疫苗7万份，发放免疫耳标29.5万套、免疫卡71.2万张。是年，境内畜禽均未发生疫情。

2010年，文登市加大《中华人民共和国农产品质量安全法》《中华人民共和国动物防疫法》的宣传力度，增强畜牧生产经营单位的法制观念和群众的安全消费意识。组织畜牧法律法规宣传活动7次，发放各类宣传单5000余份，接受群众咨询6500余人次。开展执法监督检查活动280次，检查各类经营场点693场次。其中，兽药经营户店89场次，肉类交易市场336场次，动物定点屠宰场（点）125场次，规模养殖场143场次。查处各类案件35起。其中，逃避检疫案件2起，经营病死畜产品案件14起，不凭检疫证明出售和运输畜产品案件8起，拒绝强制免疫案件9起，无证诊疗案件2起。2012年，市畜牧兽医局分别与各畜牧兽医站、饲料生产企业签订《饲料质量安全责任书》，召开兽药和饲料管理专题会议2次，先后对1家兽药生产企业、8家兽药经营企业、10家饲料生产企业、14个兽医站门诊药房，进行多次监督检查，查处兽药和饲料违法案件8起，涉案金额9万余元。2013年，开展畜产品、兽药、饲料及饲料添加剂质量安全专项整治活动，出动执法人员9000余人次，对肉、奶、兽药、饲料抽样检查，共检查生产经营企业、养殖场（户）1261家，查处各类案件79起，其中逃避检疫案件61起，经营病死畜产品案件9起，兽药饲料违法案件9起。12月，在威海市畜产品质量安全监管工作目标量化考核中，文登市获第一名。

图8-25　2006年8月23日，市动物卫生监督检验所工作人员在市场进行执法检查。

第九编
海洋与渔业

文登市海岸线长155.88千米，滩涂面积126平方千米，15米等深线以内浅海面积292.7平方千米。1991年，全市海洋渔业生产经营以市属国有企业、集体企业（包括市属集体所有制企业和镇办、村办、村联办企业，下同）等经济组织为主，养殖、捕捞、加工并举，职工1.14万人，完成水产品总产量9.21万吨，总收入2.25亿元。1993年始，国有企业、集体企业逐步转型改制，个体企业、联户企业、股份制企业逐步成为海洋渔业经营主体。1998年起，市政府鼓励海洋捕捞业造大船、出远海、集团化作业。2000年，养殖业、加工业、捕捞业协调发展，职工2.95万人，完成水产品总产量44万吨，总收入26.08亿元，分别比1991年增长1.59倍、3.78倍、10.59倍。2001年，率先在威海市实施海域使用许可和海域有偿使用两项制度，规范海域使用管理。2004年后，捕捞业开始减船压产，部分捕捞渔民转产转业。至2013年，全市海洋渔业向精养、深加工、远洋捕捞转变，推进生产经营标准化、合作化、产业化，从业人员5.52万人，完成水产品总产量40.57万吨，总收入66.89亿元。文登市先后被农业部授予菜篮子产品生产（渔业）先进市和全国渔业百强市称号，被国家海洋局授予全国海域使用管理示范单位称号，被省政府授予水产工作先进市称号。

2013 年 9 月 8 日，伏季休渔期结束首航归来。

第一章　经营主体

1991年，文登市水产局辖市属国有和集体所有制企业10家，工作重点是抓好市属企业生产管理和促进渔业经济稳步发展。海洋渔业经营主体为国有企业、集体企业。1993年3月，在文登市庆顺渔业公司首先实施渔业股份合作制。至2000年，渔业国营、集体、个体、联户、股份、外资和港台资等多种经济成分并存共营。2002年起，政府部门转变职能，不再直接管理企业。市海洋与渔业局转为主抓海洋渔业行业管理、执法监督管理和科技研发、指导服务。2013年，个体和联户企业、股份制企业、外商和港台商投资企业成为全市海洋渔业经营主体。

第一节　国有企业

1991年，文登市水产局辖文登市水产供销公司、文登市造船厂、文登市水产养殖公司、文登市海水养殖一场、文登市海水养殖二场、文登市北海养殖公司、文登市水产物资综合服务站7家市属国有企业，员工3099人。至1994年8月，新增文登市电子设备服务站、文登市渔业综合服务站、文登市水产贸易中心、文登市水产开发公司4家国有企业。9月，因威海市行政区划变动，文登市北海养殖公司、文登市水产开发公司移交环翠区水产局管理。1995年2月，文登市水产品经销处成立。2000年，文登市水产养殖公司、文登市造船厂先后实行股份合作制改造。市海洋与水产局辖文登市水产供销公司、文登市海水养殖一场、文登市海水养殖二场、文登市水产贸易中心、文登市水产品经销处、文登市电子设备服务站、文登市渔业综合服务站、文登市水产物资服务公司（由文登市水产物资综合服务站改建更名）8家市属国有企业，职工1093人。2006年7月，文登市水产品经销处改为股份合作制企业，更名为文登市海利水产品有限公司。2007年5月，文登市滩涂养殖开发公司由事业单位改为国有企业。10月，文登市水产贸易中心破产。2008年，文登市海水养殖二场被吊销营业执照，文登市水产供销公司停业。至2013年，文登市水产供销公司一直停业，企业由留守人员看护。文登市滩涂养殖开发公司企业性质和人数未变，实行承包经营，自负盈亏。其余企业均因未适时参加企业年检被工商行政管理局吊销营业执照。

文登市水产供销公司　位于埠口港驻地。1991年，公司辖32个经营实体和华丰食品有限公司（合资企业），有员工1050人。拥有1000吨级油轮1艘，441千瓦冷冻渔船2艘，198千瓦冰鲜运输船2艘，184千瓦收购加工船4艘，136千瓦捕捞渔船4艘；冷藏厂5座，总储藏能力6000吨。1995年，公司固定资产原值1.1亿元，完成工业产值8518万元，实现产品销售收入8801.1万元、利税1007.2万元、利润601.9万元。公司生产的“人石”牌蠓子虾酱、海鲜原汁、速食海蜇等精加工产品，在1995年第二届中国农业博览会上分获金、银、铜奖。鲜活水产品及加工品年出口交货值1197万元，创汇250万美元。1999年，公司经营陷入困境。5月，经审计认定企业亏损额较大。市政府专题会议研究，决定对其所占部分土地进行处置，收益主要用于职工安置。2007年12月31日，436名员工全部分流。2008—2013年，企业停业，厂房设备由留守人员看护。

文登市水产养殖公司　位于埠口港驻地。1980年1月成立。1997年，公司占地总面积3.78公顷，拥有1500立方米水体育苗场1座，500吨库容冷藏厂和100吨平板速冻冷藏厂各1座，精养虾池153公顷；固定资产1157万元，净值807万元，职工226人。1998年11月，公司改制为股份合作制企业，获得自营进出口权。2008 年 11 月，更名为文登市润通水产养殖有限公司。

文登市海水养殖二场 位于小观镇万家寨村前。1976 年 12 月建场。2000 年，场区占地面积 10 公顷，拥有 400 立方米水体贝类育苗室 1 座，1000 立方米水体对虾育苗室 1 座，400 立方米海参培育池 1 座，滩涂对虾海参混养池 39 公顷，浅海养殖水面 26.7 公顷；生产扇贝苗 25 亿粒，对虾苗 2 亿尾，海参苗 400 万头，参虾贝等水产品产量 690 吨；完成产值 560 万元，实现利税 85 万元。2007 年 6 月，文登市统一规划开发南海，因场区位于规划区内，27 名职工买断工龄全部分流。2008 年，企业未参加年检被市工商管理局吊销营业执照。

文登市水产品经销处 位于市区文山路西段。1995 年 3 月，从市滩涂养殖开发公司分立。常年经销和加工鲅鱼、刀鱼、高眼鲽、鱿鱼、玉筋鱼、黄花鱼等水产品，并出口日本、韩国。拥有库容 150 吨冷藏加工厂 1 座，下设水产门市、饭店等，占地面积 0.33 公顷，职工 34 人，固定资产总值 317 万元。2000 年，实现销售收入 176 万元、利税 6 万元。2006 年 7 月，改制为股份合作制企业，更名为文登市海利水产品有限公司。

第二节　集体企业与重点渔业镇村

1991 年，全市有镇办、村办和村联办集体专业捕捞企业 11 家。其中，镇办捕捞企业有泽库镇渔业公司、北海渔业公司、埠口镇渔业公司、小观镇渔业公司、高村镇渔队 5 家，村办有前岛渔业公司、泽库渔业公司、泽库第二渔业公司、长会口渔业公司、南辛庄渔业公司 5 家，村联办有庆顺渔业公司 1 家。1995 年，市水产局辖文登市网厂、文登市水产饭店、文登市罐头厂 3 家市属集体所有制企业。

2000 年，全市有重点镇村集体养殖企业 12 家：泽库五垒岛养殖公司、泽库镇盐场、侯家水产养殖总公司、侯家镇北海养殖场、小观镇育苗场、小观镇海水养殖场、小观镇养虾场、埠口镇海水养殖场、泽头镇对虾育苗场、泽头镇水产养殖一场、泽头镇养虾场、泽头镇贝类养殖场。

2007 年，文登市庆顺渔业有限公司、文登市前岛渔业公司被认定为威海市重点渔业公司，泽库镇被认定为威海市重点渔业镇，泽库、前岛、长会口、滩西头、后岛、寨里、慈家滩、南辛庄、西泊、花岛、港南、刘家、姚家、周家、寨前、上冷家、下冷家、张家埠、下埠前、上埠前、嶅山、卧龙、南廒、崔家、南桥、里岛、虎口窑、埠子厂、望岛、唐疃、东里岛、西里岛、万家寨、孙家寨、万家庄、凤口集、二王家、许家、紫草泊、波罗岛、裴家岛、西海庄、姚山头 43 个村被认定为威海市渔业大村。

2013 年，全市渔业企业，包括市属集体企业和镇办、村办、村联办的捕捞企业、养殖企业、加工企业、营销企业等集体企业，95% 转型改制为私营、联营、股份制企业。

第三节　个体和联户经营

捕捞业户 1991 年，文登市海洋捕捞生产出现个体和联户经营。至 1995 年，全市有捕捞机动渔船 1463 艘 5.49 万千瓦，其中个体渔船 1001 艘 1.97 万千瓦，分别占全市总数的 68.4% 和 35.9%。1996 年，埠口镇将全镇 17 对个体渔船挂靠 3 家专业渔业公司，以协议的形式确定各自权利、义务和责任，个体捕捞业存在的秩序乱、事故多、技术差、后劲弱等问题得到较好解决。是年 8 月，市政府在埠口镇召开全市个体渔船管理现场会，印发《关于批转〈市水产局关于加强个体渔船管理意见的报告〉的通知》。镇村个体渔船管理普遍得到加强。长会口村以集体 4 对 33 千瓦渔船为依托，吸引全村个体渔船加盟成立长宏渔业公司。至 2000 年，拥有各类渔船 87 对。2002 年，全市个体渔船总数 966 艘、功率 3.81 万千瓦、载重量 2.28 万吨，分别占全市总量的 70%、64%、56%。2013 年，个体和联户渔船数、功率额、载重量均占全市渔船、功率、载重总量的 70% 以上。

养殖业户　1991年，市政府印发《关于加强水产工作的决定》，把水产养殖列为“菜篮子工程”的重点项目，发动国营、集体、联合体、个体等多种经济成分参与水产养殖业。全市水产养殖面积7042公顷，其中海水养殖面积4802公顷，淡水养殖面积2240公顷。个体和联户开挖承包占总面积（水库养殖水面除外，下同）的67.42%。1994年8月，市政府召开滩涂养殖研讨会，印发《关于滩涂租赁开发的意见》。1995年，个体和联户新开挖承包滩涂池塘面积320公顷。2000年，全市水产养殖面积1.42万公顷，其中海水养殖面积1.06万公顷，淡水养殖面积3593公顷，个体和联户开挖租赁承包占总面积的83.84%。2013年，全市水产养殖面积1.63万公顷，其中海水养殖面积1.31万公顷，淡水养殖面积3169公顷，个体和联户租赁承包占总面积的92%。全市各种特色的水产养殖户发展到890户。

加工业户　1991年，境内个体和联户参与水产品加工经营悄然兴起，多以租赁承包国有和集体冷藏厂的形式出现，占比10%。2000年，在全市60余家渔业加工企业中，个体和联户参与经营的占一半以上。2013年，全市有渔业加工企业65家，除部分为股份制企业外，其余全由个体和联户经营。

文登市兴海水产食品有限公司　1998年成立，位于埠口镇海港路甲16号，占地面积0.67公顷。主要从事水产品加工出口。公司有库容500吨冷藏库及40吨速冻库，年生产能力800余吨。拥有自营进出口权，通过HACCP体系认证，产品主要销往韩国、日本、俄罗斯、乌克兰等国家和地区。2008年，公司投资5000万元，冷藏加工能力扩大至8000吨。生产“兴海”牌水产品3500吨，出口水产品2500吨，实现出口额750万美元。2013年，完成出口额126万美元。

文登市润杰水产食品有限公司　2001年成立，位于侯家镇张家庄，占地面积1.07公顷。主要产品为裹粉鱼排和鳕鱼片，出口日本和俄罗斯，年出口创汇能力300万美元。2006年，公司根据发展需求，增加投资300万元，冷藏能力由500吨扩大至2500吨，新建国际食品加工标准化车间2000平方米，年出口创汇能力1000万美元。2013年，完成出口额230万美元。

文登市兴和食品有限公司　2005年成立，位于天福工业园福谐路8号，占地面积3.33公顷。先后投资8000万元建设水产品加工设施，主要从事冷冻水产品、调味干制水产品的加工出口。公司有自营进出口权，通过HACCP认证和QS认证，产品主要销往日本、韩国、美国、俄罗斯、乌克兰等国家和中国香港。2008年，生产“兴和”牌水产品1500吨。2013年，完成出口额420万美元。

文登市海府水产食品有限公司　2009年成立，位于埠口镇。集研发、生产、销售为一体的食品加工私营企业，占地面积1.5公顷。建有高标准、全封闭、无菌加工车间8000平方米，冷藏库库容5000吨。有中国CIQ调理食品注册，通过ISO 9001、ISO 14000、HACCP和QS绿色食品认证。产品涵盖水产制品系列、调理制品系列、烧烤油炸制品系列、面包粉系列、即食海鲜制品系列、干品系列等，年生产能力4000吨，主要销往日本、韩国等国家和地区。2013年，完成出口额600万美元。

威海蓝色海域海洋食品有限公司　2010年成立，位于泽库镇长会口村，有1座占地4公顷的海鲜加工厂。主营海参、虾类、鱼类、贝类等各种干品、速冻、即食、深加工产品及各种中高档礼品，在上海、天津、聊城、济宁等地开设多家“蓝色海域”直营专卖店。2010年，公司实现销售收入4500万元。2013年，实现销售收入5200万元。

第四节　股份制企业

1993年3月，文登市庆顺渔业公司实行职工内部股份合作制，募集股金800万元，更名为文登市庆顺渔业股份有限公司。1994年3月，市政府在庆顺渔业股份有限公司召开股份制改革试点研讨会，全市渔业企业股份制改革试点工作启动。1998年11月，文登市水产养殖公司以全体员工自愿入股、经营层控股、经营者持大股的模式进行股份合作制改制。1999年10月，文登市造船厂改为股份合作制企业。2008年，上述两企业分别更名为文登市润通水产养殖有限公司、文登市海通造船有限公司。成立明丰淡水养殖专业合作社、海瀚海参养殖专业合作社、滨海海参育苗养殖专业合作社、万兴虾蟹养殖专业合作社、海诚海参养殖专业合作社、海惠滩涂养殖专业合作社。至2009年，全市共有渔业养殖合作社12个。其中，鲆鲽鱼类养殖合作社6个，海参养殖合作社2个，淡水鱼、虾蟹、贝类养殖和海参育苗合作社各1个。入社养殖户265户。2013年，文登市海裕祥鲆鲽鱼类养殖专业合作总社养殖场、文登市海惠滩涂养殖专业合作社、文登市五垒岛水产养殖有限公司、文登市大明水产养殖有限公司、文登市骏马水产食品有限公司、文登市水产综合育苗试验基地、文登市金滩牡蛎养殖专业合作社7家企业，被农业部认定为水产健康养殖示范场。

文登市庆顺渔业股份有限公司 位于泽库镇寨里村南，占地13公顷。1995年9月，公司被省政府授予全省水产工作先进单位称号。1998年，公司经省证券公司批准，融资扩股，向内部职工和社会募集股金8400万元，成为威海市水产行业中首个规模化标准化股份制企业。公司拥有257千瓦以上捕捞渔船16艘，国际鲜销船舶7艘，国际商贸运输船5艘，总吨位1.18万吨。2000年，完成水产品产量6800吨，渔业总收入2.95亿元，分别是1990年的2.5倍和24.5倍。2001年始，公司进入房地产开发、板材加工行业。2013年，有员工800人，总收入3.98亿元。

文登市骏马水产食品有限公司 1995年成立，位于职工街59号。公司建有5个配套养殖场，2个育苗基地，1个冷藏加工厂，占地面积2公顷。主要从事河鲀的育苗、养殖、加工、销售等，产品主要销往日本、韩国。2012年，投资1300万元，从丹麦进口6套循环水处理设备，养殖用水经固液分离、蛋白分离、生物过滤、微细过滤，以及脱气、消毒、增氧等工序处理可循环利用。循环水养殖面积1.2万平方米，一次性养殖河鲀30万尾。2013年，拥有总资产4300万元，其中固定资产3400万元，有员工230人。获农业部水产健康养殖示范场称号。

文登市水产综合育苗试验基地 2002年1月，由事业单位改为股份合作制企业。基地位于北海，场区占地面积4.67公顷，经营范围为鱼、虾、贝、藻类育苗和养殖、加工、销售等。年培育海湾扇贝苗2亿粒，虾夷扇贝苗4亿粒，海带苗2.5亿株，对虾苗2亿尾，梭子蟹苗800万只，海参苗2500万头。2004年，获农业部无公害水产品产地认定，生产的海带、海湾扇贝等产品获农业部无公害水产品认证。2013年，获农业部水产健康养殖示范场称号，实现产品销售收入740万元、利润218万元。

文登市金滩牡蛎养殖专业合作社 2010年5月成立，位于小观镇二王家村。入社成员67户，共出资1000万元，注册资金1000万元。2011年，获农业部无公害水产品认证和山东省水产健康养殖示范场称号。2012年，先后获得绿色产品认证、有机食品认证。2013年，获农业部水产健康养殖示范场称号。成员167户，新增就业800余人，养殖面积4000公顷，完成产值4800余万元。

第五节 外商和港台商投资企业

1991年，泽库冷藏厂与加拿大卡纳沃股份有限公司合资开办文登市大泽食品有限公司，为文登市首家中外合资渔业企业。1993年11月，埠口镇下埠前村与韩国客商兴办进兴水产食品有限公司，合同期15年，合同利用外资50万美元，新建1条鮟鱇鱼系列软包装生产线，年可加工出口产品100余吨，全部出口韩国，创汇30万美元。

1994年6月，文登市庆顺渔业股份有限公司与泰国及巴拿马客商合资成立顺通船务公司，在全市率先开展国际远洋运输业务，并在日本、韩国等国家和中国香港、烟台等地设立10个代办处。1996年，文登市水产供销公司与韩国佼希水产株式会社合资创办文登昆釜海洋渔业有限公司，总投资1000万美元，注册资本600万美元；韩方投资420万美元，占注册资本70%。1998年，文登市前岛渔业公司与日本英华株式会社合资成立文登市前海水产有限公司，建起1条年生产能力5000吨的鱼糜加工生产线，首批产品直接出口日本。1999年，埠口镇渔业公司与台商合资成立文登市吉安食品有限公司，与港商合资成立文登市福兴水产有限公司。至2000年，全市渔业外商和港台商投资企业发展至20家，其中合资企业16家，独资企业4家，注册资本1852万美元，总投资额2479万美元，年加工出口水产品1.21万吨，出口交货值1.85亿元。

2002年，文登市水产养殖公司与韩国客商合作，加工星鳗片、鲅鱼片等即食食品，直接出口日本。2006年11月，韩国K.S.YANASE产业株式会社注册资金700万美元，成立金梁濑船舶配件有限公司。公司位于埠口港区，占地面积4公顷，主要建造船舶构造物、船段和船用零配件等，年产500万件，全部出口日本、韩国。2010年，共完成外贸进出口额650万美元。2013年，全市年检外商独资企业涉海洋与渔业产业15家（其中，投产12家，筹建2家，停业1家），注册资本1098.54万美元，投资总额2400.54万美元，员工694人，完成进出口总额2072万美元。

第二章　海洋捕捞

第一节　渔港　码头

1991年，境内有张家埠渔港和前岛渔业公司码头、庆顺渔业公司码头、埠口镇渔业公司码头、侯家镇朱家渔业公司码头、泽库第四渔业公司码头、黄华渔用码头、长会口码头、张家埠村码头。至2013年，渔港和码头数量未变，大部分经投资改建扩建，港口码头延长（总长1700米），装卸泊位增加，服务设施完善，吞吐能力提高。

文登市张家埠渔港　位于靖海湾北岸。1972年，由国家补助资金35万元建成，属简易码头。1981－1983年，国家先后投资224万元扩建渔港。1993年2月12日，埠口港获批国家二类开放口岸。1996年10月，张家埠渔港再扩建工程列入国家农业基本建设投资计划，总投资1100万元，其中，国家拨款270万元，省、地、县各级按1∶1∶1配资，工程为期3年，在原码头基础上向西扩建268米，增加7个泊位。1998年9月22日，主体工程结束。港池高潮水深6.5米、低潮水深4米。口门外有一道拦门沙带，水深近2米。渔港年卸鱼量3万吨左右。港区有冷库和供油、供水设备。2005年，投资200万元，拓宽硬化港区码头及进港路，安装电子监控设备，完成消防设施配套，新建渔港配套服务用房48间，渔港及其设施功能得以完善和提高。

文登市前岛渔业公司码头　位于靖海湾西侧，泽库镇前岛村南。1988年，由前岛渔业公司投资300万元，建成长100米、宽50米、水深2.5米的渔业码头。1996－1999年，公司再次投资400万元扩建码头，向外延伸200米，水深至5米。码头左侧是前岛渔业公司修船厂，横移区可容纳16艘202千瓦渔轮，年吞吐量10万吨。有库容500吨和700吨的冷库各1座，300吨冰库和2000吨油库各1座，油、冰、水、网具、机件等渔需物资齐全。

文登市庆顺渔业公司码头　位于靖海湾北岸。1988－1990年，庆顺渔业公司投资800万元，劈山40万立方米，填海10.67公顷，建成陆域面积13.33公顷，长300米、宽50米、水深5米的渔业码头，其中5米水深长180米，可停靠千吨级船舶，容纳202千瓦渔船6艘。年吞吐量

10万吨。有1000吨冷库、500吨冰库、2000吨油库、40立方米水塔各1座，油、冰、水供应齐全。码头左侧为渔船修造厂，设500吨级主滑道，横移区可容纳202千瓦渔船12艘，坞道可承接735千瓦渔轮。

埠口镇渔业公司码头 位于靖海湾北岸。1985年，公司投资10万元修建，为简易码头，长40米。1996年，筹资650万元，在原码头东侧新建长180米、宽40米、水深3米的渔业码头。年卸鱼量1.58万吨左右，岸边冷库、供油、供水等服务设施俱全。

侯家镇朱家渔业公司码头 位于靖海湾西岸，距张家埠渔港3700米。1998年3月，朱家村筹资50万元，修建简易码头。码头东西长120米，南北宽40米，港池高潮时水深3.5米，年卸鱼量3000吨。码头附近先后建起100吨冰库1座、200吨冷藏厂2座、100吨油库1座。

第二节 渔船 渔具

渔船 1991年，全市拥有非机动渔船297只，载重量386吨；机动渔船1204艘，总功率3.59万千瓦，载重量3.47万吨。1992年始，重点发展机动渔船。是年，新增机动渔船267艘5759千瓦。1993—1995年，全市机动渔船更新改造投资1.8亿元。1996年，拥有非机动渔船35只，载重量25吨；机动渔船1560艘，总功率6.78万千瓦，载重量4.10万吨。其中45千瓦以上403艘，73.5千瓦以上238艘。1998年，市政府分别召开海洋捕捞专题会议和远洋渔业工作座谈会，制定“控制近海上外海、控制小船上大船、控制旧船上新船”的“三控三上”发展策略，制定鼓励沿海镇村、捕捞企业建造大功率渔船出海、集团化经营作业奖励政策。是年，全市拥有机动渔船1586艘，总功率7.33万千瓦，载重量4.34万吨。其中45千瓦以上427艘，更新改造73.5～235.2千瓦大功率渔船40艘。2004年，市海洋与渔业局根据省市海洋捕捞“零增长”和减船压产、捕捞渔民转产转业的指导思想，组织报废拆解29.4千瓦海洋捕捞渔船47艘。2005年，报废拆解29.4千瓦海洋捕捞渔船89艘，获上级拨付渔船报废拆解补助金286.4万元。2013年，全市无非机动渔船，有机动渔船673艘，总功率4.44万千瓦，载重量2.66万吨。

1991—2013年文登市渔船情况表

表9-1

年份	非机动渔船		机动渔船		
	数量（只）	载重量（吨）	数量（艘）	功率（千瓦）	载重量（吨）
1991	297	386	1204	35947	34748
1992	299	396	1471	41706	35008
1993	126	189	1346	36347	26652
1994	77	116	1407	44881	34761
1995	43	65	1463	54939	35539
1996	35	25	1560	67824	40983
1997	35	25	1584	73275	43418
1998	35	25	1586	73293	43420
1999	35	25	1586	73293	43420

续表 9-1

年份	非机动渔船		机动渔船		
	数量（只）	载重量（吨）	数量（艘）	功率（千瓦）	载重量（吨）
2000	161	161	1445	60404	41415
2001	157	355	1445	60404	41415
2002	157	355	1380	59840	40415
2003	154	312	1386	59801	40322
2004	154	312	1316	61248	43248
2005	154	312	1308	64364	62149
2006	154	312	1314	62577	60258
2007	154	312	1294	62764	58754
2008	154	312	1258	65339	36238
2009	154	312	1284	69842	40726
2010	64	73	919	64236	35933
2011	0	0	876	63588	36049
2012	0	0	676	43352	26184
2013	0	0	673	44391	26597

油补 自2006年实施渔业成品油价格补助政策起，沿海各渔业镇、村成立燃油补贴发放小组，健全发放规章和监督制度，每年提前做好燃油补贴发放准备和公示。2007—2009年，全市共为3000余艘渔船发放燃油补贴9724.19万元。2010年，全市为1400余艘渔船发放补贴3275万元，做到补贴政策、补贴程序、补贴对象“三公开”和补贴方案、补贴名单“两公示”。2011年、2012年、2013年，分别为876艘、676艘、673艘渔船发放燃油补贴8000万元、1.3亿元、8483万元。

渔具 境内海洋捕捞业渔具种类较多，分网具、钓具、其他杂渔具3大类60余种。1991年，网具主要有拖网、围网、刺网、定置网4小类。全市有拖网1832盘，围网60盘，刺网4.07万条，定置网1.09万扣。钓具主要有竿钓、手钓、甩钓、拖钓、延绳钓等种类。杂渔具常用的有蛤耙子，是近海捕捞杂色蛤、毛蚶、西施舌等贝类的工具。2000年，大中型渔船普及使用一次编结成型（圆锥形）疏目拖网。如110.25千瓦渔船使用口门40目×7米、身网长100米的中型疏目拖网；220.5千瓦以上渔船，使用口门64目×10米、身网长160米或50目×14米、身网长166米的大型疏目拖网。全市拖网总量5000余盘，刺网总量8000条，定置网2248扣，围网多闲置不用。2013年，境内海洋捕捞网具作业主要使用拖网、刺网和定置网。全市拖网总量2000盘，刺网总量3000条，定置网1000扣。钓具和其他杂渔具2100件。

第三节 渔汛 渔场 航标

渔汛 境内渔民依据鱼虾群体春来冬去洄游规律，因时制宜地进行捕捞生产。主要渔汛为春汛和秋汛。

春汛 随着春季海水温度逐步升高，从越冬场黄海中南部至东海北部一带的鱼类群体洄游北上，一部分鱼群进入山东半岛近海游向各自产卵场产卵，一部分继续北上进入渤海游向各自产卵场产卵，如蓝点马鲛、小黄鱼、黄姑鱼、真鲷、黑鲷、银鲳、带鱼等种群。近海区域性鱼虾种群，移动范围较小，洄游距离较短，大多随水温回升从较深水层向浅水层并向岸边洄游产卵，如鳀鱼、玉筋鱼、中国对虾、鹰爪虾、枪乌贼、口虾蛄、方氏云鳚、小带鱼、大银鱼等。鱼虾等生物群体这种由南向北、由深向浅洄游产卵，产卵后就近海域索饵育肥的洄游规律，形成一年中海洋捕捞春汛。80年代以前，渔民称春汛洄游为“百鱼靠岸”，惊蛰至谷雨形成小海市，谷雨到夏至形成大海市，整个春汛时间长，捕捞产量一般占全年产量的60%～70%。1992年始，为保护海洋渔业资源，全面实行伏季休渔制度。由于伏季休渔起止时间分别逐步提前和后延，春汛捕捞时间相应缩短。2000—2013年，春汛捕捞产量一般占全年产量的30%左右。主要捕捞品种有鳀鱼、玉筋鱼、鲅鱼、鱿鱼、带鱼、鮟鱇等，占渔获物的70%以上。

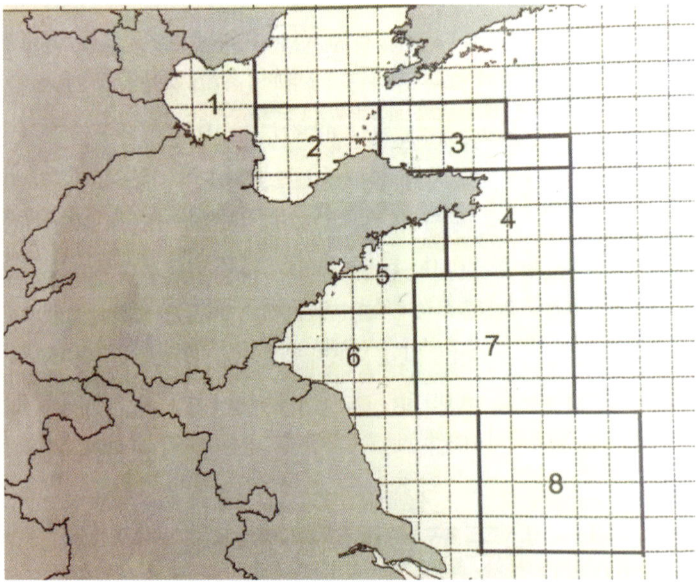

图9-1 近海渔场分布示意图（1为渤海湾南部渔场、2为莱州湾渔场、3为烟威渔场、4为石岛渔场、5为青海渔场、6为海州湾渔场、7为连青石渔场、8为大沙渔场）

秋汛 随着海水温度逐步降低，洄游性鱼类逐渐向越冬场洄游。90年代初及未实施休渔制度前，秋汛捕捞产量一般占全年产量的30%～40%。实施休渔制度后，尤其是90年代末休渔起点前移、时间延长，每年休渔期过后，从渤海南下洄游鱼群游经山东半岛近海，与近海海域滞留鱼虾种群会合，形成近海秋汛多点连片渔场。秋汛时间可持续至12月。2010—2013年，秋汛捕捞产量占全年70%以上，主要捕捞品种有鳀鱼、玉筋鱼、鲅鱼、鱿鱼、带鱼、鮟鱇、银鲳、鹰爪虾、中国对虾等，占渔获物80%以上。

近海捕捞渔场 近海捕捞作业区主要有渤海湾南部渔场、莱州湾渔场、烟威渔场、石岛渔场、青海渔场、海州湾渔场、连青石渔场和大沙渔场8大渔场，总面积5.94万平方千米。

1991—2000年，境内渔民以石岛渔场、青海渔场、烟威渔场、莱州湾渔场等为主要作业区，部分渔船开赴渤海湾南部渔场、连青石渔场和海州湾渔场作业。小功率渔船单拖网在沿岸海域主要捕捞海螺、毛蚶、中国蛤蜊等经济贝类。大功率渔船进入相关渔场，主要捕捞鳀鱼、玉筋鱼、鲅鱼、鱿鱼、鮟鱇、银鲳、小黄鱼、黄姑鱼、带鱼、梭鱼、墨鱼、鲆鲽鱼、对虾、毛虾、鹰爪虾等。2001—2013年，境内渔船遍布近海8大渔场，部分渔船远赴公海海域开展作业。

航标 境内海域航标有牛心岛、老驴脖子、浪暖口灯桩3处。牛心岛灯桩位于北纬36°53′02.2″，东经122°02′38.8″，1969年建成，1996年大修。老驴脖子灯桩位于北纬36°55′18.4″，东经122°05′22.5″，1957年建成。浪暖口灯桩位于北纬36°55′03.2″，东经121°51′43.7″，1964年建成，1993年大修。2005年，市海洋与渔业局争取国家扶持资金5万元，对老驴脖子灯标维修加固。至2013年，为确保灯光信号正常、渔船航行安全，文登渔港监督部门共投入资金31.85万元，对3处航标保养维修共26次。

第四节 捕捞生产

1991年，全市投入捕捞非机动渔船297只，载重量386吨，机动渔船1204艘3.59万千瓦，载重量3.47万吨，捕捞总量6.95万吨，其中鱼类5.2万吨、虾蟹类2289吨、海蜇2423吨。1996年，全市投入捕捞非机动渔船35只，比1991年减少88.22%；投入机动渔船1560艘6.78万千瓦，比1991年增长29.57%和88.86%；捕捞总量20.55万吨，比1991年增长1.96倍，为历年捕获总量最高峰值。1997年、1998年、1999年，分别投入机动渔船1584艘、1586艘、1586艘，比1996年均有增加；年捕捞总量分别为14.43万吨、14.40万吨、14.37万吨，比1996年均减少6万余吨。2000年，投入捕捞非机动渔船161只，载重量161吨，机动渔船1445艘6.04万千瓦，载重量4.14万吨，捕捞总量14.33万吨，其中鱼类9.63万吨、虾蟹类6374吨、海蜇2350吨。非机动渔船比1991年减少45.79%，机动渔船艘数和功率比1991年分别增长20.02%、68.25%，捕捞产量比1991年增长1.06倍。其中鱼类增长85.19%，虾蟹类增长1.78倍，海蜇基本持平。捕捞产量位居山东省县级市第二位。2010年，全市投入捕捞非机动渔船64只、机动渔船919艘，分别比2000年下降60.25%、36.4%，捕捞总量14.98万吨，比2000年增长4.54%。其中，鱼类11.33万吨，虾蟹类5663吨，海蜇及其他3.09万吨。2013年，市鲲安水产有限责任公司鲁文远渔171号和鲁文远渔172号2艘远洋渔船，远赴印度洋公海海域开展作业。全市海洋捕捞总量11.79万吨，其中鱼类8.61万吨、虾蟹类6777吨、海蜇7510吨。

1991—2013年文登市海洋捕捞量统计表

表9-2　　单位：吨

年份	捕捞总量	鱼类			虾蟹类			海蜇	其他
		合计	其中		合计	其中			
			带鱼	鲅鱼		对虾	鹰爪虾		
1991	69548	52002	1325	4545	2289	187	50	2423	12834
1992	100114	70628	1581	1371	4133	270	1463	7464	17889
1993	142830	110608	3415	1467	4345	126	1124	1640	26237
1994	165935	130188	18963	2765	4912	24	469	2290	28545
1995	190356	146066	20835	2836	6894	150	482	6540	30856
1996	205511	151943	41809	3017	6935	163	726	1112	45521
1997	144310	89960	7015	7620	7230	80	1290	1260	45860
1998	144026	89403	8340	8690	6240	57	821	3210	45173
1999	143670	96157	8960	9805	6296	96	869	3240	37977
2000	143321	96286	9230	9896	6374	126	1038	2350	38311
2001	143098	101612	9308	9804	7016	268	1329	2410	32060
2002	142686	95617	9204	9650	7186	265	1386	2580	37303
2003	142381	95057	9313	9721	7215	158	1240	2890	37219

续表 9-2

年份	捕捞总量	鱼类			虾蟹类			海蜇	其他
		合计	其中		合计	其中			
			带鱼	鲅鱼		对虾	鹰爪虾		
2004	142387	106738	11205	11354	7577	160	1264	2760	25312
2005	141741	105936	11346	11520	7610	172	1271	3160	25035
2006	141438	106573	11149	11636	6776	264	1028	3298	24791
2007	141136	105711	11247	11360	6879	368	1284	4136	24410
2008	141208	105779	11354	11530	6996	354	1294	4135	24298
2009	149265	112365	11021	11920	5013	138	1426	4156	27731
2010	149825	113261	9265	11386	5663	144	1051	4513	26388
2011	147543	117838	8861	14323	5541	204	1675	1671	22493
2012	134447	103705	8570	13827	6607	197	1589	3579	20556
2013	117949	86112	8617	11973	6777	304	1660	7510	17550

第三章　海水养殖

1991年，文登市海水养殖面积4802公顷，产量2.12万吨。1995年，海水养殖面积增至8913公顷，比1991年增加4111公顷，其中以扇贝、太平洋牡蛎、海带、紫菜、裙带菜为主要品种的浅海养殖区域拓展至15米等深线，面积增加1600公顷；以缢蛏围网养殖、牡蛎滩播、魁蚶底播等技术推广的滩贝养殖，面积增加1493公顷。2004年，重点建设“两区”，形成以埠口湾、龙门港东西两侧为主线的400公顷缢蛏围网养殖区，以市滩涂贝类养殖开发公司、泽头镇贝类养殖场为主体的1200公顷杂色蛤养殖区，进一步提高滩贝精养效益。2010年，海水养殖面积9623公顷，总产量15.83万吨。2013年，继续推行标准化、产业化养殖模式，以对虾、海参、河鲀、大菱鲆、牡蛎、扇贝、缢蛏、梭子蟹、杂色蛤等优势品种为主，海水养殖面积1.31万公顷，总产量26.67万吨。

第一节　对虾养殖

1991年，文登市对虾养殖面积3733.33公顷，产量5683.8吨，平均亩产101.5千克，获省水产局对虾养殖丰收杯竞赛优胜奖。1993年，全市对虾养殖遭受大面积病毒侵害，产量急剧下降，其中660公顷虾池绝产。1993—1995年，在全国性虾病蔓延的情况下，采取“一稳二改三强化”措施，即稳定养殖面积，改革清淤清池方法和养殖模式，强化无菌无毒育苗技术、饲料质量、虾病防治。是年，对虾养殖面积保持3067公顷，对虾产量2831吨，产值1.17亿元，平均亩产61.54千克，亩均产值2543.2元。2009年，市水产技术推广站引进“黄海1号”“黄海2号”中国对虾新品种养殖成功，亩均实现利税5000元以上。2010年，对虾露天养殖面积2674公顷，养殖大棚发展到31个，总产量4274吨。2013年，形成中国对虾、日本对虾、南美白对虾、斑节对虾等多品种、多形式综合养殖。其中中国对虾“黄海2号”等优势品种被普及推广。文登市获全国对虾养殖产业示范县称号。

第二节　海参养殖

文登市海参人工养殖始于90年代末。1998年，泽库镇后岛村人工造礁，开展刺参养殖试验。2000年，市水产养殖公司在2.67公顷虾池底部投石造礁养参取得成功，带动全市海参养殖业大发展。2001年，五垒岛湾海参养殖示范区海参养殖面积233.33公顷。2003年11月，由五垒岛养殖公司和市水产技术推广站共同研发的“刺参虾池筑礁养殖技术”通过省级鉴定。2004年，获威海市科学技术二等奖。2005年，高岛盐场养殖的“高岛”牌海参获得国家无公害产品标志。2006年3月，山东省首家国家级海产养殖示范区暨海参和河鲀育苗、养殖、加工标准化示范区落户高岛盐场。是年，全市新增海参养殖面积333.33公顷。2007年2月，“高岛”牌海参被评为首批山东名牌农（林、水）产品。2010年，全市海参养殖面积1645公顷，总产量3274吨。2011年，五垒岛湾虾池造礁养参示范区被农业部授予健康养殖示范场称号。2012年，对新建参池推广增氧设施和工厂化养殖技术，对上游1333.33公顷中生产条件较好的低产高位池塘实施设施改造和提水养殖法，改造池塘面积688.33公顷。全市海参养殖面积2333.33公顷，总产量4500吨，创单一品种年产值过7亿元纪录。2013年，成立海参养殖协会，推广虾池造礁养参、潮间带筑池养参、参池微孔充氧、池塘网箱保苗等技术，建设省级标准化池塘养参示范基地，海参养殖成为文登市渔业经济支柱产业之一。全市海参养殖面积3000公顷，总产量突破6000吨，年产值超过10亿元，占水产品总产值的25%，刷新单一养殖品种年产值纪录。

第三节　鱼类养殖

1991年，市政府印发《关于加强水产工作的决定》，把水产养殖列为全市经济工作的重点产业，鼓励国营、集体、联合体、个体齐上阵，大力发展名优特水产养殖。1993年5月，市海水养殖一场利用400立方米水体放养红鳍鲀幼苗4000尾，经过1年养成生产，平均体重620克，最大个体850克，产商品鱼2500千克，创产值30万元，产品直销日本。1995年5月，市水产综合育苗试验基地新建养鱼车间1000平方米，利用深井提取地下海水，水温常年保持在16℃左右，放养自行培育的牙鲆稚鱼13万尾，经过1年工厂化养殖，产鲜活商品牙鲆鱼3800千克，创产值50万元。全市推广海水网箱养鱼、车间工厂化养鱼新模式，鲈鱼网箱养殖50万尾，牙鲆工厂化养殖23万尾。1998年，侯家镇养殖公司改造老虾池120公顷，先后引进鲈鱼、梭鱼、美国红鱼等名优新品种进行养殖，取得较好经济效益。2001年，市政府印发《关于加快发展名优高效水产养殖业的意见》，在小观沿海规划建设工厂化养鱼示范园、虾池造礁养参区和潮间带围堰养参示范区，并制定鼓励政策。至2003年，大菱鲆养殖累计投资2880万元，养殖面积扩大至12万平方米。2005年，工厂化养殖大菱鲆17万平方米，养殖牙鲆3万平方米，总产量2563吨，产值超过2亿元。2007年4月，小观养鱼示范园在全省率先成立6个鲆鲽鱼养殖专业合作社。2009年，鲆鲽鱼类工厂化养殖面积20万平方米。2013年，市海洋与渔业局按照水产品出口标准，制定养殖技术规范，建立河鲀标准化养殖示范基地，养殖面积600余公顷，成为中国北方最大河鲀养殖基地。大菱鲆、牙鲆工厂化规模养殖面积稳定在20万平方米。海水养鱼出口创汇3000余万美元。

2000—2013 年部分年份文登市工厂化养殖大菱鲆牙鲆情况表

表 9-3

年份	大菱鲆		牙鲆	
	面积（平方米）	产量（吨）	面积（平方米）	产量（吨）
2000	30000	98	10000	21
2005	170000	2014	30000	549
2008	150000	1028	50000	621
2010	180000	2245	20000	694
2011	180000	2458	20000	645
2012	180000	2837	20000	452
2013	180000	3021	20000	441

第四节　贝类养殖

文登市贝类养殖主要品种有泥蚶、贻贝、扇贝、牡蛎、杂色蛤、文蛤、缢蛏等。1991 年，各种贝类养殖面积 1133 公顷，总产量 2.72 万吨。2013 年，贝类养殖面积 7274 公顷，总产量 22.96 万吨。

泥蚶　1991 年，全市养殖面积 746.67 公顷，总产量 2.32 万吨，占水产品总产量的 25.19%。2009 年，养殖面积 46 公顷，总产量 521 吨。2013 年，养殖面积稳定在 46 公顷，总产量 570 吨。

贻贝　俗称海虹。1991 年，全市放养 30.67 公顷，总产量 1150 吨。2009 年，养殖面积 62 公顷，总产量 3674 吨。2013 年，养殖面积 57 公顷，总产量 3267 吨。

扇贝　1990 年，全市放养面积 13.93 公顷，总产量 285 吨。1991 年，市水产局组织水产供销公司、水产养殖公司、海水养殖二场等 10 个单位，拓展北海养殖区，扩大扇贝养殖面积 67 公顷。1995 年，全市扇贝养殖总产量 1.21 万吨，为 1990 年的 42.5 倍。1999 年，市水产综合育苗试验基地放养美国海湾扇贝 5 公顷 3.2 万笼，收获鲜贝 1250 吨，总收入 120 万元。2000 年，全市扇贝养殖总产量 1.49 万吨，为 1990 年的 52 倍。2013 年，养殖面积稳定在 184 公顷，总产量 6748 吨。

牡蛎　俗称海蛎子。1990 年，全市放养面积 10 公顷，产量 535 吨。1991 年 12 月，市海水养殖一场、二场从大连引进日本太平洋牡蛎苗种，首次进行筏式养殖，经 2 年试养，亩产 3000 千克左右。1993 年 11 月，海水养殖一场从日本仙台引进高纯度太平洋牡蛎原种 2000 片（约 20 万粒），经养成、育苗、再养成，亩产在 6000 千克以上。1996—1997 年，“日本太平洋牡蛎养殖技术开发”项目，通过威海市科委和山东省科委两级验收。2009 年，太平洋牡蛎养殖面积 644 公顷，总产量 3.17 万吨。2010 年，养殖面积 978 公顷，总产量 3.64 万吨。2013 年，新增牡蛎筏式养殖面积 1300 余公顷，总养殖面积 5787 公顷，产量 15.57 万吨。

杂色蛤　又名菲律宾蛤仔，俗称蚬子蛤，境内滩涂贝类主要养殖品种之一。1991 年，全市总产量 2000 吨。1992 年，市水产局承担的滩涂贝类大面积精养高产技术科研项目，在全市推广。1995 年，总产量 3.7 万吨。2005 年，扩大杂色蛤畦田化养殖面积，减少封滩护养面积，提高中潮区以下生产能力，杂色蛤养殖面积达到 1200 公顷。2006 年，争取上级杂色蛤底播增殖项目补助

30万元。2013年，全市杂色蛤养殖面积1200公顷，总产量达到6.34万吨。

第五节 藻类养殖

藻类指紫菜、龙须菜和海带等。1991年，全市海带养殖面积29.33公顷，产量1041吨。1993年4月，市水产局组织有关养殖单位负责人，赴江苏省学习藻类养殖和加工技术。1994年，海水养殖一场和二场、小观镇养殖场等单位相继从事紫菜养殖；海水养殖二场实施潮间带半浮动和浅海全浮动两种养殖方式获得成功。全市紫菜养殖面积20公顷，收获干紫菜22.5吨，平均亩产75千克。1995年，全市海带养殖面积178公顷，总产量1.64万吨，比1991年分别增长5.1倍、14.75倍。紫菜养殖因易受水质和温度影响而发病腐烂，养殖效益不佳，养殖面积逐年减少。2000年，全市海带总产量7620吨，比1995年下降53.54%。2006年，全市海带总产量8247吨。2010年，海带总产量2878吨。2013年，筏式龙须菜养殖面积300公顷，总产量1.5万吨。

第六节 多品种混养

2008年始，市水产技术推广站根据不同养殖生物间共生互补原理，采取模拟自然生态环境条件，开展虾、蟹、贝等多品种生态健康混养，分期轮放轮捕，增加海水池塘综合效益。从南方引进斑节对虾苗种，选择与三疣梭子蟹、日本对虾、杂色蛤进行立体混养、生态养殖，获得成功。2009年，全市推广斑节对虾、三疣梭子蟹、日本对虾、杂色蛤等多品种立体生态健康混养，取得显著经济效益。在3.33公顷试验池中收获斑节对虾1412千克，平均体重58.6克，亩均产量28.2千克；三疣梭子蟹3378千克，平均体重187克，亩均产量67.6千克；日本对虾284千克，平均体重9.0克，亩均产量5.7千克；杂色蛤8195千克，平均体重9.01克，亩均产量163.8千克。亩均综合经济效益5063元。2010年，全市有中国对虾、三疣梭子蟹、杂色蛤混养池194公顷，平均亩产中国对虾51千克、三疣梭子蟹104千克、杂色蛤370千克。2013年，市水产技术推广站于五垒岛湾主推“黄海2号”中国对虾与三疣梭子蟹混养技术，推广养殖面积346.67公顷，平均亩产中国对虾75千克、三疣梭子蟹72千克。

第七节 育 苗

1991年，全市拥有各类育苗场11处2.18万立方米水体。各育苗场加大技改投入，攻克梭子蟹、牙鲆鱼、黑鲪、真鲷、日本对虾、泥蚶、缢蛏等名优特品种的苗种培育难关。1994年，市水产综合育苗试验基地首次进行梭子蟹全人工育苗获得成功，培育蟹苗35千克。1995年，首次培育牙鲆鱼苗13万尾。1996年，庆顺渔业股份有限公司育苗场利用4800立方米水体，与7家大专院校和科研机构建立协作关系，常年聘请高科技人员指导育苗生产，引进开发名优特新品种13个。其中泥蚶育苗落滩技术获威海市科技进步二等奖。市水产研究所与庆顺渔业股份有限公司、海水养殖二场育苗场，利用普通扇贝育苗室进行泥蚶工厂化育苗试验获得成功，获威海市科技进步二等奖。1998年，市水产研究所技术人员在68平方米的培育池中，育出平均壳长1.067毫米的缢蛏稚贝1322.9万粒，平均每平方米出苗19.5万粒，该成果获威海市科技进步二等奖。1999年，庆顺渔业股份有限公司投资150万元，率先实施塑料薄膜覆盖池底和深井提取海水育苗新方法，杜绝海水及池底有机物污染。2000年，该公司生产各类贝苗4.2亿粒，其中扇贝苗2.3亿粒，创产值450万元，实现利税300万元。是年，前岛渔业公司投资3500万元，建成水面6360平方米海水育苗场、1万平方米工厂化养鱼车间，安装2000立方米/每小时污水处理设备，育苗养鱼用水经生物滤床、消毒杀菌、过滤充氧等技术处理，得以循环使用。年末，全市育苗场增至15处3.65万立方米水体。各育苗场累计为生产单位培育中国对虾苗

205.04亿尾、日本对虾苗5.6亿尾、海湾扇贝苗30亿粒、牡蛎苗31.4亿粒、梭子蟹苗2725千克、各种鱼苗500万尾、藻类苗29亿株。2010年，全市有各类育苗场17处，育苗水体11.2万立方米，是2000年的3倍。育苗品种有中国对虾、日本对虾、南美白对虾、梭子蟹、牙鲆鱼、黑鲷、真鲷、黄盖鲽、河鲀、海参、大菱鲆、牡蛎、海湾扇贝、栉孔扇贝、虾夷扇贝、海蜇、贻贝、海带、裙带、泥蚶、缢蛏、松江鲈鱼22种。2013年，全市有水产品育苗场41个，育苗水体15万立方米，年育苗能力26亿尾（头、粒）。其中，海参育苗企业25家，年育苗能力10亿头；虾蟹类育苗企业15家，年育苗能力10亿尾（只）；贝类育苗企业1家，年育苗能力6亿粒。至年末，全市共引进虾、贝、鱼、蟹等新品种20个，主要有日本对虾、南美白对虾、刀额新对虾、长毛对虾、日本太平洋牡蛎、日本虾夷扇贝、加拿大海湾扇贝、青蛤、美国红鱼、白鲑、大西洋鲑、太平洋鲑、河鲀、牙鲆、三疣梭子蟹、锯缘青蟹等。

第四章　淡水养殖

文登市淡水养殖可利用蓄水资源丰富。1991年，市政府印发《关于加强水产工作的决定》，鼓励多种经济组织参与水产养殖。全市淡水养殖面积2240公顷，捕捞量1308吨，获省水产局丰收杯竞赛优胜奖。2000年，全市淡水养殖总面积3593公顷，捕捞量1.83万吨，产值1.36亿元；面积、产量比1991年分别增长60.4%和12.99倍。其中，水库网箱精养面积1.72万平方米，产量3070吨。2013年，全市淡水养殖总面积3169公顷，捕捞量2.23万吨，产值1.65亿元。

第一节　水库养殖

1991年，文登市全面推广水库网箱精养技术。1992年，水库养殖网箱达620个。1995年，坤龙邢水库投资9000元，引进太湖大银鱼受精卵30万粒，试养成功。1996年，全市大中型水库全部放养太湖大银鱼，养殖水面1260公顷。1999年，全市水库捕捞太湖大银鱼103吨，产值824万元。2000年，全市水库养鱼网箱614个，网箱面积1.72万平方米，单箱鲤鱼产量5吨，单箱罗非鱼产量3.5吨，网箱养成总产量3070吨。2004年，米山水库（常年水面920公顷）投放鲢鳙鱼苗2.27万千克、大银鱼卵3000万粒。是年捕获鲢鱼100吨，大银鱼60吨。

图9-2　米山水库养殖大银鱼喜获丰收。（1999年10月17日摄）

2005年后，米山、坤龙邢、南圈等大中型水库成为城市饮用水水源或备用饮用水水源，不再人工投放大量鱼苗，产品回捕逐年减少。2006年，全市淡水养殖产品捕捞量2.07万吨，其中水库网箱养殖捕捞量5870吨。2010年，全市水库养鱼网箱2100个6万平方米，产品捕捞量8834吨，平均单箱产量4.2吨。2013年，全市大中小型水库等蓄水工程大水面粗养面积1794公顷，水库养殖网箱2280个6.51万平方米，产品捕捞量9600吨。

第二节　池塘养殖

1991年，新建淡水商品鱼养殖基地2处，新开挖养鱼池塘373.33公顷，淡水养殖面积2240公顷。1992年，侯家镇将淡水养殖开发与村干部年度政绩考核挂钩，全面动员投资投劳开挖池塘，发展淡水养殖。1994年11月，市政府在汪疃镇召开淡水养殖开发现场会，推广米山镇草场村拍卖和租赁荒滩荒水开发淡水养殖的经验、侯家镇大时家村利用承包金实施淡水养殖滚动开发的经验。至1995年，侯家镇淡水养殖开发累计投工1.5万个，投资总额180万元，利用“两荒”水面开发养鱼池塘457公顷。全镇38个自然村有35个村开发淡水养殖项目，淡水养殖产量达到2250吨，产值1680万元，利润580万元，成为威海市淡水养殖第一镇。是年，全市449个村参与“两荒”治理开发，8个镇开发面积在100公顷以上。其中，侯家镇457公顷、宋村镇301公顷、汪疃镇267公顷、小观镇213公顷、高村镇173公顷、泽库镇143公顷、泽头镇115公顷、米山镇100公顷。开发池塘1686个，发展淡水养殖专业大户90户。养殖品种在巩固提高青鱼、草鱼、鲢鱼、鳙鱼“四大家鱼”的基础上，引进推广罗非鱼、甲鱼、罗氏沼虾、河蟹等名优特养殖品种。1997年，池塘淡水养殖产量和产值分别为1.1万吨和9725万元。2009年，全市池塘养殖面积1360公顷，产品捕获量1.33万吨。2013年，全市池塘养殖面积1375公顷，产品捕获量1.27万吨。

第三节　育苗与新品种引进

1990年，文登市淡水养殖试验场从湖北省淡水研究所引进淡水白鲳繁殖成功。1991年12月，淡水白鲳引进和养成技术研究获威海市科技进步三等奖。1995年，引进罗氏沼虾并孵化成功。1996年，养殖罗氏沼虾33.3公顷，产量40吨，产值276万元，平均亩产79千克，亩产值5500元。1997年，市水产科研部门从浙江淡水研究所引进美国大口胭脂鱼，完成市科委下达的育苗繁殖养成等各项试验指标。1998年，从青岛胶州小麻湾国家级罗非鱼良种场引进吉富罗非鱼新品种试养，其生长速度比尼罗罗非鱼快20%～30%，单位面积产量高13.4%～73.9%。同年，从韩国引进散鳞镜鲤并繁育成功。1999年，出口韩国成品散鳞镜鲤180吨。是年5月，从江西九江市引进40～45克彭泽鲫鱼苗100万尾，在市淡水养殖试验场试养并获成功。至2000年，全市先后引进淡水白鲳、建鲤、甲鱼、牛蛙、乌鳢、河蟹、大银鱼、罗氏沼虾、美国大口胭脂鱼、散鳞镜鲤、吉富品系罗非鱼、巴西鲷、彭泽鲫和天峡红回14个优良品种，繁育各类苗种8.97亿尾（只），通过试养，均取得成功，成为全市淡水养殖的重要品种。2001—2013年，全市共繁育各类淡水品种种苗26亿尾（只）。2013年，全市淡水养殖主要品种有青鱼、草鱼、鲢鱼、鳙鱼、鲂鱼、鲤鱼、吉富罗非鱼（取代尼罗罗非鱼）、大银鱼、淡水白鲳、花鲈、彭泽鲫鱼、河蟹12个品种。

第五章　水产品加工与名优产品

第一节　水产品加工

90年代，文登市水产品加工由传统的腌、冻方式，向鲜活、冰鲜、速食、即食深加工发展。全市拥有冷库64座，库容3万吨。主要加工产品有冷冻品、干制品、腌制品和方便食品4大类100余个品种。2002年，水产品加工企业62家，冷冻能力日均1.64万吨，年制冰6.32万吨，年水产品加工总量12.94万吨，加工增值6.76亿元。2010年，水产品加工企业增至74家，规模以上水产品加工企业32家，水产品加工能力34.4万吨。新上海洋食品高档加工企业6家，新开发出口水产熟制品10个种类、鲜制品30个种类。2013年，全市有海洋渔业加工企业65家，主要分布在各沿海镇，其中有自营进出口权企业16家，深加工企业4家，通过HACCP认证6家，通过欧盟注册1家，产品除满足国内市场需求外，主要出口日本、韩国及欧美、东南亚等国家和地区。年加工出口水产品20余万吨，出口创汇3亿余美元。

冷冻品　90年代初期，水产冷冻品一般由冷藏厂采用粗加工、大冻块、粗包装方式加工包装，产品规格主要有15千克和20千克大冻块，以20千克冻块居多，主要品种为带鱼。1991年，生产厂家引进先进加工设备，采取超低温冷冻技术，开发单体冻、条冻、小块冻、分段冻等精细小包装产品。1995年，全市冷冻品加工总量10.29万吨，比1990年增长85%。其中精加工小包装6.26万吨，占冷冻品总量的60.8%。2000年，全市水产冷冻品加工总量11.8万吨，其中精加工小包装7.2万吨，占冷冻品总量的61%。2010年，全市渔业冷冻贮藏能力2.07万吨/次，日速冻能力1238吨，日制冰能力490吨。2013年，冷冻种类发展到冻鱼类、冻虾类、冻贝类、冻蟹类、冻软足类5大门类100余个品种。鱼类主要有单冻鲅鱼、鲅鱼片，单冻带鱼、带鱼段，单冻鲐鱼、鲐鱼片，单冻高眼鲽、小花鱼、鲤鱼、罗非鱼、鲳鱼、鲻鱼、黄姑鱼及鮟鱇鱼块、星鳗片等。虾类主要有对虾、对虾仁、鹰爪虾、鹰爪虾仁、白银虾仁、虾蛄肉等。贝类主要有贻贝肉、扇贝柱、海螺肉、牡蛎肉、四角蛤肉、中国蛤蜊肉、杂色蛤仔肉等。蟹类主要有三疣梭子蟹、日本蟹等。软足类主要有单冻鱿鱼、鱿鱼卷，单冻乌鱼、乌鱼卷、巴蛸、比管等。全市渔业冷冻贮藏能力达2.6万吨/次。

干制品　以新鲜水产品为原料经涨发加工干制而成。1990年，全市干制品总产量1100吨，占水产品加工总量的2%。1991年后，水产品干制加工主要转向专业村、专业户。主要产品有贻贝肉、杂色蛤仔肉、四角蛤肉、中国蛤蜊肉、乌鱼干、鱿鱼干、巴蛸干、比管干和海带、紫菜、石花菜等。1994年8月，海水养殖二场投资60万元，引进韩国日加工能力150千克紫菜加工机组，加工生产精包装紫菜片产品，畅销国内外。是年，泽库镇长会口村从事水产干制品加工专业户发展到400个，年加工海米40吨，乌鱼干、比管干50吨，虾皮10吨，创利税100万元。2000年，全市生产各种水产干制品4820吨，比1990年增长3.4倍，占水产品加工总量的2.5%。其中精加工600吨，占水产干制品总量的12.4%。2013年，干制品加工方法主要为盐制和淡干两种，种类分为鱼、虾、贝、藻、软足5大类。鱼类主要有鲅鱼干、鲐鱼干、孔瑶鱼干、比目鱼干、带鱼干、小杂鱼干等，虾类主要有对虾干、海米、虾皮等，贝类主要有贻贝肉、杂色蛤仔肉、四角蛤肉、中国蛤蜊肉等，藻类主要有淡干海带、盐干海带等，软足类主要有乌鱼干、鱿鱼干、巴蛸干、比管干等。是年，全市生产各类水产干制品5150吨，占水产品加工总量的6%。

腌制品　腌制又称腌渍或卤制。1991年，全市水产品腌制加工总量1700吨。主要种类有鱼、海蜇、虾酱3大类。鱼类腌制主要有带鱼、黑线银鲛（俗称海兔子）、小杂鱼等。海蜇腌制为大宗产品，一般将海蜇皮和海蜇头分别腌制。传统方法腌制海蜇皮成品率为8%～12%，市水产供销公司研发的“三矾提干”(先用矾、水，再两次矾、盐，分三步按一定比例用矾腌制脱水提干）快速脱水法，缩短腌制时间，成品率15%～18%。虾酱腌制属地方土特产品，分四眼虾酱（磷虾）和蠓子虾酱（糠虾）两种，加工方法是用23%～25%的食盐将其拌匀腌制发酵而成。境内沿海盛产四眼虾和蠓子虾，四眼虾产于5月下旬至7月上旬，蠓子虾春秋两季最多。侯家镇南廒、西廒、北廒、小洛、张家庄等村近海，海蜇、蠓子虾资源丰富。2000年，该镇海蜇、蠓子虾加工户发展到200户，加工成品海蜇皮、海蜇头200吨，实现利税40万元；加工蠓子虾酱5吨，实现利税15万元。全市加工水产腌制品4782吨，比1990年增长1.8倍，占水产品加工总量的2.4%。2013年，鱼类腌制方式为整体腌制和割片腌制两种。整体腌制主要有带鱼、海鲫鱼、比目鱼、黑线银鲛、沙梭鱼、小银鱼、青鳞鱼、鳓鱼和小杂鱼等，割片腌制主要有鲅鱼、鲐鱼、虾虎鱼、海鳗鱼、香梭鱼、河蚌、小鲨鱼等。是年，全市生产各类水产腌制品4000吨。

方便食品　1991年，市滩涂养殖公司投资100万元，新建1座年生产能力1500吨的贝类真空软包装生产线，年内加工生产杂色蛤即食食品100吨，完成产值120万元，产品主要销往北京、吉林、新疆、黑龙江、内蒙古等地。1993年，市罐头厂投资190万元，建成1200平方米车间和罐头生产线，开发生产辣味鱼罐头、熏鱼罐头、香炸鱼罐头、沙丁鱼罐头、牡蛎罐头、缢蛏罐头、原汁对虾罐头、原汁鹰爪虾罐头等10个新品种，年生产罐头300吨。1995年，市水产供销公司水产加工厂投资50万元，与大专院校及水产科研部门联合开发鱼、虾、贝鲜美软包装系列即食食品，风味独特、携带方便，受到消费者喜爱。1999年，市水产养殖公司平板冷藏厂按出口标准改扩建1000平方米无菌车间，购进臭氧杀菌真空包装机、平板速冻机、快速单冻机、金属探测器、化验质检仪等生产加工和检测设备，开发生产真空软包装星鳗片系列产品，年加工出口500吨，实现利税100余万元。2000年，全市软包装水产品加工企业增至6家，年加工水产品罐头、软包装产品1325吨，完成产值3113万元。2013年，方便食品主要有鱼类、贝类、虾类罐头食品和速食鲜嫩海蜇软包装食品、蠓子虾酱软包装食品、真空软包装星鳗片系列产品等。全市水产方便食品加工企业增至12家，年加工产品8000吨，完成产值1.08亿元。

第二节　名优产品

1991－1997年，文登对虾、文登海米、文登牡蛎、蠓子虾酱、海鲜原汁、速食海蜇、“海胜”牌鱿鱼卷、“荣胜”牌乌鱼卷、“金马”牌大鲅鱼等产品，先后成为境内渔业名优产品。至2013年，全市有渔业名优产品14种。

对虾　文登对虾壳薄肉肥，味道鲜美，富含蛋白质和钙、磷、铁及多种维生素。传统吃法有煮制琵琶大虾、油焖大虾、清煮大虾、烤大虾等。1991年，市水产供销公司加工的“海”牌对虾仁获山东省首届水产品交易会新产品奖和优质产品奖。

刺参　文登鲜活刺参体近圆柱形，两端钝圆，腹面平坦且管足密集，背面有突棘，多为灰黑色或黄褐色，成参一般体长20～40厘米，体宽3～6厘米，最大个体318克，肉质肥厚，鲜嫩可口。刺参同人参、燕窝、鱼翅齐名，富含50余种对人体有益成分，其中有18种氨基酸、牛磺酸、硫酸软骨素、刺参黏多糖等营养成分，以及钙、磷、铁、碘、锌、硒、钒、锰等微量元素和维生素B1、B2等多种维生素。2007年2月，“高岛”牌海参被评为首批山东名牌农（林、水）

产品。

文登蚝 又称文登牡蛎。文登蚝肉肥爽滑，味道鲜美，营养丰富，素有“海底牛奶”之美称。桑蛎产于境内南部沿海桑岛附近，为文登牡蛎珍品。清代著名学者郝懿行的《记海错》载：“文登海中桑岛出者（指桑蛎），味清绝异，远近珍之。”其食用方法较多，不仅鲜用，还可冷冻储藏或加工成干制品、方便食品等。

蠓子虾酱 是胶东沿海极富特色的海鲜调味料，因其以蠓子虾为原料腌制而得名。文登蠓子虾酱富含蛋白质、钙、铁、硒、维生素A等营养元素，鲜味和香气独特，品之回味无穷，可用做各种烹饪和火锅调味料，也可做出许多独特的美味小菜。1991年12月，文登蠓子虾酱获山东省首届水产品交易会优质产品奖。1992年10月，获中国首届农业博览会铜质奖。1995年10月，获第二届中国农业博览会金质奖。1997年11月，获第三届中国农业博览会金质奖，成为全国农林水产品中的名牌产品。

海蜇 境内海蜇资源丰富，加工历史悠久。经盐矾腌制加工，伞体部分称海蜇皮，口腔部分称海蜇头。海蜇含蛋白质、钙、碘、铁、多种维生素、胶原蛋白活性物质。1992年10月，市水产供销公司生产的“人石”牌速食海蜇，获中国首届农业博览会优质产品奖。1995年10月，获第二届中国农业博览会铜质奖。1997年11月，“人石”牌速食鲜嫩海蜇获第三届中国农业博览会铜质奖。

海米 文登海米是以鹰爪虾为主要原料，加适量食盐，经蒸煮、干燥、晾晒、脱壳等工序精制而成，文登海米以姚米为贵。姚米因产于宋村镇姚山头一带而得名。据前志记载，“明代，姚米即被纳为贡品。自明万历三年（1575）始，每年按春（端午节）秋（中秋节）两季进贡，每季8斤。此后进贡数量逐年增加，至清光绪二十五年（1899），每季进贡姚米达200斤”。鹰爪虾生长于河水与海水交汇处（俗称“两合水”），每年谷雨至立夏、寒露至霜降两时段捕捞为宜，故有春、秋海米之分。境内所产海米，质地优良，畅销不衰，其特点是体形短粗似钩，体表粗糙不平，色泽杏黄微红，或做汤、或凉拌、或煎炒、或直接食用，别具风味。

布蛤和面蛤 文登布蛤和面蛤大多产于埠口湾和五垒岛湾海域海河交汇处，水质优良，滩涂肥沃，产出的布蛤和面蛤壳薄、蛤肉丰满鲜嫩，营养丰富，含有蛋白质、脂肪、碳水化合物、铁、磷、硒、锌、维生素、氨基酸和牛磺酸等多种成分。2013年12月30日，“文登布蛤”和“文登面蛤”被农业部登记入选为地理标志农产品。

星鳗片 1999年，市水产养殖公司开发生产的“极洋”牌星鳗片系列产品，肉质洁白细嫩、味道鲜美、营养丰富、食用方便。2000年，该产品通过国家商检局组织的美国HACCP质量体系认证，成为文登首家出口免检商品。

鱼糜 以低值鱼为原料加工而成，具有肉白细嫩、营养丰富、食用方便等特点。鱼糜含有多种维生素成分和人体必需的氨基酸，食用时可做鱼丸，或包水饺、或与其他食品混合做出多种花样美食，深受外商欢迎。1999年，前岛渔业公司生产的“前华”牌鱼糜取得ISO 9002国际质量体系认证。庆顺渔业公司生产的“吉沧”牌鱼糜，全部销往日本、韩国。

海鲜原汁 以盐渍鲜鱼、鲜虾原汁通过精密工艺制取的一种高级天然调味品。其特点是保持鱼、虾的原汁鲜味、营养成分，食用方便，味道鲜美，并含有人体必需的氨基酸、维生素和钙、铁、磷等多种微量元素，可与多种副食品和方便食品配套使用。1995年，市水产供销公司水产加工厂生产的“人石”牌海鲜原汁获第二届中国农业博览会银质奖。1997年11月，获第三届中国农业博览会银质奖。

其他产品 1991年，市水产供销公司生产加工的冷冻品“海胜”牌鱿鱼卷、“荣胜”牌乌鱼卷、“金马”牌大鲅鱼，获山东省首届水产品交易会新产品奖和优质产品奖。1992年，“金马”牌大鲅鱼被人民大会堂定为特供产品。2005年，前岛渔业公司、庆顺渔业股份有限公司等6家企业获农业部无公害水产品产地认定企业证书，所申报的海参、河鲀、海带、扇贝4种产品被认证为无公害水产品。至2013年，全市无公害水产品产地认定企业16家、无公害水产品29个；绿色食品2个、地理标志产品2个。

第六章　水产科技

第一节　科研成果

1991年，文登市水产业获国家专利2项、省级科技奖3项、地市级科技奖2项。至2013年，先后获地市级以上各类科技奖励37项，其中国家专利2项、省部级10项、地市级25项。先后出版著作2部，发表科技论文203篇，其中国家级刊物发表106篇、省级刊物97篇。

饵料机切料装置　1991年6月，获国家专利局发明专利。发明单位：市水产养殖公司。主要完成人有张玉阶、于为民、侯明泉等。该专利是饵料机的切料装置，具有加工饵料长短一致、操作简便、成本低廉和提高工效等优点，适用于对虾配合饵料和其他颗粒饵料加工。

鲜鱼打浆机　1991年9月，获国家专利局发明专利。发明单位为市水产养殖公司。主要完成人有侯明泉、于为民等。鲜鱼打浆机在运转时可使鱼浆在桶内弧状处产生涡流，平稳地上下翻腾，从而提高打浆效率和质量。适用于对虾配合饵料中的鱼浆加工及虾酱、豆浆等产品加工。

1991－2013年文登市获省部级以上水产科技成果奖情况表

表9-4

序号	成果名称	承担单位	获奖类型及等级	获奖时间
1	虾用生长素Ⅱ号研制及应用试验	水产研究所	山东省经委优秀新产品二等奖	1991年3月
2	对虾框刺网	水产研究所	山东省水产局科技进步三等奖	1991年9月
3	对虾配合饵料加工技术开发	水产养殖公司	山东省“星火计划”三等奖	1991年12月
4	1.5万亩对虾养殖大面积高产技术	水产局、水产研究所等12个单位	农业部“农牧渔业丰收”二等奖	1992年10月
5	威海市2.5万亩对虾精养高产技术	水产局、水产研究所等20个单位	农业部“农牧渔业丰收”二等奖	1993年10月
6	威海市1.5万亩滩涂贝类大面积高产技术推广	水产局、水产研究所等12个单位	山东省“农牧渔业丰收”一等奖	1993年10月
7	缢蛏全人工养殖技术开发	水产技术推广站	山东省科技进步三等奖	2001年9月
8	栉江珧工厂化育苗技术研究与开发	水产技术推广站	中国水产科学研究院科技进步三等奖	2008年1月
9	中国蛤蜊室内人工育苗试验	水产技术推广站	山东省海洋与渔业科学技术三等奖	2012年12月
10	中国蛤蜊规模化繁育与生态养殖技术	水产技术推广站	山东省海洋与渔业科学技术三等奖	2013年12月

说明：同一成果获多级别奖励，只记最高级别。

第二节　科技服务

培训指导　1991年11月，市水产局组织沿海各乡镇分管副乡镇长、渔技站站长、养殖场场长和技术员80余人，参加青岛首届水产养殖技术研讨班。1992年12月，参加青岛第二届水产养殖技术研讨班。1993年，市水产局以市育苗试验基地、养殖一场、养殖二场为水产科技培训基地，组织市水产研究所科研人员进驻基地为沿海各镇村、养殖公司和养殖户进行科技培训指导；对养殖规模大的重点服务对象实施跟进服务。至1996年，市水产研究所先后为庆顺渔业股份有限公司贝类育苗场引进名特优品种13个，优质品率达90%以上。其中，培育泥蚶苗种2.4亿粒，产值170万元；养殖缢蛏200公顷，产值3000万元。1998年11月，组织20人参加省海洋与水产厅在青岛举办的对虾养殖高产防病技术培训班。12月，组织15名技术骨干参加国家水产技术推广总站在厦门举办的对虾健康养殖技术研讨班。聘请中国水产科学院黄海水产研究所和省海水养殖研究所专家到文登举办对虾养殖技术培训班，培训人员180人。1999年7月，邀请美国爱迪生发明中心和中国科学院海洋研究所专家到文登开展学术交流，举办对虾养殖防病治病学术讲座，50余人听取报告。是年，市水产技术推广站选派技术人员15人，巡回10个渔业生产单位进行技术指导，培育中国和日本对虾苗3.6亿尾、海湾扇贝苗16亿粒、太平洋牡蛎眼点幼虫20亿粒、梭子蟹苗240千克，引进巴西鲷、散鳞镜鲤、彭泽鲫等10个名优水产养殖品种。2001年，举办名特优品种养殖学习班3期，培训人员246人次。2002年，聘请中国海洋大学、水科院黄海水产研究所专家教授，举办南美白对虾、大菱鲆养殖技术培训班，参加培训者180余人。2004年，市海洋与渔业局组织科研人员开始对从捕捞业转为养殖业的渔民举办水产养殖技术培训班，首期培训转业者80人。通过与水科院黄海所、中国海洋大学联系沟通，聘请专家到文登举办海参养殖病害防治培训班4期，参训者500余人次。2006年，聘请中国海洋大学专家进园区，对养殖海参查体把脉，传授技术，制定病害防治预案，杜绝滥用药行为。2008年，举办专业培训学习班5期，培训650人次。2010—2013年，组织科研人员结合渔业科技下乡、科技服务基层活动，围绕渔业主推技术、主导品种和渔民急需，制定培训计划，设置培训班次，确定培训内容、优选授课教师，采取分期、分区域、集中培训的方法，对渔业生产骨干进行培训，共举办培训学习班6期，培训710人次。解答电话咨询、信息咨询、上门咨询187人次。

技术推广　1991—2013年，市水产技术推广站先后推广中国对虾健康养殖等20项生产实用技术。

中国对虾健康养殖技术推广　1992年，文登对虾养殖面积、产量及效益居全国县级市前列。1993年，对虾病毒性病害暴发，对虾养殖业遭受沉重打击。2009年，市水产技术推广站从黄海水产研究所引进“黄海一号”“黄海二号”中国对虾苗进行试养。该虾苗表现出个体大、生长快、抗逆性强、无特定病原体、体质健壮等优良性状，结合施加有益微生物制剂调控水质、微孔增氧、生

图9-3　2013年12月15日，市水产技术推广站在泽库镇举办海参选育种及健康养殖技术培训班。

态立体混轮养等技术，养殖获得成功，平均每亩实现利税5000元以上。2010年，高岛盐业公司、华山盐场、五垒岛水产养殖公司、侯家镇、泽头镇推广中国对虾养殖，面积366.67公顷。其中，中国对虾单养池172.67公顷，平均亩产80千克；中国对虾、三疣梭子蟹、杂色蛤混养池194公顷，平均亩产中国对虾51千克、三疣梭子蟹104千克、杂色蛤370千克。2013年，中国对虾健康养殖技术推广面积666.67公顷。

刺参优化饵料育苗技术推广　2011—2012年，市水产技术推广站开展刺参优化饵料育苗技术研究，自主研发适宜刺参耳状幼体发育的饵料配方及抑制亲参早产、清水提温孵化、提前选优等配套技术。其间，在五垒岛水产养殖有限公司1100平方米育苗池中进行试验，使用该项技术和饵料配方比使用传统技术育苗，出苗量提高33%，出苗规格提高42.62%，投喂浮游期幼体饵料总成本下降，育苗效益大幅度提高。该项技术具有实用性强、容易推广、出苗量稳定、节约成本等优点，迅速在全市及胶东半岛刺参育苗场推广应用。2013年，胶东半岛沿海地区90%以上的刺参育苗场使用该项技术。

中国蛤蜊规模化繁育与健康养殖技术推广　2009—2010年，市水产技术推广站开展中国蛤蜊室内人工育苗试验，在200立方米育苗水体中培育出平均壳长573.26微米的稚贝1656万粒。2011—2012年，在963.2立方米育苗水体中，培育出平均壳长604.31微米的稚贝1.17亿粒；实施滩涂养殖26.67公顷，平均亩产1.96吨，亩实现销售收入1.4万元。2013年，经技术推广，中国蛤蜊滩涂及浅海养殖在境内初具规模。

刺参池塘养殖微孔增氧高产技术推广　在刺参养殖池塘中安装增氧设施，使用微孔增氧技术，可在溶解氧充足的条件下，提高刺参活力，增强食欲，促进生长，增强免疫力及体质，提高抗病能力；溶解氧能氧化分解池塘中的残饵、粪便及池底腐殖质、净化养殖用水，改善养殖池底及水质环境；有效提高池塘养殖密度和产量，提高池塘的生产潜力，达到高产增收目的。至2013年，推广使用微孔增氧技术的刺参养殖池塘2666.67公顷。

引进篮子鱼清除刺参池塘丝藻技术推广　刺参养殖池塘丝藻大量繁殖，占据养殖空间，消耗水中的营养盐、氧气，覆盖、缠绕、闷死刺参，特别是腐烂时产生毒素，使池底氨氮、硫化氢等有害物质含量急剧升高，诱发刺参肿嘴、化皮、吐肠、不下滩等多种疾病，给养殖生产带来极大危害。2011年5月，市水产技术推广站从中国水产科学研究院东海水产研究所海南基地，引进篮子鱼幼鱼1000尾，在五垒岛水产养殖有限公司刺参养殖池塘及网箱中进行大型丝藻清除试验，效果明显。2012年5月，承担省科技厅“引进篮子鱼清除刺参养殖池塘中大型丝藻的技术研究”项目。研究成果表明：亩放养300尾篮子鱼，池塘内大型丝藻清除率达92.7%；刺参、篮子鱼混养池塘比刺参单养池塘，刺参产量增加14.3千克/亩，增产13.96%；增加产值2733.3元/亩，增收18.95%。2013年，该项技术在周边刺参养殖池塘推广应用，参、鱼混养池塘超过133.33公顷。

图9-4　市水产技术人员为海参养殖户做现场技术指导。（2008年3月6日摄）

第七章　海洋与渔业管理

第一节　机　构

行政机构　1991年，市水产局内设办公室、工业科、企管科、捕捞科、养殖科和物资供应科。工作人员18人。1992年7月，增设政工科。12月，水产局改称水产总公司，继续行使水产行政管理职能。1993年11月，撤销水产总公司，恢复水产局，设办公室、政工科、审计科、工业科、企管科、生产科。1996年12月，水产局更名为海洋与水产局。1997年4月，增设海洋管理科。9月，撤销生产科、工业科，设渔业管理科、财务科。2002年4月，海洋与水产局更名为海洋与渔业局。2013年，市海洋与渔业局内设办公室、政工科、财务科、海洋管理与环境保护科、渔业管理科（挂行政许可科牌子）、市场与质量监管科。工作人员19人。

事业单位　1991年，市水产局辖事业单位6个，其中渔业执法单位2个：渔政监督管理站（副科级）、渔船渔港监督管理站（股级）；科技推广单位1个：水产研究所（股级）；企业化管理单位3个：淡水养殖试验场、第二淡水养殖试验场、滩涂贝类开发公司（股级）。1992年2月，水产综合育苗试验基地（股级）成立，隶属水产局，由水产研究所代管，定编35人，经费自理。1993年，滩涂贝类开发公司由事业单位改为企业单位（简称事改企），更名为滩涂养殖开发公司。1996年5月，恢复滩涂养殖开发公司事业单位性质（股级），定编120人，经费自理。1997年7月，海洋监察大队成立。1999年10月至2000年10月，第二淡水养殖试验场和淡水养殖试验场先后由黑豹集团总公司托管。2000年1月，市无线电管理委员会办公室划入。2002年1月，水产综合育苗试验基地由事业单位改为股份合作制企业；淡水养殖试验场和第二淡水养殖试验场2单位事业改企业后，由黑豹集团总公司兼并。2004年10月，文登海洋环境监测站成立。2007年5月，滩涂养殖开发公司事业改企业。2013年，市海洋与渔业局辖文登市海洋环境监测站（挂国家海洋局文登海洋环境监测站牌子）、文登市水产技术推广站（与市水生动物防疫检疫站等机构合署办公）、文登市渔政监督管理站、中国海监文登市大队、中华人民共和国文登渔港监督（与山东渔业船舶检验局文登检验站合署办公）5个事业单位，工作人员104人。

文登市渔政监督管理站　1991年，为财政差额拨款的副科级单位。1997年7月至2002年3月，与海洋监察大队合署办公。2002年6月，定编36人，设办公室、资源管理科、安全电讯科和埠口、泽库分站。2010年4月，增设水产品质量安全监督科。2013年，设办公室、资源管理科、安全电讯科、水产品质量安全监督科和埠口工作站。

文登市水产技术推广站　前身为文登市水产研究所。1992年3月，升格为副科级单位。1999年3月，更名为水产技术推广站，定编28人。2001年3月，水生动物防疫检疫站（副科级）成立，与水产技术推广站合署办公。2004年6月、2006年10月、2007年6月，市水产技术推广站分别增挂海大贝类研究所、松江鲈鱼自然保护区及驯养繁育中心、水产品质量安全检验站牌子。2013年12月，不再挂水产品质量安全检验站牌子，定编20人。

中华人民共和国文登渔港监督　前身为文登市渔船渔港监督管理站。1994年1月，更名为中华人民共和国文登渔港监督，增挂渔船检验站牌子。1995年3月，升格为副科级单位。2001年7月，文登市渔船检验站更名为山东渔业船舶检验局文登检验站。2008年4月，渔港监督与检验站合署办公，定编21人。

中国海监文登市大队 前身为海洋监察大队，1997年7月成立，与渔政监督管理站合署办公。2002年3月，海洋监察大队从渔政监督管理站分离，定为全额拨款的副科级事业单位，定编18人。12月，更名为中国海监文登市大队。

文登市无线电管理委员会办公室 2000年1月，由市政府办公室管理改为隶属市海洋与水产局管理，编制6人，财政全额拨款，副科级事业单位。2010年4月，划归市经济和信息化局管理。工作人员7人。

文登市海洋环境监测站 2004年10月成立。挂国家海洋局文登海洋环境监测站牌子，为全额拨款正科级事业单位，定编4人。2005年8月，威海市编委批复，鉴于与国家海洋局北海分局共建文登市海洋环境监测站，班子正职按副县级配备，副职按正科级配备。2010年6月，增加编制4人，内设办公室、环境评价科、综合科和业务科。

第二节 海域管理

海域规划编制

海洋功能区划 1999年7月，文登市聘请青岛海洋大学编制《文登市海洋功能区划》。规划范围以靖海湾段和五垒岛岸段两突出点分别向海一侧推至10千米处连线以内海域。2001年，《文登市海洋功能区划（送审稿）》基本形成。2007年12月，《文登市海洋功能区划》通过省政府批准。2008年，文登市拟规划建设张家埠新港，须对《文登市海洋功能区划》进行调整。6月12—13日，省海洋与渔业厅主持召开《威海市海洋功能区划（文登部分）修改方案》(简称《文登修改方案》）论证会，与会领导和专家在文登实地踏勘拟修改功能区域，听取市海洋与渔业局《文登修改方案》汇报。7月，省政府印发《关于同意对威海市海洋功能区划（文登部分）进行修改的批复》。2012年11月，《山东省海洋功能区划（2011—2020年）》获国务院批复。在新的海洋功能区划中，文登市新增工业与城镇建设功能区3个，面积6500余公顷；特殊利用区1个，面积1050公顷，扩大南海旅游度假区和港口区面积4300余公顷。

海域使用规划 2003年，聘请国土资源部青岛海洋地质研究所编制《文登市海域使用规划》。2004年4—8月，规划组编制人员收集相关资料50份，整理沿海地区1∶10000、1∶25000和1∶50000地形图、土地利用现状图及相关海图30幅，利用GPS定位仪对150余千米海岸线及使用情况进行测量、绘图。2008年，《文登市海域使用规划》形成，划定一级类规划区10个，二级类规划区14个，海域使用规划分区37个。

海域有偿使用

2001年，市海洋与水产局首次在威海境内实施海域使用许可和海域有偿使用两项制度。是年，共完成1333.33公顷滩涂、4000公顷虾池、66.67公顷浅海和7个港口码头6.67公顷占地的登记发证和海域使用金的征收工作。2004年12月22日，市海洋与渔业局在市行政审批中心举行五垒岛湾海域使用权拍卖会，涉及海域6982.43公顷。30份参加竞买，15份竞买成功，共拍卖海域面积1091.6公顷，成交总额1050.29万元。成交竞拍最高价格每亩每年为230元，高出起拍价130元。2005年，举办五垒岛湾海域使用权第二次拍卖会，拍卖面积406.53公顷，成交总额422.8万元。

2005年，市海洋与渔业局组建养殖用海普查队2个，历时6个月，对全市用海情况开展权属核查和海籍测量，测量坐标点2万余个，填写相关表格7万余张，登记测绘海域使用面积1.04万公顷，全部确权。其中，虾池5057公顷，滩涂4104公顷，筏式养殖273.8公顷，浅海底播905.4公顷，码头坞道22处14.33公顷，盐田53公顷。确权用海单位和个人155个，发放海域使用证345本，海域使用确权率和发证率均达100%。2010年，加强海域使用监督检查，对不及时缴纳海域使用金的业户，通过印发缴纳海域使用金通知书、征收海域使用金决定书和媒体曝光、申请法院强制执行等措施，加大征缴力度。是年，征收率达98%。至2013年，全市共确权发放海域使用证378本，确权面积为3.14万公顷。其中，海水池塘养殖114宗2366.86公顷，围海池塘养殖22宗104.18公顷，滩涂贝类养殖45宗2896.33公顷，浅海底播11宗1132.50公顷，潮间带护养4宗4.28公顷，岛礁护养2宗121.80公顷，海参底播增殖12宗1885.52公顷，浅海筏式养殖7宗848.49公顷，海上筏式养殖136宗2.19万公顷，科研用海2宗38.55公顷，商用码头1宗2.65公顷，舾装码头前水域4宗0.50公顷，修造船厂坞道7宗2.32公顷，渔用码头9宗8.62公顷，盐业用海2宗60.01公顷。

海洋生态特别保护区 靖海湾是名贵鱼类——国家二类保护动物松江鲈鱼适宜繁衍生长海域。2007年9月，市海洋与渔业局逐级申报为特别保护海域。12月，农业部第947号文批复成立靖海湾松江鲈鱼国家级水产种质资源保护区。保护区设在青龙河下游和靖海湾北部海域，总面积818.89公顷，以国家二类保护动物松江鲈鱼为保护对象，主要保护其产卵场、越冬场和索饵场。区内设永久性界碑1个，常规界碑3个，界桩13个，浮标20个。建有2000平方米培育池，1000平方米越冬繁育车间，600平方米饵料车间，以及管理用房、化验室等。2009年5月，国家海洋局批复成立文登海洋生态国家级海洋特别保护区，保护区位于青龙河入海口和靖海湾西部，总面积518.77公顷，重点保护青龙河口、浅海区域生态系统和松江鲈鱼、浅海贝类等特色物种。2012年8月，通过威海市级验收。

第三节 资源管理

伏季休渔管理

伏季休渔期 1992年，农业部印发《关于东、黄、渤海主要渔场渔汛生产安排和管理的规定》，确定在黄海北纬35度线以南至东海北纬27度线以北，以机动渔船底拖网禁渔区线为西线，向东平推30海里为东线，每年8月1日至10月31日禁止底拖网进入生产。1995年，农业部《关于修改〈东、黄、渤海主要渔场渔汛生产安排和管理的规定〉的通知》规定，黄海北纬35度线以南至东海北纬27度线以北的海域，每年7月1日至8月31日，禁止拖网渔船和帆张网渔船进入生产。1999年，农业部印发《关于延长黄海海域休渔期的通知》，将黄海休渔期延长至两个半月，规定每年从7月1日零时开始，至9月15日24时结束。2000年，农业部印发《关于调整东、黄海和南海伏季休渔规定的通知》，将休渔时间调整为每年从7月1日12时开始，至9月16日12时结束。2004年，农业部对伏季休渔作全面安排：北纬35度以北黄海海域，休渔时间为7月1日12时至9月16日12时，休渔作业类型为拖网和帆张网作业；北纬35度至26度30分海域，休渔时间为6月16日12时至9月16日12时，休渔作业类型为拖网（桁杆拖虾暂时除外）和帆张网作业；北纬26度30分以南的东海海域，休渔时间为6月1日12时至8月1日12时，休渔作业类型为拖网和帆张网作业。2005年，对北纬35度以北黄海海域调整为6月16日12时至9月1日12时。2009年始，休渔期改为6月1日至9月1日。

伏休期监管 1992年，境内首次实施伏季休渔制度，渔业执法人员分组包片落实责任。利用巡回宣传车、发放宣传材料、张贴宣传标语、设立举报电话和法律咨询服务站等形式，广泛宣传教育，提高渔民伏季休渔自觉性。强化监督管理，采取“海上查、陆上堵、市场管”和“船进港、网入库、人上岸、证集中”等措施，杜绝违规事件发生。1998年，市渔政监督管理站加大伏休专管和群管力度，全市渔船按性能、区域实行定位停靠，严格控制渔船动态，休渔期内未出现1起渔船违规案件，被农业部黄渤海区渔政渔港监督管理局评为伏季休渔管理先进单位，被省海洋与水产厅评为伏休管理换证年审先进集体。1999年，渔业执法部门按照市海洋渔业安全管理委员会关于全市渔船锚泊区域划分方案，建立锚泊区域伏季休渔期渔船动态档案，并在埠口港设

图 9-5 2010 年 6 月 8 日，中国海监文登市大队首艘 8 吨级海监执法船 4068 号，在“世界海洋日”首次对辖区海域开展巡航执法。

立昼夜观察哨，对渔船进行跟踪管理。是年，市渔政监督管理站被山东省渔政处评为伏季休渔管理先进单位。2010 年，市海洋与渔业局成立海陆联合检查组。伏季休渔期间，陆地检查组出动执法人员 391 人次、执法车辆 101 车次，检查渔港码头 546 个次、渔船 1190 艘次；海上检查组出动海监执法船 196 艘次，检查各类渔船 610 艘次。2013 年，按照上级有关规定，加大海陆执法检查力度，严惩非法捕捞，保护海洋渔业资源。

秋汛幼鱼比例检查 市渔业执法部门按照《中华人民共和国渔业法》规定，伏季休渔后，对秋汛渔业捕捞生产进行幼鱼比例监督检查，在捕捞产品中幼鱼比例控制在同类鱼捕获量的 25% 以内。1998 年 9 月，以幼鱼比例大检查为重点，集中开展秋汛生产执法检查，共检查捕捞渔船 680 艘，查处违规渔船 88 艘、违规案件 44 起，罚款 15 万元。2000—2013 年，在渔业执法部门广泛宣传与严格监管下，渔业生产者对保护渔业资源尤其是保护秋汛幼鱼的认识逐步提高，违规案件逐年减少。

放流增殖管理 1989 年始，文登市增殖对虾放流管理时间为 6 月 10 日至 7 月 31 日，管理对象为引用海水单位和对虾增殖海域的渔具。每年 6 月 10 日前，渔业执法部门对各养殖场、盐场及其他引用海水单位的引用水口进行全面检查，按要求全部设置凸面向外的“V”形或弧形防护网；对增殖海域内一切损害幼虾的渔具全部清除。1991—2000 年，全市累计增殖放流 3 厘米以上中国对虾苗 15.25 亿尾。1994 年 7 月，省海洋捕捞站首次在五垒岛湾放流 50 克以上真鲷幼鱼 200 万尾，在文登北海放流三疣梭子蟹苗 140 万粒。2005 年，市海洋与渔业局组织市水产综合育苗试验基地、市水产养殖公司、小观镇金滩水产有限公司按期完成日本对虾 4000 万尾、海蜇 500 万尾、中国对虾 3600 万尾放流任务。2008 年 6 月 6 日，为纪念世界海洋日（6 月 8 日），省海洋与渔业厅组织的国内首次放流国家二级保护动物松江鲈鱼活动在文登举行，共放流松江鲈鱼苗种 1.2 万尾。2011 年，争取放流资金 654.7 万元，投放各类水产苗种 2.69 亿尾（只）。其中，中国对虾 1.4 亿尾，日本对虾 8500 万尾，梭子蟹 1800 万只，海蜇 2500 万尾，牙鲆 50 万尾，黄盖鲽 50 万尾，松江鲈鱼 1.32 万尾。2013 年，全市投入增殖放流资金 811.8 万元。其中，省级财政资金 732.6 万

图 9-6 2011 年 11 月 20 日，市海洋与渔业局组织人员在靖海湾放流松江鲈鱼幼苗。

元，市财政资金79.2万元。组织放流点12个，放流中国对虾、日本对虾、海蜇、梭子蟹、真鲷、黑鲷、黄盖鲽、松江鲈鱼8个品种，累计放流数量3.49亿单位（尾、粒）。

专项捕捞管理 1991—2000年，全市回捕商品对虾584吨，增加捕捞收入3120万元；累计参加捕捞亲虾的渔船1242艘次、参加增殖虾捕捞的渔船1563艘次、参加捕捞海蜇的渔船1358艘次。2007—2009年，发放亲虾捕捞证212本、增殖对虾捕捞证240本、海蜇捕捞证368本。2010年，办理亲虾特许捕捞证72本、增殖虾捕捞证152本、海蜇捕捞证150本。2013年，办理捕捞许可业务117份，收取年审费165万元；发放专项捕捞证257本。其中，海蜇捕捞证63本，亲虾捕捞证45本，增殖虾捕捞证149本，收取专项品种资源费26.2万元。是年，全市投产渔船1660艘次，回捕海蜇、中国对虾、日本对虾、梭子蟹和鱼类等增殖放流水产品1.02万吨，完成产值2.56亿元，实现利润1.55亿元。

第四节 检验监督

1991年，市渔船渔港监督管理站履行职责，严格执法，查隐患，除险情。至1995年，共查处各类安全隐患渔船509艘次，全部限期整改；联系渔船锚地避风1万余艘次，联系抢救伤病员25人次。1997年，渔港监督和检验站调处海损事故81起，处理渔业纠纷72起，挽回直接经济损失340万元。市渔港监督和检验站分别被省渔监局、船检局评为全省渔监船检先进单位。1998年，市渔船检验站、渔港监督执法人员共检验建造、营运渔业船舶1356艘，受检率96%，为其配备安全救生设备600台（件），查处不符合渔业生产要求的渔船25艘，全部按期改正。2001年，检验渔船1300艘，受检率97.4%。检验渔船登记率100%，签证率85%。为渔船配备安全消防设备120台（件），捕捞许可证年审率和普通渔业资源费收缴率均为100%。2005年，检验渔船1123艘，举办职务船员培训班2期，培训400余人。在埠口港码头安装电子监控设备和消防配套设施，组织开展安全生产月和海上渔业安全集中检查整治等活动，检查进港渔船1413艘，处理违规渔船20艘，为其配备安全设备715台（件）。2010年，年审渔船1300艘，渔船年审率100%。2013年，检验渔业船舶695艘，总吨位1.08万吨，总功率1.91万千瓦。调处海损事故4起，调处渔业纠纷15起，挽回经济损失120万元。

第五节 安全管理

安全责任落实 1991年3月，文登市及沿海8镇均设立安全生产管理委员会，各渔业公司、渔村建立安全领导小组，44.1千瓦（含）以上渔船设安全生产小组，44.1千瓦以下渔船设安全生产管理员。1994年，15号强热带风暴登陆文登，全市超前预防，未因此毁1船、亡1人。市水产局被省水产局评为安全管理先进单位。1998年，市政府成立文登市防台风防风暴潮工作领导小组，7个沿海镇及渔村、渔业公司分别成立相应领导小组，专司安全管理。2000年5月，市政府成立文登市海洋渔业安全生产管理委员会，办公室设在市海洋与水产局。2000—2013年，市海洋与水产（渔业）局每年同沿海各镇、各镇同所辖渔业生产单位层层签订安全生产责任书，全面落实渔船值班瞭望制度、持证上岗制度、编队作业制度、临水作业穿着救生衣制度、禁止超抗风等级和超航区作业制度等各项安全制度；在防风、防浪、防风暴潮预警来临时，督促渔民采取收港、站锚、加固等防范措施。

安全宣传教育 1991—1995年，市政府多次召开渔业安全生产专题会议，开展“安全生产月”“百日安全竞赛”等活动。举办涉外法律法规知识培训班，培训渔业公司经理、船长；举办安全知识、业务技能培训班，培训人员1500余人次。1997年10月29日，泽库渔业公司所属鲁文渔2847号、2848号渔船成功制止1起涉及44人的劫船偷渡案件的发生。2004年，市海洋与渔业局围绕“平安文登”“平安渔业”创建目标，印发《关于加强渔业安全生产工作的通知》《关于开展冬季海上渔业安全整治活动暨安全大检查的实施方案》等系列文件，部署沿海镇村、渔港码头、大小船舶落实防风、防火和防风暴潮等具体安全防范措施。2010年，执法部门印制《渔民须知》2000份，分发到渔民手中，印制“生命无价 安全第一”主题公开信发送船主、船长；对外来务工人员，加大安全生产技能、安全防范常识培训，做到持证上岗。2013年，印发“安全重于泰山 生命高于一切”宣传单3000份，送到船东、船长、渔民手中。举办安全培训班5期，参加培训800余人。

安全网络建设 2004年，市海洋与渔业局建立海上应急事项通信系统，与联通公司合作，搭建海上应急系统秘书台，将渔船高频无线电话与联通CDMA手机互通互联。联通公司免费为各渔船主提供CDMA手机1部，共计350部，按渔船航海能力，分类划组，方便秘书台有针对性地对各类渔船发送信息或通知。2009年11月，成功解救大风浪中失去动力的鲁文渔2895、2896号2艘渔船及10名遇险船员。2010年4月始，抽调4名执法人员充实到市海洋渔业安全生产管理委员会办公室，严格执行24小时全天候领导带班应急值班制度。2010—2013年，海洋渔业船舶安全救助信息系统以CDMA、AIS和北斗卫星监控为主，以短波、超短波通信网为补充，实现全天候、全海域、无缝隙动态监管，保证渔船安全航行。

第六节 质量监管

1991年，市场与质量监管职能分散于养殖科、企管科等职能科室，管理力度不强。1997年9月，市海洋与水产局设渔业管理科，市场与质量监管职能逐渐集中于渔业管理科。2002年，市海洋与渔业局落实《文登市人民政府关于加快发展名优高效水产养殖业的意见》，组建服务小组，强化市场与质量监督管理职责，为养殖业主提供市场信息、苗种供应、技术咨询、疫病防治等产前、产中、产后一条龙服务。2006年，市海洋与渔业局开展水产苗种专项整治活动，渔业管理科严格执行苗种生产许可制度，开展苗种生产检查监督，规范苗种市场交易管理。加大对《兽药管理条例》宣传力度，规范水产养殖用药经营管理，聘请中国海洋大学专家制定水产养殖病害防治预案，举办2期水产健康养殖学习班，发放明白纸1000余份。11月17日，市海洋与渔业局获悉上海市食品药品监督管理局发布市场出售多宝鱼药物残留超标新闻报道后，连夜召开会议，采取措施，确保境内大菱鲆养殖不发生类似问题。2010年，市海洋与渔业局与相关镇、村、公司及养殖场层层落实质量安全责任，严格监督检查苗种场、养殖场用药和饲料管理情况。是年，配合农业部、省海洋与渔业厅抽检苗种样品38个。对抽检不合格苗种和不合格产品的业户，渔政执法部门均按规定处置。2012年6月27日，山东省水产品质量监管工作会议在文登召开，文登市被省海洋与渔业

图9-7 2012年6月27日，全省水产品质量监管工作会议在文登召开。

厅评为山东省2012年度渔业质量安全示范县。

2013年，机构增设市场与质量监管科。市海洋与渔业局先后印发《文登市海参育苗与养殖环节专项整治实施方案》《文登市水产品质量安全整治方案》，与育苗场、养殖企业、合作社、养殖户签订《水产品质量安全承诺书》，组织所有育苗养殖企业、个体业主及沿海镇村分管海洋与渔业工作的负责人，参加省、市举办的水产品质量安全及健康养殖培训班，建立“生产有记录、流向可追踪、质量可追溯、责任可界定”的质量安全可查体系。市场监督检查以出口品种河鲀和国内市场大量消费的海参、大菱鲆、虾蟹、贝类等为重点监测对象，以苗种生产和养殖过程中是否使用硝基呋喃类代谢物、孔雀石绿、氯霉素等禁用药物为主要监测指标，以苗种生产许可证和水域滩涂养殖证是否齐全、制度和记录是否完备、车间和仓库是否存有禁用药物等为必检内容。是年，共检查样品150个，其中4个育苗场样品检测出违禁药物残留，全部按规定给予处罚。

图9-8　2011年10月12日，市海洋环境监测站技术人员在养殖区进行水环境监测。

第七节　海洋环境监测

设施建设　2004年，市海洋与渔业局同国家海洋局北海分局达成共建、共用、共管文登（市）海洋环境监测站意向书，争取国家海洋局投资145万元。管辖工作区域东至荣成市靖海，西至海阳市与莱阳市交界线五龙口，跨越5个县（市、区）。2006年，完成文登（市）海洋环境监测站办公室、实验室等基础设施建设，购进海洋环境监测化学分析相关设备，在埠口港建起海洋环境监测站水文要素监测及风暴潮预警系统。6月6日，国家海洋局文登（市）海洋环境监测站正式办公，开始对全市养殖水域环境进行监测评价，并建养殖水域环境信息数据库。2007年1月19日，首次通过国家计量认证，成为全国海洋系统唯一通过计量认证的县级站。2010年，国家海洋局文登前岛验潮站投入运行。2011年1月，小观镇东石栏西南海域的波浪浮标完成安装并投入运行。2012年8月，市海洋环境监测站迁至海洋科技中心；10月，位于泽库镇前岛村村南气象观测场建成运转。2013年3月，通过计量认证复评审。

监测业务　2007年11月，文登市海洋环境监测站协助中国海洋大学完成张家埠新港码头扩建工程海域使用论证和海洋环境影响评价的外业调查工作。至2013年，组织完成国家海洋局、省海洋与渔业厅下达的例行监测任务，主要有海洋趋势性、海洋生物多样性、国家级水产种质保护区、国家级海洋特别保护区、陆源入海排污口、入海河流监测等。

第十编

工业

90年代始，文登市注重实施工业带动战略，建立高科技、集团化、外向型现代工业体系，优化管理体制，强化企业管理，发展乡镇企业，引进外资企业，实施名牌战略，开发建设工业园区，全市工业经济步入快速发展轨道。1992年始，全市工业企业改革以建立现代企业制度为目标，推行企业股份制、股份合作制改造，推动企业走向市场。2000年，镇属以上工业企业改制面达98.5%。至2002年，全市工业体制改革基本完成，非公有制工业比重进一步提高。2006年始，全力打造山东县域工业强市，推进新型工业化建设，推动优势产业高端化和新型产业集群化发展，全市机电工具业、汽车及零部件业、工艺家纺业三大产业集群崛起。2013年，全市规模以上企业完成工业总产值1627.18亿元，实现利税114.42亿元。经过23年发展，全市工业门类较为齐全，产业、产品结构日趋合理，企业规模日益壮大，自主科技创新能力不断增强，工业整体实力全面提升，文登由传统农业大县发展成为新型工业城市。

2013 年 7 月 14 日，山东文登先进装备制造领域专题对接会开幕。

第一章 工业发展概况

1991年，是执行“八五”计划的第一年。是年，全市镇以上独立核算工业企业306家，职工6.24万人，固定资产原值合计12.04亿元，完成工业总产值41.14亿元（按1990年不变价格计算，下同）。其中，镇以上企业完成工业总产值30.92亿元，实现产品销售收入21.65亿元、利税2.32亿元、利润1.56亿元。1993年，完成工业总产值116.02亿元，在全省县级行政区域率先突破100亿元大关。1995年，开展基础管理规范化、现代化管理方法普及化、企业升级目标化的“管理效益年”活动，企业整体素质普遍提高，经济效益明显增长。是年，全市镇以上独立核算工业企业291家，职工7.24万人，固定资产原值合计33.74亿元。全市完成工业总产值196.42亿元，占全市工农业总产值的85%。其中，镇以上工业企业完成工业总产值129.45亿元，实现利税12.44亿元、利润8.14亿元。工业增加值占地区生产总值的54%，工业企业缴纳的税金占全市财政收入的62%。工业经济高速发展，为文登市跨入全国经济百强县和山东省经济强县奠定了基础。

1996年始，全面实施工业强市发展战略，坚持以市场为导向，以经济效益为中心，转变经济增长方式，突出科技进步、规模经济、外向型发展，采取骨干带动、名牌效应、内引外联、嫁接改造、技术创新等措施，推动产业升级。以建立现代企业制度为目标，加快推进以股份制和股份合作制为主要形式的企业改制。2000年，由全市8家工业支柱企业实施大投入、大改造、大重组的“三园一区一基地”（曲轴工业园、威力工具工业园、宏安电缆工业园，加力轻型农机加工区，中国出口抽纱基地）建设工程全面启动，当年完成投资额2.7亿元。是年，全市全部国有及年销售收入500万元以上非国有独立核算工业企业（以下简称规模以上工业企业）260家，职工7.03万人。完成工业总产值287.68亿元，占全市地区生产总值的58.3%。实现产品销售收入242.2亿元、利税28.79亿元、利润20.66亿元。全市工业经济实现速度与效益同步增长，产品结构性矛盾有所缓解。镇属以上企业改制面达98.5%，现代企业制度框架初步形成。2002年1月，撤销文登市机械、一轻等11个工业总公司，标志着文登工业实现由政府领导向市场引导转变，由微观管理向宏观调控转变，为增强企业竞争活力，促进企业走向市场铺平道路。

2005年，市委、市政府印发《关于加快骨干企业膨胀促进工业发展的意见》《关于加快民营家纺业发展的意见》，为工业大发展创造宽松和谐环境。2006年，市委、市政府印发《关于打造山东县域工业第一强的实施意见》，全力推进新型工业化建设。全市家纺制革、汽车及零部件、机械工具、电子通信、食品医药五大产业快速发展。是年，全市规模以上企业457家，从业人员17.33万人。完成工业总产值894.18亿元（当年价，下同）、工业销售产值884.75亿元，实现利税58.09亿元、利润40.09亿元。全市60%的GDP、66%的财政收入、70%的固定资产投资、90%的外贸出口均来自工业。2007年，市区和南海两大经济板块快速发展。市区引进投资过3000万元的大项目310个，其中，经济开发区引进投资过1亿元项目14个，南海新区引进港口、造船、商住等一批投资过1亿元，甚至过10亿元的重大产业项目，成为推动全市经济发展的重要增长极。

2008年，全市规模以上工业企业600家，完成工业总产值1271.97亿元、工业销售产值1259.94亿元，实现利税78.53亿元、利润51.49亿元，各项经济指标达到历史最好水平。之后，受到国际金融危机冲击，全市工业经济效益出现下滑。2009年，民营经济迅速发展，全市规模以上民营企业239家，完成工业产值占全市工业总产值的37.95%，实现利税占全市工业利税总额的38.98%。全年上缴税金1000万元以上的骨干企业24家。2010年，全市规模以上工业企业417家，完成工业总产值1003.04亿元，实现利税87.65亿元、利润57.50亿元。虽然企业个数和工业总产值比2008年有所下降，但利税、利润总额上升，超过2008年水平。2012年，实施百企升级创新发展行动，全市筛选出20家骨干企业、40家传统优势企业和40家科技含量高、市场前景好、拥有自主知识产权的高成长型企业，由市财政安排1亿元专项资金，配套有关优惠政策，用于鼓励企业实施技术改造、技术创新、品牌建设、节能减排及新上战略性新兴产业项目等，进行重点扶持，促其发展，进而提升全市工业整体素质水平，再造文登工业和经济发展新优势。

2013年，全面加快工业产业转调，通过创新驱动促进产业向高端转型升级。是年，全市工商登记在册的工业企业2800家，其中国有及年销售收入2000万元以上的非国有工业企业（规模以上工业企业）431家，从业人员13.45万人，完成工业总产值1627.18亿元、工业销售产值1618.33亿元，实现利税114.42亿元、利润70.18亿元。

第一节　管理机构

1991年，除文登丝绸工业（集团）公司为市政府直属企业，由文登市经济委员会代管外，其余市属工业企业由各工业公司（局）及盐务局、畜牧局、粮食局、商业总公司、供销合作总社、物资总公司、外贸公司等部门管理，乡镇所属工业企业由文登市乡镇企业局管理。1992年起，各工业公司（局）相继改为工业总公司。2002年1月，全市党政机构改革，文登市机械工业总公司、文登市一轻工业总公司、文登市工艺美术工业总公司、文登市化学工业总公司、文登市五金家电工业总公司、文登市纺织工业总公司、文登市皮革工业总公司 、文登市黄金工业总公司、文登市建筑材料工业总公司、文登市电子工业总公司、文登市塑料工业总公司11家工业总公司撤销，其行政管理和行业管理职能移交文登市经济贸易局。

文登市经济和信息化局　前身为文登市经济委员会（简称市经委）。1991年，内设办公室、政工科、生产调度科、新产品开发科、企业管理科、资源节约综合利用科、技术改造科、科学技术科和节能技术产品推广应用服务站9个科室，编制25人。1992年5月，接收市建材工业公司散装水泥办公室。1993年11月，更名为文登市经济贸易委员会。1994年9月，增设工业展览馆。1995年6月，复称文登市经济委员会。2002年1月，更名为文登市经济贸易局（简称市经贸局），增设行业管理办公室、企业总公司资产管理处。2010年4月，市经贸局更名为文登市经济和信息化局（简称市经信局）。2013年，内设办公室、政工办公室、节能办公室、综合科、经济运行办公室、企业科、技术改造科、财务科、交通物流科、外经科、工业工委办公室11个职能科室，编制31人。辖行业管理办公室、企业总公司资产管理处、市信息产业办公室3个正科级事业单位，市无线电管理委员会办公室、市技术进步办公室2个副科级事业单位，市散装水泥办公室1个正股级事业单位。

文登市中小企业局　前身为文登市乡镇企业局。1991年，内设办公室、财务审计科、外经科、村办企业科、直属企业科、矿产办公室、工会7个科室，编制27人。下设科技服务部、职工教育函授站、供销公司和综合服务公司4个事业单位。辖电子电器厂、水带厂、华威机械厂3家独立核算工业企业。1993年，机构改革，撤销直属企业科、工会、外经科，增设生产科。矿产办公室划归市黄金局。撤销科技服务部，增设乡镇企业总公司（正科级事业单位）。增设地方工业服务中心、对外经济贸易部、经济技术协作部。职工教育函授站更名为职工培训中心（1997年，更名为乡镇企业职工学校）。新成立综合开发公司和华联建筑工程公司，皆为小型集体企业。1995年，内设办公室、财务审计科、村办企业科、生产科4个科室，下设7个事业单位（企业化管理），辖4家小型集体企业，全系统职工359人。2001年6月，科技服务部、地方工业服务中心、对外经济贸易部、经济技术协作部、乡镇企业职工学校改为企业。2002年1月，文登市乡镇企业局更名为文登市中小企业管理办公室，与市经贸局合署办公。是年，增挂市民营经济办公室牌子。辖文登市乡镇企业技术服务部、乡镇企业对外经济贸易部、乡镇企业经济技术协作部、地方工业服务中心、乡镇企业职工学校、供销公司和水带厂7家企业。2005年2月，文登市中小企业管理办公室更名为文登市中小企业局，挂市民营经济办公室和市中小企业协会牌子。2013年，内设办公室、业务科、发展规划科、统计科、家纺科5个科室，编制16人。辖市中小企业信息服务部。

文登市机械工业总公司 市机械工业公司成立于1987年6月。1992年4月，更名为机械工业总公司。2001年，内设办公室、政教科、生产技术科、企财科、审计科、武装部、纪委、工会8个科室，编制26人，辖天润曲轴有限公司、山东黑豹股份有限公司、文登市轴承厂、山东文龙汽车（集团）有限公司、文登市农业机械厂、文登市通用机床厂、威海盐业机械总厂、文登市刃具厂、文登市钢球厂、文登市华达进口汽车翻新维修有限公司、文登市明源灯具厂、文登市东亚精机有限公司、文登市东风车桥厂、文登市机械工程处、华美制衣厂、文登市昆嵛塑料制品厂16家规模以上企业，职工7641人。

文登市一轻工业总公司 市一轻工业公司成立于1988年7月。1992年12月，更名为一轻工业总公司。2001年，内设办公室、政教科、生产技术科、财务科、审计科、武装部、纪委、工会、团委9个职能科室，编制24人，辖山东铃兰味精工业公司、威海昆嵛啤酒厂、威海颐阳酒业集团有限公司、文登市陶瓷工业（集团）公司、文登市玻璃制品厂、文登市印刷厂6家规模以上企业，职工3353人。

文登市工艺美术工业总公司 1992年5月，由市二轻工业公司析出成立（详见第十一编第一章第二节）。

文登市化学工业总公司 市化学工业公司成立于1984年3月。1992年12月，更名为化学工业总公司。2001年，内设办公室、财务科、生产科、技术科、政工科、纪委、工会、武装部8个科室，编制22人。辖山东航天发泡剂总厂、文登市化肥厂、文登市第二橡胶厂、文登市钨制品厂、文登市三峰轮胎有限公司、文登市正隆化工有限公司6家规模以上企业，职工2666人。

文登市五金家电工业总公司 1992年5月，由市二轻工业公司析置。2001年，内设办公室、财务科、政工科、生产技术科4个科室，编制12人。辖文登威力工具集团公司、文登市电机厂、文登市金达电机有限责任公司3个规模以上企业，职工2378人。

文登市纺织工业总公司 市纺织工业公司成立于1987年12月。1992年12月，更名为纺织工业总公司。2001年，内设办公室、计财科、劳资科、政教科、纪委、工会、团委7个科室，编制14人。辖文登市合新纺织股份有限公司和文登市染织厂2家规模以上企业，职工1458人。

文登市皮革工业总公司 1992年5月，市二轻工业公司析置市皮革塑料工业总公司。1994年8月，塑料工业业务析出，更名为皮革工业总公司。2001年，内设办公室、政工科、企财科、生技科、纪委工会办公室5个科室，编制7人。辖文登制革集团公司和文登市皮件厂2家规模以上企业，职工1577人。

文登市黄金工业总公司 市黄金工业公司成立于1988年11月。1992年12月，更名为黄金工业总公司。2001年，内设办公室、政工科、企财科、生技科、基建科5个科室，编制20人。辖文登市金矿、文登市华富耐火纤维有限公司、文登市稀有金属加工厂、文登市方圆制罐厂、文登市高档油漆厂、文登市泰源金属铸造有限公司、文登市黄金冷藏厂和文登市金穗工贸公司8

家企业，职工 307 人。

文登市建筑材料工业总公司 市建筑材料工业公司成立于 1984 年 3 月。1992 年 12 月，更名为建筑材料工业总公司。2001 年，内设办公室、生产科、财务科、政工科、纪委 5 个科室，编制 16 人。辖文登市大方水泥工业集团公司、文登市建材综合服务公司、文登市建材供销公司 3 家企业，职工 720 人。

文登市电子工业总公司 市电子工业公司成立于 1990 年 11 月。1992 年 12 月，更名为电子工业总公司。2001 年，内设办公室、政工科、生技科、财务科、基建科 5 个科室，编制 13 人。辖文登市三益磁电有限公司、文登市电子工程塑胶厂、威海无线电二厂、文登市电子供销公司、文登市三联电子经济技术开发公司、文登市电子器材公司、文登市电子物资经营处、文登市兴源贸易中心 8 家企业，职工 386 人。

文登市塑料工业总公司 1994 年 8 月，由市皮革塑料工业总公司析置。2001 年，内设办公室、财务科、产品开发科、生产科 4 个科室，编制 13 人。辖文登市塑料制品厂、文登市二轻工业供销公司、文登市宏利机械厂、文登市塑料建筑安装工程处、文登市塑料工业协作部 5 家企业，职工 260 人。

国网文登市供电公司 前身为文登县电业局。1984 年 3 月，更名为电业公司。1993 年 11 月，更名为电业总公司。内设 15 个科室，工作人员 89 人。辖文登发电总厂等 9 家企业及 22 处供电所（站），有职工 1730 人。1994 年，核准为国有大（二）型企业。2012 年 7 月，更名为文登市供电公司。2013 年 7 月，更名为国网文登市供电公司。属国有大（二）型企业。内设 8 个职能部门和运维检修部、客户服务中心、综合服务中心 3 个业务机构，辖文城等 14 处供电所和文登市德利源投资有限公司。有员工 2053 人。

第二节 体制改革

1991 年始，以建立现代企业制度为目标，文登市对工业系统管理体制、企业经营机制、企业产权制度进行改革。2000 年，全市镇以上工业企业改制 538 家，改制面达 98.5%。至 2002 年，工业体制改革基本完成。

管理体制改革

企业管理体制改革 1991 年，工业系统探索进行管理体制改革。1992 年，市政府印发《关于企业主管部门转为经济实体的暂行规定》，先后将物资、机械、乳品、商业、供销、二轻等 8 个行业主管公司（局）改为经济实体（总公司）。至 1993 年，全市所有企业主管部门均改为经济实体。1995 年起，市政府结合行业改制，探索和建立合理有效的国有（集体）资产管理运营体制：选择产品单一，具备条件的行业总公司成建制改为企业集团公司；进行国有（集体）资产授权经营试点；撤并部分行业性总公司。2000 年基本完成企业改制后，政府加快转变职能，实行政企分开，加强改制企业的调整、完善，全面提升现代化管理水平，促进企业增强活力，参与市场竞争。2002 年 1 月，全市工业主管总公司全部撤销，文登工业完成由政府领导向市场引导、行业自律转变。

健全社会保障体系 1991 年，全市工业系统 398 家企业 1.24 万名固定工、2.22 万名合同制职工和 973 名计划内临时工参加社会养老保险。宣告破产企业的职工及被企业精减、解除劳动合同、辞退的职工，享受待业保险待遇。1995 年，全市 672 家企业 5.93 万名职工参加社会养老保险；443 家企业 5.1 万名职工参加失业保险，有 1460 名失业人员实现再就业。1997 年，全市建立社会救济基金，推行社会统筹与个人账户相结合的养老保险制度，改革职工基本养老金计发办法，全市形成统一制度、统一管理、统一使用基金的养老保险体制，建立国家、企业、个人按比例合理负担医疗费的医疗保险运行机制。2000 年，全市 930 家企业 5.1 万名职工参加社会养老保险，覆盖面和养老金支付率均达到 100%；436 家企业 5.21 万名职工参加失业保险；189 家企业 1.71 万名职工参加医疗保险。

企业经营机制改革

推行和完善承包经营责任制 1991年，市属企业进入新一轮承包。市政府依据《全民所有制工业企业法》《全民所有制工业企业承包经营责任制暂行条例》《全民所有制企业转换经营机制条例》等法规，先后印发《文登市承包责任制实施办法》《新一轮企业承包若干问题的具体规定》《新一轮企业承包确定经营者收入的实施细则》《关于推行经营目标责任制的试行意见》等系列规范性文件，明确政府与企业的责权利关系，改善与企业自主经营相适应的外部环境。在推行和完善企业承包责任制具体做法上，坚持“三化”方针，即：讲程序，实现承包工作规范化；立章法，实现承包内容科学化；把好合同、审计、兑现三关，实现承包管理法制化。坚持把完善承包与深化企业内部配套改革紧密结合，引入竞争机制，优选经营者；引入激励机制，搞活内部分配；引入风险机制，把职工利益与企业兴衰紧密结合；引入自我约束机制，规范企业行为。健全承包指标考核体系，不断完善承包政策，推行企业经营年薪制（1992年，全市经营者年薪是职工的8.3倍），承包经营责任制走上规范化轨道，推动全市工业经济高速发展。1993年后，承包期满，随着企业改制的深入，承包经营停止实施。

三项制度改革 1991年始，市政府先后印发《流通企业“四放开”试行办法》《文登市劳动制度综合配套改革实施意见》《文登市企业实行全员劳动合同制试行办法》《文登市企业招用工人试行办法》《文登市计划内临时工社会养老保险暂行办法》《文登市企业职工待业保险试行办法》等，以流通企业放开经营、价格、分配、用工为突破口，在全市推行以实行全员劳动合同制度为重点的劳动人事、工资分配和社会保险3项制度改革。劳动人事方面，各企业主管部门在劳动局下达的增人总指标内，面向社会、公开招收、全面考核、择优录用新工人。至1994年1月，市属企业全部实行全员劳动合同制度，并向镇办企业、私营企业、外资企业延伸。在企业内部，引入竞争机制，实行干部聘用制和职工竞争上岗。工资分配方面，扩大企业自主权，在落实承包经营责任制基础上实行企业分配与经济效益挂钩，职工收入与技术水平和劳动成果挂钩，结合企业实际，分别实行计件、浮动、承包、提成工资等分配形式和方法，建立多劳多得、岗位靠竞争、报酬靠贡献的分配制度。社会保险方面，全市1.24万名固定工和2.22万名合同制职工全部参加社会养老保险，把计划内临时工纳入社会养老保险，扩大企业职工待业保险范围。

企业产权制度改革

组建企业集团 1992年始，从抓产权制度改革入手，以资产为纽带，采取多样形式，组建企业集团。市绣品厂利用其名牌效应，联合省内外40余家抽纱、机绣、服装企业，成立文登市云龙绣品工业集团公司，生产能力、效益和出口交货值跃居全国同行业首位。市玩具厂采取横向参股、控股等方法，吸收省内外20余家企业，组建威海市家乐玩具集团公司，成为全省玩具生产的较大厂家之一。至1995年，全市先后组建32家企业集团，带动221家小企业共同发展。1997年，先后组建威海市华阜环保（集团）有限公司、文登市建设集团有限公司、威海恒大电机（集团）有限公司、山东鹏程食品集团有限公司、文登市双力板簧（集团）有限公司、威海颐阳酒业集团有限公司、文登市温阳无纺制品（集团）有限公司7家企业集团。至年末，全市共组建企业集团38家，聚集资产68亿元，占全市工业企业资产总额的62%，实现产品销售收入、利税均占全市工业企业产品销售收入、利税总额的70%以上。至2000年，全市共组建企业集团40家。其中，省级6家，地市级6家，县市级28家。

股份制、股份合作制改造 1992年始，把股份制、股份合作制改造作为中小企业产权制度改革主要工作来抓。市政府先后印发《关于深化企业改革的实施意见》《文登市关于进一步深化企业产权制度改革的实施意见》《关于加快发展股份合作制改革的试行意见》《关于股份制企业试点工作的意见》《关于产权界定、资产评估的暂行规定》等，加强资本运营和资本优化重组。1993年，对文登市农业机械公司、文登市牧工商乳品厂、文登市氯碱厂、文登市水泥制品厂4家国有企业实行股份制改造。1994年，成立市股份制企业服务中心，深入企业跟踪指导，坚持成熟一个、改制一个，改一个成功一个，稳步推进。1997年始，采取先出售后改制和全员入股、经营层持大股的股份合作制改制形式，先后对威海文隆电池有限公司、文登市钢窗总厂、文登市装饰布厂、文登市葛家印刷厂、文登酿酒厂、文登市云龙绣品工业（集团）公司等企业采取“先出售，后改制”的做法，将企业的净资产一次性折股出售给内部职工，改组为企业经营层持大股的股份合作制企业。文登市减震器厂将中外合资企业中方资产转让出售给内部职工。1998年，文登市制革厂将评估确认的1.17亿元资产转让给个人，改制为私营企业。至年末，全市96家企业完成股份合作制改造，转让企业产权3.2亿元，募集社会资金1.2亿元。至2000年，全市共实施股份制改制的企业10家、股份合作制改制的企业108家。

大中型企业改制　1994年，加快大中型企业改制步伐。2月，采用定向募集方式，设立山东文登黑豹股份有限公司、文登市再生资源股份有限公司、文登市农业机械股份有限公司、文登市庆顺渔业股份有限公司、文登市鹏程食品股份有限公司5家股份有限公司。至1996年，市政府先后印发《关于深化企业产权制度改革的实施意见》《关于加强改制企业规范化管理的意见》，对股份有限公司进行规范完善，制定法人治理结构、财务管理、股利分配等有关管理制度。山东黑豹股份有限公司经证券管理部门批准，成为上市公司。是年，文登市花生制品厂进行建立现代企业制度试点工作。在组建文登市昆嵛花生食品（集团）有限公司基础上，进一步深化企业内部改革，建立健全企业法人治理结构、劳动分配制度、财务会计制度和职工民主管理制度等，企业建立起“产权清晰、责权明确、政企分开、管理科学”的现代企业制度。1997年8月，对效益好、实力强、有发展前途且技改任务重的文登市农业机械厂、山东威达机床工具集团公司、山东文龙汽车（集团）有限公司、文登力象实业集团有限公司及文登通信电缆集团公司5家企业，发起设立股份有限公司试点。5家企业股本总额3.05亿元，吸纳社会资金1.97亿元。

放开搞活小微亏企业　1996—1997年，市政府先后印发《关于企业实行兼并、拍卖、租赁经营的暂行规定》《关于企业实行委托经营的暂行规定》等，对年利税10万元以下的市属工业企业，通过兼并、联合、资产有偿转让、切块搞活等形式进行改革，企业机制和经营状况得以转变。文登市化肥厂以现金240万元出资、文登市化工厂以厂房设备出资共同组建文登市正隆化工有限公司，通过注入资金，长期亏损的化工厂扭亏为盈。高村镇将评估确认为71.3万元的文登整骨医院呼雷汤分院，由内部职工公开竞价购买，以282万元价格成交，成为全市首家内部竞价出售改制企业。威海昆嵛啤酒厂凭借市场竞争优势，整体租赁文登市圣泉啤酒厂，扩大生产规模，妥善安置被租赁企业职工，一举盘活资产2842万元。山东鹏程食品集团公司租赁原文登市乳品集团冷饮厂2000万元有效资产，实现优势企业的低成本扩张。哈尔滨工具集团有限公司采取承担债务的形式兼并文登市刃具厂，陷入困境的刃具厂获得生存和发展。至1998年，对137家小微亏企业实施多种形式改革，盘活存量资产2.45亿元，大多数小微亏企业走出困境。

2000年，全市镇以上工业改制企业538家。其中，股份有限公司10家，有限责任公司50家，股份合作制企业108家，企业集团40家，租赁企业136家，兼并企业128家，拍卖出售企业33家，托管企业9家，破产企业24家。盘活闲置、不良资产18.25亿元，企业改制面98.5%。至2002年，全市累计收缴企业产权转让收入1.87亿元，工业体制改革基本完成。

第三节　资产重组

1991年始，以建立现代企业制度为目标，以股份制和股份合作制为主要形式，推动企业改制。根据企业具体情况，采取托管重组、并购重组、合作重组、破产重组等方式，对存量资产再配置，实现产业结构优化和提高资源利用率的目标。至2013年，全市有375家企业进行资产重组，共盘活闲置、不良资产48.73亿元，分流安置职工2.99万人。

托管重组　1999年，山东黑豹股份有限公司托管文登市文龙汽车（集团）有限公司，文登市电业总公司跨行业托管文登市自行车配件厂，文登市电机厂划转五金家电工业总公司，文登市铺头热电厂划转山东航天发泡剂总厂，山东黑豹股份有限公司跨行业托管文登市第二淡水养殖试验场等，共盘活闲置和半闲置资产5亿元。2000年，文登市高岛盐场整体托管文登市华山盐场，盘活闲置、不良资产2000万元。

并购重组　采取同行业优势企业收购和兼并部分企业，通过产权有偿转让，借助优势企业技术、品牌、市场网络和管理经验，促进企业发展。2002年，文登丝绸工业（集团）公司下属丝织一厂、丝织二厂等4家企业转让给山东省丝绸进出口公司，成立文登正信织造有限公司；将丝绸印染厂按资产置换、释放债权形式，出让给韩国福格株式会社，成立文登福格印染有限公司。2007—2009年，文登威力工具集团有限公司整体收购文登市风机厂，威海卫酒业集团有限公司整体收购威海昆嵛啤酒厂，哈尔滨泰富电气有限公司整体收购威海恒大电机集团有限公司，山东墨龙石油机械股份有限公司整体并购威海宝隆石油专材有限公司，山东中润投资控股集团股份有限公司兼并山东盛基投资有限公司。

合作重组　2003年7月，山东黑豹股份有限公司与全国最大的微型汽车发动机研制基地哈尔滨东安发动机集团公司签订资产重组协议，东安发动机集团公司控股山东黑豹股份有限公司，并对该公司实施技术改造，推动企业快速发展。2006年，文登市刃具厂与河北省世龙集团公司合作，成立文登市恒力非标刃具有限公司，世龙集团公司向合作公司注入部分优质资产，实现资产重组。2008年，文登威力工具集团有限公司与美国史丹利公司合作，共同投资1.1亿美元，引进世界一流工具生产工艺，提高产品档次。2010年，东安黑豹股份有限公司与中航工业金城集团有限公司、中航投资控股有限公司采取“产权定向转让”办法，实现资产重组，市政府收回剩余产权价值1.12亿元。

破产重组　对严重资不抵债、扭亏无望且没有发展前途的企业，在选准重组对象的同时，予以破产。1993年，威海工艺玻璃制品厂为全市首家实施破产的工业企业。1999—2001年，文登市机械设备公司、文登市建材化工厂、文登市黄海齿轮箱厂、文登市玻璃钢厂等24家企业实施破产重组。2002—2004年，文登市玛钢厂、文登市加力农用车厂、文登市稀有金属加工厂、文登市昆嵛建材厂等14家企业进行破产重组，文登市兽药厂将企业闲置资产实行竞价出售，做到企业破产、资产不废。2005—2010年，文登市轴承厂、文登市陶瓷工业公司、文登丝绸工业（集团）公司、文登市汽车改装厂、威海艺源绣业有限公司、文登市三益磁电有限公司等30家企业实施破产重组。2011—2013年，文登市通用机床厂、文登市棉纺织厂、文登市恒盛化肥有限公司、文登市硅酸铝耐火纤维厂等7家企业实施破产重组。1993—2013年，全市共有76家企业实施破产重组。

第四节　工业经济类型

全市工业分为内资企业、港澳台商投资企业和外商投资企业3大类型。

内资企业　1991年，全市镇办以上独立核算内资企业303家。其中，市属以上企业115家，乡镇企业188家。按经济类型分，全民所有制企业63家，集体所有制企业240家，完成工业总产值29.89亿元。1993年，始有股份制企业。1995年，全市镇办以上独立核算内资企业255家。其中，全民所有制企业43家，集体所有制企业56家，镇办集体所有制企业150家，股份制企业3家，联营企业3家。固定资产原值合计

30.44亿元，完成工业总产值101.08亿元，占全市工业总产值的51.5%、占镇以上工业的78.1%。实现利润5.68亿元，占镇以上工业利润总额的69.9%。2001年，全市规模以上内资企业189家。其中，全民所有制企业20家，集体所有制企业113家，股份合作企业20家，有限责任公司15家，股份有限公司11家，私营企业8家，联营企业2家，占全市规模以上工业企业的76.2%。固定资产原值合计61.37亿元，完成工业总产值239.7亿元，实现利税22.53亿元、利润15.46亿元，分别占全市规模以上工业企业的89.5%、76%、76.4%和72.7%。2007年，全市规模以上内资企业401家。其中，全民所有制企业2家，集体所有制企业48家，股份合作企业42家，有限责任公司47家，股份有限公司18家，私营企业230家，其他企业14家。完成工业总产值666.4亿元，实现利税50.48亿元、利润31.67亿元，分别占规模以上工业企业的63.69%、69.29%和67.9%。2013年，全市规模以上内资企业339家。其中，全民所有制企业1家，集体所有制企业11家，股份合作企业1家，股份有限公司10家，有限责任公司34家，私营企业276家，其他企业6家。完成工业总产值1235.35亿元，实现利税93.74亿元、利润55.52亿元，分别占规模以上工业企业的75.92%、81.93%和79.11%。

港澳台商投资企业　1991年，港澳台商在境内投资企业3家。1995年为16家，占镇办以上工业总数的5.5%。其中，合资经营企业14家，合作经营企业2家。职工5085人，固定资产原值合计2.30亿元。完成工业总产值15.37亿元，占全市工业总产值的7.8%，占镇办及以上工业企业的11.9%。实现利润1.55亿元，占镇办及以上工业企业的19.1%。2001年，全市规模以上港澳台商投资企业9家，固定资产原值合计1.91亿元，完成工业总产值8.49亿元，实现利税8300万元、利润5200万元，分别占规模以上工业企业的3.6%、2.8%、2.7%、2.8%和2.4%。2007年，全市规模以上港澳台商投资企业6家，其中合资经营企业3家、合作经营企业1家、独资经营企业1家、投资股份有限公司1家。完成工业总产值7.22亿元，实现利税3900万元、利润2700万元，分别占规模以上工业企业的0.68%、0.53%和0.58%。2013年，全市规模以上港澳台商投资企业3家，其中合资经营企业1家、独资经营企业2家。完成工业总产值2.76亿元，实现利税1300万元、利润1000万元，分别占规模以上工业企业的0.17%、0.11%和0.14%。

外商投资企业　1991年，全市外商投资企业8家。1995年，全市外商投资企业20家，占镇办以上工业企业的6.9%。其中，独资经营企业10家，合资经营企业9家，合作经营企业1家。皆为小型企业。职工3090人，固定资产原值合计1亿元。完成工业总产值13亿元，占全市工业总产值的6.6%、占镇办以上工业产值的10%。实现利润8156万元，占镇办及以上工业企业的10%。2001年，全市规模以上外商投资企业50家。其中，合资经营企业10家，合作经营企业1家，独资经营企业39家，占规模以上工业企业的20.2%。固定资产原值合计5.26亿元，完成工业总产值67.06亿元，实现利税6.12亿元、利润5.29亿元，分别占规模以上工业企业的7.7%、21.3%、20.8%和24.9%。2007年，全市规模以上外商投资企业176家。其中，合资经营企业18家，合作经营企业3家，独资经营企业152家，投资股份有限公司3家。完成工业总产值372.78亿元，实现利税22.03亿元、利润14.7亿元，分别占规模以上工业企业的35.62%、30.22%、31.52%。2013年，全市规模以上外商投资企业89家。其中，合资经营企业11家，合作经营企业2家，独资企业68家，投资股份有限公司4家，其他企业4家。完成工业总产值389.08亿元，实现利税20.55亿元、利润14.57亿元，分别占规模以上工业企业的23.91%、17.96%和20.76%。

2013年文登市规模以上工业各经济类型主要指标情况表

表10-1　　　　单位：亿元

项目			企业数（家）	工业总产值（当年值）	工业销售产值（当年值）	利税总额	利润总额	固定资产合计
总计			431	1627.18	1618.33	114.42	70.18	485.26
按轻重工业分	轻工业		227	594.91	591.80	42.49	28.07	184.36
	重工业		204	1032.27	1026.53	71.93	42.11	300.90
按登记注册类型分	内资企业	国有企业	1	14.23	14.19	0.12	-0.66	17.47
		集体企业	11	22.81	22.81	1.58	1.15	8.15
		股份合作企业	1	14.62	14.62	1.05	0.90	5.15
		有限责任公司	34	148.55	148.04	13.75	6.52	53.49
		股份有限公司	10	31.04	31.02	1.29	0.70	20.26
		私营企业	276	991.87	985.57	74.65	46.12	293.54
		其他企业	6	12.21	11.91	1.30	0.79	3.35
	港澳台商投资企业	合资经营企业	1	0.36	0.36	0.06	0.06	0.14
		独资经营企业	2	2.40	2.40	0.06	0.03	1.30
	外商投资企业	中外合资经营企业	11	20.17	20.17	1.56	1.07	9.73
		中外合作经营企业	2	4.74	4.62	0.51	0.14	1.19
		独资经营企业	68	291.73	291.10	13.00	9.75	58.38
		投资股份有限公司	4	17.02	16.91	1.15	0.82	4.41
		其他外商投资企业	4	55.42	54.63	4.33	2.78	8.70

第五节　工业结构

轻重结构　1991年，全市镇办以上独立核算工业企业306家，其中轻工业186家，重工业120家，分别占总量的60.78%和39.22%。轻、重工业分别完成工业总产值19.18亿元、11.74亿元，分别占总量的62.03%和37.97%。轻工业内部以农产品为原料与以非农产品为原料的工业产值比例为75∶25，重工业内部原料工业和加工工业产值比例为16∶84。1995年，全市镇办以上独立核算工业企业291家。其中，轻工业166家，重工业125家，分别占总量的57.04%和42.96%。轻、重工业分别完成工业总产值66.21亿元、63.24亿元，分别占总量的51.10%和48.90%。轻工业内部以农产品为原料与以非农产品为原料的工业产值比为77∶23，重工业内部，采掘业回升，加工工业增长加快，采掘业、原料加工业和加工工业产值比例为1.1∶10.4∶88.5。2001年，全市规模以上工业企业248家。其中，轻工业137家，重工业111家，分别占总量的55.20%和44.80%。轻、重工业分别拥有固定资产原值30.03亿元、38.51亿元，分别占总量的43.80%和56.20%；轻、重工业分别完成工业总产值155.42亿元、159.83亿元，分别占总量的49.30%和50.70%。轻、重工业分别实现产品销售收入134.09亿元、133.83亿元，分别占总量的50.05%和49.95%。轻、重工业分别实现利税14.69亿元、14.80亿元，分别占总量的49.81%和50.19%。轻、重工业分别实现利润10.87亿元、10.40亿元，分别占总量的51.10%和48.90%。2007年，全市规模以上工业企业583家。其中轻工业313家，重工业270家。轻、重工业分别完成工业总产值398.2亿元、648.18亿元，分别占规模以上工业企业总量的38.06%、61.94%。轻工业实现利税30.45亿元、利润19.35亿元，分别占总量的41.77%、41.49%，重工业实现利税42.45亿元、利润27.29亿元，分别占总量的58.23%、58.51%。2013年，全市规模以上工业企业431家。其中轻工业227家，重工业204家。完成工业总产值1627.18亿元，其中，轻、重工业分别完成594.91亿元和1032.27亿元，分别占总量的36.56%和63.44%。实现利税114.42亿元、利润70.18亿元。其中，轻工业实现利税42.49亿元、利润28.07亿元，分别占总量的37.14%和40%，重工业实现利税71.93亿元、利润42.11亿元，分别占总量的62.86%和60%。

企业规模 1991年，全市有大中型企业17家、小型企业289家。1995年，全市有大中型企业46家。其中，大（二）型6家，中（一）型16家，中（二）型24家。2003年，根据国家统计局等部门新修订的大中型企业规模划分标准，全市共有大中型企业35家。其中，大型企业2家，宏安集团有限公司为大（一）型企业、电业总公司为大（二）型企业。中型企业33家，山东黑豹股份有限公司、文登威力工具集团公司、山东省艺达有限公司等17家企业为中（一）型企业，威海艺源绣业有限公司、威海颐阳酒业集团有限公司、文登市三峰轮胎厂等16家企业为中（二）型企业。2007年，全市规模以上工业企业有大型企业4家、中型企业70家、小型企业509家。年平均人数，大型1478人、中型6044人、小型9885人，分别占规模以上工业企业总人数的8.49%、34.72%、56.79%。固定资产净值合计，大型16.2亿元、中型44.25亿元、小型48.33亿元，分别占固定资产总值的14.89%、40.68%和44.43%。完成工业销售产值，大型30.94亿元、中型394.36亿元、小型608.23亿元，分别占工业销售总产值的2.99%、38.16%和58.85%。2012年，全市规模以上工业企业中，大型企业10家、中型企业141家、小型企业247家。年平均人数，大型1.67万人、中型8.18万人、小型3.26万人，分别占规模以上工业企业总人数的12.72%、62.30%、24.83%。固定资产合计，大型118.69亿元、中型229.91亿元、小型76.87亿元，分别占规模以上工业企业固定资产总值的27.89%、54.03%、18.07%。完成工业销售产值，大型118.98亿元、中型982.84亿元、小型341.37亿元，分别占规模以上工业企业销售总产值的8.24%、68.06%、23.64%。

行业结构 1991年，全市工业由采掘业，制造业，电力、煤气及水的生产和供应业3大门类31个行业构成，生产工业产品148种。乡镇及以上工业按产值分，食品制造、机械工业、纺织业、塑料制品业、工艺美术制品业、化学工业、建筑材料及其他非金属矿物制品业、金属制品业、电气机械及设备制造业、皮革毛皮及其制品业等10个行业为骨干行业，年产值均在8000万元以上，其中食品制造业产值超过5亿元，占首位。1995年，支柱行业逐步形成。电气机械及器材制造业、专用设备制造业、食品制造业、皮革毛皮羽绒及其制品业和普通机械制造业成为五大龙头行业，产值和利税均超过10亿元和1亿元。首位电气机械及器材制造业产值、利税分别达到15亿元和1.6亿元。纺织业、工艺美术品制造业、非金属矿物制品业、金属制品业、化学纤维制造业、饮料制造业6大行业成为骨干行业，产值和利税均超过5亿元和5000万元，首位非金属矿物制品业产值、利税分别达到7.8亿元和8254万元。除自然资源开采及加工业薄弱外，全市形成较为完整的工业体系。2001年，全市规模以上工业由采矿业，制造业，电力、煤气及水的生产和供应业3大门类31个行业构成。完成产值10亿元以上或实现利税1亿元以上的共有12个行业，分别是电气机械及器材制造业、普通机械制造业、食品加工业、专用设备制造业、非金属矿物制品业、皮革毛皮羽绒及其制品业、化学纤维制造业、金属制品业、电子及通信设备制造业、工艺美术制造业、纺织业和饮料制造业。12个行业共有企业165家，完成产值252.73亿元，实现利税23.95亿元，企业数量、产值、利税分别占规模以上工业企业的66.53%、80.16%、81.21%，12个骨干行业中，首位是电气机械及器材制造业，共有企业17家，完成产值49.63亿元，实现利税4.44亿元，企业数量、产值、利税分别占规模以上工业企业的6.9%、15.7%和15.1%。产值不足1亿元或利税不足1000万元的行业有4个，分别是石油加工及炼焦业、有色金属矿采选业、印刷业、文教体育用品制造业。其中，规模最小的是有色金属矿采选业，仅有企业1家，完成产值528万元，实现利税13万元。2006年，全市突出发展机电工具、汽车及零部件、家纺制革三大产业集群，行业中企业分类有调整。2009年，全市规模以上工业由采矿业，制造业，电力、燃气及水的生产和供应业3大门类31个行业构成。完成产值30亿元或实现利税3亿元以上的行业14个，企业408家，完成工业总产值1023.43亿元，实现利税63.1亿元，企业数量、产值、利税分别占规模以上工业企业的80.47%、84.49%、84%。14个骨干行业中，工业产值首位是电气机械及器材制造业，有企业30家，完成工业总产值166.89亿元，实现利税5.58亿元，企业数量、产值、利税分别占规模以上工业企业的5.91%、13.77%、7.42%。利税总额首位是通用设备制造业，有企业45家，完成工业总产值122.17亿元，实现利税10.59亿元，企业数量、产值、利税分别占规模以上工业企业的8.87%、10.08%、14.09%。机电工具、汽车及零部件、工艺家纺三大产业集群逐渐崛起，制造业仍为全市工业经济主体。2013年，全市规模以上工业由采矿业，制造业，电力、热力、燃气及水的生产和供应业3大门类31个行业构成，生产工业产品173种。完成产值30亿元或实现利税3亿元以上的骨干行业16个，分别为农副食品加工业，食品制造业，纺织业，皮革、毛皮、羽毛及其制品和制鞋业，印刷和记录媒介复制业，文教、工美、体育和娱乐用品制造业，化学原料和化学制品制造业，橡胶和塑料制品业，非金属矿物制品业，黑色金属冶炼和压延加工业，金属制品业，通用设备制造业，专用设备制造业，汽车制造业，电气机械和器材制造业，计算机、通信和其他电子设备制造业。共有企业361家，完成工业总产值1483.35亿元，实现利税104.19亿元，企业数量、产值、利税分别占规模以上工业企业的83.76%、91.16%、91.06%。16个骨干行业中，工业产值首位是电气机械和器材制造业，共有企业32家，完成工业总产值216.64亿元，实现利税11.33亿元，企业数量、产值、利税分别占规模以上工业企业的7.42%、13.31%、9.90%。利税总额首位是专用设备制造业，共有企业22家，完成工业总产值187.22亿元，实现利税14.26亿元，企业数量、产值、利税分别占规模以上工业企业的5.56%、11.51%、12.46%。

2013年文登市工业各行业主要经济指标情况表

表10-2　　单位：亿元

行业分类	企业数（家）	工业总产值（当年值）	工业销售产值（当年值）	出口交货值	固定资产合计	利润总额	利税总额	从业人员平均数（万人）
非金属矿物采选业	5	2.12	2.11	0	0.93	0.13	0.20	0.10
其他采矿业	1	2.60	2.60	0	0.85	0.19	0.26	0.05
农副食品加工业	50	117.73	117.05	5.81	39.68	5.64	7.86	1.17
食品制造业	14	60.81	60.25	0.37	21.10	3.33	4.60	0.39

续表 10-2

行业分类	企业数（家）	工业总产值（当年值）	工业销售产值（当年值）	出口交货值	固定资产合计	利润总额	利税总额	从业人员平均数（万人）
酒、饮料和精制茶制造业	5	20.09	20.05	0	4.75	1.38	2.36	0.10
纺织业	36	115.79	115.67	7.50	31.46	4.21	8.17	1.26
纺织服装、服饰业	21	20.79	20.65	1.63	5.31	0.94	1.39	0.44
皮革、毛皮、羽毛及其制品和制鞋业	18	38.70	38.51	0.70	14.00	2.21	3.40	0.40
木材加工和木、竹、藤、棕、草制品业	1	1.94	1.90	0	0.59	0.26	0.26	0.01
家具制造业	4	9.95	9.79	3.95	3.97	0.64	0.82	0.09
造纸和纸制品业	8	18.73	18.69	0.05	5.35	0.94	1.30	0.20
印刷和记录媒介复制业	6	30.80	30.50	0	9.18	0.91	1.93	0.13
文教、工美、体育和娱乐用品制造业	36	111.03	110.30	26.76	29.59	5.64	7.49	1.06
化学原料和化学制品制造业	15	45.97	45.88	0	19.01	1.30	2.08	0.47
医药制造业	2	0.48	0.48	0	0.20	0.03	0.05	0.04
化学纤维制造业	6	2.52	2.52	0.09	1.58	0.14	0.19	0.09
橡胶和塑料制品业	21	71.34	70.62	0.70	18.52	3.37	5.57	0.53
非金属矿物制品业	22	79.41	79.25	0	21.60	4.95	9.59	0.64
黑色金属冶炼和压延加工业	13	46.67	46.53	0	19.45	2.34	3.93	0.37
有色金属冶炼和压延加工业	5	17.33	17.32	0	4.77	0.99	1.17	0.22
金属制品业	17	49.38	48.95	9.89	11.44	2.88	4.83	0.79
通用设备制造业	26	147.18	144.76	4.38	73.47	6.61	11.00	1.02
专用设备制造业	22	187.22	186.30	0	35.23	8.10	14.26	0.89
汽车制造业	10	30.00	29.73	0.03	9.42	1.04	1.75	0.41
铁路、船舶、航空航天和其他运输设备制造业	5	17.66	17.65	8.42	6.07	0.55	0.70	0.11
电气机械和器材制造业	32	216.64	216.44	3.76	52.98	6.91	11.33	1.35
计算机、通信和其他电子设备制造业	23	134.68	134.39	1.61	19.18	4.08	6.40	0.84
仪器仪表制造业	3	2.41	2.41	0.27	0.71	0.05	0.07	0.04
其他制造业	1	3.00	2.85	0	1.00	0.22	0.31	0.03
电力、热力生产和供应业	2	14.89	14.84	0	21.02	-0.37	0.40	0.21
水的生产和供应业	1	9.35	9.35	0	2.83	0.58	0.73	0.03
总计	431	1627.21	1618.34	75.92	485.24	70.19	114.40	13.48

2013年文登市主要工业产品产量情况表

表10-3

产品名称	计量单位	数量	产品名称	计量单位	数量
低速载货汽车	辆	34500	中成药	吨	2
饲料	吨	28592	变压器	千伏安	14557
原盐	吨	52039	弹簧	吨	950
轻革	平方米	5619875	纱	吨	1468
日用玻璃制品	吨	43709	棉纱	吨	1468
民用钢质船舶	载重吨	7079	服装	万件	6111
交流电动机	千瓦	1979313	针织服装	万件	4142
液压元件	件	12487	梭织服装	万件	1969
纸制品	吨	122962	皮革服装	件	92521
瓦楞纸箱	吨	121110	天然花岗石建筑板材	平方米	150288
起重机	吨	1035	印染布	万米	831
水泥	吨	744227	蚕丝被	万条	207
单色印刷品	令	2874	无纺布（无纺织物）	吨	1087
工业锅炉	蒸发量吨	13375	光缆	芯千米	4388000
高压开关板	面	225	化学纤维	吨	1869
低压开关板	面	2017	耐火材料制品	吨	28201
电力电缆	千米	12183	饮料酒	千升	8102
软饮料	吨	513238	白酒（折65度，商品量）	千升	5478
包装饮用水类	吨	513238	烧碱（折100%）	吨	23703
铸铁件	吨	199582	钨精矿折合量（折三氧化钨65%）	吨	651
橡胶轮胎外胎	条	303361	皮革鞋靴	万双	23

第六节　骨干企业和产业集群

1991年，全市工业坚持内涵挖潜与外延扩大再生产并举，以外延扩大再生产为主，加大投入、扩大联合，深化改革、强化管理，按照高附加值、高技术含量、高出口创汇、高市场占有率要求，不断优化产业结构、产品结构和企业组织结构，重点围绕发展起点高、规模大、效益好的高科技产业和支柱产业，加快汽车、电子、医药、通信等产业发展，着力抓好机械、建材、化工、食品、轻纺等支柱骨干行业的改造，在全市形成一批支柱骨干行业和主导产业。1994年起，为适应市场经济发展新要求，全面提高经济效益，在全市工业生产中实施骨干做强战略。对产品适销、经济效益好的企业，重点扶持、政策倾斜，促使企业加快发展，形成规模生产和规模效益。至1995年，全市共组建企业集团32家，其中大（二）型企业6家、中（一）型和中（二）型企业分别达到17家和9家，上述企业占镇办工业以上企业总数的12.55%。是年，镇办以上工业产值过1亿元、利税过1000万元的企业32家，产值过5000万元或利税过500万元的企业34家。1997年，年产值过1亿元或利税过1000万元的企业增至60家。其中，市属工业年产值过1亿元或利税过1000万元的企业18家，完成工业总产值28.72亿元，实现产品销售收入25.66亿元、利税5.04亿元、利润3.35亿元，分别占市属工业总额的65.7%、68.2%、85.9%和90.2%。

1999年，市委、市政府印发《关于加快工业发展实现二次创业的意见》，把发展产业集群确定为工业的二次创业。2000年，实施借势促强、挂优靠强、全面创新、市场拓展和新兴培强5项战略，促进工业优化升级。规划奋战3年，把宏安集团有限公司、山东黑豹股份有限公司、文登力象实业集团有限公司、威海文隆电池有限公司、天润曲轴有限公司、文登威力工具集团公司培植成利税1亿元～5亿元的“六条强龙”；把文登市森鹿制革有限公司、汪牌啤酒集团有限公司、山东省艺达有限公司、山东威达机械股份有限公司、山东铃兰味精工业公司、文登市前岛渔业公司、文登市庆顺渔业股份有限公司、山东文登加力农用车有限公司培植成利税7000万元～1亿元的“八只猛虎”；把文登云龙绣品工业集团公司、文登市刺绣工业集团公司、威海昆嵛啤酒厂、文登市三峰轮胎有限公司、威海恒大电机（集团）有限公司、山东鹏程食品股份有限公司、文登市金洋乳品集团有限公司、威海亚太药业有限公司、文登宝利渔具有限公司、文登市双力板簧（集团）有限公司、威海市华阜环保（集团）有限公司、文登市文峰实业（集团）有限公司培植成利税3000万元～5000万元的“十二头雄豹”，在全市形成“强龙”“猛虎”“雄豹”三个梯次相互促动、争先发展的格局。

2004年，市政府制定《文登市2005—2010年产业集群发展规划纲要》，进一步明确产业集群发展方向，坚持内资、外资、民营三资并举，重点培植若干具有特色、优势突出的产业集群。2005年4月，市委、市政府印发《关于加快骨干企业膨胀促进工业发展的意见》，设立“企业发展基金”，市财政连续3年每年筹集8000万元扶助优势企业，奖励工业产品销售收入过10亿元的企业，鼓励企业上市融资、实施名牌战略、挂优靠强和外来投资等，推动骨干企业加快发展，打造现代制造业基地，扭转全市工业“群山无峰”的发展格局。是年，家纺制革、汽车配件、电子通信、机电工具、食品医药五大产业集群全年共实施技改项目265项，完成投资88亿元，分别占全市项目总数和投资总额的88.3%和96%。实现产品销售收入350亿元，占全市工业产品销售收入的80.4%。文登市获山东省十大产业集群称号。

2006年2月，市政府印发《关于加快文登市汽车及零部件产业发展的实施意见》，确立推动全市汽车及零部件产业加快发展目标。10月，市委、市政府印发《关于打造山东县域工业第一强的实施意见》，进一步确立培植家纺制革、汽车及零部件两大产业集群和机械工具、电子通信、食品医药三大优势产业的工业发展战略。确定重点扶持20家工业骨干企业和培植一批规模大、效益好、有核心竞争力的民营企业发展目标。印发《关于加快骨干企业膨胀促进工业发展的补充意见》，设立税收贡献奖、企业自主创新奖，建立星级重点企业发展激励制度，实行重点企业动态分类，定期在《文登大众》上公布“百家企业奋进榜”。是年，机电工具、汽车及零部件、家纺制革三大产业集群被列入山东省百亿产业集群规划。

2007年5月，市委、市政府召开全市加快工业发展促进骨干企业做大做强动员大会，确立扶持工业产业集群龙头发展目标，重点扶持东安黑豹股份有限公司、天润曲轴股份有限公司、文登威力工具集团有限公司、山东省艺达有限公司、文登市森鹿制革有限公司、山东威达机械股份有限公司、宏安集团有限公司7家骨干企业加快发展。上述企业在征用土地、效益分成、建设收费、地方税收等方面，享受3年系列优惠政策。2008年1月29日，市委、市政府召开全市工业科学发展暨总结表彰大会，授予天润曲轴股份有限公司董事长邢运波、文登市森鹿制革有限公司董事长张锦卫、文登威力工具集团有限公司董事长于性江、文登市电业总公司总经理吴学忠为文登市工业发展领军人物称号。授予天润曲轴股份有限公司、文登市森鹿制革有限公司、文登威力工具集团有限公司、文登市电业总公司、山东威达机械股份有限公司、文登市宝隆石油专材有限公司、山东芸祥绣品有限公司、山东省艺达有限公司、山东万得集团有限公司、东安黑豹股份有限公司10家企业文登市工业发展十强称号。授予宏安集团有限公司、文登奥文电机有限公司、文登南阳电子有限公司等10家企业文登市工业发展二十强称号。对缴纳税金、实施名牌战略、制定国家行业标准、上市融资、自主创新等方面表现突出的先进企业予以表彰。12月，市委、市政府印发《关于扶持和鼓励企业发展的暂行规定》，加大财税和信贷支持力度，为企业营造宽松发展环境。全市享受3年系列优惠政策的骨干企业增至15家。2009年，面对国际金融危机冲击，市委、市政府提出“逆风起飞、弯道超越、抄底发展”的工业发展思路，抓大项目建设，实现骨干企业上档升级。至年末，文登威力工具集团有限公司、天润曲轴股份有限公司、文登市森鹿制革有限公司、文登鸿通管材有限公司、文登奥文电机有限公司等骨干企业相继实施搬迁扩建，扩大生产规模。天润曲轴股份有限公司、文登威力工具集团有限公司、东安黑豹股份有限公司、山东省艺达有限公司、山东万得集团有限公司、文登奥文电机有限公司、文登市森鹿制革有限公司、山东颐阳酒业有限公司等企业先后实施技术改造，打造名牌产品，增强自主创新能力，推进产业结构优化升级。是年，机电工具、汽车及零部件、工艺家纺三大产业集群崛起，规模以上企业完成工业总产值占全市工业总产值的54.98%，三大产业集群分别占25.88%、15.39%、14.13%；规模以上企业实现利税占全市工业利税总额的52.28%，三大产业集群分别占20.45%、17.96%、14.60%。机电工具产业被列入全省十大影响力产业集群和中国县域产业集群竞争力100强，工艺家纺产业跻身全省十大（工业）产业集群和中国产业集群品牌50强行列。文登威力工具集团有限公司、天润曲轴股份有限公司、东安黑豹股份有限公司、山东威达机械股份有限公司、山东省艺达有限公司、文登市森鹿制革有限公司、宏安集团有限公司7家骨干企业总资产较2006年分别增长18.75%、172.22%、79.88%、17.65%、20%、27.92%和4.67%。全市工业规模经济格局初步形成。

2010年3月26日，市委、市政府召开全市新型工业化建设暨对外开放大会，要求把转方式、调结构作为新型工业化建设主线，以高端、高质、高效为引领，加快骨干企业上档升级，提升企业自主创新能力，推进节能减排，推动全市工业由优势产业向支柱集群方向迈进。是年，全市规模以上企业417家，完成工业总产值1003.04亿元，实现利税87.65亿元。全市纳税过1000万元的企业40家，其中天润曲轴股份有限公司、文登市电业总公司、文登威力工具集团有限公司3家企业纳税过1亿元。2011年，全市大力推进项目建设，在转方式、调结构上实现新突破。机电工具、汽车及零部件、家纺制革三大优势产业向高端化迈进，新能源、新材料、新医药三大新兴产业加快引进建设。2012－2013年，市政府实施百家中小微企业梯次成长计划，市财政每年安排1亿元专项资金给予扶持，加快构建百家企业快速发展升级、百家中小微企业梯次跟进，形成“小者变大，大者趋强，强者更强”的发展格局，推进工业企业转型升级，为全市工业经济发展注入持续动力。

第七节 国家和省财政支持的重点项目

1999年始，文登市利用国家和省财政专项资金的引导和杠杆作用，围绕突破核心关键技术、做强产业链重点环节，挑选符合新型工业化要求、对产业转型升级有支撑作用，对提升经济质量、效益有带动作用且技术水平高的大项目、好项目，组织相关企业夯实基础，实施技术改造和技术创新，有效提升文登工业智能制造创新发展水平。是年，天润曲轴有限公司被列入国家520家重点国有企业，享受债转股、优先上市等优惠政策。天润曲轴有限公司、文登市艺利达抽纱制衣集团公司被列入国家技改贴息计划，山东铃兰味精工业公司、文登威力工具总厂被列入省技术改造项目贷款贴息计划，上述4个项目共获国家和省财政贴息606万元。山东云龙绣品工业公司“云龙”牌绣品被国家列为中国出口商品名牌，享受国家名牌出口产品的各项优惠政策。宏安集团有限公司被列入国家第三批财政专项扶持贷款单位，获8500万元贴息贷款。2000年，山东云龙绣品工业公司的生产出口高档高附加值抽纱制品技改项目，被列入国家“双高一优”重点技改项目，获国家贴息贷款5900万元。文登威力工具总厂新增高档鹰嘴钳项目被列入国家“双高一优”项目计划，天润曲轴有限公司曲轴铸造中心续建工程项目被列入国家第四批国债专项，宏安集团有限公司超五类数据缆项目被列入国家第三批技改贴息计划，文登市电机厂等6家企业技改项目被列入省技术改造导向计划，共获国家专项资金9548万元。

2001年，宏安集团有限公司的光纤连接器项目被列入国家第六批国债项目。天润曲轴有限公司高档锻造曲轴项目、文登威力工具总厂高档鹰嘴钳项目、文登市电机厂“花圆”牌粉碎机项目被列入国家机电产品出口项目。2002年，天润曲轴有限公司实施曲轴信息化工程、山东省艺达有限公司引进电脑绣花机、山东威达机械股份有限公司手紧式钻夹头、文登威力工具总厂采用冷挤压少无量切削技术生产高档套筒扳手4个项目被列入国家“双高一优”项目。文登威力工具总厂高档套筒扳手、文登市电机厂多功能砂光机、山东威达机械股份有限公司自紧式钻夹头3个项目被列入国家机电产品出口技改专项贷款。2003年，天润曲轴有限公司信息化工程建设、文登市森鹿制革有限公司废水处理及节水工程技术改造、宏安集团有限公司果蔬深加工、文登力象实业集团有限公司采用辊锻高新技术工艺生产高强度机械基础件毛坯、文登蒙特利彩印有限公司生产高档服装面料5个项目被列入第三批国家重点技术改造“双高一优”项目导向计划，项目总投资5.19亿元。天润曲轴有限公司、宏安集团有限公司争取国债贴息资金3200万元，企业办理设备进口免税合计6000万元。2005年，天润曲轴有限公司总投资1.32亿元的六缸曲轴加工项目列入当年重点行业结构调整专项项目计划。文登市中达轿车内装饰公司轿车装饰布项目、山东威达机械股份有限公司钻夹头改造项目获得项目免税确认书，其中山东威达机械股份有限公司113万美元的进口设备获得减免关税和进口环节增值税230万元。

2009年，文登奥文电机有限公司高效与超高效电机，东安黑豹股份有限公司轻卡车技术改造，天润曲轴股份有限公司重、轻卡曲轴加工生产线，威海市宝隆石油专材有限公司热轧无缝钢管等56个项目被列入省工业振兴规划，天润曲轴股份有限公司康明斯胀断连杆生产线、山东万得集团有限公司年产亿米高档染织面料项目被列入中央预算内投资重点产业调整振兴和技术改造项目。2010年，文登奥文电机有限公司油田用泥浆泵永磁高效电机、文登威力工具集团有限公司高档套筒扳手及其组套工具、中航黑豹股份有限公司轻型卡车总装焊装生产线技术改造、山东芸祥绣品有限公司多项切割与绣花一体工艺技术、山东省艺达有限公司高档绣花工艺家纺产品无水化生产、威海金轮化工有限公司新型表面活性剂脂肪酸甲脂磺酸钠（MES）、文登鸿通管材有限公司酸性气田天然气输送管道7个项目被列入省400项结构调整项目调度表，共获扶持资金325万元。2011年，山东万图高分子材料有限公司WT98环保卫生安全型增塑剂生产项目被列入重点产业振兴和技术改造中央专项2011年中央预算内投资计划，获得中央扶持资金1064万元，宏安集团有限公司接入网用蝶形引入光缆项目被列入电子信息产业振兴和技术改造项目2011年第一批中央预算内投资计划，获得中央扶持资金450万元。威海文隆电池有限公司PS太阳能风力发电储能电池生产项目、文登全赢机械制造有限公司主轴高效伺服电机项目被列入2011年山东省新兴产业和重点行业专项（结构调整类）计划，分别获得财政补助资金40万元。2012年，文登市双力板簧有限公司重卡板簧生产线技术改造项目、文登市正兴钨业有限公司超粗颗粒碳化钨粉生产技术改造项目、山东颐阳酒业有限公司西洋参深加工项目被列入2012年山东省新兴产业和重点行业发展专项，共获扶持资金210万元。威海市正大环保设备有限公司硫化床锅炉烟气脱硝脱硫一体化环保装备技术改造项目被列入山东省产业振兴和技术改造项目（中央评估）2012年中央预算内投资计划，获国家扶持资金960万元。文登鸿通管材有限公司牵头承担的海洋深水非金属材料复合管研制项目，为国家“863”计划重大项目“深水油气勘探开发关键技术与装备”课题之一，获国家扶持资金1385万元。2013年，天润曲轴股份有限公司节能环保型船用中低速柴油机曲轴生产线项目、山东芸祥绣品有限公司一品绣高档家用纺织品智能一体化生产工艺技术改造项目被列入山东省2013年新兴产业和重点行业发展专项技术改造项目，共获扶持资金200万元。

1999—2013年，全市共有14个项目被列入国家“双高一优”项目计划，3个生产项目被列入重点产业振兴和技术改造中央预算内投资计划，131个企业技改项目被列入省技术改造重点项目计划，65个项目被列为省工业调整振兴规划重点调度项目，共获国家、省专项扶持资金2.29亿元。

第八节 技术改造

1991年，全市工业投资力度加大，高起点嫁接改造镇办以上工业企业。1993年始，实施“重点工程战略”，逐年安排重点技改项目10～20个，称“十大工程”“双十工程”。至1995年，共实施技术改造项目1297个，总投资53.7亿元，累计竣工项目1661个，完成投资52.1亿元。其中确立重点工程项目75个，投资总额15亿元，竣工66个，完成投资额14.6亿元，新增产值55.8亿元，利税8.3亿元。1996—1999年，加大技改投入、实现产品升级换代，共实施技术改造项目1097个，投资54.6亿元，有效提高了全市工业企业的装备水平。2000年，全市实施技改项目231个，总投资20.4亿元，当年竣工219个，完成投资15.6亿元。20个市级重点技改项目，完成投资8.4亿元。2001—2002年，共投入技改资金37.9亿元，其中重点项目完成投资14.59亿元。2003年，实施技改项目287个，总投资32.5亿元，其中投资1000万元以上的项目101个、1亿元以上的项目8个，当年竣工190个。重点技改项目20个，完成投资24亿元。

2004年，共实施技改项目288个，完工270个，完成投资72.6亿元。主要有山东黑豹股份有限公司投资2亿元实施百利轿车、CRV商用旅行车生产线更新改造，投资8亿元新上高速柴油发动机项目。天润曲轴有限公司投资2.2亿元实施锻造曲轴项目。山东省艺达有限公司、山东万得集团有限公司分别投资1.5亿元和1.2亿元，引进电脑绣花机生产高附加值抽纱家纺工艺品项目。山东威达机械股份有限公司投资1.1亿元实施钻夹头改造项目。2005年，实施技改项目300个，总投资140亿元，完工230个，完成投资91.6亿元。技改项目中，投资1000万元以上的279个（占项目总数93%），投资1亿元以上的36个（占项目总数12%）。东安黑豹有限公司、天润曲轴有限公司、文登威力工具集团有限公司、文登市森鹿制革有限公司、山东威达机械股份有限公司、文登市宝隆石油专材有限公司、山东万得集团有限公司等企业项目投资额均在2亿元以上。全市工业技改投资集中向家纺制革、汽车零部件两大产业集群和机械工具、电子通信、食品医药三大优势产业聚集。共实施技改项目265项，完成投资88亿元，占项目总数的

88.3%、投资总额的96%。

2007—2010年，全市实施技改项目480个，完成投资195亿元。主要有天润曲轴有限公司投资20亿元实施重卡曲轴、中卡曲轴、轻卡曲轴、胀断连杆及锻造生产线等项目；中航黑豹股份有限公司投资9亿元实施新型载货汽车项目；文登市森鹿制革有限公司投资7亿元实施搬迁扩建项目；文登威力工具集团有限公司投资3亿元实施高档套筒扳手及组套工具技术改造，与美国史丹利公司共同投资1.1亿美元，引进世界一流工具生产工艺，生产史丹利（文登）工具项目；文登奥文电机有限公司投资4.5亿元实施高档抛光工具项目，投资8500万元实施油田用泥浆泵高效永磁电机技术改造；威海宝隆石油专材有限公司投资2亿元实施扩建项目；山东万得集团有限公司投资4.6亿元实施亿米印染项目；山东颐阳酒业有限公司投资2亿元实施扩建项目；威海金颐阳药业有限公司投资5000万元，实施西洋参深加工技术改造项目；威海市润通橡胶有限公司投资1.3亿元实施丁基内胎项目。

2011年，实施技改项目72个，完成投资79亿元。主要有天润曲轴股份有限公司投资2.3亿元的大曲轴加工项目；文登威力工具集团有限公司总投资8亿元，进行新型环保设备及高效农业机械研发项目；文登鸿通管材有限公司投资3亿元的海洋管材生产基地项目；文登中达轿车内装饰有限公司投资9000万元的威海金达海机器人项目。2012年，实施技改项目86个，完成投资92.4亿元。主要有天润曲轴股份有限公司750曲轴锻造生产线、锡柴/上菲红/康明斯重型发动机曲轴生产线、潍柴重型发动机曲轴生产线项目；威海市正大环保有限公司迁建风机和除尘器生产项目；山东蓝岛科技产业园项目；文登市嘉和车桥有限公司车桥生产项目；文登威力工具集团有限公司新型环保设备、山东万图高分子材料有限公司新型柠檬酸酯增塑剂、威海博康特新材料有限公司高性能建材科技园项目；宏安集团有限公司集束形蝶形光缆、威海市泰富西玛电机有限公司高效三相异步电动机总装车间生产线、山东万得集团有限公司多功能床单自动生产流水线项目。2013年，实施技改项目147个，完成投资114.8亿元。主要有天润曲轴股份有限公司的曲轴连杆锻造项目、文登鸿通管材有限公司海洋油田用非金属柔性管项目（一期）、威海市正大环保有限公司搬迁改造项目、宏安集团有限公司GY型室外光缆项目、山东颐阳酒业有限公司西洋参深加工项目、文登龙泉电子有限公司电气控制柜项目等。

1991—2013年，全市共实施重点工业技术改造项目4659个，完成技改投资1639.4亿元。

第九节　科技研发

1991年始，全市强化企业科技创新主体地位，实施高新技术企业培育成长计划，支持企业设立研发机构，建立国家、省、市级技术开发中心，开展多种形式的产学研合作，加强技术改造和智能化工作，培育和壮大一批科技型领军企业，形成梯次发展的科技型企业群体。至1995年，累计研发新产品664项，其中填补国内空白83项、省内空白125项，达到国内先进水平81项、国际先进水平4项。新产品产值率和利税率分别为17.2%和15.1%。1996—2001年，以国家产业政策为导向，坚持“适应性调整与开发性调整并举，以开发性调整为主”的产品结构调整方针，加大企业创新力度。其间，宏安集团有限公司、文登威力工具总厂和天润曲轴有限公司技术开发中心被认定为省级技术开发中心。累计研发新产品360项，其中填补国内空白10项、省内空白16项，达到国内先进水平80项。

2002年10月，人事部批准天润曲轴有限公司设立博士后科研工作站。12月，天润曲轴有限公司企业技术中心被国家发改委、科技部等联合认定为国家级企业技术中心。是年，全市推荐申报技术创新项目118项，其中填补国内空白4项、省内空白16项，达到国内先进水平61项，被列入国家级技术创新计划1项、国家级新产品试产计划项目2项、省级技术创新项目4项。

2003年12月，宏安集团有限公司被批准设立博士后科研工作站。2004年，围绕“大企业建中心，小企业搞借脑”发展思路，引导骨干企业以产学研为突破口，加大争创地市级、省级和国家级技术开发中心工作力度，组建企业技术开发中心，提高企业研发能力。文登奥文电机有限公司技术开发中心被认定为省级技术开发中心。年初，全市筛选20家企业的40项技术工艺难题，与山东大学、哈尔滨工业大学等大专院校、科研院所对接，做好合作开发与科技成果转化。年末，天润曲轴有限公司与山东大学合作解决曲轴磨削裂纹问题、山东威达机械股份有限公司与哈尔滨工业大学合作进行钻夹头生产技术攻关项目等，取得实质性效果。是年，开发国家级创新项目5个，省级技术创新项目20个，研发新产品200项，天润曲轴有限公司、文登奥文电机有限公司等企业4个项目被列入省技术创新重点项目计划，山东万得集团有限公司等企业12个项目被列入省技术创新第一批计划。2005年，开发国家级创新项目5个，省级技术创新项目19个，研发新产品201项。山东云龙绣品有限公司、葛家服装厂2个项目被列入省技术创新重点项目计划，天润曲轴有限公司、文登威力工具集团有限公司等企业12个项目被列入省技术创新第一批计划。山东省艺达有限公司技术开发中心被认定为省级技术开发中心。

2006年，实施开发国家级创新项目5项、省级技术创新项目20项，研发新产品200项。天润曲轴有限公司被省政府列入2006—2010年“双百工程”重点企业技术开发中心名单，获省政府拨付技术开发中心建设项目专项补助资金100万元，用于购置曲轴疲劳试验机、电子万能材料试验机、凝固模拟软件等设备软件。天润曲轴有限公司总投资3820万元的康明斯ISL曲轴项目、文登威力工具集团有限公司投资1200万元的定制产品数字化制造与信息化管理项目被列入2006年省级技术创新重点项目计划。威海艺源绣业有限公司纳米远红外线保健床上用品、文登中达轿车内装饰有限公司汽车地毯边角料回收利用等21个项目被列入省级技术创新第一批项目计划。2007年，天润曲轴股份有限公司CURSOR9曲轴开发研制项目被列入省级技术创新重点项目计划，山东威达机械股份有限公司J17130高档自锁钻夹头、文登奥文电机有限公司高效节能型多功能工业集尘器、文登威力工具集团有限公司数据驱动产品全生命周期管理系统等22个项目被列入省级技术创新项目一批至三批项目计划。是年11月，国家发改委立项，文登鸿通管材有限公司创建的塑料合金防腐蚀复合管材企业标准，经全国非金属化工设备标准委员会审定通过，并作为国家化工行业标准颁布实施。2008年，天润曲轴股份有限公司研制开发菲亚特NEF6曲轴、山东芸祥绣品有限公司利用激光切割电脑绣花新工艺生产高档家用纺织品等6个项目被列入省级技术创新重点项目计划，东安黑豹股份有限公司生产的HFJ1037V系列载货汽车、山东颐阳酒业有限公司生产的西洋参口服液等15个项目被列入省级技术创新项目一批至三批项目计划。是年，威海文隆电池有限公司、天润曲轴股份有限公司、威海市正大环保有限公司、文登市威力风机有限公司被认定为国家级高新技术企业。山东威达机械股份有限公司技术开发中心被认定为省级企业技术中心。

2009年，文登威力高档工具有限公司被认定为国家级高新技术企业。天润曲轴股份有限公司与清华大学、东风汽车工艺研究所合作研发新产品，获发明专利授权14项。天润曲轴股份有限公司环保型商用车曲轴和利兰6D曲轴、文登威力工具集团有限公司射频识别（RFID）印刷及包装一体机等5个项目被列入省级技术创新重点项目计划。东安黑豹股份有限公司生产的HFJ1030V系列载货汽车、文登奥文电机有限公司生产的高堵转转矩和低电流ATM专用电动机等15个项目列入省级技术创新项目一批至三批项目计划。山东万得集团有限公司技术开发中心被认定为省级企业技术中心。2010年，文登鸿通管材有限公司、文登奥文电机有限公司被认定为国家级高新技术企业。中航黑豹股份有限公司

HFJ1036GV汽油车、天润曲轴股份有限公司高强韧性QT900-5新材料研制及大功率高速增压柴油机曲轴、文登奥文电机有限公司油田用泥浆泵永磁高效电机、宏安集团有限公司风能光缆等项目，分别被列入省级技术创新项目一批至四批项目计划。天润曲轴股份有限公司、文登鸿通管材有限公司被省科技厅批准设立院士工作站。中航黑豹股份有限公司被省科技厅批准设立山东省电动载重汽车产业技术创新战略联盟，天润曲轴股份有限公司获批山东省发动机关键零部件产业技术创新战略示范联盟。山东芸祥绣品有限公司和山东颐阳酒业有限公司2家企业技术开发中心被认定为省级企业技术中心，山东省艺达有限公司技术中心被认定为全省第七批行业技术中心。在第十八届山东省产学研（工业设计）展洽会上，天润曲轴股份有限公司、文登威力工具集团有限公司、文登奥文电机有限公司的新产品获工业设计优秀产品奖，文登威力工具集团有限公司叠加式多功能自紧活扳手获铜奖，山东芸祥绣品有限公司双面绣工艺品及系列产品获创新奖。

2011年，开发省级技术创新项目20项。文登威力工具集团有限公司基于RFID的标签标识设备制造、山东颐阳酒业有限公司采用细胞破壁及现代中药炮制工艺生产西洋参超微粉的研究、中航黑豹股份有限公司HFJ1020FV系列载货汽车、宏安集团有限公司管道蝶形引入光缆等项目，分别列入省级技术创新项目一批至四批项目计划。威海金颐阳药业有限公司被认定为国家级高新技术企业。文登威力工具集团有限公司经批准设立院士工作站。天润曲轴股份有限公司发动机曲轴连杆重点实验室被认定为省级重点实验室。威海文隆电池有限公司企业技术中心被认定为省级企业技术中心。山东芸祥绣品有限公司研发中心被认定为山东省工业设计中心。天润曲轴股份有限公司、文登威力工具集团有限公司、文登奥文电机有限公司、山东芸祥绣品有限公司等10家企业参加山东省产学研展洽会，天润曲轴股份有限公司被评为产学研合作创新突出贡献单位。2012年，开发省级技术创新项目24项。威海市正大环保有限公司ZDAL型烟气脱氟除尘净化系统、文登市威力风机有限公司镀锌线连续退火炉专用离心鼓风机的开发、中航黑豹股份有限公司YTQ1036GV系列载货汽车、山东芸祥绣品有限公司数码印花技术在家纺行业中的研究与应用等项目，分别被列入省级技术创新项目一批至四批项目计划。威海华泰分子筛有限公司被认定为国家级高新技术企业。文登威力工具集团有限公司企业技术中心被认定为国家级企业技术中心，是中国五金工具行业唯一获此殊荣的企业。威海金颐阳药业有限公司获批设立山东省西洋参产业技术创新战略示范联盟。文登鸿通管材有限公司企业技术中心被认定为省级企业技术中心。威海市正大环保设备有限公司的ZDAL型烟气脱氟除尘净化器项目申报2012年度山东省重大首台（套）技术装备项目获认定。是年10月，由文登鸿通管材有限公司承担的国家高技术研究发展计划（“863”计划）海洋深水非金属材料复合管研制项目通过科技部答辩评审。2013年，全市开发省级技术创新项目28项。威海金太阳光热发电设备有限公司、文登市明池安全玻璃有限公司被认定为国家级高新技术企业。威海市正大环保设备有限公司企业技术中心被认定为省级企业技术中心。全市高新技术产业完成工业总产值537.14亿元，占规模以上工业企业总产值的30.32%。

1991—2013年，全市工业共实施开发省级以上技术创新项目287项，研发新产品2416项，填补国内空白106项，填补省内空白175项，达到国内先进水平304项，达到国际先进水平5项。全市工业累计获国家级科技进步奖5项，省级科技进步奖89项。有院士工作站3家、博士后科研工作站2家、省级重点实验室1家，省级产业技术创新联盟3家。有国家级高新技术企业10家，国家级企业技术中心2个，省级企业技术中心10个。有企业工程技术研究中心41个，其中省级19个、地市级7个、县市级15个，所有骨干企业都有自己的工程技术研究中心。

第十节　名牌战略

90年代始，全市工业企业以上质量、上品种、上水平，提高经济效益为中心，坚持发展名牌优势产品，促进产品结构改善，质量管理水平和产品质量全面提高。

1991年，文登酿酒厂的颐阳补酒、文登市乳品厂的全脂奶粉获中国优质保健品金奖，文登市乳品厂的全脂奶粉、婴儿奶粉获北京国际博览会金奖，文登市花生制品厂的烤大花生果获部优产品称号。1992年，文登市昆嵛啤酒厂的“昆嵛”牌啤酒、文登酿酒厂的“昆嵛”牌特曲白酒、文登味精工业集团公司的“昆嵛山”牌味精获布鲁塞尔世界金奖，文登市花生制品厂的油炸花生仁获中国旅游商品天马奖。1993年，文登市汽车制动器厂的汽车制动器获全国星火计划成果博览会银奖。1994年，山东曲轴总厂的“天”牌曲轴获评中国公认名牌产品。文登市第二电机厂的内置轴流风异步电动机获中国科技之星国际博览会金奖。1995年，文登市制革厂的“花鹿”牌皮革产品获省优、部优称号。5月，依据山东省及威海市名牌产品标准，根据全市工业产品的效益、规模、质量、市场占有率、产销率等指标，共评选出24种文登市名牌产品。至年末，全市工业企业累计获国优产品2个、部优产品5个、省优产品19个。1996年，山东云龙绣品工业（集团）公司累计开发以“云龙绣”为代表的“云龙”牌机绣新产品40余种，新产品5次获国家大奖，12次获国优、部优、省优称号。1998年，文登市金洋乳品集团有限公司的“金洋”商标、山东云龙绣品有限公司的“云龙”商标、山东黑豹股份有限公司的“黑豹”商标、山东曲轴总厂的“天”商标、山东鹏程食品股份有限公司的“鹏程”商标被山东省工商行政管理局认定为山东省著名商标。是年，全市培育市级名牌产品24种，其中威海文隆电池有限公司的“有利”牌蓄电池、山东曲轴总厂的“天”牌曲轴被评为威海市名牌产品。1999年，山东云龙绣品工业公司的“云龙”牌绣品被商务部评为重点支持和发展的中国出口名牌商品。2000年，山东威达机械股份有限公司的“孔雀”牌钻夹头被山东省名牌战略推进委员会评为山东省名牌产品。2001年，山东铃兰味精工业公司的“铃兰”商标被认定为山东省著名商标。2002年，山东省艺达有限公司的“艺达”牌床上用品被评为山东省名牌产品。

2003年1月，市政府印发《关于开展质量兴市活动实施名牌战略的意见》，引导企业重视品牌建设，加强质量体系、环境管理体系认证工作，激励企业培植有自主知识产权、综合竞争力强的名牌产品，打造品牌城市。对创立国家名牌、驰名商标企业给予20万元奖励，对创立山东省名牌、著名商标企业，给予10万元奖励。是年，山东省艺达有限公司的“艺达”牌服装、抽纱刺绣工艺品、家用纺织品，天润曲轴有限公司的“天”牌系列汽车曲轴，威海昆嵛啤酒厂的“昆嵛”牌啤酒，威海颐阳酒业集团有限公司的“颐阳”牌文登学白酒，宏安集团有限公司的“七五”牌光纤光缆、数据缆、市话缆、蓄电池，山东鹏程食品股份有限公司的“鹏程”牌液态奶、雪糕、冰淇淋6个品牌13种产品，被省质量协会、企业联合会、企业家协会、工业经济联合会评定为山东省标志产品。天润曲轴有限公司的“天”牌曲轴、山东云龙绣品工业公司的“云龙”牌家纺床上用品，被评为山东省名牌产品。山东省艺达有限公司的“艺达”商标、文登奥文电机有限公司的“全赢”商标，被认定为山东省著名商标。

2004年，山东省艺达有限公司的“艺达”牌床上用品，被国家质量监督检验检疫总局评定为国家免检产品。山东万得集团有限公司的“万得”商标、山东威达机械股份有限公司的“PEACOCK”商标被认定为山东省著名商标。2005年，山东省艺达有限公司的“艺达”牌化纤被、山东云龙绣品工业公司的“云龙”牌化纤被，被中国名牌战略推进委员会评为中国名牌产品，实现文登市国家级名牌产品零的突破。威海恒大电机（集团）公司的“文宝”牌单相、三相异步电动机，高岛盐厂的“高岛”牌颗粒盐等7家企业产品，被评为山东省名牌产品。宏安集团有限公司的“七五”商标等被认定为山东省著名商标。2006年，威海恒大电机（集团）有限公司的“文宝”牌小功率电机获评中国名牌产品。威海恒大电机（集团）有限公司、山东万得集团有限公司、宏安集团有限公司、威海文隆电池有限公司4家企业产品，被评定为国家免检产品。威海高岛制盐有限公司的“高岛”商标、山东芸祥绣品有限公司的“芸祥绣品”商标、文隆电池有限公司的“有利”商标等6件产品商标，被认定为山东省著名商标。

2007年，山东芸祥绣品有限公司的床上用品被评为国家免检产品。山东万得集团有限公司的“万得”牌台布被评为中国名牌产品。山东芸祥绣品有限公司、山东万得集团有限公司等4家企业产品被评为山东省名牌产品。山东云龙绣品有限公司“云龙”商标、威海恒大电机（集团）有限公司“文宝”商标，被国家工商行政管理局认定为中国驰名商标。山东颐阳酒业有限公司的“文登学”商标，被认定为山东省著名商标。2008年，文登威力工具集团有限公司、文登市风机厂的产品被评为山东省名牌产品。山东万得集团有限公司的“WON & WON”商标，被认定为中国驰名商标。文登市双力板簧有限公司的“双力”商标、威海市龙鹏乳业有限公司的“龙鹏”商标，被认定为山东省著名商标。山东万得集团有限公司、山东芸祥绣品有限公司的产品，被商务部评为重点培育和发展的出口名牌。天润曲轴股份有限公司的“天”牌曲轴被评为中国优质名牌产品。2009年，文登奥文电机有限公司、文登市明池安全玻璃有限公司的产品被评为山东省名牌产品。天润曲轴股份有限公司的“天”商标被认定为中国驰名商标。

2010年，文登威力工具集团有限公司的“威达”牌管钳被评为山东省名牌产品。文登威力工具集团有限公司的MAXPOWER商标、山东东海塑胶有限公司的“华鲁”商标、天润曲轴股份有限公司的“天润及图”商标等4件产品商标被认定为山东省著名商标。2011年，山东芸祥绣品有限公司的“芸祥绣品”牌化纤被、山东万得集团有限公司的“贵安居”牌羽绒被、文登威力工具集团有限公司的“威达”牌通用大力钳等5家企业产品，被评为山东省名牌产品。文登威力工具集团有限公司的“威达”商标、文登鸿通管材有限公司的“鸿通图形”商标被认定为山东省著名商标。2012年，山东芸祥绣品有限公司的“一品绣及图”商标被认定为中国驰名商标。文登奥文电机有限公司的“奥文”商标、山东云龙绣品有限公司的“云龙及图”等6件商标被认定为山东省著名商标。天润曲轴股份有限公司“天”牌轮毂被评为山东省名牌产品。2013年，天润曲轴股份有限公司的“天”牌船用曲轴、威海市正大环保有限公司的“正大蓝天”牌烟气脱氟除尘净化器、威海市华塔建筑机械有限公司的“华塔”牌塔式起重机等7家企业产品，被评为山东省名牌产品。是年，文登市成为全省首批商标战略示范市。

1998—2013年，全市工业有6个产品被评为国家免检产品，有5件商标被认定为中国驰名商标，有4个产品被评为中国名牌产品，有37件产品商标被认定为山东省著名商标，有38个产品被评为山东省名牌产品。

2004—2013年文登市工业产品获评国家免检产品情况表

表10-4

序号	企业名称	产品名称	注册商标	获评时间
1	山东省艺达有限公司	床上用品	艺达	2004年9月
2	威海恒大电机（集团）有限公司	小功率电机	文宝	2005年12月

续表 10-4

序号	企业名称	产品名称	注册商标	获评时间
3	威海文隆电池有限公司	阀控式密封铅酸蓄电池	有利	2006 年 12 月
4	宏安集团有限公司	GYTA53、GYXTW 光缆	七五	2006 年 12 月
5	山东万得集团有限公司	窗帘	万得	2006 年 12 月
6	山东芸祥绣品有限公司	床上用品	一品绣	2007 年 12 月

2007－2013 年文登市工业产品商标被认定为中国驰名商标情况表

表 10-5

序号	企业名称	注册商标	认定年份
1	山东云龙绣品有限公司	云龙 YUNLONG	2007
2	威海恒大电机（集团）有限公司	文宝 WEN BAO	2007
3	山东万得集团有限公司	WON&WON	2008
4	天润曲轴股份有限公司	天润曲轴 TIANRUN CRANKSHAFT	2009
5	山东芸祥绣品有限公司	F&E 一品绣	2012

2005－2013 年文登市工业产品获评中国名牌产品情况表

表 10-6

序号	企业名称	产品名称	注册商标	获评时间
1	山东省艺达有限公司	化纤被	艺达	2005 年 9 月
2	山东云龙绣品有限公司	化纤被	云龙	2005 年 9 月
3	威海恒大电机（集团）有限公司	小功率电机	文宝	2006 年 9 月
4	山东万得集团有限公司	台布	万得	2007 年 9 月

1998－2013 年文登市工业产品商标被认定为山东省著名商标情况表

表 10-7

序号	单位	注册商标	认定年份
1	文登市金洋乳品集团有限公司	金洋	1998
2	山东云龙绣品有限公司	云龙	1998
3	山东黑豹股份有限公司	黑豹	1998

续表 10-7-1

序号	单位	注册商标	认定年份
4	山东曲轴总厂	天	1998
5	山东鹏程食品股份有限公司	鹏程	1998
6	山东铃兰味精工业公司	铃兰	2001
7	山东省艺达有限公司	艺达	2003
8	文登奥文电机有限公司	全赢	2003
9	山东万得集团有限公司	万得	2004
10	山东威达机械股份有限公司	PEACOCK	2004
11	威海恒大电机（集团）有限公司	文宝	2004
12	威海万丰建筑机械（集团）有限公司	万丰	2005
13	威海昆嵛啤酒有限公司	昆嵛	2005
14	威海市华塔建筑机械有限公司	华塔	2005
15	威海高岛制盐有限公司	高岛	2006
16	威海固恒建筑机械有限公司	固恒	2006
17	宏安集团有限公司	七五	2006
18	山东颐阳酒业有限公司	颐阳	2006
19	威海文隆电池有限公司	有利	2006
20	山东芸祥绣品有限公司	芸祥绣品	2006
21	山东颐阳酒业有限公司	文登学	2007
22	威海市龙鹏乳业有限公司	龙鹏	2008
23	文登市双力板簧有限公司	双力	2008
24	文登市明池安全玻璃有限公司	MINGCHI	2009
25	山东东海塑胶有限公司	华鲁	2010
26	天润曲轴股份有限公司	天润	2010
27	文登威力工具集团有限公司	MAXPOWER	2010
28	威海君利得食品有限公司	昆嵛山	2010

续表 10-7-2

序号	单位	注册商标	认定年份
29	文登鸿通管材有限公司		2011
30	文登威力工具集团有限公司	威达	2011
31	文登奥文电机有限公司	奥文	2011
32	山东云龙绣品有限公司		2012
33	山东万得集团有限公司	贵安居	2012
34	文登市凤凰婷装饰布有限公司		2012
35	文登市威力风机有限公司		2012
36	宏安集团有限公司		2012
37	山东芸祥绣品有限公司		2013

2000—2013 年文登市工业产品获评山东省名牌产品情况表

表 10-8

序号	企业名称	产品名称	注册商标	获评年份
1	山东威达机械股份有限公司	钻夹头	孔雀	2000
2	山东省艺达有限公司	床上用品	艺达	2002
3	天润曲轴有限公司	曲轴	天	2003
4	山东云龙绣品有限公司	床上用品	云龙	2003
5	文登市金洋乳品集团有限公司	奶粉	金洋	2004
6	文登威力工具集团有限公司	活动扳手	威达	2004
7	山东万得集团有限公司	床上用品	万得	2005
8	山东芸祥绣品有限公司	床上用品	一品绣	2005
9	威海市高岛盐场	颗粒盐	高岛	2005
10	山东颐阳酒业有限公司	文登学系列白酒	文登学	2005
11	威海昆嵛啤酒有限公司	啤酒	昆嵛	2005
12	威海恒大电机（集团）有限公司	三相异步电动机	文宝	2005
13	威海恒大电机（集团）有限公司	单相异步电动机	文宝	2005

续表 10-8

序号	企业名称	产品名称	注册商标	获评年份
14	山东威达机械股份有限公司	钻夹头	PEACOCK	2006
15	威海金颐阳药业有限公司	颐阳补酒	颐阳	2006
16	威海文隆电池有限公司	阀控式密封铅酸蓄电池	有利	2006
17	山东芸祥绣品有限公司	台布	一品绣	2007
18	威海万丰建筑机械（集团）有限公司	塔式起重机（QTZ63）型	万丰	2007
19	山东万得集团有限公司	台布	万得	2007
20	山东铃兰味精工业公司	味精	铃兰	2007
21	文登威力工具集团有限公司	断线钳	威达	2008
22	文登市威力风机有限公司	离心通风机系列	天福	2008
23	文登奥文电机有限公司	台式电动抛光工具	ALLWIN 奥文	2009
24	文登市明池安全玻璃有限公司	汽车安全玻璃	明池	2009
25	文登威力工具集团有限公司	管钳	威达	2010
26	文登威力工具集团有限公司	通用型大力钳	威达	2011
27	山东万得集团有限公司	羽绒被	贵安居	2011
28	天润曲轴股份有限公司	连杆	天	2011
29	文登奥文电机有限公司	三相异步电动机	ALLWIN 奥文	2011
30	山东芸祥绣品有限公司	化纤被	芸祥绣品	2011
31	天润曲轴股份有限公司	轮毂	天	2012
32	天润曲轴股份有限公司	船用曲轴	天	2013
33	文登威力工具集团有限公司	手动套筒扳手、套筒	威达	2013
34	山东芸祥绣品有限公司	台布	芸祥绣品	2013
35	山东万得集团有限公司	窗帘	家家纺	2013
36	山东芸祥绣品有限公司	床上亚麻制品	芸祥绣品	2013
37	威海市华塔建筑机械有限公司	塔式起重机	华塔	2013
38	威海市正大环保设备有限公司	烟气脱氟除尘净化器	正大蓝天	2013

第十一节　节能减排

2006 年，文登市按照国家要求，采取措施，实行目标责任制，做好节能减排任务分解和督查工作，确保实现“十一五”期末万元国内生产总值能耗比“十五”期末降低 20%、主要污染物排放减少 10% 的目标。2007—2009 年，市政府每年设立 500 万元节能减排专项资金，组织引导企业淘汰 11 项落后工艺，关停拆除 6 条立窑水泥、链条锅炉等落后生产线。全市万元 GDP 能耗下降 10.8%、水耗量下降 6%、电耗下降 16.8%。规模以上工业万元增加值水耗、能耗分别下降6.6%和10.7%。10家企业通过山东省和威海市资源综合利用认定，工业固体废物综合利用率达到95%。天润曲轴股份有限公司通过变频调速、智能控制等节能技术创新，取消钢轴毛坯回火，对铸造车间实施无钼球铁曲轴制造等工艺创新，年节能标煤5000吨。文登奥文电机有限公司投资5000万元，引进先进生产设备、组建科研队伍、构建设计平台和模型库，新开发节能产品比传统电机省电率提高5%。文登市西郊热电有限公司采用清洁生产工艺，水循环利用率提高至95%，水耗量由原来每天1500立方米降至600立方米，年节约一次水32万立方米。文登市热电厂等3家热电企业对粉煤灰和炉渣进行回收利用，年生产新型建材30万立方米、粉磨水泥100万吨，创经济效益8000万元。完成市污水处理厂二期扩建工程，污水日处理能力由4万吨提高至8万吨。文登市森鹿制革有限公司对含铬废水采取优势菌群、加碱沉淀等工艺处理，年削减化学需氧量604吨，在浸灰和鞣制工段进行废水循环利用，年节水23万立方米，减少化学需氧量256吨、氨氮排放量14.4吨。山东万得集团有限公司建立检验检测中心，新上污水处理系统，年减少废水排放量10万立方米，削减化学需氧量26吨。文登市双力板簧有限公司进行煤气炉节能技术改造，年削减二氧化硫排放128吨。在推进传统产业节能减排的同时，大力培育发展新能源和节能环保产业，新引进大唐风电、华硅新能源、金太阳新能源等一批新能源产业项目，对进一步优化产业结构、发展循环经济具有重要支撑作用。全市化学需氧量、二氧化硫排放量进一步下降，在全省率先提前完成“十一五”减排任务。2010年，全市设立500万元节能减排专项资金，关停所有立窑水泥生产线，淘汰32台（套）落后高耗能设备，推广节能灯5.7万只。组织申报国家和省重点节能技术改造项目9个，获奖励资金900万元。其中，天润曲轴股份有限公司节能环保型球铁曲轴铸造生产技术，采用计算机模拟等先进技术，控制铁水实际碳当量，减少气体排放，达到节能、降耗、减排目的，属国内首创，居国际先进水平，年节省资金5000万元，成为全省循环经济示范企业。文登市威力风机有限公司大中型轧钢加热炉专用系列节能环保型助燃风机，采用国内首创工业炉风机专用模型型谱，自主开发进口导叶调节技术，运行效率比国内同类产品提高5%，耗电量比国外同类产品降低10%，年可节能1.8万吨标准煤。

2011年，按照“控增量、减存量”要求，严守产业红线，杜绝“两高一资”（高耗能、高污染、资源性）项目，从源头上控制污染物增量；加大对重点排污和用能企业监管力度，对重点燃煤企业脱硫脱硝设施进行改造。淘汰老旧机动车，控制污染物排放，减少污染物存量。关停淘汰产污量大的工艺和设备，实施19个水污染物、8个大气污染物重点减排项目工程建设。对工业窑炉实施煤改气工程，从源头解决燃煤污染问题。启动实施城市污水处理厂升级改造工程、垃圾处理厂扩建工程。对市区10个污水直排口封堵改造，彻底解决污水未经处理直排河流问题。2012年，实施环保部与日本环境省合作的小城镇氨氮总量减排示范项目。加强重点耗能企业在线监管，强化畜禽污染防治，推进建筑领域节能，推动燃煤企业减排治理，加快能源替代工程建设。万元GDP能耗、取水量和化学需氧量、二氧化硫排放量等持续下降，环境质量进一步改善，全市空气质量优良率99%以上。文登市成为国家节水型城市、全国首批绿色能源示范市。

2013年，文登市森鹿制革有限公司投资1200万元，对含铬废水进行回收处理，年削减铬排放量100千克。威海岱韩特殊金属有限公司投资870万元，对电镀废水进行处理。山东万得集团有限公司投资2000万元，对印染废水进行深处理，年可削减化学需氧量10吨，氨氮1吨。全市城市污水处理率为97.01%，实现达标排放。全市淘汰建成区内6吨以下燃煤小锅炉，所有废气排放达标率均为100%。文登热电厂投资1500万元，新上低氮燃烧装置和实施烟尘治理再提高工程，年削减氮氧化物排放量900吨。威海市宝隆石油专材有限公司投资2250万元，对电弧炉废气进行治理，年可削减烟尘排放量2000吨。中航黑豹股份有限公司投资400万元，新上有机废气治理设施，对喷漆有机废气进行燃烧处理。文登市文胜玻璃有限公司投资3800万元，新上燃煤工业窑炉节能技术改造项目，年可节约煤炭3000吨。文登市森鹿制革有限公司投资800万元，对污水处理产生的恶臭气体进行集中收集处理。是年，全市年化学需氧量排放总量9826.46吨，氨氮排放总量896.75吨，二氧化硫排放总量4678.54吨，氮氧化物排放总量6913.68吨，与2010年相比，减排率分别为5.57%、4.10%、50.56%、-0.18%。文登市获国家生态市称号。

第十二节　镇村工业

80年代中后期，市委、市政府把发展乡镇工业作为振兴文登农村经济、提前实现小康的关键来抓，全市乡镇工业快速发展。进入90年代，以强化企业管理为主线，深化企业改革，发展外向型经济，实施技术改造与技术创新，不断开发新产品，全市乡镇企业整体素质和运行质量全面提高，经济总量迅速扩张，成为全市重要经济支柱。

1991年，全市镇属独立核算工业企业188家，职工2.24万人，固定资产原值合计4.03亿元，完成工业总产值14.69亿元，占全市工业总产值的35.7%。实现利润9014万元，占全市工业利润总额的57.66%。企业主要分布于农副产品加工、采矿及磷肥、农机具制修、建筑材料、生活服务5个行业。1992年始，市委、市政府先后印发《关于鼓励乡镇企业发展的若干规定》《关于鼓励乡镇企业出口创汇的有关规定》《关于鼓励科技人员到乡镇企业挂职的意见》《关于进一步加快镇村企业发展的意见》等文件。每年年初，市政府与各乡镇政府签订目标管理责任书，把对乡镇工业的考核放在突出位置。对乡镇、村，按照完成工业产值和利税情况、外贸出口交货值年增长数额、建立“三资”企业（外商独资、中外合资、中外合作企业）数量、镇村企业技改投入等方面进行考核，对达标单位和贡献突出的厂长（经理），分别给予不同奖励。1992年，文登市被评为全国乡镇企业百强县。1994年，文登市被农业部授予乡镇企业发展好、对社会贡献大称号。

1995年，全市镇属独立核算工业企业150家，占全市乡镇以上工业的51.6%。职工2.31万人，占乡镇以上工业的31.9%。固定资产原值11.08亿元，占乡镇以上工业的32.8%。完成工业产值62.11亿元，占全市工业总产值的31.6%，占镇办以上工业总量的48%。实现利润4.24亿元，占镇办以上工业利润总额的52.1%。村办工业企业669家，职工3.45万人，企业自有资金3.93亿元。完成工业总产值46.61亿元，占全市工业总产值的23.7%。实现产品销售收入34.96亿元，上缴税金5800万元。镇村工业完成工业总产值占全市工业总产值的55.3%。

2000年，全市镇村工业企业771家，职工6.73万人。其中，镇办企业192家、职工3.28万人，村办企业579家、职工3.45万人，拥有固定资产原值合计56亿元。完成工业总产值344.3亿元，其中镇办工业230亿元、村办工业114.3亿元。实现利税34.5亿元，其中镇办工业22.5亿元、村办工业12亿元。完成出口交货值76.9亿元，其中镇办工业58亿元、村办工业18.9亿元。全市镇办工业企业产品销售收入过1亿元的企业32家，利税过1000万元的企业34家，其中宏安集团有限公司、文登市汪牌啤酒集团公司2家企业利税过1亿元。村办企业产值过1000万元或利税过100万元以上的企业有108家。乡镇工业新上外资和港澳台资项目41个，占全市新批准项目的75%。实际利用外资2146.15万美元，占全市利用外资总额的57.4%。外资和港澳台资企业自营出口创汇9299万美元，占全市出口创汇总额的77.3%，全市乡镇工业形成机械、化工、食品、纺织、建材5大支柱行业。随着全市工业体制改革深入发展，镇村工业进行企业改革，改制后企业由集体所有制变更为股份制企业或私营企业。2004年，各乡镇利用外资和港澳台资项目

178个，合同利用外资9.07亿美元，实际利用外资4.7亿美元，进出口贸易总额完成10.6亿美元。全市镇村外资和港澳台资企业累计662家。

2005年，全市镇村工业企业551家，完成工业总产值919.27亿元，其中，规模以上企业完成811.45亿元。实现利税52.47亿元，其中规模以上企业实现44.91亿元。实现利润45.45亿元，其中规模以上企业实现39.05亿元。至年末，全市所有的镇村工业企业全部完成改制工作。镇村工业企业先后分别核定为大、中、小、微型企业和规模以上企业，分别被纳入市经贸局和市中小企业局管理，融入全市工业体系。

第二章 机电五金工具业

1991年，境内机电五金工具业有文登威力工具（集团）有限公司、文登市通讯电缆厂、文登市电机厂、山东机床附件厂文登分厂、文登市第二电机厂等企业24家。1995年，全市镇以上独立核算机电五金工具业企业42家。其中，金属制品企业20家，电气机械及器材制造企业22家。2001年，全市规模以上机电五金工具业企业31家。其中，金属制品企业14家，电气机械及器材制造企业17家。2006年，全市突出发展机电工具业产业集群，行业中企业分类有调整。2009年，全市规模以上机电工具业企业有文登威力工具集团有限公司、山东威达机械股份有限公司、威海文隆电池有限公司、文登奥文电机有限公司、威海市泰富西玛电机有限公司、文登三星制针有限公司、威海市盛源电力变压器有限公司等75家，从业人员2.85万人，固定资产净值合计34.19亿元。主导产品年产量：金属切削机床2.52万台、变压器7.13万千伏安、液压元件9131件、不锈钢日用制品398吨、钻夹头4000万只、交流电动机185.76万千瓦、电力电缆1.49万千米。名牌产品有“MAXPOWER”牌活扳手、“孔雀”牌钻夹头、“文宝”牌单相及三相小功率异步电动机、“有利”牌阀控式密封铅酸蓄电池等。完成工业总产值313.54亿元、出口交货值19.39亿元，实现利税15.36亿元、利润9.16亿元。2010年，文登市机电工具产业集群跻身中国产业集群竞争力100强行列。2011年8月，中国·文登国际五金交电产品暨装备博览会在文登召开。2013年，全市规模以上机电五金工具业企业有文登威力工具集团有限公司、山东威达机械股份有限公司、威海文隆电池有限公司、文登奥文电机有限公司、威海市泰富西玛电机有限公司、威海市盛源电力变压器有限公司、山东昆嵛电缆有限公司、威海岱韩特种金属有限公司、文登市亚钛金属制品有限公司、文登信亚机电有限公司、文登珍迎机电有限公司等71家，从业人员3.03万人，固定资产合计99.65亿元。主导产品年产量：变压器1.46万千伏安、液压元件1.25万件、交流电动机197.93万千瓦、电力电缆1.22万千米等。完成工业总产值453.24亿元、工业销售产值451.69亿元、出口交货值13.65亿元，实现利税30.42亿元、利润17.89亿元。为全市工业三大产业集群之一。文登市被命名为山东省优质工具产品生产基地。

第一节 金属制品

1991年，境内金属制品企业有文登威力工具（集团）有限公司、山东机床附件厂文登分厂、文登市初村钣金厂等18家，职工4111人。1995年，有企业20家，固定资产原值合计1.08亿元，实现产品销售收入3.78亿元、利税5096万元、利润3194万元，完成出口交货值6680万元。2001年，全市规模以上金属制品企业有文登威力工具总厂、山东威达机械股份有限公司、文登市工具二厂等14家。其中，金属结构制造企

图 10-1　2011 年 8 月 19 日，中国·文登国际五金交电产品暨装备博览会在文登市会展中心开幕。

业 1 家，工具制造企业 4 家，建筑用金属制品企业 6 家，金属表面及热处理企业 2 家，日用金属制品企业 1 家。职工 3534 人，固定资产净值合计 1.22 亿元。主导产品年产量：金属结构制品 868.5 吨、金属切削工具 561.99 万件、手工工具 2848.43 万支、金属制包装物品 150 吨、钢丝网 1553 吨、建筑用金属品 185 吨、日用不锈钢制品 118 吨。名牌产品有威达牌活扳手。完成工业总产值 14.28 亿元、出口交货值 4.4 亿元，实现产品销售收入 12.16 亿元、利税 1.32 亿元、利润 9349 万元。2006 年，全市规模以上金属制品企业有文登威力工具集团有限公司、山东威达机械股份有限公司、文登市工具二厂等 20 家，从业人员 1.25 万人，固定资产净值合计 5.44 亿元。主导产品年产量：金属切削工具 414.98 万件、手工工具 8201.39 万支、液压元件 8220 件、日用不锈钢制品 367 吨、钢材 240 万吨、粉末冶金制品 5700 万套。完成工业总产值 28.80 亿元、工业销售产值 27.26 亿元、出口交货值 7.10 亿元，实现利税 3.08 亿元、利润 2.36 亿元。2013 年，全市规模以上金属制品企业有文登威力工具集团有限公司、山东威达机械股份有限公司、威海岱韩特种金属有限公司、文登市亚钛金属制品有限公司等 17 家，从业人员 7900 人，固定资产合计 11.44 亿元。完成工业总产值 49.38 亿元、工业销售产值 48.95 亿元、出口交货值 9.89 亿元，实现利税 4.83 亿元、利润 2.88 亿元，为全市工业骨干行业之一。

文登威力工具集团有限公司　始建于 1968 年，时称文登县五金厂，位于米山路 103 号。1973 年，更名为文登县工具厂，开始生产活扳手。1988 年，与香港国际招商贸易投资有限公司合资，成立文登威力工具（集团）有限公司。1996 年，在全国同行业首家通过 ISO 9001 质量管理体系认证，取得韩国 KS、日本 JIS、德国 VPA/GS、ISO 14001 环境管理、OHSAS 18001 职业健康安全管理等体系认证。获中国轻工业出口创汇优秀企业、全国五金制品优秀企业等称号。1999 年，改制为股份合作制企业，更名为文登威力工具总厂。2004 年，更名为文登威力工具集团有限公司。2007 年，公司迁至经济开发区深圳路 8 号。2009 年，被认定为国家级高新技术企业。2010 年，被评选为省级工业旅游示范点。2011 年 9 月，以文登威力工具集团有限公司为母公司，以文登迈泊工具有限公司、文登威力高档工具有限公司、文登市威力风机有限公司、文登环保设备有限公司为子公司的企业集团成立。公司占地面积 66 公顷，建筑面积 33 万平方米，从业人员 3500 人，总资产 5.7 亿元。主导产品有活扳手和钳类等手动工具、气动工具和射频识别（RFID）印刷及包装一体机、木工雕刻机、风机、除尘设备等，注册商标“MAXPOWER 迈泊”“威达 WD & WL”，为国内最大的手工工具生产基地，产品远销欧洲、美洲、非洲及东南亚等 80 个国家和地区。设立山东省五金工具技术研究中心、山东省特种风机技术工程研究中心。2012 年 10 月，企业技术中心被认定为国家级企业技术中心。2013年，完成工业销售产值7.89亿元，实现利税9521万元。

山东威达机械股份有限公司　始建于1977年，时称藺山水泥制品厂。1984年，更名为文登县散热器材厂。1988年3月，与山东机床附件厂联合，成立山东机床附件厂文登分厂，转产钻夹头产品。1993年，更名为山东威达机床工具集团公司。1997年，通过ISO 9001质量管理体系认证。自行研发的3款轻型手紧钻夹头获国家专利。1998年5月，以发起设立方式成立山东威达机械股份有限公司。2000年，为国内最大钻夹头生产厂家。2004年7月，公司在深圳证券交易所上市，时为山东省第一家中小企业板块上市公司。企业位于藺山镇中韩路2号，占地面积110公顷，厂房建筑面积20万平方米，总资产10亿元。辖9个子公司，有职工3000人，有自营进出口权。公司累计申请国内专利122项、国外专利40项。获专利授权81件，其中中国发明专利3件、国外专利9件。“PEACOCK”商标被认定为山东省著名商标，“PEACOCK”牌钻夹头被评为山东名牌产品。产品国内市场占有率达50%、国际市场占有率达30%。2007年5月，与德国ROHM夹具股份有限公司合资成立威达雷姆机械有限公司，生产高档钻夹头。2010年，公司以自有资金2000万元收购上海拜聘电器有限公司全部股权。是年，完成工业销售产值4.82亿元、出口交货值2.28亿元，实现利润5084.17万元。2008年，子公司锯片厂和粉末厂留驻文登经济开发区，主公司转至威海工业新区。

图10-2　山东威达机械股份有限公司生产的直径2.6米石材锯片基体（2010年8月19日摄）

第二节　电气机械和器材制造

1991年，境内电气机械和器材制造企业有文登市电机厂、文登市通讯电缆厂等10家，职工1616人。1995年，有企业22家，固定资产原值合计2.17亿元，实现产品销售收入10.78亿元、利税1.60亿元、利润1.01亿元，完成出口交货值2.55亿元。2001年，全市规模以上电气机械及器材制造企业有宏安集团有限公司、威海文隆电池有限公司、威海恒大电机（集团）有限公司等17家。其中电机制造企业3家，输配电及控制设备制造企业4家，电工器材制造企业7家，日用电器制造企业2家，照明器具制造企业1家。职工4982人，固定资产净值合计3.50亿元。主导产品年产量：交流电动机147.04万千瓦、变压器14.35万千伏安、电力电缆1337千米、通信电缆684.95万千米、电线2.33万千米、蓄电池32.45万千伏安时。名牌产品主要有“七五”牌通信电缆、“有利”牌阀控式密封铅酸蓄电池、“恒大”牌电动机等。完成工业总产值51.48亿元，实现产品销售收入41.69亿元，完成出口交货值9.32亿元，分别占全市规模以上工业企业的15.7%、15.6%和10.4%。实现利税4.44亿元、利润3.12亿元，分别占全市规模以上工业企业的15%和14.7%，主要经济技术指标居全市工业各行业之首。2006年，全市规模以上电气机械及器材制造企业有宏安集团有限公司（2007年以后移至电子及通信设备制造业统计）、威海文隆电池有限公司、威海恒大电机（集团）有限公司等32家。职工1.5万人，固定资产净值合计9.62亿元。主导产品年产量：交流电动机158.22万千瓦、变压器28.59万千伏安、电力电缆5187.1千米、通信及电子网络用电缆202.49万对千米、蓄电池3.67万千伏安时。完成工业总产值125.87亿元、工业销售产值124.84亿元、出口交货值22.86亿元，实现利税5.77亿元、利润4.32亿元。2013年，全市规模以上电气机械及器材制造企业有威海泰富西玛电机有限公司、文登奥文电机有限公司、山东昆嵛电缆有限公司、威海文隆电池有限公司、文登信亚机电有限公司、文登珍迎机电有限公司、威海市盛源电力变压器有限公司等32家，从业人员1.35万人，固定资产合计52.98亿元。完成工业总产值216.64亿元、工业销售产值216.44亿元、出口交货值3.76亿元，实现利税11.33亿元、利润6.91亿元。为全市工业骨干行业之一。

文登奥文电机有限公司　1986年，为文登县技工学校实习工厂，时称文登县电机厂。1996年，通过ISO 9001质量管理体系认证，获全国首批机电产品出口质量认证。1998年，改制为股份制企业。2001年，兼并原文登机械设备总公司。2003年，更名为文登奥文电机有限公司。2010年，被认定为国家级高新技术企业。2011年，公司由环山路62号迁至昆嵛北路196号。厂区占地面积18.7公顷，建筑面积7.5万平方米，总资产3.15亿元。辖4个生产工厂、2个合资企业，从业人员1280人。是生产分马力电机、电动工具专业厂家。主导产品包括单相、三相异步电动机、砂轮机、砂盘机、砂带砂盘机、集尘器、花园粉碎机、点币机等30个系列1000个规格品种，产品销往美国、英国、日本等20个国家和地区。取得长城中国电工产品安全认证和CCC认证及美国UL、加拿大CSA、德国GS、欧洲CE认证等，获国家专利40余项。公司列入国家节能产品、惠民工程高效电机推广企业目录，参加9项国家及行业标准的编制修订工作。2013年，完成工业销售产值2.78亿元，实现利润1600万元，缴税1530万元，出口创汇3500万美元。

山东昆嵛电缆有限公司　始建于1984年，时称文登县电缆厂，隶属于西楼集团有限公司，位于珠海西路42号。1991年，厂区占地面积5.79公顷，建筑面积1.8万平方米，职工238人，固定资产总值1.3亿元，为山东省重点工业电力电缆生产厂家。主导产品有额定电压450～750伏及以下聚氯乙烯绝缘电线、电缆、1～35千伏挤包绝缘电力电缆、10千伏架空绝缘电缆、0.6～1千伏及以下铜芯绝缘预制分支电缆等10余类电力电线、电缆。1996年，获国家强制认证证书。1999年，通过ISO 9001国际质量体系认证。2003年，取得山东省免检产品证书。2007年，公司及产品被评为全国电网建设与改造所需产品选型集团推介企业、中国质量万里行合格知名品牌。2010年6月，更名为山东昆嵛电缆有限公司。获中国船级社质量体系认证证书，被国家经贸委列入第二批全国城乡电网建设与改造所需主要设备产品及生产企业推荐目录。2013年，从业人员178人，完成工业销售产值1.6亿元，实现利税1796万元、利润1000万元。

图10-3　文登奥文电机有限公司电机生产车间（2013年6月27日摄）

威海文隆电池有限公司　始建于1991年10月，时称文登密闭蓄电池厂。1992年6月，与新加坡隆都实业有限公司合资，改称为威海文隆电池有限公司。公司位于葛家镇小英村北，占地面积7.5公

图 10-4　威海文隆电池有限公司阀控式密封铅酸蓄电池生产车间（2000 年 3 月 18 日摄）

顷，建筑面积 4.2 万平方米，总资产 1.46 亿元，职工 306 人，有自营进出口权。下设文登市有利成套电源设备有限公司、山东特种电源工程技术研究中心（省级）。主导产品有化学电源、电子电源 9 大类 240 余种规格型号，年生产能力 28 万千伏安时，广泛应用于铁路、电信、石油、国防等行业。产品畅销国内市场，出口韩国、德国、美国等 10 余个国家和地区。固定型阀控式密封铅酸蓄电池、CA 型储能用铅酸蓄电池和 GZDW 型微机监控高频开关直流电源柜，被科技部列为国家重点新产品。公司获中国专利山东明星企业、山东省免检产品企业等称号。1996 年 8 月，被国家科委认定为国家火炬计划重点高新技术企业。2001 年，通过 ISO 14001 环境管理体系认证和 2000 版 ISO 9001 质量管理体系认证。2008 年，固定型阀控式密封铅酸蓄电池被评为山东省自主创新产品，公司被认定为国家级高新技术企业。2013 年，完成工业销售产值 2.84 亿元、出口交货值 7251 万元，实现利税 2728 万元、利润 2046 万元。

第三章　机械工业

第一节　汽车及零部件制造

1991 年，境内汽车及零部件制造企业有文登市汽车改装厂、文登市肉类机械厂等 5 家。1992 年，文登市肉类机械厂更名为山东文登农用运输车厂，列入机械工业部农用运输车定点生产企业，时为国内 0.5 吨农用运输车生产规模最大厂家。1994 年，文登市平板弹簧厂新建 1 条汽车板簧生产线，为载重卡车厂配套。1995 年，山东文登黑豹股份有限公司（原山东文登农用运输车厂）实现产品销售收入 5.03 亿元、利税 1.23 亿元，经济效益列全省机械工业行业首位。是年，全市汽车及零部件制造企业有山东文登黑豹股份有限公司、文登市汽车改装厂、文登市汽车制动器厂、文登市平板弹簧厂等企业 5 家，职工 3353 人。实现产品销售收入 7.15 亿元、利税 1.41 亿元、利润 1.21 亿元。年制造农用运输车 3.31 万辆、农用机动三轮车 397 辆。2004 年，东安黑豹股份有限公司（原山东文登黑豹股份有限公司）增加生产皮卡车、SUV 旅行车、工程自卸车、低速货车等系列产品，入选全省汽车工业重点企业，享受政策和资金优先扶持。2006 年，全市规模以上汽车及零部件制造企业 15 家，从业人员 4987 人，固定资产净值合计 4.15 亿元。主导产品年产量：农用运输机械 5910 台、载货汽车 1.71 万辆。完成工业总产值 35.80 亿元、工业销售产值 36.90 亿元、出口交货值 9.19 亿元，实现利税 1.29 亿元、利润 0.74 亿元。2013 年，全市规模以上汽车及零部件制造企业有中航黑豹股份有限公司（原东安黑豹股份有限公司）、文登市鼎泰机械有限公司、文登市双力板簧有限公司、德瑞博新能源汽车制造有限公司、文登大世汽车配件有限公司、文登市嘉和车桥有限公司等10家。其中，汽车整车制造企业1家，电车制造企业1家，汽车车身、挂车制造企业1家，汽车零部件及配件制造企业7家，从业人员4100人，固定资产合计9.42亿元。年产低速载货汽车3.45万辆、弹簧950吨。完成工业总产值30亿元、工业销售产值29.73亿元、出口交货值300万元，实现利税1.75亿元、利润1.04亿元。

中航黑豹股份有限公司 前身为文登肉类机械厂。1990年，开始生产农用运输车。自主研发的黑豹0.5吨系列产品，是载入全国货车目录的0.5吨四轮低速货车。1992年，改称山东文登农用运输车厂。1994年，经股份制改造，成立山东文登黑豹股份有限公司。1996年，更名山东黑豹股份有限公司。8月，在上海证券交易所上市。2003年，与哈尔滨东安发动机集团公司实现资产重组。2004年，改称东安黑豹股份有限公司。2010年，东安黑豹股份有限公司与中国航空工业集团公司实现资产重组，更名为中航黑豹股份有限公司。公司位于龙山路107号，占地面积96.4公顷，建筑面积29.5万平方米，从业人员2040人，其中专业技术人员500人，总资产11.8亿元。主导产品为黑豹牌微型载货汽车、轻型载货汽车、皮卡车、工程自卸车、低速载货货车等，年整车生产能力10万辆。产品行销全国各地，远销中亚、东南亚及非洲国际市场。公司通过国家“3C”产品质量认证和ISO 9001：2000质量管理体系认证，设有省级企业技术开发中心，拥有国家专利41项、山东省技术创新优秀成果9项，被授予山东省机械工业百强企业和山东省高新技术企业等称号。2013年，完成工业销售产值9.04亿元，实现利润714万元，缴税484万元。

文登市双力板簧有限公司 始建于1954年，时称高村镇铁木业生产合作社。1983年，称文登县平板弹簧厂。1998年，改为股份制企业，更名为文登市双力板簧有限公司。公司位于高村镇河西村南，占地面积17公顷，建筑面积8万平方米，职工635人，总资产2.7亿元。下辖炼钢厂、轧钢厂、制簧厂、运输公司、汽车大修厂，为全国板簧生产行业唯一集炼钢、轧钢、制簧于一体的生产企业。公司通过ISO 9001：2000和ISO/TS 16949：2002质量管理体系认证，有自营进出口权。产品有5个系列30余个规格型号，为北汽福田、时风集团、中航黑豹等汽车生产企业的配套生产厂家。2007年，投资1.2亿元，新上2套中频炉、2套315和350轧机。2008年，投资7800万元，新建1.1万平方米厂房及新上2条重卡汽车板簧生产线，年提高板簧生产能力3万吨。2013年，从业人员456人，完成工业总产值2.20亿元、工业销售产值1.85亿元，实现利税1030万元。

图10-5 文登市双力板簧有限公司汽车钢板弹簧生产线（2010年9月22日摄）

第二节 通用设备制造

1991年，境内通用设备制造企业有文登曲轴厂、文登市农业机械厂、文登市轴承厂、文登市锅炉厂等15家，职工4555人。1995年，有山东曲轴总厂、文登市轴承厂、文登市起重机厂等企业26家，固定资产原值合计3.16亿元，实现产品销售收入10.54亿元、利税1.24亿元、利润9008万元，完成出口交货值8263万元。2001

年，全市规模以上通用设备制造企业有天润曲轴有限公司、文登市减震器厂、威海华皋环保（集团）有限公司、文登恒利桩工机械有限公司、文登升力机械股份有限公司等20家。其中，锅炉及原动力机械制造企业3家，金属加工机械制造企业3家，通用设备制造企业6家，轴承、阀门制造企业1家，其他通用零部件制造企业3家，铸锻件制造企业3家，其他普通机械制造企业1家，职工8399人，固定资产净值合计5.49亿元。主导产品年产量：叉车20台、工业锅炉4138蒸发量吨、起重设备886吨、风机2339台、轴承41.9万套、阀门1678吨、铸件4.48万吨。名牌产品有“天”牌内燃机曲轴，“天福”牌风机、除尘器等。完成工业总产值32.88亿元、出口交货值3.85亿元，实现产品销售收入26.64亿元、利税3.27亿元、利润2.30亿元。2006年，全市规模以上通用设备制造企业16家，从业人员1.61万人，固定资产净值合计14.31亿元。主导产品年产量：叉车31台、工业锅炉9361蒸发量吨、起重设备1.66万吨、铸铁件8.55万吨、液体泵27.26万台。完成工业总产值86.79亿元、工业销售产值85.93亿元、出口交货值2.55亿元，实现利税7.01亿元、利润4.93亿元。2013年，全市规模以上通用设备制造企业有天润曲轴股份有限公司、文登市金丰起重机械制造有限公司、威海市正大环保设备股份有限公司、文登市威力风机有限公司、文登市锅炉制造有限公司等26家，从业人员1.02万人，固定资产合计73.47亿元。完成工业总产值147.18亿元、工业销售产值144.76亿元、出口交货值4.38亿元，实现利税11亿元、利润6.61亿元。为全市工业骨干行业之一。

天润曲轴股份有限公司 1982年，称山东文登曲轴厂，开始生产曲轴和铸铁件。1993年，更名为山东曲轴总厂，国有中（一）型企业。1995年，与香港鸿运贸易有限公司合资成立文登天润曲轴有限公司，厂区占地面积38.4公顷，建筑面积8.25万平方米，职工2062人，固定资产7823万元。1996年，合资方变更为美国美林集团公司。1999年，更名为天润曲轴有限公司。2002年，建立国家博士后科研工作站。曲轴工程技术研究中心被认定为全国曲轴行业首个国家级开发技术中心。2005年，在全国同行业首个通过ISO/TS 16949：2002质量管理体系认证。2007年，经股份制改造，更名为天润曲轴股份有限公司。2008年，公司被认定为国家级高新技术企业，“天”牌曲轴被评为中国优质名牌产品。公司由横山路5号迁至天润路2-13号。厂区占地面积86.8公顷，从业人员2800人，其中各类专业技术人员800人，总资产44亿元。下辖文登恒润锻造有限公司、南海铸锻基地和潍坊分公司，主要业务领域涉及内燃机动力零部件和铁路设备的生产和加工。主营业务范围包括船机、重型和中轻型货车、轿车曲轴，以及连杆、铸件、锻件等7个类别。2009年8月，公司在深圳证券交易所A股上市。2010年9月，设立院士工作站。2011－2012年，完成康明斯、奔驰、卡特彼勒、约翰迪尔、潍柴、锡柴、上柴等高端主机厂的137种新产品开发。组建山东省发动机用曲轴连杆重点实验室，实施“泰山学者”岗位项目建设。公司被认定为国家“863”计划CIMS工程应用示范企业、中国汽车零部件百强企业。通过

图10-6 天润曲轴股份有限公司万吨锻造生产线（2013年5月6日摄）

ISO 9002质量管理体系认证、QS 9000质量体系认证、TS 16949国际质量体系认证和ISO 14001环境管理体系认证。“天”商标被认定为中国驰名商标。2013年，从业人员2900人，完成工业总产值21.30亿元、工业销售产值19.11亿元，实现利税9400万元、利润8500万元。

威海市正大环保设备股份有限公司 成立于2002年7月，原名为文登市正大环保设备有限公司，位于环山工业园环兴路6号。是集设计、开发、生产通风除尘、烟气治理系统等产品于一体的环保专业设备制造企业。厂区占地面积6公顷，建筑面积2.2万平方米，职工220人，总资产1.2亿元。主要生产高压静电、旋风、布袋、洗涤式四大类别除尘器及普通离心风机，国内市场占有率达30%。建有省级企业技术中心和山东省冶金除尘工程技术研究中心。获发明专利2项、实用新型专利5项、外观设计专利1项、科技成果20项。多次承担国家火炬计划、国家科技型中小企业创新基金、山东省自主创新成果转化专项计划等重大专项项目，主导产品电解铝烟气净化系统、碳素焙烧烟气净化系统获山东省优秀科技成果一等奖。公司通过ISO 9001：2008质量管理体系认证、ISO 14001环境管理体系认证、GB/T 28001-2001职业健康安全管理体系认证和山东省环保产品使用认定，被评为山东省百强民营企业。2005年6月，改称威海市正大环保设备有限公司。2008年，公司被认定为国家级高新技术企业。2013年12月，更名为威海市正大环保设备股份有限公司。从业人员167人，完成工业总产值9000万元、工业销售产值7186万元，实现利税1915万元、利润1527万元。

第三节 专用设备制造

1991年，境内专用设备制造企业有文登市肉类机械厂、文登市春华木工机械总厂、文登市通用机床厂、文登市天圆钻床厂、文登市模具厂等11家，职工2639人。主要产品有屠宰联合机、木工机械、通用机床、各种模具等。1995年，有企业15家，固定资产原值合计1.99亿元，实现产品销售收入8.92亿元、利税1.57亿元、利润1.31亿元，完成出口交货值4450万元。2001年，全市规模以上专用设备制造企业有文登鸿通管材有限公司、文登市加力农用车集团有限公司、文登市车辆总厂、文登市纺织器材总厂等12家。其中，石化及其他工业专业设备制造企业1家，轻纺工业专用设备制造企业3家，农林牧渔水利机械制造企业7家，专用设备制造企业1家，职工4883人，固定资产净值合计4.01亿元。主导产品年产量：粮食加工机械1.41万台，包装机械5200台，小型拖拉机13.5万台。2006年，全市规模以上专用设备制造企业有文登鸿通管材有限公司、威海市宝隆石油专材有限公司、文登市黎明机械厂等31家，从业人员7028人，固定资产净值合计2.6亿元。完成工业总产值45.75亿元、工业销售产值45.43亿元、出口交货值6.57亿元，实现利税3.98亿元、利润2.88亿元。2013年，全市规模以上专用设备制造企业有威海市宝隆石油专材有限公司、文登鸿通管材有限公司等22家，从业人员8900人，固定资产合计35.23亿元。完成工业总产值187.22亿元、工业销售产值186.30亿元，实现利税14.26亿元、利润8.10亿元。为全市工业骨干行业之一。

威海市宝隆石油专材有限公司 2004年，福州客商投资2.1亿元在文登创立威海见龙钢铁有限公司。2005年11月，山东墨龙石油机械股份有限公司出资1.8亿元整体收购威海见龙钢铁有限公司，成立威海市宝隆石油专材有限公司。公司位于高村镇万家村南，占地面积15.86公顷，建筑面积3.2万平方米，从业人员386人。有30吨电炉2座（设计年生产能力20万吨）。2006年，投资1000万元新上VOD真空氩氧精炼炉和30万吨电弧炉，配套连铸电磁搅拌和液面自动控制系统，主要生产具有国际先进水平的超级十三铬圆钢。2007年6月，公司通过山东墨龙石油机械股份有限公司在香港联交所间接上市。是年，实现工业销售产值10亿元，缴税2958万元。2008年，投资2亿元实施专用无缝管材生产项目。

2010年，投资2800万元，对原有炼钢、连铸、轧钢3个车间进行全面改造升级，钢坯产量由4.2万吨提高至12万吨。2013年，完成工业销售产值3.5亿元，实现利税619万元。

文登鸿通管材有限公司　始建于1994年，时称文登市富和管材有限公司。2001年，与香港鸿沛国际有限公司合资成立文登鸿通管材有限公司，生产新型塑料合金复合管，主要用于油田生产。企业通过ISO 9001：2000质量管理体系认证。2002年，与新疆克拉玛依市华隆实业总公司共同出资1500万元成立华隆鸿通管材公司。2004年，成立胜利油田鸿通管材有限公司。2005年，公司产品压力管道获国家质检局“中华人民共和国特种设备制造许可证”。2008年，通过美国石油协会API Q1认证。2009年，配合企业改制上市，香港鸿沛国际有限公司进行股权转让，退出合营公司，企业变更为内资企业。2010年，被认定为国家级高新技术企业。设有鸿通院士工作站和山东省塑料合金防腐蚀复合管工程技术研发中心，被山东省政府授予先进民营企业称号。牵头承担国家“863”计划海洋深水非金属材料复合管研制项目，突破非金属铠装层设计制造技术，制约国内深海油气勘探开发关键技术和装备等重要瓶颈问题得以解决。主导产品高压高温塑料合金复合管材被评为国家重点新产品。2013年，公司位于经济开发区广州路87号，占地面积4.66公顷，建筑面积2.8万平方米，从业人员235人，其中专业技术人员80人，总资产1.5亿元。完成工业销售产值5000万元，实现利税1000万元。

图10-7　文登鸿通管材有限公司生产的非金属合金复合管材产品（2013年12月7日摄）

第四节　船舶制造

1991年，境内船舶制造企业有文登市造船厂、文登市前岛渔业公司造船厂、文登市庆顺渔业公司造船厂3家。经过发展，文登市造船厂和前岛渔业公司造船厂可建造与维修735千瓦以下钢质渔船，庆顺渔业公司造船厂可建造与维修400千瓦以下钢质渔船。1992年，文登市埠口渔业公司造船厂成立，可建造与维修60千瓦以下木质渔船。1995年，境内船舶制造企业设计制造的350～450千瓦大功率钢壳渔船，除满足当地需求外，还销往日照、大连、江苏、河北等地。文登市前岛渔业公司造船厂建造的首对渔船出口朝鲜。全市船舶制造企业固定资产合计5800万元，建造机动渔船71艘，完成工业总产值9666万元。1997年，为保护鱼类资源，压缩捕捞规模，国家对渔船实行总量控制，造船数量有所减少。1998年，随着捕捞作业逐步向外海发展，南下捕捞生产渔船不断增加，原有136千瓦、198千瓦等拖网渔船不能适应远洋作业。境内各船舶制造企业调整生产结构，扩大生产能力。文登市造船厂对照一类渔场作业标准，改进船型，增加冷冻设备，制造冷冻保鲜渔船。2000年，全市船舶制造企业固定资产合计9485万元，完成造船1.5万载重吨，完成工业总产值1.37亿元。

2006年，文登市造船厂完成造船2.04万载重吨，完成工业总产值4220万元，实现利税160万元。是年，韩商投资成立文登金梁濑船舶配件有限公司，主要建造海洋构造物、船舶构造物、船段和船用零配件，年产500万件，产品全部出口日本、韩国，为全市首家较大规模外商独资造船企业。2007年5月，威海白云船舶制造有限公司成立，承接船舶和海洋工程船体分段、生活区模块、生产模块、生活起重和工作驳船等项目，具备年10万吨钢结构船生产能力。2009年，全市规模以上船舶制造企业5家。其中，金属船舶制造企业3家，娱乐船、运动船的建造和修理企业1家，船用配套设备制造企业1家。从业人员800人，完成造船9272载重吨。完成工业总产值13.47亿元、出口交货值4200万元，实现利税2600万元。2013年，全市规模以上船舶制造企业有文登市海通造船有限公司、文登金梁濑船舶配件有限公司、威海白云船舶制造有限公司、威海海安游艇有限公司等5家。其中，金属船舶制造企业2家，船用配套设备制造企业3家。从业人员1100人，固定资产合计6.07亿元，完成造船7079载重吨。完成工业总产值17.66亿元、出口交货值8.42亿元，实现利税7000万元。

文登市海通造船有限公司 始建于1958年，时称文登县造船厂，为全县最早成立的国有专业造船企业。厂区位于埠口港区内，占地面积16公顷，建筑面积16万平方米。1991年，可制造中小型钢质、木质、玻璃钢质船舶及渔网、网绳、网线等系列产品。1995年，有职工244人，固定资产原值1802万元，完成工业总产值4008万元，实现利税1083万元。1998年，建造大功率钢质渔船34艘、木质渔船22艘、维修渔船420艘。1999年，改制为股份合作制企业。2008年，更名为文登市海通造船有限公司。从业人员220人，固定资产总值5000万元。辖埠口造船厂、长会口造船厂、网厂和彩印厂4个分厂。建有2座千吨级横移坞道和1座船舶舾装码头，可制造自重3000吨级以下各类渔船、货船、商船、油轮、冷藏运输船、游艇、钓鱼船、快艇等，同时生产渔网、塑料彩印等产品。年造船能力8000载重吨。主要产品有SWD876、868、858、836型号钢质渔船和818A型、868型、839型7个型号的玻璃钢渔船。产品主要销往山东、江苏、辽宁等省并出口朝鲜等国家。2009年，完成工业销售产值5000万元，实现利润300万元。2013年，从业人员200人，造船7079载重吨，完成工业总产值5000万元，实现利税200万元、利润39.6万元。

第五节　建筑机械制造

1991年，境内建筑机械制造企业有文登市建筑机械厂、文登市第一建筑机械厂、文登市第一机械厂3家，其中文登市第一建筑机械厂（后更名为威海固恒建筑机械厂）生产塔式起重机133台，完成工业总产值1729万元，实现利润176万元。1993年，文登市建筑机械厂完成工业总产值过1亿元，文登市第一机械厂和文登市第一建筑机械厂完成工业总产值均超过5000万元。文登市建筑机械制造企业数量及产品产量均居威海市之首。1995年，全市建筑机械制造企业有文登市建筑机械厂、文登市第一机械厂、文登市第一建筑机械厂、文登市建设机械厂、威海万丰建筑机械厂等8家。2002年，威海万丰建筑机械有限公司开发生产QTZ125、QTZ80型塔式起重机。翌年，获自营进出口权，产品进入国际市场。2006年，威海市华塔建筑机械有限公司与意大利奥美斯公司合资成立威海华塔奥美起重设备有限公司，生产建筑机械产品。2007年，威海万丰建筑机械有限公司生产的7030型塔机为省内同行业生产的最大机型。2008年，全市建筑机械制造业企业10家，从业人员1098人，完成工业总产值5.8亿元，实现利润3000万元。有4家企业被确定为山东省骨干企业，6家产品被评为山东省建筑机械行业名牌产品。2010年，威海市华塔建筑机械有限公司投资4000万元在新疆设立分公司，完成工业销售产值1.8亿元，实现利税3130万元。2013年，全市规模以上建筑机械制造业企业有威海市华塔建筑机械有限公司、威海固恒建筑机械有限公司、文登市第一机械厂、威海市东海建筑机械有限公司等12家，均获山东省备案证书，分别生产QTZ125、QTZ80、QTZ63、QTZ40、QTZ315等型号塔机，SC200/200型号升降机，JD83、JD100等型号减速机。从业人员789人，年产量1982台，完成工业总产值3.17亿元，实现利润1094万元。

威海市华塔建筑机械有限公司　原为文登市建筑机械厂，1981年始生产塔机。1994年11月，组建文登市华塔建筑机械（集团）有限公司。厂区位于葛家镇紫金路11号，占地面积11公顷，建筑面积5万平方米。1995年，有职工528人，固定资产2042万元。有通用生产设备350台，专用生产设备50台（套）。完成工业总产值3.2亿元，实现产品销售收入1.77亿元、利税2592万元、利润1868万元。QT16A塔机被评为省优产品，QTZ80塔机被中国科协评为中华精品。2003年7月，更名为威海市华塔建筑机械有限公司。2008年，产品获得欧盟CE认证和俄罗斯国标认证。“华塔”商标被认定为山东省著名商标。2009年，公司加入“阿里巴巴中国供应商”销售网络，产品出口到印度、巴西、俄罗斯、意大利、马来西亚等国家。2013年，从业人员423人，完成工业销售产值1.2亿元，实现利税900万元。

第四章　纺织业

第一节　棉纺织

1991年，全市棉纺织企业有文登市棉纺织厂（简称市棉纺厂）、文登市染织厂（简称市染织厂）2家，职工分别为1069人、531人，固定资产原值分别为1871万元、817万元，年产棉布929万米、纺织品464万米。完成工业总产值分别为2170万元、1520万元，实现利税分别为92万元、88万元。1994年，国家控制棉纺业盲目发展，限产压锭、减量增效，调整产业结构，纺织企业遭遇原料短缺等困难。对此，市纺织工业总公司确立“深加工、少用棉、多出口、上化纤，一业为主多业并举”的发展思路，共筹集技术改造资金6600万元，完成技术改造项目7个。通过技术改造，市棉纺厂、市染织厂技术装备水平得到提升，产品由中低档步入中高档，由粗加工转向精加工。其中，市棉纺厂成为威海市最大纱线生产和出口基地。市染织厂开发新产品36种，其中高支精梳21条系列灯芯绒、8条和6条氨纶弹力灯芯绒3种产品被认定为山东省优质产品。1995年，全市棉纺织企业有文登市棉纺织厂、文登市染织厂2家，职工分别为847人、741人，固定资产原值合计6828万元，年产棉纱1715吨、棉线342吨、棉布1145万米、印染布586.5万米。完成工业总产值分别为2377万元、4781万元、出口交货值分别为1000万元、952万元，实现利税分别为196万元、368万元。

1996—1997年，市纺织工业总公司筹资2978万元，完成技术改造项目34个。市染织厂共开发新产品9种，其中弹力纺平绒织物被省科委列入“星火”计划，并获国家专利。引进意大利白卡拉尼公司多功能软整理设备1台，改造后生产能力由原年产300万米提高到800万米。1997年，市棉纺厂有职工838人，固定资产原值7482.7万元，完成工业总产值4238万元，实现利税18.1万元。市染织厂有职工734人，固定资产原值2328.5万元。完成工业总产值7111万元，实现利税244.4万元。1998年9月，市棉纺厂与青岛第四棉纺织厂合资成立文登市合新纺织有限公司。合资后，企业技术装备和产能水平均有提高。2000年，全市规模以上棉纺织企业有文登市合新纺织有限公司、文登市染织厂2家，职工1458人，年产棉纱2556吨，棉布759.6万米。完成工业总产值6019万元，实现利税392万元、利润58万元。2003年7月，文登市合新纺织有限公司停业，将人员、厂房、设备租赁给青岛三剑线业工贸中心（后更名为文登市三剑纺织有限公司）经营。2005年，原有棉纺企业由于市场、资金等方面原因，原料短缺，开工不足，生产经营处于困难境地。文登市染织厂完成股份合作制改造，更名为文登文盛染织有限公司。是年，全市规模以上棉纺织企业有文登文盛染织有限公司、文登市三剑纺织有限公司2家。年产棉纱2764吨、棉布2646万米。2009年，全市规模以上棉纺织企业2家。年产棉纱3040吨、棉布2910万米。2011—2012年，文登市棉纺织厂、文登市合新纺织有限公司、文登市三剑纺织有限公司因经营困难，先后破产。2013年，全市规模以上棉纺织企业有文登文盛染织有限公司1家，从业人员298人，年产平绒织物300万米。完成工业总产值2000万元，实现利税90万元。

第二节　丝纺织

1991年，境内丝纺织企业有山东文登丝绸工业（集团）公司（简称市丝绸集团公司）、泽头镇丝织厂2家。市丝绸集团公司有职工2259人，辖丝织、丝绒、缫丝、印染、服装厂等10个分厂，完成工业总产值1.24亿元、出口交货值3100万元，实现利税581万元。为文登市工业骨干企业之一。1995年，市丝绸集团公司有职工1992人，年产丝织品226.44万米，完成工业总产值2.44亿元、出口交货值4661万元，实现产品销售收入6692万元、利税558.7万元、利润106.6万元，晋升为大（二）型企业。公司多种产品获省优、部优称号，经济效益一直处于全省行业领先地位，连续11年获全省丝绸系统“双文明”建设先进单位称号。

1996年始，国内外丝绸市场日趋萧条，丝纺织行业生产经营出现困难，经济效益开始下滑。1999年，市丝绸集团公司有职工1716人，完成工业总产值8352万元、出口交货值4736万元，实现产品销售收入5979万元、利税335.46万元。2000年始，市丝绸集团公司进行资产重组，先后以有偿转让、改制等方式组建山东邦泰捻丝有限公司、文登正信织造有限公司、文登市博亿制衣有限公司和文登福格印染有限公司（韩资企业）。2003年，文登福格印染有限公司厂区占地3.6公顷，主要从事高档真丝面料、围巾、领带印花，化纤、棉、毛毯等织物加工及印花、印色后处理，年产量200万件，出口创汇1000万美元。12月，市丝绸集团公司停产。

2013年，全市规模以上丝纺织企业有文登福格印染有限公司、文登正信织造有限公司2家。其中，文登福格印染有限公司完成工业销售产值6027万元，实现利税209万元、利润59万元。文登正信织造有限公司生产各类丝织品350万米、完成工业销售产值7000万元，实现利税300万元、利润80万元。是年，境内制丝业原有的柞蚕丝缫制完全停业，桑蚕丝缫制企业只有文登市刘合制丝有限公司1家，年产白厂丝80吨，产品出口到日本、韩国。完成工业销售产值1600万元、出口交货值1545万元，实现利税86万元。

山东文登丝绸工业（集团）公司　成立于1988年6月，位于环山街道七里汤社区，占地面积15.92公顷，建筑面积5.78万平方米，为市属集体企业。1991年，职工2259人，固定资产原值3014万元。辖丝织一厂、丝织二厂、丝织三厂、丝绒厂、缫丝厂、丝绸印染厂、化纤印染厂、丝绸服装厂、丝绒服装厂、捻线丝厂10个分厂。产品主要有柞蚕丝、白厂丝、真丝绸、印染真丝绸、丝绒、锦花缎、丝绸服装等，花色100余种，均为中高档产品。“春潮”牌35/40D柞水丝获国家银牌，“三鹿”牌68657柞丝灯芯绒获国家经委新产品金龙奖。产品销往日本、韩国和欧美等10余个国家和地区，公司被省丝绸集团公司列为重点出口创汇企业。1991—1995年，累计缴税1599.67万元，经济效益一直处于全省丝绸行业领先地位。1996年始，因国内外丝绸市场萧条，加之企业负债投资规模过大等原因，企业效益逐步下滑，生产经营困难。1997年，将10个专业生产厂调整为8个。2000年始，公司先后引进内资、外资2800万元，对原有7个分厂进行资产重组。是年12月，捻线丝厂有偿转让给山东省丝绸进出口公司，成立山东邦泰捻丝有限公司。2002年1月，丝织一厂、丝织二厂、缫丝厂、丝绒印染厂等企业有偿转让给山东海润投资集团控股公司，接收安置职工802人，成立文登正信织造有限公司。12月，丝绸印染厂有偿转让给韩国福格株式会社，成立文登福格印染有限公司，聘用原厂职工100人。2003年4月，丝绸服装厂采取企业经营层入股方式进行改制，接收安置职工338人，创立文登市博亿制衣有限公司。年末，市丝绸集团公司所有职工全部得到分流安置，公司停止生产经营活动。2006年4月，公司进入破产程序。2009年6月，市法院裁定山东文登丝绸工业（集团）公司正式破产。

第五章 食品工业

1991年，境内食品工业主要有文登市肉类联合加工厂、文登市牧工商乳品厂、文登市粮油食品厂、文登市肉食品总厂、文登市啤酒厂、文登市昆嵛啤酒厂、文登酿酒厂、文登市乳品二厂、文登味精工业集团公司、文登市食品厂、文登市油厂、文登市面粉厂、文登市庆顺渔业公司等企业。1995年，全市食品工业企业53家。其中，农副食品加工业企业32家，食品制造业企业14家，饮料制造业企业7家，固定资产净值合计7.93亿元。完成工业总产值21.95亿元、出口交货值2.59亿元，实现产品销售收入18.23亿元、利税2亿元、利润1.35亿元。2001年，全市规模以上食品工业企业43家。其中，农副食品加工业企业30家，食品制造业企业8家，饮料制造业企业5家，职工1.02万人，固定资产净值合计8.76亿元。2009年，全市规模以上食品工业企业有山东颐阳酒业有限公司、文登市威盛粮油食品有限公司、山东鹏程冷饮有限公司、威海金宝乳业有限公司、山东德正乳业股份有限公司、威海卫酒业集团文登有限公司、文登山泰食品有限公司、山东铃兰味精工业公司、家家悦生鲜加工配送有限公司、文登市前岛渔业公司等84家，从业人员2.07万人，固定资产净值合计29.18亿元。主导产品年产量：白酒5688千升、啤酒1.68万千升、味精1.1万吨、配组混合饲料1万吨、乳制品1034吨、冷冻水产品2.03万吨。完成工业总产值165.09亿元、工业销售产值166.55亿元、出口交货值3.67亿元，实现利税12.41亿元、利润7.74亿元。2013年，全市规模以上食品工业企业有山东颐阳酒业有限公司、山东德正乳业股份有限公司、威海卫酒业集团文登有限公司、文登山泰食品有限公司、山东铃兰味精工业公司、威海家家悦生鲜加工配送有限公司、文登市健悦肉食有限公司、文登市骏马水产食品有限公司等69家，从业人员1.66万人，固定资产合计65.53亿元。主导产品年产量：饮料酒8102千升、白酒（折65度，商品量）5478千升、饲料2.86万吨、软饮料51.32万吨等。完成工业总产值198.63亿元、工业销售产值197.35亿元、出口交货值6.18亿元，实现利税14.82亿元、利润10.35亿元。

第一节 农副食品加工

1991年，全市农副食品加工企业有文登市前岛渔业公司、文登市花生制品厂、文登市肉类联合加工厂、文登市肉食品总厂、文登市油厂、文登市面粉厂等24家。1995年，增至32家，固定资产原值合计4.37亿元，完成工业总产值13.49亿元、出口交货值1.14亿元，实现产品销售收入10.97亿元、利税1.01亿元、利润7739万元。2001年，全市规模以上农副食品加工企业有文登市前岛渔业公司、文登市庆顺渔业公司、文登市埠口渔业公司、文登文泰食品有限公司、文登市昆嵛花生食品（集团）有限公司、文登市港威制粉有限公司等30家。其中，粮食及饲料加工企业3家，植物油加工企业1家，屠宰及肉类、蛋类加工企业3家，水产品加工企业19家，其他食品加工企业4家，职工6035人，固定资产净值合计5.33亿元。主导产品年产量：小麦粉1.68万吨，配组混合饲料1.91万吨，食用植物油1799吨，鲜冻畜禽肉5642吨，水产加工品14.05万吨。2009年，全市规模以上农副食品加工企业57家。其中，谷物磨制企业1家，饲料加工企业5家，水产品加工企业42家，蔬菜、水果和坚果加工企业3家，其他农副食品加工企业6家。从业人员1.38万人，固定资产合计23.73亿元。2013年，农副食品加工企业有文登市富思达饲料有限公司、文登市山泰食品有限公司、威海家家悦生鲜加工配送有限公司、文登市兴海水产食品有限公司、威海蓝色海域海洋食品有限公司、文登市健悦肉食品有限公司、文登市骏马水产食品有限公司等30家，从业人员1.17万人，固定资产合计39.68亿元，实现工业销售产值117.05亿元、利税7.86亿元、利润5.64亿元。为全市工业骨干行业之一。

文登市山泰食品有限公司 建于1975年，时称文登县肉类联合加工厂，位于香水路6号。1993年，与日本合泰株式会社合资40万美元成立文登文泰食品有限公司。2004年，经改制更名为文登市山泰食品有限公司。2010年，迁址文登市埠口港。公司占地面积5公顷，建筑面积1.66万平方米，从业人员320人，固定资产3292万元。主导产品为速冻蔬菜、瓜果产品、肉类制品、面食制品、调理食品及水产品等，是集种植、养殖、加工于一体的省级农业产业化重点龙头企业。公司先后获日本农林水产省肉制品注册、日本厚生省蔬菜注册及中国质量认证中心ISO 22000认证、GLOBALGAP认证，中国绿色食品发展中心绿色食品认证。2013年，完成工业总产值4500万元、出口交货值4300万元，实现利税350万元、利润88万元。

图10-8 文登市山泰食品有限公司加工车间（2010年9月22日摄）

第二节 食品制造

1991年，全市食品制造企业有文登市食品厂、文登市酿造厂、文登市肉食品总厂、文登市乳品厂、文登市乳品二厂、文登市牧工商乳品厂、文登味精工业集团公司等50家，职工1159人。1995年，有企业14家，实现产品销售收入4.43亿元、利税4476万元、利润3097万元，完成出口交货值1.25亿元。2001年，全市规模以上食品制造企业有山东铃兰味精工业公司、文登市金洋乳品集团有限公司、山东鹏程食品股份有限公司、文登市联华食品有限公司等8家。其中，糕点糖果制造企业1家，乳制品制造企业1家，罐头食品制造企业1家，发酵制品企业1家，调味品制造企业1家，其他食品制造企业3家，职工2505人，固定资产合计2亿元。主导产品年产量：方便主食品305吨、乳制品2.3万吨、罐头2699吨、味精1.5万吨、酱油317吨。名牌产品有“铃兰”牌味精、“金洋”牌系列乳制品、“鹏程”牌系列食品等。2009年，全市规模以上食品制造企业20家。其中，焙烤食品制造企业4家，方便食品制造企业3家，液态乳及乳制品制造企业4家，调味品、发酵制品制造企业2家，其他食品制造企业7家，从业人员4600人，固定资产合计8.08亿元。2013年，全市规模以上食品制造企业有山东德正乳业股份有限公司、山东铃兰味精工业公司、威海天香调味酿造有限公司、文登兴和食品有限公司等14家。其中，焙烤食品制造企业1家，方便食品制造企业3家，乳制品制造企业4家，罐头食品制造企业1家，调味品、发酵制品制造企业2家，其他食品制造企业3家，从业人员3900人，固定资产合计21.10亿元。完成工业销售产值60.25亿元，实现利税4.60亿元、利润3.33亿元。为全市工业骨干行业之一。

山东鹏程冷饮有限公司 始建于1984年，时称文登县牧工商乳品厂，位于茼山镇山马邹村南。1994年，经股份制改造，更名为山东鹏程食品股份有限公司。1995年，职工591人，固定资产3353万元，厂区占地面积8.7公顷，建筑面积3.1万平方米。产品包括各种冷饮制品、乳豆制品、速冻食品、含乳饮料、罐头5大系列80余个品种。完成工业总产值5264万元，实现利税1366万元、利润1009万元，产品畅销全国21个省（直辖市）。1997年，进入全省50家农业产业化龙头企业行列。1998年，通过ISO 9001质量管理体系认证。2003年，获全国首批工业产品生产许可证（QS）认证。2005年，通过资产置换，与韩国乐天三冈株式会社合资，更名为山东鹏程三冈食品有限公司。2008年，公司通过HACCP食品安全管理体系认证。2009年，更名为山东鹏程冷饮有限公司，完成工业销售产值2310万元。是年，公司转至威海工业新区。

山东铃兰味精工业公司 1990年8月，威海市味精厂更名为文登味精工业集团公司。1992年，实现利税总额1111万元。1999年3月，改制为股份合作制企业，更名为山东铃兰味精工业公司。厂区位于米山东路89号，占地面积43公顷，职工950人，固定资产3.9亿元。下辖铃兰味精厂、调味品厂、面粉加工厂、生物科技有限公司、复混肥厂、彩印厂、纸箱厂、热电厂、饲料厂、养殖场、污水处理厂等。年产味精1.51万吨，完成工业总产值2.10亿元，实现利税1994万元。2001年，通过2000版ISO 9001质量管理体系认证，“铃兰”商标被认定为山东省著名商标。铃兰味精、昆嵛山味精、铃兰鸡精和铃兰鸡粉、铃兰宝复混肥，在各级质监部门历次抽检中，合格率均为100%，味精产品被山东省质监局认定为免检产品。2005年，生产商品味精5万吨，完成工业总产值3.16亿元，实现产品销售收入3.17亿元、利税2090万元。之后，企业生产经营效益逐年下滑。2013年，完成工业总产值8100万元、工业销售产值7500万元，实现利税100万元。

第三节 酒、饮料制造

1991年，全市酒、饮料制造企业主要有文登酿酒厂、文登市啤酒厂、文登市昆嵛啤酒厂、文登市胶东啤酒厂等。1995年，有文登酿酒厂、威海昆嵛啤酒厂、文登市圣泉啤酒厂、文登市汪牌啤酒集团有限公司、文登市黑豹矿泉水有限公司、文登圣经山饮料有限公司等企业7家，职工2132人。固定资产合计1.37亿元，实现产品销售收入2.83亿元、利税5474万元、利润2696万元，完成出口交货值2000万元。2001年，全市规模以上酒、饮料制造企业有威海昆嵛啤酒厂、汪牌啤酒集团有限公司、威海颐阳酒业集团有限公司、文登市黑豹矿泉水有限公司、文登市紫经泉水有限公司5家，职工1637人，固定资产净值合计1.43亿元。主导产品年产量：白酒5952.5吨、啤酒4.9万吨、软饮料4.23万吨（全部为瓶<罐>装饮用水）、冷冻饮料2.89万吨。2005年，全市有规模以上酒、饮料制造企业8家，从业人员2404人，固定资产净值合计1.18亿元。实现产品销售收入12.23亿元、利税1.30亿元。2013年，全市规模以上酒、饮料制造企业有山东颐阳酒业有限公司、威海卫酒业集团文登有限公司、文登市黑豹矿泉水有限公司、文登市紫经泉水有限公司等5家，从业人员1000人，固定资产合计4.75亿元。主导产品年产量：白酒（折65度）5478千升、饮料酒8102千升、软饮料51.32万吨。完成工业销售产值20.05亿元，实现利税2.36亿元、利润1.38亿元。

山东颐阳酒业有限公司 始建于1956年，其前身为国营文登酿酒厂。1998年，经股份制改造，成立威海颐阳酒业集团有限公司。2003年，更名为山东颐阳酒业有限公司。职工1000人，总资产9500万元。下设粮食酒公司、包装印刷公司等分厂，成立有独立法人资格的威海金颐阳药业有限公司。主要产品有文登学白酒、保健酒等系列100余个品种，销往国内10余个省（直辖市、自治区），并出口韩国和东南亚国家。主导产品"文登学"白酒，连续17年被评为山东省优级粮食酒，先后获全国浓香型白酒优质产品、全国酒类产品质量安全诚信推荐品牌、山东名牌、山东白酒十大品牌等称号。"颐阳""文登学"商标分别被认定为山东省著名商标。"颐阳"牌补酒获国家保健食品GMP认证，并先后获中国优质保健品金奖、山东省科技进步奖、中国轻工总会新产品开发一等奖、山东名牌等，被评选为山东省旅游商品。2010年，公司由米山路102号迁至经济开发区珠海东路26号，新厂区占地面积7.73公顷，建筑面积3.82万平方米。公司开发的新产品有西洋参切片、西洋参中药饮片、西洋参皂苷、西洋参破壁细胞粉等。2011年，威海金颐阳药业有限公司被认定为国家级高新技术企业。2013年，从业人员500人，完成工业销售产值1.38亿元，实现利税5488.9万元、利润1392.8万元。

图10-9 山东颐阳酒业有限公司粮食酒车间生产线采用机械手自动码垛。（2012年2月24日摄）

第六章 非金属矿物采制业

1991年，境内非金属矿物采选业企业有文登市高岛盐场、文登市华山盐场等企业。非金属矿物制品业企业有文登市水泥厂、文登市水泥制品厂、文登市五金建材加工厂、文登市玻璃制品厂等。1995年，全市镇以上非金属矿物采制业企业34家，固定资产原值合计2.94亿元，实现产品销售收入6.93亿元、利税9679万元、利润6137万元，完成出口交货值1.5亿元。2003年，全市规模以上非金属矿物采制业企业19家。其中，采盐企业4家，水泥制造企业3家，水泥制品企业1家，砖瓦、石灰和轻质建筑材料企业4家，玻璃及制品企业2家，陶瓷制品企业1家，矿物纤维及其制品业2家，土砂石开采业1家，其他类1家，职工5983人，固定资产净值合计2.47亿元。2009年，全市规模以上非金属矿物采制业企业有威海高岛盐场、文登市大方水泥有限公司、文登市明池安全玻璃有限公司、文登东意石材有限公司、文登市文胜玻璃有限公司、文登市锦宏石材贸易有限公司、文登市硅酸铝耐火纤维厂等35家，从业人员1.28万人，固定资产净值合计12.01亿元。主导产品年产量：原盐4.7万吨、水泥55.9万吨、砖（折标准砖）1.38亿块、花岗石板材7.5万平方米、日用玻璃制品5.2万吨、耐火材料制品1.26万吨。完成工业总产值112.91亿元、出口交货值12.4亿元，实现利税8.71亿元、利润5.91亿元。2013年，全市规模以上非金属矿物采制业企业有威海市高岛制盐有限公司、文登市明池安全玻璃有限公司、文登市水泥制品有限公司、文登市文胜玻璃有限公司、威海华腾新陶建材有限公司等27家，从业人员7400人，固定资产合计22.53亿元。完成工业总产值81.53亿元、工业销售产值81.36亿元，实现利税9.79亿元、利润5.08亿元。

第一节 制盐

1991年，境内制盐企业有国有企业文登市华山盐场，集体企业文登市高岛盐场，乡镇企业泽库、侯家麦岛、泽头、小观、马山盐场7家，实施“以盐为主，一水两用，多品种养殖”经营策略，主要进行制盐和对虾养殖等。2001年，全市规模以上制盐企业有文登市高岛盐场、文登市华山盐场、文登市侯家麦岛盐场等5家，职工963人，固定资产原值合计8104.9万元。主导产品为加碘食盐。完成工业总产值4.13亿元、出口交货值8660万元，实现利润1640万元。盐业系统共有533公顷虾池对外租赁，实现海产育苗及养殖收入276万元、利润56万元。2006年，根据国家产业政策，全市制盐企业被列入限制发展、限期淘汰范围。2008年，境内有威海市高岛制盐有限公司、文登市泽头盐场、文登市麦岛盐场3家制盐企业。盐田有效生产面积646公顷，原盐产量3.95万吨，其中外调盐产品1.49万吨。2013年，全市规模以上制盐企业有威海市高岛制盐有限公司1家，从业人员340人。盐田有效生产面积150公顷，共生产原盐1.3万吨，其中成品盐1万吨。年外调盐产品1.9万吨，销售各类盐产品3.2万吨。

威海市高岛制盐有限公司 始建于1956年，前身为文登市高岛盐场。2000年，实行股份制改造。2002年，更名为威海市高岛盐场。2009年，更名为威海市高岛制盐有限公司。公司位于母猪河下游东侧、泽库镇西泊村西1千米处，占地面积2100公顷，建筑面积15万平方米，从业人员650人。盐田有效生产面积150公顷，海产养殖面积100公顷，育苗容积3万立方米水体。主导产品为工业盐、食用盐、颗粒盐，是威海市工业盐、食用盐生产规模最大、产量最高的生产厂家。食用盐为鲁晶牌加碘盐及14个规格的颗粒盐，产品质量达到国家一、二级盐标准。企业被省技术监督局授予AAA级标准化良好行为企业称号。“高岛”商标被认定为山东省著名商标，“高岛”牌颗粒盐被评为山东名牌产品。2013年，完成工业总产值5800万元、工业销售产值4181万元，实现利税420万元、利润320万元。

第二节 建筑材料制造

1991年，全市建筑材料制造企业有文登市水泥厂、文登文良陶瓷有限公司、文登市石雕厂、文登市石材公司、文登市天成建筑陶瓷联营公司、文登市水泥制品厂、文登市建筑材料厂、文登市五金建材加工厂等30家，职工4693人。1995年，有企业27家，固定资产原值合计2.34亿元，实现产品销售收入6.07亿元、利税8254万元，完成出口交货值1.27亿元。2001年，全市规模以上建筑材料制造企业有文登市大方水泥工业集团公司、文登昆嵛石材有限公司、文登文良陶瓷有限公司等20家，职工3377人，固定资产原值合计3.58亿元。主导产品年产量：水泥31.5万吨，水泥电线杆1.87万吨，水泥预制构件3.85万立方米，日用玻璃制品2.76万吨，墙地砖385.83万平方米，耐火材料制品456吨，砖

（折标准砖）1.16 亿块，瓦 5247 万片。实现产品销售收入 18.81 亿元、利税 2.05 亿元，完成出口交货值 5.45 亿元。2009 年，全市规模以上建筑材料制造企业有文登市大方水泥有限公司、文登市明池安全玻璃有限公司、文登市硅酸铝耐火材料厂、文登市锦宏石材贸易有限公司、文登东意石材有限公司等 28 家，从业人员 9500 人。完成工业销售产值 101.25 亿元、出口交货值 9.59 亿元，实现利税 7.08 亿元。2013 年，全市规模以上建筑材料制造企业有文登市明池安全玻璃有限公司、文登东意石材有限公司、文登水泥制品有限公司、威海华腾新陶建材有限公司、威海博盛新材料有限公司等 22 家，从业人员 6400 人，固定资产合计 21.60 亿元，完成工业销售产值 79.25 亿元，实现利税 9.59 亿元、利润 4.95 亿元。为全市工业骨干行业之一。

水泥制造　1991 年，境内镇以上独立核算水泥制造企业有文登市水泥厂、文登市小观水泥厂、文登市马山水泥厂 3 家。主要生产硅酸盐各种型号普通水泥。1995 年，全市有水泥制造企业 3 家，职工 1324 人，年产水泥 29.52 万吨。完成工业总产值 1.27 亿元，实现产品销售收入 1.06 亿元、利税 841 万元、利润 394 万元。2000 年，全市水泥制造企业完成水泥产量 34.94 万吨。2005 年，全市规模以上水泥制造企业 3 家，从业人员 1326 人，固定资产净值合计 1.64 亿元。完成水泥产量 255.20 万吨，实现产品销售收入 7.64 亿元、利税 7656 万元。之后，因石灰石原料紧张和行业粉尘污染严重，全市水泥生产减缓。2007 年，全市规模以上水泥制造企业有文登市大方水泥有限公司、文登市小观水泥厂、文登市马山水泥厂、文登市坦埠水泥厂 4 家，从业人员 2291 人，年生产水泥 106.35 万吨，完成工业总产值 10.02 亿元、工业销售产值 9.84 亿元，实现利税 1.29 亿元、利润 5291.3 万元。2008—2009 年，按照威海市政府《关于淘汰落后水泥产能的意见》要求，先后拆除文登市马山水泥厂、文登市坦埠水泥厂、文登市小观水泥有限公司、文登市大方水泥有限公司的 6 条立窑生产线，全市水泥企业全部停产，部分企业转为生产普通硅酸盐水泥粉磨材料。2013 年，全市规模以上水泥制造企业有文登市大方水泥厂粉磨站等 3 家，生产水泥粉磨材料 74.42 万吨。

文登市大方水泥有限公司　始建于 1958 年，原名文登县水泥厂，国有企业，位于小观镇南七口村北。主导产品包括强度等级为 325 号和 425 号普通硅酸盐水泥，强度等级 325 号和 425 号矿渣硅酸盐水泥及水泥包装袋等。1994 年，更名为文登市大方水泥工业集团公司。1995 年，企业占地面积 8.6 公顷，建筑面积 4.5 万平方米，职工 727 人，固定资产总值 4426 万元。辖水泥厂、白水泥厂、包装材料厂、新型墙体材料厂、加油站和运输队。完成工业总产值 3281 万元，实现利税 302.3 万元。2002 年，改制为股份合作制企业，更名为文登市大方水泥有限公司。2005 年，公司通过 ISO 9000 质量管理体系认证，生产水泥 31.2 万吨、水泥包装袋 1000 万条。实现产品销售收入 6337 万元、利税 732 万元。2008 年，企业核准为有限责任公司。2009 年 9 月，按照国家有关节能减排工作部署，公司 3 条机立窑水泥生产线全部关停。是年，生产水泥 27 万吨，完成工业销售产值 2300 万元，实现利税 150 万元。2010 年，改称为文登市大方水泥厂粉磨站，利用原有设备和库存原材料生产普通硅酸盐水泥粉磨材料。2013 年，完成水泥粉磨材料产量 13 万吨、工业销售产值 2050 万元，实现利税 120 万元。

混凝土预制　1991 年，境内有预制构件生产企业 43 家，主要生产混凝土预应力空心板，年生产量 2.3 万立方米。1998 年始，全市建筑业推行框架结构，预制构件生产逐年下降，主要生产预制桩、双 T 板（大型车间用）和欧式内外装饰块。是年，全市有生产企业 20 家，产量 1.3 万立方米。2000 年，境内有具备资质的预制构件生产企业 1 家，年生产空心板 1.1 万立方米。2004 年，国家强制停用结构预制板，生产企业全部停产。

标准砖生产　1994 年，文登市大方水泥工业集团公司新型墙体材料厂引进2条意大利QJ5-20C型全自动砌块生产线，年产砌块13万立方米，(折红砖8840万块)。产品有190厘米×190厘米×190厘米、390厘米×240厘米×190厘米、390厘米×190厘米×120厘米承重和非承重砌块，时为全市最大标准砖生产厂家。1998年，文登市埠南庄轻质砌块厂成立，年产混凝土空心砖1.5万立方米（折红砖680万块）。1999年，文登热电厂粉煤灰砌块厂引进韩国合力驷制砖生产线，年产砌块5万立方米（折红砖2800万块）。2002年，文登市俊良新型材料厂成立，生产蒸压加气混凝土砌块，被定为威海市级“三废”资源综合利用项目。2013年，全市新型墙体材料生产企业14家，生产标准砖4.76亿块，利用废渣86.51万吨，累计节约土地36.08公顷，节约能源折标准煤4.16万吨。

铝合金门窗制造 1991年，文登市铝合金厂成立。主要生产90系列推拉门和46系列地簧门等产品。1993年，全市铝合金生产企业8家，职工319人。1995年，文登市铝合金厂和文登市黎明铝窗有限公司获建筑幕墙产品准用证。1996年，境内实行铝合金门窗及配套产品检验和鉴定制度，全市铝合金门窗厂26个系列产品获山东省产品准用证。2002年，国家对建筑门窗和幕墙企业实施登记备案制度，全市20家建筑门窗、2家玻璃钢型材和2家塑料异型材生产企业通过山东省产品检测评审，获省级产品登记备案证明。2013年，全市铝（塑）合金生产企业有威海卓远门窗工程有限公司、文登市佳威铝合金厂、文登市铝合金门窗厂等22家，从业人员496人，完成工业总产值3695万元，实现利润924万元。

石材开采加工 1990年，全市镇以上独立核算石材开采加工企业有文登市石雕厂、文登市石材公司，职工261人，年加工大理石3.68万平方米、花岗石板材4.92万平方米，水磨石板材3.93万平方米，完成工业总产值2142万元、出口交货值146万元，实现利税210万元。之后，全市石材加工业发展较快。1994年，文登市石雕厂与意大利达利有限公司合资成立文登东意石材有限公司。1995年，文登东意石材有限公司从意大利引进具有90年代国际先进水平的全自动花岗石薄板生产线，主导产品有花岗石板材、石制品及雕刻品等，产品主要销往国内大中城市及日本、德国、韩国等国家和地区。是年，完成工业总产值4322万元，实现利税519万元。1997年，中韩合资企业文登昆嵛石材有限公司有职工147人，有矿山6座，大型开采基地4处，出口加工区3个。出口板材75万平方米、石雕制品21万件，完成工业总产值1.33亿元，实现利税2031万元。2005年，全市有花岗岩开采加工企业164家，从业人员1004人，年开采花岗岩108万吨，加工天然花岗石建筑板材90.69万平方米。2007年，因为地质地貌景观保护和水源地保护等原因，昆嵛山保护区内27处露天采石场全部停止开采。之后，花岗岩开采加工企业日渐减少。2013年，全市花岗岩开采加工企业有文登东意石材有限公司、文登昆嵛石材有限公司、文登市东林石材厂等31家，年开采花岗岩435.1万吨，加工天然花岗石建筑板材15.03万平方米。

玻璃制品 境内玻璃生产始于70年代。文登县玻璃制品厂成立于1977年，国有企业。主要生产罐头瓶、水产养殖用玻璃泡等，后生产各种规格的啤酒瓶、白酒瓶等日用包装玻璃。1991年，有职工329人，完成工业总产值929万元，实现利润14万元。1993年，文登市五金建材加工厂转产安全玻璃，主导产品为汽车玻璃、金融系统用防弹玻璃、防盗玻璃、建筑用安全玻璃。2005年，文登市玻璃制品厂改制后更名为文登市文胜玻璃有限公司，主导产品为各种规格的高档饮料瓶、白兰地葡萄酒瓶和中高档白酒瓶。年产日用玻璃制品3.39万吨，产品销往国内十几个省市和地区，并远销美国、加拿大等国家。实现产品销售收入3300万元、利税260万元。文登市五金建材加工厂更名为文登市明池安全玻璃有限公司，年产汽车玻璃30万套、建筑玻璃20万平方米。实现产品销售收入5100万元、利税350万元。2013年，全市规模以上玻璃制品企业有文登市文胜玻璃有限公司、文登市明池安全玻璃有限公司2家，从业人员380人，生产日用玻璃制品4.37万吨、汽车玻璃50万套、建筑玻璃30万平方米。完成工业销售产值2.08亿元，实现利税647万元。

文登市明池安全玻璃有限公司 始建于1986年，时称文登县五金建材加工厂。1997年，在全国同行业中率先通过ISO 9002质量管理体系认证。1998年，更名为文登市安全玻璃厂。2003年，改制后更名为文登市明池安全玻璃有限公司。公司位于南海新区明池路3号，占地面积8.4公顷，职工210人，其中专业技术人员49人，固定资产总额4000万元。主导产品包括汽车玻璃、金融系统用防弹玻璃、防盗玻璃、建筑用安全玻璃等，为北汽福田、青岛一汽、中国重汽、华泰汽车、淄博唐骏、中航黑豹、五征汽车等汽车厂家生产配套产品，年产50万套汽车玻璃、5万平方米建筑安全玻璃，汽车玻璃产量连续15年位居山东省首位。企业通过ISO/TS 16949：2002质量管理体系认证、欧盟ECE认证、美国道路交通部质量安全认证（DOT）。2004年，在全国同行业中率先实行ERP管理，被认定为国家级高新技术企业，公司产品获评山东省名牌产品。2013年，被评为中国安全玻璃行业30强企业。完成工业销售产值1.05亿元，实现利税430万元。

第七章 化学工业

1991年，文登市化学工业公司所辖企业主要有文登化工总厂、文登市橡胶厂、文登市化工厂、文登市氧气厂、文登市氯碱厂等。1995年，有企业7家，职工2446人。实现产品销售收入1.64亿元、利税1137万元。2001年，全市规模以上化学工业企业有文登市化肥厂、山东省航天发泡剂总厂、文登市化工厂等12家。2009年，全市规模以上化学工业企业有文登市西郊热电有限公司、威海乐扣乐扣塑胶有限公司、文登中达轿车内装饰有限公司、文登市力象化纤制品有限公司、文登市恒盛化肥有限公司等44家，从业人员1.14万人，固定资产净值合计11.75亿元。完成工业总产值72.88亿元、工业销售产值74.48亿元、出口交货值2800万元，实现利税4.98亿元、利润3.34亿元。2013年，全市规模以上化学工业企业有文登市三峰轮胎有限公司、文登市润通橡胶有限公司、三角（威海）华达轮胎复新有限公司、文登中达轿车内装饰有限公司、文登市西郊热电有限公司、山东万图高分子材料有限公司、威海华泰分子筛有限公司、文登市力象化纤制品有限公司等42家，从业人员1.09万人，固定资产合计39.11亿元。主导产品年产量：橡胶轮胎外胎30.34万条、烧碱（折100%）2.37万吨、化学纤维1869吨等。完成工业总产值119.83亿元、工业销售产值119.02亿元、出口交货值7900万元，实现利税7.84亿元、利润4.81亿元。

第一节 化学纤维制造

1991年，境内化学纤维制造企业有文登市化学纤维厂1家，主要生产涤纶长丝、绦（丙）纶短丝。1995年，化学纤维制造企业增至3家，年产化学合成纤维1.81万吨。实现产品销售收入2.84亿元、利税5785万元、利润3597万元。2001年，化学纤维产销市场日益扩大。全市规模以上化学纤维制造企业有文登市力象化纤制品有限公司、文登市化学纤维厂等7家，其中合成纤维制造企业3家、涤纶纤维制造企业2家、其他合成纤维制造企业2家，职工3844人，固定资产净值合计2.76亿元。年产合成纤维2.43万吨、涤纶纤维6850吨、丙纶纤维1.74万吨。名牌产品有“力象”牌丙纶短丝。实现产品销售收入13.19亿元、利税1.63亿元、利润1.48亿元。2009年，全市规模以上化学纤维制造企业8家，其中合成纤维制造企业7家、人造纤维制造企业1家，从业人员1900人，固定资产净值合计3.08亿元。完成化学纤维总产量8.04万吨、工业销售产值15亿元，实现利税7700万元、利润5200万元。此后，化学纤维市场日渐萎缩。2013年，全市规模以上化学纤维制造企业有文登市力象化纤制品有限公司、文登市永湖化纤有限公司、文登市尧峰化纤有限公司、文登市宏发化纤有限公司等6家，从业人员900人，固定资产合计1.58亿元。完成化学纤维总产量1869吨、工业销售产值2.52亿元，实现利税1900万元、利润1400万元。

第二节 化学原料和化学制品制造

1991年，全市化学原料和化学制品制造企业有文登市化工总厂、文登市氯碱厂、文登市化工材料厂、文登市化工厂等19家，职工2652人。1995年，有企业18家，实现产品销售收入2.63亿元、利税2172万元、利润1191万元，完成出口交货值4151万元。2001年，全市规模以上化学原料和化学制品制造企业有文登市化肥厂、山东省航天发泡剂总厂、文登市钨制品厂、文登市化工厂等12家。其中，基本化学原料制造企业1家，化学肥料制造企业3家，化学农药制造企业2家，有机化学产品制造企业2家，化学材料制造企业1家，专用化学产品制造企业1家，日用化学产品制造企业2家，职工2161人，固定资产净值合计1.46亿元。主导产品年产量：烧碱（折100%）2.55万吨、商品液氯2.06万吨、合成氨3.53万吨、农用氮磷钾化学肥料（转纯）2.14万吨。2009年，全市规模以上化学原料和化学制品制造企业16家。其中，基础化学原料制造企业4家，肥料制造企业3家，农药制造企业2家，合成材料制造企业3家，专用化学产品制造企业2家，其他化学产品制造企业2家，从业人员5600人，固定资产合计4.43亿元。2013年，全市规模以上化学原料和化学制品制造企业有文登市西郊热电有限公司、山东万图高分子材料有限公司、文登市和谐硅业有限公司、威海华泰分子筛有限公司等15家，从业人员4700人，固定资产合计19.01亿元，完成工业销售产值45.88亿元，实现利税2.08亿元、利润1.30亿元。为全市工业骨干行业之一。

文登市西郊热电有限公司 始建于1989年，时称文登市氯碱厂。1997年，更名为山东省航天发泡剂总厂。2001年，改制为股份合作制有限责任公司。2004年6月，更名为文登市西郊热电有限公司。位于米山路289号，占地面积25公顷，建筑面积5万平方米，固定资产3.5亿元。下设氯碱厂、精细化工厂、氧气厂、自备电厂、加气砖厂5个分厂，职工1000人，其中专业技术人员150人。有各类设备1500余台（套），是集热电、化工为一体的综合性企业。年产烧碱（折100%）3万吨、盐酸1万吨、液氯2.5万吨、加气砖10万立方米、硅酸铝耐火纤维1000吨、商品氢气1000万立方米、精细化工产品1.5万吨，是威海市主要的基础化工原料生产基地。企业通过ISO 9001：2000质量管理体系认证和ISO 14001：2004环境管理体系认证，产品远销韩国、印度、巴基斯坦、越南等10个国家和地区。2013年，生产烧碱（折100%）2.37万吨，完成工业总产值2.1亿元、工业销售产值1.5亿元，上缴税金602万元。

文登市恒盛化肥有限公司 前身为国营山东文登化肥厂，始建于1968年，位于米山路120号。1988年，更名为山东文登化工总厂。厂区占地面积10.8公顷，建筑面积3.26万平方米。1994年，改称文登市化肥厂。1995年，职工793人，固定资产原值6371万元，实现产品销售收入7464万元、利税420.1万元。2001年，进行股份制改造。2007年，公司整体迁至米山镇米山村西。2008年，更名为文登市恒盛化肥有限公司。厂区占地面积9.5公顷，建筑面积13.26万平方米，固定资产总值8776万元。从业人员600人，其中专业技术人员100人。有各类大中型设备500余台（套），年产农用碳酸氢铵4万吨、工业甲醇1万吨、液氨1.5万吨、二氧化碳1万吨。完成工业总产值7022万元、工业销售产值7795万元，缴税155万元。2009年，公司与晋煤明水化工集团合作，实施氨醇扩建项目。2010年，完成工业销售产值7357万元，缴税211万元。2013年5月，因生产经营困难，公司停产，进入破产程序。

第三节 橡胶和塑料制品

1991年，全市有橡胶和塑料制品企业32家，职工3661人。1995年，有文登市橡胶厂、文登市第二橡胶厂、文登市塑料制品厂、文登市电子工程塑胶厂、文登市蔄山福利塑料厂、文登市华隆塑料制品厂等企业19家，实现产品销售收入2.81亿元、利税2708万元、利润2024万元，完成出口交货值6016万元。2001年，全市规模以上橡胶和塑料制品企业有文登市三峰轮胎有限公司、文登市第二橡胶厂、文登市开泰橡胶集团有限公司、文登市塑料制品厂、文登市昆嵛塑料制品厂、文登市金光塑料有限公司等14家，职工1910人，固定资产净值合计1.09亿元。主导产品年产量：轮胎外胎22.49万条、三角带58.5万A米、胶鞋7万双、塑料树脂及共聚物5500吨、塑料薄膜1000吨、塑料棒管材811吨、塑料丝及编制制品918吨、塑料包装箱及容器852吨、其他塑料制品1718吨。2009年，全市规模以上橡胶和塑料制品企业28家。其中，轮胎制造企业3家，橡胶靴鞋制造企业5家，塑料薄膜制造企业2家，塑料板、管、型材制造企业4家，塑料包装箱及容器制造企业4家，其他塑料制品制造企业10家，从业人员8000人，固定资产合计10.77亿元。2013年，全市规模以上橡胶和塑料制品企业有文登市三峰轮胎有限公司、文登市润通橡胶有限公司、三角（威海）华达轮胎复新有限公司、威海正隆塑料有限公司、文登泰壮工程塑料有限公司、威海乐扣乐扣塑胶有限公司等21家，从业人员4279人，固定资产合计7.75亿元。完成工业销售产值70.62亿元、出口交货值7000万元，实现利税5.57亿元、利润3.37亿元。为全市工业骨干行业之一。

文登市三峰轮胎有限公司 始建于1974年，时称文登县轮胎翻新厂。1991年，称文登市橡胶厂，主要生产三角带兼翻新轮胎。1992年，始生产新轮胎。1996年，更名为文登市三峰轮胎有限公司。1998年，通过ISO 9000质量管理体系认证。2001年，通过轮胎产品安全认证，取得自营进出口权，产品90%以上销往欧、美等国际市场。2002年，实行股份制改造。公司位于龙山路148号，厂区占地面积5.5公顷，职工210人，固定资产总值5670万元。主导产品有微、轻、中型卡客车轮胎等100余个规格品种，年生产能力100万套。产品通过美国道路交通部质量安全认证（DOT）。完成工业总产值1.5亿元，实现利税690万元。2009年，研发生产多种规格的无内胎拖车胎、无内胎工程车胎、无内胎林业胎及灌溉胎等异形胎新产品，达到欧洲REACH标准。2013年，实施系列设备技术改造，开发18种新规格轮胎产品，完成工业总产值1.2亿元、工业销售产值1.1亿元，实现利税637万元。

威海乐扣乐扣塑胶有限公司 韩国HANACOBI株式会社2002年在蔄山镇投资兴办的独资企业。2008年，公司股权变更，韩国LOCK株式会社100%控股，威海乐扣乐扣塑胶有限公司成为全资子公司。公司位于蔄山镇韩国工业园，占地面积7.33公顷，从业人员300人。主要生产各种生活用塑胶制品（包括保鲜盒、塑料水瓶），其中自主开发四面锁扣方式的乐扣乐扣牌保鲜盒，在中国市场占有率达65%。2010年，开发生产盒身为玻璃、盒盖为塑料材质的格拉斯牌保鲜盒，主要面向国内市场销售。是年，完成工业销售产值1.5亿元，缴税2300万元。

第八章 电子及通信设备制造业

1991年，境内电子及通信设备制造业有文登赛格运兴电子公司、文登市电子仪器厂和文登市庆发电子材料厂等企业。1995年，有文登市电子仪器厂、文登伊甸电子有限公司、文登赛格运兴电子公司、文登外贸电子器材厂、文登市天威通信设备公司、威海京威通讯器材有限公司、文登市庆发电子材料厂企业7家，职工760人，实现产品销售收入1.32亿元、利税1268万元。2003年，全市规模以上电子及通信设备制造业企业15家。其中，电子器件制造企业3家，电子元件制造企业10家，通信设备制造企业2家，均为外商及中国港澳台商投资企业。职工7562人，固定资产净值合计1.55亿元，完成工业总产值37.8亿元、出口交货值45.4亿元，实现利税3.19亿元、利润2.95亿元。2009年，全市规模以上电子及通信设备制造业企业有文登三吉电子有限公司、文登南阳电子有限公司、文登志南电子有限公司、宏安集团有限公司（2006年以前企业分类为电气机械和器材制造业）等26家，从业人员5800人，固定资产净值合计11.83亿元。主导产品年产量：高压开关板169面、低压开关板696面、通信及电子网络用电缆567.1万对千米、塑料制管及其附件5726吨、光缆425.2万芯千米。完成工业总产值69.57亿元、工业销售产值70.31亿元、出口交货值1.35亿元，实现利税2.14亿元、利润1.11亿元。2013年，全市规模以上电子及通信设备制造业企业有宏安集团有限公司、文登帕克电子有限公司、文登第逸电子有限公司、文登三吉电子有限公司、文登卡尔马斯特电子有限公司等23家，从业人员9900人，固定资产合计19.18亿元。完成工业总产值146.28亿元、出口交货值1.61亿元，实现利税7.23亿元、利润4.78亿元。为全市工业骨干行业之一。

第一节 电子元器件制造

1991年，境内电子元器件制造企业有文登赛格运兴电子公司、文登市电子仪器厂和文登市庆发电子材料厂等。1995年，有文登三吉电子有限公司、文登市电子仪器厂、文登赛格运兴电子公司、文登外贸电子器材厂、文登志南电子有限公司等企业。年产软磁盘1332万片、半导体分立器件442万只、电子元件656万只。2003年，全市规模以上电子元器件制造企业有文登三吉电子有限公司、文登伊甸电子有限公司、文登永和电子有限公司、文登南阳电子有限公司、文登大亨电子有限公司等13家。其中，电子器件制造企业3家，电子元件制造企业10家。2009年，全市规模以上电子元器件制造企业22家，其中电子器件制造企业2家，电子元件制造企业20家，从业人员3900人，固定资产合计8.11亿元。完成工业销售产值53.99亿元、出口交货值1.26亿元，实现利税1亿元。2013年，全市规模以上电子元器件制造企业有文登帕克电子有限公司、文登三吉电子有限公司、文登卡尔马斯特电子有限公司、文登第逸电子有限公司、威海北洋幸星电子有限公司等22家。其中，电子器件制造企业3家，电子元件制造企业19家，从业人员8200人，固定资产合计9.11亿元。完成工业销售产值134.22亿元、出口交货值1.61亿元，实现利税6.4亿元、利润4.08亿元。

文登三吉电子有限公司 1992年6月，韩国三一电子产业株式会社在宋村镇投资创办，为文登市首家外商独资企业。占地面积1.92公顷，建筑面积2万平方米，职工260人，固定资产总额900万美元。主要生产各种电子元件、小型变压器、电动机防磁线圈等，产品销往韩国、日本、印度等国家。公司通过ISO 9000质量管理体系认证、UL认证、长城认证、韩国Singleppm认证、ISO 14001环境管理体系认证。1998—2000年，三吉电子株式会社增资60万美元扩大再生产。2001年，完成工业总产值2.95亿元，实现产品销售收入2.09亿元、利税1796万元。2009年，完成工业销售产值7470万元，实现利税205万元。2013年，完成工业销售产值5500万元，缴税102万元。

第二节　通信传输设备制造

1991年，境内通信传输设备制造企业有文登市通讯电缆厂1家。始建于1985年8月，时称文登县通讯器材厂，位于横山路88号。1986年，更名为文登县通讯电缆厂。1992年1月，更名为文登通信电缆集团公司。1995年，公司有职工870人，固定资产原值1.3亿元，大（二）型企业。生产通信电缆3.39万千米，实现产品销售收入5.28亿元、利税1.01亿元、利润5557万元。1997年10月，更名为山东宏安集团。1999年10月，改称宏安集团有限公司。2001年，改制为有限责任公司。厂区占地面积200公顷，建筑面积60万平方米，职工1500人，总资产15亿元。辖宏安光缆有限公司、宏安数据缆有限公司、宏安市话缆有限公司、宏安电动工具有限公司4个有限责任公司。年产市话缆600万对千米、光纤光缆120万芯千米、数据缆15万千米、蓄电池10万千伏安时。实现产品销售收入20亿元、利税3.5亿元、利润2.41亿元，各项主要经济指标均居全国同行业前列。公司设有省级企业技术开发中心和宏安博士后科研工作站。产品均达到部颁行业标准、美国REA标准和国际IEC标准，被认定为国家免检产品，“七五”商标被认定为山东省著名商标，在国内同行业中率先取得信息产业部通信设备进网质量认证证书，通过ISO 9001质量管理体系认证。公司获国家火炬计划重点高新技术企业、中国电子信息百强企业、山东省工业百强企业等称号，被评选为国家级工业旅游示范点。2013年，从业人员1500人，年产光缆438.8万芯千米。完成工业总产值11.60亿元、工业销售产值11.57亿元，实现利润7050万元，缴税3104万元。

第九章　皮革制品业

1991年，境内皮革制品业企业有文登市制革厂、文登市皮鞋厂、文登市皮件厂等10家，职工1965人。1995年，有企业14家，固定资产原值合计1.89亿元，完成出口交货值2.3亿元，实现产品销售收入6.25亿元、利税1.33亿元、利润5211万元。2001年，全市规模以上皮革制品业企业11家。其中，鞣制加工企业1家、皮革制品制造企业10家。名牌产品有“花鹿”牌铬鞣猪绒面服装革。2009年，全市规模以上皮革制品业企业有文登市森鹿制革有限公司、文登宏泰宇皮件有限公司等11家。其中，皮革鞣制加工企业1家，皮鞋制造企业3家，皮箱、包（袋）制造企业3家，皮革服装制造企业1家，其他皮革制品制造企业1家，毛皮鞣制及制品加工企业1家，羽毛（绒）加工及制品制造企业1家。从业人员4100人，固定资产净值合计3.93亿元。主导产品年产量：轻革1007.2万平方米、皮革服装16.84万件、皮鞋199万双。完成工业总产值36.18亿元、工业销售产值36.36亿元、出口交货值1000万元，实现利税2.31亿元、利润1.32亿元。2013年，全市规模以上皮革制品业企业有文登市森鹿制革有限公司、文登宏泰宇皮件有限公司、文登金鑫皮草有限公司、威海天智皮毛制品有限公司等18家，从业人员4000人，固定资产合计14亿元。主导产品年产量：轻革562万平方米、皮革服装9.25万件、皮革鞋靴22.82万双、无纺布（无纺织物）1087吨。完成工业总产值38.7亿元、工业销售产值38.51亿元、出口交货值7000万元，实现利税3.4亿元、利润2.21亿元。为全市工业骨干行业之一。

第一节 皮革鞣制加工

1991年，境内皮革鞣制加工企业有文登市制革厂1家，集体所有制企业。职工710人，实现产品销售收入6418万元、利润509万元。1995年，职工1445人，固定资产原值1.04亿元，属大（二）型企业。年产鞣制皮革425.3万张、轻革744.5万平方米。完成工业总产值3.16亿元，实现利税3903.1万元、利润2744.5万元。1998年，改制为私营企业。2002年3月，更名为文登市森鹿制革有限公司。占地面积12公顷，建筑面积3.5万平方米，职工1400人，固定资产4.8亿元，辖永生制革厂、恒生制革厂、汇生制革厂、丰润制革厂和亚星革布装饰材料厂，年可生产牛皮革120万张、猪皮革400万张、轿车装饰布600万平方米，是全国最大制革基地之一。主导产品“花鹿”牌猪正面革、猪绒面革、牛皮服装革、牛皮鞋面革等50个品种150余种花色，销往欧洲、美国、日本、韩国等国家和中国香港、台湾地区。是年，实现产品销售收入3.5亿元、利税6418万元。2005年，全市规模以上皮革鞣制加工企业有文登市森鹿制革有限公司1家，职工3084人。年产鞣制皮革560万张、轻革1473.3万平方米。完成产值13.95亿元、销售收入13.92亿元，实现利税9856.6万元、利润6754.9万元。2010年，公司由米山路173号整体迁至环山工业园，新厂区占地面积26.7公顷，建筑面积12万平方米。公司经济效益连续多年名列全国同行业前茅，被评选为中国综合评价最优500家工业企业、中国轻工业200强企业、中国皮革行业10强企业等。2013年，从业人员900人，生产轻革561.99万平方米，完成工业销售产值9.81亿元，实现利税1.37亿元、利润7400万元。

第二节 皮革、毛皮制品

1991年，境内皮革、毛皮制品企业有文登市皮件厂、文登市皮鞋厂等。1995年，文登市皮件厂、文登市皮鞋厂职工分别为194人、780人，完成工业总产值分别为622万元、3098万元，实现利税分别为31万元、22万元。2001年，全市规模以上皮革、毛皮制品企业有文登市伴世皮革制品有限公司、文登市皮革皮件厂、文登天马皮包有限公司、文登中原美包有限公司、威海永柏革制品有限公司等10家，职工2468人，固定资产原值合计1.05亿元。完成工业总产值15.33亿元、出口交货值8.36亿元，实现产品销售收入12.40亿元、利税1.16亿元、利润1.01亿元。2005年，境内特种动物养殖业和皮草产业快速发展，1家毛皮鞣制及制品加工企业落户文登。是年，全市规模以上皮革、毛皮制品企业10家。其中，皮鞋制造企业5家，皮革服装制造企业1家，皮箱、包（袋）制造企业3家，毛皮鞣制及制品加工企业1家，从业人员4080人，固定资产合计1.2亿元。主导产品年产量：皮包、袋1612.49万个，皮鞋358.7万双，皮革服装6.45万件。实现产品销售收入25.79亿元、利税2.05亿元、利润1.49亿元，完成出口交货值4.99亿元。2009年，全市规模以上皮革、毛皮制品企业9家。其中，皮鞋制造企业3家，皮革服装制造企业1家，皮箱、包（袋）制造企业3家，其他皮革制品企业1家，毛皮鞣制及制品加工企业1家，从业人员1900人，固定资产合计1.48亿元。完成工业销售产值18.47亿元、出口交货值1000万元，实现利税1.16亿元、利润7800万元。2013年，全市规模以上皮革、毛皮制品企业有文登宏泰宇皮件有限公司、文登金鑫皮革有限公司、文登市华冠皮业有限公司、威海天智皮毛制品有限公司、威海天威皮毛制品有限公司等10家。其中，皮革制品制造企业3家，毛皮鞣制及制品加工企业7家。从业人员800人，固定资产合计6500万元。主导产品年产量：皮革服装

9.25万件，皮革鞋靴22.82万双，硝染毛皮1500万张。完成工业销售产值4.51亿元、出口交货值1600万元，实现利税1200万元、利润800万元。

文登市永进皮鞋有限公司 始建于1953年，时称文登县皮鞋厂。1991年，厂区占地面积0.93公顷，建筑面积8400平方米，职工808人，固定资产原值359万元。完成工业总产值2003万元，实现利税146万元、利润78万元。“天福山”牌猪修面革男女胶黏皮鞋被评为省优产品。1995年，固定资产原值1322万元，完成工业总产值3098万元，实现利税22万元、利润21万元。1998年5月，改制为私营企业，更名为文登市永进皮鞋有限公司。是年，生产皮鞋24万双、箱包7.1万个。完成工业总产值1349万元，缴税54万元。2010年7月，生产车间由峰山路41号迁至香水路东首。2013年，生产各种皮鞋20万双，完成工业总产值1100万元、出口交货值1000万元，缴税50万元。

威海天智皮毛制品有限公司 成立于2006年7月，位于环山工业园，占地面积3.08公顷，建筑面积1.6万平方米，从业人员300人，注册资金1200万元，总资产1.12亿元。公司集养殖、科研、生产、销售为一体，拥有国内最先进的皮毛硝染生产线10条、服装加工生产线20条，年可加工各类动物毛皮800万张，加工毛皮成品（大衣、围巾、手袋等）30个花色品种，产品销往全国20余个省市和地区。“铭瑰”牌裘皮服装系列产品出口俄罗斯、欧美等国家和地区。2008年，被批准为国家进境动物皮张生产、加工、存放企业。2010年7月，获科学技术部颁发的“特种毛皮动物养殖产业化关键技术研究开发与示范”国家级星火计划项目证书。2013年，完成工业总产值3000万元、出口交货值300万元，实现利税178万元。

第十章　电力工业

1991年，境内电力工业企业有文登市电业公司1家，职工229人，固定资产净值9218万元。发电总量1.32亿千瓦时，完成工业总产值2748万元。1995年，文登市电业总公司职工2118人，固定资产净值2.78亿元。发电总量1.22亿千瓦时，完成工业总产值1.21亿元，实现利税2814.3万元、利润1770万元。2001年，文登市电业总公司职工2373人，固定资产净值6.8亿元。发电总量3.17亿千瓦时，完成工业总产值1.84亿元，实现利税5265万元、利润1798万元。2009年，文登市电业总公司职工4100人，固定资产净值9.99亿元。受国际金融危机影响，全市企业用电量降幅较大，发电总量4.49亿千瓦时，完成工业总产值9.26亿元，实现利税-300万元。2013年，全市规模以上电力、热力生产和供应业企业有文登张家产风力发电有限公司、国网文登市供电公司2家，从业人员2100人，固定资产合计21.02亿元。发电总量6.91亿千瓦时，其中火电发电量5.9亿千瓦时、水力发电量70万千瓦时、风力发电量1.01亿千瓦时。售电量14.15亿千瓦时，供热量302.99万吉焦。完成工业总产值14.89亿元、工业销售产值14.84亿元，实现利税4000万元。

第一节　发　电

火力发电 1991年，文登市有文城热电厂和铺头热电厂2家发电企业，1个租赁发电生产单位（龙口发电办事处）。共有发电机组8台，总装机容量3.3万千瓦。其中，文城热电厂总装机容量1.2万千瓦，铺头热电厂总装机容量1.5万千瓦，龙口发电办事处装机容量6000千瓦。年发电量1.02亿千瓦时，供热总量（蒸汽）10万吨。1993年，龙口发电办事处撤销。1995年，

图 10-10 文登热电厂外景（2012 年 5 月 9 日摄）

文登味精工业集团公司自备热电厂装机容量 3000 千瓦机组开机并网运行。1996 年 2 月，文城热电厂撤销，退出运行。4 月，文登热电厂开工建设。10 月，厂区占地面积 34.86 公顷，总投资 2.2 亿元的一期工程完工。1997 年 11 月，装机容量 2.5 万千瓦的 1 号机组并网运行。1998 年 4 月，增加装机容量 1 万千瓦。是年，文登力象实业有限公司 2 台机组装机容量 9000 千瓦的自备电厂投入运行。1999 年 1 月，铺头热电厂划转为山东省航天发泡剂总厂自备电厂，2 号、3 号机组装机容量 1.2 万千瓦，独立网运行。2006 年，文登热电厂建成的 4.9 万千瓦 2 号机组并网运行。2007 年 2 月，开发区热电厂一期 1×6000 千瓦机组正式投产运行，年完成发电量 436 万千瓦时，供热量 7.25 万吉焦。11 月，根据国家节能减排要求，文登力象实业有限公司自备热电厂关停。2013 年，全市有文登热电厂、开发区热电厂 2 座火力发电厂，总装机容量 9 万千瓦，自发电量 5.9 亿千瓦时。

水力发电 1991 年，境内有水电站 8 座，装机 13 台，总容量 1349 千瓦，各水电站利用丰水期发电，其中米山、坤龙邢、昆嵛山水库电站运转正常。米山水库电站，装机容量 3×75 千瓦；坤龙邢水库电站，装机容量 1×100 千瓦；昆嵛山水库电站，装机容量 2×160 千瓦。2007 年，3 座水电站年发电量分别为 99 万千瓦时、36 万千瓦时、36 万千瓦时，年发电总量 171 万千瓦时。2011 年 6 月，昆嵛山水库电站发电机组更换为 3×500 千瓦。2013 年，全市运转水电站 3 座，装机 6 台，总容量 1930 千瓦，年发电量 70 万千瓦时。

风力发电 2008 年 1 月，中国大唐集团公司黑龙江发电有限公司投资 10 亿元，在南海新区建设装机容量 9.9 万千瓦的风电项目工程开工。2010 年 4 月，中广核风力发电有限公司和西班牙歌美飒国际风电公司共同投资 5.47 亿元、建筑面积 9600 平方米、装机容量 4.93 万千瓦的文登张家产风力发电项目开工建设。12 月，南海大唐风电工程 66 台单机容量 1500 千瓦的风力发电机组正式并网发电。2011 年 8 月，张家产 58 台单机容量 850 千瓦的风力发电机组正式并网发电。2013 年，共输入山东电网电量 2.45 亿千瓦时。其中，大唐文登风力发电有限公司发电量 1.44 亿千瓦时，文登张家产风力发电有限公司发电量 1.01 亿千瓦时。两风电项目发电量占全市发电总量的 29.27%，与同等规模燃煤发电厂相比，每年可以节约标准煤 35.5 万吨。

第二节 供 电

1991 年始，文登市加大投入，把电力建设重点放在电源开发利用上，增建、改造变电站，改造和完善输电线路，增强供电能力。至 2013 年，全市形成布局合理、技术先进、高参数、大容量、高自动化的现代化电网，最大限度满足工农业生产和人民生活的用电需求。2001 年 12 月，文登市电业总公司被国家电力公司授予一流县供电企业称号。

供电设施建设 1991 年，境内有威海市电业局属 110 千伏和 220 千伏变电站各 1 座。文登市电业公司属110千伏变电站2座，主变压器2台、容量2.5万千伏安；35千伏变电站13座，主变压器17台，容量5.98万千伏安。110千伏高压输电线路2条，全长30.8千米；35千伏高压输电线18条，全长229.6千米；10千伏配电线路78条，全长1445.6千米。至1995年，先后建设市味精厂、市通信电缆厂等35千伏变电站9座和西郊110千伏变电站1座。新架设35千伏以上输电线路69.1千米。改造九文、晒字线等35千伏和董家线110千伏输电线路，全长26.7千米。1998年始，主要实施电网大规模升级改造，全面提高综合实力和优质服务水平。先后完成110千伏、35千伏、10千伏输变电扩建、局域网升级和线路改造工程。2010年，220千伏泽头变电站投入运行，成为全市主网第二个电源点。南海大唐风电和张家产中广核风电接入系统开始发电，建成110千伏泽宋线、口宋线输电工程，至此，全市110千伏电网形成完整环网结构。至2013年，文登电网共有110千伏及以下电源5座。其中，110千伏电源4座，装机容量282兆瓦，年发电量9.13亿千瓦时；35千伏电源1座，装机容量6兆瓦，年发电量500万千瓦时。500千伏公用变电站1座，主变压器2台，变电容量1500兆伏安；220千伏公用变电站2座，主变压器4台，变电容量720兆伏安；110千伏公用变电站4座，主变压器8台，变电容量339兆伏安；专用变电站1座，变电容量63兆伏安。全市电网形成以220千伏为枢纽、110千伏为骨架、35千伏为支撑的供电网络体系，输配电线路覆盖各镇村，低压线路连接千家万户，电压等级适宜，布局合理的网络架构。

农网改造 文登电网大多建设于80年代，当时受资金限制，设计标准低。至90年代后期，随着电网扩展，用电量增加，部分设备陈旧老化，电能质量差、损失大、电价高、供电可靠性低等问题日益突出，难以满足快速发展的农村经济和人民生活用电需要。国家为加快农网建设和改造，降低农村电价，减轻农民负担，决定利用国债资金进行大规模农网改造。1998年，全市农网改造一期概算资金2331.76万元到位，新建35千伏变电站6座，新架设35千伏线路28.38千米，完成行政村高低压改造464个，受益农电户15.22万户，完成低压线路改造1097.15千米，完成低压配变增容155个台区9750千伏安。2002年，二期农网改造资金5675万元到位。2003年，完成110千伏宋村变电站改造、35千伏文登营、大水泊新建输变电工程。完成35千伏九文线、葛铺线等线路新建及改造任务。完成10千伏线路18条41.66千米的建设改造任务。完成改造268个村，改造台区284个，改造低压线路545千米，新增补偿电容1889千乏。至2007年，先后完成22个变电站改建、扩建，全部采用综合自动化保护测控装置。2008－2011年，农网改造工程总投资2.4亿元，全市128个村2万余户农村居民受益。2012年4月，投资1023万元对12个村进行中低压改造，新建和改造10千伏线路20.66千米、低压线路15.1千米、配电变压器16台2600千伏安，受益农户3600余户。2013年，投资9296万元，实施农网改造升级工程，改造

图10-11 宋村变电站改造现场（2013年9月8日摄）

线路148千米，新增配电变压器83台，144个村供电能力不足、低电压等问题得以解决。经过农网改造，全市实现每个镇（负荷中心）有1座35千伏及以上公用变电站，高低压综合线损率由2001年的3.26%和9.65%下降至0.77%和6.44%。

城网改造 2003年11月，文登市投入资金6700万元，实施一期城网改造。完成110千伏口子输变电扩建工程，新建1台3.15万千伏安主变压器，线路改造26.8千米。完成35千伏米山输变电工程，新建5000千伏安主变压器1台，变电设备采用室外箱式变电站，实施九东线改造5.23千米。完成10千伏北宫线及文山、环山路等线路改造34.28千米。完成0.4千伏低压配电自动化安装及1157户户表改造工程。二期城网改造自2004年12月始。完成110千伏西郊变电站改造工程，完成35千伏水产变电站改造工程，新上微机综合自动化保护设备，变电站实现无人值守。同时，于张家产变电站间新架设线路11.75千米，文登南部电网形成环网，供电可靠性提高。完成10千伏叉车线2.85千米新架工程和城镇5.4千米线路改造工程。安排0.4千伏897户户表改造，低压配电自动化用户达到1.02万户。新建改造41条10千伏线路，年可降低线路损耗51万千瓦时，电压合格率99.98%以上，全市低压线损率达到8.31%，年可减少损失电量45万千瓦时。2006年，安装配网自动化主站及通信光缆，在市区实现两个环路配网自动化，满足市区主网架实现“手拉手”供电需求。2007年8月，城网改造35千伏文登营等4回路工程全部完工。2013年，投资4042万元建设市区智能配网工程，提高市区电网装备水平和自动化水平。城网改造后，形成由文登热电厂、九里、西郊、宋村站和口子站5个110千伏电源点构成的主网架，35千伏变电站深入负荷中心的坚强电网，进一步改善设备的健康水平和网络结构，电网输电能力和供电可靠率提高。主变压器采用有载调压，提高电压质量，降低线路损耗，用电质量得到明显改善。

供电量 1991年起，全市工业快速发展，电力供需矛盾比较突出。是年，售电量3.36亿千瓦时。1994年，华能威海电厂开始为文登增加网供电量，境内用电紧张态势得到缓解。1995年，全市售电量5.05亿千瓦时。1996年，售电量5.1亿千瓦时，网供电量达4.01亿千瓦时，占当年总供电量78.63%。2001年，完成售电量5.29亿千瓦时，全市用电环境较为宽松。2007年，完成售电量10.3亿千瓦时。2013年，全市完成售电量14.15亿千瓦时。

市电业总公司先后获中国电业功勋企业、山东省农电系统先进集体、“彩虹工程”先进县供电企业、山东省“富民兴鲁”先进单位等称号。

第三节 用 电

用电量 1991年，全市用电量3.67亿千瓦时，人均用电量505.08千瓦时。其中，工业用电2.75亿千瓦时，占总用电量74.90%；农业用电2969万千瓦时，占总用电量8.09%；居民生活用电4269万千瓦时，占总用电量11.64%；其他用电1165万千瓦时，占总用电量5.37%。1995年，全市用电量5.35亿千瓦时。其中，工业用电占72.70%，农业用电占5.07%，居民生活用电占15.72%，其他方面用电占6.53%。1997年始，受亚洲金融危机影响，全市用电量出现萎缩。2000年起，工农业生产持续发展，全市用电水平呈稳定上升态势。是年，全市用电量5.59亿千瓦时，人均用电量843.80千瓦时。2007年，全市用电量11.97亿千瓦时，人均1869.24千瓦时。其中，工业用电8.45亿千瓦时，占70.58%；农业用电5871万千瓦时，占4.90%；居民生活用电1.83亿千瓦时，占15.25%；其他方面用电1.11亿千瓦时，占9.26%。2013年，全社会用电量14.15亿千瓦时，人均2201.11千瓦时。其中，工业用电9.43亿千瓦时，占总用电量66.63%；农业用电4910万千瓦时，占3.47%；居民生活用电2.3亿千瓦时，占16.27%；其他方面用电1.93亿千瓦时，占13.63%。

1991－2013年部分年份文登市用电情况表

表10-9

年份	社会用电量（万千瓦时）	总人口数（人）	人均用电量（千瓦时）	年份	社会用电量（万千瓦时）	总人口数（人）	人均用电量（千瓦时）
1991	36700	726611	505.08	2004	83997	646032	1300.20
1992	42290	722331	585.47	2005	95414	642507	1485.03
1993	46071	721395	638.64	2006	106576	640465	1664.04
1997	54383	667970	814.15	2007	119718	640465	1869.24
1998	52834	666541	792.66	2008	115004	641740	1792.07
1999	53725	665400	807.41	2009	103198	642599	1605.95
2000	55897	662447	843.80	2010	120172	644578	1864.35
2001	60500	660060	916.58	2011	138926	644578	2155.30
2002	70077	655850	1068.49	2012	141600	643062	2201.96
2003	76885	649857	1183.11	2013	141500	642857	2201.11

说明：因1994年6月草庙子、初村两镇划归环翠区，1996年11月两镇划出文登供电区，1994—1996年，人口数与用电量统计范围不一致，无可比性，故未列。

1991－2004年文登市行业用电分类比重情况表

表10-10

年份	全社会用电量（%）	农林牧渔业（%）	工业（%）	建筑业（%）	交通邮电运输通信（%）	商业饮食物资仓储（%）	其他事业（%）	城乡居民生活		
								乡村（%）	城市（%）	合计（%）
1991	100	8.09	74.90	0.67	0.37	1.32	3.01	10.25	1.39	11.64
1992	100	7.64	75.41	0.80	0.42	1.40	2.91	9.97	1.46	11.43
1993	100	6.60	74.20	1.71	0.43	1.61	3.13	10.49	1.83	12.32
1994	100	6.11	71.84	1.64	0.52	2.08	3.01	12.18	2.62	14.80
1995	100	5.07	72.70	1.06	0.63	1.91	2.93	12.43	3.28	15.72
1996	100	4.63	70.30	1.14	0.96	1.94	3.21	13.58	4.24	17.81
1997	100	4.03	69.47	0.96	0.87	1.92	3.16	14.44	5.16	19.60
1998	100	3.46	67.82	0.89	0.86	1.84	3.36	15.59	6.18	21.77
1999	100	3.85	67.70	0.86	0.91	1.77	3.50	15.12	6.29	21.41
2000	100	3.62	67.76	0.91	0.92	1.96	4.17	14.05	6.61	20.65
2001	100	3.75	68.44	0.57	0.94	2.41	4.43	13.01	6.44	19.45
2002	100	3.32	70.89	0.39	0.87	2.39	4.26	12.06	5.82	17.88
2003	100	3.76	70.89	0.48	0.91	2.21	4.00	11.38	6.38	17.76
2004	100	5.21	69.92	0.56	0.93	2.40	3.95	10.38	6.65	17.03

2005—2013年文登市行业用电分类比重情况表

表 10-11

年份	全社会用电量（%）	农林牧渔业（%）	工业（%）	建筑业（%）	交通运输仓储邮政（%）	信息传输计算机服务软件业（%）	商业住宿和餐饮业（%）	金融房地产商务居民服务（%）	公共事业及管理组织（%）	城乡居民生活		
										乡村（%）	城市（%）	合计（%）
2005	100	5.16	71.31	0.68	0.84	0.29	2.31	0.80	3.46	8.88	6.27	15.15
2006	100	5.19	69.95	0.98	0.83	0.38	2.56	0.98	3.75	7.82	7.56	15.38
2007	100	4.90	70.58	1.06	0.79	0.39	2.46	1.06	3.51	7.61	7.64	15.25
2008	100	4.55	70.42	1.16	0.75	0.39	2.28	1.16	3.27	8.26	7.76	16.02
2009	100	4.37	70.91	1.12	0.73	0.33	2.21	1.18	3.20	8.49	7.46	15.95
2010	100	4.28	70.36	1.19	0.73	0.35	2.41	1.29	3.32	8.47	7.60	16.07
2011	100	3.91	71.48	1.26	0.74	0.35	2.49	1.34	3.31	7.94	7.18	15.12
2012	100	3.57	69.25	1.40	0.98	0.43	3.09	1.73	3.67	8.41	7.47	15.88
2013	100	3.47	66.63	1.66	1.32	0.58	3.91	2.43	3.73	8.62	7.65	16.27

用电管理 1991年，全市用电最高负荷4万千瓦，电网网供指标为1.98万千瓦，自发电量1.4万千瓦。是年始，用电负荷与电力缺口均以每年1万千瓦的速度递增。由于电源紧张，节约用电成为缓解电力紧张局面、挖掘电网潜力、提高电能利用率的有效途径。文登市执行国家节能政策，建立市、镇、村和企业节电领导机构，建立健全节电工作标准和制度，利用行政、经济和技术手段，加强用电管理，采取改造淘汰老设备，推广节电新技术、新产品，加强无功补偿，严格控制产品单耗及高耗能设备等措施，提高节能效果。同时，利用全国节能宣传周等，开展多种形式的节电宣传活动，提高全民节电意识，维护正常用电秩序。1995年，全市用电最高负荷8万千瓦，电力供应指标为4.52万千瓦，电厂总装机容量2.7万千瓦。在用电紧张情况下，电力分配基本原则是保证重点、择优供应、兼顾一般。3月，开始实行峰谷分时电价。以国家颁布的目录电价为基础电价，平时段按基础电价计价，高峰时电价上浮50%，低谷时电价下浮50%，利用经济杠杆鼓励用户合理调整用电负荷，削减高峰电力，降低电网最大负荷，有效缓解全市电力紧张局面。1996年4月，文登市被省经委、省电力局命名为节电先进市。1997年后，全市电力供应逐渐充裕，电力市场相对宽松，逐渐进入买方市场。1998年，用电管理职能由市三电办公室移交至市经济委员会。1999—2013年，实施电力需求侧管理成为保证电力供应和促进电力可持续发展的重要内容，利用电力需求侧管理系统收集和反馈的全市用电负荷、用电量等各种数据，指导各用户有序用电、节约用电，保证电力安全、稳定和充足供应。

农村电气化建设 1991—1993年，经过对农村电网建设和改造，文登市达到电网布局合理、供电可靠的用电环境。1994年5月，根据国家《90年代全国农村电气化发展纲要》和省、威海市《农村电气化实施细则》，文登市调集各方面力量，开展创建活动，按照部颁《农村电气化标准》予以实施。11月，通过省级验收。1995年1月，电力工业部授予文登市农村电气化县称号。1999年6月，泽库镇长会口村被山东电力集团公司授予山东省电气化村称号。2006年，山东省开展建设社会主义新农村电气化工作。根据山东省电力集团公司《新农村电气化发展规划纲要》，结合文登实际，市电业总公司制定《新农村电气化建设实施方案》并付诸实施。是年，环山街道河南村等6个用电村被确定为新农村电气化建设示范村。2007年12月，省经贸委和山东电力集团公司联合发文，命名文登经济开发区梁家沟、葛山镇大草场等13个村（社区）为山东省社会主义新农村电气化村。2008年，建成A类电气化镇4个、B类电气化镇14个；建成A类电气化村69个、B类电气化村385个。2010年，全市2个电气化镇、17个电气化村通过验收。省经信委和省电力集团公司联合命名文登市为2010年度新农村电气化县（市）。2012年，文登市电业总公司获国家电网新农村电气化建设先进单位称号。

第十一章　其他工业行业

1991年，境内其他工业行业包括饲料加工业、黑色金属冶炼和压延加工业、木材加工及家具制造业、医药制造业、印刷业、造纸与纸制品业、矿藏采选业、渔具制造与拆船业、玩具与化纤制造业等10个行业。企业主要有威海钢厂、文登市饲料公司、文登市家具厂、文登市兽药厂、文登市印刷厂、文登市造纸厂、文登市金矿、文登市渔具厂、文登市礼品玩具厂等。2001年，全市其他工业行业包括有色金属矿采选业、家具制造业、塑料制品业、造纸及纸制品业、文教体育用品业、石油加工及炼焦业、医药制造业、黑色金属冶炼和压延加工业、有色金属冶炼及压延加工业、仪器仪表及文化和办公机械制造业11个行业。规模以上企业有文登太阳渔具有限公司、文登市家乐玩具集团公司、文登市宜东家具公司、威海亚太药业有限公司、文登市印刷厂有限公司等31家。其中，有色金属矿采选业1家，家具制造业4家，塑料制品业10家，造纸及纸制品业4家，印刷业2家，文教体育用品业2家，石油加工和炼焦业1家，医药制造业3家，黑色金属冶炼和压延加工业2家，有色金属冶炼和压延加工业1家，仪器仪表及文化、办公机械制造业1家。职工3676人，固定资产净值合计2.67亿元。主导产品年产量：木制家具17.58万件、机制纸941吨、纸制品1.69万吨、单色印刷品15.12万令、多色印刷品9.47万对开色令、中成药231吨、塑料制品5299吨等。完成工业总产值22.80亿元、出口交货值9.04亿元，实现产品销售收入17.28亿元、利税2.50亿元、利润1.78亿元。2007年，全市其他工业包括11个行业，有规模以上企业41家。完成工业总产值57.22亿元、工业销售产值56.18亿元、出口交货值7.72亿元，实现利税4.55亿元、利润3.35亿元。2013年，全市其他工业行业包括有色金属矿采选业，木材加工和木、竹、藤、棕、草制品业，家具制造业，造纸和纸制品业，印刷和记录媒介复制业，文教、工美、体育和娱乐用品制造业，医药制造业，黑色金属冶炼和压延加工业，有色金属冶炼和压延加工业，仪器仪表制造业，其他制造业11个行业。规模以上企业有威海隆力富渔具有限公司、文登市正兴钨业有限公司、文登市印刷厂有限公司、文登市雨泽银丰动物药业有限公司等80家。其中，其他采矿业1家，木材加工业1家，家具制造业4家，造纸和纸制品业8家，印刷和记录媒介复制业6家，文教、工美、体育和娱乐用品制造业36家，医药制造业2家，黑色金属冶炼和压延加工业13家，有色金属冶炼和压延加工业5家，仪器仪表制造业3家，其他制造业1家。从业人员2.24万人，固定资产合计75.66亿元。主导产品年产量：纸制品12.29万吨、单色印刷品2874令、中成药2.19吨、钨精矿折合量（折三氧化钨65%）651吨、高压开关板225面、低压开关板2017面。完成工业总产值244.94亿元、工业销售产值243.37亿元、出口交货值31.03亿元，实现利税17.59亿元、利润12.21亿元。

第一节 黄金采选

1991年，境内黄金采选企业有文登市金矿1家。1992年5月，企业由集体所有制转为全民所有制，并经国家黄金管理局批准立项扩建。投资800万元，更新球磨机、破碎机、选矿流槽等设备，新增提升罐笼，新建230米深竖井1口，选场由日产25吨扩大至50吨。是年，文登市大时家银金矿投入生产。

1993年，文登市金矿生产黄金55千克，完成工业总产值306万元，实现利润127万元。1995年，职工100人，固定资产原值920万元，完成工业总产值814万元，实现利润317万元。1997年，采选矿石含金量3克/吨，日处理矿石75吨，生产黄金90千克，为最高年产量。

2003年5月，文登市大时家银金矿申请矿山闭坑手续。1992—2003年，大时家银金矿生产期间，日处理矿石60吨，最高年产黄金50千克。

2010年，文登市金矿因资源日趋枯竭，企业处于半停产状态。是年，位于侯家镇大时家村北的威海金滩矿业有限公司文登潘家矿区成立，获金银采矿许可证。2013年，文登市金矿从业人员78人，完成工业总产值30万元。

第二节 钨制品加工

1994年4月，文登市化肥厂仲钨酸铵分厂析出，成立文登市钨制品厂，主要利用钨砂提炼氧化钨等制品。厂区占地2公顷，建筑面积7000平方米，职工170人，固定资产原值821万元。主导产品有仲钨酸铵、三氧化钨、蓝色氧化钨等，年产能1000吨。1998年，改制为股份有限公司。2006年，更名为文登市正兴钨业有限公司。公司占地2公顷，建筑面积5000平方米，职工68人，固定资产总额2760万元。主导产品为氧化钨、钨粉、碳化钨粉等，年生产氧化钨3000吨、钨粉1000吨、碳化钨粉1000吨。企业通过ISO 9001：2000质量管理体系认证和国家钨制品出口供货企业资格认证。2007年，公司由米山路120号整体迁至米山西路5号。完成工业总产值9672万元、工业销售产值8729万元，实现利税533万元。2013年，从业人员88人，生产钨精矿折合量（折三氧化钨65%）651吨，完成工业销售产值1.60亿元，实现利税520万元。

第三节 医药生产

1991年，境内有医药生产企业1家，为文登市兽药总厂（2004年10月，更名为文登市雨泽银丰动物药业有限公司）。1993年8月，文城镇投资4000万元，建立威海昆嵛山制药厂，厂区占地面积35公顷，职工270人，时为省内规模较大的中药制药厂。开发生产的外用应急软膏被确定为全国中医药急诊科（室）必备中成药，银杏叶提取黄酮新工艺经省科委鉴定，技术指标达到国际先进水平。1994年5月，外用应急软膏科技成果被联合国开发计划署授予金质奖牌和证书。1995年，企业主导产品有外用应急软膏和渴乐宁胶囊，完成工业总产值2699万元，实现利税82.7万元。1996年，威海昆嵛山制药厂改制，更名为威海申威药业有限公司。1999年6月，威海亚太制药厂（1994年1月成立）与哈尔滨冰都集团在葛山镇合资成立威海亚太药业有限公司。厂区占地3.6公顷，建筑面积8000平方米，职工180人，固定资产4000万元。主要生产月苋草油、水飞蓟素软胶囊等中成药及片剂等30余个品种。当年获得自营进出口权，产品60%出口美国、西欧等国家和地区。2002年，产品通过国家医药行业GMP认证，实现产品销售收入1900万元，缴税186.9万元。2008年，企业转至威海工业新区。2009年，威海申威药业有限公司更名为威海华洋药业有限公司，从业人员60人，完成工业销售产值600万元。2012年3月，威海迪嘉高科技精细化工产业园落户文登经济开发区，其中迪素制药有限公司从业人员100人。主要从事原料药、药用辅料、医疗器械的研发、生产与销售。

2013年，全市规模以上医药生产企业有文登市雨泽银丰动物药业有限公司、威海迪素制药有限公司2家，从业人员437人，完成工业销售产值4800万元，实现利税500万元、利润300万元。

文登市雨泽银丰动物药业有限公司 前身为文登市兽药总厂，1976年建厂，位于米山路50号，属省畜牧局定点生产兽药、饲料添加剂厂家。1993年，兽药总厂实施分立经营。之后，受市场、管理等因素影响，除总厂外，其分立单位全部亏损。1997年3月，总厂将分立单位收回合并。11月，总厂出资57万元，职工集资264万元，共同发起成立文登市银丰兽药有限公司。2004年10月，改制后更名为文登市雨泽银丰动物药业有限公司。2006年1月，8条生产线一次性通过农业部兽药GMP验收。拥有现代化的GMP粉针剂、最终灭菌小容量注射剂、片剂、粉剂、散剂、预混剂、固体消毒剂、液体消毒剂及饲料添加剂生产线。2011年7月，通过农业部兽药GMP的复核验收。同月，兽药、饲料预混料产品获尼日利亚进口注册证书。2012年，产品出口尼日利亚、马达加斯加、阿联酋、菲律宾、埃及等国家。2013年，从业人员337人，完成工业销售产值2000万元，实现利税100万元。

第十一编

工艺家纺业

文登素有“鲁绣之乡”之称。1991年始，文登市将工艺家纺作为主导产业培植，不断加大资金投入和政策扶持力度。1992年后，先后组建的文登市刺绣工业集团公司、云龙绣品工业（集团）公司、艺利达抽纱制衣集团公司，成为全市工艺家纺行业龙头企业。2000年，工艺家纺业由抽纱刺绣工艺品制造为主转向服装服饰品制造和家用纺织品制造等多样化发展，企业群体、产业规模均实现质的跃升，步入集群化、品牌化、高端化发展阶段。2004年，文登市获中国工艺家纺名城称号。文登工艺家纺产业成长为支柱产业。2009年后，全市家纺产业不断提档升级，实现低附加值向高附加值、外销向内外销并重转型，跻身于全省十大（工业）产业集群和中国产业集群品牌50强、中国百佳产业集群行列，为文登工业三大产业集群之一。2010年，文登市成为全国家纺产业集群试点市。2012年，文登市为中国四大家纺产业基地之一。2013年，文登床上用品基地入选国家外贸转型升级专业型示范基地，成为全国重要的抽纱制品出口基地。

山东省艺达有限公司高速彩绣工艺产品（2009 年 10 月 13 日摄）

第一章　概　况

第一节　产业集群

文登刺绣起源较早，发展缓慢，长期停留在自制自用的手绣阶段。清代以前，境内妇女用多种技法，在棉、麻或丝绸织品上绣出各种美丽图案。清光绪十四年（1888），英国传教士将花边编织工艺带入胶东。之后，西欧刺绣、抽纱工艺与文登民间传统刺绣工艺相融合，形成中西合璧的新工艺。文登刺绣继承传统刺绣工艺技法，运用几十种不同颜色的绣线，经平针或编、结、缀、打、补、贴等多层次的技法绣制，任意搭配，巧妙地将组花、连花、衬花连接在一起，形成独有的刺绣艺术风格，故有“鲁绣之乡”美誉。中华人民共和国成立后，文登刺绣发展速度加快。60年代，全县17个公社和部分农村抽纱刺绣加工点有加工人员3万人。1972年，文登县绣花合作工厂更名为文登县绣花厂，主要生产雕平绣台布、盘垫、沙发靠布等产品。1980年3月，文登县刺绣厂由文登县服装厂析出，主要生产生丝台布、床罩、枕套和女绣衣等绣品。1981年11月，文登县绣品厂由文登县刺绣厂析出，在同行业中率先开展缝纫机机绣试验，并取得成功，企业规模迅速扩大。之后，各工艺家纺企业相继引进设备，将手绣带入缝纫机、万能机机绣时代。1988年10月，以刺绣厂为基础组建文登市刺绣工业集团公司（简称市刺绣集团），职工2198人，产品有绣花衣、生丝台布、硬领衬衫、服装、电脑绣、床上用品6大系列，销往34个国家和地区。

1991年始，文登工艺家纺骨干企业从德国、日本等国家引进多头电脑绣花机，产品产量和精度大幅度提高，推动全市工艺家纺行业规模扩张。是年，完成工业总产值1.36亿元，实现利税1095万元。1992年5月，文登市工艺美术工业总公司（简称市工艺美术总公司）成立。9月，市工艺美术总公司总结吸收市刺绣集团规模升级经验，组建文登云龙绣品工业集团公司（简称市云龙集团），辖抽纱、机绣、服装等8个分公司和2个中外合资企业，生产能力、经济效益和出口交货值跃居全国同行业首位。1993年10月，文登市艺利达抽纱制衣集团公司（简称市艺利达集团）成立，辖抽纱、绣品、服装等5个分厂，是继市刺绣集团、云龙集团之后，又一个产值过1亿元、利税超1000万元的企业。市刺绣集团、云龙集团、艺利达集团成为全市工艺家纺行业龙头企业。1995年，全市家纺行业共设立厂外加工点221个，社会从业人员5.8万人。“八五”期间，累计发放农村绣工加工费3.38亿元，年均6760万元。累计完成出口交货值21.4亿元，实现产品销售收入15.8亿元、利税1.62亿元。各项主要经济指标均占全省同行业总额的十分之一以上，居全省同行业之首。

1997年1月，以市绣花厂为基础组建威海市艺源绣业集团有限公司（简称威海艺源绣业），当年利税突破1000万元，并在全国抽纱行业中首家取得ISO 9001质量管理体系认证。6月，云龙集团改属市政府管理。1998年5月，以云龙集团为基础成立山东云龙集团公司。2000年，艺利达集团、威海艺源绣业集团、市刺绣集团和山东云龙集团公司共投资6000万元，建设全市重点工程——中国出口抽纱基地，引进国际先进设备，开展技术创新，提高出口创汇能力。是年，市工艺美术总公司所辖企业完成工业总产值6.79亿元、出口交货值6.45亿元，实现产品销售收入5.5亿元、利税6032万元、利润2623万元，完成自营出口额1700万美元。山东云龙集团公司完成工业总产值4.63亿元，实现产品销售收入

4.05 亿元、利税 3596.8 万元，缴税 2884.8 万元，自营出口 1512 万美元。民营企业、外资企业也积极跟进参与其中，全市工艺家纺产业隆起带迅速形成。

2001 年，艺利达集团经股份制改造，更名为山东省艺达有限公司（简称山东艺达），山东云龙集团公司更名为山东云龙绣品有限公司（简称山东云龙绣品）。2002 年，由山东云龙集团公司析出的文登市华龙绣品有限公司和文登市芸祥绣品有限公司分别更名为山东万得集团有限公司（简称山东万得）和山东芸祥绣品有限公司（简称山东芸祥绣品）。2003 年，文登刺绣工业集团公司更名为山东同大有限公司（简称山东同大）。是年，全市登记注册工艺家纺企业 182 家，其中规模以上企业 25 家，产品销售收入过 1 亿元企业 11 家。产品有工艺抽纱品、床上用品、台面饰品、墙面饰品、家具饰品和服装服饰品 6 个系列 280 个品种规格、3200 个花色品种，产品销往美国、英国、法国、意大利、日本等 60 余个国家和地区。全市工艺家纺行业完成工业总产值 106 亿元，实现产品销售收入 90.8 亿元、利税 9.2 亿元，完成出口创汇 4.4 亿美元，分别占全市工业总产值的 23%、产品销售收入的 24%、利税总额的 28% 和出口创汇总额的 42%。山东艺达、山东云龙绣品、山东同大、山东万得、威海艺源绣业等骨干企业相继实施一批投资数额大、技术国内领先、带动力强的大项目，形成龙头企业带动，民营企业和外资企业积极参与的集群式生产体系，推动全市工艺家纺业全面发展。2004 年 1 月 10 日，文登市在全国纺织行业发展与改革工作会议上，被中国纺织工业协会、中国家用纺织品行业协会授予中国工艺家纺名城称号。

2005 年 8 月 17 日，市委、市政府召开“突破家纺产业，加快民营经济发展”动员大会，印发《关于加快民营家纺业发展的意见》，把家纺产业作为发展民营经济的突破口和情系万家的富民工程来抓。降低家纺产业市场准入门槛，放宽民营家纺企业注册资本限制；对新成立的民营家纺企业和个体家纺业户，给予大力扶持；成立担保公司，为中小企业融资提供方便；注重行业协会建设，加强行业自律。发挥鲁绣之乡、中国工艺家纺名城品牌优势，发展“顶天立地”式企业，培植具有强大竞争力和带动作用的顶梁柱式企业。发展“铺天盖地”式企业，形成千家万户共同参与、千厂万企竞相发展、充满活力的民营经济格局。通过政策拉动，推进骨干企业壮大规模，利用强企辐射聚起产业群。全市形成云龙、艺达、万得、同大、艺源五朵“金花”，银丰、鲁东、金城、铭元、晨泰五朵“银花”，1800 家家纺企业遍地开花的蓬勃发展局面。

2006 年 8 月，总投资 2.5 亿元，占地面积 17.33 公顷，总建筑面积 21.6 万平方米的专业化大型商业工程——文登·中国工艺家纺城正式运营。家纺城内设采购博览区、物流仓储区、配套服务区和对外贸易中心、技术研究中心、金融行政中心，有标准交易商铺 4168 个。9 月 7—8 日，由中国家用纺织品协会、山东省纺织工业办公室、大韩织物工业协同组合联合会共同主办，文登市人民政府承办的“2006 中·韩（文登）工艺家纺博览会”在文登市举行，国内外 157 家企业参展，1800 余名客商与会。是年，全市家纺企业及加工业户总数 2177 家，从业人员 12 万人，家纺企业发放社会绣工加工费 2 亿余元。工艺家纺业完成工业销售产值 156.4 亿元，实现利税 14.24 亿元，利税总额居全市工业行业之首。

2007 年 5 月，市委、市政府召开家纺产业发展再动员大会，确定全市家纺产业围绕推进新型工业化、打造山东县域工业第一强目标，不断扩大规模、加快培育市场、增强产业核心竞争力，尽快把家纺产业发展成为文登工业的支柱产业。会议授予山东省艺达有限公司等 6 家企业文登市富民兴文家纺工程金花企业称号，授予山东同大有限公司等 10 家企业文登市富民兴文家纺工程银花企业称号，授予文登市惠鹏家纺厂等 100 家企业文登市富民兴文家纺工程百花企业称号。是年，全市家纺产业规模和实力跃居全国重要纺织基地前 5 位。

2009 年，全市家纺企业组织开展 6 省 30 个城市展销和“家纺下乡”活动，成立全省首家家纺产业公共服务中心，推广和研发工艺家纺产业的新技术、新材料、新工艺和新设备，开展人才培训和交流，推动企业加快产品创新、品牌打造和国内市场开拓，实现由低附加值向高附加值、外销向内外销并重转型升级。工艺家纺企业在全国20个省、1000余个城市建起销售网络，成立130家进出口公司，产品销往欧美、东南亚等100余个国家和地区。是年，全市规模以上工艺家纺企业115家，从业人员3.02万人，固定资产合计29.97亿元。完成主导产品产量：棉纱3040吨、布2910万米、印染布216.7万米、服装5703万件等。完成工业总产值171.17亿元、工业销售产值174.52亿元、出口交货值15.78亿元，实现利税10.97亿元、利润7.13亿元，分别占全市工业总产值的14.13%、工业销售产值的14.3%、出口交货值的23.09%、利税总额的14.6%、利润总额的14.91%。工艺家纺业成为文登工业三大产业集群之一，跻身全省十大（工业）产业集群和中国产业集群品牌50强行列。9月，“文登鲁绣”被列入山东省级非物质文化遗产名录。是年，文登市成为山东省优质工艺家纺产品生产基地。

2010年2月，中国家纺协会工艺家纺艺术馆在文登市博展中心设立。馆内展出17位中国工艺美术大师的300件作品（全国抽纱刺绣行业工艺美术大师5名，文登市王殿太、邹立友占两席），为全国唯一国家级工艺家纺专业性艺术馆。3月27日，市委、市政府召开全市新型工业化暨对外开放大会，授予经济开发区等8个单位文登市家纺产业发展先进单位称号，授予山东省艺达有限公司等5家企业文登市家纺产业发展骨干企业称号，授予威海市金领家纺有限公司等10家企业文登市家纺产业发展先进企业称号，授予管松涛、王丽英等40个家纺业户文登市家纺产业发展先进业户称号。是年，全市工艺家纺企业（业户）发展到4153户。其中，家纺企业803家、加工业户3350家，社会从业人员13万人。完成工业销售产值135.2亿元，实现利税21.6亿元。文登市被中国纺织工业协会确定为全国家纺产业集群试点市，经济开发区家用纺织品产业示范基地入选全省首批新型工业化产业基地。

2011年、2012年，文登市与中国家用纺织品行业协会分别2次共同举办中国（文登）国际家纺博览会暨中国家纺品牌推介会。余杭、通州、成都、广州、深圳、杭州等12个家纺产业集群310家知名企业品牌产品参展，《人民日报》《经济日报》《纺织服装周刊》及中国家纺网等百家媒体跟踪报道。博览会全面展示中国家纺品牌产品、中国家纺工艺美术大师作品、中国家纺非物质文化遗产证书、鲁绣文化代表作品、鲁绣精品、民间艺术珍品、文登家纺产业产品等。会上，文登家纺企业共签订协议订单17.5亿元，与全国22个参展院校建立家纺产学研合作伙伴关系，引进技术人员108名。文登国际家纺博览会被评为山东省最具潜力行业展会。2012年，文登市被认定为山东省第一批家纺出口外贸转型升级示范基地。文登床上用品基地成为全省3个获批基地之一。

2013年，工艺家纺业通过转方式、调结构，开拓国外新兴市场及内销市场，开展电子商务，构建网络交易平台，开辟家纺产业发展新路。是年，全市规模以上工艺家纺业企业57家，从业人员1.7万人，固定资产合计36.77亿元。主导产品年产量：棉纱1467.8吨、服装6110.92万件、印染布831万米、蚕丝被207万条等。完成工业总产值136.58亿元、工业销售产值136.32亿元、出口交货值9.13亿元，实现利税9.56亿元。全市工艺家纺业形成以山东艺达、山东芸祥绣品、山东万得、山东云龙绣品、山东银丰家纺有限公司5家企业为龙头，以威海市金领家纺有限公司、文登市金城绣品有限公司、文登市鲁东艺品有限公司、文登市福璐艺品有限公司等10家企业为支撑，以801家民营家纺企业、3334个加工业户和13.8万社会从业人员为基础的集群式发展格局。文登床上用品基地入选国家外贸转型升级专业型示范基地，成为全国重要的抽纱制品出口基地。

第二节 管理机构

文登市工艺美术工业总公司 1992年5月，由文登市二轻工业公司析置，增挂文登市二轻局和文登市二轻集体联社牌子。设办公室、政工科、企财科、生产技术科4个科室，编制23人。辖文登市刺绣工业集团公司、文登云龙绣品工业集团公司、文登市艺利达抽纱制衣集团公司、文登市绣花厂、文登市布鞋厂、文登市艺品厂、文登市地毯厂、文登市中达轿车内装饰公司8家集体企业。1997年6月，文登市云龙绣品工业集团公司脱离市工艺美术总公司，改为隶属于市政府的正科级企业集团。2001年，工艺美术总公司内设4个科室，编制19人。辖文登市刺绣工业集团公司、威海市艺源绣业集团有限公司、文登市艺利达抽纱制衣集团公司和文登市中达轿车内装饰公司4家企业。2002年1月，全市党政机构改革，工艺美术工业总公司撤销，其行政和行业管理职能移交至市经济贸易局。

文登市家纺产业局 2007年6月成立，正科级事业单位，与市中小企业局合署办公。设家纺科，主要职责为全市家纺产业发展提供指导、协调和服务工作。

第三节 技术创新

1982年，文登县绣品厂创造的巧联目新工艺，首次将传统手绣效果呈现在机绣品上，获得中国抽纱刺绣行业第一个发明专利。生产的云龙绣、雕玉龙、回龙锁等新产品，为市场看好。之后，电动万能机逐步取代手工和脚踏缝纫机，向以机绣为主的现代工艺家纺业转变，进入万能机机绣时代，完成鲁绣工艺第一次技术创新。

1991年始，市刺绣集团、云龙集团、艺利达集团等骨干企业从国外引进多头电脑绣花机和电脑万能绣花机装备企业，电脑逐渐被工艺家纺企业设计领域广泛应用，产品设计档次、产量和精准度均大幅度提升，初步实现由工艺品到产品，由传统手绣、机绣结合到自动化现代工业大生产的转变，完成鲁绣工艺第二次技术创新。至1995年，云龙集团先后开发云龙牌系列新产品15项，其中8项通过国家技术鉴定，“腾龙边”“万龙目”被列为国家级新产品。“多多目”新产品获国家星火计划优秀项目奖，“巧连扣”新产品获山东省星火开发三等奖。1999年，艺利达集团依靠花样创新，其抽纱产品在德国占有40%的市场份额，同时开发意大利、英国及美洲等市场，大额订单明显增加，带动生产规模急剧扩大。威海市艺源绣业集团改变传统设计思路，开发创新花样2000余种，完成出口创汇7000万美元，为自营出口奠定良好基础。

图11-1 王殿太作品“雕玉龙”获第九届中国工艺美术“百花奖”金杯奖。（1991年7月20日摄）

2000年始，文登工艺家纺骨干企业引进飞梭电脑绣花机、苏拉机和高速绗缝机等国外高新技术设备，利用新技术、新装备、新工艺嫁接改造传统产业，满足现代工业化大生产的需求，鲁绣工艺再次产生质的飞跃，完成第三次技术创新，全市工艺家纺业步入高水平、高效率、高效益发展轨道。

2001年始，各家纺骨干企业加快企业技术研发中心建设，推进产学研联合，推动新上一批企业信息化技术创新项目，实现工艺家纺业由劳动密集型向技术密集型转变。山东艺达和山东同大各投资1亿元，分别引进25台和22台瑞士产1500针飞梭电脑绣花机，每台绣花机工作效率相当于1048台万能机，且仅需两人操作，实现工艺家纺传统产业脱胎换骨式改造。该引进项目被列入山东省导向计划，成为国家鼓励发展的技术改造项目。2003年，山东云龙绣品与英国Porvair公司签订开发复合材料技术、市场合作协议，取得为英国生产全套迷彩军服5年期合同。投资3500万元生产“LONTX三防一透一阻”新型纺织面料，防水、防风、防尘、透湿性、阻油污各项指标均达到或超过国际同类产品水平。其中，新型涤麻交织面料被评定为2004年春夏中国流行面料。投资8500万元，与北京星火表面活性剂研究所等科研部门联合研发的面料三防、低温漂白、无油刷花、无磷洗涤等家纺技术，纺织面料不仅达到免烫、免洗、无污染的三防性能，而且材料和能耗大幅度降低。

2004年，山东艺达改进电脑设计打版技术，电脑绣生产效率提高13%，生产成本降低15%。山东万得等家纺企业的12个项目被列入山东省技术创新第一批计划。山东艺达和山东万得分别投资1.5亿元和1.2亿元引进新型多头电脑绣花机，替代原有老式多头电脑绣花机，生产高附加值抽纱家纺工艺品。2005年8月，在中国国际家用纺织品设计大赛上，山东云龙绣品的许巍、丛宁设计创作的床上系列用品“伊甸园”获得个人最高奖——中国家纺产品设计金奖，姜玉成等设计人员制作的“云龙绣”“雕玉龙”两套床上系列用品获得集体最高奖——中国家纺产品设计金榜奖。2006年，中国工艺美术大师、山东艺达工艺美术总监邹立友的作品“手拿花边台布”，在2006年杭州西湖博览会第七届中国工艺美术大师作品暨中国工艺美术精品博览会上获得“百花杯”中国工艺美术精品奖银奖。威海艺源绣业的纳米远红外线保健床上用品项目被列入省级技术

图11-2　邹立友手绣作品“手拿花边台布”（2007年3月2日摄）

创新项目计划。

2007年，工艺家纺骨干企业通过提供开发资金等方式，与大专院校、科研所开展合作，建立各类新产品开发中心、实践基地，大力培养高水平的产品研发队伍，不断增强企业自主创新能力。山东万得投资1.5亿元，从德国、韩国、奥地利等国家引进世界最先进的织造、印染设备，同时，进行设计创新，产品质量得到显著提升。公司共获得国家发明专利2项，实用新型专利1项，外观设计专利119项，并受邀参与国家行业标准的制定和修订。2008年，山东芸祥绣品利用激光切割电脑绣花新工艺，生产高档家用纺织品项目被列入省级技术创新重点项目计划。在第三届中国家纺时尚产品暨设计大奖赛、第三届中国家纺手工精品创意大奖赛上，山东艺达的床品“金枝玉叶”获“亚光杯”形象视觉奖金奖，山东万得的床品“中国龙”获艺术创意奖金奖，山东芸祥绣品的床品“融”获原创设计奖金奖。

2009年，山东芸祥绣品的创新产品——雕绒绣、雪丽绣、平绣、锁扣、白带丽、祥龙绣、锁链绣等传统鲁绣工艺和现代工艺技术产品，畅销欧、美等30余个国家和地区。公司拥有“一种立体绣品的机绣与手绣结合绣制方法”等发明专

利3件，“保健枕”等实用新型专利7件，外观专利388件，完成省级科研成果7项，承担部级创新项目12项。“融”“新丝路”等20余件作品分别获国际家纺设计大赛金、银奖。2010年，在第十八届山东省产学研展洽会上，山东芸祥绣品的双面绣工艺品及系列产品获得创新奖，产品设计师获工业设计优秀设计师称号。2012年，山东芸祥绣品有限公司首席设计师田世科的作品“荣华富贵”获第七届中国工艺美术“百花奖”金奖。

图11-4　2013年10月19日，第三届“鲁绣杯”中国大学生家用纺织品创意设计大赛在文登举行。

图11-3　田世科手绣作品“荣华富贵”（2013年3月14日摄）

2011—2013年，中国家用纺织品行业协会与文登市政府联合，分3次举办“鲁绣杯”中国大学生家用纺织品创意设计大赛。有中央美术学院、清华大学美术学院、北京服装学院、山东工艺美术学院等100所院校1万名学生参赛，作品包括床上用品、窗帘帷幔、家具覆盖、地面铺饰、墙面铺饰、装饰壁挂和纺织手工精品7大类。大赛分别评出金奖、银奖、铜奖、优秀奖和优秀作品若干。至2013年，全市家纺行业拥有国家级工艺美术大师2人、省级工艺美术大师3人、高级工程师720人，从事技术和产品研发人员7400人，先进设备占总量的82.5%。全行业先后有1800余件产品获国家专利，有300余种家纺产品获省部级以上奖励。拥有山东省云龙绣品复合（仿生）纺织材料工程技术研究中心、山东省万得集团生态绣业工程技术研究中心、山东省艺达电脑绣工程技术研究中心、山东省芸祥绣品家纺特种工艺工程技术研究中心4个省级企业技术研发中心。

第四节　品牌战略

90年代前，文登市工艺家纺企业的抽纱刺绣工艺产品主要实行贴牌生产和代理出口，没有自己的品牌、市场和销售渠道，产品性价比较低。

1991年始，工艺家纺企业坚持发展优势品牌，优化产品结构，产品销售渠道不断扩展。1994年，全市工业推进名牌带动战略，鼓励和引导企业提高产品质量、争创名牌产品与著名商标、塑造产品和企业形象。工艺家纺企业借助名优拳头产品和企业知名度，积极争取自营进出口权，由做产品向做贸易、做品牌转轨，拓展销售市场。至1996年，山东云龙绣品开发以“云龙绣”为代表的“云龙”牌机绣新产品40余种，5次获国家大奖，12次获省优、部优、国优称号。1998年，山东云龙绣品有限公司的“云龙”商标，被山东省工商行政管理局认定为山东省著名商标。1999年，山东云龙绣品“云龙”牌绣品被评为中国出口商品名牌产品。2000年，山东云龙绣品“云龙”商标被注册为国际商标，按照商标国际注册马德里协定，商标使用范围覆盖美国、英国、法国、德国、意大利等12个国家和地区。

进入21世纪，文登市大力实施工业强市战略，将品牌建设作为做大做强工业的重点来抓。2002年，山东省艺达有限公司的“艺达”牌床上用品，被山东省名牌战略推进委员会评为山东省名牌产品。2003年1月，市政府印发《关于开展质量兴市活动实施名牌战略的意见》，引导企业由贴牌向创牌转变，鼓励企业走名牌发展道路。全市工艺家纺企业的品牌意识进一步增强，实现由产品经营型向品牌经营型转变，工艺家纺产品在国内外市场上的知名度和竞争力不断提升，企业取得良好的经济效益。是年，山东云龙绣品有限公司的“云龙”牌家纺床上用品被评为山东省名牌产品。山东省艺达有限公司的“艺达”商标，被认定为山东省著名商标。2004年，山东省艺达有限公司的“艺达”牌系列产品，被国家质量监督检验检疫总局评定为国家免检产品。2005年，山东省艺达有限公司的“艺达”牌化纤被、山东云龙绣品有限公司的“云龙”牌化纤被，被中国名牌产品战略促进会评为中国名牌产品。山东万得集团有限公司、山东芸祥绣品有限公司的床上用品，被评为山东省名牌产品。2006年，山东万得集团有限公司的“万得”牌窗帘被评定为国家免检产品。2007年，山东云龙绣品有限公司“云龙”商标，被国家工商行政管理局认定为中国驰名商标。山东万得集团有限公司的“万得”牌台布被评为中国名牌产品。山东芸祥绣品有限公司的床上用品被评定为国家免检产品。2008年，山东万得集团有限公司的“WON & WON”商标被认定为中国驰名商标。2011年，山东芸祥绣品有限公司的“芸祥绣品”牌化纤被、山东万得集团有限公司的“贵安居”牌羽绒被，被评为山东省名牌产品。山东云龙绣品有限公司、山东银丰家用纺织品有限公司、山东省艺达有限公司、山东芸祥绣品有限公司、山东万得集团有限公司的产品，被山东省商贸厅评为2011－2013年度山东省重点培育和发展的国际知名品牌。2012年，山东芸祥绣品有限公司的“一品绣及图”商标被认定为中国驰名商标。山东云龙绣品有限公司的“云龙及图”商标、山东万得集团有限公司的“贵安居”商标、文登市凤凰婷装饰布有限公司的“凤凰婷及图”商标被认定为山东省著名商标。

至2013年，全市工艺家纺业有国家免检产品3个、中国驰名商标3件、中国名牌产品3个、山东省著名商标8件、山东省名牌产品11个。

第二章　抽纱刺绣工艺品与家纺产品制造

第一节　制作工艺

文登刺绣抽纱继承传统鲁绣工艺，融合西欧刺绣抽纱工艺，经历手绣、机绣、电脑绣3个阶段，形成自己独特的艺术风格。绣品不仅有床上用品、台面用品、服饰用品，也有观赏性极强的书画艺术品等。

手绣　境内传统刺绣抽纱产品图案采用民间吉祥纹样、花卉果蔬、鸟兽鱼虫、书法、戏曲人物、几何纹样等，绣线多为双股合捻的柞蚕丝线等，以暗花织物或棉布、麻布、真丝等作绣底，按照印制的设计图案，运用抽、勒、雕、扣、锁、绣、编、结、缀、打、补、贴等多种针法和工艺进行手工绣制，传统鲁绣具有丝线粗、针脚长、丝理疏、色彩稳及北方民间刺绣粗犷豪放、苍劲浑朴的特点。80年代始，文登刺绣抽纱工艺产品在设计上不断创新，采用传统与现代元素相结合，使得绣品形成玲珑剔透、高贵典雅、立体感强等新特点。代表作有邹立友2006年获奖作品“手拿花边台布”和田世科2012年获奖作品“荣华富贵”等。随着时代发展，工艺家纺业由传统刺绣抽纱为主逐步发展为服装服饰和家纺产品制造等多方面，但手工绣制在工艺家纺业中仍占有重要位置。

图 11-5 刺绣手工绣花（2011 年 9 月 13 日摄）

机绣 1982年，文登县绣品厂进行的缝纫机机绣试验成功。机绣是将普通缝纫机压脚卸下换上绣针，在下面安装一个专用绣花板，把设计好的图案印在坯布上，用跑针或绣绷绣花。机绣“巧联目”新工艺，运用电热技术原理，在涤棉或全涤布料上，利用面料的可熔性，用电针扎眼，灵活凿目，以目组花、连花、衬花、显花，组织图案，并首次将手绣工艺中的“直丝梯凳”针法应用到机绣上，不仅保持鲁绣原有的风格特点，又增添锁边自然、线条流畅、针脚均匀、挺拔整齐的新特点。1985年，第五届中国工艺美术“百花奖”金杯奖获得者王殿太的作品“云龙绣”，为缝纫机机绣工艺代表作品。同期，由缝纫机机绣改进而来的万能绣花机机绣，加装电动机取代脚踏动力，机型有改变，增加专用绣花压脚，仍为一人一机操作。主要制作工艺是在回龙锁基础上，按照图案要求，采用手、机结合方式，经过“锁工”（直形锁、大转弯、急转弯、有空锁、无空锁）操作处理，形成能与手工雕绣相媲美的新产品，达到以机绣仿手绣效果。1990年，王殿太的获奖作品“雕玉龙”为万能绣花机机绣工艺代表作品。

电脑绣 1991年，多头电脑绣花机和电脑万能绣花机开始装备企业。其工艺特点是，不用事先把设计图案印在坯布上，而是设计人员利用设计软件通过电脑绘图，形成电脑打版、织边、印花、绣花等系列化自动程序，使用扫描仪或电脑软件将图案针法编入程序，拷贝插入电脑绣花机操作盘即可实施工艺操作。该种工艺使产品产量和产品精准度得以大幅度提升。2000年始，工艺家纺骨干企业先后引进飞梭电脑绣花机和苏拉机、高速绗缝机等国际高新技术设

图 11-6 山东万得集团有限公司电脑绣车间（2007 年 3 月 6 日摄）

备，仍采用电脑程序设计，但其工艺比电脑绣花机更为先进。飞梭电脑绣花机通过精确的数字技术控制，能够将电脑绣花机实现不了的回形图案和传统手绣达不到的针法完美地表现出来，极大提高单元生产效率，传统鲁绣由人工一针一线的“小生产”转为现代工业化大生产成为现实。至2013年，工艺家纺企业不断创新和提高电脑程序设计打版技术水平，利用先进的数字技术，依托先进的生产设备，将更多、更加新颖的工艺家纺产品投放市场。

图 11-7　山东省艺达有限公司飞梭电脑彩绣车间（2010年3月18日摄）

第二节　主要设备及产品

1991年，文登市绣花厂有万能绣花机、多头电脑绣花机、绗缝机等生产设备410台，主要生产雕平绣台布、盘垫、沙发靠布等抽纱刺绣产品。市刺绣集团拥有生产设备1500台，主要生产绣花衣、生丝台布、硬领衬衫、服装、电脑绣、床上用品6大系列产品。文登市绣品厂有各种专用设备554台（套），主要生产台布、服装、床上用品及装饰用品等6大产品系列、200余个规格品种、1.2万余个花色的出口机绣抽纱品。

1995年，市刺绣集团主要产品有绣花时装、套装、绣花睡袍、睡衣套、防寒服、夹克衫、硬领衬衫、连衣裙、生丝台布、各种抽纱制品、豪华室内家具装饰等，年产各类产品500万件（套），出口产值占企业总产值的95%以上。

2000年，全市规模以上工艺家纺业企业主要产品有抽纱工艺品、服装服饰、家用纺织品3大门类，台布、窗帘、床上用品、厨房用品、墙面饰品、服装服饰品6大系列40余个类别、4000种产品。产业扩展至坯布织造、印染印花等领域。

2006年，山东云龙绣品拥有lontex复合材料生产线、大型飞梭绣花机、多功能电脑绣花机、万能绣花机和高速平缝机等设备30种2600余台（套），主导产品包括机绣抽纱工艺品、服装服饰品、绗缝制品、日用化工产品和复合纺织材料5大产品类别，床上、台面、墙面、家具、家电、服装服饰品6大装饰系列200余个规格品种。山东艺达拥有瑞士产飞梭电脑绣花机61台、多头电脑绣花机600台、特宽幅喷气式织机360台、绗缝设备100台（套），主要生产家用纺织品、抽纱工艺品、刺绣面料服装及坯布。山东万得拥有电脑绣花机、单针绗缝机、万能绣花机、高速平缝机及印染生产流水线等生产设备2500余台（套），产品包括床上用品、窗帘、台布和

图 11-8　山东云龙绣品有限公司部分产品（2008年8月18日摄）

纺织品染色、印花等，有1万个花色品种，年产家纺产品1500万件（套）。山东芸祥绣品有激光雕刻机16台，单针和多针电脑绗缝机20台，电脑锁链绣、电脑亮片绣、电脑盘带绣等专用设备102台（套），主导产品为被套、绗缝被、床单、窗帘、台布、枕袋等家用纺织品和服装服饰品。山东银丰家用纺织品有限公司有多针电脑绣花机、多针电脑绗缝机、万能绣花机、高速平缝机等设备200余台（套），主要采用机绣、绗缝、电脑绣、手绣等工艺，生产床上用品及窗帘、靠垫、台布等家用纺织品。

2013年，全市规模以上工艺家纺业企业主要产品包括家用纺织品、抽纱工艺品、服装服饰品3大门类，床上用品、窗帘帷幔、家具覆盖、地面辅饰、墙面辅饰、装饰壁挂、服装服饰品和刺绣手工精品8大系列产品。

第三节　主要企业

1991年，全市抽纱刺绣企业有文登市绣花厂、市刺绣集团、文登市绣品厂3家，职工3472人，固定资产原值合计3437万元。1995年，全市工艺家纺企业主要有市刺绣集团、云龙集团、艺利达集团、文登市绣花厂、市艺品厂、市地毯厂、市中达轿车内装饰公司7家，职工6583人，固定资产原值合计1.42亿元。2000年，全市规模以上工艺家纺业企业有市刺绣集团、威海艺源绣业、艺利达集团、中达轿车内装饰公司、山东云龙集团公司5家，职工5560人。2004年，全市登记注册的工艺家纺企业182家，其中规模以上企业有山东云龙绣品、山东艺达、山东同大、山东万得、威海艺源绣业、山东芸祥绣品、文登市鲁东艺品厂、文登市锡祺工艺品厂、威海铭元家纺有限公司、文登市君祥制衣有限公司、文登市裕祥绣品有限公司等25家。2006年，全市规模以上工艺家纺业企业有山东艺达、山东云龙绣品、山东万得、山东芸祥绣品、威海艺源绣业、山东同大、文登市鲁东艺品有限公司、文登市金城绣品有限公司、威海铭元家纺有限公司、文登市凤凰婷装饰布有限公司、文登市君祥制衣有限公司、文登市裕祥绣品有限公司、文登市昆鹏地毯有限公司等95家，其中山东艺达工业销售产值突破10亿元，山东芸祥绣品完成出口交货总额5.4亿元。2013年，全市规模以上工艺家纺业企业有山东艺达、山东芸祥绣品、山东万得集团、山东云龙绣品、山东银丰家用纺织品有限公司、威海市金领家纺有限公司、文登市金城绣品有限公司、文登市鲁东艺品有限公司等57家，从业人员1.7万人，固定资产合计36.77亿元。

山东云龙绣品有限公司　1981年11月由县刺绣厂析置，时称文登县绣品厂。1992年，改组为文登云龙绣品工业（集团）公司。1998年，经股份制改造，成立山东云龙集团公司。2001年，改称山东云龙绣品有限公司。公司位于龙山路89号，占地面积33.33公顷，建筑面积30万平方米。固定资产净值2.38亿元，无形资产7.2亿元。职工1618人，其中专业技术人员80人，含中国工艺美术大师1人。2006年，公司拥有LONTEX复合材料生产线、大型飞梭绣花机、多功能电脑绣花机、万能绣花机和高速平缝机等30种2600余台（套）生产设备。辖威海云龙复合纺织材料有限公司、威海云龙国际贸易有限公司、山东省复合仿生纺织材料工程技术研究中心。公司获国家专利权290项，其中国家发明专利4项。通过ISO 9001质量管理体系认证、ISO 14001国际环境标准管理体系认证和SA 8000社会责任标准体系认证。被外经贸部列为名牌商品出口基地、中国家纺行业特色产业基地。被推选为中国家纺协会装饰配饰委员会主任单位、中国工艺品进出口商会抽纱分会副理事单位。被商务部授予国家级重点文化出口企业称号。被评为全国轻工业优秀企业、国家级工业旅游示范点。“云龙”牌产品被评为中国名牌产品、山东省名牌产品、重点支持和发展的中国出口名牌商品。2013年，完成工业销售产值1.38亿元、出口交货值1046万美元，实现利税674万元。

山东省艺达有限公司　建于1985年，时称文登县泸文服装厂。1993 年，改组为文登市艺利达抽纱制衣集团公司。2001 年，经股份制改造，更名为山东省艺达有限公司。公司总部位于横山路 21 号，占地面积 130 公顷，建筑面积 70 万平方米，总资产 12 亿元，职工 2800 人。辖抽纱进出口、家纺进出口、服装进出口、工艺品进出口、外贸开发、经贸、商贸 7 个贸易型公司和抽纱工业、家纺工业 2 个生产型公司。2004 年，在定陶县仿山经济开发区建成艺达菏泽工业园。2007 年，兼并山东同大有限公司大机绣厂，建设艺达文登工业园。公司拥有瑞士产飞梭电脑绣花机 61 台、绗缝设备 100 台（套）、多头电脑绣花机 600 台、特宽幅喷气式织机 360 台等，时为全国最大的专业从事床上用品研发、设计、生产加工和销售的企业，具有年生产加工床上用品 1500 万件（套）、织造坯布 1 亿米的生产能力。公司设有省级电脑绣工程技术研究中心和企业技术中心，拥有自营进出口权和 50 项产品专利。通过 ISO 9001 质量管理体系认证、ISO 14001 环境管理体系和 OHSAS 18001 职业健康安全管理体系认证。“艺达”牌家纺产品被评为国家免检产品、中国名牌产品、山东省名牌产品。公司被认定为中国纺织服装企业竞争力 500 强企业、中国纺织服装行业出口百强企业，中国轻工业工艺美术行业十强企业，被评为国家级工业旅游示范点。2013 年，完成工业销售产值 7.35 亿元、出口交货值 2509 万美元，实现利税 4652 万元。

山东芸祥绣品有限公司　建于 1992 年，时称文登云龙绣品集团公司抽纱二厂。1997 年，经股份制改造，成立文登市芸祥绣品有限公司。2002 年，更名为山东芸祥绣品有限公司。公司位于香山北路 1 号，占地面积 15 公顷，建筑面积 12 万平方米，总资产 4 亿元，职工 2000 人，其中专业技术人员 68 人（包括中国工艺美术大师 1 人、山东省工艺美术大师 1 人、山东省首席技师 2 人）。拥有多功能电脑绣花机、激光雕刻机等国内外先进生产设备 1800 余台（套）。公司研发中心被认定为省级家纺特种工艺工程技术研究中心、企业技术中心、工业设计中心和鲁绣工艺技术研究中心，设有中国家纺协会工艺家纺艺术馆。拥有发明专利 2 项、实用新型专利 5 项、外观专利 288 项、省部级科研成果 7 项。通过 ISO 9001 质量管理、ISO 14001 环境管理、OHSAS 18001 职业健康安全管理、SA 8000 社会责任管理等体系认证和生态纺织品质量环保认证。“一品绣及图”商标被认定为中国驰名商标。“一品绣”牌床上用品被评定为国家免检产品。“芸祥绣品”牌化纤被被评为山东省名牌产品。公司是中国家纺协会副会长、山东省工艺美术协会副会长单位。2013 年，完成工业销售产值 4.28 亿元，实现利税 4000 万元。

图 11-9　山东芸祥绣品有限公司电脑绣车间（2010 年 6 月 20 日摄）

山东万得集团有限公司　建于 1993 年，时称文登云龙绣品集团公司抽纱一厂。1999 年，更名为文登市华龙绣品有限公司。2002 年，经股份制改造，更名为山东万得集团有限公司。公司位于昆嵛北路 58 号，成品生产基地占地面积 15 公顷，建筑面积 12 万平方米。印染印花产业园区占地面积 32 公顷，建筑面积 5.2 万平方米。总资产 3 亿元，职工 3000 人。辖 6 个子公司、1 个成品产业园和 1 个印染印花产业园。有电脑绣花机、单针绗缝机、万能绣花机、高速平缝机和印染、印花流水线等生产设备 3000 台（套），产品包括床上用品、窗帘、台布和染色、印花纺织品等1万余个花色品种，年产家纺产品1500万件（套）。产品销往国内及美国、加拿大、英国、法国、德国、日本、韩国等20余个国家和地区。公司设有省级生态绣业工程技术研究中心、企业技术中心。获国家发明专利2项，实用新型专利1项，外观设计专利123项。通过ISO 9001质量管理体系认证、ISO 14001环境管理体系认证、OHSAS 18001职业健康安全管理体系认证和生态纺织品质量环保认证。“万得”牌家纺产品被评定为国家免检产品、被评为中国名牌产品。“WON & WON”商标被认定为中国驰名商标。公司被认定为中国纺织服装企业竞争力500强企业、中国轻工业工艺美术行业十强企业、中国轻工业百强企业。2013年，完成工业销售产值2.88亿元、出口交货值2159万美元，实现利税1178万元。

第十二编
建筑业 房地产业

90年代，全市固定资产投资比重增大，建筑业借势崛起，产业规模不断扩大，各项经济指标逐年攀升。1992年，市政府印发《文登市城市建设综合开发暂行规定》，全市房地产业开始起步。进入21世纪，机械化施工、新型建筑技术和建筑材料普及应用，建筑工程由多层向高层、结构由砖混向框架抗震方向发展，精品工程增多。推行“内包外联”和总承包制度，工程招投标引入建筑市场，域外公司在文登注册备案、市内企业承揽域外工程常态化。随着土地资本化、房屋货币化和城市化进程加快，境内建筑业与房地产开发同步发展，一批域外实力雄厚的开发商加盟文登房地产开发，推动文登房地产业和功能完善住宅小区快速发展。建筑业和房地产业成为振兴文登经济的支柱产业。

人和国际花园小区（2013 年 5 月 20 日摄）

第一章　建筑业

第一节　建筑勘察设计

勘察设计单位　1989年10月，文登市建筑设计室更名为建筑设计院，隶属市建委。1991年6月，文登市地质勘察队成立，隶属市建委，由建筑设计院代管。1994年，文登市城建设计院成立，隶属市建委。1996年，境内勘察设计推行注册建筑师和结构工程师资质制度。1998年10月，文登市水利勘察设计室更名为文登市水利勘察设计院，隶属市水利局，内设水利勘察队。是年，文登市房地产开发建筑设计院（2008年改制更名为威海环宇建筑设计有限公司）成立，隶属市房地产开发公司。2002年，文登市建筑设计院和城建设计院改制为有限公司，市建筑设计院地质勘察队更名为文登市广厦岩土工程有限公司。2003年，威海东方建筑设计有限公司成立。2007年，文登利丰建设管理有限公司成立。2010年，文登市建筑设计院、威海环宇建筑设计院和威海东方建筑设计有限公司合并成立山东源鑫建筑设计有限公司。

2013年，全市有勘察设计单位5家：文登市广厦岩土工程有限公司，工程勘察乙级资质，注册岩土师2人。文登利丰建设管理有限公司，工程勘察乙级资质，注册岩土师2人。山东源鑫建筑设计有限公司，建筑设计乙级资质，一级注册建筑师3人、二级注册建筑师2人，一级注册结构师3人，注册电气师3人。文登市城建设计院有限公司，建筑设计丙级资质，二级注册建筑师2人，一级注册结构师1人、二级1人。文登市水利勘察设计院（国有），建筑和水利设计丙级资质，工程勘察乙级资质（限小型），一级注册建筑师1人、二级1人，一级注册结构师1人、二级1人，注册电气师1人。

工程勘察　1991—1995年，各勘察单位主要使用经纬仪、水准仪，为水利、道路和给排水等浅基础进行勘察。完成勘察项目245个，勘探进尺7340米。1998—2000年，全站仪替代经纬仪，各种型号钻机、静力触探机和GPS定位逐渐被应用，计算机绘图引入勘察中。其间，完成勘察项目222个，勘探进尺6350米。2003年，境内勘察向地基加固和桩基荷载试验工程转化。2006年后，地质勘察除采用传统钻探和土工试验外，开始结合静力探触、地球物理探测、浅层地震探测、单桩静载探测、电波声波、水文地质试验和地下水质分析等方法勘察。2013年，完成勘察项目145个，勘探进尺3.5万米，工程合格率100%。全市拥有各种型号钻机7台、双桥静力触探车3台、波速地脉动采集仪2台、高压固结仪12组。勘察内容涵盖勘察、测试、监测检测和处理等，包括原位测试、土工试验和工程测量等。

工程设计　90年代初，境内以砖混结构低层建筑为主。设计风格单一、结构简单，防火、防震、绿化等设计多有缺失。1991年，兴建昆嵛大厦，境内始有高层设计。1996—1998年，CAD、PK、PM和TBSA等软件得以应用，建筑设计逐步实现数字化。其间，完成设计项目459个，建筑面积64.3万平方米。文登制革厂车间运用大空间后张法无粘结预应力技术，其设计名列全省表扬奖榜首；体育训练馆设计获省优秀设计二等奖。1999—2000年，欧美建筑风格流行，境内设计注重开放求新，全市共完成建筑设计项目220个，建筑面积69万平方米。文山村综合楼、市地税办公楼和总工会办公楼为境内率先采用欧式设计的建筑；泽库前岛渔业公司办公楼设计获省建设厅设计三等奖。2004年，居住小区“节能、环保、自然、实用”设计渐成主流。是年，完成施工图设计审查362套，建筑面积100万平方米。2006年，加强勘察设计市场和域外勘察设计单位备案登记管理，并对镇村建筑设计实施审查。是年，完成施工图设计审查384套，建筑面积137万平方米，完成单项设计工程300项，建筑面积68.3万平方米。韩国之窗设计项目获中国城市规划学会、中国风景园林学会、中国建筑学会全国人居经典建筑设计方案竞赛特别金奖，山川·文苑设计项目获全国“双节双优”设计金奖，被列为全国优秀示范小区和国家健康住宅示范点项目。市城建设计有限公司设计的《齐鲁新农居山东省农村住宅设计方案》获省建设厅三等奖。2007年，城市新区建设正式启动。区内建筑以高层、抗震和功能完善为设计主流，富有个性、简单明快和现代气息设计风格被认同。是年，完成施工图设计审查412套，建筑面积164万平方米，完成单项设计工程330项，建筑面积80.2万平方米。2013年，完成施工图设计审查900套，建筑面积231万平方米，完成单项设计工程377项，建筑面积80.9万平方米。

国贸大厦设计 1992年，文登市建筑设计院设计。建筑面积8300平方米，7层。采用10米×10米大柱框架结构，18米×22米大中厅采光井自然采光。顶框架结构，内为双螺旋楼梯，外为隐形玻璃幕墙。设计典雅壮观，获省级优秀设计奖。

制革厂车间设计 1993年，文登市建筑设计院设计。建筑面积1.3万平方米，框架结构。采用后张法预应力（无粘结）技术，为省内首例。设计为大跨度、大荷载车间，获省级优秀设计奖。

文登市华洋财富大厦设计 2011年，山东源鑫建筑设计有限公司设计。华洋财富大厦位于米山路与龙山路交会处，总建筑面积4.17万平方米。主楼框架核心筒结构，为文登首例。地上28层，主楼高99.85米，裙楼高19.25米，为商业、办公和公寓综合楼。

第二节 建筑施工

发展概况 1991年，全市建筑业完成产值2518万元，实现利润219万元。1995年，完成产值5.7亿元，实现利税5000万元，利税过百万元建安企业26家。其间，外出施工5万人次，完成总产值2.7亿元，时为历史最高。“八五”期间，全市累计完成建筑安装工程量13亿元，施工面积280万平方米。1998年，推行内包外联、项目总承包和招投标制度，引导建筑业外出施工。文登市建设集团和宋村、张家产、汪疃建筑公司等11个工程队，常年在烟台、东营、沈阳和青海等地施工，完成市外施工产值1亿元。市建设集团公司承担菲律宾桥梁施工，为文登在国外施工首家企业。是年，全市施工面积70.87万平方米，完成总产值3.37亿元，其中建筑工程2.2亿元、安装工程3792万元，优良工程43个。2002年，全市施工工程720个，其中新开工工程509个。完成工程招标63项37万平方米。工程投标承包107个，其中新开工97个。房屋竣工面积148.56万平方米。全市建筑业完成总产值14.68亿元，其中建筑工程11.54亿元、安装工程3.14亿元。实现利润1.16亿元。创建省安全文明工地4个。2009—2010年，全市建筑业各项经济技术指标全面提升，产业规模扩大，综合实力和竞争力不断增强。施工面积404.25万平方米，建筑业完成总产值36.83亿元。2013年，全市在建建筑工程108个，房屋施工面积208.41万平方米。建筑业完成总产值19.2亿元，创建省安全文明工地3个、威海市安全文明工地17个。

1991－2013年文登市建筑业部分年份财务情况表

表 12-1　　　　单位：万元

年份	营业利润	利润总额	应交所得税	职工工资	负债合计	所有者权益	资产合计
1991	2196.0	219.0	95.0	478.0	—	—	—
1992	3937.0	480.0	171.0	731.0	—	—	—
1994	—	579.7	233.4	1432.6	7367.1	3097.3	10464.4
1996	772.7	496.3	285.8	3242.6	23313.0	12835.1	36148.1
1997	965.9	455.8	480.8	4682.0	26581.3	11978.3	38559.6
1998	461.0	345.4	274.5	3736.4	52489.7	17259.0	69748.7
1999	463.0	363.1	278.5	3858.3	47430.9	19652.3	67083.2
2000	774.5	677.7	233.2	3577.7	37336.7	11709.1	49045.8
2001	280.9	218.9	391.5	—	46357.5	227233.0	69080.8
2002	8903.0	8947.0	665.0	—	44823.0	20036.0	64859.0
2003	2746.0	2805.0	991.0	—	68695.0	37678.0	106373.0
2005	16721.0	16845.4	29682.0	17627.4	81364.9	54548.1	135913.0
2006	9410.4	9581.9	2357.2	19890.3	80498.0	44579.6	125077.6
2007	9749.6	9639.1	2504.6	20397.6	99187.9	58602.2	157790.1
2009	25636.4	25656.3	3135.9	31634.9	110763.3	63909.0	174672.3
2010	30486.1	30505.9	6291.1	31869.6	133430.5	90482.1	223912.6
2011	8229.4	8207.9	1691.5	20846.0	148754.5	72483.6	221238.1
2012	9353.4	9307.1	2486.0	27082.0	171455.4	60916.4	232371.8
2013	13033.9	12862.3	2637.3	33857.1	183727.4	69014.6	252742.0

重点建筑工程

昆嵛大厦二期工程　位于香山路10号。1999年10月动工，2001年年末竣工，翌年5月正式启用。投资1600万元，建筑面积1.68万平方米。主楼22+1层，高83.1米。抗震设防7度，抗震等级二级，框架剪力墙结构，时为文登最高住宅楼。

文登整骨医院病房大楼　位于峰山路1号。2002年9月开工，2005年2月竣工。总建筑面积4.2万平方米，15+1层，建筑总长99.48米，宽29.99米，建筑高度63米。建筑耐火等级一级，抗震设计烈度为7度，框架剪力墙结构，筏板基础。获山东省建筑工程质量“泰山杯”奖。

文登新汽车站　位于世纪大道99号。2003年4月奠基，2005年4月投入运营。占地面积2.2公顷，主体建筑面积1.7万平方米。人工挖孔桩，地下室为一层框剪结构，主体框剪结构，19层，总高度72.3米，独立基础。施工工地被评为省安全文明工地。

倪氏海泰大酒店　位于世纪大道89号。2006年开工，2008年竣工。占地2.58公顷，建筑面积3.76万平方米。建筑高度87.5米，24+1

层。框架剪力墙结构，人工挖孔灌注桩、螺旋钻孔灌注桩。工程级别和耐火等级均为一级，抗震设防7度。

文登市民文化中心 位于市区文山东路。2008年10月开工，2011年投入使用。总投资3.1亿元，占地6.49公顷，建筑面积2.99万平方米，4+2层。钢筋混凝土框架剪力墙结构，抗震设防7度，建筑耐火等级一级。外墙采用横明竖隐玻璃、石材和隐框玻璃幕墙，背栓开放式。建筑包括文化馆、科技馆、音乐厅、图书馆4部分，其中文化馆建筑面积为5000平方米，设4D动感球幕电影院；科技馆建筑面积1565平方米，设环幕电影院；音乐厅具有戏剧演出、电影放映和会议厅功能，观众座席1000个；图书馆建筑面积8000平方米，馆藏量设计100万册，达到国家一级图书馆标准。该工程被省建设厅评为建筑业新技术应用示范工程，获中国装饰协会全国建筑工程装饰奖。

文登市森鹿制革有限公司新厂区 位于环山街道西寨村北、市污水处理厂西。2005年7月开工，2009年10月竣工。总投资1.8亿元，建筑面积9.54万平方米。分两期施工，一期包括5个单体车间和职工宿舍、餐厅等附属设施，其中单体车间均为单层，东西轴线长126.6米、南北轴线长96米，南北四跨、跨距24米，东西柱距7米，檐高13.1米。二期工程6个单体车间均为二层框架结构，长126.94米、宽42.24米、檐高14米。

威海市文登中心医院门诊楼 位于米山东路西3号。2010年1月动工，2011年11月竣工。建筑面积3.59万平方米，9+2层，建筑总高度53.7米。主楼框架抗震等级二级、剪力墙一级，为一类高层建筑。

图12-2 威海市文登中心医院门诊楼（2012年9月15日摄）

图12-1 文登市森鹿制革有限公司新车间（2008年9月7日摄）

建筑设备 90年代，境内建筑业除瓦工砌筑使用瓦刀、抹灰使用抹刀外，地基、运输、加工和安装等基本实行机械化。1998年，境内建筑业拥有机械设备4518台（套），总功率9.97万千瓦，资本金合计1.09亿元。进入21世纪，建筑机械步入现代化和数字化时代。2007年，全市共有建筑机械设备8516台（套），总功率16.17万千瓦，机械净值1.78亿元，技术装备率和动力装备率分别为22.74万元/人和120.9千瓦/人。2012年后，建筑机械数量呈下降趋势。2013年，全市建筑机械设备总计3659台（套），总功率5.28万千瓦，机械净值1.07亿元，技术装备率和动力装备率分别为1.11万元/人和4.95千瓦/人。

基础施工设备　90年代，机械施工越来越广泛，挖掘机开槽普及，大功率履带式挖掘机增多，汽车式钻机、旋挖钻机、振动式打桩机进入工地。2000年后，泥浆泵、静压式汽车和螺旋式打桩机全面普及应用。至2013年，基础施工设备主要有大功率、多功能自行式旋挖和冲抓机，配备不同辅助机械可完成冲抓、旋挖、振动和跟管等功能。其中，成槽有抓斗式、多头回转式和排桩式成槽机，沟槽加固使用柴油打夯机和蛙式打夯机等；土方回填主要使用液压挖掘机、自卸汽车和推土机等。

起重设备　90年代初，境内建筑多为低层建筑，主要以自制垂直提升井字架或卷扬机上下输送物料，部分企业使用吨位较小（5吨）的塔式起重机。随着高层建筑增多和机械化程度提高，行走式塔机和物料提升机兴起。进入21世纪，各种型号塔机应有尽有，塔机由机械式小吨位发展至液压式大吨位。装饰施工使用整体提升脚手架和作业吊篮，形成快运快拆运输，施工效率提高。至2013年，施工现场垂直运输主要有塔式起重机、龙门架（井字架）物料提升机和外用电梯3种。其中，塔式起重机分固定和运行式塔机，有轻型、中型和重型3种。工作高度60～100米不等，具有操作灵活、变幅和升降幅度大等优势，施工中被广泛应用，为垂直运输主力设备。是年，全市登记注册塔机1124台，主要有QTZ31.5、QTZ40和QTZ63等型号。

混凝土制作与运输设备　1991年，滚筒搅拌机、砂浆机普遍应用于混凝土制作。1996年后，逐渐使用JZC200、JZC350、JZC500型反转锥式搅拌机。进入21世纪，混凝土机械发展加快，使用强制式搅拌机和自落式搅拌机。2013年，建筑工程普遍采用预拌混凝土，具有环保节能等优点。

90年代，现场混凝土主要采用塔机和井字架等垂直运输。进入21世纪，随着境内高层建筑增加，各种型号（30、40、60）混凝土输送泵开始用于工程建设。2008年，文城建设集团有限公司混凝土分公司成立，60～80型现场输送泵、BRE37-14输送泵车和8立方米混凝土搅拌运输车等设备普及应用。2013年，高层建筑利用泵输送将混凝土直接送达浇注部位。

图12-3　HZS120水泥混凝土搅拌站（2008年7月10日摄）

加工设备　90年代初，木工设备主要有木工联合机床、胶滚刨子、半自动套丝机和割管机等；钢筋加工设备主要有钢筋调直机、切断机、弯曲机、预应力张拉机和自动挂钢筋车等；水电安装加工设备主要有手动折边机、等离子切割机、台式钻床和打孔机等；设备安装机械主要有气动合缝机、共板法兰机、升降机、自动折弯机和大型裁板机等。90年代中期，随着铝合金逐渐普及，双头切割锯床、多功能机床和仿型铣床等铝合金加工设备相继使用，铝门窗角码自动切割锯床、铝门窗组角机、后切式双头立式磨床、铝门窗端面铣床、铝门窗钻孔仿型铣床等逐渐兴起。至2013年，加工机械自动化性能大幅提高，除传统加工设备继续使用外，自动裁板机、直线缝边机、单板剪切机、热压机、四轮涂胶机、精密推台锯、裁口木工平刨、接木机、角度锯、双边齐边开榫机和气动式拼板机等普及应用，工作效率大幅提高。

建筑工艺

地基工艺　90年代，地基开槽以机械为主，辅以人工爆破。地基加固采用换填法、强夯法、砂石桩法、深层搅拌法和高压喷射等方法处理，其中换填法适用浅软弱土和荷载小低层建筑物，将灰土、砂石和三合土等，按要求厚度铺设夯填地基，工艺简单，取材方便，境内广泛应用。进入21世纪，高层建筑增加，钢筋混凝土加桩基础取代水泥砂浆毛石基础，桩处理工艺普及。将上部荷载通过桩穿过上土层至坚硬土层，解决浅基础承载力不足和变形较大的地基问题，具有承载力高、沉降量小而均匀、沉降速率缓慢等特点，能承受垂直、水平、上拔力等荷载。2013年，境内基础施工主要有灌注桩和预制桩2种，天福工业园车间、凉水湾住宅小区、祥和花园住宅小区、海泰大酒店等建筑均采用灌注桩。

主体工艺 90年代初，境内楼房为砖混结构，梁板使用预制或现浇钢筋混凝土，楼板采用现场预制或加工预制，垂直结构采用现浇钢筋混凝土构造柱与砖墙体共同受力体系。90年代中期，混凝土框架结构兴起，开始采用现浇梁柱、预制楼板半框架结构，后期被现浇楼板全框架结构替代。2007年，境内取消砖混结构，框架、剪力墙、框架剪力墙结构开始推广应用。民用建筑多采用上框下排混合结构，部分工业建筑采用钢结构。农村平房多采用砖木结构，人工砌砖（石）、水泥抹墙、木梁支撑屋顶，迄今仍采用。

屋顶结构 90年代初，楼房屋顶多为平屋面，预制钢筋混凝土屋架和屋面作为水平承重结构。结构以上为水泥砂浆找平，刷沥青冷底子油，最后铺设2次毡3层油热压防水层。1994年后，新型防水材料被广泛应用，主要采用合成高分子三元乙丙卷材，以冷粘法施工。进入21世纪，公共办公建筑仍为平顶屋面，主要使用SBS改性沥青防水卷材，采用3次毡4层油，以冷粘或热熔法施工。住宅建筑主要采用三角坡形屋顶，现浇梁板，尖顶排瓦屋面。部分工业车间采用玻璃钢彩瓦屋面，施工简单，造价低廉。钢结构工程采用金属拱形波纹屋顶，钢板直接轧制成型，不需梁架支撑。农村民宅多采用木梁、坡形排瓦屋面。

钢结构 1990年，文登空间网架工程总公司成立，为境内首家钢结构生产企业。此后，随着大跨度空间结构、厂房生产车间增加，钢结构建筑得到快速发展。2001—2008年，钢结构产品供应量以年平均33%的速度增长。主要应用于大跨度屋顶结构和单层厂房，以钢材制成受力构件结构，具有质量轻、施工快、周期短、密封好和抗震性能高等特点。承重结构主要采用Q235/Q345/Q390/Q420型号钢材，分钢网架（屋面采用钢结构）和全钢结构（柱、墙架和屋架等均为钢结构）两种。钢网架结构使用螺栓球节点，高空焊接拼装而成，全钢结构主要通过小配件焊接而成。2008年，全市钢结构生产企业6家，钢结构工程施工面积105万平方米。2013年，文登体育公园、文登义乌小商品批发市场、文登钢球网架和文胜玻璃有限公司的建筑屋顶或大门结构主要以钢网架为主。是年，全市钢结构生产企业4家，施工面积95万平方米。

管网和用电安装 90年代，给排水和用电安装工艺变化不大，环保节能材料逐渐应用于工程建设。初期，给水管一般采用冷镀锌管，排水采用水泥预制管、黑铁和铸铁管，安装以人工为主，管口丝接、麻筋止水；用电线路一般采用塑料管套明线，设备线路多采用明线，少数敷设暗线，普遍安装漏电开关；建筑避雷一般在屋顶设置避雷网，用热镀锌圆钢和扁钢制作。1995年，给水管道逐渐更换为热镀锌钢管，安装使用电动套丝机、切割机、冲击钻和刨坑机等，插驳管采用微膨胀水泥、防水剂和麻筋填塞；输电线路采用插接母线槽、预分支电缆敷设和穿刺电缆等方式，地下敷设逐渐替代架空线路，保护管多采用黑铁管、镀锌管、阻燃管和扣压式KBG管，屋里墙内走线普及。进入21世纪，给水系统主要采用PVC、PPR和PE等管材，部分采用内衬塑钢管、铜管和不锈钢管，排水系统采用U-PVC和柔性铸铁排水管；用电设施以地下电缆、暗线敷设和阻燃防火管线形式为主，节能电器成为主流，住宅监控、安防和可视对讲普及；部分高层建筑避雷采用SPD漏电保护器避雷或引进国外先进技术，提前放电避雷。

建筑材料 90年代，建筑材料主要以黏土砖、钢材、木材和水泥为主。黏土砖生产企业遍及全市。钢材主要来自青岛、济南、莱芜和首钢钢厂。木材主要来自东北三省，以落叶松圆木为主。水泥主要来自小观、坦埠、马山、大方水泥厂和栖霞、烟台水泥厂。门窗以木材为主，部分建筑使用铝合金门窗，少数企业生产车间使用钢窗。1999 年，标准砖生产企业相继成立。境内部分建筑使用混凝土空心砌块和粉煤灰双面砖（合称标准砖）。全市城乡建设推广使用 PVC、UPVC 管材和变压式排气烟道、冷轧带肋钢筋 4 种新建材。市建设局成立准用证管理办公室，加强建材市场准入监管。2007 年始，水泥、预制混凝土构件、预拌混凝土、屋面预制保温块、内外墙面砖和钢材等 21 种建筑材料实行备案管理。2009 年后，按照建设部强制节能规定和标准，全面使用膨胀聚苯保温系统、隔热断桥铝材、节能中空玻璃、竹胶板和钢管模板支撑系统等节能建筑材料。高强热轧带肋钢材替代冷轧、冷拔钢材，PVC、PPR 和铝塑管材替代传统铸铁管，SBS、EP、聚氨酯替代传统屋面防水材料。2013 年，全市建筑工程墙体使用标准砖 4.99 亿块，消耗钢材 6.81 万吨（三级以上型材），木材 1.65 万立方米、水泥 30.37 万吨、平板玻璃 37.79 万平方米、铝材 0.19 万吨。保温材料主要采用挤塑板（XPS）和泡沫（EPS）板，个别工程采用自保温加气砖。管材主要使用 PVC 和 PPR 聚塑管。屋面使用 SBS 和防水涂料防水。

装饰材料　90 年代初期，楼房外墙主要采用水泥底滚刷涂料，涂料档次低，易褪色。屋内地面多采用水泥、部分采用水磨石，内墙采用白质石灰。90 年代中期，外墙逐渐被马赛克、面砖和人造大理石替代，屋内水泥地面被木地板和人造砖取代，内墙使用软包、乳胶漆和壁纸等，卫生间与厨房、屋内及顶棚装饰多使用人造砖和马赛克，石膏板、铝塑板和岩棉板。90 年代后期，外墙使用真石漆和丙烯酸基等涂料，工艺简单，经久耐用。新世纪商厦、国贸大厦等部分公共建筑采用玻璃幕墙，具有美观大方等特点，但存在安全性能低且易产生光污染，一般控制使用。进入 21 世纪，倡导节能，外墙保温逐渐普及应用，内墙软包不符合消防要求逐渐取消。

2001 年，文登市启动外墙保温工程，主要采用胶粉聚苯颗粒保温隔热灰浆系统，执行 JG158-2004 标准。施工时，聚苯颗粒与胶粉料按比例加水搅拌成保温隔热灰浆，涂抹外墙体，工艺简单，操作便利。境内多数工程使用该系统保温，部分工程采用新型蒸压加气砌块直接形成保温。民房外墙仍以砖（石）水泥为主，少数家庭使用人造砖和大理石。2013 年，全市注册装饰企业 31 家。其中三级以上专业承包装饰企业 9 家，家庭居室装修企业 22 家。

门窗材料　90 年代，除民房使用木质门窗外，其他公共建筑逐渐被铝合金替代。初期，铝合金型材单一，主要为 70 系列。中、后期，铝合金窗普及，取代木窗，品种有 50 ～ 90 系列不等，气密、水密和抗风压能力大幅提高。进入 21 世纪，铝塑门窗被大量应用，产品由 85 和 90 系列发展为 46 ～ 95 系列不等，节能效果优于铝合金而被推广。随着国家节能活动深入开展，隔热断桥铝合金门窗开始应用，型材由单一阳极氧化式发展为电泳涂漆、粉末喷涂、氟碳漆喷涂等，具有低碳、耐久和防腐蚀性能强等特点。2013 年，境内企业除个别车间使用钢窗外，均采用铝（塑）合金门窗。其中，推拉门窗（铝合金 70 ～ 90、铝塑 75 ～ 95 系列）占 90% 以上，平开窗很少。部分建筑使用中空玻璃或双层玻璃。

建筑节能　进入 21 世纪，境内开始推行建筑节能和环保材料的使用。2004 年，文登市政府印发《关于在全市推广节能建筑和应用新型墙体材料的通知》，加气混凝土砌块、粉煤灰双面砖和混凝土砖替代黏土砖。2005 年 7 月 1 日起，规划区内多层以上商业、办公和厂房项目不再批复砖混结构。2006 年 1 月 1 日始，市中心住宅不再批复砖混结构。2007 年 1 月 1 日起，规划区范围内所有住宅不再批复砖混结构，实心黏土砖停用。是年，市建设局印发《关于推广应用太阳能热水系统与建筑一体化技术通知》，太阳能热水系统造价被列入建筑工程投资总预算，新建、改建 12 层以下住宅建筑和宾馆酒店，太阳能热水应用与建筑工程同步验收。2009年，建筑节能被纳入基本建设审批程序，城市及建制镇规划区内，按建筑面积10元/平方米收取新型墙体材料专项基金，建筑节能验收合格后按比例退还建设单位。是年，御临华府住宅小区在全市首个采用外墙面轻质高效保温板和太阳能集中供热水系统。全市开工建设项目使用保温隔热、新型墙体和中空玻璃等新型节能建材率达99%。2011—2012年，新增应用太阳能系统建筑104.8万平方米，文登市被列为国家首批可再生能源建筑应用集中连片推广示范区，中央财政补助资金1200万元。境内12层以下新建住宅全部安装太阳能热水器。其间，征收新型墙体材料专项基金1072.28万元，返退495.69万元。2013年，文登市政府印发《关于进一步明确各部门发展绿色建筑监管职责的通知》，按居住建筑节能65%、公共建筑节能50%设计标准，推行节能环保施工。全年标准砖使用率100%，在建工程高性能混凝土使用率在10%以上，高强钢筋使用率在80%以上，保温墙体使用率在90%以上，节能电器普及率达80%。

建筑科技研发与推广　1991年始，全市建筑企业相继成立QC（全面质量管理）攻关小组。1999年，文登市建设集团和住宅工程公司共同编制《开发应用自制布料杆圆形水池施工污水处理厂混凝土工法》，利用自制布料杆对圆形污水池定型浇注，获省全面质量管理一等奖。1991—2000年，获地市级以上科技成果、著述奖35项，其中国家级18项、省级10项、地市级7项。2005年，文登昆大装潢工程公司宋明义在省技能大赛中获木工组银奖，被授予全国建筑装饰业技术能手称号。2009—2013年，文登天润城公寓综合楼、市民文化中心和博展中心被评为全省建筑业新技术应用示范工程。至2013年，全市有QC活动小组152个980人。累计举办QC成果发布会6届，取得优秀成果212项。

文登天润城公寓综合楼　位于市区横山路39号。建筑面积1.6万平方米，其中公寓5211.44平方米、商铺3491.77平方米、商场2862.22平方米。16+1层，高53.60米。建筑耐火等级地上二级、地下一级。工程采用钢筋直螺纹连接和轻质混凝土新型技术。威海市水利勘测设计有限公司勘察设计，威海建设集团股份有限公司施工。2009年被省建设厅评为全省建筑业新技术应用示范工程，2013年获省建设工程“优质结构杯”奖。

文登市博展中心　位于文山东路北、峰山森林公园东。总投资1.8亿元，占地5.6公顷，建筑面积3万平方米。4+1层，建筑总高度23.7米。工程采用地源热泵等新型技术。海南（上海）建筑设计院有限公司设计，威海建设集团有限公司施工。2010年被省建设厅评为全省建筑业新技术应用示范工程，2012年获省建筑装饰装修工程质量“泰山杯”奖。

施工队伍　1991年，全市建筑施工企业56家，有资质的35家（市属2家、镇村33家），多为三级和四级资质。1993年，成立以建筑施工为主业的集团公司3家。1995年，文登建筑施工队伍发展迅速，施工企业达78家，职工1.1万人。其中，工业与民用建筑二级资质3家（文登市建筑工程公司、铺集建筑公司和文城镇建筑工程公司）、三级资质26家、四级资质36家、非等级企业9家，安装企业2家，钢球网架企业1家，防腐保温企业1家。1997—2000年，市建筑公司、住宅工程公司和城建建筑工程公司组合成立文登市建设集团公司，文城镇建筑工程公司与文登市建安公司合并成立文城建设集团有限公司。2000年，文登市云龙建筑工程有限公司和威达建筑工程公司获房屋建筑施工总承包三级资质，山东东海塑胶有限公司获体育场地设施工程专业承包二级资质。境内有市属建筑施工企业11家、镇属25家、村办26家。其中二级资质4家、三级资质26家、四级资质32家，从业人员2234人。2001年，市住宅工程公司、公路桥梁建筑公司及天福山、大水泊、泽库、高村、埠口镇等建筑公司完成股份制改造。全市有资质的建筑、安装和装饰企业76家，从业人员1.6万人。2002—2003年，根据上级部署，在全市范围内对建筑企业进行资质就位，取消四级资质，将原来仅限土木工程施工范围拓展到民航、铁路和公路等领域，分别设总承包、专业承包和劳务分包企业。2003年年末，全市建筑施工企业资质就位工作完成，原有27家四级资质企业申报劳务分包砌筑作业资质。是年，全市有建筑施工总承包企业25家、专业承包27家，二级资质8家，从业人员1.67万人。2013年，全市注册建筑施工企业60家（施工总承包23家、专业承包37家）。其中，施工总承包企业二级资质4家、三级资质19家。域外企业（采用备案制）49家（施工总承包32家、专业承包17家）。从业人员2.4万人，其中工程技术人员1648人。

文登市建设集团公司 原名文登县建新木业社，1952年成立。1993年，被评为中国二级资质500家最佳经济效益建筑企业第25位。1997年5月，建筑公司、住宅工程公司和城建建筑工程公司等单位整合成立文登市建设集团公司，隶属市建委，全民所有制，二级资质；资产总额9101万元，大中型机械设备400台（套）；员工1079人，各类专业技术人员175人；可承建和安装地下及地上高层、超高层工程，质量合格率达100%，优良率45%。先后参加建设中国历史博物馆、北京工人体育馆、菲律宾比索新巴地湾大桥等中外工程。2006年6月，凉水湾建筑工程处、河埠庄龙河建筑公司、峰南宝峰建筑公司、夼北正翔建筑公司、埠口中宇建筑公司、葛家赤金建筑工程有限公司6个单位被纳入公司管理范围。2013年，共辖成员企业11家，注册资金2038万元，员工2316人。

文登市文城建设集团有限公司 1997年，文城建筑工程公司与文登市建安公司合并更名为文城建设集团有限公司，承接土建施工、设备管道安装、装饰装修及桥梁施工等，二级资质。资产总额3.24亿元，固定资产净值3777万元，流动资产2.53亿元，机械设备800余台（套）；辖9个分公司，17个子公司，员工1500人；工程合格率保持100%，优良率在40%以上。2013年，注册资金6100万元，员工1332人。先后获全省重合同守信誉单位、威海市综合十强企业等称号。承建的文城中心完小教学楼、二中综合教学楼、卫生防疫站办公楼和宋家沟住宅楼被评为省优良工程，文登市香和苑三期2号、3号住宅楼工程被评为2013年全省施工现场综合管理样板工程。

2013年文登市建筑业三级资质以上企业基本情况表

表12-2

分类	企业名称	企业性质	施工业务	资质	注册资金（万元）	从业人员（人）
总承包施工企业	文登市建设集团公司	国有	房屋建筑工程	施工总承包二级	2038	2316
	文登市文城建设集团有限公司	有限责任公司	房屋建筑工程	施工总承包二级	6100	1332
	文登市电力建筑工程有限公司	有限责任公司	房屋建筑工程、电力工程	施工总承包二级	2020	531
	文登市庆顺建筑工程有限公司	有限责任公司	房屋建筑工程	施工总承包二级	2100	1520
	文登市宇程建安置业有限公司	有限责任公司	房屋建筑工程	施工总承包三级	2000	146
	文登市永利建筑工程有限公司	私营	房屋建筑工程	施工总承包三级	2000	369
	文登市寰发建筑工程有限公司	私营	房屋建筑工程	施工总承包三级	1050	550
	文登市泽头建筑工程公司	集体	房屋建筑工程	施工总承包三级	628	154

续表 12-2-1

分类	企业名称	企业性质	施工业务	资质	注册资金（万元）	从业人员（人）
总承包施工企业	文登市华昌建筑工程有限公司	有限责任公司	房屋建筑工程	施工总承包三级	620	353
	文登市华港建设工程有限公司	有限责任公司	房屋建筑工程	施工总承包三级	600	300
	文登市凯达建筑有限公司	有限公司	土木工程建筑、水电暖安装	施工总承包三级	652	462
	文登市程翔建筑工程有限公司	私营	房屋建筑工程	施工总承包三级	612	135
	文登市营利达建筑有限公司	集体	土木工程线路管道及安装	施工总承包三级	600	497
	文登市勇泰建筑工程有限公司	有限责任公司	房屋建筑工程	施工总承包三级	700	420
	文登市嵛峰建筑安装工程有限公司	有限责任公司	土木工程、线路管道安装	施工总承包三级	600	136
	文登市鑫地建筑工程有限公司	有限责任公司	房屋建筑工程、建筑装修工程和地基处理	施工总承包三级	1000	336
	文登市云龙建筑工程有限公司	有限责任公司	土木工程建筑和土石方工程	施工总承包三级	651	452
	文登市顺木建筑工程有限公司	有限责任公司	房屋建筑工程	施工总承包三级	800	220
	文登德源建筑工程有限公司	私营	房屋建筑工程	施工总承包三级	4000	21
	威海恒发电力安装工程有限公司	有限责任公司	房屋建筑工程	施工总承包三级	600	20
	文登市祥泰建筑工程有限公司	有限责任公司	房屋建筑工程	施工总承包三级	600	389
	威海宏宇建筑安装有限公司	有限责任公司	管道安装、室内外装修和房屋建筑工程	施工总承包三级	600	185
	文登蓝岛建筑工程有限公司	有限责任公司	房屋建筑工程	施工总承包三级	5000	177
专业承包施工企业	威海中林网架钢构工程有限公司	有限公司	钢结构、采光屋面玻璃幕墙等设计、制作与安装	钢结构工程施工专业承包二级	2018	126
	威海市庆顺钢结构工程有限公司	有限责任公司	网架轻型钢结构制造及施工	钢结构工程施工专业承包二级	600	120
	文登市金利达钢结构有限公司	私营	钢结构制作与安装	钢结构工程施工专业承包二级	800	55
	文登市天福实业总公司勘测基础工程公司	有限责任公司	地基与基础工程的施工	地基与基础工程专业承包三级	300	38
	文登勇鑫基础工程有限公司	有限责任公司	地基和基础工程、防水工程的施工	地基与基础工程专业承包三级	300	32
	威海润泰岩土工程有限公司	有限责任公司	地基与基础工程施工	地基与基础工程专业承包三级	300	32
	山东谊辉钢结构工程有限公司	私营	钢结构	钢结构工程专业承包三级	800	36
	文登市山成桥梁建筑工程有限公司	有限责任公司	桥梁工程建筑	桥梁工程专业承包三级	1500	52
装饰企业	文登市佳威装饰工程有限公司	有限责任公司	建筑门窗、幕墙	建筑幕墙专业总承包一级	1000	165
	文登津龙建筑装饰工程有限公司	有限责任公司	装饰装修工程	建筑装饰装修施工专业承包二级	1010	67

续表 12-2-2

分类	企业名称	企业性质	施工业务	资质	注册资金（万元）	从业人员（人）
装饰企业	威海市力威装饰有限公司	有限责任公司	室内外装饰装修	建筑装饰装修施工专业承包三级	500	22
	文登市兴华装饰工程有限公司	有限责任公司	室内外装饰装修	建筑装饰装修施工专业承包三级	350	52
	文登市港亚装饰工程有限公司	有限责任公司	室内外装潢、装饰材料购销	建筑装饰装修施工专业承包三级	100	56
	文登市盛源装潢工程有限公司	有限责任公司	室内外装修、装潢	建筑装饰装修施工专业承包三级	50	39
	文登市天福装潢广告有限公司	有限责任公司	承担室内装潢装修工程	建筑装饰装修施工专业承包三级	50	30
	威海鸿荣广告装饰工程有限公司	有限责任公司	广告制作及发布、装修装潢	建筑装饰装修施工专业承包三级	50	32
	文登诚远广告装饰有限公司	私营	广告、室内外装饰装修	建筑装饰装修施工专业承包三级	50	30
	文登市艺林装饰广告有限公司	有限责任公司	室内外装饰装修及户外广告的制作	建筑装饰装修施工专业承包三级	50	38
	文登市华岩石材有限公司	有限责任公司	建筑用花岗岩露天开采	建筑幕墙工程专业承包三级	650	45
	威海博康特建材有限公司	私营	新型建筑节能材料等的生产、销售及内外墙保温工程施工	外墙保温工程专业承包三级	1000	22
	威海市欧立华建筑保温工程有限公司	私营	外墙保温防水专业施工	外墙保温工程专业承包三级	100	30
	威海欧亚特新型建筑材料有限公司	有限责任公司	外墙保温防水专业施工	外墙保温工程专业承包三级	200	55
安装企业	威海市华塔建筑机械有限公司	有限责任公司	起重机制造、安装与销售	起重机械拆装专业承包二级	3580	220
	威海固恒建筑机械有限公司	私营	建筑机械制造安装改造维修	起重机械拆装工程专业承包三级	2188	58
	威海市东海建筑机械有限公司	股份制	普通塔式起重机、施工升降机制造、销售	起重机械拆装工程专业承包三级	1509	40
	威海市建友建筑机械租赁有限公司	有限责任公司	塔吊租赁	起重机械拆装工程专业承包三级	200	50
	文登市中强电力安装有限公司	有限责任公司	输变电设备及电力线路的勘测、设计安装	电力设备安装工程专业承包三级	4178	428
	威海永利电力工程有限公司	有限责任公司	输变电工程	输变电工程专业承包三级	800	68
	威海华泰空调工程有限公司	有限责任公司	建筑制冷空调等设计，建设项目的设备、管道及非标准钢构件的安装	机电设备安装工程专业承包二级	800	718
	威海泰合建筑安装工程有限公司	私营	机电设备安装	机电设备安装工程专业承包三级	360	42
	威海金象实业有限公司	有限责任公司	建筑节能保温材料的生产、保温工程施工及建筑水、电、暖安装	机电设备安装工程专业承包三级	300	165

续表 12-2-3

分类	企业名称	企业性质	施工业务	资质	注册资金（万元）	从业人员（人）
其他企业	山东东海塑胶有限公司	有限责任公司	建筑防水材料、塑胶、体育器材等生产销售	体育场地设施专业承包二级	1000	126
	文登玉全建筑工程有限公司	有限责任公司	市政工程施工及混凝土生产销售	预拌商品混凝土专业承包三级	2500	45
	文登市华通混凝土有限公司	有限责任公司	预拌商品混凝土	预拌商品混凝土专业承包三级	1000	42
	威海中恒管桩有限公司	有限责任公司	混凝土预制构件	混凝土预制构件专业承包二级	1000	132
	文登金鼎混凝土有限公司	有限责任公司	预拌混凝土	预拌商品混凝土专业承包三级	1000	44
	山东辰阳电子科技有限公司	有限责任公司	电子与智能化工程施工	建筑智能化专业承包三级	301	37

第三节　建设管理

工程监理

监理队伍　1992 年，文登市建设监理公司成立。员工 10 人。2002 年 3 月改制，更名为文登诚信建设监理有限公司，有注册监理工程师 15 人、造价师 6 人。是年，文登市广厦工程建设监理有限公司和信诚工程咨询公司成立。2007 年，文登利丰建设管理有限公司成立。2013 年，全市有监理企业 4 家。其中，诚信建设监理有限公司具备房屋建筑工程监理甲级、市政公用工程监理乙级、招标代理乙级资质，利丰建设管理有限公司具备房屋建筑工程和市政公用工程监理甲级资质，广厦工程建设监理有限公司具备房屋建筑工程和市政公用工程监理乙级资质，信诚工程咨询公司具备房屋建筑工程监理丙级资质。全市拥有各类专业监理人员 298 人，其中注册监理工程师 64 人、注册一级建造师 10 人、高级工程师 4 人。

监理工作　1993 年，文登市开始推行建设监理制度，监理人员多来自施工单位。是年，监理工程 3 万平方米，主要有棉纺厂生产车间、建设银行办公楼、邮电大楼和制革厂车间。1996 年，市建筑工程招投标管理办公室成立，施工、监理被纳入招投标范围。境内 5000 平方米以上单体建筑和成片开发住宅小区全部实施监理。全年监理工程面积 5.5 万平方米，主要有黑豹厂房、金都大厦、交通大厦、中信银行、市污水处理厂等。2003 年，市建设局印发《关于进一步加强工程监理管理的规定》，凡建筑面积 1000 平方米、工程造价 50 万元以上工程均被纳入监理范围，以招投标方式确定监理单位。2004 年，建设工程安全生产纳入监理范围。2006 年，《注册监理工程师管理规定》实施。全市推行监理单位信用档案制度，确定监理文件、从业人员提示信用记录认定与扣分标准，为工程承发包、资质管理、评先选优及执（从）业资格管理等提供依据。2007 年起，按照上级有关规定，加强监理现场的规范化建设，监理人员统一着装、挂牌上岗。监理工地统一使用建设监理用表，公示监理项目的概况、措施及流程等。部分工地配备照相机、摄像机、计算机、经纬仪、回弹仪和测试仪等专业设备，初步实现监理现代化。制定监理规划、实施细则，设立监理日志和监理月报。2007—2010 年，监理工程 562 个 380 万平方米。主要工程有市博展中心、市民文化中心、市高级职业技术教育中心、市妇女儿童医院综合楼、市体育公园、文登中心医院门诊大楼等。2013 年，首次实行注册审查和总监理工程师申报审查制度。实施监理企业资质动态核查，抽查监理企业 8 家。累计完成监理工程2012.6万平方米，合同履约率在90%以上。

建筑市场监管　1985年，县工程质量监督站成立，为县建委内设机构。1990年，建起建筑材料检测室。

“八五”期间，市政府印发《加强农村私人建筑业登记、培训和发证管理的实施意见》，建立个体建筑业登记和从业人员持证上岗制度。印发《文登市工程建设项目报建管理办法》《文登市建筑市场主体不良行为记录实施细则》等文件，使规划、勘察、设计、施工和质量监督步入规范化轨道。开展“树立样板工程”“无通病示范区”等达标活动，工程监督由眼观、锤敲、尺量改为砼回弹仪、砂浆贯入仪等现代设备检测。累计监督工程845个169万平方米，验收工程150万平方米，合格率100%，优良率38.7%，创省优工程10个、样板工程1个。文登市房地产开发总公司建设的冰场小区被列为威海市无质量通病住宅工程试点项目。2000年，对住宅建设中安装的电能表、水表、煤气表、热量表实行强制鉴定；PP-C、PP-R管材被禁止用于集中供暖管道。

2001－2004年，全市建筑施工企业实行工程质量百分考核制度。激光测距仪、钢筋位置测定仪、钢结构超声探伤仪逐渐应用于工程质量监测中。市政府印发《文登市建设工程质量责任主体设立不良记录的有关规定》，首次记录不良行为企业10家。按照《民用建筑工程室内环境污染控制规范》，开始对建筑场地土壤氡浓度实施测定。2005年冬，境内遭遇百年不遇暴雪，个别钢结构存在安全隐患。市质监站为此印发《关于加强对轻型钢结构工程的监督管理的通知》，将基本雪压设计标准暂提高至0.5千牛/平方米，并要求根据实际情况相应提高屋面活荷载；新增建筑电气性能、给排水管材性能、铝合金门窗和钢塑门窗物理性能、内外墙涂料性能、建筑物主体结构、室内外质量检测和空心石膏砌块、喷射混凝土等检测项目。全年查处违章工程33个、违章民房103间，下达责令停工通知书57份，行政处罚违章建设单位1个、施工单位3个。2006年，选择祥和花园小区试点，培育首个无质量通病示范小区，并将相关经验和做法在全市建筑企业推广，较好解决了建筑质量通病问题。2009年，市建设局印发《文登市建筑市场信用档案管理办法》，完善市场准入和清出机制，对建筑市场实行信用档案管理。

2010年，市建设局印发《文登市住宅工程质量分户验收管理规定（试行）》，在全市推行住宅工程分户验收制度。混凝土砖、混凝土瓦、蒸压加气混凝土砌块、外墙保温材料、太阳能热水器等建材产品纳入备案管理范围。监督工程587个279.6万平方米，出具工程质量监督报告282份，查处工程质量隐患61处，其中重大工程质量隐患17处，出具停工报告6份。2013年，市建筑工程质量监督站成立2个建筑材料专项检查小组，对全市所有在建工程建筑材料和建筑构配件进行全面排查，查处工程质量隐患16处，开具停止违法行为通知书，责令按期整改。启动“提升年无质量通病精品示范工程”创建活动，全市有15个单体工程被评为威海市优质结构工程，其中北京交通大学南海科教城1号教学楼、天润城公寓综合楼通过省建设工程“优质结构杯”专家评审，南山郡·山语绿城小区12号楼被评为全省住宅工程质量通病专项治理示范工程。

工程造价管理　1990年，全市开始实行建筑工程定额管理，同时，统一施工单位预算价格执行标准。由市建委牵头，会同市计委、物价局、市建行等部门对全市多个生产厂家、销售单位8000余种材料价格进行调查整理，编制《文登市建筑及安装材料预算价格表》（1990年版），内含8812种材料预算价格。1992年，市建委编制《山东建筑安装工程预算定额文登市单位估价表》（1992年版），首次统一施工单位建筑、安装、市政、装饰和修缮预算价格标准。全市施工企业预算员统一考试，持证上岗。1994年，经考核评定，全市持证人员中，换发高级证书1人、中级证书173人、初级证书188人。

1996年，建筑安装企业实行工程取费资格证制度，全市获证企业68家。市建委编制《文登市工程建设材料预算价格》(1996年版)，含24大类1.11万种材料。编制《山东省建筑工程综合预算定额文登市单位估价表》(1996年版)，125种单项材料放开，允许市场价格找补差价。1997年，建筑安装企业预算员更名为造价员，通过全省统一考试换证。全市获高级资格证18人、中级资格证128人、初级资格证303人。2000年，市建委编制《文登市工程建设材料预算价格》(2000年版)，共24大类13575种材料。按建设部《工程造价咨询单位管理办法》，工程造价咨询资质分甲级和乙级，全市2家造价咨询丙级资质单位被取消。是年，全国首次举行注册造价师统考，全市有3人通过考试，获注册造价师资格证书。2002年后，竞争机制引入工程计费，建筑安装企业工程取费许可证废止。全市工程造价管理由“量价合一”改为“量价分离”，由政府指令性改为政府指导性。人工、材料、机械单价和工程取费率，承发包双方可根据工程实际调整。2003年始，启用消耗量定额管理，材料价格全面放开。政府指导价按季度公布，以供参考。2004年，依据企业定额、市场信息和行政主管部门公布造价计价办法，编制投标报价。全市实行定额和清单计价并存、政府指导和市场结合工程价格模式。

2005年，根据省政府《关于征收地方教育附加有关问题的通知》精神，在全市范围内调整建设工程税率：市区税率为工程所在地的3.44%、镇区税率为3.38%、市（县）镇以外3.25%。2006年，根据文登市场实际公布定额人工工资指导性单价，建筑、安装和市政工程为28元/工日，装饰工程32元/工日。2007年始，按不同专业分别计取安全施工费，建筑工程（包括附属的装饰装修、水、电、暖、通、智能等）按工作量的2%、其他工程按1%计取。安全施工费计入建筑安装工程造价，竞标时不得删减。是年，市诚信建设工程招标代理咨询有限公司获乙级造价咨询资质。2008年，境内定额人工工资指导单价调整为35元/工日、综合单价为44元/工日，发包和承包双方签订合同、编制预算控制价等，人工最低工日单价不低于该标准。2009年，山东恒达建设咨询管理有限公司（2003年成立）获乙级造价咨询资质。2012年，安全施工费按建安工作量3.12%计取，工程排污费按2‰计取，社会保障费按2.6%计取，危险作业意外伤害保险费按1‰计取。

2013年，文登市综合工日市场指导单价（建筑、安装、市政和园林等工程）66元/工日、装饰工程72元/工日。是年，全市有造价咨询企业4家，执业造价工程师26人。

招投标管理 1991—1995年，全市招投标主要以议标为主。1996年3月，市政府印发《文登市建设工程招标投标管理办法》，全市正式推行工程招投标制度。是年，招投标工程13个。1997年，全市行政区域内建筑面积1000平方米以上或工程造价50万元以上工程必须实行招标。2000年2月，市建设工程交易中心成立，负责全市建设工程招投标管理。是年，文登市诚信建设工程招标代理咨询有限公司成立（2009年更名为山东弘文工程管理咨询有限公司），为境内首家代理招标服务中介机构。年末，工程招投标率90%以上，合同签约率和备案率100%。2001年，文登市建立专家评标制度，设立35人的专家容量库，监察、公证和物价等部门参与招标全过程。是年，工程招标64项，中标额1.45亿元。2002年，抱龙河、柳林河整治，龙山路、米山路改造工程及园林绿化、自来水管道敷设工程均实行公开招标，节约资金300万元。年内，工程招投标62项，建筑面积24.1万平方米，中标金额1.52亿元，招投标率100%。

2013年，推进电子招标运行工作，更新报名系统，实行投标企业网上报名，杜绝围标、串标等不法行为。对评标专家库进行补充，增补评标专家17人。全市招标代理公司2家，其中山东弘文工程管理咨询有限公司具有工程造价、招标代理和政府采购甲级资质，中央投资项目招标代理资质。有各类专业技术人员75人，高级工程师10人，工程及经济类中级职称30人。当年完成招投标95项，建筑面积110万平方米，中标金额21.6亿元。文登诚信建设监理有限公司获工程招标代理乙级资质，主要代理设备和材料采购招标业务。当年完成招投标30项，建筑面积33.54万平方米，中标金额4.4亿元。

安全生产与劳动保护　“八五”期间，抓好安全措施落实，规定施工人员不戴安全帽和不系安全带不准上岗操作。1995年，全市建筑施工企业均设安全科，按工人总数的2‰～10‰配备安全员，获省安全资格认证企业7家。在威海市建筑安全检查中，全市施工企业合格率100%、优良率32%。1996年，实行企业安全生产责任制。1996—1997年，建筑行业实行专项社会保险制，建筑工程单位均按建筑安装工程造价2.6%缴纳劳动保险费，由省建筑企业劳动保险费行业管理总站统收统支，按比例拨付施工企业，其间，共向施工企业拨付劳动保险费87万元；在建工程均使用国家规定的安全防护用品，工地外围采用彩钢板围挡，临时用电采用三相五线制，各种安全制度逐步完善，施工现场应急演练活动常态化，其间，查处安全隐患169处，停工企业7家。1999年，全市施工企业劳动保险费按企业成立时间分5个等级拨付，建设单位按比例缴纳，主管部门按等级拨付施工企业。全市获省劳动保险费拨付资格证的施工企业11家。2000年，市建委印发《文登市建筑安全生产监督管理办法》，实行法人安全责任制和作业人员意外伤害保险金缴纳制度。2001年，市建委对QT-16等井架式塔式起重机实行强制淘汰，至2002年淘汰400余台，逐步更新为QTZ25、QTZ30、QTZ80C型液压自升式塔机。施工企业执行“一标、五规范”①管理，高处作业安全防护从半封闭安全防护改为密目式安全立网全封闭防护，现场配电箱由过去的木质配电箱全部更新为省安监站备案的标准配电箱，做到“一机、一闸、一箱、一漏”。是年，检查工程36个，查处安全隐患78处，停止施工工地6个。

2005年，施工企业实行安全生产许可制度，全市获安全生产许可证的施工企业41家。劳动保险费拨付标准改为3个等级，全市获保险费拨付资格施工企业14家，其中一级1家、二级1家、三级12家。年内，拨付施工企业劳动保险费1058万元。2010年，市建筑工程管理处印发《文登市建筑工程项目安全管理暂行规定》，明确项目建造师为工程项目施工现场安全生产第一责任人，分基础、主体和装修3个阶段向市建管处报验，合格后方可继续施工。施工企业按房屋造价2%、市政工程造价1%列支工程安全费（竞标不删减），总承包单位按比例直接支付分包单位，分包单位不再重复提取。2013年，全市获安全生产许可证的施工企业42家，其中房屋建筑施工总承包企业26家、专业承包企业16家。获劳动保险费拨付资格的施工企业19家，拨付劳动保险费2532万元。年内，查处安全生产隐患1300处，通过多种形式整改，未发生一般以上安全生产事故，负伤率控制在10‰以下。全市创省级安全文明工地3个、地市级17个。

图12-4　2008年1月11日，文登市举行建筑施工安全事故应急救援演练活动。

①《建筑施工安全检查标准》《施工现场临时用电安全技术规范》《建筑施工高处作业安全技术规范》《龙门架及井架物料提升机安全技术规范》《建筑施工扣件式钢管脚手架安全技术规范》《建筑施工门式钢管脚手架安全技术规范》。

第二章 房地产业

第一节 房地产开发

1992年3月，市政府印发《文登市城市建设综合开发暂行规定》，全市房地产开发开始起步。按照统一规划、合理布局、综合开发、配套建设方针，先后建成龙山、香水、冰场、桃园、五龙等小区。至1995年，全市房地产累计开发投资4.15亿元，开发总面积74.5万平方米，房产出售率达60%以上。

1996年，全市启动住房制度改革，各部门通过购置或自筹资金建设，为职工解决住房。全市房地产开发投资3900万元，其中商品房投资3215万元。1997年，房地产投资7181万元，开发面积52.39万平方米，比上年增长4.8倍，竣工房屋面积13.46万平方米，比上年增长89.5%，房地产投资占同期固定资产投资28.33%。1999年，福利分房停止，实行住房供给商品化，房地产开发及交易日渐活跃。至2000年，全市有新建住宅小区26处，其中昆嵛、香山、三里河和商贸大观园4个小区居住户数均超2000户。镇区沿街开发商贸住宅楼305幢，建筑面积5.92万平方米。2001年，市区商品房供不应求，城中村改造开发步伐加快，竣工商品房建筑面积35.55万平方米，其中住宅30.5万平方米。2004年，市政府印发《文登市城市房地产开发经营管理办法》，确定新区开发总建筑面积一次不得少于5万平方米，严控零星开发。2005年，全市商品房施工面积58.1万平方米，其中住宅38.6万平方米，商业用房19.5万平方米。是年，全市实有房屋面积730万平方米，其中住宅490万平方米，人均居住面积19.05平方米。山川·文苑小区被评为全国优秀示范小区、国家健康住宅试点项目。毓菁华花园小区获山东省花园式小区称号、山东省第二届优秀智能住宅小区铜奖。

2006年后，启动城市新区建设，市政府制定多项房产开发优惠政策，全市房地产开发投资、土地开发面积和房屋建筑面积连续4年呈攀升态势。2009年，开发投资比上年增长81.35%，开发面积增长11.6%，其中住宅投资23.45亿元，比上年增长90.65%。全市在建高层住宅楼114幢，文景福苑、御临华府、水岸新城、龙都新天地、海泰职工公寓、亿鑫苑、福泉名居、秀峰阁、紫玉山庄、人和国际花园等居住小区相继竣工。2010年，受国家房地产宏观调控、房地产投资减少和居民住宅饱和等因素影响，增幅回落。全市1～4季度房地产开发增幅分别为43.1%、34.9%、28.9%、23.4%。全市住宅由多层向高层过渡、简单住宅向功能完善小区普及，市民居住环境逐年改善。2013年，全市房地产开发投资92.75亿元，比上年增长67.5%，占全市同期固定资产投资43.87%。施工面积955.13万平方米，比上年增长27.7%；竣工面积171.68万平方米，比上年增长33.1%。年末，市区实有房屋面积3408万平方米，其中住宅2072万平方米。

1996—2013年文登市房地产开发企业部分年份财务情况表

表12-3　　单位：万元

年份	资产合计	负债合计	所有者权益合计	营业收入	利润总额	税金	职工工资
1996	22662	20064	2598	8569	1771	726	249

续表 12-3

年份	资产合计	负债合计	所有者权益合计	营业收入	利润总额	税金	职工工资
1997	31796	23489	8307	4263	90	317	97
1998	60460	30026	30434	11453	-2275	749	651
1999	21332	10377	10955	7350	1125	617	604
2000	17677	20201	-2524	5431	4516	63	713
2001	17880	16682	1198	6607	270	398	939
2002	27929	22194	5735	37151	200	1270	846
2003	34232	17996	16236	14105	294	736	—
2006	77354	52498	24856	51834	7240	2114	1031
2007	150661	101019	49642	79479	5585	1082	2458
2009	537982	366502	171480	130253	43370	6221	4091
2010	974654	730774	243880	202149	61167	8044	7840
2011	1567489	1279448	288041	253406	66953	13296	11787
2012	2042871	1612271	430600	291715	48857	7187	13179
2013	2114221	1675965	438256	755131	143121	9477	13853

说明：2003 年前税金按经营税及附加，后按应缴所得税统计。

冰场生活小区 位于环山路南雁南街。文登市房地产开发总公司开发建设，占地 15.5 公顷，建筑面积 20 万平方米。小区管网地下化，环境绿化美化，为全市最早建成的花园格局和配套齐全小区。工程合格率 100%，优良率达 30% 以上。1986 年开工，1994 年建成别墅楼 35 幢和住宅楼 4.4 万平方米，出售率 100%。

图 12-5 中和花园小区（2008 年 8 月 13 日摄）

中和花园小区 位于文山路与香山路交界处。文登电建房地产开发公司开发建设。占地 2.2 公顷，建筑面积 6.2 万平方米。其中，商场 3 层、建筑面积 4 万平方米，住宅楼 10 幢、建筑面积 2.2 万平方米。标准居住户型分为 90 平方米、110 平方米和 130 平方米 3 种。2003 年 3 月开工，2004 年主体工程封顶，绿化率 35%。2004 年 10 月，威海市对三市一区在建结构工程质量综合大检查，小区工程总分名列文登市第一名、威海市第六名。

毓菁华花园小区 位于环山东路 10 号。威海浩宇地产公司开发建设。占地 10.52 公顷，总建筑面积 18.5 万平方米，共建 30 幢住宅楼和

3000平方米网点房。一期工程2003年4月开工，2005年10月竣工，建筑面积9.35万平方米。二期工程2004年4月开工，2006年10月竣工，建筑面积9.13万平方米。小区内植40余种乔灌木及花草。小区采用可视对讲、闭路监控和周边防范报警等智能化物业管理系统。

图12-6 毓菁华小区（2006年10月6日摄）

天恒·龙泽苑住宅小区 位于小嵛岭风景区。系北京天恒置业集团公司在文登开发的首个国家康居示范工程，占地20.73公顷，建筑面积27万平方米，其中住宅2222户22万平方米。绿化率35%，建筑密度24%，容积率1.56，分三期完成。一期工程2010年4月开工，2012年6月竣工。获全省绿色建筑节能一体化示范工程称号和威海最佳社区人居环境奖。

第二节 房地产市场

房产交易 90年代前，境内允许房屋产权人依法出租和出售房屋，房产交易量少、无专门管理机构，房产交易一般属个人行为，价格由当事人议定。农村存在双方签订合同，不办理证件现象。公管房以租赁形式供职工居住，以租代养。1995年，市政府印发《文登市房地产交易管理试行办法》，开始规范房地产交易。是年，全市办理房屋交易手续2774份，交易额5.04亿元。办理房屋租赁登记备案4646份，房地产抵押登记51份，抵押贷款6647.38万元。查处非法交易86起。

1996年，文登第一轮房改售房启动，全市累计出售公房1.29万套，交易额1.83亿元。商品房销售面积6.3万平方米，占当年竣工面积的84%，销售收入8.57亿元，利润1771万元。住房租金由房改前使用面积每平方米0.1元提至1.32元，再至1.84元。建制镇以1.84元/平方米为基数，楼房按10%～15%、平房按30%～35%调减。是年，提租1926户，月租金12.5万元。全市出售和提租公房占应参加房改公房的95.5%。1997年，文登市房地产交易中心成立，集房产转让、租赁、抵押、置换、评估、代理服务和费用结算于一厅办理。是年，商品房交易启用购销合同国家文本，预售确定楼号和室号，防止重复出售、一房多主；其他房产交易仍使用山东省统一文本。是年，共办理商品房预售手续60宗17.32万平方米，办理房地产转让手续1430份15万平方米（不含房改售房），交易额1.2亿元。办理房地产抵押手续130宗21万平方米，贷款金额9966万元。办理租赁1069宗4.04万平方米。商品房实际销售面积9.44万平方米，预售面积3000平方米，销售收入4263万元，利润90万元，税金及附加317万元。1998年4月，北山街7号和9号楼翻建住宅楼公开拍卖，为全市首例期房拍卖。39套期房总成交额687.9万元，超起拍价16.5%。是年，全市组织8期房地产拍卖会，拍卖标的物52个，成交面积1.1万平方米，成交额1276万元。公房租金提至2.43元/平方米。

2001年，因银行降息和福利分房结束，商品房交易市场活跃。6月，市政府印发《商品房销售管理办法》。市区商品房销售价格每平方米最高1800元、最低600元，均价每平方米1100～1200元，年末，每平方米增加100元左右。商品房积压得以缓解，部分地段和小区呈热销状态。全市商品房销售收入6607万元，销售面积6.95万平方米。2002年，开通文登市房地产管理局信息网，通过互联网进行改革宣传、公告发布、业务咨询、投诉受理、信息公示，为群众提供各类服务，引导群众放心购房。2006年，推行商品房测绘成果网上公示制度，获预售许可证商品房，将建筑、套内和分摊面积网上公示，供购房人查询。是年，市区商品房销售价格每平方米最高2800元、最低1300元，现房均价1587元/平方米，期房均价1816元/平方米。商品房销售收入5.12亿元，实际销售面积22.86万平方米（其中预售面积11.76万平方米）。商业用房销售价格每平方米3500～9000元。2008年，商品房销售额12.27亿元，面积46.86万平方米，分别较上年增长37.56%和12.27%，均价2700元/平方米。2009年，受国际金融危机冲击，房地产销售量和成交额回落明显，全市商品房销售面积和销售额分别较上年下降16%和10.84%。单价仍呈上升态势，达2850元/平方米。是年，城市新区西起文化路、东至虎山路东1千米，北起天润路、南至秀山路南2千米，不再新批多层以下住宅。个人购买高层住宅免收交易手续费，购买144平方米以上高层住宅契税按30%补贴。2010年，举办首届房地产交易展销会和文登樱桃节精品楼盘展销活动。全市商品房交易1.44万套141.14万平方米，成交额38.35亿元。商品房外销55.87万平方米，占总成交量42%，其中南海新区商品房占外销总量99%以上。域外人员购买商品房6676套，比上年增长27.82%。是年，商品房空置面积7.25万平方米，其中住宅5.54万平方米。市区均价从1月的2939元/平方米升至12月的3884元/平方米，呈逐月上升态势。

图12-7 文登市房地产交易大厅（2013年5月3日摄）

2013年，全市商品房销售额69亿元，占地区生产总值15.06%，利润总额14.31亿元，比上年增长62.04%。销售面积177.05万平方米，比上年增长54.4%，其中住宅销售面积151.86万平方米。全市商品房外销58.9万平方米，占总成交量46.09%，其中南海新区占外销总量33.43%。年内市区商品房均价为3809元/平方米。

房地产中介服务 90年代中期，文登始有房地产中介服务机构。1996年，文登房地产信息服务中心成立，隶属文登市房管局，全民所有制，独立核算，自负盈亏。有房地产估价师2人、房地产估价员8人。1998年，有房地产拍卖师资格1人、省级房地产经纪人资格6人。代理销售住宅152套1.46万平方米，委托评估业务370份47.8万平方米。2000年，市房管局管辖的房地产中介机构有文登房地产价格评估事务所、房地产信息服务中心、城镇建设房屋拆迁办公室和宝利房屋安全鉴定中心，均属股级事业单位。2001年6月，4家房地产中介机构由事业单位变更为企业单位，分别更名为文登市龙鑫有限责任房地产评估所、艾鸽房地产信息服务有限公司、正圆拆迁有限公司和宝利房屋安全鉴定有限公司。2003年，文登市卓远房地产测绘有限公司成立。是年，完成未确权登记商品房测绘253幢42万平方米，提供商品房、房改房和城区私人住房测绘平面图4452份3.72万平方米，农村住房1032份9.26万平方米。2007年，市房管局印发《关于加强房地产中介机构管理的通知》，对全市房地产市场秩序进行清理整顿，推行市场准入制度、信用公示制度，促进房地产市场快速健康发展。2013年，全市备案房地产中介业务机构10家，其中评估机构3家、测绘机构1家、经纪机构4家、安全鉴定机构1家、拆迁服务机构1家。

第三节 房地产管理

管理机构 1990年11月，文登市房产管理处成立，编制15人，副科级事业单位，隶属市建委；1995年6月撤销，成立文登市房地产管理局（简称市房管局），正科级行政单位。内设办公室、计财科、产权产籍科、综合科、市场管理监察科和住房改革科。工作人员33人，其中专业技术人员13人。8月，各镇设房地产管理员1人，负责农村房地产管理工作。2000年1月，城市住宅小区物业管理办公室成立，副科级单位，隶属市房管局。2010年，市房管局更名为文登市住房保障和房产管理局。2013年，内设办公室、计划财务科、住房保障科、拆迁管理科、市场管理监察科（增挂法规科、行政许可科牌子）。辖物业管理办公室（增挂市住宅专项维修资金管理办公室牌子）1个副科级事业单位，以及房地产交易与产权监理处、房地产交易中心和房地产档案室3个股级事业单位。人员编制40人。先后获全省住房城乡建设系统为民服务创先争优示范窗口单位、房地产市场管理和房地产产权管理全国标兵单位称号。

房产登记、确权与换证管理 1991年，市建委、统计局、物价局联合印发《文登市城市房屋增减申报制度》，按产权人申报房屋情况办理登记。市房产管理处完成市属企事业单位换证、权属登记和发证，由原多房一证改为一房一证。1992年9月后，为配合旧城改造，市区行政村新开工建设的平房不予办证。1995年，全市公房发证6220本36.03万平方米，私房登记发证4355本37.61万平方米。1996年，启用山东省统一房地产买卖、租赁和抵押契约合同。1998年，启用建设部商品房购销合同，商品房实行先测绘、后售房制度。10月1日，采用国家统一新版房屋权属证书，停发旧证。新证书由建设部统一编注册号，文登市注册号为“37021”，分房屋所有权证、房屋共有权证、房屋他项权证3种。是年，全市房地产初始登记290份，变更登记14份，转移登记1446份（不含房改售房），他项权利登记130份，注销登记25份。发证2100本，其中换证81本。

1999年，市政府印发《文登市城市房地产开发经营管理办法》，规定凡集体土地房屋因买卖、赠与和交换等形式发生权属转移或因抵押、典当等设定他项权利，均由村民委员会初审，镇政府审批。是年，市房管局被国家档案局、中央档案馆评为全国档案工作优秀集体。2002年，原农村房产所有证存根由市城建档案馆移交市房管局管理。按市政府《关于处理商品房产权遗留问题的通知》，市房管局与土地、规划、建设等部门及中介机构，完成遗留房产测量、评估和安全鉴定。对1999年前开发，质量合格、符合规划和用地要求的商品房予以确权，无购房合同按规范文本补签合同，2000年后开发的商品房补办手续。年末，全市商品房产权清理工作基本完成。11月，市财政局、房管局和工商局联合公告，自有经营场所房屋须办理房屋所有权证，租用须取得房屋租赁证，否则不予核发营业执照。是年，共办理初始登记3096份335.2万平方米，转移登记7517份132.8万平方米，变更登记247份20万平方米，注销登记535份41.1万平方米，他项权利登记989份75.4万平方米，发放房屋所有权证10076本。2003年，宅基地房屋产权转移实行先办土地证，再办房权转移手续。2007—2009年，推行夫妻共有房屋权属登记告知程序，避免夫妻单方出售和抵押等行为。新增地役权登记，将油库、码头、桥梁和地下车位等构筑物纳入登记范围。2013年，办理初始登记1509份152.2万平方米，变更登记347份24.86万平方米，注销登记193份6.54万平方米，转移登记1.06万份118.1万平方米。发放房屋所有权证2.39万本，他项权证9847本，查封房地产344宗。完成农村确权登记472村，占所涉村总数的69%。

物业管理 90年代初，市机关事务管理处辖属房管所负责机关公房水电费收取和房屋修缮等物业管理；单位住宅由单位代管，无专门物业管理机构。1996年，冰场、香水和职工新村3个住宅小区开展物业管理试点，经验做法逐步推广。1997年，房改房按售房收入15%建立住房维修基金，全市归集维修基金3400万元，利息专用于房屋修缮。年末，实行物业管理小区11个，物业管理企业6家。1998年，机关物业管理处、鲲鹏物业管理服务中心、北宫物业管理工程处、住宅建设综合开发公司物业管理处和经济开发区实业开发物业管理处获省建委颁发的物业管理资质证书；横山和龙山小区分别被评为威海市物业管理优秀住宅小区和达标住宅小区。1999年，市政府印发《文登市城市住宅小区物业管理暂行办法》，明确业主委员会和物业管理企业权利与义务，市房管局为物业管理主管部门。横山小区成立首个业主委员会，被评为威海市首家县级市全省物业管理优秀小区。龙山、香水和冰场北区业主委员会相继成立。是年，全市有物业管理企业11家，管理面积100万平方米。2000年，城市住宅小区物业管理办公室成立，负责物业管理与各方协调。2002年，市政府印发《关于加强城市社区建设工作的意见》，由社区居委会负责辖区内物业协调与管理，原单位申请使用房改维修基金利息改由社区居委会使用，实行单楼核算、专户结算、专款专用。是年，横山物业管理中心、恒源物业管理有限公司、开发区房地产实业公司物业管理中心和北宫工业总公司物业管理中心获省三级物业管理资质证书，31名物业管理人员参加建设部、建设厅组织的岗位培训。2003年，市政府印发《文登市城市住宅小区综合整治改造配套建设实施办法》，市区住宅小区整合为26个物业管理区域。是年，横山、恒源、河南、城西、生产、香水庵、河南、汤南和文山等19家物业管理企业获独立法人资格，18家物业管理企业获物业管理资质，全市130名物业管理人员获资格证书。2005年，龙河花园小区被评为全国物业管理示范住宅小区，毓菁华花园小区被评为威海市优秀物业管理住宅小区。2007年，市物价局和市房管局联合印发《文登市物业服务收费管理实施办法》，物管服务收费采用政府指导和市场调节双轨价执行。是年，物业管理企业均更名为物业服务企业。全市有物业服务资质企业40家，其中外地进驻文登的物业企业10家。2011年1月1日，文登实行住宅专项维修资金制度，购房户按建筑面积7层以下50元/平方米、8层以上70元/平方米缴纳，用于住宅共用部位和设施设备维修。年末，办理维修资金信息备案手续128笔，备案建筑物894幢354.16万平方米，归集住宅专项维修资金2514.15万元。

2013年，全市有物业服务企业78家（外地22家），其中一级资质服务企业6家、二级6家、三级61家、暂定三级5家。从业人员2200人。资产总值1.44亿元，总收入3266万元。管理项目240个1531.3万平方米，服务人口23万人，服务覆盖率达92%。是年，全市累计办理维修资金信息备案手续299项，备案建筑物1607幢675.03万平方米，归集住宅专项维修资金8675.28万元。

拆迁管理　1992年，市政府印发《文登市城镇房屋拆迁管理规定》，直接经济损失补助费每工日5元、搬家补助费80元，临时安置补助费每人每年300元，提前搬迁每日奖励20元。被拆迁人不要产权，补偿原房屋评估额双倍价，安置面积小于原住房面积部分每平方米2倍补偿。1996年6月，修订拆迁补偿，直接经济损失补助费提高到每工日20元、搬家补助费160元，临时安置补助每人每年600元，提前搬迁每日奖励40元，拆迁人不要房屋产权按评估额双倍价后加140元补偿。2004年，市政府印发《文登市城市房屋拆迁管理办法》，实行按不同拆迁点评估补偿价格。2006年后，按不同区域公布市区住宅房屋拆迁最低补偿价格，实行分类补偿。2008年，市建设局、房管局联合印发《关于加强房屋拆除监督管理的通知》，重点查处违规行为，对拆迁市场进行整顿。2011年，市政府印发《关于国有土地上房屋征收补偿和补助标准的通知》，对搬迁、临时安置补助，停业停产损失、附属物和树木补偿等方面均作出详细规定。

第四节　房地产开发企业

1992 年，文登房地产开发总公司、文登市房改配套开发公司、文登市房产开发公司、鲁文实业开发公司和住宅建设综合开发公司成立。1993 年，文登富登实业开发有限公司和鸿运房地产开发有限公司成立，为合资企业。此后，工商局市场开发总公司和教育房地产开发公司相继成立。1995 年，全市有房地产开发公司 9 家。其中，二级资质企业 1 家，三级资质企业 1 家，四级资质企业 7 家；国有企业 5 家，合资企业 2 家，全民事业单位 2 家。从业人员 520 人，专业技术人员 193 人。2001 年，执行房地产开发经营项目许可制度，房产开发企业均使用威海市住宅质量保证书和住宅使用说明书。2007 年，建立房地产开发企业资信评价体系，对房地产开发企业经营状况、资金情况、项目开发、商品房销售和物业管理等进行综合评价。莒山房地产开发有限公司达 AAA 级、市电建房产开发工程处等 9 家企业达 AA 级、市温泉房地产开发有限公司等 7 家企业达 A 级开发标准。2013 年，全市房地产开发企业 93 家，总资产 211.42 亿元。其中，一级资质企业 1 家，二级资质企业 2 家，三级资质企业 6 家，四级资质企业 27 家，暂定资质企业 56 家，其他资质企业 1 家；国有企业 2 家，有限责任公司 52 家，股份制企业 7 家，股份合作制企业 1 家，私营企业 30 家，外资企业 1 家。从业人员 1720 人，专业技术人员 1118 人。山东省倪氏房地产开发有限公司、威海闵广置业有限公司、文登市宇程建安置业有限公司等 5 家房产开发企业，获评 2013 年度威海房地产行业诚信企业。

文登市宇程建安置业有公司　1997 年 11 月成立，注册资金 2000 万元。2007 年，获房地产开发四级资质。职工 21 人，其中高级技术人员 3 人、中级技术人员 7 人、初级技术人员 5 人。先后开发建设德贤小区、棋山小区、豹山花园、汇泉花园、龙珠康城和文登市高级职业技术中心。2011 年，开发建设的龙港外滩高层住宅居住区被评为 2013 年威海市优秀住宅小区培育项目。至 2013 年，累计投资 7.9 亿元，开发面积 15.6 公顷，建筑面积 36.5 万平方米。工程合格率 100%，优良品率 50%。获评威海文明诚信民营企业和 2012 年度威海市建筑企业农民工工资管理工作先进单位。

文登市文城建设房产开发有限公司　2000 年 4 月成立，是文登市旧城改造主要开发企业，注册资金 3000 万元，房地产开发四级资质。职工 15 人，其中高级技术人员 7 人、中级技术人员 5 人、初级技术人员 3 人。先后改造开发威力家园、麦疃后小区、中央龙湾、文山花园、福泉名居和金岭山庄等项目。至 2013 年，累计完成旧城改造 48.23 万平方米。金岭山庄三期工程被评为威海市级优良工程。

山东省倪氏房地产开发有限公司　2006 年 7 月成立，注册资金 5000 万元。2007 年，获房地产开发一级资质。职工 160 人，专业技术人员 40 人，其中高级技术人员 8 人、中级技术人员 19 人、初级技术人员 13 人。2007—2013 年，先后开发建设倪氏海泰大酒店、紫玉山庄、南海·清岛湾、上海豪庭、海泰庄园和万利城等项目，累计投资 60 亿元，开发面积 174 公顷，建筑面积 217 万平方米，工程合格率 100%，优良率 60% 以上。公司获评威海市纳税明星企业。

第五节　住房改革

1996 年，文登市住房改革（简称房改）正式启动，1999 年结束。是年，文登市被省房改领导小组评为全省房改工作先进单位。之后，文登市实行住房保障制度，按标准出售经济适用房，推行住房补贴和住房公积金制度。

住房改革与保障　1993 年 3 月，文登市城镇住房制度改革办公室（简称房改办）成立，副科级事业单位，由市体改委代管，后改属市政府办公室代管，编制 5 人，主管全市房改工作。6 月，完成市区公有房及人口、职工工资和人均收入情况摸底。12 月，威海市房改小组批准《文登市城镇住房制度改革方案》。因房改政策发生变化，方案未实施。1994年4月，按省政府要求，文登市重新制定房改方案。首次在市物资系统实施以出售公有住房为重点的房改试点，按标准价424元/平方米出售。10月，市建设银行、人民银行和烟草公司等为第二批试点单位，按414元/平方米出售。购房户根据工龄、房屋年限和一次性付款等享有优惠折扣。至1995年6月，试点单位出售公有住房547户4.75万平方米，售房总额872万元。

1996年，省房改领导小组批准文登市（1994年）房改方案，确定文登为全省第一个房改系统化管理试点县级市。3月，市政府印发《文登市城镇住房制度改革实施方案》《文登市出售公有住房办法》《文登市公有住房租金改革实施办法》。4月，全市第一轮房改售房正式启动，按成本价517元/平方米售房，职工按工龄、现房和一次性付款折扣。工龄按双工龄每年2.62元/平方米、单工龄每年4.86元/平方米折扣，旧房按负担价每年2%、现住房按5%折扣，以后每年减少1%，2000年取消。一次性付款折扣20%，超控制标准面积部分每平方米按900元计算。1997年2月，市委、市政府印发《关于实施职工住房小康工程的意见》《文登市安居小区开发建设实施方案》，把奋战3年解决市区合同制以上职工无房户和住房困难户住房列为“九五”期间十大工程之一。年末，竣工安居住房600套，供职工房改购买。1998年4月，房改办撤销，成立文登市住房管理委员会，办公室设在市房管局。第二轮市区房改售房开始，成本价645元/平方米。工龄按双工龄每年3.87元/平方米、单工龄每年7.16元/平方米折扣，现住房按11.1元/平方米折扣，一次性付款折扣14%。超控制标准面积部分，10平方米内900元/平方米、10～20平方米1000元/平方米、20平方米以上1200元/平方米。建制镇售房分两个类区，售房价格分别比市区成本价调减10%和15%。对住房压力较大的困难企业售房，允许按房改成本价少给或不给折扣；换购的，按届时售房价格和折扣计算退房和购房款。是年，全市94个系统、2个镇、251个房屋产权单位完成房改售房，售公房6390套47.76万平方米，售房总额1.49亿元。全市房改累计出售公房1.92万套138.98万平方米，占可售公房的95%。

1999年1月，职工住房停止实物分配，开始实行住房分配货币化。文登市允许房改后机关事业单位闲置公房按国资局批准价对社会出售，单位公有住房按经济适用房对职工出售。职工购买自用普通住宅免交营业税，契税减半。2001年，市政府印发《关于按经济适用住房价格出售单位现有公有住房的通知》，经济适用房出售价格为建筑面积800元/平方米，内外草厦分别按每平方米400元和200元出售。房屋折旧率每年2%，无供暖设施调减3%，取消其他增减因素及各类政策性折扣。是年，出售经济适用房474套4.04万平方米，在全省率先完成职工住房小康工程。2007年，市政府先后印发《文登市城市经济适用住房货币补贴试行办法》《文登市城市廉租住房保障暂行办法》《文登市区城市住房保障低收入家庭认定暂行办法》，规定住房困难家庭补贴标准为3.5万元/户。年末，为71户住房困难家庭发放经济适用住房货币补贴许可证。当年，完成市区居民住房状况调查，结果显示：人均住房面积35平方米，其中户均70平方米以下占11%、70～100平方米占45%、100～120平方米占30%、120平方米以上占14%。全市实行廉租住房补贴制度。限租40平方米内，低保和低收入对象分别按每月每平方米10元和7.5元补贴。2008年，市政府印发《文登市开发住宅楼盘配建经济适用住房暂行办法》，龙珠康城、威建河畔花园、温阳海港城小区370套住房按经济适用住房出售。2012—2013年，经济适用住房货币补贴每户提至6万元。发放住房货币补贴184户1104万元，发放廉租住房补贴128户49.62万元；完成850套公共租赁住房项目建设。

住房公积金 1999年6月，市政府印发《关于实行住房公积金制度的通知》，规定自1999年6月1日起，全市所有机关、企事业单位都要建立住房公积金，专项用于职工购房、修房。住房公积金由职工和职工所在单位共同承担，以职工上年度月平均工资总额为基数，个人与单位各按5%的缴存比例缴纳，三资企业及其中方职工各按中方职工上年度月平均工资的8%缴纳。公积金全部归个人所有，建立个人账户，按规定计息，退休时本息一次结清。公积金用于购买、建造、翻建、大修自住住房等，职工可申请政策性贷款，期限最长20年及不超过法定退休年龄。6月，全市机关、企事业单位全面实行住房公积金制度。

2002年8月，威海市住房公积金管理中心文登管理部成立，正科级事业单位，编制6人，负责境内住房公积金归集、使用和管理。2003年7月1日，住房公积金单位和个人缴存比例提高到6%。是年，归集住房公积金4000万元，比上年增长35.6%，发放公积金贷款298户3078万元。2005年，按国家统计局规定的工资总额项目计算公积金缴存基数，文登市规定最低基数530元。2006年，规定公积金缴存基数最高为3900元，职工和单位按不低于基数8%、不高于12%缴纳住房公积金。2012年，缴存基数调为最低1240元、最高9240元；实行公积金差别化贷款政策，购买首套现房、期房、二手房、拍卖房和经济适用房，贷款总额不超过购房总额70%。是年，归集住房公积金1.71亿元，提取7116万元；发放住房公积金贷款375户7026万元。2013年，缴存基数调为最低1380元、最高9700元。归集住房公积金2.11亿元，办理住房公积金提取手续5049人1亿元，发放住房公积金贷款584户1.07亿元。

第十三编
开放型经济

90年代始，文登市着力发展外向型经济，加强对外和对港澳台经济贸易，加大招商引资和区域经济技术合作力度。1991年，全市完成社会商品出口交货值6.08亿元，成立外商和港澳台商投资企业11家。随着改革开放持续深入，发挥区位优势，凭借广阔市场和优惠政策，全市对外贸易和招商引资、经济技术合作全面快速发展。至2013年，全市开放型经济发展水平不断提高，与100余个国家和地区客商建立长期稳固的经贸关系，外贸进出口总额累计124.48亿元。到文登投资的国家和地区20余个，累计成立外资和港澳台资企业1470家，合同利用外资和港澳台资49.01亿美元，实际利用外资和港澳台资18.03亿美元。与国内重点区域、高校、科研机构和大企业进行经济技术合作，一批具有战略意义的大项目、高新技术项目相继落户文登，经济竞争力和发展后劲明显增强。2012年，文登市被商务部认定为国家外贸转型升级专业型示范基地。

2006 年 7 月 20 日，文登信亚机电有限公司的机电产品在威海港装船待发。

第一章　对外和对港澳台贸易

第一节　机构设置

文登市对外经济贸易公司　1976年，文登县设立对外经济贸易公司（简称县外贸公司）。1991年，市外贸公司内设财会科、计划业务科、审计科、政工科、办公室和驻青岛办事处，工作人员34人。辖粮油食品、土产、轻工工艺、综合经营4个经理部，职工53人。1992年2月，与文登市对外经济贸易委员会（简称市外经委）合署办公。1993年11月，从市外经委析出独立办公。1995年，内设办公室、财务科、政工科、审计科、综合业务部5个科室，工作人员30人。辖10家流通企业、5家工业企业，职工850人。1996年12月，增挂文登市对外贸易局牌子。2001年，内设办公室、财务科、政工科、综合业务部4个科室，工作人员30人。辖企业12家，职工1100人。2002年1月，全市党政机构改革，市外贸公司行业管理职能划归文登市经济贸易局，行政管理职能划归文登市对外经济贸易合作局，公司核定为独立经营、自负盈亏的实体企业。

文登市保税仓库　1994年7月，中华人民共和国威海海关批准设立文登市对外经济贸易公司保税仓库。8月，市政府根据威海海关批件精神，决定文登市对外经济贸易公司保税仓库脱离文登市对外经济贸易公司行政隶属关系，成立文登市保税仓库（一个机构两个名称，简称市保税仓库），隶属于市政府，为正科级事业单位，经费自收自支，实行企业化管理，工作人员15人。年末，内设办公室、财务部、业务部和储运部4个职能部（室）。1996年4月，市保税仓库划归市外贸公司管理。5月，增设综合业务部。1997年，辖3家小型流通企业，职工49人。1998年4月，改属市口岸办公室。1999年7月，市保税仓库关闭。

第二节　体制改革

1991年9月，国家取消外贸出口财政补贴，推行新的外汇留成办法，允许企业自行决定留成外汇的有效使用。1992年始，国家对外贸体制进行改革。省外贸公司将人、财、物、产、供、销管理权限下放到县，市外贸公司由原来依靠省公司安排任务、调拨手续费，转变为自主经营、自负盈亏、自我约束、自我发展的法人主体和市场竞争主体。面对压力，深化改革，变轨定向，全市形成“统一政策、平等竞争、自主经营、自负盈亏”的外贸体制。1993年9月，外经贸部授予文登市外贸公司进出口经营权。1994年1月，市政府印发《关于切实用好自营出口权扩大自营出口的意见》，在各企业总公司和乡镇中，分期分批扩展自营出口权，推动外向型经济快速发展。

1995年，国家对人民币实行汇率并轨，并就出口退税率、贷款利率等对外经贸政策作出较大调整，外贸企业政策优势基本取消。市外贸公司转换经营机制，深化内部改革，打破行业界限，实行跨行业经营、多口岸出口，探索“流通办实体、实体办流通”的经营思路，速度与效益同步增长。至年末，累计投资3760万元，先后组建外贸冷藏厂、外贸电子器材厂、工艺品厂、精炼油厂、海达衡器厂等外贸企业。是年，全市外贸进出口总额1221万美元（进口205万美元，出口1016万美元），其中市外贸公司完成出口创汇1010万美元，获评山东省最佳外贸企业。1996年始，全市加快发展拥有自营进出口权企业，扶持出口创汇大户，实施市场多元化战略，构筑“大外贸”进出口格局，扩大工业制成品及精加工产品出口比重，出口创汇大幅度增长。1997年，全市进出口总额8775万美元，其中进口3218万美元、出口5557万美元。2000年，外贸进出口总额增至2.66亿美元，其中进口9084万美元、出口1.75亿美元。随着外向型经济发展，境内“三资”企业（外商独资、中外合资、中外合作企业）数量增加，外贸进出口数额逐年增长。2002年，全市完成进出口总额4.33亿美元。2004年7月，新的《中华人民共和国对外贸易法》实施，对外贸易经营权范围扩大至所有企业和个人，对外贸易审批被备案登记制度取代，外贸体制改革基本完成。其后，全市加强外贸实业化发展，有自营进出口权的企业迅速增加。2005年，全市完成进出口总额8.68亿美元，其中进口2.78亿美元、出口5.90亿美元。有自营进出口权企业发展至160家，自营出口创汇2.25亿美元。2012年，文登市被商务部认定为国家外贸转型升级专业型示范基地。2013年，全市有进出口企业347家。其中，“三资”企业145家，内资有自营进出口权企业202家，实现进出口贸易总额14.02亿美元。1995—2013年，全市累计完成进出口贸易总额124.48亿美元，其中进口38.84亿美元、出口85.64亿美元。

第三节　进口贸易

1991—1995年，全市进口贸易规模较小。1995年，外贸进口总额205万美元。1996—1997年，文登市抓住国家进口关税下调机遇，实施“以进养出、以进增效”的经营策略，全方位拓展进口贸易业务。两年间，全市进口贸易额4529万美元。2000年，增至9084万美元。2002年，进口总额1.34亿美元 。2005年，进口总额2.78亿美元。2007—2009年，进口总额9.07亿美元。其中，进口生产设备300台（套），金额4100万美元，占进口总额的4.52%；进口原材料8.66亿美元，占进口总额的95.48%。2009年，全市共有进口企业323家。其中“三资”企业183家，进口额2.4亿美元，占进口总额的88.89%；内资有自营进出口权企业140家，进口额3000万美元，占进口总额的11.11%。威海金元电线有限公司进口2820万美元，文登成门电子有限公司进口2715万美元，文登市森鹿制革有限公司进口1972万美元，山东万得集团有限公司进口1380万美元，文登帕克电子有限公司进口1256万美元，文登信亚机电有限公司进口1225万美元。主要进口商品来自韩国、日本、美国、意大利等国家和中国香港地区。主要进口商品为电子元器件、皮革、生产加工设备等，占进口总额的90%。

2013年，全市进口总额4.28亿美元，其中“三资”企业进口2.45亿美元，占进口总额的57.2%；内资有自营进出口权企业进口1.83亿美元，占进口总额的42.8%。主要进口商品来自韩国、日本、美国、意大利等国家和中国香港地区。主要进口企业有文登市森鹿制革有限公司、文登信亚机电有限公司、威海金元电线有限公司、文登东阳活塞有限公司、文登大世汽车配件有限公司、天润曲轴股份有限公司、文登炎阳有色金属有限公司、文登尚勳服装有限公司等。主要进口商品有机电产品、电子元器件、皮革、曲轴连杆加工设备、初级形状塑料、钢材、化学纤维短纤维、服装、粮食、成品油、纸、天然橡胶等。

第四节　出口贸易

1991年始，全市外贸企业多元化、全方位开拓出口市场，对外出口贸易快速发展。1991—1995年，全市完成社会商品出口交货值分别为6.07亿元、8.95亿元、13.95亿元、23.13亿元和30.92亿元。2005年，全市完成出口总额5.90亿美元。2008年，利用国家调整出口退税政策，应对进口国家和地区设置的贸易壁垒，全市完成出口总额8.31亿美元。2013年，大力拓展新的国际贸易市场，全市完成出口总额9.74亿美元。

出口企业　1991年前，全市外贸出口业务由省外贸公司代理，市外贸公司以组织出口商品收购为主。1991年始，出口贸易逐渐向外商投资企业和外工贸企业（国有、集体、私营企业）转移，市外贸公司仍为出口骨干企业，主要承担全市出口供货任务。是年，全市外贸收购额3.71亿元，居全省县级市第一。市外贸公司完成商品收购额1129万元，占省公司下达计划的189.6%。1993年9月，市外贸公司被外经贸部授予进出口经营权后，当年自营出口创汇13万美元。1996年，市外贸公司加入中国粮油食品、土畜产、机电进出口商会，首次与阿根廷、科特迪瓦等美洲、非洲国家进行贸易合作，完成贸易额210万美元。是年，全市外商投资企业28家，有自营进出口权的企业21家。市外贸公司拥有轻化工进出口公司、出口商品基地建设公司、海达贸易进出口公司、食品进出口公司、金城建材进出口公司、国际经济技术合作公司、纺织品进出口公司、仁信外商投资服务中心、土畜产进出口公司、抽纱进出口公司、环球油脂有限公司、外贸冷藏厂、电子器材厂、英利达电器厂、旅游用品厂等外贸流通和加工企业15家，全市三位一体进出口格局逐步形成。至2000年，有自营进出口权的企业达到34家，有出口实绩的29家，出口创汇超过100万美元的企业有9家，出口额占全市出口额的91%。文登市艺利达抽纱制衣集团公司出口1573万美元，山东云龙绣品工业集团公司出口1504万美元，文登市刺绣工业集团公司出口398万美元，山东威达机械股份有限公司出口308万美元；外资企业文登三吉电子有限公司、文登皇冠电子有限公司分别出口2355万美元、1041万美元。2005年，全市有自营进出口权的企业160家、有出口实绩的企业74家，出口过500万美元的企业25家，过1000万美元的企业13家。2010年，出口贸易企业中，有自营进出口权的企业126家，出口额2.86亿美元，占全市出口总额的42.81%。出口额超过1000万美元的企业14家，其中出口额超过3500万美元的企业有文登威力银锋工具有限公司、山东省艺达有限公司、山东芸祥绣品有限公司。“三资”企业132家，出口额3.82亿美元，占全市出口总额的57.19%。2013年，全市外贸出口总额9.74亿美元。其中，有自营进出口权的企业202家，出口额5.24亿美元，占全市出口总额的53.8%。有自营进出口权的主要出口企业出口额：威海创通贸易有限公司1.25亿美元、文登威力高档工具有限公司3473万美元、山东银丰家用纺织品有限公司3048万美元、山东芸祥绣品有限公司2784万美元、山东省艺达有限公司2509万美元、文登奥文电机有限公司2410万美元、山东万得集团有限公司2159万美元、天润曲轴股份有限公司2061万美元、文登文胜玻璃有限公司1612万美元、文登威力银锋工具有限公司1607万美元。“三资”企业145家，出口额4.5亿美元，占全市出口总额的46.2%。主要出口企业出口额：文登信亚机电有限公司6947万美元、威海金元电线有限公司2018万美元、文登卡尔马斯特电子有限公司1722万美元、文登尚勲服装有限公司1556万美元、文登第逸电子有限公司1136万美元、威海北洋幸星电子有限公司1121万美元。

出口商品　1991—1995年，境内出口商品主要有粮油、水产品、抽纱、服装、五金、机电、建材、中药材、土产、畜产、纺织品等14个大类60个品种。出口商品中，以抽纱、服装、水产品、五金、中药材居多，占全部出口总额的

图13-1　文登威力工具集团有限公司出口的系列工具产品（2012年9月8日摄）

56%。1997年，出口商品由14大类增至18大类，品种增至84个，形成五金、机电、医药、服装、抽纱、建材6个系列的骨干产品出口创汇体系。2005年，机电、家纺服装、农产品为出口主导产品。机电产品出口2.79亿美元，占出口总量的48.2%；家纺服装产品出口1.98亿美元，占出口总量的34.2%；外向型订单农产品出口2100万美元。2010年，全市初级产品出口5300万美元，占出口总额的7.93%；工业制成品出口6.15亿美元，占出口总额的92.07%；高新技术产品出口2.24亿美元，占出口总额的33.54%。机电和工艺家纺产品为出口主导产品。2013年，机电、家纺服装产品仍为出口主导产品。机电产品出口3.74亿美元，占出口总额的38.4%；家纺服装产品出口3.58亿美元，占出口总额的36.8%；农产品出口8405万美元，占出口总额的8.6%。

出口方式 1991年，全市出口贸易仅为一般贸易。随着外资企业的引进，逐步形成一般贸易、加工贸易和其他贸易3种方式并存，以一般贸易和加工贸易为主的格局。1994年，市外贸公司在保证外贸出口供货的同时，大力发展资金占用少、风险小、效益高的“三来一补”（来料加工、来样加工、来件装配、补偿贸易）业务。是年4月，从韩国引进电子线圈来件装配业务，生产60万件，创汇60万美元，实现利润48万元。1995年8月，从韩国引进60万套微电机和900万套微型变压器、电子线圈来料进料加工项目，完成出口创汇1010万美元。1996—1997年，组织70余家外商独资企业引进“三来一补”项目913个，工缴费收入9337万美元。1997年，市外贸公司开展加工贸易的经验做法被外经贸部向全国推广。2000年，全市有993个对外加工贸易项目获得批准，从事加工贸易的村庄达到181个，占全市行政村总数的20.76%，工缴费收入1800万美元。在开展一般贸易、加工贸易的同时，还注重开展多元贸易，采取服务贸易、转口贸易、网上贸易等多种形式，完成灵活贸易额1462万美元，占全年出口总额的35%，成为外贸经济新的增长点。2009年，全市贸易出口仍以加工贸易方式为主，完成外贸出口总额6.28亿美元。其中，一般贸易额1.38亿美元，占贸易总额的21.97%；加工贸易额4.9亿美元，占贸易总额的78.03%。2010年，由于人民币汇率持续升值、劳动力成本提高、国际市场需求下降等原因，加工贸易企业受到较大影响，全市加工贸易额为3.25亿美元，较2009年下降33.67%，加工贸易占贸易总额仅为48.65%，全市出口贸易方式发生结构性变化，一般贸易成为出口贸易主要方式。2011—2013年，全市出口贸易总额24.82亿美元。其中，一般贸易额16.36亿美元，占贸易总额的65.91%；加工贸易额8.5亿美元，占贸易总额的34.24%。

出口国家和地区 1991—1995年，外贸商品主要出口日本、韩国等16个国家和地区，其中以出口日本、韩国、荷兰、美国、加拿大居多，约占全部出口商品总额的60%。2001年，出口目标逐步转向欧美市场。山东云龙绣品有限公司抽

图13-2 2010年5月9日，山东省艺达有限公司的家纺产品在青岛港装船发往欧洲。

纱制品主要面向美国、欧盟出口。山东省艺达有限公司床上用品主要面向韩国、日本、欧盟、美国出口。山东黑豹股份有限公司农用车面向埃及出口、割草机面向德国出口。山东威达机械股份有限公司钻夹头主要面向日本、德国、美国出口。天润曲轴有限公司的曲轴产品主要面向美国、东南亚等国家和地区出口。2004 年，全市产品出口地以亚洲为主，占 63.4%，美洲市场占 17.6%，欧洲市场占 16.6%。其中韩国、欧盟、美国和日本位居出口产品市场前 4 位。2009 年，全市产品出口仍主要集中在亚洲市场，但比例有所下降，占出口总额的 53.3%，其中主要出口国家为韩国，占出口亚洲总额的 38%。其次为欧洲和北美洲市场，其中欧洲主要出口国家为德国、法国、意大利等，占出口总额的 22.9%，北美洲主要出口国家为美国，占出口总额的 17%。其他南美洲、非洲和大洋洲分别占出口总额的 3.4%、1.1% 和 2.3%。2013 年，全市产品出口最多为亚洲市场，占出口总额的 55.9%，其中主要出口国家仍为韩国，占出口总额的 43.8%。其次为欧洲和北美洲市场，其中欧洲主要出口国家为英国、俄罗斯、法国、德国、意大利等，占出口总额的 23.2%。北美洲主要出口国家为美国等，占出口总额的 15.7%。其他南美洲、非洲和大洋洲分别占出口总额的 2.7%、0.8% 和 1.7%。

1995—2013 年文登市外贸进出口情况表

表 13-1　　　　单位：万美元

年份	外贸进出口总额	外贸进口总额	外贸出口总额	年份	外贸进出口总额	外贸进口总额	外贸出口总额
1995	1221	205	1016	2005	86786	27770	59016
1996	3695	1041	2654	2006	104315	33207	71108
1997	8775	3218	5557	2007	109734	30367	79367
1998	9435	3201	6234	2008	116471	33358	83113
1999	19316	6846	12470	2009	89727	26965	62762
2000	26627	9084	17543	2010	95753	28913	66840
2001	35505	12401	23104	2011	112746	36770	75976
2002	43286	13444	29842	2012	111610	36827	74783
2003	57720	18830	38890	2013	140197	42798	97399
2004	71898	23172	48726	合计	1244817	388417	856400

说明：1991—1994 年无统计资料。

第五节　保税仓库

1994 年 7 月，中华人民共和国威海海关批准设立文登市保税仓库，属公共类型仓库，主要职能是存放供加工贸易（进料、来料加工）加工成品复出口的进口料件；经外经贸主管部门批准开展的外国商品寄售业务、外国产品维修业务、外汇免税商品业务及保税生产资料市场的进口货物；转口贸易货物及外商寄存货物、国际航行船舶所需的燃料、物料和零配件等。1995 年 4 月，投资 230 万元在北郊镇建立仓库，占地面积 1.3 公顷，库房建筑面积 2200 平方米，货场 1 万平方米。12 月，竣工并投入使用。是年，市保税仓库先后与美国托托公司，韩国大宇集团、现代集团、三星集团等国外大企业、大商社建立业务关系，共签订合同16份，进货量1.09万吨，机械设备57套，合同总额750万美元，完成出入库货物9000吨，实现利润300万元。

1996—1997年，市保税仓库以发展保税业务为中心，全方位、多渠道开展业务，实现利润512万元。两年间，先后4次组团赴韩国、日本、美国和中国香港考察市场、洽谈业务，境外客户由原来7个增至17个，业务往来总额1.78亿美元。国内与文登市通信电缆集团公司、青岛澳联塑料制品厂等18家加工出口企业、外商投资企业建立合作关系，为其提供有色金属、化工、纺织等10大类18个品种原材料共计1.4万吨。在经营中，市保税仓库以保税业务为主，一般业务为辅；以自营为主，代理、寄存并举。其间，保税业务、一般贸易共计进口原材料1.75万吨。其中，自营1.4万吨，资金总额1.4亿元；代理3500吨，资金总额3800万元。寄存货物1280吨，完成出入库货物3.68万吨，库存货物优质率达100%，机械化作业程度达90%以上。1998年，保税仓库拥有固定资产总值560万元。

第二章　对外与对港澳台招商引资

第一节　机构设置

文登市商务局　前身为文登市对外经济贸易委员会（简称市外经委）。1991年，市外经委内设办公室、外资业务科、企业管理科、国际合作科和综合科5个科室，编制16人。辖外商投资服务中心（股级事业单位）。1992年2月，与文登市对外经济贸易公司（简称市外贸公司）合并，仍称文登市对外经济贸易委员会。1993年11月，市外贸公司由市外经委析出。1994年6月，市外经委设立对外经济技术合作公司（副科级事业单位）。10月，改称对外经济技术合作中心。2000年9月，外商投资服务中心升格为副科级事业单位。2001年5月，外商投资服务中心升格为正科级事业单位。2002年1月，市政府机构改革，市外经委更名为文登市对外贸易经济合作局（简称市外经贸局），内设中国国际商会文登市商会，其他机构设置和人员未变。2004年3月，市政府驻韩国办事处（1994年6月设立）由隶属市政府办公室改属市外经贸局。2010年3月，市外经贸局更名为文登市商务局（简称市商务局）。10月，成立外派劳务服务办公室（股级事业单位）。2013年8月，外派劳务服务办公室更名为外派劳务服务中心。是年，市商务局内设办公室（增挂调研法规科牌子）、外资管理科、对外贸易管理科（增挂对外经济合作科牌子）、加工贸易与服务贸易管理科（增挂机电产品进出口管理科牌子）、中国国际商会文登市商会（正科级）5个科室。辖外商投资服务中心、市政府驻韩国办事处2个正科级事业单位，对外经济技术合作中心1个副科级事业单位，外派劳务服务中心1个股级事业单位。编制56人。

中国国际商会文登市商会　1992年2月，经中国贸易促进会山东分会批准，中国国际商会文登市商会（简称市商会）成立，对内为市政府正科级直属部门，对外为民间经济贸易团体，与市外经委合署办公。是年，有会员企业30家。2002年1月，市政府机构改革，市商会为市外经贸局内设机构。2013年，内设办公室，编制3人，会员企业106家。

第二节　优化政策环境

1991年始，文登市利用沿海开放城市的优惠政策和区位优势，大力发展外向型经济，优化外商投资管理模式，强化服务保障，多渠道、多方位开展招商引资工作。1992年始，市政府借中韩建交之机，进一步优化投资环境，拓展融资渠道。先后印发《文登市发展外向型经济的若干规定》《文登市鼓励外商投资的若干规定》《文登市关于经济技术开发区鼓励外商投资若干优惠政策的暂行规定》等，加强对外商投资企业的管理和服务。对外商到文登投资，从翻译服务到编写项目建议书、可行性研究报告、合同签订，乃至厂房租赁、工人招收等实行全方位服务，手续办理不限次数、不限时间，随报随批。对获准落地的外商投资企业，以开工率为突破口，为外商提供投资政策、市场信息、经营管理和人才培训服务，协助企业办理进出口各类物资手续。1995年8月，市政府印发《关于进一步改善涉外服务优化投资环境若干问题的意见》，建立外商投资企业基本情况档案，设立外商投诉电话，简化审批手续，提高工作效率，完成对“三资”企业全面检查和换发批准证书工作。帮助外商投资企业解决项目建设和生产经营过程中遇到的困难和问题，吸引更多外商到文登市投资。

1996年，市政府制定优化投资环境加大对韩招商引资等具体措施，进一步提升对韩国开放合作水平，加强对外招商引资软硬环境的打造。1998年3月，市政府印发《文登市鼓励发展外向型经济的暂行办法》，结合开展“投资环境优化年”活动，搞好涉外管理和服务，建立和完善外商投诉分级负责制，及时处理外商投诉案件，保护外商合法权益。完善服务承诺制度和涉外收费审批制度，提高办事效率，规范对外资企业收费行为，制止乱收费和搭车收费。实行项目跟踪负责制，落实项目责任人，为外商提供全程服务，让外商获得良好投资回报。以经济开发区建设为招商载体，完善《文登市经济技术开发区鼓励发展外向型经济暂行规定》，通过开发建设黑豹汽车城、绣品抽纱基地等，引进以文登太阳精工钓具有限公司、文登成门电子有限公司为骨干的21家外资企业群体，实现年产品出口创汇1556万美元。2000年3月，市委、市政府印发《关于对市直部门、单位招商引资工作实行考核的意见》和《2000年对外贸易和国内引资工作规划的通知》，推动招商引资和外向型经济快速发展。

2002年，市外经贸局简化办事程序，选派业务骨干到行政审批大厅办公，为外商投资提供便利条件。根据全市工业布局和产业结构选定50个重点招商项目，编印中英、中韩文字对照版《文登市对外经济技术合作项目简介》和《文登投资指南》，供外商参考。是年，有40家外资企业追加投资，增资额2676.6万美元。2003年，提升服务水平，优化营商环境，营造亲商、安商、富商的良好氛围。在防控“非典”期间，市商会组织人员到外资企业，把防治资料和药物送到外商手中，让外商放心生产、安心生活。有47家外资企业追加投资，增资额1910.54万美元。2005年，市外经贸局、市商会组织人员到外资企业，通过联谊会、恳谈会、上门慰问等方式与外商沟通交流，帮助外商解决实际困难。为42家企业代理投资项目，代办外商就业证、居留证200个，办理海关年审123家，帮助企业办理各种免税设备72台（套），价值600万美元。10月，文登市获外商投资企业登记注册权。12月，市政府印发《关于表彰文登市外商投资企业先进单位和先进个人的通报》。是年，全市有51家外资企业追加投资，增资额4500万美元。

2007年，市政府对外国和中国港澳台地区客商到文登投资，在税收、土地等方面实行“一事一议”优惠政策。凡设在文登市的生产性外商投资企业所得税税率均为25%，经科技主管部门鉴定为高新技术生产性外商投资企业，按15%征收所得税，外国投资者从企业获取的利润，可自主汇出境外，按10%征收所得税；两年到位资金超过500万美元的外商投资企业，税收可以享受“一事一议”优惠政策，基础设施配套收费可减半征收或免征；外资企业免缴城建税及教育费附加，出口产品增值税享受“免、抵、退”政策；对来料加工、进料加工贸易方式的外商投资企业，货物免征进口关税和进口环节的增值税、消费税；对部分投资额较大的外商投资项目，可享受“一事一议”土地优惠政策等。市商会向外商发放“外商投资企业联系卡”，建立企业发展档案，定期征求外商意见和建议。9月，在威海市成立20周年暨创业功臣表彰大会上，文登市外商洪祥闵、李羲亭被威海市委、市政府授予“特别贡献者”称号。2010年，文登市对国外和中国港澳台地区客商子女入学、购房等享受与当地居民同等待遇，就医实行“就医绿卡”制度。对投资项目实行领导包扶制和联席会议审批制度，开通“外商投资项目绿色通道”。

2011年3月，市委、市政府印发《关于进一步扩大对外开放促进经济社会又好又快发展的意见》，以南海新区、经济开发区、城市新区三区建设为载体，以招商引资为抓手，以又好又大项目为突破，以优化服务为保障，内外并举，注重质量，努力提高外经贸总体实力，提升开放型经济水平。至2012年，市商务局共代理外商投资项目85个，办理外资企业变更手续164次、项目确认书62份，代办审批项目26个，代理外商就业证、居留证、签证、电子口岸、企业进出口权和免税设备等手续合计47家，涉及金额800余万美元。市商会举办以人民币结算试点、企业出口信誉保险、国际市场开拓为内容的培训班5期，培训人员500人次。

2013年，市政府继续优化投资环境，强化对外资企业的管理和服务，加大对外招商引资力度，提高利用外资质量，加快推动产业转型升级。是年，批准外商直接投资项目28个，其中总投资2000万美元以上项目7个。

第三节　重要招商活动

1991年始，市政府每年组织有关企业参加广州、青岛对外经贸洽谈会和中韩（威海）经贸洽谈会。至1995年，先后派出100余个经贸团（组），到韩国、新加坡、日本、美国等20余个国家及中国港澳台地区开展经贸考察和招商引资。累计批准外商和港澳台商投资企业254家，投资商来自16个国家和地区。

1996年，抓住国外产业转移机遇，发挥土地、厂房、劳动力和地域、口岸等优势，借助各种招商会、交易会等形式，寻求合资合作伙伴。实行以独资为主、企业嫁接改造为主、高新技术为主、大投资项目为主的“四为主”战略招商引资。是年9月，在中韩（威海）经贸洽谈会上，共签订合同项目16个，合同外资额5188万美元。1997年9月，市政府举行中国文登投资环境说明会，韩国、日本、新加坡等国家和中国港澳台地区200余人与会，其中韩国客商160人。会上，为郑元谟等11名外商颁发文登市人民政府对外经济贸易顾问聘书。1999年，通过参加广州、青岛对外经贸洽谈会和中韩（威海）经贸洽谈会向境外招商引资，共签订合同100余项，协议利用外资1亿美元。9月1日，在文登市招商引资暨国内招商引资项目签字仪式上，共签订合同协议项目46个，合同协议外资额5882万美元。至2000年，全市累计批准外商和港澳台商投资企业442家。

2001年，采取以会招商等传统方式与网上招商等方式、大兵团集中招商与小分队跟踪落实、主动出击招商与搞好服务安商有机结合，力求在招商引资上实现新突破。2002年，全市批准外资和港澳台资企业96家，新批准的外商和港澳台商投资项目全部为直接投资项目，其中，外商和港澳台商独资企业83家，占新批准企业总数86%。合资企业、合作企业明显减少，独资企业成为外商和港澳台商投资的主要形式。投资客商分别来自韩国、日本、美国、加拿大、匈牙利等国家和中国香港、台湾地区。2003年，先后向韩国、日本、美国、南非等国家和中国香港、澳门地区派出80个经贸团（组）进行招商引资，共签订合同103项，协议利用外资额1.9亿美元。2005年，组织41批500人次招商团（组）参加韩国招商活动月、欧洲招商考察等涉外经贸活动及鲁港经贸推介会。根据全市资源优势和产业分布情况，规划相同或相近特色产业园区，完善配套设施，先后建设特殊金属加工、印染、食品、水产、汽车配件等8个专业园区。全年进园项目45个，投资总额1.1亿美元。是年，在外商和港澳台商中开展“提供一条招商信息、介绍一个合作伙伴、引进一个外资项目”活动。至年末，全市正常经营的237家外资和港澳台资企业，有165家取得招商引资成果，协议投资2.15亿美元。是年，批准外商和港澳台商投资企业241家，全市累计批准外商和港澳台商投资企业1193家。

2007年，把世界500强企业、跨国公司作为招商引资主攻方向，将经济开发区和南海新区作为主载体开展招商引资。是年，在韩国、日本、美国、欧盟等国家及中国香港、台湾地区开展招商活动，推介文登经济开发区工业园区和南海新区招商优惠政策，洽谈机电、造船、机械电子、化工食品等行业对接合作项目，引进1000万美元以上项目10个、500万美元以上项目15个。2008年，组团赴俄罗斯、匈牙利、美国、韩国等国家，开展轻型飞机制造、汽车配件、机械金属、特种动物养殖、旅游开发等方面招商引资活动，引进1000万美元以上项目11个。2009年，主要在韩国、美国、日本、西班牙等国家和中国香港、台湾地区开展招商活动，推介文登市优势产业、名牌产品和旅游、农业、海洋资源，将招商领域拓展到高端金属、机械、电子、新能源和城市公用设施、物流等方面，引进1000万美元以上项目11个。文登市被省政府授予全省对台招商引资标兵称号。

2010年，围绕全市三大产业集群和经济开发区、南海新区两大优势板块，策划包装20个大项目，有针对性地上门推介招商。举办大型招商活动12次，开展上门推介招商活动20次。是年，引进投资项目28个，实际利用外资和港澳台资8490万美元。投资客商分别来自韩国、日本、美国、乌兹别克斯坦等国家，英属维尔京群岛和中国香港、台湾地区。其中，韩国客商投资项目13个，中国香港客商投资项目8个，其他国家和地区客商投资项目7个。2011－2013年，突出抓好招商引资重点项目。组团赴日本、美国、瑞士、德国、韩国和中国香港、台湾地区开展食品加工、软件开发、机械电子、汽车配件、旅游开发、农作物种植和特种动物养殖等方面招商活动，共引进外商和港澳台商投资项目63个，引进的大项目、高新技术项目逐年增多，投资领域从制造业扩展到基础工业和第三产业。

1991－2013年，全市累计批准外商和港澳台商投资企业1470家，投资商来自20余个国家和地区。

2013年，全市工商注册外资和港澳台资在营企业233家。其中，外商和港澳台商独资企业185家，中外合资经营企业44家，中外合作经营企业4家。投资总额10.75亿美元，注册资金6.29亿美元。

第四节　引进项目资金

1991年后，全市对外开放日益扩大，政策环境不断优化，吸引外商和港澳台商投资领域逐步扩展，引进的项目逐年增多。是年，引进项目11个，实际利用外资和港澳台资142万美元。1993年，引进项目104个，合同利用外资和港澳台资8092.3万美元，实际利用外资和港澳台资1785.12万美元。至1995年，共引进项目254个，合同利用外资和港澳台资2.04亿美元，实际利用外资和港澳台资8199万美元，投资领域涉及轻工、机械、电子、纺织、建材、房地产开发、旅游服务7个行业。引进“三来一补”项目153个，实现工缴费收入1957万美元。全市批准对外借款项目4个，实际利用外资629.2万美元。

1996年，外商和港澳台商投资规模持续扩大，外资和港澳台资到位率明显上升，美国美林控股集团有限公司、中国银行（香港）有限公司、韩国东亚精密工业株式会社等国际大财团、大公司、大商社纷纷涌入。外商和港澳台商投资由以中小项目、加工项目为主，向以大项目、高新技术项目和资金密集型项目转移。美国美林集团与山东曲轴总厂共同投资2100万美元成立的文登天润曲轴有限公司，时为全市最大的中外合资企业。1998年，引进项目26个，合同利用外资和港澳台资2327.9万美元，实际利用外资和港澳台资1903.6万美元。1999年，外商和港澳台商投资企业完成工业总产值103亿元，占全市镇以上工业总产值的33%；实现利税9.3亿元，占镇以上工业利税的35%；自营出口创汇9200万美元，占全市出口创汇的74%。2000年，引进项目62个，合同利用外资和港澳台资6595万美元，实际利用外资和港澳台资4300万美元。韩商在文登投资额占全市外商投资总额的47%，连续4年居外商投资总额榜首。

2001年，随着中国加入世贸组织，全市外向型经济出现快速增长势头。2002年，引进项目96个，合同利用外资和港澳台资2.04亿美元，比上年增长118.2%；实际利用外资和港澳台资1.5亿美元，增长150%。2004年，引进项目231个，实际利用外资和港澳台资1.52亿美元，其中投资额500万美元以上的大项目69个。2005年，引进项目241个，合同利用外资和港澳台资12.96亿美元，实际利用外资和港澳台资2.5亿美元，全部为直接投资项目。投资最多的国家为韩国，投资项目234个，合同投资12.7亿美元，实际投资2.2亿美元，分别占全市外商和港澳台商投资总额的97.09%、97.99%和88%。

2006年，引进项目67个，实际利用外资和港澳台资2.12亿美元。2007—2009年，共引进项目119个，实际利用外资和港澳台资1.37亿美元，其中总投资1000万美元以上项目29个。外商和港澳台商投资企业增资项目111个，增资额6000万美元，其中文登大世汽车配件有限公司增资额超过1000万美元。外资和港澳台资投向第二产业项目84个，占全部投资70%，主要投资行业为通信设备、计算机及其他电子设备制造业。投向第三产业项目21个，占全部投资18%。主要集中于基础设施、旅游服务、餐饮和商贸等行业，其中新东阳旅游开发、九华攀岩、家友乐休闲活动等均为外商和港澳台商在文登市投资的服务业项目。2008年始，受国际金融危机影响，外商和港澳台商投资项目减少，当年引进项目38个。2010年，引进项目28个，合同利用外资和港澳台资1.24亿美元，实际利用外资和港澳台资8490万美元。外商和港澳台商投资企业增资项目11个，增资额876万美元。项目资金到位率68%。2011—2013年，共引进项目63个，其中1000万美元以上的23个。合同利用外资和港澳台资4.55亿美元，实际利用外资和港澳台资2.79亿美元。外商和港澳台商投资企业增资项目52个，增资额1.8亿美元。其中，威海永裕轮胎有限公司、文登市和谐硅业有限公司、文登东阳活塞有限公司、文登永和电子有限公司、文登炎阳有色金属有限公司等企业，增资额超过1000万美元。

1991—2013年，全市共引进外商和港澳台商投资项目1470个，合同利用外资和港澳台资49.01亿美元，实际利用外资和港澳台资18.03亿美元。

1991—2013年文登市利用外资和港澳台资情况表

表13-2

年份	批准项目（个）	利用外资和港澳台资方式			合同利用外资和港澳台资（万美元）	实际利用外资和港澳台资（万美元）
		合资企业（家）	合作企业（家）	独资企业（家）		
1991	11	7	1	3	2893.00	142.00
1992	65	54	7	4	3301.85	555.73
1993	104	95	1	8	8092.30	1785.12
1994	36	28	1	7	2198.60	2565.10
1995	38	23	3	12	3895.50	3151.03

续表 13-2

年份	批准项目（个）	利用外资和港澳台资方式			合同利用外资和港澳台资（万美元）	实际利用外资和港澳台资（万美元）
		合资企业（家）	合作企业（家）	独资企业（家）		
1996	28	13	1	14	1761.24	3271.80
1997	33	9	1	23	1255.82	1730.00
1998	26	15	0	11	2327.85	1903.60
1999	39	13	4	22	3653.81	3206.70
2000	62	14	4	44	6594.98	4300.48
2001	65	11	0	54	9339.90	6002.30
2002	96	11	2	83	20380.57	15006.10
2003	118	11	1	106	58070.17	25149.00
2004	231	14	0	217	124155.00	15164.87
2005	241	5	0	236	129554.00	25013.00
2006	67	15	0	52	14048.62	21205.00
2007	57	6	1	50	14795.00	4553.00
2008	38	3	1	34	9910.00	5200.00
2009	24	3	1	20	16065.00	3978.00
2010	28	6	1	21	12364.00	8490.00
2011	20	6	1	13	12806.00	5324.00
2012	15	0	1	14	14064.00	11072.00
2013	28	1	0	27	18612.00	11499.00
合计	1470	363	32	1075	490139.21	180267.83

第三章　对外经济技术合作

1991年始，全市外向型经济快速发展，对外经济技术合作与交流渠道日益增多，领域不断拓展，质量和水平明显提高。通过对外技术合作与交流，引进国外先进技术、设备和管理经验，加快全市产业产品结构调整，缩短产品升级换代周期，提高产品国际市场竞争力。至2013年，全市对外经济技术合作对象由亚洲的韩国、日本和中国港澳台地区，扩展到欧美等地，合作领域由工业拓展到农业和服务业，由引进外资办厂到走出国门，到境外投资设点办厂。

第一节　经济技术合作与交流

1991年始，技术引进形式由以进口设备为主发展到各种非贸易形式的技术交流与合作，派遣技术人员出国考察学习和参加国外培训，聘请国外专家指导和提供技术服务及技术交流等。由于外商投资企业特别是外商独资企业逐步增多，在文登工作的外国人也随之增多。至1997年，长期在文登从事企业经营管理和技术指导的国外专家260人。2000年，市外经部门加强与国外高等院校和企业的合作，引进外国专家和技术人员传授专业技术知识，派遣研修生到国外接受技术培训，加大技术输入力度。是年，在文登的外商专家和技术人员增至320人，外资企业向韩国派遣研修生200名。2003年，外资企业向韩国派遣研修生150名。

2006年，各外贸企业积极引进复合型国际经贸人才和生产经营急需的技能型人才，同时抓好已有人才培养，通过委托代理、联合办学、选派出国研修、举办各类专业培训班等形式，培养高素质对外经贸人才和高层次经营管理人才，为全市外向型经济发展提供人才保障。全年共引进外贸专业人才210名，选派出国研修118人次。2007—2009年，市外经委举办35期国际市场开拓、加工贸易、外经贸政策培训班，培训3500余人次。举办5期国际市场开拓、企业融资及资本运作、加工贸易及海关业务培训班，培训1200人次。全市外商投资企业引进2项专利技术：文登市恒源维他命饮料有限公司引进英国专利技术，文登市加州庄园葡萄酒业有限公司引进美国专利技术。2010年，外商投资企业文登浩琦山庄有限公司引进1项美国专利技术，折价500万美元。

2012年12月4日，文登市与韩国仁川广域市西区签署《地方经济合作伙伴关系谅解备忘录》，双方建立地方经济合作伙伴关系。2013年6月3日，韩国仁川广域市中区厅长金洪燮一行13人访问文登市，考察文登市南海新区、经济开发区和界石镇，与文登市政府签订《文化旅游领域国际友好合作交流协议》，双方商定，联合开展地方庆典、博览会等文化旅游领域的国际规模活动。

第二节　对外劳务输出

1991—1995年，全市外派劳务人员509人，主要从事海洋捕捞、水产品加工、服装加工、食品加工、建筑等行业工作。1996年，市外经委加强与国内外合作公司业务交往，不断扩大合作领域，严格执行劳务人员招收标准，建立劳务技术人员信息库，严把政审关、培训关。是年，外派劳务人员241人，主要派往韩国、日本、新加坡、美国、科威特等11个国家和地区。至1997年，累计外派劳务人员1800人，实现营业额1058.27万美元。

2000年，在巩固韩国、日本等传统劳务市场的基础上，重点开拓西欧、中东等劳务市场。向美国、日本、新加坡、沙特、韩国等12个国家和地区派遣劳务人员304人。年末，在外劳务人员843人，实现营业额556.4万美元。2003年9月，文登市三洋国际经济技术合作公司（简称文登三洋公司）成立，并获得劳动和社会保障部劳务输出授权，是文登境内唯一合法的专业劳务输出公司。是年，文登三洋公司与2家国外劳务公司签订长期劳务合同，先后向美国、日本、新加坡、沙特、韩国、德国等13个国家和地区外派劳务人员687人。年末，全市在国外劳务人员共有1002人，实现营业额661.3万美元。市外经贸局利用方圆外国语学校对200名赴韩国、日本留学后备人员和外派劳务人员进行语言、法律知识和其他能力培训。2007年5月，文登市金桥境外就业服务有限公司获得对外经济合作经营资格授权。

2011年，市商务局成立外派劳务服务办公室，组建文登市外派劳务服务平台，是全市唯一合法、权威的公益性出国劳务服务机构，承担全市对外劳务合作服务工作。至2012年，共发布外派劳务信息115份，处理外派劳务纠纷7起，为23人提供司法援助服务。

2013年，全市有文登市三洋国际经济技术合作有限公司与文登市金桥境外就业服务有限公司2家具有对外经济合作经营资格的公司。一些外地对外劳务合作公司也在文登市招聘出国劳务人员。全市累计外派劳务人员9103人，实现营业额1.38亿美元。外派劳务结构日趋合理，行业工种涉及近海渔工、船员、陆地研修生、水产食品加工、建筑施工、餐饮服务、超市服务及高级技术人才等领域。派出地涉及日本、韩国、新加坡、美国、俄罗斯、沙特阿拉伯、德国等10余个国家和中国香港地区。

图13-3　2010年7月12日，文登市三洋国际经济技术合作公司进行外派劳务人员培训。

第三节　境外投资

1995年3月，市外贸公司在俄罗斯海参崴设立东亚国际贸易有限公司，从事进出口贸易，经营期限10年，是文登市在境外设立的第一家企业。1999年始，对外经济技术合作日趋扩大，在巩固亚洲传统市场的基础上，重点开拓欧美、拉美和非洲等新兴市场。鼓励有条件的企业到南亚、拉美等发展中国家投资创办海外公司或加工厂，设立销售网点和商务信息中心，带动技术、产品和劳务出口。

2003年12月，宏安集团有限公司与巴基斯坦有关方面就在巴基斯坦设立电缆加工厂事宜签订合作协议。2004年，文登市商会组织12家企业到境外进行经贸考察，发展境外实业。文登市锡祺工艺品有限公司在土耳其设立办事处，建立起面向中东及欧美市场的海外销售基地。2005年5月，山东云龙绣品有限公司在阿联酋迪拜市中国商品分拨中心正式注册设立贸易办事处，成为云龙产品销往中东及欧美市场的桥头堡。

2007—2009年，全市批准境外企业5家，协议投资总额220万美元，其中投资额在100万美元以上项目2个。投资国家分别为英国、乌兹别克斯坦、哈萨克斯坦、阿拉伯联合酋长国等国家，涉及工艺家纺、房地产、商贸等行业。山东银丰家用纺织品有限公司投资102万美元，在英国曼彻斯特市成立山东省银丰家用纺织品有限公司英国代表处。山东云龙绣品有限公司投资100万美元在阿联酋迪拜市设立贸易经销处。2011年，威海龙海重工机械装备有限公司投资6000万元，在中国香港成立龙海（香港）重工机械装备有限公司。2012年，威海市润通橡胶有限公司投资3000万元，在俄罗斯成立润通（莫斯科）橡胶有限公司。2013年，全市新批准境外企业2家，协议投资总额7200万元。文登市三洋国际经济技术合作有限公司投资1200万元在日本设立三易（日本）革制品株式会社。文登汇银科能精密设备有限公司投资6000万元在西班牙成立汇银（欧洲）光热发电设备研发有限公司。至年末，全市累计批准设立境外贸易机构和生产企业10家。

第四章　国内经济技术合作

第一节　机构设置

1991 年，文登市经济技术协作委员会（简称市经协委）内设办公室、财务科、经济技术科、物资协作科。工作人员 14 人。辖 8 个企业、3 个事业性公司，职工 60 人。1996 年 8 月，设内联企业管理办公室。1998 年 6 月，增挂文登市国内招商管理局牌子。2001 年 5 月，更名为文登市国内招商管理局。内设办公室、招商管理科、信息联络科、财务科、内联企业管理办公室。工作人员 15 人。2002 年 1 月，更名为文登市国内招商局（简称市招商局）。2006 年 9 月，更名为文登市经济合作局（简称市经济合作局）。2013 年，内设办公室、经济合作一科、经济合作二科、对口支援科（与经济合作二科合署办公）、财务科 5 个科室。工作人员 14 人。

第二节　政策环境

1989 年 1 月，市经协委成立后，开展全方位、大跨度、高层次、跨省市、跨地区、跨行业所有制经济技术联合与协作。1991—1995 年，全市共达成经济技术项目协议（合同）696 个，项目总投资额 4.5 亿元，协进协出物资价值 4.8 亿元。1996 年，文登市内联企业管理办公室成立，将联营企业项目审批、注册验资、员工调动、劳动工资、计划生育、党务政务、精神文明、社会治安等纳入规范化管理，为内联企业发展提供服务。

2004 年 12 月，市政府在浙江省永康市设立办事处，主要负责文登市对长三角地区招商引资协调、联络、服务等工作。以此为中心，促进浙江义乌、柯桥、杭州及江苏常熟、吴江、盛泽等地纺织及服装加工业，与文登家纺、抽纱、床上用品等产业相连招商，促进永康五金工具与文登工具、电机、渔具模具等产业对接相连招商，达到最佳招商引资效果。

2006 年，市政府印发《文登市鼓励投资工业的暂行规定》。对固定资产投资 3000 万元～5000 万元且 18 个月内投产的内资工业企业，给予两年企业所得税地方收入部分 30% 的资金扶持；对固定资产投资 5000 万元以上且 18 个月内投产的内资工业企业，给予两年企业所得税地方收入部分 50% 和土地出让金中市级纯收益等额的资金扶持。对收费权限内收费项目给予最大限度优惠。至 2008 年，该政策停止执行。

2007 年 5 月，市政府制定项目引荐人奖励政策，对 3 年内完成固定资产投资（包括土地、厂房、设备）2 亿元以上内资项目（不包括房地产项目），根据当年实际到位资金情况，市财政给予项目引荐人到位资金额 6‰～10‰的奖励。2009 年，市政府对国内招商引资奖励政策进行调整，对引进内资大项目执行新优惠政策，按照投资规模、投资方向、产业拉动力、财税贡献力，对各项目实行“一事一议”优惠政策。2012 年，停止执行项目引荐人和项目“一事一议”奖励优惠政策。

第三节　经济技术合作与招商

1991 年始，市经协委采取与大企业攀亲结缘方式引资金、引项目，与大专院校、科研单位结对子引技术、引人才，全市经济技术合作与招商引资向高技术、大规模方向转变。先后组织企业与四川德阳重型机械厂、哈尔滨刃具厂及济南黄河汽车制造厂等国有大型工业企业联合，文登市刃具厂、文登市电机厂、文登市汽车改装厂、文登市义车厂、山东曲轴总厂、山东文登农用运输车厂等企业迅速崛起，成为全市工业骨干企业。至1995年，全市审批注册资金500万元以上内联企业24家，引进市外资金（设备）1.4亿元，资金到位率84.6%。针对境内无钢材、木材、煤炭、石油及化工原料生产基地的情况，市经协委加强同山西、新疆、东北、河南及省内东营等骨干原材料工业生产企业联合，建立办事处、联络站，加强物资信息传递，物资协作网络遍布全国20个省市350个生产企业，协议贸易物资价值4.8亿元。购进文登市紧缺工业原材料3.6亿元，协作推销文登市地方工业品、农副产品价值1.9亿元。

1996—1997年，全市共达成经济技术项目协议（合同）129个，项目投资总额3亿元。协议地方工业品、农副产品贸易价值7600万元，新办联营企业和外地独资企业12家。1998年，完成国内招商引资总额1.6亿元，引进项目当年完成工业总产值3.57亿元、出口创汇110万美元，实现利税3026万元。2000年，引进项目140个，其中国有企业33个、集体企业18个、民营企业89个。合同引资总额10.3亿元，当年到位资金总额9.99亿元。

2001年，市国内招商管理局以招大商、引大资，涵养发展税源，培育新经济增长点为目标，通过会议调度、跟踪落实、外出招商等多种措施促动，招商引资工作取得新的进展。至2006年，共完成国内招商引资项目857个，其中引进山东金田（义乌）小商品批发市场等投资1000万元以上项目178个。合同引资额573.84亿元，实际到位资金156.43亿元。

2007—2009年，引进浙江永康嘉禾工具集团公司与宏安集团有限公司总投资4亿元，合作开发电动工具加工项目。引进空港工业园总投资2亿元的天安纳米新材料项目，深圳宝安集团公司、山西临汾临化集团公司投资南海新区旅游开发项目。引进一批机电设备、汽车配件、工艺家纺等行业对接合作项目。共完成招商引资项目350个，到位资金190.08亿元。

2010年，市经济合作局组织相关单位在上海、广州、深圳、成都、西安、福州、杭州、重庆、呼和浩特、满洲里等城市举办招商推介会，推动对接合作项目43个，达成投资意向24个。举办珠三角地区招商推介会，引进香港世威明珠岛旅游开发和松涛园、峰山森林公园开发项目。举办环渤海及东北亚招商推介会，引进华腾建筑新材料、国能精细生物化工项目。举办杭州招商推介会，引进圣海路景观绿化基础施工项目，达成动漫创意产业园、昆嵛山养生基地、南海海产品与农副产品商贸物流中心等8个投资意向。是年，参加中国（重庆）国际投资暨全球采购会，南海新区与重庆康达环保有限公司达成污水处理厂投资协议，富平车业有限公司与重庆力帆发动机有限公司达成三轮运输车发动机购销协议，两个项目总投资额6亿元。参加西安经贸科技洽谈会，部分企业与西安军工企业、大型集团公司达成14个科技合作项目，总投资额19.8亿元。是年，招商引资到位资金70.37亿元。

2011—2012年，市经济合作局组织企业参加中国（重庆）国际投资暨全球采购会、中国东西部合作与投资贸易洽谈会、中国西部国际博览会等21次全国性高层次招商活动，与科华生物工程股份有限公司、百利集团公司、中材科技股份有限公司等100余家企业，达成光伏发电设备、风力发电机叶片、硅能电池、电动汽车等17个投资合作意向。引进仁和投资有限公司总投资12亿元的仁和时代商业综合体、宝辰实业有限公司总投资5亿元的凌航新型食品加工等7个投资过1亿元的大项目。

2013年，市经济合作局组织相关企业与大连万达集团股份有限公司、颐高集团有限公司、中南出版传媒集团股份有限公司、云迪汽车科技有限公司等70家企业开展项目对接，达成电商产业园、养生养老地产、LED特需车生产、冷链物流等17个项目的投资合作意向。是年，全市引进项目131个，其中新开工超过1亿元的项目17个，实际到位资金106.82亿元。

1995—2013年文登市利用内资情况表

表13-3

年份	引进项目（个）	合同金额（亿元）	到位资金（亿元）	年份	引进项目（个）	合同金额（亿元）	到位资金（亿元）
1995	82	—	0.70	2005	165	183.10	38.19
1996	58	—	0.90	2006	148	142.21	46.45
1997	71	—	1.20	2007	205	329.20	59.90
1998	96	—	1.60	2008	80	640.50	66.75
1999	143	—	3.30	2009	65	578.37	63.43
2000	140	10.30	9.99	2010	71	403.03	70.37
2001	153	11.74	10.23	2011	110	687.11	80.38
2002	127	15.69	15.09	2012	108	684.77	92.53
2003	111	81.10	17.23	2013	131	848.21	106.82
2004	153	140.00	29.24				

说明：1991—1994年无统计资料。

第四节　技术交流与人才引进

1991年，按照“抓大不放小，立足高、新、优”原则，文登市加强与国家18个部委及北京、上海、天津、南京等22个省市62所大专院校及科研单位的联合与协作，通过项目、技术交流，建立项目库，促成企业与科研单位、骨干企业联合。至1995年，先后从科研单位收集各类项目3600个。通过召开项目信息发布会、发布项目目录等形式，企业从中筛选适合的项目696个，其中技术项目282个，总价值4820万元。借助项目开发，通过建立“联谊会”，加入国家、省、市信息网，定向科技培训，邀请大专院校及聘请专家教授指导等形式，共引进各类技术1200项，解决各种技术难题520个，新增工业产值8亿元。引进科技人才5568人次，有效提高全市工业产品技术含量，刃具、曲轴、电机等系列工业产品打入国际市场。

1999年，市经协委组织有关企业，通过参加威海高新技术洽谈会，与大专院校、科研所开展技术交流咨询，采取网上发布技术需求等形式，进行技术交流与引进。至2000年，全市共引进高新技术339项，引进各类技术人才1920人次。山东威达机床工具集团公司、山东曲轴总厂、威海恒大电机（集团）有限公司等企业，分别与哈尔滨工业大学、西安理工大学、大连理工大学建立科研开发中心。山东威达机床工具集团公司引进哈尔滨工业大学机床电脑数控改造技术，钻夹头加工工序由80道减为19道，产品质量明显提高，工效较前翻一番。

2001年6月，市国内招商管理局利用威海第二届高新技术合作洽谈会在文登市设立分会场的契机，把清华大学、北京大学、中国科技大学、哈尔滨工业大学等51所重点高校、科研院所的77名专家教授邀请到文登，为企业开展上门服务。在文登分会场，来自全国250家企业厂长、经理及工程技术人员共800人参与洽谈。签订引进机械、化工、曲轴、工具、电机、建材、农业、水产等高新技术项目81项。至2002年，通过连续三届威海高新技术合作洽谈会，全市部分重点骨干企业与清华大学、北京大学、哈尔滨工业大学、上海交通大学、西安交通大学等全国重点理工高校、科研院所建立起长期稳定的合作交流关系。威海恒大电机（集团）有限公司引进上海交通大学“电机零调速”技术项目、威海文隆电池有限公司引进合肥工业大学“正弦波逆变电源”等技术项目完成投产。2005年4月，威海文隆电池有限公司、威海华阜环保（集团）有限公司、文登市刃具厂、天润曲轴有限公司、山东铃兰味精工业公司、威海恒大电机（集团）有限公司、文登金洋乳品有限公司等50家企业参加第八届西安经贸科技洽谈会、济南国防科工委科技工业项目合作对接会等大型经贸洽谈会，借会搭建技术交流与引进平台，引进企业急需的高新技术项目和人才，为企业科技创新发展打下基础。

2006年，市经济合作局组团参加第九届西安经贸科技洽谈会、济南国防科工委科技工业项目合作对接会、第十七届中国哈尔滨国际经贸洽谈会，共签订合作项目23个，合同金额19.6亿元。其中，投资项目4个，合同金额16亿元；引进项目19个，合同金额3.6亿元。

2007年，在第十六届上海全国消费者交易会上，南海新区管委会与上海市静安区政府达成合作意向。在中国（重庆）国际投资暨全球采购会上，文登市富平车业有限公司与四川珠峰摩托车集团公司达成合作意向。2008年，在第十七届上海全国消费者交易会上，引进上海广厦集团公司投资南海新区体育公园、华东民航管理局投资南海新区奥运冠军花园2个项目。威海文隆电池有限公司与西安国防科工委建立合作关系，文登奥文电机有限公司与西安电机科研机构建立合作关系，解决企业技术上档升级存在的问题。

2009年，在中国哈尔滨国际经贸洽谈会上，南海新区引进机械装备制造、汽车及配件、生物医药及医疗器械、新材料及房地产开发、旅游服务5个产业合作项目。

2010—2013年，按照“巩固资源大省、深化长三角、拓展珠三角、提升京津冀”国内重点区域交流与合作工作思路，市经济合作局组织相关部门和企业，在北京、上海、长沙、沈阳、西安、宁波等区域重点城市举办宣传推介和项目对接活动，接待客商1400余人。参加威海市组织的京津、长三角、珠三角、华中、西北地区等18个经济合作交流活动。与中国中化集团有限公司、中国兵器工业集团公司、中联重科股份有限公司等中央各部委直属企业，三一重工股份有限公司、安徽盛运机械股份有限公司、浙江围海股份有限公司、中国吉林森林工业集团有限公司、同仁堂股份有限公司等30家上市公司，中国侨商投资企业协会、黑龙江机械工业联合会、湖南省山东商会等20个协会和商会进行项目对接，达成战略储备油、重型港口机械制造、精细生物化工、港口物流等30个项目的投资与技术合作意向。

第五节　对口支援与对口帮扶

对口支援忠县　1992年7月，在支援三峡移民工作中，文登市与重庆市忠县结成对口支援县市。双方政府领导就对口支援项目、干部挂职培训、技术引进服务等有关事项开展考察协商，并达成合作支援意向。1995年6月，文登市有关部门援助忠县12马力拖拉机7台。1999年2月，文登市汽车制动器厂与忠县泰山建材总厂签订合资成立文忠汽车配件厂合同。项目争取三峡库区联营专贷基金500万元、招收库区移民用工补偿资金50万元，争取山东省对口支援专项拨款150万元，于5月11日投产。至年末，生产汽车制动器总成8万套，完成产值160万元，实现利润22万元。项目合作成功，受到国务院、山东省政府、威海市政府高度评价。2001年8月，文登市安置忠县洋渡镇三峡库区移民59户249人。

对口帮扶泗水县　1993年1月，按省委、省政府关于强县带动经济欠发达县的指示，文登市包扶泗水县，要求3年内改变面貌。文登市委、市政府主要领导先后带队到泗水县了解情况，确定合作项目；泗水县委、县政府主要领导也回访文登。是年，文登市支援泗水县价值10万元的化肥。1994年，文登市支援泗水县农用车、面粉、成衣、鞋等农用和救灾物资总值50余万元。1995年，泗水县派出21名干部到文登挂职。文登市云龙绣品工业（集团）公司、威海市家乐玩具集团公司等先后在泗水县设立分厂，代培技术人员。8月，双方签订文登市在泗水县开办农用车厂、抽纱厂、花生制品厂等7个项目的协议。是年末，泗水县宣布脱贫，对口帮扶终止。

对口帮扶郓城县 1999年5月，文登市对口帮扶菏泽地区郓城县。文登市加力农用车集团公司与郓城华源空压机有限公司联合组建农用车配件厂。文登市加力农用车集团公司派出20名技术人员，利用郓城华源空压机有限公司闲置设备和下岗工人开展农用车配件加工，当年投产，加工配件总量14万件，完成工业产值160万元，实现利税40万元。是年，文登市通过融资、拆借等形式，为郓城县筹措帮扶资金400万元，捐赠手扶拖拉机12台。2000年，威海万丰建筑机械厂在郓城工业园独资成立郓城奇美板业有限公司，完成产品销售收入1100万元，实现利税130万元。至2003年，文登市5名在郓城挂职干部先后组织郓城县5镇40家企业的负责人到文登市和外地考察，引进工业、农业、种养、加工、机绣等项目21个，累计完成工业产值9600万元，为企业增加经济效益1800万元。

对口帮扶墨玉县 1999年7月，山东省政府确定文登市与新疆墨玉县结为扶贫帮扶对子。10月9日，文登市政府主要领导率团对墨玉县进行为期10天的考察。结合墨玉县经济特点，双方签订对口支援协议书，涉及农业、工业、教育、医疗、干部和技术人员培训等方面。文登市发挥资金、技术、人才、管理等优势，为墨玉县建立牧草、蔬菜、玉米与花生、良种牛4个示范育种基地。至2006年，文登市援建"冬牧70"、黑麦等优质牧草基地5万公顷，蔬菜基地种植大棚500个，鲁丹963玉米、鲁花11和莱阳13花生良种繁育基地8500公顷，畜牧基地鲁西大黄牛良种繁殖技术得到推广。文登市先后捐赠180万元，为墨玉县援建希望小学4所，培训干部5期36人，免费委培中学生247人。

第十四编

园区建设

90年代初，文登始建工业园区。1992年，经山东省人民政府批准，设立省级开发区——文登市经济技术开发区。至2003年，全市有14个镇（街道）建起29处经济园区，规划总面积3601.3公顷，累计投资5.85亿元，进园企业140家。2005年，全市园区进行重新调整登记，保留文登经济开发区、文登工业园、空港工业园、世纪工业园、富平工业园5个园区。2006年，市委、市政府立足市情，科学论证，决定开发建设南部沿海经济。2007年，文登市南海新区成立，基础设施建设全面启动。2009年，山东省人民政府决定，将文登工业园区从蔄山镇调整至南海新区临港产业区。2010年，山东省人民政府确定南海新区为省级高新技术产业开发区。至此，文登市拥有经济开发区和南海新区2个省级开发区。2013年，位于文登市大水泊镇域的威海市综合保税区工程开工，规划面积3.42平方千米。

2007 年 5 月 12 日，联合国工业发展组织“文登经济开发区国际示范项目”四方合作会谈在经济开发区举行。

第一章　文登经济开发区

1992年8月，市委、市政府在市区北部规划筹建经济技术开发区。12月，经省政府批准为省级经济技术开发区，规划面积6.8平方千米，起步区面积1平方千米。1994年，市经济技术开发区管理委员会正式挂牌对外办公。1999年，机关办公地址由昆嵛北路90号迁至广州路46号。2002年2月，经省政府批准，更名为文登经济开发区。

经济开发区东接文登营镇，南与市区相连，西以柳林河为界与龙山街道为邻，北与蔄山镇接壤。建区后，开发区管委会按照“大开放、大招商、大发展”的思路，以“打造高端产业示范区，争创国家级开发区”为目标，在经济发展、产业培育、科技进步、民生建设等方面，取得长足进步。1994—2010年，开发区先后进行5轮区划调整。2012年，重新制定功能区划，对全区148.7平方千米的区域进行航拍测量，将开发区功能定为“一心四区”。“一心”为中部综合服务中心，“四区”为西部传统产业区、东部新兴产业区、南部文化商务区、北部休闲养生区。2013年，全区规模以上工业企业实现工业销售产值189.1亿元，地方财政预算收入12.6亿元，外贸进出口总额8.5亿美元。城镇居民人均可支配收入由1992年的1040元提高到1.84万元，农村居民人均纯收入由760元增长到1.45万元。先后获山东省对外开放先进园区、十大最具经济活力园区、科学发展示范园区等称号，被第九届中国经济可持续发展高峰论坛评为中国最具投资价值开发区、国际投资热点开发区。

第一节　管理机构

1992年8月，市经济技术开发区管理委员会（简称区管委）成立，为市政府派出机构，规格正科级。12月，升格副处级。内设办公室、经济贸易发展局（2012年更名为经济发展局）、土地规划建设局（2012年更名为规划建设局）。1993年，增设财政税务局（2012年更名为财政局）、劳动人事局（2012年更名为人力资源局）、公安局开发区分局（1994年更名为文登市公安局经济技术开发区分局，升格正科级；2007年，改称威海市公安局文登分局开发区派出所）。1994年，设立工商局开发区分局（副科级）。设立双龙街道办事处（下辖13个居民委员会。1996年，市政府委托市经济技术开发区管委会管理。2001年，改称经济技术开发区街道办事处；2002年，更名为经济开发区街道办事处。2003年撤销，机构与职能并入经济开发区管委会）。2002年，中共文登市经济技术开发区工作委员会更名为中共文登经济开发区工作委员会。增设招商局（2007年撤销，设立经济合作局）、社会事业局、党工委组织部、纪检综治办公室（2004年更名为综合治理办公室，2012年改称社会管理综合

图14-1　2012年10月1日，庆祝文登经济开发区建区20周年座谈会召开。

治理办公室）、人大工作办公室。2004年，成立韩国之窗·工艺家纺城服务中心（2008年改称服务业发展办公室，2012年更名为服务业发展中心）。2005年，成立社区发展服务中心、国土资源局开发区分局（2008年升格正科级）。2007年，成立对外经济贸易合作局（2012年撤销，设立商务局）。2009年5月，设立中远项目工作办公室（2012年5月撤销）。2010年，设立经济开发区人民法庭（正科级）。2011年，设立经济开发区检察室（正科级）。是年，整合市政、园林、自来水等部门，组建正科级公用事业管理局，2012年更名为公用事业服务中心。

第二节　聚商融智

项目引进　1992年，根据《文登市关于经济技术开发区鼓励外商投资若干优惠政策的暂行规定》，按照"以地为本，联合开发，项目起步，滚动发展"的思路，坚持边规划、边征地、边融资、边建设、边招商、边配套，引进独资企业2家、合资企业1家，合同利用外资60万美元。1993年，面向海内外招商，引进10家三资企业，投资总额2751万美元。1995年，市机械工业总公司与韩国东亚精机株式会社合资成立文登东亚机械有限公司，总投资2000万美元，是区内最大的中外合资企业。1998年，市政府印发《文登市经济技术开发区鼓励发展外向型经济的暂行办法》，实施"借韩兴区"战略，韩资企业迅速成为辖区第一大投资主体。1999年，面对亚洲金融危机影响，确立"以引进韩资、日资为主，培植IT产业群、构建轻纺抽纱基地"的发展思路。软环境建设以创建仿真服务为主，实行"一站式、一条龙"系列化服务和首问负责制；硬环境以园区建设为载体，开发建设黑豹汽车城、绣品抽纱基地。区管委印发《文登市经济技术开发区招商引资奖励办法》，重奖为招商引资牵线搭桥人员。2000年，区管委印发《优化发展环境九条禁令》，对进区的外商实行超前服务、登门服务、跟踪服务。年末，区内形成以精工钓具、成门电子、成真电子、培成电机为骨干的43家外资企业群体，年实现工业总产值16亿元，出口创汇8000万美元。2001年，通过"以情招商、以商招商、以地招商"等途径，倡导发扬"马上见、马上谈、马上办"的工作作风，吸引更多外商进区兴业。2003年，进区外资企业达到50余家，形成以电子、轻工、机械为主的外资企业群体。内资引进森鹿制革、奥文电机、三峰轮胎、威力工具、云龙绣品、艺达家纺、中达轿车、万得集团等市属企业和威海丰达服装有限公司、博力生物有限公司、晟林抽纱等一批本地民营资本和外地企业。2004—2005年，引进商贸流通项目5个。2006年，抽调精干人员组成10个招商小组，分赴韩国和广东、江苏、浙江等地招商，引进48家原辅材料供应商入驻工艺家纺城。2007年始，招商引资工作实现由注重数量向量与质并重转变、项目开发向园区综合开发转变、单个项目招商向产业配套招商转变，全年引进投资过1亿元项目14个。2010年，以提高产业发展层次和经济总量为目标，按照"提升韩国招商、扩大港台招商、拓展欧美招商、突破日本招商"的思路，采取定向招商、节会招商、网上招商、委托招商等形式，加强与世界500强、中国500强及上市公司对接合作，引进投资规模大、科技含量高、带动能力强的战略性大项目。2011年，区管委印发《关于规范项目洽谈与建设实行定量考核的试行规定》，有5个项目因建设速度缓慢、投资后劲不足而被收回土地。至2013年，开发区累计引进项目440个，总投资183.6亿元，其中引进外资项目198个，合同利用外资6.4亿美元，实际利用外资4.5亿美元。引进内资项目242个，实际引进内资130.5亿元。

人才引进　市经济技术开发区成立后，区管委印发《文登市经济技术开发区关于引进高层次人才的若干规定》等一系列优惠政策文件，以市场为导向、项目为载体、技术资本为纽带，广纳人才。1992—2013年，引进各类科技人才1600人，32家企业与51所高校院所建立合作关系，承担20个国家科技攻关项目、18个国家“863”计划项目、18个国家“创新基金”项目和45个省级创新基金项目的攻关任务。建起省级以上技术研发中心23个、博士后科研工作站1个、院士工作站3个；成立电动汽车、智能工具、西洋参开发3个产业技术创新联盟。拥有省级以上名牌产品和知名商标39个，高新技术产业产值占规模以上工业总产值的38%。

第三节　功能区建设

工业园区　汽车及零部件产业是经济开发区的优势产业。市经济技术开发区成立初期，在山东黑豹的引领带动下，江苏振兴、日照兴业、青岛恒丰、三峰轮胎等汽车配件公司进驻区汽车及零部件产业园。1996年，天润曲轴工业园区建设启动。2000年，开发建设威力工具工业园、轻纺工业园和绣品抽纱基地，总投资1.8亿元，开工建设标准厂房面积3万平方米，当年竣工厂房面积1.83万平方米、建设研发大楼面积7000平方米、配套设施9600平方米。2001年，规划占地面积100公顷的民营工业园和占地面积44.5公顷的IT工业园动工建设，进园项目20个，建设标准厂房面积2.5万平方米，竣工面积5000平方米。2002年，民营工业园更名为金山工业园、IT工业园更名为银河工业园，并在银河工业园北、初张路东规划建设九龙工业园，与黑豹汽车城、威力工具工业园、绣品抽纱基地，形成连片开发、各具特色的工业园区群体。三大工业园占地面积300公顷，开通道路20千米，敷设排水、排污管道10千米，平整土地280万平方米，园区设施功能基本达到“四通一平”。全年引进内外资企业19家，合同利用外资2030万美元，实际利用外资1510万美元，引进内资5000万元，建起黑豹汽车、艺达抽纱、云龙绣品、威力工具、同大刺绣五大骨干企业生产基地，被省政府授予外经贸工作先进园区、被省信息产业厅批准为首批电子信息产品出口加工产业园，并先后通过ISO 9001质量管理体系和ISO 14001环境管理体系双认证。2006年，在银河工业园以北、威青线南、文昌线东、新道呼线西，筹建规划占地面积89公顷的台湾工业园，重点发展汽车配件、机械电子、家纺服装、食品加工等产业，引进台资企业进驻。2012年，全区新开工项目15个，新开工厂房面积35万平方米，新投产项目9个。投资4亿元建设的中粮休闲食品加工项目的分级车间、加工车间、成品库和办公楼竣工并投入使用。2013年，引进产业项目36个。

高端产业聚集区　2007年，市委、市政府决定将文登营镇整建制划入经济开发区开发建设范围，进一步拓宽发展空间。2008年，引进投资过1亿元项目18个。2009年，市委、市政府根据省政府建设胶东地区高端产业聚集区的战略规划，决定将经济开发区打造成胶东地区最具竞争优势的高端产业聚集区。为此，开发区把发展高端高效产业作为主攻方向，加大建设发展力度，加快传统产业升级，全力北扩东展，促进高端产业快速聚集。是年，拓展区建成面积10.87平方千米，引进企业51家。2010年，引进高端产业项目25个，其中投产8个，厂房开工面积37万平方米、竣工面积30万平方米。2012年，区内东阳活塞、金元电线、世和电子等25家外资企业普遍增资，到位资金2800万美元。2013年，有迪嘉高精化、钾盐深加工、合鸿新材等新医药、新材料在建项目24个，开工面积51万平方米。投产项目14个。

商贸园区　2004年，开工建设“韩国之窗”，项目包括中韩商贸中心、中韩生态居住中心和中韩休闲娱乐中心三大板块，总投资20亿元，建筑面积169万平方米。翌年，新建国际家居建材广场一期工程18幢楼，共计15万平方米。2005年，建设文登·中国工艺家纺城，投资2.5亿元，占地面积18.6公顷，建筑面积18万平方米。内设商贸博览区、生产加工区、电子商务区、餐饮休闲区、商住区、物流配货区和国际会展中心等配套设施。2006年8月，工艺家纺城正式运营。

温泉旅游度假区　占地面积33公顷的威海

汤泊温泉旅游度假区，分期开发建设。一期工程投资4.2亿元，主要建设大型温泉度假酒店、温泉主题乐园、国际会议中心、湖景别墅等。2008年开工建设，2010年正式营业。二期工程包括养生小区、生态采摘园、大型购物中心。三期工程规划建设老年公寓、垂钓中心、水上世界、医疗康复中心等综合配套项目。2013年，温泉旅游度假区被评为全省诚信旅游示范单位。

图14-2　汤泊温泉旅游度假区一角（2009年11月18日摄）

企业选介

威海市润通橡胶有限公司　1983年成立，2005年迁至文登经济开发区宁波路23号。占地面积10公顷，注册资金2000万元，固定资产9000万元。主导产品包括文峰、圣润牌天然橡胶内胎，丁基橡胶内胎，垫带3个系列300余种规格，年产汽车轮胎内胎1500万条。文峰牌被评定为威海市知名商标和山东省著名商标。公司先后通过北京中化联合质量认证有限公司产品认证、上海恩可埃英国国家质量保证有限公司ISO 9001、ISO/TS 16949认证。产品销往全国30余个省（市、自治区），远销中东、欧洲、东南亚、南美洲等地区。2013年，完成工业销售产值2.5亿元，实现利税2580万元。

文登中达轿车内装饰有限公司　1992年成立，位于经济开发区广州路36号。占地面积5.2万平方米，固定资产总额9000万元。主导产品为机动车内装饰，为一汽大众汽车有限公司配套生产中高档轿车成型地毯。1994年，获得一汽大众汽车有限公司A级配套认可证书。公司先后通过ISO 9001国际体系认证、ISO 14001环境管理体系认证、TS 16949质量管理体系认证、国家3C认证、德国VDA6.1认证等。2013年，从业人员167人，生产轿车内饰60万套、面包车及吉普车内饰30万套。完成工业销售产值1.37亿元，实现利税2337万元、利润1470万元。

山东银丰家用纺织品有限公司　2003年由银丰（香港）投资有限公司投资成立，位于经济开发区九发路35号。占地面积8公顷，建筑面积4.5万平方米，拥有职工330人。主要运用机绣、绗缝、电脑绣、手绣等工艺生产床上用品，以及窗帘、靠垫、台布等各种家用纺织品，产品主要销往美国、英国、德国、意大利等40余个国家及中国香港、澳门地区。公司先后通过ISO 9001质量管理体系认证、ISO 14001环境管理体系认证和OHSAS 18001职业健康安全管理体系认证。2013年，完成工业销售产值1.9亿元，实现利税800万元。

山东万图高分子材料有限公司　2010年成立，位于经济开发区珠海东路东首。总投资5亿元，占地面积28.67公顷，建筑面积2万平方米。主要从事高分子材料及原辅材料研发、生产、销售、技术咨询和技术推广服务等。公司与四川大学合作，建起高分子材料工程国家重点实验室（四川大学）威海创新中心，有博士、硕士35人，被省科技厅定为山东省环保高分子材料及助剂工程技术研究中心，属于省级创新平台。2012年，通过ISO 9001、ISO 14001、OHSAS 18001管理体系认证，先后取得7项国家发明专利。主导产品WT系列环保卫生安全型增塑剂，年设计生

图14-3　2013年7月26日，山东万图高分子材料成果鉴定会召开。

产能力10万吨。2013年，产量1040吨。

大溪谷文化创意基地　位于经济开发区虎山路东，威青线南。2010年，由倪氏海泰集团与澳门长富集团共同投资30亿元开发建设。根据威海当地民俗及文化传统，打造以爱情文化、禅意养生为双核心，功能齐全、综合配套的婚礼圣地、休闲养生区。2013年，接待酒店、峡谷景观、婚庆主体公园、路网、绿化等工程完工，区内主干道路完成硬化，迎宾馆正式投入运营。

中海川物流园　位于经济开发区北部、威青线南侧。为文登首个大型专业化物流园区。2008年开工建设，一期工程于年末完工投入使用。园内设有仓储、配送、停车、交易、服务五大功能区，拥有6000余平方米仓储仓库、1.5万平方米停车场、100余个配送商铺。年货物吞吐量超过100万吨，为烟威地区重要货物集散地。

第四节　环境优化

建区伊始，根据建设规划，区管委按照中心起步、扇形辐射、滚动发展，开发一片、受益一片、延伸一片，“大配套一步到位，小配套围绕项目集中建设”的原则，集中人力、财力、物力，实施路网修建、绿化美化、河道整治、管线建设、环境治理、设施配套六大工程。1992年，投资3000余万元，成立鲁文实业开发总公司，负责区内基础设施建设及房地产开发。1995年，3.5平方千米建成区达到“五通一平”（通水、通电、通路、通信、通气、平整土地）标准。1999年，建成区全部达到“七通一平”（给水、排水、通电、通路、通信、通暖气、通天然气或煤气、场地平整）标准，区内住宅小区、购物中心、标准厂房、集贸市场、老年公寓、仓储物流、医院、学校等综合设施配套齐全。2002年，聘请省城乡规划设计院制定开发区总体规划、分区规划和详细规划。2004年，区管委印发《文登经济开发区规划用地建设管理程序》《文登经济开发区城区管理实施细则》，对开发区工程建设实行规范化管理。2007—2009年，基础设施建设累计投资19.3亿元，拓展区面积扩大至10.87平方千米。2012年，文登经济开发区重新制定总体规划、综合运营规划和产业引导规划，由北京大学北达规划设计院编制完成。

道路建设　1992—1995年，区内建成主干道路28千米。1997年，区管委印发《文登市经济技术开发区公路三年建设实施方案》《文登市经济技术开发区农村公路三年改造工程实施方案》，集中力量加快路网建设。1998—1999年，投资300万元，硬化汕头路、昆嵛北路、广州路7300平方米，安装路灯120基。2001年，投资760万元，建设开通广州路等工程。2002年，开通九龙路、儿发路、金山路、林河路、珠海路、汕头路、深圳路等路段。2004年，规划建设的路基工程全部完工，区内初步形成“六纵七横”的交通网络。至2008年，修建道路4.7万米，硬化面积83.2万平方米，铺设人行道板10.9万平方米，安装路灯842基，新建桥梁3座。2009年，广州路东延2991米，珠海路东延1700米，新修虎山路5300米、金马路2480米，修建桥涵6座，硬化路面28.5万平方米。2010年，硬化道路面积23万平方米，铺设和维修人行道7095米，安装路缘石7938米。2011年，实施教场路、漳州路、南宁路等路网建设工程，平整土地1000余平方米，栽植苗木23.8万株，铺设人行道彩板5111平方米。2012年，投资4.1亿元，完成全长4000米的广州东路和威开路、福海路北端的路基建设，建设桥涵2座，敷设自来水和雨污管道14.5千米。2013年，投资8.8亿元，完成东部拓展区路网、电网及管线等基础设施建设。年末，全区基本形成“七纵十二横”路网，主干道路总长86.8千米。

设施配套 1992年，设立区供电公司。1995年，日供水量1万立方米的自备水场和高位水池建成投入使用；1.4万门程控电话交换机与国内外通信并网。2002年，投资3000万元敷设供水、排污管道7600米，初步完成初张公路以西区域内供水、排水、排污、供电、通信等基础设施配套工程建设。2004年，敷设地下管线6100米，完成宽带网等配套设施建设。2006年，投资100万元，新建新型自来水净化设施1座，日处理能力7800立方米。2007—2010年，建起日供水能力1.5万吨的自来水厂1座，敷设自来水管道1万米，架设高压线路9639米，敷设燃气管道2.55万米、暖气管道2850米、雨污管道2.4万米、闭路管线9345米、宽带及通信管线43.9万米，形成长话、市话、农话三位一体的通信网络，GSM、CDMA数字移动通信系统覆盖率、广播电视信号覆盖率均达100%。2010—2013年，全区敷设供水和雨污水管道17.76万米，更换和新铺电缆1.54万米，敷设次高压、中压、低压燃气管道10.24万米，架设35千伏高压线路6000米、10千伏低压线路4365米，完成110千伏东郊变电站建设。新增供热面积30万平方米，受益居民6000余户。

环境整治 区管委先后实施路网绿化、河岸绿化、荒山绿化、退耕还林和建筑工区绿化工程，建起百树园公园、仙山公园、环岛公园、北石垛公园4处公园及金山、银河、堆金山、南山4处绿地。1999年，社区居委会负责与进区业户签订《门前三包责任书》《绿化目标责任书》，区内初步达到绿化、美化、净化标准。2000年，投资110万元，对开发区管委会办公楼周边2.4万平方米的荒山、荒坡及龙山路北出口立交桥地段进行绿化，栽植风景树4200株，植草坪8000平方米。组织人力对昆嵛北路、广州路东段等区域进行绿化，栽植法桐和杨树3万株。年末，全区绿化覆盖率达44%，获评省级花园式单位称号。2001—2008年，拆除违章建筑52处。其间，投资4000万元，整治银河、崖子头河，治理河道5282米，清淤115.37立方米，修建拦水坝和防洪拦沙坝15座、漫水桥1座，水域扩大至64万平方米。绿化河岸13.7万平方米，建设河滨公园2处。2010年，完成昆嵛小区、霓虹灯小区、樱花时尚小区及单鲍产社区环境综合整治。2011年，投资300万元建起垃圾中转站，购置7台密封式垃圾清运车和垃圾清扫多功能车，将村（社区）垃圾收集清运工作纳入统一管理范围，保证垃圾日产日清。1992—2013年，全区栽植各类树木336.5万株，铺设草坪63.7万平方米，绿化面积170万平方米，建成绿地公园3个，绿化覆盖率达40.3%。

图14-4 经济开发区百树园公园（2013年8月16日摄）

第五节 旧村改造

2004年，市政府批准《文登经济开发区旧村改造开发建设居民住宅小区方案》，对区内14个村庄进行改造，之后所有社区不再审批非成套住宅，统一进行旧村改造。根据“社区集中、适宜居住、方便就业、改善生活”的原则，居住区内配备中心广场、购物中心、花园绿地、景观水池、健身路径，并就近布局学校、医院、银行、餐饮、娱乐等公共设施，改善居民居住环境。居住区外重点实施路网建设、河道整治、绿化美化、管网改造四大工程，方便居民生产生活。2004年，规划建设的金山花园社区开工，10万平方米安置房于2008年完工。至2012年，共安置营西、杜家泊2个社区及区内大龄青年760户。2005年，银海绿洲小区开工建设。2008年，156户村民乔迁新居。2006—2013年，新罗小镇、隆昌兴城、福惠家园、营南花园等旧村改造项目相继开工建设。至2013年年末，先后完成毕家疃、营西、杜家泊、杨家产、于家产、崖东头6个社区的整体搬迁工作，并实施14个村的搬迁改造，建设安置楼房20万平方米。迁居后，区管委先后印发《关于对农村社区失地居民发放生活保障金和住楼生活补助费的实行意见》《关于旧村改造拆迁补偿安置的实行意见》《关于实施促进失地居民就业工程的意见》，对土地被征用社区居民在没有搬进居民住宅小区之前，给予适当的失地生活补助。旧村改造后，房屋安置以合法取得的宅基地为基础，按照宅基地面积75%给予楼房安置或货币补偿。60周岁以上居民，每人每年发放失地补助金900元。实施就业工程，要求凡在开发区投资兴业的工矿企业都要根据用工情况，按照比例安排失地居民就业。驻地机关事业单位聘用合同工、季节工，优先考虑失地居民，并鼓励个人自主创业。至2013年，安置失地居民就业2130人。所有失地居民均由社区集体一次性缴纳养老保险，养老保险参保率100%。新型合作医疗基金由集体和个人各负担50%，覆盖面达100%。

第六节　商贸流通

“八五”期间，市经济技术开发区相继建起抽纱市场、建材市场、汽车销售市场和2处集贸批发市场。1997年，全区有私营工业企业8家，个体经营户400户，形成工农贸一体化、多元化经济园区。1998年，投资400万元，建起占地面积2公顷的九里建材批发市场，年成交额5000万元。投资340余万元在汕头路建成设计新颖、独具特色的商贸长廊1处，与区内2个集市相连，形成初具规模的商业中心。全年发展个体经营户120户，新上各类小型家庭企业194家，从业人员1100余人，是1997年的1.8倍。2000年，投资1500万元，整修改造九里建材批发市场和九里、三里河2个集贸市场，门市房出售和出租率均达80%；个体经营户总数达到717户，从业人员1520人，实现税收358万元。2005年，营西社区新建商业网点房1.1万平方米。2006—2009年，引进福兴祥物流、青岛利群物流配送中心、威海烟草物流中心、长江糖酒物流4个大型物流公司，建起方圆钢材市场、“韩

图14-5　银海绿洲小区外景（2008年6月29日摄）

国之窗”建材市场、威海长江糖酒批发市场等专业市场。全区有宾馆、酒店、洗浴等公共服务单位52家，大小商业超市43家。2010年，占地面积18.56公顷的九里建材城开业。2011年，投资20亿元、建筑面积70万平方米的启秀国际汽车城落户开发区，项目分三期建设。2012—2013年，新建住宅楼面积3万平方米、商贸楼面积5万平方米，先后有4家汽车4S店投入运营。

第七节　社会事业

1994年，城市公交车开通直达辖区九里水头村。1995年，新建占地面积0.5公顷的老年公寓投入使用，投资600万元建起医院1所。1996年，在九里水头、梁家沟社区设立警务区，建立健全公安分局、警务区、警务室三级联动社会治安管理网络。2004年，推行新型农村合作医疗制度，覆盖14个社区7400人。2007年，投资3000万元，建起集小学、幼儿园为一体的开发区实验小学。投资420万元，在文登营、天福山卫生院各建1幢医疗大楼；修建村（社区）中心卫生室9个、村卫生室28个。2008年，投资30万元，建起拥有服务站、会议室、图书室、健身房的区党员活动服务中心1处。2010年，结合农村环境整治，投资建起标准化村级活动场所20处，组建庄户剧团2个、巾帼文艺队18支、舞龙队6支。2011年，投资3800万元，新建社区服务中心3处，连村路全部硬化，实现自来水、活动场所、垃圾处理全覆盖。2012年，投资800万元建设的金山大桥通车。2013年，筹资50万元，在原天福山镇机关旧址建起便民服务中心，为周边33个村的群众提供各类审批服务。是年，全区有健身场所22处，文化大院22个，业余文化剧团2个，农家书屋19个，老年活动室22个，职业学校2所，小学1所、幼儿园2所。社区卫生室14个，医院1所。

第二章　南海新区

2006年9月，市委、市政府印发《关于加快南部沿海经济发展的意见》，决定加快南部沿海区域开发建设，培育新的经济增长板块。2007年3月，规模开发建设正式启动。总的指导思想是，发挥沿海优势，扩大经济规模，培育新的动能，实现城区经济板块和沿海经济板块比翼齐飞。南海新区位于文登市南部，东起泽库镇，西至黄垒河，北到环海路，南达五垒岛湾，规划控制面积

图14-6　南海湿地秋色（2010年10月4日摄）

160平方千米，规划建设面积90平方千米，规划集约用海面积120平方千米，涉及6镇（港）45村。区内资源丰富，有155.88千米海岸线、1.2万米金色沙滩、万亩沿海松树防护林。2009年10月，省政府批准将文登工业园的区划调整至南海新区。2010年11月，省政府确定南海新区为省级高新技术产业开发区。2011年4月，国务院批复《山东半岛蓝色经济区发展规划》，南海新区被列为山东省重点建设三大蓝色经济新区之一。南海新区以高端、高质、高效为目标，加快构建海洋特色鲜明、区域布局合理、产业素质优良、生态环境良好、带动能力强劲的蓝色经济体系，全力打造对外开放前沿和聚力发展高地。先后获评联合国人居奖中国优秀示范新区、中国最佳创意经济示范园区、中国最佳旅游开发区、山东省十佳生态旅游景区、山东省最佳经济园区、山东省低碳经济十佳开发区等称号。

第一节　管理机构

2007年7月，中共文登市南海新区委员会、文登市南海新区管理委员会成立。威海市机构编制委员会印发《关于文登市南海新区管理委员会规格及名称问题的批复》，将文登市南海新区管理委员会规格调整为副县级。8月，文登市委办公室印发《关于中共文登市南海新区委员会、文登市南海新区管理委员会职能配置、机构设置、人员编制和工作运行机制规定的通知》，决定内设办公室、劳动人事局、社会事业局、财政审计局、经济发展局，将小观镇整体划归南海新区。10月，将中共文登市南海新区委员会、文登市南海新区管理委员会更名为中共文登市南海委员会、文登市南海管理委员会。2008年，设立卓达项目工作办公室，隶属市政府管辖正科级事业单位（2012年，归口南海管委会管理）。2009年，成立由市委书记任组长，市长任副组长，分管市委副书记、副市长及南海管委主任为成员的文登市蓝色经济区和高端产业聚集区规划建设领导小组。成立由常务副市长任组长，分管副市长及南海管委主任任副组长，由市政府办公室、市发改局、市经贸局、市海洋与渔业局等17个单位主要负责人组成的文登市蓝色经济区和高端产业聚集区规划建设工作推进协调小组；下设办公室，市发改局局长兼任办公室主任，经贸局、海洋与渔业局局长兼任办公室副主任。10月，经省政府批准，文登工业园区调整至南海新区临港产业区内。2010年2月，设立经济合作局；7月，设立工业和科技局，均为正科级。2011年1月，复称中共文登市南海新区委员会、南海新区管理委员会。同年6月，设立南海新区技术产业开发区管理委员会（与文登市南海新区管理委员会合署，副处级）；设立生态化工产业推进办公室，正科级。2012年12月，撤销文登市南海新区管理委员会，成立威海南海新区管理委员会，为威海市政府派出机构，正县级单位。主要负责南海新区的融资和项目建设，社会事业仍由文登市负责。

第二节　规划布局

2007年，文登市政府聘请同济大学规划学院编制南海新区整体规划。2008年，《文登市南海新区总体规划》通过省建设厅组织的专家组评审。总体规划将南海新区分为东西两大功能区，以昌阳河为界，东为临港产业区，西为旅游度假区，两区联动、产业互补，打造濒海度假胜地、蓝色产业新城。2009年，市委、市政府印发《关于打造蓝色经济区和高端产业聚集区的实施意见》，委托山东省城乡规划设计院编制南海新区控制性详细规划，年末基本确定。规划控制面积160平方千米，规划建设面积90平方千米，将整个区域划为三大板块。昌阳河以东，依托南海新港，建设临港产业区，规划面积62平方千米，重点发展先进装备制造、新材料、新医药、临港物流等蓝色高端产业。香水河以西，依托万米金色沙滩、万亩濒海松林和生态湿地、天然水系等，建设旅游度假区，规划面积74平方千米，主要发展旅游度假、养生休闲、养老康疗、科创培训等新兴服务业。香水河、昌阳河之间区域，规划面积24平方千米，重点建设行政商务中心区，发展政务商务、金融服务、科技创新、总部经济、旅游商业等。2011年，根据南海建设发展需要，市委、市政府决定将侯家镇南廒村、宋村镇西海庄、泽头镇埠子厂村和崔家庄划归南海新区管理。是年，国务院批复《山东半岛蓝色经济区发展规划》，将南海新区定为山东省重点建设的3个海洋经济新区、3个国家级旅游度假区、9个集中集约用海片区之一，标志着南海新区的开发建设上升为国家战略的组成部分。2013年3月，《威海南海海洋经济新区发展规划》获山东省发改委批复。8月，威海市委、市政府印发《威海市城市化发展纲要》，明确提出："威海南海新区要强化与威海中心城区的联动发展，建设具有较强国际竞争力的现代海洋产业聚集区和现代化、国际化、生态化的副中心城区。"南海新区是国家战略海洋经济新区，也是威海全域城市化、市域一体化发展的重要板块。

第三节　招商引资

2007年2月，南海新区开发建设首次土地推介会举行，对拟出让的7宗土地（共83公顷）进行规划介绍和推介。3月，南海新区首次土地使用权拍卖会举行，4宗土地挂牌。市政府公布《南海新区起步区开发建设优惠政策》，鼓励社会各界参与南海新区建设。5－6月，第二次国有土地使用权拍卖挂牌会、第三次土地推介会，分别在文登市和哈尔滨市举行。2008年2月，市委、市政府召开动员大会，对南海新区开发建设进行再发动、再鼓劲。4月，一期投资18亿元的中国机械装备城项目在南海临港产业区开工建设。8月，海外华侨华人投资创业基地、山东（文登）电子信息产品出口加工产业园区分别挂牌成立。10月，申请设立山东省机械装备和零部件制造基地项目，通过省经贸局组织的专家评估论证。12月，组团参加在北京举办的中国第十届住房交易会和全国工商联房地产商会2008年会，向与会客商宣传文登、推介南海。2009年1月，南海临港产业区被省经贸委命名为山东省机械装备和零部件制造（文登南海）基地。3月，南海新区欧洲创新产业园签字仪式举行。5月，山东省（南海）台湾科技园在南海临港产业区揭牌。8月，中国先进技术装备园区项目建设研讨会在文登召开。10月，市委主要领导带领招商团组赴山西省太原、临汾等地，举行招商引资推介会。2010年，共举办各类招商推介活动14次，到南海新区考察投资环境的国内外团组30余个，各界人士1000余人。引进投资过1亿元的大项目20个，按期投产项目6个，开工厂房面积100万平方米。2011－2012年，组团开展招商推介活动16次。临港产业区引进项目23个，新建厂房面积130万平方米，投产项目10个。综合商务区引进蓝创大厦等项目3个。旅游度假区引进商住旅游项目14个，开发商住面积170万平方米。2012年9月，南海政务服务中心成立，将13个职能部门、10家中介机构和47项审批事项汇集一起，集中办公，以"环节最简、流程最优、时限最短、效率最高"为目标，全力推进项目建设。先后减少5个审批环节，取消6项行政事业性收费，将有关办理事项优化整合为注册、立项、供地、建设4个阶段，实行"统一登记、牵头办理、并联审批、集中收费"的运行模式，90%以上事项实现即到即办，审批时限由原70个工作日压缩到36个，压缩时限50%。2013年，办理各类审批事项1841件，累计节省时间1889个工作日，效能提升65%。是年，成立12个招商组，展开一系列招商推介活动，签约及达成意向项目42个。至2013年，南海新区共引进三角集团、德瑞博电动汽车、紫荆药业、金尔生物、大华塑业、炎阳循环产业园等项目95个，吸引12家世界或中国500强企业及上市公司进驻。初步形成以天润曲轴、三角轮胎、德瑞博汽车、威力环保设备等为代表的先进装备制造业，以蓝岛科技、纳川管材、鸿通海洋管材、博盛新材料等为代表的新材料产业，以益建医药、润辉生物科技为代表的生物医药产业的三大产业群。

第四节　功能区建设

临港产业区建设　2008年10月，南海新港开工建设。至2013年，南海新港一期工程4996米引堤、围堰、防波堤和作业区陆域回填等工程基本完工，4台门机安装调试完毕，港务调度中心、水电管网等附属设施主体工程建设全部完工。工业制造业是临港产业区的主导产业，由温州中恒管桩有限公司投资2亿元建设的中恒管桩项目，总建筑面积7万平方米。主要从事基础管桩生产，2010年11月开工建设，项目分为两期，一期投资1亿元，建设标准厂房及堆场1万平方米，2011年投产，2012年实现工业产值2892万元。天润曲轴股份有限公司投资25亿元建设的天润动力装备产业园，规划建筑面积30万平方米。至2013年，1.7万平方米的铸造静压车间和1.6万平方米的铸造清理车间基本完工。由比利时客商投资700万欧元建设的金太阳新能源项目，主要生产太阳能槽式光热发电系统集热管，2010年投产。投资商约翰·费阿德里安·文，获山东省人民政府颁发的2013年度“齐鲁友谊奖”，为文登首位获此殊荣的外籍专家。秦皇岛武山实业开发集团有限公司投资4.5亿元开发建设的博盛新材料项目，主要从事防火保温材料的研发、生产与销售。至2013年年末，产业区进驻投资项目58个，达产项目23个，投资总额380.5亿元，开工建设厂房面积420万平方米。

旅游度假区建设　南海公园于2007年开工建设，总投资1.32亿元，占地面积38公顷，建有主题雕塑、园林建筑、石景设置和游船码头、海边垂钓等旅游基础设施，2009年对外开放。滨河公园项目于2010年3月开工建设，投资2.4亿元，规划面积70万平方米。治理后河道宽约600米、景观带宽约140米，河岸景观定位为自然休闲景观公园，设计主题为金色南海、幸福河畔，滨河观水、生态宜居，至2013年，以滨河景观为主轴清淤工程完工，光耀体育公园建设工程全面启动。碧海云居项目，2007年由山东恒兴茂业地产发展有限公司开发建设，投资1.7亿元，总建筑面积9.6万平方米，获联合国人居署迪拜国际最佳范例推动奖和联合国人居范例奖。江南城项目，2010年由山东宝安房地产开发有限公司开发建设，投资25亿元，规划占地面积30公顷，翌年获中国最美楼盘称号。全球候鸟度假地项目，2011年由威海光耀房地产开发有限公司开发建设，翌年建成6万平方米建筑群和88万平方米的体育休闲公园。由威海蓝创投资建设有限公司投资4.5亿元建设的蓝湖蓝创项目酒店，总建筑面积4.8万平方米，是一处集商务、会议、休闲、旅游度假于一体的综合酒店。至2013年，旅游度假区共引进项目49个，先后开发建设英伦湾、苏格兰城、北欧小镇、阳光海岸、碧海云居等23个居民小区，开工面积460万平方米。

图14-7　英伦湾小区一角（2013年7月16日摄）

综合商务区建设　2011年，由文登金海建设投资有限公司开发建设的蓝创大厦，投资2.2亿元，建筑面积5.62万平方米，是南海新区科技创新基地、产业孵化平台和发展综合服务中心。2013年，主体工程竣工。是年，英伦湾风情一条街正式对外营业。建设占地面积20余公顷蓝色创业谷，内设公共服务、培训实训、创业苗圃、创业企业、生活服务五大功能区，为省内最大单体创业孵化园区。至2013年，商业区进驻项目8个，投资额8亿元。

企业选介

三角（威海）华达轮胎复新有限公司 位于南海新区永安街26号。占地面积13.53公顷，建筑面积8万平方米，固定资产总额5800万元，2007年建成投产。主要产品有翻新轮胎和内胎、垫带、胶囊、再生胶粉等。2013年，完成工业总产值3.79亿元、销售产值2.79亿元，实现利税1690.74万元。

威海博盛新材料有限公司 2012年开工建设，2013年5月投产。位于南海新区银光路南、龙海东路西，为秦皇岛武山实业开发集团有限公司投资4.5亿元建设的高新技术企业。总建筑面积17.6万平方米，从事防火保温材料的研发、生产与销售。2013年，完成工业销售产值3.32亿元。

威海金太阳光热发电设备有限公司 成立于2007年，位于南海新区龙海路西、银光路北。由比利时汇银集团投资建设，占地面积6.73公顷，总建筑面积3万平方米，主要从事太阳能光热发电设备的研发生产，主导产品450度槽式光热发电用高温集热管通过国际权威检测机构认证。2007年，生产真空集热管3万支，2013年达10万支。公司先后通过ISO 9001：2008质量管理体系认证、ISO 14001：2004环境管理体系认证和国家高新技术企业认证。2013年，完成工业产值3600万元，实现利税480万元。

德瑞博新能源汽车制造有限公司 成立于2013年，位于南海新区龙海路东、现代路北。由山东德瑞博新能源汽车制造有限公司投资10亿元建设，占地面积31.16公顷，建筑面积16万平方米。主导产品为旅游观光车辆及新能源汽车系统部件研发、制造和销售。

凌航食品（山东）有限公司 位于南海新区现代路北、河滨路东。由香港宝辰食品公司投资2亿元建设，占地面积6.7公顷，建筑面积5万平方米，主要生产速食面、自热食品等。一期工程2013年2月开工建设，新建生产车间1.8万平方米、办公楼1900平方米、宿舍楼3000平方米，9月正式投产。日生产海藻类方便面20万包，年产量10万吨，产品全部出口非洲、大洋洲。

金滩大酒店 位于观海东路东、海恋路北。2008年5月开工建设，2010年6月正式运营。酒店设客房部、餐饮部和娱乐中心，拥有高级、时尚、商务等客房137间257个床位。

香水海假日酒店 位于观海路南首，紧邻南海金滩。建于2011年，经营面积1.2万平方米，集餐饮、住宿、娱乐、会议为一体的滨海度假酒店，内有普通标间、海景标间、商务套房等98间，可同时容纳700人就餐。

第五节　设施建设

基础设施建设 2007—2013年，完成基础设施投资132亿元，路、水、电、暖、气等“十通一平”基本到位，先后修建五纵（观海路、金海路、畅海路、龙海路、圣海路）四横（环海路、现代路、海韵路、滨海路）骨干路网310千米，安装路灯、景观灯4200基。建设桥梁25座，其中投资2.3亿元的长会口特大桥于2010年9月建成通车，投资2.7亿元的香水海特大桥于2013年始建。栽植苗木985万株，绿化面积600万平方米。建成日供水能力5万立方米的引水工程、日供气能力48万立方米的燃气工程、日处理能力2.5万吨的污水处理厂各1座，35千伏至220千伏供变电站3座。敷设供排水管网400千米，95个单位和行政村实现统一供水。建起日供气能力25万立方米门气站1座，敷设燃气管网137千米，供气户达1.75万户。建设供热站2座，敷设蒸汽、热水管道32千米。敷设消防管道11.91万米，安装消防栓329个。

公益设施建设 2009年，投资1.2亿元的南海实验学校开工建设。学校占地面积11公顷、建筑面积1.91万平方米，拥有15个中学教学班、

16个小学教学班、9个幼儿教学班，翌年竣工启用。投资130万元，购置校车10辆，用于接送学生。2010年，投资80万元，将原小观镇卫生院改造为占地面积0.65公顷、建筑面积3000平方米的敬老院，入院老人全部办理新型农村合作医疗保险，并向每人发放医疗补助200元。其间，建筑面积20万平方米的临港产业区职工生活配套服务中心开工建设。投资8000万元、面积5000平方米、床位80张的南海医院投入使用。2012年，北京交通大学威海校区开工建设。总投资10亿元，建筑面积31万平方米，设立研究生院、博士后工作站、国际软件中心、研究生实训基地、创新创业基地等，可容纳在校生2万人。年末，面积2.6万平方米的教学楼、面积2.2万平方米的办公综合楼、面积1.2万平方米的宿舍楼完工；餐厅和图书馆完成基础施工。2013年4月，南海新区公共交通有限公司成立，投资520万元，购置出租车20辆、公交车8辆，6月正式运营。8月，动工建设南海高级中学，次年9月开学招生。投资1.5亿元的汽车站开工建设。至年末，全区建起文化广场35个、文化大院24个、农村书屋21个、篮球场28个、乒乓球室17个、健身路径34条，建成农村社区卫生服务站11个、村级卫生室47个。

图14-8　2010年11月11日，文登南海医院落成启用。

生态环境建设　南海新区成立后，累计投资10亿余元，多次对母猪河流域南海区段进行综合治理，先后搬迁、改造上游污染企业5家。2010年，治理明珠河，河道由原来10米左右拓宽至50米，沿河两岸建起“水清可游、岸绿可闲、街繁可贸”的生态长廊。2011年，对金花河中下游河道实施清淤，开挖河道子槽，清淤6万立方米。2012年，把黄垒河道清障列为“民生一号工程”，出动大型机械19台、工程车95辆，拆除养殖大棚29个，清理建筑垃圾21万立方米，拓宽河道880米，保证河水畅通无阻。在经济建设中，坚持生态优先原则，严格按照建设用地、湿地、其他生态用地3∶3∶4的比例布局，将生态、生产、生活“三生共融”理念贯穿于开发建设整个过程之中，保护性开发利用沙滩、湿地、松林、河流等生态资源，相继实施7个生态建设工程，先后拒绝32个投资总额100余亿元的高污染、高耗能项目进区。2013年，母猪河流域南海区段面积1105.96公顷、植物617种、野生动物1720种的香水河湿地，获批为省级湿地公园。

第六节　旅游开发

项目建设　南海新区依托万米沙滩、万亩松林、生态湿地、天然水系等，开发建设1.2万米滨海景观、8000米滨河景观主轴体育休闲公园作为主体的滨海旅游业项目。马术俱乐部2009年开工建设，占地面积3公顷，翌年投入使用。2010年，投资3亿元，开工建设占地面积66.57公顷、水面面积35万平方米的蓝湖商务休闲区初具规模。2013年，威海福地园林工程有限公司投资15亿元的福地传奇水上乐园破土动工，园区面积50.9万平方米，使用面积40万平方米。至2013年，辖区内相继建起金滩大酒店、林海明威酒店、香水海假日酒店、英伦湾度假公寓等14处旅游配套公用基础设施，可同时接待2500人住宿、4200人就餐。

节庆促销 2007年起，每年“五一”期间举办“金滩采贝节”，活动项目有金滩采贝、趣味拉网、海边垂钓、民俗表演、风情烧烤、沙滩啤酒赛、渔家宴等，形式多样，内容丰富，吸引众多游客。2008年9月30日，以“展示生态资源彰显南海风光”为主题的首届威海（文登南海）沙雕文化艺术节开幕。至2013年，连续举办6届，每届历时半年有余，免费对游人开放，影响力不断扩大。第六届沙雕文化艺术节，沙雕群长2.5千米107组，创历年之最，被吉尼斯总部授予“世界海岸线最长的沙雕群”。沙雕文化艺术节获“2013年度中国节庆产业金手指奖”。其间，“南海杯”威海市首届儿童文化节在南海公园举办，内容有“爱心助学款”发放、庆“六一”文艺会演、庆建国60周年“爱我中华·我爱威海”千米长卷万名儿童许心愿公益活动等。2011年8月，威海首届啤酒节在南海新区举行，内设啤酒畅饮区、小吃品尝区、商贸博览区等6大主题场区，穿插文艺演出、竞技比赛、房产推介等活动。2012年10月，举办首届螃蟹品鉴艺术节，推出祭海礼仪、民俗表演、巧吃螃蟹大赛、蟹王争霸赛等节庆项目。2013年6月中旬，举办中国威海香水海首届采贝艺术节。艺术节期间，举行采贝比赛、古典婚礼表演、人体彩绘艺术表演、沙滩趣味运动会、足球九宫格、丛林探宝等活动。下旬，举办中国威海香水海首届樱桃狂欢节，节庆活动有“樱桃”运动会、广场舞蹈比赛等10余项。

图14-9　2008年9月30日，首届威海（文登南海）沙雕文化艺术节开幕。

第七节　新农村建设

南海新区成立后，全区规划新建10个新型社区，建筑面积80万平方米，环海路以南21个行政村6600余户居民全部迁入新楼，居民可按意愿自主选择居住点。安置房均进行装修，水、电、暖一步到位，太阳能及厨房设施等统一配套。村民入住后，统一办理失地养老保险，每人每年按1000元标准发放生活补贴及实物福利。根据相关政策，村民满60周岁后，每人每月可领取300元养老金。其间，动工建设的南湾社区，建筑面积2.7万平方米，可迁居230户。孙家寨社区建筑面积3.12万平方米，可迁居320户。2013年，“青春家园”一期建筑面积4万平方米工程完工，310名大龄青年迁入新居。2011—2013年，投资130万元，建起占地面积0.84公顷、日处理能力30吨的垃圾中转站1座。按照人口比例，辖区142名农村保洁员全部配齐，上岗到位，全天候清扫保洁。21个村完成农村环境综合整治，累计清理“三大堆”8630处，放置垃圾箱590个，栽植各类苗木58.3万株，硬化道路面积110万平方米，浆砌路边沟渠6.68万米；新上沼气1400户，改厕1800户。

第三章　其他园区

第一节　威海综合保税区

2012年6月，威海市委、市政府筹划设立威海综合保税区（南区），位于文登市大水泊镇，东连威石路、西邻机场路、南接荣兰线、北至大水泊村南河。规划面积3.42平方千米，其中封关区2.3平方千米，规划建设保税物流、保税加工等设施；配套区1.12平方千米，主要承载商品交易展示、综合办公服务等功能。11月，保税区筹建处正式运转，抽调文登市直部门和大水泊镇机关8名工作人员进驻开展工作。2013年2月，建立征地工作小组，启动封关区路网、雨污管网等基础设施建设。5月，完成区内土地征用及地面附着物清理。9月，文登市委决定，综合保税区筹建处与大水泊镇党政机关合二为一。10月，文登市编办印发《关于设立威海综合保税区筹建处的通知》，内设综合部、规划建设部、经济合作部3个正科级部门，筹建处由临时机构改为常设机构。年末，敷设雨水管道4100米、污水管道2000米，完成4100米路基排水渗沟施工，“五纵四横”交通路网基本形成，封关围网基础墩建设完成总量的40%。

第二节　文登工业园

1997年3月，农业部批准设立文登工业园，属工业类型开发区。2006年2月，成立管理委员会，正科级单位，与酋山镇政府合署办公。同年10月，被省发改委批准为省级开发区。园区位于酋山镇，总面积39平方千米，设立机电项目区、二龙山项目区、纺织项目区、威达项目区、工业老区五大板块。市、镇两级先后协调投资5亿余元，完善区内基础设施建设，实现路网、供电、供水、通信、排污、土地平整“五通一平”，项目承载能力100余亿元，入园项目85个。2007年6月，汪疃镇项目区划归文登工业园管辖，加快工业连片开发，形成工业规模优势。2009年9月，省政府印发《山东省人民政府关于调整文登工业园区规划位置的批复》，决定将文登工业园调整至南海新区临港产业区内。具体位置：东至高岛盐场、南至滨海路、西至龙海路、北至高岛路，规划面积400公顷。南海新区管委会负责文登工业园全面工作。

第三节　威海空港工业园

威海空港工业园于2003年成立，正科级单位，与大水泊镇政府合署办公。园区位于大水泊镇东北部。园区规划总面积30平方千米，控制区3平方千米，起步区面积0.35平方千米。当年投资3800万元，基本完成道路、水电、通信、电视、宽带、排污等基础设施配套工程，达到“七通一平”标准。引进企业13家，其中外资企业3家、内资企业10家，合同利用内外资1.7亿元，实际利用内外资6000万元。2004年，实施快招商、大招商战略，12家中外企业落户园区，初步形成机械制造、绿色建材、纺织服装、食品加工、储藏保鲜、彩印包装六大产业群。2006年，引进项目23个，其中外资企业6个。新建厂房面积1.03万平方米。至2013年，共引进内外资项目49个，投产15个，完成工业产值12.2亿元，实现利税980万元。

第四节　世纪工业园

2000年成立，原称文登营工业园，正科级单位，隶属文登营镇政府管辖。位于镇驻地西部与市区交接处，规划总面积5平方千米，起步区1平方千米。至2002年，完成一、二期工程，起步区扩大至2平方千米，修建、硬化道路8000米，完成松山水库至园区1万米长的供水工程及绿化工程，总投资7000万元。2004年，更名为世纪工业园。2005年，起步区面积扩大至2.5平方千米，进园企业46家。2010年，天山集团、颐阳酒业、众华家纺等10个项目落户园区。2012年，划归经济开发区管辖。

第五节　富平工业园

2003年成立，位于米山镇境内，北依米山水库，南接荣兰线，占地面积65.3公顷。一期工程投资1000余万元，完成“三纵两横”道路建设。引进内、外资企业11个，合同利用资金1.4亿元，实际到位资金8000万元。2004年，米山镇政府按照国家调控土地、规范园区建设有关政策规定，将镇西郊工业区、镇驻地开发区和富平工业园合并为富平工业园，逐级报批为省级工业区。是年，建成标准厂房3万余平方米，引进外资企业6家、内资企业8家，投产企业6家。2006年，实施工业技改扩建项目8个，总投资6000万元，皮革、纺织、电子及机械制造等传统产业规模进一步扩大。2013年，按照“优先东部、跟进西部、谋划中部”发展思路，重点加快镇域东、西两个板块发展，全年新开工项目7个，建成投产项目2个，增资扩大项目3个。

第十五编
商贸服务业

1991年，全市商贸服务业经营主体仍为全民和集体所有制企业，社会商品零售额10.02亿元，占全市社会商品零售总额的82.88%。市政府在市商业局所属企业中引入风险机制，开始第二轮全员承包。1992年，实施粮食统销价格供应改革，停止粮票、油票流通。1996年，对市供销合作总社中小门店实行内部职工买断商品承包租赁。2002年，对缺乏活力的全民和集体所有制商业机构、企业采取改制、破产、兼并、重组等方式，推进商贸经济体制改革。2003年，文登义乌小商品批发市场、利群集团文登购物广场等一批民营商贸企业先后建成开业，一个多元化投资、多渠道流通、多形式经营的商贸服务业新体制逐步形成。2009年，便利消费进社区、农资服务到村户等便民服务惠及千家万户。2013年，全市社会消费品零售总额达248.07亿元，比1991年增长19.52倍。文登市先后获评山东省社区商业工作先进集体、山东省服务业发展绩效考核先进单位、全国商务综合行政执法先进单位。

文登义乌小商品批发市场外景（2008 年 7 月 29 日摄）

第一章　商　业

第一节　管理机构

文登市商业总公司　1991年，市商业局列市政府行政序列，正科级单位。1993年3月，整建制转为企业总公司，更名为文登市商业总公司。1995年，内设办公室、政工科、计财科、审计科、业务科、工业科、团委7个科室，工作人员22人。辖16家商业企业、7家工业企业、2个事业单位，员工3281人。1997年7月，市百货大楼、商业宾馆、饮食服务公司、人民商场析出，组建市百大集团公司。2000年，市商业总公司机关内设6个科室，工作人员16人。辖11家商业企业、7家工业企业、2个事业单位，职工2010人。2002年1月，撤销市商业总公司，其行政管理职能整体移交市财贸办公室。

文登市财贸办公室　1992年3月，市政府办公室设财贸科，编制2人。9月，成立市财贸委员会（简称市财贸委），正科级单位，编制8人。11月，商业网点管理办公室（简称网点办）成立，副科级事业单位，隶属财贸委。1993年11月，撤销财贸委，网点办整建制划归市计划委员会，市政府办公室设财贸办公室。1995年6月，恢复财贸委。网点办由市计委整建制划归财贸委管辖。1997年，财贸委设办公室、企业管理科、信息调研科，辖网点办。2000年1月，撤销网点办，其职能整体划转生猪定点屠宰管理办公室（简称定点办）。定点办为副科级全额拨款事业单位，隶属于财贸委，负责全市生猪定点屠宰管理工作。2002年1月，市财贸委更名为市财贸办公室（简称市财贸办），正科级事业单位，隶属于市经济贸易局，除履行原财贸委全部职责外，增加原商业总公司所承担的全部行政管理职能。6月，市财贸办调整为市政府直属正科级事业单位，内设3个科室，编制11人，辖定点办。2002年6月，文登义乌小商品批发市场服务中心成立，为市政府直属正科级事业单位。2009年3月撤销，其职能由市财贸办履行。5月，市财贸办撤销企业与市场流通科，改设商贸科和市场流通科。2013年12月，定点办划转市畜牧兽医局管理。年末，市财贸办内设综合科、政工科、商贸科、市场流通科，辖商务执法大队、酒类流通管理中心，工作人员18人。

第二节　经营体制

1991年，市政府在市商业局所属企业中开展第二轮承包，承包方式为分级承包。市政府与商业局签订总承包合同，承包期限3年，市政府按年度考核验收。商业局分别与下属23家企业签订分包合同，主要内容为“两包一挂”（包实现利润、包上缴利润，工资与效益挂钩），引入风险机制，实行全员及法人风险金抵押。1994年，实行定实现利润、定固定资产保值增值，工资与效益挂钩，考核上缴税金、总资产报酬率、存货周转率、安全经营的“二定一挂四考核”经营目标责任制。是年，在市体改委主持下，市食品公司对所辖连年亏损的﨑山、汪疃、草庙子等10个食品站实施拍卖，总金额158万元。1995年，市商业总公司辖百货大楼、百货公司、纺织品公司、五金公司、交电公司、糖酒公司、食品公司、蔬菜副食品公司、饮食服务公司、荣鑫物资公司、外供公司、进出口公司、文连公司、商业物资公司、副食品商场、商业宾馆16家商业企业，肉类联合加工厂、食品厂、酿造厂、商业埠口冷藏厂、商业开发公司、肉食品总厂、商业工艺品厂7家工业企业，商业幼儿园、商业中专学校2个事业单位。

1997年，市百大集团公司成立。对香山旅社、东方摄影部等10个部门先后实行集体承包经营，租赁闲置场所2400平方米，盘活资产460万元。酿造厂实行股份合作制改造。沿街100余个门店面向社会出租，安置企业富余人员300余人，增加收入100余万元。1998年，百货大楼实行内部股份合作制改造，共募集股金504万元；商业埠口冷藏厂倒闭。1999年，肉食品总厂、蔬菜副食品公司、百货公司、商业工艺品厂由经营者和员工一次性买断净资产，改为股份合作制企业；食品公司兼并副食品商场；百大集团公司撤并部分后勤行政科室，减少行政性人员120余人。2000年，商业开发公司完成股份合作制改制；进出口公司托管商业物资公司、五金公司。2002年，商业中专学校和供销、粮食职专学校合并为威海市经济贸易学校。2003年1月，糖酒公司改制为股份制企业，更名为威海长江糖酒有限公司。10月17日，百货大楼召开职工代表大会，投票表决，一致通过破产决定。经市政府批准，10月29日，进入破产程序，市法院当日宣布百货大楼破产。2004年2月9日，威海普瑞投资有限公司正式接收百货大楼。

2004年，市政府成立企业资产重组领导小组，采取改制、破产、兼并、重组等方式，加大国有和集体商贸企业改革力度。市体制改革办公室、劳动与社会保障局、财贸办、法院等部门联合办公，对商业国有企业现状和改革路径逐个剖析，坚持因企制宜，一企一策。11月，肉类联合加工厂内部员工入股成立文登市山泰食品有限公司。2005年，百大实业有限公司、五金公司改制。2006年，商业物资公司、进出口公司、副食品商场破产，商业外供公司、文连公司员工分流。2007年，纺织品公司破产。2008年，食品厂破产；商业幼儿园由西楼集团正式接收，更名为文登市西楼商业幼儿园。2010年，交电公司破产。至2013年，全市商贸业形成以民营企业为主体的市场经济新体制，实现社会消费品零售总额248.07亿元。

第三节　商业网点建设

1991年5月，百货大楼动工改造。1992年，百货公司营业楼、交电公司营业厅、荣鑫物资加油站动工扩建和新建。至1993年，百货公司新建营业楼面积1907平方米、交电公司扩建营业厅面积600平方米、荣鑫物资加油站新建2000吨油库1座、蔬菜公司第一门市部改造营业面积500平方米、百货大楼改扩建营业面积1.3万平方米，先后开业。1994—1995年，纺织品公司新建营业厅面积800平方米、糖酒公司改建超市营业面积500平方米、商业超市（由百货公司、纺织品公司、百货大楼联合投资）改建营业面积1500平方米，先后开业。至1995年，市区内改建、扩建和新建工程总投资2830万元，大、中、小商业网点达到90个，从业人员1904人，经营面积21万平方米，经营商品3.5万余种。1999年，新建超市12个，其中糖酒公司5个、蔬菜副食品公司3个、百货公司4个，全年增加销售收入4000万元。2000年，新建超市16个，年完成销售收入7000万元。百大集团公司调整商品结构，拓宽购货渠道，实现商品名优化、系列化，经营商品3.6万余种，比1999年增加2000余种。百货大楼与20个知名厂商建立联营、联销关系，新增总经销、总代理商品16个大类，名牌商品4000余种，增加销售收入820万元。2001年1月，百大集团公司拆除商业宾馆旧楼及百货大楼、饮食服务公司部分旧楼，改建为文登市百大广场，设计工程总投资5100万元，建筑面积3.3万平方米。建成后与百货大楼相通，总营业面积4.5万平方米。至年末，百大广场一期主体工程基本完工，累计投入2700万元。2002年，按照建设大市场、发展大贸易、搞活大流通的要求，采取骨干企业滚动发展、引进资金联合发展的方式，扩大商贸流通基础设施建设。2003年，文登义乌小商品批发市场建成开业。2004年，利群集团文登购物广场建成开业。2005年，威海长江糖酒有限公司新建连锁超市40个，总数达

60个。

2007年6月，市政府实施“便利消费进社区，便民服务进家庭”社区商业“双进工程”，优化老社区商业网点布局，完善新社区商业服务功能，提升社区商业网点的综合配套和服务水平，采用树立典型、以点带面、逐步推开的路子，培植管理规范、服务优质、效益良好的商业示范社区。2008年2月，宋家沟社区成为第三批省级商业示范社区。2009年1月，西楼社区成为第四批省级商业示范社区。2010年3月，河南社区、九里水头社区被评为第五批省级商业示范社区。2013年，实施城乡流通网络提升工程，推进便利店、医药店和餐饮、维修、洗染、美容美发店（点）等与民生密切相关的服务消费网点进社区，打造社区“一刻钟便民消费圈”。河北社区等5个社区被评为省级商业示范社区。依据《生猪屠宰管理条例》《山东省生猪定点屠宰厂（场）设置规划》等规定，全面实施“放心肉”工程，设立全市唯一一家机械化屠宰厂——文登市健悦肉食品有限公司，于长江汇泉批发市场内建成1处面积6000平方米生猪产品批发专区，引进龙大、金锣、万福、雨润、福祖、得利斯、凯佳、云龙、双汇9个“品牌肉”销售企业设专卖网点。全市共设立超市“放心肉”专柜256个、“品牌肉”专卖店197个，并建立从生猪屠宰、肉品配送到零售终端全过程、全覆盖、可扩展的肉品流通安全监管体系。

第四节　商业惠民工程

菜篮子工程　1991年，市政府实施“菜篮子”工程开发项目，组织宋村镇、汪疃镇从寿光市引进日光温室冬季蔬菜栽培技术，建日光温室34个。1992年，推广宋村镇石羊村“菜篮子”工程示范试点经验。至1995年，全市发展日光温室面积116.67公顷、拱圆大棚189.33公顷。2005年，全市蔬菜种植面积达5333公顷，成为威海地区最大的商品菜供应基地。2013年，全市蔬菜总产量45万吨。

家电下乡和以旧换新补贴　2008年1月14日，市政府组织实施“家电下乡”[①]活动，并将其列入“为民办实事”项目，实行定期调度、定期考核。市财贸办和财政局联合制定实施方案，全面推动“家电下乡”工作。至2009年，全市共备案家电下乡销售网点24个，销售家电下乡产品5.1万台（部）、销售额7878万元，发放补贴资金905万元。其中，2008年，销售家电下乡产品1.63万台（部），销售额2114万元，发放补贴资金231万元；2009年，销售3.48万台（部），销售额5764万元，发放补贴资金674万元。2011年11月30日，家电下乡政策到期，全市累计销售家电下乡产品19.5万台（件），发放补贴资金4872.5万元。

图15-1　2009年7月26日，市财贸办工作人员下乡宣传家电惠民补贴政策。

2009年9月29日，启动家电以旧换新试点工作，共确定销售网点15个，回收网点13个。补贴对象：在威海市行政区内注册登记且具有法人资格或威海市户口者，在试点期限（2009年6月1日至2010年5月31日）内交售旧家电并在

①由国家和省财政以直补方式，对乡村农民购买的彩电、冰箱（冰柜）、手机、洗衣机4类指定家电产品给予终端零售价13%的资金补贴，其中国家财政承担80%，省级财政承担20%。

威海市范围内购买新家电的单位和个人。补贴范围包括电视机、电冰箱（冰柜）、洗衣机、空调、电脑5大类。补贴标准按新家电销售价格的10%给予补贴，补贴上限为电视机400元/台，冰箱（冰柜）300元/台，洗衣机250元/台，空调350元/台，电脑400元/台。全市共回收旧家电2674台，其中电视机1990台、洗衣机295台、冰箱293台、电脑95台、空调1台。

图15-2 2009年7月20日，家电销售网点营业员向市民介绍空调产品性能。

农家店建设改造 2005年，文登市获商务部“万村千乡市场工程”①试点县资格，确定威海长江糖酒有限公司和文登市农业生产资料总公司为承办企业。两家承办企业深入镇村，建设“农家店”70个、物流配送中心1个。2006年，“农家店”达107个。2007年，“农家店”达137个。2008年3月，市财贸办被省经贸委授予全省“万村千乡市场工程”先进集体称号，威海长江糖酒有限公司被省经贸委授予“万村千乡市场工程”优秀承办企业称号。2009年，全市“农家店”发展到669个。其中，日用品“农家店”346个，农资“农家店”323个。2013年，以巩固提升为重点，支持骨干流通企业下乡进村发展镇域商贸中心、物流配送中心和标准农家店。全市“农家店”增至700个，提高农村商品配送率，满足农民消费需求。

第五节 市场监督管理

1992年，市财贸委成立，市场监管工作力度加大。1998年，对全市生猪定点屠宰工作进行规范管理，实行生猪定点屠宰管理的镇由年初6个增至16个。1999年，与市畜牧、公安等部门联合执法，昼夜巡查，严厉打击点外私宰滥宰等违法违规行为，查处各类违法案件50余起。同时，由镇村、兽医站和屠宰业户共同出资30余万元，治理改造脏、乱、差屠宰场点30余个，生猪屠宰场点管理基本达到国家规定标准。是年4月，市政府授权财贸委对化学危险物品市场进行全面检查整顿，共为化学危险物品合格经营单位换发许可证53个，新办许可证36个，初步理顺和规范全市化学危险物品经营管理秩序。2000年1月，生猪定点屠宰管理办公室成立，负责全市生猪定点屠宰管理工作。2007年1月始，市财贸办根据《威海市生猪屠宰管理办法》，加快推进各定点屠宰厂（场）设施升级改造，清理不符合条件企业。至2009年，全市共设定点屠宰厂（场）12个。2008年和2009年，市财贸办连续两年被省经贸委评为生猪屠宰管理先进单位。

2009年，文登市被商务部确定为全国商务综合行政执法试点市，成为山东省4个试点县市之一。市财贸办按照“队伍正规化、配备现代化、管理制度化、执法规范化”的要求，充实商务执法队伍，规范商务执法行为，提高商务执法效能。先后组织商务执法检查200余次，其中联合执法23次，出动执法人员1000余人次，立案

① 2005年2月，商务部开始启动该工程，主要是通过安排财政资金，以补助或贴息方式，引导城市连锁店和超市等流通企业向农村延伸发展“农家店”，力争用3年时间，孕育出25万家连锁经营的“农家店”，构建以城区店为龙头、乡镇店为骨干、村级店为基础的农村现代流通网络，满足农民消费需求，改善农村消费环境。

7起，查处重大案件2起，有效维护流通市场秩序。2011—2012年，市财贸办设立集执法、服务、审批于一体的商务执法大厅，开通“12312”商务举报投诉服务热线，举办执法人员商务法律法规和商务文书档案标准化管理培训班，提高执法人员执法能力和执法水平，重点抓好生猪定点屠宰、酒类市场流通、家电市场销售、再生资源回收等商务执法监管。其间，先后出动执法人员2000人次、执法车辆500辆次，发放整改通知书100份，查处私屠滥宰案件93起，捣毁大型私屠滥宰窝点11个，没收非法肉品5000千克。办理酒类备案登记证670个，查处无证经营酒类业户147个，酒类违法行为22起；查处家电下乡销售企业违规行为56起。规范再生资源回收市场秩序，为46家企业和个体业户办理备案登记，其中注册资本5万元及以上企业21家。2011年7月，威海市商务执法现场会在文登召开。2012年，市财贸办被评为全国商务执法先进单位。2013年，启动经营场所“放心酒”工程，以商场超市、名酒行、餐饮单位为重点，全面推行“一点一表一证一牌一台账”[①]五个一管理模式，全市共办理超市、酒店、专卖店等酒类经营户备案登记692家，发放酒类流通随附单2万余份。

第二章　供　销

第一节　管理机构

1991年，市供销社列市政府行政序列，正科级单位，设理事会、监事会。1992年3月，改称市供销合作总社（简称市总社）。1995年，内设办公室、商指科、政工科、企管科、工业科、计财科、业务科7个职能科室，辖20个基层供销社、19家直属企业、2个事业单位，员工4500人。2000年，市总社机关设5个科室，辖20个基层供销社、11家直属企业、改制企业6家、2个事业单位，员工3610人。2005年，设6个科室，辖20个基层供销社、8家直属企业、7家改制企业、1个事业单位，员工1200人。2009年，内设办公室、政工科、业务科、计财科、审计科、安全统筹科6个科室，辖基层供销社20个、直属企业2家、改制企业7家，员工499人。2012年1月，对外启用文登市供销合作社联合社（简称市供销社）名称，挂文登市供销合作总社牌子。2013年，市供销社内设办公室、政工科、经济发展科、合作指导科、财务科、审计科、安全统筹科7个科室，辖基层供销社13个、社有和出资企业11家。员工803人。被人社部、全国供销合作总社评为全国供销合作社系统先进集体。

第二节　经营体制

1991年，市供销社推行“工业品联购联销、农副产品分购联销”机制，提升调控城乡市场能力，发挥群体优势和购销主渠道作用。1994年10月，市总社被国内贸易部评为全国供销合作社系统百强县（市）联合社。至1995年，市总社辖有乡镇基层供销社20个，有市果品总公司、农业生产资料总公司、土产公司、再生资源股份有限公司、新世纪商厦、供销大厦、五交化总公

①一个经营场所（点），办理一份酒类流通备案登记表，在经营场所显著位置悬挂统一制作的酒类流通备案登记证和“不得向未成年人售酒”警示牌，指导企业建立一套酒类经营购销台账，推进酒类流通管理法制化、规范化进程。

司、明珠实业有限公司、供销副食品公司、康利大酒店、供销燃料公司、禽畜养殖开发公司、食品联合加工厂、国贸大厦、石化公司、供销建筑公司、兴文进口汽车维修有限公司、国际贸易总公司、供销老干部服务公司直属企业19家，有供销职工中专学校、食品工业研究所事业单位2个。工业品购销额47.3亿元，农副产品、废旧物资收购额7.6亿元，实现利润7184万元。固定资产2.4亿元，自有流动资金1.45亿元。购销业绩在全省同行业中领先，“工业品联购联销、农副产品分购联销”经验在全省推广。获评全国商业优秀企业。

1996年，市总社中小门店实行内部职工“抽本出租”（职工买断店内商品承租门店）经营。注销供销老干部服务公司。1997年，全系统共有19个饭店、7个照相馆、334个工业品经营门市（柜组）向职工出租，参与员工1620人，企业共收取本金1600万元、租金272.5万元。是年，金都大厦有限公司成立。1998年，对基层社所属的368个门店和市直企业152个柜组进行抽本出租改革，年收租金1070万元，安置待业员工210人。金都大厦60个经营业户510名员工踊跃租赁经营，经营品种5万余种。1999年，全面推进企业经营体制改革，明珠实业有限公司、再生资源股份有限公司、汇润果品有限公司、盛达石化有限公司、正昌畜禽有限公司、佳能燃料有限公司6家企业完成股份制改造；新世纪商厦被吊销营业执照；基层社的店、站、部和其他市直公司的柜组、柜台抽本出租改革。2000年，康利大酒店被吊销营业执照。2002年，市供销职工中专学校并入威海市经济贸易学校。2004年，金都大厦有限公司完成股份制改造。

2005年，市总社按照“市场牵龙头、龙头带基地、基地连农户”模式，探索发展农村合作经济组织，创办果业协会、养鸡协会、农资协会，带动农民增产增收；果业协会以汇润果品公司为龙头，引进优良品种，聘请专家授课，现场技术指导，发布市场信息，培植和改良优质果品200公顷，吸收会员220个，经营果品3万吨，被省民政厅授予全省百强农村经济协会称号。是年，国贸大厦、供销建筑公司被吊销营业执照。2006年，土产公司、供销大厦、五交化总公司、供销副食品公司、兴文进口汽车维修有限公司破产。2007年，食品工业研究所、国际贸易总公司破产。2010年，结合村（居）工程建设和镇级供销社设施改造，市总社投资140余万元，新建南桥和南七口2处社区服务中心。2013年，市供销社实施基层供销社合并，由原20个合并为13个基层供销社。按照供销改革发展新理念、新定位，以“振兴供销、服务三农”为中心任务，发展农资超市和农村合作经济组织，提升为农服务能力和水平，获得省、市供销合作社联合社表彰奖励。

第三节　网点布局

1991年，供销系统加大投资力度，增加和扩大营业网点设施建设。至1995年，累计投资5860万元，扩大营业面积4.56万平方米，建成800平方米以上商场18个，全系统各类商品经营网点达到618个。2000年，全市增加92个农资经营网点。其中化肥、农药经营网点90个，加油站2个。2001年，农资经营网点增至197个。其中化肥、农药经营点187个，加油站10个。各经营点积极开展下乡送货、上门服务、方便农民的经营服务活动。全系统农资供应额1.5亿元，比2000年增长7.1%。2002年，市总社抓好农用物资专营、烟花鞭炮专营、废旧物资专营“三项专营”管理工作。2005年，农资经营网点达到246个，比2003年新增16个，经营额1.89亿元。通过租赁等方式兴办工业品连锁超市9个。2006年，超市发展到12个，总营业面积4000余平方米，营业额2500万元。

2008年，市总社投资200万元，建立文登市天享农资配送中心，各基层社统一设立天享农资超市，在大村建立直营或加盟店，统一优惠价格，对专业合作社、种植大户实行农资直供。2009年，鼓励农民采取自办、联办、能人领办等形式发展农村专业合作组织，先后成立果品、蔬菜、西洋参种植和肉食鸡养殖等26个专业合作社，入社社员2000余户。9月16日，汇通果品专业合作社被省工商局评为“十佳”外向型农民专业合作社。2010年10月26日，广丰园农资有限公司成立，采取统一标识、统一价格、统一配送、统一服务方式，发展农资直营超市和加盟店。至2011年，新设立农资超市20个，加盟店30个。2013年，文登市汇润农产品专业合作联社成立，注册资金1000万元。市供销社争取威海市社、省社支持，联合成立威海市供销社农产品有限公司，合作建设、共同经营威海市供销社农产品有限公司展示展销中心。展销中心位于文登市区龙山路与横山路交会处，共3层，总建筑面积6000平方米。9月6日，2013年中国特色农产品博览会暨首届威海（文登）农产品展销会开幕，国内外具有一定影响力和代表性的50余家企业进驻，展出名优和特色农产品2000余种。

图15-3 威海（文登）农产品展示展销中心一角（2013年9月6日摄）

第四节 购销经营

农用物资供应 1991年，以市生资公司为龙头，20个基层社为主体，开展农资联营联销。至1995年，年均农资经营额8500万元。1996—1997年，供销系统年均供应化肥9.5万吨、农药1300吨、农用地膜280吨、“三油”（汽油、柴油、润滑油）2.8万吨、各种中小农具4.5万件、果品袋2200万个。1997年8月，市总社投入25万元印制《化肥农药使用手册》20万册，无偿赠送给农民，深受农民欢迎。1999年，市农资公司采取预约订货、下乡送货等方式，将农资直接供到农家、园地，全年农资供应额1.2亿元，供应化肥5.62万吨、农药835吨、农用地膜151吨、油品3.19万吨。2000年，全市农资供应额1.38亿元，其中供应中小农具14万件。2006年，化肥、农药、农用地膜、汽柴油等农资总经营额1.9亿元。2010年，开展以测土配方施肥和病虫害防治为重点的技术服务及农资直供业务，建立示范区26个，开展测土配方施肥300余次，供应化肥6万吨、农药1100吨。2013年，供销系统以不误农时、满足农用物资供应为目标，加大对农资超市和配送中心的管理力度，组织送货到村、到社区、到地头，全年农资供应额2亿元。

农副产品收购 1991年，市土产公司指导农民建立11个良种兔繁育场、8个兔毛加工厂。至1995年，长毛兔饲养量稳定在60万只以上，年均收购兔毛300吨。1996—1997年，市总社派出280名推销员，分布国内大中城市，设立80个推销点，年收购推销果品4.3万吨。发挥食品联合加工厂购销主渠道和基层社联户纽带作用，扶持和带动农民发展养鸡业，共发展肉食鸡养殖专业户420个，年收购肉食鸡200万只，农民增加纯收入360万元。1999年，扶持镇村发展果品生产，提供产前物资供应、产中技术指导、产后推销服务，全年收购果品3.75万吨。2000年，农副产品普遍滞销卖难，各经营单位采取自筹资金、自找销路、广交客户、引客进园、代客储存、保本微利等多种经营方式，帮助农民解决农产品销售难问题，全年收购果品9400吨、花生7500吨、兔毛5吨。食品联合加工厂筹措资金420万元，启动停用2年的肉食鸡加工生产线，肉食鸡日加工量从3000只增至1万只。2001年，禽畜养殖公司为满足农民养鸡需要，增养种鸡2万套，总量达5万套，同时严控种鸡、种蛋和孵化三道环节，全年孵化雏鸡400万只。食品联合加工厂与市畜牧部门联手，在全市养鸡户中推行“统一供雏、统一供料、统一供药、统一防疫、统一宰杀”五统一管理办法，与威海进出口商品检验检疫局协调扩大产品出口，全年共宰杀肉食鸡160万只，销售产品3800吨，其中出口1300吨，创汇120万美元，带动农民养鸡500万余只，为农民增加收入1000万元。2002年，改制后的果品公司发挥冷风库仓储作用，开展果品收储业务，共储存苹果2150吨。2003年，市果品公司投资280万元，将2000吨冷风库改造为气调库，收购果品1.8万吨，储存果品8000吨，帮助农民推销残次果2000吨。2006年，公司经营果品3.5万吨，帮助农民增收2000万元。2013年，市供销社举办多场农产品博览、展销、推介会，推进农产品产销衔接，被中国供销合作社中国农产品流通经纪人协会授予优秀合作单位称号。

烟花爆竹专营　2002年始，全市实施烟花爆竹专营，市总社加强统一调控，下达销售任务，促进烟花爆竹经营，经营额91万元。2004年，规范烟花爆竹经营秩序，抓好市场管理，与市公安部门配合，杜绝非法经营，同时加强系统联合销售，全市设经营网点230个，销售额350万元。2006年，与市公安、安监部门配合，改革烟花爆竹经营体制，成立瑞祥鞭炮有限公司，完善烟花爆竹经营网络。全市有烟花爆竹经营网点300个，销售额450万元。2007—2009年，市总社履行市场经营管理职能，强化经营网络建设，促进规范有序经营，烟花爆竹年均销售额350万元。2013年，市供销社加强安全设施建设和安全意识教育，消除安全隐患，杜绝事故发生，实现烟花爆竹销售额410万元。

废旧物资专营　2002年始，实施废旧物资专营，以市再生资源公司为依托，理顺经营渠道，与基层社废旧收购门市实行连锁，突出废旧有色金属经营，全系统废旧物资经营额3100万元。2005年，再生资源公司拓展废钢回收力度，与10余个工业企业建立业务关系，承揽回收厂家钢材下脚料，全年经营废钢铁8000吨，经营额4000万元，全系统废旧物资经营额6600万元。2013年，按照威海市贸易办公室《2013年威海市再生资源回收体系建设进度计划的通知》要求，支持威海市鲁源再生资源有限公司在境内选定110个回收站点。至年末，鲁源再生资源有限公司改造回收站点75个，其中泽头、泽库、侯家、小观、米山、界石等基层供销社原废旧物资回收站点得到全面恢复和改造。对流动回收人员和回收车辆实行登记管理，整编流动回收人员157人，统一编号挂牌回收车辆148辆。8月27日，威海市再生资源回收体系建设工作现场会在文登召开，全面推广文登经验。

第三章　粮　油

第一节　管理机构

1991年，市粮食局列市政府行政序列，正科级单位。1993年11月，市粮食局由市政府行政部门成建制转为企业总公司。1995年，内设办公室、政工科、财务科、工业科、计划储运科、武装部、纪检委、保卫科、基建科、工会、审计科、秘书科、外资科13个职能科室，工作人员40人。辖21个基层粮管所、2个事业单位、7家工业企业、13家商业企业，共有员工2224人。1996年8月，撤销市粮食总公司，复设市粮食局，内设办公室、审计科、政工科、计划储备科、财务会计科、工业外资基建科6个股级职能科室。1999年，文登市粮食购销中心成立。2002年，粮食部门实施综合改革，市粮食局内设办公室、产业发展科、调控储运科、财务科、政工科5个职能科室，21个粮食管理所调整重组为16个，其他企事业单位步入改革发展快车道。2005年，市粮食局调整为市发展计划局内设机构，调控储运科改称调控科，增挂监督检查科牌子。2013年，内设办公室、政工科、财审科、产业发展科、调控科（增挂监督检查科牌子）5个科室，辖市粮食购销中心、山东文登国家粮食储备库、文登市军粮供应站、泽头粮食管理所、葛家粮食管理所、高村粮食管理所和小观粮食管理所7家国有粮食流通企业，共有员工90人。

第二节　经营体制

1991年，按照国家规定将粮油合同定购改为国家定购。1992年11月，停止使用粮票、油票等，不再办理农村粮食供应关系转移手续。市政府根据威海市政府《关于放开粮食销价的实施意见》，对国家统销粮食改统销价格供应为国家定价销售，对非农业户口城镇居民口粮供应，取消原工种定量标准，改按每人每月供应成品粮15千克，按月供应、凭证购买、当月有效、过期作废；对专业从事渔、盐和林、果生产的农民及市区无耕地农民的统销口粮，改按市场价格供应。1993年，威海市政府印发《关于进一步深化粮食流通体制改革的通知》，规定完成粮食定购任务后，放开粮食收购价格，实行“保护价收购”（按不低于但可高于国家下达的保护价制定其收购价格）。1999年，停止使用市镇居民粮油供应证供应粮油业务。2002年4月1日始，国家取消粮食定购任务，放开粮食购销市场和粮食购销价格。文登市不再实行保护价收购政策，实行粮食经营主体多元化和粮食购销价格市场化。是年，市粮食局所属企事业单位实施转并、拍卖、重组、改制等改革；粮食职专学校并入威海经济贸易学校，港威制粉有限公司并入铃兰味精有限公司。至2005年，原13家商业企业有10家被撤销、1家被转让，7家工业企业有2家破产倒闭、2家被转并、3家改为股份制企业。改制企业有文登市昆嵛花生制品有限公司、文登市威盛粮油食品有限公司、文登市涌泉饲料有限公司。2006年始，粮食主管部门实行“托市收购”[①]，依据国家最低收购价政策，挂牌敞开收购。2008年，市粮食结算中心由事业改为企业。2010年，文登市军供粮油管理中心与文登市军粮供应站合署办公。2011年，良苑宾舍停业。2013年，粮食主管部门按照《粮食流通管理条例》《粮食流通监督检查暂行办法》规定，联合市工商、质检、物价等有关部门共同开展粮食市场执法检查，维护市场秩序，保护农民利益。是年，文登市昆嵛花生制品有限公司破产。

第三节　粮油收购

国家定购　1991年，粮油实行国家定购。全市粮食定购总量4.27万吨，实际完成4.27万吨；花生定购1万吨，实际完成1.01万吨。粮油定购中，小麦比重最大，约占粮食定购任务总数的85%。1992年，取消花生定购。全市粮食定购量由1991年的4.27万吨，调减至3.9万吨，降幅8.7%，实际完成粮食收购3.95万吨。1994年，全市粮食定购量又下调6.6%，调减为3.64万吨；花生因1992年退出定购，食油市场价格上涨，国家决定恢复定购，但定购数量仅为4596吨，较1991年下降54%。1996年，全市完成粮油定购任务4.09万吨，其中粮食类3.64万吨、花生4596吨。1998年，全额完成粮食3.54万吨、花生4846吨的定购任务。1999年，调整粮油定购品种，大豆退出粮食定购任务。2002年4月1日始，市粮食局按照国务院、山东省、威海市有关文件精神，取消粮食定购任务，加强粮食收购管理，充实地方粮食储备。

①当地市场收购价高于国家最低收购价时，收购主体根据需求按市场价自主收购；当地市场收购价低于国家最低收购价时，由国家指定企业按国家最低收购价挂牌收购，起托市作用；非国家指定企业可随行就市收购。

保护价收购 1993年4月1日始，粮油实行定购任务外保护价收购，其保护价和挂钩物资平议差价返回标准按国家统一规定执行。1997年，文登市夏粮总产突破25万吨，比1996年增长39%。6月，小麦市场价格跌至每500克0.69元以下，比定购价格低0.07元以上。为保护农民利益，防止小麦市场价格继续下跌，文登市政府印发通知，要求粮食部门按照保护价政策敞开收购。7月16日，市粮食部门按保护价（三等冬花麦每500克0.69元）挂牌收购，以质论价，不限收、不拒收、不停收。至10月末，共收购小麦1800吨。1998年，按保护价收购粮油1.59万吨，按保护价代购小麦5416吨，代购玉米2119吨，代购花生1456吨。2000年，除完成3.34万吨粮食、4596吨花生定购任务外，按保护价收购粮食1.5万吨。2002年，放开粮食购销价格，取消保护价收购。

最低价收购 2006年6月30日，国家发展和改革委员会等6部门联合制定的《2006年小麦最低收购价执行预案》正式启动。7月5日，全市7个收储库点开秤。是年，累计托市收购小麦9252.4吨，平均价格每500克0.701元。2007年，为小麦最低价收购的第二年，国家规定白小麦每500克0.72元，混合小麦每500克0.69元。文登小麦市场价格高于国家最低保护价，收购主体按市场价自主收购。2008年，国家规定白小麦和混合小麦每500克最低收购价分别比2007年增加0.05元、0.03元，但市场价格仍高于规定价。为此，市场收购仍然坚持主体多元化、价格市场化。2009年，国家规定小麦最低收购价白小麦每500克0.87元，混合小麦每500克0.83元，与市场价格持平。社会收购企业顾虑重重、等待观望，市粮食局所属企业扩大收购网点敞开收购，出现多年未见的排队卖粮现象，共收购小麦2万余吨。2013年，国家规定以国标三等小麦为标准品，白小麦每500克1.12元，相邻等级差价为每500克0.02元。市国有粮食流通企业发挥购销主渠道作用，全年托市收购粮食5.54万吨，比2012年增加3546吨，其中小麦3.14万吨、玉米2.4万吨。

第四节 粮油销售

城镇粮油供应

粮食供应 1991年，全市非农业户口城镇居民口粮供应仍执行原工种定量标准，粮食销售总量为2.78万吨。1992—1994年，各年度定购粮食销售分别为1.98万吨、1.3万吨和1.2万吨。由于粮食价格放开，供应粮价格与市场粮价格持平，加上粮食部门采取压销措施，定购粮油销售不同程度下降。至1994年，销售量降到最低点。1995年，全市非农业人口大幅度增长，比1994年增加16519人，达到86869人，定购粮食销售量增至1.7万吨，比1994年增加0.5万吨，供应量回升。1996年，文登市根据省计划委、省物价局《关于安排1996年粮食定购价格的通知》要求，6月1日起，提高粮食定购价格：小麦（三等冬花麦）每50千克由原来的54元调至76元。同年6月24日，按省物价局《关于下达粮食销售价格出台意见的通知》，7月1日起，调整面粉价格，每500克特一粉为1.33元，特二粉1.23元，标准粉1.13元。是年，供应城镇居民贸易粮

图15-4 2009年6月25日，高村粮食管理所组织夏粮收购入库。

（成品粮折）1.76万吨。1997年，粮食销售价格未变，销量1897吨。1998－2013年，城镇居民粮食销售按政策规定实行顺价销售。

食油供应　1991年，城镇居民食油供应总量1167吨。1992年，取消花生定购，同时取消非农业居民每人每月0.5千克食油的统销价格供应。由于市场价格放开，个别商贩哄抬食油价格，导致部分群众抢购，造成食油价格短时间内大幅度上涨（1992年11月至1993年2月，食油价格从5.6元/千克涨到6.2元/千克），食油销量剧增。是年，全市食油销量2058吨，为历年最高纪录。1993年，市粮食部门限价销售，食油销量回落到1312吨。1994年，全市粮食部门根据省里统一安排，恢复花生定购，同时按威海市政府规定的每500克5元的价格恢复城镇居民食油供应，供应量694吨。1995年，仅为218吨。1996－1997年，全市城镇居民食油（二级花生油）仍按威海市政府规定的价格供应，分别销售340吨和695吨。1998－2013年，城镇居民食油销售按政策规定实行顺价销售。

图15-5　文登市放心粮油市场（2009年11月15日摄）

议价粮油销售　1991－1995年，全市共议价销售粮食10.8万吨、花生8万吨，总量18.8万吨，年均3.76万吨。1995年，议价销售粮食3.26万吨、花生2.7万吨。1998年，按政策规定顺价销售小麦2万吨，销售玉米5172吨，共完成销售收入3546万元，实现利润176万元。2000年，顺价销售粮食5.89万吨，其中小麦5.21万吨、玉米6151吨、大豆617吨，完成销售收入7073万元。2002年，顺价销售小麦3.25万吨、玉米3016吨、花生2700吨，完成销售收入4694万元。2003年，销售粮油5.83万吨，其中消化老库存小麦4.35万吨。2007－2009年，共销售粮食6.97万吨，其中小麦5.51万吨、玉米1.46万吨。2013年，市国有粮食流通企业对自营粮油本着"多购快销、薄利多销、规模经营、以量取胜"的营销策略，增设销售网点，掌控粮库存量，销售粮食6.23万吨，比2012年减少1.49万吨，其中销售小麦3.84万吨、玉米2.39万吨。市粮食局着力打造规范化放心粮油市场，投资15万元，增设销售网点4个，总数达9个，方便消费者购买优质安全的粮油食品，全年销售粮油1544吨，比2012年增加16吨。

第五节　储存加工

仓库建设　80年代末，境内一批60年代前建造的简易仓库、苏式仓房超过规定使用年限，需要大修或退出使用。1991－1995年，粮食部门自筹资金维修仓房5.35万平方米，新建空调低温仓1座，仓容440吨。"三低"（低温、低氧、低剂）储粮普及率100%，仓库完好率98%，"四无"（无害虫、无变质、无鼠雀、无事故）粮仓率100%。全市仓储粮食6.79万吨。1998年，境内获准建设山东文登国家粮食储备库和中央储备粮文登直属库。2002年，全市标准化粮仓增多，容量增加。2013年，全市标准化粮仓略有减少，农户科学储粮示范仓得到推广，达到2000个。主要储存小麦、玉米、大豆、稻谷等粮油商品，储粮性质为地方储备粮、跨省移库粮、最低保护价粮、商品粮。

仓储管理　1991－2000年，全市各储存粮油单位均达到“一符三专四落实”(账实相符，专仓储存、专人保管、专账记载，数量、质量、品种、地点四落实）要求，“四无”粮仓保持在100%。2001年4月10日，省联合工作组按照国家开展清仓查库工作要求，“有仓必到、有粮必查、查必彻底”，对全市21个粮管所、1个储备库和1个面粉厂共23个单位12.7万吨粮食进行全面清查。经核查，全市库存粮食全部达到账实相符，账账相符，没有发生擅自动用粮食情况，粮食保管质量较好。2008年1月，文登市被省粮食局确定为山东省农户科学储粮示范工程试点县市。市粮食局在全市确定1000个科学储粮示范户，每户得到1个价值400元的新型储粮仓（国家、省、市财政补贴80%，农户个人出资20%）。是年6月6日，在泽头镇林村举行农户科学储粮试点项目启动仪式，现场为科学储粮示范户发放新型储粮仓。2009年3月，文登市被列为国家第一批粮食调入市，完成河南省1.3万吨国家临时存储小麦、东北5000吨大豆和1万吨玉米跨省移库集并任务。是年，粮食清仓查库工作在全国再次展开，文登市按照统一部署，以3月25日24时粮食库存统计结报日为检查时点，对境内所有中央储备粮、国家临时存储粮、地方储备粮、国有及国有粮食控股企业储存的商品粮，全面清查。4月，文登市该项工作分别通过威海市和省粮食清仓查库工作领导小组的普查、复查。至2013年，市粮油仓储管理部门严格执行《国家粮油仓储管理办法》，采取机械通风、环流熏蒸、低温低剂等保管措施，确保库存粮油始终保持品质优良。

粮企加工 1991年，文登市粮食工业主要涉及花生加工、面粉生产、油脂提炼、饲料加工、机械制造5个领域。至1995年，市粮食总公司辖文登港威制粉有限公司、文登市昆嵛花生制品厂、文登市油厂、文登市粮食机械厂、威海宏昆食品有限公司、文登市粮油食品厂、文登市饲料公司7家独立核算工业加工企业。按企业规模类型分，中（二）型企业1家、小（一）型企业6家。全市粮食工业总产值累计完成10.59亿元，销售收入17.28亿元，利税总额2220万元。2001年，粮食加工业产销面粉1.68万吨、油脂1893吨、花生制品1.35万吨、饲料1.06万吨，完成销售收入1.34亿元，利润59万元。2003年，粮油加工总量2万吨，其中花生制品1.42万吨、饲料5338吨，完成销售收入1.12亿元，实现工业总产值6647万元，利税430万元，利润110万元。2007—2009年，文登市威盛粮油食品有限公司（由市粮油食品厂改制并更名）和文登市昆嵛花生制品有限公司（由市昆嵛花生制品厂改制并更名）成为境内花生加工与出口的主要企业，产品有油炸花生仁、烤花生果等，加工花生制品8905吨，完成出口交货值1.18亿美元，出口创汇1694万美元。2013年，粮食直属加工企业有文登市威盛粮油食品有限公司、文登市涌泉饲料有限公司（由市饲料公司改制并更名）。文登市威盛粮油食品有限公司完成花生制品加工3151吨，出口交货值4234万元，创汇694万美元。

第四章 物 资

第一节 管理机构

1991年，文登市物资综合公司与文登市物资局合署办公，内设办公室、业务科、政工科、财务科、审计科、基建科，工作人员18人，辖13家企业。11月，文登市物资综合公司更名为文登市物资总公司。1994年6月，更名为山东胶东物资集团总公司（简称物资集团），内设办公室、政工人事部、财务审计部，工作人员20人。

1996年，物资集团机关增设信息中心、进出口部。1997年初，原财务审计部析为财务部和审计部。年末，增设微机维修部。2000年，物资集团机关设7个科室，工作人员23人。辖17家企事业单位，共有员工770人。2001年，机关设办公室、政工人事部、财务部、进出口部，工作人员17人。辖12家企事业单位，共有员工430人。2002年1月，物资集团机关设办公室、政工人事部、财务部，工作人员13人。机关性质由事业改为企业，其行政、行业管理职能移交市经贸局。

第二节　经营体制

1991年，市物资总公司辖13家企业。至1994年，物资集团所辖经营单位增至26家。其中流通企业有市金属材料总公司、木材总公司、机电设备总公司、燃料总公司、物资贸易中心、物资建材化工总公司、化工轻工总公司、汽车贸易总公司、物资生产资料总公司、物资再生拆船总公司、外商投资企业物资总公司、基建物资总公司、物资开发总公司、物资供应总公司、煤炭总公司、物资供销总公司、物资开发商贸中心、机械设备总公司、物资经贸总公司、物资橡塑总公司、物资石油总公司、物资综合供应站，建筑企业有市物资建筑安装总公司、物资基建工程处，服务单位有市物资幼儿园、温泉大酒店。共有职工993人。

1991年始，物资流通体制逐步由双轨制向市场经济过渡，计划内物资品种、数量逐年减少，市场调节比重日益扩大。物资集团抓住改革开放机遇，率先实行全员劳动合同制，改干部任命制为聘任制，做到能者上、平者让、庸者下，搬掉“铁交椅”。职工调配实行优化组合、竞争上岗，双向选择、优胜劣汰。分配制度保留档案工资，实得工资与经济效益挂钩，上不封顶，下保基本生活费。对辖属企业主要负责人实行年度效益考核，实行年薪制。

1995年，物资集团对所属企业实行划转、租赁、兼并、改制。4月，市物资开发总公司划归市旅游总公司管辖。1996年3月，市物资供销总公司、物资橡塑总公司、物资石油总公司、物资综合供应站被系统内企业兼并。7月，市化工轻工总公司注销。1997年1月，新颖百货商厦和市物资工贸供销中心成立。2月，市物资再生拆船总公司、机械设备总公司被系统内企业兼并。1998年，市物资工贸供销中心被木材总公司兼并，市金属材料总公司更名为有色金属材料总公司。1999年3月，市物资开发商贸中心、物资基建工程处被系统内企业兼并。2001年11月，市汽车贸易总公司、物资经贸总公司、基建物资总公司、外商投资企业物资总公司、物资生产资料总公司被系统内企业兼并。2002年，市有色金属材料总公司被吊销营业执照；温泉大酒店采取对内承租方式，由内部人员租赁承包。2003年，市木材总公司改制并更名为文登市永达木业有限公司，市煤炭总公司改制并更名为文登市广源煤炭有限公司。2005年，市物资建材化工总公司被吊销营业执照。2006年，市物资贸易中心改制并更名为文登市亨佳物贸有限公司，市物资供应总公司改制并更名为文登市鲁源水产食品有限公司。2007年，新颖百货商厦自行注销，市机电设备总公司、燃料总公司被吊销营业执照，市物资幼儿园被撤销。2009年，市物资建筑安装总公司被吊销营业执照。2011年，市广源煤炭有限公司被吊销营业执照。至2013年，改制企业有文登市永达木业有限公司、文登市亨佳物贸有限公司、文登市鲁源水产食品有限公司。

第三节　物资购销

1991年，市物资总公司所属企业向全国大中城市派驻经营机构70个，建立业务联系点370个，做到信息直通互通，促进物资流通业务购销两旺、利税双增。至1995年，全系统购进物资总额35.36亿元，销售总额36.35亿元，其中销售金属材料10.11亿元、机电产品13.39亿元、化工产品4.04亿元、煤炭3.52亿元、木材2.11亿元、其他物资3.18亿元，实现利税6873万元。连续5年获评全国物资流通百强市、山东省文明单位。1993—1995年，连续3年综合效益居全省县级物资企业榜首。

1995年，市区生产资料市场布局，以煤炭市场、汽车市场、钢材市场和木材市场为主体。煤炭市场，由市区九里水头货场、环山路西首货场、环山路东首蜂窝煤厂、埠口港煤场共同组成。汽车市场，由机电汽贸汽车市场和米山路西首汽车市场共同组成。钢材市场，以金属、基建、贸易中心货场共同组成。木材市场，由木材公司货场和木材加工厂货场共同组成。

1996—1997年，物资集团采用付现款、延期付款、代购代销等方式，购进物资总额7.58亿元，其中机电产品3.99亿元、木材2913万元、金属材料1.61亿元、建筑材料2864万元、化工材料2598万元、煤炭3434万元、其他物资7991万元。采取批发为主，兼营零售，销售各类物资8.91亿元，其中机电产品5亿元、木材2430万元、金属材料1.73亿元、建筑材料3716万元、化工材料2732万元、煤炭4576万元、其他物资8346万元。两年分别实现利税989万元、1208万元。1998年，物资集团主要采取代理、代销、配套配送等多种经营方式，完成购销额8.11亿元。其中，购进各类物资总额4.08亿元，销售各类物资总额4.03亿元。实现利税1318万元、利润236万元。2000年，物资集团煤炭购进2.56万吨，销售2.42万吨；钢材购进2.16万吨，销售2.12万吨；木材购进8.99万立方米，销售8.89万立方米；汽车购进484辆，销售486辆；橡胶购进1333吨，销售1333吨；废钢铁购进1.13万吨，销售1.13万吨。全市工业企业总购进原煤59.73万吨，总销售原煤59.82万吨。2002年，物资集团及辖属各企业均成立专门清欠机构，加大应收款催收力度，共清收账款485万元，其中现金210万元、以物顶账275万元。2003年，物资集团完成购进2356万元，销售收入2790万元。全市工业企业总购进原煤59.32万吨，总额1.79亿元，总销售原煤59.57万吨。年初，库存2.35万吨；年末，库存2.02万吨。

2005年，全市煤炭经营企业办理年检31家，取消煤炭经营资格证1家，新增申办煤炭经营资格证企业3家。原煤购进267.49万吨，销售272.66万吨。年初，库存量6.96万吨。年末，库存量1.78万吨。2008年，市财贸办会同市工商、质监、环保、公安等部门，联合开展加强煤炭质量管理、整顿煤炭市场秩序的专项行动，促进全市煤炭市场供应规范有序。2009年，全市共有持证煤炭经营单位25个，其中批发单位4个、零售单位21个，年煤炭经营量100余万吨。是年3月，市财贸办被省煤炭工业局、省工商局、省质监局、省环保局、省公安厅评为山东省加强煤炭质量管理整顿煤炭市场秩序专项行动先进单位。2010年，全市原煤购进159.45万吨，销售159.3万吨；购销焦炭1828.33吨。2013年，全市原煤购进140.45万吨，销售137.99万吨；购销焦炭1489.9吨。

第五章　石　油

第一节　经营机构

1991年，文登市有山东省石油公司文登支公司1家石油成品油批发经营机构。1996年8月，文登市石化公司获得石油成品油批发准营证。1999年8月，文登市太平洋石油有限公司（简称太平洋石油）成立，为境内第三个石油成品油批发企业。2004年，新增威海市宏润石油销售有限公司。全市石油成品油批发经营机构增至4个。2007—2009年，石油成品油批发经营机构3个。2010—2013年，全市有中国石油化工股份有限公司山东威海文登石油分公司、威海盛达石油有限公司2个石油成品油批发经营企业。

中国石油化工股份有限公司山东威海文登石油分公司　1991年，称山东省石油公司文登支公司。1992年12月，更名为山东省石油集团文登公司。1998年，内设办公室、财务、业务、仓储、车队、基建维修、保卫等科室，辖综合服务公司、特油部、龙山特油部、石油宾馆和油库2个、加油站8个，固定资产2885万元，共有员工131人。2000年，更名为中国石油化工股份有限公司山东威海文登石油分公司（简称中石化文登分公司），内设办公室、财务科、业务部、客户部、营业室和发卡网点（2个），辖加油站30个，库容1万余立方米油库1个，固定资产7980万元，共有员工142人。2006年，设零售管理部、客户部、营业室，辖加油站35个，库容1万余立方米油库1个。2013年，中石化文登分公司设办公室、业务部、客户部、营业室、发卡网点（13个），辖加油站31个、天然气加气站1个、库容1万余立方米油库1个，固定资产1.07亿元，共有员工183人。

威海盛达石油有限公司　1996年8月，文登市石化公司（隶属文登市供销合作总社）获得石油成品油批发准营证。1998年10月，改制为股份制企业，更名为文登市盛达石化有限公司。1999年12月5日，与上海华东中油石油销售有限公司合作，组建并更名为文登市中油油品销售有限公司（简称文登中油）。2006年，在册员工50人，设科、室、站、部13个，其中加油站9个。2012年，更名为威海盛达石油有限公司。2013年，在册员工80人，有加油站10个，储量1万吨油库1个，总资产4000万元，固定资产2000万元。获评山东省供销社系统“安康杯”优胜单位。

第二节　经营体制

1991年，山东省石油公司文登支公司担负全市工农渔业生产和居民生活用油的供应工作。油品种类主要有汽油、柴油、煤油、润滑油4大类20余个品种。经营渠道主要靠国家计划调拨，再由市政府和公司按计划分配到各用油单位。油品市场实行统一管理，公司独享经营权，属计划供应体制。1994年，依据国务院批转的《国家计委、国家经贸委关于改革原油、成品油流通体制意见》，改革现行原油、成品油流通体制，理顺油品价格，整顿流通秩序，减少流通环节，逐步建立适应社会主义市场经济要求的、规范化的、活而有序的原油和成品油流通体制。1995年，石油成品油经营权一家独享的局面被打破，油品市场化，社会零售经营站点不断获准营业。1996年8月，文登市石化公司经山东省经济委员会批准，获得石油成品油批发准营证。1998年5月，国务院办公厅印发《关于组建中国石油天然气集团公司和中国石油化工集团公司有关石油公司划转问题的通知》，规定山东省石油集团总公司及其辖属各级石油公司、加油站及拥有的全部国有资产，均划归中国石油化工集团公司。6月，山东省石油公司文登支公司与文登市政府及有关部门协调，完成各项交接、划转工作。10月，文登市石化公司改制更名为文登市盛达石化有限公司。1999年，山东省石油公司文登支公司与大连七星石化公司共同投资230万元，成立文登七星石化有限公司，建成年经营量3000吨的加油站和液化气站各1个。所辖石油宾馆租予文登宾馆，并与其签订5年的租赁经营合同。8月，太平洋石油有限公司成立，为成品油批发企业，油库储存能力3万吨。12月，文登市盛达石化有限公司与上海华东中油石油销售有限公司合作，共同开发文登中油石油销售市场。至2000年，除中石化文登分公司所属加油站外，全市社会加油站（点）发展至50个，从业人员150余人。2004年，威海市宏润石油销售有限公司成立，成为境内第四个石油成品油批发企业。全市成品油零售企业109家，从业人员700人。2006年，中石化文登分公司改革内部分配制度，完善激励约束机制，量化管理考核，制定绩效考核兑现办法，将员工收入与企业经营效益挂钩，调动各基层经营单位和员工积极性。2013年，中石化文登分公司、威海盛达石油有限公司为境内2家成品油批发企业。

第三节 购销网络

1991年，山东省石油公司文登支公司有文城、埠口2个油库，总容量7000立方米。进购汽油、柴油全靠陆路运输，费用高，危险性大。1994年，公司投资在埠口港建接卸汽油管线1条，长1500米，增设1000立方米贮油罐2个，公司运输压力得以缓解。至1995年，公司总库容1万立方米。加油站分布：龙山路2个，环山路、米山路、埠口、杨家产各1个。5年间，公司油品销售总量12.25万吨，销售总额2.18亿元，实现利税1299万元。1996—1997年，山东省石油集团文登公司先后投资100余万元，在市区新建2个加油站。公司油品购进总量为5.71万吨，其中汽油1.51万吨、柴油3.88万吨、煤油395吨、润滑油（脂）2800吨；油品销售总量为5.48万吨，其中汽油1.49万吨、柴油3.68万吨、煤油351吨、润滑油（脂）2743吨；购进总额为1.22亿元，销售总额为1.32亿元，实现利税331.6万元。全市油品零售经营单位增至近100个。至1998年，山东省石油集团文登公司油品供应量仍占全市油品市场份额的50%以上。

2000年，全市有中石化文登分公司、文登中油、太平洋石油3家石油成品油批发经营企业，零售经营单位80个。其中，中石化文登分公司零售加油站30个，社会零售加油站点50个，全年批发零售油品13万吨。中石化文登分公司对所属加油站设备、设施进行更新改造，全部安装电脑税控加油机，实施业务管理微机联网。文登中油按统一标志进行形象包装，在埠口港新建4000吨油库1个、海上加油站1个，在309国道大水泊段新建现代化多功能加油站1个，在侯家镇东廒村公路段新建加油站1个，共计11个。2001年，太平洋石油完成销售收入2500万元，利税130万元，主要为海上运输供应油品。2004年，全市成品油批发企业增至4家，全年经营成品油总量约12.5万吨，比2003年增加1.5万吨。成品油销售市场经多年整顿规范，达到经营单位持证经营，市场销售秩序良好。2007—2009年，全市有中石化文登分公司、文登中油、太平洋石油3家成品油批发企业。3年间，成品油零售经营单位分别为100个、92个和94个，社会加油站和从业人员分别为61个740人、58个720人、59个750人；全市经营总量分别为11万吨、12万吨、13万吨。2010年，有成品油批发企业2家，成品油加油站90个，其中社会加油站56个，从业人员740人。

2013年，全市有中石化文登分公司、威海盛达石油有限公司2家成品油批发企业。有成品油零售加油站96个，其中社会加油站55个。中石化文登分公司共销售成品油11.51万吨。其中，零售纯枪量8.66万吨，分别为汽油4.60万吨、柴油4.06万吨；直销分销柴油1.75万吨，销售润滑油1.1万吨；非油品销售额960万元，实现利润985万元。销售IC卡1.85万张，销售额3.64亿元，实现毛利6512万元。

第四节 经营管理

1991年后，山东省石油公司文登支公司重视各加油站、油库、运输车队等油品运营单位和设施设备的安全工作，把职工安全意识教育和设施安全硬件建设摆在油品经营管理首位，被省公安厅评为安全工作先进单位。公司严格按照谁主管，谁负责的原则和有布置、有检查、有评比、有总结的流程，落实安全工作责任制，并实行安全工作一票否决。各经营单位制定和完善安全消防制度，结合“四无油库”（油库无事故、设备无渗漏、场地泵房无油污、库区无杂草）创建活动，每月进行1次安全检查，形成安全工作一级抓一级、一级管一级的管理体系。投资40余万元，配备整套油库安全消防设施设备，充实专职和兼职消防队伍，坚持长年常规训练，保证油库安全运营，在历次油库安全检查工作中均达标，连续5年被省集团总公司评为安全先进油库。1996年，有关部门检查整顿油品市场，各油品经营单位均做到持证经营，规范管理。

1998年，受亚洲金融危机影响，加上进口油、走私油、劣质油冲击，市场供求关系失衡，正规渠道终端销售不旺，石油企业经营困难。虽然国家加大打击走私油品的工作力度，采取一系列宏观调控措施，石油市场有所好转，但劣质油品仍未绝迹。为此，山东省石油集团文登公司发挥国有流通企业主渠道作用，以立足文登、服务文登、促进文登经济发展为服务宗旨，严把购货质量关，坚持从国有大炼油厂购油，杜绝伪劣油品通过主渠道流入文登市场，确保文登工农渔业生产和居民生活用好油、不断档、不脱销。在质监部门历次质量抽查中，油品合格率始终保持100%。

2000年始，中石化文登分公司油品供应做到“五统一”，即统一经营管理、统一服务规范、统一资源配送、统一销售价格和统一结算。所有购进油品由中石化公司指定国有炼油厂统一供货，并实行化验验收制度，确保油品质量全部达到国家质量标准。在经营活动中，实行薄利多销、微利保本，全员销售、昼夜服务，预约订货、送货上门，以优质的油品、优秀的服务、优良的信誉，优化公司形象，扩大供应份额，稳住区域油价。在春耕春播、“三夏”“三秋”和渔汛期等用油旺季，各经营服务单位提前备足油品，送油到厂（场）、到村。文登中油奉守信誉第一、用户至上的服务宗旨，全面推行优质规范服务，各加油站实行昼夜服务、电话预约、送货上门，联手办理油本、油票业务，油本、油票各站通用，连锁加油站与各大工业企业、农口企业和渔业企业建立直供关系，实行油品优惠供应，营业大厅实行开票、计价、结算一条龙服务。

2004年，中石化文登分公司按照中国石化加油站规范化服务标准和要求，开展“百日竞赛”活动，活动考核结果与站长、员工收入挂钩，奖优罚劣。2007—2009年，中石化文登分公司开展加油站管理服务提升年、优质服务月、迎奥运激情服务月、服务全运会等活动，重点做好员工技能培训工作。2013年，中石化文登分公司在辖内31座加油站中，全部增加97高标号汽油供应，解决中高档轿车用油需求。

第六章　烟　草

第一节　管理机构

1991年，文登市烟草专卖局（简称市专卖局）与山东省烟草公司文登市公司合署办公，政企合一，一个机构两块牌子，人财物、产供销由业务上级垂直管理。1995年，机关设6个科室，辖金叶经贸有限公司、烟都贸易有限公司、宏发商贸有限公司和9个下伸网点，共有工作人员129人。1996年5月，随威海烟草有限公司加入颐中烟草集团并更名为颐中烟草（威海）有限公司文登分公司。1998年，内设5个科室，辖烟都贸易有限公司、金叶经贸有限公司和9个下伸网点，代管山东文登宏发商贸有限公司。11月5日，成立烟草专卖稽查大队。1999年5月26日，按照中国烟草总公司山东省公司总体改革思路，注销颐中烟草（威海）有限公司，成立山东烟草购销（集团）有限公司威海分公司，原颐中烟草（威海）有限公司文登分公司更名为山东烟草购销（集团）有限公司（威海）文登分公司。2000年12月，更名为山东威海烟草有限公司文登分公司。2005年4月，更名为山东威海烟草有限公司文登营销部（简称文登营销部）。2013年，文登营销部内设综合办公室、财务科、专卖监督管理科、内部专卖管理监督工作组、营销科、法制科、稽查大队（下设5个稽查中队）、物流中队和城里、大水泊、宋村、葛家4个专卖管理所，共有工作人员87人。

第二节 经营体制

1991年始，根据省烟草专卖局和烟草公司"一业为主，多种经营"的改革思路，在做好烟草专卖、销售管理的基础上，加快多种经营发展步伐，先后成立文登市金叶经贸有限公司、文登市烟都贸易有限公司、山东文登宏发商贸有限公司（与省市两级烟草公司注册资金500万元创建）。1994年，被国家烟草专卖局、中国烟草总公司、轻工业部工会委员会授予全国烟草系统先进集体称号。1997年12月，对内部机制、干部任免、劳动用工、分配制度等进行改革，减少内部科室和下属部门7个，精减中层以上干部16人，辞退临时工33人。工资与效益挂钩，上不封顶，下不保底。1998年，公司拥有固定资产1028万元，自有流动资金100万元，工作人员92人。1999年，9个网点主要负责人实行竞争上岗，经过自荐、推荐、民主考评、支部审定4个程序，择优录用。2001年3月12日始，全市实行卷烟零售一价制。2004年始，实行电话访销、网格配送、电子结算经营模式。2005年4月，国家烟草专卖体制改革，建立中国烟草总公司、省级公司、地市级公司3级法人管理体制，省级公司退出卷烟经营，只负责调控管理，地市级公司为市场经营主体，取消县市分公司法人资格，改设营销部。至2013年，文登市烟草专卖局、文登营销部按照国家、山东省、威海市烟草专卖局和烟草公司的统一部署和调度，组织经营管理。

第三节 卷烟销售

1991年始，市烟草公司发挥卷烟流通主渠道作用，对全市9个下伸点和16个代批点实施合同管理，业务上给予指导，经营上给予扶持，定期召开批发点经营分析会，通报各点经营情况，发现问题，及时解决。至1995年，市烟草公司依据巩固城区市场、开拓农村市场、扩大卷烟销售总思路，组织适销对路货源投放市场，适时调整卷烟批发价格，尤其对省内一些新产品、新牌号，采取稳妥促销措施，培育和活跃市场，扩大市场占有率。全市共销售卷烟12.41万箱，完成销售额3.16亿元，实现利税725万元、利润523.7万元。

1998年，市烟草公司添置7辆农用送货车，先后在葛家、大水泊、侯家3镇购买551平方米营业场所，在环山街道增设第二批发部。全年销售卷烟1.65万箱，其中一类烟2958箱、二类烟3375箱，滤嘴烟、优质烟销售逐步扩大。1999年，先后在小观镇、宋村镇购买和建造576平方米营业场所，对高村镇原有旧房进行改造翻新，烟草系统7个镇级营业场所变租赁为自有。

2001年3月始，实行卷烟零售一价制，对全市近4000个卷烟零售户划区分片均衡供货，并拟定送货线路，每周登门送货1～2次。2004年，烟草公司与市农行、卷烟经销户（在全市筛选1100个消费者信得过的卷烟经销户）三方协商，签订授权银行自动转账协议书，实现订货、送货、结账网络化。烟草公司发挥国有烟草商业企业主渠道作用，拓展城乡卷烟市场，全年销售卷烟1.82万大箱，销售收入1.3亿元，实现利税1822万元、利润1405万元，较2003年分别增长0.21%、22.01%、61.97%和76.32%。

2010年，文登营销部推进"亮丽终端"建设，从辖区内3000余户卷烟零售户中筛选出356个零售户作为零售终端形象店，为其分发472组标准展柜，并上门安装、指导卷烟陈列和标价签摆放，助其塑造规范美观的店面形象，创造良好的营销环境。年销售卷烟2.42万箱，销售收入3.84亿元，实现利税1.01亿元，卷烟单箱收入1.86万元，比2009年分别增长5.24%、25.79%、26.51%、19.53%。2012年，开展为生活困难卷烟零售户"送春风"活动，选择103个老、弱、病、残、特困卷烟零售户作为帮扶对象，从经营指导、货源供应、店面形象、生活补贴等方面予以扶助，系统内每名员工联系1个生活困难卷烟零售户，实施“一对一”定向帮扶，共为生活困难零售户做好事200余件次；开展“威烟惠众爱心基金”助学活动，为54个贫困卷烟零售户无偿提供助学金3.79万元；成立威海市卷烟零售商协会文登市办事处，建成零售户互助小组110个、会员952名；举办6期卷烟营销专业知识培训班，共计1182个零售商户参加培训。2013年，文登营销部销售卷烟2.48万箱，完成销售收入5.49亿元，实现利税1.41亿元。

第四节　专卖管理

普法宣传　1992年，市专卖局广泛宣传新颁布的《中华人民共和国烟草专卖法》(简称《烟草专卖法》)。1996年，印刷宣传单6800份，分发给各卷烟经销户。利用办证、市场检查、案件处理、专卖咨询、商户走访等时机，宣传普及《烟草专卖法》。2001年12月，在文登电视台黄金时段播放国家烟草专卖局《关于严厉打击生产销售假冒伪劣卷烟犯罪活动的通告》。2005年，按照国务院整顿规范市场经济秩序的要求，建立卷烟市场管控机制，对违法烟贩保持高压态势，出动宣传车广造声势，印发宣传材料8000份，与电视台、报社联手宣传普及《烟草专卖法》。2007年“3·15”消费者权益保障日期间，联合市工商等部门在利群广场、金都广场开展消费者权益保障主题宣传活动，发放《假冒卷烟的鉴别与危害》等相关宣传材料，帮助消费者识假防假，提高自我保护能力和知法守法意识。2008年12月31日为旧版烟草经营许可证到期日，市专卖局利用换证之机，送政策上门、送普法上门、送新证上门。至2009年3月31日，全市3152份新版许可证的申请与核准、发放工作全部完成。2013年，落实“六五”普法规划，利用“3·15”消费者权益保障日、“6·29”《烟草专卖法》颁布纪念日、“12·4”全国法制宣传日，开展烟草专卖法制宣传教育活动，协同市工商、质监等部门，在市中广场通过设立咨询服务台，展示假冒卷烟样品，悬挂横幅标语，发放宣传材料等形式，宣传烟草专卖许可、卷烟规范经营等相关法律法规。

行政执法　1991年，市专卖局认真查处烟草市场各类违法经营卷烟案件。至1995年，全市共查处各类违法经营卷烟案件750起、卷烟1873件，对假冒伪劣品全部予以没收和销毁。1998年，稽查大队在拔钉子、端窝点、打假冒的行动中共立案2587起，查获各类违法卷烟522件，罚没7225.5元，对假冒伪劣卷烟全部予以销毁。2004年，共举办内部稽查人员培训班21期，为零售业户换发烟草专卖零售许可证3108个。改善稽查装备，细化市场管理，增设城里稽查分队，稽查人员与市有关执法部门紧密配合，采取市场管、海上堵、陆地查、车站截及拉网式检查，开展烟草专卖综合治理，全年共立案781起，查获各类违法卷烟62.25箱。2007年，市政府组织召开由公、检、法、工商、烟草等相关部门负责人参加的全市卷烟市场综合整治工作会议，协调各方力量，共同开展卷烟市场整治。2008年，与公安、交通部门通力合作，不定期在荣兰公路、泊

图15-6　2008年6月13日，市烟草专卖局稽查人员检查烟草市场。

子桥、各类配货站附近开展路查，增加对过往车辆的检查频次，切断非法运输通道。组织路查2450人次，查获案件9起，涉案卷烟38.16万支，案值63.15万元。与市工商部门协调完善办案工作机制，每周四两部门联合办公，集中处理查获的无证经营案件，缩短办案周期，提高工作效率。2009年11月，市政府召开打击网上非法经营烟草专卖品行为联席会议，由市烟草、信息、公安、工商等部门，组成市防范和打击网上非法经营烟草专卖品工作领导小组，在布、控、打等环节上分工协作，形成共同防范和打击网上非法经营烟草专卖品的长效工作机制。2007—2009年，共查处1万元以上大案30起，端掉窝点96个，公安机关刑事拘捕18人。2013年，以“端窝点、断源头、破网络、抓主犯”为目标，加强与公安、工商、交通等执法部门合作，借力专控体系，抓好信息收集，实施精准监管，不断提高市场掌控力。共出动执法车辆1050车次，出动执法人员6475人次，查处各类涉烟违法案件153起，涉案卷烟216.36万支，案值99.55万元。移交公安机关拘留21人，提请逮捕10人，审判机关判刑8人。

第七章　市　场

第一节　集贸市场

境内集贸市场多聚集于市区周边、镇驻地，或交通发达、人口较多的大村。也有不少村或社区依据地域和人口情况申报设立或群众自发形成的小集。

1990年，全市有集贸市场29处。1991年，在葛家镇西于疃和小观镇坦埠开设两集市，均逢三、八设集（农历每月初三、初八、十三、十八、二十三、二十八日为集日，下同），场地面积各1万平方米，年均成交总额分别为50万元和60万元。1992年，开设铺集镇于家口（三、八）、埠口镇嶅山（一、五）、天福山镇西字城（四、十）、高村镇中邢家（二、七）和礼格庄（三、八）、口子镇章子山（二、七）6集市，年均成交额分别为40万元、50万元、50万元、12万元、18万元、50万元。1993年，开设北郊镇西黄岚（三、八）和小观镇波罗岛（五、十）两集市。1994年，开设经济技术开发区珠海路（三、五、八、十）和泽头镇虎口窑（二、七）两集市，年均成交额分别为150万元和50万元。是年，随区划变动，草庙子集和初村集划归威海市环翠区。1995年，开设经济技术开发区九里水头（二、六）和葛家镇周家埠（四、九）两集市。至年末，集贸市场经营品种有粮油产品及食品、蔬菜、海产品、瓜果、木材、牲畜及畜产品、布匹、服装、鞋帽、日用百货等，成交总额5.37亿元。泽头集、侯家集、大水泊集被省工商行政管理局评为省级文明市场，有6处集市被威海市工商行政管理局评为地市级文明市

图15-7　大水泊集贸市场（2010年1月28日摄）

场。1996 年，开设张家产镇汤村店子（四、九）和米山镇郭格（二、六）两集市。1997 年，开设葛家镇赤金泊（二、七）和宋村镇河格（五、九）两集市。1998 年，开设市区凉水湾集（一、四、七）。2000 年，开设小观镇南七口集（四、九）。至 2001 年，全市共有集贸市场、综合市场和专业市场等各类市场 73 处，各类商品成交额 12.57 亿元，生产资料市场成交额 1.54 亿元。

2002 年，市工商行政管理部门推行集市登记管理制度。2009 年，全市登记集市有埠口、大水泊、口子、高村、赤金泊、葛家、铺集、西于疃、周家埠、侯家、宋村、界石、晒字、横口、西古场、姜格庄、文登营、小观、泽库、虎口窑、泽头、林村、下泊子、张家产、汤村店子、九里水头、珠海路集 27 个。至 2013 年，集市设置基本稳定，全市登记集市 26 处。与 2009 年相比，撤去虎口窑、下泊子两集市，增加崖子头集，珠海路集更名为梁家沟集。

2013 年文登市集贸市场情况表

表 15-1

编号	集市名称	集期（农历）	编号	集市名称	集期（农历）
1	界石晒字集	一、六	14	葛家西于疃集	三、八
2	泽头林村集		15	宋村集	
3	泽库集		16	文登营集	
4	米山西古场集	一、七	17	界石集	
5	米山姜格庄集	二、六	18	开发区崖子头集	四、七
6	开发区九里水头集		19	葛家周家埠集	四、九
7	葛家赤金泊集	二、七	20	埠口集	
8	葛家铺集集		21	张家产汤村店子集	
9	侯家集		22	泽头集	
10	小观集		23	大水泊集	五、九
11	开发区梁家沟集	三、五、八、十	24	葛家集	五、十
12	大水泊口子集	三、八	25	张家产集	
13	米山横口集		26	高村集	六、十

第二节　综合商场与专业市场

境内综合购物商场与专业批发零售市场多集中于市区，连锁超市延伸至镇驻地。90 年代，综合商场与专业市场发展较快，特别是农产品批发市场、连锁超市遍布城镇。1992 年，在市区新建农工产品批发市场和夜晚贸易市场（俗称夜市）。1994 年 10 月，商贸大观园竣工。1995 年，河南水产品市场、葛家生猪交易市场、木材市场等专业市场落成，市糖酒公司开办的首家超市——糖酒超市开业。1996—2001 年，新建宏大商厦、市中贸易市场、大众商贸城、东方商厦、金都大厦等综合商场和天福商贸批发市场、建材大世界、利民旧货市场、新世纪装饰材料批发市场等专业市场。2002 年始，工商行政管理部门加强市场规范化建设，组织市场投资方（即开办方）签订市场管理责任状，明确市场监管方、开办方、经营户三方责任，对社会投资兴办市场实行市场登记和企业登记“双轨制”管理模式，检查督促市场开办方健全市场管理制度和消防安全管理制度等。2003年，市场规范化管理力度加大，抓正反典型，促全面发展。从全市专业市场经营户当中评选出诚信经营业户55个，三里河家具装饰材料批发市场从“隐患市场”转变为省级“规范化管理市场”。2009年，经市工商行政管理部门登记的综合市场与专业市场21处。2013年，境内综合购物商场与专业批发市场主要有天福商贸批发市场、峰山路夜市、河南水产品市场、宋家沟装饰材料市场、山东长江汇泉集团有限公司系列市场、威海方圆钢材市场、威海宋村农副产品交易市场、金都大厦、大众批发商贸城、三里河家具装饰材料批发市场、市中贸易市场、文登义乌小商品批发市场、新世纪装饰材料批发市场、威海市寺前废旧物资交易市场、九里建材市场、三里河家具装饰材料宏安市场、威海（文登）国际建材城、东方商厦、放心粮油市场、宏大商厦、兴众商场、威海家家悦超市有限公司文登区域店、文登西藕湾汽车城、润泰国际购物广场、文山花卉大世界、华利二手车交易市场、大众装饰材料市场、利群集团购物广场等。

河南水产品市场 位于米山路中段南侧。1995年6月15日开业。由市工商局与文城镇河南村联合建设，总面积1.78万平方米，设施投资170万元。市场建有钢骨架式全封闭大棚3060平方米，内设售货台550米，摊位380余个，其中水产品摊位166个、养鱼池9个、蔬菜摊位120个、食品摊位94个。配备4名专职清洁工，全天随时冲刷清扫。每日经营高峰时段为4时－8时，日上市人数约2万人次。2013年，从业人员220人，销售额1.8亿元。

文登义乌小商品批发市场 位于城市新区。2002年8月开工建设，规划分三期进行。2003年9月28日，一期工程建成开业。由山东金田小商品批发市场发展有限公司投资4.3亿元兴建，市场占地面积20公顷，分集中式商贸区和步行街式商贸区，摊位1300余个，从业人员1万余人。经营品种包括家居日用、服装针织、工艺礼品、文体用品、电子电器、五金、玩具、饰品、皮革、副食品、服装配料、建筑材料12大类10万余品种。2013年，营业额23亿元，纳税额220万元（不含业户）。市场先后获评省级规范化文明诚信市场、重合同守信用单位、文明诚信民营企业、旅游定点购物商场、消费者满意单位、就业与社会保障先进单位、商业百强企业，2011年度全国诚信示范市场。

山东长江汇泉集团有限公司系列市场 前身为山东省文登县糖酒公司。2003年1月，改制为股份制企业，更名为威海长江糖酒有限公司。2004年始，先后建起农副产品生产基地、物流配送中心、批发和零售市场，被商务部列为“万村千乡市场工程”首批试点单位。2010年，总资产5亿元，直营店和加盟店370个，从业人员3000余人，销售额超过10亿元。2011年4月，威海长江糖酒有限公司更名为山东长江汇泉集团有限公司。2012年6月16日，长江汇泉中国名酒城开业。2013年6月1日，建筑面积3.2万平方米的长江汇泉商厦试营业。8月18日，长江汇泉国际商贸城购物中心项目开盘。

威海家家悦超市有限公司文登区域店 1997年9月，威海市糖酒站（威海家家悦集团股份有限公司前身）在文登首开的百大超级市场营业。之后，家家悦集团先后在市区、镇域打造数十家超市。经营品种齐全，凭借规模优势、物流优势、价格优势和区域竞争优势，为居民购物提供便利。2013年4月25日，在威海市工商局注册成立文登家家悦超市有限公司。8月，将集团公司直接经营的文登区域最大的超市银河店、最大的百货店银河购物广场及百大名品店、中和店等10个连锁门店纳入文登家家悦超市有限公司管理，完成销售额1.2亿元，缴纳税金227万元。年末，威海家家悦超市有限公司文登区域店共52家，从业人员1300人，完成销售额3亿余元。

利群集团文登购物广场 位于昆嵛路与峰山

路交会处。2004 年 9 月开业。建筑面积 5 万余平方米，商场分 4 层，经营面积 3.2 万平方米。主要经营各类食品、冷冻生鲜、日用百货、珠宝首饰、箱包皮具、化妆品、家用电器、文体用品、男女服装、针织鞋帽、床上用品、儿童用品等。2010 年，完成销售额 1.88 亿元，利税 380 万元。2013 年，完成销售额 1.36 亿元，利税 270 万元。

图 15-8 利群集团文登购物广场（2009 年 9 月 22 日摄）

威海（文登）国际建材城 位于龙山路南首。2009 年 6 月，山东汇智投资控股有限公司斥资 1.3 亿元开工建设。2010 年 10 月，建成开业。共分两层，建筑面积 3.2 万平方米。2013 年，设摊位 160 个，从业人员 1000 余人，销售额 3 亿元。

文登西藕湾汽车城 位于米山路西首，占地 3 公顷，投资 4000 万元。2009 年，西藕湾社区兴建，时为境内最大汽车交易集散地。至 2013 年，进驻汽车销售商 30 余家，主营家庭轿车、商务车、货车等，从业人员 300 余人，年销售汽车 1000 余辆，销售额过 1 亿元。

润泰国际购物广场 位于昆嵛路与峰山路交会处西北侧。威海润泰置业有限公司综合开发。2011 年 12 月开业。总建筑面积 16.5 万平方米，汇聚大润发超市、苏宁电器、肯德基、皮尔卡丹、金利来、百丽等众多著名企业与知名品牌。润泰国际购物广场以百货零售为核心，涵盖饮食、娱乐、休闲等多种业态。其中，大润发超市位于北区一、二层，营业面积 2 万平方米，商品 3 万余种。2013 年，大润发超市完成销售额 1.5 亿元，上缴税金 271 万元。

第八章 服务业

第一节 餐饮住宿业

90 年代中后期，境内餐饮住宿业进入快速发展期，国营、集体、个体多种经济成分并存，高档、中档、低档不同层次、不同规模、不同特色互为补充。1991 年，全市餐饮住宿业零售额 5369 万元，占零售总额的 4.4%，其中个体餐饮业户 636 个 1193 人，营业额 2081 万元。1995 年，全市有餐饮住宿业机构 52 个，网点 694 个，从业 1870 人。其中，国营机构 3 个，网点 8 个，从业 87 人；集体机构 49 个，网点 49 个，从业 475 人；个体网点 637 个，从业 1308 人。涉外宾馆有昆嵛大厦、文登宾馆、温泉大酒店、埠口宾馆。全市餐饮住宿零售额 1.18 亿元，占消费品总零售额的 5.7%。1998 年 8 月，市物价局按设施设备、烹饪技术、服务水平、卫生环境、价格管理、经营特色等评定条件，对全市餐饮住宿业首次实行等级店管理，首批特级店有昆嵛大厦、文登宾馆 2 个；一级店有温泉大酒店、劳动大厦、商业宾馆、迎春宾馆、康利大酒店、埠口宾馆、圣经山旅游度假村 7 个；二级店 9 个；三级店7个。年末，全市有餐饮住宿业户663个，从业4567人。其中，国有和集体77个、从业924人，私营和个体586个、从业3643人，市区餐饮住宿业网点539个、从业3045人。餐饮住宿业中，宾馆和招待所30个、从业716人，饭店快餐509个、从业2329人，全年餐饮住宿业营业总额2.16亿元，比1995年增长83.05%。

2002年，按登记注册类型统计，属个体工商业餐饮业户1247个、从业1922人，注册资金1428万元，营业额1.7亿元。属企业登记管理餐饮业户45个，其中私营企业餐饮业户16个、从业177人，注册资金235万元，营业额1431万元。全市餐饮住宿业总营业额4.65亿元，比2001年增加1.41亿元，增长43.52%；比1998年增长115%。至2006年，全市较大规模的酒店有：昆嵛大厦、宏安大酒店、富丽华大酒店、文登宾馆、劳动大厦、温泉大酒店、近乡别墅、恒源招待所、恒源大酒店、迎春宾馆、良苑宾舍、闻登酒楼、东方宾馆、倪氏海鲜大酒店、运恒大酒店、喜庆大厦、德泰大酒店、扬帆大酒店等，共有床位近4000张。其中昆嵛大厦、宏安大酒店、富丽华大酒店为三星级酒店；劳动大厦、温泉大酒店、近乡别墅为二星级酒店。2011年12月，文登市被山东省政府表彰为2010年度山东省服务业发展绩效考核先进单位。

2013年，全市服务业摸底调查数据显示，餐饮住宿业包括宾馆、酒店、旅馆、包子铺、拉面馆和快餐小吃、油条烧饼、火锅烧烤等店铺共计1277个，从业人员1.24万人。可提供住宿的店铺190个。是年末，全市第三次经济普查统计，住宿和餐饮业企业法人单位69个（限额以上20个），从业人数2911人，完成营业收入4.54亿元，营业税金及附加1878万元，资产总计14.76亿元，营业面积（不包括办公和仓库等面积）9.3万平方米。其中，按行业大类分，住宿业21个（限额以上6个），餐饮业48个（限额以上14个）；按登记注册类型分，集体企业6个，有限责任公司10个，股份有限公司1个，私营企业45个，其他企业7个。全市星级饭店8个，其中四星级有昆嵛酒店、德泰大酒店2个；三星级有富丽华大酒店、喜庆大厦、金滩大酒店、凯德酒店、劳动大厦5个；二星级有近乡别墅1个。星级餐馆6个，其中四星级有运恒大酒店1个；三星级有龙山宾馆、赤金绿岛、栗景饭庄3个；二星级有海韵大酒店、新时代小肥羊火锅店2个。其他较大规模酒店还有汤泊温泉度假村酒店、天沐温泉度假村酒店（均为AAAA级景区酒店）及倪氏海泰大酒店、华玺大酒店、南源酒店等。

昆嵛酒店 位于香山路8-1号。前身为昆嵛大厦。1991年10月，市政府投资兴建。1995年5月28日，正式对外营业。被省旅游局评定为三星级旅游饭店。1996年4月，市委、市政府批准以昆嵛大厦为主体，包括文登宾馆等10余个住宿餐饮服务型企业组建昆嵛大厦集团公司。2006年9月，昆嵛大厦集团公司、文登宾馆等整体改制组建股份制企业，并更名为文登市昆嵛酒店有限公司（简称昆嵛酒店），注册资金400万元。昆嵛酒店占地面积2.18公顷，建筑面积5.7万平方米。其中，酒店建筑面积2.8万平方米，商住楼建筑面积2.9万平方米。酒店集餐饮、客房、会议中心、洗浴、娱乐、美容美发、精品商场、票务服务于一体。餐饮部有零点餐厅、特色餐厅、多功能厅及26个中餐宴会厅，可容纳1400人同时用餐。客房部有各类标准间及特色房间206间、床位350张。会议中心有大、中、小型会议室8间，可容纳700人参加会议。2008年6月，昆嵛酒店被省旅游星级饭店评定委员会评定为四星级旅游饭店。先后被国家、省有关部门（机构）评为中国金叶级绿色旅游饭店和省级服务名牌企业、青年文明号、旅游消费信得过单位、旅游诚信示范单位、细微化服务达标企业。2013年，营业收入3411万元。

倪氏海泰大酒店 位于米山路与世纪大道交会处。2009年9月9日开业。酒店主楼25层，总建筑面积3.76万平方米，集餐饮、客房、娱乐、健身于一体。餐饮分西餐与中餐，西餐厅可同时容纳300人用餐，中餐厅共21个包间。客房共16个楼层，包括总统套房、商务套房、标准间、单人间共209间324张床位。会议接待场所有海泰会堂、牡丹苑、天福苑等，其中海泰会堂、牡丹苑可分别容纳600人、300人。2013年，营业收入4500万元。

劳动大厦　位于昆嵛路49号。1989年开业，酒店占地面积0.24公顷，建筑面积5700余平方米。有各种规格住宿间50间套、风格各异小餐厅18个、大型多功能餐厅1个，可同时容纳100人住宿、400人就餐，配有会议室、娱乐室、练歌房、停车场等。2000年，被威海市旅游星级饭店评定委员会评为二星级旅游饭店。2008年，被全国旅游星级饭店评定委员会认定为中国银叶级绿色旅游饭店。2010年，被威海市旅游星级饭店评定委员会评为三星级旅游饭店。酒店先后获评威海市旅游服务文明窗口、青年文明号、卫生质量安全示范单位。2013年，营业收入431.8万元。

富丽华大酒店　位于龙山路45-3号。2004年12月28日开业，建筑面积1.6万平方米。有各种规格住宿间70间套；大中型宴会厅8个、小型包间餐厅14个，可同时容纳1300人就餐。酒店以优质硬件设施和标准化服务管理，为宾客提供集住宿、餐饮、会议、婚庆、洗浴为一体的消费服务。2006年7月24日，被威海市旅游星级饭店评定委员会评定为三星级旅游饭店。2008年，获评威海市第七届消费者满意单位。2013年，营业收入800万元。

凯德商务酒店　位于昆嵛路37号。2007年4月开业。酒店共13层（包括地下1层和顶楼大型酒吧观光厅），建筑面积1万余平方米，可接纳大型会议、团体旅游、婚庆宴请等。第1层为商务接待区；第2～3层为餐饮接待区和多功能大厅，有餐位300个；第4～10层为客房区，有不同档次客房131间。2009年3月，被威海市旅游星级饭店评定委员会评定为三星级旅游饭店，被全国旅游星级饭店评定委员会认定为中国银叶级绿色旅游饭店。先后获评山东省食品卫生A级单位、威海市消费者满意单位、威海市劳动关系和谐单位。2013年，营业收入518.2万元。

运恒大酒店　前身为海尔大酒店。1999年10月1日成立。2005年3月28日，由文山路东首迁至棋山路64号并更名为运恒大酒店。酒店建筑面积2500平方米，有豪华包间27个、喜宴大厅1个，可同时容纳600余人就餐。2008年9月，被省旅游星级餐馆评定委员会评定为四星级餐馆。先后被中共威海市委、威海市政府评为百佳个体工商户，被省人事厅、省工商局、省文明办、省个体私营企业协会评为文明诚信民营企业，被中国名优品牌管理评价中心、中国市场消费指导委员会评为中国餐饮名店。2013年，营业收入2000万元。

第二节　其他服务业

90年代，餐饮、旅馆、理发及美容化妆、照相录像、洗浴、日用品修理、娱乐、信息咨询和计算机应用培训等社会服务业项目发展较快，其中个体、私营经济成分增速尤快，不仅在经营户数上占据主体，在营业收入上也超出国营和集体企业。1995年，全市有批发贸易业机构186个，网点738个，从业8336人；零售贸易业机构148个，网点6119个，从业9862人，其中个体零售网点5889个，从业6841人，分别占全市零售网点、从业人员的96.24%和69.37%。至2000年，全市注册社会服务业户2065个。其中，国有、集体152个，股份合作13个，联营1个，个体1876个，私营23个，从业人员合计8100人。全年营业总收入4.8亿元，其中个体、私营业户营业额3.23亿元，占全市社会服务业营业总额的67.3%。2002年，全市有个体修理业户527个，从业587人，注册资金367万元，营业额2095万元；私营企业从事修理业4个，从业38人，注册资金113万元，营业额70万元。全市出租车发展到268辆，从业536人，年营业收入2000余万元。

2003年，市工商部门年报资料显示，服务业包括公共设施服务业、居民服务业、旅馆业、租赁服务业、旅游业、娱乐服务业、信息咨询服务业、计算机应用服务业和其他社会服务业等业态。在企业登记管理统计中，社会服务业户1862个，注册资本1.3亿元。在私营企业统计中，服务业户94个，从业645人，注册资金1752万元，年营业额2077万元。在个体工商户统计中，服务业户1679个，从业2024人，注册资金1844万元，年营业额6820万元，其中日用品修理业户519个，从业594人，注册资金376万元，年营业额1411万元。2004年，个体工商户统计中，居民服务和其他服务业户1274个，从业1502人，注册资金983万元，年营业收入2682万元。2006年，个体工商户统计中，居民服务和其他服务业户1789个，从业2183人，注册资金1922万元，年营业收入2900万元，分别比2004年增长40.42%、45.34%、95.52%和8.13%。2011年12月，文登市获评2010年度山东省服务业发展绩效考核先进单位。

2013年，文登市第三次经济普查成果所列服务业经营性法人单位中，批发和零售业户1066个，从业3370人，营业收入144.67亿元，营业税金及附加4.14亿元，资产总计122.44亿元。信息传输、软件和信息技术服务业户20个，从业407人，营业收入8921万元，营业税金及附加300万元，资产总计5.63亿元。租赁和商务服务业户236个，从业6638人，营业收入20.08亿元，营业税金及附加7078万元，资产总计46.56亿元。文化、娱乐业户145个，从业1269人，营业收入2.80亿元，营业税金及附加907万元，资产总计28.09亿元。居民服务、修理和其他服务业户91个，从业3226人，营业收入5.63亿元，营业税金及附加2350万元，资产总计14.28亿元。另据全市相关服务行业企业摸底调查数据汇总显示，洗浴业包括洗浴、足疗、汗蒸等业户77个。理发美容业包括理发、美发和美容美体养生等业户705个。洗染业包括服装干洗店、水洗店、皮具护理店等业户39个。药品流通业包括城乡药房、药店290个。人像摄影业包括证照人像摄影、婚纱婚庆摄影、家庭和儿童留影、专业冲洗彩扩等影城、影店49个。家电维修业包括电视、电脑、冰箱、空调等修理业户23个。

第十六编

旅游业

90年代，文登市围绕山、海、泉旅游资源，实施“大旅游、大产业、大开发、大发展”方针，加强行业管理，规范旅游市场，调动和发挥社会各方面积极性，多渠道筹措资金，加快旅游设施建设，提升旅游接待服务水平。先后开发圣经山风景区、南海旅游度假区、天福山起义纪念地景区、市中心游览区等，全市旅游业发展初具规模。2000年，编制完成《文登市旅游发展总体规划》。是年，旅游业总收入8.14亿元，占全市生产总值5.37%，成为全市第三产业发展的龙头行业。2001年，文登市被国家旅游局评为中国优秀旅游城市。2004年始，开展创建旅游强镇、旅游特色村和工农业旅游示范点活动。2009年，中国威海（文登）国际温泉节获中国最佳县域旅游节庆奖。2010年，文登市被第二届全球旅游度假论坛组委会授予国际知名旅游休闲度假胜地称号。在2011年中国县级城市旅游竞争力排行榜50个县级城市中，文登市位列第26名。2013年，全市初步形成城市休闲、美丽乡村、温泉养生、传统文化为特征的山、海、河、泉相连，生态观光、乡村采摘、滨海度假于一体的旅游发展新格局。

文登市旅游景区示意图（2010 年 10 月 8 日制图）

第一章　旅游资源

文登是中国优秀旅游城市，主要旅游资源有“四山、五泉、一线”。四山，即海上诸山之祖昆嵛山、道教名山圣经山、革命圣地天福山、李龙故里回龙山；五泉，即汤村汤温泉、洪水澜汤温泉、呼雷汤温泉、七里汤温泉、大英汤温泉；一线，即南海155.88千米海岸线。全市有国家AAA和AAAA级旅游景区5个，省级以上工农业旅游示范点9个，国家级重点文物保护单位1个，省级文物保护单位6个。已建成的公园有文山公园、文登学公园、峰山森林公园、抱龙河公园、南海公园等。

第一节　旅游景区景点

昆嵛山景区　位于市区西北30千米，威海、烟台两地交界处，面积48平方千米，昆嵛山主峰泰礴顶，海拔922.8米。元代《齐乘》云：“昆嵛山秀拔，为群山之冠。”北魏史学家崔鸿在《十六国春秋》中，称昆嵛山为“海上诸山之祖”，即神话传说中海上仙山蓬莱、瀛洲、方丈都由这里衍生。昆嵛山方圆百里，峰峦绵延，谷深林密，古迹荟萃，为国家级森林公园。景区生态环境优越，生物资源丰富，有国家一级保护植物1种，二级保护植物6种。有国家一级保护野生动物9种，二级保护野生动物40种。景区四季景色各异，尤以春夏之交为最美。从泰礴顶至山麓，溪泉争流，山峻水清，有多处优质矿泉水出露，是母猪河、黄垒河、沁水河、汉河4条河流的发源地。

隋唐时期，佛教寺庙遍布昆嵛山。金大定七年（1167），陕西道教名士王重阳东游，在昆嵛山创立全真道，留下众多道教遗迹。昆嵛山成为中国道教名山、历史文化名山和国家级自然保护区。2012年12月，昆嵛山森林公园成为国家AAAA级旅游景区。2013年12月，昆嵛山景区入选国家旅游局与环保部联合发布的国家生态旅游示范区名单。

泰礴顶　昆嵛山主峰，古称太白顶，海拔922.8米，位于文登市界石镇境内，是胶东半岛东部最高峰。“泰礴观海”为泰礴顶一大景观。登临极顶，可见北海浪涛翻滚，绿色防护林郁郁葱葱。秋高气爽时，西北可见蓬莱及海中长山诸岛，西南可见南海波光粼粼，渔帆点点。泰礴顶旧有三皇宫，其南有禅教寺、无染禅院，北有岳姑殿、神清观，西南有圣水宫，东南有甘泉寺，东有六度寺、金水庵等。西北面，有烟霞洞，相传为王重阳修炼处。洞呈椭圆，纵深7米，最高处3米，最宽处4.4米。洞外顶与洞内右壁均刻有“烟霞”二字，旧有汉白玉七真像。洞外四周有长松岭、望海台、升仙台、卧龙坪、天门山、狮子石等奇石美景。洞东约500米处，有神清观。有一碑，高2米余，碑石青绿，质地细密，敲击有铜器声，故俗称“铜碑”。另有一石井，为真人汲水炼丹处，称“丹井”。在泰礴顶东南

图16-1　昆嵛山主峰泰礴顶（2011年10月20日摄）

3千米、界石镇三瓣石村南山包上，矗立一数丈高巨石，从顶部裂成三瓣，似鬼斧神刀劈成，故称“三瓣石”，远眺像一朵莲花，又称“三瓣莲花石”。

老蜂窝遗址 位于泰礴顶东侧，处深山密林之中。老蜂窝是一自然山洞，其洞隐蔽，洞口正前方为悬崖峭壁，地势险要。洞内平坦，约20平方米，空间有上、中、下三层，洞上有出口。1936年4月，为加强中共胶东地方组织建设和提高昆嵛山红军游击队员政治军事素质，由中共胶东特委成员刘振民等主持，在老蜂窝秘密举办培训班，学习党的有关文件，总结土地革命经验

图16-2 老蜂窝遗址碑（2010年11月25日摄）

教训，坚持革命斗争。1980年10月，文登县政府在老蜂窝立“昆嵛山红军游击队老蜂窝遗址”碑，为红色教育基地之一。多部表现抗日战争、解放战争的电影和电视剧外景都曾选址于此。

无染寺遗址 位于泰礴顶南麓。无染禅院始建年代无考，是胶东盛极一时的名刹。寺内古石龛下有空洞，相传为齐王后钟离春冢。这里山青谷深，远阔幽静，自古便是僧道推崇的修身养性佳地。清光绪十三年（1887）《重修无染禅院记》载：“其地居乡村辽远，居之者六根清净，得大解脱，故名。”唐代《无染寺碑记》载：“院额‘无染’，堂房四匝间松桂，张凤翅以翱翔；殿宇一基架梁椽，砌龙鳞而偃蹇。僧徒冬夏，实光养道之方，额请节庭，永矗高峰之势。”可见当年宏观盛况。至抗日战争时期，僧众散，无染寺成为兵工厂。60年代，改为驻军营房，古建筑多废圮，其山门、石洞、庙基及清光绪十三年碑等古迹尚存。寺院内，有雌雄2株古银杏，树龄500余年。雌株高18.5米，胸径82.5厘米；雄株高16.5米，胸径82.6厘米。另有木梨1株，树龄约200年，高6米，胸径38厘米。院中1株玉兰，高12米，胸径35厘米，树龄300余年，被称为“北方玉兰王”。2000年，在原寺庙前西侧新建禅院3间，有僧住持。2005年，在无染寺东石桥外新建山门1座。

王母娘娘洗脚盆 无染寺西山有一条幽深山谷，谷底有太古河，由于山势坡度各异，形成千姿百态的清潭、瀑布。这里溪床岩石连片，终年流水不断。溪水流至山半腰处，被一水盆状天然巨石坑拦住，形成一椭圆形水潭，周边山石光滑，可坐可卧，水清如无，深1米有余，不时可见小鱼游动，造就昆嵛山景区奇景之一。传说当年西天王母娘娘见该地水美，曾下凡来洗脚，故称“王母娘娘洗脚盆”。

昆嵛山水库 位于太古河流至界石镇东簸箕掌东南250米处，海拔166.38米，流域面积15.5平方千米。70年代始，在此拦河建双曲拱石坝。2000年6月，完成坝高38米，总库容405万立方米，下设两台机组发电，各装机160千瓦，有环山水管直通葛家镇。由于大坝是双曲拱坝，逢夏溢洪，库水从16米宽的溢洪口凌空跌落涧底，形成落差近40米的大瀑布，景色壮观。水库处于昆嵛山深处，水深源旺，未受任何污染，经年不断注入米山水库，再输送文登、威海市区。2013年7月，文登市抽水蓄能电站项目通过专家评审，在昆嵛山泰礴顶东麓修建两座库容800万立方米的水库。上水库位于海拔600米的宫院子处，下水库位于六度寺东南柳林庄。

圣经山旅游风景名胜区 位于昆嵛山南麓、市区西北20千米、葛家镇西于疃村北。面积8平方千米，国家AAA级旅游景区。圣经山海拔

358米，被道家视为大化仙境。金元时期，王重阳收丘处机等7人为徒在此传经布道，创立道教全真派并迅速传播，成为元、明两朝正统教派，备受推崇，盛极一时。圣经山道教遗址遍布，如圣经山摩崖石刻、好汉坡、圣泉、混元殿、朝阳洞、卧仙石、众仙坟、会仙桥、老君庙、玉皇阁、东华洞、东华宫、三清殿等，景点38处之多。圣经山有古老门亭殿阁、众多人文自然景观，是一处融道教文化、书法艺术，以及文物、森林、高山等景观为一体的旅游胜地。

紫金峰 位于圣经山南侧，海拔257米，因其山形似帝王所戴紫金冠而得名。紫金峰三面依峻岭，南临平原。清康熙九年（1670），紫金峰发生山崩，形成一条深数十米、宽1米左右、沟坡为70°的东西向“天沟”。天沟将峰西南之山体一分为二，两壁陡直如竖切，一巨石似楔，夹峙顶端石壁中，成为天然奇观。天沟东西长数百米，为游人登临紫金峰之巅打开一条通道。在天沟内，人两手可触南北石壁；仰视，天成一线。沿天沟石阶上攀，有亭可小憩，亭西有舍身崖，下不见底。峰巅有古石刻“紫金峰”三字，有新建石庙，供奉太上老君。紫金峰阳有东华洞，旧时洞内奉五祖、七真石像，为元时云州（今河北赤城）道士李道元开凿。1994年，将原洞延伸扩大，并补雕石像。洞西有石阶，巨岩刻“天门”二字，字径1米。东华洞上方坐落一个塔式建筑，为玉皇阁。塔高约10米，层层叠叠，象征十八层苍天，故又名十八摞。阁内奉玉皇大帝石像（已遗失），阁顶东西角分别雕昂首龙头。紫金峰后，有马丹阳修筑的契遇庵、丹井、石盆、石槽等遗迹。1997年11月，建成紫金峰通往圣经山索道，长1680米，为高空单线循环车组吊厢式，共有6组24节车厢，单线运行时间12分钟，自紫金峰乘索道可直达圣经山南麓“好汉坡”顶端。2003年，索道停用。2012年，长春庵、契遇庵在原址完成复修对外开放。

图16-3 紫金峰（2010年11月16日摄）

东华宫 位于紫金山前，为昆嵛山三大宫观之一。金大定二十二年（1182），道教全真派真人马丹阳到此，以紫金峰前为古仙人东华帝君故宅，复营殿堂曰东华观，后改名东华宫。有邑人于怀瑾碑，郭天赐书。金贞祐之兵，山东大乱，宫遂废。后王玉阳命其徒重新修葺。元大德六年（1302），真人李道元竭力兴建，开石洞曰紫府洞，俗名东华洞；建五碑，俗名五华碑，以石为亭，四柱皆刻字。亭之下为石狮，登者蹴狮乃可上。五碑中间为东华帝君碑，碑额篆书“东华紫府辅元立极大帝君碑”十二字，横列。邓文原撰文，张仲寿书丹，赵孟頫篆额，皇庆元年（1312）立。碑载阮元（清道光年间大学士）所著《山左金石录》中。据至正六年（1346）《增修东华宫记》和景泰四年（1453）《重修东华宫记》载，元、明两代东华宫经过多次修葺，后宫殿毁于大火。至清光绪年间，栋宇皆颓，几经修复。40年代，再毁于兵火。但仙人桥、元代石狮等尚存。另存有高4米、宽3.5米元代石阙1座。正额刻“紫府洞天之门”，字径20厘米，背额刻“至大元年戊申仲冬十方道众打造”，皆为金元时道教遗迹。东华宫古遗迹多毁于“文化大革命”期间。1980年，东华宫被列为县级文物保护单位。1991年春，重修东华宫，新塑五祖、七真雕像。共设12个殿堂单体仿古建筑，占地5.2公顷，比原址扩大4倍。是年，举行东华宫奠基仪式。1993年5

图 16-4 复修后的东华宫三官殿（2011 年 10 月 20 日摄）

月，东华宫主殿三清殿落成。殿内供奉道教“三清”尊神，即玉清元始天尊、上清灵宝天尊、太清道德天尊。殿内四壁绘有色调明丽壁画，讲述道家经典故事。省道教协会会长、泰山碧霞祠道长张长明主持三清殿神像开光仪式，吸引众多国内外学者和游客。2009 年始，山东金日月旅游开发有限公司投资，将原毁于兵火的东华宫道观进行复修和改扩建。复修和扩建后的东华宫以三清殿、太乙殿、五祖殿、三官殿、山门殿为正殿，东、西 10 个侧殿和 2 个跨院等仿古建筑组成圣经山道观群，殿内塑像均为铸铜贴金造像。2012 年，道观群建成对外开放。

圣经山摩崖石刻 圣经山之巅有一巨石，状如新月，俗称“月牙石”。石长 15.6 米，高 6 米，最厚处 3 米许。石之阳，阴刻《太上老子道德经》上、下两卷，146 竖行，计 5000 余字。刻字为楷体竖书，古拙苍润，略带魏风。字迹大小匀称，字径约 10 厘米，落款小字已漫漶不清，石刻应为元代东华宫住持耿道清所为。据考，石刻文本近似元延祐三年（1316）赵松雪手书本。五十四章以上仅有六七处与赵松雪手书文字不同，字迹 70% 可辨；五十四章以下不足 30% 可辨。《太上老子道德经》摩崖石刻及特殊文本，均属国内仅见。“月牙石”顶部外侧凿有一道深 10 厘米石渠，使雨水顺渠而下，减少对阳面刻字冲刷。2006 年，圣经山摩崖石刻被列为国家文物重点保护单位。载入《中国名胜辞典》《中国旅游大全》《中国道教大辞典》等。

天然老子石像 圣经山西南，即王家场山东南麓，俗称北崮子，一石山突起，岩崖高耸，人不可攀，浑然天成高约 300 米，宽百米有余的老子半身像，依北面南，当地人称其为“天然老子像”。远眺此天然老子石像，广额、巨目、方口、长髯及胸，端坐于山巅，是圣经山景区特有的天然景观。

天福山起义纪念地景区 天福山，位于市区东 20 千米，海拔 110 米，地处文登市、荣成市、环翠区交界处，群山拱卫，茂林蔽空，清泉环流，环境幽雅，古有“天赐福地”之称，为省级森林公园。1937 年 12 月 24 日，中共胶东特委在天福山组织发动武装起义，创建山东人民抗日救国军第三军，竖起胶东人民武装抗日第一面旗帜，拉开胶东抗战序幕。中华人民共和国成立后，为纪念天福山起义，这里先后建起天福山起义纪念塔、纪念馆、文登党史馆等。天福山起义遗址先后被命名为山东省爱国主义教育基地、山东省优秀社会主义教育基地、山东省国防教育基地、威海市党员教育基地等。2009 年 5 月，被中宣部命名为全国爱国主义教育示范基地。2011 年 6 月，济南军区革命传统教育基地在这里揭牌。2015 年 8 月，天福山起义遗址入选第二批国家级抗战纪念设施名录。

天福山起义遗址 主要有中共胶东特委临时会址、天福山起义会址、天福山起义竖旗地址。中共胶东特委临时会址位于天福山起义纪念馆东 200 米，有正房 5 间，厢房 3 间。1937 年 12 月 23 日深夜，中共胶东特委及起义领导人在该处举行特委临时会议，研究起义有关事宜。遗址屋内陈列中共胶东特委和起义主要领导人理琪、吕志恒、林一山、李紫辉、丛桂滋、张修己、张修竹、柳运光塑像，再现中共胶东特委临时会议场景。院墙外广场是胶东特委书记理琪发布起义动员令会场旧址，当年80余名干部战士在会场举行誓师大会。东面山包上是起义时竖旗旧址和供游客观光游览纪念建筑——红旗亭。起义时插在这里的军旗，珍藏于中国人民革命军事博物馆。1977年12月，山东省革命委员会公布天福山起义遗址为省级文物保护单位。

天福山起义纪念塔　1971年重建，1973年春落成。塔高12.24米，由青花石和白理石构筑而成。塔身正面镌刻“天福山起义纪念塔”，为郭沫若手迹；塔裙上阴刻毛泽东手迹“星星之火，可以燎原”，并阴刻起义纪略。

天福山起义纪念馆　位于纪念塔西南。1973年春落成。建筑面积1020平方米，展厅面积420平方米。展区面积200平方米，展柜59组。馆内陈列天福山起义珍贵文物，有理琪烈士用过的手枪、文件袋，有起义战士用过的刀枪、宣传品等，还有革命烈士事迹图片文字介绍等400余件。比较完整地反映中共胶东地方组织领导胶东人民不屈不挠的革命斗争史，以及天福山起义成立的山东人民抗日救国军第三军的发展史。

文登党史馆　2004年，建于天福山起义纪念馆东侧。馆名由时任国防部部长迟浩田上将题写。建筑面积318平方米，采用现代化方式布展，以数百幅珍贵历史图片、10万余字党史资料，展示中共文登地方组织从无到有、从弱到强的发展历程和党领导人民在革命战争、社会主义建设时期取得的巨大成就，为天福山革命遗址红色传统传承和爱国主义教育赋予新内容。

回龙山景区　回龙山，原名昌山，位于市区西南15千米、宋村镇境内，主峰海拔116米，景区占地40公顷。清光绪《文登县志》载，境内昌山有巨神龙，自汉代已著灵异，建祠山上。《太平寰宇记》载，昌阳县有巨神龙，能行云雨。至明代，昌山之名消失，昌山神龙亦失所在，遂移祀神龙于县南四十里柘阳山。康熙五十三年（1714），传神龙（此神龙非汉代的巨神龙，而是明代出现的李龙王）又在昌山出现，复筑庙祭祀，改昌山为回龙山。秃尾巴李龙王传说在山东及东北三省家喻户晓，李龙文化声名远扬。清雍正、道光、光绪三修《文登县志》，以及清代文学家袁枚《子不语》等方志典籍，对李龙王神话传说发源于文登的历史均有明确记载。相传，三月初二为龙母诞辰日。是日，远近百姓齐聚回龙山，“妆演杂剧，为龙母上寿”，香火之盛，甲于东方。清道光二十八年（1848），文登知县欧文上呈《详请神龙封号文》，由山东巡抚徐泽醇转奏朝廷，道光皇帝遂敕封“溥惠佑民”匾额，神龙“遂列祀典”，回龙山会亦日渐兴隆。山上山下先后建龙母寺、龙母坟、龙王庙、戏楼等长达2.5千米建筑组群，雕饰精巧，气势恢宏。回龙山庙会自康熙五十三年（1714）始，至1939年最后一次庙会，长达226年。1941年8月，为防日军在回龙山设据点修碉堡，将龙王庙等建筑拆毁。改革开放后，龙母坟和部分庙宇得以重修，民间自发到此祭祀者日多。2007－2013年，每年农历三月初二，在回龙山举办李龙文化山会。2006年8月，“秃尾巴老李的传说”被列入山东省非物质文化遗产名录。2008年6月，“秃尾巴老李的传说”被列入第二批国家级非物质文化遗产民间文学类名录。

南海旅游度假区　始建2007年3月，位于市区南32千米，南海岸线西段、昌阳河以西区域，规划面积98平方千米。依托万米金色沙滩、万亩滨海松林和天然水系、生态湿地、近海岛屿等资源优势，开发出以滨海景观主轴和滨河景观主轴等为主体的旅游度假区。滨海景观主轴，沿12千米金色沙滩布局，主要有南海公园、星级酒店群，重点发展海上旅游、海滨观光等特种旅游业；滨河景观主轴，全长8000米，以香水河为依托，修入海通道，建滨河公园、水上公园、跑马场、休闲娱乐场等。主要打造集观光旅游、休闲娱乐、商业购物、金融服务于一体的旅游度假区和滨海度假胜地。2009年6月，度假区被评选为山东省十大生态旅游景区。

南海公园　位于南海旅游度假区海景路南侧，西起黄垒河入海口，东至母猪河入海口。公园景观设计，以现代景观艺术构成理念为指导，通过主题雕塑、园林建筑、石景设置等造园要素和游

图 16-5 威海天沐温泉度假区室外泳池（2010 年 6 月 16 日摄）

船码头、海边垂钓、休闲咖啡屋等，体现现代开放式公园主题。公园一期工程总投资 1 亿元，占地面积 20 公顷，是一座大型的现代开放式海景公园，2008 年 5 月竣工并对外开放。二期工程总投资 2000 万元，占地面积 18 公顷，主要对公园一期景观进行绿化及增加景点，建成丰收广场、垂钓体验区等休闲娱乐体验场所，2009 年 7 月竣工并对外开放。至 2013 年，先后在南海公园举办 6 届沙雕艺术节、4 次全国沙滩排球赛、7 届金滩采贝节、1 届儿童文化艺术节和"我爱威海向前冲"等大型娱乐活动，累计接待游客 70 万人次。公园主雕塑"我心向海"、副雕塑"我心飞翔"，均由中央美术学院设计。"我心向海"创意源自东海神鸟，造型似大海鲲鹏，寓意南海新区——我心向海，海纳百川。"我心飞翔"创意源自双手交叉相抱，寓意和谐团结，南海腾飞。沙雕是公园一大景观，年年更新，吸引无数游客。

温泉旅游景区 文登有 5 处高品质温泉，出水温度 68～77℃，矿化度每升为 1～7 克，以氯化物硫酸盐型水为主，含有钾、钠、氟、铁、钙、镁等 20 余种微量元素，具有调节神经、促进新陈代谢、改善心脑血管、调节内分泌、提高免疫力等功效，适合养生康疗。2010 年 8 月，第六届中国旅游城市（县）发展暨中国旅游竞争力城市公益评选，文登市被授予中国优秀温泉度假旅游城市称号。

威海天沐温泉度假区 国家 AAAA 级旅游景区，是在汤村汤的基础上建设的现代温泉度假区，位于张家产镇嵎山湖畔。2007 年 7 月，由珠海天沐集团投资 4 亿元，按 AAAA 级景区标准，配套五星级酒店标准兴建，于 2008 年 9 月竣工营业。度假区占地面积 33.3 公顷，温泉区分室外温泉区和室内温泉游泳馆，可同时容纳 1500 人沐浴，日接待量 1 万余人。室外温泉区包括嵎山五福泉、嵎水六德汤、芦荟美浴区、森林静泡区、百草养生谷、SPA 动感温泉区、室外无边界游泳池、石板温泉等，66 个室外各具特色露天温泉浴池，遍布山坡林间。室内温泉游泳馆设温泉游泳池和 SPA 功能区，配有干蒸房、湿蒸房、按摩房、瑜伽馆、棋牌室、阅览室、美容美发室、网吧、休息大厅等。度假区客房天沐阁，依山傍水而建，有客房 219 间。真味堂养生餐厅可同时容纳 800 人用餐，并设韩、日料理餐厅。度假区国际会议中心，设中心会议大厅及大中小各类会议室，中心会议大厅配有同声传译设备，可接待大型会议。

威海汤泊温泉度假区 国家 AAAA 级旅游景区，位于文登营镇止马岭村北。洪水澜汤温泉水质甘甜，水体清澈，为国内罕见的可饮可浴用温泉。2008 年 3 月，由烟台虹光房地产开发公司与东安黑豹股份有限公司共同投资建设，集温泉养生、休闲娱乐、商务洽谈、会务接待、生态采摘于一体。2010 年 12 月正式营业。度假区占地面积 33.3 公顷，分三期开发建设。一期工程投资 4.2 亿元，建筑面积 30 万平方米，建有温泉国际酒店、大型温泉乐园、国际会议中心、湖景别墅、高级餐饮会所和 KTV 休闲娱乐会馆等。其中，大型温泉主题乐园建筑面积 5 万平方米，分室内温泉、露天温泉、溶洞温泉、圣泉屋等 60

个特殊功能温泉浴池，可同时容纳2000人沐浴，日接待量可达1万人。居住区有庭院式别墅50栋、湖景别墅28栋，200余间特色度假客房，均有独立观景阳台，天然温泉水和矿泉水直通房间。度假区有18间高级餐饮包房，可同时容纳450人用餐。有大、中、小10个多功能会议室，有面积1080平方米配备6种语言同声翻译系统的大型国际会议中心。

威海呼雷汤温泉及影视文化创意产业区　位于高村镇政府驻地北2.5千米处。2013年，由山东影视传媒集团、盛泰集团共同投资建设。产业区规划建设以影视文化为主题的国际温泉旅游度假小镇。规划有欧式温泉度假区、影视文化体验区、非物质文化创意孵化区、滨河养老养生区、泛养生文化生态公园区五大功能分区。是年末，一期工程占地13.3公顷的国际温泉健康中心和温泉博物馆进行主体施工。

七里汤温泉　位于环山街道七里汤社区。七里汤温泉开发利用始于北齐，元代曾易名为如意泉，史称灵水长春，列为“文邑八景”之一，为历代官绅雅士游览沐浴之地。现代的七里汤温泉洗浴城，有普通浴池、高级桑拿浴、冲浪浴及温泉游泳馆，成为民众洗浴、健身、水疗保健的重要场所。2012年，威海锦晖房地产开发有限公司投资开发，打造以温泉养生为主题，集高端会务、商贸、办公、社会公益服务与大众洗浴、休闲娱乐、餐饮为一体的城市西部副中心区。2013年，大众洗浴中心项目完成。

大英汤温泉　位于葛家镇驻地东南3千米大英村北处，地热田处在母猪河中段西岸，面积9000平方米，日出水量500立方米，出水温度75℃。建有浴池1座。

文山公园景区　位于市区东侧，文山东路北。《太平寰宇记》记载，秦代，始皇东巡，曾于此处召文人登山，论功颂德，遂称文登山，俗称文山。为纪念秦始皇登临，宋时在此建台，以召文台名之，后建秦皇庙、玉皇殿、娘娘庙等。清乾隆年间，又大兴土木，盛况空前。1940年2月，日本侵略军占领文登城，在此建据点修碉堡，召文台及其附属建筑尽毁，原有文物损失殆尽。

1980年，建文山公园，占地0.87公顷。园内亭台假山，花木扶疏。1992年5月，扩建文山公园，重建召文台等名胜。公园占地面积4.15公顷，建筑面积7030平方米，绿地面积3.43万平方米。1994年9月，文山公园工程竣工。扩建后公园有南北两处大门。南大门正对文山东路，门前有71步台阶，门楼正上方挂“文山公园”匾额，为著名书法家启功手书。门之北立四柱三门石坊，每根石柱高9.95米、重40余吨。中间两石柱阴刻对联“祖龙驻跸文士登山古县得名自昔始，黔首知书田夫晒字昆嵛佳话至今传”，横额刻“秦代遗踪”四字，为文登籍著名学者、书法家于植元撰书。石坊背面为北京书法家大康手迹，额曰“文山毓岫”，对联为“民丰物阜不夜代长夜，耕作弦歌文城胜武城”。过石坊，拾级而上，甬道西侧，有文星石亭。传说古时有陨石落至文山之上，当地人认为是文曲星下凡，遂于此建亭立石以记之。文星石高1.8米，宽1米，竖书“文星石”3个篆体字。亭额“文星石亭”，为书法家柳倩所题。甬道东侧有钟楼，楼内铜钟重1.2吨，高1.8米，外径1.2米，厚0.03米，由苏州钢铁厂厂长孙廉洁捐赠。每逢重大庆典，钟声悠扬，响彻全城。正北最高处为召文台，建筑面积480平方米。为台体式二层建筑，由台基、庙宇和台院组成，四周有汉白玉围栏，总高21.9米。台上建有蜡像馆，内塑秦始皇与丞相李斯召集文人议事蜡像群。“召文台”额由著名学者赵朴初题。台下文登学陈列馆，是重建召文台时增建的一处文史馆。馆额由著名书法家沈鹏题写。馆内有展柜39组，展带长54米，陈列文登不同历史时期代表人物生平事迹和著述等。2011年3月，改造南门，10月竣工。将原71步台阶及两侧墙体拆除，后缩15米。改造后，大门下方正中设浮雕，有碑记，游人可从南门东西两侧进入，由收费公园改为开放公园。

文登学公园景区　位于市区通和路东、世纪大道西、米山东路北，占地面积32公顷。2007年3月开工建设，同年10月落成。公园北入口正中，是一部石雕巨书，左右翻开的书页上，右刻“文登学”三字，字径50厘米，左刻“至今东鲁遗风在，十万人家读书声”诗句。公园以弘扬“文登学”精神为主题，注重文化品位，传承历史脉络，突出历史亮点，彰显历史特色，自北向南分设士学文化、道教文化、李龙文化、红色文化、和谐文化五大功能区。

士学文化区 由秦始皇文山召士、龙石晒字、秦权出土、百名进士金榜题名、文登先贤、徐士林讲学6组群雕组成，展现“文登学”历史渊源和丰富内涵。沿公园主轴线自北向南，分布有旱式喷泉、半圆形演艺广场、六大风物浮雕石柱和地图广场。六大风物浮雕石柱，每柱直径1米，高8米。分别以千年古城、秀丽山水、富饶物产、便捷通途、特色工艺和多彩文化为主题雕刻。地图广场，按1∶700比例，展示全市版图，不同花岗岩石颜色代表一个行政区，据实际位置刻全市所有行政村名。

道教文化区 有王重阳与“北七真人”在文山下向众人讲经布道的群雕。有仿制圣经山《太上老子道德经》摩崖石刻，另设小型围棋广场和太极广场。

李龙文化区 区内规划建巨龙雕塑和喷泉组，展现文登家喻户晓的秃尾巴李龙的故事。寓含自强不息、和谐向上的“文登学”精神。

红色文化区 有大型雕塑。正面中间浮雕，再现天福山起义场面，右阴刻“天福山起义”纪略，左阴刻“文登将军名录”；背面阴刻郭沫若为纪念天福山起义25周年所作的两首诗和理琪、吕志恒、林一山、于得水等起义领导人生平事迹。

和谐文化区 为市民休闲活动场所。包括婚庆与健身广场、儿童乐园，有树景灯、知识推动世界、七彩人生等雕塑小品，有旱冰场和大型音乐喷泉。全市性的文化活动经常在这里举办。

峰山森林公园景区 建于2000年7月，位于市区峰山，占地150公顷，绿化面积120万平方米，后经两期扩建，为文登市标志性公园之一（详见第四编第五章第三节）。

抱龙河公园景区 建于2005年，位于市区东南，总面积73公顷，其中水面43.33万平方米，绿化面积30万平方米，园内建有多处景观设施（详见第四编第五章第三节）。

文登市国家AAA和AAAA级旅游景区情况表

表16-1

评选时间	景区级别	景区名称
2007年10月	AAA	青龙生态旅游度假村
2009年11月	AAAA	威海天沐温泉度假区
2010年12月	AAAA	威海汤泊温泉度假区
2012年9月	AAA	文登圣经山旅游风景名胜区
2012年12月	AAAA	昆嵛山国家级森林公园

第二节 特色旅游与工农业旅游示范点建设

2000年始，文登市挖掘工农业旅游资源，把创建旅游强镇、旅游特色镇村和工农业旅游示范点作为推动旅游产业发展的重要工作之一，对具备条件的工业企业、农业旅游景点、镇村等进行科学指导、跟踪服务，使之尽快达标。是年，界石镇获全国旅游特色名镇称号。2005年，全市3个工农业旅游示范点通过国家旅游局验收。其中，青龙生态旅游度假村为国家级农业旅游示范点，宏安集团有限公司、山东省艺达有限公司为国家级工业旅游示范点。至2013年，全市创建国家级旅游特色名镇1个，工农业旅游示范点4个，省级工农业旅游示范点5个，省级旅游强镇5个、旅游特色村9个、逍遥游示范点4个。

青龙生态旅游度假村　位于市区环山街道麦疃后村东南。2002年7月，由市电业总公司投资建设。2004年5月正式营业。2005年，被评为国家级农业旅游示范点。2007年，被评为国家AAA级旅游景区。度假村总面积367公顷，集旅游观光、休闲娱乐、绿色种养殖为一体，分休闲娱乐、果蔬种植、动物养殖、餐饮服务四大功能区，设中心广场、盆景园、属相岛、罗汉山、动物园、银杏园、奇峰异石、民俗展厅、婚庆广场、农业观光园、樱花园、水上乐园等景点。休闲娱乐区内有水上、陆地、空中娱乐设施30余种，可供儿童和成人体验惊险、刺激；有林中棋盘、吊床、水边小屋、吊椅、水中观光亭、园中石桌等配套设施，可供游客休憩。果蔬种植区，占地面积53.67公顷，分无公害蔬菜种植区、果品栽植区和农作物种植区。其中，蔬菜种植区占地5.67公顷，种植黄瓜、西红柿、白菜、豆角等12类30个品种的应季和反季蔬菜。果品栽植区占地40公顷，栽植梨、桃、杏、葡萄、板栗、大枣等10类40个品种的干鲜杂果；农作物种植区占地8公顷，种植小麦、玉米、花生、大豆、地瓜等10余类粮食作物。动物养殖区内，观赏动物有梅花鹿、猴子、黑熊、骆驼、孔雀等10余种。餐饮服务区建有宾馆饭店，为游客提供旅游餐饮服务。

文登市山泰种养殖生态园　位于宋村镇下徐村。始建于2010年6月，2013年10月正式营业。是文登市山泰食品有限公司投资1.5亿元打造的一处现代化农业产业园区。生态园占地面积160公顷，涵盖绿色种植、生态养殖、餐饮旅游、休闲养生、纯净泉水等多个特色项目，融四季采摘、特色餐饮、主题婚庆、农家乐园、冬季滑雪等综合服务于一体。园区内滑雪场，占地面积13.33公顷，雪道总长920米，配备2500平方米雪具大厅，可同时容纳840人滑雪。嬉雪区1万平方米，汇集悠波球、雪圈、海洋球、迷宫、雪地坦克等多个娱乐项目。园区建有5000平方米大型园林餐厅，可同时容纳800人就餐。

图16-6　文登市山泰种养殖生态园草莓大棚（2013年4月11日摄）

界石镇樱桃园区　位于界石镇。园区占地面积800公顷。包括楚岘、新庄、梧桐庵、三瓣石、六度寺、宫家庄、柳林庄、软枣林、桃花岘、李家疃、梨眼沟11个村，1196户2657人，耕地面积172公顷，距昆嵛山主峰泰礴顶10千米。界石镇地处昆嵛山东麓，光照充足，热量条件较好，降水较多，年平均气温11.4℃，0℃以上积温不低于4400℃，无霜期200～205天，降水量850～900毫米，多为棕壤性土，适合果树生长。昆嵛山樱桃主要品种有红灯、早红、黄蜜、拉宾斯、先锋等，果品色泽艳丽殷红，果肉细嫩多汁，酸甜可口，味道纯正，含有较高蛋白质、游离氨基酸，以及糖分、矿物质和其他多种维生素。昆嵛山樱桃不施用农药化肥，其纯天然特性，深受人们的欢迎。2005—2013年，文登市连续举办9届樱桃节，年平均接待游客10余万人次，人们争相体验“青山绿水红樱桃”的快乐采摘感受。

2000—2013年文登市特色旅游与工农业旅游示范点建设情况表

表16-2

创建年份	创建名称	级别	单位名称
2000	旅游特色名镇	国家级	界石镇
2005	农业旅游示范点	国家级	青龙生态旅游度假村
2005	工业旅游示范点	国家级	宏安集团有限公司
2005	工业旅游示范点	国家级	山东省艺达有限公司
2006	工业旅游示范点	国家级	山东云龙绣品有限公司
2006	农业旅游示范点	省级	界石镇樱桃园区
2008	农业旅游示范点	省级	葛家镇采摘园区
2008	工业旅游示范点	省级	山东万得集团有限公司
2008	渔业休闲示范点	省级	泽库镇休闲渔业基地
2008	旅游强镇	省级	张家产镇
2008	旅游特色村	省级	葛家镇西于疃村
2010	工业旅游示范点	省级	文登威力工具集团有限公司
2010	旅游强镇	省级	小观镇
2010	旅游特色村	省级	泽库镇尹家村、前岛村、长会口村
2011	工业旅游示范点	省级	山东颐阳酒业有限公司
2011	旅游强镇	省级	界石镇、葛家镇
2011	旅游特色村	省级	界石镇三瓣石村、小观镇东里岛村
2011	逍遥游示范点	省级	界石镇、米山镇西铺头村、葛家镇西于疃村、龙山街道金岭山庄
2012	特色景观旅游名镇	国家级	界石镇
2012	旅游休闲镇	省级	张家产镇、界石镇、小观镇
2012	最美乡镇（乡村）	省级	界石镇、米山镇西铺头村、葛家镇西于疃村、龙山街道金岭山庄
2013	休闲农业与乡村旅游示范点	省级	界石镇
2013	旅游强镇	省级	天福街道
2013	旅游特色村	省级	界石镇楚岘村、龙山街道西楼社区、埠口港张家埠村

第三节　旅游设施建设

1991年始，以打造“道教名山、金色海岸、温泉之都、李龙故里、进士之乡”旅游精品化工程为目标，加大旅游项目引进和建设力度。坚持“政府主导、市场运作、多元开发”原则，加大旅游资源开发力度和旅游基础设施建设。至1994年，先后重修圣经山东华宫景点，扩建文山公园，修复召文台等古迹。1995—1996年，先后开发圣经山风景区、小观金滩旅游度假区、天福山起义纪念地景区、市中心游览区等旅游区。1997—1998年，在圣经山景区架设长1680米高空车组吊厢式索道。投资2800万元，硬化昆嵛山旅游带上泽公路和荣兰线赤金泊至圣经山风景区公路，改善昆嵛山旅游区交通状况。对圣经山景区总面积3.1万平方米回游路线进行整修、硬化。投资3000万元，建成占地面积3.5公顷，集娱乐、雕塑、喷泉、绿化为一体的市中广场。

1999年，打破地区、行业、所有制界限，按照“谁投资、谁受益”原则，鼓励部门、集体、个人等参与旅游资源开发和项目建设，形成市、镇、村、企业及个体工商者和外商多方投资的新格局。是年，高村镇一个体工商者投资280万元，买断呼雷汤温泉疗养院产权，打造洗浴、保健、疗养、娱乐为一体的高档休闲中心。文城镇大众村投资400万元，建起集游乐、休闲、健身于一体的大众娱乐城。宏安集团有限公司投资4000万元，整治厂区环境，建起15万平方米绿地、公园和高档酒店，开发工业观光旅游。宋村镇政府投资300万元，用于李龙王民俗园内的道路、水、电、排污等配套设施建设。葛山镇投资4亿元用于镇区基础设施建设，建起大型音乐喷泉广场、儿童乐园和水上公园等。葛山、泽库、宋村等镇以小城镇建设为龙头，带动旅游业发展，获全国小城镇建设示范镇称号。2000年7月，建设占地面积150公顷的峰山森林公园。2002年，文登电业总公司兴建占地367公顷的青龙生态旅游度假村。2003年，推行旅游大项目市场化运作机制，景区景点的所有权与经营权分离。圣经山风景区开发经营权转让给深圳国际平衡投资商务集团，该公司规划投资3亿元开发圣经山，打造中国道教文化名山。

2006年，按照“政府引导、市场运作、社会参与”原则，吸引社会投资，加大重点旅游设施建设力度。2007年3月，规划面积98平方千米的南海旅游度假区开工建设。7月，珠海天沐集团在张家产镇投资4亿元，开发威海天沐温泉度假村项目。是年，建成长5000米、均宽180米，总面积73公顷的抱龙河公园。2008年，威海汤泊温泉度假村开工兴建。投资7000万元的南海公园一期项目对外开放。2009年9月，总投资2亿元、按五星级标准建设的文登倪氏海泰大酒店试营业。11月，总投资1亿元的南海蓝湖商务休闲区旅游项目动工建设。山东金日月旅游开发有限公司投资5亿元，对圣经山旅游风景区景点、全真教遗迹和金贞祐年间毁于兵火的东华宫道观进行修缮和改扩建。2010年6月，文登市山泰食品有限公司投资1.5亿元，建设山泰种养殖生态园。12月，烟台虹光房地产开发公司与东安黑豹股份有限公司共同投资建设的威海汤泊温泉度假村一期项目对外营业。

2011年10月，建成文登市博展中心，集中展示文登史前、士学、道教、李龙、红色等特色文化，成为现代观光旅游新亮点。峰山森林公园实施一期扩建工程，面积扩至300公顷。2012年，圣经山景区老子文化馆主体工程完工，长春庵、契遇庵景点完成复修，东华宫道观群对外开放。天福国际度假山庄一期项目对外营业。

2013年5月，峰山森林公园二期建设工程竣工并对外开放。文登倪氏海泰集团与澳门长富集团共同投资，建设以婚庆文化为主题，以中国第四代主题公园为基准，集中西婚庆文化、主题游乐、商务休闲、风情体验、养生度假等功能于一体的大溪谷文化创意基地项目，办公楼配套设施及周围景观完工，彩虹教堂、花瓣大酒店等各项工程如期推进。由山东影视传媒集团、盛泰集团共同投资的威海呼雷汤温泉及影视文化创意产业区开工建设。11月，威海福地园林工程有限公司投资建设的总占地面积50.9公顷，建设面积40万平方米的福地传奇水上乐园项目在南海新区开工建设。浙江绍兴富民恒大投资公司投资5亿元建设雷迪生蓝海明珠酒店项目，到位资金3000万元。

1991—2013年，全市旅游业累计投入资金89亿元，建成一批高、中、低档有机结合的基础配套设施，新建一批景区景点，复修、扩建和完善一批老景区，“四山、五泉、一线”的旅游格局得到充分整合，全市旅游接待服务条件不断改善，城市现代旅游服务功能明显增强。昆嵛山樱桃节、国际温泉节、南海沙雕节等各具特色的节庆活动，以及工农业旅游示范点和生态农业的观光、采摘，丰富着文登旅游内涵，推动文登旅游事业快速、健康发展。

第二章　旅游规划与旅游市场

经过多年建设，文登市旅游规划日趋完善，客源市场有效拓展，产业规模日益扩大，旅游业呈现蓬勃发展势头。2007—2008年，文登市连续两年获山东省最具竞争力旅游强市称号。

第一节　旅游发展规划

“八五”时期，文登市利用境内多种自然景观和旅游资源，加大旅游开发力度，把旅游业作为新的经济增长点。先后规划开发建设圣经山风景区、南海金滩旅游度假区、北海旅游度假区、文山公园、抱龙河公园等景区景点，加强旅游基础设施建设，全市旅游服务业初具规模。

“九五”时期，旅游业定位为第三产业龙头行业，推行股份制和股份合作制，多渠道筹措社会资金，用于旅游配套设施建设，发展和搞活旅游业。在政策、资金、宣传等方面，加大支持力度，为加快旅游业发展营造良好氛围。2000年4月，市委、市政府印发《关于加快旅游业发展的意见》，提出以发展城市旅游业为载体，明确城市定位，完善城市功能。按照城市特色在山、灵气在水、文化在“文登学”理念，以开发山、海、泉、城等旅游资源为基础，达到名胜古迹与历史文化和谐统一，自然景观与人文景观完美融合。以全面提高旅游接待服务水平为根本，实现旅游业从起步到规模发展质的飞跃，走上可持续发展道路。6月，结合编制全市国民经济和社会发展第十个五年计划，聘请世界旅游规划专家组、中国旅美专家组、建设部规划设计院、省建委规划设计院及上级旅游部门专家，制定《文登市旅游发展总体规划》。按照“特色与文化并重、开发与保护兼顾”的原则和建设大旅游思路，把旅游业规划设计与国民经济发展有机结合起来，把城市、镇村、山海、景点建设与生态保护等内容纳入旅游业总体规划设计。在景区景点规划设计中，突出“文登学”特色，形成品位高、容量大、社会参与性强、回报效益好的旅游产业空间格局。提出发展度假旅游、生态旅游、温泉旅游、文化旅游、红色旅游、节庆活动旅游、工农业旅游等专项旅游产品，确立将文登建成集观光游览、度假休闲、温泉疗养、购物娱乐为一体的度假旅游胜地发展目标。在总体规划指导下，编制完成《小观金滩旅游开发规划》《圣经山旅游开发规划》《山东文登温泉旅游大世界总体规划》等区域发展规划。

“十五”时期，把旅游业定位为国民经济支柱产业，重点进行培植。以获得中国优秀旅游城市称号为契机，内抓资源开发、设施配套，外抓网络沟通、宣传促销，进一步发展旅游业。2005年1月，市委、市政府印发《关于加快发展旅游业的意见》，以山、海、泉、城、福文化为特色，强化政策引导，创新运作机制，科学规划开发，扩大产业规模，提升产业素质，增强产业效应，努力实现旅游业由支柱产业向主导产业转变，由观光旅游向养生休闲度假旅游转变，把文登市打造成为现代山水生态文化旅游名城、独具魅力的温泉之都和养生休闲度假胜地。对旅游项目建设、市场开拓、资金投入等方面给予政策扶持，鼓励和支持旅游业加快发展。

“十一五”时期，旅游业被作为一项经济主导产业进行规划。确立围绕山、海、泉、文等旅游资源，加大城市品牌营销力度，增强文登的对外吸引力，做大做强旅游业，把文登建设成现代山水生态游、道教文化宗教游、温泉养生度假游和李龙民俗文化游胜地，加快融入半岛黄金旅游圈。

“十二五”规划提出，依托文登丰富的旅游资源，叫响“养生之都”品牌，加快发展养生旅游业，将文登打造成山、海、泉养生休闲新城。2012 年 12 月，市政府印发《关于进一步加快旅游业发展的意见》，提出以塑造提升“中国长寿之乡 滨海养生之都”城市品牌为目标，整合旅游资源，优化产业结构，推进旅游业由传统低端向现代高端转变，由观光型向度假型转变，由单纯重景观建设向重旅游文化精品建设转变，由点式开发向串珠成链、资源整合转变，由重资源开发向重市场营销和资源开发并重转变，不断提升旅游业发展质量、规模档次和综合效益，全力打造国内一流、国际知名的滨海度假旅游目的地，实现旅游资源大市向旅游产业强市的跨越发展，力争旅游经济总量、旅游接待规模、旅游服务质量、旅游发展环境等进入全省前列。

第二节　旅游市场开发

旅游宣传　文登注重旅游整体对外宣传，多次组织人员，参加国际国内旅游交易会和全国各地举办的旅游投资洽谈会、旅游专题招商会等节会活动，与国内 100 余家旅行社、旅行商结成合作伙伴关系，建立媒体宣传、节庆活动搭台、展会推介、网络促销、旅行社招徕等灵活多样的市场营销体系，推动旅游业发展。

媒体促销　1991—1995 年，先后通过新华社和《人民日报》《现代中国》《中国旅游》《大众日报》《走向世界》《中国旅游报》等媒体，向国内外介绍文登的自然风光、旅游景点。中央电视台拍摄的《仙山之祖昆嵛山》《文登好风光》等 3 部电视风光片，文登电视台拍摄的《昆嵛纪行》等 2 部电视专题片，定期对外播放。1996 年，在山东电视台天气预报栏目插播圣经山风景区图片。1997 年，中央电视台拍摄的《文登，开放的热土》，获山东省对外传播奖二等奖。威海电视台拍摄制作的《洞天福地圣经山》，在环渤海圈 14 个沿海城市的电视台和山东卫视、香港卫视中文台播放。文登电视台制作的《道教圣地昆嵛山》专题片，获山东省优秀电视专题片一等奖，先后在中国台湾和美国克拉斯电视台播放。1999 年，邀请国际摄影家和山东、云南、黑龙江等省级电视台到圣经山风景区拍摄风光专题片。6—12 月，中央电视台农业节目制作中心《乡村大世界》栏目摄制组、全国各地 30 家晚报记者、山东电视台有线综艺频道《假日旅游》栏目摄制组，到文登摄制反映文登政治、经济、文化，以及旅游发展情况节目。2000 年，中央电视台四频道《旅行家》栏目到文登摄制道教全真派发祥地圣经山专题节目。2002 年，山东卫视记者到文登拍摄制作 20 分钟旅游专题片——《走近圣经山》。2009 年，文登旅游城市形象宣传被纳入山东省旅游局组织的“联合推介，捆绑营销”活动，在中央电视台一、四频道黄金时段播放。2010 年 10 月，与北京华铁传媒合作，在北京至威海 K411/412 列车开通“中国长寿之乡（文登）”品牌专列，通过列车海报、卧铺票卡、列车播音等形式，对文登“中国长寿之乡 滨海养生之都”城市品牌进行宣传。2011 年 1 月，在中央电视台黄金时段播出文登旅游宣传片，在旅游卫视天气预报栏目中增加文登城市播报。3 月，《中国旅游报》驻文登记者站成立。7 月，举办“百家媒体走进文登”大型采风活动。中央电视台四频道《快乐汉语》节目组在文登拍摄制作 8 期节目，在亚洲、欧洲、美洲等多个国家和地区播出。2012年，与《大众日报》建立合作关系，定期在旅游版块刊发文登旅游信息，完成《大众日报》旅游版乡村游、养生采摘游、文化温泉游等系列报道；在中央电视台一频道《朝闻天下》栏目和中央电视台四频道《走遍中国》栏目播放文登宣传片；在《新航空》杂志进行为期1年旅游广告宣传。2013年，邀请《中国旅游报》《直播威海》《威海日报》《威海晚报》及威海新闻网等10余家媒体采风团到文登进行乡村游采风，制作全市各类采摘点采摘地图，在网络媒体公布。

展会促销 1991—1995年，市旅游局组织各类旅游推销团组9批68人，分别参加国家级、省级、地市级等客源市场宣传促销活动。1997年4月，组团参加在烟台举行的亚太地区博览会，成为亚太地区博览会（18个成员国参加）3个旅游促销团之一。1998年，组织4批促销团参加北京北方10省市、泉州全国旅游交易会。1999年，组织参加云南全国旅游交易会、山西太原北方10省市旅游交易会、烟台中国沿黄10省市旅游交易会。2001年，参加大连全国旅游交易会、中国（济南）国际旅游交易会和韩国汉城旅游商品投资说明会。2002年，组织相关单位参加深圳、南京、哈尔滨、青岛等城市举行的招商会和国内旅交会。2005年5月，组织参加中国济南世界友好城市暨旅游交易大会。2007—2009年，先后组织参加中国北方旅游交易会、中国国内旅游交易会、威海上海友好城市旅游企业巡回促销会、“威海东北一家亲”大篷车等旅游展会。2010年，参加重庆旅游交易会、北京旅游交易会、上海国际旅游交易会、上海温泉高端产品研发座谈会、第五届海峡两岸台北旅展等系列旅游展会。8月，市旅游局组织天沐温泉度假区、汤泊温泉度假区和龙之旅旅行社等单位，到韩国举办文登旅游首尔推介会。10月，历时两周的“好客山东、养生文登”旅游大篷车东北三省大型推介活动，达成各项旅游协议58份，预订到文登考察旅游线路和旅游资源的旅行社187家。2011年4月，在西安中国国内旅游交易会上设立“中国长寿之乡 滨海养生之都”展位。6月，市旅游局参加威海市赴俄罗斯促销团活动，在俄罗斯远东地区推介文登温泉、海滨等特色资源。在汤泊温泉度假区举行的“中国长寿之乡 滨海养生之都”文登旅游资源推介大会，邀请124个城市的300家知名旅行社的主要负责人出席会议，发放各类宣传资料、光盘5000份，签订合作协议21份。2012年3月，在青岛举办的国内旅交会上，市旅游局与青岛市南区、蓬莱市旅游局等15家单位，共同启动山东半岛蓝色经济区互惠旅游计划，成立“互惠旅游联盟”，同时，正式发行“自由游”互惠卡。6月，在韩国首尔召开中国威海市文登观光说明会，考察设在韩国的文登旅游超市项目建设情况，与韩国PARADISE集团和张保皋旅行社达成进一步合作协议，在韩国门户网站上设立网页，在韩国旅游客源地热点城市展示文登的养生资源和旅游产品，开通在线咨询服务，为韩国游客到文登旅游提供方便，使韩国游客赴文登旅游度假，形成“旅游超市+旅行社+办事处+网络”完善体系。12月，在“好客山东贺年会”山东旅游金榜评选活动中，文登市获评“2012山东最佳文化旅游目的地”。是年，先后组织“中国长寿之乡 滨海养生之都”文登旅游大篷车赴长三角城市群、华北、西北、华中地区和东北三省等地区30个城市开展推介活动，与各地旅游业界现场签订合作协议200余份。

节庆促销 1991年始，文登市开始筹划举办旅游节庆活动。先后举办国际昆嵛山会、昆嵛山樱桃节、李龙文化山会、南海沙雕节、中国道教名山·圣经山旅游文化节、国际温泉节、拉网采贝节、文登金秋生态之旅、文登好风光周末休闲游等节庆活动。樱桃节、沙雕节、温泉节等旅游节庆成为文登市旅游品牌。

国际昆嵛山会 1991年5月20日，文登市政府与中国道教协会、中国旅游文化学会、北京史地民俗学会在文登联合召开中国道教全真派发祥地文登国际研讨会。北京白云观道长曹信义，泰山碧霞祠住持、山东省道教协会会长张长明及来自日本、韩国、美国、俄罗斯等国家和中国台湾地区的学者150余人参加研讨会。经与会中外专家学者及道家实地考证，一致认定昆嵛山为中国道教全真教派发祥地。会议确定每年5月20日为昆嵛山会日。1992年5月20—22日，首届文登国际昆嵛山会举行。来自日本、韩国、俄罗斯、菲律宾、澳大利亚、巴西等10余个国家及国内文化、新闻、经济界共230余名中外嘉宾应邀与会。山会期间，日接待游客3万余人，30个民间艺术团体在市体育中心表演民间艺术节目。同时，与会中外企业界人士举行经济技术贸易洽谈活动。1993—2003年，每年5月举办山会。其间，举行朝拜圣经山、游览东华宫、农家民俗游、参观工厂企业、游览南海金滩旅游度假区、举办昆嵛风光征文大赛和书画大赛等文化活动。2004年后，国际昆嵛山会停办。

图16-7　2010年5月31日，文登市第六届昆嵛山樱桃节开幕。

昆嵛山樱桃节　2005年5月，首届昆嵛山樱桃节在界石镇举办。游客不仅可以亲手采摘樱桃，还可以品尝山里人的农家宴，吃跑山鸡、松蘑、香椿、蕨菜、山芹菜等特色菜，以及红薯、粑粑等农家饭，亲身体验昆嵛山的自然风光与风土人情。樱桃节期间，共接待国内外游客10万人次，与中外客商签订合同、协议14项，合同利用外资1740万美元、内资1.9亿元，旅游总收入2000万元。2006年5月，第二届昆嵛山樱桃节共接待来自韩国、日本、美国、俄罗斯等国家和广东、上海、北京、海南等地游客10余万人次，旅游总收入3000万元。是年，在山东首届旅游年会暨旅游总评榜活动中，文登市昆嵛山樱桃节获评山东旅游最具成长力品牌。2008年始，樱桃节改由企业冠名举办。2009年，“电信天翼杯”昆嵛山樱桃节接待游客20万人，旅游总收入4000余万元。国家旅游局在《旅游调研》上发表调研报告《大力发展农业旅游 促进山东新农村建设》，向全国推广文登市举办樱桃节促进旅游经济快速发展的做法和经验。至2013年，连续举办9届樱桃节。每年5—6月，到昆嵛山品樱桃、吃农家宴、游山水，成为威海乃至胶东人的时尚。

李龙文化山会　文登是传说秃尾巴李龙王的故乡。在300余年李龙文化活动中，文登修建很多祭拜李龙及李龙母的宫观庙宇，并形成一套完整的崇祀风俗。虽原有祭拜场所与设施大都在不同时期历史灾难中遭到损毁，但部分祭祀风俗仍存。2007年4月17—19日，首届李龙文化山会

图16-8　2010年4月15日，文登市第四届李龙文化山会民俗表演现场。

在回龙山举办，中国龙文化暨李龙文化研讨会在宋村镇召开。来自山东、东北三省、江浙一带共10余万人聚集回龙山，祭拜李龙王，赶山会、看演出，祈盼盛世幸福安康。至2013年，共举办7届李龙文化山会，每届游客都在10万人以上。

南海沙雕节 又称中国威海沙雕文化艺术节。2008年9月30日，首届威海（文登南海）沙雕节在南海新区举行。沙雕节以“展示生态资源，彰显南海风光”为主题，共展出沙雕40组，总长1.5千米。2010年，沙雕节以“世界艺术大观”为主题，分8个版块、34组沙雕作品，集中展现中华五千年文明史和世界文化艺术史。沙雕作品世博会中国馆为该届沙雕节亮点。2011年，沙雕节主题为“中国四大名著”，共创作16组沙雕作品，内容比前3届更为细腻，将名著中人物和场景引入沙雕创作中，让游客深切感受到中国历史文化魅力。其中，“金陵十二钗”“吕布戏貂蝉”“三打白骨精”为该届沙雕节亮点。2012年，以“童话世界”为主题，展现迪士尼动画经典人物形象，利用LED节能光源，对沙雕实施亮化，为游客提供视觉享受。2013年4月，沙雕文化艺术节主题为“幸福威海”，展示一体化发展下大威海幸福元素、旅游特色及文化内涵，展现有关威海地区的神话传说、历史典故、人文风情及现代地标性建筑。整个沙雕群共107组，全长2.5千米，其中最大一座雕塑——“海上丝绸之路”，长20米、宽6米、高10米，用沙量1200立方米。规模为历年之最，被吉尼斯总部授予“世界海岸线上最长的沙雕群”证书。是年，威海沙雕文化艺术节获2013年度中国节庆产业金手指奖。至2013年，威海沙雕文化艺术节连续举办6届，每届历时半年有余，每年吸引近30万名各地游客前来游览观赏。

中国威海（文登）国际温泉节 2005年7月，经国家工商总局批准，文登市成功注册“温泉之都”旅游品牌等系列产品，首开国内温泉旅游开发经营注册商标先例，拉开以温泉开发带动旅游业发展的序幕。2008年9月26—29日，由山东省旅游局和威海市政府主办，威海市旅游局、文登市政府、北京红枫文化传播有限公司、威海天沐温泉度假区承办的首届中国威海（文登）国际温泉节在威海天沐温泉度假区举行。来自俄罗斯、日本、韩国等国家和中国台湾地区的温泉开发专家学者及近200名旅游商，参加国际温泉文化论坛、文登南海国际海滨度假区项目推介暨旅游房地产新闻发布会、温泉养生大讲堂等系列活动，交流国际温泉旅游的发展经验，探讨世界温泉休闲文化发展方向，推动中国温泉休闲旅游业健康快速发展。《人民日报》、新华社、中央电视台、中央人民广播电台、《中国旅游报》等新闻媒体对温泉节做专题系列报道。2009年10月26日，举办第二届中国威海（文登）国际温泉节。11月，获评中国最佳县域旅游节庆奖。2010年9月10日，首届国际养生产业峰会暨第三届中国威海（文登）国际温泉节作为养生产业专业峰会，得到国内外温泉界高度关注。50余位国内外专家、50余家组织机构代表、400余位地产及养

图16-9 2012年9月18日，第三届国际养生产业峰会暨第五届中国威海（文登）国际温泉文化论坛在威海汤泊温泉度假区开幕。

生产业相关投资商、100余家主流媒体的记者共700余人应邀出席为期两天的峰会。是年8月，在第六届中国旅游城市（县）发展暨中国旅游竞争力城市公益评选中，文登市获中国优秀温泉度假旅游城市称号。2011－2012年，通过举办第二、三届国际养生产业峰会暨第四、五届国际温泉文化论坛，进一步提升“中国长寿之乡 滨海养生之都”品牌知名度。2013年，第六届威海（文登）温泉节主题为“走进温泉之都，体验养生文登”，主推文登温泉品质和文化特色，推动文登旅游、房地产及其他养老养生产业持续发展。

金滩拉网采贝节 南海新区万米海滩沙细水清，波平浪缓，海产丰富，尤以小观蛤、桑蛎、文蛤等闻名。2007年10月，首届金滩拉网采贝节在南海新区举办。至2013年，共举办7届。节日期间，游客可以自寻自采，挖沙蛤、杂色蛤，采桑蛎，捉虎头蟹等各种海鲜。金滩采贝、趣味拉网、持竿垂钓、民俗表演、沙滩啤酒赛、风情烧烤、渔家宴等活动，吸引大批远道而来的客人，游客可自炊自饮，也可租船拉网采贝、出海捕捞，享受追潮赶海的乐趣。

第三节 旅游商品开发

文登物产丰饶。家纺工艺品、海产品、西洋参、玩具等远近闻名。

1991年，文登市易高礼品玩具厂被选定为全国旅游商品定点企业，文登丝绸、刺绣、颐阳补酒等被定为山东省旅游商品。是年，全市旅游商品创汇1362万美元。1992年，文登市花生制品厂的油炸花生仁产品获中国旅游商品天马奖。1995年，全市旅游商品出口创汇6933万美元。2000年4月8－18日，市旅游局与市经委、市技术监督局合作，在全市范围内开展旅游商品评选，有28个生产厂家参与。经过评委逐级评选，12家企业被认定为文登市旅游商品定点生产厂资格，共14个品牌2000个品种；8家被认定为威海市旅游商品定点生产厂资格，共10个品牌1600个品种。批准文登市昆嵛花生制品厂、威海市家乐玩具集团公司、文登市云龙绣品集团公司、文登市刺绣工业集团公司、文登市宝利渔具有限公司5家企业为文登市旅游商品定点生产厂家。在重要商场和景区景点设立旅游商品专柜，实行旅游购物定点制度，引导和促进全市旅游商品的生产与销售。是年，旅游商品创汇2.38亿元。

2001年，全市旅游行业结合文登历史文化背景和景区景点特点，加快全市旅游纪念品和旅游商品研制开发工作，开发出3种具有圣经山和召文台景区特色的旅游纪念品。市旅游局与威海海立宝石文化产品生产基地联合开发玛瑙纪念品“春的旋律”“亮丽风采”等系列20余个品种，其中，围绕老子文化元素开发的玛瑙宝石纪念品，尤其是老子石像纪念品在6月召开的韩国商品展销会上受到韩国客商喜爱。2005年，在山东省旅游局主办的“西霞口旅游杯”第三届山东省旅游商品创新设计大赛中，山东云龙绣品有限公司“轻舟已过万重山”绣品、山东省艺达有限公司“花语”（贡缎台布）分别获优秀旅游纪念品、优秀旅游文化艺术品等称号。是年，全市旅游商品创汇5.5亿元。

2008年，全市旅游商品创汇7.35亿元，占旅游总收入的37.67%。2009年，山东万得集团有限公司获2008－2009年度山东省旅游休闲购物十佳品牌称号。在威海市“银滩杯”旅游商品创新设计大赛暨旅游商品展示会上，山东万得集团有限公司“贵安居”牌家纺产品、山东云龙绣品有限公司“云龙”牌家纺产品、山东省艺达有限公司“艺达”牌家纺产品、张家产镇“御龙旗”牌西洋参、泽库镇“五垒岛”牌大饽饽等，获优秀旅游商品奖。2011年，文登云龙绣品入选“到山东不可不买的100种特色商品”。在威海市旅游商品大赛中，文登市40余种旅游商品参赛。“御龙旗”牌西洋参获金奖，“威达”“迈泊”牌家用组合工具、厨房组合产品及“芸祥绣品”牌家纺产品分获银奖。2012年5月19日，以全国旅游日为契机，“文登礼物”旅游商品征集大赛在市中广场举行，大赛评选出荣誉奖8个、创新奖9

个、品牌奖16个。2013年，山东颐阳酒业有限公司“颐阳”牌系列文登学酒及西洋参细胞破壁粉、颐阳洋参片、羊藿益肾酒被首批命名“礼尚威海”旅游商品。是年，全市旅游商品创汇8.22亿元。

第四节　优秀旅游城市创建

1995年，国家旅游局开展创建中国优秀旅游城市活动。文登市全力配合威海市开展“创优”活动，并制定文登“创优”规划，做好申报文登“创优”基础工作，推动文登旅游业发展再上新台阶。1996年始，以市中广场及城市绿地、抱龙河绿化美化为重点，在全市开展人人参与、美化家园为主题的城市环境综合治理工程。投资2亿元，完成城市绿化总面积577公顷，覆盖率达37.4%。市区街道安装高档路灯2700基，设置商业广告灯箱、语言灯箱、霓虹灯灯饰等600面，投射灯、草坪灯等150组，大型电子屏幕5处。市区主干道、繁华地带和景区景点设置IC卡公用电话。市政公用交通设施全面整修，垃圾实行袋装化收集清运。市区到圣经山风景区、南海旅游度假区、天福山起义纪念地景区的道路硬化拓宽工程全部竣工。开通6条市区公交线路，在主要景区景点设立旅游团队临时停车站点和旅游车绿色通道。在威青汽车专用线设置大型跨桥宣传刊板，在通往圣经山风景区的公路上设置标准公路中英文导引牌16块。先后投资8亿元，完成威青汽车专用线、荣兰线、初张公路文登过境段等公路拓宽工程。

1999年3月，文登市正式向国家旅游局提出参加创建第二批中国优秀旅游城市的申请。市政府印发《文登市创建中国优秀旅游城市活动实施方案》。成立由市长任组长，旅游局、建委等57个部门主要负责人为成员的“创优”工作领导小组，在旅游局设立领导小组办公室。4月，市政府召开会议，把“创优”具体任务和责任分解落实到57个相关部门和单位，由市长与各单位主要负责人签订“创优”任务责任状，将任务目标完成情况与全年目标管理责任制考核相结合。“创优”工作领导小组每月召开例会，研究解决“创优”工作中存在的问题，并定期对全市“创优”工作情况进行检查和通报。是年，发放“创优”宣传材料10万份，文山路、峰山路、龙山路、昆嵛路等主要道路和建筑物悬挂宣传横幅，竖立旅游宣传灯箱；所有公共汽车、出租车张贴“开展优质服务竞赛，创建优秀旅游城市”宣传口号；在威海、文登各大媒体开设旅游专题、专栏，在各镇（街道）、市直各部门开展“创优”知识有奖竞赛，共收回“创优”知识答题卡1.3万份；举办万名市民“创优”签字、万名市民“创优”游行、万名中小学生“创优”知识问答、万名市民参加“创优”文艺会演的“四个一万”活动，营造浓厚的“创优”工作氛围。完成市区供水能力提升改造、对市区主干道进行拓宽改造、建设港湾式公交停车点、加强大气质量和噪声控制、生活垃圾无害化处理等，城市环境得到全面改善。

2000年8月19—22日，文登市通过省旅游局中国优秀旅游城市初审。9月23日，文登市通过国家旅游局检查验收。2001年1月11日，在全国旅游工作会议上，文登市被授予中国优秀旅游城市称号。其后，按照《中国优秀旅游城市复核标准》，继续深化城市创优工作内涵，建立城市旅游综合执法机制，整改薄弱环节，全市旅游业发展大环境得到明显优化，城市基础设施建设和现代化旅游功能愈加完善，旅游服务质量和游客满意度同步提高，城市整体形象显著提升。至2013年，全部通过国家旅游局的“创优”复核验收。

第三章 旅游服务

1991—2013年，随着旅游业持续发展，全市旅游酒店、旅行社、旅游交通、旅游购物等相关旅游服务产业亦随之快速跟进，基本形成“食、宿、行、游、购、娱”系列服务体系，城市现代旅游服务功能明显增强，接待能力和服务质量全面提升。

第一节 旅游酒店

1991年，市旅游总公司按照国家旅游局颁布的《中国旅游饭店行业规范》，指导、推动全市旅游宾馆饭店硬件设施和软件服务提档升级。1992年7月，文登商业宾馆、康利大酒店、迎春宾馆、金乡别墅、良苑宾舍、市中经贸大厦、艺苑宾馆被市旅游局确定为旅游定点饭店。1994年，昆嵛大厦建成并对外试营业（翌年，被省旅游局评定为三星级宾馆），温泉大酒店晋升为二星级宾馆。1995年，旅游涉外宾馆有文登宾馆、埠口宾馆、温泉大酒店、昆嵛大厦4家，涉内宾馆61家，其中一级13家、二级5家、三级19家、四级24家。

1996年后，新上富丽大酒店、银丰大酒店、文登市机械职工培训中心、明明大酒店、艺利达酒店、华达汽车翻新修理厂招待所三级以上宾馆、酒店6家，全市旅游综合接待能力显著提高。1999年，全市有旅游定点、涉外饭店9家，床位1500张。2001年，宾馆酒店连锁经营、特色服务形成规模。昆嵛大厦、文登宾馆、迎春宾馆、宏安酒店、圣经山旅游度假村、东方饺子王有限公司、倪氏海鲜大酒店等国营、集体、私营餐饮单位，以租赁、新建方式，在市区和市区外开设分部、连锁店，经营规模逐步扩大。是年，根据国家旅游局颁布的《旅游饭店星级划分与评定》，全市取消旅游涉外饭店制度，全面推行星级饭店评定复核制度，严格执行《中国旅游饭店行业规范》，提高星级饭店整体经营管理水平。2003年，全市国有、集体宾馆和招待所主要有昆嵛大厦、劳动大厦、温泉大酒店、恒源招待所、水产招待所、迎春宾馆、宏安酒店、良苑宾舍、闻登酒楼等。2005年，市旅游局印发《文登市加强星级饭店管理工作的意见》，对2家晋级饭店进行现场指导，对星级饭店开展复核，全市旅游饭店进入质量提高期。2006年，全市多种所有制形式宾馆、招待所、酒店遍布城乡，主要有昆嵛酒店、宏安大酒店、富丽华大酒店、文登宾馆、劳动大厦、温泉大酒店、龙山宾馆、恒源招待所、恒源大酒店、迎春宾馆、良苑宾舍、闻登酒楼、东方宾馆、倪氏海鲜大酒店、运恒大酒店、喜庆大厦、德泰大酒店、凯德商务酒店、近乡别墅、扬帆大酒店、新时代小肥羊火锅店等，其中昆嵛酒店、宏安大酒店、富丽华大酒店为三星级，劳动大厦、温泉大酒店、近乡别墅为二星级，共有床位近4000张。2007年始，市旅游局在全市旅游业推行“好客山东”旅游服务标准，规范旅游星级饭店、星级餐馆和旅行社管理，促进旅游业健康发展。

2013年，全市拥有星级酒店、餐馆14家。其中，四星级酒店有昆嵛酒店、德泰大酒店，四星级餐馆有运恒大酒店；三星级酒店有富丽华大酒店、喜庆大厦、凯德商务酒店、劳动大厦、金滩大酒店，三星级餐馆有龙山宾馆、赤金绿岛酒店、栗景饭庄；二星级酒店有近乡别墅，二星级餐馆有新时代小肥羊火锅店、海韵大酒店。星级酒店拥有客房552间，床位1561张。另有倪氏海泰大酒店、华玺大酒店、华欣大酒店、南源酒店、汤泊温泉度假村酒店、天沐温泉度假村酒店等规模较大的酒店。

第二节 旅行社

1991年11月，文登市旅行服务社成立，有职工23人，隶属于市旅游总公司，出售旅游车船机票，经营国内旅游业务。1996年，全市有名胜旅行社、国信旅行社和安顺旅游中心3家旅行社。2001年，贯彻国务院《旅行社管理条例》，市旅游局印发《关于大力加强旅行社建设的意见》。全市新批准成立旅行社7家，规范2家外地驻文登分支机构。年末，文登市共有对外服务旅行社10家。

2002年，为规范提高旅行社的经营质量和行为，暂停旅行社审批，实行旅行社公告制，并对旅行社进行业务年检，对违法违规经营和未通过年检的旅行社进行通报，取消其经营资格。2003年，加强对旅行社的规范经营和日常管理，对旅行社门市部进行清理整顿，同时，严格旅行社审批，促进旅行社质量提高。2005年，4家旅行社因违规经营被取消经营业务资格。2006年，市旅游局与各旅行社签订《旅行社规范旅游业务承诺书》，使旅行社经营步入规范化轨道。2007—2010年，全市新增旅行社4家。2012年，全市有旅行社11家，分别为威海龙之旅旅行社、文登市旅游集散中心、威海万协旅行社、威海运通旅行社、威海海韵旅行社、威海广衡旅行社、威海景祥旅行社、文登名胜旅行社、文登福康安旅行社、威海海景旅行社、威海春天国际旅行社有限公司文登分公司。2013年，全市有旅行社9家，其中AAA级旅行社5家。从业人员74人，导游人员40人。

2013年文登市旅行社情况表

表16-3

名称	地址	级别	职工人数（人）	批准年份
文登名胜旅行社	环山路99号	—	8	1994
威海龙之旅旅行社	昆嵛路39号文景大厦9楼	AAA	15	2001
威海运通旅行社	米山东路44-9号	AAA	9	2001
威海万协旅行社	文山路161号	AAA	6	2003
威海海韵旅行社	文山路丰华商厦2楼	—	7	2005
威海景祥旅行社	米山东路9号	AAA	8	2010
文登福康安旅行社	峰山路41-3号	—	6	2011
威海旅万里旅行社	米山路11号	AAA	9	2011
威海海景旅行社	环山路55-9号	—	6	2012

第四章 旅游管理

第一节 管理机构

1991年8月，文登市旅游总公司成立，增挂文登市旅游局牌子，正科级事业单位，工作人员10人。内设办公室、计划财务科、企业管理科，辖昆嵛山风景区管理处、温泉管理处2个副科级事业单位。1996年5月，撤销企业管理科，增设政工科。2002年1月，机构改革，文登市旅游总公司撤销。文登市旅游局（简称市旅游局）。内设办公室、政工科、计划财务科，增设规划发展科、质量规范与管理科、旅游促进与对外联络科。2005年2月，圣经山景区管理委员会成立，副县级单位。2007年9月，昆嵛山风景区管理处撤销。12月，温泉管理处撤销。2008年3月，增设旅游市场监督执法科。2013年，市旅游局设办公室、规划发展科、质量规范与管理科、旅游促进与对外联络科、旅游市场监督执法科（增挂执法大队牌子）、旅游公共服务中心（事业单位），工作人员19人。

第二节　行业管理

1991年始，旅游管理机构逐步健全，行业管理工作日趋规范。1992年3月，市政府印发《关于加强旅游行业管理的意见》《旅游市场管理细则》，全市旅游企业经营管理和服务质量明显提高。1996年，修订完善旅游业7大项行业管理标准，补充内容300余条。1999年，以开展创建第二批中国优秀旅游城市活动为契机，全市旅游行业推行标准化管理，加大业务培训力度，开展技能竞赛，重点提高旅游定点经营单位的管理水平和服务质量。2000年，对涉外饭店、旅行社、旅游景区景点等实行行业管理，对旅游餐馆、商店、游乐场所、车船公司、旅游商品等实行旅游业务定点管理，全面推行旅游服务规范和行业标准，重点对宾馆饭店的厨房、餐厅和客房卫生条件上档升级进行监督检查，提高行业标准化服务水平。2001年，组织相关单位人员参加国家旅游局在浙江举办的全国首期旅游标准化管理人员培训班，推动全市旅游标准化工作再上台阶。

2004年2月，建立和完善城市旅游综合执法机制，组织协调市工商、公安、交通、物价、卫生等部门，经常性开展旅游执法大检查，开展旅游质量服务年、细微化服务和平安旅游活动，建立旅游警示机制，对旅游市场进行专项整治，全市旅游市场秩序进一步规范。2005年，市旅游局先后印发《关于对全市旅游从业人员执证上岗管理的意见》《文登市旅游行业民主评议行风工作规范》等文件。全市有10个旅游企业被评为“青年文明号”，其中省级1个、地市级3个、县市级6个。2006年4月，与市委宣传部及市工商、公安、物价、财贸办等7部门联合开展“文明文登·诚信旅游”活动。2007年，市旅游局先后开展旅游行业“迎奥运、讲文明、树新风”和旅游细微服务年活动，以及优秀旅游星级饭店、绿色饭店评选活动，印发《文登市旅游餐馆星级评定工作实施意见》《关于在全市旅游行业广泛开展提升旅游文明素质教育活动的通知》《关于进一步加大导游队伍建设的实施意见》，促进旅游行业各单位进一步转变工作作风，加大服务培训力度，提高从业人员素质。同时，定期对旅游星级饭店、餐馆进行星级复核，对旅行社进行业务年检，规范行业行为，提高服务水平。2008年，昆嵛酒店被评为金叶级绿色饭店，劳动大厦酒店和喜庆大厦酒店被评为银叶级绿色饭店。2009年，凯德商务酒店被评为银叶级绿色饭店。

2010年8月，文登市旅游协会成立，有会员单位56个。各会员单位自警自律，规范旅游行业管理。2011年，加强景区、酒店、旅行社软硬件建设，全面提升旅游服务质量。2012年7月，文登市被定为第二批创建全国旅游标准化示范城市试点市。市政府印发《文登市旅游标准化试点工作实施方案》，成立由市长任组长，市直部门、镇（街道）等42个单位为成员的领导小组，确定威海汤泊温泉度假区、威海天沐温泉度假区、龙之旅旅行社、德泰大酒店、昆嵛酒店、运恒大酒店为旅游标准化试点单位。11月，国家旅游局监督管理司评估组到文登调研，对文登旅游行业标准化试点工作给予肯定。2013年，加大旅游行业管理力度，确保“规范、素质、品质、安全”四方面工作落到实处。组织旅游企业从业人员学习旅游法律法规和行业标准，举办4期210人参加的乡村旅游培训班，促进旅游市场规范和服务水准全面提升。

第三节 市场监管

1991年，市旅游总公司成立，加强旅游市场监管，整治和规范旅游市场秩序。1996年，先后调整文登市旅游市场专项整顿治理管理领导小组，成立旅游风景区安全文明监察领导小组，为旅游业发展创造良好环境。1997年5月，推行导游、饭店、旅行社、旅游车船和游乐园等国家服务标准。通过定期检查和暗访相结合方式对旅游景区等场所的乱摆摊点、坑骗敲诈、乱扔垃圾等现象进行综合治理，净化旅游市场。1998年10月，与市技术监督局联合，对旅游景区（点）、宾馆、车船码头等公共场所的公共信息图形符号进行检查，按国际标准化操作，解决图形信息市场混乱现象。2000年，境内星级饭店、涉外宾馆、定点餐馆、旅游购物商场、景区（点）全部设置国际标准化图形符号、旅游咨询投诉电话、中英文对照牌，重点景区设置道路交通指示牌，方便海内外游客。

2002年4月，市政府成立由分管副市长任组长，市旅游局和11个相关部门负责人为成员的整顿和规范旅游市场工作领导小组，落实对旅游市场的整顿和规范。市旅游局先后印发《关于建立旅行社合法佣金制度的实施意见》《导游员管理办法》《旅游经营单位诚信经营公约》等规范性文件。是年，对全市所有旅行社和星级宾馆（饭店）进行规范整顿，清理撤销5家不符合国家规定的旅行社和门市部，对4家超范围经营的旅行社依法进行处罚。2004年2月，在全市开展“平安旅游”活动，组织检查小组，对辖区涉旅企业进行安全生产督查。对存在重大安全隐患企业，责令其停业整顿，并取消其诚信单位评定资格；限期整改不到位，取消其旅游经营资格。2005年，10家旅行社通过年检，4家被取消经营资格。

2008年，市旅游局设立旅游市场监督执法科，规范执法和投诉处理程序，解决各类投诉纷争和不正当竞争行为。2011—2012年，市旅游局印发《全市整治和规范旅游市场秩序活动方案》，与市工商、公安、交通、卫生、安监、食药监理、公安消防等有关部门联合，在黄金周、节假日期间开展旅游市场、旅游安全检查，对存在问题的单位按规定下达限期整改通知书；对长期经营管理不善者，按规定取消经营资格；各旅游企业与旅游局签订安全生产承诺书，完善安全应急机制，落实安全生产责任制。对全市旅行社、星级酒店、餐馆、景区进行旅游市场安全综合检查，保证旅游市场平稳运行。对市区内旅游引导标识牌和国道、省道、县乡路旅游导向牌及AAA、AAAA级景区引导标识牌进行规范整治。2013年，加强旅游市场监管，对全市星级饭店、旅行社、景区景点等进行监督检查。针对安全生产、服务质量、旅游合同、用车合同等方面提出要求和建议，全面督促各涉旅企业严格按照《旅游法》各项规定开展业务，从源头上规范旅游市场秩序。

第十七编
金融业

1991年，文登境内有金融分支机构6个，其中银行业机构5个、保险业机构1个。1994年，国务院印发《关于金融体制改革的决定》，银行业实行政策性业务和商业性业务分离，商业性银行实施商业化经济体制改革，之间允许业务交叉，鼓励公平竞争。外汇管理实行汇率并轨。1996年，保险业实行财产保险、人身保险分业经营和股份制改革。1997年，境内首家典当行获准成立。2000年，首家证券营业部挂牌营业。2006年，首家担保公司正式运营。2010年后，异地银行、保险、担保、小额贷款等金融机构进驻文登设立分支机构。至2013年，境内金融机构增至55个。金融事业呈现出体系健全、秩序良好、服务便捷的新局面，为全市改革开放和经济社会健康发展发挥支撑和保障作用。

2007 年 6 月 7 日，中国人民银行文登市支行召开文登市金融机构联席会议。

第一章　金融机构

第一节　监管机构

中国人民银行文登市支行　中国人民银行文登市支行（简称市人行）与国家外汇管理局文登支局（简称外汇局文登支局）一套机构两块牌子。1991年，内设人秘科、计划调研科、金融稽核管理科、会计国库科、货币发行科、外汇管理办公室、监察室、保卫科，工作人员41人。1995年，国家颁布《中华人民共和国中国人民银行法》（简称人民银行法），确立中国人民银行为国家中央银行，分支机构为派出机构。是年，内设办公室、会计国库科、货币金银科、计划调统科、金管稽核科、人事教育科、保卫科和纪检监察室，工作人员38人。2005年，内设办公室、政工科、货币信贷与统计科、发行保卫科、国库会计科和外汇管理科，工作人员34人。2013年，内设办公室、综合业务部、调查信息部、外汇管理部、监察审计室，工作人员29人。先后被中国人民银行山东省分行授予先进单位、安全保卫规范化管理标兵单位、反假币先进集体称号。

中国银行业监督管理委员会威海监管分局文登办事处　2003年12月18日，中国银行业监督管理委员会威海监管分局文登办事处（简称市银监办）成立，正科级事业单位。依据《中华人民共和国银行业监督管理法》和威海银监分局授权，负责对辖区内有关银行业金融机构的监管，重点对农村信用社及其联社和邮政储蓄等机构进行非现场监管和现场检查，收集辖区内有关金融机构风险信息并向上级机构报告等。工作人员5人。2013年，内设监管一室、监管二室，工作人员3人。

文登市金融工作办公室　前身为经济体制改革委员会。1991年，内设生产体制科、流通体制科和综合改革科。1993年11月撤销。1995年11月恢复。2002年1月，更名为经济体制改革办公室，为市政府正科级直属事业单位。2008年2月，更名为企业上市办公室。9月，改称为金融上市工作办公室。2010年4月，变更为文登市金融工作办公室（简称市金融办）。2013年，增挂文登市地方金融监督管理局牌子，内设综合科、金融上市科、监管科和改制科，工作人员10人。

第二节　银行业机构

1991年，境内有银行5个。至2013年，银行增至12个：中国农业发展银行文登市支行、中国工商银行股份有限公司文登支行、中国农业银行股份有限公司文登市支行、中国银行股份有限公司文登支行、中国建设银行股份有限公司文登支行、中信银行股份有限公司威海文登支行、文登市农村信用合作联社、交通银行股份有限公司文登支行（简称市交行）、威海市商业银行股份有限公司文登支行（简称市商行）、中国邮政储蓄银行股份有限公司文登市支行（简称市邮储行）、招商银行股份有限公司威海文登支行（简称市招行）、山东文登建信村镇银行有限责任公司（简称建信村镇银行）。

中国农业发展银行文登市支行　1996年11月，中国农业发展银行文登市支行（简称市农发行）成立，为文登唯一一家国家政策性银行。主要职责是按照国家法律、法规和方针、政策，承担国家规定的农业政策性金融业务，代理财政支农资金的拨付，为农业和农村经济发展服务。资金主要来源是中央银行再贷款、财政拨入资金和发行金融债券，不办理居民储蓄业务。年末，内设计划信贷部、会计出纳部、办公室，工作人员21人。2005年，实现政策性贷款与商业性贷款双轨运行，同时开展保险代理业务。2013年，内设办公室、客户部、会计结算部，工作人员22人。先后被总行评为全国优质文明服务窗口示范单位，被省分行评为全省优质文明服务窗口示范单位。

中国农业银行股份有限公司文登市支行 前身为中国农业银行文登市支行。1991年，内设办公室、人事科、监察室、计划科、农业信贷科、企业信贷科、信用合作科、会计科、出纳科、审计稽核科、保卫科和工会，辖23个基层办事处、5个市区储蓄所，工作人员240人。代管23个基层农村信用社、12个分社，工作人员525人。1994年5月，不再代管基层农村信用社及相关机构和人员，撤销信用合作科，增设资金组织科。1996年11月，析出市农发行。1997年，内设办公室、人事部、计划财务部、资金组织部、保卫部、信贷部、农行威海市分行驻文登支行稽核部，辖6个直属机构、21个镇办事处、13个联办储蓄所，工作人员246人。2009年3月，随中国农业银行股份制改革，更名为中国农业银行股份有限公司文登市支行（简称市农行）。2013年，内设综合管理部、运营财会部、信贷管理部、公司业务部、个人金融部，辖1个支行营业部、2个二级支行、12个分理处和2个储蓄所，工作人员204人。

中国工商银行股份有限公司文登支行 前身为中国工商银行文登市支行。1991年，内设人事科、办公室、工会、监察室、计划科、工商信贷科、技改信贷科、会计科、出纳科、储蓄科、保卫科，辖4个储蓄所、1个分理处，工作人员144人。1997年，内设人事科、办公室、工会、纪检监察室、储蓄科、筹资科、科技科、计划科、贷款科、会计科、出纳科、保卫科、国际业务部、信用卡业务部、房地产信贷部，辖6个储蓄所、1个分理处、1个办事处，工作人员160人。2005年12月，随中国工商银行股份制改革，更名为中国工商银行股份有限公司文登支行（简称市工行）。2013年，内设办公室、市场营销一部、市场营销二部、风险管理部、营业部，辖文山东路支行和4个储蓄所，工作人员90人。被山东省名牌战略推进委员会办公室授予2013年山东省服务企业名牌称号。

中国银行股份有限公司文登支行 前身为中国银行文登支行。1991年，内设人秘科、计划信贷科、财会科、存汇科、保卫科，辖支行储蓄专柜和4个储蓄所，工作人员35人。1999年11月，进行内设机构改革，设立营业部、公司业务部、零售业务部、国际结算部、行长办公室。2005年8月，随中国银行股份制改革，更名为中国银行股份有限公司文登支行（简称市中行）。2009年9月，利群分理处升格为中国银行股份有限公司文登利群支行。2011年8月，银河分理处升格为中国银行股份有限公司文登昆嵛路支行。12月，文山路分理处升格为中国银行股份有限公司文登文山路支行。2013年，内设营业部、业务发展部、综合管理部，辖利群支行、昆嵛路支行、文山路支行，工作人员84人。先后获中国银行山东省分行优质高效服务网点、巾帼文明示范岗、先进职工之家等称号。

中国建设银行股份有限公司文登支行 前身为中国人民建设银行文登市支行。1991年，内设办公室、储蓄科、投资管理科、建筑经济科、会计出纳科、审计科和保卫科，辖4个所（柜），工作人员60人。1992年，设房地产信贷部、房改配套开发公司（企业）。1994年，先后增设业务科、行政科，设国际业务部（代理）、龙山路分理处和峰山西路、柳林、宋村、泽头、大水泊、口子、侯家、埠口8个储蓄所。1995年1月，成立信用卡业务部。1996年3月26日，更名为中国建设银行文登市支行。1997年10月，机关由原来12个科室合并成综合部、营业部、保卫部、计划信贷部、中介业务部、筹资部6个部，辖2个分理处、15个所（柜）和文登市房改配套开发公司，工作人员199人。1998年12月，与房改配套开发公司脱钩。2005年3月1日，随中国建设银行股份制改革，更名为中国建设银行股份有限公司文登支行（简称市建行）。2013年，内设综合部、公司业务部、个人业务部和营业室，辖米山路分理处、龙山路分理处、大观园分理处、抱龙分理处，工作人员89人。先后被建行总行评为电子银行业务先进网点，被建行山东分行评为核算质量优胜单位和平安建行建设优胜支行，获建行山东分行2013年个人业务旺季营销活动丰收奖。

中信银行股份有限公司威海文登支行　1994年12月8日，中信实业银行威海分行文登办事处正式成立，内设办公室、会计出纳科、储蓄科、计划信贷科、筹资科。1997年，被中信银行总行评为1997年度青年文明号单位。1998年12月10日，经人民银行山东省分行批准，中信实业银行威海分行文登办事处升格并更名为中信实业银行文登支行。1999年1月1日，正式挂牌营业。年末，增设国际结算科。2005年11月25日，中信实业银行文登支行更名为中信银行威海文登支行。2006年12月25日，经中国银行业监督管理委员会批复，中信银行威海文登支行改制并更名为中信银行股份有限公司威海文登支行（简称市中信）。2007年5月31日，正式对外挂牌营业。2013年，内设综合部、公司业务部、零售业务部、营业部，工作人员31人。

文登市城市信用合作社　前身为山东文登城市信用社。1991年，内设办公室、信贷科、会计科、出纳科、储蓄科，辖6个储蓄服务部。1995年，内设7个科室、2个营业处、1个证券部、8个储蓄所。1996年7月，更名为文登市城市信用合作社。1997年5月，经人民银行威海分行批准归属威海市农村金融体制改革领导小组办公室管理。2001年6月，被文登市农村信用合作社联合社所属的文城农村信用社收购。工作人员164人。

文登市农村信用合作联社　1994年5月成立。原市农行代管的21个基层农村信用社512名员工移交其管理，业务上仍接受市农行领导。1995年，内设办公室、人事科、计划信贷科、监察稽核科、保卫科，辖独立核算的农村信用社21个，城乡信用代办网点780个。1996年10月，文登市农村信用合作社联合社与市农行彻底脱钩，改由威海市农村金融体制改革领导小组办公室领导。2001年6月，所属文城农村信用社收购文登市城市信用合作社。2004年6月6日，文登市农村信用合作社联合社接受省农信监督管理。2005年12月，更名为文登市农村信用合作联社（简称市农信）。2013年，内设综合部、人力资源部、财务会计部、科技部、信贷管理部、风险管理部、公司业务部、资产管理部、审计稽核部、监察保卫部、案件防控办公室、党委办公室、信贷检查中心、电子银行部、基建部和联社营业部，辖23个信用社、15个分社和储蓄所。工作人员520人。

第三节　保险业及其他机构

1991年，境内有保险业机构1个。2000年，增至4个，之后保险业及其他机构不断增加。至2013年，保险业及其他机构增至40个。

商业性保险业机构26个：中国人民财产保险股份有限公司文登支公司、中国太平洋财产保险股份有限公司文登支公司、平安财险文登支公司、天安财险文登营销服务部、太平财险文登支公司、永安财险文登营销服务部、中国大地财产保险股份有限公司文登支公司、阳光财产保险股份有限公司文登支公司、华安财险文登服务部、中华联合财产保险股份有限公司文登支公司、安邦财险文登营销服务部、都邦财险文登营销服务部、渤海财险文登营销服务部、国寿财险文登营销服务部、中国人寿保险股份有限公司文登市支公司、中国太平洋人寿保险股份有限公司文登支公司、平安寿险服务部、新华人寿保险股份有限公司文登支公司、泰康人寿文登服务部、太平寿险文登服务部、长城人寿文登营销服务部、民生人寿文登营销服务部、农银人寿文登营销服务部、人保寿险文登营销服务部、华夏人寿文登支公司、生命人寿文登支公司。

非营利性社会团体保险机构2个：中国船东互保协会山东文登代办处、山东省渔业互保协会文登市办事处。

证券及其他金融机构12个：中泰证券股份有限公司文登米山路证券营业部、文登市金海小额贷款有限公司、文登市创元小额贷款有限公司、文登市和信小额贷款有限公司、山东文通投资担保有限公司、威海市勇泰融资担保有限公司、威海市德丰担保有限公司、威海市蓝泰融资担保有限公司、威海融信达投资担保有限公司、威海智明投资担保有限公司、文登市兴文典当有限责任公司、文登市富强典当有限责任公司。

中国人民保险公司文登支公司 1991年，中国人民保险公司文登支公司（简称中保公司）内设办公室、工会、人事科、业务科、人身保险科、计财科和营业室，工作人员39人。1995年，内设办公室、人事档案科、审计科、计划财务科、财产险业务科、人寿险业务科、营业室，辖文城营业所及埠口、泽库、高村、侯家、小观、泽头、葛家、汪疃、蔄山9个乡镇代办处，工作人员54人。1996年4月，中保公司析为中保财产保险有限公司文登支公司和中保人寿保险有限公司文登支公司。

中国人民财产保险股份有限公司文登支公司 前身为中保财产保险有限公司文登支公司。1996年4月，由原中国人民保险公司文登支公司析出。内设人事秘书科、计划财务科和4个业务科，辖10个镇代办所，在编工作人员39人。1999年1月，随改制更名为中国人民财产保险股份有限公司文登支公司（简称中保财险公司）。2009年，内设办公室、财务中心、承保中心、理赔中心和3个营业部，辖文城营业部和葛家镇、泽库镇保险营销服务部及10个远程出单点，在编工作人员25人，保险代理人49人。2013年，内设出单分中心、综合部、理赔分部、3个直销业务部和1个营销业务部，辖文城营业部和葛家镇、泽库镇保险营销服务部，在编工作人员48人，个人保险代理人70人。建“三农”保险服务站17个，保险服务点727个。

中国人寿保险股份有限公司文登市支公司 前身为中保人寿保险有限公司文登市支公司。1996年4月，由原中国人民保险公司文登支公司析出。内设团体业务部、代理业务部、业务管理部、理赔科、办公室，代理业务部在市区分设5个业务区，在乡镇设立7个基层所。2003年，重组改制更名为中国人寿保险股份有限公司文登市支公司（简称中保寿险公司），内设办公室、团体业务部、银保业务部、个人业务部、客户服务部，在编工作人员50人，个人保险代理人890人。2013年，内设个险销售部、银行保险部、团体业务部、客户服务中心和综合部，在编工作人员62人，个人保险代理人600余人。

中国太平洋保险股份有限公司文登支公司 1993年3月，经中国人民银行威海分行批准，中国太平洋保险公司威海分公司文登市服务部成立，员工3人。1994年5月，更名为中国太平洋保险公司文登办事处。1995年，员工增至11人。1996年8月，更名为中国太平洋保险股份有限公司文登支公司（简称太保公司），集财产险、人身险于一体，内设业务科、综合科，在编人员15人。1999年，内设7个科室，在编人员及个人保险代理人100余人。2000年8月，太保公司按照国家关于财产险、人寿险分业经营体制改革方案，析置中国太平洋财产保险股份有限公司文登支公司（简称太保财险公司）和中国太平洋人寿保险股份有限公司文登支公司（简称太保寿险公司）。

中泰证券股份有限公司文登米山路证券营业部 前身为威海国际信托投资公司文登办事处。2000年9月5日，按照银、证分离原则，撤销其人民币存贷款业务，专营证券业务。12月，经中国证监会批准，改建重组为山东省齐鲁证券经纪有限公司文登香山路证券营业部。2001年6月8日挂牌。内设办公室、电脑部、交易部、财务部，员工31人。2004年10月，更名为中泰证券股份有限公司文登米山路证券营业部（简称中泰证券文登营业部）。2005年，设综合部、交易部、财务部、电脑部，员工18人。2013年，内设营运部、零售业务部、财富管理部，辖中泰证券有限公司文登环山路证券营业部，正式员工13人。

第二章　金融体制改革

第一节　监管体制改革

1991—1993年，市人行依据国务院颁布的《中华人民共和国银行管理暂行条例》规定，履行金融监管、货币发行及代理国库等12项职责。1994年，适应经济体制转变，将原信贷银行职能彻底分离出去。1995年，按照人民银行法规定，不再向非银行金融机构和非金融部门贷款，不对任何单位和个人提供担保，不再直接管理辖内信贷规模与资金，主要负责金融监管，搞好金融服务，履行人民银行法规定的13项职责。1996年9月，文登市成立农村金融体制改革领导小组，下设办公室，与市人行金管科合署办公，主要负责在改革过渡时期对农村信用社的领导、管理、指导、协调和服务等工作，掌握农村金融体制改革动态。1997年6月，市人行增设农村合作金融管理科，负责对城市信用社、农村信用社人事管理和业务运作的全面监管。1998年，市人行对国家商业银行取消贷款规模管理，实行“计划指导、自求平衡、比例管理、间接调控”的信贷资金管理体制，改革存款准备金制度。市人行党的组织关系由地方党委管理改为系统垂直管理，接受人民银行威海中心支行领导；不再参与各商业银行、信用社、保险公司干部考察工作。2004年1月，市人行将监管金融机构职能移交市银监办负责。

2005年，市银监办遵循“依法、公开、公正、效率”原则，认真履行监管职责，规范存款竞争秩序，杜绝无序竞争，营造公平竞争环境；准确把控被监管机构风险状况，在发现资产负债项目异常变动时，立即调查分析，查清原因，对症下药。2013年，市银监办按照监管程序对申请的11次机构变动情况进行实地考察和审理，对市农发行新增中长期贷款进行检查，对市农信贷款合规性及风险进行检查，对市招行进行内控检查，对市邮储行信贷业务进行检查，并根据现场检查中发现的问题，及时向被监管单位下达意见书，提出整改和处罚意见。对辖内36名银行业高级管理人员的德、能、勤、绩进行考核，31人称职，5人基本称职。对辖内10名银行业高级管理人员进行任职资格考试，成绩全部及格。对辖内相关金融机构实施监管提示3次，审慎会谈2次。处理信访及市长公开电话交办事项11件次，回复市长信箱4次。对违规行为责任人进行行政及罚款处罚15人次。

第二节　银行保险体制改革

银行体制改革　1991年，境内国有专业银行有市工行、市农行、市建行、市中行。1994年，贯彻国务院《关于金融体制改革的决定》，各国有专业银行实行政策性业务和商业性业务分离，政策性业务逐步实行专营；商业性业务逐步走向市场，允许银行间业务交叉，鼓励公平竞争。是年12月，中信文登办事处成立。1996年11月，市农发行成立，专营农业政策性贷款业务。1998年，取消对国有商业银行贷款规模管理，全面实行资产负债比例管理和风险管理，推进国有专业银行实行自主经营、自担风险、自求资金平衡的商业化经济体制改革，逐步实现股份制改革，建立现代金融企业制度。2000年12月，市商行成立。2005年，市建行、市中行、市工行先后完成股份制改革。2006年12月，市中信完成股份制改革。2008年4月，市邮储行正式成立，并完成邮政储蓄业务与体制改革。2009年5月，市农行完成股份制改革。至2013年，市交行、市招行和建信村镇银行分别以股份制、有限责任公司体制形式进驻文登。境内商业性银行增至11个。

图17-1　2008年4月14日，威海市邮政储蓄信贷业务在文登开业。

保险体制改革　1996年前，中保公司实行财产保险与人寿保险合署办公。1996年4月，根据《中华人民共和国保险法》关于财产保险和人身保险分业经营的要求，中保公司进行分业经营体制改革，分设中保财险和中保寿险两个专业保险公司，分别专营财产保险业务和人寿保险业务。1999—2003年，两专营公司分别完成股份制改革。2000年8月，太保公司实行财产保险和人寿保险分业经营改革和股份制改革，析为太保财险公司和太保寿险公司，分别开展财产保险业务和人寿保险业务。其后，多家专业保险公司进驻文登参与市场竞争。至2013年，境内保险业机构增至28个。

第三节　外汇管理体制改革

1993年前，境内外汇管理体制实行额度和调剂并存的多汇率制。1993年6月8日，市中行经国家外汇管理局批准经营外汇存款、外汇贷款、外汇汇款、非贸易结算、外币兑换、资信调查、咨询、见证等外汇业务。1994年1月1日，国家改革外汇管理体制，实行汇率并轨，建立以市场供求为基础的、单一的、有管理的浮动汇率制度和银行结售汇制度，取消外汇留成和上缴，建立全国统一的银行间外汇市场。1993年7月至1995年4月，市农行、市工行、市建行先后经省外汇局批准，代理外汇存款、外汇贷款、外汇汇款等外汇业务。1996年1月，国家实施国际收支统计申报制度。7月1日，对外商投资企业实行银行结汇、售汇制度。2005年7月21日，实行以市场供求为基础、参考一篮子货币进行调节、有管理的浮动汇率制度。2007年，市人行和外汇局文登支局按照国家外汇管理局印发的《个人外汇管理办法实施细则》《关于调整银行即期结售汇业务市场准入和退出管理方式的通知》，以及中国保监会同中国人民银行、国家外汇管理局发布的《保险资金境外投资管理暂行办法》规定，进一步规范和便利银行及个人的外汇业务操作。2008年4月始，外汇局文登支局执行中国人民银行印发的《境内外币支付系统管理办法（试行）》，加强境内外币支付系统管理，实行企业出口预收货款、进口延期付款登记管理和出口收结汇联网核查管理。2009年，按照中国人民银行等六部门联合发布的《关于金融支持服务外包产业发展的若干意见》，加大金融对产业转移和产业升级的支持力度，提高境内企业资金使用效率。按照国家外汇管理局印发的《服务贸易及收益和经常转移外汇收支非现场监管工作制度（暂行）》《个人结售业务非现场监管工作指引（试行）》规定，加大非现场监管力度，推广非贸易系统三步递进核查法，其经验做法得到省外汇局的肯定。2011年4月，外汇局文登支局印发《国家外汇管理局文登支局行政许可办理程序》。2012—2013年，实行“管理前置，服务跟进”的外汇管理模式，促进辖区外向型经济健康发展。省外汇局印发《关于印发部分支局外汇管理工作经验的通知》，汇总推广外汇局文登支局《夯实基础强管理 优化服务促发展》的经验和做法。

第四节　融资体制改革

1991年，市人行发挥宏观调控职能作用，管好用好再贷款，抓好境内融资协调监管工作。各个国有专业银行和信用社，坚持“效益性、流动性、安全性”原则，发挥融资信贷主渠道作用。至1995年，发放地方经济开发贷款2.8亿元。1996年，落实国务院《关于金融体制改革的决定》，实行政策性业务和商业性业务分离，成立市农发行，扩展商业银行经营网点。至2005年，商业性银行扩展经营网点至41个，农村信用社扩展经营网点至44个。2010年，市金融办着力完善金融体系建设，有序扩张金融机构种类和数量，促进融资结构多样化和金融机构集聚发展。是年，在支持境内银行业金融机构布点的基础上，引进异地银行在文登设立分支机构，组建小额贷款公司、融资性担保公司、融资仓储公司等地方性金融机构，扩大金融覆盖面，延伸金融服务触角，拓展金融服务领域，提升服务水平。2013年，全市银行业机构及经营网点总数发展至108个。新发展融资性担保公司1家、小额贷款公司2家、融资性仓储公司1家、新进驻保险公司2家。市金融办联合市人行、市银监办积极协调和引导境内银行业、保险业和担保业等金融机构，共同创办“金融超市”，为企业、工商业户和市民搭建银企对接平台、股权投融资平台和民间借贷平台，为中小微企业和个体工商业户提供融资便捷服务。“金融超市”设在市区中心且交通便利的文山路中段、人民剧场北，营业面积1800平方米。共有11家银行业机构、4家保险业机构、2家担保业机构、1家证券业机构、1家小贷公司、4家投资咨询服务中介机构（包括法律服务中心和会计师事务所各1家）进驻“金融超市”，为全市中小微企业提供一站式融资自选服务。是年，市金融办在全市17个镇（街道）727个村推行“三农”保险基层服务体系建设，完成镇村两级保险联络员的业务培训和聘任工作。11月5日，完成威海三润重工股份有限公司在齐鲁股权托管交易中心挂牌工作。11月12日，为张家埠新港工程有限公司发放3年期中小企业私募债4亿元。全年新增贷款36.44亿元，增长18.4%，新增存贷比90.7%，增幅和新增存贷比均居威海三市第一位。文登市被山东省金融办授予金融创新试点先进县（市）称号。

图17-2　2013年12月5日，威海辖区金融创新支持现代农业发展现场会在文登召开。

第三章 银行业务

第一节 存 款

1991年，全市存款余额13.03亿元，其中城乡储蓄存款余额10.61亿元、企业存款余额1.24亿元。1995年，全市存款余额和城乡储蓄存款余额、企业存款余额分别比1991年增长1.7倍和1.77倍、1.82倍。2000年，全市存款余额71.64亿元。其中，城乡储蓄存款余额59.65亿元，人均储蓄8950元，企业存款余额9.8亿元。2010年，全市存款余额、城乡储蓄存款余额、人均储蓄存款等三项指标比2000年分别增长2.54倍、2.13倍、2.24倍。2013年，全市存款余额358.61亿元。其中，城乡居民储蓄存款余额268.96亿元，企业存款余额83.69亿元，信用社存款余额111.76亿元，外汇存款余额7111万美元。外汇存款余额显著增加。市农信储蓄存款余额达105.07亿元，占全市城乡储蓄存款余额的39.07%，是文登市首家储蓄存款超百亿元的商业银行。

1991—2013年文登市各项存款情况表

表17-1

年份	存款余额（万元）	储蓄存款（万元）	企业存款（万元）	农业存款（万元）	信用社存款（万元）	外汇存款（万美元）
1991	130334	106144	12400	4822	54972	—
1992	159776	133548	15477	5704	60260	—
1993	201662	177247	15986	5577	70428	—
1994	266579	228037	29734	5831	80696	—
1995	352175	294367	35000	5058	92489	—
1996	450314	376453	60781	6382	103780	—
1997	498013	423795	63000	6087	116373	—
1998	566560	498297	52000	6731	134188	1153
1999	640377	553524	66500	7380	140725	1592
2000	716368	596484	98000	6273	147637	2398
2001	799054	674393	98000	14437	262181	2950
2002	850582	738065	96900	13400	260145	3667
2003	935172	815181	105100	11301	296593	3595
2004	1029476	834633	131000	11443	290727	3123
2005	1150628	949594	116200	18385	356770	3184

续表 17-1

年份	存款余额（万元）	储蓄存款（万元）	企业存款（万元）	农业存款（万元）	信用社存款（万元）	外汇存款（万美元）
2006	1329204	1062354	126114	25546	406860	3555
2007	1613436	1181907	258340	33486	482016	2584
2008	1802074	1389185	203301	22473	588753	2822
2009	2235630	1594552	367672	33209	659012	4173
2010	2533040	1868273	331051	3724	770627	4291
2011	2845858	2128244	706000	—	908720	3692
2012	3184331	2448277	698000	—	1012494	4584
2013	3586065	2689636	836900	—	1117580	7111

说明：1991—1997 年外汇存款不单独统计。

1991—2013 年文登市农村信用社储蓄存款情况表

表 17-2　　单位：万元

年份	储蓄存款	年份	储蓄存款	年份	储蓄存款
1991	50499	1999	133288	2007	418488
1992	55137	2000	141314	2008	535622
1993	66044	2001	247306	2009	600534
1994	74996	2002	245848	2010	720176
1995	87567	2003	283167	2011	848847
1996	97469	2004	274929	2012	964091
1997	110251	2005	392500	2013	1050653
1998	127183	2006	361395		

第二节　贷　款

1991 年，全市贷款余额 13.64 亿元，其中工业贷款 3.41 亿元、农业贷款 2.02 亿元、固定资产基建及技改贷款 1.62 亿元。2001 年，全市贷款余额 51.7 亿元，其中工业贷款 9.05 亿元、农业贷款 9.77 亿元、固定资产基建及技改贷款 5.82 亿元，分别比 1991 年增长 2.79 倍和 1.65 倍、3.84 倍、2.59 倍；个人消费贷款 1458 万元，外汇贷款 716 万美元。2009 年与 2001 年相比，工业贷款、外汇贷款分别减少 8%、55.73%，农业贷款、固定资产基建及技改贷款、个人消费贷款分别增长 1.48 倍、6.28 倍、158.4 倍。其中个人消费贷款一路上扬且呈迅猛增长态势。2013 年，全市贷款余额 234.52 亿元，其中固定资产基建及技改贷款 42.4 亿元、个人消费贷款 54 亿元、外汇贷款 2021 万美元。与 2009 年相比，全市贷款余额增长 79.34%，固定资产基建及技改贷款持平，个人消费贷款和外汇贷款分别增长 1.32 倍和 5.38 倍。

1991—2013 年文登市各项贷款情况表

表 17-3

年份	贷款余额（万元）	工业贷款（万元）	农业贷款（万元）	固定资产、基建及技改贷款（万元）	信托贷款（万元）	个人消费贷款（万元）	外汇贷款（万美元）
1991	136361	34146	20220	16169	1465	—	—
1992	160025	35262	24099	21697	1565	—	—
1993	190808	40489	26389	27928	1565	—	—
1994	227886	48070	24986	45650	—	—	—
1995	281978	57995	20963	48567	11810	—	—
1996	350710	89439	31979	45281	3154	—	—
1997	386960	86264	41014	47377	—	—	—
1998	409302	105569	46413	42636	—	—	1975
1999	425494	107954	48882	33604	—	—	1361
2000	447675	107376	52164	47688	—	—	729
2001	516994	90486	97682	58155	—	1458	716
2002	565066	78830	124086	53701	—	4241	574
2003	618032	84704	149354	77183	—	21718	1566
2004	547987	80470	136184	81240	—	33252	1540
2005	506559	40542	141966	126197	—	43371	1044
2006	659514	106696	181886	74744	—	48016	1112
2007	849940	144317	200176	177381	—	76308	1105
2008	924616	61354	215935	208094	—	131735	661
2009	1307652	83280	241939	423660	—	232430	317
2010	1559345	—	—	352026	—	349612	278
2011	1774382	—	—	357629	—	437010	348
2012	1980804	—	—	383156	—	458889	1538
2013	2345182	—	—	424030	—	539964	2021

第三节 结 算

1991 年，文登各金融机构实施以汇票、本票、支票和异地托收承付为主体的结算制度。1992 年 6 月，办理城市信用社代签汇票业务。1993 年 1 月 1 日，实行借贷记账法。7 月 1 日，执行新的《金融保险企业财务制度》《金融企业会计制度》。8 月 1 日，施行《商业汇票办法》，非银行金融机构不准办理银行承兑汇票的承兑、贴现业务。是年，市中行成立信用卡科，发展信用卡业务。1994 年 5 月，市中行与香港南洋商业银行签订代理国际卡业务协议，成为省内第一家办理国际卡业务的县级市支行。11月1日，各银行、信用社施行新的《银行账户管理办法》，对存款人开立的账户一律划分为基本存款账户、一般存款账户、临时存款账户和专用存款账户4种，企业只能在1家银行开立1个基本存款账户，该账户可以办理转账结算和现金收付业务。至年末，市中行信用卡业务吸存余额1339万元，发卡量620张，交易额6.6亿元。市人行电子联行设备有1台东海0520微机、2台浪潮286微机、2台联想486微机，卫星小站正式运行。

1995年1月1日，市人行代理兑付城市信用社代签银行汇票业务，对城市信用社移存人民银行汇票按单位活期存款计付利息，按代签金额的千分之一向城市信用社收取手续费。10月，市农行经办金穗卡业务，文登市被农业银行总行批准为全国一级发卡城市，与全国各发卡城市实行自动授权联网并开通“电话银行”业务。年末，金穗卡业务完成发卡量3888张，发展特约商户42家，设立网点37个，存款余额521万元。是年，市人行制定《电子联行设备使用维护保养制度》《联行清算中心管理办法》《清算中心安全保密制度》《电子联行运行管理制度》《电子联行往来凭证管理与交接制度》等规章制度，促进电子联行业务规范化管理。

1996年，按人民银行总行《关于加强人民银行代理兑付银行汇票管理的通知》要求，改商业银行向人民银行差额移存资金为全额移存。市人行卫星小站通信软件版本升级，实行卫星通信和电子联行业务分离。年内，发生电子联行来账2946笔，金额5.61亿元；往账4538笔，金额3.99亿元。市建行与市公路局联合推出养路费电子转账业务，与邮电局合作开通龙卡收缴电话费业务，增发卡量2963张。1997年4月，市人行对工、农、中、建4家国有商业银行的信用卡业务进行专项稽核，对发现违规交易结算、未按规定标准收取手续费和恶意透支等问题，除提出整改建议外，还处以共计5.75万元罚款。6月23日，中国人民银行发布《票据管理实施办法》。12月19日，发布《支付结算办法》。市人行正式启用“快通”程序软件，开通运行同城电子清算系统。是年，发生来账3992笔，金额19.7亿元；

图17-3　2010年4月18日，村民利用金穗惠农卡支取养老金。

往账6386笔，金额19亿元。2001年，市建行发卡量1.72万张，交易额3.88亿元。2004年，市工行增发通达卡6316张。至2009年，市农行共发放借记卡19.94万张、贷记卡1.36万张。2013年，市商行新增有效卡4120张，存量突破1万张。境内市工行、市农行、市建行、市中行、市农信等商业银行均实现网上银行、电话银行、手机银行等网络化结算方式。

第四节　外　汇

1991年，外汇局文登支局积极组织融通调剂外汇，支持外贸企业发展，先后组织人员外出10余次，调剂外汇108笔，金额1592万美元。至1995年，先后有市中行、市农行、市工行、市建行4家金融机构被批准经营或代理外汇存款、外汇贷款、外汇汇款等业务。是年，外汇管理和经营机构为外贸企业结汇901万美元，售汇1201万美元，进口付汇核销1084万美元，出口收汇核销额2463万美元。1996－1997年，共向85家出口企业发放出口收汇核销单2480份，核销2408份，实际收汇5072万美元，出口收汇核销率97%。1999年，国际收支统计申报率99%，进口付汇到货报审率100%，出口核销单交单率99.7%，出口创汇率99.7%。2002年，以提高国际收支统计申报率、出口收汇核销率、进口付汇核销率为工作重点，建立健全内部管理制度，提高从业人员业务素质，对全市148家涉外企业的326名财务人员、核销人员及5家外汇银行外汇从业人员进行外汇知识集中培训，促进全市外汇管理工作健康发展。年末，国际收支统计申报率为100%，进口付汇核销率为105%，出口收汇核销率为100%。2003年，共发放出口核销单2.16万份，贸易出口3.76亿元，分别比2002年增长27%、25%，核销率98%；进口付汇4480万美元，到货5411万美元，报审率为125%；核查国际收支申报1.59万笔，金额5.45亿元，申报率为100%。2006年6月，举办外汇管理政策法规知识培训班，参加培训80余人。2010年，外汇局文登支局推动外汇主体管理试点工作，促进涉外企业贸易和投资便利化，累计实现涉外收入5.88亿美元，支出1.2亿美元，分别比2009年增长33.2%、55.2%；结汇额5.32亿美元、售汇额6973万美元，分别比2009年增长30.9%、77.5%；实际利用外资6723万美元，比2009年增长74.7%。至2013年，境内经办外汇业务的金融机构9家：市中行、市农行、市工行、市建行和市中信、市商行、市交行、市招行、市邮储行。

图17-4　2006年6月15日，市人行举办文登市外汇管理政策法规知识培训班。

第五节　货币　信贷　金银管理

货币管理

货币发行　1991年2月，市人行发行“全民义务植树运动10周年纪念币”1套3枚，每枚面值1元。5月和9月，分别发行“中国共产党成立70周年纪念币”“第一届世界女子足球锦标赛纪念币”共2套，每套1枚，面值1元。1992年4月1日始，对第三套人民币5元、2角、1角券实行只收不付。6月1日，开始发行1元、5角、1角3种金属人民币。9月12日，发行1990年版50元、100元券人民币。1995年9月，发行“中国人民抗日战争和世界反法西斯战争胜利50周年纪念币”“联合国成立50周年纪念币”“第九届世界妇女大会纪念币”共3套，每套1枚，面值1元。1996年4月10日，发行1990年版2元券人民币，与1980年版2元券人民币在市场上通用。11月25日，发行“中国珍贵野生动物华南虎纪念币”“中国珍贵野生动物白鳍豚纪念币”“朱德诞辰110周年纪念币”共3套，每套1枚，面值分别为5元、5元、1元。1997年7月1日，发行“庆祝中华人民共和国香港特别行政区成立流通纪念币”1套2枚，每枚面值10元。1999年12月10日，发行“庆祝澳门特别行政区成立流通纪念币”1套2枚，每枚面值10元。2003年，发行“羊年贺岁流通纪念币”1套1枚，面值1元，这是央行发行的首枚贺岁系列流通纪念币。贺岁系列币与同面额人民币等值流通。2008年，发行“奥运纪念钞”1套1张，面值10元；发行“第29届奥林匹克运动会体操、射箭、乒乓球流通纪念币”“第29届奥林匹克运动会足球、击剑、现代五项流通纪念币”共2套，每套3枚，每枚面值1元；发行“鼠年贺岁流通纪念币”1套1枚，面值1元。2009年，发行“牛年贺岁流通纪念币”“‘和’字流通纪念币”“环境保护流通纪念币”共3套，每套1枚，每枚面值1元。2011年，发行“中国共产党成立90周年普通纪念币”1套2枚，每枚面值5元。2013年，发行“‘和’字书法普通纪念币”1套1枚，面值5元。发行“2013年蛇年贺岁普通纪念币”1套1枚，面值1元。

现金投放　1991年和1992年，境内分别净投放现金5777万元和6764万元。1993年，在全国经济过热情况下，文登固定资产投资加快、房地产市场过热，诱发现金大量投放，现金投放总额2.04亿元，比1991年和1992年分别增长2.53倍和2.02倍。该异常情况，央行高度重视，要求切实加强现金管理，稳定金融形势。市人行采取措施加强现金管理，对各金融机构下达现金投放（回笼）计划，核定业务库存限额，各金融机构相应地对其开户单位核定新的库存限额，制定大额提现审批制度，严把“提现关”，开户单位提取现金金额超过3万元由市人行审批；同时，成立文登市金融系统现金、工资基金管理检查小组，现金管理制度化、规范化。1994年9月、12月和1995年3月，先后3次对全市现金管理使用情况进行检查，抑制现金投放过快势头。1994年，净回笼现金1212万元。1995年，净回笼7267万元，较好地完成上级行下达的现金投放（回笼）计划。1996－1997年，市人行组织境内金融机构在各自营业网点显著位置张贴或摆放中国人民银行《关于严禁公款转存套取现金的公告》《大额现金支付管理公告》，向市民分发宣传提纲，普及金融法规知识。1997年，全市净投放现金1.03亿元，占威海全市同期投放总数的9.5%，完成上级行下达的现金投放计划。2000年3月，市人行撤销发行库。之后，市人行行使现金管理职能主要体现在现金收付业务上，各银行金融机构用现时向其上级行申请调拨，或采取他行代理方式解决。

反假防骗　1991年4月，市工行发现黑白复印机复印的50元面值假币4起5张，市人行及时向中国人民银行威海分行报告，同时会同市公安局进行侦破。4月19日，侦破缴获1980年版50元假币22张，提请逮捕犯罪嫌疑人3人。5－9月，市人行先后4次组织各专业银行和城市信用社、邮电局等相关单位出纳人员，进行防伪教育和反假币技能培训，要求各基层单位一经发现假币，要采取先扣留后查处的办法进行处理。1992年，继续加大反假币力度，共发现和收缴假币180张，面值7315元。1993年6月16－18日，举办有全市各企事业单位财会人员及各专业银行出纳人员参加的人民币和外币反假防伪培训班，采取讲课、看录像、真假币对比等办法，进行面对面培训。其后，反假币知识宣传活动成为每年度常规性工作。1997年7月，与市公安局跨4省10县，行程近3000千米，破获一贩运假人民币犯罪团伙，抓捕犯罪嫌疑人7人，缴获假币面值2.07万元。2005－2007年，重点加大农村反假币的宣传力度，在集贸市场设立反假人民币宣传点，为农村金融机构业务人员讲解第五套人民币防伪特征。2008年8月28日，文登市第一个城市货币反假工作站在市中行利群分理处挂牌成立。2010年5月，市农行在市中广场进行防诈骗

图17-5　2007年6月16日，市农信等金融机构在市中广场开展金融知识宣传活动。

专业知识讲解，帮助市民破解诈骗圈套，提升防范意识。2011年4月，市工行组织员工走进北山社区、西楼社区，现场传授用卡知识和技术，引导市民保持良好用卡习惯，保护个人信息不被窃取。2012年2月，市农信印制防骗宣传材料6万份，利用网点大堂、柜台、自助设备等渠道广泛散发。2013年，市人行举办反假币宣传月活动，夯实人民币管理基础，增强金融服务能力。市中行完善防骗应急预案和处置机制，营造优良营业环境。年末，市人行被威海中心支行评为威海市便民服务、满意服务宣传工作先进集体。

信贷管理 1991年，文登人行可办理再贷款业务。1994年5月24日，按照人民银行总行规定，市人行将全部再贷款额7960万元划转至人民银行威海市分行，其后，县（市）级人行不再直接办理再贷款业务。6月1日始，全面推行“贷款证”制度，市人行负责“贷款证”发放和年检工作，境内企事业单位和个人须持“贷款证”到金融机构申请贷款。至1995年，全市发证1341本。1996－1997年，市人行代办人民银行威海市分行再贴现业务，累计35笔1496万元。1998年，市政府与市人行确定全市21家大中型企业为重点信贷扶持对象，组织签订银企合作协议，承诺扶持信贷资金1.99亿元，实际到位资金2.29亿元。1999年，按照中国人民银行《关于做好当前农村信贷工作的指导意见》要求，加大农村信贷投放规模。至年末，共办理个人小额贷款余额1300万元。2001年，全市金融机构向骨干企业发放贷款8.7亿元，办理农村小额贷款余额4.3亿元。2003年，重点开展消费信贷宣传和指导工作。年末，全市个人消费贷款余额2.17亿元。是年，经市人行核实，5家企业因恶意逃废银行债务被列入“黑名单”，并在《威海日报》上公开曝光。2006年，全市个人消费贷款余额4.8亿元。2007－2009年，银行业金融机构拓展服务领域，受理企业资金需求申请589次，落实贷款386笔，资金总额26.8亿元。2013年，为推动特种动物毛（原）皮收购加工产业发展，在完成市场调研的基础上，市农信发放“原皮仓储质押”贷款4711万元。

金银管理 1990年11月，人民银行山东省分行批准文登市设立第一家金店——文登金店。1991年3月，设国贸大厦金店。1993年4月，设市人行金店和供销大厦金店。5月，执行人民银行总行和省分行的决定，由国家定价改为国家指导价，允许经营企业根据市场供求等情况在国家批发、零售指导价10%的幅度内上下浮动。1993年5月至1994年4月，先后设米山镇工业公司金店、文登金鑫珠宝行、烟草宏发商贸公司珠宝行、金源商厦金店、百货大楼金店5家金店。1994年7月，市人行会同市公安局、工商局、黄金局等部门，成立黄金市场清理整顿小组，对全市范围内金矿和各首饰翻新加工点、定点经营单位进行清理检查，依法撤销4家违法加工点。1995年3月1日，市人行执行人民银行省分行决定，金银饰品价格由浮动价格改为统一批发、零售价格。8月，对境内符合要求的金店换发经营金银制品许可证。12月4日，与市经委、工商局、国税局联合印发《关于进一步加强金银饰品市场管理的通知》，加强对各金银饰品营销单位的监督管理。1995－1997年，相继设昆嵛大厦金店、明珠实业有限公司金店、物资开发公司文发金店、金都大厦金店，对经营不善的金店取消经营权。至1997年，境内有文登金店、百货大楼黄金屋、金都大厦金店、国贸大厦金店、昆嵛大厦金店、明珠实业有限公司金店、金源商厦金店共计7家。1999年8月，人民银行省分行撤销文登金银收购点，市人行停止金银收兑业务，转由人民银行威海市分行管理。10月，人民银行总行取消白银统购统配管理体制，放开白银市场。2001年8月，放开黄金饰品价格限制，实行自主定价。2003年，根据《国务院关于取消第二批行政审批项目和改变一批行政审批项目管理方式的决定》，取消黄金制品经营审批制，市人行不再行使审批、颁发经营许可证的职能，单位和个人经营黄金制品业务到工商部门办理登记注册即可。

第四章　保险业务

第一节　商业险种

1991年，中保公司保险种类共有30种：企业财产险、企业财产险附加机损险、机动车及第三者责任险、渔船险、船舶险、长效还本家财险、承运责任险、机动车附加玻璃破碎险、海上货物运输险、公路货物运输险10个财产保险险种，团体人身意外伤害保险及附加住院医疗保险、乡镇企业职工养老保险、农民养老保险、学生平安保险及附加医疗住院保险、独生子女平安险及附加医疗险、金婚纪念保险、子女婚嫁保险、简易人身险等人身保险19个险种和包括小麦火灾两全保险、苹果保险、对虾养殖成本保险、养鸡保险、塑料大棚保险等统称农业保险1个险种。1996年，中保寿险公司成立后，在原中保公司保险险种基础上新增福寿安康保险险种。太保公司推出子女教育安家、独生子女幸福安康、家庭成员平安卡、幼儿平安还本、太平洋终身还本、母子福利保险、个人投资分红保险等险种。之后，各保险公司根据业务上级部署，相继推出适合境内居民生活生产的不同险种。1997年，太保公司推出步步高、老来福、福禄寿、少儿乐、太平盛世系列综合保险等新险种。1998年，中保寿险公司新推出99鸿福保险、66鸿运AB型保险、88鸿利保险、重大疾病终身保险等普通寿险，意外伤害医疗保险、学生住院保险、生命急救健康保险、女性安康保险等健康险，鸿寿养老保险、个人养老保险、农民养老保险等养老险。1999年，太保公司新推老来福终身寿险、步步高增额终身寿险、团体定期寿险。2001年5月，中保寿险公司推出国寿千禧理财分红保险新险种。2002年，太保寿险公司重点推出长虹两全（分红）保险、康健一生（分红）保险、长发两全（万能）分红保险、状元红（分红）保险。2004年，太保财险公司推出医疗职业责任险、综合旅行责任险、市场公众责任险、金融机构责任险、律师责任险、校方综合保险、个人抵押商品住房保险等新险种。2005年，太保寿险公司增加小康之家·金玉满堂、小康之家·如意安康新险种。2007年，中保财险公司开办交强险、安康险、金娃投资保障型意外伤害保险、金牛三代投资保障型家庭财产保险等新险种。2010年，中国大地财产保险股份有限公司文登支公司主营8大类121个主险283个附加险，包括机动车险、企业财产险、家庭财产险、团体和个人的人身意外伤害险等。2013年，新华人寿保险股份有限公司文登支公司为客户提供各类人寿保险、健康保险、分红保险、人身意外伤害保险、养老保险及团体险。

第二节　渔船会员互保

1995年7月，中国船东互保协会山东文登代办处（简称文登代办处）成立。1995—2000年，文登代办处共吸纳入会渔船1200艘、渔民（会员）1.3万人，承保金额3.1亿元，收取会费415万元。办理理赔案件198起，理赔金额326万元。1998年渔汛事故多发季节，泽库镇长宏渔业公司连续发生2起沉船亡人事故。事发后，文登代办处立即组织人员对事故原因及损失情况进行调查核实，并将调查情况及时上报，10天内将30余万元赔款送到受损渔民手中，使其在较短时间内恢复生产。2002年，文登代办处吸纳入保渔船258艘、渔民（会员）1452人，承保金额8453万元，收取会费106万元；办理赔付案件24起，理赔金额65万元，赔付率达61%。2004年，吸纳入保渔民2744人、参保渔船228艘，参保额178.6万元。2005年，渔船互保吸纳入保渔民2065人、参保渔船237艘，收取保费204万元。2006年，山东省渔业互保协会成立，为全省范围内渔业组织与个人自愿组成、实行互助共济的非营利性社会团体组织。同年，设文登市办事处，负责全市渔船、渔民的互助保险业务。2006—2010年，办事处共承保渔民（会员）8286人次、渔船1099艘次，保费收入1537.29万元，为352起事故渔船162名死亡、失踪、伤残渔民支付各类赔款310.79万元。2009年始，渔业互保协会实行渔船续保无赔款奖励政策，对全年不出事故的渔船减免保费5%，连续两年不出事故的渔船减免保费10%。2011—2013年，共承保渔民（会员）7412人次、渔船854艘次，保费收入2145.17万元，为106起事故渔船168名死亡、失踪、伤残渔民支付各类赔款1030.17万元。

第三节　商险保费收入与赔付

1991年，境内保险公司承保总额24.76亿元，保险业务收入1472.8万元，保险业务支出859.4万元。1995年，承保总额增至83.15亿元，比1991年增长2.36倍。保险业务收入增至4221.7万元，比1991年增长1.87倍。保险业务支出增至2261.1万元，比1991年增长1.63倍。

图17-6　2012年9月7日，中保财险公司工作人员勘查玉米受损现场。

2000年，境内4个保险机构，完成保额70.3亿元，总保费收入1.09亿元，赔款给付3109万元。2013年，文登财产保险总保费收入2.46亿元，其中机动车保费收入2.18亿元；赔款给付1.29亿元。人寿保险总保费收入6.97亿元，赔款给付2.13亿元。

1991—2013年文登市部分保险公司业务情况表

表17-4　　单位：万元

年份	保费收入					赔款给付				
	合计	中保财险	中保寿险	太保财险	太保寿险	合计	中保财险	中保寿险	太保财险	太保寿险
1991	1472.8	1036.4	436.4	—	—	859.4	754.8	104.6	—	—
1992	2625.6	1602.2	1023.4	—	—	1807.4	1685.1	122.3	—	—
1993	4367.7	3090.3	1277.4	—	—	2477.8	2237.5	240.3	—	—
1994	3479.1	2482.2	996.9	—	—	1933.5	1869.2	64.3	—	—
1995	4051.8	3047.8	1004.0	—	—	2151.6	2050.3	101.3	—	—
1996	4352.8	3231.2	1121.6	—	—	2341.2	2275.5	65.7	—	—
1997	6496	3411	2164	921	—	3348	2395	480	473	—

续表 17-4

年份	保费收入					赔款给付				
	合计	中保财险	中保寿险	太保财险	太保寿险	合计	中保财险	中保寿险	太保财险	太保寿险
1998	8904	4100	3976	828	—	3298	2415	321	562	—
1999	10305	3800	5571	934	—	3603	2857	219	527	—
2000	10859	2934	7129	796	—	2109	1474	238	397	—
2001	16224	2730	12624	870	—	4000	2183	1120	697	—
2002	21939	2901	18057	981	—	3056	1711	863	482	—
2003	25495	3241	21497	757	—	4906	2026	2379	501	—
2004	32238	3611	24397	830	3400	5264	2777	1828	577	82
2005	32247	3885	24784	830	2748	4682	2650	1239	703	90
2006	33810	3117	27473	740	2480	15012	4017	10388	550	57
2007	35087	4169	24638	1053	5227	5191	3402	857	855	77
2008	46669	4739	33950	1130	6850	4637	2578	1307	685	67
2009	44404	4864	31410	1600	6530	18270	3851	13404	850	165
2010	43728	4562	28972	2130	8064	10161	2749	6189	1100	123
2011	44655	6385	27340	1900	9030	5912	3247	1396	1080	189
2012	44611	7105	27980	2800	6726	7792	4426	1970	1200	196
2013	44593	7562	27770	3126	6135	26924	4055	19122	3126	621

2013 年文登市财产保险业务情况表

表 17-5　　单位：万元

单位名称	项目	数额	份额 / 赔付率（%）	单位名称	项目	数额	份额 / 赔付率（%）
中保财险	保费	7561.95	30.79	阳光财险	保费	1659.12	6.76
	其中机动车	6144.59	28.18		其中机动车	1623.47	7.44
	赔款	4055.37	53.63		赔款	1141.48	68.80
太保财险	保费	3126.41	12.73	华安财险	保费	567.77	2.31
	其中机动车	2769.34	12.70		其中机动车	555.02	2.55
	赔款	1589.97	50.86		赔款	75.13	13.23
平安财险	保费	2335.78	9.51	中华联合财险	保费	2894.63	11.79
	其中机动车	2133.57	9.78		其中机动车	2388.90	10.96
	赔款	1386.18	59.35		赔款	1744.05	60.25

续表 17-5

单位名称	项目	数额	份额 / 赔付率（%）	单位名称	项目	数额	份额 / 赔付率（%）
天安财险	保费	379.19	1.54	安邦财险	保费	141.69	0.58
	其中机动车	368.68	1.69		其中机动车	141.69	0.65
	赔款	169.85	44.79		赔款	195.31	137.84
太平财险	保费	887.86	3.62	都邦财险	保费	261.56	1.06
	其中机动车	858.73	3.94		其中机动车	257.78	1.18
	赔款	448.65	50.53		赔款	210.28	80.39
永安财险	保费	609.80	2.48	渤海财险	保费	485.00	1.97
	其中机动车	590.03	2.71		其中机动车	470.54	2.16
	赔款	231.64	37.99		赔款	—	—
大地财险	保费	1900.41	7.74	国寿财险	保费	1748.92	7.12
	其中机动车	1828.96	8.39		其中机动车	1675.16	7.68
	赔款	1155.00	60.78		赔款	489.73	28.00

2013 年文登市人寿保险业务情况表

表 17-6　　单位：万元

单位名称	项目	数额	份额 / 赔付率（%）	单位名称	项目	数额	份额 / 赔付率（%）
中保寿险	保费	27770.37	39.84	长城人寿	保费	657.72	0.94
	赔（给）款	19121.80	68.86		赔（给）款	24.96	3.79
太保寿险	保费	6135.46	8.80	民生人寿	保费	3148.11	4.52
	赔（给）款	620.66	10.12		赔（给）款	262.10	8.33
平安人寿	保费	2873.48	4.12	农银人寿	保费	826.63	1.19
	赔（给）款	369.78	12.87		赔（给）款	23.07	2.79
新华人寿	保费	8382.04	12.02	人保寿险	保费	8795.75	12.62
	赔（给）款	459.76	5.49		赔（给）款	324.80	3.69
泰康人寿	保费	1964.66	2.82	华夏人寿	保费	318.17	0.46
	赔（给）款	—	—		赔（给）款	48.22	15.16
太平人寿	保费	3895.31	5.59	生命人寿	保费	4945.45	7.09
	赔（给）款	—	—		赔（给）款	24.66	0.50

1991—2013 年文登市重大个案赔付情况表

表 17-7　　单位：万元

时间	被保险人	风险因素	赔付金额
1991-07-24	鲁文海 9 号轮船	海上航行突然起火，船舶烧毁	40.97
1992-09-01	小观镇养虾三场	灾害性海潮，虾池全毁	19.20
1997-06-18	文登市染织厂	车间电动机引发火灾	124.10
1999-06-16	文登营镇张家洼 5 岁男童毕某	遭遇车祸脑挫裂伤	3.50
2000-02-02	市民刘某某	家中病故	12.00
2000-04-21	宋家沟村王某某	突发心肌梗塞	5.00
2001-07-06	前岛渔业公司捕捞船队 3013 号渔船	海滩搁浅，认定全损	56.00
2001-11-10	文登市染织厂	交通事故，1 车受损 3 人受伤	16.90
2002-08-28	大水泊镇张某某	溺水身亡	4.00
2003-07-10	七里完小 10 岁学生房某某	患病住院	6.00
2004-04-09	文登市鲁东艺品有限公司	电线老化引发火灾	32.10
2004-04-13	文登市泰宇皮件有限公司	暴雨致灾，成品、原料受损	29.60
2005-05-26	荣成市泉聚福果蔬有限公司	火灾	44.38
2005-12-04	天润曲轴有限公司	雪灾，车间、仓库倒塌	120.00
2005-12-10	文登市某企业	火灾	39.50
2006-09-22	文登某企业职工李某某	工作时滑倒，身亡	10.00
2007-08-27	客户京 A***29 车	高速路行驶，轮胎爆裂，车翻人伤	158.90
2009-05-31	宋村镇姜某某	患肿瘤住院	10.00
2010-08-10	文登市电业总公司	口子变电站变压器遭雷击受损	98.30
2012-08-28	全市玉米受灾保险户	受台风影响，玉米因涝受损	852.77
2012-09-03	文登市民鞠某某	车祸身亡	31.79
2013-05-17	文登市民田某某	医疗事故身亡	28.50
2013-09-17	市区建筑工人侯某某	工伤事故，一级伤残	32.80

第五章　证券业

第一节　证券交易

2000年12月，经中国证监会批准，齐鲁证券经纪有限公司文登香山路证券营业部成立。营业面积3900平方米，拥有电子屏幕交易大厅、电视墙显示交易大厅，以及多种规格的大户室、中户室。工作站操作设备先进，网络系统均加密并有备份，确保证券业务运行稳定和数据安全。是年，开户股民5800人，成交额15.8亿元。2002年，开户股民7500人，成交额8亿元。2003年，开户股民8000余人，交易额9.5亿元，其中沪市交易额6亿元，深市交易额3.5亿元。先后开通银证转账、银证通、网上交易、远程委托、电话委托、自助委托等多功能一体化服务。2004年10月，更名为中泰证券股份有限公司文登米山路证券营业部。2005年，与市中行、市农行开通银证转账业务。年末，实现A股、基金、权证交易额10.4亿元，形成佣金收入255万元；客户保证金3130万元，托管市值2.08亿元。2007年，开户总数2.02万户，实现沪深交易量146.28亿元，佣金收入3600万元。2009年，开户总数1.8万户，实现沪深交易量138.11亿元，佣金收入3000万元。2010年，开通沪深两市A股、B股、基金、债券、权证等交易品种及融资融券业务。2011年，股票交易量88亿元，实现利润993万元。2013年，代理沪深A股、B股、基金、债券及债券回购、权证、代办股份转让、三板确权、融资融券、期货IB、约定式回购等证券交易品种，开通市中行、市农行、市工行、市建行、市招行、市交行、市中信、市商行等多家银行合作的银证转账业务，为投资者提供财富泰山投资顾问服务、集合资产管理等多种理财业务。投资者可采用电话委托、自助委托、驻留委托、网上委托、手机炒股、股票机和柜台交易等方式进行交易。年末，有客户2.27万户，托管客户资产11亿余元；股票交易量84亿元，实现利润1045万元。

第二节　企业上市

1996年8月26日，山东黑豹股份有限公司在上海证券交易所上市（股票简称：山东黑豹，股票代码：600760），发行1344万股，时为威海市首家在国内上市的股份制企业。

2003年，市经济体制改革办公室印发《关于文登市企业上市融资奖励暂行办法》，确定天润曲轴有限公司、文登威力工具集团有限公司等25家企业为上市资源企业，并为其建档造册、动态管理、重点扶植，邀请西南证券和华龙证券专家分别进行调研、辅导和培训。2004年7月12日，山东威达机械股份有限公司在深圳证券交易所中小企业板块上市，发行“山东威达”（002026）股票3000万股，每股8.68元，市盈率18.19倍，募集资金2.43亿元。2007年，威海市宝隆石油专材有限公司被山东墨龙石油机械股份有限公司（港股公司“山东墨龙”00568.HK）整体并购，实现香港上市。2008年，威海恒大电机集团有限公司被哈尔滨泰富电器股份有限公司（美国NASDAQ上市公司）收购，实现境外间接上市。

2009年，市金融办采取“一事一议、一企一策”方式，及时帮助企业解决改制上市工作中的具体问题。8月21日，天润曲轴股份有限公司在深圳证券交易所中小企业板块上市，发行“天润曲轴”（002283）总股本24000万股，其中流通股6000万股，每股发行价14元，共募集资金8.4亿元。山东盛基投资有限公司被山东中润投资控股集团股份有限公司（深证A股“中润投资”000506）兼并，成为其全资子公司，实现间接上市。2011年7月，天润曲轴股份有限公司实施非公开发行方案，募集资金10.8亿元。2013年，文登市和谐硅业有限公司与美国太阳股份有限公司完成战略重组合作，实现间接上市。

第六章　典当　信托　担保

第一节　典　当

1997年11月，经人民银行山东省分行批准，文登市兴文典当有限责任公司成立，是威海市首家领取金融机构法人许可证的典当企业。有股东44个（其中法人股东9个、自然人股东35个），注册资本500万元，员工8人。主要业务为中小企业和个人提供临时性质抵押贷款，抵押范围包括房地产、有价证券（存单、国库券、企业债券等）、交通工具（汽车、摩托车、农用车等）、金银首饰、家用电器、钢材、木材，以及典当行认为可以质押的其他物品。1999年，共办理贷款业务800余笔，累计贷款余额5000万元。2000年7月前，由市人行监管。2000年8月始，威海市经贸委员会委托文登市经贸委员会监管，为当年威海市唯一一家特一类工商企业。拥有股东36个（其中法人股东4个，自然人股东32个），注册资本500万元。内设典当部、财务部、办公室，正式员工7人。2001年，累计发放贷款额1.25亿元，实现收入344万元。2004年7月1日，文登市兴文典当有限责任公司经商务部重新核准设立。年末，累计为工商企业及个人提供房产及土地抵押贷款2.09亿元，黄金首饰质押贷款192万元，生产资料质押贷款3330万元，股票及有价证券质押贷款2340万元，机动车辆质押贷款1474万元。2010年，累计为工商企业及个人提供房产、土地抵押贷款3.5亿元，机动车辆质押贷款2550万元，黄金首饰质押贷款233万元。2011年5月5日，文登市富强典当责任有限公司成立。2013年，兴文典当有限责任公司发放各种质押贷款累计4.1亿元。先后被山东省经济贸易委员会评为全省典当行业A类企业、山东省四星级模范典当企业。

第二节　信　托

1995年8月，威海国际信托投资公司文登办事处（简称信托文登办事处）成立，为独立核算、自主经营、自负盈亏，具有法人资格的全民所有制非银行金融机构，行政隶属市政府，业务归威海国际信托投资公司管理，并接受人民银行领导、协调、管理、稽核和监督。主要办理人民币与外汇信托、委托存款、证券交易、贷款、担保、租赁、典当业务。1995年，信托文登办事处发放信托贷款3000万元。1997年，对公存款余额达到1.1亿元，贷款余额7200万元，发行华能电厂债券1.08亿元，日证券交易额200万元。1998年，业务管理全部实行微机自动化，拥有微机自动控制和信息接收传送中心，开通国际互联网，建立证券高速卫星地面接收站，可迅捷接收世界各地信息，并直接用DDN专线进行证券交易传输。同时，扩大证券业务服务范围，推出家庭远程版证券交易系统。是年，发放信托贷款7500万元。1999年，对公存款达1.16亿元，贷款余额7000万元，证券交易额达12.6亿元。2000年，信托文登办事处停办信托贷款业务，获准更名齐鲁证券文登营业部，专营证券业务。

第三节　担　保

2006年2月24日，经文登市工商行政管理局批准、威海市工商行政管理局核准，威海市德丰担保有限公司成立，一级法人资格，注册资本1000万元。是年，设业务部、财务部、保后监督部，员工6人。主要对中小企业贷款担保、个人消费贷款担保和企业投资策划、经济信息咨询等。2009年4月2日，山东文通投资担保有限公司成立。9月7日，威海融信达投资担保有限公司成立。2012年7月18日，威海市勇泰融资担保有限公司成立。2013年5月14日，威海市蓝泰融资担保有限公司成立。8月26日，威海智明投资担保有限公司成立。至此，全市担保公司增至6家。是年，威海市德丰担保有限公司设业务部、风控部、财务部，员工8人；主要业务包括贷款担保、票据承兑担保、贸易融资担保、项目融资担保、信用证担保、诉讼保全担保、投标担保、预付款担保、工程履约担保、尾付款如约偿付担保、与担保业务有关的融资咨询和财务顾问等。先后为1100余个中小企业、个体工商户和个人，办理融资担保和担保抵押贷款业务，担保额1.8亿元。

第十八编
财政 税务

1991年，文登市延续“统收统支增长分成”财政管理体制。1993年，全市工商税收首次突破1亿元。1994年，落实国家“分税制”体制改革，市对镇实行“收支挂钩”体制管理。文登市税务局析为文登市国家税务局和文登市地方税务局。2000年，机关事业单位购置设备和建筑材料等由市政府采购中心统一采购，在职人员工资由委托的金融机构按月代发。2002年，实行农村税费改革。至2005年，农村不再征收提留积累、公益金、农林特产税、农业税等税费，施行新型农村合作医疗制度和粮食直补、良种补贴、农机购置补贴等惠农亲民政策。2008年，地方税收入首次突破10亿元。2011年，国家税收入首次突破10亿元。2013年，全市地方财政预算内收入38.84亿元，比1991年增长41.37倍。国家税收入10.18亿元、地方税收入34.63亿元，比1995年分别增长7.55倍、33.77倍。

2013 年 5 月 4 日，市财政局组织青年志愿者开展财政惠民利民政策宣传。

第一章 财 政

第一节 机构设置

1991年，市财政局内设办公室、预算科、预算外资金管理科、行政财务科、企业财务科、农业财务科、驻厂员管理所、社会集团购买力控制办公室、农业发展基金办公室、基本建设检查科、税收财务物价大检查办公室（1989年10月设立，副科级事业单位，简称大检查办公室）、国有资产管理处、国债服务部、威海市会计师事务管理所文登分所14个科室，辖23个乡镇财政所。1992年3月，设财政投资公司，为正科级事业单位，归口财政局管理。1993年11月，撤销大检查办公室。1994年6月，设住房资金管理处，为副科级事业单位。1995年3月，撤销国有资产管理处，设国有资产管理局，为正科级事业单位，归口市财政局管理。至年末，财政系统有工作人员227人，其中局机关和归口管理单位62人、21个镇财政所165人。

1997年6月，市国有资产管理局改直属市政府管理。1998年6月，财政投资公司改直属市政府管理，恢复大检查办公室。1999年6月，成立会计事务管理局，直属市政府管理。2000年5月，设文登市人民政府采购中心（简称市采购中心），为正科级事业单位，归属财政局管理。2002年1月，全市机构改革，将国有资产管理局、财政投资公司和会计事务管理局3个市政府管理的正科级事业单位变更隶属财政局管理。3月，设立农业税务征收管理处，为副科级事业单位。撤销大检查办公室，设立财政监督检查室，11月，定为副科级行政职能机构。

2003年3月，市采购中心从财政局划出独立办公。2004年8月，设政府采购监督管理办公室。2007年11月，撤销行政事业财务管理科，分设行政政法科与教科文科；基本建设财务管理科更名为经济建设科。2010年5月，原属农业局管理的正科级事业单位文登市农业综合开发办公室整建制划归市财政局管理。6月，市驻厂员管理所更名为文登市企业财务管理处；同月，设文登市政府投融资管理中心，为正科级事业单位。2011年1月，农业税务征收管理处更名为文登市基层财政管理处；设文登市农村综合改革办公室，为正科级事业单位。2012年1月，预算外资金征收管理处更名为文登市非税收入管理处，机关增设财务科，政工科由与办公室合署调整为独立办公。7月，设财政局综合中心，与非税收入管理处合署。2013年12月，撤销财政投资公司，其人员编制和职能划入市公有资产经营公司，市公有资产经营公司变直属市政府管理为市财政局管理。

2013年，市财政局内设办公室、政工科、财务科、预算科、国库科、行政政法科（教科文科与其合署）、社会保障科、农业财务管理科、经济建设科10个科室，农业发展基金办公室、财政局信息中心、企业财务管理处、财政局综合中心、财政绩效评价中心5个股级事业单位，财政监督检查室1个副科级行政单位，财政投资评审中心（政府采购监督管理办公室与其合署）、财政局集中支付中心、非税收入管理处（财政局综合中心与其合署）、基层财政管理处5个副科级事业单位，政府投融资管理中心、农业综合开发办公室（农村综合改革办公室与其合署）3个正科级事业单位，市国有资产管理局、市会计事务管理局、市公有资产经营公司3个隶属管理的正科级事业单位，有工作人员129人。

市财政局先后2次被省文明委授予文明单位称号，3次分别被省人事厅与财政厅、省劳动厅与财政厅、省科协与财政厅授予全省财政系统先进集体称号，5次被省财政厅授予农业税收工作、非税收入规范管理、财政监察工作等先进单位称号。

第二节 财政体制改革

“增长分档分成”体制 1988年始，市财政实行“统收统支增长分成”和“总额分成加增长分档分成”制。“统收统支增长分成”的基本原则是：各乡镇实现的收入全部上缴，对各乡镇正常人员经费、公用经费的支出统一安排，增长分成比例一年一定，按照乡镇财政比例大、市财政比例小的分成原则确定。“总额分成加增长分档分成”的具体操作是：基数以内，留成比例46%；收入比上年增长部分，增长幅度在8%以内，另加增长分成23%，合计留成69%；增长幅度在8%以上的，再加增长分成20%，合计留成89%。1992年，山东省对增长分成比例进行调整，比上年增长幅度在8%以内，分成合计仍按69%执行；增长幅度在8%以上的，分成合计99%。

“分税制”和“收支挂钩” 1994年1月1日始，国家实行“分税制”财政管理体制。依据中央与地方的事权分工，将所有收入划分为中央财政固定收入、地方财政固定收入、中央和地方共享收入3类。按税种划分：中央收入税种主要有增值税（75%部分）和消费税；地方收入税种主要有增值税（25%部分）、工商各税、企业所得税、农业“四税”（农业税、农林特产税、耕地占用税和契税）、专项收入、其他收入。之后，市对各镇也由“统收统支增长分成”和“总额分成加增长分档分成”体制转向“收支挂钩”体制管理。“收支挂钩”是以上年的收支数作为收支基数（按规定的收支范围确定）；各镇的收入任务，以基数为底，按规定的递增比例确定；各镇的支出数，按规定的支出数，除以收入任务数，得出资金调度比例，每月按实际收入数与调度比例相乘，即为当期应拨财力数。对各镇的超收部分，通过财力返还，全部留给各镇；对完不成任务的，则按短收数额扣减镇财力。

农村税费体制改革 2002年，市政府制定《文登市农村税费改革实施方案》，农村税费改革起步。对村提留积累征收办法等进行改革，农民人均减负35元，减负率为22%。2003年，全面停征乡村公益金，取消部分农林特产税。2004年，全面取消农林特产税，并降低农业税税率3%，全市直接减轻农民负担3300万元。建立粮食“直补”机制，按照每亩15元的最高标准发放补贴资金，增加农民收入475万元。2005年，全部取消农业税，比省规定时间提前1年，全市再次为农民减负2300万元。

图18-1 2013年5月24日，市财政局工作人员在征地现场与被征地农户签字确认附着物补偿。

三税收入分享改革 2002年，国家对企业所得税、个人所得税和营业税三税收入实行分享改革。分享按企业所得税60%部分、个人所得税50%部分和营业税20%部分划为中央和省级收入，中央和省以上年收入数为基数予以返还。市财政局加快推进预算编制改革，统筹安排预算内外资金，实行财政“第二预算管理”（将预算外资金收支统一纳入地方财政收支计划，按照预算管理方式，与预算内资金相结合，统一编制计划，统筹安排使用）集中收付制度。在预算编制上，实行部门综合预算，将预算内外资金“捆绑”使用，提高政府统筹发展能力；在征收上，不断完善征管机制，强化“收支两条线”（财政部门在银行开设统一的财政专户，用于对预算外资金收支管理，部门和单位的预算外资金收入必须上缴同级财政专户，支出由同级财政按预算外资金收支计划和单位财务收支计划统筹安排，从财政专户中拨付）管理；在支出上，建立和完善政府采购、财政投资评审、国库集中支付“三位一体”的运行管理机制，将财政性拨款全部纳入国库统管，对工资、政府采购资金和各专项资金实行集中支付。

财政激励政策　2009 年，市委、市政府为确保市域重点经济板块快速推进，市、镇经济社会协调持续健康发展，按照财权与事权相统一、保障与激励相结合的原则，充分发挥财政政策的激励机制作用。对市区 3 个街道和开发区重新确定税收征管范围与收入基数；对各镇（街道）除实行税收属地管理外，凡向南海新区引进大项目所形成的市级税收，全额作为引进镇（街道）的收入，以体制机制促项目招商、促南海新区和全市经济全面发展。

第三节　财政收入

1991 年，全市财政总收入 1.06 亿元。其中，中央级收入 153 万元，省级收入 598 万元，地方财政收入 9800 万元。地方财政收入中，一般公共预算内收入 9167 万元，地方基金收入 633 万元。1994 年，落实国家分税制改革，增值税（75%）、消费税（100%）缴入中央级国库。全市财政总收入 2.31 亿元，比 1991 年增长 1.18 倍。其中，中央级收入 6879 万元，增长 43.96 倍；省级收入 713 万元，增长 19.23%；地方财政收入 1.55 亿元，增长 58.37%。1997 年，中央级收入过 1 亿元，达 1.11 亿元，比 1994 年实施分税制初年增长 61.93%。2002 年，对企业所得税、个人所得税实行中央、省、地方共享，全市财政总收入过 10 亿元，达 10.67 亿元。其中，中央级收入 3.65 亿元，占比 34.21%；省级收入 2996 万元，占比 2.81%；地方财政收入 6.73 亿元，占比 63.07%。2009 年始，国有土地使用权出让金收入纳入地方基金预算管理。是年，全市地方财政收入 34.3 亿元，其中地方基金收入 13.7 亿元，比 2008 年增长 7.85 倍。2010 年，全市财政总收入 82.14 亿元，比 2009 年增长 98.99%。主要原因是国有土地使用权出让金收入猛增，致地方基金收入达 49.35 亿元，比 2009 年增长 2.6 倍。2011 年，地方基金收入突破 60 亿元，达 62.14 亿元，比 2010 年增长 25.92%。2013 年，全市财政总收入 85.57 亿元，比 1991 年增长 79.73 倍。其中，中央级收入 9.61 亿元，省级收入 4426 万元，地方财政收入 75.52 亿元。在地方财政收入中，一般公共预算内收入 38.84 亿元，地方基金收入 36.68 亿元。

1991－2013 年文登市财政收入情况表

表 18-1　　　　单位：万元

年份	财政总收入	中央	省	地方财政收入		
				小计	预算内收入	基金收入
1991	10551	153	598	9800	9167	633
1992	12308	155	880	11273	10346	927
1993	16287	323	754	15210	14186	1024
1994	23112	6879	713	15520	12780	2740
1995	26636	7369	830	18437	16220	2217

续表 18-1

年份	财政总收入	中央	省	地方财政收入		
				小计	预算内收入	基金收入
1996	37784	8451	857	28476	23601	4875
1997	46770	11139	1105	34526	29900	4626
1998	54069	14252	946	38871	36663	2208
1999	63189	15857	826	46506	44682	1824
2000	73283	17627	762	54894	52591	2303
2001	93274	21380	819	71075	70027	1048
2002	106726	36453	2996	67277	66819	458
2003	130211	40369	3828	86014	85542	472
2004	156149	50027	5179	100943	100118	825
2005	185300	45684	8425	131191	130368	823
2006	216068	56654	7934	151480	150007	1473
2007	238330	63405	6546	168379	166508	1871
2008	269033	57615	7000	204418	188937	15481
2009	412808	62156	7696	342956	205945	137011
2010	821430	76321	16822	728287	234777	493510
2011	998167	88876	20195	889096	267689	621407
2012	777333	86617	28875	661841	311676	350165
2013	855679	96057	4426	755196	388388	366808

1991—2013 年文登市地方财政预算内收入情况表（一）

表 18-2-1　单位：万元

年份	合计	产品税	增值税	营业税	工商统一税	企业所得税	国营企业调节税类	个人所得税	资源税	建筑税	固定资产投资方向调节税
1991	9167	725	2099	2705	352	1512	101	42	—	20	60
1992	10346	734	2758	2988	399	1435	171	62	—	—	69
1993	14186	897	5064	3556	880	862	162	95	—	—	82
1994	12780	—	2203	1786	—	2591	—	231	84	—	774
1995	16220	—	2581	2100	—	4343	—	305	60	—	622
1996	23601	—	2948	2809	—	9505	—	630	11	—	521
1997	29900	—	3738	3364	—	12545	—	1130	30	—	431

续表 18-2-1

年份	合计	产品税	增值税	营业税	工商统一税	企业所得税	国营企业调节税类	个人所得税	资源税	建筑税	固定资产投资方向调节税
1998	36663	—	4530	3325	—	14434	—	1469	—	—	905
1999	44682	—	5365	3212	—	10129	—	1611	120	—	2251
2000	52591	—	6082	5023	—	11578	—	1527	59	—	4089
2001	70027	—	7259	5230	—	20294	—	2363	248	—	2779
2002	66819	—	8552	5611	—	6374	—	1242	105	—	4700
2003	85542	—	8805	6315	—	5018	—	1153	108	—	—
2004	100118	—	4344	11200	—	5018	—	1462	108	—	—
2005	130368	—	10053	18433	—	5020	—	1700	117	—	—
2006	150007	—	14110	16298	—	4226	—	1650	533	—	—
2007	166508	—	15772	14520	—	5360	—	1904	984	—	—
2008	188937	—	13959	17241	—	5247	—	1661	977	—	—
2009	205945	—	14698	20188	—	5993	—	1338	1152	—	—
2010	234777	—	15938	53345	—	9223	—	1879	1071	—	—
2011	267689	—	17591	63747	—	11711	—	2106	170	—	—
2012	311676	—	16974	87537	—	10649	—	1776	8825	—	—
2013	388388	—	19078	138226	—	15892	—	3588	11072	—	—

1991－2013 年文登市地方财政预算内收入情况表（二）

表 18-2-2　　　　单位：万元

年份	城市维护建设税	车船使用税	房产税	印花税	屠宰税	牲畜交易税	城镇土地使用税	盐税	土地增值税	农牧业税
1991	335	40	286	33	36	4	42	121	—	371
1992	465	42	270	20	46	1	64	88	—	439
1993	662	57	331	28	53	1	76	51	—	528
1994	1576	66	576	18	50	—	294	—	—	750
1995	1470	65	647	46	54	—	303	—	—	747
1996	1475	95	758	53	56	—	204	—	—	1088
1997	1595	115	788	79	50	—	222	—	—	1027
1998	1916	44	1035	69	45	—	264	—	—	1112
1999	2473	201	1528	244	32	—	510	—	9	934
2000	2375	140	1508	154	25	—	562	—	—	832

续表 18-2-2

年份	城市维护建设税	车船使用税	房产税	印花税	屠宰税	牲畜交易税	城镇土地使用税	盐税	土地增值税	农牧业税
2001	2741	132	1993	95	7	—	1148	—	1	802
2002	2989	148	2054	101	—	—	821	—	11	2386
2003	3161	147	4309	149	—	—	2563	—	3626	3985
2004	2694	141	5559	259	—	—	3865	—	4272	5372
2005	3806	141	5921	435	—	—	4730	—	9106	—
2006	4233	797	6424	517	—	—	6271	—	7875	—
2007	8421	1735	12853	1054	—	—	13875	—	11529	—
2008	8944	2549	13866	1199	—	—	26360	—	11887	—
2009	10037	2637	15538	1397	—	—	30301	—	14071	—
2010	9666	3475	13376	1897	—	—	28418	—	19001	—
2011	10422	2496	6099	1939	—	—	33630	—	17759	—
2012	13696	3711	7780	2482	—	—	43710	—	19498	—
2013	14774	4710	6943	3381	—	—	50079	—	23392	—

1991—2013 年文登市地方财政预算内收入情况表（三）

表 18-2-3　　单位：万元

年份	农林特产税	耕地占用税	契税	国有（企业）资产经营收益	国有企业计划亏损补贴	行政性收费收入	罚没收入	国有资源（资产）有偿使用收入	专项（专款）收入	其他收入
1991	350	169	9	310	-1324	—	34	0	713	22
1992	366	102	8	240	-1144	—	204	0	516	3
1993	450	50	8	344	-905	—	372	0	465	17
1994	1369	90	10	—	-595	0	320	1	440	146
1995	1335	50	15	—	—	103	351	0	479	544
1996	1421	31	24	125	—	499	594	0	652	102
1997	1709	15	11	50	—	2030	768	0	0	203
1998	2234	10	134	—	—	3060	813	298	913	53
1999	4532	403	194	4500	—	3628	928	472	1328	78
2000	7399	84	115	4500	—	3258	1517	155	1363	246
2001	8488	63	276	6500	—	6695	994	104	1758	57
2002	8478	237	1524	10764	—	7267	1387	178	1874	16

续表 18-2-3

年份	农林特产税	耕地占用税	契税	国有（企业）资产经营收益	国有企业计划亏损补贴	行政性收费收入	罚没收入	国有资源（资产）有偿使用收入	专项（专款）收入	其他收入
2003	10077	430	1702	21837	—	9154	1149	196	1580	78
2004	—	8102	18792	16145	—	8957	2034	71	1646	77
2005	—	12380	22024	19195	—	12710	1929	950	1693	25
2006	—	14500	4100	52202	—	12150	1736	96	2178	111
2007	—	20300	8591	33984	—	10661	1420	167	3378	—
2008	—	26697	8927	6794	—	35343	2760	505	4021	—
2009	—	33075	8900	4728	—	37120	1993	319	2460	—
2010	—	4446	21359	11600	—	33449	3016	353	3265	—
2011	—	3794	34782	1308	—	49315	4191	1118	5511	—
2012	—	4567	27513	1156	—	49300	3875	3301	5326	—
2013	—	4162	44889	—	—	38576	1500	565	7561	—

第四节　财政支出

1991 年，全市一般公共预算支出合计 7983 万元。其中，一般公共服务支出 914 万元，农林水支出 904 万元，科学、文体、教育、医疗卫生支出 2603 万元，社会保障支出 804 万元，工业交通等部门事业费支出 387 万元，城市维护费支出 385 万元，其他支出 1986 万元。1997 年，全市预算支出合计 3.32 亿元，比 1991 年增长 3.15 倍。其中，城市维护费支出增长 6.39 倍，为单项增幅最大；其他增幅排序依次为一般公共服务支出增长 5.4 倍、科学文体教育医疗卫生支出增长 3.35 倍、工业交通等部门事业费支出增长 3.32 倍、其他支出增长 2.95 倍、农林水支出增长 1.75 倍、社会保障支出增长 38.68%。2004 年，城市基建和改造投入继续加大，城乡低保、养老、救助、抚恤等民生保障支出增幅较大。2005 年始，农林水投入明显加大，且逐年大幅度增加。2007 年始，教育经费显著增多。2013 年，全市一般公共预算支出合计 47.56 亿元，比 1991 年增长 58.58 倍。其中，一般公共服务支出 3.95 亿元，农林水支出 7.58 亿元，科学文体教育医疗卫生支出 16.8 亿元，社会保障支出 9.35 亿元，工业交通等部门事业费支出 5.34 亿元，城市维护费支出 1.10 亿元，其他支出 3.44 亿元。

1991－2013 年文登市地方财政预算支出情况表

表 18-3　　单位：万元

年份	一般公共预算支出合计	一般公共服务支出	农林水支出	科学文体教育医疗卫生支出	社会保障支出	工业交通等部门事业费	城市维护费（城乡社区事务）	其他支出
1991	7983	914	904	2603	804	387	385	1986
1992	8487	1381	971	3256	811	365	484	1219

续表 18-3

年份	一般公共预算支出合计	一般公共服务支出	农林水支出	科学文体教育医疗卫生支出	社会保障支出	工业交通等部门事业费	城市维护费（城乡社区事务）	其他支出
1993	11557	2018	1097	4327	1026	600	716	1773
1994	15638	3112	1454	6452	1224	810	1185	1401
1995	18261	3488	1541	6881	1216	926	1573	2636
1996	26038	5093	2281	9187	1046	1379	1448	5604
1997	33151	5854	2489	11325	1115	1672	2845	7851
1998	39855	6662	2938	10794	4019	1648	2458	11336
1999	46470	5838	3772	12080	4937	804	1873	17166
2000	56064	7857	4078	13980	5732	880	4355	19182
2001	69334	8191	4146	17565	6973	1883	9988	20588
2002	79657	9200	4625	20690	9248	1855	10472	23567
2003	98687	12724	6154	27577	12195	3212	11235	25590
2004	124653	15075	8405	36538	15679	4677	9669	34610
2005	155879	18542	12579	44483	21708	5758	12689	40120
2006	177061	20083	14000	46654	24212	6505	13236	52371
2007	200136	21716	20132	61814	38804	27153	19361	11156
2008	236535	29672	25041	74171	45667	20443	22623	18918
2009	268073	27493	32907	88424	51481	18559	26441	22768
2010	309242	27175	50207	102756	75612	27123	7710	18659
2011	377467	28242	58765	131194	81792	42163	8194	27117
2012	445645	32217	69666	155967	90624	48718	11762	36691
2013	475625	39532	75830	167971	93532	53391	10962	34407

第五节　预算管理

经费定额包干　1991—1995年，市政府坚持量财办事、增收保平衡的原则，实行分管副市长一支笔审批制度，严格控制预算开支。财政支出重点为保工资（包括政策性调资、补贴等）、保支农、保教育和保重点项目，压缩“人、车、会”和办公自动化经费支出；严格控制社会集团购买力，特别是控制购买小汽车，对申请购车的单位实行由主管部门、银行、审计、税务、财政联合签字盖章，市长审批制度；对行政机关实行“经费包干，超支不补，结余留用”的办法；对全额预算管理的事业单位，年度预算实行“核定定额，包干使用，结余留用，超支不补”的办法；对有收入的全额事业单位，其收入纳入预算管理，逐步向差额管理单位过渡；对实行差额预算管理的事业单位，按事业发展规模、工作任务和费用定额核定预算，以收入抵顶支出，增人不增费，减人不减费，力求达到经费自给；对个别暂时达不到自给的单位，临时采取少量定额补助的办法解决。

第二预算管理 1995年1月，市政府制定《文登市预算外资金管理暂行办法》，对行政事业单位的预算外资金实行“收支两条线”管理。1996年始，将预算外资金纳入财政第二预算管理。1997年，制定《文登市预算外资金管理办法》。对全市行政事业单位预算外资金账户进行清理，清理单位97个，清理账户291个，撤销账户94个，保留账户197个，清理资金1987万元。1998年，对行政事业单位执法收费行为和罚没款收入进行检查，共取消收费项目86项，降低收费标准15项；对个别单位乱发奖金、补贴等问题进行处理，责令其限期整改，并处以违规金额20%的罚款。

1999年，对镇级教育系统财务工作实行统管，撤销174处中小学原有会计机构，以镇为单位成立教委中心财务组，严格财务核算、审查、审批等监督程序。7月，推行“票款分离”试点工作，确定74个单位316项收费纳入“票款分离”试点，确定市工行、市农行、市中行、市建行4家银行60个营业部、储蓄所为代收网点。2000年，建立“单位开票、银行收款、财政统管”的预算外收费“票款分离”制度，以及政府统一实施采购、银行统一发放工资制度。至2002年，市公安、法院、工商、环保、计划生育等行政执法部门的预算外收费收入全部缴入地方国库，纳入预算管理。2003年6月，对行政事业性收费、政府性基金、下级和所属部门集中收入、国有资产（资源）有偿使用收入、国有资本投资收益、以政府名义接受的捐赠收入、社会团体代收收入和接受的捐赠收入、电台电视台播出广告取得的广告收入、彩票公益金和发行费收入、罚款和罚没收入10类收费收入，执行“票款分离”和“罚缴分离”制度，实行“收支两条线”管理和财政预算管理。

非税收入管理 2004年，根据财政部印发的《关于加强政府非税收入管理的通知》，全市预算外收费收入“票款分离”系统升级为“非税收入征缴系统”。2007年，文登市推进依法理财制度，先后制定《非税收入业务费管理办法》《文登市财政票据管理办法》《文登市人民政府关于进一步加强财税工作的意见》等管理制度，提高财政综合管理水平。在全省率先推行建设税费集中征缴机制，对耕地占用税、契税、土地出让金、土地登记费、土地证书工本费、水土保持补偿费、城市基础设施配套费、小城镇基础设施配套费、房地产综合开发管理费、工程质量监督费、工程定额测定费、新型墙体材料节能专项资金、建筑企业养老保障金、农民工工资保障金、人防工程易地建设资金、副食品价格调节基金、散装水泥专项基金等建设税费实行集中征缴。2008年11月，按照财政部的要求，不再征收工程质量监督费、工程定额测定费。2009年，市财政局对财政票据实行“凭证领购、限量供应、验旧换新”管理制度，严把票据核销和销毁环节，发挥“以票管费、以票促收”的功能作用。2011年，对各项非税收入的收费依据、收费标准、收费规模等信息资料逐一核对清理、汇集归档，同时完善收费稽核审批程序，按照规定标准收费，杜绝随意“减、免、缓”违规现象发生，确保非税收入应收尽收。向上级财政申报市交通银行、市邮政储蓄银行和市农村信用社3家为非税收入代收银行，全市非税收入银行增至7家。同时实行自动缴费机和POS机缴费。2012年，不再征收城市房地产综合开发管理费。2013年，不再征收小城镇基础设施配套费。将原由各专营单位征收的供水、供电、供气、供热配套费统一纳入财政集中征收。

1991－2013 年文登市预算外资金收支情况表

表 18-4 单位：万元

年份	预算外资金收入	预算外资金支出	年份	预算外资金收入	预算外资金支出
1991	9831	9172	2003	12370	10566
1992	12408	10809	2004	7779	7229
1993	5684	5181	2005	8153	8153
1994	6569	6042	2006	6125	6125
1995	8089	8135	2007	11939	12757
1996	26467	24298	2008	5191	5191
1997	26414	20174	2009	6111	6111
1998	11830	11814	2010	6134	6134
1999	9935	9792	2011	2849	2849
2000	11753	11626	2012	3031	3031
2001	9422	9576	2013	2649	2649
2002	12938	10666	合计	223671	208080

第六节　财务管理

财政工资发放管理　1991－1999 年，市财政工资发放采取全年核定定额、发至行政机关和相关事业单位银行账户，由单位财务人员从银行账户提取，以现金的形式分发。2000 年始，实行银行统一代发工资制度。市财政局委托市工行代发市直全额拨款机关事业单位在职人员工资。2004 年、2005 年，先后将乡镇教育、乡镇机关事业单位在职人员工资纳入财政代发工资系统。至 2013 年，由市财政局委托银行代发工资人员达到 10140 人。其中，市工行主要负责发放市直机关事业单位在职人员工资，共 4594 人；市建行主要负责城区周边学校在职人员工资，共 1624 人；市信用社主要负责乡镇学校及乡镇机关事业单位在职人员工资，共 3922 人。

城乡低保资金管理　1997 年，文登市建立城乡最低生活保障制度，是省内首批实行低保制度的地区之一。至 2013 年，城市低保标准先后 10 次调整提高，由每人每月 140 元提高到 450 元；农村低保标准先后 7 次调整提高，由每人每年 700 元提高到 2600 元。2013 年，保障农村低保对象 7725 人，保障城市低保对象 424 人，覆盖率达到总人口的 1.5%，城乡两项低保补助资金合计支出 1508 万元。

城乡医疗补助管理　2004 年始，威海市统一标准实施新型农村合作医疗制度。新型农村合作医疗个人筹资部分：2007 年及以前每人每年 10 元，2008－2009 年为 20 元，2010 年提高到 30 元，2012 年达到 60 元，2013 年为 70 元。各级政府补助部分：2004 年，每人每年 10 元。2013 年，提高至 280 元。

2006 年，文登市在山东省率先开展城镇居民基本医疗保险试点。2008年，威海市建立全市统一的城镇居民基本医疗保险制度。参保人员个人缴费标准为儿童及学生每人每年30元，一般居民每人每年230元，老年居民每人每年180元，低保、残疾人员每人每年40元。2013年，政府补助变原来分类补助为统一人均补助280元。

教育经费拨付管理 1986—2001年，农村义务教育实行“分级办学，分级管理”，教育经费以财政拨款为主，辅之以教育费附加、教育集资、杂费、校办产业收入、社会捐资和设立教育基金等渠道筹措。为完成校舍、设备等硬件达标任务，各乡镇在财力不足情况下，通过学校向社会借款集资，进行校舍建设、课桌椅和微机购置，总额达2000余万元（借款分期偿还，至2010年基本还清）。2002年，全市启动农村税费改革，不再征收农村教育费附加，不准学校通过在校生向其家长或社会借款集资，以减轻农民负担。农村义务教育经费主要来源于财政拨款，对困难学生实行“两免一补”（免杂费、免课本费，补助寄宿贫困学生生活费）等政策措施。至2005年，共支出教育经费11.85亿元。

2006年秋季始，将农村义务教育经费纳入公共财政保障范围，按定额标准拨付预算内公用经费。是年，共支出教育经费3.06亿元。2007年秋季始，免除城市义务教育阶段学生杂费，同时免除农村义务教育阶段学生课本费，全年支出教育经费4.39亿元。2008年，支出教育经费5.55亿元。2009年始，将原免杂费资金和公用经费合并为预算内公用经费，按省教育示范市标准拨付，全年支出教育经费6.58亿元。2010年，统一农村和城市中小学公用经费拨款标准，全年支出教育经费7.4亿元。2011—2013年，分别支出教育经费8.93亿元、10.6亿元、11.21亿元。

农业专项资金管理 2006年12月，山东省财政厅印发《山东省农业财政专项资金实施县级报账制管理暂行办法》。据此，市财政局对上级下拨的农业、水利、林业等农口工程项目专项资金实行报账提款制①，包括2009年始的小型农田水利重点县项目，2011年始的森林生态效益补偿资金、森林抚育资金、农村饮水安全工程和水库移民后期扶持结余资金项目，2012年的农产品质量安全示范县建设工程，2013年的中小河流治理水系连通工程等。同时对本级财政涉农工程项目的拨付资金，一同参照该办法实施报账提款。2009—2013年，文登市实行报账提款法的农业专项资金3.16亿元，其中本级财政投资5360万元。

2009—2013年文登市农业专项资金使用情况表

表18-5　　　　单位：万元

序号	年份	工程项目名称	金额	
			上级下拨	本级投资
1	2009—2013	小型农田水利重点县项目	11020	4360
2	2011—2013	小型农田水利专项	430	—
3	2011—2013	森林生态效益补偿资金	1165	—

①报账提款制管理的主要做法：项目单位提交报账申请、项目支出原始凭证和相关报账资料等；财政部门按照工程进度和质量要求及时审核，对不符合要求的报账申请，不予拨付报账资金，申请材料退回业务主管部门；对符合进度质量等规范要求的报账申请，在项目支出原始凭证上加盖审核印记，并复印留底，审核确认合格后，及时拨付报账资金；对项目单位不按规定使用资金的，财政部门可停拨项目资金或中止项目执行；项目完工后，财政部门和主管部门组织人员或委托注册会计师事务所、工程监理等中介机构对项目的技术、财务、资产等情况进行全面审计或验收。

续表 18-5

序号	年份	工程项目名称	金额	
			上级下拨	本级投资
4	2011—2013	农村饮水安全工程	1092	—
5	2011—2013	森林抚育资金	1246	—
6	2011—2013	大中型水库移民后期扶持结余资金项目	2511	—
7	2012	农产品质量安全示范县建设工程	230	—
8	2012	母猪河（变更设计部分）河道治理工程投资	2372	—
9	2012	青龙河河道治理工程	944	500
10	2012	中央特大抗旱补助项目	40	—
11	2012	农村规模化供水工程投资	250	—
12	2012—2013	塘坝除险加固工程	800	—
13	2013	中小河流治理水系连通工程	2500	—
14	2013	昌阳河河道治理工程	1667	500

第七节　会计管理

1991—1998年，市财政局行政财务科、企业财务科、农业财务科分头负责全市的会计管理工作。1999年后，新成立的文登市会计事务管理局（简称市会计局）接管包括会计法规和会计制度的贯彻落实等会计基础工作管理、会计人员业务培训、会计任职资格管理等会计管理工作。2013年，市会计局内设综合科和业务科，工作人员10人。

基础工作管理　1991—1996年，市财政局对全市会计基础工作管理主要通过定期和不定期财务检查进行督导。1997年，针对会计基础工作中存在的“会计人员数量不足、素质不高”和“记账随意、手续不清、账目混乱、差错严重、财产不实、数据失真”等问题，组织全市财务核算人员学习国家有关法律法规和工作制度，加强思想作风整顿，强化职业道德教育，提高政策法规意识。对300余个单位的会计基础管理工作进行重点检查和整顿。对计划参与股份制试点的国有企业，加强财务监督管理，保证改制前后财务资料的连续性、完整性；对改制为股份有限公司或有限责任公司的企业，按照《财务通则》要求，帮助企业解决财务管理中遇到的新问题，完善和充实内部财务管理制度；组织注册会计师等高级财管人员，到各类企业对注册资本进行验证、验资，对财会业务进行年检、审计。1998年，加强硬件建设，在全省率先实现乡镇财政所微机拨号联网。

1999年6月，市会计局在全市范围内开展会计基础工作规范化验收活动，包括会计机构与人员、会计核算与监督、内部会计管理制度等内容。年末，对申报的60个单位进行验收，合格率达100%。山东曲轴总厂、市建筑公司、文登整骨医院等单位成为会计基础工作规范化建设示范单位。2000年7月，市会计局贯彻新《中华人民共和国会计法》（简称《会计法》），举办《会计法》知识大赛，并组织会计人员参加省、全国《会计法》知识大赛。是年，共举办24期《会计法》培训班，培训会计人员近5000人；联合市农业、教育、工商等部门开展全市第一次会计人员普查工作，共有5500余名会计人员被录入全市会计人员信息数据库。

2001年3月，市会计局在800余个企事业单位执行《会计法》情况自查基础上，对10个被抽检单位进行重点检查。2002年，组织全面复查整改。9月，按照省财政厅安排，对12个国有企业执行新《企业会计制度》情况进行调查测算，编报调查、分析、测算报告。2003年，为省政府确定的会计诚信建设年，市会计局开展职业道德规范、会计法规及相关会计制度等会计诚信教育和业务技能培训，培训会计人员4000余人。2005年5月，确定威力工具集团、钨制品厂等30余家企业，为《企业会计制度》《小企业会计制度》(简称“两项制度”)规范执行示范联系点。2006－2009年，组织专门人员深入企业调研，召开财务负责人座谈会，帮助企业解决问题，使“两项制度”落到实处。2010－2012年，将《企业会计准则》《企业内部控制制度》作为会计人员年度继续教育的主要内容，举办3期《企业会计准则》专题培训班，培训会计主管300余人。2013年6－7月，市会计局举办两期行政事业会计法规专题培训班，学习《行政事业单位内部控制规范》《行政单位财务规则》《事业单位会计制度》《事业单位会计准则》等法规文件，培训行政事业单位会计人员360人。

会计业务培训　1991－1997年，市财政局对全市财会人员业务管理多以短期培训和以会代训的形式为主。1998年，市财政局对各镇财政所160余人进行专业系统培训，组织社会会计人员880人进行技能培训考试。1999年，市会计局按照财政部、省财政厅对在职会计人员继续教育的要求，借助文登广播电视大学、威海财经中专学校的师资和办学条件，对全市党政机关、企事业单位的会计人员进行《企业会计准则及股份有限公司会计制度》《会计基础工作规范化》等制度和工作规范培训，共举办继续教育培训班15期，培训会计人员2200人次，并发放会计人员继续教育手册。市会计局设立电算化培训点，共举办会计电算化培训班7期，近300人通过省财政厅组织的考试，取得合格证书。文登整骨医院和市民政局2个单位成为全市首批会计电算化单位。2000－2004年，市会计局推广会计电算化，5年间培训会计电算化上岗人员1000人。2005－2010年，加大继续教育培训力度，共组织会计人员继续教育培训2.3万人次。2011－2013年，市会计局采取网上培训方式，累计培训会计人员1.2万人次。

从业资格管理　1991年1月，全市开始推行会计从业资格会计证管理制度，具体工作由财政部门负责管理。1992年1月始，乡镇企业和农村集体经济组织会计岗位实行会计证管理制度。1999年，财政部《会计证管理办法》规定，会计人员必须持证上岗，会计证须通过省财政厅组织的考试取得，且每两年进行一次年检、每5年进行一次换证，年检不合格和无证人员不得从事会计工作。年末，全市共有持证会计人员近5000人。通过会计专业技术资格考试，取得初级职称资格者1800人、中级职称资格者450人、高级职称资格者6人。

2001年，开展5年一次的会计从业资格证书换发工作，为300余名符合条件的人员颁发资格证书。2003－2006年，组织1050人参加省财政厅统一组织的资格考试，其中820人通过考试。2006年为资格证书换发年。至年末，网上换发新证3300余个。2007－2009年，组织1500名无上岗证而有志从事会计工作的人员参加省财政厅组织的资格考试，有802人取得会计证书。2010－2013年，共组织3000人参加省财政厅组织的资格考试，有2000余人通过考试，取得资格证书，为全市财会管理工作储备较为充足的后备人才。至2013年，全市共有持证会计人员6300余人。通过会计专业技术资格考试，取得初级职称资格者1900人、中级职称资格者530人、高级职称资格者40人。

第八节 财政监督

1991—2001年，市税务财政物价大检查办公室以每年集中开展1次全市税收、财务、物价大检查为主要形式，履行财政监督职责。2002年机构改革后，市财政监督检查室变一年一度集中大检查为年度重点检查与日常监督检查相结合，变事后全面大检查为事前、事中、事后全程监督检查，对重点项目实施全程跟踪监督检查。

年度财税监督检查 1991—1995年，市税务财政物价大检查办公室重点检查计划生育费征收、使用和管理情况，支农周转金使用情况，部分特产税税源情况，私设“小金库”和违控购车等情况。5年间，分别查出违纪金额370万元、135万元、230万元、307万元、346万元，共计1388万元；应入库金额分别为169万元、85万元、219万元、307万元、313万元，共计1093万元，全部入库。查出11个“小金库”，违纪金额154万元，入库120万元。清理违控小汽车70辆，补交附加费227万元，收缴违控罚款227万元。1996—1997年，按国务院批转财政部《关于加强国有企业财务监督意见》规定的20项内容，对各国有企业逐项检查。对支农资金的使用情况要求用款单位进行自检，对农林水专项工程进行账实核对，对农业项目区财务进行账目检查。两年分别对425个、210个单位进行检查，分别查出违纪金额213万元、390万元。其间，重点对各镇税收政策执行情况进行检查、整顿，采取回收税票、清查核对的方法，检查预算外资金征缴情况。两年间，对110个单位进行全面检查，查出违纪金额3325万元。1998年，对预算外收费、专项资金等项目进行重点监督检查，查处违纪金额607万元。1999年，严格支出审批和监督检查，行政事业性收费票据“验旧换新”；会同市物价部门，对全市892个行政事业单位收费进行年度审验，查处违纪单位106个，违纪金额993万元。2000年，通过执法检查，共取消收费项目20个，减轻企业和农民负担500万元。

2004年，市财政监督检查室对全市行政事业单位财务收支情况，以及房地产、建筑安装、宾馆餐饮等行业企业所得税和营业税征缴情况进行监督检查，查处行政事业单位违纪资金2480万元，查处企业偷漏税款2600万元。2005年，市财政监督检查室组建4个联合检查小组，对房地产、建筑装潢、餐饮服务等领域52个企业单位所得税和营业税征缴情况展开深入检查，查补各种税费2500余万元；依据《财政违法行为处罚处分条例》，对33个行政事业单位财务收支情况进行综合检查，查出违纪资金3596万元。2006年，组建6个联合检查小组，查处117个企业单位，追补入库税费1830万元；查处33个事业单位，补缴入库款900余万元。2007—2009年，累计对64个企业单位、82个事业单位进行检查，查补税费3882万元，查处违纪金额6147万元。2010年，开展土地使用税、房产税普查工作，累计检查企业1614家，查补税金1815万元；对10个行政事业单位财务收支、非税收入征缴情况进行检查，查处违规违纪金额473万元，其中查处应缴未缴财政专户款116万元、挤占专款10万元、未入账固定资产42万元、其他违规违纪资金305万元。2011年，查处违规违纪金额91万元，查补税费3307万元。2012年，累计对27个企业单位进行联合检查，共查补税费1.07亿元；对全市16个镇域2011年度税源情况进行普查复检，发现纳税户应缴未缴税费1.15亿元。2013年，严格建设税费集中审批把关程序，实行集中清算收费管理，完成各项建设收费7117万元。

重点项目全程跟踪 1998年，对全市12个农业发展项目进行全程跟踪检查，对水利专项资金、粮食专项资金、农发基金、基建资金、住房资金的账目进行全面审计，审减基建资金291万元。1999年，对财政拨款单位工程，特别是对市政工程进行跟踪审理，共审计工程结算67份，审减金额357.7万元，审减率18%。2001年，对政府财政所有投资项目实行事前、事中、事后全过程监督管理，核减基建支出410余万元，核减率16%。2002年，对国债资金、支农资金、社保资金使用和124个行政事业单位财务管理等进行专项检查，收缴入库违纪资金400余万元；对基建决算审查，核减支出1200余万元，核减率19%。2003—2004年，审减基建资金分别累计为3122万元、3100万元。2005年，对财政投资的机场路改造、抱龙河公园治理、污水处理厂二期扩建、世纪大道拓宽改造等政府工程项目进行事前、事中、事后监督，严把评审关，累计审减工程资金1900万元。2006年，完善财政投资评审监督机制，对215个工程项目进行评审，共审减工程资金3446万元。2009年，制定《文登市本级财政支出绩效评价管理工作暂行办法》，对部分项目支出实行绩效评价，并将绩效评价结果作为安排下年度项目支出的重要依据，实施财政支出绩效评价制度和以“追踪问效”为导向的新型财政支出管理模式。

2009—2011年，共开展绩效评价项目27个，涵盖农业、教育、卫生、城市建设、社会保障、经济建设、金融保险、行政管理及企业等领域，项目涉及资金1.48亿元。2012年，实现三级复审复核，保证项目评审质量与效率，完成财政投资评审项目115个，评审总额10.51亿元，核减财政投资1.87亿元。2013年，市财政局加强财政资金监管力度，压缩行政事业单位一般性开支。完成评审项目68个，评审总额18.23亿元，核减投资3.11亿元。

图18-2　2012年4月12日，市财政局投资评审人员到项目工地现场测绘。

第九节　政府采购

2000年5月至2013年10月，市采购中心累计完成政府集中采购合同金额13.43亿元，节约资金3.02亿元，节约率为18.34%。至2013年9月，市采购中心编制10人，实有12人，内设采购科、综合科、财务科。10月9日，撤销市采购中心事业单位建制，将市采购中心人员编制划入新设立的市公共资源交易管理处。

采购制度　2000年12月21日，《文登市政府采购管理暂行办法》发布，2001年1月1日起施行。市采购中心先后制定《关于进一步完善政府采购操作规程的改进方案》《文登市政府采购中心采购档案管理办法（试行）》《文登市政府采购中心日常工作管理规定》《政府采购工作人员守则》等制度。2003年3月20日，市政府印发《关于规范政府集中采购工作程序的通知》，明确规定政府集中采购的工作程序。2004年3月，市采购中心制定《政府采购工作管理监督“八项制度”》，即项目责任制度、跟踪督办制度、集体决策制度、采购文件复审制度、内部制约制度、外部监督制度、结算复核制度、业务公开制度。2005年1月1日，“文登政府采购”网站开通，政府集中采购信息和所有中标价格信息在网上发布。4月，市政府办公室印发《关于进一步规范政府采购工作的通知》，扩大政府集中采购范围，加强政府集中采购计划管理。2008年9月28日，市财政局和市采购中心联合印发《文登市政府集中采购目录和政府采购限额标准》，2009年1月1日起实施。至2013年，政府采购均按该目录和标准执行。

采购范围　2000年5—12月，市采购中心集中采购环卫设备、公务用车、电器和办公设备等。2001年1月1日始，集中采购范围为：单位价值在1万元以上的商品或接受等值的服务，单位价值不足1万元但当年需要批量购买且累计价值在5万元以上的同类商品或者接受等值的服务，按照国家和省规定应当招标的工程项目等。2001年5月始，集中采购范围由单一的货物采购扩大到服务和工程领域，包括行政事业单位车辆采购、车辆保险和车辆定点维修、大额办公用品、三峡移民生产生活用品、园林工程材料和绿化苗木花卉、交警畅通工程设施材料、自来水改造工程材料、污水处理改造工程材料及城建工程材料（如砼管、人行道彩板、水泥、路灯、路灯杆粉刷维修、电缆、钢管、钢筋）等。2002年，增加机关事业单位车辆大修、报纸定点印刷、办公楼装潢装修、园林绿化工程和少量基建工程等内容。在完成财政直接拨款项目采购的基础上，采购中心还接受部分机关事业单位的委托代理采购。2003年3月始，集中采购的范围和规模进一步扩大，财政出资的市政建设材料和市政工程、绿化苗木和绿化工程、工程地质勘探、车辆采购、车辆保险、车辆大修、大额办公用品、办公楼修缮和装潢装修、部分土建工程和部分建筑工程等项目均实行政府集中采购。2005年4月，将政府采购工作扩展到教育、卫生系统。

2006年9月7日，市政府《关于进一步规范政府投资工程招标投标管理的意见》规定：政府投资工程的物资、材料及设备采购，由工程建设单位将采购的项目、标准、数量、时间和质量要求，报财政局评审后，交由市采购中心负责采购。园林绿化苗木采购，由市园林局与采购中心共同负责，园林局负责提供苗木品种、规格、数量、质量等需求计划和采购方案，采购中心负责认定苗木价格，并对其数量和质量进行监督。建筑面积1000平方米以上或投资50万元以上工程项目的勘察、设计、监理、施工，以及投资30万元以上的装饰装修、设备、材料采购等关系公共利益、公共安全的政府投资工程项目，由市财政局编制标底，建设单位进行招投标。建设单位作为招标人需要委托有资质的招标代理机构主持招投标，并进入建设工程交易中心公开进行。2008年9月28日，市财政局和市采购中心联合印发《文登市政府集中采购目录和政府采购限额标准》，要求列入政府集中采购目录和达到政府采购限额标准（政府采购限额标准为：货物类预算金额达到5000元以上、工程类预算金额达到2万元以上、服务类预算金额达到5000元以上）的项目必须实行政府集中采购，2009年1月1日起实施。至2013年，政府采购范围均按该目录和标准执行。

图 18-3　2008年4月14日，文登市小型水库除险加固工程开标大会举行。

采购验收　2000年5月至2002年6月，采购项目验收由采购人会同采购中心共同组织进行。2002年下半年，一些重点采购项目，由采购人、市采购中心和财政投资评审中心共同进行审核验收。2003—2013年，对政府采购项目实行联合验收制度，对每个采购项目，由采购人向市财政局提出申请，市财政局组织市采购中心及有关部门共同验收，并联合出具验收报告。

2000－2013 年文登市政府集中采购情况表

表 18-6　　单位：万元

年份	完成政府集中采购合同金额	节约金额	节约率（%）	年份	完成政府集中采购合同金额	节约金额	节约率（%）
2000	686.00	50.00	6.79	2008	9727.00	1485.20	13.25
2001	3805.00	1122.00	22.77	2009	11044.80	2121.30	16.11
2002	7026.20	1754.00	19.98	2010	6051.60	746.20	10.98
2003	10050.34	3020.43	23.11	2011	13111.15	2006.31	13.27
2004	15120.00	4400.00	22.54	2012	11058.50	1905.68	14.70
2005	18479.00	4749.00	20.45	2013	11082.72	1921.72	14.78
2006	10511.00	3059.00	22.54	合计	134309.73	30169.42	18.34
2007	6556.42	1828.58	21.81				

第十节　财政投资管理

1992 年 3 月，市财政投资公司成立。内设业务科，编制 7 人。负责管理和运用市政府重点工程资金，管理回收财政周转金；管理和运用财政担保基金，为失业人员担保小额贷款，办理贴息业务；管理和处置抵顶财政收入的资产。2013 年 12 月，市财政投资公司撤销，其人员编制划入市公有资产经营公司。

财政周转金管理　1992－1995 年，市财政投资公司共投放支农周转金 3466 万元，重点扶持一批农副产品加工项目和乡镇企业生产；投放工商企业周转金 6 亿元，对机械、化工、轻工、商业等行业的 1000 余家企业的生产和技改项目进行扶持。1996－1997 年，投放周转金 4500 余万元，对 20 个项目予以支持。发放临时借款 8000 余万元，解决部分工商企业临时资金周转问题。1998 年，支持机械、商业、物资、化工等行业企业和部分乡镇企业发展，共计投放资金 3273 万元。为发展交通旅游事业，改善投资环境，促进对外开放，投放威海机场建设资金 3329 万元、圣经山索道建设资金 300 万元。在投放扶持资金的同时，组织回收合同到期的周转金。至年末，回收资金 120 万元。1999－2001 年，分别回收 60 万元、150 万元、150 万元。

2002 年，市财政投资公司采取行政、经济、法律手段加大投放资金回收力度，对所有借款到期单位进行沟通督办，分别确定清理回收方案。对期限超过两年且一时还款确有困难的单位重新签订合同。是年，与 38 户借款单位重新签订投资回收合同，合同金额 1300 万元。2003 年、2004 年，分别与 18 户、16 户借款单位重新签订合同，合同金额分别为 650 万元和 580 万元。对合同到期具有还款能力而故意赖账单位，市财政投资公司启动法律程序，依法采取资产抵顶回收、物资顶账回收、资金扣押入账等方法予以追回。两年分别回收周转资金 856 万元、439 万元。2005 年，回收资金 315 万元，其中处置变现资产 110 万元。2006 年，市财政投资公司办理产权转移手续 59 户，涉及产权金额 957 万元；回收资金 393 万元，处置变现资产 300 余万元，利用房屋抵顶工程款 1215 万元。2007－2009 年，3 年内共回收周转金 1 亿元，其中处置变现资产 2050 万元。2010 年，回收资金 443 万元，利用房屋抵顶工程款达 1076 万元；办理产权转移手续 69 户，涉及产权金额 1250 万元。2011－2012 年，回收周转金 485 万元，查封资产 859 万元；办理产权转移手续 119 份，资产变现收入 576 万元。2013 年，市投资公司回收周转金 730 万元，查封资产 681 万元。

小额贷款担保管理　2004 年，市财政局、劳动局、人民银行文登支行联合印发《文登市失业人员小额担保贷款实施意见》，首批拨付资金100万元，用于小额贷款担保基金。市财政投资公司作为小额担保贷款的担保机构，负责审核反担保人的担保资格。共为符合办理小额贷款条件的95人办理小额贷款担保190万元。2005年、2006年，市财政投资公司分别接受失业人员申请小额贷款150人、86人，分别给予符合条件的126人、77人办理小额贷款担保，担保金额分别为252万元、154万元。2007—2009年，市财政投资公司接受475名失业人员小额贷款申请，经审查为441人办理小额贷款担保，担保金额1120万元。2010年，接受120名失业人员小额贷款担保申请，经审查有35人合格，担保贷款金额70万元。回收小额担保贷款62万元。2011—2012年，为小额贷款回收贴息最后两年，回收贷款99笔，贷款回收率100%。

第十一节　公有资产经营管理

1998年3月，文登市公有资产经营公司成立，为市政府正科级事业单位，编制15人。内设办公室、计划财务部、产权管理部、审计监督部和投资发展部。2002年4月，增挂文登市城市资产经营有限公司牌子，市财政局局长兼任董事长，公有资产经营公司经理任总经理，注册资金1亿元。2013年，设办公室、计划财务科、资产经营科、产权管理科和综合管理科，工作人员18人。12月28日，市财政投资公司划入。市公有资产经营公司由直属市政府管理改为隶属市财政局管理。

产权转让金收缴　90年代后期，随着企业改制，产权转让工作启动。1999年，市公有资产经营公司收取文登市制革厂、文登酿酒总厂、威海昆嵛啤酒厂、山东云龙绣品工业公司和天润曲轴有限公司等12家企业产权转让金4760万元，收取文登市印刷厂、威海颐阳酒业集团有限公司和威海昆嵛啤酒厂非生产经营性资产占用费6.05万元。2000年，收取市制革厂、刺绣集团工业公司、造船厂和昆嵛啤酒厂、天润曲轴有限公司等18个企业产权转让金3940万元，收取市印刷厂和昆嵛啤酒厂等非生产经营性资产占用费3.9万元。2001年，收取市制革厂、艺利达抽纱制衣集团公司和三峰轮胎有限公司产权转让金4737万元。年末，兑付文登市供销合作总社社员股金1.5亿元，支付市政府临时性用款1000万元。2002年，收取市制革厂、建筑设计院和机械供销公司产权转让金1470万元，收取市印刷厂和昆嵛啤酒厂等非生产经营性资产占用费4万元；兑付市供销合作总社社员股金3719万元，累计兑付1.87亿元，市供销合作总社社员股金兑付完成。2003年，收取威海利丰机械厂、市广源煤炭有限公司和永达木业公司产权转让金85.73万元。全市累计收取产权转让金1.87亿元，改制企业转让金收缴工作基本完成。

公有股权管理　1999年，市公有资产经营公司持有山东鹏程食品集团、市农业机械股份公司、市再生资源股份公司及三峰轮胎、宏达制氧和水泥制品有限公司的公有股权2393.6万元。2000年，委托中介机构完成三峰轮胎、农业机械股份公司、宏达制氧和水泥制品有限公司资产审计评估。按评估结果，制定授权企业“二次改制”方案。2001年，市宏达制氧和三峰轮胎有限公司完成二次改制，市公有资产经营公司转让公有股权430万元。

金融不良资产经营　2007—2009年，市公有资产经营公司收购金融部门剥离原三益磁电有限公司、一轻工业总公司和纺织工业总公司不良资产，通过资产重组，实现纯收益1000万元。多次与东方资产管理公司谈判，以50万元价格回购文登市龙腾建筑公司650万元债权及所抵押资产。2010年，与信达资产管理公司沟通洽谈，为庆顺渔业股份有限公司解除1270万元银行债务。以21万元价格回购文登市昆扬水产食品有限公司146万元债权及所抵押资产，增值125万元。协调金融机构，为山东艺达、金轮化工、奥文电机、威海汤泊温泉度假村、恒盛化肥和永进皮鞋公司融资2.91亿元。2011年，回购中国长城资产管理公司涉文登11家企业9424万元不良金融资产包，通过运作全部予以盘活。2012年，与长城资产管理公司、青岛盈泰资产管理公司、东方资产管理公司3家资产管理公司联系沟通，回购涉文登7家企业1.04亿元不良金融资产包，通过运作全部予以盘活。2013年，回购中信银行涉及6家企业5500万元不良金融资产包，通过运作全部予以盘活。

抵押资产经营　2001年，市公有资产经营公司本着盘活存量和保值增值原则，完成市国贸大厦、土产公司和五交化公司等9家企业价值3800万元房地产置换，以转让土地使用权或联合开发形式，盘活存量资产698万元。2002年，完成市土产公司、文城供销社和加油站土地使用权拍卖出让，拍卖收入2500万元。2003年，拍卖基层供销社职工平房宿舍2.5万平方米，收入372万元。2004年，盘活市供销合作总社1.1亿元抵押资产，其中出售职工平房宿舍428户2.48万平方米，出售金187.5万元；出售其他房地产14宗2.01万平方米，出售金1009.4万元，用于职工安置分流。2006年，挂牌拍卖部分基层供销社土地2.05公顷，收入192.5万元，用于职工安置分流。2007—2009年，采取出售、转让、拍卖和重组等形式，盘活市供销合作总社等部门公有抵押资产5746万元，收入3000万元。2011—2012年，完成文登营供销社和文登市生资公司房地产综合开发，盘活抵押、闲置资产3000万元。2013年，完成市明珠实业公司等企业部分房地产综合开发，盘活抵押、闲置资产3500万元。

城市资产经营　2002年，市城市资产经营有限公司完成市区72.4公顷国有闲置土地和5764平方米公有出租房产权与租赁情况调查，建立数据库。2003年，接收城市经营性资产3.9亿元，签订机关事业单位公房出租合同90份，年收租金140万元。2004年，市城市资产经营有限公司代表市政府行使企业出资人职能，接收房产33幢、建筑面积6.35万平方米，土地10宗8.99万平方米，评估价值3.35亿元。2007—2009年，市城市资产经营有限公司接收文登市南海新区划归的2733.3公顷土地，代表市政府履行重大城市基础设施项目出资职能。融资18.8亿元，用于市区和南海新区路网改造、市区河道治理和污水处理工程等项目。2010年，融资4亿元，用于路网改造、体育公园和农民工培训基地等建设项目。2011—2012年，市城市资产经营有限公司申请发行“2011年文登市城市资产经营有限公司债券”，获国家发改委批准，发行一期债券13亿元，期限8年。债券募资用于路网改建、南海污水处理厂、母猪河下游治理、柳林河中上游治理和体育公园一期等工程。通过资产重组，盘活金融系统不良资产1.98亿元，为城乡供水工程、杜营河综合治理和中小企业等项目融资6.5亿元。2013年，接收城市新区26亿元房地产集中管理经营权。发行二期债券7亿元，用于文登市昆嵛山文化旅游和昌阳河流域治理项目；为南海新区等城乡基础设施建设项目融资15.3亿元。是年，市城市资产经营公司拥有资产289亿元。

第十二节　国有资产管理

1995年3月，撤销文登市国有资产管理处，设立文登市国有资产管理局（简称市国资局）。内设综合科、产权管理科、资产评估管理科。行使政府赋予的国有资产代表权、监督管理权、投资和收益权、资产处置权，负责全市国有产权登记、清产核资、产权界定、产权纠纷处理、资产评估管理、国有资产统计分析和国有企业财产保值增值及监督管理工作。2009年，市国资局被省国资委授予山东省国有资产管理先进单位称号。2013年，有工作人员14人。

企业国有资产管理　1991年，市国有资产管理处按照《全民所有制企业国有资产保值增值指标计算考核办法》，对66家承保企业的国有资产保值增值指标进行核定，共核定增值指标4835万元，比基数增长5.2%。1993年，对文登市原农业机械公司、牧工商乳品厂、氯碱厂、水泥制品厂4家国有企业实行股份制改造，共设立国家股1244.2万元。对股份制企业委派国家股股权代表，按国家股收取20%的红利建立国有资产保值增值基金。至1995年，国有产权登记208家，登记国有资产总额11.43亿元。

1996—1997年，市国资局参与企业改制项目58家，其中破产19家。1999年，市国资局对15

家国有企业实行产权整体转让，产权转让价格为4598.07万元。应收缴入库3198.95万元，实际收缴入库2871.23万元，占89.76%。将山东鹏程食品股份有限公司等6家企业的2393.6万元公有股权，划转给市公有资产经营公司持有经营。2000年，市国资局共为改制企业核销资产损失1.66亿元，其中呆死账4507万元、存货损失161万元、待摊费用2623万元、固定资产损失7494万元、递延资产1549万元、房改损失311万元。2001年，对全市105家企业单位产权重新进行占有登记和换发新证工作，共登记资产总额35.1亿元。2002年，市国资局加强公有制企业改革、改制、改造，全市累计产权转让收入入库1.87亿元。2003年，对全市56家国有企业进行产权登记年度检查，登记资产总额30.32亿元，负债总额22.4亿元，净资产额7.92亿元，其中国有资产6.48亿元。

2004年，市国资局支持国有企业利用存量资产抵押贷款，共审核批复抵押贷款6宗，抵押财产价值2.18亿元，贷款金额1.09亿元。2006年，审批资产处置14宗。其中，抵押贷款2宗，划转资产4宗，价值14.2亿元；报废资产1宗，原值13万元；处置资产7宗，价值35万元。出售公有住房97套1.07万平方米，价值1520万元。2007—2009年，共审批资产处置133宗，价值17.18亿元。2010年，共审批资产处置39宗，价值6.02亿元。其中，资产抵押4宗，价值2.16亿元；资产无偿划转4宗，价值2.3亿元；资产出售25宗，价值1402万元；对外投资4宗，价值744万元；企业改制2宗，价值1.3亿元。2011年，共审批处置项目40宗，价值15.9亿元。其中，资产抵押2宗，价值3998万元；资产处置29宗，价值8092万元；股权投资6宗，价值4.2亿元；企业改制1宗，价值11万元；划转2宗，价值10.48亿元。2012年，审批处置项目31宗，价值8.96亿元。其中，股权投资7宗，价值4.25亿元；资产抵押4宗，价值4.34亿元；资产处置19宗，价值2017万元；企业改制核准1宗，净资产价值1633万元。2013年，市国资局审批处置项目34宗，价值43.94亿元。其中，股权投资4宗，价值1.7亿元；资产抵押3宗，价值16.02亿元；资产处置25宗，价值2114万元；无偿划拨1宗，价值26亿元；企业增资1宗，价值47万元。聘请4家中介机构，对全市工商注册的97家国有企业、市属集体企业进行审计，审计资产总额25.1亿元，净资产额2.6亿元。其中，正常经营的企业46家，有32家盈利，约900万元；租赁资产、资质的27家；停业的21家；进入破产程序的3家。员工总数2324人。

1991—2013年文登市部分年份企业国有资产总量情况表

表18-7

年份	企业数（家）	国有资产总额（万元）	年份	企业数（家）	国有资产总额（万元）
1991	66	39764	2003	56	64800
1992	78	49767	2006	10	33691
1993	95	50924	2007	10	39451
1994	155	61068	2008	11	66665
1995	208	114310	2009	8	62014
1996	188	132553	2010	7	80378
1997	170	154419	2011	6	84488
1998	168	154046	2012	6	37319
1999	143	149300	2013	10	9773
2001	105	351000			

行政事业单位国有资产管理 1998年，市国资局对全市152个行政事业单位，进行年度国有资产年报编审、产权登记、发证工作，登记国有资产总额9.20亿元。2003年，市国资局对123个行政事业单位进行资产产权核查登记，登记资产总额13.85亿元，负债总额3.4亿元，净资产额10.45亿元；登记固定资产总额9.22亿元，土地面积53.14万平方米，房屋建筑物面积127.4万平方米，汽车732辆，主要仪器设备1.1万台，编制人数1.2万人。2005年，市国资局对全市186个行政事业单位进行国有资产产权登记，共登记资产总额24.48亿元，负债总额7.21亿元，净资产额17.27亿元。批准出售公有住房186套，价值961万元；划转资产89.6万元；批准处置车辆17辆，价值14.7万元。市国资局以城市资产经营有限公司为依托，注入和充实资本金，将全市行政事业单位价值3.35亿元的房地产无偿划转给市城市资产经营有限公司管理；将市道路基础设施建设、市固定废弃物综合处理场、市污水处理厂二期工程、坤龙邢水库调水工程4个在建项目（预算总投资6.32亿元），划转给文登市城市资产经营有限公司，由其统一对外融资。

2006年，市国资局统计，全市181个行政事业单位共有19693人，其中在职15295人、离退休4398人；行政事业收入9.85亿元，其中财政拨款6.9亿元、上级补助610万元、事业收入2.89亿元；资产总额24.24亿元，负债总额7.16亿元，净资产额17.08亿元。2007年，全市行政事业单位国有资产总额（净资产）18.57亿元。2012年6月，市国资局对全市行政事业单位的土地58宗44.47万平方米、建筑物112幢10.9万平方米、价值5亿元的房地产实行登记备案集中管理。实施国有资产动态监管，对产权发生转移变动的资产实行三级审核制度，杜绝国有资产跑、冒、滴、漏现象发生。2013年，市国资局统计行政事业单位210个，资产总额42.34亿元，负债总额17.88亿元，净资产额24.46亿元。

1991－2013年文登市部分年份行政事业单位国有资产总量情况表

表18-8

年份	单位数量（个）	国有资产总额（万元）	年份	单位数量（个）	国有资产总额（万元）
1991	158	18634	2003	123	104500
1992	163	22517	2005	186	172688
1993	151	45955	2006	181	170768
1994	146	77832	2007	204	185659
1995	120	73258	2008	181	191460
1996	148	85825	2009	181	191532
1997	152	91250	2010	182	191458
1998	152	92013	2011	179	226000
1999	152	105000	2012	217	251000
2001	190	109000	2013	210	244600

清产核资与评估 1993年，市政府要求国有资产占有单位凡有拍卖出售、兼并转让等资产变动行为的，必须报市国资处批准备案，并由市国资处派员对其进行资产评估。至1995年，对批准立项的67个项目进行评估，评估资产总额3.99亿元，增值率62.4%。1996－1997年，市

国资局对24家国有企业固定资产进行核资评估，评估前固定资产原值为1.52亿元，净值1.08亿元；评估后原值达2.46亿元，增值9369万元，增值率为61.5%；净值达1.78亿元，增值7041万元，增值率为65.2%，解除24家国有企业固定资产价值账实背离问题。1998年，对7家市属企业实行产权整体转让，经评估确认净资产额为2.01亿元，扣除剥离后的非经营性资产，协议转让价格为1.33亿元，收取转让金2639万元。共参与改制项目57个，评估资产原值24.9亿元，重估价格为24.6亿元。1999年，市国资局审批资产评估立项20项，确认资产评估项目17个，确认资产总值112.1亿元。通过对改制企业资产评估，为企业核销资产损失6560万元。

2001年，市国资局对全市190个行政事业单位清产核资，共清查资产总额17亿元，负债总额6.03亿元，所有者权益10.9亿元。资产盘盈765万元，资产损失1905万元，房改损失1.14亿元，资产盘盈核实760万元，资产损失核实1692万元。2005年，市国资局加大对评估机构的行业管理，从评估立项到核准，按照程序办事，实行全程监管；对拟改制企业提前1个月在《大众日报》公告，根据公告反馈结果，由中介机构、企业、企业主管部门共同确定评估基准日。为确保拟改制企业评估结果的真实性，在中介评估机构一次审计的基础上，市审计局派员对其进行二次审计，严防国有资产流失。全年完成资产评估项目9个，资产总额2.13亿元，负债总额2.79亿元，净资产额-6654万元；核准资产项目6个，资产额1.94亿元，负债额2.42亿元，净资产额-4718万元。

2007—2009年，市国资局完成文登市房地产开发总公司、威海市盐业机械总厂、文登市劳动就业服务中心3家企业改制评估工作，评估资产总额7052万元，负债总额1.14亿元，净资产额-4319万元。对重点项目、特殊设备的评估，市国资局从不同行业聘请专家进行核资评估，再由市审计局对其进行二次评审。企业改制前在《威海日报》公告，最大限度地落实企业的债权债务。评估结束后，将评估结果在企业公示一周，公开举报电话，接受社会监督，保证公有资产价值的真实性和完整性。2010年，完成农用运输车厂和农机销售中心2家企业改制评估工作，评估净资产额1.31亿元。2012年，市国资局按照市政府确定的事改企工作要求，对市艺术团等单位按程序进行审计评估，并按评估终审结果改制为国有企业。2013年，市国资局落实各项国有资产管理政策，加强全市国有企业及行政事业单位国有资产占有、使用、核销的监督管理。

第二章　税　务

第一节　机构设置

文登市税务局　1991年，内设办公室、税政科、计会科、征管科、集体企业财务管理科、监察室，辖征收处、涉外征收处、城区分局和18个乡镇税务所，共有工作人员222人。1992年2月，局机关增设政工科。10月，增设天福山、晒字、葛山3个基层税务所。11月，涉外征收处升格为副科级涉外征收分局，局机关增设票证装具管理科。1994年7月，实行分税制改革，文登市税务局析为文登市国家税务局（简称市国税局）和文登市地方税务局（简称市地税局）。

文登市国家税务局　1994年7月成立，内设办公室、行政科、税收管理科、征收管理科、计划财务科、人事科、进出口税收管理科7个行政科室，思想政治工作办公室、监察室2个党务科室，稽查分局1个直属机构，信息计算中心、税务干部培训中心2个事业单位。辖征收一分局、征收二分局和涉外征收分局3个副科级单位，文城、铺集、苘山、小观、宋村、侯家、天福山、米山、埠口、张家产、泽库、界石、汪疃、口子、葛家、高村、晒字、大水泊、泽头税务所19个股级征收单位。11月，市经济技术开发区征收分局成立，为正科级单位。1996年8月，税务所合并，设大水泊分局、埠口分局、葛家分局、汪疃分局和泽库税务所、小观税务所、苘山税务所，分局为副科级单位，税务所为正股级单位。之后，市国税局根据省国税局及威海市国税局批复方案，于2001年4月、2003年4月、2005年8月、2011年1月、2012年12月，先后5次进行机构微调。2013年，内设办公室、政策法规科、税政科、收入核算科、纳税服务科、征收管理科、人事教育科、监察室、税源管理一科、税源管理二科和机关党委办公室11个股级科室，稽查局1个副科级直属机构，辖经济开发区税务分局、南海新区税务分局、城区税务分局、大水泊税务分局、埠口税务分局、汪疃税务分局、葛家税务分局、小观税务分局8个派驻机构，其中经济开发区和南海新区两分局为正科级，其他分局为副科级单位；信息中心1个股级事业单位。有工作人员171人。

至2013年，市国税局先后被中央文明委授予全国创建文明行业工作先进单位称号，被人事部、国家税务总局授予全国税务系统先进集体称号，被国家税务总局授予全国税务系统文明单位称号。

文登市地方税务局　1994年7月成立，内设办公室、征管科、企财科、税政科、计会科及稽查分局，辖直属分局、文城等21个乡镇地方税务所。1996年5月，涉外分局成立，负责涉外企业的税收征管工作。1998年4月，对辖区征收机构设置进行调整，原文城地方税务所变更为文城分局，其余税务所合并为宋村地税所、葛家地税所、埠口地税所、泽头地税所、大水泊地税所、汪疃地税所6处乡镇税务所。个体征收分局和文登市鑫泉税务师事务所成立。10月，山东省地税系统实行省以下垂直管理，文登市地税局在人员、编制、机构、经费四方面接受山东省地方税务局垂直管理。2000年3月，宋村地税所、葛家地税所、埠口地税所、泽头地税所、大水泊地税所、汪疃地税所撤所设分局，升格为副科级。2003年，文登市鑫泉税务师事务所和涉外分局撤销，个体征收分局更名为龙山分局。2006年7月，设经济开发区分局。2008年6月，汪疃分局连同15名工作人员划归威海工业新区地税分局。11月，调整地税基层机构设置，经济开发区分局、龙山分局、文城分局、葛家分局、泽头分局、宋村分局、大水泊分局、埠口分局分别更名为经济开发区中心税务所、龙山中心税务所、天福中心税务所、葛家中心税务所、南海中心税务所、宋村中心税务所、大水泊中心税务所、张家产中心税务所，级别未变。2013年，设办公室、法规税政科、征管和科技发展科、税源管理科、收入核算和财务科、人事科、机关党总支、监察室及稽查局、征收局2个直属机构，8个中心税务所和1个事业单位纳税服务中心，共有工作人员145人。

至2013年，市地税局先后被中华全国总工会授予全国模范职工之家称号，2次被省人力资源和社会保障厅、省地方税务局、省公务员局联合授予全省地税系统先进集体称号。

第二节　税务体制改革

1991年，市税务局在纳税业户中推行管理与服务相结合、以“主动申报”为主和“登门缴税”为辅的征管模式。全市工商企业和个体业户纳税申报率达到99%，税款征期入库率达到95%。1992年，市税务局结合文登实际，修订完善税务登记、纳税申报、税收检查、违章处罚等工作流程和规章制度17项，健全各种表、证、卡、册等纳税资料74种，基本实现微机管理，征管工作逐步走上规范化、制度化和科学化轨道。1993年，市税务局对外商投资企业和外国企业的税务登记，按省税务局《关于对外投资企业和外国企业统一换发税务登记证问题的通知》要求，补充完善涉外企业纳税资料，立卷存档，建好管好涉外纳税信息库。涉外征收分局打破“专管员”制度，实行申报、检查两条线并行的征收管理模式，尤其是利用纳税资料，把控涉外税收管理。是年，全市工商税收入首次突破1亿元大关，达到1.26亿元。至1994年，共存档各种涉外企业纳税资料200余份。市税务局累计完成工商税收入4.39亿元，年均1.1亿元。企业所得税累计征收5506万元，年均1376.5万元；教育费附加累计征收453万元，年均113.3万元；国家能源交通重点建设基金和国家预算调节基金等“两金”累计征收为1102万元，年均275.5万元。农业“四税”累计完成5069万元，年均1267.3万元。

1994年，文登市按照国家关于进一步理顺中央与地方财政分配关系和统一税法、公平税负、简化税制、合理分权的要求，依据国家分税制财政管理体制改革方案，将税种统一划为中央税（亦称国家税）、地方税和中央地方共享税，建立境内国家税收入和地方税收入管理体系。7月，文登市税务局析为市国税局和市地税局，分别负责征收和管理国家税、地方税。至2013年，境内仍实行分税管理体制。分税制前，工商税共含32个税种；分税制后，工商税简化成18个税种。

1991—1994年文登市各项税收情况表

表18-9　　单位：万元

项目	1991年	1992年	1993年	1994年
农业“四税”合计	899	915	1036	2219
农业税	371	439	528	750
特产税	350	366	450	1369
耕地占用税	169	102	50	90
契税	9	8	8	10
工商税合计	7131	8689	12612	15485
产品税	683	744	982	—
增值税	2099	2758	5064	8814
营业税	2933	3578	4165	2339
个人收入调节税	42	62	95	—
城市维护建设税	335	465	662	1576
车船使用税	40	42	57	66
房产税	286	270	331	576
印花税	32	20	29	20
屠宰和牲畜交易税	39	57	54	50
滞纳金	2	9	9	1
奖金税	2	—	—	—
建筑税	20	—	—	—

续表 18-9

项目	1991 年	1992 年	1993 年	1994 年
固定资产投资方向调节税	60	69	82	774
盐税	122	88	51	—
资源税	—	—	—	84
城镇土地使用税	84	128	151	299
消费税	—	—	—	655
个人所得税	—	—	—	231
工商统一税	352	399	880	—
企业所得税	1556	1452	870	1628
教育费附加	78	109	156	110
“两金”	381	325	282	114
社会治安费合计	—	—	—	122
水利建设资金	—	—	—	—

1994 年分税制改革前后税种变化情况表

表 18-10

分类	税制改革前	税制改革后
流转税类	产品税	—
	增值税	—
	营业税	—
	工商统一税	—
	特别消费税	增值税
	烟酒专项收入	营业税
	—	消费税
资源税类	资源税	资源税
	城镇土地使用税	城镇土地使用税
	盐税	土地增值税
所得税类	国营企业所得税	企业所得税
	集体企业所得税	
	私营企业所得税	

续表 18-10

分类	税制改革前	税制改革后
所得税类	城乡个体工商户所得税	个人所得税
	个人收入调节税	
	国营企业奖金税	
	集体企业奖金税	
	事业单位奖金税	
	国营企业工资调节税	
特定目的税类	固定资产投资方向调节税	固定资产投资方向调节税
	燃油特别税	
	筵席税	筵席税
财产和行为税类	城市维护建设税	城市维护建设税
	房产税	房产税
	车船使用税	车船使用税
	印花税	印花税
	屠宰税	屠宰税
	集市交易税	遗产和赠与税
	牲畜交易税	证券交易税
涉外税类	外商投资企业和国外企业所得税	外商投资企业和国外企业所得税
	个人所得税	个人所得税
	城市房地产税	房产税
	车船使用牌照税	车船使用税

第三节　国家税务

税金收入　1994年，市国税局按照国家新税制分工，实行领导包片、科室包点组织收入工作责任制，加大清欠力度，挖掘收入潜力，完成国家税收入1.01亿元。1997年，将税收计划按季分解下达，做到旬分析、月检查、季考核。至年末，完成国家税收入1.71亿元，比1994年增长69.31%。其中，增值税、消费税“两税”收入1.62亿元，比1994年增长71.41%，企业所得税137万元，涉外所得税456万元。1998年，共组织税收2.05亿元，比1997年增长19.88%。其中，“两税”收入1.96亿元，比1997年增长20.69%，企业所得税253万元，涉外所得税322万元。全年共办理出口退税506万元，福利企业退税5888万元。2003年，经济发展受“非典”影响，总收入略有下降，实现税收收入4.16亿元，比2002年下降1.07%。其中，“两税”收入3.75亿元，比2002年增长3.07%，企业所得税344万元，涉外所得税1170万元，储蓄存款利息个人所得税2511万元。2005年，车辆购置税由国税部门负责征收。

2009年，威海市工业新区税收计划单列，文登市汪疃、蔄山两镇的税收列入新区计划。2011年，市国税局税收首次突破10亿元大关。2012年，市域部分重点企业经济下滑压力加大，市国税局积极应对税收环境变化，科学精细抓征管，培植税源促增收，共完成税收9.51亿元，较2011年下降6.16%。其中，增值税收入6.79亿元，比2011年下降3.93%；消费税1271万元，较2011年下降14.53%；企业所得税1.72亿元，储蓄存款利息个人所得税24万元，车辆购置税完成8705万元。2013年，市国税局制定“开源增收、政策增收、管理增收、稽查增收”四项增收目标，共完成税收10.18亿元，较2012年增长7.09%。其中，增值税收入7.37亿元，比2012年增长8.59%；消费税1225万元，较2012年下降3.62%；企业所得税1.79亿元，储蓄存款利息个人所得税15万元，车辆购置税8924万元。

1994—2013年，市国税局累计完成税收103.45亿元。其中，增值税收入82亿元，占总量的79.27%；消费税收入2.45亿元，占2.37%；所得税收入12.32亿元，占11.91%；其他税收入6.68亿元，占6.46%。

1994—2013年文登市国家税收入及“两税”收入统计表

表18-11　　单位：万元

年份	国家税收入			“两税”收入		
	收入	比上年增加额	比上年增长（%）	收入	比上年增加额	比上年增长（%）
1994	10061	—	—	9469	—	—
1995	11907	1846	18.35	10975	1506	15.90
1996	13590	1683	14.13	13126	2151	19.60
1997	17139	3549	26.11	16231	3105	23.66
1998	20529	3390	19.78	19589	3358	20.69
1999	24645	4116	20.05	23560	3971	20.27
2000	29318	4673	18.96	26090	2530	10.74
2001	35342	6024	20.55	30000	3910	14.99
2002	42000	6658	18.84	36369	6369	21.23
2003	41550	-450	-1.07	37487	1118	3.07
2004	46864	5314	12.79	41082	3595	9.59
2005	50373	3509	7.49	42718	1636	3.98
2006	64525	14152	28.09	57977	15259	35.72
2007	77662	13137	20.36	66255	8278	14.28
2008	81450	3788	4.88	67764	1509	2.28
2009	75098	-6352	-7.80	61988	-5776	-8.52
2010	90212	15114	20.13	67581	5593	9.02
2011	101333	11121	12.33	72159	4578	6.77

续表 18-11

年份	国家税收入			“两税”收入		
	收入	比上年增加额	比上年增长（%）	收入	比上年增加额	比上年增长（%）
2012	95090	-6243	-6.16	69169	-2990	-4.14
2013	101830	6740	7.09	74953	5784	8.36

说明：2009年始，汪疃、苘山两镇税收收入不在文登统计范围内。

1994—2013年文登市国税局税收收入统计表

表 18-12　　　　单位：万元

年份	税收收入		增值税	消费税	营业税	涉外所得税	企业所得税	个人所得税	其他各税	车辆购置税
	合计	其中：免抵调								
1994	10061	—	8814	655	203	37	100	55	197	—
1995	11907	—	10520	455	95	508	85	103	141	—
1996	13590	—	12661	465	—	361	83	—	20	—
1997	17139	—	15201	1030	271	456	137	—	44	—
1998	20529	467	18399	1190	365	322	253	—	—	—
1999	24645	517	21630	1930	314	502	260	9	—	—
2000	29318	330	24560	1530	585	1024	175	1444	—	—
2001	35342	100	29100	900	530	1663	593	2556	—	—
2002	42000	1996	34782	1587	549	1215	849	3018	—	—
2003	41550	5450	36178	1309	38	1170	344	2511	—	—
2004	46864	10199	39909	1173	—	1678	1293	2811	—	—
2005	50373	11430	41512	1206	—	1245	3346	2861	—	203
2006	64525	12000	56439	1538	—	1778	1195	3390	—	185
2007	77662	19000	65049	1206	—	3003	4503	3739	—	162
2008	81450	16609	66098	1666	—	2542	8498	2510	—	136
2009	75098	13840	60603	1385	—	—	10031	999	—	2080
2010	90212	12000	66324	1257	—	—	17197	126	—	5308
2011	101333	12800	70672	1487	—	—	21583	54	—	7537
2012	95090	12800	67898	1271	—	—	17192	24	—	8705

续表 18-12

年份	税收收入		增值税	消费税	营业税	涉外所得税	企业所得税	个人所得税	其他各税	车辆购置税
	合计	其中：免抵调								
2013	101830	12400	73728	1225	—	—	17938	15	—	8924

说明：2009 年始，汪疃、蔄山两镇税收收入不在文登统计范围内。

税务登记 1994 年，市国税局与工商、地税、质检等部门登记信息进行比对核实共享。1996 年 6—9 月，对纳税人进行税务登记证换发工作，共为 6236 户换发税务登记证，并统一纳税人识别号。1999 年 6—11 月，为适应国家对经济类型的重新划分调整，对纳税人进行税务登记证换发工作，共换发税务登记证 7308 个。2004 年 3 月，推行“山东省国家税务局外部信息应用管理系统”，初步实现国税与工商行政管理、地税登记信息比对的计算机处理，从源头上加强纳税人户籍管理。2006 年，完成国税、地税之间对统一纳税人实行同一税务登记代码工作，实现国税、地税之间联合办证，纳税人“一家办证两家认可”。对纳税人进行税务登记证换发工作，共换发税务登记证 7111 个。2007 年，对重点区域实行重点管理，实行日常户籍巡查制。2010 年，推行工商机关代发税务登记证件业务，新办登记 1848 户。2011 年，加强与工商、地税、银行信息比对，应用纳税人身份识别系统，进行身份验证 1193 户。2012 年，对照行业代码升级情况，对 1577 户纳税人开展行业、地址等信息核实维护，并对 2010 年以前办理税务登记的 7658 户纳税人进行身份证补验，核实电话、行业、经营地址等基础信息。2013 年 8 月，开始营改增试点，市国税局加强与财政、地税部门衔接配合，加大对纳税人政策宣传辅导，召开调度会 3 次，共调查核实营改增户籍信息 789 户。其中，经国税、地税双方共同确认属非正常户、注销户、报验户及不在营改增范围的 402 户，确认正常经营户 387 户。年末，管辖各类纳税人 9702 户。

国税征管 1994 年，市国税局适度收缩农村和市区税收管理机构，取消“一人进厂、各税统管”的专管员管户模式，变“专管户”为“专管事”，确立纳税人自行申报纳税制度，实现“征、管、查”业务分离。1995 年，建立办税服务厅，普及计算机在征管领域的应用。1996 年，实施基层征管机构改革，将由按行政区划设置的基层所改为按经济区划设置基层分局，并组建专业稽查机构。2000 年始，推行银行网点申报纳税等多元化申报纳税方式，方便纳税人，缩短服务链，实现纳税方式的重大变革。2002 年始，综合征管软件（英文简写 CTAIS）v1.1（2002 年版）上线推行，扩大申报环节电子化应用范围和层次，初步形成较为完善的电子申报管理格局。2003 年，实施总局重新修订的《增值税一般纳税人纳税申报办法》，逐步推行增值税一般纳税人纳税申报“一窗式”管理模式，即在办税大厅的一个窗口就可以办理包括专用发票认证、报税和纳税申报等业务。2005 年，整合 CTAIS、防伪税控、出口退税审核三大系统，推行机动车辆税收一条龙管理稽核比对系统，规范征纳双方数据采集、传输和审核程序，加大信息稽核比对和异常信息查处力度，强化车辆销售、购置环节的税收管理。2006 年，针对低税负企业、低税额小规模企业比例偏高的实际，年初即开展税负调查分析系列工作，在威海市率先走出税负分析—约谈自查—评估检查—重点稽查的管理新路子。2007 年，市国税局探索全员参与的梯级管理模式，确立预防、预警、稽查、内部管理四位一体链条式管理机制，在系统内形成层层有责任、人人有担子、一级抓一级、一环扣一环、上下联动协作的管理态势。新华网、《中国税务报》等多家媒体为此做专题报道。2008年7月，文登市国家税务局汪疃税务分局迁至草庙子镇驻地办公，负责工业新区内蔄山、汪疃、草庙子3镇的国税征收管理，机构级别保持不变，税收计划单列。8月1日起，正式对外办公。是年，市国税局全面开展税源分析预测工作，与纳税人一起共同制订风险防控措施。2010年，普及网络税控普通发票，共推行2654户。加强个体税收征管，定期跟踪监控业户定额、发票使用情况，对停业户、注销户、非正常户实施重点监控，根据业户实际经营状况，依法及时调整税收定额。2011年，市国税局设置征管岗责体系、优化税收业务工作流程和办税服务厅工作流程，完成5类222个征管业务流程设置，使管理与服务更加高效。2012年，市国税局制定《大企业风险管理规程》，编印《企业税收业务操作指南及风险提示》，制作《税收风险提醒告知书》，指导企业实施内部预防。市国税局成立税收风险管理监控中心，创新税源风险管理模式，开展税收风险分析应对专题研讨10次。税收风险分析应对专题研讨的经验，被省国税局《国税动态》刊发。2013年10月，金税三期正式上线运行。市国税局参加省国税局统一组织的金税系统初始化，维护操作人员代码、收款国库、工商机关信息等9类1406条；录入个体定额初始化信息3580条；完成数据集中核对信息6项2230条，更正和补录1783条。组织发票、单证等初始化，共完成4个服务厅5.8万份发票的录入工作。金税系统正式上线运行，办税服务更快捷、更高效。

图18-4　2008年10月9日，市国税局工作人员与纳税人共同制订风险防控措施。

国税稽查

稽查组织　1994年，市国税局将税务稽查队改为市税务稽查分局。1995年3月，定为副科级，为市国税局直属机构。1997年，税务稽查分局改称税务稽查局。1998年，税务举报中心成立，设在税务稽查局。市国税局从办案补助经费总额中按一定比例计提税务违法案件举报奖励基金，由财务部门单独设立账户，税务举报中心负责管理，专款专用。2000年，市国税局进行稽查体制改革，取消征收单位内设稽查岗位，实现检查职能由稽查局归口统一管理，并试行稽查执法责任追究制度。2001年，税务稽查局根据机构设置、人员配备和职责范围，制定稽查岗责任体系，统一各环节、各岗位的工作责任和工作标准。市国税局作为首批“五省四市”试点单位之一，参加国家税务总局“协查信息管理系统”的试运行工作，税务稽查局按照《协查信息管理系统暂行管理办法》，执行《协查信息管理系统岗位职责制度》。2007年，规范执法工作领导小组成立，制定《税务执法监察选题立项》《税务执法监察工作方案》。2009年，应用税收执法考核子系统，对税收执法进行事前预防、事中监控、事后追究，实现全过程监控。2013年，落实税收执法责任制，深化执法管理信息系统应用，加强稽查执法考核。

境内稽查　1994—1995年，税务稽查分局先后开展增值税专用发票使用情况检查和“两税”纳税大户情况调查，对商业、粮食、物资、外贸、供销等流通领域开展专项检查。1996年，市国税局强化税务稽查工作计算机管理，使用国家税务总局开发的“税务稽查管理信息系统”，开展计算机选案稽查工作。1997年，税务稽查局组织开展对酒类行业的消费税检查、市农行系统所得税缴纳情况检查。1998年，组织开展电力行业专项检查、摩托车生产企业消费税专项检查、出口企业和生产供应出口货物企业出口货物专项检查、民政福利和校办企业税收专项检查、银行保险企业营业税和所得税专项检查、涉外企业历年纳税情况清理检查和重点税源企业检查。1999年10月，市国税局建立纳税评估与稽查信息交流制度，采用人机结合选案、办案方式，实现税收征管和稽查管理互为监督制约、相互促进提高。2000年，税务稽查局组织对市农行、市商行、市联通公司、民航公司等单位所得税缴纳情况进行检查，对增值税一般纳税人申报抵扣专用发票进行专项检查，对储蓄存款利息个人所得税进行专项检查，对摩托车生产行业消费税、银行保险证券业营业税缴纳情况进行专项检查。2001年，开展企业所得税日常检查，对市工行、市农行、市中信、市联通公司、太保公司、平安保险公司、华泰财产保险公司所属企业所得税进行专项检查，对出口退税商贸企业进行专项检查。2002年，对烟草、石油、石化、证券、金融、通信、电力和房地产等行业企业所得税进行全面检查，对福利企业增值税及增值税优惠政策进行专项检查，对进出口税收、加油站税收、消费税和预提所得税进行专项检查。2003年，组织开展化妆品和护肤护发品行业消费税、建筑安装企业和旅行社企业所得税、建筑安装企业普通发票、生产企业出口货物"免抵退"税与预提所得税、医药行业所得税专项检查，以及对外国企业取得利息、特许权使用费和所得税检查。2004—2007年，开展汽车市场专项整治，对医药生产及购销企业、房地产及关联行业和部分大型零售连锁超市税收开展专项检查。对废旧物资回收经营企业及用废企业，以农副产品为主要原料的生产加工企业、财产保险公司和股份制银行、涉嫌接受虚假运输发票的企业进行税收专项检查。对煤炭运销及用煤、成品油经营、外资餐饮服务业等开展专项、专案检查和联合审计，并结合落实《威海市2006年财税专项检查实施方案》，对房地产、酒店餐饮、建筑安装行业实施选案检查。2008年，《数字化查账助手》软件由1.0版升级到3.0版，软件功能由过去单一的增值税检查拓展到消费税、出口退税、企业所得税等税种。税务稽查局应用《数字化查账助手》和"稽查信息控制系统"，推进稽查工作信息化。通过"税收分析预警系统"科学选案，查账助手辅助检查，强化稽查绩效考核，实施限时稽查及首查负责、复审复查等措施，组织对房地产、烟草、金融、保险等行业企业检查。2010年，对房地产业、药品经销业、享受税收优惠的水泥生产企业行业性税收开展专项检查，对电机生产企业、塔机生产企业税收开展专项整治行动。2011年，市税务稽查局牵头，会同其他部门，按照摸清底数、典型解剖、引导自查、重点检查、统一处理的步骤，对广告业、电子、服装类产品出口退（免）税企业、医药经销重点企业、房地产及建筑安装业、重点税源企业的税收开展专项检查。同时，本着查账必查票、查案必查票的原则，开展严厉打击发票犯罪活动的专项整治行动。2012年，对皮毛行业企业、成品油受票企业、中国电信发票、资本交易项目、出口退税企业5项税收开展专项检查，加强税警联动，打掉1个制售假发票犯罪团伙。2013年，按照上级部署，对成品油批发零售企业及成品油受票企业、办理电子和服装类产品出口退税企业、房地产和重点税源企业税收开展专项检查。

跨区协查　1998年，税务稽查局对河北省南宫市特大虚开增值税专用发票案件进行协查。1999年，组织对潍坊市寒亭区增值税专用发票案件展开延伸检查、税款追缴和协助公安机关调查取证工作；对市中行、市建行所属汇缴成员企业和单位的所得税进行检查；对齐鲁石化公司及其下属所有纳入增值税管理的二级核算单位进行检查。2002年，按照省局部署和省、市、县三级协查管理部门的岗位设置及工作流程，组织对跨地区经营的集团性企业进行专项检查。至2013年，税务稽查局按照山东省局、威海市局的部署和要求，完成交办的跨区涉税协查任务。

出口退税　1994年，为防范出口骗税，市国税局对由中间人自带外商、自带汇票、自办报关手续、自带货源，外贸出口企业不见货、不见外商、不见生产厂家的“四自三不见”出口货物不予退税。从省外购进的出口货物，特别是从广东、浙江、广西、江苏、湖南等省区购进的出口货物，实行单独申报和逐案查询制度，对未查清货源、征税、报关等情况的不予退税。1996年1月1日始，市国税局对外贸企业出口货物退税，全部实行计算机管理。4月1日始，对出口货物恢复使用专用缴款书。对大型骨干自营进出口生产企业和机电产品出口企业实行计划内优先办理退税。1997年5月，对申请办理出口退税企业，按出口退税计算机管理软件的要求重新进行出口退税税务登记和换证。9月，为加快退税进度，市国税局对单证齐全、验收合格的业务，随到随批；对信誉好、出口额较大生产企业出口的纺织丝绸、机电产品，在确保无骗税嫌疑的情况下，缺少出口收汇核销单的，预先退付应退税款的70%，待单证齐全后退付剩余应退税款。1999年3—4月，市国税局对1994年1月1日后成立的有出口退税业务的外商投资企业，以及1993年以前成立的外商投资企业，在1994年1月1日以后新上生产项目经审查准予享受出口退税优惠的企业，给予换发出口退税登记证。2001年1月1日始，内、外资出口企业退税政策和管理并轨，市国税局对1993年12月31日前批准成立，且选择实行出口免税办法的外商投资企业，免税期满则改为享受出口退税政策。同年，市国税局配合有关部门，做好出口企业出口退税专项贷款工作，对企业申报及时受理，及时审核，及时出具有关证明。

2004年，市国税局作为首批下放“免、抵、退”税审核权的县级市局，针对出口退税机制改革，大量走访出口重点企业，分析改革后的新形势，制定相应措施，减轻企业压力，编写《出口退税机制改革对文登市企业及财政的影响和对策》，同时全面推行“出口退税远程申报管理系统”，实现出口企业网上申报和信息审核网上反馈。2006年2月，市国税局使用总局2006年版《出口退税管理》软件，更加便利地实施代码管理、申报数据读入、单证预审、单证申报、单证审核、单证出具查询等。7月，市国税局成为威海市生产企业出口退税审批权限下放试点单位，直接受理生产企业的出口退免税审核审批事宜。年末，威海市国税局组织的下放生产企业出口退税审批权试点工作现场经验交流会在文登召开，并转发文登市国税局《关于印发出口货物税收函调办法的通知》。2009年2月1日始，对纺织品、服装出口退税率提高到15%。6月1日始，继续提高部分出口产品退税率。2013年，市国税局加强出口退税免税管理，实施海关完税凭证先比对、后抵扣管理模式，开展出口货物税收管理专项评估工作。

1994—2013年文登市国税出口退税情况表

表18-13　　　　单位：万元

年份	出口退税	年份	出口退税	年份	出口退税	年份	出口退税
1994	123	1999	2024	2004	29468	2009	19266
1995	214	2000	3806	2005	17082	2010	25963
1996	555	2001	4946	2006	24490	2011	30485
1997	431	2002	4291	2007	23400	2012	32456
1998	506	2003	10149	2008	22086	2013	29313

说明：2009年始，汪疃、蔄山两镇出口退税数据不在文登统计范围内。

规范化服务　1994—1995年，市国税局先后开展“三爱一树”（爱祖国、爱税收、爱岗位，树立税务新形象）、“行风万人评”、“全心全意为纳税人服务大讨论”活动，实施“文明办税八公开”（公开国税部门工作性质职责权限、纳税人权利义务、税收政策、定额标准、缴纳税额、违章处罚、收费标准、纪律制度）。1996年11月，市国税局对系统内征收管理机构进行改革，各分局分别建立办税服务厅。1997年，实施税收征管改革，建立“以申报纳税和优化服务为基础，以计算机网络为依托，集中征收，重点稽查”的征管服务模式。2002年，纳税服务工作由征收管理科具体负责组织实施。2006—2007年，市国税局规范依法办税、公开办税、和谐办税具体事项，构建法治、公正、服务、对等的税收征纳关系。2009年，开展办税服务厅标准化建设，6个办税服务厅实现形象标识、功能区域、窗口设置、服务标准、宣传资料、办税程序、监督方式“七统一”；配置导税台、自助办税机、排队叫号机、触摸屏、POS机、身份证复印认证系统、液晶电视等多项服务硬件设施。同年6月，“同城办税”工作启动，实现申报纳税的通报通缴、专用发票的通抄通认、发票的通验通售和增值税申报端通比通对等一般性业务。2011年，市国税局对市区办税服务厅停车场进行扩建改造，形成约1800平方米的小型广场；在推进办税服务厅标准化建设的基础上，新建24小时自助服务区，实现全天候不间断服务。2013年7月，在九里水头建材城设立车辆购置税服务点。

信息化建设　1994年7月，市国税局有13台386微机，11个征收单位全部单机运行山东省国税局征管系统（FOXBASE2.1）。1995年10月，在文登选择8户纳税人推行防伪税控开票系统，实现百万元版专用发票的开具。12月，在城区分局设立办税服务厅，建设国税局第一个局域网。1996年1月，在城区分局运行山东省征管软件（FOXPRO2.5）网络版。推行IC卡发票管理，初步实现以票控税。4月，在城区分局办税服务厅设立触摸屏查询系统。1997年7月，组建10个基层分局（所）局域网和局机关局域网，推广城区分局成功应用模式。8月，组建市国税局广域网。1999年4月，推行电话语音申报系统，通过与市农行联网，个体双定业户初步实现税银联网自动扣税。2000年，建立市国税局内部网站，并于2001年将网站升级改造成为文登市国税局信息港，网站主要面向内部干部职工。2003年8月，完成全系统网络升级改造，各基层单位与市国税局实现10兆光纤连接，市国税局与威海市国税局实现100兆光纤连接。配合威海市国税局开发的“外部信息应用系统”，被省国税局推广，文登市辖区亦同步推行，实现市国税局与市工商局户籍信息快速比对。

2006年7月，推行总局税收征管软件升级版（英文简写CTAIS2.0），实现征管数据省局集中。8月，建立1条备份线路，在网络出现故障时，自动启用备份线路，保证业务操作不中断。2007年11月，依托省国税局网站建立文登市国税局对外网站（子网站），面向广大纳税人和社会各界，集国税工作动态发布、税收政策法规查询、税务咨询辅导、网上办税等功能于一体。2008年2月，市国税局新的内部网站运行，依托内部广域网，建成信息发布、内部办公、政务公开、数据监控等多功能于一体的综合信息处理平台。2009年6月，推行领购发票等部分税收业务，在威海市区域内同城通办；推广应用“网络版普通发票”“税信通”“机动车发票税控系统”等业务系统。2013年，市国税局开发的“金税三期应用软件客户端自动安装工具”，被省国税局推广使用。至年末，市国税局建有计算机机房，拥有9台服务器、近200台微机、10兆光纤连接的广域网和备份线路，实现税收数据高速传输，并建有电教室、电话视频会议室，基本实现办公自动化。

第四节　地方税务

税种收入　1994年，根据税制改革规定，市地税局主要负责营业税、个人所得税、土地增值税、城市建设维护税、车船使用税（车船使用牌照税）、房产税（城市房地产税）、屠宰税、资源税、城镇土地使用税、固定资产投资方向调节税、地方企业所得税（包括地方国有、集体、私营企业）、印花税、筵席税、地方税收的滞补罚收入、教育费附加等税费的征收和管理（本编中财税收入因统计口径不同，部分数据存在差异）。至2013年，市地税局累计组织收入171.81亿元。

车船使用税 1986年9月开征。2007年进行调整。1994年7月至2013年，全市共征收2.35亿元，占地税总收入的1.37%。

房产税 1986年10月开征。外资企业仍适用《城市房地产税暂行条例》。1996年1月，根据省地税局规定，保留城市房地产税税种名称，对外商投资企业征收城市房地产税的征收范围、计税依据、计算办法等一律按《中华人民共和国房产税暂行条例》和《山东省人民政府关于贯彻执行〈中华人民共和国房产税暂行条例〉施行细则》办理。2009年1月1日始，废止《城市房地产税暂行条例》，外商投资企业、外国企业和组织及外籍个人依照《中华人民共和国房产税暂行条例》缴纳房产税。1994年7月至2013年，全市共征收10.97亿元，占地税总收入的6.38%。

屠宰税 1950年12月开征。征收范围和标准为屠宰猪、羊、牛等牲畜者，按不同牲畜确定不同税率。1994年7月至2001年6月，全市共征收235万元。2001年6月18日始，全省范围内取消屠宰环节和收购环节征收的屠宰税。

城镇土地使用税 1988年11月开征。征收范围和标准为在城市、建制镇和工矿区范围内使用土地的单位和个人，按每平方米0.2～4.00元规定税额计算征收。1998年1月1日始，文登市土地使用税税额标准为：市区1.40元/平方米，建制镇0.80元/平方米。2002年1月1日始，文登市土地使用税税额标准为：市区2.00元/平方米，建制镇、工矿区1.50元/平方米。2007年1月1日始，文登市土地使用税税额标准为：市区4.00元/平方米，建制镇、工矿区3.00元/平方米。1994年7月至2013年，全市共征收24.87亿元，占地税总收入的14.47%。

固定资产投资方向调节税 1991年4月开征。征收范围和标准为进行固定资产投资的单位和个人，税率为根据国家产业政策和项目经济规模实行弹性税率。2000年1月1日始，按照《中华人民共和国固定资产投资方向调节税暂行条例》规定，对纳税义务人固定资产投资应税项目新发生的投资额，暂停征收固定资产投资方向调节税。1994年7月至2001年，全市共征收1.71亿元。

企业所得税 1994年1月开征。征收范围和标准为企业生产经营所得和其他所得，税率为33%。2008年1月1日始，《中华人民共和国企业所得税法》施行，同时废止《中华人民共和国外商投资企业和外国企业所得税法》《中华人民共和国企业所得税暂行条例》。新企业所得税法适用于所有内外资企业，将法定税率由33%降低为25%。1994年7月至2013年，全市共征收23.21亿元，占地税总收入的13.51%。

地方教育附加 2005年1月开征。征收范围和标准为缴纳增值税、营业税、消费税（简称“三税”）的单位和个人，税率为1%。2010年12月1日始，根据财政部《关于统一地方教育附加政策有关问题的通知》和《山东省人民政府关于调整地方教育附加征收范围和标准有关问题的通知》规定，地方教育附加征收范围为缴纳“三税”的单位和个人，征收标准为“三税”实际缴纳额的2%。至2013年，全市共征收1.58亿元。

营业税 1984年10月开征。1994年1月始，营业税由原来的14个税目改为9个税目。1997年2月，国务院印发《关于调整金融保险业税收政策有关问题的通知》，将金融保险业营业税税率由5%调高到8%，提高的3%归中央财政收入，由市国税局征收。市地税局征税范围为交通运输业、建筑业、金融保险业、邮电通信业、文化体育业、娱乐业、服务业、转让无形资产及销售不动产。计税依据为纳税人提供应税劳务、转让无形资产或者销售不动产向对方收取的全部价款和价外费用。交通运输业、建筑业、邮电通信业、文化体育业税率为3%，金融保险业、服务业、转让无形资产、销售不动产为5%，娱乐业为5%～20%。1994年7月至2013年，全市共征收56.62亿元，占地税总收入的32.96%。

城市维护建设税　1985年2月开征。1994年始，以实际缴纳的增值税、消费税、营业税为计税依据，成为独立税种，税率为7%。1994年7月至2013年，全市共征收10.87亿元，占地税总收入的6.33%。

印花税　1994年10月始，恢复征收印花税。纳税人为在中国境内书立、领受或使用应税凭证的单位和个人。征税范围为各类经济合同及具有合同性质的凭证、产权转移书据、营业账簿、权利许可证照、经财政部明确征税的其他凭证。计税依据为应税凭证记载的金额或者应税凭证的件数。税率为各类经济合同、产权转移书据、记载资金的营业账簿适用比例税率，共设万分之零点五、万分之三、万分之五、千分之一4个档次；权利许可证照和其他营业账簿按件贴花5元。至2013年，全市共征收1.57亿元。

土地增值税　1994年1月1日开征。计税依据为纳税人转让房地产取得的土地增值额。土地增值额为转让房产取得的收入，减去法定扣除项目金额后的余额。税率为纳税人取得土地增值额未超过扣除项目金额50%的部分，税率为30%；土地增值额超过扣除项目金额50%，未超过100%的部分，税率为40%；土地增值额超过扣除项目金额100%，未超过200%的部分，税率为50%；土地增值额超过扣除项目金额200%的部分，税率为60%。1994年7月至2013年，全市共征收14.24亿元，占地税总收入的8.29%。

资源税　1984年10月1日开征。1994年税制改革后，资源税征管范围扩大为原油、天然气、煤炭、其他非金属矿原矿、黑色金属矿原矿、有色金属矿原矿和盐（包括固体盐和液体盐）。计税依据为纳税人应税产品的课税数量，实行从量定额征收。境内矿产资源单位税额分别为石灰石2元/吨，花岗石6元/立方米，天然矿泉水3元/吨，其他黏土1元/立方米，建筑用砂1元/立方米，其他建筑石料1元/立方米。1994年7月至2013年，全市共征收2.58亿元，占地税总收入的1.50%。

个人所得税　1994年1月1日开征。征税范围包括工资薪金所得，个体工商户的生产、经营所得，对企业单位的承包经营、承租经营所得，劳务报酬所得，稿酬所得，经财政部确定征税的其他所得。根据所得的性质，税率分别按3%～45%、5%～35%的超额累进税率和20%的比例计算。1994年7月至2013年，全市共征收6.99亿元，占地税总收入的4.07%。

教育费附加　1986年7月开征。2005年，依照国务院颁布的《征收教育费附加的暂行规定》，以单位和个人实际缴纳的增值税、消费税、营业税税额为计征依据，按照3%的附加征收率计征。1994年7月至2013年，全市共征收3.9亿元。

文化事业建设费　1997年1月开征。是对经营娱乐业、广告业纳税人事业收入征收的一种规费，征收率为3%。至2013年，全市共征收277万元。

残疾人就业保障金　2004年始，由市地税局代收。凡市内的机关、团体、企业、事业单位和城乡集体经济组织，都有安排残疾人就业的法定义务，必须按不低于本单位在职职工总数的1.5%的比例安排残疾人就业，凡达不到规定比例的单位，每年按实际差额比例缴纳残疾人就业保障金。税额计算公式为：应纳保障金＝（用人单位上年末实际在职职工人数×1.5%－用人单位上年末实际安排的残疾人就业人数）×上年度本地职工年平均工资额。至2013年，全市共征收1768万元。

工会经费　2005年始，凡建立工会组织的市内企业、事业单位和机关，依据《工会法》规定，按单位每月全部职工工资总额的2%向工会拨缴经费，其中40%部分由地税部门负责代收。

1995—2013 年文登市地方税收入情况表（一）

表 18-14-1　　　　单位：万元

年份	车船使用税	房产税	屠宰税	城镇土地使用税	固定资产投资方向调节税	企业所得税	地方教育附加	营业税	城市维护建设税
1995	61	545	20	308	622	3833	—	2721	1428
1996	95	758	56	204	521	9167	—	3638	1475
1997	115	788	50	222	431	12089	—	4469	1595
1998	44	1035	45	264	905	14114	—	4271	1916
1999	201	1528	32	510	2251	9629	—	4122	2473
2000	140	1507	25	562	4089	10558	—	5687	2375
2001	132	1993	7	1148	821	18637	—	5820	2741
2002	148	2054	—	821	—	13870	—	7014	2989
2003	147	4309	—	2563	—	14189	—	7894	3161
2004	141	5559	—	3866	—	12709	—	14000	2694
2005	141	5921	—	4730	—	11096	256	23041	3806
2006	797	6424	—	6271	—	10215	544	20373	4233
2007	1735	12853	—	13875	—	9242	1038	18150	8421
2008	2549	14124	—	26865	—	8157	818	23644	9343
2009	2637	15539	—	30301	—	8430	716	25237	10036
2010	3475	13376	—	28418	—	11245	1022	66682	9665
2011	2496	6099	—	33630	—	15014	3360	79684	10423
2012	3711	7780	—	43710	—	16084	3457	109421	13696
2013	4710	6943	—	50079	—	21792	4612	138226	14774

1995—2013 年文登市地方税收入情况表（二）

表 18-14-2　　　　单位：万元

年份	印花税	土地增值税	资源税	个人所得税	教育费附加	契税	耕地占用税	地方水利建设基金	文化事业建设费
1995	47	—	60	202	113	—	—	—	—
1996	54	—	11	630	251	—	—	—	—
1997	79	—	30	1131	457	—	—	—	—
1998	69	—	—	1469	538	—	—	—	—
1999	244	10	120	1611	924	—	—	—	6
2000	154	—	59	1527	981	—	—	—	5
2001	95	1	248	2363	1376	—	—	—	8

续表 18-14-2

年份	印花税	土地增值税	资源税	个人所得税	教育费附加	契税	耕地占用税	地方水利建设基金	文化事业建设费
2002	101	11	105	2484	1503	—	—	—	3
2003	149	3626	108	2883	1122	—	—	—	4
2004	259	4272	108	3655	1132	—	—	—	2
2005	435	9106	117	3942	1213	—	—	—	2
2006	517	7875	533	3209	1625	—	—	—	3
2007	1054	11529	983	3878	2777	—	—	—	7
2008	1283	12223	980	4571	2457	—	—	—	25
2009	1396	14070	1152	4353	2147	—	—	—	30
2010	1897	19001	1071	7389	2948	—	—	—	38
2011	1939	17759	170	8368	5131	15781	3494	543	50
2012	2482	19498	8825	7082	5204	24513	4567	1677	53
2013	3381	23392	11072	8956	6993	44888	4162	2276	41

地税征管 市地税局成立后，不断创新、优化、改进税收征管方式，从定额核定、纳税评估、以票控税，到重点税源涵养培育、重点行业培植管理，探索税收收入均衡入库和良性增长征管模式。2003 年，市地税局按照市政府《关于加强部门配合共同做好地方税源控管工作的通知》要求，与全市 23 个综合治税部门会签文件，建立政府领导、部门配合、地税主管、司法保障、社会参与、信息化支撑的社会综合治税网络。2004 年，制定《文登市地方税务局税收征管责任区管理办法》，按照地域划片、行业划类、业务划块的原则，层层设立征管责任区，共设立二级责任区 18 个，三级责任区 145 个。威海市地税局在文登召开现场会，对文登市征管责任区建设经验给予肯定。

2007 年，市地税局按照《山东省人民政府办公厅关于开展地税税源普查工作的通知》要求，在全市范围内集中开展地税税源普查工作，摸清全市地税税源底数，完善税源基础信息。2008 年，坚持依法治税，强化科学管理，全面实行按能定岗、按事分岗的税源专业化管理，全市地方税收入首次突破 10 亿元大关，达到 10.7 亿元。2010 年 8 月，山东省地税局总结推广文登税源专业化管理的经验和做法。2011 年，市地税局税源管理的经验和做法被国家税务总局《税务简报》第 29 期刊发推广。2012 年，全面加强重点税源和重大项目管理，全年控管重大建设项目 214 项，入库各项税款 5.6 亿元。对 765 家企业进行所得税汇算清缴，汇缴企业所得税 1241 万元。开展房产税、土地使用税清查，增加税源 4800 余万元。2013 年，根据市发改局、建设局提供的

图 18-5 2013 年 12 月 4 日，市地税局工作人员到奥文电机有限公司调研。

季度建设项目信息，将项目细化分解到所属征收单位，分类建档，掌握项目进度等情况，强化重点建设项目管理。组织两个检查组，对市区房地产企业土地使用税进行清查，增加税源700余万元；对8个镇的相关企业房产税、土地使用税进行普查，增加税源1300余万元。

地税稽查 1994年7月，市地税局组建稽查分局。稽查工作按《税务稽查工作规程》要求，实行“选案、检查、审理、执行”四分离工作制度。推行计算机选案、举报案件和转办案件相结合、调账检查与交叉稽核相结合、“一家查账多家认可”等立体式稽查办法，建立集体会审制、复审回访制和首查责任制等一系列内部管理规章制度。2003年，稽查分局更名为稽查局，人员增至9人。推行和谐稽查、阳光稽查、效能稽查，使用数字化助手查账软件，健全选案信息库，搭建查案会审平台，解决多头稽查、重复稽查、无效稽查问题。2004年，稽查局在全市开展所得税汇缴工作，涉及汇缴企业685家，查补税款1100万元。对电业、金融、房地产开发等重点行业或企业进行稽查，共查补入库税款742万元，罚款76万元，收缴滞纳金6万元。对麦收、春节期间假停业、假注销商户进行清理整顿，检查324户，查处问题户153户，查补税款278万元。受理举报案件30件，查补税款、罚款、滞纳金共计82.4万元。2005年，查补各类税款560万元，入库560万元，罚款16万元，加收滞纳金7.09万元。受理举报案件18件，查补税款和罚款21.12万元。2006年，加大对各种偷、逃、骗、抗税行为惩处打击力度，查补入库税款765万元。2007—2009年，市地税局规范执法行为，实施“阳光办税”。强化执法内控机制建设，严格实行税收执法责任制考核，维护纳税人权益。对税收违法案件加大查处力度，促进执法水平和执法形象全面提高，实现税收行政复议和行政诉讼“零记录”。2010年，加快税务稽查信息化建设步伐，促进信息资源在稽查工作中的普遍应用，提高其针对性、时效性和实效性。2011—2012年，对住宿、餐饮、建筑、房地产重点行业开展税收专项检查，挖潜增收，被检查企业7家，查补税款50万元。2013年，对欠税企业进行实地调查，摸清企业经营情况，依法开展清理欠税，对70家企业下达税收法律文书135件。

1995—2013年文登市地税稽查情况表

表18-15

年份	稽查户数（户）	稽查税款（万元）	入库稽查税款（万元）	年份	稽查户数（户）	稽查税款（万元）	入库稽查税款（万元）
1995	129	600	600	2005	60	366	366
1996	164	675	675	2006	64	448	448
1997	77	374	374	2007	167	322	322
1998	142	514	514	2008	66	152	152
1999	191	531	531	2009	55	3369	3369
2000	99	451	451	2010	48	1706	1706
2001	110	742	742	2011	63	1784	1784
2002	72	750	750	2012	49	1149	1149
2003	100	711	711	2013	33	329	329
2004	62	707	707				

文登市区远眺

目 录

下 册

第十九编 经济综合管理

第二十编　中国共产党地方组织

第二十一编 地方国家权力机关

第二十二编 地方行政机关

第二十三编 政协地方组织

第二十四编　人民团体

第二十五编　政　法

第二十六编　国　防

第二十七编　教　育

第二十八编　科学技术

第二十九编　文　化

第三十编 医药卫生

第三十一编　体　育

第三十二编 人事劳动与编制管理

第三十三编　民　政

第三十四编 社会生活

第三十五编 方 言

人　物

附　录

第十九编

经济综合管理

90年代，文登市改革经济管理体制，转变政府职能，改进管理方式，经济管理由指令性向指导性转变。进入21世纪，全面推进小康社会建设，提高第三产业权重，实施民生工程，打造文化强市，社会保障体系逐渐完善，综合经济实力逐年增强。经济管理注重依法行政、统筹兼顾、强化服务和监督检查，加强市场培育建设。各级政府简政放权、提高效率，逐步建立以服务经济、服务群众为主的行政运行体制和管理体制，为全市经济社会发展提供有力保障。2012年，文登市县域科学发展综合评价名列全省第3位。

2011 年 3 月 15 日，文登市“3·15”国际消费者权益日活动现场。

第一章　计划管理

第一节　管理机构

1991年，文登市计划委员会（简称市计委）内设办公室、综合计划科、工业计划科、基建计划科、农业计划科、农业区划办公室、信息中心，有工作人员19人。1992年11月，市投资公司成立（1996年6月撤销）。1993年11月，市财贸委员会辖属的商业网点管理办公室划归市计委（1995年5月复归财贸委员会）。1994年8月，市重点项目办公室成立，副科级事业单位，隶属市计委（1996年12月升格为正科级单位）。10月，市农业区划办公室划归市农业委员会。2002年1月，市计委更名为发展计划局，信息中心析出。3月，市信息工作站成立，副科级事业单位。2005年12月，市发展计划局更名为市发展和改革局（简称市发改局）。2009年3月，市服务业办公室成立，副科级事业单位。2010年6月，市蓝色经济区管理办公室成立，正科级事业单位，隶属市发改局，与市重点项目办公室合署办公。2013年，市发改局内设办公室、综合科（增挂体改科、国民经济动员办公室牌子）、工业科（增挂外资科牌子）、投资科（增挂行政许可科牌子）、农业科和财贸科。辖市重点项目办公室、市蓝色经济区管理办公室2个正科级事业单位，市信息工作站、市服务业办公室2个副科级事业单位。有工作人员24人。

第二节　计划体制改革

1991年，文登市计划管理以“稳定粮食生产，加快工业发展，加强外经外贸，促进城乡居民持续增收”为原则，推行简政放权，减少指令性计划。1994年，计划管理呈5个转变：由定指标、列项目、分投资转为研究经济和社会发展战略，抓产品结构调整和资源利用；由注重全民所有制指令性经济和社会指标调控转为多种经济成分并存及社会发展事业各方面规划、指导与预测；由重视产品指标转为经济效益和发展潜力统一；由计划管理转为计划和服务相结合；计划编制由制定工农业生产计划转为三大产业计划同步制定。1995年，全市无指令性计划，极少数实行指导性计划。农产品生产计划只保留粮食和花生产量指标，取消粮食播种面积指标。固定资产投资审批权限放宽，企业自有资金并符合产业政策的项目由企业自主立项。

1998—2000年，坚持“正确处理改革、发展与稳定关系，深化改革，突出重点”的指导思想，注重农业基础地位和企业改制进程，强化结构调整，严控“大而全、小而全”和盲目低水平重复建设投资，加强项目前期评估、论证和项目后期评价工作，实行项目建设法人制度。稳妥推进农村土地延包，放开农业资源和设施经营权与使用权，探索多种形式农业适度规模经营，加强农村合作经济组织建设与改革，适度压缩粮食播种面积，集中发展特色种植业（高档水果、干杂果、药材、蔬菜、牧草及林业苗木）、特色畜牧业（奶牛、奶山羊、特种动物）和水产养殖业。探索培育劳务、技术、信息、资金和房地产等生产要素市场，推进以集贸市场为依托、专业市场为骨干、商品市场为基础、要素市场为支柱的新型市场体系建设，提升宏观调控能力。

2001—2005年，计划管理侧重全市国民经济和社会发展战略、总量平衡和结构调整。经济和社会发展转移到优化结构、提高质量和效益上。农业坚持培育龙头产业，拉动农业结构调整，突出特色，培育农村优势产业。计划编制增加重大建设项目招投标监督检查，一般性生

产计划和经济增长指标改为预测和指导性指标。2006年，计划管理增加环保和降耗内容。2009年，注重三大载体（重点服务业城区、重点服务业园区、重点服务业企业）建设、监测和考核，文登市被省政府评为全省重点服务业城区先进单位。2010年6月，市发改局拟定的文登市深化经济体制改革试点方案提出：要不断创新和完善对外开放合作、加快新型工业化建设、加速城乡统筹发展，完善财税扶持、金融服务、土地海域开发、区域发展、环境保护、人力资源流动等方面配套政策，把文登建成对日韩开放引领区、蓝色经济先行区、高端产业聚集区、城乡发展示范区。方案经省有关部门评估后，省深化经济体制改革试点工作领导小组予以批复。是年，推行医药卫生体制改革，市政府印发《文登市推行国家基本药物制度的实施意见》，市发改局协调市卫生局、市财政局、市人力资源和社会保障局、市食药监局等部门，完成基层医疗卫生机构财政投入机制、人员结构状况、分类收入与支出等基本情况调查。

2011—2013年，围绕打造山东半岛蓝色经济区和胶东半岛高端产业聚集区总要求，注重保障和改善民生，推进和谐社会建设，打造经济文化强市，全面建成小康社会。规划编制增加区域发展布局、新型城镇化建设和生态环境建设内容，突出产业转型升级和结构调整，突出民生保障和社会事业等方面发展。根据文登市关于加快服务业跨越发展的若干政策，鼓励企业二、三产业分离，提升服务业增加值。2013年，文登市获全省服务业发展先进市称号。

第三节 计划编制与实施

90年代，计划（规划）编制突出宏观性、政策性和导向性，根据国家和全市经济与社会发展态势，编制《文登市第三产业三年规划》《文登市工业结构调整规划（1993—2010）》等中长期规划和年度及五年经济发展计划（规划），力求可行性、实效性和指导性统一，推动全市经济稳定可持续性发展。文登市发改局先后获得全国投资投标项目委托管理先进单位、山东省计划工作先进单位等称号。

第八个五年计划（1991—1995年）

计划编制 注重理顺经济关系和结构调整，扩大对外开放，启动市场建设。计划地区生产总值年均增长11.8%，工农业总产值年均增长14.7%（农业增长6%、工业增长16.2%）。财政收入年均增长12%，全社会固定资产投资年均增长8%，社会商品零售总额年均增长13%，农民人均纯收入达1100元。其中，1991年年度计划编制，本着“稳定粮食生产，加快工业发展，加强外经外贸，促进城乡居民持续增收”原则，推动全市经济稳步发展。1994年年度计划编制重视产品结构调整和资源利用，注重多种经济成分及社会各项事业规划及预测，一、二、三产业同步制定计划，重视效益和发展潜力统一，由计划管理转为计划和服务相结合。

完成情况 “八五”末，文登市综合经济势力位居全国百强县第37位、山东百强县第3位。全市完成地区生产总值95.4亿元（按可比口径，下同），完成计划的484.6%。工农业总产值231.7亿元，完成计划的401.6%，其中农业总产值35.3亿元，工业总产值196.4亿元。财政总收入2.44亿元，完成计划的170.6%。农民人均收入2211元，年均增长21.5%。全社会固定资产投资12.52亿元，完成计划的189.4%。全市社会消费品零售总额20.85亿元，完成计划的123.4%。出口交货值30.5亿元，完成计划的610%。城镇集市贸易成交额5.4亿元，比“七五”末增长548.3%。成立“三资”企业254家，实际利用外资8698.89万美元。累计取得重大科技成果137项，提前8年普及九年制义务教育，人口自然增长率控制在2.78‰。城市综合配套功能达全省先进水平。

第九个五年计划（1996—2000年）

计划编制 建立和完善社会主义市场经济体制，培植起高素质产业结构体系，实现地区生产总值翻一番。计划地区生产总值年均增长18%，第一、二、三产业分别增长9.7%、19.8%、

20.9%，三次产业比例调整为18∶50∶32。地方财政收入年均增长26%，固定资产投资年均增长22.9%。社会消费品零售总额年均增长18.1%。

完成情况 “九五”末，全市完成地区生产总值151亿元，年均增长14%。人均地区生产总值2.29万元，年均增长12.2%。地方财政预算内收入5.26亿元，年均增长26.8%。全社会固定资产投资23亿元，年均增长13%。社会消费品零售总额32.5亿元，年均增长10.8%。城镇居民人均可支配收入6187元，农民人均纯收入3820元，年均增长11.5%。第一、二、三产业比例由“八五”末的29.1∶44.9∶26调整为13.5∶58∶28.5。外贸出口总值1.7亿美元，比“八五”末增长6.77倍。全市累计批准外资项目177个，实际利用外资1.42亿美元，比“八五”末增长2.55倍。高新技术产品销售收入占工业销售收入比重由“八五”末的3.5%提至18%。

第十个五年计划（2001—2005年）

计划编制 侧重总量平衡和结构调整。计划全市地区生产总值年均增长10%，第一、二、三产业分别增长5%、10%、13%，三次产业比例调整为10∶55.4∶34.6。地方财政收入年均增长12%，固定资产投资年均增长12.8%。社会消费品零售总额年均增长12%，进出口贸易总额年均增长20%。城镇居民人均可支配收入和农民人均纯收入年均增长8%。其中，2003年全市主要预期调控目标：地区生产总值比上年（下同）增长15%，地方财政收入增长16%，固定资产投资增长25%，社会消费品零售总额增长13%。城镇居民人均可支配收入和农民人均纯收入分别增长8%和6%。完成进出口总额增长25%，实际利用外资增长40%。

完成情况 “十五”末，全市完成地区生产总值311亿元，年均增长17.6%。地方财政预算内收入13亿元，年均增长30.4%。规模以上固定资产投资148.7亿元，年均增长85.7%。社会消费品零售总额69.9亿元，年均增长15.8%。城镇居民人均可支配收入和农民人均纯收入分别为9721元和6017元，年均分别增长9.5%和13.84%。第一、二、三产业比例调整为9∶61.5∶29.5。全市进出口总额8.68亿美元，其中出口5.9亿美元，年均分别增长26.7%和27.5%。累计实际利用外资8.5亿美元，是“九五”末的5.99倍；实际利用内资235.3亿元，是“九五”末的15倍。

第十一个五年规划（2006—2010年）

规划编制 以实施工业强市、加快转变经济增长方式为目标，全面建设现代化和谐文登。全市地区生产总值年均增长15%，地方财政收入年均增长18%，固定资产累计投资750亿元，消费品零售总额年均增长16%。城镇居民人均可支配收入和农民人均纯收入分别年均增长10%和8%。外贸出口额年均增长16%，5年累计实际利用外资10亿美元。其中，2006年，围绕打造山东县域工业第一强，确定主要预期目标：地区生产总值360亿元，比上年（下同）增长16%，第一、二、三产业增加值分别增长4%、16%和19%。地方财政收入15.6亿元，增长20%。全社会固定资产投资185亿元，增长25%。社会消费品零售总额80.4亿元，增长15%。城镇居民人均可支配收入和农民人均纯收入分别增长11%和9%。外贸出口总值7.1亿美元，增长20%。实际利用外资3亿美元，增长20%。2008年，在世界金融危机形势下，文登市围绕开展项目、财税和民生建设年制定规划。

完成情况 “十一五”期间，发生国际金融危机，部分经济活动受抑制。期末，全市完成地区生产总值469.8亿元（按现价，下同），年均增长13.8%。地方财政预算内收入23.5亿元，年均增长13.3%。规模以上固定资产投资230.7亿元，年均增长21.5%。社会消费品零售总额162亿元，年均增长18.8%。城镇居民人均可支配收入和农民人均纯收入分别为1.69万元和1.05万元，年均分别增长11.7%和11.8%。第一、二、三产业比例调整为8.5∶55.5∶36。累计进出口总额56.4亿美元，其中出口39.8亿美元，年均分别增长7.1%和6.8%。累计实际利用外资4.34亿美元，年均增长19.6%；累计实际利用内资287.6亿元，年均增长12.8%。高新技术产业产值比重提至

33.8%。万元生产总值能耗和水耗累计降低22%和20%以上，化学需氧量和二氧化硫排放量分别下降24.5%和19.3%，提前完成“十一五”节能减排任务。

第十二个五年规划（2011—2015年）

规划编制 规划增加区域发展布局、新型城镇化和生态环境建设内容。全市地区生产总值年均增长12%。三次产业比例调整为5∶50∶45。地方财政收入年均增长15%，规模以上固定资产投资年均增长16%。社会消费品零售总额年均增长17%，服务业增加值增长16%。城镇居民人均可支配收入和农民人均纯收入年均增长10%。高新技术产业产值占规模以上工业总产值比重40%以上。外贸进出口额年均增长12%，实际利用内资年均增长16%，5年累计实际利用外资5亿美元。万元生产总值能耗降低15%以上，主要污染物排放量削减10%以上，工业固体废物处置利用率95%以上。其中，2013年，确定主要目标：地区生产总值比上年（下同）增长11%，公共财政预算收入增长14%，固定资产投资增长20%，社会消费品零售总额增长15%。城镇居民人均可支配收入和农民人均纯收入分别增长11%和12%。服务业增加值占生产总值比重提高2%，高新技术产业产值比重达31%以上。外贸进出口总额增长5%，实际利用内资增长15%以上。万元生产总值能耗下降3.7%，化学需氧量和氨氮、二氧化硫、二氧化氮排放量分别下降1%和1%、2%、0.5%。

完成情况 2013年，全市实现地区生产总值615.98亿元，公共财政预算收入38.84亿元，规模以上固定资产投资442.33亿元。社会消费品零售总额248.07亿元，城镇居民人均可支配收入和农民人均纯收入分别为2.32万元和1.63万元。第一、二、三产业比例调整为9.03∶50.28∶40.96。实现进出口总额14.02亿美元，其中出口总额9.74亿美元，实际利用外资1.15亿美元。全市工业高新技术产业产值537.1亿元，占规模以上工业总产值30.32%。

1991—2013年文登市国民经济主要指标完成统计表

表19-1

年份	地区生产总值（万元）	工业总产值（万元）	农业总产值（万元）	地方财政预算内收入（万元）	固定资产投资（万元）	市以上企业职工年均工资（元）	社会消费品零售总额（亿元）	城市居民人均可支配收入（元）	农民人均纯收入（元）
1991	224209	377886	112707	9167	15441	2078	12.09	—	1116
1992	305977	588471	150784	10346	33251	2422	15.76	—	1380
1993	451776	1071112	213377	14186	54610	2937	19.50	—	1550
1994	667600	1688790	327360	12780	40764	4051	18.60	—	1806
1995	860000	1800565	412928	16220	50137	4823	20.90	—	2211
1996	1025000	2480558	417560	23601	42992	5263	22.00	—	2810
1997	1246000	3144577	431996	29900	48625	5520	27.20	—	3200
1998	1337300	3300379	413947	36663	71613	6005	29.20	—	3502
1999	1420000	3091724	352866	44682	34367	6465	30.40	5352	3585
2000	1471820	3481446	353318	52591	75961	7255	32.50	6187	3820
2001	1532282	3778813	368926	70027	100959	8550	35.10	7070	4120

续表 19-1

年份	地区生产总值（万元）	工业总产值（万元）	农业总产值（万元）	地方财政预算内收入（万元）	固定资产投资（万元）	市以上企业职工年均工资（元）	社会消费品零售总额（亿元）	城市居民人均可支配收入（元）	农民人均纯收入（元）
2002	1691284	4356123	379112	66819	237994	9858	38.90	8115	4380
2003	1952994	5598252	408843	85542	808150	10815	42.30	8189	4719
2004	2305266	6888338	476552	100118	1177432	12115	48.23	8877	5285
2005	2598123	8461477	572026	130368	1486765	17011	69.92	9721	6017
2006	3017079	10228259	617113	150007	1527182	19278	80.55	11018	6786
2007	3462951	10895883	685032	166508	1630566	23000	97.28	12139	7678
2008	3972820	13306176	764890	188937	2012087	26365	120.48	14138	8431
2009	4183547	—	—	205945	2258548	29619	142.84	15501	9160
2010	4698081	—	—	234777	2307303	34173	162.02	16916	10479
2011	4989394	—	—	267689	2769249	37413	190.34	18767	12699
2012	5616464	—	—	311676	3497725	40952	218.91	21024	14559
2013	6159786	—	—	388388	4423340	45284	248.07	23193	16310

说明：地区国民生产总值按新区划当年价计算；工农业总产值按现价计算，2009 年后不再统计工农业总产值；固定资产投资，2002 年以前为市及市以上投资，2003 年后为 50 万元以上所有投资，2011 年后为 500 万元以上所有投资。

第四节　项目管理

1991－1995 年，市农用车厂、曲轴厂改造、蔬菜加工、丝绸生产加工和污水处理等项目，分别被列为省或国家“九五”计划项目。米山水库灌区改造和除险加固、旱作农业示范基地、沿海防潮堤、农村和县城公路改造等项目获国家计委批复，市热电厂 2.5 亿元投资项目获省计委批复。市污水处理厂项目获奥地利政府贷款 450 万美元，山东曲轴总厂改造项目利用日本银行贷款 1000 万美元。全市批准成立企业 959 家，其中市属 381 家、乡镇办 247 家、村办 241 家、合资 90 家。安排基建项目 1280 个，计划总投资 16.2 亿元，建筑面积 288.8 万平方米。为全市大中型项目争取资金 2.7 亿元，其中上级拨款 1437 万元。

1999－2004 年，坚持前景不明、投资大产出小、污染环境和重复建设项目四不上原则，严控项目审批。其间，企业自有资金和商业银行贷款建设项目由审批制改为登记备案制。坤龙邢水库除险加固和沿海防护林等项目完成立项，获上级扶持资金 2.7 亿元，其中拨款 8295 万元、展期资金 1760 万元。全市国债和财政专项资金项目 18 个。其中，国债项目 7 个，拨款 1650 万元；财政专项项目 11 个、拨款 730 万元。建立月报调度制度，实行第一行政责任人负责制，严控项目质量和资金使用。

2005 年，省政府批复调整昆嵛山自然保护区，为昆嵛山抽水蓄能电站落户文登做好前期基础工作。泽库镇和小观镇风资源完成评估，三星中学、万得家纺和三角轮胎等 11 个项目获省发改委立项。曲轴总厂技术进步、污水处理厂管网工程和长江糖酒农产品物流中心等项目，获上级各类扶持资金 5.47 亿元。全市实施 1000 万元（外资 120 万美元）以上大项目 290 个，总投资 315 亿元，实际完成投资 135 亿元，占全市固定资产

投资的90.8%。2006年，山东文登工业园区被国家发改委批准为省级开发区。城市新区建设、滨海旅游经济区和火车站等重点项目完成初步论证。2008年12月，大唐文登风电一期和歌美飒风电项目通过省发改委核准，总装机容量分别为4.95万千瓦和4.93万千瓦。2009年5月，张家埠新港作业区一期2个5000吨级杂货泊位获省发改委核准。2010年，国电电力文登风电工程获省发改委核准，张家埠新港区疏港路工程获省发改委批复，大唐风力发电66台机组投产并网，歌美飒张家产风电项目完成风机吊装。中国胶东农资农产品物流中心和文登市职业技术教育中心实习车间等7个项目完成省级立项。千亿斤粮食产能规划、圣经山旅游设施建设等项目获上级扶持资金1.49亿元。全市审批、核准和备案项目174个，批复投资172.7亿元，建筑面积484.4万平方米。2011年1月，国务院批复《山东半岛蓝色经济区发展规划》，文登南海新区被国家发改委确定为山东半岛蓝色经济区重点建设的三大海洋经济新区之一，纳入国家战略。4月，市政府印发《文登市蓝色经济区发展规划》，蓝色经济区建设全面启动。11月，总投资5.1亿元的张家埠新港防波堤工程获省发改委批复。青荣城际铁路土地丈量、地面附着物清点和补偿发放工作基本完成。是年，完成南海供水管网、高村小城镇建设和天润曲轴康明斯轻型发动机曲轴生产线等14个项目的省级立项。

2013年，《威海南海海洋经济新区发展规划》获省发改委批复，鸿通管材项目被列为省蓝（指海洋项目）、黄（主指陆地项目）两区重点建设项目，天润船用曲轴等8个项目被列为威海市蓝区重点项目。张家埠新港二期2个5万吨级通用泊位工程获省发改委立项，昆嵛山抽水蓄能电站项目获国家发改委原则通过（翌年核准，总投资85.67亿元），青荣城际铁路文登连接线项目获省发改委核准。城市棚户区改造配套、千亿斤粮食工程和海洋渔船更新改造等项目，获上级扶持资金1.71亿元。是年，共办理项目立项179个，全市批复投资179.98亿元，总建筑面积510.4万平方米。文登市在全省蓝区建设考核中列县级市第5名，获全省蓝色经济区建设先进市称号。

第二章　统计管理

1991—2013年，文登市按“创建诚信品牌，提高统计良好信誉”的方针，扎实开展统计工作。先后获全国基本单位普查先进集体、全国农业普查先进集体、全国人口普查先进集体和全国经济普查先进集体等称号。

第一节　管理机构

文登市统计局　1991年，内设办公室和综合科、工业科、农业科4个科室，编制12人。代管城市抽样调查队和农村调查队2个副科级事业单位。1995年9月，农村调查队撤销。2002年11月，文登市普查办公室（简称市普查办）成立。2007年，城市抽样调查队析出。2010年，文登市社情民意调查中心成立。2013年，内设办公室（增挂法规检查科牌子）、综合统计科、工业交通和投资统计科、农村经济统计科。辖市普查办公室（增挂市农村社会经济调查队牌子）、市社情民意调查中心（与信息技术中心合署办公）2个股级事业单位。有工作人员24人。

国家统计局文登调查队　1991年，文登市设有国家统计局城市抽样调查队，副科级事业单位，由市统计局代管。2007年6月21日，更名为国家统计局文登调查队（简称文登国调队），独立办公，属国家统计局派驻文登的正科级政府统计调查机构，编制8人。2013年，内设综合科、

城市调查科、产业调查科，编制8人。先后获全国一体化住户调查先进集体、全国县级粮食产量抽样调查工作先进单位等称号。

第二节　统计业务改革

农村统计　90年代，根据社会发展情况不断改革和完善统计方式。1992年，增加农村经济总收入分配和效益等8种综合年报表。1997年，统计报表分季报、半年报和年报，采用全面统计方式。2000年，增加特种畜牧养殖情况年报表。2003年，农业产值综合年报增加特色农业生产情况表、特色林业生产情况表、特色渔业生产情况表。2005年，统计设综合年报表和定期报表两大类33种。2008年，年报取消耕地面积表，由县级起报改为村级，计量单位面积由公顷改为亩、产量由吨改为公斤。2009年，正式采用农产品价格指数缩减法计算农业产值、增加值和发展速度。2010年，农业产量统计增加设施农业生产情况调查。2012年，夏收“粮食”改为“农作物”预计产量调查。2013年，农村统计报表分综合年报和定期报表两大类，其中农林牧渔统计表17种，农村住户抽样调查表11种，农业产值综合统计表7种，镇（街道）和县域社会经济基本情况年报表各1种，蓝色经济调查表2种。

工业统计　1991年，年报使用1990年不变价。1992年，工业统计有定期报表11种、综合年报表21种。主要工业部门按行业分类，由40个大类、212个中类、538个小类组成。大中型企业规模分组为特大、大（一）、大（二）、中（一）、中（二）5个档次。农村5种加工业（轧花、碾米、磨粉、屠宰、缝纫）按县以上工业产值方法计算。1998年，统计报表由经济类型划分改为登记注册类型划分，范围分规模以上（全部国有和主营业务年收入500万元以上非国有企业）和规模以下两部分。国家统计局建立全国5000家工业企业联网直报、月报、季报和半年报制度，文登入围企业11家。

1999年，文登开展规模以下工业抽样调查，调查范围为500万元及以下非国有工业企业和个体经营工业单位基本情况。2002年，文登以工业品出厂价格指数缩减法试算工业增加值可比价格速度。2003年，境内建立高新技术产品统计制度，设工业企业高新技术产品概况调查季报表。2007年，规模以上企业范围调整为年主营业务收入500万元以上所有企业。2009年，国家统计局确定威海市为全国企业一套表试点地区，11月文登市规模以上工业企业开始执行企业一套表制度。2011年，规模以上企业范围调整为年主营业务收入2000万元及以上企业，规模以下工业界定为年主营业务收入2000万元以下工业企业和全部个体经营工业单位。2012年，不再提供大中型工业企业规模分组统计数据。2013年，境内全部实行企业一套表统计制度，以联网直报方式采集数据。

固定资产投资统计　1991年，文登市统计局编制综合年报表13种，含农林牧渔业和乡镇以上工业固定资产投资；月报表8种，包括基本建设、资金来源和改造投资等；季报和半年报表5种，包括城镇集体固定资产、限额以上更新和城镇与工矿区私人建房等。1992年，年报增加农村集体固定资产投资统计表。1995年，年报增加基本建设规模及新增生产能力（或工程效益）表、基本建设本年新增生产能力（或工程效益）明细表、更新改造建设规模及新增生产能力（或工程效益）表、国有单位其他固定资产投资建设规模及新增生产能力（或工程效益）表。1997年，固定资产投资统计由5万元以上调整为50万元以上。2004年，农村50万元以上项目与城镇固定资产投资统计统一。

2005年，年报取消城镇与工矿区私人建房情况表，增加农村非农户固定资产投资完成情况表，城镇和农村固定资产投资统计基层标准表合并为固定投资统计基层标准表。2006年，月报中的城镇和农村固定资产投资完成情况表合并为固定资产投资完成情况表。2007年，年报增加固定资产投资构成汇总表、固定资产投资构成表。2008年，年报增加1亿元以上新开工项目报告

表。2010 年，增加部门固定资产投资管理信息情况季报表。2011 年，定期报表投资项目起点由 50 万元改为 500 万元以上。2012 年，定期报表中的城镇和农村固定资产投资完成情况表合并为固定资产投资（不含农户）完成情况表。2013 年，全市固定资产统计分综合年报表 2 种、月报表 2 种、季报表 1 种。统计包括城镇和农村各类登记注册企事业单位及个体户总投资 500 万元以上建设项目。

建筑业统计 1993 年，建筑业统计纳入一套表统计制度。1994 年，国家废除一套表制度，改为主要反映建筑企业本身生产经营情况。文登市统计局编制建筑业年报综合表 4 种：建筑企业生产情况、建筑企业房屋建筑工程生产情况、附营建筑业施工单位生产情况、建筑企业财务情况。2004 年，计量单位由万元改为千元。2010 年，年报综合表改为建筑企业生产情况、建筑企业财务状况、劳务分包建筑企业生产经营情况、建筑企业房屋建筑完成情况、信息化情况主要指标 5 种表。2012 年后，境内有资质建筑法人单位实行网报。

房地产开发统计 1993 年始，国家统计局在固定资产投资统计表中增加商品房建设投资统计月报表，含商品房屋投资额、销售额、建筑面积和竣工面积 4 项内容。1994 年，改为房地产开发投资完成情况表，并增加商品房屋销售建筑面积指标。1999 年，文登市固定资产投资统计增加房地产开发经营情况表，反映房地产企业资产、负债和损益等情况。2003 年，文登市统计局编制房地产开发综合年报表，含房地产开发投资完成情况和房地产开发经营情况。

2005 年，房地产开发统计单列，启用新房地产开发统计报表。原房地产开发投资完成情况表改为房地产开发企业（单位）投资、资金及土地情况和房地产开发企业（单位）施工、销售和空置情况表，原房地产开发经营情况按经济普查房地产开发企业财务状况表中指标调整。2009 年，房地产开发企业（单位）投资、资金及土地情况分房地产开发项目情况和房地产开发企业（单位）资金情况表上报。2010 年，文登市统计局编制的房地产统计年报有房地产开发企业（单位）资金情况、房地产开发项目情况、房地产开发企业（单位）财务状况、房地产开发项目销售及空置情况 4 种表。2011 年，房地产开发项目情况和房地产开发项目销售及空置情况表合并为房地产开发项目经营情况表。2012 年后，境内有资质房地产法人单位实行网报。

批发零售贸易业统计 1991 年，建立商业企业为核算单位的商品总购进和商品总销售统计报表，初步形成以商品流转、商业经济效益和商业机构人员为主要内容的商业统计体系。1993 年，推行一套表制，商业统计更名为批发零售贸易业统计，首次将外贸业和物资、供销业纳入统计范围。1995 年，实行小型批发零售贸易企业抽样调查。1997 年，新增个体批发零售贸易商品销售总额统计。1998 年，企业大、中、小型划分改为限额以上和限额以下。

2000 年，增加重点批发零售贸易企业统计。2002 年，增加限额以上连锁零售业和餐饮业经营情况、限额以上连锁零售业和餐饮业门店及配送中心分布情况统计。商品数量统计取消价值量指标，实行单指标报送。2003 年后，基本形成较为完整的贸易统计指标体系。包括法人单位基本情况，产业活动单位基本情况，批发零售贸易业商品购进、销售、库存，批发零售贸易业、餐饮业网点人员情况，限额以上批发零售贸易企业财务状况、商品销售、库存情况、主要经济指标，1 亿元以上商品交易市场成交情况，社会消费品零售总额，限额以上连锁零售业和餐饮业经营情况，限额以上连锁零售业及餐饮业门店和配送中心分布情况，重点批发零售贸易企业商品销售库存和重点批发零售贸易企业主要经济指标。2008 年后，增加成品油批发和零售表。

第三节　统计普查

人口普查 1991—2013 年，按国家部署，境内完成第五次、第六次人口普查，标准时点分别

为2000年11月1日零时和2010年11月1日零时。调查户分长短表（详见第三编第一章至第四章）。

基本单位普查　1996年，境内进行第一次基本单位普查，资料调查年度为1996年，对象为境内所有法人单位及附属产业活动单位。普查内容包括经济类型、所属行业、从业人员、企业规模和营业状态等各类单位基本属性和主要标志。1997年6月结束。2001年，进行第二次基本单位普查，资料调查年度为2001年，对象和范围为文登行政区内所有从事社会经济活动的法人和产业活动单位。普查内容包括单位基本标志、主要属性、基本状态和主要数据等。2003年完成。此后，基本单位普查并为经济普查。

2001年与1996年文登市各类单位经济类型构成对比统计表

表19-2　　单位：个

类型	法人单位			产业活动单位		
	2001年	1996年	增幅（%）	2001年	1996年	增幅（%）
合计	3432	2672	28.44	5101	4537	12.43
国有	601	669	-10.16	1518	1636	-7.21
集体	740	816	-9.31	1598	1723	-7.25
私营	766	312	145.51	770	213	261.50
港澳台商投资	61	34	79.41	61	34	79.41
外商投资	167	113	47.79	167	113	47.79
其他	1097	728	50.69	987	818	20.66

第三次工业普查　普查时点为1995年12月31日，时期资料为1995年度（其后，工业普查并为经济普查）。普查资料汇总显示，工业企业迅速崛起，多种经济形式并存。普查单位由第二次工业普查（1985年进行）的886家增至1502家。其中，县属以上工业137家，乡办工业企业181家，年均增长3%。村办工业企业1184家，较第二次工业普查增加535家，年均增长6.2%。

经济成分多样化，门类趋于齐全，支柱行业逐步形成。由国有、集体为主逐步发展为国有、集体、个体、联营、股份制、中外合资合作等多种经济形式并存格局。全市有工业行业大类30个，其中食品、纺织、皮革、建材、机械、专用设备、电器机械和工艺美术八大行业工业总产值、销售收入、利税总额和资产分别占全市乡以上工业的76.4%、73.3%、74%和68.6%。除自然资源开采及加工业薄弱外，境内形成较为完整的工业体系。

工业总量增长显著。1995年，乡以上工业总产值（现行价）123.5亿元，按可比价计算，“八五”期间年均增长40.9%；利税总额12.44亿元，年均增长47.6%；利润总额8.14亿元，年均增长46.6%；工业产品出口交货值22.5亿元，占工业总产值比重18.2%。出口产品由初级向高精尖产品发展。

工业装备水平提高，设备更新速度加快。1995年，全市乡以上独立核算工业固定资产原值33.74亿元，比第二次工业普查增长14.4倍；从业人员人均装备4.76万元，比第二次工业普查增长511.6%。已安装使用的设备，90年代出厂的占56%，80年代出厂的占39%，70年代以前的占5%。

工业规模扩大。1995年，全市大中型工业企业41个（大型6个、中型35个），占全市镇以

上工业企业（下同）12.89%。职工3.6万人，占49.9%。资产总额38.5亿元，占55.4%。工业增加值15.8亿元，销售收入35.4亿元，利税总额5.6亿元，分别占52.1%、37.9%和45.1%。

第三产业普查 1993年9月至1994年8月，全国开展第三产业普查。普查范围为1992年所有第三产业企业、事业、行政单位和社会团体，从事第三产业的个体户。普查内容包括机构、人员、资产和企业单位收入、成本、费用、库存、税金、利润及行政事业单位经费支出等。普查结果：全市有第三产业单位20502个，其中企事业单位4069个、城乡个体户16433户。从事第三产业人员69620人，其中企事业行政单位48157人、城乡个体户21463人。全市第三产业增加值80911万元，其中企事业单位60490万元、城乡个体户20421万元。此后，第三产业普查并为经济普查。

经济普查 第一次经济普查时期资料为2003年度。普查单位包括境内从事第二产业、第三产业全部法人和产业活动单位及个体经营户。普查项目包括单位属性、就业人员、财务状况、生产经营情况、生产能力、原材料和能源消耗、科技活动情况等。第二次经济普查时期资料为2008年度，高耗能行业主要耗能设备状况纳入普查范围。第三次经济普查时期资料为2013年度。

2013年文登市第三次经济普查按行业门类分组企业法人单位统计表

表19-3

行业	单位数（个）	从业人数（人）	营业收入（万元）	营业税及附加（万元）	资产总计（万元）	实收资本（万元）
总计	4200	259078	20520942	248720	14400557	1790472
农、林、牧、渔业	36	1000	25353	585	38026	6118
采矿业	34	1989	58263	580	48584	4910
制造业	1620	158342	16627674	89487	7869487	709836
电力、热力、燃气及水的生产和供应业	23	3652	291462	2445	694878	79343
建筑业	236	20139	447287	15541	517117	92157
批发和零售业	1066	33700	1446678	41374	1224366	187121
交通运输、仓储和邮政业	84	3142	94190	3840	192791	22368
住宿和餐饮业	69	2911	45442	1878	147594	29908
信息传输、软件和信息技术服务业	20	407	8921	300	56293	4141
房地产业	259	9353	989071	75482	2380353	422681
租赁和商务服务业	231	6511	198431	6959	459792	131575
科学研究和技术服务业	212	10506	150101	4944	252885	42294
水利、环境和公共设施管理业	50	2429	46606	1823	92007	18805
居民服务、修理和其他服务业	89	3134	54702	2303	137875	19864
教育	10	432	6124	183	5793	1333
卫生和社会工作	17	163	2677	89	1872	560
文化、体育和娱乐业	144	1268	27960	907	280844	17458

农业普查　每10年进行1次。1996年，开始第一次普查，时期资料为1996年度。完成19.38万农户、863个行政村及所涉非农乡镇企业38个项目687个指标调查。普查结果：自然村均通电、能接收电视节目，通电话821个村，通公路860个村，有医疗站605个，有体育健身场32个，有幼儿园或托儿所434个；有耕地6.61万公顷，粮食作物播种面积6.83万公顷。第二次普查时期资料为2006年度，完成862个行政村的调查。普查结果：自然村均通电、通电话、建有沼气池、能接收电视节目，通公路860个村，有卫生室546个，50平方米以上综合商店（超市）414个，体育健身场52个，农民业余文化组织111个，幼儿园或托儿所44个；耕地5.19万公顷，粮食作物播种面积6.25万公顷。

第四节　统计调查

90年代，文登市逐渐建立完整的调查体系，包括居民生活收入、物价、消费、储蓄、住宅、农村和城市住户抽样等调查。进入21世纪，增加供暖、民情民意、党风廉政建设等专项调查。

农村住户抽样调查　1991年，农村住户调查分年报和定期报表。2000年始，建立多目标农村住户抽样调查网络。全市抽取农村住户调查点13个，每点10户。2002年，年报表由8种改为3种（农村居民家庭概况、农村居民家庭收入与支出和农村住户调查公报），定期表由3种改为1种（农村居民家庭现金收入与支出）。2010年6月，样本轮换，调查户调整至100户。2013年调查显示：农村居民人均纯收入16310.48元，同比增长12.03%。其中，工资性收入占总收入44.30%、经营纯收入占46.92%、财产性纯收入占0.86%、转移性纯收入占7.92%。农村居民家庭耐用消费品拥有量明显增加，电冰箱、移动电话等基本普及。是年末，推行城乡住户调查一体化改革，农村住户抽样调查停止。

城市调查

城镇住户抽样调查　1991年，抽取市区600户居民，调查家庭收入和消费情况。采用随机等距方法，在样本框（600户）中抽取50户，设为经常性调查户（日记账）。之后，每3年进行1次城镇住户调查样本轮换。1995年，调查显示：城镇居民家庭耐用消费品拥有量明显增加，彩电、冰箱、洗衣机等基本普及。2008年，文登国调队依据50户月家庭消费支出记录，撰写《文登市城镇居民生活水平总体呈上升趋势》等统计调查分析报告。2010年，调查显示：全市城镇居民收入和消费性支出呈增长趋势，住房条件逐步改善，购买能力逐年增长，社会物价总水平稳中有升，居民人均居住建筑面积保持稳定。消费档次逐步提升，移动电话、家用电脑等快速普及。液晶、等离子电视和家用汽车、摄像机等走进寻常百姓家，并渐趋高档化。

2011年，启用新一轮样本调查户。是年，完成摸底调查、样本抽选和120户试记账。调查显示：城镇居民人均居住建筑面积33.48平方米，二居室占56%、三居室占28%、四居室占12%。自有住房比重渐升，拥有房改房占自有住房的46%。全市物价总水平高位运行，居民消费价格总指数（CPI）比上年增长5.3%。2012年，物价涨幅减缓，消费总指数为103.6%，居民家庭耐用品拥有量逐年增加，现代化家电产品普及，汽车消费升温。2013年，执行城乡一体化住户调查，样本量增至150户。调查显示，城镇居民人均可支配收入23192.8元，比上年增长10.3%。全市物价总水平运行平稳，居民消费总指数（CPI）103.6%，商品零售价格总指数102.1%，农业生产资料价格指数103.8%。

消费价格调查　1991年，坚持定人、定时、定点“三定”原则，工作人员采用账本直接采价，编入计算机存档。2007年8月，试点采用联络员、辅导员、工作员三级联动调查方式，开展日常消费价格调查。三级联动机制获国家统计局肯定，在全省推广。是年，由威海市城调队和文登国调队编制低收入居民消费价格指数，获省调查总队和省物价局肯定。文登、荣成和乳山3市依据文登国调队公布的数据，调整最低保障标

准。市政府调整2009年度最低保障标准，增加低保补贴204万元。2010年，完成文登市流通消费价格权数和低收入居民消费价格指数编制。监测全市物价动态，建立低收入居民基本生活费用价格指数挂钩联动机制。2013年，使用国家统计局统一安装的手机终端数据采集系统，利用智能定位和传送功能，按“三定”和直接调查结合方式，完成河南水产品市场、利群购物广场等58个调查点抽样，调查各种规格商品732个。（物价变化情况见本编第五章第三节）

专项调查 1992年，文登国调队与市统计局、民政局、教育局、妇联等部门联合抽取550户居民，开展儿童基本情况调查。2004年，完成加强思想和改进未成年人思想道德建设专项调查。2007年1月，采取直接入户方式，完成城市环境保护满意率调查。6月，抽取市区10个社区100户居民家庭，完成2007年职工队伍状况抽样调查。2008年7月，开展旅游景点、车站、旅馆等地点随机调查，发放调查问卷100份，其中外国游客问卷20份。8月，抽取400户居民家庭开展城镇居民医疗情况调查，掌握居民家庭医疗卫生及保障情况。11月，开展“百名市民看文登”问卷调查。2009年4月，采用住户规模比例法（PPS）抽选社区，按随机等距抽样方式调查，完成年度公众气象服务评估调查。5月，开展少数民族群众基本情况调查。2011年，配合威海国调队完成全市文明城市验收及组织工作两项全国性专项调查。2013年，文登国调队参加全省文明城市测评和国有企业党风廉政建设问卷调查，并完成梁氏庄园遗址、城市供暖调查和形式主义、官僚主义、享乐主义和奢靡之风“四风”问卷调查。

社情民意调查 2010年9月，按照市委安排，完成42个部门第一批“听民声、体民情、促发展”社情民意调查活动。11月，受市考核办委托，完成51所中小学及幼儿园和特殊学校满意度问卷调查。2011—2012年，每年6月和12月分两期开展“听民声、体民情、促发展”社情民意调查，回收有效问卷4.14万份。其中，2011年，完成机关事业单位干部换届选举纪律抽查，完成全市教育系统满意度调查7次、卫生系统满意度调查2次，完成市财政局、人社局、侯家镇政府和宋村卫生院满意度调查各1次。2012年，对机关事业单位干部作风满意度进行调查，其中教育系统5次、卫生系统2次、市公安局和侯家镇政府各1次。2013年，协助市纪委完成各局（部、办）为民办实事满意度调查，完成两期“听民声、体民情、促发展”满意度调查，完成市教育系统满意度调查3次、卫生系统和经济开发区满意度调查各1次。

第五节　统计管理与服务

统计执法检查 1991年，以统计数据质量为重点开展执法检查。包括地区生产总值、农业总产值、固定资产投资和居民收入等。1993年，统计检查显示，部分单位存在虚报、瞒报问题，个别企业虚报工业产值达80%以上。通过执法和处罚，虚报现象得以控制。1995年6月，威海市统计局会同威海市监察局、国税局和地税局，对文登市9家镇属企业产值、销售收入、税金及农村出生人口等指标抽查，其中8家企业工业产值存在浮夸现象，处以经济罚款。2000年，统计执法检查与“三五”普法同步进行。主要检查领导干部、统计人员和执法人员的职责履行情况，基层单位检查“三五”普法合格证、统计管理登记证、统计证及基建项目开工、竣工登记证的办理情况，企事业单位检查迟报和拒报统计资料情况。共检查法人单位68个，查出统计违法案件14件，立案11件。2006年，实行联网直报统计工程，减少统计数据篡改，提高数据质量。全市75家大中型工业企业纳入全国5000家联网直报工业企业范围，457家规模以上工业企业联网直报率达92%。

2012年，开展“三上”（规模以上工业，限额以上批发零售住宿餐饮企业和资质等级以上建筑、房地产企业）统计工作星级争创活动。全市通过省验收“三上”五星级企业7家（工业企

业2家、建筑企业3家、房地产企业1家、批发零售企业1家），通过威海市验收四星级企业26家、三星级企业15家。市统计局获省“三上”企业统计星级管理工作先进单位称号。2013年，结合《中华人民共和国统计法》颁布30周年，市统计局组织统计普法竞赛，有1200人参赛。是年，执法检查企业83家，查处违法单位10个，立案10起。各镇（街道）统计档案管理均达到威海市级档案管理标准，环山街道统计科获全省统计基层基础规范化建设先进集体称号。

统计服务　1991年始，文登市统计局每年编辑出版《文登统计年鉴》，每月编辑出版《统计月报》《统计快报》。是年，《统计信息》创刊。至1995年，5年撰写统计信息320篇，地市级以上媒体采用130篇。2000年，完成调查和统计分析报告78篇，其中被国家级采用10篇，获省三等奖2篇。2005年，市统计局根据市政府“突破家纺产业、加快民营经济发展”要求，走访调查近百家企业，撰写《中小家纺企业现状、存在困难和问题调查报告》，市政府转发全市。2010—2013年，撰写统计调研报告212篇、统计信息628篇，提供各类统计咨询1.1万人次。

第三章　审计监督

90年代，文登市以国家审计为主导，以社会审计为辅助，内部审计为补充的审计格局逐步形成。进入21世纪，中介审计机构兴起，市审计局主要负责财政收支、预算执行、政府投资和经济责任审计。

第一节　管理机构

1991年，文登市审计局内设办公室和行财审计科、商贸审计科、工业交通审计科、综合科，辖审计师事务所（股级事业单位，1999年11月改为中介机构）。2001年3月，领导干部任期经济责任审计办公室成立，副科级事业单位（2011年7月升格为正科级单位）。2004年11月，市镇村审计工作办公室成立，副科级事业单位。2010年6月，市镇村审计工作办公室更名为市政府投资审计办公室。同时，农村集体经济组织审计业务划归市农业局。2012年，经济开发区和南海新区审计中心成立，均为副科级事业单位。

2013年，市审计局内设办公室（增挂信息科牌子）、法制科、经贸审计科（增挂外资运用审计科牌子）、行政事业审计科、财政金融审计科、农业与环保审计科。辖市领导干部任期经济责任审计办公室、市政府投资审计办公室、经济开发区审计中心、南海新区审计中心。有工作人员39人。先后获全省审计系统先进集体、全省审计科研工作先进单位等称号。

第二节　国家审计

90年代，国家审计包括财政、金融、企业、行政事业、投资和农业等审计。2001年后，领导干部任期经济责任审计纳入国家审计。

财政审计

乡镇财政审计　1993年始，文登对乡镇财务收支进行审计，翌年对财政决算实行审计。至1995年，重点检查预算内资金收入来源和使用情况，审计乡镇财政预决算单位11个，查处违规违纪金额290万元。1996—1997年，重点审计自筹资金的管理、使用和集贸税收，完成6个镇的财政决算审计，查处违纪金额148万元，上缴财政30万元，增提和补提农发基金430万元。1999—2001年，重点审计预算内资金使用情况，完成天福山、大水泊、泽库、茼山、汪疃、泽库和侯家7镇财政收支审计，查处违纪金额2261万元，促提农发基金176万元。之后，乡镇财政审计与经

济责任审计合并进行。

同级预算执行审计 1996年始，对同级预算执行情况进行审计。至1998年，采用余额比较、票据核对和延伸等方式，审计单位53个，查处违纪金额1950万元，上缴财政550万元。1999—2000年，完成市财政局、地税局和教委16个一级和30个二级预算单位审计，查处违纪金额516万元，其中隐瞒转移预算收入184万元、违规办理预算拨款183万元、侵占挪用资金54万元，上缴财政233万元。2003—2006年，重点查处预算单位截留预算收入、漏征漏缴税款及附加、私设小金库、乱收费和账外资产等违规违纪问题，审计一级预算单位88个，二级预算单位91个，查处违纪金额4545万元，其中截留财政专项资金2139万元、未缴税金及附加885万元、挪用专项资金519万元、乱收费1002万元。2012年，增加国有资产管理效益和城市资源经营两项专题审计。2013年，重点审计重大投资建设项目和专项资金使用与管理，完成13个一级预算单位和17个二级预算单位预算执行及财务收支审计，查处违规金额3098.7万元，不规范管理资金4466万元，增加财政收入974万元。

金融审计 1991年，审计市农行显示：1990年，实有固定资产248.7万元，信贷资金1240万元，专用资金10.2万元，总收入6357万元、总支出6553万元、亏损196万元，查出违纪金额7655.5元；审计市工行显示：1990年，存款余额21497.6万元，发放流动资金贷款25099.4万元，固定资产贷款2130万元，查出违规金额6903.8元；审计市建行显示：1990年，固定资产净值231.6万元，营运资金6550万元，成本率70.68%、综合费用率9.49%，上缴税金35.3万元，实现利润163.45万元，查出违规金额1.83万元。

1992年，审计人民银行市支行财务收支情况显示：1991年，总收入997.2万元，总支出1177.1万元，亏损179.9万元，成本率117%，综合费用率4%，查出违规金额6304元；审计中国银行市支行财务收支情况显示：1991年，固定资产原值220万元，固定基金215万元，贷款总额7077万元，利润总额19.22万元，查出违规金额3.29万元。

1994年，审计市工行收支情况显示：1993年，总收入7641万元，总支出7333万元，实现利润308万元，查出违规金额398.5万元；审计市农行财务收支情况显示：1993年，固定资产2014万元，总收入15035.2万元，总支出14101.3万元，综合费用449.5万元，税金273万元，实现利润211.4万元，查出违规金额24.65万元；审计市建行财务收支情况显示：1993年，固定资产376万元，总收入2063.8万元，总支出2042.9万元，实现利润20.9万元，查出违规金额10.55万元。

1998年，审计市农信资产负债和损益情况显示：1997年，资产总额168550.2万元，其中各种货币资金60708.3万元，拆放同业11200万元，短期贷款58475.9万元，应收账款10778.5万元，其他应收款198.6万元，对外投资3836.3万元，中长期贷款448.7万元，不良贷款20202.3万元，提取贷款呆账1111.6万元，固定资产净值3713.2万元，同业存放款29510.5万元，联行存放款1300.8万元，同业拆入5880万元，应付款11189.2万元，应缴税金613.6万元，各种储备存款101417.9万元，所有者权益总额3682.4万元。实现净利润243.5万元。基层社亏损6个，亏损金额219.7万元，亏损面28.6%。2001年，审计市农信财务收支情况显示：资产总额280763万元，负债总额276944万元，所有者权益总额3819万元，存款总额241292万元，贷款总额194156万元，查出农户贷款比例过低、新增农业贷款比例过小、违规发放贷款等问题。

2002年，审计市农发行资产负债损益情况显示：2001年收入总额1353.3万元，支出总额1084.3万元，当年收支相抵后利润总额269万元，资产26178.7万元，负债25868.2万元，所有者权益310.5万元，查出违规金额3.46万元。2003年后，不再组织金融审计。

投资审计 文登投资审计起步于1987年，

至1991年，先后对市自来水公司、住宅工程公司等基建投资项目和市计委下达的24个项目、部门自筹资金实施的14个项目进行投入及使用情况审计。1993—1994年，采用连环替代与实地勘查相结合的方法，理清高估冒算、高套定额和取费升级等因素对工程投资增减的影响程度。审计基建结算项目98个，为建设单位节省资金1100万元，占原结算额的14%。1995年，市建行不再代行工程预结算审查职能，市审计局和审计师事务所为工程审计的主管部门。

1999—2001年，完成市中广场、圣经山旅游索道、母猪河和坤龙邢水库调水工程审计，查处虚增工程款1108万元。2002年，完成三峡移民安置资金管理使用和建设项目竣工决算审计。核减工程造价153万元，最高审减率达49%。6月，开展园林工程审计，包括市中广场、环岛公园和召文台绿化建设等10项工程，最高审减工程投资738万元。7月，开展城乡电网建设与改造项目审计，查处违规违纪金额77万元。2003年，采取倒挤成本法，实地调查转为账内审计，核减工程造价738万元。2004年，完成新一中等156个工程项目结算审计，核减工程造价1321.4万元。

2007—2009年，开展政府投资工程跟踪审计，采用跟踪与结算审计相结合的方式，做到事前与事后全面监督。审计坤龙邢水库调水二期工程，核减工程造价372万元；对高岛、华山和泽库等盐场开工前进行清产核资，认定企业虚增净资产1026万元，中介机构漏审、漏估房屋建筑物158万元，增加政府虾池、盐田租金收入900万元，补缴税金168万元；完成文登学公园建设和火车站候车楼工程项目跟踪审计，其中文登学公园建设项目审计103个施工企业的合同工程结算，核减工程造价2409万元；完成市海洋环境监测中心系列工程和文景大厦工程优惠政策情况审计，其中海洋环境监测中心核减工程造价1208.31万元、收缴各项税费610.1万元。2010—2012年，完成校安工程、职业技术教育中心等城市重点建设项目审计，其中市职业技术教育中心工程核减工程造价4265.46万元，文登学公园绿化喷灌工程（2007年开始审计）审减工程造价2021.5万元。2013年，开展南海新区蓝创大厦工程结算审计，核减工程造价3653万元。

图19-1　2011年4月5日，审计人员在市职业技术教育中心礼堂核实钢结构图纸变更情况。

企业审计　1991—1995年，审计工作以强化企业管理，提高经济效益和规避企业违纪为目的，审计企业699家，查处违规金额2731万元，上缴国库674万元。提出可行建议216项，促进增收节支2180万元；帮助34家企业理清财务账目，建立健全内控约束机制356项。1996—1997年，围绕市场经济体制建立，增强审计预测性。审计企业56家，查处违规金额710万元，上缴财政140万元，追回呆账200万元。提出并被采纳建议63项，提高经济效益890万元；帮助6家企业理清账目，完善内控机制122项。1998—1999年，坚持“一审二帮三促进”方针，加大延

伸审计力度。审计企业33家，查处违规违纪金额1.43亿元，上缴财政220万元，增收节支100万元；完成丝绸工业集团和外贸总公司等5个单位领导离任审计。之后，随着企业改制，除财税审计延伸外，企业其他审计渐停。

农业专项资金审计 1991年，完成全市农业发展基金征集、管理和使用审计。审计认定：1989—1990年，全市征集农业发展基金957.8万元，因1989年耕地占用税短收被中央扣去37.2万元、余920.6万元，两年共支出738.4万元。存在的问题是欠征数额较大，部分周转金投向不当，财政部门未设专户。同年，完成市水利局上年度“防汛、岁修”费安排和使用情况审计。存在的问题是米山水库管理局工程管理不规范、手续不健全。1992年，完成全市1991年农田水利和水土保持补助费审计。存在的问题是主管部门和基层单位资金不到位。1995年，完成全市农业资金投入审计。审计认定：1993—1994年，农业投入资金5.29亿元，其中财政投资3898万元，计划内农业基本建设投资1855万元，农业贷款和农业综合开发贷款4.72亿元。存在的问题是少数项目未按期竣工，资金拨付存在拖欠问题。2008年，完成能繁母猪补贴和保险资金审计，资金使用与管理正常。9月，完成上级财政支农专项资金审计，审计认定：2005—2008年，全市安排支农资金项目99个，完成项目80个，安排项目总投资7354.5万元。至2008年6月，实际到位资金5938.5万元，其中中央53万元、省级5640.8万元、地级149.3万元、县级配套95.4万元。存在的问题主要是支农资金投入面广、使用分散。

2010年，完成农机购置、小麦和玉米良种补贴资金审计，审计认定：2008—2009年，农业补贴资金1200.7万元，其中中央资金1110.7万元、地方配套90万元。市农业局、佳禾种业有限公司等单位落实良种补贴1254.9万元，其中小麦630.5万元、玉米624.4万元。存在的问题是玉米良种补贴资金62.7万元未按财政涉农资金一本通直接发放，小麦良种结算未严格执行优惠价格，结算不统一。2011年，完成市财政、农业和水利局等抗旱救灾资金、物资管理和工程项目审计，审计认定：中央、省和威海市拨付抗旱专项救灾资金共415.5万元，均按规定用途使用。其中，中央和省拨付250万元抗旱水利设备资金用于购置抗旱设备、物资和应急水源，中央拨付生产救灾资金18万元、小麦抗旱生产资料资金8万元和威海市生产救灾资金29.5万元，按10元/亩发至农户，省拨付110万元小麦返青拔节施肥补助款按规定发至农户。完成2011年农村环境综合整治资金专项审计和2012年农村环境连片整治示范资金审计，资金使用均正常。

行政事业审计 1991—1995年，主要审计擅增、擅提收费项目与标准及扩大收费范围和以收代罚情况。其间，完成市商业局、供销、农牧局和公检法司等43个行政事业单位审计，查处违纪金额466万元，罚款15万元，查没“小金库”14个121万元，上缴财政188万元。1996年后，行政事业审计纳入同级预算执行审计。领导干部经济责任审计实行后，财务收支情况与经济责任同步审计。

第三节　经济责任审计

1991—1994年，对13名国有和集体企业负责人经济责任审计，查出违规金额935.82万元，上缴财政48.82万元。1995年后，国有控股企业逐渐减少，企业经济责任审计渐减。2000年，市纪委、市委组织部、市监察局和市审计局联合印发《关于领导干部及领导人员任期经济责任审计工作的实施意见》。是年，完成市公安局、自来水公司、污水处理厂和高村、大水泊、宋村镇等16个部门和单位主要领导任期经济责任审计。查处违规违纪金额5795万元（其中乱收费、乱罚款、乱摊派109万元），移交司法处理1件。2001年，文登市成立领导干部任期经济责任审计工作办公室，境内党政事业单位领导干部任期经济责任审计全面展开。是年，完成市法院、检察院等11个单位主要负责人离任经济责任审

计，完成商业系统有关单位负责人任期经济责任审计。

2007—2009年，重点开展财务收支、财经执行等主要经济指标审计，完成市建设局、财政局、交通局、龙山街道、天福街道、整骨医院、自来水公司、界石和泽库镇等单位领导干部经济责任审计162项，其中离任审计98项、任中审计64项，查出违规违纪金额3.4亿元。2010—2012年，探索开展绩效审计。先后进行经济责任审计142项，其中离任审计90项、任中审计52项，纠正不规范资金9.3亿元，查处违规违纪金额9890万元，增加财政收入1237万元。2013年，开展领导干部落实上级方针政策、履行经济责任、遵守财经制度和落实党中央“八项规定”审计，完成经济责任审计51项，其中离任审计45项、任中审计6项，查处违规金额2.4亿元，上缴财政365.87万元。

第四节　内部审计

1991—1997年，全市内审机构共完成内审项目9728个，查出损失浪费金额2575万元，纠正违纪金额4200万元，审减基建资金3980万元，避免损失1498万元，增收节支4990万元。1998—2002年，完成内审项目9000余个，审减基建工程投资4580万元，避免经济损失3693万元，纠正违纪金额3809万元。市电业总公司和交通局等5个单位获威海市内部审计工作先进单位称号。2003年，市内审协会成立，隶属审计局，拥有会员单位102个。2004年，文登市在威海率先推行镇村审计制度。2005年，市政府印发《文登市镇村审计工作试行办法》，全市各镇（街道）和开发区、埠口港均成立审计所，负责农村集体经济组织审计。至2010年，各基层审计所完成辖区内行政村、行政事业单位和部分企业审计。查处违规违纪金额4834万元，清理账外资产180万元，查补税款6万余元，促进增收节支138万元，平息上访事件36起。是年，镇村审计与内审协会整合成立内审指导办公室，基层审计所纳入内审协会进行管理。2011—2013年，全市完成内审项目4676个，纠正违纪金额1.31亿元，促进增收节支金额1.3亿元。2013年，全市有内审协会会员单位120个，内审人员240人，文登市内审协会被省内部审计师协会评为全省优秀内审协会。

图19-2　2010年11月18日，威海市内部审计工作经验交流现场会在文登召开。

第五节　社会审计

1988年，文登市审计师事务所成立，股级事业单位（1994年升格为副科级单位），隶属市审计局。1991—1995年，完成审计项目4566项。其中，审计机关委托24项，审计资金4200万元，查处违纪金额860万元，上缴财政97万元；其他部门委托105项，查证资金1700万元，促进增收节支498万元；受理承包离任经济责任审计12项，审计资金2050万元；经济鉴定5项，查证资金1350万元；年检业务4334项，查证资金28亿元；资产评估57项2608万元，增值金额1.04亿元；审计基建工程29项，核减工程投资365万元。

1996—1997年，完成审计项目2736项。其中，审计机关委托8项，查处违纪金额134万元，上缴财政58万元；其他部门委托2728项，促进增收节支404万元，查出不实资金4039万元；年检业务2370项，查证资金26亿元，查处虚假资金2031万元；资产评估66项，增值金额1.4亿元；审计基建工程110项，核减工程投资1500万元。

1999年11月，审计师事务所改制为社会中介机构，与会计师事务所合并成立文登英达信有限责任会计师事务所。是年，完成审计项目1085项，评估资产额15亿元，审计查证资金22.6亿元，核减基建工程投资650万元，核减虚假注册资金200万元，为委托单位挽回经济损失490万元。是年，被威海市政府授予涉外服务十佳文明窗口称号。2004年，完成审计项目1400项，审计资产额166亿元。其中，审计内资企业1140家、资产额158亿元，外商投资企业260家、资产额8亿元；验证资本金38亿元，查处违纪违规金额700万元；资产评估80项60亿元；审计基建工程23项，核减工程投资500万元。7月，文登市同兴联合会计师事务所成立，为自收自支中介机构。

2007—2009年，英达信有限责任会计师事务所完成审计项目4786项，审计资产额634亿元，查处违规违纪金额1821万元；资产评估271项186亿元，验证企业资本1487家；审计基建工程156项，核减工程投资1864万元；司法鉴定审计148个。同兴联合会计师事务所完成会计报表审计550家，审计资产额6.16亿元；审计企业改制22家，审计资产额1.78亿元；审计破产企业16家，审计资产额2.33亿元；鉴定经济案件4家；验证企业资本400家，查处违规金额5790万元。2013年，英达信有限责任会计师事务所出具审计业务报告1300份，验资报告100份，所得税汇算清缴审计280项，审计基建工程30项，评估60项，司法鉴定20份，审计资产总额850.66亿元，调整纳税322.07万元，调整工程项目790万元；同兴联合会计师事务所出具验资报告178份，审计报告8份，业务咨询42家。

第四章　工商行政管理

第一节　管理机构

1991年，文登市工商行政管理局（简称市工商局）内设办公室、企业科、合同科、市场科、个体科。辖个体劳动者协会办公室（1997年，更名为个体劳动者私营企业协会办公室，简称个私协办）、经济监督检查所、机动车辆交易管理所、生产资料交易管理所、贸易市场管理所和23处乡镇工商行政管理所。1992年7月，文登市消费者协会办公室（简称市消协办）成立，为股级事业单位。1993年，设商标广告科、外资科。8月，商贸大观园工商管理所成立，股级事业单位（1995年升格为副科级）。11月，市物价局职能划归市工商局。1994年7月，经济技术开发区分局成立，副科级行政单位。1996年5月，企业咨询服务中心成立，股级事业单位（1998年更名为工商事务服务中心，升格副科级，2013年复改为股级单位）。1997年4月，物价管理职能析出。1998年10月，市工商局机关服务中心成立，副科级事业单位（2013年改为股级）。1999年1月，文登市工商局人事、财务等归属威海市工商行政管理局管理。2002年，机构改革，部分机构撤销。同年，公平交易局和企业注册局成立，均为副科级行政单位，隶属市工商局。

2013年，市工商局内设办公室、人事政工科、财务装备科、法制科、市场合同管理科、商标广告管理科、消费者权益保护科和纪检监察

室。辖公平交易和企业注册2个副科级直属局，个私协办、消协办、工商事务服务中心和机关服务中心4个股级事业单位，城区市场及文城、大观园、侯家、葛家、宋村、泽头、大水泊、高村、经济开发区10个副科级工商所，小观、界石、张家产、米山和文登营5个股级工商所及泽库、埠口、义乌小商品批发市场3个办事处。年末，共有工作人员211人。

第二节　工商登记管理

国有、集体等企业登记　1991年，全市登记内资企业3553户，注册资金15亿元，从业人员13万人。其中，国有、集体和联营企业分别为607户、2935户和11户。1992年，文登市允许党政机关兴办经济实体。是年，机关兴办经济实体147户，其中法人单位85个。1993年，加强期货公司登记审查，严禁公、检、法、司等单位成立讨债公司。营业性歌舞娱乐场所实行文化经营许可制度，电信业务未经审核批准不得擅自经营。原104种专项审批简化为59种，除资源、外贸、航空、金融、食品和药品等行业为前置登记外，其他不再设前置条件。取消主营兼营划分，非专营单位经营专营商品实行一次性经营。机关企事业单位兴办经济实体，允许以不超过20%实物或无形资产作为注册资金。农村社会化服务组织注册资金达60%即可登记注册。1994年，《中华人民共和国公司法》颁布实施，支持企业转型。全市新注册企业570户，其中公司83户（股份有限公司10户、有限责任公司21户），变更登记1145户，注销登记769户。

1995年，加强土地价格评估机构登记管理和拍卖市场审核。金银饰品专营和兼营零售业务，须持省级人民银行颁发的经营许可证。按“统一规划、控制总量、科学论证、合理布局”原则，鼓励组建和发展企业集团。12月，结合年检清理无资金、无场地、无组织机构企业77户，清理假校办、假福利、假集体、假劳动服务企业142户。是年，登记企业399户，变更登记799户，注销登记558户。1999年，国家倡导低碳环保，市工商局依法做好水泥生产等重污染企业注销和吊销登记，涉及有污染的新立项目，与环保部门联合把关。2002年，原119项前置审批项目减为35项（特种行业除外），其余84项均改为后置审批。按照市政府《关于进一步加快全市企业改革的意见》，镇办企业改制由镇政府审批。2005年10月，市工商局获国家工商总局外商投资企业登记核准授权。是年，成立外商投资企业51户，全市有外商投资企业461户，其中中外合资企业115户、合作企业7户、独资企业339户。2007—2009年，农民专业合作社兴起并逐渐增加，市工商局实行免费登记制。其间，登记农民专业合作社156户，成员2652人（个），注册资金8872.8万元。

2013年，国有集体企业登记推行一审核准制，外资和市政府重点项目免费代理登记业务。是年，新成立国有集体企业85户，注册资金4.89亿元，注销登记32户；新成立外资企业31户，注册资金1.64亿美元，注销登记9户，吊销登记11户；新登记农民专业合作社179户，成员1.57万人（个），注册资金4.89亿元。全市实有国有、集体和联营企业884户，注册资金53.29亿元；实有外资企业233户，注册资金6.29亿美元，投资总额10.75亿美元，外资分支机构46户；实有农民专业合作社504户，注册资金8.74亿元。

个体工商企业（户）登记　“八五”期间，市政府加强引导，制定优惠政策，推动个体私营经济发展。1993年5月，市政府印发《关于鼓励发展个体私营经济的意见》，个体私营经济审批发照下放至基层管理所，个体工商户持身份证和2张照片即可办理营业执照（特殊行业除外）。1994年，市委、市政府将发展个体私营经济列为全市经济发展的总体规划，印发《关于进一步鼓励发展个体私营经济的意见》，个体私营经济指标列政府和职能部门目标管理岗位责任制。全年发展专业村和商业街各21个（条），个体私营企业注册资金30万元以上49户、注册资金200万

元以上2户、有限责任公司30户。1998年，市委、市政府印发《关于进一步鼓励扶持个体私营经济发展的试行意见》，引导个体工商企业（户）向第一、第二产业发展，实现经济优势互补。是年，发展黑豹汽车配件、工友木工机床配件和威力工具配件等加工型第二产业196户，水貂、美蛙、西洋参和黄芪等种养业4424户，形成产业镇7个、专业村45个、达标商业街2个（条）、工业园1个。

2007—2009年，对部分个体经营业户实行免收行政事业费和各种管理费制度，高校毕业生从事个体经营，免缴登记、管理和证照行政事业性收费（国家限制行业除外），农村流动商贩和集贸市场销售农副产品，免工商登记和各项管理费，其间，免收68名高校毕业生、1430名农村流动商贩登记和管理费30万元。推行个体工商户试营业制度，大中专毕业生、下岗失业人员、残疾人和复员退伍军人等个体工商户，核发有效期6个月试营业执照，期内不纳入验照管理（前置审批项目除外）。登记试营业执照63户。

2013年，市工商局印发《关于优化营商环境促进市场主体发展的实施意见》，进一步放宽私营企业市场准入条件，强化政策帮扶力度。全年办理免冠行政区划企业1户，办理冠山东省行政区划的企业24户，办理冠威海市行政区划的企业207户。为10户企业办理股权出质登记，出质股权2.09亿元。帮助企业获得贷款7.26亿元。市工商局、财政局联合印发《关于鼓励支持个体工商户转型升级为企业的实施意见》，全市"个转企"登记46户。新设个体工商户3085户，注册资金1.85亿元，注销登记683户。全市实有个体工商户1.43万户，注册资金5.21亿元。按照《山东省家庭农场登记试行办法》，全年办理家庭农场登记19户，专业合作社469户，经济股份合作社31户。

图19-3　2009年3月31日，市工商局核发首批大中专毕业生试营业执照。

2013年文登市内资企业登记情况表

表19-4

类别	合计		国有、集体企业		私营企业		个体工商户	
	户数（户）	注册资金（万元）	户数（户）	注册资金（万元）	户数（户）	注册资金（万元）	户数（户）	注册资金（万元）
合计	19311	2121127	884	532877	4120	1536192	14307	52058
农、林、牧、渔业	406	63959	21	2300	134	51726	251	9933
采掘业	39	4083	2	60	37	4023	—	—
制造业	2427	368556	94	77320	1317	286969	1016	4267
电力、煤气及水的生产和供应业	24	66123	15	58583	9	7540	—	—
建筑业	392	184249	76	31728	276	152266	40	255
地质勘探、水利管理业	22	24215	4	8297	17	15913	1	5

续表 19-4

类别	合计		国有、集体企业		私营企业		个体工商户	
	户数（户）	注册资金（万元）	户数（户）	注册资金（万元）	户数（户）	注册资金（万元）	户数（户）	注册资金（万元）
交通运输、仓储及邮政通信业	382	28414	32	3508	91	22554	259	2352
批发和零售贸易餐饮业	12260	236202	352	29867	1277	178252	10631	28083
金融、保险业	156	134627	148	89627	8	45000	—	—
房地产业	389	574015	40	32824	281	541052	68	139
社会服务业	2362	327034	62	190949	371	130575	1929	5510
卫生、体育和社会福利业	14	1142	—	—	6	1110	8	32
教育、文化艺术及广播电视业	94	12239	10	554	47	10332	37	1353
科学研究和综合技术服务业	344	96269	28	7260	249	88880	67	129

第三节　市场建设与管理

市场建设　90年代，市场建设主要以市工商局和市政府投资为主。进入21世纪，主要以社会投资为主，自发市场逐渐增多。

1991年，开设葛家镇西于疃和小观镇坦埠集市，场地面积各1万平方米。1992年，全市新建市场9处。其中，市区投资520万元，新建农工产品批发市场、峰山路中段夜市和商业小吃街；晒字镇建材市场、葛家镇苹果花生市场、小观镇苇箔市场、泽库镇海产品市场和宋村镇蔬菜批发市场等专业市场开业。是年，全市固定摊位比1990年增加1.8万个，上市成交额1.7亿元，比1990年增长90.2%。1993年，开辟农村集贸市场4处，改造和扩建老市场8处。全市有集贸市场44处，年商品成交额2.3亿元，其中专业市场、批发市场成交额2600万元。1994年，夜市和农工产品批发市场部分商品交易迁入商贸大观园，经济技术开发区珠海路集市和泽头镇虎口窑集市开业。1995年，市工商局投资80万元，建设葛家生猪交易市场，占地面积2.67公顷；投资170万元，与文城镇河南村联建水产品批发市场，占地面积1.78公顷。是年，九里水头集市和文登木材交易市场开业，境内有各类集贸市场48处。1996年，文登建材大世界和利民旧货市场2处专业市场开业。1997年，开设葛家镇赤金泊和宋村镇河格2处农村集市；市工商局投资800万元，建成市中贸易市场，摊位400个，时为境内最大综合消费品市场，同时完成市农工产品批发市场改造。按照“谁开发，谁受益”原则，发挥社会力量，由地方和企业投资，创办天福、加力、商业和大众商贸城及东方商厦5处综合商贸中心。1998年，三里河家具和九里水头建材等9处市场开业，盘活资产4亿元。扩建农工产品批发市场，增加营业面积1万平方米，增设香蕉等南方水果加工、储存和批发项目，时为威海香蕉集散中心。开设天福街道凉水湾综合市场和宋村镇寺前废旧物资交易市场2处集贸市场。2000年，新建天福商贸市场和新世纪装饰材料批发市场及小观镇南七口集市市场。

2003年后，市场建设以社会投资为主，市工商局协助管理。是年，文登义乌小商品批发市场建成，为境内最大综合批发零售市场。文登市天福汽车交易市场开业。2007—2008年，长江福源农产品批发市场、威海方圆钢材市场、文登市恒运建材市场和宋家沟装饰材料市场先后开业，葛家镇周家埠、泽头镇虎口窑和米山镇西古场等集

贸市场开业。至2013年，全市有工商局备案的集贸市场26处、其他市场24处，均为社会及各镇（街道）和村投资建设。

市场管理 1991—1995年，各市场均设公平交易台和监督员，严查无证经营、超范围经营、出售假冒伪劣商品和短斤缺两等违法行为。1996—1997年，社会投资市场推行“长号制”“摊位投标租赁制”，避免人情摊；全市市场摊位长号率90%，专业市场摊位投标率98%。专业市场实行安全文明小区制试点，推选1名治安区长挂牌上岗，协助解决矛盾与纠纷。市区贸易市场、农工产品批发市场、水产品批发市场和侯家集贸市场获全省文明市场称号。

图19-4 2012年4月3日，市工商管理人员检查河南水产品批发市场。

1998—1999年，市工商局牵头，联合市粮食、公安等有关部门成立粮食管理稽查大队，开展粮食经营主体资格确认，对不符合《粮食收购条例》规定的予以变更或注销。其间，粮食企业变更登记133份、个体工商户变更登记411份。市场引入“互查制”，集贸市场办案4214件，查处无照经营147户，没收不合格计量器具66件。市中贸易市场和水产品批发市场获省级规范化管理文明市场称号。2003年，加强社会投资市场培育，构筑经济发展载体。文登义乌小商品批发、西楼农贸和天福汽车交易市场免收管理费，实行前期入驻管理。三里河家具装饰材料批发市场由省级隐患市场转为全省规范化管理市场。社会投资市场均签订《市场管理责任状》，明确三方责任。2011—2012年，以文登义乌小商品批发市场为示范点，开展市场党建工作，经验被省工商局推广；建立市场信息档案，386家农资经营业户、1763家农资供货商和2.93万批次农资商品录入信息档案，建立网络商品交易监管档案923家。威海国际商贸城和国际建材城被省工商局评为全省文明诚信市场，宋村农副产品交易市场和泽头集贸市场被评为全省示范农村集贸市场。

2013年，春耕和秋收季节开展3次农资打假专项整治行动。利用全省工商网络市场监管信息系统，巡查辖区网络经营主体，严查利用网页扩大经营范围、虚报注册资本、虚设资质认证标牌和虚假经营地址等违法行为，巡查经营主体834次，监测网页信息2043次，查处网络违法案件9起。威海国际商贸城和文登市天福商贸批发市场分别获国家级文明诚信市场和省级文明诚信市场称号。

第四节 合同管理

90年代，市工商局设经济合同管理科与合同仲裁委员会，各工商所设合同仲裁庭，企业设合同兼管员。推行经济合同示范文本制度，开展“守合同重信用”活动，合同履约率逐年提高。

1991—1995年，推行农村经济合同制，培训合同明白人1500人，经验在全省推广。完成村级干部培训，推行农副产品购销合同，境内蚕茧购销合同普遍实行鉴证管理。其间，《文登市啤酒厂与安徽省天长县米酒厂的逾期交货和不能交货的合同纠纷》入选省十佳案例，市工商局撰写的《质量问题与拖欠货款应承担违约责任》《中途退货应承担违约责任》分别入选省30佳和10佳案例。全市有“守合同重信用”单位125个，市

工商局被省工商局评为全省经济合同鉴证管理先进单位和农副产品购销合同管理先进单位。2000年，强化普法培训和合同鉴证，将蚕茧合同纳入监管范围，共鉴证合同1130份，金额3.5亿元。2004年，开展“订单助农”活动，联系和指导农户与企业签订合同3500份，履约率达95%。6月，威海仲裁委员会文登工作站成立，负责境内经济合同仲裁。2010年，举办《中华人民共和国合同法》专题讲座4期，发放宣传材料2000余份；举办涉农合同管理培训班3期，培训种养业大户130人次；建立联系点及维权点14个，指导农户签订农业订单合同1000余份。是年，发展省级“守合同重信用”企业4户、地市级11户，全市“守合同重信用”企业增至62户，其中国家级1户、省级13户、地市级48户。2013年，推行订单农业和经纪人活动，免费发放涉农合同文本3000份，培育农村经纪人600名。查处合同格式条款违法案件64起，发放整改通知书和建议书480份。全市有国家级“守合同重信用”单位2家、省级13家、地市级38家。

第五节　商标与广告管理

商标管理　1990年，全市有注册商标249件，查处商标违法案件15起。1991年，为文登市精密机床附件厂在德国办理“孔雀”牌注册商标，是全省首家拥有国际注册商标的乡镇企业。“八五”期间，全市办理商标注册269件、续展42件、变更36件、转让1件、注销10件。全市240家企业使用注册商标362个，列威海市之首。1996—1998年，全市办理商标注册100件、续展12件、变更21件、转让3件。1997年，为山东黑豹集团有限公司在越南、老挝和印度等14个国家注册国际商标，为山东威达机械股份有限公司在德国注册PEACOCK商标。1998年，开始为农副产品办理商标注册，完成“昆嵛山”苹果和“山马于”西瓜商标注册。其中“山马于”西瓜创效明显，农民科学种田积极性和品牌意识进一步提高。是年，注册商标26件、续展8件、转让4件、注销116件。全市实有注册商标303件。2004年，启动商标规范使用业务。市工商局以食品、药品、服装和化妆品等行业为监管重点，查处侵犯驰名和著名商标专用权、涉外商标侵权等违法行为77起。全市4家企业通过山东省著名商标认定。2007—2010年，先后完成文登姚米、葛家大樱桃、北黄韭菜、昌阳蔬菜和沙柳西红柿等农副产品商标注册。其间，查处商标案件54件，其中侵权案件26件。2013年，实施商标战略，选择文登家纺产业园区、文登机电产业园区和经济开发区试点，建立品牌工作指导站，加强注册商标档案管理。文登市被省工商局评为首批全省商标战略实施示范市。年末，全市有中国驰名商标5件、省著名商标37件、威海市知名商标21件。

图19-5　2012年10月10日，市工商管理人员在威海（文登）国际建材城进行商标入市查验。

广告管理　1991年，全市有广告经营单位4家，广告年营业额9.1万元。1994年，开展户外广告清查，没收非法户外广告2548张。1996年，重点清理整顿散发、张贴和未经批准擅制广告违章行为，办理临时广告经营许可证6家。1998年，文登电视台、报社、美术霓虹灯厂、神箭霓虹灯

广告部和现代影视广告有限公司5个单位通过广告资格验证。2001—2003年，开展反误导、打虚假广告专项治理，集中整顿特色门诊、药店、医疗机构和器械经营广告，检查单位70个，责令改正19个。揭露打击与“绿色消费”相关食品、饮料、化妆品、保健品和日用工业品等虚假广告，检查单位42个，责令改正15个。2007年，全面规范新闻媒体广告、立柱广告、车体广告和灯杆路旗广告等，全市立柱、路旗广告登记率达95%以上。2008年，重点监管房地产广告，开展电子显示屏广告专项整治。2013年，推行事前防范、事中制止、事后查处广告监管制度，建立特殊商品广告前期备案和法律咨询制度，二维码技术融入户外广告监管。是年，全市有广告经营业户193家，其中具备广告发布资格的119家、具有三级资质企业3家。全市广告企业参加全省广告节和“讲文明、树新风”公益广告作品评选，获得铜奖1个、优秀奖4个。

第六节　公平交易执法

1991年，市工商局按照国务院《投机倒把行政处罚暂行条例》，重点查处假冒伪劣商品和欺行霸市行为。立案224件，结案率100%。1992年，确定生产和生活资料、医药及器械为打假清劣工作重点，捣毁宋村镇制售假洗衣膏窝点7处、高村镇制售假“凤阳”牌席梦思窝点17处，查处无证乡村游医25名，没收销毁劣质一次性输液器20余万支。1994年3月，查处山东省临沂市某公司制售冒用认证标志饼干案件1件，被省工商局作为典型案例。查处各类违法违章案件153件，为消费者挽回经济损失28.7万元。1998年，查处各类违法违章经营案件3245件，捣毁制假售假窝点31处。加大无照经营等不法经营行为查处力度，查处无照经营案件726件。

图19-6　2012年6月20日，市工商执法人员在超市检查商品。

2001年，市工商局首推全员办案监管机制。8月，受威海市工商局委托，历时48天，查处文登某公司在国家重点工程中滥收费行为案，依法没收全部违法所得。查处假冒味精1.1万千克、假劣酒类2500瓶、假化肥130吨。开通“12315”投诉举报电话，全天候值班，被誉为经济领域“110”。2006年，市工商局制定《关于开展治理商业贿赂专项工作实施方案》，重点查处医药购销、贷款担保及保险等领域商业贿赂行为，处结商业贿赂案件5起；按国家《禁止传销条例》，捣毁非法传销窝点546处，遣散传销人员3760人次，公安机关拘留15人，检察院批捕8人。是年，查处经济违法案件1.49万件，捣毁制假窝点35处，立案案件1850件。

2007年，建立食品安全监管与保障体系，在农村设“12315”举报联络站650个，企业、市场、商场和学校建立工作联系点233个，配备专兼职工作人员1121人。大型商场配置食品检测专项设备，蔬菜、瓜果农药残留和鲜肉水分等指标完成自测。开展无传销村（社区）创建活动，18个镇（街道）56个重点村（社区）设立

打击传销联系点，设义务联络员 56 人，全市确认无传销社区 39 个。2013 年，全市普遍成立创建无传销村（社区）活动工作领导小组，将打击传销工作纳入村（社区）年度工作考核。查处经济违法违章案件 6033 件，立案 2763 件，捣毁制假窝点 23 处，查获假冒钢材 100 吨、假冒白酒 500 桶、侵犯知识产权案件 11 件。

第七节　工商协会组织

文登市个体劳动者私营企业协会　1988 年 10 月，文登市个体劳动者协会成立。1991 年，市个体劳动者协会组织会员为社会捐款 3.4 万元，认购桃威铁路债券 100 万元。1992 年，开展优惠服务活动，让利销货 100 万元，消费者得利 10 万元。1994 年，个体劳动者协会印发《全市个体工商户法制教育和依法治理意见》，建立学法联系点 840 个，会员无一人违法犯罪，经验在《山东司法行政管理简报》《山东个协工作简报》上刊登。1995 年，组织会员为初张公路建设捐款 15 万元，为西藏、新疆灾区捐赠衣被 3300 套。1996—1997 年，举办《中华人民共和国商标法》《中华人民共和国税收征收管理法》《中华人民共和国消费者权益保障法》和国务院颁布的《城乡个体工商户管理条例》等“九法两条例”辅导班 42 期，印发试题答卷 3 万份，会员参与率 99%。引导会员免费为群众修理钟表、电器等服务 1.04 万人次，发动个体工商业户向南方洪涝灾区捐款、捐物近 20 万元。1997 年，市个体劳动者协会更名为市个体劳动者私营企业协会（简称市个私协），市工商局局长兼任会长。1998 年，下岗职工再就业咨询服务站成立，开展“一帮一、共致富”活动，结成帮扶对子 66 对。通过各种渠道，安置下岗职工 1367 人。

2000 年，开展“致富思源、富而思进”活动，组织学习活动 192 场次，参加学习会员 1.24 万人次。2001 年，开展“你发展我铺路，你困难我帮助”活动，为会员排忧解难。汪疃镇个体养鸡大棚遭受火灾，造成经济损失 10 万元，在市个私协帮助下，重建大棚，恢复生产。2003 年，免费向会员发放《个体工商户、民营企业实用改革法规汇编》《威海市个体工商户和私营企业权益保护手册》1 万册，助学捐款、捐物折款共 14.8 万元。2007 年，开展“红盾帮扶”活动，走访会员企业 224 家，解决实际问题 402 件。2008 年，组织会员为“5・12”四川汶川特大地震灾区捐款 30 万元。2009—2011 年，帮助个体业户办理小额贷款业务 176 笔、贷款总额 1860 万元。2013 年，市个私协协助有关部门登记办理家庭农场 19 家、专业合作社 469 个、专业合作联社 4 个、经济股份合作社 31 个。是年，市个私协有理事 82 人，基层分会 18 个、会员小组 2011 个，团体会员 3748 家、个人会员 17884 人。

文登市消费者协会　1990 年，第一届市消费者协会（简称市消协）成立，23 处乡镇均建立消费者协会分会。市工商局局长兼任会长。1991 年，市消协编印《消费与监督》期刊，先后在市广播电台和电视台开办《消费者之声》《消费之窗》栏目，反映消费者心声。1993 年，市消协制定《关于鞋类商品实施“三包”暂行规定》，被威海市消协确定为威海地区处理鞋类商品投诉标准及依据。1995 年，开展“山东省消费者满意单位”评选活动，印发《关于在全市实行消费者会员制的实施意见》，推行消费者会员制，年内发展会员 2000 人。“八五”期间，受理消费者咨询投诉 2341 件，处结率 97%，为消费者挽回经济损失 206.5 万元。1996 年，建立基层消协监督站、指导站、联络站 827 个，新增会员 3 万人。1997 年，在“3・15”国际消费者权益日和“11・15”文登消费者权益日期间，出动宣传车 52 台次，发放宣传材料 4 万份，受理咨询投诉 1308 件。全年处结电视机燃烧投诉案件 8 件、啤酒瓶爆炸案件 12 件和劣质辣椒种子案件 1 件。市消协应邀参加省工商联、省消协和山东电视台联合主办的“3・15”颁奖晚会，获得全省县级市唯一消协先进集体奖杯，被中国消费者协会授予全国保护消费者合法权益先进集体称号。1998 年，各镇消协设立尾数为“315”的投诉举报电话 22 部。2000

年，开通“12315”投诉举报电话。2002年，处理投诉315件，为消费者挽回经济损失41万元。2004年，以“诚信·维权”为主题开展“3·15”宣传活动，发放宣传材料2万份，确定14家消协会员为购物服务优惠单位，发放会员优惠卡1.21万张。2005—2006年，电动车、手机、热水器、食品类和装修建材成为投诉热点。全市开展维权组织进农村、商场和社区活动，设消费者协会投诉站385个，专兼职工作人员780人。其中，文登艺利达商场投诉站自行处结投诉114件，化解消费纠纷75人次，处结率90%。文登电业总公司、山东云龙绣品有限公司和山东移动通信文登分公司等10家公司分别被省消费者协会评为第五届、第六届山东省消费者满意单位，威海君利得食品有限公司、山东颐阳酒业有限公司和文登市金洋乳品有限公司被评为山东省第二届食品安全诚信单位。2007—2013年，开展消费维权进军营、创建食品安全放心社区活动，在驻军辖区设立消费者协会投诉站和“12315”申诉举报联络站，向驻军官兵赠送《消费者权益保护实用手册》200册，提供消费咨询服务87人次。2013年，立案查处侵犯知识产权案件11起。辖消费者分会15个。

图19-7　2009年3月15日，文登市举行“3·15”国际消费者权益日活动。

第五章　物价管理

90年代，境内价格由国家定价、分级管理向开放搞活和宏观调控方向发展，逐步形成企业定价为主体、市场调节为主要形式、国家定价和指导价并存的价格管理体制。进入21世纪，除国家控制重要商品价格外，绝大部分商品和服务价格由市场调节形成。文登市先后获得全国涉农收费公示示范单位、山东省价格监督检查先进单位等称号。

第一节　管理机构

1991年，文登市物价局内设办公室和综合科。1993年11月，并入文登市工商行政管理局。1997年4月，析出独立办公，正科级行政单位，隶属市政府，编制8人。市工商局内设物价检查所、农产品成本调查室整建制划归市物价局。2002年1月，市物价局与市发展计划局合署办公，事业单位。2010年4月，市物价局复为行政机关，同时成立价格认证中心（股级单位）。2011年1月，物价检查所更名价格监督检查局，升格为副科级事业单位，7月，与农产品成本调查室同时改为行政单位。2013年，市物价局内设办公室（政策法规科与其合署办公）、价格科和收费科。辖价格监督检查局（副科级）和农产品成本调查室、价格认证中心2个股级单位。有

工作人员27人。

第二节　价格体制改革

1991年，文登市分期放开钟表、服装、轻骑摩托车和油漆等118种（类）商品价格，放开理发、洗浴、照相和洗染4个行业服务价格，取消电冰箱、洗衣机、黑白电视机、自行车和水产品等提价申报制和差率控制。1992－1993年，按省管理价格目录，放开1000余种（类）商品和服务价格，取消计划外采购农资审批制度和最高限价。1994年，针对粮食类价格指数上涨突出，全市面食品实行最高限价，城镇居民恢复粮油供应证制度。其间，建立副食品价格调节基金制度，主要用于市场和副食品基地建设。1995年，按计划内外并轨原则，提高成品油和天然气销售价格，实行计划与销售统一。化肥出厂价改为国家指导价，销售改为国家定价。粮食收购价格完全放开，为全省首批试点市。境内市场形成价格比重中，社会商品零售总额达89.5%、农副产品收购总额达81.9%、工业生产资料销售总额达78.9%。1998年，市政府印发《文登市价格调节基金征收管理办法》，价格调节基金征收范围扩大。粮食按保护价收购。2000年，玉米退出保护价收购。境内市场形成价格比重中，社会商品零售总额达96.4%（政府定价2.4%，指导价1.2%）、农副产品收购总额达93.4%、工业生产资料销售总额达87.3%（政府定价4.6%，指导价8.1%）。2001年，下放黄金、农药及部分化肥价格。2013年，全市97%以上商品和服务价格由市场调节形成。省和威海市授权文登政府定价主要商品有供热、自来水和管道天然气销售价格。

第三节　市场物价

价格调节　1991年，境内物价上涨。市政府进行清理规范行政事业收费及部分经营性收费项目，整顿农村电价、客货运价、学杂费、医疗收费和邮电资费等，理顺粮食、油料和蚕茧等农副产品收购价格，理顺盐化工产品、工业电价和纺织品厂销价格，商品零售价格总水平回落明显，居民消费价格总水平涨幅由1989年的21.1%降至4.8%。1992年9月始，全市商品零售价格和居民消费价格总水平持续上涨。1993年，发生全国和全省粮食抢购风潮。市政府通过限价管理和财政补贴调控手段，平息粮食抢购风潮。是年，消费价格总水平比上年同期上涨13.2%。1994年，居民消费价格总水平比上年同期上涨22.7%，为建市以来最高水平。全市落实价格调控目标责任制，建立石油、煤炭和化肥等计划外生产资料监审和监管制度，实行企业定价许可制度，物价平抑效果明显。1997年，全市居民消费价格总水平涨幅回落至3.2%。1998年1月始，市场物价总水平走低，至1999年，连续2年商品零售价格总水平均为负值，同比分别下降6.8%和4.9%，对经济发展的消极影响已渐显现。2001－2008年，理顺能源产品价格，价格总水平缓慢回升。商品零售价格指数年均上涨1.74%，居民消费价格总水平年均上涨1.81%。2008年4月，全市肉蛋价格大幅上涨，猪肉价格平均每500克10元以上，同比上涨133.3%。居民消费价格指数107.8%，为8年间最高。市政府动用价格调节基金，低收入群体享受肉蛋价格补贴。

2013年，境内居民消费价格指数同比上涨2.8%，其中娱乐教育文化用品和食品类涨幅较大，比上年分别上涨6.2%和4.9%，衣着、医疗保健和个人用品、交通及通信类分别上涨1.3%～1.6%，烟酒、家庭设备用品及维修服务上涨1%。影响食品类价格指数上涨幅度较大的依次是菜类、瓜果类、肉禽及其制品，分别拉动食品类价格指数上涨0.91%、0.89%和0.73%。涨幅最小的是居住类，上涨0.6%。市政府建立价格监督网络，强化价格监测调查，提高价格监测预警水平。

2013年文登市居民部分消费品零售价格情况表

表 19-5　　　　单位：元 /500 克

商品名称	规格等级	零售价格	商品名称	规格等级	零售价格
小麦	中等	1.27	鲜羊肉	新鲜去骨肉	45.00
玉米	中等	1.18	鸡蛋	新鲜完整	4.00
面粉	标准粉	1.45	带鱼	冻 250 克左右条	15.00
粳米	标一	2.50	芹菜	新鲜一级	1.80
花生油	当地主销	13.70	黄瓜	新鲜一级	3.00
鲜牛奶	当地主销	1.60	萝卜	新鲜一级白萝卜	1.00
食盐	精致含碘盐	1.50	茄子	新鲜一级	3.00
鲜猪肉	五花肉	13.00	苹果	红富士一级	4.50
鲜牛肉	新鲜去骨肉	30.00	西瓜	当地主销	2.50

主要商品价格

用电价格　1991 年，文登市居民生活、党政机关、事业单位及非工业、普通工业照明执行同一电价，不满千伏为 0.20 元 / 千瓦时；非工业、普通工业动力用电价格不满千伏为 0.11 元 / 千瓦时；农业电价 0.058 元 / 千瓦时，化肥生产电价 0.07 元 / 千瓦时。之后，随着经济发展，各领域电价均作不同程度调整。

居民生活用电价格。1993 年 7 月，境内居民生活电价第一次调整，不满千伏为 0.232 元 / 千瓦时。其后，因小火电加价和国家统一要求，居民生活用电价格多次调整。至 2006 年，不满千伏为 0.5469 元 / 千瓦时。2012 年 7 月 1 日始，居民生活用电试行阶梯电价，分为 3 档。1 档，每户每月用电 210 千瓦时以下执行 0.5469 元 / 千瓦时（基础电价），2 档（210 ～ 400 千瓦时）在基础电价上每千瓦时加 0.05 元、3 档（400 千瓦时以上）加 0.3 元；户籍人口 5 人以上居民用户，1 档电量调至 310 千瓦时、2 档调至 310 ～ 400 千瓦时，加价标准不变；执行居民电价非居民用户，在基础电价基础上每千瓦时加 0.0081 元；城乡低保户和农村五保户，每户每月免费用电 15 千瓦时。

工农业生产用电价格。1995 年 3 月 1 日始，实行用电高峰和低谷分时电价。基础电价 0.65 元 / 千瓦时，用电高峰时段上浮 50%，用电低谷时段下浮 50%。1999 年，全市农村生产用电价格 0.78 元 / 千瓦时，2003 年调至 0.74 元 / 千瓦时。2007 年年末，实行城乡用电分类同价。到户电价按销售电价中不满千伏电价，非工业和普通工业 0.7245 元 / 千瓦时、农村生产 0.5690 元 / 千瓦时。2008 年，对峰谷分时和电价进行调整，高峰和低谷时段电价分别上下浮动 60%。试行尖峰时段电价，上浮 70%。

2011 年 6 月始，文登公用机组上网电价每千瓦时提高 0.0245 元，12 月再提高 0.025 元。两次调整后文登热电厂 1 号、2 号机组实行统一上网电价 0.5292 元 / 千瓦时。11 月，省物价局批复大唐文登风电场二期工程（33×0.15 万千瓦）上网电价 0.61 元 / 千瓦时。

用水价格　1996 年 1 月，城市居民（含党政机关、部队、学校和财政拨款事业单位）生活用水价格每立方米（下同）0.6 元，工业和自收自支事业单位 1 元，建筑和服务业 1.5 元。铺头电厂、氯碱厂用水 0.45 元，化肥厂和文登电厂用水 0.52 元。1998 年 5 月 1 日，调整为居民生活用

水（包括部队、学校生活用水）为0.7元，党政机关、财政拨款事业单位用水1.1元，饮食娱乐业、流通企业、建筑业用水2元，化肥厂、氯碱厂、电厂用水1元，工业及其他单位用水1.4元。2001年，工商业用水按8%的费率征收城市公用事业附加。是年，城市居民（含部队和学校）生活用水1.5元，党政机关、财政拨款事业单位用水1.8元，饮食、娱乐、建筑和流通业用水4元，化肥厂、氯碱厂用水1.7元，工业及其他单位用水1.8元。2012年5月始，市区、南海新区和经济开发区范围用水分3类，居民生活用水2.85元，特殊行业用水6.85元，普通行业用水3.70元。一户一表居民实行阶梯式水价，每户月用水12立方米按基本水价收费，超出部分水价加倍。

药品价格 90年代初，境内纳入国家基本医疗保险目录药品实行政府定价。1995年，境外购进药品，按省内生产同品种价格执行。企业定价药品，按进价西药加15%差率、中成药按16%作价确定零售价格。1996年，部分垄断性和临床应用量大的最基本治疗药物纳入政府定价范围。2001年，文登市在全省率先实行药品招标采购制度。2006年5月，县级以上医疗机构销售药品按实际购进价为基础，顺加不超过15%的加价率。处方药纳入政府定价范围，其他药品推行生产企业标示零售价格制度。2010－2013年，非营利医疗机构，以最小零售包装采购价为基础，顺加不超过15%的差价率确定为零售价格。全市29个基层医疗单位（13个社区卫生服务中心、服务站和16个乡镇卫生院）均执行国家基本药物零差率销售。

粮食收购价格 1991年，全省小麦、玉米由国家定价，小麦（三等冬花麦）每50千克（下同）30.14元，中等玉米22.62元。1994年，小麦（三等冬花麦）54元，中等玉米41元。1996年，调整粮食收购价格，小麦（三等冬花麦）76元，中等玉米63元。1997年，计划外收购小麦实行最低保护价为69元，玉米价格放开。2002年，全市取消粮食定购任务。2008年，红麦和混合小麦最低收购价格为72元。2013年，国标3等级混合小麦收购价格为112元。

石油价格 1994年，90号汽油每吨（下同）批发价2827元，零售价2968元；0号柴油批发价2242元，零售价2377元。2003年，90号汽油最高零售价3715元，0号柴油最高零售价3353元。之后，因经济波动频率加快，成品油价格每年调整多次。2013年共调整15次，年末，90号汽油销售价9725元，0号柴油销售价8910元。

第四节 农产品成本调查

国家物价局在境内设置小麦、玉米、花生、桑蚕茧和生猪调查点，其中种植业设3个调查点，每个点3户；养殖业设3户。

1991－1995年，文登市开展果品、对虾、生猪、小麦、玉米和花生等农产品生产成本和效益调查，有11篇调查报告被省政务信息转载。其中，1992年的《春桃丰收在望，卖桃难亟待解决》调查报告，为市政府制定对策提供依据，全市春桃顺利销售。2002年，增加农户存粮售粮、农资购买、农户收支及海参、水貂和西洋参等品种调查项目。完成养殖业成本效益专项调查，调查显示：生猪每头净产值112.25元，按年饲养3头，年净产值336.75元，因受市场影响大，生猪养殖风险较高；百只鸡产蛋1462千克，净产值145.88元，分别比上年下降0.8%和57.5%，与其他养殖产品比较，效益偏低；每头奶牛年净收入6049.5元，是生猪收入的18倍、蛋鸡的5.2倍、奶山羊的21倍，牛奶作为高效营养渐入百姓家，前景看好；每只貂净产值31.29元，按户饲养200只种貂、每只貂产仔4只计算，年净收入2.5万元，是饲养奶牛收入的4.1倍；肉食鸡每只净收入2.02元，按年均饲养4批，每批2000只计算，年净收入1.62万元，是饲养奶牛收入的2.7倍。是年，撰写的调查报告《水貂、肉食鸡饲养效益可观 是发展外向型经济、促进农民增收的有效途径》《特色农业是农民增收的新亮点》《调整饲养结构是农民增收的有效途径》，被市政府办公室转发各镇（街道）。

2004年，开展农业增产和农民增收专题调查。其中，对水貂调查显示：2004年全市饲养量350万只，为全国重要特种动物毛皮生产基地之一，当年水貂皮价格波动较大，每只公貂皮价格年初310元、11月下旬跌至240～250元。是年，小麦、玉米、花生收益增加，桑蚕茧价格上涨，生猪出售价格提高。2005年，对3户奶牛养殖户（每户6头奶牛）进行调查，每头牛年产奶5400千克，牛奶按1.48元/千克计算收入7992元，牛犊收入1140元，牛粪收入180元，合计总收入9312元。费用支出6811元，固定资产折旧1050元，纯收益为1451元，成本为总收入的73%，收益率为17%。结论是全市奶牛养殖效益下降，牛价开始回落。2012—2013年，重点完成农户投资意向、农资购买和农户收支情况专题调查。其中，2012年，海参价格同比下降22%以上。西洋参种植效益可观，收购价格为每千克90～100元，均周期（4年）每亩收益3.94万元，净利润3.74万元。

2001—2013年文登市主要农产品成本效益调查统计表

表19-6

年份	品种	产量（千克/亩）	产值（元）	总成本（元）	净利润（元）	每50千克出售价格（元）
2001	小麦	252.00	272.51	275.68	10.83	54.07
	玉米	410.00	440.60	247.02	204.08	53.73
	花生	254.00	558.80	374.50	202.50	110.00
2002	小麦	275.00	287.25	232.88	69.55	52.33
	玉米	464.30	487.70	244.30	253.90	52.52
	花生	244.50	747.12	375.24	390.88	152.79
2003	小麦	321.90	360.50	250.46	124.04	56.00
	玉米	452.70	482.37	257.86	235.01	53.28
	花生	235.00	675.60	425.58	267.82	143.74
2004	小麦	363.50	564.51	316.23	255.55	77.65
	玉米	419.00	503.65	327.51	192.48	60.10
	花生	274.70	983.58	488.52	517.06	179.03
2005	小麦	365.21	516.96	319.07	205.16	70.78
	玉米	342.80	434.60	400.58	67.09	63.39
	花生	238.30	738.61	540.08	217.43	154.97
2006	小麦	369.10	521.88	349.30	179.90	70.70
	玉米	402.70	559.79	393.11	182.78	69.50
	花生	259.40	907.63	544.95	385.32	174.95
2007	小麦	355.70	577.72	380.41	204.42	81.21
	玉米	399.30	670.05	461.02	225.00	83.90
	花生	399.30	670.05	461.02	225.00	83.90

续表 19-6

年份	品种	产量（千克/亩）	产值（元）	总成本（元）	净利润（元）	每50千克出售价格（元）
2008	小麦	394.10	634.75	534.51	107.34	80.53
	玉米	430.90	618.06	556.95	74.91	71.72
	花生	296.90	1147.70	880.67	288.13	193.29
2009	小麦	401.17	751.66	618.81	139.01	93.68
	玉米	466.40	814.66	518.90	313.20	87.33
	花生	312.21	1567.71	851.63	736.14	251.07
2010	小麦	390.33	765.89	643.38	130.91	98.11
	玉米	455.22	874.85	554.28	336.13	96.09
	花生	309.78	1840.56	925.70	932.58	297.08
2011	小麦	385.20	822.20	767.80	63.00	106.30
	玉米	457.22	1102.04	676.60	441.00	120.60
	花生	287.22	2115.90	1093.90	1041.40	368.30
2012	小麦	388.90	803.10	801.90	9.90	103.30
	玉米	360.60	808.20	806.80	21.40	112.10
	花生	296.80	2117.00	1089.20	1046.90	356.70
2013	小麦	395.11	939.87	866.41	83.04	118.94
	玉米	381.11	847.67	837.35	32.10	111.21
	花生	295.78	1590.33	1186.19	424.35	268.84

说明：表中数字为选择9户农调户平均数字。

第五节　价格监督与收费管理

价格监督检查　1991—1995年，全市推行行政监督检查与企业自律、社会监督相结合的价格监督制度，开展物价、计量信得过“双信”活动。建立价格总水平调控目标责任制和明码标价制度，国营、集体企业和城镇固定店铺统一使用红、蓝、绿3色标价签。其间，建立群众物价监督站8处，聘请义务物价监督员40名。开展国属生产资料专项检查和企业定价权落实情况检查，整顿农村分类综合电价，理顺粮食及相关制品销售价格。文登市农机公司获全国执行物价政策法规优秀单位、市百货大楼获全省执行物价政策法规最佳单位称号。

2000年，境内物价管理由直接管理转为间接管理，全市商品价格实行明码实价（红色）、明码削价（黄色）、明码议价（蓝色）3种标价签，政府定价和指导价商品均使用明码实价。开通“12358”价格举报电话，年受理咨询、举报300件，群众满意率98%以上。建立市、镇、村三级价格监督网络，设价格义务监督站20个，聘请镇村监督员850名。2005年，“双信”活动更名为“价格诚信优秀单位”评选。2006年，文登市

电业总公司、文登整骨医院等单位获第一届省价格诚信优秀单位称号。2007年，开展价格服务进万家活动，为社区、企业、学校、农户和商场等提供价格法律法规和政策服务，督导明码标价和公示制度落实。是年，全市二级以上医院推行收费清单制和明码标价制。

2013年，开展“稳物价、重规范、优服务、惠民生”价格监管主题活动，倡导文明诚信经商，查处虚构原价、虚假折扣和不按规定标价等违法行为。市物价局印发《关于进一步做好商品房销售明码标价的通知》，全市90余处楼盘商品房销售实行明码标价。是年，完成67个单位价格检查，立案11件，查处多收价款171.37万元。全市4个单位获省价格诚信优秀单位称号。

图19-8 《文登市涉农价格收费指南》进农村（2007年6月8日摄）

行政事业性收费管理 1991年，文登市实行行政事业性收费许可制度，发放收费许可证813个。1993年后，清理收费项目，收费许可证发放量逐减。1994年始，实施收费年审制。1996—1997年，清理涉企收费项目18个，其中自立收费项目4项。立案处理乱收费单位48家，违价金额270万元，减轻企业和群众负担346万元。1999年，整顿房地产抵押、幼儿园和职介所等收费项目，取消4家非法办学单位收费资格。审验查出违价单位82家、金额943.9万元，立案处理56家，没收非法所得50.3万元，减轻企业和群众负担650万元。2000年，废止道路桥梁开发和土地开发配套等6项收费，商品房交易手续费由2%降至1%。始征城市基础设施配套补助费，年增加财政收入900万元。是年，查出违价单位62家、金额350万元，立案处理62家，注销收费许可证35个。2006—2009年，审验收费单位2238个，注销收费许可证129个，废止涉企收费项目55项。其中，2006年秋，取消农村义务教育阶段学杂费；2007年秋，取消城市义务教育阶段学杂费，农村中小学免交国家课程课本费；2009年春，取消义务教育阶段借读费和农村义务教育住宿费。2013年，开展公办高中教育、旅行社及旅游景点和农机监理收费检查，注销收费许可证11个。是年，全市有收费许可证单位122家，其中教育系统39家、公安系统29家、动植物检疫和畜牧兽医系统17家、公路交通系统6家、人力资源系统4家、其他27家。

经营服务性收费管理 2002年6月29日，省物价局印发《山东省定价目录》，县级价格主管部门按授权制定部分经营服务性的政府定价和指导价。

邮电资费管理 1990年7月31日，邮政资费调整，平信每重20克或其零数，本埠0.1元、外埠0.2元，挂号信每件0.3元，印刷品每重100克或其零数，本埠0.04元、外埠0.08元。1996年，国内信函20克或其零数，本埠0.1元、外埠0.2元。1997年，电话初装费每部个人住宅1800元、其他2300元。通话费本地网区内0.5元/3分钟、区间0.8元/3分钟。1999年，取消电话初装费分类，每部市区800元、市以下500元。本地网营业通话费，区内0.22元/3分钟、区间0.5元/分钟。邮政资费首重100克，每重20克本埠0.6元、外埠0.8元，续重101～200克，每重100克本埠1.2元、外埠2元。2000年，调整区内通话费，3分钟内0.22元，后每分钟加0.11元。2001年7月，取消电话初装费。2006年，区间通话费调整，不超1分钟0.4元；首重邮政资费调整，每重20克本埠0.8元、外埠1.2元。2008年后，境内物流业发展迅速，邮政业务减少。区间通话费调为不超1分钟0.3元。2012年12月1日

始，山东境内取消固话本地网区间通话费，执行0.22元/3分钟、超加0.11元/分市话标准。

物业收费 2001年，规范物业小区收费，市政府印发《文登市城市住宅小区物业管理服务收费规定》《文登市住宅小区物业管理服务费指导标准》，全市实施小区分类收费管理。一类小区每月每平方米0.10元～0.15元、二类0.06元～0.10元、三类0.04元～0.08元。2007年调整为一类小区0.30元～0.50元、二类0.20元～0.29元、三类0.10元～0.19元、三类以下0.08元。2010年后，制定《文登市住宅物业服务分等收费指导标准》，新建小区推行菜单式物业收费模式，按小区类别收费改为物业服务类别收费。含综合管理、秩序维护、清洁卫生、绿化维护、公共部位与公用设施维护5大类33个小项。

景区收费 2008年4月，境内规范旅游景点收费，昆嵛山景区、三瓣石景区、无染寺景区、青龙生态旅游度假村和文山公园5处旅游景点实行政府指导价管理。2013年，无染寺景区、青龙生态旅游度假村、天沐温泉度假村、汤泊温泉度假村和圣经山文化旅游景区5处景点实行政府指导价管理。

2013年文登市景区门票价格情况表

表19-7

景区	年龄段分类	门票（元/人次）
无染寺景区	不分年龄	40
青龙生态旅游度假村	成人	10
	儿童	5
天沐温泉度假村	成人	158
	儿童（1.4米以下）	68
	儿童（1.1米以下）	免费
汤泊温泉度假村	成人	158
	儿童（1.5米以下）	68
	儿童（1.2米以下）	免费
圣经山文化旅游景区	不分年龄	100

价格认证 1997年12月，市物价检查所增挂市价格事务所牌子，开始涉案资产价值认定（鉴定）和价格认证工作。至1999年，完成涉案资产价值认定539件3887万元，其中刑事案件87件，民事案件61件；开展以降价（优惠）名义销售商品价格认证，认证32起257万元。2002年8月，市价格认证中心成立。是年，完成涉案资产价值认定444件1363.34万元，其中刑事案件134件，非刑事案件92件，司法案件10件；完成交通事故车辆定损181件，旧机动车价格评估532辆406.25万元。2008年4月，文登市在全省率先开展价格信用认证工作。山东万得集团有限公司被国家发改委价格认证中心批准为全国价格信用建设单位，属全国家纺行业首家全国价格信用建设单位，也是全省第一家全国价格信用建设单位。

2013年，完成价格鉴定业务424件1553.26万元，其中刑事案件鉴定114件1152.82万元，民事案件鉴定5件30.2万元；完成交通事故车物定损298件，认定额360.53万元；其他价格认证5件7.69万元，调解价格纠纷27件6.5万元。市物价局被国家发改委价格认证中心评为全国先进价格认证机构。

第六章　质量技术监督

第一节　管理机构

1990年9月，文登市标准计量局更名为技术监督局。1991年，内设办公室、标准科、质监科、计量科，辖计量所、质检所和衡器检定站。有工作人员58人。1993年11月，由市政府直属事业单位改为政府行政单位。2001年2月，更名为文登市质量技术监督局（简称市质监局），改为省垂直管理。2013年12月，市质监局复归文登市政府管理。内设办公室、综合业务科、监督与法制科、安监科和财务核算中心。辖稽查队（副科级）和计量所、质检所、信息研究所3个股级事业单位。有工作人员120人。

第二节　质量管理与执法检查

质量检验检测　1991年，对服装、工艺美术、化工、食品和建材等产品进行质量检查，抽检企业750个、产品105种1611批次，受检率95%，产品合格率77.5%。1996年，增加农药、植物油、液化气、油漆、铝合金型材、电动工具和低压电器等检验项目。2004年，检验项目及参数由164项增至178项。是年，开展食品类、小麦粉、纺织类、印刷品、机械产品、木制家具和塑料产品等质量检验，平均合格率85%。

2006年3月，市食品检测中心成立。食品检验能力由10个产品62个参数增至74个产品86个参数认证，食品检验范围延至糕点、饮品、酒类、乳制品、海产品、肉制品和冷冻食品等产品。是年，文登参加全省白酒、酱油和食品农药残留检验能力验证，所提供的检测数据准确无误，被省质监局评为满意单位。2007年10月，山东省在文登设立工艺家纺产品检测研究中心，省质监局拨款730万元、威海市质监局拨款1000万元、文登市政府配套资金590万元、市质监局自筹资金580万元，负责家纺、服装、面料等色牢度、透气性、水洗尺寸变化率及安全性能检测。2008年，市食品检测中心成为全省首批获三聚氰胺检验资质两个县级单位之一。全年检验乳品样品1100批次。2010年，文登市农副产品质量检测中心成立，负责辖区农副产品生产基地和超市（市场）农副产品质量检验。2013年，境内产品质量监督检验包括产品认证130个，参数认证586个，方法认证114个。其中，农副产品认证16个，参数认证138个；食品参数认证362个；家纺产品认证44个，方法认证114个，参数认证10个；其他工业品产品认证70个，参数认证76个。

图19-9　2011年12月29日，山东省工艺家纺产品检测研究中心揭牌仪式在文登举行。

执法监督　1991年，全市查处假冒伪劣无证低压电器2000件，劣

质电线5000米、轴承1000套、眼镜500副，不合格计量器具500台件。查处假冒伪劣香油5吨，不合格食品15吨、化肥300吨。1994年，成立综合、建材、低压电器、医药卫生及医疗器械和计量器具5个检查组，检查经销单位1541家，集贸市场43个，处罚322家。捣毁制售假冒伪劣商品窝点6个，立案处罚11件。2002年，查处不合格化肥582吨、农药4吨，没收劣质复合肥19.15吨、磷肥13吨，挽回经济损失50万元。检查絮用纤维制品加工企业5家和销售单位12家，没收棉被、棉垫902件，捣毁制作劣质絮棉制品加工点1个。2008年9月，市质监局组织7个工作组，驻厂检查乳制品生产加工全过程。是年，查处违法违规案件150起。2011－2013年，坚持日常监督和专项执法结合，重点打击制售假冒伪劣产品和无证生产等违法行为。开展食品、农资、建材、电机、加油机、液化气和儿童玩具等产品专项整治活动，监督检查企业1300家，立案370起。

特种设备管理　1991年，全市检验锅炉、压力容器350台，检验安装、维修特种设备30台。1994年，锅炉压力容器检验所成立钢瓶检验站，通过国家检测资质认证，年内检验钢瓶2100只。2000年10月，特种设备安全监察职能由劳动部门划归市质监局。是年，完成全市特种设备普查登记，换发使用证。鉴定锅炉、压力容器和液化气钢瓶3992台（只）。2003年6月，实施《特种设备安全监察条例》。年内，完成境内非煤矿起重机械专项检查，颁发安全使用合格标志25个。2004年，登记压力管道319条28万米，登记液化气钢瓶7万只。全市24台起重机械通过威海市劳动卫生安全检测站验收，37家气体充装站获省质监局颁发的气体充装许可证。2007年12月，市锅炉压力容器检验所更名为山东省特种设备检验研究院威海分院文登工作站，隶属威海分院。2013年，开展“安全生产基层基础提升年”活动，重点开展液化石油气钢瓶、电梯使用与维保、小型蒸汽锅炉和液氨制冷专项整治，发放安全监察指令书311份。全市登记特种设备5038台，其中在用锅炉233台、压力容器1640台、压力管道895条、电梯819部、起重机械666台、大型游乐设施11台，重点监控设备58台。全市有特种设备使用单位1134家，特种作业人员2351名。

质量管理体系认证　90年代初，文登市开始ISO 9000系列质量管理体系认证工作。1995年，文登恒大电机集团有限公司通过体系认证。1998年，文登市金洋乳品集团公司和山东鹏程食品有限公司等15家企业通过质量管理体系认证。同年，文登国家税务局通过质量管理体系认证，属境内机关单位首家。2000年，文登市电业总公司通过质量管理体系认证，属境内服务行业首家。2004年，全市企业通过质量管理体系认证105家，居全国县（市）级前列。其后，企业自择认证机构，境内企业质量管理体系认证普及。

生产许可　1991－2000年，境内生产许可主要涉及铝合金建筑外窗、建筑塔机和电线电缆等行业，由省质量技术监督局审核发证，县级技术监督局负责管理和检查。2002年10月，实行小麦粉、大米、食用植物油、酱油和醋5类食品质量安全市场准入制度。至2013年，全市获工业产品和食品生产等许可证企业429家，涉及铝合金、电缆、水泥、水产品、糕点、速冻食品、大桶水、麻花、月饼和乳制品10个行业。其中，工业企业22家24个产品，食品生产单位84家121个产品。

第三节　计量管理

1991年，境内各行业均采用国际单位标准度量衡器。是年，开展企业计量评审活动，全市达到国家二级计量标准的企业5家，达三级标准的企业11家。1992年，文登市曲轴厂被国家计量局确定为国家一级计量企业。1994年，全市有国家一级计量企业1家、二级48家、三级139家。1995年，全市市场交易禁止使用杆秤，以电子秤和双面显示弹簧度盘秤代之。1996年，市自来水公司被威海市质监局授权为水表计量管理单位。

2008 年，市电业总公司被威海市质监局授权为社会电能表计量检定单位。2012 年 8 月，文登市度量衡博物馆建成，位于文登博展中心。是年，天润曲轴有限公司通过省能源计量标杆企业验收。2013 年，电子秤、血压计和血糖计等衡器渐入百姓家。市质监局重点开展与百姓生活相关衡器、加油机、出租车计价器、民用四表（水表、电能表、燃气表、热能表）监督检查与强制检定。是年，全市有社会公用计量标准 43 项，包括各种衡器、加油机、计价器和民用表等。获计量检测体系合格确认企业 30 家。

图 19-10 2013 年 5 月 14 日，市质监局工作人员在加油站检定加油机。

第四节 标准化管理

工业标准化 1991 年，全市工业有 5 个产品制定企业标准并备案。1995 年，化工、电子和仪器仪表等行业制定 21 个企业标准产品。全市市属企业标准化覆盖率 92%、镇办企业 90%、村办企业 82%。采用国际标准 54 个、省级标准 150 个。1998 年，文登市被国家质量技术监督局定为全国消灭无标准生产试点单位。按《文登市消灭无标生产实施方案》，审查企业标准 1300 个，推荐国际或国外先进标准 3 个。至 1999 年，全市按标准生产产品 1072 个。2007 年，文登鸿通管材有限公司“塑料合金防腐蚀复合管材”企业标准被确定为国家化工行业标准，为境内首个企业标准升为国家行业标准。宏安集团、万得集团、芸祥绣品、奥文电机通过 AA 级标准化良好企业行为审核。2008 年，企业采用标准 303 个。天润曲轴、威力工具集团、恒大电机等 5 家企业参与 8 个国家标准或行业标准的制定和修订工作。威力工具集团有限公司通过国家 AAAA 级标准化良好行为企业审查验收。2012 年，奥文电机、中航黑豹股份有限公司等 30 余家企业制定标准 30 个，涉及电力、车辆、轻工、石化、建材、农林等行业。是年，全市完成企业产品执行标准登记 1565 个。

2013 年，全市采用国际标准生产的企业 30 家，执行国家、行业和地方标准生产的产品 1665 个，执行企业标准生产的产品 874 个。规模以上企业标准化覆盖率 99%，威力工具集团获全省标准创新型企业称号。威力工具集团、天润曲轴、奥文电机、文隆电池、泰富西玛等具有高新技术实力的企业主持和参与国家、行业和地方标准的制定、修订。

农业标准化 1991 年，文登市开展农业标准化试点工作，完成“中国莎能文登奶山羊标准”和“奶山羊羔饲料标准”。2002 年，开展农业标准化，推广无公害食品，宋村镇生产无公害蔬菜，威海益壮乳业有限公司生产的“日壮”牌鲜牛奶制品和文登市康宝饲料厂的鸡蛋均取得无公害食品使用权。2003 年，山东铃兰味精工业公司生产的小麦粉获无公害农产品标志。2005—2008 年，山东万源生物工程有限公司“芦荟标准化示范区”、高岛盐场“海参与河鲀鱼育苗、养殖、加工标准化示范区”、文峰实业集团有限公司“胶东乡土树种育苗、种植标准化示范区”列全国农业标准化示范区项目。2013 年，文登市“国家花生种植综合化标准化示范区”“百岁谷蔬菜种植标准化示范区”通过国家标准委立项。

商品条形码　1992年，启动商品条形码采用工作。全市有20家企业20种产品采用商品条形码，并打入国际市场。1995年，全市采用商品条形码标识的产品28种。至2010年6月，全市累计办理商品条形码68种，企业办理条形码工作基本完成。2011年，境内6家印刷企业获商品条形码印制资格。至2013年，全市有商品条形码印制资格企业14家。新办商品条形码注册单位5家，续展单位19家。

组织机构代码　1993年，国务院实施统一代码标识制度，包括依法注册登记的党政机关、事业单位、企业或个体工商户单位、社会团体、民非企业和村民委员会等。是年，全市办理机构代码3000家。2002年后，实行机构代码年检制度。2013年，年检组织机构代码单位4981家，变更换证代码单位1241家，注销机构代码单位96家。

第七章　土地资源管理

随着城镇规模扩大和经济建设的发展，非农业建设用地与土地保有量矛盾日渐突出。文登市加强规划，严格审批，推进土地使用制度改革，采用占补平衡、控制基础投资和严禁重复建设等措施，耕地保有量保持稳定。先后获全国国土资源管理系统推进依法行政先进单位、全国基本农田保护先进单位、全国国土资源执法监察工作先进集体和全国国土资源节约集约模范市等称号。

第一节　管理机构

1991年，文登市土地管理局（简称市土地局）内设办公室、城乡建设用地管理科、地籍管理科和监督检查科，编制10人。辖土地综合服务站（经费自理，1993年改制为企业）和土地监察执法大队两个股级事业单位。1993年11月，市土地局与矿产资源管理局合并，组建文登市土地矿产管理局，为市政府正科级行政职能部门。1995年6月，矿产资源管理职能析出，市土地矿产管理局复称文登市土地管理局。2002年1月，市土地局更名为文登市国土资源局（简称市国土局），测绘管理职能划归市国土局。同年，文登市土地储备中心（副科级事业单位）成立，2003年9月更名为土地储备交易中心，升格为正科级事业单位，隶属市国土局，经费自理。2004年2月，文登经济开发区国土资源所成立，股级事业单位，2005年4月升格为副科级事业单位，更名为国土资源局经济开发区分局（2008年2月升格为正科级事业单位），隶属市国土局。5月，市地质矿产局并入市国土局，同时成立市土地整理中心，正科级事业单位，隶属市国土局。2007年8月，市国土资源局南海分局成立，正科级事业单位，隶属市国土局。2008年，龙山、天福和环山3个国土资源所合并成立国土资源局城里分局，为副科级事业单位，2011年7月升格为正科级事业单位，隶属市国土局。

2013年，市国土局内设办公室、政工科、财务科、规划科、监察科、耕地保护科、土地利用科、地籍管理科、矿产开发管理科、测绘管理科。辖土地储备交易中心、土地整理中心、南海分局、开发区分局和城里分局5个正科级事业单位，执法大队、地质环境监测站、大水泊和宋村分局4个副科级事业单位，土地勘测规划服务中心、地租征收所和泽头、侯家、米山、高村、泽库、葛家、张家产、界石、埠口港国土资源所11个股级事业单位。有工作人员121人。

第二节　土地利用规划管理

1994年，文登市首次编制第一轮土地利用总体规划。通过修订与完善，1996年和2008年分别编制完成第二轮和第三轮文登市土地利用总体

规划。

第一轮土地利用总体规划（1990—2000年） 1994年编制，1995年12月获威海市政府批准，形成文登市土地利用现状、土地利用总体规划和各镇土地利用总体规划图。规划期内，完成“三纵三横”公路网和过境公路建设，用地面积435.62公顷，其中耕地面积322.15公顷；完成米山水库西干渠改建及坤龙邢水库、小崙岭水库、李家水库扩建和昆嵛山水库续建工程，用地面积343.28公顷，其中耕地面积60.80公顷；完成粮食储备库、污水处理厂和垃圾处理场建设，用地面积22.91公顷，其中耕地面积10.47公顷。

第二轮土地利用总体规划（1996—2010年） 第一轮土地总体规划因与《文登市国民经济和社会发展第九个五年计划及2010年远景目标纲要》不同步，耕地保护机制不完善，存在以需定供现象。1996年，编制第二轮土地利用总体规划，2000年10月获省政府批准。规划2000年（近期）全市耕地减少量控制在580.49公顷，其中建设用耕地面积554.58公顷，生态退耕面积25.91公顷，补充耕地面积601.38公顷。2010年（目标年）全市耕地减少量控制面积1646公顷，其中建设用耕地面积1580公顷，生态退耕、自然灾毁面积66公顷，补充耕地面积不低于1748.28公顷，人均耕地面积不低于1.2亩，全市土地利用率95%以上，林木覆盖率40%；全市基本农田保护面积5.496万公顷，保护率89%；城镇人均建设用地指标不超过120平方米，镇村人均建设用地指标不超过150平方米。

第三轮土地利用总体规划（2006—2020年） 2008年3月完成编制，2010年8月省政府批准实施。2010年和2020年分别新增建设用地990公顷和2516公顷。其中，城乡建设用地分别控制在1.72万公顷和1.83万公顷，城镇工矿用地分别控制在7164公顷和8156公顷，交通水利及其他建设用地分别控制在7800公顷和8129公顷。通过整理复垦补充耕地分别不低于318公顷和1056公顷。全市耕地保有量分别保持6.2万公顷和6.23万公顷，园地分别保持1.89万公顷和1.89万公顷，林地分别保持3.48万公顷和3.55万公顷。

2006—2020年文登市规划期土地利用结构调整情况表

表19-8

一级地类	二级地类	基期年（2006年）		近期目标年（2010年）		规划目标年（2020年）		其间面积增减（公顷）
		面积（公顷）	比重（%）	面积（公顷）	比重（%）	面积（公顷）	比重（%）	
农用地	耕地	63977.64	34.98	63901.25	34.93	63794.23	34.88	-183.41
	园地	12989.28	7.10	13102.95	7.16	13218.59	7.23	229.31
	林地	31053.48	16.98	31868.44	17.42	32776.67	17.92	1723.19
	其他农用地	31107.78	17.00	30086.55	16.45	29052.20	15.88	-2055.58
	合计	139128.18	76.06	138959.19	75.96	138841.69	75.91	-286.49
建设用地	城镇建设用地	3976.54	2.17	4652.87	2.54	6037.63	3.30	2061.09
	农村居民点用地	9936.00	5.43	10052.00	5.50	10118.00	5.53	182.00
	采矿地	450.68	0.25	389.85	0.21	268.24	0.15	-182.44
	其他独立建设用地	2265.78	1.24	2121.28	1.16	1850.13	1.01	-415.65
	交通水利用地	1690.33	0.92	1876.03	1.03	2121.61	1.16	431.28

续表 19-8

一级地类	二级地类	基期年（2006 年）面积（公顷）	基期年（2006 年）比重（%）	近期目标年（2010 年）面积（公顷）	近期目标年（2010 年）比重（%）	规划目标年（2020 年）面积（公顷）	规划目标年（2020 年）比重（%）	其间面积增减（公顷）
建设用地	其他建设用地	5796.67	3.17	5923.97	3.24	6007.39	3.28	210.72
	合计	24116.00	13.18	25016.00	13.68	26403.00	14.43	2287.00
其他	水域	13384.63	7.32	13236.52	7.24	13024.33	7.12	-360.30
	自然保留地	6287.72	3.44	5704.82	3.12	4647.51	2.54	-1640.21
	合计	19672.35	10.76	18941.34	10.36	17671.84	9.66	-2000.51
土地总面积		182916.53	100.00	182916.53	100.00	182916.53	100.00	—

第三节　土地使用制度改革

土地出让　1992 年后，境内除国家规定用地以划拨方式使用外，其他均实行有偿使用。初期多采用协议出让方式供地，后来逐步采用招标、拍卖、挂牌等形式供地。1995 年 9 月，城市规划区内所有土地由市政府统一征收、统一出让。土地出让价格含补偿费、人口安置费、附着物（青苗）补助费、开发配套费、税费及土地出让金（地租），其中开发配套费收取标准：一级地每平方米 35 元、二级 30 元、三级 20 元。成建制农转非集体土地归为国有，按规定给予村集体补偿和人口安置费，并给予 1.2 万元 / 亩补贴。集体土地征为国有，按规定标准补偿，并视人均耕地面积给予村集体补贴。2001 年，市政府印发《关于对划拨土地实行有偿使用的通知》，以出让方式实行有偿使用的划拨土地，有偿使用费按不低于政府公布的基准地价 20% 执行。2003 年 5 月，市政府印发《关于加强城市规划区内规划建设及土地市场管理的规定》，国有划拨土地收回出让，原土地使用者与市政府按建筑和占地面积比例分配成交价；个体、私营企业用地收回，地上建筑物容积率大于 0.7 按评估值补偿不再分成，小于 0.7 扣除建筑物占地面积后土地成交价，按土地使用者 40%、市政府 60% 的比例分配。是年，境内以招标拍卖挂牌方式出让经营性用地全面推开。2007 年，根据《山东省人民政府办公厅转发省国土资源厅等部门关于实行工业用地招标、拍卖、挂牌出让的意见的通知》，工业用地全部采用招标拍卖挂牌方式出让，出让价格不得低于市政府公布的 13.6 万元 / 亩的最低价。是年，完成城镇粮油食品供应公司、界石和天福山粮管所 2.51 公顷土地使用权拍卖，成交额 477 万元。完成天润曲轴、威力工具集团和森鹿制革有限公司原厂区土地拍卖，成交额 1.69 亿元，政府收益 5916.73 万元。完成南海金滩国有土地使用权招标拍卖 12 宗 136.12 公顷，成交额 5.11 亿元，政府收益 9831.93 万元。2013 年，全市出让经营性用地 116 宗 284.45 公顷，成交额 30.11 亿元。出让工业用地 128 宗 426.4 公顷，成交额 10 亿元。出让划拨用地 14 宗 7.8 公顷。

土地定级估价　1994 年 5 月，文登市土地估价事务所成立，股级全民事业单位，隶属市土地局。1995 年更名为文登正信有限责任地产评估所（2000 年 11 月改制为企业），获 B 级土地评估资质。是年，市区土地划为三级，一级地 2.2 平方千米，北至曲轴厂，南至劳动大厦，东至文城供销社，西至供销大厦，每平方米基准地价：商业用地 630 元、住宅用地 290 元、工业用地 239 元；二级地 9.4 平方千米，北至氧气厂，南至宋家沟村南，东至卫校，西至钢球网架厂，每平方米基准地价：商业用地 305 元、住宅用地 260 元、工业用地 209 元；三级地 13.4 平方千米，北

至九里水头，南至荣兰线，东至凉水湾村，西至泊子桥，每平方米基准地价：商业用地217元、住宅用地200元、工业用地169元。1997年11月确定，市区三级地外缘线与外围线和镇区地确为四级，农村土地确为五级。2006年11月，调整市区土地级别范围扩至84平方千米，2010年3月扩至98平方千米。两次调整土地级别范围，其基准地价均作相应调整。

2013年，市区土地级别范围调至106.8平方千米。一级地11.4平方千米，北至大众宾馆、纺织器材厂、天润城、大润发、德贤街、整骨医院、园林路至文山东路，南至环山路、宋家沟、毓菁华小区、峰西村、小五里头村、大五里头村南，东至文昌路，西至五龙街、贵和花园小区西侧至龙山路，每平方米基准地价：商业、旅游、服务业用地2190元（年租金58.2元/平方米），商品住宅、别墅用地1274元，工业、仓储、交通能源用地424元（年租金10.8元/平方米）。二级地24.1平方千米，北至汕头路、向东到初张路、香水路至杜营河南侧，南至凤凰山小区北、威盛食品、热电厂南侧、崮岭路至荣兰线，东至虎山路向东500米，西至温泉路，每平方米基准地价：商业、旅游、服务业用地1220元（年租金32.4元/平方米），商品住宅、别墅用地805元，工业、仓储、交通能源用地328元（年租金8.3元/平方米）。三级地35.8平方千米，北至202省道、珠海东路及营兴路，南由麦疃后、小崮岭村至万山路，东由文昌路、珠海东路、教场东村两侧、营兴路至虎山路东1000米，西至桃威铁路、东母猪河及支流，每平方米基准地价：商业、旅游、服务业用地676元（年租金18元/平方米），商品住宅、别墅用地602元，工业、仓储、交通能源用地263元（年租金6.7元/平方米）；四级地35.5平方千米，三级地以外的土地，每平方米基准地价：商业、旅游、服务业用地524元（年租金13.9元/平方米），商品住宅、别墅用地458元，工业、仓储、交通能源用地226元（年租金5.7元/平方米）。

南海新区，西至黄垒河和明珠路，北至滨海路及港北路，东至香水海区域使用一级地基准地价。西至环海路和金海路，北至现代路、学院北路和白云路，东至昌阳河，南至滨海路、港北路区域使用二级地基准地价，其余使用三级地基准地价。全市镇区使用四级地基准地价，科技、文教、卫生、体育、科研等参照住宅基准地价执行，交通运输、公共设施、农、林、水产等用地按照工业基准地价执行。

土地储备 2001年7月30日，市政府印发《关于对市区土地实行“五统一”管理的决定》，市区土地实行统一规划、统一征用、统一开发、统一供地、统一管理。是年，市政府印发《关于印发〈文登市土地储备办法〉的通知》，按照《文登市土地利用总体规划（1996—2010年）》，完成市区工业、住宅、商业和科教等功能分区规划，建设使用单位或个人国有划拨土地和“农转非”土地，政府统一收回储备。2002年，完成文登轴承厂等33个单位土地利用现状、权属性质、位置面积和地上附着物调查。以现金303.5万元收购市旅游局以东地块2.667公顷，以协议方式对市卫生管理所土地协议储备。全市114.13公顷（国有60.81公顷、旧城改造53.32公顷）土地被纳入政府土地储备。2003年4月，威海市丝绸公司1.18公顷和市气象局0.65公顷的2宗土地，以置换方式完成实物储备。2004年，农转非国有土地按45.9万元/公顷的价格协议储备。文山社区1.56公顷、峰西社区2公顷、河北社区0.16公顷、东郊特产种植场地0.66公顷、城西社区3.83公顷、文登市农业机械化学校1.84公顷、农业机械研究所0.15公顷、林业局1.27公顷、化肥厂9.18公顷、钨制品厂1.66公顷、中油油品销售公司0.49公顷和城市道路0.33公顷，市政府按评估价447万元～466.5万元/公顷收回储备。是年，全市累计红线储备土地164.71公顷，实物储备土地20.16公顷。之后，土地储备渐停。

第四节 地籍管理

土地调查 1989年3月，文登市以952个

行政村权属单位为单元，对市、镇、村三级土地利用现状分类面积进行统计，1990年完成。编制三级土地利用现状分类面积统计资料，绘制市级1∶50000、镇村级1∶10000土地利用现状图，编绘市、镇两级边界结合图表和三级分幅土地权属界线图。完成土地初始登记，建立地籍档案。1991年后，文登市土地变更调查每年进行一次，按8个一级地类（耕地、园地、林地、牧草地、居民点及独立工矿用地、交通用地、水域、未利用地）和46个二级地类进行调查。境内土地总趋势为，耕地、未利用地、滩涂面积减少，园地、居民点及工矿用地和交通用地增加。

1996年，全国开展第一次农村土地利用现状更新调查，文登市土地总面积26.69万公顷。与1990年相比，耕地减少1.06万公顷（区划变动析出6122.45公顷），下降17.30%；园地增加2927.63公顷，增长18.24%，主要因农业结构调整，农业商品率提高；林地减少5698.06公顷，其中区划变动减少4915.59公顷；居民点及工矿用地增加2769.47公顷，增长18.55%；交通用地增加719.33公顷，增长10.51%；水域减少40.8公顷；未利用地减少1051.29公顷，下降6.14%。2002年后，执行新土地分类标准，分3个一级地类（农用地、建设用地和未利用地）、10个二级地类、52个三级地类。农村土地利用与城镇地籍分类合并调查。

2008年5月，开展第二次全国土地变更调查。其中，农村调查包括建制镇和村庄以外土地，调查耕地642.98平方千米、林地311.86平方千米、园地126.42平方千米、草地48.66平方千米、城镇村和工矿用地260.59平方千米、交通运输用地86.8平方千米、水域及水利设施用地197.2平方千米、其他土地154.65平方千米。2010年年末，基本完成村庄居民点97.19平方千米测量，确认盐田8333.3公顷，调查数据库通过省国土资源厅验收。市区调查面积83平方千米，北至威青高速，东至虎山路以东500米，南至荣兰线，西至龙山和环山项目区、火车站、西铺头村。由烟台海天地信科技地理信息工程有限公司完成地籍测量和地籍数据库建设。2012年，调查数据库通过省国土资源厅验收。

2013年，文登市完成2012年度建设用地和农用地各类图斑变更903个，面积681.82公顷。是年，耕地净增加47.56公顷，园地净减少39.42公顷，林地净减少53.08公顷，草地净减少121.38公顷，城镇村及工矿用地净增加114.82公顷，交通运输用地净增加21.92公顷，水利设施用地净减少13.23公顷，其他土地净增加42.81公顷。

土地登记　含宅基地和城镇土地登记，1995年后，增加集体土地使用权抵押登记。

宅基地登记管理　1991年，市土地局完成全市行政村地籍调查，首次登记宅基地21.72万户，发放集体土地建设用地使用证。1992年5月，全市农村宅基地登记证发放工作结束，发证22.06万本。2002年5月，对城镇居民住房用地进行登记，发放集体土地使用证，是年完成86%。2013年9月，按上级部署，境内开展农村宅基地确权工作。年末，完成经济开发区、3街道和11镇1.84万宗宅基地权属调查。

城镇土地登记管理　1990年，文登市开展城镇土地申报登记工作，各部门以被权属界址线所封闭的1宗地为单位填写土地登记申报书。全市申报单位2万个2.1万宗地6500万平方米。其中，国有土地1837宗均完成国有土地使用证登记并发证，镇村建设用地登记发放集体土地使用证1.83万本，占98.5%。2013年，发放国有土地使用证5513本、集体土地使用证569本。

土地他项权利登记　1990年5月，国务院规定国有土地使用权可依法出让、转让、出租和抵押，明确国有土地使用权与他项权利。1995年9月，市政府印发《农村集体土地使用权抵押登记的若干规定》，境内实行集体土地使用权抵押登记。2008年，全市累计办理土地使用权抵押登记1625宗，其中划拨12宗、集体1宗。2013年，全市办理土地使用权抵押登记411宗。

驻军用地权属变更　1999年6月，按中央办公厅要求，9711部队造纸厂占用的土地25.87公

顷移交文登市政府，其中建设用地21.37公顷、水域1.64公顷、耕地2.84公顷完成权属变更登记。2001年，按省政府要求，对9711部队后勤部土地进行调查、核对与登记，发放土地证5宗203.62公顷，其中耕地63.33公顷、鱼虾池131.4公顷、营房8.89公顷。

第五节　耕地保护

基本农田保护　1995年，市政府印发《文登市基本农田保护管理办法》，规定耕地保护按照占多少、垦多少的原则填补耕地。是年，完成市镇村三级基本农田保护区分类，划定境内基本农田保护区39个3387片5.5万公顷，保护率89%。建立基本农田保护区档案110卷，编制保护区规划图23份，设立基本农田保护标志111个。2003年始，非农业建设占用耕地由占用单位负责开垦，没有开垦或开垦不符合要求的，按1.05万元/亩缴纳耕地开垦费。

2004年7月，各镇（街道）根据《土地利用总体规划》确定基本农田保护面积；市农业局建立基本农田地力定位监测网点，农田地力分等建立档案和奖惩制度；市环保局建立基本农田环境污染监测和评价机制。2005年，耕地开垦费改为1.28万元/亩。2010年，市政府与各镇政府签订《国土资源管理目标责任书》，各镇政府与各村委会签订《基本农田保护责任书》，各村委会与土地承包者签订《耕地保护责任书》，基本农田保护落实到地块，责任到人。2013年，全市基本农田保护面积4.91万公顷，市国土局、农业局被国土资源部、农业部授予全国基本农田保护先进单位称号。

图19-11　基本农田保护区标志（2010年8月2日摄）

2013年文登市耕地保有量情况表

表19-9　　　　单位：公顷

单位	耕地保有量	基本农田	保护率（%）	单位	耕地保有量	基本农田	保护率（%）
天福街道	411.53	—	—	小观镇	4309.07	3438.07	79.79
龙山街道	1102.87	720.07	65.29	宋村镇	5320.60	4926.13	92.59
环山街道	670.73	70.53	10.52	泽库镇	2232.60	1706.80	76.45
界石镇	4608.80	4351.07	94.41	侯家镇	3533.25	3090.53	87.47
文登营镇	4382.07	3178.93	72.54	张家产镇	4064.13	3828.47	94.20
米山镇	3569.20	3470.20	97.23	高村镇	4690.80	4658.93	99.32
葛家镇	6486.07	6715.20	103.53	大水泊镇	5305.07	5148.87	97.06
泽头镇	4205.20	3777.53	89.83				

土地整理　2004年3月始，按照省国土资源厅部署，境内开展土地整理工作。至2013年，全市整理土地面积3.01万公顷，其中由省国土资源厅批准的重点土地整理项目21个。

省级以上重点土地整理项目　2004年，完成龙山路街道莲花顶土地整理项目，区域内8个

村，整理土地面积180公顷，新增耕地面积32.1公顷，总投资450万元，其中省拨款135万元。2006年，完成葛家镇南、北石山头区域土地整理项目，规划整理有效耕地面积70.9公顷，新增耕地比率8.3%，工程规模847.72公顷，投资1907.3万元；宋村镇青岭区域整理项目，规划整理有效耕地面积41.2公顷，新增耕地比率12.8%，工程规模470.2公顷，投资984.42万元；米山镇古场区域整理项目，规划整理有效耕地面积76.63公顷，新增耕地比率9.5%，工程规模799.01公顷，投资1997.5万元。2007年，完成文登营镇店子区域整理项目，规划整理有效耕地面积42.28公顷，新增耕地比率9.5%，工程规模447.04公顷，投资1005万元；高村镇香山区域整理项目，规划整理有效耕地面积109.15公顷，新增耕地比率13.5%，工程规模809.8公顷，投资2024.6万元；宋村镇硝滩区域整理项目，规划整理有效耕地面积126.98公顷，新增耕地比率8.9%，工程规模1422.8公顷，投资2561.04万元；汪疃镇小阮区域整理项目，规划整理有效耕地面积50.26公顷，新增耕地比率7.3%，工程规模686.5公顷，投资1544.6万元；张家产镇土地整理项目，区域内8个村，整理面积944.8公顷，新增耕地面积289.8公顷，投资1706万元；界石镇土地整理项目，区域内9个村，整理面积815.3公顷，新增耕地面积91.2公顷，投资1917万元；界石镇亮夼丘陵区土地整理项目，区域内5个村，整理面积355.58公顷，新增耕地面积45.6公顷，投资800万元。

2008年，完成大水泊镇六山区域整理项目，规划整理有效耕地面积78.1公顷，新增耕地比率9%，工程规模861.98公顷，投资1939.4万元；张家产镇汤村区域整理项目，规划整理有效耕地面积98.7公顷，新增耕地比率10%，工程规模986.65公顷，投资1479.9万元；文登营镇驾山区域整理项目，规划整理有效耕地面积91.97公顷，新增耕地比率13.5%，工程规模680.06公顷，投资1768.16万元；宋村山区土地整理项目，区域内5个村，整理面积470.2公顷，新增耕地面积79公顷，投资1057万元。2009年，完成小观镇万家口区域整理项目，规划整理有效耕地面积98.7公顷，新增耕地比率10%，工程规模986.65公顷，投资2397.7万元；苘山镇新白玉区域整理项目，规划整理有效耕地面积84.65公顷，新增耕地比率9.4%，工程规模897.82公顷，投资1346.7万元。2010年，完成高村镇土地整理项目，区域内5个村，整理面积809.8公顷，新增耕地面积109.2公顷，投资1739万元；文登营镇土地整理项目，区域内12个村，整理面积680.06公顷，新增耕地面积91.97公顷，投资1670.75万元。同时，开工建设葛家镇中心社区土地综合整治示范项目，区域内26个村，整理面积3383.87公顷，新增耕地面积343.67公顷，投资1.77亿元。2013年，葛家镇中心社区土地整治项目完成81%。泽头镇、宋村镇省级基本农田示范保护区完成立项，区域内13个村，整理面积1333.33公顷，新增耕地面积40.42公顷，投资3903.15万元。

地市级土地整理项目 2007—2008年，完成汪疃镇红石头、宋村镇马山、大水泊镇三庄和葛家镇林子西土地整理项目，工程规模347.22公顷，新增耕地面积28.62公顷，投资784.88万元。2012年，完成米山镇东下庄、张家产镇庙山姜家、高村镇老青山和界石镇阎家疃土地整理项目，工程规模362.6公顷，新增耕地面积2.98公顷，投资751.78万元。2013年，完成大水泊镇岐阳、高村镇北藤圈、米山镇姜格庄、文登营镇后长湾和宋村镇大泽头土地整理项目，工程规模621.95公顷，新增耕地面积39.76公顷，投资21169.84万元。同时，界石镇河北崮头、张家产镇鳌山、小观镇徐埠头和侯家镇南渠格土地整理项目开工。

县级土地整理项目 2008—2010年，完成小观镇凤口集等39个整理项目，工程规模294.33公顷，新增耕地面积268.07公顷，总投资1335.5万元。2011—2012年，完成整理项目29个，工程规模149.59公顷，新增耕地面积111.9公顷，总投资657.04万元。2013年，完成土地整理项

目1个，工程规模2949.66公顷，新增耕地面积287.41公顷，总投资3665.49万元。

土地复垦 1990年，境内有砖瓦窑场80个，占地面积235.75公顷（耕地面积201.41公顷、非耕地面积34.34公顷），年浪费耕地面积66.67公顷。文登市按2000元/亩征收砖瓦窑场复垦抵押基金，以复垦程度返回原单位。是年，退耕面积8.67公顷，复垦耕地面积52.4公顷。1991年，复垦土地面积31.6公顷。1997年，境内砖瓦场、采石及露天石料加工场、其他堆料场、路边店和路边亭等临时用地，均实地界定位置、丈量面积，颁发临时用地许可证，签订用地和复垦合同，限定取土深度不超1.5米。每亩收取土地开发基金1000元、复垦基金2000元。期满，按规定复垦，基金返还用地单位或个人。

2006年，实施农村建设用地减少与城镇建设用地增加挂钩试点项目，分5批进行。至2010年，完成项目区16个，新增耕地面积206公顷。2011—2013年，市政府印发《闲置和低效利用土地清理处置专项行动方案》，清理闲置和低效土地290.87公顷。推行建设用地表层土剥离利用制，用于废弃矿山、土地开发整理和绿化带建设工程。其间，宋村镇臧格农业综合开发土地复垦项目（规模233.52公顷、投资1201.7万元）和界石镇农业综合开发土地复垦项目（规模187.53公顷、投资780万元）开工建设，至2013年，分别完成100%和80%。

土地执法监察 1991年，市政府印发《关于制止丧葬滥占土地私建坟墓的通知》，严格控制遗体葬。成立砖瓦生产企业领导小组，整顿砖瓦生产企业。是年，境内砖瓦生产企业关停31家，保留21家。1992年8月，境内首次实施土地市场清理整顿。经查，全市出租、转让土地使用权1317宗40.01公顷，金额2457.38万元。房屋买卖和商品房开发29宗23.83公顷，金额2351.93万元。联营联建4宗4.39公顷，以地易物13宗7.29公顷。按检查结果出台规定：农民出租住宅标准面积内不收费，经营租赁标准内每平方米按年租金1～3元、超标及单位出租按2～5元收取租金；直接出租或以划拨使用权为资本联营联建，交足出让金、办理出让手续或租赁合同方可转让与出租；单位与个人买卖房屋，均须持双方所签协议书、土地使用证和房产证办理登记手续；擅自换房换地按违法占地处罚。1995年，各镇成立土地领导小组，村设土地信息员，初步形成市镇村三级土地监察网络。1996年，设土地行政执法联络员，参与土地行政案件诉讼代理活动。是年，开展第二次土地市场清理整顿，清理违法用地867宗897.46公顷。土地管理列入全市目标管理考核责任制、砖瓦窑厂管理纳入土地管理岗位目标责任制范围。

2002年4月15日，开展建设用地清理整顿，重点检查市区和城乡结合部违法建设用地及交易行为。经查，全市房地产开发和交易违法用地14宗4.8公顷、闲置土地1宗3.08公顷，建设违法用地88宗28.13公顷、闲置土地1宗3.08公顷。检查期间，完善用地手续88宗28.13公顷，收回闲置土地1宗3.08公顷，收缴土地出让金291万元，罚款42.47万元。2003年3月至2005年7月，开展整顿和规范土地市场秩序工作，重点堵塞1999年1月1日新《中华人民共和国土地管理法》实施后，在土地保护、开发、使用等方面的管理漏洞。全市先后开展土地补偿费、耕地占补平衡、经营性用地使用权出让等专项整顿工作。查处违法用地265宗614公顷，罚没款627.89万元；撤销小观、葛家、侯家、泽头、张家产及天福、龙山和环山等11个镇（街道）级工业园，退回土地1.19万公顷。2010年后，重点开展卫片执法检查。是年，立案查处土地违法案件23宗84.96公顷，罚款552.02万元，没收建筑物16.75万平方米，移交法院2宗。2013年，立案查处土地违法案件33起，罚款51.7万元，全市违法占用耕地比例降至4.8%。

第六节 建设用地管理

1991年，境内建设用地占用耕地实行指令性计划、占用非耕地实行指导性计划。1995年后，

全市建设用地指标纳入总体规划管理，由省土地管理部门下达用地指标。

国家建设用地 1988年7月21日，县政府印发《关于实施〈土地管理法〉若干问题的规定的通知》，国家建设征用耕地，土地补偿费为该耕地前3年平均产值的5倍、征用其他土地为3倍。1995年调整，耕地（含菜地、果园地、宅基地）为该地前3年平均产值的6倍、其他土地为4倍。每人安置补助费，耕地为前3年平均产值的3倍、最高不超过10倍，其他土地为2倍。2001年7月调整，征用耕地，城市规划区内为该耕地前3年平均产值的10倍、规划区外为8倍；征用林地、牧草地、苇塘、水面等农用地，为邻近一般耕地平均产值的6倍；征用镇村公共设施等集体所有土地为7倍；征用未利用地为3倍。每人安置补助标准：耕地为该地前3年平均产值的6倍、最高不超15倍；林地、牧草地、苇塘、水面及农民集体所有建设用地，为邻近一般耕地平均产值的4倍、最高不超10倍。2004年，全省按年产值标准分4类地区，征用农用地，土地补偿和安置补助费总和不低于年亩产值的16倍，其他土地不低于10倍。文登被列为2类区，按亩产1600元30倍的标准补偿。农用地转用指标由省国土资源厅按年度下达。2009年7月1日始，征地实施基准区片地价标准，每3年调整1次，由省政府统一公布。2011年1月1日始，文登市一级征地区片综合地价已超过按亩产1600元30倍的补偿标准，达到5万元，2013年达到5.7万元。

镇村集体建设用地 1990年，村办企业非农业建设用地纳入乡镇企事业建设用地管理。1992年，乡镇企业使用农民集体耕地，补偿标准为该耕地前3年平均产值的3～4倍、每人安置标准为2倍。1999—2013年，涉占农用地，须办理转用审批手续。乡镇企业建设用地，按国家建设用地标准低限执行。农民集体所有土地使用权不得出让、转让或出租用于非农业建设。乡镇公共设施、公益事业建设使用耕地，补偿标准为前3年平均产值的5～8倍、每人安置标准为4～6倍。其他土地补偿标准为邻近一般耕地前3年平均产值的4～6倍、每人安置标准为3～5倍。

农民住宅建设用地 1991年，文登市推行宅基地有偿使用制度。符合宅基地标准，按每平方米0.1元、超标准部分按每平方米0.2元～1元收费；经营性或出售房屋，按每年每平方米5元～15元收费。1993年7月，按上级规定，农村宅基地有偿使用停止。2001年7月，市政府印发《关于印发〈文登市农村村民住宅用地管理办法〉的通知》，农村村民1户只能拥有1处宅基地。村民住宅涉占农用地，由村委组织开垦，无开垦或开垦不符合要求，用地人按所占耕地前3年平均产值的8～10倍缴纳耕地开垦费。办理审批手续占用耕地1年未动工者，按产值的3倍缴纳土地闲置费，连续2年未用，无偿收回使用权。是年，安置三峡库区移民59户249人，宅基地面积计入文登市农民建房用地控制指标。2004—2013年，农村宅基地使用权随房屋所有权转移而转移，不单独处分；非农业户口原农村宅基地，依法确定其集体土地使用权；房屋拆除未批准重建，土地使用权集体收回。

临时用地 1991年，境内砖瓦厂取土和堆坯占地须办理临时用地证。1992年5月，市土地局印发《关于清理整顿临时用地的通知》，通过丈量收费和清理整顿，乱堆、乱建等现象受到抑制。1998年，土地使用者与行政主管部门或农村组织签订临时土地使用合同，支付临时使用土地补偿费。临时用地不得修建永久性建筑物，使用期限一般不超过2年。2003年，市政府印发《关于在全市建设工程中逐步禁止使用实心黏土砖的通知》，不再给砖厂发放临时用地证。2004年，修建威乳高速公路，占用经济开发区、小观镇、米山镇、葛山镇和环山路街道临时用地22.95公顷。2009—2013年，按市政府《文登市临时用地管理办法》，临时用地缴纳土地复垦保证金：耕地8000元/亩，园地、林地和养殖水面5000元/亩，未利用地和建设用地2000元/亩，临时性取土用地1万元/亩。畜禽养殖占地、无硬化货场晒场占地减半收取。

1991—2013年文登市各类非农业建设用地情况表

表19-10 单位：公顷

年份	累计	国家建设		集体建设		农村住宅建设	
		耕地	非耕地	耕地	非耕地	耕地	非耕地
1991	301.78	228.38	29.07	2.85	7.47	14.41	19.60
1992	79.00	15.00	6.00	13.00	10.00	17.00	18.00
1993	144.90	84.80	31.80	6.00	7.80	6.40	8.10
1994	71.00	26.00	24.00	1.00	4.00	5.00	11.00
1995	59.51	3.54	9.60	22.40	14.56	3.02	6.39
1996	55.00	31.00	6.00	2.00	2.00	4.00	10.00
1997	85.00	28.00	17.00	13.00	22.00	—	5.00
1998	265.00	203.00	37.00	14.00	6.00	—	5.00
1999	127.00	69.00	51.00	2.00	3.00	—	2.00
2000	338.79	180.42	158.37	—	—	—	—
2001	22.95	16.17	6.78	—	—	—	—
2002	65.86	57.30	8.56	—	—	—	—
2003	77.86	56.80	21.06	—	—	—	—
2004	562.50	435.27	115.73	8.58	2.92	—	—
2005	227.06	84.35	142.71	—	—	—	—
2006	428.47	191.63	226.07	—	—	—	10.77
2007	327.01	160.83	154.14	6.67	—	—	5.37
2008	376.39	163.23	202.62	4.22	3.91	—	2.41
2009	155.19	83.84	64.79	1.65	—	—	4.91
2010	139.05	53.96	79.46	2.26	1.91	—	1.46
2011	337.46	69.87	267.46	—	—	—	0.13
2012	169.30	75.59	87.42	—	5.20	—	1.09
2013	156.70	114.83	40.66	0.61	—	—	0.60
合计	4572.78	2432.81	1787.30	100.24	90.77	49.83	111.83

第八章　地质矿产资源管理

第一节　管理机构

1991年3月，文登市矿产资源管理局成立，正科级事业单位。内设办公室、财务科、监督检查科，编制10人。4月，设文城、宋村、葛家、草庙子和大水泊矿产资源管理所。1992年，大水泊矿产资源管理所撤销，设口子矿产资源管理所。1993年，市矿产资源管理局与市土地局合并。1995年6月，矿产资源管理局析出，更名为文登市地质矿产局，正科级行政职能部门，编制10人。设文城、口子、宋村、葛家和汪疃5处矿产资源管理所。2001年7月，口子管理所撤销，设张家产矿产资源管理所，文城所更名为城区矿产资源管理所。2002年1月，市地质矿产局与市国土局合署办公，为正科级事业单位。2005年4月，市地质矿产局并入市国土局。先后获全省矿业秩序治理整顿先进单位、山东省地矿行政管理先进单位等称号。

第二节　矿产资源勘查

“八五”期间，文登市聘请上级地质勘查队，完成21处乡镇17个区的金、银、地热、矿泉水、高岭土、叶蜡石、钾长石、花岗岩、大理石、河砂和黏土11种工业矿产资源储量情况勘查。编制“八五”矿业开发规划，绘制文登市矿产资源分布图1幅。至2013年，境内累计完成金属勘查项目41个，能源勘查项目7个，水气勘查项目7个。全市登记金属勘查项目14个126.6平方千米，其中金矿10个、银矿1个、金银矿1个、铁矿1个、多金属矿1个，探矿权人11个。

金属矿产勘查　1991－1993年，山东省第三地质矿产勘查院勘查侯家镇大时家金矿区，D级金储量457.76千克，伴生银2449.55千克；详查界石镇西院下村东金矿区，C+D级金储量980千克，矿区品位5克/吨，保有地质储量矿石8.62万吨，服务年限15年。1998－2002年，市地质矿产局勘查米山断裂北段店子头矿区金矿，位于界石镇店子头区域，金储量93.73千克；普查侯家地区金矿，金异常20个，矿床1个。2006－2009年，市地质矿产局勘查文登—荣成市老横山银矿区，位于文登大水泊和荣成大疃镇范围，银储量5000千克；普查沙柳矿区金矿，位于高村镇沙柳村，划出7个远景区；普查侯家镇北廒矿区金矿，金储量327.81千克；勘查界石镇西岭西矿区金矿，远景储金109.7千克；勘查潘家地区金矿，位于侯家镇至埠口港一带，金储量3253千克，开采年限7.4年。

2007－2010年，勘查岭东地区银矿，位于原天福山镇驻地东南2.86千米处，银储量1396千克；勘查汤村店子—庙山姜家地区金矿，位于张家产镇驻地南4.5千米处，金储量1124千克；详查位于高村镇东方红地区金银矿，金储量91千克。2010－2012年，市国土局勘查滩西头矿区铁矿，位于滩西头至姚家一带，铁储量1.6万吨；勘查侯家镇高家地区金矿，金储量19千克；勘查埠口港上冷家地区金矿，金储量12.39千克。

能源矿产勘查　1998年，市地质矿产局勘查高村镇呼雷汤地热，日开采量100～300立方米，开采年限40～50年；勘查文城镇七里汤地热，日开采量200～400立方米，开采年限40～50年；勘查张家产镇汤村汤，日开采量80～100立方米，开采年限40～50年；勘查铺集镇大英汤，日开采量200～300立方米，开采年限40～50年；勘查文登营镇洪水澜汤，日开采量60～80立方米，开采年限40～50年。

水气矿产勘查 1991—1999年，市矿产资源局（地质矿产局）勘查泽头镇驻地，地下矿泉水每升含偏硅酸40.5～52毫克，出水量240立方米/日；勘查晒字镇六度寺附近，地下矿泉水每升含偏硅酸44.8～48毫克，属含偏硅酸重碳酸氯化物钠钙型矿泉水，出水量78立方米/日；勘查晒字镇驻地，地下矿泉水每升含偏硅酸40.64～47.31毫克，出水量181立方米/日；勘查晒字镇三瓣石，地下矿泉水每升含偏硅酸33.7～54.2毫克，出水量50立方米/日。2001—2002年，勘查葛家镇生格庄饮用天然矿泉水，井深90米，每升含偏硅酸39.65～47毫克，出水量150立方米/日；勘查界石镇三瓣石矿泉水，每升含偏硅酸30.4～32.5毫克，出水量52.7～61.95立方米/日。

第三节　矿产资源开发利用

境内矿山企业规模小，无大中型企业。石油、天然气和煤炭等能源均需外供，金属资源贫乏。

1991年，全市有矿山企业和个体采矿业户129家，1995年增至259家。其中国营2家、市属和乡镇企业21家，余为村办和个体采矿业户，从业人员2380人。主要开采地热、矿泉水、石材、黏土和建筑用砂等，其中矿石年产量3908万吨、产值1.8亿元。2003年5月，文登市大时家银金矿申办矿山闭坑（1992年成立）。2005年，全市有矿山企业201家（股份制企业8家、集体7家、国有3家、有限公司2家、私营181家）。其中，地热、金矿和矿泉水地下开采12家，非金属露天开采189家，从业人数2705人。矿石总产量128.46万吨，矿业总产值5642.63万元，占全市工业总产值的0.06%。2010年12月，成立威海金滩矿业有限公司文登潘家矿区，位于侯家镇大时家村北。获采矿许可证，核定开采金银规模3万吨/年。是年，文登金矿（1989年成立）因资源枯竭，处于半停产状态。2013年，全市有矿山企业42家（集体2家、有限责任公司20家、私营20家）。其中，金矿2家、地热4家、矿泉水4家、建筑用花岗岩30家、饰面用花岗岩1家、长石1家，从业人员694人。

2013年文登市矿产资源产销情况表

表19-11

矿产名称	从业人数（人）	年产量（万吨）	工业总产值（万元）	利润总额（万元）	销售收入（万元）
地热	110	…	52.20	24.55	52.20
金矿	78	…	30.00	-30.00	30.00
长石	25	0.58	25.00	10.00	25.00
建筑用花岗岩	354	435.00	5300.00	426.00	5300.00
饰面用花岗岩	7	0.11	26.39	3.34	22.60
矿泉水	120	…	2000.00	175.00	1800.00
总计	694	435.68	7433.59	608.89	7229.80

第四节　地质环境保护

境内地质构造、岩石和土体性质较为稳定，自然诱发地质灾害极少。进入21世纪，采矿活动加剧，局部地区有时发生地面塌陷、岩体崩塌和海水入侵等人为地质灾害。

1998年，文登市确定生态环境保护区范围：

图 19-12　修复后的界石镇蒿埔村矿山（2013 年 1 月 2 日摄）

主要公路、铁路和海岸沿线（简称三线）可视范围内，城市保护区（66.69 平方千米），地质地貌景观保护区 5 个（昆嵛山地貌景观、南海港、埠口港、米山水库和天福山地貌景观保护区），自然保护区 4 个（天福山、昆嵛山、南海旅游度假区和圣经山保护区），重点文物保护单位 17 个 20.72 平方千米。上述范围内，禁止露天采矿。2000—2005 年，文登市实施地质地貌景观和自然保护区等范围矿山治理 13 处，修土堰 150 米，喷坡面 4.37 万平方米，植护坡树 910 株；完成辖内矿山废水、废石和尾矿利用治理 82 处，年处理废、污水 4.9 万立方米，综合利用尾矿废石 6.55 万吨；复垦土地 22.06 公顷，其中耕地 5 公顷。2006 年，实行矿山地质环境治理保证金制度，矿山闭坑前，采矿人按规定治理，验收合格退还保证金。8 月，省地质环境监测总站在泽头镇东望仙庄建立地下水地质环境自动监测点 1 处，属威海域内首处。2007 年 7 月，在虎口山村建立第二处地下水监测点，主要监测海水入侵情况。2 处监测点均安装发射装置，自动监测母猪河下游地下水位、水质和污染等情况。2008 年，市政府和企业共同投资 340 万元，治理张家产镇东泊石村、界石镇楚岘村和崮山后村、宋村镇曲疃庄、圣经山风景区矿山等 6 处，回填土石 1 万立方米，植树 1 万株，垒土墙 500 立方米。是年，收取矿产资源补偿费和环境治理保证金 231.1 万元，获国家扶持治理资金 220 万元。2010 年，实施昆嵛山国家级自然保护区花岗石矿山（软枣林段）地质环境治理，清运固体废弃物 1.03 万立方米，修筑挡土墙 5380 立方米，回填土石 3.92 万立方米。复垦耕地 3 公顷，植树 2138 株、爬墙虎 2000 株，修建水塘 1 座、排水沟 1000 米。编制《全市 2010 年汛期地质灾害防治预案》，举行露天矿山汛期应急救援演练。文登市获国土资源部第二批地质灾害群测群防“十有”市称号。是年，威海金利矿产资源评估公司和省物化探勘查院完成文登市 41 处露天采石场《矿山地质环境保护与治理恢复方案》编制。

2013 年，市政府制定《2013 年地质灾害防治方案》，划定地质灾害隐患点 10 处，汛前、汛中和汛后定时检查；完成界石镇蒿埔村西花岗石闭坑生态修复和侯家镇大时家银金矿地质灾害隐患点治理，获上级补助资金 1870 万元；申报宋村镇姜家庄废弃铁矿地质灾害隐患点治理和张家产镇岚村南废弃采石场地质环境治理项目，上级补助资金 1030 万元。是年，收取矿产资源补偿费和环境治理保证金 678.02 万元。

第五节　采矿管理

采矿许可证管理　1991 年，实行山东省临时采矿许可制度，国营和集体矿山企业采矿证有效期 5 年，村办和个体有效期 3 年。1995 年，全市核定各类矿山企业 259 家，发证率 100%。1998 年 6 月，市政府修订《文登市矿产资源管理规定》，制定《文登市矿产资源开发区域规划》，层层签订《实现矿业秩序的根本好转目标责任书》，停批小砖瓦厂、小采石场和小沙场。是年，山东省临时采矿许可证改为中华人民共

和国采矿许可证。金、银、地热和矿泉水等34种矿产资源由国务院主管部门审批发证，普通建筑材料砂、黏土和储量规模小型普通建筑石材企业，由县级地质矿产主管部门审批登记，有效期1年。2007年，按扶大关小、集中开采、规模经营原则，制定《文登市矿产资源整合方案》，境内设界石镇崮山后、葛家镇潘家上口、汪疃镇上夼、天福街道北潘家和宋村镇北马5处建筑用花岗岩集中开采区。新上矿山企业均进入集中开采区，原矿山采矿许可证期满搬至开采区。年内，集中开采区有矿山企业55家，占石材矿山总数的50%。2010年后，采矿权全国统一编号。是年，境内完成52个采矿权企业的登记、更新与换证。2013年，境内持有采矿权证的企业41家，其中省级10家、地市级2家、县市级29家。

采矿权有偿出让 1996年8月，国家矿产资源法修订，探矿权、采矿权实行有偿取得制度。2001年4月，市政府印发《关于贯彻〈矿业权出让转让管理暂行规定〉的实施意见》。11月，米山镇西母猪河沙场首次公开拍卖，成交价73.1万元。2002年，宋村小床沙场、侯家山前采石场拍卖。2003年后，境内矿山均采用招标、拍卖和挂牌有偿出让，出让期1年。2013年，全市有偿出让采矿权28家，收取采矿权价款497.98万元。

执法监察 1991—1995年，市矿产局联合市法院、公安和环保等部门，调处矿业纠纷案件32件，制止非法采矿案件58件，处罚违法矿山企业9家，罚没款1.2万元。1996年2月，全市开展第一次矿产资源开采秩序整顿活动，建立矿产品准购和准运制度。关闭矿山企业88家，取缔非法采矿9件，行政处罚4件。1998—1999年，开展第二次整顿，包括花岗岩、河沙、小型矿山企业和“三线三区”(三区：城市规划区、旅游风景区和地质地貌景观保护区）治理。其间，关闭矿山企业54家，取缔无证开采14家，查封河道采沙及旅游景点、铁路、公路干线两侧采石点8处，移交司法机关案件1件，拘留3人。2005年，开展第三次整顿，排查矿山企业225家，关闭矿山24处。检查探矿权人8个，勘查项目22个，面积200.19平方千米，吊销探矿权和评价项目7个。是年，饰面花岗岩产能达不到0.2万立方米、建筑花岗岩达不到1万立方米的，不予审批。按《铁路运输安全保护条例》，对域内“三线”两侧和河道等禁采区进行专项检查，关停沙场32家。2007年，查处违法采矿案件32件，查封车辆42台、设备37套件。昆嵛山自然保护区27处露天采石场停止开采，俚李线以南、上泽线以西和葛家镇议城路以北区域50平方千米被列为矿产资源禁采区。2010年，关闭圣海路沿线、天福街道北潘家开采区内采石场10家。2011—2013年，关闭露天石材矿山企业14家，注销采矿权证4个。

第九章　测绘管理

第一节　国家基础测绘

控制测量 1950—1988年，解放军总参谋部和国家测绘总局在境内完成国家基本测绘，布设180余处永久性测绘标志。

天文与重力测量 1973年，解放军总参谋部测绘局施测文登境内一等天文点双山点和老青山点。1983年，省物探队采用三程循环观测法，在蓬莱、烟台、威海和文登等地作重力测量，总精度±0.62毫伽。

平面控制测量 2005年9月，国家测绘局第二大地测量队在全省新布设GPS（A、B级）网点71个，文登境内有文城点。2006年，测量队采用1980西安坐标系、1985国家高程基准，在境内布设C级GPS控制网，控制点48个。布设

三等水准点63个，观测3等水准路线714千米。境内有三角点42个，其中二等点9个、三等点17个、四等点16个。2013年，境内三角点60个，其中一等点5个、二等点26个、三等点17个、四等点12个。

高程控制测量　1975年，济南军区测绘部队依照1974年版《国家水准测量规范》，施测烟台经荣成、海阳至青岛一等水准路线（经文登境）。布设二等水准支线2条42千米，埋设水准点标石12座。至2005年，境内水准点38个，其中一等点12个、二等点4个、三等点22个。2013年，境内水准点43个，其中一等点12个、二等点5个、三等点26个。境内另有GPS点84个，含平面和高程控制测量2种。

地形测量

航空摄影测量　1986—1988年，省测绘局采用1954年北京坐标系和1956年黄海高程系，利用航测全能法形成文登境内1∶10000地形图。1999年，采用1980年西安坐标系、1985年国家高程基准，出版覆盖文登全境的1∶10000数字影像地图100幅。2007年10月，淄博测绘研究院有限公司完成南海航空摄影测量，绘制1∶500分幅图及1∶5000和1∶10000比例尺图各1幅。

海洋测绘　1969年，解放军海军测量部队测量石岛—青岛（含文登）海区，布设三等控制点11个、四等控制点52个，海控点122个。1980年，解放军海军测量部队完成浪暖口至龙须岛海岸控制测量，测海控点61个，最大闭合差13″，形成1∶10000岸线地形图41幅，海岸线长525千米。1978—1990年，解放军海军测量部队完成山东全境（含文登海域）基本测量。境内海岸线东起靳家店南蔡官河口，西至黄垒河口，全长155.55千米。2005年，市国土资源局按1∶50000文登市地图，测量市境南海海岸线155.88千米，同时，完成临海镇海岸线长度测量。

第二节　地方测绘

市（区）界线勘测　1995年后，文登市先后与环翠区、烟台市牟平区、荣成市、乳山市完成勘界埋桩工作，陆地边界总长297.18千米，设界桩28个（详见第三十三编第七章第一节）。

水利测量　境内水利测量主要由市水利局测量队完成。1993年，完成米山水库西干渠清淤纵横断面60千米测量。1994年，完成柳林河与抱龙河下游整治工程测量。1999年，完成坤龙邢水库大坝及溢洪道除险加固、埠口和五垒岛防潮堤工程纵横断面测量。2000年，测量南水北调工程界石段地形图，比例尺为1∶1000，面积1.8平方千米。完成望仙庄拦河截流工程测量，自行绘制1∶500的地形图13幅、1∶1000地形图1幅。2003年，完成武林水库大坝、溢洪道除险加固及10处小型水库测量，完成龙山街道西汤后拦水坝至河圈漫水桥段5792米地形图测量。2005年，完成宋村镇（23.2千米）、葛家镇（3.2千米）、界石镇（11.3千米）和库区16村自来水测量。2006年，主要完成东西母猪河治理工程地形图测绘，包括东西母猪河交汇口至入海口13千米、东母猪河交汇口至河圈15千米、母猪河环海路虎口窑特大桥至入海口段5千米、母猪河环海路至入海口段10千米和西母猪河米山水库下游至交汇口13千米。2007年，测量昌阳河治理工程地形图，包括昌阳河环海路至入海口段10千米、石羊村东寺五线老交通桥至环海路大桥南4千米、东汤村至石羊村东寺五线老交通桥段4.5千米。2008年，完成山后侯家、段家庄、小嵛岭和鹁鸽崖等50座小型水库地形图测量，制图比例尺均为1∶1000。

2009年始，实施小型农田水利重点工程测绘。2012年，实施重点河道工程测绘，包括界石镇楚岘、晒字、八甲、张格、蒿塂河道，文登营镇杜营河、渠格河道，葛家镇孙疃河道和汪疃镇9条河道，全长60千米。完成南水北调工程米山水库29～30.5米等高线180千米测量。2013年，完成坤龙邢水库增容1∶500地形图测量，完成南海防潮堤14千米地形图测量，控制面积10平方千米。全市累计完成小型农田水利水源工程测绘140处，水库灌区末级渠系改造测绘49.84

千米。

地籍测量 境内地籍日常变更测量原由市土地综合服务站负责，2003年改为土地勘测规划服务中心实施，其他测量一般聘请有测绘资质的单位开展。

1993年3月，文登市实施第一次城市地籍测量，由淄博市勘查测绘院承担，分4条街道11个街区。采用卫星定位，建GPS三等控制点10个，控制面积30平方千米。布设文登市区一级导线网，施测一级图根点169个、二级405个。解析界址点6924个，施测四等水准网点26个，环线长52.6千米。测绘宗地19.54平方千米，宗地界址1.8万个。绘制1∶500地籍图313幅、宗地图918幅。1998年10月，对葛山镇进行地籍测量调查。分4个区，布1～2级导线各2条，设导线点34个。测绘镇区面积2.5平方千米，绘制宗地图223幅、分幅图99幅。2006年，完成南部沿海土地权属和地类调查，包括盐田、滩涂和虾池等国有存量土地。测绘土地12宗，面积5305.9公顷，编制1∶10000土地利用现状图和宗地图12幅。6月，选择中心市区及外围区域（北至威青高速公路、东至初张公路、南至荣兰公路、西至桃威铁路和威青高速公路）50平方千米，开展市区变更地籍调查及地籍管理信息系统建设工作。应用GPS技术，建立D级控制网、地籍调查区E级控制网和一级GPS导线网。采用野外全解析法完成市区地籍要素变更和更新测量，绘制1∶500比例尺数字化地籍图，编制宗地图9800份。2008—2010年，按照《第二次全国土地调查技术规程》，完成市区50平方千米的地籍变更测绘，实现市区地类全覆盖，测量宗地2312宗，设界址点9038个，布设一级GPS点31个，控制面积5平方千米；完成建镇区1.45万宗50.59平方千米调查，设界址点4.33万个，布设一级GPS点257个，控制面积60平方千米。

林业测量 国家森林资源清查由林业部组织，各省林业局组织实施，5年1期。主要了解森林资源动态变化，评价每个清查期内人类活动对森林资源的影响。每期按资源状态确定样地位置、数量，并布点。一重样本按4×4千米布点110个，每点样地为边长25.82米正方形，以前后2套样地估测总体资源现状及动态变化。二重样本在遥感卫星影像图上，按2×2千米布点判读数据。结合方形样地实测数据，双重估测总体湿地资源、沙化和荒漠化土地现状。全省整体形成森林资源动态分析，撰写森林资源报告和编制有关图表。1991—2013年，境内进行森林资源清查5次，每次重复清查同一点，均按该方式进行。

国家森林资源设计调查10年1次。2000年5月，按照省、威海市林业部门部署，文登市进行第三次森林资源设计调查（本志所述期内仅1次）。包括22个镇（街道）872个村、2个国有林场、1个旅游景区林地和宜林地，调查规划小斑1.3万个。成林和疏林地设1亩方形标准地，幼林和未成林地以10×10为单位样方。其间，完成数据整理、镇级现状图和规划图转绘、文登市林业现状图和规划图绘制，将小斑卡样录入微机。调查显示：文登森林覆盖率31.3%，林地总面积5.02万公顷，荒地104.1公顷，退耕还林地（25度坡以下）1216.4公顷。

城镇建设测绘 城市测绘包括地形地貌、工程建筑、基础建设和控制点位标志等。1991—2013年，文登市完成1∶500数字化地形图1442幅101.15平方千米、1∶1000数字化地形图60幅16.49平方千米、1∶200地形图19幅16.5平方千米。

城市控制及地形测量 1983年，北京工程学院在文登城区施测独立四等三角网，采用1956年黄海高程系，设水准点20个，最大路线闭合差8.6毫米。首次使用高程控制、首次按照国家规范施测城区控制测量。1996年11月，山东岩土工程勘查总公司测绘院在市区原D级GPS点布设I级导线34千米，确定点位73个，加II级导线点40个，I～II级导线点下加密图根点1832个，完成1∶500测图11.7千米。1998年8月，该院完成市区1∶500地形测绘工程。市区原E级GPS控制网点及I～II级导线点补充建

立导线控制图，按四等水准测量方法，完成市区内Ⅰ～Ⅱ级导线水准测量，统一市区高程系统。测绘1∶500地形图188幅11.75平方千米，建立图根点1927个。2002—2003年，山东正元地测信息工程有限责任公司施测文登市区东和市区北1∶500地形图9.2平方千米。2004年10月，威海市建通测绘工程有限公司在原Ⅰ级控制网基础上设B级GPS点5个，选取文登食品厂西南WD10和棋山路WD02 2个Ⅰ级点为起算点，联测食品厂东北WD11点。实测地形图1.73平方千米，确定道路坐标25千米。2006年，文登市城市规划技术服务中心完成市内82家建筑单位实测、修测1∶500地形图197幅10.44平方千米。2007年，文登市城市规划技术服务中心与山东海天地理信息工程有限公司完成市区50平方千米1∶500地形图外业测量。2008年，烟台海天地信科技有限公司完成经济开发区8.8平方千米比例尺1∶500的实地测量。2013年，山东正元数字城市建设有限公司完成文登市区39.8平方千米0.05米分辨率真彩色航空影像和全市1654平方千米0.3米数字正射影像，建立覆盖境内基础地理信息数据库，更新城市中心区和开发区230.1平方千米数字线划图和地名地址库地图。是年，文登市区有测量标志点27个。其中，CORS基准站1个，GPS点18个（B级1个、D级1个、E级16个），水准点4个（Ⅱ等2个、Ⅲ等2个），三角点4个（Ⅲ等2个、Ⅳ等2个）。

工程测量　1994年，冶金工业部山东地质勘查局三队完成文登市区11平方千米的上水、下水、通信等地下管线测量。威海市测绘处完成米山水库向威海市供水工程测量。1999年，文登市水利测量队完成开发区4平方千米、小观镇11平方千米、宋村镇园区5平方千米地形图测绘。威海市水利勘测设计院勘测设计西母猪河调水应急工程，设计日供水能力1.6万吨，管路9400米；完成坤龙邢水库至磨山水厂调水工程测量，设计日供水2万吨。2006年，市建设局勘测部门完成供热等8项工程管线勘测，长4683米，工程放线73栋、管线长960米。2007—2009年，文登市土地勘测规划服务中心共完成测绘业务1510宗，面积9933公顷。2011—2012年，先后为综合保税区、城际铁路连线和政府大项目测绘土地1551.6公顷。

交通测量　境内国道、省道和铁路等测量主要由上级测绘部门完成，市镇公路主要由文登公路局或聘请外部勘测单位完成。

公路测量　1992—1993年，市建委和公路局完成市区道路、桥涵建设测绘，包括线路水准、中线、地形、纵横断面和桥涵测量。2004年，省第二测绘院完成威青高速路测量，设B级GPS点140个，形成文登段44.7千米1∶2000的带状地形图。2006年，市勘测部门完成道路中心线测绘8.21千米、威青线和文昌路道路放线5.75千米。

铁路测量　1991年2月，威海市地方铁路局与荣成市、文登市和环翠区，对DK71+980—DK134+000段线路（文登境线路DK71+980—DK122+130）复测。5月，完成境内62千米中线复测、260座涵洞定位测量、38个水准点复测。调整曲线要素8个、水准点高程6个。2008年，威海市图源地理信息有限公司完成火车站附近1∶500比例尺实地测量，面积5.25平方千米。

机场测量　1992—1995年，济南空军后勤部测量设计威海机场改建、扩建工程，含跑道、候机楼、航管楼等，达4D标准。

水文观测　包括水位、流量、蒸发量、冰情、水质和墒情等。

水文站　1991年，文登设有米山水库水文站。主要研究水库上游降雨和径流，开展水情预报。2011年，新增坤龙邢、南圈水库水文站2处，南桥、高村、宋村河道水文站3处，柳林、抱龙、道口、嶅山水文站4处。

地下水观测井　1991年，文登有地下水专用观测井10眼（2008年停用）。2007年，新设地下水自动观测井14眼，其中地下水与海水入侵两用井2眼、海水专用井4眼，分布于小观、宋村、泽头、泽库、高村、葛家、侯家和大水泊等镇。

水资源质量监测站 境内设水功能监测站8处，其中饮用水水源区3处、工业用水区1处、农业用水区4处，每月监测1次；供水水源地监测站4处，每月监测1次；排污监测站1处，年监测2次（5月、10月）。2013年，全市有水质监测站50处，其中水功能区8处、水源地4处、排污口1处、地下水20处、其他17处。

第三节　测绘行业管理

测绘队伍 1991年，境内实施测绘资质认证与登记，严控私自入境测绘和无证测绘。2013年，全市有文登市城市规划技术服务中心、市水利勘测设计院、市土地勘测规划服务中心、市卓远房地产测绘有限公司和威海万准测绘有限公司5家丁级资质测绘单位及威海正信不动产测绘有限公司丙级资质1家。

测量标志保护 按照上级要求，境内定期开展标志检查与维护。2004年，全市有国家级测量标志点187个。其中，三角点44个，水准点38个，B级GPS点1个，军控点104个。2013年，全市有国家级测量标志点292个。其中，A级CORS 1个、三角点60个（一等5个、二等26个）、水准点43个（一等12个、二等5个）、GPS控制点84个（B级1个、C级8个），保持良好128个、坏失60个；军控点104个（一级点17个、二级点84个），均保持良好。

地图编制及成果应用 1991年，市民政局以1983年《文登县地图》为基础，编制以行政区划为主的1∶75000《文登市地图》，由山东省地图出版社出版，图幅70.5×99.5厘米。1996年，由中国城市出版社出版《文登市志》卷首《文登市政区图（1990年）》《文登市地势图》，比例尺1∶220000，等高距40米。2000年，山东省地图出版社出版《文登市交通旅游图》，图幅76×51厘米。2004年，山东省地图出版社编制出版1∶80000《文登市地图》，图幅97×69厘米。2008年9月，山东省地图出版社编制出版《文登市交通旅游图》，图幅60×80厘米，印刷2万张。2012年，《文登市“十二五”基础测绘规划》颁布实施。“数字文登地理信息空间框架”建设列入省级试点项目。2013年10月，“数字文登地理空间框架”及9个应用示范项目，通过省国土资源厅验收。主要集成和管理地理信息资源：文登市1∶500大比例尺地形图数据，1∶500比例尺数字正射影像及数字高程模型数据，1∶500大比例尺框架数据集及18～20级配图电子地图数据，覆盖全市不同年份、多种分辨率遥感影像数据，地名地址数据，三维模型数据等。

图19-13　2013年10月24日，省国土资源厅“数字文登地理空间框架建设及应用示范”项目验收会在市国土局召开。

第十章　安全生产监督管理

第一节　管理机构

1991年，文登市设有安全生产管理委员会（简称市安委会）。2001年5月，文登市安全生产监督管理局（简称市安监局）成立，属市经济贸易局内设机构，编制5人。2002年6月，市安监局调整为与市经济贸易局合署办公的正科级行政单位。2005年2月，文登市安全生产监察大队成立，隶属市安监局，副科级事业单位，各镇（街道）工贸城建服务中心增挂安全生产管理办公室牌子。11月，市安监局独立办公，改为市政府序列工作部门，为市安委会常设办事机构。2006年11月，各镇（街道）、经济开发区和埠口港均设安全生产监察中队。2008年4月，文登市安全生产协会成立，有单位会员70个、个人会员15个。

2013年，市安监局内设办公室（增挂法规科牌子）、工商贸监督管理科（增挂职业卫生监督管理科牌子）、矿山和危险化学品安全监督管理科（增挂行政许可科牌子）、综合监督管理科。辖安全生产监察大队。有工作人员18人。

第二节　制度建设与教育培训

制度建设　1991年，文登市推行安全生产目标管理，制定《文登市厂矿企事业安全生产管理考核标准》《文登市流通企业安全生产管理考核标准》，各级各部门层层签订《安全生产责任书》。1994年，实行安全生产一票否决制度，安全生产不合格单位，不得评为先进单位。全市企业挂红牌（良好）27家、绿牌（合格）148家、黄牌（较差）43家。1996－1999年，坚持管生产必须管安全的原则，严格控制安全生产事故，市、镇、部门及单位车间、班组层层签订安全生产责任状。其间，未完成责任状规定目标的单位23个，均实行一票否决。2005年，采用安全生产目标化、责任化管理，初步形成层层有指标、人人有责任、事事有落实的局面。市政府与各镇（街道）及有关部门签订《安全生产目标责任书》，市安监局与150余家非煤矿山企业、120余家危险化学品企业、3家烟花爆竹生产企业签订《安全生产目标责任书》，各镇（街道）、各部门与所辖单位、企业签订《安全生产目标责任书》，明确各级、各部门、各单位在安全生产中所承担的宣传教育、监督管理、事故报告和处理等方面责任。2008年，推行安全生产承诺制，全市有32个单位向市政府做出安全生产承诺。是年，1300名电工和汽焊工均持证上岗。2009年，市安委会印发《文登市安全生产违法行为和事故隐患举报处理及奖励办法》，设值班受理电话和电子邮箱。2010年，市政府印发《文登市安全生产目标责任考核办法》，全市安全生产工作纳入市政府绩效考核体系。是年，文登市获全省安全生产基层基础工作先进单位称号。2011－2013年，市政府加大安全生产考核力度，3年共表彰52个安全生产先进单位和61名安全生产先进个人。

教育培训　1991－1995年，全市企事业单位对新入厂职工进行公司、部门、班组“三级”安全教育，每年利用全国“安全生产周”集中开展安全知识宣传教育活动。其间，全市开展新职工“三级”安全教育4.5万人次，举办法人代表安全生产资格上岗培训97人。1999年，组织岗前安全常识培训442人，液化气站特种作业培训21人；“安全生产周”期间，市安委会组织公安、交通等部门举办安全生产宣传教育展，设置咨询台和展板，发放宣传材料3万余份，组织3万名职工参加全省“安康杯”安全生产知识答卷活

动；“119”宣传日，发放《中华人民共和国安全生产法》宣传材料1万余份、安全生产知识宣传材料6000份；举办非煤矿山经理、安全管理员培训班2期，参加培训249人。2002年始，每年6月举办“安全生产月”活动，媒体开设安全生产专栏。

2005年，高危行业（非煤矿山、危化品、烟花）负责人和工贸企业厂长、安全管理员通过培训，颁发安全生产管理资格证书（2013年改为安全培训合格证书）。全市举办培训班4期，非煤矿山企业负责人328人参加培训，158人获得合格证书；269名零售单位负责人参加培训，均获合格证书。2006年，市安监局与电视台以“安全发展，国泰民安”为主题，联合开办《记者观察》栏目，每月播放1期。是年，培训企业负责人611人次、危险化学品生产经营单位安全管理人员160人次、烟花爆竹零售人员270人次、特种作业人员7期300人次。2013年，以“强化安全基础，推动安全发展”为主题，制作《伤逝》《人命关天》安全生产主题教育专题片在媒体播放；分期分批举办非煤矿山、危险化学品、烟花爆竹等行业和工商贸企业、特种岗位人员培训班22期，参加培训4300人次。“安全生产月”活动期间，展出宣传漫画400幅，发放宣传材料5000份，组织万人参加安全生产知识有奖竞赛。是年，全市各领域持有与安全生产相关证件的上岗人员1万余人。

图19-14 2009年6月6日，市安监局在市中广场举办“安全生产月”宣传活动。

第三节 安全生产检查监督

1991—1995年，全市开展安全生产大检查5次，完成化工、电业、建材、建筑等危险行业重点整顿。其间，查出事故隐患764处，市属以上企业发生伤亡事故49起，死亡17人、重伤23人。1996—1997年，开展安全生产大检查6次，查处各类事故隐患327处；开展矿山、易燃易爆和建筑安装专项治理4次，查处事故隐患24处；检验锅炉438台、压力容器630台、氧气瓶3000只、民用液化气钢罐5150只。2001年，坚持谁主管谁负责、谁审批谁负责、谁验收谁负责的原则，严格落实各项防范措施，开展专项整治。全市开展综合大检查3次，检查企业460家，查出各类事故隐患3850处，下达整改责任书145份；组织以水上航运安全、民用易燃易爆物品和危险化学品储运安全、锅炉压力容器安全、公众集聚场所防火等7项专项整治，其中夜查暗访公众聚集场所142家，查处火险及安全隐患273处，下发责令限期改正通知书80余份，责令停业1家；组织公安、交通、工商、消防等部门，对全市生产、包装、储存、销毁危险化学品等单位安全管理进行重点检查，对取得危险化学物品经营资格的279家企业进行抽查，对93家成品油、液化气经销单位全面检查，查封加油站34家，全面检查从事道路危险化学货物运输车辆，强制报废危险化学货物运输车15辆；“五一”“十一”期间，组织公安、旅游、技术监督等部门专项检查旅游设施、涉外宾馆安全状况；开展夏季防汛、防雷击、防倒塌、防高温和冬季防火、防爆、防中毒、防冻、防水上及道路交通事故、海上养殖与捕捞事故检查工作。2003年，以地下矿山、小采石场为重点，检查非煤矿山企业173家，勒令停产12家、关

闭24家，46家采石场按照规定建炸药库和雷管库，达到人防、技防和犬防标准；检查加油站90家、液化气站30家，查封剧毒物品氰化钠3吨；完成市区500处配电室检查，查出重大隐患设施9处；制定《文登市海上事故抢险预案》，划分渔船避风锚地，增加30艘兼职抢险救生船，查处违规渔船20艘、脱审和安全设备不齐的渔船150艘。

2004年，非煤矿山、危险化学品和烟花爆竹生产经营企业实行安全生产许可制度，由省级安全生产监管或以上部门核发；烟花爆竹销售实行经营（零售）许可制度，由市级安全监管或以上部门核发。2005年，实行驻厂安全监察员制度，文登市化肥厂、山东航天发泡剂总厂、文登金矿和3家烟花爆竹生产企业均派驻监察员。2006年，开展企业安全标准化达标工作，全市16家非煤矿山、3家危险化学品生产经营企业和1家烟花爆竹生产企业通过安全标准化验收。其中，山东航天发泡剂总厂通过省级二级验收，其他企业通过威海市级三级验收。2007—2009年，建立安全生产监管档案机制、健全重点企业和重大危险源监控机制、隐患排查整改机制，全市非煤矿山、危险化学品、烟花爆竹和液化气站、加油站等500家企业建立安全档案，确定重大危险源54处、重点监控企业120家。其间，56家非煤矿山企业、14家危险化学品生产经营企业、液化气站和烟花爆竹生产经营企业通过威海市安全生产标准化三级验收，其中威海众音化工有限公司通过省级标准化二级验收。2013年，重点加强高危行业安全生产专项执法检查，检查生产经营单位2000个，下发整改指令书240份，整改事故隐患3700处；开展安全生产大检查集中整治2次，涉及氨制冷、高危等行业；联合检查机械、冶金、家纺、管道液化气、建筑施工、海上作业等行业20次，查处隐患700余处；联合相关部门对1000余家企业职业危害情况进行排查，建立档案。是年，全市获非煤矿山安全生产许可证的企业25家、危险化学品生产许可证的企业12家、烟花爆竹安全生产许可证的企业2家、烟花爆竹经营（零售）许可证的单位248家，均通过威海或省级安全生产标准化验收。

第四节 应急演练与生产事故

应急救援演练 2001年5月，市安委会办公室拟定特大安全事故应急处理预案。6月，组织市公安、技术监督、交通、海上运输等12个单位，制定各类特大安全生产事故应急处理预案。2005年7月13日和2008年6月20日，市安委会组织市消防、卫生、环保、公安、电业等部门，在市西郊热电公司（原市氯碱厂）举行大规模氯气泄漏事故应急救援联合演习，历时30分钟。2009年6月25日，在市化肥厂举行液氨泄漏事故应急救援实战演练，参演人员500人；29日，在市金矿举行井下坍塌事故应急救援演练，参演人员100余人。2010年6月24日，市安监局组织有关单位在文登市和谐硅业有限公司举行液氯泄漏事故应急救援演练，参演人员200人；7月16日，在文登市道源石材厂举行矿山事故应急救援演练，参演人员100人。2011年后，全市

图19-15 2013年9月16日，市安监局联合市应急办、质监局等部门在利群商场举办自动扶梯事故应急救援演练。

各矿山、危化品企业应急救援演练活动实现常态化。2013年，全市有应急救援预案5大类，包括文登市人民政府突发公共事件总体应急救援预案和自然灾害、事故灾害、公共卫生事件、社会安全事件专项应急救援预案，各级、各部门和生产经营单位建立相关应急预案。全市有应急救援队伍320支。

生产事故 1991—2013年，全市未发生重（特）大生产安全事故（死亡10人以上），发生较大生产安全事故（死亡3～9人）4起，生产安全事故和伤亡人数呈下降态势。

冷风库伤亡事故 2002年6月27日上午，宋村镇威海蔬菜批发公司冷风库储存架倒塌，部分作业职工被埋压在蔬菜架下。窒息死亡2人、重伤1人（抢救无效于当日死亡）、轻伤9人。事故主要原因是违反安全操作规程。

抱龙河拱桥坍塌事故 2006年6月6日11时，抱龙河15孔拱桥在施工过程中有2孔坍塌，死亡5人、重伤1人。事故主要原因是施工技术不过关，违反安全生产操作规程。

啤酒厂回收罐爆炸事故 2007年1月17日，威海昆嵛啤酒有限公司洗瓶车间冷凝水回收罐爆炸，死亡4人。事故主要原因是洗瓶车间冷凝水回收罐系统非正常带压，违反操作规程。

西道头采石场塌方事故 2007年10月21日15时，葛山镇西道头某采石场作业过程塌方，死亡3人、受伤1人。事故原因是开采现场不分台阶、一面墙施工，掏底作业，台阶高度和坡面角严重违反国家《金属非金属矿山安全规程》。

1991—2013年文登市道路交通和生产事故情况表

表19-12

年份	伤亡事故（起）	死亡（人）	受伤（人）	直接经济损失（万元）
1991—1995	49	17	40	100.00
1996—2000	6810	731	560	420.00
2001	1683	182	900	100.00
2002	1223	162	650	43.72
2003	841	146	483	174.87
2004	384	128	193	145.75
2005	346	110	152	116.47
2006	273	110	139	261.83
2007	257	105	134	337.10
2008	182	93	146	84.66
2009	122	94	133	89.91
2010	73	63	50	57.12
2011	58	47	42	507.80
2012	65	43	35	116.78
2013	60	43	27	281.31
合计	12426	2074	3684	2837.32

说明：1991—1995年专指市属以上企业生产事故。

第十一章 食品药品监督管理

第一节 管理机构

1991年，市卫生局设药政科。1995年1月，文登市医药公司增挂威海市医药管理局文登分局牌子，增加医药管理监督职能。2002年3月，文登市药品监督管理局成立，隶属威海市药品监督管理局，负责境内药品监督管理，编制25人。内设综合办公室、药品稽查队和药品检验所。2004年11月，更名为文登市食品药品监督管理局（简称市食药监局）。内设综合办公室、食品安全协调监督科、药品稽查队和药品检验所，编制23人。同年，文登市食品药品安全协调委员会成立，属政府临时议事机构，分管副市长任主任，有会员单位21个。2009年7月，市食药监局改为文登市政府管理。2010年6月，药品检验所更名为食品药品检验检测中心，增挂药品和医疗器械不良反应监测中心牌子，药品稽查队更名为食品药品稽查大队，升格为副科级事业单位。7月，食品安全综合协调和重大事故查处职责划归卫生局，市卫生局的餐饮服务许可、餐饮服务环节食品安全监管和保健食品、化妆品卫生管理职责划归市食药监局。

2013年，市食药监局内设办公室（增挂政工科、财务科牌子）、政策法规科（增挂行政许可科牌子）、餐饮服务食品监管科（增挂保健食品化妆品监管科牌子）、药品监管科和医疗器械监管科。辖食品药品稽查大队（副科级）和食品药品检验检测中心（股级）2个事业单位。有工作人员36人。

第二节 食品安全管理

1991年，全市食品生产与经营实行卫生许可制度，从业人员必须定期查体，持健康证上岗，伤寒、痢疾、病毒性肝炎、活动期肺结核、化脓性或渗出性皮肤病“五病”人员严禁上岗。生产与经营企业重点加强制度和设施建设，餐饮单位严格食具消毒、生熟食品隔离，严防食品污染、肠道传染和食物中毒事件发生。“八五”期间，检查经营单位1.48万个5.35万次，销毁不合格食品15吨，食品抽检合格率90%～95%。境内未发生大型食品中毒、食源性疾病和食品污染事故，食品生产经营单位持证率100%。文登市被省卫生厅评为食品卫生达标市。1997年4月16日，大水泊镇发生中学生芸豆中毒事件，中毒学生66名，均短时间治愈。

1999年，境内出现假冒伪劣食品，食品检查范围扩大。市卫生、工商和公安部门联合执法，重点整顿市区夜市、街头食品摊点，取缔无证经营，吊销违法执照，没收伪劣食品。年内，检查食品1.55万次，合格率92%。2000年10月16日，界石镇印花厂伙房误将纯品亚硝酸钠作食盐用，10名工人中毒，经抢救均治愈。2003年，开展春季食品卫生安全保障大检查，监督食品卫生1.2万户次，合格率96.7%；抽检食品786份，合格率92.9%；卫生行政处罚120户次，取缔违法摊点15户，责令改正87户次，查处假冒伪劣食品5600千克。办理卫生许可证1094个，食品从业人员健康查体培训8928人次，“五病”调离率100%；按科学、卫生和健康程度，对食品生产经营单位信誉度进行量化分级：A级为达标，B级要求限期整顿，C级要求停业改进，D级吊销卫生许可证。2004年，重点开展奶粉、粉丝专项检查，封存奶粉317袋，销毁奶粉2.9吨。2005年，全市建立食品安全协调议事机制，市政府制定《文登市重大食品安全事故应急预案》。完成文登营镇32个村的食品生产经营和餐饮企业、集贸市场及定点屠宰食品安全普查。2007年，食品药

品安全协调委员会推行“食品放心工程”，治理食品污染源头，避免和减少食品安全监管执法交叉、重复检查现象。食品安全工作纳入岗位目标责任制考核，实行一票否决制度。8月9日，威海市食药监局在文登组织重大食品安全事故应急演习演练，参加演练人员100余人。市卫生监督所开展乳制品、农村食品和中小型餐饮等单位的专项整治，建立餐饮业原材料索证和台账登记制。是年，培训食品从业人员9886人次，卫生行政处罚93户次，食品检测合格率98.5%。2008年，量化分级单位885家，其中A级单位21家、B级137家、C级727家。检测食品138份，合格率94.9%，“五病”调离102人。文登市被省食药监局评为全省食品安全示范市。

2010年，取消食品卫生许可证，改为餐饮服务业许可证、食品流通许可证和食品生产许可证。市食药监局开展奶粉、地沟油、食品添加剂和瘦肉精等食品安全专项检查，取缔餐饮服务无证经营单位5家，罚没款5.9万元。8月，对全市101所学校食堂食品进行安全检查，下达监督意见书92份。9月，开展为期3个月的工业企业集体食堂整治，下达限期整改意见书70余份。12月，联合海洋与渔业局、质监局对海参养殖、加工和食用情况开展专项检查。2011—2012年，开展创建省级餐饮服务食品安全示范县活动，餐饮单位全面实行量化分级管理。运恒大酒店通过全国营养健康餐饮示范单位验收，文登市通过省级餐饮服务食品安全示范县验收。2013年，全市餐饮企业量化分级和等级公示620家，其中A级12家、B级478家、C级130家。创建威海市餐饮服务单位60家、阳光厨房56家，建设昆嵛路、米山东路和文山路“食品安全示范街”3条。聘请食品安全协管员98人、信息员664人。年内，检查各类企业1323次，立案查处案件111起。抽检食品原料和自制食品80种200批次，查封生产企业10家，查处假冒伪劣食品案件15件。

第三节　药品与医疗器械管理

1991—1995年，按《中华人民共和国药品管理法》，取缔游医药贩、非法经营摊点30个，检验药品1196批次，不合格的336批次，占检验药品28.1%。1998年，全市医药零售门市均实行医药连锁经营，统一标准。是年，查处非法行医77起，取缔无证行医12起，没收药品120种。2000年，按照国务院《药品监督管理体制改革方案》，省以下药品监督实行垂直管理。境内药品市场放开，不同经济成分进入药品流通领域，药品经营市场化。全市医院实行药品采购招标制，执行医药分开核算、分别管理制度，制售假劣药品和收受回扣现象得到控制。

2002年，实行药品集中招标制度，文登整骨医院、红十字会医院、宋村卫生院被定为药品招标采购工作点。是年，医疗机构集中招标采购药品19期300种，中标额2355万元。宋村、泽库、泽头、侯家、埠口、汪疃和张家产7所卫生院，按低于国家定价30%～60%零售药品，让利群众60余万元。2003年，完成20家医疗机构、5家药品生产企业、149家药品经营企业、354家农村卫生室、31个社区卫生服务站和5家个体诊所的药品监督检查，取缔无证经营药品11家，清除流动药贩25人，

图19-16　2013年4月18日，市食药监局工作人员在超市进行蔬菜抽样检查。

查封没收药品400种。是年，市属医疗机构药品集中招标24次608种6757万元，中标3629万元。全市启动药品经营质量管理规范（GSP）认证标准管理。

图19-17　2013年8月3日，市食药监局执法人员在药店进行药品检查。

2005年，镇（街道、港）设立食品药品安全协管站19个，聘请农村协管员97名，监管信息员664名，农村药品供应和监管网络覆盖率达99%。启动药品生产质量管理规范（GMP）认证，亚太药业、申威药业和颐阳酒业（颐阳补酒生产车间）通过GMP认证，121家药品经营企业通过GSP认证。2007—2009年，启动药品不良反应（合格药品正常使用显意外反应）监测机制，全市医疗机构、药品生产及经营企业成立监测点33个，上报药品不良反应报告1126份，实现世界卫生组织提出的病例报告200份/百万人口目标；开展橡胶避孕套、一次性无菌医疗器械和医疗器械说明书、标识等专项检查，检查医疗器械生产、经营企业和医疗机构160余家，立案查处案件3起。2009年，全市通过GSP认证经营（零售）企业334家。2010年，全市16个镇级卫生院、10个社区服务站、3个社区服务中心，均配备使用523种基本药物（国家药物307种、省增补药物216种），实行零差价销售，公开招标，让利2520万元。

2013年，开展药品、医疗器械监督管理工作，检查药品生产企业4次、经营企业610家、卫生院及各类医疗机构21家；抽检药品110批次，查处涉药涉械违法案件13件；建立基本药物日常监管、核注核销、品种追溯和预警信息处理制度；设立电子监管平台，200家医疗机构完成基础数据录入，50家接入监管平台；鼓励境内零售网点加盟连锁，开办农村药品零售点136家，药品统一配送达95%以上；药品医疗器械不良反应监测纳入卫生系统年终考核，年内接收药品不良反应报告842例（严重307例），医疗器械不良事件513例（严重143例）。全市通过GSP认证的非处方和处方药店290家，规模较大的有山东燕喜堂医药有限公司连锁门店、威海佰和医药销售有限公司批发零售店、艺利达药店、百大仁华药店、青岛利群药品经营有限公司文登大药房、文登颐和堂医药商城、健康平价大药房等。是年，聘任农村药品监督员9人、协管员21人、信息员85人。

第十二章　盐政管理

第一节　管理机构

1991年，文登市盐业公司增挂文登市盐务局牌子。1992年12月，更名为文登市盐业总公司，由政府直属事业单位改为行政职能行业管理公司。内设办公室、政工科、财务科、生产科、审计科、运销科和盐政科，辖5处盐务所、1处运

盐站，代管小观、泽头、泽库和侯家4镇5处镇办盐场业务，机关编制24人。1998年3月，撤销文登市盐业总公司，复称文登市盐务局，经费自理，机构编制15人。2001年12月，改由威海市盐务局垂直管理。2008年8月，小观盐场撤销。2009年1月，侯家镇麦岛盐场撤销。

2013年，文登市盐务局内设办公室、综合业务科、财务科、预算管理科、专营科（增挂小工业盐运销科牌子）和盐政科（增挂盐政执法稽查大队牌子）。辖高岛、侯家、泽库、小观、泽头5处盐务所和埠口港盐运站1处，在编人员52人。代管泽头、泽库和侯家镇3处盐场。

第二节　盐务管理

1991年，按《中华人民共和国盐业管理条例》，文登市原盐生产实行计划管理、销售实行专营管理。原盐税每吨（下同）124元、粉洗盐110元、精制盐102元、再制盐97元。年末，原盐税调至125元，精制盐税调至95元。1995年2月，高岛盐场投资70万元，建成420平方米的加碘盐生产车间。1996年11月，加碘盐车间通过国家盐务总局验收，高岛盐场成为全省15家加碘食盐定点生产厂家之一。碘盐年生产能力4000吨，可满足文登、乳山两市130万人口的生活用盐。是年，500克粉精盐销售价格0.60元、粉洗盐0.55元。1997年，市盐务局坚持清理与运销同步，碘盐专营网络不断完善。境内各村设1～2个碘盐经销处，碘盐销售量2100吨，普及率达92%。1999年，实行管理、定价和销售三统一，各镇均设食盐定点批发点。全市年销售碘盐2000吨、其他盐4.5万吨。2007—2009年，纯碱、烧碱工业用盐实行合同订货，购销双方按市场供求自主确定价格。小工业用盐由市盐业供销公司统一经营，食盐营销执行指令性调拨计划。其间，销售盐产品4.49万吨，其中食盐1.28万吨、工业盐2.88万吨、农牧盐600吨、渔盐2700吨。2013年，推介纸塑包装盐和多品种营养盐，优化用盐结构。建立销售台账与档案，监管食盐专营。全市销售盐产品4.4万吨，其中食盐8460吨、工业盐2.2万吨、农牧盐100吨、渔盐1600吨，外调盐1.2万吨。碘盐覆盖率、合格率和食用率均达99%。是年，高岛盐场生产的“高岛”牌食用颗粒盐，试销零售价格1.6元/400克。

第三节　盐政执法

90年代，私盐贩运冲击市场，盐业市场混乱。1992年，市盐业总公司内设盐政科，负责盐务市场整治和违法行为查处。1994年，实行中国盐政检查证制度，盐政执法人员持证上岗。“八五”期间，境内查处盐业违法案件194件，缉查私盐762吨，罚款17.79万元。1996—1997年，国内原盐产大于销，原盐走私突出。盐政科加大稽查力度，查获各类非碘盐315吨。1998—2000年，加强《盐业管理条例》《食盐加碘消除碘缺乏危害管理条例》《食盐专营管理办法》《行政处罚法》等法律法规宣传，查处涉盐违法案件603件，缉查私盐、假碘盐1508吨，捣毁非法窝点8个。2001—2004年，全省盐政执法加入“110”联动，原盐和食盐实行统一管理，全市处理各类违规案件963件，缉查私盐、假碘盐688吨，捣毁非法窝点18个，被法院依法判刑2人。2011—2013年，食盐安全专项治理实行签名制。其间，签订食盐安全责任书2000份，查处涉盐违法案件197件，查没私盐516吨，案件处结率99%。

第二十编
中国共产党地方组织

1991—2013年，中共文登市委共历6届。其中，第八届在本志断限内任期4年，第九届任期3年，第十届任期5年，第十一届任期4年，第十二届任期5年，第十三届在本志断限内任期2年。23年间，历届文登市委在中共中央、山东省委及威海市委的领导下，认真贯彻落实党的各项路线、方针、政策，加强党的建设，深化改革开放，转变发展方式，打造产业高地，统筹城乡发展，建设和谐文登。2013年，全市实现地区生产总值615.98亿元。第一、二、三产业增加值分别为55.66亿元、309.74亿元、250.58亿元，三次产业结构调整为9.03：50.28：40.69。先后跨入中国农村综合实力百强县、全国综合经济实力百强县、全国首批小康市行列。获国家卫生城市、全国体育先进县、全国文化先进市、国家环保模范城市、中国优秀旅游城市、全国科技实力百强县、中国工艺家纺名城、国家园林城市、中国长寿之乡、国家生态市，山东省历史文化名城、山东省文明城市等国家及省级荣誉称号。

2007年1月29日，中国共产党文登市第十二次代表大会在人民剧场举行。

第一章　党员代表大会

第一节　代表选举

1991—2013年，共举行6次党员代表大会代表选举，由党员直接选举代表。市委根据《中国共产党章程》规定和全市党员数量确定代表总名额，然后将名额分配到各选举单位，并明确结构意向。各选举单位党组织依据《党章》和《中国共产党地方组织选举工作条例》，采取自下而上和自上而下的方法，经过反复酝酿，提出代表候选名单。各党（工）委对代表人选的政治立场、工作表现及廉洁勤政、联系群众等方面的情况进行考察。在该基础上，确定代表候选人预备人选名单，报经市委组织部审查，原则同意后，由选举单位召开党代表大会、党代表会议或党员大会，按照党章规定的民主程序，以无记名投票方式，差额选举产生出席代表大会代表。

第八届至第十三届中共文登市代表大会代表组成情况表

表20-1

届次	总数	领导干部		专业技术人员		先进模范人物		人民警察		妇女		少数民族	
		人数（人）	占比（%）	人数（人）	占比（%）	人数（人）	占比（%）	人数（人）	占比（%）	人数（人）	占比（%）	人数（人）	占比（%）
八	400	238	59.50	73	18.25	87	21.75	2	0.5	68	17.00	—	—
九	380	228	60.00	76	20.00	76	20.00	—	—	54	14.20	1	0.26
十	380	228	60.00	76	20.00	76	20.00	—	—	57	15.00	1	0.26
十一	380	231	60.80	75	19.70	74	19.50	—	—	57	15.00	1	0.26
十二	360	214	59.44	90	25.00	56	15.56	—	—	58	16.10	1	0.28
十三	340	195	57.35	86	25.30	59	17.35	—	—	61	17.94	1	0.29

1991—2013年出席中共山东省历次代表大会代表名录表

表20-2

届次	年份	姓名	职务
中国共产党山东省第六次代表大会	1993	张立新	文登市委书记、市人大常委会主任
		于时文	文登市委常委、文城镇党委书记
		邢运波	山东曲轴厂厂长、党总支书记
		王德芝（女）	文登丝绸工业集团公司总经理、党委书记
		宋心红（女）	文登市实验小学教导主任
中国共产党山东省第七次代表大会	1998	刘玉党	文登市委书记、市委党校校长

续表 20-2

届次	年份	姓名	职务
中国共产党山东省第七次代表大会	1998	刘永忠	文登市委常委、市委组织部部长
		于性江	威力工具（集团）有限公司总经理、党委书记
		王月玲（女）	文登市实验小学教导主任
中国共产党山东省第八次代表大会	2002	姜岱敏	文登市委书记、市人大常委会主任、市委党校校长
		刘　鹏	文登市委常委、葛山镇党委书记
		房德英（女）	文登市计划生育局局长、党组书记
		吴学忠	文登市电业总公司总经理、党委委员
中国共产党山东省第九次代表大会	2007	王　亮	文登市委书记、市人大常委会主任、市委党校校长
		张海军	文登市委常委、文登经济开发区管委会主任
		丛黎敏（女）	文登市卫生局副局长、党委委员、妇幼保健院院长
		于性江	威力工具集团有限公司总经理、党委书记
中国共产党山东省第十次代表大会	2012	张　竞（女）	文登市委书记、市人大常委会主任、市委党校校长
		刘国娥（女）	文登市卫生局副局长、党委委员、妇幼保健院院长
		于　飞	文登奥文电机有限公司董事长、总经理、党总支书记

第二节　历次会议

1991—2013年，中共文登市委共举行6次党代表大会，第八届、第十届、第十二届、第十三届任期为5年，第九届、第十一届任期分别为3年、4年。

中共文登市第八次代表大会

1990年4月11—13日，中共文登市第八次代表大会在市青少年活动中心举行。出席大会正式代表400人。大会听取审议市委书记李书绅所作题为《密切党群血肉联系　努力稳定政治经济　带领全市人民奋力开创两个文明建设新局面》的工作报告；听取审议市纪律检查委员会工作报告。

会议选出市委委员30人，候补委员5人；市纪律检查委员会委员15人。

1993年12月11日，在市电影院召开中国共产党文登市代表会议，选举出席中共威海市第十次代表大会代表68人。

中共文登市第九次代表大会

1995年4月13—15日，中共文登市第九次代表大会在市青少年活动中心举行。大会代表380人，与会代表368人。大会听取审议市委书记刘国信所作题为《团结奋斗　拼搏实干　向社会主义现代化宏伟目标大步迈进》的工作报告；听取审议市纪律检查委员会工作报告。会议总结了第八次党代会以来的基本经验，提出今后5年乃至2008年基本实现社会主义现代化的奋斗目标。

会议选出市委委员30人，候补委员5人；市纪律检查委员会委员15人。

中共文登市第十次代表大会

1998年1月19—21日，中共文登市第十次代表大会在市青少年活动中心举行。大会代表380人，与会代表363人。大会听取审议市委书记刘玉党所作题为《继往开来　团结奋斗　把现代

化建设伟大事业全面推向21世纪》的工作报告；听取审议市纪律检查委员会工作报告。会议号召全市广大党员干部群众，高举邓小平理论伟大旗帜，解放思想，团结奋斗，加快发展，把现代化建设伟大事业全面推向21世纪，为在全省率先实现现代化而努力奋斗。

会议选出市委委员30人，候补委员5人；市纪律检查委员会委员15人。选举出席中共威海市第十一次代表大会代表71人。

中共文登市第十一次代表大会

2003年1月16—18日，中共文登市第十一次代表大会在市青少年活动中心举行。大会代表380人，与会代表351人。大会听取审议市委书记姜岱敏所作题为《全面贯彻党的十六大精神 为率先基本实现社会主义现代化而奋斗》的工作报告；听取审议市纪律检查委员会工作报告。会议动员全市广大党员干部群众，以邓小平理论和“三个代表”重要思想为指导，全面贯彻党的十六大精神，解放思想，实事求是，与时俱进，开拓创新，为全面建设小康社会，努力实现翻三番、率先基本实现社会主义现代化而奋斗。

会议选出市委委员31人，候补委员4人；市纪律检查委员会委员15人。选举出席中共威海市第十二次代表大会代表63人。

中共文登市第十二次代表大会

2007年1月29—30日，中共文登市第十二次代表大会在人民剧场举行。大会代表360人，与会代表351人。大会听取审议市委书记王亮所作题为《坚持科学发展和谐发展 为建设全面小康和现代化新文登努力奋斗》的工作报告；听取审议市纪律检查委员会工作报告。会议总结过去4年的工作情况和基本经验，提出推进新型工业化建设、社会主义新农村建设、社会主义和谐社会建设，加强党的执政能力建设和先进性建设，打造山东县域工业第一强的奋斗目标。

会议选出市委委员33人，候补委员6人；市纪律检查委员会委员23人。选举出席中共威海市第十三次代表大会代表67人。

中共文登市第十三次代表大会

2012年1月17—18日，中共文登市第十三次代表大会在人民剧场举行。大会代表340人，与会代表332人。大会听取审议市委书记张竞所作题为《再接再厉 科学发展 为实现富民强市新跨越而努力奋斗》的工作报告；听取审议市纪律检查委员会工作报告。会议总结过去5年的主要工作和基本经验，提出把握科学发展主题和加快转变经济发展方式主线，加强蓝色经济区建设，加快构建现代产业体系，提升经济增长质量和效益，促进经济又好又快发展，协调推进政治、经济、文化、社会、生态文明建设和党的建设，努力实现富民强市新跨越。

会议选出市委委员33人，候补委员6人；市纪律检查委员会委员23人。选举出席中共威海市第十四次代表大会代表59人。

第二章　中共文登市委员会

第一节　领导机构

1990年4月、1995年4月、1998年1月、2003年1月、2007年1月、2012年1月，先后召开中共文登市第八、九、十、十一、十二、十三次代表大会，分别选举产生第八届至第十三届市委委员会。历届中共文登市委员会第一次全体会议分别选举产生市委常务委员，书记、副书记。

第八届至第十三届中共文登市委员会书记、副书记及常委任职情况表

表 20-3

届次	职务	姓名	任职时间	籍贯	备注
第八届	书记	李书绅	1990 年 4 月至 1992 年 7 月	山东省海阳市	
		张立新	1992 年 7 月至 1993 年 12 月	临沂市兰山区	
		刘国信	1993 年 12 月至 1995 年 4 月	荣成市成山镇	
	副书记	张立新	1990 年 4 月至 1992 年 7 月	临沂市兰山区	
		姜文广	1990 年 4 月至 1991 年 11 月	乳山市冯家镇	
		王同洲	1991 年 11 月至 1995 年 4 月	烟台市牟平区	
		侯征远	1991 年 11 月至 1995 年 4 月	文登市泽库镇	
		刘玉党	1992 年 8 月至 1995 年 4 月	文登市埠口港	
		侯成君	1993 年 5 月至 1995 年 4 月	文登市泽库镇	
	常委	李书绅	1990 年 4 月至 1992 年 7 月	山东省海阳市	
		张立新	1990 年 4 月至 1993 年 12 月	临沂市兰山区	
		姜文广	1990 年 4 月至 1991 年 11 月	乳山市冯家镇	
		王同洲	1990 年 4 月至 1995 年 4 月	烟台市牟平区	
		王树强	1990 年 4 月至 1992 年 7 月	文登市米山镇	
		赵香春	1990 年 4 月至 1991 年 11 月	山东省海阳市	
		侯征远	1990 年 4 月至 1995 年 4 月	文登市泽库镇	
		刘金安	1990 年 4 月至 1991 年 5 月	山东省沾化县	
		刘玉党	1990 年 4 月至 1995 年 4 月	文登市埠口港	
		王德江	1991 年 11 月至 1995 年 4 月	文登市葛家镇	
		王世启	1991 年 11 月至 1995 年 4 月	文登市小观镇	
		邢云强	1991 年 11 月至 1993 年 1 月	文登市泽头镇	
		于时文	1991 年 11 月至 1995 年 4 月	文登市埠口港	
		刘玉健	1991 年 12 月至 1995 年 4 月	文登市侯家镇	
		侯成君	1992 年 1 月至 1995 年 4 月	文登市泽库镇	
		邹立兴	1993 年 1 月至 1995 年 4 月	威海市环翠区怡园街道	
		刘国信	1993 年 12 月至 1995 年 4 月	荣成市成山镇	
		王　强	1994 年 4 月至 1995 年 4 月	文登市张家产镇	
		张　宋	1994 年 4 月至 1995 年 4 月	威海市环翠区温泉镇	

续表 20-3-1

届次	职务	姓名	任职时间	籍贯	备注
第九届	书记	刘国信	1995 年 4 月至 1997 年 8 月	荣成市成山镇	
		刘玉党	1997 年 8 月至 1998 年 1 月	文登市埠口港	
	副书记	王同洲	1995 年 4 月至 1996 年 12 月	烟台市牟平区	
		刘玉党	1995 年 4 月至 1997 年 8 月	文登市埠口港	
		侯成君	1995 年 4 月至 1997 年 12 月	文登市泽库镇	
		王德江	1995 年 4 月至 1997 年 12 月	文登市葛家镇	
		张言报	1997 年 12 月至 1998 年 1 月	乳山市乳山寨镇	
		于时文	1997 年 12 月至 1998 年 1 月	文登市埠口港	
		王　强	1997 年 12 月至 1998 年 1 月	文登市张家产镇	
		唐会礼	1997 年 12 月至 1998 年 1 月	荣成市虎山镇	
	常委	刘国信	1995 年 4 月至 1997 年 8 月	荣成市成山镇	
		王同洲	1995 年 4 月至 1996 年 12 月	烟台市牟平区	
		刘玉党	1995 年 4 月至 1998 年 1 月	文登市埠口港	
		侯成君	1995 年 4 月至 1997 年 12 月	文登市泽库镇	
		王德江	1995 年 4 月至 1997 年 12 月	文登市葛家镇	
		于时文	1995 年 4 月至 1998 年 1 月	文登市埠口港	
		刘玉健	1995 年 4 月至 1998 年 1 月	文登市侯家镇	
		邹立兴	1995 年 4 月至 1996 年 12 月	威海市环翠区怡园街道	
		王　强	1995 年 4 月至 1998 年 1 月	文登市张家产镇	
		张　宋	1995 年 4 月至 1997 年 12 月	威海市环翠区温泉镇	
		刘玉峰	1995 年 4 月至 1998 年 1 月	文登市侯家镇	
		闫宗超	1996 年 9 月至 1998 年 1 月	文登市宋村镇	
		刘新波	1996 年 12 月至 1998 年 1 月	文登市葛家镇	
		张敏君	1996 年 12 月至 1998 年 1 月	文登市张家产镇	
		殷树刚	1996 年 12 月至 1997 年 12 月	文登市宋村镇	
		张言报	1997 年 12 月至 1998 年 1 月	乳山市乳山寨镇	
		刘永忠	1997 年 12 月至 1998 年 1 月	荣成市俚岛镇	
		汤光仿	1997 年 12 月至 1998 年 1 月	荣成市大疃镇	
		唐会礼	1997 年 12 月至 1998 年 1 月	荣成市虎山镇	

续表 20-3-2

届次	职务	姓名	任职时间	籍贯	备注
第十届	书记	刘玉党	1998 年 1 月至 2000 年 10 月	文登市埠口港	
		姜岱敏	2000 年 10 月至 2003 年 1 月	青岛市崂山区	
	副书记	张言报	1998 年 1 月至 2001 年 1 月	乳山市乳山寨镇	
		于时文	1998 年 1 月至 2003 年 1 月	文登市埠口港	
		王　强	1998 年 1 月至 2001 年 1 月	文登市张家产镇	
		唐会礼	1998 年 1 月至 2001 年 1 月	荣成市虎山镇	
		王洪勇	2000 年 6 月至 2002 年 8 月	山东省济南市	挂职
		刘玉峰	2001 年 1 月至 2003 年 1 月	文登市侯家镇	
		刘永忠	2001 年 1 月至 2003 年 1 月	荣成市俚岛镇	
		于海远	2002 年 2 月至 2003 年 1 月	文登市侯家镇	
		许祖强	2002 年 2 月至 2003 年 1 月	荣成市虎山镇	
		王廷琦	2002 年 12 月至 2003 年 1 月	淄博市临淄区	
	常委	刘玉党	1998 年 1 月至 2000 年 10 月	文登市埠口港	
		张言报	1998 年 1 月至 2001 年 1 月	乳山市乳山寨镇	
		于时文	1998 年 1 月至 2003 年 1 月	文登市埠口港	
		王　强	1998 年 1 月至 2001 年 1 月	文登市张家产镇	
		唐会礼	1998 年 1 月至 2001 年 1 月	荣成市虎山镇	
		刘玉峰	1998 年 1 月至 2003 年 1 月	文登市侯家镇	
		闫宗超	1998 年 1 月至 2002 年 8 月	文登市宋村镇	
		汤光仿	1998 年 1 月至 1999 年 6 月	荣成市大疃镇	
		刘新波	1998 年 1 月至 2002 年 12 月	文登市葛家镇	
		刘永忠	1998 年 1 月至 2003 年 1 月	荣成市俚岛镇	
		张敏君	1998 年 1 月至 1999 年 2 月	文登市张家产镇	
		刘翠珠	1999 年 2 月至 2003 年 1 月	文登市宋村镇	
		颜祥布	2000 年 2 月至 2003 年 1 月	文登市泽库镇	
		姜岱敏	2000 年 10 月至 2003 年 1 月	青岛市崂山区	
		张敏君	2001 年 1 月至 2002 年 12 月	文登市张家产镇	
		于海远	2001 年 1 月至 2003 年 1 月	文登市侯家镇	
		于安青	2001 年 1 月至 2002 年 12 月	文登市侯家镇	
		刘　鹏	2001 年 1 月至 2003 年 1 月	山东省蓬莱市	
		许祖强	2002 年 2 月至 2003 年 1 月	荣成市虎山镇	
		马端兴	2002 年 2 月至 2003 年 1 月	乳山市下初镇	
		侯文金	2002 年 2 月至 2003 年 1 月	乳山市下初镇	
		王丽蓉（女）	2002 年 5 月至 2002 年 11 月	广西壮族自治区合浦县	挂职

续表 20-3-3

届次	职务	姓名	任职时间	籍贯	备注
第十届	常委	初铭永	2002 年 8 月至 2003 年 1 月	山东省蓬莱市	
		王廷琦	2002 年 12 月至 2003 年 1 月	淄博市临淄区	
		郝　芳（女）	2002 年 12 月至 2003 年 1 月	山西省怀仁县	
第十一届	书记	姜岱敏	2003 年 1 月至 2006 年 3 月	青岛市崂山区	
		王　亮	2006 年 3 月至 2007 年 1 月	荣成市崖头街道	
	副书记	于时文	2003 年 1 月至 2005 年 2 月	文登市埠口港	
		刘永忠	2003 年 1 月至 2006 年 1 月	荣成市俚岛镇	
		于海远	2003 年 1 月至 2005 年 2 月	文登市侯家镇	
		许祖强	2003 年 1 月至 2006 年 5 月	荣成市虎山镇	
		王廷琦	2003 年 1 月至 2007 年 1 月	淄博市临淄区	
		栾　波	2003 年 4 月至 2007 年 1 月	荣成市滕家镇	
		张培华	2004 年 2 月至 2005 年 2 月	山东省曹县	挂职
		王　亮	2005 年 2 月至 2006 年 3 月	荣成市崖头街道	
		许风伦	2005 年 3 月至 2006 年 3 月	山东省临沂市	挂职
		陈宝华	2005 年 4 月至 2006 年 4 月	菏泽市牡丹区	挂职
		高　杰	2006 年 4 月至 2006 年 12 月	山东省海阳市	
		张　竞（女）	2006 年 12 月至 2007 年 1 月	山东省平度市	
	常委	姜岱敏	2003 年 1 月至 2006 年 3 月	青岛市崂山区	
		于时文	2003 年 1 月至 2005 年 2 月	文登市埠口港	
		刘永忠	2003 年 1 月至 2006 年 1 月	荣成市俚岛镇	
		于海远	2003 年 1 月至 2005 年 2 月	文登市侯家镇	
		许祖强	2003 年 1 月至 2006 年 5 月	荣成市虎山镇	
		王廷琦	2003 年 1 月至 2007 年 1 月	淄博市临淄区	
		颜祥布	2003 年 1 月至 2006 年 12 月	文登市泽库镇	
		刘　鹏	2003 年 1 月至 2004 年 10 月	山东省蓬莱市	
		马端兴	2003 年 1 月至 2007 年 1 月	乳山市下初镇	
		侯文金	2003 年 1 月至 2007 年 1 月	乳山市下初镇	
		初铭永	2003 年 1 月至 2004 年 6 月	山东省蓬莱市	
		郝　芳（女）	2003 年 1 月至 2007 年 1 月	山西省怀仁县	
		栾　波	2003 年 4 月至 2007 年 1 月	荣成市滕家镇	
		刘衍壮	2004 年 6 月至 2006 年 7 月	文登市泽库镇	
		王　亮	2005 年 2 月至 2007 年 1 月	荣成市崖头街道	

续表 20-3-4

届次	职务	姓名	任职时间	籍贯	备注
第十一届	常委	姜　猛	2005 年 2 月至 2007 年 1 月	威海市环翠区温泉镇	
		王培儒	2005 年 2 月至 2006 年 12 月	文登市龙山街道	
		乔学模	2006 年 1 月至 2007 年 1 月	文登市高村镇	
		张继争	2006 年 3 月至 2007 年 1 月	山东省鄄城县	挂职
		高　杰	2006 年 3 月至 2006 年 12 月	山东省海阳市	
		张海军	2006 年 5 月至 2007 年 1 月	威海市环翠区初村镇	
		邹大勇	2006 年 7 月至 2007 年 1 月	威海市环翠区崮山镇	
		张　竞（女）	2006 年 12 月至 2007 年 1 月	山东省平度市	
第十二届	书记	王　亮	2007 年 1 月至 2011 年 11 月	荣成市崖头街道	
		张　竞（女）	2011 年 11 月至 2012 年 1 月	山东省平度市	
	副书记	张　竞（女）	2006 年 12 月至 2011 年 11 月	山东省平度市	
		王廷琦	2007 年 1 月至 2007 年 11 月	淄博市临淄区	
		栾　波	2007 年 11 月至 2012 年 1 月	荣成市滕家镇	
	常委	王　亮	2007 年 1 月至 2011 年 11 月	荣成市崖头街道	
		张　竞（女）	2007 年 1 月至 2012 年 1 月	山东省平度市	
		王廷琦	2007 年 1 月至 2007 年 11 月	淄博市临淄区	
		栾　波	2007 年 1 月至 2012 年 1 月	荣成市滕家镇	
		马端兴	2007 年 1 月至 2007 年 12 月	乳山市下初镇	
		侯文金	2007 年 1 月至 2009 年 1 月	乳山市下初镇	
		姜　猛	2007 年 1 月至 2009 年 12 月	威海市环翠区温泉镇	
		郝　芳（女）	2007 年 1 月至 2007 年 11 月	山西省怀仁县	
		张海军	2007 年 1 月至 2012 年 1 月	威海市环翠区初村镇	
		邹大勇	2007 年 1 月至 2010 年 7 月	威海市环翠区崮山镇	
		董晓阳	2007 年 1 月至 2012 年 1 月	文登市高村镇	
		张继争	2007 年 1 月至 2007 年 4 月	山东省鄄城县	挂职
		乔方臣	2007 年 4 月至 2008 年 4 月	山东省定陶县	挂职
		吕洪波	2007 年 11 月至 2011 年 11 月	烟台市牟平区	
		傅世涛	2007 年 11 月至 2009 年 9 月	文登市侯家镇	
		崔卫兵	2007 年 11 月至 2012 年 1 月	文登市侯家镇	
		杨建波	2008 年 8 月至 2010 年 8 月	山东省安丘市	挂职

续表 20-3-5

届次	职务	姓名	任职时间	籍贯	备注
第十二届	常委	丁振波	2009 年 1 月至 2009 年 8 月	山东省五莲县	
		常红军	2009 年 8 月至 2012 年 1 月	烟台市福山区	
		毕庶杰	2009 年 9 月至 2012 年 1 月	文登市侯家镇	
		李文勋	2009 年 12 月至 2012 年 1 月	文登市葛家镇	
		周　华	2010 年 5 月至 2012 年 1 月	文登市高村镇	
		迟永伟	2010 年 7 月至 2012 年 1 月	山东省龙口市	
		张建亭	2011 年 11 月至 2012 年 1 月	荣成市斥山街道	
第十三届	书记	张　竞（女）	2012 年 1 月至	山东省平度市	
	副书记	栾　波	2012 年 1 月至	荣成市滕家镇	
		张海军	2012 年 1 月至	威海市环翠区初村镇	
	常委	张　竞（女）	2012 年 1 月至	山东省平度市	
		栾　波	2012 年 1 月至	荣成市滕家镇	
		张海军	2012 年 1 月至	威海市环翠区初村镇	
		董晓阳	2012 年 1 月至 2013 年 2 月	文登市高村镇	
		崔卫兵	2012 年 1 月至	文登市侯家镇	
		常红军	2012 年 1 月至 2013 年 6 月	烟台市福山区	
		毕庶杰	2012 年 1 月至	文登市侯家镇	
		张建亭	2012 年 1 月至	荣成市斥山街道	
		李文勋	2012 年 1 月至	文登市葛家镇	
		迟永伟	2012 年 1 月至	山东省龙口市	
		曲　波	2012 年 1 月至	烟台市牟平区	
		黄峻峰	2013 年 8 月至	文登市埠口港	
		林　恒	2013 年 8 月至	烟台市牟平区	

第二节　工作机构

1990 年，市委直属工作机构 10 个。1995 年，市委直属工作机构有：纪律检查委员会、办公室、组织部、宣传部、统战部、台湾工作办公室（台湾同胞接待站与其合署办公）、政法委（社会治安综合治理委员会办公室与其合署办公）、信访办公室、老干部工作办公室、机关党委。设立党校、党史委（挂靠组织部）、档案馆（局）、广播电视局、报社 5 个事业单位。2002 年，党政机构改革，设立工作机构 7 个：纪律检查委员会（市监察局与其合署办公）、办公室（内设市委政策研究室、市委机要局、市委督查室、市委保密委员会办公室）、组织部（内设市委组织员办公室）、宣传部、统战部、政法委员会（内设市打击走私、反偷渡、反贩毒领导小组办公室）、市直机关工作委员会（原市直机关党委）。管理机构 2 个：信访局、老干部局。派出机构有经济开发区工作委员会 1 个（不含市委机构数额）。2013

年，直属工作机构8个：纪律检查委员会、办公室、组织部（非公有制经济组织和社会组织工委与其合署办公）、宣传部（市社会科学界联合会、精神文明建设委员会办公室与其合署办公）、市委统一战线工作部、政法委员会（司法局与其合署办公）、市机构编制委员会办公室（市事业单位登记管理局与其合署办公）、市直机关工作委员会。管理机构有市委老干部局（市委离退休干部工作委员会与其合署、增挂老干部党校牌子，隶属组织部管理），市委、市政府信访局（文登市委员会群众工作部与其合署、增挂市社会矛盾受理调处中心牌子）2个。

第三章　重要会议

第一节　市委全体（扩大）会议

市委全体委员会议是党委集体领导、民主决策的工作形式。市委委员、候补委员出席全委会议，市纪委委员、市人大、市政府、市政协非市委委员的市级领导及各镇（街道）党（工）委书记、镇长（主任）、市直部门主要负责人列席。

第八届市委全委会议

八届三次全体会议　1991年1月16—17日举行。会议传达学习中共中央十三届七中全会精神，总结1990年工作，提出1991年经济工作目标。全会审议通过《文登市国民经济和社会发展“八五”计划要点和十年规划设想》。

八届四次全体会议　1991年7月25—26日举行。会议总结上半年工作，部署下半年任务，号召全市各级党组织和全体党员，发挥先锋模范作用，完成和超额完成全年各项工作任务。

八届五次全体会议　1992年1月6—8日举行。会议传达学习中共中央十三届八中全会、省委五届七次全委（扩大）会议和威海市委九届八次全委（扩大）会议精神，会议听取市委书记李书绅所作题为《发扬成绩　埋头苦干　继续夺取经济建设和各项事业的新胜利》报告。讨论通过中共文登市委《贯彻中共中央、山东省委和威海市委关于进一步加强农村工作指示精神的实施意见》《关于“扎扎实实过百亿、实实在在奔小康”的实施意见》和《小康城市、小康乡镇、小康村标准》等文件。

八届六次全体会议　1992年7月20—21日举行。会议学习邓小平南方谈话，传达威海市委九届九次全委会议精神，市委书记张立新所作题为《抓住有利机遇　确立更高目标　推动全市改革开放和经济建设大步迈进》报告。

八届七次全体会议　1992年12月19—20日举行。会议传达学习省委五届九次和威海市委九届十次全委（扩大）会议精神，审议通过中共文登市委《关于贯彻落实党的十四大和省委五届九次、威海市委九届十次全委（扩大）会议精神的决议》。

八届八次全体（扩大）会议　1993年7月17日举行。会议听取市委书记张立新所作题为《迎难而上　奋力拼搏　保持全市经济快速高效大气势的发展势头》报告，通过《关于认清形势　振奋精神　克服困难　全力保持全市经济快速高效发展的决议》。

八届九次全体（扩大）会议　1994年1月10日举行。会议听取市委书记刘国信所作题为《抓住机遇　加速发展　为实现文登社会主义现代化建设的宏伟目标而努力奋斗》报告。

八届十次全体（扩大）会议　1994年7月27—28日举行。会议传达贯彻省委六届二次全委会和威海市委十届二次全委会议精神，研究新时期加强干部学习问题，通过中共文登市委《关于加强学习的决定》。

八届十一次全体（扩大）会议　1995年1

月9日举行。会议传达贯彻威海市委十届三次全委会精神，通过《中共文登市第八届十一次全委（扩大）会议关于市委工作报告的决议》、中共文登市委《关于进一步加强新时期党建工作的意见》。

八届十二次全体会议　1995年4月6日举行。会议听取《关于召开中共文登市第九次代表大会决定（草案）的说明》，审议通过《中共文登市八届十二次全体会议关于召开中国共产党文登市第九次代表大会的决定》。全会讨论并通过中共文登市第八届委员会向第九次代表大会所作的工作报告。

第九届市委全委会议

九届一次全体会议　1995年4月15日举行。会议选举产生中共文登市第九届委员会常务委员11人，市委书记1人，副书记4人。批准市纪律检查委员会第一次会议选举产生的市纪委书记、副书记和常委。审议通过中共文登市第九届委员会《关于加强自身建设的决定》。

九届二次全体（扩大）会议　1995年11月16—17日举行。会议传达中共十四届五中全会和省委六届五次、威海市委十届四次全委会议精神，审议并原则通过《文登市国民经济和社会发展"九五"计划及2010年远景目标纲要（草案）》。

九届三次全体（扩大）会议　1996年11月20日举行。会议传达学习中共十四届六中全会和省委六届六次全委会、威海市委十届六次全委会精神，讨论了《关于学习贯彻〈中共中央关于加强社会主义精神文明建设若干重要问题的决议〉和省委、威海市委〈实施意见〉的意见》，审议通过《文登市"九五"期间社会主义精神文明建设规划（草案）》。

九届四次全体（扩大）会议　1997年12月17日举行。会议贯彻省委六届九次和威海市委十届七次全委（扩大）会议精神，对学习贯彻党的十五大精神作出安排部署，向全市各级党组织和广大党员干部提出解放思想、深化企业改革、扩大对外开放、加快结构调整、加强党的建设、强化思想政治工作等具体要求。

九届五次全体会议　1998年1月9日举行。会议就召开中共文登市第十次代表大会的时间、地点、代表名额、代表构成、代表产生办法及下一届市委、市纪委班子成员名额，作出决定。

第十届市委全委会议

十届一次全体会议　1998年1月21日举行。会议选举中共文登市第十届委员会常务委员11人，市委书记1人，副书记4人。批准新一届市纪律检查委员会第一次会议选举产生的市纪委书记、副书记和常委。审议通过中共文登市第十届委员会《关于加强自身建设的决定》。

十届二次全体会议　1998年8月14日举行。会议决定中共文登市代表会议召开时间，选举出席中共威海市第十一次代表大会代表，并就代表名额、构成和产生办法作出决定。

十届三次全体会议　1999年12月30日举行。会议审议并原则通过《关于文登市2005年基本实现现代化的意见》，提出基本实现现代化的总体目标和具体指标。

十届四次全体会议　2001年1月11日举行。会议研究并原则通过《文登市国民经济和社会发展第十个五年计划纲要（草案）》。

十届五次全体会议　2001年7月27日举行。会议学习江泽民"七一"重要讲话，传达贯彻省委七届六次全委会、威海市委十一届六次全委会精神。审议通过中共文登市委《关于按照"三个代表"重要思想的要求　加强和改进党的基层组织建设的意见》。

十届六次全体（扩大）会议　2003年1月8日举行。会议审议通过中共文登市委《关于深入学习贯彻党的十六大精神的决定》《关于召开中国共产党文登市第十一次代表大会的决定》，研究部署2003年经济工作，提出到2020年全市国内生产总值在2000年的基础上翻三番的奋斗目标。

十届七次全体会议　2003年1月15日举行。会议审议通过中共文登十届市委向第十一次党代表大会所作工作报告（征求意见稿）和出席中共威海市第十二次代表大会代表预备人选名单。确

定下届中共文登市委、市纪委人员组成原则。通过中共文登市第十一次代表大会主席团常务委员会委员建议名单。

第十一届市委全委会议

十一届一次全体会议 2003年1月18日举行。会议选举中共文登市第十一届委员会常务委员12人，市委书记1人，副书记5人。批准新一届市纪律检查委员会第一次会议选举产生的市纪委书记、副书记和常委。审议通过中共文登市第十一届委员会《关于加强自身建设的决定》。

十一届二次全体会议 2003年12月31日举行。会议听取市委、市政府主要领导人述职述廉报告。审议市委常委会2003年的工作，研究部署2004年工作任务。

十一届三次全体会议 2004年3月8日举行。研究干部调整工作。

十一届四次全体（扩大）会议 2004年7月15日举行。会议贯彻落实省委八届七次全委会、威海市委十二届五次全委会和全省领导干部座谈会精神，审议通过中共文登市委《关于牢固树立和认真落实科学发展观的决定》。

十一届五次全体会议 2004年12月30日举行。会议传达省和威海市经济工作会议精神，总结2004年工作，对2005年工作进行全面部署。

十一届六次全体（扩大）会议 2005年11月16—18日举行。会议分两阶段进行，16—17日，观摩全市新上重点项目。18日，学习中共十六届五中全会精神，审议《文登市国民经济和社会发展第十一个五年总体规划纲要（草案）》。

十一届七次全体会议 2006年1月17日举行，会议讨论通过补选中共威海市第十二次代表大会代表人选。

十一届八次全体（扩大）会议 2006年11月18日举行。会议学习中共十六届六中全会、省八届十三次全委会议精神，听取讨论市委书记王亮所作工作报告，审议通过中共文登市委《关于学习贯彻中共十六届六中全会精神 构建社会主义和谐社会的意见》。

十一届九次全体（扩大）会议 2007年1月16日举行。会议审议通过《关于召开中国共产党文登市第十二次代表大会的决定》和出席中共山东省第九次代表大会代表候选人初步人选推荐名单。

十一届十次全体会议 2007年1月26日举行。会议审议通过中共十一届文登市委向第十二次代表大会提交的工作报告（征求意见稿），中共十二届文登市委、市纪委人员组成原则和提名人选、大会主席团常务委员会委员建议名单和出席中共威海市第十三次代表大会代表预备人选建议名单。

第十二届市委全委会议

十二届一次全体会议 2007年1月30日举行。会议选举产生中共文登市第十二届委员会常务委员11人，市委书记1人，副书记2人。批准新一届市纪律检查委员会第一次会议选举产生的市纪委书记、副书记和常委。通过中共文登第十二届委员会《关于加强自身建设的决定》。

十二届二次全体（扩大）会议 2007年12月13日举行。会议贯彻党的十七大和省九届二次、威海市十三届二次全委会议精神，审议通过中共文登市委《关于深入学习贯彻党的十七大精神的意见》。

十二届三次全体会议 2008年1月17日举行。会议传达贯彻中央经济工作会议和省委、威海市委全委会议精神，听取市委常委会2007年工作报告，审议通过中共文登市委《2008年工作要点》。

十二届四次全体会议 2008年11月21日举行。会议对部分镇（街道）及部门主要领导职位进行差额提名推荐。

十二届五次全体会议 2008年11月29日举行。会议对部分镇（街道）及市直部门主要领导职位拟任人选进行表决。

十二届六次全体（扩大）会议 2009年1月4日举行。会议学习贯彻中共十七届三中全会、中央经济工作会议和省委、威海市委全委会议、经济工作会议精神，听取市委常委会2008年工作报告，评议市委常委会《关于贯彻落实科学发

展观情况的分析检查报告》和2008年度干部选拔任用工作，研究部署2009年经济发展和为民办实事工作。

十二届七次全体（扩大）会议　2009年6月7—9日举行。会议分两阶段进行。第一阶段，与会人员先后观摩本市及环翠区、威海高区、威海经区重点项目建设。第二阶段，召开全体会议，号召全市各级、各部门认真贯彻落实省委九届七次全体会议和威海市委十三届五次全体会议精神，解放思想、打破常规，推进经济平稳较快发展。加强党的建设，为经济发展提供组织保证。

十二届八次全体（扩大）会议　2009年10月24日举行。会议贯彻落实中共十七届四中全会和省委九届八次、威海市委十三届六次全体会议精神，听取市委常委会工作报告，审议通过市委《关于认真贯彻落实〈中共中央关于加强和改进新形势下党的建设若干重大问题的决定〉的意见》。

十二届九次全体会议　2010年1月6日举行。会议对部分镇（街道）主要领导职位进行差额提名推荐。

十二届十次全体会议　2010年6月24日举行。会议对部分镇（街道）主要领导职位以无记名投票方式进行差额提名推荐。

十二届十一次全体（扩大）会议　2010年8月21日举行。会议传达贯彻省委九届十次、威海市委十三届七次全体会议精神，审议通过《关于加快经济发展方式转变的实施意见》。

十二届十二次全体（扩大）会议　2010年12月31日举行。会议传达学习中共十七届五中全会和省委九届十一次、威海市委十三届八次全会精神，听取2010年市委常委会工作报告，审议通过《文登市国民经济和社会发展第十二个五年规划纲要（草案）》。

十二届十三次全体（扩大）会议　2011年8月23日举行。会议传达学习胡锦涛在庆祝中国共产党成立90周年大会上的讲话，贯彻落实省委九届十二次、威海市委十三届九次全体会议精神，分析经济社会发展形势，研究部署下步工作。

十二届十四次全体（扩大）会议　2011年12月23日举行。会议审议通过中共文登市委《关于认真贯彻中共十七届六中全会精神加快建设文化强市的意见》《关于召开中国共产党文登市第十三次代表大会的决议》。

十二届十五次全体会议　2011年12月30日举行。会议审议通过中共文登市第十三届委员会委员、候补委员和市纪委委员组成原则及提名人选，中共文登市第十三次代表大会主席团常务委员会委员建议名单，出席威海市第十四次党代会代表候选人预备人选建议名单。

第十三届市委全委会议

十三届一次全体会议　2012年1月18日举行。会议选举中共文登市第十三届委员会常务委员11人，市委书记1人，副书记2人。批准中共文登市第十三届纪律检查委员会第一次会议选举产生的市纪委书记、副书记和常委。

十三届二次全体（扩大）会议　2012年12月14日举行。会议学习贯彻党的十八大和省委十届二次全会、威海市委十四届二次全会精神，审议通过中共文登市委《关于深入学习宣传贯彻党的十八大精神　加快推进富民强市新跨越的意见》。

十三届三次全体（扩大）会议　2013年1月6日举行。会议贯彻落实中央、省及威海市经济工作会议及省、威海市全委会议精神，报告市委常委会2012年工作情况，部署2013年经济发展任务。

十三届四次全体（扩大）会议　2013年12月31日举行。会议学习贯彻习近平总书记视察山东重要讲话精神，传达落实中共十八届三中全会、中央经济工作会议、城镇化工作会议精神，学习贯彻省、威海市全委会和经济工作会议精神，审议通过《市委常委会2013年工作情况报告》，中共文登市委《关于贯彻落实中共十八届三中全会和省委、威海市委全会精神　全面深化改革的意见》。

第二节　市委常委会会议

市委常委会会议，由市委书记主持，市委全体常务委员参加。市委常委（扩大）会议，一般有市人大、市政协主要领导、市政府副市长列席会议；有时根据会议议题需要，有关部门主要负责人参加。常委会议题，由各常委和有关部门事先提出，报市委办公室汇总，经书记办公会议审定后，集体研究、民主决策全市重大的事项。会议主要内容为：贯彻执行中共中央、省委和威海市委指示精神，讨论、决定全市经济、社会发展战略和指导方针，制定党的思想、组织和作风建设规划、措施，以及全市政治文明、精神文明、生态文明建设的方针政策和实施计划；颁布涉及全局工作的方针、政策，法定副科级以上机构的设立、撤销，依法任免、管理和奖惩干部，对突发事件及时作出处理决策；其他需要常委会决定的事项。每次常委会会议备有记录，必要时，市委办公室根据会议决定，编印《常委会会议纪要》，发至市委常委，市人大、市政府、市政协党组和市纪委，以及所属有关部门单位党委（党组）。

市委常委会会议在全体会议闭会期间，行使全体会议职权。

第八届市委常委会会议　1991年1月至1995年4月，八届市委共召开109次常委会及常委（扩大）会议。会议以加快经济建设为中心，适时确立各个阶段奋斗目标，先后印发《关于加强水产工作的决定》《关于鼓励乡镇企业发展的若干规定》《关于加快发展第三产业的意见》《关于加快镇工业小区发展的实施意见》《关于大力发展专业化规模经营大户的实施意见》。1992年3月，召开常委（扩大）会议，学习中共中央印发的《邓小平同志在武昌、深圳、珠海、上海等地的谈话要点》，研究进一步解放思想，弥补差距，加快改革开放和发展经济的意见。1993年4月，印发《关于加快教育改革发展的决定》，该决定从提高思想认识、深化内部改革、加强师资建设、加大资金投入4个方面，提出28条措施，全面实施“科教兴文”战略。同年7月，召开常委（扩大）会议，研究《关于机关整顿纪律，转变作风，提高效率，搞好服务的意见》，促进机关建设上水平、树形象、见成效。1994年12月，通过《关于在全市城乡广泛开展社会主义思想教育活动意见》。

第九届市委常委会会议　1995年4月至1998年1月，九届市委共召开71次常委会及常委（扩大）会议。1995年10月，召开常委（扩大）会议，部署第四季度经济工作，提出“五要”：一要千方百计保证全年计划目标完成；二要抓紧制定“九五”发展计划；三要加快各行各业由粗放经营向集约经营转变；四要进一步加大改革力度；五要做好1996年城市建设的准备工作。1996年2月，经市委常委（扩大）会议研究，作出《关于表彰文登市“八五”功臣的决定》，对25名在“八五”期间做出卓越贡献的先进个人进行表彰，并授予文登市“八五”功臣称号。1996年11月，通过《文登市“九五”期间社会主义精神文明建设规划》，明确提出1996—2000年精神文明建设的指导思想、奋斗目标、方针步骤、工作要求和保障措施。1997年2月，传达学习中共中央、全国人大常委会、全国政协、中央军委《告全党全军全国人民书》，悼念邓小平。同年5月，召开常委（扩大）会议，学习江泽民在中央党校省部级干部进修班毕业典礼上的讲话，统一思想，提高认识，做好1997年各项工作。

第十届市委常委会会议　1998年1月至2003年1月，十届市委共召开139次常委会及常委（扩大）会议。1998年3月，通过《关于进一步加快个体私营经济发展的试行意见》，在从业人员、经营范围、经营方式、劳动保险、金融扶持、税收征管、监督管理、登记冠名、户口办证、政治地位、经营场地设施、子女入学入托等方面提出55条政策意见。2000年3月，市委常委（扩大）会议传达威海市实施经济国际化战略会议精神，原则通过《关于对市直部门、单位实行招商引资工作考核的意见》《关于在全市开

展加工贸易年活动的通知》《关于2000年对外经贸和国内引资工作规划》；听取市委、市政府经贸考察团赴巴西、美国进行经贸洽谈的情况汇报。2001年2月，传达学习威海市委主要领导在市委常委（扩大）会议上的讲话精神，听取各镇工作汇报，要求年内重点落实招商引资、加工贸易、结构调整、民营经济及坚持“两手抓、两手硬”5项工作。2002年8月，常委（扩大）会议围绕“解放思想、与时俱进、开拓创新、加快发展”大讨论，按照威海市委部署，提出做到“三个带头”，即带头解放思想，与时俱进；带头提高效率，转变作风；带头招商引资，抓大项目。

第十一届市委常委会会议　2003年1月至2007年1月，十一届市委共召开95次常委会及常委（扩大）会议。2004年4月，召开常委（扩大）会议，传达省委、威海市委理论学习中心组读书会精神，研究贯彻落实意见。会议确定解放思想，与时俱进，努力争取经济更快更好地超常规、跳跃式发展。2005年5月，讨论通过《关于进一步加强政法和稳定工作的若干意见》，提出强化信访工作、开展“严打”和专项整顿活动、加强治安防范队伍建设、加强对重点人员和重点部位管理、加大普法教育力度、抓好安全生产、落实稳定工作责任制、强化市委政法委职责等17条意见。2006年6月，部署在全市开展“解放思想抢机遇、全力突破大项目”为主题的大讨论活动，并提出具体目标要求。9月，印发《关于加快南部沿海经济发展的意见》，决定对南部沿海区域进行全面开发。2007年1月，通过《关于实施“十有”民生工程　大兴为民办实事之风的意见》，为推动和谐社会建设提供有力保障。

第十二届市委常委会会议　2007年1月至2012年1月，十二届市委共召开114次常委会及常委（扩大）会议。围绕率先实现现代化目标，以发展为第一要务，制定富民强市政策。2007年，决定在全市开展“热爱文登、赞美文登、奉献文登”主题教育活动。3月，研究实施“十位一体、百村示范、千村推进”的新农村建设工程。2008年4月，讨论决定在全社会开展以“理念创新、环境创优、机制创活、企业创效、人民创业”为主题的解放思想活动。2009年3月，讨论通过《关于开展全市第二批深入学习实践科学发展观活动的实施方案》。9月，印发《关于打造蓝色经济区和高端产业聚集区的实施意见》，决定南海新区加快向深蓝经济提升，经济开发区加快向高端化提升。2010年4月，研究加快推进信息化建设意见。提出以科学发展观为指导，以建设“数字文登”和“智慧文登”为总体目标，促进信息化与工业化、城镇化、市场化、国际化相融合，走出一条有文登特色、有创新理念、有比较优势的信息化发展新路。2011年12月，结合文登实际，讨论通过《关于认真贯彻中共十七届六中全会精神　加快建设文化强市的意见》，进一步创新文化体制机制，推动文化事业、文化产业繁荣发展。

第十三届市委常委会会议　2012年1月至2013年12月，十三届市委共召开28次常委会及常委（扩大）会议。2012年8月，市委印发《中共文登市委常委会议事决策规则》，进一步明确常委会议事决策原则、决策内容、决策程序、决策规范及会议纪要和决策事项的落实。同月，启动实施百企升级创新发展行动计划，在全市选择100家企业，抓好创新能力、技术装备、质量品牌、资本运营、市场营销、绿色制造、经营管理“七个升级”，提升工业整体素质，再造文登工业和经济发展新优势。2012年12月，通过《关于深入学习宣传贯彻党的十八大精神　加快推进富民强市新跨越的意见》。2013年6月，研究筛选100家中小微企业实施梯次成长计划，鼓励引导扶持企业扩规模、上档次、增效益，不断发展壮大。

第四章　重大决策

1991—2013年，中共文登市委、市政府围绕深化改革、加快发展、促进和谐这一中心任务，按照科学、民主决策程序，在物质文明、政治文明、精神文明和生态文明建设等方面，作出一系列重大决策，并制定与之相适应、相配套的规划措施，确保决策顺利实施，推进经济建设和社会事业持续健康快速发展。

第一节　区域经济发展

聚力兴工强市　工业是文登的支柱产业，基础良好，优势突出。建市后，历届市委、市政府坚持发展工业不动摇，通过实施企业改革、结构调整、科技创新、产业招商、投资拉动、名牌打造等战略，推动工业经济总量不断增加，综合经济实力明显增强。2013年，市属规模以上工业企业达到431家，从业者13.45万人。完成工业总产值1627.18亿元、工业销售产值1618.33亿元，实现利润70.18亿元，分别比1991年增长38.55倍、73.75倍、43.99倍。

深化改革增活力　23年间，文登工业以改革为动力，调整结构、转变方式，增速换挡，全面提升工业整体实力。1992年，市委、市政府先后印发《新一轮企业承包若干问题的具体规定》《关于深化企业改革的实施意见》《关于加快发展股份合作制改革的试行意见》《关于产权界定、资产评估等暂行规定》等一系列文件。1994年，成立市股份制企业服务中心，深入企业，跟踪指导，坚持成熟一个改革一个，改革一个成功一个。流通企业以“四放开”为突破口，积极稳妥推进企业劳动、人事、分配和社会保障制度配套改革。至1995年，全市组建企业集团32家，43家企业进行股份制、股份合作制改造。“九五”时期，以建立现代企业制度为重点、盘活存量资产为突破口、开放搞活中小企业为着力点，进行产权制度改革，加快股份制和股份合作制改造，全市225家市、镇企业实行股份制、股份合作制等产权制度改革，改革面达50.1%，盘活不良资产5亿元。2002年，市委、市政府印发《关于进一步加快全市企业改革的意见》《关于加快镇村企业改革的意见》，采取合资、合作、联营等形式，促进企业兼并重组，使优势企业实现低成本扩张，被兼并企业获得新生。2003年，加强已改制企业的调整完善，促进企业建立适应市场竞争要求的经营机制，全面提高资产资本化、市场化、证券化水平。至2013年，全市有7家企业上市。

产业聚集扩规模　90年代初、中期，文登工业发展坚持内涵挖潜与外延扩大并举，以外延扩大为主的指导方针。1999年，市委、市政府印发《关于加快工业发展实现二次创业的意见》，把发展产业集群确定为工业“二次创业”。2000—2004年，全市重点培植汽车及配件、机械加工、轻纺制革、电子通信、食品医药五大产业群。2005年，市委、市政府印发《关于加快骨干企业膨胀促进工业发展的意见》，连续3年，每年筹集8000万元，设立骨干企业发展基金，对投入力度大、技改步子快的企业予以资金扶持。是年，山东云龙绣品、山东艺达、万得集团、三力服装4家企业获得全省工业产品结构调整无偿配套资金300万元。文登市被评为全省工业产品结构调整示范市，获评山东省十大产业集群称号。2008年，市委、市政府召开全市工业科学发展暨总结表彰大会，授予天润曲轴股份有限公司、文登市森鹿制革有限公司等10家企业“文登市工业发展十强”称号，授予宏安集团有限公司等10家企业“文登市工业发展二十强”称号。2009年，文登市成立全省首家家纺产业公共服务中心，家纺产业跻身中国百佳产业集群和全省首批中心产业集群。

2010 年，召开新型工业化建设暨对外开放大会，推动全市工业由优秀产业向支柱集群方向迈进。2013 年，建立“金融超市”，搭建银企对接平台。年末，全市完成产值 30 亿元或实现利税 3 亿元以上的骨干企业发展到 16 家。

科技兴工促发展　1992 年，市委、市政府印发《关于奖励为推动科技进步做出突出贡献人员的暂行办法》《招聘人才引进技术的暂行规定》，通过技术改造，推动企业梯次成长，促使全市工业形成“航空母舰”“支柱企业”“骨干群体”相互衔接的层次结构。1993－1995 年，实施“重点工程”战略，每年安排重要技术改造项目 10 ～ 20 个，由市六大班子主要领导分别担任项目负责人。3 年间，实施重点技改项目 75 个，竣工 66 个，完成投资 14.6 亿元，新增产值 55.8 亿元、利税 8.3 亿元。1998 年，全市完成技改投资 14.3 亿元，有效提高工业企业的装备水平。全市拥有自动化生产线 12 条，半自动生产线 46 条，机械手 48 台。2000 年，开展“百家企业联百校”“百家企业联百所”活动，推进产学研联合，实现科技与经济密切结合。2008 年，印发《鼓励科技进步与自主创新　推动新型工业化发展扶持奖励办法》，设立科学技术奖、自主创新奖、实施品牌战略奖、企业上市奖等奖项，调动提升企业自主创新积极性。2011－2012 年，实施“百企升级”创新发展行动计划，市财政安排专项资金 1 亿元，用于鼓励支持企业实施科技创新、品牌建设、节能减排，以及发展高端产业项目。1991－2013 年，全市累计完成重点技改项目 4659 项，技改投入 1639.4 亿元，开发新产品 2416 个；取得国家级科技进步奖 5 项，省级科技进步三等奖以上奖项 89 项，地市级科技进步奖 342 项。

打造特色农业　90 年代初，市委、市政府印发《关于进一步加强菜篮子工程建设的意见》《关于加快发展农村社会主义市场经济的实施意见》《关于大力发展专业化规模经营大户的实施意见》等文件，实施“科技兴农”和“三色革命”战略，全市初步形成产业化、市场化、优质化的创汇农业格局。2000 年，全市经济作物总面积达到 2.27 万公顷，粮经比例调整到 59∶41。进入 21 世纪，全市相继建起奶业、花生、粮食、蔬菜、蚕茧、生猪、水产、水果、药材、花卉、长毛兔、肉食鸡 12 个产品生产基地，连接农户 13.5 万户。2004 年，农民人均纯收入 5285 元，比 1991 年增长 3.74 倍。2008 年，市委、市政府联合印发《关于支持社会主义新农村建设若干政策的意见》《文登市 2008 年“三农”工作要点》。农作物和经济作物种植比例达到 1∶1.3。至 2009 年，全市初步构建起蔬菜、皮草、果品、西洋参等产业链条。2010 年，全市发展农业龙头企业 82 家，注册农民专业合作社 207 家，文登市成为全国首批出口农产品质量安全示范区、全国无公害农产品标志推广与监管示范市。2012 年，市委、市政府印发《关于贯彻落实中央、省、威海市文件精神　推动农业农村又好又快发展的实施意见》，按照“区域调特、品种调优、品牌调响、市场调外、效益调高”的原则，以皮草、西洋参两大特色产业为突破口，向农副产品规模化、标准化、产业化、品牌化目标迈进。2013 年，全市西洋参标准化种植面积 2666 公顷，其中绿色西洋参基地面积 533 公顷，获国家农产品地理标志登记保护。“文登苹果”“文登大花生”和“文

图 20-1　2010 年 12 月 23 日，重点农业产业项目集中签约暨农业产业化银企合作举行签字仪式。

登西洋参”，入选100个“2012最具影响力中国农产品区域公用品牌”。全市水貂存养量240.2万只，被中国畜产品流通协会授予“中国毛皮产业名城”称号。

做大民营经济 “八五”期间，主要通过简化审批手续，放宽经营范围，制定帮扶措施，加快个体及私营经济发展。1993年，市委、市政府首次召开个体私营经济工作会议，表彰模范个体经营户和私营企业，颁布《关于鼓励发展个体私营经济的意见》，全市个体经营户和私营企业分别发展到14792户和210家，比上年增长59.4%、191.7%。1994年，召开第二次全市个体私营经济工作会议，印发《关于进一步鼓励发展个体私营经济的意见》，将个体私营经济发展列入全市经济发展总体规划，制定优惠政策，加大扶持力度，全年发展专业村21个、专业街21条。1997年，全市首家私营园区——宋村镇寺前废品收购加工园区正式启用，参与经营的个体户达300户，年创产值500万元。2001年，市民营经济办公室成立，具体负责制定民营经济发展计划，协调解决民营经济发展问题，为业户提供法律、技术、管理、信息等服务。2002年，召开1300余人参加的全市民营经济工作会议，交流经验，表彰先进，推动民营经济再上新水平、新台阶。市委、市政府印发《关于进一步加快民营经济发展的试行意见》，规定民营企业享有与国有、集体企业同等待遇。年末，民营企业由上年的683家发展到843家，个体经营户及养殖大户由2.5万户发展到3.1万户。2005年，市委、市政府印发《关于加快民营家纺企业发展的意见》，在融资担保、信用评价、人才培训等方面，为创业者创造平等法制环境、政策环境和市场环境。2007年始，每年安排500万元专项扶持资金，加大民营企业融资支持力度。2008年，开展“服务升级年”活动。2009年，首次推行个体工商户试营业制度。2012年，将农民专业合作社及其分支机构登记权限下放基层单位，为农民登记办证节省时间，节约费用。2013年，全市拥有个体经营户2.1万户，注册资金5.2亿元。

加快温泉开发 1995年，市委、市政府把开发地热温泉，建设疗养、娱乐为一体的旅游区，作为“九五”期间的发展目标和主攻方向。呼雷汤温泉旅游区通过股份制改造，洗浴规模进一步扩大。2004年，市委、市政府印发《关于牢固树立和认真落实科学发展观的决定》，提出加快境内山、滩、泉等旅游资源综合开发，建设具有沿海特色的温泉休闲度假区。2005年，成功注册“温泉之都”旅游品牌及相关系列产品，在国内第一个以温泉旅游开发经营注册商标。2006年，市政府印发《关于加强温泉保护区管理 依法合理开发利用温泉的通知》，按照政府引导、社会参与、市场运作原则，经各方面共同努力，两大温泉旅游项目分别在张家产镇和经济开发区落户。是年，张家产镇辖区的天沐·山东威海温泉度假村项目开工建设，2008年9月，正式投入运营。2009年，总投资15亿元，集温泉养生、休闲娱乐、商务洽谈、会务接待、生态采摘于一体的汤泊温泉度假村一期工程竣工，对外开放营业。2008年，文登市以“走进温泉之都，泡出健康美丽，成就好客山东”为主题，首次举办中国威海

图20-2　2011年9月13日，寻访最值得驻华大使馆向世界推荐的中国滨海温泉养生旅游目的地——山东文登主题活动开幕式在北京举行。

（文登）国际温泉节，国内外温泉界的专家学者及200余家旅游商参加温泉文化论坛。2009年，中国威海（文登）温泉节获中国最佳县域旅游节庆奖。2010年，文登市被中国旅游业联合会授予中国优秀温泉度假旅游城市称号。2011－2012年，依托国际温泉文化论坛，通过开展评选、交流、考察、推介等系列活动，打造康疗养生、饮食养生、居住养生、休闲养生等品牌，文登市被中国旅游协会评为“2012中国最佳休闲小城”。2013年，天沐温泉、汤泊温泉旅游开发建设二期工程按照计划顺利推进。

第二节　政治文明建设

强化基层党建　1991－2013年，市委始终把基层党的建设作为推动经济发展的“第一保障”，紧抓不放，虚功实做，先后培育出“茼山精神”“电业干劲”“汪疃经验”等全国、全省知名先进典型。1992年，汪疃镇党委从78名机关干部中分流36人，成立9大示范服务基地，建起粮油高产试验田、蔬菜实验示范园、养殖业示范场36个，探索出一条在市场经济条件下为群众提供系列化服务，实现对农村工作有效领导的新路子。1996年，汪疃镇党委被中共中央组织部命名为全国先进基层党组织。是年，全省乡镇党委建设现场会在文登召开。1997年7月，全国乡镇党委书记专题研讨班在文登举办。中共中央组织部向全国发出《关于转发〈汪疃镇党委转变领导作风引导示范服务兴镇强村富民〉经验的通知》，“汪疃经验”走向全国。90年代，文登以创建全省农村党建工作先进县（市）为契机，针对基层党建发展不平衡的实际，加强后进转化工作，实施“难点突破工程”。农村党建，按照中央提出的“五个好”（领导班子好、党员干部队伍好、工作机制好、小康建设业绩好、农民群众反映好）要求，以整顿软弱涣散及瘫痪村党支部为重点，通过下派、挂职、内选等途径，选拔村干部1927名，调整农村党支部班子789个。企业党建，以深化改革、转换机制、提高效益为目标，开展“实施凝聚力工程，创建四好企业”活动，推行厂务公开，强化民主管理，促进企业健康发展。进入21世纪，把改善民生作为深化党建工作的出发点和落脚点，抓教育、建组织、办实事、聚民心。至2013年，全市累计投资38.7亿元，完成重点民生工程134项。23年间，市委按照上级部署，采取多种形式，紧密联系实际，推进党建教育活动深入扎实进行。先后开展“三讲”和“三个代表”重要思想学习教育活动、保持共产党员先进性教育活动、学习实践科学发展观活动，群众满意度达99.7%。围绕城镇一体化建设，市委组织部先后印发《关于进一步加强农村基层组织建设的意见》《关于开展评选“经济发展先进村”活动的意见》《农村党支部书记星级管理暂行办法》《关于进一步加强镇党委思想作风建设的意见》等文件，建立健全“抓书记、书记抓”基层党建工作责任制，创新完善镇村集中议事、民情热线、重要村务全程纪实工作法等规章制度，省委组织部在全省推广文登市的经验做法。完成规模以上非公有制企业党组织组建工作，派驻职能指导员经常予以指导。市委非公有制经济组织和社会组织工作委员会（简称“两新”工委）成立，进一步促进“两新”党建工作深入发展，在摸底排查的基础上，开展“建组织、扩覆盖”活动，全市新建非公有制企业党组织448个，新建、改建党员活动场所285处。

创建文明农村　市委、市政府在推进物质文明建设同时，坚持精神文明建设不松劲，一手抓城市，一手抓农村，推动城乡文明同步向前发展。在农村精神文明建设中，立足于为民办实事，全市先后投资7.5亿元，修公路、建校舍、通自来水。1991年，开展建设文化阵地“窗口”单位评优活动。1992年，市委印发《文登市“八五”期间社会主义精神文明建设规划》《精神文明建设委员会委员单位责任制度》等文件。1994年，在农村开展评“三户”（遵纪守法户、五好家庭户、文明户）活动，评出遵纪守法户19.5万户，五好家庭户9.2万户，文明户1万户。1995年始，全面推行以民主选举、民主议事、

民主管理、民主监督、民主评议，财务公开、政务公开为主要内容的“五民主、两公开”制度，农村普遍建立民主议事会和民主理财小组，农村社会管理开始步入规范化管理轨道。1991年和1995年，文登市两次获山东省精神文明建设工作先进市称号。1996—1997年，针对农村实行家庭联产承包责任制后，村与户之间出现的管理“断层”和农村不稳定因素增多实际，总结推广晒字镇桃花岘村、崮山后村“十户一联”保平安，口子镇创建文明村镇、人民安居乐业的做法经验，在农村开展创建安全文明责任小区和文明村镇活动，提高群众自治、自管能力。全市先后建起安全文明责任小区6401个，覆盖面达100%，促进了社会稳定和经济建设，经验做法受到中央、省和威海市各级领导的肯定，在全省、全国范围推广。其间，市委、市政府着眼经济和社会全面进步，实心实意为农民搞好服务，加大资金投入，发展文化、卫生、体育等社会事业，推进农村社会主义精神文明建设不断向更高层次迈进。全市90%以上的村安装有线电视，电视频道由4个增加到24个；建起镇文化宫16处，农村文化大院87个，藏书超过500册的农村图书室426个；修建村卫生室622个，42.5万人参加合作医疗，占农村人口85%，村级卫生保健普及率达100%；新建幼儿园417所，幼儿入托率达90%。体育事业发展迅速，全市建有大小田径场201个、篮球

图20-3 2009年6月25日，农家流动书屋走进埠口港下冷家村。

场513个，获全国体育先进县称号。1998年，省精神文明委员会作出《关于学习推广文登市农村精神文明建设经验的决定》，全省、全国农村精神文明建设工作座谈会相继在文登召开，被中央宣传部、中央文明办作为农村精神文明建设突出典型推向全国，学习文登经验热潮迅速掀起，形成“南有张家港，北有文登市”的格局。1999年，文登市被中央文明委授予全国创建文明村镇工作先进市称号。

提升机关效能 1991—2013年，市委、市政府立足市情，根据不同时期的工作任务目标，以解放思想为先导，加强机关建设，打造过硬队伍，树立良好形象，不断开创各项工作新局面。1991年始，对市直机关实行百分考核，对乡镇机关实施千分考核。是年11月，全市召开现场学习蔄山精神交流会，号召各乡镇、各部门创大业、争一流。1993年，召开“学电业再鼓干劲”现场会。1994年10月，组织1000名市直机关干部参加建设道呼线义务劳动。1996年，召开全市机关思想作风整顿会议，要求全市各个机关和机关干部转变职能、思想和作风，弘扬“文登精神”，加快全市现代化建设。1998年8月，市直机关85个单位2500名机关干部参加抱龙河环境整治。2000年，开展作风纪律整顿活动，通过思想发动、集中学习、自我解剖、查纠问题、完善制度、整顿提高，促使各级党政机关形成勤政为民、廉洁高效、遵纪守法、文明服务的良好风气。2001年，市委印发《关于按照“三个代表”重要思想的要求加强和改进党的基层组织建设的意见》，号召全市党员干部进一步解放思想、振奋精神、转变作风、真抓实干，把社会主义现代化建设不断推向前进。2004年，开展解放思想大讨论，争创“四型”机关、争当“行业标兵”“服务明星”等主题活动。2006年，召开全市优化经济发展环境动员大会，落实市委、市政府关于开展“环境优化年”活动部署，推动各级干部解放思想，开拓创新，强化服务，为经济社会又好又快发展营造良好外部环境。2007年，开展“机关作风整顿月”活动，重点查纠工作时间从事休闲

娱乐活动、工作日中午饮酒等违纪行为。查处问题5起，实施警诫教育6人次，对1起科级干部违规行为进行全市通报。2008年4—6月，以“理念创新、环境创优、机制创活、企业创效、人民创业”为主题的新一轮解放思想活动在全市展开。活动分为学习发动、查找问题、深入整改、总结提高4个阶段，历时3个月。2011年，在机关事业单位开展以“为群众造福谋利、让人民舒心满意”为主题的机关作风纪律整顿活动。2012年被定为机关“作风建设年”，结合党的群众路线教育活动，以“转作风、重规范、提效能”为主题，采取自查自纠、边整边改方法，重点解决“诿、庸、梗、浮”等问题，树立机关良好形象，提高科学发展能力。10月，市委、市政府安排1个月的时间，在全市开展以“找差距、剖根源、定目标、谋跨越”为主题的解放思想大讨论活动，促使机关建设步入规范化、制度化、高效化轨道。

第三节　和谐社会建设

弘扬特色文化　文登依山傍海，在发展进程中，形成以士学文化、李龙文化、道教文化、红色文化为代表的“文登学”文化。历届市委、市政府坚持以人为本，在不同时期，根据新情况、新任务，赋予“文登学”新的内涵，与宣传弘扬社会主义核心价值观，创建文明城市、文明村镇、文明单位、文明家庭等群众性活动紧密融合，同向推进。90年代，文化旅游、党史史志、新闻媒体等部门制作《文登古今》电视专题节目58期，摄制《漫话文登学》专题片，编辑大型画册《文登》，出版《昆嵛山文集》《文登学人》《天福惊雷》等专辑书刊。推出圣经山道教全真寻祖游等短途旅游线路。其间，《文登市志》编辑出版，是中华人民共和国成立后第一部全面详细、真实客观介绍文登的文化建设工程，获全国新编地方志优秀成果一等奖。进入21世纪，市委、市政府动员引导社会方方面面，多层次、多渠道地对“文登学”文化的内涵、外延、特点和发展规律、前景，进行挖掘整理、研究总结、交流推广，努力叫响“文登学”品牌，把特色文化优势转化成竞争优势。党史、史志及政协文史部门先后编纂出版《中共文登地方史》《文登将军》《红色故事》《文登进士》《中国道教名山昆嵛山》《文登李龙王的神话传说》《文登文化通览》《雍正本、道光本〈文登县志〉影印本》等书籍30余册。宣传、文化、广播电视部门编播大型人文专题栏目《话说文登》200期，印发《悦读经典》20辑30万册。编演历史舞台剧《一代帝师》《东方文登学》和京剧《李龙爷》，拍摄《婶子》《兽医站长》《磨坊女人》《止杀令》等反映“文登学”文化的系列影视剧。针对不同百姓群体，搭建“昆嵛讲坛·市民大讲堂”、“我的中国梦”宣讲、“百姓放歌·唱响文登”巡演、“广场舞大赛”、书画诗联展览等文化活动平台，做到周周有活动，常年不断线，村镇文化、广场文化、企业文化、校园文化、社区文化、家庭文化日趋繁荣。印发政策文件，加强文化遗产保护，对全市发现的118处不可移动文物，建立登记、公布及保护机制。市区主要抓好清代丛氏宗祠、永兴街老教堂及古文化遗址等百年历史文化街区的保护。投资重建召文台，让人们感知历史，传承文明，热爱文登，建设文登。在圣经山风景名胜区，恢复建成120余处自然人文景观，再现道教文化原貌。加大红色文化保护、整理力度，1992年，对天福山起义纪念馆进行全面检查修缮。1997年和2001年，先后对馆内刊板进行整修。2004年，投资70余万元新建党史馆，打造集党性教育、青少年教育、红色旅游为一体的红色文化基地。2006年，对天福山起义纪念馆展厅重新布展，展出刊板面积210平方米、2万余字、326幅图片、318件革命文物。是年，市政府设立“文登学”奖，全市先后有40余名文艺工作者获奖。2007年，市委印发《关于在全市开展“建设和谐文登从我做起”大讨论活动　加快社会主义和谐文化建设的意见》，提出倡导和谐理念，培育和谐精神，开展和谐创建活动，建设与社会主义和谐社会要求相适应的和谐文化。全市147个部门、单位的500余名选手参加演讲比赛、诗朗诵比赛，

组织演讲团深入基层宣讲26场。是年，以弘扬新时期“文登学”精神为主题，邀请社会各界人士、专家学者召开座谈会3次，挖掘“文登学”文化精髓，赋予“自强不息、和谐向上”具有时代内涵的“文登学”精神。2011—2012年，加强文化传播渠道建设，启动首届书香文登读书节，历时3个月。构建以市图书馆为总馆，镇（街道）图书馆为分馆，村（社区）农家书屋为补充的区域图书馆网群，图书服务网络遍布全市城乡。2013年，将“文登学”文化建设与开展“仁孝文登”活动相结合，先进典型层出不尽，市民文明素质全面提升，践行社会主义核心价值观蔚然成风。在全省96个文明县（市、区）测评中，文登位列第9名，居威海各市区之首。

创新扶贫机制 1992年，根据全市“八五”战略目标要求，市委、市政府调整工作思路，采取集中优势兵力打歼灭战的方法，选出51个有一定经济实力的部门，对发展滞后的文登营乡46个村和5个乡办企业进行重点包扶，开创机关包乡镇先例。文登营乡利用帮扶部门投入的资金，新建塘坝、平塘16座，修建桥梁4座，扩大和改善水浇地面积334公顷，新上果园66.7公顷，新建蔬菜大棚210个，扶持各类养殖大户420户，新上工业项目21个。1994年，市委、市政府印发《关于奋战三年消灭贫困村实现村村过小康的意见》，要求全市尽快消灭贫困村，实现村村达小康目标。市委常委带头领包全市经济最差的村。1997年，全市扶贫工作会议召开，会议决定，年底不准出现人均纯收入低于2000元的村，凡包村部门未达到规定标准的要加大措施继续包扶。1999年，市委、市政府印发《关于新一轮市直部门包村工作的意见》，组织112个市直部门对筛选的112个后进村结对包扶，签订责任书，定期进行检查，结果通报全市。2000年，对年龄大、工作无起色、群众威信差的村党支部书记进行调整，采取挂职形式，选派50名机关干部担任农村党支部书记。2004年，召开全市“包村联户、强村富民”工作会议，年内，137个部门、25家企业和2075名干部为贫困村、贫困户提供钱物共计720万元，为村集体新上致富项目47个。2007—2009年，安排245个市直部门、驻文登单位、骨干企业和3003名机关干部“一对一”包扶贫困村和贫困户。2012年，市委、市政府联合印发《关于贯彻落实中央、省、威海市文件精神 推动农业农村又好又快发展的实施意见》，在推进农业科技创新、加快发展现代农业、改善农村人居环境、着力保障和改善民生、深化农村改革5个方面提出新的工作要求，选派82名有基层工作经验的机关干部担任农村党支部第一书记，向549个村选派驻村联络员，走访群众9万余户，帮助解决各类“老大难”问题110件。2013年，市委组织部印发《2013年包村联户工作考核办法》，年初和年末，在新闻媒体公示部门单位包扶计划打算及实施结果，接受社会监督，全年包村单位和联户干部为民办实事好事9500余件。

改善民生福祉 1991—2013年，市委、市政府把改善民生、造福群众贯穿各项工作始终，想方设法为群众办实事、解难事、做好事。90年代，投入城市建设维护资金3.09亿元，改建市区道路90千米，道路总面积达183.4万平方米；城市绿化覆盖率38.55%，人均占有公共绿地面积7.35平方米，达到全省绿化先进水平。全市98%以上的村步入小康，在全省率先跨入小康市行列。2002年，全市学校基础建设投入资金2亿元，新增校舍建筑面积11万平方米；农村新增自来水用户5.4万户。2004年，新型农村合作医疗制度全面建立，35.7万名农民受益。2007年，市委、市政府在充分调研、征求意见的基础上，印发《关于实施“十有”民生工程 大兴为民办实事之风的意见》，确定在全市实施居有所安、行有所便、幼有所教、壮有所事、老有所养、病有所医、困有所济、闲有所乐、差有所治、忧有所解为主要内容的“十有”民生工程。至2009年，“十有”民生工程共投入资金7.2亿元。2010年，根据社情民意调查，确定实施“解决10个方面热点问题、建立完善10项民生制度和实现10个民生项目扩面提标”的“111”惠民工程，投资7.1亿元，实施30个民生项目建设。2011年，投入1.6

亿元对母猪河进行综合治理，从根本上解决水患和污染问题，全年治理大小河道90条。2013年，投资9.3亿元，高标准完成80个村的环境综合整治等16项重点民生工程。

第四节　城市建设

建设精品城市　“八五”期间，市委、市政府把旧城改造列为城市建设的重要内容，不断加快市区基础设施建设步伐。1992年，市政府印发《关于加快旧城区改造的决定》，市区的峰西、文山、河北、生产、大众、北宫、河南、城西、西南庄、西龙格、柳林、西楼、城北、香水庵和三里河15个村划为旧城改造区。1993－1994年，市政府印发《关于加快旧城区改造的有关规定》和《关于户口迁移管理办法》，发布旧城改造有关优惠政策。至1995年，全市共拆除房屋9120间，建筑面积28万平方米，回迁率达87%。1996－1997年，投资2741万元，修建道路11条，增加城市道路7.1千米。1998年，建成占地面积3.46公顷的市中广场，为市区首个集娱乐、雕塑、喷泉、绿化为一体的大型广场。1999年，敷设排水管道1883米，拆迁改造旧城12.5万平方米。进入21世纪，旧城改造力度进一步加大。2004年，市政府印发《文登市城市房屋拆迁管理办法》《文登市人民政府关于贯彻实施〈文登市城市房屋拆迁管理办法〉有关问题的通知》，对拆迁补偿、安置等作出详细规定。在拆迁建设用地、安置用房建设、行政事业性收费等方面推出一系列优惠政策，旧城改造、新区建设逐步走向规范化、规模化，并将原企业厂区开发与城中村拆迁改造同步推进。2010年，市委、市政府印发《关于大力推进新型城镇化的意见》，围绕现代化城市建设，启动峰南、凉水湾、河北、大众、北宫、宋家沟等村（社区）改造，拆迁安置2348户。至2013年，市区相继建起具有文登特色的峰山森林公园、抱龙河公园和文登学公园。建有道路185条，道路面积由80年代末的66万平方米增加到918.92万平方米，其中人行道面积由5.1万平方米增加到228万平方米。路灯由1965基增至1.9万基，桥梁由9座增到52座，人均公共绿地面积由2.9平方米增加到22.65平方米，城市建成区面积由10.8平方千米增加到44.41平方千米。针对市区规模不断扩大，城市管理要求更高的实际，市政府先后印发《关于进一步加强城市管理工作的意见》《关于印发〈文登市城市责任单位“门前三包”管理规定〉的通知》等一系列文件，理顺管理体制，严格考核奖惩，城市形象面貌和管理水平都有新的提升。

开发城市新区　进入21世纪，市委、市政府根据城市发展趋势，结合文登市区的现状和特点，决定文化路以东、珠海路以南、万山路以北、虎山路以西，占地面积28.5平方千米的围合区域，建设新的文化、商贸、行政中心。2003年，市委、市政府印发《关于加快文登与威海中心城市对接的报告》。2005年，省政府批复实施《文登市城市总体规划》。2006年，城市新中心区建设正式启动，按照建设现代化中等城市要求，新区突出依山傍水的自然地貌，发掘底蕴深厚的文化资源，坚持自然景观和人文传统相结合，区域定位与产业衔接相匹配，展示新城区的现代化、多元化、生态化。2007年，占地面积32公顷的“文登学”公园，总面积73万平方米、水面面积42.68万平方米的抱龙河公园先后对外开放。2012年，总建筑面积75.2万平方米的“一园五中心”（体育公园、市民文化中心、博展中心、高级职业技术教育中心、文登会展中心、国际商贸中心）相继竣工投入运营。2013年，以休闲游憩为主题的峰山森林公园二期工程完工。年末，城市新区建成及在建商贸楼面积共计134万平方米，建筑面积1.5万平方米的胶东文化一条街正式对外营业，初步形成宜居宜业、功能完善、特色鲜明、优势突出的现代化城市综合体。其间，市委、市政府针对市区北部经济开发区项目密集、空间狭小的现实，将文登营镇划入开发区发展范围，统筹规划，北扩东展。向北扩展，与威海市区对接，打造区域旅游观光、度假休闲、休憩交

流基地；向东拓展，加快文登营镇境内路网建设，实现与青荣城际铁路、威海保税区和威海机场整体对接联动。2011－2013年，市、区两级共投资16.7亿元，实施道路、桥涵、绿化、供水、燃气、供电等重点工程建设20余项。3年间，引进产业项目91个。

第五章　纪检监察

第一节　组织机构

纪律检查委员会　1988年，撤县设市，文登县纪律检查委员会更名为文登市纪律检查委员会（简称市纪委）。1993年，市监察局与其合署办公，一套机构、两个名称。内设办公室、纪检监察室、案件审理室、信访室（举报中心）、监察综合室、执法监察室、宣传教育室，有工作人员23人。2002年始，中共文登市委按照中共中央"关于地方各级纪委书记由同级党委副书记担任"的要求，中共文登市纪委书记由市委副书记兼任。2010年，市纪委设立4个派驻机构，负责监督检查57个部门及所属单位的纪检监察工作，称为中共文登市纪委派驻第×纪检组、文登市监察局派驻第×监察室（简称第×纪检组、监察室）。纪检组与监察室合署办公，正科级。2013年，市纪委内设办公室、信访室、纪检监察室、案件审理室、执法监察室、宣传教育室、监察综合室、党风廉政建设室、纪检干部管理室、市行政效能监察中心（副科级事业单位）。有工作人员41人，其中纪委机关23人，派驻纪检组、监察室18人。

监察局　文登县监察局于1987年成立，1988年，更名为文登市监察局。内设办公室、监察科、信访科、审理科。1993年，与市纪委合署办公。

第八届至第十三届中共文登市纪律检查委员会书记任职情况表

表20-4

届别	职务	姓名	任职时间
第八届	书记	侯征远	1990年4月至1991年11月
		王世启	1991年11月至1995年4月
第九届	书记	于时文	1995年4月至1997年12月
		刘玉峰	1997年12月至1998年1月
第十届	书记	刘玉峰	1998年1月至2002年2月
		刘翠珠	2002年2月至2002年12月
		王廷琦	2002年12月至2003年1月
第十一届	书记	王廷琦	2003年1月至2006年2月
		栾　波	2006年2月至2006年5月
		马端兴	2006年5月至2007年1月

续表 20-4

届别	职务	姓名	任职时间
第十二届	书记	马端兴	2007 年 1 月至 2007 年 11 月
		吕洪波	2007 年 11 月至 2011 年 11 月
		张建亭	2011 年 11 月至 2012 年 1 月
第十三届	书记	张建亭	2012 年 1 月至

第二节　党风廉政建设

警示教育　1991—1995 年，组织开展党规党纪、反腐防变和“学党章，做合格党员”“学条例、学法规、依法行政”等教育活动。5 年间，宣传正面典型 50 个，剖析反面典型 11 个，组织廉洁勤政先进事迹报告团巡回演讲 23 场，观看党风党纪教育片 46 部，党员受教育面达 90%。1996—1997 年，开展“学条规、守纪律、作表率”教育活动，先后对 20 名副科级以上领导干部进行警诫教育。2000 年，推行函询谈话制度，对 24 名廉洁存有问题、但未构成违纪违法的科级干部进行函询、谈话，超前警示。2003 年，实施“艰苦奋斗、廉洁从政”主题教育工程，召开任前廉政谈话会、家属助廉报告会，编发《“两个务必”教育读本》，加强教育，筑牢防线。2005 年，开展扶贫思廉、读书养廉、谈话诫廉、家庭助廉、警示促廉，让廉政文化进机关、进社区、进农村、进家庭、进学校、进企业的“五廉六进”活动。创新教育载体，丰富活动形式，印发《廉政格言警句集》1000 余套；结合党员先进性教育活动，开展读廉政文章、廉政警句，写读后感、廉政笔记的“双读双写”活动。在市区建设廉政公益广告一条街，竖立廉政公益广告牌 200 余个。实施“包村联户、强村富民、结对扶贫”工程，137 个市直部门 2075 名机关干部与后进村和贫困户结对帮扶。2005—2007 年，组织 5 万名党员干部收看《赌之害》《蜕变》等警示教育片。2008 年，经上级批准，天福山革命纪念馆、文登市看守所分别成为山东省和威海市“廉政警示教育基地”，纪检监察机关利用新的平台，组织开展“作廉洁表率、促科学发展”主题教育活动。2009 年，开展创建“农村基层党风廉政建设示范村”和“廉政文化示范点”活动，全市确定省级示范村 23 个，威海市级廉政文化示范点 6 个。是年，创办《昆嵛清风》期刊，加大警示力度；举办反腐倡廉书画摄影作品展，观展党员干部 3200 人次。2010 年，开设廉政讲堂，培训党员干部 1360 人次。2013 年，开展“廉政警示教育月”活动，组织 6700 名机关干部和 2200 名农村党员干部到廉政警示教育基地接受防变防腐教育。是年，针对农村实际，探索开展农村党风廉政建设“三堂课”活动，组织农村党员干部年初上好警示教育课、年中上好集中议廉课、年末上好述廉评议课，中央、省及威海市纪委对“三堂课”做法给予肯定并推广。

廉政建设　90 年代，市委、市政府及市纪委先后印发《关于机关干部“四不准”的规定》《关于禁止利用公款从事非公务性吃喝玩乐的意见》《关于加强房改纪律的有关规定》《关于党政机关汽车配备和使用管理的规定》《关于禁止党政群机关干部到农村吃喝玩乐的规定》《共产党员参与赌博党纪处分的暂行规定》等制度规定，基层单位也结合各自实际建立健全有关规章制度。2000 年，推行村务、政务、厂务和校务公开。市一级成立政府集中采购中心，实行统一采购，全年采购办公用品 686 万元，节约资金 50 万元。围绕城市建设，建立市建设工程交易中心，公开办理工程项目开工手续 127 个，32 个造价 40 万元以上工程全部进行公开招投标。2001 年，市委、市政府批转市纪委、市监察局印发《2001 年全市党

风廉政建设和反腐败工作实施意见》《关于对县处级以上领导干部的配偶、子女个人经商办企业的有关规定》《关于对机关干部个人借欠挪用公款集中进行清理的通知》《关于对农村“两委”换届选举工作中违纪违法行为处理的暂行规定》等系列文件。全年清理个人借欠、挪用公款80万元。2003年，市纪委印发《领导干部报告个人重大事项制度》《民主测评制度》《廉政述职制度》《党风廉政建设报告会制度》等一系列廉政建设制度，年内，对37名部门“一把手”启动经济责任审计。全市105名科级干部实行轮岗交流、115个股级职位采取竞争上岗。2006年，市委印发《关于进一步加强机关作风建设的规定》《关于开展“廉政警示教育月”活动的通知》，提出不准无故离岗办私事，不准工作时间上网聊天玩游戏，不准公款相互吃请，不准工作时间休闲娱乐的规定，查处违规案件6起、违规干部9人，给予严肃处理。2010年，市委印发《关于开展创建农村基层党风廉政建设示范村活动的实施意见》《关于开展重点岗位廉政专题教育活动的通知》。2012年，市纪委印发《文登市关于进一步加强农村集体资金资产资源管理工作的意见》《关于建立健全廉政谈话制度的意见》《关于进一步加强行政效能监察的实施意见》等文件。2013年，市纪委印发《关于加强纪律建设巡查的通知》《纪检监察干部联系群众规章制度》，开展机关作风“庸、懒、散”专项治理监督检查210次，进行个人廉政谈话102人次。

加强监督 开展党内监督，一级抓一级，建章立制，逐级进行教育、管理、监督。2012年，对全市机关干部禁酒令执行情况进行不间断监督检查，查纠违规问题3起。通过电信平台发送廉政短信500条，重新签署遵守禁酒令保证书2万份。依法进行监督，组织人大代表、政协委员深入基层视察监督，聘请老党员、老干部担任党风信息监督员，提供信息，堵塞漏洞。发动社会监督，公开举报电话，设立举报信箱，成立专门机构和人员，及时处理群众到访信访。2013年，党政班子成员向同级纪委全委会述廉，1234名领导干部对本人及配偶、子女有关理财、兼职、任职回避等规定进行自查自纠。抓好专项监督，成立检查监督小组，实施专项监督检查。

第三节　查处违纪案件

1991—1995年，全市查处违纪案件181件，处分违纪党员147人，其中党内警告26人，严重警告48人，撤销党内职务2人，留党察看41人，开除党籍30人；行政处分14人，其中警告1人，记过5人，记大过4人，降级1人，撤销行政职务3人。1996—1997年，查处违纪案件56件，挽回经济损失31.92万元。1998年立查案件33件，比上年增长43.5%。2000年，市纪委印发《关于进一步加强案件查处协调配合的实施意见》，建立案件查处联席会议制度，实现部门联动，立查大要案10件，给予党纪处分36人、政纪处分1人。镇纪委自办案件24件，挽回经济损失114万元。2002年，围绕建筑工程招投标、国债资金管理使用、政府采购、公务员招考、安全生产等重要环节，查办各类违法违纪案件43件，其中大要案9件，给予党纪、政纪处分42人，其中科级干部3人。2004年，首次采

图20-4　2012年2月4日，文登市党风廉政建设暨机关作风建设年活动动员大会召开。

用“双规”措施，全年立案52件，纪委自办案件25件，乡镇查办案件27件。2006年，成立治理商业贿赂领导小组和工作机构，在自查自纠的同时，严查重案要案，全年自查重点岗位26个、重点人员167人，查处案件2件，收缴违规款29万元。2009年，围绕保增长、保民生、保稳定等重大决策贯彻落实情况，开展专项监督检查，查纠损害农民土地权益案件8件，查处哄抬农资价格坑农害农案件63件。2011—2013年，立查案件147件，其中，大要案36件，给予党纪、政纪处分139人。受处分人员中，乡科级领导干部7人。

第四节　纠正不正之风

清理超标配车、借欠公款，制止公款吃喝玩乐　1991—1993年，对全市超标准配备的114辆工作车，以调换、拍卖、改变用途等方式全部进行清理。1995年，采取自查、清查方法，对党政机关、事业单位人员挪借公款进行专项清理，查出借欠、挪用公款59.29万元，限期归还。1998年，清理违规移动电话312部、住宅电话623部，收回折款44.6万元。全年压缩审批小汽车13辆，节约开支197万元。1999年，严肃查处用公款吃喝玩乐和工作时间打扑克、玩麻将两股歪风，28名违规者被公开曝光。2000年，取消出国（境）团组7批26人次，节约经费40万元。2002年，查获参赌人员65人，分类严肃处理，遏制歪风蔓延。2004年，清理农村干部借欠公款174万元，收缴95万元；清理党政机关、事业单位超标准小汽车14辆。2008年，对146个领导班子、851名科级领导干部进行廉政测评，清理违规电话15部、超标工作车3辆。2010年，开展清理预算外资金和私设“小金库”活动。2013年，贯彻执行中央“八项规定”精神，成立4个督导组，查访工作部门640个次，暗访酒店、宾馆等场所430余个次，查处违纪违规者20余人，给予党纪、政纪处分3人。是年，机关4551名干部职工按要求向所在部门做出会员卡零持有报告。

解决群众反映的“热点”问题　“八五”期间，全市查出超标准、超范围收费19项，违纪金额450.7万元。查处侵占公款供子女、亲属上学的15人，按照规定追缴款额3.5万元。采取电视宣传、路查录像等措施，严刹用公车办婚事歪风。1996—1997年，对农民负担情况进行两次全面审计和检查，取消涉农负担项目5项，减轻农民负担210万元。对企业收费文件、收费项目进行清查审核，取消收费项目9项、集资项目3项，年减轻企业负担346万元。2000年，严厉纠正医药购销中不正之风，查出存有违价问题的医疗器械、药品经营单位22家，收缴违价金额170万元，同时，对874种1520个规格药品核定统一零售价，药品价格总水平比纠风前降低11.1%。2001年，全面推行党政机关经费开支“两支笔”签批制度，全市会议、庆典活动场次及费用额度同比下降26%和15%。2004年，市纪委印发《关于严肃党的纪律，保证企业改革重组工作顺利进行的意见》，为87家困难企业改革重组保驾护航，盘活资产7.6亿元，安置下岗职工1.3万人。2008年，查处违反环境法规案件7起，清理补发拖欠农民工工资312万元。2010年，检查落实基层卫生机构实施国家基本药物零差价销售情况，让利群众2500万元。2011年，压缩审批出国人员18人次。2013年，推行工程领域项目信息公开和诚信体系建设，公开各类项目信息和信用信息777条。

治理乱收费、乱摊派、乱集资、乱罚款　1991—1995年，市纪委、市监察局全面清理公路乱设卡、乱收费、乱罚款，向企业、百姓乱集资、乱摊派、乱拉赞助行为，取消、降低收费项目306项，为企业和群众减轻负担2600万元。1997年，市纪委有关科室会同财政、物价、审计等部门，对使用预算外资金较多的50个部门、单位进行重点检查，查出自立收费项目8项，查处违规金额320万元，收缴财政专户金额404万元。1998年，对教育收费情况进行检查，查出乱收费、乱提高收费标准项目35项，涉及金额100万元，全部追缴上缴国库。2000年，对公安、交通等

24个部门、单位进行专项检查，查出应缴未缴财政专户资金143万元，挪用外借资金60万元，追缴问责。市纪委印发《文登市行政事业性收费政府性基金“票款分离”实施办法》，74个执收执罚部门实行“票款分离”，涉及收费项目316个。2002年，废止省政府《涉企收费目录》以外的一切收费项目，落实“一家检查、多家认可”规定，严格控制检查评比达标活动。推行村级集体订阅报刊费用限额制和农业税收和涉农收费、价格公示制，年减轻农民负担1500万元。2004年，撤销工业园区11处，补发拖欠农民土地补偿款2981万元。2005年，开展“规范教育收费示范县”活动，查处违规办班收费案件2件，涉及金额1.4万元。2008年，清理涉农收费项目38项，减轻农民负担4147万元。2010年，查处哄抬农资价格、销售假劣农资案件114件，涉案金额98.6万元。2013年，利用电子监察系统，对23个部门262项行政许可事项和114项非行政许可事项进行数据监察，对30个监察点的430个岗位进行视频监察，监察数据流程58234个，发出预警提示信息198条，发出电子监察建议书14份。

开展行风民主评议 1995年，首次开展行风监督万人评活动，促进行业作风转变。2000年，聘请人大代表、政协委员等各界人士18人，分6个小组，深入基层征集群众意见、建议340条。2001年，征集群众对工商、公安、交通、卫生等16个行政部门的意见和建议56类183条。2003年，在电视台开办行风建设“连心桥”专题节目，推出医药纠风、审批改革、抗击“非典”、教育热点、税收服务、规范收费、劳动保障、水电热点8个栏目和整改报道，维护群众利益不受侵害。2004年，召开座谈会19次，走访群众2100人，发放调查问卷1100份，征集群众对执法部门意见和建议134条，解决113条。2006年，以“树立行业新风，优化发展环境”为主题，将参评部门扩大至79个，比上年增加25个。2008年，开展走百家企业、进百处村居、串百户人家、访百名代表、查百个部门“五个一百”走访调研活动，收集意见、建议108条，查找问题原因，做到令行禁止。2012年，对全市镇（街道）、部门、驻文登单位辖属300个基层站所和职能科室进行民主评议。2013年，先后两次开展优化发展环境民主评议活动，发放评议票4500份，征集意见建议110条，逐一反馈，督促整改。

开通“行风热线” 2007年1月，市纪委与文登人民广播电台联合开办“行风热线”栏目，以“听百姓呼声、替市民分忧、促行风建设、建和谐文登”为主旨，由上线部门（单位）主要负责人通过电话连线解答群众咨询和投诉问题。2009年，启动“行风热线”进社区活动，9个部门主要负责人在市中广场为群众答疑解惑。2010年，市纪委与有关部门联合制定《“行风热线”工作考核暂行办法》和《“行风热线”值班人员工作规范》，加大监督考核力度，提高运行效率和服务质量。2011年，强化督办职能，安排专人负责落实。2012年，召开“行风热线”开播五周年座谈会，印发“行风热线”市民联系卡3000份，收到各类意见、建议73条，为群众解决问题515件。至2013年，共举办“行风热线”节目843期，接听电话6578个，解答政策咨询1350人次，解决问题2170件，群众满意率达99%。

图20-5 2012年3月5日，市纪委召开全市“行风热线”开播五周年座谈会。

第五节　信访监察

信访处理　1991－1995年，全市纪检系统有信访信息员1333人，市、镇、村三级信访网络健全，“三无”（无越级信访、无重复信访、无信访积案）乡镇达标率100%。初信初访结案率100%，优质结案率95%。1996－1997年，受理群众信访到访375件次，其中控告323件次、申诉4件次、其他48件次。检举控告涉及科级干部39件次，一般党员干部99件次，一般党员185件次，全部处结，市纪委被评为全省基层纪检监察信访工作优秀单位，并在全省纪检监察信访工作会议上作交流发言。2000年，推行信访双向承诺制，开展创建“无越级集体上访镇”活动，年内，受理群众信访举报108件次，全部处结。2004年，开展“信访工作质量年”活动，推行“信访首问负责制”，开通八小时语音举报电话，设立网上举报信箱，拓宽群众监督举报渠道，按期结案率和优质结案率均为100%。2007－2009年，开展“农村矛盾纠纷排查月”“信访监督年”活动，3年间，处结群众信访709件。2012年，开展“百日会战”活动，组织人员开展3次集中行动，逐村排查做实做细矛盾纠纷化解工作，共查出矛盾隐患721起，化解680起。2013年，受理群众举报390件次，初信初访处结率100%；对5名排名在后的基层单位纪委书记及有关负责人进行约谈，点问题，讲要害，促整改。对限期未办结的举报件，按程序及时了解办理进度，跟踪督办，促使信访案件事事有结果。

执法监察　1991－1995年，市纪检监察机关从自身做起，严把权力、金钱、人情关，加大案件查处力度。1996年，在农村推行财务管理“两民主、两公开”制度，促进全市反腐败斗争深入开展和党风政风好转。1998年，会同物价部门在全市3120家企业建立收费“两证一书一卡”（收费许可证、收费员证、进企业收费批准通知书、企业交费登记卡）制度，抵制“三乱”歪风。2000年，取消施工管理费、规划管理费等5个收费项目，全年减轻企业负担52万元。2001年，对建设项目招投标和建筑市场进行清理整顿，办理招标发包工程64项，查处违章工程33项。2004年，市纪委印发《坚决刹住收送“红包”歪风》等文件，公开举报电话，加强监督检查，对3名违反规定的党员干部给予纪律处分。2005年，市纪委印发《关于加强行政效能监察 优化经济发展环境的措施意见》，有诉必应、有案必查，全年受理行政效能投诉26件次，全部按时办结。2007年，监督规范教育收费行为，减轻贫困家庭学生经济负担84万元，4100名学生受益。2010年，对50个招标发包工程项目进行现场监督，节约支出6400万元，节支率5%。是年，参与政府采购招投标监督143次，采购总价值9187万元，节省资金1429万元，节支率13.46%。针对采购过程中存在的问题，提出改进意见。2011年，对9起生产安全事故调查进行全程监督，对事故责任追究跟进督办。2013年，开展行政权力清理工作，对全市46个单位、91个行政执法主体的1894项行政权力进行梳理规范，绘制权力事项运行流程图480张（页），培训行政执法人员476人次。

第六章　市委办公室工作

第一节　组织机构

1991年，文登市委办公室（政策研究室与其合署办公），内设秘书科、信息科、行政科、机要科、保密办公室。有工作人员33人。1993年，增设督查科。2013年，内设政策研究室、目标绩效管理考核工作委员会办公室（2006年9月设立，正科

级）、保密委员会办公室（1995年4月设立，副科级，增挂市政府保密局牌子）、机要局（2002年1月，机要科由股级升格为副科级，更名机要局）、督查室（2002年1月设立，副科级），另有秘书一科、秘书二科、秘书三科、信息科、行政科、文秘科6个股级科室。有工作人员24人。隶属市委办公室管理机构有：信访局、党史研究室、档案馆（增挂市档案局牌子）、农村工作领导小组办公室（2007年3月设立，2010年6月升格正科级，挂社会主义新农村建设领导小组办公室牌子）、市维护稳定工作办公室（2013年10月，由市政法委调整为隶属市委办公室）。

第二节　主要工作

文秘工作　90年代，每年上报省委、威海市委《文登信息》约450期，下发《文登信息》180期。参与起草市委全委（扩大）会议、农村工作会议、经济工作会议、党建工作会议、政法工作会议、教育工作会议等领导讲话稿。先后起草《关于今冬明春深化农村社会主义思想教育的通知》《关于加快发展农村社会主义市场经济的实施意见》《关于大力发展专业化规模经营大户的实施意见》。参与制定《关于发展明星村的意见》《关于专业科技拔尖人才选拔管理意见》《关于在全市组织开展全民读书活动的意见》等系列规定文件，文字总量达5000余万字。2000—2001年，撰写《关于加快畜牧业发展的意见》《关于发展奶业的决定》。2003年，印发《关于进一步加强农村基层组织建设的意见》《关于进一步加强企业党建工作的意见》。2005年，印发《关于加快骨干企业膨胀促进工业发展的意见》《关于加快民营家纺业发展的意见》。2007—2009年，起草市第十二次党代会、加快工业发展动员大会、学习实践科学发展观动员大会、经济工作暨为民办实事工作会议等领导讲话、汇报材料556份，拟写市委文件和市委办文件415份，共计1900万字。编发《工作情况交流》《文登信息》《领导参阅》《文登调研》《文办通报》212期，上报信息1760条。2011—2013年，拟发《关于认真贯彻中共十七届六中全会精神，加快建设文化强市意见》《关于实施百企升级创新发展行动计划的意见》《关于加快推进城市社区建设的实施意见》等文件。起草全市经济工作暨为民办实事工作会议、年终工作总结表彰大会、庆祝中国共产党成立90周年暨创先争优活动表彰大会、党风廉政建设和反腐败工作会议、蓝色经济区建设工作推进大会、全省农村工作会议的材料290篇，上报各类信息1100余条。

调研工作　1991—1995年，对水产养殖、乡镇企业、人才引进、机关改革等工作开展调查研究，起草《关于滩涂租赁开发的意见》《关于加快镇工业小区发展的补充意见》《文登市招聘人才引进技术的暂行规定》《关于机关整顿纪律　转变作风　提高效率　搞好服务的意见》。1996—1997年，撰写汪疃镇建立服务基地、晒字镇创建安全文明小区、高村镇建设文化大院和推行股份合作制、北郊镇机关干部下村包片及全市农村推行“四化”模式等调研文章，引起各级领导高度重视，在威海、全省乃至全国进行推广。2001—2002年，在威海市级以上报刊发表调研文章50余篇，被省委政策研究室评为全省党委政研工作先进单位。2007—2009年，围绕突破经济瓶颈、企业自主创新、应对金融危机、构建和谐社会、打造蓝色经济区、加快农村经济发展等事关全局发展的重大问题，开展超前性、专题性和经验性调研，撰写《关于当前及今后一个时期应抓好的八大经济增长点》《关于农村经济社会发展情况的调查报告》《文登市企业自主创新的调查与思考》《关于房地产业发展情况的调查》等调研报告62篇，为领导正确决策提供依据。2010年，针对群众关注的热点、难点问题，下村进企开展调查研究，撰写《全市工业转方式调结构情况的调查》《关于推动威海卫酒业集团文登有限公司加快发展的建议》《加快产业向园区集中　培植区域经济强势增长极》《南海新区的发展目标和工作重点》等24篇有数据、有分析、有对策建议的调研文章。2011—2012年，深入调查研究，撰写《家纺

产业发展情况调研报告》《关于农村居住工程情况的调查》《关于镇域经济发展情况的调查》《关于南海新港及临港产业发展的几点思考》《成长型科技中小企业发展调查》《关于加大违章建筑整治管理力度的建议》《关于规范城市基础设施配套费征缴的建议》等调研报告，其中《家纺产业发展情况调研报告》《关于南海新港建设几个关键问题的调研》等8篇报告，市委主要领导作出批示。《成长型科技中小企业发展调查》入选威海市委理论学习中心组读书会参阅材料，为领导掌握工作动态、制定决策提供参考。2013年，围绕全市重点、热点、难点工作，撰写《关于新型城镇化建设的调查与思考》《葛家镇推行土地股份合作经营的调查》《关于加快突破西洋参产业的调查》《对突破旅游业几个关键问题的思考和建议》《关于加快突破新材料产业的建议》等10篇调研报告，其中市委主要领导作出批示的有7篇。2011－2013年，在地市级以上刊物发表署名文章和调研文章56篇。

行政工作　1991－2013年，共接待上级领导和县级以上参观学习团组1300余个，人数6.13万人次。其间，组织各类工作会议1150次，筹办常委会、办公会、观摩学习会等各类专题会议1200余次，做到接待热情周到，工作有条不紊。收发上级文件6.64万份，文件管理连续23年没有发生丢失、泄密事故。

农村工作　2007年3月，农村工作领导小组办公室成立后，先后印发《农村社区综合服务中心建设实施方案》《全市农村环境综合整治实施方案》《文登市农村环境综合整治工作考核细则》等指导性文件。通过资金扶持、现场调度、检查指导、督导考核等措施，调动各方力量，推进社会主义新农村建设。至2009年，规划建设的59个农村社区综合服务中心全部投入使用，列入威海市规划的56个农村环境综合整治重点村全部通过检查验收。文登市被评为山东省农村社区建设示范市。2011－2013年，积极发挥在新农村建设中的组织协调指导作用，统一调度，分头行动，高标准完成260个重点村的环境整治任务。全市所有镇建起垃圾中转站，每个村配备保洁员，安放垃圾桶，形成户保洁、村收集、镇转运、市处理的城乡垃圾一体化处理体系。同时，协调有关部门集中人力、财力、物力，对母猪河、青龙河、昌阳河等100余条河段和132处规模化养殖场进行治理，农村环境得到有效改善。

考核工作　2006年9月，设立目标绩效管理考核工作委员会办公室。是年，加强镇（街道）5项经济指标和产业招商考核通报，做好威海考核各项指标测算对比及年终考核表彰工作。印发考核文件4份，发放考核情况通报13期。2007－2009年，坚持对上对下考核并重齐抓。对上加强沟通衔接，加强日常横向对比、季度测算和日常调度；对下不断完善考核办法，规范考核程序，通过实地考察、现场认定等方式，提高考核的准确性和真实性。2008年和2009年，文登市连续两年在威海市综合考核中位居第一。2010年，在威海市组织的半年项目观摩、年终社情民意调查和年度综合考核中均名列榜首。2013年，在威海市综合考核通报的34项指标中，文登市有18项位居第一。

督查工作　1993年，市委办公室设立督查科，主要负责市委决定事项的督促检查和情况反馈，负责市委领导批交文件的转办、催办和反馈。2000年，筹办书记办公会、常委会、市委专题会议58次，未出现纰漏；受理领导批交件512件，做到及时转办、督查、反馈；向上级报送《督查工作》32期，被威海市以上领导机构采用14篇。2002年1月，督查科更名为督查室，升格副科级。2007－2009年，围绕市委重大决策和重要工作部署的落实情况，进行跟踪督查。一般工作每月一次调度通报，重点工作、重大项目每半月一次调度通报，确保领导在第一时间，准确、直观、全面地掌握进展情况。2011－2013年，对市委常委会、专题会议确定的事项，及时分解落实到相关领导和部门，加强跟踪督办，确保件件落到实处。下发督办单163份，执结率100%。对重大决策事项，进行实地督查，及时协调解决

问题；对领导批交件，坚持马上就办，办结率达100%。

保密工作 1991年3月，设立保密科。工作人员2人。1995年4月，成立中共文登市保密委员会办公室，副科级，隶属市委办公室，挂市政府保密局牌子。市直部门及镇、村均建立保密工作领导小组。至1995年，全市各级均建立起保密组织，并配有专职或兼职保密干部及保密员。1990年起，市委将每年的5月作为《中华人民共和国保守国家秘密法》宣传月。1991年始，重点开展对印刷、复印、三资企业、对外经贸活动及其他要害部门监督检查。结合实际先后印发《领导保密注意事项》《涉外保密规定》《保密范围试行规定》等文件。1999—2000年，组织文化市场清理检查，查缴泄密刊物50余册。举办两期保密知识培训班，培训专、兼职保密人员140余人次。被省保密委员会评为省“三五”保密法制宣传教育先进单位。2007—2009年，加大对计算机网络保密工作的监督检查力度，先后对全市涉密计算机和非涉密计算机及网络进行普查登记，对全市党政机关计算机网络进行保密大检查。2011—2013年，对700余名党政机关、事业单位领导干部及工作人员进行保密知识培训。开展保密工作专项检查，集中销毁涉密文件，统一回收涉密硬盘。

机要工作 机要科主要负责收发电文及传真。1985年10月设立，级别副科。1993年11月机构改革，由副科级降为股级，隶属市委办公室。2002年1月，复为副科级，更名机要局，为市委办公室内设机构。2008年2月，增挂文登市密码管理局牌子。1985—1997年，因工作突出，连续13年被威海市委机要局评为机要系统先进单位。1998年，改变传统工作方式，通过“机要通信综合数据网”进行收发报。2000年，进一步加强安全保密工作，被省委机要局评为全省党政系统《密码工作条例》和密码工作制度执行先进单位。2007—2009年，开通镇级商密传输系统，确保紧急情况下密码通信安全畅通。2012年，完成密码通信主渠道配套设备换装和核心密码设备密钥更换工作，顺利通过威海市普通密码安全保密专项检查。2013年，完成与威海市南海新区管委会密码业务衔接。

第三节　党史研究

组织机构 1991年，文登市委党史资料征集研究委员会内设办公室、征集科、编研科，有工作人员12人。1993年机构改革，定为正科级事业单位，归口市委组织部管理。2002年，更名为党史研究室，由直属市委调整为隶属市委办公室管理。2013年，内设机构依然是一室两科。有工作人员10人。

地方党史编纂 1991—2013年，先后编纂出版《文登多少佳儿女》《中国共产党山东省文登市组织史资料（1931—1987）》《巍巍昆嵛山》《山东省文登市组织史资料（1987.10—1995.12）》《中共文登党史大事记（1949—1995）》《天福惊雷》《十年辉煌》《中共文登地方史讲座》《中共文登历史大事记（1996.1—2000.12）》《山东省文登市组织史资料（1996.1—2000.12）》《中国共产党文登市历次代表大会》《文登党史人物（第一集）》《中共文登历史大事记（2001—2005）》《中共文登地方史（1949—1978）》《文登将军》《天福铁军》《中共文登历史大事记（2006—2012）》《山东省文登市组织史资料（2001—2012）》《红色印迹》等党史书籍24部。刻录《红色记忆——中共文登地方史教育系列片》DVD光盘1张，总计920万字。出版作品中，《十年辉煌》《中国共产党文登市历次代表大会》获全省党史系统优秀成果一等奖。《巍巍昆嵛山》《中共文登地方史（1949—1978）》获二等奖。《天福惊雷》《中共文登地方史讲座》《天福铁军》获三等奖。其间，完成省及威海党史部门交办的《文登抽调干部支援新解放区》《“三反”运动》《中共山东党史人物辞典》《山东“大跃进”运动》《一九七五年的山东整顿》《中共山东年鉴》《山东基层民主政治建设的创举》《山东文化通览》《胶东新民主主义革命史资料》《威海党史人物》

《山东抗日烈士英名录》《山东省抗战时期文登地区人口伤亡和财产损失惨案卷》等史书、史料的调查、核实及编写任务。2013年，组织人员深入农村、社区，采访老党员、老干部，收集老照片、老证书，挖掘“红色资源”。

图20-6　2007年12月28日，文登市举行纪念天福山起义70周年大会。

资料研究利用　1991—1995年，发放党史书籍及资料3200册，深入机关、学校、企业作党史报告62场次，接受教育者4500人次。1998年，配合有关部门完成召文台文登学展览馆民主革命时期重新布展工作。进入21世纪，在新闻媒体开辟党史专栏，利用“七一”“十一”等节日宣传党史知识，先后在《联合日报》和《文登日报》刊登《烽火昆嵛山》《昆嵛兵工传奇》等党史文章。2005年，在《文登大众》开辟《纪念抗日战争胜利60周年》专栏，发表纪念文章8篇。2007—2009年，党史研究室与文登二中携手共建威海市教育系统首个党史教育基地。联合文登电视台制作文登党史专题片7期，加大地方党史宣传力度，激发全市人民爱党、爱国热情。2011—2012年，在《文登大众》开辟《峥嵘岁月》《红色文登》专栏，将文登地方党组织史料分为10个专题进行宣传。两年间，通过图片展览、集体宣讲等形式，推动党史宣教工作进农村、进社区、进学校，发放党史书籍、光盘1500册（张）。23年间，先后6次获评全省党史系统先进单位。

第七章　组织工作

第一节　组织机构

1991年，文登市委组织部内设办公室、企业干部科、干部科、组织科、调研科、干审科、科技干部管理科，另有组织员办公室（正科级），与组织部合署办公。1992年，撤销企业干部科。1993年，增设电教科。有工作人员24人。2013年，设办公室、组织科、研究室、干部一科、干部二科、干部监督科、干部教育科（市知识分子工作领导小组办公室、人才工作科与其合署，人才工作科增挂市企业经营者人才评价推荐中心牌子）、基层组织建设工作办公室8个职能科室，内设市委组织员办公室（正科级，1993年11月撤销，1998年3月恢复，与组织部合署办公）。辖设市委党员电化教育中心（2002年1月设立，正科级）、市委非公有制经济组织和社会组织工作委员会（2010年8月设立，正科级，作为市委派出机构，与市委组织部合署办公）。有工作人员24人。

第二节　党员队伍建设

党员发展　1991年，市委印发《关于发展党员工作的意见》《关于进一步严格组织员谈话制度的通知》等文件，明确取消发展党员指标限制，严

格执行“坚持标准，保证质量，改善结构，慎重发展”方针，成熟一个发展一个，重点向业务骨干、先进人物、妇女倾斜，向青年人、素质高、具有培养前途者倾斜，特别是向关键岗位，生产一线表现突出的职工、科技人员倾斜，解决企业“空白”车间和班组等问题。至1995年，全市发展新党员5750名，其中工矿企业、农村生产一线者4111名，占71.5%；中专以上学历4312名，占75%；35岁以下的3956名，占68.8%；妇女908名，占15.8%。1996—1997年，处理违纪党员29人，处置不合格党员57人。2001年，加大组织员谈话力度，全年对663名新党员进行谈话，因谈话不过关延长入党时间17人，因程序不合规定取消预备党员资格11人。2003年，建立“两推一公示”制度，由党员群众代表对申请入党人员进行无记名投票推荐，推荐票不到半数以上者，不能确定为入党积极分子；对拟发展对象向党员群众公示，接受社会监督。2005年始，接收私营企业主入党申请，年内有2名私营企业主被吸收为中共预备党员。2006年，推行上级党委派员列席接收预备党员和预备党员转正支部党员大会制度。2007年，在发展党员工作中建立责任追究制度。2008年，实行农村党员发展“一统一、四集中”制度，即以镇为单位，统一时间，集中考察申请入党人员、集中确定入党积极分子、集中确定入党对象、集中发展新党员，其做法在中组部内部刊物转发。2010年，全市发展新党员600人，高中和中等技术学校以上学历476人，占发展党员总数79.3%。2013年，发展新党员390人。是年末，全市党员49482人，其中，正式党员49038人，预备党员444人。

1991—2013年文登市党员队伍情况表

表20-5　　单位：人

年份	党员总数	女性党员	预备党员	年龄结构				文化程度			
				35岁及以下	36至45岁	46至55岁	56岁及以上	大专及以上	中专	高中中技	初中及以下
1991	52289	6868	1102	9003	14345	11182	17759	1795	3536	7526	39432
1992	52757	6867	1031	8704	14514	11397	18142	1921	4101	7759	38976
1993	53035	7023	1151	8323	14492	11717	18503	2342	4582	7976	38135
1994	50589	6757	1370	8244	14119	11233	16993	2673	4805	7836	35275
1995	51700	6874	1515	8751	14345	11163	17441	3302	5265	8201	34932
1996	53001	7251	1662	9387	14599	11587	17428	4257	5833	8727	34184
1997	53208	7492	1171	8993	13989	11546	18680	5611	5641	8606	33350
1998	53406	7623	1114	8834	13974	12165	18433	6120	5734	8572	32980
1999	53954	7886	1089	8882	13928	12377	18767	6808	5867	8632	32647
2000	53629	7965	958	8425	13081	12676	19447	7460	5658	8511	32000
2001	53688	8086	633	8130	12848	12598	20112	7930	5815	8524	31419
2002	52973	7754	666	7812	12192	12648	20321	8313	5453	8558	30649
2003	53338	7390	670	7473	11974	12560	21331	9244	5386	8856	29852
2004	53612	7704	654	7734	11959	12579	21340	9553	5570	9263	29226
2005	52670	7829	662	7954	11404	12319	20993	9750	5611	9309	28000

续表 20-5

年份	党员总数	女性党员	预备党员	年龄结构				文化程度			
				35 岁及以下	36 至 45 岁	46 至 55 岁	56 岁及以上	大专及以上	中专	高中中技	初中及以下
2006	52780	7942	689	7847	10996	11926	22011	10034	5379	9379	27988
2007	52527	8013	822	5545	10428	11013	25541	10046	4006	8718	29757
2008	48028	7553	773	4894	9041	10151	23942	9835	3736	8276	26181
2009	48643	7764	685	5086	8417	10445	24695	10345	3882	8586	25830
2010	48729	7920	649	4933	7974	10121	25701	10605	3974	8901	25249
2011	48884	8092	627	4965	7529	9911	26479	10981	4277	9263	24363
2012	49157	8870	372	4964	7421	9580	27192	11432	4313	9388	24024
2013	49482	9000	444	5159	7395	9045	27883	11900	5057	9422	23103

教育活动　1991 年，开展社会主义思想教育活动，党员干部受教育面 100%。1992—1995 年，突出抓党的基本路线、基本理论和基本知识教育，通过市镇党校、党员活动室等教育阵地，利用上党课、看录像、听报告等形式，经常性地对党员进行思想教育，先后举办各类培训班 1846 期，培训党员 25.8 万人次。1999 年 8 月，市级领导班子、领导干部开展讲学习、讲政治、讲正气“三讲”教育活动，通过民主测评，群众满意率达 99%。2000 年，开展“党员教育年”活动，组织巡回讲座 30 余场次，接受教育党员 2 万余人次。组织 5 万余名党员参加答题竞赛，100 余个党委组队参加演讲大赛。2001 年 11 月，在农村开展为期两个月的“三个代表”重要思想学习教育活动，走访群众 11.7 万人次，征求意见建议 3200 条，为群众办好事实事 2421 件。2005 年，全市分 3 个批次，在机关、城市、农村开展保持共产党员先进性教育活动，整顿软弱涣散党支部 11 个，评议基本合格党员 143 人，不合格党员 7 人；3 个批次教育活动，群众满意率分别为 99.7%、99.3%、97.96%。活动结束后，市委印发《关于认真贯彻落实保持党的先进性长效机制有关文件的通知》，进一步巩固扩大先进性教育活动成果。2008 年 10 月至 2009 年 9 月，作为全省县级试点单位，全市分两个批次开展深入学习实践科学发展观活动，群众满意率均达 99.7%。2011 年，组织基层党组织更换平台，创新内容，深入开展创先争优活动。2012 年，开展传承红色记忆，弘扬红色文化活动，挖掘整理全市 33 名老党员的革命经历和先进事迹，编写《红色故事》一书，制作专题片 8 部，分送基层播放学习，发挥革命传统教育引导作用。

远程电教　1993 年 11 月，组织部设立电教科，启动以市为中心、镇为依托、村企为基础的三级电教网络建设。1995 年，全市建起基层电教播放点 1300 个，普及率 90%。1998 年，联合文登电视台开办《党建园地》栏目，基层党支部普遍设立播放点，使 90% 以上的农村党员、80% 以上的城区党员，每月都能收看 1 次党建电教片。2002 年，市委党员电化教育中心成立。是年，拍摄电教片 11 部，其中 10 部被省及威海市采用。2004 年，采取集中培训、分散指导、技能比武等方式，强化镇村远程教育设备操作员培训，890 个接收站点一次筹资、一次建成、一次达标。2006 年，创建山东泰山网文登远程教育网页，建立“空中、网上”课堂。2007—2009 年，摄制典型人物、先进经验、农业科技、电视文艺等各类课件 57 部，其中 11 部课件被评为威海市优秀课件，5 部课件被评为省优秀课件。2010 年，省委组织部将文登市列为全省远程教育电子商务试

点单位。2011年，开通“齐鲁先锋网”站点215个，新建、改建站点62个、音视互动分中心6个，对193名站点管理员进行集中培训。23年间，制作完成各类远程教育课件专题片300部，被中央、省远教网播放120部。市委、市委组织部分别被授予山东省党员电教工作先进单位和《山东党员电教》播放收看先进单位、山东省电教科技工程示范单位等称号。

党员管理 1991—1995年，农村开展党员联系户、党群共建致富小组活动，企业开展党员责任区、党员先锋岗、党员目标管理活动，全市依托“党员活动日”，发挥党员先锋模范作用，在评选的各类先进人物中，党员比例占90%以上。建立完善党员目标责任制，作为评先评优和处置不合格党员的依据。5年间，评议不合格党员54名，限期改正43名，被开除党籍和除名11名。加强流动党员管理教育，市委组织部印发《关于加强对流动党员管理的暂行意见》，规范组织关系转接、组织设置、教育培训、党员发展等工作。1995年始，试行“流动党员活动证”制度，为2209名流动党员发放活动证。1998年，开展“党员争星、岗位闪光”活动，把开展活动与年终党内评先树优相结合。2000年，市委组织部印发《关于加强非公有制企业党建工作的意见》，要求非公有制企业凡有党员3人以上的全部建立党组织，不足3人，采取挂靠或联合形式建立党支部。指导企业建立党员挂牌上岗、党员星级管理和党员联系户、党员责任区等制度，探索打造个体经营党员文明经商、依法纳税、无私奉献管理模式。2004年，为1100名下岗职工党员、社区流动党员、复退军人党员和未就业大中专毕业生党员落实组织关系，在70个村推行无职务党员设岗定责制度。2007年，开通流动党员咨询服务电话，建立流动党员服务中心。2008年，统一制作“党员服务管理证”，一人一证，专人专号，记录年度评议、奖惩、参加活动、缴纳党费等情况，建立月报制度，掌握流动党员去向，做到底子清、去向明。2010年，成立“两新”（新经济组织、新社会组织）工委，对“两新”组织党建情况进行摸底排查，建立台账，跟踪指导。2011—2013年，新建非公企业党组织448个，培养先进典型12个，建设党员活动中心7处，较好解决“两新”组织有党员无组织、有组织无场所，党员活动难开展的问题。

老干部老党员补助 90年代末，市委、市政府印发《农村离职的老干部、老党员经济补助暂行规定》。文件规定，2000年前，对任村党支部书记及相当职务满10年，任村支部副书记及相当职务满15年，任村党支部委员及相当职务满20年；1945年9月2日前入党的农村党员，男年满65周岁、女年满60周岁，给予社会实际生活水平50%～80%的经济补助。1937年7月6日前入党的农村老党员，每月另外补助5元。2002年，市委、市政府印发《关于妥善解决农村老党员、离职村干部经济补助问题的意见》，对农村老党员、老干部补助标准做出新规定。2006年，印发《关于对农村干部实行财政补贴的意见》《关于调整农村老党员和城镇无固定收入老党员经济补助的意见》，年内发放支部书记星级补贴、“两委”干部工资补贴和老党员生活补助585万元。2011年10月起，再次调整新中国成立前入党的农村老党员和未享受离退休待遇的城镇老党员生活补贴标准，每人每月再提高30元。根据入党时间不同，每人每月补助分别为420元、360元和280元。

第三节 基层组织建设

组织设置 90年代，党组织设置随区划变更、机构改革、企业改制、集团组建、新型经济组织成立和农村发展变化而调整。1995年，调整和整顿全市贫困后进村党支部班子45个。1999年，先后对256个村党支部班子进行调整，全市85%的村党支部书记和村委会主任“一人兼”。2002年，莒山镇成立威海市第一家外资企业党支部——文登市树正电子有限公司党支部。2003年，永进皮鞋有限公司在“两新”组织中首建党委。2006年，召开“两新”组织党建工作现场会，新建“两新”党组织49个，进一步扩大党组织

覆盖面和影响力。2010年，通过“行业抓、抓行业”，扎实做好旅游、律师、会计师、建设咨询等行业党组织建立工作。2011—2012年，全市745个村（社区）完成换届选举工作，村“两委”成员交叉任职率达90.6%。2013年，全市有基层党组织2241个。按行业分为机关党组织181个，事业单位党组织330个，企业党组织908个，其他行业党组织822个。

1991—2013年文登市基层党组织情况表

表20-6　　单位：个

年份	党组织数量				年份	党组织数量			
	党委	党组	党总支	党支部		党委	党组	党总支	党支部
1991	37	47	42	2164	2003	81	40	31	1956
1992	45	35	41	2210	2004	81	45	27	1962
1993	57	34	36	2253	2005	86	41	25	1987
1994	64	38	41	2119	2006	84	50	31	2000
1995	81	42	44	2171	2007	75	43	25	1969
1996	87	42	51	2153	2008	67	46	21	1769
1997	95	43	39	2137	2009	70	46	20	1734
1998	100	50	41	2133	2010	70	45	18	1720
1999	100	52	44	2111	2011	71	35	21	1953
2000	100	52	39	2048	2012	73	34	23	2058
2001	96	52	26	2079	2013	72	30	23	2116
2002	85	52	32	2030					

镇（街道）级党建　“八五”期间，市委以党务目标管理为抓手，分解任务，明确责任，推动基层党建工作进入科学化、规范化、制度化轨道。1992年10月，乡镇党政领导班子进行换届调整，注重选拔“经济型”干部进班子，同时加大妇女干部和非党干部选拔力度。调整后，乡镇党政班子成员280人，其中妇女干部27人、非党干部3人。1995年，市委印发《关于加强镇党委建设的意见》《文登市党建工作五年规划》等文件，推进镇级党建工作深入发展。1996年，确立“抓镇带村”工作思路，转换职能，转变作风，树立汪疃党委等一批先进典型，全面加强镇级党委建设。1997年7月，全国乡镇党委书记专题研讨班在文登举行，推广“汪疃经验”。1998年，扩大镇级干部交流，对基层任职时间长的党政班子成员横向交流44名，镇与市直部门纵向交流55名。2002年，在换届调整中，注重配齐30岁以下年轻干部和女干部，5个镇配备非党副镇长，1个镇实施党委书记、镇长1人兼试点，选配1名女领导干部担任街道办事处主任，实现基层党政正职配备女干部的突破。2004年，市委印发《关于进一步加强镇党委思想作风建设的意见》，推行镇级政务“听证”制度，规范镇党委决策和施政行为。2005—2008年，开展“三级联创”活动，15个镇（街道）达到“五个好”创建标准，占总数的90%。2010年，市委组织部印发《关于明确镇党委书记、副书记、组织委员和农村党组织书记抓党建工作职责　进一步加强农村基层组织建设的意见（试行）》，突出党对农村工作的领导，在实践中探索规范村集中议事、党心民情

热线、镇机关干部定期驻村办公、重要村务全程纪实、农村“小微权力”清单、村级决策实行全程管理监督等活动步骤方法。“党心民情热线”“重要村务全程纪实”做法，分获2011年度山东组工创新奖、2012年度威海组工创新奖。2013年，采取以会代训、专题学习等形式，加大镇党委副书记、组织委员培训力度，全面提升镇级党务干部素质。

村级党建 1991年，以调整充实、改善结构、巩固提高、保持稳定为指导，调整农村党支部204个，占总数的21.4%。1993年，农村基层组织建设重点抓“过百亿，奔小康”为主要内容的“党员联户”活动。1997年，以增强班子素质，减少干部职数，提高文化程度，降低年龄为目标，调整支部班子成员262名，调换支部书记140名。2001年，农村“两委”换届实行“两推一选”（党员推荐、群众推荐、党内选举）的办法，选举农村党支部书记及委员，同时支持鼓励村党支部成员依法参选村民委员会，最大限度实现村党支部书记和村委会主任“一人兼”、村“两委”成员交叉任职。换届后，农村党支部书记、村委会主任“一人兼”的村712个，占86.2%；“两委”成员3026人，其中交叉任职2620人，占86.6%。是年，在农村开展“三个代表”重要思想学习教育活动，解决各类突出问题760件。翌年，开展村级“学教”回访复查活动，1人被授予全省学习实践“三个代表”重要思想先进个人称号，8个单位、10人分别被授予威海市学习实践“三个代表”重要思想先进集体和先进个人称号。2003年，市委、市政府印发《关于进一步加强农村基层组织建设的意见》《关于开展评选“经济发展先进村”活动的意见》《农村党支部书记星级管理暂行办法》，补充完善“两公开一监督”为主要内容的民主制度。2005年，利用党校、农业函授大学、远程教育等阵地，培训农村党员干部3.1万人次。2007年，市委印发《关于进一步健全完善农村党建工作责任制的实施办法》，提高农村党建工作科学化、制度化、规范化水平。是年，通过农村换届选举选拔“双高双强”（政治素质高、群众威信高、致富带富能力强、增加村级经营性收入能力强）型村干部，增强农村基层组织的凝聚力和战斗力。换届后，全市“双高双强”型干部占68.9%。2008年，市委、市政府印发《关于支持社会主义新农村建设若干政策的意见》，将农村党支部书记的财政补贴标准每人每年提高500元。是年起，市财政向集体经济薄弱村每村每年发放2000元专项补助，用于村日常工作开支。2009—2010年，深化完善镇村集中议事制度，提升干部素质，规范村级政务，促进农村和谐。2011—2012年，组织农村基层党组织开展争先创优活动。2013年，市委组织部将31个村（社区）的经验做法，结集成《发展村级集体经济典型事例选编》，通过对照先进找差距，促进集体经济加快发展。

企业党建 1991年，市委组织部印发《企业党支部达标考核制度》《企业党员年度百分考核制度》。1992年，开展“争创党建工作先进企业”活动，在企业建立党建工作竞争激励机制。1994年，市委印发《关于加强新兴经济组织党建工作的意见》，合理设置新兴经济组织政工机构。1995年，按照党组织设置与企业集团组

图20-7 2010年7月7日，省委组织部在文登市召开全省推广文登市镇村集中议事经验现场会。

建同步，党务人员与行政干部安排使用同步，党建目标与经济目标制定考核同步的“三同步”原则，在产值达亿元或利税过千万元的企业集团中设立党委24个。1997年，市委印发《关于进一步加强和改进企业党建工作的意见》，建立4个企业党建示范基地，制定标准，树立标杆。1998年，市委组织部印发《关于加强股份制企业党的建设的意见》，69家大中型企业配齐专职书记或副书记，小型企业配备党务干部288人。2002年，市委、市政府印发《文登市新型经济社会组织党建工作规则（试行）》，指导改制企业、外商独资企业、个体私营企业及社团和社会中介组织等新型经济社会组织加强党建工作，全年成立外企党支部6个、私营企业党支部10个。2003年，市委组织部印发《关于加强企业党建工作的意见》《企业党建工作指导》，开展“建区设岗”活动，建立党员责任区412个，设立党员先锋岗686个，参与党员3500人。2005年，市委组织部印发《2005—2007年新型经济社会组织党建工作规划》《关于加强非公有制经济组织党、团、工会建设工作的意见（试行）》《关于加强骨干企业党建工作的实施意见》。2006年，突出抓组建、抓示范两个重点，新建党组织49个，覆盖率达20.9%。2010年，选调60名副科以上领导干部担任联系企业特派员，实行“一对一”联系帮扶，为企业解决问题180件，引进技术人才253人，增加经济收入2231万元。2013年，新建“两新”党组织104个，并从工商、税务、公安等部门选派62名党员干部担任党建工作指导员，促进“两新”组织党建工作健康发展。

图20-8　2012年5月8日，市委组织部在昆嵛酒店召开全市非公企业党建工作专题调研座谈会。

社区党建　文登设立社区，始于1998年。2002年，市委、市政府印发《关于文登市加强城市社区建设工作的意见》，为全面加强社区党建工作夯实基础。2009年，根据农村社区发展的新情况、新变化，在7个园区集中型、4个以强带弱型、100个片区联合型的农村社区，探索形成党组织形式设置、职能定位、活动方式和作用发挥新模式，建立健全农村社区党建工作新机制。同年12月，威海市委召开农村社区党建工作研讨会，推广文登的做法经验。2010年，天福街道党工委推行村（社区）干部“易村挂职、双向交流”制度，推动村（社区）干部资源互助互补，促进城乡统筹发展。2013年，环山街道党工委在南山社区试点推行“在职党员社区报到”制度，规定每月第一个周六上午，组织开展社区“党员奉献日”活动，向居民提供健康义诊、政策宣传、环境整治等服务。其做法体会被《大众日报》等报刊编发。

第四节　领导班子建设

1991—1995年，各级党委调整充实各级领导班子人员，坚持选人学历大专以上、年龄40周岁以下原则。5年间，提拔科级领导干部583人，平均年龄41.6岁，大专以上学历占74.8%。5年间，52名企业厂长、经理担任或兼任党政领导职务。1998年，在经济部门选拔懂经营、会管理、有实绩的干部担任总公司或集团公司主要负责人，调整党政、经济部门主要负责人47名。是年，从各镇和部门挑选19名年龄25岁左右、大学文化的青年干部，到基层挂职锻炼。2002

年，择优选派25名年轻干部到25家企业进行为期1年挂职锻炼。2004—2005年，严格落实《党政领导干部选拔任用工作条例》，把好干部“上”的关口，疏通干部“下”的渠道，促进领导班子结构更加优化、效能进而提升。2006年，市委组织部印发《干部教育培训学分制管理暂行办法》，举办科级干部、农村“两委”干部培训班19期，培训干部1800人次。2009年始，根据省委组织部《“两公开四差额”选拔任用县乡党政正职试行办法》规定，选任镇（街道）党（工）委书记4名、镇长（主任）8名。2011年，镇级领导班子换届后，镇政府领导班子成员共计48人，均配备4职，平均年龄36.8岁，大专以上学历占95.7%。每个镇都配备1名30岁以下年轻干部，至少配备1名女干部，5个镇配备党外副镇长，实行党政交叉任职的班子成员24人。镇人大领导班子成员24人，平均年龄42.9岁，大专以上学历100%。2013年，选拔18名年轻干部到镇党政班子任职或挂职，坚持干部配备向基层倾斜。

第五节　干部管理监督

干部管理与选拔任用　“八五”期间，市委每年年末对市直、乡镇党政领导班子进行全面考察、考核，重点评判目标责任制完成情况，将考核结果作为干部调整的主要依据。1992年，企业负责人管理权限由组织部门直接管理变为间接备案管理。1994年，市委印发《关于进一步加强和完善干部管理工作的意见》，对干部管理权限、任免程序、调配纪律等做出明确规定。1996年起，建立干部档案信息管理系统，翌年，1239名副科级以上干部档案全部实现微机化管理。2000年，采取异地交流与避籍交流、横向交流与纵向交流相结合方法，交流调整干部86人。2001年，先后有200余名干部通过竞争走上中层岗位。2003年，教育系统7个科级领导职位实行公开竞争。2004年，市委组织部印发《关于进一步加强干部作风建设和廉政建设的纪律规定》，先后对13名干部进行诫勉谈话。2005年，全市203名干部报名参加80个领导职位竞争，平均每个职位2.5人。2009—2010年，实行干部无记名投票表决，两年间，任命12批次652名科级干部，全部进行投票表决。2011—2013年，对干部考核坚持定性考察与定量考核相结合，根据考察情况对领导班子和领导干部进行全面分析、综合评价、分类排队，严格考核，力求做到“有为才有位、有位须有为、无为要让位”。

后备干部队伍建设　1991—1995年，举办科级后备干部理论培训班10期，培训后备干部900余人次。起用年轻优秀人才进入各级领导班子，使之人适其岗、才尽其用。1995年，全市35岁以下副科级以上领导干部有168人，占全市副科级以上干部总数的22.1%，其中有9人担任市直部门、乡镇党政正职。1996年，从应届和往届大学毕业生中考选41名优秀人才，充实镇级党政机关锻炼提高。1999年，选配21名25岁左右、大学本科以上文化程度的年轻干部担任镇长助理。2002年，择优选派25名年轻干部下到企业进行为期1年挂职锻炼。2003—2005年，选派49名年轻干部到工矿企业、信访部门挂职锻炼。2010年，通过公开选拔，16名副科级后备干部经过1个月培训，安排为期一年半基层挂职锻炼。2012年，市委组织部印发《关于加强年轻干部选拔培养工作的意见》，根据干部队伍实际，实行常态化培养锻炼，筛选4名1980年后出生的科级干部，上挂下派，多岗锻炼。2013年，将30岁左右中层干部纳入副科级领导干部推荐储备范围，优化干部梯次结构。同时，注重做好“选调生”培养管理工作，通过传帮带、岗位轮换、压担子等形式，增才干、促成长。1991—2012年，全市接收安排“选调生”117名。先后有6人考选到省直机关，23人考选到威海市直机关，49人考选到文登市、镇机关工作，23人被提拔为科级领导干部。

干部教育培训　1991—1995年，按照“干什么学什么，缺什么补什么”原则，把组织需要、岗位需求、本人要求结合起来，对不同类型、不同层次干部开展有针对性培训。先后分4批次

对全市720名科级领导干部进行马克思主义理论培训；举办领导干部短期培训班22期，培训1680人次；组织各类辅导8次，培训干部5230人次。1996—1997年，举办培训班40期，培训人员1.03万人次；选送80名科、处级干部到上级党校深造。2000年，中共文登市委印发《关于组织全市干部深入学习社会主义现代化建设必备知识的意见》，开展学习《什么是社会主义市场经济》《社会主义法制建设基本知识》等6本书活动，学后统一出题考试，参考人员全部合格。2001—2005年，全市党政机关开展计算机应用能力培训，95%的培训人员取得计算机应用能力中级合格证书。选送33名企业负责人参加清华大学企业经营者管理培训班，开启地方组织部门与高校合作办班先例。2003—2006年，举办党政机关干部1期半年制业余和3期一年制脱产韩语学习班，培训209人；选派18名干部赴韩国进行为期3个月强化学习。2007年，开设“网络课堂”，组织干部网络在线学习。2008年，选择70名镇村干部赴苏州农村干部学院进行为期5天培训学习。2009年，根据《关于开展干部自主选学培训的意见》，市委党校开设7门主修课、9门选修课，在全省首次举行干部自主选学培训，历时3个月，参加选学培训的市、镇、村三级干部2800人次。2011—2013年，先后与清华大学、浙江大学、合肥工业大学等高校合作，举办镇域经济发展培训班、企业创新发展研修班等各类培训班371期，培训干部9500人次。全市有3046名干部参加省“齐鲁先锋”网络平台在线学习。

图20-9　2012年3月20日，市委、市政府召开表彰人才工作先进集体和先进个人会议。

知识分子工作　1992年，市委、市政府印发《关于招聘人才引进技术的暂行规定》《关于奖励为推动科技进步做出突出贡献人才的暂行办法》等文件，以“科技兴文”为主旨，对知识分子从政治、工作、生活各个方面予以关心照顾。1996—1997年，全市引进各类人才286名。其间，有21人被山东省、威海市命名表彰为专业技术拔尖人才。张家产镇口子李村副主任、中药技师王继振被评为“山东省农村科技大王”。至2002年，全市先后选拔3批、109人为专业技术拔尖人才，其中被评为省级以上专业技术拔尖人才8人次。2007—2009年，市委、市政府印发《文登市引进高层次人才若干规定》，全市引进高层次人才56人。实施“金蓝领”培训工程和新型农民科技培训工程，每年培训技师、高级技工300余人，培训农村实用人才2000人。2011年，研究制定人才发展中长期规划纲要任务分工方案，首次将人才工作主要指标纳入全市目标绩效考核。2012年，市委组织部、宣传部联合印发《文登市高层次人才奖励办法》《文登市文化名家选拔管理暂行办法》《文登市乡村之星选拔管理暂行办法》，修订《文登市有突出贡献中青年专家选拔管理办法》《文登市首席技师选拔管理办法》，补充完善激励人才成长的政策体系。2013年，文登市引进各类人才2000余人，新增享受国务院津贴专家1人、省首席技师1人、威海市首席技师5人、乡村之星4人、文化名家3人，被省委、省政府授予山东省人才工作先进单位称号。

干部监督　90年代，市委、市政府先后印发《关于禁止利用公款从事非公务性吃喝玩乐的意见》《关于党政机关正科级以上领导干部收入申报实施意见》《关于建立健全同领导干部谈话制度的意见》《关于建立领导干部

诫勉制度的意见》《关于建立领导干部回复组织函询制度的意见》《文登市领导离任审计制度》《干部工作巡视员职责》《干部工作监督信息员职责》等文件。对在政治思想、工作作风等方面有明显问题的干部，视情节轻重分别进行谈话、诫勉。2000年始，实行领导干部任前公示制度，接受干部群众监督。对领导干部进行经济责任审计，任中审计83人次，离任审计205人次，任期经济责任审计286人次。2003年，对2877名干部的学历、学位情况逐一审查，查处不符合要求学历364份。2004年，聘请6名离任干部、18名现职干部担任干部监督工作监督员和信息联络员，将监督范围延伸到“8小时以外”。2005年，制定《干部监督工作联席会议制度》，确定纪委、组织部、人事局、公安局、检察院、法院等9个单位为联席会议成员，互通信息，全程监督。2007年，市委组织部印发《关于加强中层干部监督工作的意见（试行）》，将中层干部纳入监督范围，实现干部监督工作关口前移和重心下移。2008年，市委组织部印发《关于进一步加强干部监督信息沟通工作的意见》，全年对48名干部实施诫勉，对65名干部予以函询。2012年，开通社情民意调查换届纪律抽测专线，经验做法被省委组织部评为严肃换届纪律特色工作奖。4月，中纪委、中组部对文登换届风气情况进行督导检查，“一个知晓率”“三个满意度”均为100%。2013年，开通“12380”手机短信举报平台，组织1000余名科级以上干部对个人婚姻、收入、房产、投资等情况填表上报，接受监督。

第六节　老干部工作

组织机构　1991年，文登市委老干部局内设办公室、安置服务科，辖干休所。1993年11月，撤局改称老干部工作办公室，级别不变，归口市委组织部管理。1995年，有工作人员6人。1996年10月，复称市委老干部局。2013年，内设办公室、安置服务科，辖市老年大学（1986年成立，正科级事业单位）、市干部休养所（副科级事业单位）。有工作人员25人（含市老年大学、干休所在职人员）。

组织建设　1991—1995年，建立老干部党支部76个、老干部工作办公室22个、老干部学习片177个、活动点170个。在全省率先实行离退休干部统一管理，全市成立各类敬老小组176个。1996年，市委老干部工作领导小组成立，基层随之设立相应领导机构。市领导分别与46名老干部开通联系渠道，镇领导与260名老干部保持电话沟通。2000年，开展尊老、爱老、想老、为老、安老的“五老”活动，全市成立“五老”活动领导小组97个，服务小组236个。2001年，对14个镇老干部工作办公室进行调整充实，4个街道办事处老干部机构配齐人员，2100名离退休干部隶属关系重新进行调整理顺。2006年，对离退休党支部班子建设、制度建设、活动场所全面进行检查、验收、评比，4个离退休党支部和7名离退休干部受到上级表彰奖励。2009年，建立离退休干部党支部90个，14个镇（街道）老干部活动中心和2处市直老干部活动室被评为威海市标准化老干部活动中心（室），7个离退休干部党支部被评为离退休干部先进集体。2011年，对20个先进离退休干部党支部、95名优秀离退休干部党员进行表彰奖励。2013年，将全市离退休干部党支部重新整合为84个，老干部书画协会、老年体协、老年艺术团先后完成换届选举。

政治待遇　90年代，市委、市政府每半年向离退休干部通报1次全市政治经济形势、重大改革举措，征求意见建议。大型会议和重大活动，邀请离退休老干部代表出席。每年组织老干部参观工农业生产或重点建设项目1～2次，重要节日走访慰问成为常态。成立老干部党校，作为老干部支部成员培训基地，常年坚持组织学习、传阅文件、情况通报、业务培训、责任担当5项制度不走样。1991—1995年，举办老干部培训班42期，培训人员5290人次；组织参观学习456批1.17万人次。1999年，投资50万元，改建修缮市、镇两级老干部活动场所及内部设施。2002年，组织老干部传达文件12次，参加学习4.8万

人次，参观考察1380人次。2007—2009年，投资870万元，新建、扩建老干部活动场所14处，增加活动面积2100平方米。出资12万元，订阅各类学习资料6100份。2012年，协调有关部门投资10万元，购置微机等办公设备，新建老干部电子阅览室1处。2013年，投资100万元，在市委党校旧址改扩建市老年大学和老干部活动中心，建筑面积4000平方米，可容纳600余名学员，工程当年基本完工。

生活待遇　推行老干部待遇“单位承包”和“社会承包”两个责任制，确保老干部工资按时足额发放，医药费按规定报销。1991—1995年，先后为360名生活不能自理的离休干部办理领取护理费手续，为109名离休干部报批职级待遇，为365名离休干部家属子女办理农转非手续，为14名离休干部易地安置发放一次性住房补助42万元，为350名离退休干部调整住房，为33名老红军和享受厅局级待遇老干部安装家庭电话。1998年，将1800名离退休干部的个人情况录入信息库，协调有关部门帮助老干部解决实际问题60余件。2000年，全市1240名干部职工、团员青年与老干部结成“一助一”服务对子，走访慰问老干部5410人次，办好事、实事5200件。投资24万元，为干休所住户安装液化气管道。2001年，为1540名离退休干部调整工资，为638名解放战争时期入伍的离休干部办理护理费领取手续。2004年，配合有关部门为符合条件的500名老干部办理健康查体证。2006年，市委老干部局与市财政、劳动、人事等部门联合印发《关于做好改制重组及关停破产企业离休干部工作的意见》，解决“人由谁管，钱由谁出”的问题。2009年，市委组织部印发《关于做好离退休干部城市社区服务工作的意见》《关于做好离退休干部农村社区服务工作的意见》《离退休干部社区服务工作要求》等文件，在19个社区开展离退休干部社区服务试点工作，推进社区服务和亲情服务步入正轨。2011年，全市离休干部生活补贴在原享受标准的基础上，每人每年增发1个月基本离休费。2013年，为3100名离退休干部免费查体并登记建档。

开展活动　90年代，市、镇两级相继成立体协、钓协等文体组织。至1995年，全市建起老干部活动室66个，面积7750平方米。市区开设老年活动点24个，每天参加锻炼活动1200余人。通过举办老干部运动会、门球比赛、书画展等，吸引老干部参加各类兴趣活动。1998年，举办庆祝建市10周年老干部书画展，观展者2400人次。2005年，编辑出版文登首部老干部书画作品集《桑榆翰墨情》，刊登书画作品131幅。2012年，创刊发行《文登老年书画》刊物。2013年，举办“仁孝文登”老干部书画展，参展作品280幅，结集出版《文登老年书画作品集》1册。推进文化养老，丰富晚年生活。2005年，选拔50名戏剧、舞蹈爱好者成立老年艺术团，深入农村、社区巡回演出，2013年，演出20余场次。老年大学成立以来，先后开设体育健身、书画歌舞、戏剧表演、电脑使用等21门专业课程，先后有13届920名学员毕业。1991—2013年，全市共举办老干部运动会23届、门球赛26届、书画展29届。

发挥余热　根据离退休干部的兴趣、爱好、

图20-10　2011年6月30日，全市老干部庆祝中国共产党成立90周年文艺演出举行。

能力，本着自愿原则，引导老干部参与两个文明建设公益活动。1991－1995 年，全市成立老干部普法宣传队 44 支，参加者 458 人；62 人担任政务监督员，28 人参与编史修志，360 人被企业聘用，408 人参与信访、调解、计生等社会公益活动；2203 人带头发展庭院经济，指导群众发家致富。1998 年，208 名老干部被聘为党课辅导员，为各级上党课 650 课时。向“希望工程”捐款捐物 4.1 万元。2000 年，47 名老干部参与市、镇、村三级企业经营管理，帮助 36 名下岗职工实现再就业。2002 年，发挥“余热”的老干部有 4000 余人，占老干部总数的 80%。2005 年，3000 名老干部参加“发挥自身优势，共建和谐平安威海”活动。2007 年，捐款 10.56 万元，帮扶贫困学生 200 人，进行课外义务辅导 600 学时。2008 年四川汶川特大地震发生后，离退休干部主动捐款 42 万元，支援抗震救灾。2013 年，600 余名老干部组建 90 支老干部志愿服务队，深入基层作党的十八大报告宣讲辅导 24 场次，向各级建言献策 230 条，开展各种服务活动 150 余场次。

第八章　宣传工作

第一节　组织机构

1991 年，文登市委宣传部内设理论教育科、宣传科、企业政治工作科、新闻报道科、办公室。是年 4 月，成立对外宣传领导小组办公室，规格副科级，1993 年 11 月撤销，设立对外宣传科，股级单位。1995 年，有工作人员 20 人。2013 年，内设办公室、理论教育科、宣传科、新闻报道科、研究室、企业政治工作科、市委对外宣传办公室（增挂市人民政府新闻办公室牌子）、文化体制改革和文化产业发展办公室。其他机构有：精神文明建设委员会办公室（1991 年设立，1993 年撤销，1995 年恢复，正科级，与宣传部合署办公）、社会科学界联合会（2005 年设立，正科级，与宣传部合署办公）。有工作人员 18 人。

第二节　思想理论教育

1991 年，市委宣传部印发《市五大班子领导成员学习社会主义理论的安排意见》《关于干部学习社会主义理论的安排意见》和《关于组织中学干部和教师学习社会主义理论的通知》等文件，在机关和学校进行社会主义理论教育，共向基层发放宣讲材料 2 万余册。1992 年始，组织学习建设中国特色社会主义理论、经贸知识、市场经济理论，参与学习的党员干部 10 万余人次。在职工中开展基本国情和基本路线教育，3.1 万名青工参加学习培训，考试合格率达 96%。是年，市委宣传部编印《党史、党建理论知识问答》6 万字，组织各类演讲 210 场次，参加演讲的干部职工 1500 余人次。1994 年，市委宣传部印发《关于在全市开展爱国主义教育活动的实施意见》，确定天福山起义纪念馆、召文台、工业展览馆等为全市 10 大爱国主义教育基地。1997－1998 年，编写理论中心组读书会学习材料 2 套 12 万字，发至市委及各基层理论学习中心组学习，市委中心组集中学习 6 次，基层中心组集中学习 2293 次。各级领导为基层上党课 256 次，举办理论培训班 180 期。2000 年，针对加入世贸组织带来的机遇与挑战，举行“抓住机遇、加快发展”为主题的思想教育专题讲座 4 次，向各级提供《WTO：机遇与挑战》系列光盘学习资料 1.2 万张。推荐环卫工人李玉坤作为全市职工代表，参加威海市优秀职工事迹报告会。2003－2004 年，协助市委、市政府开展“解放思想、干事创业、加快发展”大讨论和“大讨论回头看”活动，组

织12个督导组深入基层督导检查，收集建议意见2000余条。全市57个部门、单位围绕简政放权、提高效率、转变作风等方面，通过新闻媒体向社会公开承诺、接受监督。2007年，开展“热爱文登、赞美文登、奉献文登”主题教育活动，引导干部群众踊跃参加“文登人如何爱文登”“我为文登发展奉献了什么”等系列讨论活动，举办“美丽文登”巡回摄影展和“建设和谐文登从我做起”演讲比赛及诗歌创作、朗诵大赛等21项活动，全市形成团结和谐、奋发向上的良好局面。2008年，围绕市民关注的热点、难点问题，开办“昆嵛讲坛”，举办专题讲座8期，并在“文登网”推出《文登市情知识一百题》，增加受教人员，深化学习效果。2010年，推行“课题学习法”，提高学习针对性。2011－2012年，开通学习型党组织专题网站，组织全市领导干部理论知识网上考试。编印《悦读经典》《悦读市政》系列读物8期共8万册，免费向社会发放。2013年，开展“学理论、懂政策、做明白人”理论大众化普及活动，在新闻媒体推出“十八大热词”“十八大精神点对点”“十八大精神在文登”等专栏，组织引导社会各界深入学习党的十八大精神。3次获评全省理论教育先进单位。

第三节　舆论宣传

社会宣传　1991－1992年，市委宣传部组织举办“祖国之歌”演唱会和群众文艺会演，全市23个乡镇、17个系统参加，1120人登台演出216个节目。1994－1995年，全市2万余名青年参加国旗下18岁成人宣誓仪式。1997年，举办“迎接香港回归祖国”读书竞赛、“庆七一·迎回归”歌咏比赛、“迎回归·盼统一”演讲比赛、“迎回归”千米长卷签字等活动，全市约21万人参加。是年，启动文化、科技、卫生“三下乡”活动，组织科技文化大集80场，组织技术培训班、技术示范现场会2796期次，培训农民28万人次；下乡放映各类影片3416场次、送戏128场次，发放科技书籍2.4万册，送医送药5300人次。1998－1999年，以先进典型事迹为原型编演现代吕剧《柘阳花》《白玉兰》，获山东省精品工程奖。其间，威海市县级首家文艺季刊《文登文艺》正式创刊。2001年，在全市开展历时2个月的社会主义民主法治教育，发放学习资料1.2万份，参加考试的农村干部2100人。2003年，举办首届秧歌大赛，参赛人员5000余人次。2005年，举行“文登市纪念中国人民抗日战争胜利60周年”歌咏比赛，参加者上万人次；举办第三届中韩书法联展暨首届文登市书法篆刻大赛、文登市“反腐倡廉”书画展。2007年，举行天福山起义70周年纪念大会。2008年，会同中央电视台《锦绣梨园》栏目组，举办“国风乡情颂文登”大型广场演出，近万人观看。2010年，组织开展“十佳庄户剧团”“三十佳巾帼文艺队”“五十佳农村文化户”评选活动。2011年，联合中央电视台共同举办文登市“春风春雨春花开”春节联欢晚会，在央视7套《春到新农村》栏目播出。2013年，中央电视台《寻宝》栏目首次走进文登，举办鉴赏活动。邀请总政话剧团到文登演出。启动“幸福文登”送戏下乡活动，组织艺术团体免费送戏下乡130场次。

新闻宣传　1991－1995年，在地市级以上新闻媒体发稿3.5万篇，其中国家级媒体发表1520篇、省级媒体发表9500篇。1998年，联合《大众日报》连续刊登反映文登两个文明建设成就专版10个。2000年，在文登新闻媒体开设“龙虎豹工程巡礼”“来自农村产业结构调整第一线的报道”等专题，对26家企业、10个镇和20个村进行立体报道。2004年，拍摄虾池造礁养参、特种动物养殖、西洋参种植三大特色产业专题片，在中央电视台《致富经》栏目相继播出。2008年，在《中国县域经济报》开设“县域经济看文登”和“图说文登”专版。在山东《大众日报》开设“建市20周年系列特刊”，推出14个专版。2009年9月，《人民日报》《经济日报》《光明日报》等10余家新闻媒体，对天福街道办事处“以强带弱，联合促学”的经验做法进行集中宣传报道。10月10日，中央电视台在《新闻联播》头条位

置进行报道。2010 年，与《大众日报》共同策划“转型升级看文登”“‘十有’民生工程”“走进南海新区”等专题系列报道。2011 年，与中央电视台军事农业频道合作，摄制特别节目《乡村旅游新观察·山东文登》；在中央电视台中文国际频道《快乐汉语》栏目推出 8 集系列片，宣传推介文登的历史文化、旅游资源、特色美食。2012 年，在《人民日报》刊发“种参致富”等 10 篇报道；在《经济日报》推出“品读文登·城市名片”8 篇系列报道。2013 年，组织实施“走出文登看发展”异地采访活动，在文登新闻媒体推出 8 篇系列报道和 4 篇评论，学习外地经验，查找自身不足，以人之长补己之短。

对外宣传 90 年代，通过撰写对外宣传稿件、制发画册折页、摄制电视专题片等方式，加大对外宣传，让文登走向世界，让世界了解文登。1994 年，拍摄《漫话文登学》《胶东一条龙》《文登好风光》《山东有个玩具镇》等电视专题片，在中央电视台综艺、财经频道和中文国际频道播出。1997 年拍摄的《道教圣地昆嵛山》，获山东省广播电视厅优秀电视专题片一等奖，成为山东省在台湾岛内进行宣传的两部电视片之一，并在美国克拉斯电视台播放。1998 年，《鲁绣王国写春秋》一稿先后在《中国轻工报》《走向世界》等报刊发表。进入 21 世纪，通过多形式、全方位宣传文登，全面提高文登的知名度。2002 年，开展“海外华人在文登”宣传活动，采写介绍外商在文登投资兴业文章 11 篇，在《走向世界》杂志英文版等媒体发表。2004 年，与中央电视台联合制作《文登史话》《渔家面塑》等 9 集介绍文登人文资源系列专题片，在中央电视台《华夏文明》栏目播出。2007 年，制作《爱在文登》主题歌 MTV、《秃尾巴李龙王》连环画、《走向世界——文登建市 20 周年专刊》等系列外宣品，为对外宣传、招商引资提供新视觉。2010 年，在中央电视台《天涯共此时》《走遍中国》栏目，播出《文登——最新成长的中国长寿之地》《文登说文》《李龙王的传说》等专题片。2011 年，举行百家媒体走进文登大型采风活动，对养生旅游和蓝色经济进行采访报道，录制长达 500 分钟系列专题片，网络转载 2100 条。2012 年，中央电视台《快乐戏园》栏目连播 7 集，介绍文登开展京剧走进校园的活动成果及做法。2013 年，在《人民日报（海外版）》、香港《文汇报》等媒体发稿 135 篇。

网上宣传 2007 年，正式开通全省县级唯一具有新闻资质的外宣网站——文登网。共分三大版块，设 55 个栏目、900 个网页。2009 年，文登网与人民网等网站实现链接，发布各类新闻 1.1 万条，网站日均浏览量 8.7 万次。2010 年，改版升级文登网，发布各类新闻 1.6 万条。是年，与新华网实现链接，优化百度、谷歌等各大搜索引擎抓取文登信息的功能，拓宽网上宣传平台，成为外界了解文登、认识文登最全面、最便捷、最权威的网站。2013 年，“中国网络媒体山东行活动”两次走进文登，以科学发展和乡村文明为主题开展采访活动，人民网、新华网等 70 余家网络媒体和 20 余家主流传统媒体进行报道，网络媒体发稿和转载量过万条。

第四节　精神文明建设

组织领导 80 年代，文登县精神文明建设委员会成立，县委主要领导为第一责任人。建市后，历届市委坚持两个文明建设计划一起制定、成果一起考核，“两手抓、两手都要硬”。1991—2013 年，市委及市精神文明建设委员会先后印发《文登市精神文明建设委员会委员单位责任制度》《关于开展创建精神文明建设示范基地活动的意见》《关于开展创建文明机关活动的实施意见》《关于创建全省文明城市的实施意见》《关于在全市广泛开展社会主义荣辱观教育活动的通知》《关于开展“讲文明、倡和谐、塑形象”主题文明创建活动的实施意见》《关于开展创建精神文明示范点活动的实施意见》等一系列文件，自上而下建立“一把手抓两手”的领导格局。坚持每年年初召开 1 次大型精神文明建设工作会议，通过总结经验，表彰先进，布置任务，为新的一年精神文

明建设加油鼓劲。会上，市分管领导与各镇、各部门签订《精神文明建设目标责任书》，把精神文明建设目标任务纳入机关岗位责任制和任期目标，形成一级抓一级，层层有责任的工作体系，把“软”任务变成“硬”指标，使“虚”形式变成“实”内容。1999年，文登市被中央文明委授予全国创建文明村镇工作先进市称号。至2013年，先后10次被评为山东省精神文明建设先进市。

思想道德建设　1991年，开展社会主义理论教育和基本国情路线教育，组织3万名党团员参加知识竞赛。1992年，对2.36万名干部职工进行职业道德培训。至1995年，有系统、有组织地参加建设有中国特色社会主义理论和党的十四大精神学习的人员达11万人次。1996—1997年，开展以学理论、学经济、学科学、学政策、学法律为基本内容的全民读书活动，全市建起图书室623个，读报栏180个。1999年，市文明委印发《关于开展向李玉坤同志学习活动的决定》，掀起学习李玉坤，争做李玉坤式好职工、好市民的热潮。文登市获全省农村倡树新风活动组织奖。2001年，开展首届文登市“十佳文明市民（道德模范）”评选活动，全市先后有130人获“十佳文明市民（道德模范）”称号。2002年，组织职工参加“五重一创”（重发展、重管理、重科技、重道德、重形象，创立学习型企业）活动和“彩虹杯”职工道德修养知识竞赛。2005年，举办“纪念抗日战争胜利60周年——爱我中华”为主题的青少年学生演讲比赛和征文比赛。2008年，开展“讲提升、比贡献、促发展”主题教育活动，围绕“科学发展大家谈”“我为文登发展支招”等主题展开讨论，在全社会营造奋勇争先，团结协作，共谋发展的氛围。2010年，开展“中华经典阅读”“传唱优秀童谣、做有道德的人”网上签名活动。2012年，依托全市23个省级文明单位开办道德讲堂，组织宣讲活动72场，听众6000余人次。2013年，开展“仁孝文登”公民道德主题教育活动，发放宣传画1100张、《悦读经典——“仁孝文登”专辑》1500册，设置大型公益广告牌10块，培植示范点52个。是年，1人被评为“中国好人”、11人被评为“山东好人”、1人被评为省级道德模范。文登市获首批山东省四德工程建设示范市称号。

文明单位创建活动　“八五”期间，严格标准，强化管理，促使文明单位建设走向规范化管理轨道。1992年始，在城乡420个“窗口”单位开展“双优”（优质服务单位、优质服务明星）竞赛活动，通过社会投票，评出优质服务单位135个、优质服务明星164人。1995年，开展以文明用语、规范服务为主题的行业树新风活动，组织65个单位通过新闻媒体向全市人民公开服务承诺，自觉接受监督。全市有114个单位被授予省、地级文明单位称号。1996—1997年，开展社会服务承诺落实情况万人评议活动。2000年，在企业开展做优秀文明职工、创优美厂区环境、树优良企业形象“三优”活动；在学校开展“回顾100年，展望新世纪”为内容的读书和社会实践活动。2005年，市文明委印发《关于创建全省文明城市的实施意见》，成立领导

图20-11　2013年3月7日，文登市委宣传部召开全市宣传文化暨精神文明建设工作会议，并为第十二届道德模范颁奖。

小组，举办征文活动，编写《创建文明城市市民须知问答》和宣传口号，发给市民，见诸行动。2007—2009年，按照文明单位管理规定，做好文明单位复查与评选工作。3年间，有26个单位被授予山东省文明单位称号，149个单位和353个单位分别被授予威海市、文登市文明单位称号；撤销29个文明单位称号，注销15个文明单位称号。2011年，市文明委印发《关于开展创建精神文明建设示范点活动的实施意见》，培育不同类别示范点8个，引导各行各业以示范点为标杆，推动文明创建活动向纵深发展。2013年，建立网络文明传播志愿服务小组，开通博客278个、微博286个，围绕“讲文明、树新风”公益广告传播活动，发表博文、微博、评论3.2万条。是年，全市被评为山东省精神文明建设先进单位39个、威海市精神文明建设先进单位173个。

文明镇村与文明社区创建 “八五”时期，全市宣传推广高村镇创办农村文化大院和泽库镇开展全民读书活动经验，开展争创“十星级文明村”和“十星级文明户”的“双十”活动。1997年，在省级文明镇示范点——宋村镇召开精神文明建设创建活动现场会，树典型，促提高。2000年，在农村开展文化进家、美化到家、庭院发家“三家”活动。2001—2002年，开展农村环境综合整治活动，投入资金3100万元，硬化、平整、绿化街道710条，安装路灯1180基，设置垃圾箱1200个，清理垃圾1.75万吨，32个村通上自来水，实现绿、亮、美、净村庄达50%。2004年，市文明委印发《关于切实搞好农村文明一条街创建工作的通知》，提出“创建文明一条街”10条基本标准，按照上面亮化、路面硬化、两边绿化、墙上有文化的“四化”标准，开展创建活动，全市70%的村庄建起文明一条街。2006年，新建98处农村文化大院和活动中心。2007—2009年，组织开展第一、第二届文登市“十大孝星”评选活动。2010年，开展“绿色社区”创建活动，新增威海市“绿色社区”4个。2011年，围绕村容村貌、村风民俗、道德规范、生活方式、平安建设、文化惠民6个方面，探索推出环境+社区+文化+产业的特色创建模式，创建示范村356个、达标村92个，被省文明委授予首批乡村文明行动示范市称号。2013年，树立16个示范村作为标杆，开展以圣海路、荣兰路沿线镇（街道）及小观镇、泽头镇为重点区域的文明示范带创建活动，实施“乡村文明行动”再督导、再拉动、再深入。

文明城市创建 1991—1995年，文登市以创建“国家级卫生城”为目标，开展“五不、四无、三文明”宣传教育和争做文明市民活动，倡导文明用语、文明礼仪，引导人们抵制不文明行为。1997年，市委、市政府印发《关于争创精神文明建设示范基地的实施意见》，对创建活动的时间范围、标准质量、方法步骤都作出了明确规定。至1998年，全市建起精神文明建设示范基地省级3个、地市级10个、县级50个。其间，围绕创建优美环境，开展城市环境卫生综合整治活动；围绕实现优质服务，在窗口单位开展服务质量万人评和“百佳服务单位”“百佳服务明星”评选活动；围绕创建优良秩序，开展“争创文明交通使者”活动，成立由市公安、交通、城建等部门组成的联合管理小分队，全天候监察，并通过媒体进行曝光，制止不文明行为发生，促进全市“讲文明、树新风”活动深入有效地开展。是年，全市宣传思想工作会议大张旗鼓表彰奖励了“首届十佳宣传文化工作者”“十佳文化大院”“十佳图书馆”。2000年，开展创建文明社区、楼院、家庭“三创”活动。2002年，组织科教、文体、法律、卫生“四进社区”活动。2004年，围绕争创全国、全省文明城市，以“三创一做”为载体，强化城市管理，树立城市形象。在公共场所，开展争创文明示范街、路、市场活动；在窗口行业，推广电业总公司“彩虹连着你我他，优质服务进万家”，国税局“文明帮你纳税、真诚助你繁荣”等服务品牌建设的经验做法，开展争创服务名牌活动；全社会开展争创“诚信文登”活动。2006年，开展“倡导绿色文明、建设和谐家园”主题活动，评选“绿色社区”“绿色企业”“绿色学校”36个。2007—2009年，组织开

展第八届、第九届文登市“十佳文明市民”，第五届、第六届文登市“十佳文明小市民”，第一届、第二届文登市“十大孝星”等评选活动，让群众在参与中接受教育和熏陶。2010年，启动文明交通行动，开展客运行业“优质服务车”评选活动。2013年，开展“文明餐桌”行动，倡导节约用餐，营造文明健康餐饮文化。文登市先后蝉联三届山东省文明城市，获评首届山东省未成年人思想道德建设工作先进市称号。

第五节 文化建设

群众文化活动 1991—1995年，每年春节期间，举行全市民间传统艺术表演，参加演出者1.8万人次，观众10余万人次。举办大型歌咏会5次，参加演出单位70余个。举办以抗日战争和世界反法西斯战争胜利50周年为主题的纪念晚会，3200人观看演出。编演抗战戏剧《天福山起义》，观众达3.5万人。组织“爱我中华，爱我家乡”知识竞赛，3100名干部群众参加书面答题，28个系统组队参加电视竞赛。1996—1997年，在农村实施一百个标准文化大院、一百个藏书5000册图书室、一百个农民业余艺术团的“三个一百”工程，全市新建面积300平方米以上的文化大院93个、藏书5000册以上的图书室40个，成立农民业余艺术团92个，举办全市性大型群众文化活动22场次。2000年，举办春节电视文艺晚会、庆“七一”、庆“八一”、庆“十一”及创建优秀旅游城市等大型专题文艺演出21场次；9月，举办“优秀影片展映月”和书画展览活动。2001年，举办文登市首届“国寿杯”中老年戏曲大赛、“金洋杯”少儿器乐演奏会。2004年，举办首届“海之心杯”群众文化艺术节，100余个单位4000余名选手参加歌唱、器乐、舞蹈、摄影等8个项目比赛。是年，承办“宏安杯”山东省首届曲艺小品大赛，来自前卫歌舞团等艺术团体的150名选手参赛，文登选送的小品《今个真高兴》、相声《城里人乡下人》分获一等奖。2007年，开展先进文化“进农村”“入社区”活动，下乡放映电影1080场，进行文艺演出195场。2008年始，每年举办一届“百姓放歌·唱响文登”农村文艺会演，登台群众演员1.2万人，演出原创节目3100个，被评为全省农村公共文化“优秀实践奖”和百个农村特色文化品牌，60名文艺爱好者被评为“山东省万名农村优秀文化人才”。2010年，在文登学公园、市中广场举行文艺演出、电影放映、京剧晚会等“激情广场大家乐”群众文艺活动60余场。2011年，举办文登首届水上灯展，历时21天，吸引25万名市民观看。2013年，组织举办正月民俗活报表演、庆祝中国共产党成立92周年文艺晚会。

图20-12 2012年4月23日，第二届“书香文登”读书节启动仪式在市中广场举行。

文化体系建设 90年代，宣传、文化部门通过完善制度、强化培训、奖优罚劣等措施，全力打造一支“政治强、业务精、作风正”的文宣干部队伍。进入21世纪，进一步强化

公共文化服务体系建设，对镇、村文化设施建设通过“以奖代补”的形式给予资金扶持，建起市、镇、村三级文化建设网络。为提高文化设施使用率，保证城乡文化建设均等化，每年分批次对农村文化大院和社区图书馆进行优化升级，并根据农村（社区）的需求，适时配送电脑、乐器、音响及其他文化活动用品，通过文化活动吸引、文艺骨干带动等，扩大文艺演出队伍。“十二五”期间，是文登文化服务体系建设最快、最好时期之一，85%以上的村拥有锣鼓队、秧歌队，常年开展活动的文艺团队有410个，6个文艺团队被评为全省农村优秀文化团队。全市建有农家书屋730个、高标准图书分馆20个，有10万余册图书、5000余张光盘在农家书屋之间流转，先后举办5届“书香文登”读书节。组建“流动电影小分队”27支，年巡回放映电影8800场次。有线电视入户率100%，广播“村村响”工程覆盖整个农村。文登市被省文化厅确定为全省首批文化资源共享示范市，在全省文化惠民、服务群众工作会议上作典型交流发言。

第六节　社科工作

市社会科学界联合会（简称市社科联）成立后，以“昆嵛讲坛”为平台，先后举办新时期文化建设、家纺产业论坛、文登营暨明清卫所文化研讨会、养生产业论坛、战略新兴产业报告会、蓝色经济暨文登南海新区发展研讨会等各种活动16场次。指导工矿企业、机关学校把经济文化社会发展亟须解决的热点、难点问题作为社会科学课题，加以剖析、研究，形成理论与实践结合且具有指导意义的调研报告。至2010年，全市有35项社会科学研究成果获威海市社会科学优秀成果奖。2011—2012年，有20件作品获威海市第十四、十五届社科优秀成果奖，获奖数量居各市、区之首。2013年，17项社会科学研究成果获威海市第十六届社会科学优秀成果奖，其中《昆嵛山志》《文登县志》（雍正版、道光版）影印本获一等奖。

第九章　统战工作与台湾事务

第一节　统一战线

组织机构　1991年，文登市委统一战线工作部（简称市委统战部）内设办公室、统战科，正科级。工作人员10人。2013年，内设办公室、业务一科、业务二科。工作人员7人。

宣传调研　1991年，市考核办印发《乡镇统战工作百分考核意见》，首次将统战工作纳入全市年度目标工作责任制考核范围。市委统战部利用党校办班、电视讲话和知识问答等渠道，加强统战理论、方针、政策宣传教育，受教育者10万余人次。1992年，出版内部刊物《统战理论研究论文选编》，翌年改为《文登统一战线》，市统战理论研讨会被评为省级先进学会，获金杯奖。1993—1995年，市委统战部连续3年被评为全省宣传工作先进单位。1998年，编发《统战动态》12期，其中21篇文章被地市级以上机关内部刊物刊用。2003年，撰写调研报告4篇，其中2篇获威海“四新工程”三等奖。2007—2009年，举办统战对象培训班13期，培训人员780人次。编写宣传稿件63篇，被内部刊物采用45篇。向有关部门提供统战工作信息17条，采用17条。2012—2013年，撰写调研报告14篇、宣传稿件55篇，发放宣传材料920份。

党外人士工作　1991—1995年，举荐非党干部120人，组织部门经过考察，安排10人，其中副市长1人、副局长6人、副镇长3人。1998年，考察推荐党外人士240人，有151人在山东省、威海市、文登市三级政协换届中当选委员。

2002年，为党外优秀青年知识分子登记建档，建起容纳500人的“党外青年知识分子储备库”。2007—2009年，邀请各界人士召开座谈会、通报会、协商会18次，提出意见、建议28条，提案243件。2010年，文登市党外知识分子联谊会成立，主要职责是为经济社会发展提供人才、科技支持。2011年，市委统战部和组织部联合印发《关于加强党外干部队伍建设的意见》，对辖区党外代表人士情况进行调查摸底、立卷建档。2013年，组织各界人士参与经济发展事务协商7次，提出提案及合理化建议243件。

服务经济建设　1991—1995年，市委统战部每年组织有关人员向海外发信函、贺卡约800封（张），广泛联系，宣传文登，促成合资、合作及转口贸易合同30项，合同利用台资1100万美元，吸引6家台商到文登投资办厂，投资额626.7万美元。1996—1997年，开展“六个一”竞赛活动，引进外资50万美元。1998年，对全市30余个少数民族1000余人的生产、生活现状进行调研，提出发家致富建议12条。2000年，指导帮助成立泽库渔业公会、张家产西洋参种植业公会。2012年，会同有关部门指导工商联温州商会建起党支部。2013年，向省海外联谊会申请改扩建海联新农村卫生室建设项目，投资38万元，当年开工，当年竣工，约5个村5500名群众受益。

助力光彩事业　“八五”期间，协调医疗机构开展医疗活动32次，义诊1500人次。2002年，举办“奉献爱心，回报社会，资助贫困大学生”专题晚会，结成资助对子8对，为公益事业捐款捐物80万元。2005年，开展关爱贫困户、贫困学生、下岗职工活动，全市统战系统捐资310万元，扶持贫困户204户，资助贫困学生120人，吸纳再就业下岗职工80人。2013年，开展“联系一个后进村、包扶一个贫困户、帮助一名孤寡老人和资助一名困难学生”为主要内容的“四个一”活动，帮扶贫困村20个，捐款助学102人，投入资金92万元。

第二节　台湾事务

组织机构　1991年4月，文登市委对台工作办公室成立，正科级，与统战部合署办公，5月析出独立办公，8月更名为市委台湾工作办公室。有工作人员3人。1993年11月撤销，职能复归统战部。1994年6月恢复，与统战部合署办公。1995年6月独立办公，挂市政府台湾同胞接待站牌子。1996年5月，更名为市政府台湾事务办公室（简称市台办）。2013年，内设经济交流科、综合科。有工作人员9人。

交流交往　1991—1995年，接待台胞813人次，与台胞通信296封，邮寄贺年卡450张。1996—1997年，对全市台胞、台属进行摸底调查，登记造册，便于联系。1998年，境内首次因公赴台7人。2002年，接待到文登考察、投资、探亲、旅游的台商、台胞400人次。2005年春节、中秋节期间，市领导走访慰问在文登台商、定居台胞和重点台属100余人次。2007—2008年，台湾统一集团董事长、台湾海峡两岸农业协会名誉

图20-13　2011年10月12日，第二届海峡两岸（威海）道教文化研讨会在文登开幕。

理事长苏火灯，台湾畜而昌实业股份有限公司董事长陈进荣，中国国民党中央常务委员、“中华两岸文化经济协会”理事长廖万隆，台湾大中华农业投资（控股）公司董事长谢天添等先后到文登进行经贸考察，洽谈合作事宜。2009年，中国国民党副主席曾永权一行应邀到文登进行考察。2011年，第二届海峡两岸（威海）道教文化研讨会在汤泊温泉度假村举行，以台湾道教会理事长陈録星为团长的20名台湾道教知名人士参加研讨会。2012年，台湾正宗全真教道教会理事长巫平仁等24位台湾道教界人士出席第三届海峡两岸（威海）道教文化研讨会。2013年，台湾财团法人清境家园社会福利慈善基金会清境家园老人长期照护中心执行长黄家篁、“中华病患服务人员交流协会”副理事长李宪善等一行5人到文登考察。是年，市台办承办的第三届海峡两岸（威海）道教文化研讨会，被省台办评为山东省优秀对台交流项目。

对台经贸 1991—1995年，全市共有台资企业29家，投资额1292.54万美元。1998年，台资企业增加到35家，两岸经贸额达1800万美元。2002年，邀请60名台湾工商界人士考察张家产镇温泉高档花卉种植、小观镇淡水虾养殖等项目，签订合同，引进台资800万美元。2005年，召开台商座谈会2次、对台经济会议1次，情况通报会1次，走访台资企业15家，向台商赠送《文登画册》《投资指南》《中华人民共和国台湾同胞投资保护法》等宣传材料1250份。组织合资企业参加第十一届鲁台经贸洽谈会，签约项目2个。2007—2009年，接待台湾到文登经济贸易考察团32个490人次，山东省（南海）台湾科技园在文登南海新区挂牌。市台办被省政府授予全省对台招商引资标兵称号。2012年，110名台商到文登南海新区参观考察。2013年，引进台资企业2家。

对台宣传 1991—1995年，对台宣传稿件被各级报刊采用45篇。向台胞发放宣传画册600本，印发宣传材料3200份。1996—1997年，联合宣传部门，举办“力象杯”涉台知识竞赛，收到答卷8287份，评选出一、二、三等奖60名。1999年，举办太保杯“庆国庆、迎澳归、盼统一”台属书法、绘画、剪纸比赛，收到参赛作品173幅，30幅作品获优秀奖，11个单位获优秀组织奖。2000年，开办《台湾问题与祖国统一》知识讲座，培训人员1200余人次。2005年，举行台商、台胞和各界人士座谈会，学习座谈《中华人民共和国反分裂国家法》。2009—2013年，举办涉台教育活动9次，参加人员1300人。编发《文登市对台工作手册》2000册，邮寄明信片1100张，发放宣传材料2500份 市台办先后12次被评为全省涉台宣传教育工作先进单位。

第十章　其他党务

第一节　信　访

组织机构 1991年，文登市信访办公室内设综合科、查办科、接待科。有工作人员10人。1996年，撤销市信访办公室，成立中共文登市委、文登市人民政府信访局（简称市信访局）。2013年，内设办公室、办信科、接待室、信访督查科、信访事项复查办公室（增挂市政府信访事项听证办公室牌子）、市信访信息中心。有工作人员18人。

组织领导 “八五”期间，乡镇一级全部建立6～10人组成的信访工作领导小组，配齐副科级信访检查员。下设信访工作片，负责5～7个村的信访协调工作；村设3～5人组成的信访调解小组，努力把信访问题解决在基层。自下而

上建立信息报告制度，至1995年，编写《信访情况》63期、《信访摘报》182期，为领导正确决策提供依据。1991－1992年，市信访办连续两年被省委、省政府授予全省信访工作先进单位称号。1996－1997年，信访局坚持每月召开1次镇信访办主任例会，查找问题，布置任务。1998年，将信访工作在各镇考核中的比例由40分提高到60分，并实行一票否决制。2000年，实施“一把手”工程，建立领导公开接访、批阅信访、包案制度，市、镇两级召开研究信访工作会议252次，阅批信访1380件，接待群众到访528起，其中12起重大集体上访案件全部由市级领导亲自接待，均得到妥善处理。2005年，市委、市政府先后两次召开全市信访工作会议，印发《关于集中处理信访突出问题及群体事件第二阶段工作的实施意见》《关于进一步加强政法和稳定工作的若干意见》等文件，市主要领导亲自协调处理重大信访问题，市信访部门加大直办、督办力度，全市设置镇（街道）一级信访工作领导小组47个，配备村一级信访信息员1370名，形成纵到底、横到边的信访网络。按照“及时排查、各负其责、工作在前、预防为主”的原则，每月进行1～2次“拉网式”排查，对排查出的信访问题，每月末上报市信访局，分析归类，分工包干，责任到人，一包到底。2009年始，开展市级领导大接访活动，每周二、四2个工作日为市级领导接访日，主要领导每月抽出1天时间接待群众到访，其他市级领导轮班接访。按照接访领导的姓名、职务、分工、时间、地点“五公开”要求，将接访日程提前在媒体上公示，为到访人员提供便利。2013年，将市公、检、法部门的“一把手”，全部纳入市级领导公开接访序列，形成合力，齐抓共管。

信访态势　1991－1995年，群众信访内容主要反映民事纠纷、拆迁安置、工资福利、环境污染等问题。1996－2000年，反映干部作风占30%，企业集资及工资福利占20%，农民负担占10%，合同纠纷占10%，村委换届选举占10%，伤残军人优抚、海滩承包、物业管理等占20%。群众信访到访“利益性、群体性”特征日趋明显，许多应该通过诉讼、仲裁、行政复议等渠道解决的问题，也通过信访途径反映。进入21世纪，反映破产企业拖欠工资、集资款，拖欠养老医疗保险金、独生子女补助金现象比较严重，下岗职工安置问题和基本生活保障问题日渐突出。另外，征地补偿、城市管理、拆迁改造、供水供暖、对司法机关处理不满和“执行难”的问题逐渐增多。军转干部、参战士兵、转业志愿兵和代课教师等特殊群体，要求解决自身利益问题，相互串联，集体上访案件呈上升势头。

1991－2013年文登市信访内容分类情况表

表20-7　　单位：件（起）

年份	劳动社保	纪检监察	农村农业	涉法申诉	城乡建设	国土林业	民政救济	其他	合计
1991	165	79	168	82	15	11	54	249	823
1992	158	62	161	80	13	14	56	247	791
1993	183	83	187	92	21	18	49	281	914
1994	184	191	190	93	23	15	58	164	918
1995	267	293	272	133	19	21	64	265	1334
1996	296	444	301	148	27	24	75	165	1480
1997	345	517	347	172	29	28	89	196	1723
1998	568	472	190	189	31	34	88	319	1891

续表 20-7

年份	劳动社保	纪检监察	农村农业	涉法申诉	城乡建设	国土林业	民政救济	其他	合计
1999	258	388	129	129	22	21	63	281	1291
2000	135	96	132	94	89	109	126	206	987
2001	226	141	159	123	117	98	131	130	1125
2002	279	86	192	195	161	101	99	232	1345
2003	88	62	113	102	59	52	42	24	542
2004	203	97	149	124	88	89	91	122	963
2005	93	49	104	87	64	57	46	19	519
2006	141	58	141	109	76	87	68	63	743
2007	60	101	142	117	65	87	254	92	918
2008	328	89	114	168	152	83	136	98	1168
2009	295	78	146	172	145	91	122	94	1143
2010	236	33	134	135	159	57	59	59	872
2011	369	34	169	252	160	56	81	18	1139
2012	347	36	161	248	163	61	77	67	1160
2013	123	85	184	163	199	209	75	50	1088

信访办理 90年代，市信访办公室坚持每月排查信访案件，分析原因，协调有关部门尽快处理。至1995年，47批集体上访案件全部得到妥善处理。1996—1997年，市委、市政府专题研究信访工作16次，召开联席会议28次，受理群众信访到访4871件，处结4846件，处结率99.5%。80%的村做到大案不出镇，一般案件不出片和村。1997年11月，省信访局在文登召开全省信访工作现场会，推广张家产镇党委重视、真抓实干、落实责任、完善机制的做法经验。1998年，依法拘留15名无理取闹者，传唤10名闹事者，保证信访有序进行。2001年，市信访局在全市建立信访工作督办、回访、调研"三项制度"，接待集体上访105批次，全部解决在初发阶段。2005年，采取"零起点"工作法，老案新办，不带偏见，一案一策，双向承诺，公正处理。年末，上级交办的6个上访老户和4个信访大户全部结案。2010年，推行领导牵头包案责任制，明确包案单位"一把手"为第一责任人，实行"四包"（包掌握情况、包思想教育、包问题化解、包息诉罢访），做到"一个积案、一名领导、一套班子、一包到底"，年末，23起信访积案全部结案。2013年，按照"五个一"（一名包案领导、一个工作班子、一套化解方案、一份会办纪要、一套稳控措施）要求开展工作，采取集中会办、公开听证、救助救济等措施，对群众反映的合理诉求及时解决。对无理或过高要求的信访人员，耐心说服教育；对胡搅蛮缠、借机闹事者，依法严肃处理。至2013年，文登市先后8次被省委、省政府授予全省信访工作先进单位称号。

1991－2013 年文登市信访调解情况表

表 20-8

年份	调解片（个）	调解员（人）	调解纠纷（件）	年份	调解片（个）	调解员（人）	调解纠纷（件）
1991	136	408	679	2003	127	402	412
1992	136	408	658	2004	127	402	692
1993	136	408	710	2005	128	405	483
1994	125	380	706	2006	128	405	508
1995	125	380	886	2007	128	405	684
1996	125	380	915	2008	128	405	931
1997	125	400	953	2009	128	405	879
1998	125	400	964	2010	130	410	637
1999	125	400	814	2011	130	410	832
2000	125	400	639	2012	130	410	735
2001	127	402	767	2013	130	410	937
2002	127	402	861				

1991－2013 年文登市信访到访处结情况表

表 20-9　　单位：件

年份	信访到访	处结	处结率（%）	年份	信访到访	处结	处结率（%）	年份	信访到访	处结	处结率（%）
1991	823	816	99.1	1999	1291	1272	98.5	2007	918	909	99.0
1992	791	775	98.0	2000	987	970	98.3	2008	1168	1157	99.0
1993	914	882	96.5	2001	1125	1102	98.0	2009	1143	1133	99.1
1994	918	890	96.9	2002	1345	1325	98.5	2010	872	865	99.2
1995	1334	1310	98.2	2003	542	531	98.0	2011	1139	1131	99.3
1996	1480	1465	99.0	2004	1316	1294	98.3	2012	1160	1160	100
1997	1723	1706	99.0	2005	519	512	98.7	2013	1088	1088	100
1998	1891	1881	99.5	2006	743	736	99.1				

培训教育 “八五”期间，培训各级信访工作人员3800人次。1996—1997年，举办学习贯彻国务院《信访条例》和山东省《信访处理暂行规定》培训班37期，参训人员2240人。1998年，针对新形势下企业改制和部分困难企业拖欠职工集资、工资、风险金诱发的各种不安定因素，会同有关部门组成普法宣讲团，深入市属128家企业，9天时间讲课18场，受教育者5500人，全年市属企业未发生1起集体上访事件。1999年，采取讲课、放录像形式，以案释法、普法，全年普法宣讲24场次，受教育者1.27万人。2003年，发放普法“明白纸”1.2万份。2005年，进一步加大宣传力度，引导群众依法逐级有序信访，发放信访知识“明白纸”1万份、《信访条例》宣传手册1400本。举办信访培训班7期，培训农村“两委”干部850人、副科级干部120人、专兼职信访干部140人次。2012—2013年，对基层分管信访领导和信访科长进行轮训。

第二节 党 校

组织机构 1991年，中国共产党文登市委员会党校（简称市委党校）内设办公室、政工处、政治理论教研室、经济理论教研室、教务处、总务处、综合服务部。有工作人员33人。1993年，定为中等专业学校体制，按副处级配备领导班子。2001年7月，增挂文登市行政学校牌子。2002年4月，被确定为市委直属正科级事业单位。2013年10月，增挂市社会主义学院牌子。是年，内设办公室、教务处、总务处、政治理论教研室、经济理论教研室，均为副科级。有工作人员26人。

干部培训 “八五”期间，以培训、轮训党政领导干部及农村党支部书记为对象，以马克思主义理论和党的基本路线、方针、政策为主课，以服务于经济建设和改革开放为重点，以培养德才兼备的领导干部为目标，举办中国特色社会主义理论、市场经济理论、党的十四大文件和涉外法律等学习班125期，培训干部2万人次。1998年，以“两个贴紧，三个服务”为指导思想，举办农村党支部书记培训班9期，科级领导干部进修班4期，青年干部培训班1期，培训党员干部1400人。下基层举办培训班21期，培训5800人次。1999年，针对农村“两委”干部的文化素质和任职年限设置班次，根据地域特点和实际需要确定培训内容，增强培训针对性。2000年5月，全省农村基层干部培训工作经验交流会在文登召开，市委党校以《完善系统管理机制 建立党校教学新布局》为题在会上作交流发言。2004年，市委党校举办农村党支部书记、村委会主任培训班8期，参训学员1070人；举办科级干部培训班2期，118名新提拔副科级干部参加培训，举办组工干部、新录用国家公务员、青年干部培训班各1期；举办换届选举新上任农村党支部书记、村委会主任培训班3期，人员239人，办班数量为历年之最。2007—2009年，围绕宣传贯彻党的十七大及中共十七届三中、四中全会精神和开展“深入学习实践科学发展观”活动，组织有关专家学者下基层开展社会讲学185场次。2011年，承办市交通局、文化执法局等六部门专题培训班。2012年，开展社会演讲活动60场次，受教育者1500余人。2013年，按照“主体班次全力办好、办学渠道努力拓宽”的思路，完成40个专题的干部自主选学培训任务，培训学员5240人次。与纪委、妇联、机关工委等部门联合举办培训班14期，培训学员4100人。安排教员分赴南海新区等20个部门单位进行宣讲，围绕宣传贯彻党的十八大精神、党建知识等内容，深入浅出，释疑解惑，培训人员1.2万人次。

理论研究 1991—1995年，在国家级刊物发表论文14篇，省地级报刊发表文稿149篇，协助大专院校出版专著约50万字。1998年，在地市级以上刊物发表论文24篇，其中国家级7篇、省级10篇、地市级7篇，获省级论文奖3篇、地市级论文奖8篇。2004年，发表论文21篇，获奖5篇，获全省党校系统优秀科研工作组织奖。2009年，市委党校成立7个课题小组展开调研，完成“文登市农村社会保障情况调查”“文

登市农村合作组织情况调查”“文登市土地流转和规模经营情况调查”“关于推进农村社区化建设的调查与研究”“文登市农村劳动力转移情况调查”等课题，其中“切实推进农村社区建设——对文登市农村社区建设的调查与研究”，入选威海市委理论学习中心组读书会参考资料，并被评为威海社会科学优秀成果三等奖。2010年，发表论文14篇，完成省级、地市级课题各1项，其中《文登市城镇居民信息指数调查报告》获全省党校系统优秀成果奖。2013年，提交的“发展休闲养生产业，推动旅游经济升级”课题，通过省委党校鉴定并获得结项证书；提交的“关于企业创新平台建设情况的调查——以文登市为例发展社会组织”“发展环保产业建设生态文登”两项课题，通过威海市委党校鉴定并获得结项证书。全年发表论文42篇，获奖11篇。

函授教育　1989年，市党校首次开设业余教育班次中专班，中央、省委党校分别在文登设立函授站和学区。1991年，开办经济管理专业2个中专班，1个中央党校政治专业大专班，在校生350人。1993年，增设省委党校涉外经济管理专业大专班。1994年，设立省委党校经济管理专业本科班。至1995年，大专班发展到11个，新增3个农干班和2个省委党校本科班，班次增加到18个，在校生2320人。1996年始，函授教育人数开始下降。1997年，增设中央党校政法专业函授大专班。2008年，党校业余函授教育在校生658人，停止招收新生。2009年，业余函授教育在校生391人。2010年，172名学员毕业。2011年，业余教育函授班停办。至2013年，先后举办各类业余教育62个班次，招收学员6531人，毕业6043人。被中央党校函授学院授予成人函授教育办学先进单位称号，先后3次被省委党校授予全省党校系统业余函授教育先进单位称号。

设施建设　1996年，投资100万元，新建1030平方米综合楼1幢。投资20万元，建起拥有21台微机的电教室1个。2000年，在学校东侧建起1600平方米综合教学楼1幢，内设教室、微机室、图书室、阅览室、台球室、老干部活动室；修建1460平方米教学楼1幢，内设教室6个，报告厅1个。2007年，更新配套远程教学网站接收、录制和播放等设备，建立校园局域网，增加2个多媒体教室。2009年，购置台式电脑6台、打印机5台、笔记本电脑1台。2012年，校址迁入市海洋科技中心大楼。2013年，新建党校综合教学楼投入使用，内设4个多媒体教室，1个标准化报告厅，可同时容纳750人上课，图书馆藏书2.5万册；有学员餐厅1个，学员宿舍63间，可供170人食宿。

第三节　机关党建

组织机构　1991年，文登市直机关党委内设机关纪委、工会、团委、妇委和武装部。有工作人员10人。2002年，改称市直机关工作委员会（简称市机关工委）。2013年，内设机构不变。有工作人员10人。辖党总支6个，党支部112个，党员2509名。

思想建设　1991年，开展党支部达标升级活动，按照“班子好、队伍好、作风好、监督好、完成任务好”的标准，制定考核细则，强化检查落实。1994年，组织机关党员干部720人参观通信电缆厂、制革厂等企业，学习工人艰苦创业精神，激发争创一流工作热情。1996－1997年，开展“机关党员岗位闪光”活动，20个先进集体和20名先进个人受到表彰。2000年，开展“党员教育年”活动，组织党员干部学习《中国共产党章程》《邓小平理论通俗读本》《机关事业党员教育读本》，观看《中共十五届四中全会辅导讲座》等电教片，举办知识竞赛，对党员进行党的纲领、宗旨、理想、信念教育。2003年，组织机关支部开展“解放思想、干事创业、加快发展”大讨论活动，发动党员干部为经济发展献计献策186条。2005年，组织415名党员瞻仰烈士纪念馆，重温入党誓词。2007－2009年，以开展“创先争优”活动为契机、以创建学习型党组织为载体，组织上党课1500场次，观看电教片920场次，培训人员1.53万人。被省直机关工委

授予机关党建工作先进单位称号。2012年，举办学习贯彻党的十八大精神骨干培训班，培训骨干200余人。2013年，探索开展党员过“政治生日”活动。

图20-14 2007年5月9日，市直机关工委举办党务干部培训班。

组织建设 1991—1995年，新建党支部10个，120个党支部按期进行换届，发展新党员346人，其中基层职工占90%。1998年，通过召开会议，组织观摩，典型介绍，开展机关规范化建设，该活动被威海市委政工系统评为1998年精品工程。2001年，深入8家中介机构和1家民营经济组织开展调查研究，指导4家企业建立党组织。2005年，组织44名预备党员举行入党宣誓仪式，首次推行党员本人在入党誓词上签名存档。2007—2009年，每年年初，根据实际修订完善党务工作目标管理责任制考核细则，年末对基层组织进行全面检查考核，表彰先进，督促后进。2010年，开展创建“机关文化品牌”和“机关党建工作创新成果”活动，全年12个党支部获“机关文化品牌”建设先进单位称号，11项工作获“机关党建工作创新成果奖”。2011—2012年，开展“青年文明号”创建和争创“巾帼文明岗”活动。2013年，采取动态考核方式，对基层党建工作进行督导考核。“七一”之际，联合市委组织部表彰先进基层党组织36个、优秀党务工作者16名、优秀共产党员90名。

组织活动 1991—1994年，举办机关篮球赛4次，乒乓球赛2次，围棋比赛1次。其间，协同市委组织部在上级驻文登单位开展“立足文登、服务文登、振兴文登”活动，发动驻文登单位、集体、个人为修建公路、发展教育捐款289万元。1995年，联合体育、文化等部门举办有68个单位850名机关工作人员参加的田径运动会，65个单位3000名机关工作人员参加的歌咏比赛。1998年，组织党员干部开展义务劳动，栽植苗木1.1万株，河道清淤1650米，清扫街道1.3万人次。2002年，开展帮扶贫困户活动，捐献资金5.2万元。组织向灾区献爱心活动，捐赠衣物530袋。2003年，防控“非典”期间，组织党员干部举行篮球、乒乓球等比赛24场次，开展卫生大扫除活动5次，印发科普宣传册1万本，组织科普宣传13次，为医护人员家属送温暖5次。2009年，与市文化局、广电局共同举办庆祝中华人民共和国成立60周年“机关之歌”“行业之歌”大型合唱比赛，2200余名机关干部参加演出活动。是年，开展“朝阳工程”“爱心捐助”等活动4次。2011年，举办庆祝中国共产党成立90周年向党的生日献礼活动，召开各类纪念会议112次，举办文艺演出139场。2013年，开展“爱文登、庆新春、我健康、我快乐”健步行活动，1100名机关干部参加。3月，组织1200名党员干部，走街串巷清理非法广告，上路协助交警疏导交通，体验具有特殊意义的组织生活。

第二十一编

地方国家权力机关

1991—2013年，为文登市第十二届至第十七届人民代表大会任期。其中，第十二届人民代表大会于1990年3月换届，任期3年（本志断限内任期2年）。自第十三届起，每届任期5年，第十七届人民代表大会于2012年2月换届（本志断限内任期2年）。23年间，市人民代表大会及其常委会围绕全市党政工作大局，在推进民主政治建设、经济文化建设、社会民生建设和生态文明建设中，认真履行法定职责，依法行使监督权、决定权和选举任免权，不负重托，不辱使命，不断开创人大工作新局面，充分发挥了地方国家权力机关的重要作用。

2013 年 1 月 16 日，文登市第十七届人民代表大会第二次会议在人民剧场举行。

第一章　代表大会

市人民代表大会代表是人民代表大会的主体，是地方国家权力机关的组成人员。市人民代表大会代表由各选区选民直接差额选举产生。

第一节　代表选举

选举机构　市人民代表大会每届任期将满时，市人民代表大会常务委员会（简称市人大常委会）组织成立市选举委员会，主持市人民代表大会代表选举工作。市选举委员会设办公室，办公室下设秘书、组织、宣传和选民登记工作组，负责代表选举各项具体工作。乡镇和街道设立选举工作指导组，作为市选举委员会派出机构，指导辖区各选区选举工作。

代表名额　市人民代表大会代表名额，由省人大常委会按照《山东省县乡人民代表大会选举细则》确定。每届市人民代表大会代表名额确定后，不再变动。市人民代表大会的代表基数为120名，每5000人可增加1名代表。市第十二届、第十三届人民代表大会名额均为313名，第十四届至第十七届人民代表大会名额均为254名。

选区划分　市选举委员会按照便于选民参加选举、便于选民了解代表和监督代表、便于代表联系选民和各选区每位代表所代表的人口数大体相等的原则划分选区。其中，市第十二届至第十六届人大每一农村代表所代表人口数，一般为每一市区代表所代表人口数的4倍。从市第十七届人大开始，按照2010年3月第十一届全国人民代表大会第三次会议《关于修改〈中华人民共和国全国人民代表大会和地方各级人民代表大会选举法〉的决定》，每一代表所代表的城乡人口数相同。选区的大小按照每一选区选1～3名代表划分。中国人民解放军代表由驻文登部队按照部队选举办法产生。市第十二届至第十七届人民代表大会选举分别划分选区181个、177个、164个、129个、120个、101个。

选民登记　选民登记按选区进行。市内凡年满18周岁的中华人民共和国公民都要进行选民登记，每位选民只能在1个选区登记，经登记确认的选民资格长期有效。精神病患者和依照法律剥夺选举权和被选举权的人员除外。市第十二届至第十七届人民代表大会代表选举分别登记选民为53.8万人、52.5万人、49.33万人、47.8万人、47.7万人、49.9万人。选民登记结束后，市选举委员会在选举日20日前，以选区为单位，张榜公布选民名单，发放选民证。

代表候选人　各选区代表候选人由各政党、各人民团体单独或联合提名，选区选民10人以上也可提名推荐代表候选人，由市选举委员会在选举日15日前按选区张榜公布。市第十二届至第十七届人民代表大会代表选举提名推荐代表候选人分别为2418名、2724名、1407名、667名、416名、408名。各选区推荐的代表候选人由选举委员会根据多数选民的意见，按照多于应选代表名额三分之一至一倍的差额比例，确定正式代表候选人名单，于选举日5日前（第十七届人民代表大会改为7日前）各选区张榜公布。市第十二届至第十七届人民代表大会代表选举确定的正式代表候选人分别为493名、486名、418名、382名、347名和355名，均符合《选举法》规定的差额比例。

投票选举　投票选举在市选举委员会规定的法定选举日举行。市第十二届至第十七届人民代表大会代表换届选举日分别为1989年11月20日、1993年1月9日、1997年12月18日、2002年12月26日、2007年11月27日和2012年2月12日。各选区投票选举由市选举委员会派员主持，选区过半数选民参加投票，选举有效。代表候选人

获得投票选民过半数选票，始得当选。市第十二届至第十七届人民代表大会代表选举选民参选率分别为95%、96.3%、94.1%、93.9%、88.3%、87.5%。

代表资格审查 市人民代表大会代表选举产生后，经市人大常委会代表资格审查委员会审查，提请市人大常委会会议审议，审议通过后，由市人大常委会发给代表当选证书和代表证。每届市人大代表在任期内因调离所在行政区终止代表资格或因罢免、辞职等发生变动情况，经市人大常委会审议后，由市人民代表大会备案。市第十二届至第十七届人民代表大会代表资格经审查，均符合《选举法》规定，当选的6届1642名代表资格全部有效。

第十二届至第十七届文登市人民代表大会代表构成情况表

表 21-1 单位：名

届次	年份	代表总数	代表组成						非中共党员和妇女代表			
			工人	农民	干部	知识分子	军人	其他	非中共党员	占比（%）	妇女	占比（%）
第十二届	1990	313	14	187	66	45	—	1	107	34.19	72	23.00
第十三届	1993	313	25	178	64	45	—	1	106	33.87	72	23.00
第十四届	1998	254	39	122	58	34	—	1	85	33.46	57	22.44
第十五届	2003	254	36	119	65	33	1	—	66	25.98	47	18.50
第十六届	2007	254	37	119	67	30	1	—	42	16.54	47	18.50
第十七届	2012	254	67	88	60	38	1	—	47	18.50	45	17.72

1988—2013年常住文登市全国人大代表情况表

表 21-2

届次	姓名	代表任期
第七届全国人民代表大会	江瑞明（女）	1988年3月至1993年3月
第九届全国人民代表大会	李国贤（女）	1998年3月至2003年3月
第十届全国人民代表大会	李国贤（女）	2003年3月至2008年3月

1988—2013年常住文登市山东省人大代表情况表

表 21-3

届次	姓名	代表任期
第七届山东省人民代表大会	刘昌英、于诗群、刘德文、杨秀芝（女）、贾福镇	1988年4月至1993年4月
第八届山东省人民代表大会	王同洲、于所川、朱惠芳、李国贤（女）、耿如亭	1993年4月至1998年4月
第九届山东省人民代表大会	张言报、王光明、王安东、田永春（女）、孙佑安	1998年4月至2003年3月
第十届山东省人民代表大会	于时文、孙佑安、杨桂模、吴 萍（女）、邢运波	2003年3月至2008年1月
第十一届山东省人民代表大会	张 竞（女）、吴学忠、张锦卫、吴 萍（女）	2008年1月至2013年1月
第十二届山东省人民代表大会	栾 波、周 青（女）、于性江、张银燕（女）	2013年1月至

第二节　人民代表大会会议

第十二届人民代表大会

第十二届文登市人民代表大会共举行3次会议，本志断限内共举行2次会议。

第二次会议　1991年3月26—29日在市青少年活动中心举行，出席会议代表285人。会议听取审议市人民政府工作报告、文登市国民经济和社会发展“八五”计划要点和十年规划设想（草案）、文登市1990年国民经济和社会发展计划执行情况与1991年国民经济和社会发展计划（草案）的报告、文登市1990年财政预算执行情况和1991年财政预算（草案）的报告、市人大常委会工作报告、市人民法院和市人民检察院工作报告。会议批准上述报告，并分别作出相应决议。补选市人大常委会副主任1人，补选市人大常委会委员1人。会议期间，收到代表建议、批评和意见125件，议案15件。

第三次会议　1992年3月26—29日在市青少年活动中心举行，出席会议代表293人。会议听取审议市人民政府工作报告、文登市1991年国民经济和社会发展计划执行情况与1992年国民经济和社会发展计划（草案）的报告、文登市1991年财政预算执行情况和1992年财政预算（草案）的报告、市人大常委会工作报告、市人民法院和市人民检察院工作报告。会议批准上述报告，并分别作出相应决议。会议补选副市长1人，市人民检察院检察长1人。会议期间，收到代表建议、批评和意见76件，议案8件。

第十三届人民代表大会

第十三届文登市人民代表大会共举行5次会议。

第一次会议　1993年2月24日至3月1日在市青少年活动中心举行，出席会议代表296人。会议听取审议市人民政府工作报告、文登市1992年国民经济和社会发展计划执行情况与1993年国民经济和社会发展计划（草案）的报告、文登市1992年财政预算执行情况和1993年财政预算（草案）的报告、市人大常委会工作报告、市人民法院和市人民检察院工作报告。会议批准上述报告，并分别作出相应决议。会议选举产生市第十三届人民代表大会常务委员会组成人员，主任1人、副主任6人、委员17人，选举市长1人、副市长6人、科技副市长1人，选举市人民法院院长、市人民检察院检察长各1人。选举产生出席威海市第十二届人民代表大会代表97人。会议期间，收到代表建议、批评和意见76件，议案3件。

第二次会议　1994年4月13—15日在市青少年活动中心举行，出席会议代表290人。会议听取审议市人民政府工作报告、文登市1993年国民经济和社会发展计划执行情况与1994年国民经济和社会发展计划（草案）的报告、文登市1993年财政预算执行情况和1994年财政预算（草案）的报告、市人大常委会工作报告、市人民法院和市人民检察院工作报告。会议批准上述报告，并分别作出相应决议。会议补选市人大常委会主任、副主任各1人。会议期间，收到代表建议、批评和意见70件，议案10件。

第三次会议　1995年4月19—22日在市青少年活动中心举行，出席会议代表288名。会议听取审议市人民政府工作报告、文登市1994年国民经济和社会发展计划执行情况与1995年国民经济和社会发展计划（草案）的报告、文登市1994年财政预算执行情况和1995年财政预算（草案）的报告、市人大常委会工作报告、市人民法院和市人民检察院工作报告。会议批准上述报告，并分别作出相应决议。会议补选市人大常委会主任、副主任各1人，补选副市长2人，补选市人民法院院长、市人民检察院检察长各1人。会议期间，收到代表建议、批评和意见45件，议案7件。

第四次会议　1996年3月18—20日在市青少年活动中心举行，出席会议代表286人。会议听取审议文登市国民经济和社会发展第九个五年计划及2010年远景目标纲要的报告（草案）、文登市1995年国民经济和社会发展计划执行情况与1996年国民经济和社会发展计划（草案）的报

告、文登市1995年财政预算执行情况和1996年财政预算（草案）的报告、市人大常委会工作报告、市人民法院和市人民检察院工作报告。会议批准上述报告，并分别作出相应决议。会议期间，收到代表建议、批评和意见40件，议案5件。

第五次会议 1997年1月27—30日在市青少年活动中心举行，出席会议代表273人。会议听取审议市人民政府工作报告、文登市1996年国民经济和社会发展计划执行情况与1997年国民经济和社会发展计划（草案）的报告、文登市1996年财政预算执行情况和1997年财政预算（草案）的报告、市人大常委会工作报告、市人民法院和市人民检察院工作报告。会议批准上述报告，并分别作出相应决议。会议补选市长1人。会议期间，收到代表建议、批评和意见47件。

第十四届人民代表大会

第十四届文登市人民代表大会共举行5次会议。

第一次会议 1998年1月13—17日在市青少年活动中心举行，出席会议代表249人。会议听取审议市人民政府工作报告、文登市1997年国民经济和社会发展计划执行情况与1998年国民经济和社会发展计划（草案）的报告、文登市1997年财政预算执行情况和1998年财政预算（草案）的报告、市人大常委会工作报告、市人民法院和市人民检察院工作报告。会议批准上述报告，并分别作出相应决议。会议选举产生市第十四届人民代表大会常务委员会组成人员，主任1人、副主任6人、委员13人，选举市长1人、副市长6人，选举市人民法院院长、市人民检察院检察长各1人。选举产生出席威海市第十三届人民代表大会代表82人。会议期间，收到代表建议、批评和意见46件，议案1件。

第二次会议 1999年3月5—7日在市青少年活动中心举行，出席会议代表242人。会议听取审议市人民政府工作报告、文登市1998年国民经济和社会发展计划执行情况与1999年国民经济和社会发展计划（草案）的报告、文登市1998年财政预算执行情况和1999年财政预算（草案）的报告、市人大常委会工作报告、市人民法院和市人民检察院工作报告。会议批准上述报告，并分别作出相应决议。会议补选副市长1人。会议期间，收到代表建议、批评和意见25件。

第三次会议 2000年3月15—17日在市青少年活动中心举行，出席会议代表243人。会议审议批准《关于文登市2005年基本实现现代化的意见》。会议听取审议市人民政府工作报告、文登市1999年国民经济和社会发展计划执行情况与2000年国民经济和社会发展计划（草案）的报告、文登市1999年财政预算执行情况和2000年财政预算（草案）的报告、市人大常委会工作报告、市人民法院和市人民检察院工作报告。会议批准上述报告，并分别作出相应决议。会议补选市人大常委会副主任1人、委员2人，补选副市长1人。会议期间，收到代表建议、批评和意见39件。

第四次会议 2001年2月20—23日在市青少年活动中心举行，出席会议代表235人。会议审议批准《文登市国民经济和社会发展第十个五年计划纲要》。会议听取审议市人民政府工作报告、文登市2000年国民经济和社会发展计划执行情况与2001年国民经济和社会发展计划（草案）的报告、文登市2000年财政预算执行情况和2001年财政预算（草案）的报告、市人大常委会工作报告、市人民法院和市人民检察院工作报告。会议批准上述报告，并分别作出相应决议。会议补选市长1人、副市长2人，补选市人民法院院长、市人民检察院检察长各1人。会议期间，收到代表建议、批评和意见25件。

第五次会议 2002年3月12—14日在市青少年活动中心举行，出席会议代表245人。会议听取审议市人民政府工作报告、文登市2001年国民经济和社会发展计划执行情况与2002年国民经济和社会发展计划（草案）的报告、文登市2001年财政预算执行情况和2002年财政预算（草案）的报告、市人大常委会工作报告、市人民法院和市人民检察院工作报告。会议批准上述报告，并分别作出相应决议。会议补选市人大常

委会主任1人、委员7人，补选副市长1人。会议期间，收到代表建议、批评和意见35件。

第十五届人民代表大会

第十五届文登市人民代表大会共举行6次会议。

第一次会议　2003年1月21—24日在市青少年活动中心举行，出席会议代表237人。会议听取审议市人民政府工作报告、文登市2002年国民经济和社会发展计划执行情况与2003年国民经济和社会发展计划（草案）的报告、文登市2002年财政预算执行情况和2003年财政预算（草案）的报告、市人大常委会工作报告、市人民法院和市人民检察院工作报告。会议批准上述报告，并分别作出相应决议。会议选举产生市第十五届人民代表大会常务委员会组成人员，主任1人、副主任6人、委员15人，选举市长1人、副市长6人，选举市人民法院院长、市人民检察院检察长各1人。选举产生出席威海市第十四届人民代表大会代表82人。会议期间，收到代表建议、批评和意见44件。

第二次会议　2004年2月24—26日在市青少年活动中心举行，出席会议代表237人。会议听取审议市人民政府工作报告、文登市2003年国民经济和社会发展计划执行情况与2004年国民经济和社会发展计划（草案）的报告、文登市2003年财政预算执行情况和2004年财政预算（草案）的报告、市人大常委会工作报告、市人民法院和市人民检察院工作报告。会议批准上述报告，并分别作出相应决议。会议补选市人大常委会委员2人，补选副市长2人。会议期间，收到代表建议、批评和意见32件。

第三次会议　2005年3月1—3日在市电业礼堂举行，出席会议代表235人。会议听取审议市人民政府工作报告、文登市2004年国民经济和社会发展计划执行情况与2005年国民经济和社会发展计划（草案）的报告、文登市2004年财政预算执行情况和2005年财政预算（草案）的报告、市人大常委会工作报告、市人民法院和市人民检察院工作报告。会议批准上述报告，并分别作出相应决议。会议补选市人大常委会委员6人，补选市长1人，补选市人民检察院检察长1人。会议期间，收到代表建议、批评和意见34件。

第四次会议　2006年2月20—21日在市青少年活动中心举行，出席会议代表240人。会议审议批准《文登市国民经济和社会发展第十一个五年规划纲要》。会议听取审议市人民政府工作报告、文登市2005年国民经济和社会发展计划执行情况与2006年国民经济和社会发展计划（草案）的报告、文登市2005年财政预算执行情况和2006年财政预算（草案）的报告、市人大常委会工作报告、市人民法院和市人民检察院工作报告。会议批准上述报告，并分别作出相应决议。会议期间，收到代表建议、批评和意见13件。

第五次会议　2006年6月10日在市青少年活动中心举行，出席会议代表234人。会议补选市长1人、副市长2人。

第六次会议　2007年1月20—21日在人民剧场举行，出席会议代表236名。会议听取审议市人民政府工作报告、文登市2006年国民经济和社会发展计划执行情况与2007年国民经济和社会发展计划（草案）的报告、文登市2006年财政预算执行情况和2007年财政预算（草案）的报告、市人大常委会工作报告、市人民法院和市人民检察院工作报告。会议批准上述报告，并分别作出相应决议。会议补选市人大常委会副主任3人、委员1人，补选市长1人、副市长1人。会议期间，收到代表建议、批评和意见13件。

第十六届人民代表大会

第十六届文登市人民代表大会共举行4次会议。

第一次会议　2007年12月10—12日在人民剧场举行，出席会议代表247人。会议听取审议市人民政府工作报告、文登市2007年国民经济和社会发展计划执行情况与2008年国民经济和社会发展计划（草案）的报告、文登市2007年财政预算执行情况和2008年财政预算（草案）

的报告、市人大常委会工作报告、市人民法院和市人民检察院工作报告。会议批准上述报告，并分别作出相应决议。会议选举产生市第十六届人民代表大会常务委员会组成人员，主任1人、副主任5人、委员21人，选举市长1人、副市长6人，选举市人民法院院长、市人民检察院检察长各1人。选举产生出席威海市第十五届人民代表大会代表78人。会议期间，收到代表建议、批评和意见28件。

第二次会议 2009年1月10—11日在人民剧场举行，出席会议代表224人。会议听取审议市人民政府工作报告、文登市2008年国民经济和社会发展计划执行情况与2009年国民经济和社会发展计划（草案）的报告、文登市2008年财政预算执行情况和2009年财政预算（草案）的报告、市人大常委会工作报告、市人民法院和市人民检察院工作报告。会议批准上述报告，并分别作出相应决议。会议补选市人大常委会委员1人。会议期间，收到代表建议、批评和意见31件。市人大常委会对32名在“奉献三大建设、推进富民强市”主题活动中作出突出贡献的优秀人大代表进行表彰。

第三次会议 2010年2月3—4日在人民剧场举行，出席会议代表244人。会议听取审议市人民政府工作报告、文登市2009年国民经济和社会发展计划执行情况与2010年国民经济和社会发展计划（草案）的报告、文登市2009年财政预算执行情况和2010年财政预算（草案）的报告、市人大常委会工作报告、市人民法院和市人民检察院工作报告。会议批准上述报告，并分别作出相应决议。会议补选市人大常委会副主任3人、委员1人，补选副市长2人，补选市人民法院院长、市人民检察院检察长各1人。会议期间，收到代表建议、批评和意见25件。

第四次会议 2011年1月24—25日在人民剧场举行，出席会议代表237人。大会审议批准《文登市国民经济和社会发展第十二个五年规划纲要》。会议听取审议市人民政府工作报告、文登市2010年国民经济和社会发展计划执行情况与2011年国民经济和社会发展计划（草案）的报告、文登市2010年财政预算执行情况和2011年财政预算（草案）的报告、市人大常委会工作报告、市人民法院和市人民检察院工作报告。会议批准上述报告，并分别作出相应决议。会议补选市人大常委会委员1人。会议期间，收到代表建议、批评和意见38件，议案1件。

第十七届人民代表大会

第十七届文登市人民代表大会在本志断限内共举行2次会议。

第一次会议 2012年2月12—15日在人民剧场举行，出席会议代表247人。会议听取审议市人民政府工作报告、文登市2011年国民经济和社会发展计划执行情况与2012年国民经济和社会发展计划（草案）的报告、文登市2011年财政预算执行情况和2012年财政预算（草案）的报告、市人大常委会工作报告、市人民法院和市人民检察院工作报告。会议批准上述报告，并分别作出相应决议。会议选举产生市第十七届人民代表大会常务委员会组成人员，主任1人、副主任5人、委员21人，选举市长1人、副市长6人，选举市人民法院院长、市人民检察院检察长各1人。选举产生出席威海市第十六届人民代表大会代表78人。会议期间，收到代表建议、批评和意见26件。

第二次会议 2013年1月17—18日在人民剧场举行，出席会议代表243人。会议听取审议

图21-1 2013年1月18日，市第十七届人民代表大会第二次会议期间，人大代表举手通过大会决议。

市人民政府工作报告、文登市2012年国民经济和社会发展计划执行情况与2013年国民经济和社会发展计划（草案）的报告、文登市2012年财政预算执行情况和2013年财政预算（草案）的报告、市人大常委会工作报告、市人民法院和市人民检察院工作报告。会议批准上述报告，并分别作出相应决议。会议期间，收到代表建议、批评和意见30件。

第二章　人大常务委员会

市人大常务委员会是市人民代表大会的常设机关，由市人民代表大会选举产生，对市人民代表大会负责并报告工作，受市人民代表大会监督。

第一节　领导机构

文登市第十二届、第十三届、第十四届、第十五届、第十六届、第十七届人民代表大会，分别于1990年3月、1993年2月、1998年1月、2003年1月、2007年12月、2012年2月召开，选举产生第十二届至第十七届市人民代表大会常务委员会委员、主任、副主任。

第十二届至第十七届文登市人民代表大会常务委员会主任、副主任任职情况表

表21-4

届次	职务	姓名	任期	籍贯	备注
第十二届	主任	王文华	1990年3月至1993年3月	乳山市徐家镇	
	副主任	姜昭文	1990年3月至1993年3月	文登市环山街道	
		邹本兴	1990年3月至1993年3月	威海市环翠区崮山镇	
		王炳贤	1990年3月至1991年3月	文登市宋村镇	无党派人士
		所祥聚	1990年3月至1993年3月	山东省莱州市	
		李方桧	1990年3月至1993年3月	文登市泽库镇	
		高学琛	1991年3月至1993年3月	文登市米山镇	
第十三届	主任	张立新	1993年3月至1993年12月	临沂市兰山区	兼任
		刘国信	1994年4月至1995年4月	荣成市成山镇	兼任
		侯征远	1995年4月至1998年1月	文登市泽库镇	
	副主任	所祥聚	1993年3月至1995年4月	山东省莱州市	
		李方桧	1993年3月至1994年7月	文登市泽库镇	
		高学琛	1993年3月至1998年1月	文登市米山镇	
		邹巾帼（女）	1993年3月至1998年1月	烟台市芝罘区	无党派人士
		丛晨日	1993年3月至1998年1月	文登市蔄山镇	

续表 21-4-1

届次	职务	姓名	任期	籍贯	备注
第十三届	副主任	隋原琴	1993 年 3 月至 1998 年 1 月	文登市米山镇	
		李惠泽	1994 年 4 月至 1998 年 1 月	文登市米山镇	
		王锡成	1995 年 4 月至 1998 年 1 月	荣成市上庄镇	
第十四届	主任	侯征远	1998 年 1 月至 2002 年 3 月	文登市泽库镇	
		刘玉峰	2002 年 3 月至 2003 年 1 月	文登市侯家镇	
	副主任	徐承梓	1998 年 1 月至 2003 年 1 月	文登市侯家镇	
		高学琛	1998 年 1 月至 2001 年 2 月	文登市米山镇	
		刘玉健	1998 年 1 月至 2003 年 1 月	文登市侯家镇	
		邹巾帼（女）	1998 年 1 月至 2000 年 3 月	烟台市芝罘区	无党派人士
		王锡成	1998 年 1 月至 2001 年 2 月	荣成市上庄镇	
		毕可文	1998 年 1 月至 2003 年 1 月	文登市汪疃镇	
		李健夫	2000 年 3 月至 2003 年 1 月	文登市侯家镇	无党派人士
		于耿智	2001 年 2 月至 2003 年 1 月	文登市葛家镇	
第十五届	主任	刘玉峰	2003 年 1 月至 2007 年 12 月	文登市侯家镇	
	副主任	闫宗超	2003 年 1 月至 2007 年 12 月	文登市宋村镇	
		李健夫	2003 年 1 月至 2007 年 12 月	文登市侯家镇	无党派人士
		于耿智	2003 年 1 月至 2007 年 1 月	文登市葛家镇	
		张锦卫	2003 年 1 月至 2007 年 1 月	文登市张家产镇	
		杨相文	2003 年 1 月至 2007 年 1 月	文登市侯家镇	
		房德英（女）	2003 年 1 月至 2007 年 12 月	文登市宋村镇	
		于新路	2007 年 1 月至 2007 年 12 月	荣成市上庄镇	
		王学章	2007 年 1 月至 2007 年 12 月	文登市文登营镇	
		李世宁	2007 年 1 月至 2007 年 12 月	文登市泽库镇	
第十六届	主任	王　亮	2007 年 12 月至 2012 年 2 月	荣成市崖头街道	兼任
	副主任	乔学模	2007 年 12 月至 2012 年 2 月	文登市高村镇	党组书记
		闫宗超	2007 年 12 月至 2010 年 2 月	文登市宋村镇	
		李健夫	2007 年 12 月至 2012 年 2 月	文登市侯家镇	无党派人士
		房德英（女）	2007 年 12 月至 2010 年 2 月	文登市宋村镇	
		于新路	2007 年 12 月至 2010 年 2 月	荣成市上庄镇	
		孙春显	2010 年 2 月至 2012 年 2 月	文登市高村镇	
		丛日俊	2010 年 2 月至 2012 年 2 月	文登经济开发区	
		曲衍安	2010 年 2 月至 2012 年 2 月	文登市泽库镇	
	党组副书记	邹大勇	2010 年 9 月至 2012 年 2 月	威海市环翠区崮山镇	

续表 21-4-2

届次	职务	姓名	任期	籍贯	备注
第十七届	主任	张　竞（女）	2012 年 2 月至	山东省平度市	兼任
	副主任	吕洪波	2012 年 2 月至	烟台市牟平区	党组书记
		丛日俊	2012 年 2 月至	文登经济开发区	
		李健夫	2012 年 2 月至	文登市侯家镇	无党派人士
		曲衍安	2012 年 2 月至	文登市泽库镇	
		王丽珍（女）	2012 年 2 月至	文登市小观镇	
	党组副书记	邹大勇	2012 年 2 月至	威海市环翠区崮山镇	

第二节　工作机构

1991 年，市人大常委会工作机构设置为代表资格审查委员会、法制工作委员会、财政经济工作委员会、教育科学文化卫生工作委员会、农村经济工作委员会、代表工作委员会和办公室，均为正科级建制。办公室下设秘书科、行政科和信访科。2002 年 1 月，增设研究室（正科级）。2004 年 6 月，办公室增设老干部科。2006 年 9 月，法制工作委员会更名为内务司法工作委员会。在人员组成上，代表资格审查委员会的主任委员、副主任委员和委员人选由人大常委会主任会议在常委会构成人员中提名，常委会会议通过，设主任委员 1 名，副主任委员 1 名，委员 3 ～ 4 名。其他工作委员会设正、副主任各 1 名，办公室和研究室设主任 1 名，副主任 1 ～ 2 名。

2013 年，市人大常委会下设办公室、研究室和内务司法工作委员会、财政经济工作委员会、农村经济工作委员会、教育科学文化卫生工作委员会、代表工作委员会。办公室内设行政科、秘书科、信访科、老干部科。有工作人员 40 人。

第三节　重要会议

常委会会议　人大常委会会议是常委会依法行使重大事项决定权、人事任免权和监督权的主要形式。根据《中华人民共和国地方各级人民代表大会和地方各级人民政府组织法》规定，常委会会议由主任召集，每 2 个月至少举行 1 次。会议着重研究讨论和贯彻落实主任会议提出的各种事项，一般采取全体会议和分组会议两种形式进行。会议坚持民主集中制原则，民主讨论，集中决定，行使职权。会议结束，主要内容通过《文登市人民代表大会常务委员会公报》和新闻媒体向社会公开。1991－2013 年，市人大常委会共举行会议 164 次，其中第十二届 17 次、第十三届 34 次、第十四届 37 次、第十五届 34 次、第十六届 29 次、第十七届 13 次。

主任会议　人大常委会主任会议由常委会主任、副主任组成，根据需要，人大常委会机关各委室负责人可列席会议。主任会议处理常委会的重要日常工作，决定常委会每次会议的会期，拟定会议议程，讨论决定提请常委会审议的辖区内重大事项、人员任免、组织代表视察或专项调研方案。听取有关专项工作的调查报告和市人大常委会各工作机构的工作汇报，讨论研究人大代表工作。1991－2013 年，市人大常委会共举行主任会议 288 次，其中第十二届 32 次、第十三届 66 次、第十四届 76 次、第十五届 68 次、第十六届 38 次、第十七届 8 次。

第四节　人大常委会工作

决定地方重大事项　按照《中华人民共和国宪法》《中华人民共和国地方各级人民代表大会和地方各级人民政府组织法》规定，在市人民代表大会闭会期间，历届市人大常委会坚持以经济

建设为中心，把加强社会主义民主法制建设，推进改革开放与社会进步等方面重大事项及人民群众普遍关心的热点、难点问题列为议题进行审议，并作出相应决议、决定。1991—2013年，市第十二届至第十七届人大常委会先后作出决议19项、决定161项。

第十二届人大常委会先后作出《关于深入贯彻〈山东省乡（镇）村集体工业企业管理条例〉的决议》《关于进一步加强对温泉开发、利用、保护和管理的决议》《关于在全市公民中进行第二个五年法制宣传教育的决议》《关于进一步加强“菜篮子”工程建设的决议》《关于加强社会治安综合治理的决议》等7项决议。审议通过有关举行人民代表大会会议日期，补选市人大代表，增设市人大常委会工作机构，接受地方国家机关工作人员辞职，任命代理市长，表彰优秀人大代表，任命市、镇两级选举委员会组成人员，《文登市城市规划建设暂行规定》等19项决定。

第十三届人大常委会先后作出《关于批准文登市1994年财政预算变更的决议》《关于批准调整1994年国民经济及社会发展计划的决议》《关于在全市公民中开展第三个五年法制宣传教育的决议》3项决议。审议通过有关举行市人民代表大会会议日期，补选市人大代表，接受地方国家机关人员辞职，任命代理市长，文登市与美国得克萨斯州密苏里市缔结友好城市关系，以及《文登市经济技术开发区管理暂行规定》《文登市城区土地一级市场管理暂行办法》《文登市城市总体规划》《文登市市区公共场所禁止吸烟暂行规定》《关于任命文登市选举委员会组成人员的决定》等24项决定。

第十四届人大常委会先后作出《关于〈文登市第三个五年（2001—2005）依法治市规划〉的决议》《关于在全市公民中开展第四个五年法制宣传教育的决议》2项决议。审议通过有关举行市人民代表大会会议日期，接受地方国家机关人员和市人大代表辞职，任命代理市长，补选市人大代表，《文登市城市管理若干规定》《文登市城市住宅小区物业管理暂行办法》，任命各镇选举委员会组成人员等35项决定。

第十五届人大常委会先后作出《关于〈文登市2006—2010年依法治市〉的决议》《关于文登市在全市公民中开展法制宣传教育第五个五年规划的决议》2项决议。审议通过有关举行市人民代表大会会议日期，补选市人大代表，接受地方国家机关人员和市人大代表辞职，任命代理市长，确定市人民法院人民审判员名额，表彰优秀市人大代表，任命市、镇两级选举委员会组成人员等30项决定。

第十六届人大常委会先后作出《关于批准2008年市财政决算的决议》《关于批准2009年市财政预算的决议》2项决议。审议通过有关举行市人民代表大会会议日期，接受地方国家机关人员辞职，接受威海市和文登市人大代表辞职，补选威海市、文登市人大代表，批准市政府《关于将部分基础设施建设项目应付金纳入财政预算有关问题的议案》《关于南海管委会采用BT方式合作建设南海供排水管网工程项目的议案》，批准《文登市高标准农田示范工程两年规划》，关于在全市各级人大代表中开展向市交通运输局干部职工学习活动等23项决定。

第十七届人大常委会先后作出《关于批准2011年财政决算的决议》《关于批准2012年财政

图21-2　2012年2月12日，市第十七届人大常委会第一次会议召开。

决算的决议》《关于批准2013年财政预算的决议》3项决议。审议通过有关举行市人民代表大会会议日期，接受地方国家机关人员辞职，接受威海市和文登市人大代表辞职，补选威海市、文登市人大代表，批准市政府《关于文登金滩投资管理有限公司申请发行15亿企业债券有关事项的议案》《关于南海新区蓝湖流域综合治理项目自筹资金及项目代建资金问题的报告》《关于南海新区土地整理一期项目有关问题》《文登市人民政府关于撤销文登市设立威海市文登区的议案》等30项决定。

执法检查　市人大常委会对市人民政府、人民法院、人民检察院（简称“一府两院”）贯彻实施宪法、法律、法规情况的监督，主要通过听取审议“一府两院”对有关法律、法规贯彻落实情况的汇报，采取视察、调查和举行座谈会等形式，开展执法检查，进行执法评议，推进依法治市。

第十二届人大常委会先后听取审议市政府关于《中华人民共和国药品管理法》《中华人民共和国商标法》《中华人民共和国标准化法》《中华人民共和国全民所有制工业企业法》《中华人民共和国审计条例》《山东省农民负担管理条例》等16部法律法规执行情况报告，听取和审议市法院关于《中华人民共和国民事诉讼法》执行情况的报告，提出审议意见40余条。

第十三届人大常委会先后听取审议市政府关于《中华人民共和国食品卫生法》《中华人民共和国土地管理法》《中华人民共和国统计法》《中华人民共和国消费者权益保护法》《中华人民共和国教师法》《中华人民共和国药品管理法》《中华人民共和国妇女权益保护法》《中华人民共和国体育法》《中华人民共和国公司法》《中华人民共和国劳动法》《学校卫生工作条例》《山东省科学技术进步条例》等32部法律法规执行情况的报告，形成审议意见120余条。1996—1997年，常委会连续两年配合威海市人大开展“环保世纪行”活动，检查市长环保目标责任制落实情况和水污染防治情况，提出整改措施并督促政府认真落实。协调环保等部门，取缔和关停并转污染项目5个，完成污染治理、达标排放项目8个。

第十四届人大常委会先后听取审议市政府关于《中华人民共和国行政处罚法》《中华人民共和国大气污染防治法》《中华人民共和国人民警察法》《中华人民共和国广告法》《中华人民共和国建筑法》《中华人民共和国工会法》《山东省计划生育条例》《山东省盐业管理条例》等36部法律法规执行情况的报告，听取审议市法院关于开展“办案质量年”“执行年”活动及民事审判工作情况的报告，听取审议市检察院关于法律监督和依法打击职务犯罪工作情况的报告，形成审议意见132条。配合山东省、威海市人大常委会对《中华人民共和国民事诉讼法》《中华人民共和国红十字会法》《中华人民共和国道路交通管理条例》等法律法规开展执法检查活动。2002年4月，为纪念《中华人民共和国全国人民代表大会和地方各级人民代表大会代表法》颁布10周年，市人大常委会在全市开展执法大检查活动，划分4个执法检查组，分别到各镇（街道）举行市人大代表座谈会，听取收集代表对市人大常委会贯彻实施代表法的建议、批评和意见85条。根据代表建议、批评和意见，对联系市人大代表办法进行补充完善，促进《代表法》更好贯彻执行。

第十五届人大常委会先后听取审议市政府关于《中华人民共和国义务教育法》《中华人民共和国农业机械化促进法》《中华人民共和国渔业法》《中华人民共和国森林法》《中华人民共和国畜牧法》《中华人民共和国人民防空法》《中华人民共和国政府采购法》《中华人民共和国防洪法》《中华人民共和国节约能源法》《中华人民共和国老年人权益保障法》《山东省文化市场管理条例》等26部法律法规执行情况的报告；听取市法院关于《中华人民共和国行政诉讼法》执行情况的报告，形成审议意见80余条。

第十六届人大常委会先后听取审议市政府关于《中华人民共和国村民委员会组织法》《中华人民共和国价格法》《中华人民共和国产品质量法》《中华人民共和国外资企业法》《中华人民共

和国治安管理处罚法》《中华人民共和国安全生产法》《中华人民共和国中小企业促进法》《中华人民共和国药品管理法》《中华人民共和国传染病防治法》《中华人民共和国信访条例》等12部法律法规执行情况的报告，听取市法院关于《中华人民共和国刑事诉讼法》、市检察院关于《中华人民共和国检察官法》执行情况的报告，形成审议意见40余条。2010年，市人大常委会在全市组织开展“监督法学习周”活动，成立学习检查小组，对市商务局、教育局、地税局等单位学习情况进行检查通报，推进活动扎实开展。

第十七届人大常委会先后听取审议市政府关于《中华人民共和国环境保护法》《中华人民共和国农民专业合作社法》《中华人民共和国渔业法》《中华人民共和国水土保持法》《中华人民共和国法官法》5部法律执行情况的报告，形成审议意见18条。2013年，组织人大代表对《山东省实施〈中华人民共和国残疾人保障法〉办法》执行情况进行专项检查。

工作监督 文登市人大常委会主要通过听取工作情况报告，检查落实人代会决议执行情况，对“一府两院”实施工作监督。1991—2013年，人大常委会共听取审议市政府、市法院、市检察院专项工作报告160次，提出意见、建议491条。

第十二届人大常委会先后听取审议市政府关于温泉资源开发利用、科技兴文、对外贸易、校舍改造、果业生产和社会治安综合治理等16次工作情况报告，提出意见建议43条。市人大常委会在审议听取市政府关于解决市区居民“菜篮子”问题情况报告后，提出4条可行性建议。会后，市政府成立以市长为组长的“菜篮子”工程领导小组，加强对“菜篮子”工程领导，并制定一系列优惠政策和措施，扶持“菜篮子”工程建设，解决市民“吃菜难”“吃菜贵”的问题。

第十三届人大常委会先后听取审议市政府关于人大代表建议办理情况及商业网点建设、减轻农民负担、民营经济发展、矿产资源管理、旧城改造、镇村工业、海洋水产、职工教育、体育事业、水利建设、农业机械、计划生育、税制改革、养老保险和市法院关于民事审判等42次工作情况报告，提出意见建议126条。治理污染、保护环境，是人大监督工作中一个重点。1997年，由于上游排污管道泄漏，导致市区抱龙河水质恶化，气味难闻。市人大常委会从人民群众切身利益出发，组织调查组，对河水污染情况进行调查，并摄制录像片，转交有关部门，督促加快整治。有关部门立即行动，通过敷设、整修排污管道，使抱龙河水质很快得到改善。

第十四届人大常委会先后听取审议市政府关于财政预算执行和其他财政收支审计执行情况、国民经济和社会发展计划执行情况，以及群众文化工作、企业内部改革、农村税费改革、学校素质教育、渔业生产发展、电子游戏场所专项治理情况等工作报告26次，提出相关意见建议94条。在听取审议“三五”普法规划落实情况报告后，建议市政府抓住基层干部群众学法用法积极性日趋高涨的时机，有组织、有步骤、扎实稳妥地在广大农民和农村干部中开展法制宣传教育活动。提出加强村民委员会班子建设，抓好班子成员教育培养，不断提高村干部思想觉悟和法律素质，自觉把群众“满意不满意、答应不答应”作为工作准绳，落实法律规定的“四个民主”，把赋予人民群众的民主权利落到实处。

第十五届人大常委会先后听取审议市政府关于传染性非典型肺炎的防控、下岗失业人员基本生活保障、人民调解工作、建设“平安文登”、农民减负增收、调整产业结构、保护森林资源、消防设施建设及市检察院关于法律监督等工作情况报告30次，提出95条建设性意见和建议。市十五届人大常委会第二十二次会议在听取广电产业情况报告后，从统筹城乡发展出发，提出加快发展广电产业，不断满足人民群众日益增长的精神文化需求等建议。会后市政府及有关部门集中力量，迅速行动，提前4年完成国务院部署的有线电视“村村通”工程建设任务。

第十六届人大常委会先后听取审议市政府关于支援四川地震灾区抗震救灾、国民经济和社会

发展计划与财政预算执行情况、文化强市建设、现代农业发展、国土资源管理、房地产开发、传染病防控、外事侨务、审计监督、园区建设、安全生产、信访工作、“五五”普法等工作情况报告26次，提出意见建议72条，并整理形成常委会《审议意见》，转交有关部门办理；各相关部门、单位在2个月内向市人大常委会提交办理情况书面报告。市第十六届人大常委会第十四次会议，在听取审议市政府关于全市文化工作情况报告后，提出进一步提高对文化工作重要性的认识，制定文化事业发展规划；加强公共文化服务体系和人才队伍建设，促进文化产业快速发展；打造高端产品，丰富群众文化生活3条建议，推动文登从文化大市向文化强市迈进。

第十七届人大常委会先后听取审议市政府关于代表意见建议办理、社会保障性住房建设、社区公共卫生服务、文化市场执法监管、百企创新升级、人力资源和社会保障、公安信息化建设与应用、食品安全、城市供暖、学前教育三年行动计划落实、检察机构关于查处和预防职务犯罪等工作情况报告20次，提出意见建议61条，督促各级把民生工作实事做实、好事办好。

视察活动　第十二届人大常委会开展视察活动5次。1991年7月，市人大常委会安排乡镇人大主席团工作委员会组织所在乡镇各级人大代表，对乡镇计划生育工作进行视察，活动中提出建议、意见60余条。11月，市人大常委会组成人员和市区部分市人大代表视察文山小学、七里中学、七里完小、实验小学等8所学校基础设施，听取市财政局、教育局关于市区校舍改造基金的筹措、使用和校舍改造进度情况的汇报。提出加大协调力度，多方筹集资金，加快工程建设等建议。

第十三届人大常委会开展视察活动16次。1993年3月，人大常委会组成人员对旧城改造和城市管理工作进行视察，提出建议、意见4条。1995年，对科技兴农、农民医疗保险、公办教师住房建设进行视察，提出建议、意见10条。1996年6月，组织常委会驻会人员视察市乳品厂、鹏程食品公司、金洋乳品公司和葛家、晒字、界石3镇及6个养殖专业村，提出乳品工业企业要增强竞争意识，创建行业名牌，及时兑现奶款，保护奶农及养殖户积极性等建议。

第十四届人大常委会开展视察活动12次。先后对食品卫生管理、高新技术应用推广、“148”法律援助活动开展、文化市场管理、企业改革、污水处理厂运转、冬季农田水利建设等情况进行视察，提出建议、意见35条。

第十五届人大常委会开展视察活动18次。2003年4月，视察市区及汪疃、界石、泽头、宋村4镇植树造林现场，听取市林业局关于造林绿化工程情况汇报，对下一步做好造林绿化提出建议、意见3条。9月，市人大常委会组成人员对威海国际商贸城建设和招商工作进行视察，提出建议、意见5条。2007年6月，市人大常委会组成人员及住文登部分山东省、威海市人大代表视察南海新区，为南海新区规划建设顺利实施出谋献策。

第十六届人大常委会开展视察活动20次。2009年4月，市人大常委会驻会人员和住文登部分山东省、威海市人大代表，对“病有所医”工

图21-3　2012年10月10日，市人大常委会委员视察水利工作座谈会会场。

程进行视察，实地查看市口腔医院、文登整骨医院、市妇幼保健院、市第一人民医院、泽头镇卫生院和岛集村中心卫生室。提出建立稳定的经费保障制度，加大医疗卫生执法力度，规范医院医疗、用药行为等意见和建议。2010 年 6 月，市人大先后组织视察市热电厂脱硫工程，市森鹿制革有限公司污水处理二期工程，金岭山庄绿色社区及环境教育基地，市环保监测站、环境监测中心，听取市领导及环保部门负责人的情况汇报，对进一步做好环保工作提出意见、建议 5 条。

第十七届人大常委会开展视察活动 12 次。2013 年，先后视察百企创新升级发展、人力资源和社会保障、公安信息化建设和应用、食品卫生、城市供暖等工作，推进经济建设和社会各项事业全面发展，让发展成果更多地惠及人民群众。

人事任免 市人大常委会依照《中华人民共和国地方各级人民代表大会和地方各级政府组织法》《中华人民共和国法院组织法》《中华人民共和国法官法》《中华人民共和国检察院组织法》《中华人民共和国检察官法》的规定，依法任免地方国家权力机关、行政机关、审判机关和检察机关的工作人员。市人大常委会各工作委员会、办公室、研究室主任、副主任及办公室下设各科科长、副科长，由市人大常委会主任会议向常委会提出任免案。市政府组成部门正职负责人由市政府市长向市人大常委会提出任免案。市人民法院副院长、审判委员会委员、法庭庭长、副庭长及审判员，由市人民法院院长向市人大常委会提出任免案。市人民检察院副检察长、检察委员会委员、检察员，由市人民检察院检察长向市人大常委会提出任免案。上述人员由市人大常委会会议决定任免。所有决定任免事项，采用无记名投票或其他方式表决，表决均以常委会全体组成人员过半数通过。常委会对被任命人员颁发任命书，任命书由常委会主任签署。1991 年 1 月至 2013 年 12 月，市人大常委会共任免地方国家机关工作人员 1242 人。其中，任免市人大常委会机关工作人员 143 人，任免市政府工作人员 420 人，任免市人民法院工作人员 541 人，任免市人民检察院工作人员 138 人。

1991—2013 年文登市人大常委会任免国家机关工作人员情况表

表 21-5　　单位：人

届次	时间	市人大		市政府		市法院		市检察院		合计	
		任命	免职	任命	免职	任命	免职	任命	免职	任命	免职
十二届	1991 年 1 月至 1993 年 2 月	10	3	20	14	48	9	1	—	79	26
十三届	1993 年 2 月至 1998 年 1 月	19	7	64	7	81	28	30	—	194	42
十四届	1998 年 1 月至 2003 年 1 月	24	9	70	13	96	13	27	10	217	45
十五届	2003 年 1 月至 2007 年 12 月	29	14	69	23	70	46	15	11	183	94
十六届	2007 年 12 月至 2012 年 2 月	9	10	67	27	64	61	12	15	152	113
十七届	2012 年 2 月至 2013 年 12 月	5	4	37	9	21	4	13	4	76	21

对国家机关工作人员的述职评议 1991 年 1 月，市十二届人大常委会第六次会议决定，对常委会任命的国家机关工作人员进行述职评议，促其尽职尽责，当好人民公仆。评议前，市人大常委会成立评议调查组，在分管领导带领下，到被评议者所在单位和与其履职相关部门，采取集体座谈、个别访谈和统一测评等方式，全面掌握被评议者情况，形成书面调查报告。常委会在集体听取被评议者的述职报告后，通过分组讨论和联组审议，对被评议者履职情况进行全面评议，形

成常委会审议意见。对常委会提出的履职中存在的问题和改进工作建议，被评议者要在规定时间内制定出整改措施，向人大常委会写出书面报告。至2005年9月，常委会先后对市经委、建委、教委、科委、农牧局、工商局、民政局、财政局、公安局、安全局、审计局、劳动局、林业局、文化局等部门的42名主要负责人，市法院、检察院等部门6名中层以上干部进行面对面述职评议，对38名政府组成人员任职情况进行书面述职评议。通过评议，各级领导的公仆意识、创业意识、廉政意识、法制意识普遍增强，对转变机关作风，提高工作效率起到有力促进作用。之后，市人大常委会依照十届全国人大常委会第二十二次会议通过的《中华人民共和国各级人民代表大会常务委员会监督法》的规定，停止述职评议工作。

1996年9月，市人大常委会根据《宪法》《中华人民共和国代表法》《山东省实施代表法办法有关规定》和上级人大指示精神，报批市委同意，利用两个月时间，组织人大代表分别对市建委、环保局、林业局、公安局、法院、检察院工作进行评议。评议内容主要有思想建设、工作作风、履行职责、承诺践行、服务群众、廉洁勤政6个方面。评议分为准备阶段、调查阶段、评议阶段、整改阶段4个阶段。评议中，收到评议意见、建议684条，经过整理，形成对6个部门的评议意见。评议后，受评议单位针对存在的问题，制定整改措施，确定改进期限，书面报告市人大常委会。市人大常委会组织代表对受评议单位整改情况跟进检查，督办落实。

代表意见和建议办理　1991—2013年，代表围绕经济发展、社会民生、公共事务等各方面的工作提出建议、意见1013件（包括作为代表建议、批评和意见处理的议案50件）。办结率100%，代表满意率达98%。

每次市人代会结束后，市人大常委会代表工作委员会及时对代表意见、建议进行分类整理，转交“一府两院”有关部门，并对办理质量、办理时间提出具体要求。市人大常委会每年听取审议市政府关于代表建议、批评和意见的办理情况报告，根据实际作出评价，指出存在问题，提出新的要求，推进办理工作上质量、上台阶。对事关全局的重要议案，实行重点督办，确保落到实处。建立办理质量反馈制，将“代表建议、批评和意见办理结果反馈单”同承办部门的办理情况答复一并转给代表。代表对办理情况不满意，要求重新答复的，经主任会议研究后，转交承办部门重新办理答复，直至代表满意或基本满意为止。对暂时不能解决的，要求承办单位向代表进行详细解释，以取得代表理解。2006年2月，市政府对市十五届人大四次会议代表提出的农村建沼气池应予补贴的建议极为重视，积极争取把沼气建设列入省农业厅支持项目，并选定葛家、高村、泽头、汪疃、小观5镇作为试点，建池者每户给予补贴600元。是年，全市新建沼气池1000余个。市十六届人大代表在三次会议上提出“加快教育信息化建设”建议，教育部门采纳意见，立即行动，把“班班通”列入改善办学条件的总体规划，投资1000余万元，城乡校园网实现全覆盖。2008年3月，为方便代表对各项工作提出意见和建议，市人大常委会专门印制“民声民意民智专用卡”，市人大代表人手1张，代表可随时通过邮局免费将“民声民意民智专用卡”邮寄市人大常委会，为代表反映民意、建言献策提供便捷通道。2009年，《大众日报》刊登题为《山东文登人大代表填“卡”传民声》文章，专门介绍这一做法经验。至2012年，通过专卡收到人大代表建议、意见384条。

信访受理　1991—2013年，市人大常委会把做好信访工作与建设法治文登、和谐文登相结合，认真受理群众信访到访。为使信访工作规范化、制度化，建立健全领导接访日制度，领导包案参与调查、协调和督办制度，信访工作接待登记制度，信访案件批阅、批办制度及转办、催办和查办制度。针对信访工作出现的新情况、新问题，以保障和改善民生为出发点和落脚点，采取分别受理、统一送交、协调督办等举措，化解社会矛盾，促进和谐稳定。市人大常委会通过组织

视察、协调落实等形式，会同市政府及有关部门先后解决了实验中学学生行路难、泽头镇南桥村民饮水难、环山街道宋家沟村路街改造、黄泥沟水库病险工程加固、职工工伤致残索赔等民生问题52件。在接访中，注意说服教育，注重沟通疏导，耐心做好到访人员释疑解惑工作，并及时转交有关部门办理，维护当事人合法权益。23年间，市人大共接待群众信访到访3500件次，处结率达到90%以上，多次获全省人大信访工作先进单位称号。

第五节　代表工作

1991—2013年，市人大常委会通过授课培训、搭建平台、跟踪指导等举措，提升代表履职能力，改进代表活动形式、丰富代表活动内容，充分发挥代表在地方国家权力机关中的主体作用。

联系与培训代表活动　市人大常委会先后于2003年、2008年对80年代通过的《关于联系代表工作暂行办法》进行重新修订完善。每次市人民代表大会召开之前，市人大常委会都要组织代表有针对性地开展视察活动，为代表掌握情况、履行职责提前做好准备工作。每年统一时间，由市人大常委会主任、副主任带队，组织有关人员分组走访代表，每半年向代表通报1次市人大常委会工作情况及全市经济建设和社会事业发展情况，征求代表建议、批评和意见，接受代表监督。市人大常委会极为重视人大代表政治素质和参政议政能力的提升。1991—1995年，通过印发常委会《公报》《文登人大工作》，订阅报刊等渠道，提供学习材料，促进代表队伍建设。先后于2003年、2007年、2009年和2012年，对市、镇两级人大代表进行集中培训，通过专家授课、经验交流、知识竞赛、视察调查等途径，促使代表素质不断增强，履职能力逐步提升。

代表小组活动　代表小组活动是人大代表在人大全体会议闭会期间的重要活动形式。市人大常委会按照就近就地、便于活动的原则，指导各镇（街道）和经济开发区、埠口港成立代表小组，按照“量力而行、注重实效、规范建设”的要求，建立活动室，为代表小组开展活动提供场所。通过建立活动制度、制定活动计划、设置记录档案、年终评先树优等方法，提高代表参加小组活动积极性。2006年，开展代表小组活动做法在全省人大代表工作会议上进行典型交流。2009年，市人大常委会指导基层人大，依照“六有”（有场所、有制度、有计划、有档案、有征求意见箱、有联系电话）标准和“五公开”（公开代表职责、小组学习制度、联系选民制度、小组视察制度、小组活动制度）要求，在全市建起32处规范化代表小组活动室。2010年，在威海市人大常委会组织的代表小组活动室建设情况检查中，文登标准化代表小组活动室成为学习的“样板”。代表小组活动室成为代表开展活动的阵地、联系选民的窗口和人大代表之家。2011年，南海新区第一代表小组在开展代表小组活动中，集思广益，为群众关心的防洪问题“开处方”，建议并协调有关单位联合挖掘1条长5千米的排涝渠道，使6个村防洪排涝问题得以解决，解除了群众的担忧。

代表活动月　1991年6月，市人大常委会将每年8月定为“代表活动月”，集中开展代表活动。至2013年，共组织开展“代表活动月”23期。“代表活动月”主要分三个阶段。第一阶段，基层人大组织制定具体活动方案，举行代表小组组长会议进行动员布置。第二阶段，组织代表学习党的路线、方针、政策和国家法律、法规，广泛联系选民，听取选民意见和要求，开展代表视察、代表述职、执法检查、评议政府等活动。第三阶段，人大常委会组成人员分头深入基层，召开人大代表和代表小组组长座谈会，通报全市经济社会发展形势和市人大常委会工作情况，征求代表建议、批评和意见。对活动月中代表所提建议、意见，市人大代表工作委员会及时进行收集整理，经主任会议研究后交市政府办理。90年代中期，母猪河河水污染，对下游群众的生产和生活造成严重影响。市人大常委会将“代表活动

月”中代表提出的关于治理母猪河污染建议转交市政府。对此，市政府高度重视，采取坚决措施，加大治理力度。一方面投资对市区排泄管网进行改造，实现雨水、污水分流，并将污水引进市污水处理厂处理，从源头解决母猪河污染问题；另一方面，采取市、村联合投资方式，为母猪河沿岸有关村庄接通自来水，改善沿河两岸群众生产和生活用水条件。2006年“代表活动月”期间，组织全市人大代表捐资助学6万余元。2012—2013年，市人大常委会采取市镇（街道）联动、分组指导方式，将日常履职与中心工作相结合，以经济建设和保障改善民生为重点，组织代表开展视察调研、评议“双管”单位、听取选民意见要求等活动。两年间，全市开展人大代表视察、调查活动56次，联系选民、体察民意2100余人次，听取建议、意见215条。中国人大网、中国广播网、大众网和《中国人大》《人民代表报》等新闻媒体对文登人大“代表活动月”的情况先后进行专题报道。

图21-4　2010年9月1日，侯家镇人大代表小组开展述职评议活动。

代表主题活动　市人大常委会根据每一时期全市经济社会发展主旋律，有目标、有组织、有计划地开展代表主题活动。1993年，组织乡镇代表开展“我为家乡奔小康进一言”“代表联系户同走致富路”等活动。1995年，在代表中开展“三学三做”主题活动，号召代表学典型事迹、走典型道路、创典型业绩，在全市物质文明建设和精神文明建设中发挥模范作用。2004年，以实践“三个代表”、争做模范为主题，在代表中开展“四个一”（为群众办一件好事、帮扶一个贫困户、为选民解决一个实际难题、为加快经济发展提出一条好建议）活动。活动中，代表们为群众办实事1300件，帮扶贫困户560户，提建议、意见420条。2008年，按照立足本职建功立业、着眼大局出计献策、开拓创新力争闪光、扎扎实实富有成效的指导思想，在全市人大代表中开展“奉献三大建设、推进富民强市”主题活动，组织引导人大代表积极投身到新型工业化建设、社会主义和谐社会建设和社会主义新农村建设中去，为群众解决实际困难800件，为四川地震灾区捐款300万元，为贫困学生捐款62万元。2009年，市人大常委会与大众小学开展“手拉手”活动，筹资20万元，资助百余名家庭困难学生。2010年，在代表中开展“争当四个表率、做到四个先行”主题活动，激励代表争当干事创业、遵纪守法、维护和谐稳定、为民办实事的表率，在经济开发区、南海新区、城市新区的“三区”建设中先行一步，在经济合作与项目建设中先行一步，在包村联户工作中先行一步，在推动新型城镇化建设中先行一步。活动中，代表参与招商引资大项目21个，投身技术改造项目42项，参加环境综合整治项目210个，为民办实事605件。2013年，开展“提质增效抓落实、稳中求进促发展”主题活动，全方位调动代表为振兴文登献计出力的积极性。市人大先后制作《大地飞歌》光盘和《不辱使命——真情2010》画册，全面展示各行各业人大代表在主题活动中的先进事迹。同时，通过新闻媒体，开办“代表风采”专栏，宣传介绍业绩突出、履职优秀的人大代表，传递正能量，激发全体代表建设文登、奉献文登的工作热情。

代表关注案件活动　2004年2月，市人大

图 21-5　2012 年 6 月 1 日，市人大常委会“手拉手”捐赠仪式在大众完小举行。

常委会启动“百名人大代表关注百案”活动。基层人大工作办公室按照活动要求，根据市法院提供的案件信息，及时与法院沟通，适时选派人大代表参与关注案件活动。代表关注案件的重点为涉农利益、企业改革、土地征用、城市拆迁及应用新的法律审理社会影响较大的案件。旁听时，遵守法庭纪律，维护庭审秩序，尊重审判结果。庭审结束后，代表对法官的庭审作风、庭审能力、化解矛盾水平等方面进行评议，提出意见和建议。市人大有关部门将评议结果和代表所提意见和建议，及时反馈给市法院监察室。至 2013 年年末，人大代表参与关注案件 637 件。通过开展“旁听庭审、关注案件”活动，将人大代表为主体的监督机制引入法院庭审之中，促进代表和法院双向沟通，进一步增强审判工作的公正度、透明度。《人民法院报》对该做法做专题报道。

第三章　乡镇人民代表大会

乡镇人民代表大会是最基层的地方国家权力机关。1991—2013 年，历文登市乡镇第十二届至第十八届人民代表大会任期。其中，第十二届人民代表大会于 1990 年 3 月换届（本志断限内任期 2 年），第十三届至十五届任期各 3 年，第十六届、十七届任期各 5 年，第十八届于 2011 年 12 月换届（本志断限内任期 2 年）。

乡镇人民代表大会会议每年至少举行 1 次。每届人民代表大会第一次会议，在代表换届选举完成后 2 个月内举行。1991—2013 年，文登营、大水泊、张家产、高村、侯家、泽库、宋村、泽头、小观、葛家、米山、界石、汪疃、蔄山 14 个乡镇每年至少举行 1 次乡镇人民代表大会会议，个别乡镇一年举行 2 次。草庙子镇、初村镇 1994 年 6 月划归环翠区管辖，在域内期间举行人民代表大会会议 4 次。文城镇 2001 年 5 月析为龙山路、天福路、环山路 3 街道，镇人民代表大会随着镇建制撤销而终止。北郊、晒字、铺集、大福山、口子、埠口 6 镇，于 2001 年 5 月分别并入蔄山、界石、葛家、文登营、大水泊、张家产 6 镇，镇人大代表也随之并入，镇人民代表大会终止，各举行人民代表大会会议 10 次。

第一节　乡镇人大工作机构

1989 年，乡镇人大设立主席团工作委员会。1991 年，配备专兼职秘书。1993 年 11 月，全市进行机构改革，乡镇人大工作改由乡镇党委书记兼管，日常事务由乡镇办公室办理。1995 年 2 月，按照新修改的《中华人民共和国地方各级人民代表大会和地方各级人民政府组织法》规定，乡镇人民代表大会设主席，也可设副主席 1～2 人。主席、副主席由本级人民代表大会从代表中选出，任期与本级人民代表大会每届任期相同。是

年3—11月，全市21个镇经过选举产生镇人民代表大会主席21人，其中专职19人，兼职2人。2001年5月，文城镇析置龙山路、天福路、环山路3街道，设立人大代表工作办公室，作为市人大常委会正科级派出机构。乡镇人民代表大会主席、副主席在本级人民代表大会闭会期间负责联系本级人大代表，组织代表开展学习、视察、评议等活动，检查、督促乡镇政府机构办理代表提出的议案和意见、建议，接待、处理代表信访到访，承办上级人大常委会交办的有关事项。2003年，文登营、米山、宋村3镇人大工作经验在威海市人大工作会议上进行交流介绍。2007年，侯家、宋村镇和环山街道人大代表小组在威海市人大代表工作现场会作典型交流发言。

1995—2013年文登市基层人大主席、副主席任职情况表

表21-6　　单位：人

届次	时间	主席		副主席		合计	
		专职	兼职	专职	兼职	专职	兼职
第十三届	1995年3月	19	2	—	—	19	2
第十四届	1996年1月	21	—	2	—	23	—
第十五届	1999年1月	17	4	4	2	21	6
第十六届	2002年1月	13	1	10	2	23	3
第十七届	2007年12月	7	7	10	2	17	9
第十八届	2012年2月	—	14	14	—	14	14

说明：1995年3月，第十三届镇人民代表大会第三次会议首次进行选举。

第二节　乡镇人大代表选举

1991—2013年，全市共举行6次乡镇人民代表大会换届选举。其中，第十三届、第十七届、第十八届与市级人民代表换届选举同步进行，第十四届至第十六届单独进行。每届乡镇人民代表大会任期临近届满，市人大常委会根据《山东省县乡人民代表大会选举细则》，作出关于乡镇人民代表大会换届选举有关问题的决定。任命乡镇选举委员会组成人员，组织各选举委员会成员学习《中华人民共和国全国人民代表大会和地方各级人民代表大会选举法》等相关法律，在选区划分、代表名额分配、代表基本结构等方面加以指导，确保选举工作依法有序进行。

第十三届乡镇人民代表大会代表换届选举，从1992年10月10日开始，次年1月9日结束。共划分乡镇人大代表选区1146个，参加选民登记的公民44.5万人，占全市总人口的61.1%。参加投票选举的选民42.9万人，参选率96.3%。确定正式代表候选人2682名，选出乡镇人大代表1602名。

第十四届镇级人民代表大会代表换届选举，从1995年11月21日开始，次年1月9日结束。共划分镇级人大代表选区913个，参加选民登记的公民39.5万人，占全市总人口的58.6%。参加投票选举的选民37.2万人，参选率94.2%。确定正式代表候选人2119名，选出镇人大代表1257名。

第十五届镇级人民代表大会代表换届选举，从1998年11月20日开始，次年1月18日结束。共划分镇级人大代表选区910个，参加选民登记的公民38.8万人，占全市总人口的58.1%。参加投票选举的选民36.2万人，参选率93.3%。

确定正式代表候选人2118名，选出镇人大代表1260名。

第十六届镇级人民代表大会代表换届选举，从2001年11月20日开始，12月26日结束。共划分镇级人大代表选区678个，参加选民登记的公民37.6万人，占全市总人口的57.9%。参加投票选举的选民34.6万人，参选率92.1%。确定正式代表候选人1574名，选出镇人大代表939名。

第十七届镇级人民代表大会代表换届选举，从2007年10月21日开始，11月27日结束。共划分镇级人大代表选区641个，参加选民登记的公民37.1万人，占全市总人口的54.6%。参加投票选举的选民31.3万人，参选率84.4%。确定正式代表候选人1520名，选出镇人大代表955名。

第十八届镇级人民代表大会代表换届选举，从2011年11月27日开始，12月16日结束。共选出镇人大代表957名。各镇均于12月31日前举行第十八届人民代表大会第一次会议。

第二十二编

地方行政机关

1991—2013年，为文登市人民政府第十二届至第十七届任期。第十二届市政府于1990年3月换届，任期3年（本志断限内任期2年）；第十三届至第十六届分别于1993年2月、1998年1月、2003年1月、2007年12月换届，每届任期5年；第十七届市政府于2012年2月换届（本志断限内任期2年）。历届市政府始终坚持以经济建设为中心，坚持加快发展不动摇，坚持改革创新不动摇，坚持城乡一体化发展不动摇，坚持民生为先不动摇，坚持转变政府职能不动摇，带领全市人民奋发进取，开拓创新，夯实一产、做强二产、做大三产，产业结构日趋合理，经济运行质量明显提高，区域布局更加优化，经济与社会事业快速健康发展，人民生活水平不断提高。2013年，全市农牧渔业总产值117.9亿元，规模以上工业企业完成工业总产值1627.18亿元，农民人均纯收入16310.48元，社会消费品零售总额达248.07亿元，分别是1991年的7.26倍、39.55倍、14.61倍和20.52倍。城市居民人均可支配收入23192.48元，是1999年（之前无该项调查统计）的4.33倍。

2010 年 3 月 10 日，2009 年度全市工作总结表彰大会召开。

第一章 机构设置

第一节 组成人员

市人民政府由市长、副市长和政府序列部门主要负责人组成。市长、副市长在市人民代表大会会议上由人大代表选举产生；人民代表大会闭会期间，副市长、代理市长由市人大常委会任命和决定。政府各工作部门主要行政负责人经市长提名，由市人大常委会批准任命。1991－2013年，文登市历经6届人民政府。

第十二届至第十七届文登市人民政府市长、副市长任职情况表

表22-1

届次	职务	姓名	任职时间	籍贯	备注
第十二届	市长	张立新	1990年3月至1992年7月	临沂市兰山区	
		王同洲	1992年7月至1993年2月	烟台市牟平区	代理市长
	副市长	张荣诗	1990年3月至1991年2月	文登市张家产镇	科技副市长
		王宪君	1990年3月至1991年2月	浙江省鄞县	科技副市长
		王同洲	1990年3月至1991年11月	烟台市牟平区	
		刘增玉	1990年3月至1992年2月	乳山市白沙滩镇	
		徐仁明	1990年3月至1990年12月	烟台市牟平区	
		王德江	1990年3月至1993年2月	文登市葛家镇	
		徐承梓	1990年3月至1993年2月	文登市侯家镇	
		初钊殿	1990年12月至1993年2月	文登市侯家镇	
		赵福恩	1991年7月至1992年9月	山东省寿光市	挂职
		林福建	1991年11月至1993年2月	文登市泽头镇	
		苏荣俊	1992年2月至1993年2月	文登市泽头镇	
		由发海	1993年1月至1993年2月	乳山市午极镇	
		汤光仿	1993年1月至1993年2月	荣成市大疃镇	科技副市长
第十三届	市长	王同洲	1993年3月至1996年12月	烟台市牟平区	
		刘玉党	1996年12月至1997年1月	文登市埠口港	代理市长
		刘玉党	1997年1月至1997年12月	文登市埠口港	
		张言报	1997年12月至1998年1月	乳山市乳山寨镇	代理市长
	副市长	王德江	1993年3月至1995年4月	文登市葛家镇	
		徐承梓	1993年3月至1998年1月	文登市侯家镇	
		初钊殿	1993年3月至1998年1月	文登市侯家镇	

续表 22-1-1

届次	职务	姓名	任职时间	籍贯	备注
第十三届	副市长	林福建	1993 年 3 月至 1994 年 4 月	文登市泽头镇	
		苏荣俊	1993 年 3 月至 1996 年 12 月	文登市泽头镇	
		由发海	1993 年 3 月至 1998 年 1 月	乳山市午极镇	
		汤光仿	1993 年 3 月至 1998 年 1 月	荣成市大疃镇	科技副市长
		侯成君	1995 年 4 月至 1997 年 12 月	文登市泽库镇	
		刘亚东（女）	1995 年 4 月至 1998 年 1 月	山东省蓬莱市	无党派人士
		唐会礼	1996 年 9 月至 1997 年 12 月	荣成市虎山镇	挂职
		刘玉党	1996 年 12 月至 1997 年 1 月	文登市埠口港	
		于海远	1996 年 12 月至 1998 年 1 月	文登市侯家镇	
第十四届	市长	张言报	1998 年 1 月至 2001 年 1 月	乳山市乳山寨镇	
		于时文	2001 年 1 月至 2001 年 2 月	文登市埠口港	代理市长
		于时文	2001 年 2 月至 2003 年 1 月	文登市埠口港	
	副市长	于时文	1998 年 1 月至 2001 年 2 月	文登市埠口港	
		汤光仿	1998 年 1 月至 1999 年 6 月	荣成市大疃镇	
		刘亚东（女）	1998 年 1 月至 2003 年 1 月	山东省蓬莱市	无党派人士
		于海远	1998 年 1 月至 2003 年 1 月	文登市侯家镇	
		徐承峰	1998 年 1 月至 2003 年 1 月	威海市环翠区崮山镇	
		矫　健	1998 年 1 月至 2003 年 1 月	乳山市南黄镇	
		马端兴	1998 年 10 月至 2001 年 1 月	乳山市下初镇	挂职
		梁永波	1998 年 10 月至 2001 年 1 月	荣成市埠柳镇	挂职
		张敏君	1999 年 3 月至 2003 年 1 月	文登市张家产镇	
		张明生	1999 年 5 月至 1999 年 11 月	四川省武胜县	挂职
		姜　猛	2000 年 3 月至 2003 年 1 月	威海市环翠区温泉镇	
		马端兴	2001 年 2 月至 2002 年 2 月	乳山市下初镇	
		徐东升	2001 年 2 月至 2003 年 1 月	文登市小观镇	
		芦　军	2001 年 5 月至 2001 年 11 月	贵州省贵阳市	挂职
		乔学模	2002 年 3 月至 2003 年 1 月	文登市高村镇	
第十五届	市长	于时文	2003 年 1 月至 2005 年 2 月	文登市埠口港	
		王　亮	2005 年 2 月至 2005 年 3 月	荣成市崖头街道	代理市长
		王　亮	2005 年 3 月至 2006 年 4 月	荣成市崖头街道	
		高　杰	2006 年 4 月至 2006 年 6 月	山东省海阳市	代理市长
		高　杰	2006 年 6 月至 2007 年 1 月	山东省海阳市	
		张　竞（女）	2007 年 1 月至 2007 年 12 月	山东省平度市	

续表 22-1-2

届次	职务	姓名	任职时间	籍贯	备注
第十五届	副市长	于海远	2003 年 1 月至 2005 年 2 月	文登市侯家镇	
		徐承峰	2003 年 1 月至 2005 年 2 月	威海市环翠区崮山镇	
		姜　猛	2003 年 1 月至 2005 年 2 月	威海市环翠区温泉镇	
		乔学模	2003 年 1 月至 2007 年 1 月	文登市高村镇	
		张　波（女）	2003 年 1 月至 2007 年 11 月	文登市茼山镇	无党派人士
		吕洪波	2003 年 1 月至 2007 年 11 月	烟台市牟平区	
		王培儒	2004 年 2 月至 2005 年 2 月	文登市龙山街道	
		苑胜本	2004 年 2 月至 2006 年 5 月	威海市环翠区初村镇	
		牛继红	2004 年 2 月至 2005 年 4 月	山东省东明县	挂职
		胡艳君（女）	2004 年 3 月至 2005 年 4 月	湖北省孝感市	挂职
		许祖强	2005 年 2 月至 2006 年 5 月	荣成市虎山镇	
		颜祥布	2005 年 2 月至 2007 年 1 月	文登市泽库镇	
		马书泉	2005 年 2 月至 2007 年 11 月	荣成市夏庄镇	
		张新雷	2005 年 4 月至 2006 年 5 月	山东省单县	挂职
		孔祥坤	2006 年 3 月至 2007 年 4 月	山东省定陶县	挂职
		傅世涛	2006 年 6 月至 2007 年 12 月	文登市侯家镇	
		崔卫兵	2006 年 6 月至 2007 年 12 月	文登市侯家镇	
		栾　波	2007 年 1 月至 2007 年 11 月	荣成市滕家镇	
		姜　猛	2007 年 1 月至 2007 年 12 月	威海市环翠区温泉镇	
		毕庶杰	2007 年 1 月至 2007 年 12 月	文登市侯家镇	
		张　峰	2007 年 4 月至 2007 年 12 月	山东省定陶县	挂职
		梁元和	2007 年 5 月至 2007 年 11 月	湖南省通道县	挂职
		韩文斐	2007 年 11 月至 2007 年 12 月	乳山市冯家镇	无党派人士
第十六届	市长	张　竞（女）	2007 年 12 月至 2011 年 12 月	山东省平度市	
		栾　波	2011 年 12 月至 2012 年 2 月	荣成市滕家镇	代理市长
	副市长	姜　猛	2007 年 12 月至 2010 年 1 月	威海市环翠区温泉镇	
		毕庶杰	2007 年 12 月至 2009 年 9 月	文登市侯家镇	
		韩文斐	2007 年 12 月至 2011 年 12 月	乳山市冯家镇	无党派人士
		张海军	2007 年 12 月至 2012 年 2 月	威海市环翠区初村镇	
		王喜杰	2007 年 12 月至 2010 年 1 月	文登市文登营镇	
		丛龙海	2007 年 12 月至 2011 年 12 月	威海市环翠区皇冠街道	

续表 22-1-3

届次	职务	姓名	任职时间	籍贯	备注
第十六届	副市长	张　峰	2007 年 12 月至 2008 年 5 月	山东省定陶县	挂职
		杨建波	2008 年 8 月至 2010 年 8 月	山东省安丘市	挂职
		于静涛	2009 年 3 月至 2010 年 5 月	威海市环翠区怡园街道	挂职
		曲　波	2009 年 9 月至 2012 年 2 月	烟台市牟平区	
		胡晓明	2009 年 10 月至 2010 年 1 月	湖南省常德市	挂职
		董晓阳	2010 年 2 月至 2012 年 2 月	文登市高村镇	
		谭远国	2010 年 2 月至 2011 年 12 月	乳山市下初镇	
		张江平（女）	2010 年 4 月至 2011 年 4 月	湖北省罗田县	挂职
		周　华	2010 年 5 月至 2012 年 2 月	文登市高村镇	
		张　平	2011 年 6 月至 2011 年 12 月	河北省正定县	挂职
		孟艳玲（女）	2011 年 12 月至 2012 年 2 月	吉林省龙井市	九三学社
第十七届	市长	栾　波	2012 年 2 月至	荣成市滕家镇	
	副市长	董晓阳	2012 年 2 月至 2013 年 2 月	文登市高村镇	
		周　华	2012 年 2 月至 2013 年 10 月	文登市高村镇	
		曲　波	2012 年 2 月至	烟台市牟平区	
		黄峻峰	2012 年 2 月至 2013 年 8 月	文登市埠口港	
		姜进军	2012 年 2 月至	文登市泽库镇	
		孟艳玲（女）	2012 年 2 月至	吉林省龙井市	九三学社
		刘昌松	2012 年 2 月至	文登市侯家镇	
		杨凤蔚（女）	2012 年 4 月至 2013 年 1 月	山东省莒南县	挂职
		[illegible]	2013 年 [illegible] 月至	文登市侯家镇	
		宫本杲	2013 年 8 月至	威海市环翠区孙家疃街道	

第二节　职能部门

1991 年 1 月至 1993 年 2 月，文登市第十二届人民政府机构设置 36 个：政府办公室、计划委员会、经济委员会、对外经济贸易委员会（对外贸易公司与其合署办公）、科学技术委员会、城乡建设委员会、农业委员会、经济体制改革委员会、体育运动委员会、计划生育委员会、民政局、人事局、劳动局、财政局、税务局、审计局、交通局、工商行政管理局、物价局、粮食局、农业畜牧局、林业局、水利局、土地矿产管理局、环境保护局、乡镇企业局、教育局、卫生局、文化局、档案局、监察局、公安局、司法局、国家安全局、统计局、外事侨务办公室。

该届更名、调整的机构有：1991 年 8 月，外事侨务旅游办公室更名为外事侨务办公室。1992 年 9 月，设立财贸委员会；12 月，水产局更名为水产总公司，退出政府部门序列。

1993 年 2 月至 1998 年 1 月，文登市第十三届人民政府机构设置 37 个：政府办公室、计划委员会、经济贸易委员会、对外经济贸易委员会、经济体制改革委员会、科学技术委员会（专利管理局与其合署办公）、城乡建设委员会、农业委员会、体育运动委员会、计划生育委员会、教育委员会、财贸委员会、民政局、人事局（机构编制

委员会办公室与其合署办公）、劳动局、财政局、审计局、交通局（交通战备办公室与其合署办公）、工商行政管理局、水利局、海洋与水产局、农业局、林业局、粮食局、土地管理局、地质矿产局、环境保护局、乡镇企业局、卫生局、文化局（新闻出版管理办公室与其合署办公）、公安局、司法局、监察局（与纪律检查委员会合署办公）、国家安全局、统计局、技术监督局、外事侨务办公室（归国华侨联合会与其合署办公）。

该届更名、调整的机构有：1993 年，经济委员会更名为经济贸易委员会，教育局更名为教育委员会，交通运输公司更名为交通局，水产总公司恢复水产局称谓。撤销经济体制改革委员会、财贸委员会、外事侨务办公室（职能归市政府办公室）、物价局（职能归工商管理局）。农业畜牧局、农业机械管理局、林业局成建制转为服务性公司，粮食局和商业局成建制转为企业性总公司。1994 年，税务局分设国家税务局和地方税务局，国税局为国家垂直管理单位，地税局列入地方部门序列。1995 年，撤销土地矿产管理局，分设土地管理局、地质矿产局。复设财贸委员会，恢复经济体制改革委员会，经济贸易委员会重新更名为经济委员会。1996 年，撤销农业畜牧服务总公司，设立农业局。林业局、粮食局回归市政府序列。水产局更名为海洋与水产局，复归政府部门序列。1997 年，重设物价局，成立畜牧与乳品局（原农业局有关畜牧工作职能划入畜牧与乳品局）。撤销文化体育委员会，分设文化局和体育运动委员会。恢复外事侨务办公室。

1998 年 1 月至 2003 年 1 月，文登市第十四届人民政府机构设置 27 个：政府办公室、发展计划局、民政局、人事局、对外贸易经济合作局、劳动和社会保障局、财政局、审计局、教育局、交通局、水利局（2002 年 1 月，抗旱防汛办公室与其合署办公，2010 年 4 月撤销）、计划生育局、建设局、海洋与渔业局、农业局、林业局、粮食局、经济贸易局、科技局、国土资源局、环保局、卫生局、文化局、监察局、公安局、司法局、统计局。

该届更名、调整的机构有：1998 年 9 月，地方税务局转为省垂直管理单位。1999 年 12 月，工商行政管理局转为省垂直管理单位。2000 年，劳动局更名为劳动和社会保障局。2001 年 2 月，技术监督局更名为质量技术监督局，改为省垂直管理单位。2002 年 1 月，市级党政机构改革，经济委员会更名为经济贸易局，科学技术委员会更名为科学技术局（增挂知识产权局牌子），计划委员会更名为发展计划局，城乡建设委员会更名为建设局，对外经济贸易委员会更名为对外贸易经济合作局，计划生育委员会更名为计划生育局，海洋与水产局更名为海洋与渔业局，教育委员会更名为教育局（内设人民政府教育督导室），体育运动委员会更名为体育局，经济体制改革委员会更名为经济体制改革办公室，畜牧与乳品局更名为畜牧局，乡镇企业局更名为中小企业管理办公室。农业委员会并入农业局。财贸委员会更名为财贸办公室，调整为隶属经济贸易局事业单位。土地管理局更名为国土资源局，地质矿产局调整为与国土资源局合署办公的事业单位。组建城市综合管理执法局（正科级），隶属市建设局管理。物价局调整为与发展计划局合署办公的事业单位。国家安全局退出市政府部门序列。

2003 年 1 月至 2007 年 12 月，文登市第十五届人民政府机构设置 27 个：政府办公室、发展和改革局、经济贸易局、教育局、科学技术局、公安局、监察局、民政局、司法局、财政局、人事局、劳动和社会保障局、建设局、国土资源局、环境保护局、交通局、农业局、林业局（增挂市森林防火办公室牌子）、水利局、海洋与渔业局、对外贸易经济合作局、审计局、卫生局、人口和计划生育局、统计局、文化局（增挂新闻出版管理办公室、文化艺术界联合会牌子）、安全生产监督管理局。

该届更名、调整的机构有：2005 年，发展计划局更名为发展和改革局，计划生育局更名为人口和计划生育局。安全生产监督管理局列入市政府部门序列，同时成为安全生产委员会常设办事机构。城市管理行政执法局改为与建设局合署

办公。

2007年12月至2012年2月，文登市第十六届人民政府机构设置24个：政府办公室、发展和改革局、经济和信息化局、教育局、科学技术局、公安局、民政局、财政局、人力资源和社会保障局、国土资源局、城乡建设局、交通运输局、水利局、农业局、海洋与渔业局、商务局、文化广电新闻出版局（增挂文物局牌子）、卫生局、人口和计划生育局、审计局、环境保护局、统计局、监察局、司法局、安全生产监督管理局、食品药品监督管理局。其中监察局和司法局列入政府部门序列，不计入政府机构个数。

该届更名、调整的机构有：2010年4月，撤销经济贸易局，组建经济和信息化局，将经济贸易局除内贸管理和机电产品进出口管理以外的职能、信息产业局和无线电管理委员会办公室的职能，整合划入经济和信息化局。撤销人事局、劳动和社会保障局，组建人力资源和社会保障局；原与人事局合署办公的机构编制委员会办公室单独设置，列市委部门序列。组建商务局，撤销对外贸易经济合作局，将其职能及经济贸易局内贸管理和机电产品进出口管理职能，整合划入商务局。撤销文化局（新闻出版管理办公室）、广播电视局，组建文化广电新闻出版局。原垂直管理的食品药品监督管理局成建制移交地方管理，食品药品监督管理局原承担的食品安全综合协调等职责划入卫生局，卫生局原承担的监管餐饮等职责划入食品药品监督管理局。建设局更名为城乡建设局、交通局更名为交通运输局，林业局并入农业局。

2012年2月至2013年12月，文登市第十七届人民政府机构设置26个：政府办公室、发展和改革局、经济和信息化局、教育局、科学技术局、公安局、民政局、财政局、人力资源和社会保障局、国土资源局、城乡建设局、交通运输局、水利局、农业局、海洋与渔业局、商务局、文化广电新闻出版局、卫生局、人口和计划生育局、审计局、环境保护局、统计局、工商局、质监局、安全生产监督管理局、食品药品监督管理局（与市政府应急管理办公室、市食品安全委员会办公室合署办公）。监察局、司法局列入市政府工作部门序列，不计入政府机构个数。

第三节　事业单位

1991年，市政府辖事业单位11个、行政性公司（局）13个。1993年党政机构改革后，政府工作部门相继又进行调整。

1995年，市政府设立正科级事业单位27个：农业畜牧服务总公司、林业服务总公司、农业机械服务总公司、广播电视大学、经济技术协作委员会、旅游总公司、地方史志编纂委员会办公室、机关事务管理处、昆嵛大厦、职工教育办公室、投资公司、信息中心、残疾人联合会、人才交流服务中心、老龄工作委员会办公室、劳动技校、财政投资公司、口岸办公室、经济研究室、米山水库管理局、乡镇企业总公司、农业广播电视学校文登分校、国有资产管理局、保税仓库、房地产管理局、污水处理厂筹建处、城市信用社。辖企业总公司21个：电业总公司、一轻工业总公司、工艺美术工业总公司、皮革工业总公司、塑料工业总公司、五金家电工业总公司、机械工业总公司、电子工业总公司、化学工业总公司、纺织工业总公司、建筑材料工业总公司、黄金工业总公司、乳品工业总公司、盐业总公司、房地产开发总公司、对外经济贸易公司、物资总公司、粮食总公司、商业总公司、供销合作总社、丝绸工业集团公司。2002年1月始，按照上级有关文件规定，企业总公司一律取消行政级别，与政府脱钩，其行政管理与行业管理职能移交市经贸局。

2005年，市政府设立直属事业单位20个：经济体制改革办公室、体育局、外事侨务办公室、市长公开电话办公室、财贸办公室、畜牧局、房地产管理局、旅游局、农业机械管理局、物价局、公有资产经营公司（增挂城市资产经营公司牌子，归口财政局管理）、广播电视局、国内招商局、中小企业局、人民防空办公室、信息

产业局、行政审批服务中心办公室、义乌小商品批发市场服务中心、市政府采购中心、临海工业筹建处。市长公开电话办公室由市政府办公室内设机构改为隶属市政府管理的事业单位，改称文登市人民政府市长公开电话办公室，由副科级升格正科级。市中小企业管理办公室与民营经济办公室合并为中小企业局，增挂民营经济办公室牌子，为市政府直属正科级事业单位。

2010年，市政府设立直属事业单位21个，4月机构改革后，直属事业单位为20个：高级技工学校、体育局、畜牧兽医局、农业机械管理局、旅游局、经济合作局、中小企业局（家纺产业局与其合署办公，增挂民营经济办公室牌子）、广播电视台、文化市场综合执法局（增挂“扫黄打非”领导小组办公室牌子）、住房保障和房产管理局、外事侨务办公室、人民防空办公室、行政审批服务中心管理办公室、财贸办公室、政府采购中心、公有资产经营公司、金融工作办公室、市长公开电话办公室、市供销合作总社（增挂市供销合作社联合社牌子）、卓达项目工作办公室（归口南海管委会管理）。

2013年，市政府设立直属事业单位17个：高级技工学校、体育局、畜牧兽医局、农业机械管理局、经济合作局、旅游局、广播电视台、文化市场综合执法局、住房保障和房产管理局、外事侨务办公室、人民防空办公室、金融工作办公室、市长公开电话办公室、市供销合作总社、生态化工产业推进办公室、机关事务管理局、检验检测中心。是年3月，中小企业局、财贸办公室由隶属市政府调整为分别隶属经济和信息化局、商务局。10月，撤销市行政审批服务中心管理办公室、市政府采购中心，设立市政务服务中心管理办公室，为市政府派出机构。12月，市公有资产经营公司由隶属市政府调整为隶属市财政局。成立文登市检验检测中心，为市政府直属正科级事业单位。撤销卓达项目工作办公室。

第四节　驻外机构

1988年7月与1989年1月，市政府驻济南办事处、北京办事处先后成立，为副科级事业单位。2001年，驻济、驻京办事处由副科级升格正科级。2010年5月，驻京办事处撤销。驻济办、驻京办自成立之日起至2010年，为市政府和企业提供各类信息1.15万条，协助部门、单位举办各类招商引资活动80余场次。

1990年11月，市政府分别在广州、上海设立办事处（副科级），1995年3月撤销。

1994年6月，设立市政府驻韩国办事处，正科级事业单位，由市外经委管理。1998年3月，划归市政府办公室管理。2001年撤销，2004年重新组建，级别不变，隶属市对外贸易经济合作局。驻韩办事处先后引进韩商投资项目18个，利用外资5600万美元。

2004年12月，市政府在浙江省永康市设立办事处（副科级）。2009年9月撤销。

第二章　施政方式

1991—2013年，按照精简、统一、高效的原则，推行“小政府、大服务”运行机制，着力建设法治政府、责任政府、服务政府，为经济发展创造公平、公正的社会环境。

1991年，市政府办公室内设秘书科、信息科、督查科、行政科4个职能科室。2013年，内设文秘科、秘书一科、秘书二科、秘书三科、行政接待科、信息科6个科室。

第一节　会议制度

市政府全体会议　市政府全体会议由市长、

副市长、市长助理和市政府序列部门主要负责人组成，非政府序列单位负责人及乡镇（街道）、开发区、埠口港主要负责人列席会议。必要时，邀请市委有关部门和市人大、市政协有关负责人参加。会议由市长或常务副市长召集和主持。市政府全体会议一般每年召开1次，特殊情况由市长决定随时召开。会议的主要内容是：传达贯彻中共中央、国务院，山东省委、省政府和威海市委、市政府及文登市委研究决定的方针、政策和重大决策，通报有关全市工作的重要情况，部署市政府重要工作，讨论其他须要由政府全体会议决定的重要事项。1991—2013年，召开市政府全体会议11次。会议主要内容通过新闻媒体向社会公开。

市政府常务会议 由市长、副市长、市长助理和党组成员组成，市政府组成部门的主要负责人列席相关议题讨论。根据会议内容，邀请市人大、政协、人武部、总工会负责人及有关专家列席。会议由市长或常务副市长确定召开并主持。会议的议题由市长确定，主要是传达贯彻中共中央、国务院，山东省委、省政府，威海市委、市政府及文登市委、市人大常委会的重要指示、决定和会议精神。分析形势，总结工作，讨论通过全市国民经济和社会发展的长远规划、年度计划、财政预算草案和执行情况。讨论重要改革、重大建设、重点资金使用，听取市长、副市长、市长助理和市政府工作部门重要工作情况汇报。讨论通过须以市政府名义向山东省及威海市政府请示、报告或者向文登市委、市人大常委会报告的重要事项，提请市人大常委会审议的议案，须由市政府发布的规范性文件和政策规定，讨论须由市政府公布的人事任免事项及其他事项。1996年12月之前，会议被称为市长办公会议，后改称市政府常务会议。1991—2013年，共召开市政府常务会议（含市长办公会议）262次。会后，市政府办公室以“会议纪要”“规定”“决定”等书面形式印发，保证政令畅通。

市政府专题会议 召开专门研究部署某项具体工作的会议。会议议题由市政府各职能部门向市政府分管副市长或市政府办公室主任提出，经市政府常务会议（市长办公会议）研究同意召开。专题会议根据需要可随时召开，一般由分管副市长主持，召集有关部门、单位主要负责人参加。专题会议（含现场办公会议）凡涉及资金、项目和机构组建、编制安排，严格按照审批权限和程序办理。根据会议需要，可安排市政府法制办等部门负责人列席。23年间，共召开市政府专题会议1624次。

1991年1月至1993年2月，第十二届市政府召开专题会议70次。主要研究企业隶属关系、乡镇工业发展、圣经山开发、春季农业生产、秋收秋种、桃威铁路建设、城市规划管理、计划生育、中小学校舍改造等事项。

1993年2月至1998年1月，第十三届市政府召开专题会议194次。主要研究企业改革、商业网点建设、旧城改造、住房改革、城市绿化、文山公园建设、行政区划调整、奶山羊品种改良、金都大厦建设、黑豹股票上市等事项。

1998年1月至2003年1月，第十四届市政府召开专题会议210次。主要研究民营经济发展、公有资产管理、农业发展、城市规划、安全生产、公路建设、护林防火、河道整治、文化市场管理，管道液化气建设、合同制工人转招等事项。

2003年1月至2007年12月，第十五届市政府召开专题会议696次。其中，企业改革发展工作专题会议有化肥厂搬迁、昆嵛大厦改制、国贸大厦破产清算、供销系统企业改革、汽车改装厂重组、刃具厂出让、新汽车站产权转让、三益磁电有限公司资产处置、丝绸工业（集团）公司破产、高岛盐场土地转让等。重点项目建设专题会议有长会口大桥、黑豹乘用车、高岛风电、天沐温泉开发等项目建设。城市规划与土地管理工作专题会议有审查通过山川·文苑、祥和新都小区、社会福利中心等规划及建筑设计方案，山东德正乳业厂房、电业总公司综合楼设计方案，土地征用补偿等。城区工程建设专题会议有利群购物中心、义乌小商品批发市场、城市新区建设启

动，抱龙河公园及文登学公园建设等。园区建设工作专题会议有研究部署南海新区基础设施建设、路网规划、重点项目建设、土地利用补偿等。

2007年12月至2012年2月，第十六届市政府召开专题会议289次。其中，工业发展专题会议有审查研究艺达集团、颐阳酒业、森鹿制革、奥文电机、东安黑豹、润通橡胶、宝隆石油、山东众鑫食品、芸祥集团、天润曲轴等骨干企业发展规划、项目建设及扶持优惠政策。重点工程项目建设专题会议有疏港路立项、圣经山旅游综合开发、职教中心、汤泊温泉、香水河大桥、火车站、城市新区重点工程建设及市中贸易市场改造、城区供热设施改建等工程。研究部署旧村拆迁改造的专题会议有环山街道苏家河村、文登营镇营前村、利群购物中心北侧片区拆建等。园区建设工作专题会议有南海新港和港口物流加工区、南海医药园、南海供水管网工程、南海国土交易中心及省国土资源厅南海培训中心项目开发建设等。

2012年2月至2013年12月，第十七届市政府召开专题会议165次。其中，工业企业发展专题会议有研究给予东安黑豹、迪沙医药、华塔机械、明池安全玻璃、恒盛化肥、污水处理厂、三润重工等企业规划立项、工程建设及政策支持等。重点工程项目建设专题会议有威海国际皮草城、综合保税区、城区幼儿园、长江汇泉农贸购物中心、中国胶东农贸农产品物流中心、公共资源交易中心、污水处理厂升级改造等。路网建设和绿化工作专题会议有西环路、道呼线、香山路改造、环山街道河圈村桥梁修复、登云路大桥建设、疏港铁路的立项，天福路、昆嵛路、米山路和圣海路两侧综合改造绿化等。

第二节　公文起草与审批管理

市政府办公室负责相关部门各类文件的处理、承办工作，负责协助市政府领导审核或者组织起草以市政府和以市政府办公室名义印发的公文。

上报市政府的提示性公文，由市政府办公室按照规定审核。对符合要求的公文，根据市政府领导分工送请审批。各部门报送市政府需要办理的公文，由市政府办公室提出拟办意见后按程序送领导签批、运转。属市政府审批事项，先转请有关部门研究提出意见，然后按程序送有关领导批示。

以市政府办公室名义印发的文电，属于一般日常工作的，经分管副主任、主任审阅后，由分管副市长签发。属于涉及面广、比较重要的，经分管副主任、主任、分管副市长审阅后，由常务副市长签发。涉及综合、全面、重大问题的，经市政府有关会议讨论决定，由市长签发。以市政府名义发布的行政性规定，经市政府法制办公室审核把关，市政府办公室分管副主任、主任审阅，市政府常务会议通过后，由市长签发。凡市政府和市政府办公室印发的文件，一般由主管部门代拟文稿，经市政府调研室审阅修改，送市政府办公室分管副主任、主任审核，分管副市长审定，最后由市长签发。内容涉及其他部门职权范围内的事项，主办部门与有关部门协商会签，取得一致意见后上报市政府。市政府办公室利用市政府计算机通信专网传输的政府电子公文，包括市政府和市政府办公室文件、会议通知等，一律视为正式公文，与相同内容的纸质公文具有同等效力。1991—2013年，起草、拟写市政府及办公室文件3291份。

第三节　文秘工作与行政服务

1991—2013年，市政府办公室共拟核各类正式公文5000余份，下发公文3500份；接收办理各类电文3.8万份，办理下级机关报送的请示、报告等4800份，未发生丢失、泄密事故。接收上级政府网上公文，做到准确无误。接听市长公开电话8.2万人次，处结率达99.56%。同时，对全市行政机关公文处理加强指导，严把公文行文规则关、协商会签关、语言文字关、政策法规关、

文种格式关，增强政府文件的规范性、权威性。

23 年间，接待省部级以上领导 300 余人次、上级检查督导组 1135 个、县级以上参观考察团 1700 余个。先后组织承办全国乡镇企业节能升级工作会议、文登国际昆嵛山会、文登经贸洽谈会、1995 年中国世界经济学会会长扩大会议、全省土地集约利用现场会、全国农业技术创新研讨会、中国机械工业百强企业、汽车工业三十强企业信息发布会暨机械工业战略发展研讨会、中国道教名山·圣经山旅游文化节、中国五金制品协会工具分会第四届会员代表大会、首届国际养生产业峰会暨第三届中国威海（文登）国际温泉节、国际家纺博览会暨中国家纺品牌推广会、蓝色经济威海南海发展战略机遇 2012 年度论坛、新兴产业科技推进周、2013 年中国特色农产品博览会暨首届威海（文登）农产品展销会、全国花生现代生产模式观摩交流会等各类会议及活动 600 余场次。

第四节　调查研究

1992 年 3 月，市政府经济研究中心成立，正科级，挂靠市政府办公室。1993 年 11 月，经济研究中心撤销。1995 年 4 月，市政府经济研究室成立，正科级。2002 年 1 月，更名为政府调查研究室。自成立之日始，根据上级指示精神，围绕全市中心工作，经济社会发展的重点、热点和难点问题，开展调查研究，总结经验，剖析问题，查找原因，提出对策建议，为领导正确决策提供科学依据。

1991—1995 年，根据工业、农业、第三产业、镇村企业、水产渔业、外经外贸、经济“大合唱”等行业特点及工作实际，开展调查研究，撰写《工业发展情况调查报告》《关于农业“三色革命”情况的调查报告》《关于镇村企业发展情况的调查报告》等调研文章 149 篇，编发《调查研究》28 期，《工作情况》145 期。

1996—2000 年，立足农业产业化、小城镇建设、民营经济、科技创新、文化旅游、节能环保、社会保障等工作，进村入企展开调查，撰写调研文章 124 篇，编写《政务通报》143 期。

2001—2010 年，编写《做好五篇农民文章　促进城乡统筹发展》《加入 WTO 对文登市经济的影响及对策》《关于昆嵛山樱桃节的调查与思考》《探讨市场经济中推进住房保障之路》《关于职业教育发展情况的调查报告》《关于加快历史文化名城建设的几点建议》《树立科学发展观　大力推进科技创新》《抓项目展链条　引龙头带企业　用工业化理念推动现代农业大发展》《以自主创新为第一动力　加快建设经济文化强市》等有情况、有分析、有见解的调研报告 152 篇，编写《政务通报》241 期。

2011—2013 年，以服务经济、服务民生为主题，拟写《关于农产品展示展销中心运营的几点建议》《营改增政策对文登市的影响及对策》《积极探索城乡医保并轨工作的做法成效》《加快服务业发展的对策建议》《实施“三大战略”　建设海上文登》《以经济结构优化升级为主线　再创科学发展新优势》等一系列调研文章 47 篇，编写《政务通报》33 期，为市政府各项工作紧密衔接、高效运转提供调研服务支撑。

至 2013 年，共撰写各类调研报告 572 篇。有 6 篇调研文章获得山东省政府系统优秀调研成果二等奖；53 篇调研文章获得威海市政府系统优秀调研成果奖，其中一等奖 8 篇、二等奖 18 篇、三等奖 27 篇。

第五节　信息与督查

政务信息　1990 年 3 月，市政府办公室内设信息科，正股级。1998 年 8 月，撤销信息科。2010 年 3 月，复设信息科。主要承担收集、撰写、整理、编发、上报政务信息工作，全面反映本地政治、经济、文化、社会动态和民生需求，及时、准确地为领导提供信息服务。1991—2013 年，共编发《文登政务信息》1100 余期。上报各类信息 5000 余条，被威海市政府采用 1247 条，被山东省政府采用 582 条，被国务院办公厅采用 210 条。

督办检查　1992年9月，设立督查科，正股级。2002年1月，更名为督查室，升格副科级。主要负责对各镇（街道）、部门贯彻党和国家的方针政策、上级重要文电、重要会议及市政府有关会议精神的落实情况进行督促检查，对全市各级各部门落实上级和同级人大代表建议、意见，政协委员提案及领导批件、意见、指示等情况进行督查。机构自成立之日起，围绕全市经济发展和政府决策落实情况，通过书面、电话、实地查看等形式，加强跟踪督办。至2013年，开展专项督查70次，累计督办市领导批示件和政府决策事项5100余项，编发政府常务会议纪要和市长办公会议纪要320期。按要求办结上级转办的山东省省长及威海市市长信箱群众来信1800余件，承办各类督查件3000余件、请示件1856件。

图22-1　2013年6月19日，市政府召开市民服务热线知识库信息采集工作会议。

第六节　市长公开电话

2002年，设立市长公开电话办公室，副科级。2005年5月，升格正科级，由市政府办公室内设机构改为隶属市政府管理（增挂文登市人民政府市民服务热线办公室牌子）。2013年，内设综合科、督办科。

成立伊始，建章立制，规范运行，先后印发《市长公开电话办公室安全保密制度》《市长公开电话办公室计算机管理制度》《市长公开电话办公室工作人员规范用语》《市长公开电话办公室学习制度》《市长公开电话办公室考勤值班制度》等制度规定。2006年，开通市长公开电话网站，网站设《市长之窗》《12345快讯》《工作通报》《便民服务》《市长信箱》《网络单位》《图片资料》等栏目，市民可通过“市长信箱”栏目写信反映问题，通过《12345快讯》和《信件反馈》栏目了解办理结果。2007年，在《文登大众》报开办《市长热线传真》栏目，实现行政监督与媒体监督相互融合。2010年，打破传统工作模式，组织工作人员走出办公室，与来电群众面对面交流，提高办理进度和质量，全年现场处理有关城市管理、劳动保险等问题21件。是年，通过文登电视台《百姓关注》栏目，就市长公开电话所反映的情况，报道办理信息610条，播发图像新闻36期。2011年，对市长公开电话网站进行改版升级，新增搜索、评价、分类查询三大功能。2012年，开通手机短信平台，实现电话、网络、短信“三位一体”的受理模式。2013年，设立市民服务热线受理中心，把居家养老等社会服务功能与市长公开电话政务服务功能相互整合，搭建综合统一的便民服务平台，对政务服务、养老服务、民生服务、社情控制、电子商务、社情民意调查6项内容，实行专号受理、各级联动、一站式服务。市民服务热线开通后，全市开通12345市长公开电话、8812345市民服务热线、市长信箱、短信受理平台4条受理市民诉求渠道。2006—2013年，市长公开电话办公室共受理群众信访、电访69823件次，办结69404件次，办结率99.4%。

第七节　人大代表建议、政协委员提案办理

人大、政协全会闭会后，凡涉及政府系统的市人大代表意见、建议和市政协委员提案，由

市政府办公室牵头，召开专题会议，提出办理要求，进行登记、分办、审核。承办单位接受建议（意见）或提案办理任务后，根据实际情况，拟订方案进行办理，一般在3个月内办理完毕。答复意见经单位主要领导审定后，按统一规定的格式打印。问题能够及时解决的尽快答复，不能如期解决的说明情况，并作出计划逐步解决。对所提问题因政策、资金等原因难以实现的，留作参考。凡代表、委员对答复结果不满意的意见、提案，退回承办单位重新办理。

1991—2013年，市政府系统承办市人大代表建议、意见869件，承办市政协提案1635件。在办理过程中，各承办单位高度重视，深入研究，抓住根本，对症下药，努力提高办理效率和质量。如解决北海工程拖欠款问题，要求安装自来水、建沼气池给予农户补贴，治理母猪河污染，大力发展肉食鸡养殖，加大农村养老保险投入，推进工业转型升级，加快蓝色经济区建设，提高农业产业化水平，抓好餐饮食品安全管理，发展繁荣“文登学”文化等建议、提案，均被纳入决策之中。人大代表建议、政协委员提案答复率一直保持100%，满意率达97.9%。

第三章　施政辑要

1991—2013年，文登市历届人民政府坚持以中国共产党的先进理论和思想为指导，坚持发展经济，坚持改革开放，坚持实事求是，通过产业强文、科技兴文、开发富文、文化靓文，不断加快富民强市发展步伐。

第一节　第十二届人民政府施政辑要

该届市政府任期自1990年1月至1993年2月（本志断限内2年）。全市上下围绕“扎扎实实过百亿，实实在在奔小康”的奋斗目标，全面贯彻治理整顿、深化改革方针，理顺经济关系，调动各方积极因素，推动经济建设和社会事业快速发展。工业生产坚持内涵挖潜与外延扩大并举，以外延扩大再生产为指导思想，围绕发展起点高、规模大、效益好的企业和支柱产业，以机械、建材、化工、食品、轻纺等为重点，超常规投入、高起点改造，努力实现工业现代化。农业以提高经济效益，增加农民收入为目标，抓好水产、林果、蚕茧、畜牧和蔬菜“五大开发”，初步形成市场化、产业化、优质高效创汇型农业格局。流通行业抢抓机遇，加大投入，多元经营，城乡市场稳定兴旺。1992年，实现工农业总产值85.03亿元，比1989年增长135.98%。农林牧渔业总产值20.03亿元，农村经济总收入54.94亿元，分别增长59.58%和330.23%。乡镇企业及规模以上工业企业完成工业总产值64.83亿元，增长168.85%。实现产品销售收入31.55亿元、利税3.47亿元、利润2.37亿元，分别增长131.48%、100.58%和99.16%。社会商品零售总额15.76亿元，社会出口商品交货值8.22亿元，分别增长86.11%和736.89%，农民人均纯收入1380元，居民人均储蓄余额1849元，分别增长74.47%和104.42%。全市第三产业单位2.05万个，城乡个体经营户1.64万个，从业人员6.96万人，增加值达8.09亿元。文登市被列入全国“商品粮基地县”，全国经济百强县名列第43位，被省委、省政府授予精神文明建设先进市、双拥模范市称号。

第二节　第十三届人民政府施政辑要

该届市政府任期自1993年2月至1998年1月。按照市委各项决策及人大决议，在实现“五个奋战三年工程”的基础上，开始向“十个奋战三年工程”目标迈进，弘扬文登精神，正确处理

改革、发展、稳定的关系，实施农业“三色革命”，抓好工业“六个转移”，强化流通服务和带动能力，促进国民经济持续健康发展。1997年，实现工农业总产值327.12亿元，比1992年增长284.71%。农林牧渔业总产值38.4亿元，农村经济总收入290.6亿元，分别增长97.71%和428.94%。规模以上工业企业完成工业总产值288.8亿元，实现产品销售收入145亿元、利税19.2亿元、利润13.2亿元，分别增长345.47%、360.32%、453.31%和456.96%。市及市以上固定资产投资4.9亿元，增长51.7%。社会商品零售总额27.2亿元，社会出口商品交货值58.3亿元，分别增长72.59%和609.25%。地方财政收入3.45亿元，增长206.04%。农民人均纯收入3200元，居民人均储蓄余额6360元，分别增长131.88%和242.57%。投资1200余万元，建起蔬菜、生猪、建材等5大专业市场。全市“三纵三横”等级公路网初步形成，二级以上公路通车里程达600千米，成为全国第一个采用光缆远距离传输的村村通有线电视市。全市872个行政村基本实现小康，在全省率先建成小康市。先后获全国乡镇企业百强县、农村电气化市、国家卫生城市、全国体育先进市、全国双拥模范城、全国文化先进市、全国民政工作先进市、全国广播电视工作先进市、1993年度中国农村综合实力百强县（市）等称号。

第三节　第十四届人民政府施政辑要

该届市政府任期自1998年1月至2003年1月。以邓小平理论和“三个代表”重要思想为指导，以繁荣、搞活、增效为目标，以招商引资为主线，以加快园区建设为依托，以“科技兴文”战略为保障，组织带领全市人民解放思想，开拓进取，加快企业改制步伐，提升经济增长质量，全市经济和社会各项事业保持良好发展势头。2002年，实现工农业总产值473.52亿元，比1997年增长44.75%。农林牧渔业总产值37.9亿元略有下降；农村经济总收入435.8亿元，增长49.97%。规模以上工业企业完成工业总产值379.4亿元，增长31.37%。实现产品销售收入306.6亿元、利税32.5亿元、利润23亿元，分别增长111.45%、69.27%和74.24%。市及市以上固定资产投资23.8亿元，增长385.71%。社会商品零售总额38.9亿元，外贸进出口商品总额4.33亿美元，分别增长43.01%和239.61%。地方财政收入6.73亿元，增长95.07%。农民人均纯收入4380元，居民人均储蓄余额1.08万元，分别增长36.88%和70.6%。全市新上各类中药材、优质果、蔬菜、牧草等高效经济作物1.73万公顷，粮经比例由1997年的1∶0.5调整到1∶1.2。5年间，造林8300公顷，新建、完善绿色通道320.6千米，森林覆盖率达31.4%，提高2%。新成立三资企业288家，合同利用外资4.23亿美元，实际利用外资3.04亿美元，分别比1997年增长20.5%、145.93%和143.2%。新建、改造道路30余条（段），硬化道路11.4万平方米。先后获全国创建文明村镇工作先进市、全国科普工作先进市、中国优秀旅游城市、国家环境保护模范城市等国家级称号。县域经济基础竞争力在全国百强县中列第18位。

第四节　第十五届人民政府施政辑要

该届市政府任期自2003年1月至2007年12月。全面贯彻落实中共威海市委、市政府及中共文登市委关于加快县域经济发展的一系列部署，坚持全局工作以经济建设为中心，经济建设以发展工业为根本，按照“三二一”发展目标和思路，在做大做强骨干企业、推进资产重组、盘活存量土地和闲置厂房、发展商贸物流业、依托现有企业和产业招商、提升民营经济、城乡统筹发展上实现突破，推动经济社会科学发展、和谐发展、又好又快发展。2007年，实现工农业总产值1158.09亿元，比2002年增长144.57%。农林牧渔业总产值68.51亿元，农村经济总收入856亿元，分别增长80.77%和96.42%。规模以上工业企业完成工业总产值1133.68亿元，增长

198.81%。实现产品销售收入1037.59亿元、利税73.6亿元、利润47.5亿元，分别增长238.42%、126.46%和106.52%。销售收入过10亿元的企业11家，纳税过1000万元的企业22家。社会消费品零售总额97.28亿元，增长150.03%。固定资产投资163.1亿元，增长585.29%。外贸进出口总额10.97亿美元，增长153.35%。地方财政收入16.84亿元，增长150.22%。农民人均纯收入7678元，居民人均储蓄余额1.82万元，分别增长75.3%和68.03%。农村改革稳步推进，累计向农民发放粮食、农机等各类补贴1亿元。新农村建设快速迈进，“路水电医学”工程惠及千家万户，96%的村通柏油路、98%的村通自来水，在全省率先实现客车“村村通”。全面推行新型农村合作医疗，覆盖面达94.1%；改扩建敬老院13处，五保对象实行应保尽保。城市建成区面积41平方千米，建成区绿地率37%。先后获全国科技进步先进市、全国畅通工程优秀城市、全国计划生育优质服务先进市、全国海域使用管理示范单位、全国科普示范市、山东省适宜人居环境奖等称号。县域经济基础竞争力在全国百强县中列第14位。

第五节 第十六届人民政府施政辑要

该届市政府任期自2007年12月至2012年2月。坚持以邓小平理论和“三个代表”重要思想为指导，以科学发展观统筹全局，坚持一手抓经济促发展，一手抓民生促和谐，弘扬新时期“文登学”精神，加强以南海新区、经济开发区为重点的蓝色经济区和高端产业聚集区建设，加强以自主创新、转型升级为重点的新型工业化建设，加强以统筹发展、区域协调为重点的新型城镇化建设，书写新世纪发展新篇章，开创现代化建设新局面。2011年，实现工农业总产值1461.29亿元，比2007年增长26.18%。农林牧渔业总产值96.47亿元，农村经济总收入1009.45亿元，分别增长40.84%和29.61%。规模以上工业企业完成工业总产值1364.82亿元，增长20.39%。实现产品销售收入1302.07亿元、利税86.53亿元、利润52.98亿元，分别增长25.48%、17.57%和11.54%。全社会消费品零售总额190.34亿元，增长95.66%。规模以上固定资产投资276.93亿元，增长69.79%。外贸进出口总额11.27亿美元，增长2.73%。地方财政收入88.91亿元，增长4.28倍。农民人均纯收入12699元，增长65.39%。建立省级以上研发中心30家，被评为省级以上名牌产品和著名商标63个，成为全省唯一专利申请量、授权量“双过千”县市。建设现代化新城区，文化馆、图书馆、博物馆、档案馆、科技馆、音乐厅、体育场，以及职教中心、会展中心、博展中心、广电演播中心、妇女儿童医院等文化、商务和公益设施，崛地而起。新建的“文登学”公园和修建的抱龙河公园、文山公园、峰山森林公园，交相辉映，城市功能品位大幅提升。全市建起农村文化大院577个、农家书屋232个、农村综合服务中心59个，成为全国农村社区建设实验全覆盖示范市。先后获国家园林城市、国家节水型城市、全国粮食生产先进市、全国科普惠农兴村先进单位、全国平安建设先进市、全国无公害农产品标志推广与监管示范市、中国长寿之乡、千年古县等国家级称号。

第六节 第十七届人民政府施政辑要

该届市政府任期自2012年2月至2017年1月（本志断限内2年）。团结带领全市人民，把握发展第一要务，坚持“稳中求好、稳中求快”总基调，以改革创新为动力，以提质增效为关键，推进蓝色经济区建设，构建现代化产业体系，不断加快富民强市新跨越，在新一轮竞争格局中力争主动，经济社会实现持续健康发展。2013年，实现工农业总产值1889.38亿元，比2011年增长29.30%。农林牧渔业总产值117.9亿元，农村经济总收入1333亿元，分别增长22.19%和32.05%。规模以上工业企业完成工业总产值1771.48亿元，增长29.89%。实现产品销售收入1765.7亿元、利税120.65亿元、利润73.25亿元，分别增长35.61%、39.43%和38.26%。全社

会消费品零售总额248.07亿元，增长30.33%。规模以上固定资产投资442.33亿元，增长59.73%。外贸进出口总额14.02亿美元，增长24.4%。地方财政收入75.52亿元。农民人均纯收入16310.48元，增长28.44%。实施百企升级创新发展行动、百家中小型企业梯次成长“双百计划”，完成技改投入177.5亿元，规模以上工业增加值增长11%以上。发展现代化农业，加快突破皮草、西洋参等特色产业，新建2处皮草产业园，新增农民专业合作社179家，国家地理标志产品4个。加强文体设施建设，优化提升文化大院100个，新建农村体育健身路径157条。推进生态建设，狠抓节能减排，环境质量不断改善，空气质量优良率达到99%以上，14个镇全部被评为国家级生态镇。城市建成区面积45.14平方千米。加大民生投入，深入开展包村联户工作，为群众办实事1.7万余件。先后获国家生态市、全国十佳金融生态示范市、中国老年人宜居（宜游）城市、全国法治市创建活动先进单位、中国毛皮产业名城等国家级称号。

1991－2013年为民办实事情况表

表22-2

年份	主要实事
1991年	1. 全长39.2千米的威青汽车专用路文登段通车。 2. 拓宽、延伸市区4条主要街道，铺设沥青路面3.3万平方米。全长5180米市区环山路开通。 3. 推广口子乡山后张家村经验做法，建立农村社会养老保险制度。 4. 新建占地1.6公顷，填埋量为18.7万立方米的垃圾处理场1座，实行垃圾无害化处理。 5. 新建、改造校舍面积2.1万平方米。 6. 镇、村共建计划生育人口学校826处。 7. 全市农村推行农民退休养老或养老补助制度。
1992年	1. 市职业介绍所成立。 2. 宋村镇2万平方米蔬菜批发市场建成开业。 3. 投资30万元，市区首个夜市在峰山路开市运营。投资400万元，新建占地面积2.2公顷的农工产品批发市场投入使用。 4. 投资682万元、投工34.4万个，全长17千米的昆嵛山水库灌区环山渠道工程竣工。 5. 日供水4000立方米的坤龙邢水库至埠口调水工程开工，翌年竣工；高村镇、埠口镇3万人、29个企业用水之忧得以解决。 6. 新建、改造校舍面积3万平方米。 7. 首次为离厂待业职工发放待业救济金。
1993年	1. 改造拓宽天福路、香山路，延伸硬化马山路、横山路、园林路及文山东路。 2. 投资300万元，新建面积3500平方米的市图书馆开馆。 3. 市商业中专、职工中专学校成立。 4. 投资3200万元，米山自来水厂一期扩建工程竣工通水，日供水能力5万立方米。 5. 投资800万元的文山公园主体工程完工。 6. 改扩建贸易市场14处，新建国贸大厦、金源商厦、富豪商厦投入使用。 7. 投资250万元，计划生育服务大楼落成。 8. 投资300万元，占地面积0.5公顷的市直机关幼儿园开工建设，翌年开园招生。 9. 农民负担管理实行“负担卡”制度，凡不在卡的收费项目，农民有权拒绝。
1994年	1. 投资2500万元、占地面积6.67公顷、可容纳48个教学班的实验中学开工建设。 2. 全市教龄21年以上的民办教师及相应教龄女民办教师子女1350人，优先由农村户口转为省地方城镇户口。 3. 投资1.5亿元，建筑面积12万平方米的商贸大观园竣工。 4. 设立“文登市精神文明和见义勇为奖励基金”。 5. 市公安局巡警大队成立，1月30日正式上街巡逻。 6. 在220个村推行农民养老保险。 7. 投资170万元，占地面积1.78公顷的水产批发市场主体工程完工。 8. 城市公共客运起步，开通1～3路公共汽车线路。 9. 经专家检查验收，全市基本消灭麻风病。

续表 22-2-1

年份	主要实事
1995 年	1. 1991—1995 年，通过建立救灾扶贫储金会，全市帮扶贫困户 3921 户，脱贫 3093 户，脱贫率达 79.9%。 2. 投资 4500 万元，荣兰线（309 国道）文登西段改建工程竣工通车，为文登首条一级公路。 3. 总投资 2.4 亿元，全长 46.6 千米的初张路文登段改建工程全线开工，1997 年竣工通车。 4. 投资 4500 万元，建筑面积 1.02 万平方米的邮电通信大楼投入使用。 5. 投资 1100 万元，整治城区柳林河、抱龙河段 6000 米，活动土石 81.5 万立方米。 6. 拆迁城区旧房 10 万平方米，新增城区供热面积 53 万平方米。 7. 754 个村实现小康，占全市总村数 86.5%。 8. 225 名民办教师按公办教师待遇办理退休，选招 579 名民办教师成为公办教师。 9. 首次引进大中型小麦联合收割机到文登作业。 10. 投资 30 万元，市区新建二类水冲式公厕 3 座。
1996 年	1. 建立“温暖工程”基金，总额 454 万元。 2. 艺达商贸城建成开业。 3. 4 月 1 日始，全市统一供应加碘盐。 4. 投资 2.2 亿元的市热电厂一期工程竣工投产。 5. 投资 2000 万元的抱龙河上游护砌和柳林河清淤工程竣工。市垃圾处理场雨水分流工程完工。 6. 投资 290 万元，更新市区路灯 586 基。 7. 开通全国数字数据通信网；开通“122”交通事故电话报警台。 8. 长 3000 米、宽 5 米，通往峰山顶峰路面硬化工程竣工。 9. 提前实现“奋斗三年解决公办教职工住房”目标，投入资金 2651.6 万元，建筑面积 5.9 万平方米。
1997 年	1. 职工医疗保险制度启动运行，477 家企业、43883 名职工参加。 2. 发放“待岗证”，314 名下岗职工领取“待岗证”。 3. 寺五公路泽库段竣工，全线贯通。 4. 优抚安置优待款实行全市统筹，减轻农民负担。 5. 投资 50 余万元，购置校车 12 辆，保障学生交通安全。 6. 投资 100 万元，实施农村改水工程，使用自来水村增至 468 个。 7. 投资 800 万元，占地面积 1.2 公顷的市中贸易市场试营业。投资 4800 万元，面积 2 万平方米的金都大厦一期工程竣工。 8. 投资 6000 万元，实现无线电视同有线电视、有线广播和无线广播、地面传输与空中传输，立体交叉覆盖。 9. 投资 600 万元，建筑面积 3430 平方米的市体育馆建成使用。 10. 投资 144 万元，将 1.76 万平方米昆嵛路人行道板更换为水泥彩板。
1998 年	1. 投资 3000 万元，占地面积 3.46 公顷的市中广场落成，从开工到建成用时 76 天。 2.《文登市优待老年人若干规定》颁布实施。 3. 投资 8000 万元，管道液化气建设工程开工敷设，首批通气 1200 户。 4. 投资 1000 万元的张家埠渔港一期扩建工程竣工。 5. 投资 7600 万元的威石公路文登段、上泽线路基工程和文登大水泊至荣成大疃沥青路铺装工程完工。 6. 投资 2000 余万元，实施旧城改造、绿化美化、污水处理等 10 项重点工程。 7. 投资 5000 万元，文登热电厂 2 号锅炉工程竣工运行。 8. 投资 140 万元，南海风暴潮预警系统主体工程完工。 9. 镇、村环境建设治理投入资金 2.56 亿元。 10. 万陵园公墓一期工程竣工。
1999 年	1. 敷设地下管网 1.4 万米，1800 户居民用上管道液化气。 2. 减免贫困学生杂费 81 万元，救助贫困学生 6000 人。 3. 投资 4000 余万元，新建商业网点面积 5 万平方米。 4. 拆迁改造旧城区 6 万平方米，新建、改建市区道路 4.1 万平方米，新增绿地 8.9 万平方米。 5. 新建、改造换热站 18 座，供热面积达 111.8 万平方米。 6. 为 2402 名城乡特困人员发放保障金 62.12 万元，为 186 名职工发放失业保险金 69 万元。 7. 改扩建校舍 6.3 万平方米。 8. 实现村村通客车。 9. 调整职工工资，人均增资 160 元。

续表 22-2-2

年份	主要实事
2000 年	1. 投资 930 万元，西母猪河应急供水一期工程竣工通水，日供水量 1.6 万立方米。 2. 投资 3600 万元，坤龙邢水库应急调水一期工程完工运行。 3. 全市公路五项重点工程开工建设，工程累计全长 75 千米，其中一级路 44 千米。 4. 荣兰线文登东段和石泽线文登段路基、桥涵工程完工。 5. 生态造林 330 公顷，植树 34 万株。 6. 投资 604 万元，投工 5.05 万个的米山水库西干渠改造配套一期工程竣工；二期工程开始施工，投资 1033 万元。 7. 活动土石 6 万立方米的五垒岛防潮堤工程完工。 8. 装机容量 3.5 万千瓦热电厂投入运行。
2001 年	1. 市人才交流劳务用工市场开业。 2. 新建、改造市区道路 20 条，硬化面积 71 万平方米，更新人行道彩板 26 万平方米。 3. 实施城区柳林河、抱龙河、九里河“三河”整治工程，清淤 24.6 万立方米，新增水面 71 万平方米。 4. 市区植树 41 万株，新增绿地面积 60 余万平方米。 5. 组织妇女查体 3 万余人次，查出患有各类妇女病 1 万余人次并对症治疗，查治率达 80% 以上。 6. 投资 585 万元，全长 800 米埠口防潮堤建设工程竣工。 7. 投资 3380 万元，改建校舍 6.6 万平方米，新增微机室 13 个、语音室 8 个。 8. 百大广场一期主体工程完工，投资 2700 万元；改造后的第一条城市“步行街”投入使用，投资 100 余万元。 9. 投资 6700 万元的城区电网改造工程启动。
2002 年	1. 居民生活用电实行城乡统一价。 2. 投资 1.2 亿元，占地面积 23 公顷的文登新一中（高中）主体工程竣工。 3. 投资 600 万元，新建石坝、拦水坝 7 座，增加抱龙河水面面积 93.6 万平方米。 4. 米山水库大坝护坡工程完工，砌石 3921 立方米，加固面积 1.57 万平方米。 5. 投资 8000 余万元，完成污染治理项目 16 个，工业废水排放达标率 100%。 6. 迎宾大道改造硬化工程竣工，铺设沥青路面 180 万平方米。 7. 取消镇统筹费、农村教育集资、屠宰税等事业性收费和政府性集资。 8. 市行政审批中心正式对外办公，实行为民“一条龙”服务。
2003 年	1. 实施荣兰线城区段、文山东路、迎宾大道等 5 项绿化工程，栽植苗木 219.17 万株，新增道路绿化面积 90.8 万平方米。 2. 投资 500 余万元，实施农业综合开发，整治土地面积 1300 公顷。 3. 文登义乌小商品批发市场一期工程竣工开业，3000 余个摊位出租、出售。 4. 全市食堂及餐馆、饭店实行食品卫生量化分级管理，从源头保证食品安全。 5. 世纪大道拓宽至 40 米，铺设沥青面积 4.3 万平方米、人行道彩板面积 3888 平方米。 6. 协调金融机构，向个体私营企业、工商户推出小额贷款 3 亿余元。 7. 划拨专项资金 100 余万元，用于非典型肺炎防控。 8. 投资 3 亿元、建筑面积 5 万平方米的利群购物广场奠基，翌年开业。
2004 年	1. 推行新型农村合作医疗制度，33.8 万名农村人口参加新农合。 2. 建筑面积 2.25 万平方米、床位 312 张的威海市文登中心医院外科大楼建成投入使用。 3. 改造市区道路 15 条，铺设沥青路面 27 万平方米、彩板 8.4 万平方米。 4. 兴建商贸基础设施面积 43.2 万平方米，新增就业岗位 1.4 万余个。 5. 改建农村公路 600 千米，硬化面积 500 千米，基本实现“村村通”沥青（水泥）路。 6. 投资 1.16 亿元，主体建筑面积 1.7 万平方米汽车站工程完工，次年投入使用。 7. 投资 6000 余万元的污水处理厂扩建工程开工。 8. 环山路改造工程竣工，投资 2100 万元，工程面积 15.4 万平方米。 9.《文登日报》更名为《文登大众》，向读者免费赠阅。

续表 22-2-3

年份	主要实事
2005 年	1. 提前取消农林特产税和农业税，减轻农民负担 5600 万元。 2. 3400 名下岗职工，全部得到妥善安置。 3. 全年发放失业救济金 1119 万元。 4. 投资 1.2 亿元，建筑面积 4.23 万平方米整骨医院病房大楼竣工启用。 5. 举办首届昆嵛山樱桃节，旅游收入 2000 万元。 6. 全市 407 个村、28.1 万人吃上洁净自来水，农村自来水普及率达 52.4%。 7. 投资 120 万元，城乡共建科普宣传栏 600 余个。 8. 投资 6800 余万元，完成道路改造、公园绿化工程 11 项，新增城市绿地面积 120 余万平方米。 9. 爬山小区供暖改造工程竣工，投资 800 余万元。
2006 年	1. 修建市区道路 26.6 千米，铺设沥青路面 34.9 万平方米，敷设排水管道 9810 米，维修路灯 4800 基。 2. 争取扶持资金 2400 余万元，治理中低产田 1733.33 公顷。 3. 启动毓菁华等 6 社区敷设液化气管道工程，新增供气 1000 户。 4. 投资 7100 余万元，完成 465 个村自来水改建。 5. 新建农村中心卫生室 10 个，设立社区医疗服务站 21 个。 6. 为参加新农合农民报销医药费 1800 万元。 7. 发放涉农补贴 3164 万元，减免农村中小学杂费 502 万元。 8. 在全省率先实现有线电视“村村通”。 9. 发放助学金 21.5 万元，资助高考特困新生 53 名。 10. 向农村低保家庭赠送彩电 826 台。
2007 年	1. 实施居有所安、行有所便、幼有所教、壮有所事、老有所养、病有所医、困有所济、闲有所乐、差有所治、忧有所解“十有”民生工程，全年支出 1.8 亿元。 2. 农村自来水普及率达 98%，基本实现“村村通”。 3. 威青线（202 省道）市区段建成通车。 4. 发放粮食直补、农业综合直补，成品油价格政策补贴、能繁母猪补贴共计 4928 万元，发放沼气建设补贴 310 万元。 5. 为 748 名家庭贫困中小学生每人发放 300 元乘车补贴。 6. 送戏下乡 200 场、送电影到村 1000 余场，满足农民群众文化需求。 7. 城市低保标准由每人每月 240 元提高到 280 元。 8. 实行婚前免费健康检查。 9. 面积 3.86 万平方米、床位 380 张的市立医院暨门诊病房综合大楼落成运营。 10. 面积 30 万平方米的“文登学”公园建设工程、全长 5 千米的抱龙河公园二期工程，当年开工，当年开放。 11. 城市义务教育阶段学生杂费全部实行免收。
2008 年	1. 实施 27 项强农、惠农工程，拨付新农村建设资金 2.2 亿元。 2. 市民文化中心、市博展中心、市体育公园、市高级职业技术教育中心在城市新区先后奠基开工，总投资 14 亿元。 3. 投资 6 亿元的圣经山综合开发项目一期工程建成并对外开放。 4. 泊子河改造工程竣工，拦蓄水面 20 万平方米。 5. 垃圾渗滤液处理站工程及污水处理厂二期工程完工，投入运营。 6. 实施新的城镇居民医疗保险补助标准，每人提高到 80 元。 7. 投资 400 余万元，在出租车和公交车安装 GPS 卫星定位装置、公交线路安装摄像探头。 8. 启动“实施光明行动创建白内障无障碍市”工程，首批 400 名贫困患者分期接受免费复明手术。 9. 农资综合补贴标准由每亩 29.5 元提高到 64.2 元。 10. 向 3853 名低保人员每人发放 100 元物价补贴。 11. 全年向贫困村和贫困户提供钱、物折款 1100 万元。

续表 22-2-4

年份	主要实事
2009 年	1. 投资 3.7 亿元，整修 14 所学校厕所、改建 4 所学校采暖设施、配备 17 所学校安全设施、安装 23 所学校消防设施。 2. 发放库区移民补助 696 万元。 3. 新型农村合作医疗发放补助 3736 万元。 4. 新建镇级综合文化站 13 个、农家书屋 100 个。 5. 投资 1.4 亿元米山水库除险加固工程基本完工，投资 2000 万元实施 20 座小型水库除险加固工程全部竣工。 6. 投资 2.3 亿元，长 2020 米、高 33.2 米长会口大桥建成通车。 7. 兴办“乡村车间”38 个，1300 余名农村妇女实现就地就近就业。 8. 新建环山路小学招生开学，投资 3000 万元。 9. 经营面积 2.5 万平方米的家家悦文登购物广场开业。 10. 首批新型农村养老保险金发放。 11. 清理农村“三大堆”（草堆、粪堆、垃圾堆）3 万处，硬化街道 43 万平方米，新增垃圾箱 583 个，新安路灯 1445 基。
2010 年	1. 培训各类人员 1.6 万人，全部取得鉴定证书并实现就业，就业率 100%。 2. 建筑面积 2.3 万平方米的市社会福利中心一期主体工程竣工。 3. 改造镇卫生院 5 所、农村卫生室 42 个，新型农村合作医疗人均补助标准提高到 120 元。 4. 新建农家购物店 192 个，总数达 725 个，农村消费半径由 5 千米减至 2 千米。 5. 帮扶农民群众新建沼气池 1500 户、改厕 3000 户。 6. 南海实验学校建成启用，投资 1.15 亿元。 7. 8 个镇启动污水处理厂建设，2 个镇启动供热基地建设，6 个镇接通天然气，11 个镇建起垃圾中转站。 8. 投资 200 余万元，购置体育器材 2 万余件，全市中小学体育器材配备达到国家一类标准。 9. 淘汰 32 套高耗能设备，关停立窑水泥生产线。 10. 更新学生班车 56 辆，发放交通补助 128 万元。 11. 向农户发放科学储粮示范仓 3000 个。
2011 年	1. 投资 7000 余万元，全长 21.7 千米的滨海路泽库镇小葛家村至小观镇东浪暖村路段工程正式开工；投资 8905 万元的威青线泊子桥至乳山路面工程开工建设。 2. 投资 7.3 亿元，实施校舍安全、社区整治等 20 个民生建设项目。 3. 润泰购物广场暨大润发超市开业，投资 4 亿元，建筑面积 16.5 万平方米。 4. 投资 2.4 亿元，历时 3 年的农网改造工程完工，128 个村（社区）、2 万余户农民受益。 5. 镇区全部建起垃圾中转站，城乡垃圾实现一体化处理。 6. 1230 户因病致贫家庭获救助款 633.5 万元。 7. 整治规模养殖场 53 个，绿化农村公路 850 余千米。 8. 投资 6 亿元，全长 33 千米的圣海路竣工通车；总长 9.8 千米的青荣城际铁路文登段全线开工。 9. 全省勘探找水工程在文登启动，49 个缺水村、2 万名村民受益。 10. 召文台改造工程竣工，文山公园由收费管理变为免费开放。 11. 投资 9000 万元的热电厂 3 号锅炉工程竣工。
2012 年	1. 选派 82 名村党支部“第一书记”、549 名驻村联络员到农村开展帮扶工作。 2. 630 个村（社区）建起健身活动场所。 3. 新增城镇就业 1.6 万人，转移农村劳动力 8000 人，高校毕业生就业 1500 人。 4. 实施保障安居工程，为 737 户中低收入家庭提供保障性住房补贴。 5. 改建校舍 8.5 万平方米，42% 的学校达到省级规范化学校标准。 6. 新建镇办中心幼儿园 4 所，示范幼儿园创建比例达 55%。 7. 推行先诊疗、后付费模式，新农合住院补助最高标准提高到 15 万元，职工医保支付限额由 40 万元上调到 50 万元。 8. 免费为肢体残疾人发放轮椅 144 部。 9. 全年组织 2000 余人创业培训、8000 余名职工技能学习，发放财政补贴 416 万元。 10. 改造节能暖房 210 万平方米，市区新增集中供热面积 117 万平方米。 11. 组织举办大型群众性文化活动 60 余场次。

续表 22-2-5

年份	主要实事
2013 年	1. 实行新农合与城镇居民医保并轨，将所有定点医院纳入即时结算。 2. 发放大病救助金 580 万元，1112 户因病致贫家庭受益。 3. 39 家诚信农民工综合服务站（所）成立挂牌。 4. 投资 1800 万元，对 96 个村自来水管网进行改造，3.8 万人饮水安全难题得到解决。 5. 扶持 302 名失业人员创业，发放小额贷款、担保贷款 1200 万元。 6. 新建农村体育健身路径 157 条。 7. 购置校车 44 辆，改扩建中小学 9 所，新建镇办中心幼儿园 10 所。 8. 开展生育关怀系列活动，千名志愿者为 6000 余户空巢家庭和困难家庭提供各类服务 5 万余件次。 9. 新建农村无害化标准卫生厕所 3000 个，完成 80 个村的环境综合整治。 10. 整治市区排污口 10 个、农村养殖场 110 个，昌阳河、青龙河污染综合治理工程竣工。 11. 造林 1530 公顷，新增绿地 30 万平方米。 12. 建立留守流动儿童活动站 35 处。 13. 深入农村、社区免费送电影 8244 场次，送图书 2 万册，送书画 2000 余幅。

第四章 综合政务

第一节 法制工作

1990 年 7 月，市法制办公室（简称市法制办）成立，为市政府办公室内设副科级单位。1993 年 11 月撤销，1994 年 6 月恢复。2002 年 1 月，升格正科级（增挂市政府行政复议办公室牌子）。2013 年，内设综合科和行政复议应诉科。

行政执法督查 “八五”期间，市政府在中央“一手抓建设和改革，一手抓法制”的战略方针指引下，深入开展依法行政、依法治理活动，全市执法人员和领导干部依法办事观念明显增强。5 年间，执法部门按照职责权限、责任要求、处罚依据，组织各类执法检查 50 余次，发现问题，依法查处。1997 年，通过检查，取消 9 个企业收费项目、3 个集资项目，减轻企业负担 1626 万元。1999 年，市政府印发《关于认真做好罚款决定与罚款收缴分离工作的通知》，推进规范行政、依法治市。2007 年，市政府印发《关于建立和推行行政执法责任制的意见》等文件，梳理规范行政执法主体 91 个、执法依据 822 项、行政处罚 1354 项、行政强制 298 项。2008 年，市政府印发《文登市规范行政处罚自由裁量权工作实施方案》，分解细化行政处罚标准、范围、幅度，建立健全科学、公正的处罚程序和机制。2009 年，市政府印发《文登市行政执法档案管理办法》，组织执法案卷评查，规范行政执法行为。2010 年，在镇（街道）开展行政处罚案卷评查暨“十佳行政处罚案卷”评选活动，对 43 家行政执法机关的 1798 宗执法案卷进行审评，对查出的问题予以反馈整改，进一步规范行政执法文书的书号使用。严格资质管理，规范执法行为。至 2013 年，市法制办共审验行政执法证件 8089 个，补办执法证件 428 个。

规范性文件的制定与审查 1991—2013 年，凡以市政府名义发布的文件每年进行一次清理，对不符合制定程序、未经合法审查、照抄上级文件、内容笼统空泛，不适应经济社会发展要求的文件及时予以修改或废止。1991—1995 年，清理各类文件近 100 件，废止 10 件，修改 11 件，确定继续有效的 76 件，并将有效文件装订成册。1999 年，市政府先后印发《文登市城市住宅小区物业管理办法》《文登市城市集中供热管理办法》等规范性文件 20 件。2001 年，为适应加入世界

贸易组织（WTO）的进程，按照法治统一、公开透明、非歧视原则，对与服务贸易、货物贸易和知识产权等有关文件和政策措施进行清理，废止91件，按照世贸组织规则修改3件。2008年，市政府印发《关于开展规范性文件清理和备案工作的通知》，对以市政府或市政府办公室名义发布的现行有效文件进行集中清理，并将清理结果向社会公布。2012年，市政府印发《文登市规范性文件管理办法》，要求所有文件的制定须符合法律、法规、规章和国家的方针政策，严格遵守法定权限和程序，广泛征求社会意见，组织专家进行论证，报市政府批准后印发，并严格按照规范性文件“三统一”制度，进行统一备案、统一编号、统一登记。23年间，全市制发规范性文件326件。

行政复议与应诉　“八五”期间，建立复议应诉机构，规范复议应诉工作程序，统一文书格式，健全复议应诉案件备案制度和统计报告制度。至1995年，共受理行政复议案件31件，经复议维持处罚的21件，变更4件，撤销2件，申请人自行撤回申请4件。2007年，实施重大合同备案审查制度，对过亿元或过千万美元的投资项目，进行合法性审查。2007—2013年，审查政府合同146件。参与涉法非诉案件的协调处理，依法提出处理意见151件，为领导决策提供借鉴。2010年，市政府印发《文登市行政首长出庭应诉工作暂行办法》，将行政机关首长出庭应诉工作纳入依法行政考核，推动行政机关首长出庭应诉制度的实施，履行行政职责，化解社会矛盾。2013年，市政府印发《关于设立文登市人民政府行政复议委员会的通知》，正式组建市政府行政复议委员会，审议通过《文登市人民政府行政复议委员会全体会议议事规则》《文登市人民政府行政复议委员会行政复议案件审理会议议事规则》，规范行政执法行为，增进当事人与行政机关的理解和信任，实现“定纷止争”的效果。至2013年，共办理行政复议案件220件，维持率达90%。

法制宣传和执法培训　90年代，由市法制办牵头，每年组织次数不等的全市法制宣传和执法培训活动。1996年《中华人民共和国行政处罚法》颁布后，对全市2000余名行政执法人员全部轮训1遍。1998年，举办《中华人民共和国消防法》《中华人民共和国公路法》《中华人民共和国消费者权益保障法》知识竞赛，参赛者5万余人。1999年，联合文登电视台、文登市报社分别创办《昆嵛卫士》《法制园地》等栏目，以案释法、以法明理，向干部群众宣传法律知识。进入21世纪，进一步加大普法力度。2004年，开展以贯彻实施《中华人民共和国行政许可法》和国务院《全面推进依法行政实施纲要》为主题的法制宣传活动，举办各种法律知识培训班5期，培训各级行政执法人员1500余人次；印发普法教材1500本，发放宣传材料1200份，组织全市公务员和行政执法人员5000余人参加《中华人民共和国行政许可法》学习考试。2008年，印发《关于进一步加强行政执法人员培训工作的意见》，举办各类授课60场。2010年，组织公共法律知识培训5次，培训人员820人次；对197名执法新人进行培训考试。2013年，将《中华人民共和国行政强制法》《山东省行政程序规定》列入党校干部培训自主选修课程，实现全覆盖，努力提升干部队伍整体法律素质。

第二节　行政审批

2002年1月，市行政审批服务中心管理办公室（简称市审批中心）成立，8月对外办公，为市政府管辖正科级事业单位，内设综合科、业务督查科、网络设备科。2008年7月，增设大项目审批代理科和宣教科。2013年10月，撤销行政审批服务中心管理办公室，设立政务服务中心管理办公室，为市政府派出机构，级别不变。内设综合科、业务督查科、网络设备科、大项目审批代理科、宣传教育科。在编人员15人。

提升效能　2002年，首批进厅部门27个，窗口工作人员62人，集中办理审批事项212项。审批项目实行公开审批依据、公开审批程序、公

开审批条件、公开审批时限、公开收费标准，采用“一门受理，窗口运作，统一收费，承诺办结”的“一站式”服务方式，开通快捷审批“绿色通道”，实行“一条龙”审批服务。全年累计受理审批事项6406件，提前办结6059件，按时办结338件，承诺待办9件，办结率100%。审批中心成立后，推出高速通道、绿色走廊、联席审查、并联审批、代理审核、延伸监管、“链式”办结、代理服务、一次告知、预约办件等10余项便民措施，总计压缩审批时间2190个工作日。2007年，对进厅的27个部门309个审批项目进行第三次提速，压缩工作日1648个，3次共压缩3840个工作日，压缩比例为59%，即办件比例上升到63%。随着办事效率、运行质量不断提高，办件数量逐年增加。2007—2009年，办理审批事项分别为43.95万件、47.1万件、55.8万件。2007年，被省政府法制办公室授予全省行政审批工作先进单位称号，连续3年被省文明委授予省级文明单位称号。2009年，联合市物价局对进厅收费项目进行全面清理，取消行政性、事业性收费56项80小项。建立电子审批监察系统，实行行政审批电子服务，提高服务效率。2010年，围绕体制创新、机制创新、业务创新，开展“窗口创新展示活动”，做到岗岗有标准规范，人人按标准履职，全年取得创新成果69项，总审批工作日由2654个压缩到1858个，审批事项由722项压缩到376项。2012年，按照部门科室职能向行政许可科、行政许可科向市行政审批中心“两集中”，事项、人员、授权、监督“四到位”原则，进一步理顺规范每一项进厅审批事项的名称、依据、材料、时间等，并以部门文件形式制作统一书面授权书，明确规定进厅部门的94个行政许可事项，全部纳入审批中心集中办理，项目总进驻率提高到80%，基本建设项目审批时限由62个工作日缩减到50个工作日，审批时限压缩20%，全市行政许可事项由394项精简到181项。2013年，通过智能整合、流程再造、并联审批、委托代办、统一监管等，进驻南海新区90%以上的项目实现即到即办，审批时限由原来的70个工作日压缩到36个工作日，中介机构收费控制在行业收费标准下限的40%以下，最低达到15%，基本实现“进一个门，办一切事”，开创威海辖区项目审批不出园的先例。

优化服务 审批中心自成立之日起，即建立有章可循、有据可依的服务体系，工作人员在受理审批事项中，使用文明语言，开展微笑服务，做到咨询一次说清、表格一次发清、材料一次收清。2002年，收到群众反馈意见卡762张，其中满意卡760张，满意率达99.7%。2003年，在窗口单位建立党组织，开展跟踪回访活动，实行全程跟踪评估，坚持“不抵触、相衔接、有特色、易操作”的原则，为服务对象提供快捷服务。2004年，与市监察局共同设立投诉中心，负责对行政许可业务监督管理和全市行政效能投诉等工作。2005年，将工作人员电话号码向全社会公布，24小时为群众服务，解决以往办事群众“多头跑”“满城转”的问题。2006年，推行基建项目“一单收费”。2008年，开展服务窗口

图22-2 2012年3月31日，市行政审批中心“省级服务标准化示范单位”验收会现场。

进企业活动，组织发改、建设、环保、国土、工商、规划、经贸等窗口工作人员，走进南海新区、经济开发区35家重点骨干企业，提供现场办公服务。2010年，开展“群众满意度测评活动”，采取一事一评、电话回访、走访企业、信函征求民意、发放调查问卷、召开座谈会6种形式，征求社会意见；全年一事一评系统反馈信息5276件次，走访企业、农村126家（个），电话回访市民1953人，发放社会调查问卷2215份，回收信函240封、意见卡791张，群众综合满意度达99.92%。2013年，采取联席会议、联合踏勘、联审联批、全程服务、重点督办等措施，为35个重点项目提供全程免费代理服务，变“项目围着窗口转”为“窗口围着项目转”，保证项目快速落地、及时开工。按照“能进则进、应进全进”原则，将基层审批服务项目全部纳入镇级便民服务中心办理，全市748个村（社区）建起便民服务代办点，让老百姓足不出户就能办成事，形成行政审批、公共服务、公共资源交易“三位一体”和市、镇、村“三级联动”的政务服务体系。全年办理各类审批服务事项207.2万件，群众满意度达99.96%。先后被授予国家级政府行政审批服务标准化试点单位、省级文明单位称号。

第三节　外事　侨务和中国港澳事务

1991年8月，市外事侨务旅游办公室更名为市外事侨务办公室（简称市外侨办）。1992年11月，侨联与其合署办公，编制10人。1993年11月撤销，职能划归市政府办公室。1994年9月，恢复外事侨务办公室，正科级，复与侨联合署办公。1995年，内设综合科、联络接待科。工作人员6人。2013年，机构内设综合科、联络接待科、出国管理科、侨务科。工作人员12人。

外事

到访　发挥职能作用，推进对外开放。1991年，中国道教全真派发祥地文登国际研讨会召开，邀请中外学者百余人与会。1992年8月，驻华22个国家大使、参赞到访，周到服务受到好评。邀请47名外宾参加“1992文登国际昆嵛山山会”。1994年7月，美国得克萨斯州密苏里市友好城市考察团到访，双方就经济、文化、教育等方面的交流合作进行探讨交流。1995年10月，日本宇部市副议长率友好城市访问团到文登考察交流。1997年6月，英国电视台第四频道摄制组考察文登丝绸集团公司，拍摄丝绸生产电视片，在英国电视台播放。2001年9月，意大利比拉市副市长率考察团考察文登宏安集团光缆生产线。2003年1月，韩国蔚州郡郡守严昌燮一行到访，双方就互派公务员、建立蔚州郡工业园等有关事项进行友好商谈，并签订协议书。2004年2月，韩国忠南北部商工会议所会长金龙雄到文登考察投资环境，签订合作项目3个，投资额750万美元。2005年11月，韩国国会议员崔宰诚、韩国驻青岛总领事馆领事朴焕善出席总投资2000万美元的韩资企业——威海岱韩金属有限公司开工剪彩仪式。2009年3月，法国华人商会组织投资考察团到文登参加“南海新区欧洲创新产业园”签字仪式。2010年4月，欧洲理事会常务副主席、比利时执政党主席保罗·威尔到访考察投资环境，洽谈有关投资事宜，双方签署《中欧（文登）蓝色经济发展战略合作备忘录》，达成在文登建立“欧洲—文登低碳产业园”意向。2012年11月，韩国天安市市长成武镛率天安市厅友好代表团到文登进行友好访问，双方签订进一步加强交流合作协议书。1991－2013年，共接待美国、韩国、日本、印尼、德国、英国、法国、巴西、南非、加拿大、意大利、西班牙等70余个国家的外国友人2175人次，重要团组100余个，其中联合国农业发展基金会团组13个66人次。

出访　改革开放初期，境内人员出访多为学习考察。90年代，随着全球经济一体化加快和对外开放的扩大，出访更加便捷，事项也由过去一般友好交流，逐步发展成为经济、文化、科技等方面交流与合作。1991－1999年，全市向美国、日本、韩国等国家派出多个经贸团组，围绕以独资为主、企业嫁接改造为主、高新技术为主、大项目投资为主“四为主”发展战略，主动出击，

招商引资。其间，市委、市政府、市人大、市政协主要领导先后出访美国、法国、韩国、德国、巴西、日本、泰国、俄罗斯、新加坡等国家，开辟对外交往渠道，发展城际友好关系。文登市先后与美国得克萨斯州密苏里市缔结友好城市关系，与韩国天安市、大邱市、始兴市建立友好合作关系。1991 年，文登日语中专学校与韩国民族综合文化教养会建立姊妹学校关系。1995—1996 年，文登一中与韩国仁川市济物浦高等中学缔结友好校际关系；文登实验小学分别与美国得克萨斯州密苏里市帕拉玛小学、韩国仁川广域市石井国民学校缔结为友好学校。2004 年，文登市与韩国天安市达成公务员互派协议，双方每年选派公务员交流任职。2013 年，天安市医疗观光协会与文登整骨医院、市立医院、妇女儿童医院签订《交流合作协议书》。

随着对外交往活动的日益频繁，市外侨办按照“外事无小事”的要求，印发《关于加强外事工作意见》《外事纪律须知》《外事接待常识》《涉外案例选编》《对外宣传口径》等涉外知识手册 5300 本，举办培训班 110 期，培训 1.5 万人次，加强因公出国团组外事纪律、国外礼俗、安全防谍等方面教育。2000—2013 年，全市办理因公出国（境）团组 1029 个 3148 人次，按时出国率 100%，出国（境）人员无违反外事纪律案件发生。

侨务与中国港澳事务　1991 年，各镇均建起侨务工作领导小组，加强对辖区侨务工作的协调指导。1997 年，开展第三次侨情普查，进村入户全面掌握侨情。1998 年，为 158 名归侨侨眷举行发证仪式，全年认定身份颁发归侨侨眷身份证 1603 人，并登记建档。2002—2003 年，在北山、秀山等 5 个社区开展社区侨务试点工作。2004 年，指导帮助张家产村等村（社区），建起“侨务之家”和侨务活动室 3 处。2007—2009 年，建起社区侨务工作点 20 余个，其中示范点 6 个。其间，投资 5 万元，成立文登市侨友活动中心。充实调整市、镇（街道）、村（社区）三级侨务工作领导小组人员，进一步健全和完善侨务工作上下联动机制。2011—2012 年，投资 30 万元，为侨友活动中心购置微机 10 台，新建社区侨务之家示范点 2 个，实现组织、人员、工作、责任“四落实”。2013 年，加强侨情动态跟踪调查，先后建立文登籍华侨华人、海外专业人士、海外重点侨团等 10 类侨务信息库。市外侨办先后 9 次被省侨办评为省侨务工作先进集体。

为侨服务　1991—1997 年，按照“侨思我想，侨求我应，侨需我做，侨困我帮”的要求，坚持重大节日开展“访侨户，送温暖”活动，赠送各类物品价值 43.8 万元。1998 年，为归侨侨眷占全村总户 80% 的张家产村争取上级侨资 1.9 万元，

图 22-3　2008 年 8 月 22 日，《中国侨联章程》修改工作座谈会山东片会在文登召开。

送去价值 3 万元的衣物、药品，邀请果业技术员进村传授果树管理、剪枝、套袋技术 2 次。2001 年，开展“三实”（说实话、办实事、求实效）、“四为”（为两个文明建设服务、为改革开放服务、为归侨侨眷服务、为海外侨胞服务）、“十上门”（了解侨情上门、征求意见上门、帮助指导上门、总结经验上门、讲课辅导上门、技术培训上门、信息咨询上门、走访慰问上门、巡诊送医上门、送捐赠款物上门）服务活动，为归侨侨眷送款

40万元，为260人巡诊疗病，解决问题23件。2005年，经与上级侨办联系沟通，免费为13名侨眷、侨属白内障患者进行手术。2007—2009年，为321人发放生活困难补助57.78万元，协调有关部门安排侨眷及子女就业21人。发放“为侨服务卡”，提供优先、优质、优惠服务。2013年，开展“百家侨资企业大走访”活动，采取“点对点联系，面对面服务”方式，分批次对全市21家重点侨资企业进行走访调研，帮助解决实际问题8件，协助侨企贷款1000万元。至2013年，为海外侨胞、归侨侨眷解难题、办实事727件，接待信访到访346件次，处结率99.5%。

侨法宣传　1991—1995年，向海外侨胞赠送录像带98盒，画册、图片、贺年卡4180份（张），发动归侨、侨眷给海外亲人去信2800余封。1996年，协助省侨联出版《齐鲁乡情·文登专辑》3期，向海外78个国家的重点华侨社团、华侨人士发放。1998年，围绕宣传落实《山东省实施〈中华人民共和国归侨侨眷权益保护法〉办法》，联合有关部门印发4个配套文件，并在《文登市报》开辟专栏，广为宣传。全年举办侨法知识培训班、座谈会、广播讲座40期，印发材料1500份，出黑板报、办宣传栏830期，街头宣传咨询44次，在全社会营造学侨法、用侨法、护侨益的良好氛围。2000年，向海外邮寄各种宣传品2000余份，让世界了解文登、文登走向世界。2011—2012年，通过中国侨网、《山东侨报》、侨办侨联网等新闻媒体刊登稿件180篇，向海外侨胞发放贺年卡、信件300张（封），宣传资料1850份。2013年，联合市司法局成立市归侨侨眷法律援助中心，在镇（街道）建立依法护侨联系点，通过设置社区侨法宣传角等形式，促使涉侨政策和法律法规更加深入人心。

海外捐赠　1991—1995年，接受海外捐赠人民币28.8万元，日元170万元，皇冠轿车1辆，奥迪轿车4辆。1997年，加拿大华侨邹俊棠设立俊棠教育奖学金，为51名学生每人发放500元。1998年，旅居巴西华人侨领毕务国捐赠人民币30万元，建设毕务国完全小学1所。2000年，旅日华侨张慧琴为大水泊中心完小改建校舍，捐款500万日元；后再捐100万日元，用于购置教学设备，改善办学条件。2001年，威东航运公司社长李钟洵捐赠10万美元设立威东航运奖学金，奖励优秀中小学学生。2007—2009年，接受来自美国、巴西和韩国华侨华人捐赠人民币134.4万元、美元1.5万元。2013年，巴西华人毕崇信向毕务国小学捐款10万元，用于优化教学环境。

招商引资　1991年，利用中国道教全真派发祥地文登国际研讨会举办之机，加强与外商沟通交流，签订合资合同、协议9项，利用外资300万美元。2000年，加强对外联络沟通，促成市黑豹集团等企业与巴西东方集团签订经贸协议4项。2008年4月，世界华人协会会长、国际市长交流中心董事局主席、全球市长论坛理事长程万琦，国际市长交流中心董事局执行主席金兰等到文登，围绕设立“文登创意产业园项目”选址，考察投资环境。2008—2009年，促签项目4个，其中总投资7亿元的文登市体育公园项目一期工程于2012年已投入使用。2010年，首届华东侨

图22-4　2008年8月6日，南海工业园海外华侨华人投资创业基地举行揭牌仪式。

商论坛暨经贸洽谈会在文登举行，会上达成合作合同、意向项目5个。其中，引进投资1000万美元的韩国元平石材加工项目，当年到位资金96万美元。2013年，签订外资和港澳资合同及意向项目7个，其中港商投资项目5个。紫荆医药科技发展有限公司土建工程完工，荣威体育用品项目进入设备调试阶段。

第四节　项目推进

2008年9月，市重点项目推进办公室成立，为市政府办公室内设正科级单位。主要负责承办市重点项目建设信息收集、工程督查、调度推进等工作。

机构成立后，按照“认真、高效、协调、服务”的原则，多管齐下推动项目建设。项目调度采取会议调度、现场调度、图表调度、照片调度等多种跟进形式，推进项目建设高速、有序进行。建立完善周调度、月通报、手续督办、倒排工期、动态考核、履约验收机制，促进项目早落地、早开工、早达产。2008年，组织各类会议、项目观摩32次，形成会议纪要、项目推进专报等文字材料100余篇，为领导掌握情况、实施有效指挥提供第一手资料。2010年，组织召开大项目评审会、协调会、现场会74次，完成各类总结、汇报、调研、督导专报等材料182篇，拍摄项目建设现场照片1100余张。其间，文登项目建设作为威海观摩现场，在全省转方式调结构会议上得到与会的省、市领导一致好评。2011—2012年，组织项目开工仪式、上级观摩等活动70次，连续6次考核位居威海第一。至2013年，全市有301个重点项目开工建设，其中136个项目完工达产。

第五节　应急管理

2008年2月，设立市应急办公室（增挂值班室牌子），为市政府办公室内设机构，级别副科。主要履行市政府应急管理平台建设、预案制定、值守应急、信息汇总、综合协调等职能。

健全机构　按照“统一领导、综合协调、分级负责、属地为主”的要求，自上而下层层建立完善应急管理组织机制。成立以市长为组长的突发公共事件应急领导小组，26个部门设置46个专项应急指挥机构，分别负责全局及行业突发事件的应急处置工作。各镇（街道）设专、兼职人员，与部门、单位办公室合署办公，发生突发事件即转为应急处置机构。2013年，全市成立防汛抗旱、消防特勤、森林防火、医疗救护等市级专业应急救援队伍300支，综合应急救援队伍20余支，真正把人防、物防、技防应急措施落到实处。

超前防范　2008—2009年，市委、市政府印发《文登市突发事件总体应急预案》《文登市突发事件应急体系建设规划（2008—2010）》《文登市突发事件应急预案管理办法》《文登市处置重大森林火灾应急预案》等16个专项应急预案。按照“城乡并举、预防为主、常备不懈”的工作方针，依托气象预报发布系统，整合电子政务专网、新闻媒体、应急网站、公共通信等平台，建立健全预警信息通报与发布机制，全市实现预警信息无死角、全覆盖。设置18镇（街道、港）、10部门视频会商系统，与威海市平台建立网络联系，实现威海、文登、镇（街道、港）三级互联互通。建立健全应急值守制度，严格执行领导带班和24小时值守制，严禁“空岗”“脱岗”。所有村（社区）设立基层信息员，明确岗位职责，严格工作纪律，做到信息早报告、苗头早预防、隐患早排除、事件早处置。先后投资2500万元，编制市、镇两级物资储备规划，重点储存危化品救援、山林、高楼灭火等重点装备及必需物资，用于应急十大体系和重点项目建设。市民政、林业、水利等部门均建起专业物资储备库，储备物资总值650万元。2008—2013年，全市规划建设应急避难场所、疏散基地28处，可容纳避险人员29.7万人，保证居民主动避险、就近避险、有效避险。

培训演练　市应急办公室设立后，以培训领导干部和管理人员为重点，将应急管理知识纳

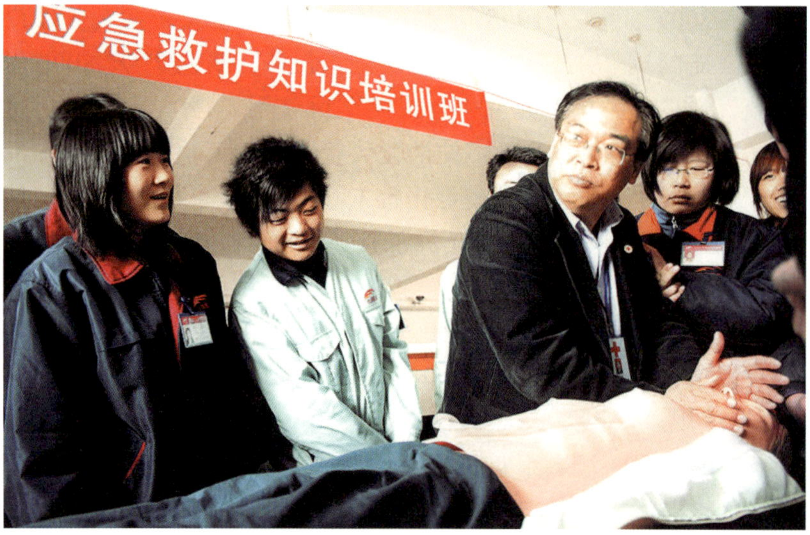

图 22-5　2010 年 3 月 27 日，市红十字会组织医疗救护专家现场示范和讲授心肺复苏技术要领。

入党校培训内容和干部自主选学计划，组织市镇领导、青年干部及村（社区）负责人参加各级应急管理专题培训讲座，提升应急预防快速反应能力、协调工作能力和综合指挥能力。利用报刊、广播、电视、网络等大众媒体和橱窗专栏、宣传图册、科技下乡等形式，宣传防灾减灾知识。通过各种途径，发放宣传资料 260 万份。建立应急管理网站，及时更新应急预案、预警预报、应急知识等内容，打造应急管理工作网上名片。通过地震疏散、消防逃生、抗洪抢险、疫病防治等各种形式应急演练，增强预案的实战性、适用性和操作性。至 2013 年，全市组织各类预案演练 1000 余场次，参加演练人员 21.2 万人次。

第六节　民族宗教事务

1991 年 10 月，文登市民族宗教事务办公室成立，由市委统战部代管，后划归市委统战部。2002 年 1 月，市民族宗教事务办公室（简称市民宗办）成立，正科级，隶属市政府办公室。2006 年 3 月，更名为市民族宗教事务局（简称市民宗局）。2013 年，内设综合科（增挂民族宗教科牌子）。工作人员 7 人。

民族工作　90 年代，统战部门多次举办市、镇统战培训班，组织机关、农村干部学习党的民族政策、法规和民族知识。召开少数民族代表座谈会，推广先进典型，交流生产经验，提高致富本领。组织开展专题调研，摸清少数民族人员生产、生活现状，发现共性问题，立即帮助解决。2002 年始，把每年 10 月定为“民族团结进步宣传月”。至 2013 年，召开少数民族座谈会 44 次，参加座谈人员 2420 人次，发放各种宣传材料 2.76 万份。以“双十联系户”（市区十户，农村十户）为纽带，开展“手拉手密切联系活动”，引领少数民族群众致富奔小康。建立少数民族贫困户登记制度，定期开展捐助慰问活动，市民宗局（办）先后走访慰问少数民族贫困户 130 户，发放救助款 15 万元。组织专业人员，定期与不定期对超市、饭店清真食品经营销售情况进行检查，未发生违反清真食品管理规定的事件。落实少数民族考生优惠政策，先后为 138 名少数民族考生办理身份确认。做好民族团结工作，抓好示范基地建设。2010 年，文登市兴和食品有限公司聘用新疆维吾尔族员工 170 余人，主管部门随即派员指导公司根据少数民族风俗习惯进行生产经营和企业管理，尽力把企业打造成他们的“第二故乡”。2014 年，兴和食品有限公司被国家民族事务委员会命名为全国民族团结进步创建活动示范单位。

宗教管理　1991 年，全市有基督教信教群众 1100 余人。1992 年 3 月，首次召开全市宗教工作会议。7 月，市基督教“三自”爱国运动委员会成立，先后制定爱国守法公约、场所管理规定及会员活动守则，全市宗教工作步入依法管理、依法活动轨道。1999 年，组织信教群众学习有关文件，统一思想，分清是非。对乱设宗教活动点、异地传教等违法行为依法打击，保护正常宗教活动开展。2004 年，组织指导“三自”爱委会进行

义工法律培训，受教育者5000余人。2005—2007年，印发《爱国公约》《教职人员守则》《信徒制度》《例会制度》等规章制度，建立市、镇、村三级宗教信息联络网，对宗教团体、活动场所进行考核登记，依法取缔私设活动场点。2008年，发动各宗教团体及信教群众向四川汶川灾区捐款18万元，被省人事厅和民族事务委员会授予全省民族宗教工作先进集体称号。2011—2013年，利用报纸、电视、网络，向信教群众宣传《宗教事务条例》《山东省宗教事务条例》等宗教政策法规，受教育者8000余人。

第七节　机关事务

1993年11月，文登市机关事务管理处成立，级别正科，隶属市政府办公室管理。2002年1月，更名为文登市机关事务管理局。2012年，调整为市政府直属事业单位。2013年，内设办公室、财务科、采购供应科、保卫科、公共机构节能管理科（增挂市公共机构节能管理办公室牌子）、公务用车管理科、办公用房管理科。辖机关食堂、市直属机关物业管理所（2000年成立，副科级事业单位，与机关房产管理所合署办公）、机关印刷所（2000年成立，股级事业单位）。实有人员63人。

1996—1997年，完成居住机关宿舍561户房改和400户通暖施工任务。新建77户8000平方米机关宿舍按期交付使用。1998年，北山机关宿舍540户液化气管道安装工程如期竣工。机关大院新建绿化带1500米，建起花坛11个，新增绿地7000平方米。1999年，粉刷机关办公大楼外墙1.41万平方米，油漆门窗2380平方米，维修房屋2300平方米。2000年，北山机关宿舍拆旧建新7000平方米，实现当年拆迁、当年建设、当年竣工、当年出售。2002年始，机关食堂启用盘式餐具，实现卫生就餐。2005年，投资20万元，新建乒乓球、台球室，篮球、羽毛球场各1处。2007—2009年，开发商住楼面积1.2万平方米，北山社区17幢住宅楼“平改坡”建设任务按时完工，1000户住户自来水管道重新进行改造。2012年，对北山社区1100户住户暖气进行改造，楼前房后补种绿化苗木500株。2013年，整修北山社区老干部健身广场，铺设大理石地面500平方米，安装新座椅，更换垃圾箱。同年，协同园林部门对机关大院绿化景观重新规划施工，新栽各类苗木5万株。20年间，加强物业、食堂、财务、节能、车辆管理，做好安全保卫、文印服务工作，机关事务工作效率和服务质量逐年提高，获山东省机关事务工作先进集体称号。

第五章　乡镇（街道）

第一节　行政机构

乡镇（街道）机构调整　1991年，全市设镇人民政府17个、乡人民政府6个。1992年5月，经省政府批准，泽库、口子、张家产、天福山4个乡改镇。1993年10月，文登营、黄岚2个乡改镇，黄岚乡更名为北郊镇。至此，全市设镇人民政府23个。1994年6月，草庙子、初村2个镇划入环翠区，镇级人民政府减至21个。8月，析文城镇4村、文登营镇9村，设置双龙街道办事处。2001年5月，全市行政区划调整，撤销文城、北郊、晒字、铺集、天福山、口子、埠口7个镇人民政府，保留文登营、大水泊、张家产、高村、泽库、侯家、宋村、泽头、小观、葛家、米山、界石、汪疃、蔄山14个镇人民政府，成立龙山路、天福路、环山路3个街道办事处。2005年2月，析张家产镇南部8村与埠口社区，成立埠

口港管委会。2008年4月，汪疃镇、苘山镇部分行政事务移交威海工业新区代管，区划不变。至2013年，全市镇（街道）政府机构未再变动。

乡镇（街道）辖设机构及市直部门派驻机构　1992年，将乡镇财政所、土地所、经管站、水利站、林业站、果业站、兽医站、农技站、农机站、渔技站、广播站、文化站、统计站、计生办、计生服务站、司法所、卫生院、教委办、初级中学19个单位的人、财、物权和管理权下放乡镇。对少数执法、监督和专业性较强的机构，有公安派出所、法庭、交通管理所、邮电支局、农电站、银行营业所（办事处）、粮食管理所、税务所、工商所、供销社、信用社、食品站、蚕茧站、物价所、矿产管理所15个单位，实行乡镇政府和主管部门双重领导。

2001年5月，市委、市政府印发《关于镇行政区划调整及镇（街道）党政事业机构改革实施意见》《关于镇（街道）党政机构改革实施方案》。镇人民政府（街道办事处）机构设置为：党政办公室、经济发展办公室、社会事务办公室（增挂计划生育办公室、社会治安综合治理办公室牌子）。党政办公室内设文秘行政科、人事劳动保障科（增挂劳动保障服务站牌子）、工会、团委、妇联。经济发展办公室内设工贸科、城建科、科技科、统计科、农业科，沿海乡镇增设渔业科。社会事务办公室内设民政科、司法科、信访科。事业单位由原17个精简为11个。直属事业单位有财政所、计划生育服务中心、工贸城建服务中心、农业技术服务中心、文化体育站、林业站、水利站、农业经济管理指导站。隶属镇政府管理的事业单位有计划生育技术服务站、渔业技术推广站、农业机械管理站，为差额拨款事业单位。广播电视站、畜牧兽医站、卫生院和中小学校原由镇管理改为垂直管理。社区居民委员会隶属街道办事处管理（编制单列）。2005年2月，设立的埠口港管理委员会，为市政府正科级派出机构。各镇政府（街道办事处）、埠口港管委党政办公室增挂便民服务中心牌子。2006年，各镇政府（街道办事处）、埠口港管委社会事务办公室增挂食品药品安全监督所牌子。镇级经济发展机构增挂安全生产监察中队牌子。

2010年12月，市委、市政府印发《文登市深化镇（街道）机构改革实施方案》，对镇（街道）机构再次进行改革。镇（街道）行政机构设置由3个增至4个，分别为党政办公室、经济发展办公室、社会事务办公室、社会治安综合治理办公室。镇（街道）事业机构设置为5个，分别为农业综合服务办公室、财政经管服务中心、镇村建设服务中心、计划生育服务中心、社会保障服务中心。

第二节　人员编制

行政编制　1991年，全市23个乡镇党政机关行政人员编制899名，每个乡镇平均39名；实有行政人员780名，平均34名。其中，乡镇人民政府机关行政人员20名左右，包括经乡镇人民代表大会选举产生的乡镇长、副乡镇长，政府办公室文书及民政、文教、司法、人事、工业、农业、信访、统计、科技、土地等机构的工作人员等。1993年，市、镇两级机构改革，机关编制控制在795名。2001年镇（街道）机构改革，行政人员编制具体数额根据区划、人口确定。原则上中心镇及4万人口以上镇，机关行政编制核定为42名，其他镇行政编制核定为38名，龙山路、天福路、环山路3个街道办事处核定为35名，经济技术开发区街道办事处核定为18名。行政设镇长（街道办事处主任）1名，副镇长（街道办事处副主任）3～5名。行政编制的使用范围包括：党委、政府、人大、纪委、人民武装部和党政办公室、经济发展办公室、社会事务办公室的工作人员。2013年，15个镇（街道）（不包括汪疃镇、苘山镇）行政编制499名。

事业编制　1991年，全市23个乡镇事业编制501名，实有事业编制人员485名。1992年5月，市属部门设在乡镇的分支机构全部下放乡镇。至1993年，全市23个镇事业编制为6905名，实有6535名（含教师）。1997年，由市编

委统一编制镇机关职位设置图，共设职位37个，其中必设职位29个，选设职位8个（小镇29个，大镇37个）。各镇根据总的设置图，结合各自实际，编制各镇职位说明书。2001年，镇机构改革，各镇政府（街道办事处）事业单位的人员编制具体数额根据区划、人口确定。原则上中心镇及4万人口以上的镇，事业编制核定为40名，其他镇核定为37名，龙山路、天福路、环山路街道办事处核定为35名。事业机构的领导职数一般为1～2名，工作量大、业务面宽的增配副职1名。2008年，镇辖事业单位为5大中心：农业综合服务中心、财政经管服务中心、镇村建设服务中心、计划生育服务中心（增挂计划生育办公室牌子）和社会保障服务中心。2013年，15个镇（街道）（不包括汪疃镇、茼山镇）事业编制562名。

第二十三编
政协地方组织

1991—2013年，中国人民政治协商会议文登市委员会（简称市政协）共历6届。其中，第四届市政协于1990年3月换届，任期3年（本志断限内任期2年）；第五届至第七届任期5年，第八届任期4年，第九届市政协于2012年2月换届（本志断限内任期2年）。23年间，市政协高举爱国主义和社会主义旗帜，把握团结和民主两大主题，认真履行政治协商、民主监督、参政议政职能，发挥人才、智力优势，为推进全市改革开放和现代化建设凝心聚智、鼓劲助力，作出积极贡献。

2013 年 1 月 16 日，中国人民政治协商会议第九届文登市委员会第二次会议在人民剧场开幕。

第一章　政协委员

政协文登市委员会委员由中国共产党、人民团体、无党派人士、少数民族、各界爱国人士代表及特邀人士等人员组成。

第一节　委员产生

每届政协委员产生，均根据上级要求和市委批准的委员安排方案，由市委召开专门会议进行部署。各乡镇（街道）、市直各有关部门根据委员安排方案，在本乡镇（街道）、本部门提出建议人选。市委组织部对中共党员委员建议人选进行考察，市委统战部对非中共党员委员建议人选进行考察。根据考察情况，分别审定后，由市委统战部统一提交市政协常委会协商通过。政协委员主要在各个领域具有代表性和有社会影响的人士中产生。

第二节　界别构成

政协文登市第四届委员会有委员190人，由中国共产党、中国共产主义青年团、总工会、妇女联合会、台属台胞联谊会、文化艺术界、科学技术界、农民界、教育界、体育界、医药卫生界、宗教界、侨联界、少数民族及特邀人士15个界别组成。

政协文登市第五届委员会有委员190人，由19个界别组成。增加经济、科学技术协会、港澳人士、工商业联合会4个界别。将侨联界改为归国华侨联合会界。

政协文登市第六届委员会有委员206人，由18个界别组成。取消港澳人士界别，将农民界改为农业界。

政协文登市第七届委员会有委员207人，由19个界别组成。增加社会福利与社会保障界。

政协文登市第八届、第九届委员会分别有委员217人、232人，仍由19个界别组成。

第四届至第九届文登市政协委员界别构成表

表23-1　　　　单位：人

界别名称	第四届	第五届	第六届	第七届	第八届	第九届
中国共产党	9	13	14	11	14	18
中国共产主义青年团	5	4	6	6	5	9
总工会	13	10	9	9	10	9
妇女联合会	9	8	11	11	11	11
台属台胞联谊会	16	10	6	5	5	4
工商业联合会	—	10	12	14	14	18
科学技术协会	—	10	8	8	6	11
经济界	—	22	27	30	37	31
科学技术界	25	13	14	14	10	11

续表 23-1

界别名称	第四届	第五届	第六届	第七届	第八届	第九届
农业界（农民界）	32	17	20	20	23	27
教育界	24	21	24	25	21	15
文化艺术界	4	3	4	4	6	11
体育界	4	4	3	3	3	4
医药卫生界	16	11	10	10	10	13
社会福利与社会保障界	—	—	—	2	3	5
归国华侨联合会（侨联界）	11	8	6	4	4	3
少数民族界	4	3	3	4	3	3
宗教界	2	2	2	2	4	3
港澳人士	—	—	—	—	—	—
特邀人士	16	21	27	25	28	26
委员总数	190	190	206	207	217	232

第七届至第十一届常住文登山东省政协委员名录表

表 23-2

届次	任期	姓名
山东省第七届政协委员	1993－1997 年	于志胜　刘珣增
山东省第八届政协委员	1998－2002 年	张锦卫　邱爱波
山东省第九届政协委员	2003－2007 年	张锦卫　[illegible]
山东省第十一届政协委员	2013－	丛海波

第二章　政协组织

第一节　政协常务委员会

市政协常务委员会（简称市政协常委会）是政协常设机关。政协常委会由主席、副主席和常务委员组成。每届政协常委会由该届市政协第一次全体会议选举产生，任期与该届市政协相同。常委会组成人员届中离任，由个人向政协全体会议辞职，然后由全体会议进行补选。

第四届至第九届市政协历任主席、副主席共 56 人次。

第四届至第九届文登市政协主席、副主席任职情况表

表 23-3

届次	职务	姓名	任期	籍贯	备注
第四届	主席	焦占学	1990 年 3 月至 1993 年 2 月	乳山市大孤山镇	
	副主席	郭春明	1990 年 3 月至 1993 年 2 月	文登市葛家镇	
		许光复	1990 年 3 月至 1993 年 2 月	江苏省苏州市	无党派人士
		殷学臣	1990 年 3 月至 1993 年 2 月	文登市文登营镇	无党派人士
		李春圃	1990 年 3 月至 1993 年 2 月	文登市界石镇	
		邹巾帼（女）	1990 年 3 月至 1993 年 2 月	烟台市芝罘区	无党派人士
第五届	主席	焦占学	1993 年 2 月至 1995 年 4 月	乳山市大孤山镇	
		王世启	1995 年 4 月至 1998 年 1 月	文登市小观镇	
	副主席	李春圃	1993 年 2 月至 1996 年 3 月	文登市界石镇	
		许光复	1993 年 2 月至 1998 年 1 月	江苏省苏州市	无党派人士
		殷学臣	1993 年 2 月至 1998 年 1 月	文登市文登营镇	无党派人士
		张书泮	1993 年 2 月至 1998 年 1 月	文登市泽头镇	
		于志胜	1993 年 2 月至 1998 年 1 月	文登市米山镇	无党派人士
		刘登明	1996 年 3 月至 1998 年 1 月	山东省莱州市	
第六届	主席	王世启	1998 年 1 月至 2003 年 1 月	文登市小观镇	
	副主席	张书泮	1998 年 1 月至 2001 年 2 月	文登市泽头镇	
		许光复	1998 年 1 月至 2000 年 3 月	江苏省苏州市	无党派人士
		殷学臣	1998 年 1 月至 2000 年 3 月	文登市文登营镇	无党派人士
		于志胜	1998 年 1 月至 2003 年 1 月	文登市米山镇	无党派人士
		刘登明	1998 年 1 月至 2001 年 2 月	山东省莱州市	
		田国昌	1998 年 1 月至 2003 年 1 月	文登市高村镇	
		王光明	1999 年 3 月至 2003 年 1 月	文登市宋村镇	
		迟万胜	2000 年 3 月至 2002 年 3 月	文登市葛家镇	无党派人士
		张　波（女）	2000 年 3 月至 2003 年 1 月	文登市蔄山镇	无党派人士
		孙忠林	2001 年 2 月至 2003 年 1 月	威海市环翠区初村镇	
		孙松一	2001 年 2 月至 2003 年 1 月	威海市环翠区初村镇	
		张锦卫	2001 年 2 月至 2003 年 1 月	文登市张家产镇	

续表 23-3

届次	职务	姓名	任期	籍贯	备注
第七届	主席	刘永忠	2003 年 1 月至 2006 年 2 月	荣成市俚岛镇	
		王　亮	2006 年 2 月至 2006 年 6 月	荣成市崖头街道	
		王廷琦	2006 年 6 月至 2007 年 11 月	淄博市临淄区	
	副主席	刘翠珠	2003 年 1 月至 2007 年 1 月	文登市宋村镇	党组书记
		于志胜	2003 年 1 月至 2006 年 2 月	文登市米山镇	无党派人士
		孙忠林	2003 年 1 月至 2003 年 5 月	威海市环翠区初村镇	
		孙松一	2003 年 1 月至 2007 年 12 月	威海市环翠区初村镇	
		张　波（女）	2003 年 1 月至 2007 年 11 月	文登市葛山镇	无党派人士
		王江炜	2003 年 1 月至 2007 年 12 月	文登市大水泊镇	无党派人士
		刘昌信	2004 年 2 月至 2007 年 12 月	文登市张家产镇	
		时述谦	2004 年 2 月至 2007 年 12 月	文登市埠口港	
		乔学模	2007 年 1 月至 2007 年 12 月	文登市高村镇	党组书记
第八届	主席	马端兴	2007 年 12 月至 2012 年 2 月	乳山市下初镇	
	副主席	孙松一	2007 年 12 月至 2010 年 2 月	威海市环翠区初村镇	
		王江炜	2007 年 12 月至 2012 年 2 月	文登市大水泊镇	无党派人士
		刘昌信	2007 年 12 月至 2010 年 2 月	文登市张家产镇	
		李世宁	2007 年 12 月至 2010 年 2 月	文登市泽库镇	
		杨学文	2007 年 12 月至 2012 年 2 月	文登市侯家镇	无党派人士
		黄梅花（女）	2009 年 1 月至 2012 年 2 月	辽宁省抚顺县	无党派人士
		方崇振	2010 年 2 月至 2012 年 2 月	文登市文登营镇	
		邓树科	2010 年 2 月至 2012 年 2 月	文登市文登营镇	
		张吉桥	2010 年 2 月至 2012 年 2 月	文登市小观镇	
第九届	主席	马端兴	2012 年 2 月至	乳山市下初镇	
	副主席	邓树科	2012 年 2 月至	文登市文登营镇	
		刘建舫	2012 年 2 月至	文登市葛山镇	
		王江炜	2012 年 2 月至	文登市大水泊镇	无党派人士
		杨学文	2012 年 2 月至	文登市侯家镇	无党派人士
		黄梅花（女）	2012 年 2 月至	辽宁省抚顺县	无党派人士
		张世模	2012 年 2 月至	文登市环山街道	
	党组副书记	谷　松	2012 年 12 月至	威海市环翠区西苑街道	

第二节 工作机构

1991年，市政协下设办公室和学习提案法制委员会、文史资料委员会、经济科技文教委员会、“三胞”联谊委员会，均为正科级。1995年，有工作人员25人。设立乡镇委员活动小组23个，市区委员活动小组11个。2002年3月，市政协六届五次会议决定，将经济科技文教委员会更名为经济科技委员会，学习提案法制委员会更名为提案法制委员会，文史资料委员会更名为文教文史委员会。2013年，内设办公室、经济科技委员会、提案法制委员会、文教文史委员会和“三胞”联谊委员会5个正科级委室。有工作人员36人。

第三节 乡镇（街道）政协工作办公室

1991年3月，全市23处乡镇成立正科级政协工作办公室，配备专职办公室主任21人、兼职1人，专职副主任2人。6月，市委转发市政协党组《关于加强乡镇政协工作的意见》，乡镇政协工作办公室基本做到“有牌子、有章子、有办公场所、有工作规划”。乡镇政协工作办公室成立后，主任列席乡镇党政联席会议，参与协商乡镇政治、经济和社会事业发展各项重大事项。1991－1992年，乡镇政协工作办公室组织各种视察调查和咨询服务活动90余次，撰写调查报告58篇，提出意见、建议261条。1993年11月，机构改革，乡镇政协工作办公室撤销，乡镇政协工作由乡镇政工书记兼管。1996－1998年，各镇相继恢复政协工作办公室，并配齐正、副主任。在市政协指导下，各镇政协工作办公室积极组织委员开展学习、视察，进诤言、献良策，充分调动和发挥政协委员在镇域经济建设中的重要作用。1999年，各镇政协工作办公室按照市政协制定的《镇政协工作办公室工作简则》要求组织活动，全年有14个镇政协工作办公室被文登市政协评为先进集体。2000年12月，镇政协工作办公室撤销，镇政协工作仍由政工书记负责。2013年10月，根据省政协《关于加强人民政治协商制度的意见》和威海市政协《关于推动镇（街道）工作机构建设的通知》精神，市机构编制委员会印发《关于设立镇（街道）埠口港政协工作办公室的通知》，决定设立镇（街道）、埠口港政协工作办公室，与各镇（街道）、埠口港党（工）委合署办公，级别正科。

第三章 政协会议

市政协会议主要有政协全体委员会议、常务委员会议、主席会议，是政协履行政治协商、民主监督、参政议政的主要形式。

第一节 政协全体委员会议

1991－2013年，第四届至第九届市政协共举行24次全体会议。

政协第四届文登市委员会第二次全体会议 1991年3月24－27日在市电影院举行，出席会议委员184人。会议听取市委副书记、市长张立新讲话，审议市政协常务委员会工作报告、提案工作情况报告。列席市十二届人民代表大会第二次会议第一次全体会议，听取讨论市政府工作报告及其他有关报告。通过政协第四届文登市委员会第二次会议政治决议。

政协第四届文登市委员会第三次全体会议 1992年3月25－28日在市电影院举行，出席会议委员181人。会议传达学习邓小平同志南方谈话，听取市委书记李书绅讲话，审议市政协

常务委员会工作报告、提案工作情况报告。列席市十二届人民代表大会第三次会议第一次全体会议，听取讨论市政府工作报告及其他有关工作报告。通过政协第四届文登市委员会第三次会议政治决议。

政协第五届文登市委员会第一次全体会议 1993年2月22—26日在市电影院举行，出席会议委员187人。会议听取市委书记张立新讲话，审议市政协常务委员会工作报告、提案工作情况报告。列席市十三届人民代表大会第一次会议第一次全体会议，听取讨论市政府工作报告及其他有关工作报告。会议通过政协第五届文登市委员会第一次会议政治决议，选举主席1人、副主席5人、常委39人。

政协第五届文登市委员会第二次全体会议 1994年4月12—15日在市电影院举行，出席会议委员185人。会议听取市委书记刘国信讲话，审议市政协常务委员会工作报告、提案工作情况报告。列席市十三届人民代表大会第二次会议第一次全体会议，听取讨论市政府工作报告及其他有关工作报告。会议通过政协第五届文登市委员会第二次会议政治决议，补选常委3人。

政协第五届文登市委员会第三次全体会议 1995年4月18—21日在市电影院举行，出席会议委员185人。会议听取市委书记刘国信讲话，审议市政协常务委员会工作报告、提案工作情况报告。列席市十三届人民代表大会第三次会议第一次全体会议，听取讨论市政府工作报告及其他有关工作报告。会议通过政协第五届文登市委员会第三次会议政治决议，补选主席1人。

政协第五届文登市委员会第四次全体会议 1996年3月17—20日在市电影院举行，出席会议委员178人。会议听取市委书记刘国信讲话，审议市政协常务委员会工作报告、提案工作情况报告。列席市十三届人民代表大会第四次会议第一次全体会议，听取讨论《文登市国民经济和社会发展第九个五年计划及2010年远景目标纲要》的报告。会议通过政协第五届文登市委员会第四次会议政治决议，补选副主席1人、常委2人。

政协第五届文登市委员会第五次全体会议 1997年1月26—29日在市电影院举行，出席会议委员176人。会议听取市委书记刘国信讲话，审议市政协常务委员会工作报告、提案工作情况报告。列席市十三届人民代表大会第五次会议第一次全体会议，听取讨论市政府工作报告及其他有关工作报告。会议通过政协第五届文登市委员会第五次会议政治决议，补选常委1人。会议期间，召开优秀提案和先进承办单位表彰大会，表彰奖励优秀提案20件、先进承办单位12个。

政协第六届文登市委员会第一次全体会议 1998年1月11—15日在市电影院举行，出席会议委员198人。会议听取市委书记刘玉党讲话，审议市政协常务委员会工作报告、提案工作情况报告。列席市十四届人民代表大会第一次会议第一次全体会议，听取讨论市政府工作报告及其他有关工作报告。会议通过政协第六届文登市委员会第一次会议政治决议，选举主席1人、副主席6人、常委41人。

政协第六届文登市委员会第二次全体会议 1999年3月4—6日在市电影院举行，出席会议委员204人。会议听取市委书记刘玉党讲话，审议市政协常务委员会工作报告、提案工作情况报告。列席市十四届人民代表大会第二次会议第一次全体会议，听取讨论市政府工作报告及其他有关工作报告。会议通过政协第六届文登市委员会第二次会议决议，补选副主席1人。

政协第六届文登市委员会第三次全体会议 2000年3月14—16日在市电业礼堂举行，出席会议委员198人。会议听取市委书记刘玉党讲话，审议市政协常务委员会工作报告、提案工作情况报告。列席市十四届人民代表大会第三次会议第一次全体会议，听取讨论市政府工作报告及其他有关工作报告。会议通过政协第六届文登市委员会第三次会议决议，补选副主席2人。

政协第六届文登市委员会第四次全体会议 2001年2月19—22日在市电业礼堂举行，

出席会议委员196人。会议听取市委书记姜岱敏讲话，审议市政协常务委员会工作报告、提案工作情况报告。列席市十四届人民代表大会第四次会议第一次全体会议，听取讨论《文登市国民经济和社会发展第十个五年计划纲要》及市政府工作报告等。会议通过政协第六届文登市委员会第四次会议决议，补选副主席3人。

政协第六届文登市委员会第五次全体会议　2002年3月11—13日在市电业礼堂举行，出席会议委员195人。会议听取市委书记姜岱敏讲话，审议市政协常务委员会工作报告、提案工作情况报告。列席市十四届人民代表大会第五次会议第一次全体会议，听取讨论市政府工作报告及其他有关工作报告。会议审议通过关于在全市政协委员中广泛开展招商引资活动的决定，通过政协第六届文登市委员会第五次会议决议，补选常委1人。

政协第七届文登市委员会第一次全体会议　2003年1月20—23日在市电业礼堂举行，出席会议委员199人。会议听取市委书记姜岱敏讲话，审议市政协常务委员会工作报告、提案工作情况报告。列席市十五届人民代表大会第一次会议第一次全体会议，听取讨论市政府工作报告及其他有关工作报告。会议通过政协第七届文登市委员会第一次会议决议，选举主席1人、副主席6人、常委38人。

政协第七届文登市委员会第二次全体会议　2004年2月23—25日在市电业礼堂举行，出席会议委员199人。会议听取审议市政协常务委员会工作报告、提案工作情况报告。列席市十五届人民代表大会第二次会议第一次全体会议，听取讨论市政府工作报告及其他有关工作报告。会议通过政协第七届文登市委员会第二次会议决议，补选副主席2人、常委6人。

政协第七届文登市委员会第三次全体会议　2005年2月28日至3月2日在市电业礼堂举行，出席会议委员186人。会议听取审议市政协常务委员会工作报告、提案工作情况报告。列席市十五届人民代表大会第三次会议第一次全体会议，听取讨论市政府工作报告及其他有关工作报告。会议通过政协第七届文登市委员会第三次会议决议，补选常委2人。

政协第七届文登市委员会第四次全体会议　2006年2月19—20日在市青少年活动中心举行，出席会议委员182人。会议听取审议市政协常务委员会工作报告、提案工作情况报告。列席市十五届人民代表大会第四次会议第一次全体会议，听取讨论《文登市国民经济和社会发展第十一个五年规划纲要》及市政府工作报告等。会议通过政协第七届文登市委员会第四次会议决议，补选主席1人、常委2人。

政协第七届文登市委员会第五次全体会议　2006年6月10日在市青少年活动中心举行，出席会议委员182人。会议补选主席1人。

政协第七届文登市委员会第六次全体会议　2007年1月19—20日在人民剧场举行，出席会议委员178人。会议听取审议市政协常务委员会工作报告、提案工作情况报告。列席市十五届人民代表大会第六次会议第一次全体会议，听取讨论市政府工作报告及其他有关工作报告。会议通过政协第七届文登市委员会第六次会议决议，补选副主席1人、常委1人。

政协第八届文登市委员会第一次全体会议　2007年12月9—11日在人民剧场举行，出席会议委员206人。会议听取市委书记王亮讲话，审议市政协常务委员会工作报告、提案工作情况报告。列席市十六届人民代表大会第一次会议第一次全体会议，听取讨论市政府工作报告及其他有关工作报告。会议通过政协第八届文登市委员会第一次会议决议，选举主席1人、副主席5人、常委38人。

政协第八届文登市委员会第二次全体会议　2009年1月9—10日在人民剧场举行，出席会议委员207人。会议听取审议市政协常务委员会工作报告、提案工作情况报告。列席市十六届人民代表大会第二次会议第一次全体会议，听取讨论市政府工作报告及其他有关工作报告。会议通过政协第八届文登市委员会第二次会议决议，

补选副主席1人、常委1人。

政协第八届文登市委员会第三次全体会议 2010年2月2—3日在人民剧场举行，出席会议委员221人。会议听取审议市政协常务委员会工作报告、提案工作情况报告。列席市十六届人民代表大会第三次会议第一次全体会议，听取讨论市政府工作报告及其他有关工作报告。会议通过政协第八届文登市委员会第三次会议决议，补选副主席3人、常委4人。

政协第八届文登市委员会第四次全体会议 2011年1月23—24日在人民剧场举行，出席会议委员227人。会议听取审议市政协常务委员会工作报告、提案工作情况报告。列席市十六届人民代表大会第四次会议第一次全体会议，听取讨论市“十二五”规划纲要、市政府工作报告及其他有关工作报告。会议通过政协第八届文登市委员会第四次会议决议。

政协第九届文登市委员会第一次全体会议 2012年2月11—14日在人民剧场举行，出席会议委员219人。会议听取市委书记张竞讲话，审议市政协常务委员会工作报告、提案工作情况报告，列席市十七届人民代表大会第一次会议第一次全体会议，听取讨论市政府工作报告及其他有关工作报告。会议通过政协第九届文登市委员会第一次会议决议，选举主席1人、副主席6人、常委46人。

政协第九届文登市委员会第二次全体会议 2013年1月16—17日在人民剧场举行，出席会议委员231人。会议听取审议市政协常务委员会工作报告、提案工作情况报告。列席市十七届人民代表大会第二次会议第一次全体会议，听取讨论市政府工作报告及其他有关工作报告。会议通过政协第九届文登市委员会第二次会议决议，补选常委3人。

图23-1 2013年1月16日，政协文登市第九届二次全体会议在人民剧场开幕，政协委员听取政协工作报告。

第二节 常务委员会会议

市政协常务委员会会议（简称常委会会议）一般每季度举行1次，市政协主席、副主席及常务委员出席会议，与会议有关人员可列席会议。1991—2013年，市政协第四届至第九届常委会共举行114次会议。

第四届常委会会议 1991年1月至1993年2月，市政协第四届常委会共举行9次会议。主要内容：组织常务委员学习中共中央、省委及威海市有关会议和文件精神，听取市委、市政府及有关部门的情况通报，围绕《文登市国民经济和社会发展“八五”计划和2010年远景目标规划纲要（草案）》进行协商，并提出意见和建议。

第五届常委会会议 1993年2月至1998年1月，市政协第五届常委会共举行26次会议。主要内容：研究制定市政协常委会贯彻执行《政协全国委员会关于政治协商、民主监督、参政议政的规定》实施细则和加强自身建设的决定，讨论决定年度委员学习安排意见和各委办活动计划，制发《关于在全市委员中开展“四多”活动的意见》《关于表彰优秀提案和先进承办单位的意见》。

第六届常委会会议 1998年1月至2003年1月，市政协第六届常委会共举行26次会议。主要内容：学习贯彻中共十五届四中全会文件和江泽民在庆祝人民政协成立五十周年大会上的讲话，传达学习全国、省及威海市政协会议精神，听取市政府关于全市政治经济情况通报，市政府办公室关于政协提案办理情况报告，以及台办、林业、工商、地矿等部门工作情况汇报。听取讨论民

营经济代表典型发言，并就发展民营经济形成常委会建议案送交市政府。通过关于在全市政协委员中开展“五个一”活动的决议。

第七届常委会会议　2003年1月至2007年12月，市政协第七届常委会共举行29次会议。主要内容：传达学习全市经济工作会议及中共文登市委十一届八次全委会议精神，审议通过政协常委会工作规则、专门委员会通则、提案工作条例和委员活动小组工作简则。讨论通过“解放思想、与时俱进、发挥优势、干事创业”倡议书及机关《关于科级干部实行竞争上岗的实施方案》，审议修改关于发展药材种植、果业生产和奶畜业等调查报告。视察全市连村路建设和矿产资源开发，以及东安黑豹、经济开发区、文登工业园等企业、园区建设情况。

第八届常委会会议　2007年12月至2012年2月，市政协第八届常委会共举行16次会议。主要内容：传达学习胡锦涛“七一”讲话和文登市庆祝中国共产党成立90周年暨创先争优活动表彰大会文件精神，讨论通过为“三区”（南海新区、经济开发区、城市新区）建设提建议、献良策、作贡献倡议书，研究印发深入学习实践科学发展观活动安排意见。视察城市新区和南海新区，号召全市政协委员学习市交通系统干部职工高度政治责任感和顽强拼搏的创业精神。听取市委统战部关于九届政协委员安排情况的说明，协商通过政协委员名单。

第九届常委会会议　2012年2月至2013年12月，市政协第九届常委会共举行8次会议。主要内容：传达学习市委全委会会议及全市总结表彰大会会议精神，听取审议市政府办公室关于市政协提案办理情况的报告，审议通过召开政协全委会议有关事项，讨论通过市政协年度工作要点，研究下发开展争当建言献策、科学发展、招商引资、亲民为民的表率，创一流服务、一流业绩、一流作风、一流形象为主要内容的“四争四创”活动倡议书，协商通过有关人事任免事项。视察市民文化中心、南海新港及城市建设、民生工程。

第三节　主席会议

主席会议原则每月举行1次，必要时可临时召集，由主席主持，有时委托副主席主持。根据需要，委、室负责人列席会议。1991—2013年，共召开主席会议271次。

第四届委员会主席会议　1991年1月至1993年2月，市政协第四届委员会共举行18次主席会议。主要内容：学习贯彻上级政协有关会议文件精神，讨论和处理市政协常务委员会的日常工作，研究确定召开各界人士中秋茶话会、春节座谈会和献计献策座谈会有关事宜。

第五届委员会主席会议　1993年2月至1998年1月，市政协第五届委员会共举行46次主席会议。主要内容：审议通过以市政协名义向市委、市政府提交的重要议案，研究决定召开常委会会议日期、议程，以及须报常委会研究的文件报告，研究通过市政协年度工作要点和委办活动计划、政协机关机构设置和人事任免意见，审议委员提案办理情况报告，讨论修改科协小组《关于农业“三色革命”的调查及建议》等调查报告。

第六届委员会主席会议　1998年1月至2003年1月，市政协第六届委员会共举行34次主席会议。主要内容：协商确定召开全委会议、常委会会议和各种座谈会等有关事宜，走访委员实施方案及重点调查、视察活动题目，协商增补政协委员名单，调度各委、室阶段性工作，制定“三讲”教育回头看实施意见，协商确定评选表彰先进基层政协工作办公室的标准和要求。

第七届委员会主席会议　2003年1月至2007年12月，市政协第七届委员会共举行76次主席会议。主要内容：研究部署市政协机关开展保持共产党员先进性教育活动安排，研究市政协各委办围绕市委“三个建设年”开展工作的意见，研讨赴江浙一带招商引资情况报告，总结山东省政协调研组到文登调研“十有”民生工程建设情况，听取委员走访情况汇报，研究政协包村联户工作及科级干部竞争上岗方案。研究编纂发行

《中国道教名山昆嵛山》《企业兴衰启示录》及召开“文登学”研讨会等有关事宜。

第八届委员会主席会议 2007 年 12 月至 2012 年 2 月，市政协第八届委员会共举行 60 次主席会议。主要内容：学习贯彻省政协全委会和威海市政协反映社情民意信息工作会议精神，讨论修改《关于温泉休闲旅游业发展途径的调研报告》等报告，修订加强委员管理意见，部署市政协视察调查有关事宜，研究《千年古县 魅力文登》《文登李龙王的神话传说》书籍编纂出版及书画展有关筹备工作。

第九届委员会主席会议 2012 年 2 月至 2013 年 12 月，市政协第九届委员会共举行 37 次主席会议。主要内容：传达贯彻威海市政协有关会议和市委全委会会议精神，研究市政协 2013 年总体工作安排，调度专题调研、提案办理和舆论宣传工作及走访委员有关事项，研究部署《威海区域文化通览（文登市卷）》编纂出版事宜等。

第四章 履行职责

会议协商、视察调研、提交提案，是人民政协履行职能的重要方式，是人民政协协助同级党委、政府实现决策民主化、科学化的重要载体。

第一节 协商议政

四届市政协期间，围绕稳定和完善农村经济政策、加强农村科技网络建设、发展镇村企业、加快商贸流通体制改革和整顿文化市场等 7 个方面，提出建立健全市、镇、村三级良种培育体系，加强农村干部选拔培养，增设市区蔬菜及副食品供应网点等意见和建议 42 条，报送市委、市政府参考。1992 年，市政协组织科技界委员深入企业进行调研，发现问题，查明原因，提出建议，得到市委主要领导充分肯定，批示有关科局落实。

五届市政协期间，就全市国民经济与社会发展年度计划、政府工作报告、经济发展战略、财政预决算等重大问题进行协商。围绕破解现代农业发展难题、滩涂开发利用、发展规模经营大户、深化企业产权制度改革、加强社会治安综合治理、推进安全文明小区建设等，提出意见和建议 80 条。1997 年，为促进全市第三产业加快发展，市政协组织有关人员深入流通企业，了解情况，寻找症结，撰写出有情况、有数据、有建议的《关于加快全市第三产业发展的调查》报告。市政府在制定加快个体私营经济发展意见时，充分吸纳调查报告中的意见和建议。针对政协委员提出的加强外来人员管理，减少社会犯罪的意见建议，市委、市政府经过研究，印发《文登市暂住人口管理暂行规定》，促进社会稳定和经济发展。

六届市政协期间，针对全市职业教育存在多家办学、争抢生源、资源配置不合理、教师年龄老化等问题，提出改革体制、建设职教中心、增强师资力量等 4 条建议，得到市领导及有关部门肯定。2002 年，市政协组织有专业特长的政协委员，赴山东枣庄、安徽亳州等地参观考察，在深入调查、听取专家意见的基础上，结合文登农业实际，提出培植主导产业、发展龙头企业、生产无公害绿色食品、建立农业专业合作社等建议，被市委、市政府采纳并转发有关部门落实。市政协根据民众呼声，提出的“加强建设用地统一管理”“解决实验中学交通不畅”“增设城区公共厕所”“建立社区医疗中心”和“加强生猪定点屠宰管理”等意见，均得到重视，并予以解决。

七届市政协期间，联合市政府民营经济办公室，对部分抽纱骨干企业、民营企业和个体加工点进行调研，提出建立抽纱协会、实行行业整合、加大扶持力度、建设抽纱产品大市场等建议，市委、市政府高度重视。随后，成立由分管

副市长牵头，市委办、市政府办、市政协经科委与有关部门组成的联合调查组，对全市工艺家纺业进行全面、详细调研，提出促进工艺家纺行业整合与升级的建议。市经贸局根据调查建议，形成《关于建立全市家纺行业辅助材料工业园的建议》报告，申报全国纺织行业协会。经审核，授予文登市中国工艺家纺名城称号。2004年，组织专业人员对全市文物古迹、名优特产和特色小吃进行为期两个月的调研考察，并邀请文化、民政、旅游、财贸、史志等部门的工作人员和社会知名人士座谈讨论，形成《关于保护开发名胜古迹、名优特产、地方名吃的意见》调查报告，报送市委、市政府参考。市委、市政府给予高度评价，并制定《文登市保护开发名胜古迹、名优特产、地方名吃的意见》，印发基层贯彻执行。

八届市政协期间，对市政府年度工作安排和全市国民经济与社会发展中、长期规划，召开各界人士座谈会，征求意见和建议，并向市委、市政府反馈。围绕推进新农村建设、重点区域开发、城市管理和社会保障等工作，市政协常委会各工作委员会与相关职能部门进行专题协商、对口协商，为市委、市政府科学决策建言献策。以政协全委会会议为平台，组织委员围绕加快推进蓝色经济区建设，增创科学发展新优势；提高自主创新能力，促进工业转型升级；发展繁荣“文登学”文化，提升文化软实力；统筹城乡协调发展，促进社会和谐稳定等内容广泛参政议政，向市委、市政府及有关部门提出建设性意见、建议80条。调研报告《抢抓机遇 发挥优势 努力打造威海文登南海新区》，省政协主要领导阅后作出批示。

九届市政协期间，通过政协全体会、常委会及市政协领导列席市委、市政府会议等方式，就全市改革、发展、稳定和现代化建设，促进社会进步等大政方针进行协商。采取点面结合的方法，组织委员围绕皮草产业、电子商务、现代物流、西部开发、城镇建设等方面开展调研，在参考外地经验、摸透实情、反复论证的基础上，针对政策、资金、定位、规划、品牌、招商、服务等方面存在的问题，提出科学编制规划、明确功能定位、增强产业支撑、加快平台建设、抓好人才引进培养、提升公共服务能力等38条建设性意见，得到市委、市政府及有关部门的重视及采纳。

第二节　视察调查

根据每个时期全市工作重点，按照小型多样、就地就近的原则，组织委员开展视察调查活动。1991－2013年，市政协组织视察调查活动216次，形成调查报告99篇，提出意见、建议539条。其中，有9篇调查报告列入市委常委会会议议题，有26篇调查报告得到省、威海市及文登市领导阅批。

四届市政协开展视察调查活动26次，提交《关于儿童少年教育情况的调查及建议》《关于高新技术产业的调查与建议》《关于水产业的调查及建议》等调查报告15篇，提出意见、建议93条。1992年，组织科技界委员对全市高新技术产业进行专题调查，深入企业，摸清现状，查找原因，提出8条发展高新技术企业的建议，得到市委主要领导肯定，当即作出批示，把调查报告转发至各企业、各乡镇和经济部门落实。

五届市政协开展视察调查活动48次，撰写《关于农口各站下放后服务情况的调查》《发展优质高效农业 加快农村致富步伐》等调查报告21篇，提出意见、建议122条。1996年，按照市委指示精神，组织经济界委员对全市企业集团发展情况进行专题调研，提出促进企业集团健康发展建议6条，为各级党政领导科学决策提供依据。1997年，视察残疾人福利事业，协调有关部门投资，帮助聋哑学校解决教学楼内无厕所问题。

六届市政协开展视察调查活动40次，提交《关于医药市场的调查及建议》《关于贯彻执行〈食品卫生法〉情况的调查报告》等20篇，提出意见、建议106条。1998年，视察旧城改造、“两河”整治、污水处理八大工程，提出城市建设规划要长远，起点要高，监管要严等建议。2001年，针对多年存在的乱建采石场、乱采河砂，造成山

体裸露，自然生态遭到破坏等问题，通过实地考察调研，提出整顿石材开采秩序、制定区域开发规划等建议，市政府及时采纳委员建议，印发两个规范性文件，对全市矿业生产秩序进行全面整顿，先后关闭违法采矿企业 19 家，取缔非法采矿业户 10 户，清理采石场 7 处，采矿业户办证率达 100%。

图 23-2　2012 年 9 月 19 日，市政协领导走访政协委员并举行座谈。

七届市政协期间，开展视察调查活动 39 次，撰写《加强农产品龙头企业建设是实现农业现代化的必经之路》《关于全市奶源管理情况的调查与建议》等调查报告 18 篇，提出意见、建议 97 条。2004 年，联合市工商联，组织经济界部分委员，对全市企业用工情况进行全面调查，针对外地劳动力招不进和留不住的实际，进行深入分析，查找企业用工短缺的主要原因，研究提出严格执行《中华人民共和国劳动法》，加强诚信建设，营造良好环境，规范用工行为，加大感情投入等对策和建议。市领导阅后作出重要批示，要求有关部门认真落实，企业用工紧缺的问题迅速得以缓解。

八届市政协开展视察调查活动 45 次，撰写调查报告 17 篇，提出意见、建议 85 条。2008 年，配合省政协调研组对全市实施民生工程建设情况进行专题调研，形成《实施“十有”民生工程　推进和谐社会建设》的调研报告，引起省政府和省政协重视，并上报国务院办公厅。省政协九届二十八次常委会主动邀请市委书记王亮与会，专题介绍文登实施“十有”民生工程的做法和经验。省政协机关报《联合日报》连续 3 期在头版位置以《同作民生大文章、齐奏时代大乐章、共建和谐大家庭》为题，刊载文登政协服务“十有”民生工程的系列报道。是年，围绕生态资源、环境保护、休闲旅游，撰写《文登生态市建设的研究与思考》《文登温泉旅游业发展途径的思考与建设》《关于做好稳定工作》等调研报告。

九届市政协开展视察调查活动 18 次，分别就加强知识产权保护、发展现代物流业、建设融资服务体系、优化人居环境、深化医疗体制改革、提升中小学教育水平、加快蓝色经济区发展、保护梁氏庄园遗迹等方面，提交调查报告 8 篇，提出意见、建议 36 条。2012 年，组织南海新区和市经信局、环保局等部门赴江苏盐城和宜兴进行专题考察调查，撰写《关于我市节能环保产业发展的建议》调查报告，从产业规划、政策引导到服务平台建设等方面提出 8 条建议，市委主要领导阅后，批示相关部门尽快落实。

第三节　提案办理

1991—2013 年，市政协共收到提案 2142 件，经审查立案 1897 件，占提案总数 88.6%。立案提案全部按时办复，委员满意率 96% 以上。内容涉及全市工农业发展、财政税务、城建环保、科技教育、公安司法、医药卫生、交通旅游、文化体育、劳动人事、政协统战、民族宗教、社会生活等各个方面。

1991—2013 年文登市政协提案办理情况表

表 23-4　　单位：件

时间	届次	提案数量	审查立案	办理情况		委员满意率（%）
				解决或基本解决	留作参考	
1991 年 3 月	四届二次会议	68	64	49	15	97
1992 年 3 月	四届三次会议	64	64	48	16	96
1993 年 2 月	五届一次会议	59	54	46	8	90
1994 年 4 月	五届二次会议	70	66	57	9	97
1995 年 3 月	五届三次会议	50	47	38	9	96
1996 年 3 月	五届四次会议	121	121	98	23	97
1997 年 1 月	五届五次会议	112	112	61	51	96
1998 年 1 月	六届一次会议	158	155	131	24	90
1999 年 3 月	六届二次会议	147	143	127	16	95
2000 年 3 月	六届三次会议	134	132	115	17	95
2001 年 2 月	六届四次会议	132	117	97	20	95
2002 年 3 月	六届五次会议	144	124	58	66	96
2003 年 1 月	七届一次会议	123	111	101	10	96
2004 年 2 月	七届二次会议	102	89	77	12	96
2005 年 2 月	七届三次会议	77	52	45	7	98
2006 年 2 月	七届四次会议	59	31	26	5	98
2006 年 6 月	七届五次会议	—	—	—	—	—
2007 年 1 月	七届六次会议	52	29	19	10	98
2007 年 12 月	八届一次会议	55	48	33	15	98
2009 年 1 月	八届二次会议	71	59	49	10	98
2010 年 2 月	八届三次会议	96	64	54	10	98
2011 年 1 月	八届四次会议	88	77	59	18	98
2012 年 2 月	九届一次会议	86	78	59	19	98
2013 年 1 月	九届二次会议	74	60	49	11	98
合计		2142	1897	1496	401	96

第五章　其他工作

第一节　委员活动

1991—2013年，市政协开展各种主题活动32场次，参与的政协委员4851人次。1991年，开展社会主义好“三亲”（亲历、亲闻、亲见）事实一席话活动。委员撰写“三亲”文章52篇，约10万字。1992年，开展“献良策、做实事、赛贡献”活动，委员提出建设性意见212条，为群众办实事283件。1994年，开展以“提一条建议、引一个项目、传播一项技术、开展一项服务、推荐一名人才、向海外发一封信”为主要内容的“六个一”活动，委员提出合理化建议435条，引进项目40个，推广先进技术110项，推荐人才40名，向海外邮寄信件250封。1996—1997年，开展以“多献良策、多办实事、多交朋友、多作贡献”为主要内容的“四多”活动，提供社情民意信息208条，提出意见、建议34条，向海外邮寄宣传材料1245份，引进推广新技术61项，开发新产品86个，引进资金5000万元。1998年，在政协委员中开展宏观献计与微观出力、发挥整体优势与个人特长、履行政协职能与搞好本职工作相结合的“三结合”活动。2001年，在委员中开展“五个一”活动，要求委员立足岗位，建功立业。2002年，市政协六届五次全委会议通过《关于在全市政协委员中广泛开展招商引资活动的决定》，号召全市政协委员发挥自身优势，积极参与招商引资，全年引进内外资5000余万元。同年10月，在省政协召开的经验交流会上，市政协以《发挥委员主力军作用 努力开创政协工作新局面》为题，介绍文登的做法和体会。2003年，市政协发出《解放思想 与时俱进 发挥优势 干事创业》倡议书，政协委员及各界人士积极响应，迅速行动。是年，从事民营经济的政协委员达40余人，领办民营企业20余家，招商引资过1亿元。2008年，四川汶川特大地震发生后，发动机关干部和政协委员为灾区捐款、捐物，价值152万元。2010年，市政协发出“建言科学发展、献策两区建设”活动倡议，提出意见、建议1100余条，经过整理，归纳为工业、农业、文化、教育、旅游、环保、城建等9大类92条。2011年，开展“情暖校园·助学圆梦”活动，发动委员为环山路小学、米山及葛家中学捐赠爱心款30万元。2013年，开展“文登发展我有责、我为发展献良策”活动，引导委员立足本职，献计出力，为经济发展贡献力量。收集各类信息180条，开展咨询服务活动30余次，为联系村、企业和学校提供帮扶资金120万元，资助贫困大学生13万元。为把委员活动不断引向深入，市

图23-3　2012年8月23日，市政协开展爱心资助大学生活动。

政协联合新闻媒体开辟《委员风采》栏目，树立典型，以点带面。通过委员担任特约监督员、督导员、信息员，参加民主评议、调查问卷、行风检查和价格听证等活动，收集社情民意312条，报送信息137条，为各级党政机关听取民声、把握民意提供帮助。

第二节　文史资料征集研究

1991—2013年，市政协文史资料工作者坚持实事求是、广征精采、重点组稿、积极抢救相结合的原则，在做好中华人民共和国成立前史料征集的同时，重点进行近现代史料的征集、研究、编写和出版工作，并逐步向专题化、系统化发展。征集渠道由国内拓展到海外。

四届市政协期间，编辑出版《文登文史资料》第六、七辑，刊登文稿50篇，约16.5万字。第六辑刊载同盟会、国民党文登地方组织的建立发展等有关史料，以及居住巴西知名爱国华侨毕务国海外奋斗历程。第七辑主要介绍文登文化发展情况和文化古迹史料。

五届市政协期间，以征集文登近现代重要历史事件和文登籍知名人物、革命先驱活动史料为重点，编辑出版《文登文史资料》5辑（八至十二辑），刊登文稿70篇，计41.5万字。收录文登籍甲午海战英雄王国成，天福山起义领导人理琪、于烺，抗战英雄张玉华、于得水，抗美援朝首次夜间击落美机空军英雄侯书军，黑龙江省委原书记潘复生，当代治水“大禹”林一山，“军中保尔”赛时礼，中国显微外科开拓者于仲嘉，全国劳动模范张富贵，文登一中原校长杨升东等人物事迹。刊载发生在文登大地上的“一一·四”暴动、天福山起义、营南惨案等历史事件。《文登文史资料》第十辑、十二辑，被省政协评为“优秀文史书刊”三等奖，市政协被省政协授予文史工作先进集体称号。

六届市政协期间，编辑出版《文登文史资料》5辑（十三至十七辑），刊登文稿134篇，计90余万字。十三、十四辑和十六辑，重点记录抗日将领王翼之、将军刘汉、辛亥革命志士林基逵、抗战女英雄吕凤斯、忠诚战士张修英、济南战役一等功臣王凤山、电影《三进山城》人物原型赛时礼、“见义勇为先进个人”吕彦君等文登籍英雄模范人物的先进事迹，以及反映政协委员精神风貌等文章。第十五辑《文登教育风采》为教育专辑，分为“学子论谈”“普教天地”“职教春秋”“园丁之歌”4个专题，全面介绍文登教育发展概况和开展素质教育的做法体会，被省政协评为“优秀文史书刊”二等奖。第十七辑为文化专辑，题为《放歌文登学》，全书介绍徐士林、毕亨、萧振瀛、丛禾生、王仁斋、张海迪、邓汝勋、于植元等14位古今“文登学人”的传略、轶事。其间，协助威海市政协完成多媒体光盘《威海典藏》“文登篇”的资料征集整理工作。

七届市政协期间，编辑出版《企业兴衰启示录》一书，全书记述40家国内外知名企业的兴衰史，收录有关企业发展和管理文章173篇，系统介绍产业选择、质量认证、成本控制、文化建

图23-4　市政协编纂出版的部分文史书籍（2013年12月摄）

设和用人之道等企业知识，计 47 万字，被省政协和省社科院联合评为三等奖，得到省政协嘉奖。2005 年 3 月，《中国道教名山昆嵛山》编纂出版。全书 52 万字，70 余幅插图，分为仙山之祖、石刻碑记、诗词选登、道家传记和故事传说 5 部分，由中国宗教文化出版社出版。获省政协优秀文史书刊一等奖，市政协被省政协评为文史工作先进集体。

八届市政协期间，整理出版《文登李龙王的神话传说》一书，全书分 6 篇 76 节，计 30.2 万字，详细介绍李龙王传说的起源、流传及对当时历史文化、风情民俗的影响，为文登传统文化的研究提供新的资料，获威海社会科学优秀成果二等奖。2009 年，编辑出版《文登学子著述辑要》，收录清康熙至光绪 200 余年间 38 名文登籍进士、举人、贡生的诗文 146 篇，计 10 万余字。

九届市政协期间，《威海区域文化通览（文登市卷）》一书出版，全书分上、下两编，16 章 71 节，计 20 余万字。内容涵盖早期文化与古代传说、民国年间地域文化的转型、抗日和解放战争时期的新型文化建设。主要篇目有：文化名山昆嵛山、召文台与文登学人、秃尾巴李龙王的神话传说、千年古县与历史文化名镇名村、源远流长的温泉文化、梁氏家族和梁氏庄园、天福山起义、境内非物质文化遗产等，全面展示文登人居文化、红色文化、李龙文化、道教文化、生态文化及养生文化的底蕴与特色。

第三节　学习宣传

1991－2013年，市政协把组织政协委员和各界人士学习列入重要日程，利用政协例会、中心学习组、机关学习日、委员活动日、专题研讨会、辅导讲座等形式，集中学习社会主义初级阶段党的基本路线、邓小平建设有中国特色社会主义理论、“三个代表”重要思想、科学发展观，把学习党的十五大、十六大、十七大和十八大文件精神，同学习贯彻全国、省及威海市政协会议精神结合起来，把学习人民政协基本知识、基本理论同学习市场经济知识、科学文化知识结合起来，丰富知识，提高水平。根据上级部署，组织机关党员干部先后开展解放思想大讨论，讲政治、讲学习、讲正气“三讲”教育，保持党员先进性教育，学习实践科学发展观，反腐倡廉等教育活动。每年利用常委会会议和委员活动日，邀请市委、市政府及职能部门领导通报全市两个文明建设情况，组织委员视察各行各业，使委员知情献计。

23 年间，编写政协会刊 46 期。在《人民政协报》《大众日报》《联合日报》《中国档案报》《侨报》《威海日报》等报刊，发表《山东文登采纳政协建议　盘活闲置土地》《文登 15 项审批事项实现市区联合审批》等宣传文章 210 篇。在《团结报》《大众日报》《联合日报》《人物》《春秋》《管子书刊》等报刊发表《一一·四暴动》《天福山起义》《营南惨案纪实》《一代廉吏徐士林》等史学考证文章 150 余篇 62 万字，其中文史专版 16 个 9 万余字。先后 5 次被省、威海市政协授予宣传工作先进单位称号。

第四节　团结联谊

1991－2013年，市政协始终坚持把握团结、民主两大主题，每年利用中秋节、春节等传统节日及重大事件纪念日，采取召开座谈会、茶话会等形式，邀请各界人士共聚一堂，征求各方意见，开展联谊活动。采取不同形式，介绍家乡可喜变化和良好投资环境，动员全市政协委员、“三胞”眷属加强与港澳台及海外亲友联系与沟通，为文登扩大开放、加快发展铺路搭桥。先后召开各类座谈会、通报会、茶话会 32 次，寄发海外亲人信件 3896 封，接收“三胞”人士为各类公益事业捐款 350 万元。

第二十四编
人民团体

1991—2013年，文登各人民团体充分发挥党和政府联系人民群众的桥梁和纽带作用，围绕中心工作，加强自身建设，改革创新，履行职能，组织开展学习宣传、思想教育、树优创先、普法维权、文明创建、技能培训、劳动竞赛、发明创造、科技致富、志愿服务、公益慈善、建言议政等活动，在推进全市科学发展、和谐发展、率先发展中当先锋、建功业，发挥越来越重要的作用，多次受到国家、省及威海市的表彰奖励。

2010年7月13日，文登市总工会第十二次代表大会开幕。

第一章　工　会

第一节　组织机构

1991年，文登市总工会内设办公室、组织部、宣传部、生产生活部、财务部和图书馆。所辖职工俱乐部更名工人文化宫。有工作人员10人。1993年，组织部、宣传部合并为组宣部。2002年，设立法律工作部。2006年，生产生活部改称生产保障部。2009年，撤销图书馆，成立困难职工帮扶中心（股级单位）。2013年，机构内设办公室、组宣部、生产保障部、财务部、女工委员会、困难职工帮扶中心。有工作人员15人。辖基层工会组织1687个，工会会员10.2万人，其中农民工会员2.9万人。先后被中华全国总工会授予全国先进市工会、全国新建企业工会组织建设先进单位称号，被山东省总工会授予工会先进单位、宣教文体工作先进单位、职工“五五”普法先进单位等称号。

第二节　代表大会

1991—2013年，召开文登市工会会员代表大会3次。

文登市总工会第十次代表大会　1994年3月9—10日举行，出席会议代表287人，特邀代表12人。听取审议题为《团结动员广大职工 为夺取全市社会主义现代化建设的伟大胜利而奋斗》工作报告及财务工作报告、经费审查工作报告，并分别作出相应决议。大会选举产生市总工会第十届委员会委员31人，经费审查委员会委员5人。

文登市总工会第十一次代表大会　1999年3月24—26日举行，出席会议代表288人，特邀代表15人。听取审议题为《抓住机遇 开拓创新 努力开创工会工作新局面》工作报告及财务工作报告、经费审查工作报告，并分别作出相应决议。大会选举产生市总工会第十一届委员会委员25人，经费审查委员会委员5人。

文登市总工会第十二次代表大会　2010年7月13日举行，出席会议代表168人，特邀代表13人。听取审议题为《促进科学发展 主动依法维权 团结广大职工为建设文登经济文化强市而努力奋斗》工作报告及财务工作报告、经费审查工作报告，并分别作出相应决议。大会选举产生市总工会第十二届委员会委员27人，经费审查委员会委员5人。

第三节　主要活动

企业民主管理　1991—1995年，市总工会根据职工代表大会条例规定，分系统举办职工代表资格培训班8期，对市属278个基层工会、6850名职工代表进行业务培训，增强职工代表民主意识和议政能力。全市85%以上单位，在企业改革中坚持未经职代会讨论通过的措施不出台，未经职代会审议的重大经营决策不执行，让职工充分参与企业民主管理。1997年，对245家企业、2830名企业中层以上干部进行民主评议，根据评议意见，调整企业领导班子32个，28名不称职领导干部被免职，并制定整改措施2080条。1999年，推行职工董事、职工监事和职工持股金制度，有48家企业工会主席进入董事会，39家企业工会主席进入监事会，占股份制企业总数的88%。推行厂务公开制度，通过职代会、公开栏、厂内网络、电子屏幕等形式，向职工公开企业经营管理、收入分配、五金缴纳、劳动保护和招待费使用等情况，使职工知企业事，干主人活。全市规模以上国有、集体及控股企业厂务公开率达

100%，建立工会组织的非公有制企业厂务公开率达88%。2001年，全市95%的企业定期向职代会报告招待费使用情况，仅此一项即可节省经费1750万元。2005年，在全省县级市中，率先在镇政府（街道办事处）配备副科级专职工会干部，建立健全镇（街道）、社区、企业三级工会网络，推动职工民主管理工作扩面升级。2010年，国有集体控股企业、规模以上非公有制企业工会建制率分别达到100%和96%。2013年，全市已成立工会组织的非公企业厂务公开和职代会两项覆盖率均达88%。

创建和谐企业　1991—1993年，开展“建家升级”活动，全市新增国营集体企业工会组织18个，发展新会员7500名。1994—1995年，重点抓好合资企业、新兴经济组织工会建设，全市110家符合建会条件的外资企业、经济组织，全部建立工会组织。全市有24家企业获威海市先进职工之家称号，市电业总公司被山东省总工会授予模范职工之家称号。1996—1997年，在市、镇企事业单位中开展“厂长（经理）爱职工，职工爱企业；厂长（经理）评职工，职工评厂长（经理）”的“双爱双评”活动。337家企业为职工办理养老保险，293家企业为职工修建房舍，120家企业为职工提供免费午餐或就餐补助，160家企业建起读报栏、广播室、图书室，参加义务劳动职工达5万人次，节约经费3000万元。提合理化建议5000条，增加经济效益9000万元，全市企业经济效益年均增长20%以上。《工人日报》全面报道文登市开展“双爱双评”活动的做法和经验。2001年，市总工会组织7辆宣传车深入镇、村集市宣传《中华人民共和国工会法》，发放宣传资料2.3万份，组织450余个基层工会开展知识竞赛。2006年，在工会干部中开展争当“职工维权卫士”活动，593个基层企业工会、2900名工会干部想职工所想、急职工所急，帮助职工解难事、办实事7431件，有10名工会干部获得威海市职工维权卫士称号。开展创建劳动关系和谐企业活动，成立由市委领导任组长，有关部门负责人为成员的创建领导小组，印发《文登市创建劳动关系和谐企业三年规划》，先后举办培训班8期，培训创建活动骨干300人，组织现场观摩活动6次，对198家企业的社会保障、劳动合同、职工工资、劳动用工等情况进行督导检查，督促企业补缴社会保障金2600万元。同时，通过会议部署、调查摸底、分类指导、现场推进、自我检查等形式，在共同约定行动、职工劳动合同、工资集体协商、劳资矛盾预警调处等方面，推动劳动关系和谐企业创建工作不断发展。年末，全市100家企业分获三星级、二星级、一星级劳动关系和谐企业称号。2010年，市总工会投资210万元，在工会机关建起党建、文体活动室和政务公开栏，活跃市区干部职工精神文化生活。至2013年，全市有429家企业被命名为威海市“星级”劳动关系和谐企业，山东云龙绣品有限公司被省总工会授予四星级劳动关系和谐企业称号。全市498家企业建立工资集体协商制度，覆盖职工5万人；签订集体劳动合同企业580家。

劳动竞赛活动　1991年，开展“兴文立功”社会主义劳动竞赛，50个先进单位和250名先进个人受到表彰。1992年，围绕“质量、品种、效益年”活动开展劳动竞赛，选送的工业成果在威海市展评中获得一等奖。1993年，继续开展“兴文立功”劳动竞赛活动，职工提合理化建议3580条，采纳2580条；小改小革258项，创经济效益670万元。1994—1995年，开展争创“百名明星”劳动竞赛，13个单位、6个班组、21名个人分别被威海市总工会授予明星单位、明星班组和明星个人称号，96人获得威海市技术能手称号，1850人获得文登市技术能手称号。1999年，在职工中开展以创新、创先、创优、创汇、创最佳效益为主题的“五创”竞赛活动380场次。2004年，发动职工开展“学振超，练绝活，争一流，作贡献”的“安康杯”竞赛活动，职工提合理化建议2.98万条，采纳7800条，创经济效益2100万元。2007—2009年，组织职工围绕技术创新、节约挖潜、节能减排等，开展“打造金牌职工”“提升女工素质，岗位建功立业”等一系列劳动竞赛

活动。参与职工达9万人次，创新技术成果1500项，其中190项重点技术创新项目上报威海市总工会和省总工会。有36个单位被评为威海市劳动竞赛先进单位，19人被评为威海市劳动竞赛标兵，3人获得富民兴鲁劳动奖章。2010年，威海、文登两级工会组织在南海新区联合举行劳动竞赛启动仪式，向参加南海新区圣海路建设的一线职工发放价值10万元的劳保用品。是年，全市职工通过劳动竞赛开展技术革新110项，提出合理化建议1085条，增加经济收入4200万元。2013年，开展以“工人先锋号”的“五小”（小发明、小创造、小革新、小设计、小建议）为主题的系列技能竞赛活动，参与技能竞赛职工6万人，创建威海市级以上“工人先锋号”36个，取得“五小”竞赛活动成果275项。

培育“四有”职工　90年代，围绕提升职工综合素质，有计划、有重点地开展一系列丰富多彩的文化教育活动。1991年，组织“共产党好、社会主义好”职工演讲比赛。1992年，开展“主人翁与市场经济”主题教育，5.8万名企业职工参与，通过黑板报、宣传栏、读书会、演讲会、知识竞赛等形式，向职工进行理解改革、支持改革，说主人话、干主人事的思想教育。1995年，开展“学孔繁森做人民公仆，学王廷江做致富带头人，学韩素云做文明市民”的“三学三做”活动，10万名职工参加。“八五”期间，市总工会每年举办1次“昆嵛杯”职工田径运动会，市电业总公司、工艺美术工业总公司，被省体委授予山东省首批职工体育工作先进单位称号。1996年，举办庆“七一”职工书画展，参展作品75件。1997年，举办全市女职工拔河比赛，22支代表队、300余名职工参加。1998年，在职工中开展学理论、学法律、学科学、学技术、学管理、学文化的“六学”活动，发放学习材料5.8万册，举办各类培训班180期、办黑板报和宣传栏2300期，组织知识竞赛活动205场次，印发考试试卷6万份，职工读书笔记1000余万字，387名工会干部领取山东省总工会颁发的上岗合格证书，市总工会被评为全国读书自学活动先进集体，获全省学习党的十五大报告知识与竞赛活动优秀组织奖。1999年，“学理论、忆光辉历程，话改革、迎世纪钟声”系列活动开启，全市1.2万名职工参加知识竞赛，举办演讲、歌咏比赛183场次。2002年，联合市体育局举办首届韩资企业职工运动会。2003年，举办“技术学习、技术比武、技术创新”活动，约10万名职工参加。2004—2006年，接续推进活动向纵深发展，取得“五小”革新成果437项。2008—2013年，开展争创“学习型班组”、争做“知识型职工”活动，组织1316家企业、4.98万名职工参与技能比赛，1230名职工提升技能等级，职工在活动中取得的创新成果及提出的“金点子”，6年里为企业节能创效9000余万元。

帮扶救助　1990年始，组织开展送温暖活动。1991年春节期间，通过摸底调查，确定118户困难职工为帮扶对象，协调市财政出资，补助每户600元。之后，送温暖活动逐步形成制度，每逢重大节日，协同市领导走访慰问，并为特困职工建档备案。1995年，向135名特困职工捐款27万元，帮扶物品折价10万元。1998年，采取举办培训班，建立安置基地等措施，帮助1150名下岗职工重新走上工作岗位。各级工会领导积极履行职工“第一知情人、第一报告人、第一帮助人”职责，推进送温暖工程常态化、制度化、社会化。2001年，发动企业出一部分，工会经费拿一部分，职工捐一部分，设立温暖工程基金，每年保障200～250户生活困难职工得到温暖工程基金帮扶救助，年均帮扶资金25万元，被省总工会授予全省实施送温暖工程先进单位称号。2002年，发起“捐献10元钱，姐妹献爱心”救助活动，10年间，累计发放爱心救助款110万元，救助特困、贫困单亲女职工1200人次。2004年起，开展“金秋助学”活动，对考取大学和子女入学特困职工家庭分别给予2000元、500元资助，先后共筹集发放助学金100余万元。2011年始，实施工会会员爱心互助补充医疗保险工程，旨在救助“因病致贫、因病返贫”困难职工。2011—2013年，每年发动全市职工参保分别

为 1.01 万人、3.38 万人、3.2 万人，保费为 38 万元、121 万元、160 万元，理赔共计 1106 起，赔付总金额 374.14 万元。

图 24-1　2013 年 3 月 24 日，文登市总工会举行第四期工会会员爱心互助补充医疗保险工程启动仪式。

劳模管理　按照《中华人民共和国工会法》规定，市总工会具体负责境内劳模候选人的推荐、评选、审查和劳模日常管理工作。2013 年，纳入市总工会管理的劳动模范（先进工作者）223 人。其中，地市级劳动模范（先进工作者）159 人，省部级劳动模范（先进工作者）57 人，全国劳动模范（先进工作者）7 人。每逢“五一”“十一”，市总工会通过文登、威海两级新闻媒体宣传报道劳模事迹，引导职工学劳模、当劳模。1993 年，协调有关部门，为 2 名省级劳模的配偶及子女办理“农转非”手续。1998 年，转发威海市总工会、财政局联合印发的《关于改善和提高威海市离退休劳动模范待遇的通知》，对原烟台市及威海市劳模、省级劳模、全国劳模按每月 60 元、80 元、100 元分别给予补助，其中 60 年代以前的省级以上劳模每月加补 20 元。农村劳模由所在村负责给予补助，补助发放率 100%。2005 年后，随着经济不断发展，建立劳模管理档案，提升劳模生活水平，定期组织劳模查体。至 2013 年，全市各级工会组织向 150 户生活困难劳模家庭发放补助费 20.4 万元。

第[illegible]章　共产主义青年团

第一节　组织机构

1991 年，中国共产主义青年团文登市委员会（简称团市委）内设办公室、组织部、宣传部、学校少年部，辖《小金星报》编辑部和青少年活动中心 2 个股级单位。有工作人员 11 人。1994 年，市青少年活动中心划入市昆嵛大厦代管。1998 年，《小金星报》更名《小金星》，业务移交威海日报社，人事关系仍由团市委管理。2004 年，市关心下一代工作委员会成立。2007 年，市青少年宫成立（市小金星报社增挂市青少年宫牌子），内设跆拳道、声乐、舞蹈、书画、棋类等 20 余个学习训练专业；镇（街道）全部建起青少年“活动之家”。2013 年，内设机构未变，有工作人员 8 人。辖基层团委 70 个，团（总）支部 1570 个，有共青团员 3.5 万人。获全国团建先进县（市）创建单位、全国青少年绿化祖国先进集体称号，先后 26 次被团省委授予五四红旗团委、青春立功活动先进集体、青少年工作先进单位、青春创业行动优秀组织单位等称号，14 次被团省委评为少先队工作红旗单位。

第二节　代表大会

1991—2013 年，召开共青团文登市代表大会

6次。

共青团文登市第十一次代表大会　1991年4月16—19日举行，出席会议代表364人。审议通过题为《团结带领全市青年　在实施“八五”计划伟大实践中建功立业》工作报告，讨论通过《关于在全市团员青年中开展“青春献‘八五’建功在岗位”活动》决议。选举共青团文登市第十一届委员会委员47人、候补委员6人。

共青团文登市第十二次代表大会　1994年3月4—6日举行，出席会议代表330人。审议通过题为《努力培养和造就跨世纪一代新人　为实现文登社会主义现代化建设的宏伟目标而奋斗》工作报告，讨论通过《关于贯彻落实市委八届九次全委（扩大）会议精神　团结带领全市团员青年　为实现跨世纪宏伟目标贡献青春》决议。选举共青团文登市第十二届委员会委员35人、候补委员5人。会议表彰共青团工作先进集体35个、先进个人7人。

共青团文登市第十三次代表大会　1997年4月7—8日举行，出席会议代表293人。审议通过题为《高举建设有中国特色社会主义的伟大旗帜　为实现“争当山东第一强　率先实现现代化”的宏伟目标而奋斗》工作报告，讨论通过《关于团结带领全市广大团员青年　为实现“争当山东第一强　率先实现现代化”的宏伟目标青春立功》决议。选举共青团文登市第十三届委员会委员31人、候补委员8人。

共青团文登市第十四次代表大会　2002年4月20—21日举行，出席会议代表249人。审议通过题为《抢抓机遇　干事创业　为推动全市社会主义现代化建设贡献青春力量》工作报告。选举共青团文登市第十四届委员会委员25人、候补委员11人。会议表彰共青团工作先进集体135个、先进个人248人。

共青团文登市第十五次代表大会　2007年10月11日举行，出席会议代表233人。审议通过题为《焕发时代精神　汇聚青春活力　引领团员青年为我市打造山东县域工业第一强而努力奋斗》工作报告，讨论通过《坚定信念　与时俱进　争当文登科学发展、和谐发展、率先发展的先锋》倡议。选举共青团文登市第十五届委员会委员25人、候补委员11人。会议表彰第五届“文登市十大杰出青年”和“文登市十大优秀青年”。

共青团文登市第十六次代表大会　2010年11月19日举行，出席会议代表153人。审议通过题为《深入贯彻落实科学发展观　团结带领广大团员青年为建设经济文化强市贡献青春力量》工作报告，讨论通过《在奋斗中燃烧激情　在奉献中放飞理想》倡议。选举共青团文登市第十六届委员会委员25人、候补委员11人。

第三节　主要活动

思想教育活动　“八五”期间，把加强理论教育、法制教育和爱国主义教育作为共青团思想政治工作的重点，采取多种形式，寓教育于活动之中。1991年，先后3次与宣传、教育、司法等部门联合举办法律知识培训和竞赛等活动，农村、城镇青年和中学生参与率分别为67%、75%、97%。1993年，开展《喜看家乡新变化》征文比赛，收到作品1700篇，在各级报刊发表102篇。1994年春节期间，举办文登籍应届大学毕业生联谊会，通过讲、看、访等形式，了解家乡变化，激发建设家乡热情，448名学子当场表达回乡就业的愿望。1993年、1995年“五四”期间，评选表彰文登市“十大杰出青年”“十大优秀青年”，在青年中掀起学先进、赶先进、当先进的热潮。5年间，举办中国特色社会主义理论及青年理论学习培训班210期次，培训团干部1.43万人次。1996年，会同市委宣传部联合编写8000余字宣讲材料，印发基层团委，对青少年进行爱党、爱国教育。1997年，在机关事业单位青年中开展“天天读书”活动。1998年“五四”期间，组织万名青年参加以邓小平理论和党的十五大精神为主要内容的理论知识考试，参考人员成绩全部合格，其中90分以上的占76%。1999年，实施“青少年新世纪读书计划”工程，与市教委、新华书店联合成立青少年新世纪读书俱乐部，向100名

优秀学生、100 名贫困学生发放免费会员证。9 月，在全省举办的“‘五十年辉煌，新世纪畅想’迎接中华人民共和国成立 50 周年知识竞赛”中，全市 158 人获奖，其中 23 人获一等奖。2000 年，组织 3000 名青少年参加“创双城大型宣传暨万人签字仪式”游行宣传活动。同时开展“迎接新世纪，创造新业绩”、向舍己救人英雄吕彦君学习活动。2002 年，成立文登青少年网站，为加强共青团工作和青少年教育提供阵地。2006 年，组织 1000 名团员青年参加“立青春誓言，践社会主义荣辱观”十八岁成人宣誓仪式。2007 年，联合市公安局开展“禁毒宣传进校园”活动，3 万余名青少年接受教育。2010 年，举办庆“五四”演讲比赛，激励团员青年积极投身“蓝色经济区的先行区”和“高端产业聚集区的示范区”建设中去。2012 年，举行中国共产主义青年团成立 90 周年庆祝活动，举办党史团情知识竞赛，编纂出版《我的青春我的团》宣传画册，引导广大团员青年践行使命，奋发有为。2013 年，开展“感悟十八大·青春正能量”微博大赛、“青春正能量，共圆中国梦”青年演讲比赛、“青春建功中国梦”青少年书画摄影大赛，进一步提高全市团员青年政治素质。

图 24-2　2012 年 5 月 4 日，文登市纪念中国共青团成立 90 周年大会在市民文化中心举行。

青春创业活动　1991 年始，在全市农村团员青年中实施农村青年科技星火工程。1992 年，开展农村实用新技术大赛活动，参与率达 75%，传播实用新技术 40 余项。至 1995 年，引领全市团员青年传播农村实用新技术 240 项，带动 1.7 万名农村青年走上致富路，涌现各级农村“星火”带头人 117 名。泽头镇综合养殖场场长邢学文、泽头镇虎口窑化工厂厂长曲丽皓先后被国家科委、团中央授予全国农村“星火”带头人标兵称号。其间，在企业开展“双岗双提高”（岗位练兵、岗位成才、提高技术、提高效益）和“五小”攻关活动，取得“五小”攻关成果 2130 项，提出“小建议”4000 余条，112 人被省及威海市业务部门评为岗位技术能手。丝绸工业（集团）公司丝织车间挡车女工王月秀被授予全国挡车工操作技术能手称号。1996 年，实施“跨世纪青年人才工程”，联合有关部门举办金融系统“世纪杯”青工技术大赛和“力象杯”青工技术大比武活动，参赛青工达 90%，培养文登市级以上技术能手 200 名。1997 年，汪疃镇团委围绕服务办实体，办好实体促服务，建起果业服务中心，尽心尽力为果农提供优质服务，果业服务中心被团中央评为全国青年致富工程，镇团委代表在全省万村青年致富工程现场会上作典型发言。是年，全市各级团组织领办农业开发项目 23 项，开发荒山 267 公顷，涌现市级以上青年星火带头人 27 名。1998 年，在青工中开展岗位培训、岗位练兵、技术比武等活动，全市涌现出各类青年岗位能手 1850 名。2000 年，组织企业团员青年开展创新创效活动，取得各种成果 120 项，创造经济效益 1.5 亿元。2001 年，评选表彰 10 名“文登市优秀外来务工青年”。2003—2006 年，以下岗失业青年和农村失地青年为重点，会同有关部门共同发起“青春创业行动”，通过免费创业辅导、菜单式培训等，培养有志创业青年 1000 余人。2007 年，加大“工岗快递”工作力度，加强与外地团组织合作，引进青年务工人员 300 余人。2008 年，

在威海市率先启动“青年建功新农村与百千万农村青年创业计划”，发放《农村青年创业计划操作手册》2000本，联系金融部门为创业青年发放低息贷款3000余万元。2009年，实施“农村青年就业培训”工程，举办培训班4期，培训800余人，帮助460名农村青年就业。2010年，建起8家青年就业创业见习基地，提供见习用工岗位800个，帮助60名创业青年获得小额低息创业贷款600万元。2011—2013年，举办农村实用技能培训班17期，培训农村青年980人。联合市农村信用社，为140户青年信用示范户发放创业低息贷款1550万元，为2家企业争取青春创业贴息专项资金4.3万元。

图24-3　2011年5月4日，文登市志愿者绿色环保活动在市中广场启动。

“青年文明号”创建活动　1994年起，团市委在企业及“窗口”行业开展争创“青年文明号”“青年全优岗”和争当“岗位能手”活动，2147家企业、7万名青工参与，涌现岗位能手4026名，“全优岗”“文明号”110个。1996年，按照岗位文明、岗位技能、岗位效益“三统一”原则，印发《全市“青年文明号”管理试行办法》，对“青年文明号”基本条件、申报程序、考核管理、组织领导及表彰奖励等作出明确规定，保证“青年文明号”名副其实。1998年，培养国家级、省级“青年文明号”各1个，文登市级10个。1999年，在市区昆嵛路中段创建“青年文明号”一条街，33个“青年文明号”单位受到表彰奖励。2001年，在市新闻媒体开辟《青春文明号巡礼》专题、专栏，宣传先进典型，展示青年风采。2004年，组织“青年文明号”与贫困学生、下岗职工结成帮扶对子，38名贫困学子得到现金和实物救助。2006年，对全市“青年文明号”单位进行检查考核，加大监管力度，下达限期整改5家，撤销荣誉称号13家。2010年，进一步完善“青年文明号”的申报、公示、末位淘汰等制度，保证“青年文明号”的质量和声誉，推进“青年文明号”活动健康发展。年内，新增威海市级“青年文明号”6个。至2013年，全市涌现出国家级“青年文明号”3个、省级“青年文明号”22个、威海市级“青年文明号”81个。

青年志愿者行动　1995年5月，文登市青年志愿者协会成立。团市委联合市文明办，每周末组织志愿者开展清扫人行道垃圾、清除小广告、制止乱扔杂物和随地吐痰“三项行动”。1996年，全市建立青年志愿者服务队1200支，参与志愿服务人员6万人。1997年，360支青年志愿者服务队与服务对象签订结对服务责任书，做到服务对象、服务时间、服务内容“三确定”。1998年，组建100支由“红领巾督查员”组成的“文明小使者督查队”，利用课余时间，走街串巷，宣传市民文明规范，纠正市民不良言行。1999年，联合青岛市青年经济发展公司成立青年志愿者服务队，免费为1500户家庭清洗排油烟机。2000年，在居民区、敬老院、福利院建立“青年志愿者爱心责任区”120个，以“周末爱心行动”为主要形式，开展“一助一”帮扶活动。2003年，启动“消防志愿者平安行动”，招募农村消防志愿者70名，改善农村消防环境，保障人民群众安全。2005年，组织上千名青年志愿者开展“清除白色垃圾”行动。2006年，启动“争做志愿者，建设新农村”活动，为53个村、2万余名农民群众提供技术指导、医疗保健、家电维修、法律援

助等服务。2007 年，联合消防、地震、环保部门，成立消防、地震、环保志愿者小组。2008－2009 年，组织 50 余名志愿者成立南海新区文明行为劝导队，在旅游旺季进行义务宣传，劝阻不良行为。2011－2013 年，开展“学雷锋，做美丽文登人”“文登蓝”海洋保护及“红色关爱”志愿服务百村行等系列志愿服务活动。3 年间，累计开展志愿服务活动 31 次，参与者 1.8 万人次，服务群众 3.2 万人次。至 2013 年，全市共有志愿者 2 万名，注册志愿者 1.8 万名，组织网络体系覆盖扶贫帮困、绿色环保、法律援助、应急救灾、卫生医疗、科普宣传等服务领域。

爱心助学行动 90 年代，在“纪念希望工程实施 10 周年”活动中，全市青少年捐款 19 万元。2000 年，向西部贫困地区捐献书籍近 10 万册。2002 年，启动“爱心铺就希望路”希望工程爱心助学行动，建立华格奖学金、梁记粥铺助学金、新长城助学项目、彩虹基金、“青年文明号”一助一、结对助困等多位一体的帮困助学体系，先后有 181 名贫困中小学生获得捐款资助。2006 年，联合市机关工委印发“延续爱心、守护希望”捐资助学倡议书，动员机关集体和个人参与扶贫助学活动，收到捐款 28.9 万元，资助中小学生 128 人、大学生 102 人。2008－2009 年，在 5 所农村小学建起“家门希望图书室”，赠送图书价值 5 万元。2010 年，筹集希望工程助学金 7 万元，资助中小学生 117 名。2012 年，开展“关爱农民工子女，爱心晚报赠阅”活动，筹措资金 2 万元，向 100 名外来务工子女赠阅全年《威海晚报》。2013 年，向 300 名贫困中小学生赠送全年《小金星》《中国中学生报》。至 2013 年，全市各级团组织共捐资帮扶贫困大中小学生 3043 人，捐建希望图书室 12 个、希望电脑室 3 个、希望厨房 11 个、希望小学 1 所。

第四节 少年先锋队

少先队组织 1989 年，中国少年先锋队文登市总队（简称市少总队）成立。1994 年，市少总队创办的省内第一家少先队干部学校正式挂牌开课。年末，各镇成立少支队，为全国首创。2013 年，市少总队辖 41 个大队、607 个中队、1700 个小队，有少先队员 2.6 万人。

少先队活动 1991 年，在全市少先队员中开展学赖宁，争做英雄好少年活动，评选出文登市“学赖宁十佳标兵”。1992 年，开展“露一手”活动，市实验小学少先队员刘红芳代表山东省参加首届全国少年儿童“露一手”比赛，获得表演活动小能手称号。举办全市首届少先队鼓号操比赛，14 个少先队组织分获一、二、三等奖。1993 年，实施“雏鹰行动”，开展“手拉手”互助活动。1994 年，团市委、市教委联合印发《文登市少先队技能达标竞赛计划》，号召少先队员面向新世纪，学做小主人。市少总队队长、实验小学少先队员王芳获全国一级雏鹰奖章，8 名少先队员获山东省少先队雏鹰奖章。是年，全省第一家“红领巾银行”在文登成立，翌年储蓄总额达 250 万元，为文登经济发展贡献力量。1995 年，举办“手拉手——雏鹰万里行”活动。暑期，市红领巾记者团“抗日故地千里行”采访活动启动，300 名小记者组成 40 个记者团，采取徒步接力形式，历时月余，行程千里，采访抗战英雄，收集抗战故事，参观抗战遗址，接受抗战教育。9 月，记者团小记者代表王华锋赴京参加由中宣部、团中央、国家教委等单位联合举办的纪念抗日胜利 50 周年中国小记者采访活动汇报大会，现场展示文登市少先队“抗日故地千里行”红旗，市小记者团被授予优秀中国小记者采访团称号，王华锋被评为优秀中国小记者。1996 年，团市委与少工委以纪念红军长征胜利 60 周年为主题，开展“与长征沿途小朋友手拉手”活动，与 7 个省、30 个县市小朋友结成“手拉手”对子，邮寄现金和物品价值 10 余万元。1997－2001 年，联合市教委每年举办“好少年夏令营”，先后组织 4 万余名学生到潍坊风筝城、威海中视影视城、孟良崮战役遗址、孔子故里等地参观学习。创办文登少年军校，组织 4000 余名少先队员到刘公岛海军基地进行军事训练，开

图24-4　2001年8月2日，团市委、市教委等联合创办文登少年军校。

阔眼界，锻炼意志，提升自学、自理、自护、自强能力。1998年，全市少先队员利用节假日创收4万元，帮助困难学生150名。在情系灾区小伙伴募捐活动中，捐赠物资价值43.3万元。1999年，全国少工委在全国少先队员中组织“共话家乡50年，手拉手书信赛”，文登青少年踊跃参赛，获金牌1枚，银牌7枚。全国少工委出版的《手拉手共话祖国50年》书信集，收录文章135篇，刊发文登9篇，列县级市第一。2002年，开展“红领巾示范学校”创建活动，有9所学校获奖。举办以“实践与创新”为主题的首届少年科技节，1万余名少先队员参加，收到创造类作品80件、创意设计类作品93件、科技论文90篇，优秀未来世界绘画作品6万余件，其中12件作品获国家专利。2004年，市少总队举办以“求科学真知、树文明新风、强综合素质，做‘四有’（有理想、有道德、有文化、有纪律）新人”为主题的“联想1+1”杯少年科技节，收到作品近6万件。2007—2009年，举办“三美健康杯”书信大赛、“人防杯”少儿现场书画大赛、庆祝少先队建队60周年鼓号操大赛。其间，市第二实验小学获全省唯一全国优秀少先队集体称号。至2010年，全市参加“手拉手”活动少先队员约有30万人次，涌现出一大批“环保小队”“红旗大队”。少先队员中有5人被评为齐鲁小名士，2人被评为山东省十佳少先队员，4人被评为山东省优秀少先队员，94人被评为威海小名士。2011—2013年，开展“红领巾相约中国梦”“我做共产主义接班人”等活动，引导少先队员从小学做人、学立志、学创造。市实验小学少先队大队获山东省优秀少先队大队称号，市大众完小四（五）中队获山东省优秀少先队中队称号，1名少先队员获第十一届齐鲁小名士称号，10名少先队员获2013年度威海美德少年称号及提名奖。

辅导员队伍建设　1991年，团市委与市教委联合印发《文登市实施〈山东省少先队辅导员条例〉细则》，成立文登市少先队辅导员培训中心，采用岗前培训及岗后轮训等形式，培训辅导员7800人次。1994年，在全省举办的少先队辅导员技能大赛中，文登一中少先大队辅导员张光荣获得第一名。1995年，有280名辅导员参加威海市少先队辅导员岗位合格证考试，277名通过考试，合格率达98.9%，名列威海市之首。2003年，在团省委、省教育厅、省少工委等部门联合举办的“首届全省少先队辅导员技能技巧大赛”上，文登市参赛9个项目，获得一等奖1个、二等奖6个、三等奖2个。2005年，历时3天的全市少先队辅导员培训班开班，54人参加。是年，在第二届山东省少先队辅导员技能大赛暨风采展示活动中，全市少先队辅导员有41人次获奖。2008年，举行评选优秀少先队辅导员活动。2010—2013年，通过外派培训学习，参与课题研究等方式，全面提高辅导员队伍整体素质。全市涌现出山东省“十佳”少先队辅导员2名、山东省优秀少先队辅导员4名，威海市“十佳”少先队辅导员2名、威海市优秀少先队辅导员6名。

第三章　妇女联合会

第一节　组织机构

1991年，文登市妇女联合会（简称市妇联）内设办公室、维护妇女儿童合法权益部、儿童工作部。1995年，有工作人员9人。2003年5月，增设基层工作部。2007年7月，取消基层工作部和儿童工作部，设立组织宣传工作部。2009年9月，设立市妇女儿童工作委员会办公室（副科级），与维护妇女儿童权益部合署办公。2013年，内设办公室、妇女儿童工作委员会办公室、组织工作部、宣传工作部。有工作人员8人。辖市直部门（单位）妇女工作委员会22个，镇（街道）妇联17个，村（社区）妇代会745个，实现“妇女之家”全覆盖。23年间，市妇联先后获得国家级荣誉称号5次、省级荣誉称号33次。

第二节　代表大会

1991—2013年，市妇联共举行3次妇女代表大会。

文登市妇女第十次代表大会　2002年4月7—9日举行，出席会议正式代表289人。大会通过《高举邓小平理论伟大旗帜　团结动员全市妇女为提前实现现代化宏伟目标努力奋斗》工作报告。选举产生市妇联第十届执行委员会委员43人、常务委员11人，主席1人、副主席1人。会议表彰妇女工作先进集体64个、先进个人150人。

文登市妇女第十一次代表大会　2007年10月12日举行，出席会议正式代表259人。大会通过《全面落实科学发展观　团结动员全市妇女为实现富民强市新跨越建功立业》工作报告。选举产生市妇联第十一届执行委员会委员43人、常务委员11人，主席1人、副主席2人。

文登市妇女第十二次代表大会　2012年10月25—26日举行，出席会议正式代表259人。大会通过《加快科学发展　促进社会和谐　团结带领全市妇女为实现富民强市新跨越努力奋斗》工作报告。选举产生市妇联第十二届执行委员会委员45人、常务委员11人，主席1人、副主席2人。

图24-5　2012年10月25日，文登市妇女第十二次代表大会开幕。

第三节　主要工作活动

巾帼创业就业行动　90年代初，在全市农村妇女中开展学文化、学技术、比成绩、比贡献“双学双比”竞赛活动，组织引导14.5万名妇女参加庭院经济开发、专业规模经营、艺术品加工创汇、“三八”绿色工程开发活动。至1995

年，营造“三八”林、路、坝769处，其中镇级“三八”林37处，面积123.4公顷。涌现养殖大户4429户，专业规模经营大户2万余户。全市95%的妇女掌握2～3门以上实用技术，评选科技女状元68名，科技带头户580户。1996－1997年，开展“十项新技术推广”和“技术传递”活动，全市庭院经济开发率达到95%。1998年，因镇而宜，与市农业局联合开展培训工作，先后举办果品生产、立体种植等技术培训班21期，2.1万名农村妇女接受新技术培训，978名妇女获农村技术员职称，当年脱贫妇女960人。1999年，开展以庭院经济二次开发、农业新技术推广为主要内容的“双学双比”竞赛活动。农村庭院开发率达100%的有18万户，80%的有14万户，户均年收入2200元。全市新栽干鲜杂果24万株，新上天麻、菇类1万平方米，新增各类禽畜养殖84万头（只）。家庭加工业从业妇女10万人，从事营销和服务业的妇女1.5万人，新增营销、加工户1.8万户。是年，组织建起12个种养技术协会，创办18个巾帼股份合作社、20个“妇字号”基地，引进推广高产高效种养项目14个。2000－2004年，实施“滚动养兔、养羊扶贫致富工程”，各级妇联会同有关部门加强技术指导、生产服务、良种调换、疫病防治等，扶持养兔户1200户、养羊户610户，户均增收1000元以上。2006年，开展“当村企红娘，建乡村车间”活动，开办乡村车间67个，2130名农村妇女实现就近就业。指导具有果品产业优势的界石、葛家2镇妇女开发“农家宴”，培养“山里人家游”业户60个，年接待游客3万余人，户均增收8000元。2011年，启动妇女小额担保贴息贷款项目，先后为441名妇女发放创业贴息贷款3000万元。发挥全市19个培训基地和17个示范基地的引领作用，开办农业科技、家政服务、劳动技能培训班62期，培训妇女3000人次。2013年，协调有关部门和金融单位，为120名妇女发放创业贴息贷款1000万元。发放科技“明白纸”近万份，举办培训班30余期，培训妇女5000余人次。

“巾帼建功”竞赛活动　1991年始，在城镇女职工中开展以“五学”(学政治、学文化、学科学、学技术、学管理)、“五创”(创优质、创高产、创效益、创最佳服务、创一流水平）为主要内容的“巾帼建功”竞赛活动。至1995年，涌现县级以上“巾帼建功”能手150余名。1998年，开展“岗上抓建功，岗下抓就业”的“巾帼建功”活动，帮扶147名下岗女职工重新就业。2002－2008年，开展形式多样的岗位练兵、技术比武“巾帼建功”竞赛活动3000场次，3.9万名女职工参加各类竞赛活动，涌现出各级“巾帼建功”标兵352名，78个岗位获威海市级以上巾帼文明岗称号，其中威海市文登中心医院护理部被评为全国巾帼文明岗，市房地产交易及产权监理处等5个岗位被评为省级巾帼文明岗。2010年，通过宣传发动、典型带动、评比促动等形式，不断推动巾帼文明岗创评工作深入开展，全年培养省级文明岗1个、地市级文明岗5个、县级文明岗10个。2012－2013年，对全市女企业家进行摸底调查，建档备案，成立文登市女企业家协会，通过《文登市女企业家协会章程》，选举产生协会领导成员。

图24-6　2013年11月12日，文登市女企业家协会成立大会举行。

“三八”绿色工程创建活动 2002年，创建“三八”绿色工程正式启动。全年发动农村妇女植树造林，新建“三八”林152处、面积348公顷，建成“三八”育苗基地45.3公顷。协调农、林、水部门开展“村在绿中”活动，发放速生杨树苗1.8万株，培养活动示范村11个。2004—2006年，通过培养样板村、召开现场会、观摩学习、编发广告等形式，推进活动全面均衡发展，新栽经济苗木28.2万株、绿化苗木14.7万株，培养示范村53个。2007—2009年，把开展“村在绿中”活动列入全市新农村建设系统工程，建设经济效益、生态效益、景观效果“三结合”的生态文明村。全年栽植各类树木469万株，修建村中花园280个，建成“绿美亮净”示范村229个。2010年，组织妇女采集花种，培育栽植当地常见花草。是年，栽植龙柏、紫槿等绿化美化苗木和柿子、石榴等经济苗木65万株，草本花300万棵。2011—2013年，组织妇女积极参与农村环境整治，调拨、栽植各类苗木160万株，260个环境整治村面貌发生根本转变，全部通过考核验收。

家庭文化建设活动 1991—1995年，以“家家美、家家富、家家乐、家家安”为主题，将每年5月定为家庭文化建设月，开展家庭思想道德知识竞赛、家庭文艺演唱会、家庭运动会、乐在家庭歌舞会等家庭文化建设系列活动，启动“五好”家庭和“特色”家庭创评活动，引导居民家庭向求和、求美、求乐的方向发展。5年间，全市评出“五好”家庭20.5万户，其中市（县）级“五好”家庭标兵61户，“特色”家庭58户，“特色”楼群（村）7个。1996—1997年，开展大众读书活动及庭院居室绿化美化活动，发展藏书千册以上妇女读书点401个。1999年，倡导城乡家庭开展“配备一个书橱、订阅两份报刊、收藏三百本图书”活动，倡导妇女读好书、用好书，组织撰写体会文章172篇，38篇获奖。泽头镇林村育苗大户林治梅被评为全国科技读书先进个人。2003年，结合非典型肺炎防控工作，联合《文登日报》向全市妇女发出“爱我家庭、护我家园、积极预防、远离非典”倡议，指导基层妇代会开展科普宣传、卫生保健活动，做到科学生活，共办黑板报、宣传栏2600期，发放“明白纸”16万份，进行广播宣传1.2万期次，清扫卫生死角60万平方米，清除垃圾3.2万吨。2006年，开展我爱我家、歌颂母亲、家庭面食技艺大赛等系列活动，评选表彰“五好文明家庭”“好媳妇”等妇女美德先进典型35个。举办“绿色家庭”知识竞赛，评选表彰“绿色家庭”20个。2011—2012年，开展“学习型家庭创评活动”，20个“书香家庭”受到表彰奖励。2013年，广泛开展“家庭和睦、人人和气、社会和谐”的“三和”主题活动，举行“美丽文登，知爱女性”典型事迹报告会，将6名先进典型发言刻录成光盘，分发基层，组织学习。

精神文明创建活动 90年代初期，市妇联把爱国主义教育和思想道德教育贯穿到节日庆祝、文体娱乐之中，先后举办庆“三八”第四套中老年妇女健身迪斯科比赛、中国共产党70周年光辉历程知识竞赛、歌唱党歌唱祖国歌咏比赛等活动，坚定广大妇女社会主义政治、道德和法制信仰。每年在“母亲节”前后，举行纪念母亲节大会、好妈妈宣传周、《我的母亲》征文比赛等活动。“八五”期间，共评选表彰市（县）级尊老敬老好儿女30名，好妈妈154名。1996年“七一”期间，编写《党旗飘飘映红半边天》宣讲材料，向妇女进行“爱党、爱国、爱家乡”宣讲384场次，受教育面85%以上。1998年，为庆祝建市10周年，举办“文登妇女十年征程”图片展，制作展板23块，展出图片600余幅。纪念改革开放20周年之际，开展“我看这20年”有奖征文活动，有10篇文章获威海市奖励。联合新闻媒体，开办《中国风采》《中国状元》栏目，宣传妇女先进典型14个。进入21世纪，采取节日活动与平时宣传相结合方式，教育引导广大妇女树立正确的世界观、人生观、价值观。2001年，举办3万余人参加的“拒绝邪教、做文明女性、建文明家庭”大型活报宣传及万人签名活动。2002年，组建“巾帼文明队”1084支，开展文化宣传、扶

贫助困、义务服务、环境绿化等爱心奉献活动。2003年，举办党的十六大知识竞赛和解放思想、干事创业、加快发展大讨论活动。2006年，指导全市350个村组建巾帼文明队，56个村建起巾帼腰鼓队。2007－2008年，分别举行“迎奥运、庆国庆、爱我文登”巾帼文明队会演和庆祝建市20周年展演。春节期间，联合文化部门举办“龙乡龙舞庆新春”“舞动龙乡”大型活报宣传，每年约有2000名妇女参加民间传统文化表演。2011－2013年，开展“五好文明家庭”“好婆婆、好媳妇、好妯娌、好邻居”“十佳母亲”“尊老敬老好儿女”等评选表彰活动，表彰各类美德典型230名。其间，通过在妇女骨干中招募一批、面向家庭发展一批、文明队转化一批等方式，建立巾帼志愿服务队110支，参与人数1000余人，开展“幸福家园巾帼行”周六志愿日主题服务、道路交通“平安行 你我他”等志愿活动7次。

图24-7　2010年3月5日，文登市举行纪念“三八”国际劳动妇女节100周年暨“十大贡献女性”颁奖大会。

爱心系列活动　1991年，市妇联发动全市妇女向南方灾区捐赠衣物、学习用品等11万余件（套）。1996－1997年，实施“手拉手，共同富”巾帼富民工程，安排经济强镇（村）妇女组织与弱镇（村）妇女组织、富裕家庭妇女与贫困家庭妇女结对帮扶，结成“共同富姊妹对”8720对，支持帮扶资金214万元，上马项目1718个，脱贫率60%，其中20%的户达到小康水平。2000年，开展“情系西部，共享母爱”募捐活动，为西部缺水地区贫困妇女捐献“爱心水窖”30个。2001年，开展援助“革命老妈妈活动”，扶持生活困难且有一定劳动能力的烈属、伤残军人遗孀、退职老妇代会主任等“革命老妈妈”发展家庭经济，改善生活质量。市、镇两级妇联组织为北部山区4个镇的89名“革命老妈妈”送去优良文登奶山羊，给其他镇（街道）465名“革命老妈妈”送去獭兔、长毛兔。2002年，免费发放枣树、梨树苗木3400棵，扶持310名“革命老妈妈”发展庭院栽植。2007年，开展帮扶贫困母亲活动，发动100名农村妇代会主任、科技致富女能手与100名贫困母亲牵手结对，从资金、项目、技术、销售等方面给予帮扶。2009－2012年，实施借款扶持妇女增收行动工程，筹措资金45万元，为105名贫困母亲提供无息借款，帮助上项目、扩规模，提升产能，增收致富。2013年，开展牵手爱心行动，为426户贫困妇女家庭登记建档，筛选76户特困家庭，实行一对一帮扶。23名下岗女工、贫困妇女实现就业和再就业。23年间，全市成立各级妇女送温暖小组1050个，重要节日期间，开展拥军优属送温暖、尊老敬老树新风活动，为驻军部队、烈军属、优抚对象及孤寡老人办实事、做好事19万件。

维权工作　1991－2013年，全市各级妇联组织以《中华人民共和国妇女权益保障法》《中华人民共和国未成年人保护法》《中华人民共和国婚姻法》《妇女儿童发展纲要》为重点，以学校、家庭为阵地，实施“三五”“四五”“五五”“六五”普法规划，开展普法宣传教育活动，举办家长普法培训班3000期，发放宣传材料4万份、竞赛试

题5万份、《婚姻法》宣传册3万册。“八五”时期，积极配合公安部门打击拐卖妇女儿童犯罪活动，解救受害妇女27名、儿童1名。1996—1997年，实施《妇女儿童发展规划纲要》，不断完善妇联职能，维护妇女儿童的合法权益，团结带领广大妇女在两个文明建设中建功立业，被威海市妇联授予维护妇女合法权益先进集体称号。2000年，与司法局联合成立妇女法律援助中心。2005年，开展“法律进万家”和“零家庭暴力社区”创建活动，成立反家庭暴力投诉站，为权益受侵害的妇女儿童提供法律帮助。2007—2009年，每年3月，组织开展“三八”维权周、“两纲”（文登市妇女发展纲要、儿童发展纲要）宣传月活动，引导妇女依法维权。2011年，开通“12338”妇女维权服务热线、“12348”司法援助热线。发动基层创建妇女维权站，统一定制站牌，全市镇（街道）、村（社区）创建率和挂牌率均为100%，其中，223个村达到省级示范站标准。2012年，投资6万元，在葛家镇建起面积420平方米的省级妇女儿童家园，通过教师授课、外出观摩等途径，培训家长4万人次。1991—2013年，各级妇联组织接待妇女信访到访824件次，处结率98%。

儿童救助活动 1991—1995年，每年“六一”儿童节期间，发动社会各界为儿童献爱心，办实事。5年间，捐款捐物129万元。其间，利用家长学校，举办优生、优育、优教家长学习班600期，开办家庭教育讲座720次，树立家教典型先进村110个。1997年，继续实施“春蕾计划”，发动妇女捐款1万余元，帮助22名特困女生克服困难完成学业。联合市教委共同开展向困难学生献爱心活动，捐款赠物达30万元，做好事、办实事约2万件。被省妇联授予实施“春蕾计划”先进集体称号，被省委、省政府授予少年儿童工作先进单位称号。1998年，开展向孤贫儿童献爱心、做孤贫儿童“社会妈妈”活动，有25名儿童牵手“社会妈妈”，60名孤贫儿童得到社会救助。2005年“六一”期间，发动社会各界帮助孩子办实事2000余件。2008年，为97名孤贫儿童办理国寿平安保险。2010年，在第二实验小学建起全市首家“留守流动儿童活动站”，协调部门、单位出资2万元，为活动站配置图书玩具和健身器材等。2013年，实施“恒爱行动”，发动妇女干部编织爱心毛衣90件，赠送困难家庭儿童。至2013年，全市40所学校建起“留守流动儿童活动站”，让每个留守流动儿童“身心有人护、学业有人管、困难有人帮”，1500余名贫困儿童得到社会各界资助。文登市被列为“全省流动儿童关爱服务体系试点市”。

图24-8 2013年5月29日，文登市举行“留守流动儿童活动站”授牌仪式。

基层组织建设 1991—1995年，全面加强基层妇女组织整顿，开展妇代会达标升级活动，全市达到一类妇代会标准的有556个村，占总数的64%，省级先进妇代会5个、红旗妇代会1个。全市94%的妇代会建起“妇女之家”，50%的妇代会建起服务基地。1996—1997年，以“内强素质、外树形象”为目标，举办122期学习班，提高各级妇女干部政治业务素质。有3个镇妇联、27个妇代（委）会被评为威海市妇女组织建设先进单位。1999年，按照统一建设标准、统一展板内容、统一簿册要求，整建妇女之家64个，新增展板

120块、图书1.2万册，藏书千册以上读书点达368个。2002年，开展优秀“妇女之家”创评活动，建设规范化“妇女之家”57个。2004年，新建城市社区妇委会28个、市场妇代会1个，推进妇女工作扩面升级。2011年，以农村开展环境综合整治和建设社区综合服务中心为契机，对全市“妇女之家”进行全面治理整建，培育建设示范“妇女之家”200个，实现“妇女之家”全覆盖。2012年，投资10万元，统一制作展板1050块，帮扶745个村“妇女之家”设施上档升级。2013年，对800名农村妇女干部分4期进行培训。是年，农村女性进村“两委”班子比例达100%，27个村党支部书记、村委会主任为女性“一肩挑”。

第四章　科学技术协会

第一节　组织机构

1991年，文登市科学技术协会（简称市科协）内设办公室、科普部、学会部，辖科技咨询服务部（事业单位）。有工作人员9人。2013年，机构未变，有工作人员5人。全市建立专业学会、协会40个，会员1.52万人。有国家级科普示范基地2个、示范协会5个、示范社区1个，国家级科普带头人2人。市科协先后获全国农村科普工作先进集体、全国科普日活动先进单位，山东省农村科普先进集体、山东省十佳市科协、山东省县级科协三十强等称号。

第二节　主要工作

农村科普　1991—1995年，全市952个村全部成立科协组织。5年间，放映科技电影1000余场次，组织科普现场会和参观活动765次，宣传推广农村实用技术103项，受教育群众22万人次。1996—1997年，在农村开展“讲精神文明、比科技致富、建先进科普镇村”活动。泽头镇林村、口子镇山后张家村、泽库镇后岛村被省精神文明办、省科协授予全省科普先进单位称号，8个镇、57个村被命名为威海市科普先进单位。市科协主任黄国永获全国科普工作先进工作者称号，省科协在全省发出向黄国永学习的号召。1998年，联合文登电视台开办《农科园地》《农技之窗》等栏目，为农村科普宣传搭建新的平台。进入21世纪，建立农村行业协会组织，先后建起特种动物养殖协会、西洋参产业协会、果业协会等科普组织，通过行业协会组织引导，推进农业产业化和农产品商品化，侯家镇、泽头镇唐疃村分别被省科协授予山东省科普示范镇、科普示范村称号。2002年，与市艺术团合作，编排科普节目20余个，下乡进村演出，受到百姓普遍欢迎。2005年，实施科普“村村通”工程，每镇建1处科普工作站，每村设1个科普宣传栏，选配1名科普员。2006年，文登市被省科协确定为全省实施“一站、一栏、一员”建设试点市。2008年，科普“村村通”工程被中国科协评为“三个一”建设示范项目，被中国科协、财政部授予全国科普惠农兴村先进单位称号。2007—2009年，实施“科技咨询百村服务”行动，组织科普志愿者900余人，开展形式多样的科普宣传活动，举办知识讲座1500余场，编发资料6万余份，受益者18万人次。至2013年，市科协围绕“三色革命”“十大养殖业”“服务三农”“建设蓝色经济区”等中心工作，举办各类农村科普培训班7600期，发放农村新技术“明白纸”315万份，放映科普影视5000余场次，解答农民科普咨询54万人次，赠送科普书籍6万册、科普光盘6300张，培训农民32万人次。

企业科普　1991—1993年，组建镇办企业科

协48个、发展会员694人。1994—1995年，按照上级部署，实施“金桥计划”，推进企业与科研单位联姻，重点实施“金桥计划”项目61项，其中列省“金桥计划”项目5项，列威海市“金桥计划”项目6项。“金桥计划”的实施，为全市新增经济效益2.6亿元。市机械工程学会从哈尔滨第一工具厂引进的“直柄麻花钻系列产品”项目，获省“金桥计划”优秀项目奖，当年实现利税350万元。1996—1998年，实施“金桥计划”项目65项。其中，大水泊镇科协的“JZB90型步履式桩机”、北郊镇科协的“罗氏沼虾”养殖、埠口镇科协的“高聚氯乙烯（HCPE）技术”等13个项目，获威海市“金桥计划”优秀项目奖。其间，在企业科技人员中开展“讲理想、比贡献、提合理化建议”活动，举行各种形式的学术交流120次，撰写论文500余篇，提合理化建议305条。2003年，加强新建企业、民营企业、外资企业科协的组建工作，全市有65个企业建起科协组织。在全省工矿系统“讲、比、建”比赛活动优秀成果评比中，文登市获二等奖1个、三等奖2个。2004年，为企业引进技术、项目、信息12个（条）。2005年，新建企业科协4个，组织培训职工5000余人次。2007年，开展“讲创新、比贡献、争做科学创新能手”活动。2008年，葛家镇国恒建筑机械有限公司电工车间被命名为山东省科普车间 。2011—2012年，组织协调企业实施技术创新项目60项、“金桥工程”项目4项。2013年，围绕节能、降耗、减排、增效，开展“比科学素质、比专业技能水平、比生产创新、比合理化建议”等活动52场次，完成科技创新项目16项。全市有1人获山东省十大杰出工程师称号、2人获山东省优秀工程师称号，4人获威海市十大杰出工程师、2人获威海市十大优秀工程师称号。

市区科普　文登市城市科普活动宣传月启动仪式于2000年9月在市中广场举行，以“崇尚科学，反对邪教”为主题，制作展板、挂图50块（张）。展后，组装科普大篷车开进企业、学校、社区、集市及驻文登部队进行巡展，观展者6万余人次。是年，在市中广场设计建起1处20米长的科普画廊，供市民浏览学习。2001年，市科协印发《城区科普工作意见》《城区科普工作目标》等文件，开展“破除封建愚昧、认清邪教本质”科普宣传周活动，举办科普展览17场次，观众达5万人次。文登日报社、文山公园管理处、天福街道北山社区被威海市政府授予城区科普工作先进单位称号。2002年，在市中贸易市场、河南水产批发市场等10处人员密集区域设置科普宣传展板30块，宣传新颁布的《中华人民共和国科学技术普及法》及有关世界环保日、气象日、人口日、爱眼日、艾滋病日等科普知识。2004年，开展百姓科普广场活动，将每年5月下旬至6月中旬，定为科普宣传月。2005年，举办国防教育、科学发展观、反邪教等为主题的科普展18场次，1个街道和3个社区、3个单位获威海市科普文明示范单位称号。2007—2009年，依据《中华人民共和国科学技术普及法》《全民科学素质行动计划纲要》，实施“科普社区通”工程，加强社区“四个一”（一组高标准科普宣传栏、一支科普志愿者队伍、一所居民科普学校、一处社区居民科普活动站）建设，建立科普志愿队伍43支、科普活动站43个，吸纳科普志愿者1442人。文登市获山东省优秀城区科普画廊奖，被省科协列为山东省社区科普支援计划受援单位。投资2500万元、建筑面积3000平方米的市科技馆主体工程完工。2011—2012年，广泛开展科普咨询、专家义诊、知识竞赛等活动，邀请科普志愿者进社区举办科普讲座20余场次，听众5000余人次。环山街道马家庵社区被省科协授予基层科普工作先进单位称号。2013年，组织开展科学、关爱、和谐示范镇（街道）、社区创建活动，河埠庄社区、七里水头社区、凉水湾社区、文山社区和米山镇5个单位分别获全省科学、关爱、和谐示范社区、示范镇称号；龙山街道和南山、海泰社区分别被威海市科协授予优秀科普示范街道、优秀科普示范社区称号。

青少年科技活动　90年代，市科协联合团市委、教育局等部门，每两年举办一届青少年科

技节，组织青少年开展灵活多样的科普教育活动。2000年，开展科普进校园活动，按照科普示范学校标准，对青少年进行科普教育，市第二实验小学被省科协、省教育厅命名为山东省科普示范学校。2002年，结合创办科普示范学校，在青少年学生中开展读一本科技书、制作一件小作品、看一场科技影视、搞一次科普宣传、画一张科幻画的“五个一”活动，激发青少年学生学科学、用科学热情。在省第十七届青少年科技创新大赛中，有2名学生分别获少儿科幻画类一等奖和优秀奖。2003年，8名青少年被评为威海市少年科学院院士、5名教师被评为威海市优秀科技辅导员。2004年，把科普教育纳入中小学教学计划，10所中小学被评为文登市科普示范学校，侯家中学被省科协授予山东省科普示范学校称号。5月，与团市委、教育局共同举办“理想1+1”杯少儿科技节，两个月时间，6万名中小学生参加8大类35个项目竞赛，大会收到创新设计作品82件，教具设计作品74件，科学论文97篇，科幻图画353幅，网页作品51件，电脑动画作品35件。同月，米山镇4名中学生参加山东省首届青少年“七巧板”比赛，获一等奖1人，三等奖3人。2006年，市科协组织学生参加威海市防震减灾科普知识竞赛，获第一名。组织全市中小学生参加省级以上科技创新大赛，25人获奖，其中3人获国家级三等奖以上奖励。市教育局被评为省级优秀组织奖，米山中学被授予山东省科普示范学校称号。2007年，市科协、市教育局和团市委联合举办“移动杯”第三届中小学生科技节，3万余人参加科技节活动。是年，组织学生参加山东省第22届青少年科技创新大赛，4人获奖。张家产中学获优秀组织奖。2008年，在全市中小学开展“科技进校园百校行”活动，聘请环保、气象、卫生等方面专家作巡回报告。2009年，市科协组织全市中小学生参加山东省举办的青少年科技创新大赛、青少年科普小论文竞赛，7人获奖。市科协获山东省“科技点燃梦想，创新成就未来”科普素质大奖优秀组织奖。2010年，市科协引进投资建设的威海市首座校园科技馆在文登二中落成运行，展馆面积100余平方米，展品46组（件），分设声学、光学、电磁3个展区。2011年，组织1500名师生参加省青少年科普报告百校行活动。2013年，组织实施山东省流动科技馆巡展、科普大篷车进校园活动，全市有18所中小学师生观看展出，参观者达4.12万人次。

图24-9　2011年10月16日，山东省“青少年科普报告百校行”走进文登。图为文登实验小学会场。

创建科普示范市　1998年，创建活动正式拉开帷幕。市委成立创建科普示范市领导小组，印发《关于开展创建全国科普示范市活动的意见》，建立创建活动“三定期”（定期研究、定期汇报、定期检查）工作机制；市政府决定将科普工作经费由人均0.05元提高到0.1元，后增至人均0.2元。年末，经检查评估，文登市被推荐为全国科普示范市。1999年，投入8000余万元，用于建设科普学校、农民夜校等设施及新技术、新品种引进推广，文登市被中宣部、科技部、中国科协授予全国科普工作先进市称号。10月，全省

科普工作会议在文登召开，市政府主要领导作题为《科学兴市 科普先行 切实把科普工作摆到战略位置抓》典型发言。会上，文登市被省科协授予山东省农村科普工作先进集体称号。2002 年，在全市 17 个镇（街道）设立中国农村致富技术函授大学教学班，做到组织、阵地、师资、教材和经费“五落实”，全年培训农函大学员 859 人。2003 年，发放预防“非典”科普知识挂图 4000 套、科普宣传资料 25 万份、知识光盘 1000 张。编印《大众科普苑》9 期，每期 1000 份，下发到工矿企业、农村学校。2005—2006 年，市委、市政府先后印发《关于加强科普工作的意见》《关于贯彻全民科学素质行动计划纲要的实施意见》，把创建全国科普示范市工作纳入全市目标责任制考核。2007—2009 年，文登市获山东省科普示范市、全国科普示范市、全国科普惠农兴村先进单位称号。2010 年，中国科协创办的全国科普活动站建设示范试点网络书屋落户文登。2013 年，与中国知网合作，投资 1 万元，建设全市网络书屋，为全市 128 个协会、基地和种养殖户提供网上服务；并按时完成山东省第二次科技工作者状况文登地域调查任务。

第五章 工商业联合会

第一节 组织机构

1990 年，文登市工商业联合会（简称市工商联）恢复成立，与市委统战部合署办公。1995 年，有工作人员 5 人。2002 年，对外独立办公，级别正科。2013 年，内设综合科。有工作人员 6 人。辖 17 个基层商会和 3 个专业商会，会员 960 人。先后 7 次被省工商联评为先进集体。

第二节 代表大会

1991—2013 年，文登市工商联共召开会员代表大会 5 次。

1993 年 6 月 11 日，文登市工商联举行第二届会员代表大会，参加会议代表 96 人。会议通过市工商联第一届会员代表大会工作报告。选举产生市工商联执行委员 32 人、常务委员 18 人，主任委员 1 人、副主任委员 5 人。

1997 年 4 月 25 日，文登市工商联举行第三届会员代表大会，参加会议代表 109 人。会议通过市工商联第二届会员代表大会工作报告。选举产生市工商联执行委员 35 人、常务委员 15 人，主任委员 1 人、副主任委员 6 人。

2002 年 4 月 19 日，文登市工商联举行第四届会员代表大会，参加会议代表 121 人。会议通过市工商联第三届会员代表大会工作报告。选举产生市工商联执行委员 38 人、常务委员 6 人，会长 1 人、副会长 7 人。

2007 年 4 月 3 日，文登市工商联举行第五届会员代表大会，参加会议代表 156 人。会议通过市工商联第四届会员代表大会工作报告，选举产生市工商联执行委员 51 人、常务委员 6 人，会长 1 人、副会长 12 人、秘书长 1 人。

2011 年 9 月 29 日，文登市工商联举行第六届会员代表大会，参加会议代表 265 人。会议通过市工商联第五届会员代表大会工作报告，选举产生市工商联执行委员 128 人、常务委员 53 人，主席 1 人、副主席 25 人、秘书长 1 人。

第三节 主要工作

服务经济 90 年代，市工商联组织会员外出考察学习 4 次，其中出国考察学习 2 次。2003—2004 年，设立工商联法律服务部，配备专线电话解答会员的法律咨询，帮助会员单位草拟文稿、

审订经济合同20件，处理经济纠纷16起，挽回经济损失165万元。举办法律知识培训班，培训会员500人次。2005—2008年，联系省内外对口部门，帮助会员企业招工1210人，以缓解企业“用工难”之急。2011—2012年，邀请专家学者举办商会会员知识培训班9期，组织会员企业外出参观学习11次，开阔眼界，增长见识。为9家会员企业解决贷款5000万元。2013年，利用自身优势，引进外资项目3个。

图24-10 2008年9月5日，文登市工商联会员企业助学仪式举行。

光彩事业 2003年始，市工商联组织会员企业开展“致富思源、富而思进、发展企业、回馈社会”大讨论活动，学习宣传光彩事业的宗旨、意义。是年8月，举办“奉献爱心，回报社会，工商联资助大学生”专场文艺晚会，现场8名工商联执行委员与8名家庭贫困大学生结成帮扶对子，承诺资助其完成学业。2005—2009年，开展“百企帮百村”活动。投资3875万元，为帮扶的贫困村新上项目20个，增加集体经济收入240万元；投资290万元，帮助修路8条，总长20千米；敷设自来水管道800米，架桥1座，打井3眼。捐款捐物120万元，帮扶特困户44户，资助特困学生56人。2010年，会员企业法人代表黄宪忠自筹资金26万元，在原天福山镇驻地新建集贸市场1处。2013年，继续组织会员企业参与“百企帮百村”行动，68个会员企业帮扶资金、物资折款300余万元。

建言献策 “八五”期间，市工商联会员参加市委、市政府召开的座谈会6次，提出意见、建议18条。1997年，通过调研撰写的《关于文登市个体私营经济的调查报告》，为市委、市政府决策提供依据。2004年，与市政协经济科学委员会联合组成调查组，深入企业调查务工人员缺口情况，起草《关于文登市劳动密集型企业用工情况的调查报告》，所提建议得到市委、市政府高度重视，责成有关部门尽快落实。2005—2013年，组织会员参加各级党政机关召开的座谈会20余次，提出合理化建议84条。

商会建设 “八五”期间，全市有会员222人。1997年，市工商联在口子镇建立威海市首个镇级分会。至1998年，全市镇级分会全部成立。1998—2004年，先后指导张家产镇、泽库镇和侯家镇挂牌成立西洋参种植协会、渔业协会、养貂协会等5个行业协会。2010年5月，指导成立境内首家异地商会——市工商联温州商会。7月，市工商联福建商会举行揭牌仪式。2013年，印发《文登商界》2.4万册，送至有关部门、企业。全市有工商联会员960人。

第六章　归国华侨联合会

第一节　组织机构

文登市归国华侨联合会（简称市侨联）于1979年成立。与市侨务办公室（简称市侨办）合署办公。1990年，对外独立办公。有工作人员3人。1992年，复与侨办合署办公。1993－1994年，再次分离、合并。至2013年，先后召开3次归侨、侨眷代表大会。

第二节　主要活动

1991年，在全市归侨、侨眷中开展“共产党好、社会主义好”演讲比赛。1992－1995年，组织人员进村入户了解侨情，整理侨情档案503份。发动归侨、侨眷向海外亲人邮寄介绍家乡发展变化信件2400余封，邮寄宣传资料2500余份，寄送贺年卡1600余张，协助侨办接待回乡探亲、观光和洽谈经贸业务的海外华侨、华人及港澳台同胞408人次。1996年，组织300名归侨、侨眷参加省侨联举办的迎接香港回归和香港基本法知识大赛，12人获奖。1999年，配合侨务部门，开展“五个一”(写好一封信、打好一个电话、介绍一个项目、推销一种商品、引荐一名客商）活动和为侨资企业“服务行动年”活动，被威海市侨联评为先进单位。2002年，开展“维护侨益年”活动。2003年，在全市归侨、侨眷中开展“争先创优”活动，发动归侨侨眷向海外邮寄贺年卡、书信2800余张（封）。2008年，省、地两级侨务部门先后在文登召开现场会，总结推广文登市建立市、镇（街道）、村（社区）、侨企“四位一体”侨务工作联动机制的经验和做法。2010－2012年，会同市侨办在中国侨网、《山东侨报》、侨联网等新闻媒体刊登稿件180篇，向海外侨胞邮寄贺年卡及书信300张（封）。2013年，配合主管部门开展《中华人民共和国归侨侨眷权益保护法》宣传日活动，发放宣传材料1000余份。

第七章　台属台胞联谊会

第一节　组织机构

1991年，文登市台属联谊会更名为文登市台属台胞联谊会（简称市台联会）。至2013年，市台联会共举行6次代表大会。

第二节　主要工作

1991－2013年，市台联会协助市台办利用传统节假日，向台湾岛内邮寄祝福明信片4500余张，组织台属、台胞联谊活动70余次，参与接待台胞870人次，帮助台属、台胞办实事119件。其做好台属工作的经验，被威海市政府台湾事务办公室转发。

第二十五编
政　法

1991—2013年，政法部门围绕全市社会发展大局，以提升人民群众安全感和满意度为目标，全面深化社会治安综合治理，坚持“打、防、管、建”原则，运用政治、经济、行政、法律、教育等手段，打击和预防各类违法犯罪。加强和改进公安、检察、审判和司法行政工作，坚持管疏同步、打教并举、公诉与监督统一的原则，依法行政，全力推进平安文登建设，不断优化社会环境，公民法律素质明显提高，为经济社会发展和人民安居乐业提供强有力保障。文登市被中央综治委授予2005—2008年度和2009—2012年度全国平安建设先进市称号，先后多次被省委、省政府授予社会治安综合治理先进市称号。

2007 年 9 月 24 日，威海市公安机关“三基”工程建设现场推进会在文登召开，文登市公安局民警冒雨作训练汇报表演。

第一章　政法委及综治工作

第一节　机构设置

市委政法委员会　1991年，市委政法委员会（简称市委政法委）内设办公室、调研科。4月，市社会治安综合治理委员会办公室（简称市综治办，正科级）与市委政法委合署办公，有工作人员5人。1993年11月，市综治办撤销。1994年6月，市综治办恢复。2013年，市委政法委内设办公室（调研科）、政工科、执法督查科、综合治理科，有工作人员15人。

基层社会治安综合治理组织　1991－1994年，全市952个村均建立“两会一队”（治保会、调解会、治安巡逻队）组织，23个乡镇均成立治保、调解、普法、巡逻、帮教“五位一体”的社会治安综合治理办公室。1995－1997年，镇、村设立综治办、创安办，基本达到有牌子、有专人、有责任、有制度、有奖惩的“五有”要求。全市323个企事业单位、学校成立保卫科，占单位总数的83%，并达到规范化要求。2005年，全市建立完善调解组织501个，有调解人员711人。2009年，镇（街道）、村建立流动暂住人口管理服务站18个、分站323个，有专管员25人、协管员502人。2011年，各镇（街道）设立社情民意办公室，配备专职人员，开通民情热线。2013年，全市17个镇（街道）均建立融政务服务、民生服务、诉求受理和指挥调度“四位一体”的社会管理服务中心，推进综治工作向规范化、科学化、制度化迈进。

第二节　队伍建设

为提升执法能力，全市政法部门不断加强队伍建设，从严治警，全面提高政法干警队伍的政治素质和业务素质。

1991年，全市政法系统开展“学张春雷、做合格干警”活动，有4个单位立集体二等功、6个单位立集体三等功、3人立二等功、15人立三等功。1994年，开展“忠诚合格卫士”教育活动，建立警钟日、廉政日制度，先后4次进行纪律作风教育整顿，密切警民联系，树立良好形象。1996年，在全市公安系统开展学习济南交警、威海“两警”，争创“十佳干警”活动，进行为期1个月的思想作风纪律整顿，有10个单位获省及威海市先进单位称号，公安干警于吉海被公安部追授为全国公安系统二级英雄模范称号。1998年，在全市政法系统中开展为期3个月的思想作风、纪律作风集中教育整顿，有4名干警受到纪律处分、4名干警被诫勉，政法队伍精神面貌为之一新，在威海市政法干警基本素质考试中，取得第一名。2003年，开展队伍建设年活动，制定服务措施157项，社会各界满意率达97%。2004－2005年，开展以创满意为主线的公正执法树形象活动，市公安局副局长杨玉平被公安部授予全国优秀人民警察称号，泽库镇法律服务所所长慈惟元被司法部授予优秀人民调解员称号。2007－2009年，开展帮千企、走千村、访万户，保增长、保民生、保稳定主题实践活动，深入农村、企业召开座谈会574场次，举办法制讲座62场次，发放法律宣传材料6.1万份，帮助办理法律事务1280件，化解不稳定因素164起。2008年，公安干警吴强被公安部追授为全国公安系统二级英雄模范称号。2013年，开展“作风建设年”活动，弘扬简朴务实、令行禁止的优良风气。政法部门收到当事人赠送的锦旗45面、表扬信16封。

第三节　综合治理

制度建设　90年代，市委印发《文登市各级党政机关人民团体在社会治安综合治理中的任务职责的暂行规定》和《关于实行社会治安综合治理领导责任制的若干规定》，市综治办印发《关于建立重大案件防范责任查究通报的意见》。市委政法委发挥公安、检察、法院、司法行政的职能作用，建立起以领导责任制和目标管理责任制为主线的工作制度。通过落实责任，提高各级领导抓稳定工作的紧迫感和责任感。进入21世纪，市综治办相继印发《文登市镇（街道）综治办规范化建设标准》《关于开展镇、村（居）社会治安综合治理规范化建设工作的实施意见》《关于在全市农村广泛深入开展法制宣传教育的意见》。每年初，召开专题会议，分析治安形势，部署工作任务，在全市范围层层签订社会治安综合治理责任书，确定各级主要领导人为第一责任人，将晋职晋级、政治荣誉、经济利益同责任担当直接挂钩，实行"一票否决"制。至2010年，全市有19个单位在年度综合考核中被"一票否决"、8个单位领导被查究、5个单位被黄牌警告。2011年，按照属地管理和谁主管、谁负责的原则，社会治安管理纵到底、横到边，常抓不懈。是年，文登市列为全省23个社会管理创新综合试点市之一。至2013年，文登市在威海社会管理综合治理考核中连续4年位居第一。

治安防控　1991—1995年，全市机关、学校、企业和农村全方位建立专职、兼职巡逻队，95%的居民楼院有人看护。经济要害部位普遍落实防范措施，市、镇企业财会室全部达到安全规定标准，94%的居民户安装防盗门。1998年，坚持"严打、严整、严管、严防"相结合，推进治安防控体系社会化、网络化建设。以强化基层治安防控工作为重点，强化派出所业务、队伍和保障工作，抓好警务区责任制落实，抓好要害领域防控。2003年，开展治安防范建设年活动，强化人防、物防、技防措施，有农村专职治安联防队员1100名、市区专职巡逻队员280名、机关企事业单位专职、兼职巡防人员3200名。改造外凸式防盗网2950个，安装楼宇电子对讲防盗门2100个、电视监控系统110套、CK自动报警系统130套。全市94%的村（社区）、98%的厂企达到无重大刑事案件、无重大治安灾害事故、无"民转刑"案件标准。2005年，按照"人防抓落实、物防抓巩固、技防重提高、心防重实效"的总体要求，抓社会面、居民区、村庄、企事业单位、要害领域的防控和重点人员的心防六大防控体系建设。全市镇、村建起治安巡逻队386支，有联防队员5726人；单位保卫科246个，物业管理保卫组织26个。2009年，全市初中以上学校建立社会监控平台526处，设立监控探头4404个，农村平安互助网建成率80%。2010年，在用工10人以上的企业、社区推广使用互联网登记，新增互联网申报平台383处。2012年，实施社区网格化管理，按照便于管理、群众认同原则，社区以每300户为标准设置一个管理网格，并建立完善的工作机制和管理队伍，实现网格管理的无缝衔接与覆盖。4月，文登市在全省加强和创新社会管理工作推进会上做经验交流。2013年，筹建市社会管理服务中心。该中心由市民服务热线与社情民意调查板块、社会矛盾调处与法律服务板块、涉安指挥调度板块等组成，进一步推进综治工作规范化建设。

纠纷调处　1991年后，全市民事案件发案率控制在5‰以内，民事纠纷案件处理率98%。1996年，坚持以和为贵、以防为主、调防结合的方针，健全和完善农村、城镇、企业调解网，全市建立129个调解片，有调解员2500人，形成上下贯通、左右协调的大调解网络。2003年，坚持常规排查、重点排查、集中排查相结合，调处矛盾纠纷2589件。审判机关在民事案件审理中坚持调解第一的原则，通过调解撤诉结案的民事案件1825件，占60%。2005年，调处矛盾纠纷2290起，化解群体性纠纷28起，信访案件同比下降7%。2007年，全市设调解片147个，配备专职调解员267人。至2008年，调解各类纠纷

6018起，成功率98%。2009年，建立重大事项社会稳定风险评估机制，重大群体性事件预警率100%。2010年，纠纷调处率100%，化解成功率98.4%。2013年，成立12个行业性专业人民调解委员会，化解特定行业和专业领域重大矛盾纠纷39起。

“严打”整治 1991—1995年，市委政法委协调政法各部门贯彻落实“严打”方针，不断加大打击力度，严厉打击各种刑事犯罪，始终保持对违法犯罪的高压态势。其间，全市共立刑事案件3668起，其中重大刑事案件1026起，共逮捕各类犯罪嫌疑人1129人，破案率达78%以上。开展打击赌博、卖淫嫖娼、走私偷渡等专项斗争。95%的市民对治安状况表示满意，有安全感。在严厉打击刑事犯罪的同时，严厉打击经济犯罪。全市共查处经济案件128起，立案嫌犯141人，为国家挽回经济损失160万元。1998年，市公安局共立刑事案件686起，侦破572起，全部案件和重特大案件的破案率分别达83.38%和77.6%；市检察院共受理移送审批案件166件257人，批捕145件226人；市法院共审理刑事案件195件286人，审结190件283人。全市刑事案件和重大刑事案件发案率分别比上年下降14%和18%。1999年，开展为期3个月的“追逃”专项斗争，抓获犯罪嫌疑人29人。2001年，按照全国政法工作会议关于开展全国性打黑除恶、治爆缉枪、打击金融犯罪的部署，开展严打整治斗争。共破获各类刑事案件637起，破积案175起，抓获犯罪嫌疑人596人，其中抓获在逃犯罪嫌疑人37人，打掉犯罪团伙21个，抓获团伙成员103人，缴获赃款赃物价值266.2万元；收缴各类枪支1652支、炸药415千克、雷管2164枚、导火索896米、子弹1.34万发、手榴弹18枚。2005年，以春季攻势、命案侦破为重点，开展打击盗窃、撬盗保险柜、破坏电力设施犯罪及禁毒等专项斗争。刑事案件立案1136起，破案1289起，其中现案779起、积案356起、外省市案件154起；抓获各类犯罪嫌疑人648人，逮捕358人，打掉犯罪团伙57个，抓获团伙成员222人，刑事拘留涉毒犯罪嫌疑人8人，缴获赃款赃物价值260余万元。2007—2009年，在沿海渔民中开展反走私专题法制教育活动142场，发放各类宣传材料3.85万份，发送手机短信5100条，受教育渔民和其他群众5万余人次。2013年，织好严打、严防、严治“三张网络”，开展破案攻坚会战，破获命案5起，打掉黑恶势力团伙5个。

“平安文登”创建活动 2004年，市委、市政府印发《关于建设“平安文登”实施意见》，全面启动平安机关、平安镇（街道）、平安村（社区）、平安学校、平安医院创建活动。活动期间，树立推广先进典型72个。2005—2009年，全市刑事案件、治安案件、生产安全事故均呈下降趋势。文登市先后获平安山东建设先进市、全省信访工作先进单位和“四五”普法依法治理先进市称号。2010年，开展平安建设上档升级活动，深入推进社会矛盾化解、社会管理创新、公正廉洁执法3项重点工作。有5个镇被省综治委授予平安山东建设先进基层单位称号，11个镇（街道）被威海市委、市政府命名为平安镇（街

图25-1 2009年6月5日，全市政法综治工作暨平安文登建设表彰大会召开。

道）。2013 年，在 74 个社区推行网格化管理，招聘 622 名网格协管员，建立例会、走访、巡查、处置等制度。文登市在威海市社会管理综合治理与平安建设考核中位居各市（区）之首。

第二章 公 安

第一节 机构设置

1991 年，文登市公安局（简称市公安局）内设办公室、政工科、政侦科（2002 年，更名为国内安全保卫科）、刑侦科、治安科、行政科、预审科、保卫科、户籍科、外事科、通讯科（2002 年，更名为信息通信科）、法制科、信访科（2005 年，更名为控申科）13 个科室。下设交通警察队、纪律检查组（1995 年，更名为纪律检查委员会，简称纪委）和 25 处公安派出所。辖看守所、拘留所、武警中队、武警边防大队、武警消防大队。1992 年 2 月，交通警察队更名为交通警察大队。12 月，成立文登市保安服务公司。1993 年 3 月，设经济技术开发区公安分局（2007 年，更名为经济开发区派出所）。8 月，成立城区治安巡逻警察大队，刑侦科更名为刑事警察大队。1996 年 5 月，成立海上保安大队，办公室更名为指挥中心。1997 年 10 月，成立公路巡逻民警大队，与交通警察大队合署办公。1998 年 4 月，成立警务督察大队，与纪委合署办公。1999 年 6 月，成立经济犯罪侦查大队。2002 年 3 月，设网络安全监察科，指挥中心更名为“110”指挥中心。市公安局办公地址由文山路 68 号迁至米山路甲 59 号。11 月，交通警察大队与城区治安巡逻警察大队合并，更名为交通巡逻警察大队。2003 年 8 月，成立审计科，与纪委合署办公。2004 年 8 月，政工科更名为政治处。10 月，复设办公室，撤销国内安全保卫科，成立国内安全保卫大队。看守所与拘留所合并，成立监所管理大队。2006 年 4 月，外事科更名为出入境管理科。2007 年 8 月，交通巡逻警察大队析为交通管理大队和巡逻警察大队。户籍科、网络安全监察科与治安警察大队合并，成立治安管理大队。政治处更名为政治工作室，刑事警察大队（分局）更名为刑事侦查大队，出入境管理科更名为出入境管理大队。办公室、信息通信科与“110”指挥中心合并，成立指挥中心。控申科与法制科合并，成立法制室。看守所与拘留所分署。2009 年 2 月，交通管理大队更名为交通警察大队。2011 年 6 月，撤销治安管理大队网络监察科，成立网络安全保卫大队。7 月，武警消防大队更名为公安消防大队。2012 年 10 月，设森林公安局。2013 年 3 月，法制室更名为法制大队。12 月，成立食品药品与环境犯罪侦查大队、禁毒大队。年末，市公安局内设刑事侦查大队、巡逻警察大队、交通警察大队（增挂交通违法处理中队牌子）3 个正科级单位，政治工作室、法制大队、警务保障室、指挥中心（增挂办公室牌子）、纪委（增挂警务督察大队牌子）、国内安全保卫大队、经济犯罪侦查大队、出入境管理大队、网络安全保卫大队、治安管理大队（增挂爆炸危险物品监管大队牌子）、森林公安局（增挂市公安局森林警察大队牌子）、看守所、拘留所 13 个副科级单位，食品药品与环境犯罪侦查大队、禁毒大队（增挂文登市禁毒委员会办公室牌子）2 个股级单位。下设经济开发区派出所 1 个正科级单位和南海新区、天福、龙山、环山、文登营、大水泊、高村、张家产、葛家、界石、侯家、米山、宋村派出所 13 个副科级单位。辖武警文登中队、市公安消防大队、武警文登边防大队和海上保安大队（事业单位）、市保安服务公司（企业单位）。

第二节 队伍建设

1991年，市公安局围绕服务经济建设中心任务，加强公安干警的党风警风教育。是年，市公安局被公安部评为全国颁发居民身份证工作先进单位，被省政府授予先进集体称号；有6名民警被公安部授予颁发居民身份证先进工作者称号、3名民警被省公安厅记二等功。

1995年2月，推行干警轮岗制度。在一个单位任职超过5年的科所队长和在一地工作满8年的一般民警，全部进行岗位轮换。共调整股级正副职187名、一般民警40名，48名在成长地工作的聘用制干警按公务员回避要求调整到异地派出所工作。轮岗经验被人事部在全国公务员轮岗工作会议上推广，中央电视台《焦点访谈》栏目就市公安系统职位轮换经验做过专题报道。1996年，开展学习济南交警严格执法、热情服务活动，有2人被公安部分别授予全国优秀人民警察和全国公安系统二级英雄模范称号。1999年，开展做人民满意警察、创人民满意单位活动，公开办事程序、办事结果、服务标准、收费标准等22项36条规定。3月，市公安局被公安部授予1998年度全国优秀公安局称号。2001年3月，大水泊派出所被公安部授予全国人民满意公安基层单位称号。2002年8月，开展全警岗位大练兵暨警务技能大比武活动。之后，每年在民警中开展以实战基础理论、体能训练、技能训练、战术训练等为主要内容的警务实战技能轮训工作。

2005年，以大接访为契机，结合整顿队伍纪律作风，坚持局长、分管领导、责任单位负责人联合接访，先后接待群众到访233人次，受理案件107起，处结案件105起。接访经验被公安部、省公安厅转发，《人民公安报》两次头版刊登。8月，外事科被公安部授予全国优秀公安基层单位称号。10月，市公安局被公安部授予全国公安机关集中处理群众来信来访先进单位称号。2006年10月21日，威海市公安局在文登召开队伍正规化建设现场会，公安部以简报形式转发市公安局正规化建设经验。界石派出所被公安部评为全国一级派出所，宋村派出所被国家老龄委、公安部、司法部联合授予全国老年维权示范岗称号。2008年，市公安局被省公安厅授予全省优秀公安局称号。民警训练基地被评为全省一级训练基地，出入境管理大队被公安部授予全国公安机关出入境管理部门文明窗口称号，大水泊派出所被公安部评为全国一级派出所。

2009年，建设"网上督察"系统，推行法制员一线把关、民警执法考核、警情回访制度。9月，威海市公安局在文登分别召开"网上督察"和执法规范化建设现场会，推广文登经验。岗位练兵经验分别被公安部网站、省公安厅《政治工作简报》转发。市公安局被省公安厅评为全省公安机关"百十一"（熟记百条岗位法规，掌握十项岗位技能，练就一个岗位特长）练兵优秀组织单位，被省委政法委、省公安厅评为践行社会主义法治理念先进单位、全省公安机关"三基"（抓基层、打基础、苦练基本功）建设先进集体。2011年，市公安局被省公安厅授予全省公安机关推进信息化建设先进集体、全省公安机关打击防范"两抢一盗"犯罪大会战先进集体、全省公安机关执法规范化建设先进集体称号。2012年，市公

图25-2 市公安民警训练基地多媒体教室（2007年7月11日摄）

安消防大队被公安部授予全国“清剿火患”战役成绩突出公安消防大队称号。2013年，推行取保候审突出问题专项督察行动，取保候审按期解除率、被取保候审人列管执行率均达100%，在省公安厅检查中取得全省第三名，经验做法分别被公安部和省公安厅转发。市公安局被省公安厅授予全省公安机关贯彻实施执法规范化建设三年规划工作先进集体称号。

第三节　刑事侦查

打击刑事犯罪　90年代，市公安局针对各类刑事案件突出特点，采取侦查、破案与加强防范双管齐下方法，加大对各类刑事犯罪打击力度。1991年1月，大水泊村发生一家3口被害焚尸案，刑警大队接到报案，仅用18小时就将嫌疑人抓获归案。8月，抓获黑龙江省鸡西市2名持枪杀人犯罪嫌疑人。1994年8—9月，破获特大系列撬盗保险柜案和特大持枪、强奸、杀人案，市公安局受到市委、市政府通令嘉奖，并被授予“昆嵛铁拳”称号。1997年，以“破大案、打团伙、追逃犯、治混乱”为目标，侦破刑事案件487起。2000年，严厉打击杀人、抢劫、盗窃等多发性、系列性有组织犯罪和流窜犯罪，采取破现案与挖积案相结合、追逃犯与抓现行相结合、区域整治与重点侦破相结合、巡逻守候与突击清查相结合的办法，共侦破刑事案件440起，其中重特大刑事案件158起。

21世纪初，针对刑事案件高发态势，市公安局采取集中优势警力，对发生的爆炸、杀人、强奸、抢劫、绑架、涉枪等大案要案实行领导挂帅、挂牌督办等措施，保持对刑事犯罪的严打高压态势。2001年，先后侦破“三一三”重大爆炸案、“五二一”杀害女教师案、“九二九”绑架小学生案等重特大案件。2002年，相继侦破“四四”持枪抢劫案、“六三”杀人碎尸案、“九六”杀人抛尸案等大要案件167起。2007年6月，开展夏季严打行动，抓获各类违法犯罪嫌疑人147人，破获刑事案件277起。2010年，侦破各类刑事案件620起，境内发生的10起命案，包括省公安厅挂牌督办的3起案件全部侦破。2012年6—12月，开展缉捕重大逃犯攻坚行动，对省公安厅确定的7名故意杀人案网上通缉逃犯和4名其他命案逃犯展开缉捕，共抓获故意杀人网上通缉在逃人员4人，其他命案在逃人员2人。是年，市公安局刑事侦查大队被公安部授予全国优秀公安基层单位称号。2013年，各类刑事案件立案1181起，破案1379起，其中破现案744起、积案327起、外地案308起。

图25-3　2005年2月1日，群众向市公安局刑警大队赠送锦旗。

附：案例选记

“一二·一九”特大杀人案　2010年12月19日23时30分，市区西壕街发生一起特大杀人案，40岁的女户主张某和11岁的大儿子郤某、10个月的小儿子郤某某及郤某的同学王某被杀死在家中。市公安局接警后立即成立专案指挥部，围绕案发现场展开拉网式调查和排查。经综合分析，查出2008年曾给死者家中干过装卸工的于某有重大作案嫌疑，并获取于某19日下午5时乘坐烟台至佳木斯的火车前往黑龙江的信息。20日晚，

威海、文登两级公安机关组成抓捕组急赴黑龙江。21日10时许，在当地警方配合下，在哈尔滨阿城区御墅旅店将于某抓获。经审查，于某对持刀入室杀害张某等4人的犯罪事实供认不讳。

特大系列撬盗保险柜案 2010年7—8月，文登接连发生8起企业保险柜被撬盗案件，涉案价值10万余元。8月13日，威海工业新区又发生1起特大撬盗保险柜案件，韩国某独资企业被撬盗现金136万元。其间，环翠区、乳山市等地也发生多起撬盗保险柜案。市公安局抽调精干警力成立“八一三”专案组，排查重点人员，最后锁定贵州省黄平县雷某某等有重大作案嫌疑。8月19日，专案组民警赶赴黄平县实施抓捕行动。9月9—17日，在当地警方配合下，先后将雷某某、吴某、刘某、吴某某、潘某某等7名犯罪嫌疑人全部抓获。是年，破获发生在文登市、环翠区、乳山市和威海工业新区的撬盗保险柜案件17起，同时破获外地撬盗保险柜案件2起，涉案总价值200余万元。

特大盗窃、破坏电力设施犯罪团伙案 2008年4—5月，威海机场路至天福山路段连续发生16起盗割路灯电缆案件，直接经济损失近30万元。市公安局组成专案组，通过案件串并分析、查看现场和走访调查，9月16日，将单某、杨某等9名犯罪嫌疑人抓获。经查，该团伙自2006年12月起，夜间窜至威海、烟台牟平、文登等地作案91起，盗割路灯电缆6000余米，涉案价值120余万元。

1991－2013年文登市刑事案件立案侦破情况表

表25-1　　　　单位：件

年份	分类	合计	杀人案	伤害案	投毒案	纵火案	爆炸案	强奸案	流氓案	盗窃案	诈骗案	抢劫案	其他
1991	立案	543	12	14	0	5	0	54	0	387	22	18	31
	侦破	326	12	14	0	3	0	51	0	185	21	15	25
1992	立案	554	9	15	0	3	0	43	0	440	12	25	7
	侦破	369	9	15	0	3	0	40	0	262	10	23	7
1993	立案	748	10	27	0	1	1	41	0	584	12	66	6
	侦破	538	9	27	0	1	1	36	0	385	12	61	6
1994	立案	936	10	14	0	1	0	29	2	759	58	43	20
	侦破	699	10	14	0	1	0	29	2	535	51	39	18
1995	立案	887	10	21	0	2	2	39	3	702	30	59	19
	侦破	692	9	20	0	1	1	37	3	530	21	51	19
1996	立案	697	7	14	0	2	1	18	3	536	51	47	18
	侦破	564	7	14	0	2	1	17	3	420	43	40	17
1997	立案	628	7	31	1	2	0	15	3	459	40	51	19
	侦破	487	7	30	0	2	0	14	3	344	31	37	19
1998	立案	686	10	35	0	2	1	35	0	453	57	63	30
	侦破	572	10	34	0	2	0	35	0	362	52	48	29
1999	立案	743	14	28	0	0	0	23	0	570	8	57	43
	侦破	556	11	28	0	0	0	22	0	404	2	47	42

续表 25-1

年份	分类	合计	杀人案	伤害案	投毒案	纵火案	爆炸案	强奸案	流氓案	盗窃案	诈骗案	抢劫案	其他
2000	立案	1158	11	27	2	3	0	14	0	858	31	139	73
	侦破	440	7	22	0	2	0	12	0	268	7	55	67
2001	立案	1331	17	55	3	4	4	22	0	905	53	96	172
	侦破	586	16	50	1	0	2	17	0	302	16	45	137
2002	立案	1255	16	78	0	0	1	30	0	872	22	102	134
	侦破	547	11	81	0	0	0	25	0	268	5	53	104
2003	立案	1308	13	114	0	3	1	49	0	854	33	109	132
	侦破	609	11	111	0	3	1	44	0	295	6	43	95
2004	立案	1124	11	117	1	1	0	27	0	715	41	133	78
	侦破	572	9	104	1	0	0	24	0	292	5	90	47
2005	立案	1136	8	97	0	0	1	18	0	751	56	90	115
	侦破	754	6	89	0	0	0	17	0	436	38	90	78
2006	立案	1077	4	99	0	0	0	38	0	699	30	61	146
	侦破	699	4	95	0	0	0	33	0	394	1	61	111
2007	立案	1149	8	131	0	2	0	36	0	707	55	101	109
	侦破	880	8	107	0	1	0	32	0	512	34	100	86
2008	立案	752	6	126	0	0	0	31	0	387	26	34	142
	侦破	559	5	113	0	0	0	26	0	235	12	33	135
2009	立案	749	6	131	0	3	0	13	0	373	68	36	119
	侦破	506	6	113	0	3	0	8	0	209	35	36	96
2010	立案	1274	4	109	0	0	0	15	0	866	106	56	118
	侦破	620	4	99	0	0	0	15	0	332	56	20	94
2011	立案	1223	3	115	0	6	0	6	0	910	92	17	74
	侦破	635	2	115	0	6	0	6	0	403	26	17	60
2012	立案	1182	6	96	0	0	0	8	0	720	82	18	252
	侦破	671	6	96	0	0	0	8	0	391	23	19	128
2013	立案	1181	3	122	0	2	0	11	0	745	81	6	211
	侦破	744	3	122	0	2	0	11	0	399	34	6	167
合计	立案	22321	205	1616	7	42	12	615	11	15252	1066	1427	2068
	侦破	13625	182	1513	2	32	6	559	11	8163	541	1029	1587

说明：表中侦破案件，指当年现案，不包括积案。

专项打击行动　1991年，按公安部和省公安厅部署，开展严厉打击赌博、盗窃、卖淫嫖娼、走私偷渡等专项斗争。5月，开展打击拐卖妇女儿童犯罪活动，摧毁犯罪团伙4个，抓获犯罪嫌疑人27人，解救被拐妇女儿童5人。8—10月，查获两起海上走私香烟案，缴获香烟1303箱。1992年，查获走私案件5起，缴获走私香烟7200箱、电冰箱压缩机8404台，案值2000万元。1993年后，在全市公安机关严厉打击和边防部门严密管控下，文登市沿海走私犯罪活动绝迹。1995年9月，组织开展打击车匪路霸及抢劫机动车辆犯罪专项斗争，共破获涉车案件45起，抓获犯罪嫌疑人33人，缴获轿车3辆、吉普车2辆、农用车7辆、摩托车26辆。1999年4月，查获一起重大偷渡案，抓获偷渡人员22人。5月，开展打击盗窃机动车、入室盗窃、抢劫等专项斗争，破获一批大案要案，有效遏制犯罪势头。2000年3月，开展为期1个月的“打霸治痞”专项斗争，破获刑事案件47起，查处治安案件189起，抓获各类违法犯罪嫌疑人94人。2001年，开展打黑除恶、治爆缉枪专项斗争，收缴各类枪支1652支、子弹1.34万发。2002—2003年，以“命案必破、黑恶必除、两抢必打、逃犯必抓”为目标，坚持“严打”与整治相结合，开展打现行、破积案、挖团伙、追逃犯、治混乱专项斗争，对治安问题突出的10个区域和单位进行重点整治，治安状况明显好转。2006年4月始，开展为期3个月的打击盗抢机动车犯罪专项斗争，破获盗抢机动车案件70件，打掉以卜某某为首的特大盗窃轿车和以李某某为首的特大盗窃货车、面包车2个犯罪团伙，抓获违法犯罪嫌疑人13人，查扣赃车10辆，缴获赃款赃物折款190万元。2008年2月，开展“奥运安保严打整治”专项行动，其中破获刑事案件446起，打掉犯罪团伙51个，抓获团伙成员174人，刑事拘留犯罪嫌疑人393人，抓获网上通缉在逃人员134人，缴获赃款及赃物折款220万元。2010年4月，开展为期8个月的防范和打击“两抢一盗”（抢劫、抢夺，盗窃）犯罪专项行动，侦破刑事案件898起，抓获各类违法犯罪嫌疑人509人，刑事拘留犯罪嫌疑人428人，打掉犯罪团伙33个，抓获犯罪团伙成员139人，抓获在逃人员103人，缴获赃款及赃物折款198万元。2011年4月至2012年12月，开展“打黑恶、反盗抢”和“清网”行动，破获刑事案件1653起，刑事拘留侵财类犯罪嫌疑人430人，提请逮捕241人。抓获各类网上通缉在逃人员143人，其中命案犯罪嫌疑人18人、在逃10年以上犯罪嫌疑人14人。2013年6月，开展为期半年的“破案攻坚会战”和“维稳安民专项行动”，破获刑事案件806起，现案432起，提请逮捕173人，打掉犯罪团伙29个，抓获团伙成员134人、网上通缉在逃人员117人。1991—2013年，共查获偷越国境案件5起，抓获偷渡人员112人。组织专项打击行动144次，摧毁各类犯罪团伙628个，抓获犯罪嫌疑人1.36万人。

禁毒工作　1991年6月，根据省公安厅《关于坚决铲除罂粟的紧急通知》要求，集中开展清查铲除行动，铲除私种罂粟206株。1992—1994年，开展禁止私种罂粟专项斗争，查处非法种植罂粟583户，铲除罂粟18133株，罂粟种植行为收敛。1996年3月，查获市区某村赵某吸毒案，没收毒资3万元。2005年，毒品违法犯罪呈蔓延趋势。市公安局采取打毒犯、控线索、掐毒线、铲毒源等措施，持续开展打击涉毒犯罪活动。3月，经缜密侦查，发现一起涉毒案件，抓获涉毒犯罪嫌疑人8人，查缴毒品麻古76.21克、K粉101.93克、杜冷丁300支。是年，铲除罂粟3323株。2009年，破获吸毒贩毒案件25起，抓获违法犯罪嫌疑人41人，查缴冰毒519克、摇头丸80克、K粉10克，缴获仿“六四”式手枪1支、子弹3发。2011—2012年，铲除罂粟4600株，侦破涉毒案件133起，收缴冰毒2997克、麻古42克，抓获涉毒违法犯罪嫌疑人163人。2013年，铲除罂粟3000株，查处非法种植毒品原植物违法嫌疑人8人。查处涉毒案件87起，处罚吸毒人员133人，强制戒毒19人。破获特大贩卖毒品案2起，刑事拘留犯罪嫌疑人33人，逮

捕 28 人，缴获冰毒 12.4 千克、高压气枪 4 支及毒资 20 万元。1991－2013 年，共侦破吸、贩毒案件 297 起，抓获违法犯罪嫌疑人 415 人，查缴毒品海洛因 13.72 克、麻古 118.21 克、K 粉 120.93 克、冰毒 15.93 千克、摇头丸 80 克、杜冷丁 300 支，铲除罂粟 4.73 万株。

打击经济犯罪 1991 年，破坏经济秩序案件由刑警队受理，重点打击职务侵占、挪用资金、金融诈骗犯罪行为。是年，破获案件 3 起，抓获犯罪嫌疑人 5 人，挽回经济损失 16 万元。至 1995 年，全市共查处经济案件 128 起，立案嫌犯 141 人，为国家挽回经济损失 160 万元。随着经济发展，金融诈骗、偷税、合同诈骗等案件呈上升趋势。1999 年，受理案件 24 起，破获 23 起，抓获犯罪嫌疑人 31 人，挽回经济损失 560 万元。2004 年，共受理各类经济犯罪案件 167 起，立案 38 起，破案 41 起，其中破积案 8 起，涉案金额 1027.4 万元，避免经济损失 800 余万元，挽回经济损失 362.6 万元，刑事拘留犯罪嫌疑人 37 人，提请逮捕 10 人。2008 年，重点打击职务侵占、合同诈骗、挪用资金、虚开增值税发票等案件，受理案件 25 件，破案 27 件（含积案），抓获犯罪嫌疑人 29 人，提请逮捕 8 人，追缴赃款赃物折款 210 万元，避免经济损失 700 万元。开展“无传销村（社区）”活动，查处传销窝点 68 处，解救受骗群众 21 人，遣散传销人员 1133 人。2011－2012 年，受理各类经济犯罪案件 203 起，抓获犯罪嫌疑人 103 人，挽回经济损失 3500 万元。缴获假印章 254 枚、各类发票 10 万余份，涉案金额 2.3 亿元，挽回税款损失 400 万元，避免税款流失 1000 万元。2013 年，受理各类经济犯罪案件 94 起，其中破获生产销售伪劣商品类案件 19 起、侵犯知识产权类案件 12 起、合同诈骗案件 9 起、虚开增值税专用发票案件 9 起、非法经营案件 8 起、信用卡诈骗案件 6 起、职务侵占案件 6 起、传销案件 2 起、挪用资金案件 1 起。抓获犯罪嫌疑人 60 人，提请逮捕 22 人，移送起诉 39 人，涉案金额 4500 万元，挽回和避免经济损失 960 余万元。1991－2013 年，共立案经济犯罪案件 589 起，破案 503 起，抓获违法犯罪嫌疑人 672 人，其中刑事拘留 379 人，其他处理 531 人，挽回经济损失 1.67 亿元。

附：案例选记

2005 年 6 月，市公安局经济犯罪侦查大队获悉，山东某生物工程有限公司法人代表周某在未经国家有关机关批准的情况下，以公司名义与投资户签订《投资租棚种植合同》，由投资户出资交纳芦荟苗款和委托管理费给公司，公司委托有大棚的农户进行种植管理，允诺期满后返还投资本金和支付 26.25% ～ 66.67% 的利息，向社会公众募集资金。经初步侦查，公司在资金运转过程中有较大问题，无法保证按时返还公众的集资款，如出现资金问题，将成为不稳定因素。7 月 8 日，在确认周某涉嫌非法集资罪和虚报注册资本罪的基础上，将其抓获。经审理查明，犯罪嫌疑人周某自 2001 年至 2004 年 4 月，用诈骗方法向社会公众非法集资，共向 900 余名群众募集资金 6064.15 万元。由于周某前期委托他人加工的芦荟产品没有市场而大量囤积，没有效益，其开设的办事处和分公司亦严重亏损而倒闭，造成巨大资金漏洞，至案发时有 5574.32 万元集资款项不能返还，受害群众 765 人。案件侦破后，追缴赃款赃物折款 1969 万余元。2006 年 7 月，威海市中级人民法院以非法吸收公众存款罪、集资诈骗罪、虚报注册资本罪，依法判处周某死刑，缓期 2 年执行，剥夺政治权利终身，并处没收个人全部财产。

第四节 治安管理

公共场所管理 1991 年，落实治安许可、安全监督检查和治安责任制度，列管公共场所 134 家，其中饭店 116 家、歌舞厅 7 家、其他 11 家，培训从业人员 133 人。是年，开展公共娱乐场所检查整治活动 4 次，破获案件 53 起，查处违法人员 182 人，下发整改通知书 41 份。2002 年，完成全市公共娱乐场所重新登记建档工作，实行计算机管理。列管公共场所 467 家，开展检查整治

活动6次，破获案件75起，查处违法人员359人。2003年，防控“非典”期间，出动警力340人次，全面检查全市公共娱乐场所，强制隔离观察110人次，处罚拒不执行规定强行营业的网吧4家、歌舞厅2家、饭店5家。2008年，开展“奥运安保严打整治专项行动”，对全市654家公共场所开展检查整治活动4次。2013年，列管公共场所165家，培训从业人员2期232人。通过公共场所管理，获取违法犯罪信息1058条，破获刑事案件62起，查处治安案件128起，抓获各类违法犯罪嫌疑人290人，处罚248人。1991—2013年，共举办公共场所从业人员培训班32期，培训人员5652人次。开展专项检查整治行动171次，破获案件3403起，查处违法人员8470人，查处安全隐患1003处，下发整改通知书946份。

特种行业管理　1991年，全市持有特种行业许可证的业户222家、从业人员1034人。至1995年，全市共举办从业人员有关法律法规培训班15期，培训1935人次。开展专项整治活动38次、大检查86次，查处安全隐患156处，下发整改通知书97份，吊销特种行业许可证35家。查处违规经营旅馆73家、非法收购点220家，取消非法刻字业户9家，没收废旧金属50吨、私刻公章8枚、印模210枚，破获各类案件140起，查处各类违法人员522人，缴获赃款赃物折款17.2万元。1999年，清理整顿刻字印章业21家，查处私刻公章2起，取缔非法业户3家，没收私刻公章8枚、公章印模95枚，治安处罚违法人员3人。对机动车维修业进行清理整顿，对全市379家机动车修理业户进行集中检查。整顿中发现涉案线索19条，查获违法犯罪嫌疑人7人，查获赃车3辆，取缔无证修理业户4家，培训从业上岗人员238人。2006年，在全市188家旅馆安装旅馆业治安管理信息系统。通过加强从业人员培训、检查，提高管理系统使用率和打击违法犯罪能力。5月始，各行政事业单位、机关团体等刻制公章，企事业单位、工商业户刻制注册企业印章、发票专用章等，一律到公安机关审批。2013年，共列管特种行业单位541家，其中旅店业313家、印刷业37家、废旧金属收购业102家、机动车修理业75家、典当业2家、开锁业12家。列管从业人员2205人。是年，出动警力1200人次，组织专项整治行动5次，检查特种行业单位2250家次，发现安全隐患142处，下达整改通知书50份，处罚128家次。破获刑事案件6起，查处治安案件135起，抓获各类违法犯罪嫌疑人182人。1991—2013年，共举办特种行业从业人员培训班72期，培训人员7905人次。开展各类检查159次，查处私自下载非法宣传品4.32万份，收集犯罪线索2265条，破案992起，查处违法人员1945人，缴获赃款赃物折款191.2万元。

危险物品管理

枪支弹药、易爆物品管理　1991年，依照《中华人民共和国枪支管理条例》《中华人民共和国民用爆炸物品管理条例》规定，对列管枪支设专人登记管理，对持枪人员进行培训，合格后发放持枪证。持枪证每年审验1次，每3年换证1次。是年，发放持枪证3433本，换证1106本。开展枪支弹药、易爆物品专项整治行动3次，收缴不符合使用规定的猎枪、钢珠枪、仿真枪等23支、子弹72发、炸药810千克、雷管3165枚、烟花爆竹600万头、管制刀具36把，查获违反爆炸物品管理规定的案件11起，查处涉案人员16人。1996年，根据公安部统一清理收缴枪支的通知，开展“收枪治爆”专项行动2次，发放清理收缴枪支通知6.75万份，收缴枪支5127支、子弹4180发、炸药5124千克、导火索2035米、雷管5025枚、烟花爆竹450万头、管制刀具278把，查获涉枪涉爆案件51起，查处涉案人员95人。2001年，开展枪支、爆炸、剧毒及危险物品专项整治行动2次，查获涉枪涉爆案件37起，查处涉案人员73人。2008年，全市有爆炸物品使用单位61家，由威海四方民用爆破器材有限公司文登分公司统一管理。2010年，列管爆炸物品使用单位43家，列管烟花爆竹生产单位2家、批发单位2家、销售单位216家，列管涉枪单位7家。全年共收缴各类枪支4支、子弹470发、炸药30千克、雷管146枚、导火索80

米，收缴各类管制刀具198把。查获涉爆案件2起，行政处罚违法单位1家。对涉枪单位全部落实专人保管、双人双锁、持证用枪、定期检查制度。2013年，围绕“两会”安保工作开展缉枪治爆专项行动，先后收缴各类枪支8支、子弹845发、手榴弹1枚、雷管26枚、索类爆炸物品160米，查获涉枪涉爆案件2起，刑事拘留犯罪嫌疑人2人。1991—2013年，共出动警力5275人次，开展收枪缉爆及危险物品专项整治专项行动48次，收缴枪支5649支、子弹8947发、炸药7742千克、导火索8224米、雷管3.53万枚、烟花爆竹5123.3万头、管制刀具2320把，查获涉枪涉爆案件486起，查处涉案人员998人，其中刑事拘留52人、治安拘留282人、罚款484人、其他处理180人。

剧毒物品管理 1991年，根据《化学危险物品管理条例》规定，对危险化学品实行登记建档管理、专人负责、专库保管，不定期开展安全大检查，督促落实各项安全管理责任，制定和完善危险化学品重大事故应急救援预案。是年，列管生产、销售、使用剧毒化学品单位4家，签订安全责任状4份，查处安全隐患2处，当场下发整改书2份。2002年，开展剧毒化学品安全生产专项整治行动，收缴氰化物6千克。2004年，市公安局与市安监局、技术监督局、武警消防大队等单位成立联合检查组，对全市生产、销售、储存、使用、运输剧毒化学品的9个单位进行3次全面检查，查处安全隐患11处，下发责令限期整改通知书2份，查封剧毒物品氰化钠3吨。2008年11月，举办由涉及剧毒化学品单位的主要负责人和管理人员参加的剧毒化学品泄漏事故消防演练，提高危险化学品生产企业和有关部门应对危险化学品泄漏事故的处置能力，参加演练人员131人。2012年，组织专门人员对全市8家涉剧毒危险化学品单位、5家涉放射性物品单位开展安全大检查，发现并整改安全隐患4处。2013年，全市有剧毒危险化学品液氯生产单位1家，液氯、氰化物销售单位2家，储存、保管单位8家，运输单位3家，使用单位5家。9月，开展全市危爆物品安全大检查、大整治活动，对生产、销售、储存、运输、使用单位落实治安防范措施情况逐一检查，对生产操作不规范、储存库不合格的逐一约谈，督促整改落实。1991—2013年，共举办各类安全生产知识培训班21次，培训842人次。开展各类检查82次，查处安全隐患173处，责令停业整顿6家，下发责令限期整改通知书32份，查封剧毒物品氰化钠3吨。

“扫黄打非”与禁赌

“扫黄打非” 1991年，开展打击卖淫嫖娼和整治路边店专项斗争，查获卖淫嫖娼、介绍容留卖淫嫖娼案件32起，查处涉案人员56人，捣毁卖淫窝点2个，查封路边店3家，勒令停业整顿3家。查获违反淫秽物品管理规定案件22起，查处涉案人员45人，收缴淫秽书刊507本、淫秽音像制品57盘。1995年，开展“扫黄打非”专项斗争2次，查处涉案人员184人，查获违反淫秽物品管理规定案件15件，查处涉案人员15人。2004年，查处卖淫嫖娼案件24起、传播淫秽物品案4起，捣毁传播淫秽物品窝点2个，查获淫秽光盘900余张、淫秽书刊300余本。2008年，开展为期3个月的

图25-4 2011年6月29日，市公安局对治安管理涉案危险物品进行现场销毁。

“奥运安保严打整治”专项行动，查获卖淫嫖娼、介绍容留卖淫嫖娼案件96起，查处涉案人员175人。查获违反淫秽物品管理规定案件4起。2010年，集中开展为期2个月的打击黄赌违法犯罪专项行动，查获涉黄案件70起，抓获违法犯罪嫌疑人197人。2012年4月，集中销毁侵权盗版、非法出版物、黄色书刊及非法卫星接收器、游戏机等1万余件。2013年，查获涉黄案件20起，查处违法人员41人，没收非法出版物202件，收缴淫秽物品22件。1991—2013年，共开展“扫黄打非”专项行动41次，查获卖淫嫖娼、介绍容留卖淫嫖娼案件1694起，查处涉案人员3684人次。查获违反淫秽物品管理规定案件671起，收缴淫秽书刊3654本、淫秽音像制品4664盘。

禁赌 1991年，开展禁赌专项斗争3次，查获赌博案件21起，查处违法人员126人，收缴赌具21副，没收赌资1.97万元。1998年，开展整治公共场所专项行动2次，查获赌博案件70起，查处违法人员288人。2004年5月，捣毁藏匿于某培训中心的赌博窝点，抓获违法人员64人，缴获赌具1宗。2008年，开展为期3个月的整治公共娱乐场所专项斗争，查获赌博案件95起，查处违法人员420人。2012年2月，集中开展娱乐场所专项整治行动，查获电子游戏厅涉赌案件11起，查处违法人员26人，收缴赌博机器23台，罚款20万元。2013年，查获涉赌案件92起，查处违法人员288人、违法单位4家。1991—2013年，共开展禁赌专项斗争39次，查获赌博案件1437起，查处违法人员5595人次，其中治安拘留850人、罚款4300人、批评教育365人，收缴赌博机器178台，其他赌具1373副，没收赌资124.39万元。

第五节 户政管理

人口管理

常住人口管理 1991年，市公安局购置计算机3台，用于人口信息管理。将人口卡片改为居民身份证底卡卡片，全市常住人口信息全部输入计算机，进行系统管理。市区户籍管理由原来1处派出所负责，改为城里、文城、米山路、龙山路派出所分区划片管理，各所均设专职户籍警察，负责辖区人口出生、死亡、迁出、迁入登记。1994年7月，草庙子、初村2镇析出，两镇派出所户籍业务转至环翠区公安分局。1995年，根据省公安厅通知，对全市农村户口实行城市化管理，启用新的常住人口登记表和居民户口簿。是年，发放居民户口簿22.75万本，其中农业户口簿19.36万本、非农业户口簿3.39万本，实现户口簿、门牌号、村民居住方位图三统一。1996年5月，购置30台计算机用于全市常住人口信息管理，并与威海市公安局户政处联网。1997年6月，按公安部部署，启用和换发新的常住人口登记表和居民户口簿，居民户口簿不再按户口性质分类。全市共换发全国统一新的居民户口簿23万本。2001年3月，进行小城镇户籍管理制度改革，先后将市区宋家沟、宅库、三里河、七里汤、柳林、城南、汤南7个村1.15万名无地农民转为非农业户口。2002年9月，市区户籍管理工作统一归市公安局户政大厅，实行“一站式”管理。2004年8月，市区户籍管理工作下放至经济开发区、城里2处分局及龙山路、环山路2处派出所办理。2010年7月，汪疃、莳山2处派出所户籍业务移交威海市公安局工业新区分局。2013年，开展户口登记管理专项清理整顿工作，共核查档案17万份，注销重复户口户籍信息72条。

暂住人口管理 1991年，建立暂住人口四级管理网。市公安局户籍科负责对暂住人口综合管理，各公安分局、派出所设暂住人口管理站，配备专职管理员，每个村、企业设1名暂住人口协管员，各用人单位负责自管自治。市公安局制定暂住人口申报登记、办证制度，房屋出租许可制度和暂住户口证簿查验制度。通过暂住人口管理，协助破获案件117起，查获违法犯罪人员130人。1995年，市政府印发《文登市暂住人口管理暂行规定》。办理暂住证1.49万本，登记租赁房屋525户，查出未办证暂住人员137人，协助破获案件124起，查处违法犯罪嫌疑人129

人。2004年5月，暂住证编号升为13位，对租赁房屋由登记审核管理改为出租后跟踪登记管理。2011年8月，开展暂住流动人口、租赁房屋清理整顿专项行动，共登记暂住人口4814人，签订治安责任书1263份，登记租赁房屋488户。2012年10月1日，实施《山东省流动人口服务管理办法》，改变以往暂住登记和发放暂住证制度，启用居住登记、发放居住证制度。至2013年，累计登记租赁房屋7.32万户，办理居住证52.08万张，查处未办证人员2960人。通过暂住人口管理，协助破获案件2895起，查处违法犯罪嫌疑人3170人。

居民身份证管理 1989年1月，文登市开始发放第一代居民身份证。1991年，发放居民身份证5.6万张，制作临时居民身份证200张，办理居民身份证底卡96320张。1999年1月，进行第一代居民身份证期满（10年期）换证工作，应换12.15万张，实换11.5万张。2000年1月，全市常住人口居民身份证号码由15位升至18位。是年，办理居民身份证底卡60.06万张，实发居民身份证59.27万张。2002年，实行无卡制证。至2005年6月，无卡制证9.87万张。7月，开始换发第二代居民身份证，当年换发18.88万张。2011年9月，进行16周岁以上人口信息补录工作，共补录人口信息13.5万余条，补录相片信息8000余条。2012年，根据《中华人民共和国居民身份证法》规定，第一代居民身份证自2013年1月1日起停止使用。为保障居民切身利益，户籍部门采取上门照相办证、邮寄照片、接收光盘相片办证等方式，至8月20日，全市12460人换证工作全部完成。2013年9月，正式启用新的人口信息管理系统，同时启动受理制作新式带指纹居民身份证。是年，共签发第二代居民身份证2.11万张、临时居民身份证2131张，办理发放指纹身份证1062张。

重点人口管理 1991年，市公安局制定《重点人口管理暂行规定》，将有刑事犯罪嫌疑的，有闹事行凶报复苗头可能铤而走险的，被判处管制、剥夺政治权利、缓刑、假释、监外执行、取保候审和刑满释放不满3年等相关人员，列为重点，实行“一人一档、一人一卡”管理。是年，共列管重点人口798人，通过管理发现和提供违法犯罪线索62条，破案109起，抓获违法犯罪嫌疑人46人。1996年，市公安局印发《重点人口管理实施方案》，对重点人口进行普查，撤销一批列管人员，对重新列管人员补充指纹、照片等资料，进行分类管理。1998年5月，印发《文登市重点人口管理考核标准》，规范重点人口管理工作。2007年8月，开展核查纠正监外执行罪犯脱管漏管专项行动，对2319名刑释解教和服刑劳教人员进行核查，查出监外执行罪犯脱管、漏管656人，并予以纠正。2013年，全市共列管重点人口1455人，通过重点人口管理，提供破案线索430条，破获各类案件127起，抓获违法犯罪嫌疑人72人。

门楼牌管理 2001年，根据省公安厅《门楼牌编制管理工作规范化意见》，门楼牌设置由公安部门管理。城市门楼牌按路、街、巷顺序统一编排号码。农村门楼牌以行政村或自然村为单位编排号码。市公安局负责全市门楼牌编制、安装、变更及撤销，定期对门楼牌进行检查。是年，安装楼牌192个、门牌8569个。2003年，根据威海市人民政府《威海市门楼牌管理暂行办法》，门楼牌设置必须以地名主管部门颁布的标准地名为依据。是年，安装楼牌287个、门牌11871个。2006年，根据省公安厅《门楼牌编制管理办法》，规范门楼牌种类、规格、设置、编划、安装、管理等，安装楼牌261个、门牌9692个。2013年，共编排门楼牌3.19万个，安装门楼牌3.47万个，其中大门牌6772个、楼牌1195个、单元牌1695个、户号牌2.51万个。全市累计安装楼牌1.93万个、门牌39.9万个。

第六节 出入境管理

外国人出入境管理 1991年，市公安局按《中华人民共和国外国人入境出境管理法》，受理外国人入境221人次。1995年，受理外国人入

境617人次。2000年，受理外国人入境1729人次。2001—2003年，共查获非法入境朝鲜人8人。2004年，按《外国人签证和居留许可工作规范》规定，外国人入境居留许可由县级公安机关签发改为由地级公安机关签发，不再单独签发居留证，改为在外国人护照上签发。是年，入境外国人2471人次。2005年，市内有常住外国人501人。其中，韩国籍485人、日本籍13人、澳大利亚籍2人、马来西亚籍1人。2006年，推行外国人居留“双语”提示制度。在外国人聚居区和经常出入的场所，设立中文、韩文双语提示牌，宣传涉外法律法规，提醒外国人申报住宿登记、办理证件延期和加强安全防范等。2007年，查处外国人非法入境、非法居留、非法就业“三非”案件16起18人，化解涉外纠纷事（案）件14起，并为102名临时入境外国人、456名购租房屋的外国人建立档案。2013年，全市有常住外国人509人，入境外国人6123人次。处置化解涉外案（事）件23起，查处外国人“三非”案件10起11人，未申报住宿登记8起10人；罚款处罚16人、警告处罚6人。为外国人出具居留信函435份，为345名临时入境外国人、454名购租房屋的外国人建立姓名、住处、去向、居留事由等基础档案。1991—2013年，共入境外国人7.77万人次，其中以韩国人居多，主要为投资、经商、就业。共查获非法入境外国人99人，均依法处理。

港澳台胞往来管理　1991年，按公安部《中国公民因私往来香港或澳门地区的暂行管理办法》，港澳同胞到文登凭“港澳同胞回乡证”或“中华人民共和国入出境通行证”，台湾地区公民参照规定执行。是年，到文登的港澳台胞79人次。1995年，到文登的港澳台胞288人次。2000年，到文登的港澳台胞273人次。2006年，按公安部《往来港澳通行证和签注受理审批签发管理工作规范》，到文登的港澳台胞227人次。2013年，到文登的港台胞267人次。其中，港胞11人次，台胞256人次。1991—2013年，到文登的港澳台胞共计4561人次，主要以探亲、商务考察为主。

公民出国（境）管理　1991年，受理公民申请出境22人。1994年，按照《中华人民共和国公民出境入境管理法实施细则》，公民因私出境，必须持境外邀请函及户口证明等材料申请。是年，受理申请出境192人次。2000年，受理申请出境1003人次。2002年2月，公安部发布《关于取消公民出国申请提交境外邀请函和签发出国护照附发出境登记卡有关问题的通知》，公民申请出境免交境外邀请函，加之对外开放的扩大和外向型经济的发展，公民出境人数迅速增加，当年受理公民申请出境1.01万人次。2006年，受理公民申请出境8012人次，截获法定不准出境人员6人，查获弄虚作假骗取护照8人。2012年3月，启动电子普通护照受理业务，是年，受理电子护照5028人次。6月，启用出入境证件POS缴费系统，实现票据打印、刷卡缴费和收费确认“一站式”服务。2013年7月1日，《中华人民共和国出境入境管理法》正式实施。至年末，共受理中国公民护照申请7249人次。1991—2013年，全市共受理公民申请出国（境）11.05万人次。

图25-5　2009年4月22日，市公安局出入境管理大队举行“全国文明窗口”揭牌仪式。

第七节　交通安全管理

90年代始，随着经济和社会发展，机动车辆逐渐增多。市公安局持续开展以治理机动车超载、无牌无证、酒后驾驶等为重点的交通安全整治和创建平安大道、争创全国优秀管理城市等活动，为社会进步和经济发展营造良好的交通环境。2004—2008年，文登市连续5年被国家畅通工程领导小组授予全国畅通工程优秀管理城市称号，被公安部、工业和信息化部等6部委联合授予2009年度平安畅通县区称号。

道路安全管理

道路交通管理设施　1991年，市区有交通岗亭4个、信号灯16组、隔离护栏600米、标志牌80面，施划标线19.6千米。1995年，市区增设交通岗亭4个、信号灯16组、隔离墩6450个、隔离护栏5900米、标志牌23面，施划标线90.4千米。在市区米山路西首、龙山路北首安装测速监控系统2套。1998年，市区8处主要路口安装闯红灯自动拍照系统。2000年，全市有交通信号灯276组、标志牌407面、隔离护栏8201米，施划标线197千米。2001年，交警大队指挥中心安装交通指挥控制系统，在9个路口安装闯红灯监测设备，安装自动拍照装置16部、电视监控摄像机10部，对市区主干道施划热熔型标线179.5千米，对次干道、支路施划冷漆标线252千米，主干道平均288米施划一处人行横道线。2005年，市区25个主要路口安装信号灯500组、测速拍照系统38套，撤销所有隔离护栏，以标线代替。2010年，新增爆闪灯设备2套，改造路口信号控制系统5处、路口通行方式7处，增设车辆右转弯路口6处、公交车港湾式停靠站2处，施划道路标线235.8千米、热熔标线8640平方米、人行横道标线4.19万平方米、振荡减速线360米，为国道、省道周边的18所中小学校全部配备移动交通信号灯，南海环海路17个支路口全部安装橡胶减速带。至年末，累计施划道路标线1110千米。2011—2012年，在龙山街道北陡埠村建设占地面积16公顷的车辆管理所及机动车驾驶员考试中心。市区13处公交站点改造为港湾式停靠站，新增监控系统16部，其中闯红灯电子警察系统6套。2013年，全市新安装灯控设备25处，新上道路标志牌122面，新装黄闪及爆闪灯25处，在6处路口增设右转弯匝道11条。全市累计安装灯控路口83个、标志牌1638面。

道路交通整治　1991年，开展无证驾驶机动车专项整治行动，举办车管干部、驾驶员学习班16期，培训637人。1995年，开展学习济南交警文明执勤、礼貌纠正违章活动，集中警力强化路面管理，确保全市586.7千米道路畅通。在市区中小学校门口设助学岗10处。1999年9月，市区撤销交通指挥岗亭，交通民警走下岗台，变定位指挥为高峰定点、低峰流动巡逻相结合的指挥方式。2000年，开展创建平安大道、畅通工程活动，设立平安大道3条（荣兰线文登段、初张路、威青路文登段），在市区开展机动车乱停乱放专项整治行动，查纠违章11.88万人次。2005年，先后组织开展春运安全整治、打击盗抢机动车、超载超限整治、交通安全月、假牌假证集中整治、机动车不避让行人整治、道路运输危险化学品安全整治7个专项行动，查纠各类交通违法行为6.54万起，暂扣机动车5203辆。2006年，严厉打击酒后驾驶、无证驾驶、超速、超员、超载、疲劳驾驶、涉牌涉证、不系安全带等交通违法行为，形成严管、严查、严惩态势。2010年，开展专项整治行动20次，查处各类交通违法行为14.37万起，发出交通违法通知书4.6万份、电子警察纠章通知书9.77万份，吊扣驾驶证59本，暂扣驾驶证13本。对交通违法犯罪嫌疑人刑事拘留30人、提请逮捕17人、取保候审42人、行政拘留383人。2011年5月1日"醉驾入刑"等新法规颁布后，交通警察大队印发《查处酒后驾驶业务流程》《办理醉酒驾驶机动车犯罪案件流程》，全方位治理酒驾、醉驾行为。2013年，通过区域联动、异地用警、交叉检查等措施，开展交通整治40次，查处各类交通违法行为15.83

万起，其中现场查纠交通违法6.28万起，发电子警察纠章通知书9.55万份；涉牌涉证2905起、涉酒驾驶67起，暂扣驾驶证70本，行政拘留105人，刑事拘留22人，提请逮捕5人，以涉嫌危险驾驶罪移送起诉22人。

图25-6 2010年9月1日，市交通警察护送小学生过马路。

车辆与驾驶员管理

机动车管理 1991年，全市有机动车1.18万辆。市车辆管理所检审机动车7289辆，年审率61.8%，发放全国统一编号的摩托车、三轮汽车、低速载货汽车反光牌照2634副。1992年，新建1套机动车自动检测线，实现车辆检测机械化、电子化，车辆检测和数据处理实现自动化，替代以往审验机动车靠眼看、手摸、耳听的原始检测模式。1993年，市内车辆落户、过户、转让办理牌照、行驶证等全部实行微机管理。1994年7月，启用“92”式机动车牌照。是年，发放机动车牌照2653副。2003年，审验机动车驾驶证5.36万本，办理驾驶证1.33万本，挂牌7483副，周期性换证9692本，审验二轮摩托车5.23万辆，审验三轮摩托车2492辆，审验汽车、农用四轮车1.47万辆。2004年5月起，执行《中华人民共和国道路交通安全法》机动车审检新规定，检审机动车1.98万辆。2005年7月，正式接管由市农机监理部门管理的农用运输车和上道路行驶的拖拉机牌证及驾驶证管理业务。2007年，全市机动车首次突破10万辆，达10.17万辆。2009年6月，工程车、小型汽车、低速载货汽车、三轮车、摩托车、轻便摩托车牌证发放由县级公安机关车管所实施。全年发放牌证1.12万副，审验车辆3.13万辆。2010年5月，机动车牌号发放实行自选自编号牌法。10月1日起，小型汽车过户、转籍业务由威海市公安局车管所下放至文登市车管所办理。2013年8月，建立车辆审验远程监控、监管系统，实现车辆合格标志远程打印和车辆检测远程监控评判。是年，全市各类机动车保有量16.8万辆，是1991年的14.24倍。

1991—2013年文登市机动车保有量情况表

表25-2　　单位：辆

年份	大型汽车	小型汽车	农用车（三轮、四轮）	普通摩托车	轻便摩托车	合计
1991	411	3362	1400	6541	86	11800
1992	536	3356	1409	6364	86	11751
1993	568	3469	1506	6960	91	12594
1994	599	3630	1623	7360	96	13308
1995	621	3969	1796	8090	101	14577
1996	636	4036	1863	9965	108	16608
1997	802	5010	2431	13986	139	22368

续表 25-2

年份	大型汽车	小型汽车	农用车（三轮、四轮）	普通摩托车	轻便摩托车	合计
1998	881	5460	2738	14688	143	23910
1999	979	6062	4158	16008	152	27359
2000	1305	7490	4658	21268	202	34923
2001	1644	9161	5444	33001	262	49512
2002	2145	11842	5918	42470	396	62771
2003	2619	15166	6211	49767	532	74295
2004	3191	19243	6480	55102	671	84687
2005	3616	23032	3728	56470	708	87554
2006	4077	30592	3969	57497	832	96967
2007	4680	35727	3226	57100	972	101705
2008	5237	41028	3464	59451	1124	110304
2009	5651	52139	3770	61619	1435	124614
2010	6755	64500	4058	64322	1435	141070
2011	5438	71566	4679	75833	1441	158957
2012	5534	83720	3940	66093	993	160280
2013	5469	95437	3224	63330	519	167979

自行车管理 1991年，全市公安派出所设自行车管理站25处、专职管理员27人，负责全市自行车登记、牌证发放等工作。是年，全市登记发牌自行车26.39万辆，查处未办理过户手续的3000辆、未挂牌的1200辆；查获自行车被盗案件130起，查处违法犯罪嫌疑人92人；查获被盗自行车1459辆、错骑自行车268辆，发还失主1108辆。1998年，设自行车管理站26处、管理员28人，全市登记发牌自行车19.22万辆。1999年起，自行车管理工作的重点由登记发证转为查处盗窃案件。2008年，按全国统一部署，将打击自行车盗窃融入日常打击违法犯罪活动中，坚持常抓不懈。至2011年，查破各类自行车盗窃案件189起，查处违法犯罪嫌疑人103人，捣毁非法销售窝点6个，收缴并发还各类自行车77辆，其中电动自行车31辆、普通自行车46辆。1991—2013年，共查获自行车盗窃案件1154起，查处违法犯罪嫌疑人734人，查获被盗自行车6474辆，发还失主6366辆。

驾驶员管理 1991年，全市有机动车驾驶员3.49万人，年审驾驶证3.46万本，年审率达99.14%。市车辆管理所开展评选先进车管单位和模范、红旗驾驶员活动。至1997年，共评选威海市先进车管单位38个、模范驾驶员119人，文登市先进车管单位140个、红旗驾驶员836人。1998年后，随着私家车增加，取消驾驶员社团组织，评选先进工作由《驾驶员交通违法记分管理办法》替代。2000年，全市驾驶员及驾驶证年审数量均超过10万人（本）。2004年5月，依照《中华人民共和国道路交通安全法》规定，对机动车驾驶人违反道路交通法律、法规行为，除依法给予行政处罚外，实行累计记分制度。对累计

达到规定分值（12 分）的机动车驾驶人，扣留驾驶证，对其进行道路交通安全法律法规教育，重新考试，考试合格返还机动车驾驶证。按《机动车驾驶证申领和使用规定》，除对持有大型客车、牵引车、城市公交车、中型客车、大型货车、无轨电车、有轨电车驾驶证和持有准驾车型 C 证从事营业性运输，以及年龄超过 60 周岁的驾驶员每年审验 1 次外，其他准驾车型驾驶证 6 年审验 1 次。是年，审验驾驶证 3.21 万本。2006 年起，依法对机动车交通事故责任强制保险情况实施监督检查，凡未参加强制保险的机动车，车管部门不予登记，安全技术检验部门不予检验。2013 年，全市共有各类机动车驾驶人 21.46 万人，换发机动车驾驶证 9743 本。2826 名有违法记分记录的驾驶人和 342 名达到扣分上限驾驶人接受 3 小时以上警示教育和学习考试教育。

1991－2013 年文登市驾驶证统计情况表

表 25-3 单位：本

类型 年份	A	B	C	D	E	F	J	合计
1991	1305	1518	87	1758	26789	1237	2245	34939
1992	1490	2032	1017	1865	27601	1741	2503	38249
1993	1957	2869	1509	2361	29028	2410	2801	42935
1994	2461	3205	1642	2515	32181	2543	3169	47716
1995	2523	3758	1951	2106	39251	2756	4715	57060
1996	2665	5113	2571	2119	42302	2927	4869	62566
1997	2804	5807	3826	1803	50524	3270	4951	72985
1998	3172	6804	4081	1738	55805	3837	5618	81055
1999	4373	7519	4506	1512	64512	3972	5883	92277
2000	4581	8196	5147	1034	70149	4081	8027	101215
2001	4995	12523	5718	952	81574	4812	9630	120204
2002	5040	13517	5921	619	90931	4951	9670	130649
2003	5252	15929	7896	541	93817	5019	9812	138266
2004	3782	14516	12750	506	95708	5280	10247	142789
2005	3585	12792	17632	320	100375	5299	11432	151435
2006	3751	12581	18896	301	105723	5327	11831	158410
2007	4197	11973	23571	271	107680	5369	15365	168426
2008	4805	12137	27670	203	115192	5631	18512	184150
2009	5356	15321	40783	1389	106893	5689	16822	192253
2010	9732	18423	53789	2677	91068	5596	15434	196719
2011	9749	19407	67634	3633	92690	5600	—	198713

续表 25-3

类型/年份	A	B	C	D	E	F	J	合计
2012	9898	20200	79770	4640	93382	5603	—	213493
2013	9906	20216	80206	4923	93703	5609	—	214563

驾驶员培训 1991年，机动车驾驶员培训由市公安局交通警察队汽训队（简称市汽训队）和市交通局运输公司交通学校（简称市交通学校）负责。市汽训队有大货教练车12辆、教练员13人，年培训大货车驾驶员2期204人、摩托车驾驶员22期1793人。市交通学校有大货教练车8辆、教练员8人，培训大货车驾驶员2期128人。1992年，市交通学校由昆嵛路47号迁至米山东路4号。1999年6月，市交通学校实行企业改制，更名为文登市大成驾驶培训中心。2002年，大成驾驶培训中心更名为大成驾驶培训有限公司。2004年4月，市汽训队更名为文登市驾驶员培训基地。2006年1月，市驾驶员培训基地撤销，成立文登市安原机动车驾驶员培训有限公司，与公安机关脱钩。2007年12月，文登市富强驾驶员培训有限公司成立。翌年，文登市驾驶员科目二考试由威海市驾驶员培训中心改在富强驾驶员考试中心进行。2009年7月，文登市驾驶员科目一考试由威海市驾驶员培训中心改在安原驾驶员考试中心进行。2013年，安原、大成、富强3处驾驶员培训基地共培训汽车驾驶员6300人。1991—2013年，全市共培训汽车驾驶员459期10.18万人，培训摩托车驾驶员326期5.73万人。

交通事故处理 1991年，市交通警察队下设肇事处理股，依法受理、查处境内交通事故。1992年1月起，执行公安部《道路交通事故处理程序规定》，严格履行“处理现场、认定交通事故责任、处罚交通事故责任人、对损害赔偿进行调解”的职责，事故处理着重调解，两次调解不成，出具交通事故责任书，由被害方向法院申诉。1995年10月，开通“122”交通事故报警电话。1998年，实行交通事故现场勘查、事故定性、事故处理“三权分离”制。2002年，推行交通安全社会化管理进程，狠抓事故隐患整治和事故成因分析，建立事故成因月分析报告制度，对事故发生的主要原因、排查出的“事故黑点”及时整改，有效遏制交通事故上升势头。2006年，推行“网上办案、网上审批”制度，用科技规范执法，减少人为因素对执法办案的影响。至2008年，共办理交通违法案件463起，无一起事故责任认定被上级变更，回访满意率97.3%。2013年，受理交通事故1790起，其中重大交通事故38起，死亡40人，重伤13人，直接经济损失8.73万元。侦破交通肇事逃逸案件34起，涉嫌危险驾驶罪58起。1991—2013年，共查处上报交通事故3227起，其中重大事故1983起、一般事故1244起，死亡2138人，受伤3250人，直接经济损失402.53万元。

图25-7 2011年5月3日，市交通警察在事故现场进行勘查。

附：重大交通事故选记

2012年7月22日19时40分许，市区米山路春和街路口发生一起重大交通事故，刘某无证驾驶面包车将一人力三轮车驾驶人于某撞伤，经抢救无效死亡，刘某驾车逃逸。次日，刘某的朋友唐某到交警大队投案自首，其另一朋友唐某某也证实此案系唐某所为。办案民警在询问唐某发生事故的一些细节问题时，发现唐某吞吞吐吐，前言不搭后语，感到另有隐情，遂加大询问力度，在办案民警反复政策教育下，唐某交代事故真相，时刘某已畏罪潜逃。交警大队随即将其列入“网上逃犯”实施抓捕，并多次派民警赴其原籍莱阳及可能藏匿处所实施抓捕。2013年3月19日，在当地警方配合下，将藏匿于青岛市城阳区夏庄镇某建筑工地打工的刘某抓捕归案。经文登市人民法院依法判决，刘某犯交通肇事罪被判处有期徒刑3年，缓刑4年；唐某犯包庇罪被判处有期徒刑1年6个月；唐某某犯伪证罪被判处有期徒刑1年，缓刑1年。

2013年12月4日20时50分，肖某醉酒驾驶轿车沿圣海路由南向北逆向超速行驶至17千米处，与对行的侯某驾驶的轿车相碰撞，致侯某、李某、张某、张某某4人当场死亡，肖某、钟某、杨某3人受伤，两车损坏严重。20时55分，市公安局“110”指挥中心接到报警，交警大队值班民警立即赶赴现场，抢救伤员，开展先期勘查工作。经侦查获悉，肖某不仅酒后驾驶机动车，而且无证驾驶机动车。12月13日，市公安局以涉嫌以危险方法危害公共安全罪依法向市检察院提请批准逮捕犯罪嫌疑人肖某。12月19日，市检察院做出批准逮捕肖某的决定。2014年11月12日，市法院以交通肇事罪判处肖某有期徒刑4年。

1991—2013年文登市查处上报交通事故情况表

表25-4

年份	合计起数（起）	重大事故				一般事故		
		起数（起）	死亡（人）	受伤（人）	直接经济损失（万元）	起数（起）	受伤（人）	直接经济损失（万元）
1991	187	54	55	47	0.65	133	110	1.82
1992	141	46	47	42	0.56	95	97	1.73
1993	125	65	67	32	0.79	60	74	1.65
1994	149	75	85	32	0.91	74	73	1.57
1995	155	84	94	53	1.01	71	123	1.50
1996	151	106	113	37	1.28	45	87	1.42
1997	148	94	98	51	1.14	54	120	1.36
1998	149	85	90	32	1.03	64	73	1.30
1999	148	113	123	39	1.50	35	90	1.23
2000	189	116	118	47	2.00	73	165	1.97
2001	187	157	172	81	39.96	30	98	1.97
2002	226	148	157	59	63.23	78	185	17.48
2003	216	120	133	113	30.51	96	276	23.71
2004	173	109	123	68	14.85	64	180	10.75

续表 25-4

年份	合计起数（起）	重大事故				一般事故		
		起数（起）	死亡（人）	受伤（人）	直接经济损失（万元）	起数（起）	受伤（人）	直接经济损失（万元）
2005	139	101	109	58	16.69	38	98	6.09
2006	159	93	100	43	18.35	66	96	10.78
2007	146	86	96	46	17.65	60	87	10.48
2008	128	88	92	47	14.67	40	78	11.15
2009	113	75	82	43	20.16	38	51	5.27
2010	72	57	61	35	13.71	15	24	1.21
2011	37	36	42	16	8.47	1	1	0.01
2012	46	37	41	14	8.37	9	10	1.06
2013	43	38	40	13	8.73	5	6	0.80
合计	3227	1983	2138	1048	286.22	1244	2202	116.31

第八节　消防管理

1991 年 7 月，武警文登消防大队开展百日防火安全竞赛活动，举办消防知识讲座 11 场，检查 293 个企事业单位、47 家加油站、11 家液化气站，发现火灾隐患 136 处，下发限期整改通知书 47 份。对全市义务消防队员进行消防扑救火灾基本常识培训。1993 年 11 月，首次开展“119”消防安全宣传日活动。之后，每年 11 月定为消防安全宣传月。1997 年，开展日常防火安全宣传教育和“119”宣传日活动，重点宣传消防法规、防火灭火知识及火灾发生后自救逃生常识，增强全民防火自救意识。定期在防火重点单位举办防火训练班和防火演练。2002 年，开展消防设施安全大检查 4 次，检查各类单位 406 家，发现火灾隐患 462 处，下发责令限期整改通知书 91 份、重大火灾隐患限期整改通知书 2 份。2008 年，开展奥运消防安全保卫攻坚战、“围剿”火灾隐患、易燃装饰物专项清理检查等行动，开展错时消防安全检查，加大对夜间经营、人员密集场所的消防安全监管力度。2010 年，进行“除隐患、保安全”火灾隐患检查整治行动 4 次，共检查 1210 家次，发现并督促整改火灾隐患 620 处，办理行政处罚案件 59 起。2013 年，市公安消防大队先后开展“除火患，保平安”冬春季专项行

图 25-8　2009 年 10 月 3 日，武警文登消防大队官兵在西郊热电有限公司进行危化品企业事故应急救援演练。

动、农贸市场火患排查行动、餐饮场所消防安全专项检查、消防安全大排查大整治等专项整治活动，共检查单位1156家，查改隐患1412处。1991－2013年，开展消防宣传活动62次，举办培训班510期，培训1.54万人次，发放宣传材料40.4万份。检查各类单位1.79万家次，查处火灾隐患1.22万处，当场督促整改9241处，下发限期整改通知书1589份。共接报火警9176起，出动警力12.59万人次，出动消防车1.8万辆次，扑灭火灾2384起，参加抢险救援731次，挽回经济损失2.93亿元，抢救遇险群众811人。

消防装备　1991年，武警文登消防大队及所属中队配备4吨水罐消防车2辆、水枪10支、消防服27套、空气呼吸器32具等装备。2004年，购置1辆15吨位的大型水罐车和1辆泡沫车，配备逃生面具、隔热服、呼救器等一批特种装备。随着消防资金投入不断加大，消防装备向大功率、高效能、自动化、快速反应发展，消防器材配备不断完善。2007年，配备消防车7辆，新式消防头盔、呼救器、消防靴、9米拉梯、带架水枪、全封闭防化服、起重气垫、烘干机等常用器材和特勤装备配备齐全。2013年，市公安消防大队及所属中队配备消防车11辆，其中水罐消防车5辆、泡沫消防车1辆、抢险救援消防车2辆、高喷消防车1辆、登高平台消防车1辆、A类泡沫消防车1辆，配备水枪、水带、二阶拉梯、液压剪、扩张器、逃生气垫等器材装备1131套，新型战斗服、消防隔热服、避火服、重型防化服、消防过滤式综合防毒面具、氧气呼吸器、移动供气源等32项特种防护装备1091套（具），消防头盔、正压式消防空气呼吸器、方位灯等11项个人常规防护装备998个。

建筑消防审核　1991年，武警文登消防大队对全市建筑工程总平面布局、耐火等级、安全疏散、消防车道、消防给水及设施、电路设施、通风防烟排烟等项目进行消防审核验收，共审核建筑工程项目102个，提出意见和建议32条，下达整改通知书63份，查处违规工程21个，督办补办手续21份，下达公安消防行政处罚决定书3份。2000年，审核建筑工程项目87个，查处违规工程4个，督办补办手续4份，下达公安消防行政处罚决定书3份。2009年5月1日，按照新的消防法和《建设工程消防监督管理规定》，武警文登消防大队主要负责对建筑工程的消防设计、竣工验收备案和公众聚集场所开业前的消防安全检查。2013年，市公安消防大队开展建筑自动消防设施维护保养专项整治行动、违章工程消防排查治理等活动，维护保养自动消防设施56家，查处违章工程36处，竣工验收备案抽查56个。1991－2013年，共审核建筑工程项目2268个，其中，市区1801个、乡镇（街道）358个。提出意见和建议4647条，下达整改通知书1356份，查处违规工程211个，督办补办手续92份，下达公安消防行政处罚决定书106份。

附：火灾及扑救情况选记

1994年6月10日零时，市经协大厦宾馆三楼客房因电线短路引起室内装饰物起火。由于缺少防火设施及楼层缺水等原因，致使火势迅速蔓延。零时20分，武警文登消防中队接到报警。零时22分，16名消防干警乘2辆水罐消防车和1辆泡沫消防车赶到现场，奋力扑救1小时，将大火扑灭，救出被困人员25人。火灾烧毁客房3套，烧死房客2人，烧伤1人，直接经济损失15.66万元。

2013年8月27日4时33分，市公安消防大队接到报警，西郊热电有限公司发生氯气泄漏事故，立即调集6辆消防车和34名消防官兵7分钟到达现场，获悉泄漏部位为液氯储蓄罐连接阀门后，参战官兵面对现场弥漫的黄色烟雾，身着重型防化服进入泄漏区进行堵漏和关闭总阀门，外围6支喷雾水枪对泄漏烟雾进行稀释，2个多小时处置完毕。疏散群众50余人，挽回经济损失100余万元。

第九节　安全保卫

基层治保联防　1991年，推行治安承包责任

制，治安巡逻队以治保会为主体，设置值班室、治安岗亭，形成市、镇、村三级治安防范网络。全市有农村治保会784个，成员2157人；治安小组1544个，成员3088人；治安巡逻队846个，队员2904人。市区和乡镇复杂区域有治安联防队342个，队员1022人。全市285个机关、企事业单位有保卫科73个，有专兼职保卫人员480人；护厂护校队92个，队员931人。各治保、联防组织协助公安机关查处各类案件123起，其中刑事案件27起、治安案件96起，调处民事纠纷367起，挽回经济损失5.7万元。2001年，全市有村（社区）治保会795个，其中市区77个、农村718个，治保成员2444人；治安联防队58个，其中专职51个、义务7个，联防队员304人。2013年，有村（社区）治保会693个，治保小组693个，治保成员1988人；城镇治保会55个，治保成员216人；企事业单位内部治保会300个，治保成员1209人。有治安巡逻队701个，治安巡逻队员2132人；治安联防组织18个，成员242人。1991—2013年，全市治保、联防组织累计协助公安机关查处各类案件2807起，其中刑事案件938起、治安案件1869起，调处民事纠纷8490起，挽回经济损失1173.8万元。

市区治安巡逻 1991年，市区77个村的治安管理由城里、文城、米山路、龙山路4个派出所负责。1993年8月，市区治安巡逻警察大队成立，负责维护市区治安秩序。1997年10月，巡警大队3个中队全部改为“110”机动中队，实行24小时市区轮换执勤，本着“屯警街面，就近出警”的原则，发生警情，迅速集结，就近出警。无警情时，在市区主要街道执行巡逻任务，维护治安秩序。2007年，按照“打防结合，以防为主，公秘结合，攻防兼备，以攻促防”要求，巡逻警察大队的综合中队、特勤中队和一、二、三、四中队根据市区整体布局和重要场所方位，实行便衣秘密巡控，将市区划分为12条步巡岗段和6个车巡必停点。民警分为3班，每天投入警力47人进行巡逻。特勤中队加大夜间巡查力度，挤压违法犯罪空间。是年，制止各类违法行为216起，抓获违法人员173人，救助危难群众72人。2009年，采取“巡警上路、流动巡查、以动制动、主动出警”“公开与秘密、主要街道与重点区域、步巡与车巡、守候与巡查、着警服与便服、繁华地带与偏僻地带相结合”的巡查方式，严密社会面的控制。2013年，共处置各类警情1371起，破获各类案件139起，抓获各类违法犯罪嫌疑人252人，处置各类突发事件918起。1991—2013年，共制止各类违法行为2.4万起，抓获违法犯罪嫌疑人1.04万人，为群众做好事1.38万件，救助危难群众2525人，发还群众遗失物品462件，移交案件3645起，调处纠纷5855起。

图25-9 2011年12月21日，市巡逻警察大队警察在市区徒步武装巡逻。

“110”报警服务 1991年，市公安局设有“110”匪警电话，专门接受刑事案件报警，由于功能单一，加上通信设施相对落后，群众报警较少。1996年12月，市公安局在指挥中心建立“110”报警服务台，承担全市刑事、治安、交通事故、纠纷、求助等报警服务。至年末，共受理各类报警求助576起，均圆满处结。1997年5月，“110”报警服务台正式运行。8月，完善“110”接处警系统，使用DDN64K网络接警系统，增加录音、来电显示、来话即时跟踪、案件管理、地理位置信息等系统及350兆集群设备，实现警车卫星定位，有线无线同时接处警。2004年9月，

图 25-10　市公安局“110”指挥中心（2012 年 10 月 21 日摄）

建成“110”报警服务台、“119”火灾报警服务台、“122”交通事故报警服务台三台合一指挥系统，实现警情共享。2009 年，指挥中心全面升级改造，新建警用地理信息、二级派警、出租车卫星定位、动态监控等系统。2013 年 2 月，推行“110”3 分钟响应机制，即各处警单位在接到指挥中心下达的指令后，要求在 3 分钟之内与报警人取得联系，开展相关工作。是年，共受理各类有效警情 2.22 万起。其中，刑事案件 852 起、治安案件 2809 起、群众求助 564 起、消防救援 696 起、交通事故 6122 起、其他警情 1.12 万起。1996—2013 年，“110”报警服务台共接处警 23.57 万起，其中刑事案件 1.14 万起、治安案件 6.7 万起、接受群众求助 8137 起、其他警情 14.91 万起。

防控设施建设　1991 年，全市机关、企事业、金融等单位共安装红外线报警器 106 个，城镇居民安装防盗门 2635 户。1995 年 1 月，建设银行文登市支行首次安装电视监控系统 1 套、探头 5 个。6 月，开始启用 CK 联网报警系统，在重点单位及要害部位安装 CK 报警系统 30 套、自动报警电话 96 部、红外线报警器 82 个，全部与保安服务公司报警中心联网。至年末，4 个金融部门、1 个大型商场，共安装电视监控系统 5 套、探头 23 个。通过电视监控和报警系统，接警 22 起，查获犯罪线索 11 条，破获各类案件 5 起，抓获犯罪嫌疑人 39 人。2005 年，在全市远程教育系统处安装报警器 297 套，安装 CK 报警系统 32 套、电视监控系统 47 家、各种红外线报警器 1149 个。通过电视监控和报警系统，有效接警 73 起，查获犯罪线索 57 条，破获各类案件 72 起，抓获犯罪嫌疑人 43 人。2013 年，新安装动态监控系统 103 套、监控探头 1369 个、红外线等报警装置 236 套、CK 联网报警装置 38 套。通过防控设施发现违法犯罪线索 163 条，抓获犯罪嫌疑人 89 人，破获各类案件 209 起。年末，全市共有社会面动态监控系统 1513 套、监控探头 1.4 万个、红外线等报警装置 1.62 万套、CK 联网报警装置 316 套。

保安服务　1992 年 12 月，组建文登市保安服务公司，为股级事业单位。招聘保安队员 56 人，为全市 26 家企事业单位提供有偿安保服务。1994 年 6 月，保安服务公司下设原子印章厂，负责全市党政机关、企事业单位公章刻制。公章刻制由公安机关登记备案、出具证明。1995 年 4 月，保安服务公司升格为副科级单位，内设办公室、保安部、业务部、经营部，6 月，设报警中心。是年，全市区域安全防范报警系统 101 家用户与报警中心联网，服务企业 49 家。2001 年 2 月，保安服务公司由事业单位改为企业。2006 年 6 月，公章刻制由威海市公安局治安警察支队统一管理，市公安局不再负责登记备案、出具证明。2013 年，公司有保安队员 315 人，为全市 56 家企事业单位提供安全保卫服务，负责 218 家 CK 联网报警器正常运行。

安全警卫　市公安局加强警卫业务训练和基层基础工作，安全警卫工作做到线路有踏勘，任务有方案。1991—2013 年，共出动警力 1.74 万人次，完成一级警卫任务 20 次、二级警卫任务 125 次、三级警卫任务 365 次。先后为到文登视察的党和国

家领导人安全警卫8次，圆满完成在文登召开的全国农村精神文明建设座谈会等大型活动安全警卫任务、外宾到文登参观考察活动安全警卫任务。

第十节 监所管理

监所设施 1991年，市看守所位于职工街北首，占地面积0.83公顷。1992年8月，迁址昆嵛路38号，占地面积1.26公顷。2007年3月，迁址张家产镇东泊石村北、初张路西侧，占地面积7.3公顷，建筑面积2.1万平方米。监区配有卫生间、太阳能浴池、专用餐厅、阅览室和健身室，监室均配有彩电、暖气、饮用水等设施。监室、监区围墙、提审通道等重要监视区域安装监视设备，实行全时段监控。建有双向视频会见系统及心理咨询室、律师会见室。2009—2013年，连续5年被省公安厅评定为二级看守所。

在押（拘）人员管理 1991年，市看守所执行《中华人民共和国看守所条例》，坚持严格执法、文明管理。尊重在押人员的人格，禁止打骂体罚；对在押人员的财务进行登记，妥善保管；保障在押人员的合法权益和刑事诉讼活动顺利进行；对在押人员进行有关法规、规章制度等教育，使其自觉接受审查、处理和法律的惩处等。监所在押人员每月人均生活费29元。1994年，在押人员每月人均生活费增至60元。2000年，在押人员每月人均生活费90元。2013年，清查监所24次，对在押人员进行法制教育和个别谈话。通过感化教育，收集犯罪线索83条，破案125起，其中破获重大贩毒案件1起，抓获犯罪嫌疑人6人，缴获毒品7千克。在押人员每月人均生活费150元。

图25-11 市公安局治安拘留所动态监控中心（2007年8月31日摄）

第十一节 网络安全监督管理

90年代，计算机技术、网络技术在社会各领域得到广泛应用。1994年2月，根据公安部颁布的《中华人民共和国计算机信息系统安全保护条例》规定，计算机信息系统安全保护由公安部门主管，全市公共信息网络安全监察工作由市公安局通讯科负责。2002年3月，市公安局设立网络安全监察科，联合市教育局、安全局、文化局、工商局等部门，对全市网站、网页及网吧等互联网服务经营场所进行清理整顿，遏制有害信息传播蔓延。是年，运用监控、定位技术，协助破获刑事案件11件，抓获违法犯罪嫌疑人14人，发现、堵截有害信息150条。2006年，开展网吧集中整治行动，对全市172家网吧进行检查，重点检查安全管理措施、上网日志留存及实名制上网系统等执行情况，对未按规定核实上网人员信息或私设临时上网卡的63家网吧进行处罚，没收临时上网卡478张，罚款5.06万元；对未按规定安装"一卡通"软件和私设临时上网卡的20家网吧业主下发整改通知书，勒令限期整改。

2011年4月16—17日，文登市连发3起高档轿车被盗案。网络监察部门介入后，进行信息研判，通过技术分析和网络布控，陆续将逃往北京、福建等地犯罪嫌疑人的逃窜踪迹描绘出来。刑侦部门综合网监和技侦信息，在北京、福建等地将滨州籍犯罪嫌疑人怀某、怀某某和江苏籍犯罪嫌疑人吕某3人抓获归案。2012年，开展防范打击互联网和电信诈骗专项

行动，在公安部组织的“四二四 MM 公寓”统一行动中，侦破传播淫秽物品案 2 起，抓获违法犯罪嫌疑人 2 人，查处发送消息扰乱正常生活案 4 起，抓获违法犯罪嫌疑人 4 人，协助其他部门抓获各类违法犯罪嫌疑人 49 人，协破各类刑事案件 97 起，检查网吧 230 余家次，依法对 37 家违规网吧进行处罚。建设互联网信息监控中心，构建集网上监测、网上研判、舆情导控、应急处置于一体的互联网信息监控工作体系。是年，上报舆情信息 1021 条，被公安部采用 22 条、省公安厅采用 334 条，删除网上异地有害信息 2200 余条。对发现的 30 家政府类网站存在的安全隐患，及时向责任单位发送“政府网站安全隐患告知书”和“网站漏洞危害整改建议”，监督指导其全面检查整改。2013 年，加大对新上网逃犯的信息分析研判力度，参与抓捕的 14 名网上在逃人员，有 8 名系主动分析研判发现的线索。与办案单位协同配合，通过了解案件当事人涉网情况，抓获犯罪嫌疑人 43 人，协破案件 100 起。出动警力 170 人次，清查网吧 300 余家次，整改违规网吧 23 家，处罚违规网吧 30 家次。通过对网吧进行年审和安全管理软件升级，建立集监控、侦查、处置、控制于一体的网上综合打防体系。

第三章 检 察

第一节 机构设置

1991 年，文登市人民检察院（简称市检察院）内设政工科、办公室、刑事检察一科、刑事检察二科、法纪科、经济科、监所科、控申科、技术科。1992 年 11 月，增设民事行政检察科、税务检察室。1995 年 8 月，成立反贪污贿赂局，内设侦查科、综合科、经济犯罪预防科、举报科。1996 年 8 月，撤销经济科，成立举报中心。1997 年 4 月，增设行政装备科。1998 年 10 月，成立渎职犯罪侦查局，内设侦查科、预防科；撤销法纪科，设立司法警察大队，撤销税务检察室、反贪污贿赂局举报科。12 月，刑事检察一科更名为审查批捕科，刑事检察二科更名为审查起诉科，技术科更名为检察技术科，监所科更名为监所检察科，控申科更名为控告申诉检察科。2002 年，审查批捕科更名为侦查监督科。2003 年 4 月，增设监察室，政工科更名为政治处。2005 年 6 月，渎职犯罪侦查局更名为反渎职侵权局。11 月，侦查科更名为侦查一科、犯罪预防科更名为侦查二科。12 月，增设人民监督员办公室。2009 年 1 月，增设检察委员会办公室。8 月，增设未成年人犯罪检察科。2011 年 1 月，设立派驻文登经济开发区检察室。2012 年 4 月，设立案件管理中心。2013 年 3 月，设立派驻南海新区检察室。年末，市检察院内设办公室（行政装备科与其合署办公）、政治处、侦查监督科、公诉科、监所检察科、民事行政检察科、控告申诉科、检察技术科、法警大队、预防科、人民监督员办公室、监察室、检察委员会办公室、未成年人犯罪检察科和案件管理中心，下设反贪污贿赂局（正科级）、反渎职侵权局（副科级）和派驻经济开发区检察室、南海新区检察室 2 个正科级单位。

第二节 队伍建设

1991 年始，市检察院坚持“从严治检”方针，开展创建文明检察院、争做模范检察官和集中教育整顿活动，贯彻《检察人员纪律》，建立健全各种规章制度，努力提高检察干警的政治、业务素质，培养党和群众信得过的干警队伍。推行“检务公开”，建立与人大代表联系制度，聘

请执法执纪监督员，加强对检察队伍执法行为监督。1999年，开展争当人民满意的检察官，争创人民满意的检察院活动，推行机关规范化管理。在威海市检察机关率先实行主诉（主办）检察官办案责任制，通过竞争上岗，选拔4名主诉检察官和13名主办检察官，全面落实办案责任制和错案追究制，提高办案效率和质量。2000年，从严治警，实行干警个人重大事项报告制度、副科级以上干部廉政档案等制度，对1998年竞争上岗的26名中层干部进行试用期考核，10个空缺中层职务实行竞争上岗。9月，最高人民检察院根据市检察院主诉检察官邓华的办案事迹，创作并拍摄电视剧——《案中案》。是年，市检察院被最高人民检察院授予全国检察机关人民满意检察院称号，被省检察院记集体一等功。2002年，开展“学方工、争创全国模范检察院”等活动，市检察院被最高人民检察院记集体一等功，被省检察院授予先进检察院称号。2005年，围绕全市中心工作，以保持共产党员先进性教育活动和全国政法系统专项整改活动为动力，加强队伍建设，全面正确履行检察职能，各项检察工作取得新进展。市检察院被省检察院记集体一等功，并被评为全省检察机关密码工作先进单位。2007年，市检察院被省检察院授予全省第二届十佳基层检察院称号，并记集体一等功。2008年，市检察院再次被最高人民检察院授予全国检察机关人民满意检察院称号。

2010年，开展恪守检察职业道德、促进公正廉洁执法主题实践活动，树立忠诚、公正、清廉、文明的检察职业形象，不断强化队伍建设，开展规范化建设活动和反特权思想、反霸道作风专项教育活动，全体干警通过参加各类教育培训、岗位练兵，素质明显提升。2011年，市检察院被最高人民检察院授予全国先进基层检察院称号，被省精神文明建设委员会授予省级文明单位称号。2013年，按照强化法律监督、强化自身监督、强化队伍建设的要求，加强执法规范化、检察信息化和基层基础建设。开展演讲比赛、道德讲堂、志愿服务等活动，端正干警价值取向，增强理论共识和感情认同。开展业务论辩比赛、理论研讨等岗位练兵培训活动，干警履职能力全面提升。

第三节　刑事检察

审查批捕　1991年，开展“打流窜、挖团伙”“打拐”“反盗窃”等专项行动，批准逮捕各类刑事犯罪嫌疑人223人。1992年，开展“扫黄”“除六害、挖团伙”和反盗窃等专项斗争，批准逮捕拐卖人口犯罪嫌疑人13人，盗窃犯罪嫌疑人88人，其他重、特大案件嫌疑人72人。1993－1997年，共受理提请逮捕刑事案件801件，经审查批准逮捕1156人。在全国统一开展的“严打”专项治理等行动中，共批准逮捕故意杀人、抢劫、强奸等重大恶性案件144件248人。1998－2002年，共受理提请逮捕刑事案件1073件，经审查批准逮捕1602人。与1997年新刑法实施前5年相比，受理犯罪嫌疑人和批准逮捕犯罪嫌疑人人数分别上升33.18%和38.58%。2003－2007年，批捕“两抢一盗”案件486件848人。开展打击黑恶势力犯罪和严重暴力犯罪，批捕杀人、绑架、爆炸等案件156件192人。打击破坏市场经济秩序犯罪，共批捕合同诈骗、制假售假、偷税骗税等犯罪嫌疑人12人。2010年，完善监督机制，协调公安机关会签《提请批准逮捕犯罪嫌疑人“逮捕必要性论证”实施办法（试行）》，全面推行逮捕必要性审查机制，确保逮捕权依法正确行使。2011－2012年，共受理提请批准逮捕案件371件573人，审查后批准逮捕265件392人，不批准逮捕106件153人，受理移送审查起诉案件783件1059人，审查后提起公诉653件856人，不起诉14件20人，退回侦查110件174人。监督公安机关立案19件，监督撤案2件，提请、提出刑事抗诉8件，追捕52人，追漏犯罪事实45件，追漏犯罪嫌疑人36人，批捕准确率、有罪判决率均为100%。2013年，强化刑事诉讼监督，立案监督11件，提起刑事抗诉1件，追捕追诉34人，追诉漏罪及犯罪事实56件，纠

正违法19件，改变案件定性10件，发现犯罪行为非犯罪嫌疑人所为1人。1991—2013年，市检察院共受理公安机关提请审查批捕犯罪嫌疑人8075人，批准逮捕7181人，不批准逮捕662人。

1991—2013年文登市检察院审查批捕情况表

表25-5

年份	受案		批准逮捕		不批准逮捕		侦查机关撤回		追捕漏犯
	件	人	件	人	件	人	件	人	人
1991	172	237	163	223	5	10	3	3	6
1992	140	219	135	207	6	14	0	0	4
1993	158	237	151	223	7	13	2	2	5
1994	158	237	150	208	5	6	3	6	4
1995	170	318	161	296	3	13	1	4	1
1996	166	259	164	229	4	9	4	9	0
1997	149	221	135	200	12	19	5	9	0
1998	178	257	134	226	22	27	6	10	3
1999	199	289	190	269	11	22	0	0	6
2000	199	335	197	326	2	9	0	0	3
2001	241	420	236	406	5	14	0	0	0
2002	256	393	242	375	4	10	0	0	0
2003	256	393	235	361	7	16	24	30	12
2004	271	447	244	403	10	17	5	5	8
2005	315	485	252	432	36	41	15	17	16
2006	291	485	284	469	29	49	0	0	16
2007	313	476	279	422	18	18	8	8	10
2008	342	474	312	424	31	33	11	11	9
2009	308	557	265	479	38	40	16	21	7
2010	270	402	220	334	32	45	0	0	11
2011	205	310	156	240	49	70	0	0	32
2012	166	263	109	152	57	83	0	0	4
2013	263	361	207	277	56	84	0	0	7
合计	5186	8075	4621	7181	449	662	103	135	164

侦查监督　1991年，市检察院在刑事检察工作中严格把关，及时发现和纠正侦查、审判活动中的违法现象。不批准逮捕犯罪嫌疑人10人，追捕6人，追诉4人，提出纠正违法意见4件。1992—1996年，坚持从重从快打击严重刑事犯罪，强化侦查监督职能，始终把办案质量放在首位，严格执行定罪量刑标准，共不批准逮捕犯罪嫌疑人55人、追捕9人。1997年，受案149件221人，不批准逮捕19人，自行补充侦查19件，与公安机关联合补充侦查3件。2003—2007年，改进侦查监督工作，既追究遗罪漏犯，又防止冤枉无辜，依法追捕55人，不批准逮捕119人。2008年，在威海市率先推行不捕案件说明理由制度，对不批准逮捕的33人，逐案向公安机关及不服决定受害人说明不捕理由，减少不必要复议、复核，节省诉讼成本，使公安机关补充侦查具有针对性、有效性，提升引导侦查能力。2010年，共监督侦查机关立案2件，监督撤销案件16件，追捕11人，追诉漏罪漏犯6件14人，改变案件定性9件11人，提请、提起刑事抗诉5件，建议公安机关撤案12件14人。2011—2012年，共监督公安机关立案19件，撤案2件，追捕52人，追漏犯罪事实45件，追漏犯罪嫌疑人14人。批捕准确率、有罪判决率均为100%。1991—2013年，受理各类案件中，不批准逮捕449件662人，侦查机关撤回103件135人，建议公安机关追捕漏犯88件164人。

审查起诉　1991年，受理公安机关和检察机关侦查部门移送起诉各类案件犯罪嫌疑人281人，经审结，起诉197人，不起诉49人。1993—1997年，共审结提起公诉667件。1999年，受理各类刑事案件178件274人，提起公诉178件242人，退查18件41人。2005年，共受理审查案件365件，提起公诉325件487人，全部被法院作出有罪判决。2006年，对未成年人犯罪、初犯、偶犯、从犯、过失犯罪等主观恶性不深、犯罪情节较轻，依法适用宽严相济刑事司法政策，全年不起诉3人。2008年，创新办案机制，办理全威海市第一起未成年人分案办理案件，将未成年人轻微犯罪与其他严重刑事犯罪区隔开来，保障未成年人合法权益，其经验被省检察院转发。2011年，制定《关于在办理未成年人犯罪案件中实行“合适成年人”制度的规定》，在审查起诉阶段为未成年犯罪嫌疑人指定“合适成年人”，维护未成年人合法权益。2013年，受理审查起诉案件313件402人，提起公诉348件470人，不起诉5人。1991—2013年，共受理审查起诉案件6388件9503人，经审查，起诉5574件7876人、不起诉232件327人、退查644件1161人。

1991—2013年文登市检察院审查起诉情况表

表25-6

年份	受理		起诉		不起诉		退查	
	件	人	件	人	件	人	件	人
1991	210	281	151	197	40	49	5	5
1992	161	230	130	181	15	30	4	4
1993	156	248	132	192	9	32	6	7
1994	171	243	121	145	17	26	3	7
1995	180	307	137	200	14	21	9	18
1996	203	316	154	215	26	28	9	31
1997	149	219	123	179	4	5	11	15

续表 25-6

年份	受理		起诉		不起诉		退查	
	件	人	件	人	件	人	件	人
1998	175	250	148	214	1	1	17	45
1999	178	274	178	242	0	0	18	41
2000	241	370	194	289	4	6	21	51
2001	284	421	210	298	10	11	30	49
2002	252	376	186	266	1	2	26	38
2003	271	402	255	357	12	12	24	49
2004	297	447	269	381	7	7	11	31
2005	365	565	325	487	3	4	31	58
2006	316	507	286	443	3	3	34	59
2007	416	623	422	590	6	6	43	56
2008	436	653	421	592	8	15	47	98
2009	415	681	359	550	21	31	48	109
2010	416	629	372	532	13	13	47	98
2011	373	500	301	383	6	10	53	86
2012	410	559	352	473	8	10	57	88
2013	313	402	348	470	4	5	90	118
合计	6388	9503	5574	7876	232	327	644	1161

审判监督 1991—1995年，刑事检察部门发挥法律监督职能作用，与市法院不定期召开联席会议，及时发现和纠正审判活动中的违法现象，共提出纠正违法意见17件，抗诉1件，胜诉1件。1997年，实施新《中华人民共和国刑法》和《中华人民共和国刑事诉讼法》，将监督工作贯穿于审判全过程，提出纠正违法建议6件。1998年，重点纠正判决不公，以及违法保外就医、减刑、假释等问题，纠正违反诉讼程序审判活动9件，向审判机关提出改进建议31件。1999年，运用抗诉手段，纠正审判机关确有错误的判决和裁定，提出抗诉3件，全部改变原审判决裁定；提出书面纠正意见17件；查办3名司法人员贪赃枉法、徇私舞弊等行为。2010年，协调市法院开展量刑建议工作，加强对案件量刑情节收集和说理论证，探索将量刑建议纳入法庭辩论，推动量刑公平公正、公开透明。2000—2013年，向市法院提出纠正违法书面检察建议116件，对确有错误且已生效的刑事判决提出抗诉16件，采纳抗诉8件，改判3件，提出量刑建议75件。

附：案例选记

工程承包人员贺某某分别于2010年12月、2011年3月，与承德奥星电力工程建设有限公司签订工程施工合同，此后贺某某雇佣农民工在九里水头村至汪疃镇小阮村之间进行风电送出线

路施工。其间，贺某某多次以发放工资的名义，在承德奥星电力工程建设有限公司领取工程款。2011 年 1 月，贺某某领取 90 万元，将其中 36 万元转移给其哥哥。同年 10 月 12 日，贺某某逃匿，逃避支付农民工工资。至 2011 年 10 月 17 日，贺某某拖欠农民工工资共计 592517.8 元。市政府有关部门责令支付，贺某某始终未予支付。2012 年 2 月 25 日，市公安局以被告人贺某某涉嫌拒不支付劳动报酬罪向市检察院移送审查起诉。审查起诉阶段，市检察院准确计算具体拖欠数额，做好外来务工人员情绪疏导，协调发包方帮助追回拖欠工资近 50 万元。4 月 6 日，市检察院提起公诉。6 月 15 日，市法院作出一审判决，判处被告人贺某某有期徒刑 3 年，并处罚金 5 万元。该案涉及刑法修正案（八）新设罪名，是威海市首例判决的拒不支付劳动报酬案件，被评为全省检察机关 2012 年度优秀服务经济社会发展案件。

2009 年 5 月，犯罪嫌疑人王某某因琐事与邓某发生争执，双方约好各自组织人员到市网通家园网吧门口持械比拼。后双方纠集隋某某、毕某某等 12 人手持砍刀、镐棒进行殴斗，导致邓某受重伤，毕某某等 2 人受轻伤。同年 9 月，市公安局将此案移送市检察院，对犯罪嫌疑人王某某涉嫌故意伤害移送审查起诉。市检察院审查后发现，该案双方各自纠集多人，在公共场所聚众斗殴，最终造成多人多处受伤，严重影响社会管理秩序，不应认定为故意伤害案件，而是一起有预谋、有组织、涉案人员多、影响恶劣的聚众斗殴案件。市检察院及时与市公安局沟通，提出对该案的处理意见，详列补充侦查提纲，引导公安机关开展补充侦查，抓获除王某某之外参与该次聚众斗殴 11 人中的 7 人，查明聚众斗殴的犯罪事实。2009 年 12 月，市检察院先后以犯罪嫌疑人王某某、隋某某、董某某、姜某某、于某某、丛某某 6 人涉嫌故意伤害罪，犯罪嫌疑人邓某、毕某某 2 人涉嫌聚众斗殴罪向市法院提起公诉。2010 年 4 月，市法院全部采纳检察机关指控，判处被告人隋某某、邓某有期徒刑 3 年 6 个月，判处被告人姜某某有期徒刑 3 年，判处被告人董某某、于某某有期徒刑 2 年 6 个月，判处被告人毕某某有期徒刑 1 年 6 个月，判处被告人丛某某有期徒刑 1 年。

第四节　反贪污贿赂检察

1991—1994 年，市检察院共受理各类经济案件 81 件 83 人，立案侦查 81 件 83 人，为国家和集体挽回经济损失 209.3 万元。1995 年 8 月，成立反贪污贿赂局，突出查办大案要案，共受理侦查各类经济案件 33 件 40 人，其中贪污案 13 件 15 人、偷税案 5 件 7 人，挽回经济损失 312.6 万元。1996 年，重点查办“三机关一部门”犯罪案件，共受理侦查各类案件 31 件 31 人，其中党政机关 19 件 19 人、行政执法机关 3 件 3 人、司法机关 1 件 1 人、经济管理部门 8 件 8 人，挽回经济损失 523.4 万元。1997 年，工作重点转移，不再受理偷税抗税、盗伐林木、假冒商标、投机倒把等犯罪案件。共立案侦查贪污贿赂案件 18 件 21 人，其中大案 16 件 18 人，全部侦结起诉。2001—2004 年，共立案侦查各类经济犯罪案件 70 件 75 人，其中大案 51 件 54 人，起诉率达到 90% 以上，共挽回经济损失 840 万元。2006—2007 年，主要打击涉农领域犯罪，共立案侦查各类经济犯罪案件 27 件 38 人，其中立案侦查农村干部 10 件 16 人，大案 17 件 27 人，全部侦结起诉，挽回经济损失 1034 万元。2010 年，立案查处贪污贿赂案件 9 件 16 人，其中大案 14 人。2011—2012 年，共立案查处贪污贿赂案件 10 件 18 人，提起公诉 8 件 13 人，判决 11 人，其中立案查处大要案 18 人、国家机关工作人员 6 人、副科级以上干部 4 人。2013 年，立案查处贪污贿赂案件 14 件 18 人，其中大案 14 件 17 人，挽回经济损失 210 万元。1991—2013 年，共立案侦查贪污贿赂等各类经济案件 407 件 484 人，挽回经济损失 6480 万元。

附：案例选记

2005 年 2 月，市检察院接群众举报葛山镇某

村党支部书记夏某涉嫌受贿，遂组织反贪局干警展开外围调查。经初步查证，夏某受贿1.8万元的犯罪事实成立。3月2日，市检察院正式立案调查，并将夏某刑事拘留，3月15日批准逮捕。办案人员通过查阅相关账目，走访镇村有关人员和知情人，经过调查取证，检察机关掌握夏某多次受贿的确凿事实。经侦查认定，犯罪嫌疑人夏某在担任村党支部书记期间，利用职务之便，在为外来人员落户本村及协助镇政府转让本村土地过程中，自2002年6月至2004年9月，收受有关单位、个人现金及实物折款人民币共计13.3万元。归案后，夏某主动退赃9万余元。5月25日，市检察院以涉嫌受贿罪对被告人夏某提起公诉。7月6日，市法院经审理，以受贿罪判处夏某有期徒刑10年。

第五节　渎职侵权检察

1991年，市检察院受理渎职侵权案件3件，立案侦查3件3人。1992—1997年，共受理渎职侵权案件29件，立案侦查19件19人。其中，重大责任事故案9件9人，非法拘禁案6件6人，玩忽职守案2件2人，非法侵入他人住宅案2件2人。1998年10月，成立渎职犯罪侦查局，重点查办国家机关工作人员玩忽职守、徇私舞弊、滥用职权，以及侵犯公民人身、民主权利犯罪案件。1999—2004年，共受理渎职侵权案件29件，立案侦查29件33人。2010—2012年，立案查处渎职侵权犯罪案件8件12人，侦查终结并移送起诉，法院全部作出有罪判决。1991—2013年，共受理渎职侵权案件84件，立案侦查69件87人。其中，玩忽职守案20件24人，滥用职权案15件21人，非法拘禁案14件20人，重大责任事故案10件12人，非法侵入他人住宅案2件2人，失职致使犯罪分子脱逃案3件3人，放纵制售伪劣商品行为案、徇私枉法案、刑讯逼供案、枉法追诉案、帮助犯罪嫌疑人逃避处罚案各1件1人，移送审查起诉23件33人，均被法院作出有罪判决，为国家挽回经济损失345万元。

第六节　监所检察

1991年，市检察院严格审查在押人员入出监所情况，开展联合检查12次。1992—1995年，联合组织清查监管场所75次，提出检察建议23件，纠正违法12件，上法制课14次，个别提审教育208人次。1998年，开始承办发生在监管场所的贪污贿赂等职务犯罪案件侦查，受理被监管人员控告、申诉，立案查处职务犯罪案件2件3人。2000年，对监外罪犯进行联合考察2次，提出纠正违法5件、检察建议6件，办理批捕、起诉重新犯罪案件8件15人，打击牢头狱霸2人，转化危险分子5人，受理申诉案件2件2人。2010年，举办未成年人罪犯与家长座谈会、监外执行罪犯思想交流会5次，开展监外执行专项检查2次，监督公安机关纠正脱管、漏管罪犯11人。2011年，开展打击牢头狱霸专项活动，对看守所、拘留所违规使用械具、设施禁闭进行专项检察，检查收押、释放法律文书、体检材料等，对看守所监管及刑事诉讼活动中的违法活动，提出检察建议52件，纠正违法20件，促进看守所严格执法、文明管理。2013年，加强对监管场所执法、刑罚变更执行和社区矫正监督。全年纠正违法19件，纠正脱管、漏管罪犯15人。联合市司法局设立威海市首家社区矫正与安置帮教基地，搭建社区矫正人员就业和岗位培训平台，帮助社区矫正人员尽快回归和融入社会。年内，安置就业8人，提供技术培训50余人次。1991—2013年，派驻市看守所检察室共进行各类检察270次，提出各类检察建议142件。市检察院联合市公安局、市法院定期回访考察外执犯59人次。

第七节　控告申诉检察

1991年，市检察院受理群众信访156件、到访76件、控告案件204件、申诉案件4件。1999

年，受理各类举报、控告、申诉案件106件，其中集体访20件。对受理的上访案件，进行初查32件，转市检察院自侦部门查处11件，转其他部门处理39件，直接答复24件，全部妥善处置。2000年、2004年、2008年，控告申诉科3次被最高人民检察院授予全国检察机关文明接待室称号。2010年，共受理信访到访案件54件，其中信访46件、到访8件，办理初核等各类案件5件，立案办理刑事申诉、赔偿案件3件。2011年，落实检察长接访、首办责任制、包案督办制、办结回访等制度，从源头预防和减少涉检信访问题的产生。是年2月，控告申诉科被最高人民检察院授予文明接待示范窗口称号。2013年，共受理信访、到访案件70件，其中信访59件，到访11件16人，检察长接访6件10人。办理初查各类案件6件，刑事申诉案件5件，奖励举报有功人员1人。1991—2013年，共受理各类信访、到访案件3354件，其中信访1458件，到访609件，控告案件1192件，申诉案件95件。立案办理申诉案件21件，赔偿案件4件。

第八节　民事行政检察

1992年11月，设立民事行政检察科，受理申诉民事案件包括人身权、物权、债权、公司、证券、票据、知识产权、劳动争议、婚姻家庭、继承纠纷等案件，受理申诉行政案件包括治安、土地、工商、税务、林木、卫生、环保等行政案件。1999年，受理各类民事、经济申诉案件35件，立案调查18件。调查后建议上级检察机关提请抗诉8件，提请上级检察机关抗诉4件，法院改判3件。2010年，受理民事、行政申诉案件53件，提请或建议提请上一级检察机关抗诉13件，提出再审检察建议2件，审判机关改判5件，其中1起行政抗诉案件抗诉意见得到上一级检察机关采纳，息诉17件，办理执行监督、调解监督案件8件。制定《办理民事督促起诉案件暂行规定（试行）》，督促国有资产监管部门或国有单位及时履行职责。发出检察建议，督促国土部门收缴国有土地出让金1400万元。开展行政执法监督，办理行政执法监督案件5件。2011—2012年，共受理民事行政申诉案件126件，提请民事行政抗诉14件，再审检察建议3件，法院改判5件。共息诉39件，办理执行监督25件，诉讼违法调查6件，支持起诉立案26件。督促起诉案件6件，通过检察建议督促国土部门追缴国有土地出让金4300余万元。2013年，向5个镇的政府部门发出检察建议，要求加大对小麦补贴发放中存在的谎报、虚报等现象的核查力度，5个镇的政府部门均积极采纳，规范回笼国家惠农资金268万元。1992—2013年，共受理当事人不服法院已经发生法律效力的民事、行政判决裁定申诉案件639件，立案审查353件，提请或建议提请抗诉案件204件，息诉253件，开庭再审96件，法院改判70件，提出再审检察建议19件。

第九节　职务犯罪预防

2000年，根据最高人民检察院关于预防职务犯罪的指示，落实为国企服务的“三并”（办案与服务并行、惩治与保护并重、打击与防范并举）原则，组织干警到发案单位调研，分析发生职务犯罪的特点、规律和原因，帮助企业完善规章制度350条，提出检察建议59份。开展以预防职务犯罪为主要内容的法制教育30场，受教育1万余人次。2003年，立案侦查职务犯罪案件17件。2005—2010年，采取系统预防、专项预防和个案预防，将预防职务犯罪教育纳入全市干部培训必修课目，先后与市金融、交通、税务、工商、国土资源等行政管理机关和医院、学校等事业单位联合开展职务犯罪预防工作，并健全预警、教育、监督、反馈等工作网络和联系机制。重点与建筑行业相关单位签订预防职务犯罪责任书，对建筑工程招投标、监理、财务等关键环节采取预防控制措施，防止“工程上马，干部下马”现象发生。2011—2012年，建立重点工程同步预防机制，会同市建设局、政府采购中心签

图 25-12 2006 年 10 月 10 日，市检察院检察人员到建筑工地开展职务犯罪预防工作。

订《关于在工程建设和政府采购领域开展行贿犯罪档案查询工作的办法》，规范行贿犯罪档案查询工作，对政府投资的“一园五中心”（体育公园、市民文化中心、博展中心、会展中心、金融商贸中心、职业教育中心）工程、小农水为主的农田水利工程、校舍安全工程、南海新区蓝创大厦、葛家镇土地整理等重大工程开展专项预防和同步监督，提供行贿犯罪档案查询 253 次，参与招投标监督 254 次。对全市镇（街道）干部和村“两委”成员、27 个市直部门新录用公务员进行警示教育 84 场，受教育 8600 人次。2013 年，加强与重点部门、行业的预防职务犯罪共建工作，与市民政部门会签文件，开展农村低保工作专项调研，对发现的管理漏洞和薄弱环节提出检察建议，帮助整改。立案查处各类职务犯罪 14 件 18 人，其中大案 17 人、正科级干部 2 人。

第十节 检察技术

检察技术包括物证检验、现场勘验、拍照、录像、法医鉴定等，为办案提供技术服务。1991 年，新增司法会计鉴定、文件检验等检察技术业务。投资 200 余万元，新建高标准办案工作区，安装同步录音录像设备，购置心理测试仪等，并派人外出学习培训，取得鉴定资格，其中取得高级职称 1 人、中级职称 2 人。1992—1995 年，参加公安机关侦查重大伤亡案件现场勘验 78 件，洗印案件照片 1158 张，整理影音资料 264 份。1996—1999 年，法医鉴定重大人身伤亡疑难案件 82 件。2000—2004 年，依法进行检验鉴定案件 199 件。其中，活体检验鉴定 89 件、尸体鉴定 110 件。2005—2007 年，共审查法医鉴定结论 232 件。2010 年，参与公安机关刑事技术部门研究案件 32 件，办理各类技术检验案件 16 件，整理影音资料 53 份。2011—2013 年，发挥检察技术部门辅助侦查职能作用，协助职务犯罪侦查部门做好检验鉴定、现场勘查、录音录像及证据固定等工作，共办理各类技术检验案件 26 件 36 人，讯问职务犯罪嫌疑人全程同步录音录像 213 次 1094 小时。1991—2013 年，共办理各类技术检验鉴定案件 1675 件。

第十一节 人民监督员

2004 年 4 月，根据最高人民检察院《关于人民监督员制度试点方案》，经市人大、市纪委、市委组织部考察，市检察院正式聘请人民监督员。人民监督员主要负责对市检察院查办职务犯罪的 3 类案件（犯罪嫌疑人不服逮捕决定的、拟撤销案件的、拟不起诉的）实施监督，主要采取到市检察院听取办案人员汇报案情及调取查看办案录音录像、供证材料等形式，对市检察院在查办职务犯罪案件中具有应当立案而不立案或不应当立案而立案的，超期羁押的，违法搜查、扣押、冻结的，应当给予刑事赔偿而不依法予以确认或者不执行刑事赔偿决定的，检察人员在办案中有徇私舞弊、贪赃枉法、刑讯逼供、暴力取证等违法违纪情况提出意见。2004—2013 年，人民监督员履职 4 届，监督案件 27 件，其中监督拟撤销案件 15 件，拟不诉案件 7 件，不服逮捕案件 5 件。

第四章　法　院

第一节　机构设置

1991 年，文登市人民法院（简称市法院）内设办公室、调研室、政工科、刑事审判庭、经济审判庭、行政审判庭、告诉申诉审判庭、执行庭，下设 22 处基层法庭。1992 年 7 月，设涉外经济庭和法医技术室。1993 年 11 月，设经济纠纷调解中心和法警队。1994 年 7 月，初村、草庙子两处法庭划归威海市环翠区法院管辖。1996 年，成立监察室和财务科。1997 年，撤销经济纠纷调解中心，成立经济审判二庭。1998 年 1 月，撤销经济审判二庭、涉外经济庭。调研室更名为研究室，法医技术室更名为技术室，法警队更名为法警大队。2 月，成立立案庭和审判监督庭。3 月，撤销告诉申诉审判庭及铺集、文登营、天福山、米山、葛山、界石、晒字、小观、口子、埠口、张家产 11 处法庭。12 月，撤销泽库、城里 2 处法庭。2000 年 2 月，撤销宋村法庭。10 月，成立执行局，下设执行庭。2002 年 2 月，进行机构改革，民事审判庭更名为民事审判一庭，经济审判庭更名为民事审判二庭，执行局下设执行一庭和执行二庭，政工科更名为政治处，撤销财务科及大水泊、侯家、文城 3 处法庭，设立高村、宋村、汪疃、葛家 4 处基层法庭。2003 年 4 月，成立信访室。2009 年，增设审判委员会办公室、少年审判庭。2010 年 7 月，撤销汪疃人民法庭，设立经济开发区人民法庭。2013 年 7 月，成立南海新区法庭。10 月，增设民事审判三庭。年末，市法院内设办公室、政治处、研究室、立案庭、民事审判一庭、民事审判二庭、民事审判三庭、刑事审判庭、少年审判庭、行政审判庭、审判监督庭、法警大队、信访室、技术室、监察室、审判管理委员会办公室和执行局（正科级），下设葛家、高村、宋村 3 处副科级法庭和经济开发区、南海新区 2 处正科级法庭。

第二节　队伍建设

1991—2013 年，市法院围绕改革、发展和稳定大局，以队伍建设为根本，坚持以德为先、以廉为本、思想建警、素质强警和内外监管并举的队伍建设思路，打造政治坚定、业务精通、作风优良、公正廉洁的审判队伍。1991—1997 年，有 4 个庭室 18 人被省高级法院、威海中级法院记功、授奖，其中 1 人立一等功，1 人被授予山东省优秀法官称号。市法院先后于 1992 年和 1994 年被省高院记集体二等功。1998 年，市法院被省高院评为全省“十佳”法院和执行工作先进单位，并记集体三等功。2000 年，市法院被省委政法委授予创人民满意先进单位称号，有 1 人被最高人民法院授予人民满意的好法官称号。2002 年，市法院开展以建设高素质队伍为主旨的作风建设年活动。强化制度建设，注重内外监督，加强对违纪现象的查处、整改力度，培养干警队伍良好的思想作风、学风、领导作风、工作作风、生活作风和审判作风。市法院被省高院记集体二等功，获全省法院系统“严打”整治斗争先进集体、全省法院系统指导人民调解工作先进集体等称号，被省委政法委授予人民满意的好法院称号。2007 年，加大岗位培训和岗位练兵力度，有 17 名干警通过司法考试，1 人被省高院评为“三零”（零错案、零投诉、零上访）竞赛活动优秀法官。2013 年，开展“创建让党放心、让人民满意的法院”“执法办案质量年”“司法作风建设年”等专题教育实践活动，强化审判管理，改进司法作风，发挥各项审判职能，为全市经济社会发展提供优质的司法保障和服务。

第三节 立 案

1988年5月，市法院成立告诉申诉审判庭。至1997年，共处理简易纠纷161件，受理申诉案件64件，审结64件，其中刑事案件12件、民事案件44件、经济案件8件。受理信访1630件，接待到访1.54万人次。1998年2月，成立立案庭，全年立案2396件。1999年，改革传统审判运行管理模式，在威海市法院系统率先建立“大立案、精审判、强执行、重监督”的新审判运行机制，立案庭除负责立案，还负责排期开庭、打出公告、派员记录、诉讼和诉前保全、送达法律文书和协助职权调查取证等，形成严格有序的管理监控体系，有效防止“关系案、人情案、抽屉案”等不良现象发生。10月，市法院在全省法院立案工作会议上交流改革审判流程经验，威海市中级人民法院在全市各法院中进行推广。是年，办案质量和效率明显提高，结案率达到100.3%，基本消灭超审限现象，上诉率下降至6.9%，改判率下降至4.5%。2000年，设立案大厅，内设8个窗口，实行柜台系列化服务，缩短立案时间。2001年，制定《审查归档督办案件程序》《立案细则》等，初步形成完整审判流程管理体系。2002年，审查立案3279件，保全案件201件，执行支付令、公示催告等非诉案件64件。2004—2007年，立案庭审查受理各类案件2万件，处结案件913件，处理管辖案件82件，移转上诉案件920件次，移转法医鉴定案件717件次，完成上级法院调卷795件次，与其他法院之间案件移转833件次，完成执行案件移转52件次，完成送达3.3万件次。2006年，启动庭前调解机制。至2010年，共立案调解249件。2011年，加强便民司法窗口建设，在立案大厅添置电子触摸屏、复印机等设施，为群众查阅案件信息、印制材料提供便利。基层法庭实行远程立案，对行动不便的当事人实行电话预约、上门立案。2013年，共审查、登记、受理各类案件5741件，移送案件2件，上级法院调卷27件，处结财产保全案件351件，保全标的额1.13亿元，接待当事人咨询1万余人次。

第四节 刑事审判

1991年起，市法院从维护社会政治稳定大局出发，在刑事审判中，继续贯彻依法从重从快的“严打”方针和“稳、准、狠”的原则，依法惩罚各类刑事犯罪分子。至1997年，共审结各类刑事案件1213件1674人，被判处5年以上有期徒刑589人。其中，审结盗窃案398件631人，分别占收、结案的32.8%和37.7%；抢劫案87件175人，分别占收、结案的7.17%和10.45%；强奸案件82件86人，分别占收、结案的6.76%和5.14%。审结贪污案11件19人，杀人案12件12人，受贿案件1件1人。2000年，共受理刑事案件232件，审结252件，判处刑事罪犯290人，无一改判或发回重审。2002年，依法审理吕某某、丛某某等破坏选举案和鲁某某等人聚众冲击国家机关案。2007年，重点打击严重暴力犯罪、黑恶势力犯罪和盗窃、抢劫等影响群众安全的多发性犯罪。共受理刑事案件344件，审结345件，判处刑事罪犯427人，其中判处5年以上有期徒刑52人，占12.17%；判处缓刑161人，占37.7%。

图25-13 市法院少年审判庭刑事案件圆桌审判现场（2009年12月13日摄）

2009 年，成立少年审判庭。创新未成年犯罪教育挽救工作机制，实行“圆桌审判”，在妇联、共青团、教育局等部门中选任人民陪审员，共同对少年犯进行教育感化，促其改过自新，避免重新犯罪。

2013 年，新的刑事诉讼法实施，坚持宽严相济，注重量刑规范化、人性化。全年审结各类刑事案件 322 件，判处刑事罪犯 220 人，其中判处 5 年以上有期徒刑 10 人，刑事附带民事诉讼调解率达 99%。1991—2013 年，共受理刑事案件 6265 件 8712 人，审结 6313 件 8629 人，宣告无罪 16 件，生效 4733 件 6619 人。

1991—2013 年文登市法院刑事审判收、结案情况表

表 25-7

年份	收案		结案		生效		判决发生效力的被告人中（人）							
	件	人	件	人	件	人	15 年以上 20 年以下徒刑	10 年以上不满 15 年徒刑	5 年以上不满 10 年徒刑	不满 5 年徒刑	拘役	缓刑	免于刑事处罚	宣告无罪
1991	186	248	186	248	151	199	6	16	63	96	0	18	0	0
1992	172	253	170	251	129	178	2	15	64	76	1	23	0	0
1993	128	197	132	199	100	154	1	14	54	16	0	19	0	0
1994	122	163	141	187	121	159	1	10	66	59	1	22	0	0
1995	173	237	173	237	132	191	6	14	77	53	0	41	0	0
1996	228	300	228	300	161	214	2	20	81	65	0	44	2	0
1997	189	260	183	252	131	179	0	13	64	54	1	36	0	8
1998	209	307	190	283	124	186	1	28	35	76	3	40	0	0
1999	208	288	201	274	162	217	0	8	33	88	1	82	0	1
2000	232	351	252	378	192	290	0	19	38	118	0	111	1	3
2001	273	397	283	410	228	329	7	20	61	106	0	130	1	0
2002	376	545	340	490	270	374	9	31	63	123	3	143	0	0
2003	329	470	346	490	232	311	5	21	53	98	0	123	6	0
2004	335	501	316	490	239	377	7	23	62	133	0	134	3	1
2005	342	494	332	470	287	421	1	34	28	169	12	149	6	0
2006	263	405	311	477	333	444	2	27	50	169	14	150	2	0
2007	344	480	345	475	307	427	0	9	43	185	3	161	2	2
2008	422	607	421	611	336	466	1	14	32	159	6	205	12	0
2009	335	521	339	526	348	519	2	17	35	162	26	220	6	1
2010	343	509	394	425	242	358	3	18	47	135	14	170	3	0
2011	363	410	332	378	164	204	0	12	22	66	15	80	3	0
2012	368	405	376	415	172	202	3	9	21	48	35	76	2	0

续表 25-7

年份	收案		结案		生效		判决发生效力的被告人中（人）							
	件	人	件	人	件	人	15 年以上 20 年以下徒刑	10 年以上不满 15 年徒刑	5 年以上不满 10 年徒刑	不满 5 年徒刑	拘役	缓刑	免于刑事处罚	宣告无罪
2013	323	364	322	363	172	220	1	2	7	69	28	101	1	0
合计	6265	8712	6313	8629	4733	6619	60	394	1099	2323	163	2278	50	16

第五节 民事审判

1991 年 4 月，新的民事诉讼法实施，债务、离婚、伤害赔偿 3 类高发案件，成为民事审判工作重点。全年受理各类民事纠纷案件 2538 件，审结 2508 件，其中调解结案 1385 件。在受理的各类民事纠纷案件中，合同纠纷案件 1339 件、婚姻家庭案件 615 件、侵权赔偿案件 554 件。以支付令形式审结债务案件 76 件。1995 年，《中华人民共和国劳动法》实施，劳动合同纠纷、劳动争议案件逐年增多。1996 年，受理、审结民事案件 9405 件，其中合同纠纷案件 7228 件，调解结案 2352 件，为历年最多。2004 年，开展“百名人大代表关注百案”活动，人大代表旁听庭审或随执行人员执行，对案件进行关注，并对法官的审判、纪律作风、执法能力和水平、公正廉洁等方面进行评议，提出意见和建议。107 名人大代表关注案件 103 件。2008 年，实施诉讼调解与人民调解对接，加大诉讼调解力度，完善多元化纠纷解决机制。受理民事案件 3969 件，审结民事案件 4188 件，调解结案 2310 件，撤诉 751 件，调撤率为 73.1%。2013 年，坚持调解优先、调判结合的民事审判原则，全年审结各类民事案件 2915 件。其中，婚姻家庭案件 1095 件，合同纠纷案件 447 件，劳动争议案件 139 件，其他案件 1234 件。调解结案 1862 件，撤诉案件 382 件，调撤率 76.9%。1991—2013 年，受理各类民事案件 9.24 万件，审结民事案件 9.29 万件。其中，审结婚姻家庭纠纷案件 2.22 万件，占 23.89%；合同纠纷案件 4.95 万件，占 53.29%；权属侵权纠纷案件 2.12 万件，占 22.82%。调解结案 3.8 万件。

图 25-14　2006 年 9 月 5 日，文登市“百名人大代表关注百案”活动现场。

附：案例选记

原告陈某系个体工商户。2001 年 6 月，陈某经人介绍将位于经济技术开发区峰北社区 4 间房屋卖与住在同一社区的范某。该房屋系陈某之父所有，1995 年办理土地证。双方签订私人房屋买卖协议书，约定房屋价款 2000 元。合同签订后，范某于 2001 年 7 月 30 日前分两次付给陈某房款 2000 元。后，陈某之父去世。2006 年 8 月 27 日，陈某以该房屋系农村私有房屋，范某非本村集体经济组织成员、该买卖协议无效为由诉至市法院，要求范某返还上述房屋。经市法院查明，被告范某系山东省邹城市王村乡大北王村村民。市法院根据《中华人民共和国土地管理法》

第六十二条规定，参照《山东省高级人民法院全省民事审判工作座谈会议纪要》规定，被告非系峰北社区集体经济组织成员，且未取得该组织成员资格，故应认定该买卖合同无效。根据合同无效相关规定，双方应互相返还。9月18日，依照《中华人民共和国民法通则》第一百一十七条之规定，判决原告陈某与被告范某于2001年6月22日签订的“私人房屋买卖协议书”无效。被告返还原告位于经济技术开发区峰北社区房屋4间，原告付给被告房款2000元，并按银行同期存款利息给付自2001年7月30日至判决生效执行之日止的利息。

1991－2013年文登市法院民事审判收、结案情况表

表25-8　　单位：件

年份	收案	结案				调解结案
		合计	婚姻家庭、继承纠纷	合同纠纷	权属、侵权纠纷	
1991	2538	2508	615	1339	554	1385
1992	2790	2807	615	1593	599	1165
1993	2729	2736	568	1677	491	1200
1994	3272	3281	682	2092	507	1321
1995	5799	5821	802	4340	679	1770
1996	9405	9405	1143	7228	1034	2352
1997	6520	6521	1180	4327	1014	1721
1998	5764	5399	1205	3263	931	1749
1999	4528	4285	987	2398	900	1258
2000	3963	4335	983	2057	1295	1463
2001	3781	3710	1077	1648	985	1561
2002	3050	3195	1000	1127	1068	1305
2003	3178	3258	974	1215	1069	1311
2004	3637	2944	782	1180	982	993
2005	2921	3383	840	1448	1095	1284
2006	2961	3037	730	1335	972	1392
2007	4170	4154	998	1873	1283	2058
2008	3969	4188	985	2028	1175	2310
2009	5278	5435	1231	3526	678	2194
2010	3026	3298	1333	1565	400	2440
2011	3011	2970	1143	928	899	1777
2012	3207	3290	1220	862	1208	2084

续表 25-8

年份	收案	结案				调解结案
		合计	婚姻家庭、继承纠纷	合同纠纷	权属、侵权纠纷	
2013	2915	2915	1095	447	1373	1862
合计	92412	92875	22188	49496	21191	37955

第六节 商事审判

1991年，受理各类经济纠纷案件690件，审结681件，结案标的额1468.34万元，其中调解结案502件，判决结案51件。在审结案件中，购销合同纠纷402件，农村承包合同纠纷275件。1992年6月，推行经济司法联络员制度，市机械、供销、商业、水产系统及其下属78个单位共设立专、兼职司法联系员82人。1993年6月，审结威海工艺玻璃制品厂申请破产案，是威海市首起企业法人破产案件。1999年，受理经济案件1045件，审结1067件，涉案标的额1.15亿元，其中调解结案415件、判决结案327件。6月，审结首起由债权人申请破产的韩国独资企业——文登市白南服装有限公司破产案件，有效破产债权为809.38万元，可参加分配财产为121.31万元，债权人受债率为15%。2005年，审结企业破产案件14件，为历史最多年份，涉案标的额2.9亿元。2010年9月，民事审判二庭成立金融案件合议庭，审理金融信贷案件159件，有效防范金融风险。是年，受理各类商事案件1420件，审结1428件，调解结案428件，涉案标的额3.14亿元。1991—2013年，受理各类商事案件3.54万件，审结3.53万件，结案标的额42.97亿元，其中企业破产案件96件，涉案标的额11.15亿元，调解结案1.53万件。

1991－2013年文登市法院商事审判收、结案情况表

表 25-9

年份	收案（件）	结案（件）	其中			诉讼标的额（万元）
			企业破产案件（件）	破产案件标的额（万元）	调解结案（件）	
1991	690	681	0	0.00	502	1468.34
1992	1048	1050	0	0.00	598	3041.64
1993	990	995	1	1320.86	538	6679.71
1994	1280	1286	2	533.72	778	7812.70
1995	2923	2930	1	4000.00	1557	22172.34
1996	4985	4985	14	19270.25	2329	55685.39
1997	2783	2786	4	1485.70	1101	25640.60
1998	2123	2010	4	2547.09	770	25784.15
1999	1045	1067	5	894.40	415	11483.86
2000	556	621	0	0.00	179	5945.86

续表 25-9

年份	收案（件）	结案（件）	其中			诉讼标的额（万元）
			企业破产案件（件）	破产案件标的额（万元）	调解结案（件）	
2001	473	464	2	7249.30	115	20587.05
2002	970	960	0	0.00	267	12715.36
2003	1146	1179	0	0.00	315	7611.03
2004	1391	1137	6	2600.00	223	30955.83
2005	1005	1179	14	29482.80	363	41144.51
2006	1127	1138	8	6155.70	433	19118.21
2007	1599	1567	9	2593.30	695	17358.33
2008	1320	1434	3	3689.00	732	14993.98
2009	2172	2165	7	13186.20	694	32020.47
2010	1420	1428	0	0.00	428	31400.00
2011	1611	1630	3	400.00	796	7953.60
2012	1249	1174	1	3111.00	625	2123.50
2013	1474	1392	12	13000.00	818	26000.00
合计	35380	35258	96	111519.32	15271	429696.47

第七节　行政审判

1991 年 4 月至 1993 年 5 月，市法院先后在市公路站、水利局、建委、土地矿产管理局、技术监督局设立 5 处巡回法庭，主要协助非诉行政案件审查、配合法院非诉行政案件法律文书送达、执行等事宜。1995 年 5 月，撤销上述 5 处巡回法庭。2000 年，《最高人民法院关于执行〈中华人民共和国行政诉讼法〉若干问题的解释》实施后，收案领域逐渐扩大，新类型案件逐年增多，行政机关依法行政水平明显提高，行政处罚、行政强制等案件违法行为逐渐减少。是年，受理行政案件 4 件，审结 5 件；执结非诉行政案件 47 件。2003 年，市法院与行政机关共同召开各类专题研讨会 10 场次，举办行政诉讼法及相关法律业务培训班 20 次，培训执法人员 500 余人。2006 年，制定《主审法官责任追究制度》《合议庭评议案件规定》等制度，提高行政审判质量。全年审结行政案件 23 件，无改判、发回重审案件；执结非诉行政案件 139 件，标的额 106 万元，经说服教育自动履行 113 件，占 81.29%，移交强制执行 26 件。2007 年，审结行政案件 63 件，其中判决 19 件。经提出司法建议和协调工作，原告主动申请撤诉 35 件；经说服教育自动履行 181 件；移交强制执行 36 件。2013 年，审结行政案件 106 件，其中当事人自动撤诉 78 件、维持 14 件、驳回 9 件、其他 5 件，协调结案率 73.58%。

1991—2013 年，共受理各类行政案件 1168 件，审结 1164 件，其中维持行政机关决定 279 件、撤销行政机关决定 35 件、原告撤回起诉 530

件、驳回起诉33件、履行法定职责241件，共执结非诉行政案件3064件。涉案主要有养路费征收、卫生处罚、技术监督处罚、工商处罚、土地城建处罚、农业特产税行政征收、动检处罚、水利费征收等。其中，经敦促当事人自动履行2164件，执行标的额483.54万元，拆除非法临时建筑物、非法建筑物31座，面积600平方米，腾迁拆迁户25户，拆迁面积达1750平方米。

附：案例选记

2005年2月，市政府决定建设抱龙河公园，需占用李某承包土地1公顷，经有关部门勘验评估，确定李某地上附着物补偿金额为7.91万元。李某对补偿有异议，拒绝搬迁拆除。为不影响公园建设进度，某街道办事处对其地上附着物强行拆除。李某向市法院提起诉讼，要求给付补偿款107.13万元。原告诉讼请求与被告补偿金额相差近百万元，双方就补偿物数量、计算标准等争议较大。行政审判庭多次与被告负责人沟通，在查清案情基础上，提出合理补偿方案，经协调，原告主动申请撤诉，原、被告自愿达成和解协议。

1991－2013年文登市法院行政审判收、结案情况表

表25-10　　　　单位：件

年份	收案	结案												
		总数	判决							裁定				
			维持	撤销	变更	履行法定职责	确认合法或有效	确认违法或无效	驳回诉讼请求	驳回起诉	撤诉			执结非诉行政案件
											小计	原告主动撤诉	被告改变原具体行政行为，原告撤诉	
1991	5	4	3	0	0	0	0	0	0	0	1	0	1	220
1992	3	3	1	1	0	0	0	0	0	0	1	1	0	0
1993	3	3	0	0	0	0	0	0	0	0	3	0	3	39
1994	7	5	4	1	0	0	0	0	0	0	0	0	0	68
1995	244	246	0	1	0	219	0	0	0	0	26	12	14	118
1996	38	35	3	2	0	3	0	0	0	0	27	4	23	125
1997	26	25	1	2	0	0	0	0	0	2	20	8	12	124
1998	17	13	5	1	0	0	0	0	0	0	7	2	5	123
1999	15	22	2	6	1	0	0	0	0	2	11	3	8	68
2000	4	5	4	1	0	0	0	0	0	0	0	0	0	47
2001	35	34	16	2	0	6	0	0	0	3	7	4	3	140
2002	13	12	2	1	0	1	0	0	0	2	6	3	3	288
2003	21	21	13	0	0	0	0	0	0	0	8	3	5	268
2004	23	22	10	3	0	2	0	1	0	0	6	3	3	218

续表 25-10

年份	收案	结案													
		总数	判决							裁定					
			维持	撤销	变更	履行法定职责	确认合法或有效	确认违法或无效	驳回诉讼请求	驳回起诉	撤诉				执结非诉行政案件
											小计	原告主动撤诉	被告改变原具体行政行为，原告撤诉		
2005	27	28	17	5	0	0	0	0	2	0	4	2	2		216
2006	23	23	13	2	0	0	1	1	3	0	3	1	2		139
2007	63	63	20	0	0	0	1	0	4	3	35	27	8		217
2008	73	73	19	0	0	0	1	0	1	0	52	35	17		328
2009	128	127	53	0	0	0	0	0	4	2	68	21	47		113
2010	117	117	52	4	0	0	0	0	0	2	59	40	19		85
2011	81	81	6	0	0	10	0	0	16	2	47	47	0		50
2012	96	96	21	0	0	0	0	0	8	6	61	61	0		33
2013	106	106	14	3	0	0	0	0	2	9	78	78	0		37
合计	1168	1164	279	35	1	241	3	2	40	33	530	355	175		3064

第八节　审判监督

1991年，市法院共受理申诉案件14件，受理信访到访814人次，协助处理纠纷17件。至1997年，共审结申诉案件42件。其中，刑事案件10件，民事案件18件，商事案件14件。1999年，审结再审案件29件。其中，刑事再审案件1件，民事再审案件19件，商事再审案件9件。判决维持1件，改判8件，裁定撤诉11件，裁定驳回3件，调解5件，终结1件。评查卷宗3524件。2000—2007年，共审结再审案件192件。其中，刑事再审案件2件，合同纠纷再审案件122件，侵权等民事再审案件64件，婚姻家庭再审案件4件。判决维持71件、改判64件，裁定撤诉、驳回等39件，调解18件。2008年，民事诉讼法修改后，当事人申请再审案件上提一级审理，再审案件相对减少。是年，审结再审案件9件。2011—2012年，共接收威海市中级人民法院指令再审案件13件，审结13件，其中判决9件、撤诉4件，再审案件服判息诉率达100%。1991—2013年，共审结再审案件315件，改判114件，占36.19%。评查各类卷宗6756件。

第九节　执行工作

1991年，市法院受理执行案件253件，执结232件。其中，被执行人自动履行197件，强制执行35件，执结率91.7%，执行标的额162万元。1994年，实行审、执相对分开，执行各类案件295件。1999年，开展“执行年”活动，实行审、执分立制度，执结案件3004件，标的额4906.86万元。2000年，探索执行机制和执行方式改革，实行当事人申请执行制度和审执分立制度。9月，省高院在市法院召开执行工作座谈

图 25-15　2005 年 3 月 18 日，市法院执行拖欠农民工工资发放现场。

会，推广文登市法院的做法和经验。2004 年，开展以集中清理未执结执行案件、执行款物及执行卷宗为主要内容的“三清理”活动。全年受理执行案件 1336 件，执结 1286 件，执行标的额 1.45 亿元。2005 年，加大执行力度，把首次执结率作为衡量执行工作的重要标准，对有执行能力而拒不履行法律义务的，坚持用足用活法律赋予的各种执行措施，维护法律权威和尊严。2006 年，落实《中央政法委关于切实解决“执行难”问题的通知》，开展集中清理执行积案活动，严厉打击暴力抗拒执行等违法行为。组织大规模集中执行活动 8 次，采取搜查措施 24 次，司法拘留拒不执行者 123 人。执结案件 1565 件，标的额 1.1 亿元。2010 年，执结各类案件 2482 件。对涉嫌刑事犯罪的 12 起案件移交公安机关立案侦查，集中执行金融信贷案件 148 件，回笼资金 1200 余万元。2013 年，开展“反规避执行”和“清理执行积案”等专项活动，与检察、公安、房管、土地、金融等部门联动，拓展财产查证渠道，在行政审批、融资信贷、市场准入、资质认定等方面，对失信被执行人予以信用惩戒。是年，采取查封、扣押措施 1128 次，拘留措施 50 人次。执结案件 993 件，其中自动履行 527 件、和解 225 件、强制执行 159 件，执行标的额 6445.4 万元。

1991－2013 年文登市法院收、结及执行案件情况表

表 25-11

年份	收案（件）	结案（件）						执结标的额（万元）
		总数	自动履行	和解	强制执行	终结	其他	
1991	253	232	197	0	35	0	0	162.00
1992	278	298	259	1	23	4	11	273.85
1993	213	212	171	0	17	0	24	126.76
1994	295	295	231	4	44	13	3	686.21
1995	577	577	478	24	37	11	27	1202.09
1996	1466	1466	1139	77	115	50	85	2443.24
1997	1192	1192	793	162	72	42	123	2005.72
1998	2163	1573	880	341	66	189	97	2909.90
1999	3532	3004	2162	503	91	177	71	4906.86

续表 25-11

年份	收案（件）	结案（件）						执结标的额（万元）
		总数	自动履行	和解	强制执行	终结	其他	
2000	3127	3864	1030	217	87	140	2390	19590.36
2001	2691	2620	1532	305	116	70	597	11564.45
2002	2049	2261	877	229	123	69	963	6218.75
2003	1561	1756	777	274	78	65	562	5979.70
2004	1336	1286	788	134	75	93	196	14543.51
2005	1160	1169	989	55	59	40	26	12758.90
2006	1545	1565	1015	145	173	51	181	10962.47
2007	1732	1731	1115	117	137	109	253	7163.74
2008	1982	2005	1524	165	110	128	78	5058.97
2009	2363	2399	994	220	79	863	243	8687.40
2010	2456	2482	734	89	56	776	827	5593.00
2011	1104	1105	686	126	23	165	105	981.40
2012	960	958	584	161	135	22	56	5421.50
2013	1005	993	527	225	159	10	72	6445.40
合计	35040	35043	19482	3574	1910	3087	6990	135686.18

第十节　人民陪审员

2005年2月，根据全国人大常委会《关于完善人民陪审员制度的决定》和最高人民法院、司法部实施意见，市法院决定选任人民陪审员，对涉及社会影响较大的刑事、民事、行政一审案件，由人民陪审员和法官组成合议庭进行审理。3月，经过公告、报名、审查等程序，市人大常委会对人民陪审员进行任命，被任命的人民陪审员均为大专以上文化程度，其中既有退休、在职机关干部，企业政工干部，又有农村党支部、村委会干部和社区居民。5月，经过省高院统一培训合格后，人民陪审员参与案件审理。是年，共参与审理各类案件257件。2007年，市法院被省高院授予全省法院人民陪审员工作先进单位称号，并记集体二等功。2008年，人民陪审员陪审职能扩展到送达、执行、诉讼调解、指导人民调解、听证、监督等方面。

2005—2013年，人民陪审员共参与陪审案件7383件，协助送达1.8万件，陪同执行案件834件。

第五章　司法行政

第一节　机构设置

1991年，文登市司法局（简称市司法局）内设办公室、政工科、法制宣传教育科和基层调解科，辖律师事务所和公证处，下设23个乡镇司法所（法律服务所）。2001年，镇（街道）司法所改称司法科。2004年，复称司法所。2005年，威海仲裁委员会文登工作站成立。2013年，市司法局内设办公室（增挂政工科牌子）、法规教育宣传科、基层工作科、公证律师管理科（增挂行政许可科牌子）、社区矫正与安置帮教科。下设市法律援助中心和市公证处2个副科级事业单位。辖6个律师事务所、10个法律服务所、2个司法鉴定所和1个仲裁工作站。各镇（街道）、经济开发区、南海新区、埠口港管委设司法所，威海市仲裁委员会在市司法局设仲裁工作站。

第二节　普法宣传

1991－1995年，“二五”普法以宪法、法律为重点，对全市50万名普法对象进行“十五法一条例一决定”和专业法律法规教育，共举办普法骨干培训班380期，培训骨干2.5万人次，购置普法读本24万册，编印发放辅导材料42万余份，建立校外教育基地26个、法制教育论坛270个，举办法制讲座700余场次，组织在校学生收看法制教育片1500余场次。1995年，市司法局被省司法厅评为全省“二五”普法先进集体。

1996－2000年，“三五”普法以基本法律和社会主义市场经济法律知识为主要内容，重点开展“二十四法六条例两办法”宣传教育活动。购置普法读本23万册，编印法律法规知识问答辅导材料71万份，订阅法制报刊1.2万份，组织参加各级组织的普法知识竞赛、百题香港基本法知识竞赛等活动21万人次。举办各类普法骨干培训班240期，培训普法骨干11万余人次，组织“百人宣讲团”到基层开展普法宣传，宣讲法制课450场次，直接受教育人数达20万余人次。每年对1000余名副科级以上领导干部和2600余名机关干部进行法律知识抽查考试。市司法局先后6次受到省司法厅表彰。2000年，被省司法厅评为“三五”普法先进集体，文登市全民普法依法治理工作领导小组办公室被省委、省人大、省政府授予“三五”普法依法治理先进单位称号。

2001－2005年，“四五”普法以经济法律法规和与公民工作、生活密切相关的法律法规为重点，开展“二十法二条例”，以及与世贸组织相关的法律法规教育。组织征订普法读本及资料20万余册，订阅法制报刊1万余份，编辑出版《农村实用法律问题解答》《人民调解员实用手册》《建设“平安文登”农民学法用法知识问答》及专业法宣传材料86万余册，免费向干部群众发放。每年举办普法骨干培训班，集中培训市直部门分管负责人、法制宣讲员和各镇政法书记、司法所所长，共举办各类普法骨干培训班280期，培训骨干5万余人次，组织7次大型法律知识竞赛。文登市被评为全省“四五”普法依法治理先进市。

2006－2010年，“五五”普法以宪法和国家基本法律制度为重点，开展“法律五进”（进机关、进乡村、进社区、进学校、进企业）活动。每年年末组织全市领导干部普法考试，优秀率达99%。组织普法骨干培训班23期，培训骨干6000余人。开展法律下乡、法律服务社区行活

动 90 余次，编印法律知识读本、学法笔记等 48 万本，向全市干部群众、企业职工、中小学生免费发放。举办法律知识竞赛 5 次，受教育人数达 50 万余人。普法场所重点放在“一校、一街、一室”，以市委党校为基地，加强对全市机关、事业单位工作人员的培训；79 个“民主法治村”均建起普法一条街；同时依据基层人民调解室进行普法宣传。文登市被中共中央宣传部、司法部评为 2006—2010 年全国法制宣传教育先进市。

2011 年，启动“六五”普法教育。以宪法、促进经济发展的法律法规和保障及改善民生的法律法规为重点。在继续开展“法律五进”活动的同时，送法到庭院、楼宇、市场和部队，实现普法教育全覆盖。协调全市 31 家行政执法单位在市中广场设立普法广场，建有 32 块普法刊板，2 个电子显示屏滚动播出普法知识。2013 年，举办送法下乡、法律服务社区行、普法校园行等活动。在村（社区）设立 17 个法律援助工作站，选派 400 余名义务普法宣传员，将法律知识送到群众手中。是年，文登被全国普及法律常识办公室授予全国法治县（市、区）创建活动先进单位称号，市司法局被省人社厅、司法厅授予全省司法行政系统先进集体称号。

图 25-16　2007 年 9 月 28 日，河南完小开展普法教育活动现场。

第三节　人民调解

1991 年，全市有基层人民调解组织 952 个，人民调解员 4760 人。2000 年 7 月，在tiong山、泽头镇试点建立镇司法调解中心。8 月，共建立 21 处镇司法调解中心，全市 872 个村（社区）均建立人民调解委员会，农村纠纷调解成功率达 95% 以上。2003 年，市司法局制定《文登市人民调解改革工作实施细则》等，完善人民调解组织。2004 年，市委办公室、市政府办公室转发市司法局《关于进一步加强新兴经济组织人民调解委员会建设的意见》，指导全市 17 家大中型企业、10 家外资企业、10 家民营企业、17 个工业园区、5 个大型集贸市场、2 个海水养殖区及学校、医院建立人民调解委员会，并按规定备案。全市共成立企事业人民调解委员会 67 个，有人民调解员 211 人。

2005 年，以人民调解片为主体，建立社会矛盾化解新机制，推行机构设置模式、保障体制、运作模式三项改革。农村每 5 ～ 10 个村，镇驻地和市区每 10 ～ 12 家企业，分别建立 1 个人民调解片，每片聘任 1 ～ 3 名专职调解员。所有调解片均达到有办公用房、调解场所、微机、通信设备、交通工具的“五有”要求。是年，人民调解片更名为人民调解片委员会，并将公证引入调解事项，推行法官与法律服务人员“双参与”制度。至 2007 年，全市共建立农村人民调解片委员会 100 个、企业人民调解片委员会 47 个，聘用专职工作人员 267 人，受理调处社会矛盾 3473 件。是年 1 月，市司法局被省司法厅授予全省人民调解工作先进集体称号。5 月，在全省社会治安综合治理工作会议上，文登市作题为《深化改革，突破难点，构建基层调处化解社会矛盾的新机

制》典型发言。2008年，市司法局被司法部授予人民调解宣传工作先进单位称号。2010年，会同市法院制定《关于建立诉讼调解与人民调解对接机制 构建和谐社会的实施意见》，与市法院联合举办调解片长培训班，组织法庭观摩和旁听审判。在基层司法所设立市法院人民调解工作指导点，提高调解片长的法律素质和调解技能。全市共设人民调解片135个，有人民调解员368人。是年，葛家镇人民调解片委员会被司法部授予全国模范人民调解委员会称号。2013年，健全调解片委员会、村（社区）调委会、调解小组三级人民调解网络，人民调解、行政调解、诉讼调解“三调对接”。与市法院、市检察院等部门协调联动，践行人民调解协议司法效力确认制度，最大程度降低办案成本。全年化解基层矛盾纠纷2535件，调处成功率达98.5%。

第四节 律师事务

律师事务所 1991年9月，文登市法律顾问处更名为文登市律师事务所，有律师8人。1993年10月，文登市第二律师事务所成立，有律师6人。1995年9月，文登市律师事务所更名为威海方圆律师事务所（1999年7月，更名为山东玖玖方圆律师事务所），文登市第二律师事务所更名为威海市先锋律师事务所（1999年7月，更名为山东昆嵛先锋律师事务所）。2001年7月，两处律师事务所由差额拨款事业单位改制为合作制律师事务所。2005年8月，山东阔海大地律师事务所成立。2007年4月，山东德平律师事务所成立。2008年5月，4处律师事务所皆由合作制改为合伙制律师事务所。2009—2013年，山东玖玖方圆律师事务所注销，分别成立山东联志、山东新和（威海）、山东沛然律师事务所。2013年，全市共有律师事务所6处，执业律师43人。

律师业务 1991年，律师事务所办理各类案件299件，其中刑事诉讼辩护15件、民事诉讼代理136件、经济代理148件，担任法律顾问单位24家，代写法律文书300份，解答法律咨询126人次。2000年，山东玖玖方圆律师事务所和山东昆嵛先锋律师事务所担任常年法律顾问单位35家，代理经济民事案件189件、刑事辩护17件、法律援助6件，代写法律事务文书462件，鉴证涉外证件62份，解答法律咨询2500人次。2013年，办理各类案件565件，其中刑事诉讼辩护26件、民事诉讼代理461件、非诉讼案件78件，担任法律顾问单位71家，涉及金额2144万元，避免和挽回经济损失1235万元。1991—2013年，全市律师事务所办理各类案件1.21万件，其中刑事案件1111件、民事代理7356件、非诉讼案件3601件，代写法律文书1.31万件，担任法律顾问单位1517家，解答法律咨询5.71万人次，为当事人避免和挽回经济损失3.52亿元。

第五节 公证事务

1991年，文登市公证处（简称市公证处）内设经济科、民事科、涉外科和办公室，有公证员8人。办理各类公证事务8209件，其中国内经济公证5727件、民事公证2405件、涉外公证77件。1993年9月，市公证处由差额拨款事业单位改为自收自支事业单位。1995年，参与全市公有住房改革，并为房改房办理出售住房协议公证，全年办理公证事务1.64万件，是上年的5.08倍。1996年，继续为房改房办理出售住房协议公证，并为公路部门办理缴纳养路费合同公证，为外地打工者办理暂住人口治安管理协议公证和租房协议公证等服务。全年办理各类公证事务2.51万件，其中国内经济公证1.16万件、民事公证1.32万件、涉外公证361件。2007年6月，公证处由峰山路9号迁至昆嵛北路40号，新建100平方米办证大厅，提供受理、审查、收费、检验、签发、出证一站式服务。在巩固承包合同、土地征用补偿协议、农民外出务工合同等公证的基础上，增加保全证据、商标等公证业务。全年办理各类公证事务9037件，其中国内经济公证1718件、民事公证1580件、涉外公证5739件。2013年5月，公证费收入改为纳税管理，财务实行企

业化管理。全年办理各类公证事务4190件，其中办理国内经济公证264件、民事公证2980件、涉外公证946件，涉及金额1.5亿元。共接待群众到访咨询2000人次，提出司法建议300余条，依法拒绝公证80件，为当事人避免和挽回经济损失500万元。1991—2013年，共办理各类公证事务18.32万件，其中国内经济公证5.90万件、民事公证8.65万件、涉外公证3.77万件，案件金额76.51亿元。

第六节　法律服务

1991年，全市有23个乡镇司法所，与乡镇法律服务所一个机构，两个牌子，主要担负指导人民调解、法制宣传教育、社会治安综合治理、处理疑难民事纠纷等项业务，开展法律服务工作。1996年，在高村镇进行基层司法所与法律服务所两所分离试点。1999年，全市21个法律服务所共承担代理经济案件3063件，追回拖欠款4185万元；协办公证5130件，审查修订合同1.34万份，代写法律文书5702份，解答法律咨询20余万人次，上法制课1716场次，办法制宣传栏441期。2000年，保留葛家、高村、大水泊3镇法律服务所，成立昆嵛、城里法律服务所，其他镇（街道）法律服务所撤销。2003年5月，天福法律服务所成立。2004年，大水泊法律服务所撤销。2005年5月，高村法律服务所迁址更名为泽库法律服务所。2011年3月，重新设立小观、侯家、高村、大水泊、经济开发区5个法律服务所。2012年，市司法局印发《关于下发〈文登市基层法律服务所规范化建设标准〉的通知》，规范法律服务市场，整顿法律服务秩序，对全市法律服务所和法律服务工作者按照新管理体制办理登记、年检注册，建立规范化执业资格认定和执业准入控制制度。2013年，全市共有基层法律服务所10个，法律服务工作者41人，共参加社区法律服务活动52次，解答法律咨询3860人次，代写诉讼文书689件，代理诉讼案件5920件。

“12348”法律服务专线　1998年9月，文登市“148”法律服务专线开通。全市21个镇（街道）普遍建立“148”法律服务专线，形成自上而下的法律服务网络。市、镇“148”法律服务专线建立服务承诺、上岗值班、服务到家、配套联动4项制度，并将其纳入社会治安综合治理工作体系。2002年3月，“148”法律服务专线改为全国统一法律服务专线“12348”，与法律援助中心合署办公。1998年9月至2013年，共接到咨询电话10.17万个，当场解答9.72万个，移交有关部门处理1546件。接待到访5.62万人次，减少纠纷24679件，减少信访2.23万件，避免民转刑事案件2575件，为当事人避免和挽回经济损失1.51亿元。

法律援助　1999年1月，文登市法律援助中心成立，有工作人员4人。主要负责管理、指导、协调、监督并组织实施全市法律援助工作，统一受理法律援助案件，筹集、管理法律援助资金，为全市有重大影响、复杂的法律案件提供援助，解决困难群众“打官司”难的问题，维护社会贫弱残群体的合法权益。2000年，在市残联、妇联、团市委、老龄委等单位设立法律援助联络中心，配备兼职工作人员。各镇（街道）、村设

图25-17　2008年7月16日，市司法局举行法律服务社区行活动。

立联络站，指定信息联络员。法律援助联络中心、联络站形成上下贯通、左右协调的法律援助联动网络。是年，市涉军法律援助工作站成立，通过开展讲法、送法到军营，解答军人、军属法律疑难，以代理诉讼等形式，保护军人、军属合法权益。2007年，全市基层司法所均成立法律援助工作站。至2013年，市法律援助中心共办理各类法律援助案件4228件，为受助群众减免法律费用576万元，代写法律文书8310件，解答法律咨询2.86万人次，接待到访群众1.98万余人次。2011—2013年，帮助2750名农民工解决拖欠工资2300余万元。

附：案例选记

2011年9月5日21时20分左右，关某驾驶手扶拖拉机在公路上与何某驾驶的轿车相撞，造成两车损坏，致乘坐手扶拖拉机的周某当场死亡，关某经抢救无效于次日死亡。死者关某（男）与周某（女）两人系夫妻。9月30日，市交通警察大队作出道路交通事故认定：“由于肇事司机关某无证驾驶车况不良的拖拉机不按规定让行且违法载人，何某超速行驶，关某承担本次事故主要责任，周某系乘坐人，无责任，何某应承担次要责任。”何某拒绝赔付。10月13日，死者周某的父亲、母亲和年仅10岁的女儿，以及死者关某的母亲一行4人到市法律援助中心寻求法律帮助，市法律援助中心安排律师免费为其提供法律援助。由于死者周某与关某是夫妻关系，涉及两个家庭的利益，起诉主体人数多、关系复杂，援助律师详细询问案情后，本着避免何某赔付能力不足导致赔付受阻的风险，维护受援人合法权益的原则，确定办案思路。在调查案情、充分掌握相关证据后，援助律师向市法院提起民事诉讼，坚持何某应按40%责任份额承担赔偿责任。援助律师在开庭时，利用掌握的证据依法据理力争，最终在判决中得到法官支持。2011年12月3日，市法院判决肇事车主何某与其投保的保险公司共同赔偿死者家属赔偿金26万元。

司法鉴定　2002年6月，威海科真司法鉴定所成立，有工作人员11人。2006年9月，威海鉴正司法鉴定所成立，有工作人员4人，主要为机关、团体、企事业单位及公民个人提供司法鉴定服务。业务范围包括：法医临床鉴定、建筑工程司法鉴定、司法会计鉴定等。至2013年，两家司法鉴定所有工作人员27人，累计办理各类司法鉴定案件7871件。

仲裁工作　2005年4月，威海仲裁委员会文登工作站成立，设主任1人、仲裁员1人。负责文登市仲裁案件受理、收费、文书送达、组建仲裁庭等程序性工作，协助人民法院及有关部门做好仲裁案件财产保全、证据保全及裁决执行工作，协助威海仲裁委员会在文登市选聘和管理仲裁员。2010年，通过市房管局、建设局约定合同2500余份，走访企业106家，规范约定仲裁合同500件，在企业中发展仲裁联络员48人。全年审理结案各类民商事案件35件，标的额1564万元，无一案件超期审理或被撤销。至2013年，累计受理各类民商事纠纷案件644件，审理结案率达100%，标的额2.94亿元。

第七节　安置帮教与社区矫正

安置帮教　1998年，根据司法部通知精神，刑释解教人员归司法局管理。1999年，文登市成立刑释解教人员安置帮教工作领导小组。2001年，市司法局设安置帮教科，接收安置帮教人员132人，重新犯罪违法率低于3%。2003年，各镇（街道）成立刑释解教人员安置帮教工作站，各村（社区）、企业成立刑释解教人员安置帮教小组。市司法局建立安置帮教接茬登记、分类管理、定期谈话、回访、信息反馈等制度，推进刑释解教人员安置就业规范化、市场化和社会化。组织相关企业到狱所开展刑释解教人员帮教安置接茬工作，签订安置就业意向书31份，解决服刑人员刑满释放后生活就业问题，提前落实帮教责任，降减重新犯罪率。2005年11月，市司法局被省社会治安综合治理委员会授予全省刑释解教人员

安置帮教工作先进集体称号。2013年，成立过渡性安置帮教基地和社区矫正基地各1处，为社区矫正人员和安置帮教人员接受教育、参加义务劳动提供新平台。至2013年，累计帮教安置刑释解教人员3243人，刑释解教人员重新违法犯罪率控制在2%以内。

图25-18 1999年9月24日，市司法局组织人员到威海监狱开展帮教活动。

社区矫正 2007年，市社区矫正工作领导小组成立，下设办公室，市司法局局长兼任办公室主任。9月，市委办公室、市政府办公室联合印发《文登市关于开展社区矫正试点工作实施意见》。12月，在龙山街道举行社区矫正试点工作交接仪式，试点工作由前期准备阶段转入实施阶段。在矫正衔接、矫正执行、管理监督、考核奖惩、矫正解除等环节制定规范工作内容。组织矫正对象开展警示教育、心理咨询、公益劳动、技能培训等专项教育培训，制定并完善社区矫正工作运行机制，为矫正对象解决生活中的实际困难，依法维护矫正对象的合法权益，引导社区服刑人员认罪服法。是年，接收社区矫正对象7人。2011年，不断细化社区矫正人员管理措施，在日常管理中，严格执行社区矫正人员报到、学习、请销假制度。设立社区矫正人员GPS定位管理平台，对社区矫正人员实行定位动态管理。在衔接工作中，不断完善与法院、监狱等相关部门的配合，实现社区矫正人员零脱管漏管。社区矫正工作经验被司法部《司法信息》和中央政法委《社会管理综合治理动态》转载并在全国推广。至2013年，全市累计接收社区矫正人员402人。

第二十六编

国　防

90年代起，文登市全面加强民兵、预备役、兵员征集、国防教育、正规化建设、军民共建等各项工作，市民国防意识不断提升。1998年，文登市国防动员委员会成立，扎实做好人民武装、国民经济、交通战备、科技、信息等方面动员准备，实现经济建设与国防建设相互促进、协调发展。2002年，文登市人民防空办公室成立，强化防空管理，深入开展防空宣传教育，整体推进防空防灾体系建设。中国人民解放军及中国人民武装警察驻文登部队继承和发扬拥政爱民优良传统，在抓好战备执勤、军事训练的同时，积极支援地方建设，为文登经济发展、社会稳定做出重要贡献。文登市被省委、省军区授予党管武装工作先进单位称号。

2011 年 6 月 25 日，市武装部工作人员到校园进行国防宣传教育。

第一章　驻　军

第一节　中国人民解放军驻文登部队

1991 年，文登境内驻军有中国人民解放军 54762 部队、54751 部队、烟台警备区部队、54685 部队、86479 部队、54763 部队、55282 部队、37351 部队和解放军第 107 医院文登分院。

第二节　中国人民武装警察部队文登市中队

1991 年，中国人民武装警察部队文登市中队（简称武警文登中队），受武警威海支队与文登市公安局双重领导。主要担负文登市看守所外围武装警戒，以及反恐、押解、处置突发事件，大型活动警卫勤务和协助市公安局抓捕犯罪嫌疑人等职责。

武警文登中队认真贯彻落实《军队基层建设纲要》，围绕培养当代革命军人核心价值观，进行爱国奉献、革命人生观、拒腐防变、做新时期党和人民忠诚卫士教育，加强部队正规化建设、警营文化建设，强化复合型人才培训。至 2013 年，武警文登中队立集体三等功 3 次，被武警省总队授予基层建设先进中队称号 4 次，被省委、省政府授予模范中队称号 1 次。

军事训练　1991 年，武警文登中队从实战出发，强化警械使用、非杀伤性武器使用和实弹射击等实战技术训练。2000 年，重点实施徒手攻防、追捕、抓捕、上铐、捆绑、搜身、押解、综合应用等勤务实战技能训练。2007 年始，每年完成 140 个训练日，进行以队列为主要内容的纪律作风训练，以单双杠、跑步为主要内容的体能训练，以枪械、刺杀操、应急棍、擒敌拳、反袭击、反劫持为主要内容的技战术训练。2008 年，突出防袭击、防冲闯、防爆炸训练。2009 年，围绕一枪毙敌、一招制敌，重点进行射击、擒敌拳等实战技能训练。至 2013 年，在武警威海支队历次组织的考核比武竞赛中，取得 11 个第一、9 个第二。2010—2013 年，连续 4 年被武警威海支队授予训练工作先进单位称号。

图 26-1　2013 年 4 月 10 日，武警文登中队官兵在进行防暴训练。

战备执勤　1991 年，武警文登中队完成 3 次重大案犯押送任务。1992 年 8 月和 2007 年 3 月，先后两次完成新看守所迁址任务。1997 年，完成召文台南门前及外贸电子器材厂 2 起被劫持人质解救任务。1999 年，共执行押解任务 14 次，执行特殊任务 4 次，追捕任务 5 次，处置突发事件 3 次，均圆满完成任务。武警文登中队被武警省总队授予先进中队称号。2010 年，出动兵力 73 人次，协助看守所完成押送任务 27 次；出动兵力 8 人次，协助公安机关处置突发事件 2 起，抓获违法犯罪嫌疑人 10 人。战备执勤工作连续 26 年安全无事故。至 2013 年，共参与处置突发事件 99 次，协助看守所完成押解任务 232 次，执勤达标建设连续 12 年被武警威海支队评为优秀。2011—2013 年，连续 3 年被武警威海支队评为正规化执勤一级单位。

第三节　中国人民武装警察部队文登市边防大队

1991年，中国人民武装警察部队文登市边防大队（简称武警文登边防大队），隶属中国人民武装警察部队威海市边防支队，受武警威海市边防支队和市公安局双重领导。1991—2013年，武警文登边防大队基层党支部19次被武警威海边防支队评为基层先进党支部，基层边防派出所立集体三等功11次，被武警威海边防支队以上边防机关授予基层建设先进单位称号26次。

军事训练　1991年始，武警文登边防大队围绕正规化管理和海上反偷渡，开展一年一度的军事、实战技能百日大练兵活动，每年进行多次近海反偷渡、反走私预案演练，加强和提高处置突发群体性事件及突发自然灾害事故的能力，重点进行以“百项法规、十项技能、一项特长”为主要内容的“百十一”岗位练兵活动，开展擒敌、射击、体能、查缉战术等综合军事训练。1998年，加强官兵政治思想建设，把反偷渡作为边防保卫工作的中心，全面加强基础工作，提高防范、打击和控制能力。开通海上“110”，成立机动队2个，队员12人，配备100马力船舶2艘，对船舶、渔民实行微机化管理。开展队列、擒敌、体能和实战技能训练活动，官兵个人军事素质大幅度提升。2010年，围绕队伍建设正规化、执法行政规范化、海上作战技能化，开展队列、擒敌拳、处置群体性事件和近海营救等训练。2012年，配合武警威海边防支队进行反偷渡红蓝对抗实战演练。1991—2013年，共完成军事业务训练日1672个，各类考核合格率100%，优秀率80.3%。

边防管理　武警文登边防大队官兵和海上保安队员常年在港口码头和沿海一线执勤巡逻，强化重点场所检查和治安巡逻防控，查处违规出海船舶，加强边防安全管理，维护边防辖区治安稳定。1992年，查获走私案件5起，缴获走私香烟7200箱、电冰箱压缩机8404台，总价值2066.12万元。1995年4月，查获一起黑龙江籍38人偷渡韩国案件。1998年6月，查获一起预谋偷渡案，抓获黑龙江、福建、辽宁籍犯罪嫌疑人9人。1999年4月，在84海区查获一起重大偷渡案，抓获福建籍偷渡人员22人。2002年，查获偷渡案件1起，抓获组织偷渡人员37人。2010年，查破组织偷越国境案1起，抓获组织偷渡人员6人。至2013年，查获偷越国境案件5起，抓获偷渡人员112人。1991—2013年，共破获刑事案件1522起，查处治安案件7920起，抓获网上通缉在逃犯罪嫌疑人31人，收缴各类枪支126支、子弹231发，缴获毒品10克，抓获违法犯罪嫌疑人65人，处理违法犯罪嫌疑人8667人，实施海上救助176起186人。

图26-2　2013年3月2日，武警文登边防大队官兵在威海机场执勤巡逻。

爱民固边　2005年7月，按照公安部党委部署，武警文登边防大队开展“爱民固边”活动，发挥边防保卫职能，主动参与地方建设，夯实基层基础工作，积极做好扶贫帮困、倾心走访服务群众、排查化解社会矛盾、创建爱民固边模范村等方面工作，构建和谐警政、警民关系，为经济社会发展创造平安和谐的边防环境。2010年，按照市委指示，武警文登边防大队大队长任市公安局党委委员、政委任文登市社会治安综合治理委员会委员，边防派出所所长任辖区镇党委委员、教导员任辖区镇社会治安综合治理委员会委

员。是年，21 名边防警官担任辖区村党支部副书记，20 名边防警官担任辖区村党支部委员，边防辖区村全部实现警官兼任村党支部委员。有 2 个辖区村被武警威海边防支队授予爱民固边模范村称号。2013 年，爱民固边模范校园和模范企业创建、开门评警、矛盾纠纷化解、爱民固边模范村创建、弱势群体帮扶、深入渔船民中宣传法律法规、开展反偷渡反走私和安全生产教育等活动均取得显著成效。五垒岛边防派出所在恶劣天气中帮助养殖户抢救海参网箱、小观边防派出所开展的“开心进校园、安心第一课”等做法，受到媒体关注，分别在中央电视台新闻节目中播出。

附：案例（事例）选记

侦破组织偷越国境案　2010 年 12 月 16 日，武警文登边防大队获悉，有人欲在文登沿海组织偷渡。边防大队连续 5 昼夜秘密侦查，将黑龙江省宁安市人刘某某纳入视线。21 日 16 时许，在埠口边防派出所配合下，在埠口一个体旅店将组织者刘某某和欲偷渡人员念某某（男，41 岁，福建平潭县人）、施某某（男，34 岁，福建平潭县人）、袁某某（男，36 岁，江苏省如东县人）、胡某某（男，23 岁，江西省南昌县人）抓获。根据刘某某交代，在张家埠村将联系偷渡船只的邢某某（男，36 岁，吉林省东丰县人）抓获。刘某某、邢某某 2 名组织者被依法刑事拘留，念某某、施某某、袁某某、胡某某 4 名偷渡者被依法治安拘留。

海上营救　2010 年 5 月 18 日 18 时，北京乾伦有限公司 11 名工人，在小观南海距离海岸 8 海里处修建测风塔。19 日凌晨 1 时，有 6 名工人乘坐一条简易木筏回岸，凌晨 2 时 20 分许，当行至距海岸 3 海里处时，木筏下面 2 条汽车轮胎突然漏气，6 名工人全部落水，身陷绝境。小观边防派出所接到求救报警后，立即出动，组织营救。边防官兵到达海边后，并没有在报警海域找到遇险人员，随即兵分两路向东西两个方向搜寻，很快发现近乡别墅西南约 3 海里海域处有灯光晃动，经确认是遇险人员。在救援船只暂未赶到的情况下，就近联系一艘皮筏艇，不顾风急浪高，冒着生命危险，将遇险人员救上皮筏艇并送至岸上。随即边防官兵与另外 5 名尚在施工处的工人取得联系，经过半个小时努力，将 5 名被困工人安全营救上岸。经过近 3 个小时紧急营救，11 名海上遇险工人全部获救。2010 年 5 月 20 日，中央人民广播电台等多家媒体对该次海上营救进行报道。

第二章　兵　役

第一节　征　兵

兵役机构　1991—2013 年，全市征兵工作由市征兵领导小组统一领导，市征兵办公室具体实施。市征兵工作领导小组由市政府、市武装部领导组成。市征兵办公室由武装、宣传、公安、民政、卫生、劳动、监察等部门组成，下设宣传、体检、政审 3 个小组，具体负责征兵工作。各基层武装部设兵役登记站，在市征兵领导小组、所在镇（街道）党委统一部署下开展兵役登记、兵员征集工作。

兵役登记　1991 年，根据《中华人民共和国兵役法》《山东省兵役登记实施办法》，各镇（街道）人民武装部兵役登记站对当年 12 月 31 日以前年满 18 周岁的男性公民，于 9 月 30 日以前进行兵役登记。兵役登记结束后，各兵役登记站依法审查核对登记资料、政审初审、做出登记结论，登记资料统一汇总至市征兵办公室。市征兵办公室协同市劳动保障、教育、公安、监察等部门，就征兵工作展开查思想、查作风、查制度、查行为活动，以确定预征对象。2011 年，兵役登

记时间改为当年6月30日以前。山东省征兵办公室、威海市征兵办公室多次对文登市部分单位进行抽查，抽查结果均为良好。2013年，征兵时间由冬季调整为夏秋季，兵役登记时间调整为1月1日至6月30日。1991—2013年，全市适龄青年参与兵役登记率达99%以上。

兵员征集 1991年始，每年冬季征兵。市兵役机关根据《中华人民共和国兵役法》《征兵工作条例》和《山东省关于征兵工作的若干规定》，按照《应征公民体格检查标准办法》和《应征公民政审条件》，采取单科淘汰、封闭式体检、横向交叉联审、择优定兵等措施，严格报名、体检、政审、定兵、送兵程序。坚持集体定兵，把好政治、身体、年龄、文化四关，为部队输送优质兵员。1997年，加强国防宣传教育，发挥舆论导向作用，形成“一人参军，全家光荣”的浓厚社会氛围，全市适龄青年报名参军率达85%以上。文登市被省政府、省军区授予全省征兵工作先进单位称号。2001年，新《征兵工作条例》颁布实施，全市大力宣传征兵政策法规，“参军保国、无上光荣”意识深入人心。7月，开始兵役登记，对预征对象坚持高标准、严要求，确保预征对象纯洁可靠。经过严密组织实施，圆满完成兵员征集任务。2006年，加大廉洁征兵管理力度，做到征兵工作标准公开、指标公开、选拔公开、政审公开、走访公开、定兵公开。设立举报信箱和举报电话，克服不正之风，树立军事机关良好形象；加大进藏兵员的优抚政策宣传力度，圆满完成进藏兵员的选拔与定兵。2008年后，调整征兵政策，征集对象主体由以农村青年、城镇待业青年为主，改为以各级各类本科、大专、高中应届毕业生为主。应届毕业生优先报名应征、优先体检政审、优先审批定兵、优先安排使用。定兵时做到党政领导到位、兵役机关主管领导到位、体检和政审责任人到位、接兵责任人到位，征兵工作达到上级、群众、接兵部队“三满意”。2013年，征兵过程中，工作人员坚持作风严谨、方法灵活、标准严格，探索实行“一站式”征兵体检，经验做法被省军区转发。当年所征兵员均为高中以上学历。1991—2013年，文登市共征集义务兵23次。

图26-3 2011年6月25日，市武装部工作人员在文登一中开展征兵宣传活动。

第二节 预备役

1991年，市武装部加强民兵组织整顿、军事训练、政治教育、装备管理、民兵带建等工作建设。1992年，泽头镇林村基干民兵连被中国人民解放军总参谋部、总政治部授予民兵预备役部队基层工作先进单位称号。1996年，市武装部被省政府、省军区授予全省民兵预备役部队基层建设先进单位称号。

预备役登记 根据《中华人民共和国兵役法》的规定，文登市18～35周岁男性公民，除应征服役外，均编入预备役。预备役人员分为预备役士兵和预备役军官。预备役士兵分两类，第一类为18～28岁基干民兵，第二类为29～35岁普通民兵。第一类预备役士兵年龄到29岁转入第二类预备役。第二类预备役士兵年满35岁后退出预备役。现役军官退出现役时，符合服预备役条件的，转入军官预备役；退出现役的士兵，由部队确定服预备役的，在回到居住地30天内，到当地兵役机关办理预备役登记。各镇（街道）武装部每年对服预备役的退伍军人进行登记、统计。市武装部对确定服预备役的退伍军人的变化情况进行核对、建卡、立档，完善预备役登记库，动员资料达到在位清、去向明、人卡相符的标准，确保战时兵员动员的数量和质量准确无误。

预备役部队　1991年7月，市武装部举办国防知识竞赛。1995年7月，举办纪念抗日战争胜利50周年国防知识竞赛。以上两次竞赛均采取以民兵连为单位逐级选拔方法。1999年5月，市武装部奉命组织空军预备役官兵参加空军某部机场战时动员扩编演练。6月，文登市组建山东省陆军预备役步兵高炮营，日常教育训练由高炮营协调市武装部组织实施，战时用于首批成建制动员遂行作战任务，担负城市、要地、重点目标的防空任务。每年组织各连进行20～30天的专业集中训练。2004年，高炮营被高炮师评为调整改革工作先进单位。2005年2月，预备役高炮师整组工作会议在文登召开。高炮营组建后，先后7次参加建制分队专业训练，4次代表高炮团参加省军区组织的实弹射击考核，两次参加连、营快速动员集结演练。在高炮师组织的岗位练兵比武中多次获得第一名，3次被省军区评为高炮实弹射击先进单位和阵地管理先进单位。2008年，被评为整组工作先进单位。2013年3月，在预备役高炮师营连部达标检查中，文登高炮营营部被评为优秀营连部。

民兵带建　1991年始，市武装部贯彻"服从经济建设大局，适应国防建设需要"的民兵预备役工作总方针，带领民兵预备役人员积极参与全市两个文明建设，促进经济建设发展。1995年，全市成立多个民兵为民服务小分队，常年坚持学雷锋、做好事。各基层民兵连皆设4～10人的民兵治安巡逻队，在护村、护林、护厂，维护社会稳定方面发挥重要作用。1999年，市武装部将民兵带建活动突破点选在"发挥民兵之家作用，传播科学知识；发挥民兵带建示范点作用，推动精神文明建设健康发展；发挥民兵主力军作用，带动群众开发荒山、脱贫致富"上，推动民兵带建活动广泛开展。在建设"经济护林工程""特色农业工程""国防设施军民共管工程"和维护社会治安、抢险救灾等任务中，民兵预备役部队发挥着重要作用。中央人民广播电台、《山东国防教育报》和《国防》杂志等新闻媒体全面介绍文登市民兵带建工作的经验和做法。2000年，制定《关于开展争创精神文明建设先进单位活动的意见》，明确市、镇、村三级民兵带建工作任务，提出"干部带基干民兵，基干民兵带普通民兵，普通民兵带群众，人人争当建设精神文明先进单位标兵"的口号，民兵带建工作稳步推进。市武装部带建工作领导小组明确规定市、镇武装部和民兵营连干部的带建承包范围、工作职责，把带建工作落实到干部民兵身上，形成齐抓共管整体合力。企事业单位的民兵组织，开展劳动竞赛和科技攻关、增产节约活动；农村的民兵组织，发动民兵带头实施科技兴农计划，扶弱帮困，争当文明户。7月，在全省民兵预备役部队带头参加两个文明建设经验交流表彰大会上，市武装部作典型交流，被省委、省政府、省军区授予民兵带建先进单位称号。2007年9月，威海市民兵预备役人员带头参加社会主义新农村建设经验交流暨现场观摩会议在文登召开，市武装部在会议上作典型发言。文登市预备役部队加强基层组织建设，确保军事斗争准备与参加社会主义新农村建设工作相互促进、相得益彰的经验做法被省军区转发。

图26-4　2011年2月25日，市武装部组织民兵参加抗旱救灾。

1991—2013年，全市武装系统共帮助扶贫村调整改选"两委"班子291个，帮扶贫困户500余户，扶持种植和养殖项目82个，参加铺路架桥等公益事业65项，资助失学儿童300余人。

第三章 武装部

1991年始，文登市人民武装部（简称市武装部）坚持党管武装原则，做好民兵、预备役、军事训练、民兵整组、兵役登记、兵员征集、国防潜力调查、国防教育、正规化建设、军民共建、基层达标、武器装备管理等项工作，在参与地方两个文明建设和支持域内驻军部队建设中发挥主力军作用。2006年，被省军区授予先进武装部称号。2008年，被省军区授予抓基层先进一线指挥部称号。2011年，被省军区党委授予先进团级党委称号。

第一节 建 制

文登市人民武装部 1991年，市武装部为地方建制，是市委的军事部门、市政府的兵役机关，副县级单位，受威海军分区和中共文登市委、市政府双重领导。1996年3月，根据《中共中央、国务院、中央军委关于县（市、区）人民武装部收归军队建制的通知》，市人民武装部收归军队建制，改称中国人民解放军山东省文登市人民武装部。设党委，仍受威海军分区和中共文登市委、市政府双重领导。市委书记兼任市武装部党委第一书记，市武装部政委兼任市委常委，市武装部部长参加市政府常务办公会议。

基层人民武装部 1991年，全市23个乡镇和市直机关设立武装部。4月，市外贸公司武装部成立。1992年8月，市卫生局武装部成立。2003年3月，按照《中共中央、国务院、中央军委关于加强和改进城市民兵工作的意见》，文登市在全省率先成立企业武装部。基层武装部设部长、副部长、干事，负责民兵组织建设和制度落实，完成民兵战备、治安执勤和训练任务，负责民兵预备役人员登记统计及征兵工作。各基层单位坚持党管武装原则，把武装部建设和民兵预备役工作列入党委议事日程，纳入党政主要领导任期目标和年度考核内容。至2013年，全市有基层武装部37个。

第二节 正规化建设

1991年，市武装部按照山东省《关于县（市）、乡（镇）人武部正规化建设标准》和《县（市）人民武装部正规化建设若干规定》，突出抓干部队伍、军政业务、动员资料、基本设施4项建设。两级武装干部的军政素质、服从意识、组织纪律观念进一步提高，办公设施、工作环境、营区面貌得以改善。8月，市武装部代表威海市参加省军区组织的成建制人武部考核，队列条令、军事理论、战术标图和轻武器实弹射击4个课目均取得优异成绩，被省军区评为成建制人武部军事训练考核成绩全优单位，被省政府、省军区授予民兵武器装备仓库安全工作先进单位称号。是年，按照山东省《民兵活动阵地建设标准》，开展民兵连活动阵地建设。1993年，全市民兵连活动阵地全部达到规定标准。1995年9月，市武装部代表威海军分区参加全省专职武装干部军事业务考核，军事理论、队列、步枪和手枪实弹射击4个课目成绩全优，市武装部被省军区授予先进单位称号。1998年，宋村、莒山、米山和大水泊4个镇党委被威海市委、威海军分区党委授予党管武装工作先进单位称号。1999年，市武装部被省军区授予全省民兵武器装备管理整顿工作先进单位称号。2000年，按照济南军区党委《加强部队财务管理的有关规定》，建立联审会签制度，并在威海军分区率先成立物资统筹统供中心。民兵武器装备仓库严格双人双锁、警卫值班、查库巡库、出入库登记交接制度，在威海市武器装备“四无”（无锈蚀霉烂、无丢失损坏、

无鼠咬虫蛀、无差错事故）检查考核中，市武装部获得威海军分区武器装备管理先进单位流动红旗。2006 年，新建民兵训练基地、靶场和民兵武器装备仓库等，市武装部被省军区授予全面建设达标先进单位称号。2009 年，按照济南军区关于民兵预备役建设 3 年全部达标要求，市武装部广泛开展民兵预备役基层建设活动。2010 年 9 月，全市基层武装部基层建设达标任务全部完成。2011 年，市武装部整饰营区环境、整修武器装备仓库和炮库等，基础设施得到进一步改善。至 2013 年，市武装部的思想、行为、组织和硬件正规化建设均达到标准要求。

第四章　民　兵

第一节　民兵整组与基层武装部规范化建设

民兵整组　1991 年始，市武装部按照“就地就近、便于领导、便于执行任务”的原则，每年对各级民兵组织重新编组，行政村设民兵连，厂矿、企事业单位编成连、排、班，乡镇组建民兵营，基干民兵营由市武装部领导，达到组织制度健全、官兵相识和规模适当、布局合理、重点突出、结构优化、质量提高的标准。每年初，开展民兵整组调研，对全市镇（街道）、企业逐个摸底调查，重点查找问题、研究制定对策。组织召开全市基干民兵整组点验观摩及业务培训会议，利用 1 个月时间进行整组点验情况检查，后报请威海军分区考核验收。1999 年，宋村镇武装部被省军区授予民兵工作调整改革先进单位称号。2005 年，市武装部被省军区授予民兵整组先进单位称号。2009 年，召开全市基干民兵整组点验观摩大会，经济开发区、天福街道、市电业总公司等单位民兵整组点验程序规范，受到威海军分区充分肯定。至 2013 年，经过民兵整组，全市所有单位均达到编组合理、程序规范、质量提高的要求，基干民兵到点率 100%。

基层武装部达标建设　2009 年 2 月，按照济南军区关于民兵预备役建设三年全部达标要求，市武装部组织召开全市武装工作会议，对民兵预备役基层建设达标活动进行动员部署。3 月，对全市基层武装部进行摸底调查，研究制定《文登市基层达标建设规划》，全面开展民兵预备役基层建设活动。7 月，先后在龙山街道、米山镇、威海文隆电池有限公司召开民兵基层建设现场观摩会，为全市基层达标建设树立标杆。是年，有 10 家基层武装部完成达标任务。2010 年，按照威海军分区统一部署，进一步加大基层达标建设力度，利用全市武装工作会议进行再部署、再动员。3 月，结合民兵整组工作对全市基层武装部全面建设情况进行摸底排队，不断强化达标建设具体措施。5 月，市武装部组织人员对各基层武装部达标情况和全市所有基层武装部工作进行检查督导。9 月，在威海军分区组织的检查验收中，27 个单位验收合格。是年，全市 37 个单位全部完成基层建设达标任务。环山街道武装部被省军区授予基层建设达标先进单位称号。

第二节　军事训练

训练基地　1990 年，市武装部在市区建成民兵训练基地，内设征兵体检站及训练楼，1991 年 3 月投入使用。2007 年 5 月，民兵训练基地迁新址。训练基地提供吃、住、训、管系列保障服务，内设国防教育中心、文娱活动室、电化教室、办公室、会议室、兵器室、干部值班室、储藏室、征兵体检站，室外建有体能器械场、专业训练场、队列训练场、战术训练场等设施。民兵射击场也随迁至民兵训练基地内。

军事训练 1991年，民兵军事训练由分片设点转移到基地集中进行。1996年8月，文登市民兵应急分队参加威海军分区组织的军事竞赛，在冲锋枪、半自动步枪精度射击、擒敌拳、队列和快速集结4个竞赛项目中，取得总分第一名和轻武器射击单项第一名，受到威海军分区通报表彰。1999年，依据新的《民兵军事训练大纲》，改革训练方法，受训基干民兵合格率100%。2006年，依托威海军分区教导队训练基地的设施装备，进行为期15天的民兵防空集训。2007年7月，对全市应急独立排的队列、射击、战术、防暴等军事训练进行考核，均达到优良水平。2008年，先后组织民兵医疗救护分队和民兵高炮分队军事训练。9月，在威海军分区组织的民兵教练员比武竞赛中取得第一名。2009年，先后组织民兵作战分队、勤务保障分队、高炮分队等，分12批次进行军事训练，完成1200课时。2010—2013年，先后在威海军分区教导队、民兵训练基地、经济开发区、体育场，分58个批次组织民兵干部、民兵作战分队、民兵应急分队、勤务保障分队、防空导弹分队开展军事训练。经威海军分区考核验收，合格率达到98%以上。

第五章 军民共建与联防

文登市军民共建具有悠久的历史和光荣传统。早在50年代末，文登军民就开展联防联治，共同守卫海防前哨。90年代以后，开展军民共建社会主义精神文明活动，从治理生活环境的“脏乱差”入手，逐步发展到精神、政治、经济和社会生活等各个领域。

第一节 军民共建

1981年，文登县晒字公社宋家庄与驻军某部在全国首开军民共建活动先例，被迟浩田将军誉为“军民共建第一村”。1991年8月，解放军驻文登部队某部与团市委等单位合作，在市民兵训练基地成立暑期少年军校，教员由驻军派员担任，实行全封闭军事化管理。招收全市范围内小学高年级和初中一、二年级学生为“少年兵”，每期军训10天，以增强青少年的集体意识、组织纪律性和国防观念。同年，驻文登部队与地方共筑青威汽车专用路。1993年，驻文登部队某部出动官兵与市属企业500余名团员青年一起，在市区抱龙河上游植树3万余株，建成2.5千米长的“军民共建林带”。1996年8月1日，文登市第二实验小学少年军校挂牌。1999年，在国防设施军民共管工程项目建设中，民兵预备役部队发挥骨干作用，按时完成工程封堵和伪装，并完成资料收集、整理和归档。2000年，驻文登部队某部出动官兵2000人次，与地方共同修筑坤龙邢水库调水工程隧道330米。完成市区西入口绿化工程，植树2.4万株，绿化7.4万平方米。2006年5月，驻文登空军某部制定《军民共建社会主义新农村活动方案》，与葛家镇西庄开展军民共建活动，利用3年时间，帮助西庄硬化道路，解决村民吃水问题，拨建休闲娱乐活动场所和图书室。是年，暑期少年军校在威海影视城开班，全市900余名中小学生参加封闭式训练。驻文登部队某部与汤南村、宋家庄，市武装部与迟家庄等村携手开展共建社会主义新农村活动，在营造共建氛围、建设“两委”班子、整治村容村貌、促进经济发展、形成文明和谐村风等方面，开创军民共建新局面。2009年，市民政局出资金，驻军某部出人、出设备，帮助宋家庄整治村容村貌。至2010年，建起500平方米综合楼1幢，内设军民共建教育展室、村委办公室、老年活动室、妇女活动室、医务室、便民洗浴中心，新建占地0.25公顷的主题广场1处，配置健身器材、健身路径等，竖立军民共建碑1座；在村内主要街道安装路灯20基，建起22处共5000平方米花坛，

村内空闲地全部绿化。宋家庄成为文登市首个花园式军民共建新村。2011 年，市职业中专学校为驻军培养复合型军用两地人才 380 人，驻军部队帮助地方学校组织学生军训 1.15 万人次。至 2013 年，驻文登部队共出动官兵 18 万人次，出动车辆 5000 台次，参与抗险救灾 70 余次，协助地方完成修建桃威铁路、荣兰公路、初张公路、文登学公园、城乡有线电视联网、市区改造、烈士陵园整修等重点工程建设。对初中以上入学新生进行军训 23 次，培训新生 12 万人次，少年军校共培训中小学生 2.1 万人。全市有 80% 的共建单位先后受到山东省和威海市政府表彰。

第二节　军民联防

1991 年始，驻文登武警部队与市公安干警和基干民兵成立治安联防队，预防和打击犯罪活动，形成市、镇、村三级治安网络。至 1995 年，全市有治安巡逻队 872 个、队员 2468 人，联防队 217 个、队员 681 人。治安保卫组织协助公安机关，查处治安案件 1535 起，抓获犯罪嫌疑人 2556 人。2001—2006 年，在市区进行警民联防巡逻，在重要时节、重点时段武警、民警、民兵共同参与巡逻活动。全市 35 支军警民治安巡逻小分队参加巡逻 5000 人次，协助公安机关清查暂住人口 5018 人，处理治安案件 239 起，收缴各种非法枪支 256 支，参加重大堵截活动 11 次，执行警卫和处置突发事件等临时勤务 120 余次，抓获各类犯罪嫌疑人 157 人。至 2013 年，坚持军警民协作联防，共同维护社会稳定。是年，全市有治安巡逻队 701 个，队员 2132 人。

图 26-5　2007 年 9 月 15 日，军警民联防队员进村执勤巡逻。

第六章　国防教育

第一节　机构设置

1990 年 10 月，文登市成立国防教育委员会，下设国防教育办公室。1998 年 3 月，文登市国防动员委员会成立，与市武装委员会合署办公。下设人民武装动员办公室、经济动员办公室、交通战备办公室。2000 年 1 月，国防教育职责划归市国防动员委员会。2013 年，市国防动员委员会下设综合办公室、人民武装办公室、政治动员办公室、国民经济动员办公室、人民防空办公室、交通战备办公室、科技动员办公室、信息动员办公室。

第二节　教育活动

教育内容　90 年代始，文登市国防教育逐步正规化。进入 21 世纪，市国防动员委员会根据《国防教育大纲》要求，在全体市民中普及国防知识，开展军事技能训练，培育国防后备人才，提高全体公民履行国防义务的自觉性。对国家机关和社会团体工作人员、企事业单位职工、初中以上学生、民兵和预备役人员，重点进行国防理论、国防历史、国防形势与任务、国防法规、国防技能教育；对其他公民进行国防权利和义务、爱国主义和革命英雄主义、国防体育和国防知识教育。

教育形式 市国防教育办公室根据省国防教育委员会要求，每年组织开展 1 ～ 2 次全市范围内的大型教育活动，印发《文登市国防教育年度实施规划》，编印《文登市中小学国防教育教材》，宣传《中华人民共和国国防法》《山东省国防教育条例》《山东省中小学国防教育实施纲要》等国防法律法规。本着服务中心、生动活泼、潜移默化原则，结合重大节日、纪念日，以及一些特殊日期，有针对性地开展国防教育。

1991 年，开展以爱国主义为核心的国防教育活动，加强全民国防意识。1992 年，文登市被省国防教育委员会评为国防教育先进单位。1997 年，组织干部群众参加全国“强我国防，光我中华”国防知识竞赛，上交答卷 4.2 万份、论文 26 篇。1998 年，组织 2 万余名民兵、学生及机关企事业单位工作人员参加全国“科凌杯”国防知识竞赛，市国防动员委员会获优秀组织奖。1999 年，组织人员参加“保卫 21 世纪中国”迎国庆全国万校国防教育活动，市国防教育委员会受到省国防教育委员会通报表彰。2001 年，是《中华人民共和国国防教育法》颁布施行第一年，9 月 15 日为全民国防教育日，市国防教育办公室在市中广场宣传《中华人民共和国国防教育法》，发放宣传资料 3000 余份。1000 余名学生到国防教育基地天福山起义纪念馆接受爱国主义教育。全市机关事业单位及在校学生参与“共筑新长城”国防教育征文和国防知识竞赛活动，共收到征文 4000 余篇，国防知识答卷 3 万余份。2006 年 9 月，纪念红军长征胜利 70 周年，结合第六个“全民国防教育日”活动，在市区主要街道悬挂横幅、张贴标语，举办以弘扬长征精神、共筑钢铁长城为主题的国防知识竞赛活动，填写国防知识答题竞赛卡 3000 余份。2007 年，举办天福山起义 70 周年系列纪念活动，制作《烽火天福山》系列电视片，在中央电视台军事频道播放。开展重上天福山、重温革命史主题军史教育，到天福山起义纪念馆参观展览的各界群众达 3 万余人次。2008 年，市武装部与团市委合作，在市民兵训练基地分 5 个批次组织 1500 余名中小学生开展国防教育活动。2009 年，在全市开展国防知识竞赛，采取报刊答题、展板宣传等方式纪念中华人民共和国成立 60 周年。市委党校把国防教育纳入教学计划。至 2013 年，采取灵活多样方式，调动宣传、文化、民政、教育及工、青、妇等社会各界力量，开展评选关心支持国防建设先进单位及个人活动，发挥典型带动作用，进行全民国防教育。与市委党史研究室联合编纂发行《文登多少佳儿女》《天福铁军》《天福惊雷》《文登将军》《革命摇篮天福山》《文登党史人物》等 10 余部国防教育书籍。

第七章 人民防空

第一节 机构设置

2002 年 1 月，文登市人民防空办公室（简称市人防办）成立，为市政府直属正科级事业单位。内设综合科、工程通信科，工作人员 6 人。2007 年 6 月，市人防办列为市城市规划委员会成员单位。2013 年，内设综合科、工程管理科、指挥通信科、法规与宣传科，工作人员 13 人。2006 年，市人防办被省人民防空办公室授予人防工作先进单位称号。2011 年，文登市被济南军区国防动员委员会授予人民防空先进城市称号。

第二节 防空设施

人防工程 文登市早期人防工程大多建成于 70 年代。2003 年，市政府印发《文登市人防建设发展规划》《文登市结合民用建筑修建防空地

下室实施办法》，对加强人民防空基础设施建设，增加城市防护能力，依法管理人民防空工作做出规定。是年，对全市人防工程实地考察，对原有防空工程进行测量、造册、拍照、制图上墙，形成比较完整的人防建设综合资料。2007年，对全市城市规划区内已建成的各类地下工程进行全面普查，并建立工程档案管理制度，城市地下工程分类科学、管理规范、资料齐全。2009年12月，《文登市人防工程规划》通过专家组评审。2013年，全市人防工程建设更趋合理，战时防空袭和人员疏散能力得到增强。

人防疏散基地建设 2007年，市人防办通过租赁场地的方式，建设威海市城市人口疏散基地。是年7月，山东省人防民防改革与发展战略研讨会与会人员，到文登人防疏散基地现场观摩。2009年，市人防办被威海市人防办、民防局授予应急疏散基地建设先进单位称号。2010年，市人防办将防空疏散基地建设申请为市政府应急管理示范项目，对已有疏散基地进行系统规划建设，将战时防空疏散与平时应急避险融合建设，拓宽疏散基地利用率。完成疏散基地应急示范项目“五室一所”(值班室、办公室、会议室、器材室、活动室和避难场所）挂牌工作。2011年，完成文登疏散基地建设规划工作，选择市区学校、宾馆、公园等30处重要场所，作为防空防灾应急疏散点，悬挂标示牌30块。完成“文登市防空防灾疏散掩蔽信息管理系统”软件开发，并通过威海市人防办验收。

防空警报设施 按照威海市政府《关于在全市统一实施防空、防灾警报试鸣制度的通知》规定，每年5月24日（1898年5月24日，英军在威海卫刘公岛举行占领升旗仪式），为威海市全市城市防空、防灾警报试鸣日。警报信号分为防空预先警报（鸣36秒，停24秒，反复3次）、空袭警报（鸣6秒，停6秒，反复15次）、灾害警报（鸣15秒，停10秒，再鸣5秒，停10秒，反复3次）、解除警报（连续鸣响3分钟）4种。

2004年3月，在峰山电视塔等警报点共安装6部手动控制RFJB-2型电动式防空、防灾警报器。2006年，安装10部DJ480型全自动遥控警报器，将原有6部手动控制改装为全自动遥控，16部警报器均与威海市联网，实现自动化报警，市区警报音响覆盖率达40%。2008年，增装5部JDSY型电声警报器，市区警报音响覆盖率达到50%。2010年，增装5部电声警报器，市区警报音响覆盖率达到85%。2013年，新增JMMK-HH-A电声多媒体等型号警报器10部。全市防空、防灾警报器总数达到36部，均与威海市联网，市区警报音响覆盖率达到100%。至2013年，文登市共进行防空警报试鸣10次。

防空通信 2008年11月，按照全省建立人防无线通信二级网站要求，文登市设立人防无线短波通信基站。12月1日，正式开机，与威海市人民防空办公室指挥台沟通联络，指定专人按时按规定要求开机守机，定点值班定点呼叫，并在守机过程中做好记录，确保无线通信畅通无阻。2010年，建成威海联通WCDMA技术3G单兵通信指挥系统，实现人防办机动指挥集群平台与威海人防地下指挥所、地面指挥中心、市政府应急指挥中心互联互通。

第三节 人防工程审批与管理

2003年，市政府根据《中华人民共和国人民防空法》及有关规定，印发《文登市结合民用建筑修建防空地下室实施办法》《关于开征人防建设费的意见》，强化人防工程结建审批工作。市人防办依法执行人防建设与城市建设同步、地面建设与地下建设同步的政策和规定，通过联审报建，把好结建审批关、图纸审查关、质量监督关和竣工验收关，确保“两建同步”规定落实。7月，在市行政审批中心开设窗口，受理人防审批业务和易地建设费收缴工作。2005年6月和2007年2月，市人防办分别在市房地产交易大厅和经济开发区设2处办事机构，将人防审批工作纳入全市项目建设审批流程，形成人防建设未经市人防办审批，任何建设项目不能办理建设、规划手续；未经市人防办审批，建筑项目不能办理确

权手续的运行机制，有效提高人防工程结建率。2011年，《文登市中心城区地下空间开发利用规划（2011－2020）》，通过专家评审。

第四节　防空演练与宣传

防空演练　2004年5月24日上午10时，市区6台防空警报器同时启动，按预先警报、空袭警报、灾害警报、解除警报音响信号的顺序完成报警，首次防空警报试鸣演练取得成功。2006年，开始制定防空演练计划方案，以后每年选取部分企业、学校等单位，结合“5·24”防空警报试鸣日开展防空防灾演练活动，让市民熟悉防空防灾警报信号，提高防空防灾意识，推进全市防空防灾体系建设。

2010年5月24日，在威海市人防指挥中心统一指挥下，市人防办3G单兵通信指挥人员首次在峰山参加重要经济目标防护演练活动。2012年5月24日和2013年5月24日，由市人防办牵头组织，协调市应急办公室、教育局、公安消防大队、地震局、卫生局等部门参与，在市区三里河中学和文登师范学校进行警报试鸣防空防火逃生应急疏散演练活动。整个过程，通过市人防指挥中心，将信息采集单兵上传至威海市人防应急指挥中心，便于上级统筹指挥。

防空宣传　2003年，市人防办开展人防宣传教育进机关、进企业、进社区、进学校活动，邀请部分办事处、居委会、企业和学校领导进行座谈，研讨普及人防知识。在新闻媒体开辟人防宣传专栏和人防宣传广告。人防知识教育纳入全市各学校的教学计划中。2004年始，结合每年“5·24”防空警报试鸣日，开展以防空防灾减灾救灾为主题的宣传月活动，并与市信息产业局联合建立人民防空网站。2005年，市人防办编写《中小学生人民防空知识问答》手册，印发至全市中小学校。2006年，开展《中华人民共和国人民防空法》颁布10周年纪念活动，市人防办在街头、厂矿等人流较大区域发放宣传单4万余份，制作宣传刊板60块、宣传标语横幅12幅，在市中广场展出及市区主要街道悬挂。组织编写《人民防空知识》中学人防教育用书，印发3.5万本，做到初、高中学生人手一册。2008年4月，开设文登市人防办政府信息公开网页，利用网络扩大人防教育覆盖面。是年，在省人防系统组织的改革开放30周年“五个一工程”会演中，文登市选送的《人防颂》演讲，获一等奖。2013年，聘请专业人员，制作人防知识宣传片，利用LED户外多媒体显示屏宣传人防知识和人防政策法规，提高全社会人防法制意识。文登市人防宣传教育的经验及做法，在2013年《中国人民防空杂志》第八期上进行专题报道。

图26-6　2012年5月24日，文登市三里河中学举行警报试鸣防火逃生疏散演练。

第二十七编

教　育

“八五”期间，文登市委、市政府实施科教兴文战略，确立教育优先发展地位，全市财政预算内教育经费年均增长23.3%，初中普及率达99%，高中阶段教育普及率达90%。中等教育结构进一步优化和完善，全市万人拥有大专及以上学历人数达140人。基本普及九年义务教育、基本扫除青壮年文盲的“两基”工作成效显著，崇文重教之风日盛。“九五”期间，把优先发展教育战略目标列入《文登市国民经济和社会发展“九五”计划及2010年远景目标纲要》，市财政预算内教育经费年均增长27.7%，基本实现6周岁儿童全部入学。1997年，被国家教委公布为全国首批“两基”工作先进市。进入21世纪，大力推进教育思想改进和教学方法变革，教育教学成绩逐年提升，素质教育不断加强。学校、社会、家庭三方密切配合，基础、职业和成人教育均衡发展，免费义务教育全面实施，教育现代化和教学信息化建设加快发展。《人民日报》《光明日报》和中央电视台相继报道文登的做法经验。文登市先后获全国义务教育发展基本均衡县（市）、山东省教育先进市、山东省教育工作示范市等称号。

全市中小学开展大课间体育活动（2013 年 6 月 25 日摄）

第一章　教育机构

第一节　管理机构

文登市教育局　1991年，内设办公室和政工科、普教科、职教科、信访科、财务科等，设纪检组（1993年11月，改称纪律检查委员会）、工会和妇女委员会3个党群组织；下设教学研究室（简称教研室）、招生委员会办公室（简称招办）和校办企业办公室（简称校办）等7个业务部门。1993年11月，更名为市教育委员会（简称市教委）。2002年1月，复称市教育局。4月，增设市人民政府教育督导室（简称督导室），为教育局内设副科级单位。6月，职工教育办公室（1991年为副科级行政单位，隶属市政府；1992年9月，改属市经济委员会，正科级事业单位）划归教育局，增挂成人教育局牌子。2003年，教育局财务科更名为审计科。教育教学研究中心（2008年，更名为教育教学研究培训中心）成立，正科级事业单位。

2013年，市教育局内设办公室、督导室（副科级）、学校安全管理办公室和政工科、审计科、信访科、普教科、职教科（增挂行政许可科牌子）、学前科（2004年成立）、政宣科（2010年成立），有教育工会、妇女委员会2个群团组织，辖职工教育办公室和教育教学研究培训中心2个正科级单位、招办和校办2个副科级单位、教育会计核算中心（2003年成立）和信息中心（2004年成立）2个股级单位。

乡镇教育管理机构　1991年，各乡镇设教育委员会（简称乡镇教委），分管教育的副书记（副乡镇长）兼任主任，乡镇教委下设办公室（简称教委办），设文教助理员和辅导员。1992年8月，由市教育局统一管理的乡镇教师划归乡镇管理。2001年，原由镇政府管理的中、小学复归市教委统一管理，撤销镇教委办，成立教育管理办公室（简称教管办），负责辖区教育教学业务管理。2004年，教管办撤销，设立镇（市区）中心校。确定大众完小为市区中心校，文登营中学、大水泊中学、张家产中学、高村中学、侯家中学、泽库中学、宋村中学、泽头中学、小观中学、葛家中学、米山中学、界石中学、汪疃中学、苘山中学为各镇中心校。镇（市区）中心校校长负责辖区中小学及幼儿园教育教学业务管理。

第二节　业务机构

教育教学研究培训中心　前身为市教学研究室。2003年9月，市教研室、教学仪器站、教师进修学校和托幼工作办公室合并成立教育教学研究中心，为正科级事业单位。内设教学研究室、培训处、学前教育管理处、科研处、电教装备处、总务处、办公室。2005年8月，内设的教学研究室析为高中教育研究室、义务教育研究室。后改称教育教学研究培训中心。2013年，有工作人员84人。

招生委员会办公室　1991年，有工作人员6人。2013年，有工作人员11人，副科级单位。

第二章 基础教育

第一节 学前教育

管理体制 1990年，市政府将托幼工作由市妇联移交市教育局主管。12月，成立新的托幼工作领导小组，分管副市长兼任组长，下设托幼工作办公室（简称市托幼办），教育局局长兼任办公室主任。1991—1995年，乡镇教委办设幼师教育辅导员1人。乡镇下面分片，各片成立由片长任组长、中心学校校长和片教研组长为成员的幼儿教育领导小组。各村成立由村委会主任、妇女主任、幼儿园园长为成员的托幼领导小组。全市形成由市托幼办、乡镇幼儿辅导员、片教研组长、村幼儿园园长组成的四级业务指导网络。2003年，市托幼办更名为学前办，为教研中心内设科室。2004年，设立学前教育科，市教育教学研究中心配备专职学前教研员。之后，乡镇和村办园均过渡为学校办园，推行镇中心幼儿园园长管理辖区幼儿园业务制度。

幼儿园与师资 1991年，全市有幼儿园776所，在园幼儿3.39万人，教职工1475人。1995年，全市有幼儿园671所，在园幼儿2.6万人，教师1206人。2005年，原隶属市区中心校的企业或村办幼儿园，划归市教育局统一管理。2013年，全市有各类幼儿园39所（公办32所、民办7所），其中省级示范园9所、地市级示范园21所，一类园8所、二类园1所。在园幼儿9425人，学前三年入园率99%，学前一年入园率达100%。教职工1023人，其中教师730人，大专以上学历者占幼师总数的66.2%，幼儿教师资格证持有率达67.7%。

学前班设置 1987年夏，文城镇中心完小（大众完小）在全县率先开办学前班，学习1年后直接升入小学。1991年，全市有学前班17个、幼儿822人。1995年，全市学前班发展至280个、幼儿8377人，年收费288元/人。1996年6月，学前班停办。

保育教育 “八五”时期，市教委先后制定《规范化幼儿园办园标准》《园长、教师岗位责任制》《幼儿园安全制度》《保教工作制度》等一系列托幼工作制度，使全市幼儿教育逐步规范化、标准化。全市幼儿保育教育以宏观管理和分类指导为主，设置语言、数学、常识、美术和音乐教学，“八五”期末全市3周岁以上儿童入园率87%。1996年，托幼办制定《幼儿园一日生活常规》，实行统一教材、统一进度，纠正保教小学化、盲目化和随意化倾向。市教委在3所省级幼儿园进行“课程整体综合实验”和“九九方阵快速识字法”专题实验，获中央教育科学研究所专家肯定。1997年，文登市直机关幼儿园体操队代表山东省参加在北京举行的“晓晨杯”全国幼儿基本体操比赛，获中组一等奖。1999年，物资幼儿园21名幼儿参加国际中小学、幼儿美术书法大赛，6人获奖。

图27-1 2013年6月10日，文登市教育实验幼儿园开展幼教实践活动。

市托幼办以《强化措施 加强装备 全面提高保教质量》为题，代表威海市在全省幼教装备经验交流会上做典型发言，文登市被省政府评为1999年度学前教育先进市。2002年，市区10所幼儿园开展英语教学试验。2004年，幼儿教材由单元教学改为主题教学，包括健康、语言、社会、科学和艺术5个方面。2005年，确定美国小龙英语为全市幼儿统一教材，不符合要求的园（所）不得引入英语教学。2008年，教育实验幼儿园以“爱”的理念开展特色教育，引领孩子全面发展，多次获得全国幼儿绘画比赛金、银、铜奖。2009年，全市幼教系统成立学前教育中心教研组，由17名业务园长和骨干教师组成，定期深入镇（街道）园听课，组织教研活动。建立挂职交流制度，互派业务园长挂职学习。2011年，开展英语教师教学资格认定工作，合格后准予上岗。是年，幼儿园英语教材改用剑桥英语。2013年，文登市组织第二届年度教育科研创新成果评选，选出10项学前优秀课题参加威海市科研创新成果奖评选。8月，联合市体育局举办第十一届幼儿乒乓球比赛。

收费 1991年，全市幼儿管理费收费标准为：3周岁以下儿童一类园每人每月缴纳30元、二类园25元、三类园20元，3周岁以上儿童，一类园25元、二类园20元、三类园15元；保育费收费标准为：3周岁以下儿童，每人每月3元、3周岁以上2元，杂费均按1元缴纳。1995年，按办园等级收费，市区收费每年最高1260元/人、最低720元/人；农村未上类幼儿园收费每年200～300元/人。2003年7月起，省级实验、示范类幼儿园收费标准为每人每月260元，地市级实验、示范类幼儿园220元，一类园180元、二类园145元、三类园128元；托儿所180元，省十佳幼儿园可加收10%的管理费。2013年，省级实验、示范类幼儿园收费标准为每人每月340元，地市级实验、示范类幼儿园280元，一类园200元、二类园160元、三类园130元；全日制托儿所200元，省十佳幼儿园可按不超过20%上调。宝威阳光、小博士和香水幼儿园3所民办幼儿园执行高标准收费，每人每月收费分别为1280元、380元和340元。

设施建设 1993年，投资246万元新建市直机关幼儿园。至1995年，全市幼儿园建设累计投资453.5万元，新建、改建幼儿园7所。1998年，托幼办制定《文登市镇中心幼儿园标准》，启动中心幼儿园建设。全市投资360万元，市区及晒字、铺集、泽库、界石、口子和高村6镇先后建起高标准中心幼儿园。2009年，各镇用于设施和设备投资450万元，高村、宋村、泽头和张家产4镇通过首批威海市学前教育示范镇验收。2010年，全市累计投资1588万元，新建和改建乡镇中心幼儿园6所。市教育实验幼儿园为境内首个通过省十佳幼儿园验收的幼儿园。2011年，侯家镇中心幼儿园建成，师范附属和南海实验幼儿园通过省级示范园验收。2013年，按照威海市《关于加快发展农村学前教育的意见》，小观、界石、侯家、葛家、宋村5镇和环山街道完成中心幼儿园新建及改扩建工程，另有9个镇（街道）的中心园主体工程完工。15个镇（街道）中心幼儿园通过省级认定，并达到威海市学前教育示范镇（街道）标准，地市级示范园占幼儿园总数的77%。

幼师待遇 1991年，市直机关、商业和物资等部门幼儿园教师（简称幼师）待遇与小学教师相同；企业及农村幼师待遇由主管单位确定，普遍低于普通工人。米山等18个乡镇实行幼师工资统筹制度。1999年，除文城镇外其他镇均实行工资统筹，按月发放。2008年，城区西楼、河埠庄、实验、宏安、商业和宝威等幼儿园幼师月工资超过1000元，并享受养老保险待遇，其他各园月工资不低于800元。2011—2013年，全市公办幼儿园幼师按中小学教师同等工资标准执行，非公办幼儿园幼师月工资不低于威海市城镇职工最低工资标准。

幼儿园选介

文登市教育实验幼儿园 隶属市教育局，辖南北两园。北园为原市直机关幼儿园，1993年建于市区柳营街1号，占地面积0.5公顷，建筑面

积 2875 平方米；南园为原市中心幼儿园，2001 年 8 月建于雁北街 16 号，占地面积 0.24 公顷，建筑面积 3045 平方米。2004 年 8 月，两园合并，更名为文登市教育实验幼儿园。两园均设多功能活动室、图书阅览室、科学发现室、微机室、美工室、乐器室和多媒体电教室等专用活动室。

幼儿园推行中英文双语和计算机教学，开设声乐、舞蹈、器乐和美术等特长班。2008 年，投资 200 万元，完成幼儿园内部设施改造。以“用爱引领生命”为办园理念，以“引领成长、奠基未来”为办园宗旨，连续 13 年蝉联文登市学前教育综合评估第一名。先后获全国幼儿英语、创意美术、校园文艺大赛一等奖，获山东省示范园、威海市语言文字规范学校、中国西部顾问单位、威海市巾帼文明示范岗等称号。

2013 年，文登市电业幼儿园并入市教育实验幼儿园。南北两园共有教学班 38 个，在园幼儿 1300 人。教职工 153 人，大专以上学历占教职工总数的 88%，持有教师资格证者占教师总数的 85%。省级教学能手 3 人，承担地级以上教育开发课题 13 项。

第二节　小学教育

1990 年起，全市取消小学升学考试，按“划片招生、就近入学”原则招生。1992 年始，全市小学实行 5 年学制。1995 年，全市适龄儿童普遍 6.5 周岁入学。1996 年，全市适龄儿童均 6 周岁入学。2013 年，全市适龄儿童入学率、巩固率均达到 100%，所有小学全部为威海市规范化学校。

管理体制　1991 年，除实验小学、第二实验小学和文峰小学归市教育局直接管理外，其他小学由各乡镇政府和教委办管理。2001 年 7 月，各镇小学改为市教委管理，各镇（街道）中心完小校长由市教委任命。2004 年，大众完小被确定为市区中心校；各镇（街道）小学教育教学管理工作改由镇（市区）中心校负责。

学校与师资　1991 年，全市有小学 426 所，在校学生 5.72 万人，毕业学生 1.31 万人。教职工 3057 人（中级职称 215 人、初级职称 2405 人），其中专科学历 57 人、中专学历 1957 人，学历达标率达 74%。1995 年，学校设施达到国家一类标准 20 所、二类标准 56 所。泽库镇被省教委授予全省九年制义务教育示范乡镇称号，泽库、文城、泽头和侯家 4 镇被省教委评为全省基础教育先进镇。市实验小学获省级规范化学校和省艺术教育示范学校称号，并与美国帕拉玛小学和韩国仁川广域市石井国民学校结为友好学校。市第二实验小学获省级规范化学校和省艺术教育示范学校称号，被中央教育科学研究所确定为中央教科所教育实验中心小学语文学法指导实验课题实验学校。泽库、文城镇中心完小和麦疃后完小被威海市教委评为威海市规范化小学。

1996—1999 年，随着生源数量减少，学校撤并速度加快，其间，撤并小学 118 所。铺集、小观、高村、米山、蔄山、界石和泽头中心完小及蔄山道头、文城三里河等 11 所小学被评为威海市规范化学校，大众完小获省级电化教育示范学校称号。实验小学投资 80 万元，建广播电台和教育电视台，设电化教学研究中心、电化教育技术指导中心、电教教材编辑中心和卫星接收中心，每班配备电视机、放像机、投影机，被全国实验学校研究专业委员会吸收为集体会员，成为全国重点实验学校。2000—2004 年，撤并小学 40 所。境内有地市级以上规范化小学 46 所，占小学总数的 76.7%。文峰小学获省级规范化学校称号。2006 年，按“5 万人口以上镇保留 2 所初中、3～5 所小学，3 万～5 万人口镇保留 1 所初中、2～3 所小学”的布局，通过合并调整后，全市有小学 41 所。2009 年，全市小学均达到地市级规范化学校标准，其中省级规范化学校 5 所。小学入学率、巩固率保持 100%。

2013 年，全市有小学 26 所，专职（下同）教职工 1576 人（教师 1447 人），其中高级职称 92 人、中级职称 740 人、初级职称 664 人，研究生学历 4 人、本科学历 1202 人、专科学历 303 人、中专学历 64 人，教师中专以上学历达 100%。市实验小学、第二实验小学、文峰小学、

三里河完小、开发区实验小学和泽库中心完小为省级规范化学校，占全市小学总数的27.1%。是年，开通学生班车104辆。

教学 1991—1995年，市政府制定《文登市教育发展规划》，提出1997年6周岁儿童全部入学，小学三年级以上普及英语教学。全市启动“注音识字提前读写”和“探究—研讨”教学实验，开展“五段式作文训练体系教学”研究。其间，省级立项“小学数学‘探究—研讨’实验”课题，全市试验教学班扩至319班9327名学生，形成阶段性成果报告3次，获省教育科研优秀成果二等奖，被评为省十年优秀成果。地级立项小学语文注音识字、提前阅读实验课题，全市试验教学班扩至340班1.18万名学生，形成阶段实验报告2次，参加全国交流，获省教育科研优秀成果二等奖，被评为省十年优秀成果。1996—1997年，推广“韵语识字，提前读写”课题实验研究。小学试行取消百分制，实行等级+特长+鼓励评语记绩方法。其间，全国小学语文学法指导研究会第七次年会在文登市第二实验小学召开，第二实验小学被中央教科所定为全国韵语实验示范学校。实验小学获全省首批电化教育示范学校称号，被教育部确定为全国重点实验学校和全国中小学现代教育技术实验学校。1998年，全市小学教学推行“五段式作文训练体系”，实行控制在校时间、控制作业量、控制复习资料及读物，改革课堂教学、改革考评方法和落实九年教育课程方案的教学改革。

2000年，全市小学一、二年级不留书面家庭作业，控制考试科目和考试次数。语文、数学、外语期末考试一次，其他课程结合日常教学改为检查。是年，文峰小学被教育部评为全国和谐教育先进单位，实验小学被教育部确定为全国重点教学研究基地。2002年，启动第八次课程改革，校本教材纳入课程计划，各校根据学校办学特点开发系列校本教材。引进阳光评价，采取评价手册和成长记录方式，学生日常行为评价常态化。2008年，市教育局规定全面推行日常考试无分评价，学业成绩实行日常评价与期末考试相结合的评价办法，成绩按A、B、C、D四个等级评定。改变“满堂灌”“填鸭式”教学法，普及启发式教学。2013年，推行“目标、评价、教学一致性”教学改革，抓课堂和习惯养成，引导优化教学，提升教学质量。完成课堂教学综合达标验收和小学非笔试、校本课程、体育大课间活动检查。有15项科研创新成果获省级优秀成果奖。

课程课时 1991年，小学课程设置语文、数学、自然、体育、音乐、美术等科目。1994年增加活动课，1995年增加英语课，1996年增加社会、信息技术和思想品德课程。2003年，思想品德课改为品德与生活课、自然课改为科学课、社会课改为品德与社会课、活动课改为综合实践活动课，增设地方课。2013年，教学时间35周，寒假4周，暑假8周。每周上课5天，每天6课时、1节课外活动，每课时40分钟、课间10分钟。9月2日新学期开始，翌年7月4日学年结束。

学校选介

文登市实验小学 1986年，建于峰山路81号。占地面积1.6公顷，建筑面积8636平方米。市教育局直属第一所全日制完全小学，首批省规范化学校。学校遵循“教育因美而精彩，教育因

图27-2 2011年1月7日，文登市实验小学举行亲子读书汇报会。

爱而永恒”的办学理念，形成“和美同行、欢乐相伴”的办学特色，为文登市小学教育品牌学校。1997 年 3 月 31 日，被全国实验学校研究专业委员会吸收为集体会员，成为全国重点实验学校。

2013 年，有教学班 29 个，在校学生 1421 人；幼儿园 1 所。教职工 118 人，其中高级职称 10 人、中级职称 47 人、初级职称 31 人，本科学历 91 人、专科学历 9 人、中专学历 6 人。拥有多媒体教室、科学实验室、录播教室、计算机教室、电子阅览室等现代化设施设备。先后获中国特色教育与实践项目学校、全国德育教育示范学校、全省中小学素质教育工作先进单位等称号。20 余名学生获全国好儿童、省十佳少先队员、齐鲁小名士、威海市好少年等称号。

1991－2013 年文登市小学基本情况表

表 27-1　　　　单位：所、人

年度	学校	毕业学生	招收学生	在校学生	教职工	教师
1991	426	13079	8660	57213	3057	2695
1992	424	11760	10154	55534	2978	2716
1993	421	11409	12967	56777	3051	2764
1994	388	11739	12378	53596	2809	2583
1995	310	10302	11584	55031	2568	2318
1996	202	8673	12304	58501	2741	2473
1997	168	9708	10327	59065	2840	2581
1998	137	11820	7906	54393	3021	2775
1999	126	12465	7573	49233	3151	2891
2000	110	11181	7534	44600	3090	2876
2001	98	12013	7628	40107	3002	2750
2002	94	9402	6917	36404	2750	2586
2003	70	7496	6008	34856	2737	2342
2004	63	7175	5867	33792	2725	2202
2005	42	7368	4263	30651	2766	2108
2006	41	7511	4342	27577	2722	2139
2007	37	6932	4197	25088	2608	1797
2008	34	6631	4428	24635	2441	1914
2009	29	5391	2960	18453	1582	1421
2010	29	4000	3422	17849	1548	1381
2011	28	3630	3982	17695	1542	1476
2012	28	3664	3720	17635	1543	1469
2013	26	3709	3974	17943	1576	1447

第三节　初中教育

1991年，文登市初中实行三年学制，1996年后改为四年学制，按照“划片招生、就近入学”的原则招生。

管理体制　1991年，文登市初中均为公办初级中学，实行政府办教育、教育主管部门独立管理的办学体制。各学校内部实行竞争上岗制、岗位责任制和目标奖惩制。文登第二中学（初中部）由市教育局直接管理，其他初中均由各乡镇政府和教委办协同管理。1994年，建文登初级实验中学（2003年更名为市实验中学），为市教委直属学校。2001年7月，各镇（街道）初中改为市教委直接管理。2004年1月，三里河中学、七里汤中学改为教育局直属初中。

学校与师资　1991年，全市有初中43所，在校学生30452人，教职工2205人。1995年，文登市提出至2008年全市镇中心中学、市属初中教学设施要达到国家一类标准，实现电化教学。1999年，实验、宋村、米山和茼山中学通过地市级规范化学校验收。2000年，撤销葛家镇于家埠、泽头镇林村2所初中。2008年，茼山镇和汪疃镇初中析出。2013年，全市有初中16所，在校学生15262人，教职工2083人，其中高级职称422人、中级职称909人、初级职称706人，研究生学历12人、本科学历1823人、专科学历176人、中专学历37人，教师专科以上学历占教师总数的99.45%。全市初中均为地市级规范化学校，其中文登二中、实验、三里河、七里汤、张家产、泽库、宋村、泽头、葛家和米山10所中学为省级规范化学校。

教学　“八五”期间，根据减轻负担、提高质量、全面发展的办学原则，初步建立适合文登实际的学科课、活动课、隐性课的课程体系，按照布鲁姆单元教学法（预习、问题、讲授、练习、讨论解答）制定中学常规教学法。省立项的“中学生青春期教育”课题，全市试验对象由6所初中扩至小学5年级及全部初中学生。1994年11月，省教委全省人口与青春期教育工作研讨会在文登召开。1999年，按学科教学笔试占80%、非笔试占20%的记绩模式，推行愉快、成功和情景教育教学方法。是年，界石中学生物科技小组的果树管理项目获全省一等奖、全国二等奖。2000—2005年，走读学生取消早晚自习，实行期中考试自定，不以考试成绩和升学率公布学生、班级、学校名次。2008年，全面推行日常考试无分评价，采用学业考试和基础性发展为主要内容的综合素质评价制度，学生建立综合和动态成长档案。是年，文登市通过省教育示范市验收。2013年，实行周三下午3～4节课为校本课程时间。课堂教学开展“树标—学标—达标”活动，通过完善课堂教学，优化自主学习能力，推动课堂教学改革。

中考制度改革　初中升学考试称为中考。1991年，考试科目为语文（120分）、数学（120分）、政治（100分）、英语（100分）、物理（70分）、化学（50分）、生理卫生（40分）和体育（50分）8科。1993年，取消生理卫生考试。1994年，体育改为参考分。1997年，英语改为满分120分、物理和化学改为100分。2002年，体育按满分30分计入中考成绩。2005年，初三历史、生物结业成绩按满分30分计入中考成绩。2006年，初二地理、信息技术结业成绩按满分30分计入中考成绩。2013年，中考科目有语文（120分）、数学（120分）、政治（70分）、英语（120分）、物理（70分）、化学（70分）、体育（70分），初三历史、生物和初二地理结业成绩按满分70、信息技术按满分30分计入中考成绩。考试时间为每年6月12—14日。

课程课时　1991年，开设语文、数学、英语、物理、化学、生物、地理、历史、政治、体育、音乐、美术等课程。1994年增加活动课，1995年增加信息技术课，政治课改为思想政治课，1996年增加劳动技术课。2003年，思想政治课改为思想品德课，体育课改为体育与健康课。取消活动课，开设综合实践和地方课程。2013年，国家课程开设语文、数学、英语、思想品德、物理、化

学、生物、历史、地理、音乐、体育、美术、综合实践，地方课程开设传统文化、安全教育、环境教育、人生规划。年上课42周，每周5天，每天7课时，寒假4周，暑假8周。

学校选介

文登第二中学 位于棋山路3号。1991年，为完全中学。2003年，变更为初级中学。占地面积8.42公顷，建筑面积2.35万平方米，省级规范化学校。学校以“学校成为教师发展的舞台，学生成长的乐园”为办学理念，倡导“树魂立根”的德育教育，始终坚持每学期一次全校性大型活动、每月一次年级活动、每周一次班级活动、每天一次学生自主活动。

2013年，有教学班51个，在校学生2700人。教职工232人，其中高级职称50人、中级职称105人、初级职称77人，本科以上学历229人。被国家教委评为全国中小学思想道德建设实验学校，获省优秀校园文化建设先进单位、科研创新学校和绿色学校称号。

文登市实验中学 1994年，建于秀山路168号。占地面积6.6公顷，建筑面积2.3万平方米，省级规范化学校。学校坚持“以人为本、以身立教、德育领先、全面发展、健康成长”的办学宗旨和“德法立校、科研兴校、特色扬校、质量举校”的办学理念。注重学生自信心培养，全面实施成功教育。通过“家校联系卡”“学生一周时间管理卡”“学生文明习惯养成每月评价表”，架起家庭和学校沟通桥梁。

2013年，有教学班48个，在校学生2289人。教职工252人，其中高级职称74人、中级职称121人，研究生学历2人、本科学历221人、专科学历15人。先后获得全国心理健康教育先进集体、省青少年科普工作先进单位等称号。

1991—2013年文登市初中基本情况表

表27-2　　单位：所、人

年度	学校	毕业学生	招收学生	在校学生	教职工	教师
1991	43	8070	12295	30452	2205	1728
1992	41	7802	11003	32479	2275	1740
1993	40	8853	11063	33669	2292	1774
1994	38	10767	11576	31815	2227	1735
1995	37	6445	10193	34480	2526	1847
1996	36	5798	8565	36137	2519	2097
1997	35	6521	9483	37728	2694	2282
1998	32	9408	11378	38100	2779	2348
1999	31	8830	12242	39070	2830	2379
2000	29	6524	11120	42111	2931	2585
2001	24	8374	11749	45198	3085	2732
2002	24	11687	9369	42484	2956	2540
2003	22	10817	7357	37733	2866	2488
2004	20	9843	7315	34154	2860	2432

续表 27-2

年度	学校	毕业学生	招收学生	在校学生	教职工	教师
2005	19	8979	7161	29946	2751	2345
2006	18	8653	7457	27859	2631	2247
2007	18	6514	6943	27659	2586	2013
2008	16	6410	5503	24553	2378	1919
2009	16	6096	5308	23547	2127	1871
2010	16	6584	3963	20742	2119	1789
2011	16	6141	3928	18211	2108	1851
2012	16	5152	3720	16755	2085	1827
2013	16	5125	3709	15262	2083	1765

第四节　高中教育

1981 年 9 月始，高中执行三年学制。1991 年，普通高中学习时间每年 52 周，其中教学时间 40 周，每课时 45 分钟，假期 10 ～ 11 周。进入 21 世纪，课程板块稍有调整，总体基本未变。

管理体制　普通高中均归市教育局（教委）直接管理，按政府办教育、教育主管部门自主招生与聘任教职工两权分离方式管理。90 年代，山东文登第一中学（简称文登一中）为处级事业单位，文登天福山中学（简称文登天中）为正科级事业单位。2000 年 1 月，文登第二中学（简称文登二中）升格为正科级事业单位，其他高中为副科级事业单位。3 月，文登一中改为正科级事业单位。2002 年 9 月，文登新一中竣工开学，为股份制与公办民助实验性普通高中。2003 年 8 月，改为公办正科级事业单位。各校实行竞争上岗、岗位责任和目标奖惩等管理制度。

学校与师资　1991 年，全市有高中 8 所，在校学生 5507 人，毕业学生 1742 人。1992 年，文登第八中学（简称文登八中，校址宋村镇）撤销。1994 年，文登第六中学（简称文登六中，校址高村镇）撤销。2003 年，文登二中高中部并入文登新一中。2008 年，文登第十一中学（简称文登十一中，校址汪疃镇）析出，划归威海工业新区。2013 年，全市有文登一中、文登新一中、文登天中、文登第三中学（简称文登三中，校址泽头镇）、文登第四中学（简称文登四中，校址侯家镇）5 所普通高中，均为省级规范化学校。教职工 1083 人，其中高级职称 269 人、中级职称 391 人、初级职称 327 人，研究生学历 19 人、本科学历 966 人、专科学历 37 人、中专学历 24 人，教师本科以上学历占教师总数的 98.36%。

招生　1991 年，普通高中招生实行部分招生指标与初中学校办学水平和条件挂钩，对初中学校办学水平和条件评估打分，按得分多少定向分配指标，占当年招生计划的 25%。优生统一分配，文登一中、二中、天中每班优生 25 人，文登三中、四中、六中、八中、十一中每班 10 人。1999 年，实行指令性招生计划，招生指标直接下到高中学校，按高分到低分一次性招足。2007 年，取消优生统一分配制度，各高中按考生所在区域就近入学原则和划定录取分数线招生。2010 年定向分配指标调整为当年招生计划的 60%，2012 年调整为 80%，余下按考试成绩 1∶1 划定分数线，从高分到低分录取。2013 年，全市分为市区、三中、四中和天中 4 个招生片，按计划招生、就近入学原则招生。是年，高中在校学生 8295 人，当年招生 2740 人，毕业学生 2930 人。

教学 “八五”时期，市教研室编写《教育理论学习资料》，指导普通高中教学。地理教学开展“课堂教学板书作业化”实验，历史教学倡导使用导学提纲。1995年，全市高考考生1591人，本科录取395人、录取率24.83%；专科录取599人，专科以上录取率为62.5%。文登三中学生王浩以707分名列全省理科考生第一。1997年，市教委制定《普通高中教学工作评估细则》，以升学和就业“两个侧重教育”为教学总方针。是年，本科上线631人，创历史最高。文登一中朱大伟以833分列威海市师文类考生榜首，文登四中杨英麦以889分名列威海市普理类考生第一。2001年，英语教学探索“超前集中、整体把握、强化训练、习题精做、学一带四、课外阅读”24字课堂教学模式。语文教学开展“三课一体”课堂改革，将传统单一语文课堂分解为教学课、阅读课、活动课三板块。是年，全市参加高考考生3314人，本科录取1223人、录取率36.9%；专科录取804人，专科以上录取率为61.16%。2002年，文登一中获全国奥林匹克化学竞赛一等奖和二等奖4人，全国高中数学竞赛一等奖和二等奖3人。2009年，推行“四步八环节”课堂教学模式，包括引和导、学和测、议和教、省和练。市教育局印发《关于促进教师专业发展的指导意见》，推进全市教学、教法科学和现代化改革。是年，全市参加高考考生3630人，本科录取1372人、录取率37.8%，专科录取1490人，总录取率78.84%。2013年，推行“金字塔备考模式”，开展实践型课堂教学研究。“金字塔备考模式”和“区域化网络教研有效策略”两项课题获威海市教育科研创新成果一等奖。

毕业考试 1992年6月，高中学生实施毕业会考，分考试科和考查科，全部合格可领取高中毕业证并参加高考。2003年，取消毕业会考制度。2004—2013年，实行学业水平考试，每学年两次，成绩按A、B、C、D四个等级和实际分数记录，两次考试合格可获高中毕业证书。

高考制度改革 1991年，普通高校招生分统招、委培和定向招生。1993年以前，全国统考实行文理分科考试制度，普通高考科目文理均包括语文、数学、外语、政治，文科外加地理、历史，理科外加物理、化学、生物。1994年，文理科考试均为5科（3+2），文科为语文、数学、外语、政治、历史，理科为语文、数学、外语、物理、化学。2001年，普通高校招生改为统招和自主招生两种，外语增加听力考试（2013年取消），按30%计总分。2002—2013年，实行“3+X”考试科目改革，“3”指语文、数学、外语。“X”指综合科目，分文科（政治、历史、地理）和理科（物理、化学、生物）。2010年后，不再统计高考上线人数。

课程设置 1991年，开设语文、数学、英语、物理、化学、生物、政治、历史、地理、体育、音乐、美术等国家课程及地方课程。2004年，分必修和选修课。必修课为语文、数学、英语、物理、化学、生物、政治、历史、地理、体育与健康、音乐、美术、信息技术、通用技术和综合实践活动等国家课程，选修课分选修Ⅰ和选修Ⅱ。选修Ⅰ分为列入高考命题范围模块和学校开设供学生选学模块，选修Ⅱ属校本课程。2009年，必修课增加研究性学习、社区服务。学生三年中获必修116分、选修28分方可毕业。

2013年，高一年级设置科目为语文、数学、英语、物理、化学、生物、政治、地理、历史、体育与健康、美术、音乐、通用技术、信息技术。高二年级较高一年级增加领域选修课。高三年级在艺术、体育与健康和综合实践活动3个领域开设必修课，在语言与文学、数学、人文与社会、科学和技术5个领域开设选修课。

学校选介

山东省文登第一中学 1952年成立，位于米山东路9号。占地面积8.19公顷，建筑面积3.24万平方米，山东省首批省属重点中学和规范化学校。学校遵循“德育为首、全面发展、学有专长、锐意进取”的办学宗旨，逐步形成“不求人人升学，但求个个成才”的办学思想，推动学生素质全面提高，教学成绩始终稳居文登首位、威海前茅。1998年，投资1300万元，新建办公楼、

图书楼、总控制室、编辑室和演播室、职工宿舍和旱冰场等。

2013年，有教学班48个，在校学生2542人。教职工353人（高级职称96人、中级职称118人、初级职称114人），研究生学历6人、本科学历321人。国家级优秀教师3人，省级优秀教师25人，省级教学能手3人，地、县级优秀教师100余人，市特级教师21人。历届毕业生中，享有国务院特殊津贴者40余人，硕士、博士、博士后600余人，副教授以上学者1200余人，副厅级（副师）以上干部100余人。先后获全国社会科学基金“十一五”规划课题实验学校、全国中学语文教育学会研究课题先进实验学校和全国体育传统项目学校等称号，为全国中学教育科研联合体常务理事单位。

图27-3 文登一中外景（2003年11月11日摄）

文登新一中 2002年9月建成，位于文山东路97号，省级规范化学校。占地面积23.13公顷，建筑面积6.05万平方米。教学班68个，在校学生4026人，教职工293人。学校以“遵循规律，尊重个性，为每个学生提供适合教育”为办学理念，以“自主学习—自我教育—自由发展”为核心特色教育。全面推行素质教育，促进学生全面发展。2004年，组队参加全国奥林匹克竞赛，获国家级数学学科奖5个、生物奖4个、化学奖2个。

2013年，有教学班59个，在校学生3219人。教职工332人（高级职称93人、中级职称128人、初级职称81人），其中研究生学历7人、本科学历291人。省级优秀教师2人，威海市名师、教学能手16人，获省级优质课以上奖项12人。先后获全国读书育人特色学校、全国加强未成年人思想道德建设工作先进学校称号。

1991—2013年文登市普通高中基本情况表

表27-3 单位：所、人

年度	学校	毕业学生	招收学生	在校学生	教职工	教师
1991	8	1724	1837	5507	785	411
1992	7	1723	1643	5104	707	386
1993	6	1778	2082	5073	642	360
1994	6	1523	2792	6322	663	381
1995	6	1468	1930	6778	666	392
1996	6	2108	2149	6762	807	429
1997	6	2692	2614	6876	843	469

续表 27-3

年度	学校	毕业学生	招收学生	在校学生	教职工	教师
1998	6	2214	1424	8233	943	522
1999	6	2110	3438	9298	1011	589
2000	6	2606	3470	10120	1120	665
2001	6	3297	3949	10824	1076	729
2002	7	4021	4420	12639	1120	773
2003	6	3861	4709	13290	1062	781
2004	6	4223	4245	13806	1129	835
2005	6	4963	4126	13563	1166	888
2006	6	5288	3880	12274	1210	939
2007	6	4426	3253	10783	1208	932
2008	5	3759	2827	9027	1047	821
2009	5	3352	3045	8780	1049	862
2010	5	2870	3273	9230	1058	845
2011	5	2658	2981	8814	1072	887
2012	5	3227	2620	8851	1079	884
2013	5	2930	2740	8295	1083	860

第五节　德育与艺体教育

德育教育　90年代后，全市中小学学科德育教育以“品德与生活”“品德与社会”“青少年修养”等课程为主。1991—1995年，全市中小学注重学校精神文明建设，按德育为首，五育（德、智、体、美、劳）并举宗旨，突出爱国主义教育。以校报校刊、广播站、宣传栏和人文景观为载体，通过红色纪念日，开展“讲文明、守秩序、树新风，争当文明小市民”活动。1995年，在少先队第三次全国代表大会上，实验小学学生刘红芳代表威海市参加会议，作题为《我们是雏鹰，不是风筝》的发言。各中小学升国旗、演讲、征文和文艺会演等活动成为常态德育教育形式。1996—1999年，从爱家乡、爱学校、爱集体、爱他人入手，将教学、社会实践和育人环境统一结合。以“纪念红军长征胜利60周年和迎香港回归”等为主题，开展德育教育，文登市获全国青少年“热爱祖国、立志成才”读书活动一等奖和“全国迎接香港回归祖国征文大赛”优秀组织奖。1999年，获全国青少年“五十年辉煌，新世纪畅想”读书教育活动特别奖。

2000—2005年，以学会做人为核心培养学生良好行为习惯，以评选“绿色学校”为载体提高学生环保意识，2所学校获省级“绿色学校”称号，文登实验小学参加全省环保教育先进学校表彰会。其间，地市级规范化学校及中心完小和初中学校推行心理健康教育，15所初中、13所小学被威海市教委定为心理健康教育试点学校。文登实验小学和天福山镇仓上完小开展城乡“手拉手”活动，拓宽德育途径；第二实验小学、大众完小和文峰小学开展红领巾交通岗“雏鹰行动”等活动。2006年3月，市教育局印发《关于在全

市中小学开展社会主义荣辱观教育的通知》，全市中小学采取德育教育与课堂教学、实践活动、学校文化建设相结合等形式，加强社会主义荣辱观教育。2007年，德育工作实行全员参与模式，建立健全一岗双责德育机制，举办首届政教主任暨少先队大队辅导员论坛；印发《文登市义务教育学段学生良好习惯养成教育实施意见》，开展文明教室、文明餐厅、文明宿舍、文明路队、文明班级等学生养成教育系列专题活动。小学德育教育以习惯养成教育为主，初中以法纪安全教育为主。全市学校以改革开放30周年和第29届夏季奥林匹克运动会为主题，开展“看沧桑巨变，与时代同行”和“迎奥运，促和谐”两大德育实践活动。2009年，全市小学普遍设立德育处，负责学校德育工作的开展。是年，开展以“习中华美德，铸高尚品德”为主题的中华传统美德教育活动，确定阶段德育教育目标为：幼儿阶段主要抓好养成教育，培养最基本的文明语言、认知和行为能力；小学阶段通过校内外教育活动，进行以爱祖国、爱人民、爱劳动、爱科学、爱社会主义的“五爱”为基本内容的社会公德、社会常识和文明习惯养成教育；初中阶段除“五爱”教育外，着力培养学生的法制意识、遵纪守法行为习惯教育；高中阶段有针对性地开展马列主义、毛泽东思想、邓小平理论、“三个代表”重要思想和科学发展观教育，引导学生树立正确的世界观、人生观和价值观。

2010—2013年，市教育局根据市精神文明建设委员会关于开展“讲文明、倡和谐、塑形象”创建活动实施意见，以办人民满意教育为目标，引导全市中小学深化“铸德工程”教育。聘请著名学者欧阳中石担任文登教育“铸德工程”德育导师，把德育渗透于教育教学各个环节。开展以感恩父母、老师、同学、学校和社会为主题教育活动，以创建全国文明城市为载体，开展“文明礼让、礼貌回应、向不文明说不”等系列主题实践活动。第二实验小学作为全省唯一的全国少先队先进集体代表，参加在北京举行的少先队建队60周年座谈会。市教育局获全国青少年“学雷锋精神，树时代新风”读书教育活动特别奖、全国中小学生“知荣明耻学做人”挑战擂台活动优秀组织奖。

艺术教育 1991年，全市中小学每周开音乐、美术课各2节。1992年，文登一中成立冬之春艺术社团。1994年，实验中学成立金凤凰艺术团，设民乐队、舞蹈队、合唱队。10月，成立金凤凰书画社，组建中国画、书法和速写3个活动队。1995年，实验小学成立京剧社、小红帽舞蹈队、小红帽器乐队和百灵鸟合唱团。是年，该校在全国硬笔书法比赛、全国少年儿童美术书法摄影大赛中获奖50人次。七里汤中学在全国少年儿童“双龙杯”书画大赛中，16人获佳作奖、6人获优胜奖、4人获铜牌奖。1998年，全市中小学开展民族器乐进校园活动，均建立不少于54人的民族乐队。2002年，文登一中成立全市首支学校铜管乐队，被省教育厅授予文学艺术教育先进学校称号。2003年，文登二中音乐学科成立民乐、舞蹈、合唱、京剧活动小组，美术学科成立素描、国画、书法活动小组，每周活动4课时。2004年，新一中开设艺术特长班。是年，全市音乐美术专业班累计向高校输送艺术专业人才80余人，高考升学率达90%；考入中央音乐学院、

图27-4 2012年12月7日，文登市实验小学为中央电视台《快乐戏园》走进文登排练京剧节目。

上海音乐学院、中央美术学院等60人。文峰小学开展“我是大明星”“红心向党、书海扬帆”文艺书法活动，京剧表演《梨园春韵》节目在中央电视台播出。实验、泽头、米山小学被中国教育学会授予艺术教育特色单位称号。2008年3月，市教育局印发《关于开展京剧进校园试点工作的通知》，选择文登二中、实验中学和实验小学等10所学校为京剧进校园试点学校。教育实验幼儿园以“爱”的理念引领孩子的艺术素质发展，连续两次获全国魅力校园文艺大赛一等奖，并应邀参加中央电视台少儿春节联欢晚会。

2013年，境内学校艺术教育设施和场地均达到国家规定的评估认定标准，有音乐专用教室69间、美术专用教室64间、舞蹈活动室48间。在国家和省2～4届中小学生艺术展演活动中，全市教育系统获国家级奖项3个、省级34个。文登市先后获省艺术教育示范县、省艺术教育先进单位称号。

体育教育　1991年，学校体育训练项目以篮球、田径为主，群体性体育活动以乒乓球和跳绳为主。中小学每周安排3次以上课外活动，每天1小时（含体育课）体育活动时间。执行课间操、眼保健操和课外活动“两操一课”制度。1999年，“两操一课”统一开展，课外体育统一安排内容，时间45分钟。2000年，市教委要求中心完小以上学校每年要举行春秋两季运动会。2002—2004年，全市中小学推广体育与健康课程标准。2006年，实施中小学体育教学课程改革，印发《中小学体育课堂教学基本要求》，规范课堂教学行为，提高课堂教学效率。2008年，全市20所小学、16所初中承担市级体育小专题研究。5月，课间操改为大课间体育活动，由20分钟延至30分钟。2009年，文登一中被国家体育总局、教育部命名为国家级体育传统项目学校。2013年，境内小学、初中、高中和职业教育体育运动场达标率分别为89.7%、94.4%、100%和100%。

图27-5　2010年6月23日，文登市泽库中学学生在体育大课间练习抖空竹。

第三章　特殊教育

第一节　特殊教育学校

市聋哑学校是文登唯一特教学校，位于文化路23号。1991年，在校学生72人，教职工34人。内设教导处、总务处和语文、数学、艺体、职劳教研组。听障学生康复有效率达100%。1995年，课程分文化和职业技术课两类，听障毕业生文化知识达到小学水平、职业技术达到3～4级工水平。“八五”期间，招收新生55人，毕业学生28人。有教职工45人，其中教师36人。1998年，开设启智班，招收适龄智力残疾的学生。2002年8月，更名为文登市特殊教育学校，实行“康复—基础—职业教育”三位一体的办学模式，实施小学、初中水平综合教育。2013年，有教学班10个，在校学生103人，其中听障生24人、智障生79人，累计毕业学生269人。有教职工44人，其中教师33人，学历达标率达

100%。获山东省残疾人体育工作先进单位称号，被评定为威海市规范化学校。

第二节　学制　课程　教法

学制与招生　1993年8月以前，听障班实行六年制义务教育。之后，实行九年制义务教育。1998年，试办启智班，适龄智力障碍学生在校学习至18周岁。2004年9月，听障班试办职业高中班，在校生接受九年义务教育后免试升入本校职业高中班学习，学制3年，设木工、服装和微机3个专业。2011年木工专业停招，2012年8月职业高中班停办。

课程设置

听障班　1995年以前，开设语文、数学、思想品德、常识、美工、律动、体育、职业技术等课程。之后，思想品德课改为思想品德和思想政治课两种，常识课分社会常识和自然常识课。2000年，增设英语、计算机课程。2013年，设语文、数学、思想品德、语训、律动、美工、体育、写字、自然、社会、生活和劳动课程，增设安全教育、健康与心理健康教育等校本课程。

启智班　1998年，开设语文、数学、常识、音乐、体育、美工、生活、劳动、矫正等课程。2008年，增加感统训练、精细化训练课程。2013年，设实用语文、实用数学、实用生活、常识、劳技、音乐、体育、美术课程，设康复训练校本课程（包括感统、精细、沟通与交往等）。

教法　听障班采用口语为主、手语为辅的教学方法，注重直观、分类和个别化教学相结合。职业高中阶段，主要实施综合职业能力培养教育，让学生能够自食其力，残而不废。

启智班采用“动中教、乐中学、小步子、多循环”的教学方法，补偿智障儿童智力和行为缺陷，提高生活自理能力，学会简单的劳动技能。

第四章　职业教育

1988年，市政府规定，对口录用职业学校毕业生可直接上岗，普通高中毕业生须参加1年岗前培训方可上岗，非农业户口初中毕业生须参加两年职业技术教育取得毕业证书方能参加分配。

第一节　公办职业教育

管理体制　1991年，山东省文登师范学校（简称文登师范）和威海卫生学校（简称威海卫校）分属威海市教育局和威海市卫生局管理。文登市职业（工）和技术学校分别由市教委、劳动局、供销总社、商业局、粮食局等部门管理。办学经费由市财政局拨付，形成政府办学、行业管理格局。1994年，行业创办的职工学校经费逐步改为差额拨款、自收自支（2004年复改为财政全额拨款）。2000年，市劳动局创办的文登技工学校（简称文登技校）与其他学校合并成立高级职业学校，归属市政府管理。2002年，市职教办创办的职工中专学校划归教育局管理。2010年，所有市属中职学校优化组合，全部归并文登市高级技工学校，由市政府直接管理。

学校与师资　1991年，全市有公办中等职业学校12所。其中，分属威海市教文体委、卫生局管理的有文登师范和威海卫校；隶属文登教委管理的有文登职业中等专业学校（简称职专），文登水产学校（简称水校），文登建筑技术学校（简称建校），文登第一、第四、第五职业高中（简称职高）；隶属行业（部门）管理的有文登市技工学校、文登市供销职工中等专业学校（简称供销中专）、文登市商业学校（简称商校）、文登市粮食职工学校（简称粮校）。在编教职工862人，其中教师503人。文登市被省教委授予

职业技术教育先进集体称号。1992年，文登八中改为建校，原建校迁入。1994年6月，第四职高改为文登第二职业中等专业学校（简称二职专），设市场营销、音乐、工艺美术和企业管理4个专业，教学班18个，学制3年，列入国家招生计划，不包分配。1996年9月，威海市经济贸易学校成立，位于米山东路16号，为全日制普通中等专业学校，归威海市政府管理，学制3～4年。1998年5月，文登水校更名为第三职业中等专业学校（简称三职专）。2000年，文登市广播电视大学（简称文登电大）、威海市经济贸易学校（文登第一职业高中）、文登技校合并成立文登市高级职业学校，隶属市政府，保留各校原有牌子。2001年，文登建校划归二职专。2002年3月，文登职专创办威海工商外国语学校。6月，威海市财经职工中专（原供销中专）、文登商业中专（原商校）与粮校合并，挂威海市经济贸易学校牌子，归属文登市教育局管理。是年，按照职业学校专业任课教师必须获得相应学科或专业中级以上等级职业资格证书的要求，将教师职业资格达标情况纳入学校和教师年终考核评估体系。2004年6月，文登市职工中专学校并入威海市经济贸易学校。2005年5月，文登市高级职业学校与威海市经济贸易学校合并成立文登市高级职业技术学校（简称文登高职），增挂文登市技校（2009年更名为高级技工学校）牌子，保留文登电大、威海市经济贸易学校牌子。2008年2月，第三职专并入工商外国语学校，第五职高并入二职专。2010年1月，文登高职、二职专和工商外国语学校并入高级技工学校，所有教职工划归高级技工学校。6月，文登市高级技工学校增挂文登市职业技术教育中心牌子，内设文登市职业中等专业学校和文登电大，均为正科级单位。是年，在校学生1.08万人，在编教职工948人，其中教师687人。

2013年，全市公办职业学校有文登市高级技工学校（含职业中等专业学校和文登电大）、文登师范（增挂威海市商务旅游学校牌子）和威海卫校。教职工771人，其中教师574人，本科以上学历达100%、中高级职称达30%。

招生 90年代，职业学校实行计划招生，纳入市教委招生计划。1992年，职业学校与企业签订学生就业合同，定向委培专业技术人员。是年，招收委培学生492人。1998年，因生源不足，招生出现恶性竞争现象。1999年，市教委印发《关于规范职业学校招生秩序的通知》，从办学广告、招生、学籍、收费、制度5个方面作出相应规定，招生秩序得以好转。2000年，市教委印发《文登市职业学校2000年招生工作意见》，对职业学校划片招生、专业设置、短训班开设、毕业生安置等作出详细规定，进一步规范招生秩序。2003年，职业学校与普通高中招生比例保持1∶1。2010—2013年，采取注册招生方式，初中毕业学生持成长档案到校报名，由招生学校按学生成长档案决定录取，报市教育局备案。所有中等职业学校全部实行网上电子注册学籍。2013年，职业学校招生3007人，在校学生8673人，毕业学生2529人。

专业 90年代，全市职业学校进行办学体制改革，利用校舍、场地和师资条件，与省市相关职业院校联合办学，拓展办学路子。职业教育注重专业知识与结构调整相适应、长线与短线专业相协调的原则，增强专业设置的预见性，基本学制3年。1998年，第三职专按“高+1”办学路子，开辟高中后教育新途径，国家教委予以肯定。2000年，第二职专率先开设综合高中班，高级职业学校增加车工、钳工、电焊工、餐旅服务等专业。全市职业学校在保留原有专业基础上，强化英、日、韩语教学。2004年，压缩常规专业、扩大特色专业。第二职专城镇建设专业被省教育厅列入全省职业教育“十百千工程”。2009年，文登高职汽车维修专业被省劳动保障厅确定为全省技工教育百强专业之一，其中数控加工、电工、焊接专业与威海卫校护理专业被确认为首批威海市中等职业技术学校示范专业。

2013年，全市公办职业学校开设数控加工、汽车维修、电气自动化设备安装与维修、焊接加工、机床装配与维修、酒店服务与旅游、服装制

作与营销、学前教育、商务韩语和日语、物流服务与管理、计算机平面设计、动画制作与网络应用、建筑施工、工程造价、农业经济管理、农副产品加工、护理、烹饪、会计等29个专业。

校外实践与见习实训 90年代始，全市职业学校建立校内实习基地，均制定《学生顶岗实习管理细则》，定期安排学生到企业顶岗实习。根据不同专业，采取工学结合、弹性实习等方法，参加校外实训，包括工学交替、教学见习和就业实习3种方式。

1991—1995年，全市职业学校自筹资金130万元，建专业实验室或校内实习基地。职专、水校、第五职高先后建起电力拖动模拟实验室和电子实验室，第一职高购置50套电工电子综合实验设备。至1997年，各校每个专业至少有1处校内实训基地。2001年，第五职高租赁果园和牧场，率先进行种植和养殖实地开发实验。2007—2008年，全市职业学校投入500万元，新增校内实习车间29个，实习工位1500个。2008年10月，文登高职数控技术实训基地被省教育厅、省经贸委、省财政厅定为全省“十一五”重点建设200个实训基地之一。2010年，各校实训车间推行整理、整顿、清扫、清洁和素养“5S”实习模式。其中，高级技工学校重点建设数控、汽车维修、焊接、维修电工、烹饪、建筑和计算机专业实训基地（室），有实训基地（室）36个，场地面积7635平方米，实训设备总值1060万元。2012—2013年，实训“5S”升级“7S”，增加安全和节约两个项目。

就业 1991年，职专财会专业毕业生供不应求。1994年，第一职高美术服装专业毕业生成为刺绣厂、绣品厂和绣花厂设计骨干。1999年，各职业学校就业面扩至山东青岛、广东东莞和深圳等国有、合资与独资企业，安置毕业生100人。二职专毕业生就业率达100%。2000年，职业学校加入毕业生省外就业安置网络。是年，毕业生就业深圳、东莞等地300余人，济南、青岛等地300余人。2002年后，调整专业，定向设置，实施“订单教育”。2005年，职业学校与30余个单位建立合作伙伴关系，定向培养技术工人700余人。2013年，全市中专和职高毕业生就业率达97%，对口就业率达85%，优质就业率（专业对口、岗位稳定、待遇优厚、发展有空间）达到70%以上。

学校选介

山东省文登师范学校 位于米山东路西11号，占地面积8.28公顷。全日制普通中等专业学校，隶属威海市教育局，正县级。

1991年，实行单一中专师范教育，教职工197人。内设办公室、教导处、总务处、政工处4个正科级单位，辖文登师范附属小学（1993年划归市教委管理）。1995年，设音专、美专、普师、民师、体育、英语、朝语专业，教学班38个，在校学生1535人。1999年，改为5年制大专试点学校，不再招收3年制普通中专师范学生，主要培养大专文化程度小学教师。是年，挂靠鲁东大学，招收“三二连读”大专生。2007年9月，增挂威海市中小学师资培训中心牌子，首招非师范类3年制中专学生，学生可以参加春、夏季高考，学校向职业教育转型。2009年，在经济开发区新辟校区作为商务旅游和学前教育基

图27-6 山东省文登师范学校外景（2000年10月15日摄）

地，占地面积2.67公顷。学校成立小学与学前教育、国际交流、商务旅游和艺术教育部，新增舞蹈大专专业，新建省级规范化幼儿园1所。2011－2012年，原4个教学部改为商务旅游部、艺术与学前教育部、外语与基础教育部。

2013年，与齐鲁师范学院合作，办全省首批“3+4”小学和学前教育2个本科专业，会计、物流服务与管理、计算机平面设计“三二连读”3个大专专业，学前教育、音乐高考、美术高考和韩国语4个中专专业。是年，有教学班67个，招生1095人，在校学生2855人（大专班100人、本科班200人），本科上线率音乐专业达83%、美术专业达75%。教职工211人（教师163人），高级职称87人、中级职称57人。先后获全国优秀示范学校、山东省规范化学校等称号。

威海市卫生学校　位于米山东路西1号，占地面积6.4公顷，建筑面积4.6万平方米。全日制普通中等专业学校，隶属威海市卫生局，副县级单位。有各类实验室36个，电化教学中心1个。

1991年，设有医士（4年）、护士和助产士（3年）3个专业，在校学生882人。教职工122人，其中高级职称6人、中级职称21人、初级职称45人。内设办公室、教务科、总务科、工会和团委等。1993年，与潍坊医学院、青岛医学院联合成立威海卫校成人教育分部，1994年首届招生113人，设临床医学、护理、检验、影像、药学和五官专业。1997年，护理（护士）专业改为4年制，增设英语护理和卫生信息管理专业，2003年恢复3年制。2005年，挂靠山东中医药高等专科学校，首开“三二连读”大专护理和中药专业，学制5年，前三年列普通中等专业学校招生计划，第四年列普通高等教育招生计划。招生对象为全省应届普通初中毕业生，修业期满成绩合格，颁发山东中医药高等专科学校毕业证书。是年，招收225人，其中护理专业217人、中药专业8人。

2013年，有教学班41个，在校学生2318人。有护理和助产三年制中专班2个专业，护理（普通、英语、韩语3个方向）和中医（针灸、推拿）“三二连读”大专班2个专业。教职工122人，其中教师101人，副教授38人、讲师31人。先后获国家级重点中专学校、省部级重点普通中等专业学校、山东省教学示范学校称号。

文登市高级技工学校　原文登技工学校，位于环山路64号，正科级单位，隶属市劳动局，学制3年。1991年，设电工、钳工、车工、烹饪和瓦工5个专业。教职工120人，内设办公室、教务科、实习科、学生科、政工科、总务科和团委。1993年，瓦工专业停办，增设井下电钳专业。1995年，设8个专业19个教学班，在校学生940人，累计招收学生1595人。2000年1月，成建制划归市教委管理，7月改属市政府管理。2005年，主要领导按副县级、副职按正科级配备。2009年9月，更名为文登市高级技工学校，正县级单位。2010年1月，文登高职、二职专和威海工商外国语学校合并，所有资产、教职工全部转给文登市高级技工学校，增挂文登市职业技

图27-7　威海市卫生学校外景（2011年6月13日摄）

术教育中心牌子，内设文登市职业中等专业学校、文登市广播电视大学。是年，迁至虎山路 288 号，占地面积 24 公顷，建筑面积 7.6 万平方米。内设办公室、政工处、教务处、学生处、成人教育处、总务处、招生就业处、财务处。

2013 年，学校设有普通中专、技工、高级技工、成人教育等各类教育，专科、本科、硕士研究生不同层次学历教育，开设全日制专业 29 个。是年，招收全日制学生 1150 人，毕业学生 1044 人，在校学生 3500 人。教职工 438 人（教师 310 人），其中高级职称 130 人、中级职称 148 人、初级职称 99 人，教师专科以上学历达 100%。先后获国家级中职教育改革发展示范校、全国职工教育培训示范点、全省高技能人才培训基地等称号。

图 27-8 2013 年 10 月 9 日，文登市高级技工学校学生在烹饪实训车间实习。

第二节 民办职业教育

民办学历教育 1990 年，文登市中日友好日语中等专业学校（简称日语学校）被省政府批准为中等专业学校，位于文山东路，学制 3 年。1994 年 8 月，文登武术学校成立，设武术、韩语、治安管理专业。1995 年 3 月，文登城北保安武术学校成立（2006 年停办），是以文化课为主、武术为特色的九年一贯制学校。1997 年 9 月，文登武术学校改为现代职业中专学校（2009 年停办）。2000 年，日语学校迁至威海，与日本大阪产业、常磐会和大谷女子等大学签订协议，互派留学生和教师，毕业生可直接考入日本大学。是年，招生 350 人，毕业学生 154 人，在校学生 984 人。2008 年 8 月，文登市光远技工学校成立，全日制民办技工学校，学制 3 年（2013 年迁至威海高区）。2011 年，日语学校回迁文登经济开发区广州路。2013 年，境内民办学历教育有日语学校 1 所，设商务日语、商务韩语、商务英语、网站建设与管理、计算机平面设计、客户信息服务、旅游服务与管理等专业。有教学班 20 个，在校学生 549 人，教职工 45 人，教师 37 人。获全国民办高校先进单位称号。

民办培训教育 境内民办培训起步于 20 世纪末。2000 年，文登宝威私立学堂成立，开设少儿英语和成人英语培训班。之后，鲁艺少儿艺术培训学校、方圆外国语学校、文苑辅导中心、扬程少年宫、东方金字塔儿童潜能培训学校、猫王外语培训学校、银河少年宫等相继成立。2007 年，经市教育局考核，扬程少年宫、东方金字塔儿童潜能培训学校、猫王外语培训学校、银河少年宫 4 所民办培训学校符合办学条件，批准转为正式民办培训学校。2013 年，境内有民办培训学校 7 所：宝威私立学堂、扬程少年宫、东方金字塔儿童潜能培训学校、银河少年宫、派菲特培训学校、奥沃斯语言培训学校和启航培训学校，开设外语、艺术和体育等专业。

第五章　高等教育

第一节　高等教育学校

1991年，境内有文登市广播电视大学1所高等教育学校，位于米山路18号，正科级单位。内设办公室、教务处、政治处、总务处。按脱产、业余和培训等形式开办大、中专班。有教学班16个，在校学生804人，教职工38人。脱产大专班设数学、中文、英语和数学师资专业；业余大专班设电气工程、经济管理、公共关系、财会和文秘专业。1992年8月，与山东工业大学联合办学，开设计算机应用基础、机械制造与工艺设备、工业电气自动化3个专业专科班，招收学员142人。至1995年，脱产大中专班开设专业11个，毕业1025人，其中大专毕业生462人，中专毕业生563人；5年间，市电大共培养毕业生1143人。1996年始，开办业余本科班，设经济管理专业，招收74人。

1999年，文登师范被省教委批准为5年制大专试点学校。2001年，文登电大开始利用互联网实施开放教育，招收本科和专科学生。2005年，威海卫校挂靠山东中医药高等专科学校，首开“三二连读”大专班。同年，文登电大脱产班停招。

图27-9　文登广播电视大学（2005年4月20日摄）

2009年，文登电大被确定为奥鹏远程教育学习中心。2010年，增挂山东广播电视大学文登学院牌子。2013年，与高等院校联合开办奥鹏教育业余本、专科班，设法学、公共关系、工商管理和经济学4个专业。至年末，文登电大累计招收专科学员1.02万人（脱产1251人），毕业6921人（脱产1214人）；招收本科学员609人，毕业545人。奥鹏教育招收专科学员423人，毕业110人；招收本科学员234人，毕业38人。先后获全国示范性基层电大、全省示范县级电大和全省电大开放教育“550”工程先进教学点称号。

第二节　大学函授站

文登市委党校函授站　1989年，中央党校函授学院在文登党校建立函授站，设经济、政治、经济管理和政法4个专业，至1998年共举办6个班次，招收学员495人。1993年，省委党校干部业余教育学院在文登党校设立干部业余教育学区，分大专和本科2个层次。至2013年，共举办各类业余教育62个班次，招收学员6531人。2011年，省业余函授班停办。

威海卫校函授站　1993年，威海卫校与青岛医学院联合设大学函授站；2001年，与北京中医药大学联合设大专函授站；2002年，与山

东大学网络教育学院联合设函授站；2005 年，与长江大学联合设函授站。至 2013 年，累计招收成人医学大专学员 2704 人，本科学员 1112 人。

文登市职教办函授站　1993 年，山东工会干部管理学院在市职教办建立函授站，设经济管理专业，招收 1 期，学员 100 人。1994 年始，山东干部函授大学在市职教办设函授站，设经济管理、行政管理、国际贸易、财务会计和法律本科与专科专业，培养专科起点本科学员 3023 人、高中起点专科学员 2110 人。1995 年，山东工程学院在市职工中专学校设立文登分院，开设机械制造专业大专班，招收 2 期，学员 227 人。1997 年，函授站停办。

文登第二职专函授站　2004 年 12 月，青岛理工大学在二职专设函授站，开设建筑工程技术、计算机应用专业大专班。是年，招收学员 25 人。2008 年，招收专科学员 30 人，并开始招收本科学员。2009 年，招收学员 20 人，其中本科 3 人、专科 17 人。2010 年，招收学员 25 人，其中本科 4 人、专科 21 人。2011 年，函授站停办。

第六章　成人教育

全市成人教育主要包括农民和职工教育，采取脱产、半脱产、校企联合、业余自学和进修培训等形式。

第一节　农民教育

扫盲工作　1990 年，第四次人口普查显示，境内 15 周岁及以上人口文盲者 9.84 万人，占总人口的 13.73%。“八五”期间，全市坚持“以堵为主，堵扫并举，扫盲与学习文化、技术相结合，因地制宜，分类指导”的原则，由妇联牵头、学校组织，完小包片、村小包村、教师包人的方式完成。1993 年，文登市通过省政府“两基”验收。之后，全市在巩固扫盲成果的同时，主抓初等教育和农民文化技术教育，新文盲得以杜绝。

农民科技教育　1991 年，首次举办村委会主任、村技术员 1 年制“绿色证书”学习班，培训 673 人。市农业广播电视分校（简称市农广校），举办业余函授大专班，设果树、农学、畜牧、财会等专业，为农民提供培训教育。1992 年，将乡镇学校、科普学校合为一体，成立成人教育中心。1993 年，市农广校由副科升格正科，与山东农业干部管理学院联合办学，设农学、畜牧和企业管理 3 个大专专业，学制 1 年半，主要为农民提供学历教育。是年，招生 100 人，在校学生 600 人。1995 年，全市有镇级教育中心 21 处，校舍 7638 平方米，兼职教师 500 人，村级文化技术教育学校 800 个。“八五”期间，市农广校按农时招收农民学员 1019 人（大专班 647 人），举办短期培训班，毕业 360 人（发大专毕业证 109 人）。1999 年，全市有农民教育中心学校 21 所、农村文化技术学校 150 所，均配电教室、图书室和实验实习基地等教学设施。有专兼职教师 200 人，学生 3000 人。文城、泽库、泽头、铺集、苘山 5 镇教育中心获威海市成人教育规范化学校称号。市农广校编写专业技术教材 2 部，根据镇村特色和种、养专业因需施教。是年，全市参加农民技术培训 3462 人，其中获“绿色证书”344 人，聘为镇村干部或技术人员占 65%，成为科技致富带头人占 25%。

2000 年，市农广校承担省级跨世纪青年农民科技培训工程，参训 3000 余人，人均掌握 1 ～ 2 门致富技能。2004 年，实施国家级“四个一”（一张培训卡、一张明白纸、一本技术手册、一张生产技术光盘）农民科技培训工程，时间 2 年，36 个村 1500 个核心农户参训，辐射带动 1.5 万农户。实施省级新型农民科技培训工程，时间 2

年，50个村2000名示范农户参训，辐射带动农民2万人。实施农村劳动力转移阳光工程培训，培训农民2000人次，转移就业2000人。2008年，实施国家级新型农民科技培训工程，时间2年。全市筛选有产业基础的示范村50个（种植村32个、养殖村18个），为每个示范村培养农村实用创业人才和村级动物防疫员各1人，培养种养殖能手、科技带头人、农村经纪人等各2～3人。2011—2013年，举办阳光工程培训55期，培训农民6800人，其中农业专项技术人员2200人、农业职业技能人员2220人。其间，组织职业技能鉴定2080人，均获人力资源和社会保障部颁发的职业技能证书。

第二节 职工教育

学校与培训中心 1989年，省政府批准境内成立首所职工中专学校——文登市供销职工中等专业学校。1993—1994年，经威海市政府批准，相继成立文登市职工中专学校、文登市商业中专学校和文登市卫生职工中专学校。1995年，全市职工中专学校4所，职工学校9所，职工培训中心2处，11家企业设职教科。教师452人，其中专职教师172人、兼职280人。2002年6月，原供销职工中专、商校、粮校合并为威海市经贸学校，职工中专和职工学校停办后，以培训中心为主体培训职工。2009年，市电业总公司、天润曲轴股份有限公司、东安黑豹股份有限公司、山东云龙有限公司获省首批实习实训基地资格。至2013年，全市有职工培训中心6处，50家企业设职教科。

岗位技能培训 1991—1995年，以培养现代企业管理人才为目标，开展工业企业生产经营管理、涉外经济政策、领导科学与技术、股票知识等培训，受训人员涵盖企业厂长经理、车间主任和班组长等，参训4万人次。组织新会计制度、提高技能等专题培训，参训6万人次，获各级各类专业技术培训证书2.35万人。1996—1997年，组织市属企业领导干部、中层干部参加社会主义经济理论、管理科学、决策知识和经济法规等培训，参训1898人次。开展工人岗位培训，培训初级工5.03万人次、中级工1.02万人次、高级工3897人次。2001—2002年，开展以现代企业制度基本规范和世界贸易组织基本规则为内容的“新双基”培训，参训3万人次。2006—2008年，实施“梯级培养计划”，对国有、中小企业管理人员、技术人员和一线职工分类培训，参训8000人次。举办物流、金融、企业管理、企业文化等培训班18期，参训2900人次。2013年，进行“阳光培训”和“半岛制造业培训基地”培训，全市职工培训率达91%。

学历教育 主要采取在职、业余进修和函授教育等形式。1991—1995年，全市职工完成文化和技术“双补”1.25万人，获大中专文凭7200人、高中文凭2400人、初中文凭1700人。此后，主要依托各职工中专学校和大学函授站完成职工脱产和业余大中专学历教育。

学校选介

文登市职工中专学校 1993年4月，威海市政府批准成立，编制10人，隶属文登市职教办。设机械制造、国际贸易、市场营销3个中专专业。是年，招生216人，其中2年学制42人、3年学制174人。1995年，有教职工9人，聘用教师10人。1998年，有教学班9个，在校学生153人。2004年6月，成建制划归威海市经济贸易学校，与文登市高级职业学校合并成立文登市高级职业技术学校。

威海市财经职工中专学校 1989年，省政府批准成立文登市供销职工中等专业学校，隶属文登市供销总社，位于香山路46号。1992年1月，更名为威海市供销职工中等专业学校，隶属文登市供销总社，副科级事业单位。独立招收脱产班学生，有教职工32人。设会计、文秘、计算机及应用、企业管理、商品经营、烹饪等14个专业。1994年后，相继与东营胜利石油学校、烟台经济学校、青岛高级职业学校联合办学，招收普通中专生。1999年5月，更名为威海市财经职工中专学校。2002年6月，与文登市商校、粮

校合并，挂威海市经济贸易学校牌子，隶属市教育局。

第三节　自学高考

成人高考　1991年，全市成人高考分专科起点升本科、高中起点升本科、高中起点升专科三种招生类别。采用脱产和函授等学习方式。是年，报考学生462人、录取211人。1994年，取消报考函授考生年龄必须在20周岁以上的限制，考生报名人数逐年增加。2001年始，非师范类考生实行当地报名，医护类考生增多。是年，报名学生1161人。2003年后，随着教师学历达标率提高，教师报名人数逐年减少，应届大中专毕业生、企业务工和医护人员成为报名主流。2010年，成人高考开设文史、中医、艺术、理工、经济、管理、药学、法学、教育学、农学、医学11类学科。全市参加考试725人，录取357人。之后，不再统计录取人数。2013年，全市报名考试567人。

自学考试　1991年始，高等教育自学考试每年2次，开设汉语言、财政、统计、税收和行政管理5个本科专业，法律、汉语言、会计、公安管理和中学教师等19个专科专业及小学教师、统计2个中专专业。是年，报名考生716人。1995年，增设英语、金融、会计3个本科专业，增设学前教育、公共关系、中医护理、室内装饰设计、计算机应用、机电一体化、国际贸易、市场营销、应用电子、社会工作与管理10个专科专业。1999年，文登市首次组织证书考试报名，年内报名全国英语等级证书考试40人。2001年，自考报名4790人，创历年之最。2003年始，自学考试年增至4次（1月、4月、7月、10月各1次）。2013年，报名考生359人，毕业学生17人，其中获本科毕业证书14人、专科3人。英语等级考试1386人，获合格证书903人。

第七章　教学研究

第一节　教研机构

1991年，文登市设教学研究室，为市教育局直属教研机构，内设办公室和高中、初中、小学、职教教研组，教学研究人员31人。各乡镇设初中、小学、幼教辅导员各1人，负责全镇教育教学研究。中小学校均设教学研究组。2001年始，由市区、镇中心校学科教研组拟订教研计划，指导辖区内教学研究。2003年9月，市教研室、教学仪器站、教师进修学校和托幼班4个单位合并成立文登市教育教学研究中心（简称市教研中心），内设教学研究室，下设高中教研组和义务教育教研组。高中教研组设语文、数学、英语、物理、化学、历史、地理、政治、生物教研员各1人，义务教育教研组初中设语文、数学、英语、物理、化学、历史、思想品德、生物教研员各1人，小学设语文、数学、英语教研员各1人。另设音乐、体育、美术教研员各1人，负责全市中小学音体美教学研究。2005年8月后，教学研究室撤销，高中教研组和义务教育教研组分别更名为高中教育研究室、义务教育研究室，管理全市教育教学研究。

第二节　教学改革研究

1991—1995年，坚持“科研兴教”指导方针，端正办学思想和办学方向，向教改要质量，以管理求效益，把“教学计划”改为“课程计划”，突出以德育为首、德智体美劳五育全面发展的教育方针，首次将活动与学科并列为2类课程。应试教育向素质教育转变，办规范加特色学

校，培养合格加特长学生，把应试教育真正转到素质教育轨道。全市中小学开展国家课程、地方课程、校本课程系列研究，转变教育观、教学观和人才观，建立新的教育教学秩序。通过开展教学竞赛、教案展评、教学基本功比武、评选教学能手等活动，对全市教学管理和教学质量综合评定，量化计绩，建立竞争机制。其间，共实施教学实验课题12项，其中国家“八五”计划重点课题1项、省级2项、地市级和自行引进教学实验5项。市教育局在全省单独立项课题“小学数学探究－研讨实验”获省教育科研优秀成果奖。5年间，全市教师有11人被评为省级教学能手，31人被评为威海市级教学能手，70人被评为文登市级教学能手，在地市级以上报刊发表教学论文136篇。1996年，全市开展教育理论大学习、教学基本功大练武、教学方法大改革活动。是年，承担“九五”国家级、省级8项和地市级重点科研15项课题研究。全省小学语文作文教学现场会在实验小学召开，市教委被省教委授予全省小学作文教育改革先进单位。1999年，市教委印发《关于全面评价中小学教学质量的意见》，评价方法由单一笔试，增加口试、表演、操作等非笔试项目，两类计绩比例为6∶4。其中，笔试成绩按平均分、及格率、优秀率评分。市教研室同步印发《文登市中小学课程非笔试考查评定办法》，开展非笔试测试实验研究。加大能力测试，突出学生理解、推理、观察和综合分析能力考查。

2001－2002年，确定“抓组织健全网络，抓管理形成规范，抓课题创出水平”的教研方针，申报立项承担地市级以上教研课题21项。中学英语“二十四字教学法”和数学“多媒体辅导教学实验”等国家级和省级实验课题取得阶段性成果。实验小学被国家教委评为全国学具应用研究实验学校。2003年，文登一中承担“综合实践活动理论与实践研究”等国家和省地市课题研究10个，实验小学承担“运用多媒体辅助低年级阅读”等实验课题18项。2005年，实验中学“触动心灵，飞扬创意”课题成果通过全国中语会鉴定；铺集中学“农村中学体育文化节的实践性研究”通过国家重点课题研究中心专家鉴定，文登课改经验被《现代教育导报》《人民教育》等刊物做专题报道。

2006年，实施名师工程，开展名师传帮带活动。2007年，推行反思式教学研究，立项省、地市级“十一五”教育科研课题100项，创历史新高。在威海市高中课改成果征集活动中，获奖50余项，其中一等奖16项。2009年，中小学校分别以“高中有效化教学”“初中生命化课堂”“小学小班化教育”“学生习惯养成”“体育大课间”“实践与创新”为教研重点，开展教学研究。2012年，高中学段推进“四步八环节”课堂教学模式，以课前会议、课堂观察、课后研讨为基本形式，引导教师通过课堂观察技术分解，细化课堂教学基本要求。义务教育学段总结“自主学习能力培养”课堂教学改革做法，补充完善自主学习能力培养课堂教学改革实验，完成全市课堂教学改革实验达标验收。是年，“四步八环节教学模式的研究与实践”“区域推进自主学习能力培养课堂教学实验研究”获威海市教育科研创新成果一等奖。市教育教学研究培训中心被省教育厅评为省基础教育示范教研机构。

2013年，坚持“面向全体、突出骨干、倾斜农村”的原则，先后完成读书富脑、校本培训、心理咨询师培训等培训活动，投入资金500万元。

第八章　教　师

第一节　教师来源

公办教师　全市公办教师通过国家分配、引进、招考和民办与代课教师选招等渠道接收、录用。1991－1995年，国家分配任职教师1430人，其中本科学历83人、专科学历713人、中专学历634人。1995年，全市有教职工6691人，其中公办教师3784人。2000年，根据省政府办公厅颁发的《山东省全日制中小学职业中学机构编制管理暂行规定》，文登市核定镇域教职工5520人，其中初中教师2667人、职工335人，小学教师2453人、职工65人。2007年，全日制公办学校教职工编制核定为：高中核编950人，其中教师813人、职工137人；初中核编1925人，其中教师1705人、职工220人；小学核编1541人，其中教师1398人、职工143人；职业学校核编691人，其中教师477人、职工214人。2013年，全市在编中小学校教职工4749人（教师4504人）。其中，普通高中教师978人，具有高级职称269人、中级职称378人、初级职称315人；初中教师1990人，具有高级职称424人、中级职称910人、初级职称624人；小学教师1536人，具有高级职称92人、中级职称740人、初级职称665人。公办职业学校教职工771人，教师574人，其中文登高级技工学校教职工438人。全市教职工获省劳动模范称号1人、省特级教师称号2人。

民办教师　80年代始，政策允许民办教师考入中等师范学校，毕业后转为公办教师。1992年，全市从市民办教师中选招公办教师92人。1995年，全市有民办教师2448人（省注册1914人），由市民办教师选招公办教师560人。1996－2002年，全市民办教师转为公办教师2464人。之后，境内无民办教师。

代课教师　1993年和1994年，文登市两次自行选招代课教师826人。1999年，根据省人事厅和省编办《关于清理清退机关事业单位临时人员和超编超计划人员的通知》要求，全市开始清退代课教师。清退教师给予一次性补贴，按补贴年限每满1年发给2个月指数化月均工资294元，加发1个月全市现行代课教师月均工资360元。2000年后，境内无代课教师。

第二节　教师管理

1991年，市教育局对教师进行续聘，颁发教师续聘任命书，续聘公办、民办教师6019人。1995年，推行目标管理责任制和联教计奖制，统一量化计绩。全市教职工人员核编至市教委直属学校和镇教委办，部分人事调配权下放至学校，实行竞争上岗、淘汰和待岗制。1996年，实施教师资格过渡，认定高级中学教师资格513人、中等职业学校教师资格527人（含实习指导教师25人）、初级中学教师资格1882人、小学教师资格3143人、幼儿教师资格124人。1998年，市教育局印发《教职工千分考核方案》，对教师政治思想、业务素质和教学工作实行千分考核，专业技术职务评聘按千分考核成绩由高至低依次聘任。1999年1月，市教育局印发《关于教育工作考核评估意见的通知》，教职工考核包括政治表现、职业道德、履行职责、奖惩4部分，使考核评估工作进一步规范。2000年8月，首次实行中层干部竞争上岗，29名青年教师走上领导岗位，6名原任领导落选。2001年12月，认定高级中学教师资格315人，职业学校教师资格127人，中等职业学校实习指导教师资格4人，初级中学教师资格1582人，小学教师资格1732人，幼儿园教

师资格 42 人。之后，教师资格认定制度逐步规范化、常态化。

2003 年，开展第二届中层干部竞争上岗，市区 21 名教师走上中层干部岗位，18 名中层副职竞任正职，4 名原中层干部退出岗位。553 名教师职称晋升，187 名中级教师落聘，106 名教师降级聘任。2005 年 8 月，市教育局印发《关于教育工作考核评估的意见》，教师考核内容分为重点工作和综合目标两部分，分值改为百分制。采取考试、考察、学生和家长问卷及相关部门反馈意见等方式，考核工作进一步完善。是年，推行全员聘任制，近 7000 名教职工签订聘用合同。11 名中青年教师充实到中层领导岗位，11 名业绩突出的中层干部提拔为学校主要领导。2007 年，面向全系统公开选拔科级领导干部和市区中心校下属小学校长，15 人走上领导岗位。2011 年，全市首次开展全系统岗位聘用工作，通过岗位设置、竞争和合同签订等环节，推动教育系统用人方式转变。是年，聘用教职工 4859 人。增设农村中小学教师职务特设岗位 60 个，引导城镇教师赴农村任教，有 47 名特岗和 33 名支教教师赴农村工作。2013 年，签订聘用合同教职工 4844 人。结合岗位聘用，规定特岗支教服务期限 3 年，34 名特岗和 16 名教师支教农村。首次推行跨校竞聘，6 名教师竞聘上岗。

第三节　教师培训

继续教育　1991 年，教师学历达标要求为小学教师具备中专学历、初中教师具备专科学历、高中教师具备本科学历。1993 年始，文登市开展教师学历达标培训。是年，参加高师函授、高教自学考试等培训人员 2000 余人。至 1997 年，毕业 1600 人。2002—2007 年，1900 人分 3 批参加中小学教师自学考试培训，毕业 1700 人。其间，2005 年 3 月，通过上海方略远程师资培训系统，实现境内教师与京、沪、苏、浙、闽等地教育专家和一线优秀教师面对面交流，整个培训历时 3 年 6 个学期，每学期 40 学时。2010 年，全市教师学历达标率为 99.3%。2013 年，坚持面向全体、突出骨干、倾斜农村的原则，投入培训资金 500 万元。暑假期间，组织 873 名高中教师参加省教师暑期远程研修。9 月，组织 1897 名初中教师、1336 名小学教师参加一学年的国培计划——网络与校本研修整合项目培训，全市教师学历达标率为 99.27%。

岗位培训　1991 年，组织全市中小学校长岗位培训，由省、地、县三级分别负责高中、初中、小学校长培训。1996 年始，对新招聘的教师，均进行为期 1～2 周不等的岗前培训。2000 年，开展教师普通话达标培训，培训中小学教师 5108 人，等级测试达标率为 90%。2003 年始，市教育局和教研中心采取集中网络培训与分散自学研讨相结合等形式，开展中小学教师不同内容培训工作。至 2006 年，培训 1.38 万人次。2008 年，通过外派培训学习、担当教研任务、参与课题研究等方式，促进骨干教师成长。是年，评选文登市学科带头人 97 人、教学能手 120 人。被评为威海市第四届学科带头人 22 人、第九届教学能手 27 人。2009—2010 年，以丰富教师专业知识、提高教师专业能力为培训重点，制订“文登名师”建设工程实施方案。100 人入选“七名”[①]工程，开始为期 3 年的“七名”工程建设。其间，组织普通高中教师新课程和初中语文、数学、英语教师远程培训；组织班主任参加中小学心理健康教育与班主任工作方法创新培训；组织全市中小学中层以上干部参加学校文化与特色建设专题培训；组织中小学实验教师参加“HX2000 教育装备与实验教学管理系统的操作与使用”培训，共培训教师 2 万余人次。2013 年，组织全市中小学校长进行岗位提升培训，参训 39 人；同时启动第二届“七名”工程建设工作。

①名校、名校长、名师、名班主任、名教研组、名学科、名教研员。

第九章 教育经费

文登市教育经费投入体制大致经历3个阶段。1991—2000年，全市逐步建立以财政拨款为主，辅之以教育费附加、教育集资、杂费、校办产业收入、社会捐资和设立教育基金等多条渠道筹措教育经费的体制。2001—2005年，实行农村税费改革，财政拨款为教育经费主要来源，义务教育收费逐步实现“一费制”，对困难学生实行“两免一补”（免杂费和课本费，补助寄宿贫困学生生活费）等政策措施。2006年始，实施免费义务教育，建立中央和地方分项目、按比例分担教育经费保障体制。

第一节 经费来源

财政性教育经费 主要由市级、省级和中央财政拨款组成。另有各级政府组织征收的教育费附加。校办产业、勤工俭学收入也用于教育。

预算内教育事业费 预算内教育事业费是教育经费的主要来源。根据文登教育发展和财政财力情况，比例逐年扩大。至义务教育经费保障机制改革前，各级按“保工资、保运转、保安全”的原则，加大学校公用经费投入。2013年，全市教育经费收入12.83亿元，其中财政性教育事业费拨款11.21亿元，占财政总支出的25.06%。

教育费附加 1991年，按单位和个人增值税、营业税和消费税的2%征收教育费附加，之后调至3%。2005年1月，文登市开始正式征收地方教育费附加，按增值税、营业税和消费税总额1%征收，2010年12月调至2%。

事业收入及学校收费 1991—2000年，境内农村义务教育经费主要依靠事业收入。其间，多次调整义务和非义务教育收费标准。2000年，义务教育阶段杂费为小学每生每学期（下同）城市60元、农村40元，初中每生城市90元、农村70元，借读费小学300元、初中500元；非义务教育阶段实行招生收费并轨，学杂费省规范化高中和普通职专800元、城市高中和普通职高500元、农村高中360元，住宿费城市70元、农村50元。2004年秋，义务教育阶段收费试行“一费制”，杂费小学1～2年级城市100元、农村80元，3～5年级城市130元、农村105元，初中城市185元、农村150元。2006年和2007年，分别免除农村和城市义务教育阶段学杂费。2009年，免除义务教育借读费和农村义务教育住宿费。2013年，全市教育事业收入4784.4万元。

社会捐资助学 改革开放后，全市党政机关、企事业单位和港澳台胞、华侨等社会各界人士多次为文登教育事业发展捐资捐物。1991—2013年，社会捐赠助学项目折款合计7941.7万元，社会团体和个人捐款合计1.88亿元。

1991—2013年文登市教育经费收入情况表

表27-4　　单位：万元

年份	预算内教育经费		教育税费		社会捐赠经费	校办产业和勤工俭学	事业收入	其他收入	社会团体和个人捐款	合计
	事业费拨款	其他经费拨款	教育费附加	地方教育费附加						
1991	1857.6		78.0	630.5	572.2	415.5	213.1	25.6	—	3792.5
1992	2740.9		744.1	—	807.3	523.9	239.0	233.1	—	5288.3

续表 27-4

年份	预算内教育经费		教育税费		社会捐赠经费	校办产业和勤工俭学	事业收入	其他收入	社会团体和个人捐款	合计
	事业费拨款	其他经费拨款	教育费附加	地方教育费附加						
1993	3176.8	—	156.0	1060.0	582.5	589.2	527.6	—	—	6092.1
1994	4823.6	—	102.0	1265.1	738.4	686.9	614.5	—	—	8230.5
1995	4635.5	—	121.4	1645.9	663.3	1041.9	852.9	—	—	8960.9
1996	6671.2	—	251.0	1704.4	823.4	901.3	1214.9	—	—	11566.2
1997	7444.7	—	1350.8	—	305.9	779.3	690.9	323.7	—	10895.3
1998	9316.4	—	538.0	—	29.9	268.3	2701.6	1133.1	—	13987.3
1999	8961.8	1897.4	924.3	2278.7	219.7	428.5	2903.1	463.5	—	18077.0
2000	9818.4	2979.1	963.3	—	258.9	440.7	2864.4	799.5	—	18124.3
2001	12549.0	3798.9	1376.0	—	285.5	247.8	1508.0	295.9	—	20061.1
2002	15161.1	4577.3	1543.0	—	289.6	219.0	4176.1	1076.5	—	27042.6
2003	18560.0	5023.4	1122.0	—	502.5	353.0	4393.3	1127.4	—	31081.6
2004	25713.0	2499.6	1133.0	—	208.6	322.9	4792.2	1041.6	5404.4	41115.3
2005	30627.0	—	1384.0	205.0	244.7	535.2	4366.4	847.0	5491.0	43700.3
2006	30617.5	—	1625.0	448.8	222.6	513.0	3449.5	547.9	4838.9	42263.2
2007	43905.7	33.0	2877.0	868.0	294.3	—	4328.5	1088.1	—	53394.6
2008	55522.5		2772.0	710.0	198.3	136.7	4284.9	1159.8	—	64784.2
2009	65799.9	58.1	2153.0	680.0	284.8	—	3233.5	603.7	—	72813.0
2010	73992.0		3358.0	871.0	224.4	—	4870.3	1890.9	194.6	85401.2
2011	89312.0	274.4	5131.0	2688.0	92.0	1.4	4651.8	860.3	2614.6	106825.5
2012	106036.7	—	5603.7	2765.0	73.7	—	5290.2	1027.1	118.8	121620.2
2013	112076.2	—	7112.4	3689.1	19.2	—	4784.4	328.4	174.0	128302.1

说明：1991—1999 年部分年份各级政府征收用于教育的税费亦列为地方教育附加；2011—2013 年增加的地方基金，分别为 1200 万元、705 万元、275 万元，亦列为教育经费收入。

第二节　经费管理与支出

经费管理　1991—1998 年，乡镇所属学校财务独立运行，市属学校财务由市教育局统管。1999 年，各乡镇教委成立中心财务组，统一管理学校财务，各校不再设专门财务机构。2003 年 8 月，市教育局成立会计核算中心，局直属学校、直属单位财务纳入核算中心统管。2005 年 12 月，农村公办中小学及所辖幼儿园财务纳入核算中心统管。至 2013 年，全市教育经费均由市教育局集中核算管理。

经费支出　1991—2003 年，工资支出占教育经费支出的 60% ～ 70%。之后，保障性项目投入

增加，工资占比下降。其中，1995年开始为教职工缴纳养老和医疗保险金，1999年开始缴纳住房公积金，2000年开始缴纳失业保险金，均在工资性支出中列支。2005年后，各项保险不再计入教育经费。2008年始，市政府拨出经费，启动农村中小学食暖住工程、城市中小学改善办学条件工程及安全保障工程。2013年，全市教育经费支出12.83亿元。

1991－2013年文登市教育经费支出情况表

表27-5　　单位：万元

年份	合计	个人部分				公用部分		
		工资福利支出		补助支出		商品服务等支出	其他资本性支出	
			其中民办及代课教师		其中助学金		建筑物构建	设备购置
1991	3792.5	1803.2	427.4	314.0	10.0	1583.8	—	91.5
1992	5288.3	2381.5	511.6	433.6	10.0	2298.6	—	174.6
1993	6092.1	3415.8	62.6	609.7	11.6	1430.6	621.2	14.8
1994	8230.5	4878.3	62.6	1002.3	10.6	2035.2	300.0	14.7
1995	8960.9	4925.8	1038.5	1192.8	14.1	2386.7	438.2	17.4
1996	11566.2	6386.3	45.9	1125.3	15.0	2516.0	1518.9	19.7
1997	10895.3	7392.7	788.9	439.8	—	1848.2	868.2	346.4
1998	13987.3	9575.7	—	384.2	17.7	1832.4	1317.6	877.4
1999	18077.0	8351.0	34.1	2677.9	16.9	5660.0	—	1388.1
2000	18124.3	9179.1	36.9	3240.2	31.5	4529.7	—	1175.3
2001	20061.1	11866.7	45.2	3950.0	33.1	3370.5	—	873.9
2002	27042.6	13539.7	—	5023.2	34.4	7170.2	150.0	1159.5
2003	31081.6	12681.8	—	6641.9	19.2	5320.2	5127.0	1310.7
2004	39126.0	18693.5	—	42.1	37.1	6040.4	12856.0	1494.0
2005	41723.3	19066.2	—	4769.9	114.2	7556.5	9040.9	1289.8
2006	39073.3	18369.7	—	4741.1	131.0	10028.3	3979.4	1954.8
2007	53394.6	24073.1	—	7954.6	509.0	11423.0	8360.2	1583.7
2008	64784.2	23401.0	—	8311.5	1483.6	9201.2	22621.9	1248.6
2009	72813.0	22738.2	—	7750.6	1104.1	11805.6	29045.6	1473.0
2010	85876.3	20198.6	—	7148.2	965.9	11749.8	44038.3	2741.4
2011	106825.5	22613.4	—	7633.1	974.4	9624.7	64001.1	2953.2
2012	121620.2	23545.2	—	7807.3	893.0	9115.0	79714.5	1438.2
2013	128301.9	25277.5	—	8889.0	1439.9	8918.6	81314.4	3902.4

第十章　教育设施

第一节　校舍建设

1991年，文登市动员全市干部职工月捐工资2%，用于市区校舍改造。1993—1994年，市政府投资2500万元新建文登初级实验中学。其间，全市投入资金3492万元，新建校舍13.13万平方米，改建校舍2.55万平方米。中小学校舍达标率分别为95%和98%。1995年5月27日，小观镇店子中学一教室屋顶倒塌，造成学生1死3伤。市委、市政府将该日定为每年校舍改造纪念日，成立分管副市长任组长的校舍改造工作领导小组，市教育局成立校舍改造办公室，负责校舍改造。是年，投入资金5630万元，新建校舍5.81万平方米，改建校舍13.12万平方米。其中，市财政投入550万元，新建职专教学楼和文登三中、水校学生公寓。米山镇投资350万元建起镇办中学办公楼，晒字镇投资350万元建起中学和中心完小2幢教学楼各2000平方米，张家产中学建起可容纳24个班教学楼和400米跑道标准操场。至1996年，全市累计投入校舍建设资金1.27亿元，新建、改建校舍42.76万平方米。

1998年，全市用于校舍改造资金2071万元，新建校舍2.18万平方米，改建校舍1.22万平方米。其中，威海经贸学校投入220万元新建2300平方米学生宿舍楼，第二职专投入150万元新建2100平方米学生宿舍楼，泽库镇投入260万元新建3000平方米中学实验楼和1000平方米镇中心幼儿园。是年，市教委被省教委授予全省校舍设施管理基础工作先进单位称号。2002年9月，通过市场运作，投资1.2亿元建设文登新一中。是年，天福山中学、实验小学被省环保局和教育厅命名为第一批省级“绿色学校”。2006年，全市累计投资2329万元，新建、改建校舍3.42万平方米。九里完小完成整体搬迁。2007—2009年，经济开发区管委投资2000万元新建开发区实验小学，天福街道投资1600万元新建天福实验小学，环山街道投资3000万元新建环山路小学。其间，全市投入资金3亿元，实施校舍安全、“食暖住”改造和信息化建设工程。新建改建校舍20万平方米，改造学生食堂20处，改造学校宿舍9所。2008年，市政府印发的《关于实施全市中小学校舍安全工程的通知》，要求自2009年始利用3年时间，完成全市中小学校校舍抗震加固改造。经鉴定，全市有54.89万平方米校舍未达到抗震设计标准。当年加固改造校舍13.49万平方米、拆除重建校舍19.57万平方米。

2010年，市政府投资2亿元建设的文登市职业技术教育中心、南海新区管委投资1.2亿元建设的南海实验学校相继竣工。市、镇两级按7∶3比例投入资金7000万元，用于重建校舍5.92万平方米、加固改造1.23万平方米。2011—2012年，重建校舍6.98万平方米、加固改造5.92万平方米。全市除葛家、宋村两镇外，其余各镇中心完小均迁至中学院内，九年一贯制学校初具规模。全市有地市级“绿色学校”20所、省级10所。2013年，市政府投资9000万元建设文昌中学、小学，投资3亿元新建威海市南海高级中学，投资2000万元，在原址改扩建七里汤小学。是年，全市中小学全部达到地市级规范化学校标准，46%的学校达到省级规范化学校标准。

第二节　规范化建设

教学器材　1990年10月，市教学仪器站制定全市教学器材5年配备计划，并实行教学仪器统一采购。1994年，市财政拨款60万元、各校自筹40万元，购置体育器材。文登一中、文登

二中等15所学校教学仪器达到国家一类标准、30所学校达到二类标准。2006年，文登市获省农村中小学教学仪器更新补助资金113.2万元。2007年，全市普教仪器投资159.26万元，获省特殊学校教学仪器更新补助金额30万元。2009年，全市招标采购普教仪器331.65万元。2010年，全市招标采购普教仪器140.58万元、体育器材180.71万元。是年，全市农村24所小学、12所农村初中教学仪器均完成更新，特殊教育学校教学仪器全部配齐。2013年，全市学校教学仪器均达到国家规定标准。

计算机配备　1993年6月，市实验小学首建计算机教室，配计算机21台。1995年8月，铺集中学建成文登市首个标准微机教室。之后，张家产、泽库、界石中学和文城大众完小计算机教室建成。年末，全市中小学共配备计算机143台。1996年，实验小学新建境内首个多媒体教室。之后，第二实验小学和文峰小学相继建起多媒体教室。至2000年，全市总投资2000万元，高中、职中、初中、小学微机室均配备到位。2009年，全市投资300万元，采购台式计算机1012台，除357台用于“班班通”工程配套使用外，其余用于文登二中和实验、张家产、宋村、葛家中学的教育教学。2013年，全市中小学有计算机1.13万台。

图书馆、阅览室　1988年，市教育局成立文登市图书代办站，各乡镇学校设专职或兼职代办员。1994年，文登市按中小学图书馆规程要求，重点中小学按一类标准装备图书。2000年，全市中小学图书装备数量和质量明显提高，藏书量和生均用书达标学校占90%。2013年，全市高中学校藏书量27.04万册、初中64.27万册、小学49.96万册，生均图书分别为50册、40册和30册。

硬化绿化　90年代，境内中小学校主要干道开始铺设水泥路，农村学校教室地面由泥地向水泥地过渡。至90年代末，全市学校教室地面均改为水泥地面，80%校园主干道硬化。2000年始，校园绿化由花园式向园林式转变。至2013年，全市累计投入资金5600万元，硬化校园面积30万平方米，新增绿地62万平方米，绿化覆盖率达38%。

第三节　信息化建设

1995年始，市委、市政府提出全市教育现代化奋斗目标，强化学校信息化建设。2003年，文登教育网正式开通。2004年，文登市教育信息中心成立，学校信息化建设有序开展。

网络“校校通”　2003年2月，文登市中小学实施“校校通”工程。至年末，全市71所中小学分3批先后建成校园网并接入信息中心，“校校通”一期工程建设完成。2005年，6所高中、5所职高、20所初中、27所小学建成校园网并接入信息中心。2006年8月，河埠庄、宏安等17所幼儿园建成校园网并接入信息中心。2013年，全市各学校网络出口带宽由百兆升至千兆，城域网内部全部实现千兆带宽的数据传输目标，并建成云计算数据中心。

网络“班班通”　2007年始，部分学校教室安装投影机和投影幕等，3～4个教学班配备1台笔记本电脑。2009年，网络“班班通”工程全面展开。是年，全部高中、50%的初中和镇（街道）中心完小、直属小学，30%市区所属小学教学班实现“班班通”。2010年，文登二中、

图27-10　文峰小学“班班通”教室（2010年6月3日摄）

实验中学、七里汤中学、文峰小学、葛家中心完小、宋村中心完小新装“班班通”设备166套。年末，全市中小学有598个教学班实现“班班通”，占全市中小学教学班的60%。2011—2013年，新增交互式多媒体769套，文登一中、新一中、二中、实验中学、实验小学等17所学校建起录播教室，全市学校所有教学班实现网络“班班通”。

农村中小学远程教育 2005年3月，文登市33所农村中小学完成远程教育卫星安装。其中，初中学校20所、小学学校13所，实现了中央教育电视台1套、2套及空中课堂收看和教育教学资源IP数据的接收。年末，通过省教育厅、发改委和财政厅检查验收，并作为山东省首批实施农村中小学远程教育的典型在全省推广。

双向视频教育教学系统 2009年6月，投资180万元，成功开通双向视频教育教学系统，覆盖全市高中、初中、直属小学、大众完小、教育局和教研培训中心等28处学校（单位）。系统支持同时开展5组教育教学活动，每一终端可选择参加其中1组活动，主会场活动组织情况可同时显示在各分会场的显示设备上，实现面对面沟通。

网上家长学校 2009年9月，文登市网上家长学校在文登市实验小学成立。通过网络技术，为家长搭建家教知识、教子经验、教育咨询等平台。聘请中国教育学会家庭教育专业委员会的专家为名誉校长，全面推进网上家长学校教育。

第二十八编
科学技术

1991年始，文登市深化科技体制改革，强化科技人才激励机制，努力扶持科技企业发展，重视科技服务体系建设，市委、市政府先后印发《关于鼓励企业加快技术进步的若干规定》《文登市科学技术研究成果管理办法》《文登市重奖有突出贡献科技人员的政策规定》《文登市鼓励科技进步与自主创新推动新型工业化发展扶持奖励办法》等文件，鼓励科技创新，研究开发高新技术产品，加快现代科技成果推广应用，全市科技事业发展迅速。至2013年，组织实施县级以上科技发展计划1007项，鉴定科技成果414项，获威海市以上星火奖、科学技术进步奖等442项。全市有工程技术研究中心41个，院士工作站3个，省级产业技术创新联盟3个，省级重点实验室1个，国家级高新技术企业10家。文登市先后获全国科技工作先进市、全国科技实力百强县、全国科技进步示范市、全国科技进步先进市等称号。

2010 年 9 月 27 日，山东文登新兴产业科技促进周开幕。

第一章　科技机构

第一节　管理机构

1991年，文登市科学技术委员会（简称市科委）内设办公室、科技计划科、科技成果科和科技干部管理科，编制13人。1992年3月，科技干部管理科归属市人事局；7月，增设综合管理科。1996年5月，文登市技术市场管理办公室成立，与市科委综合科合署办公。2002年1月，市科委更名为文登市科学技术局（简称市科技局）。内设办公室、发展计划科、高新技术发展及产业化科、农村与社会发展科、专利管理处，编制12人，其中事业编制3人。是年，市科技局增挂文登市知识产权局牌子，同时成立文登市地震局（简称市地震局），为副科级财政全额拨款事业单位，隶属于市科技局，编制3人。2003年，市科技局内设办公室、发展计划科（增挂成果科牌子）、高新技术发展及产业化科、农村与社会发展科（增挂技术市场牌子）、专利管理处，编制14人，其中事业编制6人。2006年，高新技术发展及产业化科增挂高新技术创业服务中心牌子，专利管理处增挂生产力促进中心牌子。2013年，市科技局内设办公室（增挂行政许可科牌子）、规划与科技条件科（增挂科技合作科牌子）、高新技术发展及产业化科（增挂自主创新办公室牌子）、农村与社会发展科技科（增挂海洋科技科牌子）。下设文登市知识产权局（2011年文登市技术转移服务中心与其合署办公）。市地震局与市科技局合署办公。是年，市科技局共有工作人员23人。

第二节　科研机构

1991年，全市有各类科研机构8个。1995年，增至20个。其中，全民性质科研机构5个，民营性质科研机构15个（厂办12个，私人办3个）；从业人员351人，其中工程技术人员245人，高级职称56人，中级职称160人。1995年，天润曲轴有限公司成立山东曲轴工程技术研究中心，被省科技厅认定为省级工程技术研究中心，是文登市首家省级工程技术研究中心。1998年，市西洋参研究所、市浩钏刃具研究所、市农业机械推广站成立。年末，全市各类科研开发机构增至42个。其中，市属全民独立科研机构3个，集体独立科研机构34个，民办科研机构5个；从业人员1098人，其中科技人员780人；高级职称25人，中级职称380人。

2002年10月和2003年12月，人事部先后批准天润曲轴有限公司和山东宏安集团有限公司设立博士后科研工作站。2006年，全市有各类科研开发机构41个。其中，市属全民独立科研机构2个，民营科研机构39个。有省、地市级工程技术研究中心14个。各类科研开发机构有科技人员1300人，年承担各级科研课题53项，研究开发新产品97种。2009年，全市有省级工程

图28-1　2010年9月27日，天润曲轴股份有限公司院士工作站授牌仪式举行。

技术研究中心 15 个，地市级工程技术研究中心 3 个，县市级工程技术研究中心 6 个。

2013 年，全市有工程技术研究中心 41 个，其中省级 19 个、地市级 7 个、县市级 15 个；院士工作站 3 个，分别是山东省文登鸿通管材院士工作站、山东省天润曲轴院士工作站、山东省威力工具集团院士工作站；省级产业技术创新联盟 3 个，分别是电动载货汽车产业技术创新战略联盟、发动机关键零部件产业技术创新战略示范联盟、西洋参产业技术创新战略示范联盟；省级重点实验室 1 个，依托单位是天润曲轴股份有限公司，研究领域为发动机曲轴连杆技术。

2013 年文登市省级工程技术研究中心情况表

表 28-1

序号	中心名称	企业名称	认定时间	批准部门
1	山东曲轴工程技术研究中心	天润曲轴股份有限公司	1995 年	省科技厅
2	山东省复合（仿生）纺织材料工程技术研究中心	山东云龙绣品有限公司	2002 年	省科技厅
3	山东省轻型载货电动汽车工程技术研究中心	东安黑豹股份有限公司	2002 年	省科技厅
4	山东省生态绣业工程技术研究中心	山东万得集团有限公司	2003 年	省科技厅
5	山东特种电源工程技术研究中心	威海文隆电源集团有限公司	2003 年	省科技厅
6	山东省轿车内饰件工程技术研究中心	山东文登中达轿车内装饰公司	2004 年	省科技厅
7	山东省特种风机工程技术研究中心	威海市威力风机有限公司	2004 年	省科技厅
8	山东省电脑绣工程技术研究中心	山东省艺达有限公司	2005 年	省科技厅
9	山东省高效节能电机工程技术研究中心	威海泰富西玛电机有限公司	2005 年	省科技厅
10	山东省家纺特种工艺工程技术研究中心	山东芸祥绣品有限公司	2006 年	省科技厅
11	山东省高岛海珍品无公害养殖工程技术研究中心	威海高岛盐场　文登市水产研究所	2006 年	省科技厅
12	山东省桩工机械工程技术研究中心	文登市合力机械有限公司	2007 年	省科技厅
13	山东省冶金除尘工程技术研究中心	威海市正大环保设备有限公司	2007 年	省科技厅
14	山东省电动抛光工具工程技术研究中心	文登市奥文电机有限公司	2008 年	省科技厅
15	山东省五金工具工程技术研究中心	文登威力高档工具有限公司	2009 年	省科技厅
16	山东省塑料合金防腐蚀复合管工程技术研究中心	文登鸿通管材有限公司	2010 年	省科技厅
17	山东省环保高分子材料及助剂工程技术验证中心	山东万图高分子材料有限公司	2011 年	省科技厅
18	山东省西洋参工程技术研究中心	威海金颐阳药业有限公司	2011 年	省科技厅
19	山东省空分分子筛工程技术研究中心	威海华泰分子筛有限公司	2012 年	省科技厅

第三节　高新技术企业

1994 年，威海文隆电池有限公司被省科技厅认定为省级高新技术企业，是文登市第一家被省认定的高新技术企业。2000 年，全市经省科技厅认定的高新技术企业 4 家。2003 年，科技部认定的火炬计划重点高新技术企业有威海文隆电池有限公司、山东宏安集团公司，省科技厅认定的高新技术企业有威海申威药业有限公司、山东曲轴

总厂、山东威达机械股份有限公司、文登威力工具集团公司、威海云龙复合纺织材料有限公司、文登奥文电机有限公司。

2008年4月，根据科技部、财政部、国家税务总局联合印发的《高新技术企业认定管理办法》规定，原有高新技术企业有效期后自动撤销，所有企业按照规定重新认定，通过认定的高新技术企业报科技部、财政部、国家税务总局备案。是年，威海文隆电池有限公司、天润曲轴股份有限公司、威海市正大环保设备有限公司、文登市威力风机有限公司通过科技部、财政部、国家税务总局联合开展的高新技术企业认定，享受国家高新技术企业税收优惠政策。至年末，全市高新技术产业产值410.79亿元，占规模以上工业产值比重33.2%。

2011年，威海文隆电池有限公司未参加国家高新技术企业复审。至2013年，全市有国家级高新技术企业10家。

图28-2　2012年11月21日，文登市举办高新技术企业认定培训。

2013年文登市国家级高新技术企业情况表

表28-2

高新企业名称	所属领域	认定时间
天润曲轴股份有限公司	高新技术改造传统产业	2008年
威海市正大环保设备有限公司	资源与环境技术	2008年
文登市威力风机有限公司	高新技术改造传统产业	2008年
文登威力高档工具有限公司	高新技术改造传统产业	2009年
文登鸿通管材有限公司	高新技术改造传统产业	2010年
文登奥文电机有限公司	高新技术改造传统产业	2010年
威海金颐阳药业有限公司	生物与新医药技术	2011年
威海华泰分子筛有限公司	新材料技术	2012年
威海金太阳光热发电设备有限公司	新能源及节能技术	2013年
文登市明池安全玻璃有限公司	高新技术改造传统产业	2013年

第二章　科技队伍

第一节　专业科技队伍

1991年始，市政府先后印发《文登市招聘人才引进技术暂行规定》《文登市人才开发规划》《文登市重奖有突出贡献科技人员的政策规定》《文登市关于选拔管理镇村农民优秀科技人才的意见》等文件，实施“科教兴文”“人才兴市”战略，科技队伍不断发展壮大。1994年8月，文登市人才市场成立。1995年，各镇成立人才交流服务站。1991—1995年，全市通过举办人才交流大会、发函联系、组团外出招聘等方式，先后引进各类专业技术人才1003人，其中，高级职称47人，中级职称301人；博士生1人，硕士研究生5人，本科生381人，大专生414人。1995年，全市共有专业技术人员1.8万人，其中正高级职称7人、副高级职称584人、中级职称4633人。

1996—1997年，文登市先后8次组团参加山东省、威海市举办的人才交流会，并深入各类大中专院校引进急需人才。两年间，共引进各类专业技术人才188人。其中，高级职称52人，中级职称136人；硕士研究生2人，本科生67人，大专生119人。1997年，接收分配大中专毕业生1443人；进行职称评聘2次，共评聘高级职称52人、中级职称609人、初级职称484人。1997年，全市共有专业技术人员14277人。其中，正高级职称8人，副高级职称55人，中级职称5190人，初级职称9024人。

2002年，全市有各类专业技术人员19942人。其中，高级职称1534人，中级职称5915人，初级职称12493人。2004年，全市有各类专业技术人员29000人，其中高级职称2700人，中级职称7700人。2008年，全市共有专业技术人员28765人。其中，正高级职称78人，副高级职称3652人，中级职称12408人，初级职称12627人。

2010年，全市有专业技术人员29212人。其中，正高级职称83人，副高级职称3685人，中级职称12525人，初级职称12919人。2011—2013年，新增专业技术职务人员763人。其中，正高级职称12人，副高级职称102人，中级职称256人，初级职称393人。

第二节　专业技术拔尖人才

1988年10月，文登市首次表彰奖励知识分子拔尖人才。1991年1月，威海市委、市政府命名表彰威海市第二批专业技术拔尖人才，文登市有6人受到表彰。1992年11月，文登市委、市政府命名表彰文登市第二批专业技术拔尖人才30人；12月2日，命名表彰文登市第一批镇村农民优秀科技人才33人。1993年7月，省委、省政府召开全省第三批专业技术拔尖人才命名表彰大会，文登市有2人受到表彰。1996年1月，威海市委、市政府命名表彰第三批专业技术拔尖人才，文登市有13人受到表彰，数量列各市区之首。1997年，张家产镇口子李村王继振获山东省农村科技大王称号。

2003年，《山东省有突出贡献的中青年专家选拔管理暂行办法》规定，评选专业技术拔尖人才改为选拔有突出贡献的中青年专家。2006年6月，文登市选拔出第一批有突出贡献的中青年专家13人。2007年2月，文登艺达有限公司工艺美术总监邹立友被国家发改委授予中国工艺美术大师称号，成为继王殿太（1988年）之后，文登市第二位中国工艺美术大师。是年11月，文登整骨医院谭远超被省委、省政府确定为山东文登骨伤研究所骨外科学岗位“泰山学者”特聘专家。

2011 年，天润曲轴股份有限公司孙海涛被省委、省政府确定为天润曲轴股份有限公司高端曲轴连杆制造技术研究与应用岗位“泰山学者”特聘专家。2013 年，全市有享受国务院特殊津贴专家 13 人，管理期内山东省有突出贡献中青年专家 2 人，威海市有突出贡献中青年专家 4 人。

1991－2013 年文登市享受国务院特殊津贴专家情况表

表 28-3

姓名	工作单位及职务	取得年份	备注
王菊芬	文登整骨医院骨科主任	1991	2011 年病故
朱惠芳	文登整骨医院院长	1992	退休
王殿太	文登云龙绣品有限公司	1992	退休
王国忠	文登市农机技术推广服务站	1992	退休
贾伯卿	威海食品工业研究所	1992	退休
孙文学	文登整骨医院院长	1993	退休
邹本习	文登市化工局高级工程师	1993	2001 年病故
谭远超	文登整骨医院院长	1997	退休
丛建臣	天润曲轴股份有限公司总工程师	1997	
孙海涛	天润曲轴股份有限公司副董事长	1999	
丛海波	文登整骨医院副院长	2000	2011 年调离
杨茂清	文登整骨医院副院长	2000	
韩明涛	文登整骨医院四肢创伤三科主任	2000	
张恩忠	文登整骨医院脊柱脊髓科主任	2002	退休
黄相杰	文登整骨医院副院长	2006	
姜红江	文登整骨医院副院长	2013	

2003－2013 年文登市获选省有突出贡献的中青年专家情况表

表 28-4

姓名	工作单位及职务	授予年份	备注
谭远超	文登整骨医院院长	2003	退休
丛海波	文登整骨医院副院长	2004	2011 年调离
张恩忠	文登整骨医院脊柱脊髓科主任	2005	退休
隋海明	文登整骨医院手、骨显微外科一科主任	2006	
黄相杰	文登整骨医院副院长	2007	
丛建臣	天润曲轴股份有限公司总工程师	2011	

第三章　科技计划与经费

第一节　科技计划实施

1991—1995年，全市列入各级各类科技计划169项。其中，国家级星火计划9项，火炬计划和新产品试制计划各1项；省级星火计划46项，火炬计划14项，科研计划48项；威海市科研计划14项；文登市星火计划9项，科研计划27项。通过实施各类科技计划，全市新增工农业产值62.2亿元，利税6.53亿元，创（节）汇1.1亿美元。

1996—1997年，全市列入各级各类科技计划70项。其中，国家级星火计划4项；省级星火计划10项，火炬计划2项，科技攻关计划12项；文登市星火计划7项，科技攻关计划35项。各类计划实施后，全市新增工农业总产值8.44亿元，利税1.85亿元，创（节）外汇830万美元。

1998年，全市实施各级各类科技发展计划68项。其中，新上项目37项，有国家级火炬计划1项，星火计划1项；省科研攻关计划5项，星火计划3项，火炬计划1项，科技兴海计划3项；文登市科技发展计划23项。各级计划实施后，新增工农业总产值3.1亿元，利税1.1亿元，创（节）汇330万美元。

1999年，全市组织实施各级各类科技发展计划75项。其中，新上项目41项，有国家新产品试制计划1项；省科研计划5项，火炬计划2项，星火计划5项，农业良种产业化开发2项；文登市科技发展计划26项。各级科技计划项目实施后，新增工农业产值4.98亿元，实现利税1.22亿元，创（节）汇1370万美元。

2000年，全市组织实施县级以上各类科技发展计划63项。其中，新上项目40项，有国家级火炬计划1项，星火计划2项；省科研计划6项，火炬计划1项，星火计划2项，良种产业化开发项目3项；威海市科技计划4项；文登市科技计划21项。项目完成后，新增产值5亿元，实现利税1.32亿元，创（节）汇2000万美元。

2001—2013年，全市组织实施县级以上科技发展计划562项，其中新上项目409项。

图28-3　2012年9月21日，文登新兴产业科技推进周开幕。

2001—2013年文登市承担国家级科技计划情况表

表28-5

实施年份	类别项目	项目名称	承担单位
2001	国家成果转化	缢蛏全人工养殖技术开发	文登市水产综合育苗试验基地
	国家攻关	铌铸铁轧辊	文登市冶金轧辊厂
	国家星火	封闭式循环水工厂化养鱼技术应用	文登市前岛渔业公司 文登市水产研究所
	国家星火	文登奶山羊产业化发展	文登市畜牧乳品局 文登鹏程食品集团公司
	国家星火	米山水库西灌区综合节水技术开发	文登市水利局 文登市乡村供水服务公司
2002	科技部“863”计划	电动汽车整车开发	山东黑豹集团股份有限公司
	科技部“863”计划	离子束容—喷表面改性技术及装备的研究开发	文登市刃具厂
	国家新产品	GZDW型微机监控高频开关直流电源柜	文登市有利成套电源设备有限公司
	国家火炬	旱涝收生物液体肥	文登市鸣星化工厂
	国家火炬	电水直接加热体锅炉	文登市刃具厂
2003	国家火炬	GZDW型微机监控高频开关直流电源柜	文登市有利成套电源设备有限公司
	国家火炬	桑蚕种仿生综合收蚁袋	文登宏达环保设备有限公司
	国家新产品	1713E自锁钻夹头	山东威达机械股份有限公司
	国家星火	池塘综合利用示范技术开发	文登市水产技术推广站
2004	国家攻关	重载用非调质钢曲轴生产技术	天润曲轴有限公司
	国家星火	西洋参良种良法配套栽培技术	文登市种子站
	国家火炬	D6114曲轴研究与开发	天润曲轴有限公司
	国家火炬	J1713E自锁钻夹头研究与开发	山东威达机械股份有限公司
	国家火炬	DC/AC纯正弦波逆变器研究与开发	文登市有利成套电源设备有限公司
2005	国家星火	文登市西洋参良种良法配套技术推广	文登市药材技术服务站
	国家新产品	D6114载重汽车曲轴	天润曲轴有限公司
	国家成果推广	文登市西洋参良种推广	文登市农业局种子站
2006	国家支撑计划	海洋船舶压载水处理设备	中远集团　清华大学　威达集团
	国家新产品	重载车用新型6DF1曲轴	天润曲轴有限公司
2007	国家科技型中小企业技术创新基金	大中型轧钢加热炉专用系列节能环保型助燃风机	文登市风机厂
	国家科技型中小企业技术创新基金	JZL履带系列旋挤式螺杆桩机	文登市合力机械有限公司
	国家重点新产品计划	J17130高档自锁钻夹头	山东威达机械股份有限公司
	国家重点新产品计划	康明斯ISLe重型电控发动机曲轴	天润曲轴有限公司

续表 28-5-1

实施年份	类别项目	项目名称	承担单位
2008	国家科技型中小企业技术创新基金	碳素焙烧干法除尘系统	威海市正大环保设备有限公司
	国家重点新产品	J1818Z 高档自锁钻夹头	山东威达机械股份有限公司
	国家火炬	碳素焙烧干法净化除尘系统	威海市正大环保设备有限公司
	国家火炬	J1713O 高档自锁钻夹头	山东威达机械股份有限公司
	国家火炬	重载车用新型 81D 曲轴	天润曲轴股份有限公司
2009	国家科技型中小企业技术创新基金	利用废弃花泥制备高产氮率碳分子筛	威海华泰分子筛有限公司
	国家重点新产品	依维柯 CURSOR 曲轴	天润曲轴股份有限公司
2010	国家重点新产品	高堵转、低电流 ATM 专用电动机	文登奥文电机有限公司
	国家星火	特种毛皮动物养殖及产业化关键技术研究开发与示范	威海天智皮毛制品有限公司
	国家火炬	碳素焙烧烟气高效电捕干法净化系统	威海市正大环保设备有限公司
2011	国家火炬	节能环保型球铁曲轴制造技术产业化	天润曲轴股份有限公司
	国家星火	文登西洋参的精细加工及产业化发展	威海金颐阳药业有限公司
	国家星火	微生物系列复合（混）肥研究开发	威海金中元生物肥有限公司
	国家成果转化	文登奶山羊快速扩繁技术及产业化发展	文登市畜牧兽医技术服务中心
2012	国家中欧中小企业节能减排科研合作资金项目	高容量聚苯胺 / 炭复合电极材料制备合作研发	威海文隆电池有限公司
	国家科技型中小企业技术创新基金	ZDAL 型烟气脱氟除尘净化系统	威海市正大环保设备有限公司
	国家科技型中小企业技术创新基金	高压高温塑料合金复合管材	文登鸿通管材有限公司
	国家火炬	ZDAL 型烟气脱氟除尘净化系统	威海市正大环保设备有限公司
	国家重点新产品	轿车发动机用铸态球墨铸铁曲轴 4G1	天润曲轴股份有限公司
	国家重点新产品	高压高温塑料合金复合管材	文登鸿通管材有限公司
	国家星火	能源作物甜高粱综合利用循环经济产业化建设示范工程	文登市三碧生物质能源技术研发中心
	国家星火	文登西洋参土壤生物修复技术推广	威海金颐阳药业有限公司
2013	科技部“863”计划	海洋深水非金属材料复合管研制	文登鸿通管材有限公司
	国家科技型中小企业技术创新基金	双螺杆干式真空泵	威海智德真空科技有限公司
	国家重点新产品	以酒糟为原料制备的高产氮率碳分子筛 CM — 260	威海华泰分子筛有限公司
	国家重点新产品	蓝擎 12L 环保动力柴油机曲轴 WP12	天润曲轴股份有限公司
	国家重点新产品	DP — 430 型螺杆真空泵	威海智德真空科技有限公司

续表 28-5-2

实施年份	类别项目	项目名称	承担单位
2013	国家火炬	连杆胀断技术在重型环保柴油机上的应用	天润曲轴股份有限公司
	国家星火	紫甘薯精深加工及产业化开发	威海市金麟食品科技有限公司
	国家星火	桑果光伏大棚栽培集成技术示范	文登市安丰桑枣专业合作社
	国家星火	手扶拖拉机悬挂式多功能割捆机开发	文登市加力农业机械有限公司

说明：1991—2000 年资料不全。

第二节　科技经费投入

1991—1995 年，全市投入科技经费 3.29 亿元。其中，国家和省项目拨款 352 万元，文登市科技三项经费 183 万元，贷款 1.7 亿元，项目承担单位自筹 1.54 亿元。

1996—1997 年，全市投入科技经费 1.44 亿元，其中国家和省项目拨款 185 万元、文登市科技三项经费 500 万元、贷款 6760 万元。

1998 年，全市投入科技经费 2820 万元。其中，省项目拨款 150 万元，文登市科技三项经费 200 万元，各级科技贷款 2470 万元。

1999 年，全市投入科技经费 3812 万元。其中，国家新产品试制计划贷款 3100 万元，省项目拨款 112 万元、贷款 300 万元，文登市项目拨款 220 万元、有偿拨款 80 万元。

2000 年，全市科技项目上级拨款 407 万元，文登市财政拨款 380 万元，各级科技贴息贷款 1.03 亿元。

2001—2013 年，文登市财政科学技术支出 6.75 亿元。

第四章　科技成果

第一节　成果鉴定

1995 年 2 月 15 日，市政府印发《文登市科学技术研究成果管理办法》，对科技成果的范围、鉴定、奖励作出明确规定，全市科技成果管理工作走向正轨。1991—2013 年，全市共鉴定科技成果 414 项，其中达到国际领先水平 12 项、国际先进水平 60 项、国内领先水平 149 项、国内先进水平 180 项，填补国内空白 51 项。

第二节　成果奖励

1991—2005 年，文登市科技进步奖每 2 ～ 3 年评选 1 次。2006 年后，每 2 年评选 1 次。2008 年 5 月 14 日，市政府印发《文登市鼓励科技进步与自主创新推动新型工业化发展扶持奖励办法》，修订《文登市科技进步奖励办法》，新增设市科学技术最高奖，奖金 20 万元；把科学技术奖一、二、三等奖奖金由以前的 1 万元、5000 元、2000 元，分别提高到 3 万元、2 万元、1 万元。2011 年 4 月 6 日，市政府印发《关于印发〈文登市鼓励科技进步与自主创新推动新型工业化发展扶持奖励办法〉的通知》，把科学技术奖一、二、三等奖的奖金分别提高到 5 万元、3 万元、2 万元，每年评审 1 次。

第三节　获奖成果

1991—2013年，文登市获威海市以上星火奖、科学技术进步奖等442项。其中，国家星火奖2项，国家火炬奖1项，国家丰收奖1项，国家科技进步奖3项，省星火奖22项，省科技进步奖69项，省技术发明奖2项，威海市星火奖26项，威海市科技进步奖316项。

1991—2013年文登市获国家级奖励科技成果表

表28-6

年份	项目名称	完成单位	奖励类别
1991	云龙绣机绣制品工艺开发	文登云龙绣品工业（集团）公司	国家星火三等奖
1993	锁龙绣机绣制品工艺开发	文登云龙绣品工业（集团）公司	国家科技星火三等奖
1996	急症吻合血管组合组织移植的临床研究	文登整骨医院 文登骨伤研究所	国家科技进步三等奖
1998	固定型阀控式密封铅酸蓄电池技术开发	威海文隆电池有限公司	国家火炬三等奖
2001	秸秆还田及利用技术	文登市土肥站	国家丰收三等奖
2004	组织移植受区可供吻合血管临床与实验	文登整骨医院 文登骨伤研究所	国家科技进步二等奖
2012	微锡高强韧性球墨铸铁关键技术及动力机械核心部件产业化研究	天润曲轴股份有限公司 山东理工大学	国家科技进步二等奖

1991—2013年文登市获省级奖励科技成果表

表28-7

年份	项目名称	完成单位	奖励类别
1991	充气式弹性脊柱固定牵引器治疗屈曲型胸腰脊柱骨折	文登整骨医院	山东省科技进步一等奖
	酸性光亮铜＋光亮镍铁合金＋装饰铬电镀新工艺	文登市五金建材加工厂	山东省科技进步二等奖
	对虾配合饲料	文登市水产养殖公司	山东省星火三等奖
	婴儿配方—母乳化奶粉	文登市乳品厂	山东省星火三等奖
1992	热熔型主跟包头革	文登市制革厂	山东省科技进步三等奖
	回龙锁机绣制品的研究	文登市绣品厂	山东省科技进步三等奖
	锁龙绣机绣制品工艺开发	文登市绣品厂	山东省星火二等奖
	无线电力负荷控制系统	文登市电业局	山东省科技进步三等奖
1993	蚕用防病消毒药物克氯素的研究	文登市丝绸公司	山东省科技进步二等奖
	高强度韧性球铁曲轴制造技术应用	文登曲轴厂	山东省科技进步二等奖
	尺骨鹰嘴骨折复位固定器（体外张力带）治疗尺骨鹰嘴骨折	文登骨伤研究所 文登整骨医院	山东省科技进步三等奖
	雕玉龙机绣制品	文登云龙绣品工业（集团）公司	山东省科技进步三等奖

续表 28-7-1

年份	项目名称	完成单位	奖励类别
1993	电镀废水综合治理新工艺	文登威力工具（集团）有限公司	山东省科技进步三等奖
	玉龙边机绣制品工艺开发	文登云龙绣品工业（集团）公司	山东省星火二等奖
	铸态球铁曲轴产品开发	文登曲轴厂	山东省星火二等奖
	速溶牛奶豆乳粉	文登市乳品厂	山东省星火三等奖
1994	钳持端提回旋手法复位经皮逆行穿针内固定治疗锁骨骨折的应用研究	文登骨伤研究所 文登整骨医院	山东省科技进步二等奖
	小麦垄套玉米制种双丰产技术开发	文登市种子站	山东省科技进步三等奖
	中药水蛭汤防治微血管术后血管危象的应用研究	文登整骨医院	山东省科技进步三等奖
	颐阳补酒	文登酿酒厂	山东省科技进步三等奖
	WHS-P1 型花生仁微波烘烤设备	文登昆嵛花生制品厂 哈尔滨工业大学威海分校	山东省科技进步三等奖
	球铁曲轴连体铸造与夹渣缺陷控制技术研究	山东曲轴总厂	山东省科技进步二等奖
	微型汽车驱动桥桥壳制造新技术的研究	文登市通用机床厂	山东省科技进步三等奖
	合成纤维阻燃起绒装饰布	文登市装饰布厂	山东省星火二等奖
	外用应急软膏	威海昆嵛制药厂	山东省星火二等奖
	营养粉	文登市乳制品厂	山东省星火三等奖
	MC12″×37″木工车床	文登市通用机床厂	山东省星火三等奖
1995	半岛地区黏虫异地预测预报技术研究与推广应用	文登市植物保护站 文登市植物检疫站	山东省科技进步三等奖
	文登市城市供水水源规划	文登市水利局	山东省科技进步三等奖
	5HF 型系列烘干成套设备	文登市干燥设备厂	山东省科技进步三等奖
	文登市近岸海域环境保护功能区划与管理对策研究	文登市环境保护局	山东省科技进步三等奖
	多多目机绣制品开发	文登云龙绣品工业（集团）公司	山东省星火二等奖
	复合强化超低锑合金电极及密闭铅酸蓄电池	威海文隆电池有限公司	山东省星火二等奖
	星火计划组织与管理	文登市科委	山东省星火二等奖
	果珍奶粉	文登市乳品二厂	山东省星火三等奖
	多彩内墙涂料技术开发	文登市虎口窑化工厂	山东省星火三等奖
1996	可调式有限固定法治疗先天性髋关节脱位研究	文登整骨医院 文登骨伤研究所	山东省科技进步二等奖
	急症吻合血管组合组织移植的临床研究	文登整骨医院 文登骨伤研究所	山东省科技进步二等奖
	塑料大棚高效配套养蚕技术的研究	文登市丝绸公司 泽头镇人民政府	山东省科技进步三等奖
	果汁营养王	文登市乳品厂	山东省科技进步三等奖
	桑蚕散卵平附收蚁袋	文登市水带厂	山东省星火二等奖

续表 28–7–2

年份	项目名称	完成单位	奖励类别
1996	FSGD-300B 全自动制袋机技术开发	文登市黄海包装机械厂	山东省星火二等奖
	高产优质出口大花生新品种“8130”技术开发	文登市种子站	山东省星火三等奖
	果汁奶粉	文登市乳品厂	山东省星火三等奖
	FPJ-1300（1000）全自动分切机	文登市黄海包装机械厂	山东省星火三等奖
	5HF 型系列烘干成套设备	文登市干燥设备厂	山东省星火三等奖
1997	经皮内固定治疗陈旧性肩锁关节全脱位的研究	文登骨伤研究所 文登整骨医院	山东省科技进步一等奖
	手法复位气垫靴固定治疗跟骨关节内骨折	文登骨伤研究所 文登整骨医院	山东省科技进步三等奖
1998	吻合指掌侧静脉断指再植的研究	文登整骨医院	山东省科技进步一等奖
	含硫与含铅系列易切削结构钢的试制	文登市通达特钢厂	山东省科技进步三等奖
1999	单钉—沟槽柱翼钢板治疗腰椎滑脱症基础与临床研究	文登骨伤研究所 文登整骨医院	山东省科技进步二等奖
	6105Q 铜锡球铁曲轴的研制	山东曲轴总厂	山东省科技进步二等奖
	柔性复位固定器治疗小儿股骨骨折的临床研究	文登整骨医院 文登骨伤研究所	山东省科技进步三等奖
	严重毁损性手外伤早期修复与功能重建的研究	文登整骨医院 文登骨伤研究所	山东省科技进步三等奖
	弹力纺平绒织物的研制	文登染织厂	山东省科技进步三等奖
	ZH — 3 型振动夯实机	文登市通达通用设备厂	山东省科技进步三等奖
	星火技术密集区建设	文登市科委	山东省星火三等奖
2000	腰椎管狭窄节段性减压腰椎后稳定结构重建的研究	文登骨伤研究所 文登整骨医院	山东省科技进步二等奖
2001	ALPF 治疗胸椎骨折脱位的基础与临床应用研究	文登整骨医院	山东省科技进步二等奖
	缢蛏全人工养殖技术开发	文登水产研究所 文登市海水养殖二场	山东省科技进步三等奖
	CAD 在空心曲轴强度计算中的应用	天润曲轴有限公司	山东省科技进步三等奖
2002	WDFC 植入治疗颈椎失稳的基础与临床应用研究	文登整骨医院 文登骨伤研究所	山东省科技进步二等奖
	食品有机废水综合治理与资源化利用	文登市环境保护科学研究所	山东省科技进步三等奖
2003	JS 电解退镀添加剂与应用新工艺研究	文登市环境保护科学研究所	山东省科技进步二等奖
	组织移植受区可供吻合血管的研究	文登整骨医院	山东省科技进步二等奖
	LONTEX 三防一透一阻新型纺织品研制开发	山东云龙绣品有限公司	山东省科技进步三等奖
2004	可吸收内固定物治疗髋部骨折的临床与实验研究	文登整骨医院 文登骨伤研究所	山东省科技进步二等奖
	西洋参、龙胆草等优质药材的良种选育	文登市农业局	山东省科技进步三等奖

续表 28-7-3

年份	项目名称	完成单位	奖励类别
2004	水库流域污染物总量控制和生态示范区建设研究	威海市环境保护监测站 威海市环境保护科学研究所 文登市环境保护局 北京林业大学 中国环境科学研究院	山东省科技进步三等奖
2005	侧前方减压植骨双凤尾钢板固定治疗胸腰椎爆裂骨折的基础与临床应用研究	文登骨伤研究所	山东省科技进步二等奖
	基于数据驱动的大规模定制产品的质量控制体系	文登威力工具集团有限公司 上海交通大学	山东省科技进步三等奖
	球铁曲轴无型芯铸造工艺研究及应用	天润曲轴有限公司	山东省科技进步三等奖
2006	经皮导入内固定治疗肱骨近端骨折并肩关节前脱位的研究	文登整骨医院	山东省科技进步二等奖
	中重型卡车曲轴表面复合强化技术研发及应用	天润曲轴有限公司	山东省科技进步三等奖
	45S20 易切钢钻夹头研制	山东威达机械股份有限公司	山东省科技进步三等奖
2007	CPC 复方丹参植入治疗早中期股骨头缺血性坏死的研究	文登整骨医院	山东省科技进步二等奖
	J17130 高档自锁钻夹头研制	山东威达机械股份有限公司	山东省科技进步三等奖
2008	单钉一沟槽柱翼钢板加 WDFC 治疗腰椎滑脱症的基础与临床应用研究	文登整骨医院	山东省科技进步二等奖
	康明斯 ISLe 重型电控发动机曲轴	天润曲轴股份有限公司	山东省科技进步三等奖
	茶壶式盖包密封球化工艺研究及应用	天润曲轴股份有限公司	山东省科技进步三等奖
	县域生态建设模式研究	文登市环境保护科研所	山东省科技进步三等奖
2009	带拇、趾短伸肌的第二足趾组合皮瓣修复手桡侧缺损及重建大鱼际肌功能	文登整骨医院 文登骨伤研究所	山东省科技进步二等奖
	环保型乘用车曲轴的开发—利兰 6D 曲轴	天润曲轴股份有限公司	山东省科技进步三等奖
	通用脊柱椎弓根钉棒矫形固定系统的设计研究与临床应用	文登整骨医院	山东省科技进步三等奖
2010	“应力滑移率”在腰椎峡部裂并滑脱症中的诊疗价值及其临床应用	文登整骨医院 安徽省太和县中医院 甘肃省中医院	山东省科技进步一等奖
	节能环保型球铁曲轴制造技术开发与应用	天润曲轴股份有限公司	山东省技术发明一等奖
2011	轿车发动机用铸态球墨铸铁曲轴的开发	天润曲轴股份有限公司	山东省科技进步三等奖
	文登奶山羊新品种选育及配套技术研究	文登市畜牧兽医技术服务中心 山东农业大学	山东省科技进步三等奖
2012	组织移植结合骨段牵伸移位成骨修复重建小腿大范围多元组织缺损的研究	文登中心医院 文登整骨医院	山东省科技进步一等奖
	膝交叉韧带损伤自体干细胞移植异体韧带重建的研究与临床应用	文登整骨医院	山东省科技进步三等奖
2013	基于复杂原料的细晶铸铁材料与高性能球墨铸铁的关键技术及规模产业化	天润曲轴股份有限公司	山东省技术发明二等奖
	中西医结合早期结构功能重建治疗复杂髋臼骨折	文登整骨医院 文登骨伤研究所	山东省科技进步二等奖
	纤维增强聚合物复合管技术开发及规模化应用	文登鸿通管材有限公司	山东省科技进步三等奖

第四节　成果推广

1991—2013年，文登市取得的科技成果遍布各行各业，大都得到有效推广。

获国家级奖励的科技成果推广项目选介

锁龙绣机绣制品工艺开发　文登市云龙绣品工业（集团）公司研制的机绣仿手绣新工艺。它是在回龙锁基础上，采用新原料，即两边凸，中间凹，宽约3毫米的“玉龙带”代替回龙锁的21/9线绳，用万能机打绣与缝纫机绷绣两种针法结合绣制而成。打绣出来的产品，花型美观大方，沉浮有致，锁工肚脐分明，弥补了机绣锁工有肚无脐的不足，突破机绣针法，有别于手绣风格。该工艺比手工扣锁提高工效15倍，减轻劳动强度，降低生产成本，其产品价格仅为手工锁工的30%～40%，以其物美价廉，受到国内外用户欢迎，畅销于美国、法国、意大利等30余个国家。1990年，该产品获中国第九届工艺美术百花奖金杯奖、北京国际博览会金奖，1993年获国家星火三等奖。

急症吻合血管组合组织移植的临床研究　文登整骨医院、文登骨伤研究所取得的科研新成果。该技术采取2～3种自体组织通过吻合血管的方法组合进行移植，临床应用31例，参加组合移植的组织66个单位，取得游离组织成功率100%，移植组织成活率100%，无一例感染及截肢，肢体功能恢复优良率100%。该成果具有显著的社会效益和经济效益，1996年获国家科技进步三等奖。

固定型阀控式密封铅酸蓄电池技术开发　威海文隆电池有限公司承担的国家火炬计划项目。该技术采用“复合强化超低锑合金”板栅材料制造固定型阀控式密封铅酸蓄电池，具有体积小、重量轻、不渗漏、无有害气体析出、自放电小、内阻低、无须初充电和补充电解液等优点。该产品年可实现产值3.84亿元，利润3631万元，创汇1016万美元。该成果1998年获国家火炬三等奖。

组织移植受区可供吻合血管临床与实验研究　文登整骨医院、文登骨伤研究所承担的省级科研课题。采用组织移植受区自身血管为供血血管，通过Y型静脉倒置、顺置搭桥、参与移植组织自身血管及分支搭桥的方法，解决组织移植受区可供吻合血管的问题。该技术能从根本上解决组织移植受区无可供吻合血管或可供吻合血管数量不足问题，同时解决大范围多元组织缺损病人截肢高、功能差难题，能最大限度保留伤肢组织及功能，减少截肢与伤残率，拓宽显微外科的治疗范围。该成果获2004年度国家科技进步二等奖。

获省级奖励的科技成果推广项目选介

高强度韧性球铁曲轴制造技术应用　1989—1992年，文登曲轴厂攻克原材料选用、合金化、有效孕育处理及快速正火等技术难关，创造出用普通原材料生产高强度韧性球铁曲轴新技术。1990—1995年，采用该技术生产各种曲轴100余万支，新增工业产值5亿元，实现利税5400万元，年均节约钢材1560吨。该项目1993年获山东省科技进步二等奖。

缢蛏全人工养殖技术开发　文登市水产研究所、文登市海水养殖二场共同承担的省“科技兴海”课题。该课题通过实施围网精养70公顷，共收获商品缢蛏38.4万千克，实现产值720.2万元，利税537.9万元。该项目的成功，带动社会精养缢蛏400公顷，年产商品缢蛏320万千克，产值4000余万元，经济效益和社会效益显著。同时改变北方缢蛏养殖南苗北移局面，实现北方苗种自给自足。该成果2001年获山东省科技进步三等奖。

WDFC植入治疗颈椎失稳的基础与临床应用研究　文登整骨医院、文登骨伤研究所承担的省科研课题。该技术经生物力学研究及临床应用研究具有以下特点：与同类手术操作相比，具有安装准确简便，创伤小，能减少对正常骨组织的破坏等优点。植入后不易移位和脱落，稳定性良好。手术操作程序化，能降低对骨髓及神经根损伤的危险性。有利于与相邻椎体骨组织的连接，能有效防止软组织生长，提高椎间融合率。经该

院临床应用36例，并向其他医院推广应用40余例，取得良好效果。该成果2002年获山东省科技进步二等奖。

食品有机废水综合治理与资源化利用　文登市环境保护科学研究所承担的科技攻关计划。该成果主要解决食品加工业，如明胶生产、粉丝加工、乳制品生产、蔬菜深加工、粮食深加工所排放的高浓度有机废水，经过水解酸化、生物接触氧化等处理方法，使废水变成农田有机肥料新资源，既能减少废水治理投资、降低运行费用，又能浇灌农田，使农作物增产增收，变废为宝，是一项综合性、跨学科、跨行业的新技术，2002年获山东省科技进步三等奖。

JS电解退镀添加剂与应用新工艺研究　文登市环境保护科学研究所承担的省环保局科技攻关计划，以电解退镀基本原理为依据，在进行大量系统的理论分析与实验基础上，研制出新的电解退镀剂，其创新性在分子结构上采用无立体障碍非极性基结构，解决电解退镀法不适用于高碳钢体系退镀行业长期未解决的问题；针对电解退镀法，对被镀基体可能同时产生腐蚀的共性缺陷，采用创新的特种添加成分，有效解决基体过腐蚀难题。该成果获2003年度山东省科技进步二等奖。

可吸收内固定物治疗髋部骨折的临床与实验研究　文登整骨医院、文登骨伤研究所承担的省级科研课题。采用可吸收内固定物治疗髋部骨折，可消除传统金属内固定物应力遮挡、二次手术感染等弊端，促进骨折愈合及髋关节的早期功能锻炼，避免关节软骨再损伤及二次手术对髋关节血运的影响，减少股骨头缺血坏死、创伤性关节炎、骨化性肌炎的发生，最大限度保护髋关节功能。该成果2004年获山东省科技进步二等奖。

西洋参良种选育　文登市农业局承担的省级科研课题。培育的优质西洋参新品种抗干旱、抗高温、抗强光，亩产达500千克、皂苷含量8%以上。在系统研究西洋参需肥、需光规律的基础上，总结出西洋参高产栽培技术规范，并进行大面积开发，使文登市西洋参种植面积达到666.67公顷，年增效益1200万元，在促进农村产业调整，增加农民收入，发展创汇农业及高效农业方面有着广阔前景。该成果2004年获山东省科技进步三等奖。

水库流域污染物总量控制和生态示范区建设研究　文登市环保局、威海市环保监测站、威海市环保科研所、北京林业大学、中国环境科学研究院共同承担的科研课题。从文登地域范围出发，系统分析生态环境在人类活动影响下的结构与功能变化，通过对生态环境的科学评价，分析其存在的问题及根源，设计文登市生态环境建设与可持续发展指标，并针对文登市建设与发展所面临的主要环境问题，提出总体解决思路及综合防治对策。该成果2004年获山东省科技进步三等奖。

单钉—沟槽柱翼钢板加WDFC治疗腰椎滑脱症的基础与临床应用研究　文登整骨医院、文登骨伤研究所1999－2005年完成的针对腰椎滑脱症的新器械组合治疗方法，获2008年度山东省科技进步二等奖。该项技术主要采用将单钉－沟槽柱翼钢板的复位、固定作用与WDFC的支撑、融合作用协同起来，起到复位、固定、支撑、融合的效果，减少椎弓根钉的置入数量，操作简便、安全，达到可靠的三维固定效果。文登整骨医院受委托举办省级以上学习班3期，广东、广西、云南、安徽、浙江、河南、辽宁等11个省市120余家医院200余名医师参加学习。该成果文登整骨医院用于临床，治疗腰椎滑脱症109例，术后平均随访6个月，其中优87例、良16例、可6例，优良率94.5%。单钉－沟槽柱翼钢板及WDFC均采用钛合金制作，生物相容性极好，不需二次手术取出。每套器材为病人节省费用2.8万元。

县域生态建设模式研究　文登市环保科研所2001－2007年承担的研究课题。该项研究以文登生态市建设实例为基础，从行政区域范围出发，分析生态环境在人类活动影响下的结构与功能变化，通过对生态环境的科学评价，分析其存在的

问题及根源，遵循循环经济等理论，设计生态环境建设与可持续发展具体指标，构筑“以循环经济理念为指导的生态经济体系”“可持续利用的资源保障体系”“山川秀美的生态环境体系”“与自然和谐的人居环境体系”“支撑可持续发展的安全体系”“体现现代文明的生态文化体系”建设框架，设计、启动并实施生态型社会、经济、环境建设十大重点工程。该成果应用于文登生态市建设，对促进全国县级城市生态型社会、经济、环境建设具有普遍的指导和借鉴意义。该成果获2008年度山东省科技进步三等奖。

文登奶山羊新品种选育及配套技术研究 市畜牧兽医技术服务中心与山东农业大学合作完成的科技成果，通过省科技厅组织的专家鉴定。自80年代起，采用现代动物育种原理和杂交育种方法，以引进莎能奶山羊为父本、本地山羊为母本，成功培育出生产性能优异的国家级新品种——文登奶山羊，其生产性能优于国内崂山、关中奶山羊，是全省30年来唯一一个国家级奶山羊新品种。该项目利用现代生物技术原理与方法，以适应文登奶山羊高产高效为目标，先后开展新品种种质特性、分子遗传特征、精液高倍稀释、人工授精、配合饲料、羔羊代乳料、乳房炎辨证施治等10余项关键技术研究，形成集选种选配、人工授精、配合饲料、种草养羊、疫病综合防治于一体的配套技术体系，制定6个品种标准和技术规程，并进行大面积推广应用。该成果2011年获山东省科技进步三等奖。

第五章　专利管理

第一节　管理机构

1991年4月，市科委在全省率先成立文登市专利管理处，为股级全民事业单位，编制3人。1995年4月，市科委增挂文登市专利管理局牌子，由市科委主任兼任局长。2000年4月，市专利管理局更名为文登市知识产权局，与市科委合署办公，正科级事业单位，为全省第一家县级知识产权局，下设专利管理处。2009年9月，文登市知识产权局调整为隶属市科技局管理的副科级事业单位。2013年，有工作人员10人。

第二节　奖励政策

1996年始，市委、市政府把专利工作列入市科技目标责任制考核。是年11月，全市企业专利工作会议召开，提出两年内没有申请专利的企业要实现“零”的突破，全市专利产品产值要达到8亿元，企业专利工作要做到领导、组织、制度三落实。2006年10月，市委、市政府印发《关于加快骨干企业膨胀促进工业发展的补充意见》，设立企业自主创新奖，把专利工作成绩突出的企业法人纳入表彰奖励项目，每获得1项发明专利奖励2000元，获得10项以上外观设计和实用新型专利奖励1万元。2008年5月，市政府印发《文登市鼓励科技进步与自主创新推动新型工业化发展扶持奖励办法》。新奖励办法设立文登市自主创新奖，将发明创造纳入奖励项目之一，对获得授权的国外专利、国家发明专利、实用新型专利和外观设计专利，每件分别奖励1万元、5000元、2000元和1000元。是年12月，市财政局拨款20万元，对年内授权专利进行奖励。2011年4月6日，市政府印发《关于印发〈文登市鼓励科技进步与自主创新推动新型工业化发展扶持奖励办法〉的通知》，进一步规范专利奖励政策。

第三节　培训与宣传

1992—1993年，文登市先后举办专利知识函授班和专利法骨干学习班，210余名科技人员、150余名乡镇政工书记、宣传委员及市直部门政工负责人参加培训学习。1997年1月，举办“明星杯”专利知识电视竞赛，全市300余家企业1000余人参赛，实况录像在文登电视台播出；3月，市专利局选择4个企业进行企业专利工作示范试点，国家《专利工作动态》报道文登做法；8月，市专利局在全省专利执法研讨会上作经验介绍。

2001年始，在全市中小学校开展普及专利知识、鼓励发明创造活动，年内，学生申请专利8件。2003年，市委组织部将专利知识培训纳入干部管理培训计划，130余人参加培训。2004—2007年，举办专利知识培训班、讲座15期，培训人员达1700余人。

2008—2012年，市政府邀请省企业专利协会理事长和国家知识产权局专利管理司司长在昆嵛讲坛作“知识产权与自主创新”演讲，邀请省知识产权局领导作知识产权与转变经济发展方式专题讲座。市知识产权局联合市文化局、市工商局等多个与知识产权相关的市直部门、专利明星企业、高新技术企业及学校在市中广场举行“文登学杯”世界知识产权日和知识产权宣传周大型宣传活动；利用元宵节民俗展演在文登学公园举行的有利时机，展出知识产权和专利基础知识图板、专利成果图片，发放宣传资料，设立咨询台，接受市民咨询。2013年4月26日，市知识产权局在市区多家商场开展专利执法检查活动，检查标有专利标记的家电类及其他商品1000余件，向商家详细介绍专利标注、假冒专利等方面知识，发放宣传资料100余份。

第四节　明星企业

1995年，省科委和省专利局开始评选中国专利山东明星企业，两年评选1次，对其进行动态管理。是年3月，文登市云龙绣品工业集团公司、文登市鹏程食品有限公司当选第一批中国专利山东明星企业；云龙绣品工业集团公司副总经理王殿太在第一届中国专利山东优秀发明者评选活动中获山东省优秀专利发明家称号。1997年3月，市专利局选择专利工作开展较好的4家企业，进行企业专利工作示范试点。2005年，山东云龙绣品有限公司被省科学技术厅、省教育厅、省信息产业厅和省知识产权局确定为山东省第一批知识产权工作试点企业。2007年，全市有省知识产权局授予的专利明星企业10家，分别为山东云龙绣品有限公司、山东鹏程食品股份有限公司、威海文隆电池有限公司、文登威力工具集团有限公司、文登市金洋乳品有限公司、威海恒大电机（集团）有限公司、威海颐阳酒业有限公司、山东芸祥绣品有限公司、威海市华阜环保（集团）有限公司、山东威达机械股份有限公司。2008年，新增天润曲轴有限公司、山东万得集团有限公司2家。2009年，文登市成为山东省15个知识产权示范市之一。山东云龙绣品有限公司成为国家知识产权试点企业。天润曲轴股份有限公司成为山东省知识产权试点单位。2010年，文登市威力风机有限公司、威海泰富西玛电机有限公司、天润曲轴股份有限公司、山东万得集团有限公司、文登威力工具集团有限公司、威海文隆电池有限公司、山东颐阳酒业有限公司、山东云龙绣品有限公司、山东芸祥绣品有限公司完成复查工作，成为二星级中国专利山东明星企业；文登奥文电机有限公司成为一星级中国专利山东明星企业。2012年，文登市威力风机有限公司、天润曲轴股份有限公司、山东万得集团有限公司、文登威力工具集团有限公司、威海文隆电池有限公司、山东颐阳酒业有限公司、山东云龙绣品有限公司、山东芸祥绣品有限公司完成复查工作，晋升为三星级中国专利山东明星企业；文登奥文电机有限公司晋升为二星级中国专利山东明星企业；威海市正大环保设备有限公司被认定为一星级中国专利山东明星企业。2013年，全市有

专利明星企业10家，分别为威海市正大环保设备有限公司、文登奥文电机有限公司、文登威力工具集团有限公司、山东芸祥绣品有限公司、山东万得集团有限公司、山东颐阳酒业有限公司、威海文隆电池有限公司、文登市威力风机有限公司、山东云龙绣品有限公司、天润曲轴股份有限公司。

第五节 申请与授权

1991—1995年，文登市申请专利259件，授权专利204件。1997年6月，山东威达机械工具集团公司被美国南卡罗来纳的特拉华公司起诉侵犯钻夹头5项专利，为威海市第一起国际专利纠纷案；8月，该公司向欧共体申请专利，为文登市第一个申请国外专利的企业。至年末，该公司共申请专利12件，为当年全市申请专利数量最多的企业。是年12月，山东省企业专利协会成立，文登市10家企业成为首批会员单位。此后，全市专利申请数量呈增长趋势。2001年，首次突破100件，达到107件。2008年，达809件，其中发明专利243件，各项指标列威海市首位，居全省第五位。2010年，全市申请专利1187件，授权专利1004件，文登成为全省唯一一个专利申请量、授权量"双过千"的县级市。2011—2012年，全市申请专利2173件，其中授权专利1311件，居全省县级市前列。2013年，全市专利申请量794件，授权量550件，其中发明专利申请量388件，授权量135件，居威海市首位。

第六章 科技服务

第一节 气象测报

机构设置 1991年，文登市气象局（简称市气象局）内设预报科、测报科、农气科、办公室，有工作人员10人。1998年，增设服务科（与办公室合署办公）。2002年，新增防雷中心。2013年，内设办公室、业务科、防雷中心、庆典部、气象科技服务中心，有工作人员17人。

气象观测 市气象局承担地面气象观测、辐射（含日照）观测、农业气象观测、气象卫星接收、气象卫星通信、GPS气象探测等。1953年1月建站时起，主要观测云、能见度、天气现象、空气的温度和湿度、风、降水、天空状况。2005年1月1日，建立自动观测站。2005—2006年，人工站和自动站平行观测，由人工为主向自动站为主转变。2007年1月1日，自动站单轨运行，后建立双套自动站，基本取代人工观测。观测项目有能见度、天气现象、气压、空气的温度和湿度、风向、风速、降水、雪深、雪压、日照、0～20厘米地温、冻土。重要天气测报内容有大风、雷暴、冰雹、龙卷风等。编制的报表有气象月报表与气象年报表，向国家局、省局、地市局各报送1份，文登站留底本1份。2000年1月，通过分组交换网向省局传输原始资料，停止报送纸质报表。2005年5月，在宋村、大水泊等镇建成2个五要素和5个四要素区域自动气象观测站。2012年，在文登营镇、米山水库等地建成6个区域自动气象观测站。

气象预报 主要内容有12小时、48小时、72小时天气预报，中长期（旬、月、季）天气预报及气候预测。2005年开始发布气象预警信号，2006年增加森林火险等级预报。气象预报的传播途径，从过去单一的广播，逐步发展到后来的气象警报接收机、"1689121"自动答询、电视天气预报、网站等比较完善的传播系统。1989年，配备高频电话，用于与威海市气象局及周边气象局进行天气会商。全市建立气象警报发射网，各

镇配备气象警报接收机，气象局每天早晚两次发布天气预报。1997年，安装卫星云图接收设备。1998年3月，购进天气预报影视制作系统，开始制作电视天气预报节目，并在文登电视台播出。2000年，建成Pc-vsat卫星小站，与全国气象卫星综合应用（9210）系统联网。2005年12月，与网通公司合作开通“121”自动答询系统，提供天气预报服务。2011年8月，建成中短期天气预报会商系统，实现与威海及各县市区气象局可视化会商。2012年，地面测报工作获省气象局集体优质单位称号。2013年，完成预报会商系统升级改造及地面测报、农业气象业务切换，业务工作进一步自动化。

气象服务　每天发布12小时、24小时、48小时、72小时天气预报。每周周末向市委、市政府和各有关部门报送气象专题报告。为重大活动及节假日提供气象服务。汛期，做好暴雨及次生灾害性预报。重要农时季节，发布专题预报、滚动预报。2005年，市气象局获山东省气象科技服务明星单位称号。

人工增雨　2002年4月5日，文登市开始人工增雨作业，使用WR-98型增雨防雹火箭作业系统。有车载式、车拖式发射装置2架，专用作业车辆1部。在张家产、张家埠、长会口、宋村、葛家、米山、界石、汪疃等镇村建立作业炮点。作业人员7人，其中操作员6人、指挥员1人。增雨作业由威海市人工影响天气办公室统一协调指挥，根据雷达资料指挥作业车辆奔赴作业地点，向部队航管部门申请空域，批准后，下达指令，作业方式为流动作业。至2013年，共进行24次作业。

图28-4　2011年5月9日22时，市气象局工作人员实施人工增雨作业。

第二节　地震测报

文登地震台　位于文登市米山镇米山村北山，北纬37.1801，东经121.9225，占地0.35公顷，建筑面积259平方米。台站建于2005年，有两套设备。一套为前兆设备，测量地震前兆，完成信息处理，输出模拟信号。另一套为电磁设备，测电磁波，监测大地电磁的异常波动。信号均是通过CDMA无线传输。2006年4月22日，数字化地震遥测台与省、市地震台网中心并网运行；10月25日，大地电磁监测站实现并网运行（2011年设备损坏停用）。2014年8月打深水井100米，10月安装调试深水井监测设备，与省、市台网中心并网运行。

宏观观测点　1991年，境内设呼雷汤、米山水库、天福山气象所、洪水澜汤4个宏观监测点。1996—1997年，设呼雷汤、米山水库、园林管理处3个宏观监测点。市防震办公室每年组织各监测点召开一次观测情况研讨会。1997年4月，呼雷汤、米山水库被确定为省级地震监测点。2010年11月，在广泛开展气体、地下水、动植物等地震宏观观测点的基础上，利用畜牧系统动物防疫网，在全市首批选定18个镇兽医站、8个中心村的村级动物卫生室作为动物宏观观测点，选定专业知识丰富、责任心强的动物防疫人员为信息员，随时通报有关异常信息。至2012年，共设泽库镇前岛特种动物养殖场、大水泊镇深水井、高村镇西山村动物养殖场、环山街道七里汤温

泉、葛家镇英泉洗浴中心、界石镇阎家泊子村养殖场、侯家镇侯家村水貂养殖场、张家产镇汤村店子温泉点、洪水澜育苗场、泽头镇西程格养殖场、宋村镇西羊村养貂场、埠口港下冷家村动物养殖场、小观镇朱家庄等各类地震宏观观测点39个，实现地震宏观观测全覆盖。

防震宣传 2002—2003年，文登市先后印发《文登市防震减灾事业发展"十五"计划》和《文登市防震减灾强化宣传提纲》。2006年，市地震局组织部分学校参加威海市纪念唐山大地震30周年中小学生防震减灾知识电视竞赛，文登代表队获第一名。2008年，市地震局与市普法工作领导小组办公室联合印发《文登市防震减灾法制宣传教育第五个五年规划》，把防震减灾宣传教育纳入"五五"普法规划。2010年，开展防震减灾宣传进机关、进学校、进社区、进乡村、进企业活动。利用科技三下乡、《防震减灾法》颁布日、唐山和汶川大地震纪念日等活动现场，发放防震减灾宣传材料5000余份，现场解答地震知识咨询200余人次。市地震局、市教育局联合举办以普及防震减灾知识，提高地震应急能力为主题的校园防震减灾宣传活动，现场赠送《山东省地震科普优秀征文竞赛获奖作品集——科学防震》等读本1000余册。全市中小学积极开展创建地震科普示范学校活动，市实验中学、市实验小学获省级地震科普示范学校称号。

地震应急 1999年8月，市政府印发《文登市破坏性地震应急预案》，并召开全市防震减灾工作会议，研究部署防震减灾工作任务。2001年，修改《文登市防震减灾应急预案》。2003年，在各镇（街道）、市直有关部门开展地震应急基础数据库建设工作，提高全市地震应急能力。2006年，成立以市长为总指挥的抗震救灾指挥部，制定《文登市地震应急预案》及应急反应行动细则。2007年，全市进一步完善地震应急预案体系，在较大型企业、商场、宾馆酒店和部分医院、影剧院、体育场、学校、车站开展地震应急预案制定工作。市地震局与共青团文登市委联合制定《文登市防震减灾应急救援志愿者管理办法》，在5个镇（街道）成立地震应急救援志愿者队伍。2009年，全市77个社区开展地震应急预案制定工作。市地震局完成《文登市地震应急预案》《文登市科技局部门地震应急预案》修订工作，制定《文登市地震应急预案操作手册》《文登市科技局部门地震应急预案操作手册》；组织宋家沟社区开展争创全省地震安全示范社区工作。文登市被省地震局授予全省地震应急预案管理示范县称号，市地震局被省人力资源和劳动保障厅与省地震局联合授予全省地震防震减灾工作先进集体称号。

2010年，邀请威海市地震局和市红十字会专家对中小学生进行防震避震与自救互救知识培训；组织市第一实验小学师生进行全校性防震避险应急疏散演练。2011年，文登市地震监测与应急指挥中心建成。该中心投资20万元，面积60平方米，各类设备齐全，具有地震监测会商、应急指挥等功能，并实现与威海地震局、市政府间的音频视频实时互通。2013年，新一届文登市抗震指挥部成立，并召开全市地震工作会议，市政府印发《关于进一步加强防震减灾工作的意见》，制定《2013年度震情跟踪工作方案》《文登市地震应急预案》；市教育局健全学校、幼儿园避震逃生应急预案；市地震局利用"3·25"学生安全日、"5·12"全国防灾减灾日、"5·24"防空警报试鸣日，联合市应急办、市教育局、市人防办等单位，在全市中小学开展应急疏散演练。

建设工程抗震设防 2010年1月1日，建设工程抗震设防审批纳入文登市建设工程项目审批流程，在市行政审批中心设立地震局审批窗口。至2013年，审批项目225项，其中重大项目52项；完成全省重大及一般建设工程地震安全性评价情况统计调查工作。

第三节 农村能源开发服务

全国农村能源综合建设县项目 "九五"期间，全国组织开展100个农村能源综合建设县试点工作，文登市是其中之一。1996年5月，根据

全国农村能源综合建设县项目领导小组要求，文登市组织市计委、经委、科委、农业局、水利局、环保局、电业局等单位编制《文登市农村能源综合建设规划》，是年10月完成。第一部分为规划报告，主要内容包括能源资源开发及利用、能源供应与消费现状分析、能源供需形势预测、产业建设、实施管理。第二部分为附件，主要内容包括文登热电厂工程、酿酒厂废液综合治理项目、秸秆气化项目、万亩果园微喷项目及电汽冷热水器联供节能改造项目等。规划方案共8章27节3万余字。至2000年，全市共实施农村能源综合建设县项目25个，完成投资1.12亿元，年可节约26.2万吨标煤，新增效益3.16亿元。2001年4月，文登市农村能源综合建设县项目通过国家验收。验收组专家认为：文登市农村能源综合建设工作在全省名列前茅，项目各项指标均达到或超过预期目标，属国内先进水平。

新型能源“四位一体”生态大棚　2001年年初，文登市引进以日光温室为基础，以沼气为纽带，集蔬菜种植和畜牧生产于一体的新型能源生态大棚。大棚内饲养牲畜，用牲畜粪便作原料制造沼气，再用沼气作燃料和照明能源，给蔬菜大棚加温、补光，还可利用沼气池里的沼液和沼渣作绿色环保肥料，给蔬菜施肥。是年12月，全市有10个（宋村镇金格西里村8个、大水泊镇埠前头村1个、葛家镇西崔家口村1个）新型能源“四位一体”生态大棚建成投入运行，并初见成效。每个大棚蔬菜增产30%左右，年出栏生猪25头，新增经济效益6000元～8000元。至2002年，建设、改造“四位一体”生态大棚3.33公顷。是年6月，“四位一体”生态大棚项目通过省级验收。专家测试结果：生态大棚内二氧化碳平均浓度为920ppm，日均增加热能1590千卡，提高大棚温度2.1℃，亩节省化肥、农药资金337.2元，年均亩产蔬菜13176.5千克；年均养猪18头，日增重0.8千克，饲料报酬2.44∶1；年产沼气90立方米，节约能源费用459元，亩大棚平均增加经济效益8079.52元。省验收小组经过实地检测验收，认为各项指标均达到国家标准。2013年，全市新型能源“四位一体”生态大棚达到28公顷。

农村沼气建设　2007—2009年，市农村能源办公室以沼气建设为重点，通过政策鼓励、资金投入，大力推动沼气发展。2007年3月22—24日，全省第五期暨威海市沼气生产工初级培训及技能鉴定班在文登举行，共培训沼气技工284人。是年，全市有农村户用沼气池（主池容积8立方米）3528座，小型沼气工程（主池容积50立方米）11个。2008年，有户用沼气池4418座，小型沼气工程10个。2009年，有户用沼气池2827座，小型沼气工程26个。2008年国债沼气项目、2006—2009年省沼气项目、2007—2009年地方沼气项目及中央、省、市县下发沼气建设补助资金共计1300万元。2008年4月，文登市首次在于家口村、魏家庄、北大英村建农村沼气服务网点，服务网点配有沼液沼渣出料车1辆及一批配件；8月，新建文登市区、大水泊镇和辛店子村3个农村沼气服务网点。2010年，投资110万元，按照“七个一”标准（一处服务场所、一个沼液沼渣处理池、一套进出料设备、一套检测设备、一套维修工具、一批沼气配件、一名专职技术服务人员）在大水泊镇时埠村、文登营镇林家店村、界石镇店子头村、葛家镇赤金泊村、龙山街道西汤后村等22个村建设农村沼气乡村服务网点。年末，全市农村沼气乡村服务网点达到38个，为全市1万余户沼气用户提供服务。2012年，小观、高村、界石、大水泊、葛家5个农村沼气乡村服务网点升级为镇级农村能源综合服务中心站，每个中心站配备沼渣出料车、电脑、办公桌椅、数码相机、打印机等设备。2013年，全市累计建设市级农村能源综合服务中心1个，镇级农村能源区域服务中心站7个，沼气乡村服务网点33个，形成市、镇、村三级综合服务网络，为全市沼气用户及时提供维修、维护服务，覆盖沼气用户1.6万户，覆盖率达到91%。

太阳能利用　文登市对太阳能热水器、地膜覆盖、太阳能塑料大棚、太阳能畜禽舍等技术推广应用较早，效果较好，该项目列为“九五”全

国农村能源综合建设县项目之一。1996—1997年，全市推广安装各类太阳能热水器7000余台，拥有总量4.2万余台，每年太阳能热水器获得能量约8500吨标准煤；推广各种太阳能大棚3000公顷，年可创经济效益2亿元；推广地膜覆盖1.33万公顷，增产幅度20%左右，增加经济效益2500万元。1998年，全市安装太阳能热水器3600台，推广地膜覆盖花生等作物1万公顷，蔬菜塑料大棚、拱棚等1800公顷。1999年，全市安装太阳能热水器3550台，推广地膜覆盖花生等作物6000公顷，太阳能大棚、拱棚2120公顷。2000—2002年，全市推广太阳能畜禽舍153.5万平方米，太阳能大棚8110公顷，地膜覆盖7.28万公顷，太阳能热水器1.49万台。2013年，全市推广太阳能热水器7.34万台，蔬菜日光温室900公顷，蔬菜大拱圆棚700公顷，蔬菜地膜覆盖433.3公顷，花生地膜覆盖6666.67公顷；南海新区安装太阳能路灯5000盏。

第二十九编

文　化

90年代始，随着经济发展和人们生活水平提高，文登市群众文化活动蓬勃兴起。市政府加大资金投入，推进文化软硬件建设，全市文化事业得到繁荣发展。市民文化中心、博展中心、电视制作演播中心等一批大型文化设施建成使用。至2013年，境内作者出版长篇小说20余部。小吕剧《一个钱包》获第十届中国艺术节群星奖，京剧《李龙爷》获山东省首届泰山文艺奖。30余位书画摄影作者的作品入选全国、全省展览并获奖。市文化馆被文化部评为国家一级馆，市图书馆被文化部评为一级图书馆、文明图书馆，市档案馆晋升为国家一级综合档案馆。市博物馆藏品达16571件，其中珍贵文物68件。境内有文物保护单位31处，列入各级名录的非物质文化遗产45项。文登人民广播电台全天播音17小时30分钟，文登电视台开办3套电视节目，有80余件广播电视作品获省级以上奖励。市地方史志办公室编纂出版《文登年鉴》15部，其中11部获国家及省地市级奖励31项。《文登市志》(1996年版)获全国优秀志书一等奖。报刊出版、图书发行、文化市场管理等工作均取得显著成绩。文登市1993年5月获全省社会文化先进市称号，1997年6月获全国文化先进市称号，1998年1月获全国广播电视先进市称号，2009年获山东省历史文化名城称号。

埠口港上冷家村农家书屋（2010 年 8 月 19 日摄）

第一章　文化机构

第一节　行政机构

文登市文化局　1991年，文登市文化局（简称市文化局）内设办公室。辖市文化馆、市图书馆、文登书画院、市文学戏剧创作室、市文物管理所（与天福山革命遗址管理所合署办公）、市吕剧团、市电影发行放映公司。1992年7月，增设文化市场管理科。1993年11月，市文化局与市体育运动委员会（简称市体委）合并为文登市文化体育委员会，内设办公室、文化科和体育科。1994年8月，市体委析出，恢复市文化局建制。1995年，市文化局辖市文化馆、文登书画院、市文学戏剧创作室、市图书馆、市文物管理所（与博物馆、天福山革命遗址管理所合署办公）、市文化市场管理办公室、市吕剧团、市电影发行放映公司。

1996年8月29日，文登市新闻出版管理办公室成立，市文化局增挂文登市新闻出版管理办公室牌子；12月，市新闻出版管理办公室定为正科级行政单位，与市文化局合署办公。2006年2月，文登市文学艺术界联合会（简称市文联）成立；9月，与市文化局合署办公。

2009年，市文化局（增挂市新闻出版管理办公室牌子，市文联与市文化局合署办公），内设办公室、文艺科。辖市艺术团（与吕剧团一套班子两块牌子）、市文化馆（增挂文登市非物质文化遗产保护中心牌子）、市图书馆、文登书画院、市文物管理所（增挂市博物馆牌子，4月增挂文登市圣经山摩崖管理所牌子）、市天福山革命遗址管理所（增挂市天福山起义纪念馆牌子）、市文化市场管理办公室7个事业单位和电影发行放映公司、人民剧场2个企业单位。6月，市电影发行放映公司划归文登市广播电视局（简称市广电局）管理。至年末，有工作人员129人。

文登市文化广电新闻出版局　2010年2月，市文化局、市新闻出版管理办公室撤销，设立文登市文化广电新闻出版局（简称市文广新局，增挂市文物局牌子），市文联与其合署办公。市文广新局内设办公室、行政许可科、文艺科、文化产业科。文化市场管理办公室职能归并文登市文化市场综合执法局。原市广电局行政管理职能归市文广新局。2010年4月，市文联调整为隶属市文广新局的正科级事业单位。2011年6月，市电影发行放映公司由市广电局划归市文广新局。2012年9月，文化产业科增挂广播影视科牌子。

2013年，市文广新局内设办公室、行政许可科、文艺科、文化产业科（增挂广播影视科牌子）。辖市文联、市图书馆、市文化馆、市博物馆、市文物管理所（增挂圣经山摩崖管理所牌子）、市艺术团、文登书画院、市天福山革命遗址管理所、电影发行放映公司、人民剧场。

第二节　事业机构

文登市广播电视台（局）　1991年，市广电局与文登人民广播电台合署办公。局机关编制11人，电台19人。内设办公室、编辑室、技术科、线路科。1992年8月，市广电局独立办公，辖文登人民广播电台（副科级）、文登电视台（副科级）。1993年11月，市广电局撤销，广播电台、电视台升格为正科级事业单位。广播电台编制30人，设办公室、新闻部、编辑部、经济信息部、技术部、线路部。电视台编制28人，设办公室、新闻部、专题部、技术部、录制部。1995年3月7日，恢复市广电局建制，与广播电台、电视台实行局台合一，编制60人，内设办公室、政工科、财务审计科、事业科、总编室、新闻部、专

题部、广告文艺部、录播部、机务部。辖市有线电视技术器材服务站、有线电视管理站2个事业单位。

1998年3月10日，撤销市广播电台（只保留呼号）、市电视台（只保留呼号）、有线电视管理站、有线电视技术器材服务站，成立文登市广播电视台，与市广电局实行局台合一，一个机构，两块牌子，编制95人。2002年1月12日，增设市广播电视网络管理服务中心（正科级）。2009年6月，市电影公司成建制划归市广电局管理。

2010年2月10日，市广电局更名为文登市广播电视台，不再挂文登市广播电视局牌子；3月16日，市广播电视台事业科整建制划转市文化市场综合执法局。2011年6月，市电影公司划归市文广新局。2013年3月始，市广播电视台内部机构调整为办公室、政工科、财务科、总编室、时政新闻部、民生新闻部、新闻评论部、播音主持部、广播部、远程教育部、技术部、发射部、保障部、专题文艺部、广告部15个部室，有工作人员139人。

文登日报社 前身为文登市报社，成立于1992年12月，为正科级事业单位，由中共文登市委主管。内设总编室、经济部、政教部、广告出版部和办公室，有工作人员15人。1995年3月，撤销经济部、政教部，设编辑部、记者部。1997年，调整为编辑部、要闻部、经济部、政教部、副刊部、摄影部、广告部、办公室、微机室9个部室，有工作人员27人。

2001年4月1日，文登市报社更名为文登日报社。内设办公室、政教部、要闻部、专题部、广告部、摄影部、微机室和印刷厂，有工作人员35人。2004年，设记者部、编辑部、广告部、办公室，有工作人员30人。2013年，设要闻部、经济部、政教部、专题部、通联部、副刊部、摄影部、办公室、财务科、总编室、美编室，有工作人员35人。

文登市地方史志办公室 1991年，文登市地方史志编纂委员会办公室为市政府辖属副科级事业单位。1992年9月，升格为正科级。1993年，内设综合科、资料科、编纂科。2002年1月，市地方史志编纂委员会办公室更名为文登市地方史志办公室（简称市史志办），调整隶属市政府办公室。2013年，内设综合科、编纂科、年鉴科、资料科，有工作人员8人。

文登市档案馆（局） 1991年，文登市档案局与档案馆合署办公，内设业务指导科和档案管理科。1993年10月，撤局留馆，增设综合科。1994年7月，恢复档案局，局馆合署办公。2002年1月，改称文登市档案馆（简称市档案馆，增挂市档案局牌子），隶属市委办公室，为正科级事业单位。2005年，内设办公室、综合科、档案管理科、业务指导科、编研科、文件阅览室。2013年，机构未变，编制15人。

文登市文化市场综合执法局 2010年2月，按照中宣部《关于加快推进文化市场综合执法改革工作的意见》，整合市文化市场管理办公室、市新闻出版管理办公室和原市广播电视局等部门的行政执法职能，成立文登市文化市场综合执法局（简称市文化执法局），为市政府直属正科级事业单位。内设办公室、教育督查科、“扫黄打非”工作科、2个稽查中队，有工作人员25人。2013年，内设办公室、教育督查科（监控中心与其合署办公）、“扫黄打非”工作科（举报中心与其合署办公）和2个稽查中队，有工作人员25人。

第二章　文学创作

1991—1995年，全市作者发表各类文学作品110余件。1996—1999年，发表560余件。2006年始，市委、市政府设立“文登学”奖，以激发文学爱好者的创作热情。至2013年，全市年

均发表文学作品500余件，有34件作品分获一、二届“文登学”奖。

第一节　小说　散文　诗歌　报告文学　故事

小说　1991—2013年，全市专业及业余作者在省级以上出版社出版长篇小说20余部，在省级以上报刊发表中篇小说20余篇，短篇小说30余篇。1992年5月，市文学戏剧创作室编选的文登首部《文登小说戏剧选》由山东省新闻出版局准印出版。2005年4月17日，山东省作家协会与《十月》杂志社在北京举办陈全伦、徐承伦作品研讨会。

长篇小说　1991年，徐承伦的长篇小说《地魂》由山东文艺出版社出版。2005年，陈全伦在《十月》杂志发表长篇小说《包子铺》，于冠卿在中国文联出版社出版长篇小说《开心果》。2007—2010年，李喜华（笔名一翎）在广西人民出版社、内蒙古人民出版社、百花文艺出版社、吉林出版集团等出版《艺校女生1》《大宋绝恋》《漩洑》《凤凰涅槃》等长篇小说11部。2011年，于冠卿的长篇小说《追梦》、荣瑜芝的长篇小说《红尘烟梦》由中国文联出版社出版，姚留国在济南出版社出版长篇小说《秦始皇人生传奇》，伊雯琳在贵州人民出版社出版长篇小说《一朵第二人称的左心房》。2012年，刘顺昌的长篇小说《心中的红五星》由中国言实出版社出版。2013年，李喜华分别在浙江大学出版社、中国友谊出版公司出版长篇小说《海上繁花落》《伪证》。

中篇小说　1992年始，徐承伦在《时代文学》《十月》《北方文学》等刊物发表《拉驴》《走狗三爷》《花儿》《老成的问题》《高老庄》等中篇小说8篇。2000年始，陈全伦在《十月》《时代文学》《山东文学》等刊物发表中篇小说《磨坊》《油坊》《粉坊》《村野》《重重的山路》，并在华艺出版社出版中篇小说集《土枪王》。2010年始，荣风伦在《时代文学》《山东文学》发表中篇小说《冬天》《雨婷的事》《舅爷家事》，并在中国文联出版社出版中短篇小说集《舅爷家事》。2000—2013年，王福海的中篇小说《神鞭孟大壮》、于书淦的中篇小说《邓云路》、丛培允的中篇小说《上山石匠》、于冠卿的中篇小说《再生根》、杨明秀的中篇小说《婚礼进行曲》分别在《章回小说》《时代文学》等刊物发表。

短篇小说　90年代，境内作者在省级以上报刊发表短篇小说数量较少。2000年始，丛培允先后在《山东文学》发表《雪夜》《废墟中的故事》《古槐》《还乡》《鸭嘴岛》等短篇小说10篇，另有陈全伦的短篇小说《赶碾》《乡村三匠》《秋天的故事》、荣风伦的短篇小说《猎艳》《掉头口》、杨明秀的短篇小说《瓶子》《井》《先进》、于冠卿的短篇小说《相亲》分别在《山东文学》《时代文学》等刊物发表。

散文　90年代始，境内散文创作呈活跃态势。田序强1993年始，在《中国社会报》《中国青年》等报刊发表《柳营街小识》《粮票》等散文10余篇，2001年在人民日报出版社出版散文集《告别集——走向山川》，2006年出版散文集《无处告别》。陈全伦1999年在中国文联出版社出版散文集《昆嵛山人家》，丛培伦在《中华散文》发表散文《洪福老哥》。潘炫2000年在《读者》《作家文摘》等刊物发表《站起来》《最后一堂课》等散文6篇。丛培发2003年11月在《中华散文》发表的散文《爬上窗台的绿色》入选全国地级中考阅读考题、中高考拓展阅读教材。丛桦2005年始，在《深圳法制报》开设散文专栏《桦树林》，在《散文》杂志发表《枕霞旧友》《回乡简书》《我的乡下春节》等散文20余篇。2010年，荣风伦在《山东文学》发表散文《海南猴岛游》，于书淦在《北京日报》发表散文《童年的课桌》。2012年，周霞的散文集《退一步，云淡风轻》由中国财政经济出版社出版。2013年，《时代文学》第10期上半月刊集中发表文登作者散文5篇。

诗歌　1991年后，境内作者诗歌创作质量明显提高。田序强1994年始，在《青年作家》《黄河诗报》《中国青年》等报刊发表《理解英雄》

《麦秸垛》《爱诗使我年轻》等诗歌 20 余首，2001 年在人民日报出版社出版诗集《告别集——平常岁月》。丛培发 1998 年始，在《诗刊》《星星》《山东文学》等刊物发表《打井的人》《深秋》《进城的青菜》等诗歌 20 余首；2001 年，《丛培发诗抄》（头题组诗 7 首）在《青春诗歌》第 11 期发表，并获《青春诗歌》杂志社新世纪青年诗人命名奖；2006 年，在华文出版社出版诗集《樱桃红了》；2012 年 12 月，大型诗配画图书《吟赏昆嵛山》获 2011—2012 年度第十届山东省对外传播奖。丛桦 2000 年始，在《诗刊》发表《与羊有关》《走访贫困户》《村长的四亩玉米》等诗歌 50 余首，并在《诗刊》做过诗人专辑与诗人专访。

至 2013 年，全市作者在省级以上出版社出版诗集近 10 部。其中，于书淦 1991 年在山东文艺出版社出版诗集《心弦》，刘亚东 2001 年在华艺出版社出版诗集《五味瓶·七色花》，荣瑜芝 2006 年在中国文联出版社出版诗集《羊马箭短笛》，牟培国 2010 年在作家出版社出版诗集《岁月诗章》，王善峰 2012 年在中国文化出版社出版诗词集《青山听雨》。

报告文学 改革开放给文登市各行各业带来巨大变化，境内作者用报告文学的形式记录时代变迁。刘昌信、张太连主编的报告文学集《为党旗增辉》1991 年由山东省新闻出版局准印出版，张书泮主编的报告文学集《天福胜地异军突起》1992 年由山东人民出版社出版，张太连、李武魁主编的报告文学集《文登开放潮》1993 年由山东人民出版社出版，田国昌、王福海主编的报告文学集《红烛颂》1994 年由山东省新闻出版局准印出版，王德松、王福海、丛培伦主编的纪实文学集《天福山丰碑》1997 年由山东人民出版社出版，丛培发创作的长篇报告文学《重访：文登记忆》2011 年由北京燕山出版社出版，许建中创作的长篇纪实文学《昆嵛英雄于得水》2012 年由解放军出版社出版。

故事 文登境内流传的故事很多，为作者提供了丰富的创作素材。1991 年，张太连采写的《徐士林的故事》获全国蒲松龄故事大赛优秀奖。王福海 1991 年始，在省级以上报刊发表故事 200 余篇，其中《猴为媒》1999 年在《民间文学》发表，《小丫环出奇制胜》2000 年在《上海故事》发表，《刘自然变驴》2008 年在《民间传奇故事》发表。曹秀利 1991 年、2001 年分别在《今古传奇》《新聊斋》发表故事《行刺楠木中将》和《一只金蛤蟆》。丛培允 2000 年在《新聊斋》发表故事《侠鬼毕连》。2011 年，市文广新局组织创作人员深入农村基层，收集整理民间故事 300 余篇，从中选出 62 篇，集成《文登民间传说故事》，2012 年由天津古籍出版社出版。

第二节 戏剧与影视文学

戏剧文学 1991 年后，境内戏剧创作成果丰硕，接连获得省级以上大奖。1994 年，王福海创作的小歌剧《一花独秀》，获全省计划生育文艺作品征集评奖三等奖。1995 年，张太连创作的现代京剧《天福山起义》由市艺术团演出，获威海市精神文明建设精品工程奖。1998 年，由市委宣传部牵头、赵光政等创作的现代吕剧《白玉兰》，由市艺术团演出，获省精品工程奖。1999 年，由王福海、丛培伦、赵光政共同创作的现代吕剧《柘阳花》，由市艺术团演出，获省精品工程奖。2008 年 9 月，由于冠卿创作、李保良改编、市艺术团演出的传统京剧《李龙节》，获山东省首届泰山文艺奖，2009 年 11 月又获省第九届文化艺术节优秀剧目奖。2011 年 10 月，由市文广新局策划、徐世起编导、市艺术团排演的舞台剧《东方文登学》，获省第四届泰山文艺奖。2013 年 10 月 25 日，市艺术团以李玉坤为原型排演的小吕剧《一个钱包》，获第十届中国艺术节群星奖。

影视文学 境内影视创作兴起于 2000 年后。袁学强、陈全伦创作的电影《姊子》2003 年 6 月在文登举行开机仪式，8 月初完成拍摄工作，12 月在文登影院举行首映式。该影片由上海电影制片厂和中共文登市委、市政府联合摄制，赵焕章执导，王馥荔、陈国典担任主演。2005 年，

根据陈全伦中篇小说《磨坊》改编的电视剧《磨坊女人》在文登开机拍摄，该剧后来在全国多家电视台播放。2006 年 7 月 1 日，徐承伦根据其同名中篇小说改编的电影《兽医站长》在文登市中广场举行开机仪式，影片由中央电视台和山西电影制片厂共同投资拍摄。2008 年，于冠卿创作的电影剧本《市长夫人》在《电影文学》第 3 期发表。

第三章　艺术创作

第一节　美术　书法　摄影

美术　90 年代始，境内美术创作活跃，涌现出一批优秀作品和人才。

姜宏光原籍文登，2002 年移居新西兰。2008 年始，先后担任新西兰中国文化艺术交流协会主席和新西兰美术家协会主席。其创作的“蓝猴”为代表的系列油画作品、“花鸟”“山水”“人物”为代表的系列国画作品，分别在《美术》《中日美术家》《世界华人美术家》等刊物发表。同时出版《姜宏光动物画速写》《姜宏光人物画速写艺术》等画集。作品多次参加国内外大展，部分作品被人民大会堂、美术馆和大学收藏。关注和呼吁环保，被称为绿色画家。其动物和人物系列作品被新西兰邮政总局和澳大利亚邮局作为邮票发行。2012 年，获得由中央电视台举办的中国宋庆龄基金会年度公益贡献奖。2013 年 10 月 27 日，新西兰政府代表团、新西兰国家党主席彼得·古德费洛到文登参加姜宏光美术馆开馆仪式。

刘文硕 1996 年参与绘制的 80 米国画长卷《红军不怕远征难》(其中创作 10 米《乌蒙磅礴走泥丸》）被中央军委收藏；历时 6 年，于 1998 年完成《万里山河千虎图》(与姜春合作)，长 626 米，宽 0.83 米，画虎 1028 只，被列入上海大世界吉尼斯纪录。《刘文硕画集》1991 年由山东美术出版社出版，《荣宝斋画谱山水部分——刘文硕绘》2013 年由荣宝斋出版社出版。

张强 1994－1996 年绘制的《水浒传》《隋唐演义》《东周列国志》等大型珍藏本连环画由海南出版社出版；国画《秦始皇东巡》1997 年在《中国书画报》发表；连环画《秃尾巴李龙王》2008 年由明天出版社出版。

王焕波创作的中国画《日出东方》2003 年入选中国文联和中国美协主办的作品展，并获中国美术金彩奖；《昆嵛深处风景异》2004 年入选中国美协主办的全国中国画展，并获优秀作品奖；《华夏厚土》2004 年入选中国美协主办的庆祝中华人民共和国成立 55 周年全国青年书画展，并获优秀奖；2009 年，在中国美术馆参加贾又福从艺 50 周年回顾展暨优秀学生作品展。《王焕波画集》1997 年由天津人民美术出版社出版，《王焕波国画山水——昆嵛山》2008 年由中国文联出版社出版，《荣宝斋画谱山水部分——王焕波绘》2012 年由荣宝斋出版社出版。

王斐的国画作品《春曲》2002 年入选山东省首届中国画双年展，《绿荫》《晨曦》《春晓》2008 年分别入选山东省美术新人新作展、山东省首届青年美术大展、山东省首届花鸟画大展，《赏春》等 3 幅作品 2010 年入选中国美术家协会举办的全国中国画作品展。

姜传鉴的国画作品《东华洞与玉皇阁》1993 年入选迎奥运全国书画大展并获银奖，《秋山飞瀑》2001 年入选庆祝中国共产党成立 80 周年山东省美术作品展。至 2013 年，在《中国书画报》《美术报》发表《昆嵛览胜》《铁铸雄峰》等国画作品 50 余幅。其女姜妍滢，2009 年始，油画《拾阶而上》入选挖掘发现第四届全国中国油画新人展，《老家的雪》《雪后初行》入选全国中青年油画作品学术邀请展。2011 年，姜传鉴、姜妍

滢父女国画油画展在威海市举办。

刘金锋创作的漫画在《美术》《人民日报》《工人日报》《中国漫画》等省级以上报刊发表200余幅，其中《谁说火车不是推的》2002年入选第四届“子恺杯”全国漫画大展，《可贵的前车之鉴》2003年入选首届全国交通漫画大展，《久病床前无孝子》2004年入选第五届“子恺杯”全国漫画大展，《天下粮仓 视而不见》2005年被丰子恺纪念馆永久性收藏，《童乐图》2011年入选首届全国民生漫画大展。

于昌伟在《人民日报》《光明日报》《工人日报》《法制日报》《北京晚报》等报刊发表漫画作品1万余幅，获奖220次，入选《当代中国漫画家辞典》。1995年，《裁员一人》获“张弓杯”全国漫画大赛一等奖，《盛宴》获全国体育漫画大赛一等奖，《座次重排》入选现代中国社会漫画大展；2002年，漫画《爸爸的愤怒》获福建省好新闻一等奖；2004年，《歌厅偶遇下岗女工》入选“子恺杯”中国漫画大展；2007年，《全家“腐”》入选全国廉政漫画大展；2010年，《冤枉钱》获山东省安全文化书画展一等奖；2012年，《大款访谈》入选“子恺杯”中国漫画大展。《于昌伟漫画选》1997年由新华出版社出版。

李强在《幽默大师》《中国漫画》《漫画世界》等报刊发表漫画作品100余幅，获奖100余次，其中《网络物语》2000年获“济南信息港杯”全国网络专题漫画赛大奖，《行路者戒》2002年获全国道路交通安全漫画大赛一等奖，《润洁物语》2003年获“眼睛小卫士”全国Flash创意大赛特等奖，《也有打不开的锁》2007年获公安部自行车安全管理宣传大赛漫画类一等奖，《冬暖2》2010年获第六届全国税法Flash动漫大赛银奖，《生肖戏话食品安全》2013年获第十届全国法制动漫大赛最佳艺术奖。漫画集《游戏小生》2004年由长江文艺出版社出版。

蔡晓伟校园幽默漫画《我们的宿舍》2002年在《少年漫画》连载，单行本2005年由北方妇女儿童出版社出版；科幻漫画《天堂不要我》2005年在《少年漫画》连载，单行本2007年由中国市场出版社出版；校园青春漫画《闹舍咔咔》2007年在《知音漫客》连载，单行本2009年由21世纪出版社出版；校园热血漫画《翻滚吧，班长》（两部）2009年、2011年在《漫画世界》连载，单行本2012年由新世纪出版社出版；漫画《同桌公式》2011年在《漫客星期天》连载，单行本2013年由中国致公出版社出版；漫画《SWISH空心球》2013年在《悦漫画》连载，并由湖南人民出版社出版单行本。

邵丹的漫画《小猎手考比》2001年发表于《中外童话画刊》，《名人漫像》2004年发表于《喜剧世界》，《NBA球星漫像》2005年发表于《体育天地MVP》。至2012年，邵丹在第二届晋松漫画大奖赛、第三届自由漫画联盟网络国际漫画节、“动漫世界杯”创作大赛等赛事中获奖9次。

2011年，窦建波的《风骨千秋》获全国第八届工笔画大展特等奖，王永君的《秋山九叠》山水画获省美协十五届新人新作奖、《绿色家园》获省美协优秀写生奖。2012年，李文强的《海边五月天》获全国中国画展优秀奖。2013年，顾人敏的水彩《谷雨》入选全国第十届艺术节美展山东省预选作品展，杨良波的国画《云锦天章之太行》发表于《书画研究》。

书法 90年代始，境内书坛繁荣发展，书法创作成绩突出。

董志强的书法作品1992年入选中国书法家协会主办的中国书坛新人作品展，1998年入选中国书法家协会主办的全国第七届中青年书法篆刻展，2000年获中国书法美术赴澳展银奖，2008年参加第6回韩中书艺交流展并编入作品集，2009年入选纪念孔子诞辰2560周年全国政协系统书画邀请展，2012年入选省人大庆祝党的十八大胜利召开书画展。2012年，董志强被省委宣传部授予“齐鲁文化之星”称号。

邵岩的书法作品1995年获全国第六届中青年书法展一等奖，1996年入选全国第二届楹联书法大展，1997年获全国第七届中青年书法展一等奖，1998年入选法国首届中国书法大展，1999年获全国第八届中青年书法展二等奖，1999年入

书画作品选登

姜宏光油画作品

张强国画作品

姜传鉴国画作品

姜妍滢油画作品

王焕波国画作品

图 29-1　美术作品选登之一

刘文硕国画作品

王斐国画作品

刘金锋漫画《代价》

于昌伟漫画《座次重排》

图 29-2　美术作品选登之二

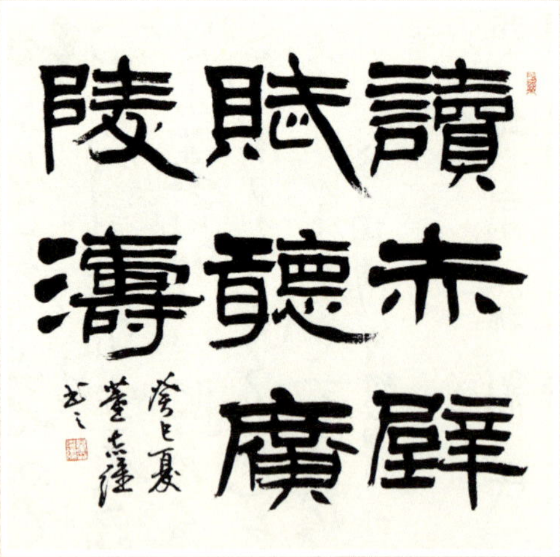

董志强书法作品

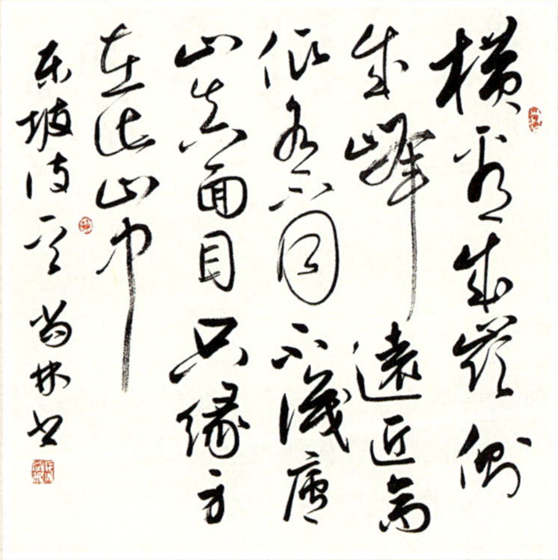
马尚林书法作品

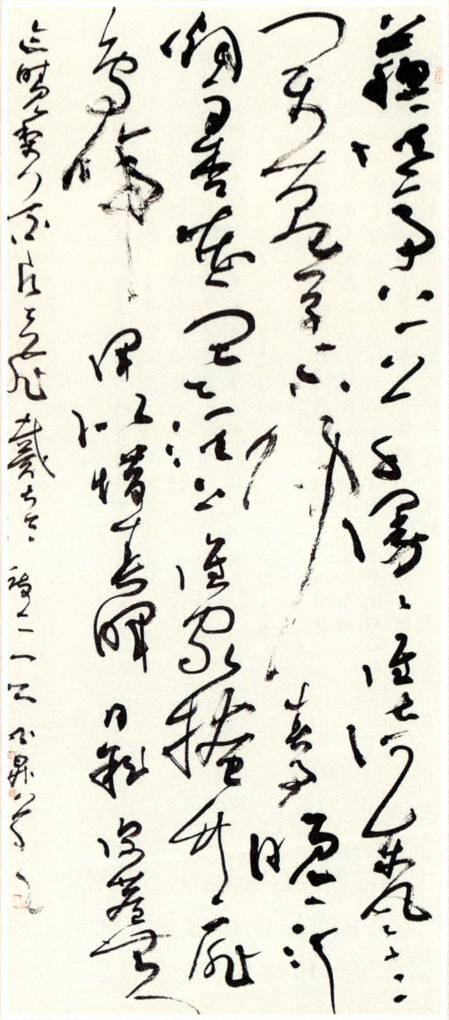
于旭升书法作品

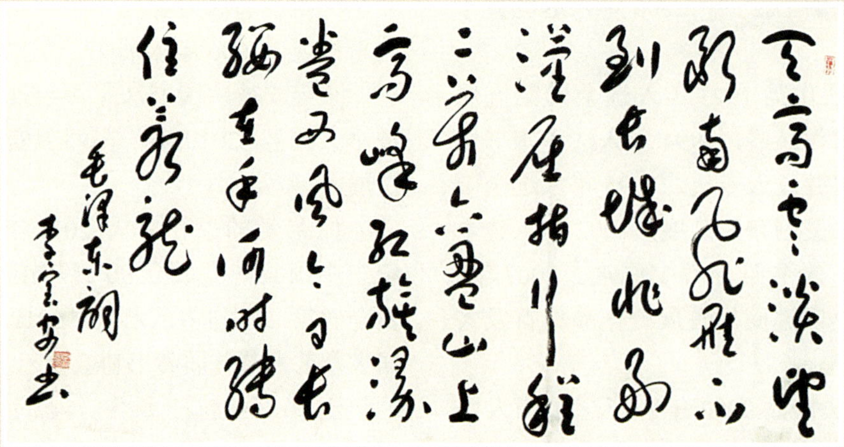
李宝安书法作品

图 29–3 书法作品选登之一

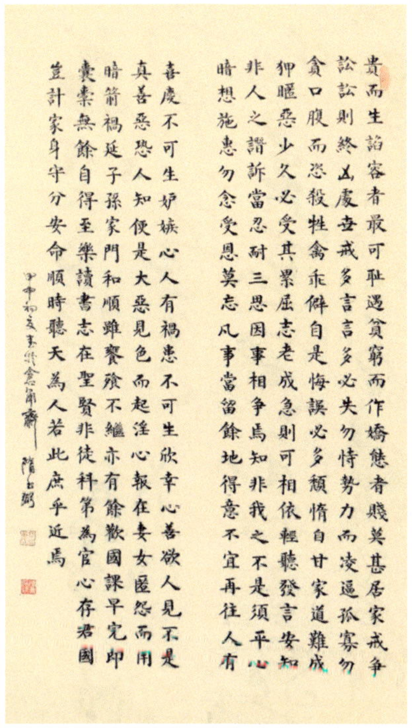

隋书弼书法作品

曲荣爱书法作品

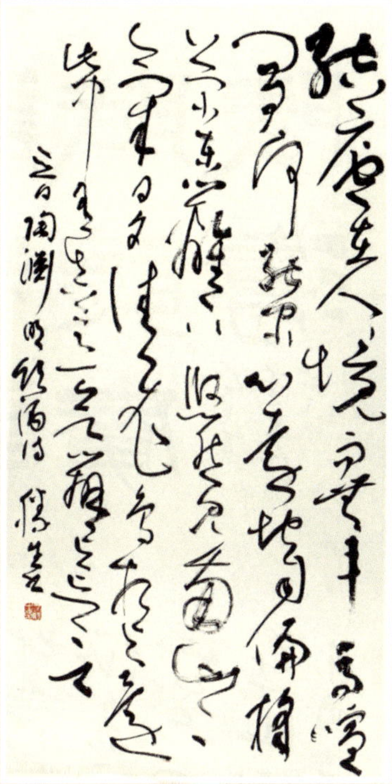

于胜生书法作品

图 29-4　书法作品选登之二

选第三届中国楹联书法大展。

于胜生的书法作品 1995 年入选第二届中国书坛新人新作展，1998 年获全省首届书法大赛一等奖，1999 年获第八届全国群星奖优秀奖、中华人民共和国成立 50 周年全国诗书画大赛成就奖、入选全国第一届扇面书法展，2000 年入选世界华人书画展。

裴墨石的书法作品 1993 年入选全国第五届中青年书法篆刻家作品展，1994 年入选中国书坛第二届新人作品展并收入专集，1995 年入选全国第六届中青年书法篆刻家作品展，2002 年入选全国第四届刻字展、全省迎新春书画展。2007 年，裴墨石书法作品全国巡回展首展暨作品集首发式在福州举行。

岳重温的书法作品 2002 年获纪念中国人民解放军建军 75 周年全国书画展书法金奖，2005 年获纪念抗日战争胜利 60 周年中华书画艺术展金奖，2006 年获纪念中国共产党成立 85 周年全国书画大展赛金奖，2007 年获纪念中国人民解放军建军 80 周年全国书画大展一等奖。

李宝安的书法作品 2002 年入展第二届天津书法艺术节、全国第四届刻字展和全省迎新春书画展，2004 年入展全国第五届刻字展，2005 年获全国电视书法大赛优秀奖、入展第五届全国新人新作展，2006 年入展第十届国际刻字展。2009 年，李宝安被中国书法家协会授予书法进万家先进个人称号；2010 年，在韩国安山市举办个人书法展。

曲荣爱的书法作品 2011 年入选“红旗颂”纪念中国共产党成立 90 周年山东美术书法大展及全省第二届刻字艺术展，2012 年入选全省第五届大众艺术节首届省书协会员双年展。

至 2013 年，李长生、马尚林、隋书弼、董常国、于旭升、钱杨、杨平等书法作者的作品也分别入选省级以上书法展或获省级以上奖励。是年，文登市被省文化厅公布为山东省书法之乡。

摄影　90年代始，照相机逐渐进入家庭，群众性摄影活动日趋繁荣，摄影队伍不断扩大，摄影水平不断提高，获奖作品不断涌现。

1992年，商春波的摄影作品《农家院的喜事》获中国摄影家协会举办的“黄海杯”摄影比赛三等奖。2008年，孙春亮的《开展国防教育》获省摄影家协会举办的改革开放30周年国防教育摄影大赛三等奖，商春波的《堆集喜悦》组照获中国摄影家协会举办的第二届建设社会主义新农村影展优秀奖。2009年，商春波的《回首往事》《硬路修到俺门前》获“我们的田野”当代中国农业农村和农民图片展优秀奖。2010年，鞠鸿杰的《醉》获“农民眼中的新农村”全国摄影大赛优秀奖，蒋丹丹的《选》获《大众摄影》影友联谊会优秀奖，商春波的《胶东面塑》组照获省旅游局、省摄影家协会联合举办的“好客山东贺年会”摄影大赛三等奖。

2011年，在中国摄影家协会举办的“农民眼中的新农村”全国纪实摄影大赛中，于爱军的《收获》获三等奖。2012年，王涛的《年戏》《新春留影》获“好客山东贺年会”摄影大赛佳作奖。2013年，丛万滋的《昆嵛山雪韵》、于莉的《秋色》入选《美丽中国》全国群众文化摄影大展作品集，宋一鸣的摄影作品集《吟赏昆嵛山》获2011－2012年度第十届山东省对外传播奖。

第二节　音乐　小品　曲艺

音乐　1991年后，境内音乐作者的创作水平显著提高，有20余首创作歌曲获省级以上奖励。其中，金声作词、毕武国作曲的《默默追求的歌》1992年获中国首届词曲大赛二等奖，于拥勋作词、田杨作曲的《我们拥抱太阳》1993年获全国首届“中音杯”音乐作品、音教论文大赛优秀奖，于拥勋作词、于路丁作曲的《生活本来就是这样》获省文化厅1995年群星奖一等奖，毕建谊作词、田杨作曲的《父母官》1999年在全省新歌征集、新人新作演唱比赛中获作品二等奖，虞彬煜作词、王志杰作曲的《快乐专卖店》2001年获全省新创作歌曲征集三等奖，毕建谊作词、田杨作曲的《老家》在中国音乐家协会《歌曲》编辑部举办的2006年词曲新作征集中获“晨钟奖”，毕建谊作词、田杨作曲的《文登双拥情》2011年在庆祝中国共产党成立90周年“唱支山歌给党听”全国原创音乐活动中获作品二等奖。

文登市创作歌曲选集《文登之声》2001年出版，所选歌曲跨度50年（1950－2000年），均由境内专业音乐工作者和业余音乐爱好者创作，市文化馆选编。《毕武国歌曲选》2005年12月由中国文联出版社出版。

至2013年，全市歌曲创作者在国家级刊物《歌曲》杂志发表歌曲16首。其中有于拥勋作词、毕武国作曲的《庄稼人》《一路高歌向明天》《居官谣》等7首，胡泽民、寇军谱、程建国分别作词、毕武国作曲的《好时代》《青出于蓝》《肩膀》3首，毕建谊作词、田杨作曲的《给我一个快乐的星期天》、田杨作词作曲的《我要为你写首歌》2首，毕建谊、徐世起分别作词、田杨作曲的《文登双拥情》《胶东女》2首，吕彦斌作词、张辉城作曲的《咱爹咱妈》和曹勇作词、张立东作曲的《神州故事》各1首。行业歌曲创作入选歌曲集20余首。

小品　境内的小品创作兴起于90年代。1995年，张太连、张吉波创作的小品《藏妈》在《戏剧丛刊》发表。1998年，王福海创作的小品《痴呆的女儿》《雇个妈妈去开会》被黑龙江省文化厅和《剧作家》杂志社评为三等奖。2007年，田杨、张吉波创作的小品《三缺一》由文登市艺术团演出，获首届山东省农村文化艺术节农村题材曲艺小品比赛银奖。田杨、田峰创作的小品《认亲》2008年获全省第五届小品曲艺大赛一等奖，2010年获第二届“中华颂”全国小戏小品曲艺作品大展小品二等奖，并收录于作品集。2013年，田杨、田峰创作的小品《欢欢喜喜过个年》获山东省第三届“星光奖”银奖。

曲艺　90年代始，境内曲艺创作与演出逐步增多。1997年，田杨创作的相声《歌的海洋》在

《群众艺术》发表。2000年，市艺术团演出的由毕建谊作词、赵铁锋作曲的说唱快板《计划生育二十年》获全省曲艺会演二等奖。2001年，田杨、田峰创作的相声《城里人乡下人》在《曲艺》月刊发表。2002年，毕建谊、赵铁锋创作的摇滚快板《共谱科教兴国新篇章》由市艺术团在北京人民大会堂为两院院士演出，受到好评。2003年，田杨、田峰创作的相声《党啊，亲爱的妈妈》在《曲艺》月刊发表。2006年，田杨、田峰创作的快板书《危急时刻》在《曲艺》月刊发表。

第三节　民间艺术

剪纸　文登剪纸历史悠久。境内民间的巧手妇女喜欢用剪纸美化生活、装饰居室、庆贺祈福。剪刀下的作品形象生动，有动物、植物、风景、人物等。随着时代发展，剪纸艺术呈现出新的主题与风格，男性作者增多，水平进一步提高。

1991—1995年，李长生、张强、慈国忠合作的剪纸作品《王大娘和她的窗》获“红军杯”全国书画大奖赛一等奖，被中国红军纪念馆收藏。王午君，2000年获第四届中国（黑龙江）剪纸艺术节中国剪纸德艺双馨奖，剪纸作品《丰碑》获跨世纪全国剪纸展览金奖；2003年，被中国企业文化促进会传统文化委员会、中国少数民族美术促进会、中国工艺美术学会民间工艺美术委员会等5个单位授予新中国剪纸艺术家称号，作品《闹元宵》获全国剪纸作品展览金奖，论文《文登民间剪纸艺术的题材及形式浅论》获全国剪纸艺术研讨会金奖。

根雕　文登市毗邻昆嵛山，根雕资源丰富，境内不乏根雕作者。90年代，赵锦坤创作的根雕作品多次参加全国展，并获一、二等奖。位于苘山镇的万发艺术中心根雕馆有300余件根雕作品对外展出，其中“福禄寿”“老子教书”“高山流水”“童子献宝”“姜太公钓鱼”等作品，以其独特的造型、精美的雕工蜚声国内外。

石雕　境内山多，自古就盛产细腻坚韧的优质石材，石雕因此应运而生。按工艺特点可分为圆雕、浮雕、透雕等。文登石雕艺人随着社会进步，技法不断创新，多采用手工与机械相结合的加工方法，雕刻出的人物及龙、狮、牛、马、羊等，生动形象，销往日本、德国、美国、韩国等20个国家和中国香港地区，享有很高声誉。

布玩具　境内界石镇的布玩具制作颇具代表性，明清时期即扬名胶东。妇女们用丝绸、绒布、皮毛、彩线为材料，以人或动物为模型，自己设计，自己下料，缝合成型，填上锯末或棉花，贴上眉眼，活泼可爱的布玩具便做成。90年代始，界石镇成立数家布玩具厂，专业人员设计的布玩具构思新奇，夸张合理，造型生动，深受人们喜爱，产品销往国内外。

面塑　用面捏制成的民间艺术品。将和好的面团经过揉、搓、叠、捻，塑出基本形态，再用手指和小刀、小篦子、竹针等通过压、按、点、剪、捏、挑等手法塑出各种动植物造型。蒸熟后，巧加美饰，鲜活的面塑形象便脱颖而出。

文登面塑分食用品和观赏品两种。食用品面塑选用精面粉加食用油、糖、鸡蛋、鲜奶、水和传统引子（酵母），不加合成色素、糖精、防腐剂等添加剂，纯手工制作，用民间大锅蒸制而成。最具代表性的是文登大枣饽饽，其特点是面白个大，造型美观，香甜可口，松软筋道。作为观赏品的面塑，对面团的可塑性、防腐性要求较高。用料为精面粉、糯米粉、精盐、防腐剂、香油及色素。制作程序是一印、二捏、三镶、四滚。作品表面光亮，造型简练夸张，用色大胆泼辣，有着浓厚的乡土气息。人们常用面塑来表达对节日的庆贺和对家人的祝福。

第四章　群众文化

第一节　场所与设施

市民文化中心　2008年在城市新区始建，2011年投入使用。总建筑面积3万平方米，内有图书馆、文化馆、科技馆、艺术馆、音乐厅、青少年宫、妇女儿童活动中心、老年活动中心8个功能性场馆。

文登市文化馆　属公益性事业单位，被文化部评定为国家一级馆。1993年2月，由股级升格为副科级。2009年3月，增挂文登市非物质文化遗产保护中心牌子。2013年，内设办公室、文化艺术科、美术摄影科、非物质文化遗产保护科和设备管理科。另有非物质文化遗产展厅、书画室、琴房、鼓房、化妆间、舞蹈排练厅、小型演出厅等活动场所。

1990年始，文化馆连年参与策划、导演、创作和组织文登市春节电视文艺晚会；定期到农村、社区、机关、学校、企事业单位进行文艺辅导，组织举办系列歌手大赛、广场舞大赛、少儿艺术节、演讲比赛、文艺会演、活报表演及系列美术、书法、摄影、剪纸展。同时负责全市非物质文化遗产项目的挖掘、抢救、研究、保护、整理和申报工作，定期举办非物质文化遗产展。

馆内的小型演播厅、舞蹈排练厅、钢琴房、鼓房、画室每天8小时对市民免费开放，并开设美术、书法、声乐、钢琴、架子鼓、萨克斯、民族舞、现代舞等免费培训项目。长期举办中老年书法、国画免费培训班，场馆年接待群众4万余人次。利用寒暑假，定期举办免费少儿艺术培训班。培训门类有美术、书法、舞蹈、钢琴、萨克斯，年培训学员300余人。

文登市音乐厅　2011年投入使用，被中央音乐学院定为艺术实践基地。

音乐厅属现代化多功能厅，可供演出、会议等大型活动使用。内设1000个座位、10个包厢、1个排练厅及9个VIP化妆间。配有价值800余万元的灯光、音响，价值300余万元的100平方米LED电子屏幕，价值140余万元的9尺音乐会钢琴FAZIOLI（法奇奥里），造价450余万元的标准音乐会竖琴、低音提琴、军鼓，造价480余万元的多层升降台，造价300余万元的大型音乐罩设置等。观众在音乐厅的任何座位都能欣赏到均匀、自然、饱满的音响效果。至2013年，演出60余场。除举办全市群众文艺会演外，还接待过中国青年交响乐团、俄罗斯歌舞团、甘肃祁连山歌舞团等外地文艺团体的演出。

图29-5　2011年9月17日，中国青年交响乐团在文登市音乐厅演出。

文登市博展中心　2008年在城市新区始建，2011年投入使用。总建筑面积3万平方米，内有博物馆、书画院、档案馆和会议中心。

文登市博物馆 1994年12月成立，位于柳营街。2009年移址城市新区重建，新馆建筑面积2.8万平方米，2011年11月免费对外开放。市博物馆为副科级公益文化事业单位，编制16人。2013年，被国家文物局评为全国三级博物馆。

旧馆初设文登历史文物展和民俗展，2008年重新布展，设走进文登历史文化展。2009年始，筹办文登历史上规模最大的博物馆新馆综合性陈展。新馆展览设计为5个综合性展厅，以“龙魂文脉”为主题，综合陈列展示文登史前文化、道教文化、李龙文化、红色文化、民俗文化、鲁绣文化和现代发展成就。2011年10月15日，市博物馆新馆历史文化展厅、民俗展厅、鲁绣展厅、现代发展成就展厅和于植元、邢良坤、于志学专题展馆布展工作完成并开馆。

专题展馆有于植元艺术馆、邢良坤陶艺馆、于志学美术馆、姜宏光美术馆和度量衡专题馆。展出于植元书法作品69件，邢良坤捐赠的陶艺作品224件，于志学及其学生冰雪山水画作品45件，姜宏光油画、彩墨、水墨、速写作品40余幅及著述等相关书刊资料。度量衡展览馆以秦权（文登出土）为主要介绍内容，展品以复制品为主，用小展柜与大通柜相结合、多媒体放映的形式，介绍度量衡在中国自商周到现代社会的发展历史。

2011—2013年，市博物馆先后接待省内外参观团体593批次，观众47.5万人次。举办的较大型展览有面塑展、李南辰和董开文中国画作品展、文登市首届大型紫砂艺术展等。

图29-6 市博物馆民俗展厅（2011年10月21日摄）

人民剧场 1988年7月，改称文登青少年活动中心，由团县委管理。1994年，改由昆嵛大厦代管。2005年，市政府投资进行装修改造。2006年9月，恢复人民剧场原名，产权归属市国资局，使用权归属市文化局。至此，人民剧场一层有座位592个，二层有座位384个，均系软椅座位。舞台面积约300平方米，设有专用舞台灯及先进专业音响设备。后台设有化妆间、服装间，为各类艺术团体演出提供服务。另设贵宾室、小型会议室。

文登电影院 建筑面积1879.13平方米，内设演出舞台及座位1249个。放映设备有松花江5502X型座机1台，40千瓦发电机1台，幻灯机1台。1990年5月，将5502X型座机更新为5505D型座机；6月，将硬板椅改为沙发软座；改造后有座位1194个，其中，单人软座782个，双人软座380个，鸳鸯座32个。1998年5月，新上环绕立体声设备。2004年5月，电影院被定为危楼，放映业务迁至公司院内影视厅。2010年4月15日，电影院主体楼房拆除重建，2012年竣工。新影院设在新建大楼四楼，更名为文登圣达国际影城。

文登圣达国际影城 文登市首家正规化国际影院，总投资2800万元，加盟鲁信院线，2013年5月1日正式运营。圣达国际影城拥有放映厅6个，其中数字3D厅2个、豪华VIP厅1个，共设观众席位558个。圣达国际影城按照五星级影院标准建造，设计细节充满科学性与人性化。影城配有国际先进的TMS数字放映设备和专业的影院环绕音响系统。是年放映1000余场。

文登银河电影城 位于银河世家3号楼，加盟红鲤鱼院线，2011年3月1日投入运营。影城总面积1000余平方米，设2个3D数字放映厅、2个数码放映厅及4个贵宾

厅，有座位393个，银幕9个。内部装修格调高雅，突出现代人文气息，配备高端先进的放映及立体声音响设备系统。年均放映2200场。

图29-7　2011年1月10日，市艺术团在高村镇虎山村演出。

农村文化大院　1992年，文登市首个农村文化大院创建于高村镇，至2010年，发展到313个，占全市自然村总数30%以上。其中威海市级一类文化大院112个，二类文化大院95个，三类文化大院96个。2012年，文登市在资金投入上，采取财政投入一部分、镇（街道）补一部分、部门帮一部分、村里出一部分、社会捐一部分等方式，改建、扩建农村文化大院，促其上档升级。2013年，全市共有规范化农村文化大院（社区文化中心）746个。

第二节　文化活动

文艺演出团体　1991年始，全市群众文艺演出团体不断增多，文化活动走向繁荣。至2013年，全市有专业文艺团体1个，城乡群众自发组织成立的业余文艺演出团体805个。

文登市艺术团　1993年1月成立，与原吕剧团合署办公，一个机构两块牌子，属差额拨款事业单位。1998年6月，升格为副科级。2012年6月，市艺术团撤编改企，正式办理工商注册登记。至2013年，有演职人员70余人。配有流动舞台车、大客车和乐器、音响、灯光、服装、道具等。

市艺术团演出形式多样，有歌舞、曲艺、小品、魔术、吕剧、京剧等，年均演出200余场。演出足迹遍布文登城乡及威海、济南、苏州、北京、大连等20余个城市。2003年始，连续多年参加韩国天安市“兴达令”艺术节。创作排演的新编传统京剧《李龙爷》、舞台剧《东方文登学》均获省委、省政府颁发的泰山文艺奖；小吕剧《一个钱包》获文化部颁发的第十届中国艺术节群星奖戏剧门类作品奖，同时获“喜迎十艺节全民共欢乐”全国群众文化优秀节目惠民展演活动展演奖。常年坚持开展“三下乡”活动，2012年7月，获全省送演出下基层先进集体称号。

文登市电业艺术团　1991年6月21日成立，隶属于文登市电业总公司。内设办公室、舞蹈队、舞美队、演唱队、曲艺队、乐队、创作室，有职工50余人。艺术团成立后，先后投资1200余万元购置音响、灯光、电子大屏幕、乐器、服装等演出设备。演出足迹遍布文登城乡及北京、山西、海南、江西、大连等省市。2001年，被山东电力集团公司授予“文艺之星”称号。2012年8月始，艺术团隶属于文登市德利源投资有限公司。至2013年，演出2000余场次，先后获得国家级奖励6项、省级奖励24项。

张家埠庄户剧团　1973年由村民自发成立。常年利用农闲时节到周边村镇演出，年均演出50余场次。2006年，有演员130余人，在全市首届农民文艺会演中获一等奖2个。2007年，参加文登市春节文艺晚会演出。2008年，在“百姓放歌·唱响文登”活动中多次获奖。2010年，被评为文登市十佳庄户剧团。2011年，在全国第三套健身秧歌比赛中获文登赛区一等奖。2012年，获威海市农村（社区）文艺会演一等奖。

天福京剧社　2005年5月，由天福路街道河北社区居委会创办。先后排演过《大保国》《探皇

陵》《二进宫》《遇皇后》《打龙袍》《玉堂春》《红鬃烈马》等大戏及《铡美案》《坐宫》《钓金龟》《赤桑镇》《岳母刺字》等折子戏。置有大戏行头、灯光、字幕、音响等服装及设备。每年为观众演出30余场。首届威海市庄户剧团会演获特等奖。2009年，省文化厅授予天福京剧社“先进票房”称号。

文登市老年艺术团 2005年10月成立，隶属于市委老干部局。每年深入农村、社区演出10余场。2007年、2011年在人民剧场分别举行庆祝中华人民共和国成立58周年和中国共产党成立90周年专场文艺演出。2012年10月，在市民文化中心举行喜迎党的十八大文艺演出。每年代表全市老干部系统参加威海市老年艺术节，其编排的《迎春》《红红的日子》《童心回放》《健身球》等20余个节目，获威海市老年艺术节二等奖。

西楼军乐团 2007年4月成立，隶属于西楼集团公司。2008年始，连续五年参加文登市元宵节活报表演，连续两年获得“百姓放歌·唱响文登”农民文艺会演一等奖。参加威海市农村（社区）文艺会演获得二等奖。

柘阳山艺术团 2008年10月成立，为侯家镇党委、政府组织的群众性文化团体，镇中心文化站负责管理。2012年，有演职人员126人，由各村村民中的文艺爱好者组成。分器乐组、传统戏曲组、现代表演组和舞蹈组。常年坚持为本镇及周边镇村农民群众演出，年均演出80余场次。先后获得威海市优秀京剧艺术团体、文登市十佳庄户剧团、文登市十佳健身养生团体称号。

文登经济开发区艺术团 2012年5月成立，有成员70余人。开发区管委投资60余万元，购置专业流动舞台车、乐器、音响、灯光等设备。艺术团每周排练3次，自编文艺节目，在开发区社区及农村巡回演出。

现代文化娱乐活动 2000年后，现代文化娱乐活动呈丰富多彩之势，主要有广场文化活动、消夏纳凉晚会、文艺晚会、文艺会演等。

广场文化活动 市委、市政府对精神文明建设高度重视，投入大量资金，建起市中广场、峰山公园广场、文登学公园广场及社区活动广场130余个，以此深入开展广场文化活动。广场文化活动点均有艺术指导教师负责组织，一年四季不断，尤以春、夏、秋三季最为活跃。除有关部门组织举办音乐、舞蹈、戏曲、曲艺等各个艺术门类的舞台演出外，市民还根据不同爱好和需求，自发开展形式多样的文体活动，如扭秧歌、跳健身舞和交谊舞、打太极拳、舞太极剑等。2013年，全市各广场参加“佳木斯快乐舞”健身操活动的群众达2万余人。

消夏纳凉晚会 群众夏季自发开展的一种文化娱乐活动，多在晚饭后举办。消夏纳凉晚会形式简单，往往在街道某一宽敞处或广场一角、公园一隅，设以桌椅和简单音响。节目形式有京剧清唱、歌曲演唱、器乐独奏等，颇受群众欢迎。

文艺晚会 市文化部门为配合市委、市政府中心工作或在有纪念意义的节日，组织举办专场文艺晚会，并形成惯例。1990年始，市委宣传部、市文化局（文广新局）和电视台等部门联合组织市艺术团、电业艺术团、文化馆、学校、幼儿园及社会业余文艺团体共同参与摄制文登市春节电视文艺晚会。除春节期间在本市播出外，实况录像还上送威海电视台、省电视台播出，其中部分节目被中央电视台综艺、戏曲等频道采用。

文艺会演 80年代，随着经济体制改革，全市文艺会演活动减少，90年代后期逐步恢复。2000年，举办全市“电业杯”少儿三琴、声乐比赛。2006年，举办纪念中国共产党成立85周年“网通杯”社区文艺会演、“张家埠杯”农民文艺会演和“金洋杯”少儿器乐电视大赛。2007年，举办“御临华府杯”企业职工文艺会演。2008年，启动回顾文登撤县设市20周年光辉历程，展现经济发展丰硕成果“百姓放歌·唱响文登”大型文艺会演活动，同时举办“山川文苑杯”少儿故事大赛、文登市首届少儿艺术节、首届中学生歌手大赛、中等学校文艺会演等。2011年，“百姓放歌·唱响文登”农民文化艺术节文艺会演历时一个月，走进16个镇（街道），共演出节目500余个。

图 29-8　2010 年 10 月 7 日，“百姓放歌·唱响文登”文艺会演总决赛在人民剧场举行。

传统文化娱乐活动　境内民间传统文化娱乐活动极为活跃。2008 年始，文登市每年元宵节均举办活报表演，有舞龙、舞狮、踩高跷、跑旱船、鹤蚌舞、耍毛驴、大头娃娃、高抬阁、扭秧歌等。

舞龙　舞龙也叫耍龙灯、龙灯舞。从春节到元宵节，人们喜欢用舞龙来祈求风调雨顺、五谷丰登，以增加节日的喜庆气氛。舞龙的主要道具是“龙”，用草、竹、布等扎制而成。龙的节数以单数为吉利，多见九节龙、十一节龙、十三节龙，偶见二十九节龙。舞龙动作千变万化，九节以内侧重于花样技巧，较常见的动作有蛟龙漫游、龙头钻档子、头尾齐钻、龙摆尾和蛇蜕皮等。十一节、十三节的龙，侧重于动作表演，金龙追逐宝珠，飞腾跳跃，再配以鼓乐，成为一种集武术、鼓乐、戏曲与龙艺于一体的艺术样式。

舞狮　也叫狮子舞、耍狮子。民间传说狮子是祥瑞之兽，每逢元宵佳节或集会庆典，民间都以舞狮助兴。小狮由一人舞，大狮由双人舞，一人站立舞狮头，一人弯腰舞狮身和狮尾。舞狮人身披狮皮彩衣，下穿绿狮裤，脚蹬金爪蹄靴。引狮人以古代武士装扮，手握旋转绣球，配以京锣、鼓钹，逗引狮子表演腾翻、扑跌、跳跃、登高、朝拜等技巧，并有走梅花桩、蹿桌子、踩滚球等高难度动作。

跑旱船　船用竹、木扎框，外饰以艳丽绸布，套系在舞者腰间如坐船状。有的做假腿于船面，与舞者身体相配合，如盘坐船上。另一人手持船桨作划船状。两人合舞，模拟船行水面的种种动作。主题多为赞美劳动与爱情。以前仅有单船舞和双船舞两种形式，后出现四船以上集体船舞。

耍毛驴　耍毛驴与跑旱船有相似之处，用竹竿或高粱秸扎成驴形架子，外糊饰布或纸作驴状。“驴”分前后两部分，骑驴演员处中间。该舞由三人配合演出。骑驴者为回娘家的农村媳妇，赶驴者为送媳妇回娘家的丈夫，另一位为拾驴粪的老汉。骑驴者为主演，所展示的上山、下坡、转弯、蹦跳、踢蹬等舞姿，生动有趣，富有浓厚生活气息。

踩高跷　也叫高跷舞。高跷用两根木棍，中间钉“耳”，“耳”上装踏板制成。踩跷人将脚放在踏板上，用绳将跷杆紧缚腿上，即可行走舞蹈。舞者扮成传统戏剧中的各种人物，手持道具，双足踏跷而舞。跷的高低不等，舞姿也多种多样，技艺高超者能带跷翻跟斗。

高抬阁　文登传统民间舞蹈之一。自清道光年间始，每年农历三月初二龙母寿诞节，方圆百里的人们会到回龙山

图 29-9　2012 年元宵节，市民在城市新区举行舞龙表演。

赶山会。山会的必备节目之一就是宋村大寨村的高抬阁。前面旗锣伞扇，后面跟着惊险刺激的高抬阁表演。高抬阁制作方法：用木头扎架，中间竖起一根一两丈高杆，高杆上绑有横木，横木上绑竖杆，人固定在横木的竖杆上，装扮成各种角色。行进时由8人抬着，角色在杆顶上进行表演。主要节目有《董永与七仙女》《牛郎与织女》《韩湘子与何仙姑》《白娘子与许仙》等。大寨村的高抬阁也会在春节和渔民节期间表演。随着社会发展，高抬阁的设计、制作技术和表演技巧均有改进。由木架改为钢架，竖杆加高，横杆变长。原来的人抬改为汽车装载，原仅限于一二人表演，后增加到三四人，且表演形式不断创新。

第五章 广播 电视 电影

第一节 广 播

设施设备 1993年8月28日，无线调频广播电台成立，对外呼号：文登人民广播电台。传输方式仍用有线传输。1996年7月，有线广播改为立体声调频广播，频率108.2兆赫，发射功率1千瓦，结束文登没有无线广播的历史。同时更新录制设备，有索尼MDS-303录音机3台，雅马哈CDX-480播放机2台，雅马哈2路调音台1台，雅马哈20路调音台1台，雅马哈卡座2台，调频接收机2台，东芝卫星接收机2台，调频广播解调器2台，调频广播发射机1台。

2006年3月，投资40余万元添置直播设备，同时购进调频发射机1台，发射功率1千瓦，原有发射机作备机。2009年，新上3千瓦发射机，原1千瓦发射机作备机，广播信号覆盖文登全境。威海、荣成、乳山与文登接壤地区也能收听到文登人民广播电台的节目。

播出时间与节目设置 1991—1992年，文登人民广播电台在办好《文登新闻》基础上，开设《昆嵛风采》《法制园地》《农户服务台》《周末百花园》等专栏性节目。同时，根据不同时期工作重点，在新闻节目中适时增设“为党旗添光彩”“经济纵横”“教育之声”等小栏目。

1996年7月1日，广播电台改为立体声无线调频广播，播出时间和节目编排随之变动。每天由以前早中晚3次播音改为早晚2次，全天播音时间2小时30分。自办节目有《文登新闻》《昆嵛风采》《道德与法制》，后增加《科技之窗》《消费指南》《儿童乐园》《文艺广角》等栏目。其间，按时转播中央人民广播电台《新闻和报纸摘要》及山东人民广播电台《山东新闻》节目，延续至1997年。1998—2001年，自办节目有《文登新闻》和《送歌台》。其间，按时转播中央台《全国新闻联播》和省电台《山东新闻》节目，中午转播省经济台经济节目。每天3次播音，中午晚上重播，全天播音时间4小时30分。

2006年7月1日始，改录播节目为直播节目。开办新闻类、服务类、生活类、音乐类、综艺类、曲艺类、健康类、心理咨询类、文学类、法制类、饮食类等20个栏目。

2007年1月15日，市纪委、市监察局、市广电局联合主办的《行风热线》栏目正式开播。栏目以“听百姓呼声、替市民分忧、促行风建设、建和谐文登”为宗旨，通过各职能部门主要负责人与市民直接对话，解答市民提出的疑难问题，帮助解决实际困难。播出时间为每周一、三、五早7：00～7：25。2008年3月31日，广播电台频率由106.7兆赫改为106.8兆赫。

2013年，文登人民广播电台节目播出时间为5：30～23：00，全天播音时间17小时30分。每周二上午8：40～12：00停机检修。节目设置有《文登新闻》《岁月如歌》《历史上的今天》《行风热

线》《欢乐生活秀》《一路畅通》《梨园茶座》《非常挑战》《娱乐无极限》《养生文登》《心情故事》《音乐随心听》《星空影院》《挑战哆来咪》《星路历程》15个栏目。

1991—2013年，文登人民广播电台连续12年获山东人民广播电台集体记者一等奖，有20余篇稿件获省级奖励。

第二节 电 视

设施设备 1988年，市广电局装有1千瓦电视发射机1部，转播中央电视台一套节目，50瓦电视发射机1部，转播中央电视台二套节目。1989年6月，50瓦发射机通过12频道转播中央电视台一套节目，1千瓦发射机通过2频道播出文登电视台节目。至2009年，有电视发射机4部，其中1千瓦发射机2部，50瓦发射机2部。直径6米卫星地面接收站1座，微波传送系统1套，光收发系统1套，覆盖半径30千米，覆盖率达80%，形成传递网和覆盖网。

文登电视台建台之初，播出系统只是简单的手动切换系统。主要设备有SONY录像机2台、HITACHI录像机2台、切换控制桌1套。1993年，购进北京航天研究所生产的自动播出系统1套。2004年，投资40余万元，购进安徽天虹银河300硬盘播出系统。2005年11月，购进博汇图文播出系统1套，开通图文频道。2007年10月，购置、安装6通道播出系统。

节目摄录制作设备逐年更新。1993—1998年，先后购买一系列Betcam设备，有SONY PVW-2650P配2800P编辑机1套、SONY ZYB-5P摄录一体机1台、SONY ZYC-5P摄录一体机1台、SONY 637P摄像机3台、SONY 327P摄像机2台、SONY1800编辑机4台、SONY1600编辑机4台、SONY1400编辑机3台、SONY1200录像机2台，至此，从广播级到业务级各档次的录音及摄录像设备基本齐全。2000年，购买神器500非编系统2台、神器800非编系统1台、天梭非编系统3台、喜玛拉雅3000非编系统1台、喜玛拉雅1000有卡非编系统5台、喜玛拉雅1000无卡非编系统7台。2005年，实现新奥特非编制作网与安徽天虹硬盘自动播出系统的联网，文登电视事业进入数字化时代。

2012年4月30日，购买6通道高清电视直播车1辆。2013年11月8日，集广播电视节目采、编、播于一体的电视制作演播中心投入使用。总建筑面积2.2万平方米，设有800平方米、300平方米演播大厅。升级换代的全数字摄、录、编、播和媒资设备，使节目制作水平和播出质量进一步提高。

图29-10 文登电视台高清电视直播车(2013年11月9日摄)

播出时间与节目设置 1989年6月30日，文登电视台试播《文登新闻》，每期节目约20分钟，每周一、五19:30播出。1990年6月，经省广电厅和广电部先后批准，文登电视台正式成立。10月1日始，《文登新闻》每周二、六重播1次，播出时间为19:30～19:50。后增加《每周一歌》《消费者之友》《文体荟萃》等栏目。1991年2月20日，自办节目由每周2次增加到3次，由每周一、五，调整为每周一、三、五，星期三节目内容为电视讲话、讲座、广告和文艺节目，

不设新闻节目。是年8月，新上《文登古今》栏目和少儿节目。1993年7月，《文登新闻》由每周首播、重播各2次增加为各3次，即每周一、三、五首播，二、四、六重播，增设《社会广角》《全省县级台广告联播》《经济信息》《周末影剧院》《七彩桥》等栏目。

1994年3月28日，开办文登二套节目，为影视综艺频道。1996年10月，开办文登三套节目，宣传农、林、牧科学知识和病虫害防治知识，每周一、三、五首播，二、四、六重播，后停播，共制作播出180期。1997年5月，文登三套节目改为远教科技之窗频道，与市委组织部联办，设有《微型党课》《时代先锋》《共产党员》《远教课堂》等栏目。

2001年，开设《经济报道》《记者观察》栏目。《经济报道》每两周一期，周一晚20：30～20：45首播，次日上午重播。《记者观察》栏目，周一、二首播，周三、四二套重播。2005年，开设《话说文登》栏目，全面、系统地介绍从古到今文登的山水风光、名人名事、民俗文化、科技教育及各行各业的发展变化。2005年9月至2006年6月，每两周播出一期；2006年7月始，每周播出一期，每期10分钟。2006年9月18日，在《文登新闻》中开设《百姓关注》栏目，每周播出3期，每期6分钟。2007年4月2日，《文登新闻》由每周3次增至每周5次，即每周一、二、三、四、五19：32首播，当晚一套22：00重播；二套20：30重播，次日一套7：02重播；周六、日播出《一周新闻综述》。2008年12月1日，《百姓关注》从《文登新闻》中析出，改为二套播出，周一至周五每晚播出1期，每期20分钟。

2013年，电视栏目在原有《文登新闻》《百姓关注》《话说文登》《今乡视界》《星火科技30分》《倾注三农》及党员远程教育节目基础上略有变动；《话说文登》于11月停办。

联办节目主要有电视栏目短剧及春节文艺晚会。2008年3月，市委宣传部邀请沈阳影视公司编导到文登拍摄7集电视系列栏目短剧《文登故事》，每集20分钟。全剧以文登的真人真事为原型，展现全市人民积极向上的进取精神及基层干部为民办实事的优良作风。剧中所有人物均由全市各行业基层群众扮演。5月1日始，陆续播出。是年11月24日，电视系列栏目剧《龙乡故事汇》开拍，每期分为7集，每集讲述一个独立故事，是《文登故事》的改版。先期聘请江苏电视台影视频道编剧、导演现场指导，共摄制7集。2009年元旦播出。是年8月，市广电局又独立编剧、摄制7集，11月1—21日，分别在文登电视台一、二、三套节目中播出。

1990年始，与市委宣传部、市文化局联合举办春节文艺晚会，至2013年春节，共举办24届，文登电视台负责摄制与播出。

1991—2013年，文登电视台连续19年获山东省安全优质播出先进台称号，连续9年获山东电视新闻宣传先进集体一等奖，有60余件电视作品获省级以上奖励。

第三节　广电网络

网络建设　1992年7月，市广电局设立有线电视管理站，将共用天线接收系统逐步改造为有线电视系统。干线传输采用国内较先进的放大器延长传输距离，覆盖市区2平方千米范围（东至中心医院，西至制革厂，南至冰场小区，北至闻登酒楼），并将市区原有部分共用天线接收系统进行改造联网，联网用户4000余户。1994年4月至1997年，全市21个镇有线广播电视网全部开通。埋设线杆1.3万棵，架设一级光缆205千米、二级光缆406千米、干线电缆511千米。

2000年8月，改造后的有线电视前端机房面积达260平方米，前端设备有日本东芝卫星接收机、美国基洛德产调制器和前置放大器、美国澳特尔和北京依斯康产光端。是年，埋设有线电视网络线杆1.8万棵，架设市镇村光缆3500芯千米，主干线电缆577千米。2001年，市区光缆进行改造，并第一次转入地下管道敷设光缆主干线路。先后完成龙山路、米山路、峰山路、昆嵛路、豹山路施工。

2004年12月27日，市广电局、市富凯通信工程有限公司、威海广电宽带网络有限公司共同投资成立文登广电宽带网络有限公司，全市农村有线电视网开始升级改造。至2006年10月，全市872个行政村全部安装有线电视，入村率100%，发展用户12.41万户，入户率65%。有线电视网络光缆干线总长10851芯千米，安装光发射机76台、光接收机883台、干线放大器320台、线路放大器1755台。11月，市广电局获威海市提前实现广播电视村村通突出贡献奖。

2012年3月6日，山东广电网络威海有限公司文登分公司成立，隶属于山东广电网络威海有限公司，原文登广电宽带网络有限公司被吸收合并予以注销。2013年，工程建设立项183个，完成工程施工152个，累计埋设线杆349棵，架设钢绞线101千米，敷设光缆876千米，建设地下管线20.4千米，完成20个村网改造和32个新建小区网络配套建设任务，完成工程投入957.33万元，设备投入233万元。

网络传输　1993年7月，市广电局正式建成市区有线电视网络，网络传输电视节目11套：中央台1、2、4频道，山东台、齐鲁台、威海台、文登台、四川台、云南台、贵州台和1套有线台自办节目。

1997年4月8日，文登有线电视台成立，与市广电局合署办公。网络传输增加到23套节目，其中，中央台电视节目8套，山东台电视节目6套，威海台电视节目2套，文登台电视节目2套，其他省台电视节目4套，调频广播节目1套。

2010年，通过有线电视网络传输模拟信号电视节目37套：中央台1～12频道、中央台新闻频道、中央台教育频道、中央台少儿频道，山东台、山东台齐鲁频道、山东台影视频道、山东台公共频道、山东台综艺频道、山东台生活频道、山东台农科频道、山东台体育频道、山东台少儿频道，上海东方台、北京台、安徽台、江苏台、浙江台、西藏台，威海台1～2套及推介频道，文登台1～3套及图文频道。

2013年，通过有线电视网络传输模拟信号电视节目38套，其中有中央台节目12套，有山东、北京、威海、文登等省市电视台节目26套；传输数字电视节目184套，其中，标清173套，高清11套（含付费节目）。

第四节　广播电视转播

山东省广播电影电视局昆嵛山转播台　1991年，称山东省广播电视厅昆嵛山转播台。1999年，更名为山东省广播电视局昆嵛山转播台。2011年3月，更名为山东省广播电影电视局昆嵛山转播台（简称昆嵛山转播台），正科级事业单位。2013年，内设办公室、财务室、电视机房、调频广播机房、微波综合机房，有工作人员40人。

设施设备与节目转播　1988年11月，昆嵛山转播台安装、调试使用卫星地面接收天线，自此卫星信号与模拟微波信号双路互备共用。1994年7月，新增10千瓦分米波彩色电视发射机。2000年，转播省电台所有调频发射机均改为全固态进口美国哈里斯3.5千瓦发射机；转播威海电台发射机为陕西如意牌1千瓦发射机。

2003年3月至11月23日，建成93米自立发射塔，旧塔停用。转播山东卫视主机使用意大利泰克诺10千瓦风冷发射机，备机使用北京广播电视器材厂10千瓦风冷发射机。转播齐鲁台主机使用北京广播电视器材厂10千瓦水冷速调管发射机。2004年，增加数字微波收发送设备，信号源得到可靠保证。

2007年5月，拆除原79米自立综合发射塔，原地重建81米综合自立塔，为中央电视台综合频道节目及中央人民广播电台综合频道节目专用。2008年11月，数字微波文登站机房（信号回传首站）在昆嵛山转播台建成，至此，山东省广播电视数字微波环路传输网开通。

2013年，昆嵛山转播台有10千瓦和5千瓦电视发射机8部（含备机），转播中央一套、山东卫视、山东影视、山东齐鲁、山东公共5套模拟电视节目；3千瓦和1千瓦调频广播发射机13部（含备机），转播中国之声、山东新闻、山东

经济、山东文艺、山东生活、威海新闻、威海文艺7套调频广播节目。

第五节 电 影

1991年，文登市电影发行放映公司为全民所有制文化企业。至2013年，公司下设电影院、办公室、财务科、物业管理科、农村工作部，配备17支放映队及27台数字电影流动放映机，有工作人员56人。

1991年后，因电视机的普及和家庭影音设备的兴起，文登的电影放映与发行均呈下降趋势。1991年，放映16869场，观众248.18万人次，放映收入71.69万元，发行收入33.32万元。1995年，放映8021场，观众93.02万人次，放映收入55.39万元，发行收入23.14万元。

1996—1997年，市区影院观众数量持续下降，平均上座率12%。为改变被动局面，市电影公司积极组织爱国主义教育影片学生专场，发售中小学生假期电影优惠券，《孔繁森》《鸦片战争》《大转折》等影片放映场次增多。其中《孔繁森》放映32场次，收入4.2万元，创两年来单片票房收入最高纪录。随着有线电视网络的全面覆盖，农村电影市场受到冲击，1997年，全市农村放映队由1996年的112个减少到77个，镇电影管理站由21个减少到15个。市电影公司多方筹措资金，先后购买故事片39部和科技教育短片15部，投放农村电影市场，共放映1.1万场次。

1999年，市电影公司购买农村科教片、爱国主义教育片30部，在农村放映3000场次。新启动3个镇站放映队，增加放映400场次。年内，公司影院完成票房收入41万元，农村放映收入8万元，第三产业收入56万元。

2004年，全市农村12个电影管理站基本陷入停业状态。2007年始，开展农村公益电影放映活动，成立17支放映队，配有56名放映员和27台放映机。至2009年，共放映电影2.5万场次。

2011—2013年，配备27支放映队，主要开展农村、社区、广场公益放映活动。针对农村放映《貂的养殖技术》《蔬菜管理与贮运》《草莓种植》《大樱桃的管理》等科技影片。年均放映8000余场次。

第六章 报刊 图书

第一节 报 纸

《文登大众》 原名《文登市报》。1993年1月创刊，为中共文登市委机关报，周2刊，4开4版，山东省内部刊号，年发行量72万份。1994年，改为周3刊。1995年，编入国内统一刊号，1版为要闻版，2版为综合经济版，3版为政文版，4版为文化副刊，年发行量156万份。1996年1月，由周3刊改为周4刊。1998年，文登建市10周年，开设《辉煌的十年1988—1998》和《建市十周年巡礼》等专版专栏，对建市10年来的发展变化做全景式报道，先后编发文字稿100余篇10余万字，配发照片130余幅。2000年，《文登市报》周一至周五为4开4版，周日《文登市报·生活周刊》为4开8版。

2001年4月1日，《文登市报》更名为《文登日报》。2002年7月1日，由4开8版小报改为对开4版大报，周5刊。是年，出版报纸260期，发行量330余万份。开设《解放思想 与时俱进 开拓创新 加快发展》《学习先进经验 推动文登实现超常规跳跃式发展》等专版专栏，派出新闻采访团赴南方进行异地采访报道，连续刊发稿件20篇5万余字。2003年12月31日，《文登日报》停刊，是年出版报纸154期，发行120余万份。

2004年1月1日，《文登日报》改为《文登

大众》，由中共文登市委主管主办，属内部宣传资料，文登日报社编辑出版，赠阅发行。《文登大众》为周3刊4版彩印对开大报，1版为时政新闻，2版为经济新闻，3版为政教新闻，4版为文化副刊。是年出版154期，发行量120余万份。2006年，开设《加快园区建设 搭建发展平台 全力打造山东县域工业第一强》《大项目聚焦》《全力实施名牌战略 做大做强文登工业》《辉煌“十五”和谐文登》《解放思想抢机遇 全力突破大项目》《产业结构调整记者行》等10余个专栏。2009年12月25日，创办《文登大众·周末》，为8开16版，周五出版，赠阅。期发行量1.5万份。

2010年，赠阅发行《文登大众》200期290万份，开设的专栏有《激情创业和谐创业科学创业 全力以赴建设经济强市》《滨海度假胜地 蓝色产业新城》《潮涌南海系列报道》《重点项目建设记者行》《提升农业产业化发展水平 开创农村发展新局面》《转方式 调结构 促发展》等。2011年，围绕山东半岛蓝色经济区上升为国家战略，南海新区成为山东三大海洋经济新区之一的重大战略机遇，推出《抢抓机遇 乘势而上 迅速掀起蓝色经济区建设新热潮》《抢抓机遇 深耕南海》等一系列评论员文章；开设《抢抓蓝色机遇 突破蓝色经济》“一把手”访谈。

图29-11 《文登市报》《文登日报》《文登大众》（2013年3月1日摄）

2013年1月，《文登大众》进行全新改版，为周3刊4版对开大报，同时开通数字报。1版为时政要闻，2版为经济新闻，3版为政教新闻，4版为文化副刊，年发行量374万份。

1998年，报社获山东省县市级报社经营管理先进单位称号；1998—1999年，获全国地方报社管理先进单位称号；2009—2013年，《文登大众》连续5年被山东省新闻工作者协会、山东省县市报研究会评为山东省优秀县市报。

《小金星》 1991年12月，《小金星报》编辑部成立，为股级事业单位，隶属团市委，编制5人，经费自理。《小金星报》由威海市少工委和共青团文登市委联合主办，1991年7月在省新闻出版局注册，4开4版，套印彩色，胶版印刷，半月刊，期发行量4万份。1992年9月改为旬报，1995年改为周报，期发行量5万份。1996年5月2日，《小金星报》编辑部更名为小金星报社。1998年1月，小金星报社业务工作划归威海晚报社管辖（人事关系仍隶属文登团市委），该报改为《威海晚报》少年特刊《小金星》，为晚报的5、6、7、8版，随晚报发行。每周1期，全年52期，期发行量6万份，至年末，出版366期。1999年1月，改为彩印，为晚报的9、10、11、12版，单独发行。各版依次为要闻活动版、万花筒版、中学生版、丫丫园地版。该刊每周1期，期发行量6.2万份，至年末，发行399期。2000年9月，《威海晚报》少年特刊《小金星》增设中学特刊，为晚报17、18、19、20版，原小学特刊改为21、22、23、24版，每周1期，星期六出刊。中小学特刊依次为新闻版、学习版、知识版、写作版。中学特刊期发行量3.8万份，小学刊4.5万份。

2001年10月，《小金星》从《威海晚报》析出，恢复使用0007号山东省内部资料准印证出版。该报仍由威海市少工委、共青团文登市委主办，面向威海市中小学少年儿童发行。中学刊4开4版，套色印刷，期发行量

4.01 万份；小学刊 4 开 4 版，彩色印刷，期发行量 4.87 万份。是年，各出 34 期。

2002 年 9 月，小金星报社与中国中学生报社合作，成立中国中学生报社威海工作站，办公地点设在小金星报社。将原《小金星中学特刊》改为《中国中学生报·金星》版，主要刊登威海市中学团队新闻，内容由威海工作站采编。《中国中学生报》4 开 8 版，由共青团中央委员会主办，每周 2 期，其中《金星》版 1 期。全学年出刊《金星》套红版 31 期，在威海地区发行 2.6 万份。该采编出版发行模式 2013 年继续沿用。

行业内部报 1990—2013 年，部分乡镇、企业、学校、协会先后创办行业报，均属内部宣传资料，赠阅。有《文登乡镇工业》《宋村镇报》《文登曲轴报》《文登黄河报》《文登整骨》《威达报》《昆嵛人》《文登酒报》《莔山报》《文登电力报》《文登牧业》《文登一中校报》《文登摄影》《文登楹联》《今日芸祥》《小商品市场报》等。

第二节 期 刊

《启明星》 1990 年创刊，文登师范主办，校园文学季刊。初为 16 开本 42 页，第 7 期始，改为 32 开本 80 页。设有《小说天地》《散文百花园》《诗歌长廊》《例文点评》等专栏，发行量 7000 ～ 8000 册。2000 年停刊，共出版 32 期，发表学生各类作品 1000 余篇（首），近 200 万字。

《春泉》 文登一中春泉文学社主办，原名《季候风》，1990 年创刊，1999 年 10 月改名《春泉》，双月刊，16 开本。设《青春风铃》《校园你我》《小小作家》《教师文苑》等栏目。每期印 3000 份，校内发行，赠送省内部分中学。2004 年 8 月，获全国校报校刊评选一等奖。2008 年，获第三届全国中小学校内优秀报刊评选最佳一等奖。

《文登文艺》 1999 年 11 月创刊，16 开本，季刊。初为市委宣传部、市文化局主办，后改为市文联主办。2002 年更名《文登学》，2004 年恢复原名，2007 年停刊，2008 年复刊并改为双月刊。设小说、散文、诗歌等专版。至 2013 年，出刊 62 期。期发行量 2000 册，免费赠阅。

《文登教研》 2003 年 1 月创刊，市教学研究室主办，市教育局主管，16 开本，季刊，64 页。期刊发行至全市中小学，期发行量 3000 册。

《文登师范校刊》 2007 年创刊，16 开本，64 页，季刊，每期印刷 800 册。至 2013 年，出版 28 期，发表师生作品 900 余篇 200 余万字。

《文登收藏》 市收藏家协会主办，2009 年 9 月创刊，年刊，期发行量 3000 册，免费赠阅。

《春华秋实》 市老年学会主办，2011 年 3 月创刊，季刊，大 16 开 80 页，全彩印刷，期发行量 3200 册，免费赠阅。

《文登商界》 市工商联、市总商会联合主办，2012 年 5 月创刊，大 16 开本，季刊，期发行量 4000 册，免费赠阅。

《文登老年书画》 市老年书画研究会主办，2012 年 6 月创刊，彩色印刷，大 16 开本，半年刊，期发行量 3000 ～ 5000 册，免费赠阅。

第三节 图 书

文登市图书馆 1992 年，市政府筹资 300 余万元，在市中心天福路建设图书馆，建筑面积 3565 平方米，设计藏书量 40 万册，于 1993 年 10 月 1 日开放。1994 年 3 月，市图书馆被文化部评定为一级图书馆和文明图书馆，时为全省唯一获此殊荣的县级图书馆。1998 年 10 月 30 日，市图书馆由股级升格为副科级。

2011 年，市图书馆迁入市民文化中心新址，建筑面积 8000 平方米，6 月 1 日开放。至 2013 年，市图书馆馆藏总量为 73.8 万册，其中线装古籍 3.5 万册、图书 36.6 万册、期刊合订本 2.5 万册、报纸合订本 0.9 万册、视听文献资料 0.3 万册、电子文献 30 万册。设成人借阅区、少儿借阅区、电子阅览区、报刊阅览区、古籍阅览区、自修区、视障人士阅览室、报告厅等多个功能区（室），阅览席位 600 余个，有 400 余处信息提供点。馆内配备中央空调、动态监控、消防报警及

图 29-12 市图书馆藏书（2007 年 1 月 1 日摄）

公共音响等设施，无线网络实现全覆盖，成为国内较先进的现代化公共图书馆。

图书借阅 1998 年，市图书馆实现自动化管理，借阅方式由原来的闭架借阅改为开架借阅。2009 年 6 月 1 日始，对读者免费开放。2011 年 9 月 RFID 射频识别技术应用后，实现读者自助检索，自助借还，并增设 24 小时图书馆，实现全天候自助借还服务。至 2013 年 6 月，各类有效读者证达 7000 余个，年流通 24 万人次，流通图书 20 万册次。

报刊阅览 建馆初期便设立阅览部，分成人阅览和儿童阅览。1985 年，儿童阅览与儿童外借合并为少儿阅览，成人阅览单独分离。2000 年始，分设报刊阅览室和少儿阅览室，须持借阅证免费阅览。2011 年新馆开放后，专设开放式报刊阅览区和少儿阅览区，可自由翻阅所有报刊。

服务特殊群体 市图书馆专设残障人士借阅区，购置盲文书近 500 本，配备电脑 5 台，安装阳光读屏软件，增设有声读物。在电子阅览区设立农民工、未成年人和老年人专区。在老年人聚集的北山社区开设分馆，内设电子阅览室。

文化信息资源共享工程与公共电子阅览室建设 2007 年，市图书馆投入 60 余万元，在馆内建成文化信息资源共享工程县级支中心和电子阅览室。通过与农村党员干部现代远程教育网资源共建共享，实现文化信息资源共享工程“村村通”。2008 年 5 月，文登市获首批山东省文化信息资源共享工程示范县（市）称号。2011 年始，先后投入 100 余万元，建设与共享工程配套的高标准中心机房和公共电子阅览室，更新升级服务器、数据库和 UPS 不间断电源，新增 22 英寸液晶屏高配置微机 60 台。各镇（街道）和重点村（社区）也加大投入，加快共享工程建设，新增和改建公共电子阅览室 50 个。2012 年 11 月，文登市获山东省公共电子阅览室建设与服务示范县（市）称号。

图书馆网群建设 2012 年，构建以市图书馆为总馆、镇（街道）图书馆为分馆、村（社区）农家书屋为补充，吸收企事业、学校等其他系统图书馆加入的地区图书馆网群。市图书馆为各分馆配备 1 台工作电脑、条码阅读器等借还设备，统一派发图书管理软件、分馆标牌及规章制度牌，对各分馆管理人员集中进行业务培训。至年末，全市建成分馆 18 个，包括镇（街道）分馆 15 个、社区分馆 1 个、特色馆 1 个、村级分馆 1 个，图书服务网络遍布全市，15 万册图书和 6TB 数字资源在总馆和分馆之间实现资源共享、通借通还。

农家书屋工程 2007 年 4 月 12 日，泽库镇泽库村率先建起全省首家农村图书交流中心。之后，葛山、大水泊、泽头、米山等镇、村相继建起 18 个图书交流中心。2008 年 2 月 26 日，全省农家书屋工程建设工作会议在济南召开，文登市在会上作题为《推进农家书屋建设 解决农民文化温饱》典型经验交流。2009 年，市新闻出版管理办公室被评为全省农家书屋建设十佳单位。至 2012 年，全市建起农家书屋 432 个，实现农家书屋全覆盖。

学校图书馆（室） 1991—2010 年，全市各级各类学校用于图书馆、阅览室建设和图书购置投入金额达 3000 余万元。至 2013 年，各学校图书馆（室）建设基本达到规定标准，全市高中学

校图书馆藏书量27.04万册、初中64.27万册、小学49.96万册，分别达到生均50册、40册、30册的标准；普通中小学、幼儿园及职业学校共有图书馆（室）73个，藏书总量282.52万册。

企业图书馆（室） 至2013年，全市有各类企业图书馆（室）132家，藏书总量12.44万册。

个人藏书 90年代后期始，境内涌现出众多藏书爱好者，有3人被授予省级以上荣誉称号。

许建中，藏书1万余册。所藏图书涉及古今中外政治、经济、军事、历史、文化等多领域，尤以胶东题材书籍见长。2012年，精选5000余册与威高集团合作，在昆嵛山东麓威高管理学院开办胶东书苑。1999年，获山东省“五四”读书奖；2013年，被国家新闻出版广电总局和省新闻出版广电局分别授予首届全国书香之家和齐鲁书香之家称号。

鞠鸿杰，藏书8000余册。所藏图书涉及社会科学、自然科学、文学、艺术、历史等领域。1999年5月，被团省委、省文化厅、省教委、省新闻出版局、省关工委联合授予首届山东省十大青年藏书家称号。

从万滋，藏书1万余册。书籍类别涉及历史、经济、政治、古典文学、考古、医学等方面。1996年，获齐鲁百户爱书家庭称号。

图书发行 文登市新华书店为省属中型二类文化企业，2011年12月28日，改制为山东新华书店集团有限公司文登分公司（简称市新华书店）。2013年，内设党政办公室、财务科、业务科和储运科。在城乡设教材发行部门7个，在市区设门市部4个，有工作人员58人。

1991年，市新华书店推行承包经营责任制，调动职工积极性，采取上门服务等形式，宣传发行第二版《毛泽东选集》（1～4卷）2.5万余套，全年销售额600余万元，被省委宣传部、省出版总社授予《毛泽东选集》（1～4卷）发行先进集体称号。

1992年，成立文化拥军大篷车服务队，送文化到连队，发行《寻伟人足迹学雷锋精神》3.5万册，年销售额668万元，被新闻出版署授予1990—1992年度最佳售货店称号。

1994年，市区第一、第二门市部实行开架售书，8个基层门市部实行半开架售书，年总销售额在全省同级店率先突破1000万元大关，达到1200余万元，比1991年翻了一番，全市人均购书18元，名列全省同级店之首，被省出版总社批准升格为中（二）型企业。1995年被新闻出版署授予1993—1995年度最佳售货店称号。

1997年，全市建立起以市新华书店为中心，11个基层门市部为龙头，100余个农村文化大院、200余个图书发行专业户为辐射点的四级图书发行网络。至年末，一般图书销售收入1565.44万元，全市人均购一般图书23.40元，被新闻出版署、中国书刊发行业协会授予全国新华书店双优先进单位称号。

2000年，图书销售总额3000万元，完成利税236万元，全市人均购书44.83元，名列全省同级店第二名，人均购一般图书29.35元，名列全省第一名，获全国农村发行工作先进单位称号。

2005年，销售收入创历史新高，销售总额3501万元，实现利润131万元，全店人均劳效35.73万元，全市人均购书53.87元，获全国青少年民族精神代代传读书教育活动发行先进单位称号。

2011年，配合市委宣传部等部门开展文登市第一届读书节活动，发行《历史的选择》《建设幸福中国》近8万册，获第十九届全国青少年爱国主义读书教育活动发行奖。

2013年4月23日，启动为期3个月的第三届全市“书香文登”读书节，做好《社会主义核心价值体系青少年学习读本》《走复兴路 圆中国梦》《中国通史》等读书活动用书和重点图书的征订发行工作。在组织开展的第二十届“学雷锋做有道德的人”活动用书征订中，共发行图书34351册。至年末，实现销售总额2723.38万元，利润117.4万元。

第七章 史志 档案

第一节 史 志

志鉴编纂 1990年7月，《文登县志》初稿草成。1991—1995年，因志书书名变更、下限时间延长，重新拟定篇目、征集史料、加工整理。1996年12月，《文登市志》出版。全书共27编，184万字，全面系统记述1840—1990年文登境内自然、经济、政治、文化和社会等各个方面的历史和现状。1997年，《文登市志》在全国地方志优秀志书评奖中获一等奖，为山东省唯一获一等奖的县级志书。2008年11月，市委办公室、市政府办公室印发《关于转发市地方史志编纂委员会续修〈文登市志（1991—2008）〉编纂方案的通知》，并于当月召开第二轮修志工作动员大会；12月举办全市二轮志书编修工作培训班，对全市148名撰稿人进行培训。至2013年，《文登市志》续修共计完成征求意见稿50余万字。在志书编修的同时，市史志办编纂出版《文登年鉴》15部，其中11部获国家、省及威海市各种奖励31项。

图29-13 《文登市志》《文登年鉴》（2013年3月1日摄）

文籍整理 1991—2013年，市史志办先后整理出版《昆嵛山文集》、《文登学人》（一册、二册）、《文登市民手册》、《文登进士》、《文登建市20年大事记》、《光绪本〈文登县志〉点注》、《〈废铎呓〉点校译释》、《文登县志》（雍正版、道光版）影印本。其中，《文登进士》获山东省优秀读志用志成果奖和威海市2008年度社会科学成果三等奖，《光绪本〈文登县志〉点注》获山东省优秀读志用志成果奖及第十四届威海市社会科学优秀成果奖一等奖，《文登县志》（雍正版、道光版）影印本获第十六届威海市社会科学优秀成果奖一等奖，《〈废铎呓〉点校译释》获第十八届威海市社会科学优秀成果奖一等奖。

方志馆建设 2002年12月，市史志办与市图书馆联合成立文登市方志室，在图书馆一楼设立专柜，上架方志、年鉴资料书418种，对外开放借阅。2008年8月26日，文登市方志馆正式成立。2012年12月，市图书馆地方志分馆在市方志馆挂牌。地方志分馆配备工作电脑及条码阅读器等设备，安装图书管理软件，市史志办将馆藏方志、年鉴及其他地情图书录入微机，建成“网上方志馆”借阅平台，实现资源信息共享。至2013年，市方志馆收藏全国各地出版的新方志、年鉴和其他地情文献资料15类2000余种，馆藏总量1.2万册，其中录入网上的志、鉴、期刊等图书资料3169册。

服务社会 1991—1995年，市史志办联合文登电视台举办《文登古今》《文登风情》《史海钩沉》电视专题节目，共播放88期。1995年编印《文登名人通讯录》，发至各镇（街道）及部门，为境内外文登人密切联系搭桥铺路。1996—1997年，与市委宣传部共同举办“爱我中华、爱我家乡”知识竞赛活动，全市3000余名干部群众参与。配合全民读书活动，举办首届“读志鉴、用志鉴”有奖征文比赛。2005年，开通运行文登市情网，上网资料400万字。2010年12月，完成文登市情网整体改版升级，开设特色栏目20余个，资料总

量逾1000万字，为社会各界全面了解文登的历史文化、经济社会、生态环境、城市风貌、风土人情提供全新平台。2012年12月，市地方史志学会成立暨第一届会员代表大会召开。

基层修志 1995年5月，举办全市首批基层志编修骨干培训班，发动有条件单位编修镇志、行业或部门志。市史志办选择文城、大水泊、葛家、汪疃、泽头等镇和市农牧局、交通局、电业总公司、人民银行等部门为典型，协助建立修志班子，制定篇目，开展工作。至1997年，《文城镇志》基本定稿，《大水泊镇志》《葛家镇志》《文登电业志》《文登交通志》《文登人民公安志》等初稿完成过半，《汪疃镇志》初稿完成三分之一，农业局完成15万字“八五”年鉴初稿（因多种原因，上述志鉴稿均未印刷出版）。

2000—2009年，《文登师范志》《文登市国土资源志》《文登水利志》等行业或部门志书出版，《文登农业年鉴》《文登建设年鉴》等部门年鉴出版。

2010—2013年，市史志办贯彻落实国务院《地方志工作条例》《山东省地方史志工作条例》，制定《文登市地方志工作办法》，加大对行业志、部门志编纂工作的指导和支持力度，全市基层修志工作取得新进展，编纂质量进一步提高，多部基层志书分别由天津古籍出版社、山东省地图出版社、现代教育出版社出版发行。

1991—2013年文登市基层志书情况表

表29-1

名称	主编	断限	编纂时间	字数（万）	出版时间	出版机构	印数（册）
林村志	王远光	清末至1990年	1989年—1991年6月	30	1991年12月	内部印刷	1000
文登市盐业志	—	1840—1990年	1985年2月—1991年8月	24	1991年12月	内部印刷	1500
文登邮电志	王远光	1898—1992年	1984—1994年	40	1994年12月	内部印刷	1000
文登市教育志	王裕民 刘玉香	1840—1990年	—	30	1995年3月	威海市新闻出版管理办公室准印证WT-22号	2500
文登电业志	吕云鹏	1926—1997年	1997年10月—1998年3月	29.7	1998年4月	威海市新闻出版局准印证WT（1998）-8	2500
中国人民银行文登市支行志	张德胜 杨鸿祥	1942—1997年	1997年8月—1998年9月	43	1998年10月	天津古籍出版社	2000
文登师范志	徐永江	1930—2000年	2000年4月—2000年6月	45	2000年9月	天津古籍出版社	3600
威海市文登中心医院志	王延安	1941—2000年	2000年11月—2001年3月	50.8	2001年3月	威海市新闻出版局准印证（2001）-7	1500
山东省航天发泡剂总厂志	邵明亮 孙念军 于苏云	1991—2000年	2000年7月—2001年6月	21	2001年7月	威海市新闻出版局准印证（2001）-17	1500
文登一中志	初钊兴	1952—2001年	2001年4月—2002年8月	82	2002年9月	威海市新闻出版局准印证（2002）-15	5000
天福山中学志	王锡水 崔吉孟	1952—2002年	2002年4月—2002年8月	27	2002年10月	内部印刷	—
山东省文登整骨医院志	王炳早 朱惠芳	1958—2003年	2002年6月—2003年12月	102	2004年9月	山东省内部资料性出版物准印证2004年威海第09号	2000

续表 29-1

名称	主编	断限	编纂时间	字数（万）	出版时间	出版机构	印数（册）
文登市农机志	姚国新 王炳早	1814—2005 年	2005 年 9 月— 2006 年 5 月	30	2006 年 5 月	山东省内部资料性出版物 准印证 2006 年威海第 08 号	800
文登市 国土资源志	栾　波 邱洪殿	事物发端 至 2005 年	2005 年 8 月— 2007 年 4 月	77	2007 年 6 月	天津古籍出版社	2000
文登电业志	吴学忠 于英海 王　晓	事物发端 至 2007 年	2007 年 8 月— 2008 年 5 月	89	2008 年 6 月	天津古籍出版社	5000
文登市卫生志	初建东	612—2008 年	2009 年 5 月— 2009 年 9 月	60	2009 年 11 月	山东省内部资料性出版物 准印证 2009 年威海第 016 号	1000
文登水利志	初钊兴	1940—2008 年	2007 年— 2009 年 11 月	92	2009 年 12 月	天津古籍出版社	1500
文登广播 电视志	连　疆	1948—2009 年	2008 年 2 月— 2009 年 12 月	35	2010 年 6 月	山东省内部资料性出版物 准印证 2010 年威海第 08 号	1500
文登交通志	邓树科	事物发端 至 2008 年	2008 年 7 月— 2010 年 6 月	81	2010 年 8 月	天津古籍出版社	1500
中共文登 市委党校志	于德军	1950—2010 年	2009 年 10 月— 2010 年 11 月	36	2010 年 12 月	山东省内部资料性出版物 准印证 2010 年威海第 028 号	1500
文登粮食志	王梅胜	事物发端 至 2010 年	2010 年 2 月— 2011 年 6 月	80	2011 年 8 月	吉林大学出版社	1600
文登教育志	刘建舫	1991—2010 年	2010 年 11 月— 2011 年 7 月	144	2011 年 8 月	现代教育出版社	1500
文登市人民 代表大会志	谭志杰 车国进	1954—2010 年	2010 年 12— 2011 年 11 月	80	2011 年 11 月	山东省地图出版社	3000
昆嵛山志	初钊兴	事物发端 至 2008 年	2007 年 11 月— 2012 年 2 月	100	2012 年 5 月	山东省地图出版社	4000
文登民政志	连　疆	清末民初 至 2010 年	2011 年 5 月— 2012 年 11 月	90	2012 年 12 月	山东省地图出版社	1500

1991—2013 年文登市基层年鉴情况表

表 29-2

名称	主编	断限	编纂时间	字数（万）	出版时间	出版机构	印数（册）
文登农业年鉴	曹福林	1991— 1997 年	1996 年 2 月— 1998 年 10 月	37	1998 年 10 月	威海市新闻出版局 准印证 WT（1998）-9	1500
文登海洋与 水产十年鉴	宋金文 宋守仁	1991— 2000 年	2000 年 11 月— 2001 年 1 月	34	2001 年 3 月	威海市新闻出版局 准印证 WT（2001）-4	1000
文登建设年鉴	荣风伦	1990— 2000 年	2000 年 2 月— 2000 年 10 月	35	2001 年 12 月	威海市新闻出版局 准印证 WT（2001）30	2000
文登农业年鉴	刘彩英 王年刚	1998— 2005 年	2006 年 3 月— 2006 年 10 月	35	2007 年 1 月	山东省内部资料出版物 准印证 2006 年威海第 027 号	400
山东省文登 整骨医院年鉴	王占海 王炳早	2004— 2008 年	2007 年 10 月— 2008 年 6 月	60	2008 年 8 月	山东省内部资料出版物 准印证 2008 年威海第 013 号	1000

续表 29-2

名称	主编	断限	编纂时间	字数（万）	出版时间	出版机构	印数（册）
文登建设年鉴	王东青	2001—2008 年	2008 年 6 月—2008 年 9 月	30	2008 年 10 月	山东省内部资料出版物准印证 2008 年威海第 016 号	2000
文登师范十年鉴	崔玉松	2000—2010 年	2010 年 1 月—2010 年 8 月	43	2010 年 9 月	山东电子音像出版社	2500
文登新一中十年鉴	史新涛	2002 —2012 年	2011 年—2012 年 6 月	30	2012 年 8 月	内部印刷	300
山东省文登整骨医院年鉴	王占海 王炳早	2008—2013 年	2012 年—2013 年 6 月	67	2013 年 8 月	山东省内部资料出版物准印证 2013 年威海第 007 号	1000

第二节 档 案

馆室建设 1991 年，市档案馆建筑面积 1131 平方米，其中办公用房 485 平方米、库房 646 平方米。2010 年，馆内有档案密集架 28 列、270 立方米，组合式档案柜 175 节，立式文件柜 15 个，去湿机 4 台，空调机 8 台，消毒柜 1 台，声像档案防磁柜 1 台，温湿度计 4 台，吸尘器 2 台。2012 年 5 月，市档案馆迁入市博展中心新址，建筑面积 5000 平方米。按功能分为办公用房、设备用房、库房、业务技术用房、对外服务用房。配有集手动、电动、计算机网络控制操作于一体的电动智能移动密集架 1023.86 立方米；集温度、湿度、监控、防盗、消毒灭菌于一体的档案库房智能化综合管理系统；超高压细水雾灭火系统；服务器、防火墙、交换机、UPS 电源、数码摄像机、照相机、电脑、投影机等现代化管理设备。市档案馆于 1990 年、1991 年、1992 年先后晋升为省三级、二级、一级先进档案馆；1999 年晋升为省规范化目标管理一级档案馆；2005 年晋升为省特级档案馆；2009 年、2012 年分别晋升为国家二级、一级综合档案馆。

基层档案馆（室）实行市、镇、村三级管理体制。1995 年，全市 872 个村完成建档，建起综合档案馆、专业（城建）档案馆各 1 个，基层档案室 405 个，档案管理人员 520 人。2013 年，基层档案室发展到 1058 个，专职档案人员 67 人，兼职档案人员 1037 人。按照《中华人民共和国档案法》《山东省档案条例》和业务上级管理考核要求，逐步实现档案工作规范化、数字化、民生化。全市有 111 个档案室达到省级考核标准，其中特级档案室 4 个、一级档案室 26 个、二级档案室 61 个、合格级档案室 20 个；23 个社区档案室达到威海市考核标准，其中一级标准 9 个、二级标准 7 个、三级标准 7 个；228 个行政村档案室通过威海市考核，其中先进档案室 35 个、一级 23 个、二级 70 个、合格 100 个。1991—2013 年，共举办培训班 69 期，培训人员 2792 人次。市档案馆 5 次获全省档案工作先进单位称号，3 次获全省档案宣传工作先进单位称号。

档案数字化管理 1995 年，市档案馆探索档案数字化管理模式。1999 年，大规模开展档案文件目录计算机录入工作。2003 年，纸质档案和数字档案文件同时接收入馆。2004 年，完成馆藏 118 个全宗、29 万条文书档案目录的计算机录入，实现文书档案目录计算机检索。2013 年，完成馆藏文书档案原文数字化扫描，实现文书档案目录和原文数字化管理。

档案征管 市档案馆馆藏档案主要有文书、纪检、会计、科技、电子、实物、照片、印章、名人、普查、公证、右派、婚姻登记、专业技术、死亡干部、土地证存根等档案。1991—2013 年，接收科技档案 261 卷、纪检案件档案 4256 卷、“右派”档案 161 卷、死亡干部档案 1084 卷、工业普查档案 64 卷、人口普查与抽查档案 38 卷、职称档案 7610 卷、公证档案 10101 卷、会计档案 1374 卷（盒）、婚姻档案 79889 件、土

地存根档案894卷、名人题词档案231件、电子档案36514件、光盘705张。征集革命历史材料30余万字，接收各种资料31040册。2007年，组织人员对市区、镇（街道）、846个自然村进行社会记忆工程数码影像记录，共拍摄照片15062张，录像1000分钟。馆藏报刊有《人民日报》《新华月报》《大众日报》《昆嵛报》《抗战日报》等。图书资料主要有画册、家谱、工具书、部门志、伟人著作、文登学子著述录等。

社会服务　1991－1995年，平均每年接待档案信息利用者2300人次，提供档案10020卷次。依据档案解决土地、宅基纠纷36起，信访纠纷165起。利用档案信息产生经济效益185万元。2000年，选择汪疃镇养殖服务基地作为农业科技档案试点单位，对基地饲养的鸡、猪、鱼等科技档案进行整理归档，立卷417个，为800个专业户建立技术档案。2007－2009年，用于查找文件、机构设置、身份确认、退伍待遇、享受补助、信访纠纷等事项876卷次488件次；用于阅档人有关土地、虾池、林场、房屋土地确权及使用权转让、占用土地补偿等事项620卷次29件次；用于后裔寻根、续编家谱和查找文登老照片、文登名人、荣誉实物等事项103卷次499册次。至2013年，向社会开放档案59个全宗5504卷80584条601942页，接待阅档者12496人次、提供档案资料140327卷（件、册）。

第八章　文物古迹

第一节　考古发掘

2000年前，境内考古发掘主要是清理村民生产活动破坏的墓葬，出土文物大多遭到破坏或流失，获取的考古资料有限。2000年后，市文物管理所组织参与5次较大规模的抢救性考古发掘，出土一批史前、周代至明清时期的各类文物，涵盖文登主要历史时期。

魏家庄遗址发掘　魏家庄遗址位于泽头镇魏家庄村北约50米处。遗址南北长约400米，东西宽约200米，总面积约8万平方米。地表散见泥质、夹砂素面、绳纹灰陶片和青砖等，可分辨的器形有罐、瓦、盆、钵、豆等。据当地村民反映，在深翻平整土地时，曾出土过陶罐和铜钱。据地表采集的遗物判断，遗址为周、汉时期。

2005年4月，配合威乳公路建设，市文物管理所受省文化厅配合基建考古办公室委托，对该遗址进行考古发掘。由于早年修整梯田，遗址东部破坏殆尽，耕土层厚0.2～0.4米，基本无文化层。共发现灰坑10个，破坏严重，仅存坑底。出土文物以陶器为主，另有铁块。陶器主要有泥质灰陶、夹砂红陶（夹石英或云母），另有少量夹砂红褐陶。纹饰有素面、绳纹、篮纹。器形有豆、罐、瓮、纺轮等。多数灰坑都有一件铁块，但难以看出器形，应是普遍使用的农具或生活用品。

图29-14　2005年4月21日，魏家庄遗址发掘现场。

郐家石椁墓清理　石椁墓位于小观镇郐家村

村西约1.5千米的凤山脚下。2005年4月，当地村民施工时挖到1座墓葬，魏家庄遗址考古队专业人员赶到现场时，墓葬顶部、内部等结构已遭破坏。土圹东西长310厘米，南北宽260厘米，外是红色砂岩，圹内则填以含小石块颜色稍灰的黄褐土。据当事人回忆，填土中曾发现3块瓷碗片，已残破，形体较大，口径20厘米左右；约与墓顶持平的北半部，呈半圆状叠压着两层粗略加工的石块，各5～6块。上层最长处80厘米、宽30厘米、厚25厘米；下层面向墓葬的一侧雕刻莲花瓣，长47～62厘米、宽27厘米、厚18厘米。

石椁由三层经过加工和雕刻的石块组成。底层垂直立放椁石7块，中层上部内收斜放椁石4块，内侧都有浮雕。上层皆已移位，据当事人回忆由4块石块形成穹顶，无浮雕。墓内底部由条砖错缝斜铺成人字形。石椁内距北壁15厘米处居中置一石函，正面雕刻僧人启门图像，函盖断面呈人字形。石函东西两侧各置两块方砖，其一有花纹。

工作人员在墓葬附近调查时还发现一些建筑遗迹，如红烧土、柱础，以及该墓以东约500米处的寺院遗址。附近的建筑遗迹与梵云院有关。梵云院俗称凤山寺，五代梁乾化二年（912）始建，宋末被毁，金天会至大定初年重修。推测埋葬时间应在北宋末金初，墓主人为僧人或其他信众。

郤家石椁墓资料较为完整，浮雕内容丰富，刀法细腻，图案造型生动，为研究宋金时期胶东习俗提供了珍贵的实物资料。所有墓石均由文登市博物馆收藏。

崮头集墓地发掘 崮头集墓地位于米山水库西岸、界石镇崮头集村南约600米俗称“于家峦子”的山阳坡，海拔高度26～51米不等。由于历年破坏，北部海拔31～51米的墓葬毁坏，海拔29米以下为水库缓冲带。缓冲带以南东西约200米、南北约20米范围内残墓相对集中，裸露形状规则的石板。2007年4－11月，为配合山东省胶东地区引黄调水工程，山东省文物考古研究所、威海市文物管理办公室和文登市文物管理所对崮头集墓地进行两次发掘，发现晚唐至明代墓葬40座。

该次发掘的40座墓葬全为残墓，可分为小型石板墓、圆形石丘坟、覆斗形积石石室墓、石椁墓四种类型。小型石板墓4座，时代为元代或明代。圆形石丘坟4座，根据出土文物分析，时代一般在元代。石椁墓1座，土坑竖穴，竖井式墓道，时代不早于宋金。覆斗形积石石室墓共31座，分布广泛，数量最多，延续时间很长。早期墓底多为生土，不铺砖石；有的底层石板雕刻四神或反映墓主生前生活的图案，时代在晚唐、五代、宋时期。晚期墓墓底多铺砖瓦为棺床，时代在金、元、明时期。M39出土“洪武通宝”等铜钱，是唯一能明确断定时代的墓葬，与铜钱同时出土的碗、釉瓶（或称浑瓶、韩瓶）和花卉石刻可为其他墓葬的断代提供重要参考。

随葬品数量较少，以瓷器为主，多为淄博窑产品。画像石刻是该次发掘的主要收获，多出自覆斗形积石石室墓中（圆形石丘坟个别的有画像石刻）。虽然石质粗糙，但线条简洁流畅，时代风格鲜明，且题材丰富。除M38外，一般墓室都较小，不能平放完整骨架，有两个墓葬（M25、M27）出土烧烤过的骨碴，可能是火葬。

通过对墓地实地考察及发掘出土随葬品的分析，专家们认为，该墓地历经晚唐、五代或北宋初、金、元、明等历史时期，是山东历史时期考古的重要发现，也是全国历史时期考古的重要发现。该墓地是9世纪至15世纪一个或几个平民家族墓地，墓葬排列有序，对研究当时社会生活有重要学术价值。

八里张家墓群发掘 八里张家村位于市区西南4千米处，石墓群坐落在八里张家村北、豹山南麓阳坡上。1989年全省第三次文物普查时，市文物管理所对八里张家墓群开展详细调查。2009年10月，为配合环山街道八里张家村新农村改造项目施工，市文物管理所协同威海市文物管理办公室对移民安置范围内的元代墓群进行全面勘探，共发现元、明时期墓葬62座，随即对

其展开发掘。

在清理的62座墓葬中，石室墓61座，土坑墓1座；其中40座墓葬保存完整，22座墓葬墓室被扰乱。出土器物丰富，共出土瓷器91件，铁器、钱币、石器等11件（组），石刻37块（兰花纹、连枝纹、涡纹和莲花纹的组合纹，也有连枝莲花纹、连续涡纹）。墓葬形制具有典型的时代和地域特征。61座石室墓大体可以分为三大类：覆斗形盝顶积石石室墓、圆形石丘坟、石板墓和敞口石室墓。

八里张家石墓群发掘是文登规模最大的一次考古发掘，出土文物丰富，具有典型的时代特征，为进一步研究昆嵛山以东威海地区元、明历史提供了宝贵资料。

图29-15 八里张家墓群（2009年11月30日摄）

旸哩店墓地发掘 旸哩店墓地位于界石镇旸哩店村北约350米的旸谷山山顶。清雍正《文登县志》记载该处为“羲仲宾日”之地。早年曾在山顶发现新石器时代石斧1件。第三次全国文物普查中，市文物管理所发现石墓4座，将其作为新发现登录。由于山体石质松散，水土流失严重，保存环境较差，经报请国家文物局批准，2012年11月16日始，烟台市博物馆、威海市文物管理办公室和文登市文物管理所联合组队，对其进行为期一个半月的抢救性考古发掘。

该次发现、发掘石棺墓15座，完成发掘面积1000平方米。其中14座位于旸谷山顶部，1座位于旸谷山东北石崮山西南半腰。墓葬形制俱为土坑竖穴，绝大多数为东西向，只有1座为南北向。石棺四壁、上下由多块规格相近的石板扣合而成，其中2座墓葬底部没有石板，3座墓葬顶部有两层石板，2座墓葬不见顶层石板，概因墓葬埋藏较浅遭到自然和人为扰乱所致，1座墓葬（M1）因早年破坏，情况不明。石棺系在风化岩地表挖坑后用石板砌筑而成，其规格长115～238厘米，宽34～78厘米，深10～45厘米不等。石板略呈长方形，花岗岩质，采自附近山体，均经过加工，一般长40～60厘米，宽26～45厘米，厚3～4厘米，最大石板长100厘米。墓室清理过程中未发现棺具或骨灰痕迹，工作人员采集部分土样标本，用于开展含磷量检测。

所有墓葬均有随葬品出土，除70年代M1出土石斧已遗失外，发掘出土陶、石两类文物40件，其中陶器35件，石器5件。陶器均为素面，组合为壶和罐，另有少量器盖、鼎、豆和纺轮。壶为泥质黑陶，其余均为夹砂红褐陶，红陶比例大于黑陶。石器全为石凿，均为磨制。

北京大学考古文博学院教授李水城、山东大学东方考古研究中心主任栾丰实根据现场发掘情况和出土文物判定：旸哩店墓地为大汶口文化晚期（距今约5000～4500年）石棺墓，与之前发现的乳山南黄庄西周中晚期石棺墓相比，旸哩店古墓群将胶东石棺葬传统向前推进1000余年，其独特的埋葬环境（多葬于山顶）具有特殊含义。旸哩店古墓群的发掘，与其他地区石棺墓的零星发现不同，旸哩店墓群表现出具有地域特色的习俗，对今后山东半岛与辽东半岛、朝鲜半岛及日本的文化研究交流具有重要意义，填补区域空白。

第二节 古 迹

古遗址

沙里店遗址 新石器时代。位于文登营镇沙里店村北200米的丘陵上。发现于1974年。遗

址东西长500米，南北宽500米，总面积约25万平方米，文化堆积层厚约2米。采集的遗物有石器、陶器等。石器有斧、矛等器物。陶器有鼎、罐、盆口沿残片及鼎足等。器物纹饰有附加堆纹、弦纹等。黑、灰陶较多。属龙山文化类型，距今约4800～4000年。

大宋家遗址 新石器时代。位于泽头镇大宋家村北。发现于1982年。遗址东西长约200米，南北宽约130米，总面积约2.6万平方米。文化堆积层厚约1米，部分已压于民宅之下。采集的遗物有石器和陶器等。石器有锲、斧、槌。陶器多为鼎、盆、罐的残片及纺轮、支座、鼎足，多为夹砂红陶，也有灰黑陶，出现轮制器物。属大汶口中期文化类型，距今约6000～4800年。

脉田遗址 新石器时代。位于高村镇脉田村南500米处丘陵地上。发现于1988年。遗址东西长400米，南北宽250米，总面积10万平方米，一条大路从遗址中穿过，将遗址分为东西两部分。采集的标本有斧、凿、球、磨棒、砺石等。陶器有鼎足、盆口沿、鼎口沿、碗底、罐底、器盖、圆圈支架、把手、纺轮等残片。圆圈支架为手制，夹砂红陶，不规整，通高10厘米，略残，上部为圆圈，直径14厘米，高3.4厘米左右，厚近2厘米，圈下连接锥形三足，高6.4厘米，圆圈支架系支撑无足陶器之用，该器物较为罕见。属大汶口文化类型，距今约6300年。

马家汤后遗址 新石器时代。位于龙山街道马家汤后社区。遗址南北长约230米，东西宽约170米，总面积约3.91万平方米。从西部断崖上可见文化层厚度约50厘米，文化层中土质含灰较多，夹杂红烧土、木炭和陶片。采集的标本主要有石簇、砺石、陶器底、鼎足、鼎口沿、鹿角、兽牙等。其器物造型和风格多为龙山文化风格，同时有大汶口文化、龙山文化和岳石文化遗存，距今约4500～3900年。

昆嵛山胶东长城遗迹 位于葛家镇西谭家口村西500米处的山脊上。据清光绪《文登县志》记载，清末为防止捻军东进修筑而成。遗迹由石墙和山道组成，其中石墙最高处2米，宽0.9米，长约300米，由不规则的石块堆砌而成。石墙修筑在山脊之上，随山脊蜿蜒。山道宽2.2米，有人工堆砌和自然山道两部分。山道蜿蜒向下，直达西谭家口村。前期为用来运送物资使用，后期是上山防御的通道。石墙中部有一堆倒塌石块，不与墙体相连，据推测为瞭望塔。

墒南庄遗址 新石器时代。位于米山镇墒南庄村西北。遗址东西长约300米，南北长约250米，总面积约7.5万平方米，文化层较薄。由于耕种，遗址大部分已被破坏，地表发现较多陶器碎片，尤以鼎足数量居多。采集的石器受雨水侵蚀，大多已没有人为加工痕迹，从采集的标本判断，属大汶口文化类型。

无染禅院遗址 唐至清代。位于界石镇六度寺村西2千米处。无染禅院东侧有山涧小河，北为昆嵛山主峰泰礴顶。其原有建筑早已毁圮，现仅存原建筑构件石龙头、石柱础等物，以及清光绪十三年（1887）所立的重修无染禅院记碑。该碑通高2.1米，宽1.18米，厚0.16米。碑文420余字，记述光绪年间重修无染院的经过。据1936年《牟平县志》记载，唐昭宗光化四年（901），镇守浙江的镇海、镇东两军节度使（驻杭州）钱镠和浙西镇海军节度随使押衙陈言，浙江东道东西都指挥使明州刺史黄晟，浙江东道东西都指挥副使、检校尚书、守□州刺史钟宥等官员捐资重修无染院，施主宋璋施舍土地66.7公顷，新罗人金清捐建白石塔1座。唐无染院碑民国时尚存，后因修建军营损毁。

五垧地遗址 大汶口文化时期。位于大水泊镇五垧地村北500米处。遗址东西长约300米，南北宽约120米，总面积约3.6万平方米。遗址周围耕地断层中可见文化层，内含陶片和红烧土。

徐埠头遗址 大汶口文化中晚期。位于小观镇徐埠头村北台地之上。遗址东、西和南面均为民宅，东南部压于民宅之下。遗址东西长180米，南北宽100米，总面积1.8万平方米。文化层厚20～30厘米，地表可见文化遗存较少。采集标本全是陶器残片，以夹砂红陶为主，少量泥

质陶，陶质粗糙。

西山张家遗址 大汶口文化晚期。位于高村镇西山张家村北300米阳坡上。遗址长150米，宽80米，总面积1.2万平方米。遗址被分割成3条梯田，南部有1条长约100米的堰台，形成高约1米的断层，从断层处可见文化层厚约0.5米。地表少见文化遗物，采集标本有鼎足、鼎口沿、器把手等，全为夹砂红陶。

石羊遗址 位于宋村镇石羊村北100米处。遗址东西长350米，南北宽200米，总面积约7万平方米，文化堆积层厚1米左右，内含红烧土、陶片、石器和灰坑。采集到的遗物有石器、陶器和骨器等。石器有石斧、石锲、石锤、石簇、石臼。陶器有陶口、鼎足及骨刀。大型石器为刃部磨制，其余部分为琢制。陶片以黑陶为主，红陶少见，应属龙山文化类型。石羊古遗址是1956年发现的，在《中国历史地图集》上标明：该遗址是烟台以东的第一处原始文化遗址。遗址北，原是汉代的昌阳古城旧址，已不复存在。遗址中有许多汉代墓葬，其中6座较大，后被推平。1956年清理过其中2座，出土一些漆器。遗址地表有较多汉代遗存，以残存瓦片居多。

金家庄遗址 位于大水泊镇金家庄村北。遗址东西长280米，南北宽130米，总面积约3.6万平方米，除遗址西北约1000平方米暴露地表外，其他基本压于村办工厂和村民住房下。采集的遗物主要为龙山文化时期残陶片，还有部分东周时期器物残片。

东魏家庄遗址 新石器时代。位于大水泊镇东魏家庄村西1千米处。当地村民称为“鸭子堼”。遗址东西长160米，南北宽80米，总面积1.28万平方米。遗址中没有发现明显的文化层，仅在局部发现内含陶片的灰坑等。村民在整地时偶尔也能挖出陶片和石器。

胡格庄遗址 新石器时代。位于泽头镇胡格庄村北。遗址东西长约180米，南北宽约100米，总面积约1.8万平方米。从遗址北边的断崖可见较明显的文化层，上为耕土层，厚约30厘米，下有20厘米的文化层，内含灰土、红烧土和少量陶片。

姜家庄遗址 大汶口文化时期。位于宋村镇姜家庄村北200米处。遗址东西长约120米，南北宽约80米，面积约9600平方米。从南部断层看，文化层厚约1米，为灰褐色土，内含红烧土、牡蛎壳、陶片和石器。采集的器物为石器和陶器。石器有石锤、石斧、石核、石磨棒、石刀、石铲和石凿等，石斧和石锤较多。石器制作工艺较粗糙，多为琢制，磨制器物较少，且多为部分磨制。陶器陶质粗劣，多为手制，主要是夹砂红陶，不见黑陶，鼎足多有泥突，把手多为蘑菇状和鸟头状。采集的陶片能够辨认的器形有钵、鼎，以及把手、支架等。

寨颜家遗址 新石器时代。位于侯家镇寨颜家村西南400米处。南北长约180米，东西宽约180米，总面积约3.24万平方米。从遗址断面中可见少量的陶片和烧土渣。石器有石锤等，多为琢制，制作较为简单。陶器有鼎足、器把手、纺轮和支座等，多为手制，较粗糙。

西水道遗址 新石器时代晚期。位于张家产镇西水道村东。遗址在一缓坡上，北高南低，面积较大，东西宽约155米，南北宽约135米，面积约2万平方米。从遗址断层暴露部分文化层来看，厚约0.5米，内含大量红烧土和较多陶片。整地时因耕土层较薄，文化层扰乱较严重，地表陶片多而小，基本失去棱角，仅在周围采集到一些陶器足和口沿碎片。从采集到的标本看，红陶较少，灰黑陶较多。灰陶多为夹砂陶；黑陶一般为泥质，轮制且器壁很薄。陶器多弦纹，也有附加堆纹。村民在遗址东山挖树坑时采集到2件磨制石刀，长10.5厘米，宽分别为3.5厘米和3厘米，是否与遗址有关有待进一步调查考证。

林村遗址 位于泽头镇林村东北50米处。南北长130米，东西宽约60米，总面积约7800平方米。遗址因生产生活破坏较严重。全国第二次文物普查时采集有陶器、钱币和铜器。陶器从制作工艺及器形可定为新石器时代遗存。钱币分布时期较长，有战国刀币、东汉五铢、唐代“开元通宝”和“乾元通宝”。宋代钱币出土种类很

多，几乎涵盖宋朝历代铸币，另有金代“正隆元宝”及日本的“宽永通宝”。说明这一带人类活动延续时间较长。

北申格遗址 新石器时代。位于葛山镇北申格村北1.1千米处。俗称“韩山寺”，东30米为南北走向的农田路。遗址长约150米，宽约100米，总面积约1.5万平方米。地处丘陵之上，地表文化遗存很少，散落分布一些陶片，北田坎边可见文化层。全国第二次文物普查时采集到一些石器，后来普查仅见几片陶片。

东黄埠遗址 新石器时代晚期。位于汪疃镇东黄埠村东北1.5千米处。遗址东西长430米，南北宽120米，总面积约5万平方米。西北部文化层堆积较浅，东部文化层较厚，约100厘米，黄褐土夹有少量炭粒和烧土渣，文化层次不明显。地表暴露遗物较多，在中部田间水沟和断崖上采集部分标本，有石铲、石簇、陶器口沿、器足等。石器为磨制。陶器以夹砂灰陶居多，有少量泥质红陶、泥质陶轮，表面光滑，器壁较薄，厚约0.25厘米。

新权遗址 位于葛山镇新权村西。遗址东西长约600米，南北宽约400米，总面积约24万平方米。文化层堆积厚薄不一，东部文化层堆积较薄，最深处50厘米。西部文化层堆积较厚，最深处达1米。村民在建房时曾出土较多秦汉时期文物，如秦铁权、砖、石斧、陶瓮、陶片及瓦片等。采集的陶片多为灰陶和褐色陶，均是大型器物。遗址东部可采集到具有新石器时代特征的遗存。从出土的秦权和附近大墓冢判断，为秦汉时期遗址。

魏家庄遗址 周至汉代。位于泽头镇魏家庄村北。遗址地势北高南低，属低山丘陵台地、坡地。东西长约200米，南北宽约400米，面积约8万平方米。地表散见有泥质、夹砂素面、绳纹灰陶片和青砖等。可分辨的器形有罐、瓦、盆、钵、豆等。2005年4月，市文物部门对该遗址进行发掘，发现灰坑10个，出土物有陶器、铁块等。陶器主要有泥质灰陶、夹砂红陶（夹石英或云母），另有少量夹砂红褐陶。纹饰有素面、绳纹、类似篮纹。器形有豆、罐、瓮、纺轮等。

河北崮头遗址 东周至秦汉时期。位于界石镇河北崮头村南约100米处。遗址东西长约500米，南北宽约300米，总面积约15万平方米。遗址现为农田和果园，地表散落有瓦片和少量陶片。1979年，村民在遗址中挖出一把铜剑和铜戈，戈上有铭文，大部分锈蚀，可辨认的仅有“廿三年”，该戈铭文拓片经北京大学古文字专家高明鉴定，为战国时期魏戈，收藏于市博物馆，一级文物。

徐家遗址 秦汉时期。位于泽头镇徐家村南750米处。遗址呈椭圆形，东西长约330米，南北宽50米，总面积约1.65万平方米。遗址中红、黑碎瓦片较多（黑多红少），瓦片背面皆为粗布纹，地表还有陶器残片，都比较碎小，难以辨认器形。

六度寺遗址 位于界石镇昆嵛山主峰泰礴顶东南麓六度寺村。古称六度院。在六度寺村东1.5千米处的台地上有块青石，石上仍留有“六度院”的刻字。清朝初年，六度寺毁于兵燹。后，道士在六度寺旧址建起道观，该处又成道家场地。20世纪中叶，道观亦毁，改建为学校。后学校停办，校舍仍在。校舍邻近，多见原来建筑体的残砖碎瓦。据清光绪《文登县志》记载，村北原有巨大“字石”，上面镌刻文字是明朝洪武七年（1374）六度院住持智政和尚撰写的“历代敕修六度禅院记”，记述六度寺始建于隋开皇三年（583），后经各代多次重修。据此可断定，六度寺是隋朝时期产物，距今已有1400余年。

六度寺南庙遗址 年代不详。位于界石镇六度寺村东南。南庙60年代被拆掉建部队营房，仅能看到地表一些建筑构件和南部的一段石墙。根据调查和初步勘探，庙的东墙基本可以确定，寺庙遗址南有一段由石块砌成的石墙，长约40米，高2.1米。

梵云院遗址 位于小观镇坦埠村北9千米处。遗址南邻凤山，俗称凤山寺。遗址前尚存两块石碑。一块是金大定十年（1170）所立“梵云院碑”，碑高1米有余，龟形底座，碑文清晰可

读，记载梵云院创建、沿革、永通和尚恢复重建梵云院诸事，郭长倩撰文，崔棠篆额；另一块为清嘉庆二年（1797）“永垂不朽”碑。遗址上还发现石磨、石碾、石础、石墩等历代遗物。据金代“梵云院碑”可知，寺院创建于五代后梁乾化二年（912），北宋太平兴国八年（983）获敕赐院额，祥符年间（1008—1016）重修，天圣五年（1027）再修时立“敕赐梵云之院”碑。梵云院在金人入侵战火中被焚毁，永通和尚募化30余年方恢复旧观。民国年间梵云院改作学校，佛事停办。2005年3月，在梵云院遗址西500米处发现1座石墓，出土1组画像石刻，疑为永通和尚塔墓地下部分。

东里岛遗址　宋元时期。位于小观镇东里岛村南近海处。遗址残长约27米，宽约3米，残存面积约81平方米。据调查，60—70年代，遗址所在地称为布鸽台，曾出土木制桥梁。桥长约10.5米，宽约3米，由多块宽约0.3米、厚0.2米的木块串成，已遗失。此外还出土1件元代褐釉瓶。该地大部分被开发成大棚蔬菜种植基地，施工时挖出大量贝壳，堆积最厚处约1米。从残存部分断层可见贝壳堆积层，距地表约22厘米，厚约35厘米，除牡蛎、毛蛤、海螺等贝壳外，还有少量夹砂陶片，具体年代不详。

胡家寨遗址　明代。位于泽库镇寨里村西150米处。寨呈方形，长宽各为510米，总面积约26万平方米。后因修公路和群众用土，仅存东南一段长约15米、东北角一段长约120米。寨墙为夯土筑成，夯层明显。墙基宽约2.8米，残高约6米。从墙基与墙高比例看，原墙应高于6米。群众在寨内挖土时曾出土过石臼、陶器和建筑基石等。

长会寨遗址　明代。位于侯家镇寨前杨家村东北1千米处。据村中老人说，原长会寨边长约300米，为正方形土寨，夯土墙底宽约10米，高约7米，土墙上间隔筑瞭望台，与西1千米外的烽火台相呼应。南门外有炮台，寨内设露天大堂，土筑，砖石护面，有瓦房兵舍。80年代后，填海、修路，土寨遭破坏，今仅存北墙50米。残存寨墙受雨水侵蚀，呈梯形，底部厚4米，顶部不平整，最高处位于残墙中部，高约9米，两端高约5米。从西侧断面上看寨墙为夯筑。在残墙中部采集到两块砖。在耕地中随处可见破碎瓦片，耕地边亦有少量残砖、碎瓦。

二十里堡烽火墩遗址　位于茼山镇二十里堡村西北处。烽火墩呈锥形，现存顶部直径2.8米，下底直径14.2米，残高2.9米，总面积约158.2平方米。据清雍正《文登县志》有关卫所制度的记载，以及走访当地群众获得的相关信息，推测为明代烽火墩。

万家寨遗址　明代。位于小观镇万家寨村东。遗址仅存东墙，残长75米，中间一条8米宽土路将寨墙分为南北两部分。北段寨墙长25米，最宽处约7.8米，最窄处0.3米，最高处约5.4米，最低处3.2米；南段墙长50米，最宽处约10米，最窄处1.3米，最高处6.7米，最低处4米。南段寨墙南拐角处有1座修建于60年代的碉堡，已废弃。寨墙较宽处种有农作物，整体保存状况较差。

寨颜家寨遗址　明代。位于侯家镇寨颜家村西500米处。寨址东西长100米，南北宽90米，总面积为9000平方米。寨墙破坏严重，仅存北部和东部。墙基宽10米，残高8米，断面呈梯形。寨内为村民耕种所用。

老埠烽火墩遗址　位于米山镇老埠村西南山顶。呈圆土锥形，下底直径10米，顶部高3米，为碎石与黄泥夯筑而成。墩顶中心为一边长0.9米、深0.4米的方形土坑，据村民介绍，为燃烧柴火所用，坑边有大石块，疑是支座。据清雍正《文登县志》有关卫所制度的相关记载，推测为明清时期的军事设施。据村民反映，烽火墩50年代曾使用过，当时还建有支架等附属建筑。

生家埠遗址　明清时期。位于小观镇生家埠村西。遗址长150米，宽120米，面积约1.8万平方米，总体保存状况较差。文化层堆积厚约40厘米，距地表30厘米，包含物很少，瓦片最为常见，瓷片和残砖块有零星发现，西部断层处可见一段1.5米石灰面。据村民介绍，该地原称犍

子埠。清初，舍俗求雅易今名。70年代整地时曾出土很多砖、瓦，被村民砌墙所用。由于农业生产和矿业开采，部分遗址遭到破坏。

寨前杨家烽火墩遗址 明代。位于侯家镇寨前杨家村西北约800米处。烽火墩位于丘陵台地顶端，周边地势平坦，已被开发成耕地。烽火墩顶部直径4.5米，下底径17米，高约4米。其东约1千米处为长会寨寨址。

古墓葬

石羊汉墓群 位于宋村镇宋村、台上、石羊、城东和小泽头村之间。据清光绪《文登县志》记载，汉时设昌阳县，县城位于今石羊村北，城东村之西，宋村之南。在昌阳古城址南北均发现较大封土墓冢。1995年，在石羊村和东大寨村西挖掘两处西汉、东汉墓葬。

新权秦汉墓群 位于茼山镇新权村、道头村周边。省级文物保护单位。1972年水库移民，东武林村迁移至道头村北田地阳坡上，于建房工地出土秦代铁权，新建村因名“新权”。2013年，该处墓群从地表明显可见墓冢4个，除可见有封土大墓冢外，还有不少不见封土的小墓。残存墓封土最高4米，直径27.4米。1979年冬大规模整地时，挖出3个小汉墓，墓壁用带有子母口的汉砖砌成，墓底方砖上有压印方形花纹和半圆形月牙纹排成的连续图案；出土数枚汉五铢钱和1个白色陶罐及铁制犁头、镢头；在地表还采集到一批陶片。根据出土器物和地面采集遗物考证，为秦汉时期墓群。

九顶埠墓群 位于宋村镇郭家店村北。原九顶埠村因9个大土冢而得名。仅可见的8个墓冢分布在双顶子、单顶子、北顶子和闹顶子4个大小丘陵之上。墓封土皆较大，因离汉昌阳古城较近，墓冢形制与石羊汉墓相似，故推测为汉代墓群。

软枣林墓群 位于界石镇软枣林村北。石墓散布在近4000平方米的山腰间，可见金元时期残存石墓27座，无规则排列。墓群西南原有一守墓庵，只存房基。墓全为石筑，地上部分一般为7层，有些为石刻，有些为素面。墓葬地上部分呈塔状，故又称之为塔墓。

旸哩店墓地 位于界石镇旸哩店村北约350米旸谷山顶。2012年11—12月展开考古发掘，共清理石棺墓15座（旸谷山14座，石崮山1座），出土文物40余件。出土遗物以陶器为主，也有少量石器。陶器组合为壶和罐，还有少量器盖、鼎和豆，壶为泥质黑陶，余均为夹砂红褐陶。石器为磨制石凿。根据墓葬形制和出土文物情况，判定旸哩店墓地为大汶口文化晚期（距今约5000～4500年）石棺墓。

崮头集墓群 位于界石镇崮头集村、开真观村南，米山水库北岸。墓群分两部分：汉墓群分布在开真观村东南，原有4座封土墓，1座在米山水库北岸，封土仅存1米左右，其余3座都在水中，村南珠山前发现“司马长元石门”，现存于文登市博物馆；崮头集村南水库边上分布大量石墓。2007年4—11月，配合山东省胶东地区引黄调水工程，进行抢救性发掘，清理残墓40余座，出土一批画像、石刻、瓷器、铜钱等文物。据此可以判断，墓地为晚唐五代经宋元明时期，前后延续五六百年。

侯家二马汉墓群 位于侯家镇二马村北。1988年11月，村民打井时发现1座汉代砖石墓，砖有花纹，同时出土五铢钱30枚。可见2座封土墓。

集西墓群 位于宋村镇集西村北250米小山顶上。墓群连片分布，长约550米，宽约220米，占地约12公顷，沿山脊呈“一”字形分布，共有封土墓冢11座。根据墓葬封土和石羊汉墓及汉昌阳古城推断，为汉代墓葬群。

万家墓群 位于高村镇万家村村北。墓群分为南北两区，靠近万家村有墓葬3座，北区有4座，墓葬封土大小不一。因未出土任何文物，无法断定墓群确切年代，从封土分析，为汉代墓葬。

榛子崖墓群 位于文登营镇榛子崖村东北1千米处。墓群地处丘陵之上，2013年存封土墓3座，未发现相关文物标本。根据墓葬封土推定为汉代墓群。

三庄墓群 位于大水泊镇三庄村北偏西处。墓群地处丘陵之上，分布面积约200平方米。3座墓冢呈“品”字形分布。60年代，村民整地，封土被毁，地面以下是坚硬夯土层。1973年，村民在村西挖掘1座相同形制墓葬，出土1尊唐代铜佛。据此判断，为唐代墓葬。

北马墓群 位于宋村镇北马村北。原有大片石墓，现地表仅见3座。农田道边1座保存完整。地上部分由7层组成，上4层为球形建筑；球形建筑之下是一层弧径为1.5米左右、厚约20厘米的圆形莲花台座；台座之下是一层由4块弧形素面石块围成的建筑体；再下是由6～8块石块组成的八角形阶梯底座。金元时期墓群。

老埠墓群 位于米山镇老埠村西北。发现于1984年，当地群众称之为石坟子。所用石料为麻砂石，大多风化，但弧形制作工艺仍清晰可见。与文登其他地区发现的石墓相同。除石墓外还有塔形砖墓，建造形状与石墓相同，区别仅在于材料不同，现保存较完整。元明时期墓群。

三瓣石姑子冢 位于界石镇三瓣石村北。墓冢东小山谷平地中原有一尼姑庵，当地人称之为下甜水庵，“文化大革命”期间被毁。相传，姑子庙为尼姑坟茔。地上建筑破坏严重，已不见原貌，周围散布被推倒的石块。墓室被打开，可见墓室部分结构。墓葬与其他地区石墓相同，推断为金元时期墓葬。

孙家庵石墓群 位于高村镇孙家庵东北。墓群可见石墓8座。南部一墓洞开，可见由4块石板围合而成的长方形墓室，无墓门、墓道，墓室狭长，可容纳1人。地上部分被破坏，无法了解地上墓葬形制。40年代初，日本人曾作为积石墓调查。90年代，文登市文物管理所做过试掘。金元时期墓群。

小寨墓葬 位于宋村镇小寨村西北。墓封土高2米，直径4米。南侧修筑梯田出现断面，因而可见墓室中的墓砖，墓砖宽14.5厘米、厚4厘米，长度因没有整砖出土无法确定。墓砖为素面实心砖，烧造温度较低，砖心呈黑色，周围呈灰色。断面中可见砖层长1.2米，厚度为40厘米。明清时期墓葬。

汪格庄墓群 位于莒山镇汪格庄村北。占地约0.01公顷，共有2座封土墓。M1封土保存完整，直径17米，高约3米，封土南含有少量红烧土，东、西各有一坍塌形成的洞，据村民说，为下雨时坍塌；M2在M1东北约400米处，因村民取土，封土南侧已被损毁，可见封土直径约10米，残高1.5米，封土中有碎瓦片。根据墓葬形制判断，为汉代墓群。

古建筑

柳营丛氏宗祠 位于天福街道柳营街57号。宗祠始建于清光绪三十二年（1906），成于民国初年。是丛氏族人为纪念其远祖——明代工部尚书丛兰而修建。族长丛麟洲将自己园地献出，作为建筑用地，并倡议主持其事，工料由全族人募献。前后殿落成后，因资金紧缺而停工。民国初年再筹资金，继建东、西两厢，至此，丛氏宗祠落成。宗祠主体东部分已于90年代初拆掉。西部分后殿五楹，长18.7米，进深8.3米；前殿五楹，长18.7米，进深6米；殿前石柱4根。大门背后圆石券门上有石匾额1块，上书“世承天宠”，为光绪戊子解元于霖逢所书。东西厢各有5间房，总长13.5米，进深5米，为逢年过节祭祀时远方族人居住场所。现宗祠占地0.094公顷。建筑为砖石结构，下铺整规的长石条，上砌青

图29-16 柳营丛氏宗祠原址（2009年10月26日摄）

砖；硬山式屋顶，前后殿脊檐饰以兽吻。

汤村店子张氏宗祠 位于张家产镇汤村店子村西南，建于清代。建筑坐北朝南，由门厅、正厅及两侧厢房组成四合院，东西长18.9米，南北长28.6米，总面积540.54平方米。门厅为4开间单檐硬山平屋，硬山面饰4兽；北正房5开间单檐硬山平屋，硬山面饰5兽，门前有石鼓1对；东西厢房为单檐3开间。

万家梁氏庄园 位于高村镇万家村。是1座北方四合院与堡垒相结合的古建筑群，始建于清咸丰二年（1852），经过清代官吏梁萼涵及其子孙三代73年经营，于1925年建成。庄园占地6公顷，为当时文登、荣成、威海、牟平4县最大的官僚地主庄园。现存庄园建筑不足原建筑的1/3，占地约0.4公顷；建筑8栋，共有房屋102间，多数已改建，但保留下来的房屋仍能展示当年风貌。现存建筑基本为砖木结构，皆系青砖勾白线柱墙框架，房山头分别呈等腰三角形、圆弧形和阶梯形，融合了胶东、晋中和滇西的建筑特点，而屋脊、瓦垄、门窗、墙壁都是典型的胶东风格。整体感坚固、古典，做工精良，多处宅子的大门还保留原始面貌，门楣上有雕刻，大门上有古色古香的门环。原建的祠堂家庙、楼阁和围墙等已不复存在。

旸哩松鹤照壁 位于界石镇旸哩村原刘氏宗祠院内。照壁长2.04米，高1.88米，厚0.11米。照壁正面上部刻有松树与鹤，仙鹤姿态各异，生动活泼；下部基座石条中刻有寿、龙纹、喜鹊等字样和纹饰；背面素面无纹。照壁顶端原有雕刻的双龙，“文化大革命”期间遭破坏。该照壁为原旸哩刘氏宗祠照壁，建于清代晚期。

丛镜月旧居 位于葛家镇东于疃村。建筑集群连片，占地约0.19公顷。院落原为民国时期文登县县长丛镜月住宅，始建于清代末期，民国初年完成。原建筑占地0.4公顷，由两个分开的大院共同组成；现存建筑2栋，房屋33间。院落分南北二院，具有典型的胶东风格，为砖石结构建筑。建筑从窗户以下皆由规整长石条按照一顺一丁砌成，以上部分皆为大青砖砌成，屋顶铺瓦。正房屋脊都是由正反瓦叠高成30厘米左右，屋脊两端装饰瑞兽。建筑皆为硬山顶，厢房屋脊仅用瓦片罩住。

山阴沟石桥 位于张家产镇山阴沟村南，建于清代。原桥有4墩3桥洞，桥洞之下可过牛。60—70年代，拆掉南面1个桥洞用来扩充耕地。现存两个桥洞，由于多年淤积，桥洞之下仅有1.3米的高度。桥面通长5.6米，宽2.2米，由11块长2.7米、宽0.5～0.7米不等的石条砌成。桥下相距2.2米设桥墩1座，每座桥墩顶部有一龙头，由青石雕刻而成，长60厘米，共2个，没有龙身，雕刻比较粗糙。该地清朝时期是文登至荣成的官道，附近村庄多以官道命名，如东官道、西官道等。

架子山民居 位于天福街道架子山村南，建于清末时期。民居属砖石结构建筑，窗以下部位为规整石条砌成，窗以上部分为砖砌，房顶铺瓦。建筑整体长23.68米，进深22.85米，总面积约541平方米，共有房屋19间。建筑在北墙西侧开门，两进二院，房屋主要集中于两排正房，两厢房屋较少（仅有4间）。民居南院有猪圈、鸡窝和厕所等附属建筑。

石窟 石刻

朝阳洞 圣经山前怀一石壁上阴刻楷体大字“朝阳洞”。字下石窟洞是元代道士李道元于元大德六年（1302）开凿。洞高2.5米，宽1米，深2米，洞内原有道门五祖石像。洞口向阳，因当时圣经山道事如朝阳旭日般生机勃发，故得名。洞西及西北处突出的裸石上，分别阴刻“洞天”“福地”四个大字，每字径逾米。该处风光佳美，意境清幽。

东华洞 圣经山三清殿东侧拾级而上不远处有一洞，名东华洞。元大德六年（1302），道士李道元自云州（今河北赤城）来到紫金峰，继续修建东华宫，并在此凿洞，因同属东华宫系列，名曰东华洞，又名紫府洞。洞内供奉道门五祖石像。

万石山摩崖石刻 位于环山街道八里张家村东南1.5千米的万石山主峰南侧。占地约0.01公

顶。“万石山”三字阴刻在万石山顶峰一近百米的石崮阳面西下角处，据清光绪《文登县志》记载，系明朝嘉靖年间文登县人丛磐所镌。三字竖列，每字长宽约3米，颜体楷书，苍劲有力，字划平底，因字大位高，远望可见。

图29-17　万石山石刻（2013年5月20日摄）

昆阳书院石刻　位于界石镇新庄村北约500米处。现存石匾额1块、石柱础1个。石匾额是由一块长140厘米、宽60厘米、厚15厘米的花岗岩钎凿而成。正面阴刻“昆阳书院”四字，落款因风化等原因，已模糊不清。字划底浅平，大字长约23厘米，宽15厘米。整块匾额嵌在两块天然巨石之间，巨石后有一石柱础，外径55厘米，内径40厘米，高30厘米。据清光绪《文登县志》记载：“昆阳书院，城西昆嵛山虎伴庵右，康熙间蓬莱贡生黄霁芝讲学处……”推断为清代所刻。

罗汉庵石刻　位于界石镇崮头集村西北罗汉山。字刻在一天然断裂的75度角巨石东平面上。断面平整，石面最高处4.9米，最长处5.8米，石面总面积28.42平方米。在石面偏左侧刻字，刻石高2米，宽2米，文字为线雕阴刻行草，有七言诗一首，落款是“醉语”；又一落款为“元素子书并镌”，落款左侧刻有“屏垒石壁，布印苍苔”。二者是否处于同一时代不可知。石刻下行60米，有一独立大石，高2.3米，宽1.2米，阳面刻楷书“泉石”二字，苍劲有力。据传该山旧时有庵，称罗汉庵。刻石落款没有时间、纪年等，无法判断确切年代。

文昌帝君石刻　位于界石镇旸疃后村北2千米、昆嵛山支脉文昌阁山顶。石刻在一块表面光滑的巨石阳面，巨石高约4米，宽3米。主要包括1座牌位，3幅石刻字。牌位内书写“文昌帝君”，外雕刻庙檐，起遮风避雨作用。3幅石刻字在牌位的东南、西南和西面，字迹模糊，难以辨识，仅能辨识东南的“修”、西南的“潘”“日”3字，西面1幅无字可辨认。据村民介绍是170年前的作品。“文昌”本星名，即“文曲星”或“文星”，乃主持文运的星宿。元代仁宗时，钦封梓潼神张亚子为“辅元开化文昌司禄宏仁帝君”，并钦定为忠国、孝家、益民、正直之神，从此梓潼神与文昌星合二为一，称“文昌帝君”。故该石刻应为宋至清代所刻。

圣经山摩崖　位于葛家镇西于疃村北圣经山和紫金峰。2006年5月，被国务院公布为全国重点文物保护单位。主体文物包括太上老子道德经摩崖石刻和圣经山摩崖石刻。附属文物包括：朝阳洞、东华洞、东华宫山门、混元殿、众仙坟、“洞天”“福地”刻石、“天门”刻石和玉皇阁等11处文物；其中4处（东华洞、东华宫山门、玉皇阁和“天门”）位于紫金峰山上，其他7处位于圣经山上。太上老子道德经刻石位于圣经山山巅。巨石全长15.6米，高5米，形似月牙，俗称“月牙石”。其上阳面阴刻着《太上老子道德经》上、下两卷，146行，5000余字，每字长约10厘米，楷体竖书，略带魏风。部分文字因年久风化及苔藓覆盖难以辨识。清光绪《文登县志》载：“大抵金元诸真人所为。”混元殿立于太上老子道德经石刻之下的山路东侧，由主殿和两个侧殿组成，全为石筑。东华宫山门位于紫金峰南山脚，为原圣经山进山入口。山门上正面书“紫府洞天之门”，背面书“至大元年（1308）戊申仲冬十方道众打造”。玉皇阁又称18摞，象征

18层天。元至正三年（1343），李道元弟子耿道清化缘筹建，未建成，继有殷志和、韩道微、董道安续建。阁中奉有汉白玉雕玉帝圣像（佚失），故称“玉皇阁”。

第三节　重要文物藏品

2013年，市博物馆藏品达16571件。有新石器时代的人类遗物、秦汉至明清遗物、近代革命文物及反映民风民俗的文物和现代艺术家捐献的现代艺术品。从材质种类上分有陶器、石器、玉器、铜器、铁器、印章、钱币、书画、石刻、牌匾、拓片等。经1995年、2012年两次馆藏文物定级，确定珍贵文物68件。其中，一级文物1件，二级文物6件，三级文物61件。

石器　馆藏石器63件。其中考古发掘、考古调查出土的新石器时代石器42件。包括石斧21件、石刀3件、石箭镞4件、石凿4件、石矛6件、石锤2件、石磅1件、石铲1件，有7件为三级文物。时代分属新石器时代大汶口文化中晚期（邱家庄时期）、龙山文化时期及岳石文化时期；年代跨度在距今6000年前到距今3000年前之间。

馆藏碑刻10件。其中二级文物2件、三级文物3件。东汉时期司马长元石门（俗称双石剑）碑刻1991年9月被省文物鉴定委员会鉴定为二级文物。金代有“泰山北斗”之称的郭长倩所书“重修凤山寺”碑，文登营城墙上的“齐东重镇”“东方名藩”石匾额，均于2012年11月被省文物鉴定委员会鉴定为三级文物。

馆藏其他石器11件，其中包括1979年在文城征集的石狮，2009年在八里张家元代墓地出土的滑石盏、石盒、石罐等石制容器及石箫等。

铜器　馆藏铜器39件。主要有铜戈3件，铜剑7把，时代均为春秋战国时期。铜镜4面，铜鐎斗1个，铜鼎3个，为汉代文物。1996年，宋村镇大寨村出土汉代青铜器11件（套），有大铜壶1对、铜镇块1对、残铜鼎2个、小铜壶1把、铜豆1个、铜灯2盏、铜勺2把、铜蒜头瓶颈1个。

馆藏铜戈均为直内戈，其中1件直内戈保存完好，上附铭文，北大古文专家鉴定为战国时期魏戈，1991年被省考古鉴定委员会鉴定为一级文物。该戈是1979年晒字公社河北崮头村村民赵熙汉在米山水库西岸南段离地面4尺深处挖到，为直内戈，内上扬，内尾斜齐，上端出锋，条形援呈弧形且较长，脊微拱起，内穿孔之后阴刻有铭文，已腐蚀不清，可辨认“廿三年”几字，时代为战国早期阶段。与铜戈一起出土的还有一铜剑，时代为战国早期，圆首、圆茎上下等粗，实心，中有两条平行箍，宽格，剑身为单脊，保存完整，1991年被省考古鉴定委员会鉴定为三级文物。

1985年，张家产乡山阴沟村村民徐东永承包牟平殿后林场果园整地时，在离地面7尺深处出土1件铜鐎斗与1件铜鼎，1991年被鉴定为三级文物。

铜镜之中，有1面为四方菱形，造型精美，时代为金代。1991年被鉴定为三级文物。

铁器　馆内收藏铁器3件。1973年夏在茼山公社和平村出土2件大铁犁头。其中1件长52厘米，底部宽36厘米，最厚处为7.8厘米，重9千克。2009年在八里张家遗址发掘出土1件铁盏。

陶瓷器　馆藏陶瓷器532件。其中，古代陶瓷器308件，现代陶瓷器224件。

新石器时代陶器7件，有2件完整的蛋壳陶及高柄杯蛋壳陶残片、陶支座、陶盆等。其中以陶支座最具特色，为胶东地区新石器时代所独有，市博物馆存有2件，1件为三级文物。

秦汉时期陶器26件，主要器形有陶罐、三足器、陶钵、釉陶壶、陶盂、耳杯、瓦等，多从新权遗址、石羊遗址出土。

宋元时期陶瓷器馆藏丰富，其中数量最多者当属釉瓶。另有元代的青花寿字纹高足杯、八角高足杯等。

馆藏明清时期的陶瓷器主要有瓷碗、瓷盘、小花瓶、瓷罐、瓷筒、瓷瓶、梳妆盒、鼻烟壶、紫砂壶、瓷枕等。

除古代陶瓷外，博物馆还收藏现代陶艺大师邢良坤陶瓷作品224件。

玉器　馆藏玉器30件。其中玉镯5件、玉带钩1件、玉璧1件、玛瑙环1件、三角饰1件、玉牌饰10件、玉烟嘴1件，其他玉器10件。玉璧、玛瑙环、三角饰为1996年大寨汉墓出土，2012年11月被省文物专家鉴定为三级文物。3件文物特别之处是身上均有2个缺口，在汉代玉器中极为罕见。

印章　馆藏印章114枚。其中，石制印章111枚，铜制印章3枚，有2枚为清代铜套印。这些印章有的篆刻文字，有的未篆刻，属半成品印料。

钱币　馆藏钱币15465件。有汉代五铢钱、唐代开元通宝、宋代钱币、清代钱币及民国以来的近代钱币。宋代钱币数量较多，清代钱币次之。宋代钱币有太平通宝、政和通宝、景德元宝、崇宁重宝、天禧通宝、元符通宝、淳化元宝、咸平元宝、绍兴通宝、至和元宝、熙宁重宝等。清代钱币有康熙通宝、乾隆通宝、嘉庆通宝、道光通宝、大清铜币、光绪通宝等。近代钱币有中华铜圆及民国时期各银行发行的中华民国纸币。

字画　馆藏字画358幅。其中，古代字画52幅，现代字画306幅。古代字画多为明清文登籍进士、学人、大家所留墨宝。主要有于方石中堂2幅，条幅3幅，对联1幅；于书佃中堂5幅，对联3幅；于霖逢四屏1组，书画1幅，中堂3幅，条幅1幅；简贵朝中堂2幅；毕道远中堂1幅；徐小班画2幅；赵泮馨中堂1幅，对联1幅；于湘兰对联2幅，四屏1组；于熙学条幅1组；于崇简条幅1组。另有铁保字轴和晖冰的《仕女图》。

第四节　天福山革命遗址

天福山革命遗址位于文登营镇天福山上，北距沟于家村1.5千米，占地面积6.79公顷。存庙屋5间，为天福山起义中共胶东特委临时会议遗址，遗址内陈列重现会议场景的泥塑一组。另有中共胶东特委书记理琪发布起义动员令时的起义会场旧址和起义时的军旗竖旗地址。1937年12月24日，中共胶东特委在天福山领导举行抗日武装起义，成立山东人民抗日救国军第三军，揭开胶东人民武装抗日的序幕。1957年，在天福山革命遗址建起天福山起义纪念塔，1971年重建，1973年春落成。塔基长5米、宽5米，塔体底部长2米、宽2米，塔体总高12.24米，全用当地产青花石和白理石砌成。塔身正面题写“天福山起义纪念塔”，塔裙题写“星星之火可以燎原”和“天福山起义纪略”。1971年，在天福山革命遗址筹建天福山起义纪念馆，1973年春落成，是年秋对外开放。主要陈列有关天福山起义的革命文物和史料。1977年12月，天福山革命遗址被山东省革命委员会公布为第一批省级文物保护单位。1989年，拆除16间简易展厅，在原址扩建420平方米新展厅，至此，天福山起义纪念馆建筑面积达1020平方米。2004年3月，天福山起义纪念馆东辟建文登党史馆。

第五节　文物保护

文物普查　2008年，第三次全国文物普查开始，市政府成立文物普查领导小组，组织文物管理所工作人员对境内文物进行普查。历时4年，共调查、登录不可移动文物118处（新发现59处，复查50处，消失9处）。其中，古遗址36处（新发现13处，复查23处），古墓葬17处（新发现6处，复查11处），古建筑5处（新发现4处，复查1处），石窟及石刻6处（新发现2处，复查4处），近现代重要史迹及代表性建筑45处（新发现34处，复查11处），消失的不可移动文物9处。其中汤村店子张氏宗祠、无染寺师部旧址被列入山东省百大新发现名单。其间，威海市政府和文登市政府分别公布一批文物保护单位。

2010年4月，省第三次文物普查验收小组对文登普查工作进行实地验收，成绩为优秀。

文物维修

圣经山摩崖石刻维修 1984年春，在圣经山实施修台护坡工程。1989年始，市政府对圣经山进行开发建设，修筑盘山人行路，并对附属文物进行局部修复。2002年5月，省博物馆对“太上老子道德经摩崖石刻”进行拓片，为期15天。2009年10—11月，省石刻博物馆对“太上老子道德经摩崖石刻”进行拓片。

2008年10月，委托省文物保护中心制作《圣经山摩崖石刻抢救性保护方案》并上报国家文物局。2012年3月，国家文物局印发《关于圣经山摩崖石刻保护方案的批复》，原则同意所报方案中有关保护性建筑的设计内容，并对保护性建筑和石刻本体保护提出修改意见。2012年7月，修改后的《山东省文登市圣经山摩崖石刻保护建筑设计方案》通过省文物局审查，准予实施。2013年2月，通过公开招标确定曲阜三孔古建筑工程管理处为中标单位，对圣经山摩崖实施文物保护工程。

天福山革命遗址维修 1982年、1995年、2001年、2007年，市文化局对位于天福山上的中共胶东特委临时会址屋顶进行修缮。1996年，在原址重建红旗亭，材质为混凝土、琉璃瓦、花岗岩，并增设台阶、护栏。1996年、2007年，对位于文登营镇沟于家村的中共胶东特委旧址屋顶进行修缮，对地基进行加固并修建护坡。2003年，对位于高村镇汤泊阳村的中共胶东特委地下联络站进行维修，将茅草屋顶换成瓦顶，加固部分墙体，修复院墙，使之基本恢复原貌。2010年6月，对天福山起义纪念馆漏雨屋顶进行防水处理。2011年2月，沟于家村村民春节燃放鞭炮，引燃中共胶东特委旧址屋顶，天福山革命遗址管理所对其进行重新修缮。

柳营丛氏宗祠维修 1994年，市政府拨款30万元修整柳营丛氏宗祠，由原来的图书馆改为文物管理所和博物馆。2007年，市财政拨款3万元对宗祠进行整体油漆粉刷。2013年2月，宗祠使用单位丛氏研讨会负责对宗祠进行整体维修，省财政拨款10万元，其余费用由丛氏研讨会筹集。

汤村店子张氏宗祠维修 2005年，张氏族人捐资18万元，对汤村店子张氏宗祠进行整体维修。

蒿埠烈士塔维修 2009年，市文物部门投入1.05万元，对蒿埠烈士塔破损护栏进行更换。

文物保护单位 至2013年，境内有文物保护单位31处。其中，全国重点文物保护单位1处，省级10处，地市级6处，县市级14处。

2013年文登境内文物保护单位情况表

表 29-3

级别	名称	公布时间
全国重点文物保护单位	圣经山摩崖	2006年5月
山东省文物保护单位	天福山革命遗址	1977年12月
	沙里店遗址	1992年6月
	大宋家遗址	
	脉田遗址	
	石羊汉墓群	
	新权秦汉墓群	

续表 29-3

级别	名称	公布时间
山东省文物保护单位	柳营丛氏宗祠	2013 年 10 月
	文登卍字会旧址	
	万家梁氏庄园	
	汤村店子张氏宗祠	
威海市文物保护单位	马家汤后遗址	2004 年 1 月
	昆嵛山胶东长城遗迹	2009 年 2 月
	中共胶东特委地下联络站汤泊阳村旧址	2013 年 10 月
	昆阳书院刻石	2013 年 12 月
	万石山摩崖石刻	
	旸哩古墓群	
文登市文物保护单位	中共胶东特委旧址	1980 年 11 月
	九顶埠墓群	
	昆嵛山红军游击队老蜂窝遗址	
	峰山烈士陵园	
	蒿塂烈士纪念塔	
	葛家烈士塔	
	口子后烈士塔	
	祝家泊子烈士塔	
	宋村烈士纪念塔	
	三家庄烈士塔	
	旸哩松鹤照壁	2010 年 4 月
	软枣林石墓群	
	无染禅院遗址	
	南庄遗址	

第六节　非物质文化遗产

2006 年，文登市申报的“秃尾巴老李的传说”列入山东省首批非物质文化遗产名录；2008 年，列入第二批国家级非物质文化遗产名录。至 2013 年，文登市列入各级名录的非物质文化遗产 45 项，其中，国家级 1 项，省级 5 项，地市级 8 项，县市级 31 项。

秃尾巴老李的传说　列入国家级非物质文

化遗产名录。“龙”是中华民族的图腾，流传于大江南北的李龙文化是中国龙文化的重要组成部分。文登作为李龙文化的发源地，位于胶东半岛东部，自汉时即有龙文化的记载，明清之际兴起李龙王的民间传说。清雍正《文登县志》载：“县南柘阳山有龙母庙。相传山下郭姓妻汲水河崖，感而有娠，三年不产。忽一夜雷雨大作，电光绕室。孕虽免[娩]，无儿胞之形。后每夜有物就乳，状如巨蛇，攀梁上，有鳞角。怪之，以告郭。郭候其复来，飞刀击之。腾跃而去，似中其尾。后，其妻死，葬山下。一日，云雾四塞，乡人遥望，一龙旋绕山顶。及晴，见冢移山上，墓土高数尺，人以为神龙迁葬云。后，秃尾龙见，年即丰。每见，云雾毕集。土人习而知之，因构祠祀之。”在文登，有关祭祀李龙王、李龙母的庙会、山会等节俗广传民间，日渐盛行，形成独具特色的李龙文化，在全国乃至海外都产生重要影响。清中期文学家袁枚《子不语》卷八有秃尾龙记载。

胶东花饽饽习俗　列入省级非物质文化遗产名录。是一种源自民间、具有浓厚乡土气息的民间习俗，流行于胶东地区文登一带。胶东花饽饽以面为原料，用简单的工具捏塑出各种形象，广泛用于祭祀供奉，以及婚庆、老人祝寿、儿童生日等民俗中。胶东花饽饽习俗经过几个世纪的演变，已成为文登民俗风情独特的表现方式。

鲁绣　列入省级非物质文化遗产名录。是中国历史文献中记载最早的一个绣种，属“中国八大名绣”之一。鲁绣是通过抽、绣、编、锁、勒、挑、补、雕等技法在白色亚麻或棉麻混纺布上制作各种装饰纹样，其造型优美，格调雅致，花纹粗犷雄健，色彩富有变化，具有浓郁的地方特色。其织法独具一格，并广泛流传于民间，是中华民族悠久刺绣文化的重要组成部分。由于文登鲁绣风格独特，自成一章，绣品再现了胶东半岛农家百姓特有的审美特征，文登因此享有“鲁绣之乡”的美誉。

糖瓜制作技艺　列入省级非物质文化遗产名录。糖瓜是清朝宫廷面点的典范，吃起来脆甜香酥，别有风味，其中以山东省文登市高村镇脉田村的脉田糖瓜最具代表性。

相传明朝崇祯年间，高村镇脉田村伯姓农民闯关东学得技术，回乡后，组织族人设作坊，每年冬闲制作麦芽糖。此后，殷姓、原姓也学会制作。清嘉庆年间，便驰名胶东。初用大麦、黍米作原料，后改用玉米、高粱、地瓜或大米，加入适量温水发酵，待抽出指长嫩芽，置于磨中研成糟，再用孔眼较大的粗布包袱捺压液汁入锅，点火加温，浓缩成浆，凝成糖稀，扯之成丝成绺，待次日凌晨三四点钟，火势不减，一人趁热自锅中扯一绺糖稀，一人手持麻丝，借清晨寒气，绞勒出一块块、一段段，圆鼓修长，粗细如同胡萝卜的小糖瓜，甘甜脆酥，入口即化。用糖瓜祭灶，预示着甜蜜春节的开始。

草柳编　列入省级非物质文化遗产名录。文登草柳编伴随当地人的生产与生活已有上千年历史，以高村镇二甲村的草柳编独具一格，久负盛名。文登草柳编工艺流程大体分为选料、浸泡、去皮、编织、熏蒸、晾晒等几个环节，全部采用手工制作。在传统农耕时代，人们只是将其作为普通的日常生产生活用品。历经数代发展与变化，文登草柳编产品已由生活用品，逐步演变为工艺品。

“串黄河”风俗　列入省级非物质文化遗产名录。“串黄河”亦名“九曲黄河灯”“九曲黄河阵”“地灯”“平安灯”“九曲阵”“迷魂阵”等，产生于黄河流域，明清时期传入文登。是民间传统大型游艺活动。多在高村、葛家、泽头、文登营等乡镇举办，其中坤龙邢家、林村、文登营等村最具代表性。

“串黄河”是根据古代军事训练阵法演变而来。因其规模大，只有大型村庄才能组织，三年一次，或三年一停。举办时间多在农历正月十五晚上或二月初二。文登民间流传的“黄河阵”经过推陈出新，逐渐形成当地特色。主要有3种阵型：九曲黄河阵、八卦黄河阵、六城黄河阵。前者规模大，后者规模小。以六城黄河阵为例：在广场或冬闲地上，埋设19×19根桩，每桩顶端

挂灯（旧时为油灯，后为电灯）1盏，桩距5尺或7尺，等距离竖立，用绳子系桩，界出甬道，左三城，右三城，共12阵361盏灯，阵阵相通。阵前扎彩坊，坊上插旗悬灯。“串黄河”开始，古鸣三眼枪，今为放鞭炮，鼓乐齐鸣。参赛的秧歌队、高跷队、跑旱船和耍狮子等表演队伍竞相串阵。左进右出，需两个小时。串阵活动公推一人为“司令”监督全场。如不沿甬道行进而从绳下偷爬者，谓之“钻狗洞”或走回头（重复）路，即被“司令”判罚出场。竞技现场，人山人海，锣鼓喧天，灯火通明。串阵队伍忽东忽西，忽南忽北，屈曲回环，川流不息，有条不紊，最后能顺利串通全阵而争先出阵的队伍，即为胜者。“串黄河”在文登有300余年历史，是古老华夏黄河文化的珍贵遗存。2013年，文登市仍有会摆黄河阵的老艺人健在。

2008—2013年文登市各级非物质文化遗产名录表

表29-4

列入时间	名称	级别
2008-06-07	秃尾巴老李的传说	国家级非物质文化遗产名录
2009-09-27	鲁绣	山东省级非物质文化遗产名录
	胶东花饽饽习俗	
	糖瓜制作技艺	
2013-05-07	草柳编	
	“串黄河”风俗	
2008-12-04	“文登学”的传说	威海市级非物质文化遗产名录
	文登包子	
	道教全真派发祥地——圣经山的传说	
	文登温泉	
	文登布玩具制作工艺	
	文登喜饼制作工艺	
2011-12-14	“龙石晒字”的传说	
	昆嵛山的传说	
2008-09-28	“文登”的由来	文登市级非物质文化遗产名录
	一代名臣丛兰的传说	
	一代完人徐士林的传说	
	“三瓣莲花石”的传说	
	文登民歌	

续表 29-4

列入时间	名称	级别
2008-09-28	文登大鼓	文登市级非物质文化遗产名录
	文登古石刻	
	文登石雕	
	文登剪纸	
	文登药材	
	文登渔民节	
2011-11-15	“回龙山”的传说	
	“驾山”的由来	
	“旸谷山”的传说	
	“万石山”的传说	
	“六度寺”的传说	
	“峰山”的由来	
	“母猪河”的传说	
	北厫秧歌剧	
	文登盆景制作技艺	
	姚米加工制作技艺	
	南海大枣饽饽制作技艺	
	槟榔糕制作技艺	
	文登方言	
2013-12-30	羲仲宾日的传说	
	高公高婆的传说	
	高村丑秧歌	
	林村火烧制作技艺	
	文登干海产品制作技艺	
	南海鸡蛋饺子制作技艺	
	文登海盐制作技艺	

第九章　文化市场管理

1995年，全市有歌舞厅45家、音像放映厅20家、电子游戏厅（室）33家、台球点87个。2009年，全市有图书经营单位41家、音像制品经营单位17家、网吧经营单位170家、歌舞娱乐场所22家、电子游戏厅8家、印刷经营单位71家。市新闻出版管理办公室根据有关政策法规进行监督检查，对文化经营活动实行文化经营许可制度，办证率达90%以上。2010年2月始，文化市场改由文登市文化市场综合执法局管理。至2013年，全市有互联网上网营业场所115家、歌舞娱乐场所15家、游艺厅13家、图书音像经营场所34家、印刷厂45家、复印打字营业场所32家、艺术品经营场所3家。为规范文化市场秩序，市文化执法局先后举办6期文化市场经营业主培训班，与400余名业主签订《守法经营责任书》，完善文化市场管理机制，推动文化市场管理工作取得新进展。

第一节　网络文化与演艺娱乐市场管理

按照国务院《互联网上网服务营业场所管理条例》要求，市文化执法局坚持对网吧等互联网上网服务营业场所进行严格监管，重点整治网吧经营中违规接纳未成年人、超时经营和浏览传播不良信息等行为。2010年4月，在全省县级局中率先开发建设覆盖全市网吧的远程视频实时监控系统，实现对全市所有网吧经营场所24小时不间断视频监控。2011年5月，对全市160余家网吧设立的“未成年人禁止入内”“举报电话”“请出示身份证件”等警示标志和网吧管理制度进行统一规范，达到有效警示约束效果；6月，整合网吧远程视频监控平台和非法出版物展示教育资源，创建1处未成年人警示教育基地，接待中小学生1万余人次。2012年11月，组织开展诚信网吧评选活动，评出15家网吧为全市诚信网吧，颁发诚信网吧流动匾牌，激励守法经营。2010—2013年，共出动稽查执法人员8000余人次，出动车辆3000余辆次，受理文化市场举报电话80件，办复率100%，先后查处违规网吧188家次。

按照《营业性演出管理条例》《娱乐场所管理条例》规定，市文化执法局对全市文化娱乐场所、演出市场、电子游戏厅等进行严格管理。日常稽查与重点整治相结合，查处歌舞娱乐场所接纳未成年人、播放不健康曲目、非法演出、侵权盗版等问题；惩治电子游戏（艺）场所在非国家法定节假日接纳未成年人及含有淫秽、赌博、暴力等禁止内容的经营行为。2010—2013年，共检查演艺娱乐场所330余家次，收缴赌博用游戏机15台。

第二节　图书音像与广播影视市场管理

2010年始，市文化执法局先后开展图书、软件、音像制品和广播影视侵权盗版、网络侵权盗版专项整治“剑网行动”，依法查封盗版教辅材料、音像制品、淫秽色情等非法出版物，并进行集中销毁。至2013年，共收缴非法图书5500余册，收缴盗版音像、电子出版物等6000余盘。2012年，被省“扫黄打非”工作领导小组授予山东省“扫黄打非”工作先进集体称号；探索践行的“四个结合”（日常检查与重点整治结合、培训宣传与警示教育结合、社会监督与评优激励结合、文化执法与社会联动结合）文化市场行政执法工作经验被全国“扫黄打非”工作小组办公室登载于“中国扫黄打非网”。2013年3月，《依法两个到位 实施四个结合 推动“扫黄打非”工作

深入扎实开展》工作经验在省地市“扫黄打非”工作领导小组办公室主任座谈会上作为典型进行书面交流。

对广播、影视、广告的内容、播出时间等环节实施重点监控，查处违规医疗广告，打击破坏广播影视传输设施、擅自安装和使用卫星电视广播地面接收设施及广播影视和视听新媒体领域的侵权盗版盗播等违法行为。2010—2013年，开展卫星电视广播地面接收设施专项整治行动10次，收缴拆除非法安装的地面卫星设施70余套。

图29-18 2012年4月24日，市文化执法局集中销毁盗版图书音像制品。

第三十编
医药卫生

撤县设市后，文登市委、市政府进一步加大卫生工作领导力度，协调有关部门制定区域卫生规划，不断完善卫生机构内部运行机制，推进公费医疗、劳保医疗、新型农村合作医疗改革，巩固完善农村三级医疗预防保健网；深入开展爱国卫生运动，普及卫生防病知识；加大资金投入，引进专业人才，购置先进设备，提高医疗水平，营造良好就医环境，全市医疗质量迅速提升，城乡居民健康差异不断缩小，患者满意度明显提高。1993年，文登市被省卫生厅、财政厅、计划委员会授予农村卫生三项建设先进单位称号。1994年，被省卫生厅授予实施初级卫生保健先进集体称号。1995年，被全国爱国卫生运动委员会授予国家卫生城市称号。2012年，山东省文登整骨医院通过三级甲等中医医院评审。2013年，威海市文登中心医院被省卫生厅评为三级甲等综合性医院，文登市妇幼保健院通过山东省二级甲等妇幼保健医院评审。是年末，全市镇及镇以上医疗卫生机构30个（不含威海市文登中心医院），拥有床位4071张，从业人员4608人，其中卫生技术人员3820人。

2011 年 5 月 12 日，文登市庆祝“5·12”国际护士节颁奖典礼。

第一章　医疗卫生机构

第一节　行政机构

1991年，文登市卫生局（简称市卫生局）内设办公室、医政科、药政科、政工科、财务科和红十字会办公室。有工作人员18人。1992年，增设武装部、妇女工作委员会。1996年，增设妇幼保健科。2009年，局址由香山路18号迁至通和路2号。2013年，内设办公室、政工科、财务审计科、医政科（挂妇幼保健科牌子）、市中医药管理办公室、食品安全综合协调科（增挂疾病预防科、市突发公共卫生事件应急指挥中心牌子）6个科室。有工作人员31人。代管市爱国卫生运动委员会办公室（简称市爱卫会办公室）。辖市、镇及社区医疗卫生机构30个。

第二节　医疗机构

上级驻文登医院　境内有上级驻文登医院2所。

威海市文登中心医院　位于米山东路西3号，占地面积16.4公顷，建筑面积16.65万平方米。1987年，地级威海市成立后，由原烟台市文登中心医院更名为威海市文登中心医院（简称文登中心医院）。1992年，升格正县级。1995年，评为三级乙等医院，是集医疗、教学、科研、保健于一体的综合性医院。2013年，被省卫生厅评为三级甲等综合性医院。医院内设21个职能科室、38个临床医技科室，有工作人员839人。其中，卫生技术人员734人，高级职称148人，博士学位2人、硕士学位130人。开放床位1200张，年门诊量40.31万人次，出院病人3.58万人次。固定资产原值6.1亿元，其中医疗设备总值2.54亿元，包括3.0T核磁成像系统、64排螺旋CT、能谱CT、直线加速器、多功能查体车、数字乳腺X光机、准分子激光治疗仪、大型C臂血管造影机、乳腺钼靶等1万元以上先进医疗设备1337台（件）。获全国综合中医药工作示范单位、全国百强百姓放心示范医院、山东省医德医风示范医院、山东省卫生系统先进集体、山东省优质服务百佳医院、山东省卫生系统思想政治工作先进集体等称号。

威海市复退军人康宁医院　前身为威海市社会福利院，正科级单位。1992年，改称威海市复退军人康宁医院（增挂威海市社会福利院牌子）。有工作人员64人。承担威海辖区带病返乡复退军人精神病患者和城市“三无”（无劳动能力、无生活来源、无法定抚养人和赡养人）对象的养、治、教、娱等工作，同时面向社会开展精神病患者和生活不能自理者的自费代养业务。医院建有2900平方米的门诊、病房综合楼1幢，内设行政、临床、医技科室14个，在编人员44人，卫生技术人员43人，其中具有副高级职称4人。10万元以上医疗设备6台（件），1万元以上医疗设备25台（件）。开设床位100张，年门诊量4567人次。2010年，医院由文登市区迁址威海市环翠区。

驻军医院　境内有驻军医院1所。

404医院文登分院　1967年，中国人民解放军陆军143医院由牟平迁址文登城区，正团级单位。1987年，原驻文登中国人民解放军陆军143医院改编为107医院文登分院，副团级单位，设床位100张。2000年部队整编，又改编为解放军404医院文登分院，2004年撤销。

市属医院　境内有市属医院6所。

山东省文登整骨医院　位于峰山路1号，占地面积11.5公顷，建筑面积8.7万平方米。1991年，被省中医药管理局定为全省中医骨伤科医师

进修基地。是年，新建5830平方米的急诊综合楼投入使用。1995年，被国家中医药管理局定为全国中医骨伤专科医疗中心。1996年，更名为山东省文登整骨医院（简称文登整骨医院）。2000年，由正科级单位升格副县级单位。2008年，升格正县级单位。2012年，通过三级甲等中医专科医院评审。2013年，国家中医药管理局授牌。全院形成脊柱脊髓、骨关节、创伤整复、四肢创伤、急危重创伤、足踝外科、小儿骨伤、显微外科、康复理疗9个完整专业的治疗体系，有34个临床专业科室，专业技术人员1030人，具有中高级技术职称者406人。编制床位1000张，开放床位1200张，年诊疗量30万人次，住院病人2万人次。医院拥有医疗器械3.0T核磁共振、128层螺旋CT、胃肠数字机、G臂及C臂X光机、大型多功能彩超机、新型骨密度仪、肺功能仪、冲击波治疗仪、彩色多普勒仪、全自动生化免疫分析仪等1万元以上医疗设备1000余台（件），总值2亿余元。

1991—2013年，取得省级以上科研成果48项次，其中获国家科技发明三等奖和国家科技进步二等奖、三等奖各1项。中西医结合协会科学技术一等奖1项，中医药管理局科技进步一等奖1项、二等奖6项、三等奖3项。山东省科技进步一等奖3项、二等奖20项、三等奖11项。在国内外刊物发表专业论文1000余篇，出版专著11部。2011年，被列为卫生部临床重点专科（中医诊疗项目）建设单位，被山东省政府确定为"泰山学者"岗位（骨伤科）、山东省特色专科A级。先后被授予全国卫生系统先进集体、全国医疗优质高效示范医院、全国首批人民满意医院、全国首批百姓放心医院等称号。

文登市妇幼保健院 位于通和路2号，面积3.45万平方米，副科级单位。1991年，内设科室8个。1995年，科室增至27个，有工作人员34人。2007年，由市妇幼保健所改称市妇幼保健院（增挂市妇女儿童医院牌子）。医院内设妇产科、儿科、内科、外科、麻醉科、儿童保健科、健康查体科、预防接种科、健康教育科等27个科室，为全市婚前、孕前健康检查和接生定点单位，妇幼保健业务技术指导培训中心，负责妇幼医生培训、科学育儿、围产期保健推广、妇女病防治、儿童保健和计划生育宣传教育等工作。2009年，由峰山路79号迁入现址。2013年，通过山东省二级甲等妇幼保健院正式评审。有工作人员217人。其中，正高级职称者1人，副高级职称者8人。编制床位150张，年门诊量12.6万人次。先后获国家级爱婴医院、全国诚信示范医院、全国十佳人民满意医院，山东省百姓满意最佳品牌单位、山东省执行国家价格政策法规最佳单位等称号。

文登人民医院 位于龙山路91号，固定资产5060万元。副科级单位。1991年，院址位于葛家镇葛家村。1996年，投资6000万元，购买市区5000平方米楼房1幢，设立文登经济开发区医院。2011年，由文登市第一人民医院改称文登人民医院，为综合性二级医院。从业人员463人（包括不在编人员）。其中卫生专业技术人员348人，具有中高级技术职称者145人。医院设立内、外、妇、儿、五官、急诊、手术、检验、病理等临床及医技科室30个，床位320张，能够独立开展普外、胸外、颅脑、泌尿、骨外、妇科、五官等手术，特色专科超声气

图30-1 文登整骨医院外景（2008年8月28日摄）

压弹道碎石、五官整形、超声乳化手术治疗白内障、腹腔镜微创手术等诊疗技术达到国内先进水平。辖葛家中心卫生院、红十字会医院、铺集卫生院、晒字卫生院4所一级医院。2013年，就诊人数12.2万人次，出院病人1.34万人次。

文登市立医院 位于环山东路120号，占地面积3公顷，建筑面积4万平方米。副科级单位。1991年，院址位于大水泊镇大水泊村。1996年，在文城镇大五里头村新建占地面积7400余平方米的市第二人民医院东城分院。2005年，在市区天福路65号（原精神病专科门诊）建成面积4100余平方米的市第二人民医院天福分院。2006年，新建面积8000平方米门诊病房综合大楼。2007年，由文登市第二人民医院更名为文登市立医院，辖天福社区卫生服务中心，是一所集医疗、急救、科研和预防保健为一体的现代化综合性二级医院。

拥有各种医疗设备100余台（件），固定资产总值1.04亿元。编制床位400张，开放床位630张。工作人员411人，其中卫生技术人员361人。内设21个临床科室、12个医技科室，开设3个专科、专病（糖尿病、肛肠疾病、腰腿痛）门诊，1个综合健康体检中心。泌尿外科、普外科、骨科、耳鼻喉科、眼科、神经内科、心血管内科、精神心理科为重点专科，神经内科开展的微创颅内血肿清除术治疗脑出血，心血管内科开展的急性心肌梗死和大面积脑梗塞的早期溶栓治疗达到国内先进水平。医院先后承担省级科研项目6项，其中2项获省级科技进步奖。2013年，门诊量11.59万人次，收治住院病人8134人次。

文登市三病医院 位于峰山路77号，医务用房面积3500平方米。副科级单位。1993年，由市皮肤病防治所、结核病防治所与市第二人民医院精神病防治科合并组建文登市三病防治中心，负责全市麻风病、结核病及精神病的社会防治工作。1997年，由文登市三病防治中心更名为文登市三病防治院。2004年，改称文登市三病医院（增挂文登市皮肤病医院牌子）。2010年，增设中医科。2013年，从业人员70人，具有高级技术职称者4人。内设皮肤科、结核科、中医科、皮肤护理治疗中心、医学检验科、药剂科、放射科、B超室、制剂室等科室。设有床位80张，全年门诊量6.08万人次，入院患者1177人次，出院1076人次。医院拥有GE全数字化X线摄像系统（DR）、飞利浦HD11XE高清晰彩色多普勒超声成像系统、BS-200全自动生化分析仪、BC-5300五分类全自动血液细胞分析仪、摩拉生物物理治疗仪、艾拉光动力治疗仪、皇后光子嫩肤仪、中药熏蒸太空舱、熏蒸牵引床等医疗设备。被授予全国结核病防治先进单位、全国麻风病防治先进单位等称号。

文登市口腔医院 位于米山路140号。成立于1993年，与文城镇卫生院合署办公，副科级单位。2000年，被威海市卫生局确定为专科医院。2002年，由文登市口腔病防治医院更名为文登市口腔医院。2012年，被威海市卫生局确认为二级口腔医院。医院内设牙种植中心、口腔内科、口腔修复科、口腔正畸科、口腔颌面外科、内科、外科、妇科、儿科、中医科、皮肤科等；开展的颌面部外伤、囊肿、颌面畸形、牙体牙髓病、牙周病、错颌畸形和种植牙、烤瓷牙、铸造钢托、全口义齿修复等治疗技术，达到省内先进水平。2013年，设有床位60张，工作人员110人，其中具有中高级技术职称者42人。全年门诊量4.4万余人次。

第三节 卫生站所

文登市疾病预防控制中心 原卫生防疫站，位于峰山路23号，占地面积0.023公顷，副科级单位。1991年，内设13个科室，在编人员64人。1995年，经过整合内设11个科室，工作人员76人。2003年，撤销市卫生防疫站和市公共卫生监督所，成立文登市疾病预防控制中心（增挂市卫生局卫生监督所牌子），隶属卫生局，正科级单位。2013年，内设办公室、检验科、计划免疫科、慢病防制科、健康教育科、总务财务科、传染病防制科、艾滋病防制科、公共卫生监测科、消毒

与病媒生物防制科10个科室。在编46人，其中卫生技术人员38人。被国家卫生部评为县级一等卫生防疫站、中国健康营养工作先进集体；先后被授予山东省地方病防治先进单位、山东省医学科普先进单位和全省饮水卫生监测先进单位、免疫规划先进集体称号。

文登市卫生局卫生监督所 隶属市卫生局。2008年，由市疾病预防控制中心析出，副科级单位。办公地址迁入香山路121号，内设办公室，卫生监督一科、二科、三科及培训科5个职能科室。工作人员35人，其中卫生技术人员23人。2010年，迁址通和路2号。2013年，内设办公室、公共卫生科、学校卫生科、职业与放射卫生科、医疗卫生科、审批服务科、法制稽查科、培训科等科室。在编人员27人。

文登市药品检验所 位于峰山路77号，股级单位。1991年，被省卫生厅授予药品监督管理先进单位、县药品检查验收达标单位称号。1995年，内设科室5个，有工作人员7人。2001年，有工作人员9人，检验仪器设备52台（件）。2002年5月，划归市药品监督管理局。

第四节　药品经营管理机构

威海市医药公司文登市公司（简称市医药公司）位于峰山路24号，是境内专业医药经销部门。1991年，公司占地0.8公顷，建筑面积5449平方米，系国家三级医药批发企业。1995年，经威海市体制改革委员会批准，增挂威海市医药管理局文登分局牌子，履行医药监督管理职能。内设办公室、财务科、企管科3个科室，辖8个批发部和18个零售店，有职工152人，其中各类专业技术人员63人。1996—1998年，在抓好医药经销的同时，发挥自身优势，组织技术人员下村指导农民种参、加工、销售。2002年，市药品监督管理局成立，原属医药公司的行业管理职能被取消。翌年，市医药公司迁址峰山路西首。2008年，破产倒闭。

第二章　医疗卫生体制改革

第一节　卫生管理体制改革

80年代末，乡镇卫生院由市、镇两级共同管理。1991年始，基层医疗单位根据各自实际制定党政领导班子议事规则，建立推行职工代表大会、民主评议、院务公开等制度，并对所有医疗机构进行等级评审，实行分级管理。1995年，全市8家医院分别通过三级乙等、二级甲等、一级甲等医院评审。1999年，医疗机构内部人事制度改革启动，中层管理人员及职工实行竞争上岗，不合格者就地免职。全面推行大中专毕业生录用考试和试岗制，充分调动卫生工作人员的积极性。

2000年，探索社区卫生服务发展新路子，实行社区卫生服务与农村合作医疗一体化管理，深化农村卫生体制改革。2001年，镇卫生院改由市卫生局管理。2002年，随着行政区划调整，镇卫生院、市分院名称相应进行变更。按照《威海市医疗机构分类管理实施办法》，市卫生局对44个医疗机构进行分类核定，32个被核定为政府开办的非营利性医疗机构，3个为其他非营利性医疗机构，9个为营利性医疗机构（个体5个，合资1个，厂矿企业单位3个），并按照规定换证。卫生院（所、站）开始实行法人代表负责制。2003年，撤销市防疫站和市卫生监督所，组建文登市疾病预防控制中心，由单一防疫转向全面疾病预防监控。

2004年，推行全员聘用合同制，29家医疗单位完成岗位聘用合同签约工作，实行专业技术

职务评聘分离制度，打破终身制。2005－2010年，印发文件，统一行动，加强医疗卫生管理法律法规宣传，建立健全医疗质量管理体系和考核评价机制。2013年，开展基层医疗机构清理整顿工作，对不符合《医疗机构基本标准》的企事业单位医务室及诊所予以注销。

第二节　医疗保险制度改革

公费医疗改革　1990年，市公费医疗管理委员会成立，下设办公室。1991年，市政府决定在职人员公费医疗标准每人每年80元，离退休干部及二等以上荣誉军人每人每年110元，经费包干，超支不补，节余备用。1993年，市政府针对退休人员逐年增多、公费医疗开支连年增长的情况，出台新的公费医疗管理办法，再次提高公费医疗享受标准，在职人员每人每年100元，退休人员每人每年200元，离休及二等以上荣誉军人每人每年300元，首次推行医疗费与个人负担挂钩，个人负担10%～25%，个别重症超支过大者，年终酌情补贴。

1997年，市直机关事业单位医疗保险事业处（简称医保处）成立，股级单位，定编10人。全市参加医疗保险人员20988人，参保率100%，筹集医疗保险金205万元，设立定点医疗单位50家。2004年，市属机关干部（包括离休干部）的保健工作改由文登整骨医院和文登中心医院共同负责。2007年，对机关企事业单位和军休所的418名离休干部实行医疗费包干制度，每人每年享受5000元医疗保险金。2009年，市政府印发《文登市离休干部医疗保障管理暂行办法》，规定离休干部在市内三级医院、二级医院、乡镇医院花销的医疗费用分别以20%、15%、10%的比例由定点医院负担，其余部分由市财政负担，由原半年报销改为季度报销。2010年，继续执行机关事业单位离休干部医疗费包干制度，离休干部与市公费管理机构、定点医院共同签订《离休干部医疗保障经办服务协议书》。2012年，市政府印发《文登市离休干部医药费管理暂行办法》，将离休干部医药费统筹金提高至每人每年7000元，医药费在定点医院实行单人结算，超额部分按比例分担。

劳保医疗改革　90年代前期，大多数企业单位将医药费按月发给职工，小伤小病自负，重病住院酌情处理，工伤医药费予以报销。1997年始，实施劳保医疗制度改革，建立社会统筹医疗基金与个人医疗账户相结合的社会医疗保险制度，企业和职工按上年度工资总额的9%、1%缴纳医疗保险费。全年参加社会医疗保险企业507家，职工47421人，参保率85.1%。1998年，市机关事业单位医疗保险事业处升格为副科级单位。1999年，医保处划归劳动和社会保障局管理，职工医疗保险仍沿用上年的医改方案。2003年，市职工医疗保险事业处成立，将原机关事业单位医疗保险和企业医疗保险合并，印发《文登市城镇职工基本医疗保险暂行规定》，调整个人医疗账户，解决特困、破产、倒闭企业退休人员的医疗待遇问题。

2004年，《文登市城镇职工基本医疗保险暂行规定》正式实施，全市设立定点医疗单位41家，70956人参加医疗保险，参保率98%。2005年，以退休人员为重点，以个案补缴的形式将500余名破产倒闭和名存实亡企业的退休人员纳入医疗保险范围。2006年，各镇医院医疗保险VPN专用通信通道开通，乡镇微机联网刷卡问题得到彻底解决，医疗服务网络覆盖全市。2011年，职工基本医疗保险报销最高支付额由24万元提高到40万元。未成年城镇居民5类12种重大疾病医疗费用救助年度支付限额大幅提高，由10万元提高到27万元，并推行7个单病种住院就医“零负担”政策。同时将“老工伤”人员纳入工伤保险范畴，多年未解决的问题得到彻底解决。2013年，城镇居民医疗保险财政补助提高到每人每年280元，医保大额医疗费用年度最高支付限额由10万元提高到17万元。

农村医疗改革　1990年，按照《山东省农村实现2000年人人享有卫生保健规划目标》规定，全市实行新一轮农村合作医疗制度，合作医疗基

金筹集由集体和个人共同负担，每人每年5元。合作医疗实行镇、村两级联办，20%资金归村卫生室，用于支付村民在村里治疗费用；80%资金归乡镇卫生院管理使用，用于村民在乡镇及乡镇以上医院费用支出。1992年，全市参加合作医疗农民人数30.27万人，占农村人口总数47%。后由于多种原因，参加合作医疗人数急剧下降。至1995年，全市参加农村合作医疗人员仅有几千人。

1996年，市政府召开全市农村卫生工作会议，完善农村合作医疗制度，实行镇村医疗机构“一体化”管理，各镇卫生院对村卫生室和乡村医生实行“三制”（聘任制、工资制、养老保险制）、“五统一”（规划布局、行政业务、人事调动、财务核算、药品采购）和“两监督”（领导和群众）管理办法，先试点后推广。年末，市政府召开第2次全市农村卫生工作会议，进行再发动。1998年，文登市被卫生部确定为中国农村合作医疗改革课题第三阶段研究观察员单位（全国仅2个单位）。1999年，市政府召开全市农村合作医疗会议，加强宣传发动，加大考核力度，有14个镇、420个村、35万人参加合作医疗，占农业人口总数70%，因病致贫、因病返贫现象得到缓解。2002年，全市镇村医疗机构“一体化”管理覆盖率达到100%，中心卫生室59个，106名农民享受大病统筹报销待遇。

2003年，市委、市政府印发《关于建立新型农村合作医疗制度的意见》《文登市农村合作医疗制度暂行办法》等文件，全面推行新型农村合作医疗制度（简称新农合）。市政府成立农村合作医疗管理办公室，隶属卫生局；镇（街道）成立农村合作医疗管理工作站，与镇（街道）驻地卫生机构合署办公。新农合实行以市为单位统筹，以户为单位参与，提高市、镇两级财政补助标准，建立医疗补偿基金账户，对镇、村扶持资金不作硬性规定。是年，全市乡村医生正规化培训率达到100%。2004年，市政府修订《文登市农村合作医疗制度暂行办法》，按照自愿、适度、受益的原则，建立以收定支、节余结转、滚动发展的新型农村合作医疗制度，并将该项工作纳入全市目标岗位责任制考核。全市有35.8万农村人口参加合作医疗，占农村人口87%，收缴合作医疗基金358万元。全年投资70万元，新增农村中心卫生室29个，88个农村中心卫生室达标。

2005年，文登市被确定为全省农村合作医疗试点县，市卫生局在抽样调查农民合作医疗制度落实情况的基础上，修订完善《文登市农村合作医疗制度暂行办法》，简化农民就医和报销程序，农民个人缴费的90%计入新设的家庭账户。在市财政局设立农村合作医疗基金专户，严格实行收支两条线，做到收支分离、管用合理，保证基金封闭运行。定期组织财政、审计、监察、卫生等部门进行审计监督，建立“四公开、一公示”（公开参合农民基本权利和义务、基金范围和方式、基本用药目录、医疗服务价格，公示参合农民补助情况）制度，实行零起点报销，取消起付线，让更多的参合农民享受到医疗补偿。制定合理的报销比例，按照以收定支、量入为出的原则，确保对农民治疗重病的补偿，解决因病致贫、因病返贫的问题。2006年，启动参合农民网上转院审批程序，减轻参合农民办理转院审批成本。2008年，新型农村合作医疗筹资由每人每年10元提高到100元，农民个人出资20元。政府投入比例不断提高，受到农民欢迎。2005—2009年，参合率分别为87.4%、94.1%、95.7%、95.8%、100%。2010年，财政补助标准为每人120元，个人出资30元，市财政补助标准高出省规定10元，并将一级医院报销比例由50%提高到60%，取消定点医院之间转诊手续，患者可自主选择医院，出院即时报销；并将20种慢性病纳入门诊报销范围，增加孕产妇住院分娩及新生儿医疗等新农合补偿项目。2012年，个人筹资标准为每人60元，人均财政补助250元；慢性病病种报销由20种增加到25种，个人住院补偿最高限额由10万元提高到15万元。2013年，青烟威三市医保联网结算业务正式启动，文登整骨医院成为威海市唯一入网医院，为患者结算提供更加便捷服务。是年，通过随机调查，重点管理人群对基本公共卫生服务项目的知晓率和服务满意度均为100%。

第三章　医　疗

第一节　医疗单位

1991年，全市拥有农村卫生室695个。1995年，全市卫生机构共计905个。其中，市及市以上医院4所，镇卫生院18所，门诊部（所、站）44个，中等卫生学校1所，农村卫生室838个。2013年，全市有医疗机构574个。其中，市及市以上医院（含威海市文登中心医院）7所，镇卫生院（含茼山、汪疃、北郊医院）19所，私立医院（祥和医院）1所、社区卫生服务中心3个，社区卫生服务站10个，村级卫生室423个，企事业单位医务室11个、学校医务室34个、市直属卫生单位诊所20个、个体诊所（门诊部）46个。

第二节　医疗队伍

人员状况　1990年，全市卫生技术人员1751人。2013年，市、镇两级医疗机构从业人员5447人，其中卫生技术人员4563人（包括不在编人员）。乡村医生640人，其中执业（助理）医师13人。

职称评聘　改革开放后，职称评聘工作走入正轨，成为激励医务人员学技术、学业务的重要手段。每年按照市人事部门下达的职称评聘实施意见，组织卫生技术人员参加职称申报、评审。1991—2013年，全市共有1846人晋升职称，其中36人为正高级职称、141人为副高级职称。

第三节　医疗技术

中医

中医队伍　1990年，全市有中医药人员343人，其中中医师137人、中医士22人。1991年，市红十字会中医院成立，院址位于卫生局临街楼内。设内科、妇科、中医科。2008年，划归市第一人民医院管理，有床位76张，年门诊量2.58万人次。是年，全市在编中医师198人，多为中医药院校毕业生。2013年，全市有中医医生261人，其中具有高级职称的110余人。文登整骨医院被国家中医药管理局确定为全国中医药重点学科建设单位、全国中医骨伤医疗中心、全国中医骨伤重点实验室。该院拥有山东省有突出贡献名老中医专家1人、山东省名中医药专家3人、享受国务院特殊津贴9人、“泰山学者”岗位特聘专家1人。

中医整骨　文登县整骨医院成立后，聘请骨科名医孙竹庭坐诊。医院在继承发扬老“整骨八法”及借鉴新“整骨八法”的基础上，结合现代解剖学和生物力学，创新整骨手法，形成“整骨十二法”，使四肢骨折闭合复位的成功率达到95%以上。80年代，山东文登骨伤研究所成立，“孙氏整骨”逐渐演变为“文登整骨”，开始闻名于中国骨伤科学界。

1991年开展的半腱肌肌腱替代膝后十字韧带术，1993年开展的髋臼旋转截骨术，1995年开展的中立背伸位整骨外固定术治疗三踝骨折，均取得良好疗效。该院承担的“可调式固定器治疗先天性髋骨脱位”研究课题，获1997年度国家中医药科技进步二等奖。1998年，获省、地科技进步奖5项，医院骨伤科被山东省卫生厅授予山东省医药卫生特色专科称号。2001年，山东省骨伤科新技术推广会议在文登整骨医院召开，该院研发的4项骨伤科新技术在全省推广。2002年，利用中医疗法开展的“WDFC治疗颈椎失稳基础与临床应用研究”科研课题，治疗有效率达96%以上，获山东省科技进步二等奖。2004年，开展的“中西医结合早期治疗手部大范围多元组织

毁损研究”科研课题，获国家科技进步二等奖。2006年，文登整骨医院主要创始人之一、孙氏整骨的第一位学术继承人，原文登整骨医院院长朱慧芳学术思想研讨会召开。2007年开展的“髋臼底粉碎骨折早期手术”临床治疗新技术，达到国内领先水平。2009年，采用“人”字位手法复位固定治疗婴幼儿发育性髋关节脱位，明显减少蛙式位固定中出现的并发症，达到国内领先水平。2011—2012年，自主研发符合中国国情的腰椎内固定器械，经卫生部认定在全国千余家医院推广使用，治疗海内外患者10万余例，获5项省部级奖励。2013年，文登整骨医院脊柱脊髓科经过近10年研发的“中西医结合诊治腰椎失稳性疾病的基础研究与临床应用”技术项目，形成系统的腰椎失稳疾病诊治技术，降低手术率30%，改变腰椎失稳过度强调手术治疗的传统观念，创建“经棘突截骨入路稳定结构重建”新术式，获中国中西医结合学会科学技术一等奖。是年，开展“可控生理性应力促进下肢骨折愈合研究”新技术项目，经临床266例胫腓骨折病例应用观察，早期临床愈合病例为93.6%，经鉴定，达到国际领先水平。文登整骨医院先后成为山东中医药大学、福建中医药大学等6所院校的教学医院，被安徽中医药大学、泰山医学院等高校选为博士、硕士联合培养基地。

创新疗法 1991年，文登中心医院采用川芎、天麻散治疗偏头痛，有效率达90%。1995年，宋村镇卫生院采用中医药治疗咽干、无脉症、三叉神经痛、消化道出血、妇女崩漏等病症，收效良好。1996—1997年，文登整骨医院用自拟“活血通脉散”方剂治疗术后下肢静脉炎、“化瘀解毒汤”方剂治疗术后高烧不退等病症，疗效明显。1998年，文登中心医院采用固血粉治疗消化道大出血、胃石散治疗胃石症，疗效显著。2000年，利用中医疗法开展的“红米膏治疗烧烫伤的临床研究”“循经取穴艾灸预防褥疮的临床研究”2项课题，治疗有效率均在95%以上。2001年，开展“内服引血归经汤外用妇贴灵治疗崩漏的临床研究”科研课题，有效率达96%。2003年，文登营镇卫生院（市肿瘤医院）采用中医疗法治疗面神经麻痹症、脑血栓后遗症、心脑血管等疾病，有效率达95%以上，治愈率89%。2005年，文登中心医院开展的“养阴清肺汤治疗放射性口腔咽炎的临床研究”科研课题，利用中医疗法有效治愈癌症病人因放疗引起的放射性口腔咽炎，通过威海市科委鉴定，获威海市科技进步二等奖。2007年，临床开展自拟透骨通痹汤药方，治疗类风湿关节炎新技术，诊治患者43例，有效率达93%。2013年，文登整骨医院临床开展的“中上胸椎半推弓根入路置钉”新技术，创造性在后路半椎弓根入路置钉，为中上胸椎后路固定提供比根内固定更为安全、简单、可靠的固定技术，创伤小、出血少、并发症低，经全国知名脊柱、脊髓专家鉴定，达到国内领先水平。

针灸推拿 1991年，文登中心医院采用“杨刺法”治疗股外侧皮神经痛，疗效明显。埠口卫生院采用推拿治疗牙痛、失眠、偏瘫、肩周炎、关节损伤等病症，收到良好效果。1996年，文登整骨医院采取针刺与推拿相结合的方法治疗颈椎病及腰椎间盘突出症，疗效较好；通过针刺，治疗半身不遂、面部神经瘫痪，疗效显著；针刺与穴位注射相结合治疗小儿脑性瘫痪，有效率达88%；穴位注射板兰根治疗带状疱疹，治愈率100%。2000年，文登中心医院开展的“小针刀治疗椎间盘脱出症”“牵引中频电加后位注射治疗腰椎骨质增生”“综合疗法治疗面瘫”“体外射频治疗前列腺疾病”4项新技术疗效明显，好转率均在90%以上。市妇幼保健所开展的“按摩加艾灸涌泉穴解除产妇产后寒战反应”科研课题，疗效明显，有效率96%，获威海市科技进步三等奖。2002年，文登中心医院采用电针治疗肝胆结石、泌尿结石等新技术，临床效果良好，好转率均在90%以上；非介入式的前列腺体外射频治疗机治疗前列腺疾病、膀胱炎、盆腔炎等疾病，无损伤，没有后遗症，有效率达98%。2006年，该院开展的“背俞穴姜灸对化疗后白细胞减少的研究报告”科研课题，获威海市科技进步三等奖。2010—2013年，随着

医药费用的增高，老年人采用推拿、针灸疗法治疗慢性病者越来越多。

西医

内科技术应用 1991—1995年，文登中心医院开展骨髓活检、腹膜透析，采用对急性心梗大剂量尿激酶溶栓疗法，经股动脉插管行肝、胰、肾、结肠癌的局部化疗，光量子血疗术治疗脑栓塞、顽固性头痛、格林—巴氏综合征，换血疗法治疗急性无感染性多发性神经炎，门冬酸钾镁液治疗心肌梗塞等新技术，肺心病诊断、上消化道出血诊断、糖尿病酮症酸中毒诊断、心肌梗塞诊断符合率达到100%，治愈率达90%～92%。1996—1997年，开展的二尖瓣狭窄气囊扩张术、心包穿刺引流术、体外安装心脏起搏器术、经食道调搏治疗心律失常术、电切胃肠息肉术、胃镜下治疗上消化道大出血术，效果良好。应用侧脑室引流术及腰穿脑脊液置换术治疗重症脑出血，治愈好转率达98%，死亡率下降60%。2000年，威海市复退军人康宁医院使用三维电脑牵引床治疗腰椎间盘突出症，疗效显著。2001年，文登中心医院采用“血液净化疗法抢救各类中毒病人”“经静脉床边紧急心内膜起搏”等新技术，明显提高危重病人的抢救成功率。

2002年，文登中心医院在总结多年临床经验的基础上，建起神经病学实验室和全省首家脑卒中预警中心，运用溶血磷脂酸对脑卒中的预警作用，提高对脑卒中早期预警干预的准确性和治疗的科学性，200余名患者受益，中央教育电视台重点推介。市肿瘤医院应用“钴60放射治疗、化疗各类恶性肿瘤”，疗效显著。

2005年，文登中心医院开展的“微创清除术并凝血酶抑制剂局部应用治疗高血压脑出血的临床研究”科研课题，在清除血肿、缓解血肿占位效应产生的机械作用及对抗血凝块诱导的化学毒性作用两方面均取得满意疗效，且具有损伤小、操作简单、适应症宽等优点，达到国际先进水平。2008年，开展的高剂量大分割放射治疗肿瘤新技术，尤其对各种脑瘤、肝癌、肺癌疗效明显，治疗周期缩短。2012年，在慢性阻塞性肺病并肺动脉高压、肺心病的治疗上，文登市立医院利用（有）无创呼吸机成功治愈数例急慢性呼吸道衰竭病患者，成功为20余位患者实施PICC置管术。

2013年，文登中心医院为1名92岁急性心肌梗死患者成功实施心脏支架置入手术。高龄患者实施心脏介入手术，在威海市尚属首例。

外科技术应用 1991年，文登中心医院始做气管肿瘤气管环状切除对端吻合术、体外循环心内直视术、脾肺固定下腔静脉右心房搭桥治疗布加氏综合征术、四肢大关节人工假体置换术等。1992年，初做听神经肿瘤切除术、肾上腺肿瘤切除术等，颈、胸、腹食道癌切除—食管胃颈部吻合—结肠代食道术，胸骨后甲状旁腺瘤切除术。1994年始，施行三叉神经减压术、经尿道膀胱肿瘤切除术、右半肝切除术、肝门肿瘤切除术、空肠肝胆管吻合术、胰腺次全切除术、全胰腺切除术、肺癌袖状肺叶切除术。1995年，施行支气管肺动脉联合成形术。是年，全市有7家镇卫生院可做胆囊摘除术、胆总管切开取石术、脾摘除术、胃癌根治术、结肠癌切除术、乳腺癌根治术、甲状腺癌根治术等。1996—1997年，文登中心医院施行的异丙酚静脉全麻醉术及新生儿静脉麻醉术、异体微粒植皮术、选择性脊神经后根切断治疗脑性瘫痪术、钢丝张力带治疗髌骨骨折术、肾上腺细胞瘤摘除术、挛缩膀胱扩张术、膀胱肿瘤切除术、阴道肿瘤电切术、胃肠外高营养法治疗短肠综合征、断流加脾肾分流联合术治疗门脉高压症、肛次全切除术治疗胰头壶腹部肿瘤、一次性直肠吻合器治疗低位直肠癌术、纤维胆道镜治疗肝内高位胆结石术、肝动脉置入化疗泵术治疗肝癌等新技术，均取得明显疗效。2002年，文登中心医院开展的果胶酶治疗胃石症的临床研究课题，安全可靠，疗效明显，经威海市科委鉴定，达到国际先进水平。2004年，成功完成首例冠状动脉搭桥手术。2005年，成功为1名53岁女患者实施切除下腔静脉肿瘤手术，标志文登市外科手术技术达到国内先进水平。2008年，文登中心医院普外科在威海市

率先施行在腹腔镜引导下胆总管切开取石T管引流术、直肠癌根治术、脾切除术、肠粘连松解术、胃穿孔修补术等。2011年，文登整骨医院成功为1名幼儿施行腕、掌、指多节段离断修复手术。2013年，文登人民医院成功进行该院首例离断耳郭再植手术。

中西医结合

1991年，文登中心医院采用颈椎舒治疗颈椎综合征，有效率达99%。1992年，该院采用干燥暴露加药物浸浴治疗烧伤307例，治愈率99%。

1994年，文登整骨医院开展的“中药水蛭汤防止微血管术后血管危象应用研究”科研课题，获国家中医药管理局科技进步三等奖。宋村卫生院采用中西医结合药物治疗胆总管结石100例，泌尿系统结石190例，妇女崩漏、慢性盆腔炎380例，阑尾炎70例，总有效率达75%。2002年，侯家镇卫生院运用中西医结合方法治疗溃疡性结肠炎、慢性腹泻等疑难病症，疗效显著。

2006年，文登整骨医院利用中西医结合方法开展的“经皮导入内固定治疗肱骨远端骨折并肩关节前脱位”科研课题，有效地防止关节粘连，较好解决了传统手术疗法创伤大、并发症和后遗症多、复位固定困难等问题，获得山东省科技进步二等奖、威海市科学技术进步一等奖。

2011—2012年，市妇幼保健院利用中西医结合技术治疗不孕不育症，接诊不孕患者680人，有110名患者成功受孕。

2013年，文登整骨医院脊柱脊髓科历时8年研发的“中西医结合诊治腰椎失稳性疾病的基础研究与临床应用”新技术项目，获中国中西医结合学会科学技术一等奖。

附：病例选介

双手十指离断再植术 2001年7月31日22时许，威海市三角轮胎厂1名男性职工，工作时双手十指被剪钢板机完全截断，1小时后入住文登整骨医院。4组医务人员按流程作业式操作，术中共吻合动脉18条，静脉、神经各17条，手术进行了9小时20分钟，术后予以抗感染、抗凝、抗痉挛治疗。双手十指未出现血管危象，完全成活，术后12日拆线，4周拔除内固定钢针，进行功能恢复。后经锻炼，患者手部功能恢复，双手正常活动。经查证，世界上十指再植仅成功18例（包括该例），省内为首例。

第四节　医疗质量

质量监控　1991—1995年，市区、乡镇医院普遍开展医疗“三基”(基础知识、基本理论、基本技术）训练及等级医院达标创建活动，有8所医院分别通过三级乙等、二级甲等、一级甲等医院的评审，有4个单位被评为国家级“爱婴医院”。全市医疗卫生单位统一登记验收发证，取缔36家无证行医单位。

1996—1997年，市卫生局先后组织夜间巡查15次，重点检查工作人员值班质量，发现问题，立即纠正。1998年，开展住院医师大比武活动，提高医务人员业务素质。2000年，开展争创“全省百佳医院”活动，文登中心医院和葛山镇卫生院被评为“全省百佳医院”。2002年，开展“医疗质量管理效益年”活动，加强院、科二级医疗质量控制。2005年，加强三级急救医疗网络建设，制定重大事故应急预案，提高急症病人抢救成功率。2006年，推行院务公开和价格公示制度，规范检查和用药收费，免费为病人提供价格和费用查询服务。2009年，推行医疗技术准入管理，组织专家对病历进行评审指导，全年甲级、乙级、丙级病案分别占91.3%、7.4%、1.3%。2011—2013年，开展抗菌药物专项整治，促进抗菌药物临床应用合理化、规范化，首批被授予限制使用级抗菌药物处方权资格的医生和药师94人，非限制使用级抗菌药物处方权资格的医生、药师694人（含乡村医生538人），抗菌药物调剂资格医生56人。

用血管理　1996年前，全市医疗机构临床用血主要依靠职业献血员献血。1997年，文登市首次开展机关、企事业单位无偿献血活动。1998年是《中华人民共和国献血法》颁布第一年，市

卫生局组织5个小分队走街串巷进行宣传，组织开展无偿献血活动11次，104个部门2498人献血，人员较上年增加1.5倍。2002年始，推广成分输血，同年成分用血比例达90%，文登整骨医院被确定为全市定点储血单位，14家医院取得临床用血资质。2002—2005年，全市献血量连续4年居威海市三市一区之首。2011年，根据临床用血需要，市卫生部门组织1000人次参加无偿献血活动，献血28.76万毫升，临床成分输血率97.13%。2013年，加强科室骨干培训，抓好临床用血管理，文登整骨医院通过收集术中、术后血液开展血液自体回输，回输血液26.47万毫升，自体输血率达39%。是年，全市组建一支由4300人参加的无偿献血志愿者队伍，基本保障临床血液供应。

卫生应急管理　2003年，市卫生系统首次尝试建立“非典”控制应急处理机制。在上级统一组织领导下，有条不紊地开展技术指导、物资保障、消毒监督、宣传培训、疫情统计等工作。

2004—2009年，市卫生局先后印发《文登市鼠疫防治应急预案》《文登市高温中暑事件卫生应急预案》《文登市人员感染H7N9禽流感疫情防控应急预案》，修订《文登市突发公共卫生事件应急预案》《文登市突发事件医疗卫生救援应急预案》等系列应急预案文件，提前做好预防工作，努力避免各类灾害事件的发生。2010—2013年，先后进行12次重大交通安全事故、重大传染疾病防控等演练，按照分级、分层原则，举办专题培训班48期（次），培训应急人员4000余人次。储备治疗药品、消毒药品、防护药品、医疗器械等各类物资和设备总值达1800万元。

医疗纠纷与医疗事故　80年代后期，医疗事故由专家组成的县级医疗事故鉴定委员会负责处理。1992—1993年，发生三级责任、技术医疗事故各1起。1998年，鉴定医疗纠纷12起、医疗事故1起。2002年始，医疗事故由威海市医疗事故鉴定委员会负责鉴定处理。是年，协调解决医疗纠纷5起，申请鉴定5起。2003—2013年，全市未发生重大医疗事故。

第五节　护理服务

1991—2013年，每逢“5·12”国际护士节，市卫生局都根据实际情况，举办表彰先进、文艺演出、技术比武等庆祝活动，加强护理队伍建设，提升护理人员素质。1992年，文登整骨医院要求护士每人要掌握50个常用穴位，用于临床护理，密切护患关系。1993年，市第二人民医院精神科护士、全国卫生系统先进工作者林治花舍己为人、无私奉献事迹，被拍摄成题为《无悔的选择》党员教育专题片，在全市播放。1997年，文登中心医院和文登整骨医院率先推行护理临床业务和护理管理环节系统化的整体护理模式。1998年，文登中心医院循环血液科护理部被评为全省“巾帼文明示范岗”。2001年，开展“面对新形势，如何做一名合格护士”大讨论活动，评选表彰“优秀护士长”“优秀护士”。2004年，文登中心医院护理部门开展的“肩部约束带改进及应用”科研课题，改进传统肩部约束带固定方式，约束有效率100%，通过威海市科委鉴定，达到国内领先水平。2005年，规范临床技术操作应急护理预案20余个，避免医疗纠纷发生。2007年，文登中心医院、文登整骨医院携手共同开展“热情接、耐心讲、认真做、细心观、真实记、主动帮、亲切送、热线访”护理服务活动，完善护理服务工作流程，严格落实“首迎、首问负责制”和输液卡、一级护理巡视卡、静脉加药双签字制度，多方为患者

图30-2　2009年6月，病员家属向小观镇卫生院赠送锦旗。

提供优质服务。2008年，卫生系统全面推行落实“四前六多”①服务措施，文登整骨医院在威海行风建设测评中护理评价满意度达100%。2009年，文登整骨医院、第一人民医院、市立医院和妇幼保健院相继建起医院感染监测系统，同时加强医护人员医疗感染知识培训，进一步提高医疗护理服务的安全性和有效性。2007－2009年，文登整骨医院取得护理专利技术36项。2010年，文登中心医院教育引导护理人员树立“以病人为中心”的服务理念，印发《护理分组及护士分级使用实施细则》，推行临床护理责任组工作模式，病房统一设置爱心服务箱、特殊病号服、加长版呼叫器、助行器，配备洗头盆、电吹风、轮椅等用具，适时、真诚地为病人提供热水和洗头、洗脚、擦澡及协助病人进食（进水）等人性化服务，并根据患者需要，举办心血管疾病、慢性肺心病及糖尿病等有关知识讲座，受到病员及家属好评。是年，文登整骨医院护理部被中华中医药学会授予第三届全国中医护理先进集体称号。2011年，文登整骨医院、第一人民医院和市立医院结合行风建设，开展评选“优质护理示范病房”活动。翌年，第一人民医院外一科病房被命名为第四批全省护理服务示范病房。2013年，文登整骨医院举办中医骨伤护理培训班，320人参加学习。全市通过聘用、引进、培训，注册在岗护理人员1625人。

第六节　医德医风建设

1991－1995年，组织开展优质服务劳动竞赛、“创三杯”②和“三学三做”③活动，完善落实“两公开、四监督、六不准”④制度和“规范文明服务用语60条及整顿行业作风八项措施”，促进医德医风持续好转。文登中心医院成立医德医风考评委员会，建立“医德医风档案”，开展“四照顾、五优先”便民利民活动。文登整骨医院建立“廉洁行医若干规定”和医德医风考评档案制度，实行挂牌服务。市区医疗机构普遍设立服务监督台，做到百问不烦，百听不厌。其间，全系统为患者做实事好事17408件，收到表扬感谢信件3372封，锦旗46面，镜匾295个。

图30-3　2011年6月26日，文登市召开十佳名医表彰大会。

1998年，全市广泛开展“讲文明、树新风”“创建文明窗口”“评选服务明星”等活动，各医院普遍设立公用电话、饮水处，主动简化诊疗程序和交费手续，方便患者就医。是年夏，长江、松花江流域发生历史罕见洪灾，全市医护人员主动解囊救助，其中市区医护人员捐款75万元、衣物3100件。

2001年，开展行风民主评议活动。2002年，开展“四心换四心”和“四个一”活动，建立健全导医全程服务、首诊医师负责、医药收费公开、药品价格公示、住院费用“一日清”制度，全年

①四前六多：想在病人需要之前、巡视在红灯亮之前、做在病人开口之前、解决在病人困难出现之前，入院多介绍、晨间多问候、操作多解释、术前多安慰、术后多询问、出院多照顾。

②创三杯：白求恩杯、南丁格尔杯、雷锋杯。

③三学三做：学孔繁森，做人民公仆；学王廷江，做艰苦创业带头人；学韩素云，做文明公民。

④两公开、四监督、六不准：医疗收费标准公开、收费办法公开，审计监督、行政监督、群众监督、社会舆论监督，不准刁难病人、不准训斥病人、不准接受病人礼物、不准开假证明、不准搭车开药自用、不准因病人经济困难而影响抢救病人。

开展义诊活动115次，义务查体16万人次，对348名结核、麻风病人进行免费治疗。2004年，义诊93次，免费查体12万人次，对59名结核病人进行免费治疗，患者满意率达98.2%。2008年，按照市委部署，结合卫生工作实际，全系统开展新一轮解放思想“大讨论”活动，围绕以病人为中心、医疗质量为核心，解决思想理念、工作作风、服务举措等方面存在的差距和不足，全年免费接送病人2.84万人次，为病人减免费用145万元。2009—2010年，开展优质服务“满意杯”创建活动。2011—2013年，开展“三好一满意”“建设群众满意卫生院”和医疗服务“九不准”专项整治活动，聘请社会监督员181人，邀请人大代表、政协委员视察医疗卫生机构，促进工作作风、服务态度、医疗水平不断上新台阶。

第七节　器械设备

1990年，市卫生局规定各级医疗机构购置大型医疗设备，须申报预算计划论证报告，待审批后方能招标采购。1991—1995年，全市卫生系统投资1348万元，添置大、中型现代化医疗设备，特别加强急诊抢救系统设备的配置。核磁共振仪、CT机等具有世界先进水平的医疗仪器设备相继购进，市、镇卫生院普遍使用B超。1998年，投资1800余万元，购置1万元以上设备58台，10万元以上设备21台，100万元以上设备2台。

进入21世纪，随着经济条件逐步好转，投资购置先进医疗设备成为医院发展的重要标志。单价100万元以上医疗设备开始进入镇卫生院，单价1000万元以上医疗设备开始进入市级医院。2001—2005年，全市投资1.11亿元，新增1万元以上设备1320台（件），10万元以上设备259台（件），100万元以上设备18台（件），1000万元以上设备2台（件）。2013年，投资5102万元，为农村医疗机构购置1万元以上医疗设备350件，改造农村卫生室206个。是年，全市拥有1万元以上医疗设备4878台（件），10万元以上设备2826台（件），100万元以上设备113台（件），1000万元以上设备7台（件）。

第四章　疾病防治

1991—2013年，市疾病预防控制中心（简称市疾控中心）等机构积极贯彻“预防为主”方针，以创建国家卫生城市为契机，加强公共卫生场所检查监测，坚持法定传染病报告制度，提高计划免疫接种率，开展妇幼保健和群众性防治普查，强化社区卫生服务，严厉打击各种违法行为，成果显著。1995年，文登市被全国爱卫会命名为国家卫生城市。至2000年，全市被评为国家级卫生镇1个，威海市级卫生镇7个。2013年，全市传染病防治监督管理建档率达100%。

第一节　疾病预防组织与检测

疫情监测　1991年，市疾控中心进一步完善医疗机构传染病疫情报告管理制度，理顺疫情报告工作程序，明确各类医务人员职责。1992年，境内甲型肝炎流行，经过防治，很快消除。至1995年，报告主要乙类传染病9种5439例。1996—2000年，报告主要乙类传染病12种3378例。2001—2003年，市卫生防疫站报告主要乙类传染病11种4416例。传染病发病率在79.79/10万～285.16/10万之间波动。2004年，市疾控中心在报告甲、乙类传染病的基础上，新增丙类传染病报告。2004—2008年，全市报告主要乙、丙类传染病18种17308例，感染率、发病率明显上升，在401.88/10万～639.01/10万之间波动。2009年，报告乙、丙类传染病14种4100例。其中，乙类传染病报告9种971例，发病率为

141.72/10 万；丙类传染病报告 5 种 3129 例，发病率为 456.68/10 万。2007—2009 年，开展疾病疫情主动监测 2952 次，确诊急性脑膜炎 / 脑炎病例 357 人、流行性腮腺炎病例 150 人，完成流脑流行前期、流行期和流行后期免疫监测任务，累计采集血清和咽拭子标本 2730 份，完成百日咳、白喉、破伤风免疫成功率和免疫水平监测 345 人次。2011 年，报告麻疹病 2 例、风疹病 9 例。是年，市疾控中心接到市佳威铝合金厂出现麻疹疫情报告后，立即对 30 名职工实施麻疹疫苗应急免疫，有效控制疫情蔓延。2011—2013 年，完成主动监测 2652 次，报告 AFP 病 4 例、甲肝病 67 例、乙肝病 1688 例，调查处理 125 例戊肝聚集性暴发疫情，控制疫情蔓延。

病媒生物防治 2004 年，市疾控中心成立专门科室，开始进行病媒生物防治工作。

鼠类 2007 年，市疾控中心在文登营镇沟王家村、高村镇中邢家村设点，用夹夜法对室内外鼠密度、种群分布进行调查。调查结果显示，室内鼠密度为 2.51% ～ 3.05%，以褐家鼠为优势鼠种，占 73.3%；野外鼠密度为 2.15%，以黑线姬鼠为优势品种，占 100%。2010 年，在侯家镇侯家村、宋村镇山东村等地设点进行调查，以花生米为诱饵，调查 500 个夹夜。调查结果显示，室内鼠密度为 1.2%，以褐家鼠为优势鼠种，占 100%。2011 年，调查结果显示，室内鼠密度为 3.66%，以小家鼠为优势鼠种，占 66.7%。2012 年，鼠密度为 1.13%，以小家鼠为优势鼠种，占 57.1%。2013 年，经调查，室内鼠密度为 0.51%。

蚊虫 2007—2009 年，市疾控中心先后在市区晶华宾馆、宋家沟居民区、新一中学生宿舍等 5 个点，监测蚊种及密度消长情况。每月调查 1 次，监测方法用人帐小时法。监测结果为年平均蚊密度为 2.64 只 / 帐 / 人工小时，淡色库蚊占 53.03%，中华按蚊、微小按蚊和伊蚊分别占 18.18%、16.17%、12.12%。蚊密度峰值出现在 8 月，为 4.6 只 / 帐 / 人工小时。2011 年，改用诱蚊灯法，监测结果蚊密度为 5.86 只 /（台・小时），淡色库蚊占 100%。2012 年，蚊密度为 5.75 只 /（台・小时），淡色库蚊占 93.8%。2013 年，蚊密度为 5.57 只 /（台・小时），淡色库蚊占 91.8%。

蝇类 2007—2009 年，市疾控中心分别在市区温泉酒店、文峰小学、市粮食局、河南水产品市场设点监测苍蝇密度及种类。每年 4—10 月逐月监测 1 次，监测方法为笼诱法。监测结果蝇年均密度分别为：2007 年 7.49 只 / 笼 / 天，2008 年 7.69 只 / 笼 / 天，2009 年 7.41 只 / 笼 / 天，2011 年 7.02 只 / 笼 / 天，2012 年 6.85 只 / 笼 / 天，2013 年 6.58 只 / 笼 / 天。舍蝇、厩腐蝇、大头金蝇、丝光绿蝇为主要蝇种，舍蝇比例在各监测期始终处于首位。月密度消长峰值出现在 8 月，为 13.6 只 / 笼 / 天。

蟑螂 2008—2013 年，每年 7、8 月在市区超市采用粘蟑纸法监测蟑螂密度，监测月结果为 0 只 / 张。

第二节 接种免疫

1991—1995 年，市卫生防疫站在有关人群中接种麻疹、流行性脑脊髓膜炎（简称流脑）、百日咳、白喉、破伤风、脊髓灰质炎糖丸、乙肝等疫苗，控制传染病发生。1996—1997 年，扩大有关人员（包括流动人口）接种范围，接种疫苗有脊髓灰质炎、流脑、甲肝、风疹及卡介苗等 9 种，接种率在 95% 以上；报告发病率为 117.84/10 万，较 1995 年有所下降。1998 年，对 23 处接种门诊进行整顿、96 名接种员进行业务培训，巩固脊髓灰质炎消灭成果，全市连续 28 年无该病发生。是年，卡介苗、脊灰疫苗、百白破三联疫苗、乙脑及麻疹等疫苗接种 16.4 万人次，接种率达 98.5% 以上，建证立卡率 100%，卡证相符率 96.7%。2003 年，针对流行性出血热发病增多趋势，加强疫点检疫处理，做好疫点防鼠灭鼠工作，控制疫情扩散，全年进行疫点消毒、灭螨 1.48 万平方米，注射出血热疫苗 752 人份。2007—2008 年，市疾控中心接种麻疹、乙肝、流脑、肺炎、流感、狂犬等各种疫苗 31.91 万人次，一类疫苗接种率达到 99% 以上。2010 年，在市区 5 家卫生服务机构设立预防接种门诊，实

行日接种。对在托幼儿、在校小学生及初中入校新生进行查证、补证和疫苗补种，先后查验106所幼儿园、学校共计11380名儿童和学生，查出漏种疫苗1916人次，在补种同时，建立接种电子健康档案以备查。2011年，完成3.57万名儿童预防接种信息向金苗卡管理系统导入转换工作。

2012年，全市有21处接种门诊和5个产科预防接种室，儿童预防接种实现客户端管理系统全覆盖。市妇幼保健院建起全市第一个数字化预防接种门诊，并通过省级验收。2013年，安排6名巨细胞病毒阳性儿童到威海市妇幼保健院，完成病例随访工作。全市各级医院信息化建设硬件全部达到规定标准，保证信息化质量及接种报表的准确性。

第三节 地方病防治

地方性氟病 简称地氟病，是一种慢性地方病毒性疾病，因饮用高氟水所导致。七八十年代，全县发病率以文城镇七里汤村最高。1991—2013年，市委、市政府统筹规划，加强领导，协调各方，加大改建、扩建降氟改水工程力度，工程项目运行良好，每年水质检测氟化物含量低于1毫克/升，全市未再发现地氟病人。

地方性甲状腺肿病 90年代，全市未发现地方性甲状腺肿病人。2007年，按照《全国碘缺乏病检测方案（实施）》文件要求，组织人员对9镇36村288户居民食用盐进行检测，碘盐覆盖率89.24%，碘盐合格率94.94%，使用率84.72%。2010年，市疾控中心对《文登市重点地方病防治规划（2005—2010）》进行终期自查考核评估，评估显示基本实现消除碘缺乏病目标。2013年，抽查5镇20村300户居民的食盐，并进行含碘定量检测，检测合格碘盐291户，食用率97%，达到国家消除碘缺乏病目标要求。

第四节 传染病防治

甲类传染病防治 1991—1995年，全市未发生霍乱、副霍乱。2002年，市卫生局印发《文登市霍乱防治工作意见》，要求加强疫病防治专业人员培训，积极做好腹泻病、流行性出血热的防治工作。7—8月，市卫生防疫站进行霍乱快检1520例，快检率93.37%，经疫点消毒灭螨和注射出血热疫苗1043份。至2013年，全市无甲类传染病报告。

乙类传染病防治

性病 1991年，市性病防治中心成立。1993年，举办性病诊治培训班4期，培训专兼职性病诊疗医生108人次。1996年，市疾控中心引进电离子治疗仪施行性病治疗。1998年，治疗与上报各种性病684例。2000—2006年，全市检测报告淋病1952例，梅毒428例。2007—2009年，累计收集上报疫情1528例，市、镇两级医院疫情报告覆盖率100%。2010年，市疾控中心印发《关于进一步加强性病监测工作的通知》，规范性病病例诊断标准和治疗用药，完善疫情报告制度，促进性病防治工作有效开展。全年监测报告性病279例，其中淋病75例、梅毒120例、生殖道沙眼衣原体感染19例、尖锐湿疣60例、生殖器疱疹5例。2013年，全市先后2次进行性病监测考核、漏报调查及报告准确度核查，对497名乡村医生进行性病管理方法及诊疗技术培训，有6家具有性病诊疗资质的医疗机构被省梅毒实验室检测评为质量优秀单位。

梅毒 1996—2013年，全市报告发病563例，全部得到治疗。

艾滋病 2003年，境内发现首例艾滋病感染者，是年，报告艾滋病感染者4例（其中1例为文登户口的出国劳务人员、3例为外省到文登务工人员）。2004年，市防治艾滋病工作委员会成立，市卫生局设立艾滋病防治中心、艾滋病初筛实验室，开通24小时艾滋病免费咨询电话，开展艾滋病免费自愿咨询检测服务。2011年，市疾控中心组织医务人员到外来务工人员集中的4个企业，发放知识读本，举办知识讲座，推广检测服务。世界艾滋病日期间，全市发放宣传材料7200份、宣传购物袋1000个、安全套2000只。

干预高危公共场所32个2392人次，发放安全套23920只，监测被监管人员500人、女性性工作者299人、外来妇女30人；艾滋病筛查实验室对手术前患者及受血者开展监测25446人次。是年，死亡1例。2012年，市疾控中心印发预防艾滋病宣传单1.5万份，在28个建设工地开展艾滋病防治知识宣传和干预工作，受益4000人次。2013年，发放宣传材料2万份、安全套2万只，检查高危公共场所23家，为923人提供免费咨询检测服务；对手术前患者及受血者进行检测34016人次，孕产期HIV抗体筛查5354人次。

流行性出血热 1991—1992年，全市报告发病2例。1993—1998年，无病例报告。2000年，报告发病37例。2002年，发病率最高，为11.17/10万。2003—2008年，流行性出血热一直维持在较低的发病水平。至2008年年末，发病率降至1.52/10万。2010年始，逐渐回升。至2013年，累计报告病例327人。流行方式主要为散发，全年各月都有病例报告，发病高峰出现在春秋两季，其中3—6月累计发病数占总病例数的57.53%。发病年龄最小的11岁，最大者85岁，以40岁以上年龄段发病人数最多，职业以农民为主。通过流行性出血热病例发病时间、分布特点和动物疫情监测资料表明：文登属家鼠、野鼠混合型疫区，褐家鼠及黑线姬鼠均可传播该病。市疾控中心对292处疫点按照《传染病处理常规》要求，采取有关灭鼠、杀螨、消毒、接种等方式进行处理。

疟疾 1991—2013年，辖区共报告病例30例，年报告发病率波动在0/10万～1.189/10万之间，均为男性，病例呈高度散发，无聚集性疫情发生。2008年前，报告病例感染来源包括国内外，国内感染来源以安徽省、海南省等地为主，国外以非洲国家为主。2008年之后，报告病例感染来源均为非洲国家。30例病例均经正规治疗后痊愈，未出现二代病例，休止期根治病人10例，累计开展三热病人血检2.7万人次。2010年始，根据《中国消除疟疾行动计划（2010—2015）》有关要求，市疾控中心全面开展消除疟疾行动。至2013年，经威海专家组考核评估，文登市疟防工作领导体系完整，经费充足，各项任务指标均达到三类县消除疟疾考核标准，通过验收。

细菌性痢疾 1991—2013年，全市报告发病6764例，为境内主要传染病，位列第3位。

猩红热 1991—2013年，全市报告发病163例。

百日咳 1991—2013年，全市报告发病49例。

病毒型肝炎 1992年，全市发病1576人，其中市区发病1064人，通过改水、消毒，控制病源的传播，患者全部治愈，无1人死亡。1996—1997年，医院收治传染病患者706人，治愈率平均在50%左右，住院死亡率在2%左右。病种结构发生变化，90%以上为乙型肝炎，较难治愈。1991—2013年，全市共报告发病8785例。2013年，接种乙肝疫苗14328人次，甲肝疫苗3716人次。

伤寒与副伤寒 1992年，全市报告发病32例，死亡1例，余者治愈。1995年，发现2例患者，皆治愈。1996—2008年，全市发现患者32例，全部治愈。此后，未再发生。

麻疹 1994年，全市报告发病12例。1999年，全市报告发病20例。2006年，葛山镇科乐波电子有限公司发现11例。疫情发生后，市疾控中心人员立即深入疫区，进行环境消毒，病员经过隔离治疗康复出院，未出现续发病例。截至2012年，全市报告发病98例。2013年，接种麻疹疫苗14924人次。

肺结核病 1996年，全市确诊活动性肺结核患者476人，其中具有传染性265人，对传染性患者全程督导治疗，治愈率100%。1998年，全市确诊108人，免费治疗68人，占63%。1999—2012年，全市确诊患者3055人，免费治疗2497人，占81.7%，死亡2例。2013年，对全市13599名中小学生开展结核病普查，发现患者4例。对9个镇的65岁及以上老年人开展结核病筛查，免费拍摄胸片2327张，发现患者5例，全部得到及时有效治疗。

非典型肺炎 2003年春，传染性非典型肺炎（SARS）在部分省市迅速传播蔓延，为防止传入

境内，市委、市政府召开专题会议，成立由市长任组长的防治“非典”领导小组。4月，市政府先后印发《关于进一步加强传染性非典型肺炎防治工作的通知》《关于进一步做好疫区来人隔离观察严防疫情输入的紧急通知》，在飞机场、火车站、汽车站及文登境内主要路口设立检查站点7处，严格检查过往人员。5月，投资120万元，购置防治器械药品、防护用品1宗和专用救护车1辆。同月，成立市防治“非典”指挥部，市长任总指挥，下设宣传教育、防治检疫、后勤保障、环境卫生、治安交通、外事旅游、农村治理、市场管理8个工作组、15个督导组，并抽调35名医疗业务骨干组成SARS医疗救护机动队，随时准备对SARS病人实施医疗救治。防治人员对11062人进行健康登记、2984人实行医学隔离观察，劝阻回乡3680人。对外地到文登人员进行健康登记7.8万人次，监控发热人员3226人，对重点人群发热可疑人员展开流行病学调查65人次。向群众散发宣传单、宣传手册28万份，宣传画1万张，“非典”防治知识光盘258张。全国“非典”疫情过后，全市50个综合监测点继续实施疫情监控，全市没有出现传染性非典型肺炎病例。

禽流感　2004－2005年，按照人感染高致病性禽流感应急预案，全市卫生、畜牧部门建起联防机制，组织人员培训，进行模拟演练，建立高暴露人员监测点，做好监测预防工作。通过调查，摸清全市500只以上家禽养殖场815家，家禽总数347万只，有高暴露人员1951人。随后，开展环境整治、人员监测、免疫接种等工作，防止来自禽流感疫区的禽类及其产品流入境内造成传染。

狂犬病　2003年，市公安局印发《文登市城区养犬管理办法》，要求家庭养犬须登记挂牌，实行拴养、圈养，定期注射狂犬疫苗。2008年，设立26个狂犬病暴露处置门诊，培训医务人员184人。2008－2009年，全市处置狂犬病暴露人员5437例，无狂犬病发生。2011年，处置5738例狂犬病暴露人员。2012年，全市发现首例狂犬病病例，9月13日，患者发病，出现发热、乏力、吞咽进食困难、流涎、恐水等症状，被医疗机构诊断为狂犬病，治疗无效而死亡。2013年，全市接种狂犬病疫苗4726人，狂犬病疫苗免疫球蛋白138人份。

甲型H1N1流感　2009年，全市报告甲型H1N1流感患者12例。市疾控中心印发《甲型H1N1流感疫源地消毒指南》等知识资料3.2万份，干预人群2.1万人。对出现发热症状较多的4所学校进行疫点消毒处理，消毒面积2万平方米。

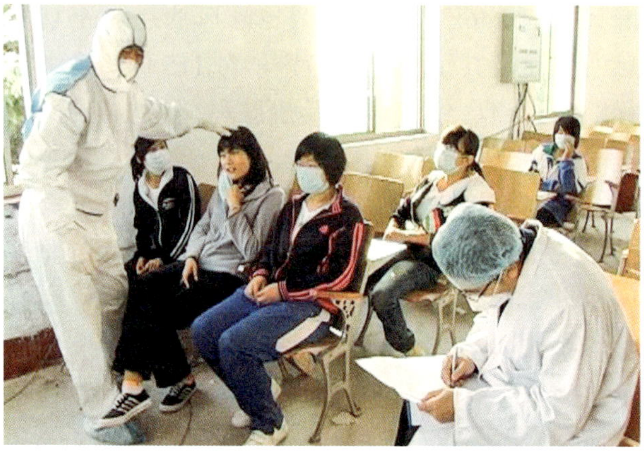

图30-4　2009年10月13日，文登市疾病预防中心开展甲型H1N1流感疫情调查处置现场。

丙类传染病防治

皮肤病　1991年，境内皮肤病防治工作通过省卫生厅检查验收。1992－1993年，对治愈存活的272名麻风病人进行畸形分级调查，对673名病人家属进行检查，未发现麻风病患者复发和传染情况。1994年，文登市麻风病防治工作通过卫生部考核验收，成为山东省首批基本消灭麻风病地区。1996－1997年，市三病防治院对麻风致畸形患者148人进行康复治疗，纠正眼、手、足畸残分别为22人、38人、23人，纠正率为56%。2002年，对现症病人采取WHO联合化疗方案进行规范治疗，做到“送药到手，监服到口，咽下再走”，保证病人用药及时、足量、有效。2008年，市三病医院开展麻风病防治数据库资料专项调查，调查患者179人，完成患者信息录入151人，完成家族系调查5组，采集血液标本58人次。2010年，新发病人的联合化疗接受率、覆盖率、完成率，新发和复发病人神经炎监测率，新

发现神经炎病人的抗神经炎治疗率均达100%。发放自我护理包45人次、溃疡治疗包300人次、防护鞋84双、防护用具8人次，全年治疗麻风病患者溃疡、皲裂、红眼86人次。2011年，文登市被评为全省麻风病防治先进单位。2012年，完成全市849名麻风病患者病例及随访情况的信息录入。2013年，市三病医院对38名专兼职防治医生及临床医生进行培训，497名乡村医生参加常见皮肤病诊疗技术知识学习。转诊筛查疑似麻风病例246例，对24例与麻风病患者密切接触的家属及其子女进行筛查，对115例治愈者进行随访复查、线索调查及皮肤科门诊首诊筛查，全年未发现麻风病新增患者。

流行性腮腺炎 为文登境内主要传染病。2003—2008年，全市报告发病1760例，2011—2012年，报告发病3080例。

手足口病 2004年春季，全市首次报告手足口病159例，呈流行趋势。市卫生局、教育局联合印发《关于加强手足口病防治工作的紧急通知》，要求有关单位高度重视，做好手足口病防治工作。2005—2009年，各镇（街道）均有发病病例，城市发病率明显高于乡村。市疾控中心组织市区小学、幼儿园大规模开展消毒活动，向3000余户居民发放防控宣传材料，指导家庭做好隔离、消毒工作。2013年，全市报告发病850例，发病率为141.17/10万，较上年下降29%。

感染性腹泻 文登市历年发病率最高的传染病。2004—2008年，累计报告发病7231例。2009—2013年，报告发病分别为1639例、2420例、1942例、1619例、1788例。

发热伴血小板减少综合征 2012年，文登中心医院首次报告发热伴血小板减少综合征病例，全年2例，发病率0.33/10万，临床表现为发热、白细胞和血小板减少症状，合并多脏器功能损害为主。2013年，报告患者15例，平均发病率1.4/10万。范围主要分布在境内南部乡镇，职业多为农民。

1991—2013年文登市法定报告传染病情况表

表30-1

年份	发病数（例）	发病率/10万	年份	发病数（例）	发病率/10万	年份	发病数（例）	发病率/10万
1991	1272	117.60	1999	894	134.08	2007	3031	444.68
1992	2072	285.16	2000	1390	206.32	2008	3418	499.13
1993	636	88.04	2001	1317	95.57	2009	4100	598.40
1994	838	123.96	2002	1444	217.88	2010	4218	614.42
1995	621	92.10	2003	1455	209.54	2011	4889	801.87
1996	538	79.79	2004	2599	401.88	2012	3924	642.17
1997	870	129.44	2005	4271	639.01	2013	3701	550.15
1998	756	112.48	2006	3061	450.58			

第五节 职业病防治

“八五”期间，市卫生防疫站、市劳动局联合有关部门，每年进行1次厂企劳动保护用品（工作服、安全帽、保护镜、口罩等）使用及安全生产情况大检查，对有尘毒及其他有害因素厂矿实施监测，组织接触有毒物质的职工进行健康查体。对受到伤害者，及时予以安排休息治疗或调换工种。“八五”期末，监测合格率为78%，比1990年提高30%。1996—1997年，每年分两次对113个接触毒害物质作业单位的1157名职

图 30-5　2007 年 6 月 11 日，市卫生监督人员到企业宣传《职业病防治法》。

工进行监测，合格率为 70%，其间未发生职业中毒事故。1998—2000 年，每年按时对 123 个接触有毒物质作业单位的 440 个作业点进行监测，合格率为 72.6%。2001 年，为 5080 名接触粉尘多、时间长的职工进行查体，未发现矽肺患者及其他职业病。为 104 名从事放射工作人员进行个体放射线剂量测定并登记建档，无人超量。2004 年，监测作业点 160 个，合格率达 98%；对 2934 名从事有害作业职工进行健康查体，发现 131 名各类疾病患者，下达调离通知，并建立监护档案。75 家生产环境不达标企业完成职业危害申报工作。

2008 年，对 57 个存有职业病危害的企业开展"四个一工程"①活动。2009 年，通过职业卫生"六进"（进企业、进社区、进农村、进交通站点、进劳务市场、进职业技术学校）形式，宣传卫生劳动保护常识及法规，对 57 个企业实施经常性卫生监督。是年，无新增职业病患者。2010 年，开展"预防职业病危害、保障劳动者身体健康"宣传活动，发放宣传材料 1200 份，接受咨询 180 人次。2012—2013 年，对 18 家高危企业的职业危害因素进行监测，发现存在职业病危害企业 9 家，其中化学性职业危害因素 8 种、物理性职业危害因素 1 种，要求企业采取措施，立即整改。

第六节　慢性病防治

2008 年，文登市慢性病防治工作正式启动。省疾病预防控制中心确定文登市为全省慢性病综合防治示范市，市政府按照要求建立起天福社区和经济开发区两个示范点。市卫生局成立慢性病防治工作领导小组，市疾控中心成立慢性病综合防治科，负责全市慢性病综合防治工作。

2009 年，按照"示范引导、循序渐进、综合干预、注重实效"的原则，14 个镇医院全年为 62446 名 60 岁以上的老年居民查体，为 35 岁以上群体进行首诊测量血压，同时将被检人员有关情况登记造册。2010 年，市区部分医院与实验小学、龙山社区携手开展以"我行动、我健康、我快乐"为主题的健身活动，倡导树立平衡膳食、合理运动、拒绝肥胖、健康成长理念；向居民发放"一周干预情况记录卡"，记录一周家庭食盐量、食油量和家庭成员吸烟情况，对不合理膳食情况进行干预。是年，市疾控中心与文登电视台联合制作《让孩子远离肥胖和慢性病》主题宣传片，与市老年大学联手举办老年人慢性病健康教育讲座，以防促健。2011—2012 年，市疾控中心利用"4·25"计划免疫宣传日、碘缺乏病宣传日、世界无烟日宣传、健康教育宣传周、全国高血压日、联合国糖尿病日、世界艾滋病日等时机，开展"科技三下乡服务活动""三好一满意活动"，发放宣传材料 6.4 万份，接受群众咨询 3500 人次。建立健全市镇村三级健康教育网络，开展"亿万农民健康促进活动"，农民健康教育普及率达 90% 以上。2012 年，为 372466 人建立健康档案。其中，高血压患者 44137 人，建档率

①四个一工程：送给企业一部《中华人民共和国职业病防治法》手册、对劳动者开展一次职业卫生知识培训、指导企业建立一套职业卫生档案管理系统、与企业签订一份落实《中华人民共和国职业病防治法》责任书。

100%，规范化管理41450人，管理率93.91%，血压控制率50.3%；糖尿病患者10609人，建档率100%，规范化管理9343人，管理率88.07%，血糖控制率51.55%，各项指标均达到国家标准。全市90%以上的农村（社区）建起健康教育活动室，成立慢性病患者自我管理小组368个。2013年，发放张贴减盐海报1200套，学校版宣传画560套，595个村庄（社区）设立减盐宣传栏。组织医护人员深入泽库镇、环山街道，对12048名40岁以上脑卒中高危人群进行初筛，对13844名居民进行大便潜血检查，重度患者及时安排住院治疗。是年，文登市先后获山东省慢性病综合防治示范市、国家慢性病综合防治示范市称号。

第七节　精神病防治

1990—1995年，全市诊断各型精神病人2400余人，年发病率0.5‰～0.9‰之间，人群患发率8.4‰～9.6‰之间。新发病人以中青年为主，治疗方法多为住院治疗、家庭治疗和门诊治疗相结合。1998年，市第二人民医院经过潜心研究，在中药治疗精神分裂症方面，取得新突破。2000年，市第二人民医院开展的“心理社会康复对双相情感性精神障碍预后结局的影响”科研课题通过省级鉴定，获威海市科技进步三等奖。2002—2004年，市第二人民医院采用中西药结合方法治疗精神病患者，治愈好转率达到95%。2006年，全市收治精神病患者10948人次，住院1300人次，治愈率41.3%，好转率53.7%。2007—2009年，市立医院与北京中日友好医院合作，采用中西医结合方法治疗儿童多动症（包括儿童学习技能、儿童品行、儿童行为障碍和精神发育迟滞等）。2012年，联合公安部门对境内的重性精神病人进行排查，对曾经肇事肇祸的精神病人重点关注，专人管理，建立档案。2013年，对1206名重性精神病患者实施免费查体，实行面对面随访管理。

第五章　卫生保健

第一节　妇幼保健

婚前体检　1991年，各乡镇卫生院均配备1～3名妇科医生，从事接生、母婴保健、计划生育手术、妇女常见病及多发病防治等。1994年，市妇幼保健所被省卫生部门确定为婚前健康检查定点单位，婚前健康检查正式启动。至2002年，全市婚前健康检查人员一直保持在90%以上（市区和机关事业人员100%）。2003年，取消强制性婚检，检查人数大幅减少，2006年基本停止。2007年，根据《中华人民共和国母婴保健法》和《威海市人民政府关于进一步加强妇幼卫生工作的意见》规定，在全市范围免费进行婚前查体，是年，婚检率达94.1%。2008—2013年，全市婚检率始终保持在98%以上。

母婴保健　1990—1991年，全市各级医疗机构普遍建立母婴保健保偿系统管理体制，妇幼保健程序化管理普及率达92%。1993年起，实行接生员持证上岗。1994年，提倡母乳喂养和创建爱婴医院活动。至1995年，通过宣传指导，全市4～6个月婴儿母乳喂养率达85%，文登中心医院、市第一人民医院、市第二人民医院、市妇幼保健所被评为国家级爱婴医院。1997年，取缔家庭接生行为，全市新法接生率、住院分娩率达100%。1999年，通过多种途径，宣传妇女保健知识，城乡妇女健康教育普及率在90%以上。2006年，全市孕产妇系统管理率达98%，孕产妇死亡率控制在12.5/10万以下，婴儿死亡率控制在7‰以下，出生缺陷发生率控制在0.5%以下。2007年，建立村卫生室、镇

卫生院和市级医院逐级转诊制度。2008年，市卫生局制定《文登市农村妇幼保健工作实施细则》，规定凡参加新型农村合作医疗的孕产妇均可享受免费9次产前检查，免费2次B超检查，全市建起以市妇幼保健院为龙头、镇卫生院为枢纽、村卫生室为基础的农村妇幼保健网络。2009年，市卫生局发布《关于印发〈增补叶酸预防神经管缺陷项目实施方案〉的通知》，要求对农村怀孕妇女免费增补叶酸，避免胎儿神经管畸形病发生。2010年，市妇幼保健院开始实施孕前健康检查，全年有757对计划怀孕夫妇接受孕前健康体检。2011年，为农村孕产妇免费发放《孕产妇保健手册》2000册。2011－2013年，举办育龄妇女培训班72期，培训人员3380人次。发放叶酸22196盒（板），服用叶酸者达4947人。发放住院分娩补助金194.85万元，惠及农村孕产妇3987人。其间，市妇幼保健院成立高危妊娠抢救小组，建立高危孕妇登记、报告、转诊等制度，为抢救高危孕产妇开辟“绿色通道”。2013年，管理高危孕产妇355人，管理率达100%。

妇女病防治　“八五”期间，妇女劳动保护由过去的经、孕、产、哺乳、更年5期保护改为青春期、婚前期、孕期、分娩期、产褥期、哺乳期、更年期、老年期8期保护。妇女病的防治，要求机关、厂企每年查体1次，受检率必须达到在职女性95%以上。农村妇女每2年普查1次，受检率须达到成年妇女总数的75%。5年间，全市妇女查体20万人次，查出患妇女病者8.06万人次，均得到不同程度治疗。1999年，加大妇女保健知识宣传力度，全年检查各类妇女病57855人次，查治率76%。2002－2006年，全市组织妇女查体202536人次，查出患妇女病者64942人次，查治率100%。2011－2012年，市妇幼保健院开展妇女查体及“四术”（放环、取环、流产、结扎）工作，免费查治183842人次，占应查人数的81.6%，放取环7010例，输卵管结扎3例，“四术”后均无感染、穿孔等并发症发生。2013年，市妇幼保健院开展农村妇女“两癌”筛查活动，发现宫颈上皮瘤样病变17人、原位癌1人、乳腺浸润癌2人；乳腺增生、结节2113人，患者均得到相应的治疗和指导。

第二节　儿童保健

1990－1992年，全市出生监测围产儿9818人，存在出生缺陷95人，占0.97%。引进氯离子透入防龋仪，施治龋齿儿童3000例，有效率达87%。1994年，在文城、宋村、葛家等5镇监测血碱性磷酸酶，发现佝偻病84例，患病率8.8%，明显低于中国北方佝偻病发病率。1996－2006年，为358081名少年儿童查体，占比95%，查出各类疾病和缺陷63987例，2000年前出生者接受矫正或治疗率达85%，后出生者全部接受矫正或治疗。2001年，开展儿童“八病”（腹泻、贫血、佝偻病、肺炎、支气管炎、低体重儿、上感、肥胖）监测。2005年，开展新生儿听力筛查。2007年起，文登中心医院、市妇幼保健院按规定配备1～2名儿童保健医生，镇卫生院也都配备专职或兼职儿童保健医生，对0～7岁儿童定期进行身体发育检测，对营养不良儿童进行膳食营养分析，对存在疾病和缺陷的儿童及时给予治疗和转诊。2008－2009年，对全市2100名儿童实施DDST筛查，及早干预治疗智力行为存有问题的儿童。2011年，市妇幼保健院成立早期教育中心，先后为中外405个家庭0～6岁幼儿进行早教培训。2011－2012年，开展辖区托幼机构卫生保健工作，举办儿童入园讲座12次，为623位幼儿教师查体；在7岁以下儿童中开展保健服务，受益儿童6.28万人次，覆盖率98.96%。2013年，对0～3岁散居儿童保健查体7000人次，3岁以下儿童系统保健管理率达95%。首次预防接种查体8000余人次，听力筛查初筛1520人次，骨密度检查2100人次。已入园儿童查体3200人次，查体率100%。

1991—2013年文登市0～7岁儿童保健管理情况统计表

表30-2

年份	0～7岁			0～3岁			5岁以下儿童	
	儿童数（人）	管理数（人次）	管理率（%）	儿童数（人）	管理数（人次）	管理率（%）	死亡数（人）	死亡率（‰）
1991	65557	—	—	16078	12058	75.00	80	14.98
1992	45121	—	—	12474	10094	80.92	84	14.08
1993	46687	—	—	15747	14240	90.43	67	12.70
1994	38333	—	—	12291	11192	91.06	59	11.05
1995	41594	31195	75.00	13487	9951	73.78	54	11.00
1996	44444	29944	67.37	19201	17888	93.16	39	7.49
1997	39088	35055	89.68	17069	16058	94.08	38	8.59
1998	37723	37500	99.41	17846	16788	94.07	40	9.48
1999	29694	29525	99.43	11493	10415	90.62	27	9.22
2000	36517	18933	51.85	7329	3703	50.53	34	10.32
2001	51906	27665	53.30	18646	9876	52.91	25	9.80
2002	27426	14470	52.76	9893	9183	92.82	32	1.80
2003	24221	23351	96.40	9443	8456	89.55	13	7.82
2004	21844	20623	94.40	9312	8651	92.90	18	6.35
2005	19244	18961	98.53	7400	7354	99.38	17	5.86
2006	31281	28154	90.00	14304	13576	94.91	17	5.95
2007	22373	20552	91.86	11468	10648	92.85	14	3.88
2008	21060	19376	92.00	9518	8605	90.41	14	3.90
2009	24155	23755	98.34	11442	10985	96.01	28	7.72
2010	21877	21817	99.73	21674	21530	99.34	16	2.72
2011	20981	20960	99.90	10114	9911	97.99	27	8.80
2012	22015	21575	98.00	11480	11239	97.90	22	6.40
2013	20502	20295	98.99	9670	9531	98.56	21	5.97

第三节 学生保健

“八五”期间，全市卫生机构认真贯彻执行《全国学生常见肠道蠕虫感染综合防治方案》和省卫生厅、教委等部门联合颁布的《关于加强儿童少年龋齿防治工作意见》，1991年始，对中小学生的视力、沙眼、龋齿、蛔虫感染及教室采光情况，每年进行1次抽样调查。5年间，监测小学教室242处，采光合格率在85%～93%之间；

图 30-6 2009 年 6 月 6 日，文登市医务人员指导学生做眼保健操。

蛔虫感染率调查3450人，服蛔虫药406893人次，感染率由1991年的33%降至1995年的7%；调查视力、沙眼、龋齿6816人，视力低下率由1992年的51%降至1995年的42%；沙眼患病率保持在6%左右，比90年代初期略有下降；龋齿患病率由1991年的30%下降到1995年的17%。1994年始，新建校舍须向卫生防疫机构提供设计图纸，进行卫生审查。1996—1997年，坚持中小学生每年查体1次，查体率近100%，患病率为6%；学生驱蛔服药每年1次，服药率近100%，肠道寄生虫病不再是危害中小学生健康的主要疾病。1998年，按照上级要求，对所用铅笔涂漆含铅量进行检测。1999年，市卫生局联合市教委对52所市、镇学校卫生工作进行检查，并首次将各校获得卫生分值列入年终工作考核。2001年，全市中小学开设初级卫生和日常保健知识健康教育课，制定学校卫生评比考核标准。

2003年后，学生常见病的检查矫治改由卫生部门指导、教育部门主导，学校校医、保健教师具体负责实施，同时幼儿园卫生也纳入教育部门管理。2007年，市卫生局对120所学校环境卫生、食品和饮用水卫生状况进行检验监测。2009年，市卫生监督所对112个学生食堂实行餐饮量化分级管理，其中B级单位41家、C级单位71家。2010—2013年，多次对中小学校教室环境、疾病防控、饮用水等方面进行专项卫生监督检查。

第四节 老年保健

90年代，市区离退休干部保健工作，由文登整骨医院、机关门诊部负责；乡镇离退休干部由户口所在地医院负责，多数镇医院设立老干部保健病房。1990年始，每年为离退休干部健康查体1次。军队离休干部的保健、查体事宜，由军休所医务室负责。2001年始，市卫生部门围绕老年人的饮食营养、生活环境、心理卫生和疾病防治，多次举办老年保健讲座，宣传面达90%。2009年，14所镇医院为62446名60岁以上老年居民查体，卫生部门将离休干部选择定点医院的范围从市属医院扩大至住地所有医院。2010年，为全市59263名老年人建立健康档案，适时进行随访和查体。2011—2013年，全市医疗机构为158599名65岁以上老年人查体，规范化管理高血压患者65800人、糖尿病患者11510人、重度精神病患者2339人。其间，全市社区卫生服务工作通过省级考核验收。

第六章 药 品

第一节 药品生产

境内加工中草药品种最多的是文登整骨医院，主要生产丸剂、膏剂、散剂、擦剂等7个剂型20余个品种。

西药规模制作始于70年代。2008年，文登整骨医院、市立医院各有制剂室1个，22种西药制剂获得医疗机构制剂生产许可证，其中文登整骨医院17种、市立医院5种。

第二节 药品采购

改革开放之前，境内药品由县药材公司统一经销。药品市场放开后，药材公司实行承包经营，私人药店出现，医院也开办药品门市自行销售，随着销售渠道增加，市场竞争激烈，管理难度日益加大。

2002年，文登市药品监督管理局成立，药品管理开始步入正轨。是年，推行药品集中招标采购制，文登整骨医院、市红十字会中医院、宋村中心卫生院为药品招标采购工作点，年内进行药品集中招标采购19次，招标采购药品300余种、2355万元。2006年，集中招标采购48次，采购药品5101万元，招标4624万元，招标率90.65%，降价让利患者1219万元。同年，市卫生局举办有1400余人参加的反商业贿赂知识培训，并通过聘请监督员、签订承诺书、公布举报电话等形式，超前预警，防止药品采购违法违纪事件发生。2010年，16个镇（街道、港）卫生院（不包括汪疃镇、啇山镇卫生院）、10个社区服务站、3个社区服务中心，配备使用523种基本药物，实行零差价销售，所用药品公开招标采购，让利患者2520万元。2011年，实行药品网上集中招标采购，完成9期网上药品招标采购，药品价格平均降幅45%。2013年，33家医疗卫生机构通过省级平台采购药品1.59亿元。

第三节 药品监管

90年代，境内药品市场管理由市卫生行政部门负责。“八五”期间，市卫生局共取缔游医、药贩的非法经营摊点30个，查处伪劣药品片剂83万片、针剂1万支、中成药4.8万片（丸、支）、中草药1773千克。1996—1997年，对全市105家药品经营单位进行不定期检查，取缔非法经营摊点34个，查处存有伪劣药品的单位近百家，共12个品种。1998—2001年，检验药品2192批次，查出假劣药品507种，其中片剂208.74万片、针剂13439支、中成药32.45万片（丸、支）、中草药及饮片2476千克。没收药品器械1120种，处罚没收非法所得45万元，取缔无证药贩61名。

2005年，全市卫生机构统一制定具体规范的麻醉、精神药品保存使用及药品入库、出库验收制度，实行专人专管，严禁采购无产品标号、无生产日期、无生产地址的药品。是年，市卫生局通过多种渠道培训临床医护、药学人员1600人次。2006年，25家医疗机构申报领取麻醉、精神药品购用印签卡，全部实行双人双锁管理。2008年，重新申办麻醉药品、一类精神药品购用印鉴卡，18家医疗机构获得购用资格。2009年，检查18家医疗机构特殊药品使用管理情况，17家达到标准要求，1家被取消资格。2010—2013年，培训药物管理人员4820人次，有效杜绝麻醉、精神药品流失事故的发生。

第七章 公共卫生

第一节 食品卫生

1991年，市政府召开全市创建食品卫生达标市动员大会，印发《文登市创建食品卫生达标市实施意见》。是年，市卫生局培训食品从业人员12394人次，监督10428户次，收缴加药食品1703.5千克，处罚246户次，警告限改156户次，罚款59户次，停业整改28户次，销毁食品946.5千克。山东省卫生厅授予文登市食品卫生达标市称号。1993年，举办食品企业负责人学习班6期，培训571人次；监督检查12341户次，

行政处罚441户，销毁劣质食品4875千克，验发许可证3014个，健康查体10512人次，查出“五病”（肝炎、菌痢、伤寒、结核病、皮肤病）患者65人，全部调离食品工作岗位。1994年，对农村食品生产经营网点进行全面监督检查，检查2491户，验证2239户，新发许可证252户。1997年，市卫生防疫站对辖区内宾馆、饭店、招待所、个体摊点的餐具消毒情况进行检测，检测426个单位，合格单位213个；检测餐具3538份，合格2262份。1999年，对酱油、食醋市场进行整顿。2003年，实行食品卫生量化分级管理制度，根据信誉等级，实施动态管理，全年实施卫生行政处罚120户次，取缔违法摊点15户，责令改正87户次。2004年，启动“食品放心工程”，开展“卫生监督齐鲁行”等活动，进行食品卫生专项治理整顿，检查奶粉142个品种，封存317袋，销毁2吨。2005年，重点监督整顿小饭店、小旅馆、小食品店，创立信誉A级单位和食品安全品牌，规范食品卫生管理。2008年，公示量化分级管理达标单位885家，发放食品卫生等级标牌610个。2010年，市卫生监督所开展打击违法使用劣质食用油专项整治活动，对酒楼饭店、单位食堂、餐饮业户进行拉网式检查，查验620户次，检测372份，根据检查结果给予罚没收入、停业整顿处理。2011年，开展“地沟油整治和餐厨废弃物管理”“瘦肉精专项整治”“食品调味料和食品添加剂专项整治”等系列食品安全专项整治活动，出动执法人员2100人次、车辆500台次。是年，市农产品质量检测中心成立，将全市12处配送中心、300余家农资店纳入网络管理，对经营的果蔬、肉蛋、鲜乳、水产品等实行统一集中检验检测。2013年，对业户、顾客普遍关心的餐饮用具消毒单位的选址、布局、消毒设施、工艺流程、清洗用水、餐具包装等进行全面检查，对查出的问题当场下达整改通知书。

第二节　饮水卫生

90年代，全市供水设施不断完善，供水能力大幅提升，供水质量安全符合国家卫生饮水标准。2002年，供水部门投资50万元新建化验综合楼1幢，投入12万元购置检测设备，严格水质检测程序，加强制水流程管理，饮用水质不断得到改善。2005年，投资10万余元，购置管线探测仪，组建测漏班，提高测漏科技含量，降低供水漏失率。2008年，全市供水综合合格率达到99.8%。2009年，市卫生监督所对2个自来水厂、1个二次供水单位、3个乡镇集中供水单位和农村集中供水单位进行监督监测，检测水样382份，合格率89.9%。检查桶装饮用水企业15家，抽检饮用水20份，合格率为100%。2010年，市卫生监督所开展集中供水、二次供水专项检查，5个单位被处罚。2011年，对镇区、农村集中式供水单位开展专项整治活动，检查419个单位，检测样品110个，合格率80%。

2012年，市卫生部门举办以“关注饮水卫生，共享健康生活”为主题的饮用水卫生宣传周活动，走进社区、集市、街道、学校，举办讲座15场次，发放宣传资料1400份。对21个村开展农村饮用水枯水期、丰水期抽样检测，每村检验出厂水和末梢水2份，每份水样检测指标20个，检测数据840个，合格789个，合格率93.9%。2013年，开展以“科学认识饮用水，健康惠及千万家”为主题的饮用水卫生宣传活动，发放宣传资料3300份，接受群众咨询260人次，检测城市市政供水、自建集中式供水、农村集中式供水等单位16个，供水质量全部合格。

第三节　职业卫生

“八五”期间，对全市企业劳动保护用品使用及安全生产情况每年进行1次综合检查。采取不同形式，向农民介绍剧毒农药使用方法、注意事项，生产性农药中毒事件逐年下降。1995年，发生农药中毒136人，比90年代初下降66.1%。1996－1997年，对接触毒害物质的职工每年查体1次，未发现职业中毒事件。2005年，市疾控中心印发《文登市职业卫生突发事件应急预案》《文

登市职业性CO中毒应急预案》，成立应急小分队，购置应急物资，做到人物双全，及早防范。2008年，首次对建筑职业危害开展评价预评价工作，分别对威海华达（三角）轮胎有限公司和文登金梁濑船舶有限公司进行职业病危害因素控制效果评价。2009—2010年，先后对威海乐扣乐扣塑胶有限公司、文登世和电子有限公司进行职业病危害因素控制效果评价验收。2011年，实施“职业卫生推进”工程，深入企业、社区、车站、技校等场所，开展以“关爱农民工职业健康”为主题的职业病防治法宣传周教育活动，发放各种宣传材料9970份，现场解答咨询720人次；对230名职业技术学校在校学生、1000余名企业工人进行职业病防治知识现场培训。2012年，启动重点职业病监测哨点申报工作。至2013年，全市有50家企业被定为监测哨点。

第四节　学校卫生

1991年，开展对学生常见病治疗，使用驱虫药驱蛔虫、小孔眼镜矫治视力、防龋胶防治龋齿等。1992年，市卫生防疫站设立学校卫生科，建立学生卫生档案，开展学校卫生监督检测和健康教育。1993年起，全市中小学开始配备校医或保健教师，至年末配备校医20人，保健教师545人。1994年，全市在校学生80368人，查体率达99.4%。1996年，加大财政投入，学校卫生室器械设备配置达到60种。2000年，市卫生局组织校医、保健教师650人参加卫生知识培训。2001—2002年，通过学生常见病查治，发现除沙眼患病率以外，市区中小学生的视力低下、营养不良、肥胖患病等明显高于全市平均患病水平。为此，市卫生局与市教育局联合制定措施，提高在校学生健康水平。2005年，市卫生监督所对校园、幼儿园食堂进行2次突击检查，区别校情，按照要求，落实学校传染病、群体性食物中毒等突发事件应急处理预案。

2008年，学校食堂开始实行餐饮量化分级管理制度。2010年，市卫生局联合市教育局，指导全市124所中小学校建立学生健康监护档案，推行晨午检制度，检查学校258所次，下达整改意见书52份。2011年，全市99所中小学签订《学校卫生管理工作承诺书》，31所学校餐厅办理单位卫生许可证。2013年，市卫生监督所对41所托幼机构手足口病、晨午检及消毒等卫生预防情况进行检查督导；对5所学校的自掘水井进行水质采样检测，确保师生饮水安全。全年检查学校、幼儿园235所次，未发现重大病害隐患。

第五节　放射卫生

90年代，卫生防疫工作重点是对厂矿放射卫生进行监督监测。1991年12月23日，小观镇坦埠村水泥厂137C丢失，经过迅速查找，及时追回放射源，未造成放射性环境污染和人员伤害。进入21世纪，卫生防疫部门主要针对医疗诊断X线机及其机房放射防护检测开展工作。2002年，对全市23处设有放射性装置的单位进行监督检测，合格率仅为10%。2007—2008年，组织放射诊疗从业人员健康查体232人次，发放个人检测剂量笔232支；实行放射诊疗许可管理，23个医疗单位获得许可证，从源头控制放射诊疗职业病危害。2009年，制定放射人员工作证管理制度，建立个人防护档案。2010年，聘请专业人员对23所医院放射诊疗设备进行质量、效果监测，全年监测诊断X线机26台、CT5台，监测职业人员放射剂量31人。2012年，开展放射防护专项监督检查，逐人核实，覆盖率达100%；对存在档案内容不规范、放疗场所无警示标志、个人防护用品未配备的单位，责令限期整改，按期现场验收。2013年，举办以“防治职业病，幸福千万家”为主题的职业病防治法宣传周活动，发放宣传材料7630份，现场解答咨询210人次。同时对放射诊疗专业人员、专用设备及年度诊疗患者数量等情况进行摸底调查。通过调查登记，全市共有放射诊疗单位21家，放射工作人员60人，X射线诊断设备59台，放射诊断病员108487人次/年。

第六节　公共场所卫生

1991—1995年，全市公共场所安全用水普及率达82%，卫生厕所普及率达80%，市区环境卫生清扫面积由4.3万平方米扩大到90万平方米，年清运垃圾由1.5万吨增加到3万吨。1997年，全市改“二扫一保”（早晚清扫、白天保洁）的环境清扫方式为“全天候”清扫保洁。2001年，市区增设25处社区服务站。2002年，卫生部门和城建部门联手整治公共场所卫生死角，引导发挥民办保洁队伍作用，全年清扫面积达154万平方米，清除卫生死角187处，清运粪便2785吨，清运生活垃圾4.6万吨。2003年，市卫生防疫站投资20余万元，购买各类消毒剂用于公共场所消毒保洁。2004年，安排810名公共场所从业人员查体。2007年，市卫生监督所实施公共场所日常卫生监督检测1100户次，检测洗浴场所、使用集中式空调单位43户次，检测样品832份，样品合格率为91%。

2009年，市卫生监督所在公共住宿和美容美发行业，推行量化分级管理，审核评定住宿场所、美容美发业户87户，其中评为A级单位3户、B级单位9户、C级单位75户。处罚无证经营业户2户。2012年，对5家婴幼儿游泳场所公共用品、卫生管理和应急处置设施进行抽样检查，针对查出的问题，提出整改意见。2013年，围绕空气中一氧化碳、二氧化碳、甲醛、可吸入颗粒物，以及室内照明、噪声、湿度、微小气候等，组织人员对宾馆、酒店、超市、影剧院、洗浴中心等企业、单位进行现场快速检测，查验58户，合格53户；检测样品411件，合格396件。监督检查公共场所经营单位1090户，下达卫生监督意见书407份，给予行政处罚20户次。

第八章　爱国卫生

市爱国卫生运动委员会（简称市爱卫会）为市政府的议事协调机构。1991—2013年，由分管卫生工作的副市长任主任，有关部门负责人任委员；内设办公室，副科级单位，由卫生局代管。其职责主要是贯彻执行党和国家有关爱国卫生运动工作的政策指示，组织开展健康教育、改水改厕、除害防病、卫生城市与卫生单位创建等工作。2013年，在编人员4人。

第一节　环境整治

改水改厕　1990年，文登市获得省级卫生城市称号后，开始向创建国家卫生城市迈进。1991—1995年，新建、改建水冲式公用厕所19座，水冲化率达54%，单位旱厕改水冲150座，水冲化率达90%。设置垃圾箱352个、果皮箱80个、配备垃圾车5辆、叉车4台。先后投资2800余万元，治理城乡重点污染源102个。投资1000万元，完成市区抱龙河污染治理工程。其间，对120处卫生较差公共场所的管理单位予以警告，12个单位给予罚款处理。1996—1997年，安装自来水管道190千米，日供水能力达5万立方米，市区自来水普及率达到96.8%。投入100万元用于农村改水工程，安装自来水的村由220个增加到468个，占农村总人口的60%。2001年，全市接通自来水的村708个，普及率达78%。2002年，农村卫生厕所改造，继续坚持建房缴纳卫生厕所押金制，全市卫生厕所普及率达90%，市爱卫会被全国爱卫会授予全国农村卫生厕所普及工作先进单位称号。2003年始，对农村卫生厕所进行家庭“双瓮漏斗式”改造。2007年，全市农村自来水普及率达到98%。2006—2009年，市委、市政府将农村改厕工作列为民生工程，进一步加大帮扶力度，全市新建、改建高压水冲与三格化粪

池、沼气池结合式卫生厕所1.25万个，中央拨付的农村改厕专项经费全部发放到改厕农民手中。2013年，培训改厕技术人员260人，指导3000户农民家庭建起无害化标准卫生厕所。

清除“四害” “八五”期间，市防疫部门采用甘氟、杀鼠灵等药物，每年春秋两季发动群众开展灭鼠活动，城乡家鼠密度一直控制在1%以下。1991年，文登市被省爱卫会授予基本灭鼠先进单位称号。同时，采取标本兼治方法，发动群众，消灭蚊蝇，全市蚊蝇密度逐年下降。1999年，市政府召开全市灭鼠工作会议，进行再发动、再鼓劲。2004年，市政府印发《除“四害”工作计划》，与有关部门及镇（街道）签订创建国家卫生城目标责任状、创建除“四害”达标市目标责任状，加强对64个重点部门和单位督导检查，全市设灭鼠饵站1万余个，城乡卫生面貌发生可喜变化。是年，全国爱卫会授予文登灭蝇、灭蟑螂先进市称号。2005年，被全国爱卫会评为灭鼠先进城市。2006年，被省爱卫会授予农村爱国卫生专项整治活动先进市称号。2007年，成立由分管卫生工作的副市长任组长的除“四害”领导小组，印发《文登市除“四害”管理暂行办法》，组织机关开展义务劳动，清理卫生死角，采取药物灭杀与物理防治相结合方法，控制“四害”滋生。2009年，组织卫生防疫部门检查市区宾馆、饭店、医院、农贸市场、建筑工地等企业和单位66个、房舍1420间，垃圾转运站和公共厕所264座，所有检查地点病媒生物密度均控制在国家规定标准以内。2012—2013年，联合市新闻媒体开展四季疾病预防工作宣传，制作和发放除“四害”知识宣传片、宣传纸，接受宣传教育者5万余人次。

第二节　创建活动

1991年，威海市在文登市宋村镇召开创建卫生镇现场经验交流会，宋村镇成为威海境内首个申请创建省级卫生单位的镇。1993年，宋村、初村、葛山3镇被命名为威海市卫生镇。1996—1997年，张家产、泽库、文城、侯家、埠口5个镇先后被评为威海市卫生镇。1998年，葛山镇被评为省级卫生镇，翌年，被全国爱卫会命名为全国卫生镇，是威海市首个全国卫生镇。2000年，开展创建“卫生城”活动，倡导“家家讲卫生，人人爱清洁”的生活方式，市海洋与水产局被评为省级卫生单位。2003年，葛家镇被命名为省级卫生镇；市第二实验小学、国土资源局被评为省级卫生先进单位。2004—2005年，市卫生局、龙山街道办事处、文登中心医院、实验小学、葛山中学、市地方税务局被评为省级卫生先进单位，天福街道河北社区被评为省级卫生示范村（社区）。2006年，在省爱卫会、卫生厅组织的全省农村爱国卫生专项整治检查中，高村镇及龙山街道管庄村、天福街道西渠格村、汪疃镇岭西村、高村镇唐家嘴子村、宋村镇宋村村、大水泊镇山后张家村等1镇6村被命名为农村爱国卫生专项整治活动先进镇、村。2007年，张家产镇被命名为省级卫生镇，天福街道办事处、埠口港管委会、市水利局、交通局被命名为省级卫生先进单位；龙山街道西楼社区、埠口港下埠前村、龙山街道河埠庄社区被命名为省级卫生村（社区）。

第三节　健康教育

1991年，市政府成立初级卫生保健委员会，制定文登市农村人人享有卫生保健规划，全市初级卫生保健达标活动正式启动。1993年，在全省组织的初级卫生保健达标检查中，文登市名列全省第一名，在威海市率先达标。1994年，通过省初级卫生保健达标复核验收。1995年，文登市初级卫生保健工作现场会议在泽库镇召开。1996年，市政府印发《文登市市区公共场所禁止吸烟暂行规定》，加强监督检查，减少吸烟危害，增强人民体质。1997年，动员社会力量，将市区昆嵛路建设成为健康教育一条街。2003—2005年，市卫生局联合广播电视、教育、文化等部门，多层次、多渠道开展卫生宣传教育活动。2007年，市卫生部门以开展碘缺乏病宣传

日、世界艾滋病日、世界无烟日、世界高血压日、全国爱牙日等活动为契机，组织大型宣传活动6次，发放各种宣传材料24万份，举办老年人和慢性病高危人群健康教育讲座2期。发放健康知识手册2100本、限油壶230套、限盐勺2500个。2008年，市疾控中心专为赴汶川地震灾区22名建筑工人进行震区卫生知识培训。2009年，社区卫生服务机构全部实行“十统一”（统一建立管理台账、健康体检方式、“医卫结合”模式、随访服务方式、管理人员配置、文书档案管理、建立讲师团队、健康教育形式、资料报送口径、慢性病信息反馈）服务，全年开展2次预防甲型H1N1流感大型宣传咨询活动。2010年，走进农村、社区进行健康知识问卷调查，收回问卷500份。调查结果显示，市区居民健康知识知晓率高于农村居民。是年，市疾控中心在张家产镇中学举行“拒吸第一支烟，做不吸烟新一代”签名活动，215名师生当场签名。2010—2013年，发放各类卫生宣传材料151.7万册（份），指导756个村（社区）配备健康生活指导员，举办各类健康教育讲座及开展健康咨询活动2000余场次，21万余人参加。其间，市卫生局联合市妇联共同举办健康家庭评选活动，评选健康家庭100个。

第九章　医学教育与科研

第一节　在职教育

90年代，医务人员在职教育由文化补课转为参加自学考试、函授教育、外出进修。“八五”期间，卫生系统138人业余自修，375人参加函授，260人外派进修。1996—2005年，4143人参加自学考试，其中报考研究生102人、本科982人、大中专3059人。

2008年，有200人接受成人学历教育，1700人接受《山东卫生》刊授网络教育，1900人接受威海市远程网络教育，参加山东省公共课程法律必读考试1554人，参加中医继续教育考试470人。2009年，参加临床合理用血、药事、急救、甲型H1N1流感等业务知识培训的医务人员1.9万人次，1850名医护人员参加中医“四大经典”（《黄帝内经》《伤寒杂病论》《金匮要略》《温病条辨》）及山东省继续医学教育公共课程考试。市卫生系统组织14所医院的104名医护人员参加“360（1127）工程”骨干培训。2010年，继续落实医学教育与职称晋升、执业注册、年终考核和岗位聘任“四挂钩”制度，外派进修学习人员70人次，299人接受成人教育、网络教育等高等学历教育。2012年，文登整骨医院邀请知名专家举办“骨密度最新测量技术与理念”讲座，120名医务人员参加学习。2013年，市卫生局举办基层中医药适宜技

图30-7　2012年6月16日，文登整骨医院举办全国骨关节学术会议及新技术学习班。

术推广培训班，640人参加培训。

第二节　医学科研

1991—1995年，全市卫生系统开展新技术、新项目研究共计132项，其中4项获国家中医药管理局科技进步二等奖，2项获国家专利，2项通过省级鉴定。1996年，市第二人民医院开展的“健脑安神胶囊治疗精神分裂症的应用研究”和“便秘与狂躁性精神障碍的关系及其治疗的探讨”等课题通过省级鉴定。1997年，文登整骨医院开展的“可调式有限固定法治疗先天性髋关节脱位”课题，获1997年度国家中医药科技进步二等奖。2000年，全省中医专科建设工作会议在文登整骨医院召开，文登整骨医院在会议上作题为“科技创新为龙头，发挥专科优势，促进医院发展”的交流发言。2002年，文登整骨医院被国家中医药管理局确定为国家三级实验室，成为山东中医药大学附属医院。2005年，文登中心医院医护人员全年发表论文536篇，其中国家级26篇，省级510篇。2007—2009年，文登整骨医院、文登中心医院共取得专利155项，其中文登中心医院119项。2010年，文登整骨医院开展的“应力滑移率（SSR）在腰椎峡部裂并滑脱症中的诊疗价值及其临床应用”科研课题，将传统的中医辨病诊治与现代医学结合起来，较国际上常用的脊柱稳定测量仪，更具有稳定性和先进性，在国际上首创“应用滑移率”（SSR）及其计算方法，获山东省科学技术进步一等奖。2012年，文登中心医院开展的“组织移植结合骨段牵伸移位成骨修复重建小腿大范围多元组织缺损的研究”新技术项目，获山东省科技进步一等奖。文登整骨医院课题组引进美国的自体干细胞临床应用技术，结合中医疗法开展的“膝交叉韧带损伤自体干细胞移植异体韧带重建的研究与临床应用”新技术项目，为中国首次将自体干细胞治疗技术正式应用于骨伤科临床，获山东省科技进步三等奖。

1991—2013年，全市卫生系统（含文登中心医院）共获威海市级以上科技进步奖223项，其中获国家级科技发明、进步奖3项，省部级奖31项。出版著作48部，在省级及以上医学刊物发表学术论文4341篇。

第十章　红十字会

第一节　组织机构

1991年，市红十字会设会长1人、副会长5人（编外），会长由分管卫生工作的副市长兼任。内设办公室，有工作人员2人。2007年，市红十字会办公室由市卫生局代管改为对外独立办公，增设常务副会长，副科级配备。2009年，改为正科级配备。2013年，有工作人员7人。

第二节　主要活动

红十字精神传播　1991—2000年，利用每年国际红十字会日，根据不同的主题，组织全市卫生系统红十字会人员开展义诊咨询、急救演练、发放资料等活动。2000—2005年，通过新闻媒体，加大《中华人民共和国献血法》和《中华人民共和国红十字会法》宣传力度，弘扬“人道、博爱、奉献”的红十字精神。2010年，在市中广场举行以“博爱在文登，携手万人行”为主题的纪念活动，招募百名志愿者现场献血3万毫升，发放资料1万份，为500余人提供健康咨询。是年，联合市教育局、文登日报社在全市中、小学中举办“荣昌杯·感恩与奉献”红十字会征文活动，收到征文300余篇，获个人奖19人、组织奖5个。2011年，在市中广场举办纪念山东红十

图 30-8　2011 年 5 月 8 日，市红十字会在市中广场举行庆祝"五·八"世界红十字日纪念活动。

字会成立 100 周年暨文登红十字首届"双十佳"表彰活动，市红十字应急救护队现场进行应急救护演练，发放《应急救护知识手册》《造血干细胞知识问答》宣传资料 3100 份，为群众义诊 850 人次。2012 年，以雷锋月、红十字博爱周、防灾减灾日、世界献血日、世界急救日为契机，开展"学雷锋，献爱心，我为三城建设增光彩"等主题活动，打造"爱心传递·博爱文登"品牌，做法经验在全省推广。2011－2012 年，连续两年被省红十字会授予全省红十字会系统宣传工作先进单位称号。2013 年，与"文登之窗"网联合推出文登爱心捐助平台，全年有 30 余人通过平台获得爱心救助。

救护培训　90 年代，联合业务主管部门对卫生救护站人员、机动车驾驶员，有组织、有计划地进行初级卫生救护培训。1996 年，被中国红十字会授予 1993－1995 年度先进集体称号。2008－2009 年，对市驻地外资企业应急救护人员进行培训，40 名学员全部获得上岗证书。2010 年，开展应急救护培训"进企业、进机关、进社区、进学校"活动，组织天福街道居民和实验中学师生 1200 人进行应急救护培训。2011 年，投资 4 万元，印发《文登红十字会应急救护知识手册》2 万本；举办培训 15 场次，培训人员 3660 人。2012 年，联合组织部门，邀请医务人员，采用理论讲解与现场互动方式，将现场急救、灾害避险等应急救护知识录制成 10 期课件，通过电视台、远教平台分期播放。2013 年，免费发放《应急救护知识手册》8000 册，培训人员 3200 人次。

募捐救灾　90 年代，每年根据国内外发生的灾情，积极协助政府做好救灾减灾工作。2004 年，募款 28.5 万元，捐赠印度洋海啸灾区。2005 年，境内连降暴雪，给工农业生产和群众生活造成严重损失，市红十字会及时向上级报告灾情，并将上级援助的 30 吨面粉、7 万元救灾物资及时发放到受灾群众手中。2008 年，组织捐款捐物 239.5 万元，支援"5·12"四川地震灾区。2010 年，开展以"共铸爱心，博爱在文登"为主题的赈灾募捐工作，募集资金 33.8 万元，捐助救灾物资价值 64.8 万元，分别送达西南五省干旱灾区、青海玉树地震灾区，被省红十字会授予 2010 年度救灾募捐工作先进集体称号。2013 年，利用网络媒体，将筹集的 5.34 万元捐款汇至四川

图 30-9　2010 年 4 月 18 日，市民为西南干旱灾区捐款。

雅安芦山地震灾区。

扶弱济困 1995年，市红十字会募款1300元，为市麻风村病人每人购买棉衣1套。1997年，将香港红十字会捐赠的145床棉被全部送到乡镇敬老院。2004年，向137户特困家庭发放190袋大米，价值1万元。2005年，募款34.8万元，走访慰问1000户特困家庭。2008年，争取上级救助项目，为6名白内障患者、唇腭裂儿童实施免费手术。2008－2009年，争取医疗补助资金8.3万元，为9名贫困患者减轻医疗费用负担。2010年，开展“凝聚人道力量，实施爱心救助”活动，为11名大病患者提供爱心救助医疗费11.5万元。是年，争取中国红十字会资金5万元，在泽头镇虎口窑村建起博爱卫生站1处，改善该村医疗卫生条件。2011年，协调解放军四〇四医院、威海现代妇产医院为9个村企、4500名居民和职工查体义诊，减免各类费用60余万元。2012年，出资0.5万元，赠送张家产镇中小学安全教育图书2000册。2013年，为库区村400户贫困家庭送去价值10万元的大米、花生油等生活物资，为120个贫困户送去价值2.4万元的爱心礼包。是年，筹资9.2万元，为米山、界石、小观、大水泊、张家产5镇敬老院送去牛奶300箱。

造血干细胞和遗体捐献 2003年，文登市开展支持中国造血干细胞捐献资料库建设宣传募捐活动，当年募集资金1万元。2004年，市红十字会与市文明办、市总工会、团市委、市妇联等部门联合印发《关于开展捐献造血干细胞工作的通知》，首次组织开展捐献造血干细胞血样采集活动，100名志愿者抽取血样，中国造血干细胞捐献者资料库山东省分库首次写上文登人的名字。2005年，威海市文登中心医院麻醉师邱英娜赴济南捐献造血干细胞200毫升，为威海境内捐献造血干细胞第一人。2009年，首次在市机关事业单位倡导干部职工志愿捐献造血干细胞，893名志愿者参与活动，采集血样161人份。2011年，市电业总公司职工吕明玉为救助1名陌生的白血病患者，首次捐献110毫升造血干细胞，因患者病情恶化，时隔半年，再次捐献64毫升淋巴细胞，成为山东省首例两次捐献志愿者。2012年，环山街道南山社区居民杜燕君配型成功，赴济南捐献造血干细胞。至2013年，全市累计采集造血干细胞血样1010人份。

2002年，首次在全市开展遗体捐献宣传、登记活动。至2013年，全市累计有15人与红十字会签署《遗体捐献协议书》。2013年，文登营镇居民郭振云捐献遗体、角膜，分别被滨州医学院、青岛眼库接收，成为文登第一例遗体、角膜捐献者。是年，文登籍武警战士李杰无偿捐献器官，为武警部队首例。

无偿献血 1996年8月，市红十字会印发《关于在全市范围内大力开展公民无偿献血活动的通知》。1997年1月，发动机关事业单位干部职工首次开展义务献血活动，年末，再次发动献血，全市共有120个单位1000余人自愿献血20万毫升。1998年，《中华人民共和国献血法》颁布后，协助市政府组织发动献血，全年献血2498人49.96万毫升。2002年，威海市中心血站在文登设立爱心献血屋，社会各界无偿献血568人次。2006年，建立文登市志愿者爱心血库，2500名志愿者报名加入。至2007年，全市组织无偿献血活动110次，献血人数17946人次，献血量428万毫升。2008年，无偿献血事务移交威海市中心血站文登献血屋具体负责。至2013年，全市无偿献血人员达25149人次，献血量876.8万毫升，临床用血基本来自无偿献血，献血率达12‰，高于全国平均水平。

第三十一编

体　育

1991—2013年，文登市不断完善城乡体育设施，提高全市公共体育服务水平，推进全民健身活动深入开展，竞技体育、群众体育和体育产业协调发展。竞技体育成绩优异，人才辈出，先后向上级体校和运动队输送体育人才830人。群众体育形式多样，蓬勃发展，每年组织开展全民健身活动200余场次，全市常年参加体育锻炼的人口有20万余人。体育设施城乡一体，上档升级，总投资7亿元、占地面积27.1公顷、建筑面积7.8万平方米的市体育公园于2008年开工建设，2012年一期工程（体育场、体育馆、体育运动学校）投入使用。2013年，全市体育设施覆盖率达100%，拥有社会体育指导员1300余人。先后获全国体育先进市、山东省十佳体育先进市、全民健身宣传月活动先进单位、“田径之乡”等称号。

2013 年 10 月 12 日，市老年体协在文登学公园广场举办腰鼓表演。

第一章 机构与设施

第一节 行政机构

1991年，文登市体育运动委员会（简称市体委）内设办公室、群众体育竞赛科。有工作人员7人。1993年，市体委与市文化局合并成立文化体育委员会。1994年，恢复市体委建制。1995年，增设老年体协办公室、体育科学研究所（与市业余体校合署办公）2个事业单位。2002年，市体委改称市体育局。2013年，市体育局内设办公室、群众体育竞赛科、财务科、体育彩票管理科，下辖竞技体校、体育中心（场、馆）、老年体协办公室和体育科学研究所4个事业单位。有工作人员120人。

第二节 社会组织

文登市体育总会 1990年成立，由分管体育工作的市领导兼任主席。1995年，全市下设24处体育分会。2013年，全市拥有单项体育协会、体育俱乐部各20个。

文登市老年人体育协会 1990年成立，1997年，全市21个镇和经济开发区、24个市直部门普遍建立老年人体协分支机构。2013年，全市常年参加健身锻炼的老年人约5.8万人。

第三节 体育设施

1990年，位于市区环山路70号、占地面积7公顷的市体育中心落成。1992年，市体育中心田径场被省体委评为山东省“县级优秀体育设施”。1993年，在田径场新建草坪足球场1个。1995年，投资654万元，在体育中心内建起建筑面积3430平方米的体育馆1座，1997年投入使用。馆内设固定座位1000个、活动座位1500个，可进行篮球、手球、乒乓球、羽毛球、摔跤、柔道、武术等项目的比赛和训练，为威海市首个县级体育馆。2013年，全市共有各类体育场所1000余处，健身路径900余条，健身器材6000余件（套），城乡体育设施覆盖率达100%。

图31-1 1997年12月竣工的市体育中心体育馆外景（2009年7月23日摄）

体育公园 位于市区东部，文山东路以南、虎山路以西、昌盛路以东，总投资7亿元，占地面积27.1公顷，建筑面积7.8万平方米。工程建设分两期，一期工程有体育场、体育馆、体育运动学校（简称体校）。其中体校投资2000余万元，建筑面积1.07万平方米，可容纳500余名学生就读、食宿、训练；二期工程包括体育大厦、综合训练馆及市民健身设施等。2008年，开工建设。2012年，投资5亿元的一期工程全部建成投入使用。市体育公园能够承接国际单项体育比赛和全国综合性运动会，可作为国家、省体育专业训练队训练基地，是一座设施先进、功能齐全的现代化体育中心。

图 31-2　2012 年 12 月建成并投入使用的新体育馆外景

体育场　由中国建筑设计院设计，是一个大型综合性体育场所。占地面积 8.57 公顷，总建筑面积 4.03 万平方米，可容纳 2.75 万名观众。2011 年建成并投入使用。内设贵宾室、裁判员休息室、运动员休息室、更衣室、医务抢救室、兴奋剂检测站、新闻中心、赛前及赛后控制中心等工作用房，电子计时、电子测距系统等比赛设备一应俱全，可进行各种大型体育比赛及大型文艺演出。已承办两届山东省田径冠军赛、2011 年部队文艺工作者赴文登双拥慰问演出、2012 年中央电视台庆祝中国人民解放军建军 85 周年特别演出等大型文体活动。

体育馆　位于体育公园东北部，2012 年竣工。占地面积 1.86 公顷，建筑面积 2.65 万平方米，可容纳观众 5000 余名，可进行篮球、网球、排球、手球、乒乓球、体操、摔跤、柔道等项目比赛。2013 年 7 月开馆，先后举办“南源地产杯”中美男篮国际对抗赛、山东省篮球冠军赛、威海市第四届运动会部分项目比赛等活动。

第二章　学校体育

第一节　体育教学

1990 年起，全市学校体育教学按照《学校体育工作条例》有关规定，推行“两课”“两操”“四活动”，即中小学保证每周有两节体育课，每天有课间操和眼保健操，每周有四节课外体育活动。是年，经省体委、教委验收，文登市被评为山东省体育达标先进市。1993 年，文登一中设立体育中专班，被国家体委、教委授予全面落实体育工作条例优秀学校称号。1994 年，学生课外体育活动由每周 4 节调整为 3 节，主要开展田径、球类、体操、游戏、跳绳、踢毽子等活动。1998 年，举行全市第八套广播体操比赛。1999 年，全市中小学全面开展“两课一操”活动，坚持每周上好 2 节体育课，做好课间操。2000 年，市教委印发《文登市 2000—2001 年中小学体育教研工作计划》。2001 年，初中体育教学推行“按体能、分层次”教学，小学体育教学推行“三化”（组织趣味化、语言儿童化、动作形象化）教学新模式。2004 年，市体育局、教育局联合印发《关于进一步加强和改进新时期学校体育工作的意见》。2008 年，市教育局将课间操改为“大课间”体育活动，活动时间由原来的 20 分钟延长到 30 分钟，保证学生每天有 1 小时的时间进行体育锻炼。是年，全市有 20 所小学、16 所初中承担文登市体育小专题研究。2009 年，市教育局对各学校开展“大课间”体育活动情况进行检查，检查成绩列入学校评先树优考核之中。2010 年，全市举行体育名师成长报告会暨课堂教学展

示活动，300余人出席。2011—2012年，市教研中心加强体育教学研究，开展体育教学网上研讨活动22次，举行小学体育优质课比赛、体育教师基本功大赛等体育教学比赛活动，全面提升体育教师授课水平和驾驭课堂能力。部分学校根据自身特点，开展“体育节”等活动，丰富学生课余生活。2013年，市教育局进一步修订完善学校体育工作评估考核标准，在组织管理、师资队伍、课堂教学、场地设施、训练竞赛等方面进一步加大考核力度，为中小学生强身健体创造良好外部条件。

第二节　体育师资

1991年，全市有专职体育教师367人，学历达标率分别为高职中47.3%、初中36.8%、小学88.5%，具有高级职称8名、中级职称39名，97.8%的中小学配备体育教师。至1995年，全市体育教师中有9人被评为地级以上农村优秀体育教师、教学能手和优秀会员，新增国家级田径裁判员2人、一级田径裁判员7人，一级篮球裁判员2人、二级裁判员35人、三级裁判员150人。1996年，举行中小学体育教师优质课评选等活动，在威海举办的体育教师基本功比赛中，文登市获团体总分第一名。1999年，组织340名体育教师参加业务上级主办的体育理论学习班。2000年，组织297名体育教师参加函授学习，215名教师按期毕业。2002年，市教育局首次举办全系统教职工运动会。2003年，举行课程改革培训会，参加中小学体育教师培训人员370人。2004年，全市有11位体育教师的课程被评为威海市级以上体育优质课；铺集中学的“农村中学体育文化节的探索与实践”课题获国家级一等奖。2007年，开展优秀体育论文、优质课、教学基本功评比等活动，23人获省级奖，48人获地市级奖。2009年，市第二实验小学体育教师于文忠被评为齐鲁名师。2010年，3名体育教师获全省体育优质课奖。2013年，全市共有体育教师298人，其中小学127人、初中108人、高中63人，配齐率达100%。

第三节　体育达标与比赛

体育达标与健康测试　1991—1995年，全市各中小学课外活动围绕《国家体育锻炼标准》开展体育达标活动与体育合格测试，全市中小学生每年达标率均在90%以上。文登一中、文登十一中、铺集中学、小观中学、文登第二实验小学等12所学校被威海市教育部门评为体育达标先进集体。1998年，文登一中被命名为全国实施体育达标先进单位，天福山中学被评为山东省实施体育达标先进单位。1999年，天福山中学被国家体育总局、教育部授予推行《国家体育锻炼标准施行办法》先进集体称号，文登二中被省体委、教委授予推行《国家体育锻炼标准施行办法》先进集体称号。2001年，按照国家印发的《体育与健康课程标准》，开展课堂“树标、学标、达标”活动，在校生体育达标率达到90.6%。2006年，推进教育部启动的“阳光体育工程”。2007年，根据教育部印发的《学生体质健康测试标准》，组织学生每年进行一次健康体质监测。2009年，采购体质监测仪20套，为16所初中、4所小学配齐体质检测仪器，学生体质健康标准测试工作开始走入正轨。2010年，全市中小学学生体质监测平均及格率为78%、良好率为58%、优秀率为14%，全市小学、初中、高中体育运动场地达标率分别为89.7%、94.4%和100%。2013年，开展“阳光体育活动”和“体育、艺术、科技2+1+1项目”达标活动，通过课内外体育、艺术教育活动，让每个学生在九年义务教育阶段掌握两项运动技能、一项艺术技能和一项科技技能。

比赛活动　1991—1995年，全市中小学平均每月举行小型运动会0.7次，各镇每年春、秋两季皆举行中小学生田径运动会各1次，举行中学生越野竞走比赛1次，中小学生篮球比赛1次。5年间，全市共举行中小学生篮球分级赛12次，参赛队员达4908人次。1995年，文登一中被省教委定为山东省培养体育后备人才试点中

学。1996—1997年，全市举办中学生田径运动会2次、小学生运动会1次、越野竞走比赛2次、市区中学生乒乓球比赛2次、篮球分级赛2次。1998年，开展“百校、千队、万人”跳绳、踢毽子活动。2000年，中心完小以上学校均举行运动会1次、小型体育比赛活动5次，全市有6所中小学分别被评为省级田径、篮球、乒乓球传统项目学校。2002年，文登一中被国家体育总局授予全国群众体育先进单位称号。2004年，举办全市中小学生田径运动会、乒乓球比赛、篮球比赛、幼儿乒乓球基本功比赛等，参赛2100人次。2006—2009年，全市中小学生参加各类比赛6700人次。2010年，先后举办第十一届“新华杯”中小学生田径运动会、第六届“双力杯”中小学生乒乓球比赛、小学篮球比赛3项活动，1200人次参赛。2011—2012年，全市各个学校每年组织举行春、秋两季体育运动会，除传统体育项目外，增加具有团体性、趣味性比赛项目，组织引导学生、教师和家长共同参与，参与率达80%。2011年，全市有12所中小学分别被评为省级田径、篮球、乒乓球、足球传统项目学校。2013年，举办全市中小学生乒乓球、篮球、足球、排球、田径“五项联赛”，经过选拔，组队参加威海市运动会暨中小学生“六项联赛”，获冠军13个。

图31-3　2013年春季中小学生乒乓球联赛在市体育馆举行。

2000—2011年文登市省级体育传统学校认定情况表

表31-1

认定时间	学校名称	认定项目
2000年	文登一中、小观中学、天福山中学、三里河中学	田径传统项目
	文登二中	篮球传统项目
	第二实验小学	乒乓球传统项目
2004年	文登一中、文登二中、文登新一中、文登实验中学、文登实验小学、文登第二实验小学、柳林完小、文峰小学、小观中学、界石中学、宋村中学、七里汤中学、三里河完小、天福山中学、文登高级职业学校	田径传统项目
	文登一中、文登二中、文登实验中学、界石中学、宋村中学、文登实验小学、文峰小学、三里河完小	篮球传统项目
	葛山中学、汪疃中学、文登第二实验小学	乒乓球传统项目
2011年	葛家中学、文登三中、泽库中学	田径传统项目
	文峰小学、文登实验中学、文登一中、文登新一中	篮球传统项目
	大众完小、文登营中学、张家产中学	乒乓球传统项目
	界石中学、宋村中学	足球传统项目

1991－2013 年文登市高中（职专）田径项目最高纪录情况表

表 31-2

组别	项目	创造者	成绩	单位	时间
男子组	100 米	林松涛	10″ 42	文登一中	2005 年 5 月
	200 米	林松涛	21″ 60	文登一中	2007 年 10 月
	400 米	李　森	49″ 53	文登一中	2007 年 10 月
	800 米	顾增明	1′ 59″ 38	文登第二职业中专	2004 年 5 月
	1500 米	于海龙	4′ 17″ 60	文登新一中	2004 年 5 月
	3000 米	刘进军	8′ 49″ 44	张家产中学	2007 年 10 月
	5000 米	赵勇行	16′ 14″ 08	文登新一中	2012 年 4 月
	10000 米	于海波	34′ 40″	文登一中	2001 年 3 月
	跳高	赛军伟	1.95 米	文登一中	2007 年 5 月
	跳远	吕东明	6.94 米	文登一中	2011 年 4 月
	110 米栏	毛秀晶	15″ 37	文登一中	2005 年 5 月
	400 米栏	李　森	57″ 91	文登一中	2007 年 5 月
	三级跳远	林士钦	15.32 米	文登一中	2007 年 5 月
	3000 米竞走	姜佳伟	13′ 30″ 87	天福山中学	2004 年 5 月
	5000 米竞走	周英楠	22′ 07″ 78	文登新一中	2007 年 5 月
	10000 米竞走	姜佳伟	46′ 47″ 18	天福山中学	2004 年 7 月
	标枪（700 克）	邢　彬	59.03 米	文登一中	2006 年 5 月
	标枪（800 克）	邢　彬	59.51 米	文登一中	2007 年 5 月
	铁饼（2 千克）	江泰东	39.52 米	文登一中	2005 年 5 月
	铁饼（1.5 千克）	刘洪啸	46.53 米	文登一中	2006 年 5 月
	铅球（7.26 千克）	梁永安	15.62 米	文登一中	2008 年 5 月
	4×100 米接力	—	42″ 36	文登一中	2013 年 4 月
	4×400 米接力	—	3′ 29″ 6	文登一中	2006 年 5 月
女子组	100 米	李　莉	12″ 79	文登新一中	2007 年 5 月
	200 米	张松燕	26″ 56	文登一中	2004 年 7 月
	400 米	张松燕	57″ 62	文登一中	2004 年 7 月
	800 米	姜丽梅	2′ 23″ 9	文登新一中	2006 年 5 月
	1500 米	李　倩	4′ 51″ 83	文登一中	2002 年 5 月
	3000 米	李　倩	10′ 25″ 54	文登一中	2002 年 5 月

续表 31-2

组别	项目	创造者	成绩	单位	时间
女子组	5000 米	杨艳娇	19′ 58″ 56	文登一中	2005 年 5 月
	跳远	于朋玉	5.50 米	文登新一中	2004 年 7 月
	跳高	邹媛丽	1.60 米	文登一中	2002 年 5 月
	100 米栏	刘姣姣	14″ 74	文登一中	2004 年 7 月
	400 米栏	李燕丽	1′ 11″ 5	文登一中	2007 年 5 月
	三级跳远	李　丽	12.37 米	文登新一中	2006 年 5 月
	1500 米竞走	王玲玲	7′ 42″ 86	文登三中	2009 年 4 月
	3000 米竞走	宋　婕	15′ 02″ 86	天福山中学	2005 年 5 月
	5000 米竞走	张　玮	25′ 40″ 76	文登一中	2002 年 5 月
	铅球（4 千克）	李　丹	13.25 米	文登一中	2006 年 5 月
	铁饼（1 千克）	肖华娟	43.46 米	文登新一中	2004 年 7 月
	标枪	田雪婷	41.58 米	文登一中	2005 年 5 月
	4×100 米接力	—	51″ 49	文登一中	2004 年 7 月
	4×400 米接力	—	4′ 23″ 37	文登一中	2007 年 10 月

1991—2013 年文登市初中田径项目最高纪录情况表

表 31-3

组别	项目	创造者	成绩	单位	时间
男子组	100 米	林松涛	10″ 85	泽头中学	2004 年 7 月
	200 米	林松涛	22″ 18	泽头中学	2004 年 7 月
	400 米	于　东	50″ 87	高村中学	2004 年 7 月
	800 米	王金宝	1′ 57″ 20	葛家中学	2009 年 8 月
	1500 米	刘进军	4′ 15″ 6	张家产中学	2006 年 5 月
	3000 米	刘进军	9′ 00″ 63	张家产中学	2007 年 5 月
	5000 米	刘进军	15′ 42″ 42	张家产中学	2007 年 5 月
	10000 米	刘建华	36′ 32″	北郊中学	2001 年 3 月
	110 米栏（110 厘米）	丛箭钧	16″ 42	三里河中学	2010 年 4 月
	110 米栏（106.7 厘米）	刘经伟	16″ 2	三里河中学	2006 年 5 月
	跳高	于豪杰	1.93 米	埠口中学	2006 年 5 月
	跳远	王金文	7.28 米	三里河中学	2004 年 7 月
	1500 米竞走	王建霖	7′ 05″ 51	北郊中学	2009 年 4 月

续表 31-3-1

组别	项目	创造者	成绩	单位	时间
男子组	3000 米竞走	刘　阳	13′ 23″ 6	葛家中学	2002 年 5 月
	5000 米竞走	岳广山	23′ 20″	文登二中	2013 年 4 月
	10000 米竞走	曲永飞	52′ 18″ 96	高村中学	2006 年 5 月
	三级跳远	林　森	15.03 米	三里河中学	2004 年 7 月
	铅球（4 千克）	张善堂	15.81 米	七里中学	2001 年 10 月
	铅球（6 千克）	李　佳	14.31 米	七里中学	2004 年 5 月
	铁饼（1 千克）	王　虎	46.26 米	泽头中学	2002 年 5 月
	铁饼（1.5 千克）	王华欣	44.53 米	宋村中学	2013 年 5 月
	标枪（600 克）	崔明超	47.48 米	侯家中学	2002 年 5 月
	标枪（700 克）	宋　彬	59.01 米	三里河中学	2006 年 5 月
	七项全能	徐海峰	4165 分	大水泊中学	2009 年 8 月
	4×100 米接力	—	43″ 06	三里河中学	2007 年 10 月
	4×400 米接力	—	3′ 30″ 9	三里河中学	2006 年 5 月
女子组	100 米	黄美科	12″ 89	三里河中学	2008 年 5 月
	200 米	鞠娇娇	27″ 1	葛家中学	2006 年 5 月
	400 米	鞠娇娇	59″ 7	葛家中学	2006 年 5 月
	800 米	于佳琪	2′ 19″ 06	三里河中学	2004 年 7 月
	1500 米	于玲玲	4′ 54″ 19	米山中学	2012 年 4 月
	3000 米	宋晓静	11′ 07″	晒字中学	2002 年 5 月
	5000 米	丛　静	19′ 30″	七里中学	2001 年 3 月
	100 米栏	董晓青	15″ 94	高村中学	2004 年 7 月
	跳高	王　丽	1.60 米	七里中学	2004 年 7 月
	跳远	李　莉	5.79 米	实验中学	2007 年 10 月
	1500 米竞走	张雅楠	6′ 58″ 92	大水泊中学	2009 年 4 月
	3000 米竞走	于玲玲	14′ 35″ 88	米山中学	2012 年 4 月
	5000 米竞走	于玲玲	26′ 02″ 77	米山中学	2013 年 4 月
	三级跳远	李　莉	12.60 米	实验中学	2007 年 10 月
	铅球（3 千克）	田　姣	15.62 米	三里河中学	2004 年 7 月
	铅球（4 千克）	李　丹	11.38 米	三里河中学	2002 年 5 月
	铁饼（1 千克）	田　姣	38.01 米	三里河中学	2004 年 7 月
	标枪（500 克）	王亚玲	47.60 米	三里河中学	2006 年 5 月

续表 31-3-2

组别	项目	创造者	成绩	单位	时间
女子组	标枪（600 克）	田雪婷	42.06 米	三里河中学	2004 年 5 月
	五项全能	王丽洒	2797 分	宋村中学	2012 年 4 月
	4×100 米接力	—	51″ 57	三里河中学	2004 年 7 月
	4×400 米接力	—	4′ 20″ 7	三里河中学	2006 年 5 月

1991－2013 年文登市小学生田径项目最高纪录情况表

表 31-4

项目	性别	成绩	创造者	单位	时间
60 米	男	8″ 16	张少民	河南完小	2009 年 4 月
	女	8″ 48	赵玉燕	文登营镇队	2009 年 4 月
100 米	男	12″ 6	王　伟	大水泊镇队	2004 年 5 月
	女	13″ 32	姜钟钧	葛家镇队	2009 年 4 月
200 米	男	26″ 28	王德胜	实验小学	2005 年 5 月
	女	28″ 51	杨　莉	五里完小	2007 年 5 月
400 米	男	59″ 39	杨明启	实验小学	2010 年 4 月
	女	01′ 04″ 94	孙煜尚	实验小学	2010 年 4 月
800 米	男	02′ 16″ 60	杨明启	实验小学	2010 年 4 月
	女	02′ 31″ 17	孟丹娜	实验小学	2011 年 4 月
1500 米	男	4′ 50″ 2	毕崇湘	文峰小学	2001 年 10 月
	女	5′ 12″	孟丹娜	实验小学	2011 年 4 月
跳高	男	1.51 米	杨仁峰	汪疃镇队	2004 年 5 月
	女	1.37 米	石文静	汪疃镇队	2007 年 5 月
跳远	男	5.46 米	隋　阳	葛家镇队	2004 年 5 月
	女	4.43 米	初亚男	实验小学	2004 年 5 月
铅球	男	13.12 米	张金洋	泽库镇队	2005 年 5 月
	女	9.9 米	王玉凤	米山镇队	2010 年 4 月
跳绳	男	242 个	王家辉	第二实验小学	2007 年 5 月
	女	245 个	董文静	第二实验小学	2008 年 5 月
垒球掷远	男	67.06 米	夏润峰	界石镇队	2006 年 5 月
	女	51.3 米	张于芹	泽头镇队	2006 年 5 月
4×100 米接力	混合	55″ 22	—	经济开发区队	2013 年 4 月

第三章　群众体育

第一节　农民体育

1991年，市体委印发《1991年乡镇体育工作评分标准》，对乡镇体育工作在组织领导、体育机构、普及程度、场地设施等方面，制定量化考核标准。按照要求，各乡镇每年要组织综合性运动会1～2次、单项体育比赛3～5次。是年，葛山镇被国家体委授予全国亿万农民健身先进镇称号。1992年，市体委、农委联合举办"小康杯"农民男子篮球赛，有13个乡镇组队参赛。小观、界石2镇被省体委评为山东省体育工作先进镇。1995年，举办首届"小康杯"农民田径运动会，有22支代表队、450名运动员参加28个项目比赛，24名镇党政主要负责人参加领导干部小组比赛。是年，市目标管理责任制委员会将体育工作纳入镇（街道）年度工作考核范围，促进农村体育工作健康发展。文城、宋村、米山、泽库、葛家5镇被省体委评为山东省体育工作先进镇。1997年，宋村镇被国家体委授予全国群众体育工作先进集体称号，天福山、张家产、埠口、晒字4镇被省体委授予山东省体育先进镇称号。2000年，在威海市体育工作会议上，文登市作题为《以争创为龙头 促进农村体育全面发展》经验介绍。2002年，泽库镇被评为全国亿万农民健身活动先进镇。2003年始，农村体育活动以小型多样项目比赛为主，主要有篮球、乒乓球、太极拳（剑）、扇子舞、柔力球等。2006年，米山、葛山、葛家、高村4个镇政府和埠口港管委被威海市体育局授予农村体育工作先进单位称号。2010年，市体委与市妇联共同举办全市农民太极拳、健身秧歌比赛，16支代表队266人参赛。2011年，举办农民排舞和健身球比赛，参赛代表队15支314人。2012年，举办全市农民第九套健身球比赛，参赛代表队11支192人。2013年，第三届全民健身运动会排舞和太极拳比赛在文登学公园广场举行，14个镇（街道）的代表队表演排舞、6支代表队表演太极拳。

图31-4　2013年9月25日，第三届全民健身运动会排舞表演在文登学公园广场举行。

第二节　干部职工体育

90年代，全市各级各部门采取多种形式，开展干部职工体育活动。1991年，市体委与市乡镇企业局联合主办乡镇企业第二届"振兴杯"田径运动会，有24支代表队435名运动员参赛。1993年，举行"电业杯"军民友谊篮球赛。市电业总公司、工艺美术工业总公司被省体委授予山东省首批职工体育工作先进单位称号。1995年，举行"百货大楼杯"山地自行车公路赛、"古建筑杯"市直机关干部职工围棋比赛。1996年，举办第七届"昆嵛杯"职工田径运动会，34支代表队600余名运动员参赛。1999年，先后举办"宏安杯"庆新春环城赛、"环保杯"家庭运

动会、“太保杯”男子篮球5强赛、“永进杯”登山比赛、“恒大杯”镇机关干部乒乓球比赛、庆澳门回归“加力杯”企业职工拔河比赛等。2002年，举办韩资企业运动会，参赛韩资企业34家、运动员300余人，其中韩方参赛人员81人。2007—2009年，举办市直机关干部职工运动会、三人制篮球比赛、乒乓球比赛各1届，举办钓鱼比赛2次，举办镇机关干部乒乓球比赛2次，举办三人制篮球比赛、男子篮球精英赛各1次，参赛代表队375支4000余人次。2010—2012年，联合机关工委等部门，组织举行市直机关干部职工运动会、镇机关干部三人制篮球比赛，参赛代表队350支2600余人次。举办第九套广播体操骨干培训班，在全市机关开展工间操健身活动。2013年，举办第三届全民健身运动会暨镇（街道）机关干部职工乒乓球比赛，16支代表队64名运动员参赛；市直机关干部职工三人制篮球和乒乓球比赛，参赛男女篮球代表队68支、乒乓球代表队50支，参赛者580余人。

第三节　老年体育

1991年，市老年体协组织文登市第二届老年人运动会和首届老年迪斯科表演赛，500余名老年人参加表演比赛。1992年，组织百余名老年人参加“过百亿奔小康”迎春环城赛；340名老年人报名参加文登市第三届老年人运动会、首届象棋和乒乓球比赛。1995年，市第六届老年人运动会、第四届老年人乒乓球比赛、老年人象棋比赛、市区老年人健身活动表演赛，以及首届老年人庆元宵交谊舞晚会先后在市区举行，参加比赛表演的老年人达900余人次。1991—1995年，市老年体协组队参加上级各种比赛13次，获团体冠军、亚军各3次，季军1次。市老年体协先后3次被评为威海市老年体协先进单位。1995年10月，在全省农村老年体协基层组织工作经验交流会议上作典型发言。

1997年，举办文登市第三届纳凉晚会，市老年体协组织300余人参加表演健身节目20个，观众达3000余人。6月，举办有9个单位、100余人参加的“迎香港回归”健身活动表演赛，表

图31-5　2013年8月9日，老年人健身舞表演在市中广场举行。

演节目18个。2001年，老年体协通过协调沟通，解决市区11个活动点的电源、场地和录音机存放等问题。2003年，举办中老年健身表演5次，参与者510人次。2004年，市老年体协组队参加威海市老年人门球、柔力球、田径等比赛活动5次，获亚军2次。2006年，在威海市第五届老年人运动会上，夺得团体总分和金牌总数双第一，市老年体协被省体育局授予全民健身月活动先进单位，北山社区活动点被授予优秀健身活动站点。2007—2012年，每年围绕“庆三八舞起来”“全民健身你我行”“庆十一、迎重阳”等主题，举办全市老年人运动会、老年人门球比赛、老年人乒乓球比赛和老年人健身表演等赛事活动，参赛代表队600余支，参赛人数上万人次。其间，参加威海市柔力球比赛获得镇组和村组最佳奖。2013年8月，举办全市老年人健身歌舞大赛，数百名中老年人参加比赛。23年间，全市举办老年人运动会、老年人门球、老年人乒乓球、老年人健身等赛事活动200余场次，组队参加威海市和山东省老年体育比赛活动共计72次，参赛人员5万人次。

第四节 全民健身运动

90年代始，市委、市政府将体育事业列入《文登市国民经济和社会发展“八五”计划要点及十年规划设想》《文登市“八五”期间精神文明建设规划》。1991年，文登市被省体委、教委授予山东省施行《国家体育锻炼标准》先进市称号。1992年5月和1994年4月，市委、市政府先后两次召开全市体育工作会议，表彰奖励在体育工作中做出突出成绩的单位和个人，并印发《进一步加强体育工作的决定》，统筹规划，强化措施，推动文登向体育强市迈进。1995年5月，市体委举行贯彻实施《全民健身计划纲要》宣传启动日活动。10月，市政府举行贯彻实施《体育法》动员大会。1996年，为推进《体育法》在农村贯彻实施，市政府在宋村镇召开全市农村体育工作现场会。1997年，市委、市政府在市体育中心隆重召开全民健身宣传周动员大会，社会各界近1万人参加大会，会上3000人表演韵律操、部位操、武术等精彩节目。1998年，开展全民健身宣传周活动，经常参加体育活动的人口占全市总人口的38%。文城镇被国家体育总局授予全民健身宣传周活动先进单位称号，百大集团总公司排演的广播体操被省体委评为优秀表演奖。1999年，举办体育骨干培训班5期。文城镇被省体委、农委联合授予亿万农民健身活动先进镇称号；口子、汪疃、蔄山、高村4镇被省体委命名为山东省第六批体育工作先进镇。2000年，张家产镇被评为全国第五批亿万农民健身活动先进镇；市体育中心被国家体育总局确定为全国青少年体育俱乐部。至2002年，市区有晨晚练点29处、镇村有晨晚练点200余处，举办各类体育比赛16场次，参赛人员4500人次。2003年，举办健康知识讲座15场次，参加听课者2100人次。2005年，开展体育“三下乡”活动，向基层赠送篮球架4副、乒乓球台2副，其他健身器材200余件。2008年，全市6名奥运火炬手，参加在青岛市举行的北京奥运会火炬传递活动。2011年，文登市全民健身领导小组成立。至2012年，举办两届全民健身运动会。全市先后开展8月8日全民健身日、全民健身志愿服务、钓鱼大赛、台球精英赛等全民健身活动；在昆嵛山举办两届全国群众登山健身大会（文登站）暨首届威海昆嵛山欢乐登山节。2013年3月，举行首届“爱文登、庆新春、我健康、我快乐”健步行走和2013年“全民健身日”活动；6月，在市中广场举行全民健身快乐挑战赛启动仪式，活动历时半年，比赛场地遍布城乡，开展各类比赛30场、2800人参赛。

图31-6 2013年5月25日，第三届全国群众登山健身大会（文登站）在界石镇举行。

第五节 国民体质监测

2000年，文登市启动国民体质监测活动，以抽样方式，对城乡幼儿、成年人、老年人等8个年龄段、6类人群，定期进行体质监测，测试内容包括身体形态、机能、素质等。在企业、学校、幼儿园、市中广场、晨晚练点等单位和场所进行国民体质抽样测试，当年抽测样本800人，并同步建起国民体质监测数据库，为长期动态观察全市国民体质状况，引导群众科学健身提供依据。是年，市体委、教委、卫生局和文城镇被评为威海市国民体质监测工作先进单位。在威海市体育工作会议上，文登市以《提高认识 端正态度

扎扎实实做好国民体质监测工作》为题作交流发言。2001 年，在市中广场和天福街道凉水湾集市，针对不同身份的市民进行两次国民体质义务监测。2003 年，在蔄山镇和市区小学为居民和教职员工进行体质监测。2005 年，开展为群众送体育健身知识活动，发放体育健身知识宣传品 15 万份，在宋村、米山、张家产等镇，采集市民体质样本 1000 个。2007－2009 年，为环山街道办事处全体干部职工和文登一中、文登新一中、文登第二实验小学教职员工进行义务体质监测，并对身体状态进行客观评价，开具运动处方，指导受测人员科学健身。其间，为 2000 余名市民进行身高、体重、握力、肺活量等 10 余项体质监测。2010－2013 年，先后到学校、机关、工厂进行义务体质监测，采集 2650 个体质监测样本，指导不同体质的人员有针对性地进行体育锻炼。

第六节　体育骨干培训

90 年代，市老年体协先后举办中老年迪斯科、养生功、太极剑、太极拳、扇子舞等学习培训班，培训骨干 1100 人次，向 150 名体育骨干教师颁发国家三级社会体育指导员证书。2002 年，市体育局举办镇（街道）文体站长培训班。2005 年，选派近百人参加省和威海市举办的社会体育指导员培训班。2006 年，先后举办健身球、柔力球和大众广播体操等培训班 5 期。2007－2009 年，举办体育骨干和社会体育指导员培训班 11 期，培训 860 人次，有 118 人获三级社会体育指导员证书。其间，市体育局联合市教育局举办篮球裁判员培训班，培训全市中小学体育教师 80 人，有 73 人获篮球国家二级裁判员证书。2010 年，举办体育骨干培训班 3 期，其中有 76 名体育骨干参加健身秧歌和排舞培训，获得三级社会体育指导员证书，另有 60 余名老年体育骨干参加养生术和健身球培训。2011－2013 年，举办排舞、太极拳、健身球培训班 8 期，培训体育骨干 620 人。至 2013 年，全市共有国家级社会体育指导员 4 人、一级社会体育指导员 127 人、二级社会体育指导员 116 人、三级社会体育指导员 1118 人。

第四章　竞技体育

第一节　体育学校

文登市竞技体育运动学校　1991 年，文登市业余体校设小学五年级至初中三年级 4 个教学班，在校学生 84 人。1995 年，增设小学三、四年级 2 个教学班，共 6 个教学班，在校生 142 人。1991－1995 年，先后设置篮球、田径、举重、摔跤、柔道、武术和女子足球、跆拳道 8 个项目，建有 11 个运动队。1996 年，更名为文登市竞技体育运动学校（增挂文登市体育中学牌子），副科级单位，纳入九年制义务教育序列，享受市级重点中学待遇。是年，建筑面积 2700 平方米，可容纳 8 个教学班 300 名学生住宿的教学综合大楼竣工投入使用。1997 年，1200 平方米的学生餐厅投入运营。1998 年，为表彰文登体校培养输送的运动员在山东省第十九届运动会上夺得 15.5 枚金牌优异成绩，威海市政府给予记集体三等功奖励。1999 年，增设手球训练项目。2001 年，开办手球中专班。2002 年，增设乒乓球、拳击训练项目。2007 年，增设游泳训练项目。2009 年，迁址市体育公园。新校区建筑面积 1.07 万平方米，办公楼、教学楼、微机室、实验室、阶梯教室、学生公寓、学生餐厅、田径及球类训练场等教学、训练、生活设施一应俱全。2010 年，增设羽毛球、网球训练项目。2011 年，增设排球、橄榄球训练项目。是年，威海市划船、皮划艇水上训练基地落户文登体校，填补了文登市水上船艇训练

项目空白。2013年，增设自行车训练项目。全校共设小学、初中、高中、中专12个教学班，开设田径、篮球、手球、乒乓球、羽毛球、网球、排球、橄榄球、自行车、举重、游泳、摔跤、柔道、拳击、跆拳道、武术散打等训练项目，是一所集体育教学、训练、科研为一体的“三集中”学校。在校学生530人，教职工81人。被国家体育总局评为全国群众体育先进单位，被省体育局先后授予业余训练工作先进集体、十年全面振兴山东体育事业先进单位、县级优秀体育后备人才基地、青少年体育训练先进集体、省优秀体育运动队后备人才（手球）训练基地等称号。

文登市武术学校 创办于1994年，校址位于原口子镇羊马箭处（驻军旧址）。学校内设小学、中学、职业高中、职业中专4个教学部，是威海市首家武术学校。1997年，经威海市政府批准，在原武术学校的基础上，成立文登现代职业学校，是文武双修新型学校。2009年，文登现代职业学校申请终止办学，威海市教育局予以批准。

文登市城北武术学校 1995年，经市教委批准，由文登城北工业总公司与市保安公司联合办学，投资750万元，占地面积2公顷。学校实行以文为主、以武为辅的九年一贯制教育。2006年，因生源不足，停止办学。

第二节 人才输送

1991－1995年，文登市共向上级体校和运动队输送体育后备人才119人，文登一中被省教委确定为山东省培养体育后备人才试点中学。5年间，文登输送的运动员在省级各类比赛中夺得金牌26枚、银牌24枚、铜牌9枚；在全国比赛中获冠军7个、亚军2个、季军1个。丛玉珍在1993年第四届世界田径锦标赛上取得女子铅球第五名的好成绩。1996－1997年，向威海市以上体校及运动队输送学员54人。1998年，向上级体校和运动队输送体育后备人才26人，其中为八一体工队、省柔道队、省水上运动学校、上海体育学院输送体育后备人才4人。市体校被命名为山东省县级优秀体育后备人才基地。1999－2005年，向省及威海市体校和运动队输送体育后备人才209人，其中省级以上21人，被评为山东省体育训练先进集体。2006年，向上输送体育后备人才53人，其中向八一男子、女子手球队各输送2人。2007－2009年，共向上输送体育后备人才123人，其中有36人考入北京体育大学、山东省体育学院等高等院校。输送的运动员在十一届全运会上，孔祥桐获游泳4×200米接力金牌，宋鹏强、周啸林、于亚男获男子手球赛银牌，于晓娜、孙天敏、姜英英、徐蕾获女子手球赛铜牌。运动员刘海文获得全国男子自由式摔跤冠军赛金牌。2010年，向体育学院和省、地体校等输送人才51人。运动员宋斌参加全国田径大奖赛，获男子标枪第一名。2011－2013年，向体育学院和省、地体校输送体育人才195人。其中有46人被吉林大学、中国石油大学、河南大学、西安邮电大学、山东体育学院等高等院校录取。在第十二届全运会上，市体校培养输送的运动员孙承刚在20千米男子团体竞走比赛中，为山东省夺得首枚金牌。23年间，文登市体校向威海市以上体校和运动队输送体育人才830人。

1991－2013年文登市向省级以上体校、体育运动队输送人员（部分）情况表

表31-5

年份	单位	人员
1992	山东省体校	李 刚
1994	八一队	汤华滋、赛宗丽
1995	八一队	于军伟、于晓燕

续表 31-5

年份	单位	人员
1996	八一队	刘　佳
1997	八一划船队	许明飞
1998	山东省自行车队	唐建昊
	山东省体工队	蒋英姿
	山东省体校	曹庆静
1999	山东省体工队	于学林
	山东省体校	吴洪刚
2000	山东省体校	侯　军、侯　芳、孙　娇、刘玉刚
2001	八一队	胡明秀
	山东省体校	于　芳
2003	江苏省手球队	丁大伟、丛海航
	山东省体校	徐　蕾
2004	武汉体工队	于玲玲
	山东省体校	于晓辉、李　佳
	北京市手球队	刘彦坤
2005	山东省划船队	周志刚
	山东省体校	谭　琳
2006	八一队	林　洁
	山东省体工队	宋　斌
2008	山东省体工队	李鹏达、田了卉、高　茜、聂钰垣、张　杰 魏旭超、宋金池、张家宁、王思羽、孔祥桐
2009	山东省体校	沈　璐
2010	浙江广厦青年队	王亚伟
	八一手球青年队	丁军锐
	国家游泳队	李鹏达、宋金池、张家宁、孔祥桐
	八一水球队	张　杰
2011	山东省体工队	薛傅文
	山东省队	孙承刚
	八一橄榄球队	刘经纬
2012	八一摔跤队	宋润泽
	山东省橄榄球队	黄美科
2013	八一橄榄球队	刘晓琳

第三节 体育竞赛

1991－1995年，文登市组队参加威海市体育比赛共计24次，获团体冠军27个、金牌320枚。其间，由文登市输送的运动员在省级各类比赛获奖牌59枚，在全国比赛中获奖牌10枚。1996年，以文登市队员为主组队代表威海市参加山东省跆拳道比赛，获团体总分第一名。1999年，市体委首次承办“宏安杯”全国中学生、业余体校手球联赛，省“力象杯”自由式摔跤锦标赛，反响良好。2001年，参加威海市竞技比赛6次，在20个团体项目比赛中，夺得16个团体冠军，团体名次和金牌总数列威海各市区之首。2003年，市体育局承办威海市摔跤比赛、中学生乒乓球比赛，山东省青少年手球锦标赛，全国少年篮球分区赛女队冠亚军决赛，接待各地运动队35支、运动员360人，比赛取得圆满成功。2004年，经省体育局批准，省手球培训基地落户文登。2005年，在第十届全运会上，文登培养输送的运动员为山东省夺得银牌1枚、铜牌2枚。2007年，威海市举办第一届运动会，文登市派出500余名运动员参赛，夺得专业组金牌总数、团体总分，青少年组金牌总数、团体总分和普通组团体总分5个第一名。2009年，在威海市第二届运动会上，文登代表队600名运动员参加15个大项比赛，获金牌220.5枚、银牌127枚、铜牌68.5枚，奖牌总数416枚，金牌、奖牌总数均列威海各市区之首。2011年，文登市体校划船队在山东省划船锦标赛上夺得4枚金牌、3枚银牌、4枚铜牌，取得团体总分第三名，创威海市划船比赛历史最好成绩。2013年，威海市第四届运动会在文登举行，文登市派出678名运动员参加除射箭外所有项目比赛，包揽该届市运会团体、甲组、乙组、优秀组（输送人才组）金牌数量，以及甲组、乙组奖牌总数、团体总分7个奖项第一名，并获体育道德风尚奖，成为威海市运动会首个大满贯得主。

图31-7 2013年10月18日，威海市第四届运动会开幕式在文登市体育场举行。

1991－2013年文登籍运动员（部分）参加省级及以上体育比赛成绩情况表

表31-6

时间	竞赛地点	姓名	性别	竞赛项目	成绩
1991	印尼万鸦老	毕彩娟	女	第四届亚洲女子举重锦标赛	冠军
	辽宁沈阳	鞠维松	男	全国青年男子篮球锦标赛	冠军
	北京	王旭涛	男	第十一届亚运会赛艇	冠军
1993	德国斯图加特	丛玉珍	女	第四届世界田径锦标赛女子铅球	第五名
1994	河北秦皇岛	李　刚	男	全国青年男子举重锦标赛52千克级	冠军
	卡塔尔	鞠维松	男	亚洲青年男子篮球锦标赛	冠军
	浙江杭州	王旭涛	男	全国赛艇冠军赛单人艇500米	冠军

续表 31-6-1

时间	竞赛地点	姓名	性别	竞赛项目	成绩
1994	四川攀枝花	王旭涛	男	全国赛艇锦标赛单人艇 500 米	冠军
	上海	王旭涛	男	亚洲赛艇冠军赛单人艇 500 米	冠军
1995	山东青州	曹东强	男	全国少年拳击比赛	第三名
1996	美国亚特兰大	丛艳霞	女	第 26 届奥运会手球比赛	第五名
1997	山东济南	鞠维松 李爱军	男	全国男篮甲级联赛	第三名
	北京	张美燕	女	全国青少年场地自行车锦标赛 3000 米团体赛	冠军
	北京	谭伟玲	女	全国青少年自行车锦标赛	冠军
	上海	王旭涛	男	第八届全运会赛艇比赛轻量级双人双桨 1000 米	冠军
	上海	鞠维松	男	第八届全运会男子篮球比赛	第三名
1998	山东潍坊	刘伟伟	女	山东省第十九届运动会女子举重 75 千克级	冠军
	山东潍坊	张美燕	女	山东省第十九届运动会场地自行车 1000 米个人计时赛	冠军
	山东潍坊	杨　哲	男	山东省第十九届运动会田径比赛男子乙组 100 米、200 米	冠军
	山东烟台	于晓娜 孙天敏	女	山东省第十九届运动会女子手球比赛	亚军
	山东烟台	曹东强	男	山东省第十九届运动会拳击 +91 千克级	冠军
	上海	蔡进泉	男	世界中学生田径比赛男子 1500 米	冠军
	山东潍坊	蔡进泉	男	山东省第十九届运动会田径比赛男子 800 米、1500 米	冠军
	泰国曼谷	王旭涛	男	第十三届亚洲运动会男子赛艇比赛轻量级 4 人单桨无舵手	冠军
	山东济南	李爱军 鞠维松	男	中国男子篮球职业联赛	第三名
1999	河南焦作	董建强	男	全国青年男子柔道锦标赛无差级	冠军
	北京	马尚娟	女	全国青年女子柔道锦标赛 63 千克级	亚军
	北京	张美燕	女	全国青少年自行车锦标赛团体赛	冠军
	浙江杭州	李爱军 鞠维松	男	中国男子篮球职业联赛	第三名
2000	广东汕头	于　涛	男	全国青年男子篮球联赛	第三名
2001	河南郑州	于晓娜 孙天敏	女	全国青年女子手球锦标赛	冠军
	北京	蔡进泉	男	全国室内田径锦标赛男子 1500 米	冠军
2002	山东威海	赵佳佳	女	全国自由式摔跤锦标赛暨亚运会选拔赛 67 千克级	亚军
	湖南沅江	许明飞	男	全国赛艇锦标赛男子轻量级双人单桨无舵手 2000 米	冠军
				全国赛艇锦标赛男子轻量级四人单桨无舵手 2000 米	冠军
	韩国釜山	侯秀芬	女	第十四届亚洲运动会田径比赛 4×400 米接力	第三名
	浙江天台	蔡进泉	男	全国田径冠军赛暨大奖赛总决赛男子 1500 米	亚军
	山东济南	蔡进泉	男	山东省第二十届运动会田径比赛男子 800 米	冠军

续表 31-6-2

时间	竞赛地点	姓名	性别	竞赛项目	成绩
2002	山东济南	许　萍	女	山东省第二十届运动会女子举重 +75 千克级	冠军
	山东济南	曹东强	男	山东省第二十届运动会拳击 +91 千克级	冠军
	山东济南	王守东	男	山东省第二十届运动会男子乙组武术棍术比赛	冠军
	山东济南	张珊珊	女	山东省第二十届运动会田径比赛女子乙组 100 米	冠军
	山东济南	于亮丹	男	山东省第二十届运动会男子古典式摔跤 +83 千克级	冠军
	江西南昌	姜丽丽	女	全国青年女子举重锦标赛 +75 千克级	冠军
	北京	王守东	男	全国青少年武术锦标赛武术棍术比赛	冠军
	河北沧州	徐玲云	女	全国女子中国式摔跤锦标赛 74 千克级	冠军
	江西上饶	于晓娜	女	全国女子手球冠军杯赛	第三名
	江苏南京	蒋英姿	男	全国男子柔道锦标赛团体赛	第三名
2003	广东广州	许明飞	男	亚洲男子赛艇锦标赛轻量级四人单桨 2000 米	冠军
	湖南永州	姜丽丽	女	第五届全国城运会女子举重 +75 千克级	亚军
	江西宜春	于晓娜 孙天敏	女	全国青年女子手球锦标赛	冠军
	福建晋江	李爱军	男	全国男子篮球职业联赛	第三名
2004	福建泉州	林松涛	男	全国青少年田径锦标赛 15 岁组 100 米	第三名
	江苏苏州	丁大伟 丛海航	男	全国男子手球锦标赛	第三名
	上海	董建强	男	全国男子柔道锦标赛 100 千克级	第三名
2005	湖北武汉	赵　佳	女	全国女子摔跤锦标赛 63 千克级	冠军
	河南三门峡	于学林	男	全国青年男子篮球联赛	冠军
	江苏南京	侯秀芬	女	全国第十届运动会女子 4×100 米接力	亚军
				全国第十届运动会女子 200 米	第三名
	江苏苏州	丁大伟 丛海航	男	第十届全运会男子手球比赛	第三名
2006	广东广州	丛娇娇	女	全国 BMX 小轮车冠军赛	第三名
	山东烟台	刘玉霞	女	山东省第二十一届运动会女子举重 69 千克级	冠军
	山东威海	林乐萍	女	山东省第二十一届运动会女子摔跤 69 千克级	冠军
	山东烟台	姜丽丽	女	山东省第二十一届运动会女子举重 +75 千克级	冠军
	山东烟台	李　佳	男	山东省第二十一届运动会男子铅球比赛	冠军
	山东烟台	宋　斌	男	山东省第二十一届运动会男子标枪比赛	冠军
	山东烟台	张珊珊	女	山东省第二十一届运动会女子甲组 100 米	冠军
	山东烟台	孙菲菲	女	山东省第二十一届运动会女子自行车比赛	冠军
	江苏苏州	丁大伟 丛海航	男	全国男子手球锦标赛	冠军

续表 31-6-3

时间	竞赛地点	姓名	性别	竞赛项目	成绩
2007	山东烟台	韩志伟	男	全国“娃娃杯”乒乓球比赛男子单打	冠军
	四川乐山	丁大伟 丛海航	男	全国男子手球锦标赛	亚军
	广东佛山	王渊龙	男	全国首届男子空手道锦标赛 65 千克级	第三名
	山东滨州	何　陆	男	山东省拳击锦标赛	冠军
2008	安徽合肥	刘玉霞	女	全国女子举重锦标赛 69 千克级	第三名
	山东青岛	董建强	男	世界男子柔道大奖赛 100 千克级	第三名
	山东威海	于晓娜 孙天敏	女	全国女子手球锦标赛	亚军
	河南许昌	刘海文	男	全国男子自由式摔跤冠军赛 96 千克级	冠军
2009	山东济南	丛娇娇	女	第十一届全运会 BMX 小轮车赛	第三名
	山东济南	孔祥桐	女	第十一届全运会女子游泳 4×200 米自由泳接力	冠军
	山东威海	宋鹏强 周啸琳 于亚男	男	第十一届全运会男子手球比赛	亚军
	山东威海	丁大伟 丛海航	男	第十一届全运会男子手球比赛	冠军
	山东威海	于晓娜 孙天敏 姜英英 徐　蕾	女	第十一届全运会女子手球比赛	第三名
2010	山东淄博	孙承刚	男	山东省第二十二届运动会田径男子 20 公里竞走	冠军
	山东淄博	李鹏达	男	山东省第二十二届运动会男子游泳 50 米、100 米、200 米蝶泳	冠军
				山东省第二十二届运动会男子游泳 4×100 米蝶泳	冠军
	山东淄博	林乐萍	女	山东省第二十二届运动会女子摔跤 65 千克级	冠军
	山东淄博	宋润泽	男	山东省第二十二届运动会男子摔跤 96 千克级	冠军
	山东淄博	孔祥桐	女	山东省第二十二届运动会女子 200 米、400 米、800 米自由泳	冠军
	山东淄博	张家宁	男	山东省第二十二届运动会男子 200 米混合泳	冠军
	山东日照	毕文军	男	山东省第二十二届运动会场地自行车男子甲组 1000 米计时赛	冠军
				山东省第二十二届运动会场地自行车男子甲组 4000 米团体赛	冠军
	山东日照	蒋晓杰	男	山东省第二十二届运动会场地自行车男子乙组 3000 米个人赛	冠军
	山东淄博	何　陆	男	山东省第二十二届运动会男子拳击 60 千克级	冠军
	安徽合肥	宋　斌	男	全国田径大奖赛男子标枪	冠军
	山东日照	董卫枫	男	山东省第二十二届运动会场地自行车男子乙组 1000 米计时赛	冠军
				山东省第二十二届运动会场地自行车男子乙组 4000 米团体赛	冠军

续表 31-6-4

时间	竞赛地点	姓名	性别	竞赛项目	成绩
2010	山东淄博	张杰特	男	山东省第二十二届运动会乒乓球男子甲组双打	冠军
	山东淄博	张飞飞	男	山东省第二十二届运动男子举重 69 千克级	冠军
	山西晋中	丁大伟 从海航	男	全国男子手球锦标赛	冠军
2011	湖北武汉	田子卉	女	全国蹼泳锦标赛	亚军
	广东广州	毕文军	男	全国场地自行车冠军赛男子团体竞速赛	冠军
	江苏苏州	毕文军	男	第七届全国城运赛会男子场地自行车争先赛	亚军
	江西景德镇	郭振宇	男	第七届全国城运会跆拳道比赛男子 +80 千克级	冠军
	山东淄博	郭振宇	男	全国青年跆拳道锦标赛男子 +80 千克级	冠军
	江西瑞金	姜美佳	女	全国青年拳击锦标赛女子 69 千克级	亚军
	重庆万州	宋鹏强 于亚男 李朝鹏	男	全国男子手球冠军杯赛	第三名
	广东广州	从海航 丁大伟	男	全国男子手球锦标赛	冠军
2012	上海	宋鹏强 于亚男 李朝鹏	男	全国男子手球锦标赛	亚军
	上海	从海航 丁大伟	男	全国男子手球锦标赛	冠军
	山东烟台	王思羽	女	全国蹼泳锦标赛女子 200 米双蹼	冠军
				全国蹼泳锦标赛女子 50 米双蹼	亚军
	山东青岛	郭振宇	男	全国青年跆拳道锦标赛男子 +80 千克级	亚军
	湖北武汉	于晓蕾	女	全国青年女子柔道锦标赛 +78 千克级	第三名
	江苏南京	姜美佳	女	全国青年拳击锦标赛女子 69 千克级	亚军
	四川乐山	林燕群	女	全国青年女子手球锦标赛	第三名
2013	安徽合肥	黄美科	女	全国女子橄榄球锦标赛	冠军
	辽宁沈阳	孙承刚	男	第十二届全运会男子竞走 20 千米团体赛	冠军
	广东湛江	王思羽	女	全国春季蹼泳锦标赛女子 200 米双蹼	冠军
				全国春季蹼泳锦标赛女子 50 米、100 米蹼泳	亚军
	北京	蒋晓杰	男	全国场地自行车锦标赛男子 4000 米团体赛	冠军
	重庆	周亚飞	女	全国大学生女子柔道锦标赛 +78 千克级	冠军
	海南澄迈	周亚飞	女	全国青年女子柔道锦标赛 +78 千克级	冠军
	陕西宝鸡	闫初初	女	全国青年女子摔跤锦标赛 72 千克级	第三名
	重庆	宋润泽	男	全国青年男子自由式摔跤锦标赛 96 千克级	冠军
	山东淄博	于龙军	男	全国跆拳道锦标赛男子 63 千克级	冠军
	重庆	王程程	男	全国青年男子自由式摔跤锦标赛 96 千克级	第三名

续表 31-6-5

时间	竞赛地点	姓名	性别	竞赛项目	成绩
2013	陕西宝鸡	王堃铭	女	全国青年女子摔跤锦标赛 72 千克级	冠军
	浙江宁波	张飞飞	男	全国青年举重锦标赛男子 69 千克级	第三名
	广东广州	刘经纬	男	全国男子橄榄球锦标赛	亚军
	辽宁鞍山	丁大伟 丛海航	男	第十二届全运会男子手球比赛	冠军
	辽宁鞍山	李朝鹏 于亚男 宋鹏强	男	第十二届全运会男子手球比赛	亚军

第五章　体育彩票

第一节　彩票销售

1996 年，文登市首次发售中国体育彩票，由省体育彩票管理中心具体组织实施，在市电影院广场举行为期 7 天发售活动，售出体育彩票 160 万元。翌年，市体委独立发售中国体育彩票，全年完成 200 万元发售额度。1999 年，市体委与省体育彩票管理中心共同组织发行中国体育彩票 2 次，售出彩票 450 万元。2000 年，购置体育彩票销售机 6 台，新设电脑体育彩票销售站 6 处。2001 年，新增体育彩票销售站 14 处，全市销售站 20 余处，销售总量 225 万元。2002 年，电脑体育彩票销量 343 万元，是上年的 1.5 倍；同时发行足球世界杯即开型彩票 4.7 万元。2005 年，举办体育彩票销售员培训班 4 期，发放体育彩票宣传材料 10 万份，全年销售额 2596 万元，是上年的 20 倍。2006 年，新上体育彩票终端机 23 台，培训体育彩票销售骨干 100 人次，全年销售体育彩票 1270 万元，列威海各市区之首，被省体育局授予体育彩票工作先进市称号。2007—2009 年，出动宣传车 16 台，进镇入村开展宣传，销售额 6340 万元。2008 年，市体育局在全省体育彩票工作会议上作典型交流发言。2013 年，全市有体彩投注站 62 处，市场占有率 41.92%，销售额 4074.7 万元。

第二节　收益金使用

1999 年，获体育彩票收益金 54 万元，全部用于体育设施添置和维修。2004 年，为基层单位送去价值 8 万余元的体育器材 1 宗。2006 年，投资 27 万元，为北山小区和体育中心健身活动点安装健身器材两套。2007—2009 年，向 436 个村（社区）和基层单位赠送篮球架 286 副、乒乓球台 458 副。2011—2013 年，向 382 个村（社区）和基层单位赠送体育健身器材价值 471.4 万元。

图 31-8　中国体育彩票市区销售站点（2013 年 12 月 3 日摄）

第三十二编

人事劳动与编制管理

1992年始，境内企业实施劳动制度配套改革，打破“铁饭碗”，实行全员劳动合同制，职工工资与企业经济效益挂钩，并逐步建立企业最低工资标准和工资指导线标准。设立劳动力市场，为职工流动与安置新劳动力提供服务。设置劳动争议仲裁、劳动监察等机构，维护企业和职工合法权益。1996年始，推行国家公务员制度。2001年始，机关事业单位新录用人员全部实行公开考试，同时设立人才市场，促进人才引进与流动。2004年，推行事业单位人员聘用制，实行合同制管理。至2013年年末，市直党政群机关工作部门44个，编制1532人；市级事业单位369个，编制9388人；镇（街道）15个，行政编制499人，事业编制562人；全市其他专项编制749人。

2009 年 1 月 14 日，文登市大中专毕业生供需见面会现场。

第一章 人事管理

第一节 机构设置

文登市人事局 1990年，文登市人事局（简称市人事局）内设办公室、干部调配科、工资福利科、退休干部管理科，下设人才开发办公室（1991年12月更名为文登市人才交流服务中心，正科级）。1992年3月，增设科技干部管理办公室。1993年11月，撤销退休干部管理科，增设奖励任免科。1994年6月，增设机关事业社会保险事业处。1995年，有工作人员25人。

2009年，内设办公室（增挂政策调研科牌子）、录用流动科、公务员管理科、工资福利与离退休科、毕业生就业科、行政机构编制科、事业机构编制科（增挂综合计划科牌子）、档案室、人事争议仲裁委员会办公室。辖市人才交流服务中心（正科级，内设人才交流科、人事代理科、市场管理科）、市考试培训中心（副科级，内设考务科）、市科技干部管理办公室（副科级，内设专家管理科）、市军官安置办公室（副科级，增挂自主择业军队转业干部管理服务中心牌子，内设自主择业科）。至年末，有工作人员34人。

文登市人力资源和社会保障局 2010年4月28日，文登市人力资源和社会保障局成立，市人事局、市劳动和社会保障局职责划入市人力资源和社会保障局，不再保留市人事局、市劳动和社会保障局；原与市人事局合署的市机构编制委员会办公室单独设置，列入市委工作机构序列。市人力资源和社会保障局设办公室、政策法规科（增挂行政许可科牌子）、政工科、规划财务科、就业促进科（增挂农民工工作科牌子）、事业单位人事管理科（增挂人力资源市场与人员调配科牌子）、工资福利科、职业能力建设科、劳动关系科（信访科与其合署）、社会保险科、市公务员办公室、市人事争议仲裁委员会办公室（副科级）12个职能科室。行政编制23人，工勤编制3人。7月，市科技干部管理办公室更名为市专业技术人员管理办公室，市军官安置办公室更名为市军官转业安置办公室。11月，设市人力资源和社会保障局信息网络服务中心、市人力资源和社会保障局档案室，市劳动能力鉴定委员会办公室更名为市职业技能鉴定中心（增挂市职业技术培训中心牌子）。12月，将市劳动争议仲裁委员会、市人事争议仲裁委员会整合成立文登市劳动人事争议仲裁委员会。至年末，下设市人才交流服务中心1个正科级事业单位，市医疗保险事业处、市机关事业单位社会保险事业处、市社会劳动保险事业处、市农村社会养老保险事业处、市劳动就业办公室、市劳动监察处、市劳动争议仲裁院、市考试培训中心、市军官转业安置办公室和市专业技术人员管理办公室10个副科级事业单位。

2013年3月，市劳动监察处更名为市劳动保障监察大队。4月，市农村合作医疗管理办公室由隶属市卫生局调整为隶属市人力资源和社会保障局，与社会保险服务中心合署办公。10月，撤销市农村合作医疗管理办公室；市公费医疗管理办公室由隶属市卫生局调整为隶属市人力资源和社会保障局，为市社会保险服务中心内设科室；成立市社会保险基金稽查中心，隶属于市人力资源和社会保障局，为正科级事业单位。至年末，市人力资源和社会保障局有在编工作人员175人。内设办公室、政策法规科、政工科、规划财务与社会保险基金监督科、就业促进科、事业单位人事管理科、工资福利科、职业能力建设科、劳动关系科、社会保险科、市公务员办公室11个职能科室。下设市人才交流服务中心、市社会保险服务中心、市社会保险基金稽查中心3个

正科级事业单位，市劳动就业办公室、市居民养老保险事业处、市专业技术人员管理办公室、市考试培训中心、市军官转业安置办公室、市劳动人事争议仲裁院、市劳动保障监察大队 7 个副科级事业单位，市职业技能鉴定中心（增挂市职业技术培训中心牌子）、市人力资源和社会保障局信息网络服务中心、市人力资源和社会保障局档案室、市人力资源和社会保障热线服务中心 4 个股级事业单位。

第二节　干部管理

干部来源

选聘　1993 年始，在企事业单位推行干部聘用制度，每年下半年集中组织 1 次，坚持年轻化、知识化，对艰苦岗位、作出重大贡献的人员择优聘用。1994 年，根据《文登市党政群机关吸收工作人员实行录用制的规定》，工商、政法机关、镇机关、市直机关先后通过考选录用工作人员 230 人。至 1995 年，全市共聘用干部 5010 人。

1996 年，继续在市直部门聘用具有大专以上学历的优秀青年充实到乡镇机关，1997 年，首次推行聘用考选制，两年聘用干部 864 人。

1999 年，根据省委组织部、省人事厅《关于补充乡镇机关干部实行选任制和聘用制几个问题的通知》，为全市 60 名乡镇选聘合同制干部办理录干手续；根据省教委《关于择优录用国家统一招生计划内招收的自费、电大和函授普通专科班毕业生的通知》，为全市 46 名 1997 年计划内自费毕业生办理录干手续。

2000 年，为 4 名乡镇选聘合同制干部办理录干手续，为 96 名 1997 年、1999 年计划内自费毕业生办理录干手续，为污水处理厂考选 28 名工作人员。

公开招考　2001 年，本着凡进必考和择优录用原则，机关事业单位新录用人员全部实行公开考试考核。是年，领导干部任期经济责任审计办公室、公安局、民营经济办公室、市委党校和农林水、卫生等机关事业单位通过考选录用工作人员 77 人。

2002—2006 年，全市公开招考录用国家公务员和机关工作人员 201 人。2007—2013 年，全市公开招考录用公务员 342 人，公开招聘事业单位工作人员 975 人。

接收大中专毕业生　1997 年，根据《山东省人民政府办公厅关于明确大中专毕业生和毕业研究生就业分配管理工作分工的通知》，非师范类大中专毕业生分配工作移交人事部门，自此，全面开放分配市场。是年，全市接收分配大中专毕业生 1443 人，工作经验在全省人才工作交流会上推广。

1999 年，全市接收非师范类毕业生 2863 人。大中专毕业生就业制度完成由计划分配到市场化配置转变，逐步建立起学校和有关部门推荐、毕业生和用人单位双向选择的毕业生就业制度。是年始，非师范类大中专毕业生就业派遣期由一年延长至两年，2003 年延长至三年，三年内落实单位的毕业生，由毕业生就业主管部门负责派遣介绍就业，超过派遣期仍未就业的毕业生，其档案及人事关系转到人事部门所属的人才服务机构。

2007 年，根据省人事厅《关于组织开展高校毕业生到农村基层从事支教、支农、支医和扶贫工作的实施办法》，文登市组织实施“三支一扶”计划，2007 年、2008 年和 2009 年分别招募“三支一扶”大学生志愿者 13 名、16 名和 46 名，每年招募人数均居威海市前列。

2012 年，建立返乡毕业生就业信息库，做到毕业学校、毕业时间、学历及专业、技能水平、就业愿望、培训意愿、家庭情况及就业去向、联系方式等“九清”，毕业生报到、落户、就业“一站完成”。

1997－2013年文登市大中专毕业生就业情况表

表32-1　　单位：人

年份	报到人数	就业人数						就业率
		总数	博士	硕士	本科	专科	中专	
1997	1443	1327	0	0	56	143	1128	91.96%
1998	1660	1560	0	2	96	176	1286	93.97%
1999	2863	1922	0	0	118	217	1587	67.13%
2000	1438	1044	0	0	78	121	845	72.60%
2001	507	428	0	0	65	131	232	84.42%
2002	521	442	0	0	75	154	213	84.84%
2003	623	514	0	0	136	159	219	82.50%
2004	817	685	0	3	184	182	316	83.84%
2005	944	780	0	5	356	245	174	82.63%
2006	961	812	0	8	331	267	206	84.50%
2007	740	633	0	1	316	284	32	85.54%
2008	829	731	0	6	347	339	39	88.18%
2009	953	844	1	22	446	357	18	88.56%
2010	1011	1003	3	31	473	496	—	99.21%
2011	1162	1309	1	52	424	832	—	112.65%
2012	807	798	1	13	263	521	—	98.88%
2013	1073	1051	0	80	455	516	—	97.95%

军队转业干部安置　1998年前，军队转业干部按照专业对口原则，实行指令性计划分配。1999年始，采取考试考核办法安置，公开报考安置职位，公开考试考核范围、标准和程序，公开考试考核成绩，公开安置结果。

1991－2000年，全市共接收安置军队转业干部304人。其中，机关事业单位252人，占82.89%；企业单位52人，占17.11%。

2001年始，转业干部实行计划分配与自主择业相结合。根据省统一要求，对分配到机关的军转干部进行公务员过渡考试，为自主择业的军转干部核定住房补贴、医疗保险，并协调有关单位及时发放到位；对当年自主择业军转干部的退役金进行核定。

2001－2013年，全市共接收军转干部317人。其中，计划分配242人，自主择业75人。

1991－2013年，全市共接收团职干部62人，均落实相应职务。

1991—2013年文登市机关事业单位安置军转干部情况表

表32-2　　单位：人

年份	合计	机关	事业	企业	自主择业	年份	合计	机关	事业	企业	自主择业
1991	17	4	9	4	—	2003	21	10	8	0	3
1992	10	3	2	5	—	2004	43	27	6	0	10
1993	31	9	10	12	—	2005	40	27	2	0	11
1994	20	6	8	6	—	2006	34	28	3	0	3
1995	29	10	19	0	—	2007	23	18	2	0	3
1996	23	12	7	4	—	2008	31	19	5	0	7
1997	33	17	9	7	—	2009	28	18	0	0	10
1998	28	10	17	1	—	2010	12	8	1	0	3
1999	71	40	19	12	—	2011	11	6	0	0	5
2000	42	25	16	1	—	2012	23	11	4	0	8
2001	22	15	3	0	4	2013	22	14	3	0	5
2002	7	4	0	0	3						

干部队伍　2013年，全市共有干部12814人。其中党员干部6419人，占50.09%；大中专以上学历干部12155人，占94.86%；女性干部5995人，占46.78%；45岁以下年龄的干部8404人，占65.58%；干部人数呈下降趋势，比1995年的16436人减少22.04%。

1991—2013年文登市干部总数情况表

表32-3　　单位：人

年份	干部人数	年份	干部人数	年份	干部人数	年份	干部人数
1991	…	1997	19113	2003	16704	2009	12432
1992	…	1998	19554	2004	16779	2010	12698
1993	…	1999	19373	2005	16698	2011	12461
1994	…	2000	18010	2006	16678	2012	12502
1995	16436	2001	17469	2007	14509	2013	12814
1996	…	2002	17134	2008	13584		

推行国家公务员制度

准备工作　1992年，全市举办4期干部培训班，对新录用的143名机关工作人员和大中专毕业生进行系统的岗前培训。1993年，举办国家公务员制度培训班1期，培训人员2908人。1994年，举办宏观经济管理培训班2期，培训人员2928人。1994年始，机关事业单位工作人员实行考核制度，确定优秀、称职、不称职（事业单位为优秀、合格、不合格）3个等次。1994年8月4日，市委印发《文登市党政群机关事业单位辞退工作人员暂行办法》，至1995年，共辞退机关工作人员4人、事业单位工作人员11人，其经验

在全省考核、辞职辞退工作会议上交流。

过渡范围　1996年，对参与国家公务员过渡部门和人员进行范围界定，确定16个市直党政群部门、35个市直行政职能部门和21个镇的党政群机关作为首批过渡部门；对过渡部门人员按照“三不”（工勤人员不参与过渡，除市委、市政府任命外非干部身份而在干部岗位工作的人员不参与过渡，当年达到离退休年龄的干部不参与过渡）原则进行登记审查，确定1760人为首批过渡对象，其中拟过渡为国家公务员1244人，拟过渡为机关工作者516人。

职位分类　市直部门根据机构改革“三定”（定机构、定职能、定编制）方案，进行职位设置，编写职位说明书，该项工作1996年11月完成。镇机关职位设置，由市编委统一编制乡镇机关职位设置图，共设职位37个，其中必设职位29个，选设职位8个（依据机构改革确定编制时，最小镇为29人，最大镇为37人），各镇结合实际编制职位说明书，该项工作1997年6月中旬完成。

人员过渡　1996年，全市首批参加过渡人员进行考试，除3人不及格外，其余均顺利通过考试；12月末，结合年度工作考核，采用民主评议、领导评价、工作实绩考核相结合方法，组织过渡考核，全部达到合格标准。

人员选配　1996年12月，全面推行竞争上岗、双向选择、职位轮换、回避等制度。市直部门243个中层岗位，除任职时间较短且考核称职的92名工作人员和工作性质特殊、不宜竞争（如微机室、秘书科等）的11个岗位外，余下140个岗位均实行竞争上岗，占中层职位总数的66%。通过竞争上岗，有11名一般工作人员走上科室负责人岗位，有15名原科室副职走上正职岗位，有7名原科室负责人落选，有11名原科室负责人自动放弃竞争或提前离岗。一般工作人员除岗位特殊外，全部实行双向选择。通过双向选择，有151人调整科室。市直机关中层干部和特殊岗位人员在轮换范围均进行轮换，有344人轮换岗位，占轮换范围人员总数的74%。市法院、检察院、工商、税务系统中有398人进行轮岗。1997年，市公安系统实行岗位轮换经验做法被中央电视台《焦点访谈》栏目报道后，人事部在全国推广。

人员分流　公务员过渡期间，严格执行上级政策，为9名符合规定条件、本人要求提前退休人员办理了退休手续。3名过渡考试不合格者，有2人分流到事业单位，1人办理退休手续。

公务员登记　全市公务员登记2006年12月8日开始，2007年7月结束。全市符合登记条件并予以登记人员1867人，暂缓登记人员45人，不予登记人员160人。2009年，继续做好公务员登记后续工作，对2007年7月后新调整到公务员岗位且符合登记条件人员进行详细摸底排查，为符合登记条件的99人办理补登手续，对2007年登记时填写不规范、内容缺漏的647份公务员登记表进行重新校正、修改。2009年8月，市委组织部、市人事局联合印发《关于公务员登记的通知》，明确规定以后公务员登记实行所在单位随时上报、组织人事部门随时报批制度，公务员登记工作走向规范化。

参照公务员法管理　2007年10月，按照上级部署开展参照公务员法管理相关工作，全市有165个事业单位申请参照公务员法管理。经省委组织部、省人事厅批准，市委党史研究室、党校、党员电化教育中心、台湾工作办公室、老龄工作委员会办公室、体育局、旅游局、畜牧局、农业机械管理局、中小企业局、地震局、劳动争议仲裁委员会办公室、劳动监察处、国土资源执法大队、安全生产监察大队、供销合作社联合社等事业单位参照公务员法管理。2008年8月，组织列入参照公务员法管理事业单位非工勤技能岗位人员参加威海市统一组织的参照公务员法管理登记资格考试，有165人完成参照公务员法管理登记。至2013年，全市参照公务员法管理的事业单位有16个。

奖励和惩戒

奖励　1987年始，机关事业单位推行机关目标管理责任制。每年年初，市委、市政府印发文件，公布目标管理责任制实施方案，包括责任

制、考核制、奖惩制3部分。按照《山东省国家公务员奖惩试行办法》，个人奖励分为授予先进工作者称号、记功、记大功、晋级、通令嘉奖、授予劳动模范称号6种；集体奖励分为授予先进集体、通令嘉奖2种。奖励一般年终进行。1996年推行国家公务员制度后，公务员奖励按照《国家公务员奖励暂行规定》实施，坚持精神奖励和物质奖励相结合，以精神奖励为主的原则，分为嘉奖、记三等功、记二等功、记一等功、授予荣誉称号。县级市奖励多为嘉奖和记三等功。1998年始，执行《山东省党政奖励表彰规定》。2006年《中华人民共和国公务员法》颁布实施后，干部奖励依据公务员法第八章的规定执行。

1991—2013年文登市机关事业单位奖励情况表

表32-4

年份	先进集体（个）	先进个人（人）	年份	先进集体（个）	先进个人（人）
1991	45	961	2003	96	734
1992	—	—	2004	83	778
1993	385	2619	2005	85	818
1994	361	2608	2006	80	672
1995	531	2699	2007	78	697
1996	524	2488	2008	96	703
1997	469	2552	2009	96	711
1998	544	2599	2010	109	752
1999	566	2421	2011	115	779
2000	98	729	2012	112	826
2001	58	671	2013	103	808
2002	81	748			

说明：1992年未表彰。

惩戒 1991—2004年，文登市惩戒干部先后按照《国家公务员暂行条例》《关于国家公务员纪律惩戒有关问题的通知》《关于山东省国家行政机关、事业单位工作人员纪律惩戒有关问题的通知》要求执行。2005年4月27日始，执行《中华人民共和国公务员法》，对公务员的处分分为警告、记过、记大过、降级、撤职、开除6种。2007年4月22日始，执行国务院《行政机关公务员处分条例》。1991—2013年，全市给予政纪处分87人。其中，警告21人，记过10人，记大过9人，降级7人，撤职16人，开除16人，免予纪律处分8人。

干部离退休 干部达到规定年龄，人事部门按照相关政策及管理权限为其办理离退休手续。2013年，全市有离退休干部7655人，其中离休干部672人。

第三节 专业技术人员管理

职称评聘 1992年始，文登市专业技术职务评聘工作步入经常化、规范化、科学化轨道。按照专业技术职务试行条例所规定的基本任职条件，每年评审1次。1992—1995年，全市共评审4次，评出正高级职称7人、副高级职称584人、中级职称4633人、初级职称3414人。

1996—1997年，做好专业技术岗位设置工

作，共审批设置高级岗位582个、中级岗位3610个、初级岗位8918个，做到因事设岗，以岗定责。对市属以上企事业单位及在乡镇企业工作具有国家干部身份的专业技术人员，按个人总结、民主评议、组织考核、主管部门审核、职改部门审批的程序，以德能勤绩为主要内容普遍进行任期届满考核，严格按设置的专业技术岗位实行限额竞争上岗聘任。

2000年，职称评聘坚持公开专业技术岗位数、公开申报人述职、公开任职条件、公开申报人的评审材料、公开推荐办法、公开推荐人员名单。2001年，实行专业技术职务评聘分开制度，改变委托主管机构具体操作的做法，按任职条件评审资格，按岗位需要聘任职务。2002年始，按照个人申报、单位使用、政府指导的思路，进一步规范个人申报、民主评议推荐、单位审查、主管部门审核呈报、人事部门组织评审的社会化评审程序。

2010—2013年，共组织1267人申报专业技术职务，有1124人取得相应专业技术资格。其中，正高级职称17人，副高级职称145人，中级职称338人，初级职称624人。

1996—2013年文登市专业技术人员职称评审取得资格情况表

表32-5　　单位：人

年份	正高	副高	中级	初级	合计	年份	正高	副高	中级	初级	合计
1996	1	685	139	284	1109	2005	4	260	604	383	1251
1997	0	56	548	658	1262	2006	5	134	408	223	770
1998	5	250	663	2238	3156	2007	6	163	179	159	507
1999	3	203	455	376	1037	2008	5	82	120	93	300
2000	5	283	572	655	1515	2009	1	19	40	148	208
2001	2	284	534	506	1326	2010	5	40	82	150	277
2002	6	192	474	543	1215	2011	1	38	111	196	346
2003	6	208	556	501	1271	2012	4	25	61	132	222
2004	8	240	497	446	1191	2013	7	42	84	146	279

资格考试　1993年始，实行职称外语全省统一考试制度，每年进行一次，考试级别为副高级、中级。1995年，增加正高级。1999年始，实行全国专业技术人员职称外语等级统一考试，考试级别分为A、B、C三个等级。2002年始，在全国推行专业技术人员计算机应用能力考试，其考试成绩作为评聘专业技术职务的条件之一。专业技术资格考试和执业资格考试均实行全国统一考试制度。2013年，全市有669人报名分别参加经济、审计、统计、质量、计算机技术与软件、卫生等专业技术资格考试，有458人报名分别参加一级建造师、造价工程师、执业药师、社会工作者、注册税务师、监理工程师、房地产估价师等19项执业资格考试。

2004—2013年文登市专业技术资格考试报名情况表

表32-6　　单位：人

专业＼年份	2004	2005	2006	2007	2008	2009	2010	2011	2012	2013
卫生	0	0	80	160	275	241	247	343	302	304

续表 32-6

专业 \ 年份	2004	2005	2006	2007	2008	2009	2010	2011	2012	2013
经济	203	165	165	80	145	120	146	221	194	327
审计	11	28	21	11	12	6	6	14	20	25
统计	9	6	10	9	0	3	7	4	5	9
质量	5	0	15	31	50	20	4	7	5	4
计算机技术与软件	2	0	3	1	2	0	0	0	0	0

2004—2013年文登市执业资格考试报名情况表

表 32-7　　单位：人

专业 \ 年份	2004	2005	2006	2007	2008	2009	2010	2011	2012	2013
一级建造师	76	0	59	14	0	0	15	44	90	127
造价工程师	0	0	0	0	25	0	24	20	18	19
执业药师	41	38	35	25	31	33	34	43	39	150
社会工作者	0	0	0	0	49	0	0	8	5	8
注册税务师	17	0	12	8	14	25	17	20	22	27
监理工程师	0	0	0	0	47	49	3	5	5	8
环境评价影响工程师	0	0	0	0	0	0	4	8	15	18
注册咨询工程师	1	0	0	3	7	2	2	3	1	2
注册安全工程师	0	0	2	1	2	7	2	8	12	20
注册测绘师	0	0	0	0	0	0	18	18	16	13
物业管理师	0	0	0	0	0	0	0	32	28	21
价格鉴证师	1	1	0	8	7	2	5	4	4	5
注册资产评估师	3	4	2	2	3	4	3	3	0	2
房地产估价师	12	11	10	8	0	8	0	7	0	4
房地产经纪人	4	2	1	0	0	0	0	2	0	1
招标师	0	0	0	0	0	19	3	3	5	9
注册城市规划师	0	0	0	0	0	0	1	2	2	3
勘察设计注册工程师	0	3	7	4	0	4	7	9	10	21
企业法律顾问	0	1	4	0	0	2	0	0	0	0

第四节　干部工资与福利

工资　1993年10月1日始，全市进行机关事业单位工资制度改革，分别建立起机关和事业单位不同的工资制度。

机关工作人员（工勤人员除外）实行职务级别工资制度（简称职级工资制）。其工资按不同职能，分为职务工资、级别工资、基础工资和工龄工资。事业单位工作人员工资制度按全额拨款、差额拨款、自收自支三种不同类型实行不同的管理办法。在工资构成中，其固定部分分别为

70%、60%、50%，活的部分分别为30%、40%、50%。根据事业单位工作特点不同，专业技术人员分别实行专业技术职务等级工资制度和专业技术职务岗位工资制度。在工资构成上，分为专业技术职务工资和津贴两部分。事业单位管理人员，实行职员职务等级工资制。在工资构成上，主要分为职员职务工资和岗位目标管理津贴两部分。

2006年7月，新一轮工资改革开始。列入公务员法实施范围的机关和经批准参照公务员法管理的单位中工勤人员除外的工作人员（2006年7月1日在册）实行职级工资制，基本工资由职务工资和级别工资构成。2006年7月1日始，公务员年度考核累计两年称职及以上的，从次年1月1日起在所任级别对应工资标准内晋升一个工资档次；年度考核累计五年称职及以上的，从次年1月1日起在所任职务对应级别内晋升一个级别，级别工资就近、就高套入晋升后级别对应的工资标准。

事业单位岗位绩效工资由岗位工资、薪级工资、绩效工资和津贴补贴组成，其中岗位工资和薪级工资为基本工资。2006年7月1日始，年度考核结果为合格及以上等次的工作人员，每年增加一个薪级工资，从次年1月1日起执行。

福利

年休假　1991年8月3日，省委、省政府对全省党政机关、人民团体和企事业单位工作人员休假问题重新作出规定，文登市参照执行。工作年限满5年不满15年，每年休假10天；满15年及以上，每年休假14天。休假期包括公休日（星期日），但不包括法定节假日和国家规定的探亲假、产假等。

2004年4月14日，威海市委组织部、威海市人事局印发《关于市直机关事业单位工作人员年休假的通知》，文登市执行其规定：享受年休假的范围和对象为市直机关、事业单位（不含实行寒暑假制度的单位）工作年限满5年以上的工作人员。参加工作满5年不满15年，每年可休假10天；满15年及以上，每年可休假14天。休假期包括公休日（星期六、星期日），不包括法定节假日和国家规定的探亲假、产假等。享受省部级以上劳动模范待遇并保持荣誉者，休假期可增加5天。

2008年9月，文登市委组织部、文登市人事局印发《关于落实机关事业单位工作人员带薪年休假的通知》，工作人员累计工作满1年不满10年，年休假5天；满10年不满20年，年休假10天；满20年，年休假15天。国家法定休假日、休息日不计入年休假假期。

病假　根据威海市委组织部、威海市人事局2003年8月18日印发的《关于机关事业单位工作人员病退和病休期间待遇问题的通知》，文登市机关事业单位伤病残人员，不符合退休、退职条件，经医院证明不能坚持正常工作、所在单位批准休养者，其病假期间工资发放比例为：病假2个月内，发给原工资；病假超过2个月，从第3个月起，工作年限不满10年，发给工资90%，工作年限满10年，工资照发；病假超过6个月，从第7个月起，工作年限不满10年，发给工资70%，工作年限满10年，发给工资80%。工作人员病休期间，继续享受所在单位生活福利。工作人员病假超过6个月以上时间不计算连续工龄。

丧葬费　2004年，威海市财政局印发《关于修订行政事业单位职工丧葬费补助标准的通知》，文登市执行其规定。国家机关、民主党派、人民团体、事业单位的干部职工（包括离退休职工）去世后，不分职务级别，丧葬费补助标准为每人1000元，包干使用，节约归家属。举行追悼会费用由死者生前所在单位据实报销。

抚恤金　1993年始，文登市计发一次性抚恤金的规定为：国家机关在职人员死亡后，分别按下列工资项目之和计发，实行职级工资制人员，为死者职务工资、级别工资、基础工资、工龄工资；事业单位在职人员死亡后，计发基数为死者生前最后一个月职务（技术等级）工资与按规定比例计算的津贴之和。

2006年工资制度改革后，文登市计发一次性抚恤金的规定为：国家机关在职工作人员死亡，按死者生前最后一个月基本工资为基数计发，公务员，为死者职务工资和级别工资之和；事业单

位工作人员死亡后，计发基数为死者生前最后一个月基本工资，即岗位工资和薪级工资之和。

遗属生活困难补助 1996年10月，文登市遗属生活困难补助标准为：居住在设区的省辖市（区）的（居住地以户口所在地为准，下同），每人每月补助90元；居住在县（市）城镇的，每人每月补助80元；居住在乡镇农村的，每人每月补助70元。其中，土地革命战争时期、抗日战争时期、解放战争时期参加革命工作死者的配偶和无其他子女的父母，可在当地标准基础上，再分别增加30元、20元和10元。因公牺牲人员遗属及孤独单身遗属，可在当地标准基础上，每人每月再提高10元。

1999年12月，对机关事业单位工作人员死亡后遗属生活困难补助办法作出相应调整，工作人员因公牺牲或者参加工作满5年病故后，从去世下月起，对依靠死者生前供养、生活确有困难亲属，由死者原工作单位定期发给遗属生活困难补助。符合生活困难补助条件的遗属，系非农业户口的，每人每月补助标准按户籍所在地政府公布的城镇居民最低生活保障线标准执行；系农业人口的，每人每月补助标准按户籍所在地政府公布的农村村民最低生活保障线标准的150%执行。遗属生活困难补助标准，随城乡居（村）民最低生活保障线标准的调整相应进行调整。死者系因公牺牲并被授予烈士称号的，其遗属生活困难补助标准在原基础上提高50%。中华人民共和国成立前参加革命工作死者的遗属，其遗属生活困难补助标准在原基础上提高30%。因公死亡人员遗属及孤独单身遗属，其遗属生活困难补助标准在原基础上提高20%。死者生前其父母分别由死者及兄、弟、姐、妹共同供养的，其遗属生活困难补助由死者原所在单位按规定补助标准的50%发给，不足部分由死者兄、弟、姐、妹共同分摊负担。工作人员死亡后，对随住城市家属，本人要求回农村居住的，安家有困难的，可酌情发给300～500元安家补助费。夫妇双方参加工作，一方牺牲或病故，另一方月基本工资在550元以下的，不负担遗属子女生活困难补助费；超过550元的部分扣除二分之一负担遗属子女生活困难补助费；对仍然达不到上述标准的，其差额部分由死者生前所在单位给予补助。死者配偶改嫁或另娶后，其生活补助费即行取消。机关事业单位离退休人员死亡后，其遗属生活困难补助比照在职人员规定执行。

2005年，遗属系普通高校、中专、技校在校学生（不包括硕士、博士、研究生），可列入定期遗属生活困难补助范围。对符合生活困难补助条件的遗属，不分农村居民、城镇居民，每人每月补助标准均按户籍所在地政府公布的城镇居民最低生活保障线标准执行。

2012年6月1日，对符合生活困难补助条件的遗属，不分农村居民、城镇居民，每人每月补助标准按户籍所在地政府公布的城镇居民最低生活保障线标准的150%执行。

第五节　人才流动与人才市场

人才流动

人才引进 1991—1995年，文登市实施人才兴市战略，通过举办人才交流大会、发联系函、组团外出招聘等方式，共引进各类专业技术人才1003人，其中高级职称47人、中级职称301人，博士1人、硕士5人、本科毕业生381人。

1996—1997年，市人事局先后8次组团参加山东省和威海市举办的人才交流会，并深入各类大中专院校招聘引进紧缺人才，共引进硕士2人，本科毕业生67人。1999年，市政府印发《文登市引进高层次人才暂行规定》。2001—2003年，全市引进高层次人才10人。2006年，引进硕士以上高层次人才11人。2007年，市政府印发《文登市引进高层次人才若干规定》，是年引进高层次人才11人。2009年，威力工具有限公司、天润曲轴股份有限公司等骨干企业引进博士1人、硕士22人。

2010年，市人力资源和社会保障局先后组织58家企业赴省内外高校集中招聘紧缺人才，组团参加第六届“海洽会”，是年引进硕士学位以上人才50人。2012年，市政府印发《文登市高层次人才奖励办法》，最高奖金为20万元；引进的

汪峻峰博士被省政府评为省引进海外高层次创业人才，同时获“泰山学者”海外特聘专家称号。2013年，组织骨干企业参加山东半岛蓝色经济区第二届高端人才项目招聘洽谈会、清华大学首场招聘会、威海市蓝色经济区人才专场招聘会等各类招聘活动120场，参加企业200家次，提供就业岗位7200个，引进各类人才3000余人，其中硕士学位以上人才90余人。

人事代理 1996年始，文登市推行人事代理制度。市人才交流服务中心对职工调动手续的办理、档案工资核定标准的确定、养老保险基金的转移、职称评审、户粮关系、计划生育等代理事项提供全方位服务。1998年，为32个单位300名专业技术人员办理人事代理手续，管理流动人员档案2700份，为1825人代办职称评聘、转正定级、档案工资调整等手续。2004年，为142人办理工资核定手续，为67人办理职称确认手续，为31人办理政审，为45人出具婚姻登记证明，为176人办理户口迁移手续，全年新增代理人员710人，代理总人数达3846人。

2007－2009年，市人才交流服务中心优化、细化代理服务，拓展代理范围，推行卫生系统临时雇佣人员全员代理。2007年，新增代理人员380人，至年末代理总数为2470人。2008年，新增代理人员550人，至年末代理总数为2768人。2009年，新增代理人员382人，至年末代理总数为2857人。2010－2013年，新增代理人员5551人，为108人办理退休手续。

人才市场 2001年9月，文登市人才市场成立，位于文山路7号，与劳动力市场合用办公场所，使用面积1200平方米。交流大厅设开放式服务台，配备大型电子屏幕、电子媒板和触摸屏等先进办公设施，设招聘摊位40个，能容纳近千人求职交流，其规模居全省县级市首位。当月，举办毕业生供需见面会，40余家招聘单位进场招聘，经双向选择，有267名毕业生与用人单位达成就业意向，为企业招聘人才230人。

2002年5月，文登人才网站开通，成为省内第一家拥有网上人才市场的县级单位。2004年，组织70家单位参加各级供需见面会，达成就业意向2200人。2006年，390家企业、6800人次入场交流，780人与企业达成就业意向。2009年，文登人才网举办网上人才交流会2次，全年发布招聘信息310条，800人在网上发布求职信息，达成就业意向300人。文登人才网实现与国家人才网、省人才网及山东大学、烟台大学等100余家高校毕业生就业信息网联网贯通。

2010年，市人才市场和劳动力市场合并为市人力资源市场，位于世纪大道84号，使用面积1500平方米。是年，进场招聘企业307家，提供岗位20800个，进场求职27120人，洽谈成交11560人，获省级示范人力资源市场称号。2011年，进场招聘企业213家，提供岗位11936个，进场求职17600人，洽谈成交9090人。2012年，进场招聘企业341家，提供岗位14041个，进场求职9470人，洽谈成交7067人。2013年，进场招聘企业190家，提供岗位8808个，进场求职7755人，洽谈成交6969人。

第二章 劳动管理

第一节 机构设置

文登市劳动局 1991－1995年，市劳动局内设计划科、调配科、工资福利科、安全监察科、办公室。1995年4月，增设劳动监察处，与劳动争议仲裁委员会办公室（1988年10月设立）合署办公。辖技工学校、劳动保险事业处、劳动服务公司、锅炉压力容器检验所、劳动就业培训中心5个事业单位和文登市电机厂、文登市劳动物资公司、

文登市劳动物资贸易公司、文登市劳动物资协作公司、文登市老年实业开发处5个企业单位。文登市老龄工作委员会办公室隶属于文登市劳动局。至年末，文登市劳动局有干部职工946人（含企业）。

1999年7月24日，原人事局所属市机关事业单位社会保险事业处、卫生局所属市机关事业单位医疗保险事业处、民政局所属市农村社会养老保险事业处、市体改委所属职工医疗办公室划归劳动局。至年末，有工作人员131人。

文登市劳动和社会保障局 2000年1月11日，文登市劳动局更名为文登市劳动和社会保障局。设办公室、计划科、调配科、工资福利培训科、劳动安全监察科、劳动争议仲裁委员会办公室和劳动监察处。原属劳动局管理的文登市技工学校划归文登市教育委员会管理。10月13日，安全监察科撤销，其职能归属市经济委员会；文登市锅炉压力容器检验所成建制移交市技术监督局。至年末，有工作人员118人。2002年，文登市老龄工作委员会办公室划归文登市民政局。

2007年，文登市劳动和社会保障局设办公室、劳动规划工资科、培训就业科、养老失业保险科、医疗保险科。辖劳动争议仲裁委员会办公室、劳动监察处、劳动就业办公室、社会劳动保险事业处、机关事业单位社会保险事业处、职工医疗保险事业处、农村社会养老保险事业处、劳动就业培训中心8个副科级事业单位和劳动能力鉴定委员会办公室1个股级事业单位，有工作人员129人。2007年11月，文登市职工医疗保险事业处更名为文登市医疗保险事业处，增加城镇居民基本医疗保险业务。2008年4月，劳动就业培训中心改制为股份制企业，更名为劳动大厦有限公司。2009年3月30日，劳动争议仲裁委员会办公室更名为劳动争议仲裁院。至年末，有工作人员107人。2010年4月，与市人事局整合划入文登市人力资源和社会保障局。（详见第一章第一节）

第二节 劳动制度综合配套改革

1992年3月，市劳动部门简政放权，将职能由管理转向服务。下放企业用工自主权，企业可根据生产经营需要，自定招工时间、条件、方式、数量，通过新闻媒介，随时自主招收新工人；下放工人调配权，市属企业职工在市属企业之间调动，不分全民集体及其他所有制性质，由企业直接办理调动手续；下放工资核定审批权，凡设立劳资科或配备专兼职劳资干部的主管部门，对新招、转招工人的转正定级、市内职工企业之间调动变岗工资可直接审批。同时改革工资总额提取办法和效益工资审批手续。是年4月30日，市政府印发《文登市劳动制度综合配套改革实施意见》《文登市企业实行全员劳动合同制试行办法》《文登市企业招用工人试行办法》《文登市企业职工待业保险试行办法》《文登市计划内临时工社会养老保险暂行办法》5个规范性文件；5月8日，全市劳动制度综合配套改革动员大会召开，确定市曲轴厂、市百货大楼、市制革厂、市丝绸工业（集团）公司4个企业为第一批全员劳动合同制度试点企业；7月，确定8个实体公司为第二批试点单位；10月，召开全市实行全员劳动合同制度动员大会，全面推行全员劳动合同制度。至1994年1月1日，全市市属企业全部实行全员劳动合同制度。1995年12月始，全员劳动合同制度改革向镇办企业、私营企业、外商独资企业延伸，用工实行新办法，企业主管部门在劳动局下达的增人总指标内，自主安排招工计划，招工简章报市劳动局批准后，可随时按择优录用原则自主面向社会公开招收新工人。扩大企业分配自主权，实行企业分配与经济效益挂钩，职工收入与技术水平和劳动成果挂钩，逐步打破分配上的“大锅饭”，建立起多劳多得、少劳少得、岗位靠竞争、报酬靠贡献的分配制度。

第三节 劳动就业

1991—1995年，全市职工队伍不断发展壮大。5年转招农民合同制工人15219人，农民合同制工人转山东省地方城镇户口6525人；办理1959年年底前参加工作老职工子女农转非556

人、技术管理骨干农转非240人。1995年，市属职工人数59268人，与1991年相比，增长3.27%，其中固定工12436人，合同制职工41392人，计划内临时工5440人。1997年后，市属企业职工人数逐年减少。至2002年，市属企业有职工49656人。

2003年始，坚持劳动者自主择业、市场调节就业、政府促进就业方针，培育和完善城乡一体的劳动力市场，积极推进农村劳动力向非农产业转移，改善农民进城务工环境，全市就业局势持续稳定。2006年，全市累计新增城镇就业10825人，转移农村劳动力4521人，失业人员再就业2147人，从业人员87296人，城镇登记失业人数1300人，失业率控制在1.5%以内。2007—2009年，全市新增城镇就业31369人，转移农村富余劳动力9829人，失业人员再就业5963人，困难群体就业1033人，城镇登记失业3918人，登记失业率由2007年的1.5%下降至2009年的1.31%。

2010年，全年城镇新增就业17429人，城镇失业人员再就业5062人，新增农村劳动力转移就业7460人，城镇登记失业率1.3%。2011年，新增就业人数19157人，失业人员再就业4028人，困难群体就业882人，农村劳动力转移就业9676人，城镇登记失业率1.4%。2012年，城镇新增就业16819人，农村劳动力转移就业8575人，再就业5911人，困难群体就业1656人，城镇登记失业率1.37%。2013年，新增城镇就业9116人，失业人员再就业2482人，困难群体就业622人，农村劳动力转移就业7516人，城镇登记失业率1.4%。

第四节　劳动就业培训

1991—1992年，市劳动局指导企业对招收的城镇户口青年进行上岗前政治理论、技术理论和实际操作等内容培训，培训人员1341人。1993年始，对全市高中、职中以上各类学校城镇户口毕业生和农村务工人员进行就业前培训，提高求职者素质。1993—1995年，培训城镇就业人员3624人，结业、就业率均达100%；培训农村进城务工劳动力7000人。1991—1995年，举办特种作业人员安全技术培训班15期，培训特种作业人员2835人，特种作业人员持证上岗率达95%；举办厨师培训班10期，核发在职培训技术等级证书3667个。1996—1997年，培训高中、职中以上各类学校城镇户口毕业生2478人，农村到市属以上企业务工劳动力2013人；培训转岗转业职工647人，特种作业人员387人。

2003年，落实劳动预备制度和就业准入制度，举办各类就业再就业培训班26期，培训在职职工1.33万人次，农村劳动力转移培训3575人次，举办首期下岗失业人员免费技能培训班，培训57人，培训合格率100%，90%以上实现再就业。2004年，培训在职职工1.5万人次，失业人员及农村劳动力转移培训5800人次；组织16次技能鉴定考核，涉及24个工种，有1544人取得初级以上职业资格证书；社会力量办学机构健康发展，有10个办学机构被评为职业技能定点培训基地，涉及计算机、汽车维修、美容美发等8个专业，年培训能力5000人。2005年，累计培训在职职工1.6万人次，并在威海市率先开展随军家属免费培训活动。2007年，在威海县级市中率先开办金蓝领技师培训，培训学员69人。2009年，开办全省首家家纺设计师培训班，首期27名学员通过国家鉴定。2007—2009年，累计培

图32-1　2011年5月23日，全市职业技能培训工作会议召开。

训高技能人才1200人，其中875人取得高级工（三级）以上职业资格证。

2010年，培训各类人员16085人，培训合格率100%，全部取得鉴定证书，并实现就业。2011年，有27家企业9015名职工参加技能提升培训。2012年，领取失业金期间的失业职工全部纳入创业培训范围，共举办培训班10期，有1759人参加创业培训，自主创业87人，带动3200人就业；有195名退伍士兵参加创业培训，8825名企业职工参加技能提升培训；为各职业院校学生举办创业培训班10期，结业学员2004人。2013年，有25家企业6411名职工参加技能提升培训，举办失业职工创业培训班16期，814名失业职工顺利结业，331人成功创业，带动就业2680人。

第五节　劳动工资

1992年3月，市劳动管理部门按照《全民所有制工业企业转换经营机制条例》要求，下放工资审批权。1993年4月，实行工效挂钩的企业改进挂钩办法，取消效益工资分档限额提取和工资总额80%保底的规定，以人均实现税利、劳动生产率、工资税利率指标的高低，适当调整企业工资总额基数或浮动比例，上不封顶、下不保底，全面实行“总挂总提”。为使职工利益在改革后不受侵害，1995年7月7日，市政府转发《威海市人民政府关于公布全市企业最低工资标准的通知》，规定全市企业最低工资标准每人每月180元。是年，市属以上企业全年实发工资总额28385.8万元，人均4653元。1997年7月，为全市53544名1997年6月30日前在册的职工（含合同制职工）增加档案工资，人均月增资额79元。是年，市属以上企业实发工资总额30003.8万元，人均5052元，企业最低工资线由180元提高到240元。1999年，市属以上企业实发工资总额28197万元，人均5474元，企业最低工资标准由240元提高到320元。

2001年，市属以上企业实发工资总额30522万元，人均5933元，企业最低工资标准由320元提高到370元。2002年，市属以上企业实发工资总额32449万元，人均6535元，企业最低工资标准由370元提高到410元。2002年11月1日，市政府转发威海市人民政府《关于发布2002年企业工资指导线的通知》，以2001年全市地方企业在岗职工年平均工资7686元为基数，2002年全市企业工资指导线基准线为10%，上线为18%，下线为5%。自此，全市按照市场机制决定、企业自主分配、职工民主参与、政府监控指导原则，实施工资指导线、人工成本预警预报、劳动力市场工资指导价位和最低工资保障四项制度。2003年，全市职工人均年工资9352元，2004年为12149元。2005年，企业最低工资标准执行530元，全市在岗职工人均年工资17011元。2006年，企业最低工资标准调整为610元，全市在岗职工人均年工资15666元。2008年，以上年威海市在岗职工平均工资21121元为基数，确定全市企业工资指导线的基准线为职工平均工资增长15%，上线（预警线）为职工平均工资增长22%，下线为职工平均工资增长7%。

2010年，以上年全市在岗职工平均工资27369元为基数，确定企业工资指导线：企业职工货币工资增长基准线为16%，增长上线为23%，增长下线为6.5%，最低工资标准由每月760元提高到920元。2011年3月1日，全市最低工资标准调整为1100元；2012年3月1日，调整为1240元；2013年3月1日，调整为1380元。2013年，文登市执行全省企业工资指导线标准，企业职工货币工资增长基准线为15%，增长上线（预警线）为22%，增长下线为6%。

第六节　劳动争议仲裁

1993年7月《中华人民共和国企业劳动争议处理条例》颁布后，境内劳动争议处理制度从初级调整模式向多元化、法律化与行政化转变。1995年3月，劳动部印发《劳动仲裁员聘

任管理办法》，仲裁员聘任步入制度化。至1995年，全市共建立企业调解委员会386个，占应建数98%。1991－1995年，市劳动争议仲裁委员会办公室共立案处理劳动争议案件113起，结案率100%；接信访到访800人次，均给予答复。1996－1997年，调处劳动争议124起，结案率、正确率100%。1997年1月，市劳动争议仲裁委员会办公室获1995－1996年度全省劳动争议处理工作先进单位称号。1998－2004年，全市共受理劳动争议案件526起，结案率98%以上。

2005年，坚持先调解后仲裁原则，积极稳妥处理社会影响大、涉案人员多的案件，特别是破产、改制企业中发生的劳动争议案件，维护劳动者和企业的合法权益，全年受理劳动争议案件219起，处结率100%，市劳动争议仲裁委员会办公室获全国先进劳动争议仲裁委员会称号。2006年，开展劳动争议仲裁规范化建设，实行劳动争议仲裁风险告知和一步到庭制度，严格办案程序，全市受理劳动争议案件170起，处结率98%。2007年2月，获2005－2006年度全省劳动争议处理工作先进单位称号。

2010年，受理各类劳动争议案件245起，结案率100%，市劳动争议仲裁院被省人力资源和社会保障厅授予2009－2010年度劳动争议处理工作先进单位称号。2011－2013年，全市共受理各类劳动人事争议案件665起，结案率100%，为企业和劳动者挽回经济损失3133.49万元。2013年3月，获2011－2012年度全省劳动人事争议调解仲裁工作先进单位称号。

第七节　劳动监察

1995年4月，文登市劳动监察处成立。为维护劳动者合法权益，是年，对全市42家市属企业和27家外商独资企业依据《中华人民共和国劳动法》就劳动报酬、工作时间、劳动安全卫生、保险福利等事项进行监察，纠正违反劳动法律法规的厂规厂纪500余条，向3家市属企业、2家外资企业下达限期整改指令书，对强令职工加班加点拒不整改的韩国独资企业亚林洋行进行经济处罚。1996－1997年，对255家企业进行集中监察，查处用人单位违法行为58起，纠正与《中华人民共和国劳动法》相抵触的厂规厂纪27条。1998年，对200家企业进行监察，查处违法行为46起，清理非法用工180人，清退童工4人。1999年，催缴养老金300万元，催缴失业保险金25万元。2000年，督促企业补发拖欠工资30万元，为2000名职工补签劳动合同。2001年，责令企业与职工补签劳动合同800份，接到举报案件42起，全部查处，为职工追回拖欠工资82万元，催缴养老保险费300万元，失业保险费26万元。

2002年，按照上级统一部署，市劳动保障局、工会、团市委、妇联、公安、工商等部门组成4个检查组，对全市外资、乡镇、私营、个体企业开展劳动保障法律法规检查，共检查企业221家职工2.98万人，查处各类劳动保障违法案件127起，督促94家企业补签劳动合同1600份，补办社会保险登记14家职工1380人，补缴社会保险费98.7万元，补发工资45.4万元。2003年，查处各类劳动保障违法违规案件300起，案件受理率、结案率100%，督促94家企业补签劳动合同1600份，补办社会保险登记14家，补缴社会保险费98.7万元，补发工资218.9万元。2005－2009年，全市共受理投诉举报案件1765起，结案率95.1%以上，为劳动者挽回经济损失2956万元。

图32－2　2012年12月11日，市劳动监察大队到企业送达法律文书。

2010年，市劳动监察处采取书面审查、日常巡查和专项检查相结合方法，为职工挽回经济损失2500万元，被评为山东省劳动保障监察工作先进单位。2011—2013年，推行劳动保障监察信息网络化、监管网格化，全市建立三级网格17个，配备专兼职监察员47人、协管员35人，在网企业1552家全部实行信息化动态监管。2011年清欠农民工工资2520万元，纠正违法违规侵害职工权益行为188起，为劳动者挽回经济损失1540万元。2012年，补签劳动合同5289份，督促14个用人单位补缴社会保险费54.34万元，清欠工资1161万元，纠正违法违规侵害职工权益行为94起，为劳动者挽回经济损失1370万元。2013年，补签劳动合同5731份，纠正违法违规侵害职工权益行为94起，挽回经济损失1270万元，受理投诉案件119起，结案率100%。

第八节　劳动力市场

1999年9月26日，文登市劳动力市场建成使用。总投资500万元，建筑面积2400平方米。设招聘摊位40个，配有大型电子显示屏幕、电子触摸屏、电子媒板等，主要开展用工登记、求职登记、就业指导、职业介绍、就业援助政策咨询、事务代理等相关业务。2000—2002年，办理求职登记手续9116人，档案托管4033人，介绍就业7026人，输入劳动力3.1万人，输出575人，安置军转干部家属11人。2003年，举办劳动力供需见面会10次，提供就业岗位6710个，引进外来劳动力1.56万人，转移农村劳动力3575人，发放外出务工卡3586份，为437家企业办理招用工手续7372人次，办理档案托管手续3500人，安置落实退役士官7人，安置军转干部家属4人。2005年，举办劳动力供需见面会42次，带领105家企业跨区域招工7次，提供就业岗位1.6万个，引进劳动力1.34万人；龙山、天福、环山路街道及经济开发区建立劳动保障服务站，配备村级劳动保障协管员，完成城乡一体、贯通三级的就业服务网络。2006年，举办劳动力供需见面会38次，带领48家企业跨区域招工8次，建立劳务合作基地62家，引进劳动力1.5万人。2007—2009年，举办各类供需见面会188场次，534家企业提供就业岗位28950个，引进外来劳动力7800人；村（社区）设立劳动保障协管员，镇（街道）成立社会保障服务中心。

2010年，劳动力市场与人才市场合并为人力资源市场。（详见第一章第五节）

第三章　编制管理

第一节　机构设置

1991年，文登市编制委员会办公室为副科级单位，与市人事局合署办公。1994年10月，更名为文登市机构编制委员会办公室（简称市编办）。1996年12月，升格为正科级。2005年5月，增挂文登市事业单位登记管理局牌子。2010年4月，由与市人事局合署办公改为单独设置，列入市委工作机构。2010年6月，设立文登市事业单位登记管理局，正科级，与市编办合署办公。2013年，市编办内设综合科、机构编制科、监督检查科（编制计划科与其合署办公），下设市机构编制信息中心，为全额拨款股级事业单位。至年末，有工作人员12人。

第二节　党政机构改革

1992年，在机构改革中，镇财政所、土地所、经管站等19个单位的人、财、物权和工作

领导权下放给乡镇；公安派出所、法庭、交通管理所等15个单位管理办法不变，职能转变，主要为所在乡镇服务。

1993年，专业经济管理部门成建制转为企业总公司和事业服务总公司，职能相近、业务交叉的部门根据实际合理撤并。改革后，全市共设置党政群机关工作部门47个，比改革前减少24个；分配编制数750人，比原来精减128人。

2001年5月，一次性完成镇级机构改革。全市原辖1个经济技术开发区、21个镇、1个街道。改革后，撤销文城镇，设立龙山路、天福路、环山路街道；撤销北郊、晒字、铺集、天福山、口子和埠口6个镇，分别并于葛山、界石、葛家、文登营、大水泊和张家产6个镇；双龙街道更名为经济技术开发区街道，隶属于市经济技术开发区。改革后，全市有1个经济技术开发区、3个街道、14个镇。各镇（街道）皆设党政办公室、经济发展办公室和社会事务办公室，镇机关编制共压缩121人。

第三节 事业单位体制改革

1992年，为促进生产经营性事业单位更快发展，市编委确定分两批将市电焊机厂、市电子仪器厂、市住宅工程处、市房地产建筑工程公司等45个事业单位改为企业。

2001年，凡是通过改革能够与财政脱钩的单位，皆实行企业化管理或转为企业；职能弱化单位，予以撤销；压缩全额拨款和差额拨款单位，扩大自收自支和实行企业化管理范围，减少财政开支。全市共撤销11个职能消失、弱化的事业单位，将12个生产经营性事业单位改为企业、6个以社会服务为主的事业单位改为社会中介组织、45个事业单位实行企业化管理，收回事业编制1759个。对55个财政拨款事业单位进行论证，提出改变经费来源和将全额拨款、差额拨款事业单位拨款比例逐年递减的初步方案。各镇（街道）事业机构由原来的17个精简为11个。

2006年12月14日，文登市事业单位改革工作领导小组印发《关于做好企业化管理事业单位改革工作的通知》，推行事业单位转企改制。实行无债务无纠纷的空壳单位直接撤，运营正常、具备市场化条件的抓紧改，负债较多、遗留问题较多的不贸然改的方法，推行自主选择、个人补差养老保险衔接和提前退休政策，解决改企转制后人员分流安置和待遇问题，保证改革稳妥推进。至2009年年末，有274个事业单位完成改革，收回事业编制2080个，减少财政供养人员1300人。

2010年，全面推行事业单位人员聘用制，除省批准的16个参照公务员法管理的事业单位外，其他429个事业单位的10884人签订事业单位聘用合同，全员纳入合同管理。

图32-3 2011年11月2日，省事业单位改革调研组到文登市调研事业单位改革情况。

第四节 机构编制

1995年年末，全市共有机关事业单位（股级以上）882个，编制总数17189人，实有16436人。其中市属党政群机关61个，编制777人，实有769人；镇（街道）党政群机关22个，编制725人，实有694人；其他机关57个，编制548人，实有772人；全额拨款事业单位420个，编制9719人，实有8861人；差额拨款事业单位37个，编制1773人，实有1864人；自收自支事业单位243个，编制2410人，实有2295人；上

级拨款事业单位11个，编制102人，实有76人；直属正科级事业单位31个，编制1135人，实有1105人；财政负担总人数11518人（包括民办教师）。

2000年年末，市直党政群机关工作部门55个。其中市委工作部门7个，政府工作部门36个，市政府派出机构1个，按党章、宪法及有关规定设置的机构6个，人民团体5个。事业单位689个，按机构规格划分：处级事业单位2个，正科级事业单位47个，副科级事业单位97个，股级事业单位543个。全市机关事业单位编制总数18245人，实有18010人。其中市属党政群编制780人，实有752人（包括退居二线19人）；镇（街道）22个，编制785人，实有684人；其他机关5个，事业单位3个，编制532人，实有848人；全额拨款事业单位400个，编制10010人，实有10218人；差额拨款事业单位70个，编制2499人，实有2601人；自收自支事业单位219个，编制3639人，实有2907人。

2005年年末，市直党政群机关工作部门41个，共1304人。其中市委工作部门7个，工作人员117人；政府工作部门26个，工作人员1093人；按党章、宪法及有关规定设置机构2个，工作人员52人；人民团体6个，工作人员42人。事业单位660个，其中处级事业单位1个，正科级事业单位70个，副科级事业单位75个，股级事业单位514个。全市机关事业单位编制总数14509人，实有16763人。其中市属党政群机关编制612人，实有774人；镇（街道）17个，机关编制628人，实有575人；其他机关4个，编制504人，实有920人；全额拨款事业单位424个，编制7932人，实有10180人；差额拨款事业单位91个，编制2213人，实有2276人；自收自支事业单位110个，编制1133人，实有1057人；企业化管理事业单位36个，编制1573人，实有916人。

2010年年末，市直党政群机关工作部门42个，工作人员1316人。其中市委工作部门8个，工作人员130人；政府工作部门24个，工作人员1031人；市政府派出机构2个，工作人员64人；按党章、宪法及有关规定设置机构2个，工作人员56人；人民团体6个，工作人员35人。事业单位445个，其中正处级事业单位2个，副处级事业单位1个，正科级高配副处事业单位3个，正科级事业单位75个，副科级事业单位89个，股级事业单位279个。全市机关事业单位编制总数12510人，实有12654人。其中市属党政群机关编制704人，实有626人，工勤编制94人，实有92人；镇（街道）15个，机关编制499人，实有376人；其他机关4个，机关编制729人，实有800人，工勤编制25人，实有49人；全额拨款事业单位325个，编制7240人，实有7688人；差额拨款事业单位53个，编制1964人，实有1842人；自收自支事业单位64个，编制1200人，实有1156人；企业化管理事业单位5个，编制55人，实有25人。

2013年年末，市直党政群机关工作部门44个，编制1532人。其中市委工作部门8个，编制160人；政府工作部门26个，编制1186人；政府派出机构2个，编制64人；按党章、宪法及有关规定设置机构2个，编制37人；人民团体6个，编制41人。市级事业单位369个，编制9388人。镇（街道）15个，行政编制499人，事业编制562人；全市其他专项编制749人。

第三十三编

民 政

90年代，文登市多措并举，推进基层政权建设，农村精神文明建设水平大幅提升，做法经验在全国宣传推广。民政工作由救助、服务特殊群体向救助全社会困难群体和服务全体人民转变，救助体系不断完善。1997年后，改革传统社会救济方式，建立城乡居民最低生活保障制度。进入21世纪，以社会救济、最低生活保障和农村“五保”供养为主体，以城乡低保“三项救助”、机关事业单位包村、干部联户和“朝阳工程”为辅助，以温暖工程基金和“慈心一日捐”为补充的新型城乡社会救助体系逐步形成。农村基层民主政治建设稳步迈进，社会福利、优待抚恤、双退安置、双拥共建、老龄事业和彩票发行等工作扎实有效。先后获全国民政工作先进市、全国农村社区建设实验全覆盖示范单位、全国村务公开民主管理示范单位、全国双拥模范城等称号。

2012 年 7 月 26 日，中央电视台庆祝中国人民解放军建军 85 周年特别节目——《“双拥” 花开万里春》在市体育场举行。

第一章　机构设置

第一节　市直机构

1991年，文登市民政局（简称市民政局）内设办公室、基层政权建设科、社会科、优抚科、退伍军人和军队离退休干部安置办公室（简称安置办）、地名管理办公室（简称地名办）、社会团体管理科和信访科，在编人员18人。辖军队离休退休干部休养所（简称军休所，1992年11月升格为副科级事业单位）、烈士陵园管理处和福利生产办公室3个股级事业单位。1992年8月，拥军优属拥政爱民工作办公室成立，副科级事业单位（2002年4月，更名为拥军优属拥政爱民工作领导小组办公室，简称市双拥办）。1996年5月，公墓管理处（副科级事业单位，经费自理）和殡葬管理所（股级事业单位，1998年，升格为副科级事业单位）成立。2002年1月，老龄工作委员会办公室（简称市老龄办，正科级事业单位）由市劳动局管辖划入民政局管理。同年4月，民间组织管理办公室（简称市民管办）成立，正科级事业单位。2007年6月，慈善总会办公室（简称市慈善办）成立，股级事业单位。2010年6月，升格为副科级事业单位。

2013年，市民政局内设办公室（增挂政工科牌子）、财务科、优抚科、社会科、基层政权和社区建设科（增挂行政许可科牌子）、安置办、地名办及信访科。辖老龄办、民管办2个正科级事业单位，双拥办、慈善办、殡葬管理所、军休所和公墓管理处5个副科级事业单位，婚姻登记处（1995年4月成立）、福利生产办公室、社会福利有奖募捐委员会办公室（1992年7月成立）和烈士陵园管理处4个股级事业单位。在编人员115人。

第二节　基层机构

80年代，乡镇设民政助理员和婚姻登记室。1994年，镇设立民政事务办公室。1995年，各镇成立农村养老保险管理所。1997年7月，镇婚姻登记室撤销。1999年，市农村社会养老保险事业管理处（1991年9月成立，股级事业单位）移交劳动和社会保障局，镇农村养老保险管理所随之移交。2000年，镇民政事务办公室改为民政科。2002年，增挂镇（街道）老龄办牌子。2008年，镇（街道）设立社会事务办公室，民政科归其属。民政、司法、信访、计生等机构合署办公。

第二章　基层政权建设

第一节　基层自治组织

《中华人民共和国宪法》规定，城市和农村按居民居住区域设立村民或居民委员会，属基层群众自治组织。村（居）委员会由主任、副主任及委员组成，委员人数按村（居）户数和人口数设置，村委会由3～7人，居委会由5～7人组成。村（居）委员会每届任期3年，成员可以连选连任。

村委会改居委会　1994年9月，经省民政厅批准成立文登市双龙街道，由文城镇九里水

头、林家岭、毕家疃、梁家沟4个村，文登营镇营西、杜家泊、峰北、崖子头、崖东头、赵家产、杨家产、于家产、林家泊9个村组成，上述13个村同时完成首批村委会改居委会工作。1998年8月，文城镇北宫、文山、峰西、城南、河北、峰南、凉水湾、香水庵、城北、大众、七里水头、三里河、谢家庄、江家庄、河埠庄、柳林、生产、西楼、西龙格、泊子、河南、夼北、宋家沟、苏家河、西南庄、城西、马家庵、七里汤、汤南、西藕湾、宅库31个村委会改为居委会。2001年5月，镇级行政区划调整，文城镇析为天福路、龙山路和环山路街道，市区31个居委会分属3个街道。2003年，文登营镇漩夼村划归经济开发区管辖，村委会改为居委会。4月，"居委会"名称前冠以"社区"二字。2006年，龙山路街道金岭屯村并入西楼社区，经济开发区柳家庄、单鲍产、柏果树、止马岭村委会改为居委会，天福路街道大五里头、小五里头、城东埠后、七里河、松坡、东藕湾、十里头村委会改为居委会，环山路街道麦疃后、西寨、河圈、小崮岭、五里顶后村委会改为居委会。至2013年，全市村委会改居委会61个。

村（居）委会换届 1991—2013年，境内进行7次村（居）民委员会换届选举。

1993年，文登市第四次村民委员会换届选举，952个村按期顺利完成。是年，挑选276个村开展村民自治示范活动，统一村民委员会13项规章制度，增强村民民主政治参与意识和自治能力。1995年，泽头镇林村村委会获省模范村民委员会称号。

1996年，第五次换届选举，实行统一程序、统一选票、统一表格、统一验收、统一发证、统一建档"六统一"。全市859个村委会、13个居委会，共选出村（居）委会委员3052人，每村（居）委会平均3.5职。

1998年，提倡村（居）党支部书记、村（居）委会主任一人兼，村（居）"两委"成员交叉任职，减少干部职数。11月，境内第六次换届选举开始，12月末结束。全市848个村（居）按时完成，24个村条件不成熟暂缓选举。该届共选出村（居）委会委员2935人，每村（居）委会平均3.3职。其中，35周岁以下308人、占（当选委员，下同）10.5%，60周岁以上458人、占15.6%，高中以上文化程度1276人、占43.5%，妇女382人、占13%，中共党员2581人、占87.9%，非党354人、占12.1%。新当选村（居）委会主任中，中共党员788人。

2001年，第七届村（居）委员会与村（居）党支部换届选举同步，10月开始，12月末结束。参选村（居）872个，登记选民44.85万人，参选39.02万人。866个村（居）按时完成，6个村条件不成熟暂缓选举。村（居）党支部书记、村（居）委会主任一人兼822个，占选举村（居）的86.2%。村（居）委会委员2650人，每村（居）委会平均3.06职。"两委"成员平均年龄46岁，高中以上文化程度1037人、占39.1%，妇女146人、占5.5%。"两委"成员交叉任职1254人、占选举村（居）的70.3%。

2004年，第八次换届选举。应换届选举村（居）872个，选民45.45万人，登记选民34.78万人。867个村（居）按时完成，5个村条件不成熟暂缓选举。选举产生"两委"干部1890人，每村（居）平均2.18职。"两委"成员平均年龄47.3岁，高中以上文化程度占63.5%，党支部书记、村（居）委会主任一人兼和"两委"成员交叉任职率分别占选举村的100%和98.6%。

2007年，第九次换届选举，10月结束。全市871个村（居）参加换届选举，登记选民40.53万人，参加投票39.31万人，委托投票1213人。864个村（居）按时完成，个别村条件不成熟暂缓选举。产生村（居）委会委员1875人，每村（居）委会平均2.17职。高中以上文化程度1239人、占66.1%，比上届提高2.6个百分点，45岁以下1170人、占62.4%，比上届提高10.6%。村（居）委会主任为非中共党员村，党支部书记由镇干部兼任，其余村均实行一人兼，"两委"成员交叉任职占选举村的96.7%。

2011年，第十次换届选举。村（居）委会

原则上配备1名妇女成员，3月开始，6月末结束。866个村（居）按时完成，产生村（居）委员2289人，每村（居）委会平均3.08职。高中以上文化程度1776人、占77.59%，政治素质高、文化水平高、群众威信高，发展能力强、服务能力强、协调能力强型干部1769人、占77.3%。党支部书记、村（居）委会主任一人兼和“两委”成员交叉任职率分别占选举村的92.3%和90.5%。村（居）党支部书记、主任连任占71.6%。

第二节 社区建设

本节所述，指政府划定新建型城镇居民社区，不含自然村改社区。

社区设立 1998年，市区设北山、德贤、香山、学府、峰山、棋山、凤凰台、横山、五龙、大观园、西壕、双桥、桃园、温泉、文星、爬山、秀山、抱山、南山19个社区。2000年12月，蔄山工业园设三城社区。2002年7月，经济开发区设双龙社区。2003年4月，凤凰台社区析东凤凰台和西凤凰台社区，分属经济开发区和龙山路街道。9月，原埠口镇驻地设埠口社区。2004年5月，蔄山镇政府驻地设秦权社区，在原北郊镇政府驻地设二龙山社区，大水泊镇在原口子镇政府驻地设庆合社区，界石镇在原晒字镇政府驻地设昆龙社区。是年末，全市有社区27个，其中市区21个、镇属6个。

2009年6月，原市区21个居民社区并为10个，经济开发区增社区1个。龙山街道撤销五龙、西壕和双桥社区，其辖区并入大观园社区，西凤凰台、横山社区辖区不变；天福街道撤销德贤和香山社区，其辖区并入北山社区，撤销峰山和棋山社区，其辖区并入学府社区；环山街道撤销温泉和文星社区，其辖区并入桃园社区，撤销爬山和抱山社区，其辖区并入秀山社区，南山社区辖区不变；经济开发区东侧增设金山社区，原双龙和东凤凰台社区不变。2010年，天福街道设海泰、新城社区，小观镇设滨海社区，文登营镇设东城社区。2013年，全市有社区82个。市民政局印发《关于在社区实行网格化管理工作的意见》，市区社区划网格144个，网格管理全面展开。

市区社区区划

大观园社区 北至香水路，东至龙山路、向南至峰山路折东、东至昆嵛路，南至抱龙河，西至柳林河。

西凤凰台社区 北至珠海路，东至昆嵛北路、昆嵛路，南至峰山路，西至柳林河、至香水路折东、至龙山路折南。

横山社区 西、北至威青高速公路，东、南至柳林河。

北山社区 北至香水路，东至登云路向北延长线，南至抱龙河、至香山路折北、至文山东路折东，西至昆嵛路。

学府社区 北至文山东路，东至登云路，南至城市规划区，西至香山路、棋山路。

秀山社区 北至抱龙河，东至昆嵛路、昆嵛南路，南至秀山路，西至龙山路折南、至环山路折西、至米山路折南、至秀山路。

南山社区 北至抱龙河，东至香山路、棋山路，南至城市规划区，西至泊子桥、沿秀山路至昆嵛南路折北、至昆嵛路。

桃园社区 北至抱龙河、柳林河，东至龙山路，南至环山路，西至柳林河。

双龙社区 北至九里河，东至香山北路，南至珠海路，西至柳林河。

东凤凰台社区 北至珠海路，东至世纪大道，南至香水路，西至昆嵛北路。

金山社区 北至大连路，东至世纪大道，南至珠海路，西至龙山路、至九龙路折东、至香山北路折南。

海泰社区 北至天润路，南至文山东路，东至文昌路，西至世纪大道。

新城社区 北至文山东路，南至万山路，东至世纪大道，西至登云路向北。

第三章　优抚安置与双拥工作

第一节　优待抚恤

优抚对象　根据《军人抚恤优待条例》规定，中国人民解放军现役军人，服现役或退出现役的残疾军人及复员、退伍军人，烈士遗属、因公牺牲军人遗属、病故军人遗属（简称“三属”）和现役军人家属统称为优抚对象。2013年，全市享受优待抚恤“三属”538人、残疾军人1334人、老复员军人1073人、烈士子女698人。带病回乡退伍军人696人，60周岁以上老兵5617人，参战涉核退役508人，义务兵家属578户。

国家抚恤与补助

牺牲烈士　1991—2013年，经上级批准境内确认烈士2名：于吉海，荣成市崂山镇中埠村人，时任文登市公安局交警大队副大队长，1996年7月在执勤中牺牲。吕彦君，文登市葛家镇葛家村人，2000年5月24日因抢救村民牺牲，发放一次性抚恤金1.64万元。1991—2013年，接收移交烈士1名：孙冬军，文登市小观镇坦埠村人，时任武警新疆边防总队喀什支队警察，在2008年喀什“8·4”袭警事件中牺牲，发放一次性抚恤金6.96万元。

“三属”抚恤　1991年，定期抚恤按月计算。农村烈士遗属和农村因公牺牲军人遗属每人按35～40元、城镇按45～50元发放，农村病故军人遗属每人按30～35元、城镇按40～45元发放，后多次调整。2004年，改为按年发放。2013年，农村烈士遗属每人按7050元、因公牺牲军人遗属按6740元、病故军人遗属按6460元发放，城镇烈士遗属每人按12170元、因公牺牲军人遗属按10460元、病故军人遗属按9850元发放。1991—2013年，全市共发放定期抚恤金9074.5万元。

伤残抚恤　1991年，分为在乡伤残抚恤金和在职伤残保健金，以等级标准按年发放。2004年10月1日始，因战、因公退役伤残军人旧伤复发死亡与因公牺牲军人待遇相同，因病死亡遗属增发12个月伤残抚恤金作为殡葬补助费。是年，在乡、在职统一改为残疾抚恤金，等级改为1～10级，按年统一标准发放，并随经济增长，逐步提高。2013年，因战、因公、因病伤残军人每年发放残疾抚恤金标准：一级分别为37940元、36740元、35540元，二级分别为34330元、32530元、31310元，三级分别为30120元、28310元、26510元，四级分别为24690元、22290元、20480元，五级分别为19290元、16860元、15660元，六级分别为15070元、14260元、12050元。因战、因公七级伤残每年发放残疾抚恤金标准分别为11450元、10240元，八级分别为7230元、6620元，九级分别为6010元、4820元，十级分别为4220元、3610元。1991—2013年，全市累计发放伤残（残疾）抚恤金1.89亿元。

复员和退伍军人补助　国家对复员军人（1954年10月前入伍）和少数退伍军人（1954年11月后入伍）实行定期定量补助（简称定补）。1991年，全市享受补助复员军人1.57万人、月补款共41.59万元，退伍军人282人、月补款共5196元。2006年，分类调整定补标准，抗战时期入伍复员军人按每人每年不低于2560元、其他时期入伍不低于2060元发放；带病回乡退伍军人按每人每月不低于70元、不高于10级残疾军人抚恤金标准发放。2007年，复员军人按服役年限长短等情况，定补分2780元、2720元和2660元3个档次调整（抗日老战士年加500元），带病回乡退伍军人定补调为120元。是年始，对1954

年 11 月 1 日后入伍参战涉核人员每人每月发放 100 元生活补助，后连续 3 年分别提至 130 元、200 元和 220 元。1991—2013 年，全市累计发放定补款 1.35 亿元。

2004—2013 年文登市抚恤补助金发放情况表

表 33-1　　　　单位：人、元

年份	三属		残疾军人		复员军人		带病回乡退伍军人	
	人数	发放金额	人数	发放金额	人数	发放金额	人数	发放金额
2004	1005	2721960	2304	4619067	2711	3734928	66	47520
2005	942	2560620	2229	4397365	2547	3506952	63	45360
2006	885	3067020	2057	8061502	2340	4612820	104	75952
2007	809	3241852	1973	10780259	2117	4696816	98	118362
2008	787	3640360	1890	12535010	1975	5562412	145	207816
2009	652	3278284	1548	12018760	1644	4883100	225	405000
2010	641	3368420	1519	13296878	1510	5674208	362	947760
2011	601	3435116	1485	17695928	1348	6156400	437	1106760
2012	585	3736024	1412	15785168	1227	6505604	526	1428960
2013	538	3902820	1334	17241126	1073	6597864	696	2036180

说明：2003 年前统计数据不全。

地方优待　1990 年，全市享受优待对象 1.26 万户，发放优待款 607 万元，户年均 480.2 元。1991 年，市政府印发《文登市优待抚恤烈军属和伤残军人暂行规定》，对“三属”、义务兵家属、年满 60 周岁和带病回乡不能正常参加生产劳动的复员军人及带病回乡丧失劳动能力的退伍军人等作出详细优待规定。1995 年，全市优待对象户年均优待标准为 1015 元，其中烈军属户均 1721 元、农村义务兵户均 1446 元，城镇义务兵每人月 98 元。1997 年，二等以上伤残军人全部纳入医疗保险范围，个人免缴医疗保险金。

1999 年，机关和财政拨款事业单位入伍义务兵，优待金由同级财政负担，社会入伍义务兵由户口所在地财政负担，企业和自收自支事业单位入伍义务兵，优待金由单位（高于或等于全市职工平均工资）负担或由同级财政负担（低于全市职工平均工资）。城镇义务兵家属优待金发放每年每人不低于 2000 元。2003 年，根据省政府颁发的《山东省农村税费改革实施方案》，对农村中的烈属、伤残军人、复员军人给予减免农业税照顾，原由乡镇承担的优待金改为农业税中列支，由市财政转移支付。3 月，农村优抚对象合作医疗费每人每年 10 元由市财政负担。2004 年 10 月始，1 ～ 6 级残疾军人医疗费由所在地区社会保险经办机构单独列账管理，7 ～ 10 级残疾军人旧伤复发医疗费由保险、单位或政府解决。是年，残疾军人免费乘坐市内公共汽车，乘坐境内其他交通工具按票价 50% 优先购票；按比例优惠参观游览公园、博物馆和名胜古迹等。2005 年 7 月始，因战、因公 1 ～ 2 级残疾军人护理费调整为全市职工月均工资 50%、3 ～ 4 级 40%、因病 1 ～ 4 级 30% 计发。

2010 年，对境内在乡因病残疾军人、因战因公 5 ～ 10 级残疾军人及老复员军人遗属 1904 人实行生活补助，每人每月补助生活费 100 元。复员军人、带病回乡退伍军人、参战涉核人员及城

乡低保户、五保户和百岁老人去世，殡葬费减免724元。是年，补助优抚对象门诊和住院费655人76.1万元，其中大病住院补助444人70.5万元。2013年，市民政局和财政局对68户优抚对象发放危房补助款14.9万元。发放符合门诊及住院超6000元优抚对象大病补助款229人9.7万元。支付城镇无单位优抚对象158人医疗参保费3.93万元，支付特困企业优抚对象56人医疗参保费11万元。

烈士褒扬 90年代，文登各级党委和政府重视烈士褒扬工作，通过清明等重大节日悼念英烈活动常态化。其间，不断加强烈士陵园修建与扩建，丰富纪念堂、纪念馆和陈列馆馆藏。2011年7月1日始，为部分烈士及中华人民共和国成立前错杀平反人员子女发放生活补助款，每人每月130元，发放690人。编辑出版党史书刊，为英模立传，至2013年，先后出版《文登多少佳儿女》《文登学人》《天福惊雷》《天福山丰碑》《革命摇篮天福山》《中共文登地方史》等史料书籍。文登有12名烈士事迹在《光照千秋——山东革命烈士事迹选》登载。境内有烈士纪念建筑23处（省级重点2处），烈士陵园16处，烈士纪念塔7座，其中文登烈士陵园和天福山革命烈士陵园（天福山起义纪念馆）设专门管理机构。全市有烈士7778人。其中，辛亥革命时期59人，国内革命战争时期66人，抗日战争时期2093人，解放战争时期4667人，抗美援朝时期479人，社会主义建设时期414人；著名烈士434人，占全省烈士的9.04%。

图33-1 2013年清明节，市区民众祭奠英烈。

文登烈士陵园 前身为峰山烈士陵园，位于市区峰山西侧（后迁至峰山正阳），占地7.66公顷。山巅建有高16.05米的革命烈士纪念碑（1986年10月建），纪念碑南是面积1050平方米革命烈士纪念堂，分4个展厅，正厅迎门红帛屏风上镶嵌毛泽东书体"人民英雄永垂不朽"8个鎏金大字。1996年7月，硬化路面1.5万平方米。1998年，纪念堂内增设革命烈士遗物展柜，展出37名烈士遗物75件（后增至135件）。4月，文登市烈士陵园管理处成立，负责烈士陵园管理。进入21世纪，先后3次扩建，总投资471万元。扩建后，园内路面全部硬化、绿化和亮化。2013年，烈士陵园占地9.2公顷，墓区3500平方米，有烈士墓144座，被省民政厅列为第三批省级重点烈士纪念建筑物保护单位。

图33-2 文登烈士陵园（2013年5月28日摄）

天福山革命烈士陵园 1971年2月，在天福山革命遗址的基础上修建，占地0.87公顷，有烈士墓268座。位于文登营镇沟于家村西南、天福山林场场部西100米处，与天福山起义遗址相连。1981年，陵园扩建，占地2公顷，有烈士墓278座。2013年，墓区面积1.6万平方米，有烈士墓290座。

第二节 安 置

退伍军人接收安置 1991年，文登市按照“妥善安置、各得其所”原则，农业户口义务兵退伍安置回农村从事农业生产，二等、三等残疾军人和单身退伍军人，安置社队企业工作，病残较重、生活困难的给予优待和补助；城镇户口退伍义务兵，实行系统分配、包干安置。1994年后，引进竞争机制，采用“供需见面、双向选择、包底安置”办法。1999年，非农业户口二等、三等伤残军人申请自谋职业，享受在职伤残军人保健金待遇，待业期间纳入城市最低生活保障，每人每月210元；农业户口二等、三等伤残军人按规定办理农转非安排工作，申请自谋职业者可享受在乡残疾军人待遇。2000年，市政府印发《文登市事业单位考选志愿兵、退伍兵简章》，转业士官和城镇退伍兵实行档案考核与文化考试相结合择优录用于事业单位，在全省率先推行自谋职业和政府指令性安置相结合的办法。是年，给予自谋职业转业士官和城镇退伍士兵自谋职业费：基础每人5000元，军龄满1年增加1200元、二等功增加1000元、三等功增加500元、优秀士兵增加100元，后多次调整。2011年11月1日始，施行新的《退役士兵安置条例》，城乡统一，对自主就业退役士兵每服役1年给予4500元一次性补助。

1991—2013年文登市接收安置退伍军人情况表

表33-2　　单位：人

年份	农村退伍军人	城镇退伍军人			转业志愿兵（士官）		
		接收	安排工作	自谋职业	接收	安排工作	自谋职业
1991	320	70	70	—	85	85	—
1992	414	80	80	—	36	36	—
1993	487	120	120	—	82	82	—
1994	356	102	102	—	75	75	—
1995	289	79	79	—	116	116	—
1996	323	73	73	—	88	88	—
1997	310	73	73	—	130	130	—
1998	369	69	69	—	155	155	—
1999	265	79	79	—	111	111	—
2000	270	109	20	89	109	72	37
2001	232	86	10	76	71	33	38
2002	210	85	16	69	81	33	48
2003	272	94	18	76	73	21	52
2004	213	114	13	101	61	11	50
2005	168	93	13	80	30	5	25
2006	180	93	9	84	29	0	29

续表 33-2

年份	农村退伍军人	城镇退伍军人			转业志愿兵（士官）		
		接收	安排工作	自谋职业	接收	安排工作	自谋职业
2007	216	117	5	112	14	3	11
2008	215	115	6	109	12	0	12
2009	183	96	6	90	24	0	24
2010	155	96	0	96	22	0	22
2011	158	99	1	98	15	0	15
2012	128	129	1	128	4	1	3
2013	159	94	1	93	6	3	3
合计	5892	2165	864	1301	1429	1060	369

军队离退休人员接收安置　文登市军队离休退休干部休养所（简称市军休所）成立于1985年，负责军队离退休干部和退休志愿兵（士官）的接收与安置。1991年，市军休所内居住干部67人（户），其中团职50人（户），营职以下17人（户）。1999年，完成军队离退休干部住房改革，67户军休干部或遗属获个人产权住房。2008年，军队离退休干部享受地方离退休干部医疗待遇。是年，军休所居住离休干部35人、退休干部40人。2013年，居住军队离休干部25人、退休干部42人。全市累计接收军队离退休干部121人（含退休志愿兵和士官），已故54人，健在67人。副军职1人，正师职1人，副师职3人，团职29人。

随军家属安置　1991—1995年，全市接收部队随军家属418人，随迁子女765人。1999年，文登市本着专业对口、住房就近、不进亏损企业原则制定安置计划，安排随军家属就业及子女入学。2001年5月，实行随军家属失业基本生活补助金制度。2004年，对因部队撤编滞留企业职工和随军家属给予全部享受基本医疗保险待遇。2006年，选择42家效益较好、工种相对优越企业，与70名军嫂双向选择，尽力让随军家属择业满意。是年，办理随军家属失业证168份，每人按月发放120元基本生活补助金。2011—2013年，发放随军家属基本生活补助金490人210万元，发放安置补助费97.65万元。实行随军家属生活困难补助金制度，每人每月300元；实行现役军人立功慰问金制度，发放慰问金37人3.9万元。

第三节　支援部队建设

1991年，大水泊军用机场改造扩建，文登市组织2000余名民工，出动380台机械，与部队官兵一起昼夜施工，搬运沙石5万余立方米。仅用1年时间，工程全部完工。为保证军粮供应充足，市粮食局在部队驻地设立7个军粮供应站。1992年夏，驻军某部敷设军用地下电缆，涉及境内农民的土地，经济损失全部由市、镇、村三级承担。1996年3月，武装部恢复军队建制，文登市投资40万元，完成武器装备仓库设施改造、脉冲电网安装和民兵训练基地建设。

2000年11月，济南军区71146部队“0011”军事演习进驻文登，文登提供266.67公顷山峦、133.33公顷土地和200公顷养殖水面作为部队演习主战场。2005年，济南空军某部与驻军某部共同举行“和平使命—2005”中俄联合军事演

习。文登市各级全面做好清海、护航、筑路、场地征用，以及群众损失赔偿工作，积极提供电力、通信和生活物资等服务，被省委、省政府授予“和平使命—2005”中俄联合军演拥军支前先进单位称号。2006年，市政府投资600万元，用于民兵训练基地、武器装备仓库和训练靶场等设施建设，在全省率先通过省军区人武部建设达标验收。文登市获全省党管武装先进单位称号。2010—2013年，粮食部门投资1400万元，建起军粮供应站，全力保障驻军后勤供应。市政府筹资120万元，投入驻军基础设施建设。

第四节　创建双拥模范城

物质文明互助　1991年，文登市划拨土地13.33公顷，用于驻军营房建设，为其减免各类费用1180万元，半年建起1处现代化营房，被济南军区领导誉为“高速优质、全军一流”。1993年3月，驻军某部出动官兵与市属企业500名团员青年，在抱龙河上游植树3万株。1994年，军地设共建点122个，其中镇村57个、工厂15个、学校27个、其他23个。军地联合开发科技小成果230项，创经济效益1500万元。1996年，驻文登部队出动车辆68台次，帮建宋村镇中学。文登沿海两镇分别投资40万元和20万元，新建驻军办公楼1幢，修建2.4万平方米拥军路1条。1997年，文登市被民政部和解放军总政治部授予全国双拥模范城称号。市第二人民医院医生林治花、商业职工于肖兰分别获得空军十佳军人家属和全国爱国拥军模范称号。1998年，大水泊镇政府投资180万元，修建机场路，被誉为军民路。是年，部队指战员积极参与文登氯碱厂、热电厂等工程建设。1999年，成立军地水产养殖技术培训中心，为部队官兵举办池塘鱼、虾、贝综合养殖技术和对虾防病高产养殖技术等培训班35期，培训技术骨干250人。沿海镇将驻军部队农场生产经营纳入地方经济规划，指导农场水产养殖，完成66.67公顷虾池精养改造，共建200吨冷藏厂1座。山区镇组织机关干部、师生和群众500人，在部队驻地建起1条长2500米、宽10米大道，被誉为“八一”路。

2000年，驻军某部出动官兵2000人次，与地方共同修筑坤龙邢水库调水工程；协助建设市区西出入口绿化工程，植树2.4万株，绿化面积7.4万平方米。其间，部队还出动官兵5000余人次，参与市区龙山、昆嵛、米山路及环岛和峰山森林公园绿化工程建设。2003年，市政府投资200万元，征地0.87公顷，为驻军某部新建营房1处，2006年5月竣工，被称为拥军楼。是年，市政府实施部队困难家庭补助政策，发放驻文登部队基层干部补助金13人计1.3万元。驻军某部制定《军民共建社会主义新农村活动方案》，规划3年为共建村解决村民吃水、街道硬化等难题，修建村体育场和图书室。6月19日，在举行军民共建社会主义新农村签字仪式上，部队向该村赠送了篮球架、乒乓球台、台球桌、桌椅、图书和球类等物品。2008年，部队为村里提供生产发展补助资金2.65万元。2010年，市政府投资100余万元，在军民共建第一村界石镇宋家庄建起文登市双拥展馆。2013年元旦、春节和“八一”期间，市政府领导分别带队走访和慰问驻地部队及其上级部队，深入基层连队看望官兵及慰问在乡优抚对象，赠送慰问金和慰问品价值80余万元。协调解决部队官兵和优抚对象实际困难350余件。

精神文明共建　1991年，宋村镇选派2名优秀教师，在驻军营房办起随军小学。是年，军队和地方互聘思想政治教员200人次，共建文化活动室1500个。1992年，境内随军小学增至4所。至1995年，地方为部队累计培训各类技术骨干1600人次，帮助官兵补习中学课程2200人次。1996年，驻军某部与文登市第二实验小学合建少年军校，选派教官对学生进行军事训练。1997年，市武装部与市法院联合在全省率先成立维护军人、军属合法权益巡回法庭。共青团驻军某部委员会、共青团文登市委员会、文登市双拥办公室联合在军地青年中开展天天读书竞赛活动，团市委向部队赠送《青年理论教育丛书》20套100

册、《生命宣言》100 册。举办部队骨干学习班 3 期，军地天天读书竞赛活动扎实推进。2001 年，团市委与驻军某部联合举办暑期少年军校，对 1600 名中小学生实施封闭式军事训练。此后每年 8 月招收约 1000 名学生，进行为期 10 天军事学习与训练，军训活动实现常态化。2006 年，暑期少年军校培训班在威海影视城开班，全市 900 余名中小学生参加封闭式训练和军事化管理。2007 年，市吉他协会为驻军文艺骨干免费进行 45 天业务培训。2011 年，市职业中等专业学校为驻军培养复合型军地两用人才 380 人；驻军帮助地方学校组织学生军训 1.15 万人次，进行国防教育、爱国主义教育和革命传统教育 23 场次；军地领导参加国防日活动 210 人次。1991—2013 年，文登市先后 7 次被省委、省政府和省军区授予双拥模范城称号。

第四章　社会救助

第一节　社会救济

对生活困难群众提供无偿援助，根据救济时间长短分为定期和临时救济 2 种。1990 年，全市享受定期救济 587 户 661 人，月定救济标准人均 8 元。1997 年年末，全市享受定期救济 1000 人，月定救济标准人均 15 元～40 元。是年，文登建立低保保障制度，定期救济取消。

城市居民最低生活保障　1997 年 6 月，市政府印发《文登市城市居民最低生活保障线制度实施意见》，确定当年 1 月 1 日开始实施城市居民低保制度。是年，全市有 9 户 25 名居民首次领取最低生活保障金。2008 年始，城市最低保障对象为家庭人均收入低于全市最低生活保障标准、市区范围内不属于农村经济组织成员，或虽属于农村经济组织成员但本村人均可耕地面积小于 0.0066 公顷的文登市常住居民。最低生活保障对象实行动态管理。2013 年，全市享受城市居民最低生活保障人数 1109 人。

农村居民最低生活保障　1997 年 1 月 1 日，文登市实施农村居民最低生活保障制度。是年，全市有 1119 户 2134 人首次领取农村最低生活保障金。2005 年 1 月，农村低保资金由三级财政负担，其中威海 20%、文登 50%、镇（街道）30%。2008 年，市民政局、市财政局印发《关于调整农村五保和农村低保资金发放渠道的通知》，1 月 1 日始，农村最低生活保障资金全额列财政专户管理，各镇（街道）自筹部分缴入市财政设立低保资金专户，由市财政通过省涉农补贴“一本通”管理系统集中支付。2013 年，全市享受农村居民最低生活保障人数 8737 人。

1997—2013 年文登市最低生活保障金发放情况表

表 33-3

年份	城市低保			农村低保		
	标准（月/元）	发放户数（户）	人数（人）	标准（年/元）	发放户数（户）	人数（人）
1997	140	9	25	700	1119	2134
1998	150	26	62	700	1172	2246
1999	160～210	27	67	800	1227	2335

续表 33-3

年份	城市低保			农村低保		
	标准（月/元）	发放户数（户）	人数（人）	标准（年/元）	发放户数（户）	人数（人）
2000	210	31	80	800	1281	2408
2001	210	66	180	800	1300	2472
2002	210	202	486	800	1454	2516
2003	210	214	519	800	1770	3206
2004	210	203	486	800	1682	2759
2005	210～240	156	346	800	1763	3023
2006	240	155	326	800	2103	3487
2007	240～280	153	321	800～1000	2115	3527
2008	280	172	374	1000	5377	10005
2009	330	203	436	1200	7260	12752
2010	345	899	1598	1400	8122	13614
2011	360	1146	1292	1700	7338	10893
2012	400	1146	1292	2400	6882	10157
2013	450	941	1109	2600	6322	8737

说明：低保金实行补差管理，按低保标准与家庭人均收入之差计算。计算公式：家庭月低保金＝（当地月低保标准－家庭月人均收入）×保障人数。

低保家庭专项救助 2005年1月，市政府印发《文登市城乡最低生活保障对象医疗教育住房救助暂行办法》，对城乡低保对象医疗、教育和住房困难实施专项救助（简称三项救助）。资金来源为上年度威海市和文登市两级“慈心一日捐”捐款的10%、上年度福利彩票公益金的10%和财政每年安排的预算资金，威海市和文登市两级财政按1∶9比例分担。2008年1月始，不再从上年度“慈心一日捐”列支资金，三项救助经费渠道调为上年度福利彩票公益金的10%及财政预算资金，威海市和文登市两级财政仍按1∶9比例负担。

2005－2013年文登市城乡低保家庭三项救助情况表

表 33-4　　单位：人、万元

年份	农村医疗		城市医疗		农村教育		城市教育		农村住房		城市住房	
	人数	金额	人数	金额	人数	金额	人数	金额	人数	金额	人数	金额
2005	27	2.20	4	0.63	84	5.04	12	0.96	51	2.55	6	0.37
2006	33	3.20	7	1.66	72	4.32	17	1.36	9	0.45	4	0.25
2007	64	4.70	17	2.85	88	5.92	21	1.68	13	0.65	4	0.25

续表 33-4

年份	农村医疗		城市医疗		农村教育		城市教育		农村住房		城市住房	
	人数	金额	人数	金额	人数	金额	人数	金额	人数	金额	人数	金额
2008	182	16.70	14	2.36	213	15.42	21	1.72	28	1.40	4	0.25
2009	134	33.50	15	2.96	252	33.60	30	4.25	8	0.40	0	0
2010	238	62.30	22	4.64	192	26.15	22	3.10	9	0.45	0	0
2011	348	99.40	44	15.39	209	28.95	30	4.35	9	0.45	0	0
2012	299	120.00	42	18.50	158	22.95	27	3.95	0	0	0	0
2013	239	102.70	43	17.76	103	15.20	24	3.50	0	0	0	0

五保对象保障　1991年，按五保户总数和村人口比例，由各村负担钱粮，统收统发。对于生活不能自理的由村委安排专人照顾。是年，境内五保对象集中供养标准每人每年（下同）1200元、分散供养标准500元。1994年1月始，供养经费由“三提五统”[①]列支。1995年，文城、米山、汪疃镇等14所敬老院被省民政厅授予文明敬老院称号。2000年后，供养经费改由农业税及附加列支。是年，集中供养标准1600元、分散供养标准1200元。2005年，五保供养经费全市统筹，以政府负担为主，初步建立市级扶持、县级为主、镇级补充的三级财政支撑体系，其中地市级20%、县市级50%、镇（街道）级30%。经费与当地群众生活水平同步增长，原纳入农村低保五保对象调为五保供养对象。2013年，全市五保供养对象2903人。其中，集中供养1858人、供养标准4500元；分散供养1045人、供养标准2700元。

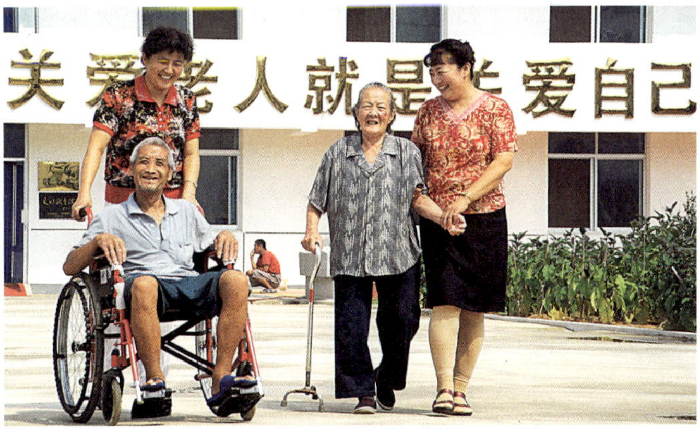

图 33-3　2013年，全市有镇（街道）敬老院13所。

精减退职老职工救济　60年代初，国民经济困难时期，境内动员城镇人口下乡，压缩非农业人口，后按国家规定，对下乡人员中丧失劳动能力或生活无依靠的职工，按月发放原工资的40%救济款。1990年，全市享受该救济的职工120人，年发救济款4.6万元。1999年7月1日，对中华人民共和国成立前参加工作的下乡人员月救济款提至100元，中华人民共和国成立后参加工作的提至90元。居住在城镇达不到最低生活保障线人员，享受最低生活保障线待遇。2013年，全市享受该救济的职工15人，发放救济款20.54万元。

第二节　社会扶助

慈善事业　1991年，境内慈善事业主要由民政局社会科代理。2007年6月，市编委批准设立慈善总会办公室，负责全市慈善事业

① “三提”指村级提留的公积金、公益金和管理费，“五统”指乡镇合作经济组织向所属单位及农户收取的用于乡村两级办学、计划生育、优抚、民兵训练、修建乡村道路等民办公助事业款项。

发展与管理。11 月，文登市慈善总会成立，举行第一次会员代表大会，通过《文登市慈善总会章程》《文登市慈善总会资产管理办法》。秘书长由市民政局局长兼任，各镇（街道）相继成立慈善分会。至 2013 年，全市有镇（街道）慈善分会 15 个，慈善工作站 748 个。单位会员 68 个，个人会员 352 人。

“慈心一日捐”　2004 年，境内首次“慈心一日捐”活动启动，全市 200 余个机关和企事业单位 2 万余人参加捐款。募集资金 70% 用于当年慈善支出、30% 用于资金积累与周转。2005 年 5 月，在“慈心一日捐”活动中，个人捐赠 1 天经济收入，企业捐赠 1 天利润。全市接收捐款 151.90 万元。2007 年后，“慈心一日捐”与“慈善月”活动合并进行。

“慈善月”活动　2007 年 6 月，市慈善办以“携手慈善、共建和谐”为主题，开展“慈善月”捐赠活动，包括捐资、认捐基金和捐赠物品 3 种形式。企业认捐基金底线为 50 万元，本金留企业使用，享受国家相关税收优惠政策，参与基金管理与使用。每年分两次向慈善总会捐本金利息 7%，用于慈善事业。至 2013 年，全市“慈善月”和“慈心一日捐”活动累计接受捐款 1.32 亿元，其中企业认捐基金利息 4865 万元。

2004－2013 年文登市接收慈善捐款情况表

表 33-5　　单位：万元

年份	合计	企业认捐基金利息	慈心一日捐	年份	合计	企业认捐基金利息	慈心一日捐
2004	131.50	—	131.50	2009	823.00	290.00	533.00
2005	151.90	—	151.90	2010	1798.00	515.00	1283.00
2006	261.20	—	261.20	2011	1025.00	500.00	525.00
2007	2940.00	1960.00	980.00	2012	1000.00	440.00	560.00
2008	4155.00	800.00	3355.00	2013	872.00	360.00	512.00

说明：2003 年前无统计（下表同）。

善款使用　用于慈善助医、助学和赈灾等系列救助项目。市财政局设专户，专款专用。本着善款来于公众、用于公众、对公众开放原则，实行阳光使用。至 2013 年，全市累计列支善款 1.02 亿元，救助困难群众 7.35 万人。

2004－2013 年文登市善款使用情况表

表 33-6　　单位：万元

年份	列支总额	助医	助学	赈灾	其他
2004	40.70	23.30	17.40	—	—
2005	51.68	20.78	15.90	—	15.00
2006	91.61	70.11	21.50	—	—
2007	334.40	293.00	41.40	—	—
2008	2621.30	366.30	107.00	2148.00	—
2009	507.80	420.20	87.60	—	—

续表 33-6

年份	列支总额	助医	助学	赈灾	其他
2010	786.20	633.60	102.60	50.00	—
2011	976.90	880.20	86.70	—	10.00
2012	965.20	884.60	80.60	—	—
2013	973.20	873.60	89.60	—	10.00

温暖工程基金 1996年2月，市委、市政府印发《关于建立温暖工程基金的意见》，温暖工程基金会成立，设立温暖工程基金。资金包括市财政出一部分、机关事业干部职工捐献一部分、福利企业减免退税政府应收的一部分。是年，筹集温暖工程基金454万元。2001年，筹集694万元。2007年，慈善总会成立后，温暖工程基金筹集停止。

1996—2007年，全市共列支温暖工程基金685.19万元，资助城乡特困户2319户，困难职工5998人，困难大中专学生323人。

扶持贫困户 1991年，境内23个乡镇均成立救灾扶贫储金会，有会员3万余人。1991—1995年，扶持贫困户3921户次，脱贫3093户。1996—1997年，全市有会员单位21个4万人，储金总额120万元，两年扶持贫困户1300户次，脱贫率75%。1998年10月，按民政部通知，双扶储金会撤销。1999年后，境内扶贫工作主要由市直部门和企事业单位包村扶贫、机关干部联户解困等方式进行。（详见第二十编第四章第三节）

第三节 特殊救助

移民安置 1990年，全市有库区移民村53个，年人均收入761.5元，其中10个村人均收入高于全市平均水平。2001年8月，接收三峡库区重庆市忠县洋渡镇三峡库区移民59户249人，安置在境内6镇11村。2004年5月，接收重庆市开县渠口镇移民34户134人，安置在境内4镇7村。2006年，对本市修建水库而移民的进行审核登记，全市有大中型水库移民6631户1.57万人，涉15镇（街道）185村。8月，市政府制定《文登市大中型水库移民后期扶持政策实施方案》，所有移民每人每年补偿600元，连续补偿20年。

对外捐助 1991年夏，文登市向安徽省灾区捐款44.47万元，捐助救灾物资折款37.1万元。是年，为省残疾人康复中心捐款30万元。1992年8月，黄河流域发生洪涝灾害，全市捐献救灾物资折款291万元。1993年8月，为受灾的菏泽、济宁等6市捐献被服12万件、面粉100吨、奶粉5吨、现金50万元。1997年9月，开展与山东无棣县和新疆灾区对口救灾援助活动，捐物折款50万元。1998年夏，长江、嫩江和松花江流域发生百年不遇特大洪涝灾害，全市捐款360万元。其中，向长江流域灾区捐款102万元，向湖南省长沙市和山东省菏泽等灾区捐款43.5万元，向内蒙古自治区赤峰和通辽等市灾区捐款43万元。2008年5月，四川汶川发生地震，市慈善总会捐款2148万元、捐物折款66.2万元；市红十字会捐款126.58万元、捐物17073件，连同624套安置板房全部捐给灾区。2010年，全市为甘肃舟曲泥石流灾区、云南干旱灾区和青海玉树地震灾区捐款52万元。

防灾救灾 1991年，文登市设立防灾救灾办公室。2006年，市防灾救灾指挥部成立。2009年，更名为市减灾委员会。市长兼任总指挥，市民政局局长兼任办公室主任。相继印发《自然灾害应急预案》《风暴潮海啸海冰灾害预案》《防汛抗旱应急预案》《重大农业有害生物灾害应急预案》《重特大火灾事故应急预案》《突发职业病危害应急预案》等38项预案，包括应急管理、自然灾害、事故灾难、公共卫生事件和社会安全事件五大类。

1997年8月28日15时至17时40分，小观镇

北部山区1小时40分钟降大暴雨210毫米，山洪暴发，15个村受灾，直接经济损失800余万元。省政府和威海市政府发放救灾款48万元。2003年，境内遭受狂风暴雨袭击4次，直接经济损失1.14亿元。省政府和威海市政府发放救济款50万元。2006年7月27日零时至15时30分，境内平均降水量250.3毫米，山洪暴发，河堤决口，直接经济损失5.1亿元。国家、山东省和威海市政府发放救灾款131万元，文登市政府发放救灾救济款89万元。12镇（街道）91户195间民房倒塌或严重受损，列入救济范围。其中，五保户受灾房屋18户36间，每间救助2000元，共计7.2万元；其他民宅73户141间，每间救助1000元，共计14.1万元。2007年8月9日20时至12日8时，境内降特大暴雨，平均降水量334.3毫米，受灾人口8.48万人，损坏房屋584间，受灾房屋1.24万间，紧急安置村民500余户。9月18日13时至20日14时，受台风“韦帕”影响，境内普降暴雨，最大降水量211毫米，沿海和库区受灾房屋5500间、农田5000公顷，紧急转移群众1.45万人。两次降雨造成直接经济损失8亿余元，国家和省政府发放救灾款918万元。2011年6月和8月，受风暴“米雷”及台风“梅花”影响，境内农作物受灾面积1.15万公顷，直接经济损失2.97亿元。市政府启动应急预案，疏散环海路以南群众7.63万人次。上级发放救灾款800万元。2012年8月27日夜至28日，受超强台风“布拉万”影响，境内普受暴雨和台风侵害，最高风力9级以上。受灾人口3.1万人，倒塌损坏房屋30间、过水160间；玉米倒伏1.3万公顷，减产10%，果树受灾1.5万公顷；桥涵受损10座、路面受损6万平方米，直接经济损失约3.6亿元。上级发放救灾款266万元。

第四节 孤儿保障

收养 1998年以前，境内孤儿收养由威海市民政局登记管理。1999年4月，转为文登市民政局登记管理。是年，办理收养登记32件。至2003年，境内送往烟台SOS儿童村养育孤儿10人，由儿童村负责学习、成长至参加工作。其间，被遣返1人。2004年12月，威海市儿童福利院成立，主要收养域内14周岁以下孤儿和弃婴，完成初中教育、满14周岁智力正常者由各市区接回。至2013年，文登市民政局累计办理收养登记393人，境内敬老院抚养13人，送威海儿童福利院抚养35人，其中办理领养15人、死亡5人。亲属抚养为孤儿安置的主要流向。

救助 1998年，市妇联开展“社会妈妈”活动，救助孤贫儿童，时为境内社会救助孤儿主要形式。2003年5月29日，市直机关工委、市民政局、市妇联联合印发《关于在全市实施“朝阳工程”开展救助孤儿活动的通知》，选定部分单位和部门资助抚养孤儿，每期5年。助养标准：高中学生每人每年1500元、其他1000元。是年，全市有63个单位分别助养1名孤儿。2007年，市民政局启动“爱心助孤”活动，该局机关干部和直属单位主要负责人每人包抚1名孤儿，与孤儿建立亲情关系，年资助款不低于800元/人，累计资助50余万元。

2008年12月，市政府印发《关于进一步加强孤儿社会保障工作的意见》，实行城乡孤儿救助一体化。每名孤儿月补助基本生活费450元，所需经费由市财政负担。建立孤儿生活费自然增长机制，其基本生活费用水平与城乡居民人均可支配收入同步增长。文登市实施城乡孤儿一体化救助的做法被民政部在全国推广。“朝阳工程”助养标准不再提硬性化指标。2009－2010年，补助基本生活费标准提至600元，65名散居孤儿获得补助金。2011－2013年，全市保障孤儿分别为59人、62人和61人，共发放补助金131.04万元。至2013年，由市妇联发动社会力量开展的“社会妈妈”活动，资助贫困儿童1500余名。

第五章　社会福利

第一节　社会福利机构

80年代末，全市各乡镇均设敬老院，实行独立门院、独立法人、独立财务运行机制，工作人员与收养对象按1∶5配备，业务经费按市级财政20%、县级50%、镇级30%核拨，主要供养五保老人。时有国有社会福利院1所。2009年后，民办养老机构兴起，与公办敬老院统称为社会福利机构。

敬老院　1991年，全市有乡镇敬老院23所，收养五保对象688人，占五保老人总数的42.5%。村办敬老院5所，收养五保对象69人。1995年，宋村镇敬老院被民政部授予全国模范敬老院称号。2000年，全市投入敬老院建设资金200万元，搬迁敬老院1所，改建、扩建敬老院2所。集中供养五保对象790人、分散供养685人。2001年5月，镇行政区划调整，铺集、埠口、口子、天福山、北郊、晒字6镇敬老院划归到并入镇。

2005年，省民政厅提出用3年（2005—2007）时间，完成规模小、条件差敬老院的改造，集中供养率提至70%。市政府印发《关于进一步加强全市农村五保供养工作的意见》，规定：改建扩建工程年内完成，每增床位1张补助资金2000元，翌年补助资金减为1500元。是年，葛家镇投资200万元，新建老年公寓楼1幢。米山镇投资200万元，改扩建敬老院。界石镇与原晒字镇敬老院合为一处，投资180万元，完成改扩建。汪疃镇敬老院迁至原汪疃啤酒厂办公楼，投资176万元进行改扩建。原口子镇与大水泊镇敬老院合为一处，投资150万元改扩建政府驻地，占地扩至2.97公顷。文登营敬老院迁至原天福山镇政府驻地，投资160万元改扩建。泽库镇投资100万元，改扩建敬老院。张家产镇投资28万元，新建敬老院住房和浴室等。米山镇和界石镇敬老院晋为省一级敬老院。2006年，天福路街道投资680万元，新建敬老院楼房2幢、平房1排，建筑面积3000平方米。宋村镇投资145万元扩建敬老院。全市镇（街道）办敬老院床位增至2490张，基本实现“配电风扇、浴室、扶手、电视和坐便器”五小工程目标。是年，集中供养五保对象1238人，分散供养1754人。葛家镇和宋村镇敬老院获威海市十佳敬老院称号，侯家镇敬老院获威海市敬老院建设先进单位称号。2008年，上级下拨“以奖代补”资金91万元，用于敬老院供暖、洗浴和沼气设施改造。2010年，葛家镇敬老院被民政部授予全国模范敬老院称号。2011年，宋村镇投资400万元，扩建公寓楼1幢，建筑面积3000平方米，新增床位200张。张家产镇敬老院投资400万元，改建敬老院4000平方米。2013年，文登营镇和大水泊镇分别投入300万元，完成敬老院改造。是年，全市有镇（街道）办敬老院13所，床位2100张，集中供养五保对象1858人，分散供养1045人。其中，省一级敬老院8所（全国模范敬老院2所）、二级5所；被民政部确认为三星级敬老院11所、二星级2所。民办养老机构27个，床位2633张。

威海市社会福利院　1991年，经威海市政府批准，依托威海市社会福利院成立复退军人康宁医院（一个机构、两块牌子）。1992年4月，复退军人康宁医院挂牌开业，承担威海境内带病回乡复退军人精神病患者和城市“三无”对象（无劳动能力、无生活来源、无法定抚养人）的养、治、教等工作。1993年，社会福利院被省民政厅命名为山东省一级福利院。1995年，定为民政部与联合国儿童基金会（1996—2000年）合作项目执行单位之一。是年，文登市残疾儿童社区康复中心成立，隶属社会福利院，主要承担境内

0～14周岁残疾儿童康复指导工作。下设文城、宋村、泽库、葛家、茼山、文登营6个镇康复站，项目终期通过联合国儿童基金会验收。2010年12月，院址迁往威海市环翠区。

文登市社会福利中心 2007年3月，市政府研究决定建设一处集老年人养老、休闲、健身、娱乐于一体的文登市社会福利中心。位于文登经济开发区金山路东、银河路北。利用民办公助形式，采用市场化运作，由市民政局与威海海地苑房地产开发有限公司签订开发管理合作协议。项目投资3亿元，规划占地3.33公顷，建筑面积7万平方米，设计床位1500张。包括老年公寓、老年活动中心、光荣院、社会救助管理站和儿童福利院，文登市政府给予减免各类费用等优惠。2009年，民政部、省和威海市共拨款370万元，文登注入资金790万元。2010年，中心一期9层公寓大楼主体工程竣工，建筑面积2.4万平方米，标准房间400个，床位800张。2012年，门球场、网球场、老年大学、棋牌室、图书室、医务室、健身房和汗蒸房等配套设施相继完成。9月，投入使用。

图33-4 文登市社会福利中心(2010年7月3日摄)

福利企业 1991年，市政府印发《文登市加强社会福利企业管理的若干规定》。8月，市民政局设立福利生产办公室，负责全市福利企业管理。1992年，对福利企业实行年检认证。1995年，全市福利企业38家，职工2680人，安置残疾人员1300人，完成产值9.5亿元，利税6000万元。文登市获全省福利生产先进市称号。2003年，取消文登市葛家镇纸箱厂、昆嵛福利包装材料厂和天富食品有限公司等福利企业资格。2007年，福利企业增值税退还额按安置残疾职工工资6倍执行，境内资格认定达标企业20家，退税574万元。2013年，全市福利企业11家，职工537人，其中残疾职工168人，占职工总数31.3%，残疾职工工资不低于1240元/月。

第二节 中国福利彩票

福利彩票发行 1988年9月18日，文登市民政局首次在人民剧场和原新华书店门前发行即开型社会福利彩票（简称福彩）。每1万元为一个奖组，面值1元，设一等奖20个，奖金50元/个；二等奖20个，奖金25元/个；三等奖200个，奖金5元/个；四等奖2000个，奖金1元/个。由于大奖额度小，娱乐性、趣味性低，群众购买积极性不高。1991年，全市福彩销售额仅30万元。1992年7月，文登市社会福利有奖募捐委员会办公室成立，隶属民政局，股级事业单位，编制4人。

1994年始，推行福彩大奖组销售模式，每年举办1次，以实物设奖为主。主要奖品先后设过汽车、摩托车、电视机、电冰箱、洗衣机及家用小电器、床上用品等。5月，首次在电影院广场采用大奖集中销售“12属相”中国福利有奖募捐券。设定发行50万张，面值3元，设奖六等。一等奖20个，奖品为全自动洗衣机；二等奖1000个，奖品为自行车；三等奖2000个，奖品为不粘锅；四等奖2500个，奖品为床单；五等奖1万个，奖品为枕巾；六等奖9万个，奖金3元。历时40天，销售福利奖券45万张，销售额首次突破100万元。1996年1月，在小观、宋村2镇销售“扑克牌”彩票，面值2元，设奖七等。1996年2月和1997年1月，市区先后两次举办福彩大奖组销售活动，共销售福彩660万元。文登市被省社会福利有奖募捐委员会授予销量过500万的县（市、区）先进集体称号。1999年2月23日，在电影院广场举办800万元赈灾

福彩销售活动，首次采用大额现金与实物奖品相结合的方式确定设奖方案。一等奖10万元，二等奖1万元。两天时间，彩票销售一空，创历史最好成绩。2000年2月11日，在电影院广场举办“扑克牌”彩票1000万元大奖销售活动，7天销售998万元，销售成绩全省最好。4月始，福彩取消实物兑奖，实行100%现金返奖。5月1日，电脑福彩销售系统开通，全市共设投注站点30个，销售电脑福彩340万元。2004年2月，按财政部通知，即开型福彩销售停止。

图33-5　2000年2月11日，市民政局在电影院广场举办福彩发行活动。

2005年初，电脑福彩实行省、地两级管理、两级核算体制，取消县级管理权限，威海市福彩中心直接管理境内投注站。是年，电脑销售彩票6300万元。2007年10月，推出“刮刮乐”即开型彩票，两个月销售426万元。2007—2009年，全市销售福利彩票9636.67万元。2013年，福彩销售以电脑型彩票为主，即开型“刮刮乐”为辅。全市投注站92个，销售福彩6245万元，其中电脑彩票5084万元、即开型彩票1161万元，筹集公益金1999万元。是年，开通手机投注购买新方式。

福彩资金使用　1994—2013年，境内共销售各类福利彩票3.4亿元，为各级财政筹集公益金1.65亿元，文登留成3000万元，主要用于城乡社会福利设施、市区服务设施、优抚安置设施的建设、维修、改造和有关社会救助支出。

2001年，为文登烈士陵园改造扩建捐助271.2万元。2002年，为殡仪馆搬迁建设捐助490万元。2004年11月，开展“福彩心连心·助困送温暖”活动，发放救助金20万元。2005年6月，省“福彩心连心”艺术团到文登演出，资助贫困群众625人25万元。2001—2006年，为市区小学生赠送安全小黄帽8.4万顶。2007年8月和2008年10月，举办2期“福彩心连心·助困送温暖”晚会暨福利彩票资助活动，受捐贫困户和孤儿500户（人），发放救助金40万元。2009年，为兴建文登社会福利中心捐助904.7万元。四川汶川大地震后，按中国福彩中心要求，文登市福彩管理站将2008年7月1日至2010年12月31日网点即开彩票和中福在线彩票所得公益金全额支援灾区。2011年，捐助烈士陵园改造20万元、敬老院建设13.4万元、临时救助40万元、社区建设45万元、医疗救助25.2万元。2012年，捐助健康补助金15.3万元、市社会福利中心建设646.4万元、临时救助40万元、医疗救助5万元、社区建设90万元。2013年，捐助烈士陵园建设30万元、高龄津贴17万元、敬老院建设494.6万元、医疗救助26.5万元、社区建设110万元。

第六章　社会组织管理

第一节　社会团体管理

1990年，市民政局设社团登记管理科，负责社会团体（简称社团）审批登记与管理。全市注册登记社团组织133个，其中学术性25个、专业性45个、联合性27个、行业性36个。1991年，文登市成立社团清理整顿领导小组，开展第

一次社团清理整顿。是年，全市准予登记社团组织110个，取缔社团组织23个。1998年，注销持股会9个；注销集邮协会、启明文学协会、电力学会和各镇私营企业协会分会等社团组织38个。2002年，民间组织管理办公室成立。2004年，年检社团38个，注册登记社团42个，其中联合性社团5个，专业性社团17个，学术性社团6个，行业性社团14个。2010年，市蔬菜协会获全省先进社会组织称号。2011年，侯家镇养貂协会的《发挥协会作用 做好科技文章 推动全镇养貂业快速健康发展》做法体会在山东省培育发展农村经济协会经验交流会议上交流发言。2013年，实施社团组织评估和社区社会组织备案制度。全市社团组织97个，其中获AAAA评估等级8个、AAA评估等级28个。

第二节　民办非企业单位管理

民办非企业单位（简称民非单位，俗称“民办事业单位”）包括院、所、站、室、园、馆、社、中心、公寓和俱乐部等。1998年前，境内民非单位由业务主管部门同意即可开展活动。规范登记始于2001年，是年，全市登记民非单位502个，其中，教育类118个、卫生类348个、民政类24个、劳动类7个、法律服务类3个、文化和科技类各1个。2005年，新增民非单位6个，年检民非单位498个，合格率95%。市光远电脑学校和宏安幼儿园获山东省先进民办非企业单位称号。2006年，市光远电脑学校、科隆电脑学校、雅韵青少年培训中心、于氏国际跆拳道馆、宏安幼儿园、西楼幼儿园、颐龙按摩职业培训学校、大堂婚姻介绍所和网络信息中心等12个民非单位，获威海市先进民办非企业单位称号。2007年，境内教育布局调整，市民政部门取消对村办和镇中心幼儿园及学校内部36个医务室（所）的监管登记。2010年，市雅韵青少年活动中心获全省先进社会组织称号。2013年，民非单位数量变化较大，204个农村卫生室注销登记，108个民非单位由于各种原因已经不存在但尚未办理注销登记手续。全市民非单位160个，其中教育类21个、卫生类53个、民政类33个、文化类6个、体育类16个、科技类5个、法律类3个、劳动类10个、其他13个。是年，开展民非单位等级评估，获AAAA评估等级4个，AAA等级17个。

第七章　勘界与地名管理

1991年，文登市东北境于正棋山分别与环翠区、荣成市接界，北境以黄泥岛、双岛东侧主航道与威海市环翠区为界，东境以黄山阳、六山张家东侧和东南部蔡官屯河口与荣成市为界，西北境于初村西北山口与烟台市牟平区接界，西部于虎山分别与牟平、乳山接界，西南境以黄垒河中心与乳山市为界。1994年6月，初村、草庙子镇析出，全境南北最大纵距56.53千米，东西最大横距51.36千米。

第一节　行政区域界线勘定

文登行政区域界线有4条，文登—牟平线、文登—环翠线、文登—荣成线、文登—乳山线，全长297.18千米。

界线勘定　文登市与环翠区、荣成市、乳山市界线勘定，由威海市勘界办公室主持确定。文登市与烟台市牟平区界线勘定，由威海、烟台市政府协调确定。行政区域界线未经勘定前双方按习惯边界线，遗留插花、飞地得到边界两侧相关单位或村民认同。

1995年始，先后完成与毗邻市（区）行政区域界线勘定，经省政府批准，定为法定边界线。1997年，市民政局绘制草图280张，完成与相邻县市区268千米陆地边界线勘定。2001年，勘界

工作结束，文登—环翠线获全省第三批县级行政区域界线勘定一等奖，文登—荣成线获二等奖。

文登—环翠线 1995年8月，威海市勘界办公室主持勘定文登—环翠线104.9千米，在1∶50000地形图上标绘边界线准确位置走向，双方勘定工作完成。

文登—牟平线 1996年8月，威海市政府与烟台市政府共同勘定4条接壤边界线。秋，威海市勘界办公室主持文登—牟平线实地勘测工作，测绘边界线两侧各1千米带状地形图，撰写勘界协议书，标注绘制协议书附图。勘定文登—牟平边界线55.38千米，双方勘定工作完成。

文登—荣成线 1996年10月，制定《荣成市和文登市联合勘定行政区域界线实施方案》，双方联合勘定文登—荣成线86.3千米，1997年10月完成。

文登—乳山线 1996年10月，制定《文登市和乳山市联合勘定行政区域界线实施方案》，双方联合勘定文登—乳山线50.6千米。2001年12月完成边界线勘定工作。

界线管理 2003年，国务院颁布《行政区域界线管理条例》，行政区域界线管理法制化。结合省勘界办印发的《县级行政区域界线联检年度安排》，完成文登—环翠线（2003年）、文登—荣成线（2006年）、文登—乳山线和文登—牟平线（2007年）第一轮年度联合检查。2006年，文登市制定行政区域界线界桩示意图、行政区域界线界桩管理责任示意图，与相邻界线界桩村委会签订管理责任书（2图1书）。2010年，完成所属行政区域界线第二轮年度联合检查。2013年，重编文登市行政区域界线管理示意图、文登市行政区域界线管理网络图，与周边市（区）签署行政区域界线管理责任书和平安边界睦邻友好协议书。

2013年文登市行政区域界线情况表

表33-7

名称	代号	起止点	涉及乡镇	界桩情况
文登—牟平线	6121002	北起环翠区—文登—牟平三市区边界线交会点，南至牟平—文登—乳山三市区边界线交会点止	文登市葛家、界石镇，牟平区龙泉、莒格庄、玉林店镇	花岗岩石界桩6个。其中，三面桩1个、双面桩4个、简易桩1个
文登—环翠线	10021081	西起牟平—环翠—文登三市区边界线交会点，东至环翠—文登—荣成三市区边界线交会点止	文登市界石、汪疃、蔄山、文登营镇，环翠区初村、羊亭、草庙子、桥头镇	花岗岩石界桩8个。其中，三面桩1个、双面桩7个
文登—荣成线	10811082	北起环翠—文登—荣成三市区边界线交会点，向南偏西南至千步港文登—荣成两市边界线交会点止	文登市文登营、大水泊、高村镇，荣成市崖西、荫子、大疃、上庄镇	花岗岩石界桩8个。其中，三面桩1个、双面桩7个
文登—乳山线	10811083	北起牟平—文登—乳山三市区边界线交会点，南至黄垒河口处文登—乳山两市边界线3号A桩与3号B桩连线止	文登市葛家、小观镇，乳山市冯家、南黄镇	花岗岩石界桩6个。其中，三面桩1个、双面桩5个

第二节　地名管理

地名普查 1990年1月，文登市启动地名补查和资料更新工作，以1∶50000地形图标注地名为基础，以新获得的地名资料，更新原地名档案。6月，资料补查基本完成。7月，填写地名补查和资料更新成果表，包括地名标准名称、汉语拼音、语种、类别、位置、名称来历含义和演变，以及与地名有关的自然、经济、社会、文化等方面。全市共补查更新地名1232条，标注1∶50000标准地名图3套。10月下旬，通

过省地名办验收小组审查验收。按普查资料，1991年，出版《文登市地图》。1992年，完成《威海市地名志》文登部分270个地名词条编写。1993年，完成《威海市地图》文登部分编汇。1994年，完成《中华人民共和国地名词典》山东省分卷文登部分和《山东省地名志》文登部分词条编写。1995年，出版《文登市交通游览图》。

2011年8月，启动第二次地名普查，文登完成辖区地名及相关属性信息调查与更新。2012年，出版《文登市地名图集》《文登市地图》《文登市城区图》。按民政部要求，收集梳理《中国政区大典》山东卷文登部分基础资料，编纂材料5万余字。8月，完成送审稿。2013年，进入普查验收阶段。其间，共采集10大类、65子类地名信息6973条，整理录入地名数据库3489条，下发纸质地名普查图36幅，汇总整理标绘地名普查图11幅。修改整饰国家地名数据库矢量地图，完成地名普查数据图库匹配，生成地名成果表3489张。利用普查资料编纂《文登市地名志》，内容包括文登概况、政区沿革、聚落、自然地理实体、道路名称、纪念地、古迹旅游名胜、人工建筑、单位和姓氏探源等，共计90余万字，附图59张。

地名标志设置 境内地名标志设置主要包括街路巷牌、楼牌、门牌（见第二十五编第二章第五节）和乡间村名标志。1989年3月，根据上级要求，首先在晒字乡实施农村地名标志设置试点；9月，村庄地名标志设置工作全面展开。村庄地名标志设计有两款：一款主体高80厘米、宽120厘米、厚10厘米；一款主体高120厘米、宽180厘米、厚10厘米，均为花岗岩水磨石板面。标志主体正面镌刻村庄标准汉字名称及汉语拼音文字，背刻村名来历、含义及沿革，落款为村委会名称和文登市地名委员会监制字样。1992年，境内自然村均完成标志设置（市区9村除外），共设置村庄标志952座。1998年，文登市获全省村庄标志设置先进县称号。

市区街道命名 1998年9月，本着“符合习惯，照顾历史，体现规划，好找好记”的原则，完成第三次（1982年和1987年分别进行第一次和第二次市区街道命名）市区82条街道命名、更名或调整起止点。将因旧城改造消失的君子街、考院街、粉市街、当铺街、柳营北街和文阳街6条街道注销。2003年，对市区世纪大道、迎宾大道等25条街道命名，调整起止点街道42条。温泉街更名为温泉路，宅库街更名为宅库路，北山东街、丰水街、十字口街、祥麟街和香水东路注销。2005年，新命名街道23条。苏州路更名为金园路，宁波路更名为金山路，厦门路更名为四产路，海口路更名为九龙路，佛山路更名为厦门路。2007—2009年，新命名街道23条。2010年，新命名街道14条。四产路、昆嵛北路、广州东路、珠海东路、龙海北路、龙海南路、小河街、三里河路调整起止点，富民街、抱龙桥街、抱龙桥西街注销。2013年，新命名街道4条，天润路、广州东路、文化东路、环山东路、河右路、世纪大道、横山路、保利路调整起止点。

1998—2013年文登市区主要道路（街道）命名情况表

表33-8

时间	街道名称	走向	起止点	方位参照
1998年	文山东路	东西	西起香山路，东至登云路	召文台南
	文山西路	东西	东起泊子河西，西至货站东路	泊子村北
	文山路	东西	东起香山路，西至泊子河	百货大楼北
	米山路	东西	西起泊子桥，东至棋山路	化肥厂北

续表 33-8-1

时间	街道名称	走向	起止点	方位参照
1998 年	米山东路	东西	西起棋山路，东至道呼线	凉水湾村南
	米山西路	东西	东起泊子桥，西至西铺头村	铺头电厂北
	环山东路	东西	西起棋山路，东至初张公路	抱龙河南岸
	秀山西路	东西	东起泊子桥，至西铺头村	铺头电厂南
	秀山东路	东西	西起棋山路，东至初张公路	城南电厂北
	秀山路	东西	西起泊子河，东至棋山路	宋家沟村南
	河滨路	东西	东起龙山路，西至文山路	工具厂北
	金地街	东西	东起黄泥沟水库西岸，西至庆丰街	黄泥沟水库北侧
	单山路	东西	西起棋山路，东至文化南路	城南村北
	郭家街	东西	西起香山路，东至崇武街	城北村
	香岩街	东西	东起职工街北首，西至三里河路（跨昆嵛北路）	北山机关宿舍北
	凤西街	东西	西起龙山路，东至昆嵛北路	三里河村
	横山路	东西	东起农机公司十字路口，西至马家汤后村东	曲轴厂南
	昆嵛路	南北	北起香水路，南至环山路	百货大楼东
	昆嵛南路	南北	北起环山路，南至秀山路	原体育场东
	昆嵛北路	南北	南起香水路，北至九里水头南河	原看守所西
	龙山路	南北	南起环山路，北至威青汽车专用路	三里河中学西
	龙山北路	南北	南起威青汽车专用路，北至二龙山	北郊镇
	河右路	南北	南起横山路，北至七里水头	柳林河西
	昌山路	南北	北起文山路，南至环山路	制革厂西
	豹山路	南北	南起秀山西路，北至马家汤后村南河	制革厂东
	马山路	南北	北起横山路跨米山路，南至秀山西路	化肥厂西
	温泉街	南北	南起米山路，北至马家汤后村南河	七里汤村
	藕湾西街	南北	南起米山路，北至威青汽车专用路	西藕湾村西
	宅库街	南北	南起米山路，北至文山路	宅库村
	货站东路	南北	南起铺头电厂，北至桃威铁路	氯碱厂西
	峡山街	南北	北起文山路，南至昆嵛山制药厂	第二橡胶厂东
	汤南街	南北	北起米山路，南至环山路	汤南村西
	汤北街	南北	南起文山路，北至马家汤后村南河	国贸大厦西
	柳林东街	南北	南起横山路，北至柳林村后	柳林村
	生产街	南北	北起香水路，南至皮鞋厂宿舍	轴承厂南

续表 33-8-2

时间	街道名称	走向	起止点	方位参照
1998 年	燕南街	南北	北起环山路，南至黄泥沟水库北岸	水产局西
	雁北街	南北	北起环山路，南至金地街	电子供销西
	天山街	南北	北起黄泥沟水库，南至秀山路	水库东
	抱山街	南北	北起环山路，南至山脊	审计局西
	兴隆街	南北	北起米山路跨环山路，南至秀山西路	水产品批发市场西
	棋山路	南北	北起米山路，南至五里顶后村东	二中东
	永安街	南北	北起文山东路，南至米山路	市武装部南
	登云路	南北	北起峰山烈士陵园，南至米山东路	烈士陵园南
	崇武街	南北	南起郭家街，北至香水路	城北村东
	松山东街	南北	北起公园路，南至文山路	松山街东
	城北街	南北	南起峰山，北至香水路	城北村
	香山路	南北	南起抱龙河，跨峰山路，北至香水路	昆嵛大厦东
	香山北路	南北	南起香水路，北至九里水头南河	市经济技术开发区办公楼西
	文化路	南北	北起公园路，跨米山路，南至抱龙河	中心医院西
	文化南路	南北	北起环山东路，南至秀山东路	沥青场东
	河洛路	东北西南	东北起柳林河桥西，南至马山路	柳林河西岸
	河州街	东北西南	东北起文山路桥东首，西南至桃园南桥北首	工会西河岸
	华达街	东西	西起龙山路，东至昆嵛北路	三里河村
	九里路	东西	西起龙山路，东至初张公路	九里水头村
	珠海路	东西	西起龙山路，东至梁家沟东河	市经济技术开发区南界
	珠海西路	东西	东起龙山路，西至桃威铁路	河埠庄村
	汕头路	东西	西起龙山路，东至梁家沟村后	珠海路北
	广州路	东西	西起龙山路（黑豹公司后），东至初张公路	汕头路北
	深圳路	东西	西起龙山路，东至崖子头河	广州路北
	香水路	东西	西起龙山路，东至崇武街	轴承厂南
	香水东路	东西	西起崇武街，东至初张公路	漩岕村南
	天润路	东西	西起初张线，东至文登营祥和路	新建天润曲轴有限公司南
	石山路	东西	西起昆嵛南路，东至棋山路	宋家沟村南
	宋家街	东西	西起雁北街，东至利民街	体育中心南墙外
	河堤路	南北	北起抱龙河桥西头，南至环山东路	物资冷藏厂东
	学子街	东西	西起龙山路三里河中学，东至大众养殖场西墙外	三里河村

续表 33-8-3

时间	街道名称	走向	起止点	方位参照
1998 年	天时街	南北	南起珠海路，北至汕头路	梁家沟村
	人和街	南北	南起珠海路，北至汕头路	梁家沟村
2003 年	世纪大道	南北	南起秀山东路立交桥，北至威青汽车专用路立交桥	新一中西
	迎宾大道	南北	南起威青汽车专用路，北至初张公路	原龙山北路
	文昌路	南北	南起秀山东路，北至大连路	新一中东
	保通路	南北	南起保成路，北至广州路	天润曲轴有限公司东
	珠海东路	东西	西起世纪大道，东至道呼公路	营西社区南
	汕头东路	东西	西起宁波路，东至文昌路	珠海东路北
	广州东路	东西	西起世纪大道，东至道呼公路	经济开发区刺绣工业园南
	广州西路	东西	东起广州路桥，西至桃威铁路	七里水头社区
	海口路	东西	西起龙山路，东至世纪大道	九里水头河北岸
	保得路	东西	西起世纪大道，东至文昌路	文登营工业园北路
	保成路	东西	西起世纪大道，东至文昌路	文登营工业园南路
	保利路	东西	西起世纪大道，东至道呼公路	文登营工业园中路
	通和路	南北	南起米山东路，北至文山东路	原加力集团西
	正棋路	南北	南起米山东路，北至文山东路	凉水湾社区东
	香山南路	南北	北起米山路，南至秀山路	天福蔬菜批发市场东
	南山街	南北	北起秀山路，南至凤凰山山脚	香山路南昆嵛南路西
	夼北街	南北	北起文山路，南至米山路	七里完小东
	站前街	南北	北起火车站，南至秀山西路	火车站南
	厦门街	东西	西起世纪大道，东至道呼公路	赵家产社区南
	苏州路	南北	南起珠海路，北至深圳路	经济开发区办公楼东
	玉山路	东西	西起昆嵛南路，东至汇通路	热电厂南墙外
	万山路	东西	西起昆嵛南路，东至初张公路	五里顶后村南
	汇通路	南北	北起抱龙河，南至万山路	小五里头村东
	龙山南路	南北	北起环山路，南至秀山路	交通宾馆东
2005 年	西藕湾街	南北	北起文山路，南至米山路	藕湾西街东
	灵水街	南北	南起文山路，北至威青汽车专用路	染织厂西
	城西街	南北	北起文山路，南至油厂家属楼北墙外	马山路西
	苏家东街	南北	南起三八道，北至石山路	棋山路西
	苏家南街	南北	北起秀山路，南至玉山路	苏家河街东

续表 33-8-4

时间	街道名称	走向	起止点	方位参照
2005 年	窑夼街	南北	北起单山路，南至文登市火炬轧辊公司北墙外	窑夼东街西
	窑夼东街	南北	北起单山路，南至玉山路	热电厂西墙外
	永康街	南北	北起米山东路，南至抱龙河	一中南
	柳林街	南北	南起横山路，北至柳林社区北山	宏安幼儿园西
	五龙北街	南北	北起河汉街，南至峰山路	原农业局办公楼西
	五龙西街	南北	北起峰山路，南至工会北墙外	五龙街西
	九发路	东西	西起香山北路，东至新道呼公路	开发区热电厂北
	堆金路	南北	北起威青汽车专用线，南至九发路	赵家产社区北
	虎山路	东西	西起世纪大道，东至新道呼公路	杨家产社区北
	盛基路	南北	北起汕头东路，南至香水路	漩夼社区西
	博仁街	东西	西起昆嵛北路，东至香山北路	昆嵛小区北
	林河街	南北	南起深圳路，北至威青汽车专用路	林家岭社区东
	昆城街	东西	西起昆嵛北路，东至香山北路	昆嵛小区中
	云龙街	南北	北起汕头路，南至珠海路	三里河小学西
2007 年	万得路	南北	北起森鹿路，南至西寨路	万得印染厂区东
	森鹿路	东西	西起典雅路，东至环兴路	森鹿制革厂区北
	典雅路	南北	北起荣兰公路，南至西寨路	天智皮毛厂
	岱韩路	东西	西起河圈路，东至万得路	岱韩金属厂区南
	河圈路	南北	北起森鹿路，南至西寨路	河圈社区东
2009 年	龙翔路	东南西北	东南起龙兴路，西北至金岭路	龙山街道工业园
	大连路	东南西北	东南起龙山路，西北至温泉养殖场	经济开发区内原 202 省道
	虎山路	南北	北起大连路，南至秀山东路	文登营镇政府西
	湛江路	东西	西起香山北路，东至金山路	经济开发区长江糖酒商场南
	进马路	东西	西起文昌路，东至汤泊居民区	止马岭社区南
	北海路	南北	北起九发路，南至九龙路	经济开发区热电厂东
	南通路	南北	北起大连路，南至宁波路	赵家产社区东
	温州路	东西	西起南通路，东至堆金路	经济开发区中海川物流南
	峰文路	南北	南起香水路，北至珠海路	峰山国际城居民小区
2013 年	圣海路	南北	北起万山路，南至埠口新港	天沐温泉东
	教场路	南北	北起广州东路，南至天润路	教场东村
	杭州路	南北	北起广州东路，南至天润路	东庵后村
	漳州路	东西	西起虎山路，东至杭州路	朱家庄

镇驻地街道命名 20世纪末，开始统一对镇政府驻地街道规划命名。1998年9月1日，市政府印发《关于20个镇政府驻地街道命名的通告》，当年完成镇驻地199条街道命名。2006年，为界石镇仙山路、云海路，宋村镇马山北路，葛家镇隆泉路4条街道命名，界石镇昆嵛路更名为红樱桃路。2007年，先后为南海新区14条道路和小观镇工业路、工业二路、昌盛路、昌顺路，米山镇利丰路、振兴路，汪疃镇成富路、多宝路、大雅路、高赛路、文峰路11条街道命名，汪疃镇东永兴路和府前路调整起止点。2008年，为高村镇深圳路，大水泊镇水场路、空港路，泽库镇康平路4条街道命名，大水泊镇机场路调整起止点，张家产镇昌桥路更名为天沐路，泽库镇金海路更名为碧海路。2009年，为界石镇共建路、宋村镇健悦路2条街道命名，侯家镇泰安东路、西路并为泰安路。2011年，为葛家镇海尔大道命名，翌年更名为原乡路。2013年，为大水泊镇西安路、太原路和济南路等10条街道命名。

2013年南海新区道路名称表

表33-9

道路名称	走向	起止点
环海路	东西	东起长会口大桥，西至黄垒河
黄海路	东西	东起环海路，西至黄垒河
滨海路	东西	东起泽库镇小葛家村，西至小观镇东浪暖村
观海路	南北	南起海景路，北至202省道
金海路	南北	南起海景路，北至202省道
林海路	南北	南起滨海路，北至305省道
龙海路	南北	南起滨海路，北至麦疃后社区
前海路	南北	南起前岛港，北至滨海路
海宁路	南北	南起海景路，北至滨海路
海恋路	南北	南起海景路，北至黄海路
海景路	东西	东起滨海路，西至环海路
海韵路	东西	东起海景路，西至黄垒河东岸
海馨路	东西	东起小观林场西港沟西岸，西至黄垒河东岸
海晏路	东西	东起小观林场西港沟西岸，西至黄垒河东岸

居民小区命名 90年代，房地产开发方兴未艾，住宅小区名称多由开发商自行命名。1993年，小区命名实行备案制，已命名小区、山庄、花园等须至市地名办补办手续，核定标准名称有效。2006年后，小区命名逐步规范。4月，市政府命名山川·文苑、荣昌花园、樱花时尚生态住宅、银海绿洲和祥和新都5个居民小区。2007年，市民政局备案命名金岭山庄、和阳花园、海地银河苑、驿海庄园、威达花园、威达嘉园、碧水金沙、蔚蓝水岸、文山清华园和金滩明珠10个小区。2008年，备案命名峰山国际城、文昱嘉苑、金海滩阳光城、泰浩华府、泰浩华居、泰浩福新园、碧海云居、温阳海港城、秀山、圣海家园、紫玉山庄、瑞祥家园、银河世家和中央龙湾14个小

区。2009年，备案命名香水海·英伦湾、阳光海岸、弘盛现代城、人和·国际花园、上海·国际花园、御临华府、河畔花园、玉泉花园、龙都丽景、贵和花园、泰鑫·南山郡和柳岸御府12个小区。峰山国际城更名为醍香湾。2010年，备案命名龙泽苑、金湾名苑、兴业茗居、空港华文花园、金海城、碧海云居·尚品、御景花园、阳光海岸和天山水尚9个小区。2011年，备案命名江南城、天润城、南海翡翠、润泰国际、河景东城、大五里百汇城、龙港外滩、水榭花都、香水海苏格兰、香水海北欧小镇、文涛阁、南海国际花园、泉都碧玉、盛世花园、上海豪庭、万石山庄和松涛园等23个小区。2012年，备案命名南海太阳城、阳光新城、御景湾、南海名居、良源名居、中润太阳城·香蜜湖、庆和国际花园、泰浩华新园、香水海·巴黎岛、香水海·地中海岸、原乡37度、文山·书香苑等14个小区。2013年，备案命名文馨家园、万利城、海伦鼎苑、天福雅苑、康业现代城和南海青春家园等20个小区。泰鑫·南山郡居民小区更名为南山郡·山语绿城。6月，市政府印发《关于对部分社区居民委员会“四至”边界进行调整的通知》，完成社区“四至”边界调整，实现建成区社区管理无缝覆盖。至年末，民政局备案命名小区107个，其中市政府命名5个。

地名文化遗产申报 “千年古县”是由联合国地名专家组和民政部，依据中国地名文化遗产鉴定标准体系和地名文化遗产重点保护对象鉴定标准，在中国现存800余个上千年古县中，优选的100个历史悠久、文化积淀深厚、地名文化内涵丰富的古县，进行重点保护。2010年8月，文登市向世界地名文化遗产专家组中国分部和中国地名研究所提交文登市地名文化研究材料。12月23日，文登市被世界地名文化遗产专家组中国分部认定为“中国地名文化遗产——千年古县”，并颁发牌匾。

第八章 婚姻与殡葬管理

第一节 婚姻管理

1986年，全县23处乡镇全部设立婚姻登记室，配备1名专职婚姻登记员，与民政助理员一起办公，业务归民政局指导。结婚法定年龄为男22岁、女20岁，禁止三代以内直系、旁系血亲结婚。结婚双方须持单位（村）出具的婚姻状况证明，本人提供身份证、户口簿或公安户籍证明。夫妻感情破裂，双方自愿离婚，调解无效，可准予离婚。1992年，市民政局政权科办理市区机关和企事业单位非农业户籍婚姻登记（原在文城镇办理），涉外婚姻由威海市民政局办理登记。1994年，婚姻登记增加婚前健康检查，婚检证明为结婚登记必备材料。1995年4月，城区婚姻登记服务处成立（简称登记处），股级事业单位，隶属市民政局，原由政权科办理的婚姻登记业务移交登记处。1997年7月，各镇婚姻登记室撤销，原由乡镇办理登记改为全市集中办理，城区婚姻登记处负责全市婚姻登记管理工作。2003年5月，登记处迁至市行政审批服务中心。取消所在单位或村（居）委会出具婚姻状况证明，实行当事人提供身份证、户口簿，并做本人无配偶及与对方当事人无直系血亲和三代以内旁系血亲关系签字声明。婚检由强制改为自愿。同年，清理和补办非法同居登记手续280对。2004年6月，城区婚姻登记服务处更名为文登市民政局婚姻登记处。7月，全市启用新版结婚证和离婚证，内芯全国统一编号。2007年，实行政府补贴，免费婚检。对非法同居婚姻补办登记手续4对，出具相关证明6对。2009年，市民政局婚姻登记处被民政部评为全国规范化建设达标单位。2010年6月，婚

姻登记管理改用全国统一婚姻证字号。2011 年 7 月至 2013 年，正式启用全国婚姻登记管理系统，实现全省实时在线登记，省内信息联网审查。

1991－2013 年文登市婚姻登记情况表

表 33-10　　单位：对

年份	结婚登记	离婚登记	年份	结婚登记	离婚登记	年份	结婚登记	离婚登记
1991－1995	26073	1329	2002	3000	139	2008	4470	608
1996－1997	9810	258	2003	3736	170	2009	4499	750
1998	3155	100	2004	4219	387	2010	4030	828
1999	4300	135	2005	3415	422	2011	5388	937
2000	3350	148	2006	5089	500	2012	4735	964
2001	3683	113	2007	4257	585	2013	5606	1107

第二节　殡葬管理

殡葬改革　1988 年，境内各乡镇、村普遍成立树新风理事会，有会员 4700 余人。通过办黑板报、宣传栏，组织广播讲座等形式，开展婚事简办、丧事新办、提倡科学、反对迷信等教育活动。至 1995 年，全市累计火化遗体 2.58 万具，火化率 99.5% 以上。1996 年 4 月，市殡葬管理所成立，各镇成立殡葬服务站，负责辖区殡葬管理、改革和殡仪服务工作。1999 年 3 月，市政府通告城市规划区内散乱坟头迁移，免费使用公益性墓地，优惠使用经营性墓地。是年清明节前夕，迁移散乱坟头 2000 余座，绝大部分迁至万陵园公墓和公益性公墓区。2010 年，文登在威海市率先出台殡葬费减免政策，老复员军人、参战涉核人员、城乡低保户、五保户、百岁老人去世后，基本丧葬费减免 724 元。2012 年，小观镇东店子、经济开发区九里水头和文登营镇金山公墓投入运营。2013 年，各村均设墓地，遗体火化率 100%。

文登市万陵园公墓　1996 年，省民政厅批准境内建设经营性公墓 1 处。选址定于市区南 5 千米的玄武山阳，山势坐北向南，地势开阔。一次规划，分期建设。设计总面积 2 平方千米。1997 年，一期征地 7.33 公顷，投资 260 万元。建成墓穴 187 座，使用 62 座。自建 1 公顷苗圃基地，逐步实现绿化自给。1998 年，建起聚仙湖景区、花园墓地区、松涛林海区、祭奠焚烧区和管理服务区。1999 年，墓地西扩，占地 0.67 公顷，每穴占地 1.2 平方米。2008 年，启动二期建设，征用荒山 5.46 公顷，其中东坑村 1.49 公顷，泊石村 3.97 公顷。至 2013 年，累计投资 4374.8 万元，建成墓穴 3294 座，投入使用 3075 座。

图 33-6　万陵园公墓（2013 年 3 月 25 日摄）

文登市殡仪馆　1991—1992 年，投资 43 万元，增设告别厅、祭奠室和全封闭紫外线消毒室等，被省民政厅授予全省殡葬事业先进集体称

号。1993 年，晋升为国家三级殡仪馆。2002 年，晋升为国家二级殡仪馆。殡仪馆有 ZIRB-96 燃油火化机 3 台，固定资产 323.9 万元，火化费 144 元 / 具。2003 年 10 月，新殡仪馆落成迁馆，位于徐泊线西首、初张路东侧。总投资 1500 万元，占地 4.08 公顷，建筑面积 5352 平方米。火化间安装 YQ 欧亚式 5000 型高档火化机 2 台、中档火化机 3 台，冷冻间设冷冻柜 6 台。2004 年，完成米山路东首殡仪馆烟囱爆破，原火葬场和旧殡仪馆废止。2008 年，购置 14 辆专用遗体运输车辆，规范遗体运输业务。2011 年，更新改造 2 台高档捡灰火化机、2 台平板火化机。2013 年，市殡仪馆有职工 23 人。凡文登市户籍且不享受殡葬补助居民免除基本殡葬服务费，包括遗体运输费、遗体冷藏费（1 昼夜 120 元）、遗体火化费（普通炉全免、高档炉减免 144 元）、普通骨灰盒（200 元 / 个或减免 200 元）、骨灰寄存费 60 元 / 年。

第九章　老龄事业

第一节　管理机构

1988 年，文登市设老龄问题委员会，各乡镇成立基层老龄问题委员会。1992 年 2 月，更名为老龄工作委员会（简称市老龄委）。市委书记和人大常委会主任任名誉主任，市委分管领导任主任，副市长和劳动局局长任副主任，组织部、妇联和人事局等 18 个单位主要负责人任委员。在市劳动局下设办公室（简称老龄办）。1995 年，全市 22 个镇（街道）和 33 个市直部门设老龄委及办公室，配备专兼职工作人员 58 人。2002 年，老龄办成建制划归市民政局。2007 年后，分管民政工作的副市长任老龄委主任，民政局局长任副主任，市委宣传部、发改局、民政局等单位分管负责人为成员。2013 年，老龄办内设老年事业管理科、宣教维权科。工作人员 5 人，负责老龄委委托的日常工作。

第二节　老龄事业发展

1991 年、1993 年、1995 年，市委、市政府先后 3 次召开全市庆祝老人节暨老龄工作总结表彰大会，表彰先进集体 221 个、先进个人 204 名。1991 年起，在全市农村推行签订家庭赡养协议书活动。是年 12 月，市政府印发通知，制止对老年人乱集资、乱摊派。1993 年始，在 167 个村推行农村养老保险。

1991 — 1995 年，境内创办老年学校 22 所，经常参加时事政治、卫生保健、花卉栽培、农业常识、书画摄影等课程学习的老年人 1400 余人。建立老年活动室 832 个，市区老年人文体活动点 20 处，将老龄工作纳入全市目标管理责任制考核，共签订家庭赡养协议书 1.35 万份。定期走访慰问常态化。1997 年重阳节期间，开展尊老敬老好儿女金榜奖、老有所为奉献奖、重视老龄工作功勋奖（简称“三奖”）评选活动。全市获金榜奖 206 人、奉献奖 227 人、功勋奖 113 人，其中获威海市、省和全国“三奖”表彰的分别为 14 人、3 人、1 人。是年，举办市第八届老年人田径运动会，参赛老年人 700 人。各镇举办老年人田径运动会 50 场次，参赛老年人 5000 余人。全市有老年文体活动站 136 处，老年人长期坚持参加健身活动达 5 万余人。1998 年，实施《文登市优待老年人若干规定》，60 周岁以上老人不再承担义务工、劳动积累工和各种集资，65 周岁以上农村老人除承包土地按合同缴纳承包费外，不再承担村提留、镇统筹费；70 周岁以上老人在境内医院、疗养院就医就诊，免收挂号费；游览公园免门票费，旅游景点和体育馆等公共文化娱乐场

所半价；老年人合法权益受侵害诉讼，诉讼费缓交或减免，免费获法律援助；95～99周岁具有文登市常住户口的老人每年享受200元健康补助金，100周岁以上老人每月享受100元长寿补助金。是年，全市办理老年人优待证6.1万份，社会各界为老年人捐款赠物折款210万元。

2007年7月，修订《文登市优待老年人若干规定》，对老年人乘车、就医和安装有线电视等作出明确优惠规定。市财政按每位老年人（60周岁以上）每年1元标准设老年事业发展专项资金，吸纳社会和海外捐助建立敬老爱老基金。是年，争取上级资金21万元，在小观镇裴家岛等7个村建起村级老年活动室。2008年，新建和改建界石镇崮山后等16个村的老年活动室。年末，全市有百岁老人47名，平均每10万人中有8.1名。2009年，调整健康补助金发放范围，90～94周岁老人每年发放100元，95～99周岁每年发放200元，100周岁以上长寿补助金调至每月200元。12月11日，文登市被中国老年学学会授予中国长寿之乡称号。

2010年，文登市老年学会成立。是年，开展第四届全国敬老爱老助老主题教育活动评选，高村镇中邢家村赛序姿获全国孝亲敬老之星称号。2011年，由文登市老年学会主办的刊物《春华秋实》创刊，年出版4期，每期发行3000余份。是年，调整健康补助金范围，80～89周岁每年100元，90～94周岁每年200元，95～99周岁每年300元。2012年，举办首届文登市老年书画巡回展，参与老人4000余人。参加威海市举办的“七彩华龄卡杯”文艺演出，获一等奖3个、二等奖1个、三等奖5个、优秀奖3个。2013年，健康补助金改为高龄津贴，80～89周岁为每年100元、90～99周岁为每年360元，100周岁以上老人长寿补助金为每月300元。是年，65周岁以上老人免费乘坐城市公交汽车。

图33-7 2012年9月18日，天福社区老年人举办文化娱乐活动。

第十章 残疾人事业

第一节 组织机构

1990年7月，文登市残疾人联合会（简称市残联）成立，为正科级事业单位，由市民政局代管。11月，召开第一次残联代表大会，出席会议代表97名。1991年，各乡镇成立残疾人联合会。1992年，企业和村共设残疾人协会或残疾人工作领导小组906个。1993年，市残联对外独立办公，1995年，改由市政府直接管理，级别未变。2013年，内设办公室、康复部。先后获全国残疾人工作先进单位、全国残疾人工作先进集体，全省康复工作先进单位、全省残疾人就业扶贫示范基地等称号。

第二节 代表大会

市残联第二次代表大会 1993年3月17日举行，出席会议代表127名。会议提出，认真执行《中华人民共和国残疾人保障法》，强化残疾人康复扶贫措施，拓宽就业渠道，多方筹集残疾人福利基金。会议推举理事长1人、副理事长2人、理事3人。

市残联第三次代表大会 1998年4月24日举行，出席会议代表152名。会议听取和审议市残联第二届主席团所作的《团结奋进 扎实工作 开创全市残疾人工作新局面》工作报告。选举产生第三届主席团委员61人，选举出席威海市残疾人联合会第三次代表大会代表8人。大会推举执行理事会理事长1人、聘任执行理事会副理事长2人、理事1人。

市残联第四次代表大会 2003年4月8日举行，出席会议代表135名。会议听取和审议市残联第三届主席团所作的《与时俱进 开拓创新 推动全市残疾人事业再上新台阶》工作报告。选举产生第四届主席团委员45人，选举出席威海市残疾人联合会第四次代表大会代表13人。大会推举执行理事会理事长1人、聘任执行理事会副理事长2人、理事2人。

市残联第五次代表大会 2007年10月31日举行，出席会议代表137名。会议听取和审议市残联第四届主席团所作的《与时俱进 开拓创新 全面发展残疾人事业》工作报告。选举产生第五届主席团委员47人，选举出席威海市残疾人联合会第五次代表大会代表13人。大会推举执行理事会理事长1人、聘任执行理事会副理事长2人、理事3人。

市残联第六次代表大会 2012年12月15日举行，出席会议代表126名。会议听取和审议市残联第五届主席团所作的《与时俱进 开拓进取 全面发展残疾人事业》工作报告。选举产生第六届主席团委员25人，选举出席威海市残疾人联合会第六次代表大会代表17人。大会推举执行理事会理事长1人、聘任执行理事会副理事长3人、理事3人。

第三节 主要活动

调查发证 1991年，市残联对残疾人进行摸底调查，全市有残疾人21492人，占总人口的2.99%。1993年，完成23处乡镇952个行政村的残疾人文化程度、劳动能力、就业、健康及生活状况调查，发放残疾人证件6813个。1997年，换发残疾人员证件7600个。2002年，全面系统对残疾人状况进行调查登记，经查，全市有残疾人20844人，占总人口的3.15%。按照《中国残疾人实用评定标准》《威海市残疾人证件管理规定》，建立档案，规范办证。2005年，按上级部署进行第二次全国残疾人调查，成立由调查员、统计员和医务人员组成的残疾人抽样调查队，按规定编制镇级、村级和调查小区三级抽样框，历时1年零8个月完成调查任务。调查入户率100%，见面率83%，疑似残疾人检查率100%，疑似残疾人筛出率14.5%。2006年，被省抽样办评为第二次全国残疾人抽样调查工作先进单位。2009—2013年，全市更新残疾人证件12905个。

康复服务 1991—1992年，开展以白内障复明、儿麻矫治、语训听障儿童为主的“三康”工作，实施白内障复明手术317例，矫治儿麻患者79名，语训听障儿童35名。1993—1996年，康复工作改为低视力、精神病、智障为主要对象的新“三康”，先后矫治低视力患者21名，治疗精神病患者1057名，训练智障儿童35名。2001年，文登市被列为全国精神病防治康复工作重点县。2002年，成立白内障治疗、听障儿童语训、智障儿童康复、精神病治疗康复、肢体康复训练和低视力矫治中心，为盲人按摩训练、残疾人文体活动、残疾人职业技能训练等提供基地。2003—2013年，实施白内障复明手术6363例，矫治低视力患者44名，矫正儿麻患者53名，语训听障儿童86名，智残和智障儿童康复114名，肢体康复476名，治疗精神病患者620名。发放轮椅1154辆，供应辅助用品用具2319件套。

权益保障 1991年，全市有红领巾助残小组382个，送温暖小组126个，常年为残疾人提供登门服务。全市与残疾人结成残健共建对子672个，市残联与34家福利企业开展“建家做友”活动。1994年，市政府印发《文登市保障残疾人合法权益暂行规定》，农村残疾人减免“三提五统”和义务工、劳动积累工负担，累计减免金额418万元。“八五”期间，安置残疾人就业1495名。1997年，市政府印发《文登市分散按比例安置残疾人就业办法》。1998年，召开全市分散残疾人就业工作会议，安置残疾人就业3916人，占应安置人数85%。2000年，市残联与市司法局联合印发《关于进一步做好残疾人法律援助工作的意见》，为残疾人提供法律咨询和援助350人次。2004年，实施“凝心聚力，带领残疾人奔小康”工程，落实帮扶对象100户，每户发放扶贫启动资金1000元。组织镇（街道）机关干部同残疾人结成“一对一”帮扶对子，年末脱贫率达80%。是年，文登市被定为全国首批农村贫困残疾人危房改造项目试点单位，首批发放残疾人危房改造补助50户，每户1万元。

2005年始，为保证福利企业按规定安排残疾人工作，对福利企业收取残疾人就业保障金，检查合格后退还企业；严格执行“低保重残”补贴原则，在原来救助肢体、精神、智力1～2级残疾人基础上，将听力言语1～2级残疾人亦纳入救助范围，并对参加养老保险、医疗保险的重度残疾人给予一定资金补贴。为就业年龄段（16～59周岁）视力1级，智力、肢体、精神1～2级确无自理能力、需他人照料的重度残疾人，发放居家托养补贴，每人每年800元。是年，800余名非就业年龄段的智力、肢体、精神1～2级残疾人亦纳入重度残疾人护理补贴范围。2006年，举办适合残疾人职业和技能培训班，培训残疾人45人，安置就业40人。2011年，对23名残疾人实施委托服务，发放服务费3.45万元，发放居家托养补贴984人78.72万元。2012年，开设山泰种植养殖业残疾人扶贫基地，安置残疾人就业15名，辐射带动周边52户贫困残疾人发展种养业。2013年，开展“整体赶平均，共同奔小康”活动，投资50万元，扶持250户贫困残疾人脱贫致富。

至2013年，全市城镇街道建有盲道44千米，车站、医院等公共场所设置无障碍车位42个，无障碍厕所25座，无障碍标志32个。

图33-8 2013年5月19日，市残联在市中广场举行帮扶残疾人活动。

第三十四编
社会生活

1991年始，文登市经济持续快速发展，人民生活水平逐年提高。1999年，城镇居民人均可支配收入（1999年前国家无该项调查）5351.87元，2013年为23192.81元，增长3.33倍。1991年，农民人均纯收入1116元，2013年为16310元，增长13.61倍。1991年，城乡居民储蓄存款余额106144万元，2013年为2689636万元，增长24.34倍。城乡居民消费水平提高，生活质量改善，以吃穿为主的生存型消费观念明显淡化，居住、医疗保健、交通通信、教育、文化娱乐及服务等消费支出增加，消费档次不断升级。休闲、养生、美容、健身等时尚生活受到青睐。养老保险、医疗保险、失业保险、工伤保险、生育保险等社会保障制度相继建立，全市人民安居乐业，幸福指数大幅度提升。

居民在超市购物（2010 年 8 月 6 日摄）

第一章 居民生活

第一节 居民收入

城镇居民收入 1991—2000年，境内城镇居民收入以工资性收入为主，家庭财产性收入及其他收入为补充的多元化收入形式基本形成，城镇居民收入逐年增长。1991年，市属企业职工年平均工资2049元，2000年为5910元，增长1.88倍。据文登市城市社会经济调查队（简称城调队）对城市住户（50户）调查表明，1991年，城市居民家庭户均实际收入5502.10元，2000年为18577.84元，增长2.38倍。2000年，人均可支配收入（该项调查始于1999年）6187.25元。

2001—2010年，以公有制经济为主体、个体和私营等非公有制经济共同发展的城镇经济新格局形成，城镇居民收入除工资性收入外，家庭经营收入和其他财产性收入明显增长。2001年，市属以上企业职工年平均工资5933元；据城调队对城市住户（50户）调查表明，城市居民家庭户均实际收入21274.76元；人均可支配收入7070.32元。2010年，在岗职工年平均工资34173元；据城调队对城市住户（50户）调查表明，城镇居民家庭人均总收入17944.31元；人均可支配收入16916.25元，比2001年增长1.39倍。

2011—2013年，围绕富民强市目标，市委、市政府开展惠民工程，城镇居民收入持续增长。2011年，在岗职工年平均工资37413元，2013年为45284元，增长21.04%。据城调队对城市住户（50户）调查表明，2011年，城镇居民家庭人均总收入20092.74元，2013年（调查42户）为24980.23元，增长24.32%。2011年，人均可支配收入（新算法）18767.64元，2013年为23192.81元，增长23.58%。

1999—2013年文登市城镇居民人均可支配收入统计表

表34-1　　单位：元

年份	人均可支配收入	年份	人均可支配收入	年份	人均可支配收入
1999	5351.87	2004	8876.89	2009	15501.02
2000	6187.25	2005	9721.26	2010	16916.25
2001	7070.32	2006	11018.66	2011	18767.64
2002	8114.88	2007	12139.42	2012	21023.50
2003	8189.16	2008	14138.45	2013	23192.81

农村居民收入 1991—2000年，随着农村改革开放不断深化，农民收入渠道呈多样化，农村一半以上劳动力从事二、三产业，农民收入显著增长。1991年，农民人均纯收入1116元，2000年为3820元，增长2.42倍。

2001—2010年，市委、市政府根据市场需求，引导农民适时优化种植结构，发展高效优质农业，提倡多种经营，拓宽果业、设施蔬菜、药材种植、畜禽养殖、水产品养殖等创收渠道，国家同时加大农民种粮补贴资金扶持力度，减免农业税费，对购置农业生产资料的农民实行资金补贴，农民收入出现较快增长。2001年，农民人均纯收入4120元，2010年为10479元，增长1.54倍。

2011—2013年，围绕现代化农业建设，农业的组织形式、形态布局、综合效益不断优化，农民收入持续增长。2011年，农民人均纯收入12699元，2013年为16310元，增长28.44%。

1991—2013年文登市农民人均纯收入统计表

表34-2　　单位：元

年份	人均纯收入	年份	人均纯收入	年份	人均纯收入
1991	1116	1999	3585	2007	7678
1992	1380	2000	3820	2008	8431
1993	1550	2001	4120	2009	9160
1994	1806	2002	4380	2010	10479
1995	2211	2003	4719	2011	12699
1996	2810	2004	5285	2012	14559
1997	3200	2005	6017	2013	16310
1998	3502	2006	6786		

城乡居民储蓄　随着城乡居民收入渠道增多，收入总水平提高，城乡居民储蓄存款年年呈上升趋势。1995年，全市城乡居民储蓄存款余额294367万元，人均储蓄4329元（1995年前文登市统计局关于国民经济和社会发展统计公报无人均储蓄数据）；2005年，全市城乡居民储蓄存款余额949594万元，人均储蓄14780元，分别比1995年增长2.23倍和2.41倍。2006年，全市城乡居民储蓄存款余额1062354万元，人均储蓄17073元；2013年，全市城乡居民储蓄存款余额2689636万元，人均储蓄41839元，分别比2006年增长1.53倍和1.45倍。

1991—2013年文登市城乡居民储蓄存款余额统计表

表34-3　　单位：万元

年份	储蓄存款余额	年份	储蓄存款余额	年份	储蓄存款余额
1991	106144	1999	553524	2007	1181907
1992	133548	2000	596484	2008	1389185
1993	177247	2001	674393	2009	1594552
1994	228037	2002	738065	2010	1868273
1995	294367	2003	815181	2011	2128244
1996	376453	2004	834633	2012	2448277
1997	423795	2005	949594	2013	2689636
1998	498297	2006	1062354		

第二节　居民消费

消费结构　境内居民生活消费包括食品、衣着、居住、家庭设备用品及服务、医疗保健、交通和通信、教育文化娱乐服务，以及其他商品和服务等项支出。据文登市统计局（简称市统计局）抽样调查数据显示，1992年（1991年部分

消费数据统计不全），农村居民人均生活消费总额605元。其中，食品支出占47.60%，位居第一；衣着支出占15.21%，位居第二；居住支出占12.89%，位居第三；家庭设备用品及服务支出占8.60%，位居第四；教育文化娱乐服务支出占7.60%，位居第五；医疗保健支出占4.96%，位居第六；其他商品和服务支出占2.64%，位居第七；交通和通信支出占0.50%，位居第八。

2002年，农村居民人均生活消费总额2425元。其中，食品支出占40.62%，位居第一；教育文化娱乐服务支出占21.98%，位居第二；居住支出占11.34%，位居第三；衣着支出占6.6%，位居第四；医疗保健支出占6.56%，位居第五；交通和通信支出占6.52%，位居第六；家庭设备用品及服务支出占4.08%，位居第七；其他商品和服务支出占2.31%，位居第八。城市居民人均生活消费总额6017.88元（城调队对城市居民人均生活消费数据调查始于2002年）。其中，食品支出占24.04%，位居第一；教育文化娱乐服务支出占18.56%，位居第二；衣着支出占17.97%，位居第三；交通和通信支出占13.86%，位居第四；居住支出占7.79%，位居第五；家庭设备用品及服务支出占7.01%，位居第六；医疗保健支出占6.83%，位居第七；其他商品和服务支出占3.94%，位居第八。

2013年，农村居民人均生活消费总额8834.34元。其中，食品支出占33.52%，位居第一；居住支出占22.96%，位居第二；交通和通信支出占18.36%，位居第三；教育文化娱乐服务支出占9.26%，位居第四；衣着支出占5.62%，位居第五；医疗保健支出占5.36%，位居第六；家庭设备用品及服务支出占3.93%，位居第七；其他商品和服务支出占1.00%，位居第八。城市居民人均生活消费总额14319.90元。其中，食品支出占31.42%，位居第一；交通和通信支出占21.67%，位居第二；衣着支出占14.19%，位居第三；居住支出占9.15%，位居第四；教育文化娱乐服务支出占7.81%，位居第五；家庭设备用品及服务支出占7.48%，位居第六；医疗保健支出占5.93%，位居第七；其他商品和服务支出占2.35%，位居第八。

消费水平 据城调队对境内城市住户（50户）调查表明，1991年，城镇居民户均生活费支出4291.07元，1998年为11524.37元，增长1.69倍。1999年，城镇职工人均消费性支出4577.91元，2005年为5793.99元，增长26.56%。2006年，城镇居民人均消费性支出6814.89元，2013年（调查42户）为14319.90元，增长1.10倍。

1991—1995年，对农村住户（800余户）调查表明，1991年，农村居民人均生活消费支出549元，1995年为1342元，增长1.44倍。1998—2010年，对农村住户（130户）调查表明，1998年，农村居民人均生活消费支出2117元，2010年为5637.81元，增长1.66倍。2011—2013年，对农村住户（100户）调查表明，2011年，农村居民人均生活消费支出6499.16元，2013年为8834.34元，增长35.93%。

2002—2013年文登市城市居民人均生活消费支出总额统计表

表34-4　　单位：元

年份	人均生活消费支出	年份	人均生活消费支出	年份	人均生活消费支出
2002	6017.88	2006	6814.89	2010	11174.04
2003	6256.80	2007	7839.98	2011	11861.12
2004	5613.09	2008	10314.47	2012	12668.70
2005	5793.99	2009	10663.10	2013	14319.90

1991—2013 年文登市农村居民人均生活消费支出总额统计表

表 34-5　　　　单位：元

年份	人均生活消费支出	年份	人均生活消费支出	年份	人均生活消费支出
1991	549	1999	2101	2007	4246.57
1992	605	2000	1948	2008	4632.33
1993	727	2001	2397	2009	5025.20
1994	987	2002	2425	2010	5637.81
1995	1342	2003	2527.23	2011	6499.16
1996	1746	2004	2817.01	2012	7227.04
1997	1772	2005	3371.09	2013	8834.34
1998	2117	2006	3841.48		

食品消费　90 年代始，城乡居民主粮为小麦，次为大米，玉米、地瓜用来调节生活。鱼、肉、蛋为家常菜肴，新鲜蔬菜四季常见。进入 21 世纪，奶制品消费支出增加，酒、饮料消费讲究品牌。食品购买讲究绿色和营养。1992 年，农村居民人均食品消费支出 288 元，2002 年为 985 元，增长 2.42 倍。2003 年，城市居民人均食品消费支出（该项调查始于 2002 年）1714.08 元，农村居民为 961.82 元；2013 年，城市居民人均食品消费支出 4499.99 元，农村居民为 2961.48 元，分别比 2003 年增长 1.63 倍和 2.08 倍。

衣着消费　随着社会发展，境内居民衣着购置趋向中高档。既讲究面料，又讲究款式和做工。品牌时装倍受欢迎。1992 年，农村居民人均衣着消费支出 92 元，2002 年为 160 元，增长 73.91%。2003 年，城市居民人均衣着消费支出（该项调查始于 2002 年）982.56 元，农村居民为 184.10 元；2013 年，城市居民人均衣着消费支出 2031.97 元，农村居民为 496.24 元，分别比 2003 年增长 1.07 倍和 1.70 倍。

居住消费　城乡居民住宅面积及居住消费呈增长趋势。1995 年，城镇居民人均使用住宅面积（1991—1994 年，城调队无该项调查）12.8 平方米；农村居民住宅人均占有建筑面积 22.4 平方米，人均住房消费支出 137 元。2005 年，城市居民人均现住房屋总使用面积 22.29 平方米，人均居住消费支出（该项调查始于 2002 年）769.48 元；农村居民人均住房面积 28.57 平方米，人均居住消费支出 498.36 元。2013 年，城市居民人均现住房总建筑面积（2007 年始，城市居民人均住房使用面积不再调查）30.19 平方米，人均居住消费支出 1310.88 元；农村居民人均住房面积 38.46 平方米，人均居住消费支出 2028.68 元。

家庭设备用品及服务消费　90 年代始，城乡居民为追求现代化生活，家用电器、新式家具和厨具等家庭设备消费支出增多。2000 年后，随着生活水平提高和工作节奏加快，职业人士无暇顾及家务劳动，家政服务需求增加，至 2013 年，全市注册的家政服务企业达 20 余家。

1992 年，农村居民人均家庭设备用品及服务支出 52 元，2002 年为 99 元，增长 90.38%。2003 年，城市居民人均家庭设备用品及服务支出（该项调查始于 2002 年）334.20 元，农村居民为 92.99 元；2013 年，城市居民人均家庭设备用品及服务支出 1070.55 元，农村居民为 346.89 元，分别比 2003 年增长 2.20 倍和 2.73 倍。

医疗保健消费　随着经济发展，境内医疗环境及医疗条件得到极大改善，至 2013 年，有

地市级医院1所，县市级医院6所，社区卫生服务中心和镇级卫生院22所，农村卫生室423个，市区药店169家，乡镇药店120家。城乡居民健康意识提高，有病看医生，无病重保养，保健滋补品走进寻常百姓家。

1992年，农村居民人均医疗保健消费支出30元，2002年为159元，增长4.30倍。2003年，城市居民人均医疗保健消费支出（该项调查始于2002年）531.24元，农村居民为150.45元；2013年，城市居民人均医疗保健消费支出848.54元，农村居民为473.57元，分别比2003年增长59.73%和2.15倍。

交通和通信消费　随着时代进步，城乡居民家庭拥有的交通工具由自行车、摩托车、电动自行车发展到汽车。通信工具由固定电话发展到移动电话。1992年，农村居民人均交通和通信消费支出3元，2002年为158元，增长51.67倍。2003年，城市居民人均交通和通信消费支出（该项调查始于2002年）1007.40元，农村居民为164.17元；2013年，城市居民人均交通和通信消费支出3103.28元，农村居民为1621.68元，分别比2003年增长2.08倍和8.88倍。

教育文化娱乐服务消费　文登自古有崇文尚学之风。90年代始，家长对子女教育舍得投资，孩子3周岁入幼儿园，6周岁入小学，中学毕业后考大学是首选。2010年，全市考取大学本科、专科学生2783人，录取率83.83%（2011年始不再统计）。大学生人均年消费1万元以上。部分高收入居民把子女送到国外留学，人均年消费20万元以上。节假日送孩子参加英语、音乐、书法、美术、武术等各类辅导班形成风气。成人教育与职业技术培训受到欢迎。城乡居民娱乐活动丰富多彩。除在影剧院、歌舞厅、网吧、台球城消费外，家庭文化娱乐活动明显增多，家庭文化娱乐用品不断升级换代。

1992年，农村居民人均教育文化娱乐服务消费支出46元，2002年为533元，增长10.59倍。2003年，城市居民人均教育文化娱乐服务消费支出（该项调查始于2002年）988.92元，农村居民为609.55元；2013年，城市居民人均教育文化娱乐服务消费支出1117.72元，农村居民为817.84元，分别比2003年增长13.02%和34.17%。

其他商品和服务消费　1992年，农村居民人均其他商品和服务消费支出16元，2002年为56元，增长2.50倍。2003年，城市居民人均其他商品和服务消费支出（该项调查始于2002年）248.04元，农村居民为12.17元；2013年，城市居民人均其他商品和服务消费支出336.99元，农村居民为87.95元，分别比2003年增长35.86%和6.23倍。

2002—2013年文登市城市居民人均消费性支出分类统计表

表34-6　　单位：元

年份	食品	衣着	居住	家庭设备用品及服务	医疗保健	交通和通信	教育文化娱乐服务	其他商品和服务
2002	1446.84	1081.32	469.08	421.56	411.00	834.12	1116.84	237.24
2003	1714.08	982.56	450.24	334.20	531.24	1007.40	988.92	248.04
2004	1732.01	1072.40	421.14	279.92	501.05	640.26	765.15	201.16
2005	1989.57	741.42	769.48	314.85	377.92	952.96	446.54	201.25
2006	2146.51	840.40	1225.70	335.32	750.66	911.25	413.73	191.32
2007	2406.93	831.74	1372.61	418.77	1334.76	762.28	439.46	303.45
2008	2950.83	1415.33	1003.83	1568.61	695.88	1109.79	1018.25	551.95
2009	2637.57	1738.57	1559.75	799.70	1278.03	1027.83	1037.11	584.51

续表 34-6

年份	食品	衣着	居住	家庭设备用品及服务	医疗保健	交通和通信	教育文化娱乐服务	其他商品和服务
2010	2919.49	1947.01	1535.09	557.63	1598.79	962.69	1198.22	455.11
2011	3041.12	2263.88	1500.50	664.51	1268.20	1578.86	1027.91	516.15
2012	3105.94	2460.97	1752.13	932.66	1556.16	978.03	1252.13	630.68
2013	4499.99	2031.97	1310.88	1070.55	848.54	3103.28	1117.72	336.99

1991—2013 年文登市农村居民人均消费性支出分类统计表

表 34-7 单位：元

年份	食品	衣着	居住	家庭设备用品及服务	医疗保健	交通和通信	教育文化娱乐服务	其他商品和服务
1991	272	80	72	58	—	—	36	31
1992	288	92	78	52	30	3	46	16
1993	342	110	81	59	24	10	78	23
1994	481	123	123	73	37	28	96	26
1995	630	157	137	139	38	21	156	64
1996	778	194	141	151	71	34	292	85
1997	773	189	87	107	125	101	298	92
1998	986	168	154	162	138	130	269	110
1999	971	155	280	174	91	128	257	45
2000	902	152	233	140	123	112	249	37
2001	1144	155	256	99	127	151	423	42
2002	985	160	275	99	159	158	533	56
2003	961.82	184.10	351.88	92.99	150.45	164.17	609.55	12.17
2004	1268.55	196.88	419.75	88.86	133.17	214.33	478.22	17.27
2005	1311.98	248.88	498.36	95.49	162.54	343.28	696.03	14.55
2006	1297.3	252.5	840.04	101.65	246.8	405.26	653.78	44.16
2007	1556.64	294.48	777.78	143.66	277.62	429.9	751.87	14.62
2008	1639.05	331.98	1159.46	136.38	259.41	490.86	602.49	12.70
2009	1846.69	371.88	1255.58	157.61	245.45	488.64	639.20	20.15
2010	2169.91	414.44	1219.01	201.39	328.39	572.92	714.85	16.91
2011	2548.81	362.18	1234.24	309.76	455.81	933.85	612.44	52.08
2012	2571.32	440.28	1820.70	266.50	443.73	869.99	738.97	75.54
2013	2961.48	496.24	2028.68	346.89	473.57	1621.68	817.84	87.95

1991—2001 年文登市城市百户居民家庭主要耐用消费品拥有量统计表

表 34-8

名称	单位	1991 年	1992 年	1993 年	1994 年	1995 年	1996 年	1997 年	1998 年	1999 年	2000 年	2001 年
摩托车	辆	1	3	3	6	9	9	20	20	24	30	32
家用汽车	辆	—	—	—	—	—	—	—	—	—	—	—
洗衣机	台	42	43	45	43	47	48	33	37	42	36	38
电冰箱	台	42	46	41	44	47	47	45	47	47	48	49
彩色电视机	台	42	47	46	48	54	57	53	59	66	63	66
家用电脑	台	—	—	—	—	—	—	1	4	5	5	6
组合音响	套	—	—	3	2	3	4	5	6	7	9	9
摄像机	架	—	—	—	—	—	—	—	—	—	1	1
照相机	架	7	12	10	20	26	25	21	21	21	24	24
钢琴	架	—	—	—	—	—	—	2	2	3	—	—
微波炉	台	—	—	—	—	—	—	—	—	1	5	5
空调器	台	—	—	3	2	2	3	3	6	6	11	11
淋浴热水器	台	—	—	5	9	16	19	16	21	30	32	33
固定电话	部	—	—	—	—	—	—	—	—	—	—	—
移动电话	部	—	—	—	—	—	—	—	—	—	—	—

2002—2012 年文登市城市百户居民家庭主要耐用消费品拥有量统计表

表 34-9

名称	单位	2002 年	2003 年	2004 年	2005 年	2006 年	2007 年	2008 年	2009 年	2010 年	2011 年	2012 年
摩托车	辆	72	72	74	48	52	52	54	56	58	30	30
家用汽车	辆	2	6	6	8	10	18	18	20	20	30	30
洗衣机	台	74	80	82	46	56	72	66	66	68	96	102
电冰箱	台	98	102	104	92	98	92	102	102	106	104	110
彩色电视机	台	116	128	132	126	128	142	128	130	134	128	134
家用电脑	台	14	26	34	22	28	38	54	68	76	86	94
组合音响	套	22	22	22	2	4	4	10	10	10	16	16
摄像机	架	8	8	8	—	—	4	4	4	4	10	10
照相机	架	50	50	52	30	30	26	36	38	40	34	36
钢琴	架	—	2	2	—	—	—	4	4	4	2	4
微波炉	台	12	12	12	24	24	28	36	38	38	44	46

续表 34-9

名称	单位	2002 年	2003 年	2004 年	2005 年	2006 年	2007 年	2008 年	2009 年	2010 年	2011 年	2012 年
空调器	台	22	22	22	14	16	20	16	16	16	34	34
淋浴热水器	台	67	76	78	60	66	64	86	88	90	96	92
固定电话	部	105	112	112	90	92	100	92	92	92	78	78
移动电话	部	81	104	122	104	140	126	158	166	174	196	202

说明：该表数据 2013 年始不再调查。

1991—2001 年文登市农村百户居民家庭主要耐用消费品拥有量统计表

表 34-10

名称	单位	1991 年	1992 年	1993 年	1994 年	1995 年	1996 年	1997 年	1998 年	1999 年	2000 年	2001 年
自行车	辆	158	221	173	175	186	184	183	165	164	164	140
缝纫机	台	82	86	88	88	89	96	96	97	99	99	—
钟	只	102	104	105	108	110	132	127	131	132	132	—
手表	只	198	204	211	212	219	217	216	205	204	203	—
电风扇	台	42	49	58	69	78	66	73	78	78	79	78
洗衣机	台	11	16	17	18	22	11	11	18	18	18	22
大型家具	件	91	104	116	127	142	144	264	394	234	228	392
收音机	台	65	55	62	64	62	50	50	64	67	47	—
黑白电视机	台	64	64	64	61	56	39	36	52	47	44	16
彩色电视机	台	26	31	35	43	46	72	77	72	79	84	89
收录机	台	30	32	35	39	42	42	39	35	46	47	20
照相机	架	0.9	1.6	3.2	3.2	4.7	3	4	5	5	5	3
摩托车	辆	5	6	11	14.4	19.4	21	22	32	35	40	42
录像机	台	—	—	2.7	2.9	5.1	3	3	8	5	6	5
电冰箱	台	—	—	10	15.4	27.4	40	42	54	57	58	78

2002—2012 年文登市农村百户居民家庭主要耐用消费品拥有量统计表

表 34-11

名称	单位	2002 年	2003 年	2004 年	2005 年	2006 年	2007 年	2008 年	2009 年	2010 年	2011 年	2012 年
洗衣机	台	23	23.85	23.85	16.92	30.77	43.85	44.62	46.92	48.46	49	61
电冰箱	台	73	73.08	73.85	76.15	82.31	85.38	93.85	96.92	97.69	102	103
空调机	台	1	—	0.77	6.92	4.62	4.62	5.38	7.69	7.69	2	4
抽油烟机	台	—	—	4.62	3.08	14.62	17.69	19.23	22.31	25.38	13	20
微波炉	台	—	0.77	1.54	1.54	5.38	7.69	10.77	23.85	23.85	13	20
热水器	台	—	—	—	23.08	75.38	100.00	103.08	103.08	103.85	101	103

续表 34-11

名称	单位	2002 年	2003 年	2004 年	2005 年	2006 年	2007 年	2008 年	2009 年	2010 年	2011 年	2012 年
自行车	辆	140	145.38	130	126.15	103.08	108.46	106.15	108.46	123.85	91	98
摩托车	辆	47	47	47.69	44.62	66.92	71.54	76.15	75.38	75.38	60	67
家用汽车	辆	—	—	—	0.77	5.38	6.15	7.69	9.23	9.23	8	10
固定电话	部	—	92.31	92.31	96.92	96.15	96.92	96.92	96.92	96.92	94	96
移动电话	部	—	13.08	21.54	28.46	90	98.46	104.62	98.46	110.77	159	170
彩色电视机	台	93	96.15	101.54	101.54	103.08	105.38	106.15	103.85	103.85	104	106
影碟机	台	6.1	9.23	10	7.69	29.23	34.62	36.15	34.62	34.62	8	9
照相机	架	3.8	3.85	3.85	3.08	3.08	5.38	6.92	8.46	9.23	2	5
家用计算机	台	1.5	2.31	2.31	3.85	4.62	7.69	12.31	15.38	21.54	28	39

说明：该表数据 2013 年始不再调查。

第三节　饮　食

主食

馒头　饽饽　用发酵的小麦面做成。蒸成方形或长方形的叫馒头或卷子；里面加油、盐、葱花的叫油卷或花卷；蒸成半圆形较大一点的叫饽饽，上面插枣的叫枣饽饽，里面包豆、包糖的分别叫豆饽饽、糖饽饽。

米饭　用水稻或旱稻加工的大米做成。境内有的称做米饭为“捞干饭”。米饭已成为仅次于馒头的重要主食之一。境内水稻种植极少，多为购买的东北大米。

饼　主要由小麦面做成。有发面饼、油饼（千层饼）、单饼、淋饼、烧饼、火烧、蒸饼、馅饼、茭瓜丝饼（茭瓜丝加面）、土豆丝饼（土豆丝加面）等。

包子　有发面、烫面、凉水面之分。皮为小麦面，馅以肉馅和菜馅为主。境内习惯用发酵的白面做皮。馅比较讲究，且捏褶包成圆形的为包子；馅里蔬菜较多，面皮对捏成长形的称为“菜角子”“菜角儿”。包子为境内居民喜爱并常吃的食品之一。

饺子　又称水饺。皮为小麦面，分肉馅、菜馅、鱼馅、虾馅几大类。较著名的为“三鲜饺子”，即用新鲜猪肉、新鲜韭菜、新鲜海虾做馅包成，味道鲜美，是过节时家庭常做的食品，也是顾客到宾馆饭店消费时喜欢点的食品。

面条　俗称“面汤”。按做法不同分为过水面、炝锅面、杂面汤、片汤等。按用面不同又可分为麦子面汤、豆面汤、地瓜面子汤等。其中用小麦面做的过水面，也称“小面汤”，为面汤中的上品。其种类有打卤面、炸酱面及煮熟后再加佐料回锅的炒面等。随着城乡居民的主食越吃越精，杂面汤、地瓜面子汤成为稀罕食品。

粑粑　用玉米面做成，也叫饼子、窝头。做法多样，种类繁多。有在锅帮上烀的豆子面粑粑，有放在箢屉上蒸的窝头，有包上菜或烀或蒸的菜粑粑。

地瓜　又称红薯，有白瓤、红瓤、紫瓤之分。烀着吃与烤着吃皆可，营养价值较高。进入21 世纪，地瓜及熟地瓜干成为稀罕食品。

稀饭　大米、小米、高粱米、玉米面、地瓜丝等均可兑水熬成稀饭，也称为熬粥。境内部分乡镇称玉米面稀饭为“棒棒面子粥”，地瓜丝稀饭为“地瓜粥”。

快餐　90 年代初，洋快餐“肯德基”入驻文登市区，受到青少年欢迎。其后，中式快餐店纷纷成立，供应馅饼、盒饭、稀饭、小菜等。因其省时、方便、节约，迅速被广大居民接受。特别

是盒饭，送货上门，成为部分上班族和在校中小学生的主流午餐。

副食

蔬菜 境内居民食用的蔬菜种类繁多，有大白菜、小白菜、青萝卜、白萝卜、胡萝卜、空心菜、甘蓝、花菜、大葱、韭菜、菠菜、芹菜、茄子、土豆、芸豆、菜豆、莴苣、茭瓜、冬瓜、苦瓜、南瓜、西红柿、黄瓜、蘑菇、辣椒、蒜薹、葱头、豆芽、生姜、大蒜、香菜等。1991年始，推广设施蔬菜种植，居民一年四季均能吃上新鲜蔬菜。蔬菜市场货源充足，除本地生产外，外地蔬菜也销售到文登，居民可在超市、集市、农贸市场、菜摊自由选购符合家人口味的各种蔬菜。

肉 蛋 奶 1991年后，境内市场猪肉、牛肉、羊肉、鸡肉、鸭肉、鸡蛋、鸭蛋、鹅蛋供应充足，居民可任意选购。其中，猪肉、鸡肉、鸡蛋消费需求量最大。至2013年，全市生猪存养量35.8万头，出栏量54.01万头；肉食鸡存养量156.4万只，出栏量543.93万只；蛋鸡存养量404.4万只，产蛋量5.24万吨；除满足供应本市外，还销往外地。随着时代进步，人们的饮食结构发生变化，奶品需求增加，早餐喝牛奶、吃面包的家庭不断增多。居民购买的牛奶制品有纯牛奶、酸奶、高钙奶、果味奶、婴儿奶粉等。多数居民选择去超市购买奶制品，也有部分居民选择去奶品代销点订购鲜牛奶。进入21世纪，喝酸奶人群范围扩大，酸奶销量大增。

水产品 文登属沿海城市，市场上鱼、虾、蟹、蛤、扇贝、蛏子、海螺等海鲜产品琳琅满目。进入21世纪，海鲜产品成为居民家庭的寻常菜肴。逢节假日，海鲜品销售量会大增。境内海水养殖的鱼、虾、贝、藻、海参等和淡水养殖的白鲳、建鲤、甲鱼、河蟹、大银鱼、罗非鱼、罗氏沼虾等更是丰富了城乡居民的餐桌。伏季休渔期间，养殖的海鲜产品也能满足消费者需求。

水果 果业是文登农业支柱产业之一。水果种类有苹果、桃、梨、葡萄、杏、樱桃、草莓、柿子、李子、大枣等，其中引进的红富士、乔纳金、王林等系列苹果成为名优果品。进入21世纪，除本地水果外，商场内南方的橘、橙、柑、柚、荔枝、龙眼、杨桃、香蕉、木瓜、菠萝、圣女果及进口的榴莲、蛇果、提子等应有尽有，水果成为城乡居民家庭的日常副食品。

酒 饮料 90年代，城乡居民饮酒种类有白酒、果酒、啤酒等。婚庆、贺喜、过节、聚会，酒为必备品。传统饮料汽水淘汰，被可口可乐、雪碧、果汁饮料、茶饮料、保健饮料等替代。进入21世纪，酒类消费档次升级，饮酒讲究品牌。茅台、五粮液等高档白酒出现在居民结婚喜宴上，葡萄酒受到高收入人群及女士喜爱，啤酒成为大众消费品。饮料消费群体主要是青少年和儿童。饮用水消费支出增多，城市居民兴起喝矿泉水、纯净水，饮水机、桶装水、瓶装水进入居民家庭。咖啡消费人群逐年扩大。

食用油 境内产花生，农村居民食用油以自产花生油为主。90年代始，城市居民大都喜欢购买食用植物油，消费需求量大的为花生油，猪油的消费群体减少。进入21世纪，一些高收入人群开始食用橄榄油。大豆油、玉米油、调和油也受到部分消费者青睐，香油多用作调味品。

传统名食

文登包子 盛名始于民国年间。文登包子配料讲究，皮为精面粉，馅为新鲜猪肉和时令蔬菜，配料为上等豆面酱、特级酱油、葱末、香油及用茴香、八角、花椒当佐料熬成的老母鸡和猪大骨汤。包子呈扁圆形，包子褶在平顶上，像盛开的菊花，名曰“菊花平顶包”。文登包子不用花生油、猪油，只加滴香油，清香可口，风味独特，香而不腻，浆汁满而不外泄，吃起来回味无

图34-1 文登包子（2013年3月8日摄）

究。2008 年 12 月 4 日，文登包子被列入威海市级非物质文化遗产名录。

千层饼　也称油饼，制作方法较讲究。面粉要先用热水烫，然后揉好切成剂子，剂子擀成薄片，抹上猪油或花生油，撒上盐和碎葱末，先卷后盘成圆形再擀成饼状。锅里抹油烧热，将擀好的饼坯下锅烙熟，用铲子翻转在锅里反复摔打，起层后装盘。如此制作的油饼层多页薄，松脆可口，是家庭待客及宾馆饭店的地方特色食品之一。

鱼锅粑粑　文登渔家传统饭菜，以大锅制作最为地道。原料：新鲜海鱼、花生油或豆油、面酱、老醋、白糖、料酒、盐、干辣椒、葱段、蒜片、姜丝、玉米面、豆面、小苏打。制作：适量清水化开小苏打，3 份玉米面 1 份豆面放入盆中，按一个方向搅拌和好待做粑粑。锅中先倒入花生油或豆油，六成热入葱姜蒜及干辣椒爆香，再放面酱划炒，放入鲜鱼略炒，入料酒、白糖、老醋、盐、清水，没过鱼即可。大火烧开，将团好的粑粑贴在锅边，加锅盖，中火慢炖，待汤汁浓稠时停火。5 分钟后，即可出锅食用。因生活节奏加快，宾馆饭店加工鱼锅粑粑已改用小铁锅，做好后整锅端放至餐桌上供顾客食用。

南海鸡蛋饺子　文登传统特色食品之一，主要流行于泽库等沿海镇。做法：将生鸡蛋打入碗中搅匀待做饺子皮。饺子馅用精肉糜加入盐、白糖、葱姜末、酱油调匀。拿一长柄勺，置火上烧热，勺内壁刷一层食用油，加一调羹蛋液于勺内，用手转动勺把，使蛋液均匀铺满勺壁，蛋液受热形成皮状但未完全凝固时放入肉馅，将蛋皮对折，未凝固蛋液会把蛋皮粘住将肉馅包裹，煮熟后即为美味可口的鸡蛋饺子。2013 年 12 月 30 日，南海鸡蛋饺子制作技艺被列入文登市级非物质文化遗产名录。

文登喜饼　原是女方出嫁放在陪嫁箱里带到婆家送给新郎的“体己干粮”，俗称“媳妇饼”，后成为境内男女结婚时的必备品，多为女方制作。

文登喜饼有南北之别。南面以泽库镇为代表的喜饼呈圆形，以烘烤为主；北面以汪疃镇为代表的喜饼呈方形，以油炸为主。南北喜饼所用原料基本一样，均用上等面粉，俗称“头箩面”。配料为每 5000 克面粉加花生油 1000 克、鸡蛋 10 个、白糖 500 克、食用苏打 7 克，然后将面调匀揉好再发酵，做成直径 8 ～ 10 厘米，厚约 2 厘米的圆形或方形饼坯，放在锅中烘烤或油炸制成。文登喜饼香甜适中，松软可口，营养丰富，不怕干，秋冬可存放月余，成为人们日常生活中喜爱的食品。2008 年 12 月 4 日，文登喜饼制作工艺被列入威海市级非物质文化遗产名录。

图 34-2　文登喜饼（2013 年 9 月 27 日摄）

林村火烧　火烧是具有北方特色风味的饼类小吃，文登以林村火烧最为出名。林村火烧是用面粉调加发面芡子，发酵好后，加入干面揉戗，反复压搓，面柔和后再切成相等面块，揉成面团，用擀面杖擀成碗口大小边厚中薄的圆形饼。擀好后，周边用刀背压痕，将其放置热炕上慢慢饧好。烘烙时用大圆形平底锅，锅四周用黄泥封实，灶下用木炭燃烤，温度保持稳定。为做到不粘锅，烘烙前先用花生油把锅涂抹一遍，当正反两面烙到金黄色时，再将外观似熟内里尚生的半成品，用扁铲铲起放锅边摆好，继续烘烙，反复多次，直到烙熟为止。2013 年 12 月 30 日，林村火烧制作技艺被列入文登市级非物质文化遗产名录。

蠓子虾酱　加工蠓子虾酱侯家镇较为有名。主要原料为糠虾（文登俗称蠓子虾），身长不足 1

厘米。每年7—10月，境内南海盛产该虾。渔民用极细小挂网、小推网捕捞，上岸后筛选去除小鱼等杂物，加5%的盐拌匀，置烈日下暴晒，并不时搅动，至显桃红色，再装坛密封发酵。半年后启封食用，生食熟食皆可，味道鲜美。蠓子虾酱含丰富蛋白质、钙、铁、硒、维生素A等多种营养元素，1995年，文登蠓子虾酱获第二届中国农业博览会金质奖。境内居民喜欢用蠓子虾酱配食玉米饼子或豆面条，宾馆饭店也以蠓子虾酱作为地方特色小吃招徕顾客。

第四节　服　饰

服装　1991年始，城乡居民衣着消费由穿暖向穿好、由单调低档向多样高档转变。纯棉、纯丝、品牌服装受到青睐。随着成衣化程度提高，布料消费明显减少。2000年后，人们衣着服饰更趋多样化，形成按季节的流行色和流行款式着装，风衣、夹克衫、西服、T恤衫、牛仔裤、老板裤、健美裤、七分裤、九分裤、旗袍、西装套裙、落地裙、短裙、一步裙、皮衣、羊绒衫、呢子半大衣、面包服、羽绒服等异彩纷呈。各种休闲服、运动服大流行。皮衣已不算稀罕服装，部分高收入居民穿上万元以上价格的裘皮大衣。由于审美观念不断更新，传统衣着实用性势头减弱，人们在穿着舒适基础上开始展现着装个性化。青年人着装追求新潮、时尚，凸现形体美。中老年人追求庄重、美观、大方，部分时尚老年人也穿T恤衫、牛仔裤，着装堪与青年人相媲美。童装购置多为纯棉制品，除讲究款式外，更注重舒适、环保、健康。

鞋帽　90年代始，鞋类消费需求量大的是皮鞋、布鞋和运动鞋，塑料鞋基本被淘汰。皮鞋成为大众消费品，一人经常购买多双，如单皮鞋、棉皮鞋、皮凉鞋。布鞋面料改进，增加了丝绒、呢绒、牛仔布、棉麻等，鞋底加工以注塑、冷粘为主，因其穿着舒适轻便，受到各层次消费者喜爱。运动鞋不再是运动员专用品，青年人成为其主要消费群体，中老年人也因其休闲舒适，加入购买行列。爱美女士喜欢穿高跟鞋，进入21世纪，坤式高跟鞋、尖头鞋、长筒靴、雪地靴等成为其钟爱的款式。高收入人群及青年人购鞋注重档次、品牌，老年人注重实用、舒适。商场内各种帽子一应俱全，有鸭舌帽、太阳帽、无边帽、风雪帽、情侣帽、牛仔帽、旅游帽、毡帽、礼帽等，材质有皮、布、毛线、绒线之分。消费者购置帽子在防寒防晒防尘及约束头发基础上，又多了点缀美和彰显个性的功能。

饰品　改革开放后，佩戴饰品在境内女士中兴起。进入21世纪，随着收入增加，女士佩戴耳环、戒指、项链、手链、镯子等成为普遍现象。饰品档次质地日益提高，有黄金饰品、铂金饰品、钻石饰品、珍珠玛瑙和玉石琥珀饰品等。部分男士也喜欢佩戴金项链、金戒指和玉石饰品。儿童吉祥挂件或手镯一般为银饰品。也有部分消费者喜欢佩戴花梨、紫檀等木制项链、手链。新郎新娘购买首饰成为习俗，其中金戒指或钻戒是必备品。市区除首饰专营店外，几家大型超市均设有首饰专柜。部分高收入人群时常购买首饰，一为式样更新，二为保值增值。

第五节　居住　出行

居住　90年代，境内城市建设步伐加快，市区旧房成片拆除重建，城市居民多数住上两室一厅或三室一厅的钢筋混凝土结构楼房。进入21世纪，随着经济发展和建筑技术进步，城市居民逐步住进高层带电梯、框架结构的新楼房，居住面积从70平方米到180平方米不等，水、电、暖、气配套齐全；部分经济条件好的居民住进建筑面积200平方米以上的别墅。居民入住新楼房前，室内讲究装修，地面铺设木地板或瓷砖，墙面贴壁纸或喷涂乳胶漆，卫生间配有浴缸、坐便器、淋浴器、洗面台等。家庭装修消费支出差别较大，简易装修费用在5万元以下，精装修费用在10万元以上。农村居民居住以砖混结构红瓦房为主，少数富裕农民住上自建的钢筋混凝土结构二层或三层别墅。部分农村按照规划，建起多

层楼房，室内装修也在农村居民中兴起。还有不少农村居民在市区购置楼房。

出行　1991—2013年，城乡居民出行的交通工具发生很大变化，由骑自行车、摩托车、电动自行车发展到乘坐公交车、出租车、私家轿车。远行有火车、轮船、飞机。随着收入增加，全市家用汽车拥有量大增。据国家统计局文登调查队2012年调查表明，城市居民家用汽车每百户拥有量30辆，农村居民家用汽车每百户拥有量10辆。一般居民家庭购置轿车，多为国产或中外合资生产的经济实用型，价格在10万元～20万元之间；部分富裕的私营业主喜欢购置价格50万元左右，甚至100万元以上的高档进口轿车。

第六节　家用器具

家用电器　90年代，城乡居民彩色电视机、洗衣机、电冰箱的家庭拥有量增多，黑白电视机逐渐淘汰。1995年，据抽样调查，每百户城市居民家庭拥有彩色电视机54台，每百户农村居民家庭拥有彩色电视机46台；洗衣机每百户城市居民家庭拥有量47台，农村家庭为22台；电冰箱每百户城市居民家庭拥有量47台，农村家庭为27.4台；空调机每百户城市居民家庭拥有量2台。VCD组合音响替代普通收录机和录像机，家庭影院兴起。

进入21世纪，电脑、数码相机、摄像机走进寻常百姓家，DVD机替代VCD机，厨用电器微波炉、电磁炉、电压力锅、电饭煲、电饼铛、电烤箱、榨汁机等得到广泛应用。城乡居民普遍使用各种小家电，如吸尘器、电暖器、电熨斗、电吹风、电动剃须刀等。电视机、洗衣机、电冰箱、空调机等不断更新换代。彩色电视机已经普及，并由小屏幕发展到大屏幕，由荧光屏发展到液晶屏，功能增多，天线被数字机顶盒替代，可收看几百个电视频道节目。全自动洗衣机取代普通洗衣机，单开门充氟电冰箱逐步被双开门、三开门无氟节能环保型电冰箱替代。2012年，据抽样调查，每百户城市居民家庭有洗衣机102台、电冰箱110台、彩色电视机134台、电脑94台、空调机34台、摄像机10台、微波炉46台，每百户农村居民家庭有洗衣机61台、电冰箱103台、彩色电视机106台、空调机4台、电脑39台。

家具　90年代，随着生活水平与审美意识提高，居民家庭中常用的大立柜、五斗橱、高低柜等木质家具遭冷落，各种款式新颖的组合家具时兴起来。城市居民家庭客厅中沙发、茶几、电视柜成为配套家具。卧室配有床、床垫，餐厅配有餐桌、折叠椅。部分居民家庭设书房，配有写字台、书柜等。

进入21世纪，大型组合家具被淘汰，因其板材多为锯末板、碎木块粘合板，耐用及环保性差。居民搬迁新居大都购置实木或环保高密度板新家具。大衣柜、松木双人床、“席梦思”床垫、真皮沙发、布艺沙发、梳妆台、电脑学习桌、书柜、实木餐桌餐椅、床头柜等均流行，居民可根据个人审美追求在网上定购，或到家具商场购买。境内家具商场众多，中式家具、欧美式家具任由消费者选购。有些居民喜欢装修时依墙制作衣柜，有些高收入人群喜欢购置高档仿古式实木家具。藤艺、竹艺、铁艺、布艺等家具也不乏购买者。

照明　境内1985年实现村村通电，城乡居民照明均用电灯。90年代，居民选购的灯具品类有吊灯、吸顶灯、落地灯、台灯、壁灯、床灯等。室内装修，有居民喜欢于屋顶设置灯池，用筒灯、牛眼灯、射灯等作为装饰灯具。

进入21世纪，随着社会进步，城乡居民搬进新居大多会选购节能、高效、环保、耐用的照明灯具。境内灯具商场众多，品种与款式呈多样化、工艺化。居民家庭中浪费电能的白炽灯逐渐被淘汰，由节能的荧光灯、LED灯替代。2010年，文登市开展“创建高效照明产品推广示范村”活动，上级财政部门对购买高效照明产品的农村居民给予补贴。是年，共推广节能灯5.7万只。其中，百分百科技T5直管型0.5万只，欧普照明紧凑型5.2万只。

燃具 燃料 1991—1998年，境内城市居民家庭做饭大都采用电子打火不锈钢灶具，燃料为罐装石油液化气，少数家庭采用铸铁炉具，燃料为蜂窝煤，个别家庭仍沿用传统土炕灶台，以秸秆柴草或散煤为燃料。农村居民家庭土炕灶台占多数，罐装石油液化气用户占少数。1999年，威海市中原液化气文登第一供气站建成，北山社区管道液化气工程竣工，1800余户居民家庭用上管道液化气。2007年，经济开发区昆嵛新城和银海绿洲住宅小区开始供应管道天然气，农村在罐装石油液化气基础上，大力推广使用沼气。至2013年，市区有管道液化气用户46398户、管道天然气用户30384户、农村沼气用户17585户，罐装石油液化气城乡已普及。全市建有石油液化气供应站28个（市区5个、镇村23个），燃气有限公司2家。燃气灶更新换代为节能、环保型，灶身有不锈钢、钢化玻璃、陶瓷等多种材质，点火装置由压电陶瓷点火发展到电子脉冲点火，红外线燃气灶也在部分家庭兴起。

第七节 休闲 养生

休闲

网络 1998年3月，市电信局多媒体通信完成与公众多媒体通信网威海信息港的连接。是年，发展因特网用户213户，实现零的突破。进入21世纪，互联网由窄带发展到宽带，网速加快。至2013年，全市有网吧115家，城市居民家庭宽带与电脑基本普及。居民可在网上办公、浏览、游戏、聊天、交友、炒股、理财、购物、收发邮件、发微信、听音乐、看影视剧。上网对象不仅是青年人、中年人，许多老年人也成了网民。人们可以用电脑上网，也可用手机上网，不少人建立起自己的博客、微博、QQ群、微信群和网上商城，网络已成为城乡居民日常生活的重要组成部分。

K歌 即到KTV娱乐场所唱歌娱乐。90年代始，到KTV去K歌是境内居民喜欢的新潮娱乐方式之一。稍会唱歌的居民或水平较高的音乐发烧友，都能在KTV找到很好的感觉，享受其高水准的伴奏和高保真的音响效果。2013年，全市有营业性KTV娱乐场所15家。另有不少居民购置DVD机、功放机、音箱等设备在家中与亲朋好友一起K歌。随着网络音乐的发展，在电脑上K歌也越来越流行。

棋牌 1991—2013年，境内居民棋牌娱乐形式主要有玩麻将、打扑克、下象棋等。节假日，茶余饭后，亲朋好友聚在一起用麻将和扑克娱乐消遣为常事。麻将桌为正方形，麻将牌多为136张，4人玩。开始前，先找出“东南西北”四张牌，通过摸牌确定座位，也有掷骰子确定座位，点大者坐东，下面依次为南西北。麻将玩法很多，有“点炮”“自摸”等。每种玩法都有各自规矩，用何种打法，须提前商定。打扑克玩法很多，由4人凑局打“争上游”“三五反”等，后兴起2人以上凑局打“拖拉机”、3人凑局玩“斗地主”、3人以上凑局打“手把一”、5人凑局打“保皇”、6人凑局打“够级”等。许多社区设有棋牌室，为老年人提供娱乐场所。夏天夜晚，休闲广场、楼群街巷多见三五成群玩扑克牌、下象棋者。围棋、军棋爱好者多为青少年，时见围棋学习班招生。

宠物 90年代始，随着生活水平提高，休闲时间增多，城市居民中兴起豢养宠物热。所养宠物以犬、猫居多，鱼、龟、鸟次之。宠物犬受欢迎的品种有贵宾、博美、金毛、松狮、吉娃娃、雪纳瑞等。农村居民爱养大型犬看家护院。市畜牧兽医技术服务中心下设宠物门诊部，负责对宠物犬的医疗救治及疫苗注射。养鱼爱好者分为两个群体，收入水平较高者喜欢饲养金龙、银龙等高档热带鱼及进口锦鲤，一般居民家庭喜欢饲养金鱼、红鲤鱼和龟等。养鸟多为老年人，饲养品种主要有鹦鹉、八哥、鹩哥等。

旅游 1995年始，国家实行双休日，1999年9月18日始，春节、劳动节、国庆节假期增至3天（2007年12月始，劳动节改为1天），再将双休日调休，可休假7天，为居民外出旅游创造条件。旅游方式有组团游和自助游。组团游多

为长途游，由旅行社承办。90年代，出游目的地多为北京、上海、深圳、广州、苏州、杭州等。进入21世纪，出游国内名胜古迹、名山大川者增多，出游中国香港、澳门、台湾地区者增多。跨国游路线多为新加坡、马来西亚、泰国、韩国、日本等。欧美游人数较少。自轿车进入家庭后，自助游兴起。节假日期间，一家人到昆嵛山、南海金滩、邻近城市游玩渐成时尚。

花木　为追求美，城市居民喜欢在阳台或室内，农村居民喜欢在门前庭院栽植一些花木装点生活。受欢迎的品种有兰花、杜鹃、梅花、月季、牡丹、山茶、桂花、菊花等；室内观赏树类有橡皮树、发财树、平安树、榕树等；多肉类观赏植物有仙人球、宝石花、玉露、翡翠珠、燕子掌等。境内花木市场南北方品种皆有，中低价位花木需求量大，名贵花木受到部分高收入人群青睐；还有不少居民喜欢买来种子或剪来枝条自己培植花木，为休闲生活增添乐趣。

收藏　改革开放后，文登人民生活安定，收入倍增，收藏爱好者增多。收藏种类有邮品、票证、图书、字画、钱币、印章、玉器、奇石、陶瓷器、铜器、商标、酒瓶、革命文物等。于国杰收藏毛主席像章150万枚。乔学霖收藏古今名人书画1000余幅，收藏瓷器、青铜器、玉器及民俗文物近1万件，1995年向威海市甲午战争博物馆捐献名人字画100余幅。市区有多处古玩市场，“胶东文化街”较著名。2013年11月，中央电视台《寻宝》栏目走进文登，来自各界1300余名收藏爱好者携带3000余件收藏品现场接受专家免费鉴定。藏品涵盖字画、瓷器、陶器、玉器、青铜器等，其中1件藏品被授予“文登最具文化价值的宝物”称号，专家现场为收藏者颁发证书。

养生　保健　随着社会进步和健康意识提高，越来越多的居民加入养生健身行列。至2013年，全市有健身路径900余条，注册的体育俱乐部10家。到健身房、瑜伽馆、游泳馆健身消费渐成时尚，不少居民办有常年健身消费卡。全市社区均设有室外健身活动场所，配有健身器械，方便居民锻炼。清晨，爬山、健步走、慢跑、长跑；夜晚，跳健身舞、做健身操、打太极拳、舞太极剑，成为城乡居民业余生活所爱。进入21世纪，保健滋补品热销，超市、药店均设保健品专柜，其主要消费群体为老年人。每逢节日，大多数居民喜欢把保健滋补品当作礼品赠送亲朋好友，看望老人和病人保健滋补品是首选。

美容　美发

美容　90年代始，化妆兴起，美容成为时尚。境内有专营美容院，也有连锁加盟店。城市爱美女士是光顾美容院的主要群体。美容项目有修眉、文眉、文眼线、文唇、文唇线、除皱、去斑、保湿、光子嫩肤、去眼袋、SPA（水疗美容）等，消费价格不菲。大多数女士喜欢购买美容护肤产品在家中自我美容，自我保养肌肤。境内女性使用美容化妆品档次不断攀升，除国内知名品牌，尚有韩国、日本、欧美等国际名牌。进入21世纪，中老年女性美容者增多，文眉、描唇、化妆，修饰打扮不输年轻女性。爱美男性做面膜者也不乏其人。美甲在女青年中流行。

美发　80年代末至90年代，市场经济活跃，境内出现不少发廊、发屋，理发师多来自南方，引进各种新潮发型。市区女青年流行起焗油、焗彩、烫发，染发以黄色为主，烫发以大波浪为主。进入21世纪，境内美发专业知名连锁店增多，影视明星发型及大城市流行发型均受到文登男女青年青睐。焗彩流行，一些青年女性喜欢把头发染成黄色、栗色、棕色、橘红色、葡萄紫等；个别前卫青年男女把头发染成蓝色、白色或者杂色。一些老年人为显年轻把白发染成黑发。老年女性焗油烫发人群范围扩大。个别时尚男士留起披肩发或马尾辫。2013年，剪发价格1人次在15～50元之间，烫发、焗油价格在100元以上。

第二章　社会保障

第一节　养老保险

企业职工基本养老保险　1991年初，全市22170名合同制职工参加社会养老保险。为扩大养老保险范围，在电业、丝绸、劳动服务公司等4家企业进行计划内临时工养老保险试点。

1992年4月，将国家行政机关、社会团体和全民所有制企业、县以上集体所有制企业、事业单位中经劳动部门批准招用的城镇户口计划内临时工纳入养老保险范围，缴费比例为单位18%、个人3%。临时工被招收为合同制工人后，其缴纳养老保险年限可与合同制工人缴纳养老保险年限合并计算，缴纳养老保险办法和养老待遇按合同制工人的规定办理。

1993年1月，将企业固定职工纳入城镇职工基本养老保险保障范围。10月1日，实施基本养老金新的计发办法。由两部分组成。第一部分以职工退休时全省上一年月社会平均工资为基数，按照缴纳年限长短计发。企业和职工缴纳年限满15年及以上，按25%计发；满10年不满15年，按20%计发；满5年不满10年，按15%计发。第二部分为缴费每满一年，发给职工本人指数化月平均缴费工资的1.4%。

1996年6月，改革职工基本养老保险金计发办法，实行社会统筹和个人账户相结合。企业和职工缴纳养老保险费按职工缴费工资的11%记入职工个人账户，归职工所有，用于支付职工本人退休后的养老金，职工缴费比例从2%起步，以后每两年提高一个百分点，最终达到8%。

1998年6月，为扩大社会保险覆盖面，鼓励个体私营经济参加养老保险。私营企业和职工（含雇主）、个体从业人员和非工薪收入者原则上按上年度职工平均工资18%缴纳，11%记入个人账户，其中个体工商户雇员按8%缴纳，其余部分由个体工商户主为其缴纳；12月，企业基本养老保险由地方统筹纳入省级统筹，文登市个人缴费比例1999年1月调整到5%，2001年1月调整到6%，2003年1月调整到7%，2005年1月调整到8%，单位缴费比例一直为18%。

1999年1月，根据国务院《社会保险费征缴暂行条例》，征缴范围扩大为国有企业、城镇集体企业、外商投资企业、城镇私营企业和其他城镇企业及其职工，实行企业化管理的事业单位及其职工。

2002年12月，根据威海市劳动保障局《关于统一企业职工基本养老保险缴费比例有关问题的通知》，对新参保的个体私营经济组织，仍实行低标准纳入，第一年执行原规定的缴费比例，自第二年始执行与其他企业及职工相同的缴费比例。个体私营企业从业人员达到法定退休年龄退休时，与其他企业职工享受同等养老保险待遇。

2004年，将已农转非村正常缴费的职工缴费基数与其他城镇企业职工保持一致，即不得低于上年度社会平均工资60%和不高于300%。

2006年年初，将企业离休干部改为按机关事业单位离休干部待遇标准发放离休金；3月，城镇个体工商户和灵活就业人员参加基本养老保险可按《国务院关于完善企业职工基本养老保险制度的决定》规定的20%缴费比例执行，缴费基数以威海市上年度在岗职工平均工资水平（1220元）为准，也可继续按原办法缴费，即个人缴费比例为26%；8月，《山东省完善企业职工养老保险制度实施意见》印发，2006年1月1日始，个人账户规模由11%调整为8%，全部由个人缴费形成。

2008年9月，将大龄城镇居民纳入养老保险范围。男年满45周岁不满60周岁、女年满40

周岁不满50周岁的城镇居民，参保后逐年缴纳基本养老保险费。缴费满15年后，经同级劳动保障行政部门审批，按月享受基本养老金。其中男年满65周岁、女年满55周岁时，缴费仍不满15年，可一次性补满15年的基本养老保险费，经同级劳动保障行政部门审批，按月享受基本养老金；男年满60周岁不满65周岁、女年满50周岁不满60周岁的城镇居民，参保时可一次性补缴不超过10年的基本养老保险费，再逐年缴纳基本养老保险费；缴费累计满15年后，经同级劳动保障行政部门审批，按月享受基本养老保险金。其中男年满65周岁，女年满60周岁时，缴费仍不满15年，可一次性补满15年的基本养老保险费，经同级劳动保障行政部门审批，按月享受基本养老金；男年满65周岁、女年满60周岁以上的城镇居民，可一次性补缴15年的基本养老保险费，经同级劳动保障行政部门审核，按月享受基本养老金。补缴基本养老保险费的比例按补缴当年（缴费时的年度）城镇企业职工的缴费比例执行；补缴的基数，按补缴当年上年度全省在岗职工平均工资的60%～300%之间，自行申报。逐年缴费的基数范围和比例标准与企业职工相同，其中按照平均基数缴费的，缴费比例与城镇个体工商户、灵活就业人员相同，执行20%的标准。

2012年，将曾在城镇集体企业工作的人员纳入养老保险。条件为2010年12月31日前，具有文登市城镇户籍；未参加城镇企业职工基本养老保险和机关事业单位养老保险；2010年12月31日前，男年满60周岁、女年满55周岁；1996年1月1日前，曾与文登市城镇集体企业（包括街道、乡镇属集体企业）建立劳动关系或形成事实劳动关系。全省统一制定补缴办法和待遇标准，由补缴纳入人员自行选择。一档标准，补缴额62130元，月养老金601元；二档标准，补缴额50350元，月养老金492元；三档标准，补缴额38560元，月养老金383元。其中，对年满61周岁及以上人员，年龄每增加1年，补缴额度相应减免1500元，最大减免额度为15000元。截至2010年12月31日，男年未满60周岁、女年未满55周岁人员，可按规定正常参保缴费，达到退休年龄时累计缴费年限不满15年的，按人力资源和社会保障部颁布的《实施〈中华人民共和国社会保险法〉若干规定》等有关规定办理。至2013年年末，全市企业参保单位1598个，参保职工84055人，离退休人员31062人，收缴养老保险费71976万元，支付离退休费58224万元。

1991—2013年文登市企业职工养老保险情况表

表34-12

年份	参保企业（个）	参保缴费人数（人）	收缴基数（元）	收缴率（%）	收缴基金（万元）	离退休人数（人）	支付养老金（万元）	月人均支付（元）
1991	433	33884	92	99.81	1326	1014	218.10	179
1992	443	35526	136	99.62	1849	1414	477.66	282
1993	637	45578	172	99.01	2781	3762	869.41	193
1994	746	47248	211	98.14	2156	4012	926.61	192
1995	758	55701	235	98.04	2949	4463	1285.20	240
1996	762	59842	274	96.74	3191	4930	1396.23	236
1997	754	57954	295	90.00	3264	5099	2090.48	342
1998	797	54597	334	92.00	4483	5840	4355.51	622

续表 34-12

年份	参保企业（个）	参保缴费人数（人）	收缴基数（元）	收缴率（%）	收缴基金（万元）	离退休人数（人）	支付养老金（万元）	月人均支付（元）
1999	861	51933	382	95.70	5258	5868	4918.71	699
2000	930	50936	402	96.17	5751	6053	4922.45	678
2001	1044	50809	420	97.10	6285	6626	5186.99	652
2002	1046	51076	449	98.20	6972	6832	6465.21	789
2003	1191	55500	433	98.20	7494	7414	6844.70	768
2004	1350	59023	491	98.10	9222	8087	7790.61	803
2005	1483	62167	560	98.40	11336	8775	9358.90	889
2006	1556	63172	663	97.50	12520	9720	11221.25	962
2007	1658	65234	920	98.50	23110	10777	13933.92	1077
2008	1698	70089	1142	99.00	47018	14501	17981.35	1033
2009	1546	69896	1181	99.00	47100	17884	22788.00	1062
2010	1564	74362	1353	99.00	40107	20661	31289.00	1262
2011	1568	79790	1661	99.00	42393	23269	37427.00	1340
2012	1579	81802	1912	99.00	59407	27496	47430.00	1437
2013	1598	84055	2287	99.00	71976	31062	58224.00	1562

机关事业单位养老保险 1994年10月，文登市对被聘干、国家不包分配的大中专毕业生及离退休人员实行养老保险试点。1995年1月，在试点基础上，对自收自支事业单位和差额拨款事业单位所有人员，实行养老保险统筹；6月，全市所有党政群机关、事业单位在编人员全部缴纳养老保险，缴费比例确定为工资总额的23%（单位21%，个人2%）。

1997年1月起，全市机关事业单位养老保险缴费比例为25%，其中单位按上年度全部工作人员月平均工资总额的23%缴纳，个人按本人上年度月平均工资总额的2%缴纳。

2001年3月起，机关事业单位养老保险基金实行“威海市统筹，定额调剂，一定两年不变，市区负责兜底”的办法，在保持威海市统筹基本政策不变前提下，对收不抵支的市（区）统筹基金不再实行全额下拨。2001—2002年，威海市每年定额下拨文登市调剂基金300万元。

2003年10月起，机关事业单位养老保险由威海市统筹改为分市（区）统筹。文登市共有409家机关事业单位18857名职工参加养老保险，养老保险缴费基数按本人上一年度工资总额缴纳，缴费比例为单位缴纳28%、个人缴纳2%。

2010年起，全市机关事业单位养老保险缴费比例为30%，其中单位按上年度全部工作人员月平均工资总额的28%缴纳，个人按本人上年度月平均工资总额的2%缴纳。

1995年1月至2014年9月，个人缴纳部分，在国家和省实行养老保险基金专项工资补贴前，由单位代缴。

1996—2013年文登市机关事业单位养老保险情况表

表 34-13

年份	参保单位（个）	参保人数（人）	收缴金额（万元）	离退休人数（人）	离退休费支付总额（万元）	离退休费月人均支付（元）	财政拨付（万元）
1996	423	19367	2690	4120	3425	695	411
1997	426	19192	3404	4329	3677	708	96
1998	436	20219	4133	4572	4555	830	80
1999	440	19555	4463	4416	4714	890	280
2000	440	19873	5115	4648	5447	977	490
2001	411	19531	5893	4757	6777	1187	732
2002	420	19290	7019	5065	8479	1395	1491
2003	409	18857	7261	5675	9891	1452	1410
2004	406	19067	9130	5721	11831	1723	1074
2005	404	18676	9886	5934	15078	2117	2330
2006	399	18096	10046	6261	16011	2131	2670
2007	395	16909	11524	6405	16602	2160	5081
2008	390	16105	13277	7305	19944	2275	6636
2009	387	15724	12517	7581	22454	2468	10270
2010	388	15770	13564	7747	26167	2815	12995
2011	388	15750	15117	7961	27902	2921	13190
2012	384	15578	15217	8145	29306	2998	14018
2013	384	15522	15438	8343	32298	3226	16962

城乡居民社会养老保险 1991年，文登市被省体改委确定为农民社会养老保险制度改革试点县（市）。是年2月，市体改委与保险公司在口子镇山后张家村进行试点。

1992年10月，根据《文登市农村社会养老保险暂行办法》，农村社会养老保险实行县级统筹，市级指导监督，20～60周岁农业户口公民均可自愿参保。缴费标准为每月2、4、6、8、10、12、14、16、18、20元等多个档次，由投保人自选。保费以个人交纳为主，集体补助为辅。参保农民60周岁后第一个月起按月领取养老金，养老保证期10年。投保人保证期满仍然健在的继续发给养老金，未满保证期死亡的，保证期内养老金余额由其法定继承人或指定受益人继承。至2003年，全市累计有869个村60273名农民参加农村养老保险，占农村适龄人口的59.6%。

2004年，在威海市率先实行失地农民养老、就业一体保障制度。至2005年年末，全市农村累计参保人数81600余人，占农村适龄人口的60%，基金累计结余7800余万元，参保总量、覆盖率、基金累计规模均处威海市前列。

2009年1月，威海市政府印发《威海市新型农村社会养老保险暂行办法》，规定个人缴费标准为所在市（区）上上年度农村居民人均纯收入

的6%、8%、10%，由参保人员自主选择，同时政府按照所在市（区）上上年度农村居民人均纯收入的2%给予缴费补贴。养老金由个人账户养老金和基础养老金两部分组成，个人账户养老金月领取标准为个人账户储存额乘以0.008631526，基础养老金月领取标准为所在市（区）上上年度农民人均纯收入的2%除以12。10月，在小观镇东浪暖村、金花村，泽头镇林村、崔家庄进行试点。

2010年2月，威海市人力资源和社会保障局、财政局联合印发《关于做好新型农村社会养老保险有关问题的通知》，对新型农村社会养老保险政策进一步完善。个人缴费标准调整为300元、400元、500元、600元、700元、800元、900元、1000元8个固定档次，由参保人员自主选择；缴费补贴标准调整为每人每年50元。个人账户养老金月计发标准调整为个人账户累计储存额除以139，2009年底前的原个人账户累计储存额仍按原计发系数计发；基础养老金月领取标准为每人每月33元。新型农村社会养老保险工作全面展开，9月30日，文登市获批国家第二批新型农村社会养老保险试点县（市），10月1日始，符合领取条件的60周岁以上农村居民基础养老金由每人每月33元提高到55元。

2011年，新型农村社会养老保险（新农保）基金由个人缴费、政府补贴两部分构成。其中参保个人实行按年缴费，59周岁以下参保人自主选择10个缴费档次中的1个进行缴费，政府财政给予补贴，补贴标准为每人每年50元。对重度残疾城乡居民，政府财政按最低缴费标准50%为其代缴150元养老保险费，余下由个人负担，不再享受50元缴费补贴。参保人员补缴养老保险费的，所补缴的年限不享受政府补贴。养老金由个人账户养老金和基础养老金两部分组成，个人账户养老金月领取标准为个人账户累计储存额除以139。新农保养老金标准由每人每月55元提高到60元。新农保缴费档次为300元、400元、500元、600元、700元、800元、900元、1000元、1500元、2000元。按照威海市统一部署，是年7月1日始，全面实施城镇居民社会养老保险制度。凡户籍在文登、不是在校学生、年满16周岁且没有参加城镇职工基本养老保险的城镇居民，都可在户籍地参加城镇居民社会养老保险。城镇居民社会养老保障缴费档次为300元、500元、800元、1000元、1500元、2000元、2500元、3000元、4000元、5000元，参保补贴办法、补贴标准、养老金计算方法与新农保相同。

2012年1月始，新农保和城镇居民社会养老保险缴费标准统一调整为300元、500元、800元、1000元、1500元、2000元、2500元、3000元、4000元、5000元10个固定档次。

2013年，新型农村社会养老保险和城镇居民社会养老保险制度合并实施，统称为城乡居民社会养老保险，实行一体化经办。是年1月，城乡居民社会养老保险基础养老金标准由每人每月60元提高到70元；4月，居民基本养老保险网正式上线，居民可在线查询缴费及养老金发放信息，实现居民参保缴费、养老金领取、信息查询、政策咨询“四个不出村”。

图34-3 2010年5月12日，文登市新型农村社会养老保险启动仪式在泽头镇举行。

1992—2013 年文登市城乡居民社会养老保险情况表

表 34-14

年份	参保人数（人）	收缴金额（万元）	发放人数（人）	发放金额（万元）	年份	参保人数（人）	收缴金额（万元）	发放人数（人）	发放金额（万元）
1992	13283	211	3	0.2	2003	60273	766	2851	68.3
1993	21030	239	95	1.0	2004	74132	1754	3390	92.0
1994	24108	207	186	2.3	2005	81600	1240	4076	135.0
1995	34009	395	317	3.8	2006	89701	1260	5134	189.0
1996	52899	1337	470	6.6	2007	91800	2763	6303	292.6
1997	57258	616	670	11.4	2008	93720	1684	7596	371.0
1998	58304	390	980	18.4	2009	89600	2156	8743	471.0
1999	58443	144	1024	15.0	2010	227000	9348	99000	5146.0
2000	58500	98	1504	18.2	2011	257166	9723	108906	8268.7
2001	58125	204	1945	47.2	2012	257000	8450	114000	8985.0
2002	59000	249	2339	59.2	2013	260000	10007	120000	10908.0

第二节　失业保险

根据 1986 年 10 月国务院印发的《国营企业职工待业保险暂行规定》，文登市开始实施待业保险制度。缴费标准为标准工资的 1%，个人不缴费。享受待遇人员为宣告破产企业的职工、濒临破产企业法定整顿期间被精减的职工、企业终止解除劳动合同的职工和企业辞退的职工。

根据《威海市企业职工待业保险试行办法》，1992 年 1 月 1 日，缴费标准调整为工资总额的 0.8%，享受待遇人员扩大到 8 种人，救济标准为每人每月 50 元。1993 年始，多次对企业职工待业待遇标准进行调整。1993 年 1—6 月，每人每月最低 50 元，最高 80 元；1993 年 7 月至 1996 年 8 月，每人每月最低 70 元，最高 100 元。1996 年，将月救济标准调整为当地最低工资标准的 75%，缴费比例为工资总额的 1%，个人不缴费。1998 年，缴费比例调整为 3%（单位 2%、个人 1%）。

2000 年 1 月，扩大参保范围，缴费比例统一为工资总额的 3%（单位 2%、个人 1%）。失业保险待遇开始包含医疗补助金，丧葬补助金和供养的配偶、直系亲属的抚恤金，生育补助金，职业培训补贴（含职业技能鉴定考核费用），职业介绍补贴。农民合同制工人可享受一次性生活补助金。

2002 年 4 月 1 日，市属单位失业保险费与其他社会保险费统一由社会保险费征缴中心“一票征缴”。享受失业待遇人员在具备一定条件下基本扩大到所有失业人员。

2003 年 12 月，对正在领取失业金及领取失业金期满尚未再就业的企业军转干部，每人每月加发生活费 150 元。2007 年 5 月，失业金标准由每月 277.5 元提高到 333 元。2008 年 2 月，失业金标准上调至每月 380 元，并实施失业保险促进就业措施，将失业救济金申领条件与接受职业介绍、技能培训、创业指导挂钩，促进失业人员就业，减少失业存量，缩短失业周期。

2009 年，阶段性调整失业保险费征缴比例，收缴失业保险费率由 3% 下调至 1.5%，单位按工资总额 1%，个人按工资总额 0.5% 收缴。同时用失业保险基金帮助困难企业稳定就业岗位，补贴标准为每人每月 420 元，补贴时间不超过 6 个

月。全市有 14 家企业得到补助扶持。

2010 年 7 月，失业金标准上调至每月 510 元。将援企稳岗政策范围重点扩大到百强企业，百强企业之外的老口径国有、集体规模以上企业及管理规范、投保比例较大符合认定条件的企业。

2011 年 7 月，失业金标准上调至每月 600 元，12 月，将领取失业保险金人员参加职工基本医疗保险应缴纳的医疗保险费纳入失业保险基金中支付，个人不须缴费。

2012 年 7 月，失业金标准上调至每月 730 元；12 月始，失业保险基金促进就业支出范围扩大到城乡登记失业人员、招用就业困难人员并依法参加社会保险履行缴费义务的用人单位、公共就业服务机构三个方面。失业保险基金支出由原来 5 项扩大到 10 项。

2013 年，失业保险金减半征收全面实施，全市参保单位和职工个人失业保险缴费费率分别下调 50%，由原来 3% 降至 1.5%。调整后具体标准为参保单位失业保险缴费比例 1%，个人 0.5%。7 月，失业金标准上调至每月 830 元。

1991—2013 年文登市失业保险基金情况表

表 34-15

年份	基金收入（万元）	基金支出（万元）	参保人数（人）	年份	基金收入（万元）	基金支出（万元）	参保人数（人）
1991	57.33	18.52	52082	2003	1148.70	351.23	56850
1992	93.51	30.99	52173	2004	1652.25	1499.45	56850
1993	131.05	119.33	61565	2005	1443.56	1269.93	66293
1994	143.86	71.81	67979	2006	1860.13	1455.53	66893
1995	160.53	75.51	67970	2007	2043.96	739.90	66893
1996	156.68	65.12	60860	2008	2816.41	1142.17	69180
1997	143.08	69.12	53891	2009	2177.42	1429.47	69465
1998	145.75	73.85	44883	2010	2915.48	2786.78	72915
1999	178.07	89.60	54903	2011	3418.26	2759.44	77750
2000	618.87	182.46	58791	2012	4743.21	3258.21	77860
2001	553.80	248.71	47167	2013	3347.31	4017.47	88066
2002	569.14	93.62	47069				

第三节 医疗保险

城镇职工基本医疗保险 1997 年 4 月 1 日始，文登市实行医疗保险制度，即建立起社会统筹医疗基金与个人医疗账户相结合的社会医疗保险制度。用人单位按上年度职工工资总额 9% 为职工缴纳医疗保险费，职工个人按本人上年度工资总额 1% 缴纳。退休人员不缴费。职工个人缴纳的医疗保险费全部记入个人账户，用人单位为职工缴纳的医疗保险费，按职工不同年龄段（在职以 45 周岁为界）确定比例记入个人账户：45 周岁以下（含 45 周岁）按 3.5% 划入，45 周岁以上按 4% 划入。退休职工以上年度本人退休费作为计算基数按 5.5% 从统筹基金中划入。个人账户结余基金可计息，本金和利息均为个人所有，可结转和继承，但只限于医疗支出，不能提取现金。参保职工在定点医疗机构诊治的医疗费由企业每月汇总后到医疗保险经办机构结算。8 月 1 日始，改为医疗保险经办机构与定点医院单位直

接结算，即医疗保险经办机构每月3次向各定点医疗机构提供本月参保单位花名册。定点医疗机构按参保单位对所属参保职工实行记账结算。

1999年5月1日启动新的医疗保险制度。城镇所有用人单位，包括企业（国有企业、集体企业、外商投资企业、私营企业等）、机关、事业单位、社会团体、民办非企业单位均列入职工基本医疗保险参保范围。用人单位以本单位在职职工上年度工资总额为基数，按8%的比例缴费，职工个人以本人上年度工资收入为基数，按2%的比例缴纳。在职人员个人账户由个人缴费的全额和用人单位缴费的部分（45岁以下按单位缴费基数的3.5%，45岁以上按单位缴费基数的4%）计入，退休人员按上年度个人退休费总额的8%计入。统筹基金与个人账户分别核算，互不挤占，个人账户主要用于支付门诊医疗费用和规定由个人负担的其他费用，统筹基金用于支付住院医疗费用和部分病种大额门诊费用的补助。按医疗机构级别设置不等的起付标准，一、二、三级医院起付标准分别为400元、500元、600元，退休人员因病住院起付标准和超过起付标准以上部分的个人负担比例为在职职工的一半。统筹金分两段支付，起付标准以上至5000元以下，个人负担20%，5000～30000元，个人负担10%，最高限额为3万元，同时对二等乙级以上革命伤残军人医疗费缴纳和支付作进一步规定。

根据《中国人民解放军军人退役医疗保险暂行办法》，2000年1月1日始，执行退役军人医疗保险的相关规定，保障军人退出现役后享有国家规定的医疗保险待遇。

2001年4月1日，对脱离企业人员可委托托管档案的职业介绍中心办理参加医疗保险手续，享受基本医疗保险待遇；5月，将原企业已被注销，其医疗保险无着落的退休人员，经审核确认后，纳入城镇职工基本医疗保险范围。

2002年1月，将市直困难企业离休人员医疗费纳入财政报销范围，由医疗保险经办机构负责。相关困难企业，企业负担50%，财政负担50%；濒临破产、关闭及停止生产经营活动的特困企业离休人员医疗问题全部由财政负担。6月，将自主择业军队转业干部（自转业翌年1月1日始）纳入基本医疗保险范围；9月，将已退休的军转干部没有纳入城镇职工医疗保险范围的，纳入医疗保险范围。

2003年12月，允许企业和军转干部筹集资金，以军转干部个人名义单独参保。未参保军转干部发生的医疗费由所在单位按规定报销，报销有困难，由主管部门或政府通过社会救助解决。同月，开始执行未就业随军家属医疗保险的相关规定。

2004年1月1日，《文登市城镇职工基本医疗保险暂行规定》正式实施，全市职工基本医疗保险覆盖机关事业单位及原国有、集体所有制及改制企业；11月，市政府印发《关于职工医疗保险有关问题的通知》，将新《医疗保险暂行规定》实施前破产、倒闭企业1000余名退休职工，全部纳入医疗保险范围。

2007年始，由参保人员本人选择合同医院，任何定点医院不得拒绝参保人员选择其为本人的合同医院。除急诊外，参保人员需社会统筹基金及大病救助基金支付费用的诊治活动，须到本人合同医院实施，合同医院无条件诊治的疾病可转诊转院。参保人员个人医疗账户消费，可到任一处定点医院和定点药店就医取药。

2009年，在全省率先将6500余名破产、倒闭和困难企业退休职工纳入医疗保险，参加医疗保险退休人员个人账户计入、待遇支付等，均与参保单位脱钩，实行医疗保险社会化管理。将定点医院选择权交给参保人员，设立调节基金用于转诊、转院，医疗费用报销由3个月压缩到1个月，同时在威海文登中心医院、文登整骨医院等定点医疗机构进行医疗费用当场结算试点。

2010年始，实施医疗保险双向转诊和医疗费用即时结算制度，全市20余万参保人员（含老城镇居民）在定点医院治疗，实现医疗费用当场报销、即时结算、自由转院。

1997－2013 年文登市职工基本医疗保险情况表

表 34-16

年份	参保单位（个）	参保职工（人）		参保率（%）	收缴比例（%）		收缴金额（万元）	收缴率（%）	支付金额（万元）	基金结余（万元）		
			退休人员		单位	个人					个人账户	统筹基金
1997	477	48382	7884	80	9	1	1788	83	1083	705	262	443
1998	631	41339	7983	67	9	1	1961	92	2786	-120	-29	-91
1999	547	33986	8244	78	8	2	1695	91	1175	400	270	130
2000	569	39507	8212	81	8	2	2110	97	1828	682	313	369
2001	633	51607	8483	88	8	2	2649	96	2246	1085	493	592
2002	635	51858	8969	96	8	2	3522	99	3244	1363	902	461
2003	823	59325	8970	96	8	2	4072	100	3018	2417	1412	1005
2004	985	70956	9728	98	8	2	7155	100	3224	6348	2360	3988
2005	1008	77240	10589	99	8	2	7831	100	3753	10426	3944	6482
2006	1878	90145	14358	99	8	2	9741	99	4851	15316	5200	10116
2007	2340	104056	16845	99	8	2	11997	100	6708	20605	5630	14975
2008	2423	111156	17217	99	8	2	17609	100	8966	29248	7407	21841
2009	2365	124239	19421	99	8	2	16961	100	11004	35205	7786	27419
2010	2356	131707	23485	99	8	2	21176	100	15006	41375	8857	32518
2011	2365	134850	23943	99	8	2	24270	100	30856	34789	246	34543
2012	2365	136890	24626	99	8	2	35971	100	31227	39533	1098	38435
2013	2346	139325	25491	99	8	2	31678	100	32075	39136	673	38463

农村合作医疗 1996 年始，实行镇村联办、村办镇管、大病保险等形式的合作医疗模式。资金筹集以个人投资为主，集体扶持，政府适当支持。每位农民年合作医疗收缴额按上年度农民人均纯收入 1.5%～2% 筹集，其中市、镇财政分别出资 2.5%，集体出资 25%～30%，个人出资 60%～70%；在报销上本着量入为出，以收定支，收支平衡，略有结余原则。至 1997 年年末，全市参加合作医疗的农民 34.5 万人，占农村人口 85%，合作医疗覆盖率 70%。

1998 年 6 月，威海市农村合作医疗现场会在宋村镇和蔄山镇召开。是年，文登市有 19 个镇全面推行合作医疗制度，参加合作医疗人数占农业人口比例均在 95% 以上，其中宋村、蔄山等 7 个镇农村合作医疗覆盖率达 100%。

2003 年 6 月，建立新型农村合作医疗制度，实行政策为政府组织引导，农民自愿参加，个人、集体和政府等多方筹资，以大病统筹为主，起步阶段每人每年筹资总额 20 元，个人缴费 10 元，市、县两级财政按年人均 3 元、7 元给予补助。

2006 年，农村合作医疗筹资数额提高到每人每年最低 50 元，其中农民个人出资 10 元，省、市两级财政共补助 20 元，县级财政补助 20 元。

补偿标准根据基线调查、筹资总额和参加新型农村合作医疗后农民就医增加等情况，科学合理调整起付线、封顶线和补偿比例，年度结余资金控制在15%以内；取消县域内转诊手续，参加农村合作医疗的农民可任选定点医疗机构就诊。

2010年，各级财政补助标准为每人120元，个人筹资标准为每人30元。市财政补助标准比省规定高10元，并将一级医院报销比例由50%提高到60%。取消市内定点医院间转诊手续，患者可自主选择医院，出院可即时报销。将20种慢性病纳入门诊报销范围，增加孕产妇住院分娩及新生儿医疗等新农合补偿项目。取消家庭账户基金，实行门诊统筹制度。基金累计结余控制在当年筹集基金总额的10%，统筹年内住院补偿最高限额由每人3万元提高到5万元。

2013年，在威海市率先对新农合和城镇居民医疗保险进行整合，参合患者在全市定点医疗机构医疗费用实现即时结算。

城镇居民医疗保险　2006年7月，进行向职工延伸型城镇居民医疗保险制度试点；12月，将城镇职工基本医疗保险覆盖范围扩大到全体城镇居民。城镇居民原则上以家庭或居委会为基本单位（以家庭户口簿为准）参加基本医疗保险。缴费由个人负担，原则上以上年度当地在岗职工平均工资为缴费基数，按5%的比例缴纳医疗保险费，各类大中专院校、职业学校和中小学的学生及婴幼儿按2%的比例缴纳。城镇居民实际缴费年限原则上男不低于25年、女不低于20年。各类大中专院校、职业学校和中小学的学生及婴幼儿缴费不计算缴费年限。

2007年，对男已满60周岁、女已满50周岁但不足75周岁及75周岁以上（含75周岁）首次参保人员的缴费和实现就业的城镇居民、迁入文登市人员的参保办法作出规定。城镇居民基本医疗保险制度实行分级统筹，参保范围为不属于城镇职工基本医疗保险制度覆盖范围的本市非从业城镇居民，包括3个群体：未成年居民、老年居民和一般居民。年度缴费标准和政府补助标准为未成年居民每人每年90元，其中财政补助60元（未成年居民中的重度残疾人财政补助80元）；成年居民每人每年300元，其中，老年居民财政补助120元；一般居民财政补助70元（成年居民中的重度残疾人和低保对象财政补助260元）。

2008年1月1日，为促进低收入居民参保，采取一档缴费少、待遇也适当降低的城镇居民基本医疗保险办法，建立起政府对每个参保居民的补助机制。全市城镇居民基本医疗保险新老办法齐头并进，居民可根据本人经济情况和医疗需求自愿选择。同时将所有在文登就读的外地农民工子女、外籍人员子女，与本市学生一样全部纳入城镇居民医疗保险。

2011年，将未成年城镇居民5类12种重大疾病医疗费用救助年度支付限额由10万元提高到27万元，推行7个单病种住院就医零负担。2012年，将城镇居民医疗保险财政补助提高到每人每年240元，2013年提高到280元。

第四节　生育保险

1997年，文登市从企业为职工缴纳的养老保险金中提取1%，设立生育保险基金。是年10月1日正式实施企业职工生育保险，使女职工生育费用由企业独立负担变为社会共同负担。至年末，全市有577个企业55784名职工参加生育保险。1999年上半年，生育保险基金出现收不抵支现象，年末好转，收大于支。

2001年10月，参加生育保险的女职工计划生育手术费用由生育保险基金支付。2003年10月，女性失业人员在领取失业保险金期间，可申请生育补助金。2007年，参加生育保险的男职工配偶无工作单位，按生育医疗费定额标准50%享受生育补助金；原来由企业报销的职工计划生育“四术”手术费用，纳入生育保险支付范围。

2009年1月1日，为应对全球经济危机，生育保险费率下调50%，允许自谋职业和灵活就业的“3545”（女超过35周岁，男超过45周岁）档案托管人员不再缴纳生育保险费，不缴费期间不

享受生育保险待遇。

2011年，生育保险医疗费用实现定点医疗机构即时结算，生育保险结算实现威海市联网。2012年8月1日，改变以往参保职工怀孕后，须到生育经办机构先后办理2次备案手续的做法，参保职工确诊怀孕后，可持相关资料到威海市任意一家生育保险定点医疗机构进行孕期检查、计划生育手术等，不须再到生育保险经办机构办理备案手续，其间发生的生育医疗费用直接在就诊医院报销。

1997—2013年文登市生育保险情况表

表34-17

年份	参保职工（人）	参保率（%）	收缴金额（万元）	收缴率（%）	支付金额（万元）	享受待遇人数（人）	基金结余（万元）
1997	55784	94	22	70	5	156	17
1998	54597	92	181	83	269	843	-71
1999	51933	93	198	90	219	852	-92
2000	50936	93	256	95	173	637	-9
2001	50809	93	279	96	149	547	121
2002	51076	94	272	97	179	581	214
2003	56745	94	295	98	110	342	400
2004	61327	94	319	99	155	405	564
2005	61456	99	385	100	111	292	838
2006	64506	99	468	100	118	269	1188
2007	69707	99	693	100	152	384	1728
2008	73115	99	955	100	236	419	2446
2009	75813	99	435	100	335	619	2547
2010	78567	99	667	100	362	737	2852
2011	81867	99	1307	100	507	1105	3652
2012	82867	99	1728	100	779	1215	4601
2013	85437	99	2122	100	969	1704	5754

第五节　工伤保险

2001年7月1日，文登市开始实施企业职工工伤保险。纳入工伤保险统筹范围为全市行政区域内参加养老保险的国有企业、城镇集体企业、股份制企业、股份合作制企业、联营企业及其职工，城镇私营企业及其职工，中央、省、地驻文登单位及其职工，乡镇企业、村办企业、外商投资企业及其合同制以上缴纳养老保险的职工。工伤保险基金全市统一按照0.6%费率由企业缴纳，职工个人不缴费。实行工伤保险后，企业职工因工负伤（亡）所发生的医疗费用及待遇由社会劳动保险处从工伤保险统筹基金中支付。未参加工伤保险统筹的，或2001年7月1日前因工负伤的企业职工，工伤待遇所需费用仍按原渠道开

支，工伤保险统筹基金不予支付。工伤实行定点医疗，境内指定治疗工伤的医疗机构为文登中心医院、文登整骨医院。

2003 年，全市工伤保险基金统一按照 1% 的费率由企业缴纳，职工个人不缴纳。

2005 年 4 月 1 日，将全市有雇工的个体工商户及其雇工（下称员工）纳入工伤保险范围。员工依照《工伤保险条例》规定享受工伤保险待遇。同时对个体工商户工伤保险费率、工伤认定和劳动鉴定申请条件、程序，工伤待遇审核给付进行规定。至年末，个体工商户有 7000 余人参保。

2006 年，启动农民工“平安计划”，将常年使用农民工 100 人以上企业列为扩面重点，开辟农民工参加工伤保险“绿色通道”，对暂时没有能力全险种参保企业，允许用人单位先行为农民工办理工伤保险。未参加工伤保险的农民工发生工伤，由用人单位按照《工伤保险条例》规定标准支付费用。

2008 年，将事业单位、民办非企业职工纳入工伤保险范围。

2011 年，将“老工伤”人员纳入工伤保险范畴。全市工伤保险待遇结算实现即来即办。

2012—2013 年，用人单位中享受伤残津贴的一至四级工伤职工、经批准领取生活护理费的工伤职工和领取供养亲属抚恤金的工亡职工供养亲属待遇连续进行调整提高。

2001—2013 年文登市工伤保险情况表

表 34-18

年份	参保职工（人）	参保率（%）	收缴金额（万元）	收缴率（%）	支付金额（万元）	基金结余（万元）
2001	36991	100	46	100	9	37
2002	37127	100	132	100	59	110
2003	37581	100	199	100	126	183
2004	50701	100	233	100	151	265
2005	56683	100	278	100	131	412
2006	70378	100	406	100	308	510
2007	84550	100	595	100	459	645
2008	101613	100	1159	100	562	1243
2009	103087	100	806	100	934	1115
2010	106592	100	1071	100	1134	1052
2011	111717	100	1607	100	1348	1311
2012	112717	100	1991	100	2056	1246
2013	113817	100	2405	100	2170	1481

第六节　基本生活保障

下岗职工基本生活保障　90 年代，国有企业进行改革，出现职工下岗现象。1998 年，文登市建立起“三三制”筹集下岗职工基本生活保障资金机制，财政预算安排 30%，社会筹集 30%，企业承担 40%。下岗职工基本生活费发放标准：1998 年 9 月至 1999 年 8 月为最低工资标准的 85%；1999 年 9 月至 2000 年 8 月为最低工资标准的 80%；2000 年 9 月至 2001 年 8 月为最低工资标准的 75%。

2000年5月，全面启动下岗职工基本生活保障制度与失业保险制度并轨。2001年9月，并轨成功，下岗职工基本生活保障机制完成历史使命。至此，国有企业转型改造需要采取的职工下岗措施不再使用，企业在市场经济条件下出现的富余人员，通过失业保险制度予以解决。

失地农民基本生活保障 随着经济发展，城市建设规模扩大，境内出现失地农民。2004年，文登市在经济开发区试点，探索解决失地农民社会保障办法，在威海市率先实行失地农民养老保障制度。至年末，全市失地农民养老保险参保人数1259人，征收保险费1201万元。

2010年8月17日，省政府印发《山东省土地征收管理办法》，要求2011年1月1日始，政府按照征收土地每亩1万元～2万元标准拨付被征地农民社会保障资金，政府补贴资金不落实的，不予批准征收土地。2013年10月12日，省人力资源和社会保障厅、省财政厅、省国土资源厅联合印发《山东省被征地农民参加居民基本养老保险办法的通知》，文登市按照新的被征地农民养老保障办法，选取泽头镇泽头村、北庄、大洼村和宋村镇山东村进行试点。

2004—2013年文登市被征地农民养老保险情况表

表34-19

年份	年度新增参保人数（人）	集体失地补助（万元）	财政补贴（万元）	年份	年度新增参保人数（人）	集体失地补助（万元）	财政补贴（万元）
2004	1259	1201.43	0.00	2009	1629	1853.75	0.00
2005	1746	1043.64	0.00	2010	616	456.23	0.00
2006	840	722.07	0.00	2011	885	730.93	0.00
2007	1543	1066.77	0.00	2012	784	172.75	0.00
2008	961	1005.67	0.00	2013	308	68.92	344.13

第三章　习　俗

第一节　生产习俗

农业生产习俗

耕作制度 境内粮食作物以小麦、玉米、花生、地瓜、大豆为主。小麦、玉米、花生为两年三熟，大豆、地瓜为一年一熟。耕作制度1979年后改革，以大沟麦套作为主要形式，有粮粮套作、粮油套作、粮油菜间作和油类与瓜类间作等，复种指数和立体种植面积提高。1991年，复种指数为185.02%，一年二作二熟占80.2%，二年三作三熟占16.6%，一年一作一熟占1.8%。2005年，为适应现代农业要求，改沟播套种为纯作小麦—夏玉米种植模式，复种指数为164.02%，一年二作二熟占81.0%，二年三作三熟占14.0%，一年一作一熟占1.5%。2013年，复种指数维持在146.36%，一年二作二熟占78.3%，二年三作三熟占18.3%，一年一作一熟占1.7%。

主要农作物的耕、种、管、收按农时节令进行。

耕地 分冬前和早春耕地。冬前一般在10月底至11月，早春一般在3月至清明前后。耕地方法有深耕和旋耕，深耕耕深在25厘米以上，旋耕一般在20厘米左右。90年代至21世纪初，

耕地主要用小型手扶拖拉机配套犁具进行，后发展为现代大型旋耕机耕地。

播种　小麦播种时间主要在9月底至10月中下旬；春玉米播种时间主要在5月，夏直播玉米播种时间在6月中下旬，套种玉米播种时间主要在5月下旬；春花生播种时间主要在5月上中旬，套种花生播种时间在5月中下旬。玉米、花生90年代至21世纪初主要是人工播种，后逐渐使用机械播种；小麦从手扶拖拉机带动机械播种，发展到用大型小麦播种机械播种。

中耕除草　小麦一般在冬前11月和早春3月进行中耕除草，常为人工使用锄头进行，后发展为使用化学除草剂。玉米一般在3～6片叶时使用人工除草或喷施化学除草剂进行防除。花生一般在苗期通过人工拔除或喷施化学除草剂进行防除。

收割（收获）　小麦收割时间在6月中下旬，春玉米收获时间在9月下旬至10月上旬，夏玉米收获时间在10月中下旬，花生收获时间在9月中下旬。90年代初，收割（收获）多为人工，进入21世纪，分别被小麦联合收割机、玉米收获机、花生收获机替代。

土壤肥料施用　1991年始，由单元化肥向复合肥料发展，由单项施肥转向配方施肥，并大面积推广生物肥料和微肥，如生物钾、磷肥、多元微肥、硫酸锌、硼肥、农用稀土等，基本淘汰氨水、硫酸铵、硝酸铵等化肥。土壤肥料主要推广配方施肥、农用稀土、催腐剂堆肥、秸秆还田等新技术。全市有机肥料资源有粪尿类、堆沤肥类、秸秆类、饼肥类、海肥类、绿肥类、杂肥类、农用三废类、腐殖酸类9大类59个品种。

农具与农机具使用　境内农民习惯使用的传统农具，如锄、镰、锨、镢、铁耙、木锨、杈子、连枷、扫帚、小推车、耧等，90年代初仍在使用，90年代后期则在农村小范围生产中应用，大范围农业生产被农业机械替代。进入21世纪，农民耕地、播种、管理、收割、运输均使用现代农机具，如耕地有微耕机、深松联合整地机，播种有穴播机、免耕播种机，收割（收获）有谷物收获机、玉米收获机、花生收获机和摘果机，运输有手扶拖拉机、轮式拖拉机、农用三轮车、农用汽车等。2013年，全市常用的现代化农机具有11大类25种。

渔业生产习俗

渔船与渔具使用　旧时，境内海洋捕鱼均为非机动渔船，主要有舢板和木帆船。中华人民共和国成立后，木质、钢质和玻璃钢机动渔船逐年增多，功率加大。2008年，非机动渔船全部淘汰。海洋捕捞业渔具种类较多，达60余种，主要有拖网、围网、刺网、定置网、钓渔具、杂渔具等。

渔期　渔民习惯称渔汛。历史上境内渔民有“春忙、伏闲、秋捕、冬斗”之说。

春忙　分为小海市和大海市。每年惊蛰至谷雨为小海市，谷雨到夏至为大海市。小海市期间，鱼虾从越冬场洄游，定置网和各种小型渔具投入作业。大海市是海洋捕捞的黄金季节，多种鱼虾洄游到近海渔场产卵索饵，各种渔具全面投入作业。

伏闲　60年代，从资源保护出发，国家规定禁渔区和禁渔期。1979年后，夏季除鲅鱼流网和捕捞海蜇外，其他捕捞作业一律禁止。1995年始，实行全面伏休制度。1999年始，国家对黄海、东海实行延长伏休制度，由伏休2个月延长到2个半月。2009年始，休渔期为3个月。

秋捕　一般从立秋到冬至，鱼虾向越冬场过路洄游，是捕捞的重要渔期。

冬斗　冬至到立春，是一年作业的黄金季节，主要捕捞越冬场的经济鱼虾类。

渔家俗规　渔民经过长期海上生产实践，积累出一些生活经验，形成了渔家俗规，渔家人均自觉遵守。如父子不同船、登船不饮酒等。渔船出海后，船老大具有绝对权威，船员们必须服从指挥，包括长辈亲属在内。海上救人于危难历来是渔家共同遵守的俗规。语言上普遍忌说“翻、碎、扣、煮、完”等字眼。若需这些字表达，则用其他字替代，如把东西翻过来，就说“划过来”或“转过来”；如碗碎了，就说“碗撕了”

或“笑了”；帆船叫“风船”，船桅上的布帆叫“篷”。船上吃饭，忌将筷子横放碗上，因形似船遇风险桅杆横倒，意为不吉利。船上器皿不准扣放，因形似船翻。放网期间不准剃头，也不准提剃头的事。严禁船头大小便，严禁妇女跨越船头、大橹、渔具等。

境内渔民信仰与敬奉的海神主要有龙王、海神娘娘等。

第二节　生活习俗

餐饮　境内食制为一日三餐，主食中视小麦为细粮，视玉米、大米、小米、大豆、地瓜等杂粮为粗粮。用细粮制作的食品有馒头、饽饽、包子、饺子、面条、饼、疙瘩汤等。用粗粮制作的食品有饼子、窝头、米饭等。菜肴讲究品味，荤、素、汤搭配，热菜、凉菜搭配。菜肴制作，以煎、炒、烹、炸、熘为主，讲究刀功和火候。调料有葱、姜、蒜、花椒、大料、面酱、酱油、味精、鸡精、料酒等。荤菜习惯食用畜肉、禽肉、鱼类、禽蛋等。素菜食用品类繁多，以本地蔬菜为主，外地蔬菜辅之。随着健康意识提高，野菜受到青睐。宴席菜肴数量为偶数（祭祀为奇数），结婚喜宴菜肴数量一般为16个。

饮酒为传统习俗。成年男性多饮用白酒，女性饮果汁酒或饮料。进入21世纪，饮酒论品牌、讲营养，干红、干白等葡萄酒受到青睐，啤酒饮者众多，特别是夏季夜晚，吃烧烤、喝啤酒成为消费热点。宴席饮酒有“先干为敬”“客随主便”“主不斟、客不饮”等习俗。为表尊重，向长辈或尊者敬酒者，酒杯略低于对方酒杯。

饮茶之习流行。茶成为居民家中常备品。家有客人来，沏茶招待为礼仪。大多数居民喜喝绿茶、茉莉花茶和红茶。进入21世纪，部分居民喝起普洱茶。斟茶斟酒有“浅茶满酒”之俗。

衣饰　90年代始，随着生活改善，居民衣着习俗发生变化。着装追求舒适、高雅、时尚和品位。服装质料多为经过精加工的棉布、麻布、毛料等。居民大都喜欢到商场、超市及专营店购置成品服装，选购面料到服装加工店量身定做为少数居民所为。会传统“针线活”的女性已寥寥无几。进入21世纪，服装花色、款式呈多样化，休闲装、运动装流行，品牌时装受欢迎。男青年着装讲究形体美，女青年着装讲究曲线美，时尚女青年追求瘦、透、露。中老年人一改传统保守观念，着装追求新潮和色泽鲜艳。行业工作人员上班期间穿职业装，学生在校期间穿统一制作的校服。庄重场合，男士仍以着西装，穿皮鞋为主，女士多着正装。

佩戴首饰之风盛行，佩戴者女士居多，男士占少数。佩戴小饰物在青年人中流行。有婚礼现场新郎新娘互赠互戴戒指和儿童周岁生日佩戴银锁、银镯之俗。

住行　农村住房多为砖石墙或水泥砖混墙、瓦屋顶、玻璃门窗、水泥地面，正房4间，院内一侧盖3间水泥顶平房，院墙一围，成独门独院式。90年代始，农村住房讲究宽敞、明亮、舒适、卫生，房屋格局大变。正房梢间外单设厨房，与梢间相通，多数仍留火炕；明间与一侧配间无隔壁，合为1间客厅；室内为白灰顶棚；门窗为双层，一层镶玻璃，一层嵌纱网；屋内及院子多为水泥地面，也有屋内地面贴瓷砖的；院内一侧建厢房，其中1间与厨房相接，余下为仓库、厕所、洗澡间；南倒厅为平房带过道，不盖倒厅则建气派门楼。进入21世纪，不少村庄统一建起多层楼房，室内结构为客厅、卧室、餐厅、厨房、卫生间。

90年代初期，城镇职工住房大多由单位投资建设楼房分配居住，未分配住房的家庭租住附近民房。90年代后期始，住房实现商品化，房地产开发形成热潮。住宅楼由多层的钢筋混凝土结构发展到高层的框架结构。卧室、客厅、厨房、餐厅、卫生间、阳台一应俱全。水、电、暖、气、固定电话、有线电视、宽带网络、电梯（高层）等现代化设施配套齐全。室内讲究装潢，居住环境讲究绿色环保，花园式生活小区逐渐增多。

居民近距离出行最常用的交通工具为自行车。90年代始，摩托车逐渐普及，后电动自行车

兴起。进入21世纪，家用汽车拥有量逐渐增加。居民出行方便快捷，既可选择自驾，也可选择乘坐公交车、出租车。长途出行，可乘坐火车、飞机和轮船，境内有火车站和飞机场，若需乘坐轮船可驱车去威海港或烟台港。

第三节　礼仪习俗

婚嫁

订婚　俗称定亲。订婚之日由男方备酒席招待女方家人及亲友，主食为面条，民间有称订婚之日叫“吃面条”。90年代，订婚酒席大都在酒店举办。由于订婚不受法律保护，订婚后退婚现象时有发生。进入21世纪，男女青年相恋后订婚仪式省略，直奔结婚主题。

送日子与下彩礼　男女双方领取结婚证后，办婚礼日子由男方选定，谓之“择好日”。为求吉利，部分人请人“择好日”，90年代始，选择五一劳动节、五四青年节、国庆节、双休日期间作为结婚日子成为潮流。男方送日子的同时向女方送聘礼，俗称“下彩礼”“送彩礼”，彩礼主要为现金，也有送金银首饰的。进入21世纪，随着生活水平提高，城乡居民送彩礼多为现金10001元，谓之“万里挑一”。

结婚　90年代始，结婚仪式日趋隆重，呈中西结合之势。新娘传统的红装，改为白色婚纱。新郎用鲜花装饰的轿车迎娶新娘、接送女方宾客。进入21世纪，迎亲车队由4～6辆统一品牌、统一色泽的轿车组成。新娘陪嫁物品多种多样，有彩电、冰箱、洗衣机、空调等家电，有沙发、床等家具。生活富裕的新娘家庭陪送轿车、房子的亦不在少数。城市居民结婚典礼均在酒店、宾馆举行（农村居民有在自家举办的），婚礼仪式请婚庆公司操办和主持。婚宴一般都摆几十桌，呈攀比现象，多者上百桌。参加婚礼者除亲属外，同事、同学、战友占多数。贺喜者均送礼金。婚宴结束，喜主向各位宾朋回赠装有喜饼、喜糖、抓果、喜烟的喜包。喜饼、抓果大都由女方准备，且须在结婚前日送到男方家。婚礼由婚庆公司全程录像、照相，并制成光盘和影集给新郎新娘留作纪念。婚后，新郎、新娘外出旅游度蜜月渐成时尚。

站九　旧时婚后第九天，新郎陪伴新娘回娘家省亲，俗称“站九”。现改为第二天或第三天回娘家省亲，但习俗仍称为“站九”。站九结束即标志婚嫁程序结束。小观镇区域称站九为“站四喜”。

喜庆

生育　婴儿降生，俗称“添喜”，简称“添了”“拾了”，通知亲属叫“报喜”。90年代始，城乡产妇均到医院分娩。婴儿出院回家时，有家人拿着系上红布、铜钱的桃枝与婴儿同行的习俗，寓意孩子将来富裕平安。婴儿出生三四天后，亲戚、邻居、朋友陆续上门看望，谓之“看欢喜”。所带礼品多是鸡蛋、小米、红糖、老母鸡、小孩衣物等。进入21世纪，礼品由礼金替代。主人回赠红皮鸡蛋及喜面。婴儿出生1个月谓之“满月”。产妇娘家要搬产妇和婴儿回娘家住些时日，称之“搬满月”。外祖母（姥姥）家给婴儿置办长命锁、手镯、脚镯之类的首饰，并赠以白面制作的“长岁粑粑”，寓保孩子平安。婴儿降生百日谓之“过百岁”。众亲戚均带礼品或礼金前往祝贺，婴儿父母要摆宴答谢。小孩满周岁时，其父母或祖父母须邀请亲友一起庆贺孩子头一个生日，俗称“赶生日”。外祖母家要蒸“粑粑”，亲友带礼品或礼金祝贺。赶生日最重要的仪式是“抓周”，俗称“抓粑粑”。小孩穿戴一新坐在簸箕里，面前放置书（寓意会读书）、笔（寓意会写字）、葱（寓意聪明）、算盘（寓意会算账）、秤（寓意会做买卖）、粑粑（寓意足食）、钱币（寓意发财）、石头（寓意长得壮）、土块（寓意种庄稼）等十几种物品，任其随意抓取。习俗认为，观婴儿抓取的物品可预知其一生志向和前途。仪式结束后，主人设午宴招待亲友。进入21世纪，午宴多在酒店举办。该俗至今不衰。

庆寿　境内有60岁（花甲）开始庆寿习俗，也称做寿、祝寿。旧时庆寿规矩较多，现庆寿仪式从简，只保留为老人蒸“寿桃”，全家人聚餐

吃长寿面的习俗。90年代后，子女们为老人庆寿兴起订购生日蛋糕，送老人礼品，全家人去宾馆酒店聚餐。

乔迁 迁居新舍之时，亲朋好友前来祝贺，谓之“乔迁之喜”，俗称“温锅”。所带礼品多为厨房用品，其中有筷子和火柴，意为“快发”和“红火”。90年代后，礼品由礼金替代。主人往往燃放鞭炮，并到宾馆饭店宴请亲朋好友。

宴席 参加宴席，境内俗称“坐席”，讲究席位。旧时，民间坐席多用八仙桌。陪客坐桌子前面，其右上手为首席，首席对面是二席，其右下手为三席，与之相对者为四席。三席、四席又分别叫“虎头”“虎尾”。陪客对面位置叫“桌子后头的”，坐此位者两人，俗称“大红”。陪客两位，右位为主陪。

席位安排因宴会性质而异。家宴尊长坐首席，以下按辈分和齿序排。若有娘舅、姑父等参加的宴席，以娘舅为大、姑父次之。有朋友参加，则以朋亲为大，实亲排后。结婚喜宴男家第一桌首席为女方送亲的宾客，娘家其他亲戚朋友可安排于他桌坐首席。安排席位时，坐首席者会谦让一番，然后入座。无论何种宴席，桌子后头的都是辈分小的客人，有“桌子后头的不算客”之俗语。故不论年纪多大，坐此位者可以不守规矩，人亦不怪。

80年代后，宴席多用圆桌，正对门方向的为主陪，其右手位为首席，左手位为二席；与主陪相对者为副陪，副陪右手位为三席，左手位为四席；其他座位仍为“桌子后头”的。正式礼仪宴席，饮酒前要先吃凉菜或茶点，谓之“打底”“垫补垫补”。开宴后，主陪先领饮第一轮酒，副陪领饮第二轮酒。领饮者举杯时先致辞表达对客人的欢迎之情，然后带头先喝，谓之“先喝为敬”。主、副陪领饮完毕，客人才可举杯回敬主人，表示感谢之意。之后，宾主之间，同桌客人之间可随意相互敬酒。最后一杯酒叫“满堂红”，仍由主陪领饮。酒席陪客多由能言善道、会喝善饮者担当，以使客人酒足饭饱。陪客先醉或先放碗筷则为失礼。酒杯多为容量三两三钱的玻璃杯，俗称“泡”，酒量大者会一口一泡。但多数人会商定一泡酒分几口喝干。2000年后，境内酒席用杯多改为二两半的玻璃杯。

宴席吃菜亦有讲究。每上一道菜必先喝一口酒，然后由首席先动筷，众人再按席次依次品尝。一般上过几道菜后，主陪和首席会说“大家随便吃”，此后，坐席者便可随意食用。宴席上吃鱼讲究把鱼肚转向首席，谓之“肚朝客，头朝北”。上鱼后，必须喝完杯中酒再食用，有“喝干了抓鱼”之俗语。旧时席上最忌讳抠鱼眼吃，认为是对主人的大不敬。90年代后，吃鱼又兴新讲究，如将鱼鳃上的肉搛给客人吃，谓之“有面子”；将鱼眼搛给客人，谓之“高看一眼”。酒后主食多为饺子或面条。

丧葬 60年代前，境内为木棺土葬。殡后3日，死者子女到坟前培土修墓，墓前立碑，名为“圆坟”。自忌日起，每7天到坟头祭奠，名曰“烧七”，共7次。逢百日、生日、去世一周年、二周年、三周年，都要到墓前祭奠。其中“五七”和“三周年”最为隆重。“过七”“过周年”习俗沿袭至今。1968年7月始，境内推行火葬，火化后骨灰盒或存放殡仪馆，或自找闲地掩埋，垒土堆为坟，坟前立碑。80年代，请人用彩纸扎牛、马、金山、银山、宅子、电视机等物为死者焚烧现象出现。90年代始，死者骨灰多葬于公益地或公墓。有些公职人员去世后，单位会举行遗体告别仪式，亲属胸戴白花，臂戴黑纱，同事、友人胸戴白花向死者默哀。进入21世纪，随着文明程度提高和护林防火意识增强，墓祭焚香烧纸现象基本杜绝，人们上坟扫墓时均献上花圈、鲜花祭奠逝去的亲人。

称谓 1991—2013年，境内亲属间称谓和社会称谓随着时代进步发生些许变化。

对长辈称谓 称曾祖父为太爷、老爷，曾祖母为老太、太奶奶；称祖父为爷、爷爷，祖母为奶、奶奶、婆；称外祖父为姥爷，外祖母为姥、姥姥、姥姆；称父亲为爸、爸爸、老爸、爹，母亲为妈、妈妈、老妈；称伯父为大伯、大爷，伯母为大妈、伯母；称叔父为叔、叔叔，叔母为

婶，婶子；称姑母为姑、姑姑、姑妈，姑夫为姑父；称舅父为舅、舅舅，舅母为舅妈、妗母；称姨母为姨、姨妈，姨夫为姨父。男女结婚后，夫系亲属，妻随夫称；妻系亲属，夫随妻称。

平辈相互称谓 称兄为哥、哥哥，兄妻为嫂、嫂子；称弟为弟、兄弟、兄儿，弟妻为妹、弟妹、兄弟媳妇；称姐为姐、姐姐，姐夫为哥、姐夫；称妹为妹、妹妹、妹儿，妹夫为弟、兄弟、妹夫；称伯、叔、姑、姨、舅之子为哥或弟，之女为姐或妹。夫妻间称谓多直呼其名。部分老年丈夫称妻子为老婆子，妻子称丈夫为老头子，或互相直呼加“老”字的姓氏；时尚青年丈夫称妻子为媳妇儿、老婆、亲爱的、宝贝儿，妻子称丈夫为老公、亲爱的等。

对晚辈称谓 生活中一般都直呼其名。按俗规称子为儿、儿子、儿郎，儿媳为儿媳妇；称女为闺女、女儿，女儿丈夫为女婿；称兄弟之子女为侄儿、侄女，姐妹之子女为外甥、外甥女；对孙辈称谓冠以“孙”字，如称儿子子女为孙子、孙女，称女儿子女为外孙子、外孙女。

亲属旁称 称公爹为老公爹，公婆为婆婆、婆妈；称岳父为老丈人，岳母为丈母娘；称夫兄为垛伯，夫弟为小叔子；称夫姐为大姑子，夫妹为小姑子；兄弟妻子合称妯娌、妯儿伙；称妻兄为大舅子，妻兄妻为大舅子媳妇；称妻弟为小舅子，妻弟妻为小舅子媳妇；称妻姐为大姨子，妻妹为小姨子；大姨子、小姨子之夫合称连襟；称伯、叔之子女为堂兄弟、堂姊妹，也称叔伯兄弟、姊妹；称姑、姨、舅之子女为表哥、表弟、表姐、表妹，也称姑舅之子女为姑舅兄弟、姊妹，姨之子女为姨娘兄弟、姊妹。

社会称谓 90年代始，社会成员中兴起称师傅、老师、先生、女士、老板、小姐等，以前流行的“同志”称呼弱化。进入21世纪，“小姐”称呼成为忌讳。称陌生长辈多为老爷爷、老奶奶、老大爷、大爷、老大娘、大娘、大伯、大叔、叔叔、大婶、大姨、阿姨等；称陌生同辈多为老哥、大哥、老兄、兄弟、老弟、哥们儿、大姐、大妹、小妹、姐妹儿等；称陌生晚辈多为小伙子、帅哥、闺女、美女、小小儿、小闺女、小姑娘、小丫头、小朋友等。对特殊岗位称呼多以职业为主，如大夫、医生、老师、法官、售货员、服务员等；对领导多称职务，职务前多加姓氏；对同事称谓多直呼其名，部分人喜欢称加“老”或“小”字的姓氏。

第四节 节令习俗

传统节日

春节 俗称“过年”“过大年”。按历法，春节仅指农历正月初一，但民间习俗从初一到初三都叫“过年”，是境内最隆重的节日。过春节的准备工作从腊月初八即开始，各项节庆活动从除夕持续至正月十五。

“腊八日”过后，城乡居民开始“忙年”，添置新衣，置办年货。春联、鞭炮、鸡、鱼、豆腐、年糕是必备品。鸡寓意“年年大吉”，鱼寓意“连年有余”，豆腐寓意“全家都幸福”，年糕寓意“年年高”。腊月二十三（俗称小年）前后，进行卫生大扫除，清扫灰尘、垃圾，以示辞旧迎新。除夕是腊月的最后一天（小尽为腊月二十九，大尽为腊月三十），境内皆称“大年三十”。早饭后，开始贴春联，贴“福”字。午后，准备年夜饭的食材。结婚、工作、求学在外的子女都赶回家中与长辈团聚。年夜饭以饺子为主食。进入21世纪，市区部分居民兴起去宾馆酒店吃年夜饭。除夕夜发纸、摆放供品祭神拜祖习俗仍在一些家庭流行。1984年始，中央电视台每年都举办春节联欢晚会，全家人围坐电视机前收看晚会已成为一种新的除夕守岁方式。除夕夜燃放鞭炮烟花习俗一直沿袭，22时至24时鞭炮声尤为激烈。随着社会进步，除夕守岁不再通宵达旦，午夜过后，人们各自就寝。正月初一（俗称大年初一）早晨，燃放鞭炮，吃水饺。包饺子时分别包8枚硬币或8个红枣，吃到硬币，寓意发财，吃到红枣，寓意时运红。晚辈给长辈拜年，长辈给晚辈“压岁钱”。进入21世纪，随着收入水平提高，“压岁钱”少则百元，多则上万

元以上。拜年用电话、手机、短信、微信、电子邮件问候已成时尚。正月初二开始走亲戚，俗称“出门儿”。串亲顺序多为“初二初三先丈母，初三初四再看姑”。正月初三早晨燃放鞭炮“送年”（也有在初二夜晚），正月初四后，各种民间喜庆活动陆续展开，节日气氛能延续至正月底。春节法定假日3天，再将双休日调休，可形成7天长假。

元宵节 正月十五为元宵节，又称上元节、灯节。此节家家户户吃元宵（汤圆），寓意全家团圆。旧时民间有用豆面和玉米面做“十二月灯”“生肖灯”“农具灯”习俗。90年代始，元宵节期间，市区会定期举办大型活报表演或不定期举办灯展。一些单位和居民家庭会挂起大红灯笼。2009年元宵节，市委、市政府在文登学公园及抱龙河公园举办大型灯会，借助电气化、自动化现代科技手段制作的80盏大型花灯分布于6个展区，交相辉映，美丽壮观。2011年元宵节，举办“魅力南海”“经济腾飞”“和行天下”“生态文登”主题灯展，抱龙河公园彩虹桥东西两侧水面上，200余盏荷花灯流光溢彩，为市民献上精美的视觉盛宴。

图 34-4 2011年元宵节抱龙河灯展

青龙节 二月初二为青龙节，境内俗称过“二月二”，传说此日“龙抬头”。标志天气渐暖。民间有燃放鞭炮、剪贴纸龙、熏虫、吃龙须面等习俗。大人、小孩都愿此日理发，俗称“剃龙头”。

龙母寿诞节 相传农历三月初二为秃尾巴李龙母亲诞辰日。民间旧时有蒸大饽饽到柘阳山或回龙山上供、祭祀、举行庙会习俗。进入21世纪，演变为文登李龙文化山会。2007年农历三月初一至初三，首届李龙文化山会在回龙山举办，来自全国各地的祭拜者达10余万人，同时举办丰富多彩的民间文艺表演。至2013年，共举办七届李龙文化山会。

清明节 为农时节气，公历4月5日前后，也是民间祭祖扫墓或踏青的日子。家人携带香纸和供品到坟茔祭奠先人，为坟茔除枯草，添新土，谓之“上坟”。中华人民共和国成立后，党政机关、企事业单位干部职工、学校师生及各界人士是日到烈士陵园献花圈、敬挽联，祭奠先烈，进行爱国主义和革命传统教育成为固定形式。90年代后期，随着城市公墓的设立，出现用鲜花祭奠先人的新风俗。进入21世纪，境内严禁在墓地烧香、烧纸，以保护环境，防止森林火灾。民间有蒸面燕习俗，家长把蒸好的面燕分给孩子们，或玩或吃，或把面燕用线串起来，缀上五色布条吊在顶棚作装饰品。2007年12月14日始，清明节增设为国家法定节假日，放假1天。

谷雨节 为农时节气，公历4月20日前后。时值境内春作物播种季节。因地理位置及鱼虾洄游规律所致，谷雨期间，鱼虾便洄游到境内近海，标志渔民一年一度的海上生产正式开始。因此，沿海渔民视谷雨节为仅次于春节的重要节日。届时，渔民备全猪（带皮煺毛并腔血抹红）、大枣饽饽、白酒、香烛、鞭炮等，聚集海边举行隆重的祭船、祭海、祭海神娘娘活动，以祈出海平安，归来鱼虾满舱。祭毕会餐。90年代后，沿海渔民将新文化、新观念、新思想及安全意识渗透到谷雨节中，逐年增加具有现代海文化内容的娱乐活动，吸引了大批中外游客，谷雨节演变成渔民节。2008年9月28日，文登渔民节被列入首

批文登市级非物质文化遗产名录。

端午节　农历五月初五为端午节，又称端阳节，民间俗称“过端午”“过五月端午”。民谚曰：“吃了端午粽，一年不生病。”境内有包粽子、吃粽子、吃鸡蛋习俗。粽子用芦苇叶包上糯米、黍米煮食，后发展到糯米中包枣、包肉，各具风味。粽子锅里同时煮上鸡蛋。80年代后，门上插艾蒿，清晨到野外用毛巾“拉露水”擦脸，儿童戴肚兜、手腕和脚腕上缠五色线、胸前戴用亚麻扎制并染成黄绿二色的小炊帚和小笤帚（意为驱五毒，保安康）等旧习俗渐消。2007年12月14日始，端午节增设为国家法定节假日，放假1天。

六月节　农历六月初六为六月节，俗称“六月六”。旧时此日晾晒书籍及衣物，用新麦面蒸大饽饽敬天，中午吃发面包子，民谣称“六月六，看谷秀，一口饽饽一口肉”。文登以六月初八为节。传说此日是秃尾巴李龙王的诞辰日。因是日多雨，俗称“雨节”。为李龙王过生日蒸大饽饽习俗延续至今。传说中的李龙王不忘母恩，恪守孝道；热爱家乡，造福百姓；惩恶扬善，除暴安良；诚实守信，知恩图报。2008年6月7日，秃尾巴老李的传说被列入国家级非物质文化遗产保护名录。

乞巧节　农历七月初七为乞巧节，俗称“七月七”或“七夕节”。相传此夜牛郎织女天河相会，故称之为中国的“情人节”。民谣曰：“七月七，烙花吃。”农村有烙巧果（又称烙花）习俗。面中加油、鸡蛋、糖，兑水和好发酵后，用雕刻了各种动植物图案的木制模子扣成巧果，慢火烙熟，分给孩子们，或用线串起挂其脖子上，既好食用，又可观赏。80年代后，烙花习俗渐失，烙小饼习俗尚存。

中元节　农历七月十五为中元节，又名“鬼节”“死人节”。民间有祭祀祖先神灵习俗。80年代后，境内居民过中元节只有极少数年长者，青年对此节多有不知。

财神节　农历七月二十二日为财神节。旧时是商人的大节，经商者多供奉财神，摆宴庆贺，祈求生意兴隆，财源茂盛。50年代，随着私营工商业的社会主义改造，此节消失。80年代后期，财神节重新兴起，工商企业、个体工商业户开始庆祝这一节日。进入21世纪，不经商的市民有的也崇尚此节，于是日燃放鞭炮，吃饺子，或设家宴庆贺。

中秋节　农历八月十五为中秋节，又名“团圆节”，俗称“过八月十五”。为一年中仅次于春节的传统大节。此日住娘家的媳妇必须回婆家，同丈夫和婆婆家人共团圆。中秋夜是月圆之夜，有分食月饼和赏月习俗。境内过中秋节极重人情往来，节前送礼或互赠月饼之风盛行。进入21世纪，馈赠的月饼质量提高，包装高档奢华，价格不菲。2007年12月14日始，中秋节增设为国家法定节假日，放假1天。

重阳节　农历九月初九为重阳节，俗称“九重阳”。旧时文人雅士多于此日相约登高、赏菊、喝酒、赋诗，农家百姓主要活动是蒸面糕和酿菊花酒。80年代始，重阳登高习俗渐兴，并成为一项群众性体育活动。1988年，国家将此日定为“老人节”。节日期间，全市普遍开展敬老活动。市领导看望慰问部分老年人，各单位或组织老年人体检、旅游，或开展书画展、门球比赛等文体活动。

寒衣节　农历十月初一为寒衣节，俗称“月一”或“过月一”。此节与清明节、中元节合称三大冥节。时值立冬前后，天气渐冷。旧时民间有上坟祭祖、添土压纸习俗，意为给死者添被加袄。80年代后，此习俗又兴起，延续至今。

腊八节　农历十二月初八为腊八节，俗称“腊八日”。境内居民有早晨喝“腊八粥”习俗。此粥用米、豆、花生仁、栗、枣等八样粮果熬制。民间有俗语：过了腊八乱打扫。农家多于此日象征性地扫几下灰尘，再从腊八日到小年期间选一风和日暖的好天气，将屋里屋外彻底打扫一遍，辞旧迎新。

祭灶节　农历腊月二十三为祭灶节，俗称“过小年”。相传此日是送灶王爷上天述职的日子。为让灶王爷“上天言好事，下界降吉祥”，

民间旧时有祭灶习俗。家家在灶前摆供桌和供品，供品多为糖瓜、红枣等糖粘食品，意在甜住灶王爷的嘴，让他上天只说好话；粘住灶王爷的嘴，想说坏话也张不开嘴。祭灶习俗50年代起已废，吃糖瓜习俗尚存。现此节只作为“忙年”的开始，晚上全家人聚餐，主食为饺子。

新兴节日

元旦 1月1日为元旦，境内俗称“新年”“阳历年”。国家法定节假日，放假1天。为欢庆新的一年开始，机关、团体、企事业单位张灯结彩，悬挂国旗、横幅以示庆祝。80年代始，单位、师生、亲友间兴起互寄贺年片、贺年信或互赠挂历。1999年9月18日始，新年实行双休日调休制度，形成3天小长假。

情人节 2月14日为西方情人节。90年代始，此节在境内年轻人中流行起来。男青年会给心仪的女朋友送玫瑰花，女青年会给心仪的男朋友送巧克力；或互赠贺卡及其他礼物。情侣多于此日约会。商场、超市开展促销活动，酒店、宾馆推出情人节套餐，以此吸引消费。

妇女节 3月8日为国际劳动妇女节，俗称“三八节”或“三八妇女节”，妇女放假半天。各级妇联组织常在节日前后开展表彰先进和以妇女为主题的各种文体活动。

植树节 1979年，国家确定3月12日为全民植树节。是日，全市机关、团体、学校、企事业单位按统一规划，组织人力到指定地点植树造林，绿化荒山、荒滩。进入21世纪，随着绿化、环保意识的增强，不少市民植树节期间自发组织开展义务植树活动。

劳动节 5月1日为国际劳动节，俗称“五一节”或“五一”。1999年9月18日始，假期增至3天，再将前后的双休日调配，合并休假7天，成为市民外出旅游的黄金假期。2007年12月14日始，恢复1天假期。可与前后双休日调配，合并休假3天。

青年节 5月4日为中国青年节，俗称“青年节”或“五四青年节”，青年放假半天。是日，共青团组织举行新团员入团宣誓仪式，组织团员青年开展纪念、联欢、文体比赛及走上街头义务服务等活动。

母亲节 5月的第二个星期日为母亲节，属舶来节日。90年代末期开始在境内流行，成为感恩母亲的日子。是日，子女们会给母亲买来鲜花和礼物，并请母亲去酒店聚餐，以此表达孝敬之心。

护士节 5月12日为国际护士节，俗称“护士节”。是日，各级卫生部门和医院会举办庆祝活动，表彰医疗护理队伍中的先进工作者，组织开展各种健康科普知识宣传和咨询活动。

儿童节 6月1日为国际儿童节，俗称“儿童节”或“六一儿童节”，儿童放假1天。是日，小学和幼儿园会组织各种庆祝活动，如举行少先队入队仪式、表彰三好学生、文艺演出等。家长也会在此日向孩子们赠送礼物。

父亲节 6月的第三个星期日为父亲节，属舶来节日。随着母亲节的流行，父亲节也逐渐被境内人们接受。子女们通过送礼物和聚餐等多种形式，感恩父爱。

中国共产党成立纪念日 7月1日为中国共产党诞生日，俗称“党的生日”，简称“七一”。是日，各级党组织均举行纪念活动，如召开座谈会、表彰先进党支部和优秀共产党员、举行新党员入党宣誓仪式等。

建军节 8月1日为中国人民解放军建军节，俗称“八一建军节”。节日期间，各级政府和社会各界会派代表到军队驻地慰问子弟兵，开展多种形式的拥军优属和军民联欢活动。

教师节 9月10日为中国教师节。届时，境内各级政府召开庆祝大会表彰先进教师，学校组织教师联欢，社会各界也会开展捐赠活动，支持教育事业发展。

国庆节 10月1日为中华人民共和国成立纪念日，俗称“国庆节”或“十一”，是全民重大节日。节日期间，各单位升国旗，举行各种庆祝活动，如召开纪念会、座谈会，举办文艺晚会等。1999年9月18日始，国庆节假期增至3天，再将双休日调休，可连续休假7天，形成旅游、

探亲“黄金周”。不少青年男女选择国庆节期间举办婚礼。

圣诞节　12月25日为圣诞节，属西方宗教节日。80年代境内涉外企业注重庆贺，90年代始，在青年人中流行，但与宗教和信仰无关，多是借圣诞节前夜（平安夜）聚会以叙亲情、友情。商场、酒店等会以圣诞树、圣诞老人做装点，开展促销活动。少年儿童以戴圣诞帽为快乐，朋友、同学、同事之间也会互寄贺卡或互发短信问候。

第四章　宗　教

第一节　佛　教

文登佛教活动历史悠久。隋开皇三年（583），在昆嵛山东南麓建六度寺。唐代、金元时期、明清时期，不断延续发展。至1919年，境内尚存大小佛寺46处，庵10余处。30年代末，有和尚、尼姑100余人。1940—1941年，为防日军盘踞，境内寺院被拆除，和尚、尼姑或出走或还俗。

进入21世纪，佛教活动逐渐恢复。2005年9月1日，文登市佛教协会筹备委员会在“卍字会”旧址成立并召开第一次委员会议，制定佛协章程及寺院管理守则。会议选举释果真（文登人，俗姓董）、黄显涛为负责人，后增加释体净（山西省长治市人，中国佛学院毕业，俗姓刘）。佛教信众居士30余人参加会议。市佛教协会筹委会主要活动有讲经、学法、念佛、做法事，定期组织放生活动。

2007年4月，在经济开发区修复香岩寺，后移址龙山街道青龙山重建，释体净任筹建委员会主任。开发区香岩寺建有山门、天王殿、钟鼓楼等，青龙山建有大雄宝殿、菩萨雕像等。

佛教活动场所大明院位于西台子街4号。据清光绪《文登县志》记载，在城东一里文山之麓有佛教道场大明院，建置无考。2008年，佛教信众筹措资金80万元，在“卍字会”旧址对大明院进行还原修缮，增设释迦牟尼佛像、药师佛像、阿弥陀佛像、弥勒佛像、观世音菩萨像、地藏王菩萨像、普贤菩萨像、文殊菩萨像、四大天王像及铁制香炉等，开设弥陀宝殿、天王殿、观音殿、地藏殿等。

2009年11月8日，文登市佛教协会成立大会在昆嵛酒店举行，佛教界80余人与会，选举释体净为会长。会议要求继承和发扬中国佛教爱国主义光荣传统，自觉做促进社会和谐稳定的表率；强化学习培训，提高综合素质，组织好讲经弘法活动；建立健全各项规章制度，弘扬“人间佛教”思想，开展公益慈善活动。2008年5月，全市佛教信众为四川汶川地震受灾群众捐款1.52万元，捐赠大米5吨；2010年，为青海玉树赈灾捐款5.4万元；2011年始，为威海儿童福利院残疾儿童累计筹款1.9万元。

至2013年，全市有佛教信徒1000余人，信教群众5000余人，女性信众居多，主要分布于农村及市区街道。

第二节　道　教

境内道教活动始于晚唐，昆嵛山中的麻姑冢、麻姑梳妆阁、麻姑观皆起于此时。金大定七年（1167），王重阳自终南山到昆嵛山，创立道教全真派。金大定二十二年（1182），马丹阳在紫金峰之阴建契遇庵，后又在紫金峰之阳建东华宫，创遇仙派。元明两代又增建和重建修真观、开真观、三皇宫、药王庙等。至1919年，境内尚有较大的道院、宫、观、阁等39处，小的100余处，有道徒120余人。1940年后，大多数庙宇宫观被拆除，道徒还俗分得土地。

1991年5月20日，中国道教全真派发祥地文登国际研讨会在境内召开，由中国道教协会、中国旅游文化学会、北京史地民俗学会、文登市政府联合举办，140余位道教界人士、中外学者与会。

2008年4月21日，文登市道教协会成立，办公地点设在文山东路甲2号。是年5月14日，召开第一届代表大会，通过文登市道教协会章程，选举产生文登市道教协会组成人员。段信源（陕西省户县人）当选为会长，有道协会员53人，信教群众1000人。道教活动主要以诵经、祈祷为主。

圣经山三清殿初为道教活动场所，建筑面积200余平方米。2009年始，圣经山东华宫进入建设修复阶段。2012年6月，市民族宗教事务局按照省宗教局批复，将文登市道教活动场所由三清殿更改登记为东华宫。东华宫建筑面积8000平方米，总投资3亿元。

至2013年，全市有道教信徒500余人，信众3000余人，主要分布于圣经山周围。

第三节　基督教

基督教于清光绪二十四年（1898）传入境内。1938年，有教会1处，分会7处，大小教堂7处，教徒351人。1957年，有教徒219人。1963年，有教徒93人。1966年活动被禁止。1979年后逐步恢复活动。

1992年7月，文登市基督教“三自”爱国运动委员会成立，徐贵芬任主任。1996年2月、2001年3月、2005年11月、2010年9月分别召开文登市基督教“三自”爱国运动委员会第二届、第三届、第四届、第五届代表大会，选举张建军为主任。1996年，有信徒577人，信教群众800余人。至2013年，有信徒3000余人，信教群众1万余人，女性信众居多，大都分布于农村，日常聚会活动主要以讲经、祷告为主。

基督教活动场所峰西教堂由英国传教士乔蒙恩等人1925年投资建设，原名福恩堂。占地0.22公顷，建筑面积514平方米，聚会大厅可容纳200人。1966年停止使用，1992年恢复使用。平日聚会时间为星期四白天、晚上和星期日白天、晚上。1999年7月，教堂被鉴定为危房，聚会场所临时迁至昆嵛北路36号。2001年，省宗教局批准重建教堂。2002年10月1日，新教堂开工建设。2004年10月1日，教堂竣工交付使用，并更名为文登市基督教蒙恩堂（简称蒙恩堂）。新教堂总投资700万元，占地1公顷，建筑面积2287平方米。

2003年，基督教大水泊镇后土埠岭村聚会点迁至大水泊镇大水泊村，增设北郊镇西黄岚村、高村镇河西村、汪疃镇汪疃村、泽头镇林村聚会点。2005年2月，批准设立文登市韩国人基督教活动点。2013年6月，原北郊镇西黄岚村、汪疃镇汪疃村基督教活动场所划归威海临港经济技术开发区管理，至此，全市有基督教活动场所5处，分别是蒙恩堂，大水泊镇大水泊村、高村镇河西村、泽头镇林村聚会点和韩国人基督教活动点。

图34-5　2004年10月1日建成的文登市基督教蒙恩堂

第三十五编
方　言

文登话属于中国汉语官话方言胶辽官话登连片中的烟威小片，是胶东方言的重要组成部分。文登话具有胶辽官话的标志性特点：古清声母入声字今读上声。同时，文登话还具有几个显著特点：尖团音分立；古知庄章三组声母分读为两类；古日母字多读零声母；果摄见系一等字基本都读为uo；古蟹止山臻四摄合口一三等韵端系字没有u介音。

文登话以天福、龙山、环山3个街道所辖地方言为代表，境内各地口音基本一致，只是与环翠、牟平、乳山接壤的乡镇口音略有不同，例如汪疃镇接近环翠口音，界石镇接近牟平口音，小观镇接近乳山口音。

汪 疃 镇
葛 山 镇
界 石 镇
文 登 营 镇
龙山街道
天福街道
环山街道
大 水 泊 镇
米 山 镇
葛 家 镇
高 村 镇
宋 村 镇
张 家 产 镇
泽 头 镇
侯 家 镇
小 观 镇
泽 库 镇

文登市镇、街道示意图

第一章　语　音

第一节　音　系

文登方言有声母25个（含零声母），韵母40个，声调4个，同时，有轻声、儿化等音变。国际音标送气符号用h表示，不上标。

声调

文登方言有4个声调。

阴平　53　东该灯风通开天春门牛油

阳平　35　龙铜皮糖红毒盒罚

上声　214　懂古鬼九统苦讨草买老五有谷百搭节急哭拍塔切刻麦叶月

去声　33　动罪近后冻怪半四痛快寸去卖路硬乱洞地饭树六白

说明：中古平声字在文登方言里一分为二，清平全部归阴平，全浊平声字全部归阳平，次浊平声字大部分归入阴平，少部分归入阳平。全浊上声归去声。清声母入声字大部分归上声，少数字读为阴平、阳平或去声。浊声母入声字归阳平、上声、去声。部分去声[33]接近[334]。

声母

文登方言有25个声母，包括零声母在内。

p 八兵病　ph 派片拍　m 麦明泥（老）　f 飞风副蜂肥饭

t 多东甜（老）毒　th 讨天甜（新）　n 脑南

l 老蓝连路

ts 资早租酒字贼坐　tsh 刺草寸清全祠　s 丝三酸想谢

tʂ 竹争装纸　tʂh 茶抄初床春船　ʂ 事山双顺

ȵ 年奴

tʃ 张柱主　tʃh 抽扯车城　ʃ 手书十

c 九举捐军　ch 轻权　ç 响县

k 高共杆　kh 开烤炕　x 好灰活

∅（零声母）味问热软熬月安温王云用药

说明：

①[n]只拼开口呼、合口呼，如：脑[nɑu^{214}]、能[nəŋ^{35}]；[ȵ]只拼齐齿呼、撮口呼，如：你[ȵi^{214}]、女[ȵy^{214}]。

②分尖团，尖音为[ts][tsh][s]，如：酒[tsiəu^{214}]、清[tshiŋ^{53}]、全[tshian^{35}]；团音为[c][ch][ç]，如九[ciəu^{214}]、轻[chiŋ^{53}]、权[chyan^{35}]。

韵母

文登方言有40个韵母。

ɿ 自此丝　i 米戏十急七一直尺锡　u 苦五骨谷　y 猪雨出橘绿局

ʅ 支齿师

ər 二

a 茶塔法辣八　ia 牙鸭　ua 瓦刮

ɛ 北色白　iɛ 写接贴热节　uɛ 国

yɛ 靴月

o 歌坐盒托郭壳　uo 过活　yo 药学

ai 开排　iai 鞋　uai 快

ei 赔对飞　uei 鬼

ɑu 宝饱　iɑu 笑桥

əu 豆走　iəu 油六

an 南山半短　ian 盐年　uan 官　yan 权

ən 根寸　in 心新　uən 滚春　yn 云

ɑŋ 糖　iɑŋ 响讲　uɑŋ 床王双

əŋ 灯升争横　iŋ 硬病星　uŋ 东　yŋ 兄用

说明：

①[iɛ]、[yɛ]中的[ɛ]，实际音值接近[E]。

②/a/音位在无韵尾的音节中，实际音值为

[A]；在前鼻音韵尾[n]及前高元音[i]前，实际音值为[a]；在后鼻音韵尾[ŋ]及后高元音[u]前，实际音值为[ɑ]；在前高元音[i]和前鼻音韵尾[n]之间，实际音值为[ɛ]。

第二节　同音字表

ɿ

tsɿ^{53}　资咨姿滋孳（又，tsɿ^{35}～生）渍（又，tsɿ^{33}）孜梓

tsɿ^{35}　姊

tsɿ^{214}　紫子籽仔滓

tsɿ^{33}　字牸自恣兹

tshɿ^{53}　呲雌跐（又，tshɿ^{214}～脚）

tshɿ^{35}　次（又，tshɿ^{33}～序）词祠辞瓷磁慈

tshɿ^{214}　此赐

tshɿ^{33}　刺伺侍

sɿ^{53}　司（又，sɿ^{33}～令）思撕丝嘶私斯（又，sɿ^{33}～大林）厮饲

sɿ^{214}　死

sɿ^{33}　四寺似肆巳泗祀

i

pi^{53}　屄

pi^{35}　必鼻鎞毖

pi^{214}　比笔逼壁毕枇鄙臂哔碧匕

pi^{33}　币闭避敝蔽蓖弼璧陛弊愎荸滗

phi^{53}　匹批纰噼

phi^{35}　皮疲脾（又，phi^{214}～脏）啤丕砒琵貔罴

phi^{214}　辟庇痺劈痞癖僻霹

phi^{33}　屁

mi^{53}　泥篾咪（又，mi^{35}）倪（又，ȵi^{53}）

mi^{35}　弥秘靡猕泌迷

mi^{214}　米密

mi^{33}　蜜眯谧醚觅

ti^{53}　低（又，ti^{214}高～）提（又，ti^{35}～拉）

ti^{35}　笛（又，thi^{35}）涤籴狄迪蹄（又，thi^{35}）堤（又，thi^{35}）缔（又，thi^{35}）

ti^{214}　敌底抵（又，tei^{214}～是）滴蒂嘀邸棣

ti^{33}　弟递地第的帝娣

thi^{53}　梯剃剔（又，thi^{214}～出）

thi^{35}　题惕

thi^{214}　体（又，thi^{53}～己钱）踢

thi^{33}　替嚏

ȵi^{53}　泥尼（又，ȵi^{35}）匿拟（又，i^{53}）

ȵi^{35}　呢逆（旧，i^{35}）腻（又，ȵi^{33}）昵妮

ȵi^{214}　你

li^{53}　犁梨离沥黎狸篱厘

li^{35}　丽（又，li^{33}）漓

li^{214}　李立里礼理鲤

li^{33}　栗力历厉蛎砺利痢璃藜吏励荔例隶戾疠俐唳

tsi^{53}　唧叽

tsi^{35}　即疾嫉寂济（不～；又，tsi^{214}；tsi^{33}得～）

tsi^{214}　挤绩迹脊辑缉（又，tshi^{33}～鞋口）剂际籍鲫瘠跻集（收～；又，tsi^{33}赶～）积

tsi^{33}　蒺荠祭系（文，çi^{33}）

tshi^{53}　妻凄戚嘁栖

tshi^{35}　齐

tshi^{214}　七漆沏砌柒

tshi^{33}　憩

si^{53}　西蟋

si^{35}　席（又，si^{33}坐～）媳

si^{214}　洗习息惜锡析熄袭昔晳蜥悉夕膝犀徙矽铣玺（文，çi^{33}）

si^{33}　细淅汐

tʃi^{53}　知蜘

tʃi^{35}　智（又，tʃi^{33}）

tʃi^{214}　汁织执掷滞挚秩质职

tʃi^{33}　治直制值致植殖痔稚置

tʃhi^{53}　痴斥（又，tʃhi^{35}）

tʃhi^{35}　池迟持驰哧耻侈赤（又，tʃhi^{214}）

tʃhi^{214}　尺吃

ʃi^{35}　实石（又，ʃi^{33} 青～；tan^{33}）拾室适（又，ʃi^{214} ～宜）

ʃi^{214}　失食（又，ʃi^{33} 猪～）式识湿释饰蚀

ʃi^{33}　世十逝誓势

ci^{53}　饥机基奇（～数；又，chi^{35}）鸡技妓伎级肌讥犄麂羁（～押；又，ci^{33}）

ci^{35}　骑（又，chi^{35}）

ci^{214}　几吉极击急激棘及虮既圾戟暨岌髻己

ci^{33}　寄（又，chi^{35}）记季计忌舅（又，ciəu^{33}）稽纪继悸冀姬

chi^{53}　欺期

chi^{35}　歧岐琪祺弃崎麒祁芪颀琦旗杞讫迄泣棋

chi^{214}　起启乞企岂给（又，kei^{214}）

chi^{33}　契器气汽其

çi^{53}　希稀牺嬉熙嘻（又，çi^{33}）

çi^{214}　喜熹禧螅

çi^{33}　溪戏隙兮

i^{53}　移衣依医揖咿宜胰疑抑亦谊

i^{35}　蚁日（～头；又，i^{214} 假～）遗沂亿饴屹疫肄异已艺译仪伊夷役

i^{214}　姨一椅乙倚以壹

i^{33}　义意益溢议诣忆易噫颐邑绎轶逸裔缢蜴臆翼瘗懿

u

pu^{53}　甫（又，phu^{214}）

pu^{35}　蒲（又，phu^{35}）噗（又，phu^{35}）

pu^{214}　不补哺

pu^{33}　布步部醭簿怖埠

phu^{53}　铺（又，phu^{33}）扑（又，phu^{35}；phu^{214}）

phu^{35}　菩葡

phu^{214}　仆甫脯捕埔朴谱圃璞普浦溥讣赴蹼

phu^{33}　瀑堡

mu^{53}　谋牟

mu^{35}　木（又，mu^{33}）某

mu^{214}　亩母拇姆牡

mu^{33}　木幕墓暮目沐牧睦慕穆苜募眸

fu^{53}　夫伕麸妇

fu^{35}　肤敷服复扶抚浮伏俘拂芙罘茯袱傅缚赋负腹（又，fu^{214}）

fu^{214}　福辐幅符府俯腑附驸（又，fu^{33}）斧覆釜腐付副（又，fu^{33}）

fu^{33}　父富服蝠佛咐

tu^{53}　都（又，təu^{53}）嘟（又，tu^{33}）督

tu^{35}　毒独犊渎牍

tu^{214}　读堵肚（羊～子；又，tu^{33}）赌睹

tu^{33}　杜度渡镀妒

thu^{53}　突（又，tu^{35}；thu^{35}）

thu^{35}　图徒途涂屠荼

thu^{214}　土吐秃

thu^{33}　兔菟

nu^{35}　农奴怒浓努（又，nu^{214}）

lu^{53}　卢芦炉庐颅橹（又，lu^{214}）鲈

lu^{35}　撸（又，lu^{214}）辘（又，lu^{33}）

lu^{214}　鲁撸录禄卤虏鹿漉掳麓戮碌氯辱蝼

lu^{33}　路陆（又，liəu^{33}）露（又，ləu^{33}）鹭璐噜轳

tsu^{53}　组阻（又，tsu^{214}）租卒（又，tsu^{214}）

tsu^{214}　祖诅促（又，tshu^{214}）

tshu^{53}　粗

tshu^{214}　族簇

tshu^{33}　醋猝

su^{53}　苏酥肃夙

su^{35}　速

su^{33}　俗粟塑诉素嗉溯谡愫簌

tʂu^{214}　竹烛瞩

tʂu^{33}　祝筑逐助

tʂhu^{53}　初

tʂhu^{35}　畜锄

tʂhu^{214}　触楚础
tʂhu^{33}　怵雏
ʂu^{53}　梳疏蔬枢
ʂu^{35}　熟（又，ʃy^{33}）塾孰
ʂu^{214}　数（又，ʂu^{33}）淑束菽曙蜀
ʂu^{33}　漱
ku^{53}　姑孤辜咕（又，ku^{33}）菇箍崮锢骷
ku^{35}　骨（又，ku^{214}）
ku^{214}　估轱鼓古谷股蛊
ku^{33}　故固雇顾蛄核（又，xɛ^{35}）
khu^{53}　枯窟酷
khu^{214}　哭苦
khu^{33}　库裤
xu^{53}　互（又，xu^{214}）烀弧
xu^{35}　胡葫糊（又，xu^{33}）湖煳狐忽壶瑚蝴
xu^{214}　虎唬浒琥
xu^{33}　户护沪乎和（又，xo^{35}；xuo^{35}）
u^{53}　污巫诬乌屋梧吴侮呜（又，u^{33}）钨
u^{35}　蜈妩呼（又，xu^{53}）
u^{214}　无五午（又，xu^{33}）武捂舞焐芜毋伍戊
u^{33}　务物误雾龌悟杌吾晤勿坞

y

ȵy^{214}　女
ly^{53}　驴（又，ly^{35}）
ly^{214}　吕绿铝旅屡缕褛侣履捋
ly^{33}　虑滤律率摅
tsy^{214}　足（又，tsu^{214}）
tsy^{33}　聚铸
tshy^{53}　蛆趋（又，tshy^{33}）觑（又，tʃhy^{214}）
tshy^{214}　取娶
tshy^{33}　趣黢
sy^{53}　须需
sy^{35}　徐
sy^{214}　宿戌蓿
sy^{33}　序续绪叙絮婿
tʃy^{53}　朱诛珠株猪诸（又，tʃy^{33}）蛛侏
tʃy^{35}　除（又，tʃhy^{35}）储（又，tʃhy^{35}）嘱妯
tʃy^{214}　主拄煮炷
tʃy^{33}　住注柱蛀驻著
tʃhy^{53}　樗出（又，tʃhy^{214}）
tʃhy^{35}　厨橱处（又，tʃhy^{214}；tʃhy^{33}）
ʃy^{53}　书输殊抒舒
ʃy^{35}　赎
ʃy^{214}　叔秫暑署薯黍鼠属（又，ʂu^{214}；ʃy^{35}）
ʃy^{33}　树术恕庶竖述
cy^{53}　居（又，cy^{35}）拘驹距（又，cy^{35}）
cy^{35}　剧局巨拒渠（又，chy^{35}）矩炬
cy^{214}　举菊鞠莒橘瞿（又，chy^{214}）
cy^{33}　句具锯俱
chy^{53}　区驱岖躯去（又，chy^{33}）屈（又，chy^{35}；chy^{214}）蛐
chy^{214}　曲
çy^{53}　虚墟吁嘘
çy^{214}　许栩畜吸（又，çi^{214}）恤
y^{53}　于鱼渔盂竽淤榆迂（又，y^{35}；y^{33}）
y^{35}　余舆宇愉
y^{214}　入乳雨语禹汝孺腴羽儒
y^{33}　遇愚狱褥裕预育玉芋域喻寓濡蠕茹如

ʅ

tʂʅ^{53}　支枝之芝肢吱（又，tʂʅ^{33}）栀室
tʂʅ^{35}　指（手～头；又，tʂʅ^{214}）
tʂʅ^{214}　趾址旨脂咫纸止只（～有，副词；又，tʃi^{53}）
tʂʅ^{33}　志至
tʂhʅ^{53}　眵嗤笞敕
tʂhʅ^{35}　哧匙翅（又，tʂhʅ^{33}）
tʂhʅ^{214}　齿
ʂʅ^{53}　尸诗师狮施峙嗜矢谥恃噬
ʂʅ^{35}　时
ʂʅ^{214}　使虱屎史驶始豕
ʂʅ^{33}　柿事试市士仕示氏是

a

pa^{53} 疤（又，pa^{214}～癞）粑吧巴芭爸（又，pa^{33}）叭（又，pa^{35}）扒（又，pha^{35}～鸡）

pa^{35} 拔魃爬（又，pha^{35}）跋

pa^{214} 把（又，pa^{33}）八靶

pa^{33} 耙坝霸罢鲅

pha^{53} 葩啪（又，pha^{35}）

pha^{35} 筢

pha^{33} 怕

ma^{53} 妈麻（又，ma^{35}）

ma^{35} 蚂（又，ma^{214}～蚁）

ma^{214} 马码玛

ma^{33} 骂蟆

fa^{35} 乏伐阀罚

fa^{214} 法发珐砝

ta^{53} 耷哒搭（又，ta^{214}～理）瘩

ta^{35} 打（一～打儿；又，ta^{214}）

ta^{214} 达答鞑褡

tha^{53} 他她它

tha^{214} 踏（～实；又，tṣa^{53}）塔塌遢禢拓鳎獭榻

na^{53} 拿纳（又，na^{35}出～；na^{214}～鞋底）呐

na^{35} 哪娜钠捺（又，na^{214}，nai^{214}）

la^{53} 拉（～肚子；又，la^{35}做～；la^{214}）旯砬

la^{35} 邋瘌

la^{214} 喇腊蜡辣鞡

la^{33} 落（～下）啦

tsa^{53} 咂（～摸；又，tsa^{214}）

tsa^{35} 砸咱

tsa^{214} 咋

tsa^{33} 杂臜（腌～）

tsha^{214} 擦

sa^{53} 仨

sa^{35} 洒（又，sa^{214}潇～；ṣai^{33}～水；sɑu^{35}～脱）

sa^{214} 撒靸萨卅飒（又，sa^{33}～利）

tṣa^{53} 楂渣喳（又，tṣha^{53}；tṣha^{33}；tsia^{53}能～～；tṣua^{53}能～～；tṣua^{33}～～：小鸟）挓诈（又，tṣa^{33}）

tṣa^{35} 铡（又，tṣa^{33}）炸（又，tṣa^{33}）搽（又，tṣha^{35}）茬（又，tṣha^{35}）碴（又，tṣha^{53}；tṣha^{35}）榨

tṣa^{214} 扎（又，tṣa^{33}）札眨吒

tṣa^{33} 闸栅乍

tṣha^{53} 叉杈（又，tṣha^{33}）差（又，tṣha^{33}；tṣhai^{53}）姹诧

tṣha^{35} 查茶察嚓

tṣha^{214} 插衩馇锸

tṣha^{33} 岔汊

ṣa^{53} 沙（又，ṣa^{33}）杉砂纱鲨莎（又，suo^{53}三棱子～）痧娑

ṣa^{214} 杀刹煞

ṣa^{33} 厦渗（又，ṣən^{33}）霎

ka^{53} 蛤（又，ka^{35}；xa^{35}）疙（又，kɛ^{214}）咯（又，kha^{53}；kɛ^{33}）

ka^{214} 割（又，ko^{214}收～）葛旮尬嘎（～叭；又，ka^{33}不懂～）

kha^{35} 瞌苛（又，kho^{53}～求）

kha^{214} 卡渴（又，kho^{214}）磕（又，kho^{214}）咔嗑（又，kho^{214}）揢

xa^{53} 哈喝（又，xa^{214}）

xa^{35} 合（又，xo^{35}）

a^{53} 腌阿

a^{35} 啊（又，a^{214}～草）

ia

tsia^{53} 家（文，cia^{53}）傢

tsia^{35} 角（又，tsia^{214}；文，cyo^{214}～色；cyo^{35}菜～儿）夹（文，cia^{35}；文，cia^{214}；ka^{53}～笼；ka^{35}鱼～腮）

tsia^{214} 荚（文，cia^{214}）挟（文，cia^{214}）

tsia^{33} 嫁（又，cia^{33}）

tshia^{53} 拤（文，chia^{53}）掐（又，tshia^{214}；文，chia^{53}；文，chia^{214}）

tshia^{214} 卡（又，chia^{53}；chia^{214}）

sia^{214} 瞎（文，çia^{214}）

sia^{33} 下（文，çia^{33}）吓（文，çia^{33}）

ʃia^{35} 啥衫（又，ʂan^{53}）

ʃia^{214} 傻

cia^{53} 佳（又，cia^{33}）加枷茄（雪～；又，cia^{35}；chia^{35}～克；chiɛ^{35}；ciɛ^{35}）

cia^{214} 甲假贾钾

cia^{33} 价驾架嘉

chia^{214} 恰洽

çia^{53} 虾

çia^{35} 匣霞暇遐瑕辖

çia^{33} 夏

ia^{53} 牙芽蚜丫崖（又，iai^{53}）玡涯（又，iai^{53}）讶

ia^{35} 呀（又，ia^{33}）衙鸦哑（又，ia^{214}）鸭（又，ia^{214}）

ia^{214} 压（又，ia^{33}）押雅亚（又，ia^{33}）

ia^{33} 轧揠

ua

tʂua^{53} 抓（又，tʂua^{214}）

tʂhua^{53} 欻（又，tʂhua^{33}）

ʂua^{53} 刷（又，ʂua^{214}）

ʂua^{214} 耍（又，ʂua^{35}）

ʂua^{33} 唰

kua^{53} 瓜呱（又，kua^{214}）挂（又，kua^{33}）

kua^{35} 寡（又，kua^{214}）

kua^{214} 刮（又，khua^{214}）剐

kua^{33} 卦褂

khua^{53} 夸垮（又，khua^{214}）咵

khua^{214} 胯

khua^{33} 挎跨

xua^{53} 花哗（又，xua^{35}；xua^{33}）

xua^{35} 华铧划（又，xua^{33}）

xua^{33} 化画话滑猾

ua^{53} 哇（又，ua^{33}）蛙（又，uai^{35}）凹（又，ua^{33}）娃（又，ua^{35}）娲蜗（又，uo^{53}）

ua^{214} 瓦（又，ua^{33}）挖袜佤

ua^{33} 洼

uai

tʂuai^{53} 跩

tʂuai^{214} 拽

tʂhuai^{53} 揣（又，tʂhuai^{214}）踹

ʂuai^{53} 摔（又，ʃyɛ^{53}）衰

ʂuai^{214} 甩

ʂuai^{33} 帅率蟀

kuai^{53} 乖蝈

kuai^{214} 拐

kuai^{33} 怪

khuai^{214} 扩

khuai^{33} 快筷块脍侩

xuai^{35} 怀淮槐徊

xuai^{33} 坏

uai^{53} 歪喂（又，uei^{35}；uei^{33}）

uai^{35} 玩（又，uan^{35}）

uai^{214} 崴

uai^{33} 外

o

mo^{53} 没（又，mei^{35}）

ko^{53} 歌鸽哥戈

ko^{35} 硌

ko^{214} 果各郭阁搁裹馃括（又，kho^{214}）

ko^{33} 个

kho^{53} 科蝌坷柯轲稞

kho^{35} 溘

kho^{214} 可壳（又，chiɑu^{214}）颏

kho^{33} 课阔骒扩廓窠

xo^{53} 豁（又，xuo^{53}）

xo^{35} 盒何（又，xo^{33}）禾荷（又，xuo^{33}～包）菏阖

xo^{33} 鹤褐贺涸貉壑霍

o^{53} 俄

o^{35} 哦（又，o^{214}；o^{33}）

uo

puo^{53} 勃搏（又，puo^{214}）波

puo^{35} 婆（文，pho^{35}）拨（又，puo^{214}；pu^{53}；pɛ^{53}）帛博膊擘箔（又，

phuo^{35}）鄱
puo^{214} 剥驳钵播
puo^{33} 薄箔
phuo^{53} 颇
phuo^{35} 叵
phuo^{214} 泊泼（又，phɛ^{214}）魄（又，phɛ^{214}）舶珀粕
muo^{53} 模（又，mu^{53}）摹
muo^{35} 摩（又，muo^{53}）蘑
muo^{214} 末抹（又，ma^{214}）莫摸（又，muo^{53}）茉秣
muo^{33} 沫漠寞蓦谟膜
tuo^{53} 多哆（又，tɛ^{53}）
tuo^{35} 夺（又，tɛ^{35}）驮（又，tuo^{33}；thuo^{35}）砣（又，thuo^{35}）铎惰咄堕
tuo^{214} 朵躲
tuo^{33} 剁垛舵跺掇（又，tɛ^{214}）
thuo^{53} 拖跎
thuo^{35} 陀坨柁鸵
thuo^{214} 托妥庹拓椭唾（又，thu^{33}～沫）
thuo^{33} 沱驼
nuo^{53} 挪
nuo^{35} 糯娜懦诺（又，nuo^{214}）
luo^{53} 萝摞罗（又，luo^{35}）骡（又，luo^{35}）锣裸（又，luo^{35}）啰
luo^{35} 螺洛络逻箩
luo^{214} 落烙
luo^{33} 骆
tsuo^{35} 凿琢（又，tʂuo^{35}）
tsuo^{214} 昨左佐嘬柞
tsuo^{33} 坐座作（又，tsuo^{35}；tsuo^{53}）
tshuo^{53} 搓（又，tshuo^{214}）挫蹉
tshuo^{35} 矬
tshuo^{214} 措撮（又，tsuo^{214}）
tshuo^{33} 错锉痤
suo^{53} 梭唆蓑
suo^{35} 索（又，suo^{214}）
suo^{214} 锁琐嗦
tʂuo^{35} 浊镯浞濯茁酌啄
tʂuo^{214} 桌捉
tʂuo^{33} 着（又，tʂuo^{53}）
tʂhuo^{35} 戳（又，tʂhuo^{214}）
ʂuo^{35} 芍硕缩
ʂuo^{214} 所
kuo^{53} 锅挝（又，uo^{53}）过（又，kuo^{33}）
khuo^{53} 棵颗刳
xuo^{214} 戽火伙
xuo^{35} 河（文，xo^{35}）
xuo^{33} 货祸活藿（又，xo^{33}）
uo^{53} 卧（又，o^{33}）窝涡莴倭鹅蛾
uo^{35} 恶（又，u^{33}；o^{214}）斡倭
uo^{214} 我
uo^{33} 饿沃

yo

lyo^{214} 掠略（～布子；又，lyo^{35}）
tsyo^{35} 爵嚼（又，tsyo^{33} 倒～）
tshyo^{35} 鹊雀
syo^{214} 削屑
cyo^{214} 脚觉
chyo^{214} 确却榷
çyo^{35} 学
yo^{35} 弱钥虐乐（又，luo^{35}）
yo^{214} 药岳若疟约（又，yo^{53}～摸）
yo^{33} 哟

ɛ

pɛ^{35} 柏别（又，piɛ^{35}；piɛ^{33}；pian^{33}）
pɛ^{214} 北百伯佰掰
pɛ^{33} 白
phɛ^{53} 拍（又，phɛ^{214}）
phɛ^{214} 迫
mɛ^{35} 默陌
mɛ^{214} 墨麦脉
tɛ^{53} 抖（又，tɛ^{33}）
tɛ^{214} 得（又，ti^{33}）德
thɛ^{35} 特
thɛ^{214} 脱（又，thuo^{214}；thu^{35}）
lɛ^{53} 勒（又，lɛ^{214}）

lɛ^{214} 肋
tsɛ^{53} 啧（又，tsɛ^{35}）
tsɛ^{214} 则
tsɛ^{33} 贼泽（又，tʂɛ^{33}）
sɛ^{53} 塞（又，sɛ^{214}）
tʂɛ^{35} 责宅择
tʂɛ^{214} 窄（又，tʂɛ^{35}）侧（又，tʂhɛ^{214}）摘
tʂɛ^{33} 泽
tʂhɛ^{214} 策册拆测恻
ʂɛ^{214} 涩色（又，ʂɛ^{35}）
kɛ^{53} 圪痂虼（又，kɛ^{35}）
kɛ^{35} 隔（又，kɛ^{214}）
kɛ^{214} 革胳膈骼格（又，kɛ^{53}）
khɛ^{53} 揢
khɛ^{214} 克客恪刻（又，khɛ^{35}；khɛ^{33}）咳（又，khɛ^{35}）
xɛ^{35} 劾赫阂黑（又，xɛ^{214}）
ɛ^{214} 扼厄

iɛ

piɛ^{53} 瘪
phiɛ^{35} 别
piɛ^{214} 憋蹩鳖
phiɛ^{214} 瞥撇（又，phiɛ^{35}）
miɛ^{53} 乜
miɛ^{33} 灭篾咩
tiɛ^{53} 爹
tiɛ^{35} 碟迭谍叠喋鲽
tiɛ^{214} 跌蝶
thiɛ^{214} 贴帖铁（又，thiɛ^{35}）
ȵiɛ^{53} 聂蹑摄（又，ʃiɛ^{53}）捏（又，ȵiɛ^{214}）
ȵiɛ^{35} 那（又，ȵiɛ^{214}）嗫
ȵiɛ^{214} 镊
ȵiɛ^{33} 孽涅
liɛ^{53} 咧（又，lɛ^{53}；liɛ^{214}）
liɛ^{214} 劣烈裂
liɛ^{33} 列（又，lɛ^{33}）猎趔
tsiɛ^{35} 截睫婕捷
tsiɛ^{214} 接姐解（文，ciai^{214}～放；çiai^{33}；ciai^{33}起～）节（又，tsiɛ^{53}）疖结（又，ciɛ^{53}；ciɛ^{214}）
tsiɛ^{33} 借
tshiɛ^{214} 且切（又，tshiɛ^{33}）
tshiɛ^{33} 妾窃惬
siɛ^{53} 些
siɛ^{35} 邪斜
siɛ^{214} 写雪血（文，çiɛ^{214}）揳
siɛ^{33} 谢泄泻卸薛楔勰燮榭亵
tʃiɛ^{53} 遮
tʃiɛ^{35} 嗻
tʃiɛ^{214} 者折（又，ʃiɛ^{35}）褶蜇（又，tʃiɛ^{33}）
tʃiɛ^{33} 哲浙辙蔗撤（又，tʃhiɛ^{33}）
tʃhiɛ^{53} 车（又，cy^{53}）
tʃhiɛ^{214} 扯（又，tʃhiɛ^{53}）
tʃhiɛ^{33} 彻澈掣
ʃiɛ^{53} 佘赊奢赦涉慑歙
ʃiɛ^{35} 蛇
ʃiɛ^{214} 舍（又，ʃiɛ^{33}）设
ʃiɛ^{33} 舌社射麝
ciɛ^{35} 杰洁竭桔（又，chiɛ^{35}）碣桀孑
ciɛ^{214} 揭劫诘拮
chiɛ^{53} 超
chiɛ^{35} 欠（又，chian^{33}）
chiɛ^{214} 怯歉
chiɛ^{33} 锲挈
çiɛ^{35} 协胁偕携
çiɛ^{214} 蝎歇（又，çiɛ^{53}）
iɛ^{53} 爷
iɛ^{214} 热惹叶也页椰耶冶谒野（又，iɛ^{35}）
iɛ^{33} 业夜液掖腋

iai

tsiai^{33} 疥（文，ciai^{33}）
ciai^{53} 阶皆
ciai^{33} 介界戒诫届芥
çiai^{35} 鞋

çiai^{33} 蟹懈械澥

iai^{53} 挨

iai^{214} 矮

uɛ

kuɛ^{35} 蝈

kuɛ^{214} 国聒（又，kuo^{214}）帼

xuɛ^{53} 劐（又，xuo^{53}）

xuɛ^{35} 或（又，xuo^{35}）

xuɛ^{214} 获惑

uɛ^{214} 握涴

yɛ

tʃyɛ^{214} 拙

tʃhyɛ^{214} 辍

ʃyɛ^{214} 说

cyɛ^{53} 掘撅（又，cyɛ^{214}；chyɛ^{214}）蹶獗厥崛

cyɛ^{35} 决抉诀（又，cyɛ^{33}）橛（又，cyɛ^{33}）蕨

cyɛ^{214} 镢噘

cyɛ^{33} 倔

chyɛ^{35} 瘸（又，cyɛ^{35}）

chyɛ^{214} 缺炔阙阕

çyɛ^{53} 靴

çyɛ^{35} 噱

çyɛ^{214} 穴

yɛ^{35} 悦阅越粤跃哕（又，yɛ^{53}）

yɛ^{214} 月钺抈

ai

pai^{214} 摆

pai^{33} 拜败

phai^{53} 筏

phai^{35} 排牌（又，pai^{35}）徘湃派（右～；又，phai^{214} —～唾沫；phai^{33}）

mai^{53} 埋（又，man^{53}；mai^{35}）迈（又，man^{53}）

mai^{214} 买

mai^{33} 卖

tai^{53} 呆待（又，tai^{33}；tai^{35}）殆

tai^{35} 台（又，thai^{35}）抬（又，thai^{35}）薹（又，thai^{35}）

tai^{214} 歹逮傣

tai^{33} 袋带代岱戴怠玳黛贷胎（车～；又，thai^{53}）

thai^{53} 态苔汰

thai^{35} 鲐

thai^{33} 太泰

nai^{214} 乃奶（又，nai^{33}）

nai^{33} 奈耐

lai^{53} 来（又，lai^{35} 会～；lai^{214} ～往）

lai^{35} 徕莱

lai^{33} 赖癞睐籁

tsai^{53} 灾栽

tsai^{35} 裁（～衣裳；又，tshai^{35}）

tsai^{214} 载（又，tsai^{33} 重～）宰崽

tsai^{33} 在再

tshai^{53} 猜

tshai^{35} 才（又，tshai^{214}）财材

tshai^{214} 采彩睬踩（又，tʂhai^{214}）

tshai^{33} 菜蔡

sai^{53} 腮鳃

sai^{214} 赛（姓；又，sai^{33}）

tʂai^{53} 斋

tʂai^{33} 债寨

tʂhai^{53} 搋（～面；又，tʂhai^{33} ～～，塞满）瀺钗

tʂhai^{35} 柴（又，ʂai^{35} 脾气～）豺

ʂai^{53} 筛

ʂai^{33} 晒

ai^{53} 哀唉（又，ai^{35}）癌皑

ai^{35} 嗳

ai^{214} 蔼碍霭

ai^{33} 爱哎艾暧媛

ei

pei^{53} 悲卑褙杯碑背（～东西；又，pei^{33} 后～）

pei^{35} 培（～垄；又，phei^{35}）

pei^{214} 焙彼（又，pi^{214}）

pei^{33} 备被辈倍惫蓓悖贝狈

phei^{53}　披（又，phei^{33}）坯

phei^{35}　赔陪呸胚裴（又，phi^{35} ～家岛）

phei^{33}　配佩辔沛

mei^{53}　眉媒媚嵋

mei^{35}　煤梅霉莓酶

mei^{214}　每美镁

mei^{33}　玫枚妹魅谜（又，mi^{35}）袂寐昧

fei^{53}　飞（又，sei^{53}，～蟹；sei^{35} 嘟嘟～）非菲扉霏啡痱

fei^{35}　肥蜚绯斐（又，fei^{53}；fei^{214}）沸

fei^{214}　诽匪翡妃悱吠

fei^{33}　肺费废

tei^{53}　堆

tei^{33}　对队兑碓

thei^{53}　推忒

thei^{214}　腿

thei^{33}　退褪（又，thən^{214} ～裤子；thən^{33} 朝下～）煺颓蜕

nei^{214}　馁

nei^{33}　内

lei^{53}　雷（又，lei^{35}）擂（战鼓～；又，lei^{214}；lei^{35}）

lei^{214}　累（又，lei^{33}）垒磊儡锐蕾蕊

lei^{33}　类泪瑞

tsei^{53}　街（文，ciai^{53}）秸（文，ciai^{53}）

tsei^{214}　嘴（又，tsei^{35} ～头）

tsei^{33}　罪醉最

tshei^{53}　崔催摧

tshei^{33}　翠脆萃淬粹瘁悴

sei^{53}　虽祟

sei^{35}　隋遂绥随（又，tshei^{35} ～管）

sei^{214}　髓

sei^{33}　碎岁隧穗

khei^{35}　剋（挨～）

xei^{33}　嘿（～哟；又，xɛ^{53}；xɛ^{33}）

ei^{53}　欸

uei

tʂuei^{53}　追锥（又，tʂuei^{35}）椎

tʂuei^{35}　槌（又，tʂhuei^{35}）

tʂuei^{33}　坠惴缀赘缒

tʂhuei^{53}　吹炊

tʂhuei^{35}　垂锤捶陲

ʂuei^{35}　谁（又，ʃyɛ^{33}）

ʂuei^{214}　水

ʂuei^{33}　睡税

kuei^{53}　龟归规圭硅皈躬（～腰）

kuei^{214}　鬼轨诡癸

kuei^{33}　跪桂贵柜鲑瑰

khuei^{53}　亏盔

khuei^{35}　葵魁傀奎揆夔喟

khuei^{214}　窥愧睽馗逵

khuei^{33}　溃匮愦馈

xuei^{53}　灰恢诙挥辉徽麾

xuei^{35}　回茴蛔

xuei^{214}　悔毁诲

xuei^{33}　会（又，khuai^{33}）绘烩荟贿秽慧彗讳晦（又，xuei^{214}）汇卉桧（又，kuei^{33}）

uei^{53}　危桅威畏（又，uei^{35}）围（又，uei^{35}）

uei^{35}　卫（又，uei^{33}）潍唯惟闱维（又，uei^{214}）

uei^{214}　尾（又，i^{35}）委猥（又，uei^{33}）偎煨伪微尉蔚苇违伟慰

uei^{33}　为胃渭未味魏（又，uei^{214}）位

au

pau^{53}　包苞

pau^{35}　刨（又，phau^{35}）胞（又，phau^{35} ～弟；phau^{33} 同～）孢（又，phau^{35}）

pau^{214}　宝饱保堡褓鲍（～玉；又，pau^{33}）褒煲葆

pau^{33}　报抱暴爆趵豹脬

phau^{53}　泡（水～；又，phau^{33}）抛咆

phau^{35}　袍

phau^{214}　跑

phau^{33}　炮

mau^{53}　毛（又，mau^{35}；mau^{214} 一～钱）

	猫锚茅旄牦矛（又，mau^{35}～盾）
mau^{35}	髦
mau^{214}	冒（又，mau^{33}～充）卯铆
mau^{33}	帽貌贸茂袤瑁
tau^{53}	刀叨捯
tau^{214}	导蹈祷岛捣悼倒（又，tau^{33}～过来）
tau^{33}	到盗道稻
thau^{53}	掏涛焘滔韬
thau^{33}	逃桃淘萄陶啕
thau^{214}	讨
thau^{33}	套
nau^{53}	挠铙孬蛲呶
nau^{214}	脑恼暖（～和；又，nan^{214}）瑙
nau^{33}	闹
lau^{53}	牢（～房；又，lau^{35}）捞（又，lau^{33}，～摸）崂（又，lau^{35}）痨
lau^{35}	劳
lau^{214}	老姥佬
lau^{33}	唠涝耢
tsau^{53}	糟（又，tsuo^{53}）遭
tsau^{35}	槽（又，tshau^{35}）
tsau^{214}	早（又，tsau^{35}）澡藻枣蚤
tsau^{33}	灶糙（又，tshau^{53}）造皂唣噪躁燥
tshau^{53}	操（又，tshau^{33}）
tshau^{35}	曹漕
tshau^{214}	草
tshau^{33}	肏
sau^{53}	臊（又，sau^{33}害～）骚搔缫
sau^{214}	嫂扫（又，sau^{33}～帚）
tʂau^{214}	找爪（又，tʂua^{214}）肇（又，tʃau^{214}）兆（又，tʃau^{214}）
tʂau^{33}	罩笊
tʂhau^{53}	抄吵（又，tshau^{214}）钞超
tʂhau^{214}	炒
tʂhau^{33}	巢
ʂau^{53}	捎梢筲蛸
ʂau^{35}	稍
ʂau^{214}	睄
ʂau^{33}	哨艄潲
tʃau^{53}	召招朝（又，tʃiɛ^{53}；tʃhau^{35}；tʃhau^{214}～不了；tʃhau^{33}～北走）昭钊诏
tʃau^{35}	潮（又，tʃhau^{35}）
tʃau^{214}	沼
tʃau^{33}	赵照
tʃhau^{53}	嘲（又，tʃhau^{35}）绰（～用；又，tʂhuo^{214}）
ʃau^{53}	烧
ʃau^{35}	韶
ʃau^{214}	少（又，ʃau^{33}～年）
ʃau^{33}	邵绍（又，ʃau^{35}）
kau^{53}	高膏羔糕篙
kau^{214}	搞镐稿睾槁
kau^{33}	告诰
khau^{214}	考拷烤
khau^{33}	铐靠犒熇
xau^{53}	蒿薅浩耗（又，xau^{33}）昊
xau^{35}	豪嚎壕毫皓（又，xau^{53}）嗥号（又，xau^{33}）蚝
xau^{214}	好（又，xau^{33}）郝（又，xuo^{214}；xo^{33}）
au^{53}	熬廒
au^{35}	翱鏖嗷（又，au^{33}）
au^{214}	袄
au^{33}	敖傲凹奥澳懊嶅岙獒
iau	
piau^{53}	儦彪镖骠标膘飙
piau^{35}	瓢（又，phiau^{35}）
piau^{214}	表裱婊
piau^{33}	摽鳔（又，phiau^{33}）
phiau^{53}	飘漂（又，phiau^{214}；phiau^{33}）瞟（又，piau^{53}）
phiau^{35}	嫖（又，phiau^{214}）朴
phiau^{33}	票剽（又，phiau^{214}）
miau^{53}	苗描瞄
miau^{35}	喵（又，ȵiau^{35}）

miau^{214} 秒藐渺缈袄（合音词）
miau^{33} 妙庙
tiau^{53} 刁叼雕鵰貂凋碉鲷吊（又，tiau^{33}）
tiau^{35} 调（又，tiau^{33}；thiau^{35}）笤（又，thiau^{35}）条（又，thiau^{35}）
tiau^{214} 屌鸟（又，ȵiau^{214}）
tiau^{33} 掉铫钓
thiau^{53} 挑（又，thiau^{214}）迢眺
thiau^{35} 粜
thiau^{214} 窕
thiau^{33} 跳佻
ȵiau^{214} 袅
ȵiau^{33} 尿（又，sei^{53}）
liau^{53} 撩（又，liau^{33}）蹽聊（又，liau^{35}）鳌炮
liau^{35} 辽嘹僚獠疗（又，liau^{33}）燎（又，liau^{214}）廖缭
liau^{214} 了潦寥瞭
liau^{33} 料撂镣
tsiau^{53} 焦椒礁蕉浇（文，ciau^{53}）教（又，ciau^{53}；ciau^{33}）
tsiau^{35} 绞（文，tsiau^{214}；ciau^{214}）
tsiau^{214} 铰（文，ciau^{214}）蛟（文，ciau^{53}）
tsiau^{33} 叫（文，ciau^{33}）觉（文，ciau^{33}）窖（文，ciau^{33}）酵（文，ciau^{33}；çiau^{33}）
tshiau^{53} 锹敲（文，chiau^{53}）悄（又，tshiau^{214}；tshiau^{33}）跷（文，chiau^{53}）撬（文，chiau^{53}）翘（文，chiau^{53}）
tshiau^{35} 憔樵瞧（又，tsiau^{35}）
tshiau^{33} 橇（文，chiau^{33}）俏峭缲
siau^{53} 肖消硝逍销箫啸（又，siau^{33}）宵萧潇霄筱
siau^{214} 小
siau^{33} 笑
ciau^{53} 交胶郊骄娇（又，ciau^{35}）姣佼皎
ciau^{35} 荞（又，chiau^{35}；旧，cian^{35}）
ciau^{214} 搅饺侥（又，çiau^{214}）缴剿（又，tʂhau^{53}）较校（又，ciau^{33}；çiau^{33}）茭矫狡
ciau^{33} 轿
chiau^{35} 乔侨桥（旧，chiau^{35}）
chiau^{214} 巧壳
chiau^{33} 窍
çiau^{53} 枵嚣枭（又，çiau^{214}）
çiau^{214} 晓淆（又，iau^{53}）骁哮
çiau^{33} 孝效
iau^{53} 夭妖腰邀吆窑谣摇遥饶（又，iau^{35}）要（又，iau^{33}）扰（又，iau^{214}）幺爻姚
iau^{35} 尧耀徭瑶
iau^{214} 咬肴杳
iau^{33} 鹞

əu

fəu^{214} 否
təu^{53} 兜
təu^{35} 头（又，thəu^{35}）
təu^{214} 斗（又，təu^{33}）抖陡蚪窦（又，təu^{33} 姓）
təu^{33} 豆痘逗
thəu^{53} 偷投（～入；又，thəu^{35}）
thəu^{214} 敨
thəu^{33} 透
nəu^{33} 弄（又，nuo^{33}）
ləu^{53} 耧搂（～草；又，ləu^{214}）娄镂
ləu^{35} 喽楼蝼髅
ləu^{214} 篓
ləu^{33} 漏陋瘘
tsəu^{214} 走（又，tsəu^{35} ～刺）
tsəu^{33} 奏揍做（又，tsu^{33}；tsuo^{33}）
tshəu^{33} 凑
səu^{53} 馊锼飕（又，səu^{33}）
səu^{35} 嗖（又，ʂəu^{35}）
səu^{214} 叟艘擞（又，sei^{214} ～草）
səu^{33} 锈嗽
tʂəu^{53} 诌邹（又，tʃəu^{53}）
tʂəu^{33} 皱（又，tʃəu^{33}）绉昼（又，

tʃəu^{33}）骤（又，tʃəu^{33}）
tʂhəu^{35} 愁
tʂhəu^{214} 瞅
ʂəu^{53} 搜
ʂəu^{33} 瘦
tʃəu^{53} 周州洲舟
tʃəu^{214} 肘宙粥（又，tʃy^{214}）轴（又，tʃəu^{35}）
tʃəu^{33} 咒胄纣
tʃhəu^{53} 抽
tʃhəu^{35} 绸稠仇筹售（又，ʃəu^{35}）酬帱惆畴踌
tʃhəu^{214} 丑
tʃhəu^{33} 臭（又，çiəu^{33}）
ʃəu^{53} 收
ʃəu^{214} 手首守狩
ʃəu^{33} 受寿兽授绶
kəu^{53} 勾沟钩佝（又，cy^{53}）
kəu^{214} 狗苟枸
kəu^{33} 够构购篝垢遘
khəu^{53} 扣（又，khəu^{33}）抠眍
khəu^{214} 口
khəu^{33} 叩寇蔻
xəu^{53} 齁
xəu^{35} 侯猴喉瘊
xəu^{214} 吼
xəu^{33} 后厚候
əu^{53} 欧瓯鸥
əu^{214} 呕讴耦藕偶
əu^{33} 沤怄殴

iəu

tiəu^{53} 丢
ȵiəu^{53} 牛（旧，əu^{53}）忸
ȵiəu^{35} 妞
ȵiəu^{214} 扭（又，ȵyŋ^{214}）纽钮拗（又，ȵiəu^{33}）
liəu^{53} 刘留镏瘤遛（又，liəu^{33}）蹓硫馏榴（又，liəu^{33}）
liəu^{35} 琉溜（又，liəu^{33}）
liəu^{214} 柳绺浏
liəu^{33} 六流熘
tsiəu^{53} 揪鬏
tsiəu^{35} 啾
tsiəu^{214} 酒
tsiəu^{33} 就
tshiəu^{53} 秋楸
tshiəu^{35} 囚泅酋（又，chiəu^{35}）遒（又，chiəu^{35}）鳅（又，kəu^{33} 泥里～子）
siəu^{53} 修羞
siəu^{33} 袖秀绣
ciəu^{53} 纠究阄（又，chiəu^{53}）赳厩鸠臼（又，kəu^{53}）咎柩
ciəu^{214} 九久灸玖韭疚
ciəu^{33} 旧救
chiəu^{53} 丘邱蚯
chiəu^{35} 求球裘酋遒
chiəu^{214} 糗
çiəu^{53} 休咻貅
çiəu^{214} 朽（又，ciəu^{33}）
çiəu^{33} 嗅溴
iəu^{53} 油邮优忧幽（又，iəu^{33}）攸柔（又，iəu^{35}）揉糅蹂鞣悠
iəu^{35} 尤游鱿犹由又幼（又，iəu^{33}）釉柚铀
iəu^{214} 有友酉
iəu^{33} 右佑肉诱莠囿

an

pan^{53} 班搬斑颁癍瘢般（又，pan^{35}～容）
pan^{35} 盘（又，phan^{35}）
pan^{214} 扳板钣版舨
pan^{33} 扮（又，pən^{214}～伴：邀约）办半拌瓣绊柈伴
phan^{53} 攀潘蟠
phan^{35} 蹒
phan^{33} 磐泮判畔叛袢盼
man^{53} 嫚瞒（又，man^{214}）
man^{35} 蛮（又，man^{33}）馒
man^{214} 满螨

man^{33} 蛮谩曼蔓鳗漫慢墁幔镘蔄
fan^{53} 番蕃藩幡翻
fan^{35} 帆烦樊繁矾泛（又，fan^{33}）范梵
fan^{214} 反返
fan^{33} 犯饭贩凡（～是；又，fan^{35}）
tan^{53} 端（又，taŋ^{53}～午）单（又，ʃan^{33}姓）殚箪郸耽（又，taŋ^{53}）眈聃丹惮旦（又，tan^{33}）但
tan^{35} 团（又，than^{35}）弹（又，tan^{33}；than^{35}）
tan^{214} 短掸（又，than^{214}）疸胆
tan^{33} 断段锻煅椴缎担淡（又，ʃan^{33}）氮诞蛋
than^{53} 贪滩瘫摊（又，thaŋ^{53}）
than^{35} 湍痰谈郯坛昙檀潭谭
than^{214} 疃坍毯袒坦叹忐
than^{33} 炭碳探（又，lan^{35}）
nan^{53} 南（又，naŋ^{35}～瓜）难（又，nan^{33}）
nan^{35} 楠喃男
nan^{214} 攮（又，naŋ^{214}）
lan^{53} 峦蓝岚（又，lan^{35}）
lan^{35} 栾挛鸾孪阑兰褴篮
lan^{214} 卵拦懒览榄揽缆（又，lan^{33}）漤（～柿子）
lan^{33} 烂乱澜谰栏婪滥
tsan^{53} 钻（又，tsan^{33}）
tsan^{35} 錾（又，tsan^{33}）
tsan^{214} 纂簪攒
tsan^{33} 攥赞
tshan^{53} 餐参（又，ʂən^{53}）蹿汆窜
tshan^{35} 惭蚕残惨（又，tshan^{214}）粲
tshan^{214} 穇
tshan^{33} 灿孱（又，tʃhan^{53}）篡撺
san^{53} 酸三叁舢
san^{214} 散（又，san^{33}）伞
san^{33} 蒜算
tʂan^{214} 盏崭暂
tʂan^{33} 湛蘸栈站绽
tʂhan^{53} 搀掺忏
tʂhan^{35} 馋（又，ʂan^{35}）
tʂhan^{214} 产（又，ʂan^{214}）铲谄
ʂan^{53} 山衫杉（又，ʂa^{53}）汕疝
ʂan^{214} 潸珊删姗
ʂan^{33} 跚
tʃan^{53} 占（～卜；又，tʃan^{33}）沾粘毡瞻
tʃan^{35} 缠（又，tʃhan^{35}）蟾（嘴疤子～；又，tʃhan^{35}）
tʃan^{214} 展搌辗
tʃan^{33} 战颤（又，tʃhan^{33}）
tʃhan^{35} 禅蝉婵潺
ʃan^{53} 阐（又，tʃhan^{53}）煽苫膻擅膳（又，ʃan^{33}）缮赡
ʃan^{214} 闪陕
ʃan^{33} 扇善鳝蟮骟
kan^{53} 干（又，kan^{33}；kaŋ^{53}）杆（又，kan^{214}）矸肝甘竿泔坩柑尴
kan^{35} 敢（～莫；又，kan^{214}）
kan^{214} 赶秆擀感橄
kan^{33} 赣
khan^{53} 堪龛
khan^{214} 刊勘戡槛侃坎砍瞰
khan^{33} 看（又，khan^{53}～山；khan^{35}；khaŋ^{33}）
xan^{53} 蚶
xan^{35} 酣鼾寒邯韩含晗函涵颔翰还（又，xuan^{35}）
xan^{214} 憨罕喊捍悍憾撼
xan^{33} 汗汉旱焊瀚
an^{53} 安鞍桉氨谙庵鹌铵
an^{214} 埯俺揞
an^{33} 案按黯暗岸

ian

pian^{53} 编鞭边
pian^{214} 扁煸蝙（又，piɛ^{214}）鳊砭萹匾贬
pian^{33} 辨辩辫汴变遍便（又，phiɛ^{35}；phian^{35}）缏卞
phian^{53} 篇偏翩片（又，phian^{33}）蹁

phian^{214}　谝
phian^{33}　骈骗
mian^{53}　眠棉绵
mian^{214}　湎愐腼缅免冕鮸勉娩
mian^{33}　面
tian^{53}　颠（又，tiɛ^{53}）癫巅掂玷瘢
tian^{35}　滇甜（又，thian^{35}）填（又，thian^{53}；thian^{35}）
tian^{214}　点典碘
tian^{33}　店垫踮淀靛奠惦电佃甸殿
thian^{53}　添天
thian^{35}　恬田
thian^{214}　忝舔殄腆
ȵian^{53}　黏年（又，ȵian^{35}）拈蔫鲶
ȵian^{214}　辇撵捻碾蹍
ȵian^{33}　念埝
lian^{53}　簾镰联连（又，lian^{35}）梿
lian^{35}　帘廉涟裢莲鲢
lian^{214}　敛（又，lian^{33}；lin^{33}）脸
lian^{33}　怜奁恋楝炼练潋殓链
tsian^{53}　尖肩（文，cian^{53}）煎间（文，cian^{53}）笺
tsian^{35}　钱（新，tshian^{35}）前（新，tshian^{35}）
tsian^{214}　歼（又，sian^{214}）剪硷（又，cian^{214}）践
tsian^{33}　渐贱溅饯（又，tʂan^{33}）荐见（文，cian^{33}）箭
tshian^{53}　牵（文，chian^{53}）佥（又，chian^{214}）签（文，chian^{53}）千迁扦（文，chian^{53}）钎仟阡纤（又，sian^{35}）
tshian^{35}　泉全诠痊
tshian^{214}　潜浅
tshian^{33}　倩茜
sian^{53}　籼仙先鲜蚬宣
sian^{35}　涎咸（文，çian^{35}）挦旋（又，sian^{33}）绚
sian^{214}　选癣冼（文，çian^{214}）
sian^{33}　羡霰岘（文，çian^{33}）馅（文，çian^{33}）腺线漩
cian^{53}　兼搛坚鲣艰犍奸锏涧悭痫
cian^{35}　钳（文，chian^{35}）
cian^{214}　菅缄简茧柬拣减趼检捡俭谏
cian^{33}　监（又，cian^{53}）鉴剑舰件建键毽健腱
chian^{53}　虔嵌谦
chian^{35}　乾黔
chian^{214}　遣谴
chian^{33}　堑芡
çian^{53}　掀锨
çian^{35}　舷弦闲娴贤衔（又，çian^{214}）
çian^{214}　显险宪献（又，çian^{33}）陷
çian^{33}　县现限
ian^{53}　湮恹淹阉腌烟咽（又，ian^{33}）胭颜阎炎研妍盐
ian^{35}　言然
ian^{214}　演兖偃掩（又，ian^{33}）眼俨衍染冉苒
ian^{33}　焉（又，ian^{53}）燕筵宴谳酽厌雁赝唁砚验堰

uan

tʂuan^{53}　专砖
tʂuan^{214}　转（又，tʂuan^{33}）
tʂuan^{33}　传（又，tʂhuan^{35}）赚篆撰馔
tʂhuan^{53}　川穿钏
tʂhuan^{35}　船椽
tʂhuan^{214}　喘
tʂhuan^{33}　串（又，tʂhuan^{53}）
ʂuan^{53}　拴栓
ʂuan^{33}　涮
kuan^{53}　关观（又，kuan^{33}）官冠（又，kuan^{33}）倌棺
kuan^{35}　管（又，kuan^{214}）
kuan^{214}　馆莞（又，uan^{35}）
kuan^{33}　鳏贯惯盥灌罐
khuan^{53}　宽（又，khuan^{214}）
khuan^{214}　款髋

xuan^{53}　欢獾

xuan^{35}　环郇桓寰鬟幻

xuan^{214}　缓涣

xuan^{33}　奂宦换唤患焕痪豢

uan^{53}　弯湾豌（又，uan^{35}）剜蜿腕（又，uan^{214}）完（又，uan^{35}）

uan^{35}　顽丸烷

uan^{214}　纨晚挽绾碗惋宛婉皖

uan^{33}　万（又，man^{33} ～家庄）

yan

cyan^{53}　捐娟绢（又，cyan^{33}）涓鹃镌

cyan^{35}　拳（又，chyan^{35}）踡（又，chyan^{35}；cyan^{214}）鬈（文，chyan^{214}）

cyan^{214}　卷锩

cyan^{33}　倦圈（又，chyan^{53}；tshian^{33} 围～）券（文，chyan^{33}）鄄眷

chyan^{35}　权颧

chyan^{214}　犬

chyan^{33}　劝

çyan^{53}　轩喧（又，sian^{53}）暄渲（又，sian^{53}）

çyan^{35}　玄悬眩炫

çyan^{33}　楦揎碹

yan^{53}　渊冤鸳怨园（又，yan^{35}）

yan^{35}　元圆原源员援媛缘阮鸢垣袁猿辕（又，ian^{33}）

yan^{214}　远软

yan^{33}　苑院愿（义为羡慕，另有愿 yai^{33}，义为愿意）

ən

pən^{53}　奔锛坌

pən^{35}　盆（文，phən^{35}）

pən^{214}　本苯

pən^{33}　笨

phən^{53}　喷（又，phən^{33} 兴一～）

mən^{53}　门（又，mən^{35} ～子）扪焖

mən^{35}　们

mən^{33}　闷

fən^{53}　分（又，fən^{33} ～量）芬吩

fən^{35}　坟焚汾

fən^{214}　纷粉

fən^{33}　氛粪愤奋忿份

tən^{53}　敦墩蹾吨惇

tən^{35}　屯（南～；又，thən^{35}）

tən^{214}　趸（一～儿）盹盾遁

tən^{33}　蹲沌炖砘顿囤（又，thən^{35}）钝饨

thən^{53}　吞

thən^{35}　豚（又，tsən^{35} ～子）臀鲀

lən^{35}　仑沦轮（又，lin^{35}）伦纶

lən^{33}　论嫩囵

tsən^{53}　尊遵樽鳟

tsən^{214}　怎撙（～着吃：节省）

tshən^{53}　村

tshən^{35}　存

tshən^{33}　寸

sən^{53}　孙狲

sən^{214}　损笋榫

tʂən^{53}　胗榛臻（又，tʃən^{53}）砧（～子；又，tʂən^{214}；tʃən^{53}；tʃən^{214} 用牙～）

tʂən^{214}　甄（又，tʃən^{214}）朕

tʂhən^{214}　碜（又，tʂhən^{33} 牙～）

tʂhən^{33}　伧忖（又，tʃhən^{53} ～量）衬

ʂən^{53}　莘（又，ʃən^{53} ～县）葚椮

ʂən^{214}　哂蜃

ʂən^{33}　肾瘆（～人）

tʃən^{53}　真（旧，tʂuən^{53} 东西～）贞（又，tʂəŋ^{53}；tʃəŋ^{53}）侦（又，tʂəŋ^{53}；tʃəŋ^{53}）珍（又，tʃən^{214}）针鱵（～鱼）

tʃən^{35}　陈（又，tsən^{35} 木头～了；tʃhən^{35}）沉（文，tʃhən^{35}）

tʃən^{214}　斟箴枕（～子；又，tʃən^{33}）缜疹诊鸩

tʃən^{33}　镇震振赈圳镇阵

tʃhən^{53}　琛郴

tʃhən^{35}　嗔瞋忱谌辰臣尘娠晨

tʃhən^{214}　抻

tʃhən^{33}　趁称（又，tʃhəŋ^{53}）

ʃən^{53}　深申砷呻伸（又，ʃy^{53}）绅身

ʃən^{35}　神什（又，ʃi^{33}）甚

ʃən^{214}　沈审婶慎

kən^{53}　根跟哏（逗～儿；又，kən^{33} 打～儿；kei^{35}）

kən^{214}　艮（～萝卜；又，kən^{33}）

khən^{214}　肯啃

khən^{33}　恳垦掯（～人儿：刁难）

xən^{53}　啈（～打，叱责）

xən^{35}　痕

xən^{214}　很狠

xən^{33}　恨（又，xəŋ^{33}）

ən^{53}　恩

ən^{33}　嗯（又，əŋ^{53}）

in

pin^{53}　彬宾滨斌鬓缤嫔

pin^{35}　频（又，phin^{35}；phin^{214}；phiŋ^{35}）

pin^{33}　殡摈濒膑

phin^{53}　拼姘

phin^{35}　贫颦（又，phiŋ^{35}）

phin^{214}　品聘

min^{35}　民

min^{214}　闵悯闽抿皿敏泯

min^{33}　赁（又，in^{33}；lin^{33}）

lin^{53}　淋鳞嶙抡

lin^{35}　林（树～；又，lin^{53}，姓）邻琳临（又，lin^{33}）麟

lin^{214}　凛檩

lin^{33}　吝遴磷廪

tsin^{53}　津浸尽（又，tsin^{35}；tsin^{214}；tsin^{33}；tsiŋ^{35}）

tsin^{33}　进晋烬峻骏觐浚竣

tshin^{53}　侵皴

tshin^{35}　秦

tshin^{214}　寝

tshin^{33}　亲（又，tshin^{53}）吣

sin^{53}　心芯（又，sin^{33}）辛锌新薪

sin^{35}　旬寻巡询荀荨峋循鲟讯汛迅徇殉逊

sin^{33}　信

cin^{53}　巾斤金筋襟（又，cyn^{53}）

cin^{35}　芹（又，chin^{35}）勤（又，chin^{35}；ciŋ^{35}；chiŋ^{35} ～快）

cin^{214}　禁仅紧锦谨馑槿噤

cin^{33}　矜近妗劲靳

chin^{53}　钦

chin^{35}　琴禽擒噙衾

çin^{53}　欣昕馨鑫

in^{53}　人因（又，iŋ^{53}）阴茵荫音洇姻殷（又，in^{35} ～实；in^{214} 姓）喑

in^{35}　壬仁银寅（又，in^{33}）

in^{214}　忍饪引尹蚓隐瘾

in^{33}　任荏刃认仞纫韧饮印淫

uən

tʂuən^{214}　准

tʂuən^{33}　谆

tʂhuən^{53}　春椿

tʂhuən^{35}　唇醇淳鹑纯蠢（又，tʂhuən^{214}）

ʂuən^{214}　瞬（又，ʂuən^{33}）吮

ʂuən^{33}　顺舜

kuən^{53}　闺（又，kuei^{53}）

kuən^{214}　滚磙绲辊鲧

kuən^{33}　棍

khuən^{53}　坤昆鲲崑

khuən^{214}　捆

khuən^{33}　困

xuən^{53}　昏婚

xuən^{35}　荤浑魂馄混（又，xuən^{214}；xuən^{33}）诨

uən^{53}　闻蚊纹温瘟汶（又，uən^{35}）

uən^{35}　文雯

uən^{214}　紊稳刎吻

uən^{33}　问璺

yn

cyn^{53}　军均君钧筠

cyn^{35}　群（又，chyn^{35}）

cyn^{33}	菌郡
chyn^{35}	裙
çyn^{53}	埙熏醺
çyn^{33}	勋训驯
yn^{53}	晕（又，yn^{33}）云匀纭
yn^{35}	筠
yn^{214}	允陨殒酝愠蕴（又，uən^{214}）
yn^{33}	耘孕运郓韵熨（又，y^{214}）闰润

aŋ

paŋ^{53}	浜邦梆帮谤（又，paŋ^{214}；paŋ^{33}）艕（～船）
paŋ^{35}	捧（～碗；又，phəŋ^{214} 两手～；pəŋ^{214} 抱）
paŋ^{214}	榜膀（又，paŋ^{35} ～胱）绑
paŋ^{33}	磅（又，phaŋ^{35}）傍棒蚌（又，pəŋ^{35}）
phaŋ^{53}	螃庞（脚～）
phaŋ^{35}	滂乓旁彷
phaŋ^{214}	耪嗙蹓
phaŋ^{33}	胖
maŋ^{53}	忙芒
maŋ^{35}	茫硭盲
maŋ^{214}	氓莽蟒
faŋ^{53}	方芳（又，faŋ^{35}）坊（又，faŋ^{35}）舫鲂
faŋ^{35}	妨房肪防（旧，phaŋ^{35} ～风：药材）
faŋ^{214}	访仿纺
faŋ^{33}	放
taŋ^{53}	裆铛（又，taŋ^{33} ～刀）
taŋ^{35}	唐（～疃；又，thaŋ^{35} ～朝）糖（又，thaŋ^{35}）
taŋ^{214}	挡党当（～家；又，taŋ^{33} ～铺；taŋ^{53}）档（～案；又，taŋ^{33} 大排）
taŋ^{33}	宕荡溏（又，thaŋ^{35}）
thaŋ^{53}	汤蹚
thaŋ^{35}	嘡塘搪堂棠螳膛
thaŋ^{214}	淌倘躺傥
thaŋ^{33}	镗烫趟
naŋ^{53}	囔馕（又，naŋ^{214}）
naŋ^{35}	囊
naŋ^{33}	齉攮（挤～帮；又，iaŋ^{53}）
laŋ^{53}	狼浪（又，laŋ^{33}）
laŋ^{35}	啷郎廊榔螂锒
laŋ^{214}	琅烺朗
tsaŋ^{53}	赃臧脏（又，tsaŋ^{33}）
tsaŋ^{33}	葬藏（又，tshaŋ^{35}）奘（又，tʂuaŋ^{214} ～草）
tshaŋ^{53}	仓沧苍舱鸧
tshaŋ^{33}	蹭（又，tshəŋ^{33}）
saŋ^{53}	丧（又，saŋ^{33}）桑
saŋ^{214}	搡嗓
tʃaŋ^{53}	章漳樟蟑彰獐瘴嶂障张
tʃaŋ^{35}	长（又，tʃaŋ^{214}；tʃhaŋ^{35}）肠（又，tʃhaŋ^{35}）场（又，tʃhaŋ^{35}；tʃhaŋ^{214}；）尝（又，tʃhaŋ^{35}）
tʃaŋ^{214}	掌涨（又，tʃaŋ^{33}）
tʃaŋ^{33}	丈杖仗帐胀账
tʃhaŋ^{53}	昌菖猖鲳娼伥倡
tʃhaŋ^{35}	常嫦徜
tʃhaŋ^{214}	偿（又，ʃaŋ^{214}）厂敞氅畅
tʃhaŋ^{33}	唱怅
ʃaŋ^{53}	商墒伤殇
ʃaŋ^{214}	赏尚上（又，ʃaŋ^{33}）垧（又，ʃaŋ^{33}）晌（又，ʃaŋ^{35}）
ʃaŋ^{33}	绱裳
kaŋ^{53}	缸肛罡冈（又，kaŋ^{214}；kaŋ^{33}）刚（又，ciaŋ^{53} 才～）钢（又，kaŋ^{33}）纲
kaŋ^{214}	岗
kaŋ^{33}	杠
khaŋ^{53}	康慷糠亢鳈
khaŋ^{33}	扛炕抗伉
xaŋ^{53}	夯（又，xan^{53}）
xaŋ^{35}	杭吭（又，khəŋ^{53}）航行（又，xaŋ^{33}；çiŋ^{35}）绗珩沆
xaŋ^{33}	桁
aŋ^{53}	肮昂盎

iaŋ

ȵiaŋ^{35} 娘

liaŋ^{53} 梁凉量（又，liaŋ^{33}）

liaŋ^{35} 粱良粮踉

liaŋ^{214} 两俩（又，lia^{53}；lia^{214}）魉辆

liaŋ^{33} 谅亮晾靓

tsiaŋ^{53} 将（又，tsiaŋ^{33}）鳉浆蜣（又，chiaŋ^{53}）

tsiaŋ^{35} 墙（又，tshiaŋ^{35}）

tsiaŋ^{214} 蒋奖港（又，kaŋ^{214}）

tsiaŋ^{33} 浆酱匠虹（又，xuŋ^{35}）

tshiaŋ^{53} 枪戗

tshiaŋ^{35} 锵戕蔷樯像（又，siaŋ^{33}）

tshiaŋ^{214} 抢呛（又，tshiaŋ^{33}）炝（又，tshiaŋ^{33}）

tshiaŋ^{33} 跄

siaŋ^{53} 襄镶湘厢箱庠

siaŋ^{35} 详祥翔

siaŋ^{214} 鲞想

siaŋ^{33} 象橡相

ciaŋ^{53} 姜江豇礓僵缰缰

ciaŋ^{214} 塂讲耩

ciaŋ^{33} 降（又，çiaŋ^{33}）糨犟

chiaŋ^{53} 羌镪腔强（又，chiaŋ^{35}；chiaŋ^{214}）襁

çiaŋ^{53} 香乡向（又，çiaŋ^{33}）

çiaŋ^{35} 嫌（～乎；又，çian^{35}）

çiaŋ^{214} 享响饷飨

çiaŋ^{33} 项巷

iaŋ^{53} 央（又，iaŋ^{35}）泱殃秧鸯羊杨（又，iaŋ^{35}）扬（又，iaŋ^{33}）旸仰（又，iaŋ^{214}）嚷穰瓤酿（又，iaŋ^{35}）

iaŋ^{35} 洋佯阳烊

iaŋ^{214} 疡痒氧养壤（又，iaŋ^{35}）

iaŋ^{33} 漾恙样让怏

uaŋ

tʂuaŋ^{53} 装庄桩妆

tʂuaŋ^{33} 壮状撞（又，tʂhuaŋ^{53}；tʂhuaŋ^{33}）幢（又，tʂhuaŋ^{214}）

tʂhuaŋ^{53} 窗

tʂhuaŋ^{35} 床（又，ʂuaŋ^{35} 大～，村名）

tʂhuaŋ^{214} 矗（又，tʂhu^{214}）

tʂhuaŋ^{33} 闯创

ʂuaŋ^{53} 双（又，ʂuaŋ^{33}）霜

ʂuaŋ^{214} 爽

kuaŋ^{53} 光胱

kuaŋ^{35} 咣

kuaŋ^{214} 广

kuaŋ^{33} 逛纩（又，khuaŋ^{33}）

khuaŋ^{53} 匡筐哐（又，khuaŋ^{35}）眶诓

khuaŋ^{35} 狂旷（又，khuaŋ^{33}）

khuaŋ^{214} 夼

khuaŋ^{33} 矿框圹况

xuaŋ^{53} 荒慌惶

xuaŋ^{35} 黄皇篁磺蝗蟥肓凰隍徨煌潢璜遑

xuaŋ^{214} 谎晃（又，xuaŋ^{33}）幌恍

uaŋ^{53} 王（又，uaŋ^{35} 国～）汪（又，uaŋ^{33}）

uaŋ^{214} 网往枉罔惘魍

uaŋ^{33} 忘（又，maŋ^{33}）望（又，maŋ^{53}）妄旺亡

əŋ

pəŋ^{53} 绷（又，pəŋ^{214} ～着脸）迸崩

pəŋ^{35} 嘣磞（又，phəŋ^{35}）泵

pəŋ^{33} 蹦镚

phəŋ^{53} 烹澎（又，phəŋ^{35}）

phəŋ^{35} 嘭呯朋彭篷鹏怦棚膨蓬

phəŋ^{33} 碰

məŋ^{53} 蒙（又，məŋ^{35}；məŋ^{214}）濛（又，məŋ^{35}）

məŋ^{35} 朦萌盟虻檬

məŋ^{214} 猛蠓锰

məŋ^{33} 梦孟

fəŋ^{53} 丰封蜂风（又，fəŋ^{33}）疯锋烽峰枫讽

fəŋ^{35} 奉（又，fəŋ^{33}）逢缝（又，fəŋ^{33}）冯

fəŋ^{33} 俸凤

təŋ^{53} 灯登蹬镫

təŋ^{35} 噔

təŋ^{214} 等戥

təŋ^{33} 邓凳瞪磴扽

thəŋ^{53} 熥腾（又，thəŋ^{35}）

thəŋ^{35} 誊滕藤

nəŋ^{35} 能（又，nəŋ^{53}；nei^{35} 你真～）

ləŋ^{53} 棱仍扔棂（又，luŋ^{53}）

ləŋ^{214} 冷

ləŋ^{33} 愣楞

tsəŋ^{53} 曾（姓；又，tshəŋ^{35}）增

tsəŋ^{33} 憎缯赠粽（又，tsuŋ^{33}）猔

tshəŋ^{35} 层噌（又，tshəŋ^{33}）

səŋ^{53} 僧

tʂəŋ^{53} 争睁挣（又，tʂəŋ^{33}）筝峥狰

tʂəŋ^{35} 铮（又，tʂəŋ^{33}）琤

tʂəŋ^{33} 诤锃澄（又，tʃɔŋ^{33}；tʃhəŋ^{35}）

tʂhəŋ^{53} 撑（又，tʂhəŋ^{33}）铛

ʂəŋ^{53} 生（又，ʂuŋ^{53}）牲笙甥

ʂəŋ^{214} 省（又，ʂiŋ^{214}）

tʃəŋ^{53} 正（又，tʃəŋ^{33}）征蒸

tʃəŋ^{35} 这（～个弄法；tʃiɛ^{35}；tʃiɛ^{214}）

tʃəŋ^{214} 整拯（又，tʃhəŋ^{214}）

tʃəŋ^{33} 郑症政怔

tʃhəŋ^{53} 蛏

tʃhəŋ^{35} 瞠成诚城盛（又，ʃəŋ^{33}）呈程橙丞

tʃhəŋ^{214} 惩乘承逞

tʃhəŋ^{33} 秤

ʃəŋ^{53} 声升

ʃəŋ^{35} 绳

ʃəŋ^{33} 胜圣剩

kəŋ^{53} 耕（文，ciŋ^{53}；白，tsiŋ^{53}）更（又，kəŋ^{33}）庚绠赓

kəŋ^{214} 耿埂羹颈梗（又，kəŋ^{33}）鲠

khəŋ^{53} 坑铿

xəŋ^{53} 亨哼（又，xəŋ^{214}；xən^{53}）

xəŋ^{35} 横（又，xəŋ^{33}；xuŋ^{33}）衡恒

əŋ^{53} 嗯

iŋ

piŋ^{53} 兵冰槟

piŋ^{214} 饼并丙炳秉屏（又，phiŋ^{35}）禀柄（又，pəŋ^{33}）

piŋ^{33} 病

phiŋ^{35} 瓶（旧，piŋ^{35}）平评苹萍凭娉乒坪枰鲆

miŋ^{53} 名（又，miŋ^{35}）明（又，miŋ^{35}）

miŋ^{35} 铭螟茗酩鸣（又，məŋ^{53}）冥瞑

miŋ^{33} 命

tiŋ^{53} 丁钉（又，tiŋ^{33}）疔叮盯酊订（又，tiŋ^{33}）

tiŋ^{35} 艇（又，thiŋ^{35}）

tiŋ^{214} 顶鼎

tiŋ^{33} 定腚锭

thiŋ^{53} 听厅蜓烃

thiŋ^{35} 亭廷庭婷霆

thiŋ^{214} 挺铤停（又，thiŋ^{35}；thiŋ^{33}）

ȵiŋ^{35} 宁（又，ȵiŋ^{33}）狞凝（又，iŋ^{53}）咛泞

ȵiŋ^{214} 拧

liŋ^{53} 铃零凌（又，liŋ^{35}）菱（又，ləŋ^{53} 三～）灵（又，liŋ^{35}）翎

liŋ^{35} 陵绫玲（又，liŋ^{33}）聆伶另羚苓囹蛉

liŋ^{214} 领岭凛拎

liŋ^{33} 令龄

tsiŋ^{53} 晶精睛旌

tsiŋ^{35} 净（又，tsiŋ^{33}）

tsiŋ^{214} 井

tsiŋ^{33} 静靖菁婧

tshiŋ^{53} 青清鲭腈蜻氰

tshiŋ^{35} 晴（又，tsiŋ^{35}）情

tshiŋ^{214} 请苘

siŋ^{53} 星腥惺猩醒（又，siŋ^{35}；siŋ^{214}）

siŋ^{214} 姓（又，siŋ^{33}）

siŋ^{33} 性

ciŋ^{53} 京惊鲸经（白，tsiŋ^{33}；ciŋ^{33}）

ciŋ^{214}　景警颈竞竞兢荆憬境
ciŋ^{33}　敬镜径痉茎胫
chiŋ^{53}　轻氢卿罄磬
chiŋ^{35}　擎
chiŋ^{214}　顷倾
chiŋ^{33}　庆
çiŋ^{53}　兴（又，çiŋ^{214}；çiŋ^{33}）
çiŋ^{35}　刑形型邢
çiŋ^{33}　杏幸蚌悻
iŋ^{53}　应鹰膺英（又，iŋ^{35}）瑛莺婴樱鹦缨营（又，iŋ^{35}）萤罂赢莹蝇盈楹迎
iŋ^{35}　茔荧萦
iŋ^{214}　映影颖
iŋ^{33}　硬

uŋ

tuŋ^{53}　东冬
tuŋ^{35}　咚
tuŋ^{214}　董懂
tuŋ^{33}　冻动栋洞侗
thuŋ^{53}　通彤嗵
thuŋ^{35}　同（又，thuŋ^{33}）铜童茼桐胴潼瞳峒砼佟
thuŋ^{214}　统桶捅筒
thuŋ^{33}　疼痛
nuŋ^{53}　脓
luŋ^{53}　聋笼（又，luŋ^{35}；luŋ^{214}）
luŋ^{35}　龙（又，lyŋ^{53}；lyŋ^{35}）隆胧珑茏咙窿
luŋ^{214}　拢陇
tsuŋ^{53}　宗综踪鬃棕
tsuŋ^{35}　纵（又，tsuŋ^{33}）从（又，tshuŋ^{35}）
tsuŋ^{214}　总怂（又，suŋ^{214}）偬
tshuŋ^{53}　匆葱聪囱淙
tshuŋ^{35}　从苁
suŋ^{53}　讼（又，suŋ^{33}）凇
suŋ^{214}　悚耸
suŋ^{33}　宋送诵颂
tʂuŋ^{53}　中（又，tʂuŋ^{33}）忠钟盅终衷
tʂuŋ^{35}　虫（文，tʂhuŋ^{35}）
tʂuŋ^{214}　肿种（又，tʂuŋ^{33}）冢踵
tʂuŋ^{33}　众重（又，tʂhuŋ^{35}）仲
tʂhuŋ^{53}　充冲（又，tʂhuŋ^{33}）
tʂhuŋ^{35}　忡
tʂhuŋ^{214}　宠崇
kuŋ^{53}　工公功宫躬供（又，kuŋ^{33}）攻蚣肱弓（旧，cyŋ^{53}）
kuŋ^{214}　拱龚巩汞
kuŋ^{33}　恭共贡
khuŋ^{53}　空（又，khuŋ^{33}）
khuŋ^{214}　孔（又，khuŋ^{33}）恐
khuŋ^{33}　控
xuŋ^{53}　烘轰哄（又，xuŋ^{214}；xuŋ^{33}）
xuŋ^{35}　红洪宏弘泓鸿虹蕻
xuŋ^{33}　讧

yŋ

ȵyŋ^{53}　揉
lyŋ^{53}　硫（～磺）
lyŋ^{214}　垄（又，luŋ^{214}）
syŋ^{53}　松（又，suŋ^{53}）凇（又，suŋ^{53}）嵩（又，suŋ^{53}）
syŋ^{214}　擤
cyŋ^{214}　窘（又，cyŋ^{33}）炯迥
chyŋ^{35}　穷（文，cyŋ^{35} 受～）穹琼
çyŋ^{53}　兄凶匈汹胸
çyŋ^{35}　熊雄
çyŋ^{214}　哄（又，çyŋ^{35}）
yŋ^{53}　拥容溶榕雍融茸（又，yŋ^{35}）庸臃痈冗佣（又，yŋ^{33}）
yŋ^{35}　荣绒嵘
yŋ^{214}　永勇恿涌蛹踊泳咏
yŋ^{33}　用

说明：

本节括弧内标注的“文、白、老、新、又”，分别是指“文读音、白读音、老派读音、新派读音、又音”。

第三节 文登方言中的变调与儿化

文登方言两字组变调及后字轻声表

表 35-1

后字＼前字	阴平 53	阳平 35	上声 214	去声 33
阴平 53	53+53（不变） 毛衣　香菇	35+53（不变） 台风　洋灰	214+53 → 21+53 麦秸　落生	33+53（不变） 后年　菜刀
阳平 35	53+35（不变） 灰尘　锅台	35+35（不变） 农民　划拳	214+35 → 21+35 暖壶　不行	33+35（不变） 大河　放学
上声 214	53+214（不变） 凉水　门槛	35+214（不变） 骑马　洪水	214+214 → 35+214 马桶　米酒	33+214（不变） 下雨　在早
去声 33	53+33（不变） 冬至　天亮	35+33（不变） 农历　狐臭	214+33 → 21+33 柳树　炒菜	33+33（不变） 地震　过目
轻声	53+ 轻→ 53+1 天气　梯子	35+ 轻→ 35+3 学生　时候	214+ 轻→ 21+4 李子　竹子	33+ 轻→ 33+2 后日　上头

阴平 53：在阴平、阳平、上声、去声、轻声前，调值不变。例如，① 53+53“毛衣、香菇”；② 53+35“灰尘、锅台”；③ 53+214“凉水、门槛”；④ 53+33“冬至、天亮”；⑤ 53+ 轻声“天气、梯子”。

阳平 35：在阴平、阳平、上声、去声、轻声前，调值不变。例如，① 35+53“台风、洋灰”；② 35+35“农民、划拳”；③ 35+214“骑马、洪水”；④ 35+33“农历、狐臭”；⑤ 35+ 轻声“学生、时候”。

上声 214：在阴平、阳平、去声、轻声前，调值变为低降调 21。例如，① 21+53“麦秸、落生”；② 21+35“暖壶、不行”③ 21+33“柳树、炒菜”；④ 21+ 轻声“李子、竹子”。

上声在上声前，变读为35。例如，35+214“马桶、米酒”。

去声 33：在阴平、阳平、上声、去声、轻声前，调值不变。例如，① 33+53“后年、菜刀”；② 33+35“大河、放学”③ 33+214“下雨、在早”；④ 33+33“地震、过目”；⑤ 33+ 轻声“后日、上头”。

文登方言儿化韵表

表 35-2

<table>
<tr><th>儿化韵</th><th>原韵母</th><th>例词</th><th>儿化韵</th><th>原韵母</th><th>例词</th></tr>
<tr><td>ar</td><td>a</td><td>刀把儿 号码儿</td><td rowspan="3">ɐr</td><td>an</td><td>盘儿　摊儿</td></tr>
<tr><td>iar</td><td>ia</td><td>豆芽儿 小虾儿</td><td>ai</td><td>牌儿　带儿</td></tr>
<tr><td>uar</td><td>ua</td><td>小褂儿　花儿</td><td>ɛ</td><td>色儿　葱白儿</td></tr>
<tr><td rowspan="2">or</td><td>o</td><td>坡儿 哥儿</td><td rowspan="4">iɐr</td><td rowspan="2">iɛ</td><td>打折儿 小车儿</td></tr>
<tr><td>ɑu</td><td>梢儿 刀儿</td><td>小聂儿</td></tr>
<tr><td>iɑur</td><td>iɑu</td><td>苗儿 调儿</td><td>iai</td><td>小鞋儿 台阶儿</td></tr>
<tr><td>uor</td><td>uo</td><td>干活儿 大伙儿</td><td>ian</td><td>边儿　药面儿</td></tr>
<tr><td>yor</td><td>yo</td><td>旦角儿 雀儿</td><td rowspan="3">uɐr</td><td>uai</td><td>块儿 乖儿</td></tr>
<tr><td rowspan="4">ər</td><td>ɿ</td><td>鸡子儿 瓜子儿</td><td>uan</td><td>罐儿 遛弯儿</td></tr>
<tr><td>ʅ</td><td>没事儿 侄儿</td><td>uɛ</td><td>国儿 握儿（～手里）</td></tr>
<tr><td>ei</td><td>辈儿　妹儿</td><td rowspan="2">yɐr</td><td>yɛ</td><td>补缺儿 月儿</td></tr>
<tr><td>ən</td><td>赔本儿　没门儿</td><td>yan</td><td>花卷儿 圈儿</td></tr>
<tr><td rowspan="2">iər</td><td>i</td><td>针鼻儿 皮儿</td><td>ãr</td><td>ɑŋ</td><td>鞋帮儿 帮忙儿</td></tr>
<tr><td>in</td><td>使劲儿 脚印儿</td><td>iãr</td><td>iɑŋ</td><td>帮腔儿</td></tr>
<tr><td rowspan="2">uər</td><td>uei</td><td>墨水儿 小鬼儿</td><td>uãr</td><td>uɑŋ</td><td>小床儿 网儿</td></tr>
<tr><td>uən</td><td>没准儿 掉魂儿</td><td>ə̃r</td><td>əŋ</td><td>门缝儿 小凳儿</td></tr>
<tr><td rowspan="2">yər</td><td>y</td><td>小雨儿 有趣儿</td><td>iə̃r</td><td>iŋ</td><td>名儿 小命儿</td></tr>
<tr><td>yn</td><td>小军儿 合群儿</td><td>ũr</td><td rowspan="2">uŋ</td><td>小洞儿 没空儿</td></tr>
<tr><td>ur</td><td>u</td><td>牛犊儿 小兔儿</td><td>uə̃r</td><td>老翁儿 小瓮儿</td></tr>
<tr><td>our</td><td>əu</td><td>小豆儿 老头儿</td><td>ỹr</td><td>yŋ</td><td>小熊儿 蚕蛹儿</td></tr>
<tr><td>iour</td><td>iəu</td><td>妞儿 袖儿</td><td></td><td></td><td></td></tr>
</table>

说明：文登话 40 个韵母中，除卷舌韵母 ər 外，其余 39 个韵母都可以儿化，儿化后合并为 26 个韵母。

第四节　与普通话的对应关系

文登话和普通话在语音上有许多差异，但在声调、声母、韵母 3 个方面，文登话与普通话又有一定的对应关系。

声调　文登话清声母入声字归上声，普通话则分散在阴平、阳平、上声、去声 4 个声调中。例见下表：

古声调	文登话	普通话	例字
清入	上声	阴平	哭搭拍切
		阳平	节急
		上声	谷百塔
		去声	刻

中古平声次浊字，文登话无规则地分化为两类读音，大部分读阴平，少部分读阳平，普通话都读阳平。例见下表：

古声调	普通话	文登话	例字
平声次浊	阳平	阴平	门牛油牙来毛南延雷名爷人林鹅
		阳平	龙文河螺华图如排煤拔头楼

文登话缺乏普通话那样的高平 55 调和全降 51 调，调值为 35 的中升调也数量较少，而以高降 53 调、中平 33 调和低降升 214 调为主，整体调型的曲折变化不如普通话明显。例见下表：

例字	东开	铜糖	龙娘	鹅人	展好	五有	动近	快饭	急缺	直白	盒罚	六目	月麦
古调类	清平	全浊平	次浊平		清上	次浊上	全浊上	去声	清入	全浊入		次浊入	
普通话	高平 55	中升 35			低降升 214		全降 51		平升曲降	中升 35		全降 51	
文登话	高降 53	中升 35		高降 53	低降升 214		中平 33		低降升 214	中平 33	中升 35	中平 33	低降升 214

声母 文登话读舌面中塞擦音 c、ch、ç 声母的字（中古团音字），在普通话里全部读为舌面前音 tɕ、tɕh、ɕ 声母。见下表：

文登话	c	ch	ç
普通话声母 / 团音字 / 普通话韵母	tɕ	tɕh	ɕ
i	基几机饥肌鸡讥稽激击及级极急吉己几季记纪寄既计继冀系技伎妓	期欺其旗棋琪奇骑歧祈起启企岂乞气汽讫器弃泣	希稀牺溪嘻吸喜戏系隙
$i^{ə}$	加家枷嘉佳茄浃夹荚假贾甲驾价稼嫁假	掐卡恰洽	虾霞暇狭峡匣辖夏下吓
iɛ	阶街皆揭结洁杰竭孑结解介界疥芥戒届	怯	歇蝎协胁挟携械懈蟹

<table>
<tr><th>文登话</th><th>c</th><th>ch</th><th>ç</th></tr>
<tr><th>普通话声母 / 团音字 / 普通话韵母</th><th>tɕ</th><th>tɕh</th><th>ɕ</th></tr>
<tr><td>iɑu</td><td>交胶郊教骄娇浇缴狡绞皎饺侥搅矫脚角窖轿较酵教觉</td><td>敲跷橇乔桥侨荞巧窍翘撬壳</td><td>嚣骁淆晓效孝校</td></tr>
<tr><td>iou</td><td>究纠赳鸠九久玖灸韭救旧臼舅</td><td>丘蚯邱求球糗</td><td>休朽嗅</td></tr>
<tr><td>iɛn</td><td>坚监兼艰奸间简减碱检俭拣茧件见建健键剑鉴舰</td><td>铅谦黔乾遣谴欠嵌歉纤</td><td>掀锨闲嫌贤衔弦舷显险现苋岘县献宪陷馅限</td></tr>
<tr><td>in</td><td>今金斤巾筋禁襟紧仅谨锦瑾近劲</td><td>钦勤琴芹禽擒</td><td>欣馨衅</td></tr>
<tr><td>iɑŋ</td><td>江姜疆僵缰讲耩降强糨</td><td>腔羌强强</td><td>香乡降响享饷向巷项</td></tr>
<tr><td>iŋ</td><td>京惊鲸经茎荆兢粳警颈景憬敬竟境竞镜径痉劲</td><td>轻倾卿擎顷苘庆磬罄</td><td>兴行刑形型邢幸兴杏</td></tr>
<tr><td>y</td><td>居锔拘鞠局菊橘举矩句具俱惧据剧巨拒距踞</td><td>区驱躯曲屈祛瞿癯朐曲去</td><td>虚墟嘘许诩蓄旭煦</td></tr>
<tr><td>yɛ</td><td>撅决诀觉角掘倔厥橛镢孓</td><td>缺确却榷阙阕</td><td>靴学穴</td></tr>
<tr><td>yɛn</td><td>捐卷卷倦圈眷绢</td><td>圈权拳犬劝券</td><td>喧暄玄悬楦渲绚</td></tr>
<tr><td>yn</td><td>军均君菌群</td><td>窘裙群麇</td><td>熏勋训驯</td></tr>
<tr><td>yŋ</td><td>窘迥穷</td><td>穷琼</td><td>胸匈汹兄雄熊</td></tr>
</table>

文登话没有ʐ声母，普通话ʐ声母字在文登话里大部分读成零声母，个别读成l或ʂ声母。

普通话ʐ声母字常用的约有50个，列表如下：

<table>
<tr><th>文登话</th><th>普通话</th><th>例字</th><th>文登话</th><th>普通话</th><th>例字</th></tr>
<tr><td>ian</td><td>ʐan</td><td>然燃染</td><td>iɑŋ</td><td>ʐɑŋ</td><td>嚷瓤壤嚷攘让</td></tr>
<tr><td>iɑu</td><td>ʐɑu</td><td>饶扰绕</td><td>iɛ</td><td>ʐɤ</td><td>惹热</td></tr>
<tr><td>in</td><td>ʐen</td><td>人仁任忍刃</td><td>ləŋ</td><td>ʐəŋ</td><td>扔仍</td></tr>
<tr><td>i</td><td>ʐʅ</td><td>日</td><td>yŋ</td><td>ʐuŋ</td><td>荣绒容熔融茸蓉溶榕冗</td></tr>
<tr><td rowspan="2">iəu</td><td rowspan="2">ʐou</td><td rowspan="2">柔揉蹂肉</td><td>y</td><td rowspan="2">ʐu</td><td>如儒蠕乳入褥</td></tr>
<tr><td>lu</td><td>辱</td></tr>
<tr><td rowspan="4">yan</td><td rowspan="4">ʐuan</td><td rowspan="4">软</td><td>lei</td><td rowspan="2">ʐuei</td><td>瑞蕊锐</td></tr>
<tr><td>ʂuei</td><td>瑞</td></tr>
<tr><td>ʂəu</td><td>ʐəu</td><td>揉</td></tr>
<tr><td>yo</td><td>ʐuo</td><td>若弱</td></tr>
</table>

文登话读 tʃ、tʃh、ʃ 声母的字，普通话读 tʂ、tʂh、ʂ 声母。例见下表：

文登话	普通话	例字
tʃ	tʂ	知赵珍张章招针汁蒸诸朱珠主注制
tʃh	tʂh	潮抽陈绸沉昌扯丑臣成尺处出
ʃ	ʂ	烧深手扇声世誓势逝树社书舒鼠恕暑殊竖

文登话读 ts、tsh、s 声母的字，普通话里读为两类声母，一部分读 ts、tsh、s，一部分读 tɕ、tɕh、ɕ（尖音字）。例见下表：

文登话	普通话	例字
ts	ts	租足卒组阻祖昨左坐座作做凿嘴最罪醉钻纂尊遵宗踪棕综总纵粽
	tɕ	积挤接节焦椒揪酒尖荐津尽奖匠精晶狙沮绝嚼俊骏
tsh	tsh	粗猝促醋簇搓蹉撮措错挫锉催摧崔脆翠悴粹蹿篡村存忖寸匆葱囱聪从丛
	tɕh	妻齐切且锹悄愀千钱侵沁枪墙青亲蛆取雀鹊全泉
s	s	苏酥俗素塑诉肃粟速蓑梭唆锁琐索虽绥隋随髓岁碎穗隧遂酸算蒜孙笋损松悚送宋颂诵
	ɕ	惜息些写消笑小秀先仙心芯相象星稍性宿须续削雪宣旋寻

韵母 文登话把普通话 t、th、n、l、ts、tsh、s 声母和 uei、uan、uən 韵母相拼的字去掉了韵头 u，读为开口呼韵母 ei、an、ən。例见下表：

文登话	普通话	例字						
		t	th	n	l	ts	tsh	s
ei	uei	堆队对兑	推颓腿褪退蜕			嘴最罪醉	崔催摧悴翠粹脆	虽遂随岁碎荽隋祟穗
an	uan	短断段锻煅缎	团	暖	乱滦孪卵	钻攥	窜	酸算蒜
ən	uən	蹲墩敦吨盹盾遁炖	吞囤屯臀		论抡沦伦轮	遵尊	村存忖寸	孙损笋

文登话有韵母 ɛ 和 uɛ，普通话没有韵母 uɛ，韵母 ɛ 也只有“欸”一个字。文登话中 ɛ 和 uɛ 两个韵母的字多是入声字，它们在普通话中的发音情况如下表所示：

文登话	普通话	例字
ɛ	ɤ	得德勒则测侧择责塞色拆策册格客扼额
	ai	白伯百拍迫麦脉塞色窄摘
	ei	北黑
	o	伯迫墨脉
uɛ	uo	国或获握

文登话有韵母 yo 和 yɛ，在普通话中都读 yɛ。例见下表：

文登话	普通话	例字
yo	yɛ	岳弱药约学雀略削却虐疟觉角确乐钥
yɛ		月越缺掘阅说悦穴倔曰粤跃

文登话韵母 uo、o，普通话中为 uo 和 ɤ 两个韵母。例见下表：

文登话	普通话	例字
uo	uo	锅过活伙祸货我
o	ɤ	哥歌各阁搁可苛何科课盒俄

第二章　词　汇

第一节　分类词汇

本章所收集的词汇内容，依据国家语言文字工作委员会发布的中国语言生活绿皮书 A007，教育部语言文字信息管理司、中国语言资源保护研究中心《中国语言资源调查手册·汉语方言》2015 年 12 月第 1 版第 103 ～ 158 页调查整理。文登特色词汇依据炎黄文化出版社出版的《文登话》（2006 年 9 月第 1 版）整理。各条目内容依次为文登方言说法、国际音标、方言说法注解、词目、词目注解、例句。其中方言说法注解、词目注解和例句视需要添加。例句中的“～”代表该词目。

方言读音根据当地实际发音采用国际音标标注，国际音标中出现的数字为调值。

“□”表示方言该字不定。

“①②③”表示又音，或多种说法。

天文地理

天文

日头 i^{35}thə　太阳，如：～下山了。

月儿 $yɐr^{35}$　月亮，如：～出来了。

星儿 $si\tilde{ə}r^{53}$　星星。

贼星 $tʃɛ^{33}siŋ^{53}$　流星。

云彩 yn^{35}tshə　云。

风 $fəŋ^{53}$　风。

闪 $ʃan^{214}$　闪电（名词）。

雷 lei^{53}　雷。

雨 y^{214}　雨。

淋 lin^{53}　淋，如：衣裳叫雨～湿了。

晒 ʂai^{33}　晒，如：～粮食。

雪 siɛ^{214}　雪。

冰 piŋ^{53}　冰。

①凝子 ȵiŋ^{33}tsɿ　②凝子 miŋ^{33}tsɿ　冰雹。

霜 ʂuaŋ^{53}　霜。

雾 u^{33}　雾。

弥 mi^{35}　大雾（从海洋飘向陆地的）。

露 lu^{33}　露。

虹 tsiaŋ^{33}　虹（统称）。

日食 i^{35}ʃi^{214}　日食　。

月食 yɛ^{35}ʃi^{214}　月食。

天气 thian^{53}chi　天气。

①晴 tshiŋ^{35}　②晴 tsiŋ^{35}　晴，如：天～。

阴 in^{53}　阴，如：天～。

干 kan^{53}　旱，如：天～。

涝 lau^{33}　涝，如：天～。

天河 thian^{53}xuo^{35}　银河。

地貌

河套 xuo^{35}thau^{33} ①河道　②河滩。

崖 iai^{53}　山崖。

嘴子 tsei^{21}tsɿ　海岬。

水稻地 ʂuei^{21}tau^{35}ti^{33}　水田。

旱地 xan^{35}ti^{33}　旱地（浇不上水的耕地）。

①地堰子 ti^{35}ian^{33}tsɿ　②草堰子 tshau^{21}ian^{33}tsɿ　③埝堰子 fəŋ^{53}ian^{33}tsɿ　田埂。

道儿 taur^{33}　路。

山沟旮旯子 ʂan^{53}kəu^{53}xa^{21}lətsɿ　山谷。

大河 ta^{33}xuo^{35}　江（大的河）。

小河儿 siau^{21}xuor^{35}　溪（小的河）。

水沟儿 ʂuei^{21}kour^{53}　水沟儿（较小的水道）。

湾 uan^{53}　池塘。

水坑儿 ʂuei^{21}khə̃r^{53}　水坑儿（地面上有积水的小洼儿）。

河水 xuo^{35}ʂɿ　洪水。

没 mɛ^{35}　淹，如：叫水～了。

河沿儿 xuo^{35}iɐr^{53}　河岸。

坝 pa^{33}　坝（拦河修筑拦水的）。

地动 ti^{33}tuŋ^{33}　地震。

窟窿 khu^{53}lə　窟窿（小的）。

缝儿 fə̃r^{33}　缝儿（统称）。

物象

砬子 la^{53}tsɿ　乱石堆。

泥 mi^{53}　土（统称）。

湿泥 ʃi^{21}mi^{53}　泥（湿的）。

洋灰 iaŋ^{35}xuei^{53}　水泥（旧称）。

沙 ʂa^{53}　沙子。

砖 tʂuan^{53}　砖（整块的）。

瓦 ua^{214}　瓦（整块的）。

煤 mei^{35}　煤。

①洋油 iaŋ^{35}iəu^{53}　②火油 xuo^{21}iəu^{53}　煤油。

炭 than^{33}　炭（木炭）。

灰 xuei^{53}　灰（烧成的）。

烟 ian^{53}　烟（烧火形成的）。

凉水 liaŋ^{53}ʂuei^{214}　凉水。

温温水儿 uən^{53}uənʂuər^{214}　不冷不烫的水。

开水 khai^{53}ʂuəi^{214}　开水（喝的）。

吸铁石 çy^{35}thiɛ^{214}ʃi^{33}　磁铁。

时间方位

时间

秋里 tshiəu^{53}lə　秋天。

冬里 tuŋ^{53}lə　冬天。

称日 tʃhəŋ^{53}i　往日。

时候 ʂʅ^{35}xu　时候，如：吃饭的～。

么时候 mo^{33}ʂʅ^{33}xu　什么时候。

才刚儿 tshai^{21}ciãr^{53}　刚刚。

在早 tsai^{33}tsau^{214}　过去；从前。

往后 uaŋ^{214}xou^{33}　以后。

一辈子 i^{35}pei^{33}tsɿ　一辈子。

今年 cin^{53}ȵian　今年。

过年儿 kuo^{33}ȵiɐr^{53}　明年。

后年 xəu^{33}ȵian^{53}　后年。

①那后儿 ȵiɛ^{21}xour^{33}　②那后来 ȵiɛ^{21}xəu^{33}lə　去年。

前年 tsian^{35}ȵian　前年。

前几年儿 tshian^{35}ci^{21}ȵiar　往年（过去的年份）。

开春儿 khai^{53}tʂhuər^{53}　早春。

春里 tʂhuən^{53}lə　春天。

①腊月底儿 la^{33}yɛtiər^{214}　②年底儿 ȵian^{53}tiər^{214}　年底。

今儿 ciər^{53}　今天。

明儿 mə̃r^{53}　明天。

后日 xəu^{33}i　后天。

大后日 ta^{33}xəu^{33}i　大后天。

①夜儿 iɐr^{33}　②夜来 iɛ^{33}lə　昨天。

前日 tsiɛ^{35}i　前天。

大前日 ta^{33}tsiɛ^{35}i　大前天。

①成天儿 tʃhəŋ^{35}thiɐr^{53}　②见天儿 cian^{33}thiɐr^{53}　整天。

每儿天儿 mər^{21}thiɐr^{53}　每天。

①早起朝儿 tsɑu^{21}chitʃɑur^{53}　②早起 tsɑu^{21}chi　③朝里 tʃɑu^{53}lə　早晨。

头半晌儿 thəu^{35}pəʃɑ̃r^{214}　上午。

晌午溜儿 ʃɑŋ^{21}xuliour^{33}　中午。

过半晌儿 kuo^{33}pəʃɑ̃r^{214}　下午。

傍黑儿 pɑŋ^{33}xɐr^{214}　傍晚。

白日 pɛ^{33}i　白天。

①后晌 xəu^{35}ʃi　②黑头 xɛ^{35}thə　夜晚（与白日相对，统称）。

半夜 pan^{35}iɛ^{33}　半夜。

正月 tʃəŋ^{53}i　正月（农历）。

大年初一 ta^{33}ȵian^{53}tʂhu^{53}i^{214}　大年初一（农历）。

正月十五 tʃəŋ^{53} i ʃi^{35}u　元宵节。

清明 tshiŋ^{53}mə　清明。

五月端午 u^{21}itɑŋ^{53}u　端午。

七月十五 tshi^{21}iʃi^{35}u　中元节。

八月十五 pa^{21}iʃi^{35}u　中秋。

冬至 tuŋ^{53}tʂʅ　农历十一月。

冬至 tuŋ^{53}tʂʅ^{33}　冬至。

腊月 la^{33}i　腊月（农历）。

大年三十日 ta^{33}ȵian^{53}san^{53}ʃi^{35}i　除夕（农历）。

农家历 nu^{35}cia^{53}li^{33}　历书。

农历 nu^{35}li^{33}　阴历。

阳历 iɑŋ^{35}li^{33}　阳历。

礼拜天 li^{21}pai^{33}thian^{53}　星期天。

方位

地幅上 ti^{35}fu^{21}ʃɑŋ^{33}　地表皮。

地底下 ti^{35}ti^{21}sʅ　地下

当儿 tɑ̃r^{53}　相隔的距离（较短的）。

地场 ti^{35}tʃhi　地方。

么地场 mo^{33}ti^{35}tʃhi　什么地方。

①家里 cia^{53}lə　②家儿 ciar^{53}　家里。

城里 tʃhəŋ^{35}li　城里。

乡下 çiɑŋ^{53}çia^{33}　乡下。

上头 ʃɑŋ^{33}thə　上面，如：从～滚下来。

下头 sia^{33}thə　下面，如：从～爬上去。

左面儿 tsuo^{21}miɐr　左边。

右面儿 iəu^{33}miɐr　右边。

当个中儿 tɑŋ^{53}kutʂũr^{33}　中间，如：排队排在～。

前头 tsian^{35}thə　前面，如：排队排在～。

后头 xəu^{33}thə　后面。

后头儿 xəu^{33}thour^{53}　最后面。

①落末了 la^{33}moliɑu^{53}　②落末了子 la^{33}moliɑu^{53}tsʅ　③尽后头儿 tsin^{21}xəu^{33}thour^{53}　末尾，如：排队排在～。

对面儿 tei^{35}miɐr　对面。

面前儿 mian^{33}tshiɐr^{35}　面前。

①背地儿 pei^{35}tiər^{33}　②背地 pei^{33}ti^{33}　背后。

①里头儿 li^{21}thour^{53}　②里头 li^{35}thə　里面，如：躲在～。

①外头儿 uai^{33}thour^{53}　②外头 uai^{33}thə　外面，如：衣服晒在～。

①这边儿 tʃiɛ^{35}pɐr^{33}　②那边儿 ȵiɛ^{33}pɐr^{33}　③这边 tʃiɛ^{35}pə　④那边 ȵiɛ^{33}pə　旁边。

上 ʃɑŋ^{33}　上，如：～头。

下 sia^{33}　下，如：～边。

边儿 piɐr^{53}　边儿，如：桌子～。

角儿 tsiɐr^{214}　角儿，如：桌子～。

上去 ʃɑŋ^{33}chy　上去，如：他～了。

下来 sia^{33}lə　下来，如：他～了。

进去 tsin^{33}chy　进去，如：他～了。

出来 tʃhyɛ^{35}lə　出来，如：他～了。

出去 tʃhyɛ^{35}chy　出去，如：他～了。

回来 xuei^{35}lə　回来，如：他～了。

起来 chiɛ^{35}lə　起来，如：你～。

植物

一般植物

树 ʃy^{33}　树。

木头 mu^{35}thə　木头。

榆树钱儿 y^{53}ʃy^{33}tsiɐr^{35}　①榆树　②榆树花。

贝草 pei^{33}tsɿ　菅草。

松树 syŋ^{53}ʃy^{33}　松树（统称）。

柏树 pɛ^{35}ʃy^{33}　柏树（统称）。

杉木 ʂa^{53}mə　杉树。

柳树 liəu^{21}ʃy^{33}　柳树。

竹子 tʂu^{21}tsɿ　竹子（统称）。

笋 sən^{214}　笋。

叶子 iɛ^{21}tsɿ　叶子。

花儿 xuar^{53}　花。

花儿骨朵 xuar^{53}ku^{21}tə　花蕾（花骨朵）。

梅花儿 mei^{35}xuar^{53}　梅花。

牡丹 mu^{21}tan^{53}　牡丹。

荷花儿 xo^{35}xuar^{53}　荷花。

草 tshɑu^{214}　草。

藤 thəŋ^{35}　藤。

刺 tshɿ^{33}　刺（名词）。

水果儿 ʂuei^{35}kor　水果。

苹果 phiŋ^{35}ko^{214}　苹果。

桃子 thɑu^{35}tsɿ　桃子。

梨 li^{53}　梨。

李子 li^{21}tsɿ　李子。

杏子 çiŋ^{33}tsɿ　杏。

橘子 cy^{21}tsɿ　橘子。

柚子 iəu^{35}tsɿ　柚子。

树柿子 ʃy^{35}ʂʅ^{33}tsɿ　①柿树　②柿树的果实。

石榴 ʃi^{33}lə　石榴。

枣儿 tsɑur^{214}　枣。

软枣儿 yan^{35}tsɑur^{214}　黑枣。

栗蓬 li^{35}phə　栗子。

核桃 xa^{35}thə　核桃。

白果 pɛ^{35}kə　银杏（白果）。

甘蔗 kan^{53}tʃi　甘蔗。

木耳 mu^{35}ər^{214}　木耳。

蘑菇 muo^{35}ku　蘑菇（野生的）。

香菇 çiɑŋ^{53}ku^{53}　香菇。

农作物

茭瓜 ciɑu^{21}ku　西葫芦。

眉豆 mei^{53}tə　扁豆。

乌麦 u^{53}mə　病穗（小麦、玉米等的）。

稻子 tɑu^{33}tsɿ　稻子（指植物）。

稻粒儿 tɑu^{35}liər^{33}　稻谷（指子实，脱粒后是大米）。

稻秸 tɑu^{33}tsei^{53}　稻草（脱粒后的）。

□子 kuŋ^{21}tsɿ　大麦（指植物）。

麦子 mɛ^{21}tsɿ　小麦（指植物）。

麦秸 mɛ^{21}tsei^{53}　麦秸（脱粒后的）。

谷 ku^{214}　谷子（指植物）。

胡黍 xu^{35}ʃi　高粱（指植物）。

棒儿棒 pɑ̃r^{33}pə　玉米（指成株的植物）。

棉花 mian^{53}xua^{53}　棉花（指植物）。

芝麻 tʂʅ$^{[illegible]}$mə　芝麻。

转日莲 tʂuɑŋ^{53}ilian^{35}　向日葵（指植物）。

蚕豆 tshan^{35}təu^{33}　蚕豆。

豌豆 uan^{53}tə　豌豆。

①落参 luo^{21}ʂən^{53}　②老参 lɑu^{21}ʂən^{53}　花生（指果实）。

豆子 təu^{33}tsɿ　黄豆。

绿豆 ly^{35}tə　绿豆。

串豆 tʂhuan^{33}tə　豇豆（长条形的）。

白菜 pɛ^{33}tshai^{33}　大白菜，如：东北～。

大头儿菜 ta^{33}thour^{35}tshai^{33}　包心菜（圆白菜，球形的）。

菠菜 po^{53}tshɿ　菠菜。

芹菜 chin^{35}tshai^{33}　芹菜。

莴笋 uo^{53}sən^{214}　莴笋。

韭菜 ciəu^{21}tshɿ　韭菜。

芫荽 ian^{53}sɿ　香菜（芫荽）。

葱 tshuŋ^{53}　葱。

蒜 san^{33}　蒜。

姜 ciɑŋ^{53}　姜。

洋葱 iɑŋ^{35}tshuŋ^{53}　洋葱。

辣椒 la^{21}tsiɑu^{53}　辣椒（统称）。

茄子 $ciɛ^{35}tsɿ$　茄子（统称）。
①柿子 $ʂʅ^{33}tsɿ$　②洋柿子 $iɑŋ^{35}ʂʅ^{33}tsɿ$　西红柿。
萝卜 $luo^{53}pə$　萝卜（统称）。
胡萝卜 $xu^{35}ləpei^{33}$　胡萝卜。
黄瓜 $xuɑŋ^{35}ku$　黄瓜。
丝瓜 $sɿ^{33}ku$　丝瓜（无棱的）。
南瓜 $nan^{35}ku$　南瓜。
荸荠 $pi^{35}tshi$　荸荠。
地瓜 $ti^{33}kua^{53}$　红薯（统称）。
①地豆子 $ti^{35}təu^{33}tsɿ$　②地蛋子 $ti^{35}tan^{33}tsɿ$　马铃薯。
芋头 $y^{33}thə$　芋头。
山药根儿 $ʂan^{53}ikər^{53}$　山药（圆柱形的）。
藕 $əu^{214}$　藕。

动物

一般动物

老雁 $lɑu^{21}ian^{33}$　大雁。
海罗儿 $xai^{21}lor^{53}$　海胆。
蜗螺 $ua^{33}lə$　海螺（统称）。
老虎 $lɑu^{35}xu^{214}$　老虎。
猴子 $xəu^{35}tsɿ$　猴子。
长虫 $tʃɑŋ^{35}tʂhʅ$　蛇（统称）。
老鼠 $lɑu^{21}ʃy$　老鼠（家里的）。
檐蝙蝠 $ian^{53}piɛ^{21}fu$　蝙蝠。
雀儿 $tshyor^{35}$　鸟儿（飞鸟，统称）。
家雀儿 $cia^{53}tshyor^{35}$　麻雀。
鸦鹊 $ia^{35}tshʅ$　喜鹊。
乌鸦 $u^{53}ia$　乌鸦。
布鸽 $pu^{33}kə$　鸽子。
翅膀 $tʂhʅ^{33}pə$　翅膀（鸟的，统称）。
爪子 $tʂua^{21}tsɿ$　爪子（鸟的，统称）。
尾巴 $i^{35}pə$　尾巴。
雀儿窝 $tshyor^{33}uo^{53}$　窝（鸟的）。
虫子 $tʂuŋ^{35}tsɿ$　虫子（统称）。
蛾儿 uor^{53}　蝴蝶（统称）。
①蜓□ $thiŋ^{53}tʃi$　②蜓蜓 $thiŋ^{53}thiŋ$　蜻蜓（统称）。
蜂子 $fəŋ^{53}tsɿ$　蜜蜂。
蜂蜜 $fəŋ^{53}mi^{33}$　蜂蜜。
蠟蟟 $tsiɛ^{53}lə$　知了（统称）。
①街子 $tsei^{53}tsɿ$　②蚂街蛘子 $ma^{21}kəiɑŋ^{33}tsɿ$　蚂蚁。
曲蛇 $chy^{53}ʃiɛ^{35}$　蚯蚓。
蚕 $tshan^{35}$　蚕。
勒勒蛛 $lɛ^{33}lətʃy^{53}$　蜘蛛（会结网的）。
蚊子 $uən^{53}tsɿ$　蚊子（统称）。
苍蝇 $tshɑŋ^{53}iŋ$　苍蝇（统称）。
虼蚤 $kɛ^{35}tsɿ$　跳蚤。
虱子 $ʂʅ^{21}tsɿ$　虱子。
鲤鱼 $li^{21}y$　鲤鱼。
鳙鱼 $yŋ^{53}y$　鳙鱼（胖头鱼）。
鲫鱼 $tsi^{21}y$　鲫鱼。
鳖 $piɛ^{214}$　甲鱼。
鳞 lin^{53}　鳞（鱼的）。
虾 $çia^{53}$　虾（统称）。
蟹子 $çiai^{33}tsɿ$　螃蟹（统称）。
张拉蛙子 $tʂɑŋ^{53}ləuai^{21}tsɿ$　青蛙（统称）。
嘴疤子 $tsei^{21}pa^{53}tsɿ$　癞蛤蟆（表皮多疙瘩）。

家畜家禽

叫驴 $tsiɑu^{33}ly$　公驴。
草驴 $tshɑu^{21}ly$　母驴。
骡子 $luo^{35}tsɿ$　骡。
犍子 $cian^{53}\ tsɿ$　公牛。
牸牛 $tsɿ^{33}ȵiəu$　母牛。
脚猪 $cyo^{21}tʃy^{53}$　种猪。
克朗猪 $khɛ^{21}lətʃy^{53}$　公猪（成年的，已阉的）。
老母猪 $lan^{21}mutʃy^{53}$　母猪（成年的，未阉的）。
小奶猪儿 $siɑu^{35}nai^{21}tʃyər^{53}$　猪崽。
猪圈 $tʃy^{53}cyan^{33}$　猪圈。
猫子 $mɑu^{53}tsɿ$　猫。
牙猫 $ia^{53}mə$　公猫。
狸猫 $li^{53}mə$　母猫。
狗子 $kəu^{21}tsɿ$　狗（统称）。
公狗 $kuŋ^{53}kəu^{214}$　公狗。
母狗 $mu^{35}kəu^{214}$　母狗。
叫 $tsiɑu^{33}$　叫，如：狗～。
兔子 $thu^{33}tsɿ$　兔子。
鸡 ci^{53}　鸡。

公鸡汉子 kuŋ^{53}cixan^{33}tsɿ　公鸡（成年的）。

老母鸡 lɑu^{35}mu^{21}ci^{53}　母鸡（已下过蛋的）。

打鸣 ta^{21}məŋ^{53}　叫，如：公鸡～。

下 sia^{33}　下，如：鸡～蛋。

抱 pɑu^{33}　孵，如：～小鸡。

①鸭巴子 ia^{21}pa^{53}tsɿ　②鸭巴 ia^{35}pa　鸭。

鹅儿 uor^{53}　鹅。

骟 ʃan^{33}　阉，如：～猪子。

喂 uei^{33}　喂，如：～猪子。

杀猪子 ʂa^{21} tʃy^{53}tsɿ　杀猪（统称）。

剞 khuo^{53}　剖开，如：～鱼。

房舍器具

房舍

疃儿 tɐr^{214}　村庄，如：一个～。

①仰棚 iɑŋ^{21}phə　②仰棚子 iɑŋ^{21}phəŋ^{35}tsɿ　天花板。

山头 ʂan^{53}təu^{35}　山墙。

闩门 tʂhan^{33}mə　门栓。

①胡同儿 xu^{21}thũr^{33}　②胡同子 xu^{21}thuŋ^{33}tsɿ　胡同（统称）。

街 tsei^{53}　街道。

盖房子 kai^{33}fɑŋ^{35}tsɿ　盖房子。

房子 fɑŋ^{35}tsɿ　房子（整座的，不包括院子）。

屋子 u^{53}tsɿ　屋子（房子里分隔而成的，统称）。

①东炕 tuŋ^{53}khɑŋ^{33}　②西炕 si^{53}khɑŋ^{33}　卧室。

草房儿 tshɑu^{21}fɑr^{35}　茅屋。

伙房 xuo^{21}fɑŋ^{35}　厨房。

锅膛 kuo^{53}thə　灶（统称）。

锅 kuo^{53}　锅（统称）。

蒸锅 tʃəŋ^{53}kuo^{53}　饭锅（煮饭的）。

炒勺 tʂhɑu^{21}ʂuo^{35}　菜锅（炒菜的）。

①阳坑 iɑŋ^{53}kə　②阳沟 iɑŋ^{53}kəu^{53}　③茅厕 mɑu^{53}tshɿ　④茅房 mɑu^{53}fɑŋ　厕所（旧式的，统称）。

腰杆子 iɑu^{53}kan^{53}tsɿ　檩（横的）。

□子 kua^{53}tsɿ　柱子。

街门 tsei^{53}mə　大门。

门槛 mən^{53}khan^{214}　门槛。

窗 tʂhuɑŋ^{53}　窗（旧式的）。

梯子 thi^{53}tsɿ　梯子（可移动的）。

扫帚 sɑu^{33}tʃi　扫帚（统称）。

扫地 sɑu^{21}ti^{33}　扫地。

破烂儿 pho^{35}lɐr^{33}　垃圾。

家具

家具 cia^{53}cy^{33}　家具（统称）。

东西 tuŋ^{53}si　东西，如：我的～。

炕 khɑŋ^{33}　炕（土坯砌的，睡觉用）。

床 tʂhuɑŋ^{35}　床（木制的，睡觉用）。

枕子 tʂən^{21}tsɿ　枕头。

枕子瓤儿 tʂən21tsɿiãr53　枕芯。

枕护子 tʂən21xu33tsɿ　枕巾。

被 pei^{33}　被子。

棉花 mian^{53}xua^{53}　棉絮。

床单儿 tʂhuɑŋ^{35}tɐr^{53}　床单。

褥子 y^{33}tsɿ　褥子。

席子 si^{35}tsɿ　席子。

蚊帐 uən^{53}tʃɑŋ^{33}　蚊帐。

桌子 tʂuo^{21}tsɿ　桌子（统称）。

柜子 kuei^{33}tsɿ　柜子（统称）。

抽匣 tʃhəu^{53}çia^{35}　抽屉（桌子的）。

条几 thiɑu^{35}ci^{53}　案子（长条形的）。

椅子 i^{21}tsɿ　椅子（统称）。

凳子 təŋ^{33}tsɿ　凳子（统称）。

马桶 ma^{35}thuŋ^{214}　马桶（有盖的）。

用具

菜刀 tshai^{33}tɑu^{53}　菜刀。

瓢 piɑu^{35}　瓢（舀水的）。

缸 kɑŋ^{53}　缸。

坛子 than^{35}tsɿ　坛子，如：装酒的～。

明子 miŋ^{53}tsɿ　瓶子，如：酒～。

①盖子 kai^{33}tsɿ　②盖儿 kɐr^{33}　盖子，如：杯子～。

碗 uan^{214}　碗（统称）。

筷子 khuai^{33}tsɿ　筷子。

调羹 thiɑu^{35}kəŋ^{214}　汤匙。

柴火 tshai^{35}xuo　柴火（统称）。

洋火儿 iɑŋ^{35}xuor^{214}　火柴。

锁 suo^{214}　锁。

钥匙 yo^{35}tʂʅ　钥匙。

暖壶 nan^{21}xu^{35}　暖水瓶。

铜盆子 thuŋ^{35}phən^{35}tsɿ　脸盆。

洗脸水 si^{35}lian^{21}ʂuei^{214}　洗脸水。

手巾 ʃəu^{21}ci　毛巾（洗脸用）。

小手巾 siɑu^{35}ʃəu^{21}cin　手绢。

胰子 i^{53}tsɿ　肥皂（洗衣服用）。

梳 ʂu^{53}　梳子。

针 tʃən^{53}　缝衣针。

剪子 tsian^{21}tsɿ　剪子。

蜡烛 la^{35}tʂu^{214}　蜡烛。

电棒子 tian^{35}pɑŋ^{33}tsɿ　手电筒。

伞 san^{214}　雨伞（挡雨的，统称）。

自骑车 tsɿ^{33}citʃhiɛ^{53}　自行车。

服饰饮食

服饰

衣裳 i^{53}ʃi　衣服（统称）。

穿 tʂhuan^{53}　穿。

脱 thɛ^{214}　脱。

系 tsi^{33}　系。

料子 liɑu^{33}tsɿ　呢子。

雨褂 y^{214}kua^{33}　雨衣。

绵子 mian^{53}tsɿ　丝绵。

挽衫子 uan^{21}ʃa^{35}tsɿ　衬衫。

背心 pei^{33}sin^{53}　背心。

①毛衣 mɑu^{53}i^{53}　②毛线衣 mɑu^{53}sian^{33}i^{53}　毛衣。

棉衣 mian^{53}i^{53}　棉衣。

袖子 siəu^{33}tsɿ　袖子。

布袋 pu^{33}tə　口袋（衣服上的）。

裤子 khu^{33}tsɿ　裤子。

裤衩儿 khu^{35}tʂhar^{214}　短裤（外穿的）。

裤腿儿 khu^{35}thər^{214}　裤腿。

帽子 mɑu^{33}tsɿ　帽子（统称）。

鞋 çiai^{35}　鞋子。

袜子 ua^{21}tsɿ　袜子。

围脖儿 uei^{53}por^{35}　围巾。

围裙 uei^{35}chyn　围裙。

破布 po^{21}pə　尿布。

扣儿 khour^{53}　扣子。

扣 khəu^{53}　扣，如：～扣子。

戒指 ciɛ^{33}tʂʅ　戒指。

镯儿 tʂor^{35}　手镯。

①剃头 thi^{53}təu^{35}　②铰头 tsiɑu^{21}təu^{35}　③推头 thei^{53}təu^{35}　理发。

梳头 ʂu^{53}təu^{35}　梳头。

饮食

红肉 xuŋ^{35}iəu^{33}　瘦猪肉。

汤 thɑŋ^{53}　面条。

带盖儿汤 tai^{35}kɐr^{33}thɑŋ^{53}　卤面。

糊涂汤 xu^{33}təthɑŋ^{53}　杂面条。

干饭 kan^{21}fan^{33}　米饭。

大米稀 ta^{33}mi^{21}çi^{53}　稀饭（用米熬的，统称）。

麦子面 mɛ^{21}tsɿmian^{33}　面粉（麦子磨的，统称）。

汤儿 thɑ̃r^{53}　汤水

面儿 miɐr^{33}　面儿，如：玉米～，辣椒～。

①饽饽 po^{53}pə（圆形的）②卷子 cyan^{21}tsɿ（扁长的）馒头（无馅的，统称）。

角儿 cior^{35}　包子。

馉馇 ku^{53}tʂə　饺子。

馄饨 xuən^{35}thə　馄饨。

馅子 sian^{33}tsɿ　馅儿。

麻头 ma^{53}thə　油条（长条形的，旧称）。

豆浆 təu^{33}tsiɑŋ^{53}　豆浆。

豆腐脑儿 təu^{33}funor^{214}　豆腐脑。

①元宵 yan^{35}siɑu^{53}　②汤圆儿 thɑŋ^{53}yɐr^{35}　元宵（食品）。

粽子 tsəŋ^{33}tsɿ　粽子。

糕 kɑu^{53}　年糕。

①炉酥果子 lu^{21}su^{53}ko^{21}tsɿ　②果子 ko^{21}tsɿ　桃酥。

菜 tshai^{33}　菜（吃饭时吃的，统称）。

萝卜干子 luo^{53}pəkan^{53}tsɿ　萝卜干。

豆腐 təu^{33}fu　豆腐。

猪血 tʃy^{53}siɛ^{214}　猪血。

猪蹄子 tʃy^{53}ti^{35}tsɿ　猪蹄。

猪蹄儿 tʃy^{53}tiər^{35}　熟猪蹄。

口条儿 khəu^{21}thiaur^{35}　猪舌头。

猪肝 tʃy^{53}kan^{53}　猪肝。

下货 çia^{33}xuo^{214}　下水（猪牛羊的内脏）。

鸡蛋 ci^{53}tan^{33}　鸡蛋。

皮蛋 phi^{35}tan^{33}　松花蛋。

猪大油 tʃy^{53}ta^{33}iəu^{53}　猪油。

香油 çiaŋ^{21}iəu^{53}　香油。

清酱 tshiŋ^{53}tsiaŋ^{33}　酱油。

咸盐 sian^{35}ian^{53}　盐。

醋 tshu^{33}　醋。

烟卷儿 ian^{53}cyɐr^{35}　香烟。

旱烟儿 xan^{33}iɐr^{53}　旱烟。

烧酒 ʃau^{53}tsiəu^{214}　白酒。

黄酒 xuaŋ^{35}tsiəu^{214}　黄酒。

米酒 mi^{35}tsiəu^{214}　江米酒（酒酿，醪糟）。

茶叶 tʂha^{35}iɛ^{214}　茶叶。

泡 phau^{33}　沏，如：～茶。

冰棍儿 piŋ^{53}kuər^{33}　冰棍儿。

①弄饭儿 nəu^{33}fɐr^{33}　②熬饭儿 au^{53}fɐr^{33}　做饭（统称）。

炒菜 tʂhau^{21}tshai^{33}　炒菜（统称，和做饭相对）。

烀 xu^{53}　①煮，如：～带壳的鸡蛋　②蒸，如：～地瓜。

煎 tsian^{53}　煎，如：～鸡蛋。

炸 tʂa^{35}　炸，如：～油条。

蒸 tʃəŋ^{53}　蒸，如：～鱼。

揉 ʂəu^{214}　揉，如：～面做馒头等。

擀 kan^{214}　擀，如：～面，～皮儿。

朝饭 tʃiɛ^{53}fan^{33}　早饭。

晌 ʃaŋ^{214}　午饭。

夜饭 iɛ^{33}fan　晚饭。

①啖 tai^{214}　②吃 tʃhi^{214}　吃，如：～饭。

喝 xa^{214}　喝，如：～酒。

抽 tʃhəu^{53}　抽，如：～烟。

①盛 tʃhəŋ^{35}　②舀 iau^{214}　盛，如：～饭。

搛 cian^{53}　夹，如：用筷子～菜。

①掌 tʃaŋ^{214}　②倒 tau^{33}　斟，如：～酒。

渴 kha^{214}　渴，如：口～。

饿 uo^{33}　饿，如：肚子～。

①嗓 saŋ^{214}　②卡 tshia^{214}　噎，如：吃饭～着了。

身体医疗

身体

牙 ia^{53}　牙齿。

牙花子 ia^{53}xua^{53}tsɿ　牙龈。

罐子鼻儿 kuan^{33}tsɿpiər^{35}　锁骨。

铁锨板子 thiɛ^{21}çian^{53}pan^{21}tsɿ　肩胛骨。

头 təu^{35}　头（人的，统称）。

①头发 təu^{35}fə　②头发 thəu^{35}fə　头发。

辫子 pian^{33}tsɿ　辫子。

旋子 sian^{33}tsɿ　旋。

眼脸盖 ian^{53}ləkai^{33}　额头。

模样 mu^{53}i　相貌。

脸 lian^{214}　脸，如：洗～。

眼 ian^{214}　眼睛。

眼珠儿 ian^{21}tʃyər^{53}　眼珠（统称）。

泪 lei^{33}　眼泪（哭的时候流出来的）。

眼遮眉 ian^{21}tʂəmei^{53}　眉毛。

耳根 ər^{35}kə　耳朵。

鼻子 pi^{35}tsɿ　①鼻子　②鼻涕（统称）。

擤 syŋ^{214}　擤，如：～鼻涕。

嘴 tsei^{214}　嘴巴（人的，统称）。

①嘴唇子 tsei^{21}tʂhuən^{35}tsɿ　②嘴唇儿 tsei^{21}tʂhuər^{35}　嘴唇。

①粲虫 tʃhi^{53}tʂhə　②粲水 tʃhi^{53}ʂɿ　口水，如：～流出来。

舌头 ʃiɛ^{35}thə　舌头。

牙巴颏子 ia^{53}pakho^{21}tsɿ　下巴。

胡子 xu^{35}tsɿ　胡子（嘴周围的）。

脖颈子 po^{35}kəŋ^{21}tsɿ　脖子。

嗓根头子 saŋ^{53}kətəu^{35}tsɿ　喉咙。

肩膀头子 tsian^{53}mətəu^{35}tsɿ　肩膀。

胳膊 kɛ^{21}pə　胳膊。

手 ʃəu^{214}（只指手）　手，如：他的～摔断了。

左手 tsuo^{35}ʃəu　左手。

右手 iəu^{33}ʃəu　右手。

拳 chyan^{35}　拳头。

手指头 ʃəu^{21}tʂɿ^{35}thəu　手指。

大拇指头 ta^{33}mətʂʅ^{35}thəu　大拇指。

二拇指头 ər^{53}mətʂʅ^{35}thəu　食指。

中指头 tʂuŋ^{53}tʂʅ^{35}thəu　中指。

无名儿指 u^{35}miə̃r^{53}tʂʅ^{214}　无名指。

小拇指头 siau^{35}mətʂʅ^{35}thəu　小拇指。

手指盖儿 ʃəu^{21}tʂʅ^{33}kɐr^{33}　手指甲。

脚趾盖儿 cyo^{21}tʂʅ^{33}kɐr^{33}　脚趾甲。

腿 thei^{214}　腿。

脚 cyo^{214}（只指脚）　脚，如：他的～压断了。

脖棱盖 po^{53}ləkai^{33}　膝盖（指部位）。

身么后儿 ʃən^{53}məxour^{33}　①背（名词）　②背后。

肚子 tu^{33}tsɿ　肚子（腹部）。

闭脐 pi^{33}tshɿ　肚脐。

奶子 nai^{21}tsɿ　乳房（女性的）。

腚 tiŋ^{33}　屁股。

腚沟眼子 tiŋ^{33}kəian^{21}tsɿ　肛门。

①鸭子 ia^{21}tsɿ　②鸡 tsi^{53}　③鸡子 tsi^{53}tsɿ　阴茎。

①屄 pi^{5}　②鸭掰子 ia^{21}pai^{53}tsɿ　女阴。

肏 tshau^{33}　肏（动词）。

①雄 çyŋ^{35}　②雄儿 çyə̃r^{35}　精液。

来儿衣裳 lɐr^{53}i^{53}ʃi　来月经。

拉屎 la^{53}ʂʅ^{214}　拉屎。

尿尿 ȵiau^{33}ȵiau^{33}　撒尿。

放屁 faŋ^{33}phi^{33}　放屁。

疾病医疗

病了 piŋ^{33}lə　病了。

耳脓儿 ər^{21}nur^{33}　中耳炎。

气眼儿蒙 chi^{33}iɐr^{21}məŋ^{53}　白内障。

热疙 iɛ^{21}kə　痱子。

凉着了 liaŋ^{53}tʂələ　着凉。

咳嗽 khɛ^{21}sɿ　咳嗽。

发烧 fa^{21}ʃau^{53}　发烧。

打颤颤 ta^{21}tʃan^{33}tʃi　发抖。

肚子痛 tu^{33}tsɿthuŋ^{33}　肚子疼。

①冒肚子 mau^{21}tu^{33}tsɿ　②呲鞭杆 tshɿ^{53}pian^{53}kan^{214} 拉肚子。

发疟子 fa^{35}yo^{21}tsɿ　患疟疾。

中暑 tʂuŋ^{33}ʃy^{214}　中暑。

肿 tʂuŋ^{214}　肿。

化脓 xua^{33}nuŋ^{53}　化脓。

疤 pa^{53}　疤（好了的）。

癣 sian^{214}　癣。

痣 ci^{33}　痣（凸起的）。

印识 in^{35}ʃi　胎记（平的，不长毛的，多呈红色或暗黑色）

黑眼 xɛ^{33}ian^{214}　痦子

包 phau^{53}　疙瘩（蚊子咬后形成的）。

狐臭 xu^{35}tʃhəu^{33}　狐臭。

①扎固病 tʂa^{35}kupiŋ^{33}　②看病 khan^{33}piŋ^{33}　看病。

试脉 ʂʅ^{35}mɛ^{214}　诊脉。

打干针 ta^{21}kan^{53}tʃən^{53}　针灸。

打针 ta^{21}tʃən^{53}　打针。

①打吊瓶 ta^{21}tiau^{33}phiŋ^{35}　②挂吊瓶 kua^{33}tiau^{33}phiŋ^{35}　打吊针。

吃药 tʃhi^{35}yo^{214}　吃药（统称）。

汤药 thaŋ^{53}yo^{214}　汤药。

①病强了 piŋ^{33}chiaŋ^{35}lə　②病儿强些了 piə̃r^{33}chiaŋ^{35}siɛlə　病轻了。

婚丧信仰

婚育

①做媒 tsu^{33}mei^{53}　②做媒 tsəu^{33}mei^{53}　说媒。

好日 xau^{35}i^{214}　吉日。

媒 mei^{53}　媒人。

①过目 kuo^{35}mu^{33}　②看人儿 khan^{33}iər^{53}　相亲。

送日子 suŋ^{35}i^{21}tsɿ　订婚。

嫁妆 cia^{33}tʂuaŋ　嫁妆。

结婚 ciɛ^{21}xuən^{53}　结婚（统称）。

将媳妇 tsiaŋ^{53}si^{35}fu　娶妻子，如：男子～。

出门子 tʃhy^{21}mən^{53}tsɿ　出嫁，如：女子～。

拜堂 pai^{33}thaŋ^{35}　拜堂。

新新女婿 sin^{53}sinȵy^{21}sɿ　新郎。

新新媳妇 sin^{53}sinsi^{35}fə　新娘子。

老娘婆 lau^{21}ȵiaŋ^{35}pho^{35}　接生婆。

孕妇 yn^{33}fu^{53}　孕妇。

有了 iəu^{21}lə　怀孕。

害孩子 xan^{33}xai^{35}tsɿ　害喜（妊娠反应）。

拾孩子 ʃi^{35}xai^{35}tsɿ　分娩。

掉了 tiɑu^{33}lə　流产。

丢了 tiəu^{53}lə　小孩夭折（出生后）

①双棒儿 ʂuɑŋ^{33}pə　②双棒拉子 ʂuɑŋ^{33}pəla^{35}tsɿ 双胞胎。

坐月子 tsuo^{35}yɛ^{33}tsɿ　坐月子。

奶奶子 nai^{35}nai^{21}tsɿ　吃奶。

齐奶 tshi^{33}nai^{214}　断奶。

满月儿 man^{35}yɐr^{35}　满月。

生日 ʂəŋ^{53}i　生日（统称）。

过生日 kuo^{33}ʂəŋ^{53}i　做寿。

丧葬

死 sɿ^{214}　死（统称）。

①老了 lɑu^{21}lə　②过世 kuo^{35}ʃi^{33}　③去世 chy^{35}ʃi^{33} 死（婉称，最常用的几种，指老人），如：他～了。

自杀 tsɿ^{33}ʂa^{214}　自杀。

断气儿 tan^{35}chiər^{33}　咽气。

入殓 y^{21}lin^{33}　入殓。

棺材 kuan^{53}tshɿ　棺材。

出殡 tʃhy^{21}pin^{33}　出殡。

牌位 phai^{35}uei　灵位。

茔头 iŋ^{35}thə　坟墓。

上坟 ʃɑŋ^{33}fən^{35}　上坟。

烧钱纸 ʃɑu^{53}tsian^{35}tʂɿ^{214}　纸钱。

信仰

老天爷 lɑu^{214}thian^{53}iɛ^{53}　老天爷。

菩萨 phu^{35}sa　菩萨（统称）。

灶王爷 tsɑu^{33}uɑŋiɛ^{53}　灶神（口头的叫法）。

寺庙 sɿ^{33}miɑu^{33}　寺庙。

家庙 cia^{21}miɑu^{33}　祠堂。

和尚 xuo^{35}ʃi　和尚。

姑子 ku^{53}tsɿ　尼姑。

道士 tɑu^{33}ʂɿ　道士。

算命儿 san^{35}miə̃r^{33}　算命（统称）。

运气 yn^{33}chi　运气。

保佑 pɑu^{21}iəu^{33}　保佑。

人品称谓

人品

人 in^{53}　人。

汉子 xan^{33}tsɿ　男人（成年的，统称）。

老婆 lɑu^{21}phə　女人（已婚的，统称）。

光棍儿 kuɑŋ^{53}kuər^{33}　单身汉。

老大闺女 lɑu^{21}ta^{33}kuei^{53}ȵi　老姑娘。

小月子孩儿 siɑu^{35}yɛ^{21}tsɿxɐr^{35}　婴儿。

小孩儿 siɑu^{21}xɐr^{35}　小孩（统称）。

小子 siɑu^{21}tsɿ　男孩（统称）。

小小儿 siɑu^{35}sior^{214}　①小男孩　②排行最小的男孩。

小闺女 siɑu^{21}kuei^{53}ȵy　女孩（统称）。

老人 lɑu^{21}in^{53}　老人（七八十岁的，统称）。

亲戚 tshin^{53}tshi　亲戚（统称）。

朋友 phəŋ^{35}iəu^{214}　朋友（统称）。

邻居 lin^{35}cy　邻居（统称）。

客人 khɛ^{21}in^{53}　客人。

农民 nu^{35}min^{35}　农民。

商人 ʂɑŋ^{53}in^{53}　商人。

耍手艺的 ʂua^{35}ʃəu^{21}iti　手艺人（统称）。

瓦匠 ua^{21}tsɿ　泥水匠。

木匠 mu^{35}tsɿ　木匠。

裁缝 tshai^{35}fəŋ　裁缝。

剃头的 thi^{53}təu^{35}ti　理发师。

①做饭的 tsəu^{33}fan^{33}ti　②做饭儿的 tsəu^{33}fɐr^{33}ti　③做饭儿的 tsuo^{33}fɐr^{33}ti　厨师。

师傅 ʂɿ^{53}fu　师傅。

徒弟 thu^{35}ti　徒弟。

要饭儿的 iɑu^{33}fɐr^{33}ti　乞丐（统称，非贬称）。

妓女 ci^{53}ȵy^{214}　妓女。

流氓 liəu^{35}mɑŋ^{214}　流氓。

小偷儿 siɑu^{21}thour^{53}　贼。

瞎子 sia^{21}tsɿ　瞎子（统称，非贬称）。

聋子 luŋ^{53}tsɿ　聋子（统称，非贬称）。

哑巴 ia^{35}pə　哑巴（统称，非贬称）。

①老锅子 lɑu^{21}kuo^{53}tsɿ　②老锅儿 lɑu^{21}kuor^{53} 驼子（统称，非贬称）。

瘸子 cyɛ^{35}tsɿ　瘸子（统称，非贬称）。

痴子 tʃhi^{53}tsɿ　疯子（统称，非贬称）。

彪子 piɑu^{53}tsɿ　傻子（统称，非贬称）。

笨蛋 pən^{33}tan^{33}　笨蛋（蠢的人）。

称谓

叔嗣 ʃy21sɿ 叔侄（合称）。

姑舅 ku^{53}ci 姑表亲，如：～弟兄。

①姨娘儿 i^{21}ȵiãr ②两样儿 liaŋ^{21}iãr^{33} 姨表（亲），如：～弟兄。

爷 iɛ^{53} 爷爷（面称，最通用的）。

婆 po^{35} 奶奶（面称，最通用的）。

姥爷 lɑu^{21}iɛ 外祖父（背称）。

①姥儿 lɑur^{214} ②姥母 la^{21}mə 外祖母。

老儿的 lɑur^{21}ti 父母（合称）。

爹 tiɛ^{53} ①爸爸（面称，最通用的） ②父亲（背称）。

妈 ma^{53} ①妈妈（面称，最通用的） ②母亲（背称）。

后爹 xəu^{33}tiɛ^{53} 继父（背称）。

后妈 xəu^{33}ma^{53} 继母（背称）。

丈人 tʃɑŋ^{33}in 岳父（背称）。

丈母娘儿 tʃɑŋ^{33}muȵiãr^{35} 岳母（背称）。

公爹 kuŋ^{53}tiɛ^{53} 公公（背称）。

婆妈 pho^{35}ma^{53} 婆婆（背称）。

①伯 pɛ^{214} ②大爷 ta^{33}iɛ 伯父（面称，统称）。

大妈 ta^{33}ma^{53} 伯母（面称，统称）。

叔 ʃy^{214} 叔父（面称，统称）。

小叔儿 siɑu^{35}ʃyər^{214} 排行最小的叔父（面称）。

婶 ʃən^{214} 叔母（面称，统称）。

姑 ku^{53} 姑（统称，面称）。

姑父 ku^{53}fu 姑父（面称，统称）。

①舅 ci^{33} ②舅 ciəu^{33} 舅舅（面称）。

妗母 cin^{33}mə 舅妈（面称）。

姨 i^{214} 姨（统称，面称）。

姨父 i^{53}fu 姨父（面称，统称）。

弟兄 ti^{33}çyŋ 弟兄（合称）。

姊妹 tsɿ^{35}mei（含男性） 姊妹（合称）。

哥 ko^{53} 哥哥（面称，统称）。

嫂 sɑu^{214} 嫂子（面称，统称）。

兄儿 çỹr^{53} 弟弟。

兄弟媳妇 çyŋ^{53}tisi^{35}fu 弟媳（背称）。

姐 tsiɛ^{214} 姐姐（面称，统称）。

姐夫 tsiɛ^{21}fu 姐夫（面称）。

妹儿 mər^{33} 妹妹。

妹夫 mei^{33}fu 妹夫（背称）。

叔伯兄弟 ʃy^{35}pɛçyŋ^{53}ti ①堂兄弟 ②堂兄弟之后的兄弟（同姓同辈的） ③异姓的同辈兄弟。

亲叔伯兄弟 tshin^{53}ʃy^{35}pɛçyŋ^{53}ti 叔伯兄弟

①妯儿伙 tʃyər^{35}xu ②妯儿伙子 tʃyər^{35}xutsɿ 妯娌（弟兄妻子的合称）。

连襟 lian^{35}cin 连襟（姊妹丈夫的关系，背称）。

儿郎 ər^{53}lə 儿子（背称），如：我的～。

儿郎媳妇 ər^{53}lɑŋsi^{35}fu 儿媳妇（背称），如：我的～。

闺女 kuən^{53}ȵy 女儿（背称），如：我的～。

闺女女婿 kuei^{53}ȵyȵy^{21}çy 女婿（背称），如：我的～。

孙子 sən^{53}tsɿ 孙子（儿子之子）。

重孙子 tʂhuŋ^{35}sən^{53}tsɿ 重孙子（儿子之孙）。

侄儿 tʃiər^{33} 侄子（弟兄之子）。

外甥 uai^{33}ʂɿ 外甥（姐妹之子）。

①重外甥 tʂhuŋ^{35}uai^{33}ʂɿ ②外甥 uai^{33}ʂɿ 外孙（女儿之子，用①与“姐妹之子”作区分）。

两口子 liaŋ^{35}khəu^{21}tsɿ 夫妻（合称）。

①老头子 lɑu^{21}thəu^{35}tsɿ ②老头儿 lɑu^{21}thour^{35} 丈夫（背称，最通用的，非贬称），如：她的～。

①老婆 lɑu^{21}phə ②老婆子 lɑu^{21}puo^{35}tsɿ 妻子（背称，最通用的，非贬称），如：他的～。

名儿 miãr^{53} 名字。

怪名儿 kuai^{33}miãr^{53} 绰号。

农工商文

农业

庄稼地里 tʂuɑŋ^{53}tsɿti^{33}lə ①农村 ②农业。

墒沟 ʃɑŋ^{53}kəu^{53} 犁沟。

喂地 uei^{33}ti^{33} 施肥。

滑子 xua^{33}tsɿ ①滑轮 ②木钩（手推车上的，作用同木轮）。

干活儿 kan^{35}xuor^{33} 干活儿（统称），如：在地里～。

事儿 ʂər^{33} 事情。

栽稻子 tsai^{53}tɑu^{33}tsɿ 插秧。

割稻子 ka^{21}tau^{33}tsɿ　割稻。

种菜 tʂuŋ^{35}tshai^{33}　种菜。

犁具 ly^{21}cy　犁（名词）。

锄 tʂhu^{35}　锄头。

镰 lian^{53}　镰刀。

把儿 par^{33}　把儿，如：刀～。

扁担 pian^{21}tə　扁担。

筐子 khuaŋ^{53}tsɿ　箩筐。

筛子 ʂai^{53}tsɿ　筛子（统称）。

撮子 tshuo^{21}tsɿ　簸箕（农具，有梁的）。

簸箕 po^{33}chi　簸箕（簸米用）。

①小推车 siau^{21}thei^{53}tʃhiɛ^{53}　②小车儿 siau^{21}tʃhiɐr^{53}　③小车子 siau^{21}tʃhiɛ^{53}tsɿ　独轮车。

车轱轮 tʃhiɛ^{53}ku^{214}lə　轮子（旧式的，如独轮车上的）。

①碓个窝儿 tei^{33}kəuər^{53}　②碓臼 tei^{33}kə　碓（整体）。

臼子 ciəu^{35}tsɿ　臼（小的蒜臼子）。

磨 muo^{33}　磨（名词）。

年景儿 ȵian^{53}ciə̃r^{214}　年成。

工商业

走江湖 tsəu^{21}ciaŋ^{53}xu　走江湖（统称）。

每费 mei^{21}fə　费用。

车脚 tʃhiɛ^{53}cyo^{214}　运费。

扛利 kaŋ^{33}lə　装卸费。

扛活 khaŋ^{35}xuo^{35}　打工（旧称）。

斧子 fu^{21}tsɿ　斧子。

钳子 cian^{35}tsɿ　钳子。

螺丝刀子 luo^{35}sɿtau^{53}tsɿ　螺丝刀。

锤 tʂhuei^{35}　锤子。

钉儿 tiə̃r^{53}　钉子。

绳儿 ʃə̃r^{35}　绳子。

棍 kuən^{33}　棍子。

做买卖 tsu^{35}mai^{21}mai　做买卖。

社 ʃiɛ^{33}　商店。

馆子 kuan^{21}tsɿ　饭馆。

旅社 ly^{21}ʃiɛ^{33}　旅馆（旧称）。

贵 kuei^{33}　贵。

贱 tsian^{33}　便宜。

上算 ʃaŋ^{35}san^{33}　合算。

打折儿 ta^{35}tʃiɐr^{214}　折扣。

赔本儿 phei^{35}pər^{214}　亏本。

钱 tsian^{35}　钱（统称）。

零钱 liŋ^{53}tsian^{35}　零钱。

小钢钻儿 siau^{21}kaŋ^{53}tsɐr^{33}　硬币。

本钱 pən^{21}tshian^{35}　本钱。

工钱 kuŋ^{53}tshian^{35}　工钱。

路费 lu^{35}fei^{33}　路费。

花 xua^{53}　花，如：～钱。

挣 tʂəŋ^{33}　①赚，如：卖一斤能～一毛钱 ②挣，如：打工～了一千块钱。

该 kai^{53}　欠，如：～他十块钱。

①算盘子 san^{33}phan^{35}tsɿ　②算盘儿 san^{33}phɐr^{35}　算盘。

秤 tʃhəŋ^{33}　秤（统称）。

称 tʃhəŋ^{53}　称，如：用杆秤～。

赶集 kan^{21}tsi^{33}　赶集。

集 tsi^{33}　集市。

庙会 miau^{33}xuei^{33}　庙会。

文化娱乐

学堂 çyo^{35}thaŋ^{35}　学校。

教室 ciau^{33}ʃi^{35}　教室。

上学 ʃaŋ^{33}çyo^{35}　上学。

放学 faŋ^{33}çyo^{35}　放学。

考试 khau^{21}ʂɿ^{33}　考试。

书包儿 ʃy^{53}por^{53}　书包。

尺杆儿 tʃhi^{35}kɐr^{214}　尺子（学生用）。

擦子 tsha^{21}tsɿ　橡皮。

印纸 in^{33}tʂɿ^{214}　复写纸。

本儿 pər^{214}　本子。

铅笔 chian^{53}pi^{214}　铅笔。

钢笔 kaŋ^{53}pi^{214}　钢笔。

油儿笔 iour^{53}pi^{214}　圆珠笔。

①水笔 ʂuei^{35}pi^{214}　②毛笔 mau^{53}pi^{214}　毛笔。

墨 mɛ^{214}　墨。

砚石 ian^{33}ʃi　砚台。

信 sin^{33}　信，如：一封～。

小画册子 siau^{21}xua^{33}tʃhɛ^{21}tsɿ　连环画。

趴猫儿 pha^{53}mɑur^{53} 捉迷藏。

跳绳儿 thiɑu^{33}ʂə̃r^{35} 跳绳。

毽儿 ciɐr^{33} 毽子。

鹞子 iɑu^{35}tsɿ 风筝。

耍狮子 ʂua^{21}ʂʅ^{53}tsɿ 舞狮。

①小鞭儿 siɑu^{21}piɐr^{53} ②爆仗 pɑu^{33}tʃi 鞭炮（统称）。

唱歌儿 tʃhɑŋ^{33}kor^{53} 唱歌。

唱戏 tʃhɑŋ^{35}çi^{33} 演戏。

锣鼓 luo^{53}ku^{214} 锣鼓（统称）。

二胡 ər^{35}xu^{214} 二胡。

笛子 ti^{35}tsɿ 笛子。

划拳 xua^{35}chyan^{35} 划拳。

下棋儿 çia^{33}chiər^{35} 下棋。

打扑克 ta^{21}phu^{35}kə 打扑克。

打麻将 ta^{21}ma^{35}tsiɑŋ^{33} 打麻将。

耍藏眼 ʂua^{21}tshɑŋ^{35}i 变魔术。

讲故事 ciɑŋ^{21}ku^{33}ʂʅ 讲故事。

破谜 pho^{33}mei^{35} 猜谜语。

站 tʂan^{33} 玩儿（游玩），如：到城里～。

串门儿 tʂuan^{33}mər^{53} 串门儿。

走亲戚 tsəu^{21}tshin^{53}tshi 走亲戚。

动作行为

具体动作

墁 man^{33} 抹，如：～墙。

敋 çiɛ^{214} 敞开，如：～着门。

拴 ʂuan^{53} 缝制（手工），如：～袄。

看 khan^{33} 看，如：～电视。

听 thiŋ^{53} ①听 ②闻。

①吸 çy^{214} ②吸 çi^{214} 吸，如：～气。

睁 tʂəŋ^{53} 睁，如：～眼。

闭 pi^{33} 闭，如：～眼。

①夹巴 tsia^{53}pə ②眨巴 tʂa^{53}pə 眨，如：～眼。

张 tʃɑŋ^{53} 张，如：～嘴。

闭 pi^{33} 闭，如：～嘴。

咬 iɑu^{214} 咬，如：狗～人。

嚼 tsyo^{33} 嚼，如：把肉～碎。

吞 thən^{53} 咽，如：～下去。

舔 thian^{214} 舔，如：人用舌头～。

含 xan^{35} 含，如：～在嘴里。

亲嘴 tshin^{53}tsei^{214} 亲嘴。

吸 çy^{214} 吮吸（用嘴唇聚拢吸取液体，如吃奶时）。

吐 thu^{214} 吐（上声），如：把果核儿～掉。

①呕 əu^{214} ②吐 thu^{214} 吐（去声，呕吐），如：喝酒喝～了。

打嚏巴 ta^{21}thi^{33}pa 打喷嚏。

拿 na^{53} 拿，如：用手把苹果～过来。

①给 chi^{214} ②给 kei^{214} 给，如：他～我一个苹果。

摸 muo^{214} 摸，如：～头。

伸 ʃy^{53} 伸，如：～手。

①抓 ʂua^{53} ②擓 khuai^{214} 挠，如：～痒痒。

掐 tshia^{214} 掐，如：用拇指和食指的指甲～皮肉。

拧 ȵyŋ^{214} 拧，如：～螺丝。

捺 na^{214} 拧，如：～毛巾。

捻 ȵian^{214} 捻，如：用拇指和食指来回～碎。

掰 pɛ^{214} 掰。

剥 pa^{214} 剥，如：～花生。

撕 sɿ^{53} 撕，如：把纸～了。

撅 chyɛ^{214} 折，如：把树枝～断。

拔 pa^{35} 拔，如：～萝卜。

摘 tʃɛ^{214} 摘，如：～花。

立 li^{214} 站（站立），如：～起来。

惬 chie^{53} 倚（斜靠），如：～在墙上。

蹲 tən^{33} 蹲，如：～下。

坐 tsuo^{33} 坐，如：～下。

蹦 pəŋ^{33} 跳，如：青蛙～起来。

迈 man^{53} 迈（跨过高物），如：从门槛上～过去。

踩 tʂhai^{214} 踩，如：脚～在牛粪上。

翘 chiɑu^{53} 翘，如：～腿。

弯 uan^{53} 弯，如：～腰。

挺 thiŋ^{214} 挺，如：～胸。

趴 xa^{53} 趴，如：～着睡。

爬 pa^{35} 爬，如：小孩在地上～。

走 tsəu^{214} 走，如：慢慢儿～。

跑 phɑu^{214}　跑，如：慢慢儿走，别～。

跑 phɑu^{21}　逃（逃跑），如：小偷～了。

赶 kan^{214}　追（追赶），如：～小偷。

抓 tʂua^{214}　抓，如：～小偷。

撒 sa^{214}　抱，如：把小孩～在怀里。

背 pei^{53}　背，如：～孩子。

扶 fu^{35}　搀，如：～老人。

推 thei^{53}　推，如：几个人一起～汽车。

磕 kha^{214}　摔（跌），如：小孩～倒了。

撞 tʂhuɑŋ^{33}　撞，如：人～到电线杆上。

挡 tɑŋ^{214}　挡，如：你～住我了，我看不见。

躲 tuo^{214}　躲（躲藏），如：他～在床底下。

掩 ian^{33}　藏，如：钱～在枕头下面。

搁 ko^{214}　放，如：把碗～在桌子上。

摞 luo^{53}　摞，如：把砖～起来。

埋 mai^{53}　埋，如：～在地下。

盖 kai^{33}　盖，如：把茶杯～上。

压 ia^{214}　压，如：用石头～住。

按 an^{33}　摁（用手指按），如：～图钉。

捅 thuŋ^{214}　捅，如：用棍子～鸟窝。

插 tʂha^{214}　插，如：把香～到香炉里。

戳 tʂhuo^{214}　戳，如：～个洞。

砍 khan^{214}　砍，如：～树。

剁 to^{33}　剁，如：把肉～碎做馅儿。

削 syo^{214}　削，如：～苹果。

裂 liɛ^{214}　裂，如：木板～开了。

皱 tʂəu^{33}　皱，如：皮～起来。

烂 lan^{33}　腐烂，如：死鱼～了。

擦 tsha^{214}　擦，如：用毛巾～手。

倒 tɑu^{33}　倒，如：把碗里的剩饭～掉。

摔 ʃyɛ^{53}　①扔（丢弃）　②扔（投掷）　③摔。

掉 tiɑu^{33}　掉（掉落，坠落），如：树上～下一个梨。

滴 ti^{214}　滴，如：水～下来。

丢 tiəu^{53}　丢（丢失），如：钥匙～了。

找 tʂɑu^{214}　找（寻找），如：钥匙～到。

拾 ʃi^{35}　捡，如：～到十块钱。

提拎 ti^{53} lə　提，如：用手把篮子～起来。

挑 thiɑu^{53}　挑，如：～担。

扛 khɑŋ^{33}　扛，如：把锄头～在肩上。

抬 thai^{35}　抬，如：～轿。

举 cy^{214}　举，如：～旗子。

打 ta^{214}　撑，如：～伞。

启 chi^{214}　撬，如：把门～开。

① 挑 thiɑu^{53}　② 拣 cian^{214}　挑（挑选，选择），如：你自己～一个。

拾掇 ʃi^{33}tə　收拾，如：～东西。

挽 uan^{214}　挽，如：～袖子。

刷 ʂua^{214}　涮，如：把杯子～一下。

洗 si^{214}　洗，如：～衣服。

捞 lɑu^{53}　捞，如：～鱼。

系 tsi^{33}　拴，如：～牛。

①捆 khuən^{214}　②绑 pɑŋ^{214}　捆，如：～起来。

解 tsiɛ^{214}　解，如：～绳子。

挪 nuo^{53}　挪，如：～桌子。

捧 pɑŋ^{35}　端，如：～碗。

兑 tei^{33}　掺，如：～水。

烧 ʃɑu^{53}　烧，如：～柴。

拆 tʂhɛ^{214}　拆，如：～房子。

①转 tʂuan^{33}　②围 uei^{53}　转，如：～圈儿。

①掂 tian^{53}　②捶 tʂhuei^{35}　捶，如：用拳头～。

打 ta^{214}　打（统称），如：他～了我一下。

打仗 ta^{21}tʃɑŋ^{33}　①打架（动手）　②吵架（动嘴），如：两个人在～。

歇憩 çiɛ^{21}tshɿ　休息。

打哈欠 ta^{21}xa^{53}çiɛ　打哈欠。

打瞌睡 ta^{21}kha^{35}ʂuei　打瞌睡。

睡 ʂuei^{33}　睡，如：他已经～了。

①打呼噜 ta^{21}xu^{53}lu　②打鼾睡 ta^{21}xan^{35}ʂɿ　打呼噜。

①做梦 tsu^{35}məŋ^{33}　②做梦 tsəu^{35}məŋ^{33}　做梦。

起来 chiɛ^{35}lə　起床。

刷牙 ʂua^{21}ia^{53}　刷牙。

洗澡 si^{35}tsɑu^{214}　洗澡。

抽象动作

护 xu^{33}　袒护。

沾 tʃan^{33}　传染。

寻思 sin^{35}sɿ　想（思索），如：让我～一下。

想 siɑŋ^{214} 想（想念），如：我很～他。

①打算 ta^{21}san ②计划 ci^{33}xua 打算，如：我～开个店。

记得 ci^{33}tə 记得。

忘了 mɑŋ^{33}lə 忘记。

怕 pha^{33} 怕（害怕），如：你别～。

相信 siɑŋ^{35}sin^{33} 相信，如：我～你。

发愁 fa^{21}tʂhəu^{35} 发愁。

小心 siɑu^{21}sin 小心，如：过马路要～。

喜欢 çi^{21}xuan^{53} 喜欢，如：～看电视。

膈应 kɛ^{35}i 讨厌，如：～这个人。

舒心 ʃy^{53}sɿ 舒服，如：凉风吹来很～。

①遭罪 tsɑu^{53}tsei^{33} ②不熨贴 pu^{35}y^{21}thiɛ 难受（生理的）。

难过 nan^{53}kuo^{33} 难过（心理的）。

欢气 xuan^{53}chi 高兴。

生气 ʂəŋ^{53}chi^{33} 生气。

埋怨 man^{53}yan 责怪。

后悔 xəu^{35}xuei^{214} 后悔。

忌妒 tsi^{35}tu 忌妒。

害惮 xai^{35}tan^{33} 害羞。

丢人 tiəu^{53}in^{53} 丢脸。

欺负 chi^{53}fu 欺负。

装 tʂuɑŋ^{53} 装，如：～病。

亲 tshin^{53} 疼，如：～小孩儿。

要 iɑu^{33} 要，如：我～这个。

有 iəu^{214} 有，如：我～一个孩子。

没有 mo^{53}iəu^{214} 没有，如：他～孩子。

是 ʂʅ^{33} 是，如：我～老师。

不是 pu^{21}ʂʅ^{33} 不是，如：他～老师。

①在 tsai^{33} ②待 tai^{33} 在，如：他～家。

①不在 pu^{21}tsai^{33} ②不待 pu^{21}tai^{33} 不在，如：他～家。

知道 tʃi^{53}tə 知道，如：我～这件事。

不知道 pu^{21}tʃi^{53}tə 不知道，如：我～这件事。

懂 tuŋ^{214} 懂，如：我～英语。

不懂 pu^{35}tuŋ^{214} 不懂，如：我～英语。

会 xuei^{33} 会，如：我～开车。

不会 pu^{21}xuei^{33} 不会，如：我～开车。

认得 in^{33}tə 认识，如：我～他。

不认得 pu^{21}in^{33}tə 不认识，如：我～他。

行 çiŋ^{35} 行（应答语）。

不行 pu^{21}çiŋ^{35} 不行（应答语）。

肯 khən^{214} 肯，如：～来。

①该 kai^{53} ②该着 kai^{53}tʂə 应该，如：～去。

能 nəŋ^{35} 可以，如：～去。

言语

说 ʃyɛ^{214} 说，如：～话。

话 xua^{33} 话，如：说～。

拉呱儿 la^{35}kuar^{214} 聊天儿。

叫 tsiɑu^{33} 叫，如：～他一声儿。

嘘唤 çy^{53}xu 吆喝（大声喊）。

哭 khu^{214} 哭，如：小孩～。

骂 ma^{33} 骂，如：当面～人。

①熊 çyŋ^{35} ②骗 phian^{33} ③熊 çyŋ^{214} ④哄 xuŋ^{214} 骗，如：～人。

撒谎 sa^{35}xuɑŋ^{214} 撒谎。

吹牛 tʂhuei^{53}ȵiəu^{53} 吹牛。

拍马屁 phɛ^{35}ma^{21}phi^{33} 拍马屁。

说笑话 ʃyɛ^{21}siɑu^{33}xua 开玩笑。

告乎 kɑu^{33}xu 告诉，如：～他。

谢谢 siɛ^{33}siɛ 谢谢（致谢语）。

对不起 tei^{33}puchi^{214} 对不起（致歉语）。

再见 tsai^{35}cian^{33} 再见（告别语）。

性质状态

形貌

大 ta^{33} 大，如：苹果～。

小 siɑu^{214} 小，如：苹果～。

粗 tshu^{53} 粗，如：绳子～。

细 si^{33} 细，如：绳子～。

长 tʃɑŋ^{35} 长，如：线～。

短 tan^{214} 短，如：线～。

长 tʃɑŋ^{35} 长，如：时间～。

短 tan^{214} 短，如：时间～。

宽 khuan^{53} 宽，如：路～。

宽敞 khuan^{53}tʃhi 宽敞，如：房子～。

窄 tʃɛ^{214} 窄，如：路～。

高 kɑu^{53} 高，如：飞机飞得～。

低 ti^{53}　低，如：鸟飞得～。

高 kɑu^{53}　高，如：他比我～。

矮 iai^{214}　矮，如：他比我～。

远 yan^{214}　远，如：路～。

近么 cin^{33}mə　近，如：路～。

深 ʃən^{53}　深，如：水～。

浅 tshian^{213}　浅，如：水～。

清 tshiŋ^{53}　清，如：水～。

浑 xuən^{35}　浑，如：水～。

团团 tan^{35}tan　圆。

扁 pian^{214}　扁。

方 fɑŋ^{53}　方。

尖 tsian^{53}　尖。

平 phiŋ^{35}　平。

肥 fei^{35}　肥，如：～肉。

瘦 ʂəu^{33}　瘦，如：～肉。

肥 fei^{35}　肥（形容猪等动物）。

胖 phɑŋ^{33}　胖（形容人）。

瘦 ʂəu^{33}　瘦（形容人、动物）。

黑 xɛ^{214}　黑（黑板的颜色）。

白 pɛ^{33}　白（雪的颜色）。

红 xuŋ^{35}　红（国旗的主颜色，统称）。

黄 xuɑŋ^{35}　黄（国旗上五星的颜色）。

蓝 lan^{53}　蓝（蓝天的颜色）。

绿 ly^{214}　绿（绿叶的颜色）。

紫 tsʅ^{214}　紫（紫药水的颜色）。

灰 xuei^{53}　灰（草木灰的颜色）。

状态

多 to^{53}　多，如：东西～。

少 ʃɑu^{214}　少，如：东西～。

沉 tʃhəŋ^{35}　重，如：担子～。

轻 chiŋ^{53}　轻，如：担子～。

直 tʃi^{33}　直，如：线～。

陡 təu^{214}　陡，如：坡～，楼梯～。

弯 uan^{53}　弯（弯曲），如：这条路是～的。

歪 uai^{53}　歪，如：帽子戴～了。

①薄 puo^{35}　②枵 çiɑu^{53}　薄，如：木板～。

厚 xəu^{33}　①稠，如：稀饭～　②密，如：菜种得～　③较多　④厚，如：木板～。

稀 çi^{53}　稀，如：稀饭～。

密 mi^{214}　密，如：菜种得～。

①稀 çi^{53}（种菜）　②纰 phi^{53}（种庄稼）　稀（稀疏），如：菜种得～。

亮 liɑŋ^{33}　亮（指光线，明亮）。

黑 xɛ^{214}　黑（指光线，完全看不见）。

热 iɛ^{214}　热。

暖和 nɑu^{21}xu　暖和。

凉 liɑŋ^{53}　凉。

冷 ləŋ^{214}　冷。

热 iɛ^{33}　热水。

干 kan^{53}　干（干燥），如：衣服晒～了。

湿 ʃi^{214}　湿（潮湿），如：衣服淋～了。

干净 kan^{53}tsʅ　干净，如：衣服～。

脏 tsɑŋ^{53}　脏（肮脏，不干净，统称），如：衣服～。

快 khuai^{33}　快（锋利），如：刀子～。

钝 tən^{33}　钝，如：刀～。

快 khuai^{33}　快，如：坐车比走路～。

慢 man^{33}　慢，如：走路比坐车～。

早 tsɑu^{214}　早，如：来得～。

晚 uan^{214}　晚，如：来～了。

松 suŋ^{53}　松，如：捆得～。

紧 cin^{214}　紧，如：捆得～。

①容易 yŋ^{53}i　②简单 cian^{21}tan　容易，如：这道题～。

难 nan^{53}　难，如：这道题～。

新 sin^{53}　新，如：衣服～。

旧 ciəu^{33}　旧，如：衣服～。

老 lɑu^{214}　老，如：人～。

年轻 ȵian^{53}chiŋ^{53}　年轻，如：人～。

软 yan^{214}　软，如：糖～。

硬 iŋ^{33}　硬，如：骨头～。

烂 lan^{33}　烂，如：肉煮得～。

糊 xu^{35}　糊，如：饭烧～了。

结实 ciɛ^{53}ʃi　结实，如：家具～。

破 pho^{33}　破，如：衣服～。

富 fu^{33}　富，如：他家很～。

穷 chyn^{35}　穷，如：他家很～。

忙 maŋ^{53} 忙，如：最近很～。
闲 çian^{35} 闲，如：最近比较～。
使人 ʂʅ^{21}i 累，如：走路走得很～。
痛 thuŋ^{33} 疼，如：摔～了。
痒 iaŋ^{214} 痒，如：皮肤～。
热闹 iɛ^{35}nau 热闹，如：看戏的地方很～。
熟 ʂu^{35} 熟悉，如：这个地方我很～。
生 ʂəŋ^{53} 陌生，如：这个地方我很～。
味儿 uər^{33} 味道，如：尝尝～。
味儿 uər^{33} 气味，如：闻闻～。
咸 sian^{35} 咸，如：菜～。
淡 ʃan^{33} 淡，如：菜～。
酸 san^{35} 酸。
①甜 tian^{35} ②甜 thian^{35} 甜。
苦 khu^{214} 苦。
辣 la^{214} 辣。
鲜 sian^{53} 鲜，如：鱼汤～。
香 çiaŋ^{53} 香。
臭 tʃhəu^{33} 臭。
酸 san^{53} 馊，如：饭～。
腥 siŋ^{53} 腥，如：鱼～。
品性
好 xau^{214} 好，如：人～。
坏 xuai^{33} 坏，如：人～。
差 tʂha^{33} 差，如：东西质量～。
对 tei^{33} 对，如：账算～了。
错 tshuo^{33} 错，如：账算～了。
俊 tsin^{33} 漂亮，如：她很～。
脏 tsaŋ^{53} 丑(形容人的长相)，如：猪八戒很～。
勤快 ciŋ^{35}khuai 勤快。
懒 lan^{214} 懒。
乖 kuai^{53} 乖。
调皮 thiau^{21}phi^{35} 顽皮。
老实 lau^{53}ʃi 老实。
彪 piau^{53} 傻（痴呆）。
笨 pən^{33} 笨（蠢）。
大手 ta^{35}ʃəu^{214} 大方（不吝啬）。
夹气 tsia^{21}tshi 小气（吝啬）。
爽快 ʂuaŋ^{21}ku 直爽，如：性格～。
①犟 ciaŋ^{33} ②倔 cyɛ^{33} 犟，如：脾气～。

数量

数字
零儿 liə̃r^{53} ①零 ②零头儿。
一 i^{214} 一。
二 ər^{33} 二。
三 san^{53} 三。
四 sʅ^{33} 四。
五 u^{214} 五。
六 liəu^{33} 六。
七 tshi^{214} 七。
八 pa^{214} 八。
九 ciəu^{214} 九。
十 ʃi^{33} 十。
二十 ər^{33}ʃi 二十。
三十 san^{53}ʃi 三十。
一百 i^{35}pɛ^{214} 一百。
一千 i^{21}tshian^{53} 一千。
一万 i^{21}uan^{33} 一万。
一百零五 i^{35}pɛ^{21}liŋ^{53}u^{214} 一百零五。
一百五十 i^{35}pɛ^{21}u^{35}ʃi 一百五十。
第一 ti^{35}i^{214} 第一，如：～，第二。
二两 ər^{35}liaŋ^{214} 二两（重量）。
几个 ci^{21}kə 几个，如：你有～孩子？
俩 lia^{214} 俩，如：你们～。
仨 sa^{53} 仨，如：你们～。
个把 ko^{33}pə 个把。
量词
帮子 paŋ^{53}tsʅ 群，如：一～人儿。
揭儿 ciɛr^{214} 层，如：一～笼屉。
个 ko^{33} 个，如：一～人。
匹 phi^{53} 匹，如：一～马。
头 thəu^{35} 头，如：一～牛。
只 tʃi^{53} 只，如：一～狗。
个 ko^{33} 只，如：一～蚊子。
条 thiau^{35} 条，如：一～鱼。
根儿 kər^{53} 条，如：一～蛇。
张 tʃaŋ^{53} 张，如：一～嘴。
张 tʃaŋ^{53} 张，如：一～桌子。

床 tʂuɑŋ^{35}　床，如：一～被。

①垄 lyŋ^{214}　②领 liŋ^{214}　领，如：一～席子。

双 ʂuɑŋ^{53}　双，如：一～鞋。

把 pa^{214}　把，如：一～刀。

把 pa^{214}　把，如：一～锁。

根 kər^{53}　根，如：一～绳子。

支 tʂʅ^{53}　支，如：一～毛笔。

面 mian^{33}　面，如：一～镜子。

块儿 khuɐr^{33}　块，如：一～香皂。

挂 kua^{33}　辆，如：一～车。

栋 təŋ^{33}　座，如：一～房子。

座 tsuo^{33}　座，如：一～桥。

条 thiɑu^{35}　条，如：一～河。

条 thiɑu^{35}　条，如：一～路。

棵 khuo^{53}　棵，如：一～树。

朵 to^{214}　朵，如：一～花。

颗 khuo^{53}　颗，如：一～珠子。

粒 liər^{33}　粒，如：一～米。

顿儿 tər^{33}　顿，如：一～饭。

副 fu^{33}　剂，如：一～中药。

股 ku^{214}　股，如：一～香味。

垄 lyŋ^{214}　行，如：一～字。

块 khuai^{33}　块，如：一～钱。

毛 mɑu^{214}　毛（角），如：一～钱。

件 cian^{33}　件，如：一～事情。

点儿 tiɐr^{214}　点儿，如：一～东西。

①些 siɛ^{53}　②堆 tei^{53}　些，如：一～东西。

下儿 siar^{33}　下（动量，不是时量），如：打一～。

没旰儿 mokɐr^{33}　一会儿。

顿 tən^{33}　顿，如：打一～。

阵儿 tʃər^{33}　阵，如：下了一～雨。

趟 thɑŋ^{33}　趟，如：去了一～。

代副介连词

代词

我 uo^{214}　我，如：～姓王。

你 ȵi^{214}　你，如：～也姓王。

他 tha^{53}　他，如：～姓张。

俺 an^{214}　我们（不包括听话人），如：你们别去，～去。

咱 tsa^{35}　咱们（包括听话人），如：他们不去，～去吧。

倷 na^{214}　你们，如：～去。

他们 tha^{53}mən　他们，如：～去。

①大家伙儿 ta^{33}cia^{53}xuər^{214}　②大家 ta^{33}cia^{53}　大家，如：～一起干。

①自个儿 tsʅ^{33}kor^{214}　②自家 tsʅ^{33}tsʅ　自己，如：我～做的。

人家 in^{53}tsʅ　别人，如：这是～的。

俺爹 an^{21}tiɛ^{53}　我爸，如：～今年八十岁。

倷爹 na^{21}tiɛ^{53}　你爸，如：～在家吗？

他爹 tha^{53}tiɛ^{53}　他爸，如：～去世了。

这个 tʃiɛ^{35}kə　这个，如：我要～，不要那个。

那个 ȵiɛ^{35}kə　那个，如：我要这个，不要～。

哪个 na^{35}kə　哪个，如：你要～杯子？

谁 ʃyɛ^{33}　谁，如：你找～？

这儿 tʃər^{35}　这里，如：在～，不在那里。

那儿 ȵiər^{35}　那里，如：在这里，不在～。

哪儿 nar^{35}　哪里，如：你到～去？

这么 tʃən^{35}mə　这样，如：事情是～的，不是那样的。

那么 ȵin^{35}mə　那样，如：事情是这样的，不是～的。

咋的 tsa^{21}ti　怎样（什么样），如：你要～？

这么 tʃə^{33}mə　这么，如：～贵啊。

怎么 tsən^{21}mə　怎么，如：这个字～写？

么儿 mor^{35}　什么，如：这个是～字？

么儿 mor^{35}　什么，如：你找～？

为么儿 uei^{33}mor^{35}　为什么，如：你～不去？

弄么儿 nəu^{33}mor^{35}　干什么，如：你在～？

多少 tuo^{53}ʃi　多少，如：这个村有～人？

副词

老底 lɑu^{35}ti^{214}　一直。

大么瞧儿 ta^{33}mətsiɑur^{35}　突然。

高低 kɑu^{53}ti^{214}　无论如何。

真 tʃən^{53}　很，如：今天～热。

真 tʃən^{53}　非常，如：今天～热。

还 xan^{35}　更，如：今天比昨天～热。

太 thai^{33}　太，如：这个东西～贵，买不起。
最 tsei^{33}　最，如：弟兄三个中他～高。
都 təu^{53}　都，如：大家～来了。
一共 i^{21}kuŋ^{33}　一共，如：～多少钱？
一堆儿 i^{35}tər^{214}　一起，如：我和你～去。
就儿 tsiour^{33}　只，如：我～去过一趟。
正 tʃəŋ^{33}　刚，如：这双鞋我穿着～好。
才 tshai^{214}　刚，如：我～到。
才 tshai^{214}　才，如：你怎么～来啊？
就 tsiəu^{33}（念得轻）　就，如：我吃了饭～去。
常 tʃhaŋ^{35}　经常，如：我～去。
又 iəu^{35}　又，如：他～来了。
还 xan^{35}　还，如：他～没回家。
再 tsai^{33}　再，如：你明天～来。
也 iɛ^{214}　也，如：我～去；我～是老师。
反正 fan^{21}tʃəŋ　反正，如：不用急，～还来得及。
没 mo^{53}　没有，如：昨天我～去。
不 pu^{214}　不，如：明天我～去。
别 pɛ^{35}　别，如：你～去。
别 pɛ^{35}　甭（不用，不必），如：你～客气。
好 xɑu^{214}　快，如：天～亮了。
差么点儿 tʂha^{53}motiɐr^{214}　差点儿。
宁可 ȵiŋ^{35}kho^{214}　宁可，如：～买贵的。
特为儿 thə^{35}uər^{33}　故意，如：～打破的。
随便儿 sei^{35}piɐr^{33}　随便，如：～弄一下。
白 pai^{35}　白，如：～跑一趟。
肯定 khən^{21}tiŋ^{33}　肯定，如：～是他干的。
兴 çiŋ^{53}　可能，如：～是他干的。
又 iəu^{35}　一边，如：～走，～说。

介词连词

自管 tsʅ^{35}kuan^{214}　只管。
朝 tʃhɑu^{35}　①向　②和。
和 xu^{33}　①和　②向，如：～他借一本书。
对 tei^{33}　对，如：他～我很好。
往 uɑŋ^{214}　往，如：～东走。
按 an^{33}　按，如：～他的要求做。
替 thi^{33}　替，如：～他写信。
要是 i^{21}ʂʅ　如果，如：～忙，你就别来了。
管 kuan^{214}　不管，如：～怎么劝他都不听。

第二节　文登特色词汇

特殊读音的地名

港北崖 tsiɑŋ^{35}pɛ^{214}iai^{53}
鹁鸽崖 pu^{33}kəiai^{53}
张家产 tʃɑŋ^{53}ciaʂan^{214}
脉田 mɛ^{35}tə
东床 tuŋ^{53}ʂuɑŋ^{35}
西床 si^{53}ʂuɑŋ^{35}
界石 ciai^{33}ʃi
龙门港 luŋ^{35}məntsiɑŋ^{214}
港南 tsiɑŋ^{21}nan^{53}
西南台 si^{21}nan^{53}tai^{35}
台上 tai^{35}ʃi
嶅山 ɑu^{33}ʂʅ
旸哩 iɑŋ^{53}li
裴家岛 phi^{35}citɑu^{214}
东廒 tuŋ^{21}ɑu^{53}
西廒 si^{21}ɑu^{53}
南廒 nan^{21}ɑu^{53}
北廒 pɛ^{21}ɑu^{53}
小观 siɑu^{21}kuan^{33}
唐疃 tɑŋ^{35}thə
南圈 nan^{21}chyan^{53}
北圈 pɛ^{21}chyan^{53}
赤金泊 tʃi^{35}cipho^{214}
大水泊 ta^{33}suei^{35}pho^{214}
姜家泊 ciɑŋ^{53}ciapho^{214}
泊石 phuo^{35}ʃi
泊岳家 pho^{35}iɑ^{21}tsʅ
洛格庄 lɑu^{33}kətʂuɑŋ^{53}
葛家 ka^{21}ci
蒿墦 xɑu^{53}ciɑŋ

特色词汇

眊眬星 mɑu^{53}ləsiŋ^{53}　金星，即启明星。

烧红 ʃɑu^{53}xuŋ^{35}　日出、日落时天空出现的彩霞。

吊龙 tiɑu^{33}lyŋ^{53}　龙卷风。

毛露子雨 mau^{53}lətsɿy^{214}　牛毛雨。

戗风儿 tshiaŋ^{53}fə̃r^{53}　逆风。

树挂子 ʃy^{33}kua^{33}tsɿ　雾凇。

毛拉冰 mau^{53}ləpiŋ^{53}　初冻时水里结的薄冰。

摩棱蛋儿 muo^{53}lətɐr^{33}　鹅卵石。

风岩石 feŋ^{53}iʃi^{33}　经过风化的板状岩石。

岚子 lan^{53}tsɿ　①有树木的山峦　②灌木丛。

哈吧嵌儿 xa^{53}pəchiɐr^{214}　地势低凹的地方。

石窝子 ʃi^{33}uo^{53}tsɿ　开采石料的地方。

背阴头子 pei^{33}in^{53}təu^{35}tsɿ　背阴处。

苏子帮 su^{53}tsɿpaŋ^{53}　完全风化，尚未变成砂的石头。

苏 su^{53}　既非砂石也非泥土，黄色，沿海用此改造盐碱地。如：压～。

绿线儿泥 ly^{214}siɐr^{33}mi^{53}　类似“苏”，绿色。

十月月一 ʃi^{33}yyɛ^{214}i　农历十月一日，家祭。

①大月黑头 ta^{33}yɛ^{214}xɛ^{35}thə　②月一黑头 yɛ^{214}ixɛ^{35}thə　除夕晚上。

拾掇日 ʃi^{33}təi　正月初十。

龙风日 luŋ^{35}fəŋ^{33}i^{214}　一年有四个：逢农历正月、四月、七月、十月的廿五日。南部沿海地区这个日子一般刮大风。

天社日 thian^{53}ʃii^{214}　亦谓秋社日；社祭日。在立秋后的第五个戊日，秋分前后。

破莓头 pho^{33}mətəu^{35}　草莓。

毒蛾子 tu^{35}uo^{53}tsɿ　不能吃的野生菇。

拓蔓儿 thuo^{214}mɐr^{33}　①植物的蔓伸展　②比喻许多人随地睡觉等　③扩大事物的外延。

半夏子 pan^{35}çia^{33}tsɿ　夏天芽栽的麦茬地瓜。

蟹子眼 çiai^{33}tsɿian^{214}　籽实形状似蟹子眼睛的绿豆。

毛儿谷 maur^{53}ku^{214}　狗尾巴草。

车儿根 tʃhiɐr^{53}kən^{53}　车前，叶呈长卵形。

榴儿根 liour^{53}kən^{53}　似车前，叶圆卵形，色较车前稍深。

海埋子 xai^{214}man^{53}tsɿ　海滩生长的菜，叶剑形，开黄、白两色花，根茎甜涩。

养气花 iaŋ^{214}chi^{33}xua^{53}　金银花。

菠菠丁 puo^{53}pətiŋ^{53}　蒲公英。

①穷等 chyŋ^{35}təŋ^{214}　②老等 lau^{214}təŋ^{214}　鹭鸶，因在水里静等捕食鱼虾而得名。

四眼睛 sɿ^{33}ian^{214}tsɿ　比蠓子虾稍大的一种虾。

港猪 tsiaŋ^{214}tʃy^{53}　海豚。

毛腿子 mau^{53}thei^{214}tsɿ　生活在海滩上，足上有毛状物的小螃蟹。

石夹红 ʃi^{33}cia^{214}xuŋ^{35}　①生活在浅海岩石间的背青腹白的螃蟹　②穴居海滩的一种有一红色巨螯、一小螯的小螃蟹。

瓯子 ou^{53}tsɿ　谷象。谷物等因潮湿而生的一种黑色的小甲虫。

臊蛤儿 əu^{53}tsɿ　蚌。

蛇蛇荡 kɛ^{53}kətaŋ^{53}　蝌蚪。

狗屎虫 kəu^{53}ʂɿ^{214}tʂũr^{35}　萤火虫。

灰渣子 xuei^{53}tʂa^{53}tsɿ　蚋。

屁股虫 phi^{33}kutʂuŋ^{35}　臭椿象。

列列雕 liɛ^{33}lətiau^{53}　鹫。

尖尖嘴儿 tsian^{53}tsɿtsəi^{214}　讳称老鼠。

水鸪鸪 ʂuei^{214}ku^{35}ku　布谷鸟。

雨浪儿 y^{214}lãr^{53}　叫声似“雨儿”的一种鸟，叫的时候预示着要下雨。

角儿泚 ciaur^{35}tshɿ^{35}　形状似“角儿”的贝；松贝。

沙里钻 ʂa^{53}lətsan^{53}　玉筋鱼。

西施舌 si^{214}ʂɿ^{53}ʃiɛ^{33}　俗称“门蛤”或“薄皮子”。

烟袋锅儿 ian^{53}təkuor^{53}　体圆似铜烟袋锅儿的小蟹。

量天尺 liaŋ^{53}thian^{53}tʃhi^{214}　①尺蠖。体细长，爬行时身体向上弯成弧状，似量距离　②喻指个子高的人。

割一刀儿 ka^{214}itaur^{53}　翠鸟。

刷髻 ʂua^{214}ci　刘海。

争食窝 tʂəŋ^{53}ʃi^{33}uo^{53}　脖子后面的凹处。

翅翅牙 tʂhɿ^{33}tʂhɿia^{53}　①虎牙　②向外倒的牙。

膜络 muo^{33}lə　①云翳　②粥表面结成的薄膜。

软晃肉子 yan^{214}xuiəu^{33}tsɿ　婴儿瘫；瘫子。

小拐子 siau^{35}kuai^{214}tsɿ　个子极矮的人，似侏儒，一般指男性。

罐子鼻儿 kuan^{33}tsʅpiər^{35}　锁骨。

沙肝 ʂa^{53}kan^{53}　脾脏。

十七年十 ʃi^{33}tshi^{214}ȵian^{35}ʃi　虚构的人名，比喻脸色难看、不高兴的人。

老八板儿 lɑu^{214}pa^{35}pɐr^{214}　①拘谨守旧　②拘谨守旧的人。

鲁巴子 lu^{214}pətsʅ　①学手艺的人　②不成熟的手艺。

驴经纪 ly^{53}ciŋ^{53}ci　牲口贩子。

过业 kuo^{33}i　遗产。

对鼻子 tei^{33}pi^{35}tsʅ　戏称爱人。

海什方儿 xai^{214}ʃifɑ̃r^{53}　偏方；民间验方。

雀目眼 tshyo^{214}məian^{214}　夜盲。

二髦子 ər^{33}mɑu^{35}tsʅ　二十世纪五十年代末至七十年代初，青、中年妇女的时髦发型。头发朝后梳拢，用卡子卡住。

药吊子 yo^{214}tiɑu^{33}tsʅ　煎中药的砂锅。

挂子 kua^{33}tsʅ　能挂起来的框状木质用具。

叔伯字儿 ʃy^{35}pətsər^{33}　错别字。

真笔字儿 tʃən^{53}pi^{214}tsər　繁体字。

军儿 cyər^{53}　用石子做的玩具，较粗糙，多为男孩子所玩。

磨梨子 muo^{33}li^{53}tsʅ　与“军儿”相似，女孩子游戏。

扁四儿 pian^{214}sər^{33}　四字头儿。

涝水眼子 lɑu^{33}ʂʅian^{214}tsʅ　涝洼地。

死旬儿 sʅ^{214}siər^{33}　退潮时间较短，不适合“赶海”的时间。

三搅油儿 san^{53}ciau^{214}iour^{53}　机帆船机舱里的小伙子。

色气 ʂɛ^{214}chi　颜色。

粕沫子 phuo^{214}mətsʅ　泡沫。

样儿范 iɑ̃r^{33}fə　模样，容貌。

阵误 tʃən^{33}u　毛病，错误，缺点。

地布 ti^{33}pə　堆在地上的东西，没有搬光的剩余部分。

潲籽 ʂɑu^{33}tsʅ^{214}　昆虫、鱼类产卵。

耍大欢 ʂua^{214}ta^{33}xuan^{53}　耍弄，使出丑。

离戏 li^{53}çi　戏耍，开玩笑。

大荒儿 ta^{33}xuar^{53}　草率，粗放，不细致。

少肝 ʃɑu^{214}kan^{53}　短心眼儿。

浪失 lɑŋ^{35}ʃi　①不小心而丢失　②不细致。

朦细 məŋ^{33}sʅ　眼睛半闭的状态。

叫硬儿 ciɑu^{33}iə̃r^{33}　明白清楚；拿得准。

绑缠 pɑŋ^{214}tʂhʅ　①皮肤发紧　②羞耻。

沉头 tʃhən^{53}thə　稳健，能沉住气。

硬么 in^{35}mə　经常，历来。

闲没站儿 çian^{53}mətʂɐr^{33}　对意外的事情表示遗憾、惋惜。

唯儿唯 uər^{35}u　反正。

天生日儿 thian^{53}ʂʅiər^{214}　从一开始。

第三章　语　法

第一节　词　法

形容词的生动形式

“XA”式

文登方言一般在形容词前面加一个单音节修饰成分，构成“XA”式的形容词生动形式。其中修饰成分 X 和被修饰成分 A 是固定的，一般不能随意更换。个别几个用得多些，例如“真、精”等。举例如下：

普通话	文登方言
很湿	赖湿
很好	真好
很窄	精窄
很硬	钉硬
很直	溜直

很干	响干	
很黄	焦黄	
很绿	蝎绿	
很瘦	精瘦	
很细	绝细（的）	
很俊	葱俊（的）	
很紧	铿紧（的）	
很白	条白（的）	
很软	烂软（的）	
很胖	透胖	
很薄	枵薄	铿枵
很红	透红	通红
很黑	铁黑	墨黑

“真”是程度加深，有确认之意。

“老么 A”“老 A”式

文登方言中有些形容词可以用双音节词“老么”来做修饰成分，表示积极意义上的程度加深。例如：

普通话	文登方言
很宽	老么宽
很粗	老么粗
很大	老么大
很高	老么高
很深	老么深
很沉	老么沉
很贵	老么贵
很厚	老么厚
很远	老么远

“没 AB 儿”式

这种形式一般用来表示消极意义上的程度加深。例如：

普通话	文登方言
很窄	没宽窄儿
很细	没粗细儿
很短	没长短儿
很浅	没深浅儿
很薄	没枵薄儿
很近	没距远儿
很矮	没高矮儿

重叠式

以上 1～3 条中的形式基本都可以重叠，用来表示程度进一步加深。例如：

普通话	文登方言
很宽	老么宽老么宽
很高	老么高老么高
很沉	老么沉老么沉
很远	老么远老么远
很红	透红透红
很黑	铁黑铁黑
很瘦	精瘦儿精瘦儿
很浅	精浅儿精浅儿
很软	烂软儿烂软儿
很细	绝细绝细
很窄	精窄儿精窄儿
	没宽窄儿没宽窄儿
很短	精短儿精短儿
	没长短儿没长短儿
很薄	枵薄枵薄
	精枵儿精枵儿
很矮	没高矮儿没高矮儿

AA 式

文登方言中，单音节形容词重叠构成“AA”式生动形式，一般读为轻声，表示强调。例如：“团团、长长、扁扁、尖尖、方方、温温”等。

ABB 式

文登方言中，单音节形容词后面加一个重叠的修饰成分，构成“ABB”式生动形式，用来加重形容词的表义色彩。有些词可以儿化，表示喜爱、愉快等感情色彩。文登话一般在后面加助词“的”。例如：

A	ABB（儿）(的）
忙	忙活活（儿）(的）
热	热乎乎（儿）(的）
慢	慢吞吞（儿）(的）
乐	乐哈哈（儿）(的）
稀	稀溜溜（儿）(的）
	稀溜儿溜儿（的）
厚	厚墩墩（儿）(的）

AABB、ABAB 式

文登方言中，有些双音节形容词可以重叠构成“AABB”式或“ABAB”式生动形式，用来表示程度加深。“ABAB”式主要表示“使 AB”之意。例如：

AB	AABB	ABAB
顺当	顺顺当当	
窄巴	窄窄巴巴	
漂亮	漂漂亮亮	
规矩	规规矩矩	
简单	简简单单	
宽敞	宽宽敞敞	宽敞宽敞
松快	松松快快	松快松快
清亮	清清亮亮	清亮清亮
干净	干干净净	干净干净
欢喜	欢欢喜喜	欢喜欢喜

量词

名量词：文登方言中，量词与名词的搭配不如普通话对应性强，一般来说，量词“个”的应用最广，量词“块儿”用得也较多。例如：

普通话	文登方言
一只蚊子	一个蚊子
一只杯子	一个杯子
一支歌	一块儿歌
一个节目	一块儿节目
一部电影	一块儿电影
一节电池	一块儿电池

另外，文登方言内部还存在一些很有地域特色的量词搭配。例如：

普通话	文登方言
一条路	一趟道儿
一条河	一趟河
一条裤子	一根裤子

动量词：文登方言与普通话不尽相同。例如：

普通话	文登方言
看了一遍	看儿一回儿
去了一次	去儿一回儿
干了一会儿	a. 干了一气儿（表时间较长） b. 干了没自盱儿（表时间很短） c. 干了没歇儿 / 干了一阵儿（表时间很短）
看了半天	看了一驾子（实指半天时间）

助词“的”的辅助作用较强

文登方言中的助词“的（ti）”，除具有普通话中结构助词的作用外，还有多种辅助功能，且具有一定的独立性和实在意义，成为不可或缺的词素。

的 + 动词

“的”有“准备”“将要”“想要”的意思，相当于能愿动词“要”；同时还有表示时态的作用，相当于将来进行时。例如：

你的上哪儿？我的上威海。

他的朝我好，我就朝他好。

我的说，你就别放声。

管谁的走，都不罢留（留住）。

在对话中，“的”前的主语都可以省略。例如：

（你）的弄么儿？（我）的家去（回家）。

（你）的说就好生说，（你）的走就赶紧儿走。

（你）的要就给你，（你）的不要就拉倒。

动词 + 的 + 名词或代词等

“的”强调动作的施事者或时间、地点、方式等。例如：

你在班上当的么儿？我当的学习委员。

他头会儿说的谁？他说的小李。

谁干的这个活儿？我干的。

动词 + 的 + 处所词

“的”有介词功能，相当于“在”“到”等。例如：

咱今儿把丑话说的头里。

你这阵儿走的哪场儿？

大衣放的柜子里。

麦子堆的大场上。

动词或形容词 + 的

“的”表示进行时态。相当于“着”。例如：

山上长的草，地里栽的桃子，园里种的菜。

戴的眼镜，开的车。

烧的草，热的炕，饧（加热使酵母活性）的饽饽。

词缀

后缀“巴、拉、咕、理”等，文登方言中有一些单音节动词可以带上上述后缀词，构成双音节动词，而且多数都能够按照ABAB式进行重叠，表示动作的随意或重复。例如：

巴	捏巴	捏巴捏巴	敲巴	敲巴敲巴
	打巴	打巴打巴	夹巴	夹巴夹巴
拉	扒拉	扒拉扒拉	划拉	划拉划拉
打	扑打	扑打扑打	掍打	掍打掍打
咕	叨咕	叨咕叨咕	嘀咕	嘀咕嘀咕
理	周理	周理周理	调理	调理调理
	修理	修理修理	整理	整理整理

后缀“子”

文登方言与普通话的用法有较大不同，主要表现在以下3个方面：

文登方言有后缀“子”，普通话没有。例如：

普通话	文登方言
猫	猫子
猪	猪子
狗	狗子
铜盆	铜盆子
儿媳妇	媳妇子

文登方言有后缀“子”，也可儿化；普通话是儿化词，没有“子”。例如：

普通话	文登方言
嘴唇儿	嘴唇子
衣领儿	衣领子
筐儿	筐子
眼珠儿	眼珠子

文登方言没有后缀“子”，普通话有。例如：

普通话	文登方言
被子	被
梳子	梳
尺子	尺
婶子	婶
儿子	儿　儿郎

儿化

文登方言中，儿化词大量存在，名词、动词、形容词等都可以儿化，而且使用频率很高，其儿化的音变规律与普通话基本相同。文登方言的儿化能够区别词义，区别词性，具有亲切、喜爱、细小等感情色彩。同时还有一些特殊的作用，主要体现在以下几方面：

有些动词儿化后，相当于加上介词“在、到”，表示处所。

例如：

普通话	文登方言
摔在（到）地上	摔儿地下
掉在地上了	掉儿地下了
搁在桌子上吧	搁儿桌儿上吧
躲到一边去	躲儿一边儿去
你装在兜儿里吧	你装儿兜儿里吧

相当于普通话动词和形容词加“了”，表示完成或有了某种状态。

例如：

普通话	文登方言
吃了饭了	吃儿饭了
来客了	来儿客了
开了锅了	开儿锅了
走了一回	走儿一回儿
下雨了	下儿雨了
坏了事了	坏儿事了
红了脸了	红儿脸了
胖了一圈儿	胖儿一圈儿

相当于动词、形容词后面加上助词“得”。

例如：

普通话	文登方言
洗得发白了	洗儿发白了
买得少了	买儿少了
晒得黑了	晒儿黑了
美（得）大了	美儿大了
放（得）烂了	放儿烂了

部分动词儿化以后常含有嘲讽等贬义。

例如：

看这两步走儿！（指走姿不好）

看他脸上的笑儿！（指坏笑）

动词重叠，前一个动词儿化，后一个动词读为轻声，除表示已然，还表示动作程度轻。

例如：

简单地说儿说　去儿去儿就回来了

大荒儿看儿看　望儿望儿就行了

第二节　句　法

比较句

肯定式比较句

普通话用“一个比一个+形容词”表示，文登方言用“一个+形容词+起+一个”表示。例如：

普通话	文登方言
一个比一个大。	一个大起一个。
一个比一个强。	一个强起一个。
一个比一个高。	一个高起一个。
一个比一个聪明。	一个聪明起一个。
一个比一个坏。	一个坏起一个。
一个比一个奸。	一个奸起一个。

否定式比较句

文登方言一般用“否定词+比较语+起”的方式表示。带否定词“不”的多用于个体之间较简单的比较，带否定词“没（没有）”的多用于集体与个体之间较复杂的比较。例如：

普通话	文登方言
你不比我高。	你不高起我。
他不比你差。	他不差起你。
小刘不比小王强。	小刘不强起小王。
小刚不见得比小强大。	小刚不见起大起小强。
今年的雨水不比去年多。	今年的雨水不多起去年。
没有人比他再聪明的了。	没有人聪明起他的。（含贬义）

文登方言有时用“赶儿（不）”表比较。

例如：

普通话	文登方言
他赶不上你。	他赶儿不你。
她比小红差远了。	她赶儿小红差远了。
我不如他会说。	我赶儿不他会说。
这件衣裳赶不上那件漂亮。	这件衣裳赶儿不那件俊。

问句

文登方言反问句用“是不”表示疑问。

例如：

普通话	文登方言
你去不去？	你是不去？
你回家不回家？	你是不家去？
你愿不愿意来？	你是不愿意来？
这个人好不好？	这个人是不好？
你知道不知道？	你是不知道？
你明白不明白？	你是不明白？

文登方言也可以用“是没”表疑问，表示事情应该做，但对结果不知道。

例如：

普通话	文登方言
小章走了没有？	小章是没走？
文文去了没有？	文文是没去？
李铭回家了没有？	李铭是没家去？
外面下雨了没有？	外面是没下雨？

可能补语

疑问式：用“是没”表示。

例如：

普通话	文登方言
吃得饱吗？	是没饱？
写得完吗？	是没写完？
说得清楚吗？	是没说清楚？

肯定式：文登方言一般不说“得”，而加“能”表肯定。

例如：

普通话	文登方言
吃得饱。	能吃饱。
写得完。	能写完。
说得清。	能说清。

否定式：基本与普通话相同。

例如：

普通话	文登方言
没吃饱。	没吃得饱。
没写完。	没写得完。
没说清楚。	没说得清楚。

第四章 语 料

第一节 谚语 歇后语

谚语

1.i^{21} fən^{53} ti^{33} tɛ iəu^{21} kə tʃɑŋ^{35}，i^{35} pɛ^{21}
一 分 地 得 有 个 场，一 百
sei^{33} tɛ iəu^{21} kə ȵiɑŋ^{35}.
岁 得 有 个 娘。

2.i^{35} pɛ^{21} çiŋ^{35} pu^{33} pu^{21} y^{33} i^{21} çiŋ^{35}
一 百 行 布 不 如 一 行
xua^{53}，i^{21} pɛ^{21} kə ʃən^{21} tsɿ ta^{33} ȵi pu^{214} y^{33} i^{21}
花，一 百 个 婶 子 大 娘 不 如 一
kə ma^{53}.
个 妈。

3.kan^{53} tʂuŋ^{33} tshian^{35} ia^{214}，ʃi^{21} tʂuŋ^{33}
干 种 浅 压，湿 种
ʃən^{35} mai^{53}.
深 埋。

4.pu^{21} ciŋ^{53}xan^{35}tuŋ^{53}，pu^{21} tʃi^{53} tʂhuən^{53}
不 经 寒 冬，不 知 春
nan^{214}.
暖。

5.ia^{53} thuŋ^{33} tʃhɑŋ^{35}，thei^{21} thuŋ^{33} tan^{214}.
牙 痛 长，腿 痛 短。

6.çiŋ^{35} ci^{21} tʃhi^{21} pu liɑu^{21} iɛ^{21} tsiãr^{53} təu^{33}
性 急 吃 不 了 热 浆儿 豆
fu.
腐。

7.ciəu^{21} xan^{33} tuŋ^{21} fəŋ^{53} thian^{53} pu^{35} y^{214}，
久 旱 东 风 天 不 雨，
ciəu^{35} y^{21} tuŋ^{21} fəŋ^{53} thian^{53} pu^{21}tsiŋ^{35}.
久 雨 东 风 天 不 晴。

8.khan^{33} li^{21} pu^{214}khan^{33} in^{53}，pɑŋ^{33} li^{21}
看 理 不 看 人，帮 理
pu^{214}pɑŋ^{53} tshin^{53}.
不 帮 亲。

9.ʃy^{33} lɑu^{21} ʃən^{53} tsɿ khuŋ^{53}，in^{53} lɑu^{21} ʂər^{33}
树 老 身 子 空，人 老 事儿
thuŋ^{53}.
通。

10.pu^{21} pha^{33} pən^{21} ʂɿ pu^{21} tsi^{35}，tsiəu^{35}
不 怕 本 事 不 济，就
pha^{33} xuei^{53} sin^{53} sɑŋ^{35} chi^{33}.
怕 灰 心 丧 气。

11.piŋ^{35} tshuŋ^{33} khəu^{21} tʂuŋ^{53} y^{214}，fəŋ^{53}
病 从 口 中 入，风
tshuŋ^{33} cyo^{21} xəu ʂəŋ^{53}.
从 脚 后 生。

12.pa^{21} tʃhəŋ^{35} ʃy^{33} ʃi^{33} tʃhəŋ^{35} ʃəu^{53}，ʃi^{33}
八 成 熟 十 成 收，十
tʃhəŋ^{35} ʃy^{33} liɑŋ^{21} tʃhəŋ^{35} tiəu^{53}.
成 熟 两 成 丢。

13.lɑu^{21} ta^{33} pu xuɑŋ^{53}，çiŋ^{35} tʂhuan^{35}
老 大 不 慌，行 船
uən^{21} tɑŋ.
稳 当。

14.pai^{33} cia^{53} tsər^{21} xuei^{53} cin^{53} y^{35} fən^{33}，
败 家 子儿 挥 金 如 粪，
çiŋ^{33} cia^{53} in^{53} çi^{21} fən^{33} y^{33} cin^{53}.
兴 家 人 惜 粪 如 金。

15.pian^{53} ta^{21} khuai^{35} ma^{214}，ʂʅ^{33} tʂau^{21}
鞭 打 快 马，事 找
maŋ^{53} in^{53}.
忙 人。

16.y^{35} ta^{21} piaur^{33}，ʂʅ^{33} kə tʂaur^{33}.
鱼 打 漂儿，是 个 照儿。

17.ian^{33} tsɿ ti^{53} fei^{53} ʃiɛ^{35} kuo^{33} tau^{33}，ta^{35}
燕 子 低 飞 蛇 过 道，大
y^{21} pu^{35} ciəu^{21} tsiəu^{33} lai^{53} tau^{33}.
雨 不 久 就 来 到。

18.i^{35} tʃiaŋ^{21} tʂhuən^{53} y^{21} i^{35} tʃiaŋ^{21} nan^{214}，
一 场 春 雨 一 场 暖，
i^{35} tʃiaŋ^{21} tshiəu^{53} y^{21} i^{35} tʃiaŋ^{21} xan^{35}.
一 场 秋 雨 一 场 寒。

19.tʃhiŋ^{33} kɐr^{21} pu li^{53} tʃhiŋ^{33} tuor^{35}，lau^{21}
秤 杆 不 离 秤 砣儿，老
thour^{35} pu li^{53} lau^{21} por^{35}.
头儿 不 离 老 婆儿。

20.nei^{33} xaŋ^{35} khan^{33} mən^{35} tau^{33}，uai^{33}
内 行 看 门 道，外
xaŋ^{35} khan^{33} iɛ^{21} nau^{33}.
行 看 热 闹。

21.ʂan^{53} ta^{33} lə kuan^{21} mə ʃiour^{21} təu^{53}
山 大 了 管 么 兽儿 都
iəu^{214}，lin^{35} tsɿ ta^{33} lə kuan^{21} mə ȵiaur^{21} təu^{53}
有，林 子 大 了 管 么 鸟儿 都
iəu^{214}.
有。

22.ta^{214}，ta^{21} ti ciaŋ^{35} tsei^{21} ti；kuan^{33}，
打，打 的 犟 嘴 的；灌，
kuan^{33} ti xuei^{35} ʂuei^{21} ti.
灌 的 会 水 的。

23.xau^{214} xan^{33} tsɿ kuan^{21} man^{35} than^{21}，
好 汉 子 管 满 疃，
lɛ^{35} xan^{33} tsɿ kuan^{21} pan^{35} tsɿ kuan^{35} uan^{214}.
赖 汉 子 管 盘 子 管 碗。

24.mai^{21} mai ʃiəu^{21} xuo^{33} tʂhuan^{35} ʃiəu^{21} tuo^{33}.
买 卖 守 货 船 守 舵。

歇后语

1.lau^{21} ʃy thuo^{53} mu^{21} çian^{53}——ta^{33}
老 鼠 拖 木 锨——大
thour^{35} tai^{33} xəu^{33} thə
头儿 待 后 头

2.kəu^{35} iau^{21} xau^{33} tsɿ——to^{53} kuan^{21}
狗 咬 耗 子——多 管
çian^{35} ʂər^{33}
闲 事儿

3.pa^{35} ʃi sei^{33} ti lau^{21} phor^{35} tsia^{33} in^{53}
八 十 岁 的 老 婆儿 嫁 人
tsɿ——tʂau^{21} tsər^{33} tsau^{53}
家——找 罪儿 遭

4.xuaŋ^{35} ʃy^{21} laŋ^{53} chi^{214} ci^{53} pɛ^{33} ȵian^{53}
黄 鼠 狼 给 鸡 拜 年
——mo^{53} an^{53} xau^{21} sin^{53}
——没 安 好 心

5.çia^{21} tsɿ tian^{21} təŋ^{53}——pai^{35} fei^{33} la^{214}
瞎 子 点 灯—— 白 费 蜡

6.ʂan^{53} tshau^{21} ly^{53} sia^{33} ma^{33} tʂʅ
山 草 驴 下 蚂 蚱
——i^{21} pɐr^{33} kɐr^{21} pu i^{21} pɐr^{33}
——一 辈儿 赶儿 不 一 辈儿

7.pa^{21} ʃi i lau^{21} thəu^{35} taŋ^{21} tau^{33}
八 十的 老 头 挡 道
——tsuo^{33} tʂə xan^{214}
——坐 着 喊

8.lau^{21} ʃy tsan^{53} fəŋ^{53} çia^{35}—liaŋ^{21}
老 鼠 钻 风 匣——两
thour ʃiəu^{35} chi^{33}
头儿 受 气

9.ta^{35} çi^{21} thə ma^{53} xa^{214} mian^{33}—tian^{21}
大 喜 他 妈 喝 面——点
ʂu^{33} mo^{53} iəu^{214}
数 没 有

10.ta^{33} ʂuei^{35} pho^{214} ti ia^{21} pa^{53} tsɿ——
大 水 泊 的鸭 巴 子——
xu^{53} lɐr^{33} ti ʂən^{53} tsɿ xu^{53} pu lan^{33} ti tsei^{214}
烀 烂儿的身 子 烀 不 烂 的 嘴

11.kɛ^{53} kə taŋ tshia^{21} i^{35} pə——xuən^{33}
蛇 蛇 荡 掐 尾 巴——混
tʂhuŋ^{53} ta^{35} liər^{33} xɛ^{35} tə
充 大 粒儿 黑 豆

12.ʃi^{33} tuŋ^{53} la^{35} yɛ——tuŋ^{35} ʃiəu^{21}
十 冬 腊 月——冻（动）手
tuŋ^{35} cyo^{214}
冻（动）脚

13.tshi^{53} tshi tshai^{33} pau^{53} cyor^{35}——chyŋ^{35}
呲 呲 菜（蓟）包 角儿——穷
lor^{35}
乐儿

14.ci^{53} təu^{35} ʃi i^{21} khuɐr^{35} iəu^{33}——ta^{35}
鸡 头 上一 块儿 肉——大
siaur^{21} ʂʅ^{33} kə kuɐr^{53}
小儿 是 个 冠（官）儿

15.uaŋ^{53} ər^{33} ma^{35} tsʅ ti kau^{53} yo—mo^{53}
王 二 麻 子 的 膏 药—没
iəu^{21} piŋ^{33} tʂau^{214}piŋ^{33}
有 病 找 病

16.khan^{33} san^{53} kuɛ^{214} tiau^{35} ian^{21} lei^{33}
看 三 国 掉 眼 泪
——thi^{35} ku^{21} tan^{53} iəu^{53}
——替 古 担 忧

17.i^{21} pɛ^{35} cyo^{21} cyan^{214} pu tʃhu^{33} kə
一百 脚 蹚 不 出 个
phi^{33} lə——xua^{35}ʃau^{214}
屁 来——话 少

18.pei^{33} uo^{53} li faŋ^{35} phi^{33}——tʃhi^{21} tu^{33} ti
被 窝 里 放 屁—— 吃 独 的

19.thɛ^{21} lə khu^{33} tsʅ faŋ^{35} phi^{33}——fei^{33}
脱 了 裤 子 放 屁——费
liaŋ^{21} tau^{33} ʃiəu^{21} sy
两 道 手 续

20.xar^{21} ər^{35} liaŋ^{214} ma^{21} ȵiau^{33}
喝儿 二 两 马 尿（烧酒）
——pu^{35} tʃi^{53} tə siŋ^{33} mor^{35} lə
——不 知 道 姓 么儿 了

21.ləu^{53} tshau^{21} ʃiər^{35} kə thu^{33} tsʅ
搂 草 拾儿 个 兔 子
——taŋ^{53} ʂau^{53} tə
——当 捎 带

22.ȵiəu^{53} tu^{35} tsʅ tai^{33} liə̃r^{53}——i^{21} ʂʅ^{35} i^{21} çiə̃r^{53}
牛 犊 子 戴 铃儿——一 时 一 兴儿

23.ciŋ^{21} tʂha^{35} ta^{21} tə tiɛ^{53}——kuŋ^{53} ʂʅ^{33}
警 察 打 他 爹—— 公 事
kuŋ^{53} pan^{33}
公 办

24.kuaŋ^{53} tʂə tiŋ^{33} thei^{53} muo^{33}
光 着 腚 推 磨
——tʂuan^{33} tʂə chyɐr^{53} tiəu^{53} in^{53}
——转 着 圈儿 丢 人

25.təu^{33} fu tiaur^{33} xuei^{53} li——tʂhuei^{53}
豆 腐 掉儿 灰 里——吹
pu tɛ^{214} ta^{21} pu tɛ^{214}
不 得 打 不 得

26.pəŋ^{214} tʂʅ yuan^{35} pau^{21} thiau^{35} xai^{214}
捧 着 元 宝 跳 海
——ʃiɛ^{214} miŋ^{33} pu^{35} ʃiɛ^{214} tshai^{35}
——舍 命 不 舍 财

第二节 顺口溜

1.nan^{35} ti tsei^{21} ta^{33} tʃhi^{21} sʅ^{33} faŋ^{53}，ȵy^{21}
男 的 嘴 大 吃 四 方，女
ti tsei^{21} ta^{33} tʃhi^{21} la^{21} pə^{33} khaŋ^{53}.
的 嘴 大 吃 腊 八 糠。

2.tshuŋ^{35} pɛ^{21} ciŋ^{53} tau^{35} nan^{214} ciŋ^{53}，
从 北 京 到 南 京，
mai^{21} ti mo^{53} iəu^{21} mai^{35} ti tsiŋ^{53}.
买 的 没 有 卖 的 精。

3.siau^{214} ia^{35} tshi i^{35} pə tʃhaŋ^{35}，tsiaŋ^{53}
小 鸦 雀，尾巴 长， 将
lə si^{35} fu maŋ^{33} lə ȵiaŋ^{35}.
了媳 妇 忘 了 娘。

4.in^{53} iau^{33} lian^{214}，ʃy^{33} iau^{33} phi^{35}，pu^{214}
人 要 脸， 树 要 皮， 不

iau^{35} lian^{21}ti mo^{53} far^{33} tʃi^{33}.
要 脸 的 没 法儿 治。

5.tsin^{33} in^{53} pu^{214} tʂhuan^{53} mian^{53}，tuŋ^{33}
俊 人 不 穿 棉，冻
ʂʅ iɛ^{35} pu^{214} yan^{53}.
煞也 不 冤。

6.ʂəŋ^{53} tʃhi^{21} çiai^{33} tsʅ xuo^{35} tʃhi^{21} çia^{53}，
生 吃 蟹 子 活 吃 虾，
tʃhiər^{21} tʂhan^{35} lə tʃhi^{21} thə ma^{53}.
吃儿 馋 了 吃 他 妈。

7.iəu^{21} lə lian^{53} maur^{53} y^{33}，mo^{53} iəu^{21} lə
有 了 连 毛儿 茹，没 有 了
pa^{35} tsər^{21} ʃy^{33}.
把 嘴儿 竖。

8.cia^{53} tʃhaŋ^{35} fan^{33} tshu^{53} pu^{33} i^{53}，
家 常 饭，粗 布 衣，
tʃi^{53} ləŋ^{214} tʃi^{53} iɛ^{214} ciɛ^{35} fa^{214}ti tshi^{53}.
知 冷 知 热 结 发 的 妻。

9.xau^{21} in^{53} pu^{35} liŋ^{21} ciŋ^{33}，kəu^{21} iəu^{33}
好 人 不 领 敬，狗 肉
pu^{214} ʂaŋ^{35} tʃhəŋ^{33}.
不 上 秤。

第三节 故 事

牛郎织女①

tsai^{33} tsau^{214}，iəu^{21} kə siau^{35} xuo^{214} tsʅ，
在 早，有 个 小 伙 子，
tiɛ^{53} ma^{53} sʅ^{21} ti tsau^{214}，tsiəu^{53} liəu^{53} kei^{21}
爹 妈 死 得 早，就 留 给
tha^{53} i^{21} thəu^{35} lau^{21} ȵiəu^{53}. tha^{53} tan^{53} çi^{33}
他 一 头 老 牛。他 单 系
liŋ^{53} tiŋ，tʃy^{33} ti i^{21} kə pho^{33} u^{53} tsʅ li.
伶 仃，住 的 一 个 破 屋 子 里，
kau^{33} tʂə xu lau^{21} ȵiəu^{53} chi^{21} in^{53} tsə
靠 着 和 老 牛 给 人 家
tha^{214} ti^{33} uei^{214} tʃhi^{35} ʂəŋ^{53} xuo. çiaŋ^{53}
拓 地 维 持 生 活。乡
tshin^{53} mən təu^{53} tsiau^{33} tha ȵiəu^{53} laŋ^{35}.
亲 们 都 叫 他 牛 郎。
in^{53} uei^{33} cia^{53} li chyŋ^{35}，ȵiəu^{35} laŋ lau^{21}
因 为 家 里 穷，牛 郎 老
ta^{33} pu^{35} siau^{214} lə iɛ^{21} mo^{53} iər^{53} kən^{53}.lau^{21}
大 不 小 了 也 没 人儿 跟。老
ȵiəu^{53} ciər^{35} ian^{214} lə，tsiəu^{33} siaŋ^{214} tʂə kei^{21}
牛 急儿 眼 了，就 想 着 给
tha^{53} ʃyɛ^{21} kə si^{35} fu. tʃiɛ^{35}thian^{53} xəu^{35} ʃi，
他 说 个 媳 妇。这 天 后 晌，
lau^{21} ȵiəu^{53} tsiəu^{53} tuo^{21} məŋ^{33} kei^{21} ȵiəu^{53}
老 牛 就 托 梦 给 牛
laŋ^{35}ʃyɛ^{21}：ȵi^{21} mə̃r^{53} ʃaŋ^{33} si^{33} ʂan^{53} li^{21} thai^{33}
郎 说：你 明儿 上 西 山 里 太
ku^{21} xuo^{35} ȵiɛ^{35} kə ta^{33}uan^{53} chy^{33}，uan^{53} pə̃r^{53}
古 河 那 个 大 湾 去，湾 帮儿
ta^{35} ʃy^{33} ti ʃy^{33} tʂha^{33} ʃə，kua^{33} tʂə i^{21} ta^{33} siɛ^{53}
大 树 的 树 杈 上，挂 着 一 大 些
xua^{53} xu liəu^{35} ly^{214} ti i^{53} ʃi，ȵi^{21} thiau^{53} i^{21}
花 红 柳 绿 的 衣裳，你 挑 一
cian^{33} fən^{21} xuŋ^{35} ʂɐr^{214} ti na^{53} xuei^{35} lə，
件 粉 红 色儿 的 拿 回 来，
tsiəu^{33} iəu^{21} kə sian^{53} ȵyər^{214} lai^{53} kei^{21} ȵi^{21}
就 有 个 仙 女儿 来 给 你
taŋ^{53} si^{35} fu. ȵiəu^{53} laŋ^{35} siŋ^{21} lə i^{21} xəu^{33}，sin^{35}
当 媳 妇。牛 郎 醒 了以 后，寻
sʅ kuan^{21} thə tʃən^{53} cia^{214}，chy^{33} maŋ^{53} maŋ
思 管 它 真 假，去 望 望
tsai^{35} ʃyɛ^{214}. tʃiɛ^{35} i^{21} maŋ^{53}，ko^{21} pu lau^{21}
再 说。这 一 望，果 不 老
ian^{35}，tsiəu^{33} pa^{21} ȵiɛ^{35}cian^{33} fən^{21} xuŋ^{35}
然，就 把 那 件 粉 红
ʂɐr^{21} ti i^{53} ʃi pə̃r^{21} lə cia^{53} lə.
色儿的 衣 裳 捧儿来 家 了。

①根据《文登话》作者连疆讲述录音整理。

nour^{35} i tən^{33} tsau^{53}，tʃiɛ^{35} kə lau^{21} ȵiəu^{53}

弄儿 一 顿 遭，这 个 老 牛

a，ʃi^{35} tsi^{21} ʂʅ^{33} thian^{53} ʃaŋ^{33} ti cin^{53} ȵiəu^{53}

啊，实 际 是 天 上 的 金 牛

çiŋ^{53} sia^{33} fan^{35}. tha^{53} tʃi^{53} tə tʃiɛ^{35} thian^{53} iəu^{35}

星 下 凡。他 知 道 这 天 有

tshi^{21} kə sian^{53} ȵyər^{214} tei^{35} ʃaŋ^{33} ȵiɛ^{35} tʃãr^{21}

七 个 仙 女儿 得 上 那 场儿

si^{35} tsau^{214}，xan^{35} tʃi^{53} tə tsei^{35} siau^{21} ti tsiau^{33}

洗 澡，还 知 道 最 小 的 叫

tʃi^{35} ȵy^{214} iəu^{21} fan^{35} sin^{53}，tsau^{21} tsiəu^{33} siaŋ^{21}

织 女，有 凡 心，早 就 想

tʂə çia^{33} cia^{35} in^{53} cian^{53}.cin^{53} ȵiəu^{53} çiŋ^{53}

着 下 嫁 人 间。金 牛 星

tsiəu^{33} siaŋ^{21} li^{35} yŋ^{33} tʃiɛ^{35} kə ci^{53} xuei tshuo^{21}

就 想 利 用 这 个 机 会 撮

xo tha^{53} lia^{214}. xua^{33} ʃyɛ^{21} tshi^{21} kə sian^{53}

合 他 俩。话 说 七 个 仙

ȵyər^{21} tʂan^{35} kəu^{33} lə，tɛ^{33} xuei^{35} thian^{53}

女 站 够 了，得 回 天

thiŋ^{53}，khə^{33} ʂʅ^{33} tʃi^{35} ȵy^{214} ti i^{53} ʃi ʃau^{214} lə

庭，可 是 织 女 的 衣 裳 少 了

i^{35} cian^{33}，tsiəu^{33} ʂuən^{33} tʂə ȵiəu^{53} laŋ^{35} tsau^{21}

一 件，就 顺 着 牛 郎 走

tʃiɛ^{33} kə taur^{33} chy^{33} tʂau^{214}. lia^{21} iər^{53} i^{21}

这 个 道儿 去 找。俩 人儿 一

cian^{33} miɐr^{33}，tsiəu^{33} tər^{35} ian^{214} la! tʃi^{35} ȵy^{21}

见 面儿，就 对儿 眼 啦！织 女

ʂuaŋ^{21} siŋ tsiəu^{33} pu^{214} xuei^{35} chy^{33} lə，liəu^{53}

爽 性 就 不 回 去 了，留

çia^{53} lai xu^{33} ȵiəu^{53} laŋ^{35} kuo^{35} chi^{21} lə i^{21} tsʅ.

下 来 和 牛 郎 过 起 了日 子。

i^{21} tʂuan^{35} ian^{214} kuo^{33} lə san^{214} ȵian^{53}，

一 转 眼 过 了 三 年，

ȵiəu^{53} laŋ^{35} xu tʃi^{35} ȵy^{214} ʂəŋ^{53} lə i^{21} kə ər^{53}

牛 郎 和 织 女 生 了 一个 儿

lə，i^{21} kə kuei^{53} ȵy. mər^{21} thian^{53} ȵiəu^{53}

郎，一 个 闺 女。每儿 天 牛

laŋ^{35} ʃaŋ^{33} ʂan^{53} kan^{35} xuor^{33}，tʃi^{35} ȵy^{21} tai^{33}

郎 上 山 干 活儿，织 女 待

cia^{53} li faŋ^{21} sian^{33} tʃi^{21} pu^{33} tsʅ，i^{21} cia^{53} sʅ^{33}

家 里 纺 线 织 布 子，一 家 四

kəu^{21} kuo^{33} ti y^{21} y thiɛ^{33} thiɛ. lau^{21} xua^{33}

口 过 得 熨 熨 帖 帖。老 话

ʃyɛ^{214}：ti^{35} sʅ i^{21} ȵian^{53}，thian^{53} ʃaŋ i^{21} thian^{53}.

说：地 下一 年，天 上 一 天。

uaŋ^{53} mu ȵiaŋ^{35} ȵiaŋ^{35} san^{214} thian^{53} mo^{53}

王 母 娘 娘 三 天 没

cian^{33} tʃi^{35} ȵy^{214}，siaŋ^{21} ti mo^{53} far^{21} tʃau^{35}.

见 织 女，想 得 没 法儿 朝。

i^{35} tʂha^{35} lə，phau^{21} ti fan^{35} cian^{53} kər^{53} ȵiəu^{53}

一 查 了，跑 的 凡 间 跟儿 牛

laŋ^{35} lə，tsiəu^{33} phai^{33} iər^{53} chy^{33} tʂau^{214}.thian^{53}

郎 了，就 派 人儿 去 找。天

piŋ^{53} thian^{53} tsiaŋ^{33} tʃhəu^{21} tʂə ȵiəu^{53} laŋ^{35}

兵 天 将 瞅 着 牛 郎

ʃaŋ^{33} ʂan^{53} kan^{35} xuor^{33} ti tãr^{53}，pa^{21} tʃi^{35}

上 山 干 活儿 的 当儿，把 织

ȵy^{21} tʂua^{21} tsau^{21} lə.

女 抓 走 了。

ȵiəu^{53} laŋ^{35} ʂan^{53} chy^{33} kan^{33} uan^{53} xuor^{21}

牛 郎 山 去 干 完 活儿

lai^{53} cia^{53}，pu^{21} cian^{33} lə tʃi^{35} ȵy^{214}，xai^{35} tsʅ

来 家，不 见 了 织 女，孩 子

tai^{33} nar^{33} tʃi^{35} khu^{21} tʂə iau^{33} ma^{33}，tha^{53} iɛ^{21}

待 那儿 直 哭 着 要 妈，他 也

tʂhəu^{35} ti i^{35} tian^{21} far^{21} mo^{53} iəu^{214}.tʃiɛ^{33} ʂʅ^{35}

愁 得一 点 法儿 没 有。这 时

xəu lau^{21} ȵiəu^{53} khai^{53} khəu^{21} lə，kau^{33} xu

候，老 牛 开 口 了，告 诉

tha^{53} ʃyɛ^{214}：ȵi^{21} ti si^{35} fu pən^{21} lai^{53} ʂʅ^{33} thian^{53}

他 说：你 的媳 妇 本 来 是 天

ʃaŋ ti tʃi^{35} ȵy^{214}，na^{35} lia^{21} ti ʂər^{33} ʂʅ^{33} uo^{35}

上 的 织 女，俫 俩 的 事儿 是 我

tshuo^{214}xo^{35} ti. tsiau^{53} uaŋ^{53} mu ȵiaŋ^{35} ȵiaŋ

撮 合 的。叫 王 母 娘 娘

tʃi^{53} tau lə， pu^{21} iaŋ^{33} tshiãr^{33}，pa^{21} tha^{53}
知 道 了，不 让 呛儿，把 她
tʂua^{21} xuei^{35} chy^{33} lə，tʃiɛ^{21} tʃər^{21} xan^{35} tai^{33}
抓 回 去 了，这 阵儿 还 待
pan^{35} taur^{33} ʃaŋ. uo^{21} pa uo^{21} ti phi^{35} thɛ^{21}
半 道儿 上。我 把 我 的 皮 脱
sia^{21} lə， ȵi^{21} pa^{21} tha phər^{53} ʃən^{53} ʃi，na^{53}
下 来，你 把 它 披儿 身 上，拿
tʂə uo^{21} ti tsia^{214}，tsai^{35} nuŋ^{33} liaŋ^{21} kə khuaŋ^{53}
着 我 的 角，再 弄 两 个 筐
tsɿ，thiau^{53} tʂə xai^{35} tsɿ kan^{21} ciər^{21} chy^{33}
子，挑 着 孩 子 赶 紧儿 去
tʂuei^{53}，pɛ^{35} maŋ^{33} lə，pa^{21} uo^{21} ti ti^{35} tsɿ tsia^{21}
追，别 忘 了，把 我 的蹄 子 假
ʂuei^{21} ʃi^{35} ʃi. kaŋ^{53} ʃyɛ^{21} uan^{53}，lau^{21} ȵiəu^{53}
水 湿 湿，刚 说 完，老 牛
tsiəu^{33} mo^{35} iəu^{214} lə.ȵiəu^{53} laŋ^{35} ciər^{35} ian^{214}
就 没 有 了。牛 郎 急儿 眼
lə， mãr^{35} ʃi^{21} ȵiəu^{53} ti^{35} tsɿ lə，tʂhuai^{53} chi^{21}
了，忘儿 湿 牛 蹄 子了，揣 起
ȵiəu^{53} cyo^{214}，phei^{53} tʂə ȵiəu^{53} phi^{35}，thiau^{53}
牛 角，披 着 牛 皮，挑
tʂə liaŋ^{21} kə xai^{35} tsɿ，thãr^{35} i^{21} sia^{33} tsɿ，
着 两 个孩 子，腾儿 一下 子
tsiəu^{33} fei^{53} chi^{21} lai^{53} lə.
就 飞 起 来 了。

lau^{35} yər^{21} tsiəu^{33} khan^{35} tsɿ tʃi^{35} ȵy^{214}，
老 远儿 就 看 见 织 女，
tʃi^{35} ȵy^{214} iɛ^{21} khan^{35} tsɿ ȵiəu^{53} laŋ^{35} lə，
织 女 也 看 见 牛 郎 了，
iər^{21} maŋ^{53} tʂə kuai^{35} xau^{21} tʂuei^{53} ʃaŋ lə，
眼儿 望 着 快 好 追 上了，
uaŋ^{53} mu ȵiaŋ^{35} ȵiaŋ tai^{33} thəu^{35} ʃaŋ pa^{35} lə
王 母 娘 娘 待 头 上 拔 了
kər^{53} tsan^{53} tsɿ，tshuŋ^{35} nan^{53} tau^{33} pɛ^{21} xua^{35}
根儿 簪 子，从 南 到 北 划
lə i^{21} tau^{33} xər^{35}.tʃiɛ^{35} thaŋ^{33} xər^{35} li^{35} ma^{21}
了一 道 痕儿。这 趟 痕儿 立 马
pian^{33} tʃhən^{35} i^{21} thaŋ^{33} lau^{21} mə khuaŋ^{53} ti
变 成 一 趟 老 么 宽 的
xuo^{35}. in^{53} uei ȵiəu^{53} laŋ^{35} mãr^{33} ʃi^{21} ȵiəu^{53}
河。因 为 牛 郎 忘儿 湿 牛
ti^{35} tsɿ lə，tsiəu^{33} kuo^{53} pu chy^{33} lə. i^{21} tʃau^{53}
蹄 子了，就 过 不 去 了。一 着
ci^{214}，ȵiəu^{53} laŋ^{35} pa^{21} ȵiɛ^{35} kə ȵiəu^{53} tsia^{214}
急，牛 郎 把 那 个 牛 角
ʃyɛ^{53} kuo^{33} xuo^{35} chy，tʃi^{53} ȵy^{21} pa ʃəu^{21} li ti
摔 过 河 去，织 女 把 手 里的
suo^{53} tsɿ ʃyɛ^{53} ti xuo^{35} tʃiɛ^{214} pər^{53}，tʃi^{35} ȵy^{21}
梭 子 摔 到 河 这 边儿。织 女
pəŋ^{21} tʂə ȵiəu^{53} tsia^{214}，maŋ^{53} tʂə liaŋ^{21} kə
捧 着 牛 角，望 着 两 个
xai^{35} tsɿ，ta^{35} lei^{33} i^{21} pha^{53} tha ti tiau^{33}. ȵiəu^{53}
孩 子，大 泪 一 啪 嗒 地 掉。牛
laŋ^{35} pəŋ^{21} tʂə suo^{53} tsɿ，sin^{53}li tsiəu^{33} tau^{53}
郎 捧 着 梭 子，心 里 就 刀
tsiau^{21} ti i^{21} iaŋ^{33}. liaŋ^{21} kə iər^{53} kɛ^{21} tʂə
绞 的 一 样。两 个 人儿 隔 着
thian^{53} xuo^{35} tʃhaŋ^{33} tə̃n^{35} iər^{21} chiaŋ^{53}. iəu^{21}
天 河 唱 瞪 眼儿 腔。有
kə ia^{35} tshi kan^{35} tsɿ lə，cyo^{21} tʂə uaŋ^{53} mu
个 鸦 鹊 看 见 了，觉 着 王 母
ȵiaŋ^{35} ȵiaŋ thai^{33} pu^{21} cin^{33} in^{53} tshiŋ^{35}，tsiəu^{33}
娘 娘 太 不 近 人 情，就
pa^{21} ʂuo^{35} iəu^{21} ti ia^{35} tshɿ təu^{53} tsiau^{33} lai paŋ^{53}
把 所 有 的 鸦 鹊 都 叫 来 帮
maŋ^{53}. tʃhən^{35} cyn^{35} ciɛ^{21} tei^{33} ti ia^{35} tshi i^{35} pə
忙。成 群 结 队 的鸦 鹊 尾 巴
iau^{21} i^{35} pə，tai^{33} xuo^{35} ʃaŋ lian^{35} chi^{21} lə i^{35}
咬 尾巴，待 河 上连 起 来 一
tsuo^{21} tshyor^{21} chiau^{35}.uaŋ^{53} mu ȵiaŋ^{35} ȵiaŋ
座 鹊儿 桥。王 母 娘 娘
i^{21} khan^{33}，iɛ^{21} xu lə tʃiɛ^{35}mə tuo^{53} ti ia^{35} tshi，
一 看，惹 乎 了这 么多 的 鸦 鹊，
iɛ^{35} cyo^{21} tʂə thai^{33} kuo^{35} fən^{33} lə，tsiəu^{33} yn^{35}
也 觉 着 太 过 分 了，就允

çy^{21} ȵiəu^{53} laŋ^{35} xu tʃi^{35} ȵy^{214} tai tshyor^{33}
许 牛 郎 和 织 女 待 鹊儿
chiau^{35} ʃaŋ cian^{33} lə miɐr^{33}. tʃiɛ^{35} thian^{53} ʂʅ
桥 上 见 了面儿。这 天 是
in^{35} li ti tshi^{21} i tʂhu^{53} tshi^{214}. tʃhau^{35} xəu^{33}
阴 历 的七 月 初 七。朝 后
mər^{21} ȵian^{53} tʃiɛ^{35} thian^{53}, ia^{33} tshi təu^{53} lai^{53}
每儿 年 这 天, 鸦 鹊 都 来
cia^{33} chi tshyor^{35} chiau^{35}, tsiau^{53} ȵiəu^{53} laŋ^{35}
架 起 鹊儿 桥, 叫 牛 郎
xu tʃi^{35} ȵy^{21} cian^{35} miɐr^{33}. tʃiɛ^{35} tsiəu^{33} ʂʅ iəu^{21}
和 织 女 见 面儿。这 就 是有
miə̃r^{35} ti tshi^{35} tshi^{21} tshyor^{33}chiau^{35} xuei^{33}.
名儿 的七 七 鹊儿 桥 会。
thian^{53} xuo^{35} tʃiɛ^{35} pɐr^{53} i^{21} liour^{33} san^{53}
天 河 这 边儿 一 溜儿 三
kə siə̃r^{53}, tsiəu^{33} ʂʅ suor^{53} siŋ^{53}, iɛ^{21} tsiau^{21}
个 星儿,就 是梭儿 星, 也 叫
tshian^{53} ȵiəu^{53} siŋ^{53}. taŋ^{53} ku tʂũr^{33} tsei^{35}
牵 牛 星。当 个中儿 最
liaŋ^{33} ti ȵiɛ^{35} kə, tsiəu^{33} ʂʅ ȵiəu^{53} laŋ^{35}, lia^{35}
亮 的 那 个,就 是 牛 郎, 俩
siaur^{21} ti ʂʅ ȵiɛ^{35} liaŋ^{21} kə xai^{35} tsʅ. ȵiɛ^{35} i
小儿 的,是那 两 个 孩 子。那 一
piɐr^{53}, ȵiɛ^{33} san^{53} kə siə̃r^{53}, san^{53} tsiar^{21} tʂan^{33}
边儿, 那 三 个 星儿,三 角儿 站
ti tsiau^{33} ȵiəu^{53} tsia^{21} siŋ^{53}, tsei^{35} liaŋ^{33} ti
的,叫 牛 角 星, 最 亮 的
tsiəu^{33} ʂʅ tʃi^{35} ȵy^{214}.
就 是 织 女。

tʂhuan^{35} ʃyɛ^{21} ʂʅ^{33} mei^{21} ȵian^{53} tshi^{21} i
传 说 是 每 年 七 月
tshi^{21} xəu^{35} ʃaŋ, nuŋ^{33} kər^{53} mian^{35} kan^{21} tʃi,
七 后 晌,弄 根儿 面 擀 杖,
tãr^{33} tsiŋ^{21} ʃi, tsuo^{33} tʂə mian^{35} kan^{21} tʃi,
挡儿 井 上, 坐 着 面 擀 杖,
tsiəu^{33} nəŋ^{35} kan^{35} tsʅ ȵiəu^{53} laŋ^{35} tʃi^{35} ȵy^{21}
就 能 看 见 牛 郎 织 女
tshyo^{35} chiau^{35} xuei^{33}. ȵi^{21} kuan^{35} tsə kə^{33} pɛ^{35}
鹊 桥 会。你 管 怎 可 别
sin^{33}, tʃiɛ^{214} ʂʅ^{33} y^{53} luŋ iər^{53}, i^{35} ʂʅ^{33} i^{21}
信, 这 是 愚 弄 人儿,要 是 一
tsuo^{33} ʃaŋ, mian^{35} kan^{21} tʃi kuər^{21} la^{35} tsʅ, fər^{53}
坐 上, 面 擀 杖 滚儿 砬子,非儿
tiaur^{33} tsiə̃r^{21} li, i^{21} xəu^{33} xan^{35} iəu^{21} iər^{53} ʃyɛ^{21},
掉儿 井儿 里。以 后 还 有 人儿 说,
mə̃r^{21} ȵian^{53} tʃiɛ^{33} thian^{53} xəu^{35} ʃaŋ, phar^{53}
每儿 年 这 天 后 晌,趴儿
phu^{35} thau tsia^{33} tsʅ ti^{21} sʅ, tʃhau^{35} thian^{53} ʃaŋ
葡 萄 架 子 底 下,朝 天 上
maŋ^{53}, nəŋ^{35} tiŋ^{53} tsʅ ȵiəu^{53} laŋ^{35} tʃi^{35} ȵy^{21}
望, 能 听 见 牛 郎 织 女
ʃyɛ^{21} ti təu^{53} xuar^{33}.
说 的 偷 话儿。

人　物

本志“人物”设人物传略、人物名录两部分，共收录933人。其中，人物传略227人，人物名录706人。因单位或个人未提供资料，以及资料无法查证、确认的人物未予收录。

2007 年 10 月 1 日落成的文登学公园进士金榜题名雕塑

人物传略

文登依山傍海、钟灵毓秀、地杰人灵、人文荟萃，源远流长的“文登学”文化，哺育出众多经世之才和英雄儿女，他们忠诚使命、铁血担当，自强不息、砥砺奋进，为中华人民共和国的成立、建设作出了重要贡献，在他们身上集中体现了仁爱、正义、明理、尚学、守信的“文登学”精神。《文登市志》(1996年版)，对文登影响较大的去世人物（1840－1990年有资料可查者）进行过收录。本志接续前志，“传记”“传略”合设为“人物传略”，以本籍人物、正面人物、现代人物为主。

《文登市志（1991－2013）》，共收录1991－2013年去世及《文登市志》(1996年版）未收录的1990年前去世的文登籍和在文登工作的外籍地方副厅、部队副师职及以上人物，省（部）级及以上荣誉称号获得者（含文登籍在外地工作的全国劳动模范），知名人士，文登市（县）历任领导和正高级专业技术职称人物227人。其中，地方副厅职及以上人物83人，部队副师职及以上人物61人，国务院政府特殊津贴获得者9人，省（部）级及以上英模先进人物36人，知名人士4人，文登市（县）历任领导人物25人，正高级专业技术职称人物9人。传略以卒年为序，卒年相同以生年为序。

地方副厅职及以上人物

杨　文　(1920.11－1970.3）原名杨原明，侯家镇侯家村人。1936年参加革命工作，1941年2月加入中国共产党。历任小学教员，中共文登县委宣传部干事，胶东东海教育部组织干事。抗日战争胜利后，任烟台市总工会组教部部长、烟台市海员工会党委书记兼会长。1947年后，历任中共烟台市太平顶区委副书记，福山县旺远区委副书记、书记，福山县委党训班副主任，福山县委宣传部副部长、部长。1950年1月，入华东局党校学习。1952年4月，任上海水产专科学校党支部书记。1954年3月，任交通大学组织科科长。1955年，任交通大学党委常委、组织部部长。1959年始，历任西安交通大学党委常委、电机系党总支书记，西安交通大学党委统战部部长、政治部副主任。1967年7月，任西安交通大学革命委员会副主任。

邹立元　(1925.4－1972.5）曾用名邹立渊，泽库镇周家村人。1945年3月参加革命工作，同年加入中国共产党。先后在解放区张家口铁路局、晋察冀中央局总务科、中央军委总参三局任支部委员兼工会主席、股长等职。1949年2月后，任北京市军管会电讯接管部秘书、邮电部供应局计划处处长、工业局计划处处长。1958年，任北京邮电工业学校校长。1965年4月，任邮电部重庆通讯设备厂党委书记兼厂长。

于长龄　(1926.12－1977.1）大水泊镇泽上村人。1943年2月参加革命工作，同年12月加入中国共产党。抗日战争时期，先后在文登县税务局、东海区工商局、石岛海关等单位工作。解放战争时期，在石岛海关张家埠事务所担任领导工作。1949年2月随军南下，

历任上海海关货管处副主任、副关长等职。1968年5月，任上海外贸局革命委员会副主任，后任局党委常委，上海财贸外语学校党委书记、革命委员会主任。立二、三等功各2次。

于培礼（1921.1－1981.12） 大水泊镇大水泊村人。1940年6月参加革命工作，1947年6月加入中国共产党。抗日战争时期，历任大水泊中心小学教师、文教助理员，文登县抗日民主政府教育科科员。解放战争时期，先后任文登县民主政府征收处主任、胶东行署财政处税务科副科长。中华人民共和国成立后，先后任华东区税务管理局计划科副科长，国务院外国专家事务管理局秘书科及翻译科科长，专家工作处副处长，各省、市驻京办事处副主任。1964年5月，任中共中央监察委员会驻国家机关事务管理局监察组组长。

林基连（1925.2－1981.12） 曾用名谷均华，侯家镇侯家村人。1941年2月参加革命工作，同年8月加入中国共产党。历任区青救会会长、小学校长，中共威海市里口区委组织委员，威海市委调研室副主任，东海军分区政治处副政治教导员，文登县黄山区武装部部长。1949年2月随军南下，历任江苏省吴江市黎里区区长，共青团吴江市委副书记、书记。1953年2月，任共青团苏州地委副书记。1954年4月，入华东党校学习。1955年6月，任江苏省委肃反办公室检查组组长。1960年3月始，历任江苏省团校党委书记兼校长，共青团江苏省委秘书长、常委。1965年1月，任江苏省贫协组织部部长、常委。1969年9月，任江苏省商业局粮食科科长。1973年3月，任江苏省粮食厅政治处处长。1974年7月，任江苏省粮食厅副厅长。

刘国明（1919.11－1983.8） 文登营镇后北凤口村人。1939年1月加入中国共产党。抗日战争时期，历任胶东军区东海军分区某独立大队战士、班长、排长、政治指导员等职。解放战争时期，任华东野战军第九纵队二十五师七十五团营教导员。中华人民共和国成立后，历任中国人民志愿军二十七军直工科科长、二四三团政委、二十七军后勤部副政委、七十九师政治部副主任。1964年转业，任江苏省苏州市财贸部政治部主任。1966年，任中共苏州市委视察室副主任。获独立自由勋章、三级解放勋章和朝鲜民主主义人民共和国三级国旗勋章。

王东才（1923.3－1983） 曾用名王枫春，大水泊镇团山村人。1940年6月参加革命工作，中共党员。先后任东海军分区卫生处助理军医、某独立营药材股股长。1958年，入解放军军事学院学习。1962年毕业后留校从事教学工作。1966年，任华东医药站党委书记。1982年，任江苏省医药工业公司党支部书记兼副经理。获独立自由奖章、三级解放勋章。

于　明（1924.10－1983） 曾用名于桂馨，大水泊镇西南台村人。1939年9月参加革命工作，1941年3月加入中国共产党。历任文登县抗日大队文化教员，牟海县蚕丝改良场技术助理、技术员，乳山县示范蚕场副场长，牙前县胶东示范蚕场场长。中华人民共和国成立后，历任山东省农林厅特产科科员，苏南蚕业管理局监管科副科长，江苏省农林厅蚕业管理局秘书。1953年，调农业部工作，历任工业原料局、经济作物局副处长，科教局处长。1980年12月，任农业部科技局副局长。立一、三等功各1次。

姜铭海 （1926.2－1986.11） 泽库镇慈家滩村人。1941年5月参加革命工作，1943年1月加入中国共产党。历任胶东军区战士、班长、排长、连长、营长、副团长，中南军区后勤部科长。1953年7月入南京高级步校学习。1955年11月毕业，任四十二军三七三团团长。1964年9月，任广西军区边防师副师长。1969年8月，任四十三军司令部副参谋长。1970年1月，任广西军区司令部副参谋长。1973年12月，任中共广西壮族自治区委员会组织部副部长。获独立自由奖章、三级解放勋章。

于东英 （1921.6－1987.11） 曾用名宋文，大水泊镇芦子口村人。1940年6月参加革命工作，同年9月加入中国共产党。抗日战争时期，任中共昆嵛县青年抗日救国会宣传委员、组织委员、主任和各救会、农救会会长。解放战争时期，任华东野战军第三纵队火线担架四营政治教导员、昆嵛县山马区区长、华东南下干部纵队四支队某大队四中队一分队队长。中华人民共和国成立后，历任常州机务段军事代表，南昌铁路分局组织科科长、政治部主任、党委副书记兼监委书记，广州铁路局监察室主任、政治部组织部部长，衡阳铁路分局政委、党委书记，广州铁路局党委副书记、政治部主任等职。

王焕超 （1926.4－1987.11） 侯家镇小洛村人。1943年9月参加革命工作，1944年9月加入中国共产党。历任胶东区工商局和东海税务分局稽征员、会计，胶东区工商局石岛市分局统计员、《商情》编辑室编辑，华东工商部组织科科员、教育科科员等职。1949年随军南下，历任上海粮食公司、华东区粮食公司人事室主任，华东贸易部计划科副科长，上海市商业局计划处处长、行政办公室主任。1959年始，历任上海市黄浦区商业局局长，区财贸部副部长、部长。1978年，任上海市财贸办公室业务一处处长。1979年，任上海市财贸办公室副主任。

迟绍庆 （1926.9－1987.12） 高村镇绿杨村人。1944年9月参加革命工作，历任村青年抗日先锋队副队长、青年抗日救国会副会长、民兵队长。1945年8月加入中国共产党。同年9月始，先后在文登县武装部、胶东军区、解放军第三野战军十三纵队司令部、解放军第二野战军卫生部第二医院、川南军区后勤部卫生部政治处、解放军第十军后勤部政治处、海军医院政治处担任警卫员、班长、文书、排级政治干事、连级组织干事等。1952年9月，入中国人民大学马列主义基础教研室研究生班学习，1955年7月毕业留校，历任助教、讲师、教研室副主任。1964年9月始，先后在北京师范学院和中国人民大学任系主任、党总支部书记、组织部副部长。1984年，任中国人民大学纪委副书记。立三等功3次、四等功2次，被评为拥政爱民和练兵模范。

荣二虎 （1909.3－1990.3）大水泊镇后村人。1938年5月入伍，同年8月加入中国共产党。先后任八路军山东纵队五支队班长、排长、教导营区队长，抗日军政大学山东分校学员，鲁南军区政治部保卫干事，八师二十三团特派员，后勤部政治处保卫股股长，二十一团一营教导员，山东军区徐州警备区政工科科长，警五团政治处副主任。1950年后，历任第九十八师二九三团政治处主任，水利部工程局二总队副队长、设计院勘察室主任。1961年始，

先后任黑龙江省水利设计院副院长，黑龙江省气象科学研究所副所长、省气象台副台长。

王忠智 （1925.5 — 1991.4） 大水泊镇陈驾埠村人。1940年7月参加革命工作，1946年4月加入中国共产党。历任文登县抗日民主政府通讯员，胶东军区军工部化学研究室助理技术员、组长，胶东兵工厂实验室副主任，济南工业局电木厂实验室副主任、副厂长。1956年4月，入北京工业学院学习。1960年8月大学毕业后，历任国营二三四厂副厂长、总工程师、党委副书记、厂长、党委书记，兵器工业部第五十三研究所副所长。1979年3月，兼任五十三研究所总工程师、党委委员。

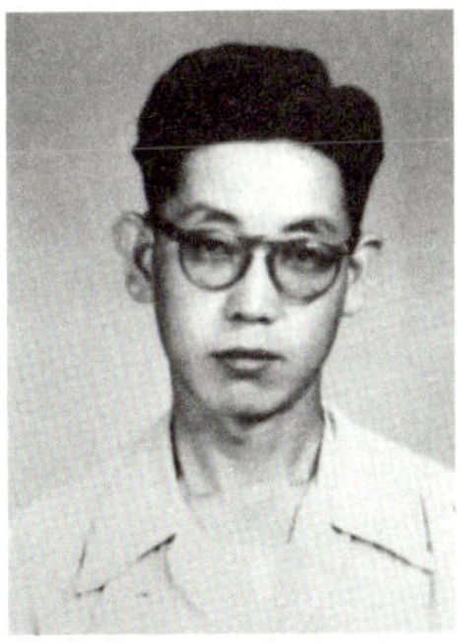

慈惟纪 （1924.1 — 1991.6） 泽库镇慈家滩村人。1939年10月参加革命工作，1941年5月加入中国共产党。抗日战争时期，历任中共文登县第十区区委会青年干事，抗日军政大学胶东三分校学员、文书、会计，八路军山东纵队第五支队司令部机要员，胶东军区西海军分区司令部机要组组长。解放战争时期，历任山东军区第八师机要科副科长，华东野战军第十三纵队三十八师机要科科长，华东军区司令部机要处干部训练队队长。中华人民共和国成立后，历任上海海运局、华东局机要科科长，安徽省委办公厅机要处副处长、处长，安徽农学院党委统战部部长、农学系党总支书记、副院长，凤阳分院院长。1960年8月，任安徽农学院党委副书记、副院长。1979年5月，任安徽财贸学院党委副书记、副院长；8月任院党委书记、院长。立二等功、三等功各1次、四等功4次。

于经清 （1923.8 — 1991.10） 葛家镇于家埠村人。1941年6月加入中国共产党，1942年2月参加革命工作。历任中共葛家区委、管山区委宣传干事、宣传委员、分区副书记、书记等职。1950年始，历任文登专署农业税科科长、行政干部学校副校长，福山县建委副主任。1954年，任中共威海市委书记兼市长。1958年后，历任中共济南市委党校副校长、市委宣传部副部长，中共泰安地委宣传部部长。1972年后，历任中共泰安地委党校书记兼校长，中共泰安地委常委、肥城县委书记，山东省农委副主任。1983年9月，任山东省农业厅厅长、党组书记。

王　亮 （1909.1 — 1992.5） 又名江辉明，汪疃镇东三庄人。1930年参加文登县农民协会，任文登县第二区干事。1932年，在吉林省临江县参加农民抗日起义。1935年8月加入中国共产党，任中共文登县第二区区委书记。同年参加胶东“一一·四”武装暴动，是昆嵛山红军游击队领导人之一。1936年，任中共文登县委组织委员。1937年参加天福山起义，历任山东人民抗日救国军第三军第五大队大队长，鲁中军区四科科长，文登县大队副大队长。1941年后，历任东海军分区参谋主任、警五旅教导营营长、十五团参谋长、胶东兵站处长。中华人民共和国成立后，历任山东省公路运输局副局长，山东省交通厅副厅长、党组书记，山东省运输指挥部副指挥，山东省工交办公室副主任。1959年，任山东省经济委员会副主任。1980年，任政协山东省委员会副主席。

李光荣 （1922 — 1992.5） 原名许连清，曾用名于干卿，大水泊镇三庄人。1938年6月参加中华民族解放先锋队，同年10月加入中国共产党。历任中共胶东区委交通科政治交通员，山东分局交通班班长，临沭县交通股收发员、股长，滨海区行署战时邮务总局收发员，滨北专

署邮务总局业务科科长，山东省直属邮局秘书，徐州市军管会邮电部行政科科长。中华人民共和国成立后，历任南京军管会邮电部军事代表办公室助理军代表、视察室主任，江苏省邮电局行政科科长、副局长，江苏省军工局副局长。1946年，被山东省人民政府记一等功。

林基鑫（1915.10－1992.6）泽头镇胡格庄人。1937年，毕业于烟台益文商业专科学校。1942年10月参加革命，1945年12月加入中国共产党。历任北海银行胶东分行东海支行会计股股长、营业科科长，徐州军管会金融部副部长，中国银行山东分行营业部主任，华东区货币管理处、计划处副处长等职。1953年调入中国人民银行总行工作，历任发行局专员，计划局处长、副局长，中国人民银行国外局副局长，中国银行副总经理。1981年，任中国银行国际金融研究所所长。

刘力生（1913.8－1992.6）曾用名刘思永、刘若水，高村镇汤泊阳村人。1933年考入文登乡师，同年加入中国共产党。1935年参加胶东“一一·四”武装暴动。暴动失败后，以开豆腐坊为掩护，从事党的交通联络工作，由于叛徒出卖被捕。1937年，任中共文登县第四区党小组组织委员。1938年，任中共文登第三区区委书记。1939年10月，任中共文登县委书记。1940年5月，任中共东海地委委员。1942年9月，任中共东海地委宣传部代部长。1947年，任中共东海地委副书记、书记。1950年，任中共文登地委副书记兼文登专署专员。1953年5月后，任中共中央华东局组织部党员管理处处长、华东局纪委秘书长。1956年，任中纪委案件审理处处长。1966年6月，任中共中央西北局监察组副组长。1971年后，历任陕西省铜川市商业局副局长，省计划委党组成员。

于春江（1926.1－1992.7）文登营镇姜家庵村人。1940年6月参加革命工作，1941年加入中国共产党。1945年后，历任胶东军区五师特务营一连指导员，炮兵营副教导员，七十三团特务营教导员，三十二军九十四师二八〇团二营教导员等职。1950年10月，参加抗美援朝。1953年回国，任第三汽车学校班主任、华东军区后勤部第一工程处政治处主任等职。1956年转业，历任南京市第二机械厂党委书记、市钢铁厂厂长，玄武区工业分局局长，南京轻工局经理部书记，南京九华山铜矿副矿长等职。获独立自由勋章、解放勋章及朝鲜民主主义人民共和国革命勋章、劳动勋章。

曹凤岗（1914.5－1992.9）曾用名曹顺岗，宋村镇金格西里村人。1943年12月参加革命工作，1947年5月加入中国共产党。历任东海专署事务长，威海市政府采办员、管理员，威海市支前办公室参谋、卫生所所长，西南服务团支队参谋。1952年6月后，历任四川省川东地委总务股股长、供给科副科长，四川省供销社重庆办事处主任。1957年7月，任重庆肉类联合加工厂厂长。1959年，任重庆市食品畜产公司党总支书记、党委书记。1962年10月，任重庆市供销社副主任。1970年，任重庆市第二商业局党组副书记、副局长。立一等功和二等功各1次。

田如平（1944.1－1992.10）宋村镇北马村人。1969年8月参加工作，中共党员。历任省

工艺品进出口公司办事员、副科长、副经理、经理、党委书记。1984年12月，任省外贸局副局长。1988年2月，任省外贸局局长、党组书记兼省外经贸委副主任，省外贸总公司总经理，省外经贸职工大学校长。

丛亚藩 （1913.10－1993.11） 大水泊镇客岭村人。1937年参加革命工作，1938年加入中国共产党，同年入伍。先后任山东人民抗日救国军第三军后方司令部保卫大队副大队长，中共胶东特委保卫局侦察队队长、预审科科长，山东分局党校学员，海阳县公安局局长。1945年后，历任胶东区牙前县公安局局长，中共威海卫市委委员兼公安局局长，中共东海地委委员兼社会部部长，胶东行署公安局副局长兼青岛军管会民政局局长。1950年后，历任中共文登地委副书记兼行署专员，中共胶州地委副书记兼行署专员，华南局审干委员会办公室副主任，中共中央组织部审干办公室主任。1958年后，历任中共旅大市委组织部副部长，中共贵州省贵阳市委书记处书记，遵义医学院党委书记兼院长，山东省人民检察院副检察长、党组副书记，山东省顾问委员会委员等职。

王维鉴 （1932.2－1993） 天福街道文山社区人。1946年3月参加革命工作，1949年7月加入中国共产党。历任胶东北海银行会计，印钞厂统计。中华人民共和国成立后，历任山东军区司令部秘书，中共山东省委（分局）办公厅秘书，山东省革命委员会文教办公室副主任。1981年4月，任山东省文化教育委员会副主任。1985年3月，任山东省医学科学院副院长、党委委员。1985年7月，任山东省计划生育委员会副主任。

张富贵 （1913.8－1994.6） 高村镇金岭村

人。1937年参加革命。1944年10月加入中国共产党。1942年，被评为区、县拥军模范。1943年，成立高村区第一个互助组。创造的以母组带子组发展互助合作的经验，得到中共胶东区委的肯定与推广。1944年，当选文登县农业劳动模范和县政府参议员，1945年春，被评为胶东区第一名农业劳动模范，当选胶东区农民抗日救国会执行委员、胶东行署参议员。1947年，所在的合作社一次捐粮1500千克。1950年，当选山东省人民代表、省府委员、监察委员，3月出席省劳模大会，9月出席全国工农兵英模代表会议，被授予全国劳动模范，受到毛泽东等党和国家领导人接见。1953年1月，在本村办起初级农业合作社。1955年冬，将1617户农民组成一处高级农业合作社，任社长。1957年，出席全国农业劳动模范代表会议。1958年出席全国农业先进单位代表会议，并任高村人民公社社长。1959年，参加国庆观礼和省社会主义建设积极分子代表会。1962年参加山东省群英会。1964年当选为第三届全国人民代表大会代表、山东省贫协主席。1966年出席山东省先进集体代表会议。1968年任文登县革命委员会副主任。1969年后，历任中共中央第九、十、十一届委员会委员、十二届主席团成员。1971年至1978年，任中共山东省委第三、五届委员会委员，山东省第五届革命委员会副主任。1979年，任山东省第五届人民代表大会常务委员会副主任。同年，被国务院再次授予全国农业劳动模范称号。1985年4月，因年迈多病，主动申请退职。

于　达 （1912－1995.1） 原名于洞海，龙山街道大众社区人。1938年参加中华民族解放先锋队，1939年10月加入中国共产党，1940年2月入伍。历任东海军区司令部、东海专署、文登

县抗日民主政府秘书，胶东大众报社通讯科科长，滨海中学教导主任。1942年10月，入胶东党校学习。1943年7月始，历任胶东公学教员、胶东建国学校秘书、胶东公学教学科科长、滨海区教育参观团团长、胶东行署教育处干教科副科长，胶东北海中学校长。1949年10月，任山东省文教厅督学。1950年9月，任中国教育工会组织部部长。1958年12月，任宁夏回族自治区文教厅副厅长。1959年11月，任宁夏医学院党委副书记。1963年3月，任宁夏回族自治区总工会副主席。

李　井　（1915.7－1995.2）　曾用名李惠国，泽头镇胡格庄人。1933年9月就读于文登乡师，1934年3月加入中国共产党。历任文登县抗日救国会主任，中共文登县委青委书记，莱东县各界抗日救国会会长，中共胶东区委桃村实验区区委书记，中共安东省孤山县委民运部部长、县委副书记，中共安东省委党校总书记兼教务处副处长、东北劳动总局工资处副处长等职。1952年1月后，历任东北总工会工资部部长，中国重工业工会工资部部长、秘书长、副主任。1960年12月后，历任中华全国总工会生活办公室副主任、生活部副部长。

高中正　（1926.4－1995.2）　泽头镇大洼村人。1941年2月参加革命工作，1944年加入中国共产党。历任昆嵛县虎山区文教助理，华野一纵队支前中队队长等职。1948年1月在河北省平山县第一期中央团校学习结业后，参加中央接收天津工作组工作。1949年9月赴山东省团校工作，历任班主任、教育科科长、教育长、党委书记兼校长等职。1971年12月，任聊城地区革命委员会办公室副主任。1973年始，历任山东工学院党委常委、政治部副主任、党委副书记兼宣传部部长、工会主席等职。1982年6月，任山东师范大学党委书记。1985年1月，任山东经济学院党委书记。1990年3月，当选山东省第七届人民代表大会常务委员会委员，是第六届、第七届全国人民代表大会代表。

王瑞林　（1923.6－1995.5）　女，原名邢德秀，文登营镇前北凤口村人。1939年5月加入中国共产党，同月入中共胶东区委党校学习，9月任荣成县妇救会组织委员。1941年4月后，历任牟平县妇救会会长，中共东海地委妇女联合会副会长，莱东县、乳山县各救会副会长、妇救会会长等职。1949年4月，任中共东海地委妇委书记、妇联主任。1950年11月后，历任济南市妇联组织部部长、妇委副书记、妇联副主任，青岛市针织厂党委书记，市纺织工会主席，市委妇委书记、妇联主席。1962年1月，任山东省手工业管理局副局长。1964年3月始，历任上海国棉八厂厂长、厂革命委员会主任，上海棉纺公司革命委员会副主任。1969年，任国棉八厂党委书记。

荣敏之　（1919.1－1995.6）　女，原名荣树慧，文登营镇前北凤口村人。1938年参加中华民族解放先锋队，同年7月加入中国共产党。历任牟平五区秘书、中共文登县委委员、县妇女部部长、中共胶东东海地委妇委委员、南海地委妇委书记、南海专署妇联主任、胶东区妇联代理秘书长、胶东区党委牙前县妇救会会长。1946年5月后，历任长春铁路局大连机务段司机学校副校长，大连县民联会主任兼妇联主任等职。1951年，任辽宁省旅大市妇联主

任。1957年9月，任辽宁省妇联副主任。1979年后，任辽宁省妇联顾问。

张修永 （1927.9－1995.7） 文登营镇沟于家村人。1938年12月，参加八路军山东人民抗日游击队第五支队。历任勤务员，天福山儿童团团长，栖东县工商事务所统计、诸城县政府工商干事、湖北省郧西县工商管理局工商股股长、陕西省安康地区税务局股长等职。1949年2月加入中国共产党。中华人民共和国成立后，任陕西省石泉县税务局局长。1953年入西北财政干校学习。1954年8月，任陕西省交通银行会计科科长。1955年8月，在中央财政干校学习。1956年8月后，历任陕西省建设银行会计科科长，陕西省财政厅税务局二科科长，财政厅农业财务处副处长、中央企业处副处长。1971年5月，历任陕西省铜川市人民银行副行长、行长、党组书记。1978年8月后，历任陕西省财政厅农业财务处副处长、处长。1983年5月，任陕西省税务局局长、党组书记。1986年2月，任厅局级调研员。

刘志信 （1923.10－1995.7） 侯家镇南廒村人。1944年3月参加革命工作，1945年11月加入中国共产党。历任牟海县工商局慈家滩事务所盐站检查员、第一事务所统调员，乳山口海关文书，乳山工商局、东海税务分局、华东局工商部关税科审核员，山东省工商厅科员，省百货公司人事科科长、副经理，省商业厅工商处副处长、党支部书记，省外贸局人事处处长、党委副书记，中共山东省委组织部四处、三处副处长，省委财贸政治部干部处处长，省水利厅政工组组长。1978年，任山东纺织工学院党委副书记、副院长。1982年，任山东建筑工程学院党委副书记。

王　介 （1909.12－1995.9） 文登营镇前北凤口村人。1932年秋，入文登乡师读书，1936年毕业，在文登县立一小任教。1937年，任汤村店子小学校长。1938年2月，参加黄山起义，后编入山东省人民抗日救国军第三军，同年10月加入中国共产党。抗日战争时期，历任八路军山东纵队第五支队政治部民运部副部长，五旅政治部政工科副科长，胶东区北海军分区政治部副主任和军区政治部敌工科副科长等职。解放战争时期，随军南下，任苏南军区教导旅政治部主任，镇江军分区副政委等职。抗美援朝时期，任北京化学兵学校政委。朝鲜战争停战后，任军委第九十四文化速成中学校长，后任军委测绘学院副政委。1955年11月，被授予上校军衔。1957年转业后，历任第二机械工业部五〇四厂副厂长，二机部教育局副局长等职，获国防科工委“献身国防科技事业”荣誉奖章和证书。获二级独立自由勋章和二级解放勋章。

汉　明 （1916.8－1995） 原名夏元清，文登营镇中仓村人。1937年12月参加农民自卫团，1938年2月参加山东人民抗日救国军第三军，同年9月加入中国共产党。历任“三军”三路指挥部直属中队助理员，八路军山东纵队第五支队司令部骑兵连指导员，中共胶东北海区委保卫大队指导员，中共栖东县委委员、公安局局长，胶东行署公安局科长，胶东北海专区公安局副局长，胶东南海区专署公安局局长，山东省公安厅治安处处长，中央人民公安学院教研室主任，青岛市委政法部部长，山东省农业厅农机局局长等职。

鲁玉光 （1929.6－1995） 张家产镇大官庄人。1946年3月参加革命工作。历任文城商店、

威海酒厂会计，文登专区财会科副科长、烟台市专卖公司财会科科长，山东省商业厅针织品公司财会科副科长。1958年8月后，历任山东省劳动厅计划处科长、副处长、处长。1984年8月，任山东省劳动服务公司经理。

张修竹（1916.3－1996.7） 文登营镇沟于家村人。1935年7月加入中国共产党，任中共胶东特委交通员，同年11月参加“一一·四”武装暴动。1936年始，历任中共文登县委交通员，中共胶东特委交通员、特委委员。1937年12月，参加天福山抗日武装起义。后历任山东人民抗日救国军第三军军政委员会委员、第三军军需部部长。1938年9月后，历任蓬莱、黄县、掖县渔民抗日工作队队长，中共黄县县委书记，中共胶东北海、南海地委常委、职工部部长。1940年10月至1945年8月，参加晋东南八路军总部党校、延安马列学院、中共中央党校、中共中央敌后工作培训班等学习培训，其间当选中国共产党第七次全国代表大会代表。抗日战争胜利后，历任东北民主联军军事工业部政治处组织科科长，军工部八厂政委，中共哈尔滨市道外区区委书记等职。1948年10月始，先后任哈尔滨市工会主席、市委常委，中华全国总工会文教部副部长、部长、书记处书记等职。当选中国共产党第八次全国代表大会代表。1962年11月，任国务院农林办公室常务副主任兼中央农林政治部主任。1978年始，历任国家农垦总局副局长、农垦部副部长、党组副书记、纪检组组长。当选第二、三、四、五、六、七届中国人民政治协商会议全国委员会委员。

沈石如（1910.4－1996.10） 汪疃镇三家庄人。1936年毕业于山东曲阜师范学校，1938年5月参加中华民族解放先锋队。1939年5月加入中国共产党。历任掖县抗日民主政府科员、西海专署科长、秘书室主任，胶东行署实业处副处长等职。1949年4月，随中国人民解放军渡江南下，历任杭州市军事管制委员会财经部实业处副处长，浙江省水利局局长、农业厅副厅长，浙江省人民委员会五办副主任。1953年后，历任浙江省水利厅副厅长、厅长，省水利电力厅副厅长、厅长。1977年8月，任浙江省水利厅顾问。

刘　庸（1907.10－1996） 曾用名刘大甡，侯家镇东廒村人。1934年7月，毕业于山东省立第七乡村师范学校，先在县城小学任教，后任国民党文登县政府教育科教育视导员。1938年4月任文登汤村店子小学校长。同年9月，加入中国共产党。1940年2月始，历任胶东区东海司令部参谋处情报员，荣成县抗日民主政府民政科科长，荣成县县长兼县大队大队长，文登县县长兼县大队大队长，胶东行政公署秘书主任。1945年1月，入胶东区党校学习，8月任莱阳新区工作队队长。1947年4月后，历任胶东荣军管理局副局长，山东省荣军管理局副局长、局长兼荣军总校校长。1954年12月后，任山东省人事厅副厅长、厅长。

王　焕（1914.5－1999.1） 曾用名王镇文、王焕章，文登营镇驾山窑村人。1933年3月参加革命工作，1938年3月加入中国共产党。历任中队指导员、大队政委、团政委、分区政治部主任等职。中华人民共和国成立后，先后担任兵种学校政治部主任、兵种学院宣传部部长、政治部主任，北京地质学院党委书

记，中国地质博物馆党委书记。获三级独立自由勋章和三级解放勋章。

韩洪勋 （1923.7 — 1999.2） 界石镇赵家庄人。1941 年 6 月参加革命工作，同月加入中国共产党。历任东海地委干事、东海专区公安局秘书、胶东区公安局巡视员。1949 年后，历任青岛市公安局副科长，青岛市自来水厂党总支书记、厂长。1953 年始，历任青岛市总工会部长、副主席、党组副书记，青岛市劳动局副局长、党组副书记，青岛市革命委员会劳动工资组副组长，青岛市计委副主任、党组副书记兼青岛市劳动局局长、党组书记。1979 年，任青岛市副市长。1984 年，任青岛市委政法委书记。1986 年 6 月，任青岛市第九届人民代表大会常务委员会副主任、党组成员。

刘俊杰 （1923.12 — 1999.3） 曾用名刘昆、卯钊，米山镇鸭子夼村人。1942 年 4 月参加革命工作，同年加入中国共产党。历任文西县青年部部长，东海军分区、西海军分区政治股股长等职。1948 年 2 月随部队南下，任中原支队四大队中队长，后在河南省内乡县、西峡县、南阳地委工作，历任区委书记、县委委员等职。1951 年后，先后在广东省顺德县、佛山地区、韶关地区、肇庆地区、汕头地区工作，历任县委书记，地区行署副专员，地委副书记、书记等职。1981 年，任广东省副省长。1985 年后，任广东省第六届、第七届人民代表大会常务委员会副主任、党组成员。是中国共产党第十二次全国代表大会代表。

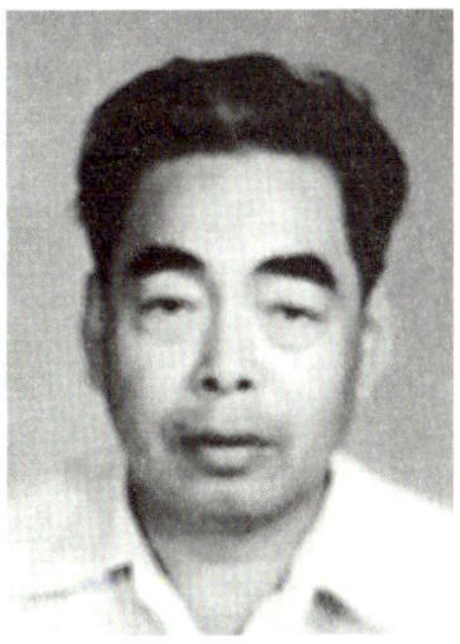

李惠信 （1933.11 — 1999.5） 米山镇佛东夼村人。中共党员。1959 年山东大学物理系毕业留校任教。1960 年至 1962 年，山东大学物理二系核物理专业研究生。1962 年至 1969 年，在山东大学从事高能物理及宇宙射线的研究和教学工作。其间，在《科学通报》及其外文版等刊物发表论文 10 余篇。1973 年，任昌潍师专副校长、副教授。主编 30 余万字的《原子物理学和原子核物理学》，入编《山东省高级科技人员名录》。1983 年，任潍坊市副市长，1993 年，任潍坊市人民代表大会常务委员会副主任、党组副书记。

于厚轩 （1919.2 — 1999.12） 曾用名于昂然，大水泊镇泽上村人。1940 年 5 月参加革命工作，1941 年 7 月加入中国共产党。先后任文登县征收税务所所长，文威工商局事务所所长，威海海关股长、关长，烟台海关关长。1950 年 9 月始，历任满洲里海关、集宁海关、丹东海关关长。1981 年 2 月，任青岛海关关长。系中国海关学会理事会理事、天津海关学会副会长。立特等功、二等功、三等功各 1 次，获人民海关金质、银质、铜质纪念章各 1 枚。

王书洪 （1913.7 — 2000.3） 宋村镇下徐村人。1938 年 6 月入伍，同年 10 月加入中国共产党。历任战士、班长，山东大众报社交通员、抗日军政大学会计，东北民主联军三纵队后勤会计股股长、四纵队军需科副科长，广东省边防局供管科科长、公安总队后勤处处长，广东惠阳军分区后勤部部长，守备二十三师后勤部部长，防化兵工程学院军需处处长等职。1965 年始，历任吉林省基建指挥部秘书长，吉林省革命委员会留守组组长。1973 年，任吉林省环保研究所所长兼书记。1978 年，任吉林省建筑材料工业局副局长。

郑开友 （1931.2－2000.6） 米山镇老埠村人。中共党员，1946年1月参加革命工作。历任教师、区委文书等。1950年5月至1965年4月，历任昆嵛县公安局股长、文登县公安局副局长。1965年5月，任烟台地区公安处副科长、科长。1975年7月，任烟台地区交通局副局长、局长。1985年7月，任烟台市检察院检察长。1988年，任政协烟台市第七届委员会副主席。

张锦超 （1935.10－2001.10） 张家产镇汤村店子村人。1952年6月参加工作，同年9月加入中国共产党。历任供销社文书，公社党委秘书、办公室主任、宣传委员、党委副书记、书记。1971年后，历任中共文登县委常委、办公室主任、组织部部长、县委副书记、县革命委员会副主任。1978年，任中共栖霞县委副书记、书记。1983年，任中共荣成县委书记。1987年2月，任烟台市政府副秘书长、侨务办公室党组书记。1987年8月，任威海市政府副市长。1993年3月，任政协威海市第八届委员会党组副书记、副主席。

柳　林 （1918.7－2001.12） 曾用名刘继森，葛家镇院西村人。1936年3月参加革命工作，1938年8月加入中国共产党。抗日战争时期，历任胶东中华民族解放先锋队总部秘书长，中共黄县县委宣传部部长，北海地委青年部部长、民运部部长，胶东青联社会部部长，平（度）招（远）莱（阳）掖（县）边区工作团大队长、副团长，西海地区各界救国联合会会长，中共平度县委书记等职。解放战争时期，历任中共莱阳城区工委书记，昌南县委书记，西海地委副书记兼西海专署专员等职。中华人民共和国成立后，先后任山东莱阳专署专员，中共徐州市委副书记、副市长，中共南京市委副书记兼工业部部长、市委书记处书记，江苏省委工业部副部长，中共徐州市委第一书记，中共苏州市委书记，江苏省委驻南京铁路分局工作组组长，省计划委员会副主任。1977年后，历任中共江苏省委常委、副省长兼省基本建设委员会主任，中共南京市委第一书记，江苏省委第二书记。是中国共产党第十二、十三次代表大会代表，当选中国共产党第十二次全国代表大会中央委员会委员。

蔡　萍 （1925.7－2001.12） 葛家镇西庄人。1942年7月参加革命工作，1945年8月加入中国共产党。历任胶东建国学校学员，北海银行科员、支行会计，安东省政府金融管委会秘书，东北银行支行行长，辽宁盖县贸易局局长等职。中华人民共和国成立后，历任东北人民政府商业部计划科科长，国家计划委员会处长，华中及中南协作区办公厅处长，中南局计划委员会综合计划局副局长。1970年始，先后任广东省梅田矿务局革命委员会副主任、党委书记、局长。1974年，任广东省轻工业局副局长、党委副书记。1983年，任广东省第一轻工业厅厅长。1988年，任广东省人民代表大会常务委员会财经委副主任。

王哲南 （1926.11－2002.11） 又名王者南，文登营镇前北凤口村人。1940年2月参加革命工作，1942年3月加入中国共产党。历任中共东海地委青联儿童部部长，文登县第三区青教会会长，文登县委教育团教员，靖海区委宣传委员，石岛市工委宣传部干

事、支前指挥部政治处主任，中共文登县靖海区委副书记，中共河南省宜阳县平等区区委书记，中共洛阳地委宣传部干事，共青团洛阳地委副书记。1952年10月后，历任共青团武汉市武昌区委书记、共青团武汉市委组织部部长，武汉市委基建部干部处处长，武汉汽轮机厂党委书记。1973年1月，任中共武汉市委副书记。1980年4月后，历任中共黄石市委第一书记，武汉市委顾问委员会副主任。1988年3月后，任政协武汉市第七届、第八届委员会主席。

杨连政　（1931.9－2003.3）小观镇裴家岛村人。1947年2月参加革命工作，同年加入中国共产党。历任乳山县公安局文书，中共文登地委纪委助理秘书，中共莱阳地委监委秘书，烟台地区革命委员会组织组副组长等职。1975年4月，任中共烟台地委组织部副部长。1979年7月，任中共烟台地委纪律检查委员会副书记。1984年4月，任中共烟台市委纪律检查委员会副书记。1987年12月，任烟台市人民检察院检察长。1991年4月，任烟台市人民代表大会常务委员会副主任。

萧　帆　（1915.10－2003.4）原名毕庶桢，大水泊镇瓦屋庄人。中共党员。1937年10月参加革命工作，12月参加天福山抗日武装起义后，负责组织筹建修械所。1939年，任东海军分区第一总队教导员。1940年，先后在掖县抗日民主政府、抗日军政大学三分校、胶东军区司令部、胶东工商局等部门任职。中华人民共和国成立后，历任华东贸易部计划处处长、办公室主任，商业部办公厅副主任、主任，商业部政策研究室主任，商业部经济研究所所长。

徐　龙　（1918.3－2003.6）曾用名徐吉恒，

侯家镇南鱼池村人。1940年参加革命工作，1944年加入中国共产党。历任胶东抗大分校学员，文登县政府招待所负责人，东海专区抗协警卫队指导员，胶东工商总局秘书、总务科科长，中原军区驻邯郸办事处科长，财办秘书、科长，湖北省武昌税务局局长，武汉市税务局科长、市财办组长，武汉市财政局副局长。1960年，任武汉市财政局党组书记、局长。1962年，任武汉市税务局党组书记、局长。1973年，任武汉市财政局党组书记、局长。1983年，任政协武汉市第六届委员会常委、文史委副主任。

王澄昭　（1922.3－2004.1）环山街道河南社区人。1944年8月参加革命工作，同年12月加入中国共产党。历任八路军领导的东海工商局同茂合资商店、威海工商局文兴东商店经理。中华人民共和国成立后，历任威海橡胶厂厂长，济南橡胶厂筹建处处长，山东橡胶总厂生产科、计划科科长，青岛同泰橡胶厂公私合营公司公股代表，化工部青岛第六橡胶厂厂长，青岛市化工局副局长，广州市橡胶工业公司代经理、党委副书记，广州市橡胶工业局党委书记、局长等职。

初富泰　（1926.8－2004.4）高村镇辛店子村人。1944年9月参加革命工作，1945年1月加入中国共产党。历任班长、排长、指导员、联络部干事，浙江省杭州市军管会公安部侦查处科员、股长、科长、副处长、处长。1958年，任中共杭州市上城区委常委、副区长兼公安分局局长。1959年后，历任西藏自治区党委社会部区办副主任、边防处处

长，日喀则工委社会部部长，中尼边界联合勘察队党委书记、中方队长，扎东边委副书记兼十一师前指副政委，中共日喀则地委委员、地区政法委党组书记兼公安处处长，公安支队第一书记、政委，塘河电站副总指挥。1976年，任浙江省台办副主任。立二等功1次、三等功2次、四等功4次。

孙秋山 （1927.7－2005.8） 高村镇孙家埠村人。1944年2月参加革命工作，1950年2月加入中国共产党。历任华东南下干部纵队四支队四大队宣传队副队长、华东煤建总公司第三煤栈工会干事。1950年后，历任华东贸易部人事处科员，上海商业局人事处干部科副科长，上海百货公司针棉品批发部党支部书记等职。1963年后，历任青海省工矿供应公司副经理、省五交化公司副经理。1980年后，历任上海石油采购供应站党委书记兼经理，上海市第一商业局党委书记。1986年，任中共上海市粮食局党委书记。

张克泉 （1928.11－2005.8）又名张可荃，女，高村镇河西村人。1944年2月参加革命工作，1947年4月加入中国共产党。先后任高村中心小学教师、胶东建国学校学员、胶东行署财政处办事员。1947年2月，历任北海专署、胶东行署财政处科员、股长。1949年10月始，历任中共青岛市委组织部干事，青岛市妇联常委，青岛市台西区政府副区长。1963年8月后，历任山东农机学院党委办公室副主任，山东省妇女联合会部长，山东省妇女联合会副主任。

侯洪勤 （1935.7－2005.11） 泽库镇泽库村人。1950年9月参加工作，1960年2月加入中国共产党。历任文登县供销社会计，商业局文书、会计、股长，县供销社科长，县财办副主任兼供销社主任，县财办主任。1980年9月始，历任文登县政府副县长，荣成县政府副县长。1984年4月后，历任烟台市商业局副局长、局长。1987年6月，历任烟台市政府副秘书长，烟台市财办党组书记、主任。1993年3月，任烟台市人民代表大会常务委员会副主任。

于洪滨 （1924.12－2005.12） 高村镇靳家村人。中共党员，1944年3月参加革命工作，历任高村青年救国会会长，华东兵站总部教导大队副分队长。1947年9月，入华东交通专科学校学习，1949年2月毕业后，历任华东南下干部纵队四支队二大队组织科干事、二大队直属队副指导员。1950年后，历任华东煤业建筑公司秘书，森林工业部技术干部处处长，林业部办公厅部长室秘书等职。1962年，任林业部计划司办公室主任。1980年，任中国林木产品经销公司办公室主任。

毕可宪 （1926.1－2005.12） 环山街道河南社区人。1948年毕业于北京辅仁大学化学系。1949年3月参加革命工作。历任华东工矿部研究所技术员，重工业部化工局调勘处技术员，天津化工厂中心实验室技术员、技术科科长、技术开发部办公室主任，化工部及渤海化工集团天津化工厂研究所所长、技术开发部副部长。1987年2月，任政协天津市汉沽区委员会副主席。

于成凤 （1924.12－2006.5） 大水泊镇河北新村人。1938年2月，参加山东人民抗日救

国军第三军政治部少先队。1939年7月，在蓬莱、黄县、掖县等县民运会从事儿童工作。1940年8月加入中国共产党。1941年10月，入胶东青年干部训练班学习，任分队长。1945年9月后，历任莒北县青救会会长、中共莒北县管帅区委书记、县委组织部部长等职。1952年后，任中共胶河县、胶南县委副书记、书记等职。1954年11月后，先后任中共德州、昌潍地委宣传部副部长。1958年4月后，历任省财贸部组织处处长，省供销合作社副主任，中共胶南县委书记等职。1975年12月后，任昌潍地区革命委员会财办主任、地区革命委员会副主任、地委副书记等职。1984年3月，任潍坊市人民代表大会常务委员会主任。

迟蕴璞　（1916.11－2007.9）　曾用名迟人寿，高村镇绿杨村人。1940年3月参加革命工作，同年加入中国共产党。1941年3月后，历任文登县第七区区长，中共胶东区党委党校连队支部书记、组织科干事，文西县第七区区长，第二区区长、区委书记。1946年3月后，历任中共东海地委调研室组长，文登县委组织部部长，烟台市滨海区区委书记。1949年5月后，历任中共烟台市委组织部组织科科长、组织部副部长、部长，市监察委员会副书记。1958年2月后，历任中共烟台地委郊区工作部部长，烟台市委组织部部长，中共莱阳县委书记。1963年4月，任中共惠民地委组织部部长。1973年12月，任中共惠民地委常委、地区革命委员会副主任。

林一山　（1911.6－2007.12）　泽头镇林村人。1934年参加革命工作，1936年加入中国共产党，曾任北平师范大学中共地下党中心支部书记，组织参与了“一二·九”爱国学生运动。1937年“七七事变”后，受中共北方局和山东省委派遣，回到胶东组织抗日武装起义，成为天福山起义的主要组织领导者之一。起义后，历任胶东军政委员会委员兼政治部主任，胶东军政委员会主席兼山东人民抗日救国军第三军总指挥，中共胶东区委常务委员兼宣传部、统战部部长等职。抗战胜利后，先后任中共青岛市委书记兼市长，中共安东省委书记兼省军区政委，中共辽南省委书记兼省军区政委等职。1949年，任第四野战军南下工作团秘书长。后改任中南水利部部长。中华人民共和国成立后，任中南军区军政委员会委员，中南军政委员会农林、水利部部长，中南军政委员会财经委员会副主任，长江水利委员会主任。1958年，任长江流域规划办公室主任。1972年，任长江葛洲坝工程技术委员会主任。1979年，任水利部顾问。当选中国共产党第八次全国代表大会代表，第五、六届全国人民代表大会常务委员会委员。

刘景西　（1922.6－2007）　葛家镇西于疃村人。1941年参加革命工作，1947年7月加入中国共产党。初在东海专署东海分区教导营工作，后任渤海教导旅政治部组织干事。1948年1月，任中国人民解放军西北野战军六师工兵团一营政治教导员。1952年后，历任新疆维吾尔自治区七一棉纺织厂团委书记、工会主席、党委副书记、书记。1970年9月始，历任新疆维吾尔自治区喀什地区棉纺织厂党的核心小组副组长、革命委员会副主任、党委书记，喀什地委常委、副专员，自治区轻工业厅副厅长。1979年10月，任自治区纺织工业局副局长。1983年9月，任新疆维吾尔自治区纺织工业公司党委书记。立一等功、三等功各1次。

徐文园　（1914.4－2008.3）　环山街道西

寨社区人。1937—1940年，参加抗日救亡运动，先在湖北省应城县汤池训练班学习，结业后任湖北省农村合作委员会指导员，陕西临潼县政府民政科科长。1942年，就读于成都金陵大学，毕业后留校任助教。1944年后，历任西安亿中实业公司高级职员、经理，青岛私营同泰橡胶厂副经理，公私合营青岛同泰橡胶厂副厂长，青岛市政协副主席、市工商联主委，省工商联副主委、省工商联临时领导小组组长，省政协常委，省民建副主委、主委，省政协副秘书长，政协第五届、第六届山东省委员会副主席。当选第二、三、五、六、七届全国人民代表大会代表。

王言昌 （1926.2 — 2008.6） 界石镇西院下村人，1940年参加革命工作，1944年加入中国共产党。历任东北民主联军总部联络处一台、联军总部第六分队报务员，后历任新华社东北总分社电台报务员、领班、副科长、电台台长、秘书、编委。1954—1958年，在北京外交学院学习。后历任外交部党委办公室秘书组组长，中国驻孟买总领馆领事，外交部党委办公室科长、专员、组织处处长，外交部政治部组织处处长，中国驻丹麦使馆一秘、临时代办、参赞，中国国际贸易促进委员会驻秘鲁商务办事处主任，中国驻秘鲁使馆参赞，光明日报社中国共产党核心领导小组副组长、副总编辑，中国驻圭亚那大使，外交部政治部副主任、临时机关党委书记、部长助理，外交部党委委员、机关党委书记。1987年3月，任外交部监察局局长、纪委书记、党委委员。当选第五届全国人民代表大会代表、中国人民政治协商会议第八届委员会委员。

时述花 （1946.10 — 2008.8） 女，埠口港下冷家村人，1969年9月参加工作，1979年11月加入中国共产党。历任广东省韶关市一中教导主任，韶关市副市长、市委副书记，广东省妇联副主席、主席，省政府副秘书长，广东省计划生育委员会主任。当选中国共产党第十四、十五、十六次全国代表大会代表。

宫锡凯 （1916 — 2008.9） 葛家镇占甲埠村人。1941年1月参加革命工作，1942年加入中国共产党。初从事会计、农贷工作，后任北海银行东海支行业务股副股长、文登县银行办事处主任、沂南县银行办事处主任等职。1949年随军南下后，任人民银行湖州支行副行长，人民银行嘉兴中心支行行长，浙江省分行第一营业部代理主任，杭州市支行副行长等职。1956年，入中共浙江省委党校和人民银行总行干部学习班学习。1978年，任建设银行杭州市支行党组副书记、副行长。

毕世昌 （1924.4 — 2008.10） 文登营镇岭东村人。1939年6月入伍，1941年2月加入中国共产党。历任战士、排长、参谋、团参谋长等职。1955年5月转业后，历任中国建工部西北工程管理总局第三卫生设备安装公司副经理，福建省建设厅安装公司经理，福建省建设兵团第四师十九团副团长。1973年，任福建省工业设备安装公司党委书记。1975年，任福建省建委副主任。1983年后，任福建省建委顾问，福建省顾问委员会委员。

倪一文 （1917.4 — 2009.2） 又名倪本初、刘汉、倪汉乡，界石镇倪家产村人。1934年12

月参加革命工作，同年加入中国共产党。历任中共文登县第二区区委书记、县委宣传部部长、组织部部长。1941年12月后，历任中共文登县委、昆嵛县委书记等职。1947年3月，调入部队工作。1950年后，任中国人民解放军三十一军政治部组织部部长、干部部部长。1955年，被授予上校军衔，9月入中央党校学习。1957年5月，调任上海市兵役局副局长。1958年10月转业，任浙江钢铁厂（杭州钢铁厂）副厂长。1983年，任杭州钢铁厂顾问。获二级独立自由勋章、二级解放勋章。

高吉儒　（1931.10－2009.5）　曾用名高福晋，小观镇吴家庄人。1949年4月加入中国共产党，1951年9月参加工作。先后任乳山县供销社会计，胶东育儿所会计，乳山县财政局总会计，烟台专署财政局科员，烟台地区革命委员会财金局副局长、财政局副局长，烟台地区财政局局长、党组书记。1980年，任烟台市财政局局长、党组书记。1990年3月，任烟台市人民代表大会常务委员会副主任。

孙佑普　（1916.4－2010.2）　曾用名孙永才、孙英三，文登营镇张皮村人。1940年6月参加革命工作，同年9月加入中国共产党。先后任文登县第一区松林乡乡长，第十一区区长，文登县民众教育馆馆长，昆嵛县政府第二科、教育科科长，胶东军区支前司令部、中原支队第二大队部秘书等职。1948年后，历任中共河南省郏县县委秘书，湖南人民革命大学秘书科科长，中共湖南省委党校秘书处主任，中央建工部洛阳工程局行政处处长、办公室主任、第一公司党委书记，建工部机关党委常委、宣传部部长，秦皇岛耀华玻璃厂党委常委、副厂长、代理厂长，秦皇岛轻化工业局党委常委、副局长，秦皇岛冶金化工局党委常委、副局长，中共秦皇岛市委统战部副部长，秦皇岛市直属机关委员会代理书记，政协秦皇岛市第五届委员会副主席。立三等功1次

钟　儒　（1926.10－2011.1）　原名周振民，曾用名周钟儒，高村镇二甲村人。1943年4月加入中国共产党，同年10月参加革命工作。历任中共文登县第一区委宣传干事、副宣传委员，鲁南地委后方干部队民兵团指导员，中共赵博县第五区委副宣传委员，中共苍山县大冶区委宣传委员，苍山县担架团四营教导员，苍山县磨山区委副书记等职。中华人民共和国成立后，历任中共浙江省萧山县临浦区委书记、萧山县委宣传部部长。1956年，毕业于中央党校。1975年后，先后任中共浙江省委宣传部政治处处长、宣传部副部长，浙江省教育卫生部副部长、省教育卫生体育办公室副主任，省高教局局长、党组书记兼浙江广播电视大学党委书记、副校长。1983年，任浙江省教育厅党组书记、厅长兼浙江教育学院院长。1986年后，任浙江省社会科学院、省社科联党委书记等职。

丛贵珠　（1924.2－2011.2）　界石镇崮头集村人。1944年3月参加革命工作，1945年10月加入中国共产党。历任东海文威工商局界石事务所检查员、双岛事务所检查员、涝台站站长，威海工商局经济工作队小队长。后随军南下，历任宁波市税捐处军事代表，宁波专署税务局税政科副科长、科长、副局长。1957年后，历任浙江省财政厅企业财务处副处长、处长，浙江省粮油公司革命委员会副主任，

省财政金融局企业财务处处长，省财政局党组书记、局长，省财政厅党组书记、厅长。1982年5月，任浙江省政府财贸办公室副主任兼省财政厅党组书记、厅长。

宫本言 （1927.1－2011.10） 葛家镇占甲埠村人。1943年6月参加革命工作，1944年12月加入中国共产党。历任东海铁厂工人，东北机械工业管理局工会主席，齐齐哈尔第一机床厂铸造车间主任、基建科科长、副厂长，南京机床铸件厂副厂长，齐齐哈尔第一机床厂副厂长、党委书记、厂长，黑龙江省第一机床厂厂长，齐齐哈尔第一机床厂革命委员会副主任、副书记、厂长，齐齐哈尔富拉尔基第一重型机器厂厂长、党委副书记、书记。1981年10月始，历任中共黑龙江省委常委、工业交通政治部主任，黑龙江省经委主任、党组书记。1983年，任黑龙江省副省长兼省经委主任、党组书记。1985年5月，任中共哈尔滨市委副书记、市长。1990年2月，任中共哈尔滨市委顾问。是中国共产党第十二届中央委员会候补委员。

徐一山 （1913.7－2011） 曾用名徐义山，大水泊镇下河村人。1937年参加革命工作，同年12月加入中国共产党。先后任下河村党支部书记、第五区区委书记。1941年后，历任中共西栖县委组织部部长、县委书记，北海军分区武工队政委，中共北海地委组织部部长，招北县委书记。1949年随军南下，任江苏省吴县土改工作团副团长，中共江苏省昆山县委书记。1951年后，历任中共江苏省苏州地委组织部部长、地委副书记，江苏省人事局局长，南京农学院党委副书记、副校长。1976年，任江苏省劳动局副局长。

林治开 （1932.10－2012.3）界石镇旸疃后村人，1949年7月参加革命工作，1952年9月加入中国共产党。历任大庆油田工程指挥部宣传科副科长、科长，石油部大庆干校副校长，大庆油田六七三厂革命委员会主任，辽河石油勘探指挥部副指挥长，三二二油田党委书记、革命委员会副主任，辽河石油勘探局党委副书记、副局长，东濮石油会战指挥部副指挥，中原石油勘探局副局长、党委副书记，中共河南省濮阳市委副书记、市长，中共濮阳市委书记，中原石油勘探局党委书记，中原石油化工联合公司董事长，中原乙烯工程建设领导小组副组长等职。1988年当选河南省第七届人民代表大会常务委员会常委、第七届全国人民代表大会代表。

林乐超 （1920.11－2012.6） 泽头镇林村人。1939年6月，入胶东抗日军政大学学习，同年8月加入中国共产党。1941年后，历任中共北海地委保卫大队党支部副书记、地委社会部干事、西栖县公安局副局长。1945年后，历任青岛市公安局副科长、科长，青岛市中级人民法院办公室主任、副院长等职。

于炳琛 （1927.7－2012.11） 大水泊镇埠前头村人，1943年5月参加革命工作，1944年加入中国共产党。历任文登县公安局干事，高村区公安员，东海区公安局（处）文书、秘书、副主任秘书、秘书科科长，山东省公安厅研究员、秘书科科长、财贸保卫处副处长，省人民委员会驻章丘县工作组组长兼县委常委、副县长，山东省人民委员会办公厅秘书处处长，人民来信来访处处长，省物资局办公室主任等职。1978年5月，任中国物资储运总公司济

南公司经理。

林维义 （1921.9－2013.3） 曾用名林基绪、林牧，文登营镇庞家河村人。1937年1月参加革命工作，1938年3月加入中国共产党。历任胶东军区东海军分区五营三连指导员，胶东军区五旅兵工厂特派员，文登县武工队队长，中共胶东区即东乡二区区长、区委书记，青岛市公安局二科科长，青岛铁路分局建筑段段长。1954年8月后，历任济南铁路局工务处副处长，福州铁路局工务处副处长，厦门铁路工委副书记，永安铁路工委副书记。1965年，任南昌铁路局上饶分局副局长。1972年4月，任青岛铁路分局党委副书记、副局长。

于耿琪 （1924.10－2013.8） 葛家镇周家埠村人。1944年9月参加革命工作，1945年5月加入中国共产党。历任文登县林村区民政助理员，华东支前委员会政治交通员，浙江省崇德县石门区委书记，崇德县粮食局局长、宣传部部长，浙江省嘉兴专署农林科科长、水利局局长，农办副主任。1965年后，任嘉兴专员公署副专员，援外农技组组长等职。1983年，任湖州市人民代表大会常务委员会副主任。立二等功2次、三等功1次。

于诗俊 （1930.7－2013.11） 侯家镇南渠格村人。1946年2月参加革命工作，1947年4月加入中国共产党。历任胶东军区东海军分区独立团卫生队卫生员，二十军五十九师一七六团营卫生所卫生员、军医，团卫生队队长。1962年1月，浙江医科大学毕业。1965年，转业至浙江省萧山县卫生局任副局长。1970年调入浙江省卫生厅，历任省中医药研究所党支部书记，中国支援非洲马里医疗队队长。1986年，任浙江省中医药管理局局长。立三等功4次。

毕国序 （1918.7－2013.12） 汪疃镇北英武村人。1935年9月加入中国共产党。1940年4月入伍，历任连指导员、营政治教导员、科长、师直党委副书记，团政治委员。1955年，被授予中校军衔。1964年转业，任山东省科委干部管理处处长。1972年，任山东省建材局副局长。

部队副师职及以上人物

王星军 （1922.2－1971.3） 曾用名王炳汉，宋村镇城东村人。1938年7月参加革命工作，1940年3月入伍，1941年10月加入中国共产党。历任胶东军区第一军分区司令部情报干事、通讯参谋、侦通参谋、队长，第四军分区司令部警备四旅三股股长，解放军第三野战军第九兵团二十七军八十师二三八团参谋长，解放军南京军事学院教员、教研主任。1957－1960年，入中国人民解放军军事学院合成指挥系学习。1965年10月，任内蒙古呼伦贝尔军分区司令员。获三级独立自由勋章和三级解放勋章。

于连升 （1920－1975.9） 大水泊镇大水泊村人。1938年7月，参加山东人民抗日救国军第三军，同年10月加入中国共产党。历任战士、班长、排长、连长、营长、团参谋长、副团长、团长、副师长、守备第十一师师长。抗日战争、解放战争和抗美援朝战争中，

先后负伤13次，为甲等乙级伤残军人。

徐吉元 （1927.4－1983.11） 曾用名徐基元，文登营镇东庵后村人。

1942年3月入伍。历任东北野战军第四纵队十一师二十九团连副指导员、营参谋，一二一师作训科副科长、三六三团副团长、团长，广州军区司令部作战部副部长，广西军区独立第一师副师长等职。1974年3月后，任韶关军分区副司令员，正师职顾问。获独立自由奖章、解放奖章。

林宗荣 （1920.8－1990.10） 泽头镇城子墒村人。

1942年入伍，1944年加入中国共产党。抗日战争时期，历任胶东军区兵工三厂保管员、干事、会计。解放战争时期，历任胶东军区兵工总厂保管股副股长、兵工四厂总务股股长、华东野战军第九纵队后勤部管理股股长、管理科副科长、供给处主任、副处长、处长，军械科科长等。中华人民共和国成立后，历任二十七军后勤部行政科科长、秘书科科长、运输科科长。抗美援朝战争后，入中国人民解放军后勤学院学习，结业后留校。历任运输系、指挥系教员，主任教员。1963年，任总后勤部运输部办公室主任。1965年5月，任西藏军区后勤部运输部部长、建工部第一工程局革命委员会主任、核心领导小组组长。立二等功2次，三等功、四等功各1次。获三级独立自由勋章、三级解放勋章和独立功勋荣誉章。

张德福 （1928.12－1991.6） 葛家镇英山前村人，1944年6月入伍。1945年4月加入中国共产党。历任副班长、班长、排长、连长、轮训队队长、副营长。1950年6月至1952年9月，入中南军政大学学习。1952年10月后，历任四十一军一二一师团参谋长、副团长、团长，师

参谋长、副师长。1955年，被授予少校军衔，1962年晋升中校军衔，后授上校军衔。1968年10月，任四十一军一二三师师长。1969年4月，任四十七军一四一师师长。1970年6月后，任四十七军副军长、军长。1985年7月，任新疆军区副司令员。1988年，被授予中将军衔。1991年，任成都军区副司令员。战争年代，先后负伤6次，立大功7次、小功2次。当选中国共产党第十二次全国代表大会代表和第六届全国人民代表大会代表。获三级解放勋章。1991年6月16日，在视察部队时，因直升机失事，不幸殉职，中央军委追认其为革命烈士。

初　旭 （1920.9－1991.7） 高村镇唐家嘴子村人。

1940年10月参加革命工作，同年12月加入中国共产党。历任东海地区民运训练队学员，东海军分区民运干事、指导员、协理员，文登县独立营教导员、武委会副政委。1947年后，任华东野战军第一纵队二师五团协理员、教导员，第二十军五十九师一七五团协理员、副科长。1952年9月至1955年，入南京高级步校学习。1955年1月，任长春第二政治学校政工教研室教员、副主任。1960年，任沈阳军区政治部群工部科长、副部长。1971年5月至1982年，先后任沈阳军区后勤部第四分部副部长、副政委。

鞠文仪 （1914.8－1991.9） 曾用名宫德林，葛家镇李家庄人。1931年参加革命工作，1933年5月加入共产党。1935年，参加胶东“一一·四”武装暴动，1938年1月参加八路军。抗日战争时期，历任中共东海地委社会部保卫队队长，荣成县大队副大队长，山东纵队五支队二团三营副营长。1941年3月，入抗日军政大学一分校学习，后历任山东纵队五支队二团营长、胶东军区

十七团营长，北海军分区独立团参谋长，独立二团副团长。解放战争时期，历任东北辽南第三纵队一支队副支队长，第十二旅三十五团团长。1946年9月，入东北军区双城干部学校学习。1947年7月，任东北野战军第四纵队十师二十八团团长，四十一军一二一师参谋长。中华人民共和国成立后，入解放军军事学院高级系学习。1951年12月始，先后任中国人民解放军陆军四十一军一二一师副师长，武汉军区第八预备师师长。1955年，被授予大校军衔。1957年12月，任二十军五十八师师长。1963年9月，任南京军区步兵学校校长。1969年9月始，任南京军区后勤部副部长、部长。1979年10月，任南京军区司令部顾问。获二级独立自由勋章、二级解放勋章和二级红星功勋荣誉章。

于纯绵 （1928.2－1991.10） 大水泊镇新建村人。1945年2月参加革命工作，1947年7月加入中国共产党。历任中共威海市委宣传队队员，胶东军区东海军分区宣传队队员、音乐组组长、副队长和战地记者。先后在歌剧《白毛女》《血泪仇》等剧目中扮演重要角色。1950年10月后，历任胶东军区政治部文工团分队长、音乐组组长，福建军分区政治部文工团戏剧队副队长，南京军区前线话剧团演员组组长。1954年后，先后主演《堡垒》《东海最前线》《霓虹灯下的哨兵》《淮海大战》《比翼齐飞》等话剧，受到国务院总理周恩来接见。1958年4月，任八一电影制片厂演员剧团演员、演员组组长。先后在《突破乌江》《雷锋》《打击侵略者》《南海风云》《解放石家庄》《便衣警察》等26部影视片中扮演角色，塑造了各种不同类型的人物形象。1983年，任八一电影制片厂演员剧团副团长。立三等功6次、四等功7次。获独立功勋荣誉章、解放奖章。

刘其章 （1917.2－1991.11） 文登营镇西字城村人。1933年7月加入中国共产党，先后任村党支部委员、党支部书记。1937年11月参加革命，历任山东人民抗日救国军第三军特务班班长、五大队三中队副队长，山东纵队五支队六十一团通讯排排长。1940年，入山东分局社会部训练班学习，后任社会部政保队指导员。1942年后，历任胶东公安局科员，威海市公安局副局长、代局长，荣成县公安局局长。解放战争时期，历任华东野战军一纵队支前司令部副团长兼参谋长，中共东海地委党校组织科副科长，滨北分区公安局局长，苏南松江分区公安局副局长等职。中华人民共和国成立后，历任苏南松江分区公安局副局长兼地委纪检副书记，苏南军区边防保卫局局长，公安十五师司令部参谋长，江苏省军区独立二师政委，中国人民公安部队江苏省总队第二政委，江苏省军区副政委兼南京警备区第二政委。1956年，被授予上校军衔。获“八一”三级勋章、三级独立自由勋章、二级解放勋章和二级独立功勋荣誉章。

刘洪恩 （1925.5－1992.4） 曾用名周孝义，高村镇高村人。1940年3月入伍，1942年8月加入中国共产党。历任副班长、班长、排长、副连长、作训参谋、副营长。1950－1954年，参加抗美援朝战争。1961年，毕业于南京军事学院。后历任军事教员、科长、作训处处长、军分区副参谋长，江西省生产建设兵团第一师副师长等职。1980年，任江西省宜春军分区副司令员。1955年，被授予少校军衔，1960年晋升中校军衔，1964年晋升上校军衔。立功2次。

刘文翰 （1926.11－1992.7） 张家产镇刘家庄人。1945年2月投身抗日救亡运动，同年7

月入伍，1946年3月加入中国共产党。抗日战争和解放战争时期，历任战士、班长、排长、副连长、连长、作战参谋等职。中华人民共和国成立后，任炮兵第三师十二团作战股股长、炮兵第三师司令部作战科科长。1953年，参加抗美援朝，任炮兵第三师十三团团长。1955年，被授予中校军衔。1957年，任福州军区炮兵司令部作战处处长。1965年始，任福建省军区炮兵主任，其间入炮兵学院、中央军事学院学习。1969年后，任晋江军分区副司令员，炮兵某师师长等职。1980年，任福州军区炮兵参谋长。1984年，任福建省军区副军职顾问。获独立自由奖章、三级解放勋章和独立功勋荣誉章。

毕建华 （1928.1－1992.11） 汪疃镇石家泊村人。1947年2月入伍，同年7月加入中国共产党。历任东海教导营学员、见习参谋，新疆军区通信团指导员、教导员，新疆军区总参政治部协理员等职。1962年7月，任新疆巴里坤边境工作站政委。1967年，任新疆哈密军分区政治部副主任。1978年后，任新疆吐鲁番军分区副政委、政委。获解放勋章。

于渭泽 （1920.6－1993.3） 文登营镇姜家庵村人。1940年7月入伍，同月加入中国共产党。历任中共文登县委特务队战士、文书，文登独立营书记、政治指导员，东海军分区敌工干事、组织干事。1947年3月，任华东野战军第九纵队八十一团组织股股长。1949年7月后，先后在胶东滨北军区二所、三十二军九十六师后勤处、胶东军区一院三所、华东军区第九野战医院任政委。1951年6月，任第二十六军医院三所政委。1955年，被授予少校军衔。1956年6月，任沈阳军区后勤部八十三疗养院政委。1957年12月，任志愿军后勤部医管局政委。1958年8月，任沈阳军区五龙背疗养院政委。获三级独立勋章和解放勋章。

王茂才 （1914.9－1993.5） 大水泊镇西堡子后村人。1938年7月参加人民抗日武装，1939年7月加入中国共产党。历任山东纵队五支队除奸科战士、班长、宣传干事，抗日军政大学三分校学员、指导员，胶东军区特务营指导员，军区海军支队一分队政委，辽东军区三纵队一团副政委，牡丹江军区三团政委，铁道兵直属汽车团政委等职。1957年9月，入解放军政治学院学习。毕业后，历任铁道兵第五师副师长，第一师政委。1971年2月，任铁道兵东北指挥部副政委，第二、第三指挥部副政委。获独立自由勋章、解放奖章和独立功勋荣誉章。

王　凯 （1921.12－1993） 原名胡本铭，张家产镇河胡家村人。1939年入伍，1940年8月加入中国共产党。历任山东纵队第五支队战士、班长、指导员，南海军分区机关直属队政治协理员、司令部作战参谋，七十九团一营副政治教导员、特务营营长，独立一团副团长兼参谋长，警备第四旅司令部作战科科长。中华人民共和国成立后，历任第一〇〇师司令部作战科科长，山东胶东军区司令部作战科科长，华东军区司令部作战处科长，中央军委工程兵司令部作战科科长，工程兵二十八团团长，广州军区工程兵一一四团团长、司令部副参谋长兼直属工程指挥部主任。1964年，任广州军区工程兵司令部参谋长。1965年后，历任广州军区工程兵第四支队副主任、主任，沈阳军区工程兵司令部参谋长，沈阳军区文官屯“五七”干校副校

长等职。1961 年，被授予上校军衔。立二等功 1 次、三等功 2 次。获三级独立自由勋章、三级解放勋章和独立功勋荣誉章。

徐合先 （1930 — 1993） 龙山街道七里水头社区人，中共党员。1945 年 6 月入伍，历任东海军分区二团、华野十三纵队三十七师一一〇团战士、警卫员，第三十一军警卫连副排长、排长、副连长，军区司令部参谋、副处长，九十二师二七四团副团长、团长。1992 年，任九十三师副师长。获独立自由奖章和解放勋章。

于连之 （1927.10 — 1994.2）大水泊镇河北新村人。1945 年 6 月入伍，1946 年 1 月加入中国共产党。先后任胶东军区特务连战士、文书、书记，炮兵团队列参谋、管理参谋。1950 年 10 月，调海军机关工作，先后任海军司令部军事处参谋，组织动员处编制科科长，军务部组织编制处副处长、处长，海军造船工业领导小组办公室副主任，海军装备技术部科技部副部长，办公室副主任、主任等职。1964 年，晋升大校军衔。获独立功勋荣誉章。

许德昌 （1927.12 — 1994.4） 张家产镇东水道村人。1942 年 2 月入伍，1944 年 2 月加入中国共产党。历任胶东军区东海军分区一所护士、医训队区队长，胶东军区四旅八团医助，胶东军区六师野战所办公室主任，九纵医疗一队医务室主任。1951 年，任二十七军七十九师医院副院长。1952 年，参加抗美援朝战争，历任二十七军七十九师野战所所长，七十九师坦克火炮团卫生室主任。1956 年，任福州军区第十野战医院院务处处长。1976 年，任福建军区驻厦门第一七四医院副院长。立三等功 3 次，获独立自由奖章、解放勋章、独立功勋荣誉章及朝鲜民主主义人民共和国三级国旗勋章。

王积德 （1923.2 — 1994.7） 文登营镇张皮村人。1940 年 4 月参加革命工作，同年 7 月加入中国共产党。历任胶东区东海公安局特务队文化干事兼文书、政治指导员，胶东军区政治部锄奸科政治指导员、政治侦察组组长，胶东军区政治部保卫科保卫干事兼政治侦察队队长，华东野战军第九纵队保卫部保卫干事等职。中华人民共和国成立后，历任解放军陆军第二十七军保卫部保卫科副科长、第八十师政治部保卫科科长、第二三九团政委，第六十军一七九师炮兵五五九团政委，江苏生产建设兵团第一师政委，南京警备区政委，杭州警备区政委等职。获独立自由勋章、解放勋章和独立功勋荣誉章。

王桂生 （1924.10 — 1995.7） 侯家镇潘家村人。1945 年 3 月入伍，中共党员。历任东海军分区海上侦察队副班长、独立团九连副排长、政治处保卫干事，胶东军区政治部保卫部干事，胶东新五师十五团政治处保卫股副股长、三十二军团政治处保卫股副股长，三十二军保卫部干事，第八兵团保卫部干事等职。1957 年后，历任南京军区军事检察院检察员，二科、三科副科长，南京军区保卫部科长、保卫队队长，南京军区司令部管理局招待科科长，南京军区上海延安饭店经理兼党委书记。1964 年，晋升中校军衔。1970 年 8 月，调任南京军区司令部管理局副局长兼延安饭店主任。1973 年 2 月至 1983 年 1 月，任南京军区司令部管理局局长、党委副书记。获独立自由勋章和三级解放勋章。

郭喜华 （1925.8－1996.6） 曾用名郭信发，界石镇新炉村人。1945年8月入伍，中共党员。历任班长、排长、连长。1951年4月，任海军江阴要塞炮兵第一大队参谋长。1953年5月，任浙江省军区炮兵室参谋。1956年4月，任守备十六旅炮兵司令部参谋长。1957年11月，任守备九十一团副团长、团长。1976年8月，任浙江省台州军分区司令部副参谋长。1981年8月，任宁波军分区副师职顾问。立三等功6次，获独立功勋荣誉章。

田　野 （1914.3－1997.1） 又名田百川、田鸿兴，高村镇万家村人。1937年8月加入中国共产党，1938年1月入伍。历任山东人民抗日救国军第三军十一大队指导员，山东纵队五支队组织科科长，胶东军区组织科副科长，胶东抗大二营教导员，胶东军区十六团政治处主任、政委。东北民主联军十一师政治部代主任，东北野战军第四纵队卫生部政委、纵队组织部部长，四十一军一二一师政治部主任，中南军政委员会监察委员会副秘书长，中南军区空军组织部部长，工程部政委等职。获二级独立自由勋章、三级解放勋章、独立功勋荣誉章。

郤修敏 （1929.8－1997.12）小观镇郤家村人。1945年7月入伍，1946年2月加入中国共产党。历任战士、文书、文化教员、书记、指导员，师政治部宣传干事等职。1952年至1979年9月，先后在空军高级航校、空军第十二飞行学院任飞行大队政委、场站政委、学院大队政委、学院政治部科长、后勤部政委。1979年10月，任空军第十二飞行学院政治部主任。负伤3次，三等伤残军人。立二等功1次、三等功8次，获独立自由奖章、解放勋章和独立功勋荣誉章。

孙佑经 （1933.3－1997） 高村镇孙家埠村人。1947年5月入伍。历任胶东军区被服总厂卫生员，华东军区一〇三厂药剂员、司药。1956年，赴上海人民医院进修内科。1961年，入南京医专学习。毕业后历任总后勤部三五〇三厂生产科科长，武汉军区后勤部管理局卫生科副科长。1982年，任总后勤部第三职工医院院长。1983年5月，任总后勤部军需生产管理部卫生处副处长。立三等功1次、四等功2次，获胜利功勋荣誉章。

丛国庆 （1936.12－1998.1） 宋村镇金格北里村人。1955年3月入伍，任南京军区汽车三十三团汽车驾驶员。1965年9月加入中国共产党。1969年任重庆后勤高级专科学校教练员。1976年后，任运输工程学院教员、教练场场长等职。1987年，任中国人民解放军运输工程学院正师职工程师。立三等功1次，获全军技术革新一、二、三等奖各1次。

姜　克 （1913.6－1999.1） 曾用名姜继盛，文登营镇文登营村人。1937年11月加入中国共产党。1938年1月，任山东人民抗日救国军第三军第一大队二中队指导员。1938年8月后，历任胶东特委军事部政治科科长、胶东区党委警卫营政委、八路军山东纵队第五支队直属队政治特派员、胶东军区西海军分区政治处主任兼独立团政治处主任。1945年8月，任山东军区第六师政治部宣传科科长，10月任辽东人

民自卫军宣传科科长。1946年2月后，历任辽东军区四纵队后勤部卫生部副政委、直属队党总支书记。1947年5月后，历任辽东军区政治部组织部立功科科长、秘书处主任。1948年5月，任东北野战军十二兵团警卫团政委。1950年11月，任湖南省军区郴州军分区政治部主任。1952年8月，任湖南省军区干部部部长。1956年11月，任中国人民志愿军后勤部干部部部长。1959年4月，任海军旅顺基地防空兵部队政委。1961年9月，任总后勤部后勤学院海军系政委。1963年10月，任海军工程部某工程工地指挥部政委。1963年12月，被授予大校军衔。获二级独立自由勋章、二级解放勋章和独立功勋荣誉章。

邵明政 （1923.5－2000.10） 曾用名邵名正，侯家镇二马村人。1939年7月入伍，1941年加入中国共产党。历任胶东军区卫生处卫生员，野战医院护士、护士长、助理军医。1945年3月，山东军区卫生学校毕业后，历任山东军区司令部卫生所军医，辽宁军区第一后方医院副院长，第七后方医院院长，第一兵站医院院长，四十二军卫生部保健科科长、医疗科科长，后勤部卫生检查处主任，广州军区后勤部二十一分部副部长，广州军区后勤部卫生部保健处处长、计划处处长、副部长。1969年9月，任广州军区后勤部卫生部部长。获三级独立自由勋章、三级解放勋章、独立功勋荣誉章及朝鲜民主主义人民共和国三级国旗勋章。

于树楷 （1917.6－2000） 米山镇西山后村人。1938年5月入伍，同年加入中国共产党。历任排长、连长、营长，山东省郯城县独立团副政委、人武部部长、独立团团长。1950年2月任华东海军第七舰队炮艇大队政委，8月任舟山巡防大队政委。1953年6月后，历任海军温州水警区副政委兼政治部主任、海军东海舰队后勤部副政委。

丛理滋 （1924.3－2001.5） 泽库镇辛旺庄人。1941年5月入伍，1944年3月加入中国共产党。历任胶东军区战士、排长，华野十三纵队团参谋、营长，三十一军团参谋长，南京军事学院教员。1955年毕业于南京高级步校。1964年，晋升上校军衔。1970年6月，任福州军区守备五师师长。获独立自由奖章、三级解放勋章和独立功勋荣誉章。

赛时礼 （1917.12－2001.10） 曾用名于林庭，高村镇中邢家村人。1938年参加革命工作，1940年2月参加东海抗日武装起义，同年5月加入中国共产党。历任班长、排长、连长、营长。1947年11月，任北海军分区独立二团代理团长。中华人民共和国成立后，历任胶东军区南海军分区司令部参谋处处长，昌潍军分区副参谋长，山东省军区司令部管理处处长，济南军区司令部管理局副局长等职。1955年，被授予上校军衔。战争年代，负伤6次，先后被评为二等、一等和特等残疾军人，获三级独立自由勋章、三级解放勋章和独立功勋荣誉章。1962年离休后，笔耕不辍，以惊人的毅力先后创作出版了《三进山城》等中长篇小说6部、电影和电视剧文学剧本6部，共计200余万字，被誉为“中国的军中保尔”。

王善基 （1925.4－2001.10） 大水泊镇山后王家村人。1941年3月参加革命工作，1942年5月加入中国共产党。历任文登县抗日民主政府教育科收发员，胶东东海公学分队长，山东纵队宣传队副班长，朱德青年干部学校班长，代理事务长，山东军区鲁中三分区特务营三连副指导员，独立团三连指导员，鲁中警备四团政治处组

织干事、副股长，鲁中南纵队一三八团股长，解放军三十五军一〇四师三一二团三营教导员，二十二军一九六团二营教导员，一〇五师政治部青年科科长、秘书科科长，公安十七师组织科科长、师边防办公室政治工作科科长。1955年3月，入南京高级步兵学校学习。毕业后历任三十一军政治部群众工作处处长，九十三师二七七团政委，九十二师政治部主任、副政委，二十八军八十三师政委，解放军画报社政委、总政战士出版社（现解放军出版社）副政委。立三等功2次，获独立自由奖章、解放勋章和独立功勋荣誉章。

隋焕亭（1926.12－2002.8） 环山街道西坑村人。1942年10月入伍，1943年4月加入中国共产党。历任班长、排长、连长、指导员。1949年10月后，历任华东海军联校组织干事、中队指导员，解放军政治学院学员、高专协理员、政校指导员。1962年5月，晋升中校军衔。1965年7月，任海军工兵团政委。1971年8月，任海军“五七”干校政治部主任。1978年7月，任海军政治学校天津分校政治部主任。1980年，任校务部顾问。立三等功4次。获三级独立自由奖章、解放奖章和独立功勋荣誉章。

肖 玉（1927.1－2004.5） 原名于忠福，大水泊镇大水泊村人。1940年2月入伍，1942年加入中国共产党。历任勤务兵、宣传员、儿童团团长、中海专署秘书、中海军分区宣传队副队长、连指导员、团宣传干事、师宣传干事，纵队报社编辑。中华人民共和国成立后，历任广州军区文艺科副科长，广州军区政治部创作组组长等职。1955年，被授予少校军衔；1963年晋升中校军衔。1981年，定为正师级。获三级解放勋章和独立功勋荣誉章。其主要作品有长篇小说《高粱红了》《大风口》《龙山寨》和秧歌剧《张兰贵》等。长篇小说《大风口》获广东省鲁迅文艺奖。

邵 昭（1929.1－2004.5） 原名邵炳琦，宋村镇北马村人。1945年8月参加革命工作，同年10月加入中国共产党。先后任昆嵛县马山区文书、民政助理员。1948年1月入伍，在华东野战军第七纵队历任战士、文化教员、营部书记、指导员、作训参谋、团参谋长、作训处处长。1952年9月，参加抗美援朝，任二十三军二一七团作战参谋。回国后，任某军司令部副参谋长。1969年10月，任某集团军师长。1978年8月，入解放军军事学院高级系学习1年。1980年12月，任某集团军司令部参谋长。1983年5月，任某集团军军长。1985年8月，任黑龙江省军区司令员。1988年9月，被授予少将军衔。获独立功勋荣誉章及朝鲜民主主义人民共和国国旗勋章。当选中国共产党第十三次代表大会代表。

赵熙琨（1929.9－2004.6） 侯家镇西泥沟村人。1946年9月入伍，1947年7月加入中国共产党。历任胶东军区东海军分区后勤供训队战士、班长、排长、管理员、干事、股长、处长。1958年，入解放军后勤学院本科六期指挥系学习，1961年毕业后，历任总后勤部司令部参谋、副处长。1983年5月，任总后勤部直属某分部部长。立三等功4次、四等功2次。

毕自万（1921.9－2004.8） 侯家镇山前村人。1941年1月加入中国共产党，同年参加革命工作。历任文书、政治干事、副指导员、营教

导员、团宣传股股长，抗美援朝空军某大队政委、团政治处主任，海军航空兵某团政委，空军路桥基地政治部副主任等职。1969年，任东海舰队后勤部政治部副主任。立三等功2次、四等功1次。获独立自由奖章、三级解放勋章、独立功勋荣誉章及朝鲜民主主义人民共和国三级国旗勋章。

周志福 （1940.8－2005.1） 龙山街道宁阳村人。1959年8月，入空军第七航校学习。1963年12月，入空军徐州后勤指挥学院学习。1966年毕业分配至空军导弹第七团，历任会计、助理员、股长。1970年10月，任师财务科科长。1984年1月，任河北省武警学院财务处处长、审计处主任等职。1988年，被评为高级审计师。

徐发仁 （1926.8－2005.9） 宋村镇宋村人。1945年6月入伍，1946年2月加入中国共产党。历任胶东军区一分区后勤部看护员，山东军区警备一团三营八连指导员，新疆军区生产建设兵团政治部宣传部副部长，军委炮兵政治部宣传部教育科科长、副部长，组织部部长，总参谋部炮兵部政治部主任等职。

孙亮平 （1923.12－2005.11） 龙山街道三里河社区人。1938年4月入伍，1939年4月加入中国共产党。历任战士、译电员、指导员，胶东军区政治部干事、营副教导员、大队副政委、团参谋长，海军司令部炮兵处副处长、副政委。解放战争时期，历任营长、团长等职。1950年后，历任东海军分区海军岸防部副部长、海军炮兵学校校长、海军训练基地副司令员、海军高级专科学校校长、海军旅顺基地司令员等职。1960年，被授予大校军衔。1970年，担任中国自行设计研制的第一艘核潜艇、导弹驱逐舰试验组副组长、组长。获三级独立自由勋章、二级解放勋章和独立功勋荣誉章。

于乃昌 （1927－2005.12） 大水泊镇西南台村人。1938年8月参加革命工作，1945年1月加入中国共产党。先后任文登抗战话剧社社员、胶东青联孩子剧团团员、东海地委青训班学员、昆嵛县学生抗日救国联合会会长、东海实验区学联会会长等职。1945年后，历任东海军分区政治部文书、书记、技术书记、青年干事、胶东军区政治部宣教干事、华东军区理训班学员。1953年后，历任华东军区第三政治干部学校教员、总政治部政治师范学校教员、解放军装甲兵政治部宣传部助理员、解放军政治学院哲学系教研室教员。1970年后，历任解放军军政大学学员队政委、政治部宣传部部长，总政治部宣传部副处长、处长、副部长，南京政治学院院长等职。1988年，被授予少将军衔。获解放奖章和独立功勋荣誉章。是第七届全国人民代表大会代表。

于　波 （1930.1－2006.2） 曾用名于锡春，米山镇长山村人。1945年7月入伍，1949年7月加入中国共产党。先后在山东省胶东兵站处、胶东军区炮兵团、华东军区野战营、华东军区特种纵队炮兵四团、解放军炮兵十六团、华东军区吴淞要塞炮兵团任职。1953年，到苏联里加红旗海岸炮兵学院学习，1954年12月毕业回国。1957年，参与导弹实验基地组建。1959年，担任海军第一导弹中队中队长。1979

年，任海军榆林基地副参谋长。1982 年 1 月，入海军指挥学院第一期高级指挥班学习。1983 年 8 月，任海军实验基地副司令员。1988 年 9 月，被授予少将军衔。获解放奖章、独立功勋荣誉章。

刘玉正 （1922.11－2007.1） 曾用名刘毓桢，张家产镇小官庄人。1942 年 2 月参加革命工作，1944 年 4 月加入中国共产党。历任文登县第四区工会干事，东海专署硫酸厂厂长，胶东军区后勤部指导员，十三纵队后勤部宣传股股长、辎重营教导员，三十一军九十二师政治部宣传科科长，宣传处副处长、处长，九十一师政治部副主任、主任，福州军区政治部宣传部部长，守备三师政委。1972 年 9 月，任陆军第二十九军政治部副主任。立二等功 1 次。获三级解放勋章和独立功勋荣誉章。

郑文水 （1927.3 － 2007.4） 小观镇北稻地湾村人。1945 年 1 月入伍，1946 年 1 月加入中国共产党。历任战士、班长、排长、连长、教导员、副参谋长、副团长、团长，陆军四十一军一二一师副师长、师长，四十一军副军长。立大功 4 次。获独立功勋荣誉章及越南民主共和国三级战士勋章。

胡本楷 （1928.5 － 2007.6） 张家产镇河胡家村人。1941 年 8 月入伍，1945 年加入中国共产党。历任卫生员、医助、军医、医保干事、军卫生所所长、医院内科主任、疗养院体检科主任、医务处主任。1959 年 8 月，入解放军第六军医专科学校学习。1981 年，任空军杭州疗养院院长。获独立自由奖章、解放奖章、独立功勋荣誉章及朝鲜民主主义人民共和国三级国旗勋章、中越友谊奖章。

毕可周 （1929.9 － 2007.7） 侯家镇集后村人。1945 年 4 月入伍，1946 年 10 月加入中国共产党。先后任班长、警卫员、排长、副指导员、指导员。1949 年，任南下工作团警卫连指导员。广西解放后，历任广西壮族自治区政府警卫团二营副教导员，广西公安总队直属营教导员，公安总队政治部副科长，公安军内卫四十八团政治处主任、副政委，广西军区政治部副处长。1959 年，入解放军政治学院学习。1961 年毕业后，历任广西军区政治部副处长、处长，桂林军分区政治部主任、副政委，玉林军分区副政委，梧州军分区政委。1983 年，任广西军区政委。1985 年，任广州军区正军职调研员。1955 年，被授予少校军衔。1988 年，晋升少将军衔。立二等功 1 次、三等功 3 次。获三级解放勋章和独立功勋荣誉章。

邓树琪 （1925.9 － 2007.8） 文登营镇邓南庄人。1939 年 6 月入伍，1940 年 8 月加入中国共产党。先后任胶东军区十三团机要员、通讯连副连长、指导员。解放战争时期，先后任二十七军副营长、作战参谋、团参谋长等职。1950 年参加抗美援朝，任作战参谋。1954 年，入海军海校学习，毕业留校任系主任。1961 年 8 月，毕业于南京海军学院。1966 年 3 月，任海军广东汕头水警区参谋长。1970 年 11 月，任福建厦门水警区副司令员。1978 年 11 月，任福建平潭水警区司令员。1980 年 11 月，任海军上海基地副司令员。1983 年 10 月，任海军司令部副参谋长。1985 年 10 月，任海军机关直属党委书记。1987 年 2 月，任海军纪律检查委员会常务委员会委员。1955 年，被授予少校军衔。1962 年晋升中校军衔。获三级独立自由勋章、三

级解放勋章、独立功勋荣誉章及朝鲜民主主义人民共和国三级国旗勋章。

赛友聚 （1932.2—2007） 大水泊镇埠前头村人。

1947年6月入伍，1948年9月加入中国共产党。历任东海军分区后勤处卫生员，新四军第十医院卫校学员，浙江宁波独立五营见习医务员，华东军区第八野战医院干部助理员，浙江金华军分区组织科副科长，南京军区司令部秘书、科长，解放军第一二〇医院政委等职。1981年7月，任江苏扬州军分区副政委。立三等功1次、四等功2次。获解放勋章。

丛　华 （1917.12－2008.4） 曾用名丛树民，宋村镇金格北里村人。

1940年10月入伍，1941年8月加入中国共产党。历任八路军山东纵队五旅十四团政训队员、特务连副政治指导员。1945年4月，任胶东军区中海军分区独立团一营一连政治指导员，胶东军区后方医院三所政委、卫生部一院政治处副主任。1951年6月，任陆军第十二医院政治部主任。1953年10月，任兴城疗养院副政委。1956年5月，任八一疗养院政委。1961年2月，任沈阳军区后勤部政治部保卫处处长、解放军二三〇医院政委。1965年后，历任沈阳军区后勤部四分部政治部主任、副政委、顾问。获独立自由勋章和解放勋章。

侯文章 （1919－2008.4） 侯家镇大时家村人。

1940年12月加入中国共产党，1942年入伍。历任侯家乡青救会会长，文登县和东海专署减租减息工作队队员，侯家区中队政工干事，文登县大队组织干事，东海军分区特务营教导员，五旅炮团干部处处长，十五师八十团政治处主任、师干部科科长。1961年后，历任上海市静安区、长宁区武装部政委。1962年，晋升中校军衔。立三等功2次。获独立自由奖章、解放勋章。

刘　汉 （1916.9－2008.8） 原名刘慕蕃，天福街道河北社区人。

1934年考入山东省立济南师范学校，1936年加入中华民族解放先锋队。1937年毕业回乡，在文登县第一小学任教，后任县立第五小学校长。1938年2月参加山东人民抗日救国军第三军，任八路军山东纵队第五支队政治部宣传科科长，8月加入中国共产党，12月调任胶东军政干校副校长，后任抗大胶东支校校长。1944年7月后，历任山东军区政治部教育科科长，辽东军区政治部宣传部副部长，第四野战军政治部秘书处处长，第四十二军政治部宣传部部长。1950年后，任解放军总政治部秘书处处长，宣传部学校教育处处长、宣传部副部长。1955年，被授予大校军衔。1964年，晋升少将军衔。1975年7月，任中国人民革命军事博物馆馆长。1978年，当选第五届全国人民代表大会代表。1983年，任总政治部宣传部顾问。获二级独立自由勋章、二级解放勋章和独立功勋荣誉章。

丛德滋 （1923.1－2008.12） 大水泊镇后村人。

1940年5月入伍，同年7月加入中国共产党。先后任胶东军区独立营、十七团班长、排长，华东野战军第十三纵队侦察队队长。1949年8月，先后任解放军陆军三十一军司令部侦察处处长，九十一师二七三团副团长、团长，九十二师副师长兼参谋长。1955年7月，入南京军事学院学习。毕业后，历任陆军三十一军九十二师副师长，九十三师师长，三十一军副政委。1969年11月后，历任福州军

区政治部副主任，福建省军区司令员、党委书记兼中共福建省委常委等职。1983年5月，任福建省军区顾问。1955年，被授予上校军衔，1964年晋升大校军衔。当选中国共产党第九、十一、十二次代表大会代表。获三级独立自由勋章、三级解放勋章和独立功勋荣誉章。

王熙章 （1929.7－2008.12） 曾用名王希章，

莇山镇西管山村人。1947年入伍，中共党员。历任某警卫营战士，胶东军区独立团班长，三十二军首长警卫员，解放军铁道公安司令部警卫连副连长，海军旅顺基地司令部警卫连连长，海军报训班学员，海军潜艇二支队政治部保卫科科长。1969年10月，任海军某潜艇基地政委。1977年10月，任海军舰艇某支队副政委。1983年8月，任海军舰艇某支队巡视员。立三等功5次，四等功3次。

谭国玉 （1930.4－2009.8） 葛家镇东谭家口

村人。1947年参加东北民主联军，中共党员。1950年，任独立七十一师二一一团二营四连指导员。1953年3月，入解放军哈尔滨军事工程学院学习。1959年，被选送到苏联古比雪夫军事工程学院学习。1964年5月回国，任军委工程兵科技部技术装备研究所组长、科技处处长、副所长兼科技部部长、所长等职。1984年，任总参谋部工程兵部副部长。1987年，任解放军工程兵指挥学院院长。1988年9月，被授予少将军衔。

孙步堂 （1919.2－2011.5） 又名孙启业，高村镇孙家埠村人。1940年3月入伍，同年10月加入中国共产党。历任东海二团政治处缮写员，山东纵队五支队政治部主任办公室文书、胶东军区政治部文印股股长、机关政治指导员、华野第九纵队司令部副科长、华野第十三纵队山炮营副教导员、三十一军司令部作战科参谋等职。

1950年后，任陆军三十一军司令部队列科副科长、科长。1952年，任陆军三十一军九十二师炮兵室主任、炮兵司令员。1958年，入炮兵学院速成班学习。1960年，任炮兵学院速成系战地教研室副主任。1969年，任炮兵第十三师师长。1981年，任乌鲁木齐军区东疆军区副司令员。1955年，被授予中校军衔，1964年晋升上校军衔。获三级独立自由勋章、三级解放勋章和独立功勋荣誉章。是第五届全国人民代表大会代表。

郭喜华 （1927.10－2011.6） 汪疃镇白鹿屯

人。1943年10月参加革命，1945年11月加入中国共产党。历任班长、指导员、副教导员、师政治部干事、营长、团参谋长。1953年8月，任陆军三十一军二七八团副团长兼参谋长。1955年9月至1959年8月，就读于南京军事学院。1960年3月，任陆军三十一军二七四团团长。1964年10月，任陆军三十一军九十二师副师长。1968年，任福建省军区独立二师师长。1970年12月，任二十九军副军长。获三级解放勋章和独立功勋荣誉章。

隋永华 （1921.11－2011.11） 原名莇钟祥，

埠口港嶅山村人。1938年6月加入中国共产党。1940年1月入伍。历任战士、排长、连指导员、营教导员、团政委、空军高炮十一师政委、军政治部副主任等职。立二、三等功各1次。获三级独立自由勋章、解放勋章和独立功勋荣誉章。

陈观吉 （1929.3－2011.11）大水泊镇大沟村人。中共党员。1947年2月入伍，历任东海军

分区教导营学员、华东军区机要局机要员、炮兵九师十四团机要副主任。1963年11月后，历任解放军第九十二医院传染科副政治指导员，后勤部工程兵二二四团政治处组织股股长、第十七分部政治部组织科科长，第一八二医院副政委等职。1983年1月，历任江西武警总队教导大队政委、中国人民武装警察部队南昌指挥学校政委。获解放勋章和胜利功勋荣誉章。

张世藩 （1930.5－2011.12.）又名张示范、张凡，文登营镇文登营村人。

1945年8月入伍，先后进入抗日军政大学胶东分校、东北民主联军通讯学校学习。1946年后，历任辽东军区情报台、东北二局报务员、台长等职。1950年10月后，历任解放军总参谋部三部二局副股长、政治干事，十局组织科科长，解放军总参谋部第五十六研究所四处政委、研究所政治部主任等职。1983年，任第五十六研究所研究员。

牛文兰 （1921.10－2012.5） 张家产镇车卧岛村人。

1940年9月加入中国共产党，1941年2月入伍。历任胶东军区兵工三厂工人、文化教员，教导二团连指导员，特务团宣传教育股股长，三十二军二八五团二营教导员、团政治处副主任，空军十四师四十二团政治处主任、副政委、政委，空军二十二师六十团政委。1962年11月后，任空军某基地政治部主任、政委。1969年4月，任济南军区空军后勤部政委。1955年被授予少校军衔，1958年晋升中校军衔。获独立自由勋章、三级解放勋章和独立功勋荣誉章。

杜诚安 （1932.2－2013.1） 大水泊镇孤石村人。1947年7月入伍，中共党员。先后任第三野战

军三十二军警卫营副班长，中央公安警卫师文书，中央警卫团助理员。1955年9月后，历任解放军防化兵学校副指导员、指导员。1956年11月，历任解放军总政治部管理处指导员、办公室副政委兼政治处主任。1972年5月后，历任解放军出版社政治协理员、科长、办公室主任。立三等功3次。获淮海战役、渡江战役纪念章。

许守华 （1927－2013.2） 大水泊镇三庄人。

1945年2月入伍，1946年4月加入中国共产党。历任胶东军区通讯员，华东军政大学胶东分校学员，烟台警备区通讯班班长，烟台独立团副排长、副指导员。1950年5月后，历任华东警备五旅三连指导员，农三师八团政治处副股长，志愿军铁道工程兵十师二营教导员，团政治处主任、政委，师政治部主任、政委，铁道兵第一指挥部副政委兼政治部主任。获解放奖章、独立功勋荣誉章和抗美援朝纪念章。

国务院政府特殊津贴获得者

刘汉耀 （1917.2－1995.5） 宋村镇台上村人。

1942年，毕业于国立同济大学，留校任教。抗日战争胜利后，任济南津浦区铁路局工程师。1947年，任济南市工务局局长。1948年，任第四十四兵工厂工程师兼营缮科科长。中华人民共和国成立后，任青岛自来水厂厂长。1981年，在青岛市水源应急工程指挥部工作，高级工程师。1994年，获批享受国务院政府特殊津贴。

陆永昌 （1917 — 1998.3） 文登营镇文登营村人。1949 年 8 月参加工作。1957 年，被选送山东省中医进修学校学习，结业后留校任教。先后任山东中医学院讲师，山东中医学院附属医院内科主任、保健科主任、副院长，主任医师。曾获国家中医药管理局科研成果二等奖、国家科委科技进步三等奖。是山东省政协第四届、五届、六届委员会委员。1992 年，获批享受国务院政府特殊津贴。

邹本习 （1931.2 — 2001.1） 茼山镇山马邹村人。1941 年入伍，先后在华东交通专科学校、胶东财经学校、华东工矿部职工学校化学系学习。1949 年后，历任华东工矿研究所技术员，山东铝厂研究所主任。1955 年 10 月被派往苏联学习。1957 年 2 月回国，历任湖南株洲硬质合金厂车间主任、硬质合金研究所副所长。研究成果获冶金部和湖南省科技进步一等奖、国家科委科技进步二等奖。1985 年 3 月，调文登化工局工作。1987 年，晋升高级工程师。1992 年 10 月，获批享受国务院政府特殊津贴。

曲衍海 （1919.11—2002.5） 泽库镇后岛村人。1937 年考取中医师职称。1940 年参加革命工作，同年 11 月加入中国共产党。历任文登县抗日救国职工会宣传委员、牟海行署职工救国会宣传员、乳山县工商管理局海产股干事等。1945 年 8 月后，历任乳山县政府卫生科科长兼县医院院长，东海担架团卫生队队长，乳山县支前指挥部政治处主任。1951 年，任文登专区肺病疗养所所长。1955 年 5 月，任山东省卫生厅中医委员会干事，省中医学院教务主任。1958 年 10 月后，历任山东中医学院和省中医药学校教师、门诊部主任。1989 年，晋升主任医师。1991 年，被国务院授予有突出贡献专家称号。1992 年，获批享受国务院政府特殊津贴。

张彦平 （1927.10 — 2006） 笔名严兵，文登营镇沟于家村人。1941 年 6 月参加革命工作，1946 年 5 月加入中国共产党。历任《大众报》记者，《新威日报》编辑，解放军三野九纵八十团团报编辑、宣教股长，九兵团《长江报》编辑。1979 年始，任江苏人民出版社文学编辑室主任、副总编，江苏少年儿童出版社总编，江苏省文联常委、作家协会常务理事。1981 年加入中国作家协会。著有长篇小说《烟笼秦淮》《情报追逐战》，中篇小说《草堆里的枪》等。1991 年，获批享受国务院政府特殊津贴。

刘以伟 （1939.7 — 2009.6） 茼山镇新白玉村人。1965 年 7 月毕业于山东医学院医疗系，分配至山东省医学科学研究所，从事劳动卫生职业病防治和工业毒理学实验研究工作。1984 年 1 月任省卫生厅科教处处长。1991 年 1 月任山东省医学科学院副院长。1993 年晋升副研究员。先后主持并参加 10 余项课题的实验研究，取得省以上科研成果奖 11 项。1993 年，获批享受国务院政府特殊津贴。

王菊芬 （1938.1 — 2011.5） 山东省胶州市人。1959 年，毕业于昌潍医学院。先后任山东省文登整骨医院骨科医士、医师、主治医师、骨科副主任，山东省文登骨伤研究所副所长，主任医师。其研制的“平衡固定牵引架治疗股骨干骨折”获国家科技发明三等

奖，“SW—T 型平衡牵引固定器治疗不稳定性胫腓骨干骨折”获山东省科技进步二等奖。1988 年，被评为山东省专业技术拔尖人才、全国有突出贡献的中青年科学技术管理专家。1989 年，被省政府授予山东省劳动模范称号。1992 年，获批享受国务院政府特殊津贴。

殷汝桂 （1932.12 — 2012.2） 宋村镇集西村人。1948 年 6 月参加革命，1949 年 1 月加入中国共产党。1958 年毕业于上海医科大学医学系。历任上海医科大学附属眼耳鼻喉科医院眼科主任、副院长，研究生导师、教授。上海眼科学会委员、常委。1993 年，获批享受国务院政府特殊津贴。

李玲璞 （1934.1 — 2012.11） 笔名李圃，泽头镇泽头村人。1947 年 5 月，任昆嵛县人民武装部机关报《战报》编辑。1951 年始，历任昆嵛县刘家上口初小校长，汪疃完小教师，文登县干部文化学校教师。1956 年，入华东师范大学中国语言文学系学习。1960 年，大学毕业留校任教。1981 年后，先后晋升副教授、教授。1982 年 4 月加入中国共产党。主编《古代汉语精解》等著作，先后获全国职工教育先进教师、全国高等教育自学考试先进工作者、全国优秀博士学位论文指导教师等称号。享受国务院政府特殊津贴。

省（部）级及以上英模先进人物

刘继模 （1925.3 — 1976.12） 葛家镇院西村人。1940 年 5 月参加革命，1945 年 8 月加入中国共产党。1944 年 3 月，任胶东军区后勤部军械保管员。战争年代，多次立功受奖。1950 年参加抗美援朝，立二等功 1 次。1953—1955 年，入北京炮兵学校学习。1955 年，被授予中校军衔。1958 年始，历任陕西省户县化工厂军代表，四川省广元 4520 厂军管会主任。1974 年 12 月，任陕西三〇二部队政治部主任。1976 年 12 月 31 日因公殉职，被追认为革命烈士。

赵熙林 （1900.6 — 1989.3） 界石镇崮山后村人。1942 年 10 月加入中国共产党，同年 12 月任抗日民主政府村长。积极发动群众参军支前、开展土地改革，办起全村第一个农业生产互助组。中华人民共和国成立后，带领群众走农业合作化道路，栽植果树近百亩，建起文登第一个果园村。1951 年 11 月起，任村党支部书记。1952 年，被省政府授予山东省林业劳动模范称号。

王初华 （1912.3 — 1989） 高村镇苏家泊村人。1939 年参加革命，任村民兵连指导员。同年组织村民成立互助组，并任组长。1942 年加入中国共产党。1952 年被省政府授予山东省劳动模范称号，参加华东地区农业增产模范代表会议，获小麦丰产奖。获农业部爱国丰产金星奖章。1953 年后，任红光初级社社长、村党支部书记、治保主任、贫协主任等职。

于松长 （1909—1991） 大水泊镇南疃村人。中共党员。1949 年大旱，带领全村共打水井 16 眼。1951 年，帮助周边的村庄打水井 100 余眼，使近千亩农田解除了干旱威胁，平均每亩增产粮食 25 千克，成为胶东地区打井抗旱的一面旗帜。1951 年 2 月 19 日，

出席山东省工农兵劳动模范代表大会，被省政府授予山东省劳动模范称号。1952年，任高级社社长。1960年，作为库区村党支部书记，带头响应县委号召，带领15户农民迁移至辽宁省盖平县。

王善勇 （1914.6－1991） 大水泊镇山后王家村人。1941年6月加入中国共产党，同年任村党支部书记。1952年，任山后王家乡党总支书记，带领全乡组建农业合作社，开展整地改土、兴修水利、积肥、选种、抗旱活动，成为全县农业生产先进典型，被省政府授予山东省农业劳动模范称号。

宋宗国 （1907.7－1992.2） 宋村镇周格庄人。1942－1945年任村雇工会会长。1945年冬，带头成立昆嵛县第一个土劳合作组并任组长。在组内实行土地统一经营、劳力统一分配、生产资料统一使用、收获物按“计口收粮”的办法分配，成为文登专区当时互助组中最高级的一种形式。1947年2月加入中国共产党。1952年办起文登专区第一个初级社，获山东省劳动模范称号，并获中华人民共和国爱国丰产金星奖章。1955年，联合附近7个村办起高级农业生产合作社。1956年，获山东省社会主义农业建设积极分子称号。

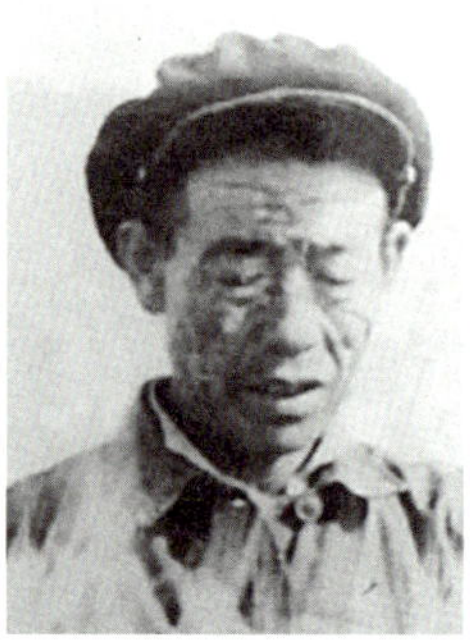

姚中芳 （1913.2－1992.2） 宋村镇姚山头村人。1945年，参加文登区中队。1946年入伍，1947年10月加入中国共产党。1948年，被华东野战军授予三级人民英雄称号。立二等功3次。获淮海战役纪念章、渡江胜利纪念章和抗美援朝纪念章。

董礼正 （1925.5－1993.3） 界石镇小界石村人。1944年入伍，1945年加入中国共产党。历任文登独立营战士，华东野战军九纵七十七团一营一连班长、排长、连长。1956年9月转业，先后在武钢任股长、科长、党支部书记、副队长等职。立功7次，其中一等功和二等功各1次。1948年2月，被授予华东二级人民英雄称号。获淮海战役奖章、渡江战役奖章、解放奖章、抗美援朝纪念章。

迟心平 （1920.1－1993.5） 葛家镇东于疃村人。1950年，任村治保主任，带领全村群众响应政府号召，兴修水利，打井53眼，解决了村庄缺水问题。1953年1月，被省政府授予山东省水利劳动模范称号。

张吉善 （1923.7－1993.8） 埠口港张家埠村人。1945年7月入伍，1946年加入中国共产党，历任东海军分区独立团副班长、班长、排长。1947年在解放威海战斗中负伤，被评为三等甲级伤残军人。1948年11月复员回乡，历任村副公安员、党支部副书记、党总支副书记（半脱产）、党总支书记，埠口乡党委副书记，高村镇林业部副部长，区六大队总支书记。1962年，受组织派遣回村任党支部书记。1966年后，任文登县革命委员会委员、文登县委委员。1982年3月，被中国人民解放军济南军区政治部授予模范指导员、二级英模称号。1984年，被授予山东省模范伤残军人称号。1986年，被国家计生委授予全国计划生育工作先进个人称号。

曲炳章 （1915.7－1994.12） 界石镇辛上庄人。1944年2月任村自卫团负责人，同年8月加入中国共产党。1947年2月参加支前，任民工队排长。1949年，任村党支部书记。1950年始，带领群众栽植苹果树113公顷；成立林业队，对全村113公顷山峦实行集体管护。1962年，全村总收入达到10万余元，其中林业收入3万元，成为界石公社的带头村。1963年3月，被省政府授予山东省劳动模范称号。

宋文党 （1913－1994） 文登经济开发区九里水头社区人。1944年5月加入中国共产党，分管村治安工作。1947年参加支前，1949年回乡，带头成立初级农业合作社、高级社并任社长。1953年带领群众压沙、修渠，玉米单产达250斤以上。翌年1月15日，《人民日报》以《碱洼地变成沃土》为题进行报道。当年冬天至次年春，带领九里水头、林家庄、毕家庄3村的群众修建起文登专区内第一座蓄水8万立方米的水库。1956年，被省委、省人委授予山东省水利建设积极分子称号。

顾正泽 （1947.10－1995.5） 张家产镇顾家村人。1967年3月入伍，1969年7月加入中国共产党。1974年退伍，被烟台港务局招工。1975年10月起，历任烟台港公安局政保股副股长、码头派出所所长、东港区派出所所长。1992年6月，任烟台港公安局警卫大队队长。1995年2月，任客运站派出所所长。同年5月23日，在客运站广场西与被通缉的持枪犯罪嫌疑人搏斗中壮烈牺牲，同年山东省人民政府批准其为革命烈士，公安部追授其为全国公安系统一级英雄模范称号。

王泽清 （1936.3－1996.3） 泽头镇许家埠村人。1956年参加工作，任泽头公社拖拉机站机车车长，在他带领下，全组人员月月超额完成生产任务，节约油料成绩突出，多次被评为先进生产者。1963年，被省政府授予山东省劳动模范称号。

慈曰岳 （1922.12－1996.4） 泽库镇慈家滩村人。1956年12月参加工作，1958年7月加入中国共产党。历任文登高岛盐场工人、组长。1958年，他带领全组30名工人，顶风冒雪，挑灯夜战，3个月的生产任务仅用两个月就完成。1959年，他带领的小组产盐量比其他小组多1500吨。1959年12月，获山东省劳动奖章。1960年，获山东省先进工作者称号。

于吉海 （1952.8－1996.7） 荣成市崂山街道人。1971年12月参加工作，1973年1月入伍，1975年6月加入中国共产党。1977年退役，历任文登县委车队司机，县委组织部干事、老干部局干事，公安局交警大队办公室主任。1995年9月，任交警大队副大队长。1996年7月11日晚，在执勤过程中，为救战友被违章车辆撞成重伤，经抢救无效牺牲。同年8月被公安部追授全国公安系统二级英模称号。1997年6月，民政部批准其为革命烈士。

梁汝汉 （1928.1－1996.10） 文登营镇后长湾村人。1947年1月任村贫协主任，同年3月加入中国共产党。1948年1月后，历任村党支

部委员、治安员、村团支部书记、联村大队党支部副书记、治保主任，天福山公社党的核心领导小组成员，公社战山河大队党支部书记。1953—1954年，两次出席山东省青年模范代表大会。1955年，被团中央授予全国青年积极分子称号。

邹立亭　（1919.7 — 1999.11）原名周学亭，威海市环翠区温泉镇人。

1944年5月参加革命工作，同月加入中国共产党。历任草庙子区委宣传干事、副区长、副书记。1951年12月，任中共昆嵛县山马区区委书记。1958年9月后，历任汪疃公社党委书记、葛家公社党委副书记。1971年2月至1980年11月，任文登米山水库管理局局长。1977年，被山东省革命委员会授予水利先进工作者称号。1978年，被水利电力部授予全国水利系统先进工作者称号。

吕彦君　（1952.5 — 2000.5）葛家镇葛家村人。

2000年5月24日下午3时左右，村民吕国胜在自家院中打井过程中，因爆破后井下缺氧，昏迷倒地。吕彦君不顾个人安危下到井底，将吕国胜救出井外脱险，自己却因缺氧昏迷在井底，抢救无效牺牲。同年，经山东省人民政府批准其为革命烈士。文登市委、市政府授予其见义勇为先进个人称号。

林基山　（1929.9 — 2001.1）　泽头镇林村人。1945年8月入伍，1946年6月加入中国共产党，1948年6月负伤后回村。1950年1月始，历任村团总支书记、乡民兵营营长、乡青年团书记、村党支部副书记。1958年，任村党总支书记。中共十一届三中全会后，带领全村干部群众先后办起

19个村办企业，年实现工业产值2000余万元。1979年起，连续12年被中共文登市委授予优秀共产党员称号。1982年，被烟台市政府授予劳动模范称号。1989年，被国务院授予全国劳动模范称号。

吕学昭　（1919.10 — 2001）　葛家镇葛家村人。

1941年参加革命，1942年8月加入中国共产党。历任葛家村自卫团团长、村长。1949年，任职昆嵛县委农村工作部。1950—1951年，任职昆嵛县供销社。1952—1955年，回村任农业合作社社长。1955—1957年，任葛家区灯塔农业社社长。1957年被评为山东省劳动模范。1958年，任大队党支部书记。其间，带领群众平整土地，打井灌田，增产显著。1963年，被评为华东地区劳动模范。

李源刚　（1927.7 — 2003.1）　汪疃镇郝家庄人。

1947年入伍，在孟良崮战役中负伤，右腿截肢。1948年6月加入中国共产党，7月退伍回乡任村党支部委员、治保主任等职。1960年5月，被省人委授予山东省劳动模范称号。

王德璞　（1924.11—2003.4）　张家产镇大官庄人。

1947年10月加入中国共产党。1948年6月参加革命工作，任东海工商局营业员。1949年3月任胶东工商局华茂油脂公司营业员、统计员、团支部书记。1952年1月任昆嵛县东圈乡乡长、党总支书记。1956年2月任水道乡党委副

书记。1958年调任南圈水库管理所所长。1963年，被省人民委员会授予山东省劳动模范称号。

耿玉德 （1932.12—2003） 龙山街道三里河社区人。1951年9月参加工作，1954年8月加入中国共产党。历任文城供销社营业员、文登专区机关消费合作社理事委员、文登百货公司门市部主任。1956年，被山东省人民委员会授予山东省先进工作者称号。

苏泉桂 （1942.5—2004.2） 泽头镇西望仙庄人。1965年，山东师范学院数学系毕业。先后任文登八中、文登营中学、大水泊中学、文登进修学校、文登二中数学教师。1994年，被山东省政府授予特级教师称号。

于秀玲 （1944.11—2005.1） 女，泽头镇北庄人。1964年9月参加工作，1966年6月加入中国共产党。历任社教工作队队员，天福山公社妇联干事、党委委员兼妇联主任，文登县妇联副主任。1984年3月始，任文登市（县）妇联主席（主任）。1999年，被国家人事部、全国妇联授予妇联系统先进工作者称号，被全国妇联授予“三八红旗手”称号。

王继振 （1930.12—2005.2） 张家产镇口子李村人。1947年加入中国共产党。1953年，任口子李村党支部委员、村长。1963年，任农业技术员。1984年，任村科协主任、药农技术员。培育出怀牛膝多倍体、单体两个新品系，1987年，获山东医药局科技进步一等奖、省科技进步二等奖和国家科技进步三等奖。培育的文黄-11号黄芪新品系，1988年获山东医药局科技成果二等奖。经过多年努力，农田栽培西洋参试验取得成功，获山东医药局科研成果一等奖、山东省科技进步三等奖。1992年，被山东省医药局评为专业技术拔尖人才。1997年，被省委、省政府授予农村科技大王称号。

王天栋 （1939.9—2005.2） 泽头镇东团岚埠村人。1960年2月加入中国共产党。1963年7月，任村党支部书记。1973年，任泽头公社修配厂厂长、党支部书记。1980年，任县无纺布厂厂长、党支部书记。1990年1月，任市装饰布厂厂长、党委书记。1995年4月，被国务院授予全国劳动模范称号。

吴　强 （1970.9—2008.1） 侯家镇南下河村人。1990年8月参加工作，1997年8月加入中国共产党。历任文登市公安局纪检组科员，交通警察大队第八中队副队长，界石镇派出所副所长、指导员、所长。2006年9月，任环山街道派出所所长。2007年，冬季“严打”整治活动开始后，带病坚持工作，连续两周奋战在“严打”一线。2008年1月，办案期间病逝，被公安部追授全国公安系统二级英雄模范称号。

孙冬军 （1984.11—2008.8） 小观镇坦埠村人。2003年12月入伍，2007年8月加入中国共产党。任武警新疆边防总队喀什支队警察。2008年，在新疆喀什“8·4”严重暴力袭警事件中英勇无畏，壮烈牺牲。2008年8月，中国人民武装警察边防总队政治部批

准其为革命烈士。

宋宗会 （1927.1 — 2009.4） 女，宋村镇草埠村人。1942年12月参加革命，1946年12月加入中国共产党。1947年，任村青妇队队长。1950年始，任村妇救会会长、妇女主任。1986年后，任村妇女委员。1970年起，23年如一日地侍候、照料3位没有亲属关系的烈军属，直至去世。1991年，被山东省政府授予拥军优属先进个人称号。

孙佑安 （1963.8 — 2010.2） 龙山街道柳林社区人。1980年参加工作，1985年3月任县通讯器材厂销售科科长。1987年8月，任县通讯电缆厂副厂长。1989年3月任厂长，同年8月加入中国共产党。1992年3月，任文登通信电缆集团公司总经理、党委书记并兼任文城镇副镇长。1995年4月，兼任文城镇党委副书记。1997年，任山东宏安集团党委书记、董事长、总经理。1998年，被省政府授予山东省劳动模范称号。是山东省第九届、第十届人民代表大会代表。

张立学 （1926.5 — 2010.3） 汪疃镇上夼村人。1944年入伍，1946年加入中国共产党，历任战士、副班长、班长。1949年随中国人民解放军第九兵团27军参加渡江战役，任副排长。1950年11月参加抗美援朝战争。1955年转业，历任鄄城县农机厂科长、工业局股长、公路局股长。立二等功1次。1952年，被中国人民志愿军第27军评为一等功臣。

王善钧 （1945.11 — 2011.2） 大水泊镇山后王家村人。中共党员。1968年4月，任口子公社王家联办中学民办教师。1980年烟台师专毕业后，历任口子中学、文登六中、文登一中数学教师，并担任数学教研组组长。1993年，被国家教委、人事部授予全国优秀教师称号。

刘守文 （1942.9 — 2012.3） 文登营镇后北凤口村人。1965年加入中国共产党。1968年曲阜师范学院毕业后，先后在张家产中学、文登二中任教。1975年后，历任文登一中教师、教导副主任、主任。1984年，任文登县教育局局长。1986年，任文登一中校长。1989年，晋升中学高级教师。1993年，被国家教委、人事部授予全国教育系统劳动模范称号。

马振峰 （1954.2 — 2012.3） 葛山镇山马埠村人。1972年3月参加工作，1976年3月加入中国共产党。历任中学教师、联中校长，镇党委秘书、文登县委办公室秘书，高村镇纪检委员、纪委书记、党委副书记，文登市外经委副主任，小观镇党委副书记、镇长、党委书记。1998年4月，任文登市体委主任（局长）、党组书记。2000年，被国家体育总局授予全国县（市、区）体育工作先进个人。

知名人士

刘衡三 （1889.10 — 1957.12） 又名铨法，建筑工程师。宋村镇台上村人。1921年，毕业于上海同济医工大学土木工程系，任山东中兴煤矿公司工程师。1923年，任青岛礼贤中学校长，担任该职30年。是20世纪30年代青岛本土著名

的华人建筑设计师。他在青岛所留存的建筑作品有山左银行、青岛红卍字会、青岛物证交易所、中华基督教会等。在红卍字会大殿设计中，创造性地采用预制混凝土构件和水泥制品，代替传统的木料制作，属国内首创。

王润滋 （1946.6 — 2002.1） 张家产镇因寺桥村人。1966 年，毕业于文登师范学校。历任烟台市文学创作室主任、市文联主席，威海市文联主席，山东省作家协会副主席、《山东文学》主编等职。国家一级作家，中国作家协会理事。主要作品有短篇小说集 1 部，中长篇小说多部。其短篇小说《卖蟹》《内当家》分获 1980 年、1981 年全国优秀短篇小说奖。

于植元 （1927.5 — 2003.1） 大水泊镇大水泊村人。1946 年，在大连市立初级师范、旅大师范专科学校任教。1953 年，任旅大教师进修学校教员。先后发表《关于鲁迅诗歌研究》《鲁迅诗本事质疑》《论后西游记》《满族的政治家和诗人》《论宋代几位女词人》《岳飞的诗词》等。1980 年，任大连师范学院院长。1987 年，任大连师范学院终身名誉院长。系国家级有突出贡献的专家，首批享受国务院政府特殊津贴。精通中国古代史、古代汉语、中国文学史，对明清小说、满族文学、文物鉴定、中医中药等广泛涉猎，对中日关系史研究精深独到。书法艺术造诣颇深，尤以行书见长，与日本多位首相有书法交往，为中日文化交流做出贡献，被誉为“中日民间文化大使”。

毕务国 （1922.2 — 2006.4） 天福街道架子山村人。烟台蚕丝专科学校毕业。1937 年，赴威海“仁聚德”经商学艺。1942 年，在威海与他人合作组建新聚昶公司。1950 年，携眷迁居香港。1954 年，举家迁往巴西，定居圣保罗市。先后与他人合资兴办中国丝织厂、中国大酒家、中国大饭店、法加利亚面粉厂、班克进出口批发公司等企业。1960 年，加入巴西籍，先后领导筹建了圣保罗中华会馆大楼和圣保罗中文学校，被推选为会馆理事长和学校董事长等职。1963 年，受邀参加巴西总统就职典礼，是第一个受邀参加总统庆典的中国人。1967 年，在玛瑙斯市成立东方企业集团，任董事长。至 20 世纪末，总公司下设 11 个子公司，成为巴西企业界的巨擘。先后 3 次获得巴西中央政府颁发的十字勋章。1996 年，被省政府聘为山东名人事业促进会名誉会长。

文登市（县）历任领导人物

吕宝序 （1913 — 1991.4） 葛家镇议城村人。1944 年 10 月参加革命工作，同年 12 月加入中国共产党。历任区工会干事、会长，农救会会长，各救会会长，区委副书记、书记等职。1954 年 7 月，任中共文登县委合作部副部长。1956 年 12 月后，历任中共文登县委合作部部长、农工部部长。1963 年 8 月至 1966 年 5 月，任文登县人民委员会副县长。

刘金安 （1948.5 — 1991.5） 山东省沾化县人。1969 年参加工作，先后在宋村小学、联中任教。1975 年 7 月加入中国共产党，任宋村公社党委秘书。1977 年 5 月后，历任文登县（市）人民政府办公室秘书、副主任、主任。1990 年 1 月，任中共文登市委常委、办公室主任。

孙吉福 （1948.7 — 1991.10） 小观镇坦埠村人。1963年7月，任村党支部委员、团支部书记。1971年9月，任铺集公社宣传干事。1973年12月，任铺集公社党委副书记。1976年8月，任中共文登县委副书记、县革命委员会副主任。1980年9月，任中共文登县委副书记、副县长。1981年5月，任中共蓬莱县委副书记、县长。

李方桧 （1935.10 — 1994.7） 泽库镇前岛村人。1951年5月参加工作，1959年7月加入中国共产党。历任文登县侯家区泽库联村社练习生，侯家区联社、五垒岛区供销社会计，县供销批发部、县服务局蔬菜果品经理部主管会计，县商业局财务股会计，县供销社财会科副科长，县副食品公司副主任，县果品公司经理，县外贸局副局长、局长、党委书记。1990年3月至1994年7月，任文登市第十二届人民代表大会常务委员会副主任。

梁学显 （1936.10 — 1995.9） 荣成市埠柳镇人。1952年2月参加工作，1956年7月加入中国共产党。先后在荣成县、文登县任教。1964年7月，任中共文登县委组织部干事。1970年11月后，历任文登县晒字公社党委书记、革命委员会主任，共青团文登县委书记，葛家公社党委书记、革命委员会主任。1980年5月，任中共文登县委常委、纪委书记。1984年，任文登县人民政府党组副书记、副县长。1987年3月任政协文登县第三届委员会主席，1988年4月后，任中共威海市委纪律检查委员会副书记。1993年3月至1995年5月，任威海市第十二届人民代表大会常务委员会副主任。

姜伯远 （1926.4 — 1996.9） 山东省海阳市人。1943年10月入胶东公学学习，1944年毕业参加中共胶东区党委工作队。1945年任南海区各救会秘书，1949年任中共南海地委副秘书主任。1954年，任中共即墨县委副书记。1964年，任中共烟台地委党校副书记、副校长。1965年，任中共文登县委书记。1973年任中共牟平县委书记。1977年，任烟台合成革厂建设副总指挥。1980年，任中共烟台地委党校书记、校长。1985年，任烟台市党史资料征集研究委员会副主任。

赵熙芳 （1927.11 — 1996.10） 泽库镇西泊村人。1945年7月参加革命，1946年3月加入中国共产党。历任解放军某部战士、通讯员、班长、排长、连长。1959年2月，入长沙高级工程兵学校学习。1961年4月，任某军工兵营副营长。1964年3月，入南京军事学院学习。1965年7月后，历任嵊泗守备区营长、团长、师党委委员。1979年10月转业，任文登县革命委员会副主任。1980年9月至1984年5月，任文登县第九届人民代表大会常务委员会副主任。1984年5月至1987年3月，任政协文登县第二届委员会主席。立三等功5次。

刘洪本 （1936.9 — 1996.10） 荣成市王连街道人。1953年7月参加工作，1955年9月加入中国共产党。历任零售店记账员、公社团委书记。1961年4月后，历任荣成团县委办公室宣传员、副书记，公社党委书记，县林业局局长。1976年8月后，历任中共荣

成县委副书记、县革命委员会副主任，荣成县县长、县委书记。1984年1月，任中共文登县委书记。1986年6月，任省供销合作社联合社党组副书记、副主任。

隋原琴 （1937.7－1998.1） 米山镇米山村人。1957年2月入伍，1960年10月加入中国共产党。1964年5月退伍后，历任米山村民兵连长，大水泊、小观公社人武部部长，小观公社党委副书记，黄岚公社党委书记。1983年1月，任县（市）工商行政管理局局长。1991年，被评为全国工商系统先进个人。1993年3月至1998年1月，任文登市第十三届人民代表大会常务委员会副主任。立三等功1次。

陈英序 （1915.12－1998.2）曾用名陈吉堂，文登营镇西杜梨村人。1940年8月参加革命工作，同年加入中国共产党。先后任文登县民运会宣传干事、第二区各救会会长，中共昆嵛县委宣传干事、山马区委书记。1948年11月至1956年8月，任昆嵛县政府县长，中共昆嵛县委书记，中共文登县委书记、地委委员。1956年8月始，历任莱阳专署副专员，烟台专署副专员、地区革命委员会副主任、行署副专员，中共烟台地委常委等职。

戚其凤 （1920.10－1998.12） 威海市环翠区竹岛街道人。1946年4月参加革命工作，1947年1月加入中国共产党。历任教员、小学校长、各救会干事、武工队队员、宣传干事、团校秘书、威海团市委秘书、文登专署直属机关团委书记、中共文登地委组织部干事、葛家区委第二书记、文登县副县长、县革命委员会副主任兼农林局局长。1980年9月至1983年1月，任文登县第九届人民代表大会常务委员会副主任。

所祥聚 （1935.4－1999.1） 山东省莱州市人。1958年参加工作，1966年4月加入中国共产党。历任文登县农业局技术员，农业局、县生产办公室统计，县革命委员会生产部秘书，初村公社党委副书记、革命委员会副主任，高村公社党委书记、管委会主任。1981年8月后，任文登县（市）计划委员会副主任、主任。1990年3月至1995年4月，任文登市第十二届、十三届人民代表大会常务委员会副主任。

李惠泽 （1939.1－2000.11） 米山镇佛东夼村人。1958年10月参加工作，1966年3月加入中国共产党。先后在文登县拖修厂、侯家公社工作。1972年3月，任侯家公社党委副书记。1980年5月后，历任文登县畜牧局副局长、农机局局长、农牧局局长。1994年4月至1998年1月，任文登市第十三届人民代表大会常务委员会副主任。

常　惠 （1918.5－2003.12） 荣成市滕家镇人。1935年12月，毕业于山东省立烟台中学。1936年2月，任小学教员。1940年1月加入中国共产党，5月，任荣成县抗日民主政府秘书。1941年8月，入中共胶东区委党校学习，后留校任机关党支部书记。1946年8月，任文登县人民政府代理县长。1948年8月，任华东南下干部纵队第四支队中队队长和指导员。1949年，任中共湖北省随县县委副书记、县

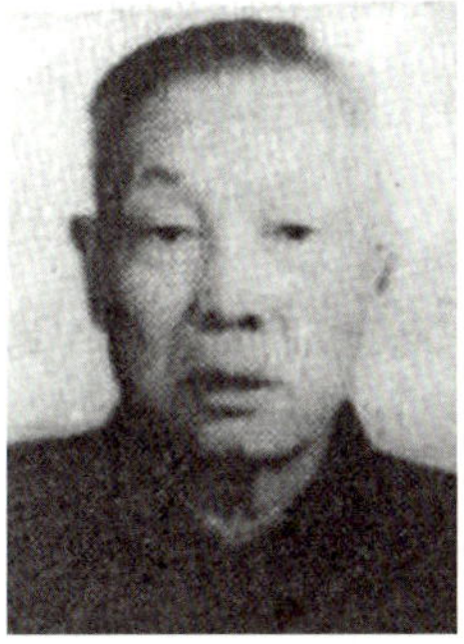

长。1950年1月，任中共湖北省安陆县县长、县委书记、县大队政委。1953年5月，任中共湖北省孝感地委宣传部部长。1956年12月，任中国科学院测量所党委书记。1963年11月，任中国科学院长沙矿冶研究院副院长。

于从明 （1921.12－2004.4） 蔄山镇山马于村人。中共党员，1943年参加革命。历任中共文西县第八区宣传干事、区委副书记兼团委书记，昆嵛县委宣传部副部长，中共文登县委委员、宣传部部长。1960年2月，任中共文登县委常委、副县长。1978年5月，任文登县革命委员会副主任。1980年9月，任烟台市对外贸易局副厅级顾问。

王文华 （1935.1－2004.4） 乳山市徐家镇人。1956年考入山东师范专科学校，1957年参加工作，1962年4月加入中国共产党。历任文登五中、三中教师，县教育局干事，铺集公社党委书记，文登县经委主任，县委宣传部副部长，县政法委员会副书记、书记。1987年，任中共文登县纪律检查委员会书记。1990年3月至1993年3月，任文登市第十二届人民代表大会常务委员会主任。

于国义 （1926.12－2006.9） 曾用名于国胜，大水泊镇新立庄人。1945年加入中国共产党，同年6月参加工作。历任文登县公安局股长、副局长、局长。1956年1月至1958年5月，任文登县县长。1963年后，历任文登县副县长，县委农村工作部部长，文登师范学校党委书记，文登县人民法院副院长、县公安局教导员。1980年9月至1982年12月，任文登县第九届人民代表大会常务委员会副主任。1982年12月至1984年4月，任政协文登县第一届委员会主席。1984年4月至1987年3月，任文登县第十届人民代表大会常务委员会主任。

初文山（1922.7－2007.1） 界石镇南鲁家埠村人。1940年，任村青年救国会会长兼青年抗日先锋队队长、村长、各救会会长。1945年5月加入中国共产党。历任昆嵛县管山区农会干事，昆嵛县农会支前担架队队长，昆嵛县生产救灾工作组组长、中共昆嵛县龙泉区委副书记，山马区委书记等职。1955年，任中共昆嵛县委常委、组织部部长。1956年3月始，历任中共文登县委常委、书记处书记、副书记，文登县人民委员会县长。1978年5月后，任中共威海市委副书记、书记，市革委会主任。1980年5月，任威海市第九届人民代表大会常务委员会主任。

邹本兴 （1933.10－2009.1） 威海市环翠区崮山镇人。1950年4月加入中国共产党，1951年4月参加工作。历任文登县皂埠渔业供销社记账员，威海水产供销公司文城站会计，文登县矿冶公司科员，县供销社生资经理部文书、副经理，县供销社供应科科长、副主任，县财贸办副主任，县供销合作社联合社党组书记、主任，县供销合作社联合社理事会主任。1989年4月至1993年3月，任文登市第十一届、第十二届人民代表大会常务委员会副主任。

于海远 （1956.10－2010.11） 侯家镇大百户村人。1975年12月参加工作，1976年10月加入中国共产党。历任文登市（县）侯家公社生产助理员，宋村公社司法助理员、党委委员、党委副书记，米山乡乡长、党委书记。1992年12月，

任市计划委员会主任。1996年12月，任文登市政府副市长。2002年2月，任中共文登市委副书记、副市长。2005年2月后，历任中共威海市环翠区委副书记、区长、区委书记。是山东省第十一届人民代表大会代表。

丁宗岳 （1917—2011.6） 原名丁锡山，化名铁丁，荣成市崖西镇人。

1938年加入中国共产党，任中共北海地委宣传部教育科长。1940年4月，任中共福山县委书记兼武装大队政委。1947年3月，任中共昆嵛县委书记。1949年2月，调任中共东海地委组织部部长、宣传部部长、副书记。1950年5月，任中共文登地委常委、副书记。1956年5月，任山东工学院党委书记、副院长。1961年，任徐州师范学院副院长。

姜兆德 （1927.3—2011.11） 山东省莱州市人。

1942年3月参加革命，1944年10月加入中国共产党。历任掖县六区区中队战士，掖县独立营二连班长、排长，西海教导营学员，掖县十二区武工队副队长，掖县警卫营连长，西海警卫区二团一营二连连长、教导营一连连长，掖南县公安队队长，莱阳专署劳改大队副大队长。1952年入华东政法学院学习，毕业后，任莱阳专区劳改大队大队长，昌阳劳改农场场长。1957年1月后，任文登县水道乡党委书记，文登园艺场场长。1960年2月后，历任文登县人民委员会副县长，检察院检察长，县委政治部主任，县革命委员会副主任，县委常委、统战部部长。1982年2月至1987年3月，任文登县第九届、第十届人民代表大会常务委员会副主任。

商永忠 （1934.12—2013.2） 荣成市人和镇人。

1952年8月参加工作，1959年7月加入中国共产党。历任文登县政府财政科会计，区供销社文书，公社宣传干事，组织部干事，高村公社党委宣传委员、副书记、书记，文登县基本建设局局长，文登县建委副主任兼建材局局长，文登县科委副主任，文登县人民代表大会常务委员会办公室主任。1988年4月至1990年3月，任文登县（市）第十一届人民代表大会常务委员会副主任。

鞠远业 （1923.8—2013.9） 大水泊镇庙西村人。

1939年10月加入中国共产党，同年参加八路军山东纵队第五支队。1945年10月，任文登县大河区公所优抚助理员。1949年6月后，任文登县民政科副科长、人事科科长。1952年8月后，历任文登县政府副县长、县长，县委副书记、书记。1965年7月始，任中共福山县委书记，烟台港务局革命委员会主任。1973年8月，任文登县革命委员会主任、中共文登县委书记。1976年4月，任烟台地区基本建设委员会副主任。

王庆煌 （1926.2—2013.10） 山东省海阳市人。

1943年1月加入中国共产党，1944年4月参加革命工作。历任中共海阳县委组织部干事，十二区委、三区委委员，一区委第一书记，海阳县委宣传部部长、县委副书记。1953年3月，任中共福山县委副书记。1954年5月，任中共昆嵛县委第二书记。1956年3月至1965年6月，任中共文登县委书记。1965年6月后，历任中共定陶县委书记、成武县委副书记、

梁山县委书记。1977 年 3 月后，历任菏泽行署工交办党委书记、主任，中共菏泽地委贫协党组书记、主任，菏泽地委党校书记、校长。1981 年 4 月后，任中共烟台地（市）委党校书记、校长。

正高级专业技术职称人物

褚学璞 （1938.1 — 1997.3） 威海市环翠区草庙子镇人。1963 年 7 月，毕业于山东师范学院数学系，分配至文登师范任教，后任县教研室高中数学教研员。1983 年 7 月，任文登广播电视大学教务处副主任。1987 年聘为副教授，1993 年晋升教授。先后在国家、国际刊物上发表数学译作 50 余万字，在国内数学刊物上发表文章 180 余篇，被载入《中国数学教育名人辞典》。

郭杏英 （1940.3 — 2001.9） 女，江苏省无锡市人。1963 年 7 月，毕业于南京药学院本科，分配至烟台地区文登中心医院（威海市文登中心医院）药剂科工作。1982 年参与编写《医学文摘》一书，1993 年 7 月，晋升主任药师。

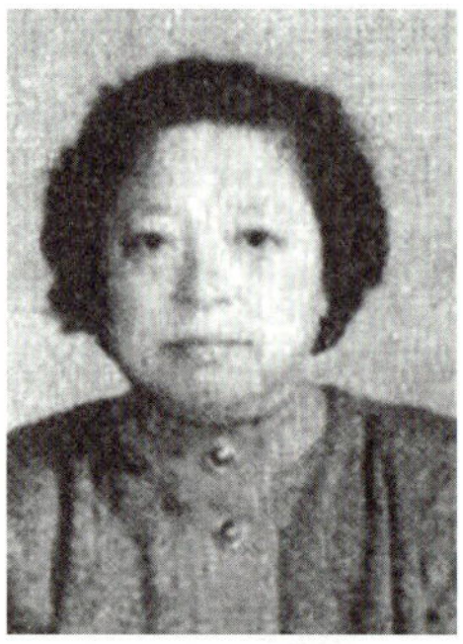

王桂欣 （1931.1 — 2002.11） 曾用名王桂馨。张家产镇河南洪家村人。1947 年 3 月加入中国共产党，同年 6 月入伍。历任东海军分区二所看护员，胶东军区警卫团卫生员，一〇一师卫生班班长、医训队学员、助理军医，连云港要塞区医院军医、牙科主任。1956 年考入解放军第四军医大学口腔系，1963 年毕业分配至济南军区九十一医院工作，1971 年 12 月任五官科主任，1989 年晋升主任医师。立三等功 4 次、四等功 3 次。获解放奖章和胜利荣誉功勋章。

徐丙桢 （1938.1 — 2003.8） 江苏省邗江县人。1981 年，加入中国共产党。1962 年，毕业于南京药学院药学系，分配至烟台地区文登中心医院（威海市文登中心医院）工作。1978 年晋升主管药师，1981 年任药剂科副主任。1985 年任药剂科主任。1987 年，晋升副主任药师。1993 年晋升主任药师。

牛文路 （1937.10 — 2003.9） 张家产镇车卧岛村人。1964 年 7 月，毕业于山东师范学院，分配至烟台师专任教。1972 年 12 月加入中国共产党。1975 年 12 月后，任曲阜师范学院田径教研室主任。1987 年 3 月，晋升副教授。1996 年 11 月晋升教授。

丛树福 （1933.5 — 2004.11） 大水泊镇泊岳家村人。1960 年 7 月，于山东大学物理系毕业留校任教，曾任物理系主任兼半导体研究室主任。1976 年始，历任山东省电子工业局科技处副处长、处长，电子工业局副总工程师。1988 年，被评聘为副教授。1992 年晋升教授。

毕庶万 （1936 — 2007.10） 大水泊镇瓦屋庄人。1961 年 7 月山东大学水产系养殖专业毕业，分配至山东省微山淡水专科学校任教。1962 年 9 月，调入山东省海洋水产研究所工作。1991 年 12 月，任山东省海洋水产研究所第一研究室副主任。1993 年，晋升研究员。

先后发表论文 70 余篇，取得科研成果 14 项，其中获省部级科技成果奖 8 项。

宋文涛 （1951.7 — 2009.9） 张家产镇东泊石村人。1973 年加入中国共产党。1976 年 8 月毕业于山东农业大学牧医系兽医专业，任职牟平县农业局。1981 年 5 月调任文登县农业局技术员。1987 年任文登市畜牧兽医技术服务中心副主任。1992 年晋升高级畜牧师。1996 年任畜牧局副局长兼任市畜牧兽医技术服务中心主任。其主持的“奶山羊难产骨盆联合撑开助产技术研究”科研项目获省科技进步三等奖、“商品瘦肉猪配套技术综合开发”项目获省星火奖三等奖。1999 年，被农业部授予全国农业技术推广先进工作者称号。2000 年 12 月，晋升农业技术推广研究员。

蔡英奇 （1955.1 — 2013.2）宋村镇双石村人，1970 年 12 月参加工作，1974 年 11 月加入中国共产党。1987 年，毕业于青岛医学院。先后担任烟台市中医医院医务科科长、副院长。2004 年，任烟台市中医医院党委书记。2005 年 10 月，晋升主任中医师。

人物名录

共收录符合人物传略标准或 1991—2013 年职务、职称、荣誉称号有变动的在世人物 706 人。其中地方副厅职及以上人物 104 人，部队副师职及以上人物 59 人，获国务院政府特殊津贴者 59 人、省（部）级及以上英模先进人物 188 人、正高级专业技术职称人物 296 人。排列顺序除国务院政府特殊津贴获得者和省（部）级及以上英模先进人物按照获奖（批准）时间结合出生年月排列外，其他均以出生年月先后顺序排列。人物籍贯以 2013 年区划为准。

地方副厅职及以上人物名录

表1

姓名	出生年月	籍贯	工作单位及职务	备注
王继川（女）	1918年5月	宋村镇城东村	吉林省政府副秘书长、办公厅主任	
林治臣	1924年10月	葛家镇杭格庄	省水产厅副厅长	
孙桂超	1928年8月	环山街道孙家西山村	贵州省环保厅副厅长	
李文彦	1930年4月	环山街道河南社区	省政府机关工作委员会副书记	
侯献堂	1931年3月	侯家镇南寨村	省军转干部培训中心主任	
于健滋	1931年5月	大水泊镇屯杨家村	化工部财务司司长	
崔继国	1931年11月	莒山镇东黄岚村	西藏自治区人大常务委员会副主任	
于国本	1932年9月	侯家镇下郭家村	威海市政协副主席	

续表 1-1

姓名	出生年月	籍贯	工作单位及职务	备注
宋协昆	1932年10月	宋村镇青岭村	国内贸易部设备成套管理局副局长	
姜成玺	1933年3月	界石镇丑家屯	威海市人大常务委员会副主任	
王金田	1933年9月	文登营镇营前村	威海市人大常务委员会副主任	
赵锦良	1934年11月	侯家镇东泥沟村	中共山东省委宣传部副部长	
王树志	1935年9月	米山镇小埥村	安徽省合肥市政协秘书长	
于洪吉	1935年10月	泽头镇道口村	潍坊市人大常务委员会副主任	
曲学兰（女）	1936年12月	高村镇望海倪家村	省计划生育委员会主任	
李舒珊	1937年9月	大水泊镇洪山村	民政部社会事务司司长	
纪文亭	1937年10月	汪疃镇后白鹿村	国家商检总局纪检组组长	
邴凤山	1937年11月	米山镇东古场村	电力工业部科学技术司副司长	教授级工程师
滕文林	1937年12月	米山镇西石硼村	烟台市政协副主席	
于文义	1938年11月	侯家镇北石韩家村	济宁市人大常务委员会主任	
于焕伦	1939年9月	大水泊镇时埠村	日照市人大常务委员会副主任	
于学祥	1940年2月	大水泊镇大水泊村	中共辽宁省委常委、大连市委书记	第九届全国人大代表 中共十五大代表
孙宗安	1940年10月	泽头镇里岛村	聊城市人大常务委员会副主任	
侯绍玺	1941年8月	泽库镇后岛村	中共济宁市委党校党委书记、校长	教授
刘树柏	1941年11月	宋村镇潘格庄	烟台市人大常务委员会副主任	
孙友海	1942年4月	高村镇孙家埠村	省新闻出版局局长	
丛吉滋	1942年6月	大水泊镇客岭村	省财政厅副厅长	
蔡剑前（女）	1942年8月	小观镇南稻地湾村	省中医药管理局局长	
王为忠（女）	1942年11月	天福街道文山社区	省科协纪检组组长	
原所安	1943年11月	高村镇脉田村	人事部中国高级公务员培训中心副主任	
颜志松（女）	1944年1月	泽库镇辛旺庄	省总工会副主席	
宫本欣	1944年9月	小观镇隋家庄	省人大常务委员会教科文卫工作委员会副主任	
荣风刚	1944年12月	大水泊镇章子山村	烟台市人大常务委员会副主任	
孙守伏	1945年8月	泽头镇孔格庄	潍坊市人大常务委员会副主任	
王民坤	1946年1月	龙山街道王埠庄	省黄金工业公司纪检组组长	
张景杰	1946年2月	张家产镇张家产村	威海市人大常务委员会副主任	

续表 1-2

姓名	出生年月	籍贯	工作单位及职务	备注
侯靖方	1946年7月	泽库镇泽库村	浙江省教育厅厅长	
于兰模	1947年6月	泽头镇道口村	威海市政协主席	
杨元洲	1947年7月	侯家镇寨前杨家村	中共中央统战部干部培训中心主任	
王基信	1947年11月	泽库镇周家村	浙江省杭州市人大常务委员会副主任	
王为璐	1948年9月	文登营镇前北凤口村	中共海南省委常委、省纪委书记	中共十七大代表
陈利法	1949年2月	大水泊镇大水泊村	省信访局副局长	
倪明江	1949年6月	界石镇倪家产村	浙江大学常务副校长	教授
王文义	1949年12月	大水泊镇西堡子后村	江苏科技大学副校长	
宫志峰	1949年12月	葛家镇占甲埠村	山东师范大学党委书记	享受国务院政府特殊津贴
孙金文	1950年2月	张家产镇北崖子村	海南省海洋与渔业厅副厅长	
张仁强	1950年6月	侯家镇张家庄	烟台市政府副市长	
田惠光（女）	1950年7月	张家产镇东圈村	天津市政协副主席	第十、十一、十二届全国政协委员
刘书明	1950年10月	葛家镇于家口村	中国科学院海洋研究所副所长	
邹仲琛	1950年11月	侯家镇潘家村	省冶金工业总公司总经理	
吴明君	1951年7月	米山镇长山村	淄博市人大常务委员会副主任	
于树健	1951年8月	泽库镇花岛村	东营市政协主席	第十届省政协常委
侯文江	1952年2月	侯家镇侯家村	陕西省冶金矿山总公司总经理	
王咏昭（女）	1952年8月	文登营镇驾山窑村	湖北省高级人民法院纪检监察室主任	
毕雪融（女）	1952年9月	高村镇凤台顶后村	人力资源和社会保障部人力资源市场司司长	
宫　力	1952年9月	葛家镇占甲埠村	中央党校国际战略研究所所长	教授
于宜法	1953年2月	米山镇中山后村	中国海洋大学副校长	研究员
隋　翚（女）	1953年3月	宋村镇上徐村	商务部外事司司长	
孙义福	1953年8月	小观镇东店子村	省水利厅副厅长、南水北调局局长	
高国峰	1953年10月	泽头镇大洼村	省人民防空办公室副主任	
于建成	1953年11月	小观镇徐埠头村	省人大常务委员会副主任	第十届全国人大代表
周考斌	1954年2月	高村镇高村	新疆生产建设兵团人力资源和社会保障局局长	
于永吉	1954年3月	宋村镇石灰窑村	中共威海市委常委、政法委书记	
董大胜	1954年4月	高村镇岭上董家村	审计署副审计长	研究员
洪焕金	1954年6月	侯家镇江山泊村	省新闻出版局副局长	

续表 1-3

姓名	出生年月	籍贯	工作单位及职务	备注
刘玉党	1954年7月	埠口港顶子村	威海市政协主席	
夏晓峰	1955年2月	小观镇北黄村	烟台市政协副主席	
张幸福	1955年3月	小观镇南七口村	山东航空集团有限公司副总裁	
张海迪（女）	1955年8月	张家产镇张家产村	中国残联主席	全国劳动模范，第九、十届全国政协委员
董以志	1955年8月	侯家镇河杨家村	青岛市人民检察院检察长	
于伟国	1955年10月	葛家镇生格庄	中共福建省委副书记、厦门市委书记	
姚　光	1956年2月	宋村镇姚山头村	新华社副秘书长	
丁永安	1956年3月	小观镇东瓦砌埠村	湖南省国家税务局局长	
于国波	1956年11月	大水泊镇河北新村	中国材料工业科工集团公司副总经理	
李　丹	1957年1月	侯家镇崔家村	威海市政协副主席	
丛大鸣	1957年6月	天福街道北宫社区	中共山东省委政法委常务副书记	
丛　斌	1957年7月	宋村镇大泽头村	全国人民代表大会法律委员会副主任委员	中国工程院院士，第十、十二届全国人大常委会委员
初燕群	1957年8月	侯家镇上郭家村	中国海洋石油总公司副总经理	
王汝壮	1957年9月	文登营镇营前村	威海市政协副主席	
刘建良	1958年8月	宋村镇大泽头村	省水利厅副厅长	
于爱军	1959年1月	葛家镇于家口村	中共烟台市委常委、副市长	
姚为克	1959年4月	泽库镇港南村	科技部国际合作司副司长	
隋锡岭	1959年9月	宋村镇上徐村	中共海南省海口市委政法委书记	
曲　赓	1959年10月	泽库镇后岛村	中共威海市委党校党组书记、常务副校长	
丛锡钢	1960年9月	大水泊镇客岭村	中共聊城市委常委、组织部部长	
郭开朗	1960年10月	泽库镇尹家村	中共湖南省委常委、组织部部长	
姜　军	1960年10月	蔄山镇裴家埠村	辽宁省沈阳市政府副市长	教授
于国安	1960年10月	小观镇万家口村	省财政厅厅长	
马光秀	1961年1月	泽库镇后岛村	省机关事务管理局副局长	
李　群	1962年2月	米山镇佛东夼村	中共山东省委常委、青岛市委书记	
鞠天相	1962年6月	龙山街道生产社区	人民日报出版社副社长	
侯成君	1962年8月	泽库镇尹家村	省供销合作社联合社理事会主任	
于新文	1962年10月	汪疃镇东英武村	中国气象局副局长	
于松柏	1962年11月	高村镇苏家泊村	烟台市政府副市长	

续表 1-4

姓名	出生年月	籍贯	工作单位及职务	备注
刘曙光	1962年11月	葛家镇刘家上口村	中共潍坊市委副书记、市长	
丛　兵	1962年12月	米山镇后山后村	全国政协办公厅人事局局长	第十二届全国政协委员
林建宁	1962年12月	泽头镇孔格庄	中共山东省委宣传部副部长	
林山青	1963年5月	泽头镇林村	中共广西壮族自治区北海市委常委、副市长	
崔友平	1964年9月	葛家镇东崔家口村	中央编译局办公厅主任	教授
刘　晓	1966年1月	宋村镇潘格庄	中共淄博市委常委、副市长	
于旭波	1966年1月	葛家镇于家口村	中国粮油集团有限公司总裁	
张　波（女）	1969年1月	茼山镇山马埠村	威海市政府副市长	
于洪文	1969年6月	汪疃镇北英武村	省科协副主席	
侯绍泽	1969年11月	泽库镇泽库村	国家开发银行国际金融局副局长	

军队副师职及以上人物名录

表2

姓名	出生年月	籍贯	工作单位及职务	备注
刘永久	1924年6月	界石镇蒿墒村	东海舰队司令部军务处处长	
王炳琦	1924年10月	侯家镇潘家村	南京陆军学院研究部军事研究室主任	
宋协川	1925年1月	大水泊镇屯宋家村	黑龙江省军区伊春军分区副政委	
宋宗汉	1926年1月	泽头镇小宋家村	四十二军副军长	
张世田	1927年3月	埠口港张家埠村	三十一军九十三师副政委	
王　光	1927年6月	张家产镇因寺桥村	第二炮兵指挥学院政治部主任	
陈宗璋	1928年2月	大水泊镇章子山村	西藏军区副司令员	
王　宏	1928年2月	文登营镇岚宅村	总参谋部三部九局副处长	
孙鸿烈	1928年5月	泽头镇南桥村	福州军区守备第五师师长	大校军衔
茼志泽	1928年9月	埠口港鳌山村	安徽省国防工业办公室副主任	
于德惠	1929年9月	葛家镇院东村	兰州军区后勤部第二十八分部政委	大校军衔
刘永训	1930年7月	界石镇蒿墒村	解放军档案馆副馆长	
曲文德	1931年12月	泽库镇后岛村	航空兵九师副师长	大校军衔
王进臣	1938年5月	文登营镇后长湾村	广州军区军务装备部部长	大校军衔
宋协海	1938年10月	葛家镇林子西村	总参谋部七局二号地面站政委	大校军衔
董润礼	1939年1月	高村镇岭上董家村	太原卫星发射中心副总指挥	少将军衔

续表 2-1

姓名	出生年月	籍贯	工作单位及职务	备注
陈世斌	1940年10月	大水泊镇大沟村	武警部队黄金第十支队高级工程师	大校军衔
于常启	1944年8月	汪疃镇汪疃村	海军北海舰队副政委	少将军衔
王建国	1945年2月	界石镇桃花岘村	济南军区后勤部军事交通运输部副部长	大校军衔
吕一山	1945年10月	葛家镇葛家村	武警部队后勤部副部长	少将军衔
李树民	1945年12月	文登营镇范家店村	山东省军区枣庄军分区政治部主任	大校军衔
迟万春	1946年4月	葛家镇迟家庄	总装备部政委	上将军衔，中共十六、十七届中央委员，第十一届全国人大代表
于　国	1946年6月	高村镇高村	国防科工委第三十一基地技术部主任	大校军衔
林荣昌	1946年8月	宋村镇郭家店村	菏泽军分区副司令员	大校军衔
张德森	1946年10月	张家产镇张家产村	解放军后勤指挥学院业务部副部长	大校军衔
张洪安	1946年10月	高村镇望海曲家村	二炮某师师长	大校军衔
孙喜仁	1947年1月	张家产镇岚村	92403部队装备部副部长	大校军衔
荣建芝	1947年7月	大水泊镇小河村	山东省军区济南军分区政委	大校军衔
王洪川	1948年8月	文登营镇后北凤口村	济南军区司令部技术局副局长	大校军衔
毕可俊	1949年6月	汪疃镇北英武村	总参谋部组织计划处处长	大校军衔
张建军	1949年8月	文登营镇张皮村	沈阳军区装备部副部长	少将军衔
林双桥	1949年9月	泽头镇林村	海军某师参谋长	大校军衔
刘友良	1949年12月	高村镇高村	江苏预备役高炮某师副师长	大校军衔
刘新华	1950年3月	宋村镇潘格庄	海军大连舰艇学院院长	少将军衔
徐　俭	1951年2月	大水泊镇下河村	河南省军区安阳军分区司令员	大校军衔
刘峻嶂	1951年6月	天福街道五里庄	海南省军区副司令员	少将军衔
侯成怡	1951年10月	泽库镇尹家村	中央办公厅警卫局局长	大校军衔
胡树杰	1951年12月	泽库镇寨里村	江苏省军区副司令员	少将军衔
蔡红硕	1952年1月	泽头镇徐家村	中央军委办公厅副主任	少将军衔
戚建国	1952年8月	汪疃镇王家产村	总参谋部副总参谋长	中将军衔
隋　华	1952年11月	宋村镇上徐村	中央办公厅警卫局管理科科长	大校军衔
邢书成	1952年12月	大水泊镇山后孙家村	广州军区副司令员	中将军衔、第十届全国人大代表
于　海	1953年7月	泽头镇下泊子村	解放军信息工程大学副校长	少将军衔
丛国滋	1953年7月	天福街道文山社区	济南军区军械训练大队教研室主任	大校军衔

续表 2-2

姓名	出生年月	籍贯	工作单位及职务	备注
宋举浦	1953年12月	葛家镇下口村	总参谋部军训和兵种部政治部主任	少将军衔
王炳海	1953年12月	张家产镇南圈村	山东预备役76师副政委	大校军衔
王义生	1954年1月	米山镇南郑格庄	解放军空军副参谋长	少将军衔
张旭芒	1954年12月	界石镇蒿埔村	空军航空兵第三十九师政治部主任	大校军衔
林建波	1955年2月	泽头镇高家庄	兰州警备区司令员	大校军衔
鞠洪仑	1955年6月	环山街道西寨社区	山东省军区副参谋长	大校军衔
滕　安	1955年8月	葛家镇东于疃村	军委空军干部转业工作办公室主任	大校军衔
荣森之	1957年8月	大水泊镇荣家店村	山东省军区司令员	少将军衔
于洪浩	1959年3月	张家产镇大旺庄	北京军区作战部部长	大校军衔
陈小川	1960年6月	龙山街道柳林社区	烟台警备区政委	大校军衔
邓树珂	1960年9月	文登营镇邓南庄	中国人民解放军92301部队总会计师	大校军衔
郑威波	1961年8月	米山镇姜格庄	驻香港部队副参谋长	大校军衔
张华伟	1962年11月	埠口港张家埠村	解放军石家庄陆军指挥学院政治委员	少将军衔
赛宗国	1962年12月	环山街道西寨社区	河南省军区政治部副主任	大校军衔
丛爱丽（女）	1964年8月	龙山街道生产社区	北海舰队航空兵气象处主任	大校军衔

国务院政府特殊津贴获得者名录

表 3

姓名	出生年月	籍贯	工作单位及职务（职称）	备注
于仲嘉	1929年7月	大水泊镇西南台村	中国上海国际四肢显微外科训练中心主任	1991年国务院政府特殊津贴、国家首批有突出贡献的中青年专家
林钧挺	1929年10月	泽头镇林村	电子工业部第十一研究所主任	1991年国务院政府特殊津贴
林建华（女）	1931年2月	泽头镇林村	省吕剧团副团长	1991年国务院政府特殊津贴
宫润潭	1935年2月	米山镇东石硼村	招远黄金公司副总经理	1991年国务院政府特殊津贴
郭桂启	1936年10月	宋村镇郭家店村	电子工业部第五十四研究所总工程师	1991年国务院政府特殊津贴
张振龙	1944年8月	文登营镇教场东村	解放军后勤指挥学院教授	1991年国务院政府特殊津贴
刘培锷	1929年1月	界石镇旸哩村	鞍山钢铁学院机械工程系主任	1992年国务院政府特殊津贴
于皆平	1932年11月	葛家镇于家埠村	湖北医学院附属医院内科教研室主任	1992年国务院政府特殊津贴、国务院授予有特殊贡献专家

续表 3-1

姓名	出生年月	籍贯	工作单位及职务（职称）	备注
朱惠芳	1934年8月	山东省蓬莱市	文登整骨医院院长	1992年国务院政府特殊津贴
吕世民（女）	1935年11月	葛家镇葛家村	烟台药材站主任中医师	1992年国务院政府特殊津贴、1992年省专业技术拔尖人才
孙绍敬	1936年1月	张家产镇岚村	中国船舶工业总公司第七研究院第703研究所副总工程师	1992年国务院政府特殊津贴
王建方	1937年6月	泽库镇滩西头村	中科院数学应用研究所研究员	1992年国务院政府特殊津贴
郭世岭	1937年12月	宋村镇郭家店村	航天总公司第二研究院第23研究所研究员	1992年国务院政府特殊津贴
谭永业	1938年8月	葛家镇铺集村	辽宁省沈阳工业学院教授	1992年国务院政府特殊津贴
于永强	1938年8月	龙山街道三里河社区	化工部化工劳动保护研究所研究员	1992年国务院政府特殊津贴
唐　敏	1938年10月	界石镇张格庄	天津港湾工程研究所教授级工程师	1992年国务院政府特殊津贴
贾伯卿	1939年4月	辽宁省辽阳市	威海食品工业研究所所长	1992年国务院政府特殊津贴
于升松	1940年11月	汪疃镇汪疃村	中国科学院盐湖研究所研究室主任	1992年国务院政府特殊津贴
吴增茂	1940年11月	侯家镇吴家滩村	中国海洋大学教授	1992年国务院政府特殊津贴
于元坤	1941年2月	米山镇西山后村	齐鲁石化公司橡胶厂副总工程师	1992年国务院政府特殊津贴
宫　斌（女）	1941年11月	宋村镇宋村	上海中医药大学教授	1992年国务院政府特殊津贴
林乐明	1942年5月	界石镇旸疃后村	中国科学院大连化学物理研究所研究员	1992年国务院政府特殊津贴
娄新永	1942年12月	高村镇下夼村	厦门市感光材料有限公司高级工程师	1992年国务院政府特殊津贴
王殿太	1943年9月	宋村镇臧格庄	文登云龙绣品工业（集团）公司副总经理	1992年国务院政府特殊津贴、1993年省专业技术拔尖人才
王国忠	1953年6月	威海市环翠区草庙子镇	市农业技术推广站高级工程师	1992年国务院政府特殊津贴、1993年省专业技术拔尖人才
陈黎青	1953年12月	大水泊镇大沟村	济南日报社美术编辑部主任	1992年国务院政府特殊津贴
张英岐	1933年4月	张家产镇汤村店子村	吉林油田勘探开发研究院总工程师	1993年国务院政府特殊津贴
刘树勋	1936年10月	宋村镇台上村	中国水产科学研究院东海水产研究所副研究员	1993年国务院政府特殊津贴
吴汝先	1938年3月	天福街道小五里头社区	安徽省环境监测中心站总工程师	1993年国务院政府特殊津贴
于德乾	1938年4月	米山镇西山后村	吉林省科学技术情报研究所研究员	1993年国务院政府特殊津贴
孙文学	1939年10月	山东省莱西市	文登整骨医院院长	1993年国务院政府特殊津贴
孙道理	1943年2月	汪疃镇白鹿店子村	山东三角集团有限公司高级工程师	1993年国务院政府特殊津贴
黄肇信	1943年5月	经济开发区止马岭社区	青海省西宁钢厂技术处主任	1993年国务院政府特殊津贴
蔡德华	1945年8月	小观镇波罗岛村	莱阳农学院副院长	1993年国务院政府特殊津贴
孔庆信	1947年8月	葛家镇东宋格村	省果茶技术指导站站长	1993年国务院政府特殊津贴、1998年省专业技术拔尖人才

续表 3-2

姓名	出生年月	籍贯	工作单位及职务（职称）	备注
丁玉华	1948年10月	小观镇吴家庄	山东三角集团有限公司董事长	1993年国务院政府特殊津贴
王国法	1960年9月	小观镇波罗岛村	煤炭科学研究院北京开采研究所研究员	1993年国务院政府特殊津贴
崔国平	1962年10月	葛家镇东崔家口村	山东海洋资源与环境研究院研究员	1993年国务院政府特殊津贴
时述山	1940年1月	高村镇莲花城村	北京军区总医院骨科中心主任	1994年国务院政府特殊津贴
刘元杰	1940年11月	泽头镇北庄	机械工业部郑州机械研究所所长	1994年国务院政府特殊津贴
陈全胜	1950年10月	大水泊镇大沟村	山东美术家协会副主席	1994年国务院政府特殊津贴
周其华	1941年10月	高村镇慈口观村	国家检察官管理学院教研室教授	1995年国务院政府特殊津贴
于锡玲（女）	1938年3月	米山镇南郑格庄	山东大学晶体材料研究所研究员	1996年国务院政府特殊津贴、1993年省专业技术拔尖人才
王为珍（女）	1939年2月	天福街道文山社区	省出版总社副总编	1996年国务院政府特殊津贴
邹文启	1944年1月	泽库镇周家村	邮电部软件中心教授级工程师	1996年国务院政府特殊津贴
何国华	1954年5月	龙山街道宁阳村	市丝绸公司高级农艺师	1996年国务院政府特殊津贴
丛建臣	1963年1月	大水泊镇客岭村	文登天润曲轴有限公司总工程师	1997年国务院政府特殊津贴
于惠通	1950年8月	葛家镇董家庄	中国传媒大学南广学院教授	1998年国务院政府特殊津贴
谭远超	1953年12月	葛家镇松油村	文登整骨医院院长	1998年国务院政府特殊津贴、2005年全国先进工作者
于春晓	1957年10月	大水泊镇西南台村	山东威海进出口集团有限公司董事长	1998年国务院政府特殊津贴、1999年省专业技术拔尖人才
孙海涛	1957年7月	威海市环翠区初村镇	天润曲轴有限公司副董事长	1999年国务院政府特殊津贴
韩明涛	1958年2月	环山街道城西社区	文登整骨医院骨伤科主任	2000年国务院政府特殊津贴
杨茂清	1958年10月	小观镇裴家岛村	文登整骨医院副院长	2000年国务院政府特殊津贴、1999年省专业技术拔尖人才
丛海波	1960年10月	界石镇崮头集村	文登整骨医院副院长	2000年国务院政府特殊津贴、2010年全国先进工作者
张恩忠	1952年11月	文登营镇后驾山村	文登整骨医院脊柱脊髓科主任	2002年国务院政府特殊津贴
董雅娟（女）	1964年7月	高村镇岭上董家村	青岛农业大学科技处副处长	2005年国务院政府特殊津贴
黄相杰	1957年8月	文登营镇小店村	文登整骨医院副院长	2006年国务院政府特殊津贴
吴爱娜（女）	1953年9月	侯家镇吴家滩村	国家海洋局北海预报中心主任	2010年国务院政府特殊津贴
姜红江	1971年1月	泽库镇西泊村	文登整骨医院副院长	2013年国务院政府特殊津贴

省（部）级及以上英模先进人物名录

表4

姓名	出生年月	籍贯	工作单位及职务（职称）	获奖年份及荣誉称号	授予单位
戴振福	1928年10月	葛家镇东宋格庄	村农业社社长	1957年山东省社会主义革命和社会主义建设积极分子	中共山东省委、山东省人民政府
刘元秀	1921年9月	威海市环翠区皇冠街道	县人民法院院长	1978年山东省司法战线先进个人	中共山东省委
林乐华（女）	1940年8月	泽头镇林村	文登整骨医院护士长	1983年山东省优秀护士	山东省人民政府
于云江	1945年11月	葛家镇大英村	村党支部书记	1986年山东省农业劳动模范	山东省人民政府
王国永	1942年11月	宋村镇草埠村	市人民商场副经理	1988年全国优秀工会积极分子	中华全国总工会
徐源良	1934年4月	烟台市牟平区	市教师进修学校教师	1989年山东省优秀教师	山东省人民政府
孙举政	1946年3月	小观镇孙家寨村	小观粮食管理所所长	1989年全国商业劳动模范	国家财贸工会、商业部
耿如亭	1936年1月	龙山街道三里河社区	市七里中学校长	1991年全国教育系统劳动模范	国家教委、人事部
杨桂莲（女）	1936年12月	侯家镇寨前杨家村	市信访办公室检查员	1991年山东省信访工作先进个人	中共山东省委、山东省人民政府
刘崇渭	1943年11月	威海市环翠区桥头镇	天福山中学教师	1991年全国优秀教师	国家教委、人事部
曲洪阁	1944年8月	泽库镇慈家滩村	市供销合作总社纪委书记	1991年山东省优秀经营管理者	山东省人民政府
毕可文	1946年10月	汪疃镇北英武村	市人事局局长	1991年全省机关岗位责任制先进工作者	山东省人民政府
赵熙洋	1948年10月	泽库镇西泊村	泽库镇中心完小校长	1991年全国优秀教师	国家教委、人事部
李生泉	1933年5月	米山镇佛东夼村	威海汽车运输公司三场场长	1992年山东省职工劳动模范	山东省人民政府
邹本盼（女）	1946年8月	界石镇永平村	文登二中教师	1992年山东省劳动模范	山东省人民政府
慈维洋	1946年9月	泽库镇慈家滩村	市建筑公司第一施工队队长	1992年山东省职工劳动模范	山东省人民政府
林治花（女）	1949年12月	龙山街道生产社区	市第二人民医院护士	1992年全国卫生系统模范工作者	国家计生委、人事部
田序财	1951年2月	张家产镇赵家床村	市运输公司驾驶员	1992年山东省职工劳动模范	山东省人民政府
隋焕志	1939年6月	环山街道西坑村	威海昆嵛山制药厂厂长	1993年优秀农民企业家	山东省人民政府
黄淑英（女）	1951年3月	埠口港下冷家村	埠口镇计划生育办公室副主任	1993年计划生育工作先进工作者	中共山东省委、山东省人民政府
张爱荣（女）	1952年1月	张家产镇张家产村	市实验小学教导主任	1993年全国优秀教师	国家教委、人事部
徐元福	1952年1月	天福街道峰西社区	文城镇个体私营协会会长	1993年山东省模范个体工商户	山东省人民政府
陈静序（女）	1961年8月	文登营镇东墉村	文登营镇计划生育办公室副主任	1993年山东省计划生育先进工作者	中共山东省委、山东省人民政府

续表 4-1

姓名	出生年月	籍贯	工作单位及职务（职称）	获奖年份及荣誉称号	授予单位
矫明芳	1942年7月	乳山市南黄镇	市计划生育技术服务站副站长	1994年计划生育万例手术无事故先进个人	卫生部、国家计生委
杨炳金	1944年1月	泽库镇尹家村	市林业局局长	1994年山东省林业劳动模范	中共山东省委、山东省人民政府
曲衍华（女）	1952年12月	泽库镇后岛村	市环境保护局科研所所长	1994年全国妇女环保百佳	国家环保局、全国妇联
于安青	1953年9月	侯家镇北廒村	市人民法院院长	1994年山东省优秀党务工作者	中共山东省委、山东省人民政府
侯成君	1962年8月	泽库镇尹家村	中共文登市委副书记	1994年山东省劳动模范	山东省人民政府
郑树材	1936年2月	米山镇老埠村	文登师范学校教师	1995年全国优秀教师	国家教委、人事部
刘登明	1941年12月	山东省莱州市	市刺绣工业集团公司总经理	1995年山东省劳动模范	山东省人民政府
于冠卿	1943年9月	高村镇绿杨村	市实验小学校长	1995年全国优秀教师	国家教委、人事部
林华祝	1944年3月	泽头镇林村	泽头中学校长	1995年全国优秀教师	国家教委、人事部
刘国仁	1946年10月	龙山街道王埠庄	市城乡建设委员会主任	1995年全国城市环境综合整治优秀建委主任	建设部
林明生	1949年11月	泽头镇林村	林村党支部书记	1995年山东省劳动模范	山东省人民政府
董以超	1952年4月	张家产镇车卧岛村	市三里河中学教师	1995年山东省劳动模范	山东省人民政府
李昌敏（女）	1954年5月	侯家镇山前村	市第二实验小学教师	1995年全国优秀教师	国家教委、人事部
王海波	1956年1月	大水泊镇南疃村	市环卫处设备科科长	1995年山东省环卫先进工作者	中共山东省委、山东省人民政府
于向东	1962年8月	侯家镇高家村	共青团文登市委书记	1995年全国青少年绿化祖国先进个人	共青团中央、林业部、全国绿化委员会
林均凤（女）	1942年10月	大水泊镇河清村	市竞技体育运动学校校长	1996年全国业余体育训练先进工作者	国家体委
刘德汉	1947年12月	汪疃镇岭西村	汪疃镇林业站站长	1996年全国绿化先进工作者	林业部、人事部
邵名毅	1952年6月	侯家镇二马村	文登天圆钻床集团公司总经理	1996年全国青年星火带头人	共青团中央、国家科委
乔学模	1955年7月	高村镇庙后村	市对外经济贸易公司经理	1996年山东省模范军队转业干部	中共山东省委、山东省人民政府
王炳奎	1955年11月	张家产镇南圈村	市人民武装部军事科科长	1996年“八五”期间国防工程军民共管工作先进个人	山东省人民政府、山东省军区
刘新波	1955年12月	葛家镇刘家上口村	汪疃镇党委书记	1996年山东省优秀乡镇党委书记	中共山东省委
毕可信	1958年3月	文登营镇丁家夼村	市人民武装部军事科副科长	1996年民兵武器管理先进个人	山东省人民政府、山东省军区
姜　明	1962年8月	大水泊镇小台村	市公安局政委	1996年全国优秀人民警察	公安部
李洪涛	1969年11月	泽头镇泽头村	人寿保险文登支公司营销部主任	1996年全国青年岗位能手	共青团中央

续表 4-2

姓名	出生年月	籍贯	工作单位及职务（职称）	获奖年份及荣誉称号	授予单位
孙书兴	1942年4月	小观镇金花村	市方圆律师事务所主任	1997年全国优秀律师	司法部、人事部
纪昭玉	1942年8月	威海市环翠区初村镇	市城建档案馆馆长	1997年全国城建档案先进工作者	建设部
张文早	1945年12月	威海市环翠区草庙子镇	市卫生局局长	1997年“2000年人人享有卫生保健规划目标普及阶段先进个人”	卫生部
杨相文	1952年1月	侯家镇下郭家村	市审计局局长	1997年全国审计机关先进工作者	审计署、人事部
王国安	1952年6月	泽库镇滩西头村	市公安局城里分局局长	1997年全国优秀人民警察	公安部
田立强	1954年5月	山东省寿光市	市委组织部副部长	1997年山东省优秀党务工作者	中共山东省委
刘昌信	1955年11月	张家产镇小官庄	市民政局局长	1997年全国农村社会养老保险先进个人	民政部
毕庶峰	1957年12月	宋村镇台上村	文登力象实业有限公司董事长	1997年山东省劳动模范	山东省人民政府
于肖兰（女）	1961年9月	大水泊镇大水泊村	市商业食品厂职工	1997年全国爱国拥军模范	民政部、总政治部
王培成	1963年10月	小观镇南稻地湾村	汪疃镇团委书记	1997年全国优秀共青团员	共青团中央
胡森序	1945年10月	张家产镇河胡家村	市教学研究室教研员	1998年山东省特级教师	山东省人民政府
董文承	1946年5月	张家产镇车卧岛村	文登师范教育技术中心主任	1998年山东省特级教师	山东省人民政府
张文华	1946年11月	威海市环翠区初村镇	市海洋与水产局局长	1998年国家公务员一等功	山东省人民政府
邢运波	1948年12月	泽头镇岛集村	文登天润曲轴有限公司董事长	1998年山东省劳动模范	山东省人民政府
刘金锋	1951年10月	蔄山镇白玉庄	市总工会主席	1998年全国优秀工会工作者	中华全国总工会
张锦卫	1951年10月	张家产镇汤村店子村	市制革厂厂长	1998年全国“五一劳动奖章”	中华全国总工会
孙军亮	1952年6月	乳山市南黄镇	山东黑豹股份有限公司董事长	1998年山东省劳动模范	山东省人民政府
刘洪泉	1961年11月	小观镇生家埠村	文登三中教导处主任	1998年全国模范教师	教育部、人事部
任　光	1962年8月	江苏省沛县	文登一中教师	1998年全国优秀裁判员	国家体委
于英丽（女）	1963年5月	宋村镇东孔格村	市染织厂挡车工	1998年山东省劳动模范	山东省人民政府
张明诗	1951年3月	张家产镇赵家床村	市交通警察大队副大队长	1999年全国优秀人民警察	公安部
曲衍智	1951年10月	泽库镇后岛村	市房地产管理局局长	1999年全国建设系统先进工作者	建设部、人事部
张建明	1952年10月	荣成市崖头街道	市人民检察院检察长	1999年全国人民满意的检察干警	最高人民检察院
王永才	1953年7月	龙山街道李家汤后村	市乡镇企业局局长	1999年全国乡镇企业优秀管理工作者	农业部
刘　晓	1961年1月	威海市环翠区泊于镇	市旅游局局长	1999年全国旅游系统劳动模范	国家旅游总局、人事部
殷永明	1945年10月	侯家镇小洛村	市人民法院监察室主任	2000年人民满意的好法官	最高人民法院

续表 4-3

姓名	出生年月	籍贯	工作单位及职务（职称）	获奖年份及荣誉称号	授予单位
侯桂智	1950年5月	大水泊镇岭上王家村	小金星报社总编	2000年全国优秀少先队辅导员	共青团中央、教育部
宋文泽	1950年6月	宋村镇草埠村	市竞技体育运动学校校长	2000年全国青少年体育工作先进个人	国家体育总局、教育部
张培聚	1951年6月	高村镇西山张家村	市工商局局长	2000年全国优秀工商行政管理人员	国家工商行政管理总局
衣桂花（女）	1952年1月	小观镇波罗岛村	市土壤肥料站站长	2000年全国秸秆禁烧综合利用先进个人	国家环保总局、农业部、科技部、共青团中央
周志玲（女）	1955年2月	经济开发区九里水头社区	居委会妇女主任	2000年全国基层计划生育先进工作者	国家计生委
殷　萍（女）	1965年1月	张家产镇永福殷家村	埠口镇计生办主任	2000年全国乡镇优秀计划生育工作者	国家计生委
丛　燕（女）	1967年6月	米山镇后山后村	市房地产管理局档案管理员	2000年全国档案工作先进工作者	国家档案局
王月秀（女）	1967年12月	大水泊镇河清村	山东文登丝绸工业集团公司职工	2000年全国劳动模范	国务院
于　军（女）	1968年12月	侯家镇南渠格村	市房地产管理局档案管理员	2000年全国档案工作先进工作者	国家档案局
于建国	1970年11月	汪疃镇陈家山村	市实验中学美术组组长	2000年全国学校艺术教育工作先进个人	国家教委
王炳国	1941年12月	龙山街道大众社区	威海汽车运输公司三场技术革新班长	2001年全国交通系统劳动模范	交通部、人事部
李国贤（女）	1946年3月	山东省龙口市	山东云龙绣品有限公司总经理	2001年全国“五一劳动奖章”	中华全国总工会
时述谦	1952年12月	埠口港下冷家村	市环保局局长	2001年创建“国家环境保护模范城市”工作组织奖	国家环保总局
丛继军	1953年9月	威海市环翠区草庙子镇	市委直属机关工作委员会书记	2001年山东省优秀共产党员	中共山东省委
房德英（女）	1954年12月	宋村镇山东村	市计划生育委员会主任	2001年全国计划生育优秀工作者	国家计生委、人事部
苑胜本	1956年7月	威海市环翠区初村镇	市教育局局长	2001年全国优秀教育工作者	教育部
王庆泽	1959年1月	泽库镇滩西头村	市民兵武器装备仓库副主任	2001年民兵预备役部队装备工作先进个人	山东省人民政府、山东省军区
林均胜	1960年11月	张家产镇林家床村	市公安局大水泊派出所所长	2001年全国优秀人民警察	公安部
杨桂模	1950年9月	葛山镇东武林村	山东威达机械股份有限公司董事长	2002年第四届全国乡镇企业家	农业部
徐东旭	1956年12月	张家产镇山阴沟村	威海恒大电机（集团）有限公司总经理	2002年第四届全国乡镇企业家	农业部
赛序明	1957年2月	高村镇河南邢家村	市卫生局局长	2002年全国爱国卫生先进工作者	全国爱国卫生运动委员会

续表 4-4

姓名	出生年月	籍贯	工作单位及职务（职称）	获奖年份及荣誉称号	授予单位
顾秀霞（女）	1963年11月	张家产镇顾家村	市文峰小学教导副主任	2002年山东省特级教师	山东省人民政府
侯溪萍（女）	1970年1月	侯家镇东廒村	市第二实验小学教导副主任	2002年山东省特级教师	山东省人民政府
林乐泉	1944年1月	葛家镇杭格庄	威海文隆电池有限公司董事长	2003年山东省劳动模范	山东省人民政府
邓汝贵	1949年12月	莔山镇山马埠村	山东铃兰味精工业公司董事长	2003年山东省劳动模范	山东省人民政府
王金广	1955年4月	侯家镇张家庄	山东省艺达有限公司董事长	2003年山东省劳动模范	山东省人民政府
刘华玲（女）	1956年11月	界石镇大界石村	市计划生育服务站站长	2003年全国人口和计划生育科技工作先进个人	国家人口计生委
邹建敏	1956年12月	烟台市牟平区	市科学技术局局长	2003年全国科技进步先进个人	科技部
王和平	1956年12月	葛家镇背眼村	市公安局治安警察大队副大队长	2003年山东省防治"非典"先进个人	中共山东省委、山东省人民政府
王忠胜	1961年1月	山东省海阳市	山东芸祥绣品有限公司车间主任	2003年山东省劳动模范	山东省人民政府
滕永波	1963年7月	张家产镇南汤村	文登新一中校长	2003年山东省先进工作者	山东省人民政府
许民祖	1953年4月	界石镇石头河村	村党支部书记	2004年山东省优秀共产党员	中共山东省委
徐承福	1955年10月	大水泊镇下河村	市物价检查所所长	2004年全国价格监督检查工作先进个人	国家发改委
谭晓丽（女）	1957年8月	葛家镇西谭家口村	市民政局婚姻登记处副主任	2004年全国优秀婚姻登记员	民政部
毕庶杰	1962年12月	侯家镇集后村	市教育局局长	2004年全国优秀教育工作者	教育部
邵名果	1969年8月	侯家镇二马村	文登一中副校长	2004年全国优秀教师	教育部
于志强	1971年9月	界石镇梧桐庵村	汪疃镇武装部部长	2004年山东省帮扶工作先进个人	中共山东省委、山东省军区
周建勇	1949年3月	高村镇河西村	文登市双力板簧有限公司董事长	2005年第五届全国乡镇企业家	农业部
张学利	1957年3月	文登营镇文登营村	市信访局接待室主任	2005年山东省模范公务员	中共山东省委、山东省人民政府
吴学忠	1960年10月	环山街道麦疃后社区	市电业总公司总经理	2005年全国劳动模范	国务院
赵爱国	1960年10月	界石镇河北崮头村	威海热电集团公司副总经理	2005年全国劳动模范	国务院
孙显林	1962年7月	环山街道孙家西山村	市地质矿产局局长	2005年全国矿产资源规划先进个人	国土资源部
郑术洋	1965年7月	米山镇老埠村	米山镇财政所所长	2005年全国价格监督检查工作先进个人	国家发改委
杨玉平	1968年9月	葛家镇祝家泊子村	市公安局副局长	2005年全国优秀人民警察	公安部、人事部

续表 4-5

姓名	出生年月	籍贯	工作单位及职务（职称）	获奖年份及荣誉称号	授予单位
张英红（女）	1969年6月	埠口港张家埠村	市计划生育宣传站副站长	2005年全国婚育新风进万家活动先进个人	中宣部、中央文明办、国家人口计生委
郭世良	1955年6月	天福街道城北社区	市农业机械管理局局长	2006年全国农机工作先进工作者	农业部
田世刚	1956年10月	张家产镇邹家床村	市安全生产监督管理局局长	2006年全国安全生产监管煤矿安全监察先进个人	国家安监总局
邓树科	1959年7月	文登营镇榛子崖村	市建设局党委书记、局长	2006年全国城市园林绿化先进个人	建设部
慈惟元	1960年10月	泽库镇慈家滩村	泽库镇法律服务所所长	2006年全国模范人民调解员	司法部
江先才	1962年9月	龙山街道江家庄社区	界石镇党委书记	2006年创建全国环境优美乡镇活动优秀领导	国家环保总局
王炳刚	1963年7月	侯家镇潘家村	张家产镇党委副书记、镇长	2006年创建全国环境优美乡镇活动优秀领导	国家环保总局
于占永	1963年7月	泽头镇于家河村	市人口和计划生育局副局长	2006年全国农村部分计划生育家庭奖励扶助和“少生快富”工程试点工作先进个人	国家人口计生委、财政部
王胜新	1963年9月	泽头镇于家河村	小观镇党委书记	2006年创建全国环境优美乡镇活动优秀领导	国家环保总局
于文忠	1964年6月	大水泊镇志门村	市第二实验小学教师	2006年山东省特级教师	山东省人民政府
丛东日	1964年12月	天福街道凉水湾社区	泽库镇党委副书记、镇长	2006年创建全国环境优美乡镇活动优秀领导	国家环保总局
毕崇江	1965年3月	高村镇西圈村	米山镇党委副书记、镇长	2006年创建全国环境优美乡镇活动优秀领导	国家环保总局
颜明山	1965年11月	泽库镇辛旺庄	泽库镇计划生育服务站站长	2006年全国人口和计划生育科技工作先进个人	国家人口计生委
曲　波	1965年11月	烟台市牟平区	张家产镇党委书记	2006年创建全国环境优美乡镇活动优秀领导	国家环保总局
隋海明	1966年2月	宋村镇上徐村	文登整骨医院骨显微外科、手外科副主任。	2006年山东省有突出贡献的中青年专家	山东省人民政府
牛书华	1966年8月	天福街道七里河社区	大水泊镇党委副书记、镇长	2006年创建全国环境优美乡镇活动优秀领导	国家环保总局
滕世盛	1966年8月	米山镇西石硼村	界石镇党委副书记、镇长	2006年创建全国环境优美乡镇活动优秀领导	国家环保总局
吕洪芹（女）	1966年10月	葛家镇北石山头村	市实验小学教师	2006年山东省特级教师	山东省人民政府
于文斌	1967年8月	葛家镇窑南坡村	市实验中学教导处副主任	2006年山东省特级教师	山东省人民政府
穆兴义	1967年8月	山东省东平县	市环保局副局长	2006年创建全国环境优美乡镇活动优秀领导	国家环保总局
管红丽（女）	1967年9月	宋村镇紫金山村	文登二中教导处主任	2006年山东省特级教师	山东省人民政府

续表 4-6

姓名	出生年月	籍贯	工作单位及职务（职称）	获奖年份及荣誉称号	授予单位
鞠晨日	1967年11月	宋村镇鹁鸽崖村	泽库镇党委书记	2006年创建全国环境优美乡镇活动优秀领导	国家环保总局
崔秀花（女）	1968年7月	葛家镇东崔家口村	市教研中心教研员	2006年山东省特级教师	山东省人民政府
梁向东	1968年7月	威海市环翠区泊于镇	葛家镇党委副书记、镇长	2006年创建全国环境优美乡镇活动优秀领导	国家环保总局
林治早	1968年8月	侯家镇侯家村	宋村镇党委副书记、镇长	2006年创建全国环境优美乡镇活动优秀领导	国家环保总局
李文勋	1969年8月	葛家镇昆阳村	大水泊镇党委书记	2006年创建全国环境优美乡镇活动优秀领导	国家环保总局
黄峻峰	1969年9月	埠口港下冷家村	宋村镇党委书记	2006年创建全国环境优美乡镇活动优秀领导	国家环保总局
张世礼	1970年2月	威海市环翠区草庙子镇	文登营镇党委副书记、镇长	2006年创建全国环境优美乡镇活动优秀领导	国家环保总局
邢文娟（女）	1970年5月	泽头镇唐疃村	市文峰小学教导处副主任	2006年山东省特级教师	山东省人民政府
刘昌松	1972年3月	侯家镇南廒村	小观镇党委副书记、镇长	2006年创建全国环境优美乡镇活动优秀领导	国家环保总局
谷昭俊	1972年10月	汪疃镇王家产村	蔄山镇副镇长	2006年创建全国环境优美乡镇活动优秀领导	国家环保总局
洪　英（女）	1972年10月	侯家镇侯家村	山东云龙绣品有限公司总经理	2006年全国纺织行业先进工作者	中国纺织工业联合会、人事部
于松海	1974年8月	泽库镇小葛家村	泽库镇团委副书记	2006年全国青年中心建设先进个人	共青团中央
宋爱华（女）	1955年4月	文登营镇后北凤口村	天福山革命遗址管理所所长	2007年全国文物系统先进工作者	国家文物局、文化部、人事部
孙振辉（女）	1961年3月	蔄山镇西柳村	市住房保障和房产管理局副局长	2007年全国建设系统先进工作者	建设部、人事部
陈志明	1963年3月	大水泊镇大沟村	市民间组织办公室主任	2007年山东省爱国拥军先进个人	中共山东省委、山东省人民政府
张海华（女）	1966年4月	张家产镇张家产村	文登三中教师	2007年全国优秀教师	教育部、人事部
姜宏伟	1966年5月	天福街道河北社区	市残疾人联合会办公室主任	2007年第二次全国残疾人抽样调查先进个人	国务院残疾人工作委员会、第二次全国残疾人抽样调查领导小组
于永杰	1975年5月	龙山街道北陡埠村	村民委员会主任	2007年全国农村创业致富带头人	团中央、农业部
毕庶堂	1947年11月	天福街道河北社区	天福实业总公司总经理	2008年山东省劳动模范	山东省人民政府
于秀香（女）	1948年5月	埠口港张家埠村	村妇女主任	2008年全国农村妇女“双学双比”女能手	全国妇联

续表 4-7

姓名	出生年月	籍贯	工作单位及职务（职称）	获奖年份及荣誉称号	授予单位
李序海	1968年9月	米山镇佛东夼村	市人民防空办公室副主任	2008年人防宣传工作先进个人	济南军区
宋海召	1981年1月	荣成市虎山镇	市消防大队干部	2008年全国公安机关奥运消防保卫攻坚战先进个人	公安部
邢　涛	1981年11月	龙山街道西汤后村	北陡埠村党支部书记	2008年全省农村青年创业致富带头人	中共山东省委、山东省人民政府
张黎明	1985年1月	江苏连云港市	市消防大队干部	2008年公安消防部队值勤岗位练兵先进个人	公安部
鞠小平	1956年9月	龙山街道西楼社区	社区党委书记	2009年山东省乡村之星	山东省人民政府
阎海涛	1958年4月	宋村镇徐格庄	市国土资源局副局长	2009年基本农田保护先进个人	国土资源部、农业部
姜春生	1962年4月	莒山镇西黄岚村	市社会治安综合治理委员会办公室主任	2009年全国平安建设先进基层领导干部	中央组织部、中央综治委
田序滋	1962年10月	泽库镇寨前村	市安全生产监督管理局局长	2009年全国安全生产监管监察先进个人	国家安监总局
于春盛	1963年8月	侯家镇高家村	市经济贸易局副局长	2009年全国机械工业先进工作者	人社部、中国机械工业联合会
毕建凤（女）	1965年2月	高村镇西藤圈村	高村镇中心完小副校长	2009年全国优秀教师	教育部、人社部
王新华	1969年11月	宋村镇郭家店村	小观镇党委副书记、镇长	2009年山东省人民满意的公务员	中共山东省委、山东省人民政府
刘　丽（女）	1969年12月	葛家镇洛格庄	市公安局副政委	2009年全国公安宣传思想工作先进个人	公安部
隋玉涛	1958年1月	埠口港下埠前村	村乡村医生	2010年全国优秀乡村医生	卫生部
于德志	1962年8月	大水泊镇大水泊村	市水利工程管理站站长	2010年全国水利系统先进工作者	水利部、人社部
于文华	1965年11月	大水泊镇李家村	市民族宗教事务局局长	2010年山东省民族团结进步模范个人	山东省人民政府
刘海林	1966年10月	宋村镇宋村	市物价局价格管理科科长	2010年全国农本调查先进个人	国家发改委
赵凤芝（女）	1969年12月	泽库镇西泊村	市实验中学校长	2010年山东省特级教师	山东省人民政府
邵玉果（女）	1971年10月	侯家镇二马村	市教育实验幼儿园园长	2010年山东省先进工作者	山东省人民政府
鞠向明	1962年12月	宋村镇鹁鸽崖村	市档案馆馆长	2011年全国档案系统先进工作者	国家档案局、人社部
郭　强	1962年12月	乳山市育黎镇	市科学技术局副局长	2011年全国县（市）科技进步考核先进个人	科技部
毕卫刚	1964年11月	天福街道架子山村	市人力资源和社会保障局局长	2012年全国就业创业工作先进个人	国务院
崔　贤	1966年8月	山东省莱阳市	市农业局总农艺师	2012年粮食生产突出贡献农业科技人员	山东省人民政府

续表 4-8

姓名	出生年月	籍贯	工作单位及职务（职称）	获奖年份及荣誉称号	授予单位
刘宽明	1968年1月	山东省东平县	市公安局经侦大队大队长	2012年全国公安机关严厉打击经济犯罪“破案会战”成绩突出个人	公安部
张卫东	1968年5月	威海市环翠区初村镇	市民政局婚姻登记处主任	2012年全国民政系统劳动模范	民政部
刘勤玉（女）	1962年12月	界石镇大界石村	市科学技术局副局长	2013年全国县(市)科技进步考核先进个人	科技部
侯成山	1963年8月	宋村镇宋村	文登市山泰食品有限公司经理	2013年山东省劳动模范	山东省人民政府
王国智	1964年1月	荣成市石岛管理区	市工商局局长	2013年全国工商行政管理系统优秀工商行政管理人员	国家工商行政管理总局
王肇刚	1967年8月	荣成市港西镇	市经济和信息化局局长	2013年山东省淘汰落后产能先进个人	山东省人民政府
史新涛	1968年8月	汪疃镇郝家屯	文登新一中校长	2013年山东省先进工作者	山东省人民政府
邓志坚	1975年11月	文登营镇榛子崖村	市科学技术局局长	2013年全国县(市)科技进步考核先进个人	科技部

正高级专业技术职称人物名录

表5

姓名	出生年月	籍贯	工作单位及职务	职称
颜德恒	1929年12月	葛家镇黄龙岘村	解放军一七四医院副院长	主任医师
于进汉	1930年10月	米山镇大山前村	山东医科大学党委宣传部部长	研究员
王树荣	1930年10月	界石镇西院下村	解放军三二四医院副院长	主任医师
王钦先	1930年11月	经济开发区止马岭社区	北京第一〇七野战医院副院长	主任医师
祝业杭	1931年3月	汪疃镇祝家英村	海军大连水面舰艇学院导弹系主任	研究员
宋文忠	1931年7月	宋村镇青岭村	大众日报社主任编辑	高级编辑
王士琏	1931年8月	高村镇万家村	解放军一五二医院内科主任	主任医师
于安珂	1931年10月	高村镇靳家村	山东省医学院寄生虫学教研室主任	教授
林均甫	1931年11月	泽头镇城子墙村	山东中医学院教材科科长	研究馆员
康昌年	1932年8月	上海市黄浦区	威海市文登中心医院内科	主任医师
曾重光	1932年9月	山东省单县	威海市文登中心医院耳鼻喉科主任	主任医师
张玉棻	1933年10月	山东省寿光市	威海市文登中心医院口腔科主任	主任医师
张延伦	1933年10月	文登营镇沟于家村	南开大学数学研究所	研究馆员
于东河	1934年1月	大水泊镇芦子口村	山东省新闻学会副会长	高级编辑
宋协立	1934年4月	宋村镇草埠村	烟台大学外语系主任	教授

续表 5-1

姓名	出生年月	籍贯	工作单位及职务	职称
江兆麟（女）	1934年5月	山东省济南市	威海市文登中心医院妇产科主任	主任医师
张英喜	1934年9月	张家产镇汤村店村	潍坊医学院医学系党总支书记	教授
于志学	1935年1月	大水泊镇大水泊村	中国艺术研究院美术创作院研究员	一级美术师
战和经	1935年5月	米山镇佛东夼村	解放军一四一 医院院长	主任医师
王善生	1935年6月	大水泊镇山后王家村	省邮电医院针灸科主任	主任医师
张培俊	1935年7月	山东省安丘市	市第二人民医院副院长	主任医师
宋学增	1935年10月	烟台市牟平区	威海市文登中心医院内科主任	主任医师
张衍春	1935年11月	安徽省萧县	威海市文登中心医院副院长	主任医师
王锡策	1935年12月	米山镇小埠村	陕西省建筑中心医院骨科主任	主任医师
迟绍经	1936年2月	高村镇绿杨村	贵州省水城矿务局中心医院院长	主任医师
潘贵山	1936年8月	安徽省天长县	威海市文登中心医院外科	主任医师
初少云	1936年10月	侯家镇上郭家村	莱芜特殊钢厂粉末冶金厂厂长	教授级高级工程师
林连序	1936年11月	泽头镇高家庄	山东工业大学自动化系主任	教授
曹福林	1936年11月	山东省陵县	市农业技术培训站站长	研究员
杨菊青（女）	1937年1月	辽宁省兴城县	威海市文登中心医院传染科主任	主任医师
丛培杰	1937年4月	天福街道北宫社区	山东大学威海分校外语系主任	教授
王利群	1937年6月	高村镇下夼村	辽宁大学财政会计系副主任	教授
高中显	1937年7月	米山镇小山前村	解放军二六六中心医院肿瘤科主任	主任医师
周培强	1937年7月	高村镇二甲村	中国海洋大学	教授
宋协志	1937年7月	葛家镇大背后村	莱阳农学院教务处党总支书记	教授
姜天玉	1937年8月	宋村镇姜家庄	西安飞机工业公司科技委员会常委	教授级高级工程师
邓树奇	1937年8月	文登营镇西字城村	国家海洋环境预报中心	研究员
于善奇	1937年11月	大水泊镇泊岳家村	北京工业大学管理工程系主任	教授
田凯荣	1937年12月	宋村镇下徐村	中国工运学院对外经济贸易系主任	教授
袁文兰（女）	1937年12月	山东省青岛市	威海市文登中心医院妇产科护士长	主任护师
于秀新	1938年3月	葛家镇窑南坡村	市畜牧兽医技术服务中心	研究员
于水和	1938年4月	高村镇靳家村	解放军一四六医院外科主任	主任医师
丛友滋	1938年8月	汪疃镇丛家产村	国家海洋局第一海洋研究所	研究员
金志勤	1939年3月	高村镇后泊村	青岛大学医学院附属医院副院长	教授

续表 5-2

姓名	出生年月	籍贯	工作单位及职务	职称
丁吉山	1939年7月	小观镇西瓦砌埠村	山东大学威海分校科研处处长	研究员
于玺华	1939年10月	大水泊镇时埠村	解放军三〇二医院微生物、流行病消毒研究室	研究员
邢凤石	1940年1月	泽头镇岛集村	济宁医学院党委书记	教授
于忠文	1940年1月	嵩山镇山马于村	济南大学数学系主任	教授
姚中岫	1940年6月	宋村镇姚山头村	牡丹江师范学院外语系主任	教授
丛信滋	1940年6月	张家产镇水井村	中国人民解放军国防大学	教授
邵茂梅	1940年11月	环山街道八里张家村	烟台市委党校副校长	教授
梁庚荣（女）	1940年11月	大水泊镇泊高家村	冶金工业部建筑研究总院	教授级高级工程师
雷雲霆	1941年1月	河北省丰南市	市第一人民医院内科	主任医师
于天林	1941年1月	乳山市诸往镇	文登整骨医院骨科主任	主任医师
倪忠远	1941年2月	高村镇金岭村	北京科技大学自动化学院院长	教授
初钊兴	1941年3月	侯家镇上郭家村	市地方史志办公室主任	编审
毕森序	1941年6月	大水泊镇庙西村	上海医科大学专利事务所所长	研究员
张　斌	1941年6月	山东省莱阳市	文登整骨医院骨伤科主任	主任医师
周昌松	1941年10月	宋村镇郭家店村	鲁东大学外文学院党总支书记	教授
王新举	1942年8月	山东省郓城县	文登整骨医院急诊科主任	主任医师
张家驹	1942年9月	河北省新城县	威海市文登中心医院中医科主任	主任医师
于年才	1943年2月	侯家镇高家村	北京大学力学与工程科学系副主任	教授
周培发	1943年5月	高村镇二甲村	市艺术团团长	一级演奏员
矫明芳（女）	1943年5月	乳山市南黄镇	市计划生育技术指导服务站副站长	主任医师
刘凡丹	1943年6月	宋村镇台上村	宋村中心卫生院副院长	主任医师
曲凤钦	1943年7月	泽库镇后岛村	烟台大学物理系	教授
张启信	1943年10月	大水泊镇六山张家村	解放军廊坊陆军学院工程研究室主任	教授
于熙凤（女）	1944年1月	张家产镇山阴沟村	石家庄铁道学院经济管理系财会教研室	教授
孙怡超（女）	1944年2月	泽头镇南桥村	淄博军分区医院内科	主任医师
于凤香（女）	1944年11月	埠口港下埠前村	省政法管理干部学院机关党委书记	研究员
于进江	1944年11月	葛家镇于家口村	山东师范大学外国语学院教研室主任	教授
王树华	1944年12月	文登营镇后北凤口村	济南军区后勤部军事医学研究所所长	研究员

续表 5-3

姓名	出生年月	籍贯	工作单位及职务	职称
刘义亭	1945年2月	大水泊镇时埠村	国家林业局管理干部学院	教授
王泽群	1945年3月	宋村镇城东村	青岛市文联创作研究室主任	一级编剧
吕程序	1945年3月	葛家镇西于疃村	烟台市中医医院内科主任	主任中医师
曲厚芳	1945年7月	高村镇望海曲家村	山东大学出版社政治理论编辑室主任	编审
张原兴	1945年9月	山东省日照市	市第二人民医院办公室主任	主任医师
周昌富	1945年10月	泽库镇刘家村	省博物馆副馆长	研究馆员
侯书良	1945年11月	大水泊镇新立庄	山东文艺出版社	编审
江先文	1945年11月	龙山街道江家庄社区	市药品检验所所长	主任药师
林辉基	1945年12月	天福街道文山社区	省社会科学院邓小平理论研究中心副主任	研究员
周凤滋	1946年1月	宋村镇寺前村	山东财政学院体育教育学院	教授
于清江	1946年7月	大水泊镇河清村	聊城大学化学化工学院	教授
王基舟	1946年10月	高村镇高村	威海市委党校	教授
姜富渠	1946年12月	高村镇万家村	省信息中心主任	研究员
矞茂安	1947年2月	埠口港嶅山村	辽宁省兴城市档案局局长	编审
于文海	1947年2月	大水泊镇迟家河村	市委党史资料征集研究委员会主任	编审
于国兰（女）	1947年2月	龙山街道茅埠屯	山东师范大学计算机系	教授
王本英（女）	1947年9月	界石镇旸哩村	威海市文登中心医院妇产科主任	主任医师
林均民	1948年1月	葛家镇赤金泊村	烟台广播电视大学校长	研究员
刘守镇	1948年2月	文登营镇后北凤口村	威海市文学创作研究室	文学创作一级
王克安（女）	1948年3月	大水泊镇西南台村	山东师范大学文学院	研究馆员
贾德福	1948年8月	山东省莱州市	文登整骨医院骨伤科副主任	主任医师
柳淑梅（女）	1948年11月	烟台市福山区	文登整骨医院骨科	主任医师
毕可承	1948年11月	环山街道河南社区	威海市农业科学技术中心	研究员
孙素玲（女）	1949年1月	界石镇蒋家疃村	威海市文登中心医院副院长	主任医师
马树杭	1949年3月	葛家镇上卧龙村	文登整骨医院小儿骨伤科主任	主任医师
王京善	1949年4月	山东省海阳市	威海市文登中心医院医保办公室主任	主任医师
于维萍（女）	1949年4月	文登营镇岭东村	省中医院中医制剂室	主任药师
宋文洲	1949年10月	张家产镇北初家村	威海市文登中心医院眼科主任	主任医师

续表 5-4

姓名	出生年月	籍贯	工作单位及职务	职称
曹文光	1949年11月	天福街道河北社区	市艺术团	一级演员
毕可娟（女）	1949年12月	茼山镇汶口村	市图书馆馆长	研究馆员
张 虹（女）	1950年7月	侯家镇张家庄	省交通医院消化内科副主任	主任医师
郭传威	1950年8月	侯家镇潘家村	威海市委党校副校长	教授
林治光	1950年9月	宋村镇神格庄	市计划生育技术指导服务站站长	主任医师
贾玉礼	1950年12月	文登营镇文登营村	威海市文登中心医院药剂科	主任药师
张玉兰（女）	1951年2月	文登营镇岚宅村	市妇幼保健院院长	主任医师
姜 瑛（女）	1951年2月	茼山镇梁家夼村	威海市妇幼保健院	主任医师
王 鹏	1951年4月	张家产镇西官道村	威海市文登中心医院检验科	主任技师
蔡洪海	1951年6月	小观镇凤口集村	威海市文登中心医院耳鼻喉科副主任	主任医师
李景远	1951年11月	山东省即墨市	威海市文登中心医院耳鼻喉科主任	主任医师
刘长明	1951年11月	界石镇大界石村	威海市文登中心医院泌尿外科主任	主任医师
王远臣	1951年12月	宋村镇南马村	威海市文登中心医院神经内科主任	主任医师
于时英（女）	1952年1月	埠口港下冷家村	威海市文登中心医院眼科副主任	主任医师
王秀荣（女）	1952年2月	大水泊镇岭上王家村	市计划生育技术服务站副站长	主任医师
于兰先	1952年3月	葛家镇于家口村	文登整骨医院副院长	主任医师
乔学壮	1952年5月	大水泊镇五垧地村	烟台毓璜顶医院神经内科主任	主任医师
邱建华（女）	1952年9月	荣成市虎山镇	威海市文登中心医院质控办	主任护师
江德平	1952年9月	龙山街道江家庄社区	文登整骨医院急诊科主任	主任医师
毕淑敏（女）	1952年10月	汪疃镇石家泊村	北京市作家协会副主席	文学创作一级
宫本凤（女）	1952年11月	葛家镇议城村	威海市文登中心医院血液肾病科	主任医师
曲衍华（女）	1952年12月	泽库镇后岛村	市环保科研所所长	正高级工程师
刘玉安	1953年1月	宋村镇大泽头村	山东大学政治学与公共管理学院院长	教授
时述国	1953年3月	侯家镇时家滩村	威海日报社党委书记、社长	编审
张建华（女）	1953年4月	高村镇墩后村	精神医学杂志社	高级编辑

续表 5-5

姓名	出生年月	籍贯	工作单位及职务	职称
于立新	1953年9月	高村镇高村	中国科学院对外经贸国际金融研究中心副主任	研究员
于全军	1953年9月	荣成市上庄镇	威海市文登中心医院血液肾病科主任	主任医师
刘彦忠	1953年9月	张家产镇顾家村	威海市文登中心医院普外科主任	主任医师
曲志敏	1953年12月	烟台市牟平区	威海市文登中心医院普外科	主任医师
王敦壮	1954年1月	侯家镇西廒村	文登整骨医院骨伤科	主任医师
刘建民	1954年1月	葛山镇白玉庄	东北财经大学党委副书记	教授
于建芳	1954年1月	大水泊镇大水泊村	中国人民解放军军乐团	一级指挥
戴振国	1954年3月	荣成市崖西镇	文登整骨医院骨伤科主任	主任医师
林均海	1954年4月	泽头镇林村	威海市文登中心医院影像科	主任医师
于国平	1954年4月	葛家镇于家埠村	省南水北调工程建设管理局巡视员	研究员
姜卓俊	1954年4月	宋村镇姜家庄	青岛农业大学农学与植保学院	教授
崔贤浩	1954年5月	葛家镇东崔家口村	威海市文学创作研究室	文学创作一级
王繁荣（女）	1954年10月	葛家镇背眼村	威海市文登中心医院消化内科	主任医师
连　疆	1954年10月	泽库镇慈家滩村	市地方史志办公室主任	编审
陈海平（女）	1954年10月	高村镇高村	首都医科大学附属北京友谊医院肾内科	主任医师
刘新芝（女）	1954年11月	侯家镇南廒村	《中国民族民间器乐曲集成》编辑部副主任	编审
陈全伦	1954年11月	龙山街道沙子村	市文化局局长	文学创作一级
姚忠业	1954年12月	文登营镇文登营村	威海市社会科学联合会副主席	教授
张桂敏（女）	1954年12月	宋村镇神格庄	威海市文登中心医院内科	主任医师
隋富强	1954年12月	高村镇莲花城村	市口腔医院院长	主任医师
毕武国	1955年4月	天福街道架子山村	市文化馆馆长	研究馆员
宋文赟（女）	1955年4月	泽头镇西团岚埠村	市档案馆编研科科长	研究馆员
王培伦	1955年7月	张家产镇南圈村	省农科院蔬菜研究所马铃薯研究中心主任	研究员
倪本会	1955年9月	界石镇倪家产村	山东交通学院成人教育学院院长	教授
倪新江	1955年10月	界石镇倪家产村	烟台大学生命科学学院	教授
陈序明	1955年11月	龙山街道柳林社区	市林业工作站副站长	研究员
刘玉殿	1955年11月	埠口港顶子村	山东大学威海分校党委副书记	研究员
于路生	1955年11月	米山镇中山后村	市档案馆副馆长	研究馆员

续表 5-6

姓名	出生年月	籍贯	工作单位及职务	职称
邹东来	1955年12月	泽库镇周家村	中国人民解放军国际关系学院	教授
孙立华	1956年1月	泽头镇雨夼村	烟台广播电视台电视中心副总编	高级编辑
王旭东	1956年1月	大水泊镇马家庄	中国社会科学院世界历史研究所	研究员
刘衍广	1956年2月	侯家镇张家庄	威海市文登中心医院副院长	主任医师
李昌烟	1956年2月	泽库镇前岛村	省教育图书供应社社长	研究员
林治芬（女）	1956年5月	泽头镇林村	南京财经大学公共管理学院副院长	教授
于春凤（女）	1956年7月	大水泊镇西南台村	威海市妇幼保健院新生儿科副主任	主任医师
孙培乐	1956年8月	山东省龙口市	威海市文登中心医院脑外科主任	主任医师
刘永江	1956年10月	葛家镇下口村	威海市文登中心医院影像中心	主任医师
金志涛	1957年1月	高村镇墩后村	威海职业（技术）学院院长	教授
迟爱萍（女）	1957年1月	高村镇高村	中共中央文献研究室第三编研部副巡视员	研究员
徐恒永	1957年1月	小观镇万家庄	省农业科学院作物研究所	研究员
解乐业	1957年1月	宋村镇北马村	威海市中医院副院长	主任医师
刘春晓	1957年1月	葛家镇葛家村	南方医科大学珠江医院泌尿外科	主任医师
殷成明	1957年2月	宋村镇集西村	烟台日报传媒集团副总编	高级编辑
王育济	1957年6月	葛家镇背眼村	山东大学历史文化学院院长	教授
原所先	1957年8月	高村镇脉田村	东北大学机械工程与自动化学院	教授
姚中协	1957年11月	宋村镇姚山头村	市第一人民医院副院长	主任医师
赛小珍（女）	1958年1月	泽头镇林村	文登整骨医院护理部主任	主任护师
陈新波	1958年2月	经济开发区崖子头社区	市疾病预防控制中心	主任医师
徐承伦	1958年2月	侯家镇南下河村	威海市文学创作室	文学创作一级
宋吉清	1958年2月	葛家镇姚家庄	市农技站站长	研究员
徐莉娜（女）	1958年2月	米山镇长埔村	青岛大学外语学院	教授
隋在春（女）	1958年4月	荣成市虎山镇	威海市文登中心医院呼吸内分泌科主任	主任医师
张秀芳（女）	1958年5月	埠口港张家埠村	市图书馆采编部主任	研究馆员
刘昌海	1958年5月	荣成市埠柳镇	威海市文登中心医院中医科主任	主任医师
曲淑英（女）	1958年8月	侯家镇南廒村	威海市文登中心医院院长助理	主任护师

续表 5-7

姓名	出生年月	籍贯	工作单位及职务	职称
刁其玉	1958年10月	米山镇长山村	中国农业科学院饲料研究所	研究员
蒋琬君（女）	1958年12月	上海市虹口区	文登整骨医院医务科主任	主任医师
于艳英（女）	1958年12月	宋村镇小床村	市吕剧团	一级演员
于淑军	1959年8月	龙山街道生产社区	威海市中医院肾病科主任	主任医师
臧传农	1959年9月	山东省诸城市	威海市文登中心医院儿科主任	主任医师
刘宝清（女）	1959年9月	张家产镇田家床村	文登整骨医院内科主任	主任医师
王学班	1959年10月	荣成市埠柳镇	威海市文登中心医院心血管内科主任	主任医师
隋建超	1959年12月	埠口港鳌山村	威海市文登中心医院副院长	主任医师
李振凯	1960年1月	烟台市牟平区	文登整骨医院门诊部主任	主任医师
迟玉丽（女）	1960年1月	葛家镇迟家庄	威海市文登中心医院输血科主任	主任技师
王述波（女）	1960年2月	界石镇西院下村	文登整骨医院麻醉科主任	主任医师
李翠静（女）	1960年3月	荣成市夏庄镇	威海市文登中心医院药剂科主任	主任药师
孙献武	1960年4月	小观镇坦埠村	文登整骨医院急诊科主任	主任医师
谭友军	1960年10月	小观镇南七口村	文登整骨医院外科主任	主任医师
许祖闪	1960年10月	荣成市虎山镇	威海市文登中心医院副院长	主任医师
原永兵	1960年10月	高村镇脉田村	青岛农业大学园艺学院副院长	教授
邹立壮	1960年12月	张家产镇大官庄	中国矿业大学（北京）化学与环境工程学院党支部书记	教授
王培华（女）	1961年1月	侯家镇南学村	北京师范大学历史学院	教授
鞠建伟	1961年1月	大水泊镇鞠家疃村	烟台经济技术开发区医院院长	主任医师
吕　征	1961年3月	葛家镇西于疃村	江苏省人民医院骨关节科	主任医师
刘玉建	1961年4月	埠口港顶子村	山东大学易学与中国古代哲学研究中心副主任	教授
于景波	1961年6月	乳山市诸往镇	威海市文登中心医院重症监护科主任	主任医师
王玉忠	1961年6月	小观镇凤口集村	四川大学化学学院副院长	教授
于信波	1961年9月	大水泊镇杭里村	米山水库管理局党委书记	正高级工程师
郭武军	1961年11月	汪疃镇地文头村	中国人民解放军国防大学	教授
崔英先（女）	1962年1月	侯家镇崔家村	文登整骨医院药剂科主任	主任药师

续表 5-8

姓名	出生年月	籍贯	工作单位及职务	职称
毕建勋	1962年2月	汪疃镇汪疃村	中央美术学院	教授
董险峰	1962年3月	葛家镇英山前村	国家教育行政学院经济研究中心主任	研究员
王基鑫	1962年4月	经济开发区止马岭社区	文登市立医院院长	主任医师
宋建丽（女）	1962年4月	泽头镇大宋家村	中国人民解放军总参谋部三部	研究员
杨佐治	1962年6月	龙山街道生产社区	威海市文登中心医院副院长	主任医师
朱燕波（女）	1962年7月	汪疃镇王家产村	北京中医药大学	教授
周志高	1962年8月	高村镇二甲村	文登整骨医院骨关节二科主任	主任医师
曲永义	1962年8月	泽库镇慈家滩村	中国社会科学院信息情报研究院副院长	研究员
郐德峰	1962年8月	小观镇隋家庄	海军航空工程学院	教授
于丽霞（女）	1962年9月	大水泊镇西南台村	威海市妇幼保健院纪委书记	主任医师
赵锦波	1962年9月	张家产镇因寺桥村	威海市文登中心医院妇产科主任	主任医师
李宗宪	1962年9月	环山街道城西社区	威海市文登中心医院肿瘤科副主任	主任医师
丁金华	1962年10月	小观镇西瓦砌埠村	大连轻工学院机电教研室	教授
于　敏（女）	1962年10月	界石镇石头河村	鲁东大学商学院	教授
丛松日	1962年10月	汪疃镇小阮村	青岛大学思想理论政治教学部主任	教授
初学亮	1962年11月	龙山街道生产社区	威海市文登中心医院麻醉科主任	主任医师
侯承花（女）	1962年11月	张家产镇永福赵家村	威海市文登中心医院眼科主任	主任医师
张华松	1962年11月	界石镇崮头集村	济南社会科学院副院长	教授
于作洋	1962年11月	文登营镇文登营村	中日友好医院儿科	主任医师
蔡建波	1962年12月	小观镇万家寨村	济南市委党校哲学教研室	教授
王道珍（女）	1962年12月	烟台市牟平区	威海市文登中心医院神经内科副主任	主任医师
林吉玲（女）	1963年1月	米山镇中山后村	济南大学历史与文化产业学院院长	教授
宫志刚	1963年1月	米山镇东石硼村	中国人民公安大学治安学院院长	教授
张淳珂	1963年3月	山东省龙口市	威海市文登中心医院医保办公室主任	主任医师
郑振杰	1963年3月	乳山市育黎镇	威海市文登中心医院烧伤整形科主任	主任医师
曹玉强	1963年3月	蔄山镇北刘章村	山东大学控制科学与工程学院	教授
侯小伏（女）	1963年3月	泽库镇后岛村	省社会科学院社会学所所长	研究员

续表 5-9

姓名	出生年月	籍贯	工作单位及职务	职称
王月玲（女）	1963年3月	大水泊镇河清村	市大众完小校长	正高级教师
王炳壮	1963年3月	泽库镇长会口村	威海市委党校科学社会主义教研部副主任	教授
邓树昌	1963年4月	文登营镇青口岚村	市植物检疫站站长	研究员
丛春明（女）	1963年4月	天福街道北宫社区	市口腔医院副院长	主任医师
董文芳（女）	1963年4月	环山街道宋家沟社区	济南大学政治与公共管理学院	教授
赵泽芹（女）	1963年4月	荣成市崖头街道	威海市文登中心医院	主任护师
董渭平	1963年5月	山东省莱阳市	文登市立医院副院长	主任医师
孙秀玲（女）	1963年5月	环山街道孙家西山村	威海市文登中心医院科教科主任	主任医师
李祖广	1963年5月	埠口港顶子村	威海市妇幼保健院泌尿外科主任	主任医师
林治波	1963年5月	张家产镇林家床村	人民日报社甘肃分社社长	研究员
王忠叶（女）	1963年6月	大水泊镇泊岳家村	威海市文登中心医院妇产科主任	主任医师
董礼明	1963年6月	张家产镇车卧岛村	威海市文登中心医院泌尿外科主任	主任医师
周恩毅	1963年6月	高村镇河西村	西安建筑科技大学人文学院院长	教授
张爱萍（女）	1963年6月	张家产镇大永福村	市妇幼保健院副院长	主任医师
侯兴莉（女）	1963年7月	葛家镇陡埠村	威海市群众艺术馆	一级演员
张艳丽（女）	1963年7月	文登营镇后驾山村	北京理工大学法学院副院长	教授
高淑芳（女）	1963年8月	山东省新泰市	威海市文登中心医院呼吸内分泌科主任	主任医师
赵　辉	1963年9月	威海市环翠区桥头镇	文登市立医院副院长	主任医师
于源溟	1963年9月	茼山镇南申格村	聊城大学教育科学学院院长	教授
丛璞香（女）	1963年10月	天福街道凉水湾社区	威海市文登中心医院妇产科副主任	主任医师
郑翠娥（女）	1963年12月	米山镇老埠村	省中医院呼吸内科副主任	主任医师
崔国庆	1964年2月	葛家镇东崔家口村	北京医科大学运动医学研究所	主任医师
李　丹（女）	1964年3月	黑龙江省肇州县	威海市文登中心医院消化内科主任	主任医师
王　君	1964年4月	泽库镇姚家村	文登整骨医院小儿骨科主任	主任医师

续表 5-10

姓名	出生年月	籍贯	工作单位及职务	职称
于建博	1964年4月	大水泊镇前土埠岭村	文登市立医院副院长	主任医师
谢　波	1964年5月	龙山街道谢家庄社区	文登整骨医院创伤科主任	主任医师
刘厚强	1964年5月	汪疃镇汪疃村	威海市文登中心医院肿瘤科主任	主任医师
时书库	1964年5月	侯家镇时家滩村	威海市文登中心医院普外科副主任	主任医师
朱志明	1964年5月	天福街道凉水湾社区	清华大学机械工程学院	教授
林均岐	1964年6月	泽头镇林村	中国地震局工程力学研究所	研究员
张志刚	1964年6月	大水泊镇山后张家村	市人民医院内一科主任	主任医师
杨庆斌	1964年6月	泽库镇南台村	青岛大学纺织服装学院	教授
刘军深	1964年9月	高村镇礼格庄	鲁东大学化学与材料科学学院院长	教授
吕爱权	1964年9月	经济开发区梁家沟社区	山东大学威海分校	教授
曲丽君（女）	1964年10月	宋村镇青龙夼村	青岛大学纺织服装学院	教授
王沫学	1964年10月	内蒙古自治区赤峰市	威海市文登中心医院脊柱外科主任	主任医师
王晓红（女）	1964年11月	大水泊镇山后王家村	威海市文登中心医院美容科副主任	主任医师
刘　波	1964年12月	界石镇店子头村	文登整骨医院四肢创伤一科主任	主任医师
董崇娟（女）	1965年1月	侯家镇南学村	威海市文登中心医院儿科主任	主任医师
张道强	1965年1月	荣成市人和镇	威海市文登中心医院检验科副主任	主任技师
徐金美（女）	1965年2月	乳山市下初镇	威海市文登中心医院护理部主任	主任护师
于海清	1965年2月	葛家镇院东村	威海市文登中心医院耳鼻喉科主任	主任医师
于占彩（女）	1965年5月	泽头镇于家河村	威海市文登中心医院科教科科长	主任医师
刘　船	1965年6月	威海市环翠区桥头镇	威海市文登中心医院普外科主任	主任医师
于永芹（女）	1965年6月	菵山镇管山村	烟台大学法学院	教授
王　燕（女）	1965年8月	天福街道河北社区	北京中日友好医院中医老年病科主任	主任医师
傅洁琳（女）	1965年9月	侯家镇大时家村	济南大学文学院	教授
王丽萍（女）	1965年10月	宋村镇下徐村	山东大学法学院副院长	教授
隋秀梅（女）	1965年10月	山东省海阳市	威海市文登中心医院	主任护师
初晓军	1965年11月	龙山街道西龙格社区	海军航空工程学院航空电子系	教授

续表 5-11

姓名	出生年月	籍贯	工作单位及职务	职称
邵诗泽	1965年12月	侯家镇南廒村	文登整骨医院副院长	主任医师
王曙光	1966年1月	宋村镇南马村	中国海洋大学出版社社长	研究员
杨永军	1966年5月	山东省蒙阴县	文登整骨医院脊柱脊髓二科主任	主任医师
史国兵	1966年8月	葛家镇西谭家口村	沈阳军区总医院药剂科主任	主任药师
杨桂生	1966年11月	黑龙江省佳木斯市	威海市文登中心医院传染科主任	主任医师
王　凡	1967年1月	泽库镇辛立庄	中国科学院条件保障与财务局局长	研究员
张　卫	1967年4月	山东省临朐县	文登整骨医院脊柱脊髓科副主任	主任医师
刘昌燕（女）	1967年6月	茼山镇丁家埠村	市人民医院内一科主任	主任医师
邢占军	1968年1月	高村镇中邢家村	山东大学人文社科研究院院长	教授
李　周	1969年3月	泽头镇倪家庄	中南大学材料与工程学院副院长	教授
刘德忠	1969年3月	米山镇西石硼村	文登整骨医院骨关节一科主任	主任医师
毕宏政	1971年3月	威海市环翠区初村镇	文登整骨医院创伤整复二科主任	主任医师
连镇营	1972年7月	泽库镇慈家滩村	中国建筑科学研究院地基研究所	教授级高级工程师

附 录

2013 年 4 月 11 日，文登市举办第七届李龙文化山会。

一 “文登学”文化

“文登学”，地域文化的传承与聚焦

“文登学”，作为一个近年来流行于本地的文化名词，已是家喻户晓。以“文登学”命名的文登学酒、文登学公园等，也成为本地域的品牌产品。关于“文登学”的广告、文化作品、学术会议等也屡见于宣传媒体。“文登学”，已成为本地人无法绕开的概念。对“文登学”充耳不闻或者盲目排斥，都不是有识之人所应有的态度。生于斯长于斯的人们更应该正确解读“文登学”。

什么是文登学？文登学怎样演进至今？文登学有何内涵？当代怎样解读文登学？本文拟对上述问题进行初步探讨，目的是使人们对威海地域文化的传承有一个大致的了解，从而加深对“文登学”概念的理解，使“文登学”的积极因素得到发扬光大。

“文登学”的称名与成名

“文登学”的称名与成名，经历了“实体层面文登学”“精神层面文登学”“地域文化层面文登学”三个阶段。“文登学”在三个阶段中的含义是有区别的。

1.“文登学”的称名——“实体层面文登学”的出现。“文登学”冠名“文登”是由文登县冠名“文登”而来。没有“文登”冠名为县，就没有“文登学”的冠名为学。作为涵盖整个今天威海地区的行政区划文登县，设于南北朝北齐天统四年（568）。之所以将县命名为“文登”，是因为距县城东北部一里的山称为文登山，乃以山名县。此山之所以称为文登山，是因为秦始皇召集文人集会于此山。有了山和县的命名“文登”，也就有了后世的县学命名“文登”学。

文登学，是文登县学或文登学宫的简称。作为县级学校，文登学始于宋代。唐末五代时期，由于战乱，学校教育遭受严重破坏。鉴于此，北宋时期形成三次规模庞大的兴学运动，文登县的县学就创建于宋代范仲淹发起的第一次兴学运动之时，时间节点应是1044年。这里说明了三个问题：一是文登县学建立时间久远，距今已有970余年。二是说明文登县在县学建立以前，教育已经相当发达。因为当时规定，一县中只有士子超过200人，才允许县办学校。文登超过的这200余名读书人，是在县学建立前就有的。三是文登县教育的发展，折射出北宋文登县社会政治、经济、文化都是较为发达的。因为教育的发达是社会政治、经济、文化发达的结果和表现。

宋代的文登县办学校，即文登学，校址在文登县城东南隅。宋徽宗大观年间（1107—1110）修复时规模扩大，就当时的校舍条件和办学规模来说，文登县学在整个登州府各县学中名列第一，“大观初复增大之，规模宏敞，为诸邑冠”。这时的“文登学”概念是指实体存在的文登学，即“文登学”就是文登学宫或文登县学，以及围绕办学的一切机构和设施。

2. 文登学的成名——“精神层面文登学”的出现。文登学这个县级学校名称和全国千百个路、府、州、县学一样，只是一个为上一级科举考试选拔人才的教育机构，自产生后，在长达600余年的历史中，在全国并无多少知名度。但是，在清顺治十二年（1655）的殿试中，却名扬京城，“文登学”自此被叫响。“文登学”自此由一个普通平凡的实体县学，而注入更多的社会人文因子，成为具有精神层面意义上的“文登学”。

文登学一夜成名，既是文登自古以来重视教育，崇尚读书学习的必然结果，更是由本次科考中表现出多重亮点所致。清顺治十二年（1655）殿试中，文登学子创造了四个轰动效应亮点：一个亮点是一榜中了7名进士，文登学被唱名7

次。一县一榜中七名或以上进士，在全国的科举考试中是有的，但不多见；第二个亮点是文登大水泊于氏文化家族的于鹏翰、于涟父子同科，这在文登，或者在全国，甚至在整个科举史上都是极为罕见的现象，在当时引起的刺激轰动效应可想而知；第三个亮点是文登刘氏文化家族的刘忻、刘烊（忻叔弟）兄弟同榜紧列（忻二甲71名，烊二甲72名）。兄弟同榜，其本身效应就非同一般，名次紧列，就更具有巨大的刺激性轰动效应；第四个亮点是，于可讬、于鹏翰、于涟都出自大水泊于氏文化家族，“一族同榜三进士”这在科举史上也是很少见的。上述“一榜七进士”“父子同科”“兄弟同榜”“一族三进士”四个亮点汇聚在一起，造就了文登学的声誉。“文登学”三字，就成为文登科举教育成就斐然的标志，也成为人们肯定文登文化教育的代名词。“文登学”成名是轰动亮点效应的产物。当然，这种亮点效应，是文登历来重视发展教育的表现，是文登地域的人们勤奋好学、刻苦攻读的必然结果，是社会对文登父老重教好学的慷慨回报。

“文登学”这一名称的被叫响和广泛传播，使这一称呼已不仅仅是“文登学宫”的简称。一榜七进士的地域自豪心理，兄弟同榜的鞭策效应，父子同科的激励作用，一族同科三进士的荣耀感，这一切，随着时间的推移，“文登学”这一概念已引申和扩展为“互相鞭策、激励共进、刻苦攻读、勤奋好学、潜心研究、争取更大成就”的精神含义和人文现象，“文登学”已由原来文登学宫这个实体意义上的概念，转化为思想精神层面的概念。

一个历史概念的形成，一个历史名称由感性实体，转变为抽象的理性概念，至少要有概念赖以产生的实体存在和概念产生的时间节点。“文登学”赖以产生的实体存在就是文登学宫或文登县学。实体存在的“文登学”产生的时间节点是宋代庆历四年（1044）；抽象理性的“文登学”开始的时间节点是清代顺治十二年（1655）。这一年后的“文登学”，一方面继续是文登学宫，或文登县学的简称，更重要的是，从此以后“文登学”称谓精神意义大于实体意义。“文登学”已成为文登地域人们的一种自豪称谓，一种自我精神激励、相互鞭策的称谓，一种勤奋刻苦、积极向上的代名词。

3.“文登学”概念的现代理解——“地域文化层面文登学”的出现。经历清末废科举后，原来依附于文登县学的“实体层面文登学”和“精神层面文登学”，都随着文登县学的废除，而淡出人们的视野，但是，“文登学”体现的精神意义已经潜移默化于人们的意识之中。近百年来，人们似乎对“文登学”三个字已很陌生。反倒由于音转等原因，“文登学”被人们戏称为“文登熊”了。进入20世纪80年代，随着地级威海市的成立，威海地区，特别是文登区域，社会经济、文化、教育都得到空前发展，“文登学”称谓重新回到社会生活中来。当今“文登学”概念已被赋予更新、更广泛的内涵。它已不是指的实体意义上的文登学，也不单纯是指精神层面的文登学，而是多层次、广角度、全方位地反映本地域的历史文化，成为本地域历史文化的代名词。它既涵盖了本地域社会各领域的文化存在和文化表现；又包含了本地域的全部历史文化遗存。今天的文登学就是本地域文化的综合体，它既是本地域历史文化的传承，也是本地域各类文化的聚焦和缩影。

科举是“实体层面文登学”产生的基本前提，“实体层面文登学”又对文登科举产生重大影响。隋炀帝设立进士科，标志着封建科举制度的开始。文登地域在科举制产生后、文登县学产生前，就有科举进士，但记载人数很少，共考取四位进士，分别是唐代的何弼实，宋代的张维、孙立、吕亢。文登县学产生后，进士、举人数量大增，见于记载的金代有进士26名，其中郭长倩《文登县新修县学记》碑刻就有21名进士联袂题名；元代有进士6名；明代有进士16名；清代进士55名。另有举人贡生近千人。文登地域科举考试有一个明显的特点是科举中式的集中涌现：乡试中，一科考取2名举人有22科，一科取3名举人的有11科，一科取4名举人的有7

科，一科取 5 名举人的有 5 科，以及一科取 7 名进士等。这应该归功于“实体层面文登学”对科举文化的贡献。“文登学”对本地域文化教育发展功不可没。

“文登学”的地域涵盖

从历史角度考察，“文登学”不单单是文登县、市、区的文化，而是属于古代文登县地域内的文化。地域是地域文化产生的物质基础，而地域又是以行政区划为界定的。“文登学”的地域涵盖，其范畴最早应以“文登”命名的行政区划所辖区域为依据，这个区域内的文化现象统称为“文登学”。

最早以“文登”为名设定行政区划体，是北齐天统四年（568）设立的文登县。文登县当时所辖地域，为今天胶东半岛的东部，包括今福山以东含福山、芝罘、莱山、海阳东部、牟平、乳山、文登、环翠、荣成 9 个市、区。

因此，“文登学”作为地域文化，应该涵盖上述地域。此地域上的文化现象都属于“文登学”。因此，大“文登学”的概念，应该包含今烟台市福山区以东的整个半岛东端。在此后的历史变迁中，“文登学”涵盖地域发生了几次变动。“文登学”对每个市区的影响程度，也随着该市区所依文登地域时间长短，显现出深浅、大小之分。

北齐时的文登县地域范畴，第一次变动发生在唐代。唐代将今天的牟平县从文登县分出设县，县治于今牟平城。北齐文登县辖区范围自北齐天统四年至唐代高宗麟德二年（665），前后存在了 97 年。也就是说，今福山、莱山、芝罘、牟平、海阳东部属于“文登学”地域范畴的时间有近百年。故今福山、莱山、芝罘、牟平、海阳东部虽然属于“文登学”的地域涵盖，“文登学”影响在某些方面虽然仍有存续，但影响远不及今牟平以东地区。这次变动后的文登县行政区划，地域范围就是今天的威海市地域范畴。这个地域范畴在一千多年的时间里，始终处于稳定状态。这是“文登学”形成地域文化的关键时期和黄金时期。“文登学”作为地域文化，就是据此而确立的。实体层面文登学和精神层面文登学，都是在此时期出现的。由此可知，唐代以后的“文登学”地域范畴，就是今天的整个威海市。

唐代高宗麟德二年的文登地域范畴维持了 1070 年，至清雍正十三年（1735）文登地域又发生了第二次变动。这次变动将今荣成县从文登县分出，设立荣成县。今荣成县地盘属于文登地域范畴的时间前后达 1167 年。在荣成属于文登县的时间区间内，正是文登学的“实体层面文登学”和“精神层面文登学”都已经形成的时期。也就是说今荣成县经历了文登县命名时期、文登县学建立和成名时期、文登学成为精神层面文登学几个时期。因此，荣成县名正言顺、名副其实是“文登学”涵盖地域。

大清雍正十三年的文登地域范畴维持了 195 年，文登地域范畴又发生了第三次变动。民国 19 年（1930）收回威海卫，成立了直属南京政府的威海卫管理公署。原威海卫地区正式脱离文登县地域。威海卫地域属于“文登学”地域的时间前后达 1362 年（英租不全涵盖今环翠）。它同荣成一样，同样经历过文登县命名时期、文登学建立和成名时期、文登学成为精神层面文登学几个时期。因此，原威海卫地区也是名正言顺、名副其实的“文登学”涵盖地域。

令人瞩目的是今威海地域经历了唐代的登州时期、抗日战争的东海地区时期，这是两个相隔 1300 余年、相当于今天的地级单位的行政区划。登州与抗战时期建立的东海区行政督察专员公署所辖范畴基本一致，与后来的文登专区地域范畴也一致，大体都属于文登学涵盖地域。这绝不是偶然的。

“文登学”应包含今福山以东的半岛东端地区，这个地区，在明清时期，以及抗日战争时期至 20 世纪 50 年代，被称为“东海”地区。这是一个客观存在的文化体。明末清初时期的丛大为、赛玉纮、毕钟姬被称为文学上的“东海三宗匠”；清代有一本文集被称为《东海笔谈》；不少人把自己称为“东海 ** 人”。可见“东海”一词，已成为文登县地域范畴的又一代名词。在这

个地域范畴上的地域文化，皆可称为“文登学”。“文登学”的浓彩重笔，应主要是指的今威海地区。

上面所列充分说明，“文登学”不仅仅是当代文登县的文化、文登市的文化，而是整个威海市的地域文化体。这个文化体，单从文化的角度说，由于一千多年县治始终没有迁移，文登县城在一千多年中，是整个今威海地域范围内的政治、军事、经济、文化的中心，文登学由此而辐射到整个威海地域。一千多年在同一行政区划体下生活，人们已在心理上形成一种内在的向心力和凝聚力，也形成了心理上的地域认同感；人们在风俗习惯、某些方面的价值取向、行事风格，以至于语言特点等，趋同一致。

“文登学”——历史文化的传承

在文登县没有设立前的今威海地区，在历史发展过程中，要么属于同一个县级行政区划，要么属于同一个郡级区划下的县。他们拥有共同的历史文化。有着共享的历史资源。“文登学”就是这个历史资源的传承。

“文登学”地域内最早的人类活动距今已有6000余年的历史。已发现60余处新石器时期文化遗址，这些遗址遍布整个威海地域。这些遗址总体上分为两部分，一是沿海地带文化遗址，二是内地山堾地遗址。沿海地带文化遗址的共同特点是有大量贝壳堆积和网坠，是沿海先祖征服大自然的象征。内地遗址的共同点是，陶器为夹砂红陶、泥褐陶、红陶和黑陶混杂，石器有琢制、磨制石器。特别令我们引以为豪的是，在文登沙里店遗址和乳山崖子镇北地口等遗址，发现有代表龙山文化时期最先进的制陶技术的蛋壳陶。这说明在人类进入文明社会前，整个威海地域有着和中原同步的历史文化，体现了“文登学”地域原始文化的先进性。

远古时期，“文登学”地域内的先祖属于同一个部族，称为嵎夷族。嵎夷族是莱夷族的一个分支族群。东汉大经学家马融认为“嵎，海嵎也；夷，莱夷也”。这是威海地域最早居住的部族。盛产物品为海盐、细葛布、海产品等，体现了“文登学”地域远古时期人们的进取性。

在人类即将跨入文明社会之际，尧帝命羲仲长期住在嵎夷的旸谷之地，迎接太阳出来，从而最早测定出春分、季春、孟春节气，制定了中国最早的历法。威海地域是中国最早历法的产生地。旸谷就是嵎夷所居之“文登学”地域内。今文登界石镇有多个与旸哩名称有关的地名村名，今荣成远古时就有“日主祠”。最早历法的制定，体现了“文登学”地域的探索创造精神。

大约也在此时，在今泊于镇松郭家村发现了一艘四千多年以前的采用水密隔舱技术的独木船，出现了与辽东半岛、朝鲜半岛交往的古航道，证明威海人的祖先征服海洋能力的提高。这都体现了“文登学”地域人们的进取创新精神

春秋中期以前，威海地域都属于莱国治下。齐国灭亡莱国，又为齐国辖地。《国语·齐语》“通齐国之鱼盐于东莱”，威海地域的渔业和盐业为中国社会的发展作出了应有贡献。这体现了“文登学”地域人们的贡献精神。

春秋时期，莱国君即在今荣成建有不夜城，说明至少远在近三千年前，威海地域社会政治、经济和文化较为发达。

秦统一天下后，威海地域同属先是齐郡、后为东莱郡。秦始皇两次巡幸成山，始皇除了在文山召集文人开会，还在后来文登县城南部的惠聚寺所在之地游览。崇文颂德之风从秦代便流传于文登地域。这都体现了“文登学”地域的崇文精神。秦始皇到成山的路线涵盖了今文登区、环翠区、荣成市，荣成是主要的目的地。汉代汉武帝曾八次东巡，礼祀日主成山。

1973年5月，文登北部蔄山发现重31.898公斤的秦权，证明秦代文登经济是发达的。因为生产力的发展和衡器的发展是相对吻合的。蔄山位于秦始皇去成山的必经之路线上，体现了“文登学”地域的重农思想。秦代整个威海四市区都属于腄县。

西汉时，在今文登宋村镇设置昌阳县。这一带为冲积型平原，土地肥沃，适合于农业经济的发展。在此设县说明文登农业经济较为发达。当

时的昌阳县涵盖今天的文登区南部和乳山市一部分，不夜县涵盖今荣成市、环翠区和文登区马山以北的地域。今乳山的大部分属于育犁县。三县皆属青州刺史部东莱郡。如此小的区域设立三县，说明“文登学”地域社会经济的发展和进步。

东汉时，大经学家郑玄于汉桓帝永康元年（167）至汉灵帝中平元年（184），在文登米山镇长山村聚众讲学，前后历时17年。办学规模大，学生一千多人；采用半农半读办学方式，解决衣食行住；学生吃苦耐劳、勤工俭学；求知欲强，学习热情高，这些对后世的文登人来说，成为宝贵财富，说明“文登学”地域人们深厚的尊师重教思想。东汉时期，威海市全境都属于昌阳县地。

三国时代，公元232年，魏将田豫在成山头打败吴将周贺、裴潜，显示了成山头地势在军事上的重要性，这是威海地域最早的割据势力之战，显示了“文登学”地域在军事地形学上的重要性。

晋代，葛洪在《神仙传》中说东汉时，麻姑就在昆嵛山修道。麻姑的传说最早是在文登昆嵛山一带出现的。麻姑是“长寿、健美、聪明、正直、纯洁”的象征。麻姑的故事产生于文登，又从文登传播到全国，影响深远，说明了“文登学”地域人们崇尚真善美的思想。此时，麻姑的故事和传说遍及整个威海地域。

南北朝北齐天统四年（568）文登建县，至今已是1440余年，县名、县治、县辖三者延续千年无中断。这一现象是“文登学”文化体形成的根本因素，说明了“文登学”地域文化的深厚和传承绵延。

唐代唐高祖武德四年（621）因淳于难的反隋起义，唐政权在文登设立一级行政区划——登州。淳于难被李唐政权封为登州刺史、晋国公。隋政权的被推翻、大唐的建立，都有着文登人直接的功劳和贡献。淳于难起义独有的特点是，这个起义的唯一目的是保境安民，使百姓免遭隋末战乱之苦。淳于难的起义，既具有反隋朝压迫剥削的合理性，又避免了农民起义的破坏性。仅此，就为农民战争史文化的研究提供了宝贵素材资料，反映了“文登学”地域人们崇尚安定、反对战乱的思想。

隋唐时，文登就已形成了佛教寺庙群。其中，昆嵛山六度寺建于隋朝开皇三年（583），是文登可考的最早寺院，距今已有1432年。小观镇北黄村的黄垒院建于唐玄宗开元初年（713），是目前确知的文登最早的女性寺院，距今1303年。昆嵛山无染寺，修筑寺院的首位施主为五代时大名鼎鼎、政绩显赫的吴越国开国君主钱镠；清初无染寺曾与禅教寺、甘泉寺一起创造了中国佛教史上的寺寺联合响应于七农民起义的壮举。文城的莲花院，内中石幢所记载的唐代县级官吏设置，是研究唐代基层政权机构不可多得的史料，价值弥足珍贵。惠聚寺，佐证了秦始皇到过今文登的历史事实。还有汪疃寺、宝峰寺、惠海寺、法华院、天门院、望海村寺院、法空阇梨院。不见记载的寺院肯定还有。隋唐时期，佛教文化在文登已得到广泛的传播。威海当时可考寺院共有12处，都属于文登县政府管理，说明“文登学”地域很早就出现了发达的佛教文化。

唐代，文登地域科举考试第一位进士何弼实的事迹见于唐景福二年（893）莲花院“和尚皈敬石幢”幢文。何弼实幢文有如下重要信息：文登出现历史上第一个进士；文登城唐代有一个寺院为莲花院；唐代文登城有两个佛教大师——灵塔大师、皈敬大师；昆嵛山唐代佛教寺院的存在；“昆嵛山”的名称在唐代家喻户晓；唐代县级行政机构的设置状况；唐代韩愈、柳宗元倡导的古文运动，在何弼实幢文中得到充分体现。幢文峭拔壮美、风格清新，说明“文登学”地域科举文化出现较早，也说明儒教文化和佛教文化的融合。

宋代进士张维为环翠区仙姑顶庙《郭仙姑碑记》撰文并书。碑文为汉字杂以辽文（契丹文）。这是文登地域最早也是古代唯一的双语碑文，其显示的信息有：北宋的文登第一位进士；仙姑顶的最早建庙；北宋时期胶东半岛和辽东半岛的经

济文化往来；郭仙姑是文登境内土生土长的海上救苦救难的女神仙，说明“文登学”地域海神文化崇拜比后来妈祖崇拜要早几百年。

北宋进士孙立为文登小观村北“敕赐梵云院”碑撰写碑文。金代郭长倩正是依据孙立原撰碑文而撰写了《文登县新修县学记》，使人们知道金代科举盛况和宋代文登寺院梵云院，再一次说明了“文登学”地域儒教和佛教的融合。

宋代最有学术价值的三大笔记之一《容斋随笔》卷六收录了文登县进士、官居浙江临海县令的吕亢所写的一卷书《蟹图》。洪迈的收录使我们知道了宋代文登出了一位进士叫吕亢。吕亢的《蟹图》，是人类关于蟹的最早专著，反映了“文登学”地域人们对大自然的探索精神。

宋代文登正式建立了官方教育机构——文登学宫（亦称文登县学），简称为“文登学”，说明“文登学”地域官办学校出现的较早。

元代，今威海市的乳山、文登、荣成、环翠都属于漕运路线上的大动脉航段，为设在今荣成市的同一个漕运官管理，说明“文登学”地域在经济上对国家做出的重大贡献。

金代在昆嵛山一带产生了道教全真派，它的教名、教义、教规、领袖团体、组织机构都是在昆嵛山和文登一带形成和产生的。因此文登昆嵛山是全真教的发祥地。全真教元代以后成为道教最大的教派，全真教的出现，为古老的文登历史文化增添了新的内容。全真教七子的最早布道处就在荣成、乳山、文登，后来环翠区的道观也无例外地属于全真教，说明“文登学”地域是全真教的发祥地。

“文登学”——地域文化的聚焦

“文登学”作为威海地域历史主流文化，它是由本地域各领域、各层次、各方位的文化组合而成。“文登学”地域历史文化内容丰富、文化领域呈全覆盖。

1. 教育科举文化是“文登学”重要内容之一。表现在教育机构多样、教育设施齐全、官府重视、民众支持、百姓好学成风、科举成就突出。

教育机构有5大官学、阴阳医学；5大书院；18个社学，6处义学。此外还有遍布城乡的私塾。教育设施齐全除了学宫设施设备齐全，还有崇圣祠、忠义孝悌祠、名宦祠、乡贤祠、敬一亭、射圃、学田等教育辅助机构设备。还有教育基地申子墓。

官府重视表现在一是前后有25位地方官主持和参与学宫的22次重修工程；二是有十几位县官拿出自己的俸禄来修建学宫，特别是有的县令用俸禄买学田资助办学；三是县令亲自给学宫里的学生上课，亲自考核学生学业成绩。

民众支持表现在积极为学宫建设捐献土地；以财力、物力、人力参与学宫的重修；积极参与办设私人义学、私塾、书院。

百姓好学成风，表现在积极学习参与科举考试，参与私塾和义学、社学学习；广为藏书，“文登学”地域古代曾有十几家大型藏书，其中有五大万卷藏书楼。

科举成就斐然，共考取进士107人，举人208人，贡生761人。8人入翰林院，5人担任巡抚、总督和尚书，4人正史有传，数十人国史留名。

2. 李龙文化是“文登学”的一个最为重要的内涵之一，也是境内影响最大的神话传说。李龙曾被道光皇帝御批“溥惠佑民”封号，并按礼部规定进入国家祀典。早在乾隆年间诗赋界如日中天、文学界高享盛名五十年的袁枚，专为李龙写了《秃尾龙》，在全国产生了深远影响。李龙的神话传说作为一种文化现象，是值得研究的。李龙传说的成因、演变、内涵、人文价值、道德取向都是值得我们思考的。李龙传说所折射出的孝母、惩恶扬善、不畏强暴、为民造福、知恩图报、诚信待人、钟情乡土等人文精神，至今仍值得我们借鉴。

3. 宗教文化是“文登学”的又一重要内容。宗教文化主要体现在道教文化和佛教文化，近代以来又从西方传入基督教和伊斯兰教等。

“文登学”宗教文化最突出的现象是全真教的产生。全真教的名称、领导集团、第一个教会组织、教义、教规、教条都产生于昆嵛山。明清

以后全真教发展为中国道教最大的教派。它是儒释道三教合一的宗教组织。遗址遗迹的最大价值在于成系统地存在，遗址遗迹的文化品位较高。

佛教南北朝时传入本地域，隋代出现了最早的佛寺，唐代出现了最早的寺庙群，有记载可考的有 12 座寺院。佛教和道教的寺院道观遍布本域全境。

本域内佛教文化中值得注意的一件事是，清初六度寺、禅教寺和甘泉寺三寺僧人在常和尚领导下，联合响应于七起义。这个起义自 1648—1661 年前后坚持了 14 年，这在佛教史上和农民起义史上都是罕见的。

4. 红色文化是“文登学”最重要的组成部分。毛泽东在为人民英雄纪念碑起草的碑文《人民英雄永垂不朽》中说“由此上溯到一千八百四十年，从那时起，为了反对内外敌人，争取民族独立和人民自由幸福，在历次斗争中牺牲的人民英雄永垂不朽！”因此，文登的红色文化也应该包括近代以来反抗外国侵略的人和事。比如在甲午战争中英勇抵抗日本侵略的文登营人王国成和辛亥革命为推翻清朝统治而英勇牺牲的“丛氏一门三英烈”。但是，“文登学”红色文化中最为重要、最有代表性的是“天福山起义”，以及后来在抗日战争中和解放战争中本地域的英雄和他们开创的正义事业。

5. 语言文化是文登地域文化区别于其他地域文化的最显著外在标志。电影、电视剧、电视节目，以及其他形式的文化文艺节目，只要一出现“文登话”，人们都会不假思索地说，这是胶东人。“文登话”是“胶东话”的主体。除了说话的腔调和声调之外，比较突出的是声母“x”发“h”或“s”音，如希、西；“j”发“g”音，如家、见；“q”发“c”或“k”音，如钱、强。文登话是一个很有地方色彩的语言。

6. 日崇拜文化是文登地域文化的一个古老而重要内容。早在人类还没有进入文明社会时，本地就已有“羲仲宾日”的社会现象，并根据日运行规律，制定出最早的历法。而后又有了祭祀太阳的成山日主祠的祭祀场所。日崇拜是整个人类共同存在的文化现象，但是在中国在山东在威海地域对日崇拜现象却是发生的比较早、比较典型的文化表现。

7. 道德文化是“文登学”内容的核心组成。儒家的仁学思想，道家的“济贫拔苦、先人后己、与物无私”思想，佛教的“普度众生”思想，对“文登学”道德文化的形成都起到了积极作用。它影响着本域人们的道德标准和价值取向。救助弱势群体、帮助困难户脱贫致富、接济贫困家庭和个人、帮助一切需要帮助的人，至今已在本域形成风气，涌现出了众多的威海好人。“文登学”的道德文化，为建设现代文明城市发挥了重要作用。

8. 流传久远的仙文化。仙文化表现在仙山传说和神仙传说较多。自古以来人们就把昆嵛山看作仙山。《十六国春秋》称昆嵛山为“海上仙山之祖”，传说的海上“蓬莱”“方丈”“瀛洲”“胡山”及海上所有的神山，其根源都祖植于昆嵛山。海上所有仙山上的神仙自然皆祖传于昆嵛山上的神仙。昆嵛山给人们提供了虚幻想象和憧憬的空间。昆嵛山与仙境相连的重要自然现象是山市蜃楼。夏秋季节，当云彩遮蔽天空，且云层不是太高之时，在山外看昆嵛山，整个山脉的所有山峰都被云层整整齐齐水平切割，而成为很多大小不等的云雾缭绕的梯形平台，使人很容易联想仙人就在云雾缭绕的平台之上，逍遥地生活着；也是这样的天气，站在昆嵛山最高峰泰礴顶向四周远眺，云层此时就像无边的茫茫大海，被云层切割在云层上面的山，便成为大小不同、远近不等的云雾缭绕的岛山。自古以来人们把它看成是海上的仙山，神仙们就住在那些远近不等的仙山上。

白居易《长恨歌》对此种现象曾用两句诗概括，“忽闻海上有仙山，山在虚无缥缈间”，非常精准地反映了海上仙山的状态。

清代大政治家、大文学家王渔阳在《池北偶谈》记述：“昆嵛山有山市，恒在清晨，遥望之山化为海，唯露一岛。岛外悉波涛弥漫，舟船往来，山下人但觉在雾气中。”昆嵛山成为“文登学”神仙文化的世俗依托。

神仙文化的另一重要表现是神仙传说流行。“文登学”神仙文化最早的传说神仙是麻姑。麻姑的传说最早产生于昆嵛山。最早记载麻姑的是东晋葛洪的《神仙传》。书中介绍麻姑是建昌人，汉桓帝时，修道于牟州东南姑余山，说明麻姑的传说在东汉时就有了。麻姑最早在昆嵛山修炼成仙的传说，在昆嵛山周围家喻户晓。唐代颜真卿《麻姑仙坛记》，宋代李昉《太平广记》都有麻姑的记载。《齐乘》引《仙经》也记载“姑余山，麻姑于此修道上升，余址犹存，因名姑余”。《续文献通考》也称麻姑在东汉桓帝时修道于牟州东南之姑余山。宋徽宗时封麻姑为虚妙真人，赐麻姑所居为显异观。唐末五代时，昆嵛山就有了麻姑冢，建起了麻姑庙。麻姑信仰在唐宋间已成为中华民族的民间信仰，并载入国家祀典之中。在昆嵛山一带，麻姑的传说和麻姑的故事广为流传，“麻姑献寿”的故事最为经典；年画、壁画、雕塑、剪纸、石刻都有麻姑献寿酒、寿桃的形象；因麻姑而留下的地名昆嵛山遍地都有，如仙姑顶、东仙姑、西仙姑等。明代以前，昆嵛山中的麻姑殿、麻姑塚、麻姑洞、麻姑梳妆阁、麻姑碑都在。姑余山名就是因麻姑传说而得名。麻姑已成为人们敬仰的偶像。麻姑崇拜在本地早已成为民俗现象。

传说金代的唐四仙姑也在昆嵛山修炼成仙。唐四仙姑，当地人对她大加敬奉，以仙姑称之。后来的全真七子丘处机少年时曾向唐仙姑问修行之要。唐仙姑羽化后，丘处机曾亲自将其灵柩放于岩穴。传说的唐四仙姑的修炼居处，后来成为全真教的发祥之地。

宫仙的传说在宋代的昆嵛山也有流传。宫仙是宋代人，原为官吏，与赵匡胤友善。后举家到昆嵛山隐居，拜道教真人为师，学有仙术，能预报洪水灾害等。赵匡胤乾德二年（964）坐化于昆嵛山前。赵匡胤曾颁诏为其建祠庙、塑肖像，俗称“神仙殿”。

宋代“文登学”沿海地域流传着郭仙姑的传说。据说当时辽东半岛的契丹人和中原的商人海上航行都路经威海海域，郭仙姑就接济和佑护他们。契丹人还特地在今环翠区仙姑顶为郭仙姑修了庙宇。郭仙姑就是他们的保护神而受到崇拜。

北宋末年，中国历史上传说的在海上救苦救难的顺济夫人开始出现，也成为沿海居民的保护神，而受到崇拜。

元代以后出现天妃、天后，保佑渔民在海上的航行安全，至今仍受崇拜。

明清以后，妈祖出现，成为本域和整个中国沿海百姓的保护神。直至今日，妈祖崇拜仍然有增无减，并且早已随着中国移民而传到整个东南亚。妈祖崇拜成为整个东亚的文化现象。

9. 异物崇拜文化。“文登学”域内，异物崇拜对象多而普遍。最为广泛的是狐仙崇拜。狐仙的故事，在昆嵛山周围，就如同《聊斋》所记一样，遍地都是。狐仙一般为女性狐仙，是惩恶扬善、善良、美丽的象征。人们一般有所诉求，都求狐仙给以庇佑。狐仙崇拜是域内最为普遍的动物神灵崇拜。

其他如“骚貔子”崇拜、黄鼠狼崇拜、刺猬崇拜、蛇（本地称长虫、圣虫）崇拜、燕子崇拜、喜虫崇拜、蟾蜍崇拜、喜鹊崇拜、鬼火崇拜、山神崇拜、巨石崇拜、古树崇拜，也是较为普遍的现象，并且也形成了一种民俗习惯。世俗的人们期盼对这些神灵的崇拜，来消灾祈福。

10. 民俗文化是“文登学”的一个重要组成部分，它涉及人们生活中各个方面。比较突出的民俗现象是“赶庙会”活动。本地庙会活动产生于元代。由于全真教教规中，特别规定教徒要出家修行，修行要有固定的修炼场所，因而在元明以后出现了众多的道观庙庵。这就为庙会的大规模出现提供了空间条件。庙会是以宗教的某种名义为号召，以道观寺庙为地点，以敬神、祭神为主旨，以焚香、烧纸、跪拜叩头为形式，以传统文化娱乐节目为招揽媒介，以商品买卖、物资交流为实体而举办的大型集会。这种庙会活动成为几百年昆嵛山周围最有影响、规模最大、举办延续时间最长、吸引客商最为广泛的民间社会性活动。据民国年间不完全统计，仅昆嵛山周围就有著名的庙会 34 处，其中万人以上的庙会就有 11

处，最为著名的庙会有昆嵛山岳姑殿庙会、汪疃白鹿山庙会、乳山冯家的玉虚观庙会、文登米山撇篝山庙会、小观爬山庙会。规模最为庞大的是文登宋村的回龙山庙会，与会人数达10万人以上，且有东三省的客商参会，会期最长，达六天。其他所有庙会的时间绝大多数都在3至5天。受其影响，周围地区也出现不计其数规模不等的庙会。庙会文化成为民俗文化的亮点。

11. 饮食文化也是“文登学”的组成部分，古谚“民以食为天”，饮食中的做食、食材、食法、食疗也是千里不同俗的。本地域饮食以五谷山蔬野果为主食。按季节食山蔬野果也是本地饮食文化的一大特点。人们把按时节采集山菜野果，既能果腹，又能当作养生的一种方法。对于每种野菜对身体的某方面的保健功能，人们都是熟知的。据记载，昆嵛山区野菜有24科80种，野生杂果11科30种，野生食用菌50种。人们较常食用的主要有马齿苋、山苜楂、荞护罗（音）、曲曲菜、荠菜、苦菜等。在昆嵛山周围，这些山菜，除了饮食保健功能之外，每逢遇到大的自然灾害，在缺粮的情况下，还起到了救助百姓生命的作用。清代文登县知事郑维嵩在遇到大荒年时，用《农政全书》的记载，教百姓以野菜度过荒年。至今，文登有按季节挖野菜的饮食风俗，与郑维嵩不无关系。野菜对昆嵛山人们的生息繁衍作出了巨大贡献。威海文登区是全国的长寿之乡，这与提倡养生、食野蔬山果不无关系。

12. 以昆嵛山为主的山文化既是“文登学”的组成部分，也是多种文化的综合体现。如宗教文化，因为道教和佛教的修行场所大多处于山中，故山与宗教文化相联系，山文化含有宗教文化和佛教文化；山文化由于与传说中的神仙文化紧密结合，并且昆嵛山又是“海上仙山之祖”，故山文化涵盖神仙文化；山文化由于为宗教提供了修炼场所，所以它又与庙会文化连在一起，故山文化涵盖了庙会文化；山为本域人民提供了野蔬山果，提供了做饭的燃料，故山文化又与饮食文化紧密相连；山又与天气变化连在一起，能预报天气，如“昆嵛山戴帽，不是下雨就是尿泡”“老长山戴帽，不拉屎就尿尿”“双山子戴帽，不拉屎就尿尿”，故山文化又与天时文化紧密相连；山又与文人墨客吟诗作赋、丹青作文紧密相连，故山文化又涵盖了文学和艺术类别文化。山文化是一种丰富多彩的文化汇集。

13. 海文化也是“文登学”的组成部分。“文登学”地域三面靠海，从而为文登学增添了丰富内容。海文化包括海上捕捞、航道、海上贸易、海上军事行为等。沿海地带发现多处自原始社会以来便存在的贝壳堆积，说明域内很早就开始了海上捕捞；泊于镇松郭家发现的距今四千多年以前的采用密封舱技术的独木船，说明了本域先祖们征服海洋能力的提高；公元232年，魏将田豫在成山头打败吴军，显示了成山头海陆地势在军事地形学上的重要性；《尔雅》“东北之美者，有斥山之文皮”，东北和朝鲜的虎皮都运送到今石岛来进行贸易，说明先秦时，域内便开通往辽东和朝鲜半岛的航道；法华院和圆仁《入唐求法巡礼行记》中的记载，使我们知道一千多年前域内沿海与日本的海上通道，日本遣唐使和官方、民间友好往来皆由本地进出；域内沿海是古代东方海上丝路的出海口之一；域内沿海是古代辽东半岛和我国江南地区贸易的中转站。特别值得我们注意的是，域内沿海在元代是漕运大动脉，在此曾设立管理漕运机构。

海文化在现代表现的更是丰富多彩，包括海洋捕捞、海水养殖、海上旅游、海神祭祀、沿海渔民节、海洋运输、海外贸易、海外交往及海权、海防意识等。

14. 军事文化是“文登学”重要的组成部分。比较典型的是明代在今文登营设立联络九大军事单位的文登营。在域内设立了威海、成山、靖海三大卫和百尺崖、寻山、宁津、海阳四个守御千户所，以及108处堡、墩。足见域内在防倭中的重要地位。

15. “文登学”文学艺术文化也是一大亮点。特别是使人记忆深刻的“瞎子唱”胶东大鼓（其实是文登大鼓），是本地常年坚持、人人都喜爱的文艺形式。另外比较突出的是书法艺术已成为

大众的喜爱，出现众多的书法家、书法作品等。

16.“文登学”手工工艺文化独具特色，如本地的剪纸、刺绣等各种手工工艺。特别是有扬名外地的“锡镶”“糖瓜”“锔艺”等。

“文登学”还包含有其他方方面面的文化现象，不能全部列举。以上所列，已能足以说明“文登学”领域之宽、内容之丰富。

“文登学”有学问

文登学之所以能被称为“文登学”，最根本的一点是：“文登学”有学问。它有学问的表现在如下几方面。

1. 涌现出的文人学者多。有据可查的学者文人多达100余人。其中诗人占80%，有七位诗人的诗作入选《国朝山左诗钞》和《续钞》。出现了一大批多产学者，其中两部以上的作者有30多人；三部以上作者有16人；四部以上14人；五部以上4人；赛珠、于令淓、姜乃郎、毕茂昭都有6部以上著作，金镛一人著作11部。他们都是“文登学”的杰出代表。

2. 文章和著作多。著作中，最多的是诗歌，其次为经学研究著作。据不完全统计，文学和学术方面的专集、专著达到200余部。一个十分明显的特点是专著和专辑涉及的领域和范围都特别广泛，著作涉及的学科和门类有经、史、子、集方面，以及天文、历法、医学、政论、杂记、文学理论、数学、粮储、轶闻等十几个。有的著作直至今日，仍是专业研究领域里的必读之作，仍在发挥着专业研究方面的依据和资料作用。

3. 文化文体种类多。各种文化表现形式在文化氛围浓厚的时代里都涌现出来。文体有政论、经论、诗、诗论、散文、议论文、笔记、赞文、杂文、注释、志书、铭文、赋、颂、序、记、小品文、书法、书法理论、地理介绍、谳词、篆刻、医著、碑记等二十多种。这些形式多样的文体门类，从各个不同的角度，比较全面地反映了“文登学”地域文化的繁荣和昌盛。

4. 藏书家多、藏书多。科举考试的需要，派生出社会的藏书活动。比较重要而知名的藏书有刘必绍“万卷楼”藏书，于可讬藏书阁藏书，于涟藏书阁藏书，于其昭“树笔堂”藏书，于其珣“雨来轩”藏书，于熙学“东始山房”藏书，毕以绣“听雨楼”藏书，于昌进藏书阁藏书，文山书院藏书，阮述芳藏书、董祚远藏书、王士任藏书为威海十二大藏书。其中万卷藏书有刘必绍、于涟、于熙学、于可讬、阮述芳、董祚远、王士任等藏书家。藏书的目的是很高远的。如刘必绍的藏书宗旨为科举致仕、治理天下提供书籍，主要是向社会宣传社会公德和革新百姓思想。他藏书的最高境界就是培养至善至美的人，革新百姓思想、以书来培养人的思想。藏书热的出现，是明后期文化兴盛的表现和结果，它的出现，又推动了文化的发展，扩大了科举入仕的社会基础，对提高全社会的人文素质发挥了积极作用。

5. 文化家族多。文化家族是文化教育兴盛发达的产物，文化家族的出现反过来又促进了文化教育的繁荣。“文登学”地域著名的家族有：誉满乡里的文登大水泊于氏文化家族，纵跨明清两代的文登丛氏文化家族，二百年书香绵延的文登毕氏文化家族，著名的“十二支刘”文登刘氏文化家族，由军籍转为书香人家的文登赛氏文化家族、环翠陶氏文化家族，与大清同始终的文登吕氏文化家族，徐士林为代表的忠孝两全的文登徐氏文化家族，以梁蕚涵为代表的亦官亦农亦商的梁氏文化家族，出进士最多的荣成林氏文化家族，号称“八大廩”的乳山张氏文化家族等。

6. 学术成果影响大。古代有最早的自然科学著作《蟹图》，有在孙子研究方面至今仍具影响力的《孙子叙录》，有在《聊斋》研究至今仍发挥作用、享誉世界文学领域的《聊斋集注》，有第一个将种牛痘传入胶东的吕体复等等。至近现代，则有更多的重大突破性学术成果问世。

“文登学”这个名称非常简练、精准地概括了威海地域历史文化的传承。“文登学”内涵博大，需进一步挖掘，以发扬光大。

（于敬民）

“文登学”考

文化是一个民族的血脉。传统文化，是劳动人民根据自己居住环境、生活经历、内心意愿，经过长期实践创造出具有鲜明地域特色的历史财富、精神家园。文登，素有“文登学”之雅称。文登历史悠久，文化资源丰富，文化底蕴厚重，在这片古老土地上形成的“文登学”文化，承载着千年古县的岁月沧桑，铭记着文登人民的离合悲欢。

“文登学”的产生

文登因文得名，因文扬名。在漫长的历史长河中，孕育了以士学文化、道教文化、红色文化、李龙文化交相辉映的“文登学”文化，哺育了一代又一代文登人。文登置县之初，今烟台市福山区以东地域均属文登。公元唐麟德二年（665），析文登西部置牟平县后，文登县境缩至昆嵛山以东地区，相当于现在的威海市区域，至今这一区域的老人仍然自称是“老文登人”。随着社会的发展，大众百姓将乡野趣话、民间传说、生活体验、奋斗经历等进行梳理整合，去粗取精，推陈出新，相互融合，不断发展，创造出具有胶东地方属性的“文登学”文化。“文登学”的产生发展，是以文登为中心的文、荣、威人民共同打造的结果。“文登学”文化的内涵与中华民族传统文化精髓一脉相承。

“文登学”的兴起，与封建时代文登的县学有着直接关系。据文登市史志办编纂的《文登进士》一书指出，早在秦汉时期，文登崇文好学之风就日渐盛行。北齐天统四年（568）文登置县后，此风更加兴盛，累代不衰。隋代始用科举考试的办法选拔人才，历代沿袭，止于清末。在1300余年的科考历程中，文登学子勤奋上进，博学多才，屡登金榜。金大定（1161－1189）29年间，文登考中23名进士。尤其是明清两代，杰才俊士更是层出不尽、声闻天下。

据考，“文登学”最初得名于省一级的乡试。主要指文登出举人、出进士、出读书人、文登人有学问。明代景泰年间（1450－1457）开始按省定额录取举人，山东定额45名起，累朝叠加至90名。按县平均，多则每县每科取1名举人，少则两县才取1名。而文登在乡试中，一科取2名举人的22科，取3名的11科，取4名的7科，取5名的5科，“文登学”之名遂在山东叫响。在科举考试最高层次的殿试中，明清两代每科一般取进士200至400名，多则平均每科四五个县取1名，少则八九个县取1名，而文登一科中两名以上的达8科。清顺治十二年（1655），文登创造了一科七进士、于氏父子同榜、刘氏兄弟联镳，进士及第比肩接踵，使“文登学”誉满京城，扬名全国。据史料记载，科举取士以来，进士及第有史可查者102人，仅明清两代文登就有66人荣登进士榜，为同期全国各县平均数的2.3倍，其中有8人入翰林、5人任巡抚、尚书，4人正史有传，数十人国史留名。明代南京工部尚书丛兰、清代江苏巡抚徐士林等人是文登学子的杰出代表。

“文登学”的源流

文登地处胶东陆路东端，依山傍海，田沃村秀，是孕育滋生地域文化的理想之地。追寻“文登学”文化发展的印迹，主要有九大源流。

黄老学派东来传道，为“文登学”开启了风行黄老道学的第一大源流。春秋战国时期，齐鲁的稷下黄老学派东来文登，传经布道，开启文明，很快兴起方仙道，并留下黄氏兄弟“龙石晒字”的千古佳话，滋生了“文登学”早期萌芽。

孔门弟子申枨文登授徒讲学，为“文登学”开启了弘儒树德的第二大源流。春秋时期，被孔子赞为“具有奇异才能”弟子之一的申枨，东来文登“传习圣人之书”，所谓“一卷离骚一卷经，十年苦读十年灯”，文登人读书风气日盛，皆以吟诗著文、考取功名为荣，从而使“男子耕读、妇人纺织”古朴文明的社会理念深入人心。

秦始皇东巡文登，为“文登学”开启了崇文尚学的第三大源流。秦始皇统一中国后，即率文武百官东巡郡县。到达文登便在城东文山召集文人，论功颂德。千古佳话，世代传扬，标志着黄

老道学和孔孟之学在文登的空前发展，同时也促使民俗文化在昆嵛山周围勃然兴起。

著名经学家郑玄长山讲学，为“文登学”开启了研经求知的第四大源流。东汉末年，郑玄“客耕东莱”，创“康成讲堂”，在文登米山镇的长学山注经讲学，开启教化，“从教弟子数百千人”，文登“士好经术，俗尚礼仪”“崇文尚学”“耕读传家”的“东鲁学风”日渐浓厚。

道教的兴起，为“文登学”开启了清心静境、和睦共处的第五大源流。金大定年间，“全真”祖师王重阳抱着“三教合一”的宏图大愿来到文登开宗立派，导世人“修身养德”，敦品励行的人生哲学不断对外传播。至元代，道教全真派盛极一时，亦将“文登学”推向新的发展阶段。

李龙王文化在文登广泛传播，为“文登学”开启了惩恶扬善、重孝尚义的第六大源流。产生于明代文登民间传说的“秃尾巴李龙王”，至今依然家喻户晓。仁孝乐善的李龙王是劳动人民向往而塑造的美好形象，其仁怀天下、孝感苍宇，深受世人的崇敬和爱戴，清道光皇帝御旨钦封“溥惠佑民”金匾，列入祀典。寄托着文登人民美好愿望的李龙王传说，伴随着闯关东文登人口口相传，传遍了东北、华北、中原大地，并逐步演变成为各具地域特色的李龙王文化。李龙王传说现已成为我国民间艺术宝库中的文学瑰宝，被列入国家级非物质文化遗产名录。

科举取士，英贤辈出，为“文登学”开启了兴学育才、自强不息的第七大源流。“文登学”著称于世，主要得益于兴学育才的良好风尚。自隋唐以来，文登县学宫、书院、私塾、讲堂久盛不衰。宋庆历四年（1004），文登县衙于县城东南隅建学宫。大观初（1107）复增大之，“规模宏敞，为诸邑冠”。金大定十二年（1172），迁建学宫于县治东，其主体建筑是大成殿（孔庙），周围建有儒学署、训导署、明伦堂、庠科、明宦祠、乡贤祠等。此外，文山脚下有文山书院，清光绪年间（1875—1908）改为县宫学，是境内最早的学堂。“重教化、修学宫”，为“文登学”的发展注入源源不断的生机活力。

辛亥革命在文登的发起，为“文登学”开启了忠诚使命、坚守节操的第八大源流。1912年1月，同盟会员从琯珠响应辛亥革命先驱孙中山先生的号召，率领革命党人赶走了清文登知县岳宝树，宣布成立临时军政分府，文登率先在山东建起辛亥革命政权。2月，复辟势力卷土重来，从琯珠等59人遇害。如今，志士虽已远去，英雄气概却长留人间。

闻名山东的文登“一一·四”暴动和天福山抗日武装起义，为“文登学”开启了铁血担当、敢为人先的第九大源流。1935年农历11月4日和1937年12月24日，以文登为核心，胶东半岛先后爆发了两起威震山东的重大历史事件。“一一·四”暴动瓦解了国民党在文登的反动统治，建立起山东第一支红军游击队。天福山起义打响了胶东抗战第一枪，创建了山东人民抗日救国军第三军。在这片红色土地上，发展了4个军，成长起120多位文登籍将军。

“文登学”的传承

历史孕育了“文登学”，人民群众是“文登学”的活水源头。因科举考试而获誉的“文登学”，不断被赋予新的内涵，成为文登的特有标识、亮丽品牌。“文登学”是文登人民的无价之宝，其核心是崇文尚学，孝老爱亲，重义守信。而今，“崇文尚学”已成为凸显“文登学”精神的价值取向，“孝老爱亲”成为“文登学”精神的人本底色，“重义守信”熔炼成为新时期“文登学”精神的品格特质。“文登学”作为优良的传统文化，侧重于精神道德伦理和修身为学、道法自然文化，它所宣示的“自强不息、奋发有为”的思想精神，是文登人民砥砺前行的动力之源。

新中国成立后，文登人好学之风绵绵不绝，名人名家人才辈出，红色水利专家林一山、《解放日报》总编于有海、著名学者于植元、原《解放军报》总编孙忠同、造手大师于仲嘉等，以及耳熟能详的丁宁、肖玉、赛时礼、王润滋、张海迪、毕淑敏等，他们都是当代“文登学”人的杰

出代表，文登人民无不为之骄傲自豪。今日，文登学人尊崇传统、好学不倦之风更加强盛。高考恢复以来，文登升学率一直名列全国前茅，品学兼优的文登学子阔步走向祖国的四面八方，在各条战线上显身手、展雄风。从他们身上，不难发现文登人的勤奋、睿智、质朴和果敢。

薪火相传，生生不息。改革开放以来，文登干部群众立足实际，大力发扬永不服输、勇争一流的光荣传统，抢抓机遇，开拓进取，城乡面貌日新月异，人民群众安居乐业，县域经济综合实力一直位居全国百强前列。20 世纪 90 年代，文登各级坚持以人为本，建阵地、抓活动、求实效，农村文明建设大步迈进，农民文明素质大幅提升，成为全国农村精神文明建设一面旗帜，形成了“南有张家港、北有文登市”的格局。新的历史时期，文登采取多种形式，加强优秀传统文化宣传教育，让爱国主义、集体主义精神根植在市民灵魂深处，凝心聚力，干事创业，推动经济社会实现了前所未有的历史跨越。文登市先后获得国家卫生城市、双拥模范城、体育先进市、文化先进市、广播电视先进市、优秀旅游城市、国家园林城市、中国长寿之乡、国家生态市和山东省文明城市、教育工作示范市、历史文化名城等国家级、省级荣誉称号，一座美丽文明、宜居幸福的新型城市高耸在黄海之滨。今天，深得“文登学”文化滋养的文登人，大力弘扬“自强不息、和谐向上”的新时期文登精神，以更大的干劲，更强的举措，更实的作风，续写千年古县新的篇章。

“文登学”是历史的、也是现实的、更是未来的。它有着耀眼的过去、辉煌的现在，也必将会有灿烂的明天。随着历史的车轮不断前进，其将不断地更新内容、变换形式，合着时代的节拍，无限地延伸、创新、传承下去。这就是“文登学”的生命力所在。

（张玉强）

二　农村精神文明建设

为民办实事　群众唱主角
——文登市农村精神文明建设纪实（上）

金秋十月，胶东半岛正是收获季节。记者来到山东省文登市，在田间地头，在渔港山村，到处都能感受到丰收的喜悦和精神富足的愉悦。

紧贴发展主题抓精神文明建设

绿茵茵的草坪，别致的雕塑，清新的喷泉……漫步在文登市莒山镇中心广场，让人难以相信几年前这里还是连公共汽车也不通的穷镇。近几年，莒山镇开始了大规模的小城镇建设。一条条凹凸不平的沙土路变成了宽阔平坦的水泥路，一幢幢低矮的平房变成了鳞次栉比的楼房，设施齐全的文化宫、老年公寓、儿童乐园相继落成。凤栖梧桐树，花香蝶自来。环境的改善吸引大批外商纷至沓来，短短几年竟有 40 多家三资企业聚集在这个仅 1.5 万人口的小镇。曾几何时，“吃个饼子赛过年”还是莒山人对于富裕的憧憬，而如今莒山已变成经济明星镇。

莒山镇的巨变正是文登市村镇面貌发生翻天覆地变化的一个缩影。文登有 21 个镇、67 万人口。前些年，虽然乡镇经济发展较快，但小城镇建设相对滞后。许多乡镇通的还是沙土路，常常是“春秋一身沙尘，冬夏两脚泥泞”。近 5 年来，文登市投入巨资用于乡镇建设，把为农民办实事、引导农民迈向现代化、从而切实提高农民生活质量当作“两个文明”建设的主要内容。许多镇还邀请了清华大学等设计单位进行高标准的规划设计，一个个工程相继实施：

——投资 6 亿元用于镇村公路建设，实现了村村通车，镇镇通二级公路。

——投资2亿多元进行中小学校舍改造，在各乡镇建起59幢配备微机教室、语音室的高标准教学楼。全市小学三年级以上全部开设外语课，初中以上全部开设微机课。

——投资8000万元建设采用光缆传输、市镇村联网的有线电视网，使全市90%的农户可以看到24个频道的电视节目。

——投资5000多万元用于自来水建设，使农村自来水普及率达到61%；农村卫生厕所普及率超过80%；农村初级卫生保健普及率达到100%。

经过几年的努力，一个个经济富裕、环境优美的小城镇迅速崛起。小城镇的建设在促进农村经济进一步发展的同时，也成为辐射文明生活的基地。

“紧贴发展主题抓精神文明建设”，使农民在精神文明建设中得到实惠，是文登市委一班人的共识。

开辟文明新途径

在文登采访期间，正是秋收时节。但我们却看不到农民在全市主要公路上打场晒粮食，也不见烧秸秆而产生的烟雾缭绕。文登是靠什么做到这一点的？市委副书记王强说，靠农民文明程度的提高，靠坚持不懈的严格管理。

在文登许多村子里，洁净的水泥路旁设有垃圾箱，有的村还拥有环卫车。近年来，文登市在农村精神文明建设中，不是停留在一般的号召上，而是积极开辟新途径，通过民主、法制、监督、管理，实现现代文明。

民主是推进精神文明建设的重要手段。在文登的每个乡村，村集体的收支情况、村里的大事，都清清楚楚地贴在“公开栏”里。早在4年前，文登就在农村普遍推行了以民主选举、民主议事、民主管理、民主监督、民主评议和财务公开、政务公开为主要内容的“五民主、两公开”制度。这一制度实施后，各村的工作透明化，干部自律了，村民的误会消除了，心气也顺了。同时促进了农民民主监督和参与意识的增强。他们学政策、学法制热情高了，许多农民对关系自己切身利益的国家政策、法规都能说出个子丑寅卯来。

针对包产到户之后出现的农村社会管理较为松散的情况，文登在全市推广了晒字镇创建“安全文明小区”的做法。他们在各村按居住区划分为几个小区，在保一方平安上实行联防联治，弘扬文明新风，在处理民事纠纷上自我调解，在履行村民义务上相互督促，加强了农民的自我管理和自我教育，大大促进了农村的安定和文明进步。目前，全市92%的村无重大刑事案件及治安灾害事故，老人去世后火化率达100%，计划生育开始成为广大农民的自觉行为，计划生育率一直保持在99.8%以上，有39%的独女户自愿不生二胎。

“两个文明”互相促进

文登1988年撤县设市，此后经济保持了快速发展。尤其是1992年以来，全市国民生产总值以年均28. 5%的速度增长，1997年全市国民生产总值已达140.3亿元，财政收入以每年33.1%的速度递增，1997年达4.3亿元。这个人口仅67万的县级市，利税过千万元的企业竟有60多家。

说起文登的名牌产品，文登人如数家珍，但同样让文登人自豪的还有他们在精神文明建设方面所获得的“金牌”。自1996年以来的两年时间，文登就获得全国卫生城、双拥模范城、两基教育先进市、体育先进市、民政工作先进市、文化先进市、广播电视先进市等7个国家级荣誉称号。在山东省精神文明建设先进县市评比中，文登更是连续两届名列榜首。

文登有展示“两个文明”建设成就的“两馆”：文登市工业展览馆和文登学陈列馆。徜徉“两馆”之中，经济及社会文化各方面的诸多全国“第一”让我们看到：两个文明协调发展，在文登绝不只是口号。据统计，文登市近几年在文化、环境设施方面的投入高达16亿元。在1997年规划的奋战三年“十大工程”中，涉及精神文明建设的就有八项。

“抓经济是造福一方，抓精神文明同样是造

福一方。投资搞经济项目有产出，在精神文明建设上的投入，同样有产出。”文登市委书记刘玉党的这番话道出了文登决策者加速精神文明建设的执着追求。

文登市在“两个文明”建设中，做到了三个“同步”：同步规划，市里在出台《“九五”经济和社会发展规划》的同时，也出台了《“九五”社会主义精神文明建设规划》；同步检查落实，每年初，市委都要与各镇各部门的“一把手”签订《年度精神文明建设目标管理责任书》，市里对落实情况定期检查；同步考核奖惩，把精神文明建设的成效作为评价干部政绩的重要依据，仅去年就对考核不称职的30多名副科级以上干部进行了诫勉谈话，对8名干部作了降职处理。正是这样一个好机制使文登在农村精神文明建设中，立足于为民办实事，使文登市的农村精神文明建设始终保持着旺盛的活力。

（摘自1998年11月5日《人民日报》 记者贾建舟 刘磊）

续写文明新篇章

——文登市农村精神文明建设纪实（下）

在文登，我们上渔船，串农户，访企业，深深感到这里的每一块土地都洋溢着文明的气息。

让群众唱主角

70岁的孙玉英，是高村镇凤台村村民。我们见到她时，她正与其他50多位村民一起在村里的文化大院做健身操。她一边扭腰踢腿，一边告诉我们，自从做起健身操，感觉越活越年轻。

像凤台村这样的文化大院，在文登已有638个。这是文登市领导针对农民文化生活贫乏的现象，从两年前开始推广的。过去农村打架斗殴，搓麻将赌博的多，封建迷信等现象屡禁不绝，每次治理往往是“摁下葫芦起来瓢”，效果不明显。

经过深入调查研究，文登市的领导认识到，富裕的物质生活不能代替健康的文化生活，而要丰富群众的文化生活，就要让群众唱主角，并给他们提供活动的舞台。于是，他们动员各村用闲置的公房开辟了图书室、娱乐室等，在原先杂草丛生的院子里，建起了乒乓球桌、篮球场。一种集文体游艺、图书电教等功能为一体的文化大院在高村镇应运而生。每当夜幕降临，男女老少都不约而同地来到村里的文化大院，吹拉弹唱，看书读报，扭秧歌，打篮球，看电教片。许多乡镇还在农户中开展家庭卡拉OK比赛、家庭手工艺品比赛等活动，用一系列健康的文化活动充实农民的精神生活。

同时，文登市根据建设社会主义新农村的要求，结合镇情村情，分别制定出量化的十项标准，开展了创建“十星级文明村”“十星级文明户”活动。这些量化的标准覆盖了农村“两个文明”建设的方方面面，可操作性强，对广大农民起到了较好的规范、约束和激励作用。

北水道村是全市最早开展“双十星”创建活动的张家产镇的一个村，原先村里连一条像样的街道都没有。开展创建“十星级文明村”活动之后，为达到“村内规划美”的标准，村里的领导发动大伙儿修了一条十几米宽的街道，把这个多少年想办而未办的“老大难”问题解决了。为评上“十星级文明户”，各家各户也都铆足了劲。村民王玉珍家在去年评比中只得了8颗星，勤劳致富、邻里团结两条没得星，全家人心里都不是个滋味。今年，她家喂养了4只奶山羊，还干起了绣品加工的活计，又与过去有矛盾的邻居和好了。王玉珍对记者说：“今年我家一定要把丢掉的两颗星找回来，争取当上十星级文明户。”

广大农民是农村精神文明建设的主体。丰富多彩的精神文明创建活动，让文登市的男女老少都能在精神文明建设活动中找到自己的位子。这些活动陶冶塑造着新一代的文登农民。

用知识开启文明之窗

10月14日，在文登市泽库镇，我们登上刚刚出海归来的鲁文渔3077号渔船。在狭小的驾驶室里，我们惊奇地发现一个装着50多本书的书箱，放在最上面的是一份《人民日报》。“我们每次出海回来，除了补充食物，还要交换图书，带到海上去看”，船长王辉昌告诉我们：“我们一

出海就是1个月，过去业余时间就是玩麻将打扑克。自从前年镇上建起了海上图书馆，我们有书看了，既充实了业余生活，又长知识，没有人玩麻将、打扑克了。”

在泽库镇长会口村规划整齐的渔民新村里，一幢幢别墅显示了渔民们的富裕，但更令我们感兴趣的是家家户户都有书柜，许多人家还自费订阅了报纸。在西泊村科技文化大院的图书室里，每一张借书卡上都填了一长串书名。

读书活动，使摇惯了橹杆的渔民在劳作之余，捧起了书本，在字里行间寻致富路，在油墨书香中找乐趣。现在，文登建起了一个拥有22万册图书的图书馆。农村建起农民图书室460多个，总藏书量达220多万册。全市有160多家企业为职工建起了图书室，藏书量达180万册。一个覆盖全市城乡的图书网络在文登市已初具规模。许多村还实现了“村村建报栏，户户设书架”。

提高农民科技文化素质，是文登市加强农村精神文明建设的重要内容。全市成立了782个农民专业技术协会，各镇都在有线电视站开办了自己的科教节目。现在，文登市80%以上的农民都掌握了1～2门实用技术。全市良种覆盖率达98%，科技在农业增产中的贡献率超过了52%。

在全民读书和学科技活动中，一批高素质的知识型农民成长起来了。出现了被山东省委命名为“农民科技大王”的西洋参种植“土专家”王继振、“西瓜大王”于新民等农民科技能手，以及可以直接用外语同外商打交道，能把海产品直接送到国际市场的新型渔民。

史载公元前219年，秦始皇东巡至此，召集文人登山赋诗吟诵，文登由此得名。历史上文登就有崇文尚学的传统．如今，文登人又在续写“文登学”的新篇章。

干部群众心连心

在文登采访期间，我们接触了数十位乡镇干部，给我们印象最深的是，许多西装革履、朝气蓬勃的乡镇干部，手上都有着厚厚的老茧。这些老茧，凝结着一个个动人的故事。

在五岔口村，我们听到一个“连心路”的故事。这个村交通闭塞，一直是全市最穷的村子之一。去年春节刚过，市委领导就来到这里率领群众修公路。在工程进入到最紧张的时刻，市委书记来了，市直机关的500多名干部也来了，与村民们一起挥汗在工地上。一条高等级的柏油路终于修成了。竣工当天，全村老百姓涌到路口载歌载舞欢庆通车，他们把这条路命名为“连心路”。

在文登，这样的“连心路”何止一条！文登市自1994年以来修了200多公里高等级公路，新建、改建了610公里镇村公路。而为了减轻农民负担，也是为了树立公仆形象，各级机关干部成了修路的主力军。全市干部人均出工240个，是农民人均出工的3倍多，其中镇村公路80%的工程量都是由机关干部完成的。

谈起干部作风，文登市委书记刘玉党说：“建设社会主义精神文明，党员干部不仅要起领导作用，更要起到示范和表率作用。”文登市委特别重视强化干部的爱民为民意识和实干奉献精神，注意用干部的良好精神风貌和公仆形象去感召群众，带动群众，推进精神文明建设整体水平的提高。正是这样一个肯于为农民办实事的干部群体，带出了艰苦创业、无私奉献、崇尚文明的良好社会风尚。

（摘自1998年11月5日《人民日报》 记者 刘磊　宋光茂　通讯员　田序滋）

三　特色产业

“八粒种子”结出丰收果

在山东省文登市，西洋参种植已经成为全市农业经济中的一个“大产业”。全市4万亩中药材种植面积中，有2万亩是西洋参。当地有关部门测算，每亩西洋参的效益是8700多元。2万亩西洋参成为农民增收的重要渠道。

如此大的西洋参产业，却是从张家产镇口子李村王文水和他岳父试种的“八粒种子”开始的。从“八粒种子”落地试种，到今天张家产镇有了西洋参协会和西洋参研究所，西洋参在这个地区20多年的发展，折射出农民闯市场的艰辛和曲折。

“八粒种子”长成致富产业

文登市农民种植西洋参是从张家产镇开始的。口子李村的王文水是最早种植西洋参的人。

1981年，他岳父王继振从山东省药材公司弄回八粒种子，说是“西洋参”。王继振领着年轻的王文水到村外的对顶山上把这八粒种子种在了地里。“选择在山上种，是因为省药材公司的人说这种植物喜阴”，王文水说，他和老岳父精心照看，一年以后，八粒种子竟然全活了。于是，省药材公司又给他们“拨”了8斤多种子，让他们继续试种。4年的收获周期后才有了完整的试种结果，他们试种成功了，于是开始向农户推广。

当时农民不认识这个带着“西洋”名字，没有人愿意拿自己的土地去“冒险”。村里专门召开支部会，决定党员带头。第一年，村里有6户人家种植。到第二年，西洋参长势很好，药材机构来收购的价格很高。这样，农民才接受了西洋参的种植。王文水说，到1987年和1988年，不仅口子李村，而且通过亲戚朋友间的互相介绍，西洋参种植在张家产镇已形成了规模。到1998年前后，口子李村300多亩土地都种上了西洋参，有些人已经外出到其他乡镇去承包土地，把西洋参种植到了全市。

随着种植面积的扩大，西洋参成为文登农业经济的重要产业。王文水介绍，1988年左右，每亩地的收入在10万元以上。许多农民都靠种植西洋参富裕起来。初期都是药材公司直接上门收购，不存在卖不出去问题。到了上世纪90年代中后期，商贩多起来，农民也一直是坐等客商上门，销售几乎不存在问题。

种植面积的扩大，产量的增加，加上整个西洋参产业在全国范围的发展，从2000年以后，农民渐渐感到西洋参销售困难了。张家产镇的西洋参销售，首先是由大户带动，王文水是当地最大的种植户，很长时期他也是销售的带头人。但在市场不断变化中，尤其是外地客商的竞争下，他也感到“越来越难”了。农民合作组织就在这样的情况下产生了。2005年，张家产镇政府负责人牵头，成立了西洋参协会，王文水是协会理事。

合作组织帮农民实现增收

张家产镇西洋参协会是一个农民自己的合作组织。王文水说当时西洋参市场销售比较混乱，而张家产镇是文登最早种植西洋参的，是当地农民收入的主要来源。所以，镇里从保护产业发展和农民增收的目的出发，提出成立协会，统一经营。协会吸收全镇600多户西洋参种植户参加，职能一是组织种植户进行技术交流，再就是协调收购价格。

在去年的西洋参收购中，协会发挥了保护农民的作用，也让农民更加认识到了合作组织的重要性。去年，西洋参在张家产镇到了价格的“谷底”，往常每亩收入十多万元，去年刚刚能达到2万多元。收购价格在农户手里从过去的每斤70多元跌到了20元。当地农民种植面积大，产量高，积压不起。所以，价格再低也得卖。商贩则

竞相压价，甚至压到了十多元。在这种情况下，张家产镇西洋参协会召集大家，根据当年市场情况，确定了每斤25元的“保护价”。

“如果低于这个价格，农民就没有了收入”，王文水说，让农民吃亏，失的将是张家产镇甚至文登市的西洋参种植产业。西洋参协会的“保护价”不但保护了张家产镇农民利益，而且对整个文登市的西洋参产业也发挥了一定保护作用。

王文卿今年75岁，是当年口子李村第一批种植西洋参的六户人家之一。谈起这几年市场的变化，老人说“去年协会定的价格，确实保护了农民的利益。”他说，现在形势变了，协会在今后还要发挥更大的作用才行。

合作组织还要发挥更大作用

让合作组织在西洋参的市场销售中发挥更大作用，是我在张家产镇采访中，听到西洋参种植户说的最多的一句话。

这些年来，文登市为了促进西洋参种植业发展，想了许多办法。尤其是在技术服务方面，取得了不小成绩。文登市先后成立了文登市药材开发研究所药材技术服务站，各相关镇也有专人负责药材生产。目前，全市拥有药材专业技术人员100多人。文登市农业局还聘请科研机构的药材专家作为技术顾问，对全市药材生产进行技术指导。但是在市场销售方面，还要进一步发挥合作组织的作用。

作为张家产镇西洋参种植业的“大户”，王文水参与了西洋参协会的工作。他的感受是，农民合作组织要发挥更大作用，就需要增强经济实力。他说：“我们的西洋参协会现在仅仅对种植户提些技术建议，在市场销售方面，最多也只能做到统一大家的思想，提出保护价。要发挥更大作用，真正对这个产业发展起到引领作用，还得加强合作，增强自身实力。”

从张家产镇走出来，农民的话始终萦绕脑际。归结起来是这样一句话：农民专业合作组织在市场销售中已经发挥了一定作用，还盼着能发挥更大作用！

（摘自2009年5月11日《中国县域经济报》作者　魏永刚）

文登：打造全国最大皮草产业基地

山东半岛是目前中国最大的水貂等特种毛皮动物养殖密集区，其中文登市是该产业的领军者。记者近日了解到，该市已成为全国最大的特种毛皮动物养殖基地，产业总产值达到30亿元。目前该市正从基础养殖向深加工拓展，产业链条不断完善。

据了解，文登市在上个世纪50年代末就引进欧系水貂并大量养殖，至今已有50多年的历史。如今貂、貉、狐狸等特种毛皮动物存栏量1200多万只，年出产毛皮800多万张，占国内裘皮原料市场的30%以上，全市特种毛皮动物养殖场（户）达到8600多户，相关从业人员12万人，特种毛皮动物产业总产值达到30亿元，增加农民收入10.5亿元，已逐步发展成为农村经济的支柱产业。先后被评为“中国裘皮产业基地”“全国毛皮产业发展示范市”和“山东省毛皮裘革之都”。

目前，文登水貂与大连水貂一并被业内公认为国内最好的两大品系，每年吸引大营、故城、肃宁、余姚、东莞等地近千家加工厂家收购，仅华斯集团每年收购毛皮就在120万张。

水貂养殖第一镇　吸引港资建厂养貂

记者日前来到“中国水貂养殖第一镇”文登侯家镇实地探访，据侯家镇党委书记于海洲介绍，该镇是中国农科院特种养殖示范基地，早在1998年就被国务院中国特产经济开发办公室命名为“全国珍贵毛皮动物养殖开发基地”。发展至2013年，全镇水貂、貉、狐狸的存养量达300万只，大小水貂养殖场2000多家，产业总值超过6亿元，特种养殖收入占全镇农民人均总收入的40%以上，依靠特种毛皮动物养殖年纯收入过百万的农户比比皆是。

香港天津集团在该镇投资成立了文登天海貂业有限公司，据该公司经理焦扣红介绍，公司注册资本为540万美元，项目投资额1000万美元，厂址占地200亩，目前养殖规模4万只，年产貂皮12万张，可实现产值2400万元。

引进大项目　完善产业链
打造全国最大皮草产业基地

为进一步完善产业链条，扶持鼓励有实力的企业集团到文登市建设服装交易市场，打造全国最大的皮草产业基地，文登市规划建设了宋村、龙山皮草产业园和毛皮交易市场等项目，对进驻的企业单位在土地、税收等方面给予优惠；同时引进了投资1.5亿美元的威海国际皮草城项目，建成后可容纳500至600家品牌商家入驻经营，年可形成客流量150万人次、交易额30亿元，打造成为立足山东半岛、辐射华北的高档裘革服装交易中心和精品商贸旅游城市综合体。

此外，该市已举办两届国际皮草博览会，吸引了丹麦、美国、芬兰、俄罗斯等国家，以及香港、北京、广东等20多个地区的600多家国内外皮草企业参会参展，为养殖场（户）、加工企业、消费者、购货商搭建全方位的对接交易平台。

（摘自2013年8月13日香港文汇网　记者何冉）

四　民间传说

老子天然头像的传说

站在圣经山紫金峰顶上，立于崖畔，抬头西瞻，纵目远眺，会看到一个奇异的天然景观——一个栩栩如生的巨幅天然人像，他慈眉善目，长须飘髯，显现在众人的面前。纵观这巨幅天然石像，颇似画上的老子头像，人们遂称其为“天然老子头像”。由于石像十分逼真，所以闻名遐迩，成为昆嵛山一大奇观，并给世人留下了一段佳话。老子是道教始祖神尊，《太上老子道德经》被道家奉为“圣经”。

相传，老子即为太上老君，当年游遍天下名山，忽一日来到“海上仙山之祖——昆嵛山”，落脚紫金峰，举目四望，此山高耸入云，气象万千；鸟语花香，泉水醉人，有仙气缭绕。定睛一看，紫金峰下的茅草屋前有一道士在修炼。此人就是全真派五祖之首的王玄甫，当时还未修炼成功。老子仔细观看，见王玄甫仙气不足，便问其修炼的方法，王玄甫回答说：“我是一心修道，专志炼仙呀。”太上老君摇摇头说：“你修炼这些是必要的，然而仅仅如此，那也成不了仙啊！”王玄甫一见面前的老者，相貌不凡，气质超人，心想：他可能就是道教的鼻祖。于是就跪在太上老君的面前虚心地说：“请高师赐教！”太上老君见王玄甫确有诚意，便说：“成仙必寿，不寿仙？”王玄甫一听真是神仙到了，急忙叩首三拜，“请高师指点！”

太上老君微微点头，轻捻胡须，便随即口传秘诀，面授机宜，王玄甫心领神会。两人谈论正酣，玉皇大帝派人传旨，叫太上老君马上回返天庭，参加王母娘娘的蟠桃盛会。

王玄甫一听，原来面前的老者真是太上老君，他今天是遇到神仙了，忙跪下说：“仙师此去，不知何时再相见？”太上老君摸了摸花白的胡须，想了想，说道：“以后，你可以天天见到我的！”说完就腾空驾云上天去了。

王玄甫双眼凝望着天上，一直到看不见太上老君的踪影才低下头来。转身不禁吃了一惊，身后的岩石变成一尊太上老君的头像，跟刚才面前的老者一模一样。原来，太上老君为了让王玄甫及后辈学道者悟道成仙，便把自己的头像变化为影像，映射到圣经山的岩石上，代以身尊。

此后，王玄甫天天站在老子头像前修炼。冬炼三九，夏炼三伏，饿了就摘山果吃，渴了就喝山泉水，功夫不负有心人，几年之后，王玄甫终于修炼成功，成了中国道教全真派的始祖。

（于冠卿收集整理）

母猪河的传说

母猪河是文登第一大河，发源于昆嵛山东麓，流域面积1278平方千米，是胶东半岛有名的大河，被誉为昆嵛大地的“母亲河”。有关母猪河的传说很多，有人说“母猪河有十八条支流，好像老母猪的十八个奶子”，所以叫“母猪河”；也有人说是由以前昆嵛山上的一种叫苜蓿的植物衍化来的；还有人说“母猪河是因古时候此河中有头仙猪而得名”……这里笔者很难详做介绍，只能择一而言。

相传战国年间，诸侯纷争，战乱不止，水旱灾难频繁，百姓苦不堪言。玉皇大帝感念苍生，命二郎神子夜下凡，置山设水造福人间。二郎神酒意方酣，醉眼蒙眬步履蹒跚，肩挑两山手提一山，腾云驾雾急赴人间。行至黄海之滨的山东昆嵛境内，已是黎明时分，恍惚间金鸡长鸣，天之将晓，二郎神惊乱间，抓断系山绳索，三山随即坠落凡间。二郎神急降祥云，将三山等距离南北分置，北山面南背北，俯视南海，因隐含君临之势，故名管山；南山有二郎神随手扔掉的系山绳索，绮丽绵长，状如稻穗，遂唤作撇穗山；中间一山，跌损严重，石碎如米，星布于地，故称米山。

三山方位既定，二郎神持扁选挖泉眼，瞬间泉成水涌，汩汩外淌。其水清澈碧透，甜美甘洌，二郎神心中大喜。于是，二郎神不辞劳顿，挥扁蛇行于山谷，掘挖土石以引流。二郎神运足神力，扁犁沃野，水行其后，沿昆嵛山自北而南，蜿蜒逾百里，曲折迂回今文登九处乡镇，终至宋村姚山头村流入黄海。二郎神停歇间，远望涓涓溪水汇流成河，水波荡荡奔流不息，蓦觉河道过于狭窄，有意重治，怎奈鸡鸣三遍，回归天庭时限已至，未及思量他法，便暂且搁置，急忙赶回天庭复命。

受益于二郎神整疏河道之功，昆嵛境内山清水秀，风调雨顺，四季分明，五谷丰登，美丽富饶，百姓安居乐业，俨然世外桃源，吸引四方名士前来修行、造访。忽一日，一名赤发魔途经昆嵛境内，见到如此盛景，遂心生歹意，施弄妖法，致天昏地暗，狂风大作，电闪雷鸣，暴雨倾盆……一场巨大灾难降临人间。瞬间，肥沃的土地被风沙吞噬，树木和庄稼被狂风刮倒，村庄被洪水淹没，百姓死伤惨重。

二郎神回天庭后，因当初掘土成河过于仓促，所以心里始终记挂着昆嵛山水。但又无奈于天条森严，苦于分身无术，不能亲临凡间，以察置山设水效果，遂从值守天庭的天蓬元帅借遣通晓疏水、能文善武的值守仙猪汤盎（仙猪的别称）代其察之。汤盎得命，旋即下凡，风驰电掣前往昆嵛山间。云端之上，汤盎举目远眺，见赤发魔正在施法害民，昆嵛一带洪水泛滥，百姓生灵涂炭。汤盎见此，义愤填膺，怒火中烧，一声巨吼，便勇武地一头扑向赤发魔。赤发魔未及躲闪，即被汤盎撞成重伤，疼痛难忍，无力还手，匆匆狼狈逃窜。

赤发魔离去，昆嵛境内风停雨住，沙石归位，山洪退去，百姓重整家园，疏渠排水，修堤筑坝，耕荒播种，勤于农桑，人们又重新过上了安定、休闲的田园生活。但受伤逃遁的赤发魔并未就此罢手，半年后，赤发魔养好伤，又到昆嵛境内，变本加厉施展妖法，予以报复。二郎神得知消息，遂再借遣汤盎出战，汤盎复与赤发魔捉对厮杀。赤发魔因有防备，先用火攻，欲置汤盎于死地，哪知汤盎法力高强，即喷圣水浇灭妖火。赤发魔马上唤数十小妖群战汤盎，汤盎见势不好，甩身而起，十八个乳房旋即化为十八个儿子，各执兵器与小妖战作一处，耗尽体力且多处受伤，最终全部消灭小妖。为免除百姓疾苦，汤盎再行喷放仙火，将赤发魔化为灰烬，永世不得复生。

赤发魔既除，文登百姓欢声雷动，纷纷抬着供果，前往汤盎战胜赤发魔处，顶礼膜拜。汤盎不等百姓赶来，已隐回天庭。汤盎的十八个儿子却因耗尽体力，无法再回母体，卧倒昆嵛东麓，化为主河道的十八个支流，涓涓不息，潺潺奔流，滋润着昆嵛山前广阔的土地，日夜供养着大河两岸的万千苍生。

汤盎见百姓年年祭奉，盛意难却，遂托梦给昆嵛山东麓的一户人家，称她乃昆嵛山下主河道河神的远房侄女，铲除赤发魔，保护家园，保护黎民百姓，是其分内之事，叫人们不用答谢。由此，世世代代文登百姓口口相传，把昆嵛山下的主河道唤作“母猪河”。母猪河的十八个支流，即汤盎的十八个儿子，不分大小，均得其名。自此，分布于昆嵛大地的条条河流，历千年而不涸，日夜滋润着昆嵛山水，养育着山水间的芸芸众生。

人们为纪念仙猪汤盎，民间世代流传“母猪河，十八奶，走一走，甩一甩，乳汁甘而美，润物飘香来，不为旱涝愁，幸福花儿代代开”的快乐童谣，形象地再现了汤盎率子呵护昆嵛百姓的义举。

（戚明　吕以泮收集整理）

晒字村的传说

昆嵛山东麓的深山峡谷，有一个美丽的小山村叫晒字。晒字原名叫“龙石晒字”，后改为“晒字”。说起村名的由来，还有一段古老的传说。

相传春秋战国时期，有黄姓兄弟二人，因连年战乱，从西县逃出，几经周折来到“仙山之祖”昆嵛山定居下来。

黄氏兄弟身居深山，远离尘世，过着男耕女织与世无争的生活，倒也安宁快活。他们早年认得一些字，因此，闲下来时，常爱写写画画，并以诗文字画教育子孙后代，那时还没有纸和笔，他们就用树枝蘸着草木灰把诗文写在树叶、树皮上，日久天长，便留下许多树叶、树皮字画，并经常拿出来阅读观赏。为了防止这些用绳索连接起来的树叶、树皮字画霉烂，每逢好天气，兄弟俩便把字画放在门前的龙形大石硼上晾晒。

一天晚上，黄老大一连三次梦见猛虎进山，拖走了孩子，抢走了诗文。醒来后，六神无主，心惊肉跳，老觉得凶多吉少，便找老二商量，暂时逃离此地，躲避灾难。恰好第二天是个好天气，适合晒诗文，全家老少一齐动手，把诗文搬到石硼上去晒，准备带走。时近中午时分，一切太平无事，黄氏兄弟才安下神来，消除了疑虑。一边翻晒诗文，一边领着子孙诵读，密林深处不时传来一阵阵朗朗的读书声。

突然，山西边一阵尘土飞扬，刀枪剑戟忽闪而来。黄老大惊呼：“不好”，全家人急忙收拾晒着的诗文字画，背起来慌忙离去。原来是秦始皇同丞相李斯东巡路经此地，到东海仙山寻找长生不老药。秦始皇见此处山峰峥嵘，云雾缭绕，古树参天，如同仙境，便下辇步行，来到茅草屋前，见屋内空无一人，衣食之物完好无缺，断定这里的人离开不久，于是派人四处寻找。

黄氏兄弟携妻子儿女跑出不远便被秦始皇的随从捉住，带到秦始皇面前。丞相李斯见村夫出逃不拿衣物粮食，却背着树叶、树皮，顿生疑心：“你们为什么不带衣食之物，却带这些东西？”黄氏兄弟答道：“衣服可以织出来，诗文丢失了是找不回来的。”李斯听了很吃惊，他们根本不相信这些山野村夫会识字，便讥讽说：“你们也会看书认字？”黄氏兄弟不知道天下归秦，从容答道：“武可定国，文可安邦，怎能用富贵贫贱来衡量是否识字呢？不信，你们看看。”李斯拿过树皮一一翻看，果然上面密密麻麻写着许多字。字迹娟秀，行垄清晰，不知花费了多少心血。李斯看后，暗自吃惊，便递给秦始皇观看，秦始皇看后连声称赞：“尔等龙石晒字，难能可贵。”说完就提笔在身边的一块大石头上写下“龙石晒字”四个大字。从此，此地便得名为“龙石晒字”。后来据说秦始皇登文山，设台招贤纳士时，还召见了龙石晒字的黄氏兄弟，并要把他们带进京城做官。黄氏兄弟过惯了世外桃源的清净日子，说什么也不肯从命，兄弟二人又回到了晒字村。

黄氏兄弟没有跟秦始皇进京做官，大概是真的。现在的界石镇晒字村，确有不少姓黄的。只是他们从来不炫耀秦始皇曾召见他们的老祖宗。

（吕信波收集整理）

旸哩的传说

旸哩、旸哩后、旸哩店三个自然村，位于昆嵛山脚下，从远处看，这三个村地处盆地，呈三角形分布，据当地老人讲，古代这里叫旸谷，是一个很美丽很神奇的地方。

清雍正《文登县志》记载："旸谷，在县西北六十里，尧命羲仲宾日处。"此处在昆嵛山东北麓旸哩口东南，有西北至东南向十公里长的山间谷地，自西而东，有旸哩店、旸哩、旸哩后三村。旸哩在民国以前为文登五大镇之一，有古驿站和烽火台遗址，村里原来有一处旸谷小学，旸哩店村北，有一圆形山包，古名旸谷山，今称旸哩店北山。

屈原在《楚辞·天问》中说太阳"出自汤谷"，这里的"汤谷"即旸谷。《尚书·尧典》中写道："昔尧命羲仲宅嵎夷，曰旸谷，寅宾日出，平秩东作。"大意是说尧命令羲仲驻守东方叫"旸谷"的地方，设礼仪隆重地迎接日出，研究天文地理，划分节气，指导东方百姓按节气从事农事活动。文登四季根据这里的气候特征研究节气划分有很大关系。

当地老人说远古时期这里是一片大海，以后变成了退滩地，为什么传说太阳从这升起呢？因为从西面大山往下看，太阳是在这里的海面上升起的。

据《文登市志》（1996版）记载，在旸哩村东五里，是当年文西县行署驻地，这里是有名的旸哩区，旸哩区北至小顶，南到楚岘口，东至管山顶，西到牟平的黄家口，可见这里当年十分兴盛。

旸哩后村中有一棵一百多年的银杏树，一直枝叶繁茂，果实累累，像一位老人见证着旸哩的变迁。

（许建中收集整理）

五 《文登市志》（1996年版）勘误

位置	误	正
卷前彩色《文登市政区图》张家产乡	文石乡	文石山
卷前彩色《文登市地势图》右上角"文登在山东省位置图"，左侧	荣城市，得子尖	荣成市，犋子尖
卷前彩色《文登市地质图》右侧	神龙邢家、汤白杨	坤龙邢家、汤泊阳
卷前黑白照片	昆嵛山"老峰窝"山洞出口	昆嵛山"老蜂窝"山洞出口
卷前彩照：胶东抗日少年先锋队队旗	1938年2月	1938年1月末
《概述》1页第5～6行	升县为登州	于县置登州
2页倒17行	顾炎武	顾祖禹
19页倒3行～倒2行	1989年3月28日	1989年12月18日

位置	误	正
22 页倒 2 行	镇。	乡。1989 年 12 月 18 日改镇。
23 页第 16 行 第 18 行、倒 2 行	文登县文城 3 月	文登县文山 12 月
24 页第 9 行，倒 3 行，倒 12 行	1989 年 3 月	1989 年 12 月
25 页第 8 行 倒 3 行、13 行 倒 14 行	1983 年 5 月 1989 年 3 月 末	1984 年 3 月 1989 年 12 月 8 月
27 页第 10 行	属侯家镇	属侯家区
29 页第 20 行 倒 4 行	梁格 3 村 明初，孙姓家茔来居	渠格 3 村 19 世纪 20 年代，孙姓兄弟 2 人由孙家埠迁此居住，后董姓、周姓来居
35 页倒 9 行	明末，孙姓从孙家埠来孙氏茔地附近立村，称孙家茔。1945 年改今名	明弘治末年，迁居文城东关的孙瑜死后葬皇筵岭前，此地遂成为孙氏茔地。汤泊阳于姓沙柳村王姓受雇来此佃耕守茔，称孙家茔。后王姓被解雇，迁东侧居住，建小红炉，称“王家炉”，文城战姓接替王姓住孙家茔。1945 年孙家茔、王家炉及东北侧的王家茔三庵合并称新立庄
40 页倒 9 行	安徽黄山	现云南省文山自治州
42 页第 6 行	约金朝	金朝
50 页第 5 行	1959 年合称今名	后演作韩家庄
52 页倒 13 行	元朝天统时	元末
56 页倒 13 行	白鹿店	白鹿店子
60 页倒 1 行 倒 4 行	东杨格 西杨格 清咸丰十三年	东杨格庄 西杨格庄 清咸丰年间
61 页第 14 行 第 18 行	东高格　西高格 西马格　东马格	东高格庄　西高格庄 西马格庄　东马格庄
67 页正文第 5 行	箱子项	箱子顶
78 页倒 8 行	流域面	流域面积
94 页倒 15 行	“药材类”以下 6 个小类，如“根茎类”“皮类”等为黑体字	应为楷体字
101 页正文第 2 行	4000 ～ 6000 户	3000 ～ 6000 户
137 页倒 6 行	长 81 米	长 181 米
156 页 7 ～ 8 行	12、17， 村委属三级建筑企业 1 个，四级 3 个	13、13， 村委属四级建筑企业 7 家
161 页倒 2 行	文登市	文登县

位置	误	正
174 页倒 7 行	年排放酒槽 4 万吨	年排放酒糟 4 万吨
182 页第 3 行 第 7 行	1979 年 8 月至年底 县人委	1979 年 8 月至 1980 年底 昆嵛县人委
190 页第 10 行	见第十编第四章	见第十编第二章
254 页倒 6 行～倒 4 行	浪暖口水产站、牛心岛两航标经纬度数	参见本志第九编第二章第三节航标
267 页第 12 行	析置革委生产部轻工业局	析置县革委生产部轻工业局
279 页倒 1 行	县农业机械制造厂分立	县农业机械修理制造厂分立
283 页第 20 行	三虎头牌	三鹿牌
284 页倒 12 行	（见本章第十二节）	（见本编第十六章第十二节）
287 页倒 3 行 倒 20 行	抄纱品 马茂兰女士	抽纱品 马茂兰
288 页第 1 行	行缝机	绗缝机
297 页倒 12 行	3333	333
301 页倒 16 行	34 个	35 个
314 页倒 13 行	412 ～ Φ15mm 圆钢	Φ12 ～ Φ15mm 圆钢
349 页倒 15 行	东海贸易	东海贸易局
356 页倒 9 行～倒 8 行	（详见第二十三编第一章）	（详见第二十二编第五章）
376 页倒 5 行	（详见第五编第一章第六节）	（详见第五编第四章）
419 页倒 3 行	文登县政府在石岛试办信用合作社	文登县政府在后岛试办信用合作社
482 页第 10 行 倒 13 行	张丙缈 武进	张丙媄 靖江
483 页倒 6 行	县长李毓英畏日军侵入潜逃	县长李毓英弃职离开文登
484 页第 9 行	季才	秀才
487 页倒 3 行	迥避	回避
504 页第 11 行	文登郭格	文登郭家店
516 页倒 4 行	在全市聘用	在全县聘用
521 页倒 5 行 526 页倒 13 行	1988 年 12 月	1988 年 10 月
524 页倒 4 行 倒 1 行	1992.7 ～ 1994.1 1994.1 ～	1992.7 ～ 1993.12 1993.12 ～
539 页倒 13 行	（ 见表 14 ～ 6）	见表 14 ～ 6
545 页第 16 行	巩固地团结中农	巩固团结中农

位置	误	正
559 页倒 5 行	暂新的一页	崭新的一页
565 页第一节 5 行	突人县署	突入县署
566 页第 19 行	黄庵区	黄庵山
577 页倒 16 行 倒 14 行	1955 年 6 月 1978 年 10 月	1953 年 6 月 1978 年 8 月 21 日
578 页倒 1 行	年发行量	期发行量
583 页第 10 行 倒 1 行	葛、吕集泊石 同年 9 月 15 日	葛吕集、泊石 同年 8 月 12 日
585 页第 6 行	孙瑞夫	孙端夫
586 页第 18 行	潜逃上海	弃职离开文登
601 页倒 11 行	经 8 小激战	经 8 小时激战
603 页倒 8 行	枪夺敌机枪	抢夺敌机枪
607 页第 14 行 第 22 行	村后伏击 迫使日伪军于 10 月放弃	村东伏击 迫使日伪军放弃
609 页倒 8 行	“治安区	“治安区”
613 页第 9 行	小林青	小林清
623 页附二第 6 行	田玉育璋	田育璋
625 页第 2 行	下辖民警大队	下辖民警中队
632 页第 8 行	1984 年 8 月 1 日至年底	1984 年 8 月 1 日至 1986 年 2 月
676 页第 6 行	文登县人民政府外事侨务旅游办公室	文登市人民政府外事侨务旅游办公室
683 页倒 1 行 倒 14 行	中英台勘界务 今属蔄山乡	中英合勘界务 今属蔄山镇
685 页倒 18 行	前外相安信晋太郎	前外相安倍晋太郎
701 页第 3 行	三甲第一百六十一名	三甲第八十三名
702 页第 1 行 第 15 行	二甲第七十四名 第一百一十四名	三甲第一百四十九名 第十六名
719 页倒 2 行	（参见第十八编第一章）	（参见第十八编第二章第七节）
788 页第 5 行	埋没	埋设
789 页第 6 行 倒 3 行	丛盘 1956 年 3 月	丛磐 1956 年 4 月
802 页倒 4 行～3 行	《左传得俊》《唐诗得俊》	《左传得隽》《唐诗得隽》
803 页第 3 行 第 10 行 第 12 行	《保厘堂稿》 《佩文韵府》 《蠡海堂诗偈存》	《保釐堂稿》 《经义稿略》 《蠡海堂诗偶存》

位置	误	正
805 页第 17 ～ 18 行	（主编之一）、《西汉文学作品译注讲析》（主编之一）……（主编之一）	（合撰，又为主编之一）、《两汉文学作品译注讲析》（合撰）……（合撰）
806 页第 17 行	“邵纪远”条与 804 页“邵纪远”条重复	本条删除
808 页第 14 行 第 15 ～ 16 行	155 万字 而工程之浩大，却是前所未有的	184 万字 工程之浩大，前所未有
808 页倒 1 行 1198 页倒 2 行	王毓民	王裕民
810 页第 6 行 第 13 行	王永昌 顾炯昭	刘永昌 谷炯昭
811 页第 3 行	宋守山	宋义山
829 页第 18 行	荣成崖子头	文登崖子头
834 页第 6 行	消灭，孑孓一宗	消灭孑孓一宗
868 页倒 11 行	40 年代末开全县运动会	本句删除
901 页右侧倒 7 行	tʂʻ	tʂ
906 页倒 9 行	钖	锡
907 页第 10 行	sjɲr^{53}	sjŋr^{53}
908 页第 5 行	lanr^{53}	iɛr^{52}
913 页第 14 行	ɕy^{213}	çy^{213}
923 页第一节第 2 行	tɛɛ^{33}	tʂɛ^{35}
925 页第 1 行 第 9 行	县 çiau^{33} 掘着	县 çian^{33} 撅着
926 页倒 7 行 倒 8 行	luo^{213} lou^{554}	lau^{213} iou^{554}
929 页正文第 2 行	染房	染坊
930 页第 16 行	亡年仅 34 岁	年仅 33 岁
931 页倒 12 行	麋	麇
941 页第 16 ～ 17 行	投身投日	投身抗日
942 页倒 4 行	年仅 19 岁	年仅 20 岁
947 页第 17 行	突出队	突击队
948 页倒 10 行	七连奉命坚守华川阵地	七连奉命坚守黑云吐岭阵地
958 页倒 6 行	1927 年中学毕业后参加北伐军	中学毕业后入沈阳陆军讲武堂，随奉军入北平，任同泽新民储材馆教官

位置	误	正
961 页第 16～17 行	（1920.6～1945.2）；1940 年 5 月入共产党。任胶东军区东海独立团政委。莱阳万第战斗牺牲，葬于万第	（1920～1947.12）；1938 年 5 月入共产党，1946 年当选胶东军区模范共产党员。任华野 13 纵队 38 师 113 团副政委时，牺牲于莱阳将军顶战斗
967 页第 8 行	蔡成	蔡澄
975 页倒 14 行	晋升通政史	晋升通政使
979 页第 8 行 第 14～15 行	李毓英（生卒年不详）甘肃人。 在从镜月护送下，携 6 万元巨款弃职潜逃。	李毓英（1890.10～1948.5） 青海省民和县人。 在从镜月护送下，弃职离开文登
982 页第 17 行	李毓英携款弃职潜逃后	李毓英弃职离开文登后
999 页倒 15 行	文城东关人	文城西关人
1000 页第 5 行 倒 18～17 行	院东村人 升开州知州	文城东关人 “升开州知州”此句删除
1002 页第 3 行 第 7 行 第 16 行	官工部虞衔司郎中 汾西知县刘良之子 历户	官工部虞衡司郎中 民间医生刘一良之子 鄠县
1003 页第 10 行	精地理	其子熙绂精地理
1005 页第 6 行	东杜梨花庄人	东杜梨村人
1009 页第 7 行	大水泊镇	天福山乡
1013 页倒 16 行	丛禾生（1871～1939）	丛禾生（1875～1939）
1014 页第 6 行	69 岁	64 岁
1015 页倒 17 行	蒋成瀚	蒋成翰
1016 页第 15 行	捐献……	动员族人捐献……
1018 页第 5 行	毕树棠理头于清华图书馆工作 60 余年	毕树棠埋头于清华图书馆工作 60 余年
1019 页倒 16 行	诗文见称：为聊斋作注	诗文见称。其第三子湛恩为聊斋作注
1021 页倒 9 行 1027 页第 18 行 1031 页第 9 行	大水镇	大水泊镇
1021 页倒 7 行	三十里铺人	三十里堡人
1022 页倒 3 行	山东省劳动模范	山东省工业劳动模范
1023 页第 4 行 倒 5 行 倒 16 行	张文英 1956 年山东省劳动模范 1956 年山东省劳动模范	张义英 1956 年、1958 年山东省先进生产者 1956 年山东省先进生产者
1028 页第 4 行	1984 年山东省劳动模范	1982 年、1984 年山东省劳动模范
1032 页倒 13 行	六团	六十一团

位置	误	正
1034 页倒 18 行	1912 年	1909 年
1038 页第 3 行 第 19 行 倒 14 行	代政委 岭上村 高村镇绿杨树	政委 岭上董家村 高村镇绿杨村
1040 页第 10 行 第 12 行 第 14 行 倒 11 行	高村镇岭上村 初增璆、 西杜梨花庄 生于林村	高村镇岭上董家村 初增璆 西杜梨村 生于泽头镇林村
1048 页倒 14 行	岛里集	岛集
1051 页第 9 行	崮头村	崮头集村
1054 页倒 5 行	柘杨山前村	山前村
1065 页倒 1 行～1066 页第 1 行	解放军后方军事学院	解放军后方工程学院
1074 页倒 5 行	研究生班毕业……合编专著 4 部	研究生毕业……合撰专著 4 部
1076 页第 5 行	离休	退休
1077 页第 7 行	肄业	毕业
1078 页倒 6 行	大水泊村	初村镇东北村
1082 页倒 17 行	美国宾州凡尼亚大学	美国宾夕法尼亚大学
1083 页第 4 行	屏如翰	毕如翰
1108 页第 2 行	满坐哄堂大笑	满座哄堂大笑
1115 页倒 9 行	调云南布政史	调云南布政使
1130 页第 8 行	宗璋	宋璋
1141 页倒 5 行	县入葬之于香岩寺东路旁	县人葬之于香岩寺东路旁
1154 页第 1～2 行 倒 6 行～倒 5 行	5 月……并在会上发言。 当夜携巨款潜逃	该句移至同页 18 行，归在 1937 年内。 当夜弃职离开文登
1179 页倒 16 行	417.5 公里	47.5 公里
1187 页倒 1 行	3 月 28 日	12 月 18 日

索 引

说明：

一、本索引各主题词按英文字母顺序排列。同音字按声调排列，首字相同者按第二字音序排列，依次类推。

二、索引名称后的数字表示内容所在页码。

三、“人物”“统计资料”的具体内容及随文图片不做索引。

四、索引词一般采用中心词和简称。

A

B

C

D

E

F

G

H

J

K

L

P

Q

R

S

T

W

X

Y

Z

文登市（区）地方史志办公室工作人员

2008年11月至2012年2月

主　　　任：车国进
副　主　任：王淑君
　　　　　　鞠志强
综合科科长：鞠志强
资料科科长：王宏伟
编纂科科长：初云峰
年鉴科科长：高燕妮
编纂科副科长：荣凤娟
司　　　机：刘树林

2012年2月至2017年7月

主　　　任：于文华
副　主　任：王淑君
　　　　　　鞠志强
综合科科长：鞠志强
资料科科长：王宏伟
编纂科科长：初云峰
年鉴科科长：高燕妮
编纂科副科长：荣凤娟
司　　　机：刘树林

2017年7月至今

主　　　任：许德忠
副　主　任：王淑君
　　　　　　鞠志强
资料科科长：王宏伟
编纂科科长：初云峰
年鉴科科长：高燕妮

综 合 科 科 长：荣凤娟
司　　　　　机：刘树林

提供资料人员名单

（按姓名笔画排列）

丁守璞	丁雅琼	于卫东	于书淦	于水玲	于文超	于占永	于　涛	于　浩	于　燕
于　明	于利波	于军宁	于金水	于金华	于国庆	于明玉	于承波	于范本	于春红
于春光	于常胜	于海丽	于润楠	于复杰	于豪杰	于鹏波	马玉章	马洪乐	王　磊
王立东	王丛明	王世君	王炳早	王炳成	王思玉	王君法	王建平	王振华	王军辉
王华军	王学友	王春燕	王秋雨	王建芬	王建刚	王海龙	王海滨	王海涛	王振华
王喜军	王德松	包　梅	包卫霞	包爱军	付国德	史丽丽	田世友	田世科	田永建
田树娟	丛培远	丛培武	孙立恒	孙文颜	孙义成	孙方勇	孙克昊	孙明艳	孙丽芹
孙海军	孙黎明	刘　辉	刘　芳	刘　楠	刘志杰	刘志鹏	刘忠良	刘衍兴	刘丽杰
刘丽娟	刘洪玲	刘建虎	刘晓峰	刘俊超	毕会战	毕自林	毕务章	毕薰文	曲　源
曲向阳	吕以泮	吕以智	吕昭君	吕孟军	李大寨	李　瑛	李　艳	李永鹏	李仁丽
李令彬	李世强	李早勇	李春龙	李相逢	李海波	李晨谕	李喜平	宋　毅	宋文赟
宋中华	宋协良	宋协森	宋华丽	宋英华	张九龄	张平玉	张有伦	张华山	张丽娜
张　涛	张　民	张夕国	张传国	张海涛	张德明	张辉城	张雅飞	张慧帆	张鹏超
许子浩	许修强	邢文娟	邢华军	邢志晓	邢建环	汪桂华	吴卫芳	吴建华	吴俊强
时洪泉	杨丽双	杨洪建	杨建文	牟树芳	谷昭永	邹积胜	邵明山	邵丽娜	邵建胜
郑　伟	单照涛	陈　光	陈　丹	陈建军	郭万松	国保福	林卫东	林乐光	林学祝
林岩萍	林桂春	林建军	房大伟	肖进华	岳　刚	费建文	姜　晶	姜功阳	姜宗锡
姜英志	胡小君	倪　伟	赵诚杰	赵堂朝	郝建有	姚文生	姚国新	侯　丹	侯万里
侯云禄	侯喜玲	周　超	周建华	周国虎	周承利	周敬轩	荣　健	徐　浩	徐广远
徐东阳	徐宏赟	徐金华	徐胜东	徐彩华	徐海青	徐海程	徐花水	秦保军	黄宗刚
黄延华	黄汝民	崔玉松	崔荣文	崔爱建	曹东晓	褚元浩	赛庆晔	赛明霞	戚　明
梁佳媛	谭　琳	谭　然	谭美超	蔺茂新	隋佐兰	隋材珂	隋洪强	慈新刚	管林涛
潘高峰	颜倬玮	董文君	董崇彬	董燕娜	董鹭杰	鞠荣广	鞠成林	穆兴义	

后 记

《文登市志（1991—2013）》编修工作于2008年启动。

是年11月13日，文登市委办公室、市政府办公室印发《关于转发市地方史志编纂委员会续修〈文登市志（1991—2008）〉编纂方案的通知》。11月27日，文登市委、市政府召开全市第二轮修志工作动员大会。12月下旬，文登市地方史志办公室举办全市二轮修志工作培训班，对148个单位的撰稿人进行集中培训。12月末，各单位向文登市史志办提供二轮修志资料250余万字，档案资料200余万字，图片800余幅。文登市史志办各责任编辑按照编纂方案着手初稿编写。

2011年12月，文登市政府依据国务院《地方志工作条例》和《山东省地方史志工作条例》，印发《文登市地方志工作办法》，进一步加强和规范地方史志编纂工作。2012年5月，文登市委办公室、市政府办公室召开史志工作会议，确定《文登市志》编修下限由2008年延至2010年。至2012年年末，初步完成《凡例》《篇目》《大事记》《工业》《农业》《地方人民代表大会》《公安司法》《国防》《教育》部分50余万字的征求意见稿，并按要求送达文登市地方史志编纂委员会各委员及相关部门审阅修改，各责任编辑根据反馈意见作补充、完善。后因其他原因，续修工作停止。

2015年，按照全省加快推进二轮修志总体要求，文登区委、区政府决定《文登市志》续修下限由2010年延至2013年，并责成区史志办成立《文登市志（1991—2013）》编修小组。区委、区政府对编修工作高度重视，从办公场所、办公设备、办公经费等方面全力予以保障。是年6月26日，编修工作全面展开。

编修《文登市志（1991—2013）》是一项浩繁的文化建设工程，涉及面广，工作量大。全体编修人员团结协作、埋首案牍、不辞辛劳、精益求精。至2017年9月，《文登市志（1991—2013）》形成约260万字的征求意见稿，分别送达区委和区政府领导、威海市史志办有关领导、全区科局级以上机关和事业单位、各镇（街道），以及有关专家广泛征求意见。10月，征求意见稿陆续返回，编修人员根据反馈意见进行修改。11月20日，完成二轮志书区县评议稿，并分别报送省和威海市有关专家审阅。12月19日，《文登市志（1991—2013）》专家评审会在倪氏海泰大酒店举行。省、威海市史志办和文登区委、区政府领导，省、威海市和文登区有关专家，区史志办全体工作人员，《文登市志（1991—2013）》特邀编辑，共计50余人参加评审会。与会领导和专家对《文登市志（1991—2013）》志稿给予高度评价，同时也指出志稿存在的问题。评审会结束后，区史志办先后四次召开全体编修人员会议，集中落实专家的意见和建议，对志稿进行再梳理、再调整、再分析和再修改，进一步提高志稿质量。

2018年6月，修改后的志稿报送区委、区人大、区政府、区政协领导及区地方史志编纂委员

会各委员审阅。7月，编修人员根据反馈意见对志稿进行完善。8月，按精品佳志标准修改的志稿报送省和威海市史志办审阅。

经过审定，《文登市志（1991－2013）》付梓成书。这部志书的编纂出版，得益于区（市）委、区（市）政府的高度重视，得益于省、威海市史志办领导和专家的悉心指导，得益于区直各部门、各镇（街道）、上级驻文单位和各企事业单位的鼎力襄助，得益于社会各界人士的热情关心与支持。在此，一并致谢！

因水平所限，难免存在疏漏和错讹之处，望读者指正。

编　者

2018年9月